J.B.METZLER

1682

Metzler Lexikon Literatur

Begriffe und Definitionen

Begründet von Günther und
Irmgard Schweikle

Herausgegeben von
Dieter Burdorf,
Christoph Fasbender und
Burkhard Moennighoff

3., völlig neu bearbeitete Auflage

Verlag J. B. Metzler
Stuttgart · Weimar

Die Herausgeber

Dieter Burdorf, geb. 1960, Promotion 1992, Habilitation 2000, ist Inhaber des Lehrstuhls für Neuere deutsche Literatur und Literaturtheorie an der Universität Leipzig.
Christoph Fasbender, geb. 1966, Promotion 1999, Habilitation 2007, ist Oberassistent an der Universität Jena.
Burkhard Moennighoff, geb. 1959, Promotion 1990, Habilitation 1999, lehrt Literaturwissenschaft an der Universität Hildesheim.

Inhalt

Bibliografische Information der Deutschen Nationalbibliothek
Die Deutsche Nationalbibliothek verzeichnet diese Publikation in der Deutschen Nationalbibliografie; detaillierte bibliografische Daten sind im Internet über http://dnb.d-nb.de abrufbar.

Gedruckt auf chlorfrei gebleichtem, säurefreiem und alterungsbeständigem Papier

ISBN 978-3-476-01612-6

© 2007 J. B. Metzler'sche Verlagsbuchhandlung und Carl Ernst Poeschel Verlag GmbH in Stuttgart

www.metzlerverlag.de
info@metzlerverlag.de

Einbandgestaltung: Willy Löffelhardt
Satz: Typomedia, Scharnhausen
Druck und Bindung: Kösel Altusried/Krugzell
www.koeselbuch.de
Printed in Germany

September 2007

Verlag J. B. Metzler Stuttgart · Weimar

Vorwort

Das von Günther und Irmgard Schweikle begründete »Metzler Lexikon Literatur« (MLL) erschien unter dem bisherigen Titel »Metzler Literatur Lexikon« 1984 in erster, 1990 in zweiter Auflage. Das MLL hat sich seitdem als handliches, zuverlässiges Nachschlagewerk bewährt, das zur Grundausstattung aller Studierenden der Germanistik und anderer Philologien, aber auch zahlreicher Schülerinnen und Schüler der gymnasialen Oberstufe gehört. Gegenüber vergleichbaren Nachschlagewerken hat es den Vorzug, eine große Zahl von – je nach Wertigkeit des Begriffs unterschiedlich langen – Artikeln zu enthalten, die nicht etwa alle nur von einem Autor, sondern von jeweils einschlägig ausgewiesenen Wissenschaftlerinnen und Wissenschaftlern verfasst sind.

Nach mehr als zwei Jahrzehnten war eine vollständige Neubearbeitung dieses Grundlagenwerks der Literaturwissenschaft dringend erforderlich. Günther und Irmgard Schweikle, die verdienstvollen Herausgeber der ersten beiden Auflagen, haben diese Aufgabe aus Altersgründen aus den Händen gegeben; Irmgard Schweikle ist zwischenzeitlich verstorben. So wurde in den vergangenen Jahren eine Neukonzeption erarbeitet, welche die genannten Vorzüge der bisherigen Auflagen mit einem hohen Aktualitätsgrad, einer großen Erweiterung des thematischen Fokus und einer erheblich größeren Zahl von Einträgen zu verbinden sucht und dabei den Rahmen eines einbändigen, erschwinglichen Werks nicht sprengt. Das Ergebnis dieser Anstrengung liegt hiermit vor. Das neue »Metzler Lexikon Literatur« enthält nunmehr über 4.000 Einträge. Ein kleinerer Teil der Artikel basiert auf denjenigen der zweiten Auflage, die für die vorliegende Neubearbeitung vollständig revidiert und auf den neuesten Stand gebracht wurden; der größere Teil der Beiträge wurde ganz neu verfasst. Als Verfasserinnen und Verfasser der Artikel konnten mehr als 300 Fachgelehrte aller philologischen Disziplinen gewonnen werden.

Das neue MLL enthält über 600 Artikel zu Begriffen, die in der zweiten Auflage noch nicht berücksichtigt waren. Damit wird den inhaltlichen Erweiterungen und methodologischen Neuorientierungen, durch welche die Literaturwissenschaft der letzten beiden Jahrzehnte gekennzeichnet ist, in großer Breite Rechnung getragen. Insbesondere schlägt sich in den neuen Artikeln die Tendenz nieder, die Literaturwissenschaft in Richtung auf die Medien- und Kulturwissenschaften zu öffnen und zu erweitern. Eine Reihe neuer Gelenk-artikel bezieht die Literatur auf andere Künste (Kunst, Fotografie, Film, Musik) und benachbarte Bereiche kulturellen Wissens (Philosophie, Religion, Ethnologie, Geographie, Technik). Allerdings halten die Herausgeber der Neubearbeitung daran fest, dass die Literaturwissenschaft im Kern eine philologische Disziplin ist, deren zentrale Aufgabe in der Erschließung, Bewahrung, Tradierung, Analyse und Interpretation literarischer Texte besteht. Ein großer Teil der Einträge ist daher nach wie vor Begriffen der Literaturgeschichte und Literaturtheorie, der Poetik, Rhetorik, Stilistik und Metrik, der Editionsphilologie sowie der Buch- und Verlagswissenschaft gewidmet. Den zahlreichen Artikeln zu literarischen Epochen, Perioden, Strömungen und Schulen wurden nun auch Beiträge zu regionalen Aspekten insbesondere der deutschsprachigen Literaturen an die Seite gestellt (z. B. zur österreichischen oder zur rumäniendeutschen Literatur). Bei der Auswahl der Einträge und der Beiträger wurde besonderer Wert auf eine komparatistische Perspektive gelegt, so dass das Buch nicht nur für Studierende der Germanistik, sondern auch für diejenigen der Anglistik, Romanistik und Slawistik sowie der Klassischen Philologie sinnvoll verwendbar ist.

Ein zentrales Ziel war uns die Optimierung der praktischen Benutzbarkeit des Buchs. Dabei verfolgten wir das – natürlich niemals ganz erreichbare – Ideal, dass zu jedem in heute verwendeten deutschsprachigen literaturwissenschaftlichen Publikationen in einigermaßen großer Frequenz auftauchenden Fachbegriff, und zwar in den verschiedenen verbreiteten sprachlichen Formen und Schreibweisen, ein Eintrag, mindestens ein Verweis, vorhanden sein sollte. Das »Metzler Lexikon Literatur« bietet sich damit als ein Kompendium in allen Zweifelsfällen literaturwissenschaftlicher Terminologie an, so dass das Hinzuziehen weiterer Nachschlagewerke, jedenfalls für den ersten Zugriff, tendenziell nicht notwendig ist. Zu diesem Zweck haben wir die Anzahl der Verweisstichwörter sowie der Verweise innerhalb der Artikel auf andere, jeweils weiterführende Informationen enthaltende Artikel ganz erheblich erweitert. Ferner haben wir einen hohen Grad an inhaltlicher Vernetzung der Artikel untereinander angestrebt, so dass bei allen unterschiedlichen methodologischen Ansätzen, aus denen heraus die Artikel verfasst sind, keine Inkonsistenzen zwischen ihnen bestehen sollten. Stark erweitert und auf den aktuellen Stand vom Juli 2007 gebracht wurden auch die weiterführenden Literaturangaben zu den Artikeln.

Wir sind zahlreichen Personen, welche die Entstehung der Neubearbeitung über die Jahre unterstützt haben, sehr zu Dank verpflichtet. Insbesondere gilt das für alle Autorinnen und Autoren, die ein hohes Maß an Geduld sowie erhebliche Toleranz gegenüber den unvermeidlichen redaktionellen Eingriffen in die Manuskriptfassungen ihrer Artikel, besonders gegenüber den notwendigen Kürzungen, aufgebracht haben.

Unser Dank gilt ferner dem Verlag J. B. Metzler, namentlich Bernd Lutz und Michael Justus sowie insbesondere Ute Hechtfischer, welche die Neubearbeitung über die Jahre begleitet und energisch vorangetrieben haben und dabei äußerst geduldig waren.

In einer frühen Phase der Arbeit haben Anja Schachtschabel und Susanne Hühn die Arbeit der Herausgeber unterstützt. In den letzten Jahren war es aber vor allen anderen Theresa Specht, welche die redaktionelle Arbeit mit beispielhafter Sorgfalt zu ihrer Sache gemacht hat. Ihr haben wir ganz besonders zu danken.

Die Herausgeber

Hinweise zur Benutzung

- Das »Metzler Lexikon Literatur« ist konsequent alphabetisch aufgebaut. Die alphabetische Ordnung folgt den für Wörterbücher gültigen Regeln (*Ä* wird also wie *A* behandelt, *Ae* dagegen zwischen *Ad* und *Af* eingeordnet).

- Es wird die seit dem 1. August 2006 gültige deutsche Rechtschreibung verwendet. Dabei wird in Zweifelsfällen diejenige orthographische Variante bevorzugt, welche die Herkunft eines Wortes, z. B. aus einer Fremdsprache, deutlicher erkennen lässt als die stärker eingedeutschte Version (z. B. *Biographie* statt *Biografie*). Für die Groß- und Kleinschreibung von Fremdwörtern sehen die aktuellen orthographischen Normen allerdings eine Anpassung an die für deutsche Wörter gültigen Regeln vor; es werden also weitgehend alle Substantive großgeschrieben (z. B. ›Inventio‹, ›Commedia dell'Arte‹). Wird ein Wort dagegen innerhalb eines deutschsprachigen Textes noch ganz als fremdsprachlich wahrgenommen (wofür etwa ein Indiz ist, dass es nicht in die aktuellen Fremdwörterbücher aufgenommen wurde), so wird es in der originalen Orthographie wiedergegeben und durch Kursivierung hervorgehoben (z. B. *théâtre de l'absurde*).

- Ein feinmaschiges Netz von Verweisstichwörtern soll die Artikel auch dann auffindbar machen, wenn nicht problemlos aufeinander zurückzuführende orthographische Varianten vorliegen (z. B. *Gasel* ↗ *Ghasel*). Findet sich unter einem gesuchten Kompositum kein Eintrag, so ist unter dem Grundwort nachzuschlagen (z. B. *Lyrikanthologie* unter *Anthologie*). Aus mehreren Wörtern – meist aus einem Adjektivattribut und einem Substantiv – bestehende Begriffe sind jedoch stets in der korrekten Wortfolge aufgenommen, nicht mit vorangestelltem Substantiv (also *Ästhetische Erfahrung*, nicht *Erfahrung, ästhetische*).

- Jeder Artikel beginnt mit dem Stichwort, dem *Lemma*, in Fettdruck, das an dieser Stelle als Satzbeginn angesehen und daher großgeschrieben wird. Bei Fremdwörtern und in Zweifelsfällen werden kurze betonte Vokale durch Unterpungierung, lange betonte Vokale durch Unterstreichung bezeichnet, soweit nicht die Aussprache komplett in Lautschrift dargestellt wird.

- Im weiteren Verlauf des Artikels wird – zusätzlich zu den untenstehenden Abkürzungen – das Lemma mit seinem Anfangsbuchstaben abgekürzt, jedoch nur, soweit es im jeweiligen syntaktischen Zusammenhang morphologisch vollständig aufgenommen wird. Wörter, die mit *Ch, Ph, Rh, Sch, Sh, Sp, St* oder *Th* beginnen, werden durch diese Buchstabenkombinationen abgekürzt, die auch bei der Abkürzung von Vornamen Verwendung finden. Ist die Flexion des Lemmas syntaktisch notwendig, so wird die Flexionsendung an den Abkürzungspunkt angehängt. Bindestrich-Komposita werden als ein Wort angesehen. Aus mehreren einzelnen Wörtern bestehende Lemmata werden dagegen durch mehrteilige Abkürzungen wiedergegeben.

- Nach einem Komma folgt auf das Lemma bei Fremdwörtern und in Zweifelsfällen die Angabe des grammatischen Genus (m./f./n.) und ggf. Numerus (Sg./Pl.). In eckigen Klammern wird zunächst – soweit nötig – die Aussprache in einer Lautschrift wiedergegeben, die den in den gängigen Wörterbüchern angewandten Normen folgt. Ferner werden an dieser Stelle Hinweise zur Etymologie, insbesondere zur Herkunft des Wortes aus anderen Sprachen, gegeben. Dabei weist die Präposition ›aus‹ darauf hin, dass ein Ausdruck *aus mehreren Wortstämmen zusammengesetzt* ist; ein ›von‹ zeigt an, dass das Wort *von morphologisch abweichenden Wörtern abgeleitet* ist. Zuweilen werden auch wichtige Entsprechungen des Wortes in weiteren Sprachen genannt. Griechische Wörter werden in einer Umschrift wiedergegeben, die nur den einfachen Akzent ´ enthält; *ē* steht für ein *eta* (langes *e*), *ō* für ein *omega* (langes *o*). Nach der eckigen Klammer werden ggf. Angaben zu unregelmäßigen Pluralformen und zu im Deutschen verbreiteten Synonymen gemacht.

- An den linguistischen Eingangsteil des Artikels schließt sich eine knappe Definition des Begriffs an. Liegen mehrere literaturwissenschaftlich relevante Wortbedeutungen vor, so werden diese durch eine Gliederung mittels arabischer Ziffern voneinander unterschieden: 1., 2., 3. ...; analog werden Unterbedeutungen durch Kleinbuchstaben differenziert: a), b), c) ... Diese Unterscheidung nach Grundbedeutungen gibt in vielen Fällen die Gliederung des gesamten Artikels vor. Einige besonders komplexe Artikel (z. B. *Realismus*) weisen noch eine weitere, übergeordnete Gliederungsebene nach römischen Ziffern auf: *I., II., III.* ...

- Die Texte der Artikel sind in der Regel nicht in unterschiedliche Rubriken unterteilt, enthalten jedoch – außer bei ganz kurzen, nur explikatorischen Einträgen – folgende Bestandteile: Ein an die Definition anschließender *systematischer Teil* expliziert Teilaspekte des durch das Lemma bezeichneten Phänomens. Der *historische Teil* gibt Erläuterungen zur Begriffsgeschichte sowie einen kurzen geschichtlichen Überblick über die Entwicklung des jeweiligen Sachverhalts. Bei umfangreicheren Artikeln (etwa zu den großen Gattungen und Epochen) schließt sich, wo sachlich notwendig, ein ganz knapper *forschungsgeschichtlicher Teil* an.

- *Zitate* im Text stehen in doppelten Anführungszeichen und werden entweder durch Nennung eines Autornamens aus dem abschließenden Literaturverzeichnis und die Seitenzahl nachgewiesen oder – insbesondere bei literarischen Texten – durch die Anführung von Autorname, Werktitel und Ersterscheinungsjahr. Zur besseren Auffindbarkeit werden soweit möglich weitere, von einzelnen Werkausgaben unabhängige Angaben gemacht, etwa zu Büchern, Kapiteln und Abschnitten, zu Akten und Szenen sowie zu Versen. Bei antiken Texten folgen die Angaben den in der Klassischen Philologie eingeführten Konventionen, jedoch ohne Abkürzung der Werktitel. Biblische Bücher werden dagegen durch Siglen abgekürzt, die unten in einem eigenen Verzeichnis aufgeschlüsselt sind.

- Alle Titel von Kunstwerken, Texten und Textsammlungen stehen im Textteil des Artikels in doppelten Anführungszeichen. Einfache Anführungszeichen werden für Zitate im Zitat, einzelne nicht mit Quellennachweis versehene Kurzzitate, für Redewendungen und Markennamen, besonders aber für metasprachlich thematisierte Begriffe verwendet (z. B.: Diese Form der Adaption nennt man ›modifizierend‹). Hervorhebungen werden durch *Kursivdruck* erzeugt.

- *Metrische Schemata* werden mit einem vereinfachten System dargestellt, soweit nicht der Bezug auf ein bestimmtes historisches Verssystem zur Explikation zwingend erforderlich ist. Das Zeichen – steht für eine Hebung, v für eine Senkung, x für eine Silbe, die sowohl als Hebung als auch als Senkung realisiert sein kann. Die Zeichenkombination v̄ bedeutet, dass an dieser Stelle eigentlich eine Senkung vorgesehen ist, die jedoch durch eine Hebung ersetzt werden kann. Sind Zeichen innerhalb eines Schemas eingeklammert, so bedeutet das, dass die Silbe an dieser Stelle auch entfallen kann. Z. B. steht –v̄(v) für einen Daktylus, der durch einen Spondeus oder einen Trochäus ersetzt werden kann. Zäsuren und Dihäresen werden durch senkrechte Striche | markiert, Versgrenzen durch Schrägstriche / und Strophen- bzw. Abschnittsgrenzen durch doppelte Schrägstriche //.

- *Reimschemata* werden mit Hilfe von Kleinbuchstaben in Kursivschrift dargestellt (z. B. *abba*); dabei steht *x* für eine Waise. Großbuchstaben in diesen

Schemata (z. B. *aaBB*) bezeichnen identische Verse, besonders Refrains.

- Die Texte enthalten zahlreiche, durch den Verweispfeil ↗ markierte *Querverweise* auf andere Artikel, in denen entweder der jeweils verwendete Begriff genauer erläutert wird oder die den Artikel, aus dem heraus verwiesen wird, inhaltlich ergänzen, kontextualisieren und weiterführen.

- Der abschließende, durch das Kürzel *Lit.* eingeleitete *bibliographische Teil* nennt in alphabetischer Reihenfolge die wichtigste und aktuellste weiterführende Literatur, besonders Monographien, die den Begriff bzw. Sachverhalt grundsätzlich behandeln. Soweit sinnvoll, werden der Sekundärliteratur die Rubriken *Texte* (Sammlungen von Primärliteratur), *Übersetzungen*, *Bibliographien*, *Hilfsmittel*, *Buchreihen* und *Periodika* vorangestellt.

- Bei der Heranziehung späterer Ausgaben und Auflagen wird in eckigen Klammern hinter dem Titel das Erscheinungsjahr der Erstausgabe genannt, bei der Verwendung übersetzter Titel werden die Originalsprache und das Erscheinungsjahr der Originalausgabe aufgeführt.

- Aus Platzgründen werden wie schon im übrigen Text, so auch in den bibliographischen Angaben Vornamen von Autoren und als Bestandteile von Titeln abgekürzt sowie alle unten aufgelisteten Abkürzungen angewandt. Untertitel werden nur dann aufgenommen, wenn sie notwendig sind, um den Bezug der Literaturangabe zum Lemma zu verdeutlichen.

- Neben den einschlägigen, im untenstehenden Verzeichnis aufgelisteten Zeitschriften werden auch wichtige, im darauffolgenden Verzeichnis genannte Handbücher und Lexika abgekürzt angeführt. Bei einer Reihe besonders häufig herangezogener Lexika wird aus Raumgründen auf die Angabe von Band, Erscheinungsjahr und Seitenzahlen verzichtet; es werden neben dem Kürzel für das Nachschlagewerk nur Autor und Titel des Artikels genannt. Diese Lexika sind in dem Verzeichnis durch das Stichwort *Kurznachweis* hervorgehoben.

- Der Autor oder die Autorin wird am Schluss des Artikels durch ein Autorenkürzel nachgewiesen, das mit Hilfe des Verzeichnisses der Autorinnen und Autoren aufgelöst werden kann. Vier Fälle der Kooperation mehrerer Autoren an einem Artikel sind zu unterscheiden:
  1. Zeichnen zwei Autoren gemeinsam für den gesamten Artikel verantwortlich, so sind die Autorenkürzel durch *und* miteinander verbunden.
  2. Sind die Teile eines Artikels von verschiedenen

Autoren verfasst, so findet sich das Autorenkürzel jeweils unter dem Teil, für den der Autor verantwortlich zeichnet. Das Literaturverzeichnis ist in diesen Fällen soweit nötig allein nach sachlichen Gesichtspunkten untergliedert und nicht den einzelnen Autoren zugeordnet.

3. Wurde ein in der zweiten Auflage des »Metzler Literatur Lexikons« enthaltener Artikel von einem anderen Autor für die Neubearbeitung ohne Beteiligung des bisherigen Autors redigiert, gekürzt, erweitert oder aktualisiert, so wird der Autor der alten Fassung an erster, der Autor der Überarbeitung nach einem Schrägstrich an zwei-

ter Stelle genannt. In diesen Fällen liegt zwar eine gemeinsame Autorschaft vor; allein der an zweiter Stelle genannte Autor übernimmt jedoch die Verantwortung für die vorliegende Textfassung.

4. In vielen Fällen wurden Artikel der zweiten Auflage nicht von einzelnen Autoren, sondern von der Redaktion der Neubearbeitung des »Metzler Lexikons Literatur« überarbeitet und aktualisiert. Diese Fälle sind mit dem ebenfalls an zweiter Stelle stehenden Kürzel *Red.* markiert. Für die vorliegende Fassung dieser Artikel zeichnen Dieter Burdorf und Burkhard Moennighoff verantwortlich.

Abkürzungen

Allgemeine Abkürzungen

Abh.	Abhandlung
aengl.	altenglisch
afrz.	altfranzösisch
ahd.	althochdeutsch
allg.	allgemein
am.	amerikanisch (auch in Komposita, z. B. ›afroam.‹, ›angloam.‹, ›lateinam.‹)
angelsächs.	angelsächsisch
Anm.	Anmerkung
anord.	altnordisch
arab.	arabisch
AT	Altes Testament
Aufl.	Auflage
Ausg.	Ausgabe
Bd., Bde., Bdn.	Band, Bände, Bänden
bearb.	bearbeitet
Beih.	Beiheft
bes.	besonders
Bez.	Bezeichnung
bzw.	beziehungsweise
ca.	circa
chines.	chinesisch
dän.	dänisch
dass.	dasselbe
ders.	derselbe
d. h.	das heißt
d. i.	das ist
dies.	dieselbe, dieselben (bei mehreren Autoren, die gleichermaßen für verschiedene Werke verantwortlich zeichnen)
Diss.	Dissertation
dt.	deutsch (auch in ›dt.sprachig‹, aber ausgeschrieben: ›Deutschland‹)
ebd.	ebenda
Einf.	Einführung
eingel.	eingeleitet
Einl.	Einleitung
engl.	englisch
erl.	erläutert
ern.	erneuert
erw.	erweitert
etc.	et cetera
ev.	evangelisch
f.	femininum
[Zahl] f.	[die eine] folgende
[Jahreszahl] ff.	die folgenden Jahre bis heute (nur bei unabgeschlossenen Folgen von Zeitschriften oder Sammelwerken)
frühnhd.	frühneuhochdeutsch

frz.	französisch
Fs.	Festschrift
germ.	germanisch
ggf.	gegebenenfalls
Ggs.	Gegensatz
got.	gotisch
gr.	griechisch
H.	Heft
Habil.	Habilitationsschrift
Hb.	Handbuch
hebr.	hebräisch
Hg., hg.	Herausgeber, herausgegeben
Hs., Hss.	Handschrift, Handschriften
hsl.	handschriftlich
ind.	indisch
insbes.	insbesondere
isländ.	isländisch
it.	italienisch
jap.	japanisch
Jb.	Jahrbuch
Jg.	Jahrgang
Jh., Jh.s, Jh.e, Jh.en	Jahrhundert, Jahrhunderts, Jahrhunderte, Jahrhunderten
Kap.	Kapitel
kath.	katholisch
lat.	lateinisch
lit.	literarisch
Lit., Lit.en	Literatur (auch in Komposita, z. B. ›Reformationslit.‹, ›Lit.betrieb‹, ›lit. soziologisch‹), Literaturen
m.	maskulinum
MA., MA.s	Mittelalter, Mittelalters
mal.	mittelalterlich
mhd.	mittelhochdeutsch
mlat.	mittellateinisch
n.	neutrum
Nachdr.	Nachdruck
Nachw.	Nachwort
n. Chr.	nach Christus
ndt.	niederdeutsch
N. F.	Neue Folge
nhd.	neuhochdeutsch
nl.	niederländisch
nlat.	neulateinisch
nord.	nordisch
norweg.	norwegisch
Nr.	Nummer
NT	Neues Testament
o. J.	ohne Jahr
okzitan.	okzitanisch (auch in ›altokzitan.‹)
o. O.	ohne Ort
österr.	österreichisch
pers.	persisch
Pl.	Plural

poln.	polnisch
portug.	portugiesisch
provenz.	provenzalisch
Red.	Redaktion der Neubearbeitung des »Metzler Lexikons Literatur«
Repr.	Reprint
Rez.	Rezension
Rhet.	Rhetorik
rhet.	rhetorisch
röm.	römisch
russ.	russisch
S.	Seite, Seiten
sächs.	sächsisch (auch in Komposita, z. B. ›altsächs.‹, ›kursächs.‹)
schwed.	schwedisch
Sg.	Singular
sog.	sogenannt
Sp.	Spalte, Spalten
span.	spanisch
Suppl.	Supplement
tschech.	tschechisch
türk.	türkisch
u. a.	unter anderem; und andere
u. Ä.	und Ähnliche, und Ähnliches
übers.	übersetzt
Übers., Übers.en	Übersetzung, Übersetzungen
unpag.	unpaginiert
unveränd.	unverändert
u. ö.	und öfter
usw.	und so weiter
V.	Vers
v.	von
v. a.	vor allem
v. Chr.	vor Christus
verb.	verbessert
vgl.	vergleiche
vollst.	vollständig
Vorw.	Vorwort
vs.	versus
z. B.	zum Beispiel
Zs., Zss.	Zeitschrift, Zeitschriften
z. T.	zum Teil

Biblische Bücher

Apg	Apostelgeschichte
Dan	Daniel
Joh	Johannes-Evangelium
1 Joh–3 Joh	1.–3. Johannesbrief
1 Kor, 2 Kor	1., 2. Brief an die Korinther
Lk	Lukas-Evangelium
1 M–5 M	1.–5. Buch Mose
Mk	Markus-Evangelium
Mt	Matthäus-Evangelium
Off	Offenbarung des Johannes
Röm	Römerbrief
1 Sam, 2 Sam	1., 2. Samuel

Orte

Bln.	Berlin
Ffm.	Frankfurt am Main
Gött.	Göttingen
Hbg.	Hamburg
Hdbg.	Heidelberg
LA	Los Angeles
Ldn.	London
Lpz.	Leipzig
Mchn.	München
NY	New York
Stgt.	Stuttgart
Tüb.	Tübingen

Ferner werden die gängigen Zusätze zu Ortsnamen (z. B. Königstein/Ts., Freiburg/Br.) sowie die Kürzel für US-amerikanische Bundesstaaten (z. B. Madison/Wis.) verwendet.

Zeitschriften

ASSL	Archiv für das Studium der neueren Sprachen und Literaturen
Beitr.	Beiträge zur Geschichte der deutschen Sprache und Literatur
DU	Der Deutschunterricht
DVjs	Deutsche Vierteljahrsschrift für Literaturwissenschaft und Geistesgeschichte
EG	Etudes Germaniques
Euph.	Euphorion. Zeitschrift für Literaturgeschichte
GLL	German Life and Letters
GQ	German Quarterly
GR	Germanic Review
GRM	Germanisch-Romanische Monatsschrift
IASL	Internationales Archiv für Sozialgeschichte der Literatur
JbDSG	Jahrbuch der Deutschen Schiller-gesellschaft
JbFDH	Jahrbuch des Freien Deutschen Hochstifts
JbIG	Jahrbuch für Internationale Germanistik
LiLi	Zeitschrift für Literaturwissenschaft und Linguistik
LJb	Literaturwissenschaftliches Jahrbuch der Görres-Gesellschaft
MDG	Mitteilungen des Deutschen Germanistenverbandes
Merkur	Merkur. Deutsche Zeitschrift für europäisches Denken
MLN	Modern Language Notes
MLR	Modern Language Review
Neophil.	Neophilologus

PMLA   Publications of the Modern
        Language Association of America
Rhetorik   Rhetorik. Ein internationales
            Jahrbuch
SuF   Sinn und Form
SuL   Sprache und Literatur (vormals:
       Sprache und Literatur in Wissen-
       schaft und Unterricht)
TuK   Text und Kritik
WB   Weimarer Beiträge
WW   Wirkendes Wort
ZfdA   Zeitschrift für deutsches Altertum
        und deutsche Literatur
ZfdPh   Zeitschrift für deutsche Philologie
ZfG   Zeitschrift für Germanistik

Handbücher und Lexika

Adelung   Johann Christoph Adelung:
           Grammatisch-kritisches Wörter-
           buch der Hoch-deutschen Mundart
           [1774–86]. 4 Bde. Leipzig ²1793–
           1801. Reprint Hildesheim 1990.
ÄGB   Ästhetische Grundbegriffe.
       Historisches Wörterbuch in 7 Bdn.
       Hg. v. Karlheinz Barck u. a. Stuttgart,
       Weimar 2000–05 [Kurznachweis].
Borchmeyer/   Moderne Literatur in Grundbegrif-
Žmegač   fen [1987]. Hg. v. Dieter Borch-
          meyer, Viktor Žmegač. 2., neu
          bearb. Auflage. Tübingen 1994
          [Kurznachweis].
DWb   Deutsches Wörterbuch von Jacob
       Grimm und Wilhelm Grimm. 16
       Bde. in 32 Bdn. und 1 Bd.
       Quellenverzeichnis. Leipzig 1854–
       1971. Reprint in 33 Bdn. München
       1984 [die Bandangaben folgen
       dieser Ausgabe].
EM   Enzyklopädie des Märchens.
      Handwörterbuch zur historischen
      und vergleichenden Erzählfor-
      schung. Hg. v. Kurt Ranke u. a.
      Berlin, New York 1977 ff. [Kurz-
      nachweis].
GG   Geschichtliche Grundbegriffe.
      Historisches Lexikon zur politisch-
      sozialen Sprache in Deutschland.
      Hg. v. Otto Brunner u. a. 8 Bde. in
      9 Bdn. Stuttgart 1972–97 [Kurz-
      nachweis].
GRLMA   Grundriß der romanischen
         Literaturen des Mittelalters. Hg. v.
         Hans Robert Jauß u. a. Heidelberg
         1968ff.
HWbdA   Handwörterbuch des deutschen
         Aberglaubens. Hg. v. Hanns

        Bächtold-Stäubli. 10 Bde. Berlin
        1927–42.
HWbPh   Historisches Wörterbuch der
         Philosophie. Hg. v. Joachim Ritter
         u. a. 13 Bde. Basel, Darmstadt 1971–
         2007 [Kurznachweis].
HWbRh   Historisches Wörterbuch der
         Rhetorik. Hg. v. Gert Ueding. Tübin-
         gen 1992 ff. [Kurznachweis].
Killy/Meid   Literatur Lexikon. Autoren und
              Werke deutscher Sprache. Hg. v.
              Walter Killy. 15 Bde. Gütersloh,
              Mchn. 1988–93. Bde. 13 und 14:
              Begriffe, Realien, Methoden. Hg. v.
              Volker Meid. 1992/93. Nachdruck:
              Volker Meid (Hg.): Sachlexikon
              Literatur. München 2000 [Kurz-
              nachweis].
LMA   Lexikon des Mittelalters. 10 Bde.
       München u. a. 1980–99 [Kurznach-
       weis].
LThK   Lexikon für Theologie und Kirche.
        Hg. v. Josef Höfer, Karl Rahner.
        11 Bde. Freiburg ²1957–67
        [Kurznachweis].
MGG¹   Die Musik in Geschichte und
        Gegenwart. Allgemeine Enzyklopä-
        die der Musik. Hg. v. Friedrich
        Blume. 17 Bde. Kassel, Basel 1949–
        86.
MGG², Sachteil   Die Musik in Geschichte und
                  Gegenwart. Allgemeine Enzyklopä-
                  die der Musik. 2., neu bearb. Ausg.
                  hg. v. Ludwig Finscher. Kassel
                  u. a. 1994 ff. Sachteil. 9 Bde. und
                  1 Registerbd. 1994–99 [Kurznach-
                  weis].
NPauly   Der Neue Pauly. Enzyklopädie der
          Antike. 15 Bde. in 18 Bdn. und
          1 Registerbd. Hg. v. Hubert Cancik
          u. a. Stuttgart, Weimar 1996–2003.
Nünning   Metzler Lexikon Literatur- und
           Kulturtheorie. Ansätze – Personen –
           Grundbegriffe [1998]. Hg. v. Ansgar
           Nünning. Stuttgart, Weimar ³2004
           [Kurznachweis].
RAC   Reallexikon für Antike und
       Christentum. Sachwörterbuch zur
       Auseinandersetzung des Christen-
       tums mit der antiken Welt. Hg. v.
       Theodor Klauser u. a. Stuttgart
       1950 ff. [Kurznachweis].
RGA   Reallexikon der germanischen
       Altertumskunde [1. Aufl. hg. v.
       Johannes Hoops u. a. 4 Bde., 1913–
       19]. 2., neu bearb. Aufl. Hg. v.
       Heinrich Beck u. a. Berlin, New York
       1973 ff. [Kurznachweis].

RGG   Die Religion in Geschichte und
      Gegenwart. Handwörterbuch für
      Theologie und Religionswissen-
      schaft. Hg. v. Kurt Galling. 6 Bde.
      Tübingen 1957–65 [Kurznachweis].

RLG   Reallexikon der deutschen
      Literaturgeschichte [1. Aufl. hg. v.
      Paul Merker, Wolfgang Stammler.
      4 Bde., 1925–31]. Bde. 1–3 hg. v.
      Werner Kohlschmidt, Wolfgang
      Mohr. Bln. ²1958-1977. Bd. 4 hg. v.
      Klaus Kanzog, Achim Masser. Berlin
      ²1984 [Kurznachweis].

RLW   Reallexikon der deutschen
      Literaturwissenschaft. Neubearbei-
      tung des Reallexikons der deutschen
      Literaturgeschichte. Hg. v. Klaus

Weimar u. a. 3 Bde. Berlin, New
York 1997–2003 [Kurznachweis].

TRE   Theologische Realenzyklopädie. Hg.
      v. Gerhard Krause, Gerhard Müller.
      36 Bde. Berlin, New York 1976–2004
      [Kurznachweis].

VL   Die deutsche Literatur des
      Mittelalters. Verfasserlexikon [1.
      Aufl. hg. v. Wolfgang Stammler.
      5 Bde., 1933–67]. Hg. v. Kurt Ruh
      u. a. Berlin, New York ²1978ff.
      [Kurznachweis].

Zedler Johann Heinrich Zedler (Hg.):
      Großes vollständiges Universal-
      Lexikon aller Wissenschaften und
      Künste. 64 Bde. Halle, Leipzig 1732-
      50. Reprint Graz 1961–64.

Verzeichnis der Autorinnen und Autoren

AB	Andreas Böhn, Karlsruhe
ABL	Andreas Blödorn, Wuppertal
AC	Alain Corbellari, Lausanne (Schweiz)
AD	Anke Detken, Göttingen
ADM	Alexander Diehm, Stuttgart
AG	Achim Geisenhanslüke, Regensburg
AHD	Alexander Honold, Basel (Schweiz)
AHE	Andrea Heinz, Jena
AHT	Anne Hegerfeldt, Hamburg
AK	Andreas Kraß, Frankfurt/M.
AL	Andres Laubinger, Paderborn
AM	Albert Meier, Kiel
AN	Ansgar Nünning, Gießen
AO	Andreas Ohme, Jena
AS	Anja Saupe, Heidelberg
ASP	Axel Spree, Mannheim
ASS	Anja Schachtschabel, Jena
AU	Anne Ulrich, Tübingen
AUS	Andreas Urs Sommer, Greifswald
AW	Antje Wessels, Heidelberg
BA	Bernd Auerochs, Saarbrücken
BAS	Bernhard Asmuth, Bochum
BD	Burckhard Dücker, Heidelberg
BFS	Bernhard F. Scholz, Groningen (Niederlande)
BJ	Benedikt Jeßing, Bochum
BL	Bernd Lutz, Stuttgart
BLK	Barbara Lenz-Kemper, Bonn
BM	Burkhard Moennighoff, Hildesheim
BME	Bernd Meyer, Hamburg
BP	Brigitte Pfeil, Erfurt
BQ	Bruno Quast, Konstanz
BS	Bernhard Schnell, Göttingen
BW	Birte Werner, Konstanz
CB	Christopher Balme, München
CBL	Christine Blättler, Berlin
CD	Christoph Deupmann, Karlsruhe
CF	Christoph Fasbender, Jena
CFA	Christina Falkenroth, Wuppertal
CFI	Christine Fischer, Jena
CK	Christine Kaiser, Königslutter am Elm
CKI	Christian Kiening, Zürich (Schweiz)
CKR	Cordula Kropik, Jena
CKU	Cobie Kuné, Haarlem (Niederlande)
CL	Claudia Lillge, Paderborn
CLU	Cornelius Ludwig, Jena
CM	Christel Meier, Münster
CMO	Claus-Michael Ort, Kiel
CMT	Cori Mackrodt, Wiesbaden
COS	Christian Oestersandfort, Bielefeld
COW	Carola Opitz-Wiemers, Berlin
CP	Christina Pareigis, Berlin
CSH	Christoph Schöneich, Heidelberg
CSP	Carlos Spoerhase, Kiel
CSR	Christian Schlösser, Amsterdam (Niederlande)
CWA	Christian Wagenknecht, Göttingen
CWI	Christoph Winterer, Frankfurt/M.
CWÜ	Carsten Würmann, Berlin
DB	Dieter Burdorf, Leipzig
DBI	Dorothee Birke, Gießen
DBR	Detlef Brüning, Stuttgart
DF	Daniel Fulda, Halle/S.
DG	Dagmar Grenz, Hamburg
DGL	Donata Gläser, Frankfurt/M.
DJ	Dieter Janik, Mainz
DJW	Dieter J. Weiss, Bayreuth
DK	Dirk Kemper, Moskau (Russland)
DM	Dieter Martin, Freiburg
DN	Dirk Niefanger, Erlangen
DNA	Dirk Naguschewski, Berlin
DO	Dirk Oschmann, Jena
DP	Dorit Philipp, Leipzig
DR	Detlef Roth, Hamburg
DW	Dorothea Walz, Heidelberg
DWE	Dietmar Wenzelburger, Esslingen
DWL	Dirk Werle, Leipzig
EB	Elisabeth Birk, Aachen
EC	Eckehard Czucka, Braunschweig
ED	Eberhard Däschler †
EKP	Elisabeth K. Paefgen, Berlin
EM	Ekkehard May, Gelnhausen
EMC	Elke-Maria Clauss, Oldenburg
EP	Erik Porath, Berlin
ES	Erhard Schütz, Berlin
EST	Elisabeth Stuck, Fribourg (Schweiz)
EUB	Elke Ukena-Best, Heidelberg
FB	Frank Bezner, Tübingen
FE	Falk Eisermann, Berlin
FF	Frank Fürbeth, Frankfurt/M.
FH	Franck Hofmann, Berlin
FM	Frank Möbus, Göttingen
FRH	Frank-Rutger Hausmann, Freiburg
FS	Florian Schneider, München
FSP	Friedemann Spicker, Königswinter
GG	Gunter E. Grimm, Duisburg
GGI	Gernot Giertz, Stuttgart
GH	Gisela Henckmann, München
GHÄ	Gerhard Härle, Heidelberg
GHE	Günter Helmes, Flensburg
GHÜ	Gert Hübner, Leipzig
GK	Gerhard Köpf, München
GLS	Gesine Lenore Schiewer, Bern (Schweiz)
GM	Günther Mahal, Knittlingen
GMS	Georg-Michael Schulz, Kassel

GR	Gisela Reske, Stuttgart	KPA	Kathrin Pöge-Alder, Jena
GS	Günther Schweikle, Stuttgart	KR	Kerstin Riedel, Mainz
GSR	Gerhard Schäfer, Rottweil	KS	Kristýna Slámová, Olomouc
GST	Gregor Streim, Berlin		(Tschechien)
GT	Gert Taube, Frankfurt/M.	KT	Karl Trost, Ditzingen
HBT	Helmut Brall-Tuchel, Düsseldorf	LB	Lothar Bluhm, Landau
HD	Hansgerd Delbrück, Wellington	LI	Lena Immer, Jena
	(Neuseeland)	LK	Lars Korten, Kiel
HER	Herta-Elisabeth Renk, Eichstätt	LR	Luigi Reitani, Udine (Italien)
HF	Harald Fricke, Fribourg (Schweiz)	LVL	Lothar van Laak, Bielefeld
HFG	Hartmut Freytag, Hamburg	LVS	Lerke von Saalfeld, Stuttgart
HFR	Hans-Friedrich Reske, Stuttgart	MB	Manuel Braun, München
HG	Hans Grote, Kassel	MBA	Michael Basseler, Gießen
HH	Harald Haferland, Osnabrück	MBE	Markus Bernauer, Berlin
HHE	Hans-Heino Ewers, Frankfurt/M.	MBH	Manuel Baumbach, Zürich
HHG	Holger Helbig, Erlangen		(Schweiz)
HHS	Hans-Hugo Steinhoff †	MBL	Melanie Beschel, Basel (Schweiz)
HIR	Hans-Ingo Radatz, Eichstätt	MBN	Michael Baldzuhn, Hamburg
HJK	Heinz-Jürgen Kliewer, Landau	MBR	Margret Brügmann, Amsterdam
HL	Hans Lösener, Münster		(Niederlande)
HRB	Hans Richard Brittnacher, Berlin	MC	Manfred Caliebe, Raisdorf
HS	Heinz Schlaffer, Stuttgart	MCB	Maria-Christina Boerner, Fribourg
HSM	Helga Schwalm, Berlin		(Schweiz)
HST	Harald Steinhagen, Bonn	MD	Markus Dauss, Frankfurt/M.
HTE	Henning Tegtmeyer, Leipzig	MDC	Marianne Derron Corbellari,
HTO	Horst Tonn, Tübingen		Neuchâtel (Schweiz)
HVT	Hans von Trotha, Berlin	ME	Matthias Eitelmann, Mannheim
HW	Helmut Weidhase, Konstanz	MFS	Mirko F. Schmidt, Paderborn
HWF	Haiko Wandhoff, Berlin	MG	Marion Gymnich, Gießen
IA	Irmgard Ackermann, München	MGR	Michael Grisko, Lübeck
ID	Irina Denissenko, Jena	MGS	Manfred Günter Scholz, Tübingen
IS	Irmgard Schweikle †	MH	Martin Huber, Hagen
JB	Joachim Bark, Stuttgart	MJS	Martin Johannes Schubert, Berlin
JBL	Joan Bleicher, Hamburg	MK	Manfred Kern, Salzburg
JBR	Jasmin S. Behrouzi-Rühl, Echzell		(Österreich)
JE	Jens Eder, Hamburg	MKN	Michael Knoche, Weimar
JEA	Jan Erik Antonsen, Zürich (Schweiz)	MKO	Michael Konitzer, München
JG	Jürn Gottschalk, Göttingen	ML	Martin Leubner, Flensburg
JGP	Jörn Glasenapp, Lüneburg	MM	Matias Martinez, Wuppertal
JH	Jutta Heinz, Jena	MME	Michael Mecklenburg, Berlin
JHA	Janine Hauthal, Frankfurt/M.	MN	Markus Neumann, Bremen
JHE	Joachim Heinzle, Marburg	MNE	Michael Neecke, Regensburg
JHN	Jens Haustein, Jena	MO	Michael Opitz, Berlin
JK	Jürgen Kühnel, Siegen	MOT	Michael Ott, München
JKN	Joachim Knape, Tübingen	MP	Matthias Perkams, Jena
JL	Jörg Löffler, Oldenburg	MR	Michael Rupp, Chemnitz
JM	Julia Müller, Jena	MSE	Monika Schmitz-Emans, Bochum
JO	Joachim Ott, Jena	MSP	Monika Sproll, Gießen
JR	Johannes Rettelbach, Würzburg	MSR	Markus Schauer, Berlin
JRT	Jan Röhnert, Jena	MV	Martin Vöhler, Berlin
JS	Jörg Schönert, Hamburg	MW	Markus Winkler, Genf (Schweiz)
JSR	Jörg Schuster, Marbach/N.	MWA	Meike Wagner, Mainz
JW	Jörg Wesche, Augsburg	NB	Nana Badenberg, Basel (Schweiz)
KB	Karin Becker, Stuttgart	NBI	Nina Birkner, Marburg
KH	Klaus Hübner, München	NH	Nikola Herweg, Bad Nauheim
KHE	Kirsten Hertel, Heidelberg	NI	Nikolas Immer, Jena
KHH	Klaus Harro Hilzinger, Stuttgart	NL	Nadja Lux, Göttingen
KK	Kai Kauffmann, Bielefeld	NM	Nine Miedema, Münster

NST	Nadyne Stritzke, Gießen	SMB	Sandra Mühlenberend, Leipzig
NW	Nikolaus Wegmann, Princeton (USA)	SMI	Stefan Michel, Weida
		SO	Sören Ohlhus, Dortmund
OB	Otto Bantel †	SP	Stephan Porombka, Hildesheim
OJ	Oliver Jahraus, Bamberg	SPA	Stephan Pabst, Jena
PH	Peter Hühn, Hamburg	SSE	Sebastian Seyferth, Joensuu (Finnland)
PHA	Peter Haischer, Jena		
PHE	Peter Hölzle, Stuttgart	SSI	Sikander Singh, Düsseldorf
PJV	Petra Jenny Vock, Trier	SSM	Silke Segler-Messner, Stuttgart
PK	Peter Köhler, Göttingen	ST	Stefan Tebruck, Jena
PKL	Paul Kahl, Göttingen	SW	Stefanie Würth, Tübingen
PP	Patricia Plummer, Mainz	SWI	Simone Winko, Göttingen
PS	Peter Seibert, Kassel	TAS	Thomas A. Schmitz, Bonn
RB	Rudolf Brandmeyer, Duisburg	TH	Torsten Hoffmann, Göttingen
RBE	Roland Berbig, Berlin	TK	Tilmann Köppe, Göttingen
RBL	Roland Bluhm, Berlin	TM	Thomas Mertel, Leipzig
RBS	Rose Beate Schäfer, Tübingen	TT	Toni Tholen, Hildesheim
RBU	Remigius Bunia, Köln	TU	Thorsten Unger, Göttingen
RC	Remy Charbon, Fribourg (Schweiz)	TV	Theodor Verweyen, Erlangen
RD	Reinhard Döhl †	TZ	Thomas Zabka, Oldenburg
RF	Robert Fajen, Würzburg	UJ	Ulrich Joost, Darmstadt
RGB	Ralf Georg Bogner, Saarbrücken	UK	Ursula Kliewer, Landau
RHS	Ralf-Henning Steinmetz, Kiel	UKO	Ursula Kocher, Berlin
RI	Roland Innerhofer, Wien (Österreich)	UM	Ulrich Müller, Salzburg (Österreich)
		UME	Urs Meyer, Fribourg (Schweiz)
RK	Ralph Köhnen, Bochum	UMI	Ulrich Miehe, Marburg
RKO	Rainer Kolk, Bonn	UMS	Uwe Meves, Oldenburg
RKR	Rüdiger Krohn, Chemnitz	UP	Ulrich Port, Trier
RM	Ralph Müller, Fribourg (Schweiz)	US	Ulrich Steltner, Jena
RRG	Reinhold R. Grimm, Jena	USP	Uwe Spörl, Bremen
RS	Rüdiger Scholz, Freiburg	UV	Ulrike Vedder, Berlin
RSI	Rüdiger Singer, Göttingen	UW	Ulrich Wyss, Frankfurt/M.
RSR	Reinold Schmücker, Greifswald	VD	Volker Deubel, München
RZ	Rüdiger Zymner, Wuppertal	VL	Verena Laubinger, Hildesheim
SAR	Silke Anzinger, Berlin	VM	Volker Mertens, Berlin
SB	Susanne Bürkle, Köln	VT	Volker Titel, Erlangen
SBE	Sabina Becker, Freiburg	WA	Wolfgang Achnitz, Münster
SBL	Stefan Blechschmidt, Jena	WB	Wolfgang Beck, Jena
SD	Sabine Doering, Oldenburg	WD	Walter Delabar, Hannover
SF	Sotera Fornaro, Sassari (Italien)	WDE	Wolf-Dieter Ernst, München
SFJ	Stephan Fuchs-Jolie, Mainz	WG	Wilhelm Graeber, Göttingen
SG	Sonja Glauch, Erlangen	WHO	Wiebke Hoheisel, Göttingen
SH	Sabine Haupt, Fribourg (Schweiz)	WN	Wolfgang Neuber, Berlin
SHO	Susanne Holmes, Uelzen	WOD	Wulf-Otto Dreeßen, Stuttgart
SK	Susanne Köbele, Erlangen	WS	Wolfgang Schramm, Göttingen
SKL	Sandra Kluwe, Heidelberg	WVB	Wiebke von Bernstorff, Hildesheim
SKR	Sven Kramer, Lüneburg	WW	Waltraud Wende, Groningen (Niederlande)
SM	Stefan Matuschek, Jena		

A

Abbildtheorie ↗ Widerspiegelungstheorie.

Abbreviatio, f. [mlat., von lat. *breviare* = verkürzen], Verknappung einer Aussage, z. B. durch Participium absolutum, Ablativus absolutus, ↗ Ellipse, Vermeidung von Wiederholungen (↗ Geminatio) oder Komprimierung mehrerer möglicher Sätze in einen; Stilideal der *brevitas* (Tendenz zur Kürze). Ggs.: ↗ Amplificatio. GS/Red.

Abbreviaturen, f. Pl. [mlat. *abbreviare* = abkürzen], auch: Abbreviationen; v. a. paläographische Bez. für systematische ↗ Abkürzungen in Hss. und alten Drucken. GS/Red.

ABC-Buch ↗ Fibel.

Abdankung ↗ *laudatio funebris*.

Abduktion ↗ Hermeneutik.

Abecedarium, n. [lat.], nach dem Alphabet strukturierter Text. Das A. ist der Sache nach international und bereits in den hebr. ↗ Psalmen zu beobachten (Ps 119; Klagelieder 1–5); der – von den ersten *vier* Buchstaben des lat. Alphabets abgeleitete – Begriff ist seit dem Früh-MA. geläufig für strophische oder prosaische, durch alphabetisch geordnete Binneneinheiten (Strophen, Absätze) organisierte Texte. Die Bez. konkurriert mit dem Wort ›Alphabet‹, das auf die ersten *beiden* gr. Buchstaben zurückgeht, sowie mit dem nach den ersten *drei* Buchstaben des lat. Alphabets benannten ›ABC‹ (»Goldenes ABC«; »ABC vom heiligen Sakrament«). – In die dt. Lit. fanden Abecedarien Eingang in der Nachahmung lat. ↗ Hymnen und ↗ Sequenzen (1) etwa durch den Mönch von Salzburg (»Das guldein ABC«, 14. Jh.) und Heinrich Laufenberg (15. Jh.). Die Organisation nach dem ABC erhöhte die Memorierbarkeit und prinzipiell auch die Stabilität von Texten über alle Unbilden hsl. Überlieferung hinweg. Der Nachweis seiner Verwendung ermöglicht zudem plausible Rekonstruktionen (Straßburger »Eulenspiegel«-Druck, 1510 f.). Als gelehrte Spiele begegnen abecedarische ↗ Akrosticha v. a. im 17. Jh. (Q. Kuhlmann: »Kühlpsalter«, 1684–86). In ironischer Distanz zitieren Jean Paul, W. Busch und K. Schwitters das Gliederungsmittel. – Der Begriff wurde sekundär (doch bereits im MA.) auf einfache, alphabetisch organisierte Lernmittel mit Vollständigkeitsanspruch angewendet, wie sie sich auch noch in der Aufklärung vielfach finden.

Lit.: A. D. von den Brincken: Tabula alphabetica. In: Fs. für H. Heimpel. Gött. 1972, S. 900–923. – F. J. Holznagel, R. Weigand: Abecedarien. In: R. Bäumer, L. Scheffczyk (Hg.): Marienlexikon. Bd. 1. St. Ottilien 1988, S. 12 f. – N. F. Palmer: A.₂. In: RLW. CF

Abele spelen, n. Pl. [nl. = schöne Spiele; *abele* von lat. *habilis* = schön, geziemend; *spel* = Spiel], älteste nationale Sonderform des Theaters in den Niederlanden, die um die Mitte des 14. Jh.s aufkommt. Die in der »Hulthemschen Hs.« (ca. 1410) überlieferten Stücke in etwa tausend kunstlosen Reimpaarversen setzen Stoffe des ↗ höfischen Romans in Szene (»Esmoreit«; »Gloriant«; »Lanseloet van Denemerken«). Im Zentrum der Handlung stehen Liebe (im »Gloriant« zu einer sarazenischen Prinzessin), Intrige (»Lanseloet« entspricht »Pyramus und Thisbe«) und Standesbewusstsein (Vatersuche im »Esmoreit«), die in affektiven Monologen entfaltet werden. – Die *a. sp.* entstammen offenbar dem Repertoire wandernder Theatergruppen (sechs bis acht Akteure). Nach dem Zeugnis des Jodocus Badius (geboren um 1461) arbeitete man mit Masken, um die Rollen besetzen zu können (eine Anknüpfung an die antike Maskentradition ist auszuschließen). Bühnenanweisungen fehlen weitgehend. Die Aufführung fand in geschlossenen Räumen statt, wahrscheinlich auf mit einfacher Dekoration (Teppiche, Vorhänge) ausgestatteten ↗ Simultanbühnen. Am Ende der Spiele wird das Publikum dazu eingeladen, der Aufführung des nachfolgenden Possenspiels (↗ Klucht) beizuwohnen. – Die *a. sp.* gelten als weniger komplexe Vorläufer der theatralischen Bemühungen der ↗ Rederijkers.

Lit.: W. M. H. Hummelen: Abel spel. In: LMA. – G. Komrij (Hg.): De a. sp. Den Haag 1989. – G. Stellinga: De a. sp. Groningen 1955. CF

Abendlied ↗ Serenade.

Abendmahlsspiel, ↗ geistliches Spiel des MA.s, bestimmt für Gründonnerstag. Die A.e des dt. Sprachgebiets, das Prager A. (um 1400) und zwei Spiele aus dem Sterzinger Spielarchiv, das Bozner A. (Ende des 15. Jh.s) und das Sterzinger A. (Anfang des 16. Jh.s), tragen die Eigenbez. *Ludus de (in) cena domini*. Das Prager A. fängt mit dem Gastmahl bei Simon Leprosus an und endet mit der Aufforderung Jesu an seine Jünger, mit ihm in den Garten Gethsemane zu gehen. Das Bozner A. hat als erste Szene eine Judenberatung, das Sterzinger A. eine Teufelsberatung, beide Spiele enden mit der Verhaftung Jesu. Die Abendmahlsszene enthält die Vorbereitungen zum Abendmahl, das Abendmahl mit der Einsetzung der Eucharistie, die Vorhersage des Judasverrats und die Verräterbez., die Ankündigung der Verleugnung Petri und die Fußwaschung. Das Abendmahl kommt oft als Szene in ↗ Passionsspielen vor.

Lit.: Y. Dohi: Das Abendmahl im spätmal. Drama. Ffm. u. a. 2000. CKU

Abenteuerroman, seit 1879 (R. Koenig: »Dt. Lit.geschichte«, nach vorher üblichem ›Abenteurerroman‹) Oberbegriff für Romane, die sich durch Stofffülle und abenteuerliche Spannung auszeichnen und in denen der Held in eine bunte Kette von Ereignissen oder Irrfahrten verwickelt wird. Charakteristika des A.s sind: der Ausbruch des meist mittelständisch positionierten, wenig entwicklungsfähigen Helden aus einer festgefügten Ordnung in eine unbekannte, als fremd erfahrene Welt, die lockere Folge relativ selbständiger, um diesen gruppierter Geschichten (›Kettenstruktur‹), der meist volkstümlich-realistische Stil und das vordergründig-handgreifliche Geschehen, das in der Regel fiktiven Charakter hat. A.e dienen nicht der Darstellung innerer Konflikte oder Entwicklungen, sondern intendieren Unterhaltung und allenfalls Belehrung des Lesers und sind z. T. mit dem jeweiligen Populärwissen ihrer Zeit angereichert.

Im MA. sind nach diesem Schema die ↗ Spielmannsdichtungen (1), z. B. »Herzog Ernst«, angelegt, ebenso später die ↗ Volksbücher. A.e begegnen in großer Zahl vom Barock (↗ Schelmenroman, ↗ Avanturierroman) über die Trivialromane des 18. Jh.s (↗ Geheimbund-, ↗ Schauerromane, K. Grosse, K. G. Cramer, Ch. A. Vulpius) bis ins 19. Jh. Sie werden (je nach Stoff und Schwerpunkt und nicht immer deutlich abgrenzbar) als Schelmen-, Lügen-, Reise-, Räuber-, Schauerroman unterschieden. Seit der Antike finden sich aber auch in lit. anspruchsvollen Werken abenteuerliche Erlebnisse der Helden; jedoch sind hier die Episoden nicht Selbstzweck, sondern in die Darstellung integriert: auf solche Werke trifft die Bez. ›A.‹ nur partiell zu. Es sind dies etwa in der Spätantike der »Goldene Esel« des Apuleius, die »Aithiopika« des Heliodor, im MA. die Artusepen, von denen eine Fülle verflachter Nachahmungen abstammen (↗ Amadisromane, ↗ Ritterromane), zu denen als Gegenbewegung wiederum satirische A.e bzw. pikareske Romane entstanden (»Lazarillo de Tormes«, 1554; M. de Cervantes: »Don Quichote«, 1606; H. J. Ch. v. Grimmelshausen: »Simplizissimus«, 1669 [↗ Simpliziaden]; A.-R. Le Sage: »Gil Blas«, 1719). Auch D. Defoes »Robinson« (1719) rief in ganz Europa eine Flut oberflächlicher Nachahmungen hervor (↗ Robinsonaden). Abenteuerliche Lebensläufe schildern auch Voltaire in seinem philosophisch fundierten »Candide« (1759), S. Richardson in seinen empfindsamen Romanen, ferner H. Fielding in seinem als Protest dagegen entstandenen »Tom Jones« (1749). Die im A. implizierte Spielart des Reiseromans wird bes. im 18. Jh. beliebt (J. A. Musäus, M. A. Thümmel, J. C. Wezel). Blütezeit des A.s war das späte 18. und frühe 19. Jh. Die Abenteuermotive in den Werken der Klassik und Romantik (J. W. Goethe: »Wilhelm Meisters Lehrjahre«; J. v. Eichendorff: »Aus dem Leben eines Taugenichts«; Jean Paul: »Flegeljahre«, L. Tieck, E. T. A. Hoffmann) sind zu verstehen als geistige Abenteuer und prägen hinfort ↗ Künstler- und ↗ Bildungsromane. – Im 19. und 20. Jh. zeichnet sich der A. durch psychologische Vertiefung, z. T. auch Zeitkritik aus (H. Kurz: »Der Sonnenwirt«, 1854; R. L. Stevenson, J. Conrad). Daneben steht das Interesse an der Ethnographie neu erschlossener Erdteile (J. F. Cooper und seine dt. Nachfolger Ch. Sealsfield, B. Möllhausen, F. Gerstäcker, K. May, B. Traven) und an der Geschichte, v. a. des MA.s (W. Scott, Ch. de Coster). Hinzu treten soziale Anliegen (V. Hugo: »Les Misérables«, 1862), auch technisch-utopische Zukunftsphantasien (J. Verne). Motive des A.s finden sich auch in den Werken A. Dumas'(père), E. Sues, H. Melvilles, Mark Twains, J. Londons, B. Cendrars', B. Chatwins, Ch. Ransmayrs. Während in Antike und MA. sich der Held den Abenteuern unterzieht, um »Ehre« zu gewinnen, sind für den Abenteurer der Neuzeit der Ausbruch aus der festgefügten Welt bürgerlicher Ordnungen und die oft gefahrvolle Reise ins Unbekannte bzw. die Erfahrung physisch-psychischer Extrem-Situationen symptomatisch, wobei die Motive von positiver Neugier bis zum negativen Zivilisationsüberdruss reichen können, letztlich aber Ausdruck einer heldischen Bewährungsstrategie sind. Im 20. Jh. nimmt einerseits die sozialkritische Tendenz der A.e zu, andererseits ist die Verlagerung von der weitgehend erforschten Erde auf extraterrestrische Regionen (↗ Science-Fiction) ein Symptom für die Hauptmotivation des A.s: die *curiositas* als Grundbedürfnis des Menschen. In den Bestsellern von U. Eco (»Der Name der Rose«, »Baudolino«) verbinden sich A. und historischer Roman. Im Übrigen besitzt im 20. Jh. der Begriff ›A.‹ keine gattungskonstituierende Verbindlichkeit mehr, die A.e selbst gelten entweder als Ausdruck eines utopisch-revolutionären Impetus (E. Bloch) oder einer affirmativ-regressiven Projektion (Märtin). – Lit.: H. Eggebrecht: Sinnlichkeit und Abenteuer. Die Entstehung des A.s im 19. Jh. Bln., Marburg 1985. – V. Klotz: Abenteuer-Romane. Mchn., Wien 1979. – A. Maler (Hg.): Exotische Welt in populären Lektüren. Tüb. 1990. – R.-R. Märtin: Wunschpotentiale. Geschichte und Gesellschaft in A.en von Retcliffe, Armand, May. Königstein 1983. – H. Pleticha, S. Augustin: Lexikon der Abenteuer- und Reiselit. von Afrika bis Winnetou. Stgt. 1999. – F. Schegk (Hg.): Lexikon der Reise- und Abenteuerlit. Meitingen 1988. – H. Schmiedt: A. In: RLW. – S. Schott-Tannich: Der ethnographische Abenteuer- und Reiseroman des 19. Jh.s im Urteil des zeitgenössischen Rezensenten. Kassel 1993. – B. Steinbrink: Abenteuerlit. des 19. Jh.s in Deutschland. Tüb. 1982. GG

Abgesang, zweiter Teil der mhd. Kanzonen- oder ↗ Stollenstrophe. Der A. folgt dem ↗ Aufgesang, von dem er sich metrisch und musikalisch unterscheidet; meistens ist er kürzer als der Aufgesang, aber länger als dessen einzelne ↗ Stollen. Die Reimkombinationen variieren. Oft werden in Aufgesang und A. dieselben Wörter gebraucht (z. B. diejenigen in Anfangs- oder Endposition); diese Wiederholungen können auf einen inhaltlichen Zusammenhang hinweisen. KS

Abhandlung, f., 1. im 17. Jh. übliche Bez. für die ↗ Akt oder ↗ Aufzug im Drama. – 2. Wissenschaftliche Arbeit über ein Problem; ↗ Aufsatz, ↗ Monographie; früher: ↗ Diskurs, ↗ Traktat.

Abkürzung, Weglassung von Buchstaben, Silben, Wörtern oder Wortfolgen aus Raum- oder Zeitgründen. Die heutige A.stechnik folgt weitgehend schon in der Antike vorgegebenen Prinzipien, etwa dem Prinzip der A. durch Suspension (Weglassung: AEG = Allgemeine Elektrizitäts-Gesellschaft), bes. aber dem Verfahren der röm. Juristen, für das der Punkt hinter der A. typisch ist (S. P. Q. R. = Senatus Populusque Romanus). Man unterscheidet Reduktion auf den ersten Anfangsbuchstaben (d. h. = das heißt), auf Anfangs- und einen oder mehrere Folgebuchstaben (Tel. = Telefon), auf Anfangs- und Mittelbuchstaben (Jh. = Jahrhundert), Anfangs-, Mittel- und Endbuchstaben (Slg. = Sammlung), Anfangs- und Endbuchstaben (Nr. = Nummer). Bei A.en von Wortfolgen ergeben oft deren Anfangsbuchstaben oder -silben ein neues Kurzwort (↗ Akronym). – Systematisiert in spätantiken Kanzleien (bereits A.sverzeichnisse), prägten A.en (Abbreviaturen) die mal. Schreibpraxis und (trotz des erschwerenden Typenaufwandes) die frühen Drucke. Bis heute spielen A.en in fachsprachlichen Kontexten, aber auch in der Alltags- und Jugendsprache, im ↗ Rap und in der Lit. (etwa bei A. Schmidt) eine wichtige Rolle. Normierte A.en heißen ↗ Siglen.

Lit.: F. A. Buttress, H. J. Heaney (Hg.): World Guide to Abbreviations of Organizations. Glasgow u. a. ⁹1991. – A. Cappelli: Lexicon abbreviaturarum. Mailand ⁶1999. – P. A. Grun: Schlüssel zu alten und neuen A.en. Limburg 1966. – D. Stahl, K. Kerchelich: Abbreviations Dictionary. NY ¹⁰2001.   HFR/Red.

Abschwörungsformel ↗ Taufgelöbnis.

Absolute Dichtung [lat. *absolutus* = abgelöst, befreit, vollendet], Erscheinung der modernen Lyrik, bei welcher der immanente Sprachbezug des Gedichts der außersprachlichen Wirklichkeit gegenüber autonom gesetzt wird. – A. D. verkörpert den Anspruch der Lyrik, sich frei von den äußerlichen Bezügen zur Welt ganz auf das innersprachliche ↗ Spiel der ↗ Zeichen zu beschränken. In Übereinstimmung mit der Grundtendenz moderner Lyrik zeichnet sie sich durch ein ausgeprägtes Formbewusstsein und eine Tendenz zur Entdinglichung aus, welche die schöpferische Seite des Kunstherstellung hervorhebt (↗ Artistik). In der a.n D. verbindet sich der antimimetische Impuls ferner mit einem weitgehenden Verzicht auf den kommunikativen Aspekt der Sprache, der zu einer Reduktion des Adressatenkreises führt und die a.D. in die Nähe ↗ hermetischer Lit. rückt. Ihr tendenziell elitärer Standpunkt bringt sie in einen Ggs. zu allen Formen praxisbezogener Sprache, insbes. zur ↗ engagierten Lit. – Die Ursprünge der a.n D. liegen in der Romantik. In seinem Prosatext »Monolog« (um 1800) legt Novalis mit der These, dass Sprache sich bloß um sich selbst kümmere, die Grundlage für das Verständnis der Dichtung als einer reinen Sprachform. Ihre dauerhafte Ausprägung erfährt die a. D. in Frankreich. Ch. Baudelaire entwickelt in dem Gedicht »Correspondances« (1857) die Vorstellung einer metaphorischen Ordnung von sprachlichen Ähnlichkeitsverhältnissen, die zugleich Urgrund der modernen Dichtung und Vermittlung von Geist und Sinnlichkeit sein kann. St.

Mallarmé (»Crise de vers«, 1895) erweitert Baudelaires Modell, indem er Sprache sowohl der außersprachlichen Wirklichkeit als auch den subjektiven Intentionen des Künstlers gegenüber absolut setzt: »Das reine Werk impliziert das kunstvoll beredte Verschwinden des Poeten, der die Initiative an die Wörter abtritt.« Im Sinne Mallarmés definiert P. Valéry ›a. D.‹ als System der Wechselbezüge von Ideen und sprachlichen Ausdrucksmitteln. Er löst den künstlerischen Anspruch der a.n D. von den traditionellen Bereichen Moral und Theologie ab, um ein ästhetisches Ideal zu proklamieren, das sich angesichts des alltäglichen Sprachgebrauchs allerdings nur partikular verwirklichen lässt. Die frz. Tradition der a.n D. findet, vermittelt durch St. George, H. v. Hofmannsthal und R. M. Rilke, im dt. Sprachraum ihre Weiterführung bei G. Benn, der ebenfalls den reinen Wortbezug des modernen Gedichts unterstreicht (»Probleme der Lyrik«, 1951). In Benns Ästhetik wird das Gedicht zum Statthalter des Absoluten: Aufgrund der durch F. Nietzsche vermittelten Erfahrung, dass alle Ideale ihren Sinn verloren haben, setzt Kunst sich selbst absolut und bietet damit ein letztes Refugium metaphysischer Sinnsuche. Vor dem Hintergrund der konkreten geschichtlichen Wirklichkeit ist Benns Position von P. Celan kritisiert worden: »Das absolute Gedicht – nein, das gibt es gewiß nicht, das kann es nicht geben!« (»Der Meridian«, 1960) Mit der Betonung des dialogischen Charakters moderner Dichtung, die sich explizit gegen Mallarmé und Benn richtet, überwindet Celan die Antithese von absoluter und engagierter Dichtung und damit die einseitige Bestimmung der Lyrik als reiner Sprachkunst.

Lit.: B. Böschenstein: Studien zur Dichtung des Absoluten. Zürich, Freiburg 1968. – H. Friedrich: Die Struktur der modernen Lyrik. Reinbek 1956. – M. Schmitz-Emans: Die Sprache der modernen Dichtung. Mchn. 1997.   AG

Absolute Musik ↗ Musik und Lit.

Abstrakte Dichtung, uneinheitliche und umstrittene Bez. für eine sowohl vom Gegenständlich-Darstellenden als auch vom Logisch-Semantischen sich abhebende Lyrik, die die Sprache primär unter dem Aspekt ihrer Materialität und Funktionalität einsetzt, um so neue Gestaltungsräume zu gewinnen. A. D. bezieht ihre Ausdruckskraft aus sprachlichen – auch akustisch (↗ Lautgedicht) bzw. optisch (↗ visuelle Poesie) wirksamen – Zeichen, die nicht auf gegenständliche Welten verweisen, sondern auf das Zeichensystem selbst und dessen Bedeutungspotentiale. Für die mangelnde Trennschärfe gegenüber Begriffen wie ↗ ›absolute‹, ↗ ›elementare‹, ↗ ›konsequente‹, ›materiale Dichtung‹, v. a. aber ↗ ›konkrete Poesie‹ lassen sich drei Gründe anführen: Erstens beruht jegliche Literarisierung auf Abstraktionsprozessen (vgl. Simm); zweitens verwenden die Künstler selbst wechselnde Begriffe (Kandinsky ersetzt ›abstrakte Kunst‹ 1935 durch ›reale‹, 1938 durch ›konkrete Kunst‹); drittens funktionieren ›abstrakt‹ und ›konkret‹ als relationale Begriffe: Die

Auflösung konventioneller Sprachkohärenzen in den Produktionen der a.n D. kann bei der Rezeption zur Bildung von sinnstiftender Referenzialität und damit zur neuerlichen Konkretisierung des Dargestellten führen. – Als Vorläufer können Lautgedichte und visuell-typographische Dichtungen von A. Holz, Ch. Morgenstern (»Fisches Nachtgesang«, 1905), P. Scheerbart und G. Apollinaire gelten. Der Kunsthistoriker W. Worringer forderte noch, »das einzelne Ding der Außenwelt [...] durch Annäherung an abstrakte Formen zu verewigen« (S. 21); die Dadaisten und Futuristen setzten dem das Prinzip kritischer Destruktivität entgegen. Der ↗Sturmkreis um H. Walden (ab 1910), H. Arp und K. Schwitters zielt ebenso wie V. Chlebnikov (»Zangezi«, 1922) auf neue Qualitäten der Sagbarmachung, die unterschiedliche Grade der Abstraktion zeigen: in neuer Syntax verdichtete Neologismen (A. Stramm), durch Sequenzierung, ↗Rhythmus und ↗Klang musikalisch durchgestaltete Buchstabenfolgen (Schwitters: »Ursonate«, 1922–32), die universale Sternensprache der *zaum'*-Poetik (V. Chlebnikov). – Nach 1945 wird a. D. in verschiedene Richtungen weiterentwickelt: von M. Bense (↗Informationsästhetik, ↗Computertexte), E. Jandl (Sprechgedichte), E. Gomringer, dem frz. ↗Lettrismus (I. Isou, H. Chopin), von ↗Oulipo, der ↗Wiener Gruppe (G. Rühm, H. C. Artmann), H. Heißenbüttel, F. Mon und O. Pastior.
Lit.: B. Allemann: Gibt es a. D.? In: A. Frisé (Hg.): Definitionen. Ffm. 1963, S. 157–184. – R. N. Maier: Paradies der Weltlosigkeit. Stgt. 1964. – H.-J. Simm: Abstraktion und Dichtung. Bonn 1989. – E. Stahl: Anti-Kunst und Abstraktion in der lit. Moderne (1909–33). Ffm. 1997. – W. Worringer: Abstraktion und Einfühlung. Mchn. 1908.   UV

Absurde Dichtung [lat. *absurdus* = misstönend, ungereimt, sinnlos], Sammelbez. für Lit.formen, die sich mimetisch-repräsentativen Verweisungszusammenhängen verweigern. Für das absurde Drama (↗*théâtre de l'absurde*) waren Bühnenwerke von A. Jarry, G. Apollinaire sowie aus dem ↗Surrealismus grundlegend; auf die a. D. generell hatte die Prosa F. Kafkas und des ↗Expressionismus großen Einfluss. Ab den 1940er Jahren werden A. Camus (»Le mythe de Sisyphe«, 1942), E. Ionesco (»La cantatrice chauve«, 1950), S. Beckett (»En attendant Godot«, 1953) und J. Genet (»Le balcon«, 1956) prägend für die a. D. Ursprungsimpuls der a.n D. ist die Entdeckung der Welt als metaphysisches Niemandsland (vgl. F. Nietzsche: »Die Gefangenen«; in: »Menschliches Allzumenschliches«, Bd. 2: »Der Wanderer und sein Schatten« [1880/86], Nr. 84), was zur Darstellung entfremdeter und destruierter Menschlichkeit führt. Im absurden Drama werden herkömmliche Konzepte wie ↗Handlung, ↗Held und ↗Dialog zugunsten von ↗Ritual und ↗Parabel, Demonstrationsfigur und kontaktlosem Räsonieren aufgegeben. Auch Prosatexte (z. B. von D. Charms, St. J. Witkiewicz, H. Pinter, E. Albee, W. Hildesheimer und P. Handke) können Züge a.r D. aufweisen.

Lit.: M. Esslin: Das Theater des Absurden [engl. 1961]. Reinbek 1985. – U. Frackowiak: Absurd. In: RLW. – Dies.: Absurdes Theater. In: RLW. – W. F. Haug: Kritik des Absurdismus [1966]. Köln 1976.   CSR

Absurdes Theater ↗ *théâtre de l'absurde*.

Abundanz, f. [lat. *abundantia* = Überfluss, Reichhaltigkeit], Stilgriff mit positiver (bei Cicero: Wortfülle, reichhaltiger Redefluss) oder negativer Konnotation (bei Quintilian: Übermaß sprachlicher Ausdrucksformen, die denselben Gedanken mehrmals wiedergeben).   RBS

Abvers, zweiter Teil eines ↗Langverses oder eines ↗Reimpaares, auch Schlussvers eines ↗Stollens; Ggs.: ↗Anvers.

Abweichung, Begriff der Lit.theorie. Anders als die Regelpoetik gibt die A.spoetik keine Normen an, denen jeder lit. Text genügen soll, sondern bestimmt Lit. mit Blick darauf, dass ihr Sprachgebrauch gegen die normale Sprachverwendung verstößt. Dieser kalkulierte Verstoß hat funktionale Bedeutung (z. B. bei der Konstitution von formalen Strukturen oder der Erzeugung bestimmter Wirkungen). Die A. hat im Rahmen der A.stheorie, wie sie z. B. im russ. ↗Formalismus, in der linguistischen Poetik R. Jakobsons oder in dem Lit.modell H. Frickes vertreten wird, den Rang eines Merkmals von Lit.
Lit.: Th. Anz: A. In: RLW. – H. Fricke: Norm und A. Eine Philosophie der Lit. Mchn. 1981. – Ders.: Gesetz und Freiheit. Eine Philosophie der Kunst. Mchn. 2000. – R. Jakobson: Poetik. Ffm. 1979.   BM

Académie française ↗ Klassik.

Accessus ad auctores, m. [lat. = Annäherung an die Autoren], Pl. *accessus a.a.*; den Abschriften von Werken antiker Schulautoren (u. a. Vergil, Boethius, Avian) seit der Spätantike vorangestellte Einleitung, die lit.geschichtliches Wissen anhand bestimmter, relativ verbindlicher Schemata aufführt. Die Fragenkataloge berücksichtigen etwa: 1. die aus den Grammatiken übernommenen Aspekte *locus*, *tempus* und *persona*; 2. (seit Servius) *vita poetae*, *titulus operis*, *qualitas carminis*, *intentio scribentis*, *numerus* und *ordo librorum*, *explanatio*; 3. die aus dem Rhet.-Unterricht bekannten *septem circumstatiae* (Umstände): *quis*, *quid*, *cur*, *quomodo*, *quando*, *ubi*, *quibus facultatibus*; 4. die v. a. von Konrad von Hirsau und Bernhard von Utrecht (12. Jh.) aufgestellten Fragen nach *operis materia*, *scribentis intentio*, *pac uirti philosophiae supponatur*, *utilitas* und *finalis causa*. – Nicht immer wurden alle Aspekte berücksichtigt, auch wechselte die Reihenfolge. Die vom 8. bis ins 12. Jh. florierende *a. a. a.*-Lit. brachte reflektierte, den Lehrplan unter didaktischem Aspekt sinnvoll staffelnde Sammlungen hervor. – Zu volkssprachigen Phänomenen vgl. ↗ Vida.
Lit.: H. Brinkmann: Mittel. Hermeneutik. Tüb. 1980. – G. Glauche: Schullektüre im MA. Mchn. 1970. – N. Henkel: Dt. Übers.en lat. Schultexte. Mchn. 1988. – A. Suerbaum: A.a.a. In: E. Anderson u. a. (Hg.): Autor und Autorschaft im MA. Tüb. 1998, S. 29–37.   CF

Accumulatio, f. [lat. = Anhäufung], auch: *frequentatio*; ↗ rhet. Figur: syntaktisch enge, syndetische oder asyndetische – also mit oder ohne Konjunktionen gebaute – Abfolge von Wörtern oder Kola (↗ Kolon), jedoch ohne wörtliche ↗ Wiederholung. Sind die Wörter synonym, spricht man von einer *congeries*; zerlegen sie einen übergeordneten Begriff in Teilaspekte, von einer ›Distributio‹ oder ↗ ›Dihärese‹ (4): »Ist was, das nicht durch *Krieg*, Schwert, Flamm' und Spieß zerstört« (A. Gryphius: »Auf den Sonntag des letzten Greuels«, V. 3). Dieser Kollektivbegriff kann vor- oder nachgestellt sein, aber auch fehlen. Dominiert dabei die Aufzählungsfunktion, spricht man von einer ›Enumeratio‹. Wird ein logisch komplexer Begriff in zwei gleichgeordnete Begriffe zerlegt, liegt ein ↗ Hendiadyoin vor. Länge, Klangfülle oder Intensität der Glieder können sich steigern (↗ Klimax): »Ein Wort – ein Glanz, ein Flug, ein Feuer, / ein Flammenwurf, ein Sternenstrich« (G. Benn: »Ein Wort«, V. 5 f.). Neben den bisher genannten Fällen der ›koordinierenden A.‹ (der Reihung selbständiger Satzglieder) gibt es auch solche der ›subordinierenden A.‹, z. B. wenn Adverbien oder Objekte zu Verben oder ↗ Epitheta zu Substantiven aufgezählt werden: »Ernste, milde, träumerische, unergründlich süße *Nacht*«, N. Lenau: »Bitte«, V. 3 f.). – Die A. ist ein Mittel der ↗ Amplificatio. Zur Reihung von Wortgruppen vgl. ↗ Adiunctio. GS/CLU

Acta, n. Pl. [lat. = Taten, zu *agere* = tun], ursprünglich Aufzeichnungen von Amtshandlungen der röm. Verwaltung (*a. publica, a. senatus*), dann auch Mitteilungen von öffentlichem Interesse (*a. diurna* oder *urbana*, 55 v. Chr. von Caesar gegründet), später Bez. für Publikationen allg. Bedeutung: *A. apostulorum* (Apostelgeschichte), *A. martyrorum* (Märtyrergeschichte), *A. eruditorum* (1682–1782, erste wissenschaftliche Zs.); noch heute Titel von Periodika oder Sammelwerken. GS/Red.

Actio ↗ Pronuntiatio.

Actor, m. [lat. *agere* = ausführen], Begriff zur Scheidung desjenigen, der eine fremde Sache vor- oder ausführt, von demjenigen, der als geistiger Urheber (↗ Autor) zu gelten hat. Die lat. Grundbedeutung hat sich im frz. *acteur* und engl. *actor* für den Bühnenschauspieler erhalten. In mal. Texten zur Hervorhebung der Ansicht, alles Schreiben sei letztlich Kompilieren (↗ Kompilation), als Selbstbez. verbreitet.
Lit.: A. Minnis: Late-Medieval Discussions of compilatio and the Rôle of the compilator. In: Beitr. [Tüb.] 101 (1979), S. 385–421. CF

Acumen ↗ Pointe.

Adaption ↗ Adaption.

Adaption, f. [von lat. *ad-aptus* bzw. *ad-aptatus* = angepasst], auch: Adaptation; 1. Transformation eines lit. oder medialen Werks, die durch einen Gattungs- oder Medienwechsel bei Wahrung wesentlicher Handlungselemente gekennzeichnet ist; 2. lit. oder mediales Werk, welches das Ergebnis einer solchen Transformation ist. – In der Regel wird die A. als solche durch Übernahme des Titels des transformierten Werkes angezeigt. Typen der A. lit. Werke werden zunächst nach den für die A. gewählten (Medien-)Gattungen unterschieden: Von 1. *binnenlit. A.en* (ein lit. Werk wird in eine andere lit. Gattung transformiert; z. B. eine Ballade in eine Novelle) sind 2. die verschiedenen Formen *medialer A.* abzugrenzen: a) die *bildersprachlich dominierte Print-A.* (↗ Comic, ↗ Bilderbuch), b) die *audiovisuelle A.* (↗ Verfilmung, Hörspielfassung) und c) die *interaktive A.* (↗ interaktive Narration). – Typen der A. werden zudem aufgrund der inhaltlichen und formalen Nähe zum Original unterschieden, meistens in einer Dreiertypologie: 1. ›bewahrend‹ (↗ Werktreue), 2. ›modifizierend‹ und 3. ›frei‹ (in wesentlichen Aspekten vom Original abweichend, ggf. auch gegen den Gehalt des Originals). In der wissenschaftlichen Diskussion gilt heute statt Werktreue eine gattungs- bzw. medienadäquate Transformation als erstrebenswert, die das originale Werk den Möglichkeiten und Konventionen der gewählten (Medien-)Gattung anpasst. – Während es bis zum Ende des 19. Jh.s nur vereinzelte binnenlit. A.en (v. a. ↗ Bühnenbearbeitungen erzählender Werke) gibt, wird die A. lit. Werke durch das Aufkommen der elektronischen Medien im 20. Jh. zu einem bedeutenden Phänomen; allein mehr als 5.000 dt.sprachige Lit.verfilmungen sind im 20. Jh. entstanden. Mittlerweile sind viele (kanonische) Werke (auch der ↗ Kinder- und Jugendlit.) einer breiteren Öffentlichkeit v. a. durch Verfilmungen bekannt. Gegenwärtig lässt sich ein Trend zu Medienverbundproduktionen feststellen: Lit. Werke erscheinen als Film und als interaktive (Computerspiel-)Produktion, ergänzt um weitere Produktionen (wie den Soundtrack auf CD-ROM oder eine Hörfassung als ↗ Hörbuch).
Lit.: J. Naremore (Hg.): Film Adaptation. London 2000. – K. Schmidt, I. Schmidt: Lexikon Lit.verfilmungen [2000]. Stgt., Weimar ²2001. – R. Stam, A. Raengo (Hg.): Literature and Film. Malden/Mass. 2005. ML

Adespota, n. Pl. [gr. *adéspota* = herrenlos], Schriften, deren Verfasser nicht bekannt sind. ↗ Anonym.

Adiunctio, f. [lat. = *Anschluss, Zusatz*], ↗ rhet. Figur: von einem Satzglied abhängige koordinierte Reihung bedeutungsverschiedener Wortgruppen (meist vom Prädikat abhängige Objektsätze), wobei ein übergeordneter Gedanke eine differenzierte Ausprägung gewinnen soll: »… er … *wird* euch / Aus diesem Neste ziehen, eure Treu / In einem höhern Posten glänzen lassen« (F. Schiller: »Wallensteins Tod«, V. 2811–2813). ↗ Accumulatio. GS/Red.

Adnexio ↗ Zeugma (1).

Adoleszenzliteratur, [lat. *adulescentia* = Jugend], Texte, in denen die physiologischen, psychologischen und soziologischen Aspekte des Heranwachsens, zumeist zwischen dem 12. und 18. Lebensjahr, thematisiert werden. Bereits im 18. Jh. treten mit Goethes »Die Leiden des jungen Werthers«, einzelnen Dramen des ↗ Sturm und Drang und Moritz' »Anton Reiser« Texte auf, in denen die Konsequenzen der Auflösung ständischer Vergesellschaftung und die Folgen für individualisierte Lebensläufe beschrieben werden: Generationskonflikte und Jungsein als selbstgestaltete Lebensphase mit Risiken wie Entwicklungspotentialen zugleich; ↗ Autobiographie und ↗ Bildungsroman greifen verwandte Probleme sozialen Wandels und kultureller Neudefinition von Lebensphasen auf. Eine deutliche Umakzentuierung bringt die A. um 1900 mit Texten wie F. Wedekinds »Frühlings Erwachen«, H. Hesses »Unterm Rad« und R. Musils »Die Verwirrungen des Zöglings Törleß«. Die zumeist männlichen Protagonisten scheitern an den Anforderungen ihrer Erzieher, Jugend erscheint als Stadium fragiler Identität und einer von Elternhaus und Schule nur unzulänglich berücksichtigten Krise; allenfalls die Freundschaft mit Gleichaltrigen bietet ein Refugium. Nach 1945 wird mit J. D. Salingers »The Catcher in the Rye« eine A. etabliert, die gegen unbefragte Rollenzuweisungen und standardisierte Lebensläufe protestiert. Die moderne A., die vielfach der Jugendlit. (↗ Kinder- und Jugendlit.) zugerechnet werden kann, kennt – auch am Beispiel weiblicher Protagonistinnen – radikalen Protest und ›Ausstieg‹ (Plenzdorf: »Die neuen Leiden des jungen W.«) ebenso wie die Entdramatisierung des Generationenkonflikts, die Normalisierung der Spannung zwischen individuellem Anspruch und sozialen Realitäten und eine Vielfalt von Subjektkonzeptionen. Jungsein wird als generationsübergreifender gesellschaftlicher Imperativ gezeigt, Sinnperspektiven und zielgerichtete Lebensplanung erweisen sich als Ausnahmen (Z. Jenny: »Das Blütenstaubzimmer«). Lit.: C. Gansel: Der Adoleszenzroman. In: G. Lange (Hg.): Taschenbuch der Kinder- und Jugendlit. Bd. 1. Hohengehren 2000, S. 359–398. – G. Lange: Adoleszenzroman. In: A. Baumgärtner, H. Pleticha (Hg.): Kinder- und Jugendlit. Ein Lexikon. Teil 5, 3. Ergänzungslieferung. Meitingen 1997, S. 1–22. – M. Luserke: Schule erzählt. Lit. Spiegelbilder im 19. und 20. Jh. Gött. 1999.   RKO

Adoneus, m. [gr.-lat. = adonischer Vers], auch: Adonius; fünfgliedriger antiker Versfuß der Form – ∪ ∪ – ∪; gilt als anaklastische Variante des ↗ Dochmius (Umstellung der ersten beiden Längen und Kürzen), metrisch identisch mit dem Schluss des daktylischen Hexameters nach der ↗ bukolischen Dihärese, daher auch als katalektische daktylische Dipodie gedeutet (im Dt. mit ↗ Daktylus + ↗ Trochäus nachgebildet: – ∪ ∪ – ∪, »Héilige Glúten«). Bez. nach dem Klageruf *O ton Adonin* in gr. Totenklagen um Adonis. Wegen seiner abschließenden Wirkung auch als Schluss-, Kurzvers verwendet, z. B. in der Sapphischen Strophe (↗ Odenmaße, z. B. Horaz: Carm. I, 2; F. G. Klopstock: »Der Frohsinn«); stichisch selten (z. B. G. Greflinger: »An seine Gesellschaft«).   HST

Ad spectatores [lat. = an die Zuschauer], 1. ↗ Prolog, Vorrede; 2. ↗ Beiseite(sprechen).

Ad usum Delphini, [lat. = zum Gebrauch des Dauphin], auch: *in usum Delphini*; ursprünglich die in mo-

ralischer und politischer Hinsicht gereinigten (und kommentierten) Ausgaben antiker Klassiker, die auf Veranlassung Ludwigs XIV. von J.-B. Bossuet und P. D. Huet in den Jahren 1674–1730 für den Unterricht des Dauphins (des frz. Thronfolgers) zusammengestellt wurden. Später allg.: Bearbeitungen lit. Werke für die Jugend (D. Defoe: »Robinson Crusoe«, J. Swift: »Gullivers Reisen« u. a.), ↗ Editio castigata.   GG

Adventsspiel, aus dem protestantischen Schulspiel und städtischem Brauchtum Mitteldeutschlands entstandenes ↗ geistliches (Umzugs-)Spiel, ursprünglich szenisch-mimische Gestaltung der Einkehr Christi in Bethlehem und Katechisierung der Kinder. Im Umzug gehen neben Christus (als Kind oder Erwachsener), Maria, Josef, Engeln, Heiligen usw. auch Raunachtgestalten mit (Knecht Ruprecht, Hans Pfriem usw.). – Anfangs Schülerbrauch (erste Bezeugung als Schülerumzug Ende des 16. Jh.s), geht das A. über auf Bauern und Bergleute; eigentliche Entfaltung seit Mitte des 17. Jh.s (um diese Zeit entstehen eigenständige Formen im kath. Ost-Mitteldeutschland). Von Mitteleuropa gehen umfangreiche Spielwanderungen nach Ost- und Südost-Europa, dabei Ausweitung zu großen Christfahrten, wobei weitere Teile der Weihnachtsspieltradition (Hirtenszenen u. a.) übernommen werden. Bes. im Erzgebirge bis ins 19. Jh. weit verbreitet. Lit.: A. Karasek-Langer: Herkunft und Entwicklung der A.e. In: Bayerisches Jb. für Volkskunde 1963, S. 144–165. – L. Schmidt: A. und Nikolausspiel. In: Wiener Zs. für Volkskunde 40 (1935), S. 97–106.   RBS

Adversarien, n. Pl. [lat. *adversarius* = entgegenstehend, und *adversaria* = Konzeptbuch, Kladde], historische, von der älteren Forschung aber meist unspezifisch verwendete Bez. für Materialsammlungen und Konzeptbücher unterschiedlichster Art. Im Gebrauch der Brüder J. und W. Grimm spezifiziert für zweispaltige Blätter oder Notizbücher, in denen links eine wissenschaftliche Frage, rechts die Antwort des Korrespondenten eingetragen werden konnte.   CF

Adynaton, n. [gr. = das Unmögliche], ↗ Tropus (1): emphatische Umschreibung (↗ Periphrase) des Begriffes ›niemals‹ durch Berufung auf das Eintreten eines unmöglichen (Natur-)Ereignisses: »So gewiß Kirschen auf diesen Eichen wachsen und diese Tannen Pfirsiche tragen, ...« (F. Schiller: »Die Räuber« II, 3).   GG

Aedificatio, f., nur Sg. [lat. = Erbauung], Anregung, Förderung und Stärkung der christlichen Persönlichkeit in Glaubensfragen, Denkmodellen und Verhaltensregeln. A. ist das religiös-didaktische Ziel der ↗ Erbauungslit. Sie erfolgt durch die Veranschaulichung des christlichen Tugendkanons, etwa am Beispiel von Heiligenviten, wobei die vorgeführte vorbildliche Gesinnung und das durch sie bestimmte Handeln den Leser zur ↗ Imitatio (2 b), zu Nachahmung, affirmierender Nachempfindung und Nacherleben anregen sollen. Lit.: G. Friedrich, G. Krause: Erbauung. In: TRE. – O. Langer: Mystische Erfahrung und spirituelle Theologie. Mchn. 1987, S. 54–60. – R. Schulmeister: A. und Imitatio. Hbg. 1971. ID

Aemulatio, f. [lat. = Nacheiferung], rhet. Begriff für die Nachahmung (↗ Imitatio [1]) und das Übertreffen eines als ↗›klassisch‹ angesehenen Vorbilds. Die A. wird von der Antike bis ins 18. Jh. positiv bewertet, unter dem Einfluss der Genieästhetik (↗ Genie) dann oft negativ konnotiert.
Lit.: B. Bauer: A. In: HWbRh. UM

Aeternisten, m. Pl. [lat. *aeternus* = ewig], von St. Wronski (Pseudonym für F. Hardekopf) proklamierte Bez. für die Gruppe der engeren lit. Mitarbeiter der Zs. »Die Aktion« (1911–32). ↗ Aktionskreis. RD/Red.

Affektenlehre [von lat. *affectus* = Zustand, Gefühl, Leidenschaft, Zuneigung], Wissen oder Wissenschaft von den plötzlichen, heftigen Gefühlserregungen oder auch von habituellen Begierden. In der Antike ist die A. in die ↗ Rhet. eingebunden; hier werden die Klassifikation der Gefühle und ihr funktionaler Einsatz in der Rede dargestellt. In seiner »Poetik« beschreibt Aristoteles die Rolle von Affekten in der ↗ Tragödie und deren Wirkungsabsicht (↗ Katharsis). Der Zusammenhang von Wirkungsabsicht und Affekterregung bleibt in der ↗ Dramentheorie wichtig; im 18. Jh. werden Fragen der Rührung und des Mitleids auf der Basis der philosophischen Ästhetik (A. G. Baumgarten: »Aesthetica«, 1750/58) intensiv diskutiert (G. E. Lessing: »Hamburgische Dramaturgie«, 1767). – In der Lit. kommt dem Ausdruck der Affekte durch Sprache bes. Bedeutung zu; bis zum 18. Jh. besteht dabei die Orientierung an der Rhet. fort. Während sich in der zweiten Hälfte des 18. Jh.s eine Wende zur Subjektivität des sprachlichen Ausdrucks vollzieht (↗ Stilistik), ist die Entwicklung im 20. Jh. durch vielfältige theoretische – u. a. im Anschluss an die naturwissenschaftliche Ausdruckstheorie des 19. Jh.s (Ch. Darwin) entwickelte – und poetische Reflexionen sprachlich-kommunikativer Bedingungen der Mitteilung geprägt. Jakobsons Differenzierung von emotiv-expressiver, konativ-appellativer und poetischer Sprachfunktion berücksichtigt sowohl Produzenten- und Rezipientenseite als auch die Sprach- und Textebene selbst.
Lit.: R. Campe: Affekt und Ausdruck. Tüb. 1990. – R. Jakobson: Poetik. Ffm. 1989. – B. Kellner: A. In: RLW. – S. Winko: Kodierte Gefühle. Bln. 2003. – A. Zierl: Affekte in der Tragödie. Bln. 1994. GLS

Agitationsrefrain ↗ Refrain.

Agitprop-Theater, n. [Kurzwort aus ›Agitation‹ und ›Propaganda‹], nach Lenin'schen Vorgaben und nach Vorbildern der sowjetruss. ↗ Proletkults in den 1920er Jahren entwickelte Form des massenwirksamen politischen (Laien-)Theaters. Exemplarische Spielszenen wechseln mit statistisch-dokumentarischen Informationen und mit chorischen Aufrufen zur unmittelbaren Aktion. Die Wirkung ist durch Aufführungen abseits der etablierten Spielorte und durch Anpassungen der Texte an die jeweils aktuelle Problemlage bedingt. Während der 1960er Jahre erneuert das ↗ Straßenthea-

ter der antiautoritären Bewegungen in den westlichen Ländern das A.
Lit.: B. Büscher: Wirklichkeitstheater, Straßentheater, Freies Theater. Ffm. 1987. – W. Fähnders: Agitprop. In: RLW. – D. Herms, A. Paul: Politisches Volkstheater der Gegenwart. Bln. 1981. – S. Seelbach: Proletarisch-Revolutionäres Theater in Düsseldorf 1930–33. Ffm. u. a. 1994. KHH

Agon, m. [gr. = Wettkampf, Wettstreit], 1. sportliche und musische Wettkämpfe in der Antike, bes. bei den gr. Festspielen; auch Aufführungen von Tragödien und Komödien waren als A. organisiert, bei dem einer der Dichter den ersten Preis erhielt. – 2. ↗ Streitgedicht oder -gespräch, Hauptbestandteil der attischen Komödie (z. B. A. zwischen Euripides und Aischylos in den »Fröschen« des Aristophanes), auch in der Tragödie (Euripides), im Epos und als selbständiges Werk (»A. Homers und Hesiods«). – Vgl. in der dt. Dichtung v. a. die barocken Trauerspiele (A. Gryphius: »Leo Armenius« I, 4). HST

Agrarians, m. Pl. [engl. = Landwirte], ↗ Fugitives.

Air, n. oder f. [ε:r; frz.], ↗ Arie.

Aisthesis, f. [gr. *aísthēsis* = Wahrnehmung], 1. die sinnliche Wahrnehmung allg.; insbes. jedoch 2. die sinnliche Wahrnehmung bei der ↗ Rezeption von ↗ Kunst; in diesem Wortsinn wird ›A.‹ oft als weiterer Begriff gegenüber den von ihm abgeleiteten Termini ›ästhetisch‹, ›Ästhetisches‹ und ↗ ›Ästhetik‹ verwendet, die stärker die reflektierende Seite der Kunsterfahrung betonen bzw. auf deren philosophische Bestimmung und Einordnung abzielen. ↗ Rezeptionsästhetik und anthropologisch argumentierende Kultur- und Lit.theorien betonen die vergegenwärtigende Kraft der ›aisthetischen‹ Form- und Gestaltbildung im Akt der ↗ Rezeption; dabei spielen benachbarte Kategorien wie Evidenz und ↗ Prägnanz eine wichtige Rolle. So stellt Jauß (S. 132) die A. als »rezeptive Seite der ästhetischen Erfahrung« mit der ↗ Poiesis als »produktiver Seite« und der ↗ Katharsis als »kommunikativer Leistung« der ästhetischen Erfahrung auf eine Stufe. A. wird bei ihm »verstanden als genießendes Verweilen in der Gegenwart einer vollkommenen Erscheinung« (ebd.). Noch weiter gehende Versuche, die Ästhetik als Lehre von der Kunst durch eine – oft ›Aisthetik‹ genannte – umgreifendere aisthetische Gestalt- und Wahrnehmungslehre zu ersetzen, kennzeichnen die aktuelle Diskussion (vgl. Böhme; kritisch dazu Seel).
Lit.: K. Barck u. a. (Hg.): A. Lpz. 1990. – G. Böhme: Aisthetik. Mchn. 2001. – H. R. Jauß: Ästhetische Erfahrung und lit. Hermeneutik [1982]. Ffm. ²1997. – L. van Laak: Hermeneutik lit. Sinnlichkeit. Tüb. 2003. – B. Recki, L. Wiesing (Hg.): Bild und Reflexion. Mchn. 1997. – M. Seel: Ästhetik und Aisthetik. In: ders.: Ethisch-ästhetische Studien. Ffm. 1996, S. 36–69. LVL

Aisthetik ↗ Ästhetik.

Aitiologisch [aus gr. *aitía* = Ursache, *lógos* = Erzählung, Lehre], nähere Kennzeichnung von Sagen, Legenden, Märchen und Mythen (*Aitien*), die Ursprung und Eigenart bestimmter Phänomene zu erklären versuchen (↗ Ätiologie), etwa Naturerscheinungen (›Mann im Mond‹, Stürme als Wotans Heer), Kultformen (antike Mythen, Heiligenlegenden), technische Errungenschaften (Feuer, erfunden von Prometheus), Namen (Ägäisches Meer nach dem sagenhaften König Aigeus). – Bes. frühen Kulturstufen eigentümlich, aber bereits im Hellenismus lit. ausgebildet (Kallimachos:»Aitia«, 3. Jh. v. Chr.); in der Neuzeit z. B. die Sage von der Loreley (C. Brentano, H. Heine).   GS/Red.

Akademie, f., 1. Institution, die der Förderung der Künste und der Ausbildung in ihnen dient (Kunst- oder Musik-A.). – 2. Interdisziplinäre unabhängige Gelehrtengesellschaft bzw. exzellente Forschungsinstitution mit dem Ziel, neue grundlagenbezogene Erkenntnisse durch die Form des langfristig angelegten und regelmäßig stattfindenden wissenschaftlichen Gesprächs und Austauschs zu produzieren, zu prüfen und anzuwenden. Fundiert ist die Einrichtung der A. auf der Idee der idealen Kommunikationsgemeinschaft freier und gleichberechtigter Gelehrter. Daher gilt die A. auch als geeigneter sozialer Ort, um innovatives, kritisches Wissen zu erzeugen und gerichtete soziokulturelle Dynamik auszulösen und zu legitimieren. Die Mitgliedschaft gilt als bes., für exzellente wissenschaftliche Leistungen verliehene Ehre und ist zumeist nicht mit finanziellen Zuwendungen verbunden (Ehrenamt). Bei den Zusammenkünften der A. werden Vorträge von grundsätzlicher Bedeutung gehalten, die anschließend separat oder in Jahresbänden gesammelt veröffentlicht werden (A.-Abhandlungen). Die Funktion der A.n wird mit Beratung, Repräsentation von Wissenschaft in der Öffentlichkeit und Durchführung wissenschaftlicher Projekte angegeben. Ihre Stärke liegt in langfristigen Projekten der Grundlagenforschung wie der Erarbeitung von Wörterbüchern und ↗ Editionen oder der Langzeitbeobachtung klimatischer, geologischer, medizinischer Prozesse. Zugleich wird die langfristige Bindung der Mittel, das Defizit an aktuellen Projekten, die fehlende Präsenz der A.ergebnisse in der Politikberatung und im öffentlichen Diskurs kritisiert. Durch Veranstaltungen und eine Vielzahl von Preisen versuchen die A.n, sich in der Öffentlichkeit zu positionieren. Der Name ›A.‹ ist nicht geschützt und steht auch beliebigen Ausbildungsstätten zur Verfügung. – Der Name ›A.‹ leitet sich von der Philosophenschule her, die Platon ca. 388/387 v. Chr. im Hain des Akademos bei Athen gründet und die im Jahre 529 n. Chr. von Kaiser Justinian wegen kirchenkritischer Tendenzen aufgelöst wird. Weitere historische Ausprägungen des A.gedankens in der Antike sind die Philosophenschule ›Peripatos‹ des Aristoteles, das unter Ptolemaios I. in Alexandria wirkende ›Musaion‹, das als Musenheiligtum Kunstlehre und -praxis mit dem Apollonkult verbindet, sowie Zirkel von Dichtern, Künstlern und Gelehrten wie Ciceros ›Tusculum‹. Als ideale Sozialform gilt die Lebens-, Forschungs- und Lehrgemeinschaft. Nach Spätantike und MA. gewinnt der A.gedanke erst in der Renaissance wieder an Bedeutung. Den in Italien gegründeten A.n (1433 ›Accademia Pontiana‹ in Neapel, 1474 ›Accademia Platonica‹ in Florenz, 1583 ›Accademia della crusca‹ in Florenz) geht es v. a. um die Wiedergewinnung der antiken Wissenschaftstradition und die Sicherung von Kunst und (Volks-)Sprache. Orientierend für alle späteren A.n – laut »World Guide« gibt es heute mehr als 17.000 wissenschaftliche Gesellschaften – sind die ›Académie Française‹ (1635), die ›Royal Society‹ of London‹ (1660), die ›Académie Royale des Sciences‹ (1666) und die von G. W. Leibniz initiierte ›Berlin-Brandenburgische A. der Wissenschaften‹ (1700), die 1696 die Gründung der dortigen ›A. der Künste‹ vorausging. Schon 1652 entsteht in Schweinfurt die später (seit 1879) in Halle ansässige ›Dt. A. der Naturforscher Leopoldina‹. Zu den genuinen Aufgaben der A.n als Gründungen absolutistischer Höfe gehören (Politik-)Beratung und Repräsentation des nützlichen Wissens. In Deutschland arbeiten sieben regionale autonome A.n der Wissenschaften: in Berlin (1700, Wiedergründung 1993), Göttingen (1751), München (1759), Leipzig (1846), Heidelberg (1909), Mainz (1949) und Düsseldorf (1970). Zu der für alle A.n geltenden Einteilung in eine mathematisch-naturwissenschaftliche und eine philosophisch-historische Klasse kommen in Mainz eine Klasse für Lit., in Leipzig eine technikwissenschaftliche (seit 1996) und in Berlin eine sozial-, technik- und biowissenschaftlich-medizinische Klasse hinzu. Die Mitgliederzahl einer A. ist in der Regel begrenzt (die ›Académie Française‹ zählt 40 »immortels« [›Unsterbliche‹], die Schwedische A. in Stockholm 18, die Heidelberger A. je Klasse 40 Mitglieder); die Aufnahme neuer Mitglieder erfolgt durch Zuwahl; Eigenbewerbung ist nicht möglich. Seit 1998 besteht die Dachorganisation ›Union der dt. A.n der Wissenschaften‹, welche die Forschungsvorhaben koordiniert (A.programm). Internationale A.organisationen sind die ›Union Académique Internationale‹ (UAI für Geisteswissenschaften), der ›International Council of Scientific Unions‹ (ICSU) sowie die ›Europäische Föderation der A.n der Wissenschaften‹ (ALLEA). – Als Folge der aktuellen Diskussion um Eliteforschung und die Wiedergründung von A.n hat das Modell der A. als Produktionsstätte von Wissen die Aufmerksamkeit der Forschung gefunden. Neben historisch-epistemologischen und wissenssoziologischen Untersuchungen stehen Studien zu den Strukturen einer idealen Forschungsstätte zur Erzeugung exzellenten Zukunftswissens, damit auch um den Begriff des Wissens selbst.

Lit.: J.-P. Caput: L'Académie Française. Paris 1986. – L. Daston (Hg.): Biographies of scientific objects. Chicago 2000. – K. Garber: A. In: RLW. – Union der Dt. A.n der Wissenschaften/Bayerische A. der Wissenschaften (Hg.): Die dt. A.n der Wissenschaften. Stgt. 2001. – W. Voßkamp (Hg.): Ideale A. Bln. 2002. – World guide to scientific associations and learned societies. Mchn. 2006.   BD

Akademie der Künste Berlin ↗ Literaturarchiv.
Akatalektisch, Adjektiv [gr. = nicht (vorher) aufhörend], in der antiken Metrik Bez. für Verse, deren letzter Versfuß *vollständig* ausgefüllt ist; dagegen: ↗ katalektisch, ↗ hyperkatalektisch.
Akephal, Adjektiv [gr. = kopflos], 1. Bez. der antiken Metrik: ein am Anfang um die erste Silbe verkürzter Vers; 2. Kennzeichnung eines lit. Werkes, dessen Anfang nicht oder nur verstümmelt erhalten ist (z. B. Hartmann von Aue: »Erec«). HST
Akmeismus, m. [russ. zu gr. *akmé* = Gipfel, Höhepunkt], russ., v. a. lit. Bewegung, entstanden um 1910 in Opposition gegen den ↗ Symbolismus aus S. Diaghilevs Gruppe »Mir iskusstwa« (»Welt der Kunst«). Das Programm des A. steht in Verbindung mit der Zs. »Apollon« (1909–17), die den Anbruch des ›Apollonismus‹ verkündete, die Herrschaft »harmonischen Schöpfertums« und »gesetzmäßiger Meisterschaft« in der Kunst. Man wolle von »verschwommenen Effekten zu einem Stil, einer schönen Form und einem belebenden Traum« vordringen. Ausführlicher begründeten die klassizistische Forderung nach Diesseitszugewandtheit und formaler Klarheit N. Gumiljov (»Das Erbe des Symbolismus und der A.«) und S. Gorodetzki in »Apollon« 1912 f. Auch der Erzähler N. Kusmin sowie die Lyriker A. Achmatova und O. Mandelstam (»Der Morgen des A.«, 1912, gedruckt 1919) standen dem A. nahe. Die Bewegung hatte bis etwa 1920 Bestand.
Lit.: M. Bernauer: Herrliche Klarheit. Klassizistische Programme in der Lit. In: G. Boehm u. a. (Hg.): Canto d'Amore. Basel 1996, S. 487–493. – J. Doherty: The Acmeist Movement in Russian Poetry. Oxford 1995. MBE
Akronym, n. [aus gr. *akrós* = spitz (vorne), *ónoma* = Name], ↗ Abkürzung von Komposita oder Wortfolgen, deren Anfangsbuchstaben oder -silben zu einem neuen Kunstwort verschmelzen, z. B. Agfa (= Aktiengesellschaft für Anilinfarben), DIN (= Dt. Industrienorm). Sinnvoll sind nur A.e, die nicht zugleich eine traditionelle Bedeutung haben, was zu Missverständnissen führen kann.
Lit.: H. Sawoniak, M. Witt (Hg.): New international Dictionary of Acronyms. Mchn. u. a. 1988. GS/Red.
Akrostichon, n. [aus gr. *ákron* = Spitze, *stíchos* = Vers: erster Buchstabe eines Verses], Wort, Name oder Satz, gebildet aus den ersten Buchstaben (Silben, Wörtern) aufeinanderfolgender Verse oder Strophen. Ursprünglich eignete dem A. wohl magische Funktion, später verweist es auf Autor oder Empfänger oder dient als Schutz gegen ↗ Interpolationen und Auslassungen. Frühestes Vorkommen des A.s in babylonischen Gebeten, in hellenistischer Zeit bei Aratos, Philostephanos, Nikander und in der Techné des Eudoxos, sehr gut belegt in der geistlichen Dichtung von Byzanz, in antiker lat. Dichtung u. a. bei Ennius (3./2. Jh. v. Chr.), in der »Ilias Latina« (1. Jh.), den »Instructiones« Commodians (4. Jh.) und den Argumenta zu Plautus (2. Jh.); auch in jüdischer Dichtung. Beliebt dann in lat. und dt.

Dichtung des MA.s (Otfrid von Weißenburg, Gottfried von Straßburg, Rudolf von Ems) und im Barock (M. Opitz, A. Gryphius, J. Ch. Günther, P. Gerhardt: »Befiehl du deine Wege«, Ph. Nicolai), seltener in der neueren Dichtung (J. Weinheber). Eine bes. in der semitischen Dichtung beliebte Spielart des A.s ist das einfache (*ABCD*) oder das doppelt geschlungene (*AXBY*) ↗ Abecedarium. Selten ist das *versetzte A.*: hier ergibt sich das Wort aus dem ersten Buchstaben des ersten Verses, dem zweiten Buchstaben des zweiten Verses usw., z. B. A. »Hölderlin« bei Stefan George: »Hier schließt das tor …« (»Der Stern des Bundes« III, 19). ↗ Akroteleuton, ↗ Mesostichon, ↗ Telestichon. GG
Akroteleuton, n. [gr. = äußerstes Ende], Verbindung von ↗ Akrostichon und ↗ Telestichon: die Anfangsbuchstaben der Verse oder Zeilen eines Gedichtes oder Abschnittes ergeben von oben nach unten gelesen die Endbuchstaben, von unten nach oben gelesen das gleiche Wort oder den gleichen Satz. GG
Akt, m. (lat. *actus* = Vorgang, Handlung), Hauptabschnitt eines ↗ Dramas, der in der Regel von den vorherigen oder folgenden Hauptabschnitten durch einen Orts- oder Zeitwechsel getrennt ist und seinerseits in kleinere Abschnitte (↗ Szene, Auftritt) untergliedert sein kann. Die dt. Verwendung des lat. *actus* findet sich seit dem 16. und v. a. dem 17. Jh.; daneben sind dt. Bez.en wie ›Abhand(e)lung‹, ›Handlung‹ (so bei J. Ch. Gottsched) und v. a. ›Aufzug‹ (seit dem 18. Jh.) gebräuchlich. Während die gr. und altröm. Dramatik sowie das mal. Drama keine feste A.einteilung kennen, wird seit der ↗ Spätantike und im neuzeitlichen Drama eine drei- oder fünfaktige Gliederung die Regel. Der dreiaktige Aufbau orientiert sich an der aristotelischen »Poetik« (1447a–1462b) und dem Terenz-Kommentar Donats (4. Jh. n. Chr.), ist im span. und it. Drama seit der Renaissance und daran anknüpfend in der dt. und frz. ↗ Komödie gebräuchlich und wirkt bis zum Musikdrama R. Wagners und H. Ibsens Dramen fort (↗ Dreiakter). Dagegen fordert Horaz (»Ars poetica«, V. 189 f.) eine Fünfteilung; diese wird erstmals von Seneca realisiert und findet sich auch in den Dramenpoetiken des ↗ Humanismus sowie in J. C. Scaligers »Poetices libri septem« (1561). Das Fünfaktschema wird seit dem Humanistendrama die wichtigste Bauform des europäischen, v. a. des frz., engl. und dt. Dramas der Neuzeit; noch in G. Freytags »Technik des Dramas« (1863) wird es als ›Pyramidenmodell‹ zur Norm erhoben. Der ↗ Fünfakter umfasst demnach (I) die ↗ Protasis (↗ Exposition), (II) die ›aufsteigende Handlung‹ (↗ Epitasis) bis zum (III) Höhepunkt (↗ Krisis), (IV) die der ↗ Peripetie folgende ›absteigende Handlung‹ oder eine Scheinlösung (↗ Katastasis) und (V) schließlich die ↗ Katastrophe oder Lysis (Lösung). Seit dem 18. Jh. finden sich daneben der ↗ Einakter sowie im Musiktheater häufig Zwei- oder Vierakter. Mit der Shakespeare-Rezeption im 18. Jh. wird die A.gliederung gelockert und die Einzelszene als Einheit aufgewertet, wodurch sich die ↗ geschlossene Form des klassizistischen Fünf-

akters in Richtung einer offenen Gliederung auflösen kann. Im Drama des 20. Jh.s verlieren A.gliederung und A.begriff zunehmend an Bedeutung.

Lit.: B. Asmuth: A. In: RLW. – Ders.: Einf. in die Dramenanalyse [1980]. Stgt., Weimar ⁶2004, S. 37–50. MOT

Aktant, m. [frz. *actant* = Handelnder; Neologismus von L. Tesnière], Position innerhalb der abstrakten Handlungsstruktur narrativer Texte. – Strukturalistische A.enmodelle suchen universell gültige Handlungspositionen zu bestimmen, die u. a. zur Figurenanalyse dienen. Sie basieren auf der Annahme, dass sich Handlung und Figuren verschiedener Texte zwar auf der textuellen ›Oberflächenstruktur‹ unterscheiden, dass von dieser aber textübergreifende Grundmuster einer narrativen ›Tiefenstruktur‹ abstrahierbar sind. Auf dieser Ebene unterscheidet Greimas, gestützt auf Tesnières Linguistik und V. Propps Morphologie russ. Märchen, drei Paare von A.en: Adressant – Adressat; Subjekt – Objekt; Adjuvant – Opponent. Diese Positionen können auf der Textoberfläche jeweils durch eine einzelne Figur, durch mehrere Figuren oder durch andere Elemente (z. B. Naturkräfte) ausgefüllt werden. Umgekehrt kann eine einzelne Figur mehrere aktantielle Rollen übernehmen, z. B. eine Handlung auslösen (Adressant), sie durchführen (Subjekt) und von ihr profitieren (Adressat).

Lit.: A. J. Greimas: Strukturale Semantik [frz. 1966]. Braunschweig 1971. – Ders.: Die Struktur der Erzählaktanten [frz. 1967]. In: LiLi 3 (1972), S. 218–238. – Th. Grob: A. In: RLW. – R. Schleifer, A. Velie: Genre and Structure: Toward an Actantial Typology of Narrative Genres and Modes. In: MLN 102 (1987), S. 1122–1150. – L. Tesnière: Grundzüge der strukturalen Syntax [frz. 1959]. Stgt. 1980. JE

Aktionskreis, analog zu ↗ ›Sturmkreis‹ gebildete Sammelbez. für die künstlerischen, bes. lit. Mitarbeiter der von F. Pfemfert herausgegebenen Wochenschrift »Die Aktion« (1911–32), v. a. in deren erster, politisch-lit. (1911–13) und zweiter, auch infolge der Kriegszensur fast ausschließlich künstlerisch-lit. Phase (1914–18), z. B. F. Hardekopf, C. Einstein, F. Jung, W. Klemm, K. Otten, L. Rubiner, H. Schäfer. In der dritten Phase der Zs. (1919–32) traten – wie auch schon im ↗ Aktivismus der ersten Phase – politische, bes. linksradikale und undogmatisch-kommunistische Beiträge in den Vordergrund.

Texte: P. Raabe (Hg.): Ich schneide die Zeit aus. Expressionismus und Politik in F. Pfemferts »Aktion«. 1911–18. Mchn. 1964.

Lit.: U. W. Baumeister: Die Aktion. 1911–32. Erlangen u. a. 1996. – J. Hermand: Die dt. Dichterbünde. Köln u. a. 1998, S. 195–200. RD/Red.

Aktivismus, m., intellektuell-politische Bewegung, die parallel zum lit. ↗ Expressionismus und im Ggs. zu ihm die Lit. als Mittel zum Zweck, den Literaten als ›Verwirklicher‹ betont. Obwohl es auch einen ›rechten‹ A. gab (vgl. Rothe), versteht man unter ›A.‹ v. a. die in den fünf Jahrbüchern »Das Ziel« (1916–24, hg. v. K. Hiller) vertretenen sozialrevolutionären, pazifistischen Thesen und Programme. Als Aktivisten im engeren Sinne gelten K. Hiller (Initiator des »Bundes zum Ziel«, 1917) und L. Rubiner (↗ Aktionskreis); im weiteren Sinne zählen zum A. Mitarbeiter der »Ziel«-Jahrbücher wie A. Kerr, M. Brod, W. Benjamin, H. Blüher, R. Leonhard und G. Wyneken. Blütezeit des A. waren die Jahre 1915–20. Von Einfluss war u. a. Nietzsche, programmatische Bedeutung hatte H. Manns Essay »Geist und Tat« (1910), dessen Titel in bezeichnenden Variationen aufgegriffen wird, z. B. als »Geist und Praxis«, »tätiger Geist«, »Literat und Tat« (Hiller). 1918 wurde ein (erfolgloser) »Politischer Rat geistiger Arbeiter« gegründet. Das Ende des A. zeichnete sich ab mit der Selbstbeschränkung auf eine nur noch »kulturpolitische Bewegung« (Aktivisten-Kongress 1919, Berlin); lediglich Hiller blieb in zahlreichen Schriften dem erklärten »Ziel« einer konkreten Utopie des durch den Literaten befreiten Menschen in einer veränderten Welt treu.

Lit.: J. Habereder: K. Hiller und der lit. A. Ffm. u. a. 1981. – W. Rothe (Hg.): Der A. 1915–20. Mchn. 1969. RD/Red.

Akustische Dichtung [gr. *akoustikós* = auf das Gehör bezogen], experimentelle Form der Lit. mit Akzentsetzung auf die auditiven Aspekte der Sprache; wichtigste Ausprägung ist das ↗ Lautgedicht. Der Fokus liegt nicht auf der Semantik eines Wortes, Satzes oder Textes, sondern auf den Klangwerten. Suchen laut- und klangmalerisch arbeitende Autoren (↗ Lautmalerei) nach Äquivalenzen zwischen Lauten bzw. Lautfolgen und inhaltlichen Sinngebungen (A. Holz »tipp....tipp.... tipp«), so emanzipiert sich die a. D. im engeren Sinne – oft auch als ›abstrakte‹, ›elementare‹, ›konsequente‹, ›absolute‹, ›materiale‹ oder ›konkrete Dichtung‹ bezeichnet – von inhaltlichen Bezügen. Die phonetische Seite der Sprache wird aus semantischen, syntaktischen und grammatischen Normierungen gelöst und als ästhetisch-sinnliches Phänomen gehandhabt, wodurch konventionalisierter Sprachgebrauch ad absurdum geführt wird. Geplante oder zufällige Abfolgen von Lauten, Geräuschen und Tönen auf der Grenze zwischen Noch-Sprache und Schon-Sprache – »Verse ohne Worte«, »Lautgedichte«, »Poèmes phonétiques«, »textsound-compositions«, »Hörtexte« – sind Ausdruck des Misstrauens gegenüber kommunikativen Konventionen. Können die Anfänge der a.n D. bei E. Lasker-Schüler, P. Scheerbart, Ch. Morgenstern z. T. auch als Nonsens- bzw. ↗ Unsinnspoesie verstanden werden, so stehen die Arbeiten des russ. ↗ Futurismus (A. Krucenyk), des ↗ Dadaismus (H. Ball, R. Hausmann, K. Schwitters), des ↗ Sturmkreises (R. Blümner, O. Nebel), des ↗ Lettrismus (I. Isou) und seit ca. 1950 der ↗ konkreten Poesie (H. Chopin, B. Cobbing, F. Dufrêne, B. Heidsieck, F. Kriwet, L. Novak, E. Jandl) für programmatisch reflektierte Positionsbestimmungen. WW

Akyrologie, f. [gr. *ákyros* = uneigentlich], uneigentlicher Wortgebrauch, Verwendung von Tropen und Bildern (↗ Tropus [1], ↗ Bild).

Akzent, m. [lat. *accentus*, Lehnübers. des gr. *prosōdía* = Hinzugesang, Tongebung], Hervorhebung eines Wort- oder Satzteils durch Distinktion in Tonhöhe (musikalischer A.), -stärke oder -länge (dynamischer oder expiratorischer A., Druckakzent, Intensitätsakzent). A.e sind 1. Teil der phonologischen Dimension einer Sprache generell (↗ Prosodie); 2. auch Teil der metrisch regulierten Sprache in ↗ Versen (↗ Versifikation).

Zu 1.: Eine phonologische Gliederung gesprochener Rede erfolgt in vielen Sprachen mittels Wortakzent und Satzakzent, wobei der Wortakzent entweder auf einer bestimmten (fester Wortakzent) oder grundsätzlich auf verschiedenen Silben liegen kann (freier Wortakzent). Diese objektiven A.e können individuell verändert werden (subjektiver A.). In der Antike war der gr. A. überwiegend musikalisch, der lat. vorwiegend dynamisch und in vorlit. Zeit auf der ersten Silbe des Wortes festgelegt (Initialakzent); im späteren Lat. wurde er in Abhängigkeit von der Quantität der vorletzten Silbe des Wortes (*Paenultima*) gesetzt. In den germ. Sprachen ist der A. vorwiegend dynamisch und liegt als Initialakzent auf der ersten Wortsilbe.

Zu 2.: Die metrisch normierende Behandlung der Sprache in Versen richtet sich in der klassischen gr. und lat. Poesie nach der Quantität der Silben (↗ quantitierendes Versprinzip); in der nachklassischen Zeit setzt sich der dynamische A. als rhythmisierendes Prinzip durch (↗ akzentuierendes Versprinzip). In den germ. Sprachen wird im Allgemeinen eine Übereinstimmung von Wortakzent und Versakzent (lat. *Iktus*) angestrebt. – Das die A.e hervorhebende Deklamieren von Versen heißt ›Skansion‹. ↗ Deklamation.

Lit.: D. Breuer: Dt. Metrik und Versgeschichte. Mchn. 1981. – Ch. Küper: A. In: RLW.   JK/CSR

Akzentuierendes Versprinzip, [von lat. *accentus*, Lehnübers. des gr. *prosōdía* = Hinzugesang, Tongebung], die rhythmische Gliederung gesprochener Sprache durch den freien oder geregelten Wechsel druckschwacher und druckstarker (betonter und unbetoner) Silben. Das akzentuierende Versprinzip gilt in Sprachen mit dynamischem ↗ Akzent, der die metrische Behandlung der Wörter im ↗ Vers (↗ Versifikation) mitorganisiert. Im Ggs. dazu stehen das ↗ quantitierende Versprinzip mit dem Wechsel prosodisch längerer und kürzerer Silben und das ↗ silbenzählende Versprinzip mit seiner Festlegung der Silbenzahl für jeden einzelnen Vers. Die klassische gr. und lat. Dichtung ist quantitierend; aufgrund sprachgeschichtlicher Entwicklungen setzen sich in nachklassischer Zeit das akzentuierende und – bes. in den romanischen Sprachen – das silbenzählende Versprinzip durch. Das akzentuierende Versprinzip ist für die Dichtung in den germ. Sprachen von grundlegender Bedeutung; im ↗ Stabreimvers richtet sich die metrische Behandlung der Sprache nicht nur nach dem Wortakzent, sondern auch nach dem objektiven Satzakzent. Die Distinktion und Dynamisierung der Satzglieder und Wortarten im Satz wird in der angelsächs. und altsächs. Stabreimepik (»Beowulf«, »Heliand«) genau beachtet. Neben dem Wortakzent werden in der germ. Dichtung die Quantitäten der Tonsilben bis zu ihrer Nivellierung durch die Beseitigung der kurzen, offenen Tonsilben im Spät-MA. bedingt berücksichtigt (↗ Hebungsspaltung; ↗ beschwerte Hebung), namentlich in der ↗ Kadenz des ↗ Reimverses. Während in der geistlichen Dichtung das akzentuierende Versprinzip (*rhythmi*) dominiert, wird in der weltlichen Dichtung auch das quantitierende Prinzip (*metri*) angewandt. Eine wachsende Tendenz des dt. Verses zur ↗ Alternation zeigt sich seit Otfrid von Weißenburg (9. Jh.), bes. aber seit der Versreform durch M. Opitz (»Buch von der dt. Poeterey«, 1624), der die Verbindlichkeit jambischer und trochäischer Versmaße erklärt. Das führt zu einer bedingten Unterordnung des Wort- und Satzakzents unter den Versakzent: Wort- und Satzakzente werden stilisiert; auch sprachlich schwach betonte oder unbetonte Silben können im Vers dynamisch ausgezeichnet werden: »Dies ist die Zeit der Könige nicht mehr« (F. Hölderlin: »Der Tod des Empedokles«, 1. Fassung, V. 1418: v – v – v – v – v –); umgekehrt kann es, etwa bei Reihung starktoniger Silben, zur Unterdrückung der Wortakzente kommen: »Gott schafft, erzeucht, trägt, speist, tränkt, labt, stärkt, nährt, erquickt« (F. v. Logau: »Gott dient allen; wer dient ihm«, V. 1: v – v – v – v – v – v –). Die adäquate Nachbildung nichtalternierender antiker Versmaße in dt. Sprache gelang zuerst F. G. Klopstock in den ersten drei Gesängen seines »Messias« (1748) und in der Sammlung seiner »Oden« von 1771 (↗ Odenmaße), die antike Längen wortakzentkonform durch druckstarke, Kürzen durch druckschwache Silben wiedergeben: »Schön ist, Mutter Natur, deiner Erfindung Pracht« (»Der Zürchersee«, V. 1: – v – v v v – – v v – v –).

Lit.: D. Breuer: Dt. Metrik und Versgeschichte. Mchn. 1981. – D. Burdorf: Einf. in die Gedichtanalyse [1995]. Stgt., Weimar 1997, S. 53–96. – Ch. Wagenknecht: Weckherlin und Opitz. Zur Metrik der dt. Renaissancepoesie. Mchn. 1971.   JK/CSR

Akzentzählendes Versprinzip ↗ Vers.

Alamode-Literatur [frz. *à la mode* = nach der Mode], 1. didaktisch orientierte Lit., die zum als vorbildlich begriffenen höfischen Geschmack in Sprache und Verhalten anleitet (J. Puget de la Serre: »Secrétaire à la mode«, 1623). – 2. Satirische Lit., die sich gegen die Übernahme fremder kultureller Leitbilder in Kleidung, Sitten und Sprache richtet. – Die A. ist in der dt. Lit. vom 16. bis 18. Jh. präsent und hat ihren Höhepunkt im 17. Jh. als Reaktion auf den höfischen Import it. und frz. Sprache und Kultur, den sie als Krisensymptom beschreibt. Dagegen setzt sie als Heilmittel oft den Aufruf zur Restitution eigener Werte (z. B. Moscherosch: »Alamode-Kehraus«).

Lit.: G.-L. Fink: Vom Alamodestreit zur Frühaufklärung. In: Recherches Germaniques 21 (1991), S. 3–47. – W. Kühlmann: Alamode-Satire, Kultursemiotik und jesuitischer Reichspatriotismus. In: Simpliciana 22 (2000), S. 201–226. PHA

Alba, f. [altokzitan. = Morgengrauen], Gattung der altokzitan. ↗Trobadorlyrik mit narrativer Komponente, vergleichbar dem mhd. ↗Tagelied und der afrz. *aube* bzw. *aubade*, als deren Vorläufer sie gilt. Die A. wurde von den ↗Trobadors des 11. und 12. Jh.s gepflegt. Als erste überlieferte A. und damit zugleich als ↗Prototyp des Genres gilt »Reis gloriós« von Guiraut de Bornelh (ca. 1136–ca. 1215), doch sind Vorläufer anzunehmen. Ein Indiz dafür sind zwei (okzitan.?) Verse der sog. »zweisprachigen A.«, eines ansonsten lat. Gedichts des späten 10. Jh.s.
Gegenstand der A. ist die Klage eines Liebespaares angesichts des anbrechenden Tages, der sie wieder zwingen wird, ihre Liebe zu verbergen, die den sozialen Konventionen widerspricht (Standesunterschied, Bindung an ungeliebte Ehepartner). Typische Versatzstücke sind der eifersüchtige Ehemann (*gilos*), die Neider und Lästerer (*lauzengiers*) und der Wächter auf der Zinne (*guaita*).
Lit.: D. Rieger: Tagelied (A.). In: GRLMA. Bd. VII/1. Fasc. 5. Hdbg. 1979, S. 44–54. HIR

Album, n. [lat. = das Weiße], in der Antike weiß übertünchte, öffentlich aufgestellte Holztafel mit Verordnungen oder Listen von Amtsträgern (Senatoren, Richter), dann auch kleine Tafel für (im Ggs. zu Wachstafeln nicht korrigierbare) geschäftliche Aufzeichnungen. Seit dem 17. Jh. Bez. für ein *Buch mit leeren Blättern* für Notizen oder zum Sammeln von Zitaten, kleinen Zeichnungen, insbes. von heraldischen, zoologischen oder botanischen Illustrationsmustern, Ende des 18. Jh.s dann v. a. Bez. für ↗Stammbuch: *a. amicorum*, Poesie-A. IS/Red.

Aleatorische Dichtung [lat. *alea* = Würfel(spiel)], auch: automatische Dichtung, Sammelbez. für eine Lit., bei deren ›Herstellung‹ der Zufall als Kompositionsprinzip eine wesentliche Rolle spielt. Als das »eigentliche Zentralerlebnis von Dada« (H. Richter) wurde das in der bildenden Kunst ›entdeckte‹ »Gesetz des Zufalls« für die Lit. übernommen. Vorausgegangen waren eine kaum bekannt gewordene, den psychologischen Aspekt verdeutlichende Versuchsreihe mit automatischen Zufallsniederschriften G. Steins und L. M. Solomons (1896), St. Mallarmés »Un coup de dés jamais n'abolira le hasard« (1897) und die Manifeste des it. ↗Futurismus. – Ansätze sind bereits in der dt. Romantik zu finden (Novalis). Vertreter der a.n D. im Züricher ↗Dadaismus waren v. a. H. Arp, T. Tzara, W. Serner und R. Huelsenbeck mit ihren auf die ↗écriture automatique des ↗Surrealismus vorausweisenden Simultangedichten, als Grenzfall K. Schwitters mit seiner i-Theorie.
Lit.: H. Richter: Dada – Kunst und Antikunst. Köln 1964. RD/Red.

Alexandriner, m., in der romanischen Verskunst zwölf- oder dreizehnsilbiger Vers mit männlichem oder weiblichem Reim und fester Zäsur nach der sechsten Silbe; die sechste und zwölfte Silbe sind regelmäßig betont; benannt nach dem afrz. »Alexanderroman« (1180), aber schon Anfang des 12. Jh.s in der »Karlsreise« verwendet; bis zum 15. Jh. der beliebteste Vers der frz. Dichtung. Nach seiner Wiederbelebung durch P. de Ronsard und seine Schule (Mitte des 16. Jh.s) wird er im 17. Jh. erneut der bevorzugte Vers fast aller Gattungen (bes. Drama, Epos, Lehrgedicht, Sonett). – Dt. Nachbildungen des romanischen A.s versuchen im 16. Jh. P. Schede und A. Lobwasser; durch Opitz wird er als sechshebiger Vers mit jambischem Gang, männlichem oder weiblichem Versausgang und fester Zäsur nach der dritten Hebung in die dt. Dichtung eingeführt ($v-v-v-|v-v-v-[v]$) und zum beherrschenden Vers des 17. Jh.s in Drama (A. Gryphius, D. C. v. Lohenstein) und Lyrik; auch im 18. Jh. noch häufig (J. Ch. Gottsched, auch noch bei J. W. Goethe: »Faust« II, V. 10849 ff.), dann aber immer stärker durch den ↗Hexameter und den ↗Blankvers zurückgedrängt. Im klassischen (frz. und dt.) A. begünstigt die strenge Einhaltung der Zäsur, d. h. die Zweischenkligkeit des Verses, die Parallelität oder Antithetik der Aussage sowie eine epigrammatische Pointierung: »Was díeser héute báut / reißt jéner mórgen éin« (A. Gryphius: »Es ist alles eitel«). Nach der Reimstellung werden die heroische A. (mit Paarreim) und die elegische A. (mit Kreuzreim) unterschieden. – In der frz. Romantik herrscht die Tendenz zur Schwächung der Mittelzäsur durch eine rhythmische Dreiteilung des Verses (*Alexandrin ternaire*).
Lit.: Th. Buck: Die Entwicklung des dt. A.s. Diss. Tüb. 1957. – Ch. Wagenknecht: A. In: RLW. HST

Alkäische Strophe ↗Odenmaße.

Alkäische Verse [nach dem gr. Lyriker Alkaios, um 600 v. Chr.], ↗äolische Versmaße, die durch Erweiterung der äolischen Grundmaße ↗Glykoneus und ↗Hipponakteus entstehen: 1. ↗Hendekasyllabus (Elfsilber): $\bar{v}-v---vv-v\bar{v}$ (↗Jambus mit Telesilleus, d. h. einem akephalen [um die erste Silbe verkürzten] Glykoneus); 2. Dekasyllabus (Zehnsilber): $-vv-vv-v-\bar{v}$ (Hipponakteus ohne äolische Basis, wobei die Elementenfolge $-vv$ verdoppelt wird); 3. Neunsilber: $\bar{v}-v---v-\bar{v}$ (zwei Jamben, denen eine akephale äolische Basis folgt). Als *Alcaicum* (Alkäische Strophe) bezeichnet man den Zusammenschluss von zwei Hendekasyllaben, einem Neunsilbler und einem Zehnsilber (↗Odenmaße). In der gr. Dichtung werden die alkäischen Versmaße von Alkaios, Sappho und Anakreon, in der röm. in den Oden des Horaz verwendet. Die durch die Zäsur entstehenden Abschnitte der ersten Periode finden sich auch in den nicht ↗katá métron gebauten Chorliedern der Tragödien Senecas.
Lit.: H. Drexler: Einf. in die röm. Metrik. Darmstadt 1967. S. 126–134. – B. Snell: Gr. Metrik [1955]. Gött. 1982, S. 43–48. AW

Allegorese, f. [gr. *allēgoría* = andere Rede], auch: allegorische Deutung, allegorische ↗Interpretation; ein im Lauf von mehr als zwei Jahrtausenden viel geübtes her-

meneutisches Verfahren, dem die Überzeugung zugrunde liegt, dass unter dem Wortsinn der erhabenen religiösen und poetischen Schriften einer Glaubens- und Kulturgemeinschaft ein tieferer Sinn verborgen liegt, den es nach gewissen methodischen Regeln in Anlehnung an vorgegebene Lehrmeinungen aus Philosophie, Theologie, Politik u. a. mit einem teilweise emphatischen Wahrheitsanspruch ans Licht zu bringen gilt. So gesehen ein Modus bewahrender ⌐ Rezeption kulturell rückständiger Texte, soll das Verfahren dazu dienen, die alten Werke gegen neuere religiöse oder philosophische Bedenken zu schützen oder schwer verständliche Textstellen zu deuten. – Die ältesten Zeugnisse der A. lassen sich in der gr. Mytheninterpretation finden, in der die A. zur Rechtfertigung von »Ilias« und »Odyssee« gegen die vorsokratisch-aufklärerische Homer-Kritik diente. Von hellenistisch gebildeten Juden wie Philon von Alexandrien (um 30 v. Chr.–um 45 n. Chr.) auf die Deutung des AT und zumal des Hohen Liedes Salomos übertragen, avancierte das Verfahren in der frühen christlichen Kirche zur dominierenden Technik der Exegese beider Testamente. Dabei entwickelte die Theologie terminologisch gestufte Methoden für einen mehrfachen spirituellen ⌐ Schriftsinn. – In der dt. Lit. hat bereits Otfrid von Weißenburg nach dem Vorbild der bekannten Exegeten des 8. und 9. Jh.s die A. gepflegt. Auch die meist anonymen Autoren ⌐ frühmhd. Lit. integrieren in ihre oft liturgienahe Poesie von der lat. Exegese herrührende allegorische Deutungen, die einer nicht lateinkundigen Gemeinde die heilsgeschichtliche Aktualität biblischer Texte und christlicher Feste vergegenwärtigen. Gleichfalls lat. Vorbildern verpflichtet, weitete man den Anwendungsbereich der A. in der volkssprachigen Lit. des hohen und späten MA.s auf weltliche Lit. aus, etwa auf den afrz. »Roman de la Rose«, den »Armen Heinrich« Hartmanns von Aue (Paradiesesdarstellung), den »Tristan« Gottfrieds von Straßburg (Minnegrotte) oder die zahlreichen ⌐ Minneallegorien. Die Wirkungsgeschichte der A. reicht bis weit in die Neuzeit hinein. – ⌐ Allegorie.
Lit.: W. Freytag: Allegorie, A. In: HWbRh. – Dies.: Allegorie, A., Typologie. In: Killy/Meid. – W. Haug (Hg.): Formen und Funktionen der Allegorie. Stgt. 1979. – F. Ohly: Schriften zur mal. Bedeutungsforschung [1977]. Darmstadt ²1983. – H.-J. Spitz: A., Allegorie, Typologie. In: U. Ricklefs (Hg.): Das Fischer Lexikon Lit. Bd. 1. Ffm. 1996, S. 1–31. – R. Suntrup: A. In: RLW.   HFG

Allegorie, f. [gr. *allēgoría* = andere Rede], eine Form von Bildlichkeit, die sich in der Regel durch die Koexistenz zweier Bedeutungen oder Bedeutungsebenen auszeichnet. – Der keinesfalls präzise Begriff gehört seit der Antike in den Gegenstandsbereich von ⌐ Rhet., ⌐ Poetik und ⌐ Hermeneutik. Nicht zuletzt hieraus erklärt sich sein alles andere als kongruentes, bis in die jüngste Gegenwart historischem Wandel unterworfenes Verständnis. Das gr. Wort *allēgoría* ist seit dem 1. Jh. v. Chr., also erst seit hellenistischer Zeit, belegt. Als

Terminus der Rhet. gebraucht es zuerst Philodem von Gadara (etwa 60 v. Chr.). Seitdem ist es in der gr. und lat. Rhet. zur Bez. des ⌐ Tropus (1) üblich. Innerhalb der Tropen wechselt der Ort in der A., der zumeist zwischen ⌐ Metapher (A. als *metaphora continuata*, ›fortgesetzte Metapher‹) und *aenigma* (dunkle, rätselhafte A., ⌐ Rätsel) liegt. Außerdem versteht man die A. als ⌐ Personifikation eines Abstraktums (*personificatio*). Ungeachtet dieser Unterschiede wird *allēgoría* in der antiken und mal. Rhet. immer wieder ähnlich definiert, z. B. als *alia oratio*, wie Cicero es übersetzt (»Orator« 27, 94), oder *aliud verbis, aliud sensu ostendit* (›Eine andere Rede, die etwas anderes sagt, als sie meint‹; Quintilian: »Institutio Oratoria« 8, 6, 44). Neben der in der Rhet. gebräuchlichen Bedeutung benennt das Wort *allēgoría* im Kontext der Mythendeutung das exegetische Bemühen, einem Text nachträglich einen tieferen Sinn zu unterlegen, wie bei der in apologetischer Absicht geübten ⌐ Allegorese der Epen Homers. Auf die Exegese des AT wendet diesen *allēgoría*-Begriff zugleich mit dem Verfahren zuerst Philon von Alexandrien (um 30 v. Chr.–um 45 n. Chr.) an, der so zum Wegbereiter der christlichen Tradition der allegorischen Bibelexegese wird. Für das christliche Bibelverständnis bleiben indes beide Sinnfüllungen, die dem Begriff in der gr.-röm. Antike zu eigen waren, erhalten, jedoch mit einer wesentlichen Spezifizierung v. a. dadurch, dass die A. nun einen geschichtlichen und ontologischen Sinnzusammenhang mit umfasst. Im Brief an die Galater (4, 21–31) verbindet Paulus die Vorstellungen von A. als einem Stilprinzip und von Allegorese als der diesem entsprechenden exegetischen Methode mit der heilsgeschichtlichen Konzeption, die der typologischen Verknüpfung von NT und AT zugrunde liegt (⌐ Typologie [1]) – eine Wandlung im Verständnis der A., die bereits Johannes Chrysostomos (345–407) und andere nach ihm in ihrer Neuartigkeit erkennen. Später erweitert Augustinus die rhet. Definition der A.: Die wörtliche Textaussage bleibt als Faktum der Heilsgeschichte gültig neben der spirituellen Bedeutung. In solcher Betonung des Literalsinns als eines notwendigen Bestandteils der Gesamtaussage ist ein spezifisch christliches Merkmal der A. zu sehen (⌐ Schriftsinn). Häufig unterscheiden Exegeten deshalb zwischen der auf biblische Ereignisse bezogenen *allegoria facti* und der *allegoria dicti* oder *verbi*, die der Rhet. zugehört. Die Gleichsetzung von *allegoria* mit *mysterium, sensus mysticus* u. a. enthüllt einen Wahrheitsanspruch der biblischen A.; denn das hinter dem buchstäblichen Wortsinn Verborgene ist zu verstehen als das in Gott ruhende Geheimnis, das sich den Menschen gegenüber in Christus verwirklichte. Es handelt sich bei dem mystischen Sinn also um einen tatsächlichen, sich ereignenden und den einzelnen Menschen, der sich um seine Erkenntnis bemüht, übersteigenden Sinngehalt: die christliche Heilslehre in ihrer Gesamtheit. So unterscheidet bereits Cassiodor (um 487–583) das christliche Mysterium der A. als

Realität, die in Christus existent ist, von der heidnischen A., die auf eine vom Menschen erfundene, phantastische Vorstellung zielt (»In Psalmos« 4.1, 20–38; »Corpus Christianorum« 97, S. 56). Als häufigster Terminus für den spirituellen Schriftsinn kann *allēgoría* entweder die verschiedenen, nicht allein wörtlichen Interpretationen der Bibel in ihrer Gesamtheit kennzeichnen oder aber die heilsgeschichtliche Sinndimension. – Die A. bleibt auch nach dem Schwinden des mit der mal. Allegorese verbundenen christlichen Wahrheitsanspruchs eine wichtige Form lit. Bildlichkeit. ›A.‹ wird häufig nicht nur als ↗ Schreibweise, sondern auch als ↗ Gattung verstanden.

Lit.: W. Blank: A.₃. In: RLW. – H. Brinkmann: Mal. Hermeneutik. Tüb. 1980. – H. Freytag: Die Theorie der allegorischen Schriftdeutung und die A. in dt. Texten bes. des 11. und 12. Jh.s. Bern u. a. 1982. – W. Freytag: Die Fabel als A. In: Mlat. Jb. 20 (1985), S. 66–102; 21 (1986), S. 3–33. – Dies.: A., Allegorese. In: HWbRh. – Dies.: A., Allegorese, Typologie. In: Killy/Meid. – H. Fromm u. a. (Hg.): Verbum et Signum. Mchn. 1975. – W. Harms u. a. (Hg.): Bildhafte Rede in MA. und früher Neuzeit. Tüb. 1992. – W. Haug (Hg.): Formen und Funktionen der A. Stgt. 1979. – G. Kurz: Metapher, A., Symbol [1982]. Gött. ⁵2004. – H. de Lubac: Exégèse médiévale. 2 Bde. in 4 Bdn. Paris 1959–64. – F. Ohly: Schriften zur mal. Bedeutungsforschung [1977]. Darmstadt ²1983. – B. F. Scholz: A.₂. In: RLW. – H.-J. Spitz: Allegorese, A., Typologie. In: U. Ricklefs (Hg.): Das Fischer Lexikon Lit. Bd. 1. Ffm. 1996, S. 1–31.   HFG

Allgemeinbibliographie ↗ Bibliographie.

Allgemeine Literaturwissenschaft [engl. *general literature*; frz. *littérature générale*; nl. *algemene literatuurwetenschap*], komparatistisch angelegte Grundlagenwissenschaft, die sich um die Erkenntnis der Lit. als solcher bemüht. Der a.n L. geht es um Prinzipienwissen und nicht um Einzelfallkenntnisse. Sie befasst sich daher nicht mit einer einzigen Nationallit. oder dem Vergleich zweier oder mehrerer Lit.en (↗ vergleichende Lit.wissenschaft), sondern mit der Lit. im Allgemeinen, wenn auch anhand exemplarischer Fälle. In erster Linie zielt sie auf Prinzipien der Entstehung, der sprachlichen Struktur, des lit.systematischen Zusammenhangs und des mediensystematischen Zusammenspiels, ferner der Rezeption, Wirkung oder Nutzung von Lit. Grundlegend ist die Bestimmung der soziohistorisch variablen Gegenstände Lit. und Poesie im Rahmen allg. Texttheorien. Hauptarbeitsfelder sind Gattungs-, Schreibweisen- und Formtheorie, Stiltheorie, Erzähl-, Dramen- und Lyriktheorie, ↗ Intertextualität, ↗ Intermedialität, Übersetzungs-, Fiktions-, Bedeutungs-, Verstehens-, Rezeptionstheorie und weitere Teiltheorien der Lit. Ihre Ergebnisse messen sich vornehmlich an der Geltung der Theorien, weniger an der Zahl der jeweils behandelten Beispiele. Neben der historisch und systematisch erschließenden Poetologie gehören auch die Erforschung und Kritik lit.wissenschaftlicher ↗ Methoden sowie nationalphilologisch spezifischer Lit.theorien zu den Arbeitsfeldern der a.n L. (↗ Methodologie, kritische Lit.theorie, Wissenschaftstheorie der Lit.wissenschaft).

Der Sache nach finden sich Fragestellungen der a.n L. schon lange vor deren disziplinärer Entfaltung. Das Stichwort ›a. L.‹ im Sinne von »Erforschen der Poesie in allen Gestalten« (Scherer, S. 32) taucht ebenso wie das engl. Pendant ›general literature‹ (Mongomery 1833) allerdings erst im 19. Jh. in deutlicher Nähe zu dem verbreiteten Begriff ›allg. Lit.geschichte‹ auf. Noch um 1900 konnte man die seit 1828 belegte und durch den Ausdruck ›Wissenschaft von der Litteratur‹ (1764) präludierte Bez. ›Litteraturwissenschaft‹ als »neuen Kunstausdruck« auffassen, als Programmwort für die Verwissenschaftlichung des Faches ↗ Lit.geschichte bzw. ↗ Philologie (Weimar 1989; ders. in RLW). Der Versuch van Tieghems, die ›littérature générale‹ allein als multilingual orientierte lit.geschichtliche Disziplin (im Unterschied zur bilingual orientierten vergleichenden Lit.geschichte und zu den monolingualen Nationalphilologien) zu bestimmen, hat sich nicht durchsetzen können; allerdings sorgt seine Unterscheidung zwischen theoretisch und historisch ausgerichteter Lit.forschung bis heute für Unklarheiten. Im Anschluss an die auf Gesetzmäßigkeiten und Systemzusammenhänge ausgerichteten Forschungen des russ. ↗ Formalismus und Prager ↗ Strukturalismus kommen wichtige Anstöße für die a. L. durch R. Wellek und A. Warren (»Theory of Literature«, 1949), W. Kayser (»Das sprachliche Kunstwerk«, 1948), H. Friedrich (»Die Struktur der modernen Lyrik«, 1956), E. Lämmert (»Bauformen des Erzählens«, 1955) oder V. Klotz (»Die offene und geschlossene Form des Dramas«, 1969); weitergeführt werden sie dt.sprachig u. a. von K. W. Hempfer (»Gattungstheorie«, 1973), M. Pfister (»Das Drama«, 1977), D. Lamping (»Das lyrische Gedicht«, 1989), K. Weimar (»Enzyklopädie der Lit.wissenschaft«, 1980); international z. B. durch P. Ricoeur (Metapherntheorie und Hermeneutik), G. Genette (Erzähltheorie) oder U. Eco (Semiotik und allg. Texttheorie). Da die a. L. an allen Lit.en statt nur an einer interessiert ist und wissenschaftstheoretische Reflexionen dritter Ordnung für jede Nationalphilologie fruchtbar werden können, ist sie ein polysyndetisches Fach, das institutionell v. a. im Rahmen der ›allg. und vergleichenden Lit.wissenschaft‹ oder ›Komparatistik‹ verankert ist, aber auch in Verbindung mit Nationalphilologien betrieben wird. Als eigenständiges Fach wird die a. L. nur an wenigen Universitäten angeboten (Deutschland: Siegen, Paderborn, Wuppertal; Niederlande: Leiden; Skandinavien: Oslo, Bergen, Kopenhagen). Allerdings ist in den Nationalphilologien in den letzten Jahren eine Entgrenzung hin zur a.n L. zu beobachten. Eine Darstellung der Geschichte der a.n L. gibt es bislang noch nicht.

Buchreihen und Periodika: »Text und Kontext. Romanische Lit.en und A. L.«, »Utrecht publications in gene-

ral and comparative literature«, »Compass. Mainzer Hefte für Allg. und Vergleichende Lit.wissenschaft«, »Arcadia. Zs. für Allg. und Vergleichende Lit.wissenschaft«, »Neues Forum für allg. und vergleichende Lit.-wissenschaft«, »Explicatio. Analytische Studien zur Lit. und Lit.wissenschaft«, »Wuppertaler Broschüren zur A. L.«, »A. L. – Wuppertaler Schriften«.
Lit.: W. Barner: Das Besondere des Allgemeinen. In: W. Prinz, P. Weingart (Hg.): Die sog. Geisteswissenschaften: Innenansichten. Ffm. 1990, S. 189–203. – J. Fohrmann: Über die Bedeutung zweier Differenzen. In: H. Birus (Hg.): Germanistik und Komparatistik. Stgt., Weimar 1995, S. 15–27. – E. Lämmert: Allg. und Vergleichende Lit.wissenschaft. In: W. Prinz, P. Weingart (Hg.): Die sog. Geisteswissenschaften: Innenansichten. Ffm. 1990, S. 175–188. – J. Montgomery: Lectures on poetry and general literature [1833]. Ldn. 1995. – W. Scherer: J. Grimm. Bln. 1865. – P. van Tieghem: La Synthèse en histoire littéraire. In: Revue de synthèse historique 31 (1921), S. 1–27. – M. Wehrli: A. L. [1951]. Bern ²1969. – K. Weimar: Geschichte der dt. Lit.wissenschaft bis zum Ende des 19. Jh.s. Mchn. 1989. – Ders.: Lit.wissenschaft. In: RLW. – R. Wellek, A. Warren: Theory of Literature. NY 1949. – C. Zelle (Hg.): A. L. Opladen 1999. – R. Zymner (Hg.): A. L. [1999]. Bln. ²2001.   RZ

Allgemeiner Deutscher Sprachverein, Abkürzung: ADSV; ab 1923: Deutscher Sprachverein; auf Initiative des Braunschweiger Kunsthistorikers H. Riegel 1885 gegründeter Verein, der die »Reinigung der dt. Sprache von unnöthigen fremden Bestandteilen« mit dem Ziel verfolgte, »das allg. nationale Bewußtsein im dt. Volke zu kräftigen«. Neben allg. sprachpflegerischen Aufgaben stand, bei zunehmender nationalistisch-chauvinistischer Tendenz, der Fremdwortpurismus (↗Purismus) im Vordergrund der Vereinsaktivitäten. Seine Ziele verfolgte der ADSV mit der »Zs. des allg dt. Sprachvereins« (ab 1886; seit 1925: »Muttersprache«) sowie durch Preisausschreiben, Versammlungen, Aufrufe und die Publikation von ›Verdeutschungsbüchern‹. – Die 1947 gegründete, heute aufgrund anderer Schwerpunkte nicht mehr als Nachfolgeorganisation des ADSV anzusehende »Gesellschaft für deutsche Sprache« (GfdS) mit Sitz in Wiesbaden sieht ihre Aufgaben einerseits in der kritischen Beobachtung der Sprachentwicklung, andererseits im Erarbeiten von Empfehlungen für den allg. Sprachgebrauch. Publikationsorgane: »Muttersprache« (seit 1949), »Der Sprachdienst« (seit 1957).
Lit.: H. Blume: Der ADSV als Gegenstand der Sprachgeschichtsschreibung. In: D. Cherubim u. a. (Hg.): Sprache und bürgerliche Nation. Bln., NY 1998, S. 123–147. – P. v. Polenz: Dt. Sprachgeschichte vom Spät-MA. bis zur Gegenwart. Bd. III. Bln., NY 1999.   CK

Alliteration, f. [nlat. *allitteratio*], gleicher Anlaut aufeinander folgender oder syntaktisch verbundener Wörter. Der Begriff ›A.‹ bezeichnet sowohl die Über-einstimmung betonter Anlaute aufeinander folgender oder syntaktisch verbundener Autosemantika in Prosatexten (»Er hörte auf die wechselnde Melodie des Wassers, und es schien, als wenn ihm die Wogen in unverständlichen Worten tausend Dinge sagten, die ihm so wichtig waren … «; L. Tieck: »Der Runenberg«) als auch die Übereinstimmung metrisch akzentuierter Anlaute von Wörtern in Versexten (»Es wehet der Wind, es fliehen die Wolken«; H. Heine: »Fragen«). Die A. kann neben dem häufigeren Fall durch gleichlautende Konsonanten miteinander verbundener Wörter auch Vokaleingänge von Wörtern miteinander verbinden, sofern sie jeweils betont sind (die Übereinstimmung von Vokalen im Wortinneren heißt dagegen ↗Assonanz). Die A. dient bisweilen allein euphonischen Zwecken, dann aber auch der sprachlichen Intensivierung und semantischen Nachdrücklichkeit, was sich neben der Lit. (in der Romantik etwa C. Brentano und J. v. Eichendorff) insbes. die Werbung zunutze macht. – Nur die A. in Versexten kann auch ↗›Stabreim‹ genannt werden, ein Terminus, der im Übrigen eher für ahd. und mhd. Versexte sowie für deren Nachahmungen gebräuchlich ist. So verwendet R. Wagner die A. nach metrischen Vorgaben germ. Versexte mit archaisierender Absicht.
Lit.: P. Rühmkorf: agar agar – zaurzaurim. Zur Naturgeschichte des Reims und der menschlichen Anklangsnerven. Reinbek 1981. – R. Zymner: A. In: RLW.   BM

Alliterationsvers ↗ Stabreimvers.

Allonym, n. [aus gr. *allós* = der andere, *ónoma* = Name], ↗Pseudonym.

Alltagserzählung, nicht-lit., mündliche Narration, die in alltäglichen, aber auch in institutionellen Zusammenhängen vorkommen kann (z. B. in schulischen Pausengesprächen oder in bestimmten Unterrichtsphasen). Gegenstand von A.en sind üblicherweise die alltägliche Routine durchbrechende Ereignisse, in welche die ↗Erzähler (mindestens emotional) involviert sind. A.en dienen der Herstellung und Aufrechterhaltung von Gemeinschaft und Geselligkeit; sie können jedoch auch für differenzierte Zwecke eingesetzt werden, etwa bei der Illustration eines Sachverhalts durch Erzählen eines zwar singulären, aber doch ›typischen‹ Falls. Obwohl wie in anderen ↗Erzählungen auch in A.en meist monologische Sprechhandlungsverkettungen vorliegen, kommt den Hörern die Funktion der Herstellung von Geselligkeit und Gemeinschaft bei der Hervorbringung einer A. zu. – A.en werden zuweilen in der modernen und postmodernen fiktionalen Erzähllit. dargestellt. Häufiger begegnen sie in fiktionalen, dokumentarischen oder semi-dokumentarischen Formaten des Fernsehens (z. B. in *Daily Soaps*).
Lit.: K. Ehlich (Hg.): Erzählen im Alltag. Ffm. 1980. – Ders.: A. In: RLW. – E. Lämmert (Hg.): Erzählforschung. Stgt. 1982. – U. Quasthoff: Erzählen in Gesprächen. Tüb. 1980. – C. K. Riessman: Narrative Analysis. Ldn. 1993.   BME

Almanach, m. [arab. *al-manaha* = das Geschenkte, Kalender, Neujahrsgeschenk; Etymologie unsicher], jährlich erscheinende Sammlung fiktionaler und nichtfiktionaler Texte, zumeist mit Kalendarium, gelegentlich mit ↗Illustrationen und Notenbeilagen. – Ursprünglich stammt der A. aus dem Orient, wo er als astronomisches Tafelwerk zur Bestimmung der Positionen der Planeten diente. Seit 1267 ist der Ausdruck ›A.‹ in Europa als Synonym für ↗›Kalender‹ belegt (Roger Bacon). Während die ersten gedruckten A.e von G. Peurbach (Wien 1460, lat.) und J. Regiomontanus (Nürnberg 1475–1531, lat. und dt.) nur kalendarische und astronomische Daten enthalten, werden die A.e des 16. Jh.s um praktische Unterweisungen und unterhaltende Themen erweitert (»A. de Liège«, zuerst Lüttich 1626). Neben der seit dem 17. Jh. zunehmenden Tendenz, A.e zu konkreten Sachgebieten herauszugeben, entwickeln sich im 18. Jh. die ↗Musenalmanache, periodisch erscheinende Sammlungen poetischer Texte. Im 19. Jh. verstärkt sich die Spezialisierung auf einzelne Themengebiete, im 20. Jh. dient der Verlags-A. als Werbemittel.
Lit.: E. Fischer (Hg.): Von A. bis Zeitung. Ein Hb. der Medien in Deutschland 1700–1800. Mchn. 1999. – S. Greilich: Frz.sprachige Volksalmanache des 18. und 19. Jh.s. Hdbg. 2004. – G. Häntzschel: A. In: RLW. – P. G. Klussmann (Hg.): Lit. Leitmedien: A. und Taschenbuch im kulturwissenschaftlichen Kontext. Wiesbaden 1998. – Y.-G. Mix: A.- und Taschenbuchkultur des 18. und 19. Jh.s. Wiesbaden 1996.   NI

Alphabet, n. [gr.], aus den ersten beiden gr. Buchstaben (*alpha*, *béta*) gebildete Bez. für die Buchstabenreihe eines Schriftsystems. ↗Schrift, ↗Abecedarium.

Alphabetisierung, f. [von den gr. Buchstabennamen *álpha*, *béta*], Verbreitung und Vermittlung von Schreib- und Lesefähigkeiten; gelegentlich: Zustand der Literalität als Ergebnis dieses Prozesses; selten: Umstellung eines nicht-alphabetischen Schriftsystems auf eine Alphabetschrift. – In sozioökonomischer und politischer Hinsicht gilt A. als Entwicklungsfaktor. V. a. im 20. Jh. wurden daher zahlreiche A.skampagnen durchgeführt, nach dem Zweiten Weltkrieg insbes. auch von den UN. Seit den 1960er Jahren ist (›sekundärer‹) Analphabetismus auch für die Industrienationen, die seit dem späten 19. Jh. als alphabetisiert galten, als Problem erkannt; die notwendige ›A.‹ meint hier nicht nur die Vermittlung der grundlegenden Kulturtechnik, sondern v. a. den Erwerb weitergehender schriftsprachlicher Kompetenzen, der sog. funktionalen Literalität. – In schrifttheoretischer Perspektive werden v. a. die gesellschaftlichen und mentalitätsgeschichtlichen Folgen der A. (hier oft: ›Literalisierung‹) untersucht. In Frage steht insbes., ob und in welchen Hinsichten die A. einer Gesellschaft kulturgeschichtlich einen Einschnitt darstellt.
Lit.: K. Ehlich u.a. (Hg.): A Bibliography on Writing and Written Language. 3 Bde. Bln. 1996. – H. Günther, O. Ludwig (Hg.): Schrift und Schriftlichkeit. 2 Bde.

Bln., NY 1994/96. – R. Siegert: A. In: RLW. – Ch. Stetter: Schrift und Sprache. Ffm. 1997.   EB

Alphabetschrift ↗Schrift.

Altdeutsche Literatur ↗Althochdt. Lit.

Altercatio, f. [lat. = Wortwechsel], rhet. Begriff für den aus Rede und Gegenrede bestehenden Wortstreit, in der Antike insbes. vor Gericht und in der Politik; dann für gelehrte Disputationen (↗Disputatio) und lit. Streitgespräche aller Art.
Lit.: A. Cizek: A. In: HWbRh.   UM

Alterität, f. [Neologismus zu lat. *alter*, *alterum* = der/das Andere], häufig synonym mit ›Fremdheit‹ und ›Verschiedenheit‹ sowie als Antonym von ›Identität‹ verwendeter Terminus, zunächst zur Bez. der zeitlich vertikalen Distanz zwischen MA. und Moderne (Jauß), inzwischen v. a. zur Charakterisierung der zeitlich horizontalen, in Form eines reduktiv-bipolaren *Us-Them*-Schemas gedachten Differenz zwischen Kulturen, Nationen, Ethnien sowie den Geschlechtern.
Lit.: A. Horatschek: A. und Stereotyp. Tüb. 1998. – H. R. Jauß: A. und Modernität der mal. Lit. Mchn. 1977. – P. Strohschneider: A. In: RLW. – H. Turk: Alienität und A. als Schlüsselbegriffe einer Kultursemantik. In: JbIG 22 (1990), S. 8–31.   JGP

Alternation, f. [lat. *alternare* = wechseln], 1. allg. der regelmäßige Wechsel zwischen binären sprachlichen Einheiten (z. B. zwischen ↗Hexameter und ↗Pentameter im ↗Distichon); 2. insbes. der regelmäßige Wechsel druckstarker und druckschwacher Silben (bei ↗akzentuierendem Versprinzip) oder langer und kurzer Silben (bei ↗quantitierendem Versprinzip) in ↗Versen. Hierbei lassen sich steigend-alternierend (↗Jambus) und fallend-alternierend (↗Trochäus) unterscheiden und von nichtalternierenden Versen wie dem füllungsfreien ↗Stabreimvers, dem ↗Knittelvers, ↗Freien Rhythmen oder auch metrischen Einheiten wie ↗Daktylus, ↗Anapäst oder ↗Spondeus abgrenzen, die in gr. und lat. Dichtung dem quantitierenden Versprinzip gehorchten und bei denen eine Länge in zwei Kürzen aufgelöst werden konnte. Die A. ist seit Otfrid von Weißenburg (9. Jh.) auch in der dt. Dichtung verbreitet (Heinrich von Veldeke, Hartmann von Aue, Gottfried von Straßburg), aber auch Durchbrechungen sind häufig (↗Hebungsspaltung, ↗Senkungsspaltung, ↗beschwerte Hebung). Im 16. und frühen 17. Jh. wird bei Versen der Meistersinger (↗Meistersang), früher Gelehrtendichtung nach frz. Vorbild (G. R. Weckherlin) und im ↗Knittelvers die strenge A. bei gleichzeitiger Silbenzählung (↗silbenzählendes Versprinzip) gegenüber dem Wortakzent privilegiert (↗Tonbeugung), bis M. Opitz (»Buch von der dt. Poeterey«, 1624) die ausschließliche Verwendung alternierender Versmaße fordert. Kurz darauf werden aber auch wieder nicht alternierende Versmaße wie der ↗Daktylus zugelassen (A. Buchner), die in der zweiten Hälfte des 18. Jh.s in antikisierenden Metren wie dem ↗Hexameter und den ↗Odenmaßen bes. wichtig werden (F. G. Klopstock, F. Hölderlin).

Lit.: D. Breuer: Dt. Metrik und Versgeschichte. Mchn. 1981. – Ch. Küper: A. In: RLW. – Ch. Wagenknecht: Weckherlin und Opitz. Zur Metrik der dt. Renaissancepoesie. Mchn. 1971. CSR

Alternative Literatur, lit. Szene, die sich im Umfeld der ›68er-Bewegung‹ formierte. Beide teilen die radikale politisch-utopische Kritik an den sozialen, ökonomischen und politischen Institutionen der Bundesrepublik der 1960er und 1970er Jahre. Daraus resultieren Bemühungen, eine nicht marktwirtschaftlich organisierte Gegenöffentlichkeit zu initiieren (Verzeichnis alternativer lieferbarer Bücher, Literarisches Informations-Zentrum Bottrop, Gegenbuchmesse). Die diagnostizierte Ohnmacht der ›bürgerlichen Lit.‹ führt unter dem Einfluss der am. Beat-Generation zur bewussten Kontamination der Lit.sprache mit Alltagssprache (R. D. Brinkmann) und zur Favorisierung pragmatischer Gattungen (H. M. Enzensberger spricht von ›Faktographien‹). In dem Maße, in dem diese Gegenöffentlichkeit zum Bestandteil des lit. Marktes wird, verliert sie ihre kritische Glaubwürdigkeit. Schon 1980 spricht H. Heißenbüttel vom ›Ende der Alternative‹. – Zuletzt fand der Begriff für die inoffizielle Lit.szene der DDR in den 1970er und 1980er Jahren Verwendung, insofern sich auch hier eine lit. Gegenöffentlichkeit konstituiert hatte (private Autorenlesungen; Samizdat-Zeitschriften, z. B. »ariadnefabrik«). Anders als im Fall der a.n L. der Bundesrepublik verstand sich diese Kritik weniger als utopischer Gegenentwurf, sondern stärker als Verweigerung. Ästhetisch orientieren sich viele der zugehörigen Autoren an den lit. ↗ Avantgarden des 20. Jh.s und verarbeiten subkulturelle Jargons (B. Papenfuß-Gorek).
Lit.: H. L. Arnold (Hg.): Lit.betrieb in der Bundesrepublik Deutschland [1971]. 2., völlig veränderte Aufl. Mchn. 1981. – W. Eichwede (Hg.): Samizdat. Alternative Kultur in Zentral- und Osteuropa: Die 60er bis 80er Jahre. Bremen 2000. SPA

Althochdeutsche Literatur, Sammelbegriff für die frühmal. Überlieferung in hochdt. Sprache von der zweiten Hälfte des 8. bis zur Mitte des 11. Jh.s. Der sprachhistorische Terminus ›Ahd.‹ wurde 1819 von J. Grimm in seiner »Dt. Grammatik« geprägt und wird heute in der Regel für die Spanne von 600 (Beginn der zweiten Lautverschiebung) bis ca. 1050 (Übergang zur frühmhd. Sprachperiode) verwendet. Durch W. Wackernagel wurde der Begriff 1848 als Bez. für die älteste Epoche der dt. Lit.geschichte übernommen. Da der Begriff, welcher die durch die zweite Lautverschiebung entstandene Sprachgrenze betont, kulturhistorische und typologische Zusammenhänge der a.n L. mit den altndt. Texten verwischt, konkurriert er mit den Bez.en ›karolingische Lit.‹ (für die Texte bis kurz nach 900) bzw. (seltener) ›altdt. Lit.‹. – Die innerhalb der ahd. Phase entstandenen Texte lassen eine klare Entwicklungslinie vermissen; überliefert sind zeitlich, räumlich und z. T. auch gattungstypologisch vereinzelt stehende Lit.denkmäler, die meist isoliert aus dem Bo-

den der lat. Kulturtradition erwachsen. – Nach einer Phase der Entstehung vorrangig katechetischer Stücke in der zweiten Hälfte des 8. Jh.s kulminiert die Produktion der a.n L. im 9. Jh., um dann nach 900 zum Erliegen zu kommen, abgesehen von dem Übers.s- und Kommentarwerk Notkers III. von St. Gallen Ende des 10./Anfang des 11. Jh.s. Auffallend ist die Gleichzeitigkeit des Versiegens der a.n L. mit dem Aussterben der Karolinger. Zentren der Lit.produktion sind die großen Benediktinerklöster (v. a. Fulda, Trier, Mainz, Lorsch, Weißenburg, Murbach, Reichenau, St. Gallen, Regensburg, Wessobrunn). – Ahd. Schriftüberlieferung erwächst aus der Spannung zwischen der antik-christlichen Bildungstradition und der illiteraten Laienkultur. Wichtige Impulse für die Entstehung der a.n L. gehen von der Kultur- und Kirchenpolitik Karls des Großen bzw. der damit verbundenen Bildungspolitik aus (↗ Karolingische Renaissance). Die Pflicht zur besseren Unterweisung der Laien fördert die Übers. der ↗ katechetischen Lit. in die Volkssprache (Taufgelöbnisse, Paternoster, Beichten, Predigt); die Verpflichtung zur Hebung der Bildung verstärkt die Aneignung der christlich-antiken Lit. in den Kloster- und Domschulen und führt zu deren intensiver Erschließung durch ↗ Glossen, ↗ Glossare (»Abrogans«, ›Vocabularius Sti. Galli‹), ↗ Bibelübers.en (»Tatian«) und -kommentare. – Den Höhepunkt der a.n L. im 9. Jh. markiert die ↗ Bibelepik Otfrids von Weißenburg, dessen zwischen 863 und 871 vollendeter, in christlich-spätantiker Tradition stehender »Liber evangeliorum« biblische Erzählung und Exegese vereinigt und mit der neuen Endreimform die Loslösung von der älteren heimischen Dichtung dokumentiert, die vom ↗ Stabreim geprägt war. – Stärker der mündlichen Tradition verpflichtet sind die Zaubersprüche (z. B. »Merseburger Zaubersprüche«) und Segensformeln (↗ Segen), das Heldenlied (mit dem »Hildebrandslied« als einzigem schriftlich tradierten Text), das Fürstenpreislied (»Ludwigslied«) sowie die christliche Stabreimdichtung (»Wessobrunner Schöpfungsgedicht«, »Muspilli«). – In den Bereich der ↗ Rechtslit. gehören Übers.en der Leges sowie Capitularien, Eide und Markbeschreibungen (Trierer Capitulare, Lex salica, Straßburger Eide). – Die Einbettung der a.n L. in die lat. Tradition dokumentiert noch einmal das Werk Notkers III. von St. Gallen, der mit der volkssprachlichen Wiedergabe zentraler Texte der *septem artes liberales* die Entfaltung der dt.sprachigen Wissenschaftsprosa einleitet, die Muttersprache im Unterricht als Partnerin des Lat. einsetzt und mit der ausdrucksvollen Sprachkraft seiner kommentierenden Psalmenübers. bis ins 14. Jh. weiterwirkt.
Texte: W. Braune (Hg.): Ahd. Lesebuch [1875]. Bearb. v. E. A. Ebbinghaus. Tüb. ¹⁷1994. – W. Haug, B. K. Vollmann (Hg.): Frühe dt. Lit. und lat. Lit. in Deutschland 800–1150. Ffm. 1991. – E. v. Steinmeyer (Hg.): Die kleineren ahd. Sprachdenkmäler [1916]. Bln. ²1963.
Lit.: W. Haubrichs: Die Anfänge. Versuche volksspra-

chiger Schriftlichkeit im frühen MA. [1988]. Ffm. ²1995. – Ders.: A.L. In: RLW. – D. Kartschoke: Geschichte der dt. Lit. im frühen MA. [1990]. Ffm. ⁸2000. – St. Sonderegger: Ahd. Sprache und Lit. [1974]. Bln., NY ³2003. – Ders.: A. L. und Sprache. In: LMA.   KR

Altkirchenslawisch ↗ Slawistik.

Amadisroman, nach dem Namen des Protagonisten Amadis de Gaula benannte umfangreiche Gruppe von Ritterromanen, die Elemente des antiken Romans mit keltisch-bretonischen Sagenstoffen verbinden. Amadis hat sich in zahlreichen Kämpfen zu bewähren, bis er schließlich mit seiner Geliebten Oriana vereint wird. – Die erste verschollene Fassung reicht ins 14. Jh. zurück, die älteste erhaltene ist 1508 in Spanien erschienen. Bereits ihr Autor L. Gálvez de Montalvo hat aufgrund der Popularität seines Werks eine genealogisch erweiterte Fortsetzung verfasst: Das fünfte Buch widmet sich Abenteuern von Amadis' Sohn Esplandian. – Der A. wurde bis ins 17. Jh. europaweit rezipiert und erweitert. Die von Anfang an strukturbestimmende additive Reihung einzelner Episoden begünstigte immer neue Fortsetzungen. N. des Essarts übersetzte die Bücher eins bis vier von Montalvos Roman 1540/43 ins Frz., J. Fischart übertrug das sechste Buch ins Dt. Die zahlreichen Ausgaben bewegen sich auf gehobenem Ausstattungsniveau. Sie dienten wohl einer repräsentatividentitätsstiftenden Lektüre, der ständischen Selbstvergewisserung adliger Kreise. In M. de Cervantes' »Don Quijote« (1605/15) wurde der auch für den A. typische, mitunter spannungslose Schematismus parodiert, was allerdings der Beliebtheit des A.s bis ins 18. Jh. keinen Abbruch tat.
Lit.: S. J. Barber: »Amadis de Gaule« and the German Enlightenment. Bern u. a. 1984. – F. Pierce: Amadis de Gaula. Boston/Mass. 1976. – H. Weddige: Die »Historien vom Amadis auss Franckreich«. Wiesbaden 1975.   ID

Amateurtheater ↗ Laienspiel, ↗ Liebhabertheater.

Ambiguität, f. [lat. *ambiguitas* = Zweideutigkeit, Doppelsinn], auch: Ambivalenz, Amphibolie, Mehrdeutigkeit, Vieldeutigkeit; konstitutive Eigenschaft natürlicher Sprachen: Durch den unbegrenzten und kreativen Gebrauch einer begrenzten Zahl von Zeichenausdrücken und -strukturen entsteht eine nicht immer vereindeutigend auflösbare Vielzahl von Bedeutungen. Die Linguistik unterscheidet u. a. zwischen 1. ›lexikalischer A.‹ (↗ Äquivokation, ↗ Homonymie oder Polysemie), 2. ›syntaktischer A.‹, wenn sich aus der gleichen linearen Abfolge von Konstituenten eines ↗ Syntagmas oder ↗ Satzes strukturell unterschiedliche Abhängigkeitsbeziehungen herauslesen lassen (»Die Tochter der Nachbarin, die ich getroffen habe ...« – die Nachbarin oder die Tochter?), und 3. ›pragmatischer A.‹ (»Es zieht!« – Feststellung und/oder Aufforderung, die Tür zu schließen?). – In der klassischen Rhet. und Stilistik wird A. als Verstoß gegen das Ideal der *perspicuitas* (↗ Klarheit) in der Regel negativ bewertet. Dagegen gilt die lit. A., die über das rein Sprachliche hinaus

Motive, Charaktere oder Szenen bis hin zum Textganzen betreffen kann, seit Beginn der Moderne als adäquater Ausdruck der Komplexität und Ambivalenz des Seienden.
Lit.: R. Bernecker, Th. Steinfeld: Amphibolie, A. In: HWbRh. – Ch. Bode: Ästhetik der A. Tüb. 1988. – Ders.: A. In: RLW.   CK

Ambivalenz, f. [lat. = Doppelwertigkeit], von dem Psychologen E. Bleuler (»Vortrag über A.«, 1910) geprägter und von S. Freud (»Zur Dynamik der Übertragung«, 1912) weiterentwickelter Begriff zur Bez. der gleichzeitigen Anwesenheit einander entgegengesetzter Willensakte (z. B. essen wollen und nicht essen wollen), Meinungen, Haltungen oder Gefühle (z. B. Liebe und Hass) in einem Subjekt. – Der Begriff wurde auf meist unspezifische Weise in der älteren Forschung auf die Lit. übertragen und zu einer Art ›Grunderfahrung‹ der ↗ Moderne‹ (z. B. bei R. Musil) erklärt. Spezifischer lassen sich folgende Phänomene unterscheiden: 1. die geistesgeschichtliche A., das Nebeneinander verschiedener kultureller und intellektueller Strömungen innerhalb einer Epoche; 2. die phonetische A., die Möglichkeit verschiedener akustischer Realisierungen desselben Buchstabens; 3. die semantische A., die Mehrdeutigkeit oder Vielschichtigkeit von Wörtern und Wortgruppen, die rhet. als die ↗ Klarheit des Ausdrucks gefährdende ›Amphibolie‹ abgewertet wird; linguistisch spricht man genauer von ↗›Ambiguität‹, ↗›Äquivokation‹ oder ›Polysemie‹. In der heutigen Lit.wissenschaft ist der Begriff ↗›Polyvalenz‹ verbreiteter. – Sucht man nach einer Möglichkeit, den Begriff ›A.‹ zu erhalten und mit einer präziseren Bedeutung zu belegen, so bietet es sich an, auf die psychologische Begriffsprägung zurückzugehen und den Ausdruck ›A.‹ der Bez. solcher Phänomene vorzubehalten, bei denen es nicht auf Eigenschaften von Texten, sondern auf die Haltung von Subjekten ankommt: 1. das Schwanken von ↗ Figuren in fiktionalen Texten, ihre Unfähigkeit, Entscheidungen zu treffen und kohärent zu handeln (z. B. Hamlet); 2. die rezeptionsästhetisch und -geschichtlich beschreibbare Unsicherheit, welche lit. Texte bei ihren Lesern auslösen oder zu einem bestimmten Zeitpunkt ausgelöst haben (z. B. die Mischung von Faszination und Ekel bei der Lektüre von Texten der modernen Lit., welche hergebrachte ästhetische Normen provokant durchbrechen).
Lit.: J. Laplanche, J.-B. Pontalis: Das Vokabular der Psychoanalyse [frz. 1967]. Ffm. 1972. Bd. 1, S. 55–58.   DB

Ambrosianische Hymne ↗ Hymne (1).

Ambrosianische Hymnenstrophe ↗ Hymnenstrophe.

Ambrosianischer Hymnenvers ↗ Hymnenstrophe.

Ambrosianischer Hymnus ↗ Hymnenstrophe.

Amerikanismus ↗ Anglizismus.

Amerikanistik, auch: Amerikastudien, Nordamerikastudien, *American Studies*, wissenschaftliches Fach, das sich mit der Erforschung von Kultur und Gesellschaft der Vereinigten Staaten von Amerika (USA) beschäftigt, in Abgrenzung zu den Kanadastudien (Kanadistik) und der Lateinamerikanistik. Die A. ist heute an nahezu allen dt. Universitäten vertreten. Berufsverband der dt. A. ist die 1953 gegründete »Dt. Gesellschaft für Amerikastudien« mit heute ca. 800 Mitgliedern. – In Deutschland lassen sich erste Anfänge einer akademischen Beschäftigung mit den USA bis ins späte 18. Jh. zurückverfolgen. Die Formierung der *American Studies* als systematisierend kultur- und geistesgeschichtlicher Fachdisziplin setzt in den USA ein mit V. Parringtons Studie *Main Currents in American Thought* (1927). Institutionell und konzeptionell haben sich die *American Studies* in den USA und die A. in Deutschland allerdings erst nach dem Zweiten Weltkrieg zu einem eigenständigen Fach entwickeln können. In Abgrenzung von den klassischen Fremdsprachenphilologien versteht sich die A. von Beginn an als interdisziplinäre Kulturwissenschaft, d. h. 1. Hochkultur und Populärkultur gehören gleichermaßen zum Gegenstandsbereich der A. und 2. kulturelle Texte werden in die für sie relevanten Kontexte gestellt. Die amerikanistische Forschung sucht konsequent nach Verbindungen und Schnittstellen mit anderen geistes- und gesellschaftswissenschaftlichen Fächern. – Die erste Phase einer konzeptionell profilierten A. ist bestimmt durch die *Myth-and-Symbol-School* der 1950er und 1960er Jahre. Vor dem Hintergrund des Kalten Krieges und der bestätigten Weltmachtrolle der USA behandeln die Vertreter dieser Schule (u. a. P. Miller: »Errand Into the Wilderness«, 1956; H. N. Smith: »Virgin Land«, 1950; L. Marx: »The Machine in the Garden«, 1964) zentrale Mythen und Kollektiv-Symbole, die als Ausdruck einer kohärenten nationalen Identität gelten können: die *Frontier*, der edenische Neuanfang, die Begegnung mit der Wildnis. Vorrangig untersucht werden kulturelle Zeugnisse (z. B. Hoch- und Populärlit., Malerei, Illustrationen, politische Texte) im Hinblick auf ihre identitätsstiftende, d. h. einen am. Nationalcharakter artikulierende Funktion. Die gesellschaftlichen Turbulenzen der 1960er Jahre (Bürgerrechtsbewegungen, Vietnam-Krieg, Gegenkultur) und gleichzeitig auftretende neue wissenschaftliche Ansätze (↗ Poststrukturalismus, ↗ *Cultural Studies*) haben die A. nachhaltig verändert. Die Arbeiten der *Myth-and-Symbol-School* werden jetzt im Hinblick auf ihre hierarchischen Annahmen bezüglich Rasse, Geschlecht, Klassenherkunft und anderer kultureller Hegemonien hinterfragt und erscheinen dabei elitär, nationalistisch und universalistisch. Das Leitkonzept nationaler Mythen, so die Kritiker, suggeriert Homogenität und Konsensualität der am. Gesellschaft, was nicht den tatsächlichen gesellschaftlichen Verhältnissen entspreche. Demgegenüber werden in der A. seit den 1960er Jahren die Heterogenität, Hybridität, Konflikthaltigkeit und die Vielstimmigkeit der Kultur in den Vordergrund gestellt. Diese neuen Perspektiven erscheinen programmatisch fokussiert unter dem Schlagwort »race, class and

studies« und haben tief greifenden Einfluss auf die Entwicklung der A., v. a. führen sie seit den 1980er Jahren zur Revision des lit. Kanons, zu weit reichenden Veränderungen der Lehrinhalte und zu methodisch-theoretischen Neu-Orientierungen (↗ Ideologiekritik, ↗ Kulturanthropologie, ↗ Dekonstruktion, ↗ Konstruktivismus [3], ↗ New Historicism). Die A. betont die Pluralität der Perspektiven und methodischen Herangehensweisen. Sie ist differenz-orientiert, mit Blick für das Partikulare der Alltagskultur ebenso wie für transnationale Kulturprozesse in einer globalisierten Welt.
Lit.: Th. Claviez: Grenzfälle: Mythos – Ideologie – American Studies. Trier 1998. – W. Fluck, Th. Claviez (Hg.): Theories of American Culture – Theories of American Studies. Tüb. 2003. – B. Georgi-Findlay: Nordamerikastudien. In: U. Böker, Ch. Houswitschka (Hg.): Einf. in das Studium der Anglistik und A. Mchn. 2000, S. 48–88. – G. H. Lenz, K. J. Milich (Hg.): American Studies in Germany. Ffm. 1995. – D. E. Pease, R. Wiegman (Hg.): The Futures of American Studies. Durham 2002. HTO

Amoibaion, n. [gr. = das Abwechselnde], lyrisch-jambischer Wechselgesang zwischen Schauspielern oder aber Chor und Schauspieler(n) in der gr. ↗ Tragödie (z. B. Sophokles: »König Ödipus« V, 2), meist nach dem ↗ Stasimon eingefügt. UM

Amorosi, m. Pl. [it.], Sg. *amoroso*, auch: *innamorati*, die Figuren der Verliebten in der ↗ Commedia dell'Arte.

Amphibolie, f. [gr. = Doppeldeutigkeit], ↗ Ambiguität, ↗ Wortspiel.

Amphibrachys, m. [gr. = beidseitig kurz], dreisilbiger antiker Versfuß: v – v (nicht als selbständiges Versmaß belegt); vielfach schwer zu entscheiden, ob amphibrachische Verse nicht als ↗ Anapäst mit ↗ akephalem (um eine Silbe verkürztem, also jambischem) Anfang zu deuten sind. – Dt. Nachbildungen finden sich erstmals im 17. Jh. als Versuch, auch nicht alternierende Versmaße (↗ Alternation) nachzubilden, vgl. »Die Sónne mit Wónne den Tágeswachs míndert« (J. Klaj: »Vorzug des Herbstes«); in späterer Zeit nur noch selten, z. B. »Lied der Parzen« in Goethes »Iphigenie« IV; C. F. Meyer: »Chor der Toten«. – Eine sog. *Amphibrachienschaukel* entsteht im daktylischen ↗ Hexameter bei einer Zäsur *post quartum trochaeum*, durch welche die übliche daktylische Struktur des Versschlusses verändert wird; im gr. Vers verpönt, im lat. und dt. erlaubt, z. B. J. W. Goethe: »Reineke Fuchs« (V. 1): »Pfíngsten, das líebliche Fést, war gekómmen; *es grünten und blühten*« (– v v | – v v | – v v | – v | | v – v | v – v). HST

Amphimakros, m. [gr. = beidseitig lang], ↗ Kretikus.

Amphitheater, n. [gr. *amphí* = ringsum], Form des antiken Theaters: um eine runde (ovale) *Arena* (lat. = Sandplatz; gr. ↗ Orchestra) stufenweise ansteigende Sitzreihen unter freiem Himmel. In Griechenland meist in natürliches Gelände eingefügt (oder Erdaufschüttungen) und die Arena zu zwei Dritteln umfassend (↗ Skene, ↗ Proskenion). Im röm. Theater auch freistehende Bauten (Sitzreihen nur Halbkreis), zunächst aus Holz zum Wiederabbruch, dann steinerne Konstruktionen (Rundbogen). – Die berühmten, die Arena rings umschließenden A. wie das Kolosseum in Rom wurden nur für sportliche Wettkämpfe, Tierhetzen, Gladiatorenkämpfe etc. benutzt. Viele A. werden heute noch bespielt (Arles, Verona).   GS/Red.

Amplificatio, f. [lat. = Erweiterung; gr. *aúxēsis* = Wachstum, Zunahme], rhet. Verfahren, das eine Aussage über das zur unmittelbaren Verständigung Notwendige hinaus kunstvoll erweitert. Gegensätze: ↗ Abbreviatio, Diminutio. In der antiken ↗ Rhet. wird die A. zur Wirkungssteigerung gesetzt. Mittel der A. sind ↗ Variation und Formen der Häufung wie ↗ Accumulatio, Enumeratio, Distributio oder Synonymie, ferner ↗ Periphrase, ↗ Vergleich und ↗ Beschreibung (Descriptio). Die mal. Rhet. erweitert die *modi amplificationis* (Erweiterungsmittel) um ↗ Apostrophe (Exclamatio, Dubitatio, Interiectio), ↗ Personifikation, ↗ Exkurs (Digressio) und Figuren wie ↗ Litotes und ↗ Oppositio.
Lit.: L. C. Montefusco: Stylistic and argumentative function of rhetorical a. In: Hermes 132 (2004), S. 69–81. – J. Stenzel: A. In: RLW.   CSR

Anachronie, f. [Kunstwort aus dem Gr. = Vertauschung der Zeit], erzählerischer Rück- oder Vorausgriff. Durch den ↗ Plot eines Erzähltextes wird ein zeitlicher Rahmen definiert. ›A.‹ im engeren Sinne bezeichnet die Technik, Ereignisse außerhalb dieses Rahmens wiederzugeben; unterscheiden lassen sich erzählerische Rückgriffe auf die ›Vorgeschichte‹ (Lämmert: ›Rückwendung‹; Genette: ↗ ›Analepse‹) und Vorverweise auf Ereignisse nach dem Ende der erzählten Ereigniskette (Lämmert: ↗ ›Vorausdeutung‹; Genette: ↗ ›Prolepse‹). Auch im Innern des Plots werden im Allgemeinen nicht alle Ereignisse sequentiell erzählt, sondern durch interne Analepsen und Prolepsen arrangiert, dies bes., wenn (etwa im ↗ Roman) mehrere Ereignisstränge parallel erzählt werden. – Die Neuordnung der linearen zeitlichen Struktur der Story in einen vom Erzähler durch A. strukturierten Plot ist eines der wichtigsten narrativen Verfahren.
Lit.: G. Genette: Die Erzählung [frz. 1972/83]. Mchn. 1994, S. 21–59. – E. Lämmert: Bauformen des Erzählens. Stgt. 1955, S. 100–194.   TAS

Anachronismus, m. [gr. *anachronízein* = in eine andere Zeit verlegen], versehentliche oder absichtliche zeitliche Einordnung von Personen, Sachen und Vorstellungen in einen nicht passenden, historisch unrichtigen Zeitraum. Der A. kann naiv (antike Helden als mal. Ritter oder barocke Höflinge im Theater des frz. Klassizismus und des Barock) oder versehentlich (schlagende Uhren, erfunden im 14. Jh., in W. Shakespeares »Julius Caesar«) unterlaufen oder aber absichtlich gesetzt werden, entweder mit komischer Absicht (z. B. in A. Blumauer: »Virgils Aeneis travestirt«, 1783–88) oder, seit dem 20. Jh., zur Betonung einer überzeitlichen Bedeutung, häufig etwa im modernen Regie-

theater (Hamlet im Frack, SS-Uniformen in Beethovens »Fidelio«).   UM

Anadiplose, f. [gr. *anadíplôsis* = Wiederholung, Verdoppelung; auch: Epanadiplosis, Epanastrophe, lat. *reduplicatio*], ↗ rhet. Figur, Sonderform der ↗ Geminatio: Wiederholung des letzten Wortes oder der letzten Wortgruppe eines Verses oder Satzes am Anfang des folgenden Verses oder Satzes zur semantischen oder klanglichen Intensivierung und zur Affektsteigerung, z. B. »Ha! wie will ich dann dich höhnen! / Höhnen! Gott bewahre mich!« (F. Schiller: »An Minna«).   RBS

Anagnorisis, f. [gr. = Erkennen, Wiedererkennen], in der antiken Tragödie Umschlag von Unwissenheit in Erkenntnis: plötzliches Durchschauen eines Tatbestandes; nach Aristoteles (»Poetik«, Kap. 11) eines der drei entscheidenden Momente einer dramatischen Fabel (neben ↗ Peripetie und ↗ Katastrophe). Am häufigsten ist das Erkennen von Verwandten und Freunden (vgl. Sophokles: »König Ödipus«, »Elektra«; F. Schiller: »Die Braut von Messina«; F. Grillparzer: »Die Ahnfrau«). Die A. kann einen Konflikt lösen (vgl. J. W. Goethe: »Iphigenie«) oder die Tragik der Katastrophe vertiefen, bes. wirkungsvoll, wenn A. und Peripetie zusammenfallen (A. Camus: »Das Mißverständnis«).   HST

Anagramm, n. [gr. *anágramma* = Umschreibung], Umstellung der Buchstaben eines Wortes, Namens oder einer Wortgruppe zu einer neuen sinnvollen Lautfolge. – Als Erfinder wird Lykophron von Chalkis (3. Jh. v. Chr.) genannt, doch gilt als eigentliche Heimat der Orient, wo das A. durch religiöse Geheimschriften, v. a. der jüdischen Kabbalisten, weite Verbreitung fand. Bes. das MA. erkannte die Symbolik des A.s, wie »Ave – Eva« oder »Quid est veritas?« (Joh 18, 38) – »Est vir qui adest«. Das A. wird bes. beliebt im 16. und 17. Jh. (Frankreich: ↗ Pléiade), z. B. als ↗ Anspielung in Briefen und Buchtiteln. Im 17. Jh. werden durch das A. wissenschaftliche Entdeckungen (z. B. von Galilei) verschlüsselt und zeitweilig geheim gehalten. Am häufigsten wird das A. als ↗ Pseudonym verwendet, so von F. Rabelais, F. v. Logau, H. J. Ch. v. Grimmelshausen (sieben A.e), K. Stieler, P. Verlaine. Eine strenge Form stellt das rückläufige A. dar: »Roma – Amor« (so in J. W. Goethes »Römischen Elegien«), vgl. Ananym, ↗ Palindrom. Eine weniger exakte Kombination ist z. B. »Rose de Pindare« aus Pierre de Ronsard. Sammlungen lat., engl. und dt. A.e enthält F. D. Stenders »Teutscher Letterwechsel« (1667). F. de Saussures A.studien wirkten auf die »théorie de l'écriture« der Lit.zeitschrift ↗ »Tel Quel« (gegründet 1960). Zentral sind A.e im Werk von Unica Zürn (»Hexentexte«, 1954; »Im Staub dieses Lebens. 63 A.e«, 1980).
Lit.: E. Greber: Textile Texte. Köln u. a. 2002, S. 169–225. – E. Kuhs: Buchstabendichtung. Hdbg. 1982. – K. Ruch: A. In: RLW. – W. Secker: A. In: HWbRh. – P. Wunderli: Ferdinand de Saussure und die A.e. Tüb. 1972.   RBS

Anaklasis, f. [gr. = das Zurückbiegen], 1. in der antiken Metrik die Umstellung benachbarter langer und kurzer Silben, z. B. v–v– zu –vv–, etwa im ↗ Anakreonteus; entspricht in akzentuierenden Versen etwa der versetzten Hebung (↗ schwebende Betonung). – 2. ↗ Rhet. Figur, auch: *Antanaklasis*, Sonderform der ↗ Diaphora: Wiederholung desselben Wortes oder Ausspruchs durch einen Dialogpartner mit emphatischer (betonter) Bedeutungsnuance, z. B. Odoardo: »[...] Der Prinz haßt mich –«– – Claudia: »Vielleicht weniger, als du besorgest.« – Odoardo: »Besorgest! Ich besorg' auch so was!« (G. E. Lessing: »Emilia Galotti« II, 4).

GS/Red.

Anakoluth, n. oder m. [gr. *an-akóluthon* = nicht folgerichtig], fehlerhafte syntaktische Konstruktion, die als lit. Kunstmittel genutzt werden kann, z. B. als Suggestion mündlicher Rede (»deine Mutter glaubt nie dass du vielleicht erwachsen bist und kannst allein für dich aufkommen«, U. Johnson: »Mutmassungen über Jakob«) oder als emphatische Hervorhebung, z. B. durch den sog. absoluten Nominativ (»Der Prinz von Homburg, unser tapfrer Vetter, / [...] / Befehl ward ihm von Dir [...]«, H. v. Kleist: »Prinz Friedrich von Homburg«, V. 1–6).

Lit.: A. Betten: A. In: RLW.   KHH

Anakreonteus, m., antiker Vers der Form ∨∨– ∨–∨– –, gilt als ↗ Dimeter aus zwei Ionici a minore (∨∨–– +∨∨––) mit ↗ Anaklasis in der Versmitte. Bez. nach dem Lyriker Anakreon (6. Jh. v. Chr.); stichisch und in Verbindung mit ionischen oder jambischen Metren in der Lyrik und in lyrischen Partien der Tragödie verwendet.   HST

Anakreontik, f., im engeren Sinn strenge Nachahmungen der 60 im Hellenismus entstandenen, jedoch Anakreon (6. Jh. v. Chr.) zugeschriebenen Oden (↗ Anakreonteus), erstmals ediert 1554 von H. Stephanus (= H. Estienne). Im weiteren Sinn auch Gedichte, die nur Themen und Motive (nicht die strenge Form) der Anakreonteen aufnehmen, d. h. die Freude an der Welt und am Leben verherrlichen; dabei dient die Berufung auf Anakreon der Selbstlegitimation. Vorbilder sind neben der Sammlung des Stephanus der echte Anakreon, Horaz mit seinen heiteren Oden, Catull sowie Epigramme der »Anthologia Planudea« (↗ Anthologie). – Anakreontische Dichtung entsteht im 16. Jh. zuerst in der frz. ↗ Pléiade; unter dem Einfluss des Philosophen P. Gassendi (»De vita, moribus placitisque Epicuri«, 1647) dichten im 17. Jh. C. E. Chapelle, G. A. de Chaulieu u. a. im Geiste Anakreons, im 18. Jh. Voltaire und die *petits poètes* J. B. Grécourt, A. Piron u. a. (↗ *poésie fugitive*). In der dt. Lit. versteht man unter ›A.‹ allg. die Lyrik des ↗ Rokoko (doch ist diese nicht auf den Begriff des Anakreontischen zu reduzieren, da sie auch andere Einflüsse verarbeitet). Die vorangehende anakreontische Dichtung des 16. bis frühen 18. Jh.s blieb äußerliche Nachahmung. Erst ein neues Lebens- und Weltgefühl ermöglicht um 1740 eine Dichtung, in der Anakreon nicht mehr nur formales und thematisches Vorbild ist, sondern zum Inbegriff eines verfeinerten Hedonismus wird, der aus Freude am Leben, aus Weltklugheit das »carpe diem« des Horaz lit. ge-

staltet. Bestimmte Themen werden formelhaft immer aufs Neue variiert: Liebe, Wein, Natur, Freundschaft und Geselligkeit, das Dichten. Schauplatz ist eine anmutige Landschaft (↗ Locus amoenus), bevölkert von mythologischen Figuren (Amor und Bacchus, Nymphen, Musen und Grazien), oft auch vom Dichter und seiner Geliebten, nicht selten im Schäferkostüm. Auch formal zeigt sich eine Tendenz zum Kleinen (neben der anakreontischen Ode: Epigramm, Liedchen, Triolett; Veröffentlichung in Almanachen, Taschenbüchern u. a.; im Sprachlichen: Diminutiva, zierliche Modewörter usw.). Versbehandlung und sprachlicher Ausdruck gewinnen (nicht zuletzt nach frz. Vorbild) an Leichtigkeit und graziöser Klarheit. In das heitere Bekenntnis zur Diesseitigkeit, zu Scherz, Ironie und tändelndem Witz mischen sich auch Züge der ↗ Empfindsamkeit. Die A. des dt. Rokoko setzt mit dem zweiten ↗ Halleschen Dichter- oder Freundeskreis ein. Neben Halle wird Hamburg durch den Kreis um F. v. Hagedorn (Ch. N. Naumann, J. F. Lamprecht, J. A. Unzer, J. M. Dreyer) zu einem Mittelpunkt der dt. A. Diese Autoren zeigen sich weltoffener, weniger empfindsam als die von mittleren Beamten und Geistlichen getragene A. in Halle, die z. T. »Säkularisation des Pietismus« (G. Müller) ist. Zu einem dritten, von Halle und Hamburg beeinflussten Zentrum wird Leipzig. Auch außerhalb dieser Kreise wird von vielen Autoren der Epoche zumindest zeitweilig anakreontisch gedichtet; vom Halberstädter Kreis um Gleim, den ↗ Bremer Beiträgern, dem ↗ Göttinger Hain, F. G. Klopstock, K. W. Ramler, G. E. Lessing, H. W. v. Gerstenberg, M. Claudius, J. W. Goethe und F. Schiller. – Die kunsttheoretischen Grundlagen der A. werden (unter engl. Einfluss, v. a. A. A. C. of Shaftesburys) in der von A. Baumgarten systematisierten Lehre vom Schönen (»Aesthetica«, lat. 1750–58) gelegt, v. a. dann (dt.) in den Schriften G. F. Meiers (»Gedanken von Scherzen«, 1744) sowie von M. Mendelssohn (»Briefe über die Empfindungen«, 1755) und F. J. Riedel (»Theorie der schönen Künste und Wissenschaften«, 1767). Die A. hat stark auf spätere Autoren gewirkt, so auf Goethe (bis hin zum »West-östlichen Divan«), F. Rückert, W. Müller, A. v. Platen, H. Heine, E. Mörike, E. Geibel, J. V. v. Scheffel, P. Heyse, D. v. Liliencron, R. Dehmel, O. J. Bierbaum, M. Dauthendey.

Lit.: W. Adam: Gesellligkeit und A. In: E. Rohmer, Th. Verweyen (Hg.): Dichter und Bürger in der Provinz. Tüb. 1998, S. 31–54. – K. Bohnen: A. In: RLW. – W. Kühlmann: Anakreonteen. In: RLW. – G. Müller: Geschichte des dt. Liedes vom Zeitalter des Barock bis zur Gegenwart. Mchn. 1925. – Th. Verweyen, G. Witting: Zum philosophischen und ästhetisch-theoretischen Kontext der Rokoko-A. In: E. Rohmer, Th. Verweyen (Hg.): Dichter und Bürger in der Provinz. Tüb. 1998, S. 1–30. – H. Zeman: Die dt. anakreontische Dichtung. Stgt. 1972.   RBS

Anakreontiker ↗ Hallescher Dichterkreis (2).

Anakrusis, f. [gr. = das Anschlagen des Tones, das Anstimmen, Präludieren], veraltete Bez. für die Eingangssenkung(en) jambischer und anapästischer Verse. ↗ Auftakt.   JK/Red.

Analekten, f. Pl. [gr. *analégein* = auflesen, sammeln], Sammlung von Auszügen oder Zitaten aus dichterischen oder wissenschaftlichen Werken oder von Beispielen bestimmter lit. Gattungen, z. B. »Analecta hymnica medii aevi«. Auch als Titelbestandteil von Reihenwerken (z. B. »Analecta Ordinis Carmelitarum«). ↗ Anthologie, ↗ Kollektaneen, ↗ Katalekten.
                                                       HFR/Red.

Analepse, f. [gr. *análēpsis* = Rückwendung, Rückgriff; von *ana-lambánein* = aufnehmen, wiederherstellen; engl. *flashback*], erzählerische Rückwendung zu einem Ereignis, das nach der chronologischen Reihenfolge der *story* (*histoire*) bereits ›vergangen‹ ist. In der ↗ Erzähltheorie Genettes gehört die A. (neben der ↗ Prolepse) zu den wichtigsten Mitteln der Zeitdarstellung (↗ Anachronie). A.n können nach ihrer Reichweite und ihrem Umfang differenziert werden. Die Reichweite bestimmt sich nach dem zeitlichen Abstand zwischen dem Punkt, an dem die sog. Basiserzählung zugunsten der A. unterbrochen wurde, und dem Zeitpunkt in der *story*, an dem die A. einsetzt. Der Umfang bezeichnet die Dauer des Zeitraums, den eine A. abdeckt. – Ein Vorläufer des von Genette geprägten Terminus ist Lämmerts Begriff ›Rückwendung‹.
Lit.: G. Genette: Die Erzählung [frz. 1972/83]. Mchn. 1994, S. 32–45. – E. Lämmert: Bauformen des Erzählens. Stgt. 1955, S. 100–139.   DBI

Analphabetismus ↗ Alphabetisierung.

Analyse, f. [gr. *análysis* = Auflösung], in der Lit.wissenschaft Bestimmung der Bestandteile eines Textes und ihres Zusammenhangs. Gegenstand der A. können sein: syntaktische, semantische, rhet., stilistische sowie gattungsspezifische Texteigenschaften. Auch die Bestimmung von ↗ Intertextualität und Kontextualität (↗ Kontext) wird mitunter als ›A.‹ bezeichnet. Funktionen der A. sind die Textbeschreibung, die Rückführung der Wirkung eines Textes auf seine Eigenschaften sowie die Prüfung und Begründung von ↗ Interpretationen, Werturteilen und Formen der ↗ Aufführung des Textes. Gegen Lit.wissenschaft und -unterricht wird gelegentlich der Vorwurf erhoben, dort entfremde sich die A. von ihren Funktionen und werde zu einem Handlungsritual.
Lit.: D. Burdorf: Einf. in die Gedichtanalyse [1995]. Stgt., Weimar ²1997. – K.-H. Göttert: Einf. in die Rhet. Mchn. 1991. – M. Pfister: Das Drama [1977]. Mchn. ⁹1997. – M. Titzmann: Strukturale Textanalyse [1977]. Mchn. ³1993. – J. Vogt: Aspekte erzählender Prosa [1972]. Opladen ⁸1998.   TZ

Analytische Bibliographie ↗ Bibliographie raisonnée.

Analytische Literaturwissenschaft, Gruppe lit. wissenschaftlicher Ansätze, deren gemeinsames Kennzeichen die Orientierung an den logischen und wissenschaftstheoretischen Standards der analytischen Philosophie ist. In Abgrenzung von der geisteswissenschaftlich-hermeneutischen Richtung der Lit.wissenschaft verpflichtet sich die a. L. auf terminologische Klarheit, Konsistenz und Widerspruchsfreiheit der Theorien und Argumentationen sowie Überprüfbarkeit ihrer wissenschaftlichen Hypothesen. Vergleichbar den unterschiedlichen Strömungen und Positionen innerhalb der analytischen Philosophie stellt die a. L. keine einheitliche ›Schule‹ dar; vielmehr führt die Berufung auf so unterschiedliche Philosophen wie G. Frege, L. Wittgenstein, S. A. Kripke, J. L. Austin, J. D. Sneed oder N. Goodman zu einer Vielzahl und Vielfalt von Ansätzen und Positionen innerhalb der a.n L. Es lassen sich jedoch zwei Hauptströmungen unterscheiden: 1. Der *rekonstruktiven* Richtung der a.n L. geht es primär um die Analyse und Rekonstruktion der Theorien, Begriffe und Argumentationen der traditionellen Lit.wissenschaft, wobei man sich der Vorgehensweisen der sprachanalytischen Philosophie, der ↗ Sprechakttheorie oder der terminologischen Explikation bedient. Ziel ist u. a. die Klärung der lit.wissenschaftlichen Terminologie durch übersichtliche Darstellung des Sprachgebrauchs, häufig verbunden mit dem Zweck einer ›Therapie‹ (Wittgenstein) begrifflicher Verwirrungen (↗ Differentialismus). Typische Anwendungsbereiche dieser Form der a.n L. sind die Untersuchung und terminologische Präzisierung von Grundbegriffen wie ›Bedeutung‹, ›Fiktionalität‹ oder ›Gattung‹ sowie von ›Sprechtätigkeiten‹ wie Interpretieren, Klassifizieren oder Werten. – 2. Die *konstruktivistische* Richtung der a.n L. richtet sich *gegen* die traditionelle Lit.wissenschaft und strebt deren theoretische und methodologische Erneuerung an. Ausgehend von einheitswissenschaftlichen, systemtheoretischen oder radikal-konstruktivistischen Konzeptionen soll eine ›Verwissenschaftlichung der Lit.-wissenschaft‹ (Danneberg/Müller) durch die empirische Verifizierung bzw. Falsifizierung der Forschungsergebnisse erreicht werden (↗ empirische Lit.-wissenschaft). Dadurch werden traditionelle lit.-wissenschaftliche Verfahren wie die ↗ Interpretation aus dem Bereich der wissenschaftlichen Analyse ausgeschlossen und sind lediglich als nicht-wissenschaftliche ›Teilnahmehandlungen‹ Gegenstand wissenschaftlicher Beobachtung. Somit hat die – in den beiden Hauptströmungen gemeinsame – metatheoretische Perspektive der a.n L. wichtige Konsequenzen auch für die lit.wissenschaftliche Praxis.
Lit.: L. Danneberg, H.-H. Müller: Verwissenschaftlichung der Lit.wissenschaft. In: Zs. für allg. Wissenschaftstheorie 10 (1979), S. 162–191. – P. Finke, S. J. Schmidt (Hg.): A. L. Braunschweig 1984. – D. Freundlieb: A. L. In: RLW. – H. Fricke: Sprachphilosophie in der Lit.wissenschaft. In: M. Dascal u. a. (Hg.): Sprachphilosophie. Halbbd. 2. Bln., NY 1996, S. 1528–1538. – G. Gabriel: Zwischen Logik und Lit. Stgt. 1991. – H. Hauptmeier, S. J. Schmidt: Einf. in die Empirische Lit.wissenschaft. Braunschweig, Wiesbaden 1985. – F. Jannidis u. a. (Hg.): Zur Theorie der Bedeutung lit. Texte.

Bln., NY 2003. – A. Spree: Kritik der Interpretation. Paderborn u. a. 1995. – W. Strube: Analytische Philosophie der Lit.wissenschaft. Paderborn u. a. 1993. – S. Winko: A. L. In: Nünning. ASP

Analytische Philosophie ↗ analytische Lit.wissenschaft.

Analytisches Drama, Schauspiel, in dem ein wichtiges ungeklärtes bzw. bewusst geheim gehaltenes Geschehen der Vergangenheit (Vorgeschichte) schließlich aufgedeckt wird. Die analytische, teilweise kriminalistische Auflösung des Geheimnisses steht im Mittelpunkt des gesamten ↗ Handlung, der dramatische Konflikt ergibt sich aus den Ereignissen der Vergangenheit. Der Begriff geht auf eine Briefstelle F. Schillers zurück: »Der Oedipus ist gleichsam nur eine tragische Analysis. Alles ist schon da, und es wird nur herausgewickelt.« (Brief an J. W. Goethe vom 2.10.1797) Als ↗ Prototyp der Gattung gilt Sophokles' ↗ Tragödie »Oidípous týrannos« (um 433 v. Chr.), in der sich das analytische Drama mit dem ↗ Schicksalsdrama verbindet. Im Bereich des ↗ Lustspiels ist H. v. Kleists »Der zerbrochne Krug« (1808) ein Musterbeispiel: Zwei Figuren (Richter Adam und Eve) halten ihr Wissen zunächst geheim und wollen die Ermittlung der Wahrheit sogar verhindern, während sich das vergangene Geschehen langsam im Indizienprozess enthüllt und durch die abschließende Aussage Eves geklärt wird. Die Gerichtsszene bzw. das Verhör zur Ermittlung des Schuldigen ist ein charakteristischer Szenentyp des analytischen Dramas. Schon G. E. Lessing schreibt mit »Die Juden« (1754) und »Nathan der Weise« (1779) analytische Dramen, in denen die Aufdeckung eines Geheimnisses oder einer Identität im Vordergrund steht. Moderne analytische Dramen stammen v. a. von H. Ibsen (»Stützen der Gesellschaft«, norweg. 1877; »Nora«, norweg. 1879).
Lit.: B. Greiner: A. D. In: RLW. – M. Sträßner: A. D. Mchn. 1980. AHE

Anamythion ↗ Epimythion.

Anantapodoton, n., [gr. = ohne Entsprechung], auch: Anapodoton; Sonderfall des ↗ Anakoluth: Von einer zweiteiligen korrespondierenden Konjunktion (z. B. zwar – aber, weder – noch) erscheint nur der erste Teil in einem meist längeren Vordersatz, während der Nachsatz mit dem zweiten Teil der Konjunktion fehlt. KHH

Ananym, n., ↗ Pseudonym.

Anapäst, m. [gr. anápaistos = rückwärts geschlagen], ↗ Versfuß, bestehend aus zwei Kürzen und einer Länge (ᴗ ᴗ –), und damit ein umgekehrter ↗ Daktylus, was die Benennung erklärt. Aufgrund der vorandrängenden Rhythmisierung benutzte man den A. v. a. in Marsch- und Schlachtliedern (als katalektische Tetrapodie) sowie Prozessionsgesängen (als ↗ Prosodiakos), bei Einzug (↗ Parodos) oder Auszug (↗ Exodos) des Chors in der gr. ↗ Tragödie oder bei Spottliedern, namentlich den ↗ Parabasen der Komödien des Aristophanes und Plautus. Durch Zusammenziehung oder Spaltung kön-

nen aus dem A. entstehen: 1. ↗ Spondeus: – –, 2. ↗ Prokeleusmatikos: ᴗ ᴗ ᴗ ᴗ oder 3. Daktylus: – ᴗ ᴗ. Der A. ist in der dt. Dichtung selten; er wird von A. W. Schlegel (»Ion«, 1803), dann von J. W. Goethe (»Pandora«, 1808/10) verwendet, meist als ↗ Dimeter mit dipodischer Gliederung und Mittelzäsur, oft auch mit ein- oder gar dreisilbiger Senkung.
Lit.: B. Snell: Gr. Metrik [1955]. Gött. ⁴1982, S. 30–33.
JK/CSR

Anapher, f. [gr. anáphora = Rückbeziehung, Wiederaufnahme], Wiederholung eines Wortes oder einer Wortgruppe am Anfang aufeinander folgender Sätze, Satzteile, Verse oder Strophen (Ggs.: ↗ Epipher, Verbindung von A. und Epipher: ↗ Symploke). Seit der antiken Kunstprosa häufiges Mittel der syntaktischen Gliederung und des rhet. Nachdrucks. »Wer nie sein Brot mit Tränen aß, / Wer nie die kummervollen Nächte / Auf seinem Bette weinend saß […]« (J. W. Goethe: »Wilhelm Meisters Lehrjahre«, Lied des Harfners).
Lit.: H. Fricke: A. In: RLW. KHH

Anaphorik/Kataphorik, f. [aus gr. aná = empor, hinauf; katá = hinab; phérein = tragen], linguistische Bez. für Verfahren, durch bestimmte sprachliche Mittel (›Anaphern‹, ›Kataphern‹) Elemente des sprachlichen bzw. thematischen ↗ Kontextes wieder aufzunehmen (im Ggs. zur ↗ Deixis, die im situativen Kontext ihrer Verwendung verweist). A. und K. tragen durch die Stiftung von Kohäsion und Kohärenz zur Textkonstitution bei. – Die A. dient der Wiederaufnahme von zuvor in Rede oder Text oder auch nur im Wissen etablierten Gegenständen, Personen oder Sachverhalten (dem ›Antezedens‹). Syntaktisch gebundene Anaphern mit einem Antezedens innerhalb des Satzes, in dem die Anapher steht (z. B. ›Peter kauft sich ein Auto‹) werden von thematisch gebundenen Anaphern unterschieden, die ihr Antezedens auch außerhalb dieses Satzes haben können, z. B.: »Als Gregor Samsa eines Morgens aus unruhigen Träumen erwachte, fand er sich in seinem Bett zu einem ungeheueren Ungeziefer verwandelt. Er lag auf seinem panzerartig harten Rücken […]« (F. Kafka: »Die Verwandlung«). Ist das Antezedens sprachlich nicht realisiert, spricht man von einer impliziten Anapher (siehe z. B. Th. Mann: »Schwere Stunde«). Daneben werden zuweilen auch ↗ Paraphrasen und ↗ Ellipsen, in denen das Antezedens sprachlich variiert bzw. durch eine systematische Auslassung markiert wird, zum Bereich der A. gerechnet. In der K. wird auf im sprachlichen Kontext nachfolgende Elemente verwiesen, z. B.: »Jeden Morgen, wenn er das Funkhaus betreten hatte, unterzog sich Murke einer existentiellen Turnübung […]« (H. Böll: »Doktor Murkes gesammeltes Schweigen«).
Lit.: K. Ehlich: Deiktische und phorische Prozeduren beim lit. Erzählen. In: E. Lämmert (Hg.): Erzählforschung. Stgt. 1982, S. 112–129. – L. Hoffmann: Anapher im Text. In: G. Antos u. a. (Hg.): Text- und Gesprächslinguistik. Bd. 1. Bln., NY 2000, S. 295–304. – Y.

Huang: Anaphora. Oxford 2000. – B. Spillner: K., A. In: RLW.   RBL und SO

Anastrophe, f. [gr. = Umkehrung], ↗ rhet. Figur, ↗ Inversion.

Anazyklisch [gr. = umkehrbar], vorwärts und rückwärts gelesen gleich lautend (auf Wörter oder Sätze bezogen). ↗ Palindrom.   GS/Red.

Anceps [lat. = schwankend], 1. Bez. der antiken ↗ Metrik für eine *Stelle* im Versschema (bes. am Anfang und Ende), die durch eine Länge oder eine Kürze ausgefüllt werden kann (= *elementum a.:* v̄ oder x). 2. Bez. der antiken ↗ Prosodie für eine *Silbe*, die im Vers als Länge oder als Kürze verwendet werden kann (= *syllaba a.*).
                                                                       HST

Andacht, f., 1. im allg. Sinn eine Haltung oder Situation innerer, meist religiöser Einkehr; 2. ein – oft biblischer – Text, der zu einer solchen Einkehr anregen oder sie intensivieren soll und der mit anderen gleichartigen in ↗ Andachtsbüchern zusammengestellt werden kann; 3. ein kurzer, um das ↗ Gebet und zuweilen die Meditation über einen Text zentrierter Gottesdienst, der in den Tagesablauf eingebettet ist (z. B. Morgenandacht).   DB

Andachtsbuch [mhd. *andâht* = Aufmerksamkeit, Erinnerung, gerichtete Gedanken, Denken an Gott], Form der Erbauungslit., deren Grenzen unscharf sind, da fast alle religiösen Bücher der persönlichen ↗ Andacht dienen können. Das A. hat das Ziel, die innere Hinwendung zu Gott und die Abwendung von allen Äußerlichkeiten zu fördern bzw. dazu anzuleiten. Regelmäßige Benutzung und eine feste äußere Form unterstützen die Andacht, die zu einer meditativen Lebensbewältigung werden kann. So will M. Moller mit seinem »Manuale de praeparatione ad mortem« (1593) den Leser zu christlichem Leben und ›seeligem Sterben‹ anleiten. Ein A. im engeren Sinn enthält Andachten, die aus der kurzen Auslegung eines biblischen Textes, einem ↗ Gebet und einem ↗ Lied bestehen (z. B. Ch. Scriver: »Gottholds Zufällige Andachten«. 3 Bde., 1663–71). Meditative Momente dominieren in Andachtsbüchern wie den »Meditationes Sacrae« von J. Gerhard (1582–1637) oder den »Exerzitien« von Ignatius von Loyola (1491–1556). Katholiken wie Lutheraner schätzten vom 17. bis 19. Jh. die »Nachfolge Christi« von Thomas von Kempen (1380–1471).   SMI

Aneignung, Vermittlungsprozess zwischen Individuen und kulturellen ↗ Artefakten. Der seit dem 18. Jh. belegte Begriff bedeutet allg. ›Anpassung‹, ›Inbesitznahme fremden oder herrenlosen Eigentums‹; ein aus dem Lat. kommendes Synonym ist ›Inkorporation‹, J. W. Goethe versteht ›sich aneignen‹ als individuellen Prozess des Erwerbens von Bildung und als Anpassung an das Erworbene. In der marxistischen Kulturtheorie wird ›A.‹ in Fortschreibung der eigentumsrechtlichen Wortbedeutung als kritische Übernahme des humanistischen Kulturerbes durch das Proletariat verstanden (↗ Erbetheorie). In der ↗ Hermeneutik geraten A.sprozesse als Vorgänge des ↗ Verstehens und somit das

Verhältnis von Fremdem und Eigenem in den Blick. Heidegger (S. 19–23) versteht ›A.‹ emphatisch als Zurückgewinnen des Ursprünglichen durch die wiederholende »Destruktion« des Überlieferten. Gadamer (S. 295) wendet sich gegen das Verständnis von ›A.‹ als »Besitzergreifung« und fordert demgegenüber für die Hermeneutik die Unterordnung unter den »beherrschenden Anspruch des Textes«. Sprachwissenschaft und ↗ Rezeptionsästhetik analysieren unter dem Begriff ›A.‹ Prozesse des Kompetenzerwerbs (z. B. Spracherwerb) und der ↗ Rezeption.

Lit.: H. Anz: A.₂. In: RLW. – H. Feilke: Grammatikalisierung, Spracherwerb, Schriftlichkeit. Tüb. 2001. – H.-G. Gadamer: Wahrheit und Methode [1960]. Tüb. ⁴1975. – M. Heidegger: Sein und Zeit [1927]. Tüb. ⁶1960.   WVB

Anekdote, f. [gr. *anékdota* = nicht Herausgegebenes], kurze Geschichte mit Wirklichkeitsbezug; ursprünglich Titel einer gegen Kaiser Justinian und Theodora gerichteten Schrift »Anekdota« (lat. »Arcana Historia«) des Prokopios von Cäsarea (6. Jh. n. Chr.) mit entlarvenden Geschichten über den byzantinischen Hof, die der Autor in seiner offiziellen Geschichte der Regierung Justinians nicht veröffentlicht hatte. In den beiden hier implizierten Bedeutungen wird A. später gebraucht: 1. als Titel von Ausgaben vordem noch nicht edierter Manuskripte; in der Neuzeit erstmals bei L. A. Muratori 1697, dann u. a. bei M. F. Müller (»Anecdota Oxoniensa«, 1881). – 2. Im Sinne von ›Geschichtchen‹, so zuerst in der frz. Memoirenlit. des 17. und 18. Jh.s, nach diesem Vorbild in Deutschland bei K. W. Ramler (1749) und J. G. Herder (1784). Heute bezeichnet ›A.‹ v. a. eine epische Kleinform, die auf eine überraschende Steigerung oder Wendung hinzielt und in gedrängter Form einen für menschliche Charakterzüge oder eine Begebenheit aufschlussreichen Augenblick zu erfassen sucht. Die Pointe besteht häufig in einer schlagfertigen Entgegnung, einer witzigen Aussage, einem Wortspiel oder Paradoxon oder einer unerwarteten Aktion, daher Nähe zu ↗ Witz, ↗ Aphorismus, ↗ Epigramm. Die A. bildet sich v. a. um historische Persönlichkeiten (die oft leicht ausgetauscht werden können: Wanderanekdote) und Ereignisse, aber auch um fiktive, jedoch typisierte Gestalten oder allg. um menschliche Situationen und Haltungen. Das Erzählte muss nicht historisch verbürgt sein; bedeutsam ist nur, ob es möglich, treffend und charakteristisch ist. Die A. soll im Episodischen Typisches aufzeigen, kann jedoch auch Geheimes, Privat-Intimes mitteilen. – Anekdotenartige Geschichten, als mündlich gepflegte Gebrauchskunst, in einfach-volksmäßiger oder anspruchsvoller lit. Form, werden seit ältester Zeit tradiert. Sie finden Verwendung als ↗ Exempel in Historie, Gesta, Vita und Chronik, in Rede, Predigt, Traktat und Satire (im Gr. entspricht die A. etwa das ↗ Apophthegma, im Lat. der ↗ Apolog, im MA. das ↗ Bispel). – Die A. als selbständige lit. Form (die jedoch Gemeinsamkeiten mit ↗ Fabel, ↗ Schwank und ↗ Novelle aufweist) entsteht im 14./15. Jh. im Gefolge der *novella* des Boccaccio und deren Nachahmung, ferner v. a. der lat. ↗ Fazetie des G. F. Poggio Bracciolini (»Liber facetiarum«, postum 1470). A.n begegnen in Schwanksammlungen des 16. Jh.s, in Werken H. J. Ch. v. Grimmelshausens (»Ewig-währender Kalender«, 1670), in Predigten Abrahams a Sancta Clara. Eine eigentliche A.nsammlung ist P. Laurembergs »Acerra philologica« (1633). Später findet die A. weite Verbreitung in speziellen Sammlungen, Almanachen und Zss. Für die weitere Gattungsgeschichte prägend sind die A.n H. v. Kleists in den »Berliner Abendblättern« (1810 f.). Nah verwandt ist die ↗ Kalendergeschichte (M. Claudius, J. P. Hebel, J. Gotthelf). Zu Novelle, ↗ Kurzgeschichte oder ↗ Short Story tendiert die A. im 20. Jh. bei W. Schäfer (»A.«, 1908), P. Ernst (»Geschichten von dt. Art«, 1928). Prägnanz und Nähe zur Realität lassen die A. auch zum Kristallisationspunkt anderer lit. Werke werden: bei Th. Fontane z. B. begegnet die A. als Kunstmittel im Roman (»Vor dem Sturm«, 1878); B. Brecht verarbeitet vielfach Anekdotisches (»Kalendergeschichten«, »Geschichten von Herrn Keuner«, »Augsburger« und »Kaukasischer Kreidekreis«). Die Zahl populärer A.n, die v. a. Biographisches erfassen und durch den Journalismus verbreitet werden, wird im 19. und 20. Jh. unübersehbar. Lit.: H. Grothe: A. [1971]. Stgt. ²1984. – S. Hilzinger: Anekdotisches Erzählen im Zeitalter der Aufklärung. Stgt. 1997. – A. Jolles: Einfache Formen [1930]. Tüb. ⁶1982. – R. Schäfer: A. Mchn. 1982. – W. E. Schäfer: A. – Anti-A. Stgt. 1977. – H. Schlaffer: A. In: RLW. – V. Weber: A. Tüb. 1993. RBS

Anfangsrefrain ↗ Refrain.

Anfangsreim ↗ Eingangsreim.

Angemessenheit, klassische Verhaltens- und Strukturnorm, verstehbar als Variante des biologischen Prinzips der Anpassung. Das Angemessene [gr. *prépon*, lat. *aptum, decorum*] berührt sich mit dem Guten (vgl. Cicero: »De officiis« I, 93–149) und ↗ Schönen (vgl. Augustinus' verlorene Schrift »De pulchro et apto«, erwähnt in seinen »Confessiones« IV, 13, 20–15, 24). Es gestaltet sich aber von Fall zu Fall anders, was Urteilsvermögen bzw. Feingefühl verlangt. Seit der Antike bedeutet ›A.‹ 1. allg. die gelungene Ausrichtung sozialen, v. a. sprachlichen Verhaltens an der Situation und ihren Faktoren (Sprecher, Adressaten, raumzeitliche Umstände), 2. kunstwerkintern das passende Verhältnis eines Teils zu anderen Teilen und zum Ganzen (einschließlich der Beziehung von Wort und Sache). Die erste Bedeutung wird in der neueren Forschung oft als ›äußere A.‹, die zweite Bedeutung gelegentlich als ›innere A.‹ bezeichnet (vgl. Lausberg und Ueding/Steinbrink; einschränkend Asmuth). Erasmus von Rotterdam verstand unter *externum decorum* gute Manieren, z. B. beim Schneuzen (vgl. Elias). – Aristoteles (»Rhet.« III, 2, 1) erhob A. neben ↗ Klarheit zum führenden Stilprinzip. In der antiken Dreistillehre (↗ Genera dicendi) verfestigt und auch auf Dichtung über-

tragen, dient sie der Regulierung des Redeschmucks (↗ Ornatus; dazu genauer: ↗ *aptum, decorum*). MA. und Frühe Neuzeit begriffen A. als Standesgemäßheit, konkretisiert durch ↗ Anstandslit. Seit dem 18. Jh. verbindet A. sich dagegen mit Natürlichkeit. In ihrer ersten Bedeutung beherrscht sie bis heute Politik, Justiz und Lebenspraxis. ›A.‹ im Sinn der zweiten Bedeutung heißt heute eher ›Harmonie‹ oder ›Stimmigkeit‹. Lit.: B. Asmuth: A. In: HWbRh. – B. Bauer: Aptum, Decorum. In: RLW. – N. Elias: Über den Prozeß der Zivilisation [1939]. Ffm. ¹³1988. Bd. 1, S. 66–73. – H. Lausberg: Hb. der lit. Rhet. [1960]. Mchn. ²1973, §§ 1055–1062. – G. Ueding, B. Steinbrink: Grundriß der Rhet. Stgt. 1986, S. 202–206. BAS

Anglistik, f., auch: *English Studies*, ›Engl. Philologie‹, ›Großbritannienstudien‹; wissenschaftliches Fach, das sich mit der Erforschung der Sprachen, Lit.en und Kulturen engl.sprachiger Länder in Geschichte und Gegenwart beschäftigt und auf die Vermittlung interkultureller Kommunikations- und Handlungskompetenz abzielt. Die A., die 1872 durch die Einrichtung des ersten Ordinariats in Deutschland institutionalisiert wurde und heute als eigenständiges Fach an fast allen Universitäten in den dt.sprachigen Ländern vertreten ist, hat sich v. a. in den letzten dreißig Jahren grundlegend gewandelt. Sie verstand sich zunächst lange v. a. als eine Fremdsprachenphilologie, die sich mit der engl. Sprache und Lit. in Vergangenheit und Gegenwart beschäftigte und die primär mit der Erarbeitung kritischer und kommentierter ↗ Editionen sowie mit der Sprach- und Lit.*geschichte* befasst war. Ähnlich wie in der ↗ Romanistik kam es seit Ende der 1960er Jahre im Zuge der Studentenrevolte und des *linguistic turn* des ↗ Strukturalismus zu einer stärkeren Szientifizierung der A. als einer theoretisch und methodisch reflektierten *Wissenschaft*, zu einer Differenzierung von Sprach- und Lit.wissenschaft, einer ›Linguistisierung‹ der Lit.wissenschaft sowie zu einer zunehmenden Spezialisierung und Multiplizierung der Untersuchungsgegenstände, Theorien und Methoden der Textanalyse. Parallel dazu entwickelte sich seit dem Zweiten Weltkrieg zunächst die ↗ Amerikanistik zu einem eigenen Fach, dessen Gegenstände und interdisziplinäres methodisches Profil sich von der traditionellen A. unterscheiden. Im Zuge der weiteren fachlichen Ausdifferenzierung etablierten sich weitere Bereiche wie die Kanadistik, die Irlandistik und die Erforschung der neuen engl.sprachigen Lit.en und Kulturen (d. h. der engl.sprachigen Länder außerhalb der USA und Großbritanniens) als Teildisziplinen. Berufsverband der dt. A. ist der 1977 gegründete »Anglistenverband« (ursprünglich »Anglistentag«) mit heute etwa 600 Mitgliedern. Daneben gibt es nicht nur die »Dt. Gesellschaft für Amerikastudien«, die »Gesellschaft für Kanada-Studien«, die »Association for the Study of the New English Literatures« und die kulturwissenschaftlich ausgerichtete »Dt. Gesellschaft für das Studium Britischer Kulturen«, sondern auch zahlreiche weitere

Fachgesellschaften, die sich mit bestimmten Epochen (z. B. »Gesellschaft für engl. Romantik«), Gattungen (z. B. »German Society for Contemporary Theatre and Drama in English«) oder Autoren beschäftigen und von denen die »Dt. Shakespeare-Gesellschaft« die bedeutendste und mitgliederstärkste ist. – Von der A. sind im 20. Jh. eine Reihe wichtiger Impulse für die ↗ allg. Lit.wissenschaft, die ↗ Lit.theorie und die anderen ↗ Philologien ausgegangen. Dazu zählen etwa W. H. Clemens Studie über »Shakespeares Bilder« (1936), die grundlegend war für die ↗ werkimmanente Analyse lit. ↗ Formen, die Arbeiten des marxistischen Theaterhistorikers R. Weimann zur Bedeutung des ↗ »New Criticism« für die Entwicklung der bürgerlichen Lit.wissenschaft (1962) und über »Shakespeare und die Tradition des Volkstheaters« (1967), F. K. Stanzels Studie über »Die typischen Erzählsituationen im Roman« (1955) und seine »Theorie des Erzählens« (1979), die ebenso international und interdisziplinär rezipiert wurde wie die narratologischen Monographien von M. Fludernik (»The Fictions of Language and the Languages of Fiction«, 1993; »Towards a ›Natural Narratology‹«, 1996) sowie W. Isers Studien zur ↗ Rezeptions- und ↗ Wirkungsästhetik (»Der implizite Leser«, 1972; »Der Akt des Lesens«, 1976) und zur ↗ lit. Anthropologie (»Das Fiktive und das Imaginäre«, 1991). Aus dem Bereich der internationalen A. nahm die dt.sprachige A. zudem einige für die zeitgenössischen Lit.- und Kulturwissenschaften wegweisende theoretische Ansätze wie den anglo-am. ↗ New Criticism, St. Greenblatts ↗ New Historicism bzw. Poetics of Culture, den britischen Cultural Materialism, die ↗ Gender und ↗ Queer Studies, den ↗ Postkolonialismus sowie die verschiedenen Spielarten der ↗ Cultural Studies auf, deren Rezeption sie nachhaltig verändert hat und die maßgeblich zur gegenwärtigen Neuausrichtung der A., aber auch der ↗ Germanistik und ↗ Romanistik als ↗ Kulturwissenschaften oder interdisziplinäre Kulturraumstudien (Area Studies) beigetragen haben. – Das Studium der A. gliedert sich in vier Teildisziplinen: Sprachwissenschaft, Lit.wissenschaft, Kulturwissenschaft bzw. Cultural Studies (früher Landeskunde) und (für Lehramtsstudierende) Fachdidaktik. Diese Teilbereiche sind je nach Universität und Studiengang unterschiedlich gewichtet und haben ihrerseits eine Vielzahl von Ansätzen und Methoden für die Untersuchung ihrer jeweiligen Gegenstände entwickelt. Durch die Beschäftigung mit dem Engl. als Weltsprache und als ↗ Weltlit. sowie mit der Vielfalt der neuen engl.sprachigen Lit.en und Kulturen werden in der A. seit den 1980er Jahren die Heterogenität, Hybridität und Polyphonie der sprachlichen Varietäten, Lit.en und Kulturen anglophoner Länder betont und erforscht. Dies geht einher mit einer Revision des ↗ Kanons und einer Erweiterung des Textbegriffs, mit theoretischen und methodischen Neuausrichtungen, mit einem gestiegenen Interesse an Alltagskultur und Massenmedien, an Migration und Dekolonisation, an kulturellem Gedächtnis,

Identitätsbildungsprozessen und Differenzkategorien (race, class, gender) sowie mit einer Modernisierung der Lehrinhalte und der Lehr-/Lernmethoden, was im Gefolge des ›Bologna-Prozesses‹ durch die staatlich verordnete Umstellung der Studiengänge auf das angelsächs. BA/MA-Modell noch beschleunigt wird. Im Zuge der Internationalisierung und Europäisierung der Forschung und der Fachverbände, die in der Etablierung eines europäischen Dachverbandes mit dem Namen »ESSE: European Society for the Study of English« und einer eigenen Fachzeitschrift (»EJES: European Journal of English Studies«) ihren institutionalisierten Niederschlag gefunden haben, hat sich die A. nicht nur zu einer interdisziplinär ausgerichteten Kultur- und neuerdings auch Medienwissenschaft weiterentwickelt, sondern auch Anschluss gefunden an internationale Entwicklungen, ohne eigene Wissenschaftstraditionen preiszugeben.

Lit.: B. Engler, R. Hof (Hg.): European English Studies. Leicester 2000. – Th. Finkenstaedt: Kleine Geschichte der A. in Deutschland. Darmstadt 1983. – F. R. Hausmann: A. und Amerikanistik im Dritten Reich. Ffm. 2003. – B. Korte u. a.: Einf. in die A. [1997]. Stgt., Weimar ²2004. – A. Nünning (Hg.): Uni-Wissen A. – Amerikanistik. Stgt. 1998 ff. (bisher 25 Bde.). – A. Nünning, A. H. Jucker: Orientierung A./Amerikanistik. Reinbek 1999. – I. Schabert (Hg.): Shakespeare-Hb. [1972]. Stgt. ⁴2000. – R. Sommer: Grundkurs Cultural Studies/ Kulturwissenschaft Großbritannien. Stgt. 2003.   AN

Anglizismus, m. [mlat. anglicus = engl.], Übernahme oder Nachahmung einer lexikalischen, idiomatischen oder syntaktischen Eigenheit des britischen (›Britizismus‹) oder am. (›Amerikanismus‹) Engl. Man kann folgende Formen unterscheiden: direkte Übernahme (im Dt. z. B. ›Manager‹), häufig auch in engl.-dt. Mischformen (›Teamgeist‹ oder ›in sein‹), wörtliche Übers. (›weltweit‹ aus worldwide), Bedeutungserweiterung bereits vorhandener Wörter (›realisieren‹ nach to realize), Neuschöpfungen mit engl. Wortmaterial, ohne dass ein bedeutungsgleiches engl. Wort bestünde (›Handy‹ oder ›Servicepoint‹). Solche Scheinentlehnungen nehmen seit den 1990er Jahren stark zu und werden v. a. von Sprachpuristen kritisiert und pejorativ als ›Denglisch‹ bezeichnet. Anglizismen werden auch als lit. Stilmittel verwendet: »Aus der Wand tillerte … ein Girlbein« (A. Schmidt: »Das steinerne Herz«).

Lit.: B. Carstensen u. a.: Anglizismen-Wörterbuch. 3 Bde. Bln. 1993–96. – N. Plümer: A. – Purismus – sprachliche Identität. Ffm. u. a. 2000.   GSR

Angry Young Men, m. Pl. [engl. = zornige junge Männer], die junge Generation engl. Schriftsteller in den 1950er Jahren; benannt nach dem Charakter der Hauptfigur in J. Osbornes Drama »Look back in anger« (1956). Die A. Y. M. bildeten keine Gruppe, doch war ihnen gemeinsam der Protest gegen das »Establishment«, gegen das engl. Klassen- und Herrschaftssystem. Die meisten von ihnen lebten, aus der Arbeiterklasse stammend (nur wenige besuchten eine Universität), bis zu ihren ersten Erfolgen unter schwierigen sozialen und finanziellen Bedingungen. In einer für engl. Autoren neuartigen Weise äußert sich ihr Protest – v. a. im Drama – offen, direkt, häufig mit naturalistischen Mitteln (auch im Sprachlichen); sie zeigen den (klein)bürgerlichen Alltag, dem die Dramen- und Romanfiguren, von Weltekel, Selbstmitleid, Resignation, ohnmächtigem Zorn erfasst, nicht entrinnen können oder wollen. Einige der Autoren sind von B. Brecht beeinflusst (v. a. J. Arden: »Sergeant Musgrave's dance«, 1959), andere von F. Kafka, S. Beckett, E. Ionesco (so N. F. Simpson: »A resounding tinkle«, 1957, und v. a. H. Pinter: »The caretaker«, 1960). Neben den genannten sind die wichtigsten Dramatiker: B. Behan (»The hostage«, 1958), Sh. Delaney (»A taste of honey«, 1958), A. Jellicoe (»The sport of my mad mother«, 1958), A. Wesker (»The kitchen«, 1957); J. Mortimer, A. Owen, E. Bond (Hör- und Fernsehspiele), K. Tynan (Theaterkritiker); die bedeutendsten Romanautoren sind: K. Amis (»Lucky Jim«, 1954), J. Wain (»Hurry on down«, 1953), C. Wilson (»The outsider«, 1956), J. Braine (»Room at the top«, 1957), A. Sillitoe (»Saturday night and sunday morning«, 1958).

Lit.: H. Antor: Die Narrativik der a. y. m. Hdbg. 1989. – I. Kreuzer: Entfremdung und Anpassung. Mchn. 1972. – K. P. Steiger (Hg.): Das engl. Drama nach 1945. Darmstadt 1983. – J. R. Taylor: Anger and after. Ldn. ²1969. RBS

Ankunftsliteratur, Sammelbez. für nach dem Bau der Mauer 1961 in der DDR entstandene Prosatexte, die sich auf eher sachliche, nüchterne Weise mit DDR-Alltagserfahrungen auseinandersetzten und die vorgefundenen Lebensverhältnisse als alternativlos empfundene Gegebenheit nahmen, in der es galt, den eigenen Platz zu finden. Die Menschen, von denen in diesen Geschichten erzählt wird, definieren sich nicht mehr über die nationalsozialistische Vergangenheit oder den erlebten Krieg, sondern über die Gegenwart der DDR, deren sozialistischer Anspruch dabei unhinterfragt bleibt. Beispiele sind K.-H. Jakobs: »Beschreibung eines Sommers« (1961); J. Wohlgemuth: »Egon und das achte Weltwunder« (1962); Ch. Wolf: »Der geteilte Himmel« (1963). Die Bez. ›A.‹ geht zurück auf B. Reimanns Prosaband »Ankunft im Alltag« (1961), in dem die Geschichte von drei Abiturienten (einer Frau, zwei Männern) erzählt wird, die nach ihrer Schulzeit ein einjähriges Praktikum in der Produktion absolvieren und auf diesem ›Umweg‹ im DDR-Alltag ›ankommen‹. Vom Produktionsroman im Gefolge des ↗Bitterfelder Weges unterscheidet sich der A. durch größere thematische Breite und ein geringeres Maß an didaktischer Intention.

Lit.: F. Meyer-Gosau: Bildlose Zukunft – verlorene Geschichte. Die A. zwischen 1961 und 1964 in exemplarischen Studien. Diss. Bremen 1982. RBE

Anmerkung, Ergänzung, Erläuterung oder Quellennachweis zu einem Text, von diesem graphisch als ↗Fußnote, Marginalie oder Anhang (Appendix) abgesetzt. A.en sind in wissenschaftlicher Lit. und wissenschaftlichen Textausgaben die Regel; sie finden sich nach diesem Vorbild aber auch in Dichtungen, z. B. in der Gelehrtendichtung des Barock (Opitz, Gryphius, Lohenstein), bei Jean Paul, in den historischen Romanen des 19. Jh.s (W. Hauff, J. V. v. Scheffel) und in der ↗Dokumentarlit., in denen A.en die Authentizität der Darstellung belegen sollen. HFR/Red.

Anmut ↗Grazie.

Annalen, f. Pl. [lat. *annales* = Jahrbücher], 1. Aufzeichnungen historischer Ereignisse in chronologischer Ordnung nach Jahren. Bereits in vorröm. Zeit bekannt, entwickelte sich die annalistische Tradition zu einer der Grundlagen der röm. Geschichtsschreibung. Ihre Anfänge sind in den priesterlichen »Annales maximi« in Rom zu suchen, die jahrweise aufgezeichnete Nachrichten über Amtseinsetzungen, militärische Ereignisse, Tempelweihen u. a. enthielten und bis 130/115 v. Chr. auf Tafeln öffentlich aufgestellt wurden. Dem annalistischen Ordnungsschema folgend begannen die älteren röm. Geschichtswerke mit der Frühzeit Roms und führten die Darstellung nach Amtsjahren gegliedert bis in ihre Zeit fort. An diese Tradition knüpften auch Titus Livius (»Ab urbe condita«) und Tacitus (»Annales«) an. Die mal. Annalistik steht nicht unmittelbar in röm. Tradition. Neben spätantiken Wurzeln dürften vielmehr die in den Klöstern geführten Ostertafeln, in denen die für das Osterfest errechneten Termine festgehalten wurden, am Anfang gestanden haben. Aus den am Rande bzw. interlinear hinzugefügten Notizen anonymer Verfasser entwickelten sich die frühmal. A. Mit den fränkischen Reichsannalen (»Annales regni Francorum«, 741–829), einer offiziösen karolingischen Reichsgeschichtsschreibung, entwickelte sich die Annalistik zu einer lebendigen Gattung mal. Historiographie. Die Grenzen zwischen A., ↗Chronik, ↗Historie und ↗Gesta gingen allerdings bereits im 11. Jh. fließend ineinander über (A. des Lampert von Hersfeld). ST

2. In der Lit.geschichtsschreibung eine nach den Erscheinungsjahren lit. Werke, manchmal auch (so bei Burger) nach ↗Dekaden gegliederte Darstellung. Das annalistische Prinzip wird – im Fall Frenzel mit anhaltend großem Publikumserfolg – eingesetzt, um die Gleichzeitigkeit und die Abfolge der Publikationen gegenüber konkurrierenden Ordnungsprinzipien wie ↗Epoche, ↗Gattung oder ↗Autor hervorzuheben. Wellbery u. a. binden das Datum kulturgeschichtlich ein und stellen damit die Verbindung zu den A. im Sinne von (1) her. DB

Lit. zu 1.: A. Mehl: Röm. Geschichtsschreibung. Stgt. 2001. – F.-J. Schmale: Funktionen und Formen mal. Geschichtsschreibung. Darmstadt 1985. Zu 2.: H. O. Burger: A. der dt. Lit. Stgt. 1952. – H. A. Frenzel, E. Frenzel: Daten dt. Dichtung. Köln 1953. – D. E. Wellbery u. a. (Hg.): A New History of German Literature. Cambridge/Mass., Ldn. 2004.

Annales ↗ Kulturgeschichte.

Annominatio, f. [lat. = Wortumbildung], ↗ rhet. Figur, ↗ Paronomasie.

Anonym, Adjektiv [aus gr. *áneu* = ohne, *ónoma* = Name], namenlos bzw. ohne den Namen des Verfassers. Die Anonymität eines Werkes kann viele Gründe haben: Sie kann 1. auf Konvention beruhen wie im Fall der Volkslieddichtung oder 2. auf unzulänglicher Überlieferung. 3. Sie kann auf bewusstes Verschweigen zurückgehen. So ist Anonymität z. B. aus Bescheidenheit erklärbar, wenn ein Autor sich oder sein Werk nicht für wichtig hält; aus Notwendigkeit, wenn Geschmacksgründe bzw. Furcht vor drohender Verfolgung oder Ächtung sie verlangen; aus gesellschaftlichen Rücksichten, z. B. beim Verschweigen weiblicher Autorschaft in Zeiten oder Kulturen, in denen eine solche als nicht opportun angesehen wird. Bei Veröffentlichungsverbot für einen Autor kann Anonymität eine Publikation dennoch sicherstellen (G. E. Lessing: »Ernst und Falk«). Polare Gegensätze zu ›a.‹ sind ›autonym‹ (mit eigenem Namen gezeichnet) und ›orthonym‹ (mit richtigem Namen gezeichnet).
Lit.: G. Genette: Paratexte [frz. 1987]. Ffm. 1992, S. 45–50. – M. Holzmann, H. Bohatta: Dt. A.en-Lexikon. 7 Bde. [1902–28]. Nachdr. Hildesheim 1961. – J.-D. Müller: Anonymität. In: RLW.   BM

Anopisthographon, n. [gr. = nicht auf der Rückseite Beschriebenes], in der Papyrologie Bez. für eine Papyrus-Hs., die, wie aus technischen Gründen die Regel, auf der Rückseite nicht beschrieben ist (im Ggs. zu den oft Vorder- und Rückseite umfassenden spätantiken und mal. Pergament-Hss.); ferner Bez. für einen ›Reibedruck‹, bei dem das Papier nicht auf den Druckstock gepresst, sondern angerieben wird.   UM

Anreim, dt. Bez. für ↗ Alliteration.

Anschaulichkeit, Qualität der ↗ Darstellung eines Gegenstandes, der medial so repräsentiert ist, als ob man ihn unmittelbar vor sich sieht. ›A.‹ ist abgeleitet vom komplexen, spezifisch dt. Begriff ›Anschauung‹. Dabei versteht man unter A. allg. eine Beschreibungsqualität, bes. aber ein Verfahren lit. Sinnbildung. Als gr. *enárgeia* bzw. lat. *evidentia* ist die A. seit der ↗ Antike ein zentrales Moment der ↗ Rhet. und ↗ Poetik, das auf ein Vor-Augen-Führen (lat. *sub oculos subiectio*) und ein sinnliches Vergegenwärtigen zielt. Um ein solches ›Sehen‹ über Worte zu realisieren, muss nicht nur deren innere Bildlichkeit zur Geltung gebracht, sondern v. a. der Gegenstand in seinen sinnlichen Details vorgeführt werden. Sofern sich aufgrund dieser konkreten und detaillierten Darstellung, die den Leser gleichsam zum Augenzeugen macht, ein lebendiger Gesamteindruck ergibt, kann am Besonderen des Gegenstandes ein übergreifender Sinnzusammenhang erkannt werden. Da sich die lit. Darstellungsstile historisch kontinuierlich wandeln, kann mit der Geschichte der A. zugleich die ›Formgeschichte der Dichtung‹ (Böckmann) erfasst werden.
Lit.: E. Auerbach: Mimesis. Bern 1946. – P. Böckmann:

Formgeschichte der dt. Dichtung. Bd. 1 [mehr nicht erschienen]. Hbg. 1949. – A. Solbach: Evidentia und Erzähltheorie. Mchn. 1994. – F. Wiedmann: Anschauliche Wirklichkeit. Würzburg 1988. – G. Willems: A. Tüb. 1989.   DO

Anspielung, Element der Rede: eine beim Hörer oder Leser als bekannt vorausgesetzte Person, Sache, Situation oder Begebenheit wird nicht direkt benannt, sondern durch Andeutungen bezeichnet, oft in Form eines ↗ Tropus (1), einer ↗ Antonomasie oder ↗ Periphrase, z. B. häufig bei H. Heine (»Atta Troll«, »Deutschland. Ein Wintermärchen«), oft auch Mittel der Polemik, Grundprinzip in der ↗ Schlüssellit.
Lit.: J. Stenzel: A.₂. In: RLW.   PHE/Red.

Anstandsliteratur, zusammenfassende Bez. für Werke, die sich mit gesellschaftlichen Umgangsformen befassen. Die ausgeprägtesten Beispiele der A. im MA. sind die ↗ *Ensenhamens* in der provenz., die *Chastoiements, Doctrinaux de Courtoisie, Livres de Manières* in der frz., sowie die ↗ Hof- und ↗ Tischzuchten in der dt. Lit., die im 15. und 16. Jh., ins Ironisch-Satirische gewendet, als grobianische Dichtung (↗ Grobianismus) fortleben. Die mehr die äußeren Umgangsformen reglementierenden ↗ Komplimentierbücher des Barock wurden Ende des 18. Jh.s durch das Erziehungsbuch »Über den Umgang mit Menschen« des Freiherrn A. v. Knigge abgelöst (1788). Dieses bis heute in zahlreichen Ausgaben und Übers.en vorliegende Werk behandelt im Sinne einer praktischen Lebensphilosophie das angemessene verständnisvolle Verhalten gegenüber der Mitwelt und auch gegenüber dem eigenen Ich.
Lit.: G. Häntzschel: A. In: RLW.   PHE/Red.

Antagonist, m. [gr. = Gegenspieler], Gegenspieler des Haupthelden, v. a. im Drama. Auch: Deuteragonist. Ggs.: ↗ Protagonist.   JK/Red.

Antanaklasis, f., rhet. Figur, ↗ Anaklasis.

Antepirrhema, n., ↗ Parabase, ↗ Epirrhema.

Anthologie, f. [aus gr. *ánthos* = Blume, Blüte, und *légein* = lesen; lat. ↗ *florilegium*; dt. Blütenlese], Sammlung von ausgewählten Texten, v. a. von Gedichten, kürzeren Prosastücken oder von Auszügen aus größeren epischen, seltener dramatischen Werken, weiter von Briefen, Erbauungslit., von didaktischen, philosophischen oder wissenschaftlichen Texten. A.n können unter verschiedenen Aspekten zusammengestellt sein: zur Charakterisierung des Schaffens eines Autors oder mehrerer Autoren, einer bestimmten Schule, einer lit. Richtung, einer Epoche oder Nation, oder auch, um einen Überblick über eine Gattung zu geben oder einzelne Themen oder Theorien an Beispielen zu veranschaulichen, ferner um zu belehren oder zu erbauen. Darüber hinaus spiegeln A.n den Zeitgeschmack (des Herausgebers und seines Leserpublikums) oder Forschungsergebnisse wider. Wirkungsgeschichtlich sind v. a. jene A.n interessant, in denen Werke noch unbekannter Autoren veröffentlicht sind, oder solche, durch die sonst nicht überlieferte Texte vor dem Vergessen bewahrt wurden. Für die Anfänge schriftlicher Über-

lieferung spielen A.n eine wichtige Rolle. Sie enthalten oft die einzigen Zeugnisse verlorener Werke. Frühe Teilsammlungen bilden häufig die Basis späterer Werke (so die »Logien Jesu« als Vorstufe des Matthäus- und des Lukas-Evangeliums). Reich an A.n sind die orientalischen Lit.en. – Als älteste bekannte antike A. gilt eine (nicht erhaltene) Sammlung »Stephanos« (= Kranz, meist Epigramme) des gr. Philosophen Meleagros von Gadara (1. Jh. v. Chr.). Für die Kenntnis der antiken Lit. wichtig ist die Sammlung des Iohannes Stobaios (5. Jh. n. Chr.) mit ca. 500 Auszügen aus Lyrik und Prosa. Bedeutsam für das MA., v. a. die mlat. Dichtung, wurde die sog. »Anthologia Latina« (6. Jh. n. Chr.). Die berühmteste abendländische Sammlung gr. Lyrik ist die sog. »Anthologia Graeca« (Epigramme von ca. 300 Dichtern), die v. a. die Humanisten beeinflusste. Sie geht auf zwei ältere A.n zurück: auf die berühmte »Anthologia Palatina« (10. Jh., 3.700 Epigramme) und die sog. »Anthologia Planudea« (um 1300 von dem byzantinischen Gelehrten Maximus Planudes kompiliert, 2.400 Epigramme). In der Spätantike, dem MA. und bes. in der Renaissance sind lat. A.n, v. a. im Unterricht, weit verbreitet (↗ Schultext). Sie enthalten meist neben Auszügen aus klassischen Autoren und aus den Kirchenvätern auch moralische Sprüche und Sprichwörter; dieser Typus kulminiert in den »Adagiorum Collectanea« des Erasmus von Rotterdam (1500). Unter dem Einfluss der (v. a. in lat. Übers.en verbreiteten) »Anthologia Planudea« kommt im 16. Jh. auch der ältere Typus der A. wieder auf, in lat., aber auch schon in it., frz. und engl. Sprache, im Dt. dagegen erst seit dem 17. Jh. (J. W. Zincgref, B. Neukirch). Im 18. Jh. spielen A.n eine bedeutsame Rolle im lit. Leben, z. B. K. W. Ramlers »Lieder der Deutschen« (1766, eine repräsentative A. der ↗ Anakreontik), J. G. Herders »Volkslieder« (1778 f.), F. Schillers »A. auf das Jahr 1782«. Zahlreiche Lyrik-A.n des 19. Jh.s zielen v. a. auf ein weibliches Publikum ab. Für das 20. Jh. sind neue lit. Entwicklungen dokumentierende A.n wie K. Pinthus' »Menschheitsdämmerung« (1920) und H. M. Enzensbergers »Museum der modernen Poesie« (1960) von großer Wirkung. Die A. ist ein wichtiges Medium der Rezipientenlenkung und trägt zur Kanonbildung bei (z. B. St. George, K. Wolfskehl: »Dt. Dichtung«, 3 Bde. 1900–02; R. Borchardt: »Ewiger Vorrat Dt. Poesie«, 1926; D. Holz [= W. Benjamin]: »Dt. Menschen«, 1937). Ihre Erforschung verspricht sozial- und mentalitätsgeschichtliche Aufschlüsse.
Lit.: J. Bark: A. In: HWbRh. – J. Bark, D. Pforte: Die dt.-sprachige A. 2 Bde. Ffm. 1969/70. – A. S. R. Gow: The Greek Anthology. Ldn. 1958. – G. Häntzschel: Die dt. sprachigen Lyrikanthologien 1840 bis 1914. Wiesbaden 1997. – Ders.: A. In: RLW. – F. Lachèvre: Bibliographie des recueils collectifs de poésies publiés de 1597–1700. 4 Bde. und Supplement-Bd. Paris 1901–22.   RBS
Anthropologie ↗ Ethnologie und Lit.
Anthropologischer Roman, Romantypus der dt. ↗ Aufklärung, der sich in der zweiten Hälfte des 18.

Jh.s parallel zur Entwicklung der Anthropologie als Wissenschaft herausbildete. Zentral für beide ist die Frage nach dem ›Zusammenhang von Seele und Körper‹ (*commercium mentis et corporis*) des Menschen. Der anthropologische Roman stellt die »innere Geschichte des Menschen« (F. v. Blanckenburg: »Versuch über den Roman«, 1774) als einen von vielfältigen inneren und äußeren Einflüssen gesteuerten, durchgängig kausal motivierten Entwicklungsprozess dar. In seinem Zentrum steht häufig die Kritik eines metaphysisch begründeten Weltbildes und eines idealisierten Menschenbildes anhand empirisch-induktiv begründeter anthropologischer Prinzipien in einem konkreten Einzelfall (›Schwärmerheilung‹). Dazu bedient sich der anthropologische Roman polyperspektivischer Darstellungsweisen, personaler Erzählformen (↗ Brief) und dialogischer Elemente (bis hin zum ↗ Dialogroman). Beispiele sind Werke von Ch. M. Wieland (»Geschichte des Agathon«, 1766 f.), J. K. Wezel (»Tobias Knaut«, 1773–76), L. Tieck (»William Lovell«, 1795 f.) und F. T. Hase (»Gustav Aldermann«, 1779). In K. Ph. Moritz' »Anton Reiser« (1785–90) grenzt der anthropologische Roman an die (vom selben Autor intensiv betriebene) medizinische Fallgeschichte der ›Erfahrungs-Seelenkunde‹. Er geht im 19. Jh. im neuen Typus des ↗ psychologischen Romans auf.
Lit.: J. Heinz: Wissen vom Menschen und Erzählen vom Einzelfall. Bln., NY 1996. – H.-J. Schings: Der anthropologische Roman. In: Studien zum 18. Jh. 3 (1980), S. 247–276.   JH
Anthropomorphisierung ↗ Personifikation.
Antibacchius, m. [lat.], auch: Palimbacchius; Umkehrung des ↗ Bacchius.
Antibarbarus, m., im 18. Jh. geprägter lat. Begriff für ein Lehrbuch zur Vermeidung sprachlicher Unkorrektheiten, die in antik-normativer Tradition als ↗ Barbarismus angesehen wurden (frühestes Beispiel: J. A. Nolten: »Lexikon Antibarbarum«, 1744); häufig ist der A. auch gegen Fremdwörtergebrauch gerichtet.
Lit.: P. Erlebach: A. In: HWbRh.   UM
Antichristdichtung, lit. Werk, das den Kampf des Antichrist, der Personifikation des Bösen, um die Weltherrschaft thematisiert. Entsprechende apokalyptische Prophezeiungen finden sich im AT und NT, auch in apokryphen Schriften. – A.en entstehen im Osten und Westen mit der Ausbreitung christlichen Gedankenguts. Am Anfang dt. A. steht das »Muspilli« (9. Jh., Stabreime; Kampf des Elias mit dem Antichrist, Weltbrand, Christi Erscheinen und Gericht). Vorstellungen von der endzeitlichen Herrschaft des Antichrist erscheinen auch in heilsgeschichtlichen Darstellungen von Christi Erlösungstat bis zum Weltende, etwa in »Leben Jesu« der Frau Ava (um 1125, schließt mit einem »Antichrist« und »Jüngsten Gericht«), im »Friedberger Christ und Antichrist« (Fragmente, frühes 12. Jh.), in der allegorisch-typologischen Ausdeutung des Jakobsegens in den »Vorauer Büchern Mosis« (1130/40), übernommen aus der »Wiener Ge-

nesis« (1060/65), nur die Endzeit behandelt der »Linzer Antichrist« (1160/70). Der lat. »Ludus de Antichristo« (um 1160) ist die bedeutendste mal. dramatische Gestaltung des Stoffes, verbunden mit einem aktuellen politischen Programm: der eschatologischen Fundierung des universalen Reichsgedankens und des Herrschaftsanspruchs der Staufer. Quellen für diese wie überhaupt für mal. A.en sind neben den Bibelkommentaren der »Libellus de Antichristo« des Adso von Toul (10. Jh.) und Schriften des Petrus Damiani (11. Jh.). Für das Spät-MA. sind Aufführungen von Antichristspielen belegt (Frankfurt 1469, Xanten 1473/81, Chur 1517 u. a.). Der Antichriststoff wird auch als ↗ Fastnachtspiel verarbeitet, so in »Des Entekrist vasnacht« (15. Jh.) und in dem Hans Folz zugeschriebenen »Herzog von Burgund« (ca. 1493). In der Reformationszeit wird das Antichristthema zur lit. Waffe (vgl. z. B. das gegen das Papsttum gerichtete lat. Drama »Pammachius« von Th. Naogeorg, 1538). Antichristspiele leben weiter bis in die Zeit der Aufklärung, bes. lange in Tirol, meist als religiöse Volksschauspiele. Auch die Lit.en der Romania und Englands nehmen sich des Themas an. Eine Wiederbelebung erfährt der Stoff seit dem späten 19. Jh. (F. M. Dostoevskij: »Der Großinquisitor«, 1880; S. Lagerlöf: »Die Wunder des Antichrist«, 1897; J. Roth: »Der Antichrist«, 1934).
Lit.: K. Aichele: Das Antichristdrama des MA.s, der Reformation und Gegenreformation. Den Haag 1974. – R. K. Emmerson: Antichrist in the Middle Ages. Manchester 1981. – H.-P. Kursawa: Antichristsage, Weltende und Jüngstes Gericht in mal. dt. Dichtung. Diss. Köln 1976. – F. Rädle: Antichristspiel. In: RLW. – I. Richardsen-Friedrich: Antichrist-Polemik in der Zeit der Reformation und der Glaubenskämpfe bis Anfang des 17. Jh.s. Ffm. u. a. 2003.   RBS

Anti-Detektivroman, lit. Gegenentwurf zum ↗ Detektivroman, der dessen Konventionen und Erzählschemata unterminiert und den naiven Erkenntnisoptimismus, die unbedingte Aufklärungsforderung und das teleologische Handlungsmodell insbes. mittels Verweigerung der Auflösung ad absurdum führt oder parodiert. – Nachdem J. L. Borges in »La Muerte y la Brújula« (1942) einen Detektiv an der Interpretation fingierter Spuren hat scheitern lassen, erfährt der A. eine erste Ausprägung innerhalb des ↗ Nouveau Roman, dessen Vertreter A. Robbe-Grillet und M. Butor die stark schematisierte und regelgeleitete Form des Detektivromans nutzen, um die Möglichkeiten erzählerischer Rekapitulation und Analyse der Wirklichkeit in Frage zu stellen. F. Dürrenmatt (»Das Versprechen«, 1957) problematisiert die Kalkulierbarkeit der Welt, Th. Pynchon (»The Crying of Lot 49«, 1966) und J.-Ph. Toussaint (»La réticence«, 1991) thematisieren u. a. die Unverlässlichkeit von Wahrnehmung und Erkenntnis, während P. Handke (»Der Hausierer«, 1967) das Verlaufsmodell des Detektivromans demontiert. Weitere Vertreter des A.s sind P. Auster (»City of Glass«, 1985) und A. Tabucchi (»Il filo dell'orizzonte«, 1986).

Lit.: P. Merivale, S. E. Sweeney (Hg.): Detecting Texts. Philadelphia 1999. – M. F. Schmidt: Der A. In: K.-P. Walter (Hg.): Lexikon der Kriminallit. Meitingen 1993ff. [Loseblattsammlung]. – St. Tani: The Doomed Detective. Carbondale, Edwardsville 1984.   MFS

Anti-Dorfgeschichte ↗ Dorfgeschichte.

Antiheld, ↗ Protagonist einer Geschichte, der durch den Mangel an bestimmten positiven Eigenschaften dem Typus des ↗ Helden gegenübersteht. – Während der Held etablierten Normen und Werten einer Gesellschaft in physischer, psychischer und sozialer Hinsicht ideal entspricht, weicht der A. von ihnen in mindestens einer Hinsicht signifikant ab; dabei kann er in anderer Hinsicht durchaus überdurchschnittliche Qualitäten besitzen.
Aus der Art des Normverstoßes lässt sich eine *Typologie* der A.en ableiten: Sie sind 1. moralisch negativ oder deviant (Meursault in A. Camus' »L'Étranger«), 2. passiv oder ziellos (Oblomov in I. Gončarovs gleichnamigem Roman), 3. physisch benachteiligt (Quasimodo in V. Hugos »Notre-Dame de Paris«), 4. sozial ausgegrenzt (Woyzeck in G. Büchners Dramenfragment) oder 5. komisch (Schwejk in J. Hašeks Romanen). Häufig vereinigt der A. Elemente des Tragischen und des Komischen in sich. Während Helden stellvertretende Wunscherfüllung ermöglichen und affirmative Vorbildfunktion besitzen, bieten A.en die Möglichkeit, soziale Probleme und Wertkonflikte darzustellen. In der Lit.- und Mediengeschichte wird die Figur des A.en umso wichtiger, je mehr sich der Wertekonsens einer Gesellschaft auflöst und etablierte Normen öffentlich problematisiert werden können. Vorgeprägt schon in der Antike, bildet sich der Figurentypus des A.en in der westlichen Lit. spätestens mit M. de Cervantes' Don Quijote und H. J. Ch. v. Grimmelshausens Simplicissimus eindeutig heraus. Sowohl die Pikaros des ↗ Schelmenromans als auch viele Helden des ↗ Bildungs- und Entwicklungsromans weisen Züge des A.en auf. Eindrucksvolle A.en finden sich in den naturalistischen und psychologischen Romanen des 19. Jh.s (E. Zola, F. M. Dostoevskij), des frühen 20. Jh.s (A. Döblin) und der Zeit nach dem Zweiten Weltkrieg (z. B. im ↗ Nouveau Roman). Im Drama treten prägnante A.en spätestens seit G. Büchner in wachsender Häufigkeit auf, z. B. im absurden Theater (↗ *théâtre de l'absurde*). In ↗ Comic und Film ist der A. von Beginn an etabliert und wird in den 1960er Jahren zu einem der wichtigsten Figurentypen (z. B. Spawn, Batman; Protagonisten des New Hollywood und der Nouvelle Vague).
Lit.: V. Brombert: In Praise of Antiheroes. Figures and Themes in Modern European Literature 1830–1980. Chicago 1999. – D. D. Galloway: The Absurd Hero in American Fiction [1966]. Austin/Tex. ²1981. – N. Sarraute: Das Zeitalter des Argwohns [frz. 1956]. Köln 1963. – W. Walker: Dialectics and Passive Resistance. The Comic Antihero in Modern Fiction. Bern u. a. 1985.   JE

Antike, f. [lat. *antiquus* = alt], seit dem 18. Jh. Bez. für das gr.-röm. Altertum, also die Zeit zwischen etwa 1200–1100 v. Chr. und dem 4.–6. Jh. n. Chr. (die zeitlichen Grenzen sowohl zur vorigen als auch zur folgenden Großepoche sind fließend). Geographisches Zentrum waren anfangs Griechenland und der nordöstliche Mittelmeerraum. Durch die gr. Kolonisation, die Eroberungen Alexanders des Großen (↗ Hellenismus) sowie die Entwicklung der Stadt Rom zum ›Weltreich‹ (Imperium Romanum) entstand eine kulturelle, zivilisatorische und Jh.e überdauernde politische Einheit, die sämtliche Regionen rings um das Mittelmeer und teilweise weit darüber hinaus umfasste. Diese Welt verstand sich selbst als die bewohnte und durch Städte unterschiedlicher Größe gekennzeichnete Kulturwelt (gr. *oikouménē*; lat. *orbis terrarum*), im Unterschied zu den sie umgebenden Völkern, die weitgehend als ›Barbaren‹ betrachtet wurden (gr. *bárbaros* = jemand, der nur Wirrwarr redet). Die für die spätere Entwicklung Europas wegweisende kulturelle Hinterlassenschaft der gr.-röm. A. umfasst alle Bereiche der Philosophie, Wissenschaft, Architektur, bildenden Kunst und Lit. sowie, unter dem Einfluss des Imperium Romanum, der Verwaltung, des Rechts und insbes. auch der Technik und der angewandten Ingenieurwissenschaften. Früher wurden v. a. die Hochleistungen der gr. Klassik (5. Jh., nach dem athenischen Staatsmann Perikles auch als ›Perikleisches Zeitalter‹ bezeichnet) sowie der letzten Jahrzehnte der röm. Republik und des Beginns der Kaiserzeit (›Augustäisches Zeitalter‹, um Christi Geburt) hervorgehoben; für die Gesamtentwicklung ebenso prägend waren auch die archaisch-vorsokratische Zeit der Griechen, die Jh.e des Hellenismus und v. a. der röm. Kaiserzeit und der ↗ Spätantike, die keineswegs als Epochen des noch Unfertigen oder des Epigonalen abgewertet werden dürfen. In der Spätantike zerbrach nicht nur die politische, sondern auch die gewachsene kulturelle Einheit der gr.-lat. A., die aber durch eine immer stärker werdende wechselseitige Synthese mit der neuen, aufstrebenden Religion des Christentums eine neue Prägung erhielt. Das Gebiet des Röm. Reichs spaltete sich in einen lat.-kath. und einen gr.-orthodoxen Teil, mit der religiösen Metropole Rom im Westen und der politisch-religiösen Metropole Konstantinopel/Byzanz im Osten. In unterschiedlicher Weise und Intensität blieb die A. entscheidender Faktor für die künftige Entwicklung Europas, beeinflusste aber auch die neue islamische Welt nachhaltig, wobei in beiden Fällen jüdische Gelehrte eine wichtige Rolle spielten (↗ Antikerezeption). – Im Bereich der Kunst ragen bis heute Werke der Architektur, der Plastik und Lit. heraus, während von der gleichfalls wichtigen Musik und Malerei (abgesehen von der gr. Vasenmalerei und Resten röm. Wandmalerei in Städten wie Pompeji und Herculaneum) nur wenig erhalten blieb. Die uns überlieferte antike Lit. ist zwar sehr umfangreich, doch ist wohl noch viel mehr verloren gegangen; vieles ist nur in ↗ Fragmenten erhalten; von manchem weiß man nur aufgrund von Erwähnungen in anderen Texten. Von der Lit. der gr. Blütezeit sind nur diejenigen Werke erhalten, die schon die ↗ »Poetik« des Aristoteles (um 335 v. Chr.) und die hellenistische ↗ Philologie, v. a. in Alexandria, in ihren ↗ Kanon aufgenommen hatten. Aus dem umfangreichen Zyklus um den Trojanischen Krieg kennen wir allein die bis heute als vorbildlich geltenden Epen »Ilias« und »Odyssee« des Homer (9./8. Jh. v. Chr.), die eine feudal-aristokratische Kriegergesellschaft voraussetzen; zusammen mit der »Theogonie« des Hesiod (7. Jh. v. Chr.) sind sie die ersten Zeugnisse der umfangreichen Götter- und Helden- ↗ Mythen der Griechen. Seit dem 7. Jh. entstanden die großen Werke der Lyrik (z. B. Tyrtaios, Archilochos, Sappho, Alkaios und Theognis sowie die Chorlyriker Alkman und Pindar), die teilweise eine damals neu entdeckte Individualisierung erkennen lassen. Die Blütezeit des in der Demokratie des Stadtstaates Athen (gr. *pólis* = Stadt) zentrierten ↗ Dramas liegt im 5. Jh. v. Chr. und den folgenden Jahrzehnten (↗ Tragödien des Aischylos, Sophokles, Euripides; ↗ Komödien des Aristophanes); gleichzeitig und wenig später entstanden die vorbildlichen Prosawerke der Geschichtsschreibung (Herodot, Thukydides, Xenophon), der nur teilweise erhaltenen, die gesamte A. aber beeinflussenden ↗ Rhet. sowie der Philosophen Platon und Aristoteles. Die durch Alexanders Eroberungen (336–323 v. Chr.) bewirkte Verbreitung der gr. Kultur machte das Gr. im Osten der antiken Welt zur überregionalen Verkehrssprache (gr. *koiné*), mit Pergamon und Alexandria als wissenschaftlichen Zentren und großen ↗ Bibliotheken. Der Hellenismus, der immer wieder mit der Kultur des Orients eine vielfältige Symbiose einging, ist durch einen lang anhaltenden Aufschwung der Wissenschaften gekennzeichnet, aber auch durch bedeutende lit. Werke (Kallimachos, Theokrit, Menander). Im 3. und 2. Jh. geriet das militärisch und politisch aufstrebende Rom, v. a. durch seine Eroberungen von gr. Sprachgebiet, zunehmend unter den Einfluss der als überlegen geltenden Kultur der Griechen; sie beeinflusste v. a. anfangs in Rom und den röm. Gebieten stark die lat. Rhet., Philosophie und Lit. (Komödien des Plautus und Terenz), die sich aber bald emanzipierten. Von den Autoren der sog. ›Goldenen Latinität‹, also des ›Augustäischen Zeitalters‹ um Christi Geburt, sind zu nennen: der Rhetoriker und Philosoph Cicero, ein bedeutender Vermittler gr. Kultur; die Geschichtsschreiber Sallust, Caesar und Livius sowie die Lyriker Catull, Horaz, Properz, Tibull, Vergil und Ovid. Die beiden Letztgenannten waren auch mit ihren epischen Werken für die Folgezeit einflussreich. Auch im 1. Jh. n. Chr. (›Silberne Latinität‹) finden sich bedeutende Autoren, z. B. die Satiriker Petronius, Persius und Juvenal, der Philosoph und Dramatiker Seneca (der Lehrer des jungen Nero), der Epigrammatiker Martial, der Historiker Tacitus, der naturwissenschaftliche Enzyklopädist Plinius der Ältere, die Epiker

Lucan und Statius sowie der wohl bedeutendste Rhet.-lehrer Roms, Quintilian. Wichtig waren auch Schriften zur technischen Praxis (z. B. Vitruv zur Architektur; Frontinus zu Ingenieurbauten der Wasserversorgung [Aquädukte]) und v. a. zur Rechtswissenschaft, mit deren Hilfe im Imperium Romanum die Grundlagen für das gesamte Rechtssystem des späteren Europa geschaffen wurden. Die Auseinandersetzung mit dem Christentum, das seit Konstantin dem Großen offiziell anerkannt und toleriert (313), durch Theodosius I. zur Staatsreligion erhoben wurde (391), führte bereits in der Zeit des politischen und militärischen Niedergangs des Imperiums sowie der Völkerwanderung zu einer weiteren Blüte der lat. Lit. (Augustinus, Martianus Capella, Boethius, Cassiodor und Isidor). Die theologische Präzisierung des Christentums sowie die Auseinandersetzung mit der antiken Philosophie und den alten Religionen wurden in Schriften der gr. und lat. Kirchenväter geleistet, und Hieronymus schuf mit seiner lat. ↗ Bibelübers. (»Vulgata«) die Grundlage für die weitere Entwicklung im lat.sprachigen Westen. Jene Jh.e (5./6. Jh.) gelten zwar als Ende der A., waren aber keineswegs das Ende der antiken Kultur und Wissenschaft, welche in vielfältiger Auseinandersetzung und Verwandlung bis in die Gegenwart weiterwirkt (↗ Humanismus).

Lit.: M. v. Albrecht: Geschichte der röm. Lit. [1992]. 2 Bde. Mchn. ²1994. – H. Bengtson: Gr. Geschichte [1950]. Mchn. ⁸2001. – A. Demandt: Geschichte der Spätantike. Mchn. 1998. – A. Dihle: Gr. Lit.geschichte [1967]. Mchn. 1991. – Ders.: Die gr. und lat. Lit. der Kaiserzeit. Mchn. 1989. – M. Fuhrmann: Geschichte der röm. Lit. Stgt. 2005. – W. Jaeger (Hg.): Das Problem des Klassischen und die A. Lpz. 1931. – A. Lesky: Geschichte der gr. Lit. [1957]. Bern ³1971. – Th. Paulsen: Geschichte der gr. Lit. Stgt. 2005. – W. Rüegg (Hg.): Antike Geisteswelt. Zürich, Stgt. 1964.   UM

Antikerezeption, f. [lat. *recipere* = aufnehmen, empfangen], Aufnahme und Weiterverwendung von Themen, Motiven oder Personen aus der gr.-röm. ↗ Antike. – Die Geschichte Europas sowie der durch Europa geprägten ›Neuen Welten‹ ist bis in die Gegenwart beeinflusst durch die Aufnahme, Nachahmung und Weiterentwicklung des antiken Vorbildes, aber auch durch die kritische Auseinandersetzung mit ihm, wobei die zunehmende Verbindung von Antike und Christentum für Europa eine zentrale und verstärkende Rolle spielte. Aber auch die islamische und die seit der röm. Eroberung (1./2. Jh. n. Chr.) in der Diaspora existierende jüdische Welt kennen Formen der A. in allen Lebensbereichen: Sprache, Lit., Architektur und bildende Kunst, Philosophie, Wissenschaft, Verwaltung, Politik und Rechtswesen. Die Sprache der modernen Technik und Wissenschaften verwendet in reichem Maß gr. und lat. Wörter bzw. Wortelemente, und die politische Realität etwa der USA ist beeinflusst durch röm. Institutionen und Bauten wie z. B. Senat oder Capitol. – Die A. stellt eine Konstante der europäischen

Geschichte dar: In der Lit. beginnt sie am Übergang zum ↗ MA. (4./6. Jh. n. Chr.; ↗ Spätantike), und sie reicht mit vielen Variationen bis in die Gegenwart; wirklich vergessen waren die lit. Werke und Traditionen der Antike nie. Die A. im gr.-orthodoxen Teil Europas und des Vorderen Orients verlief weitgehend kontinuierlich und konzentrierte sich auf Werke in gr. Sprache. Entsprechend wurde im lat.-kath. Westen fast ausschließlich Lit. in lat. Sprache rezipiert; Griechisches war dort lange Zeit nur in lat. Versionen bekannt, und erst der Niedergang von Byzanz und die Eroberung Konstantinopels durch die Osmanen (1453) bewirkte einen Export gr. Wissens und gr. Manuskripte in den Westen. Dort hatten die Wirren der Völkerwanderungszeit hinsichtlich der Kultur der Antike zwar beträchtliche Schäden verursacht, die aber zum Teil abgefangen wurden durch die neue Bildungspolitik des Christentums, das antike Elemente für eigene Zwecke verwendete, aber auch bald ein gewisses antiquarisches Interesse zeigte. Dies geschah anfangs fast ausschließlich in den neuen Bildungszentren der Klöster, und zwar weiterhin auf Lat., allmählich aber auch in den sich zur Schriftlichkeit entwickelnden Volkssprachen, darunter den aus dem Spätlat. entstandenen romanischen Sprachen. Eine erste lit. Wiederbelebung der lat. Antike wurde durch Karl den Großen bewirkt (↗ Karolingische Renaissance), zusammenhängend einerseits durch die politische Anbindung an die Tradition des Imperium Romanum (*translatio imperii*, lat. = Übertragung bzw. Fortführung des [alten] Imperiums), andererseits durch die Betonung eines Bildungsauftrags für die Kirche. Antike Hss. wurden neu abgeschrieben, lat. Sprachgut in die Volkssprachen aufgenommen, Werke der Antike auf Lat. nachgeahmt (insbes. im Bereich der Kirche, der Wissenschaften und der Verwaltung). Zuerst lat. christliche Texte (Paternoster, Credo u. a.), später einzelne Autoren wie Vergil, Prudentius, Martianus Capella, Boethius und Terenz sowie die lat. Versionen der aristotelischen Philosophie wurden übersetzt und dienten v. a. als Vorbilder. Seit dem 12. Jh. wurden, ausgehend von Frankreich, auch im Dt. Stoffe der Antike aufgegriffen (Werke über Alexander, Troja und Aeneas), Ereignisse und Personen aus der ↗ Mythologie und Geschichte der Antike wurden zunehmend bekannt, neben Vergil wurde Ovid ein prägendes poetisches Vorbild. Was einem Gebildeten damals an lat. Schrifttum bekannt sein konnte und sollte, zeigt das »Registrum multorum auctorum« (um 1300) des fränkischen Schulrektors Hugo von Trimberg, eine umfangreiche Liste der von ihm als wichtig erachteten lat. Werke der Antike und des MA.s. Oft zu wenig beachtet wird die Wichtigkeit der arab. Vermittlung gr. Philosophie und Wissenschaft: Deren Werke wurden, oft im Team von gr.sprachigen orientalischen Christen, arab. und jüdischen Gelehrten, zuerst ins Arab. übersetzt, teilweise weiterentwickelt und später, in Unteritalien, Sizilien und v. a. im damals halb islamischen, halb christlichen Spanien

(Toledo) ins Lat. übertragen; diese Form der A. war wichtig für Tendenzen einer frühen westeuropäischen ↗ Aufklärung, die sich seit dem 12. Jh. v. a. von der Pariser Universität (Sorbonne) aus verbreitete. – Eine neue Qualität brachte die seit dem 14. Jh. von Oberitalien ausgehende intensive Neubeschäftigung mit der klassischen Antike. Die it. ↗ Renaissance (14.–16. Jh.) brachte eine ›Wiedergeburt‹ der Antike auf allen Gebieten, während der ↗ Humanismus nördlich der Alpen (16. Jh.) auf die Lit. konzentriert war. Folgenreich war der 1594 in Florenz unternommene Versuch, die antike ↗ Tragödie mit ihrer Verbindung von Text und Musik wiederzubeleben, was zur Herausbildung der ↗ Oper führte. Man beschäftigte sich jetzt eingehend mit den antiken Originalwerken, zunehmend auch denjenigen in gr. Sprache. Das als vorbildlich betrachtete Lat. der Cicero-Zeit wurde als poetische Sprache verwendet (↗ neulat. Lit.), im Ggs. zum Mittellat., das sich als nach wie vor lebendige Sprache weiterentwickelt hatte, jetzt aber oft als Verderbnis für das Klassische angesehen wurde. Während die Lit.en des ↗ Barock und des frz. ↗ Klassizismus samt seinen Nachahmungen sich in Inhalt und Form v. a. an der lat. Antike orientierten (J. Ch. Gottsched), wurde im Dt. seit der Mitte des 18. Jh.s zunehmend die gr. Antike zum Vorbild. F. G. Klopstock bezeichnete sich ausdrücklich als »Lehrling der Griechen«, die Anakreontiker (↗ Hallescher Dichterkreis [2]) beriefen sich auf gr. Vorbilder, Ch. M. Wieland schuf durch Verbindung von Antikem und der Antike-Konzeption der frz. Klassik Werke von eigenwilliger Eleganz, J. H. Voß machte durch seine Übers.en Homer und damit die gr. Mythologie zum dt. Bildungsgut, später weiter befördert durch G. Schwabs »Sagen des Klassischen Altertums« (1838/40). Dominierend war das Griechenbild J. J. Winckelmanns mit den Idealen »edle Einfalt« und »stille Größe« (»Gedanken über die Nachahmung der gr. Werke in der Malerei und Bildhauerkunst«, 1755). Höhepunkt dieser A., in komplizierter Weise konkurrierend mit dem ↗ Genie-Kult und der die ↗ Romantik dominierenden ↗ MA.-Rezeption, war die ↗ Weimarer Klassik: J. W. Goethe (»Iphigenie auf Tauris«, »Römische Elegien«) und F. Schiller (»Die Braut von Messina«) waren in ihren Werken seit den späten 1780er Jahren überwiegend durch die A. geprägt; in den gemeinsam verfassten »Xenien« vertraten sie diese Ausrichtung polemisch. F. Hölderlin entwickelte in seinem Roman »Hyperion oder Der Eremit in Griechenland« (1797/99), in seinen Hymnen, Oden und Elegien sowie in seinen Übers.en von Werken Pindars und Sophokles' ein ganz eigenes Bild der Antike, der er eminente Bedeutung für die Gestaltung der Gegenwart und Zukunft zusprach. Somit trat im Dt., im Ggs. zu anderen Lit.en, die röm.-lat. Tradition in den Hintergrund. Dem apollinischen Griechenbild Winckelmanns und der Weimarer Klassik setzte, unter dem Einfluss R. Wagners, F. Nietzsche die Betonung der rauschhaft-dionysischen Komponente der Antike entgegen (»Die Geburt der Tragödie

aus dem Geiste der Musik«, 1872). Kenntnisse von Antikem gehörten zum Zentrum des bürgerlichen (humanistischen) Bildungsideals. Trotz dessen späterer Veränderung gelten antike Mythen, Stoffe und Personen bis heute als überzeitliche Exempel der existentiellen Problematik des Menschen, verarbeitet und dargestellt in immer neuen Variationen. Dazu gehören der von S. Freud so genannte ›Ödipus-Komplex‹ ebenso wie die Antike-Opern von R. Strauss; immer wieder aufgegriffene Stoffe und Figuren sind die Atriden Agamemnon, Elektra und Orest (G. Hauptmann, H. v. Hofmannsthal, E. O'Neill, J. Giraudoux, J.-P. Sartre), Ödipus (J. Cocteau / I. Strawinsky, T. S. Eliot) oder Antigone (J. Cocteau / A. Honegger, J. Anouilh), im Dt. bes. Kassandra (Ch. Wolf, 1983) oder Medea (H. H. Jahnn, H. Müller, Ch. Wolf). Großen Anteil an der vielgestaltigen modernen A. hatten und haben populäre Gattungen (↗ Operette, ↗ Musical) und die Massenmedien (Film, Fernsehen).

Lit.: M. v. Albrecht (Hg.): Bibliographie zum Fortwirken der Antike in den dt.sprachigen Lit.en des 19. und 20. Jh.s. Ffm. 2005. – W. M. Bauer: A. (Neuzeit). In: Killy/Meid. – W. Berschin: Gr.-lat. MA. Bern 1980. – H. Brunner (Hg.): Die dt. Trojalit. des MA.s und der Frühen Neuzeit. Wiesbaden 1990. – D. Burdorf, W. Schweickard (Hg.): Die schöne Verwirrung der Phantasie. Antike Mythologie in Lit. und Kunst um 1800. Tüb. 1998. – A. Ebenbauer u. a. (Hg.): Hb. der antiken Gestalten in den mhd. Texten. Bln., NY 2001. – H. Hofmann (Hg.): Antike Mythen in der europäischen Tradition. Tüb. 1999. – F. P. Knapp: A. (MA.). In: Killy/ Meid. – K. Langosch: Mittellat. und Europa. Darmstadt 1990. – E. Lienert: Dt. Antikenromane des MA.s. Bln. 2001. – V. Riedel: A. in der dt. Lit. Stgt., Weimar 2000. – B. Seidensticker, M. Vöhler: Urgeschichten der Moderne. Die Antike im 20. Jh. Stgt., Weimar 2001. – S. Slanicka, M. Meier (Hg.): Antike und MA. im Film. Köln u. a. 2005. – B. Witte (Hg.): Goethes Rückblick auf die Antike. Bln. 1999. UM

Antiker Vers, Vers, der nach dem ↗ quantitierenden Versprinzip konstituiert ist, also auf der geregelten Abfolge kurzer und langer Silben beruht. Der Einfluss des musikalischen Akzents der gr. Sprache einerseits und des stärker exspiratorischen Akzents des klassischen Lat. andererseits auf die Versmetrik ist umstritten. Metrische Hilfsdisziplin für die Festlegung der Silbenquantitäten im antiken Vers ist die ↗ Prosodie. Antike Verse sind entweder ↗ katá métron, d. h. aus sich wiederholenden festen Versmaßen (Metren) gebaut oder nicht nach Metren gebildet. In den nach Metren gebauten Versen bilden die Versfüße (↗ Jambus, ↗ Trochäus, ↗ Daktylus u. a.) die kleinsten Einheiten; sie sind meist zu ↗ Dipodien zusammengefasst. Je nach der Zahl der Wiederholungen eines Metrums (Versfuß oder Dipodie) pro Vers ergeben sich ↗ Dimeter, ↗ Trimeter, ↗ Tetrameter, ↗ Pentameter, ↗ Hexameter (z. B. besteht der jambische Trimeter aus drei jambischen Dipodien oder Dijamben, der daktylische Hexameter

aus sechs Daktylen). – Nicht nach bestimmten Metren gebaut sind die ⁊ archilochischen Verse, in denen verschiedene Versmaße kombiniert werden, und die ⁊ äolischen Versmaße, die nicht in Metren zerlegbar, sondern auf eine bestimmte Silbenzahl festgelegt sind (z. B. ⁊ Glykoneus, ⁊ Pherekrateus; ⁊ Odenmaße). – *Sprech*verse sind ursprünglich nach Metren gebaut und meist in Reihen (*katá stíchon*, d. h. [mono-]⁊ stichisch) geordnet, sie werden fortlaufend wiederholt, z. B. der Hexameter im Epos. – *Sing*verse werden zu Strophen zusammengefasst, die oft dreiteilig sind (⁊ Strophe, ⁊ Antistrophe, ⁊ Epode, vgl. auch ⁊ Stollenstrophe). – Die Nachahmung antiker Verse in den modernen europäischen Sprachen bereitet Schwierigkeiten, da für die Quantitäten der antiken Sprachen genau entsprechende Äquivalente fehlen. In der dt. Sprache werden meist die Längen mit Hebungen, die Kürzen mit Senkungen gleichgesetzt (⁊ akzentuierendes Versprinzip); es gibt aber auch Versuche genauer Nachahmung der antiken Verse unter Erhaltung der Längen- und Kürzenverteilung (J. H. Voß, A. v. Platen).
Lit.: F. Crusius, H. Rubenbauer: Röm. Metrik. Mchn. [8]1967. – P. Habermann: Antike Versmaße und Strophen (Oden-)formen im Dt. In: RLG. – B. Snell: Gr. Metrik [1955]. Gött. [4]1982.   UM
Antikisierende Dichtung ⁊ Antikerezeption.
Antiklimax, f., moderne Bez. für die ⁊ rhet. Figur einer Reihung mit absteigender Intensität oder Bedeutung, gebildet im Ggs. zum antiken Begriff der ⁊ Klimax; z. B.: Könige – Fürsten – Bürger – Bauern.
Lit.: M. S. Celentano: A. In: HWbRh.   UM
Antikritik, f. [lat.], apologetische Gegendarstellung zu einer Buchbesprechung, vom Autor des rezensierten Buches verfasst oder veranlasst. Aufkommen und Verbreitung der Gattung in Deutschland sind im Zusammenhang mit der Institutionalisierung der ⁊ Lit.kritik und der damit verbundenen Expansion von Rezensionszss. um 1800 (etwa der »Allg. Lit.-Zeitung« in Jena) zu sehen. Bezeichnend für A.en sind die Verschmelzung von sachlicher und persönlicher Ebene, polemischer Ton, in Extremfällen persönliche Diffamierung.
Lit.: I. Denissenko: Die inszenierte Öffentlichkeit des Streites. In: St. Matuschek (Hg.): Organisation der Kritik. Hdbg. 2004, S. 113–142.   ID
Antilabe, f. [gr. *antilabē* = Griff, metaphorisch: Einwendung], Form der Dialoggestaltung im Versdrama: Aufteilung eines Verses auf zwei oder mehrere Sprecher, meist in emphatischer, pathetischer Rede, häufig mit ⁊ Ellipse. Z. B.: *Gräfin:* »O halt ihn! halt ihn!« *Wallenstein:* »Laßt mich!« *Max:* »Tu es nicht, / Jetzt nicht.« (F. Schiller: »Wallensteins Tod« III, 20). ⁊ Stichomythie.   HST
Antimetabole, f. [gr. = Umstellung, Vertauschung; lat. *commutatio* = Umkehrung], ⁊ rhet. Figur: eine Antithese wird mit denselben Wörtern durch die Verbindung von ⁊ Chiasmus und ⁊ Parallelismus dargestellt (Quintilian: »Institutio Oratoria« IX, 3, 85): »Ihr Leben

ist dein Tod! Ihr Tod dein Leben« (F. Schiller: »Maria Stuart« II, 3).
Lit.: H. Hambsch: A. In: HWbRh.   UM
Antipetrarkismus ⁊ Petrarkismus.
Antiphon, f. [gr. *antíphonos* = gegentönend, antwortend], liturgischer Wechselgesang zweier einstimmiger Chöre, ursprünglich beim Singen von ⁊ Psalmen, entsprechend dem *Parallelismus membrorum* dieser Dichtungen. Bereits für den altjüdischen Tempelkult bezeugt, breitet sich der Brauch antiphonalen Singens seit Mitte des 4. Jh.s im Osten aus und wird Ende des 4. Jh.s aus der syrischen Kirche, wohl durch den Mailänder Bischof Ambrosius, in die Liturgie der Westkirche eingeführt. ›A.‹ bezeichnet hier jedoch einen ⁊ Refrain (meist Psalmvers), mit dem der Chor einer Vorsängergruppe beim Psalmenvortrag antwortete, zunächst nach jedem Vers, später am Anfang und Schluss des Psalms; im Wortgebrauch nicht immer scharf von *Responsorium* (Wechsel von Solist [Priester] und Chor) geschieden. Daneben entstehen schon früh A.e, die unabhängig vom Psalmodieren sind und im Wechsel gesungen werden, z. B. zahlreiche A.e für Prozessionen und seit dem 12. Jh. Marianische A.e (z. B. »Salve Regina«, »Alma Redemptoris Mater«), die z. T. auch Eingang in die Gebetsgottesdienste finden. Gesammelt wurden A.e (erstmals von Gregor dem Großen um 600) in *Antiphonaren* (von *liber antiphonarius, antiphonarium*, auch: *Antiphonale*); sie enthielten ursprünglich A.e für Messe und Offizium, seit dem 12. Jh. wird für die Sammlung von antiphonalen und responsorischen Messgesängen die Bez. *Graduale* geläufiger. Antiphonare enthalten heute Gesänge für das Offizium. Als ältestes erhaltenes Antiphonar gilt das Karls des Kahlen (9. Jh.), als ältestes mit Neumen (Notenzeichen) das Antiphonar in der Stiftsbibliothek St. Gallen (um 1000); seit dem 11. Jh. sind auch illustrierte Antiphonare überliefert.
Lit.: D. v. Huebner: A. In: LMA.   RBS
Antiphrasis, f. [gr. = entgegengesetzte Redeweise], rhet. Stilmittel, ⁊ Tropus (1): meint das Gegenteil des Gesagten, ironisch, sarkastisch: »eine schöne Bescherung«. ⁊ Litotes, ⁊ Emphase, ⁊ Ironie.   HHS/Red.
Antiqua ⁊ Schrift.
Antiquariat, n. [lat. *antiquarius* = Kenner und Nachahmer der altröm., d. h. voraugusteischen Sprache und Lit., von *antiquus* = alt], institutionalisierter Handel mit alten und gebrauchten Büchern, der heute vornehmlich über spezialisierte Fachgeschäfte und Auktionshäuser abgewickelt wird, während in der ⁊ Frühen Neuzeit die Nachlässe von Gelehrten verkauft, häufig versteigert und so die Fluktuation lit. Werke unabhängig von der unmittelbaren Verfügbarkeit neuer Drucke gesichert wurde. A.e als eigenständige ökonomische Funktionseinheiten entstanden im 18. Jh. in Großbritannien und Frankreich. Im modernen A.shandel werden Druckerzeugnisse aller Art umgesetzt; der Markt ist stark differenziert je nach Interesse der Abnehmerschaft (*bibliophile A.e*: seltene und bes. ausgestattete

Drucke, ↗Inkunabeln, ↗Erstausgaben; *wissenschaftliche A.e*: vergriffene wissenschaftliche Fachlit.; *moderne A.e*: Remittenden und Restexemplare neuer Werke aus allen Bereichen). Die A.sbuchpreise richten sich nach Seltenheit, Nachfrage und Erhaltungszustand der Werke. Waren neben Ladengeschäften und A.smessen in der Vergangenheit v. a. gedruckte Verkaufs- und A.skataloge die Medien des Vertriebs, ist mittlerweile das Internet zu einem Hauptumschlagplatz antiquarischer Bücher geworden. Vermehrt treten hier auch wieder private Anbieter auf. Als Vermittler grenzüberschreitenden Ideenaustauschs kommt den A.en eine wichtige, bislang erst ansatzweise untersuchte kulturgeschichtliche Katalysatorenrolle zu.
Lit.: Ph. Bernard: Antiquarian Books. Aldershot 1995. – M. Kersting: Alte Bücher sammeln [1999]. Mchn. ²2001. –K. K. Walther (Hg.): Lexikon der Buchkunst und Bibliophilie. Mchn. 1988. AUS

Antiquarische Dichtung [*Antiquar* im Sinne der älteren Bedeutung = Liebhaber von Altertümern], Sonderform ↗historischer Romane, Novellen und Dramen, bes. des 19. Jh.s, die sich durch genaue Wiedergabe kulturhistorischer Details auszeichnen. Verfasser waren zum großen Teil vom Positivismus und Historismus geprägte (Altertums-)Wissenschaftler (daher rührt die Bez. ›Professorenroman‹). Die Gelehrsamkeit der Werke kommt bes. deutlich in den z. T. umfangreichen ↗Anmerkungen zum Ausdruck, welche die Fülle der zusammengetragenen Materialien aus ihren Quellen belegen. Die im Altertum oder MA. spielende Handlung arbeitet mit Effekten und Sensationen und wirkt oft unwahrscheinlich, überspannt oder trivial; bisweilen ist sie vordergründig aktualisiert, indem weltanschauliche Thesen am historischen Beispiel exemplifiziert werden, gelegentlich verbunden mit politischer oder pädagogischer Zielsetzung (z. B. Weckung eines bürgerlichen Geschichtsbewusstseins bei G. Freytag und W. H. Riehl). – Die a. D. ist eine gesamteuropäische Erscheinung (E. G. Bulwer-Lytton: »The Last Days of Pompeji«, 1834; H. Sienkiewicz: »Quo vadis?«, 1896). Auch V. Hugos »Notre Dame de Paris« (1831) und G. Flauberts »Salammbô« (1862) weisen Züge der a.n D. auf. Dt. Vertreter sind: G. Ebers (»Eine ägyptische Königstochter«, 1864), E. Eckstein (»Nero«, 1889), W. Walloth (»Octavia«, 1885), A. Hausrath (»Antonius«, 1880), F. Dahn (»Ein Kampf um Rom«, 1876), G. Freytag (Trauerspiel »Die Fabier«, 1859; Romanzyklus »Die Ahnen«, 1872–80), F. v. Saar (Dramenzyklus »Kaiser Heinrich IV.«, 1863–67), W. H. Riehl (»Kulturgeschichtliche Novellen«, 1856; »Geschichten aus alter Zeit«, 1863–67). JK/Red.

Anti-Roman, unscharfe Sammelbez. für verschiedene experimentelle Formen des ↗Romans, welche durch die Auflösung individualisierter Figuren sowie durch die Destruktion der Realitätsillusion, des geschlossenen Erzählzusammenhangs und der Lesererwartung tradierte Erzähltechniken und -instanzen in Frage stellen. Die Entwicklung des A.s hat zu neuen Darstel-

lungsmöglichkeiten des ↗Antihelden geführt. – Der A. entsteht im Zuge der Avantgardebewegungen um 1900; seine wichtigsten Ausprägungen erfährt er im ↗Nouveau Roman. Wichtige A.e sind C. Einsteins »Bebuquin« (1912), A. Gides »Les faux-monnayeurs« (1925), N. Sarrautes »Les fruits d'or« (1963) und V. Nabokovs »Ada or Ardor« (1969). SSI

Antistasis, f. [gr. = Gegenstandpunkt], ↗Diaphora.

Antistrophe, f. [gr. = Umdrehung, Gegenwendung], auch: Gegenstrophe, 1. im gr. Drama ursprünglich ein Umkehren des Chores beim Schreiten und Tanzen in der ↗Orchestra, dann die diese Bewegung begleitende Strophe des Gesangs. Strophe und A. sind metrisch gleich gebaut, ihnen folgt meist eine anders gebaute ↗Epode. Strophe und A. können auf Halbchöre aufgeteilt sein, die Epode wird dagegen vom ganzen Chor gesungen. – 2. ›A.‹ wird auch der zweite Teil der ebenfalls diesem triadischen Schema folgenden ↗Pindarischen Ode genannt. RBS

Anti-Theater, verschiedene Richtungen des experimentellen Theaters, die mit der Tradition des illusionistischen, psychologisch-realistischen, ›bürgerlichen‹ Theaters brechen, um neue, zeitgemäße Ausdrucksweisen zu finden (↗Antiheld, ↗Anti-Roman). Der Begriff ›A.‹ ist seit E. Ionesco gebräuchlich und wird daher in speziellem Sinn für das absurde Theater (↗*théâtre de l'absurde*) verwendet. – Als »Antiteater« verstand R. W. Fassbinder seine Stücke (»Katzelmacher« u. a.), die er in dem 1968 unter seiner Initiative entstandenen, 1971 aufgelösten Münchner »antiteater« inszenierte.
Lit.: R. Hayman: Theatre and anti-theatre. Ldn. 1979.
RBS

Antithese, f. [gr. = Gegensatz, Gegenüberstellung], die in der Alltagssprache häufige Verbindung einer Aussage (↗These) mit einer gegenteiligen Behauptung. Die A. ist nicht nur eine philosophische Denkkategorie (z. B. bei G. W. F. Hegel), sondern eine von der Antike bis heute beliebte ↗rhet. Figur (lat. *contrapositum, contentio, oppositio*; vgl. Quintilian: »Institutio Oratoria« IX, 3, 81–86). Sie wird oft zur Verstärkung der Aussage mit anderen rhet. Figuren verbunden (z. B. ↗Chiasmus: »[…] die Kunst ist lang! / Und kurz ist unser Leben«, J. W. Goethe: »Faust« I, V. 558 f.). Manche Dichtungsformen wie ↗Epigramm und ↗Sonett oder Versarten wie der durch die feste ↗Zäsur zweigeteilte ↗Alexandriner tendieren zu einer antithetischen Struktur.
Lit.: F. Rädle: A. In: RLW. – J. Villwock: A. In: HWbRh.
UM

Antitypos [gr.], auch: Antitypus [lat.]; ↗Figuraldeutung, ↗Typologie.

Anti-Utopie ↗utopischer Roman, ↗Zukunftsroman.

Antizipation, f. [lat. *anti-* (eigentlich *ante-*)*cipatio* = Vorwegnahme; gr. *prolépsis*], 1. ↗rhet. Figur: a) Vorwegnahme eines erst im Prädikat eines Satzes begründeten Ergebnisses durch ein Adjektiv-Attribut: »Und mit des Lorbeers muntern Zweigen / bekränze dir dein *festlich* Haar« (F. Schiller: »Der Ring des Polykrates«) – das Haar wird erst durch die Bekränzung selbst festlich –; b) Vorwegnahme bzw. Widerlegung eines vermuteten Einwandes in der antiken Rede (gr. *prokatálepsis*). Vgl. auch ↗ Captatio Benevolentiae. – 2. In älterer Erzähltheorie Bez. für den Vorgriff auf chronologisch spätere Handlungsteile. ↗ Vorausdeutung, ↗ Prolepse.   HHS/Red.

Antode, f. [gr. *antódē* = Gegen-Ode, Gegen-Gesang], Gegenstück zur ↗ Ode in der ↗ Parabase einer altattischen Komödie, auch Bez. der ↗ Antistrophe der ↗ Pindarischen Ode oder der ↗ Chorlieder der altgr. Tragödie.   UM

Antonomasie, f. [gr. *antonomasía* = Umbenennung], Umschreibung eines Eigennamens durch bes. Kennzeichen, als ↗ Tropus (1) meist stereotyp gebraucht. Zu unterscheiden sind das *Patronymikon* (Benennung nach dem Namen des Vaters): der Atride = Agamemnon, Sohn des Atreus; das *Ethnikon* (nach der Volkszugehörigkeit): der Korse = Napoleon; die Umschreibung durch ein herausragendes Charakteristikum: der Dichterfürst = Homer, der Erlöser = Jesus Christus; die mehrgliedrige Umschreibung (↗ Periphrase): der Vater der Götter und Menschen = Zeus. In analoger Umkehrung des ursprünglichen Begriffs heißt A. auch die Ersetzung einer Sammelbez. (Appellativum) durch den Eigennamen eines typischen Vertreters: Judas = Verräter; Casanova = Frauenheld. ↗ Synekdoche.   KHH

Anvers, erster Teil eines ↗ Langverses, eines ↗ Reimpaares oder eines ↗ Stollens.

Aöde, m. [gr. *aoidós* = Sänger], fahrender Sänger der gr. Frühzeit, der zur Laute meist selbstverfasste Götter-, Helden- und Tanzlieder und Trauergesänge vortrug; vgl. Homer: »Odyssee« VIII (Demodokos), XXII (Phemios). ↗ Rhapsode.   GS/Red.

Äolische Basis ↗ äolische Versmaße.

Äolische Versmaße, von den in Äolien (v. a. auf Lesbos) wirkenden Dichtern Sappho und Alkaios (um 600 v. Chr.) überlieferte Versformen ihrer monodischen Sanglyrik (äolische Lyrik). Sie sind 1. *silbenzählend*, d. h. Längen und Kürzen können (im Ggs. zu den meisten anderen antiken Versen) nicht gegeneinander aufgerechnet werden; kennzeichnend sind 2. die sog. *äolische Basis*, d. h. die beiden ersten Silben, die lang oder kurz sein können (meist – – [wie immer bei Horaz] oder – ∨, selten ∨ – oder ∨ ∨), und 3. ein deutlich hervorgehobener ↗ Choriambus in der Versmitte. – Die äolischen Grundmaße ↗ Glykoneus, ↗ Pherekrateus und ↗ Hipponakteus können durch Kürzungen (akephale Formen) ↗ Telesilleion, ↗ Reizianus) und Erweiterungen (innere: Verdoppelung[en] des Choriambus, äußere: zwei- oder dreimalige Wiederholung des Grundmaßes, Voran- oder Nachstellung weiterer Versfüße) variiert werden (z. B. ↗ Asklepiadeus, ↗ Priapeus). – Ä.V. wurden zu Strophen kombiniert (↗ Odenmaße). Ihre wichtigsten Ausprägungen wurden durch die ↗ Oden des Horaz der späteren europäischen Lit. vermittelt.   UM

À part [a'paːr; frz. = ↗ beiseite(sprechen)].

Aperçu, n. [apɛr'sy; frz. von *apercevoir* = wahrnehmen], prägnant formulierte Äußerung eines plötzlich erkannten Zusammenhangs oder einer wahrgenommenen Gesetzmäßigkeit. Im Ggs. zum ↗ Aphorismus ist das A. meist in Textzusammenhänge (wie eine ↗ Rede oder eine ↗ Figurenrede) eingebunden.   SBL

Aphärese, f. [gr. *aphaíresis* = Wegnahme], Wegfall eines Lautes oder einer Silbe am Anfang eines Wortes, teils sprachgeschichtlich bedingt (ahd. *hwer* – nhd. *wer*), teils aus metrischen (»'s Röslein auf der Heiden«, Goethe) oder artikulatorischen Gründen (v. a. mundartlich oder umgangssprachlich ›'raus‹, ›'ne‹). Vgl. als Lautausfall im Wortinnern ↗ Synkope, am Wortende ↗ Apokope.   GSR

Aphorismus, m. [gr. *aphorismós* = Abgrenzung, Definition, Lehrsatz, Sentenz], kontextuell isolierte, konzise, bis auf Satz und Einzelwort verknappte lit. Prosaform, die – im Grundsatz nichtfiktional und oft rhet. (↗ Paradoxon, ↗ Parallelismus, ↗ Antithese, ↗ Pointe) oder metaphorisch markant – als unsystematisches Erlebnisdenken und Erkenntnisspiel im Grenzgebiet von Wissenschaft, Philosophie und Lit. bes. auf die kritische Weiterarbeit des Lesers angewiesen ist. Über das Maß an Geschlossenheit (und damit Ausschließungskraft) der Definition besteht in der Forschung weniger Konsens (↗ Denkspruch) als über das Kriterium der Autorintention, das Zitate, Pointen, ↗ Sentenzen und von Herausgebern aus längeren Texten exzerpierte ›Sekundäraphorismen‹ ausschließt. Die Gattung weist Überschneidungen mit angrenzenden Formen wie der ↗ Maxime, dem romantischen ↗ Fragment, dem Denkbild, der Aufzeichnung und dem ↗ Tagebuch sowie dem oft als weitere Ausformung verstandenen ↗ Essay auf. ↗ Aphoristischer Stil lässt sich in Texten verschiedener Genres beobachten. – Die Gattung hat ihre Wurzeln in der Antike (Hippokrates' Sammlung von Lehrsätzen, Senecas und Tacitus' Kürze-Ideal, Plutarchs ↗ Apophthegmata) und der Renaissance (F. Guicciardini, B. Gracián, F. Bacon). Ihre Blütezeit erlebt sie bei den frz. ↗ Moralisten, bei denen sie meist ›Maxime‹ genannt wird (F. de La Rochefoucauld, B. Pascal, J. de La Bruyère, L. Vauvenargues, N. Chamfort, A. de Rivarol), einen weiteren Höhepunkt in Deutschland um 1800 (G. Ch. Lichtenbergs ›Sudelbücher‹, F. Schlegels und Novalis' »Fragmente«, J. W. Goethes sog. »Maximen und Reflexionen«). Bedeutende Aphoristiker in Deutschland sind im 19. Jh. Jean Paul, F. M. Klinger, C. G. Jochmann, L. Börne, E. v. Feuchtersleben, A. Schopenhauer, M. v. Ebner-Eschenbach, bes. aber – mit Wirkung bis weit ins 20. Jh. – F. Nietzsche. Wichtige Tagebuchaphoristik schreiben J. Joubert, F. Hebbel, G. Leopardi und J. Renard. Im 20. Jh. ist in Frankreich P. Valéry (»Cahiers«) der einflussreichste Aphoristiker; daneben gibt es die Tendenzen zur negativistischen Zuspitzung (E. M. Cioran), zur surrealistischen Bildaphoristik (M. Jacob) und zur gnomischen Prosapoesie (R. Char). Von Polen aus kommt St. J. Lec zu singulärer, auch politisch zu verstehender Wirkung. Ein wichtiger span. Aphoristiker ist N. G. Dávila. Im dt. Sprachraum prägt sich die ethisch-ästhetische Mischform im 20. Jh. in drei Varianten aus: die Erkenntnis akzentuierend (Ch. Morgenstern, H. v. Hofmannsthal, P. Handke, F. J. Czernin), vom Bild ausgehend (F. Kafka, E. Canetti, E. Benyoëtz) und auf das (Wort-)Spiel im Zusammenhang mit politischer Satire orientiert (K. Kraus, M. Kessel, E. Chargaff).

Texte: G. Fieguth (Hg.): Dt. Aphorismen [1978]. Stgt. ²1994. – H. Fricke, U. Meyer (Hg.): Abgerissene Einfälle. Dt. Aphorismen des 18. Jh.s. Mchn. 1998. – F. Spicker (Hg.): Aphorismen der Weltlit. Stgt. 1999.

Lit.: H. Fricke: A. Stgt. 1984. – Ders.: A. In: RLW. – G. Cantarutti u. a. (Hg.): Configurazione dell'aforisma. 3 Bde. Bologna 2000. – W. Helmich: Der moderne frz. A. Tüb. 1991. – F. Spicker: Der A. Bln., NY 1997. – Ders.: Der dt. A. im 20. Jh. Tüb. 2004. FSP

Aphoristischer Stil, sentenzenhaft knappe, pointierte, mit rhet. Mitteln arbeitende Ausdrucksweise, die zur unverbundenen Reihung von Textsegmenten neigt. A. St. zeigt sich nicht nur in der Gattung ↗ Aphorismus, sondern in Texten verschiedener Genres; er wird in der Moderne häufig verwendet (F. Nietzsche, R. Musil, Th. W. Adorno), bes. im Grenzgebiet zwischen Aphorismus und diaristisch-essayistischen (B. Strauß) oder lyrisch-epigrammatischen Formen (R. Kunze, E. Fried). FSP

Apodosis, f., ↗ Periode.

Apokalypse, f. [gr. *apokálypsis* = Enthüllung, Offenbarung], jüdisch-christliche Lit.gattung, die den nahenden Weltuntergang, das Weltgericht und das kommende Gottesreich verkündet. Der Begriff ›A.‹ bezieht sich auf alttestamentarische Prophetien (»Esra«, »Baruch«, »Henoch«), insbes. aber auf das letzte Buch des NT, die »Geheime Offenbarung« des Johannes. Diese visionäre, bilderreiche Schrift deutet den bisherigen Geschichtsverlauf, kündigt das Weltende an und entschlüsselt die darauf hindeutenden Zeichen im Sinne der Eschatologie (der Lehre von den letzten Dingen). Das Werk richtete sich an die sieben christlichen Gemeinden in Kleinasien und ordnete deren aktuelle Bedrängnisse in die endzeitlichen Kämpfe der kosmischen Mächte ein. Das dramatische Geschehen gipfelt im Entscheidungskampf zwischen Himmel und Hölle: Michael und seine Engel werfen den siebenköpfigen Drachen und seine Heerscharen hinab auf die Erde. Dort verfolgt »die alte Schlange, welche Satan genannt wird« (Off 12, 9), das apokalyptische Weib und seine Nachkommen. Sieben letzte Plagen gehen dem Weltgericht voraus. Jesus Christus mit seinen himmlischen Heerscharen besiegt die Mächte der Finsternis, das Tier aus dem Meer und das Tier aus der Erde. Ein Engel ergreift den Drachen, bindet ihn auf tausend Jahre und wirft ihn in den Abgrund. Noch einmal greift Satan an, um endgültig vernichtet zu werden. Das Endgericht bricht an und aus dem Himmel steigt die neue heilige Stadt Jerusalem herab. – Neben der »Offenbarung« des Johannes gewannen auch apokryphe Texte, bes. die A.n des Petrus und des Paulus, großen Einfluss auf Endzeiterwartungen und das Geschichtsbild des MA.s. Schon im »Muspilli«, sodann in der ↗ frühmhd. Lit. manifestiert sich ein zeitdiagnostisch gespeistes Interesse an Endzeit und Weltgericht. Didaktische Lit. wie der »Lucidarius« und der »Renner« Hugos von Trimberg greifen auf apokalyptische Endzeitvorstellungen zurück. Die Werke Heinrichs von Neustadt und Heinrichs von Hesler, die ↗ Mystik, das ↗ geistliche Spiel, ↗ Predigt, Kommentar und Übers., ↗ Traktat- und ↗ Erbauungslit. des späten MA.s und schließlich die Publizistik der Reformationszeit bezeugen den ungebrochenen Einfluss der A. im geistigen und politischen Selbstverständnis der intellektuellen Eliten des MA.s. Apokalyptische Denkfiguren zeigen sich auch in den Lit.en der Neuzeit und der Moderne, so bei Jean Paul, im Expressionismus und Surrealismus sowie in der Lit. »nach Auschwitz«.

Lit.: K. Aichele: Das Antichristdrama des MA.s, der Reformation und Gegenreformation. Den Haag 1974. – Jb. der Oswald von Wolkenstein-Gesellschaft 13 (2001/02): A., Schlaraffenland, Jahrtausendwende. – B. Haupt (Hg.): Endzeitvorstellungen. Düsseldorf 2001. – G. R. Kaiser (Hg.): Poesie der A. Würzburg 1991. – B. McGinn: Visions of the End. NY 1998. – H. D. Rauh: Das Bild des Antichrist im MA. Münster 1979. – K. Vondung: Die A. in Deutschland. Mchn. 1988. HBT

Apokoinu, n. [gr., eigentlich *schéma apó koinoú* = vom Gemeinsamen herkommende Form], rhet. Figur der Worteinsparung, Form des syntaktischen ↗ Zeugmas: Ein Glied eines Satzes (oder Satzteils) gehört syntaktisch und semantisch auch zum folgenden Satz (oder Satzteil) und steht meist zwischen den beiden Sätzen. Das A. ist in antiker und v. a. mal. Dichtung belegt: »do spranc von dem gesidele *her Hagene* also sprach« (»Kudrun« 538, 1). In der Neuzeit ist das A. selten und wird z. T. zur Andeutung ungewöhnlicher oder außerlogischer Verknüpfungen genutzt: »[…] die Blätter, denen / Blüht unten auf ein Grund, / *Nicht gar unmündig* / Da nemlich ist Ulrich / gegangen« (F. Hölderlin: »Der Winkel von Hahrdt«, 1805, V. 3–7); die »Stuttgarter Hölderlin-Ausgabe« setzt hier gegen den Erstdruck zur Vermeidung der durch das A. ausgelösten Irritationen hinter »unmündig« einen Punkt. HHS/DB

Apokope, f. [gr. = Abschlagen], Wegfallen eines Lautes oder einer Silbe *am Ende* eines Wortes, entweder sprachgeschichtlich bedingt (z. B. mhd. frouwe – nhd. Frau) aus metrischen (»manch« bunte Blumen«, J. W. Goethe: »Erlkönig«) oder artikulatorischen Gründen; meist durch Apostroph angezeigt. ↗ Elision, ↗ Synkope. GS/Red.

Apokryphen, f. Pl. [gr. *apókryphos* = versteckt, heimlich], von den Heiligen Schriften der Juden und Christen inspirierte Bücher, die zu verschiedenen Zeiten und aus unterschiedlichen Gründen nicht in den Kanon gelangten, in der kath. Theologie als deutero-, d. h. nachkanonische Schriften bezeichnet. Zu den alttesta-

mentlichen A. (zwischen 200 v. Chr. und 100 n. Chr.) gehört z. B. das Buch Jesus Sirach, das in gr. und syrischer Übers. überliefert wurde. Es entfaltete in der christlichen Frömmigkeit bes. Wirkung. Neutestamentliche A. entstanden zwischen dem 2. und 8. Jh. in Anlehnung an das NT. Dazu gehören Evangelien (nach Thomas), Briefe (3. Kor) und ↗ Apokalypsen. Belehrung, Unterhaltung, Andacht und Befriedigung der Neugier waren ihr Zweck. Um Autorität vorzutäuschen, nannte man biblische Personen als Verfasser (↗ Pseudepigraphen).
Texte: E. Hennecke, W. Schneemelcher (Hg.): Neutestamentliche A. in dt. Übers. 2 Bde. Tüb. ⁶1990/ 97. – Lit.: H. P. Rüger, R. McLachlan Wilson: A. In: TRE.   SMI

Apollinisch, zusammen mit ›dionysisch‹ ein modernes Begriffspaar, das ursprünglich zur Charakterisierung zweier gegensätzlicher Aspekte der Antike geprägt wurde: Helligkeit und Harmonie gegenüber Dunkelheit und rauschhafter Irrationalität. Die gr. Götter Apollon und Dionysos (= Bakchos, Bromios) wurden dabei grundsätzlich richtig, aber etwas plakativ als Vertreter dieses Gegensatzes aufgefasst. Dieser findet sich bereits bei J. J. Winckelmann und J. W. Goethe, allerdings mit eindeutiger Abwertung des dionysischen Prinzips; dieses erfährt dann eine starke Aufwertung durch F. Hölderlin, F. W. J. Schelling und die Romantiker, v. a. F. und A. W. Schlegel, und wurde von Altphilologen wie F. Creuzer und E. Rohde aufgegriffen, aber auch von dem Kunsthistoriker J. Burckhardt und dem Altertumswissenschaftler J. J. Bachofen (»Das Mutterrecht«, 1861). Endgültige Bekanntheit erlangte das anschauliche Begriffspaar durch F. Nietzsche (»Die Geburt der Tragödie aus dem Geiste der Musik«, 1872), der es auch auf R. Wagner anwandte, welcher es seinerseits bereits 1849 (»Die Kunst und die Revolution«) verwendet hatte. Seitdem dient es ganz allg., aber auch in der Lit.wissenschaft der kontrastiven Etikettierung (Klassik vs. Sturm und Drang/Romantik; Wieland vs. Heinse; alter vs. junger Goethe; »Iphigenie« vs. »Penthesilea«).
Lit.: E. Behler: A./Dionysisch. In: HWbRh.   UM

Apolog, m. [gr. *apólogos* = Erzählung], Pl. *Apologe*; in der gr. Antike Bez. für kurze Erzählung in mündlichem Vortrag (Beleg bei Platon: »Politeia« 10: Alkinoos-Erzählung); von den Römern eingeengt auf beispielhafte, humoristisch-phantastische Erzählungen, z. B. die Fabeln Äsops (als Genus der leichten Erzähllit.). Die Bez. findet sich im 17. und 18. Jh. noch gelegentlich für moralische Erzählungen, bes. Fabeln (B. Corder, 1630; Ch. F. Gellert, 1744). ↗ Anekdote, ↗ Exempel, ↗ Fabel, ↗ Bîspel, ↗ Predigtmärlein.   GS/Red.

Apologie, f. [gr. *apología*], eigentlich Verteidigungsrede vor Gericht (so bis heute), aber schon bald literarisiert (vgl. z. B. die postum fingierten A.n des Sokrates von dessen Schülern Platon und Xenophon). Im frühen Christentum und bis ins MA. wichtig war die A. als Verteidigung des christlichen Glaubens gegenüber Andersgläubigen (Apologeten und Kirchenväter, u. a. Clemens von Alexandria, Origines, Tertullian, Augustinus; Abaelard, Thomas von Aquin; in dieser Tradition auch die A. der »Augsburger Konfession« durch Ph. Melanchthon, 1530). Apologetischen Charakter haben bis heute zahlreiche ↗ Autobiographien.
Lit.: K. Kienzler, E. Hilgendorf: A. In: HWbRh.   UM

Apopemptikon, n. [gr. *apopémpein* = wegschicken, entlassen], antikes Abschiedsgedicht eines Scheidenden an die Zurückbleibenden, welche ihrerseits diesem ein ↗ Propemptikon (Geleitgedicht, Segensspruch) mit auf den Weg geben können.

Apophthegma, n. [gr. = prägnante Aussage], Pl. *Apophthegmata*; gewandt formulierter, pointierter Ausspruch. Im Ggs. zur ↗ Gnome (lat. *sententia*) wird das A., der ↗ Anekdote vergleichbar, durch Angaben über die Situation und die beteiligte(n) Person(en) eingeleitet. – A.ta bilden sich v. a. um bekannte Persönlichkeiten, so sind im Gr. A.ta von den ›Sieben Weisen‹, Sokrates, Alexander u. a. überliefert, im Lat. (hier auch *dictum* genannt) von Cicero, Augustus u. a. – Sammlungen (↗ Anthologie) von A.ta sind zahlreich erhalten, drei sind bei Plutarch überliefert; weitere sind das »Gnomologium Vaticanum« oder die »A.ta patrum«, eine Sammlung von asketischen Lehrsprüchen ägyptischer Mönche (5. Jh. n. Chr.). Auch die »Logia Jesu«, erschlossene Vorstufe des Matthäus- und des Lukas-Evangeliums, sind zu den A.ta zu rechnen. Im Dt. begegnet das A. bei J. W. Zincgref (»Teutsche A.ta«, 1626), G. Ph. Harsdörffer (»Ars Apophthegmatica«, 1655) u. a.
Lit.: G. Braungart: Ein Ferment der Geselligkeit. In: W. Adam (Hg.): Geselligkeit und Gesellschaft im Barockzeitalter. Wiesbaden 1997. Bd. 1, S. 463–472. – Th. Verweyen: A. und Scherzrede. Bad Homburg v. d. H. u. a. 1970. – Th. Verweyen, G. Witting: A. In: RLW.   RBS

Aporie, f. [gr. *aporía* = Unwegsamkeit, Ratlosigkeit, Zweifel], 1. philosophischer Begriff zur Kennzeichnung eines unlösbaren Problems; 2. ↗ rhet. Figur, lat. ↗ Dubitatio.   GS/Red.

Aposiopese, f. [gr. *aposiópēsis* = das Verstummen, lat. *reticentia*], ↗ rhet. Figur, bewusstes Abbrechen der Rede, wobei entweder die syntaktische Konstruktion abgebrochen oder lediglich der Gedanke (in einem vollständigen Satz) nicht zu Ende geführt wird. Der Hörer oder Leser muss das Verschwiegene aus dem Zusammenhang erraten. Findet sich oft als Ausdruck der Drohung (*quos ego!* – ›Euch werd' ich!‹, bes. auch umgangssprachlich), oder der emotionalen Erregung: »Was! Ich? Ich hätt ihn –? Unter meinen Hunden –? / Mit diesen kleinen Händen hätt' ich ihn –?« (H. v. Kleist: »Penthesilea«, V. 2956 f.). Vgl. dagegen ↗ Ellipse.   GG

Apostelspiel, spätmal. Typus des ↗ geistlichen Spiels, in dem nach den Evangelien und der biblischen Apostelgeschichte, nach Legenden und apokryphen Schriften die Geschichte der Apostel oder Ereignisse aus deren Leben dargestellt werden, etwa Bekehrung und Tod des Paulus oder die Aussendung der Apostel (v. a. im 16. Jh. im Zusammenhang mit dem Fest »Divisio Apostolorum« [15.7.]). – Im 15. bis 18. Jh. ist das A. in Europa verbreitet, bes. gepflegt wird es als ↗ Schuldrama; zur Zeit der Reformation und der Glaubenskämpfe steht es im Dienst der konfessionellen Auseinandersetzung. Während es sich anfangs um streng geistliche Spiele handelt (dem eigentlichen A. gehen die Apostelszenen des mal. ↗ Osterspiels oder ↗ Passionsspiels, z. B. Wettlauf der Jünger zum Grab, voran), steht später eher das Interesse am individuellen Schicksal der Apostel im Vordergrund. – Die Dramen neuerer Zeit, die Stoffe aus dem Leben der Apostel behandeln (Strindberg, Werfel), sind nicht mehr den geistlichen Spielen zuzuordnen.

Lit.: W. Emrich: Paulus im Drama. Bln. 1934.   RBS

Apostrophe, f. [gr. = Abwendung], ursprünglich in der gr. Gerichtsrede Wegwendung des Redners von den Richtern zum Kläger hin; dann, in übertragenem Sinn, ↗ rhet. Figur: Hinwendung des Rhetors oder Dichters zum Publikum oder zu anderen, meist abwesenden (auch toten) Personen (häufig in Totenklagen), direkte Anrede von Dingen (z. B. Waffen im »Rolandslied«) oder Abstrakta (in mal. Dichtung z. B. Frau Welt, Minne, Tod). Zur A. zählt auch, als Bitte um Beistand bei der Bewältigung des Themas, die ↗ Invocatio Gottes, der Götter, der Musen (Homer, Vergil, Wolfram von Eschenbach, F. G. Klopstock; ↗ Musenanruf). Die A. dient v. a. der Verlebendigung; oft als Ausruf oder Frage formuliert, ist sie ein Stilmittel emphatischer oder pathetischer Rede (z. B. G. Trakl: »Verflucht ihr dunklen Gifte, weißer Schlaf!«).

Lit.: J. Culler: A. In: ders.: The Pursuit of Signs. Ldn. 1981, S. 135–154.   RBS

Apotheose, f. [gr. = Vergottung], allg. jede Form der Erhebung eines Sterblichen zu übermenschlicher Weihe und die entsprechende Darstellung in Lit., bildender Kunst und Theater. – Begriff und Formen der A. entstammen dem orientalisch-hellenistischen Gottkönigtum und drangen von daher in den röm. Staatskult ein. Wirkungsvollsten Ausdruck fand die Herrscher-A. in der Hofdichtung (frühes Beispiel: vierte Ekloge Vergils), bes. in der Gattung des ↗ Panegyrikus. Bevorzugtes Anwendungsgebiet der ↗ Allegorie. Das ausgeprägte Zeremoniell und die entsprechenden Ausdrucksschemata in Lit. und offizieller Kunst zur Betonung der gottnahen Stellung des Herrschers wurden abgewandelt auch von den christlichen Kaisern beibehalten. Ein erneutes Aufleben und die Ausweitung der A. im Sinne einer allg. Verherrlichung und Verklärung erfolgte – unter direktem Rückgriff auf antike Vorbilder – wieder in der Hofdichtung und den ↗ Trionfi der Renaissance. Im Barock erreichte die A. auf allen künstlerischen Gebieten ihren Höhepunkt, z. B. als ›Entrückung‹ oder ›Verklärung‹ in der bildenden Kunst. Die mit großem Aufwand ausgestaltete Schluss-A. des barocken geistlichen und weltlichen Schauspiels brachte alle überkommenen lit. und bildkünstlerischen Elemente zu höchster Steigerung. Die bedeutendste Nachwirkung in der späteren Dramatik: Schluss des »Faust« II von Goethe.

Lit.: C. Albert: A. In: RLW.   HFR/Red.

Apparat, m. [lat. *apparatus* = Zurüstung, Anstalten, Ausstattung], 1. Sammlung der Hilfsmittel für eine wissenschaftliche Arbeit (Semester-, Handapparat, Handbibliothek); 2. meist: (text-)kritischer A. (lat. *apparatus criticus*), Teil einer ↗ Edition, der die Überlieferungsgeschichte eines Textes als Ergebnis der wissenschaftlichen Bewertung aller (wichtigen) Textträger enthält (↗ Textkritik). In Form eines Variantenapparats sind hier ↗ Lesarten eines Textes (bes. bei Hss.), ↗ Emendationen (v. a. bei nicht autorisierter Überlieferung) und ↗ Konjekturen (z. B. bei Korruptelen der Überlieferungsträger) des Textes sowie ↗ Varianten anderer Textträger aufgeführt, entweder als Verzeichnis aller Varianten (positiver A.) oder begrenzt auf die Abweichungen vom editorisch legitimierten Text (negativer A.) oder gemäß einer Auswahl relevanter Textträger (Auswahlapparat). Der A. kann unterhalb oder als Appendix des Textes sowie – v. a. in ↗ historisch-kritischen Ausgaben – auch als separater Band beigegeben sein. Da die Darstellungsformen des A.s stark abhängig vom zu edierenden Material sind (↗ Editionstechnik), werden sie meist am Einzelfall entwickelt und diskutiert. Unterschieden werden der Einzelstellen-, der Einblendungs- und der Treppenapparat sowie der synoptische A. (↗ Synopse). In historisch-kritischen Editionen der neueren Lit. enthält der A. auch die Überlieferungs- und Entstehungsgeschichte des edierten Textes. Er versammelt dann die Beschreibung und textkritische Bewertung aller Textzeugen, die Begründung der Textgrundlage der Edition, die Dokumente der Entstehungsgeschichte, das Variantenverzeichnis und die Begründung der Textgestalt; in einigen Editionen auch die Dokumentation der zeitgenössischen Rezeption, die lit.wissenschaftliche Einordnung des Textes und Erläuterungen einzelner Textstellen (↗ Kommentar).

Lit.: G. Martens: Textdynamik und Edition. In: ders., H. Zeller (Hg.): Texte und Varianten. Mchn. 1971, S. 165–201. – B. Plachta: A. In: RLW. – Ders.: Editionswissenschaft. Stgt. 1997. – E. Pöhlmann: Einf. in die Überlieferungsgeschichte und in die Textkritik der antiken Lit. Darmstadt 1994. – H. Zeller: Die Typen des germanistischen Varianten-A.s und ein Vorschlag zu einem Prosa-A. In: N. Oellers, H. Steinecke (Hg.): Editionsprobleme der Lit.wissenschaft. Sonderheft der ZfdPh 105 (1986), S. 42–69. – H. Zwerschina: Variantenverzeichnung, Arbeitsweise des Autors und Darstellung der Textgenese. In: R. Nutt-Kofoth u. a. (Hg.): Text und Edition. Bln. 2000, S. 203–229.   MSP

Appellfunktion, f., auch: Appellstruktur; in der ↗ Rezeptionsästhetik zusammenfassende Bez. der für die ›Leserlenkung‹ verantwortlichen Eigenschaften eines lit. Werkes. – Texte ›steuern‹ demnach ihre Rezeption, indem sie (u. a. aufgrund von ↗ Leerstellen) ihre Leser zur Mitarbeit an der Konstitution von Sinn anregen. Als werkinterner Adressat der A. gilt das Konstrukt des ↗ impliziten Lesers.

Lit.: W. Iser: Die Appellstruktur der Texte. Konstanz 1970. – Ders.: Der Akt des Lesens. Mchn. 1976. – B. F. Scholz: Appellstruktur. In: RLW.   TK

Appendix, m. [lat. = Anhang], Anhang eines Buches mit Ergänzungen (Kommentaren, Register, Karten- und Bildmaterial, Tabellen), auch weiterer Textzeugen wie Briefen, Dokumenten oder Texten, deren Zugehörigkeit zum betreffenden Autor unsicher ist (vgl. z. B. den A. Virgiliana mit Gedichten, die Vergil nur zugeschrieben sind; ↗ Pseudepigraphen). Bei Textausgaben kann der kritische ↗ Apparat als A. folgen.   GS/Red.

Applikation, f. [lat. *applicatio* = Anschluss, Anknüpfung], 1. der Transfer eines Textinhalts auf die individuelle Lebenspraxis; 2. die Anwendung einer wissenschaftlichen Methode und ihrer Begrifflichkeit auf einen ↗ Text. – In der pietistischen ↗ Hermeneutik des 18. Jh.s wird ›applicatio‹ als Terminus im Sinne von ›Anwendung‹ eingeführt und als ›subtilitas applicandi‹ (›Erbauung‹) in die Trias der hermeneutischen Aufgaben (neben ›subtilitas intelligendi‹ und ›subtilitas explicandi‹) einbezogen. Nachdem die A. im 17. Jh. in den Bereich der ↗ Rhet. verschoben worden war, stellte sie erst in den 1960er Jahren Gadamer als zentrales Problem der philosophischen Hermeneutik heraus: Sinn erlangt erst in der und durch die A. Geltung. In der Lit.wissenschaft werden Fragen der A. seitdem v. a. im Kontext der ↗ Rezeptionsästhetik aufgegriffen.

Lit.: H. Anz: Die Bedeutung poetischer Rede. Kopenhagen, Mchn. 1979. – Ders.: A. In: RLW. – M. Fuhrmann u. a. (Hg.): Text und A. Mchn. 1981. – H.-G. Gadamer: Wahrheit und Methode. Tüb. 1960. – S. Jahr: Das Verstehen von Fachtexten. Tüb. 1996.   DP

Aprosdoketon, n. [gr. = Unerwartetes], ↗ rhet. Figur; unerwarteter Ausdruck (Wort, Redewendung) anstelle eines vom Hörer oder Leser zu erwartenden: »[Trompeten], die den Marsch blasen, die griechischen den Trojanern, die trojanischen – *na, wem wohl?*« (statt: ›den Griechen‹; R. Hagelstange: »Spielball der Götter«).   GSR

Aptum, decorum, n. [lat. = das Angemessene, Schickliche, Stimmige, der Anstand; gr. *prépon*; frz. *bienséance*], rhet. Bez.en für das Verhältnis der ↗ Angemessenheit zwischen gestisch-mimischem Verhalten, sprachlichem Ausdruck, Redegegenstand, -situation und -ziel. Unterschieden wird zwischen ›innerem‹ (lit.) und ›äußerem‹ (sozialem) a., d. Analog werden häufig die Geltungsbereiche von a. und d. verschieden bestimmt: In der röm. und frühneuzeitlichen Anweisungslit. bezeichnet a. die rhet. Tugend (*virtus dicendi*), das Verhältnis zwischen Wortwahl, Stoff, Redner und Redesituation je nach Stilhöhe (↗ Genera dicendi) stimmig zu gestalten; d. ist dagegen stärker ethisch konnotiert und schließt nicht-sprachliche Angemessenheit bzw. Anständigkeit (*honestum*) ein (↗ Anstandslit.). – Den rhet. Sprachgebrauch prägen die

röm. Rhet.en (Cicero, Quintilian). Aristoteles und Horaz (»Ars Poetica«) führen *prépon* bzw. *a., d.* als Universalnorm in die Poetik ein. Während *a.* und *d.* im MA. kaum eine Rolle spielen, werden sie von den humanistischen Poetiken als Leitkategorien übernommen. So entwickelt M. Opitz (»Buch von der Dt. Poeterey«, 1624) Regeln für die schickliche Gestaltung des Verhältnisses zwischen Stilhöhe, Gattung und poetischem Gegenstand. Im 18. Jh. verschwinden *a., d.* wieder aus dem poetologischen Diskurs. Doch noch im 20. Jh. fordert z. B. E. Staiger (»Die Kunst der Interpretation«, 1955) die ›Stimmigkeit‹ des poetischen Gehalt-Gestalt-Gefüges (↗ werkimmanente Interpretation).

Lit.: B. Bauer: A., D. In: RLW.   JW

Äquivalenzprinzip, Begriff der linguistischen Poetik R. Jakobsons. Die poetische Sprachverwendung unterscheidet sich durch das Ä. von der nicht-poetischen Sprachverwendung. Während diese dem Prinzip der Kontiguität folgt und Wörter nach den Regeln der Syntax und Semantik kombiniert, wird die poetische Sprachverwendung wesentlich durch Ähnlichkeitsbeziehungen bestimmt (die Wiederholung von Klängen, Wörtern, Bildern, Motiven oder anderer struktureller Erscheinungen). Ob formal-strukturelle Äquivalenzen eine sowohl notwendige als auch hinreichende Eigenschaft von Lit. sind, ist umstritten.

Lit.: R. Jakobson: Linguistische Poetik. In: ders.: Poetik. Ausgewählte Aufsätze 1921–71. Ffm. 1979, S. 83–121. – M. Titzmann: Äquivalenz. In: RLW. – Ders.: Ä. In: RLW.   BM

Äquivokation, f. [aus lat. *aequus* = gleich, *vocare* = benennen, *aequivocatio* = Gleichnamigkeit, Doppelsinn, Mehrdeutigkeit], auf ↗ Homonymie, Polysemie oder uneigentlicher Rede beruhende Mehrdeutigkeit von lexikalischen Einheiten (Bsp.: »Sturm« mit den Teilbedeutungen ›heftiger Wind‹, ›starke Gefühlsbewegung‹, ›Kampf, Angriff‹). Beruht Ä. bei mehreren Wortschatzeinheiten auf demselben minimalen Bedeutungsunterschied, wird von ›systematischer Ä.‹ gesprochen (z. B. ›Vorgang‹ bzw. ›Resultat‹ bei »Arbeit«, »Bildung«, »Zeichnung«). Ihr unbeabsichtigtes Auftreten gilt insbes. in Rhet. und Lit. als stilistischer Fehler (Verstoß gegen die Regel der *perspicuitas*; ↗ Klarheit), ihre absichtliche Verwendung als bewusste Verführung, wenn sie nicht, wie in ↗ Witz, ↗ Wortspiel und ↗ Satire, durch die spezielle Kommunikationssituation gerechtfertigt ist.

Lit.: Ch. Bode: Ä. In: RLW.   CK

Arabeske, f. [frz. *arabesque* von it. *arabesco* = in arab. Art], in der bildenden Kunst ein pflanzenartig sich verzweigendes Blatt- und Rankenornament, das Friese oder Flächen bedeckt; in der Lit. eine durch scheinbar chaotische, naturähnliche Strukturen gekennzeichnete Form oder ein dieser Form gemäß gestalteter Text. Die A. entstand in der Spätantike und wurde im arab. Orient zur naturfernen Gabelblattranke fortentwickelt. Aufgrund des islamischen Bilderverbotes wurde die A.

in allen Bereichen der bildenden Kunst (bes. auch in der Kalligraphie) angewendet, wobei ihre Eigenschaft, sich aus sich selbst ohne Anfang und Ende zu verzweigen und zu verschlingen, sowie die ihr zugrunde liegenden mathematischen Berechnungen sie scheinbar irdischer Vergänglichkeit entheben. Diese suggestive Kraft der A. führte nach Entdeckung der a.nreichen pompejanischen Malereien seit 1740 in Europa zu einer (anfänglich mit der ↗ Groteske verbundenen) A.n mode sowie zu einer kunsttheoretischen Diskussion, bei der häufig ihre spielerische Leichtigkeit und Lebensfreude (Tischbein, Goethe) und die reine, themenlose Schönheit (Kant) hervorgehoben wurden. Die in der A. zum Ausdruck kommende Freiheit der schaffenden Einbildungskraft (Kant) erlaubt seit 1790 eine Übertragung auf die märchenhafte, phantastische Poesie und schließlich auf Musik und Tanz. So bezeichnet Novalis in seinen »Fragmenten und Studien« von 1799 die A.n und Ornamente als »eigentlich sichtbare Musik«. Die Romantiker rücken die A. ins Zentrum ihrer Poesie, weil sie die »unendliche Fülle« in der »unendlichen Einheit« verkörpere (F. Schlegel). Schlegel bezeichnet eine poetische Gattung, in der sich Stoff- und Formkomposition verschlingen, als ›A.‹, und so wird sie ihm auch zum integrierenden Moment seiner Romantheorie, in der sich die Gattungsgrenzen auflösen (z. B. »Gespräch über die Poesie«, 1799). Im ↗ Jugendstil wird die A. erneut zum Strukturprinzip; im ↗ Poststrukturalismus wird sie abermals theoretisch reflektiert.

Lit.: G. Oesterle: A. In: ÄGB. – K. K. Polheim: Die A. Mchn. u. a. 1966.   JBR

Arai, f. Pl. [gr. = Verwünschungen, Gebete, Flüche], lat. ↗ Dirae; Verfluchung einer Person oder Sache, entweder innerhalb eines lit. Werkes (z. B. Sophokles: »König Oedipus«, V. 230–251) oder als selbständiges Schmähgedicht, z. B. auf Inschriften gegen den eventuellen Zerstörer eines Denkmals oder Grabsteins.   UM

Arbeiterliteratur, die lit. Darstellung von Arbeits- und Lebensverhältnissen des Industriearbeiterproletariats, im engeren Sinn eine Lit. von Arbeitern über sich selbst, auch die sozialistische Lit. überhaupt. A. wurzelt im Kampf zwischen Kapitalisten und Lohnarbeitern. Sie entsteht mit der Industrialisierung im 19. Jh., ist überwiegend eine Anklage gegen Armut und Rechtlosigkeit und mit ihrem Protest und der Forderung nach gerechter Eigentumsverteilung stärker als die bürgerliche Lit. Teil der politischen Öffentlichkeit. – Aus der gesellschaftlich-praktischen Funktion der A. entstand eine eigene Ästhetik und Poetik, die bei der Aufklärung des 18. Jh.s anknüpfte und in schroffem Ggs. zum bürgerlichen Kunstwerk- und Künstlerbegriff von Klassik und Romantik die politische Wirkung zum Maßstab erhob. Charakteristisch ist daher die Bevorzugung solcher lit. Formen, die der unmittelbaren Realitätsdarstellung dienen, wie ↗ Bericht, ↗ Reportage, ↗ Satire, agitatorisches Drama, ↗ Autobiographie und politische Lyrik. – Die A. beginnt mit der Maschinisie-

rung in der Textilindustrie und den daraus resultierenden Arbeiteraufständen (vgl. H. Heine: »Die schlesischen Weber«, 1844). In der zweiten Hälfte des 19. Jh.s entwickelt sich eine eigene Arbeiterkultur, deren bedeutendsten Teil die A. darstellt, die nach der Revolution 1918/19 in der Weimarer Republik ihren Höhepunkt erreicht. – Die politische Lyrik ist bis 1918 die am meisten verbreitete Form der A. Lieder wie das »Bundeslied« von G. Herwegh (1864), »Die Internationale« von E. Pottier (1871, vertont von P. Degeyter, 1888) oder »Brüder zur Sonne, zur Freiheit« von L. Radin (russ. 1897, dt. von H. Scherchen, 1918) sind in den Kämpfen des Proletariats entstanden und haben sie begleitet. – Auch im Drama, aufgeführt von Laienschauspielern auf improvisierten Bühnen von Versammlungssälen, dominiert politische Gesellschaftskritik, meist in satirischen Einaktern: M. Kegel: »Preßprozesse« (1876); F. Bosse: »Im Kampf« (1892). – Die erste populäre Erzählerin proletarischer Lebensverhältnisse ist Minna Kautsky mit ihren Romanen »Die Alten und die Neuen«(1885), »Helene« (1894) und »Ein Maifesttag« (1907). – Die Gruppe der Arbeiter-Autobiographien umfasst über 300 Werke, darunter C. Fischer: »Denkwürdigkeiten und Erinnerungen eines Arbeiters« (1903), A. Popp: »Jugendgeschichte einer Arbeiterin. Von ihr selbst erzählt« (1909) und bes. A. Bebel: »Aus meinem Leben« (1910–14). In der Weimarer Republik folgen L. Turek: »Ein Prolet erzählt« (1929) und A. Scharrer: »Vaterlandslose Gesellen« (1930). – Große Bedeutung erlangt durch E. E. Kisch die Reportage als realistische Darstellung von sozialer Realität. – Mit der Antikriegslyrik (K. Bröger: »Gedichte«, 1912), der Lyrik des Aufbruchs nach der russ. (1917) und der dt. Revolution (1918 f.) wird die A. Teil der sozialistischen Lit. überhaupt, an der sich viele Autoren und Autorinnen bürgerlicher Herkunft beteiligen: B. Brecht, J. R. Becher, E. Mühsam, A. Seghers, M. Leitner. Das politische Spektrum reicht von der politischen Kampflit., etwa W. Bredels »Maschinenfabrik N&K« (1930), bis zur Technikbegeisterung im ↗ Nyland-Kreis (1912–26). Mit der ↗ Proletkultbewegung entwickeln sich lit. Aktionsformen wie das Straßentheater (↗ Agitprop-Theater), während die Erneuerung der Arbeiter-Sprechchorbewegung unbedeutend bleibt. 1928 wird der Bund proletarisch revolutionärer Schriftsteller mit seinem Organ »Die Linkskurve« (1929–33) gegründet. Mit der Verfolgung, KZ-Inhaftierung und Ermordung seit 1933 bricht diese Kultur zusammen. – Nach dem Zweiten Weltkrieg spaltet sich die dt. A.

In der DDR dient sie dem Aufbau und der Festigung des Sozialismus. Mit dem ↗ Bitterfelder Weg wird 1959 von der SED ein neuer Realismus sozialistisch parteilicher Lit. über Arbeit gefordert mit einer bis 1964 propagierten Lit. der Arbeitenden selbst: »Greif zur Feder, Kumpel!« W. Biermann setzt die Tradition des kämpferischen satirischen Liedes in der DDR fort. – In der BRD kommt es erst mit M. von der Grüns Roman »Irrlicht und Feuer« (1963) und G. Wallraffs Industrie-reportagen »Wir brauchen Dich« (1966) zu einem Wiederaufstieg der sozialkritischen A. Die ↗ Gruppe 61 und der 1970 gegründete ↗ Werkkreis Lit. der Arbeitswelt mit 20 Werkstätten und 72 Buch-Veröffentlichungen bis 1992 erlangten öffentliche Aufmerksamkeit. Den Höhepunkt bildet die Millionenauflage von Wallraffs »Ganz unten« (1985). Nach 1989 verliert die A. rapide an Bedeutung. Lit.: W. Emmerich (Hg.): Proletarische Lebensläufe, 2 Bde. Reinbek 1974 f. – W. Fähnders: A. In: RLW. – P. Kühne: Arbeiterklasse und Lit. Ffm. 1972. – M. A. Ludwig: A. in Deutschland. Stgt. 1976. – F. Trommler: Sozialistische Lit. in Deutschland. Stgt. 1976. – V. Zaib (Hg.): Kultur als Fenster zu einem besseren Leben und Arbeiten. Bielefeld 2003.   RS

Arbeitsjournal ↗ Tagebuch.

Arbeitslied, das zu körperlicher Arbeit gesungene Gemeinschaftslied, das ↗ Rhythmus, Tempo, z. T. auch Geräusche der Arbeit aufnimmt, koordiniert und diese damit fördert. A.er gibt es v. a. zu bäuerlichen und handwerklichen Tätigkeiten; das soldatische Lied wird dagegen ↗ › Marschlied‹ genannt. Das A. ist formal anspruchslos, häufig in Zweizeilern gehalten, mit Lautmalereien und Kehrreim versehen. Es kann prinzipiell endlos auf einfache Melodien fortgesungen werden, oft im Wechsel von Vorsänger und Chor, z. T. auch in Verbindung mit gesprochenen Partien. Inhaltlich stellt das A. einen einfachen, oft erotisch-derben oder witzigen Bezug zur Arbeit her. – A.er sind schon aus kulturellen Frühstufen bezeugt (Spinn-, Dresch-, Hirsestampf-Lieder); lit. Spuren finden sich im anord. Dichtung (»Mühlenlied«, »Walkürenlied«); Gottfried von Neifen (13. Jh.) verarbeitet in einem seiner Gedichte Elemente eines Flachsschwingerliedes. – Vom authentischen A. ist das ›unechte‹ A. zu unterscheiden, ein bereits vorhandenes ↗ Volkslied, das erst nachträglich einer bestimmten Arbeit rhythmisch und lautmalerisch angepasst wird. Zu unterscheiden ist ferner das künstlerisch gestaltete A., in dem Elemente des echten A.s zur lit. Darstellung eines Arbeitsvorganges eingesetzt werden, z. B. H. Heine: »Die schlesischen Weber«. Lit.: E. Seemann: A. In: RLG.   IS/Red.

Arbiter litterarum, m. [lat.], Richter in lit. Fragen; wohl analog gebildet zu »arbiter elegantiarum« (Richter in Sachen des guten Geschmacks; Tacitus: ↗ Annnalen« XVI, 18 über Petronius).   UM

Archaismus, sprachliches Element, das in seinem Kontext veraltet wirkt. Archaismen können auf allen Sprachebenen in Erscheinung treten, z. B. in der Schreibung (vgl. F. Nicolai: »Eyn feyner kleyner Almanach«) und in Wortwahl oder Syntax (vgl. R. Borchardt: »Dantes Comedia Dt.«, eine Übers., die ein fiktives Oberdt. des 14. Jh.s zu konstruieren versucht), darüber hinaus auch im Versgebrauch (vgl. die ↗ Knittelverse im Eingangsmonolog von Goethes »Faust«). Die möglichen Funktionen des archaisierenden Stils

sind heterogen. Die Spannweite reicht vom rückwärtsgewandt-restaurativen, bisweilen kulturpariotischen bis zum produktiven Kunststreben, das Neues bzw. Anderes im Rückgriff auf Altes schaffen will (so in der Lyrik St. Georges). Der A. kann auch parodistisch (vgl. A. Holz: »Dafnis«) oder ironisch (so in der Lyrik H. Heines) gebraucht werden. Zwischen Pathos und Sprachmagie steht die Hochschätzung des »alten Worts« durch K. Kraus. Lit.: D. Cherubim: A. In: RLW. – I. Leitner: Sprachliche Archaisierung. Ffm u. a. 1978. – W. Kraft: Der A. In: ders.: St. George. Mchn. 1980, S. 190–202.   BM

Archäologie des Wissens, auf M. Foucault zurückgehende methodische Grundlegung der ↗ Diskursanalyse. Die *Archäologie* in Foucaults Sinne verabschiedet die Idee einer kontinuierlichen, vom Subjekt sinnhaft gesteuerten Geschichte und untersucht – im Ggs. zur auf die Analyse der Macht konzentrierten *Genealogie* – die Regeln und Regularitäten, wie Wissen in Diskursen konstituiert, definiert, bearbeitet und systematisiert wird. Den Gesamtzusammenhang diskursivierten Wissens nennt Foucault *episteme*. Der *Diskurs* selbst wird als geregelte Formation von – in einem bestimmten zeitlichen Kontext für wahr gehaltenen – Aussagen bestimmt. Diskurse gelten als Praktiken und können sich über bestimmte Verknüpfungen, sog. *Dispositive*, mit anderen Praktiken verschränken. Eine Ordnung des Diskurses bzw. der Diskurse gilt als diskursive Formation, die sich wiederum zu einem ↗ *Archiv*, einem System diskursiver Regelmäßigkeit, formieren kann. Lit.: H. Bublitz: Foucaults Archäologie des kulturellen Unbewussten. Ffm., NY 1999. – M. Foucault: Les mots et les choses. Paris 1966 [dt.: Die Ordnung der Dinge. Ffm. 1974]. – Ders.: L'archéologie du savoir. Paris 1969 [dt.: A. d. W. Ffm. 1981]. – H. Kallweit: A.d.W. In: RLW.   OJ

Archebuleus, m. [gr.-lat.], nach dem gr. Dichter Archebulos (3. Jh. v. Chr.) benanntes, selten vorkommendes ↗ äolisches Versmaß der Form $\bar{\text{v}} - | \text{v} \text{v} - \text{v} \text{v} - \text{v} \text{v} - \text{v} - -$.   UM

Archetypus, m. [lat.-gr. = Urform, eigentlich das zuerst Geprägte; aus gr. *arché* = Ursprung, *týpos* = Schlag, Prägung, Bild, Form], auch: Archetyp; 1. in der mediävistischen ↗ Textkritik eine aus den erhaltenen Textzeugen (Hss., gelegentlich auch Drucken) erschlossene älteste Überlieferungsstufe als Basis für das ↗ Stemma (den Stammbaum) vorhandener Hss. – 2. In der ↗ Gattungsgeschichte die erste historische Realisation einer ↗ Gattung, z. B. die ↗ Sonette Giacomos da Lentino (um 1180/90–um 1250) im Ggs. zum ↗ Prototyp als dem normativen Muster der Gattung, z. B. den Sonetten F. Petrarcas (1304–74). – 3. In der Lit.wissenschaft wurde der Begriff zeitweise (z. B. in der angelsächs. ›mythologischen Lit.kritik‹; vgl. Bodkin) im Anschluss an C. G. Jung (»Über die Archetypen«, 1937) für archaische Bildvorstellungen der Menschheit verwendet, die als Produkte eines kollektiven Unbewussten angesehen

wurden. – 4. Synonym für J. W. Goethes Konzept des
↗›Urbildes‹ oder ›Urphänomens‹. – Wegen seiner
schillernden Vieldeutigkeit, in welche immer auch die
›archaistische‹ Suche nach den ›Ursprüngen‹ der Dichtung oder gar der Menschheit hineinspielen kann,
sollte der Begriff heute in der Lit.wissenschaft nur
noch mit großer Vorsicht verwendet werden.
Lit.: M. Bodkin: Archetypal patterns in poetry. Ldn.
1963. – K. W. Hempfer: Gattungstheorie. Mchn. 1973,
S. 132 f. – W. Voßkamp: Gattungen. In: H. Brackert, J.
Stückrath: Lit.wissenschaft [1981]. Reinbek 1997,
S. 253–269, bes. S. 256–260.   GS/DB

Archilochische Strophe ↗Epode, ↗Odenmaße.

Archilochische Verse, antike metrische Formen, die
auf den gr. Lyriker Archilochos (7. Jh. v. Chr.) zurückgehen: Kombinationen aus verschiedenen jambischen
oder daktylischen Versen (wie daktylischer ↗Hexame-
ter, jambischer ↗Trimeter, jambischer ↗Dimeter) oder
zäsurbedingten Teilen dieser Verse wie dem ↗Hemie-
pes (d. h. dem halben daktylischen Hexameter bis zur
↗Penthemimeres), dem daktylischen ↗Tetrameter
(d. h. dem daktylischen Hexameter bis zur bukolischen
↗Dihärese) oder dem ↗Ithyphallikus (d. h. dem zweiten Teil des katalektischen jambischen Trimeters) usw.
Es sind 18 verschiedene Verskombinationen bezeugt.
Kombiniert wird stets so, dass einem längeren Vers
oder Versteil ein kürzerer folgt. Es gibt drei Kombina-
tionsarten: 1. Ohne Pause (oder Periodenende), jedoch
mit Dihärese gefügte Kombinationen ergeben *Asynarteten*, die z. T. eigene Bez.en tragen wie ↗›Archilochius‹
(daktylischer Tetrameter + Ithyphallikus) oder ↗›Enkomiologikus‹ (Hemiepes + jambischer Trimeter bis zur
Penthemimeres). – 2. Kombinationen mit einer Pause
(durch Periodenschluss) zwischen dem ersten und
zweiten Teil ergeben die ↗*Epoden*, die als Zweizeiler
(Disticha) aufgefasst werden; sie wurden gedoppelt
(als Vierzeiler) bes. von Horaz verwendet. – 3. Kombinationen von Asynarteten mit einem weiteren Vers
oder Versteil ergeben größere Epoden, z. B. Archilochius + jambischer katalektischer Trimeter.   UM

Archilochius, m. [lat.], aus dem akatalektischen daktylischen ↗Tetrameter und dem ↗Ithyphallikus
zusammengesetzter Vers; Schema: – v̅ v̅ – v̅ v̅ – v̅ v̅ – v v |
– v – v – v̅. ↗Hiatus zwischen den Teilen ist nicht zugelassen. Der A. erscheint bei Horaz nur in Verbindung
mit dem jambischen ↗Trimeter, bei Prudentius und
Boethius wird er auch ↗stichisch verwendet.   SHO

Architext, m. [Neubildung G. Genettes; aus gr. *árchein*
= vorangehen; lat. *textum* = Gewebe], nach Genette
eines der möglichen Referenzfelder, auf das sich ein
↗Text beziehen kann. Die Theorie des A.es soll die
herkömmliche, von Genette auf Aristoteles zurückge-
führte und als substantialistisch verworfene Vorstellung lit. ↗Gattungen ablösen. A.ualität umfasst die
Gesamtheit der Diskurstypen, Äußerungsmodi und
Gattungen, die durch ↗Thema, Modus und ↗Form näher bestimmt werden kann und der jeder lit. Text angehört. Durch die offene oder verdeckte, aber unver-

meidliche Beziehung jedes Textes zu anderen Texten
wird die Ebene der Textimmanenz stets überschritten.
Diese Transtextualität bildet für Genette den eigentlichen Gegenstand der ↗Poetik, indem sie den taxono-
mischen Ort des Textes bestimmt und zugleich seine
↗Poetizität sichert. Andere Formen textueller Bezugnahme sind ↗Intertextualität (↗Zitat, ↗Plagiat, Allu-
sion), Paratextualität (↗Titel, ↗Vorwort, ↗Motto), Metatextualität (↗Kommentar) und Hypertextualität
(Transformation, Nachahmung).
Lit.: U. Broich, M. Pfister (Hg.): Intertextualität. Tüb.
1985. – G. Genette: Einf. in den A. [frz. 1979]. Stgt.
1990. – Ders.: Palimpseste [frz. 1982]. Ffm. 1993. –
Ders.: Paratexte [frz. 1987]. Ffm. 1989.   DO

Architextualität ↗Intertextualität.

Archiv, n. [von nlat. *archivum*], Ort für das Einstellen
und Aufbewahren von unveröffentlichten Urkunden,
Akten und Materialien, im Unterschied zur ↗Biblio-
thek, die in der Regel vorwiegend publizierte Bücher
und Schriften aufnimmt. Handelt es sich bei den gesammelten Materialien um Nachlässe von Autoren sowie um für die Erschließung der Werke dieser Autoren
relevante weitere Dokumente, so spricht man von
einem ↗Lit.archiv. Inzwischen werden auch Systeme
der elektronischen Archivierung und Datensicherung
als ›A.e‹ bezeichnet. – A.e haben den Auftrag, die
Überlieferung zu dokumentieren und daher die Überlieferungsträger langfristig aufzubewahren. Arbeitsgrundlage und Hauptproblem zugleich ist die immer
wieder neu zu treffende Entscheidung über die A.wür-
digkeit, also die Distinktion zwischen im Hinblick auf
das kulturelle Gedächtnis (↗Memoria [2]) relevanten
und irrelevanten Objekten. Bibliothek, Museum und
A. machen gleichermaßen die Vergangenheit über das
Sammeln und Erschließen von Materialien zugänglich,
denen der Status von Quellen der ↗Kultur zugemessen
wird. – In der neueren Forschung werden darüber hinaus die Analogien zwischen dem A., dem ↗Text (vgl.
Baßler) und der Kultur als Ganzer herausgearbeitet.
Nach diesem erweiterten Verständnis (vgl. Groys) sind
A.e Vergleichsräume, in denen ein eigenes, durch kulturwissenschaftliche Forschung erst freizulegendes
Wissen produziert wird. Foucault hat gezeigt, dass A.e
im Hinblick auf kulturelles Wissen keineswegs neutral
sind: Der vertrauten Vorstellung, wonach das A. uns
zu einer objektiven Rekonstruktion des Vergangenen
befähigen soll, hält er entgegen, dass Aussagen oftmals
erst im Hinblick auf ihre spätere Archivierung generiert werden.
Lit.: M. Baßler: Die kulturpoetische Funktion und das
A. Tüb. 2005. – M. Foucault: Archäologie des Wissens
[frz. 1969]. Ffm. 1973. – B. Groys: Unter Verdacht.
Eine Phänomenologie der Medien. Mchn. 2000. – H.
Pompe, L. Scholz (Hg.): A.prozesse. Köln 2002.   NW

Area Studies ↗Anglistik.

Arenatheater ↗Bühne.

Aretalogie, f. [gr. = Tugendrede, von *areté* = Tüchtig-
keit, Tugend], hellenistische Sammelbez. für Wunder-

erzählungen (auch Hymnen, Gebete), die das Wirken der Götter in der Gegenwart bezeugen sollen, meist in der Form von Visionen und Träumen öffentlich von Aretalogen vorgetragen.   HFR/Red.

Argument, n. [lat. *argumentum* = Veranschaulichung, Beweis; von *arguere* = erhellen, beweisen], in der Logik und Gesprächstheorie eine einzelne Aussage, die Teil einer ↗ Argumentation ist.   DB

Argumentatio, f. [lat. = Beweisführung, Begründung], in der ↗ Rhet. 1. das Sammeln (↗ Inventio) und die sachgerechte Anordnung (↗ Dispositio) der Gedanken (↗ Argument [1]) zum Zweck der Beweisführung; 2. der aus diesen Tätigkeiten hervorgehende Hauptteil der Rede, der auf ↗ Exordium (Einleitung) und Narratio (Schilderung des Sachverhalts) folgt und die Peroratio (den auf eine Handlungsanweisung zielenden Schluss) vorbereitet.

Lit.: F. Rädle: A. In: RLW.   DB

Argumentation, f. [von lat. *argumentatio* = Beweisführung, Begründung], in der Logik und Gesprächstheorie die Folge von Sätzen, durch welche eine ↗ These bewiesen wird; Reformulierung der rhet. ↗ Argumentatio. Häufigste Form der A. ist der Syllogismus, der Schluss vom Allgemeinen (in der Regel in Form zweier Prämissen) auf das Besondere, den zu klärenden Einzelfall.

Lit.: K. Bayer: Argument und A. [1999]. Gött. ²2007. – J. Kopperschmidt: A.stheorie zur Einf. [2000]. Hbg. ²2005.   DB

Argumentum, n. [lat. = Veranschaulichung, Beweis; von *arguere* = erhellen, beweisen], 1. in der ↗ Rhet. ein einzelner Beweis als Teil einer ↗ Argumentatio. – 2. Einem lit. Werk (meist einem Epos, Roman oder Drama) oder einzelnen Büchern, Kapiteln, Akten dieses Werks vorangestellte Erläuterung oder kurze Zusammenfassung des Inhalts (im Ggs. zum ↗ Prolog, der auch weitere Themen anspricht). Das A. ist v. a. in Renaissance und Barock verbreitet (J. Milton: »Paradise Lost«; A. Gryphius: »Papinian«). – 3. In der ↗ Commedia dell'Arte die Vorlage, nach der aus dem Stegreif gespielt wird, also im Ggs. zu (2) die ausführliche Inhaltsangabe des gesamten Stücks.

Lit.: F. Rädle: A.₁. In: RLW. – Ders.: A.₂. In: RLW. GS/DB

Argutia, f. [lat. = Scharfsinnigkeit, Spitzfindigkeit; it. *argutezza*; span. *agudeza*; frz. *argutie*; engl. *wit*], Kunstideal der Scharfsinnigen. Das Stilprinzip beruht auf semantischer oder formaler Artistik und zielt darauf, z. B. durch ↗ Alliterationen, gesuchte ↗ Metaphern, gehäufte ↗ Antithesen oder überraschende ↗ Pointen Bewunderung und Staunen zu erregen. Als rhet. Technik der ›Zuspitzung‹ (oft synonym zu lat. *acumen*) legt A. verborgene Ähnlichkeiten im Disparaten offen (↗ Concetto). – Im 16. und 17. Jh. entsteht aus den antiken Ursprüngen (Martial) eine gesamteuropäische A.-Bewegung (G. Marino, Lope de Vega, J. Donne, P. de Ronsard). Bes. B. Gracián (»Agudeza y Arte de Ingenio«, 1642) und E. Tesauro (»Il Cannocchiale Aristotelico«, 1655) führen A. als Stilideal in die Poetik und

Rhet. ein. Im dt. Sprachraum übernehmen es G. Ph. Harsdörffer und J. W. Zincgref für die Dichtung (↗ Elegantia), J. Masen und D. G. Morhof für die Rhet. Zur wichtigsten Gattung der A.-Bewegung wird das ↗ Epigramm (F. v. Logau, Ch. Wernicke). Während die A. in der Aufklärung als ↗ Schwulst abgelehnt wird, führt die Theorie des ↗ Witzes im 18. Jh. das Konzept als ›Kombinationskraft‹ weiter (Jean Paul).

Lit.: V. Kapp: A.-Bewegung. In: HWbRh. – R. Zymner: A. In: RLW.   JW

Arie, f. [it. *aria*; frz. *air*], mehrteiliges Sologesangsstück mit Instrumentalbegleitung in ↗ Oper, ↗ Oratorium oder ↗ Kantate. In der ↗ Renaissance ist ›A.‹ noch ein vieldeutiger, unspezifischer Begriff, der Melodiemodelle (vokal, instrumental) oder auch den durch Instrumente begleiteten Gesang von Versdichtungen bezeichnet. In der Oper bildet sich die im 18. Jh. vorherrschende Form der dreiteiligen Da-capo-A. heraus, bei der im Schlussteil der erste Teil in identischer oder variierter Form wiederholt wird. Die kunstvollen A.n dienen dem Affektausdruck und der Demonstration der gesanglichen Virtuosität, während in den gesprochenen ↗ Dialogen oder Rezitativen (Sprechgesang) die Handlung vorangetrieben wird. – Im 19. Jh. brechen die musikalisch geschlossene Form der A. sowie ihre Opposition zum Rezitativ auf. R. Wagner benutzt die A. kaum noch; er favorisiert eine neue Art deklamierenden Gesangs. Die A. verliert ihre beherrschende Stellung in der Oper, zunehmend entstehen nun große durchkomponierte musikdramatische Szenen.

Lit.: J. Liebscher: A. In: RLW. – W. Ruf u. a.: A. In: MGG², Sachteil.   AHE

Aristonym, n., ↗ Pseudonym.

Aristophaneus, m. [gr.-lat.], Bez. für zwei nach dem gr. Komödiendichter Aristophanes benannte Verstypen:

1. ein aus ↗ Choriambus + ↗ Bacchius bestehender, wahrscheinlich ↗ äolischer Vers, den auch Horaz verwendet: – ∪ ∪ – ∪̄.

2. Ein Dialogvers; gr. ein anapästischer katalektischer ↗ Tetrameter, lat. ein anapästischer ↗ Septenar: ∪ ∪ – ∪ ∪ – ∪ ∪ – ∪ ∪ – ∪ ∪ – ∪ ∪ – ∪ ∪ – ∪̄. Dt. Nachahmungen finden sich z. B. bei A. v. Platen (»Die verhängnisvolle Gabel«, »Der romantische Ödipus«).   UM

Aristotelische Dramatik, Form dramatischer Texte, die den in der »Poetik« des Aristoteles (um 335 v. Chr.) zusammengefassten Regeln folgt. Ggs.: ↗ episches Theater.

Aristotelisches Theater, Ggs. zum ↗ epischen Theater.

Arkadische Poesie, Hirten- und ↗ Schäferdichtung, zurückgehend auf Arcadia, eine Gebirgslandschaft auf dem Peloponnes, die als Land der Hirten und Jäger und als Heimat des Hirtengottes Pan gilt. – Seit Vergils »Bucolica« wird Arkadien meist als Schauplatz der Hirtenpoesie gewählt (bei dem Griechen Theokrit war es Sizilien) und dabei zum utopischen, Mythos und Wirklichkeit verbindenden Wunschbild eines Landes der Liebe, der Freundschaft, des idyllischen Friedens (↗ Locus amoenus) und des goldenen Zeitalters. V. a. in den Schäferromanen der ↗ Renaissance findet sich der Name der Landschaft programmatisch bereits im Titel, so bei J. Sannazaro (1504), Ph. Sidney (1590) und Lope de Vega (1598). A. P. ist auch die Dichtung des ↗ Rokoko (↗ Anakreontik).

Lit.: P. Alpers: What is Pastoral? Chicago, Ldn. 1996. – R. Brandt: Arkadien in Kunst, Philosophie und Dichtung. Freiburg 2005. – B. Effe, G. Binder: Antike Hirtendichtung. Düsseldorf, Zürich ²2001. – K. Garber (Hg.): Europäische Bukolik und Georgik. Darmstadt 1976. – B. Loughrey (Hg.): The Pastoral Mode. Ldn. 1984.   RBS

Arlecchino, m. [arleˈkiːno; it. von frz. *harlequin* = Teufel, geht auf afrz. *mesnie Hellequin* = Hexenjagd, lustige Teufelschar, zurück], eine der vier komischen Grundtypen der ↗ Commedia dell'Arte, ursprünglich nur als *zweiter Zane* (↗ Zani) bezeichnet; naiv-schelmischer, gefräßiger, aber auch gerissener Diener, durch seine *lazzi* (Späße, Akrobatenstücke usw.) stets der Liebling des Publikums.   PHE/Red.

Armenbibel, dt. Bez. für ↗ Biblia pauperum.

Ars Dictaminis, f. [lat.], ↗ Ars Dictandi.

Ars Dictandi, f. [lat. = Kunst, in Prosa zu schreiben], auch: Ars Dictaminis; Lehre von der sachgerechten Abfassung von ↗ Briefen; als theoretisch fundierte rhet. Disziplin seit etwa 1100 (Alberich von Montecassino) etabliert. – Die A.-D.-Lehren gehen von der Gültigkeit hierarchisch und sozialtypisch adäquater schriftlicher Kommunikationsregeln aus, von denen die Wahl des rhet. Genus (hoher, mittlerer und niederer Stil) sowie der zugehörigen Grade des sprachlichen Ausdrucks abhängig gemacht wird. Es wird ein fünfteiliger Briefaufbau angeraten: 1. *salutatio* (Eingang, Gruß), 2. *captatio benevolentiae* (Bitte um wohlwollende Lektüre), 3. *narratio* (Darlegung des Sachverhalts), 4. *petitio* (Vortrag und Begründung des Anliegens), 5. *conclusio* (Schluss). Dieser Aufbau kann je nach Adressatenbezug und Typus der Redehandlung (Bitte, Befehl, Drohung, Tröstung) in Umfang und Inhalt variieren. – Die A. D. fällt in den Bereich pragmatischer Schriftlichkeit. Sie fand Anwendung in Kanzleien (Unterrichtung berufsmäßiger Notare und Sekretäre) und im Rahmen der rhet. Ausbildung (↗ Schultexte). Seit dem 15. Jh. verschwindet die Bez. ›A. D.‹ im Zuge der humanistischen Reform der Briefkunst. – Verwandte Form in der Neuzeit: ↗ Briefsteller.

Lit.: M. Camargo: Ars dictaminis – A. d. Turnhout 1991. – F. J. Worstbrock: Die Anfänge der mal. A. d. In: Frühmal. Studien 23 (1989), S. 1–42. – Ders.: Repertorium der Artes dictandi des MA.s. Bd. 1. Mchn. 1992. – Ders.: Ars dictaminis, A. d. In: RLW.   ID

Arsis, f. [gr. = Hebung], Begriff der Verslehre, ↗ Hebung.

Ars librorum ↗ Malerbuch.

Ars Moriendi, f. [lat. = Kunst des Sterbens, Sterbelehre], ein im 14. bis 16. Jh. verbreiteter Typus von teil-

weise mit Bildern kombinierten Texten, die der christlichen Vorbereitung auf den Tod und der rechten Lebensgestaltung dienten. Die in der asketisch-monastischen Tradition immer schon wichtige Beschäftigung mit Tod und Sterben intensivierte sich im späten MA., in dem durch Seuchenkatastrophen das Phänomen des Massensterbens neue Präsenz erhielt und durch Dramatisierung der Heilsoptionen dem Übergang zwischen Leben und Tod neue Bedeutung zuwuchs. Gemäß der Vorstellung vom Partikulargericht, dogmatisch fixiert 1336, findet mit und nach dem Tod eine Entscheidung über das Heil der Einzelseele statt – dementsprechend gilt das Augenmerk der Einstellung auf die ›letzten Dinge‹. Einen Anfang macht Heinrich Seuse in seinem »Büchlein der ewigen Weisheit« (1328–30) mit einer viel rezipierten, als imaginativer Dialog gestalteten Sterbelehre. Zu den prägenden Texten gehören sodann die »A. m.« Johannes Gersons (um 1403) und das »Speculum artis bene moriendi« (um 1430), beide am Bedürfnis sowohl der Seelsorger wie der nach geistlichem Beistand Suchenden orientiert. Auf diesen Vorläufern basiert die »Bilder-Ars«, greifbar in den eindrucksvollen Kupferstichen des Meisters E. S. und in den ↗ Blockbüchern, die in elf Gegenüberstellungen von Text und Bild jeweils die Sorgen des Sterbenden ausmalen und die Mittel zu ihrer Überwindung darbieten. Einflussreich an der Schwelle zur Neuzeit werden die predigthaften Texte Johannes Geilers von Kaysersberg sowie der auch in altgläubigen Kreisen rezipierte »Sermon von der Bereitung zum Sterben« M. Luthers. Noch im 17. Jh. greift die protestantische ↗ Erbauungslit. im Rahmen der Rechtfertigungslehre auf die A. m. zurück.

Lit.: A. v. Hülsen-Esch u. a. (Hg.): Zum Sterben schön! Alter, Totentanz und Sterbekunst von 1500 bis heute. 2 Bde. Stgt. 2006. – M. C. O'Connor: The art of dying well. NY 1942. – N. F. Palmer: A. m. und Totentanz. In: A. Borst u. a. (Hg.): Tod im MA. Konstanz 1993, S. 313–334. – Ders.: A. m. In: RLW. – J. M. Plotzek u. a. (Hg.): ars vivendi a. m. Mchn. 2001, S. 546–571 – R. Rudolf: A. m. Köln, Graz 1957.   CKI

Artefakt, n. [aus lat. *ars* = Kunst, *facere* = machen], von Menschen hervorgebrachter Gegenstand. – In der allg. ↗ Ästhetik ist von A.en im Zusammenhang von Definitionen des Kunstbegriffs die Rede: Jedes Kunstwerk ist, im Unterschied zu Naturobjekten, von Menschen produziert. Im ↗ Strukturalismus wird ›A.‹ als Terminus verwendet und bezeichnet den lit. ↗ Text außerhalb eines Rezeptionsverhältnisses; auf diese Weise wird der geschriebene Text, der allen individuellen Rezeptionserfahrungen und Bedeutungszuweisungen vorgegeben ist, vom gelesenen Text, dem ›ästhetischen Objekt‹, unterschieden.

Lit.: K. Chvatík: Tschechoslowakischer Strukturalismus. Mchn. 1981. – J.-U. Peters: A. In: RLW.   TK

Arte mayor, f. [span., eigentlich *verso de a. m.* = Vers der höheren Kunst], vielgestaltiger, in seiner Deutung umstrittener span. Vers, ursprünglich (im 14. Jh.) ein

nicht-silbenzählender Langvers (8–16 Silben), der mehr und mehr zu einem regelmäßigen 12-Silbler mit vier Akzenten entwickelt wurde. Mustergültig verwirklicht in dem Epos »Laberinto« (1444) von Juan de Mena, das aus 297 sog. *Coplas de a. m.*, Strophen aus acht *versos de a. m.*, meist mit dem Reimschema *abba acca oder abab bccb*, besteht.
Lit.: J. Saavedra Molina: El verso de a. m. Santiago de Chile 1946.   DJ/Red.

Arte menor, f. [span., eigentlich *verso de a. m.* = Vers der geringeren Kunst, auch: *verso de arte real*], seit dem 11. Jh. belegter achtsilbiger, zäsurloser, meist volkstümlich gebrauchter Vers der span. Dichtung; thematisch nicht gebunden, rhythmisch sehr variabel; wird strophisch in der achtzeiligen *Copla de a. m.* verwendet, mit vielen Reimschemata, am häufigsten *abbaacca*, so v. a. in den ↗Cancioneiros des 15. Jh.s. ↗*Arte mayor*.   DJ/Red.

Artes, f. Pl. [lat. = Fähigkeiten, Kunstfertigkeiten], aus der lat. Antike und dem MA. herrührende, lehrbare und regelgeleitete Wissensgebiete und Fertigkeiten. Von bes. Bedeutung war das auf dem gr. Bildungskonzept der *enkýklios paideía* (der kreisförmigen Wissensbildung; ↗Enzyklopädie) basierende System der *A. liberales*. Die Beschäftigung mit den ›freien Künsten‹, für die allein ein ›freigeborener‹, nicht auf Broterwerb angewiesener Mann als würdig angesehen wurde (vgl. Seneca: »Epistulae« 88, 2), bildete die Vorstufe der Philosophie. In der ↗Spätantike wurde einerseits die Siebenzahl (*septem a. liberales*) kanonisiert, wie sie im ↗Prosimetrum »De nuptiis Philologiae et Mercurii« des Martianus Capella und in zahlreichen Werken der bildenden Kunst allegorisch dargestellt ist, andererseits eine Gliederung in ein ›sprachliches‹ Trivium (›Dreiweg‹ mit den Disziplinen Grammatik, Rhet., Dialektik), und ein ›rechnendes‹ Quadrivium (›Vierweg‹ mit den Disziplinen Geometrie, Arithmetik, Astronomie, Musiktheorie) fixiert; diese Aufteilung ist erstmals belegt bei Boethius (um 500 n. Chr.). Trotz der prinzipiellen Unterordnung unter die Theologie und der Umformung der Lehrinhalte im Rahmen der durch arab. Übers.en vermittelten Aristotelesrezeption bildeten die A. liberales das kontinuierliche Zentrum der mal. Ausbildung. Dies gilt v. a. für die im Ausgang des 13. Jh.s entstehenden Universitäten, wo sie innerhalb der *facultas artium* als Propädeutik für die (nur wenigen Studenten zugänglichen) höheren Fakultäten (Theologie, Medizin, röm. und kanonisches Recht) gelehrt wurden. Die Artistenfakultät wurde im ↗Humanismus durch die *studia humaniora* erweitert und aufgewertet, verlor aber mit der Umwandlung zur ›philosophischen Fakultät‹ schließlich ihre ursprüngliche Bedeutung. – Analog zu den A. liberales wurden im MA. weitere ›A.-Reihen‹ systematisiert: Die *A. mechanicae*, die zeitweilig ebenfalls auf die Siebenzahl festgelegt waren, lehrten handwerkliche oder technische Mittel zur Befriedigung menschlicher Bedürfnisse. Zu ihnen wurden im MA. auch die bildenden Künste gerechnet, deren Vertreter sich jedoch in der ↗Renaissance von der Einordnung als inferiore Handwerkskunst zu befreien versuchten. Die (nicht an Schulen gelehrten) *A. magicae* umfassten prognostische und magische Praktiken, die zwar als dämonische Täuschungen verboten waren (daher auch die Bez. als *A. prohibitae*), aber auch im Sinne einer sympathetische Wirkungen ausnutzenden *scientia naturalis* legitimiert wurden. Zu den insbes. im den *A. liberales* kanonisierten antiken Lehrbüchern traten im Spät-MA. weitere lat. Schriften sowie zunehmend volkssprachige Übers.en und Kompilationen. Zur ›A.lit.‹ (auch ›Fachlit.‹ oder ↗›Sachlit.‹ genannt) sind weiterhin die ↗›Summen‹ zu rechnen, die mehrere Disziplinen enzyklopädisch zusammenfassten.

Lit.: Ch. Baufeld: A.lit. In: RLW. – I. Craemer-Ruegenberg, A. Speer (Hg): ›Scientia‹ und ›ars‹ im Hoch- und Spät-MA. Bln., NY 1994. – F. Fürbeth: A. magicae. In: RLW. – J. Koch (Hg.): A. liberales. Leiden, Köln 1959. – U. Kühne: A. liberales. In: RLW. – U. Schaefer (Hg.): A. im MA. Bln. 1999. – B. F. Scholz: A. mechanicae. In: RLW. – N. R. Wolf. (Hg.): Wissensorganisierende und wissensvermittelnde Lit. im MA. Wiesbaden 1987.   UMI

Artesliteratur ↗Sachlit.

Articulus, m. [lat. = Glied], 1. lat. Bez. für gr. ↗Komma; 2. rhet. Figur, lat. Bez. für gr. ↗Asyndeton.

Artifizialismus ↗Poetismus.

Artikel, m. [lat. *articulus* = Gelenk, Glied], 1. thematisch und formal geschlossener Beitrag zu einer Zeitung, Zeitschrift, einem Lexikon oder sonstigen Sammelwerk. ↗Aufsatz. – 2. Grammatische Bez. ursprünglich für Demonstrativpronomen, seit dem Ahd. für das dem Substantiv beigefügte sog. Geschlechtswort, das Genus, Numerus und Kasus anzeigt: bestimmter A. *der, die, das,* unbestimmter A. *ein, eine.*   GS/Red.

Artikulation, f. [lat. *articulare* = deutlich aussprechen], in der Linguistik Bez. für die mit der Produktion lautsprachlicher Äußerungen zusammenhängenden Bewegungsvorgänge der Sprechwerkzeuge. Davon ausgehend Ende der 1950er Jahre u. a. von F. Mon entwickelte, den lautlichen und artikulatorischen Materialcharakter der Sprache in den Vordergrund rückende Poesie, bei der das sinnliche Moment des Artikulationsvorgangs, »wahrnehmbar im genauen, kauenden bewegen der sprechorgane«, die Schwelle zu elementarer Begrifflichkeit, den »Kernworten« (Mon, S. 31), bildet, womit das Sprechen selbst zur Poesie stilisiert wird. Vgl. auch ↗akustische Dichtung, ↗konkrete Poesie.
Lit.: F. Mon: artikulationen. Pfullingen 1959.   RD/CK

Artistik, f., in der Lit.wissenschaft Ausdruck für die Betonung des Primats der ↗Form vor dem Inhalt durch den ↗Autor, bes. in moderner ↗Lyrik. – Wie Tiedemann-Bartels im Anschluss an Adorno gezeigt hat, steht das Formbewusstsein der A. in der Nähe zu ↗Symbolismus und ↗*l'art pour l'art*. »Selbstreflexion der Form, die zum Moment des Inhalts, Reflexion des

Inhalts, die zu einem Konstituens der Form wird, bestimmen die artistische Dichtung.« (Tiedemann-Bartels, S. 9) – Mit Blick auf Ch. Baudelaire erkennt F. Nietzsche (»Ecce Homo«, 1888) die geistige Heimat der ›Artisten-Metaphysik‹ in Paris. St. Mallarmé bestimmt Dichtung, ebenfalls im Anschluss an Baudelaire, als eine Form des artistischen Würfelspiels (»Un coup de dés«, 1897). St. George zufolge ist das Ziel der A. die Schaffung dauerhafter Kunstwerke durch Konzentration auf die Form. G. Benn bestimmt – alle diese Ansätze zusammenführend – A. als »Versuch der Kunst, innerhalb des allg. Verfalls der Inhalte sich selber als Inhalt zu erleben und aus diesem Erlebnis einen neuen Stil zu bilden«, als »Versuch gegen den allg. Nihilismus der Werte eine neue Transzendenz zu setzen: die Transzendenz der schöpferischen Lust« (»Probleme der Lyrik«, 1951).

Lit.: Th. W. Adorno: Der Artist als Statthalter [1953]. In: ders.: Noten zur Lit. Ffm. 1981, S. 114–126. – H. Tiedemann-Bartels: Versuch über das artistische Gedicht [1971]. Mchn. ²1990.   AG

Art nouveau, m. oder n. [arnu'vo; frz. = neue Kunst], internationale Bez. für ↗ Jugendstil, nach der 1895 in Paris von S. Bing eröffneten Galerie »Maison de l'a. n.«, in der einer ihrer bedeutendsten Vertreter, der Maler und Architekt H. van de Velde, ausstellte.   PHE/Red.

Artusdichtung, Erzähllit. des hohen und späten MA.s, deren Protagonisten dem Kreis um König Artus angehören. Die mit mythischen Elementen keltischer Provenienz und lit.-phantastischen Ausgestaltungen angereicherte A. stellt ein im Artushof idealisiertes Rittertum vor, dessen Bezüge zur zeitgenössischen mal. Wirklichkeit umstritten sind. Die Herkunft der Einzelepisoden (*contes*), die sich der Artusfigur und dem Artushof anlagern, lässt sich nicht zureichend klären. Auch die Frage nach der Geschichtlichkeit des Königs Artus (engl. Arthur) muss unbeantwortet bleiben. Die »Historia Bretonum« des Nennius (9. Jh.) bringt ihn als britannischen Heerführer im Sachsenkrieg (um 500) ins Spiel. Die »Historia regum Britanniae« (1130/35) des Geoffrey of Monmouth modelliert eine Artusvita, deren Eckdaten sich normativ auf die späteren Texte auswirken. Die Tafelrunde auserwählter Ritter mit einem feudalhöfisch gezeichneten Artus als *primus inter pares* wird erstmals in frz. »Roman de Brut« des Anglonormannen Wace erwähnt (um 1155). In die engl. Dichtung hält die A. Einzug mit der mittelengl. Stabreimdichtung »Historia Britonum (Brut)« des Lazamon (um 1200). Chrétien de Troyes (ca. 1140–90), der die Fiktionalisierung der A. in formaler wie inhaltlicher Hinsicht entscheidend vorantreibt, hat mit seinen u. a. am Hof der Marie de Champagne verfassten Artusromanen »Erec«, »Cligès«, »Yvain«, »Lancelot« und »Perceval« unter schriftlit. Produktionsbedingungen die Vorlagen für volkssprachige Adaptationen im dt.sprachigen Raum geschaffen. Der Artushof ist hier das Wert setzende Zentrum, von dem die ↗ Aventiuren der seine Normen repräsentierenden Erzählhelden ausgehen und zu dem sie zurückführen, obwohl sein König weitgehend in auffallender Passivität verharrt. V. a. Hartmann von Aue und Wolfram von Eschenbach, deren Versromane den Vorlagen stofflich verpflichtet sind und diese zugleich rhet. zu überbieten anstreben, bereiten mit ihrer A. einer Fülle von Artusromanen den Boden, deren ästhetischer Reiz u. a. im artifiziellen Spiel mit den lit. Vorgängern liegt. Frz. Prosakompilationen der ersten Hälfte des 13. Jh.s verbinden den Artusstoff mit der Gralsthematik (»Lancelot-Gral-Zyklus«, um 1225; »Roman du Graal«, um 1240). – Artus büßt in der nachklassischen A. seine vermeintliche Idealität endgültig ein, mit ihm geht auch die Ritterwelt zugrunde (»Mort Artu«). Zyklische Darstellungen, die sich in England und Italien einer bes. Beliebtheit erfreuen, stehen in Deutschland eher vereinzelt (»Prosa-Lanzelot«, vor 1250) neben der Tradition des Versromans. Meisterlieder und ↗ Fastnachtspiele greifen auf die Artusfigur zurück, und noch der frühnhd. Prosaroman rekurriert auf Erzählschemata der klassischen wie nachklassischen A. oder bereitet die alten Stoffe neu auf (Ulrich Füetrer). – In der Neuzeit hat es unterschiedlich motivierte Reaktivierungen des Artusstoffs gegeben. Im 19. Jh. dominiert als Gegenbewegung zur Technisierung der Gesellschaft eine Idealisierung und Romantisierung von Vergangenheit (W. Scott, A. Tennyson, W. Morris, A. Ch. Swinburne; F. de la Motte-Fouqué, R. Wagner, E. Stucken; E. A. Robinson, Mark Twain), während in der ersten Hälfte des 20. Jh.s neben einem eher antiquarischen Interesse (J. Steinbeck) v. a. in den 1930er Jahren der Artusstoff als Folie für die Reflexion gesellschaftlicher Ideologien dient (T. Hanbury White). Hollywood (R. Thorpe: »Ivanhoe – Der schwarze Ritter«, 1952; T. Gilliam, T. Jones: »Die Ritter der Kokosnuß«, 1975; J. Boorman: »Excalibur«, 1981; J. Zucker: »Der erste Ritter«, 1995; A. Fuqua: »King Arthur«, 2004) und der frz. Film (E. Rohmer: »Perceval le Gallois«, 1978; R. Bresson: »Lancelot du Lac«, 1974), aber auch die Opern-, Musical- und Computerspielproduktion haben sich von der A. inspirieren lassen. In den letzten Jahrzehnten ist neben einer populärmythisch aufgeladenen Rezeption der A. (M. Zimmer Bradley: »Avalon«-Serie, 1979–97; D. Brown: »Sakrileg«, 2004) ein neues lit. Interesse am Artus/Gral-Komplex (Ch. Hein: »Die Ritter der Tafelrunde«, 1989; A. Muschg: »Der Rote Ritter«, 1993; T. Dorst: »Merlin«, 1981; »Parzival«, 1990; »Purcells Traum von König Artus«, 2004) zu beobachten.

Lit.: Arthuriana. 1994 ff. – R. Barber: King Arthur in music. Cambridge 2002. – Bulletin bibliographique de la Société Internationale Arthurienne. Paris 1949 ff., ab 1969 Ldn. – J. Bumke: Wolfram von Eschenbach. Stgt. 2004. – C. L. Gottzmann: A. Stgt. 1989. – K. J. Harty: King Arthur on film. Ldn. 1999. – J. Kühnel (Hg.): MA., Massenmedien, Neue Mythen. Göppingen 1988. – N. J. Lacy (Hg.): The New Arthurian encyclopedia. NY, Ldn. 1991. – N. J. Lacy, G. Ashe (Hg.): The Arthurian handbook. NY, Ldn. 1988. – R. Sh. Loomis: Arthurian tradition and Chrétien de Troyes, NY 1949. – V. Mertens: Artusepik. In: RLW. – Ders.: Der dt. Artusroman. Stgt. 1998. – Ders.: Der Gral. Stgt. 2003. – D. A. Pearsall: Arthurian romance. Malden/Mass. 2003.   BQ

Arzamás, m., Vereinigung russ. Frühromantiker (1815–18). Der Name ›A.‹ bezeichnet einen Ort in der Nähe von Nížnij Nóvgorod und wurde in Anlehnung an ein satirisches Gedicht D. Blúdovs gewählt. Die Mitglieder des A. waren vornehmlich Lyriker, u. a. N. Karamzín, V. Žukóvskij, K. Bátjuškov, P. Vjázemskij, V. und A. Púškin; sie richteten sich gegen die klassizistische »Gesellschaft der Liebhaber des russ. Wortes« (»Beséda ljubítelej rússkogo slóva«, 1811–16), mit der sie sich auf eher parodistische Weise auseinandersetzten, und forderten die Orientierung der russ. Lit. an Westeuropa sowie die Schaffung einer modernen Lit.sprache. Insbes. Žukóvskij etablierte durch seine Übers.en (u. a. von Werken Th. Grays, G. A. Bürgers und J. W. Goethes) Gattungen wie ↗ Ballade und ↗ Elegie in Russland.
Lit.: R. Neuhäuser: Towards the Romantic Age. Den Haag 1974. – B. Zelinsky: Russ. Romantik. Köln, Wien 1975.   CFI

Arzneibuch ↗ Medizinlit.

Ascensus, m. [lat. = Aufstieg], lat. Bez. für gr. ↗ Klimax.

Ascetonym, n., ↗ Pseudonym.

Aschug, m. [tatarisch = Liebhaber, Verliebter], Pl. *Aschughen*; kaukasischer wandernder Volkssänger, der epische Texte (Heldenlieder) und Gedichte zu Instrumentalbegleitung vortrug, z. T. selbst verfasste. Blüte im 17. und 18. Jh., weite Verbreitung bis Armenien, Persien usw. Berühmt waren der Georgier Sajath Nova (1717–95) und seine Schule in Tiflis.   GS/Red.

Asianismus, m. [lat.], prunkvoller, stark verzierter, an rhet. Figuren reicher Redestil, der von kleinasiatischen Autoren bevorzugt wurde. Als Urheber gilt Hegesias von Magnesia (3. Jh. v. Chr.). Auch die hellenistische Historiographie ist teilweise vom A. geprägt. Während Cicero die Bez. *asiaticus* in der Schrift »De oratore« (55 v. Chr.) noch wertfrei im geographischen Sinne benutzt, wird in seinen Dialogen »Brutus« und »Orator« (46 v. Chr.) der stilistische Ggs. attisch/asianisch erstmals fassbar: Cicero verteidigt sich gegen den Vorwurf, ein *Asianus* zu sein, d. h. jemand, der eine nichtschlichte Redeweise verwendet. Seine Ankläger C. Licinius Macer und M. Iunius Brutus propagieren als *Attici* einen einfachen Redestil mit möglichst wenig rhet. Schmuck (Vorbilder: Lysias, Hypereides). *Asiaticus* wird zum polemischen Begriff, mit dem die *Attici* ihre Gegner zu diskreditieren versuchen, indem sie deren Stil mit negativen Eigenschaften wie Maßlosigkeit und Luxus verbinden, die der Provinz Asia zugeschrieben werden. Der Attizismus orientiert sich an den gr. Autoren des 5. Jh.s. Diese erhalten den Rang von ↗ Klassikern, während die nachfolgenden Autoren bis zur Gegenwart als ›asianisch‹ diffamiert werden. Dio-

nysios von Halikarnassos (1. Jh. n. Chr.) erweitert den A. zum polemischen Schlagwort gegen jeden nichtschlichten Redestil, insbes. gegen die hellenistische Prosa. Darüber hinaus bezeichnet die Ggs. A./Attizismus die Opposition konkurrierender Bildungskonzepte: Der Attizismus vertritt eine am Vorbild der alten attischen Rhet. ausgerichtete ›philosophische‹ Konzeption von *paideía* (Isokrates), die asianische Beredsamkeit wird hingegen als psychagogische Rhet. diskreditiert, die nicht an der Bildung des Menschen interessiert sei. Mit der sog. Zweiten Sophistik setzt sich der Attizismus durch. In der lit.historischen Forschung wird der A. als Vorläufer des ↗ Manierismus angesehen (E. R. Curtius und sein Schüler G. R. Hocke gegen A. Hauser).
Lit.: Th. Gelzer: Klassizismus, Attizismus und A. In: Entretiens sur l'Antiquité classique. Bd. 25. Genf 1979, S. 1–41. – Th. Hidber: Das klassizistische Manifest des Dionys von Halikarnass. Stgt., Lpz. 1996.   SF

Asklepiadeische Strophen ↗ Odenmaße.

Asklepiadeus, m. [gr.-lat.], Bez. für zwei nach dem gr. Dichter Asklepiades (3. Jh. v. Chr.) benannte ↗ äolische Versmaße, die durch einfache bzw. doppelte Wiederholung des ↗ Choriambus in der Versmitte des ↗ Glykoneus entstehen; seit Horaz haben sie geregelte ↗ Zäsuren und eine geregelte Basis (Verseingang): $\bar{v} - | - v v - | - v v - | v x = A.$ *minor;* $\bar{v} - | - v v - | - v v - | - v v - | v x = A.$ *maior.* Asklepiadeen erscheinen ↗ stichisch (Catull, Horaz, Seneca), meist aber in Strophen (vgl. asklepiadeische Strophe, ↗ Odenmaße).   UM

Assonanz, f. [lat. *assonare* = tönend beistimmen, tönen lassen], Form des Gleichklangs, bei der die Vokale im Inneren mehrerer Wörter übereinstimmen (›Wort – Morgen‹). Je nach Perspektive kann die A. als defizitärer Reim oder als eigenständige Klangform gelten. Insbes. in der span. Lit. hat die A. Verwendung gefunden. In Deutschland ist sie nach dem Vorbild span. Romanzendichtung v. a. in der ↗ Romantik gebraucht worden (C. Brentano: »Romanzen vom Rosenkranz«; H. Heine: »Donna Clara«). Nach der romantischen Periode verliert die A. an Bedeutung, ohne freilich aus dem Formenschatz der dt. Dichtung zu verschwinden (St. George: »Das Jahr der Seele«).
Lit.: R. Zymner: A. In: RLW.   BM

Assoziation, f. [lat. *associare* = sich verbinden], Verbindung mentaler Inhalte (Ideen, Emotionen) miteinander. Eine A. kann entstehen durch zufälliges Zusammentreffen und durch Gewöhnung (Konditionierung) oder durch systematische Verbindung z. B. aufgrund von Ähnlichkeiten. Der von D. Hume (»A Treatise of Human Nature«, 1739 f.) entwickelte *associationism* übt eine scharfe Erkenntniskritik, indem er die A. zur Grundlage menschlichen Denkens macht und die Konventionalität vermeintlich rationaler Denkmuster (wie ›Ursache und Wirkung‹) hervorhebt. – Sprachphilosophisch wird die A. (auch: ↗ ›Konnotation‹) als wandelbare subjektive Ideenanbindung an ein ↗ Zeichen von dessen objektiv unwandelbarem begrifflichen Kern (↗›Denotation‹) getrennt. Sprachphilosophen verstehen die A. oft als grundlegenden Mechanismus poetischer Rede. – Bes. im 18. und 19. Jh. wird die Fähigkeit zur A. (der ↗›Witz‹, die ›subjective Ideenverbindung‹, der ›sinnliche Scharfsinn‹) als Grundlage schöpferischer Tätigkeit wahrgenommen. Sie unterscheidet sich – in positiver Beurteilung als kreatives Vermögen, in negativer als willkürliche ›Ideenflucht‹ – vom systematischen Vorgehen in Philosophie und Wissenschaft.

Lit.: G. Neumann: Ideenparadiese. Untersuchungen zur Aphoristik von Lichtenberg, Novalis, Friedrich Schlegel und Goethe. Mchn. 1976.   JG

Asterisk, m. [gr. = Sternchen], auch: Asteriskus; sternchenförmiges Zeichen in einem Text, 1. als Verweis auf eine ↗Fußnote (sofern diese nicht nummeriert sind); 2. zur Kennzeichnung textkritischer Besonderheiten; 3. als Verweiszeichen bei Vertauschungen, Wiederholungen, Einschüben; 4. in der Sprachwissenschaft zur Kennzeichnung erschlossener Wortformen (z. B. nhd. *fahl*, ahd. *falo* aus germ. **falwo-*); 5. anstelle eines Verfassernamens (Asteronym), Personennamens (z. B. F. Schiller: »Der Geisterseher. Aus den Memoiren des Grafen von O**«) oder eines Tabuwortes (des Teufels usw.); 6. statt nicht ›lit.fähiger‹, ›unaussprechlicher‹ Wörter (J. W. Goethe: »Götz von Berlichingen« III, 17, hier häufig auch andere Zeichen, z. B. Punkte); als Entschlüsselungshilfe wird bisweilen für jeden unterdrückten Buchstaben ein A. gesetzt (vgl. Ch. M. Wieland: »Geschichte der Abderiten« I, 5: »[...] in einem Augenblick sah man den Saal, wo sich die Gesellschaft befand, u**** W*****/ g******« (= unter Wasser gesetzt [durch unmäßiges Lachen]).   HFR/Red.

Asteronym, n., ↗Pseudonym.

Ästhetik, f. [gr. *aisthētikḗ* = Lehre von der Wahrnehmung], 1. philosophische Disziplin, die nach Eigenart und Bedeutung einer früher v. a. als Erfahrung des ↗Schönen, heute meist als ↗ästhetische Erfahrung bezeichneten Form wahrnehmenden Erlebens und/oder nach Eigenart, Zweck und Wert der Gegenstände dieser Erfahrung, bes. der ↗Kunst, fragt. – 2. Gesamtheit der Gestaltungsprinzipien, die insbes. künstlerischen Artefakten und deren Urhebern, aber auch Kulturen oder historischen ↗Epochen zugeordnet und aus Selbstzeugnissen und sonstigen Quellen, v. a. aber durch ↗Interpretation der Artefakte rekonstruiert werden (z. B. ›die Ä. Brechts‹). – Schon von Platon und Aristoteles, im Neuplatonismus (Plotin), in Spätantike (Boethius), MA. (z. B. Augustinus, Nikolaus Cusanus) und ↗Renaissance (z. B. M. Ficino, Pico della Mirandola) wurde nach dem Schönen und nach Wesen, Wert und Gestaltungsnormen von Kunst, Lit. und Musik gefragt. Als Name einer eigenen Disziplin wurde der Ausdruck ›Ä.‹ aber zum ersten Mal 1735 von A. G. Baumgarten benutzt, dessen »Aesthetica« (1750) darunter die als Theorie der nicht »begrifflichen«, sondern »sinnlichen Erkenntnis« des Vollkommenen verstandene Theorie der schönen Künste fasst. Baum-

gartens Verständnis von Ä. konnte sich historisch allerdings nicht durchsetzen, weil die Einsicht in die Bedeutung der Sinneserfahrung für Erkenntnis überhaupt die Annahme einer bes. »sinnlichen Erkenntnis« schon bald obsolet erscheinen ließ. Die ›Geburt‹ der Ä. auf die Mitte des 18. Jh.s zu datieren ist aber insofern berechtigt, als eine nicht primär ontologische, sondern die künstlerisch-schöpferische (↗Genie) oder die wahrnehmend-urteilende (↗Geschmack) Subjektivität in den Vordergrund stellende Perspektive auf das Schöne und die Kunst erst zu diesem Zeitpunkt breite Anerkennung zu finden begann. – Die geläufige Einteilung der Ä. in *wahrnehmungszentrierte Theorien des Schönen und der ästhetischen Erfahrung* und *objektzentrierte Theorien der Kunst* unterschlägt die Bedeutung der Natur für die ästhetische Theoriebildung (z. B. bei I. Kant, Th. W. Adorno), die Ä. des ↗Erhabenen (E. Burke, Kant, F. Schiller, J.-F. Lyotard) und den Stellenwert, den Künstlerästhetiken und ↗Autorpoetiken für die durch den zunehmenden Geltungsverlust traditioneller Regelpoetiken und ästhetischer ↗Kanones geprägte Kunst und Lit. der ↗Moderne erlangt haben. Am Leitfaden dieser Einteilung wird jedoch begreiflich, warum die Ä. seit dem 18. Jh. bes. im dt. Sprachraum sehr heterogene Theorieentwürfe hervorgebracht hat, die sich in ihren Intentionen oft nur schwer aufeinander beziehen lassen. So weckte die von Kant aufgeworfene Frage nach den Konstitutionsbedingungen des ästhetischen Urteils im späten 19. Jh. u. a. die Hoffnung auf eine empirisch-›experimentale‹ Ä. (G. Th. Fechner), deren Enttäuschung eine Reihe phänomenologischer Analysen des Genusses, des Gefühls des Schönen usw. hervorrief (z. B. Groos, Cohen, M. Geiger), bevor die hermeneutische Wende der Phänomenologie den Akzent auf die Frage nach der Möglichkeit des ↗Verstehens insbes. lit. Kunstwerke verschob (Ingarden, Gadamer), die zur Entstehung der bis heute v. a. in der Lit.wissenschaft einflussreichen ↗Rezeptionsästhetik (H. R. Jauß, W. Iser), einer Impulse der Lit.theorie J.-P. Sartres und des am. Pragmatismus (G. H. Mead, J. Dewey) aufnehmenden Erfahrungsästhetik (R. Bubner, M. Seel) und einer die hermeneutische Ä. radikalisierenden Ä. der ↗Dekonstruktion (J. Derrida) führte. Demgegenüber lassen sich in der Ä. der Kunst seit dem späten 18. Jh. zwei Hauptlinien unterscheiden: Unterschiedliche Spielarten einer Wahrheitsästhetik bleiben – von F. W. J. Schelling und G. W. F. Hegel bis zu M. Heidegger und Adorno – der Vorstellung eines in ihren Werken sich offenbarenden Wahrheitsgehalts der Kunst verpflichtet, der weder vom Produzenten noch vom Rezipienten in ein einzelnes Werk hineingelegt wird, sondern allein vom philosophischen Kunsttheoretiker vor dem Hintergrund metaphysischer Annahmen über den Zweck der Kunst an deren Werken sichtbar gemacht werden kann. Dagegen sind an die Stelle des auch für viele nachidealistische Autoren des 19. Jh.s (z. B. K. Rosenkranz, F. Th. Vischer, E. v. Hartmann, K. Köstlin) charakteristischen Versuchs einer Systematisierung aller Kunstphänomene im 20. Jh. Ansätze getreten, die durch abstrahierende Betrachtung der zur Kunst gerechneten Phänomene und des Umgangs mit ihnen (z. B. E. Utitz, M. C. Beardsley, H. Osborne, A. C. Danto, G. Dickie) oder durch die Analyse des spezifischen Zeichencharakters von Kunstwerken (z. B. Ch. W. Morris, R. Jakobson, J. Mukařovský, N. Goodman, U. Eco) möglichst unabhängig von speziellen, an die Kunst nur herangetragenen metaphysischen Voraussetzungen Einsichten in die Natur der (oder einer bestimmten) Kunst zu gewinnen suchen. – In jüngster Zeit wächst die Einsicht, dass die Ä. einer Verbindung von wahrnehmungs- und objektzentrierter Perspektive bedarf, weil sich die Wahrnehmung unterschiedlicher Arten von Gegenständen ebenso signifikant unterscheidet, wie sich umgekehrt Kunstwerke von anderen Artefakten nur unter Bezugnahme auf distinkte Wahrnehmungsmodi abgrenzen lassen. Insofern erscheint es plausibel, die Ä. von einer allgemeiner ansetzenden philosophischen Wahrnehmungstheorie, für die man den Namen ›Aisthetik‹ vorgeschlagen hat (W. Welsch, M. Seel), durch die Beschränkung auf die Analyse der ästhetischen Erfahrung zu unterscheiden und sie entsprechend den möglichen Gegenständen dieser Erfahrung in eine Ä. der Kunst (oder in Ä.en der einzelnen Künste), eine Ä. der Natur, eine Ä. des Designs und eine Theorie der ästhetischen Alltagswahrnehmung auszudifferenzieren. Unter dem Einfluss der sprachanalytischen Ä. in der Nachfolge Wittgensteins ist der Ä. allerdings zu Bewusstsein gekommen, dass eine jede solche Gebietsästhetik sich zuerst des genauen Umfangs ihres Gegenstandsbereichs, die Lit.ästhetik also z. B. der Bedeutung und Reichweite des Begriffs ↗ ›Lit.‹, vergewissern muss.

Lit.: Ch. Allesch: Geschichte der psychologischen Ä. Gött. 1987. – R. Bluhm, R. Schmücker (Hg.): Kunst und Kunstbegriff. Der Streit um die Grundlagen der Ä. [2002]. Paderborn ²2005. – B. Gaut, D. McIver Lopes (Hg.): The Routledge Companion to Aesthetics. Ldn., NY 2001. – Ch. Harrison, P. Wood (Hg.), Kunsttheorie im 20. Jh. [engl. 1992]. 2 Bde. Stgt. 1998. – M. Hauskeller (Hg.): Was das Schöne sei. Mchn. 1994. – Th. Hecken, A. Spree (Hg.): Nutzen und Klarheit. Anglo-am. Ä. im 20. Jh. Paderborn 2002. – D. Henrich, W. Iser (Hg.): Theorien der Kunst. Ffm. 1982. – B. Kleimann: Das ästhetische Weltverhältnis. Mchn. 2002. – F. Koppe: Grundbegriffe der Ä. [1983]. Paderborn ²2004. – P. O. Kristeller: Das moderne System der Künste [engl. 1951/52]. In: ders.: Humanismus und Renaissance. Bd. 2. Mchn. 1976, S. 164–206 und 287–312. – O. Neumaier: Ästhetische Gegenstände. St. Augustin 1999. – J. Nida-Rümelin, M. Betzler (Hg.): Ä. und Kunstphilosophie. Stgt. 1998. – M. Reicher: Einf. in die philosophische Ä. Darmstadt 2005. – R. Schmücker: Was ist Kunst? Mchn. 1998. – W. Strube: Ä. In: RLW. – M. Titzmann: Strukturwandel der philosophischen Ä. 1800–80. Mchn. 1978.   RSR

Ästhetische Autonomie ↗ Autonomieästhetik, ästhetische Autonomie.

Ästhetische Erfahrung, eine bes. Form wahrnehmenden Erlebens, in der Gegenwartsästhetik häufig Inbegriff der gelingenden Rezeption v. a. von Kunst und Lit. – Der im 19. Jh. z. B. von S. Kierkegaard unterminologisch verwendete Begriff der ä.n E., der im 20. Jh. zunächst vom am. Pragmatismus und in der phänomenologischen Ästhetik aufgegriffen wurde, ist seit den 1970er Jahren v. a. im dt. Sprachraum zu einer zentralen Kategorie der ↗ Ästhetik avanciert. Diese Entwicklung ist Ausdruck einer ›erfahrungsästhetischen Wende‹ in der Kunst- und ↗ Lit.theorie, die sich seither immer stärker vom künstlerischen oder lit. Werk abwendet und – wie z. B. die ↗ Rezeptionsästhetik der Konstanzer Schule und die zahlreichen Versuche, I. Kants »Kritik der Urteilskraft« als eine Prototheorie der ä.n E. zu rekonstruieren – auf die Wahrnehmungstätigkeit der Rezipienten konzentriert. Weil die Kunst aus dieser Perspektive nur noch als einer von mehreren Gegenständen erscheint, denen ein bes. Wahrnehmungsverhalten gilt, rücken zusehends v. a. die Natur, aber auch Alltagsphänomene als Gegenstände ä.r E. in den Blick. Von einer allg. anerkannten Definition ist die Theorie der ä.n E. zwar noch weit entfernt. Es zeichnet sich aber ab, dass die ä. E. von anderen Formen menschlicher Wahrnehmung u. a. durch ein Moment der Kontemplation, durch die Aufmerksamkeitskonzentration des Rezipienten auf die Eigenart des Objekts seiner Wahrnehmung sowie im Fall von Kunst und Lit. durch ein nie endgültig an sein Ziel gelangendes Verstehensbemühen abgegrenzt werden kann. Inwieweit der ä.n E. auch ein ethisch-praktisches Moment innewohnt, ist dagegen umstritten.

Lit.: R. Bubner: Ä. E. Ffm. 1989. – J. Dewey: Kunst als Erfahrung [engl. 1934]. Ffm. 1980. – H. R. Jauß: Ä. E. und lit. Hermeneutik. Ffm. 1982. – J. Kulenkampff: Ä. E. – oder was von ihr zu halten ist. In: J. Freudiger u. a. (Hg.): Der Begriff der Erfahrung in der Philosophie des 20. Jh.s. Mchn. 1996, S. 178–198. – Ch. Menke: Die Souveränität der Kunst [1988]. Ffm. ²1991. – R. Schmücker: Was ist Kunst? Mchn. 1998, S. 49–61. – M. Seel: Eine Ästhetik der Natur. Ffm. 1991. – W. Ullrich: Tiefer hängen. Bln. 2003, S. 13–32.   RSR

Ästhetizismus, europäische kulturelle Strömung im späten 19. Jh., die eine Verabsolutierung des Ästhetischen verfolgte. – ›Ä.‹ bezeichnet eine kunstprogrammatische Tendenz, die v. a. im Zusammenhang der symbolistischen Bewegung in Frankreich (Ch. Baudelaire, St. Mallarmé) und England (W. Pater, O. Wilde, A. Symons, M. Beerbohm) hervortrat. In kunstphilosophischen Reflexionen bei Th. Gautier (Vorrede zu »Mademoiselle de Maupin«, 1835) und den engl. Präraffeliten gründend, richtete sich die Ä. mit oft provokativer und dandyhafter Attitüde gegen ein utilitaristisches Verwertungsdenken, das die Kunst didaktischen oder sozialen Zwecken unterordnete. Es wurde einerseits die Nutzlosigkeit, Naturferne und Künstlichkeit der Kunst propagiert (↗ *l'art pour l'art*, ›art for art's sake‹), andererseits wurden auch Gegenstände der moralischen und natürlichen Welt einer Ästhetisierung unterworfen. Im dt.sprachigen Raum gewann diese Tendenz um 1890 im Zusammenhang mit der Rezeption der Kunstphilosophie F. Nietzsches (bes. »Die Geburt der Tragödie aus dem Geiste der Musik«, 1872) an Einfluss. V. a. H. v. Hofmannsthal und St. George setzten sich mit dem Ä. auseinander, wobei das Wort ›Ä.‹ allerdings nur selten verwendet wurde. – Der Begriff ›Ä.‹ ist nicht klar konturiert und wird häufig synonym mit ↗ ›Décadence‹ und ↗ ›Symbolismus‹ gebraucht. In der Alltagssprache und der älteren Forschung oft pejorativ im Sinne von ›ästhetischer Weltanschauung‹ verwendet, bezeichnet ›Ä.‹ in der Lit.wissenschaft heute entweder 1. eine Theorie radikaler Kunstautonomie, 2. den in der Jh.wende wichtigen Themen- und Motivkomplex von Künstlichkeit, Schönheitskult und Ästhetentum, u. a. bei George (»Algabal«, 1892), Hofmannsthal (»Der Tor und der Tod«, 1893), R. Beer-Hofmann (»Der Tod Georgs«, 1899) und H. Mann (»Die Göttinnen«, 1902), oder 3. eine artistisch-hermetische (symbolistische) ↗ Poetik. Lit.: E. Heftrich: Was heißt l'art pour l'art? In: R. Bauer (Hg.): Fin de siècle. Ffm. 1977, S. 16–29. – U. Horstmann: Ä. und Dekadenz. Mchn. 1983. – M. Lindner: Ä., Dekadenz, Symbolismus. In: M. Pfister, B. Schulte-Middelich (Hg.): Die 'Nineties. Mchn. 1983, S. 53–81. – A. Simonis: Lit. Ä. Tüb. 2000. – G. Streim: Das ›Leben‹ in der Kunst. Würzburg 1996. – R. Werner: Ä. In: RLW. – R.-R. Wuthenow: Muse, Maske, Meduse. Europäischer Ä. Ffm. 1978. – V. Žmegač: Ä. In: Borchmeyer/Žmegač.   GST

Asynaphie, f. [gr. = Unverbundenheit], ungefugter Versübergang. Eine A. liegt vor, wenn der Übergang zwischen zwei Versen metrische Unregelmäßigkeiten aufweist. In alternierend gebauten Versen beispielsweise bedeutet das, dass am Versübergang zwei metrische Senkungen oder zwei metrische Hebungen aufeinander folgen. Ggs.: ↗ Synaphie.   BM

Asynarteten, n. Pl., [gr. = nicht zusammenhängend], auch: Asynarteta, Sg. Asynarteton; ↗ archilochische Verse.

Asyndeton, n. [gr. = Unverbundenheit; lat. *articulus* = Glied, Abschnitt], ↗ rhet. Figur: Reihung gleichgeordneter Wörter, Wortgruppen oder Sätze *ohne* verbindende Konjunktionen (asyndetisch). Dient, wo es nicht einfach Ausdruck einer unkomplizierten Sprechweise ist, pathetischer Stilerhöhung, z. B. als ↗ Klimax: »es muß auf unser Fragen / ein Vieh, ein Baum, ein Bild, ein Marmor Antwort sagen« (A. Gryphius: »Cardenio und Celinde« II, V. 217 f.) oder als ↗ Antithese: »der Wahn ist kurz, die Reu ist lang« (F. Schiller: »Das Lied von der Glocke«); häufig sind asyndetisch-syndetisch gemischte Fügungen: »… Vieh, Menschen, Städt *und* Felder« (P. Gerhardt). Ggs.: ↗ Polysyndeton.   HHS/Red.

Atektonisch, Bez. für Kunstwerke, die keinen strengen Aufbau (Akte im Drama, Strophenformen) zei-

gen; ↗ offene Form. Ggs.: tektonische, ↗ geschlossene Form.   GS/Red.

Ateliertheater ↗ Zimmertheater.

Atellane, f., röm., aus Atella, einer oskischen Stadt in Kampanien, stammende volkstümliche ↗ Posse von ursprünglich wohl kultischer Bedeutung. Sie wurde von Laiendarstellern als ↗ Stegreifspiel aufgeführt und hatte ihren Platz, ähnlich dem gr. ↗ Satyrspiel, als ↗ Nachspiel (*exodium*) zu den ↗ Tragödien bei den *Ludi scaenici* (↗ Ludi). Ihr Personal bestand aus stereotypen Figuren der Unterschicht, den *Oscae personae*: dem Dummkopf Maccus, dem Maulhelden Bucco, dem lüsternen Alten Pappus und dem schlauen Vielfraß Dossennus; dabei wurden. v. a. Obszönität und Gefräßigkeit thematisiert. – Die A. wurde Anfang des 3. Jh.s v. Chr. in Rom eingeführt; von der gr. Phlyakenposse (↗ Phlyaken) beeinflusst, wirkte sie ihrerseits auf die ↗ Komödie, bes. auf die eher derbe Komik des Plautus. Auch die Komödie wirkte umgekehrt auf die A., als diese um 100 v. Chr. zur lit. Gattung aufstieg. Schon in nachsullanischer Zeit wurde sie durch den ↗ Mimus verdrängt, aber in der frühen Kaiserzeit kurzfristig neu belebt. Lit.: E. Stärk: A. In: W. Suerbaum (Hg.): Hb. der lat. Lit. der Antike. Bd. 1. Mchn. 2002, S. 264–273.   SAR

Athetese, f. [gr. *athétesis* = Tilgung], textkritische Tilgung einzelner Wörter, Sätze, Abschnitte aus einem nicht vom Verfasser beglaubigten (meist nur hsl. überlieferten) Text als spätere Zusätze (↗ Interpolationen); auch ganze Gedichte oder epische Werke können einem Autor abgesprochen, athetiert (für unecht erklärt) werden.   GS/Red.

Ätiologie, f. [aus gr. *aítion* = Ursache, Grund; *lógos* = Lehre], universelles kulturelles Verfahren zur Erklärung der Herkunft, Ursache und Eigenart verschiedenster lebensweltlicher Phänomene auf der Ebene eines vorwissenschaftlichen kausalen Denkens (auch: ↗ aitiologisch). Ä.n erklären Naturphänomene, die Herkunft von Kulturgütern, Praktiken des religiösen Ritus und Kultus, Orts- und Personennamen (↗ Etymologie). – V. a. in der gr. Philosophie beliebt (Kallimachos: »Aitia«), finden sich Ä.n häufig in der antiken Lit. (Dramen des Euripides, Ovid: »Metamorphosen«). ↗ Sagen, ↗ Legenden und ↗ Märchen können ätiologisch sein. Die mythische Überlieferung (↗ Mythos, ↗ Mythologie) ist reich an Ä.n, weil im Bereich des Religiösen das Bedürfnis nach Erklärungen eine große Rolle spielt. So wird der mal. skandinavische Brauch, den Toten die Nägel zu schneiden, von Snorri Sturluson (1178–1241) damit begründet, dass dem Totenschiff Naglfar, das zum Ragnarök loskommen soll, kein weiteres Baumaterial geliefert werden solle. Die von C. Brentano erfundene und von H. Heine bedichtete Figur der Hexe oder Fee Loreley –einer der wirkungsmächtigsten Mythenstoffe der Romantik – kann als Ä. der Gefährlichkeit der Stromschnellen an diesem Rheinabschnitt verstanden werden. Auch in vielen heutigen *urban legends* (↗ Sage) spielen Ä.n eine zentrale Rolle.

Lit.: P. J. van Dijk: The Function of So-Called Etiological Elements in Narratives. In: Zs. für die Alttestamentliche Wissenschaft 102 (1990), S. 19–33.   WB

Attische Klassik ↗ Klassik.

Attitüde, f., ↗ Lebende Bilder.

Attizismus, m. [von gr. *Attikós zélos*, lat. *stilus Atticus* = attischer Stil], 1. der sich am Dialekt Athens und Attikas als Hochsprache orientierende Gebrauch der gr. Sprache. – 2. Ein im 1. Jh. v. Chr. im gr. und lat. Sprachraum aufkommendes puristisches Stilideal, das auf Wort- und Formenschatz, bes. aber auf den schlichten, eleganten ↗ Stil einiger attischer Klassiker des 5. und 4. Jh.s v. Chr. (z. B. Lysias, Isokrates, Demosthenes) zurückgreift, deren ↗ Kanon im späten ↗ Hellenismus etabliert wurde. Philologen wie Dionysios von Halikarnassos (um Christi Geburt) erklärten diese Autoren zu Vorbildern und damit zu ↗ Klassikern, während man den im Hellenismus üblich gewordenen Reichtum an Redeschmuck (↗ Ornatus) als ›asiatisch‹ dekadent ablehnte (↗ Asianismus). Lexika mit ›zulässigen‹, d. h. bei den klassischen Autoren belegten Wörtern beeinflussten bis ins byzantinische MA. die gr. ↗ Prosa. – Röm. Vertreter dieses Stilideals (z. B. C. Asinius Pollio und C. Licinius Calvus, zweite Hälfte des 1. Jh.s v. Chr.) nannten sich ›Attici‹. Schon Cicero kritisierte in seinem »Brutus« den dem A. inhärenten ahistorischen Purismus.

Lit.: A. Dihle: Gr. Lit.geschichte [1967]. Mchn. ²1992. – Ders.: A. In: HWbRh. – E. Norden: Die antike Kunstprosa [1898]. 2 Bde. Stgt., Lpz. ¹⁰1995. – R. Seidel: A. In: RLW.   CLU

Aubade, f. [oʼbad; frz.], Morgenständchen, von afrz. *aube* = Morgendämmerung, ↗ Alba.

Audiobuch ↗ Hörbuch.

Audition colorée, f. [odisjōkɔlɔʼre; frz. = farbliches Hören, Farbenhören], bekannteste Form der ↗ Synästhesie, der sinnlichen Doppelempfindung, bei der Klänge mit Farben assoziiert werden. Die physiologische Verknüpfung von optischen und akustischen Reizen ist zum einen Gegenstand der Medizin und der Musikwissenschaft. Zum anderen findet die *a. c.* als versprachlichte Sinneswahrnehmung Eingang in die Rhet. des ↗ Barock und der ↗ Klassik sowie in die Metaphorik der ↗ Romantik und des ↗ Symbolismus, die den Vokalen Farbqualitäten zuschreiben (z. B. A. Rimbaud: »Voyelles«, 1871; »Alchimie du verbe«, 1873). Schon A. W. Schlegel entwickelt gegen Ende der 1790er Jahre in den »Betrachtungen über Metrik« die Idee einer ›Vokalfarbenleiter‹. R. Ghil (»Traité du Verbe«, 1886) prägt den Begriff *a. c.* und erstellt, ausgehend von den Analysen des Physikers H. v. Helmholtz, in Tabellen Farbkorrespondenzen für Vokale und Konsonanten.

Lit.: P. Hadermann: Synästhesie. In: U. Weisstein (Hg.): Lit. und bildende Kunst. Bln. 1992, S. 54–74. – F. Mahling: Zur Geschichte des Problems der wechselseitigen Beziehungen zwischen Ton und Farbe. Diss. Bln. 1923. – L. Schrader: Sinne und Sinnesverknüpfungen. Hdbg. 1969. – P. Utz: Das Auge und das Ohr im Text. Mchn. 1990. – P. Wanner-Meyer: Quintett der Sinne. Synästhesie in der Lyrik des 19. Jh.s. Bielefeld 1998.   KB

Auditorium, n. [lat.], 1. a) Hörsaal; als A. maximum (Abk.: Audimax) wird der größte Hörsaal einer Universität bezeichnet; b) im antiken Rom auch Verhörsaal, in dem der Kaiser mit seinem *consilium* der Jurisdiktion nachkommt; c) diese kaiserliche Rechtsfindung selbst (Synonym: *iudicium*). – 2. Zuhörerschaft, z. B. bei universitären Vorlesungen, Vorträgen und Konzerten.   SHO

Aufbau, die ↗ Komposition, ↗ Struktur oder Gliederung eines lit. Werkes.

Aufführung, 1. szenische Realisation eines Bühnenwerks (Schauspiel, Oper, Ballett, Puppenspiel usw.) vor Zuschauern; auch: Vorstellung. Im Ggs. zur ↗ Inszenierung, welche die künstlerische Einrichtung und Einstudierung eines Werks umfasst, unterscheiden sich die konkreten A.en einer Inszenierung an jedem Abend und bieten jeweils ein einmaliges, transitorisches Live-Erlebnis. Die A. setzt sich aus vielen Elementen zusammen: Darsteller (Bewegung, Mimik, Gestik, Artikulation), Zuschauer, Text (↗ Bühnenbearbeitung), Bühneneinrichtung (Bühnenform, Bühnenbild, Kostüme, Requisiten), Musik, Licht usw. Man unterscheidet: Uraufführung (die erste A. eines Werks weltweit), Erstaufführung (die erste A. in einem Land, z. B. dt. Erstaufführung; seltener die erste A. in einer Stadt oder an einem Theater) und die erste A. einer bestimmten Inszenierung (Premiere). – Die A.sanalyse ist ein genuiner Gegenstand der ↗ Theaterwissenschaft; die fortgeschrittenste Theorie zur A.sanalyse bietet derzeit die Theatersemiotik. Diese untersucht die A. unter dem Aspekt einer »Übers. aus dem sprachlichen Zeichensystem in das System theatralischer Zeichen« (Fischer-Lichte 1999, S. 36), für welche die physische Präsenz des ↗ Schauspielers zentral ist. – In der traditionellen europäischen A.spraxis wird seit dem 18. Jh. zumeist die »totale Trennung von Handelnden und Zuschauern« (Rapp, S. 195) vorausgesetzt. Neuere Theorien und Praktiken der ↗ Performance suchen diese Trennung tendenziell aufzuheben. A.en werden dabei auf ↗ Rituale zurückgeführt und als Dramatisierungen sozialer Episoden und Konflikte verstanden. 2. In der kulturwissenschaftlich orientierten Lit.wissenschaft, auch in der Mediävistik, ist eine noch weiter gehende Tendenz zur Verallgemeinerung des Begriffs der A. auf alle Arten öffentlicher Darbietungen von Lit. hin zu beobachten; damit soll – analog zu der Ausweitung des Geltungsbereichs von Begriffen wie ›Performativität‹, ›Inszenierung‹ oder ↗ ›Darstellung‹ – der Rollencharakter jeder kulturellen Praxis, nicht nur im Umgang mit Lit., plausibel gemacht werden (vgl. Müller). 3. Der Begriff wird auch für die Darbietung nichtlit. Kunstwerke, insbes. von Musikstücken, gebraucht. Die Weise der A. wird dabei – ebenfalls in Analogie zwischen Musik und Lit. – auch als ↗ Interpretation bezeichnet.

Lit.: E. Fischer-Lichte: Das Drama und seine Inszenierung. Tüb. 1985. – Dies.: Semiotik des Theaters. Bd. 3: Die A. als Text [1983]. Tüb. 1999. – Dies. (Hg.): Ästhetische Erfahrung. Das Semiotische und das Performative. Tüb., Basel 2001. – D. Gutknecht: A.spraxis. In: MGG², Sachteil. – G. Hiß: Der theatralische Blick. Einf. in die A.sanalyse. Bln. 1993. – J.-D. Müller (Hg.): ›A.‹ und ›Schrift‹ in MA. und früher Neuzeit. Stgt., Weimar 1996. – U. Rapp: Handeln und Zuschauen. Darmstadt, Neuwied 1973. – R. Schechner: Theateranthropologie. Reinbek 1990. – V. Turner: Vom Ritual zum Theater [engl.1982]. Ffm., NY 1989.   AHE und HH

Aufgesang, erster Teil der mhd. Kanzonen- oder ↗Stollenstrophe. Der A. eröffnet das Lied (↗Kanzone) und besteht aus zwei metrisch, melodisch und im Reimschema identischen Teilen, den ↗Stollen. Die Zahl der Verse in einem Stollen variiert (gewöhnlich von zwei bis acht). Die einfachste Form besteht aus zwei Reimpaaren: *ab ab.* Dieses Schema wird häufig erweitert und variiert. Im Rahmen einer Strophe wird der A. mit einem ↗Abgesang kombiniert, der sich von ihm sowohl metrisch als auch melodisch unterscheidet, oft jedoch dasselbe Thema mit ähnlichem Vokabular aus einem anderen Blickwinkel darstellt.   KS

Aufklärung [engl. *enlightenment*; frz. *lumières*; it. *illuminismo*], 1. im weiteren Sinne: neuzeitliches Projekt der Erziehung des Menschen zu selbständiger Geistestätigkeit und vernunftgeleiteter Erforschung der Wirklichkeit; 2. im engeren Sinne: lit.- und kulturgeschichtliche ↗Epoche, die sich über den größten Teil des 18. Jh.s erstreckt.

Zu 1.: Die A. als gesamteuropäische Bewegung geht Ende des 17. Jh.s von England, Frankreich und Holland aus und erfasst in ihrem Verlauf auch die Kolonien in Nordamerika. Sie wird kulturgeschichtlich mit Charakteristika der soziologischen ↗Moderne wie Säkularisierung, Rationalisierung, Emanzipation des Bürgertums und Aufstieg der Wissenschaften verbunden. Bereits die Zeitgenossen verstehen das 18. Jh. unter dem Signum der A. In einer Debatte in der »Berlinischen Monatsschrift« definiert I. Kant (1724–1804) A. als »Ausgang des Menschen aus seiner selbstverschuldeten Unmündigkeit« (»Was ist A.?«, 1784). Er verbindet sie mit dem programmatischen Aufruf an jeden Einzelnen, sich seines eigenen Verstandes zu bedienen (»*Sapere aude!*«), sowie der Forderung nach einem freien und von der ↗Zensur ungehinderten öffentlichen Gebrauch der Vernunft. – Der Begriff ›A.‹ ist ein Neologismus des späten 17. Jh.s, der die theologische Licht-Metaphorik zur Darstellung des Erkenntnisprozesses aufnimmt. Er impliziert damit eine negative Bewertung des Dunklen, das argumentationsstrategisch mit Barbarei, Aberglauben und Vorurteilen als Hauptfeinden der A. gleichgesetzt wird. – Die A. als pluralistische Bewegung entwickelt sich im Verlauf des 18. Jh.s in verschiedenen Phasen, mit Unter- und Gegenströmungen: a) Die *Frühaufklärung* (1690–1740) ist von der Philosophie des Rationalismus (R. Des-

cartes, G. W. Leibniz) geprägt, für welche die Vernunft das entscheidende menschliche Vermögen und das allg. Aufbauprinzip der Welt darstellt. Eine wichtige Gegenströmung ist der ↗Pietismus, in dem die protestantische Rückbesinnung auf den christlichen Glauben und eine das gesamte Leben prägende Intensivierung der Frömmigkeit vertreten wird. – b) In der *Hochaufklärung* (1740–70) tritt die engl. Philosophie des Empirismus und Sensualismus (J. Locke, D. Hume) in den Vordergrund, welche Erfahrung und Beobachtung zu den einzig legitimen Quellen menschlicher Erkenntnis erklärt. In Frankreich radikalisieren die Vertreter des Materialismus (J. O. de La Mettrie, C.-A. Helvétius) die »Rehabilitation der Sinnlichkeit« (Kondylis, S. 42); sie fassen den Menschen als eine durch den Körper determinierte Maschine auf (La Mettrie: »L'homme machine«, 1748). Parallel dazu fordert die ↗Empfindsamkeit auch eine A. der Gefühle. – c) In der *Spätaufklärung* (1770–1800) gipfelt die vernunftbetonte Seite der A. in Kants kritischer Philosophie, die eine allg. Überprüfung der Bedingungen und Grenzen der Möglichkeit menschlicher Erkenntnis vornimmt (»Kritik der reinen Vernunft«, 1781). Gleichzeitig zeigen sich die Schattenseiten der Verdrängung der ›dunklen‹ Seiten des Menschen in einer Hochkonjunktur mystischer, abergläubischer und irrationalistischer Tendenzen. – Das gesamte 18. Jh. wird von popularphilosophischen Strömungen durchzogen, die zwischen Rationalismus, Empirismus und Materialismus zu vermitteln versuchen und bes. an einer moralisch-praktischen Anwendung philosophischer Erkenntnis interessiert sind.

Die A. als Neudefinition des Menschen und seines Verhältnisses zur Welt erfasst die politischen und sozialgeschichtlichen Verhältnisse, die wissenschaftlichen Diskurse sowie die Lebenswelt des Einzelnen gleichermaßen. *Politisch* spiegelt sich die A. im Konzept des ›aufgeklärten Absolutismus‹ bei Friedrich II. (1712–86, König von Preußen seit 1740) und Joseph II. (1741–90, Kaiser von Österreich seit 1765); *realgeschichtlich* existieren jedoch weiterhin Zensur und Leibeigenschaft. *Mentalitätsgeschichtlich* wird die A. im engen Zusammenhang mit dem Bürgertum gesehen: Obwohl ein realer sozialer Aufstieg nur wenigen Vertretern des Wirtschaftsbürgertums und den Funktionseliten gelingt, werden von der A. genuin bürgerliche Werte und Verhaltensformen propagiert. – Die A. führt in der *Theologie* zur Ausprägung verschiedener mit der zeitgenössischen Philosophie kompatibler Religionsmodelle. Problematisiert wird v. a. der Offenbarungscharakter der christlichen Religion: Für die Vertreter des ›Deismus‹ in England ist Gott nicht mehr in der von ihm geschaffenen Welt anwesend, die wie ein einmal aufgezogenes Uhrwerk ohne ihn automatisch weiterlaufe. In Deutschland versuchen die Vertreter der ›Neologie‹ (›neue Lehre‹) dagegen an der Offenbarung festzuhalten, sie sogar mit den Methoden rationaler Vernunfterkenntnis zu untermauern. – Die A. vollzieht sich *wissenschaftshistorisch* in Wechselwirkung mit der

Ausdifferenzierung disziplinär organisierter Naturwissenschaften auf der Grundlage eines mathematisch-mechanistischen Weltbildes. Neue, experimentelle Methoden werden entwickelt, eine unübersehbare Vielzahl neuer Erkenntnisse verlangt nach Systematisierung; der Physiker I. Newton (1643–1727), der Botaniker C. v. Linné (1707–78) sowie der Mediziner und Dichter A. v. Haller (1708–77) werden die neuen Heroen des wissenschaftsgläubigen Zeitalters. – *Lebensweltlich* führt die A. zumindest für die privilegierten Schichten von Adel und Bürgertum einen Aufschwung des kulturellen Lebens mit sich: Die ↗Hoftheater öffnen sich zunehmend auch für das bürgerliche Publikum; an die Stelle des höfischen geometrischen Gartens nach frz. Vorbild tritt die allg. Begeisterung für englische Landschaftsparks (↗Garten- und Landschaftslit.). Die Verfeinerung des täglichen Lebens spiegelt sich in einer umfangreichen Luxusdebatte und -kritik wider. Nach aufklärerischen Maßgaben reformiert wird auch das *Erziehungswesen* (Reforminstitut ›Philanthropin‹ in Dessau); es entsteht eine aufklärerische ↗Kinder- und Jugendlit. (J. H. Campe [1746–1818]). Andere zielgruppenorientierte Aufklärungsprojekte sind die Volksaufklärung sowie die jüdische Bewegung der Haskala (M. Mendelssohn [1729–86]). Zu 2.: Auch die A. als *lit.geschichtliche Epoche* ist durch einen ›Strukturwandel der Öffentlichkeit‹ (Habermas) gekennzeichnet. Der lit. Markt expandiert in bisher ungekanntem Maße. Ausgehend von den ↗moralischen Wochenschriften in England (»Tatler«; »Spectator«) und Vorbildern wie dem »Mercure de France« entsteht auch in Deutschland eine vielfältige Zss.landschaft, die im Dienste der Popularisierung des gelehrten Wissens und der moralisch-nützlichen Unterhaltung des Publikums steht (»Der Teutsche Merkur«, hg. von Ch. M. Wieland). V. a. die Anzahl der ↗Romane vermehrt sich sprunghaft; an ihrer weiten Verbreitung wirken die neuen Institutionen von ↗Lesegesellschaften und Leihbüchereien mit. – Grundsätzlich unterscheidet sich die Lit. der A. durch ihre Ausrichtung auf (zumeist moralisch verstandene) Wirksamkeit – gemäß der Maxime des Horaz, die Dichtung müsse entweder ›nützen‹ oder ›erfreuen‹ (»prodesse aut delectare«; »Ars poetica«; V. 333) – von der vorherigen Epoche, dem späten ↗Barock. Sie ist jedoch nicht als rein didaktisch misszuverstehen, sondern will den ↗Leser bei der ↗Lektüre zur eigenständigen Reflexion erziehen. Den Übergang von der barocken normativen ↗*Poetik* zur aufklärerischen Wirkungspoetik (↗Wirkungsästhetik) leitet J. Ch. Gottsched (1700–66) mit seinem »Versuch einer Critischen Dichtkunst« (1730) ein, der sich zwar noch an den Normen der aristotelischen Poetik orientiert, jedoch einen von den Vernunft-Vermögen ↗›Witz‹ und ↗›Geschmack‹ geleiteten Schaffensprozess postuliert. Dagegen wenden sich im ↗›Lit.streit‹ mit Gottscheds Leipziger Schule die Schweizer Autoren J. J. Bodmer (1698–1783) und J. J. Breitinger (1701–76): Sie wollen die Dichtkunst v. a.

auf die Erzeugung von ›Gemütserregungen‹ verpflichten. Dazu befürworten sie auch den Einsatz des Wunderbaren und ↗Erhabenen sowie, in produktions-ästhetischer Hinsicht, eine stärkere Beteiligung der ↗Einbildungskraft am Schöpfungsprozess. Auch die *Ästhetik* des Sensualismus (A. G. Baumgarten: »Aesthetica«, lat. 1750/58) vertritt ein Ideal der ›Rührung‹, in der die ästhetische Vollkommenheit ein Abbild moralischer Wahrheit gewährt. Ihre klassische Form erreicht die aufklärerische Wirkungspoetik in G. E. Lessings (1729–81) illusionistischer Ästhetik: Der Zuschauer soll durch die Darstellung lebensweltlich wahrscheinlicher, gemischter Charaktere in bürgerlich-privaten Konflikten durch Furcht und Mitleid geläutert und zum mitleidigen Menschen – als »bestem aller Menschen« (»Briefwechsel über das Trauerspiel«, 1756 f.) – erzogen werden. In der späten A. werden die poetologischen Wirkungsmodelle unter dem Einfluss der neu entstehenden Anthropologie – der Wissenschaft vom Menschen als leib-seelischem Doppelwesen – modifiziert: V. a. im Roman werden Fälle problematischer Individualität psychologisch detailliert dargestellt, um dem Leser die Gefahren übermäßiger Phantasietätigkeit oder ungezügelter Leidenschaften vor Augen zu führen.

Die ↗*Lyrik* der Frühaufklärung pflegt mit den physiko-theologischen (Gott durch die Schönheit der einzelnen Elemente der von ihm geschaffenen Natur preisenden) Gedichten B. H. Brockes' (1680–1747) und der ↗Gedankenlyrik A. v. Hallers – nach dem Vorbild J. Miltons (1608–74) und A. Popes (1688–1744) – eine enge Beziehung zur Naturwissenschaft. Daneben entwickeln sich mit dem Aufkommen der ↗Empfindsamkeit die ↗Anakreontik (J. W. L. Gleim, F. v. Hagedorn) sowie die neue Form der freirhythmischen ↗Hymne (F. G. Klopstock). Im Bereich des ↗*Dramas* strebt Gottsched gemeinsam mit C. Neuber (1697–1760) eine klassizistisch geprägte Theaterreform an, um das Niveau der dt. ↗Wanderbühnen zu heben. Im Lustspielbereich etablieren sich die rührend-weinerliche Komödie (Ch. F. Gellert) und die sächsische ↗Typenkomödie. Die Reformbemühungen setzt Mitte des Jh.s die Nationaltheaterbewegung fort; Lessing begründet und entwickelt das ↗bürgerliche Trauerspiel (»Miß Sara Sampson«, 1755; »Emilia Galotti«, 1772). V. a. im dramatischen Bereich reüssieren auch die jungen Autoren des ↗Sturm und Drang (J. M. R. Lenz, F. M. Klinger), die unter Berufung auf das ↗Genie des Dichters eine erste innerlit. Opposition zur aufklärerischen Lit. entfalten. Die ↗*Prosa* der A. bevorzugt Gattungen und Schreibweisen mit didaktischen Funktionen wie ↗Fabel (J. de La Fontaine, Gellert), ↗Satire (J. Swift, G. W. Rabener, G. Ch. Lichtenberg) oder ↗Utopie (J. G. Schnabel) und ↗Robinsonade (D. Defoe, Campe). Beliebt sind auch Klein- und Mischformen (↗Epigramm, ↗Idylle, ↗Epyllion, ↗Brief). Mit dem quantitativen Anstieg der Romanproduktion entsteht ein differenziertes Spektrum an Subgenres. Bes. typisch für die A.

sind der empfindsame Roman (S. Richardson), der ↗philosophische Roman (Voltaire, D. Diderot), der ↗Erziehungsroman (J. J. Rousseau) und der ↗Staatsroman (J. M. v. Loen). Die ersten Ansätze zu einer eigenen ↗Romantheorie (F. v. Blanckenburg) etablieren in Fortsetzung autobiographischer Erzählmodelle den ↗Bildungsroman (Ch. M. Wieland: »Geschichte des Agathon«, 1766 f.).

Die A. hat im 19. Jh. wegen ihres vermeintlich einseitig rationalistisch-doktrinären Charakters – der durch die ↗Weimarer Klassik und den ↗dt. Idealismus habe ›überwunden‹ werden müssen – einen schlechten Ruf. Diese Rezeptionslinie schreibt noch Horkheimers und Adornos »Dialektik der A.« (1947) fort, welche die A. – als die gesamte abendländische Geschichte durchziehende Rationalisierungstendenz – unter einen universellen Instrumentalisierungsverdacht stellt. Seit den 1970er Jahren hat jedoch eine interdisziplinär und international ausgerichtete A.sforschung das differenzierte Bild einer genuin pluralistischen A. erarbeitet.

Lit.: P.-A. Alt: A. [1996]. Stgt., Weimar ³2007. – E. Bahr (Hg.): Was ist A.? Stgt. 1992. – A. Borgstedt: Das Zeitalter der A. Darmstadt 2004. – R. Grimminger (Hg.): Dt. A. bis zur Frz. Revolution. 2 Teilbde. Mchn., Wien 1980. – J. Habermas: Strukturwandel der Öffentlichkeit [1962]. Ffm. 1990. – M. Hofmann: A. Stgt. 1999. – M. Horkheimer, Th. W. Adorno: Dialektik der A. [1947] Ffm. 1988. – U.-K. Ketelsen: A. In: Killy/Meid. – P. Kondylis: Die A. im Rahmen des neuzeitlichen Rationalismus [1981]. Mchn. 1986. – R. Koselleck: Kritik und Krise [1959]. Ffm. ⁷1992. – J. Mittelstrass: Neuzeit und A. Bln. 1970. – M. North: Genuss und Glück des Lebens. Kulturkonsum im Zeitalter der A. Köln 2003. – P. Pütz: Die dt. A. [1978]. Darmstadt ⁴1991. – W. Schneiders (Hg.): Lexikon der A. Mchn. 1995. – C. Zelle: A. In: RLW.   JH

Auflage, Summe der gleichzeitig hergestellten Exemplare einer Zeitung oder eines Buches. Die Höhe der A. bemisst sich nach der Verkaufserwartung. *Neu-Auflagen* belletristischer Lit. sind meist unverändert, wissenschaftliche vom Verfasser oder einem Bearbeiter ergänzt. Gezählt wird nach der Anzahl der A.n oder der Summe aller Exemplare (in Tausend). Von Ausgaben für Bibliophile wird meist nur eine in der Stückzahl beschränkte A. gedruckt (*limitierte A.*). Unverkäufliche Bestände werden eingestampft oder im ›Modernen Antiquariat‹ abgesetzt (*Rest-A.*), gelegentlich auch umgebunden und mit neuem Titelblatt wieder angeboten (*Titel-A.*). Vgl. auch ↗Druck (2a), ↗Neudruck.   HHS/Red.

Aufriss, 1. knappe, oft schematisch gegliederte Darstellung einer Wissenschaft; 2. Vorform des Rundfunk-↗Features.

Aufsatz, 1. kürzere, in der Regel nicht eigenständig, sondern in einer Fachzeitschrift oder einem Sammelband publizierte ↗Abhandlung (2). Zur nichtkommerziellen Verbreitung durch die Autoren werden verlagsseitig manchmal Sonderdrucke (engl. *offprints*) von

Aufsätzen hergestellt. Ein A. geringeren Anspruchs wird auch ›Artikel‹ oder ›Beitrag‹ genannt, während die Bez.en ›Abhandlung‹ und ↗›Studie‹ einen höheren Anspruch in Bezug auf die Gründlichkeit und Ausführlichkeit der Bearbeitung eines Themas markieren. – 2. Seit dem 18. Jh. gebräuchliche, heute umstrittene Bez. für die Grundform der schriftlichen Einzelarbeit im schulischen ↗Deutschunterricht, die insbes. der Leistungsbewertung im Lernbereich ↗Schreiben dient. Kritisiert wird v. a. die Fixierung auf »einen traditionellen Kanon rein schulischer Schreibformen« ohne pragmatische Funktion (Fritzsche, S. 25); als weniger belastete Bez. schlägt Fritzsche ›Schreibaufgabe‹ vor. Wichtige Formen schulischer Schreibaufgaben sind Bericht, Schilderung, Protokoll, ↗Erörterung, Nacherzählung, Inhaltsangabe, aber auch (fiktiver) ↗Brief und (fiktives) ↗Tagebuch sowie das Weiter- und Umschreiben lit. Texte im Rahmen des handlungs- und produktionsorientierten Lit.unterrichts.

Lit.: J. Fritzsche: Zur Didaktik und Methodik des Deutschunterrichts. Bd. 2: Schriftliches Arbeiten [1994]. Stgt. 2000.   DB

Aufschreibesystem, Grundkategorie der technikbasierten Mediengeschichte F. A. Kittlers, die auf F. Nietzsche zurückgeht (»Unser Schreibzeug arbeitet mit an unseren Gedanken«, Brief an H. Köselitz, Ende Februar 1882, in: Nietzsche, S. 172; vgl. Kittler, S. 238). Der Begriff ›A.‹ beruht auf dem Konzept des ↗Diskurses aus der ↗Diskursanalyse von M. Foucault, welche die immanenten Regeln der Organisation von diskursiven Systemen des Wissens beschreibt, wird aber um eine medientechnische und medienhistorische Dimension erweitert. Ein A. repräsentiert das »Netzwerk von Techniken und Institutionen […], die einer gegebenen Kultur die Adressierung, Speicherung und Verarbeitung relevanter Daten erlauben« (Kittler, S. 501). Der Begriff zielt auf eine makrohistorische Periodisierung, die sich in zwei Epochengruppen, um 1800 und um 1900, ausdrückt.

Lit.: B. J. Dotzler: A.e. In: A. Roesler, B. Stiegler (Hg.): Grundbegriffe der Medientheorie. Mchn. 2005, S. 28–32. – F. A. Kittler: A.e 1800–1900 [1985]. Mchn. ⁴2003. – D. Kloock, A. Spahr: Medientheorien. Mchn. 1997. – F. Nietzsche: Sämtliche Briefe. Bd. 6. Mchn. u. a. 1986.   OJ

Auftakt, eine oder mehrere unbetonte Silben, die vor der ersten Hebung eines Verses liegen. Ein Vers, der einen A. enthält, wird ›auftaktig‹ genannt; ein Vers, der ohne den A., also mit einer Hebung, beginnt, heißt ›auftaktlos‹. – Die Bez. wurde im 19. Jh. aus der musikalischen Terminologie in die ↗Taktmetrik übernommen, hat sich aber heute aus diesen beiden Kontexten gelöst. Da es keine überzeugende Alternative zur Bez. des Phänomens gibt, wird der Begriff heute meist weiterhin gebraucht (vgl. Burdorf), von der linguistisch orientierten Forschung (vgl. Küper) allerdings abgelehnt. – Die antike, heute unüblich gewordene Bez. für ›A.‹ ist ↗›Anakrusis‹.

Lit.: D. Burdorf: Einf. in die Gedichtanalyse [1995]. Stgt., Weimar ²1997. – S. Doering: A. In: RLW. – Ch. Küper: Sprache und Metrum. Tüb. 1988.   DB

Auftritt ↗ Szene.

Aufzeichnungen ↗ Tagebuch.

Aufzug, seit dem 17. Jh. (A. Gryphius) verbreitete Bez. für den ↗ Akt (bis dahin auch ↗ ›Abhandlung‹ [1] genannt) oder Auftritt im Drama, seit dem 18. Jh. (J. E. Schlegel, G. E. Lessing) fast nur noch für den Akt. Einerseits geht ›A.‹ auf das Aufziehen des Vorhangs zurück; andererseits steht das Wort seit dem 17. Jh. auch für einen festlichen Aufmarsch oder Umzug, eine Prozession (↗ Trionfi), woraus sich die Vorstellung des Auftritts der Akteure auf der leeren Bühne ergibt. Aufzüge unterteilten die Bühnenhandlung aufgrund von räumlich-technischen Prämissen (Kulissenwechsel bei geschlossenem Vorhang). Der Zwischenvorhang (seit 1770) ermöglichte die Gliederung des Bühnengeschehens nach inhaltlich-darstellerischen Aspekten.
Lit.: A. In: DWb 1 (1854), Sp. 786. – H. Paul: Dt. Wörterbuch. Tüb. ⁹1992, S. 70 f.   BW

Augenreim ↗ Reim.

Auktoriales Erzählen [›auktorial‹: von Stanzel neu gebildetes Adjektiv zu lat. *auctor* = Urheber], Form der Narration, bei welcher die der ↗ Fiktion zuzurechnende Erzählinstanz nicht als ↗ Figur in der erzählten Welt agiert, sondern aus übergeordneter Sicht die fiktive (›diegetische‹) Welt darstellt; in der neueren ↗ Narratologie auch als ›extradiegetisch‹ (vs. ›intradiegetisch‹: der Erzählwelt zugehörig) oder ›heterodiegetisch‹ (vs. ›homodiegetisch‹: Erzählinstanz ist auch Figur der Erzählwelt, also ↗ Ich-Erzähler) bezeichnet. Stanzel unterscheidet auktoriale, personale und Ich-Erzählsituation. A. E. wird außer durch die Person des übergeordneten Erzählers durch Überwiegen der Außenperspektive sowie des Erzähler-Modus (im Ggs. zum Reflektor-Modus, bei dem eine Figur innerhalb der erzählten Welt als Medium das fiktionale Geschehen wahrnimmt, aber nicht erzählt) gekennzeichnet. Der auktoriale Erzähler spricht von sich in der ersten Person, von den Figuren in der dritten, ist ›allwissend‹, insofern er a) Innensicht in sämtliche handelnden Figuren vermitteln kann und deren Existenzbedingungen kennt, b) in der Erzählwelt allgegenwärtig ist bzw. sein kann, c) auch den künftigen Verlauf der Handlung kennt. Es ergibt sich eine Vielfalt erzählerischer Möglichkeiten: ›Fokalisierung‹ (vgl. Nünning nach G. Genette) auf die Innen- und Außenwelt der Figuren (*showing*), Einmischung durch Kommentieren, Relativieren, Ironisieren (Illusionsdurchbrechung) sowie Darstellung und Erörterung des Erzählvorgangs (*telling*). A. E. findet sich v. a. in der Lit. des 18. und 19. Jh.s (H. Fielding: »Tom Jones«; J. W. Goethe: »Wilhelm Meisters Lehrjahre«; Th. Hardy: »Tess of the D'Urbervilles«), aber auch noch des 20. Jh.s (Th. Mann: »Der Zauberberg«).
Lit.: A. Nünning: Mimesis des Erzählens. In: J. Helbig

(Hg.): Erzählen und Erzähltheorie im 20. Jh.: Fs. für W. Füger. Hdbg. 2001, S. 13–47. – F. K. Stanzel: Theorie des Erzählens [1979]. Gött. ⁶1995.   GSR

Aulodie, f. [gr. *aulós* = ein Blasinstrument mit doppeltem Rohrblatt, Schalmei, Pfeife], in der gr. Antike der vom Aulos begleitete chorische Gesangsvortrag, z. B. von Elegien sowie (wegen seines als anfeuernd, orgastisch empfundenen Klanges) von Trink-, Hochzeits-, Arbeits- und Kriegsliedern. Erster historisch belegter Aulode war Klonas v. Tegea (Anfang des 7. Jh.s v. Chr.).   IS/Red.

Aura, f. [gr. = Luftzug, Hauch, Schimmer], Ausstrahlung einer Person oder eines Gegenstandes, insbes. eines Kunstwerks. – In der Theosophie meint ›A.‹ die als feinstofflich vorgestellte, dem normalen Menschen nicht sichtbare Hülle des menschlichen Leibes. Anknüpfend an diesen Sprachgebrauch erhebt W. Benjamin ›A.‹ zum Zentralbegriff seiner späten Geschichtsphilosophie der ↗ Kunst. Kunstwerke sind für Benjamin auratisch, weil sie ihre ursprüngliche religiöse Funktion als Kultgegenstände im ↗ Ritual auch in säkularisierten Zusammenhängen zunächst noch bewahren, da sie sich durch Einmaligkeit (z. B. die von ↗ Fälschungen abzusetzende Echtheit eines Gemäldes) und Dauer auszeichnen. Sie schaffen gegenüber dem Rezipienten Distanz auch bei größter Nähe, ziehen an und bannen zugleich, wie ein menschliches Antlitz. Moderne ↗ Medien und Kunstformen wie Fotografie, ↗ Film und Reklame deutet Benjamin dagegen unter dem Aspekt einer »Zertrümmerung der A.« (S. 479) als revolutionäre Vorboten einer ernüchterten, befreiten Menschheit in kollektiver Selbstorganisation. – Die spätere Film- und Medientheorie kritisiert an diesem Konzept v. a. die These, dass technische Reproduzierbarkeit und A. miteinander unvereinbar seien; z. B. wird auf die Re-Auratisierung historischer Photographien (*vintage prints*) hingewiesen.
Lit.: B. Auerochs: A., Film, Reklame. In: Th. Elm, H. H. Hiebel (Hg.): Medien und Maschinen. Freiburg/Br. 1991, S. 107–127. – W. Benjamin: Das Kunstwerk im Zeitalter seiner technischen Reproduzierbarkeit [frz. 1936]. In: ders.: Gesammelte Schriften. Bd. I.2. Ffm. 1974, S. 471–508. – J. Fürnkäs: A. In: M. Opitz, E. Wizisla (Hg.): Benjamins Begriffe. Bd. 1. Ffm. 2000, S. 95–146. – L. Jäger: A. In: RLW.   BA

Auscultator, m. [lat. *auscultare* = zuhören], Bediensteter v. a. von Kanzleien, dessen Aufgabe der genaue Textvergleich einer Abschrift mit ihrer Vorlage, die *auscultatio*, ist. Der durchgeführte Vergleich wird mit einer standardisierten Notiz am rechten oberen Rand des Dokuments vermerkt (im 13. Jh. »a« für »auscultata«).
Lit.: Th. Frenz: A. In: LMA.   CF

Ausdruckstanz ↗ Tanz.

Ausgabe, auch: ↗ Edition; allg. Bez. für die durch Autor, Editor oder ↗ Lektor vorbereitete und überprüfte, drucktechnisch vervielfältigte und buchhändlerisch verbreitete Buchpublikation eines lit. Werkes; vgl.

↗ Einzel-A., ↗ Gesamt-A., ↗ Erst-A. (Editio princeps), ↗ A. letzter Hand, ↗ kritische A., ↗ historisch-kritische A., ↗ Studienausgabe, ↗ Leseausgabe, ↗ Editionstechnik, ↗ Editio definitiva, ↗ Editio spuria, ↗ Editio castigata, ↗ ad usum Delphini. DB

Ausgabe letzter Hand, Bez. für die letzte vom Dichter selbst redigierte und überwachte Ausgabe seiner Werke, die die Texte in ihrer endgültigen Gestalt bietet; wertvoll v. a. für ↗ historisch-kritische Ausgaben. Durch Wielands »Ausgabe von der letzten Hand« (1794–1802 bzw. 1811) und bes. durch Goethes »Vollständige Ausgabe letzter Hand« (1827–30) als Begriff üblich geworden. ↗ Edition, ↗ Redaktion. HST

Ausgangssprache ↗ Übersetzung.

Aushängebogen, einzelne Bogen eines Buches, die während des Ausdruckens dem Verfasser oder Verleger nur noch zur Orientierung über die Qualität des Drucks (nicht mehr zur Korrektur) vorgelegt werden; dienen auch der vorzeitigen Information von Rezensenten. Früher zur Ankündigung von Neuerscheinungen öffentlich ausgehängt. HHS/Red.

Auskultator ↗ Auscultator.

Ausländerliteratur ↗ Migrantenlit.

Auslegung ↗ Hermeneutik.

Auslieferung ↗ Erscheinungsjahr.

Ausstattungsstück, Werk des Musik- und Sprechtheaters, dessen Wirkung stärker von der prachtvollen Bühnenausstattung (Dekorationen, Kostüme, technische Effekte) bestimmt wird als von der lit. oder musikalischen Qualität. ›A.‹ ist kein Gattungsbegriff, sondern stellt eine meist abwertend gemeinte Zuschreibung des Betrachters dar. Als ›A.e‹ werden gelegentlich die opulent inszenierten ↗ Opern des Barock, die ↗ *Grand opéra*, aber auch Ballette, ↗ Zauberstücke, ↗ Operetten, ↗ Revuen oder ↗ Musicals bezeichnet. AHE

Austriazismus, m. [von lat. *Austria* = Österreich], Ausdrucksweise, die innerhalb der dt. Sprache nur in Österreich üblich ist und im übrigen dt. Sprachraum als ungewöhnlich oder sogar unverständlich wahrgenommen wird (z. B. ›Erdapfel‹ für ›Kartoffel‹). Austriazismen werden in der ↗ österr. Lit. (bes. im Drama, etwa im ↗ Wiener Volkstheater) zuweilen gezielt eingesetzt, um Lokal- oder Regionalkolorit zu erzeugen. Ist ein lit. Text ganz von Austriazismen dominiert, ist er Teil der österr. ↗ Dialektlit. DB

Authentizität, f. [lat. *authenticus* = eigenhändig, verbürgt; von gr. *authéntēs* = Urheber], 1. die Echtheit bzw. Zuverlässigkeit einer überlieferten Äußerung oder eines Textes. Insbes. bezeichnet ›A.‹ als editionswissenschaftlicher Begriff die Norm, in einer ↗ Edition die originale Textgestalt gemäß der Überlieferungssituation bzw. der Autorintention zu präsentieren. – 2. Die Wahrhaftigkeit a) des subjektiven Selbstausdrucks oder b) des objektiven Weltbezugs im lit. Text. Als lit.-theoretischer Begriff bezieht sich ›A.‹ einerseits auf den glaubwürdigen Ausdruck der Autor-Subjektivität im lit. Text, andererseits auf dessen ›unverfälschten‹

Darstellungsbezug zur außerlit. Wirklichkeit. – A. wird in Antike und MA. zunächst auf Originale bzw. beglaubigte Dokumente bezogen, aber schon im frühen Christentum auch auf die kanonischen Bibelautoren (*authentici*) übertragen. Mit der (von I. Kant im »Streit der Fakultäten«, 1798, 1. Abschnitt, aufgenommenen) Unterscheidung von ›authentischer‹ und ›doktrinaler‹ (exegetischer) Auslegung wird A. auf die ›buchstäbliche‹ Autorabsicht festgelegt. Die Genieästhetik (↗ Genie) des 18. Jh.s prägt den A.sbegriff im Sinne eines ursprünglich-echten Subjektausdrucks in der Dichtung (↗ Erlebnisdichtung). Neben diese subjektive A. tritt in der Ästhetik des 20. Jh.s (vgl. Adorno) die Bedeutung einer ›höheren‹ objektiven (›ästhetischen‹) A. als Vollzug gesellschaftlich-geschichtlicher ›Wahrheit‹ in der Kunst. – Die neuere Forschung (vgl. Fischer-Lichte/Pflug) versteht A. vermehrt als Darstellungseffekt und fragt anstelle der Behauptung subjektiver Autor-Präsenz nach den Bedingungen und Verfahren ihrer textuellen Erzeugung oder ↗ ›Inszenierung‹ (z. B. in ↗ Autobiographie und ↗ Brief). ↗ Originalität.
Lit.: Th. W. Adorno: Ästhetische Theorie [postum 1970]. Ffm. ¹⁴1998. – E. Fischer-Lichte, I. Pflug (Hg.): Inszenierung von A. Tüb. 2000. – K. Grubmüller, K. Weimar: A. In: RLW. – J. Schlich: Lit. A. Tüb. 2002. – J. Schmidt: Die Geschichte des Genie-Gedankens in der dt. Lit., Philosophie und Politik 1750–1945. 2 Bde. Darmstadt 1985. CD

Auto, n. oder m. [span., von lat. *actus* = Handlung], geistliches Versdrama in einem Akt, das in Spanien des späten MA.s an hohen kirchlichen Feiertagen (Weihnachten, Ostern, Fronleichnam) aufgeführt wurde und in welchem Allegorien und ↗ Lebende Bilder die christliche Heilslehre visualisierten. Das »A. de los Reyes Magos« (»Spiel von den Heiligen Drei Königen«, um 1250) gilt als erstes bekanntes Dokument einer eigenständigen span. Theaterpraxis. Auf fahrbaren Bühnenelementen (*carros*) im Freien zur Aufführung gebracht und von Musik, Tanz, Spielern und einer aufwendig gestalteten, Feuer speienden Riesenschlange (*tarasca*) begleitet, hatten die A.s über ihren didaktisch-religiösen Gehalt hinaus Volksfestcharakter. – Die berühmte Sammlung »Códice de a.s viejos« (96 Stücke, ca. 1559–78) befindet sich in der Madrider Nationalbibliothek. Mit den ↗ A.s sacramentales (Fronleichnamsspielen) von Lope de Vega und P. Calderón de la Barca erreichte die Gattung im 17. Jh. ihren Höhepunkt.
Lit.: J.-L. Flecniakoska: La formation de ›l'a.‹ religieux en Espagne avant Calderón (1550–1635). Montpellier 1961. – G. Poppenberg: Psyche und Allegorie. Studien zum span. a. sacramental von den Anfängen bis zu Calderón. Mchn. 2002. NL

Autobiographie, f. [aus gr. *autós* = selbst, *bíos* = Leben, *gráphein* = schreiben], Erzählung des eigenen Lebens oder eines größeren Teils daraus und der Geschichte der eigenen Persönlichkeit; lit. Selbstdarstellung. – Zumeist bedeutet ›A.‹ heute eine Form der nicht-fiktionalen, rückblickenden Ich-Erzählung, die auf die Rekonstruktion der persönlichen Entwicklung unter bestimmten historischen, sozialen und kulturellen Bedingungen zielt. Während die A. die Genese des Individuums betont, hebt der Begriff ↗ ›Memoiren‹ die Einordnung des beschriebenen Lebens in seine politischen und historischen Kontexte hervor; doch sind die Übergänge fließend. – In weiterem Sinne umfasst der Begriff ›A.‹ alle Formen der Erzählung des eigenen Lebens unabhängig von Subjektivitätskonzepten und der jeweiligen narrativen Struktur. Zwar dominiert die Ich-Erzählung in Prosa deutlich; daneben finden sich aber auch A.n in der dritten Person (S. O'Casey), in Form von ↗ Briefen (Platon), ↗ Dialogen (Cicero, L. Holberg), Versen (W. Wordsworth: »The Prelude«, 1805–50) oder einer Mischung von Vers und Prosa (Dante Alighieri: »Vita nuova«, um 1293). Auch die Motive der A. sind vielfältig: Bekenntnis vor Gott (*confessio*), Belehrung, Rechtfertigung (*apologia*), Abrechnung, soziale Rehabilitation, Selbsterkenntnis, Selbstvergewisserung, Selbstdeutung oder Selbsterhöhung. Insofern die Selbstdarstellung stets selegierender, wertender und konstruierender Natur ist, sind die Grenzen zur ↗ Fiktion fließend (↗ autobiographischer Roman). – Die Bez. *autobiography* ist erstmals bei W. Taylor 1797 nachweisbar; im Dt. findet sich 1796 ›Selbstbiographie‹ (D. Ch. Seybold: »Selbstbiographien berühmter Männer«); Jean Paul spricht von ›Selberlebensbeschreibung‹ oder ›Lebenserschreibung‹. Die Geschichte des Phänomens reicht wesentlich weiter zurück; sie ist an die Geschichte der Auffassung von Identität gekoppelt. Frühe autobiographische Texte finden sich bereits in der Antike – so Platons Apologie (7. Brief), Caesars, Ciceros und Augustus' Texte über ihr politisches Wirken sowie die autobiographischen Darstellungen eines philosophischen oder religiösen Höhepunkts von Marc Aurel (gestorben 180 n. Chr.), P. Aelius Aristides (gestorben 190 n. Chr.) oder Boëthius (gestorben 523 n. Chr.) – sowie bei den mal. Mystikern (H. Seuse: »Vita«, 1327; »The Boke of M. Kempe«, ca. 1433). Eine herausragende Bedeutung kommt den »Confessions« des Augustinus (um 400) zu: Sie begründen die Tradition einer radikalen Selbstreflexivität des Ich. Zentrale Voraussetzung des autobiographischen Bekenntnisses, die Augustinus im 10. Buch reflektiert, ist das Gedächtnis; den strukturellen und thematischen Angelpunkt bildet die Konversion. Das augustinische Modell prägt die religiös-spirituelle A. des MA.s und der Neuzeit von F. Petrarca (»Die Besteigung des Mont Ventoux«, 1326) bis hin zur puritanischen bzw. pietistischen A. des 17. und 18. Jh.s (J. Bunyan, 1666; A. H. Francke, 1690 f.; A. Bernd, 1738). Neben der noch nicht individualisierten Artikulation religiöser Erfahrung entsteht in der ↗ Renaissance bereits eine Vielzahl von säkularen autobiographischen Texten, die den Prozess beruflichen, wissenschaftlichen oder dichterischen Schaffens nachzeichnen (B. Cellini, entstanden 1558–66; G. Cardano, 1575) und

damit die A. im neuzeitlichen Sinne begründen, die sich als lit. Phänomen dann in der zweiten Hälfte des 18. Jh.s entfaltet. Dabei ist die Transformation von der religiös motivierten Selbsterforschung zu einer neuen, »psychologischen Selbstdarstellung« (Wuthenow, S. 37) und zur Erzählung der Geschichte der eigenen inneren Entwicklung von zentraler Bedeutung (↗ Empfindsamkeit). J.-J. Rousseaus »Confessions« (postum 1782–89) verkörpern diese Form modellbildend, während J. W. Goethes »Dichtung und Wahrheit« (1811–32) eine Historisierung des Individuums als Bildungsgeschichte unternimmt. Auch das Selbstverständnis des Historikers E. Gibbon (»Memoirs«, 1796) speist sich aus einem geschichtlichen Bewusstsein, das die Singularität des Ich als Produkt historischer Kontingenz begreift. Während die A.n Th. de Quinceys (1821) und J. H. Newmans (1864) in der Tradition des Bekenntnisses stehen, schreiben im 19. und 20. Jh. F. R. de Chateaubriand (postum 1849 f.), J. St. Mill (1873), H. Adams (1918), L. Trotzki (1930), H. G. Wells (1934), A. Koestler (1952/54), St. Spender (1951), S. de Beauvoir (1958), E. Canetti (1977–85), A. Robbe-Grillet (1986/89) und Arthur Miller (1987) die A. als Bildungsgeschichte bzw. als Geschichte des beruflichen, intellektuellen oder dichterischen Werdegangs fort. Jean Paul hingegen (»Briefe und bevorstehender Lebenslauf«) parodiert bereits 1799 die Mode der A.; Stendhals »Vie de Henry Brulard« (1835) problematisiert die Sicherheit von Wahrnehmung und Erinnerung. Die Tendenz, den identitätsstiftenden und ganzheitlichen Impuls der A. zu unterlaufen, verstärkt sich schon bei Th. Fontane (»Von Zwanzig bis Dreißig«, 1895) mit der Thematisierung der episodischen Struktur des Lebens; sie steigert sich weiter im 20. Jh. mit der Fragmentarisierung der lebensweltlichen Erfahrung (W. Benjamin: »Berliner Kindheit um Neunzehnhundert«, entstanden 1932–34, erschienen 1950) sowie mit der Problematisierung bis hin zur Auflösung des Ich als des stabilen Fluchtpunktes von Erfahrung (R. Barthes: »Roland Barthes par Roland Barthes«, 1975). Essayistische und diaristische Formen der Selbstthematisierung gewinnen an Bedeutung; neue verfremdende, objektivierende oder fiktionale Strategien (↗ autobiographischer Roman) werden eingesetzt (W. B. Yeats, 1926, hg. 1955; G. Stein, 1933), und die sprachliche Verfasstheit von Erinnerung rückt in den Vordergrund (V. Nabokov: »Speak, Memory«, 1951; J.-P. Sartre: »Les mots«, 1964). Die Reflexion von sozialer Klasse, Geschlecht, sexueller Orientierung (H. Fichte, 1974; V. Stefan, 1975) und ethnischer, v. a. postkolonialer Identität (V. S. Naipaul, 1984) spielt eine zunehmend größere Rolle, in Deutschland zudem die Reflexion der historischen und politischen Verstrickung des Einzelnen (G. Benn: »Doppelleben«, 1950). – Für die A.-Forschung ist Mischs »Geschichte der A.« wegweisend. Sie deutet die autobiographischen Schriften seit der Antike als »Zeugnisse für die Entwicklung des Persönlichkeitsbewusstseins der abendländischen

Menschheit« (Bd. 1, S. 5). Hingegen schreiben die Arbeiten aus den 1950er und 1960er Jahren (z. B. Pascal) die neuzeitliche Struktur der A. im Sinne eines in sich geschlossenen, kohärenten lit. Werkes normativ fest. Neuere Ansätze betonen stattdessen den offenen, vielfältigen Charakter autobiographischer Erzählformen. Bes. einflussreich ist Lejeunes Definition der A. ausschließlich über den ›autobiographischen Pakt‹, der die Identität von Autor, Erzähler und Protagonist bekräftige. Revisionen im Zuge des ↗ Poststrukturalismus und der ↗ Medientheorie stellen die ↗ Textualität der A. heraus und setzen ihren Wirklichkeitsanspruch radikal außer Kraft (de Man) oder betonen ihre regulierende und innerlichkeitsgenerierende mediale Funktion (Schneider).

Lit.: C. Hilmes: Das inventarische und das inventorische Ich. Grenzfälle des Autobiographischen. Hdbg. 2000. – M. Holdenried: A. Stgt. 2002. – J. Lehmann: A. In: RLW. – P. de Man: Autobiography as Defacement. In: The Rhetoric of Romanticism. NY 1984, S. 67–82. – Ph. Lejeune: Der autobiographische Pakt [frz. 1975]. Ffm. 1994. – M. Mascuch: Origins of the Individualist Self. Autobiography & Self-Identity in England, 1591–1791. Cambridge 1997. – G. Misch: Geschichte der A. 4 Bde. Ffm. 1907–69. – B. Neumann: Identität und Rollenzwang. Wiesbaden 1971. – G. Niggl: Geschichte der dt. A. im 18. Jh. Stgt. 1977. – Ders. (Hg.): Die A. Darmstadt 1988. – R. Pascal: Die A. [engl. 1960]. Stgt. 1965 – M. Schneider: Die erkaltete Herzensschrift. Der autobiographische Text im 20. Jh. Mchn. 1986. – S. A. Smith, J. Watson: Reading Autobiography. Minneapolis/Minn. 2001. – M. Wagner-Egelhaaf: A. [2000]. Stgt., Weimar ²2005. – R.-R. Wuthenow: Das erinnerte Ich. Europäische A. und Selbstdarstellung im 18. Jh. Mchn. 1974. HSM

Autobiographischer Roman, ästhetisch-fiktionale Übertragung der Lebensgeschichte des Autors bzw. einzelner Erlebnisse daraus in einen Roman. – Der autobiographische Roman ist auf der Schnittstelle zwischen ↗ Roman und ↗ Autobiographie angesiedelt; gattungstheoretisch stellt er ein prekäres Phänomen dar, insofern er nur im Rückgriff auf die Biographie oder zusätzliche Erläuterungen des Autors bestimmbar ist. Zudem ist schon die Abgrenzung der Autobiographie zur ↗ Fiktion schwierig: Auch Autobiographen neigen zur Stilisierung und Fiktionalisierung ihrer Lebensgeschichte. Im Unterschied zur Autobiographie signalisiert jedoch der autobiographische Roman keine Identität von Autor und Hauptfigur und erhebt keinen Anspruch auf Wahrhaftigkeit. Die erkennbare ›Romanhaftigkeit‹ (↗ Fiktionalität) unterscheidet ihn wiederum von der fiktionalen Autobiographie, welche die autobiographische Erzählform imitiert, ohne tatsächlich einen biographischen Bezug zum Autor zu besitzen ([Charlotte Brontë:] »Jane Eyre: An Autobiography. Edited by Currer Bell«, 1847). – Die Geschichte des autobiographischen Romans geht einher mit der Entstehung des modernen europäischen Romans, der

– in England bereits im frühen 18. Jh. – das Individuum und seine Geschichte zunehmend ins Zentrum rückt. Gerade bei Frauen spielt die – offene oder verschleierte – Verarbeitung autobiographischen Materials eine auffällige Rolle (D. Manley: »The Adventures of Rivella«, 1714; F. Burney: »Evelina«, 1774). In der zweiten Hälfte des 18. Jh.s entstehen bedeutende Exemplare der Gattung: J.-J. Rousseaus »Julie; ou, La Nouvelle Heloise« (1761), J. W. Goethes »Die Leiden des jungen Werthers« (1774) sowie K. Ph. Moritz' »Anton Reiser« (1785/90), der die ›innere Geschichte eines Menschen‹ zu einer exemplarischen Analyse einer verhinderten, real noch nicht möglichen Individualitätsentwicklung verdichtet. Die psychologische Perspektive kennzeichnet auch A. de Mussets Buch »La confession d'un enfant de siècle« (1836). Die Nähe des autobiographischen Romans zum ↗ Bildungsroman und ↗ Künstlerroman (G. Keller: »Der Grüne Heinrich«, 1854 f.; zweite Fassung als Ich-Erzählung, 1879 f.), bleibt bis ins 20. Jh. erhalten (O. Wilde; J. Joyce; bedingt M. Proust). Seit den 1950er Jahren erlebt die Gattung eine neue Konjunktur, bes. in der Aufarbeitung von Erfahrungen historisch-politischer Bedeutung (P. Weiss) sowie im Bereich der ↗ Frauenlit. (I. Bachmann; S. Plath; B. Schwaiger), Minoritätenlit. (J. Baldwin) und postkolonialen Lit. (V. S. Naipaul).

Lit.: Ph. Lejeune: Der autobiographische Pakt [frz. 1975]. In: G. Niggl (Hg.): Die Autobiographie. Darmstadt 1988, S. 214–257. – K.-D. Müller: Autobiographie und Roman. Tüb. 1976. HSM

Autofiktion ↗ Fiktionalität.

Autograph, n. [gr. = Selbstgeschriebenes], ↗ Textträger, der einen vom Autor eigenhändig geschriebenen Text (↗ Manuskript [1], ↗ Handschrift) enthält, oder ein nicht eigenhändig geschriebenes Schriftstück, das mit hsl. Zusätzen oder dem Namenszug des Verfassers versehen ist. Dazu zählen auch maschinenschriftliche Texte (↗ Typoskripte), die auf ein Manuskript oder Diktat des Autors zurückgehen, ebenso Drucke mit hsl. Ergänzungen oder Widmungen. – A.en gehören zu den authentischen kulturgeschichtlichen Quellen und wurden schon in der Antike gesammelt. Ihr Wert liegt für den Sammler sowohl im Inhalt des Geschriebenen als auch im gesellschaftlichen oder politischen Rang und der persönlichen Bedeutung der schreibenden Person oder in äußeren Merkmalen wie Schönheit, Erhaltungszustand, Beschaffenheit, Material oder aber Seltenheit.

Lit.: W. Frels: Dt. Dichterhss. von 1400 bis 1900 [1934]. Stgt. 1970. – H. Jung: Ullstein A.enbuch. Ffm. u.a. 1971. – G. Mecklenburg: Vom A.ensammeln. Marburg 1963. – J. Meyer (Hg.): Dichterhss. Von Martin Luther bis Sarah Kirsch. Stgt. 1999. – E. Wolbe: Hb. für A.en-Sammler. Bln. 1923. – H. Zeman (Hg.): A.en aus drei Jh.en. Graz 1987. GGI

Automatischer Text, Text, der mittels eines Verfahrens der spontanen und zufallsgelenkten Niederschrift zustande kommt, das nicht durch Bewusstsein, Willen und Vernunft kontrolliert wird. – Der Begriff ›a. T.‹ verweist auf die Idee einer ästhetischen ↗ Form, die sich nicht mehr der subjektiven Intention des Künstlers verdankt. An die Stelle der Abbildungsfunktion des Textes tritt die Erschütterung traditioneller Sinnordnungen durch die spontane Niederschrift eines intentionslosen Textes. Der Begriff ist nicht von demjenigen der ↗ écriture automatique, der allerdings stärker den Prozesscharakter betont, zu trennen: Wie die *écriture automatique* verdanken sich automatische Texte einem unbewussten Schreibprozess, der dem Zufall bei der Erstellung einer sinnfreien Ordnung eine zentrale Rolle zukommen lässt; diesen Aspekt hebt der ebenfalls eng benachbarte Begriff ↗ ›aleatorische Dichtung‹ hervor. Hatten zunächst Autoren und Autorinnen wie A. Breton und G. Stein automatische Texte im Rahmen des experimentellen Sprachverständnisses des ↗ Surrealismus vorgestellt, so erstreckt sich ihre Bedeutung heute v. a. auf ↗ Computertexte.

Lit.: M. Bense: Theorie der Texte. Köln, Bonn 1962. – G. A. Miller: Automatic writing. In: ders.: Language and communication. NY 1951, S. 189–193. – Th. M. Scheerer: Textanalytische Studien zur ›écriture automatique‹. Bonn 1973.   AG

Autonome Dichtung, synonym zu ↗ absolute Dichtung gebraucht.

Autonome Metrik ↗ eigenrhythmische Verse.

Autonomieästhetik, ästhetische Autonomie, die Selbstgesetzgebung [gr. *autonomía*] oder Selbstbestimmung der Kunst. Der Begriff ›Autonomieästhetik‹ [= A.] meint dies *normativ* als kunsttheoretische Lehre oder als programmatische Forderung, der Ausdruck ›ästhetische Autonomie‹ [= ä. A.] dagegen *deskriptiv* als Phänomen der sozial- und institutionengeschichtlichen Ausdifferenzierung der Kunst zu einem eigenständigen gesellschaftlichen Teilbereich. Beides beginnt in der zweiten Hälfte des 18. Jh.s mit der Ablösung der bildenden Künste, der Dichtung und der Musik von der höfischen Repräsentationskultur und zugleich der Verdrängung der humanistischen regelgeleiteten Lehrtradition der Künste durch das Leitbild des Künstlers als Originalgenie. Ideengeschichtlich einschneidend ist in der *ersten* Phase der A. die Begründung einer philosophischen Kunsttheorie, welche die Kunst als das »in sich selbst Vollendete« bestimmt (K. Ph. Moritz: »Über den Begriff des in sich selbst Vollendeten«, 1785) oder die innere Gesetzmäßigkeit der Kunst aus der ihr zugehörigen und angemessenen menschlichen Wahrnehmung erschließen will (I. Kant: »Kritik der Urteilskraft«, 1790). Damit wird die Kunst von jeder Zweckbestimmung gelöst, wie sie ihr traditionell die Rhet. zugeschrieben hat, und die Ästhetik als philosophische Bestimmung von Schönheit und schöner Kunst prinzipiell von Moral und Erkenntnis gesondert. Schiller bindet die auf diese Weise autonomisierte Ästhetik wieder indirekt an die Moral, indem er die schöne Kunst in ihrer Selbstbestimmung zur Anschauung von Freiheit überhaupt und damit die Kunst

zum Mittel der Erziehung zur politischen Freiheit erklärt (»Über die ästhetische Erziehung des Menschen«, 1795). Kritisch ist dies im 20. Jh. als bürgerliche Ideologie bewertet worden, die sich mit der Idee ä.r A. nach der Frz. Revolution über die tatsächlich nicht erlangte politische Autonomie der Bürger hinwegtröste. Doch bleibt auch in der Kritik an der Schiller'schen A. deren Grundgedanke lebendig, die Kunst als Freiheitsversprechen zu verstehen (Adorno: »Ästhetische Theorie«, 1970). – Der *zweite* historische Schwerpunkt der A. liegt in der – v. a. frz. – Lit. der zweiten Hälfte des 19. Jh.s. Die Parole ↗ *l'art pour l'art* (die Kunst um der Kunst willen) formuliert hier den Widerstand gegen die bürgerliche Moral und die Vermarktung der Kunst. Als Lebenshaltung verbindet sich dies mit dem moralisch provokanten ↗ Ästhetizismus (J.-K. Huysmans, O. Wilde), poetologisch mit dem Ideal der ↗ *poésie pure* (der reinen Poesie) als einer von der alltagssprachlichen Logik emanzipierten Sprachkunst (Ch. Baudelaire im Anschluss an E. A. Poe, St. Mallarmé, in Deutschland adaptiert von St. George).

Lit.: H. Bachmaier, Th. Rentsch (Hg.): Poetische Autonomie? Stgt. 1987. – Ch. Menke-Eggers: Die Autonomie der Kunst. Ffm. 1995. – F. Vollhardt: Autonomie. In: RLW. – W. Wittkowski (Hg.): Revolution und Autonomie. Tüb. 1990. – F. Wolfzettel, M. Einfalt: Autonomie. In: ÄGB.   SM

Autonym, Adjektiv [gr. *autós* = selbst, *ónoma* = Name], mit eigenem Namen gezeichnet; Ggs.: ↗ anonym.

Autopsie, f. [gr. *autopsía* = das Sehen mit eigenen Augen], die Prüfung durch persönliche Inaugenscheinnahme. Das für die Grundoperation der medizinischen Pathologie, die Leichenöffnung zur Untersuchung der Todesursache, gebräuchliche Wort wird auch in der ↗ Philologie zur Bez. des Grundsatzes verwendet, Aussagen über Texte und konkrete Textträger wie ↗ Handschriften, ↗ Drucke oder ↗ Editionen nur zu machen, nachdem man die jeweiligen Untersuchungsobjekte in Händen gehalten und gesichtet hat. Aufgrund der immer unüberschaubarer werdenden, v. a. elektronischen Verfügbarkeit von Informationen und Texten ohne materielles Äquivalent, häufig ohne wissenschaftlich und textkritisch geprüften Status und ohne Quellenangabe kann nicht genug an die Gültigkeit dieses Grundsatzes erinnert werden.   DB

Autor, m. [von lat. *auctor* = Urheber], neben dem ↗ Text und dem ↗ Leser eine der Grundinstanzen lit. Kommunikation: der Verfasser eines Textes, der geistige Urheber eines (schriftlichen) Werks, im Unterschied zum ↗ Redaktor oder Editor, der nur das Werk eines anderen bearbeitet und herausgibt.

1. In der heutigen ↗ Mediävistik hält man den Übergang zwischen A. und Redaktor für fließend, da auch der A. auf bekannte Vorstellungen, Ideen, Motive, Stoffe oder Texte zurückgreift. Die mit dem Begriff ›A.‹ verbundenen Vorstellungen unterliegen dem historischen Wandel. Mit der Fixierung von Texten im

Zuge des Übergangs von der Mündlichkeit zur Schriftlichkeit werden bereits in der Antike bestimmte Werke einem individuellen A. (z. B. Homer) zugeordnet. In der mal. Lit. bilden sich verschiedene A.-Funktionen heraus. Während die der mündlichen Tradition verhaftete volkssprachige ↗Heldendichtung zuerst anonym verschriftlicht wird, werden lat. Texten oft Einführungen vorangestellt, die über den A. und seine Intention, über das Werk und seinen Inhalt informieren (↗accessus ad auctores). Auch in den ältesten provenz. Hss. gehen den Liedern der ↗Trobadors zum Vortrag bestimmte Lebensbeschreibungen als Einleitung voraus (↗Vida). Ähnlich sind die großen mhd. ↗Liederhss. nach A.en geordnet. Einige Hss. enthalten sogar fast oder ganz ausschließlich die Werke eines einzelnen A.s (Wolfram von Eschenbach, Neidhart, Frauenlob, Oswald von Wolkenstein). Für die gelehrte Lit. unterscheidet Bonaventura (gestorben 1274) vier Verfassertypen nach dem Verhältnis von Eigenem (*sua*) und Fremdem (*aliena*): Der *scriptor* (↗Schreiber) schreibe einen fremden Text ab; der *compilator* füge einem fremden Text etwas hinzu, jedoch nichts Eigenes; der *commentator* füge dem fremden Text etwas Eigenes hinzu; der *auctor* verfasse einen Text, der hauptsächlich aus Eigenem bestehe und dem Fremdes nur zur Bestätigung hinzugefügt werde (»Sentenzenkommentar«, Vorrede). – Die mal. Lit. entstand v. a. in Klöstern und an Höfen. Ihre A.en waren Kleriker (religiöse Lit., Großepik), adlige Dilettanten oder fahrende Berufsdichter (↗Minnesang, ↗Spruchdichtung); im späten MA. kommen städtische Handwerker (↗Meistersang) und Verwaltungsfachleute (Prosaroman, Fachprosa, ↗Stadtschreiber) hinzu, während in der ↗Frühen Neuzeit, in welcher die Erfindung des ↗Buchdrucks dem A. ganz neue Verbreitungsmöglichkeiten eröffnet, v. a. Geistliche und Gelehrte als A.en hervortreten. Das Ideal des ↗Poeta doctus, die Verbindung von lit. A.schaft und gelehrter Autorität, wird im ↗Humanismus neu begründet und bleibt in ↗Barock und ↗Aufklärung selbstverständlich. Erst im 18. Jh. wird im Zuge der ↗Empfindsamkeit und der Genieästhetik (↗Genie) des ↗Sturm und Drang der inspirierte, geniale (lyrisch-dramatische) ↗Dichter als eigener Typus über dem nur gelehrten A. und dem moralisch-politischen (Prosa-)↗Schriftsteller ohne poetischen Anspruch angesiedelt. Zugleich ermöglichen die zunehmende ↗Alphabetisierung, die Entstehung eines anonymen Massenmarktes, die expandierende Verbreitung von ↗Lit.zeitschriften und die Etablierung des ↗Urheberrechts das Aufkommen des sozial nicht fixierten freien Schriftstellers, der seine Rolle zwischen Brotberuf und quasi-religiöser Überhöhung sucht. Im 19. und 20. Jh. werden die A.rollen mit dem Aufkommen des ↗Literaten, des Publizisten und des Journalisten als Berufsschriftstellern weiter ausdifferenziert. RHS

2. Die neuere lit.theoretische Erforschung des A.begriffs beginnt in den 1940er Jahren innerhalb des ↗New Criticism mit einer allg. Kritik der Verwendung von A.begriffen in der Lit.wissenschaft (W. K. Wimsatt, M. C. Beardsley: »The Intentional Fallacy«, 1946). Die lit.theoretische Beschäftigung mit A.schaft setzt in Europa in den 1960er Jahren mit der von R. Barthes (»The Death of the Author«, 1967) lancierten Behauptung eines »Todes« des A.s ein, die von M. Foucault (»Qu'est-ce qu'un auteur?«, 1969) aufgegriffen und im Rahmen seiner ↗Diskursanalyse weitergeführt wird. Seit den späten 1960er Jahren wird der A.begriff auch aus anderen lit.theoretischen Richtungen – z. B. von der Theorie der ↗Intertextualität (J. Kristeva), der ↗Dekonstruktion (J. Derrida, P. de Man), der ↗Semiotik (U. Eco) und der ↗empirischen Lit.wissenschaft (S. J. Schmidt) – in Frage gestellt. Der ›Tod des A.s‹ verfestigt sich damit seit den 1970er Jahren zu einem lit.theoretischen Gemeinplatz, der alle Typen der A.kritik zu einer Globalthese homogenisiert. Neuere Analysen der wichtigsten autorkritischen Positionen (vgl. Burke) zeigen, dass diese sich 1. mitunter auf stark voneinander abweichende Gegenstände beziehen und 2. ihre Kritik mit stark divergierenden Begründungsstrategien stützen. Jüngere Versuche, den A.begriff zu explizieren, bemühen sich deshalb, unterschiedliche historische A.modelle (Kleinschmidt), A.funktionen (Jannidis) und A.begriffe (Bennett, S. 128–130) zu unterscheiden. Der A.begriff kann in unterschiedlichen sozialen Handlungsfeldern – z. B. Rechtssystem, Wirtschaftssystem, Erziehungssystem – abweichende Modellierungen erfahren und übernimmt selbst innerhalb der Lit.wissenschaft unterschiedliche Funktionen, u. a. bei der Identifikation, Klassifikation, ↗Interpretation und Bewertung von lit. Texten. Neuere Bemühungen um eine differenzierte Analyse des A.begriffs legen für die akademische Beschäftigung mit Lit. einen Theorie-Praxis-Bruch frei: Während in der Lit.theorie oft eine autorkritische oder autorfeindliche Haltung eingenommen wird, ist das A.konzept in der lit.wissenschaftlichen Praxis weitgehend unangefochten (vgl. Winko). Die in der germanistischen Lit.wissenschaft ausgerufene »Rückkehr des Autors« (Jannidis u. a. 1999, Detering) ist deshalb die Rückkehr des A.begriffs in eine Lit.theorie, die der weitgehend autorfreundlichen lit.wissenschaftlichen Praxis Rechnung tragen will. Gegenwärtig wird das A.konzept in unterschiedlichen lit.wissenschaftlichen Subdisziplinen intensiv diskutiert: In der Editionsphilologie ist der A.begriff ins Zentrum der theoretischen Debatten zur ↗Textgenese gerückt (Bein u. a.); darüber hinaus sind Reflexionen der A.kategorie in den strukturbeschreibenden Subdisziplinen, etwa der ↗Narratologie (Kindt/Müller), und in den bedeutungszuschreibenden Subdisziplinen präsent, die v. a. nach der hermeneutischen Valenz von A.intentionen fragen (Livingston) und sich um eine Klärung des Verhältnisses von A.begriff und Werkbegriff bemühen (Martus). CSP

Lit.: Th. Bein u. a. (Hg.): A. – Autorisation – Authentizität. Tüb. 2004. – A. Bennett: The Author. NY 2005. –

H. Bosse: A.schaft ist Werkherrschaft. Paderborn u. a. 1981. – S. Burke: The Death and Return of the Author [1992]. Edinburgh 1998. – H. Detering (Hg.): A.schaft. Stgt., Weimar 2002. – W. Haug, B. Wachinger (Hg.): A.entypen. Tüb. 1991. – F. Ph. Ingold: Der A. am Werk. Mchn., Wien 1992. – G. Jäger: A. In: Killy/Meid. – F. Jannidis u. a. (Hg.): Rückkehr des A.s. Tüb. 1999. – Dies. (Hg.): Texte zur Theorie der A.schaft. Stgt. 2000. – F. Jannidis: A.funktion. In: Nünning. – T. Kindt, H.-H. Müller: The Implied Author. Bln., NY 2006. – E. Kleinschmidt: A. In: RLW. – Ders.: A.schaft. Tüb., Basel 1998. – P. Livingston: Art and Intention. Oxford 2005. – St. Martus: Zwischen Dichtung und Wahrheit. In: St. Martus u. a. (Hg.): Lyrik im 19. Jh. Bern u. a. 2005, S. 61–92. – A. J. Minnis: Medieval Theory of Authorship. Ldn. 1984. – R. Schnell: ›A.‹ und ›Werk‹ im dt. MA. In: Wolfram-Studien 15 (1998), S. 12–73. – M. Wetzel: A./Künstler. In: ÄGB. – S. Winko: A.-Funktionen. In: Detering, S. 334–354.

Autoreferenz ↗ Selbstreferenz.

Autorengruppe ↗ Dichterkreis.

Autorenlesung ↗ Lesung.

Autorenpoetik ↗ Autorpoetik.

Autorisation [lat. = Bevollmächtigung, Befugnis], 1. juristisch: Imprimatur; 2. editionswissenschaftliches Kriterium für die Rekonstruktion eines authentischen Textes. Als autorisiert gilt ein vom ↗ Autor (bzw. von einer Person, die der Autor billigt oder beauftragt) zu einem bestimmten Zeitpunkt (A.sstufen) verfasster und gewollter Text, der auf einem materialen Textträger (Hs., ↗ Typoskript, ↗ Druck, Tonträger, elektronischer Textträger) niedergelegt ist. Nach Scheibe sind für die neuere Lit. die A.sstufen als Werkrepräsentanten eines bestimmten Lebensabschnitts des Autors anzusehen, deren jede aus der Perspektive des Autors die je vorige A. negiert, die jedoch für den Editor alle authentisch sind.

Lit.: Th. Bein u. a. (Hg.): Autor – A. – Authentizität. Tüb. 2004. – K. Grubmüller, K. Weimar: A. In: RLW. – R. Nutt-Kofoth: Schreiben und Lesen. In: ders. u. a. (Hg.): Text und Edition. Bln. 2000, S. 165–202. – S. Scheibe: Probleme der A. in der textologischen Arbeit. In: editio 4 (1990), S. 57–72.   MSP

Autorpoetik, auch: Autorenpoetik; das von einem Schriftsteller entwickelte Ensemble von Schreibintentionen, Dichtungsprinzipien sowie handwerklichen Kunstgriffen, das sein eigenes Werk programmatisch kennzeichnet und begründet, aber nur sekundär auf Allgemeingültigkeit abzielt. Bedingungen für das Entstehen von A.en sind das neue, ab etwa 1770 entwickelte Selbstbewusstsein des ↗ Autors (autonome Regelsetzung, Originalitätsverständnis, Werkbegriff mit intendierter Textbedeutung) sowie die gleichzeitige Umwälzung der ↗ Poetik. – Seit der ↗ Romantik (»Athenäums«-Fragmente der Brüder A. W. und F. Schlegel, 1798–1800) und deren internationalen Nachfolgern (bes. E. A. Poe: »The Philosophy of Composition«, 1846) haben A.en sich zu einer selbständigen

Gattung entwickelt, die allerdings höchst unterschiedliche Ausprägungen annehmen kann, z. B. als autobiographische Anmerkung, Arbeitsbuch, brieflicher Kommentar, Preisverleihungsrede (↗ Laudatio oder Dankrede), Interview oder als Statement im Rahmen einer *poet-in-residence*-Veranstaltung. Obwohl selten als ↗ Manifest angelegt, können A.en epochale Wirkung entfalten (im Bereich der dt. Lyrik nach 1945 gilt das etwa für G. Benns Rede »Probleme der Lyrik« [1951], I. Bachmanns Frankfurter Poetik-Vorlesungen »Probleme zeitgenössischer Dichtung « [1959 f.] sowie P. Celans Dankrede zum ↗ Büchnerpreis, »Der Meridian« [1960]). A.en sind indessen nicht mehr als ein Zusatzkommentar zum lit. Text und können daher keine höhere Autorität als die ↗ Interpretation durch Dritte für sich beanspruchen (programmatisch konfrontiert werden beide miteinander etwa bei Domin); die Eigendynamik der Textsinne würde sonst ebenso unkritisch vernachlässigt wie die Möglichkeit einer (Selbst-)Täuschung der Autoren.

Texte: B. Allemann (Hg.): Ars Poetica. Darmstadt 1966. – H. Domin (Hg.): Doppelinterpretationen. Das zeitgenössische dt. Gedicht zwischen Autor und Leser [1966]. Ffm. 1989. – W. Höllerer (Hg.): Theorie der modernen Lyrik. Dokumente zur Poetik [1965]. Neu hg. von N. Miller, H. Hartung. 2 Bde. Mchn., Wien 2003.

Lit.: P. M. Lützeler (Hg.): Poetik der Autoren. Ffm. 1994. – N. Miller, J. Sartorius (Hg.): [Themenheft:] Autorenpoetik. Sprache im technischen Zeitalter 42 (2004), H. 171.   RK

Autorvariante ↗ Variante.

Auto sacramental, m. oder n. [span. *auto* = Handlung, *sacramental* = zugehörig zum Sakrament der Eucharistie], auch: *Auto del Corpus Christi*, das span. ↗ Fronleichnamsspiel. Die dramatischen Darstellungen im Rahmen des Fronleichnamsfestes gingen seit dem Anfang des 14. Jh.s aus den Prozessionen hervor. Episoden aus dem AT und NT wurden in stummen Szenen auf Wagen (*carros*; ↗ Wagenbühne, ↗ Lebende Bilder) dargestellt, ehe der Stoff zu kurzen Einaktern in Versen dramatisiert wurde. Im Laufe der Zeit dienten A.s s.es zunehmend der allegorischen Verherrlichung des Altarsakraments. – Die drei wichtigsten span. Barockdramatiker Lope de Vega (1562–1635), Tirso de Molina (1571–1648) und Pedro Calderón de la Barca (1600–81) haben auch das A. s. zur Blüte gebracht. Von Calderón sind etwa 80 A.s s.es bewahrt geblieben, von denen »El Gran Teatro del Mundo« am bekanntesten ist. Hofmannsthal schuf hiervon mit dem »Salzburger Großen Welttheater« (1922) eine erfolgreiche Nachdichtung.

Lit.: Á. L. Cilveti, I. Arellano: Bibliografía crítica para el estudio del autosacramenta con especial atención a Calderón. Pamplona, Kassel 1994. – R. E. Surtz: Catalan and Castilian drama. In: E. Simon (Hg.): The theatre of Medieval Europe. Cambridge 1991, S. 189–206.   CKU

Avantgarde, f. [avaː'gardə, frz. = Vorhut], Sammelbez. für internationale Kunstrichtungen des 20. Jh.s, die sich in kritischer Absetzung von der bürgerlichen Kultur auf die Vorstellung eines ästhetischen und politischen Fortschritts berufen. – Das Wort ›A‹. stammt aus der Sprache des Militärs und bezeichnet dort eine in Kriegs- und Krisensituationen vorangeschickte kleine Gruppe, die das Terrain für die nachfolgende Hauptarmee sondieren soll. Der Bezug zur Kunst verdankt sich einer metaphorischen Übertragung, welche die militärische Konnotation des Agonalen beibehält: A.n sehen sich immer in einem Kampf gegen die Tradition. In ihrer Kritik der bürgerlichen Kunst richtet sich die A. v. a. gegen die traditionelle Bestimmung von Kunst als einer Form der Nachahmung (↗ Imitatio [1]). Diese Kritik verbindet die A. mit den zu Beginn des 20. Jh.s revolutionären, heute in Werbung und ↗ Film etablierten Techniken der ↗ Montage und ↗ Collage. Als künstlerische Bewegung ist die A. ein zugleich internationales und intermediales Phänomen. Die militärische Konnotation impliziert den – häufig in ↗ Manifesten artikulierten – Anspruch auf unbedingte Innovation, wobei sich ästhetische und politische Forderungen überlagern: Die ↗ Utopie einer anderen, neuen Kunst meint innerhalb der A. zugleich die Überwindung der Dichotomie zwischen Kunst und Leben und damit die Utopie einer anderen, neuen Gesellschaft; dabei sind Annäherungen sowohl an sozialistische als auch – z. B. im ↗ Futurismus – an faschistische politische Bewegungen möglich. Die A. steht damit in einem widerspruchsvollen Grundverhältnis zur Moderne: Einerseits ist sie als Gegentendenz zum Projekt der Vollendung der Moderne zu verstehen (vgl. Bürger), andererseits teilt sie die Aporie der Moderne, sich durch die fortgesetzte Forderung nach der Überwindung des Vergangenen und der Verabschiedung der Geschichte selbst überholen zu müssen. Die Unabschließbarkeit der A. richtet sich letztlich gegen den eigenen Anspruch, das absolut Neue zu verkörpern. Die Verbindung von geschichtlichem Fortschrittsdenken und sozialer Revolution lässt die A.-Bewegungen rückblickend als zentrale, aber auch bes. umstrittene Kunstströmungen des 20. Jh.s erscheinen. – Im engeren Sinne umfasst der Begriff der A. den Zeitraum 1909–38. Den Beginn der A. markiert das »Futuristische Manifest« von F. T. Marinetto aus dem Jahre 1909. Nach dem Ersten Weltkrieg differenziert sich die A. in so unterschiedliche Strömungen wie Futurismus, ↗ Dadaismus, ↗ Surrealismus und ↗ Expressionismus aus. Als Ende der historischen A.-Bewegungen ist die Durchsetzung faschistischer Diktaturen in großen Teilen Europas um 1938 anzusehen. Das Wiederaufleben der A. nach 1945 wird als ›Neoavantgarde‹ bezeichnet. Der Streit um die A. wurde im Rahmen der ↗ Postmoderne neu entfacht: Einerseits diagnostiziert Paul Mann den Theorie-Tod der A., andererseits kennzeichnet Lyotard die Postmoderne als Zeitalter der A. Zu bestätigen scheint sich damit die geschichtliche Unabschließbarkeit der A. als einer spezifisch modernen Form der Kunst, die auf ständige Innovation dringt.

Texte: W. Asholt, W. Fähnders (Hg.): Manifeste und Proklamationen der europäischen A. (1909–38). Stgt., Weimar 1995.

Lit.: K. Barck: A. In: ÄGB. – K. v. Beyme: Das Zeitalter der A.n. Mchn. 2005. – P. Bürger: Theorie der A. Ffm. 1974. – H. M. Enzensberger: Die Aporien der A. In: ders.: Einzelheiten. Ffm. 1962, S. 290–315. – G. Jäger: A. In: RLW. – J.-F. Lyotard: Das Erhabene und die A. [frz. 1988]. In: ders.: Das Inhumane. Wien 1989, S. 159–187. – P. Mann: The theory-death of the avant-garde. Bloomington, Indianapolis 1991. – H. Schmidt-Bergmann: Die Anfänge der lit. A. in Deutschland. Stgt. 1991.   AG

Avanturierroman [frz. *avanturier*, Nebenform zu *aventurier* = Abenteurer, Glücksritter], ↗ Abenteuerroman des 18. Jh.s, der in der Nachfolge von D. Heinsius' nl. ↗ Schelmenroman »Den Vermakelijken Avanturier« (Der fröhliche Abenteurer, 1695) im Titel das Wort ›Avanturier‹ führt. Der Held bzw. die Heldin des A.s ist, oft in Anlehnung an den Protagonisten des span. ↗ Pikaro-Romans, der aus kleinen Verhältnissen stammende Typ des Glücksjägers, der, von einem launischen Geschick in der Welt umhergetrieben, sich in mancherlei Berufen und gewagten Unternehmungen versucht und unzählige Abenteuer zu bestehen hat, ehe er als angesehener bürgerlicher Biedermann sein Leben beschließen kann. Icherzählung, typisierende Personenzeichnung, häufiger Ortswechsel, historischer Hintergrund, das Milieu der unteren Stände sowie feststehende Motive, v. a. Reisen (↗ Reiseroman), Liebesabenteuer, Zweikämpfe, Überfälle, Gefängnis, Schiffbruch charakterisieren den A. formal und inhaltlich. Je nach Thematik unterscheidet man den mit dem Schelmenroman verwandten A. (»Der lustige Avanturier«, 1738) von dem der ↗ Robinsonade nahe stehenden (»Der durch Zauberey aus einem Welt-Theil in das andere gebrachte Bremische Avanturier«, 1751). Mit dem »Kurtzweiligen Avanturier« (1714), einer Heinsius-Übers., wird der A. in Deutschland heimisch. Ihm folgen bis 1769 etwa zwanzig A.e, alle von unbekannten Verfassern, ferner eine Reihe thematisch abweichender ›Pseudo-Avanturiers‹.   PHE/Red.

Aventiure, f. [avɛn'tyːrə; mhd. von afrz. *aventure* = Zufall, Geschick, Begebenheit, abgeleitet von mlat. *adventura* zu lat. *advenire* = herankommen, zufallen], ritterliche Bewährungsprobe in der mal. Lit., bes. in der afrz. und mhd. ↗ Artusdichtung. Die Suche nach A. führt einen (oft allein ausziehenden) Ritter an mehr oder weniger märchenhaft-wunderbare Orte, wo Kämpfe mit zuweilen fabelhaften Wesen auszutragen sind. Die bestandene A. führt als Beweis der eigenen Kühnheit oder als Hilfe für Schutzbedürftige und Verfolgte zur Werterhöhung des Ritters und/oder zur Bestimmung seines Platzes in der Gesellschaft. – Der Begriff erscheint zuerst in den afrz. ↗ Chansons de geste

und im »Alexiuslied« und wird nach 1150 ins Dt. übernommen (»Graf Rudolf«, »Herzog Ernst«, Eilhart von
Oberge: »Tristrant«). Er bezeichnet neben dem A.er-
eignis selbst die Erzählung von A., wobei er sowohl für
die Quelle als auch für die eigene Erzählung und in der
↗ Heldendichtung (zuerst in Fassung *C des Nibelungenliedes) für den Handlungsabschnitt steht. Die zentrale Bedeutung für den Artusroman bekommt die A.
durch die Anordnung der einzelnen Episoden zu
einem ↗ doppelten Kursus, wie ihn zuerst Chrétien de
Troyes (»Erec et Enide«, um 1165) ausführt und begründet: Die Strukturierung konstituiert eine »bele
conjointure« (V. 12), eine ›schöne Zusammenfügung‹,
die die Erzählung in ihrer Gesamtheit für einen höheren Sinn transparent macht und in deren Rahmen
die einzelne A. zur sinnstiftenden Fügung wird. Strukturschema und Bedeutung des A.begriffs finden sich
so auch im frühen dt. Artusroman (Hartmann von
Aue: »Erec«, um 1180), werden indes bald abgewandelt (Hartmann von Aue: »Iwein«, um 1205) und u. a.
durch die Allegorisierung der (geordneten) Erzählung
zur ›frou Aventiure‹ reflektiert (zuerst Wolfram von
Eschenbach: »Parzival«, ca. 1200–10). Der späthö-
fische Roman zeichnet sich durch die Zurücknahme
der Strukturierung ebenso wie durch die Phantastik
seiner A.reihen aus (so Heinrich von dem Türlin:
»Crône«). In einer ähnlich vereinfachten Form findet
die A. auch Eingang in die (nach ihr benannte) a.hafte
↗ Dietrichepik. Das phantastisch-unterhaltende Element und das Reihungsprinzip der A. leben weiter in
den ↗ Ritterromanen des späten MA.s (»Amadís«) und
prägen die verschiedenen Ausformungen des ↗ Abenteuerromans bis ins 20. Jh.

Lit.: O. Ehrismann: Ehre und Mut, A. und Minne.
Mchn. 1995, S. 22–35. – W. Haug: Lit.theorie im
dt. MA. [1985] Darmstadt ²1992. – V. Mertens: A.
In: RLW. – M. Schnyder: ›Â.? waz ist daz?‹ In: Euph.
96 (2002), S. 257–272.   CKR

B

Bacchius, m. [gr.-lat.], auch: Bakcheus; antikes Versmaß der Form ⏑ – – (am<u>a</u>bo), Bez. nach seiner Verwendung in Liedern auf den gr. Gott Bakchos; in gr. Dichtung meist nur als Abschluss jambischer Verse gebraucht (z. B. im katalektischen jambischen ↗ Trimeter); in lat. Dichtung häufig in der Komödie, am gebräuchlichsten als akatalektischer bakcheischer Tetrameter (⏑ – – | ⏑ – – | ⏑ – – | ⏑ – –). Auch seine Umkehrung – – ⏑ (gr. *Palimbakcheus*, lat. *Antibacchius*) ist als selbständiges Metrum selten.   UM

Badezellenbühne ↗ Terenzbühne.

Baguenaude, f. [ba'gno:d; frz. = hohle Frucht des *baguenaudier* (= südfrz. Strauchart), übertragen = ohne Inhalt, Lappalie], frz. Gedichtform, die in beliebig langen Strophen (häufig aus assonierenden oder unrein gereimten Achtsilblern) paradoxe Einfälle zusammenhanglos aneinanderreiht. Die Form ist erstmals bezeugt in der »Art de Rhétorique« v. J. Molinet (1493); Vertreter sind u. a. Jehan de Wissocq. ↗ Coq-à-l'âne, ↗ Fatras, ↗ Frottola.   PHE/Red.

Bakcheus ↗ Bacchius.

Bal<u>a</u>da, f. [provenz. = Tanz, Tanzlied, von *balar* aus mlat. *ballare* = tanzen], Gattung der Trobadorlyrik: Tanzlied mit Refrain, gesungen von Solisten und Chor (afrz. ↗ Rondel) zum Reihen- und Kettentanz; bevorzugtes Thema: Liebessehnsucht. Charakteristisch sind Durchreimung und Anbindung des Refrains an die Strophe durch den Reim (Refrainverse z. T. auch im Innern der Strophe wiederholt). Die einfache Form (Guiraut d'Espanha) folgt dem Schema *AA bAba AA*. In ihrer Blütezeit im 14. und 15. Jh. (Guillaume de Machault, F. Villon) besteht die B. üblicherweise aus drei acht- bis zehnzeiligen Strophen aus Acht- bzw. Zehnsilblern, Geleit und Refrain von der Länge einer halben Strophe und meist drei Reimklängen. Verwandte Liedformen der provenz. Dichtung: ↗ Dansa, Retroensa; in der afrz. Dichtung: ↗ Chanson de toile, ↗ Virelai, ↗ Rotrouenge.   PHE/Red.

Bal<u>a</u>de, f. [it. *ballata*, provenz. *balada*, engl. *ballad* = Tanzlied; zu mlat. *ballare* = tanzen], 1. strophisch gegliedertes Erzähllied, in dessen Mittelpunkt eine ungewöhnliche, konflikthafte fiktive Begebenheit steht. Die B. vereinigt nach herkömmlicher, am prominentesten durch J. W. Goethe formulierter Auffassung die »drei Grundarten der Poesie« (die »Naturformen« episch, lyrisch und dramatisch) »wie in einem lebendigen Ur-Ey« in sich (»Über Kunst und Altertum« III.1, 1821). Der Begriff ›B.‹ ist im Dt. seit etwa 1770 verbreitet (G. A. Bürger, Goethe). Grundlegend, aber auch umstritten (vgl. Holzapfel) ist die Unterscheidung zwischen der schon im MA. entstandenen *Volksballade* und der – in Deutschland seit den 1770er Jahren entwickelten – *Kunstballade*. – Balladische Dichtungen lassen sich bis in die ältesten Zeiten zurückverfolgen.

Aus Nordfrankreich gelangen mit der Ausbreitung der ritterlichen Kultur der höfische Reihen- und Kettentanz und mit ihm die romanische B. nach Deutschland, England, Schottland und Skandinavien; in diesen Ländern wird die lyrische Form des Tanzliedes mit epischen Inhalten verknüpft. Es entsteht die anonyme Volksballade als (gesungenes) Erzähllied. Wie im ↗ Heldenlied der Völkerwanderungszeit verbindet sich in der B. epische Erzählweise mit dramatisch-dialogischer Gestaltung. – Die altertümlichste Gestalt der B. als Erzähllied zeigen im 13./14. Jh. die skandinavischen ↗ Folkeviser, die als Volksballaden bis in die Neuzeit hinein verbreitet waren. Ihre Gegenstände sind nord. Göttermythen, germ.-dt. und nord. Heldensagen (↗ Kaempeviser), ↗ Sagen, ↗ Legenden, ältere lit. Stoffe und historische Ereignisse v. a. des 12./13. Jh.s. – Bei den jüngeren engl., schottischen und dt. Volksballaden des Spät-MA.s herrscht das Episch-Dramatische vor; sie wurden vorgetragen, vermutlich nicht aufgeführt; bei den dt. Volksballaden finden sich typische epische Strophenformen (↗ Nibelungenstrophe). Auch die Stoffkreise decken sich weitgehend mit denen der skandinavischen B.n; bes. beliebt sind in Deutschland neben Stoffen aus der (Helden-)Sage (z. B. »Jüngeres Hildebrandslied«) historische Stoffe, z. T. frei gestaltet (B.n vom Lindenschmied, von der Bernauerin); die Grenzen zum ↗ historischen Lied sind oft fließend. An Gestalten der mal. Dichtungsgeschichte knüpfen die B.n vom »Moringer« und vom »Tannhäuser« sowie von den »zwei Königskindern« (Hero und Leander) an. Selten ist in Deutschland die naturmagische B. (›Geisterballade‹; z. B. die B. von der »schönen Lilofee«). Die engl.-schottische B. bevorzugt tragisch-heroische Stoffe aus Sage und Geschichte (»Edward«). Neuzeitliche Nachfahren der Volksballade sind ↗ Zeitungslieder und ↗ Moritaten des ↗ Bänkelsangs. – Die systematische Sammlung und Aufarbeitung der alten Volksballaden beginnt in der zweiten Hälfte des 18. Jh.s (Th. Percy: »Reliques of Ancient English Poetry«, 1765; J. G. Herder: »Über Oßian und die Lieder alter Völker«, 1773; »Volkslieder«, 1778 f.). Der Höhepunkt der Sammeltätigkeit liegt in der Romantik (A. v. Arnim, C. Brentano: »Des Knaben Wunderhorn«, 1806–08; W. Grimm: »Altdän. Heldenlieder, B.n und Märchen«, 1811). – Die Vorstellung des 18. Jh.s, in der neu entdeckten Volksballade manifestiere sich eine geschichtsübergreifende ästhetische Norm, beeinflusste die Stil- und Kunstformen der dt. Kunstballade, die lit. Merkmale der Volksballade übernimmt (Stellung zwischen den Gattungen, meist strophische Gliederung, Reime, weitgehender Verzicht auf ungewöhnliche metrische und strophische Formen). Die ernsten B.n L. Ch. H. Höltys sind in der dt. Dichtung der erste Reflex auf Percys Sammlung, zugleich Ausdruck des Irrationalismus, und, in der Nachfolge von J. W. Gleims noch parodistischer »Marianne«, die ersten dt. Kunstballaden (»Ebentheuer«, »Die Nonne«, je 1773). Epoche machend ist G.A. Bürgers »Lenore« (1773); neben der Percys macht sich die Wirkung W. Shakespeares, der ⁊ ossianischen Dichtung und des Bänkelsangs bemerkbar. In Bürgers Nachfolge wird die naturmagische B. oder Geisterballade zum vorherrschenden B.ntyp des ⁊ Sturm und Drang; ihr wichtigster weiterer Vertreter ist der junge Goethe (»Der untreue Knabe«, »Der König in Thule«, »Erlkönig«). – Im sog. ›B.njahr‹ 1797 entwickeln Goethe (»Der Zauberlehrling«) und v. a. F. Schiller (»Die Bürgschaft«) den – terminologisch in der Forschung ebenfalls umstrittenen – Typus der ⁊ Ideenballade, die sich von der Volksballade am weitesten entfernt. – Die Romantiker (L. Tieck, C. Brentano, J. v. Eichendorff) kehren zu volksliedhaften Formen zurück; Lyrisch-Musikalisches überlagert die epische Handlung und eignet sich bes. zu Vertonungen (F. Schubert). – Die Kunstballade wird v. a. in der Romantik auch in anderen europäischen Lit.en gepflegt, so in England und Skandinavien. – Im 19. Jh. setzt sich die Tradition der naturmagischen und numinosen B. fort (E. Mörike: »Die Geister am Mummelsee«, »Der Feuerreiter«; A. v. Droste-Hülshoff: »Der Knabe im Moor«); zum charakteristischen B.ntyp des 19.Jh.s wird jedoch die historische B. (›Heldenballade‹) mit vorwiegend mal. Themen (L. Uhland: »Graf Eberhard der Rauschebart«; Th. Fontane: »Gorm Grymme«; C. F. Meyer: »Die Füße im Feuer«); neu sind biblische Themen (H. Heine: »Belsatzar«) sowie die Auseinandersetzung mit sozialen Problemen (A. v. Chamisso: »Das Riesenspielzeug«) und der modernen Technik (Fontane: »Die Brück am Tay«). Die ⁊ Neuromantik (B. v. Münchhausen, A. Miegel) bezieht die B. in ihr gegen Realismus und Naturalismus gerichtetes lit. Programm ein; ihre vermeintliche ›Erneuerung‹ der dt. Kunstballade zeigt epigonale Züge. Die Stilisierung der B. zur ›dt.‹ Gattung (Kayser) wird hier durch das nationale Pathos des Heroischen vorbereitet. Die Skepsis gegenüber der B. in der jüngeren dt. Poetik und Lit.wissenschaft (vgl. das Nachwort in Laufhüttes Balladen-Anthologie) liegt darin begründet. – Dennoch zeigen sich auch im 20. Jh. innovative Entwicklungen der B. Im Expressionismus erschließen sich der historischen B. neue Themenkreise (z. B. die Frz. Revolution; G. Heym: »Robespierre«). Traditionelle B.ntypen werden durch Subjektivierung der Themen erneuert (E. Lasker-Schüler: »Hebräische B.n«, 1913; G. Kolmar). An die Form des Bänkelliedes knüpfen F. Wedekind und B. Brecht an; dieser macht die B. zum Ort der Auseinandersetzung mit politischen Ereignissen (»Kinderkreuzzug«). Im Umkreis der Protestbewegungen der 1960er Jahre ist eine Neubelebung dieses sozialkritischen B.ntyps zu beobachten. Die von Riha und Hinck eingeleitete gattungsgeschichtliche Neubesinnung stellt die B. in ihren jeweiligen sozialen Kontext und erweitert den B.nbegriff in Richtung auf Groteske, Bänkelsang, Zeitungs-

lied, ⁊ Chanson, ⁊ Couplet und allg. auf das politische Lied, den Protestsong. Vertreter dieser Richtung sind die ⁊ Liedermacher W. Biermann (»B. vom preußischen Ikarus«) und F. J. Degenhardt (»Spiel nicht mit den Schmuddelkindern«). Jenseits dieser Traditionslinie greifen Autoren wie J. Bobrowski auf die ältere Kunstballade zurück. Bei H. Müller (»Mommsens Block«) und in seiner Nachfolge bei D. Grünbein (»Nach den Satiren«) wird die B. zum Medium eines fatalistischen Geschichtspanoramas. Dagegen teilen andere neuere Dichtungen mit der B. und ihrer Tradition kaum mehr als den Namen (H. M. Enzensberger: »Mausoleum. 36. B.n aus der Geschichte des Fortschritts«).
2. Im Rahmen der populären Musik begegnet der Ausdruck ›B.‹ ferner als Lehnübers. von engl. *ballad* im Sinne von ›musikalisch ruhiger (oft nur von akustischer Gitarre oder Klavier begleiteter, zuweilen mit Streichern untermalter) Rock- oder Popsong‹, ›sentimentales, oft melancholisches (Liebes-)Lied‹.
Texte: H. Laufhütte (Hg.): Dt. B.n. [1995]. Stgt. 2003. – B. Pinkerneil (Hg.): Das große dt. B.nbuch [1978]. Weinheim 1995. – F. T. Zumbach (Hg.): Das B.nbuch. Düsseldorf 2004.
Lit.: Ch. Freitag (Hg.): B. Bamberg 1986. – W. Freund: Die dt. B. Paderborn 1978. – G. E. Grimm (Hg.): Gedichte und Interpretationen: Dt. B.n. Stgt. 1978. – F. Hassenstein: Die dt. B. Hannover 1986. – W. Hinck: Die dt. B. von Bürger bis Brecht [1968]. Gött. ³1978. – O. Holzapfel: Mündliche Überlieferung und Lit.wissenschaft. Münster 2002. – W. Kayser: Geschichte der dt. B. Bln. 1936. – G. Köpf: Die B. Kronberg 1976. – H. Laufhütte: Die dt. Kunstballade. Hdbg. 1979. – W. Müller-Seidel (Hg.): B.nforschung. Königstein/Ts. 1980. – K. Riha: Moritat, Song, Bänkelsang. Gött. 1965. – Ch. Wagenknecht: B. In: RLW. – G. Weißert: B. [1980]. Stgt. ²1993.   JK/PKL

Ballad-Opera, f. [engl.], satirische Anti-Oper, die Ende des 17., Anfang des 18. Jh.s in England als Reaktion gegen die Vorherrschaft der it. *Opera seria* (G. F. Händel) entstand. Die B. greift einfache Komödienstoffe auf, in deren oft possenhaft derbe Prosadialoge Tanzszenen, strophische Lieder (*ballads*) nach bekannten volkstümlichen Melodien, z. T. auch parodierte Arien eingestreut sind. Der balladeske Stil oder ⁊ Bänkelsang-Ton herrscht vor. B.s waren meist auf Vorstadtbühnen und Jahrmärkte beschränkt, wurden aber, von den ⁊ engl. Komödianten verbreitet, bes. in Deutschland bedeutsam für die Entwicklung des dt. ⁊ Singspiels (erste dt. Übers. einer B. 1743 in Berlin). Berühmt und von durchschlagendem Erfolg war die von J. Gay und J. Ch. Pepusch zusammengestellte »Beggar's opera« (1728), 1929 von B. Brecht und K. Weill zur »Dreigroschenoper« umgeformt, 1948 von B. Britten unter Rückgriff auf die alte Fassung überarbeitet, 1953 von Ch. Fry und A. Bliss als Film adaptiert, 1960 von H. M. Enzensberger neu bearbeitet.   IS/Red.

Ballad stanza [engl. = Balladenstrophe], meist als ⁊ ›Chevy-Chase-Strophe‹ bezeichnet.

Ballata, f. [it. *ballare* = tanzen], Pl. *ballate*; 1. in der älteren it. Lyrik Tanzlied mit Refrain sikulo-arab. Ursprungs und Ende des 13. Jh.s durch den ↗ Dolce Stil novo kanonisiert: Die meist vier üblicherweise achtzeiligen Strophen (*stanze*) sind in eine *fronte* aus zwei identischen *mutazioni* (auch *piedi*) und eine *volta* (auch *sirma*) untergliedert. Deren erster Vers (*chiave*) übernimmt den Endreim der *mutazione*, der letzte Vers den ersten Reim der *ripresa*. Diese kann einen (*b. piccola*), zwei (*b. minore*), drei (*b. mezzana*) oder – häufigster Fall – vier (*b. grande*) Verse umfassen, selten mehr (*b. stravagante*). Überwiegend weltlichen, gelegentlich religiösen Inhalts (↗ Lauda), ist die B. zumeist in Sieben- und Elfsilbern verfasst. Von Petrarca meist in der einstrophigen Variante (*b. monostrofica* oder *nuda*) verwendet, im 15. Jh. ausgiebig belegt (Leon Battista Alberti, M. M. Boiardo, F. Galeota, Lorenzo de' Medici, A. Poliziano), im ↗ Petrarkismus selten, danach kaum nachgewiesen (Ausnahme: G. Chiabrera), wird die *b.* im 19. Jh. historisierend wieder aufgenommen (G. Carducci, G. D'Annunzio, G. Pascoli). – 2. Im 19. Jh. it. Verserzählung (*b. romantica*; *romanza*) in Anlehnung an die dt. ↗ Ballade und die engl. *ballad*, oft legendär-phantastischen Inhalts mit freiem Versmaß und einfachem Reim (G. Berchet, G. Prati, G. Carducci).
Lit.: G. Capovilla: Le ballate del Petrarca e il codice metrico due-trecentesco. In: Giornale Storico della Letteratura Italiana 154/485 (1977), S. 238–260. – S. Fiore: Arabic Traditions in the history of the Tuscan Lauda and Ballata. In: Revue de Littérature comparée 38/1 (1964), S. 5–17. – S. P. Giovanetti: Nordiche superstizioni. La b. romantica italiana. Venezia 1999. – G. Gorni: Metrica e analisi letteraria. Bologna 1993, S. 85–91. – J. Schulze: B. und B.-Musik zur Zeit des Dolce Stil Nuovo. Tüb. 2001.   HG

Ballett, n. [it. *balletto*, Diminutiv von *ballo* = Tanz], 1. akademisch kodifizierte Bewegungs- und Repräsentationsform des westlichen Bühnentanzes; 2. das in dieser Form präsentierte Werk; 3. Gruppe, welche diese Form des Tanzes realisiert (auch: B.kompanie). – Im 14. Jh. bezeichnet ›B.‹ Tanzeinlagen in szenischen Darbietungen (↗ Intermezzo). Die B.traktate des 16. Jh.s beschreiben tänzerische Bewegung als höfische Repräsentation im *Ballet de cour* (M. F. Caroso). 1661 initiiert die Gründung der Pariser *Académie Royale de Danse* die Professionalisierung des B.s. Der Naturbegriff der ↗ Aufklärung prägt die Reformideen des *ballet d'action* (J. G. Noverre), die auch lit. rezipiert werden (G. E. Lessing, Ch. M. Wieland). Die von C. Blasis im 19. Jh. festgeschriebene Kodifizierung wird u. a. von A. J. Waganowa fortentwickelt. Als ›klassisches B.‹ gelten Werke im Stil der frz.-russ. *danse d'école*. – Das höfische B. entwickelt sich aus dem frz. und it. Gesellschaftstanz, dem mal. ↗ Volkstheater und den ↗ Mysterienspielen der Renaissance. Allmählich wandelt sich das B. vom Intermezzo zur Haupthandlung, wobei die Trias Tanz, Gesang und dramatische Aktion über das

Opéra-ballet des Barock bis zur ↗ Oper erhalten bleibt. – Zum autonomen Genre wird das B. erst mit der Bühnentanzreform des 18. Jh.s. Das ›B.szenarium‹, bis dahin meist nur Exposé und Ablaufplan, entwirft nun oft eine Verknüpfung von ↗ Tanz, Szenarium und Schauspiel, die der Realisierung komplexer, oft tragischer Sujets aus Lit. (H. Heine: »Der Doktor Faust. Ein Tanzpoem«, 1851) und Historie dient. – Das tanzästhetische Ideal des ›romantischen Balletts‹, die Schwerelosigkeit, wird durch dessen lit. vermittelte Sujets reflektiert (z. B. »Giselle« nach Th. Gautier, 1841). Höhepunkte im ›klassischen B.‹ markieren die neoromantischen Schöpfungen des kaiserlichen russ. B.s (M. Petipa, P. I. Tschaikowski: »Schwanensee«). In der ersten Hälfte des 20. Jh.s bewirken neue Entwicklungen im Tanz das Aufweichen der strengen Kodifizierung, das zum Signum des ›modernen B.s‹ wird, welches auch nach 1945 neben anderen tanzästhetischen Formen wie dem am. *modern dance* fortbesteht: von S. Diaghilews *Ballets Russes* über den Neoklassizismus (G. Balanchine) zum europäischen Theaterballett (M. Béjart). Der *postmodern dance* (W. Forsythe) re-arrangiert die traditionelle Ästhetik und Technik des ›klassischen B.s‹, indem er es mit aktuellen Parametern körperlicher Repräsentation verbindet.
Lit.: G. Brandstetter: B. In: RLW. – I. Guest: Le ballet de l'Opéra de Paris: trois siècles d'histoire et de tradition [1976]. Paris 2001. – H. Müller u. a.: Krokodil im Schwanensee. Tanz in Deutschland seit 1945. Ffm. 2003. – M. Sträßner: Tanzmeister und Dichter. Bln. 1994 – A. J. Waganowa: Grundlagen des klassischen Tanzes [russ. 1948]. Bln. 2002 – D. Weickmann: Der dressierte Leib. Kulturgeschichte des Balletts (1580–1870). Ffm. 2002.   CP

Ballettkompanie ↗ Ballett.

Ballettszenarium ↗ Ballett.

Bänkelsang [nach der Bank, die die Vortragenden als Podium benutzten], Lied und Prosageschichte der Bänkelsänger (auch: ↗ Moritat) sowie deren Darbietungsweise. Der B. kommt, den Zeitungssang allmählich ablösend, im 17. Jh. auf; Blütezeit im 19. Jh., v. a. in Hamburg, Schleswig-Holstein, im Rheinland, in Rheinpfalz. Den B. trugen fahrende Schausteller (darunter häufig Frauen, seit Anfang des 19. Jh.s auch ganze Familien) auf Märkten und Messen zur Geigen-, Harfen- oder Drehorgelmusik vor. Die Lieder handeln von sensationellen, rührseligen oder schauerlichen, wahren oder für wahr gehaltenen Ereignissen. Kennzeichnend sind Vereinfachung der Sprache, Typisierung der Personen, Situationen und Gefühlsäußerungen; verallgemeinernde, kommentierende und wertende Darstellung der Ereignisse. Das Bänkellied gehört in die Tradition des Ereignisliedes und ist mit dem ↗ historischen Lied und dem ↗ Zeitungslied verwandt. Die Lieder werden zusammen mit einer ausführlicheren, erklärenden Prosafassung dargeboten und illustriert durch in mehrere Felder aufgeteilte Bildtafeln (Schilde), auf die der Bänkelsänger, auf einer

Bank stehend, während des Vortrags mit einem Zeigestock weist. Während und nach der Darbietung werden Drucke, sog. Moritatenblätter (Fliegende Blätter), die den vorgetragenen Text und die Prosageschichte und meist auch einen Holzschnitt enthalten, zum Verkauf angeboten. Die Darbietung der Bänkelsänger richtet sich nach den Bedürfnissen des kleinbürgerlichen Publikums, sie will den Stoffhunger befriedigen, affektiv wirken, die anerkannte Moralauffassung bestätigen durch die immer neue Aktualisierung des Schemas: Störung der Ordnung (durch ein Verbrechen oder Unglück) und deren Wiederherstellung (durch Bestrafung oder glückliche Fügung). Die Texte stammen von anonymen Verfassern, sind meist im Auftrag von Verlagen geschrieben, selten von den Bänkelsängern selbst. – Lit. Bedeutung gewinnt der B. Mitte des 18. Jh.s mit dem erwachenden Interesse gebildeter Kreise an volkstümlicher Kunst; er beeinflusst die Balladen- und ↗Romanzendichtung Gleims, Bürgers und Höltys (›Salon-B.‹, teils parodistisch). A. v. Arnim und C. Brentano planten 1802 aus volkserzieherischen Gründen eine Bänkelsängerschule. Im 19. Jh. dichteten H. Heine und Hoffmann von Fallersleben politische Lieder im B.stil; B.-↗Parodien schrieben F. Th. Vischer und L. Eichrodt. Die in diesem reflektierten lit. B. liegenden Möglichkeiten ironisch-distanzierter (sozialkritischer) Aussagen wurden im 20. Jh. programmatisch genutzt. F. Wedekind schuf den politischen B., welcher der Entwicklung der modernen Lyrik, v. a. der ↗Ballade, starke Impulse gab (B. Brecht, O. J. Bierbaum, Ch. Morgenstern, E. Mühsam, W. Mehring, E. Kästner u. a.). Bes. das politisch engagierte Lied seit den Protestbewegungen der 1960er Jahre bedient sich bewusst der rezeptionsorientierten Elemente des B.s (W. Biermann, F. J. Degenhardt, H. C. Artmann u. a.). Auch die bildende Kunst empfing Anstöße vom B.: Die Bildtafeln beeinflussten u. a. O. Dix, G. Grosz, M. Beckmann und H. Vogeler (u. a. sog. Komplexbilder oder Agitationstafeln über politische Lehren und Erfahrungen). Der originale naive B. dagegen starb im 20. Jh. aus; seine Funktionen werden z. T. vom Film, der Regenbogenpresse und dem Schlager übernommen. In Italien ist der B. in verschiedenen Regionen noch lebendig. Texte: W. Braungart (Hg.): B. Stgt. 1985. – L. Petzoldt (Hg.): Die freudlose Muse. Stgt. 1978. – K. Riha (Hg.): Das Moritatenbuch. Ffm. 1981. Lit.: W. Braungart: B. In: RLW. – W. Hinck (Hg.): Geschichte im Gedicht. Ffm. 1979. – L. Petzoldt: B. Stgt. 1974. – K. V. Riedel: Der B. Hbg. 1963. – K. Riha: Moritat, Bänkelsong, Protestballade. Königstein ²1979. RBS

Bar, n., im ↗Meistersang ein mehrstrophiges Lied; das Wort ist vielleicht eine Kurzform zu *parat, barant,* einem Ausdruck, der aus der Fechtersprache (›erfolgreiche Abwehr‹) in die Terminologie der Meistersinger überging. Bereits die ↗Sangspruchdichtung des 14. Jh.s tendierte zur Mehrstrophigkeit. V. a. Meisterliederhss. des 15. und 16. Jh.s kombinierten ältere Strophen mit jüngeren. Man begreift die B.-Bildung heute

allerdings nicht mehr als sekundäre Aufschwellung, die einer Unfähigkeit zur pointierten Einzelstrophe geschuldet ist, sondern als »Phänomen selektiver Kontextstabilisierung« (Baldzuhn, S. 257). Lit.: M. Baldzuhn: Wege ins Meisterlied. In: ZfdPh 119 (2000), Sonderheft, S. 252–277. – F. Schanze: B. In: RLW. CF

Barbarismus, m. [gr. *bárbaros* = der nicht gr. sprechende Fremde (im Ggs. zum Hellenen); aus sumerisch *barbar* (lautmalerische Bildung im Sinne von ›unverständlich Murmelnder‹) = Fremder], Bez. der antiken ↗Rhet. für den Verstoß gegen die *puritas,* d. h. gegen idiomatische Korrektheit. Als Barbarismen galten falsch ausgesprochene oder verstümmelte Wörter, Phantasie- und Fremdwörter, bes. aus Sprachen kulturell unterlegener Völker. ↗Metaplasmus.   IS/Red.

Barde, m. [verschmolzene Etymologie aus keltisch *bard* = Sänger zu Lob und Tadel, und lat. *barditus* = Schlachtgesang (der Germanen)], identische Bez. für drei lit.geschichtlich in unterschiedlichem Maße relevante Erscheinungen: den keltischen Hofdichter (1), den germ. Priestersänger (2) sowie einen Typus des ↗Liedermachers (3). – 1. Im keltischen Kulturkreis ist das Wirken der B.n als Sänger bei Hof vom ersten vorchristlichen Jh. bis ins 16. (Wales) bzw. 18. Jh. (Irland) bezeugt. Zu ihren Aufgaben gehörte offenbar der Vortrag von Heldengedichten, Gesetzen und Genealogien anlässlich höfischer Feste. Im MA. waren sie zünftisch organisiert; sie bildeten ihren Nachwuchs in eigenen Schulen, die großen Zulauf erfuhren, aus. Die Schriftlosigkeit ihrer Dichtungen regte die Phantasie Nachgeborener zu Vermutungen an. Durch die ›B.n des Königs‹, E. Jones, wurden »Relicks of the Welsh bards« (1784) spät bekannt gemacht. – 2. Als lit.-schaffende Instanz ist die B. eine Erfindung des dt. ↗Humanismus, der ihn aus zwei Elementen deduzierte: a) dem im keltischen Kulturkreis verbreiteten Sänger (1), von dem man freilich nur sehr ungefähre Vorstellungen besaß; b) der Nachricht aus der »Germania« des Tacitus (Kap. 3), die Germanen stimmten in ihren Hohlschilden (*bort*) einen dröhnenden Schlachtgesang (*barditus,* ↗Bardiet) an. Kombiniert fügte sich das zur Vorstellung eines germ. Priestersängers, dessen Aufgabe darin gesehen wurde, das kämpfende Volk durch Schlachtgesang und Erzählungen zu motivieren und über seine Geschichte zu informieren. Es fiel leicht, im B.n einen Träger der versunkenen Nationallit. der Germanen zu sehen. Für Ch. Gottsched manifestierte sich in ihm das »heroische Talent des dt. Witzes« (»Critische Dichtkunst«, 1730). Von allem Anfang an lastete auf dem B.n das schwere Erbe einer volkstümlichen Nationallit., die es unter patriotischen Klängen gegen die Tradition gelehrter Dichtung durchzusetzen galt. Da der B. nichts hat hinterlassen können, glich die ↗Bardendichtung des 18. Jh.s diesen Mangel aus.   CF 3. Die Figur und Bez. ›B.‹ taucht immer wieder auf, wenn ein dt. ↗Sänger als bes. an naturzugewandten, ›volkstümlichen‹ Traditionen orientiert ausgezeichnet werden soll, so im Kontext der Jugendbewegung um 1900 sowie der ↗ Liedermacher-Bewegung der 1960er und 1970er Jahre, die auch die Rolle des ›Blödelbarden‹ hervorgebracht hat. DB

Bardendichtung, als Bez. für Dichtwerke germ. ↗ Barden sachlich unmöglich, fasst der Begriff eine im 18. Jh. aufkommende, an einer synthetisch gewonnenen Dichtungslehre der Barden orientierte Dichtung *à la mode* zusammen. Die stilprägenden Merkmale der B. (u. a. ↗ Freier Rhythmus, Reimfreiheit und Strophik) ergaben sich aus ihrer intentionalen Gegensätzlichkeit zur gelehrten Dichtungstradition. Als Begründer der B. kann F. G. Klopstock gelten (»Hermann und Thusnelde«, 1753; »Wingolf«, 1771; ↗ Bardiet); ihm folgten H. W. v. Gerstenberg (»Gedichte eines Skalden«, 1766) und M. Denis (»Die Lieder Sineds des Barden«, 1772). Die B. erlebte ab der Mitte des 18. Jh.s eine kurze Blüte, erreichte aber als Mode schon das 19. Jh. nicht mehr.

Lit.: U.-K. Ketelsen: B. In: Killy/Meid. CF

Bardiet, n. [lat. *barditus* = Schlachtgesang (der Germanen)], von F. G. Klopstock eingeführter, am *barditus* des Tacitus (»Germania«, Kap. 3) orientierter Kunstbegriff der ↗ Bardendichtung. Die für die Schaubühne konzipierten B.e Klopstocks (»Hermanns Schlacht«, 1769; »Hermann und die Fürsten«, 1784; »Hermanns Tod«, 1789), die sich formal der gr. Tragödie näherten, geben freilich nur ein schwaches Echo der beschworenen Schlachtgesänge. Aufführungen kamen, trotz entsprechender Pläne, nicht zustande. Ch. W. Glucks Vertonungen von B.en sind verschollen. CF

Barditus ↗ Bardiet.

Barock, m. oder n. [portug. *barocco* = schiefrund, unregelmäßig; Abkürzung *baroco* aus der scholastischen Syllogistik], in der ↗ Germanistik Verständigungsbegriff für die dt.sprachige Lit. zwischen ca. 1620 und 1720. – Der Begriff wird von der Kunstkritik des 18. Jh.s geprägt und gilt zunächst als abwertende Kategorie zur Bez. eines übertrieben schwülstigen Stils. Als Fachbegriff etabliert ihn die Kunstgeschichte des 19. Jh.s (J. Burckhardt, C. Gurlitt). Bereits F. Nietzsche (»Vom Barockstile«, 1879) schlägt vor, ›B.‹ als Stilbegriff auf alle Künste anzuwenden. H. Wölfflin (»Renaissance und B.«, 1888) sieht das B. als Gegenbewegung zur ↗ Renaissance. Seine »Kunstgeschichtlichen Grundbegriffe« (1915) weiten ›B.‹ zur überzeitlichen Stilkategorie aus. Im Rahmen dieses zyklischen Geschichtsmodells pendelt Kunst zwischen ↗ Klassik und B. Zur Charakterisierung beider Pole dienen die Begriffspaare ›plastisch – malerisch‹, ›Fläche – Tiefe‹, ›tektonisch – atektonisch‹, ›Vielheit – Einheit‹ und ›Klarheit – Unklarheit‹. – In der Musikwissenschaft wird die Bez. international auf Komponisten (J. S. Bach, G. F. Händel, A. Vivaldi) und kulturelle Phänomene bis ca. 1750 bezogen. – Der Geschichtswissenschaft gilt das B. als Jh. des Zwiespalts (territoriale Reichsstruktur, konfessionelle Differenzierung, Gleichzeitigkeit von tiefgreifenden Krisen – Dreißigjähriger Krieg, Pestepidemien, Hungersnöte – und kulturellen

Entwicklungsleistungen in Kunst, Technik, Ökonomie oder Wissenschaft). – Aus kultursoziologischer Perspektive weist Adorno darauf hin, dass ›B.‹ auch als emphatischer Prestigebegriff einer bürgerlichen Kultur verwendet wird, die auf Vermarktung durch Tonträger, Kostümfilme u. a. abzielt. – F. Strich prägt 1916 die lit. wissenschaftliche Verwendung und hebt die Antithetik der B.lyrik hervor. Doch bleibt ›B.‹ als nachträglich gefundene Epochenbez. umstritten. E. R. Curtius (»Europäische Lit. und lat. MA.«, 1948) bevorzugt für die spätmal. Epoche zwischen 1520 und 1650 die historische Bez. ↗ ›Manierismus‹, um der teils wertenden Vieldeutigkeit zu entgehen. Zur Differenzierung der Teilaspekte wurden zudem weitere Bez.en wie ›höfische Kultur‹, ›Konfessionalismus‹ oder ›Späthumanismus‹ vorgeschlagen. Ein gänzlicher Verzicht auf den eingeführten Begriff ›B.‹ wird jedoch nicht ernsthaft gefordert.

Das lit. Leben des B. konzentriert sich auf die absolutistischen Fürstenhöfe, Universitäten und Schulen der städtischen Wirtschaftszentren wie Breslau, Hamburg, Königsberg, Leipzig oder Nürnberg. Getragen wird es durch eine humanistisch geschulte und europäisch orientierte Gelehrtenkultur, nach deren Verständnis Dichtkunst in poetischen Nebenstunden entsteht (↗ Poeta doctus). Die zweisprachige lit. Kultur des B. (dt. und nlat.) ist durch das humanistische Ordnungssysteme der ↗ Frühen Neuzeit bestimmt (↗ Emblematik, ↗ Rhet., ↗ Poetik). Als *Ars poetica* ist das Handwerk der Poesie nach diesem Verständnis erlernbar. Es zielt nicht auf Originalität, sondern erwächst aus dem Wechselspiel von prinzipieller Begabung (Ingenium), der Beherrschung verbindlicher Dichtungsregeln (Praecepta) und ihrer nachahmenden Einübung (↗ Imitatio [1]) anhand von poetischen Vorbildern (Exempla). Maßgeblich ist M. Opitz' Poetik »Buch von der Dt. Poeterey« (1624), das zahlreiche Vorläufer in den europäischen Poetiken der Frühen Neuzeit hat. Es ist das Kernstück einer Dichtungsreform, die auf die Etablierung einer Lit.sprache nach humanistischem Vorbild in Deutschland zielt. Das Projekt steht im Kontext der Bemühungen um Reinerhaltung der dt. Sprache (↗ Purismus), die sich in der Gründung von ↗ Akademien (nach dem Vorbild der it. *Accademia della Crusca*) und ↗ Sprachgesellschaften niederschlagen (Fruchtbringende Gesellschaft, Teutschgesinnte Genossenschaft, Pegnesischer Blumenorden, Elbschwanenorden u. a.). Verfolgt wird damit der Anschluss an entwickelte Kulturnationen wie Italien, Frankreich, Holland und Spanien. Opitz fordert die Übereinstimmung von natürlichem Wortakzent und Versakzent (↗ akzentuierendes Versprinzip). Da die dt. Sprache aus seiner Sicht dynamisch alterniert, empfiehlt er die Verwendung von ↗ Jambus und ↗ Trochäus. Bevorzugte Versmaße sind ↗ Alexandriner und ↗ *vers commun*. Dem ↗ silbenzählenden Versprinzip nach dem Vorbild der frz. ↗ Pléiade folgen dagegen noch die frühen Gedichte G. R. Weckherlins (»Oden und Gesänge«, 1618 f.). Das Gattungssystem richtet sich bei Opitz noch nicht nach der triadischen Unterscheidung zwischen Epik, Drama und Lyrik, sondern ist dialektisch geprägt (vgl. Trappen). Neben heroischem ↗ Epos, ↗ Tragödie, ↗ Komödie und ↗ Satire führt Opitz v. a. poetische Kleinformen nlat. und romanischen Ursprungs als Gattungen ein (↗ Ekloge, ↗ Elegie, ↗ Epigramm, ↗ Ode, ↗ Sonett). Die Stilhöhe wird über das ↗ *aptum* reguliert und bleibt allg. der rhet. Dreistillehre verpflichtet (↗ Genera dicendi). Das in Umfang und Geltungsbereich limitierte Dichtungssystem von Opitz wird im Laufe des B. durch eine Vielzahl von Poetiken (S. v. Birken, A. Buchner, G. Ph. Harsdörffer, G. Neumark, Ph. v. Zesen) differenziert. Bei aller Regelhaftigkeit bieten sich hier Spielräume und Lizenzen (↗ dichterische Freiheit), die in der Dichtungspraxis ausgelotet werden. Daraus erwächst eine Vielfalt poetischer Formen, die den präskriptiven Anspruch der Anleitungspoetiken sukzessive zurückdrängt und zum Untergang des barocken Poetikparadigmas um 1700 beiträgt.

Für die frühe Lyrik sind die Gedichtsammlungen von Opitz mustergültig (»Teutsche Poemata«, 1624; »Geistliche Poemata«, 1638; »Weltliche Poemata«, 1644). Sie bilden das neue Gattungsspektrum und zentrale Dichtungstraditionen wie den ↗ Petrarkismus ab. Die ›Opitzianer‹ J. Rist, A. Tscherning und J. P. Titz setzen die Versreform im protestantischen Norden durch (↗ schlesische Dichterschule). Im Leipziger Dichterkreis führen die ↗ Sonette P. Flemings (»Teütsche Poemata«, 1641) christlich-neustoizistisches Gedankengut (J. Lipsius) zu vollendeter Formkunst. Zur bekanntesten B.lyrik zählt die unter dem Eindruck des Dreißigjährigen Kriegs entstandene Vanitasdichtung von A. Gryphius (»Sonnette«, 1643/50). Weitere Zentren sind der ↗ Königsberger Dichterkreis um S. Dach und der Pegnesische Blumenorden in Nürnberg (S. v. Birken, G. Ph. Harsdörffer, J. Klaj), dessen experimentelle Klangpoesie (↗ onomatopoietische Dichtung) Opitz' ›Klassizismus‹ (vgl. R. Alewyn: »Vorbarocker Klassizismus und gr. Tragödie«, 1926) zur artifiziellen Formkunst steigert. Um 1700 verbreiten sich die ästhetisierten Spielgedichte Ch. Hoffmann v. Hoffmannswaldaus und die rhet. übersteigerte Lyrik D. C. v. Lohensteins, deren ↗ Pathos und Bildlichkeit später als schwülstig abgewertet wird (↗ Marinismus). In diesem Kontext entsteht die erotische Lyrik der ↗ galanten Dichtung (B. Neukirch, A. v. Abschatz, J. v. Besser, Ch. F. Hunold), welche Tabubrüche ironisch gestaltet. Frühformen politischer Lit. (Hofkritik) finden sich in den satirischen ↗ Epigrammen F. v. Logaus (»Sinn-Getichte«, 1654). Neben den weltlichen Formen der ↗ Gelegenheitsdichtung treten die Gebrauchstexte des ↗ Kirchenlieds (P. Gerhardt, J. Crüger). Komplementär zur humanistischen Poesie steht die umfangreiche B.-Mystik, deren ästhetisierte Frömmigkeit stärker auf den Einzelnen ausgerichtet ist. Die protestantische ↗ Mystik D. Czepkos oder Q. Kuhlmanns orientiert sich am Vorbild J. Böhmes. Im kath. Bereich wird die Mystik v. a. durch F. Spee und Angelus Silesius geprägt. Wichtige Lyrikerinnen sind C. R. v. Greiffenberg und S. Schwarz. Auf der Schwelle zwischen B. und ↗ Aufklärung steht das lange als Vorform der ↗ Erlebnisdichtung angesehene Werk J. Ch. Günthers (1695–1723).

Drama und Theater des B. sind durch formale Vielfalt und den konfessionellen Ggs. geprägt. Die Normierung erfolgt wesentlich über Vorreden; wichtige dramentheoretische Bestimmungen enthalten die Poetiken von G. Ph. Harsdörffer (»Poetischer Trichter«, 1647–53) und A. Ch. Rotth (»Vollständige Dt. Poesie«, 1725). Fundamentale Theaterkritik üben die Polemiken von A. Reiser (»Teatromania oder die Werke der Finsternis«, 1681). Mustertexte sind neben den nl. Dramen (J. van den Vondel) Opitz' Übers.en von Senecas »Trojanerinnen« (1625) und Sophokles' »Antigone« (1636). An ihnen orientiert sich bes. der auf Affektkontrolle gerichtete Dramentyp des ↗ schlesischen Trauerspiels, der sich seit der Jh.mitte etabliert (A. Gryphius: »Leo Armenius«, 1650). Hinzu kommen die großen ↗ Geschichts- und ↗ Märtyerdramen von Gryphius (»Catharina von Georgien«, 1657; »Papinian«, 1659), D. C. Lohenstein (»Cleopatra«, 1661; »Agrippina«, 1665; »Sophonisbe«, 1680), A. A. v. Haugwitz (»Maria Stuarda«, 1683) und J. Ch. Hallmann (»Mariamne«, 1670). Im Bereich des protestantischen Schultheaters (↗ Kinder- und Jugendtheater) entstehen neben den Alexandrinertragödien die Prosadramen Ch. Weises (»Masaniello«, 1683). Die wichtigste kath. Theaterform des 17. Jh.s ist das ↗ Jesuitendrama (J. Bidermann: »Cenodoxus«, 1602). Das Schauspiel der ↗ Wanderbühnen ist durch engl. Komödianten und die it. ↗ Commedia dell'Arte geprägt. Höfische Formen sind ↗ Singspiel und ↗ Oratorium. Als Zentrum des Schäferspiels gilt Nürnberg (↗ Schäferdichtung). Die ↗ Komödie ist mit ihrer satirischen Verlachkomik der Sozialdisziplinierung verpflichtet (Heinrich Julius von Braunschweig: »Vincento Ladislo Sacrapa«, 1594; A. Gryphius: »Peter Squentz«, 1658; »Horribilicribrifax«, 1663). Schulpädagogische Ziele verfolgen die Komödien Ch. Weises (»Schauspiel vom Niederländischen Bauer«, 1700), während in den »Schlampampe«-Komödien Ch. Reuters (1695 f.) gegenüber dem Lehrhaften der Unterhaltungswert an Bedeutung gewinnt. Formen der Erzähllit. sind im 17. Jh. ↗ Anekdote, ↗ Fazetie, ↗ Apophthegma, ↗ Schwank, Prosaekloge, ↗ Volksbuch und ↗ Roman. Für den Roman liefert wiederum Opitz Musterübers.en (A. Barclays »Argenis«, 1626; Ph. Sidneys »Arcadia«, 1638). Als erste ↗ Romantheorie gilt P.-D. Huets »Traité de l'origine des romans« (1670). In Deutschland bestimmt S. v. Birkens »Dicht-Kunst« (1679) den Roman als eigenständige Gattung. Die wirkungsmächtige Romankritik der Zeit begreift die fiktive Textform dagegen noch als Teufelswerk (z. B. G. Heidegger: »Mythoscopia Romantica«, 1698). Zu den wichtigsten Romanformen des B. zählen: 1. der staatspolitisch und enzyklopädisch ausgerichtete höfisch-historische Roman (Anton Ulrich von Braunschweig: »Octavia«, 1677–1707, D.C.v. Lohenstein: »Arminius«, 1689f.); 2. der das ›Private‹ betonende Schäferroman (»Jüngst=erbaute Schäfferey«, 1632; vermutlich von G. Ch. V. Gregersdorf); 3. der satirische Roman: Das Muster des menippeischen ↗Satire verarbeitet J. M. Moscheroschs episodische Reiserevue »Gesichte Philanders von Sittewald« (1640); das Schema des ↗Pikaro-Romans variieren H. J. Ch. v. Grimmelshausen (»Simplicissimus Teutsch«, 1668) und J. Beer (»Der Simplicianische Welt-Kucker«, 1677–79). Dem *politicus*-Ideal folgen die Romane Ch. Weises (»Drei ärgsten Ertz-Narren in der gantzen Welt«, 1672) und J. Riemers (»Der politische Maul-Affe«, 1679), indem sie die Klugheit des Menschen im öffentlichen Handeln befördern sollen. In Ch. Reuters »Schelmuffsky« (1696 f.) tritt die moralsatirische Ausrichtung zu Gunsten der Unterhaltung durch derbe Effekte zurück. Elemente des höfisch-historischen Romans und des Schäferromans verbindet seit den 1680er Jahren der galante Roman (Ch. F. Hunold: »Die liebenswürdige Adalie«, 1702).

Die Forschung konzentrierte sich lange auf den ›Opitzianismus‹ der gelehrten Kunstdichtung; erst jüngere, kulturgeschichtlich ausgerichtete Studien erschließen die reiche Lit.produktion der Zeit in ihrer ganzen Breite. Dazu gehören die nlat. und volkssprachigen Texte aus dem Kontext der ↗Gegenreformation (vgl. Pörnbacher) ebenso wie der gesamte Bereich nichtfiktionaler Prosa (Briefe, ↗Briefsteller, ↗Predigten, Leichabdankungen, Hausväterlit., ↗Komplimentierbücher). Zur Öffnung des Lit.betriebs auf eine nichtgelehrte Leserschaft hin tragen die dt.sprachige Konversationslit. (G. Ph. Harsdörffer: »Frauenzimmer Gesprächsspiele«, 1641–49) und die umfangreiche ›Buntschriftstellerei‹ der Zeit bei (E. W. Happel: »Größte Denkwürdigkeiten der Welt oder Sogenannte Relationes Curiosae«, 1683 f.). Verbreitet sind zudem ↗Flugschriften, neben denen ein Zeitungswesen entsteht (erste dt. Tageszeitung seit 1660 in Leipzig: »Täglich Neu-einlauffende Nachricht von Kriegs- und Welt-Händeln«). Mit Blick auf die Vielfalt solcher Textmuster erscheint aus heutiger Sicht die – ohnehin auf den dt. Sprachraum beschränkte – harte Epochenzäsur zwischen B. und Aufklärung als Konstruktion des 18. Jh.s. Demgegenüber hebt man stil- und geistesgeschichtliche Gemeinsamkeiten hervor und nimmt einen abgestuften Übergang (›Sfumato‹) zur Aufklärung an; statt die ›spätbarocken‹ Tendenzen einem historischen Verfallsmodell unterzuordnen, hebt man die bes. Produktivität und Offenheit des Lit.systems um 1700 hervor.

Texte: H. Pörnbacher (Hg.): Die Lit. des B. Mchn. 1986. – A. Schöne (Hg.): Das Zeitalter des B. Mchn. ³1988. Bibliographien: G. Dünnhaupt: Personalbibliographien zu den Drucken des B. 6 Bde. Stgt. 1990–93. – Verzeichnis der im dt. Sprachgebiet erschienenen Drucke des 17. Jh.s. (www.vd17.de).

Lit.: Th.W. Adorno: Der mißbrauchte B. In: ders.: Ohne Leitbild. Ffm. 1967, S. 133–157. – W. Barner: B.rhet. [1970]. Tüb. ²2002. – Ders. (Hg.): Der lit. B.begriff. Darmstadt 1975. – Th. Borgstedt, A. Solbach (Hg.): Der galante Diskurs. Dresden 2001. – G. E. Grimm: Lit. und Gelehrtentum in Deutschland. Tüb. 1983. – S. Heudecker: Modelle lit.kritischen Schreibens im ausgehenden 17. und der ersten Hälfte des 18. Jh.s. Tüb. 2005. – H. Jaumann: Die Entstehung der lit. B.kategorie und die Frühphase der Umwertung. In: Archiv für Begriffsgeschichte 20 (1976), S. 17–41. – Ders.: B. In: RLW. – H.-G. Kemper: Dt. Lyrik der Frühen Neuzeit. 6 in 10 Bdn. Tüb. 1987–2006. – V. Meid: B. In: Killy/ Meid. – A. Meier (Hg.): Die Lit. des 17. Jh.s. Mchn. 1999. – P. Münch: Das Jh. des Zwiespalts. Stgt. u.a. 1999. – D. Niefanger: B. [2000]. Stgt., Weimar ²2006. – I. Stöckmann: Vor der Lit. Tüb. 2001. – F. Strich: Der lyrische Stil des 17. Jh.s [1916]. In: R. Alewyn (Hg.): Dt. B.forschung. Köln, Bln. 1965, S. 229–259. – St. Trappen: Gattungspoetik. Hdbg. 2001. – Ch. Wagenknecht: Weckherlin und Opitz. Mchn. 1971. – M. Windfuhr: Die barocke Bildlichkeit und ihre Kritiker. Stgt. 1966. JW

Barzelletta, f. [it. = Witz], auch *Frottola-barzelletta*, volkstümliches lt. Gedicht, ursprünglich mit Laute und Viola vorgetragen. Ihre Blütezeit hatte die B. in der zweiten Hälfte des 15. Jh.s, als sich höfische Dichter wie Poliziano und F. Galeota in dem Genre hervortaten; anlässlich der florentinischen Karnevalsumzüge wurden ↗*ballate* in Form der B. komponiert. Berühmtestes Beispiel ist die »Canzona di Bacco« von Lorenzo de' Medici, der auch als Begründer der Gattung gilt. Die B. variiert die Struktur der *ballata* und besteht aus der *ripresa* mit vier trochäischen Achtsilbern (Reimfolge: *xyyx*), der *mutazione* (*abab*) und der *volta* (*bccx* oder *byyx*). WG

Basis, Ggs. zu ↗Überbau.

Basiserzählung ↗Analepse, ↗Prolepse.

Bathos, n. [gr. = Tiefe], bezeichnet bei A. Pope den unfreiwilligen Umschlag vom Erhabenen (↗Pathos) ins Banale, vgl. die Prosasatire »Peri bathos or the art of sinking in poetry« (1727), eine Travestie der spätantiken lit.ästhetischen Schrift »De sublimitate«, in der Pope aus der Polemik gegen zeitgenössische Schriftsteller eine Art negativer ↗Ars Dictandi entwickelt. GS/Red.

Bauerndichtung, lit. Gestaltung der bäuerlichen Welt- und Lebensform in allen Gattungen. Verfasser und Rezipienten von B. gehören bis zum 19. Jh. nicht dem Bauernstand an. In der Antike ist der Bauer Spottfigur in (epischen und dramatischen) Schwänken und Komödien, im MA. (bis hin zu Hans Sachs) in ↗Neidhart- und ↗Fastnachtspielen – eine Tradition, die in den derb trivialen Bauernpossen des ↗Bauerntheaters bis heute lebendig ist. Daneben erscheint der Bauer in mal. Werken in unterschiedlichen Funktionen: Positiv gesehen als *meier* (Pächter) im »Armen Heinrich« Hartmanns von Aue, als Typus des Unhöfischen im

»Parzival« (569, 30) Wolframs von Eschenbach, als Vertreter eines durch soziale Aufstiegsambitionen gefährdeten Standes im »Helmbrecht« Wernhers des Gartenaere (um 1250) oder im »Seifried Helbling« (gegen 1300), als didaktisch eingesetzte Kontrastfigur im »Ring« von Heinrich Wittenwîler (1400). Dagegen ist der von Neidhart in die Lit. eingeführte *dörper* keine Bauernkarikatur, sondern eine satirische Kunstfigur, eine Persiflierung des höfischen Ritters (↗ dörperliche Dichtung). Abgesehen vom Volkslied, das in Arbeits-, Jahreszeiten- u. a. Liedern überzeitlich konkrete bäuerliche Tätigkeiten besingt, werden nur die sog. Bauernklagen des 16. und 17. Jh.s einer bäuerlichen Wirklichkeit gerecht: Es sind einfache Gedichte über die Not der Bauern, die bes. zur Zeit der Bauernkriege und des Dreißigjährigen Krieges als Flugblätter in Süddeutschland verbreitet sind. Aber sie bleiben, wie die Hinweise auf die desolate Situation der Bauern bei H. J. Ch. v. Grimmelshausen und J. M. Moscherosch, vereinzelt. Im Barock wird der Bauer zum Versatzstück der Schäfer- und Hirtendichtung, dem lit.-ästhetischen Gegenentwurf zur zeremoniellen höfisch-städtischen Existenzform. Die reale bäuerliche Welt wird nicht wahrgenommen. – Stilisierte Kunstfigur bleibt der Bauer auch in der ↗ Idylle (S. Geßner) und der Lyrik des 18. Jh.s, wandelt sich jedoch mit der Emanzipation des Bürgertums vom höfisch-tändelnden Hirten in arkadischer Umwelt zum tugendhaften Landmann in einer ungekünstelten Naturlandschaft. Seine ästhetische Moralität weckt das bürgerliche, aufklärerisch-philanthropische Interesse auch für seine realen Lebensbedingungen (Maler Müller). Von Einfluss sind dabei die Kulturphilosophie J.-J. Rousseaus und J. G. Herders und die sozialreformerischen Bestrebungen J. Mösers, E. M. Arndts u. a., die v. a. vom ↗ Göttinger Hain (bes. J. H. Voß) und später vom ↗ Jungen Deutschland aufgegriffen werden (Leibeigenschaft, Aberglaube u. a.). Einflussreiche Werke der B. sind im 18. Jh. neben A. v. Hallers kulturkritischem Lehrgedicht »Die Alpen« (1729/32) bes. die physiokratischen, sozial-utopischen und sozialpädagogischen Schriften J. C. Hirzels (»Die Wirtschaft eines philosophischen Bauers«, 1761), und J. H. Pestalozzis (»Lienhard und Gertrud«, 1781/87) sowie die naive »Lebensgeschichte … des Armen Mannes im Tockenburg« (1789) von U. Bräker, dem ersten und lange Zeit einzigen Autor aus dem Bauernstand selbst. – Entsprechend den aufklärerisch-liberalen Bildungsidealen entsteht seit Ende des 18. Jh.s eine Fülle volkstümlicher, Belehrung und Unterhaltung mischender Ratgeber, Sach- und Hilfsbücher für Bauern, die aber diese kaum je erreichen (Analphabetentum auf dem Lande) und stattdessen zum modischen Lesestoff für das Bürgertum werden (J. P. Hebel: »Schatzkästlein«, 1811). Die Romantik entdeckt das Land auch als lit.-ästhetischen Raum und macht mit ihrem Interesse am Volkstümlichen auch den Bauern lit.fähig: Erstmals erscheint er als tragische Figur (C. Brentano: »Geschichte vom braven Kasperl …«, 1817; H. v. Kleist, A. v. Droste-Hüls-

hoff). – In der »Oberhof«-Erzählung aus K. L. Immermanns satirischem Zeitroman »Münchhausen« (1838/39) wird die traditionsgebundene Welt des Hofschulzen realistisch geschildert. Aber sie ist v. a. funktional als idealisiertes Kontrastmodell dem »Pferch der Zivilisation« mit seinen bindungslosen Menschen gegenübergestellt. Frei von solcher Tendenz und Funktion sind die Romane von J. Gotthelf (u. a. »Uli, der Knecht«, 1841; »Geld und Geist«, 1843). In epischer Breite gestaltet er ohne jede Sentimentalisierung eine von innen (nicht wie bisher von außen) erlebte bäuerliche Welt. Populärer als Gotthelfs Werk wird seit Mitte des 19. Jh.s die ↗ Dorfgeschichte (B. Auerbach, J. Rank, M. Meyr u. a.), die, Immermanns Ansatz (und damit den traditionellen zivilisationskritischen Topos) weiterführend, eine idealistisch-verklärte bäuerliche Welt entwirft, die durch regionale Begrenzung, detailliertes Lokalkolorit, realistische Milieuzeichnung und mundartliche Sprache Wahrheitsanspruch erhebt. Dorfgeschichte und Bauern- oder Heimatromane werden mit der fortschreitenden Entwicklung des Agrarstaats zum Industriestaat immer konservativer – und immer populärer (Höhepunkt 1870), indem sie einem bürgerlichen Publikum einen scheinbar unproblematischen Identifikations- und Fluchtraum vor den andrängenden Zeitproblemen der Frühindustrialisierung anbieten. Diese Ideologisierung der bäuerlichen Welt wird in der ↗ Heimatkunst einseitig kulturkritisch und nationalistisch intensiviert (H. Federer, A. Huggenberger, L. v. Strauß und Torney, H. Löns, H. E. Busse, P. Dörfler, F. Griese u. a.). Sie bereitet damit die rassisch-völkische Vereinnahmung des Bauerntums in der ↗ nationalsozialistischen Lit. vor. – Außerhalb dieser Entwicklung stehen G. Kellers tragische Novelle »Romeo und Julia auf dem Dorfe« (1856, die Übertragung eines Stoffes der Weltlit. auf bäuerliche Verhältnisse), die sozialkritischen Werke F. Reuters, F. M. Felders oder L. Anzengrubers, der auch ein psychologisch scharf gezeichnetes Bauerndrama begründet, das zu aktuellen gesellschaftspolitischen Fragen Stellung nimmt. – Im ↗ Naturalismus werden dann die desolaten bäuerlich-ländlichen Verhältnisse in realen Dimensionen gesehen und mit sozialem Pathos geschildert, u. a. von C. Viebig, W. v. Polenz, G. Hauptmann, G. Frenssen und L. Thoma. – In dieser Tradition stehen im 20. Jh. die distanziert kritischen, exakt beschreibenden Werke von L. Christ, O. M. Graf, H. Fallada (»Bauern, Bonzen und Bomben«, 1931), J. R. Becher (»Die Bauern von Unterpreißenberg«, 1932), A. Seghers (»Der Kopflohn«, 1933), A. Scharrer (»Maulwürfe«, 1934), Ehm Welk (Kummerow-Romane seit 1937). – *Nach 1945* trat (abgesehen von der Trivialit.) in der Lit. der Bundesrepublik die bäuerliche Thematik zunächst ganz zurück. Dagegen knüpfte die DDR an die Tradition der proletarischen Landerzählung an, stellt jedoch statt deren klassenkämpferischer Anklagen die lit. Widerspiegelung der sozialistischen Umgestaltungen auf dem Lande in den Mittelpunkt, sei es unter bewusstseinsbil-

denden, pragmatischen oder chronikalischen Aspekten, vgl. die ›sozialistischen Landromane‹ von O. Gotsche, B. Voelkner, W. Reinowski, B. Seeger, E. Strittmatter (»Ole Bienkopp«, 1963) oder die ›Agrodramen‹ u. a. von H. Sakowski und die sozialistischen Dorfgeschichten. Dabei wird die Bez. ›B.‹ durch ›Landleben-Lit.‹ ersetzt, die als Teil einer sozialistischen Nationallit. am überschaubaren Modell eines Dorfes Veränderungen widerspiegele, die für die gesamte sozialistische Gesellschaft typisch seien. – Zur B. in der Bundesrepublik vgl. ↗Heimatlit., Dorfgeschichte. Die europäische B. folgt den für die dt. Lit. aufgezeigten Entwicklungslinien: zur eigenwertigen Thematik wird das Bauerntum allg. seit dem 19. Jh., meist ebenfalls in konservativ-agrarischer Ausprägung trotz der fortschreitenden Industrialisierung; allerdings fehlt oft die für die dt. B. typische Ideologisierung, vgl. in Frankreich G. Sand (»Die kleine Fadette«, 1849), H. de Balzac (»Die Bauern«, 1844/55), É. Zola (»Mutter Erde«, 1887), F. Jammes, J. Giono, in der Schweiz Ch. Ramuz, in Italien G. Verga, I. Silone, in Norwegen B. Björnson, K. Hamsun (»Segen der Erde«, 1917), T. Gulbranssen, in Schweden S. Lagerlöf, in Island G. Gunnarson, H. Laxness (»Salka Valka«, 1931 f.), in Finnland A. Kivi, F. E. Sillanpää (»Silja, die Magd«, 1931), in Polen W. S. Reymont, in Russland I. S. Turgenjew, A. Tschechow, M. Gorki, J. A. Bunin; das flämische Bauerntum schildern St. Streuvels, F. Timmermans, das chines. beschreibt P. S. Buck.
Lit.: H. Brackert: Bauernkrieg und Lit. Ffm. 1975. – G. Jäckel (Hg): Kaiser, Gott und Bauer. Bln. ²1983. – G. Kühn: Welt und Gestalt des Bauern in der dt.sprachigen Lit. Diss. Lpz. 1970. – N. Mecklenburg: Erzählte Provinz. Königstein/Ts. 1982. – P. Zimmermann: Der Bauernroman. Stgt. 1975.   Red.

Bauerntheater, Sammelbez. für Laienaufführungen von Stücken (häufig ↗Schwänke, Lokalpossen) mit bäuerlicher Thematik, deren Darsteller selbst aus bäuerlich-ländlichem Milieu stammen. Da die Laien angeblich ihre eigene Lebenswelt darstellen, erhebt das B. einen bes. Authentizitätsanspruch, dem aber die zunehmende Professionalisierung und Kommerzialisierung entgegenstehen. – Das B. knüpft an Traditionen des mal. und barocken ↗Volksschauspiels an und wurde zur Zeit seiner Entstehung um 1850 im Rahmen von Festen vor einheimischem Publikum aufgeführt. Im späten 19. Jh. wurde es mehr und mehr an die Bedingungen des Fremdenverkehrs angepasst, wobei es aus Feierkontexten herausgelöst, inhaltlich auf die Inszenierung von Naturnähe und Heimatromantik angelegt sowie verstärkt auf ↗Pointen ausgerichtet wurde. Bis heute hat das B. seinen Platz im Rahmen von Folklorismus und Brauchtumspflege, z. T. auch im Fernsehen.
Lit.: A. C. Ammann: Schliersee und sein B. Dachau 1992. – E. G. Nied: Almenrausch und Jägerblut. Die Anfänge des berufsmäßigen oberbayerischen B.s vor dem Ersten Weltkrieg. Mchn. 1986.   LI

Bazoche, f. [neufrz. *Basoche*, von lat. *basilica* = Justizpalast], spätmal. Vereinigung von Gerichtsgehilfen (*clercs du Palais*) in frz. Städten (bes. am Parlement de Paris), die auch als Autoren und Schauspieler auftreten. In Paris führt die B. gemeinsam mit der Narrengesellschaft der ↗ *Enfants sans souci* neben ernsten *moralités* v. a. komische Farces (Schwänke) und Sotties (Narrenspiele) auf. Die B.-Lit. weist eine ausgeprägte *mentalité juridique* und einen starken Korpsgeist auf; sie übt satirische Kritik an Schwertadel und Klerus sowie an streitsüchtigen Prozessparteien, lässt aber den Juristenstand unangefochten, mit Ausnahme lächerlicher Dorfrichter und Winkeladvokaten. Die Satire verschärft sich Ende des 15. Jh.s mit der Erstarkung der königlichen Zentralgewalt, was zu Zensurmaßnahmen führt.
Lit.: K. Becker: Amors Urteilssprüche. Recht und Liebe in der frz. Lit. des Spät-MA.s. Bonn 1991, S. 333–368. – H. G. Harvey: The Theatre of the Basoche. Cambridge/Mass. 1941.   KB

Bearbeitung, Veränderung eines lit. Werkes durch fremde Hand. Gründe für B.en können u. a. sein: (vermeintliche) Verbesserungen (Eliminierung veralteter Ausdrücke, stilistische oder metrische Glättungen, vgl. z. B. E. Mörikes B. der Gedichte W. Waiblingers, 1844), Erschließung neuer Leserkreise (Reduzierung schwieriger Werke auf den erzählerischen Kern, bes. für die Jugend), Rücksichtnahme auf bestimmte Moralvorstellungen (vgl. z. B. die Shakespeare-B. durch T. Bowdler, 1818, seither engl. *to bowdlerize* = von Anstößigem reinigen, verballhornen). Neuerdings ist am häufigsten die B. von Romanen, Erzählungen usw. für Bühne, Film, Funk, Fernsehen, vgl. ↗Bühnenbearbeitung, ↗Dialogisierung, ↗Dramatisierung, ↗Adaption, auch ↗Redaktion, ↗Rezension.   GS/Red.

Beat-Generation, f. [engl., von *beatific* = glückselig; *beaten down* = niedergeschlagen, erschöpft; *beat* = Rhythmus des Jazz], Gruppe junger am. Schriftsteller in den späten 1950er Jahren, die durch eine apolitisch-anarchistische, nonkonformistisch-eskapistische und bohèmehafte Lebensform gegen die kulturellen und moralischen Normen ihrer Zeit sowie den die Gesellschaft prägenden Utilitarismus rebellierte. – Inspiriert durch den Zen-Buddhismus sowie die jüdische und christliche ↗Mystik, inszeniert die B. die Bewusstwerdung und hedonistische Entfaltung des Selbst. Die Musik des Jazz, exzessiver Drogen- und Alkoholkonsum sowie freie Sexualität indizieren nicht nur politische Verweigerung und gesellschaftliche Revolte, sondern sind auch Mittel der Bewusstseinserweiterung, der Grenzerfahrung des Individuums und des intensivierten Daseinsgefühls. Zentren der B. waren Greenwich Village/NY, San Francisco und Venice/Calif. Programmatische wie formale Vorbilder waren H. D. Thoreau, W. H. Davies, W. C. Williams, D. H. Lawrence, W. Whitman und E. E. Cummings. Die Sprache der B. zeichnet sich durch provozierende Obszönität sowie die Verwendung von Slang und umgangssprachlichen Wendungen aus. Die strukturlos-assoziativen, betont improvisierten lyrischen Texte sind der surrealistischen Metaphorik verpflichtet; die Prosa ist durch bewusst episodenhafte Struktur gekennzeichnet. – Wichtige Vertreter sind A. Ginsberg (»Howl«, 1956), J. Kerouac (»On the Road«, 1957) und W.S. Burroughs (»Naked Lunch«, 1959), ferner G. Corso, L. Ferlinghetti, C. Holmes, LeRoi Jones, M. McClure, G. Snyder und P. Whalen. Die B. hatte großen Einfluss auf die nachfolgende ↗Underground- und ↗Poplit., auch im dt. Sprachraum (R.D. Brinkmann, W. Wondratschek).

Lit.: J. Campbell: This is the Beat generation. NY 2000. – A. Charters (Hg.): Beat down your Soul. NY 2001. – A. Dister: La Beat generation. Paris 1997. – E.H. Forster: Understanding the Beats. Columbia 1992. – H.-Ch. Kirsch: Dies Land ist unser. Mchn. 1993. – W. Lawlor: The Beat generation. Pasadena 1998. – A.R. Lee (Hg.): The Beat generation. writers. East Haven 1996. – K. Myrsiades: The Beat generation. NY 2002. – J. Raskin: American Scream. Berkeley 2004.   SSI

Bedeutung, mit ↗Zeichen verbundene Information. Modelle der B. können auf mentalen, materiellen oder sozialen Gegebenheiten beruhen. Bestandteile der B., die von den zahlreichen Theorien sehr unterschiedlich gewichtet werden, sind: der Bezug zu den bezeichneten Tatsachen und Objekten (↗›Referenz‹ oder ›Extension‹), das Verhältnis der B. tragenden Elemente eines Systems untereinander (›Intension‹) bzw. die ›Art des Gegebenseins‹ der bezeichneten Entität (der ›Sinn‹ bei Frege), konventionelle Verwendungsweisen von Zeichen (↗Sprachspiele), der Beitrag zur Feststellung eines Wahrheitswertes (›Verifikation‹), die mit der Benutzung verbundenen Vorstellungen (mentale Bilder), ↗Konnotationen und ↗Assoziationen sowie die ↗Intentionen des Zeichenbenutzers. – Die Lit.theorie bestimmt als Eigenheit lit. Rede zumeist die Entfaltung aller B.spotentiale sprachlicher Zeichen(-gruppen). An fiktionalen Texten wird v.a. die Referenz sprachlicher Zeichen über den lit. Text hinaus problematisiert. Bes. mit Bezug auf die Wahrheitsfunktion nimmt der Dekonstruktivismus lit. Sprache als Modell für die B.sweisen von Sprache generell, während analytische Lit.theorien die Trennung der B. lit. (fiktionaler) von der B. philosophischer und wissenschaftlicher Rede fordern.

Lit.: G. Frege: Über Sinn und B. [1892]. In: ders.: Funktion, Begriff, B. Gött. ⁷1994, S. 40–65. – F. Jannidis u.a. (Hg.): Regeln der B. Bln., NY 2003. – P. Lamarque, St.H. Olsen: Truth, Fiction, and Literature. Oxford 1994. – G. Meggle (Hg.): Handlung, Kommunikation, B. Ffm. 1993. – A.W. Stechow, D. Wunderlich (Hg.): Semantik. Bln. 1991. – D. Thürnau: B. In: RLW. – M. Titzmann: B.saufbau. In: RLW.   JG

Bedeutungsübertragung ↗Parabel.

Bedruckstoff ↗Druck.

Befreites Theater ↗Poetismus.

Begriffsgeschichte, Forschungsmethode, welche Begriffe anhand ihrer historischen Gebrauchsweisen re-konstruiert. B. berührt dabei Wortgeschichte einerseits, Sach- und Ideengeschichte andererseits. – Die dt. B. institutionalisierte sich – nach Vorarbeiten etwa bei dem Kunsthistoriker Panofsky – Mitte des 20. Jh.s zunächst als zentrale Methode der Philosophie, die sich bald auch in anderen Disziplinen etablierte. In den letzten Jahren hat sich die methodologische Diskussion intensiviert, nachdem schon zuvor zahlreiche Einzelstudien zur B. erarbeitet worden waren. Diese sind dokumentiert im »Archiv für B.« (seit 1955) und in begriffsgeschichtlichen Lexika wie dem »Historischen Wörterbuch der Philosophie« (HWbPh), den »Geschichtlichen Grundbegriffen« (GG), dem »Historischen Wörterbuch der Rhet.« (HWbRh) und dem »Reallexikon der dt. Lit.wissenschaft« (RLW). Der Bezug auf die B. im RLW zielt auf einen präzisierten, historische Bedeutungsschichten rekonstruierenden und gewichtenden fachwissenschaftlichen Sprachgebrauch.

Lit.: A. Bartels: Bedeutung und B. Paderborn 1994. – H.E. Bödeker (Hg.): B., Diskursgeschichte, Metapherngeschichte. Gött. 2002. – C. Dutt (Hg.): Herausforderungen der B. Hdbg. 2003. – H. Fricke, K. Weimar: B. im Explikationsprogramm. In: Archiv für B. 39 (1997), S. 7–18. – H.U. Gumbrecht: Dimensionen und Grenzen der B. Mchn. 2006. – R. Koselleck: B. und Sozialgeschichte [1972]. In: ders.: Vergangene Zukunft. Ffm. 1989, S. 107–129. – E. Müller: B. im Umbruch? Hbg. 2005. – E. Panofsky: Idea. Ein Beitrag zur B. der Kunsttheorie [1924]. Nachdr. Bln. 1993.   VL

Beichtformel, f., auch: Beichte; durch Anrufungen einer religiösen Instanz eingerahmte Aufzählung von Tat-, Gedanken- und Unterlassungssünden in Ich-Form mit dem Ziel der Entsühnung. Die auf biblischer Grundlage (Jak 5, 16; Gal 5, 19–21) entstandenen B.n in Prosa sind als Sündenbekenntnis wesentlicher Teil des Bußsakraments, das auch pars pro toto als ›Beichte‹ bezeichnet wird. Beginnend mit der »altbairischen Beichte« um 800 sind zahlreiche altdt. B.n überliefert. Beichtbüchlein (seit dem 14. Jh.) leiten zum rechten Umgang mit dem Beichtsakrament an. In gekürzter Form hat sich die B. als ›Offene Schuld‹ bis heute im kath. Gottesdienst erhalten. Säkular erfuhr die Beichte schon früh (teils parodistische) Abwandlung und hat in der ↗Autobiographie, aber auch in fiktionalen Texten (Th. Mann: »Der Erwählte«) gewirkt.

Lit.: T. Brandis: Zu den altdt. B.n. In: V. Honemann (Hg.): Dt. Hss. 1100–1400. Tüb. 1988, S. 168–178. – U. Schulze: Beichte. In: RLW.   GSR

Beiseite(sprechen), nach frz. à part, it. a parte, Kunstgriff der Dramentechnik: eine Bühnenfigur spricht für sich oder unmittelbar zum Publikum (ad spectatores), ohne dass dies von den übrigen Bühnenfiguren zur Kenntnis genommen würde. Dieses Heraustreten aus der Bühnensituation kann die Illusion durchbrechen, oft von komischer Wirkung, daher beliebtes Stilmittel der Komödie seit Aristophanes, Plautus, Terenz (↗Parabase, auch ↗lustige Person); in der Funktion der kritischen Kommentierung des Bühnengeschehens im modernen Drama wieder häufiger verwendet, vgl. den ›Heutigen‹ bei M. Frisch (»Die chines. Mauer«), den ›Sprecher‹ bei J. Anouilh (»Antigone«), das ↗ epische Theater B. Brechts. – Von den Verfechtern der klassizistischen Dramentheorien und von den Naturalisten abgelehnt. HST

Beispiel, Mittel der Erhellung, Illustration oder Begründung eines allg. Sachverhaltes durch einen konkreten, meist bekannten, leicht fasslichen Einzelfall, als didaktische Hilfe zur lebendigen, anschaulichen Darstellung schon seit der Antike (↗ Exempel) verbreitet. – Die nhd. Form ›B.‹ (belegt bereits bei Luther) entstand aus mhd. *bî-spel*, ›Bei-Erzählung‹ (↗ Bîspel) durch irrtümliche Analogie zu ›Spiel‹. B. wird (wie mhd. *bîspel*) auch für abgeschlossene kleine Erzähleinheiten (in B.-Sammlungen für Predigten; ↗ Predigtmärlein) gebraucht. IS/Red.

Beitrag ↗ Aufsatz.

Bekenntnis ↗ Autobiographie.

Belehrung [gr. *didáskein*; lat. *docere* = belehren], eine der traditionellen ↗ Funktionen von Dichtung seit der ↗ Antike, ab dem 18. Jh. zunehmend umstritten. B. tritt in den Gattungen der didaktischen Lit. in den Vordergrund sowie häufig in Kurzformen (↗ Emblem, ↗ Aphorismus). Sie kann entweder explizit über Textsignale (*fabula docet*, Erzählerkommentar) oder implizit über bestimmte Redeweisen (↗ Allegorie) deutlich gemacht werden und entspricht der rhet. Funktion des *docere* (↗ Genera dicendi). – Mit einer vielzitierten Formel (»aut prodesse volunt aut delectare poetae«; »Ars poetica«, V. 333) hat Horaz die B. in Verbindung mit der Unterhaltung als Hauptaufgabe von Dichtung verankert. Diese Bestimmung bleibt in MA., ↗ Humanismus und weiten Teilen der ↗ Aufklärung gültig: Der Dichter ist der ↗ Poeta doctus, der den Lesern auf vergnügliche und anschauliche Weise Unterricht erteilt. Mit dem Wandel des Dichterbildes (↗ Genie) und der Durchsetzung der ↗ Autonomieästhetik gegen Ende des 18. Jh.s wird die B. in die didaktische Lit. abgedrängt und nur noch vereinzelt wieder reaktiviert, z. B. im ↗ sozialistischen Realismus.
Lit.: B. F. Scholz: B. In: RLW. – G. Wöhrle: docere. In: HWbRh. JH

Belletristik, f. [frz. *belles lettres* = schöne Wissenschaften], zusammenfassende Bez. für nicht-wissenschaftliche, sog. ›schöne‹ oder ›schöngeistige‹ Lit. (Dichtungen, Essays und Erörterungen künstlerischer Fragen), neuerdings v. a. Bez. für sog. ↗ Unterhaltungslit. Die Bez. entstand im 18. Jh. (unter Einengung der frz. Bedeutung, die auch Musik und Malerei umfasste, im Ggs. zu den *lettres humaines* = den Schulwissenschaften). IS/Red.

Benediktion ↗ Segen.

Bergmannslied ↗ Bergreihen.

Bergreihen, m., meist Pl.; dem Namen zufolge ↗ Tanzlied der Bergleute. Gleichwohl enthält der älteste Beleg, »etliche hubsche bergkreien geistlich und weltlich

zu samen bracht« (1531), nur zwei Lieder mit Bezug auf Bergleute; ein Bezug auf Reihen fehlt stets. Erst im Lauf der Zeit nahm in Sammlungen, die »B.« oder ähnlich überschrieben wurden, dieses Liedgut zu. Bergmannslieder in größerer Zahl und in unvermischten Sammlungen entstanden seit der Mitte des 17. Jh.s; sie waren meist geistlich geprägt und wurden von Geistlichen oder Bergleuten verfasst. Doch entstanden auch weiterhin Sammlungen mit weltlichem Charakter und im Einzelfall mit Texten versehen, die ein Verbot der Sammlung veranlassten. Der Titel »B.« leitet also seinen Namen ursprünglich von den *Ausübenden*, nicht von den *Inhalten* ab. Instrumentales Musizieren und mehrstimmiges Singen durch ›Bergreyer‹ oder ›Bergsinger‹ ist seit dem 16. Jh. sowohl im eigenen Umfeld als auch auf öffentlichen Plätzen, auf Messen oder vor hochgestelltem Publikum belegt. Die frühen B.-Sammlungen sind alle ohne Noten überliefert. Die Musiker konnten die Melodien auswendig, die Mehrstimmigkeit entstand offenbar anfangs durch freies Übersingen. Kritik und ↗ Parodien belegen, dass die musikalische Technik dabei nicht immer auf der Höhe des mehrstimmigen Satzes der Zeit war. Gelegentlich werden in Sammlungen mehrstimmiger Chormusik aus dem 16. und 17. Jh. einzelne Stücke als ›B.‹ bezeichnet. Versuche der Musikwissenschaft, aus solchen Stücken typische musikalische Besonderheiten abzulesen, führten zu gegensätzlichen Ergebnissen. Bergmannschöre und Bergmannskapellen pflegen berufsbezogenes Liedgut bis in die Gegenwart. Nur weniges reicht in die Zeit der B. zurück, darunter aber das bekannte »Glückauf, der Steiger kommt« (1531).
Lit.: G. Heilfurth: Das Bergmannslied. Kassel, Basel 1954. – J. Meier (Hg.): Ein Liederbuch des 16. Jh.s. Halle/S. 1892. – E. Seemann: B. In: RLG. – W. Steude: B. In: MGG², Sachteil. JR

Bericht, einfache Darstellung eines Handlungsverlaufs ohne ausmalende (↗ Beschreibung), vergegenwärtigende (↗ Szene) oder reflektierende Elemente (↗ Erörterung). 1. In fiktionaler Lit. Grundform epischen Erzählens, bes. zur Exposition oder als Verbindungsmittel zwischen ausführlicheren Phasen eines Romans oder einer Erzählung eingesetzt; vorherrschend bei chronikartiger oder bewusst verhaltener Erzählweise (H. Hesse, U. Johnson). Im Drama Mittel zur Einbeziehung vergangener (↗ Botenbericht) oder gleichzeitiger Ereignisse (↗ Teichoskopie). – 2. Im Journalismus als Tatsachen-B. v. a. Darstellung auf Grund dokumentarisch gesicherten Materials (Kriegsberichterstattung u. a.). Die Bez. wird oft synonym mit ↗ Reportage verwendet, in der Regenbogenpresse häufig auch für Sensationsberichte. – Zur Verwendung von Tatsachen-B.en in fiktionalen Zusammenhängen vgl. ↗ Faction-Prosa, ↗ Dokumentarlit. HHS/Red.

Berliner Klassik, von dem Lit.wissenschaftler C. Wiedemann Ende der 1990er Jahre geprägte Epochenbez., mit der die vielfältigen kulturellen Strömungen in der preußischen Hauptstadt in den Jahrzehnten um 1800 terminologisch und forschungsstrategisch gebündelt werden sollen. Die Neubildung des Begriffs hat ferner die forschungspolitische Funktion, der in der ↗ Germanistik seit dem 19. Jh. ungebrochenen Privilegierung der ↗ Weimarer Klassik, der allenfalls die Jenaer ↗ Romantik an die Seite gestellt wurde, einen Kontrapunkt entgegenzusetzen, z. B. durch die Gründung einer einschlägigen Arbeitsgruppe der Berlin-Brandenburgischen Akademie der Wissenschaften sowie einer Buchreihe. Die Leistungsfähigkeit des Begriffs ist trotz dieser produktiven Wirkungen wegen der Heterogenität der mit ihm bezeichneten Phänomene noch umstritten. – Die Bez. kann an zeitgenössische Wendungen anknüpfen wie die zuerst 1706 in einem Lobgedicht E. Wirckers überlieferte Rede vom »Spree-Athen« (vgl. Ziolkowski, S. 9). Wenige Jahre zuvor (1701) war der brandenburgische Kurfürst Friedrich III. zum preußischen König Friedrich I. gekrönt worden; in seine Regierungszeit (1688–1713), die stark durch die kulturellen Ambitionen seiner Gattin Sophie Charlotte (1668–1705) geprägt wurde, fallen der Bau höfisch-barocker Residenzen sowie die Gründung einer Akademie der Künste (1696) und – unter Federführung des Philosophen G. W. Leibniz (1646–1716) – einer Akademie der Wissenschaften (1700). Die damals in ganz Europa zu beobachtende Orientierung am Herrschaftsstil des frz. Königs Ludwig XIV. (Regierungszeit 1643–1715) und an der Kultur des frz. ↗ Klassizismus trat jedoch in der Phase der militärischen und politischen Stärkung Preußens unter den Königen Friedrich Wilhelm I. (1713–40) und bes. Friedrich II. (1740–86) zurück. Allerdings blieb das frz. Vorbild für Friedrich II., der selbst stark kulturell und philosophisch engagiert war, dominant. So hatte der Aufenthalt Voltaires (1694–1778) am Hof (1750–53) großen Einfluss auf die Entstehung der ↗ Aufklärung in Preußen, an der neben dem im fernen Königsberg lehrenden überragenden Denker I. Kant (1724–1804) der Popularphilosoph J. J. Engel (1741–1802), der jüdische Religionsphilosoph und Ästhetiker M. Mendelssohn (1729–86), der Theologe und Kirchenpolitiker J. J. Spalding (1714–1804) sowie der einflussreiche Verleger und Publizist F. Nicolai (1733–1811; »Bibliothek der schönen Wissenschaften«, 1757 f.; »Briefe, die neueste Litteratur betreffend«, 1759–65; »Allg. dt. Bibliothek«, 1765–92) mitwirkten. – Die kulturelle Entfaltung der B. K. im engeren Sinne fällt jedoch erst in die Regierungszeiten der eher schwachen Könige Friedrich Wilhelm II. (1786–97) und Friedrich Wilhelm III. (1797–1840). Das ist zugleich die Epoche der Koalitionskriege gegen Frankreich (1792–1809), die im Zusammenbruch Preußens nach der Schlacht bei Jena und Auerstedt (1806) kulminieren, sowie die Phase des Wiederaufbaus ab 1807, welche durch die Politiker H. F. K. vom Stein (1757–1831) und K. A. v. Hardenberg (1750–1822) geprägt wird. Unterstützung finden die politischen Reformer v. a. durch die Königin Luise (1776–1810), die nach ihrem frühen Tod in brei-

ten Kreisen verehrt und zum Gegenstand eines Denkmalskults wird, dessen Monumente noch heute zu besichtigen sind. Zur Konstituierung der B. K. tragen maßgeblich Personen bei, die in enger Verbindung zur Weimarer Klassik stehen: der Romanautor und Philosoph K. Ph. Moritz (1756–93), der 1786 J. W. Goethe in Italien trifft, Grundlagentexte der ↗ Autonomieästhetik verfasst (»Über die bildende Nachahmung des Schönen«, 1788) und 1789 Professor für Altertumskunde an der Berliner Akademie der Künste wird; der Archäologe und Kunstkenner A. L. Hirt (1759–1837), Goethes Fremdenführer in Rom, seit 1796 Mitglied der Berliner Akademie der Wissenschaften und Professor an der Akademie der Künste, seit 1810 an der Universität; der von Goethe aufs höchste geschätzte Komponist, Musikpädagoge und Kulturpolitiker C. F. Zelter (1758–1832); der Naturforscher, Geograph und Weltreisende A. v. Humboldt (1769–1859) sowie dessen Bruder, der Sprachwissenschaftler, Philosoph und Politiker W. v. Humboldt (1767–1835), der entscheidenden Anteil an der Gründung der Berliner Universität 1810 hat. Deren erster Rektor wird der Philosoph J. G. Fichte (1762–1814), der schon in seinen 1807 f. in Berlin gehaltenen »Reden an die dt. Nation« dem politischen Untergang ein Programm geistiger Erneuerung entgegengesetzt hat. Nachfolger Fichtes auf dem philosophischen Lehrstuhl wird 1818 G. W. F. Hegel (1770–1831), dessen bereits zuvor zur »Enzyklopädie der philosophischen Wissenschaften« (1817) gerundetes System, das er in seinen Vorlesungen stets weiterentwickelt, auf akademischem Gebiet maßgeblich zur Konsolidierung des preußischen Staates im den 1820er Jahren beiträgt (»Grundlinien der Philosophie des Rechts«, 1820). Hegel resümiert in einem Brief vom 9.6.1821 den bayrischen Kultusbeamten F. I. Niethammer, »daß ich hierher gegangen bin, um in einem Mittelpunkt und nicht in einer Provinz zu sein.« Dieses Selbstverständnis, im »Mittelpunkt« angekommen zu sein, prägt Hegels gesamtes Berliner Wirken in Forschung und Lehre, das daher gleichsam als eine Summe der B. K. angesehen werden kann – so wie der Philosoph in seinen »Vorlesungen über die Ästhetik« (postum 1835–38) eine Summe der Entwicklung der Kunst von der Antike bis in das neu gestaltete Berlin seiner Zeit zieht. – Zur B. K. werden aber auch Autoren gezählt, die in anderen Forschungszusammenhängen eher der Romantik zugerechnet werden: an erster Stelle der Theologe, Philosoph, Pädagoge, Bildungs- und Kirchenpolitiker F. D. E. Schleiermacher (1768–1834), 1796–1802 Prediger an der Berliner Charité, seit 1810 Theologieprofessor an der neuen Berliner Universität, die er seit 1808 durch Programmschriften ebenfalls mitgestaltet hat, sowie leitendes Mitglied der Akademie der Wissenschaften; ferner die Philologen und Publizisten A. W. Schlegel (1767–1845) und F. Schlegel (1772–1829), die als Privatgelehrte um 1800 einige Zeit in Berlin leben; E. T. A. Hoffmann (1776–1822), 1798–1800 und seit 1814 als Jurist in Berlin tätig; C.

Brentano (1778–1842) und A. v. Arnim (1781–1831), die sich immer wieder für längere Zeit in Berlin aufhalten; A. v. Chamisso (1781–1838), 1812–15 als Student, seit 1819 als Botaniker in Berlin; der preußische Offizier und Dichter F. de la Motte Fouqué (1777–1843); schließlich der in Berlin geborene L. Tieck (1773–1853), der 1841 als Hofrat, Vorleser des Königs Friedrich Wilhelm IV. (Regierungszeit 1840–58/61) und Theaterregisseur in seine Heimatstadt zurückkehrt. Eine weitere überragende Gestalt ist der Erzähler und Dramatiker H. v. Kleist (1777–1811), der als Herausgeber des Kunstjournals »Phöbus« (1808) und der Tageszeitung »Berliner Abendblätter« (1810 f.) auch die publizistische Landschaft eine Zeitlang mitgestaltet; sein Mitarbeiter bei diesen Projekten ist der 1805 zum Katholizismus konvertierte Berliner Kritiker und Staatstheoretiker A. H. Müller (1779–1829), 1811 nach Wien emigriert. Wichtige wissenschaftliche und politische Funktionen übt auch der Jurist und Politiker F. C. v. Savigny (1779–1861) aus. Die Autoren versammeln sich in den Berliner ⁊ Salons von H. Herz (1764–1847) und R. Levin Varnhagen (1771–1833), im ⁊ »Nordsternbund« und später in der ⁊ »Christlich-Dt. Tischgesellschaft«. – In der B. K. wird bes. das äußere Erscheinungsbild der Stadt zugleich an antiken Vorbildern (C. G. Langhans: »Brandenburger Tor«, 1788–91) und an den zeitgenössischen Metropolen Rom und London ausgerichtet. Die zentrale Rolle kommt dabei neben den Bildhauern J. G. Schadow (1764–1850; »Quadriga« auf dem »Brandenburger Tor«) und Ch. D. Rauch (1777–1857; zahlreiche Bildnisbüsten) dem Architekten und Maler K. F. Schinkel (1781–1841) zu, der in dem – im Original heute verlorenen – Monumentalgemälde »Blick in Griechenlands Blüte« (1825) programmatisch den Aufbau einer idealen gr. Stadt als ⁊ Typus der Schaffung eines neuen Berlin gestaltet, durch zahlreiche prominente Bauten (»Neue Wache«, »Schauspielhaus am Gendarmenmarkt«) das klassizistische Erscheinungsbild der Berliner Mitte entscheidend prägt (in benachbarten Gebäuden wie der »Friedrichwerderschen Kirche« aber zugleich einen neugotischen Stil entwickelt, der Einflüsse der romantischen ⁊ Mittelalterrezeption erkennen lässt), bes. aber mit dem heute so. »Alten Museum« am Lustgarten (1822–30) den monumentalen ersten Bau der »Museumsinsel« errichtet, die in den folgenden hundert Jahren zu einem Ensemble von fünf Museen anwachsen wird und mit der die Träger (heute die »Stiftung Preußischer Kulturbesitz«) ein bis heute aktuelles, universell ausgerichtetes Programm der Bewahrung des kulturellen Gedächtnisses (⁊ Memoria [2]) und der Bildung verfolgen.

Buchreihe: C. Wiedemann (Hg.): B. K. Eine Großstadtkultur um 1800. Studien und Dokumente. Bisher 8 Bde. Hannover-Laatzen 2004 ff.

Lit.: I. D'Aprile u. a. (Hg.): Tableau de Berlin. Beiträge zur »B. K.« (1786–1815). Hannover-Laatzen 2005. – G. de Bruyn: Als Poesie gut. Schicksale aus Berlins Kunst-

epoche 1786–1807. Ffm. 2006. – M. Fontius: Berlin. In: W. Schneiders (Hg.): Lexikon der Aufklärung. Mchn. 1995, S. 57 f. – R. Geißler: Berliner Akademie. In: W. Schneiders (Hg.): Lexikon der Aufklärung. Mchn. 1995, S. 59 f. – O. Pöggeler: Preußische Kulturpolitik im Spiegel von Hegels Ästhetik. Opladen 1987. – G. Schulz: Die dt. Lit. zwischen Frz. Revolution und Restauration. Bd. 2. Mchn. 1989, bes. S. 81–91. – A. v. Specht u. a. (Hg.): »Die Kunst hat nie ein Mensch allein besessen«. Bln. 1996. – A. M. Vogt: K. F. Schinkel, Blick in Griechenlands Blüte. Ffm. 1985. – P. Weber: Berlin/ Potsdam. In: B. Witte u. a. (Hg.): Goethe-Hb. Bd. 4/1. Stgt., Weimar 1998, S. 107–109. – C. Wiedemann: Grenzgänge. Hdbg. 2005. – Th. Ziolkowski: Berlin. Aufstieg einer Kulturmetropole um 1810. Stgt. 2002.

DB

Berliner Moderne, Bez. für eine auf Berlin konzentrierte Künstlerbewegung, die sich ab 1884 konstituiert und neben der ⁊ Wiener und ⁊ Münchner Moderne das wichtigste urbane Zentrum der lit. ⁊ Moderne bildet. Die B. M. ist dem Fortschritt verpflichtet und vertritt – in Opposition zur Gründerzeitlit. (⁊ Gründerzeit) – kulturell und gesellschaftlich innovative Tendenzen. Sie teilt diese Ausrichtung mit dem ⁊ Naturalismus, reicht aber über diesen hinaus. – Am Anfang der B. M. steht die Ende 1884 von W. Arent herausgegebene Gedichtanthologie »Moderne Dichter-Charaktere«. 1885 folgt A. Holz' Lyrikband »Buch der Zeit«, der den programmatischen Untertitel »Lieder eines Modernen« trägt. Ende 1886 publiziert die freie lit. Vereinigung ⁊ »Durch!« zehn Thesen, deren sechste die zeitgenössische Lit. vom Vorbild der ⁊ Antike abgrenzt und auf das Kunstideal der Moderne verpflichtet. Zu den führenden Mitgliedern der Vereinigung »Durch!« gehören die Dichter H. und J. Hart, G. Hauptmann, A. Holz, J. Schlaf und der Lit.historiker E. Wolff. Wolff publiziert 1888 einen Artikel mit dem Titel »Die jüngste dt. Litteraturströmung und das Princip der Moderne«, der sich auf die Anthologie »Moderne Dichter-Charaktere« sowie auf programmatische Schriften des ⁊ Naturalismus wie K. Bleibtreus »Revolution in der Litteratur« (1886) und W. Bölsches »Naturwissenschaftliche Grundlagen der Poesie« (1887) beruft und als eigentliche Proklamation der lit. Moderne gelten kann. Aus dem Theaterverein »Freie Bühne«, der 1889 zur Durchsetzung des naturalistischen Dramas gegründet wird, geht 1890 die wirkungsreiche Zs. »Freie Bühne für modernes Leben« hervor. B. Wille ruft 1890 den Theaterverein »Freie Volksbühne« ins Leben, der die moderne Lit. an das Proletariat vermitteln will. Zusammen mit W. Bölsche und den Brüdern Hart gehört Wille zum ⁊ Friedrichshagener Dichterkreis, der sich seit Anfang der 1890er Jahre in dem Berliner Vorort Friedrichshagen versammelt. Gruppenbildungen, Vereinsgründungen und Clubs spielen in der B. M. eine Schlüsselrolle. Zu den wichtigsten Gruppierungen gehört die exzentrisch-anarchistische Bohème-Runde »Das schwarze Ferkel«, die sich in der gleichnamigen Trinkstube um R. Dehmel, St. Przybyszewski und A. Strindberg versammelt. Daneben konstituiert sich die ↗Bohème des frühen ↗Expressionismus um P. Hille, E. Lasker-Schüler, H. Walden, A. Lichtenstein und K. Kraus, die sich im Café des Westens trifft und als avantgardistische Spielart der B. M. bezeichnet werden kann. – Die auf die grundlegenden politischen und kulturellen Veränderungen im Zuge des Ersten Weltkriegs reagierende Lit. der Weimarer Republik (↗Neue Sachlichkeit) wird nicht mehr zur B. M. gezählt.

Texte: J. Schutte, P. Sprengel (Hg.): Die B. M. Stgt. 1987.

Lit.: H. Kiesel: Geschichte der lit. Moderne. Mchn. 2004. – P. Sprengel, G. Streim (Hg.): Berliner und Wiener Moderne. Wien u. a. 1998.   SKL

Bernerton, Strophenform mehrerer mhd. Heldendichtungen des 13. Jh.s aus dem Sagenkreis um Dietrich von Bern (»Eckenlied«, »Sigenot«, »Goldemar«, »Virginal«). Das komplexe Gebilde aus dreizehn Verszeilen leitet sich wohl aus der heldenepischen Langzeilenstrophe her (↗Nibelungenstrophe, ↗Langvers), zeigt jedoch den stolligen Aufbau der ↗Kanzone und nähert sich somit der ↗Spruchdichtung an. Metrisches Schema: *4ma 4ma 3wb 4mc 4mc 3wb 4md 3we 4md 3we 4mf 3wx 3mf* (Schlussterzine variiert).

Lit.: J. Heinzle: Einf. in die mhd. Dietrichepik. Bln., NY 1999, S. 100–103.   CKR

Beschreibung, Darstellung von Figuren, Objekten, Örtlichkeiten, Tatsachen und Zuständen in ihrer phänomenalen Beschaffenheit. B.en akzentuieren oft das visuelle Erscheinungsbild ihrer Gegenstände, aber auch die von ihnen ausgelösten Gehörs-, Geruchs-, Geschmacks- und Gefühlssensationen. Konstitutiv für die B. ist die Übertragung einer nicht-sprachlichen Dimension von (realer oder fingierter) Wirklichkeit in sprachlichen Ausdruck. Lit. Texte können sowohl als ganze beschreibenden Charakter besitzen als auch beschreibende Elemente enthalten. In der Erzähllit., v. a. im Roman, geht die dargestellte Handlung oft von B.en aus. Vielfach dienen diese auch zur Erzeugung einer spezifischen Perspektivik der Darstellung, etwa wenn Gegenstände und Personen aus dem Blickwinkel handelnder Figuren geschildert werden. Beschreibende Textpartien weisen oft eine Tendenz zur Verselbständigung auf und sind zuweilen von den narrativen Partien äußerlich abgehoben. Gelegentlich dienen B.en zur Verwischung der Grenze zwischen Erzählung und wissenschaftlichem Diskurs (R. Musil: »Der Mann ohne Eigenschaften«). – Als älteste lit. B. gilt Homers noch von Lessing als mustergültig angesehene B. des Schildes von Achill (»Ilias«, 18. Gesang). Der gr. Schriftsteller Philostrat (der Ältere) begründete zu Beginn des 3. Jh.s n. Chr. die Kunstbeschreibung (↗Ekphrasis) als eigenständige lit. Gattung (»Eikones«). Im Zeichen der ↗Autonomieästhetik unterschied man zwischen Dichtung als Kunst und B. als außerkünstlerischer Textform. K. Ph. Moritz und die Frühromantiker zogen die Beschreibbarkeit von Bildern als solche in Zweifel. Die Lit. des 20. Jh.s entwickelte neue Techniken zur B. von Sinneseindrücken; dabei gewinnt im Rahmen der Durchsetzung eines nachmetaphysischen Weltbildes die Darstellung von erscheinenden Oberflächen an Bedeutung (z. B. J. Genet: »Le secret du Rembrandt«, 1958; J. Berger: »Vélazquez. Äsop«, 1991). – Vgl. auch das kulturwissenschaftliche Verfahren der ↗dichten B.

Lit.: G. Boehm, H. Pfotenhauer (Hg.): B.skunst – Kunstbeschreibung. Mchn. 1995. – P. Klotz, Ch. Lubkoll (Hg.): Beschreibend wahrnehmen – wahrnehmend beschreiben. Freiburg 2005. – E. Lobsien: Landschaft in Texten. Stgt. 1981. – E. Rebel (Hg.): Sehen und Sagen. Das Öffnen der Augen beim Beschreiben der Kunst. Ostfildern 1996.   MSE

Beschwerte Hebung, auf K. Lachmann (1793–1851) zurückgehende Bez. für eine überdehnte Hebung (nach der ↗Taktmetrik: einsilbig gefüllter Takt /–/). Die b. H. dient im alternierenden Vers der mhd. Blütezeit als Kunstmittel zur Hervorhebung von Namen oder bedeutungsvollen Wörtern (»der was /Hárt/màn genant«); die Hebung im folgenden Takt wird der b.n H. als Nebenhebung untergeordnet (/–/x̀). B. H.en können auch struktural eingesetzt sein, z. B. im letzten Abvers der ↗Nibelungen- oder Kürenbergstrophe und in der klingenden ↗Kadenz.   GSR

Beschwörungsformel, festgeprägte magische Formel (oft Teil eines ↗Zauberspruchs), mit deren Hilfe höhere Mächte, Dämonen, Geister, Götter zum Zweck der Abwendung von Unheil oder der Erlangung von Heil herbeigerufen oder abgewehrt, Tiere oder Naturerscheinungen gebannt werden sollen; anfangs in gebundener Rede, dem sog. ↗Carmenstil, gesungen, oft in Befehlsform; eine B. kann aber auch aus nur einem Wort oder einer Silbenfolge bestehen (z. B. hebräischspätgr. »Abracadabra«, seit dem 3. Jh. n. Chr., oder »Mutabor!« bei W. Hauff: »Kalif Storch«). Das Aussprechen der B., deren Wirkkraft im Glauben an die Wortmagie gründet (Machtgewinn durch Namensnennung), ist oft von rituellen Gesten oder Handlungen, auch von Bildzauber begleitet und an bestimmte Orte und Zeiten gebunden. – Weit verbreitet ist die B. im Volksglauben aller Zeiten; sie spielt eine große Rolle in den Kulten ›primitiver‹ Völker und ist für die alten Kulturen Mesopotamiens, Ägyptens, der Juden, Griechen und Römer (*incantatio, incantamentum,* ↗*Carmen*) reich belegt. In germ. Tradition mischt sich in den lit. Formen meist Heidnisches mit Christlichem: vorchristlich-germ. sind die beiden »Merseburger Zaubersprüche«, christlich die Wurm- und Blutsegen oder der »Lorscher Bienensegen«. Die B. lebt heute u. a. im volkstümlichen Gesundbeten und im kirchlichen Exorzismus fort.

Lit.: E. Cianci: Incantesimi e benedizioni nella letteratura tedesca medievale (IX–XIII sec.). Göppingen 2004. – M. Schulz: Beschwörungen im MA. Hdbg. 2003.   RBS

Besinnungsaufsatz ↗ Erörterung (2), ↗ Aufsatz.

Bestiarium, n. [lat. *bestia* = das Tier], auch *(liber) bestiarius,* m.; ein mal. allegorisches Tierbuch, in dem meist legendäre phantastische Vorstellungen von Tieren heilsgeschichtlich und moralisch gedeutet werden (z. B. das Einhorn, das sich nur von einer Jungfrau einfangen lasse, als Christus). Das älteste und bekannteste B. ist der »Physiologus«, entstanden wohl im 2. Jh. n. Chr. in Alexandrien, im 5. Jh. vom Gr. ins Lat. übersetzt, im MA. in mehreren Versionen sehr verbreitet, in dt. Sprache seit dem 11. Jh. überliefert. – Die Bildwelt der Bestiarien wirkte mannigfach auf die mal. Lit. ein, bes. auch auf Lehrbücher und Predigten, v. a. aber auf die mal. Kunst (Buchschmuck, Bestiensäulen, Tierfriese, Kapitelle, Gestühl; auch Bestiarien-Hss. waren meist illustriert). – Moderne Nachfahren der mal. Bestiarien sind Apollinaires »Le Bestiaire ou cortège d'Orphée« (1911) und F. Bleis »B. literaricum« (1920), erweitert 1924 unter dem Titel »Das große B. der modernen Lit.«. ↗ Tierepik.

Lit.: G. Febel, G. Maag: Bestiarien im Spannungsfeld zwischen MA. und Moderne. Tüb. 1997. – J. Malaxecheveria: Le bestiaire médiévale et l'archetype de la féminité. Paris 1982.   GS/Red.

Bestseller, m. [engl. *best-seller* = (sich) am besten Verkaufendes], ein Buch oder ein anderes Produkt, das sich innerhalb einer Zeitspanne, in einem Gebiet und in einer nach bestimmten Kriterien definierten Gruppe bes. häufig verkauft und dessen Verkaufserfolg in B.listen dokumentiert wird. – Die erste B.liste erschien 1895 in einer am. Lit.zeitschrift, England folgte 1896. In Deutschland erstellte die Zs. »Die Lit. Welt« erstmals für den September 1927 eine B.liste (Platz 1: H. Hesse: »Der Steppenwolf«). In der Bundesrepublik etablierten sich die wöchentlich im Magazin »Der Spiegel« abgedruckten Ranglisten für ›Belletristik‹ und ›Sachbücher‹ (seit 1961) als einflussreichste Indizes, trotz wiederkehrender Kritik an mangelnder Repräsentativität. Die letzten Jahre zeigen aufgrund vereinfachter Erhebungsmöglichkeiten wie neuer Verkaufs- und Vertriebsformen (Internethandel) eine Zunahme von B.listen. Von wachsender Bedeutung im B.geschäft sind internationale, v. a. engl. Erfolgstitel und andere Medienprodukte. In der Branche wird die Bez. ›B.‹ oft als Chiffre für eine eigene Gattung ausgegeben, die den erhofften Erfolg bereits durch die Rubrizierung zu antizipieren sucht. – Der B. wurde einerseits bereits in den 1920er Jahren als Forschungsobjekt erkannt (z. B. von S. Kracauer im Kontext der ↗ Kritischen Theorie), andererseits bis in die 1970er Jahre mit kulturpessimistischer Zielsetzung als affirmativ und trivial kritisiert. Jüngere, empirisch ausgerichtete Forschungen haben diese Voreingenommenheit überwunden.

Lit.: W. Faulstich: B. – ein Phänomen des 20. Jh.s. In: Wolfenbütteler Notizen zur Buchgeschichte 21 (1996), S. 132–146. – Ders.: B. In: RLW. – D. Oels: B. In: E. Schütz u. a. (Hg.): Das BuchMarktBuch. Reinbek 2005, S. 47–53. – I. Tomkowiak: Schwerpunkte und Perspektiven der B.-Forschung. In: Schweizerisches Archiv für Volkskunde 99 (2003), S. 49–64.   CWÜ

Bestsellerliste ↗ Bestseller.

Betonung ↗ Akzent, ↗ Ton (1).

Beutelbuch, auch: Buchbeutel, Gürtelbuch; eine Sonderform des gebundenen mal. Buchs, die bes. vom 14. bis zum 16. Jh. beliebt war. Beim B. wird der Einband aus weichem Leder (manchmal auch aus Pergament oder Seide) an der Unterkante über die Buchdecke hinaus verlängert oder mit einer zusätzlichen Lederschicht bezogen, die das Buch deutlich überragt. Dann wird das lose überstehende Leder mit einem Knoten oder Ring zusammengefasst, so dass das Buch – meist kleinformatige Breviere, Liederbücher, theologische Schriften oder kaufmännische Aufzeichnungen – am Gürtel befestigt werden kann. Überlebt hat das B. v. a. durch Abbildungen in der bildenden Kunst; nur etwa 20 Exemplare sind auch körperlich erhalten.

Lit.: L. und H. Alker: Das B. in der bildenden Kunst. Mainz 1966. – U. Bruckner: Das B. und seine Verwandten. In: Gutenberg-Jb. (1997), S. 307–324. – R. Neumüllers-Klauser: Auf den Spuren der Beutelbücher. Mainz 1980. – U.-D. Oppitz, R. Neumüllers-Klauser: B.-Darstellungen in der Kunst der Spätgotik. In: Anzeiger des Germ. Nationalmuseums Nürnberg 1996, S. 77–92.   GGI

Bewegung [lat. *motio, motus*], 1. in der Physik und Philosophie Bez. für eine materielle Veränderung, in der Politik darüber hinaus für das kollektive Subjekt von Veränderungstendenzen (›Arbeiterbewegung‹). – 2. In der ↗ Poetik zunächst a) unter der Dominanz der ↗ Rhet. im Sinne einer ›Rührung des Gemüts‹ verstanden, also als dritte Funktion der Dichtung (*movere*) neben Belehren (*docere*) und Unterhalten (*delectare*); b) ab Mitte des 18. Jh.s wesentliches Kriterium zur medientheoretischen Ausdifferenzierung der Künste. Ist Malerei nach J. Harris (»Discourse on Music, Painting, and Poetry«, 1744) »always motionless«, so stechen Musik und Dichtung durch »sound and motion« hervor. Analog ordnet G. E. Lessing (»Laokoon«, 1766) der Malerei Raum, Ruhe und koexistierende ↗ Zeichen zu, der Poesie aber Zeit, B. und sukzessive Zeichen. Dieses Postulat wird im Zuge der ↗ Autonomieästhetik soweit radikalisiert, dass die Lit. nicht nur B. darstellen, sondern selbst in B. sein soll, indem die Autoren die »B. der Worte« zur »Grundlage der gesamten Darstellung« machen (A. W. Schlegel: »Vorlesungen über schöne Litteratur und Kunst«, postum 1884). Im 19. Jh. tritt dieses Konzept wieder in den Hintergrund, bevor es durch die ↗ Avantgarden der klassischen ↗ Moderne reaktiviert und erweitert wird, sodass St. George (»Dante: Die Göttliche Komödie. Übertragungen«, 1912, Vorrede) das »dichterische« grundsätzlich als »ton bewegung gestalt« bestimmen kann. – 3. Kategorie der Selbstbeschreibung von Künstlergruppen sowie der Lit.geschichtsschreibung, die gegenüber verwandten Bez.en wie ↗ ›Dichterkreis‹, ›Gruppe‹, ›Richtung‹, ›Strömung‹ oder ↗ ›Generation‹ das dynamische Moment der Vereinigung akzentuiert und daher ebenfalls im Kontext der Avantgarden häufig verwendet wird (z. B. ›expressionistische B.‹).

Lit.: F. Apel: Sprachbewegung. Hdbg. 1982. – M. Buschmeier, T. Dembeck (Hg.): Textbewegungen 1800/1900. Würzburg 2007. – W. Menninghaus: Dichtung als Tanz. Zu Klopstocks Poetik der Wortbewegung. In: Comparatio 3 (1991), S. 129–150. – D. Oschmann: Bewegliche Dichtung. Mchn. 2007.   DO

Bewusstseinsstrom ↗ Stream of Consciousness.

Bibelepik, Sammelbez. für Dichtungen in Versen, die biblische Stoffe behandeln und überwiegend narrativen Charakter haben; wichtigster Bereich der ↗ geistlichen Epik. Häufig bearbeitete Gegenstände sind aus dem NT die Geschichte Jesu, aus dem AT die historischen Bücher (Genesis u. a.), oft auch einzelne Episoden daraus. Während der B. die prägende lit. Gattung der weström. christlichen Antike ist, treten nichtepische Bibeldichtungen wie das ↗ geistliche Spiel und das biblische Drama erst seit dem 11./12. Jh. in Erscheinung. – Die hexametrischen lat. Bibelepen von Juvencus, Sedulius, Avitus und Arator, im 4. bis 6. Jh. in Auseinandersetzung mit der klassischen röm. Epik (Vergil) entstanden, wurden stilprägend für die lit. Kultur des frühen MA.s schlechthin. Auch die Buchdichtung in den germ. Volkssprachen setzt mit der B. ein: um 830 der altsächsische »Heliand« (in Stabreimversen) und vor 870 das ahd. »Evangelienbuch« Otfrids von Weißenburg (in Reimpaarversen), die beide das Leben Christi behandeln. Teilweise noch älter ist die angelsächs. B. in Stabreimversen, so die »Genesis« (8. Jh.), »Crist« (8./9. Jh.) und die »Exodus« (9. Jh.). Die ↗ frühmhd. Lit. (seit der Mitte des 11. Jh.s) wird dominiert von epischen Umsetzungen kanonischer Stoffe aus AT (»Altdt. Genesis«, »Vorauer Bücher Mosis«, »Judith«) und NT (»Leben Johannes des Täufers«, »Leben Jesu«, »Antichrist« und »Jüngstes Gericht« der Frau Ava). Seit dem 12. Jh. kommt neben der geistlichen eine weltliche Epik auf, die dieser in Verbreitung und Prestige nicht nachsteht, obwohl beide sich an dasselbe lateinunkundige adlige Publikum wenden. Nun gewinnen legendarische und apokryphe Sujets, welche die B. in die Nachbarschaft der ↗ Legendendichtung rücken, an Gewicht (z. B. Konrads von Fußesbrunnen »Kindheit Jesu«). Die ↗ Deutschordenslit. des 14. Jh.s führt die Tradition in teils groß angelegten Werken fort (»Judith«, »Daniel«, »Hiob«, »Makkabäer«, Heinrichs von Hesler »Apokalypse«). Am Ende des MA.s lösen ↗ Historienbibeln und später ↗ Bibelübers.en in Prosa die dt.sprachige B. ab. – In der ↗ Renaissance blüht die lat. B. noch einmal auf (M. Vida: »Christias«, 1535). J. Miltons »Paradise Lost« (1667, in Blankversen) und F. G. Klopstocks »Messias« (1748–73, in dt. Hexametern) entfalten Wirkung als christliche Nationalepen und gehören zu den letzten großen ↗ Epen in ihren jeweiligen Lit.en.

Lit.: B. Auerochs: Die Entstehung der Kunstreligion. Gött. 2006, S. 119–260. – D. Kartschoke: Bibeldich-

tung. Mchn. 1975. – Ders.: B. In: V. Mertens, U. Müller (Hg.): Epische Stoffe des MA.s. Stgt. 1984, S. 20–39. – Ders.: B. In: RLW.   SG

Bibelkonkordanz ↗ Konkordanz.

Bibelübersetzung, Textart mit weit verzweigten Tradierungsmustern, bei der die heiligen Bücher des Judentums und des Christentums von einer Sprache in eine andere übertragen werden; die Übers.en können sich dabei stärker an der Ausgangs- oder an der Zielsprache orientieren (↗ Übers., ↗ Übers.stheorie). Die Bibel kann mit ihren Voll- und Teilübertragungen als der weltweit wichtigste Gegenstand der Übersetzungslit. mit einer einzigartigen sprach- und kulturstiftenden Wirkung aufgefasst werden. – Als frühe, den christlichen ↗ Kanon prägende jüdische Übers. des hebr. AT ins Gr. ist die »Septuaginta« (gr. = siebzig, daher auch »LXX«) zu nennen. Nach dem Aristeasbrief schufen ca. 300 v. Chr. 70 (72) Übersetzer in 72 Tagen die LXX in der zielsprachlichen gr. *Koiné* (Umgangssprache) für die jüdische Diasporagemeinde in Alexandria. Die Kanonisierung beginnt im 3. Jh. v. Chr. und endet für das AT um 100 n. Chr., für das NT im 4. Jh. Je stärker die christliche Rezeption der LXX voranschreitet, desto geringer wird die Bedeutung des Werks für das Judentum. Unterschiedliche, meist fragmentarisch erhaltene Revisionen bzw. Neuübertragungen folgen der LXX, so durch Theodotion (vor 50 n. Chr.), Aquila (um 130 n. Chr.) und Symmachus (um 200 n. Chr.). In der v. a. für die Textkritik bedeutsamen »Hexapla« setzt der zur alexandrinischen Schule gehörige Origenes in sechs Parallelkolumnen eine eigene neue Rezension der LXX (um 240 n. Chr. abgeschlossen) synoptisch neben diese drei B.en, das Hebr. und dessen gr. Umschrift, mit dem Ziel, den gr. Text dem hebr. anzupassen. – Als das Gr. nach dem 2. Jh. n. Chr. in den Provinzen des röm. Reiches nicht mehr hinreichend verstanden wird, entstehen erste lat. B.en. Zu unterscheiden sind einerseits die altlat. Übers. »Vetus Latina« oder »Praevulgata«, auch »Itala« genannt, anderseits die »Vulgata«. »Vetus Latina« steht für mehrere, voneinander abweichende vulgärlat. Übers.en: die älteren, stärker zielsprachlich orientierten afrikanischen Fassungen und die jüngeren, mehr ausgangssprachlich orientierten italischen – bezogen auf die LXX und den gr. Text des NT. Um den verschiedenen altlat. Übers.en einen zuverlässigen und allg. gültigen Text (die spätere »Vulgata«) entgegenzusetzen, beauftragt Papst Damasus im vorletzten Jahrzehnt des 4. Jh.s Hieronymus mit deren Revision. Die Evangelien korrigiert dieser nach gr. Hss., wobei die übrigen NT-Teile nicht von ihm stammen. Die lat. Bearbeitung des AT geht auf das hebr. Original zurück. Hieronymus' Ziel ist es, nicht den Urtext wiederherzustellen, sondern ein Instrument zum besseren theologischen Verstehen der Bibel zu schaffen. Nach zunächst nur zögerlicher und kritischer Rezeption verbreitet sich die »Vulgata« ab dem 7. Jh. rasch und beginnt, die altlat. Lesarten zu verdrängen. 1546 wird sie vom Tridentinum als ›authentisch‹ erklärt. – Unter den frühen B.en sind bes. diejenigen ins Syrische, eine für frühchristliche Gemeinden bedeutsame Sprache, textkritisch einflussreich; daneben gibt es äthiopische, koptische, armenische, arab. und aramäische B.en. – Die älteste Übers. in eine germ. Sprache ist die ins Got. des Wulfila (Ulfilas) aus der zweiten Hälfte des 4. Jh.s, von der nur neun Fragmente des NT erhalten sind. Historisch wichtig ist, dass der westgot. Bischof damit die Volkssprache verschriftlicht, wenngleich das Got. für ahd. und mhd. Übers.en nicht traditionsstiftend werden sollte. Gekennzeichnet ist die got. Bibel durch eine ausgangssprachliche Übers.sweise – orientiert am Gr., wenn auch Spuren der »Vetus Latina« nicht auszuschließen sind. – Während des gesamten MA.s werden Bibelstoffe als Teil- und Vollbibeln ins Dt. übertragen; neben ›sklavische‹ Translationen treten dabei zahlreiche freie Nachdichtungen. Zu den kleineren ahd. Übers.en zählen die »Monsee-Wiener Fragmente« zu Matthäus; zu den lit. Verarbeitungen biblischer Themen das »Evangelienbuch« Otfrids von Weißenburg und der »Heliand«. Einen beträchtlichen Aufschwung erfährt die B. im Hoch- und Spät-MA. Aus dieser Zeit sind die »Augsburger Bibel« (1350, Übers. des NT) und die illustrierte »Wenzel-Bibel« (1389 f., Übers. des AT) anzuführen. Erste Vollbibeln stammen aus dem 15. Jh., z. B. die »Münchner-Bibel« (1472). Als wichtige Hss.-Werkstatt ist dabei die des Diebold Lauber zu erwähnen (↗ Schreiber). Neben kirchlichen Vertretern übersetzen ab dem 13. Jh. vermehrt auch laikale Kreise die Bibel. In einigen Fällen sind Übersetzer, Kopisten und deren Auftraggeber durch Selbstnennungen dokumentiert; die Mehrzahl bleibt jedoch auch im Spät-MA. anonym (z. B. der sog. ›Österr. Bibelübersetzer‹). Je nach Textausschnitt, Umfang und Übers.strategie werden die Übertragungen von unterschiedlichen Kreisen rezipiert. – Mit der Erfindung des ↗ Buchdrucks entstehen die 18 vorreformatorischen gedruckten dt. Vollbibeln (14 hochdt., 4 ndt.). Gleichzeitig forciert die neue Herstellungstechnik eine Verbreitung volkssprachlichen biblischen Schrifttums in bislang unbekanntem Ausmaß. Die ausgangssprachenorientierte Übers.shaltung signalisiert eine dienende Funktion gegenüber der »Vulgata«. Die erste, die »Mentel-Bibel« von 1466, geht auf eine hsl. Vorlage aus dem 14. Jh. zurück, die um 1500 sprachlich veraltet ist. Die »Zainer-Bibel« (um 1475), die erstmals über ein Illustrationsprogramm verfügt, nimmt eine umfassende sprachliche Überarbeitung der Mentel-Ausg. vor, um breitere laikale Rezipientenkreise zu erschließen. Auf Grund der enormen Wirkungsgeschichte der lutherischen B. sind die vorreformatorischen Bibeln – ungeachtet ihrer starken Verbreitung – lange Zeit zu Unrecht als qualitativ minderwertig abgewertet bzw. anachronistisch aus der ›Luther-Perspektive‹ betrachtet worden. Die neuartige, aus dem Gesamtkontext der Bibel heraus interpretierende, zielsprachlich orientierte Übers. Luthers tritt mit dem Anspruch auf, eine

ebenbürtige Fassung gegenüber den ursprachlichen Quellen zu sein. Mit seiner B. fördert Luther immens die Entwicklung einer einheitlichen nhd. Schriftsprache. Als Übers.svorlage zieht er, anders als seine mal. Vorgänger, den hebr. bzw. gr. Urtext heran. Neben dem von Erasmus zusammengestellten gr. Text haben dessen lat. Paralleltextübertragung, Annotationes und die »Vulgata« erhebliche übers.spraktische Wirkung auf die »Luther-Bibel«. So dürfte das Lat. des Erasmus Luther den Weg zur Erschließung der gr. Syntagmen geebnet haben. Im Dezember 1521 beginnt Luther, der seine Übers.sleistung theoretisch zu reflektieren bemüht ist, unter dem Einfluss Melanchthons auf der Wartburg seine B. mit dem NT und stellt dieses im März 1522 fertig. Ohne Drucker- und Herausgebervermerk, nur mit dem Hinweis auf den Druckort Wittenberg, erscheint es noch im selben Jahr als »Septembertestament« bzw. schon 3 Monate später in einer lexikalisch-syntaktisch verbesserten Fassung als »Dezembertestament«. Noch zu Zeiten der Drucklegung des »Septembertestaments« fängt Luther an, das AT zu übersetzen, was sich wegen des Umfangs und einiger Schwierigkeiten beim Umgang mit dem Hebr. über zwölf Jahre hinziehen wird. 1534 erscheint Luthers erste Vollbibel, 1545 die Ausg. letzter Hand. Man rechnet zwischen 1522 und 1546 mit 430 Gesamt- und Teilausgaben in einer Aufl. von über einer halben Million Exemplaren. Die »Luther-Bibel« wirkt auf Schweizer und ndt. B.en und wird bis in unsere Zeit mehrfach revidiert (zuletzt 1984). Ferner existieren auf der »Luther-Bibel« basierende kath., oftmals zu Unrecht als Plagiate bezeichnete Konkurrenzübers.en (u. a. H. Emser 1527, J. Dietenberger 1534). Nach Luther schafft J. Piscator 1602/04 für die Reformierten eine ausgangssprachenorientierte Übers., wohingegen N. v. Zinzendorf für die Pietisten das NT 1727 zielsprachenorientiert übersetzt. Auf kath. Seite sind Übers.en von K. Ulenberg (1630) und J. F. v. Allioli (1830–32) anzuführen. In den dt.sprachigen B.en der Gegenwart zeichnen sich zwei Tendenzen ab: einerseits die versuchte Orientierung an der Umgangssprache der Rezipienten, wie sie von kommunikativen Übers.en praktiziert wird (»Die Gute Nachricht«, zuerst 1967), andererseits eine eher traditionelle Orientierung an der Ausgangssprache (»Elberfelder Bibel«, 1855 bzw. 1871, revidiert 1985). Aufmerksamkeit erlangte auch die Übertragung in jüdischer Tradition von M. Buber und F. Rosenzweig (1925–29, revidiert 1956 f.). – Der Beginn der B.en im angelsächs. Raum ist auf Beda Venerabilis' aengl. Übers. der Evangelien im 8. Jh. datierbar. Am Ende des 14. Jh.s erscheint die erste vollständige B., die auf der »Vulgata« fußende, trotz Verbots weit verbreitete »Wycliff-Bibel«. Während der Reformationszeit übersetzt W. Tyndale das NT neu (gedruckt 1525). Ungehindert kann erstmals die engl. Vollbibel von M. Coverdale 1535 verbreitet werden, welche 1539 f. als »Great Bible«, 1568 als »Bishops' Bible« und 1611 als »King James Version« revidiert herausgegeben wird.

Letztere übt nachhaltige Wirkung auf die engl. Lit.-sprache aus. Neben der »King James Version« kommen andere B.en erst seit dem 19. Jh. auf. – Im Frz. reichen die ersten B.en ins 11. Jh. zurück. Der bis um 1500 nachgedruckte »Gallische Psalter« stellt eine Interlinearversion dar, bei der das Lat. zwischen die frz. Zeilen gefügt ist. Mit angestoßen durch laikale Reformbewegungen im 12./13. Jh. lässt Ludwig IX. um 1230 eine Übers. ins Frz. anfertigen, die große Teile der Bibel enthält. Ende des 13. Jh.s entsteht die erste frz. Vollbibel, die »De Thou-Bibel«. Populärer jedoch ist das »Biblium historiale« von G. des Moulins (1291/94). Die redigierte kath. Vollbibel des Pariser Theologen Faber Stapulensis, die auf der »Vulgata« fußt, erscheint 1530. Die reformatorische Gesamtübers. von P.R. Olivétan (1535) aus den Ursprachen und modernen lat. Übers.en wird 1588 als »Bible de Genève« herausgegeben, welche bis ins 19. Jh. Gewicht hat. – Die erste it. Bibel auf »Vulgata«-Basis wird 1471 gedruckt. A. Martini schafft 1781 aus der »Vulgata« die autorisierte kath. it. Bibel. Zentralen Stellenwert für den it. protestantischen Raum erlangt die 1607 von G. Diodati aus den Urtexten geschaffene Übertragung, welche bis in 20. Jh. hinein wirkt. – Gegenwärtig existieren B.en in 186 europäische, 288 ozeanisch-pazifische, 470 asiatische und 537 afrikanische Sprachen. Vollständige B.en zählt man in 322 Sprachen.

Lit.: S. P. Brock u. a.: B.en. In: TRE. – F. F. Bruce: The English Bible. 1961. – H. Rost: Die Bibel im MA. Augsburg 1939. – St. Sonderegger: Geschichte dt.sprachiger B.en in Grundzügen. In: W. Besch u. a. (Hg.): Sprachgeschichte. Teilbd. 1. Bln., NY ²1998, S. 229–284. – H. J. Vermeer: Skizzen zu einer Geschichte der Translation. 2 Bde. Ffm. 1992. – H. Vollmer: Materialien zur Bibelgeschichte und religiösen Volkskunde des MA.s. 4 Bde. 1912–29 [fortgeführt unter dem Titel: Bibel und dt. Kultur. 10 Bde. 1931–40]. – W. Walther: Die dt. B. des MA.s. 3 Bde. Braunschweig 1889–92. Nachdr. Nieuwkoop 1966.   SSE

Biblia Pauperum, f. [mlat. = Bibel der Armen; aus lat. *pauper* = arm], ein vermutlich im späten 14. Jh. in Süddeutschland entstandenes Werk, bei dem jeweils zwei Ereignisse aus dem AT als ↗Typologien zu eines aus dem NT verweisen. Zudem werden immer vier Prophetensprüche dem jeweiligen Heilsereignis zugeordnet. Die typologische Methode, bei der einzelne Bibelstellen im Analogieverfahren auf andere bezogen werden, ist bereits in spätantiker Zeit für die christliche Exegese des AT verwendet worden. In der B. P. erfolgt die Typologisierung in typisch spätmal. Breite; es wird systematisch je ein Typus aus der vormosaischen Zeit (*ante legem*) und einer aus der Zeit nach der Gesetzgebung (*sub lege*) geboten. Wesentlicher Bestandteil der B. P. sind in fast allen Fällen die Bilder, denen nur relativ wenig lat., später auch dt. Text gegenübersteht. Dennoch existieren auch unbebilderte Exemplare. – Nach einer langen Karriere in der Hss.-Kultur v. a. im süddt. Raum ist die B. P. sehr früh gedruckt

worden, als ↗Blockbuch v. a. in den nördlichen Niederlanden und als illustriertes typographisches Buch bereits 1463 bei Pfister in Bamberg. – Die Bez. ›B. P.‹ ist zwar im MA. gelegentlich für dieses Werk belegt, doch wurde sie erst in der Neuzeit *ausschließlich* darauf angewandt. Vorher verwies der Begriff mutmaßlich auf das einfache Niveau bestimmter Werke etwa für die Didaxe oder die Benutzung durch wenig gebildete Kleriker. ›B. P.‹ hat sich als Fachbegriff gegenüber anderen Vorschlägen wie ›Biblia typologica‹ durchgesetzt.

Lit.: G. Schmidt: Die Armenbibeln des XIV. Jh.s. Graz, Köln 1959.   CWI

Biblia typologica ↗ Biblia Pauperum.

Bibliographie, f. [gr. *bíblos* = Buch, *gráphein* = schreiben: Buchbeschreibung], Verzeichnis von Schriften. Mindestens folgende Unterscheidungen sind zu treffen: 1. Die *Allgemeinbibliographie* verzeichnet mit hohem Anspruch auf Vollständigkeit die Gesamtlit. relativ zu einem weiten Gegenstandsbereich (z. B. »Dt. Nationalbibliographie und B. der im Ausland erschienenen dt.sprachigen Veröffentlichungen«). – 2. Die *Metabibliographie* ist eine B. der B.n (z. B. »Hb. der B.«). – 3. Die *Spezialbibliographie* bezieht sich auf einen begrenzten Gegenstandsbereich, etwa eine Epoche, ein Sachthema oder auf eine Person (↗Personalbibliographie). – Im Einzelnen können sich B.n auf das Verzeichnis von Titeln der Primär- bzw. Sekundärlit. beschränken oder diese auch kommentieren oder werten; sie können abgeschlossen sein oder periodisch ergänzt werden; ihre interne Gliederung kann alphabetisch, thematisch, chronologisch oder gemischt angelegt sein. Die B. in Buchform als Instrument der Lit.recherche wird durch die neuen virtuellen Datenbanken nicht ersetzt, sondern ergänzt (z. B. die ›Dt. Nationalbibliothek‹ unter www.ddb.de). – Die Geschichte der B. geht bis in die ägyptische Antike zurück, nämlich auf den Katalog der Bibliothek in Alexandria, den Kallimachos angelegt hat. Vorläufer der modernen B. sind die hsl. Bibliothekskataloge des MA.s, die Verlagsprospekte aus der Frühzeit des ↗Buchhandels (↗Messkatalog), enzyklopädische Werkverzeichnisse (↗Biobibliographie) und die Kataloge für bibliophile Sammler. Die bibliographischen Anstrengungen der Gegenwart werden von bibliothekarischen Interessen dominiert; fachwissenschaftlich orientierte B.n sind stark spezialisiert oder in Form der periodischen B. auf das Verzeichnis der jeweiligen Neuerscheinungen konzentriert (z. B. die seit 1960 erscheinende Zs. »Germanistik. Internationales Referatenorgan mit bibliographischen Hinweisen«). Die wichtigsten Fachbibliographien zur dt. Lit.wissenschaft verzeichnet Blinn.

Lit.: E. Bartsch: Die B. Mchn., NY ²1989. – H. Blinn: Informationshandbuch Dt. Lit.wissenschaft. Ffm. ⁴2001. – H.-A. Koch: B. In: RLW. – Hb. der B. Begründet v. G. Schneider. Völlig neu bearb. v. F. Nestler. Stgt. 1999.   HHS/BM

Bibliographie raisonnée, f. [frz.], dt.: räsonnierende, kritische oder referierende ↗Bibliographie; Schriftenverzeichnis, in welchem nicht nur Titel, Standort und ggf. Publikationsort der erfassten Dokumente aufgeführt werden, sondern die Texte auch in ihrem Inhalt knapp zusammengefasst (›analytische Bibliographie‹) und kritisch gewürdigt werden. – Eine erweiterte Form der B. r. ist das ›Referatenorgan‹, in dem sich kurze ↗ Rezensionen (›Referate‹) zu einigen der verzeichneten Titel finden (wichtigstes Beispiel: die unter ↗ Bibliographie genannte »Germanistik«). DB

Bibliokleptomanie, f., kriminell übersteigerte ↗ Bibliophilie.

Bibliomanie, f., übersteigerte ↗ Bibliophilie.

Bibliophilie, f. [gr. = Liebe zum Buch], Bücherliebhaberei, die sich im Sammeln von Büchern nach bes., jeweils individuell festgelegten Gesichtspunkten (Schönheit, Alter und Herkunft, Seltenheit, Illustrationen, bestimmte Fachgebiete) äußert. Im Unterschied zum Sammler anderer Objekte des Alltagslebens beraubt der Bibliophile seine Sammelgegenstände nicht ihrer angestammten Funktion (wie z. B. der Philatelist, der seine Briefmarken nicht mehr auf Umschläge klebt), sondern nimmt die Bücher als Objekte ästhetischen Genusses ebenso wie als Träger bestimmter Inhalte wahr: Der Bibliophile sammelt, anders als derjenige, welcher der *Bibliomanie* (Bücherwahnsinn) oder gar der *Bibliokleptomanie* (Bücherstehlsucht) erlegen ist, nicht nur, vielmehr liest er auch. B. ist eine seit der Antike (Cicero), dem MA. (Richard de Bury) und der Renaissance (F. Petrarca, J. Reuchlin) verbreitete, seit Barock und Aufklärung weit um sich greifende, heute absterbende Leidenschaft, die der Materialität des geschriebenen und gedruckten Wissenstransfers bes. Aufmerksamkeit schenkt. Der Bibliophile schafft sich mit seinem Bücherreich eine Sphäre, mit deren Hilfe er seine Lebenswelt strukturiert. Seit langem gibt es einen Markt für eigens zu sammlerischen Zwecken in kleiner Auflage hergestellte, ›bibliophile‹ Editionen. Die ›bibliophile‹ Ausstattung kann als Mittel zum Vertrieb von ansonsten schwer verkäuflicher Lit. mit bes. Anspruch dienen (vgl. die von H. M. Enzensberger von 1985 bis 2006 hg. »Andere Bibliothek«).

Lit.: D. Desormeaux: La figure du bibliomane. St. Genouph 2001. – Ch. Galantaris: Manuel de b. Paris 1997 f. – R. Muller: Une anthropologie de la b. Paris 1997. – A.U. Sommer u. a.: Die Hortung. Eine Philosophie des Sammelns. Düsseldorf 2000. – A. U. Sommer: Unvorgreifliche Mutmassungen über das Sammeln von Büchern. In: ders. (Hg.): Im Spannungsfeld von Gott und Welt. Basel 1997, S. 329–334. – M. Sommer: Sammeln. Ffm. 1999. – N. Wegmann: Bücherlabyrinthe. Köln 2000. AUS

Bibliothek, f. [gr. *bíblos* = Buch, *thḗkē* = Behältnis], Einrichtung zur planvollen Sammlung, Aufbewahrung, Erschließung und Vermittlung von Texten an einen Benutzerkreis. Das wichtigste Medium für Texte ist heute nach wie vor das gedruckte ↗ Buch, aber zur Sammlung zählen auch Schriftträger in anderer Form (z. B. Tontafeln, Papyrusrollen, Pergamentkodizes,

elektronische Ressourcen) sowie Bild- und Tonmaterial. Die Bez. ›B.‹ wird auch verwendet für eine nicht öffentlichen Zwecken dienende private Büchersammlung oder eine kompendienartige Schriftenreihe (z. B. »B. dt. Klassiker«). In Abgrenzung zu den ↗ Archiven sammeln B.en in der Regel keine Schriftstücke (z. B. Akten), die aus amtlicher oder privater Geschäftstätigkeit hervorgegangen sind, sondern nur publizierte Texte oder solche, die, wie im Fall der mal. ↗ Handschriften, zur Verbreitung bestimmt waren. ↗ Nachlässe bedeutender Persönlichkeiten werden sowohl in B.en als auch in Archiven aufbewahrt. Zusammen mit Archiven und Museen sind öffentliche B.en über ihre aktuelle Nutzungsfunktion hinaus Institutionen der kulturellen Überlieferung. Abhängig vom Stellenwert, den eine Gesellschaft kulturellen Artefakten und gespeicherten Informationen zumisst, sind B.en historisch einem starken Wandel unterworfen. Bereits im *Altertum* war ein gesellschaftlicher Komplexitätsgrad erreicht, der die ständige Verfügbarkeit von Texten notwendig machte. Als erste bedeutende B. gilt die des Königs Assurbanipal (668–627 v. Chr.) in Ninive, eine *Palastbibliothek* universalen Charakters, die auf eroberte ältere Bestände aus Babylonien zurückgeht. Neben der B. existierte ein Brief-Archiv. In Ägypten gab es B.en v. a. im Umkreis von Tempeln, z. B. in Edfu und Philae. Für den gr. Kulturkreis sind erste *Privatbibliotheken* bezeugt, z. B. für Aristoteles, Epikur und Zenon. Hier waren es die Philosophen, die auf Textüberlieferungen jenseits der Sphäre des Kults oder der staatlichen Herrschaftssicherung angewiesen waren. Der Begriff ›B.‹ ist seit Ende des 4. Jh.s belegt. Die bedeutendste B. der Antike war Teil des Museions in Alexandria, eines von Ptolemaios I. eingerichteten religiösen und wissenschaftlichen Zentrums des Reiches (Mitte des 3. Jh.s v. Chr.). Sie wurde mit ihren angeblich 700.000 Schriftrollen mit Texten aus allen bekannten Kulturkreisen im Jahr 47 v. Chr. zerstört. Nach dem Vorbild von Alexandria ließ Attalos I. in Pergamon um 200 eine große B. errichten. Die ältesten röm. B.en waren geraubte Sammlungen aus Griechenland, die in den Besitz von Senatoren oder Gelehrten gelangten. Belegt sind Privatbibliotheken z. B. für Cicero und Atticus. Öffentliche B.en wurden von Cäsar und Augustus angelegt. Das *Christentum* als Buchreligion brachte bedeutende B.en hervor, v. a. an Klöstern (Benedikt von Nursia in Monte Cassino, Cassiodor in Vivarium, Columban in Bobbio, Gallus in St. Gallen) und Kathedralen (Lyon, Verona, Köln, Mainz). Im *MA.* waren die Klöster – zunächst v. a. die des Benediktinerordens – die bedeutendsten Träger von B.en. Hier ist auch die frühe dt. Lit. geschrieben und überliefert worden (St. Gallen, Fulda, Reichenau, Weißenburg, Lorsch, Corvey). Die karolingischen Herrscher besaßen umfangreiche und kostbare Büchersammlungen. Da sie aber über keine feste Residenz verfügten, entwickelten sich keine Hofbibliotheken von Dauer. Das Bedürfnis nach profanem Wissen und seiner Weitergabe jenseits der religiös-kirchlichen Lehre führte seit dem 12. Jh. zur Herausbildung von Universitäten (Paris, Bologna, Prag, Wien, Heidelberg, Köln, Erfurt). Zunächst wurden *Kollegien- und Fakultätsbibliotheken* angelegt. Zentrale *Universitätsbibliotheken*, auch wenn ihre Ursprünge weiter zurückreichen, erlangten erst in der Neuzeit eine größere Bedeutung für den Lehr- und Forschungsbetrieb. So verdankt sich der zielgerichtete Ausbau der zentralen Universitätsbibliothek Göttingen (1737) einem neuartigen Forschungskonzept dieser Reformuniversität und diente im 19. Jh. als Vorbild. Die Erfindung des ↗ Buchdrucks, Humanismus und Reformation hatten eine gewaltige Ausweitung der Buchproduktion und des Lesepublikums zur Folge und brachten auch neue B.stypen hervor: *Stadtbibliotheken* (Nürnberg, Regensburg, Hamburg, Magdeburg, Augsburg, Leipzig), die z. T. auf spätmal. *Ratsbibliotheken* zurückgingen, entstanden ebenso wie *Schulbibliotheken* (Meißen, Zwickau). Die Bildung verlagerte sich aus den Klöstern in die Städte. Einen Aufschwung erlebten auch die *Privatbibliotheken* (Schedel, Pirckheimer, Fugger) und die aufgrund der Zersplitterung des Dt. Reiches zahlreichen *Hofbibliotheken*. Sie stellten zwischen dem Dreißigjährigen Krieg und dem 19. Jh. den wichtigsten B.styp dar, weil sie mit den reichsten Mitteln ausgestattet waren und Pflichtexemplare der Drucker erhielten. Von bes. Bedeutung waren in der Reihenfolge ihrer Gründung: Wien, Heidelberg (›Palatina‹), Dresden, München, Darmstadt, Wolfenbüttel, Kassel, Gotha, Berlin, Hannover, Weimar, Stuttgart. Die Säkularisation von 1803 mit ihren großen Bücherverlagerungen aus geistlichen Herrschaften und Klöstern begünstigte häufig die Hofbibliotheken (bes. München). Diese wurden nach 1918 in *Staats- und Landesbibliotheken* umgewandelt, unter denen die größte heute die ›Staatsbibliothek zu Berlin‹ ist. In der Mitte des 19. Jh.s entstanden *Volksbibliotheken*, später *Lesehallen* und *Stadtbibliotheken*, aus dem pädagogischen Impetus, breiteren Schichten Zugang zur Bildung zu verschaffen. Damit verfestigte sich die für Deutschland typische Spartentrennung zwischen *Öffentlichen B.en* zur allg. Benutzung und *wissenschaftlichen B.en*. Mit dem Fortschritt der Wissenschaften und der Industrialisierung erlebten die zentralen B.en der Hochschulen und die sich ausdifferenzierenden *Spezialbibliotheken* seit dem 19. Jh. eine starke Aufwärtsentwicklung. Keine B. konnte angesichts der explodierenden Lit.produktion länger den Anspruch erheben, ›universal‹ zu sammeln. Als Ergebnis der historischen Entwicklung ist zu konstatieren, dass in Deutschland anders als in England, Frankreich, den Vereinigten Staaten oder Russland eine klassische *Nationalbibliothek* fehlt trotz des 2006 eingeführten Namens: Die 1913 in Leipzig gegründete ›Dt. Bücherei‹ (heute neben Frankfurt/M. Teil der Institution ›Dt. Nationalbibliothek‹) sammelt nur die laufend erscheinende Lit. aus und über Deutschland. In die Sammlung des älteren dt.sprachigen Schrifttums teilen sich heute die ›Staatsbibliothek München‹, die ›Herzog August B. Wolfenbüttel‹, die ›Universitätsbibliothek Göttingen‹, die Stadt- und ›Universitätsbibliothek Frankfurt/M.‹ und die ›Staatsbibliothek zu Berlin‹. Ergänzend treten nach dem Vorbild der angelsächs. Research Libraries Forschungsbibliotheken wie die ›Herzogin Anna Amalia B.‹ Weimar oder das ›Dt. Literaturarchiv‹ zu Marbach/N. mit ihrem großen Quellenreservoir und den guten Benutzungsbedingungen für die kulturwissenschaftliche Forschung sowie die Landesbibliotheken, die über wichtige regional geprägte historische Bestände verfügen. Diese B.en haben zugleich eine bes. Verantwortung für die dauerhafte Aufbewahrung des nationalen schriftlichen Kulturguts (Bestandserhaltung). Die Aufgabe, auch die wissenschaftlich relevante Lit. des Auslands zur Verfügung zu stellen, ist Aufgabe der großen Staatsbibliotheken in Berlin und München, der Zentralen Fachbibliotheken (z. B. ›Technische Informationsbibliothek Hannover‹) und zahlreicher B.en (überwiegend Universitätsbibliotheken) mit Sondersammelgebieten, die dafür von der Deutschen Forschungsgemeinschaft (DFG) unterstützt werden. Das B.swesen befindet sich seit den 1980er Jahren aufgrund der informationstechnischen Revolution im Umbruch. Die weltweite Recherche in elektronischen B.skatalogen ist in großem Umfang möglich (Einstiegspunkt: Karlsruher virtueller Katalog, www.ubka.uni-karlsruhe.de/kvk.html). Die Zeitschriftendatenbank (www.zeitschriftendatenbank.de) weist alle in dt. wissenschaftlichen B.en gehaltenen Zeitschriften nach. Die elektronische Lieferung von Dokumenten an Endnutzer ist inzwischen möglich geworden. Die dt. wissenschaftlichen B.en haben sich über die Ländergrenzen hinweg einem von sechs Verbünden angeschlossen, über die der Katalogaufbau erfolgt und der Leihverkehr abgewickelt wird. Der größte seiner Art ist der ›Gemeinsame B.sverbund‹ (GBV) mit Sitz in Göttingen. Die von der DFG geförderten B.en bauen Fachportale auf, über die sie auch die elektronischen Ressourcen ihrer Fachgebiete zugänglich machen (www.vascoda.de). B.en sehen ihre Aufgabe heute nicht mehr nur im Aufbau physischer Buchbestände, sondern auch in der Eröffnung von Zugängen zu digitalen Dokumenten, die an anderen Orten verfügbar oder aufgrund von Lizenzen nur zeitweilig in ihrem Besitz sind.

Bibliographien und Periodika: B. Fabian (Hg.): Hb. der historischen Buchbestände in Deutschland. 27 Bde. Hildesheim 1992–2000. – H. Meyer: Bibliographie der Buch- und B.sgeschichte. 23 Bde. Bad Iburg 1982–2004. – World guide to libraries. Mchn. ²⁰2005. – Jb. der Dt. B.en. 1902 ff. (Bd. 61 [2005/06]).

Lit.: R. Hacker: Bibliothekarisches Grundwissen [1972]. Mchn. ⁷2000. – U. Jochum: Kleine B.sgeschichte. Stgt. 1993. – G. Pflug: B. In: RLW. – W. Schmitz: Dt. B.sgeschichte. Ffm. 1984. – J. Seefeldt, L. Syré: Portale zu Vergangenheit und Zukunft. Hildesheim 2003.   MKN

Biblisches Drama, Schauspiel auf der Grundlage biblischer Stoffe, meist aus dem AT. Der Begriff wird

durch Konvention abgegrenzt vom ↗ geistlichen Spiel des MA.s und auf im Gefolge der Reformation entstandene Stücke verengt (↗ Reformationsdrama). Ein überschaubarer Kanon von Beispielfiguren führt tugend- oder lasterhaftes Verhalten vor. Für die erste Gruppe stehen u. a. der alttestamentliche Joseph (Th. Gart, 1540), die Heroinen Judith (J. Greff, 1536), Esther (V. Voith, 1537) und Susanna (S. Birck, 1532; P. Rebhun, 1535), für die zweite Gruppe v. a. der verlorene Sohn (Lk 15, 11–24: B. Waldis, 1527; J. Wickram, 1540) sowie der arme Lazarus (Lk 16, 19–31). Im 18. Jh. wurden die Helden des AT neu entdeckt (F. G. Klopstock: »Salomo«, 1764; »David«, 1772). In F. Hebbels »Judith« (1840) finden sich Ansätze zur Psychologisierung. Die letzten relevanten biblischen Dramen stammen von jüdischen Dramatikern (St. Zweig: »Jeremias«, 1917; R. Beer-Hofmann: »Der junge David«, 1933; F. Werfel: »Der Weg der Verheißung«, 1937).
Lit.: L. R. Muir: The Biblical Drama of Medieval Europe. Cambridge 1995.   CF
Biedermeier, n., aus der Geschichte der bildenden Kunst und des Kunsthandwerks (bes. der Innenarchitektur und des Möbelbaus) metonymisch übernommene Epochenbez. In der Lit.wissenschaft steht ›B.‹ 1. für eine von etwa 1820 bis 1855 anhaltende einzelne lit. Strömung oder 2. für die gesellschaftlich-kulturelle Epoche vom Wiener Kongress 1815 bis zur Märzrevolution 1848 in ihrer Gesamtheit; der Begriff in dieser Verwendung – meist in der Form ›B.zeit‹ – steht in Konkurrenz zu ↗ ›Restaurationszeit‹ und ↗ ›Vormärz‹.
Zu 1.: Die ältere Forschung (vgl. Kluckhohn, Weydt, Bietak) thematisiert das B. als kulturelle Formation und bestimmt dessen mentale Dispositionen (›Lebensgefühl‹) über Merkmale wie ↗ Geselligkeit im engen Kreis von Vertrauten, Gelassenheit gegenüber schwermütigen Anfechtungen, Resignation und Entsagung, Anspruchslosigkeit, Stille und Maß, Schicksalshingabe und Ehrfurcht vor dem Alten. Korrespondierend damit werden Themen und Gattungen der B.lit. identifiziert: historische Dichtung, heimatliche Landschaft, Harmonie mit der Natur, Familie, insbes. Kinder und Alte, Depotenzierung der Erotik, Harmonie mit dem Weltganzen und Schicksalsergebenheit. Interdependenzen der Strömung mit dem Metternich'schen System werden herausgearbeitet, doch gilt die B.kultur nicht als Epiphänomen der Politik; vielmehr werden beide, Restauration und B., als äquivalente Ausdrucksformen des bürgerlichen Ruhebedürfnisses nach den napoleonischen Kriegen aufgefasst. So entstehen Voraussetzungen, die bes. der ↗ österr. Lit. (F. Grillparzer, F. Raimund, A. Stifter, J. Nestroy, N. Lenau) eine Blütezeit ermöglichen, daneben der süddt. (E. Mörike), teils auch der norddt. Dichtung (A. v. Droste-Hülshoff, K. Immermann), wobei die Schweiz (J. Gotthelf) eher am Rande steht. In dieser Perspektive gilt das lit. B. als »bürgerlich gewordene dt. Bewegung« (Kluckhohn, S. 108) und als vorherrschende Strömung der Restaurationszeit, in die auch das enttäuschte Bürgertum

nach der 1848er-Revolution zunächst zurückgefallen sei.
Zu 2.: Die v. a. durch F. Sengle vertretene neuere Forschung bestimmt die B.zeit politisch-soziologisch unter der geschichtsphilosophischen Kategorie der Restauration in der Zeit vom Wiener Kongress 1815 bis zu Metternichs Sturz 1848 als »Epoche, die äußerlich friedlich, sonst aber ziemlich zerstritten, ja schließlich explosiv war« und als deren Signum die »Verschiedenheit des Gleichzeitigen« (Sengle, Bd. 1 [1971], S. X), des Biedermeierlichen und Antibiedermeierlichen, gilt. Sengles Epochenbegriff ›Biedermeier*zeit*‹ umfasst daher alle Strömungen der Zeit, von dem lit. B. im engeren Sinne und der späten ↗ Romantik über das ↗ Junge Deutschland bis zum Vormärz, da sich alle Schriftsteller zu den politisch-kulturellen Rahmenbedingungen der Metternich'schen Restauration verhalten mussten. Die Restauration eines christlichen, vorrevolutionären Universalismus (antibiedermeierliche Gegenposition dazu: H. Heine) lässt die philosophielastige Theologie der ↗ Aufklärung wieder zurücktreten hinter den Habitus einer am harmonisch ausgleichenden Schicksal orientierten Pietät (»Herr! schicke was du willt«, Mörike: »Gebet« – im Ggs. zum ↗ Weltschmerz des gleichzeitigen ↗ Byronismus), die das – in der Schicksalstragödie sowie in der Erzähllit. der Spätromantik thematisierte – Furchtbare, Zerstörerische und Umwälzende in den Hintergrund drängt und die kleine Ordnungsstruktur der Familie (wie im ↗ Wiener Volkstheater) oder des begrenzten, patriarchalisch geführten, ›vaterländischen‹ Raums (Versepos) thematisiert (antibiedermeierliche Gegenposition dazu: G. Büchner). Daher blüht die Geschichte auf im Sinne von Traditionserschließung, die ihrerseits die alten Ordnungsstrukturen bestätigt und so Restauration kulturell fundiert. Entsprechend treten lit.theoretische Richtungsstreitigkeiten in den Hintergrund, da vieles durch Tradition geehrt erscheint; eine Haltung, auf deren Grund ein Stilpluralismus blüht, in dem vielfältige alte Formen, z. B. auch des ↗ Barock (im Strahlungsfeld des alten Barockstaates Österreich), auslaufen. Auf dieser Traditionsbreite entfalten sich auch die gesellige Lit.übung (im Ggs. zum Geniekult) und die Neigung zum Zyklischen in der Lyrik sowie zu Kleinformen (↗ Novelle, ↗ Idylle), während der zeitgenössische Roman strukturschwach bleibt (im Ggs. zur Hebung der Prosa im Jungen Deutschland). Auf diesen Grundlagen konnte selbst im Jungen Deutschland der 1830er Jahre noch keine politisch eindeutige und theoretisch ambitionierte Indienstnahme der Lit. für die Politik stattfinden, die sich erst in den 1840er Jahren, der Dekade des Vormärz, Bahn bricht. – Als Epochenbegriff hat Sengles ›B.zeit‹ (bei gleichzeitigem Festhalten an ›B.‹ für die lit. Strömung) zunächst wegen der gewaltigen Forschungsleistung viel Beachtung gefunden, erscheint aber heute wegen der Begriffsdopplung und der dadurch unvermeidbar übertragenen Konnotationen problematischer als ›Restaurationszeit‹.

Lit.: W. Bietak: Vom Wesen des österr. B. und seiner Dichtung [1931]. In: Neubuhr, S. 61–83. – U. Fülleborn: »Erweislose« Wirklichkeit: Frührealismus und B.zeit. In: ders.: Besitz und Sprache. Mchn. 2000, S. 102–127. – J. Hermand: Allg. Epochenprobleme. In: ders., M. Fuhrmann (Hg.): Zur Lit. der Restaurationsepoche 1815–48. Stgt. 1970, S. 3–61. – P. Kluckhohn: B. als lit. Epochenbez. [1935]. In: Neubuhr, S. 100–145. – U. Köster: B.zeit. In: Killy/Meid. – E. Neubuhr (Hg.): Begriffsbestimmung des lit. B. Darmstadt 1974. – F. Sengle: Voraussetzungen und Erscheinungsformen der dt. Restaurationslit. [1956]. In: Neubuhr, S. 238–273. – Ders.: B.zeit. 3 Bde. Stgt. 1971–80. – M. Wagner: Lebensgefühl als B. – wie es Künstler bezeugen. In: I. Dürhammer, P. Janke (Hg.): Raimund, Nestroy, Grillparzer – Witz und Lebensangst. Wien 2001, S. 11–30. – G. Weydt: Lit. B. [1931/35/73]. In: Neubuhr, S. 35–61, 84–99, 313–328.   DK

Biedermeierzeit ↗ Biedermeier (2).

Bild [gr. *eikón*, lat. *imago*], 1. lit.wissenschaftlicher Sammelbegriff für Tropen und Figuren, bes. für ↗ Metapher, ↗ Allegorie, ↗ Metonymie, ↗ Synekdoche, ↗ Personifikation, ↗ Antonomasie, ↗ Periphrase und ↗ Gleichnis, für das ↗ Symbol sowie für Gegenstandsreferenzen und -evokationen. – B.er sind in allen lit. Gattungen vertreten und sowohl von epochenspezifischen Eigenheiten (vgl. z. B. die Bildlichkeit der Romantik mit der des Barock) als auch vom individuellen Sprachstil des Dichters geprägt. B.lichkeit ist ein Charakteristikum poetischer Sprache, aber auch in der Alltagssprache sind B.er präsent. – Bereits in der antiken ↗ Rhet. und ↗ Poetik ist der B.-Begriff von Bedeutung, wobei B.er eine wirkungsästhetische Funktion beanspruchen und auf Vergegenwärtigung im Zuhörer zielen. In der zweiten Hälfte des 18. Jh.s erlangt der Begriff in der Poetik und ↗ Ästhetik eine zentrale Stellung. In der Lit. des 19. Jh.s wird der B.-Begriff auch programmatisch als Titel verwendet (H. Heine: »Reisebilder«, 1826–31). – 2. Dramaturgische Bez. für ↗ Akt oder ↗ Szene (z. B. M. Frisch: »Andorra. Stück in zwölf B.ern«, 1961).

Lit.: V. Bohn (Hg.): Bildlichkeit. Ffm. 1990. – U. Fix, H. Wellmann (Hg.): B. im Text – Text und B. Hdbg. 2000. – W. Harms (Hg.): Text und B., B. und Text. Stgt. 1990. – G. Kurz: B., Bildlichkeit. In: Killy/Meid. – Ders.: Metapher, Allegorie, Symbol [1982]. Gött. ⁵2004. – O. R. Scholz: B., Darstellung, Zeichen [1991]. Ffm. ²2004.   MBL

Bildbruch ↗ Katachrese (3).

Bilderbibel, 1. verbreitete, wenn auch unpräzise Bez. für eine illustrierte Voll- oder Teilbibel. Die Dichte der Bebilderung reicht dabei von Eingangsbildern zu den einzelnen biblischen Büchern bis hin zur Bebilderung aller wichtigen Szenen. – Bes. einflussreich im MA. waren die Bilderfolgen der spätantiken Genesis-Hss., v. a. der »Cotton-Genesis«. Prachtvolle ↗ Buchmalereien zu den einzelnen Büchern enthalten z. B. die großformatigen B.n aus dem karolingischen Tours und

dem hochmal. Salzburg. Vorbildlich im frühen Druckzeitalter waren die ndt. Bibel aus Köln mit ihren Holzschnitten (1478 f.) sowie die Bibelausgaben mit Holzschnitten von H. Holbein dem Jüngeren oder Kupferstichen von M. Merian (zu diesen siehe auch [2]). – Im 19. Jh. versuchten sich die Nazarener, v. a. J. Schnorr v. Carolsfeld, an ›volkstümlichen‹ B.n. – Über die Jh.e hinweg begründeten kath. wie lutherische Autoren die Bibelillustration mit didaktischen Absichten.

2. Bez. für eine gemalte, gezeichnete oder gedruckte Illustrationsfolge in Buchform zu einem oder mehreren biblischen Büchern, zu welcher der eigentliche Text gekürzt oder durch Bildbeischriften ersetzt ist. Schon die frühbyzantinische »Wiener Genesis« ist eine solche B., ein spätmal. Beispiel ist die »Freiburger B.« vom Anfang des 14. Jh.s, die nur das NT behandelt. Das »Passional«, 1529 in der Cranach-Werkstatt zu M. Luthers »Betbüchlein« geschaffen, geht wohl direkt auf Anregungen des Reformators zurück, die Straßburger »Leien-Bibel« von 1542 vielleicht indirekt. Auch Merians Bibelillustrationen erschienen 1625–27 zunächst nur in breitformatigen Quartheften mit mehrsprachigen Bilderklärungen J. L. Gottfrieds.

Lit.: J. H. Beckmann, I. Schroth (Hg.): Dt. B.n aus dem späten MA. Konstanz 1960. – W. Cahn: Die Bibel in der Romanik. Mchn. 1982. – K. Weitzmann, H. L. Kessler: The Cotton Genesis. Princeton/N. J. 1986. – H. Wendland: Die Buchillustration von den Frühdrucken bis zur Gegenwart. Aarau, Stgt. 1987.   CWI

Bilderbogen, ein im großen Folio gehaltener (also mindestens 30 x 40 cm großer) einseitiger Druck, auf dem Schaubilder oder Bilderserien mit wenig Text dargeboten werden; Form der ↗ Bildergeschichte. – Häufig sind die B. in sehr einfacher Weise koloriert. Weitere Merkmale sind hohe Auflage, Popularität in Inhalt und Darstellungsweise – auf Frz. spricht man ohne Rücksicht auf das Format von *imaginerie populaire* – und niedriger Preis. Als Vorläufer der B. im späten MA. können die zunächst gemalten und dann als ↗ Einblattdrucke verbreiteten kleinen Andachtsbilder gelten. Wie diese scheinen B. häufig an die Wand gehängt worden zu sein. Heiligenbilder und andere religiöse Darstellungen, teils volkstümlicher, teils erbaulich-didaktischer Natur behalten auch später einen großen Anteil an der B.produktion. Schon um 1500 tauchen jedoch aktuelle, bes. sensationelle Ereignisse wie Kometeneinschläge und missgestaltete Neugeborene auf den B. auf, die durch Themen wie die Altersstufen und die ›verkehrte Welt‹ sowie durch serielle Darstellungen von Berufen, Trachten oder Uniformen ergänzt werden. Schon früh werden auch konfessionelle und politische Polemiken geschaffen, die sich jedoch bald zu dem als eigenständig betrachteten ↗ Flugblatt weiterentwickeln. Bemerkenswert ist eine Konzentration der Herstellung auf einige Zentren sowie eine käuferorientierte Gestaltung. So sind im 17. Jh. die für ein städtisches Publikum gedachten, inhaltlich anspruchsvolleren B. zumeist als differenzierte Kup-

ferstiche oder Radierungen ausgeführt, die B. für die Landbevölkerung jedoch als Holzschnitte. In Deutschland sind für lange Zeit B.hersteller in Nürnberg und Augsburg führend, ab dem späten 18. Jh. und v. a. seit der Umstellung auf Lithographie und Holzstich treten jedoch B. aus Neuruppin (G. Kühn) und München (Braun & Schneider) an ihre Stelle. Hinzu kommen Importe, bes. aus Épinal und dem elsässischen Weißenburg, die wie die dt. B. häufig mehrsprachig bedruckt sind. Die meisten B. sind anonym und von geringer Qualität, doch werden in der ↗Frühen Neuzeit (A. Dürer, J. Amman, H. Burgkmair) und wieder im 19. Jh. (M. v. Schwind) B. von namhaften Künstlern geschaffen. In ↗Zeitungen, Illustrierten und Kinderbüchern erhalten die B. im Laufe des 19. Jh.s immer stärkere Konkurrenz, die um den Ersten Weltkrieg faktisch zu ihrem Ende führt. Allerdings finden sie in den Postern eine verwandte Nachfolge in größerem Format.
Lit.: W. Brückner: Populäre Druckgraphik Europas: Deutschland vom 15. bis zum 20. Jh. Mchn. 1969. – H. Dettmer: B. des 18. und 19. Jh.s. Münster 1976. – A. Spamer: Der B. von der »Geistlichen Hausmagd«. Gött. 1970. CWI

Bilderbuch, Genre der Kinderlit. und der ↗Bildergeschichte: eine für die Rezeption durch Kinder konzipierte Folge von visuellen Bildern im Medium Buch mit der Darstellung einer ↗Handlung oder einer Szenerie, die im Regelfall kombiniert mit Text, wobei die Bilder nicht (wie in der illustrierten Textausgabe lit. Werke) auf die gelegentliche ↗Illustration von Textpassagen beschränkt, sondern für die Bedeutungsbildung wesentlich sind. – Die kleinste Einheit des B.s ist das Einzelbild; zu unterscheiden ist das ›monoszenische Bild‹ vom ›pluriszenischen Bild‹ oder ›Simultanbild‹ (mit unterschiedlichen Handlungsmomenten). Bilderfolgen unterscheiden sich v. a. durch das Maß, in dem Hauptmotive im jeweils folgenden Bild wieder aufgenommen werden, und durch das Maß an Auslassungen und Sprüngen zwischen einzelnen Bildern. Das Bild wird bei der narrativen Informationsvermittlung in der Regel durch Text unterstützt. Das Zusammenspiel von Bild und Text tendiert zu folgender Funktionsteilung: Während ein Bild einen Handlungsmoment zeigt, kann der dazugehörige Text eine Folge von ↗Ereignissen darstellen. Bild-Text-Interdependenzen sind in zahlreichen Varianten möglich. Von zentraler Bedeutung ist dabei die Frage nach Identität und Abweichung zwischen visueller und verbaler Information; als Hauptformen lassen sich die Parallelität von Bild- und Textebene und die kontrapunktische Spannung zwischen ihnen unterscheiden. In der Erzählung einer Handlung können Bild- oder Textebene dominieren (auch abwechselnd: Prinzip des »geflochtenen Zopfes«; Thiele, S. 75). Das (verbal-)visuelle Erzählen ist im Kontext lit. und medialen Erzählens zu betrachten (↗Narratologie); bes. Beachtung verdient dabei das diegetische Erzählen ohne vermittelnden ↗Erzähler. – Die Herausbildung einer eigenständigen

↗Kinder- und Jugendlit. in der Aufklärung wird von der Herstellung kindgerecht illustrierter, lehrhafter Bilderbücher begleitet (K. Ph. Moritz: »Neues ABC-Buch«, 1790; Elementarbücher von Ch. G. Salzmann mit Illustrationen von D. Chodowiecki). Zu Beginn des 19. Jh.s erschließt die Kinderlit. der ↗Romantik den Bereich der ↗Sagen und ↗Märchen für das B. und überwindet damit die strikte Lehrhaftigkeit von Bilderbüchern. Im Laufe des 19. Jh.s wird die B.illustration zu einem etablierten Bildgenre (O. Pletsch); mit dem »Struwwelpeter« (1845) von H. Hoffmann und »Max und Moritz« (1865) von W. Busch entstehen die ersten Klassiker des B.s. Um die Wende vom 19. zum 20. Jh. erfolgt in zweifacher Hinsicht eine bis in die Gegenwart folgenreiche Wendung: Im Zuge der Etablierung reformpädagogischer Konzepte auf der Basis kinderpsychologischer Forschungen setzen sich neue Vorstellungen von kindgemäßen Erzählungen, auch für das B., durch. Zudem erreichen die künstlerischen Strömungen der Zeit die B.illustrationen: Durch H. Vogeler findet die Formensprache des ↗Jugendstils Eingang in das B.; im weiteren Verlauf des 20. Jh.s folgen ihr u. a. die abstrakte Kunst (L. Lionni: »Das kleine Blau und das kleine Gelb«, 1962) und die Pop-Art (J. Spohn: »Der Spielbaum«, 1970). Das B. partizipiert zugleich an den Entwicklungen der Kinder- und Jugendlit.; von bes. Bedeutung ist dabei seine Befreiung von der gängigen Pädagogisierung durch den Modernisierungsschub um 1970 (F. K. Waechter: »Der Anti-Struwwelpeter oder listige Geschichten und knallige Bilder«, 1970), der nur kurzzeitig und teilweise zu einer gesellschaftskritischen Instrumentalisierung des B.s führte. Gesellschaftspolitisch engagierte Bilderbücher setzen sich mittlerweile in seriöser Weise auch mit dem Holocaust auseinander (J. Hoestlandt, J. Kang: »Die große Angst unter den Sternen«, 1995). In den 1980er und 1990er Jahren etabliert sich eine große Vielfalt von Bilderbüchern durch ambitionierte Formen der Bild-Text-Interaktion und durch teils avancierte Formen der Illustration (K. Pacovská: »Rot, grün, alle«, 1992). Zunehmend wichtig wird in den letzten Jahren der Aspekt der ↗Intermedialität. V. a. der Einfluss der visuell orientierten elektronischen Medien auf das B. ist markant; Beachtung verdienen insbes. filmsprachliche Darstellungsverfahren im B., z. B. Bilder im Stile von Nahaufnahmen und Totaleinstellungen und die Anlehnung an filmische Montageverfahren (I. Pommaux: »Detektiv John Chatterton« [1994] mit Anlehnung an Zeichentrickfilm und ↗Film Noir).
Lit.: K. Doderer, H. Müller (Hg.): Das B. [1973]. Weinheim ²1975. – K. Franz, G. Lange (Hg.): Bilderwelten. Baltmannsweiler 1999. – H. A. Halbey: B.: Lit. Weinheim 1997. – J. Thiele: Das B. [2000]. Oldenburg ²2003. ML

Bilderfolge ↗Bilderbuch, ↗Bildergeschichte.
Bildergeschichte, auch: Bildgeschichte; Darstellung einer Handlung in einer Bilderfolge; Oberbegriff für eine Vielzahl von Genres des visuellen Erzählens: 1. In

einem weiten Sinne umfasst der Begriff ohne historische Einschränkung jede Bilderfolge mit Handlungs-
darstellung in beliebigen Präsentationsformen und
Medien (Architekturdekor, Wandfresko, Vasenmalerei); 2. im engeren Sinn bezieht sich der Begriff auf
Produktionen, die mit dem neuen Medium des
↗Drucks seit Beginn der Neuzeit hergestellt werden. –
Die Systematisierung von B.n erfolgt außer nach Präsentationsformen und Medien v. a. unter den Aspekten
der Textintegration (ohne Text, Bild und Text getrennt,
Text in Bilder integriert) und der Funktion (religiös,
herrschaftsrepräsentativ, belehrend, unterhaltend). –
Frühe Zeugnisse der B. sind aus dem Altertum überliefert: B.n finden sich in altägyptischen ↗Totenbüchern
sowie auf Tempelfriesen und Siegessäulen der gr. und
röm. Antike. Im MA. wird die Kunst der B. v. a. in den
Zentren der christlichen Kultur gepflegt (z. B. in Fres-
kenzyklen). Mit der Durchsetzung des Buchdrucks
entwickeln sich auch im dt.sprachigen Gebiet neue Publikationsformen und Typen der B. (↗Almanach,
↗Kalender, Bilderbogen). Das 19. Jh. gilt als klassische
Epoche der B. im dt.sprachigen Bereich. Weite Verbreitung fanden – wie schon in der Frühen Neuzeit –
die sog. ↗Bilderbogen (Einzelblattdrucke z. B. zur religiösen Belehrung, aber auch zur Unterhaltung). Zudem erschienen B.n einzelner Autoren, die wichtige
Impulse für die weitere Geschichte der B. gaben; so
veröffentlichte der Schweizer R. Töpfer seinen sog.
»Bilderroman« (1846) und W. Busch das ↗Bilderbuch
»Max und Moritz« (1865). Busch inspirierte in der
Folge das Genre der humoristisch-satirischen B. Um
die Wende zum 20. Jh. entstand mit den Comicstrips
in am. Zeitungen ein neues Genre, das zur wichtigsten
Ausformung der B. im 20. Jh. wurde und zugleich der
B. eine andauernde Popularität garantiert (↗Comic).
Die technischen Medien des 20. Jh.s haben der B. kaum
neue Impulse gegeben; zu nennen sind allein der Foto-
roman und die interaktive B. (mit ↗Illustrationen, in
denen sich Animationen aufrufen lassen) als compu-
terspezifische Produktion.
Lit.: B. Dolle-Weinkauf: Bildgeschichte, B. in: RLW. –
D. Grünewald: Prinzip Bildgeschichte. Köln 1989. – E.
Hilscher: Dt. Bilderbogen im 19. Jh. Mchn. 1977. – Th.
Kuchenbuch: Bild und Erzählung. Münster 1992. – K.
Riha: Bilderbogen, B., Bilderroman. In: W. Haubrichs
(Hg.): Theorien, Modelle und Methoden der Narrati-
vik. Gött. 1978, S. 176–192.   ML
Bilderlyrik, unscharfe Bez. 1. für ↗Figurengedichte
(Bilderreime, Technopaignia); 2. für ↗Bild- (oder Ge-
mälde-)gedichte.
Bilderrätsel ↗Rebus.
Bildgedicht, auch: Gemäldegedicht; lyrischer Text,
der ein Werk der bildenden Kunst (Malerei, Graphik
oder Plastik) zum Gegenstand hat. Im B. wird auf
Form, Inhalt, Stimmung oder Bedeutung des Kunstwerks Bezug genommen. Die vielfältige Darstellung
variiert vorwiegend zwischen ↗Beschreibung, Umschreibung, ästhetischer Analyse und Interpretation.

Beliebteste Gedichtform ist das ↗Sonett. – Als frühe
Formen gelten das antike Bildepigramm, die mal. Ge-
mälde-Tituli, Texte zu Holzschnitten und Stichen
(↗Bilderbogen, ↗Einblattdruck) und das barocke
↗Emblem. Die Grenze zum ↗Dinggedicht ist fließend
(vgl. dagegen ↗Figurengedicht). – Das B. tritt bes. in
der Lyrik des ↗Barock (J. van den Vondel, G. Ph. Harsdörffer, S. v. Birken) und der ↗Romantik (A.W. Schlegels Gemäldesonette) in Erscheinung. Danach ist das
B. v. a. in der Lyrik E. Mörikes, C. F. Meyers, St. Georges
und R. M. Rilkes, in der zweiten Hälfte des 20. Jh.s z. B.
bei P. Aumüller und H. J. Haecker vertreten.
Lit.: Ch. Eykman: Über Bilder schreiben. Hdbg. 2003,
S. 101–127. – G. Kranz: Das B. 3 Bde. Köln 1981–87. –
K. Pestalozzi: Das B. In: G. Boehm, H. Pfotenhauer
(Hg.): Beschreibungskunst – Kunstbeschreibung. Mchn.
1995, S. 569–591. – A. Pieczonka: Sprachkunst und
bildende Kunst. Studien zum dt. Bildsonett nach 1945.
Köln 1988.   MBL
Bildgeschichte ↗Bildergeschichte.
Bildhälfte ↗Gleichnis.
Bildlichkeit ↗Bild.
Bildreihengedicht, lyrischer Text, für den die Entfaltung eines Grundgedankens durch die serielle Reihung
von jeweils knapp ausgeführten (oft nur bis zu einer
Zeile langen) sprachlichen ↗Bildern konstitutiv ist,
welche alle ein in Überschrift, Einleitung oder Schluss
zusammengefasstes Thema variieren. Insbes. der frühneuzeitliche ↗Poeta doctus gewinnt aus ↗Katalogen
bzw. Emblematabüchern neue Bildkonstruktionen;
diese können additive Entsprechungen entwickeln,
aber auch Kontrastverhältnisse stiften und somit Ausdruck der barocken Antithetik sein (A. Gryphius:
»Menschliches Elende«, 1637; G. Ph. Harsdörffer: »Die
Welt«, 1651; Ch. Hoffmann v. Hoffmannswaldau: »Die
Welt«, 1679). Das B. ist auch in der späteren Lyrik gelegentlich noch zu finden (Th. Storm: »Juli«, 1852); im
20. Jh. nutzt es die neue Technik der ↗Montage (G.
Benn: »Nachtcafé«, 1912).
Lit.: R. N. Maier: Das B. In: WW 3 (1952/53), S. 132–
140.   RK
Bildsatire ↗Satire.
Bildungskanon ↗Kanon.
Bildungsroman, auch: Entwicklungsroman; Romantypus, in welchem in Form einer fiktionalen ↗Biogra-
phie die Bildung eines ↗Helden dargestellt wird. Der
B. zeigt die Entwicklung der Hauptfigur in Auseinandersetzung mit unterschiedlichen Bereichen der Wirklichkeit, und zwar von Jugend an über verschiedene,
meist krisenhaft erlebte Phasen bis hin zum Erreichen
einer gefestigten Ich-Identität. Idealtypisch wird die
Entwicklung einsträngig und chronologisch und in
der frühen Phase des B.s auch mit klarer Ausrichtung
auf ein teleologisch bestimmtes Bildungsziel. Die enge
Verzahnung von individueller Entwicklung des
Helden, zeitgeschichtlichem Hintergrund und konkreter räumlicher Umwelt im B. hat M. Bachtin als
↗›Chronotopos‹ bezeichnet. – Der B. entsteht aus der

Genretradition der religiösen Biographie und deren Weiterführung in der ↗ Empfindsamkeit. Seinen ideengeschichtlichen Hintergrund bilden G. W. Leibniz' Modell der Monade und die Annahme einer dem Menschen innewohnenden Perfektibilität. Hinzu kommt das im 18. Jh. weit verbreitete pädagogische Interesse (↗ Erziehungsroman). Als erster B. gilt Ch. M. Wielands »Geschichte des Agathon« (1766 f.). J. W. Goethes »Wilhelm Meisters Lehrjahre« (1795 f.) wird zum lange Zeit rezeptionsprägenden ↗ Prototyp der Gattung, die dadurch eng an den humanistisch aufgeladenen Bildungsbegriff der ↗ Weimarer Klassik gebunden wird; Bildung wird in diesem Kontext als entelechetisch-organisch sich vollziehende Ausbildung vollendeter Menschlichkeit verstanden. Dieses Bildungskonzept wird jedoch bereits in den B.en Jean Pauls (»Titan«, 1800–03; »Flegeljahre«, 1804 f.) sowie der ↗ Romantik (E. T. A. Hoffmann: »Lebens-Ansichten des Katers Murr«, 1820/22) ironisch gebrochen. Im angelsächs. Sprachraum entsteht bereits früh eine Tradition des weiblichen B.s (J. Austen: »Mansfield Park«, 1814; G. Eliot: »Middlemarch«, 1871 f.). Im 19. Jh. verbindet sich die Geschichte des B.s mit dem Aufstieg des Bildungsbürgertums; der B. gewinnt dadurch an Breitenwirkung, wird aber auch trivialisiert (G. Freytag: »Soll und Haben«, 1855). In A. Stifters »Nachsommer« (1857) findet sich noch einmal ein restauratives Muster gelungener umfassender menschlicher Bildung, während bei anderen Autoren des ↗ Realismus wie G. Keller (»Der grüne Heinrich«, 1854 f./79 f.) und W. Raabe (»Die Akten des Vogelsangs«, 1896) die krisenhaften Aspekte menschlicher Entwicklung immer stärker in den Vordergrund rücken. Der B. nähert sich dadurch dem frz. ›Desillusionsroman‹ an; auch die humoristischen B.e des englischen Realismus (Ch. Dickens: »David Copperfield«, 1850) entfalten in Deutschland zunehmend Wirkung. Um 1900 kommt mit dem Bildungsbürgertum und dem humanistischen Individualitätskonzept auch der B. in eine Krise. Weiterhin lassen sich jedoch Romane von Th. Mann (»Der Zauberberg«, 1924; »Bekenntnisse des Hochstaplers Felix Krull«, 1954 – ein Anti-B.) und H. Hesse (»Demian«, 1919) dem Gattungsmuster zuordnen. Eine Renaissance erlebt der B. in den ideologisch geprägten Lit.en des Nationalsozialismus (J. Goebbels: »Michael«, 1929; H. Grimm: »Volk ohne Raum«, 1926) und des ↗ sozialistischen Realismus (D. Noll: »Die Abenteuer des Werner Holt«, 1960/63). In der westdt. Nachkriegslit. beschäftigen sich B.e und Anti-B.e v. a. mit der problematischen Begründung von Identität in der Moderne (G. Grass: »Die Blechtrommel«, 1959; M. Frisch: »Stiller«, 1954; P. Handke: »Der kurze Brief zum langen Abschied«, 1972). Die anhaltende Lebendigkeit des Gattungsmusters zeigt sich darin, dass weltweit inzwischen interkulturelle oder postkoloniale B.e entstehen (S. Rushdie: »Midnight's Children«, 1981; H. Kureishi: »The Buddha of Suburbia«, 1990). – Der Begriff ›B.‹ wurde zuerst 1819 von K. v. Morgen-

stern verwendet und von W. Dilthey (»Leben Schleiermachers«, 1870) in der Forschung etabliert. Er blieb jedoch umstritten, zum einen wegen seiner ideologischen Aufladbarkeit, zum anderen wegen seiner schwachen Abgrenzung zum umfassenderen, aber auch unspezifischeren Terminus ›Entwicklungsroman‹. Es zeichnet sich inzwischen eine Tendenz ab, beide Begriffe – die sich auch in der internationalen Philologie durchgesetzt haben – synonym zu verwenden und mit historisch variablen Bildungskonzepten zu präzisieren. Der B. bzw. Entwicklungsroman kann dann als Subgenre einer spezifisch neuzeitlichen biographischen Erzähltradition verstanden werden.

Lit.: M. Bachtin: The B. and Its Significance in the History of Realism. In: ders.: Speech Genres and other late essays. Austin 1986, S. 10–59. – O. Gutjahr: Einf. in den B. Darmstadt 2007. – H. Hillmann, P. Hühn: Der europäische Entwicklungsroman in Europa und Übersee. Darmstadt 2001. – J. Jacobs: B. In: RLW. – L. Köhn: Der Entwicklungs- und B. DVjs 42 (1968), S. 427–473 und 590–632. – G. Mayer: Der dt. B. von der Aufklärung bis zur Gegenwart. Stgt. 1992. – R. Selbmann: Der dt. B. [1984]. Stgt. ²1994. – G. Stanitzek: Bildungs- und Entwicklungsroman. In: Killy/Meid. – W. Voßkamp: »ein anderes Selbst«. Bild und Bildung im dt. Roman des 18. und 19. Jh.s. Gött. 2004.   JH

Bilingue, f. [aus lat. *bi-* = zwei und *lingua* = Sprache], v. a. in den Altertumswissenschaften gebräuchliche Bez. für Schriftquellen (meist ↗ Inschriften), die den gleichen Text in zwei Sprachen bieten. Textformen, die eine solche mehrsprachige Schriftform aufweisen, sind selten und gemeinhin an bestimmte pragmatische Zusammenhänge gebunden wie etwa die öffentliche Verlautbarung in mehrsprachigen Gesellschaften, das Vorhandensein rivalisierender Schreibsysteme (etwa im Mittelmeerraum im 1. Jh. v. Chr.; Japan heute) oder aber die Übers. bzw. Verständniserschließung kanonisierter Texte (im europäischen MA. z. B. die lat.-ahd. »Tatian«-B.; ↗ Evangelienharmonie).

Lit.: J. Renger: B. In: NPauly 2 (1997), Sp. 673–677.   SG

Binnenerzählung, die in eine (↗ Rahmen-)Erzählung eingelagerte Erzählung.

Binnenexotik ↗ Dorfgeschichte.

Binnenrefrain ↗ Refrain.

Binnenreim ↗ Reim.

Biobibliographie, f. [gr. *bíos* = Leben], ↗ Personalbibliographie, in der neben den Werken der Autoren v. a. Veröffentlichungen über deren Leben oder die neben dem Verzeichnis der Werke auch biographische Angaben enthält, z. B. »Kürschners Dt. Gelehrten-Kalender«.   HHS/Red.

Biographie, f. [aus gr. *bíos* = Leben, *gráphein* = schreiben], die individuelle Lebensgeschichte bzw. ihre Darstellung; (lit.) Erzählung eines Lebens. – Seit ihren Ursprüngen in der Antike nimmt die B. eine Zwischenstellung zwischen Geschichtsschreibung und Dichtung bzw. ↗ Fiktion ein. Sie entzieht sich der traditionellen Aufteilung in drei Gattungen, insofern biographische

Muster prinzipiell auch außerhalb erzählender Textsorten zu finden sind. Eine Theorie der B. fehlt bis heute; im Allgemeinen werden jedoch folgende Merkmale als für die B. konstitutiv angesehen: a) der faktuale Stoff – das Leben eines Menschen –, b) die imperfektische Erzählung aus der Perspektive des – nicht mit dem Dargestellten identischen – Biographen und c) die Tendenz zur Kohärenzbildung, insofern die B. zumindest seit der Frühen Neuzeit versucht, dem Leben einen inneren Zusammenhang oder eine Entwicklung zu unterlegen. Indem sie Zusammenhänge stiftet, sind ihre Grenzen zur Fiktion fließend. Im weiteren Sinne zählen zur B. neben Formen, die in einem bestimmten lebensweltlichen Kontext stehen und als solche Gegenstand der sozialwissenschaftlichen B.-Forschung sind (z. B. Beichte, Krankengeschichte, Stegreiferzählung), so diverse Textsorten wie ↗ Nekrolog, Grabschrift, der kurze Lebensabriss (↗ Vita), ↗ Memoiren, ↗ Autobiographie und schließlich die umfassende wissenschaftliche oder künstlerische Lebensdarstellung eines fremden Lebens. – Der Begriff der B. taucht erstmals im 6. Jh. n. Chr. auf; im Gr. war allerdings zunächst die Bez. *bíos* üblich, im Lat. *vita*. Erst im 17. Jh. beginnt ›B.‹ das lat. Wort abzulösen. Im 18. Jh. erscheint erstmals die begriffliche Trennung zwischen ›B.‹ als Erzählung eines fremden Lebens und ›Selbst-‹ bzw. ›Autobiographie‹. Dennoch halten sich im 18. Jh. noch die konkurrierenden Bez.en *life* im Engl., *vie* im Frz. und im Dt. analog ›Leben‹ und ›Lebensbeschreibung‹. – Die Geschichte der B. selbst reicht wesentlich weiter zurück und ist eng mit dem Wandel der Auffassung von Individualität verknüpft. Ägyptische Totenklagen, Elegien und Grabschriften gelten als früheste biographische Zeugnisse; die eigenständige Entwicklung der B. vollzieht sich jedoch erst in der gr. und röm. Antike. Im Unterschied zum neuzeitlichen Verständnis der B. geht es freilich um Beschreibung von Charaktertypen, nicht von Individualität. Neben Einzelbiographien (Tacitus: »De vita et moribus Iulii Agriculae«, 98 n. Chr.) entsteht in der Antike auch die Form der Sammelbiographie (Sammlungen von B.n), z. B. von Cornelius Nepos (»De viris illustribus«, 36–35 v. Chr.), Sueton (»Über das Leben der Kaiser«, ca. 120 n. Chr.) und herausragend Plutarch (»Bioi paralleloi«, d. h. ›Parallel-B.n‹, 105–120 n. Chr.), der die B. als Geschichte eines Individuums von der allg. Geschichte abgrenzt. Im MA. besteht die Darstellung von Lebensgeschichten vornehmlich aus Heiligenviten bzw. -legenden (↗ Hagiographie), die wiederum oft gesammelt erscheinen. Die hagiographische Tradition setzt sich bis ins 17. Jh. fort. Ungeachtet dessen beginnt die B. mit der ›Entdeckung des Menschen‹ (J. Burckhardt) in der ↗ Renaissance, zunächst in Italien, das diesseitige Leben des Menschen in den Mittelpunkt zu rücken. Davon zeugen zahlreiche Sammlungen (F. Petrarca, G. Boccaccio, P. Brantôme), die oft berufsständisch orientiert sind. V. a. wird das Leben von Künstlern zum Gegenstand der B. (G. Vasari: »Le vite de' più eccelenti architetti, pittori et

sculptori italiani«, 1550; K. van Mander: »Schilderboeck«, 1604). Auch in England entstehen bereits im 16. Jh. bedeutende B.n (Th. More, W. Roper, G. Cavendish). Als Zeit der Blüte und des Wandels zu einem neuen Verständnis biographischer Individualität gilt freilich das 18. Jh. vornehmlich in England. Dazu gehört die Vielzahl von populären Verbrecherbiographien, die über den Gegenstand der kriminellen Karriere eine neue Individualitätsauffassung vorwegnehmen. Dazu gehören ebenso das enzyklopädische Projekt der »Biographia Britannica« (1747–94) und die Sammlungen von Dichterbiographien (S. Johnson: »Lives of the Poets«, 1779–81), die das wachsende Bedürfnis nach Katalogisierung und Kanonisierung (↗ Kanon) im Kontext einer neuen nationalen Identitätsbildung der bürgerlichen Gesellschaft spiegeln. Gleichzeitig entstehen die ersten umfassenden Individualbiographien, die im Sinne des neuen anthropologischen Interesses der ↗ Aufklärung historische Authentizität und Partikularität über das Dekorum und die didaktisch nutzbare ideale Beispielhaftigkeit ihres Gegenstands stellen. Jeder Mensch ist nun prinzipiell biographiewürdig, und es gilt, das Individuum mit Hilfe authentischer Dokumente in all seinen Facetten darzustellen (J. Boswell: »Life of Johnson«, 1791; im 19. Jh. Th. Carlyle, J. A. Froude, E. Gaskell, J. Lockhart; in Amerika W. Irving: »Life of G. Washington«, 1855–59). In Deutschland entwickelt sich die B. erst im 19. Jh. von einer lit. Kleinform zu einer »Großform« (Scheuer), die sich in zwei Stränge teilt: historisch-politische B. im Dienste Preußens (J. G. Droysen, E. Marcks, H. v. Treitschke) sowie geistes- und kulturgeschichtliche B. (H. Grimm, R. Haym, W. Dilthey). Die historische Faktizität und Detailfreude stellt erst die B. der lit. ↗ Moderne zur Disposition: L. Stracheys knappe Form zielt darauf, die Widersprüchlichkeit vierer repräsentativer viktorianischer Persönlichkeiten bloßzulegen (»Eminent Victorians«, 1918); V. Woolf fordert in ihrem programmatischen Essay »The New Biography« (1927) die Kombination der ›Wahrheit der Tatsachen‹ und der ›Wahrheit der Fiktion‹. Auch die elitäre und vergangenheitsbezogene Konzeption der B. im George-Kreis (E. Bertram: »Nietzsche. Versuch einer Mythographie«, 1918) sowie die demokratisch motivierte biographische Essayistik H. Manns (»Zola«, 1915) und A. Zweigs (»Baumeister der Welt«, 1936) brechen mit der Faktenfülle des 19. Jh.s. Hinzu kommt die Tendenz zur Psychologisierung der B. an der Grenze zur Fiktion (E. Ludwig: »Napoleon«, 1925). Ungeachtet ihrer lit. Konjunktur im Kontext der Moderne verliert die B. im Laufe des 20. Jh.s zunehmend den wissenschaftlichen Stellenwert, den Positivismus und ↗ Hermeneutik ihr zugesprochen hatten; insbes. die neuere ↗ Lit.theorie seit dem ↗ New Criticism wendet sich mit der Ablehnung des ↗ ›Biographismus‹ auch von der Gattung B. ab. Der ›Individualhermeneutik‹ J.-P. Sartres (»L'idiot de la famille«, 1971 f.) hingegen dient die B. als Untersuchungsgegenstand bzw. -verfahren, welche die zentrale Schnittstelle von Individuum und Gesellschaft bzw. Geschichte markiert. Während der ↗ biographische Roman bereits seit den 1970er Jahren eine neue internationale Blüte erlebt, ist in den letzten Jahren im Zuge der Überwindung der lit.theoretischen Skepsis gegenüber Individualität und Autorschaft auch eine Neubelebung der B. und die filmische Aneignung des Genres (M. Scorsese: »No Direction Home: Bob Dylan«, 2005) zu beobachten. – Ungebrochen ist seit den 1960er Jahren ferner die Konjunktur populärwissenschaftlicher und propädeutischer, häufig bebilderter B.n, die bes. in verschiedenen Taschenbuchreihen (z. B. »rowohlt monographien«) erscheinen.

Lit.: H. Dainat: B.₋₂. In: RLW. – Ch. Klein (Hg.): Grundlagen der Biographik. Stgt. 2002. – M. Kohli, G. Robert (Hg.): B. und soziale Wirklichkeit. Stgt. 1984. – I. B. Nadel: Biography. Ldn., Basingstoke 1984. – H. Nicolson: The Development of English Biography. Ldn. 1948. – C. N. Parke: Biography. Ldn. 2002. – J. Romein: Die B. Bern 1948. – H. Scheuer: B. Stgt. 1981. – Ders.: B.₁. In: RLW. HSM

Biographischer Roman, 1. Erzählung des Lebens einer historischen Persönlichkeit in romanhafter, ästhetisch-fiktionaler Form oder 2. (weniger gebräuchlich) fiktionale Imitation der ↗ Biographie im Sinne der Lebensbeschreibung eines fiktiven Helden. – In beiderlei Sinne kennzeichnet den biographischen Roman eine eigentümliche Spannung zwischen faktualen Anteilen bzw. Wahrheitsanspruch der Biographie und ↗ Fiktion: Ob eine Figur oder ein Geschehen historisch verbürgt oder fingiert ist, lässt sich aus dem Text selbst nicht unbedingt erschließen; gerade diese mögliche Unbestimmtheit der Gattungszugehörigkeit nutzt der biographische Roman bis zur (kalkulierten) Irreführung des Lesers (M. Aub: »Jusep Torres Campalans«, 1958; W. Hildesheimer: »Marbot«, 1981). Im Falle der Transposition einer historischen Persönlichkeit in einen fiktionalen Rahmen ist die Erzählung nicht an das Schema der Biographie gebunden und formal variabel. Der biographische Roman kann das Leben anschaulicher gestalten, die Hauptfigur als Repräsentanten einer bestimmten Epoche, Kunstrichtung oder sozialen Lage herausstellen; er kann über die Grenzen des biographisch Rekonstruierbaren hinausgehen und das psychische Innenleben der Figur ausmalen, ihr Handeln aus der psychischen Struktur ableiten, alternative Geschehen durchspielen und über die Möglichkeiten von Biographie reflektieren. – Biographische Romane im weiteren Sinne einer Darstellung eines fiktiven Helden nach dem Schema der Biographie finden sich bereits im 18. und frühen 19. Jh., insofern der entstehende moderne Roman das Individuum und seine Geschichte zunehmend ins Zentrum rückt – entsprechend die vielen Romantitel »The History of …« oder »Lebensbeschreibung …« (H. Fielding, Jean Paul, E. T. A. Hoffmann, A. Stifter). Als eigene Gattung zwischen Biographie und Fiktion entwickelt sich der biographische Roman erst im 20. Jh.; zu den wichtigsten Vertretern zählen A. Maurois (»Ariel ou la vie de Shelley«, 1923), M. Yourcenar (»Mémoires d'Hadrien«, 1951), R. Graves (»I, Claudius«, 1934), E. Ludwig (»Goethe«, 1920), L. Feuchtwanger (»Jud Süß«, 1925) und St. Zweig (»Marie Antoinette«, 1932). Im Bereich der dt. ↗ Exillit. bzw. Lit. der ↗ ›inneren Emigration‹ spielt der biographische Roman v. a. als Schlüsselroman eine wichtige Rolle (H. Mann: »Henri Quatre«, 1935/38). – In der zeitgenössischen engl.sprachigen Lit. erlebt die Gattung eine Renaissance unter dem Vorzeichen der ↗ Metafiktion, wobei bes. die Dichter- bzw. Künstlerbiographie und die biographische Tätigkeit selbst zum Thema werden (P. Ackroyd, J. Barnes). Auch im dt. Sprachraum gibt es seit den 1970er Jahren eine neue Konjunktur des biographischen Romans (G. de Bruyn: »Das Leben des Jean Paul Friedrich Richter«, 1975; W. Hildesheimer: »Mozart«, 1977; P. Härtling: »Hölderlin«, 1976; D. Kühn: »Ich Wolkenstein«, 1977).

Lit.: I. Schabert: In Quest of the Other Person: Fiction as Biography. Tüb. 1990. – R. Zeller: Biographie und Roman. In: Lili 10 (1980), S. 107–126. HSM

Biographismus, 1. auch: biographische Methode; für die Germanistik im 19. Jh. maßgebliches Verfahren der Textinterpretation, das einen engen Zusammenhang von Leben und Werk eines Dichters voraussetzt; 2. verallgemeinernd der als übermäßig bewertete Bezug einer Interpretation auf eine methodisch nicht hinreichend reflektierte Autorinstanz. – Eine pejorative Konnotation prägt schon die Etablierung des Begriffs ›B.‹ im Wissenschaftsdiskurs um 1900 (z. B. in einer Debatte zwischen dem Philosophen M. Dessoir und dem Lit.historiker R. M. Meyer). Kritisiert wurden damit Ansätze, welche lit. Texte vorrangig als Ausdruck biographischer Umstände verstehen und daher auch meinen, bei unzureichender Dokumentation eines Lebens (z. B. bei vielen mal. Autoren) biographische Tatsachen aus den lit. Texten erschließen zu können. So nehmen etwa die wichtigsten Vertreter des B. im 19. Jh., W. Scherer und W. Dilthey, in den Umständen, die auf einen Text einwirken, eine allg. Gesetzmäßigkeit an. Zu Dilthey vgl. ↗ Erlebnisdichtung.

Lit.: T. Kindt, H.-H. Müller: Was war eigentlich der B. – und was ist aus ihm geworden? In: H. Detering (Hg.): Autorschaft. Stgt., Weimar 2002, S. 355–375. VL

Biopoetik, f. [engl. *biopoetics*, von gr. *bíos* = Leben und *poiētikḗ* = Fertigkeit, Technik, Kunst]; Ansatz innerhalb der empirischen Anthropologie, der Ergebnisse von Biologie, Anthropologie, Psychologie, Ethologie, Ethnologie, Paläontologie, Neuro- und Kognitionswissenschaften sowie von Sprach- und Lit.wissenschaft miteinander zu verbinden sucht und dabei folgendes Arbeitsprogramm verfolgt: 1. Erforschung biologischer, anthropologischer und sozialer Dispositionen, welche Kunst im Allgemeinen sowie Poesie und Lit. im Besonderen als ›poetogene Strukturen‹ oder ›poetogene Dispositionen‹ bedingen oder sogar erzwingen; 2. Ermittlung des adaptiven Nutzens von Kunst im All-

gemeinen und Poesie bzw. Lit. im Besonderen in evo-
lutionsbiologischer Perspektive; 3. Erforschung der
Darstellung biologischer Dispositionen in lit. Texten
selbst. Wichtige Untersuchungsgegenstände sind a) die
wechselseitige, ›eskalierende‹ Beeinflussung von gene-
tischer Ausstattung und kultureller Entwicklung, b)
das ›making special‹ (also ›verfremden‹, ›als bes. auszeichnen‹) als allg. ästhetisches Grundprinzip sowie c)
die Entstehung und Entwicklung von Sprache im Hinblick auf Poesie und Lit., die Möglichkeit zur sprachlichen Thematisierung von Abwesendem, Vergangenem, Zukünftigem und allg. von fiktiven ›Nicht-
welten‹ (auch in Religion und Wissenschaft), die Rolle
angeborener Ablauf- und Figurenschemata in Geschichten sowie überhaupt Entstehung und Funktion
des Erzählens, das Verhältnis von Imitation, Spiel,
Ritual und theatralischer Verkörperung, die neurolo-
gischen Bedingungen von Vers und Reim, die psychologischen und kognitiven Bedingungen von Symbolisierung und Stilisierung sowie die biologischen Funktionen des ›Wohlgefallens am Schönen‹.
Lit.: B. Cooke, F. Turner (Hg.): Biopoetics. Lexington
1999. – N. Easterlin (Hg.): After poststructuralism.
Evanston 1993. – K. Eibl: Animal poeta. Paderborn
2004. – U. Klein u. a. (Hg.): Heuristiken der Lit.wissen-
schaft. Paderborn 2006. – H. Knobloch, H. Kotthoff
(Hg.): Verbal art across cultures. Tüb. 2001. – W. Menninghaus: Das Versprechen der Schönheit. Ffm. 2003.
– R. Storey: Mimesis and the human animal. Evanston
1996. – E. Voland, K. Grammer (Hg.): Evolutionary
aesthetics. Hdbg. 2003. – R. Zymner, M. Engel (Hg.):
Anthropologie der Lit. Paderborn 2004.   RZ

Bîspel, n. Sg., auch Pl. [mhd. bî-spel = Bei-Erzählung,
Kompositum zu spel = Erzählung, Bericht, Rede, wei-
tergebildet zu ↗ Beispiel], spezielle Darbietungsform
der mhd. kleineren episch-didaktischen Reimpaar-
dichtung (↗ Lehrdichtung), bei der sich an einen meist
kürzeren Erzählteil, der Erscheinungen der Natur oder
des menschlichen Lebens behandelt, eine meist umfangreichere Auslegung anschließt; dabei ist die Erzählung auf die Lehre hin ausgerichtet. Eng verwandt sind
↗ Fabel, ↗ Parabel, ↗ Exempel, ↗ Rätsel. Die Quellen für
den B.-Typus sind wohl v. a. in der antiken und orientalischen Fabeldichtung, in der Bibel, der Physiologus-
Tradition, in verschiedenen Arten didaktischer Dichtung (Parabel, Exempel, ↗ Predigtmärlein) zu suchen,
rein stofflich auch in sublit. internationalen Erzählgut.
– Eingestreut in größere Werke finden sich B. etwa im
»Renner« Hugos von Trimberg (um 1300); der erste
bedeutende Gestalter des B.s als eines selbständigen
Typus ist der Stricker (um 1220/50); weiter ist das B. in
der Lit. des späten MA.s mit ihrer ausgeprägten Tendenz zum Belehren und Moralisieren reich vertreten.
Lit.: H. Fischer: Studien zur dt. Märendichtung. Tüb.
²1983. – K. Grubmüller: Meister Esopus. Mchn. 1977.
– F.-J. Holznagel: B. In: S. Hilzinger u. a.: Kleine lit.
Formen. Stgt. 2002, S. 54–70. – H.-J. Ziegeler: Erzählen im Spät-MA. Mchn. 1985.   RBS

Bitterfelder Weg, kulturpolitisches Programm in der
DDR, das auf einer am 24. April 1959 im sächs. Bitter-
feld durchgeführten Konferenz beschlossen wurde
und nachhaltige Wirkung zeigte. Der B. W. forderte einerseits, die in Industrie und Landwirtschaft tätige Bevölkerung zu schriftstellerischer Arbeit zu ermutigen,
und andererseits (im Anschluss an das 30. Plenum des
Zentralkomitees der SED, 1957), die Schriftsteller unmittelbar an den materiellen Produktionsprozess zu
binden. Niederschlag fand dieses doppelte Programm
in den griffigen Formeln ›Greif zur Feder, Kumpel‹
und ›Dichter in die Produktion‹. An der Konferenz,
die vom Hallenser Mitteldeutschen Verlag in einem
Kombinat organisiert wurde, nahmen hohe Funktio-
näre der SED teil. Dem Konzept lag die marxistische
Auffassung zugrunde, dass die Arbeiterklasse die progressive soziale Kraft sei und durch sie die positive Revolutionierung aller Lebensverhältnisse möglich
werde. Nur in direkter Verbindung mit dieser Kraft, so
W. Ulbricht in seinem Schlusswort, sei es möglich, »die
neue sozialistische Nationalkultur zu schaffen«. Der
Schriftsteller wurde auf die Darstellung des »Neuen in
der gegenwärtigen sozialistischen Umgestaltung« (Ulbricht) und wenig später auf das Kunstprinzip des
↗ sozialistischen Realismus verpflichtet. Damit wurden
das noch von G. Lukács verfochtene Bündnis mit
einem kritischen ↗ Realismus und auch alle anderen
Formen ideologischer Koexistenz mit der bürgerlichen
Kunst ausgeschlossen. Für die Umsetzung des Programms wurden staatliche Mittel bereitgestellt. Etliche
Schriftsteller ließen sich auf dieses Konzept ein – unter
Druck, aber auch aus wirklichem Interesse.
Zirkel schreibender Arbeiter entstanden. Zahlreiche
Publikationen dokumentieren dieses soziale Experiment, das auch bei Autoren aus der Bundesrepublik
auf Resonanz stieß. F. Fühmann, dessen Buch »Kabel-
kran und Blauer Peter« (1961) ein bemerkenswertes
Zeugnis dieser kunstpolitischen Programmatik ist,
kritisierte in einem offenen Brief im »Neuen Deutschland« (1. März 1964) den Dogmatismus des Konzepts
und markierte dessen Grenzen, die er u. a. in der Spezifik lit.-intellektueller Arbeit und in biographischer
Verwurzelung sah. Arbeiten wie »Die Lohndrücker«
(1959) von Heiner Müller, die soziale Konfliktherde
behandelten, wurden mit Verbot belegt und deren Autoren abgestraft. Die zweite Bitterfelder Konferenz
(24./25. April 1964) berücksichtigte zwar partiell die
kritischen Einwände, ohne aber eine Zurücknahme
des gesamten Programms zu diskutieren.
Lit.: I. Gerlach: Arbeiterlit. und Lit. der Arbeitswelt in
der DDR. Kronberg/Ts. 1974. – G. Rüther: »Greif zur
Feder, Kumpel«. Schriftsteller, Lit. und Politik in der
DDR 1949–90. Düsseldorf 1991. – F. Schonauer: DDR
auf B. W. In: Neue Dt. Hefte 13 (1966), S. 91–117. – E.
Schubbe (Hg.): Dokumente zur Kunst-, Lit.- und Kulturpolitik der SED. Bd. 1: 1949–70. Stgt. 1972.   RBE

Black Mountain School, f. [Black Mountain = Ort in
North Carolina, USA], vom »Black Mountain College«

abgeleiteter Name der neben der ↗ New York School of Poets zentralen Erneuerungsbewegung der am. Lyrik der zweiten Hälfte des 20. Jh.s. Theoretischer Kopf der Gruppe war Ch. Olson. Ihm gelang es, 1951 eine bis 1956 bestehende ›Schule‹ offenen Typs ins Leben zu rufen, in der Künste und Schreiben experimentell zusammenfanden. Stärker als die New York School berief sich Olson auf die am. Avantgarde der Vorkriegszeit (W. C. Williams und E. Pound). Der »Projective Verse« und die »Field Composition«, das lyrische Transkript von Wahrnehmung, Bewegung und Atemrhythmus, bilden für die B. M. Sch. eine Matrix dichterischen Sprechens. Wenn die B. M. Sch. bis heute Popkulturen, Schreibschulen und Lyrikszenen nicht nur in den USA beeinflusst, so ist dies der dichterischen Eminenz R. Creeleys (1926–2005; 1954–56 an der B. M. Sch.) zu verdanken. In Deutschland fand die Gruppe durch die Vermittlertätigkeit R. M. Gerhardts, R. Höllerers und K. Reicherts ein frühes Echo; R. D. Brinkmanns Band »Was fraglich ist wofür« (1967) gibt Impulse der B. M. Sch. an die dt. Lyrik weiter.

Texte: R. Creeley: Collected Poems 1945–75. Berkeley u. a. 1982. – Ders.: Collected Essays. Berkeley u. a. 1989. – Ch. Olson: Selected Writings. NY 1966. Lit.: W. Höllerer (Hg.): Ein Gedicht und sein Autor. Lyrik und Essays Bln. 1967, S. 175–211 [Ch. Olson], 233–261 [R. Creeley]. JRT

Blankvers, m. [engl. *blank verse* = reiner, d. h. reimloser Vers], fünfhebiger alternierender und auftaktloser Vers ohne Reimbindung mit männlicher (»Die schönen Tage in Aranjuez«; F. Schiller: »Don Karlos«, V. 1: v–v–v–v–v–) oder weiblicher ↗ Kadenz (»Heraus in eure Schatten, rege Wipfel«; J. W. Goethe: »Iphigenie auf Tauris«, V. 1: v–v–v–v–v–v). Der B. entstand aus dem engl. ↗ *heroic verse* (G. Chaucer), der in der »Aeneis«-Übers. des Earl of Surrey (1557) zunächst den Reim, später dann die feste ↗ Zäsur verlor. Als Dramenvers findet er sich zuerst bei Th. Sackville und Th. Norton (»Gorboduc or Ferrex and Porrex«, 1562), dann bei Th. Kyd (»Spanish Tragedy«, 1585), Ch. Marlowe (»Tamburlaine«, 1586) und W. Shakespeare. Letzterer entwickelt den B. in späteren Werken (»Coriolanus«, 1607 f.; »The Tempest«, 1611) durch Variation mit freier Senkungsfüllung, ↗ Enjambements, wechselnde Ausgänge, Verteilung auf mehrere Figuren (↗ Stichomythie, ↗ Antilabe) und vereinzelte Reimpaare zu einem hoch beweglichen Dramenvers. Auch in der engl. ↗ Epik (J. Milton: »Paradise Lost«, 1667) und ↗ Lyrik (E. Young: »The Complaint, or Night Thoughts«, 1742–44) war der B. bis etwa 1700 weit verbreitet, bis er im ↗ Trauerspiel (J. Dryden) und Lehrgedicht (↗ Lehrdichtung; A. Pope) dem strengeren *heroic verse*, in der ↗ Komödie der ↗ Prosa weichen musste. Neue Beliebtheit erfährt der B. in epischen Dichtungen des 18. und 19. Jh.s (F. Thompson, A. Tennyson, R. Browning), in der Lyrik bei W. Wordsworth und S. T. Coleridge, im Drama bei G. G. N. Byron (»Cain«, 1821), Tennyson u. a. – In der dt. Dichtung

wird der B. ab dem 17. Jh. in Übers.en engl. Lit. und vereinzelt in selbständigen Werken (B. Rhenanus, Q. Kuhlmann) verwendet. Nach J. Ch. Gottscheds Anregung zur Nachahmung des engl. Vorbilds (»Versuch einer Critischen Dichtkunst«, 1730) wird der B. zum ersten Mal von Ch. M. Wieland in einem dt. Drama eingesetzt (»Lady Johanna Gray«, 1758). Mit G. E. Lessings »Nathan der Weise« (1779) verdrängt er den ↗ Alexandriner als Dramenvers; bes. wichtig wird er dann im Drama der ↗ Weimarer Klassik: F. Schiller (»Maria Stuart«, 1801) und J. W. Goethe (»Iphigenie auf Tauris«, Versfassung 1787; »Torquato Tasso«, 1790; »Die natürliche Tochter«, 1803) streben nach prosaferner, strenger Gestaltung des B.es, der durch die Verwendung von ↗ Stichomythien bes. hervorgehoben wird. Der B. ist häufig im Drama des 19. und frühen 20. Jh.s (H. v. Kleist, F. Grillparzer, F. Hebbel, G. Hauptmann, H. v. Hofmannsthal), wird jedoch bereits bei B. Brecht (»Die heilige Johanna der Schlachthöfe«, 1932) nur noch vereinzelt zur ↗ Verfremdung eingesetzt. Eine Renaissance erlebt er in der Dramatik der DDR (P. Hacks, H. Müller). In dt.sprachiger Lyrik ist der B. selten anzutreffen (so in der vierten und achten von R. M. Rilkes »Duineser Elegien«, 1923).

Lit.: Ch. Küper: B. In: RLW. – L. Schädlich: Der frühe dt. B. [...]. Göppingen 1972. JK/CSR

Blason, m. [frz. = Wappen, Schild; heraldische Wappenbeschreibung], im 15. und 16. Jh. verbreitetes frz. Preis- oder Scheltgedicht, das eine Person oder einen Gegenstand detailliert beschreibt. Der B. besteht meist aus acht- bis zehnsilbigen Versen im Paarreim und enthält eine Schlusspointe. Von G. Alexis 1486 in die frz. Lit. eingeführt (»B. de faulses Amours«), fand er rasch Nachahmer, u. a. R. de Collerye, M. Scève, M. de Saint-Gelais, P. Gringore (B.s mit satirischen Zügen) und bes. C. Marot, der mit seinem »B. du beau tétin« (›B. vom schönen Busen‹, 1535) zahllose B.s auf die Schönheiten des weiblichen Körpers einleitete (»B.s anatomiques du corps féminin«). Marot machte auch mit dem *Contre-B.*, einer Beschreibung des Hässlichen, Schule (»B. du laid tétin«, 1536). – Zum ↗ Hymne-B. umgeformt kehrte der B. bei den Dichtern der Pléiade wieder. PHE/Red.

Blockbuch, ganz oder hauptsächlich aus Holzschnitten verfertigtes Buch. Die bekannteste Form ist das *xylographische B.*, bei welchem Text *und* Bilder in Holz geschnitten sind; im *chiro-xylographischen B.* ist der Text von Hand geschrieben, in der Grenzform des *typo-xylographischen B.s* bereits mit Typen gedruckt. Zumeist sind die Blockbücher nicht mit der Presse, sondern mit dem Reiber und deswegen nur einseitig (*anopistographisch*) gedruckt worden. – Wann die ersten Blockbücher entstanden, ist umstritten, da einerseits die frühesten datierbaren Editionen von 1470 stammen, andererseits aber mode- und stilgeschichtliche Argumente z. T. für die 1430er und 1440er Jahre sprechen. Das B. kann aber schon deswegen nicht einfach als Vorläufer des ↗ Buchdrucks gelten, weil es über sechzig Jahre lang parallel zu ihm weiterexistierte. In seiner Spätphase im frühen 16. Jh. sind erstmals auch it. und frz. Blockbücher nachweisbar; aus der Zeit vor 1500 sind nur nl. und dt. bekannt. Am besten lässt sich die lange Verwendung der B.technik dadurch erklären, dass sie eine effektive Reproduktion von dicht bebilderten (oder sogar textlosen) Gebrauchsbüchern ermöglichte. Eine Ausnahme stellen die bilderlosen ›Donate‹ dar, lat. Grammatiken, bei denen vielleicht die einfache Herstellung ohne Druckerpresse den Ausschlag für das B.-Verfahren gab. Ansonsten sind unter den 33 überlieferten Titeln mit zusammen über hundert Auflagen die ↗ Apokalypse, die ↗ Biblia Pauperum, die ↗ Ars Moriendi sowie ↗ Kalender oft vertreten.

Lit.: S. Mertens u. a.: Blockbücher des MA.s. Mainz 1991. – N. F. Palmer: B. In: RLW. – W. L. Schreiber u. a.: Hb. der Holz- und Metallschnitte des XV. Jh.s [frz. 1902–11]. 11 Bde. [teils Nachdr.]. Stgt. u. a. ³1969–76, bes. Bd. 4 (1927/69), 7 (1929/69), 9 (1902/69), 11 (1976).   CWI

Blockreim ↗ Reim.

Blödelsong ↗ Schlager.

Bloomsbury Group [engl.], nach Bloomsbury, einem Stadtteil Londons, benannter, von 1906 bis um 1930 bestehender Kreis von Schriftstellern, Kritikern, Verlegern, Malern, Wissenschaftlern, der – mit vorwiegend kunsttheoretischer, ethischer, kultur- und sozialkritischer Zielsetzung – Konversation und Diskussion als eine Art Kunst pflegte und dessen Mitglieder vielfältig auf die Kultur- und Geistesgeschichte Englands einwirkten. Zur B. G. gehörten L. Woolf (Hogarth-Press), V. Woolf, C. und V. Bell, L. Strachey, E. M. Forster, der Wirtschaftswissenschaftler J. M. Keynes, der Philosoph G. E. Moore, Maler und Kunstkritiker wie D. Grant und R. Fry u. a. Ihre Exklusivität und eine gewisse Einseitigkeit im lit. Urteil (z. B. Ablehnung D. H. Lawrences) brachte der B. G. auch Anfeindungen und Kritik ein (vgl. z. B. den satirischen Roman von W. Lewis: »The Apes of God«, 1930).

Lit.: H. Antor: The B. G. Hdbg. 1986. – Q. Bell: Bloomsbury [1968]. Ldn. 1986. – M. A. Caws: Women of Bloomsbury. NY u. a. 1990. – U. L. D'Aquila: Bloomsbury and modernism. NY u. a. 1989. – L. Edel: Bloomsbury: A House of Lions. Ldn. 1979. – S. P. Rosenbaum: The Early Literary History of the B. G. 3 Bde. Basingstoke 1987–2003. – Ders. (Hg.): The B. G. A Collection of Memoirs and Commentary [1975]. Toronto u. a. ²1995.   MGS

Blues, m. [blu:s; von engl. *blue devils* = Schwermut], im ländlichen Süden der USA des späten 19. Jh.s entstandener, genuin afroam. Musikstil vokaler Prägung. Meist 12-taktige Form, die in drei Phrasen zu je vier Takten unterteilt wird, wobei oft der Text der ersten Phrase in der zweiten wiederholt und in der dritten bestätigt oder beantwortet wird; wesentliches melodisches bzw. harmonisches Merkmal sind die *blue notes*, d. h. erniedrigte Terz und Septim (seltener Quinte) der Dur-Skala. Die urbanen Spielarten des B.

gelten als Haupteinfluss von *Jazz* und *Rock'n'Roll*. Im Ggs. zu den religiös geprägten Formen *Spiritual* und *Gospel* v. a. weltliche, teils sexuell oder politisch anstößige Themen behandelnd, wurde der B. zu einem der wichtigsten (subversiven) Ausdrucksmittel afroam. Befindlichkeit. Seit der *Harlem Renaissance*, der afroam. Kulturbewegung der 1920er Jahre, finden sich verstärkt lit. ↗ Adaptionen des B. (L. Hughes, J. Baldwin, T. Morrison). Neuere kulturwissenschaftliche und intermediale Ansätze der Lit.wissenschaft versuchen, den B. als Metapher oder ›dynamisches Netzwerk‹ (Baker) kultureller Prozesse bzw. als ästhetisches Strukturprinzip für die Interpretation lit. Werke afroam. Autorinnen und Autoren nutzbar zu machen.

Lit.: H. A. Baker: B., Ideology, and Afro-American Literature. Chicago/Ill. 1984. – P. Oliver: The Story of the B. Boston/Mass. 1998.   MBA

Bluette, f. [bly'ɛt; frz. = Fünkchen; übertragen: Einfall], kurzes, meist einaktiges Theaterstück oder kleine Gesangsszene, auf eine witzige Situation zugespitzt, ↗ Sketch.

Blumenspiele [frz. *Jeux floraux*], im Jahr 1323 in Toulouse durch das Konsistorium ↗ Gai Saber begründeter Dichterwettstreit. Sieben Persönlichkeiten der Region (Adlige, Kaufleute, Bankiers, Bürger) hatten sich zusammengefunden, um durch den jährlichen Wettkampf den lit. Niedergang des Languedoc aufzuhalten. Den Maßstab zur Bewertung gaben die poetologischen und moralischen Regeln, denen Guilhem Molinier in seinen »Leys d'Amors« folgte. Erster Preisträger wurde Arnaut Vidal (1324). Aus dem 14./15. Jh. haben sich rund 100 eingereichte Gedichte erhalten, aus denen sich der rasche Wandel vom Frauenpreis (↗ Frauendienst) zur Mariendichtung ablesen lässt.   CF

Blütenlese, dt. Übertragung von ↗ Anthologie (gr.) oder ↗ Florilegium (lat.); auch ↗ Kollektaneen, ↗ Analekten, ↗ Katalekten.

Blut-und-Bodendichtung   ↗ nationalsozialistische Lit.

Body Art ↗ Happening, ↗ Performance, ↗ Theater der Grausamkeit.

Boerde, f. ['bu:rdə; mittelnl. = Spaß, allg. komische Geschichte], mittelnl. schwankhafte Verserzählung, oft mit europaweit verbreiteten Stoffen und Motiven (↗ Fabliau, ↗ Märe, it. ↗ Novelle). Die neuere Forschung relativiert die Definition als Gattung im engeren Sinne und zieht für ein Korpus von 17 (+1 Fragment) kürzeren, zum Vortrag bestimmten, paargereimten oder strophisch geordneten, selbständigen Texten, in denen eine komische Intrige um menschliche Hauptpersonen gesponnen wird, die Bez. ›komische Verserzählung‹ vor.

Lit.: K. Eykman, F. Lodder (Hg.): Van de man die graag dronk en andere middelnederlandse komische verhalen. Amsterdam 2002.   CKR

Bogen ↗ Buch.

Bogenstil, von A. Heusler (»Dt. Versgeschichte« I, 1925) vorgeschlagene Bez. für ↗ Hakenstil.

Bohème, f. [bo'ε:m; frz. *bohème*, zu mlat. *bohemas* = Böhme bzw. Böhmen (heute frz. *bohême*), seit dem 15. Jh. auch für die angeblich aus Böhmen eingewanderten Zigeuner = *bohémiens*], auch: Boheme; Sammelbez. für demonstrativ gegenbürgerliche Künstler- und Intellektuellenkreise, die sich als Komplementärphänomen zu kapitalistischen Lebens- und Wirtschaftsstrukturen zumeist in Großstädten (Paris, München, Berlin, Wien, Mailand, New York) mit ihren Treffpunkten wie Cafés und Kabaretts, seltener im Rückzug auf das Land in Künstlerkolonien (Friedrichshagen, Worpswede) bildeten. – Der von der Bez. für Zigeuner abgeleitete Begriff wird in der Frühen Neuzeit – unter Verstärkung der pejorativen Konnotationen – auf Vagabunden, Gaukler und Schelme allg. ausgedehnt und steht in dieser Zeit insgesamt für eine nicht sesshafte, unsittliche Lebensführung. Nachdem jedoch unter dem Einfluss von J.-J. Rousseaus Aufwertung des Naturmenschen (*homme naturel*) das Zigeunerleben zu einer freien, naturverbundenen Existenzform idealisiert worden ist, wandelt sich in der zweiten Hälfte des 18. Jh.s auch die Bedeutung von *bohème* (dt. Bohemien; engl. *bohemian* bei W. M. Thackeray, 1848) zur Selbstbez. bildender Künstler und Schriftsteller, die sich im Zuge der Genieästhetik (↗ Genie) und verstärkt seit der ↗ Romantik gegen die utilitaristisch geprägte bürgerliche Gesellschaft abzugrenzen suchen (Philisterkritik); dabei gibt es im Verlauf des 19. Jh.s zahlreiche Berührungspunkte mit dem ↗ Byronismus und dem ↗ Dandyismus. Ab den 1830er und 1840er Jahren entstehen in Frankreich Kreise junger Dichter (*bohémiens de la pensée*) mit einem antikonventionellen Lebensstil, der auch in der finanziell unabhängigen *bohème dorée* oder *galante* als Habitus gepflegt wird (G. de Nerval). Die ›Schlacht‹ um V. Hugos »Hernani« (1830) markiert den Beginn der programmatischen Verknüpfung von B. und ↗ Avantgarde, wie sie allg. für die antitraditionalistischen Bewegungen um 1900 (↗ Impressionismus, ↗ Jugendstil, ↗ Expressionismus, ↗ Dadaismus) charakteristisch wird. H. Murgers populäre »Scènes de la Vie de Bohème« (1851) sowie deren Vertonungen von G. Puccini (1896) und R. Leoncavallo (1897) führen zur internationalen Verbreitung des frz. Begriffs; charakteristisch ist dabei dessen in normativer Hinsicht sehr breites Bedeutungsspektrum, das von idealisierend (wahres Künstlertum, Märtyrertum der ↗ *poètes maudits*) bis kritisch-polemisch (Pseudokünstlertum) reicht. In Deutschland seit den 1890er Jahren verbreitet und lit. thematisiert (O. J. Bierbaum: »Stilpe«; E. Lasker-Schüler: »Mein Herz«), bewahrt die B. ihre Attraktivität auch im 20. Jh. (↗ Existentialismus, ↗ Beat-Generation, ↗ Prenzlauer Berg).
Lit.: G. Bollenbeck: Die Avantgarde als B. In: J. M. Fischer u. a. (Hg.): Erkundungen. Gött. 1987, S. 10–35. – R. Darnton: Bohème littéraire et révolution. Paris 1983. – H. Kreuzer: Die B. Stgt. 1968. – Ders.: B. In: RLW. – A.-R. Meyer: Jenseits der Norm. Aspekte der B.-Darstellung in der frz. und dt. Lit. 1830–1910. Bielefeld

2001. – R. C. Miller: Bohemia, the Protoculture Then and Now. Chicago 1977. MCB
Bohnenlied, volkstümliches Arbeits- und Fastnachtslied, dessen Kehrreim »Nu gang mir aus den Bohnen« anzüglich auf Bohnen anspielt (Fruchtbarkeitssymbol, Blüte soll närrisch machen). IS/Red.
Bonmot, n. [bõ'mo:; frz. = gutes Wort], geistreich treffende Bemerkung, geprägt in realer Kommunikation oder eingebettet in fiktive Konversation. In letzterem Fall wird das B. einer lit. Figur als aus dem Augenblick geborener Ausspruch in den Mund gelegt. Es ist charakteristisches Stilmittel in O. Wildes und C. Goetz' Komödien. PK
Bontemps, m. [bõ'tã; frz. = gute Zeit], unter dem Namen ›Roger-B.‹ in der frz. Lit. bes. im 15. und 16. Jh. auftretende allegorische Gestalt der guten alten oder einer glücklichen neuen Zeit; nachweisbar u. a. in René d'Anjous »Livre du cuer d'amours espris« (1457) sowie in den anonymen Farcen »Mieulx que devant« und »La venue et resurrection de B.« (16. Jh.). Daneben auch der Typus des sorglos und genüsslich in den Tag hinein Lebenden (so z. B. bei dem Renaissancepoeten R. de Collerye; ↗ Blason), ähnlich figuriert er als Titelheld einer zwischen 1670 und 1797 in zahlreichen Ausgaben erschienenen Schwanksammlung »Roger-B. en belle humeur …«; schließlich erscheint er in einem ↗ Chanson von J. P. de Béranger (»Roger-B.«, 1814).
PHE/Red.

Book on Demand ↗ Druck.
Börsenverein des Deutschen Buchhandels ↗ Verlag, ↗ Buchhandel.
Botenbericht, Bauelement der Lit. in Kulturen, die das Botenwesen als wichtige Form der Nachrichtenübermittlung kennen. Im Drama, bes. in der antiken ↗ Tragödie und im klassizistischen Drama der Neuzeit, dienen B.e dazu, für die Handlung wichtiges vorausgegangenes Geschehen, das auf der Bühne nicht gezeigt werden kann oder soll (z. B. Schlachten oder Hinrichtungen), dem ↗ Chor oder den Akteuren und den Zuschauern zur Kenntnis zu bringen. Boten können dabei Hauptakteure, Nebenakteure oder namenlose Figuren sein. Als episches Element des Schauspiels wird der B. in der Dramenanalyse mit der ↗ Teichoskopie verglichen; beide Formen der verdeckten Handlung bieten die Möglichkeit zur subjektiven Filterung des berichteten Geschehens. Virtuos durchgespielt werden diese Techniken etwa in H. v. Kleists »Penthesilea« (1808). – Auch die mal. Lit. kennt den Boten, wobei die Spanne von namenlosen Boten über Spielleute (z. B. Werbel und Swemmel im »Nibelungenlied«) bis zu hochadligen Gesandten mit eigener Verhandlungs- und Befehlsgewalt (z. B. Genelun im »Rolandslied«) reicht. In mal. Botenliedern, einer Untergattung des ↗ Minnesangs, fungiert der Bote als verschwiegener Mittler zwischen den heimlich Liebenden. – Konstitutiv für den B. ist seit dem MA. seine Beziehung zum ↗ Brief: B.e können Briefe begleiten, kommentieren oder ganz an ihre Stelle treten. Andererseits werden

didaktische Traktate oder lit. (Liebes-)Briefe bisweilen als Boten personifiziert, die unmittelbar zum Leser sprechen (z. B. »Der heimliche Bote«). Die Neuzeit kennt diese Personifikation noch für Flugschriften und Zeitungen (z. B. »Der Wandsbecker Bote«). – Das naturalistische Drama des 19. und frühen 20. Jh.s beurteilt den B. wegen seines narrativen, kaum szenischen Charakters kritisch. In der neueren Lit. kann der B. durch Telefongespräche, Tonbandaufzeichnungen u. a. ersetzt und zugleich verfremdet werden (z. B. F. Kafka: »Das Schloß«, S. Beckett: »Krapp's Last Tape«).

Lit.: J. Barrett: Staged Narrative: Poetics and the Messenger in Greek Tragedy. Berkeley 2002. – I. J. F. de Jong: Narrative in Drama. Leiden u. a. 1991. – M. Pfister: Das Drama [1977]. Mchn. ¹¹2001, S. 112–121 und 153–156. – H. Wenzel u. a. (Hg.): Gespräche – Boten – Briefe. Körpergedächtnis und Schriftgedächtnis im MA. Bln. 1997. HWF

Boulevardkomödie [von frz. *boulevard* (bulə'va:r) = breite Straße], publikumswirksames Lustspiel, das v. a. auf den kommerziellen Privattheatern der Pariser Boulevards gespielt wurde und wird. Charakteristisch sind das (groß-)bürgerliche Milieu, Liebesaffären aller Art, raffinierte, bühnenwirksame Handlungsführung, Situationskomik und der spritzige, geistreiche ↗Dialog (↗Konversationskomödie). Die Entstehung der B. ist mit dem Aufschwung der ↗Vaudevilles zu Anfang des 19. Jh.s verknüpft. Zwischen 1820 und 1860 trägt E. Scribe mit über 300 Stücken zum Aufstieg des Boulevardtheaters bei. Ihm folgen E. Labiche, E. Angier, V. Sardou, G. Feydeau und S. Guitry. B.n entstehen in der Folge auch in England (F. Lonsdale, W. S. Maugham, N. Coward), Deutschland (A. v. Ambesser, C. Goetz), Österreich (H. Bahr, A. Schnitzler) und Ungarn (F. Molnár).

Lit.: D. Daphinoff: Boulevardstück. In: RLW. – J. McCormick: Popular Theatres of Nineteenth-Century France. Ldn., NY 1993. – A. Steinmetz: Scribe – Sardou – Feydeau. Untersuchungen zur frz. Unterhaltungskomödie im 19. Jh. Ffm. u. a. 1984. – B. Wehinger: Paris – Crinoline. Zur Faszination des Boulevardtheaters und der Mode im Kontext der Urbanität und der Modernität des Jahres 1857. Mchn. 1988. DJ/AHE

Bouts-rimés, m. Pl. [buri'me:; frz. = gereimte Enden], beliebtes Gesellschaftsspiel der frz. ↗Salons im 17. Jh., bei dem zu vorgegebenen Reimwörtern und oft auch zu einem bestimmten Thema ein Gedicht, meist ein ↗Sonett, verfasst werden musste (vgl. z. B. die Anthologie »Sonnets en b.«, 1649); auch der »Mercure galant« (ab 1672) stellte seinen Lesern solche B. als Aufgabe. Dieses Spiel, das auch in England Eingang fand, lebte bis ins 19. Jh. fort (1865 z. B. gab A. Dumas eine Sammlung von B. heraus).

Lit.: E. Greber: Textile Texte. Köln u. a. 2002, S. 373–542. DJ/Red.

Brachykatalektisch, Adjektiv [gr. *brachykatalektos* = kurz endend], in der antiken Metrik Bez. für Verse, die um das letzte Metrum gekürzt sind; ↗katalektisch.

Brachylogie, f. [gr. = kurze Redeweise; lat. *brevitas*], Bez. der antiken ↗Rhet. und Stilistik für einen gedrängten, knappen Stil, der das zum Verständnis nicht unbedingt Erforderliche, oft aber auch Notwendiges weglässt; neigt zur Dunkelheit. Als künstlerisches Gestaltungsmittel typisch für Sallust, Tacitus, in der Neuzeit für H. v. Kleist. – Mittel der B. sind u. a. die Figuren der Worteinsparung, ↗Ellipse, ↗Aposiopese, ↗Apokoinu. GS/Red.

Brachysyllabus, m. [gr.-lat. = kurzsilbig], Versfuß, der nur aus Kürzen bzw. kurzen Silben besteht, z. B. ↗Pyrrhichius (v̆ v̆), ↗Tribrachys (v̆ v̆ v̆), ↗Prokeleusmatikus (v̆ v̆ v̆ v̆). UM

Bramarbas, m., die komische Bühnenfigur des Maulhelden, Aufschneiders und insbes. des prahlerischen Soldaten. Der Name ›B.‹ findet sich erstmals in dem anonymen Gedicht »Cartell des B. an Don Quixote«, das J. B. Mencke 1710 im Anhang seiner »Vermischten Gedichte« veröffentlichte. Die Bühnenfigur des bramarbasierenden Soldaten gehört lange vor dieser Benennung zu den ältesten des europäischen Theaters; am bekanntesten sind der »Miles Gloriosus« (Plautus, um 200 v. Chr.), Falstaff (W. Shakespeare: »Heinrich IV.«, 1597 f.; »Die lustigen Weiber von Windsor«, 1600), »Horribilicribrifax« (A. Gryphius, 1663) sowie der ↗Capitano und ↗Skaramuz der it. ↗Commedia dell'Arte. UM

Branche, f. [frz. = Ast, Zweig], vom Verfasser des frz. »Roman de Renart« (Ende des 12. bis Mitte des 13. Jh.s) eingeführte Bez. für die Texteinheiten des Tierepos. Da eine B. bisweilen mehrere künstlich verbundene Episoden umfasst, stimmen die textlichen Abschnitte nicht zwangsläufig mit den narrativen überein. Der Begriff tritt insgesamt sechsmal im Prolog oder Epilog auf; er zeigt metaphorisch, wie ein neuer Ast auf einen gemeinsamen Erzählstamm gepfropft wird. Wegen der komplexen hsl. Überlieferung des »Roman du Renart« weicht die Nummerierung der B.s je nach Herausgeber ab; am verbreitetsten ist die Zählung von 26 B.s in der Ausgabe von E. Martin (1882–87). Die vier voneinander fast unabhängigen Teile im »Roman d'Alexandre« des Alexander von Paris (Ende des 12. Jh.s) heißen ebenfalls ›B.s‹. Der Begriff ›B.‹ wird später noch vom Erzähler eines der ersten frz. Prosaromane verwendet, des »Perlesvaus« (Anfang des 13. Jh.s), einer atypischen Fortsetzung des »Conte du graal« Chrétiens de Troyes. Hier ist der Begriff mit ›Kapitel‹ gleichzusetzen, doch wird die Bez. in den späteren Prosaromanen nicht mehr aufgenommen. AC

Brauchtumslied, in jahreszeitliche oder sozial-gesellschaftliche Bräuche integriertes (↗Volks-)Lied, z. B. Neujahrs-, Dreikönigs-, Fastnachts-, Oster-, Ernte-, ↗Martinslied, Tauf-, Hochzeits-, Trauer-, Wallfahrtslied u. a., aber oft auch Lieder, die inhaltlich nicht (mehr) eindeutig auf die dem Brauch zugrunde liegenden Vorstellungen bezogen sind, z. B. Kirchenlieder anstelle alter B.er. B.er werden meist chorisch oder im Wechsel von Chor und Einzelsänger, auch mit Tanz und Instrumentalbegleitung vorgetragen. – Ihre Wurzeln werden in der heidnischen, kultisch-chorischen apotropäischen Poesie gesehen (so bezeugt bei Tacitus, 1. Jh. n. Chr.; Jordanes, 6. Jh.; Gregor dem Großen, um 600), die dann in Funktion und Wortlaut christlich überlagert, umgeprägt und unter mannigfachen Beeinflussungen weiterentwickelt wurde.

Lit.: L. Schmidt: Volksgesang und Volkslied. Bln. 1970.

IS/Red.

Brautlied, meist chorischer (von Mädchen gesungener) und mit ursprünglich kultischen Tanzgebärden unterstützter, an die künftige Ehefrau gerichteter Gesang, der durch Gestus, Wort und Klangmagie Segen und Fruchtbarkeit für die Ehe beschwören soll; Form des Hochzeitsliedes (vgl. auch gr. ↗ *Hymenaeus*; lat. *Epithalamium*). Bereits für die germ.-heidnische Zeit indirekt bezeugt bei Apollinaris Sidonius (5. Jh., »Carmina« 5, 218); die Übernahme in christliche Traditionen wird belegt durch ahd. und mhd. Glossen (*brût-liet, brûtgesang, brûtleich*) und durch das frühmhd. Gedicht »Die Hochzeit« (erste Hälfte des 12. Jh.s, V. 301–306).

IS/Red.

Brautwerbungssagen, zunächst mündlich tradiertes Erzählgut aller Völker und Zeiten, in dem sich Historisches, Märchenhaftes und Mythisches in vielfältigen Ausprägungen verbindet und das folgendes Handlungsschema hat: Wunsch eines Fürsten, eine Gattin zu gewinnen (politisch motiviert); Werbung (durch den Helden persönlich oder durch Boten); Gewinnung der Braut, meist unter schwierigen Bedingungen oder Gefahren; Überwindung dieser Schwierigkeiten mit Glück oder List, oft auch durch Kampf (Gegenspieler ist meist der Vater oder ein Verwandter des Mädchens); Heimführung und Hochzeit. Folgende Typen des Schemas lassen sich unterscheiden: 1. Einfache Werbung, a) ohne Komplikationen, rein höfisch-zeremonieller Ablauf; b) Erwerbung durch Taten; 2. Schwierige Werbung, Entführung, a) mit Einverständnis der Braut; b) ohne deren Einverständnis: Raub. Variiert und erweitert wird das Schema v. a. durch das Prinzip der Wiederholung: Rückentführung der Frau und deren abermalige Gewinnung. – Das Thema der Brautwerbung erlangt in der zweiten Hälfte des 12. Jh.s und im 13. Jh. in Deutschland außerordentliche Beliebtheit, so dass das Schema zum beherrschenden Bauprinzip der sog. ↗ Spielmannsdichtung (z. B. »König Rother«, »Oswald«) wird, z. T. auch der mhd. ↗ Heldenepik (»Kudrun«, »Nibelungenlied«, »Ortnit«) und der »Tristan«-Dichtungen. Auch in der nord. B. (Blütezeit im 14. Jh.), einer Subgattung der ↗ Saga, fungiert die Brautwerbung nicht nur als Motiv, sondern als handlungsbestimmendes Moment.

Lit.: R. Bräuer: Lit.soziologie und epische Struktur der dt. ›Spielmanns‹- und Heldendichtung. Bln. 1970. – F. Geißler: Brautwerbung in der Weltlit. Halle/S. 1955. – M. E. Kalinke: Bridal-Quest Romance in Medieval Iceland. Ithaca, Ldn. 1990.

RBS

Brechung, Bez. der mhd. Metrik für die Durchbre-

chung einer metrischen Einheit durch die Syntax. Unterschieden werden: 1. allg.: Vers-B.: das Überschreiten einer Versgrenze durch die Syntax, auch ↗ Enjambement, vgl. auch ↗ Hakenstil. – 2. Speziell: Reim-B. (auch Reimpaar-B.): Ein Reimpaar wird so aufgeteilt, dass der erste Vers syntaktisch zum vorhergehenden Vers, der zweite zum folgenden gehört. B. dient vom 12. Jh. an mehr und mehr dazu, Reimpaarfolgen beweglicher zu gestalten; bes. ausgeprägt bei Gottfried von Straßburg und Konrad von Würzburg; zum Begriff vgl. Wolfram von Eschenbach »rîme … samnen unde brechen« (»Parzival«, 337, 25 f.). – 3. Aufteilung eines Verses auf zwei oder mehrere Sprecher (↗ Antilabe).

GS/Red.

Bremer Beiträger, Name für die Gründer und Mitarbeiter (meist Leipziger Studenten) der 1744–48 im Verlag von N. Saurmann in Bremen erschienenen Zs. »Neue Beyträge zum Vergnügen des Verstandes und Witzes« (kurz »Bremer Beiträge«). Die B. B. waren ursprünglich Anhänger J. Ch. Gottscheds und (seit 1741) Mitarbeiter der moralischen Wochenschrift »Belustigungen des Verstandes und Witzes«, in der Gottscheds poetologische Vorstellungen propagiert wurden. Mit der Gründung einer eigenen Zs. distanzierten sie sich von der in jenem Organ gepflegten Polemik gegen die Schweizer J. J. Bodmer und J. J. Breitinger. Zwar blieben die B. B. Gottsched verpflichtet (strenge Beachtung der Regeln, Vorliebe für lehrhafte, moralisierende Dichtung), doch verzichteten sie auf dessen Polemik. Persönlich und in ihren ästhetisch-kritischen Anschauungen näherten sich die B. B. immer mehr den Schweizern; ihr poetisches Schaffen wurde stark von A. v. Haller und F. v. Hagedorn beeinflusst, zudem schloss sich F. G. Klopstock 1746 dem Freundschaftsbund der B. B. an. In ihrer Zs. wurden 1748 die ersten drei Gesänge des »Messias« veröffentlicht. Das Neuartige der Beiträge (v. a. Fabeln, Satiren, Lehrgedichte, Oden, anakreontische Lieder, Schäfer- und Lustspiele, Abhandlungen) bestand darin, dass sie einer neuen, bürgerlichen Welt- und Lebensanschauung Ausdruck verliehen, geschmacksbildend wirkten und die Erziehung des Bürgertums förderten. Die Texte zeichnen sich aus durch Natürlichkeit und Subjektivität der Sprache, Lebensnähe, Phantasie, Empfindung und Gefühl. Damit trugen die B. B. wesentlich zur Überwindung der rationalen Phase der Aufklärung bei. – Herausgeber der »Bremer Beiträge« war zunächst K. Ch. Gärtner, seit 1747 N. D. Giseke; weitere Mitarbeiter waren neben Klopstock J. A. Cramer, J. A. Ebert, G. W. Rabener, J. A. und J. E. Schlegel, F. W. Zachariä, Ch. F. Gellert. Die Beiträge erschienen anonym, über die Aufnahme wurde gemeinsam entschieden. Insgesamt kamen vier Bände zu je sechs Stücken heraus. Außerdem veröffentlichten die B. B. 1748–57 (in einem Leipziger Verlag) eine »Sammlung vermischter Schriften von den Verfassern der Bremischen neuen Beyträge zum Vergnügen des Verstandes und Witzes«. Mit den von J. M. Dreyer 1748–59 herausgegebenen zwei weiteren Bänden der »Bremer Beiträge« haben die früheren Mitarbeiter nichts zu tun.

Lit.: Ch. M. Schröder: Die »Bremer Beiträge«. Bremen 1956. – J. Steigerwald: Die B. B. Diss. Cincinnatti/O. 1974 (Mikrofilm Ann Arbor/Mich. 1978).   RBS

Brevier, n. [lat. *breviarium* = kurzes Verzeichnis, Auszug, zu *brevis* = kurz], auch: Breviarium; 1. das bei den Stundengebeten (Horen) verwendete Textbuch der kath. Kirche, nach Kirchenjahr, Woche und Tag geordnet. Außer Vollbrevieren (seit dem 12. Jh.) entwickelten sich schon im 9. Jh. spezielle Reise- und Kranken-B.e, seit dem Spät-MA. auch in den Volkssprachen (Stunden-, Erbauungsbücher). – 2. Säkular umfasst das B. verschiedene Textsorten: a) Abriss politischen, statistischen oder rechtlichen Charakters (»Breviarium imperii«); b) Leitfaden zu einem bestimmten Thema (Liebe, Jagd); c) Auszug aus einem Einzelwerk; d) seit dem 19. Jh.: Auszug aus dem Gesamtwerk eines Autors (»Goethe-B.«).

Lit.: B. K. Vollmann: B. In: RLW.   GSR

Brief [lat. *brevis (libellus)* = kurzes Schreiben, Schriftstück, Urkunde], heute v. a. schriftliche Nachricht, die Teil eines kommunikativen Vorgangs mit konventionalisierten Formen der Textbegrenzung (Anrede, Schlussformeln) ist. Erst die Verschriftlichung macht den B. tauglich zur Kommunikation mit Abwesenden und bedingt den typischen Phasenverzug. Als Redesubstitut verfügt der B. über die Grundfunktionen der Information (Mitteilungen aller Art), des Appells (Wünsche, Forderungen) und der Selbstmanifestation (Selbstbekundung, Selbstbetrachtung, Selbstdeutung). Zu unterscheiden ist zwischen eigentlicher (pragmatischer) und uneigentlicher (ästhetischer) Form des B.s. Uneigentliche Formen bestehen dann, wenn ein konstitutiver Bestandteil epistolarer Kommunikation – Schreiber, Anlass, Gegenstand – nicht real ist. An die Stelle pragmatischer Intention treten ästhetische Absichten, sei es beim fingierten oder fiktionalisierten B., beim publizierten Privatbrief oder beim B., der bereits im Bewusstsein späterer Publikation geschrieben wurde. Künstlerische Intentionen verfolgen B.essay, Reisebrief und ↗ B.gedicht. Es kann aber auch die ganze B.situation Fiktion sein (↗ B.roman). Dies ist immer bei B.einlagen in Erzählung, Roman, Drama und Hörspiel der Fall. In der historischen Genese des B.s sind v. a. zwei Aspekte bedeutsam: Zum einen die B.sprache (jahrhundertelang wird eher lat. oder frz. als dt. geschrieben), zum andern die sukzessive Auflösung des rhet. Gattungscharakters (mit *salutatio*, ↗ *captatio benevolentiae, narratio, petitio,* ↗ *conclusio*) hin zur zwanglosen Ausdrucksform. – Bereits im alten Ägypten dienten Musterbriefe dem Erlernen eines B.stils, in dem Privates kaum Raum bekam. Umfängliche diplomatische Korrespondenzen auf Tontafeln oder Papyrus sind erhalten. – Die Bibel hat zahlreiche B.e überliefert. Später zusammengestellte Ausschnitte aus Korrespondenzen, v. a. im NT (z. B. die Korintherbriefe), sind zu unterscheiden von ↗ Episteln und apokryphen

B.en. – Das klassische Altertum schrieb B.e auf wachsbezogene, zusammenlegbare Holztäfelchen, später auf Papyrus. Neben privaten gibt es amtliche B.e (der hellenistischen und röm. Herrscher), offene B.e und B. als ästhetische Gattung. B.e berühmter Persönlichkeiten sind in Sammlungen überliefert (Platon, Aristoteles, Cäsar, Cicero, Plinius) und bilden die Grundlage für die Entwicklung der mal. Epistolographie. – Die B.e des MA.s – als Urkunde, amtliches Schreiben und Geschäftsbrief – wurden bis ins 14. Jh. v. a. von Klerikern in lat. Sprache verfasst. Daneben entwickelte sich der gelehrte B. Der persönliche B. privaten Inhalts erhielt durch die dt. Mystiker eine neue, gefühlsbetonte Sprache, so dass man von einer ersten Blüte des dt. Prosabriefs sprechen kann (Hildegard von Bingen). Mit den Kreuzzügen und dem sich ausweitenden Warenverkehr wuchs das Bedürfnis nach brieflichem Austausch (B.e als Vorform von Zeitungen). Der im 13. Jh. neue Stand der Schreiber und Notare wurde erst im späten MA. um schreibende Laien ergänzt. Das bedeutete z. T. die Ablösung des Lat. durch Dt. als B.sprache. Der lit. B. – v. a. als Liebesbrief – wurde viel früher dt. geschrieben als sein pragmatisches Gegenstück, Vorbild waren die frz. *Saluts d'amour.* – Bestimmend für das sich ausbreitende B.wesen in Renaissance und Humanismus waren Kanzleischreiben, Handelsbriefe und gelehrte B.e. Während die Humanisten den lat. B.stil pflegten (Erasmus von Rotterdam), dominierte in den dt.sprachigen B.en der Kanzleistil. Dennoch entfaltete sich allmählich eine persönlichere Ausdrucksweise, wie sie v. a. die Korrespondenz Luthers auszeichnet. – Die neuen stilistischen Möglichkeiten wurden im 17. Jh. nicht genutzt; aufgrund der europäischen Dominanz Frankreichs galten nur frz. geschriebene B.e als gesellschaftsfähig. Obwohl Sprachgesellschaften auf Anweisungsbücher für den guten dt. B.stil verwiesen (G. Ph. Harsdörffer, K. Stieler), war die frz. B.kultur mit den B.en von M. de Sevigné, N. de Lenclos und Boursaults »Lettres à Babet« unerreichtes Ideal. Hervorzuheben ist die umfangreiche Korrespondenz Lieselottes v. d. Pfalz, die sie gegen den Zeitstrom dt. verfasste. – Das 18. und 19. Jh. gelten als Höhepunkte dt. B.kultur. Mit dem Stilideal der Natürlichkeit (Ch. F. Gellert) und der individuellen Originalität (K. Ph. Moritz) hatte sich die dt. B.sprache alle Möglichkeiten des Ausdrucks erschlossen. Ausgestattet mit einer neuen bürgerlichen Souveränität und einer anthropologisch orientierten Aufmerksamkeit pflegte man briefliche Beziehungen jenseits der gesellschaftlichen Unverträglichkeiten. Maßgeblichen Anteil an der Entwicklung des B.stils hatte die weibliche Epistolographie (von Luise Gottsched bis zu den Romantikerinnen). Uneingeschränkte Subjektivität bestimmte in der säkularisierten Nachfolge pietistischen B.austausches Inhalt und Ton der B.e der ↗ Empfindsamkeit (F. G. Klopstock), des ↗ Sturm und Drangs (J. W. Goethe) und der ↗ Romantik (C. Brentano). ↗ Aufklärung (G. E. Lessing) und ↗ Weimarer Klassik (F. Schiller,

Goethe) betrachteten den B. rationaler, als Träger gemeinsamen Denkens und Fühlens. Nach 1848 ist – neben zahlreichen Korrespondenzen (G. Keller, Th. Storm, Th. Fontane) – eine Tendenz zur Versachlichung und Politisierung feststellbar, was sich sowohl in einer Vielzahl offener B.e äußerte wie auch in der Reduktion brieflicher Formen auf Postkarte und Telegramm. – Im 20. und 21. Jh. sind B.e v. a. individuell geprägt (z. B. B.e von Schriftstellern wie R. M. Rilke, F. Kafka, G. Benn, Th. Mann). Durch die Entwicklung der Nachrichten- und Informationstechnik müssen Formen, Typen und Funktionen des B.s neu definiert werden; die seit dem 18. Jh. vorherrschende Orientierung am Privatbrief ist obsolet geworden.

Lit.: A. Anton: Authentizität als Fiktion. B.kultur im 18. und 19. Jh. Stgt. 1995. – R. Arto-Haumacher: Gellerts B.praxis und B.lehre. Wiesbaden 1995. – R. Baasner: B.kultur im 19. Jh. Tüb. 1999. – K. Beyrer, H.-C. Täubrich (Hg.): Der B. Ffm. 1996. – L. Bluhm, A. Meier (Hg.): Der B. in Klassik und Romantik. Würzburg 1993. – K. H. Bohrer: Der romantische B. Mchn., Wien 1987. – E. Clauss: Liebeskunst. Untersuchungen zum Liebesbrief im 18. Jh. Stgt., Weimar 1993. – J. Golz: B. In: RLW. – W. G. Müller: B. In: HWbRh. – R. Nickisch: B. Stgt. 1991. – A. Runge, L. Steinbrügge (Hg.): Die Frau im Dialog. Stgt. 1991. – U. Sander: Die Bindung der Unverbindlichkeit. Ffm. 1998. – R. Vellusig: Schriftliche Gespräche. Wien u. a. 2000. – Ch. Wand-Wittkowski: B.e im MA. Herne 2000.   EMC

Briefentwurf ↗ Entwurf.

Briefgedicht, Sammelbez. für Spielarten des ↗ Briefes in lit. Verwendung, sei es für echte oder fingierte Briefe in Versen oder für Gedichte, die Briefen beigelegt oder eingefügt sind. Bei eindeutig briefvertretender Funktion eines Gedichtes spricht man besser von ›Gedichtbriefen‹. – Als lit. Kleinform gibt es das B. schon in der Antike. Die Minnedichtung des MA.s ist großenteils Grußpoesie. In Barock (Ch. Hoffmann v. Hoffmannswaldau) und Anakreontik (J. W. L. Gleim, J. P. Uz) erfreut sich das B. großer Beliebtheit. Bes. berühmt sind J. W. Goethes und C. Brentanos B.e; bei Goethe sowohl mit der Funktion des rein Privaten, das als ästhetisch geformte Mitteilung an einen bestimmten Adressaten hervortritt, wie auch losgelöst aus dem individuellen Kontext und integriert in das lyrische Werk (Sesenheimer Lieder). Brentanos B.e spielen z. T. mit dem Verhältnis von Intimität und imaginiertem Publikum und erreichen damit eine neue lit. Qualität. Nach der Romantik treten B.e nur noch vereinzelt auf (A. v. Droste-Hülshoff, R. M. Rilke, J. Ringelnatz).

Lit.: R. Nickisch: Brief. Stgt. 1991, S. 177–186.   EMC

Briefroman, Erzählgattung v. a. des 18. Jh.s, deren Grundelement bei prinzipieller dialogischer Tiefenstruktur eine Sammlung von fingierten Einzelbriefen ist. Diese können antwortlose ↗ Briefe eines Schreibers sein (Monoperspektive) oder eine Korrespondenz von zwei und mehr Schreibern (Polyperspektive). Das Erzählen erfolgt aus der Ich-Perspektive, umgeht den im 18. Jh. üblichen auktorialen Erzähler und bereitet den Weg für den modernen ↗ psychologischen Roman mit ›standortlosem‹ Erzähler vor. Grunddarbietungsform des B.s ist die Gefühlsaussprache. Das kam dem wachsenden psychologischen Interesse der Leser entgegen und bestimmte die Form, denn die Reflexion über Ereignisse ist wichtiger als die Ereignisse selbst. Zudem suggeriert der B. Unmittelbarkeit, die Distanz zwischen Erleben und Erzählen mutet gering an. Dies unterstützt die Fiktion von Authentizität, die ästhetische Verwendung des Briefs verweist auf seine pragmatische Herkunft. Auch die häufig verwendete Herausgeberfiktion (mit Vorrede, Postskriptum, Anmerkungen und kommentierenden Verweisen) bietet ein Spektrum von Beglaubigungsmöglichkeiten und spielt ein mehrfach gebrochenes Fiktionsspiel. – In der zweiten Hälfte des 18. Jh.s entstanden in Frankreich, England und Deutschland zahlreiche authentische empfindsame Briefwechsel, die als Medium bürgerlicher Selbstverständigung dienten. Darauf griff die Lit. zurück: Vorbild des europäischen B.s ist S. Richardsons »Pamela« (1740), der aus der Sicht der Titelheldin von deren umkämpfter, schließlich siegender Tugend berichtet. Ähnlich gelagert ist sein polyperspektivischer B. »Clarissa« (1747 f.). Nach J.-J. Rousseaus »Nouvelle Héloïse« (1761) hatte der empfindsam-didaktische B. auch in Deutschland Konjunktur: S. v. La Roches »Geschichte des Fräuleins von Sternheim« (1771), L. Tiecks »William Lovell« (1793–96), F. Hölderlins »Hyperion« (1797/99), Ch. M. Wielands »Aristipp« (1800/02). J. W. Goethes »Werther« (1774), früher Höhepunkt der Gattung, radikalisiert den Wirklichkeitsausschnitt seiner Titelfigur. Ihr geht es nicht mehr um Moral, sondern einzig um liebende Selbstaussprache und Selbstentgrenzung, die in ihrer Bedingungslosigkeit zum Tode führt. In der Romantik wurde diese Traditionslinie extremer Subjektivierung weitergeführt und trug damit zur Auflösung des B.s bei.

Lit.: H. P. Herrmann (Hg.): Goethes *Werther*. Darmstadt 1994. – P. U. Hohendahl: Der europäische Roman der Empfindsamkeit. Wiesbaden 1977. – N. Miller: Der empfindsame Erzähler. Mchn. 1968. – M. Moravetz: Formen der Rezeptionslenkung im B. des 18. Jh.s. Tüb. 1990. – G. Sauder: B. In: RLW. – E. T. Voss: Erzählprobleme des B.s, dargestellt an vier Beispielen des 18. Jh.s. Bonn 1960.   EMC

Briefsteller, m., seit dem 17. Jh. geläufige Bez. für lehrbuchartige Anleitungen zum Schreiben von form- und anlassgerechten ↗ Briefen, meist begleitet von Musterbriefsammlungen. – Das Phänomen selbst ist älter als seine Bez. Die seit dem 15. Jh. verbreiteten dt. B. (auch: Formel-, ↗ Formular- oder Titularbücher) begreifen sich als Gegenstücke zur lat. ↗ Ars Dictandi. Ihr Aufkommen hängt mit der zunehmenden ↗ Alphabetisierung der Gesellschaft und der Umstellung privater und geschäftlicher Korrespondenz auf die Volkssprache zusammen. Obwohl auf Dt. abgefasst, richten sich die B. des 15. und 16. Jh.s keineswegs an den ›gemei-

nen Mann‹. Die Grundsätze der klassischen Rhet. und die Regeln der ständischen Etikette stehen wie in den lat. Brieflehren im Mittelpunkt. – Die B. des frühen 17. Jh.s sind stark dem Kanzleistil verpflichtet und bedienen v. a. den Bereich der offiziellen Korrespondenz. Um die Mitte des 17. Jh.s, u. a. im Zuge der Nachahmung frz. Vorbilder, wird der Kanzleistil durch den Standard einer »höfisch-preziös« (Nickisch) stilisierten Ausdrucksweise abgelöst. Ihre erste Expansion in Deutschland erlebt die Gattung als ›galante Brieflehre‹ um und nach 1700 (↗ galante Lit.). Für eine neue Leichtigkeit, Natürlichkeit und Lebhaftigkeit und gegen das Steif-Zeremonielle der Briefe plädieren um die Mitte des 18. Jh.s die Reformer der Epistolographie wie Ch. F. Gellert. In dieser Zeit etablieren sich endgültig B. für private Korrespondenz, die in der Folgezeit immer mehr an Popularität gewinnen. Bestsellerrang erreichen im 19. Jh. die ›Universalbriefsteller‹, die im bürgerlichen Milieu als praktische Ratgeber Hausbuchstatus erlangen.
Lit.: R. Arto-Haumacher: Gellerts Briefpraxis und Brieflehre. Wiesbaden 1995. – S. Ettl: Anleitungen zu schriftlicher Kommunikation: B. von 1880 bis 1980. Tüb. 1984. – J. Fröhlich (Hg.): Bernhard Hirschvelders Briefrhet. (Cgm 3607). Bern u. a. 2003. – U. Götz: Die Anfänge der Grammatikschreibung des Dt. in Formularbüchern des frühen 16. Jh.s Hdbg. 1992. – St. Kleiner: Aus der Fülle des Herzens … Inszenierung von Spontaneität und Distanz in frz. B.n . Weinheim 1994. – J. Knape (Hg.): Rhetorica dt. Wiesbaden 2002. – R. M. G. Nickisch: Die Stilprinzipien in den dt. B.n des 17. und 18. Jh.s. Gött. 1969. – Ders.: B. In: RLW. – L. Rockinger: B. und Formelbücher des 11. bis 14. Jh.s. Mchn. 1863 f. Nachdr. NY 1961. – P. Wolff: Der B. des Thymo von Erfurt und seine Ableitungen. Bonn 1911.   ID

Brighella, m. [it. zu *brigare* = intrigieren, Streit suchen], eine der vier komischen Grundtypen der ↗ Commedia dell'Arte, auch erster Zane (↗ Zani): verschlagener Bedienter, der die Ausführung der von ihm angezettelten Intrigen meist der zweiten Bedientenrolle, dem ↗ Arlecchino, überlässt.   DJ/Red.

Britizismus ↗ Anglizismus.

Broschur, f., buchbinderisches Erzeugnis, dessen Buchblock statt in eine Buchdecke in einen Kartonumschlag eingehängt, d. h. eingeleimt und an drei Seiten glatt beschnitten ist. Bei der sog. *Engl. B.* hat der Umschlag überstehende Kanten, bei der *Frz. B.* wird er nach innen eingeschlagen. – Die B. galt ursprünglich als Provisorium, das den Inhalt nur so lange zu schützen hatte, bis der Besitzer das Buch binden ließ. Beim heutigen ↗ Paperback und ↗ Taschenbuch bilden sie die preiswerte Standardausstattung.
Lit.: F. Wiese: Der Bucheinband. Hannover [7]2005. GGI

Brouillon, m. [bruʾjõ:; frz.], Fremdwort seit 1712; erster vorläufiger Entwurf für eine Schrift, Skizze, Konzept; verdrängte zeitweilig die ältere Bez. ↗ Kladde.

Bruch, [frz. *rupture*], Kunst- und Denkform, die Un-abgeschlossenheit und Nichtidentität anzeigt. In der modernen Ästhetik verweist der B. auf eine Weise künstlerischer Produktion, die im Ggs. zum vollendeten Werk unabgeschlossen bleibt. Paradigmatisch dafür ist das romantische ↗ Fragment. Im 20. Jh. findet sich der B. als Formgedanke in der avantgardistischen ↗ Montage wieder. Der B. ist ferner eine Denkfigur v. a. des Dekonstruktivismus (↗ Dekonstruktion), durch welche geschichtsphilosophische Identitäts- und Totalitätskonzepte in Frage gestellt und Figuren wie ↗ Allegorie und ↗ Ironie oder Erfahrungsmodi der Diskontinuität wie ↗ Plötzlichkeit in Texten privilegiert werden.
Lit.: P. Bürger: Zur Kritik der idealistischen Ästhetik [1983]. Ffm. [2]1990, S. 57–140. – P. de Man: Die Rhet. der Zeitlichkeit [engl. 1969]. In: ders.: Die Ideologie des Ästhetischen. Ffm. 1993, S. 83–130.   TT

Bruitismus, m. [bryi'tismus; von frz. *bruit* = Geräusch, Lärm], künstlerische Richtung des frühen 20. Jh.s, welche die Reproduktion alltäglicher Geräusche und die Einbeziehung nichtmusikalischer Klänge ins Kunstwerk zum Prinzip erhebt. Der B. wird im it. ↗ Futurismus (1) zunächst für die Musik entwickelt (L. Russolo: »L'arte dei rumori«, 1913; Asholt/Fähnders, S. 30–32) ein früher Protagonist der Richtung ist E. Varèse. Der Zürcher ↗ Dadaismus entwickelt daraus das Konzept des ›bruitistischen Gedichts‹ (»dadaistisches manifest«, 1918; Asholt/Fähnders, S. 146). Dem B. ähnliche Tendenzen zeigen sich in der ↗ akustischen Dichtung, bes. im ↗ Lautgedicht A. Stramms und der ↗ Konkreten Poesie.
Texte: W. Asholt, W. Fähnders (Hg.): Manifeste und Proklamationen der europäischen Avantgarde (1909–38). Stgt., Weimar 1995.
Lit.: M. Lentz: B. In: R. Schnell (Hg.): Metzler Lexikon Kultur der Gegenwart. Stgt., Weimar 2000, S. 73.   DB

Buch, materielles und/oder elektronisches Speichermedium für Schrift- und Bildzeichen. Etymologisch verweist das Wort auf das frühgerm. *bok-s*; ahd. *buoh*, ein Stab bzw. eine Tafel mit Schriftzeichen, als Plural mit der Bedeutung von Schriftstück. Unsicher ist die Verbindung zu ›Buche‹, also Buchenholz als namengebendes Material dieser Tafeln. Das lat. Wort *liber* bezieht sich auf den Beschreibstoff Baumbast; vgl. auch das gr. *býblos* (Bast der Papyrusstaude). Inhaltlich dient der Begriff ›B.‹ zur Kennzeichnung weitgehend selbständiger Einheiten eines Werkes, in der Regel hierarchisch höher geordnet als ›Kapitel‹. Als Ursprung hierfür kann die physische Aufteilung von Werken in mehreren (B.-)Rollen angesehen werden, die in der späteren Codexform begrifflich beibehalten wurde. Bei der historischen Mengenangabe für Papier entsprachen 24 *Bogen* Schreib- bzw. 25 Bogen Druckpapier einem B., 20 Bücher ergaben ein *Ries*. Ein von der UNESCO fixierter B.-Begriff geht von einer mindestens 49 Seiten umfassenden Anzahl gebundener Blätter aus. Auch in der traditionellen B.herstellung (Gestaltung, Druck, Bindung) wird dieser enge Begriff des

B.s übernommen. Dabei wird unterschieden zwischen *B.block* (die Gesamtheit der Papierblätter eines B.s) und *B.einband* (bestehend aus den B.deckeln und dem B.rücken). Der Begriff »elektronisches B.« (*E-Book*) verweist auf die Digitalisierung von Inhalten und bezieht sich einerseits auf spezielle Lesegeräte (*Handhelds*), andererseits auf die digitalisierte Bereithaltung (on- oder offline) von Büchern, entweder als elektronische Fassungen von auch gedruckt vorliegenden Werken oder als ausschließliche elektronische Titel.

Die historische Entwicklung der Materialität des B.s war mit der Nutzung verschiedener Beschreibstoffe verbunden. Nachweisbar ist ab dem 4. bis 3. Jahrtausend v. Chr. im Vorderen Orient (Mesopotamien bis Ägypten) die Speicherung längerer Texte auf 2–4 cm dicken Tontafeln. Seit spätestens 1300 v. Chr. wurden in China zusammengebundene Bambus- oder Holzstreifen genutzt, in Indien Palmblätter. Vom 3. Jh. v. Chr. bis zum 1. Jh. n. Chr. wurde vielfach Leder verwendet. Große Bedeutung erlangte ab dem 4. Jh. v. Chr. die Nutzung von Papyrus als Beschreibstoff. Das Mark der ca. drei bis vier Meter hohen, etwa armdicken Sumpfpflanzen wurde in Streifen geschnitten, gepresst und geglättet. Die hierdurch gewonnenen weißgelblichen Papyrusblätter (ca. 25 x 30 cm) wurden ab dem 2. Jahrtausend v. Chr. zu Rollen aneinandergeklebt. Diese ca. 10 Meter langen Rollen wurden in Spalten (Kolumnen) auf der nach innen gerollten Seite mit waagerechter Faserstruktur (senkrecht zur Längsseite) beschrieben und z. T. illustriert. Papyrusrollen blieben bis zum 4./5. Jh. n. Chr. der gebräuchlichste Beschreibstoff und für Ägypten ein wichtiger Exportartikel. In Rom entstand ein Zwischenhandel mit Papyrus; Manufakturen spezialisierten sich auf verschiedene Arten der Feinbearbeitung. Nach dem 2. Jh. n. Chr. kam Pergament als Beschreibstoff zunehmend in Gebrauch. Hergestellt wurde Pergament aus tierischer Haut, insbes. von Kälbern, Schafen, Schweinen und Ziegen. Die Rohfelle wurden zunächst zur Lockerung der Haare in einem Kalkbad gelagert, anschließend, nach Entfernung von Ober- und Unterhaut, in einen Rahmen gespannt, getrocknet und geschabt. Häufig wurden Pergamente, die bis zum frühen MA. vorwiegend in Rollenform genutzt wurden (vgl. u. a. die 15 Meter lange Josua-Rolle der Bibliotheca Vaticana), als sog. ⟋ Palimpseste nach Abradierung wiederverwendet. Ab dem 12. Jh. ist der ›Pergamenter‹ als eigenständiger städtischer Beruf belegt. Von der Antike bis in die Frühe Neuzeit wurden mit Wachs bezogene Holztafeln u. a. für amtliche Beglaubigungen oder Rechnungen benutzt. Diese Tafeln wurden z. T. gebunden, indem sie auf der linken Längsseite verknüpft oder mit Scharnieren zusammengehalten wurden. Man kann in dieser Praxis maßgebliche Impulse für die Durchsetzung der seit der Spätantike vorherrschenden Codexform des B.s sehen. Der Beschreibstoff, zunächst weiterhin vorwiegend Pergament, wurde in mehreren Lagen als B.block zwischen zwei Buchdeckel gebunden. Der Vorteil der Codices lag v. a. darin, dass sie gut transportierbar waren, beidseitige Beschreibbarkeit und variable Formate sowie einen schnellen, nichtlinearen Zugriff auf einzelne Seiten ermöglichten. Neben der Codexform wurde das Erscheinungsbild des B.s durch die sukzessive Einführung von Papier grundlegend verändert. Am frühesten in China nachzuweisen (Han-Dynastie, 3. Jh. n. Chr.), gibt es für das 8. Jh. Belege für arab. Papierproduktion. Über Spanien gelangte die Papierherstellung nach Europa. Für 1256 ist eine Haderpapiermühle in Foligno belegt; die erste Papiermühle im dt.sprachigen Raum entstand 1389 in Nürnberg. Die früheste erhaltene dt. Hs. auf Papier ist das 1246 begonnene Registerbuch des Passauer Domdechanten Behaim. Als Grundstoff für die Papierherstellung dienten Lumpen, die zunächst sortiert, gereinigt und zerschnitten bzw. zerrissen wurden. Nach einem Faulprozess wurde das entstandene Halbzeug in mit Wasser gefüllten, durch Mühlenkraft betriebenen Stampf- und Mahlwerken zu einem Faserbrei (Ganzzeug) verarbeitet. Anschließend wurde die Masse in einen Holzbottich (*Bütte*) umgefüllt und mittels eines Drahtsiebes mit Holzrahmen geschöpft, abgepresst (gegautscht) und getrocknet. Wasserzeichen zur Kennzeichnung der Herkunft des Papieres entstanden durch Drahtformen, die auf dem Schöpfsieb befestigt waren. Nach der Trocknung wurde das Papier mit einer Oberflächenleimung versehen, mit einem Glättstein bearbeitet und in Ballen verpackt. In der industriellen Papierproduktion seit dem 19. Jh. werden v. a. Holzfasern als Grundstoff benutzt, chemische Aufschließung und Bearbeitung sowie Mechanisierung und später Automatisierung der Arbeitsschritte bestimmen seitdem den Herstellungsprozess.

Funktional ist die Nutzung des B.s in Codexform während des MA.s weitgehend an den Klerus und Teile des Adels gebunden. Hier ist die (vorwiegend lat.) Schriftkultur eng an kirchliche Institutionen gebunden, biblische und liturgische Hss. prägten einen Hauptteil der B.produktion. Seit dem 13. Jh., auch in Wechselwirkung mit den Möglichkeiten der Papierherstellung, verbreitete sich die durch Bücher realisierte Schriftlichkeit zunehmend in säkularen Bereichen, insbes. in der städtischen Verwaltung und im Handel. Die Herstellung der Hss., zuvor großteils in Kloster- und Palastskriptorien angesiedelt, geschah nun mehr und mehr durch Lohnarbeiter in weltlichen Schreibstuben. Gesteigerte Nachfrage ergab sich auch im Umfeld der seit dem 13. Jh. entstehenden Universitäten. Die Erfindung des ⟋ B.drucks um 1450 begünstigte den Übergang zu einer literalen Gesellschaft; mit der schnellen Reproduzierbarkeit eines Werkes expandierte das Buchangebot, spekulative Auflagenhöhen wurden im Wander- und Messehandel durch Druckerverleger und ⟋ Buchführer auf einem wachsenden überregionalen Markt abgesetzt. Von größter Bedeutung war das gedruckte B. für die Verbreitung der Reformation, allein von Luthers Übers. des NT wurden zwischen 1534 und 1574 ca. 100.000 Exemplare verkauft. Neben religiösen Werken erlebten wissenschaftliche Werke und Dichtungen hohe Verkaufszahlen. Bücher gerieten zunehmend ins Visier kirchlicher und obrigkeitlicher Kommunikationskontrolle, Raubdrucke wurden, erleichtert durch lediglich kleinstaaterische Privilegienerteilung, zum beständigen Problem. Für das ausgehende 18. Jh. kann von einer ersten, qualitativen »Leserevolution« gesprochen werden, gekennzeichnet durch extensivere Lesegewohnheiten vorwiegend bürgerlicher Schichten. Die zweite, quantitative Leserevolution bewirkte im Kontext der Massenalphabetisierung eine sukzessive alle gesellschaftlichen Schichten erreichende B.nutzung. Im 20. Jh. ergab sich für das B. eine zunehmende Medienkonkurrenz durch Radio, Film und Fernsehen. Dennoch stieg die B.produktion weiter, geprägt durch einen sowohl in der Herstellung als auch in der Distribution voranschreitenden Konzentrationsprozess. Nachdem bereits in der ersten Hälfte des 20. Jh.s *Mikrofilme* als Zwischenschritt bei der Entwicklung neuer Speichermedien für Texte und Abbildungen zur Anwendung kamen, belegt »Digiset«, ein von R. Hell entwickeltes Fotosetzgerät mit CRT-(= *Cathode Ray Tube*)Technik, schon für die Mitte der 1960er Jahre den Beginn der Digitalisierung im Fotosatz. Der nächste Schritt war digitales Speichern für den Schriftsatz; die Druckindustrie beförderte mit der Zunahme elektronischer Verfahren verkürzte Technologieinnovationszyklen, die eine deutliche Verdichtung der Arbeitsschritte von der Druckvorstufe bis hin zum distributionsfertigen Werk bewirkten. Binnen weniger Jahre wurden in der Folge auch die Verlage in die unmittelbare B.produktion einbezogen, indem sie mittels »Desktop Publishing« Satz- und Layoutarbeiten selbst übernahmen. Ein weiterer wichtiger Schritt auf dieser Ebene war die Praxis der elektronischen Manuskripterstellung durch Autoren. Diese verfahrens- bzw. produktionsorientierte Ableitung aus der computergestützten Herstellung von Printmedien prägte in den 1980er und frühen 1990er Jahren den Begriff des *Electronic Publishing*. Eine neue Dimension des B.begriffs ergab sich jedoch erst durch das Angebot und die Rezeption von elektronisch präsentierten Inhalten. Neben Spiel- und Lernprogrammen wurden buchtypische Inhalte auf Magnetbänder, Disketten und immer häufiger auf CD-ROM gespeichert und verkauft. ›Elektronisches Publizieren‹ bezog sich nun auch auf die Produktebene. Als Kennzeichen der Integration des B.s in die ›Neuen Medien‹ gilt die potentielle Multimedialität, d. h. die gemeinsame Speicherung und Darbietung von buchtypischen Inhalten mit Tönen und bewegten Bildern, sowie die (speziell bei Onlineprodukten) gegebene Hybridstruktur durch Verlinkungsoptionen und potentiell interaktiven Eingriff. Offen ist, in welchem Maße und in welchen Bereichen gedruckte Bücher künftig durch elektronische Bücher ergänzt bzw. ersetzt werden.

Seit dem 18. Jh. ist das B. Gegenstand spezieller wissenschaftlicher Forschung, zunächst als ↗ Bibliographie und Bücherkunde, zumeist im Zusammenhang mit Bibliotheks- und historischen Hilfswissenschaften. Als eigenständige wissenschaftliche Diszipln gibt es B.wissenschaft an den Universitäten in Erlangen-Nürnberg (seit 1984), Leipzig (1995), Mainz (1957) und München (1987). Neben der Erforschung der B.geschichte widmet sich die B.wissenschaft zunehmend aktuellen Fragen der B.nutzung und -wirkung, der B.wirtschaft und der Medienentwicklung.

Lit.: S. Corsten (Hg.): Lexikon des gesamten B.wesens. Stgt. 1987 ff. – F. Funke: B.kunde. [1959]. Mchn. ⁶1999. – St. Füssel: B. In: RLW. – H. Hiller, St. Füssel (Hg.): Wörterbuch des B.es [1954]. Ffm. ⁶2002. – D. Kerlen, I. Kirste (Hg.): B.wissenschaft und B.wirkungsforschung. Lpz. 2000. – M. Lehmstedt (Hg.): Geschichte des dt. B.wesens [CD-ROM]. Bln. 2000. – U. Rautenberg (Hg.): Reclams Sachlexikon des B.es. Stgt. ²2003. – U. Rautenberg, D. Wetzel: B. Tüb. 2001. – V. Titel: B.wissenschaft im Grenzgang: Electronic Publishing und E-Commerce. In: D. Kerlen (Hg.): B.wissenschaft – Medienwissenschaft. Wiesbaden 2003, S. 127–148. – R. Wittmann: Geschichte des dt. B.handels. Mchn. ²1999.   VT

Buchbeutel ↗ Beutelbuch.
Buchblock ↗ Buch, ↗ Broschur, ↗ Einband.
Buchdecke ↗ Einband.
Buchdeckel ↗ Buch.
Buchdrama ↗ Lesedrama.
Buchdruck, neuzeitliche Technik der Buchherstellung. In ihrer maßgeblichen Form geht die Erfindung des B.s auf J. Gutenberg (zwischen 1393 und 1404–68, Mainz) zurück. Zwar wurde schon früher gedruckt – wie etwa Mitte des 8. Jh.s n. Chr. in China und Japan mittels geschnitzter Holztafeln und Anfang des 11. Jh.s, ebenfalls in China, unter Verwendung beweglicher Keramik- bzw. Tonlettern –, doch lässt sich keines dieser Verfahren, und zwar weder in seiner technischen Effektivität noch in seiner praktischen Verwendung, mit der Gutenberg'schen Technik vergleichen. Perfektioniert war diese Mitte bis Ende der 1440er Jahre, nachdem es Gutenberg in einer langjährigen Phase des Experimentierens gelungen war, Erkenntnisse sowohl aus der Goldschmiedekunst, der Stempelschneiderei und der Glockengießerei als auch aus der Papierherstellung sowie der Weinkelterei zusammenzuführen. Das Problem des Letterngusses bewältigte er mittels eines Handgießinstruments und erreichte so die völlige Gleichmäßigkeit des Setzens. Gutenbergs Setzkasten enthielt 290 Schriftzeichen (neben Groß- und Kleinbuchstaben zahlreiche Abbreviaturen und Ligaturen), die es ihm ermöglichten, Bücher herzustellen, welche sich dem Aussehen nach kaum von ihren skriptographischen Vorgängern unterschieden – ein Ideal, dem sich in den ersten Jahrzehnten nach der Erfindung nicht nur Gutenberg verpflichtet zeigte. Dies belegen zahlreiche ↗ Inkunabeln bzw. Wiegendrucke (Frühdrucke bis etwa 1500), deren typographischer

Ursprung sich dem ungeschulten Auge so gut wie nicht offenbart. Die satztechnische Vollendung der berühmten, 1452–54 in einer Auflage von ca. 200 Exemplaren entstandenen zweiundvierzigzeiligen Bibel (B 42) deutet darauf hin, dass es Gutenberg bei seiner Erfindung in erster Linie darum ging, die fehlbare Hand des Schreibers durch eine Maschine zu ersetzen und so Harmonie und Ebenmaß der Schrift zu perfektionieren, dass er also an einer künstlichen Proportionierung der Textgestaltung und nicht oder nur peripher an einem schnellen Kopierapparat interessiert war. Allerdings stellte sich bereits nach wenigen Jahrzehnten das Vervielfältigungspotential als das eigentlich Revolutionäre der *nova ars scribendi* heraus, die sich – begleitet von kritischen Stimmen wie der des Abtes Johannes Trithemius, der noch 1494 seine Hss.-Apologie »De laude scriptorum« (Vom Lob der Hss.schreiber) vorlegte – mit enormer Geschwindigkeit in ganz Europa ausbreitete. So siedelten sich dt. Drucker bereits 1464 f. in Subiaco bei Rom an, 1469 in Venedig, 1470 an der Pariser Sorbonne, 1473 in Ungarn, Spanien und den Niederlanden. Gegen Ende des 15. Jh.s war die Kunst des B.s an mehr als 250 Orten in Europa heimisch, wobei in vielen Städten zahlreiche Druckereien nebeneinander arbeiteten, so dass man von mehr als 1.100 damals bestehenden Offizinen (mit wiederum oftmals mehreren Pressen) ausgehen kann, die bis zur Jh.wende etwa 27.000 Druckwerke in etwa 20 Millionen Exemplaren produzierten. Zunächst um die Hälfte, schon bald aber um nicht weniger als das Fünffache billiger als ihre handgeschriebenen Pendants, waren die gedruckten Bücher zu etwa 77 % in Lat., der universalen Sprache von Kirche und Gelehrsamkeit, verfasst, wodurch sich die Internationalität des damaligen Buchhandels erklärt, die freilich in dem Augenblick, da die Alleinherrschaft der Kirche durch die Reformation zerstört und die Bedeutung des Lat. von derjenigen der Volkssprachen überflügelt wurde, einer zunehmenden nationalen Differenzierung wich. Kamen im Jahr 1500 noch zwanzig lat. Neuerscheinungen auf eine dt.sprachige, so waren es 1524 nur noch drei. Zu einem wesentlichen Anteil verdankte sich dieser Wandel dem Erfolg der Schriften M. Luthers, von dessen 1522 erstmals publizierter dt. Übers. des NT zu Lebzeiten des Reformators ca. 200.000 Exemplare verkauft wurden. Als meistgelesener Autor des 16. Jh.s pries Luther die Gutenberg'sche Erfindung als Geschenk Gottes, ohne das die Reformation ihre Wirkung nicht hätte entfalten können. – Gutenbergs innovative Technik blieb für mehr als 350 Jahre, d. h. bis zur Einführung von F. Koenigs Zylinderdruckmaschine bzw. Schnellpresse (1812), prinzipiell unverändert. ↗ Druck.

Lit.: E. L. Eisenstein: Die Druckerpresse [engl. 1983]. Wien 1997. – W. Faulstich: Medien zwischen Herrschaft und Revolte. Die Medienkultur der Frühen Neuzeit (1400–1700). Gött. 1998. – St. Füssel: J. Gutenberg. Reinbek 1999. – Ders.: Gutenberg und seine Wirkung. Ffm. 1999. – F. Geldner: Inkunabelkunde. Wiesbaden 1978. – M. Giesecke: Der B. in der Frühen Neuzeit. Ffm. 1991. – M. McLuhan: Die Gutenberg-Galaxis [engl. 1962]. Bonn 1995. – L. Scholz: Die Industria des B.s. In: A. Kümmel u. a. (Hg.): Einf. in die Geschichte der Medien. Paderborn 2004, S. 11–33. – A. Venzke: J. Gutenberg. Zürich 1993.   JGP

Bucheinband ↗ Buch.

Buchemblematik ↗ Emblematik.

Bücherverbrennung [auch: *book-burning, holocaust in books, Autodafé, livres condamnés au feu*], die nichtprivate Vernichtung missliebigen Schrifttums. Wesentliche Merkmale von B. sind ↗ Öffentlichkeit mit dem Zweck der »Informations-Demonstration«, Beteiligung eines Amtsträgers mit dem Zweck der obrigkeitlichen Legitimation, Zeremonialität der Handlung und pyromane Reinigungsfeierlichkeit mit dem Zweck der Herstellung oder Verstärkung der Empathie bei den Teilnehmern des Rituals, das Sprachdenkmal (›Buch‹ meint Broschüre, Kalender, Manuskript, Brief usw. mit) als metonymisch gedachter Gegenstand der Vernichtung. Die Nähe von B. zur öffentlichen Menschenhinrichtung und -verbrennung ist gesucht und nimmt sie nicht selten mittels *in effigie*-Aktionen im Übergang von der symbolischen Handlung zur realgeschichtlichen Tat vorweg.

Die B. ist, entgegen der Ansicht mancher Opfer, zwar nicht so alt wie die Lit., aber ein ständiger Begleiter, seit ihre normstabilisierenden, -abweichenden oder -kritischen Potentiale als je eigene Herausforderungen an religiöse, politische, gesellschaftliche und lit.-künstlerische Sinnsysteme erkannt worden sind. So werden im altchines. Großreich 213 v. Chr. die Bücher der Konfuzianer verbrannt, wird im kaiserzeitlichen Rom, von Augustus bis über Diokletian (frühes 4. Jh. n. Chr.) hinaus, die B. eine legalisierte Form öffentlicher Bestrafung, nicht zuletzt an Schriften der Christen. Diese wiederum eignen sich nach der Einführung ihres Glaubens als Staatsreligion unter Konstantin die Methoden der Kaiser und ihrer Administration an, um einerseits die Bücher der paganen Philosophen, Rhetoren, Juristen, Literaten zu verbrennen (z. B. der Brand des Museions zu Alexandria 391 n. Chr.), andererseits das Grundbuch der jüdischen Tradition, den Talmud, und mit ihm die Vorgängerreligion auszulöschen (z. B. Pariser Talmud-Prozess 1240–42). Auch der Koran wird nicht verschont, wie etwa in Spanien 1499 das Feuergericht des Erzbischofs Jiménez zeigt. Überhaupt kommt es im späten MA. und in der Frühen Neuzeit im Kontext der reformatorischen Umbrüche und Konfessionskriege zu pyromanen Exzessen (1415 der Feuertod des Jan Hus und seiner Schriften, 1497 die »bruciamenti delle vanità« des Dominikaners Savonarola und das Feuergericht über ihn 1498); geschichtsträchtig wird dabei M. Luthers B. von 1520 – Ausdruck des Protests gegen die kirchliche Autorität –, die nicht nur entsprechende kaiserliche und päpstliche Antworten findet (mit *in effigie*-Verbrennung des Reformators in Rom 1521); auf sie referiert 1817 gezielt die B. beim Burschenschaftsfest auf der Wartburg als antifeudaler Protest, aber auch die gegen die Weimarer Republik und ihre geistigen Wurzeln gerichtete B. vom 10. Mai 1933, die, vom Dt. und NS-Studentenbund inszeniert, ob ihres Vernichtungswahns ein singuläres Ereignis in der Geschichte der B. darstellt und plausibel nur aus der Reihe der nachfolgenden NS-Feuerorgien sich begreifen lässt. Trotz dieser historischen Erfahrungen geht die Geschichte der B. als eine Geschichte der *damnatio memoriae* auch in der Gegenwart weiter, wie sie der Roman »Fahrenheit 451« von R. Bradbury und der gleichnamige Film von F. Truffaut zeigen.

Texte: G. Sauder (Hg.): Die B. Zum 10. Mai 1933. Mchn., Wien 1983.

Lit.: L. Canfora: Die verschwundene Bibliothek [it. 1986]. Bln. 1988. – H. Rafetseder: B.en. Wien u. a. 1988. – A. Schöne: Göttinger B. 1933. Gött. 1983. – W. Speyer: Büchervernichtung und Zensur des Geistes bei Heiden, Juden und Christen. Stgt. 1981. – Th. Verweyen: B.en. Hdbg. 2000. – Ders.: Vom Bücherverbrennen und vom Menschenverbrennen. In: H. Bobzin, Th. Verweyen (Hg.): »Ich übergebe der Flamme ...« Erlangen 2004, S. 7–26. – T. Werner: Vernichtet und vergessen? B.en im MA. In: O. G. Oexle (Hg.): Memoria als Kultur. Gött. 1995, S. 149–184.   TV

Buchführer, im 15. und 16. Jh. gebräuchlicher Begriff für Buchverkäufer bzw. Händler, die Bücher im Angebot ›führten‹. Zunehmend auf eigene Rechnung boten B. ihre Waren vornehmlich auf Märkten und Messen an, häufig neben anderen Produkten wie Papier, Tuchen oder Wolle. Z. T. agierten B. im Auftrag sesshafter Druckerverleger. Beispiele hierfür sind Urban Port und Achatius Glov, die zu Beginn des 16. Jh.s den auswärtigen Vertrieb der Verlagswerke von Melchior Lotter aus Leipzig übernahmen. Bis zur Mitte des 16. Jh.s lassen sich insgesamt mehr als 1.000 B. im dt.sprachigen Gebiet nachweisen. In der Regel betrieben sie keinen Hausierhandel, sondern boten ihre Waren an Ständen oder in Buden an.

Lit.: H. Grimm: Die B. des dt. Kulturbereichs und ihre Niederlassungsorte in der Zeitspanne 1490 bis um 1550. In: Archiv für Geschichte des Buchwesens 7 (1967), Sp. 1153–1772.   VT

Buchgemeinschaft, verlagsartiges Unternehmen, das auf der Grundlage eines festen Abonnenten-Systems seine meist im Lizenzvertrag mit den ⁊ Verlagen der Originalausgaben produzierten Bücher an seine Mitglieder im Direktversand abgibt. Daneben existieren Vertriebsformen, bei denen die Mitglieder über den Buchhandel, eigene Club-Center oder neuerdings aufgrund von Online-Bestellungen beliefert werden. Die Mitglieder zahlen einen festen Betrag und erhalten dafür entweder einen vorher bestimmten Titel, den sog. ›Vorschlagsband‹, oder können frei aus dem B.skatalog ihre Bücher auswählen. – Die B.en gehen auf die ⁊ Lesegesellschaften des Bürgertums und die Bildungsbestrebungen der Arbeiterklasse im 19. Jh. zurück, de-

ren Ziele Volkserziehung und Aufklärung waren. Als Vorläufer der B.en gelten die engl. *bookclubs*, bibliophile Vereinigungen, die zu Beginn des 19. Jh.s als mäzenatische Unternehmen zur Herausgabe wertvoller Manuskripte und vergriffener Werke entstanden. Um 1830 wurden in Deutschland erste konfessionelle ›Büchervereine‹ zur Verbreitung von ›guten Schriften‹ gegründet; 1876 entstand die »Bibliothek der Unterhaltung und des Wissens«, die im Abonnementsbezug die »neuesten Schöpfungen der bedeutendsten Schriftsteller in Verbindung mit trefflichen Beiträgen aus allen Gebieten des Wissens« vermitteln wollte. Als eigentliches Anfangsdatum der B.en gilt die Gründung des »Vereins der Bücherfreunde« im Jahr 1891. Diese Organisation entsprang dem Arbeiterbildungsgedanken, ihre Leitsätze waren »Wissen ist Macht« und »Das Buch dem Volke«. Gedruckt wurden ›Volksklassiker‹, die für die Abonnenten aus der Arbeiterschicht das bürgerliche Bildungsgut erschließen sollten. 1924 entstanden drei B.en: die gewerkschaftlich orientierte »Büchergilde Gutenberg«, der sozialistische »Bücherkreis« und die »Dt. Buchgemeinschaft«, die nicht gemeinnützig war, sondern nach marktwirtschaftlichen Kriterien auf ein Massenpublikum ausgerichtet wurde. Während der nationalsozialistischen Diktatur wurden die B.en entweder aufgelöst, der ›Dt. Arbeitsfront‹ angegliedert oder in den letzten Kriegsjahren aus ökonomischen Gründen eingestellt. Die Blütezeit der B.en setzte mit dem Beginn der 1950er Jahre ein. Eine bes. Stellung kam dabei der »Büchergilde Gutenberg« zu, die 1948 aus dem Exil zurückkehrte und sich weiter dem Volksbildungsgedanken verpflichtet fühlte, ferner der 1949 gegründeten »Wissenschaftlichen B.« (später »Wissenschaftliche Buchgesellschaft«), die unter Verzicht auf jeden Gewinn vornehmlich wissenschaftliche und kulturelle Werke veröffentlicht oder zur Subskription ausschreibt. Typischer im Sinne der Verbreitung von populärer Lit. waren drei Neugründungen im Jahre 1950: der »Bertelsmann-Lesering«, die B. »Bücher für alle« und »Europäische Buchklub«. Grundlage des Erfolgs war bei Bertelsmann das Konzept, von Anfang an den verbreitenden Buchhandel in die Mitgliederwerbung und -belieferung einzubeziehen. Dennoch rief der große Aufschwung der B.en in den 1950er und 1960er Jahren beim Sortimentsbuchhandel und in der Öffentlichkeit heftige Reaktionen hervor. Kritisiert wurden die aggressiven Werbemethoden und das niedrige Niveau der Bücher, das sich hauptsächlich an Bestseller-Listen orientiere und jedes Experiment scheue. Haben inzwischen Sortimentsbuchhandel und B.en in einer friedlichen Kooperation und Duldung zueinander gefunden, so bleibt die öffentliche Kritik an der mangelnden Risikobereitschaft der meisten B.en bestehen. Die B.en haben aber zumindest neue Leserschichten an die Lit. herangeführt. Nach 1989 gab es durch neue Kunden aus den östlichen Bundesländern einen kurzen Aufschwung im B.s Geschäft; im weiteren Verlauf der 1990er Jahre ging der Umsatz jedoch zurück. Heute befinden sich die B.en im Umbruch: Das Buch steht nicht mehr im Zentrum ihrer Arbeit; ↗ Hörbücher, CDs, Video-Kassetten und DVDs erzielen mehr als die Hälfte des Umsatzes; B.en werden zunehmend in den Internet-Handel integriert.

Lit.: M. Hutter, W. R. Langenbucher: B.en und Lesekultur. Bln. 1980. – M. Kollmannsberger: B.en im dt. Buchmarkt. Wiesbaden 1995. – U. Schneider: B.en. In: E. Schütz u. a. (Hg.): Das BuchMarktBuch. Reinbek 2005, S. 74–76. LVS

Buchhandel, Institution, die der kommerziellen Verbreitung von Druckerzeugnissen dient. Der B. gliedert sich in herstellenden (↗ Verlage) und verbreitenden B. Dieser bezieht heute die fertigen Verlagserzeugnisse direkt beim Verlag oder über den Zwischen-B. Die am meisten verbreitete Form ist der Sortiments-B. (auch: Sortiment) mit offenem Ladengeschäft, der über 60 % der Verlagsprodukte absetzt. Weitere Vertriebsformen sind der Versand-B., der durch Anzeigen und Prospekte wirbt, der Reise-B., der seine Kunden durch reisende Vertreter anspricht, und sonstige Formen wie Warenhaus-, Bahnhofs- oder Supermarkts-B. Nach Anlaufschwierigkeiten setzt sich auch der Online-Verkauf von Büchern durch. Wie im Verlagswesen geht auch im B. der Trend in Richtung immer höherer Konzentration. Das Angebot von heute über 90.000 jährlichen Neuerscheinungen hat zur Folge, dass v. a. große Ketten ihr Sortiment an ↗ Bestsellern ausrichten. – Die Geschichte des B.s und seiner Vorformen reicht weit zurück: Bei den Ägyptern, Römern und Griechen wurden Texte bei schreibkundigen Sklaven in Auftrag gegeben, kalligraphiert auf Papyrus oder Pergament. War im MA. die Vervielfältigung von Texten weitgehend den Klöstern überlassen, so entwickelte sich Ende des 14. Jh.s durch billigeres Papier in der Nachfolge des Pergaments ein regeres Interesse an schriftlichen Überlieferungen. In Universitätsstädten vertrieben sog. *stationarii* Abschriften von Andachts-, Gebets- oder Arzneibüchern. Erst mit der Buchdruckerkunst Mitte des 15. Jh.s bekam der B. kommerziellen Umfang. ›Buchführer‹ reisten über die Märkte und Messen und priesen ihre Bücher an. Verlag und Sortiment waren vorerst noch in einer Hand und trennten sich erst im Laufe des 18. Jh.s. Ursprünglich war Frankfurt am Main (Messen) der Hauptumschlagplatz für Druckerzeugnisse; nach der Reformation übernahm Leipzig diese Funktion. 1825 wurde dort der »Börsenverein des dt. B.s« als Schutzorganisation (v. a. gegen ↗ Nachdrucke) gegründet, der 1888 für den B. einen festen Ladenpreis als wichtiges Instrument gegen unlautere Konkurrenz durchsetzte. Nach dem Zweiten Weltkrieg wurde 1948 der Börsenverein in Frankfurt neu gegründet, der heute wieder das Organ »Börsenblatt für den dt. B.« (erste Ausg. 1834) herausgibt und die »Dt. Buchhändlerschule«, die »Fachschule des Dt. B.s und des dt. B.sseminars« trägt sowie die Buchmessen in Frankfurt und Leipzig veranstaltet. – Zu Beginn des 21. Jh.s drohte die Aufhebung der Buchpreisbindung durch die EU-Kommission in Brüssel. Die Aufhebung des festen Ladenpreises hätte die Konzentration auf gängige Titel weiter beschleunigt und die Existenz kleiner Buchhandlungen bedroht. Durch massive Proteste und die Neuformulierung eines Bundesgesetzes konnte die Buchpreisbindung für Deutschland gesichert werden.

Lit.: Geschichte des dt. B.s im 19. und 20. Jh. Hg. im Auftrag des Börsenvereins des dt. B.s. Ffm. 2001. – E. Heinold: Bücher und Buchhändler. Hdbg. 1988. – H. Hiller, W. Strauß: Der dt. B. [1961]. Hbg. ⁵1975. – T. Kleberg: B. und Verlagswesen in der Antike. Darmstadt 1967. – U. Schneider: B. In: E. Schütz u. a. (Hg.): Das BuchMarktBuch. Reinbek 2005, S. 76–81. – R. Wittmann: Geschichte des dt. B.s [1991]. Mchn. ²1999. – Ders.: B. In: RLW. LVS

Buchillustration, 1. im weiteren Sinne jede Ergänzung von Texten durch begleitende Bilder, die mit den Texten im materiellen Zusammenhang eines ↗ Buchs vereinigt ist; Typus der ↗ Illustration. Die B. von Hand wird genauer als ↗ ›Buchmalerei‹ bezeichnet. – Weitzmann zufolge ist schon vor dem ↗ Hellenismus mit umfangreichen Homerillustrationen in Buchrollen zu rechnen, denen später u. a. Bilderreihen zu Büchern des AT sowie naturwissenschaftliche B.en gefolgt seien. Früh bilden sich ikonographische Muster, die zu einer Loslösung der Bilder vom Text beitragen und bis in die Druckgraphik hinein wirksam bleiben. – Es herrscht heute die Ansicht vor, dass eine neutrale Umsetzung von Texten in Bilder nicht möglich ist, sondern durch Szenen- und Motivauswahl sowie durch die emotionale Färbung eine mehr oder weniger bewusste ↗ Interpretation geleistet wird. – 2. Im engeren Sinne die illustrierende Graphik im ↗ Buchdruck, die teilweise auch dekorative Funktionen erfüllt. – Die B. in den ↗ Inkunabeln erfasst zunächst fast die gleichen Textsorten wie die Buchmalerei der späten Hss. (biblische Texte, Gebetbücher, ↗ Legendare, Heldengeschichten, ↗ Chroniken und ↗ Fabeln sowie technische und naturwissenschaftliche Texte). Die ↗ Blockbücher enthalten fast immer B.en. Die ersten B.en in typographischen Büchern entstehen bei Pfister in Bamberg 1460–63 zum »Ackermann aus Böhmen« des Johannes von Saaz und zu U. Boners »Edelstein«. Die B. im 15. und in der ersten Hälfte des 16. Jh.s wird ganz überwiegend im (teils nachkolorierten) Holzschnitt ausgeführt, der als Hochdruckverfahren einfach in die Textlettern einzufügen und im selben Arbeitsgang zu drucken ist; Kupfer- und Metallstich kommen zunächst nur gelegentlich zum Einsatz. Im 16. Jh. wird die B. zu einem wichtigen Mittel der konfessionellen Polemik; daneben steigt die Zahl bebilderter humanistischer und antiker Texte. Gerade in der ersten Jh.hälfte sind viele bekannte Künstler wie A. Dürer und L. Cranach als Reißer tätig. Der Stil wird nun stärker durch Schraffuren bestimmt, was die Nachkolorierung zurückdrängt. Erst recht mit der Umstellung auf den Kupferstich, der als Tiefdrucktechnik einen eigenen Druckvorgang erfordert, sind differenzierte Bildeffekte möglich. Hatte schon 1486 E. Reuwichs Druck von Bernhards von Breidenbach »Peregrinatio in terram sanctam« ein eindrucksvolles Holzschnittfrontispiz besessen, wird die Voranstellung eines selbständigen Frontispizes und eines aufwendig architektonisch gerahmten Titelblatts nun für lange Zeit, begünstigt auch durch den separaten Druck, zu einer Art Mindeststandard. Neben ganzseitigen Tafeln existieren aber auch weiterhin auf Textseiten als Kopf- oder Schlussstücke integrierte B.en. Im 17. Jh. können die nl. und frz. Verlage als führend in der B. gelten. In Deutschland nehmen v. a. durch M. Merian die exakte topographische Darstellung und die historiographische Illustration einen wichtigen Platz ein. Verbreitet sind nun auch Porträtstiche und wissenschaftliche Darstellungen. Im 18. Jh. wird das Kupferstichverfahren häufig mit der Radierung verbunden. Frankreich bleibt in dieser Zeit vorbildlich und bringt bes. in der zweiten Jh.hälfte namhafte Reißer hervor, die z. T. auch selbst die Platten stechen. Schöngeistige Lit. wird nun sehr häufig illustriert, die Formate der Bücher werden dabei im Allgemeinen kleiner. Mit dem von Th. Bewick eingeführten Holzstich und der von A. Senefelder erfundenen Lithographie verbreiten sich im 19. Jh. zwei bedeutende neue Bilddruckverfahren, die zunächst auch den stilistischen Neigungen zu romantischen Hell-Dunkel-Kontrasten entgegenkommen. Die Holzstiche J. Gigoux' zu A.-R. Lesages »Gil Blas« (1835) und die Lithographien E. Delacroix' zu J. W. Goethes »Faust« (1828) bilden hier Meilensteine. Dass beide Verfahren als Nachbildungstechniken für hohe Auflagen geeignet sind, führt in der zweiten Jh.hälfte zusammen mit der schon bei den Nazarenern vorherrschenden Bewunderung für bestimmte Klassiker der Kunstgeschichte zu einer Scheidung in ausufernd mit Reproduktionen bestückte Bücher und fast gar nicht mehr illustrierte lit. Werke. Allerdings erblühen andere bebilderte Lit.formen wie die Illustrierte, das Kinderbuch und die Bildergeschichte (W. Busch). Die am Ende des Jh.s aus der engl. Arts-and-Crafts-Bewegung hervorgegangene, v. a. von W. Morris geforderte Rückbesinnung auf die handwerkliche Tradition wird allg. als Anstoß für die auf die ganze Buchgestaltung Einfluss nehmende B. von ↗ Jugendstil und ↗ Expressionismus gesehen. Dabei treten in der Folge der Künstler und sein Personalstil deutlich in den Vordergrund, bes. ausgeprägt im aufwendigen, in kleiner Auflage hergestellten ↗ Künstlerbuch (z. B. M. Ernst). Die durch die Fotodruckverfahren im 20. Jh. eminent erleichterten Reproduktionen führen die B. einerseits in dem großen Bereich der ↗ Kinder- und Jugendlit., bes. dem ↗ Bilderbuch und dem ↗ Comic, zu einem neuen Aufschwung; andererseits ermöglichen sie die Experimente zahlreicher Autoren mit ↗ Wort-Bild-Formen (z. B. R. D. Brinkmann, W. G. Sebald). Ein weiterer Bereich, der seit dem 20. Jh. ohne B.en undenkbar geworden ist, ist das ↗ Sachbuch.

Lit.: E. Isphording: Fünf Jh.e B. Nürnberg 1988. – K. Weitzmann: Illustrations in Roll and Codex [1947]. Princeton/N.J. ²1970. – H. Wendland: Die B. von den Frühdrucken bis zur Gegenwart. Aarau, Stgt. 1987.

CWI

Büchlein [mhd. *büechel(în)*], vorwiegend nicht-erzählender Reimpaar- oder Prosatext des MA.s, der sich bei begrenztem Umfang traktathaft mit einem spezifischen Thema auseinandersetzt. – Die Bez. wird auch für erbauliche Werke gebraucht (z. B. Thomas Peuntner: »Büchlein von der Liebhabung Gottes«, 1433), begegnet aber v. a. in unterminologischer Verwendung für minnedidaktisches Schrifttum (↗ Minnerede). Prototyp dieser lit. Reihe ist um 1180 Hartmanns von Aue »Klage« (»Das [erste] B.«); an ihr orientieren sich »Der heimliche Bote« aus dem späten 12. Jh., das anonym überlieferte (zweite) »B.« und Strickers »Frauenehre« (beide um 1230), »Diu Mâze« (um 1250), Ulrichs von Liechtenstein »Frauenbuch« (1258) sowie zahlreiche Minnereden des 13. und 14. Jh.s. Keimzelle mag die Beschäftigung der Autoren mit dem Streitgespräch, dem ↗ Planctus, der Versepistel oder mit Werken wie Ovids »Heroides« im Rahmen des lat. Schulunterrichts gewesen sein.

Lit.: I. Glier: Artes Amandi. Mchn. 1971, S. 16–53. – D. Huschenbett: *Die Mâze* – ein B.typ. In: GRM N. F. 36 (1986), S. 369–379.

WA

Buchmalerei, in Westeuropa von der späten Antike bis zum Beginn der Neuzeit verbreitete Kunstgattung; mit der Hand ausgeführter Typus der ↗ Buchillustration. B. umfasst figürliche Bilder und dekorativen Schmuck in Büchern; sie wurde in Form von Deckfarbenmalereien, aber auch in unkolorierten oder kolorierten Zeichnungen ausgeführt. – B.en wurden zuerst auf Papyrusrollen, später hauptsächlich in Pergamentcodices geschaffen, doch erhielten auch noch Papier-Hss. und gedruckte Bücher B.en. Waren die B.en in der Spätantike noch bildhaft, textillustrierend und von profaner Thematik, so lag im MA. ihre Hauptaufgabe im Schmuck religiöser Bücher oder in der Unterweisung, wobei die Textbindung häufig nur indirekt war; viele Bildthemen waren allegorisch-typologischer oder kosmologischer Art. Allerdings wurden auch weiterhin profane Texte illustriert. Wichtige Schmuckelemente waren nun dekorative ↗ Initialen, die häufig in Gold ausgeführt wurden und Texten bes. Würde verleihen sollten, sowie aufwendige Rahmungen für Text- wie Bildseiten. – Während man davon ausgeht, dass in der Antike v. a. freischaffende Ateliers die B.en ausführten, ging diese Aufgabe im Früh-MA. mit der gesamten Buchproduktion auf die Klöster über. Abgesehen von der direkten Herstellung am Fürstenhof, wie um 800 im Umkreis Karls des Großen, kann erst für das Ende des 12. Jh.s wieder mit einer größeren Bedeutung laikaler Buchmaler gerechnet werden. Die Organisationsformen der Werkstätten waren vielfältig. Durch den ↗ Buchdruck, aber auch durch wirtschaftliche Veränderungen und den Bedeutungszuwachs anderer Kunstgattungen starb die B. im 16. Jh. aus. Nur in einigen außereuropäischen Gebieten (z. B. Indien und Persien) kam es im 17. Jh. noch einmal zu einer Blüte der Gattung.

Lit.: J. J. G. Alexander: Medieval Illuminators and Their Methods of Work. New Haven, Ldn. 1992. – N.H. Ott: B. In: RLW. – O. Pächt: B. des MA.s [1984]. Mchn. [4]2000. CWI

Buchmärchen ↗ Märchen.

Buchmesse, periodisch (meist jährlich) wiederholte, von zahlreichen ↗ Verlagen genutzte Verkaufs- und Werbeveranstaltung für Druckerzeugnisse. Ende des 15. Jh.s entwickelten sich erste Ansätze im Rahmen der allg. Handelsmessen, die gedruckte Bücherproduktion vorzustellen. Im 16. Jh. bildete sich Frankfurt zum wichtigsten Umschlagplatz für Bücher heraus. 1564 erschien der erste Messkatalog zur Frankfurter B. (hg. von dem Augsburger Buchhändler G. Willer), der allerdings nur eine Auswahl der Messeneuigkeiten verzeichnete. Erst die offiziellen Messkataloge, hg. vom Rat der Freien Reichsstadt Frankfurt seit 1598, boten alle Messnovitäten; der private Druck von Katalogen wurde verboten. Parallel zu Frankfurt entstand in Leipzig ein zweites B.-Zentrum; der erste Messkatalog erschien 1594, besorgt von dem Leipziger Buchhändler Henning Grosse. Während Frankfurt im 16. Jh. erster Platz für den Bücherumschlag war, gewann das reformierte Leipzig im 17. Jh. zusehends an Bedeutung: Hier sammelten sich – unbehelligter von der Zensur – die Verleger, hier wurden fortan die großen Geschäfte getätigt. Während z. B. 1730 der Leipziger Messkatalog 700 Titel verzeichnete, fiel der Frankfurter Katalog auf 100 Titel zurück; die Leipziger B.n wurden zu Beginn des 18. Jh.s von über 3.000 Besuchern frequentiert, nach Frankfurt kamen nur noch 800. – Bis zum Zweiten Weltkrieg blieb Leipzig national wie international der wichtigste Ort für B.n. Nach 1945 setzte sich die Rivalität zwischen beiden Messestädten unter politischen Vorzeichen fort. Seit 1949 findet in Frankfurt wieder jährlich im Herbst die B. statt, die inzwischen zur größten internationalen B. geworden ist. In Leipzig wurde die alte Tradition beibehalten, die B. im Rahmen der allg. Handelsmesse im Frühjahr anzusiedeln; die alte Bedeutung als B.-Stadt konnte jedoch nicht behauptet werden: Die meisten berühmten Verleger verließen die Stadt und gründeten ihre Verlagshäuser im Westen neu. Dennoch war die Leipziger B. ein wichtiger Treffpunkt, um trotz Diktatur nicht-offizielle Treffen zwischen Ost und West zu arrangieren und Bücher in die DDR zu schmuggeln. Nach 1990 erschien die Zukunft der Leipziger B. zunächst unsicher, doch zwischenzeitlich konnte sie sich stabilisieren. Frankfurt behauptete seine weltweit dominante Position als B.-Stadt. – In Frankfurt wird alljährlich der »Friedenspreis des Dt. Buchhandels«, in Leipzig der »Buchpreis zur Europäischen Verständigung« verliehen.

Lit.: H. Hiller, W. Strauß (Hg.): Der dt. Buchhandel [1961]. Hbg. [5]1975. – S. Niemeier: Funktion der Frankfurter B. im Wandel. Wiesbaden 2001.– G. Rühle: Die Büchermacher. Ffm. 1985. – W. Stöckle u. a.: ABC des Buchhandels [1975]. Mchn. [10]2001. – T. Voss: B. In: E. Schütz u. a. (Hg.): Das BuchMarktBuch. Reinbek 2005, S. 85–88. LVS

Büchnerpreis, auch: Georg-Büchner-Preis; bedeutendster und höchstdotierter dt. ↗ Lit.preis, benannt nach dem aus Darmstadt stammenden Dichter G. Büchner (1813–37). Der B. wird jährlich aufgrund des Votums einer Autorenjury verliehen von der ›Dt. Akademie für Sprache und Dichtung‹ in Darmstadt an Autoren, »die in dt. Sprache schreiben, durch ihre Arbeiten und Werke in bes. Maße hervortreten und an der Gestaltung des gegenwärtigen Kulturlebens wesentlichen Anteil haben« (Satzung vom 21. März 1958). Kernelemente der Ehrung sind ↗ Laudatio, Überreichung der Preisinsignien (Urkunde, Scheck) und Dankrede, die zu programmatischen poetologischen und politischen Ausführungen genutzt werden kann. Die Reden werden im Jb. der Akademie dokumentiert; der B. ist mit einem hohen Kanonisierungswert (↗ Kanon) ausgestattet. – Gestiftet wird der B. 1923 vom Volksstaat Hessen als ›Hessischer Staatspreis für Kunst‹ (aller Sparten) für hessische Künstler; bis 1932 wird dieser regionale Preis mit demokratisch-republikanischer Wertorientierung jeweils am 11. August, dem Verfassungstag der Weimarer Republik, verliehen. 1933–44 wird der B. nicht vergeben. 1945 wird die Verleihung des unbelasteten B.es als Kunstpreis wieder aufgenommen; bis 1950 ist die Stadt Darmstadt verantwortlich. Seit 1948 wird der B. im Oktober, dem Geburtsmonat des Namenspatrons, verliehen. 1951 wird der B. zum Lit.preis und in die Verantwortung der ›Dt. Akademie für Sprache und Dichtung‹ gegeben; die Finanzierung übernehmen der Bund, das Land Hessen und die Stadt Darmstadt.

Lit.: M. Assmann, H. Heckmann (Hg.): Zwischen Kritik und Zuversicht. 50 Jahre Dt. Akademie für Sprache und Dichtung. Gött. 1999. – J. Ulmer: Geschichte des Georg-Büchner-Preises. Bln., NY 2006. BD

Buchrücken ↗ Buch.

Buchwissenschaft ↗ Buch.

Bühne, 1. Spielfläche für theatralische Aufführungen; 2. ferner auch metonymische Bez. für das ↗ Theater insgesamt. – Die B. (1) ist abgegrenzt vom Zuschauerraum, ihre Ausgestaltung erfolgt durch das ↗ B.nbild. Sie ist der Raum, auf dem die mimisch-szenische Umsetzung des lit. Werkes oder theatralischen Textes erfolgt. Jeder Ort kann zur B. werden, doch versteht man im engeren Sinn unter ›B.‹ deren innerhalb eines Theaters gegebene Form. Im Theater müssen B. und Zuschauerraum als Einheit gesehen werden. – Es lassen sich in systematischer Hinsicht verschiedene Grundformen der B. unterscheiden (vgl. Balme): 1. Bei der Guckkastenbühne sind Zuschauer und Darsteller strikt getrennt; 2. beim Theaterraum mit Vorbühne ragt die Spielfläche in den Zuschauerraum hinein; 3. beim Are-

natheater sind die Darsteller auf allen Seiten vom Publikum umgeben; 4. bei Formen des *environmental theatre* können sich die Zuschauer frei um die Spielflächen bewegen. Die Guckkastenbühne konfrontiert Schauspieler und Zuschauer und hat eine klar abgegrenzte, meist erhöhte B., so dass Interaktionen und Änderungen des Blickwinkels hier kaum möglich sind. Das *environmental theatre* hat dagegen ein flexibles Raumverhältnis und ist offen für theatralische Interaktionen. – In der Geschichte des Theaters finden sich diese Grundformen in verschiedenen Ausprägungen. Im antiken gr. Theater dient die runde ↗Orchestra als Platz des Chores und ist von ansteigenden Zuschauerreihen umgeben, die Schauspieler agieren auf der schmalen Proszeniumsbühne. Die Bedeutung der Orchestra tritt schon im röm. Theater zurück, während die Proszeniumsbühne zum eigentlichen Spielort wird. Im mal. Theater entwickelt sich mit der ↗Simultanbühne eine gänzlich neue B.nform, bei der verschiedene Spielorte gleichzeitig aufgebaut sind, die von den Zuschauern nacheinander aufgesucht und umlagert werden. Die sog. ↗Shakespearebühne hat eine Vorbühne, die auf drei Seiten von Zuschauern umgeben ist; die Spielfläche ist in Vorder- und Hinterbühne unterteilt. In anderen Ländern und in der Folgezeit setzen sich zunehmend Saaltheater durch, die meist als Guckkastenbühne konzipiert sind: B. und Zuschauerraum (meist Logen- und Rangtheater) sind durch die Rampe wie durch eine vierte Wand getrennt, die Darsteller sind sichtbar in die fiktionale Welt der B.nhandlung integriert. Unter-, Ober- und Seitenbühne für Dekorationen und Bühnentechnik umgeben die Spielfläche. Die B. wird zur ↗Illusionsbühne, auf der mit Hilfe von bemalten Dekorationen ein illusionistischer Perspektivraum gestaltet wird. Erst um 1900 setzen Experimente mit neuen B.nformen und Räumen (Zirkus, Hallen, ↗Freilichttheater, variable Theaterräume) ein, um das alte Rangtheater und die trennende Rampe der Guckkastenbühne zu überwinden. Mit dem Wandel des B.nbildes vom gemalten Bild zum plastisch ausgestalteten Raum setzt sich – auch innerhalb der Guckkastenbühne – das Konzept der Raumbühne durch. Bis heute dominiert aber in Europa auf Grund der erhaltenen historischen Theaterbauten weiterhin die strikte Trennung zwischen B. und Zuschauerraum, wobei in einzelnen Inszenierungen immer wieder versucht wird, diese aufzubrechen.
Lit.: Ch. Balme: Einf. in die Theaterwissenschaft [1999]. Bln. ³2003. – R. Badenhausen, H. Zielske (Hg.): B.nformen – B.nräume – B.ndekorationen. Bln. 1974. – M. Carlson: Places of performance [1989]. Ithaca ²1993. – H. Kindermann: B. und Zuschauerraum. Wien 1963. – M. Lösch: B., B.nform. In: RLW. – W. F. Michael: Frühformen der dt. B. Bln. 1963. AHE

Bühnenanweisung, auch: Regieanweisung; Teil des ↗Nebentextes eines Dramas, in dem der Autor das szenische Geschehen auf der ↗Bühne beschreibt (Aussehen der Bühne und der Darsteller, szenische und mimisch-gestische Aktionen, Affekthaltungen der Figuren, musikalische, akustische oder technische Effekte). Damit kann er dem Leser Hilfestellungen zur Imagination und zum Verständnis des Werkes geben sowie die ↗Inszenierung des Textes zu lenken versuchen. Auf dem Theater müssen die B.en jedoch in andere Zeichensysteme (akustische, mimisch-gestische, optische) übersetzt werden. Umfang und Inhalt der B.en können stark variieren: Im Laufe des 18. und 19. Jh.s nehmen die B.en an Umfang zu, bis sie im naturalistischen Drama manchmal fast so viel Raum einnehmen wie die ↗Dialoge.
Lit.: B. Schmidt: The function of stage directions in German drama. Diss. San Diego 1986. – J. Steiner: Die B. Gött. 1969. – E. Sterz: Der Theaterwert der szenischen Bemerkungen im dt. Drama von Kleist bis zur Gegenwart. Bln. 1963. AHE

Bühnenbearbeitung, zum Zweck einer bestimmten ↗Aufführung redigierte ↗Fassung eines Dramentextes. Es gibt vier Möglichkeiten der B.: Reduktion, Addition, Substitution, Permutation. – In der Regel wird der Dramentext v. a. reduziert, d. h. Textpassagen werden gestrichen (Strichfassung). Striche erfolgen aus pragmatischen und aufführungstechnischen (Reduzierung der Aufführungsdauer, der ↗Figuren, der Szenenwechsel), aber auch aus künstlerischen, moralischen oder politischen Gründen (↗Zensur). B.en waren und sind die Regel, ein unverändertes und ungekürztes Drama wird selten aufgeführt. F. Schiller und J. W. Goethe z. B. bearbeiteten sowohl ihre eigenen als auch fremde Dramen für das Weimarer ↗Hoftheater sehr stark. – Neben der Reduktion des Textes ist es gelegentlich üblich, Neues hinzuzufügen, Textpassagen zu ersetzen, zu modernisieren oder diese umzustellen. Sobald der neue Textanteil zu stark ansteigt, wird die Fassung nicht mehr als ›Bearbeitung‹ eingestuft, was durch Bez.en wie ›frei nach Shakespeare‹ signalisiert wird. Jede B. stellt schon eine ↗Interpretation dar, da einige Teile eliminiert, andere betont oder hinzugefügt werden. B.en dienen außerdem zur Anpassung eines – älteren – Dramas an die gesellschaftliche Situation der Aufführungszeit. – Von der B. zu unterscheiden ist die ↗Adaption, die Transformation eines lit. Textes in eine andere Gattung (z. B. die ↗Dramatisierung eines Romans) oder ein anderes Medium (z. B. die ↗Verfilmung eines Theaterstücks).
Lit.: C. Damis: Autorentext und Inszenierungstext. Tüb. 2000. AHE

Bühnenbild, szenisch-visuelle Ausgestaltung des Bühnenraums. Das B. vergegenwärtigt Ort und Zeit der Handlung auf der Bühne. Es kann mit Hilfe von gemalten Dekorationsteilen (↗Kulisse), plastischen Versatzstücken, echten Möbeln oder Gegenständen, Requisiten und Lichteffekten gestaltet werden; es kann einen täuschenden Effekt (↗Illusionsbühne) oder einen stilisierten Eindruck (↗Stilbühne) anstreben. – Das B. hat in den verschiedenen Epochen und Ländern einen unterschiedlichen Stellenwert innerhalb der

Theateraufführungen. Im antiken, mal. und ↗ Elizabethanischen Theater wird der Schauplatz kaum ausgestaltet, man begnügt sich mit Versatzstücken, welche die räumlichen Verhältnisse andeuten, aber nicht illusionistisch abbilden. Die reichen Renaissance- und Barocktheater favorisieren dagegen ein prachtvolles B. mit vielen visuellen und technischen Effekten. Mit Hilfe von Telari (↗ Telari-Bühne) und später Kulissen wird die perspektivische Malerei für die Ausgestaltung eines illusionistischen Bühnenraums genutzt, der nun Bildcharakter hat (Weiterentwicklung von der Zentral- zur Winkelperspektive insbes. durch F. Galli-Bibiena). Nicht jedes Stück erhält ein neues B., vielmehr gibt es mehrfach verwendete Standarddekorationen (u. a. Wirtshaus, Zimmer, Palast, Straße, Wald). Bühnenmalerei und Bühnentechnik werden bis Ende des 19. Jh.s perfektioniert, die B.er der ↗ Meininger stellen einen Höhepunkt der realistischen Bühnenmalerei dar. Nach ersten Reformversuchen im 19. Jh. (K. F. Schinkels B.er zu Mozart-Opern) setzt sich Anfang des 20. Jh.s mit den Entwürfen A. Appias und E. G. Craigs eine neue Ästhetik des B.s durch. Das B. wird nun als wichtiges Element eines einheitlichen Inszenierungskonzepts verstanden, das auch Musik und Beleuchtung umfasst. Statt eines gemalten Bildes soll ein dreidimensionaler szenischer Raum gestaltet werden, dessen Spielfläche mit praktikablen Versatzstücken (insbes. Treppen oder Podien) zu symbolischen Bewegungen einlädt. Statt der bislang üblichen Illusionsbühne wird eine neutrale, leere oder symbolische Bühne, eine Raum-, Reliefoder Stilbühne angestrebt. Die von B. Brecht konzipierte Bühne greift demgegenüber auf ältere Bühnenformen zurück und setzt die Bühnentechnik in desillusionistischer Absicht offen ein. Im postmodernen Theater existieren verschiedene Spielarten des B.s nebeneinander, wobei Ausgestaltungen des Raums mit plastischen Versatzstücken und Licht dominieren.
Lit.: R. Badenhausen, H. Zielske (Hg.): Bühnenformen – Bühnenräume – Bühnendekorationen. Bln. 1974. – N. Eckert: Das B. im 20. Jh. Bln. 1998. – M. Lösch: B. In: RLW. – O. Schuberth: Das B. Geschichte, Gestalt, Technik [1955]. Wilhelmshaven ²2005.   AHE
Bühnendichter ↗ Theaterdichter.
Bühnenlied ↗ Song.
Bühnenmanuskript, der ↗ Inszenierung zugrunde liegender Text eines Theaterstücks, der nicht für die Öffentlichkeit bestimmt ist. Das B. weist entweder starke Abweichungen gegenüber dem Druck auf (›Strichfassung‹), oder es bietet einen Dramentext, der noch gar nicht im Druck vorliegt und von Theaterverlagen als maschinenschriftliches ›Textbuch‹ vertrieben wird.   AD
Bühnentanzreform ↗ Ballett, ↗ Tanz.
Bukolische Dichtung [lat. *bucolicus* = zu den Hirten gehörig, ländlich; gr. *boukolikós*, von *boukólos* = Rinderhirt], auch: Bukolik; Hirtendichtung, ↗ Schäferdichtung, ↗ arkadische Poesie.
Bukolische Dihärese, f., Verseinschnitt (↗ Dihärese)

nach dem vierten Versfuß des ↗ Hexameters; bei Homer sowie in der gr. und lat. ↗ bukolischen Dichtung häufig, z. B. »Pollio et ipse facit nova carmina | pascite, taurum« (Vergil: »Bucolica« III, 86: – v v – v v – v v – v v | – v v – v̄. Die b. D. zerlegt den Hexameter in einen daktylischen ↗ Tetrameter und einen ↗ Adoneus.   UM
Bukowina-Literatur ↗ rumäniendeutsche Lit.
Bunraku, n., klassisches jap. ↗ Figurentheater, bei dem eine Figur von drei Männern (Kopf und rechter Arm, linker Arm, Beine) geführt wird und die epischen Texte dazu auf einer kleinen Nebenbühne, begleitet von der *Shamisen* (dreisaitige jap. Laute), deklamiert werden. – Aus Puppenspielen anlässlich von Tempelfesten entwickelt sich im 17. Jh. in Osaka diese Synthese von Vortragskunst und Figurentheater, die auch Stücke und Darstellungsstil des ↗ Kabuki beeinflusst. Auf den Antiillusionismus des B. wird in einigen Strömungen des modernen europäischen Figurentheaters zurückgegriffen.
Lit.: D. Keene: No and B. NY 1990.   WVB
Bürgerliches Trauerspiel, dramatische Gattung des 18. Jh.s, in der Personen des Mittelstandes und familiäre Konflikte zumeist empfindsam dargestellt werden. Das erste dt. bürgerliche Trauerspiel ist G. E. Lessings »Miß Sara Sampson« (1755). Das Drama bewegt sich im privaten Kreis der Familie, die Vater-Tochter-Beziehung steht im Mittelpunkt, der Konflikt resultiert aus dem Schwanken der Tochter zwischen dem Gehorsam gegenüber dem Vater und der Neigung zum Geliebten. Typische Motive und Eigenschaften des bürgerlichen Trauerspiels werden in Abgrenzung zur heroischen ↗ Tragödie sichtbar: Es sind keine Versdramen, denn die natürliche Sprache des Herzens soll in ↗ Prosa wiedergegeben werden. Die Figuren entstammen dem Mittelstand (Bürgertum, niederer Adel), dem Bürger wird nun die nötige ↗ Fallhöhe für die Tragödie zugesprochen, die ↗ Ständeklausel ist aufgehoben. Es handelt sich um gemischte Charaktere, deren Untergang in dieser säkularisierten Gattung aus einem Fehler bzw. Irrtum und nicht aus göttlicher oder schicksalhafter Fügung resultiert. Die Handlung spielt nicht im öffentlich-politischen Raum der Historie, sondern im privaten Kreis der Familie des 18. Jh.s, weswegen Zeitgenossen teilweise die Bez. »Privat-Trauerspiele« (Ch. M. Wieland im »Teutschen Merkur«, 1773) benutzen. Bürgerliche Tugenden und Moralvorstellungen werden propagiert und empfindsame Familienszenen breit ausgemalt. Die empfindsame Haltung rückt die Gattung auch in die Nähe des rührenden bzw. ↗ weinerlichen Lustspiels. Der Wirkungsaspekt steht im Vordergrund, bei Lessing beispielsweise als Mitleidsdramaturgie ausformuliert. Beeinflusst wird das dt. bürgerliche Trauerspiel v. a. aus England: G. Lillos »The London Merchant« (1731) wird 1752 von H. A. v. Bassewitz übersetzt und mit dem Untertitel »b. T.« versehen, eine Übers. von E. Moores »The Gamester« (1753) folgt. 1754 kommen beide Stücke auf die dt. Theater und sind – ebenso wie

»Miß Sara Sampson« – große Bühnenerfolge. J.G.B. Pfeil veröffentlicht mit »Vom bürgerlichen Trauerspiele« (1755) die erste theoretische Abhandlung zur Gattung; er sieht deren Wirkung in einer Kombination von Mitleid und Abschreckung – auf Grund der ↗ poetischen Gerechtigkeit (die Tugend wird belohnt, das Laster bestraft). Pfeil definiert das Adjektiv ›bürgerlich‹ als Kennzeichen des Standes der Figuren sowie als Darstellung familiärer, häuslicher, mitmenschlicher Verhältnisse. Die Forschung hat jahrzehntelang kontrovers diskutiert, ob ›bürgerlich‹ als Standesbez. oder als Synonym für ›allg.menschlich‹ zu übersetzen sei; beide Überzeugungen können jedoch nebeneinander bestehen. Während die bürgerlichen Trauerspiele der 1750er und 1760er Jahre die empfindsame Gestaltung von Familienkonflikten, also das allg.menschliche Ethos in den Vordergrund stellen, wird in den 1770er Jahren der Ständekonflikt stärker zugespitzt. Lessing geht mit »Emilia Galotti« (1772) hierin voran, die Autoren des ↗ Sturm und Drang (J.M.R. Lenz, H.L. Wagner) integrieren verstärkt ständische Konflikte (Liebesbeziehungen über Standesgrenzen hinweg) und soziale Determinanten in ihre Dramen. In F. Schillers »Kabale und Liebe« (1784) kommen beide Stränge zu einer Synthese. Gegen Ende des 18. Jh.s werden kaum noch bürgerliche Trauerspiele geschrieben; die Themen werden nun zumeist in Familiengemälden, also in Schau- oder Lustspielen, behandelt. F. Hebbel versucht 1844 mit »Maria Magdalena« nach eigener Aussage, »das bürgerliche Trauerspiel zu regenerieren und zu zeigen, daß auch im eingeschränktesten Kreis eine zerschmetternde Tragik möglich ist« (Tagebuch vom 4.12.1843). Sein Drama greift wieder auf die Vater-Tochter-Beziehung und die Verführung der Tochter zurück, allerdings spielt die Handlung nun im Handwerkermilieu. Eine nachhaltige Wiederbelebung der toten Gattung gelingt ihm damit jedoch nicht. Einige Konflikte und Motive des bürgerlichen Trauerspiels werden jedoch im ↗ sozialen Drama des ↗ Naturalismus wieder aufgegriffen.

Lit.: K. Eibl: B.T. In: RLW. – K.S. Guthke: Das dt. bürgerliche Trauerspiel [1972]. Stgt., Weimar ⁶2006. – P. Meyer: Das dt. Trauerspiel des 18. Jh.s. Eine Bibliographie. Mchn. 1977. – C. Mönch: Abschrecken oder Mitleiden. Tüb. 1993. – L. Pikulik: »B.T.« und Empfindsamkeit [1966]. Köln, Wien ²1981. – Ch. Rochow: Das bürgerliche Trauerspiel. Stgt. 1999. – F. Schößler: Einf. in das bürgerliche Trauerspiel und das soziale Drama. Darmstadt 2003. – P. Szondi: Die Theorie des bürgerlichen Trauerspiels im 18. Jh. Ffm. 1973. AHE

Burgundische Dichterschule ↗ Rhétoriqueurs.

Burleske, f. [it. burlesco = spaßhaft, von burla = Scherz], 1. ein Verfahren derbkomischer Verspottung von Personen, Charaktertypen, Ideen, Institutionen und Sitten; 2. der von diesem Verfahren geprägte Text. – Die im 17. Jh. über das Frz. aus dem It. ins Dt. übernommene Bez. für drastische Komik wurde von J.Ch. Gottsched 1751 mit »Possenspiel« übersetzt und lebt bis heute im Untertitel von – damit als possenhaft ausgegebenen – Bühnenwerken fort (P. Hacks: »Orpheus in der Unterwelt. Burleske Oper«, 1998). Indes fand der Begriff in der Nachfolge C. Flögels (1794) so breite Anwendung auf Werke oder Werkteile z.B. von Homer, Aristophanes, Lukian, Cervantes, Goldoni und Goethe, auf Fastnachtspiel, Bühnenschwank, barocke Komödien und heiter-realistische Humoresken, wird zudem im Frz. und Engl. im Sinn von ↗ Travestie benutzt, gilt in den USA als Synonym für Vaudeville-Humor und begegnet schließlich als Name für ein heiteres Instrumentalstück in der Musik, dass ›B.‹ heute nur mehr als ungenauer Ausdruck ohne die nötige Trennschärfe erscheint. Zu prüfen wäre, ob eine Eingrenzung, wie oben vorgeschlagen, in der dt. Lit.wissenschaft praktikabel ist.

Lit.: G. Kitchin: A Survey of Burlesque und Parody in English. Edinburgh, Ldn. 1931. – A. Michel (Hg.): Dictionnaire des genres et notions littéraires. Paris 1997. – R. Muth: Die Götterburleske in der gr. Lit. Darmstadt 1992. PK

Burletta, f. [it. = kleiner Scherz; Diminutiv von burla = Scherz], Singspiel it. Ursprungs, im 18. und 19. Jh. bes. in England als burleske Spielart der komischen Oper mit witzigen Sprechdialogen, Gesangseinlagen und Musikbegleitung beliebt. Den Stoff lieferte meist die antike Mythologie oder die Geschichte. Als Schöpfer der engl. B. gilt K. O'Hara, der seinem 1762 erstmals aufgeführten »Midas« den Untertitel »a burlesque b.« gab. – Die Ausweitung des Begriffs auf musikalisch begleitete Theaterstücke jeder Art geht auf die Aktivität der kleineren engl. Theater zurück, die mit der Form der B. das ausschließlich den öffentlichen Bühnen vorbehaltene Recht des Sprechtheaters (Patent Theatre Acts) unterliefen. PHE/Red.

Burns stanza, f. [bəːnz stænzə; engl.], auch Standard Habbie genannte, aus sechs jambischen Versen gebildete Strophenform mit dem Vers- und Reimschema 4a4a4a2b4a2b. – Häufig verwendet schon von den provenz. ↗ Trobadors, dann in mittelengl. Lyrik und im Drama (York Plays); lebte bes. in Schottland weiter und wurde im 18. Jh. recht beliebt, v.a. bei R. Burns (daher die Bez.), deshalb auch für Burns gewidmete Gedichte gewählt (W. Wordsworth, W. Watson). MGS

Bustrophedon-Schreibung [gr. boustrophedón = in der Art der Ochsenkehre (beim Pflügen)], auch: Furchenschrift, Wechsel der Schreibrichtung in jeder Zeile eines Textes, typisch für altgr. und altlat. Inschriften (die Gesetze Solons z.B. sind so überliefert); eventuell Zwischenstadium zwischen phönizischer Linksläufigkeit und europäischer Rechtsläufigkeit der Schrift. Die B. begegnet vereinzelt auch in Runen-Inschriften. UM

Butzenscheibenlyrik [Butzenscheiben = mal. Fensterglas], von P. Heyse 1884 (Vorwort zu Gedichten E. Geibels) geprägte abschätzige Bez. für eine zeitgenössische Gruppe episch-lyrischer historisierender Dichtungen (Lieder, Balladen, Verserzählungen), die in mal. Kulissen eine ideologisierte national-heroische

Welt der Kaiserherrlichkeit und Ritterkultur, des Minnesangs und einer launigen Wein-, Burgen- und Vagantenromantik entwirft. Formale Kennzeichen sind dekorative Rhet., Aufputz mit lat. oder mhd. Vokabeln (die z. T. Anmerkungsapparate notwendig machen), altertümelnde Wendungen und Reime. Voraussetzungen der B. liegen in den restaurativen dt.-nationalen Tendenzen vor und nach der Gründung des zweiten Kaiserreiches und dem damit zusammenhängenden Interesse am dt. MA. als einem Hort reiner Nationalgesinnung. IS/Red.

Byline, f. [russ. *bylína* = Ereignisse; Neuschöpfung von Anfang des 19. Jh.s], altruss. Heldenlied mit eigenem vierhebigem, tonischem Vers, anapästischem Eingang und daktylischem Schluss (›Bylinenvers‹); mündlich überliefert in spezieller Gesangstradition vom 9. bis zum 13. Jh. In Improvisationen wird ein fester Kanon von Figuren, Motiven und Formeln variiert. Gegenstand sind volkstümlich-phantastisch verfremdete Ereignisse der russ. Geschichte. Schriftliche Aufzeichnungen gibt es seit Ende des 18. Jh.s.
Lit.: W. Tschitscherow: Russ. Volksdichtung [russ. 1959]. Bln. (Ost) 1968. US

Bylinenvers ↗ Byline.

Byronismus, m. [bairə'nismus], nach dem engl. Dichter George Gordon Noël Lord Byron (1788–1824) benannte Stilrichtung und Lebenshaltung mit großem Einfluss auf die europäische ↗ Romantik. Der B. basiert auf einer pessimistischen und aristokratischen Distanzierung von bürgerlichen Lebensformen; eine seiner Grundstimmungen ist der sog. ↗ Weltschmerz als Ausdruck einer diffusen metaphysischen Enttäuschung. Bei Byron selbst ist diese Stimmung durch sein gesellschaftliches Außenseitertum begründet. Byronistische Texte zeichnen sich aus durch ↗ Melancholie, einen oft mit Spott und Zynismus verbundenen Lebens- und Kulturüberdruss (bes. Europamüdigkeit), die Verachtung traditioneller Moralbegriffe, die narzisstische Verherrlichung des eigenen, oft immoralischen Individualismus, verbunden mit satanischen und ironischen Elementen. Aufgrund seiner nihilistischen Grundstruktur gilt dem B. als einzig lebensmöglicher Bereich die Kunst (↗ *l'art pour l'art*). Durch die Veröffentlichung der ersten beiden Cantos von Byrons Verserzählung »Childe Harold's Pilgrimage« kam es 1812 zu einer ›Byromania‹, einem ›Byron-Fieber‹, das den jungen Dichter über Nacht berühmt machte. Schon der melancholische und misanthropische Protagonist dieser Verserzählung, deren Gesänge drei und vier 1816 und 1818 erschienen, wurde von den Zeitgenossen mit dem Dichter selbst identifiziert, der zuweilen auch als Prototyp des Dandy (↗ Dandyismus) gesehen wird. Der von Byron geschaffene antibürgerliche Heldentypus gerät durch seinen Freiheitsanspruch immer wieder in Konflikt mit der Weltordnung. In beinahe allen byronistischen Werken (v. a. Dramen, Versepen und Gedichten) werden solche Außenseiterfiguren nach Vorbildern wie Prometheus, Ahasver, Luzifer, Kain, Faust oder Don Juan gestaltet. Formal und stilistisch sind die Werke des B. in ihrem Rückgriff auf antike und orientalische Formen eher der klassizistischen als der romantischen Lit. zuzurechnen.
Vertreter des B. sind P. B. Shelley (»Prometheus Unbound«, 1818 f.), J. Keats, Th. Gautier, A. de Musset, G. Leopardi, A. Mickiewicz, A. Puschkin (»Eugen Onegin«, 1825/33) und M. J. Lermontow. In der dt. Lit. verbindet sich der B. – etwa bei N. Lenau (»Faust«, 1836; »Don Juan«, 1844), und Ch. D. Grabbe (»Don Juan und Faust«, 1829; »Napoleon«, 1832) – mit Strömungen, die in der Tradition des ↗ Sturm und Drang stehen. G. Büchner und H. Heine überwinden dagegen den »Weltriß« (Heine) durch Witz und das Bewusstsein metaphysischen Ungenügens, J. N. Nestroy und F. Raimund durch satirischen Humor. – Der B. hat im 19. Jh. neben der Lit. auch die Musik, Malerei und Mode in ganz Europa beeinflusst.
Lit.: G. Hoffmeister: Byron und der europäische B. Darmstadt 1983. – F. Sengle: Biedermeierzeit. Bd. 1. Stgt. 1971, S. 221–256. – F. Wilson (Hg.): Byromania. Ldn. 1999. IS/KHE

Caccia, f. ['katʃa; it. = Jagd; oder von afrz. *chaçe* = mehrstimmiger Kanon; auch: *incalzo*], ursprünglich musikalischer Gattungsbegriff, der in der älteren it. Lyrik ein unkodifiziertes Genre bezeichnet, in dem ohne Strophengliederung Idyllen oder tumultartige Jagd- und Genreszenen in beliebig kombinierten, meist kurzen Metren und freiem Reimschema dargestellt werden. Sie wird von zwei Stimmen bei Musikbegleitung gesungen. Nach seiner Blüte Ende des 14. und Anfang des 15. Jh.s (F. Sacchetti; A. Poliziano) wird – anders als die musikalische Gattung, die bis Ende des 16. Jh.s europaweit verbreitet ist – das lit. Genre vergessen und erst im 19. Jh. z. B. von G. D'Annunzio (»Parisina«) in archaisierender Absicht wieder verwendet.
Lit.: W. Th. Elwert: It. Metrik [1968]. Wiesbaden ²1984, S. 142 f. – R. Russell: »All'ombra del perlaro« Narrazione e descrizione nel madrigale e nella c. arsnovistici. In: Italian Culture 2 (1980), S. 49–61.   HG

Cadelle ↗ Initiale.

Calembour, m. [kalã'buːr; frz. = (schlechtes) Wortspiel], aus dem Frz. im späten 18. Jh. ins Dt. übernommener und hier bis in die zweite Hälfte des 19. Jh.s üblicher Ausdruck für den ↗ Kalauer. Das in einem Brief D. Diderots vom 1.12.1768 erstmals belegte Wort geht wohl auf *calembredaine*, mundartlich auch *calembourdaine* (›lächerliche Bemerkung‹), zurück und hängt zusammen mit *bourde* (›Aufschneiderei, grober Schnitzer‹) und dem Mundartwort *calender* (›Unsinn reden‹).
Lit.: E. Gamillscheg: Etymologisches Wörterbuch der frz. Sprache. Hdbg. ²1969. – A. Rey (Hg.): Dictionnaire historique de la langue française. Paris 1995.   PK

Camouflage, f. [kamu'flaːʒə; frz. = Tarnung, Täuschung], verdeckte Schreibweise; Technik der sprachlichen Verhüllung oder Tarnung, die den eigentlichen Gehalt einer Aussage derart unkenntlich machen soll, dass er nur noch von eingeweihten oder äußerst aufmerksamen Lesern entschlüsselt werden kann. Mittel der C. sind u. a. Metaphorik, semantische Mehrsinnigkeit, paradoxe Zitierung, Verdrehung von Bewertungen, Sprachspiel und historische Einkleidung. In der Regel geht es bei der C. um die Täuschung der Instanzen politischer Zensur und um die damit verbundene Möglichkeit, Texte trotz ihrer verbotenen Inhalte publizieren zu können. Camouflierende Schreibweisen haben Konjunktur, wenn die Meinungsfreiheit und die Freiheit der Kunst eingeschränkt, journalistische und lit. Werke zensiert und Verstöße gegen die Zensur geahndet werden. C. ist damit eine grundsätzlich oppositionelle Schreibweise, die sich den herrschenden Mächten trickreich zu entziehen versucht. Eingeführt wurde der Begriff für die geduldete, aber heimlich opponierende Publizistik und für die Autoren der ↗ ›inneren Emigration‹; übertragen wird er aber auf alle lit. Täuschungsversuche, die politisch motiviert sind. So wird die liberale Publizistik des Vormärz als C. par excellence gesehen. Die Versuche, über Homosexualität oder Pädophilie zu schreiben, ohne sie zu nennen, werden ebenso als ›C.‹ bezeichnet wie die lit. Strategien von Schriftstellern der DDR, das politische System zu kritisieren.
Lit.: H. Detering: Das offene Geheimnis. Gött. 1994. – Ders.: C. In: RLW. – K. W. Mirbt: Theorie und Technik der C. In: Publizistik 9 (1964), S. 3–16. – H. R. Vaget: Confessions and camouflage: the diaries of Th. Mann. In: Journal of English and Germanic Philology 96 (1997), S. 567–601.   SP

Campusroman, engl. *campus novel* oder *college novel*, ursprünglich und hauptsächlich im angelsächs. Sprachraum angesiedelte Romangattung, die nicht nur die Entwicklung der Universität, sondern auch die historische Veränderung der Beziehung von Universität und Gesellschaft reflektiert. Die zentrale Thematik, die Auseinandersetzung über Bildungsinhalte bzw. das Verhältnis von Bildung und Ausbildung, entfaltet sich vor dem Hintergrund der Auswirkungen eines permanenten Modernisierungsprozesses auf tradierte institutionelle Strukturen und Curricula. Dabei besteht ein enger Zusammenhang mit dem jeweiligen zeitgenössischen kulturkritischen Schrifttum: J. H. Newman bestimmt die Universität als Ort einer zweckfreien »liberal education« (»The Idea of a University«, 1852); M. Arnolds Konzept einer ganzheitlichen Menschenbildung (»Culture and Anarchy«, 1867) idealisiert Oxford als »home of lost causes« gegen die materialistische Welt der ›Philister‹. Bereits ab den 1860er Jahren wird die Bedeutung eines naturwissenschaftlich orientierten Curriculums (H. Spencer, Th. H. Huxley) debattiert. 1959 formuliert C. P. Snow seine These vom »gulf of mutual incomprehension« zwischen den »Two Cultures« der »literary intellectuals« und der Naturwissenschaftler; in den 1970er Jahren tritt die »dritte Kultur« (W. Lepenies) der Sozialwissenschaften mit szientifischen und lit. Elementen hinzu. Dieser thematische Kern wird im C. etwa bis zum Ersten Weltkrieg vorwiegend idealisierend dargestellt: T. Hughes: »Tom Brown at Oxford« (1861); C. Mackenzie: »Sinister Street« (1913); wichtige Ausnahme: Th. Hardy: »Jude the Obscure« (1896). Ab den 1930er Jahren macht sich der ↗ Detektivroman das intellektuelle Potential des Campus zunutze: D. Sayers: »Gaudy Night« (1935); A. Cross: »A Death in the Faculty« (1988) u. a. Insgesamt jedoch besteht eine zunehmende Tendenz zur satirischen Darstellung des Lehrkörpers – V. Nabokov: »Pnin« (1957); K. Amis: »Lucky Jim« (1954); M. Bradbury, »The History Man« (1975) – bzw. des Wissenschaftsbetriebs auf dem globalen Campus: D. Lodge:

»Changing Places« (1975), »Small World« (1984), »Nice Work« (1988). – Die nicht engl.sprachigen C.e etwa von L. Gustafsson (»Der Dekan«, dt. 2004) oder D. Schwanitz (»Der Campus«, 1995) sind stark von angelsächs. Vorbildern beeinflusst.
Lit.: H. Antor: Der engl. Universitätsroman. Hdbg. 1996. – Th. Kühn: Two Cultures, Universities and Intellectuals. Tüb. 2002. – C. P. Snow: The Two Cultures. Cambridge 1959. – W. Weiß: Der anglo-am. Universitätsroman. Darmstadt ²1992.   CSH

Canción, f. [kanˈθjɔn; span. = Lied], zwei span. lyrische Kunstformen mit stolligem Strophenbau:
1. Die mal. C., auch *C. trovadoresca*, in Acht- oder Sechssilblern, verwendet in der Liebeslyrik und der religiösen Lieddichtung, meist als Einzelstrophe mit voraufgehendem kurzem Motto, das toposhaft den Inhalt der C. angibt. Charakteristisch ist die Übereinstimmung zwischen Motto und Abgesang der Strophe(n) in Zeilenzahl und Reimschema, z. T. auch in einzelnen Reimwörtern und Verszeilen. Vom 13. Jh. bis Anfang des 15. Jh.s begegnet sie nur vereinzelt, Blüte im 15. Jh. (Santillana, Juan de Mena). Im Laufe des 16. Jh.s wird sie v. a. von it. Dichtungsformen verdrängt.
2. Die Renaissance-C., auch *C. petrarquista*, aus meist vier bis zwölf gleichgebauten Strophen aus Elf- und Achtsilblern und einer abschließenden Geleitstrophe. Zwischen Auf- und Abgesang der Strophe ist ein Überleitungsvers mit Reimbindung an den Aufgesang eingeschaltet; zwischen Auf- und Abgesang besteht dagegen keine Reimbindung; verwendet für elegische und bukolische Lyrik, Liebeslyrik, religiöse und heroischnationale Stoffe. Die Renaissance-C. wurde in der ersten Hälfte des 16. Jh.s aus Italien übernommen (J. Boscán Almogáver) und ist in ihrer strengen Form eine Nachahmung des von Petrarca bevorzugten Typs der ↗Kanzone; bes. das Schema seiner Kanzone »Chiare fresche e dolci acque« (»Canzoniere«, Nr. 126) wurde immer wieder aufgenommen: *7a7b11c/7a7b 11c//7c/7d7e7e11d7f11f*. Blüte im ersten Drittel des 17. Jh.s (M. de Cervantes, Lope de Vega). Daneben sind von bes. Bedeutung die seit der zweiten Hälfte des 16. Jh.s entstandenen freieren Formen (L. de León, F. de Herrera) und die Kompromissformen zwischen der petrarkistischen C. und den antiken ↗Odenmaßen, die im 17. Jh. dominierten.   GR/Red.

Cancioneiro, m. [känsioˈnejro; galicisch oder: käsjuˈairu; portug.], mal. galaico-portug. Liedersammlung. Die C.s müssen im Zusammenhang mit ähnlichen Sammlungen des romanischen Kulturraums gesehen werden, so dem kastilischen *cancionero* und dem katalanischen und okzitan. *cançoner*. Die Bedeutung derartiger ↗Anthologien besteht aus heutiger Sicht v. a. darin, wichtige Werke der oralen Lit. – oft kurz vor deren endgültigem Verschwinden – für die Nachwelt erhalten zu haben. Die Gedichte der C.s entstanden im 12. bis 14. Jh. und wurden im 14. und 15. Jh. in ↗Liederhss. gesammelt. C.-Dichtung gilt in der galaico-portug. Lit. des MA.s als eigenständige Gattung. Die Dich-

tungen werden als ↗Cantigas (›Gesänge‹) bezeichnet und waren, ähnlich den Dichtungen der ↗Trobadorlyrik, für den gesungenen Vortrag bestimmt. – Als die wichtigsten überlieferten C.s gelten: 1. der »C. da Ajuda«, der gegen Ende des 13. Jh.s in Portugal entstand und vornehmlich *cantigas de amor* ohne Angabe der Autoren und ohne musikalische Notation enthält; 2. der »C. da Biblioteca Nacional«, der Ende des 15. Jh.s in Italien kopiert und 1878 in der Bibliothek des Grafen P. Brancuti di Cagli in Ancona wiederentdeckt wurde (daher auch: »C. Colocci-Brancuti«); er gilt als bedeutendste galaico-portug. Liedersammlung und umfasst 1.647 Kompositionen sowie einen fragmentarischen poetischen Traktat; 3. der »C. da Vaticana« (Kodex 4803 der Vatikanischen Bibliothek), der ebenfalls Ende des 15. Jh.s in Italien zusammengestellt und 1840 wiederentdeckt wurde; er enthält 1.205 Cantigas unterschiedlicher Autoren; 4. der etwas spätere »C. Geral« (1516), zusammengetragen von Garcia de Resende, der bereits nicht mehr einsprachig ist und beinahe 1.000 Dichtungen in galaico-portug. und kastilischer Sprache umfasst. – Neben den weltlichen C.s ist die Sammlung des kastilischen Königs Alfons X. des Weisen (1223– 84) zu erwähnen, die unter dem Namen »Cantigas de Santa María« bekannt ist. Am vollständigsten überliefert ist der C. in dem Prachtkodex »El Escorial, j. b. 2«, der als bedeutendste und umfangreichste Sammlung nichtliturgischer Monodie des 13. Jh.s gilt und 430 Marien- und Pilgerlieder aus dem Umfeld des Pilgerwegs nach Santiago de Compostela mit Mensuralnotation der Melodien versammelt. Der König selbst gilt als Sammler und in einigen Fällen auch als Autor dieser altgalicischen ↗Mariendichtung.
Texte: J. Filgueira Valverde (Hg.): Cantigas de Santa María. Madrid 1985.
Lit.: M. R. Lapa: Lições de literatura portuguesa – época medieval. Coimbra 1964. – X. R. Pena: Literatura galega medieval. 2 Bde. Barcelona 1986.   HIR

Canso, f. [provenz. = Lied, Kanzone, von lat. *cantio* = Gesang], lyrische Gattung, die nach der Definition der Trobadorpoetik der »Leys d'amors« (14. Jh.) hauptsächlich von Liebe und Verehrung handelt; in der provenz. Dichtung häufig belegt (über tausend C.s in einem überlieferten Corpus von 2.542 Liedern) und von den Trobadors selbst am höchsten eingeschätzt. Besteht durchschnittlich aus fünf bis sieben gleichbauten, kunstvoll verknüpften Strophen (↗Coblas) von beliebiger Verszahl (überwiegend acht oder neun), meist mit Geleit (↗Tornada). Die mehr als 70 Variationen der C.-Strophe lassen sich auf zwei Grundtypen zurückführen: die ↗Periodenstrophe (Reimschema z. B. *aab ab*) und die ↗Stollenstrophe (gängigstes Reimschema, in insgesamt 114 C.s überliefert: *ab ab ccdd*, die Silbenzahl der Verse schwankt in der Regel zwischen sieben und acht). Wichtige Vertreter dieser anspruchsvollen Liedgattung sind Bernart de Ventadorn, Giraut de Bornelh (zweite Hälfte des 12. Jh.s), Gaucelm Faidit (um 1300) und Arnaut Daniel (Ende des 12.

Jh.s). – Synonyme für ›C.‹ sind *Vers* und *Cansoneta.* Die *Mieia C.* (= Halbkanzone) unterscheidet sich nur durch geringere Strophenzahl von der C. Die *C.-Sirventes,* oft nur schwer abgrenzbar vom ↗ Sirventes, vermischt Liebesthematik mit der Kommentierung politisch-historischer Ereignisse. Sie ist v. a. durch Peire Vidal (Ende des 12. Jh.s) überliefert. PHE/Red.

Cansoneta, f. [provenz. = Liedchen], ↗ Canso.

Cantar, m. [span. = Lied], 1. span. volkstümliche lyrische Form, ↗ Copla. 2. C. (de gesta), span. Heldenepos, das auf dem Hintergrund der Kämpfe zwischen Mauren und Christen die Taten geschichtlicher (Cid, Fernán González) und sagenhafter Helden (Bernardo del Carpio, Sieben Infanten von Lara) gestaltet. Erhalten sind nur das anonyme, im 12. Jh. entstandene »Cid«-Epos (in einer Abschrift aus dem Jahre 1307) und hundert Verse eines »Roncesvalles«-Epos. Von einer ehemals reicheren Tradition zeugen jedoch in den Chroniken des 13. bis 15. Jh.s Prosafassungen vermutlich älterer Heldenepen mit gelegentlichen Spuren ursprünglicher Versgestaltung (z. B. die »Primera crónica general« Alfons’ des Weisen, begonnen um 1270) sowie die seit dem 15. Jh. entstandenen Romanzenzyklen. ↗ Chanson de geste. GR/Red.

Canticum, n. [lat. = Gesang], Pl. *cantica;* Sammelbegriff für ganz unterschiedliche lyrische Texte; meist wird er auf zwei Formen eingegrenzt: 1. gesungene Partie des röm. Dramas. In der Komödie (Plautus, ca. 250–184 v. Chr.) bezeichnet ›C.‹ den musikalisch-gesanglich aufgelösten, von den gesprochenen Partien (↗ Diverbia) abgehobenen ↗ Monolog und ↗ Dialog, der nicht von den Schauspielern, sondern von hinter der Bühne postierten *cantores* zur Flötenbegleitung vorgetragen wurde. In den Tragödien Senecas entspricht das C. dem gr. ↗ Chorlied. – 2. Lyrischer Text der Bibel, der nicht in den ↗ Psalter aufgenommen wurde. Die biblischen Schriften enthalten lyrische Texte, deren Lebensform vor ihrer Verschriftung ↗ Rezitation oder – vermutlich kollektiver – kultischer Vortrag gewesen sein dürfte. Dazu gehören der Lobgesang des Moses (»Cantemus domino«) nach dem Auszug Israels aus Ägypten (1. M 15), das Magnificat (Lk 1, 46–55), das Benedictus (Lk 1, 68–79) und der Lobgesang Simeons (»Nunc dimittis«, Lk 2, 29–32). Seit dem 4. Jh. dringen Cantica in die ↗ Liturgie der Stundengebete. Im »Codex Alexandrinus« (5. Jh.) stehen 14 Cantica im Anschluss an die 150 ↗ Psalmen. Kap. 6 der »Regula Benedicti« (erste Hälfte des 6. Jh.s) ordnet die Cantica den Tageszeiten zu, z. B. das »Nunc dimittis« an den Abschluss des liturgischen Tages. In den mal. Antiphonaren (↗ Antiphon) findet sich eine – je nach Ritus variierende – Verteilung der Cantica auf die Wochentage. – Es liegt im Wesen des unscharfen Begriffs ›C.‹, dass er sekundär auch auf monodische geistliche Texte wie die ↗ Sequenz überging.

Lit.: D. v. Huebner: C. In: LMA. – J. McKinnon: C. In: MGG², Sachteil. CF

Cantiga, f. [kan'tiga; früher auch: 'kantiga; galicisch und portug. = Lied; von lat. *canticum* = Lied, Gesang], Gedichtform der mal. galaico-portug. Dichtungstradition, wie sie in Sammelhss. (↗ Cancioneiros) auf uns gekommen ist. Die Sprache der C. ist das Galaico-Portug., aus dem sich später die Kultursprachen Portug. und Galicisch entwickeln sollten. Nach der Einteilung des anonymen Eingangstextes des »Cancioneiro da Biblioteca Nacional« unterscheidet man vier Hauptgenres der C.-Poesie: 1. die *c.s de amigo* (Klagen verlassener Frauen, tragische Trennungen, geduldiges Warten und melancholische Naturbeschreibungen); 2. die *c.s de amor* (ähnlich wie [1], doch aus der Perspektive des Mannes gesehen); 3. die *c.s de escárnio;* 4. die *c.s de maldizer* (Spott- und Scheltlieder, ↗ Satiren und politisch-gesellschaftliche Kritik). Wegen ihres oft explizit erotischen Gehalts wurden die letzteren beiden Gattungen in Editionen des 19. und 20. Jh.s oft zensiert und unterdrückt, so dass die volle Bandbreite der C.-Poesie erst in jüngster Vergangenheit erkennbar geworden ist. Der kastilische König Alfonso X. der Weise (1223–84) dichtete und sammelte altgalicische C.s und fasste sie zusammen in dem *Cancioneiro* der »C.s de Santa María«.

Texte: J. Filgueira Valverde (Hg.): C.s de Santa María. Madrid 1985.

Lit.: R. Brasil: A c. de amore e a evolução do lirismo português. Lissabon 1960. HIR

Cantilène, f. [frz. = Singsang], in der mal. frz. Lit. 1. ein für den Gesang bestimmtes Gedicht, das der Verehrung von Heiligen gewidmet ist, z. B. die anonyme »C. de Sainte Eulalie« (um 880); 2. das von einigen frz. Forschern des 19. Jh.s angenommene, inzwischen aber bestrittene episch-lyrische Heldenlied als Vorform der ↗ Chanson de geste. PHE/Red.

Cantio, f. [lat. = gesungenes Lied], Pl. *Cantiones,* lat., einstimmiges geistliches Lied des MA.s aus mehreren Stollenstrophen, meist mit Refrain; löste im 13. Jh. den einstimmigen ↗ Conductus ab, wurde wie dieser ohne liturgische Bindung bei Gottesdiensten, Prozessionen u. a. religiösen Anlässen gesungen. Die Texte waren bisweilen lat. Übers.en volkssprachlicher ↗ Leise (z. B. die C. »Christus surrexit« nach dem Leis des 12. Jh.s »Krist ist erstanden«, der seinerseits eine Übers. einer Oster-↗ Sequenz des 11. Jh.s ist). Der Vortrag erfolgte meist als Doppellied, d. h., zwei C.nes, oft mit nach aufeinander bezogenen Texten, wurden abwechselnd strophenweise gesungen. Als berühmter Dichter-Komponist wird Philipp de Grevia, Kanzler der Pariser Universität, erwähnt. Blütezeit der C., die dem volkssprachlichen ↗ Kirchenlied den Weg bereitete, war das 14. und 15. Jh., bes. in Böhmen. Die zahlreichen (hsl. und gedruckten) Sammlungen, seit dem 16. Jh. als *Kantionale* bezeichnet, enthalten neben C.nes auch volkssprachliche Kirchengesänge, z. T. mit Melodien. Wichtig ist das tschech. hsl. Kantional von Jistebnice (Südböhmen, 1420). IS/Red.

Canto, m. [it. = Gesang], inhaltlich und metrisch in sich geschlossener Abschnitt eines mal. oder neuzeitlichen ↗Epos, ursprünglich bemessen am Pensum eines Teilvortrags (im Unterschied zum antiken *liber*, dessen Umfang der Speicherkapazität einer Papyrusrolle entspricht). Zunächst in der it. Lit. bei Dante, Ariosto, Tasso u. a., dann z. B. bei Camões (»Canto«), Boileau, Voltaire (»Chant«), Pope, Byron (»Canto«), Klopstock, Wieland, Goethe (»Gesang«), Liliencron (»Kantus«). Die relative Geschlossenheit des C. führt ab dem 15. Jh. zur Ausbildung des *Capitolo* und der szenisch vorgetragenen, meist satirischen *Canti carnascialeschi* in Achtsilblern (N. Machiavelli). Ab dem 19. Jh. bezeichnet C. eine freie Gedichtform (G. Leopardi, G. Pascoli, D. Campana, E. Pound).

Lit.: F. Bausi, M. Martelli: La metrica italiana. Firenze 1993, S. 88. – R. Bruscagli: Introduzione. In: Trionfi e canti carnascialeschi toscani del Rinascimento. Bd. 1. Rom 1986, S. IX–LIII.   HG

Canzone ↗Kanzone.

Canzoniere, m. [it. = Liederbuch, zu it. *canzone* = Lied], Sammlung von Liedern oder anderen lyrischen Gedichten; vorbildhaft ist der »C.« des F. Petrarca (um 1350).   UM

Capitano, m. [it. = Hauptmann], Typenfigur der ↗Commedia dell'Arte: der prahlsüchtige Militär (↗Bramarbas), der seine derb-komische Wirkung auf das Publikum aus dem Kontrast zwischen rhet. vorgetäuschtem Heldentum und tatsächlicher Feigheit zieht.   PHE/Red.

Capitolo, m. [it. = Kapitel], 1. politisches, lehrhaftes oder erotisches Gedicht in der it. Lit. des 14. bis 16. Jh.s, das die elfsilbige ↗Terzine (*c. ternario*) nachahmt oder – mit burleskem, satirischem oder volkstümlichem Ton – parodiert. Als Variante des ↗Serventese ist der C. auch in einer vierzeiligen Strophe mit Sieben- und Elfsilblern möglich (*c. quadernario*). Ein C. endet mit einem (*chiusa*) oder drei isolierten Versen (*coda*). Wichtige Autoren sind A. Tebaldeo, B. Cariteo, S. Aquilano. Im 19. Jh. wird die Form historisierend wieder aufgenommen (G. Carducci, G. Pascoli). – 2. In der it. Gegenwartslit. gelegentlich verwendetes Synonym für ↗Prosagedicht oder ↗Essay.

Lit.: W. Th. Elwert: It. Metrik [1968]. Wiesbaden ²1984, S. 126. – G. Gorni: Metrica e analisi letteraria. Bologna 1993, S. 99–101. – E. Kromann: Evoluzione del c. ternario. In: Revue Romane 10/2 (1975) S. 373–388. – S. Longhi: Lusus. Il c. burlesco nel Cinquecento. Padova 1983.   HG

Capo comico, m. [it.], Leiter einer Truppe der ↗Commedia dell'Arte.

Capriccio, n. [ka'pritʃo; it. = sprunghafte Laune, unerwarteter Einfall], 1. formal ungebundenes Musikstück (seit dem 16. Jh.); 2. skizzenartige, häufig Architektur thematisierende Graphik (z. B. von G. Tiepolo, G. B. Piranesi, F. de Goya); 3. seit Beginn des 19. Jh.s auch: Prosatext, in dem phantastische, kuriose, groteske, ja bizarre Motive in irritierender Weise kombiniert werden. Im C. wird häufig durch ironische, witzige Brechungsverfahren der Realitätsstatus von erzählter

Welterfahrung in Frage gestellt (z. B. E. T. A. Hoffmann: »Prinzessin Bambrilla. Ein C. nach Jakob Callot«, 1820). Zu den Kennzeichen des C.s gehören eine zyklische Abfolge mit Variationen, das lockere Umspielen eines Grundthemas sowie formale Offenheit. Diese Merkmale erlauben nicht immer eine scharfe Abgrenzung des C.s von benachbarten Formen wie ↗Skizze oder ↗Kunstmärchen. – Die Herkunft der Gattungsbez. aus Musik und bildender Kunst lenkt die Aufmerksamkeit der Leser häufig auf die intermedialen Aspekte und die artifizielle Faktur des C.s.

Lit.: L. Hartmann: C. Diss. Zürich 1973. – R. Kanz: Die Kunst des C. Mchn., Bln. 2002. – E. Mai, J. Rees (Hg.): Kunstform C. Köln 1998.   MD

Captatio Benevolentiae, f. [lat. = Haschen nach Wohlwollen], Redewendung, durch die sich ein Redner zu Beginn seines Vortrages oder ein Autor am Anfang seines Werkes des Wohlwollens des Publikums versichern will. Ausführlichere Formen finden sich in Vorreden oder Prologen zu lit. Werken, vgl. z. B. Cervantes: »Don Quijote«, P. Weiss: »Die Verfolgung und Ermordung Jean Paul Marats«. ↗Demutsformel.

GS/Red.

Caput, n. [lat. = Kopf], ↗Kapitel; aus dem c von *caput* entstand das sog. *alinea*-Zeichen ¶, mit dem in mal. Hss. und in Frühdrucken der Beginn eines neuen Absatzes markiert wurde.   HHS/Red.

Carmen, n. [lat., ursprünglich = Rezitation, zu *canere* = singen], Pl. *carmina*, 1. altlat. carmina: Kultlieder (*c. arvale*, *c. saliare*), rituelle Gebete, Zauber- und Beschwörungsformeln, Prophezeiungen, Schwurformeln, Gesetzes- (z. B. *Leges duodecim tabularum*) und Vertragstexte. Zur Form vgl. ↗Carmenstil. – 2. In klassischer lat. Zeit allg. Bez. für ein Gedicht, bes. eine ↗Ode (z. B. die *carmina* des Horaz), aber auch eine ↗Elegie oder ↗Satire. – 3. Mittellat. Gedicht weltlichen oder geistlichen Inhalts, insbes. auch Vagantenlied (»Carmina Cantabrigiensia«, »Carmina Burana«).

JK/Red.

Carmen cancellatum, n. [lat], Typus des ↗Figurengedichts.

Carmen figuratum, lat. Bez. für gr. Technopaignion, ↗Figurengedicht, Bilderreime, Bilderlyrik.

Carmenstil, Stil archaischer Kultlieder, Zaubersprüche, Beschwörungsformeln usw., die sich als älteste Dichtungsformen in fast allen Sprachen nachweisen und nicht eindeutig der Poesie oder der Prosa zuordnen lassen. Hauptkennzeichen: 1. die im magischen Zweck begründete Tendenz zu Symmetrie und zwei- oder mehrgliedrigem Parallelismus; 2. daraus resultierend die Formelhaftigkeit des Stils, bes. die Verwendung von ↗Zwillingsformeln; 3. sich aus den ersten beiden Kennzeichen ergebende Formen der Wiederholung und des Gleichklangs (↗Anapher und ↗Epipher, Annominatio und ↗Figura etymologica, ↗Homoioptoton und ↗Homoioteleuton, ↗Alliteration und ↗Reim). Der archaische C. enthält damit Ansätze zu Formen der höheren Poesie; diese entwickeln sich aus

ihm durch Abstraktion vom magischen Zweck und durch Unterwerfung unter ästhetische Prinzipien.
Lit.: E. Norden: Die antike Kunstprosa vom VI. Jh. v. Chr. bis in die Zeit der Renaissance [1898]. 2 Bde. Lpz., Bln. ³1915–18. – R. Schmitt: Dichtung und Dichtersprache in indogerm. Zeit. Wiesbaden 1967.   JK/Red.

Carmina, n. Pl., Sg. *carmen* [lat. = Lied], ↗ Ode, ↗ Odenmaße.

Carol, n. ['kærəl; engl. = Lied, von altfrz. *carole*, mlat. *carola* aus gr.-lat. *choraúlēs* = ein den Chor(tanz) begleitender Flötenspieler], in der engl. Lyrik des 14. und 15. Jh.s volkstümliches Tanzlied mit Refrain, im Wechsel zwischen Solisten und Chor an jahreszeitlichen Festen (bes. Weihnachten) zum Tanz vorgetragen; häufig sind vierhebige Verse und die Reimfolge *AA bbba AA* mit dem die Strophe rahmenden Refrain *AA*. Das C. ist damit strukturell der provenz. ↗ Balada, dem afrz. ↗ Virelai und der it. ↗ Ballata verwandt. Im 15. Jh. bezeichnet ›C.‹ allg. ein gesungenes Refrainlied (häufig mit weihnachtlicher Thematik), seit Mitte des 16. Jh.s dann bes. ein Weihnachtslied, unabhängig von der Form (vgl. span. ↗ Villancico). – Durch den Einfluss der Puritaner wurde das Singen von C.s im 17. Jh. stark zurückgedrängt; seit Mitte des 19. Jh.s gelangten sie im Gefolge der Oxfordbewegung zu neuer Beliebtheit (J. M. Neales »C.s for Christmastide«, 1853). Verwandte Formen: ↗ Lullaby, ↗ Noël.
Lit.: H. Keyte u. a.: The New Oxford Book of C.s. Oxford 1998. – W. E. Studwell: Christmas C.s. NY, Ldn. 1985.   GSR

Cartoon ↗ Karikatur.

Catch, m. [engl. = Fangen, Haschen, Ineinandergreifen], im England des 17. und 18. Jh.s beliebter, metrisch freier Rundgesang, vorgetragen als Kanon oder mehrstimmiges Chorlied. Durch die Verflechtung der verschiedenen Stimmen werden einzelne Wörter oder Satzteile so hervorgehoben, dass sich heitere Wortspiele, Doppelsinnigkeiten und oft derbe Scherze ergeben. Das C.singen löste im 17. Jh. das kunstvollere Madrigalsingen als gesellschaftliche Unterhaltung ab. C.es sind in zahlreichen Einzeldrucken und Sammlungen erhalten (erste Sammlung 1609, hg. v. Th. Ravenscroft; berühmt sind die Sammlungen »The Musicall Banquett«, hg. v. J. Playford 1651, und »C. that C. can«, hg. v. J. Hilton 1652 und 1658); auch von H. Purcell sind C.es, z. T. zu obszönen Texten, überliefert. Im 18. Jh. machen sich C.-Clubs (z. B. »Noblemen and Gentlemen's C.-Club«, seit 1761) um die C.-Sammlungen verdient. Obwohl im späten 18. Jh. der C. von einfacheren Chorliedern (*Glees*) verdrängt wurde, ist ein C.-Club noch 1956 bezeugt.   IS/Red.

Cauda, f. [provenz. = Schweif], ↗ Coda.

Causa scribendi, f. [lat. = Grund zu schreiben], Pl. *causae scribendi*; in der neueren Forschung gebräuchlicher Terminus, der den Anlass für den ↗ Autor, ↗ Redaktor oder ↗ Schreiber im Bereich der mal. Historiographie und ↗ Hagiographie bezeichnet, eine Schrift zu verfassen, zu bearbeiten oder zu kopieren. Solche Anlässe können sein: 1. ein Auftrag; 2. eigenes oder durch andere motiviertes Bestreben, historische Ereignisse oder Lebensumstände einer Person wahrheitsgetreu zu dokumentieren und sie so vor dem Vergessen zu bewahren (↗ Memoria [2]); 3. der Wunsch, ethische Besserung bei den Lesern zu erreichen (↗ Aedificatio). – Zu unterscheiden ist ferner zwischen a) *causae scribendi*, die in den Werken (meist in den ↗ Proömien) explizit genannt werden, und b) solchen, die sich nur rekonstruieren lassen (meist politische oder repräsentative Gründe wie Kultpropaganda oder Herrschaftslegitimation). Im Fall a) werden oft nicht die wahren Gründe, sondern rhet. Topoi (↗ Topos) angeführt, etwa ein fingierter Auftrag, den der Verfasser aus Freundschaft oder Abhängigkeit nicht habe abschlagen können.
Lit.: G. Althoff: C. s. und Darstellungsabsicht. In: M. Borgolte, H. Spilling (Hg.): Litterae medii aevi. Sigmaringen 1988, S. 117–133.   ID

Causerie, f. [kozə'ri:; frz. = Unterhaltung, Geplauder], leicht verständliche, unterhaltend dargebotene ↗ Abhandlung (2) über Fragen der Lit., Kunst etc.; Bez. im Anschluss an Sainte-Beuves Sammlung lit.kritischer Aufsätze »Les C.s du Lundi« (1851–62).   GS/Red.

Cavaiola, f. [it., auch: *farsa c.*], von Ende des 15. bis Anfang des 17. Jh.s in Neapel und Salerno gepflegte, am Modell der ↗ Atellane orientierte Frühform der ↗ Komödie, die das sprichwörtlich Einfalt der Bewohner von Cava de' Tirreni (bei Salerno) verspottet. In elfsilbigen Versen mit Binnenreim (*endecasillabi con rimalmezzo*) zunächst zu Hochzeiten, Karneval oder Neujahrsfeiern entstanden, später auch zu Privataufführungen in höhergestellten Häusern, dienen in einen simplen Handlungsrahmen eingeordnete sketchartige Szenen allein der Unterhaltung. Hierzu trägt die vorgeblich volkstümliche Sprache typisierter Figuren (z. B. unfähige Schulmeister, gierige Quacksalber, tumbe Lokalpolitiker) bei, deren Komik auf lit. Anspielungen, Mehrdeutigkeiten und Latinismen beruht und eher einem gebildeten Publikum zugänglich ist. Einziger namentlich bekannter Autor ist V. Braca (1566–nach 1625).
Lit.: A. Mango (Hg.): Farse c. 2 Bde. Roma 1973.   HG

Cavalier Poets [kævə'liə 'pouits; engl. *cavalier* = Ritter, Höfling], engl., dem Hof Charles' I. nahestehende Dichtergruppe der ersten Hälfte des 17. Jh.s mit den Hauptvertretern R. Herrick, Th. Carew, Sir J. Suckling und R. Lovelace. Merkmale ihrer von B. Jonson und J. Donne beeinflussten Lyrik, großenteils Gesellschafts- und Gelegenheitsdichtung, sind sprachliche Glätte, Anmut und kultivierte Eleganz, intellektuell-spielerischer Witz, aber auch ein sich naiv-burschikos gebender Umgangston, vgl. z. B. Herricks Gedichtsammlung »Hesperides« (1648) oder Carews Gedicht »The Rapture«.
Texte: Th. Clayton (Hg.): C. P.: Selected Poems. Oxford 1978. – H. Maclean (Hg.): Ben Jonson and the C. P. NY 1974.

Lit.: E. Miner: The Cavalier Mode from Jonson to Cotton. Princeton 1971. – R. Skelton: C. P. Ldn. 1960. MGS

Celtic Renaissance ↗keltische Renaissance, ↗irische Renaissance.

Cénacle, m. [frz. von lat. *cenaculum* = Speisesaal, übertragen: Freundeskreis], verschiedene Pariser Künstlerkreise der ↗Romantik. Der von Sainte-Beuve seit 1829 verbreitete Begriff meint zwar zunächst den Kreis um V. Hugo, er wird jedoch auch für andere, z. T. frühere Zirkel des *romantisme* verwandt. Den ersten *c.* bilden 1823–24 die Autoren der monarchietreuen Zeitschrift »La Muse française« (u. a. Hugo, A.-F.-M. Deschamps, A. de Vigny, J.-Ch.-E. Nodier), die zunächst ein katholisches Weltbild und neoklassizistische Prinzipien vertreten. Die Wende zum oppositionellen und ästhetisch modernen Programm vollzieht sich 1824–27 mit dem zweiten *c.* um Nodier. Der Kreis um Hugo (A. Dumas, A. de Musset u. a.) trifft sich ab 1827 in dessen Wohnung in der Rue Notre-Dame-des-Champs, die zum ›Hauptquartier‹ der Romantiker in ihrer kämpferischen Phase wird. Aufgrund von Rivalitäten löst sich die Gruppe 1830 auf, doch bilden sich weitere *c.s,* so der »Petit c.« um Borel.   KB

Centiloquium, n. [aus lat. *centum* = hundert, *loqui* = sprechen], in der antiken Lit. Sammlung von 100 Aussprüchen, Sentenzen u. a. (z. B. »C.« = eine Ptolemäus zugeschriebene astrologische Sentenzensammlung, gedruckt Venedig 1484); die Bez. begegnet gelegentlich auch im MA. (z. B. »C. theologium« von Wilhelm von Ockham, erste Hälfte des 14. Jh.s).   GS/Red.

Cento, m. [lat. = Flickwerk], aus einzelnen Versen bekannter Dichter zusammengesetztes Gedicht, in der Antike z. B. aus Versen Homers und Vergils. C.-Dichtungen wurden verfertigt in parodistischer Absicht (z. B. die »Gigantomachie« des Hegemon von Thasos, 5. Jh. v. Chr.) oder aus Freude am artistischen Spiel, wie der aus lat. Klassikerversen kombinierte »C. nuptialis« des Rhetorikers Ausonius (4. Jh.); christliche Dichter wandten überdies die C.technik an, um klassische Verse heidnischer Dichter mit christlichem Inhalt zu versehen, so die aus Hexametern Vergils zusammengestellte Schöpfungs- und Heilsgeschichte der Römerin Proba Falconia (4. Jh.) oder die im 12. Jh. verfassten Erbauungslieder aus Versen der »Eklogen« Vergils und der Oden des Horaz von dem Tegernseer Mönch Metellus. Von Oswald von Wolkenstein ist ein C. aus Freidank-Versen überliefert (Anfang des 15. Jh.s); Petrarca-Verse verwertete H. Maripetro im »Petrarca spirituale« (1536. Eine C.-Parodie findet sich bei Klabund (»Dt. Volkslied«). – Zu modernen Weiterentwicklungen der C.technik ↗Collage.

Lit.: J. O. Delepierre: Tableau de la littérature du centon chez les anciens et chez les modernes. 2 Bde. Ldn. 1874f.. – Th. Verweyen, G. Witting: Der C. In: Euph. 87 (1993), S. 1–27. – Dies.: C. In: RLW.   GS/Red.

Chanson, f., bezogen auf Werke seit dem 19. Jh. meist n. [ʃãsõ:; frz. = Lied; von lat. *cantio* = Gesang], allg. volkstümlicher Gesang vom improvisierten Zweizeiler bis zum gesungenen Epos: 1. a) In der frz. Lit. des MA. s *jedes volkssprachliche, gesungene Lied.* Der Oberbegriff ›Ch.‹ umfasst mehrere Gattungen: ↗Ch. de geste, ↗Ch. de toile, Ch. balladée, Ch. de croisade (Kreuzzugslied), Ch. de la mal mariée u. a. – b) Im engeren Sinne bezeichnet ›Ch.‹ *das Minnelied der nordfrz. Trouvères,* dessen Form und Thematik von der ↗Canso der provenz. Trobadors übernommen und bis zum 14. Jh. in Frankreich gepflegt wurde. – 2. Der grundsätzlich einstimmige Ch. des Hoch-MA.s tritt gegen Ende des 13. Jh.s die mehrstimmige Ch. (teils mit Refrain) zur Seite; ihr ordnen sich u. a. die Gattungen ↗Motet, ↗Ballade, ↗Rondeau und ↗Virelai unter (z. T. bereits bei Adam de la Halle und Jehannet de L'Escurel [13. Jh.], dann bei Guillaume de Machaut [14. Jh.]). Als *höfische, satirische und politische Ch.* erlebt sie im 15. Jh. ihre zweite Blüte. Bis zum Ende des 15. Jh.s waren Ch.s meist hsl. in ↗Chansonniers (Liederbüchern) fixiert; mit den gedruckten Ch.-Sammlungen im 16. Jh. wandelte sich die Ch. zu einer bürgerlichen Gesellschaftskunst mit bescheidenerem kompositorischen Anspruch. Im 16. Jh. dominierten Ch.s über die genussfreudige Liebe (M. de Saint-Galais, C. Marot, M. Scève), mehrstimmige Trinklieder sowie zahlreiche Abenteuer-Ch.s. Im 17. und 18. Jh. standen galante Ch.s neben politisch-satirischen, meist anonymen Ch.s mit heftiger Kritik an einzelnen Staatsleuten (Mazarinaden) sowie am absolutistischen Regime. Die Frz. Revolution stellte einen Höhepunkt der politischen Ch.-Dichtung dar: zwischen 1789 und 1795 entstanden nahezu 2.300 Ch.s. Die wichtigsten der revolutionären Ch.s wie »Ça ira« und »La Carmagnole« lebten in den Pariser Mai-Unruhen 1968 mit leicht modifiziertem Text wieder auf. Die Entstehung des modernen Ch.s geht auf die Jahre nach der Frz. Revolution zurück mit den politisch und sozial engagierten, aber auch lebensfroh-sentimentalen Ch.s P.-J. de Bérangers zurück. – 3. Heute umfasst der Begriff ›Ch.‹ alle Arten des ein- und mehrstimmigen Liedes; im engeren Sinn bezeichnet er eine *spezifisch lit.-musikalische Vortragsgattung*: den rezitativen oder gesungenen Solovortrag (meist nur von einem Instrument begleitet), der durch Mimik und Gestik des Vortragenden unterstützt wird. Zur Vortragssituation gehören der intime Raum mit engem Hörerkontakt und eine fortwährend variierte Animation des Publikums durch den Vortragenden (z. B. durch Refrain und Strophenschluss). Typische stilistische Einzelzüge des Ch.s sind starke Strophengliederung und Vorliebe für den Refrain, es überwiegen Rollengedichte (Ansprechen des Publikums in der ersten Person). Das Ch. behandelt Themen aus allen Lebensbereichen, bes. solche mit aktuellen Bezügen, die es witzig, ironisch, satirisch oder aggressiv interpretiert, aber auch Gefühlserlebnisse. Zu unterscheiden sind vier sich vielfach überschneidende Varianten: a) das *mondäne Ch.,* weltstädtisch-kultiviert, geistreich und frivol, bes. in Berlin um 1900 entwickelt (F. Hollaender: »Ich bin von Kopf bis Fuß auf Liebe eingestellt«); b) das v. a. aus dem Posse-↗ Couplet entwickelte *volkstümliche Ch.* über das arbeitende Bürgertum (O. Reutter: »Kleine-Leute-Ballade«); c) das *politische Ch.*, das soziale Missstände aufzeigt, oft im Reportagestil, häufig auch politische Aktionen zur Beseitigung dieser Missstände fordert oder gar auf direkte Systemüberwindung abzielt (E. Busch: »Revoluzzer«; E. Kästner: »Marschlied 45«); d) das *lyrische Ch.*, eine Augenblicksstimmung oder einen Liebesmoment einfangend, meist die Vertonung eines lyrischen Gedichtes (K. Tucholsky: »Parc Monceau«). Das heutige Ch. geht auf das seit der Mitte des 19. Jh.s in Pariser Cafés gepflegte aktuelle Gesellschaftslied zurück. Ein erster bedeutender Sammelpunkt von Ch.-Sängern war das 1881 gegründete Kabarett »Chat noir«. Inzwischen unterscheidet man zwischen den Interpreten von Ch.s (M. Chevalier, G. Bécaud, E. Piaf, J. Gréco, Y. Montand, S. Reggiani) und sog. Chansonniers, die selbst verfasste Werke vortragen (G. Brassens, J. Brel, L. Ferré, J. Ferrat, Barbara). In Deutschland wurde das Ch. zur Jh.wende in den von ↗ Naturalismus, ↗ Jugendstil und ↗ Neuromantik geprägten Kabaretts der »Elf Scharfrichter« und des »Überbrettls« eingeführt. Dabei waren frz. Einflüsse neben denen des ↗ Bänkelsangs, der ↗ Moritat, des politischen und des Operettenliedes maßgebend. Die heutige Verbreitung des Ch.s verdankt sich insbes. den Medien Film, Rundfunk und Fernsehen sowie den neuen Tonträgern.

Lit.: C. Duneton: Histoire de la ch. Française. Paris 1998. – A. Keilhauer: Das frz. Ch. im späten Ancien Régime. Hildesheim 1998. – A. Oberhuber: Ch.(s) de femme(s). Bln. 1995. – D. Rieger (Hg.): La ch. française et son histoire. Tüb. 1988. – Ders.: Von der Minne zum Kommerz. Eine Geschichte des frz. Ch.s bis zum Ausgang des 19. Jh.s. Tüb. 2005. – M. Robin: Il était une fois la ch. française: des trouvères à nos jours. Paris 2004. – S. P. Rupprecht: Ch.-Lexikon. Bln. 1999. – W. Ruttkowski: Ch. In: RLW. – F. Schmidt: Das Ch. Ffm. ²1982. – D. Schulz-Koehn: Vive la ch. Gütersloh 1969. – F. Vernillat: Dictionnaire de la ch. française. Paris 1968. – Th. Vogel: Das Ch. des auteur-compositeur-interprète. Ffm. 1981.   WG

Chanson balladée ↗ Virelai.

Chanson de geste, f. [frz. *geste* von lat. *gesta* = Handlung, Tat], Oberbegriff für die seit etwa 1100 schriftlich überlieferte, in (zunächst) assonierenden Versgruppen (↗ Laisse) komponierte, für den mündlichen Vortrag bestimmte frz. ↗ Heldendichtung, die bereits um 1200 von Bertrand de Bar-sur-Aube in drei maßgebliche Stoffkreise aufgegliedert wurde: die ›Karlsgeste‹, den Empörerzyklus und die ›Wilhelmsgeste‹. – Über die Entstehung der Ch. d. g. stritt das 19. Jh. mit Leidenschaft. Analog zu den von den dt. Romantikern in die Welt gesetzten Vorstellungen vom ›dichtenden Volksgeist‹ sahen die ›Traditionalisten‹ (v. a. G. Paris) in den überlieferten Denkmälern nur die von später Hand organisierten Einzelgesänge (›Kantilenentheorie‹; vgl. auch die ↗ Liedertheorie K.

Lachmanns), während die ›Individualisten‹ (v. a. J. Bédier) die Eigenleistung gebildeter Literaten an den Anfang setzten. Angesichts einer beträchtlichen Zahl von über viele Jh.e unter verschiedensten Bedingungen entstandenen Dichtungen ist eine alle Richtungen vereinheitliche Formel nicht sinnvoll. – Zweifellos war die Ch. d. g. Geschichtsdichtung in dem Sinne, dass sie fränkische Erinnerungen archivierte: an die Kreuzzüge Karls des Großen und seiner Vasallen in Spanien (u. a. »Chanson de Roland«; »Mainet«; »Fierabas«), Sachsen, Italien und anderswo (↗ Karlsepik); an die Auflehnung einzelner Empörer (u. a. »Chevalerie Ogier«; »Renaud de Montauban«; »Les Quatre Fils Aymon«); schließlich an Wilhelm von Toulouse, der die heidnische Bedrohung abwehrte (u. a. »Aliscans«; »La Chanson de Guillaume«; Wilhelmsepik). Drei weitere, offenbar erst nach 1200 (Bertrand) literarisierte Kreise, die großenteils bereits unter dem Einfluss des höfischen Romans stehen, treten hinzu: der ›Kreuzzugszyklus‹ (u. a. »Le Chevalier au cygne«; »La prise d'Acre«), die ›Lothringer-Geste‹ (u. a. »Garin le Loherin«) und die ›Nanteuil-Geste‹ (u. a. »Doon de Nanteuil«). – Der Erfolg der Gattung resultierte daraus, dass sie die Probleme der jeweils zeitgenössischen aristokratischen Gesellschaft anhand historischer Figuren reflektierte. Auch hier ist ein tiefgreifender Wandel von der alten Karls- und Wilhelmsdichtung, die bestimmte politische und soziale Strukturen bis zur Erschütterung diskutierte (Königtum, Vasallentum, Sippe), hin zu den überwiegend die Zustände eines feudalen Hier und Jetzt affirmativ entfaltenden späteren Zyklen greifbar. Den bes. Wert der Ch. d. g. begründete Jean Bodel (ca. 1165–1210) freilich mit seinem geschichtlichen Wahrheitsgehalt, der ihn von Antikenroman und ↗ höfischer Dichtung unterscheide. Johannes de Grocheo rechnete Ende des 13. Jh.s mit einem nicht mehr durchweg adligen Publikum, das, »vom Tagesgeschäft befreit«, den Liedern lausche, »damit es, von den Nöten und Ängsten anderer hörend, die eigenen leichter zu tragen vermöge« (»De musica«). – Die Stoffe der Ch. d. g., die sich einer Rezeption jenseits nationalhistorischer oder regional-partikularer Interessen nicht sperrten, fanden auch im Dt. Bearbeiter. Die Überhöhung der Herrschergestalt Karls des Großen öffnete die Texte dynastischer Spekulation (so der Versuch einer Vereinnahmung Heinrichs des Löwen im dt. »Rolandslied«, um 1175).

Lit.: M. Heintze: König, Held und Sippe. Hdbg. 1991. – E. Köhler: »Conseil des barons« und »jugement des barons«. Hdbg. 1968. – H. Krauss: Romanische Heldenepik. In: K. v. See (Hg.): Neues Hb. der Lit.wissenschaft. Bd. 7. Wiesbaden 1981, S. 145–180. – W.-D. Lange: Ch. d. g. In: LMA. – M. Ott-Meimberg: Karl, Roland, Guillaume. In: V. Mertens, U. Müller (Hg.): Epische Stoffe des MA.s. Stgt. 1984, S. 81–110. – A. Wolf: Heldensage und Epos. Tüb. 1995.   CF

Chanson de toile, f. [aus frz. *chanson* = Lied, *toile* = Leinwand], auch: *Chanson d'histoire*; nach dem Gesang beim Weben benannte Gattung der afrz. Liebeslyrik, die eine einfache Liebesgeschichte, meist zwischen Ritter und Mädchen, in episch-historischem Rahmen erzählt, meist in Strophen von drei bis fünf durch dieselbe Assonanz gebundenen Zehnsilblern, abgeschlossen durch eine assonanzfreie Zeile oder zwei in sich assonierende Refrainzeilen. Nur zehn anonyme *Ch.s d. t.* sind fast vollständig erhalten, sieben weitere bruchstückhaft. P. Heyse übersetzte die *Ch. d. t.* »Bele Erembors« ins Dt. (»Schön Erenburg«). Die Herkunft der *Ch. d. t.* liegt im Dunkeln. PHE/Red.

Chanson d'histoire ↗ Chanson de toile.

Chansonnier, m. [frz. = Sänger], 1. hsl. Sammlung mal. Chansons, die entweder nur den Text oder auch Melodien und sogar mehrstimmige Sätze enthalten kann. Bekannteste *Ch.s* mit einstimmigen Liedern sind die Manuskripte der provenz. ↗ Trobadors und der nordfrz. ↗ Trouvères; erst seit dem 15. Jh. liegen auch Sammlungen mit mehrstimmigen Liedern vor. – 2. In jüngerer Zeit: Verfasser und Interpret von Chansons (dt.: Liedermacher); bekannte frz. *Ch.s* sind G. Brassens und L. Ferré, im dt. Sprachraum R. Mey und K. Wecker. WG

Chantefable, f. [ʃɑ̃t'faːbl; zu frz. *chanter* = singen, *fabler* = sprechen, erzählen], Gattungsbez. für eine Mischform, die nur in einem einzigen Werk der afrz. Lit. auftritt: »Aucassin et Nicolette« (erstes Drittel des 13. Jh.s). Die Erzählung nimmt auf ironische Weise das klassische Motiv der Liebenden auf, einer jungen adligen Heldin und ihres Geliebten, die durch allerlei Widrigkeiten des Schicksals getrennt werden, aber schließlich zusammenfinden. Versifizierte Teile, eingeleitet durch die Formel »or se cante« (›jetzt wird gesungen‹), wechseln sich ab mit Prosapassagen, die durch die Formel »or dient et content et fablent« (= ›jetzt teilt man eine Erzählung und Dialoge mit‹) eingeleitet werden. Der Begriff erscheint nur einmal und erst gegen Ende des Textes. Obwohl seine Bedeutung (*chantéparlé* = ›Sprechgesang‹) offensichtlich ist, ist nicht zu belegen, ob es sich um eine isolierte Verwendung des Verfassers von »Aucassin et Nicolette« handelt oder um eine wirkliche Gattungsbez., die auch für andere, verlorene Werke galt. In der dt. Lit. der Neuzeit ahmte L. Tieck die Form der *Ch.* in der »Sehr wunderbaren Historia von der schönen Melusine« (1800) nach. AC

Chant royal, m. [mittelfrz. = königliches Lied], auch: *chançon royale*, f.; lyrische Kleingattung der höfischen Dichtung des frz. Spät-MA.s. Gehört zu den Gattungen fester Form (*genres à forme fixe*). Kodifiziert im 14. Jh. durch Guillaume de Machaut und Eustache Deschamps (»L'art de dictier«, 1392). Der *ch. r.* ist mit seinen fünf acht- bis zwölfzeiligen Strophen aus Achtoder Zehnsilblern eine »verlängerte *balade*« und schließt mit einer Geleitstrophe (↗ Envoi), die in die *balade* übernommen wird. Umgekehrt entlehnt der *ch. r.* der *balade* den einzeiligen ↗ Refrain am Strophenschluss. Ursprünglich von feierlicher Tonlage und für politische, religiöse und moralische Inhalte prädestiniert, weist der *ch. r.* seit Deschamps eine prinzipielle thematische Offenheit auf. Er teilt mit der *balade* seine diskursive, dialektische Struktur im Ggs. zur zyklischen, meditativen Anlage von ↗ Rondel und ↗ Virelai.

Lit.: K. Becker: Présentation littéraire. In: J.-P. Boudet, H. Millet (Hg.): Eustache Deschamps en son temps. Paris 1997, S. 21–33. – M. Tietz: Die frz. Lyrik des 14. und 15. Jh.s. In: D. Janik (Hg.): Die frz. Lyrik. Darmstadt 1987, S. 109–177. KB

Chapbooks, Pl. [engl. aus *chap* (aengl. *ceap*) = Handel, *books* = Bücher], seit dem 19. Jh. in England belegte Bez. für populäre ↗ Flugblätter, Broschüren und Bücher von kleinem Umfang und Format, meist mit einfachen Illustrationen (Holzschnitten), die bes. durch fliegende Händler (*chapmen*) in England und Nordamerika vertrieben wurden (↗ Kolportageroman). Neben verschiedenen lit. Kleinformen (Kinderreime, Scherzgedichte, Balladen, Pamphlete, Schwänke, Bibelgeschichten) und Gebrauchslit. (Almanache, Kalender, Traktate) wurden in dieser Form v. a. ↗ Volksbücher verbreitet. HFR/Red.

Character [engl.] ↗ Deixis.

Character Book ↗ Short Story.

Charakter, m. [gr. = eingebranntes, eingeprägtes Schriftzeichen, Kennzeichen, Merkmal, Gepräge], 1. eine ↗ Figur im ↗ Drama (↗ Ch.drama, ↗ Ch.tragödie, ↗ Ch.komödie) oder im narrativen Text, die mit individuell ausgeprägten Eigenschaften ausgestattet und als unverwechselbare, komplexe Persönlichkeit, ggf. auch mit individuellen Fehlern, Konflikten und Widersprüchen, dargestellt ist. Der Ch. steht im Ggs. zum ↗ Typus, der meist eine gesellschaftliche Schicht bzw. einen Beruf repräsentiert oder ein menschliches Verhalten (z. B. der Geizhals) verkörpert. MBL
2. Anthropologisches, ethisch-semiotisches, geschichtsphilosophisches und ästhetisches Konzept des Menschen zwischen singulärer Individualität und überindividueller Typisierung, das seit der Antike das je historische Subjektverständnis in der Spannung von Statik und Wandlung bzw. Bildung entwirft. Die für ein Individuum durch Beobachtung ermittelten Affektkonstanten, seine Physiognomie und Handlungsweisen gelten als Zeichenträger, die seine Eigenheit bzw. Individualität verstehbar machen (↗ Charakteristik, ↗ Physiognomik).
3. Militärisches bzw. soziales Rangzeichen oder Titel, auch unzerstörbares (sakramentales) Siegel (*Ch. indelebilis*).
4. Künstlerischer Stil (↗ charakteristisch). MSP

Lit.: B. Asmuth: Ch. In: RLW. – Th. Bremer: Ch./charakteristisch. In: ÄGB. – W.E. Gruber: Missing persons. Character and characterization in modern drama. Athen 1994. – Th. Koch: Lit. Menschendarstellung. Tüb. 1991.

Charakterdrama, Schauspiel, das von der Darstellung einer zentralen, meist charakterlich komplexen Figur lebt, welche die ↗ Handlung maßgeblich und aktiv bestimmt. Die Bez. ist insofern problematisch, als sie eng mit dem Dramatikdiskurs und der Individualitätsauffassung des 18. Jh.s und einer darauf fixierten Germanistik verknüpft ist, was den Bereich einer sinnvollen Verwendung einschränkt. – F. Schiller (»Egmont«-Rezension, 1788) unterscheidet das Ch. vom Drama, das auf Handlungen bzw. Situationen, und demjenigen, das auf Leidenschaften basiert, wobei aus heutiger Sicht die Trennung von Charakter und Leidenschaft Probleme aufwirft. Im Ch. würden »ganze Menschen« auf die Bühne gebracht, Beispiele seien W. Shakespeares Tragödien sowie J. W. Goethes »Götz« und »Egmont«. R. Petsch (»Drei Haupttypen des Dramas«, 1934) führt die Dreiteilung von Ch., Handlungsdrama und ↗ Ideendrama ein. Bei W. Kayser (»Das sprachliche Kunstwerk«, 1948) wird das Ch. dem ↗ Figurendrama untergeordnet, das wiederum von Raumdrama und Handlungsdrama abgegrenzt wird.   LI

Charakteristik, f., 1. pointierende essayistische Darstellung der individuellen Persönlichkeitsmerkmale eines Menschen (im Ggs. zu Typisierung, ↗ Typus) oder zur Würdigung eines Lebenswerks (↗ Nachruf), spezifischer die Bez. für einen Selbstverständigungsversuch über normativ-ethische Konflikte in der Lit., so in der traditionellen schulischen Aufsatzform Ch. – 2. Lit.-kritische und ethisch-philosophische Essayform (↗ Lit.kritik) mit hoher Konjunktur im 18. und 19. Jh. (A.W. Schlegel, F. Schlegel: »Ch.en und Kritiken«, 1801). Die Ch. des frühromantischen Kunstprogramms betreibt die Auszeichnung des Individuell-Charakteristischen für eine Pluralisierung des Schönen aus einer klassizismuskritischen Perspektive.
Lit.: G. Oesterle: »Kunstwerk der Kritik« oder »Vorübung zur Geschichtsschreibung«? Form- und Funktionswandel der Ch. in Romantik und Vormärz. In: W. Barner (Hg.): Lit.kritik. Stgt. 1990, S. 64–86.   MSP

Charakteristisch, Adjektiv; ästhetische Kategorie des 18. Jh.s, mit der die kennzeichnende individuelle künstlerische Ausdrucksform konzeptualisiert wurde, bes. insofern sie von der normativen Ausrichtung auf das Ideal graduell und z. T. in konkurrierender Absicht abweicht. In die Nähe sowohl der ↗ Karikatur als auch des ↗ Ideals gerückt, steht das Ch.e im Zentrum einer offenen, bes. in den Zss. »Die Horen«, »Athenaeum« und »Propyläen« ausgetragenen Debatte um eine normative Ästhetik zwischen der klassizistischen und der romantischen Kunsttheorie. Die dem Begriff inhärente perspektivische Normativität widerstrebt einer analytischen lit.wissenschaftlichen Terminologie.
Lit.: B. Collenberg-Plotnikov: Klassizismus und Karikatur. Bln. 1998. – A. Costazza: Das »Ch.e« als ästhetische Kategorie der dt. Klassik. In: JbDSG 42 (1998), S. 64–94. – M. Dönike: Pathos, Ausdruck und Bewegung. Bln., NY 2005.   MSP

Charakterkomödie, unscharfe Bez. für eine ↗ Komödie, deren komische Wirkung aus der Darstellung einer zentralen Figur resultiert, die ihre Lächerlichkeit meist aus der Übertreibung einer Eigenschaft bezieht

(vgl. dagegen ↗ Situationskomödie). Die Grenzen zur ↗ Typenkomödie sind fließend. – Die Ch. wird in Deutschland v. a. im 18. und 19. Jh. diskutiert (G. E. Lessing, F. Hebbel, G. Hauptmann); dabei dienen W. Shakespeares und Molières Komödien als Beispiele. Dieses Verständnis prägt auch den lit.wissenschaftlichen Wortgebrauch.   LI

Charakterrolle, Schauspielfach im Theater oder Film: Darstellung eines individuell profilierten, oft komplexen und widersprüchlichen Charakters, z. B. Hamlet, Maria Stuart, Dorfrichter Adam.   JK/Red.

Charaktertragödie, unscharfe Bez. für eine ↗ Tragödie, deren tragische Wirkung v. a. aus individuellen Charaktereigenschaften einer zentralen Figur resultiert. Dabei ist der tragische ↗ Konflikt meist als innere Auseinandersetzung des ↗ Helden angelegt. – Die Ch. wird in Deutschland v. a. im 18. und 19. Jh. diskutiert (G. E. Lessing, J. M. R. Lenz, F. Schiller, F. Hebbel, G. Hauptmann). Der lit.wissenschaftliche Wortgebrauch bleibt den für diese Zeit relevanten Beispielen (W. Shakespeare: »Hamlet«, »King Lear«; J. W. Goethe: »Götz«, »Egmont«) verpflichtet.   LI

Charge, f. [ˈʃarʒə; frz. = Bürde (eines Amtes)], im Theater eine Nebenrolle mit meist einseitig gezeichnetem Charakter, z. B. der Derwisch in G. E. Lessings »Nathan der Weise« oder der Kammerdiener in F. Schillers »Kabale und Liebe«. Die Gefahr der Übertreibung (↗ Karikatur), die in der Darstellung dieser Rollen liegt, prägte die Bedeutung des Verbums *chargieren* = mit Übertreibung spielen.   GS/Red.

Charonkreis [Charon = mythischer Fährmann über ›Urgewässer‹ ins ›Seelenreich‹], Berliner antinaturalistischer Dichterkreis um den Lyriker O. zur Linde und seine Zs. »Charon« (begründet mit R. Pannwitz, 1904–14, danach »Charon-Nothefte« 1920–22). Programmatisches Ziel des Ch.es war es, durch einen in der Dichtung neu zu erschaffenden, nord. geprägten Urweltmythos eine gesellschaftliche Erneuerung herbeizuführen – weg von der materialistischen »Totschlagwelt« hin zur Rückbesinnung auf innerseelische und kosmische Kräfte. Die Dichtungen (die Züge des ↗ Expressionismus vorwegnehmen) gestalten subjektive, gedanken- und bildbefrachtete kosmische Erlebnisse in visionär-ekstatischer Sprache; feste metrische Formen werden zugunsten der »Eigenbewegung« eines sog. »phonetischen Rhythmus« abgelehnt (vgl. das poetologische Programm in der Streitschrift »Arno Holz und der Charon«, 1911). Neben O. zur Linde (»Die Kugel, eine Philosophie in Versen«, 1909; »Thule Traumland«, 1910; »Charontischer Mythus«, 1913) gehörten zum Ch. R. Pannwitz (bis 1906), K. Röttger, B. Otto, R. Paulsen, E. Bockemühl.
Lit.: H. Röttger: O. zur Linde. Wuppertal u. a. 1970. – R. Parr: Charon, Charontiker, Gesellschaft der Charonfreunde. In: ZfG N. F. 4 (1994), S. 520–532.   IS/Red.

Charta, f. [ˈkarta; lat.; aus gr. *chártēs* = Blatt], ursprünglich Blatt aus dem Mark der Papyrusstaude; dann verallgemeinert für alle Arten von Schreibmaterialien (vgl. auch dt. ›Karte‹) und für Buch. – Im MA. bes. in der Bedeutung ›Urkunde‹ (neben Diploma), vgl. z. B. »Magna Ch. libertatum« (1215, die älteste europäische Verfassungsurkunde); auch noch in der Neuzeit, z. B. »Ch. der Vereinten Nationen«.   GS/Red.

Chaucer-Strophe, von Geoffrey Chaucer (um 1343–1400) in die engl. Dichtung eingeführte Strophenform, bestehend aus sieben jambischen Fünfhebern, die nach dem Schema ababbcc reimen (auch: ›rhyme royal‹). Der Einfluss provenz. Vorbilder auf die Ch. ist umstritten, Chaucers intime Kenntnis frz. Sprache und Kultur jedoch zweifelsfrei. – Die Strophe kam wohl zuerst in Chaucers allegorischer Traumvision »The Parliament of Fowls« (699 Zeilen) zur Anwendung; später in »Troilus and Criseyde« (8.239 Zeilen; um 1385) und in Teilen der unvollendeten »Canterbury Tales«. Sie war für den mündlichen Vortrag bestimmt; eine Hs.-Miniatur (Anfang des 15. Jh.s) zeigt Chaucer am Lesepult beim Vortrag von »Troilus and Criseyde« vor der Hofgesellschaft. – Die Strophe dominiert die engl. Ependichtung des 15. Jh.s, tritt im 16. Jh. hinter die ⊅ Spenserstanze zurück, wird aber noch im 18. Jh., z. T. mit variierendem Abschluss, verwendet. Bis ins 20. Jh. erlebt die Ch. Modifikationen des Reimschemas (R. Browning: ababcca; J. Thomson: ababccb). – Im Dt. wird die Ch. nicht verwendet.   CF

Chevy-Chase-Strophe, [ˈtʃɛvɪ ˈtʃeɪs …; engl. = Jagd in den Cheviot Bergen], Balladenstrophe. Die Bez. ist von der ⊅ ›Ballade von der Chevy Chase‹ (15. Jh.) abgeleitet, dem Eröffnungsgedicht der dreibändigen Balladensammlung »Reliques of Ancient English Poetry« von Th. Percy (1765). Die Ch. ist vierzeilig mit alternierend vier- und dreihebigen Versen. Die Versfüllung ist frei, die ⊅ Kadenzen sind durchgehend männlich, meist reimen nur die vierhebigen Verse, gelegentlich findet sich aber auch ⊅ Kreuzreim. Abweichungen vom Grundschema sind häufig (etwa sechszeilig mit Reimschema abxbxb und ausschließlich vierhebigen Versen, wie in der namensgebenden Ballade selbst), ihr Schema liegt auch der isländ. ⊅ Rima zugrunde. Verbreitet ist sie seit mittelengl. Zeit meist als ⊅ Volkslied und ⊅ Kirchenlied, seit dem 18. Jh. auch als Kunstballade (S. T. Coleridge: »The Ancient Mariner«, 1798). F. G. Klopstocks »Kriegslied« (1749) und J. W. Gleims »Preußische Kriegslieder« (1758) machen die Ch. auch in der dt. Dichtung populär. Bei M. v. Strachwitz (»Das Herz von Douglas«) und Th. Fontane (»Archibald Douglas«, 1867) ist sie durchgehend kreuzgereimt. J. W. Goethe (»Der Fischer«, 1779) und Fontane (»Gorm Grymme«) verwenden eine Strophenform, die einer Verdoppelung des Schemas der Ch. entspricht. V. a. in vaterländisch-soldatischen Dichtungskontexten (B. v. Münchhausen, A. Miegel) dominiert die Ch. bis ins 20. Jh.; bei B. Brecht (»Legende vom toten Soldaten«, 1927) wird sie ironisch-satirisch gebrochen.

Lit.: D. Burdorf: Einf. in die Gedichtanalyse [1995]. Stgt., Weimar 1997, S. 100–102. – H. J. Frank: Hb. der dt. Strophenformen [1980]. Tüb., Basel ²1993, S. 140–146.   JK/CSR

Chiaroscuro, n. [kjaros'ku:ro; it.], extremer Hell-Dunkel-Effekt in visuellen Künsten, bes. in der Malerei und im Film, etwa im ⊅ Film Noir.

Chiasmus, m. [lat. = in der Form des gr. Buchstabens *chi* = χ, d. h. in Überkreuzstellung], ⊅ rhet. Figur, überkreuzte syntaktische Stellung von Wörtern zweier aufeinander bezogener Wortgruppen oder Sätze, dient oft der sprachlichen Veranschaulichung einer ⊅ Antithese, z. B. »Eng ist die Welt und das Gehirn ist weit« (F. Schiller: »Wallenstein«). Ggs.: ⊅ Parallelismus.   GS/Red.

Chiffre, f. [ˈʃɪfrə; arab. *sifr* = leer, Null; dt. ab 1400 *ziffer*, ab dem 18. Jh. aus frz. *chiffre* = Geheimzeichen, bis um 1800 auch ›Chiffer‹, m.], 1. Zahlzeichen, Namenszeichen, Monogramm. – 2. Aufgrund eines Codierungssystems gebildetes Geheimschriftzeichen. – 3. Hermetisches Element v. a. der modernen Lyrik. Die Ch. thematisiert eine spezifische Aussage- und Reflexionsbedingung der lyrischen Sprache. Sie ist ein poetologisches Verfahren der Verweisung auf »ungegenständliche, sprachlich nicht faßbare Sujets, für komplexe Sprach- und Lebenserfahrungen« (Lorenz, in: RLW), das mit der Geste des Deutungsentzugs (›absolute Ch.‹, Killy) auftritt. In der frz. Dichtung noch an den *beau désordre* rückgebunden, zeigt das poetische Verfahren der Ch. in der dt. Dichtung die Reflexion (problematischer) lyrischer Sprachwerdung an: wie um 1800 zeichen- und zugleich das Beziehungsgeflecht der Worte untereinander im Gedicht. – 4. Ch.nschrift der Natur (Geschichte, Kunst etc.): Vorstellung eines neben der Bibel auszulegenden zweiten heiligen Buches.

Lit.: H.-G. v. Arburg u. a. (Hg.): »Wunderliche Figuren«. Über die Lesbarkeit von Ch.nschriften. Mchn. 2001 – W. Killy: Wandlungen des lyrischen Bildes [1956]. Gött. ⁸1998. – O. Lorenz: Ch. In: RLW. – Ders.: Schweigen in der Dichtung: Hölderlin – Rilke – Celan. Gött. 1989. – E. Marsch: Die lyrische Ch. In: Sprachkunst 1 (1970), S. 206–240.   MSP

Chiffre-Gedicht, aus einzelnen Versen anderer Gedichte zusammenzustellender Text, für den statt der Verse selbst nur ihr Fundort (Band, Seite, Zeile) zitiert wird. Beispiele im Briefwechsel Marianne von Willemers mit Goethe. – Vgl. auch ⊅ Cento.   HHS/Red.

Choliambus, m. [lat.-gr. = Hinkjambus, von gr. *chōlós* = lahm], Versmaß antiker Herkunft. Beim Ch. handelt es sich um einen jambischen ⊅ Trimeter, dessen letztes Element durch einen Spondeus (selten auch durch einen Trochäus) ersetzt ist: ∪–∪–∪–∪–∪––∪̄. Dieser Holpervers, der sich gelegentlich in komischer Versdichtung findet, geht zurück auf die Spottgedichte des Hipponax von Ephesos, in hellenistischer Zeit begegnet er bei Kallimachos; Eingang in die röm. Dichtung erhält er durch die Neoteriker und durch Catull. Im Dt. wird er selten gebraucht, etwa bei A. W. Schlegel (»Der Choliambe scheint ein Vers für Kunstrichter«).   JK/BM

Chor, m. [gr. *chorós* = Reigen-, Gruppentanz mit Gesang, Tanzplatz, Tänzerschar; lat. *chorus*], 1. in der Architektur: erhöhter Raum in einer Kirche mit herausgehobener sakraler Funktion; 2. in der Musik: a) Komposition für ein Vokalensemble; b) dieses Gesangsensemble selbst; 3. im ↗ Theater: eine Personengruppe, deren Handeln als gemeinsame Form der ↗ Darstellung erkennbar wird. – Der Ch. des antiken Theaters wird von Bürgern (↗ Choreut) gebildet, die unter der ↗ Regie des Dramenautors die ↗ Ch.lieder und -tänze der ↗ Tragödien einstudieren. Autor und Ch. werden für die ↗ Aufführungen anlässlich der jährlichen ›Großen Dionysien‹, zu deren Programm u. a. ein ↗ Dithyramben- und der dreitägige Tragödien-Wettbewerb (↗ Agon) gehören, durch einen ↗ Mäzen (↗ Choreg) materiell unterstützt. Der Ch. ist eine homogene Gruppe aus 12–15 Choreuten in der Tragödie und 24 in der ↗ Komödie. Diese tragen Masken und ziehen zu Beginn des Stücks singend (↗ Parodos) von den seitlichen Zugängen des Theaters in die ↗ Orchestra ein, wo sie bis zum Auszug (↗ Exodos) am Ende des Stücks verbleiben. Die Dialogszenen (↗ Epeisodion) werden durch die Standlieder des Ch.s (↗ Stasimon) unterbrochen. Der Ch. repräsentiert die ↗ Öffentlichkeit der Polis auf der Bühne und ist zugleich eine Institution des öffentlichen Lebens. Diese doppelte Funktion begründet die essentielle Selbstreferenzialität des Ch.s. Als szenische Formation unterhält er meist ein ebenso enges Verhältnis zum ↗ Protagonisten wie zum Publikum, an das er sich bes. in den ↗ Parabasen der Komödie auch direkt wendet. Von Aischylos über Sophokles bis hin zu Euripides nimmt die Bedeutung des Ch.s stetig ab, so dass in der ›Neuen Komödie‹ nur kurze ↗ Intermezzi zur Aktgliederung verbleiben. Im Anschluss an Aristoteles' Forderung, der Ch. sei wie eine ↗ Figur in die Handlung zu integrieren (»Poetik« 1456a), verselbständigt sich die Rolle des Ch.führers (↗ Koryphaios). Die röm. Autoren verzichten auf den Ch. mit Ausnahme von Seneca, bei dem er als abstrakte und isolierte Figur ein dramaturgisches Gegengewicht zu den ↗ Protagonisten bildet. Dieses Konzept beeinflusst die ↗ Antikerezeption der ↗ Renaissance, in welcher der Ch. kommentierende Funktion erhält. Die Spielleiter- und Erzählerfigur bei W. Shakespeare (*chorus*) besitzt keine chorische Funktion. Im barocken Drama dienen die Zwischenchöre (↗ Reyen) häufig als Sprachrohr des Autors. In der klassizistischen Dramatik gilt der Ch. als unnatürlich. Dagegen setzt F. Schiller in »Die Braut von Messina« (1803) erstmals wieder einen Ch. ein, der als Repräsentant der Zuschauer zu verstehen ist: »Der Ch. ist mit einem Worte der idealisierte Zuschauer.« (A.W. Schlegel: »Über dramatische Kunst und Litteratur« [1809], 3. Vorlesung) Die antiillusionistische Funktion des Ch.s wird von Schiller in der »Vorrede« zum Stück verteidigt. J. W. Goethe setzt sich in »Faust« II (1832) mit dem antiken Ch. historisierend und ironisch variierend auseinander. Im 19. Jh. wird der Ch. bei Inszenierungen antiker Stücke häufig

modifiziert oder gestrichen. Für L. Tiecks »Antigone«-Inszenierung (1841) vertont F. Mendelssohn-Bartholdy die Ch.lieder und platziert den Ch. im Orchestergraben. F. Nietzsche (»Die Geburt der Tragödie aus dem Geiste der Musik«, 1872) hebt das dionysische Element des Ch.s hervor. Der Massenchor in den Inszenierungen M. Reinhardts ähnelt der Dramenfigur ›Volk‹ (gemischte Gruppe ohne Liedeinlagen). Im Theater des 20. Jh.s bleibt der antike Ch. ein Fremdkörper, gleichzeitig nehmen jedoch die Experimente mit chorischen Elementen zu (E. G. Craig, G. Fuchs). Expressionistische Dramen (E. Toller: »Masse – Mensch«, 1920), kommunistische Sprechchorwerke und das völkische ›Thingspiel‹ integrieren chorische Elemente. L. Riefenstahls Verfilmungen nationalsozialistischer Reichsparteitage setzen auf die suggestive Wirkung von gigantischen Einheitschören. B. Brecht (»Über Chöre«, Typoskript, um 1940) dagegen knüpft an die nicht-aristotelische Theorie Schillers an und erprobt vielfältige Formen des Ch.s: den Agitpropchor, die Ch.parodie, den verfremdenden Ch. sowie das chorische Ensemblespiel. Diese auf kollektive Probenprozesse angewiesene Form prägt seit den 1960er Jahren auch die Theaterinstitutionen. So gilt A. Mnouchkines Projekt »Les Atrides« (1990–93) als eine herausragende Neubelebung des antiken Ch.s. Die Inszenierungen G. R. Sellners versehen den Ch. mit einer pseudoreligiösen Funktion, während P. Weiss' Stück »Marat/Sade« (1964) einen spielerisch-flexiblen Ch. vorsieht. H. Müller treibt Brechts Ansätze bis zur völligen Auflösung sowohl der Figuren als auch des Ch.s voran. Das Theater der 1990er Jahre ist wesentlich durch chorische, d. h. post-dramatische Elemente geprägt. Ch. Marthalers Inszenierungen vollziehen die Fragmentierung des Individuums ins Chorische, während das Chorische in den Arbeiten E. Schleefs in politisierender Tradition zum grundsätzlichen Prinzip wird. Die »chorische Erzählung« (Nübling) eignet sich bes. zur ↗ Dramatisierung epischer Texte, macht den Ch. zum Hauptdarsteller, arbeitet mit der Vervielfachung von Figuren, der Formalisierung von Sprache und Bewegung und führt zu einer Musikalisierung des Theaters (vgl. Roesner). – Die von der klassischen Philologie herausgearbeiteten drei Funktionen des Ch.s im antiken Theater (als Dramatis Persona, zur Steuerung der Rezeption und als Sprachrohr des Dichters) werden von der neueren Forschung differenziert und teilweise revidiert. So rekonstruiert Käppel das doppelte Bezugssystem des Ch.s, der sich stückintern gegenüber den Protagonisten und in der Aufführungssituation gegenüber den Zuschauenden positioniere und damit zwischen Handlungsimmanenz und autoritativer Deutungsmacht changiere.

Lit.: A. Henrichs: Dionysisches im Ch. der gr. Tragödie. Stgt. 1996. – M. Hose: Studien zum Ch. bei Euripides. 2 Bde. Stgt. 1990. – W. Jens: Die Bauformen der gr. Tragödie. Mchn. 1961. – L. Käppel: Die Rolle des Ch.s in der Orestie des Aischylos. In: P. Riemer (Hg.): Der

Ch. im antiken und modernen Drama. Stgt. 1999, S. 61–88. – W. Kranz: Stasimon. Bln. 1933. – S. Nübling: Chorisches Spiel. In: H. Kurzenberger (Hg.): Praktische Theaterwissenschaft. Hildesheim 1998, S. 41–87. – D. Roesner: Theater als Musik. Tüb. 2003. – G.-M. Schulz, K. Weimar: Ch. In: RLW. – R. Thiel: Ch. und tragische Handlung im ›Agamemnon‹ des Aischylos. Stgt. 1993. WVB

Choral, m. [mlat. *cantus choralis*; von gr. *chorós* = Tanzplatz], kirchlicher Gesang. Die Bez. der gr. Antike für den Ort kultischen Tanzes und Gesangs (↗Chor) wurde auf den Platz der Sänger am Altar der christlichen Kirche und auf die Sänger selbst übertragen. – In der kath. Kirche bezeichnet *cantus choralis* einstimmige lat. liturgische Gesänge. ›Ch.‹ ist in diesem Zusammenhang Synonym für ›Gregorianik‹, die seit dem 7. Jh. vereinheitlichte und im 20. Jh. erneut als normgebend bestimmte Form der röm. Liturgie. Deren Textgrundlage sind biblische Texte und freie Dichtungen, entweder in Prosa (↗Psalm, ↗Antiphon) oder rhythmisch und metrisch gebaut (↗Hymne). – In der ev. Kirche ist der Ch. seit dem 16. Jh. ein volkssprachliches ↗Kirchenlied im lutherischen Gottesdienst. Seit dem 17. Jh. tritt der Ch. auch als vokale und instrumentale Bearbeitung und als mehrstimmiger Satz auf. Das 19. Jh. versteht Ch. als getragenen, schlicht akkordischen Satz diatonischer Melodik. Seit der liturgischen Bewegung der ev. Kirche zu Beginn des 20. Jh.s wird der Ch. unter Rückgriff auf die gregorianische Tradition wieder vom Kirchenlied unterschieden.

Lit.: M. Rößler: Kirchenlied. In: RLW. CFA

Choreg, m. [gr. *chorēgós* = Chorführer], in der gr. Antike vermögender Bürger, der bei kultischen Festen die (kostspieligen) Pflichten der *chorēgía* übernimmt, d. h. die Aufstellung, Ausbildung, Ausstattung und Unterhaltssicherung des ↗Chors, oft auch die künstlerische Leitung der chorischen Aufführung. Bei den jährlichen Dramenwettkämpfen (z. B. anlässlich der attischen ↗Dionysien) werden die Ch.en gleichermaßen geehrt wie die Dichter. Die allg. Verarmung nach den Peloponnesischen Kriegen (Ende des 5. Jh.s v. Chr.) hatte zunächst die Übernahme der *chorēgía* durch die Staatskasse, später den weitgehenden Verzicht auf Chöre im Drama zur Folge. JK/Red.

Choreut, m. [gr. *choreutés*], maskierter Chorsänger oder -tänzer im altgr. ↗Chor; ihre Zahl wechselte stets nach Art des Chors: sie betrug bei Tragödien zunächst 12, seit Sophokles 15, bei Komödien 24, bei Satyrspielen 12, bei Dithyramben oft 50; sie waren während der chorischen bzw. dramatischen Aufführung (zwischen ↗Parodos und ↗Exodos) in Reihen oder im Kreis in der ↗Orchestra aufgestellt. JK/Red.

Choriambus, m. [lat.-gr.], antiker bzw. antikisierender Versfuß der Form – ∪ ∪ –. Rein choriambische Verse sind selten; sie begegnen vereinzelt in der gr. Chorlyrik. Dt. Nachbildungen finden sich z. B. in J. W. Goethes »Pandora« (V. 789–812). JK/BM

Chorlied, [gr. *chorós* = Gruppentanz mit Gesang, Tanzplatz, Tänzerschar; mhd. *liet* = Gesangsstrophe, Gedicht], mit einer Melodie versehenes, im Ggs. zur ↗Monodie durch den ↗Chor vorzutragendes ↗Gedicht. – Ch.er sind als Kult-, Fest- oder Arbeitslieder fester Bestandteil von ↗Kultur. Im antiken Griechenland vermitteln lyrische Chöre mit Flötenbegleitung religiöse Einsichten und gestalten die Festtage. In der korinthischen Reform der dionysischen Rituale im 6. Jh. werden die Ch.er, bes. die ↗Dithyramben, mit Handlung unterlegt, was allg. als Ursprung der gr. ↗Tragödie gilt. Im Ggs. zu den im attischen Dialekt gesprochenen Versen der ↗Protagonisten sind die Ch.er im hohen ↗Stil des dorischen Dialekts gehalten. Sie dienen der Zeitüberbrückung und -raffung. Wichtige Handlungen werden häufig, parallel zu den Ch.ern, hinterszenisch vorgestellt. Die Ch.er der Tragödie sind: Eingangs- (↗Parodos) und Auszugslied (↗Exodos), Anrede des Publikums (↗Parabase), antistrophisch gegliederte Standlieder (↗Stasimon), die in der ↗Orchestra gesungen werden, sowie Wechsellieder (↗Amoibaia) zwischen Protagonisten und Chor. Genres des Ch.es sind u. a.: Klagegesang (*kómmos*), Trauerlied (*thrénos*), Götteranrufung (*hýmnos*), Siegeslied (*epiníkion*) und Preislied (*enkómion*). Im Christentum meint lat. *chorus* bis ins 7. Jh. die singende Gemeinde. Aus dieser Tradition der ↗Psalmodie, auch als Wechselgesang, entstehen Ch.-Kompositionen, so seit dem 17. Jh. ↗Kantate, ↗Psalm, ↗Oratorium, ↗Requiem, Passion. Seit dem 18. Jh. erlangt der Chorgesang mit der Emanzipation des Bürgertums repräsentative Bedeutung, was sich in der Gründung zahlloser (Männer-)Gesangsvereine niederschlägt und bis in die Sänger(fest)bewegung des 19. Jh.s hineinwirkt. Zwei der bekanntesten Ch.er sind »Das Lied von der Glocke« (Text: F. Schiller, Musik: A. Romberg, 1808) und das »Deutschlandlied« von A. H. Hoffmann v. Fallersleben (1841). Seit Mitte des 19. Jh.s entstehen aus Arbeiterbildungsvereinen gemischte Chöre, deren Repertoire durch Liedtexte von F. Freiligrath, G. Herwegh, H. Heine sowie durch Kompositionen wie die »Marseillaise« und die »Internationale« geprägt ist. In dieser politischen Tradition komponiert im 20. Jh. H. Eisler (nach Texten von B. Brecht, A. Gmeyner, B. Traven, K. Tucholsky) Ch.er, denen auf konservativer Seite die Oratorien P. Hindemiths gegenüberstehen.

Lit.: C. M. Bowra: Greek Lyric Poetry [1936]. Oxford ²1961. – F. Brusniak: Chor und Chormusik. In: MGG², Sachteil. – J. Leonhardt: Phalloslied und Dithyrambos. Hdbg. 1991. – B. Zimmermann: Dithyrambos. Gött. 1992. WVB

Chrestomathie, f. [aus gr. *chrēstós* = brauchbar; *manthánein* = lernen, wissen], für den Unterricht bestimmte Sammlung ausgewählter Texte oder Textauszüge aus den Werken bekannter Autoren (↗Schultext, ↗Anthologie). Spezifische Sammlungen für die Schule erwähnt als erster Platon, die Bez. ›Ch.‹ taucht jedoch erst in der röm. Kaiserzeit auf, z. B. für Werke des Strabon (63 v.–19 n. Chr.), des Grammatikers Proklos oder des Johannes Stobaios (5. Jh.). Ch.n sind in allen Jh.en verbreitet. In Deutschland findet sich die Bez. ›Ch.‹ seit dem 18. Jh. in der wissenschaftlichen Terminologie. GSR

Chrie, f. [gr. *chreía* = Bedarf, Nutzen], 1. Ausspruch (›Ausspruchschrie‹) oder kurze Schilderung beispielhaften Verhaltens (›Handlungschrie‹) einer moralischen Autorität, zur Lebensregel generalisierbar (↗ Anekdote, ↗ Apophthegma, ↗ Gnome, ↗ Sentenz). – 2. ↗ Amplificatio einer solchen Aussage in Rede oder Aufsatz gemäß einem festen Schema: Lob des Urhebers, ↗ Paraphrase und Verteidigung seiner Aussage, auch durch Widerlegung möglicher Einwände, Erläuterung durch Vergleich oder Beispiel, Bekräftigung durch Zitate anderer Autoritäten (vgl. den sog. ›Inventionshexameter‹ als Merkvers: »Quis, quid, cur, contra, simile et paradigmata, testes«). – Als rhet. Übung war die Ch. Bestandteil des Schulunterrichts von der Antike bis ins frühe 20. Jh.
Lit.: M. Fauser: Die Ch. In: Euph. 81 (1987), S. 414–425. CLU

Christlich-Deutsche Tischgesellschaft, konservativer Kreis meist adliger Männer, der 1811 auf Initiative A. v. Arnims und des Publizisten A. v. Müller in Berlin gegründet wurde. Politische Motivation war die oppositionelle Haltung sowohl gegen die Spätfolgen der Frz. Revolution und die Herrschaft Napoleons I. als auch gegenüber den Stein-Hardenberg'schen Reformen in Preußen; so unterstützten Mitglieder der Ch.-D.n T. finanziell den Berliner Landsturm 1813. In vierzehntäglichem Rhythmus fanden sich Gleichgesinnte zu Gespräch und Gedankenaustausch im Berliner Gasthaus »Casino« zusammen. Neben Vertretern des hohen Adels, etwa den Prinzen A. H. Radziwill und E. M. Lichnowski, zählten preußische Politiker und hohe Militärs (G. v. Scharnhorst, A. N. v. Gneisenau, C. v. Clausewitz) sowie adlige und bürgerliche Schriftsteller zu den Mitgliedern (neben Arnim H. v. Kleist und C. Brentano), darüber hinaus auch Musiker, Künstler und Professoren der 1810 gegründeten Berliner Universität (J. G. Fichte, F. C. v. Savigny). Kleist gab die inoffizielle Zs. des Kreises, die »Berliner Abendblätter« (1810/11), heraus; ab 1816 führte u. a. Brentano die Gesellschaft als deutlich konservativere »Christlich-Germanische Tischgesellschaft« weiter.
Lit.: St. Nienhaus: Aus dem kulturellen Leben in der christlich-dt. Tischgesellschaft. In: JbFDH 1994, S. 118–140. – Ders.: Geschichte der dt. Tischgesellschaft. Tüb. 2003. BJ

Christlich-Germanische Tischgesellschaft ↗ Christlich-Deutsche Tischgesellschaft.

Christmas Pantomime [ˈkrɪsməs ˈpæntəmaim; engl. = Weihnachtspantomime], in England zur Weihnachtszeit aufgeführtes burleskes ↗ Ausstattungsstück: Harlekinade nach Themen aus Märchen, Sage und Geschichte mit musikalischen und akrobatischen Einla-

gen, Zauber- und Lichteffekten; Blütezeit im 18. und beginnenden 19. Jh., auch heute noch beliebt.
Lit.: A. E. Wilson: Ch. P. Ldn. 1934. MGS

Chronical play ↗ Historie (3).

Chronik, f. [gr. *chronikón*, lat. *chronica* = Zeitbuch], 1. eine bereits in altorientalischer, gr.-hellenistischer und röm. Zeit bekannte, im MA. weit verbreitete Gattung der Geschichtsschreibung. Ch.en können je nach Gegenstand und Berichtshorizont, Sprache und lit. Gestaltung sehr unterschiedliche Formen annehmen und sind oft nicht von ↗ Annalen, ↗ Gesta und ↗ Historie abzugrenzen. Die antike Geschichtsschreibung kannte sowohl lokalgeschichtliche als auch universalgeschichtliche Ch.en. Gemeinsam war ihnen das Interesse an chronologischer Einordnung der Ereignisse (Chronographie). An diese Tradition knüpfte die spätantik-christliche Chronistik an, die im Rahmen theologischer Geschichtsdeutung die biblische mit der antiken Geschichte verband und damit Welt- und Heilsgeschichte einander zuzuordnen versuchte. Die Chronik des Eusebios von Kaisareia (erstes Drittel des 4. Jh.s), die von Hieronymus vom Gr. ins Lat. übersetzt und erweitert wurde (spätes 4. Jh.), ist die älteste überlieferte christliche Weltchronik und gilt als Vorbild für die mal. Chronistik. Isidor von Sevilla (erstes Drittel des 7. Jh.s) ordnete die Geschichte erstmals in eine Abfolge von Weltzeitaltern. Nach seinem Vorbild gliederten die mal. Universalchroniken die mit der Schöpfung beginnende und mit der Wiederkunft Christi endende Geschichte in sechs Zeitalter (nach den sechs Tagen der Schöpfungswoche und den sechs Lebensaltern) bzw. nach der Lehre von den vier Weltreichen (Dan 2), wobei die eigene Gegenwart stets dem letzten, mit Christus beginnenden Zeitalter zugeordnet wurde. Beda Venerabilis schließlich (erstes Drittel des 8. Jh.s) brachte die auf das 6. Jh. zurückgehende Jahreszählung nach Christi Geburt in die mal. Chronistik ein (Inkarnationsära). Das Hoch-MA. gilt als Blütezeit der lat. Weltchronistik. Nach der Ch. des Regino von Prüm (frühes 10. Jh.) sind v. a. die Universalchronik des Frutolf von Michelsberg (nach 1100) und ihre Fortsetzung bis 1125 durch Ekkehard von Aura sowie die Weltchronik Ottos von Freising (1143/46) zu nennen. Bereits im 13. Jh. entstand mit der Sächs. Weltchronik (um 1229) auch die erste dt. Universalchronik. Als ›Ch.‹ wurden allerdings bereits im 11. Jh. auch Geschichtswerke bezeichnet, die Annalen, Gesta oder Historie nahe stehen und keiner universalgeschichtlichen Perspektive verpflichtet sind. Die zahlreichen Ch.en des Hoch- und Spät-MA.s, die nicht als Weltchroniken angesprochen werden können, gelten je nach Gegenstand und Berichtshorizont als Reichs-, Papst- und Kaiser-, Volks-, Bistums- und Kloster-, adlige Haus-, Landes-, Stadt- sowie Kriegs- und Kreuzzugschronik. Didaktische Absichten, legitimatorische Intentionen, die Tradierung von Sagen und Legenden, Erzählfreude und das Ziel zu unterhalten, die kompendienhafte Zusammenstellung von Wissen für Schul- und Predigt-

zwecke und ein genuin historisches Interesse verbinden sich dabei in unterschiedlicher Weise. ST
2. In neuerer Zeit lebt der Ausdruck ›Ch.‹ als Bez. von Werken verschiedener Gattungen mit im weiten Sinn geschichtlichen Stoffen fort, etwa in C. Brentanos Erzählung »Aus der Ch.a eines fahrenden Schülers« (1818), B. Brechts »Ch.en« in den »Svendborger Gedichten« (1939) und in A. Kluges Collagebuch »Ch. der Gefühle« (2000). Red.
Lit.: H.-W. Goetz: Geschichtsschreibung und Geschichtsbewußtsein im hohen MA. Bln. 1999. – H. Grundmann: Geschichtsschreibung im MA. [1958]. Gött. ⁴1987. – G. Melville: Ch. In: RLW. – F.-J. Schmale: Funktionen und Formen mal. Geschichtsschreibung. Darmstadt 1985. – R. Sprandel: Chronisten als Zeitzeugen. Köln u. a. 1994.

Chronikalische Erzählung, Typus der ↗ historischen Erzählung, in dessen Zentrum ein fingierter Manuskriptfund (Briefe, Tagebücher, Aufzeichnungen) steht, dessen Authentizität durch eine ↗ Rahmenerzählung oder den einleitenden Bericht eines Herausgebers (↗ Vorwort) bezeugt wird. Die Illusion des historisch Überlieferten wird durch den archaisierenden, vom Rahmen distinkten Stil und die oft ausführliche Geschichte des Textfundes gesteigert. Während der Autor seine Funktion auf die des Editors des fiktiven Manuskriptes reduziert, wird dem Erzähler die Rolle eines dem fiktiven historischen Geschehen nahestehenden Chronisten zugewiesen. – Nach G. W. Rabeners »Chronik des Dörfleins Querlequitsch« (1742) findet die ch. E. im Kontext der programmatischen Rekurse der ↗ Romantik auf die Vergangenheit Verbreitung; auch im ↗ Realismus bleibt sie eine wichtige Form. Vertreter des Genres sind C. Brentano (»Aus der Chronika eines fahrenden Schülers«, 1818), E. T. A. Hoffmann (»Die Elixiere des Teufels«, 1815 f.), A. Stifter (»Aus der Mappe meines Urgroßvaters«, 1841 f.), W. Meinhold (»Die Bernsteinhexe«, 1843), C. F. Meyer (»Das Amulett«, 1873), Th. Storm (»Aquis submersus«, 1876) und R. Huch (»Ludolf Urslev«, 1892).
Lit.: I.-M. Greverus: Die Chronikerzählung. In: F. Harkort (Hg.): Volksüberlieferung. Gött. 1968, S. 37–80. – E. Knobloch: Die Wortwahl in der archaisierenden ch.n E. Göppingen 1971. SSI

Chronogramm, n. [gr. = Zahl-Inschrift], Wort oder Wortfolge mit markierten Buchstaben, die als lat. Zahlzeichen fungieren und ein bestimmtes Datum bezeichnen; häufig in barocker Dichtung anzutreffen. Die Summe der röm. Zahlen, die G. Ph. Hardörffer in folgende Sequenz eingebaut hat, datiert das Gründungsjahr (1617) der in Rede stehenden Sprachgesellschaft: »Der hoChLöbLICHen FrVChtbrIngenDen GeseLLsChaft VrsprVng«.
Lit.: V. Marschall: Das Ch. Ffm. 1997. BM

Chronotopos, m. [aus gr. *chrónos* = Zeit, *tópos* = Ort], Kombination von Raum- und Zeitgestaltung in der Lit., insbes. im Roman. Der Begriff geht auf Bachtin zurück und bezeichnet in den unterschiedlichen Romangattungen je

spezifische Raum-Zeit-Merkmale beschreibt. So stellt der ↗ Abenteuerroman Raum und Zeit in den Dienst des Bewährungsschemas, das die Figurenkonzeption und Handlungsstruktur dieser Gattung kennzeichnet (der Ozean, das unwegsame Gelände). Im biographischen Roman sind Raum und Zeit funktional auf den Lebensweg des Helden bezogen (der Weg, die Straße, die irreversible Chronologie der Ereignisse). Der von Bachtin so genannte ›idyllische Roman‹ ist wesentlich von dem Ch. ›Heimat‹, von der Provinz, bestimmt. – Die Raum-Zeit-Konzeption Bachtins, die auf E. Cassirers »Philosophie der symbolischen Formen« (1923–29) zurückgreift, wird von J. Lotman (»Zum Problem des künstlerischen Raums in Gogols Prosa«, 1968) weitergeführt.
Lit.: M. Bachtin: Formen der Zeit und des Chronotops im Roman. In: ders.: Untersuchungen zur Poetik und Theorie des Romans [russ. 1938]. Bln., Weimar 1986, S. 262–464. BM

Ciceronianismus, m., moderne Bez. für die stilistische Nachahmung des lat. Redners und Politikers Cicero (106–43 v. Chr.). Der Begriff ist abgeleitet von »Ciceronianus« (= Anhänger des Cicero), eine urspünglich negative Prägung des Kirchenvaters Hieronymus (»Epistel« 22; um 400) im Ggs. zu »Christianus«. In der Antike und bes. in Renaissance und Humanismus gilt ciceronisches Lat. als vorbildhaft, auch wenn die allzu starke Fixierung auf Cicero immer wieder getadelt wurde (Laurentius Valla, 15. Jh.; Erasmus von Rotterdam 1528).
Lit.: F. Tateo u. a.: C. In: HWbRh. UM

Ciceronianismusdebatte ↗ Humanismus.

Circumlocutio, f. [lat. = Umschreibung], auch: Circumitio, f. ↗ Periphrase.

Cisiojanus, m. [aus lat. *cisio* oder *circumcisio* = Beschneidung Christi, und *Jan(uari)us* = Januar], Pl. *Cisiojani*; kalendarisches Merkgedicht (↗ Merkdichtung) zur Berechnung von unbeweglichen Kirchenfesten und Heiligentagen, in der Regel anhand ihrer Anfangssilben. Neben den Silbencisiojani unterscheidet man Vokabel- und Verscisiojani. Letztere sind kunstvoller als die Silbencisiojani, eignen sich aber kaum zur genauen Berechnung und dienen nur einer Orientierung im Kirchenjahr (z. B. Cisiojani des Mönchs von Salzburg und Oswalds von Wolkenstein). Besonderheiten im Heiligenkalender einzelner Diözesen erleichterten die Lokalisierung verschiedener C.-Redaktionen.
Lit.: H. A. Hilgers: Versuch über dt. Cisiojani. In: V. Honemann u. a. (Hg.): Poesie und Gebrauchslit. im dt. MA. Tüb. 1979, S. 127–161. – A. Holtorf: C. In: VL. – M. J. Schubert: Der C. des Steyrer in Krakau. In: ZfdPh 116 (1997), S. 32–45. – H. Tervooren: Drei niederrheinische Cisiojani. In: V. Honemann u. a. (Hg.): Sprache und Lit. des MA.s in den *niederen landen*. Köln u. a. 1999, S. 291–308. ID

Classicisme ↗ Klassizismus.

Clavis, f. [lat. = Schlüssel], lexikographisches Werk, das der Erschließung bestimmter Schriften oder Sachgebiete dient. Eine C. kann sich auf heilige Texte (»C. Scripturae Sacrae«), antike Lit. (»C. Homerica«) oder philosophische Schriften (»C. Kantiana«) beziehen; sie kann ferner als Sprachlehre (»C. linguae latinae«) oder Spezial-Nachschlagewerk (»C. numismatica«, »Schlüssel zur Mechanica«) dienen.   LI

Clerihew, n. ['klerihju:; engl.], von Edmund Clerihew Bentley (1875–1956) erfundener, dem ↗ Limerick nahe stehender Vierzeiler mit festem Reimschema (*aabb*), aber freiem Metrum. Im C. werden historische Personen auf komische, groteske, ironische oder unsinnige Weise (↗ Unsinnspoesie) charakterisiert. Spätere Sonderformen sind C.s mit Augenreim (↗ Reim) und der *Short-C.*, bei dem zwei Zeilen aus nur je einem Wort bestehen, von denen eines der Name des Opfers ist. Bentleys C.-Sammlungen (erste: »Biography for Beginners«, 1905) fanden u. a. bei W. H. Auden Nachfolge (»Homage to Clio«).
Lit.: K. Thielke: Mehr Nonsense-Dichtung: Der C. und seine Spielarten. In: Die neueren Sprachen N. F. 5 (1956), S. 227–231.   MGS

Cliffhanger [engl.], effektvoller Schluss einer Folge eines ↗ Fortsetzungsromans oder einer Fernsehserie, der die gespannte Einstellung der Rezipienten über die Unterbrechung bis zum Beginn der nächsten Folge erhalten soll. ↗ Spannung; ↗ Fernsehspiel.

Close reading, n. [engl. = enges, dichtes Lesen], genaues, alle strukturellen und semantischen Einzelheiten zueinander in Bezug setzendes Verfahren der ↗ Analyse eines einzelnen Textes. – Der Begriff bildet den programmatischen Kern des ↗ New Criticism, dessen Vertreter ein *c. r.* des lit. Textes, v. a. seiner ↗ Mehrdeutigkeit bzw. Struktur der Paradoxie (↗ Paradoxon) und ↗ Ironie (C. Brooks: »The Well Wrought Urn«, 1947) ohne Berücksichtigung des historischen oder biographischen Kontextes propagierten und praktizierten. Vom ↗ Formalismus unterscheidet sich das *c. r.* dadurch, dass es auf die Beschreibung einer Bedeutung zielt und dabei bewusst auf den Anspruch von Wissenschaftlichkeit verzichtet. – Bereits in den 1920er Jahren formulierte I. A. Richards aus Ungenügen an der biographisch und historisch orientierten Praxis der ↗ Interpretation an den Universitäten sein Programm eines »Practical Criticism« (1929), das freilich noch stark an der ↗ Wirkung auf die Leser orientiert war; sein Schüler F. R. Leavis und v. a. die am. *New Critics* (C. Brooks, K. D. Burke, W. Empson, A. Tate, R. P. Warren, W. K. Wimsatt) etablierten das *c. r.* als ausschließlich textimmanentes Verfahren der Lektüre, das die angloam. Lit.wissenschaft v. a. in den 1950er und 1960er Jahren beherrschte.
Lit.: F. Lentricchea: After the New Criticism. Chicago 1980. – J. Wolfreys: Readings. Acts of C. R. in Literary Theory. Edinburgh 2000.   HSM

Cobla, f. [provenz. = Strophe, von lat. *copula* = das Verknüpfende, Band], Strophe der Trobadordichtung, deren Vielfalt ein wesentliches Formelement dieser Lyrik ist.

1. Die Strophe als Teil einer ↗ Canso: a) *C.s unissonans:* häufigste Form, in der die Reime der ersten Strophe in den folgenden Strophen wiederaufgenommen werden, evtl. in unterschiedlicher Anordnung (auch: *canso redonda*); Sonderform: *C.s doblas* oder *C.s ternas:* zwei oder drei unmittelbar aufeinander folgende Strophen sind durch dieselbe Reimstruktur verbunden; b) *C.s singulars:* Reimwechsel von Strophe zu Strophe (relativ selten); c) *alternierende C.s:* die erste und dritte, die zweite und vierte Strophe zeigen jeweils dieselben Reime (häufigere Form); d) *C.s capfinidas:* Wiederholung des Schlusswortes einer Strophe im ersten Vers der nächsten; e) *C.s capcaudadas:* der Schlussreim einer Strophe wird im ersten Reim der folgenden aufgegriffen (↗ Sestine); f) *C.s retrogradadas:* Reime der ersten Strophe werden in der folgenden in umgekehrter Reihung wiederholt.
2. Die isolierte *Einzelstrophe* (*C. esparsa*), die als epigrammatisch verkürztes ↗ Sirventes eine eigene Gattung gnomisch-didaktischen, politischen oder persönlichen Inhalts darstellt. Ihr satirischer, aggressiver, z. T. auch beleidigender Ton forderte den Angegriffenen oft zur Replik heraus, so dass sich Strophe und Gegenstrophe zur *Cobla-Tenzone*, einer Kurzform der ↗ Tenzone, verbanden. Beliebte C.-Motive waren der Geiz des Gastgebers, die Feigheit vor dem Feind, die Prahlsucht und als Waffe politischer Propaganda die Schmähung des Gegners. Als erster C.-Dichter gilt Folquet de Marselha (gestorben 1231). Vgl. auch ↗ Scheltspruch.
                                                PHE/Red.

Coda, f. [it. = Schweif], 1. Schlussstrophen eines it. Schweifsonetts: Auf den vierzehnten Vers folgen eine (*sonetto caudato*) oder mehrere (*sonetto a più code* oder *sonettessa*) Strophen aus einem Sieben- und zwei paargereimten Elfsilblern, welche sich mit dem Siebensilbler der Folgestrophe reimen. – 2. Abgesang (auch *sirma*, *sirima*) einer it. ↗ Stollenstrophe (↗ Capitolo, ↗ Kanzone, ↗ Serventese, ↗ Strambotto).
Lit.: G. Bertone: Breve dizionario di metrica italiana. Torino 1999, S. 52 f. – W. Th. Elwert: It. Metrik [1968]. Wiesbaden ²1984, S. 105 und 116 und 124 f.   HG

Code, m. [koud; engl.; bzw. ko:d; frz.; von gr. *kódikas*, lat. *codex* = Baumstamm], auch: Kode; 1. metonymisch für Heft, Buch, Notizbuch; 2. allg.: Zeichensystem mit Zeicheninventar und Verknüpfungsregeln, welche die Kombinationsmöglichkeiten zwischen den Elementen des Inventars festlegen. Ein C. erlaubt sowohl die ›Enkodierung‹ (Verschlüsselung) von Zeichen und Zeichenfolgen durch den Sender als auch die ↗ ›Dekodierung‹ (Entschlüsselung) durch den Rezipienten. Zunächst in Fernmeldetechnik und Informationstheorie geläufig, bezieht sich der semiotische Terminus ›C.‹ auf kulturelle Zeichensysteme verschiedener Art. Der Begriff des ›Sprachcodes‹ findet erst seit den 1960er Jahren größere Verbreitung. Dabei wurde der Begriff in der Linguistik bald auch für soziolinguistische Subcodes (restringierter vs. eloborierter C.) und für die nicht wertende Beschreibung von Sprachvarietäten fruchtbar gemacht. In der ↗ Lit.theorie knüpfen sich an den Begriff Fragen der ↗ Interpretation lit. Texte durch den Rezipienten, der den lit. C. zu ›dechiffrieren‹ hat. Hierbei werden die Möglichkeiten der Bedeutungszuweisung unterschiedlich beurteilt; neben Auffassungen, die von der Möglichkeit einer De- und Transkodierung (Übertragung in einen eindeutigen Text) ausgehen, sind solche anzutreffen, die Kommunikation als komplexen, nicht eindeutig auflösbaren Prozess betrachten und von einer »Inventur des hermeneutischen C.s« (Barthes, S. 23) sprechen. So impliziert die These einer Pluralität ästhetischer C.s (vgl. Lotman, S. 43–46) die Annahme von z. T. abweichendem Regelwissen bei Autor und Leser.

Lit.: R. Barthes: S/Z [frz. 1970]. Ffm. 1976. – E. W. B. Hess-Lüttich: Kommunikation als ästhetisches ›Problem‹. Tüb. 1984. – Ders.: C. In: RLW. – Ch. Küper (Hg.): Von der Sprache zur Lit. Tüb. 1993. – J. M. Lotman: Die Struktur lit. Texte [russ. 1970]. Mchn. 1972. – G. T. Watt, W. C. Watt: C.s (Kodes). In: R. Posner u. a. (Hg.): Semiotik/Semiotics. Bd. 1. Bln., NY 1997, S. 404–414.   GLS

Codex, m. [lat.], Pl. *Codices*; auch: *Kodex*, Pl. *Kodizes*; 1. Form des ↗ Buchs aus gefalteten, zu Lagen gehefteten Doppelblättern, möglichst mit ↗ Einband; also der noch heute weltweit vorherrschende, freilich nicht mehr als ›C.‹ bezeichnete Buchtyp. – Die Urbedeutung von *caudex* (vulgärlat.: *codex*) als ›abgeschlagener Baum‹ bzw. ›zu Täfelchen gespaltenes Holz‹ (von *cudere* = schlagen) verweist auf ›Notizbücher‹ der Antike als Vorläufer des C., die aus zwei (Diptychon), drei (Triptychon) oder vielen (Polyptychon) mit Wachs bestrichenen, mit Ringen oder Riemen verbundenen Holztäfelchen bestanden. Das Prinzip übertrug man seit dem 1. Jh. n. Chr. auf zu Lagen gefaltete Papyrusblätter und später, wegen größerer Stabilität, auf solche aus Pergament. Die Etablierung des Pergament-C. mit stabilem Einband war im 4. Jh. vollzogen; er war die Buchform des MA.s, wobei im 14./15. Jh. das Papier das Pergament ablöste. – 2. Aus der Ineinssetzung des Buchtyps mit den in ihm verschriftlichten berühmten Gesetzeswerken (z. B. »C. Iustinianus«) erwuchs dem Begriff ›C.‹ die übertragene Bedeutung ›Sammlung von Regeln‹ (›Verhaltenskodex‹, ›Ehrenkodex‹). – Die Durchsetzung des C. erklärt sich aus den Vorteilen gegenüber der zuvor vorherrschenden Buchrolle (Rotulus): Letztere wird auf nur einer Seite beschriftet, die Blätter des C. hingegen beidseitig, wodurch der C. mindestens die doppelte Textmenge in noch dazu kompaktem Format bietet; einzelne Textstellen sind durch Blättern im C. viel leichter aufzufinden als durch Ab- und Aufrollen eines Rotulus; der Lagenverbund des C. kann im Ggs. zur Rolle mit einem robusten Einband geschützt werden; auch ist der C. bequemer zu transportieren. Zudem entsprach das leicht falt- und heftbare Pergament dem C. eher als der Rolle; der Übergang vom Papyrus zum Pergament und vom Rotulus zum C. kann als Entwicklungseinheit verstanden werden.

Lit.: A. Blanchard (Hg.): Les débuts du c. Turnhout 1989. – C. Jakobi-Mirwald: Das mal. Buch. Stgt. 2004. – O. Mazal (Hg.): Geschichte der Buchkultur. Bisher 2 in 3 Bdn. Graz 1999 ff. – N. F. Palmer: C. In: RLW.   JO

Collage, f. [kɔˈlaːʒə; von frz. *coller* = leimen, kleben], aus der bildenden Kunst in die Lit. übernommene Technik, aus vorfabrizierten, heterogenen ↗ Materialien Kunstwerke zu produzieren. In der Malerei handelt es sich dabei um imitierte oder reale Gegenstände des alltäglichen Gebrauchs, die zu einem Bild zusammengefügt oder als Detail in einem Bild verwendet werden. Der Einsatz solcher Materialien führt einerseits zu einem verstärkten Realitätsbezug, andererseits werden ↗ Verfremdungseffekte angestrebt. Die Doppelfunktion besteht häufig darin, dass die einzelnen Teile aus ihrem ursprünglichen Kontext herausgelöst werden und eine neue Bedeutung erhalten, gleichzeitig aber ihre alte Aussage noch zitathaft mittragen. – Von den kubistischen Collage-Experimenten P. Picassos und G. Braques, den sog. ›papiers collés‹ (1909–12), lassen sich u. a. H. Arp und K. Schwitters beeinflussen. C.n entstehen auch im Futurismus; von Dadaisten und Surrealisten wird der Textanteil erheblich vermehrt. ›C.‹ wird häufig synonym mit ↗ ›Montage‹ verwendet oder als deren Sonderform definiert, in der die intermedialen Aspekte (Einbeziehung visueller, aber auch akustischer Materialien in den lit. Text) eine wichtige Rolle spielen (vgl. auch ↗ Cut-Up-Methode). In der bildenden Kunst ist die Trennungslinie zu verwandten Techniken wie Assemblage und Materialbild ebenfalls schwer zu ziehen.

Lit.: D. Bablet: Montage et c. au théâtre et dans les autres arts durant les années vingt. Lausanne 1978. – V. Hage: C.n in der dt. Lit. Ffm. 1984. – G. Jäger: Montage. In: RLW. – H. Möbius: Montage und C. Mchn. 2000. – B. Rougé (Hg.): Montages/C.s. Pau 1933.   AD

College novel ↗ Campusroman.

Colombina, f. [it. = Täubchen], Typenfigur der ↗ Commedia dell'Arte, kokette Dienerin, oft als Geliebte oder Frau des ↗ Arlecchino dessen weibliches Pendant, gelegentlich auch im selben buntscheckigen Wams und schwarzer Halbmaske (Arlecchinetta); in der ↗ Comédie italienne trägt sie ein weißes Kostüm. Fortleben in der frz. Soubrette.   PHE/Red.

Comedia, f. [span.], dreiaktiges span. Versdrama ernsten oder heiteren Inhalts, v. a. im 16. und 17. Jh.; wichtigster Typus ist die *C. de capa y espada* (↗ Mantel- und Degenstück), die alltägliche Geschehnisse aus der Adelsschicht ohne großen Dekorationsaufwand behandelt, im Ggs. zur *C. de ruido* (= Prunk, auch: *C. de teatro* [= Spektakel] oder *de cuerpo* [eigentlich = Handgemenge]), Schauspielen um Könige, Fürsten usw. mit historischen, exotischen, biblischen oder mythologischen Schauplätzen, großem Ausstattungsaufwand und zahlreichen Mitwirkenden. Von der C. unterschieden werden die einaktigen Vor-, Zwischen- und Nachspiele (↗ Loa, ↗ Entremés, ↗ Sainete) einerseits und das religiöse ↗ Auto (sacramental) andererseits.

Lit.: C. Ganelin (Hg.): The Golden Age C. West Lafayette/Ind. 1994. – J. A. Parr: After its kind. Approaches to the C. Kassel 1991. – H. W. Sullivan: La c. española y el teatro europeo del siglo XVII. Ldn. 1999.

Comédie, f. [kɔme'di; frz.], in der frz. Lit. Bez. für ↗ Komödie, aber auch für ein Schauspiel ernsten Inhalts, sofern es nicht tragisch endet; vgl. auch ↗ Commedia, ↗ Comedia.   IS/Red.

Comédie ballet, f. [frz.= Ballettkomödie.], in »Les fâcheux« verschmilzt Molière 1661 erstmals Komödie, Musik und Tanz miteinander und erfindet damit eine Gattung, in der entweder ein Ballett in eine Komödie integriert ist oder umgekehrt. Die Stücke erfreuten sich unter Ludwig XIV. großer Beliebtheit, zumal sie dem König und der Hofgesellschaft Gelegenheit zur Mitwirkung in den Tanzeinlagen boten. Molière verfasste den Text zu zwölf Ballettkomödien, begnügte sich aber in den späteren Stücken wie »Le bourgeois gentilhomme« (1670) und »Le malade imaginaire« (1673) damit, ein Ballett an die bereits abgeschlossene Komödienhandlung anzuhängen.
Lit.: St. H. Fleck: Musik, dance, and laughter. Paris 1995. – Ch. Mazouer: Molière et ses comedies-ballets. Paris 1993.   WG

Comédie de moeurs, f. [frz.] ↗ Sittenstück.

Comédie italienne, f. [frz., auch: *théâtre italien*], seit der zweiten Hälfte des 16. Jh.s in Paris sporadisch auftretende it. ↗ Commedia dell'Arte-Truppen, insbes. die seit 1660 fest in Paris ansässige »Ancienne troupe de la C. i.« unter D. Locatelli, T. Fiorilli und G. D. Biancolelli; die C. i. spielte in it. Sprache abwechselnd mit Molières Truppe im Theater des Palais Royal, ab 1683 im Hôtel de Bourgogne und bestand mit kurzer Unterbrechung bis 1762, ihrer Fusion mit der *Opéra comique*. – Sie wurde wie die *Comédie française* und die Oper vom König subventioniert und war ein wichtiges Element im Pariser Theaterleben: ihr virtuoses, gestenreiches ↗ Stegreifspiel unterschied sich durch größere Lebendigkeit und Phantasie sowie durch die üppige Ausstattung von den Inszenierungen der *Comédie française*.
Lit.: G. Attinger: L'esprit de la commedia dell'Arte dans le théâtre français. Neuchâtel 1950. Repr. Genf 1993. – C. D. Brenner: The théâtre italien. Berkeley 1961. – P.-L. Duchartre: La comédie italienne. Paris 1925. – Ch. Mazouer: Le théâtre d'Arlequin. Fasano 2002.   IS/WG

Comédie larmoyante, f. [frz. = weinerliche Komödie], frz. Variante eines in der ersten Hälfte des 18. Jh.s verbreiteten Typus der europäischen Aufklärungskomödie; Bez. durch den Lit.kritiker de Chassiron. Die C. l. spielt in bürgerlichem Milieu; ihre pädagogische Wirkung beruht nicht auf der Herausstellung des Lasterhaft-Lächerlichen, sondern sie will das Publikum dadurch »rühren«, dass sie bürgerliches Glück und Tugenden wie Treue und Freundschaft, Großmut, Mitleid, Selbstlosigkeit und Opferbereitschaft demonstriert. Als Zwischenform zwischen den traditionellen Gattungen der ↗ Komödie und der ↗ Tragödie ist sie ein Vorläufer des ↗ bürgerlichen Trauerspiels und zugleich ein erster Modellfall für die Ablösung des ↗ Klassizismus. Sie ruft eben dadurch einen über die Grenzen Frankreichs hinausgehenden Lit.streit hervor. Vorbild ist die engl. *sentimental comedy* (C. Cibber, R. Steele). Nach Anfängen bei P. C. de Marivaux und Ph. N. Destouches ist als Hauptvertreter P. C. Nivelle de La Chaussée zu nennen (»Mélanide«, 1741, »L'école des mères«, 1744). Einflüsse auf Voltaire (»Nanine«) und die dt. Komödie (↗ weinerliches Lustspiel). JK/Red.

Comédie rosse, f. [frz. = freche Komödie], naturalistisches Schauspiel, in dem menschliches Leben in der krassesten Form dargestellt wird; von 1887 bis 1894 bes. am ↗ *théâtre libre* von A. Antoine aufgeführt. Vertreter sind u. a. J. Julien, P. Alexis.   GS/Red.

Comedy of humours, engl. Typenkomödie des 16. und frühen 17. Jh.s, die auf der klassischen Temperamentenlehre aufbaut. Danach entsprechen den vier Körpersäften (engl. *humours*) Blut, Schleim, Galle und schwarze Galle, die sich idealerweise im Gleichgewicht befinden, die Charakterbilder des Sanguinikers, Phlegmatikers, Cholerikers und Melancholikers (vgl. R. Burton: »Anatomy of Melancholy«, 1620). Ben Jonson (1572–1637), einer der Hauptvertreter der *c. o. h.*, übertrug den Begriff *humour* in der Einleitung zu »Every Man Out of His Humour« (1599) »by metaphor« auf die Dominanz einer bestimmten Charaktereigenschaft, die im Sinne einer *ruling passion* das gesamte Handeln, alle »affects, spirits, powers«, einer Figur bestimmt – etwa die Geldgier in seinem »Volpone« (1606). Die *c. o. h.*, die sich an klassischen Vorbildern (Cicero, Plautus, Terenz) orientiert, will durch die Bloßstellung heilbarer menschlicher Schwächen jenes Gelächter erzeugen, das zur Besserung führt. Weitere Vertreter sind J. Fletcher (1579–1625), F. Beaumont (1584–1616), Ph. Massinger (1583–1640); Einfluss auf die soziale Thematik der ↗ *comedy of manners*.
Lit.: G. K. Hunter: English Drama 1586–1642. Oxford 1997. – A. F. Kinney (Hg.): A Companion to Renaissance Drama. Oxford 2002.   CSH

Comedy of manners, f. [engl. = Sittenkomödie], ein Komödientyp, der in der engl. Restaurationszeit des späten 17. Jh.s seine Blütezeit hatte und von B. Jonsons ↗ *comedy of humours* beeinflusst war. Ein weiteres Vorbild in der Tradition des europäischen ↗ Sittenstücks ist Molière. Die *c. o. m.* zeichnet sich v. a. dadurch aus, dass sie für ein wachsendes bürgerliches Publikum die fragwürdig gewordenen aristokratischen Sitten und Lebensformen karikiert und deren Doppelmoral und Vordergründigkeit mit schlagfertigem Witz bloßlegt. Sie arbeitet mit Charaktertypen und dramatischen Situationen wie Missverständnissen, Betrug, Liebeswirren und Ehebruch, wobei Satire, Karikatur und der geistreich-witzige gesellschaftliche Konversationston (↗ Salonstück) wesentlicher sind als die Handlung selbst. Als Hauptvertreter gelten im 17. Jh. J. Dryden, G. Etherege, W. Wycherley, G. Farquhar und bes. W. Congreve (»The Old Bachelor«, 1693), im 18. Jh. O. Goldsmith und R. B. Sheridan. Während die *c. o. m.* im

18. Jh. von der *sentimental comedy* abgelöst wird, wird sie Ende des 19. Jh.s in O. Wildes ↗ Konversationskomödien wiederbelebt. Im 20. Jh. greifen Dramatiker wie N. Coward und W. S. Maugham das Genre auf. J. Orton radikalisiert die *c. o. m.* in den 1960er Jahren; eine späte Nachfolgerin ist C. Churchill (»Serious Money«, 1987). Auch einige zeitgenössische britische *sitcoms* (Situationskomödien) weisen Elemente der *c. o. m.* auf.

Lit.: D. L. Hirst: C. o. m. Ldn. 1979. – S. J. Owen (Hg.): A Companion to Restoration Drama. Oxford 2001.   KHE

Comic, m. [engl., eigentlich *comic strips* = komische (Bild-)Streifen], häufig Pl.: *Comics*; mehrteilige gezeichnete Bildersequenz mit feststehendem Personal und z. T. ergänzenden Texten unter den Bildern, die später als Sprechblasen integriert wurden (↗ Wort-Bild-Formen). – Die C.s entstanden Ende des 19. Jh.s als periodische Tageszeitungsbeilage; weiterentwickelte C.s zeigen ↗ Onomatopöien (›Pengwörter‹), Bewegungslinien (*action lines*) und symbolisierte Darstellungen von Gefühlsregungen. In den frühen am. Zeitungsstrips (und einzeln publizierten *Funnies*), deren Helden zumeist Alltagspersonen bzw. anthropomorphisierte Tiere sind, sowie in ersten europäischen Bildgeschichten wird die Welt ausschließlich in komischer Brechung (*gagstrips*) erlebt, die Hauptfiguren zweifeln gesellschaftliche Ordnungen an und umgehen sie listig (»The Yellow Kid«, »Katzenjammer Kids«). Gegenüber den ursprünglich einfachen Zeichenstilen entwickeln Zeichner wie L. Feininger (»The Kin-der-Kids«, 1906) und W. McCay (»Little Nemo in Slumberland«) auf ganzseitigen Strips innovative künstlerische Darstellungen. In den 1930er Jahren erscheinen in den USA vermehrt Abenteuer- und Detektivgeschichten (»Tarzan«, »Flash Gordon«, »Dick Tracy«), deren weltferne übermenschliche Helden je nach Zeitgeist variierende Bedrohungen von einzelnen Menschen und der ganzen am. Gesellschaft abwenden. Die illusionär gelenkten, vom Massenkonsum geforderten Inhalte und Figuren (am erfolgreichsten »Superman« und »Spiderman«) avancieren zu einer Form von »Alltagsmythologie des Amerikaners« (Metken, S. 177). Nach dem Zweiten Weltkrieg etabliert sich der intellektuelle C. mit politischen (»Pogo«), sozialpsychologischen (»Peanuts«) und zivilisationskritischen Aspekten (»Pfeiffer«). In den 1960er Jahren unterlaufen junge Zeichner wie R. Crumb mit *underground comix* (»Zap«) und satirischen Heften ˙(»Mad«) den selbstbeschränkenden *C. code* und reflektieren kritisch die politische und soziale Situation in den USA. Ab 1977 erfolgt eine Hinwendung zu C.s als erzählender Kunstform (»Raw«, »Maus«). – Die europäischen C.s lehnen sich bildästhetisch, moralisch und erzähltechnisch an das ↗ Bilderbuch des 19. Jh.s an. Im Ggs. zu am. C.s wenden sie sich klar an ein jugendliches Lesepublikum und erscheinen nicht originär in Tageszeitungen. Stilistisch weichen die frühen frz. und belgischen C.s (»Tintin«) von den unruhigen, Bewegung betonenden am. C.s

durch klare Linien (*ligne claire*) in Zeichnung und Handlung ab. Das künstlerische und lit. Potential der bis dahin sehr geschmähten Erzählform C. entdecken in Europa Anfang der 1960er Jahre Regisseure der *Nouvelle Vague* und Pop-Art-Künstler wie R. Lichtenstein für sich. – Japan verfügt über den derzeit größten C.markt. Neben der umgekehrten Leserichtung (von hinten nach vorn) unterscheiden sich jap. Mangas (*man* = spontan, *ga* = Bild) von den westlichen C.s durch größere Annäherung von Real- und C.zeit, ausgedehnte Spannungssequenzen und oft zyklische Verarbeitung von Themen des jap. Alltags und der jap. Mythologie. – In Deutschland wurden C.s lange ausschließlich als Importe rezipiert. In der DDR wurde C.-Lektüre und -verbreitung ab 1955 unter Strafe gestellt; als Ersatz wurden staatstragende C.s produziert (»Atze«, »Mosaik«). In der BRD erscheinen C.-Veröffentlichungen zunächst in C.-Magazinen (»Strapazin«) und Anthologien. Neben Mainstreamthemen werden hier bes. Stoffe mit aktuellen Bezügen in kritischer und antizipierender Weise verarbeitet. C.s werden ein Medium, das durch thematische und stilistische Tabubrüche zur gesellschaftlichen Akzeptanz von Homosexualität (R. König) beiträgt; zugleich werden C.s auch als Kunstform anerkannt (C.-Gruppe, Berliner Avantgarde).

Lit.: B. Dolle-Weinkauff: C. In: RLW. – Ch. Gasser (Hg.): Mutanten. Die dt.sprachige C.-Avantgarde der 90er Jahre. Ostfildern-Ruit 1999. – D. Grünewald: C.s. Tüb. 2000. – M. Hein u. a. (Hg.): Ästhetik des C. Bln. 2002. – A. C. Knigge: C.s. Reinbek 1996. – S. McCloud: C.s richtig lesen. Hbg. 2001. – G. Metken: C.s. Ffm. 1971. – A. Platthaus. Im C. vereint – Eine Geschichte der Bildgeschichte. Ffm. 2000.   ASS

Commedia, f. [it.], in der mal. it. Lit. ursprünglich jedes Gedicht in der Volkssprache (im Ggs. zu lat. Gedichten) mit glücklichem Ausgang, z. B. Dantes »(Divina) C.« (1307); später Einengung der Bez. auf das Drama allg. und bes. auf die Komödie.   IS/Red.

Commedia dell'Arte, f. [aus it. *commedia* = Schauspiel; *arte* = Kunst, Gewerbe], Mitte des 16. Jh.s in Italien entstandene Erscheinung des Schauspiels. Der Ausdruck ›C. d. A.‹ bedeutet ›kunstfertiges, professionelles Theater‹ und wird erst Mitte des 18. Jh.s, wahrscheinlich von C. Goldoni in seinem Theaterstück »Il Teatro comico« (1750), geprägt. Die erste professionelle Truppe ist 1545 in Padua belegt, allerdings ist über Repertoire und Spielweise nichts bekannt. Wahrscheinlich gab eine Kombination von wirtschaftlichen und sozialen Veränderungen Anlass, das Theaterspielen, das bislang ausschließlich im Rahmen höfischer Feste und nach Vorgaben des Kirchenkalenders möglich war, zu professionalisieren. Um 1570 haben sich die Grundzüge der C. d. A. herauskristallisiert. Geleitet wurden die aus 12 bis 20 Mitgliedern bestehenden Truppen von einem Prinzipal, einem *capo comico*. Die häufig verwandtschaftlich miteinander verbundenen Truppenmitglieder stammten aus bürgerlichen und niedrigeren gesellschaftlichen Schichten. Bereits ab 1560 sind Frauen als Darstellerinnen aktiv und durchbrechen damit das bis dahin geltende Auftrittsverbot für Frauen im europäischen Theater. Um wirtschaftlich überleben zu können, waren die Truppen darauf angewiesen, entweder einen Mäzen am Hof zu finden oder Aufführungen für ein zahlendes Publikum in den Städten zu organisieren.

Entgegen dem weit verbreiteten Mythos spielten die Truppen nicht nur Komödien, sondern auch alle anderen in der Frühen Neuzeit geläufigen Dramengattungen (Tragödie, Pastorale und seit dem 17. Jh. auch Oper). Dagegen war die Improvisationstechnik eine Besonderheit der it. Truppen, die ihren Erfolg im In- und Ausland begründete. – Bei allen Unterschieden waren die improvisierten Aufführungen in hohem Maße schematisiert. Gespielt wurde nach einem ↗ Szenarium (auch ↗ Kanevas oder *soggetto* genannt), einem schriftlich festgelegten Handlungsablauf. Die Stoffe entstammten Märchen, Novellen (Boccaccio), lat. und volkssprachlichen Komödien. Die meist aus einer Haupt- und einer Nebenhandlung bestehenden Geschichten drehen sich in erster Linie um die Liebesproblematik. Das in seinem Charakterschema nur wenig variable Personal der C. d. A. besteht aus zwei maskierten Alten (*vecchi*), meistens ↗ Pantalone und ↗ Dottore. Ihnen stehen ebenfalls maskierte Dienerfiguren (↗ Zani oder *Zanni*) zur Seite. Zahlreiche Dienernamen sind überliefert, wobei sich einige wenige wie ↗ Arlecchino, ↗ Brighella, ↗ Truffaldino und ↗ Pulcinella einer andauernden Beliebtheit erfreuten und zu Metonymien für die Theaterform wurden. Eine zweite Figurengruppe – in der Regel zwei Liebespaare (*amorosi* oder *innamorati*) – setzt sich aus den Söhnen und Töchtern der Alten zusammen. Hinzu kommen variierende weitere Figurentypen (alte und junge Dienerinnen, Ärzte, Soldaten, Mönche, Studenten). Festgelegt wurden nicht nur die Handlungsabläufe, sondern auch längere Reden (*tirate* oder *bravure*) und komische Einlagen (*lazzi* und *burle*), die in *zibaldoni* oder Hilfs-Büchern gesammelt wurden. Rein improvisiert waren ausschließlich die Dialoge. – Zwischen dem 16. und dem 18. Jh. waren Truppen in ganz Europa unterwegs. Am nachhaltigsten war ihre Wirkung in Frankreich, wo sie ab Mitte des 17. Jh.s eine Dauerpräsenz erreichten; für die dort etablierten Truppen wurde die Bez. ↗ *comédie italienne* geprägt. Obwohl die C. d. A. im dt. sprachigen Raum keine vergleichbare Wirkung entfaltete, setzten die it. Truppen mit ihrer hohen Professionalität Maßstäbe für die dt. Wandertruppen des 17. und 18. Jh.s und beeinflussten das ↗ Wiener Volkstheater. Nach Mitte des 18. Jh.s verliert die schematisierte Dramaturgie an Popularität. In Italien bekämpft sie C. Goldoni (1707–93), der den improvisierten Typenkomödie eine schriftlich fixierte Charakter- und Sittenkomödie nach dem Vorbild Molières entgegensetzt. Nach 1770 reißt die bis dahin ununterbrochene Tradition der C. d. A. ab. Einzelne Elemente wirken

jedoch in Pantomimen und Zirkusclownerien weiter.

Die lit. Einflüsse der C. d. A. sind nachhaltig. Schon während der Blütezeit von etwa 1550 bis 1750 finden sich Spuren in der europäischen Komödientradition: Shakespeares »Der Widerspenstigen Zähmung«, Ben Jonsons »Volpone«, die ↗ Farcen Molières sowie die Werke von Marivaux reflektieren unmittelbar das Typenschema der C. d. A. Eine zeitversetzte Rezeption findet man in der dt. Romantik, v. a. bei E. T. A Hoffmann, und im frz. Symbolismus, der die Figur des ↗ Pierrot zum Symbol der Bewegung erhebt. Anfang des 20. Jh.s erlebt die C. d. A. im Zuge der antinaturalistischen Theaterreformbewegung eine Wiederbelebung. Daran beteiligt sind maßgebliche Regisseure (M. Reinhardt, W. Meyerhold), Schriftsteller (H. v. Hofmannsthal), Komponisten (A. Schönberg, R. Strauss) und Maler (P. Picasso). In der Nachkriegszeit haben Theaterkünstler wie G. Strehler, A. Mnouchkine und D. Fo das Erbe des maskierten Improvisationstheaters produktiv weiterentwickelt.

Lit.: H. Eilert: C. d. a. In: RLW. – Th. Heck: C. d. a. NY 1988. – W. Krömer: Die it. C. d. a. [1976]. Darmstadt ²1987. – H. Mehnert: C. d. a. Stgt. 2003. – K. und L. Richards: The c. d. a. Oxford 1990.   CB

Commedia erudita, f. [it. = gelehrte Komödie], Intrigen- und Verwechslungskomödie des it. höfischen Renaissancetheaters; entwickelt von Humanisten in bewusstem Ggs. zu den an den Höfen üblichen vergröberten Plautus- und Terenznachahmungen und deren prunkvoller Aufführungspraxis. Die *c. e.* folgt den normativen Regeln der Renaissancepoetik (geschlossener Bau, drei Einheiten u. a.), entnimmt Motive und Handlungsschablonen den antiken Mustern, Personen und Sittenschilderungen jedoch dem Leben der Gegenwart; auch ist sie z. T. (erstmals) in Prosa verfasst. Die Aufführungen (durch Laien) beschränkten sich auf betont einfache Ausstattung. Vertreter sind L. Ariosto mit »I Suppositi« (Die Vermeintlichen, 1509), »Il Negromante« (Der Schwarzkünstler, 1528, die erste satirische Charakterkomödie Italiens) und »La Lena« (1529), B. D. Bibbiena mit »La Calandria« (1513), P. Aretino mit »La Cortigiana« (Die Kurtisane«, 1534/37), »La Talanta« (1542) und »Il filosofo« (1546), N. Macchiavelli mit »Mandragola« (1520) und »Clizia« (1525) und G. Bruno mit »Il Candelaio« (Der Kerzenmacher, 1528). Den Ggs. zu diesem gebildeten höfischen Laientheater auf der Grundlage traditionsgeprägter ausformulierter Texte bildet die gleichzeitig entstandene populäre ↗ Commedia dell'Arte mit der freien Improvisation durch Berufsschauspieler.

Lit.: R. Andrews: Scripts and scenarios. Cambridge 1993.   IS/Red.

Commentarius, m., meist Pl.: *Commentarii*, Kommentarien, lat. Lehnübers. von gr. ↗ Hypomnema = Erinnerung, Denkwürdigkeit, auch ↗ Kommentar.

Complainte, f. [frz. = Klage; engl. *complaint*], mal. frz. Klagelied über ein allg. oder persönliches Unglück

(z. B. Tod eines Königs oder Freundes, kriegerische Niederlage, Sittenverfall, Verlust des Heiligen Grabes, unerwiderte Liebe), oft vermischt mit anderen Gattungen (z. B. ↗ Dit, ↗ Salut d'amour, ↗ Sirventes); große Formfreiheit. Beispiele sind der »Sermon« Robert Sainceriaux' auf den Tod Ludwigs VIII. (1226), Rutebeufs Totenklagen auf Thibaut V. von der Champagne, König von Navarra, oder seine auf den Kreuzzug bezogenen »C.s d'outre-mer«. Die C. lebt fort in der Renaissancepoesie C. Marots und Roger de Colleryes sowie in den bitteren persönlichen C.s des vom Hof verdrängten ↗ Pléiade-Dichters P. de Ronsard (»C. contre Fortune«, 1559) und seines den Romaufenthalt als Verbannung empfindenden Freundes J. du Bellay (»C. du Désespéré«, 1559). Daneben weite Verbreitung volkstümlicher, aggressiv-burlesker C.s anonymer Verfasser bes. in den Religionskriegen, im ›Ancien Régime‹ und in der Frz. Revolution. – Im 14. Jh. wurde die C. von Geoffrey Chaucer durch Übers.en in die engl. Lit. eingeführt (»The Compleynt of Venus«, ins Satirische gewendet in der »Klage an seine leere Börse«); als Welt- oder persönliche Klage findet sie sich bei E. Spenser (»Complaints«, 1591) und E. Young (»The Complaint, or Night Thoughts«, 1742–44). ↗ Klage, ↗ Planh, ↗ Planctus.

Lit.: M. Wodsak: Die C. Hdbg. 1985.   PHE/Red.

Complexio, f. [lat. = Umfassung], gr. ↗ Symploke.

Compositio, f. [lat.], ↗ Komposition, ↗ Rhet.

Compound metaphor ↗ Metapher.

Computerphilologie, f., Arbeitsfeld der Lit.wissenschaft, das durch den Einsatz digitaler Medien und Methoden sowie deren Reflexion charakterisiert ist. – Im Ggs. zu allgemeineren Begriffen wie ›Humanities Computing‹ oder ›Literary and Linguistic Computing‹, die in der engl.sprachigen Forschung seit den 1960er Jahren eingebürgert sind, begegnet der enger gefasste dt. Begriff erst seit den 1980er Jahren, z. B. als Titel universitärer Lehrveranstaltungen und in der Diskussion über die Modernisierung des philologischen Studiums. Dabei war von Bedeutung, dass der bereits relativ etablierten Computerlinguistik ein noch vergleichsweise schwach ausgeprägtes Feld lit.wissenschaftlicher Datenverarbeitung gegenüberstand, das zusammengefasst und fundiert werden sollte. Foren der Information und Forschung zum Thema sind die 1996 gegründete Online-Zs. »C.« sowie das 1999 daraus entstandene »Jb. für C.«

Eine trennscharfe Abgrenzung des fachübergreifenden Gebiets der C. ist schwierig: Die Definition als Arbeitsfeld, das durch die philologischen Einsatzmöglichkeiten des Computers gebildet wird, ist angesichts der Ubiquität des Computers in den ↗ Philologien zu weit; das Verständnis von C. als diejenige Form der Philologie, die ihre Fragestellungen mit informationswissenschaftlichen Methoden verfolgt, ist dagegen zu eng. Zu beachten ist, dass sich mit den Methoden auch neue Fragestellungen und neues Wissen verbinden, dass es Überlappungen der C. mit Bibliotheks- und Buchwis-

senschaft, mit der *Cognitive Science* sowie der Forschung zur Künstlichen Intelligenz gibt. Trotz der Problematik der Anwendung qualitativer Kriterien erscheint es daher sinnvoll, C. als eine avancierte Form der philologischen Nutzung und Reflexion digitaler Technik zu definieren. – Vier thematische Schwerpunkte lassen sich unterscheiden: 1. Die Vision einer umfassenden Digitalen ↗ Bibliothek, welche alle kanonischen Texte der ↗ Weltlit. online und offline allg. verfügbar macht, steht hinter so verschiedenen Unternehmungen wie »Projekt Gutenberg«, »Literature Online« (Chadwyck-Healey), »ARTFL« (American and French Research on the Treasury of the French Language an der University of Chicago), »TLG« (Thesaurus Linguae Graecae, CD-ROM der University of California, Irvine) und den dt.sprachigen Lit.sammlungen von Directmedia Publishing (Berlin). Ebenso wichtig sind Aktivitäten, die – wie das am. »Women Writers Project« – auf Bereiche außerhalb des ↗ Kanons zielen. Im Bereich der Wissenschaft sind Monographien, bes. Dissertationen, sowie Zss. (z. B. Projekt »Muse« an der Johns Hopkins University) verfügbar. – 2. Mit dem Ausbau der Digitalen Bibliothek verbindet sich ihre digitale Erschließung, eine Aufgabe, die auch analoge Bestände der Bibliotheken und ↗ Archive einbegreift. Datenbanken und Informationssysteme unterschiedlicher Art tragen zur Erschließung des lit. ›Docuversums‹ bei, z. B. elektronische Bibliographien und Kataloge (z. B. »Kalliope-Portal« für Nachlässe und Autographen), Fach-Portale (z. B. für Wörterbücher, ↗ Epochen, spezielle Arbeitsgebiete), corpusbasierte Auskunftssysteme (z. B. Rhet.-, Topos-, Emblemforschung) sowie lit. Online-Foren und -Journale. – 3. Computerphilologische Lehrveranstaltungen stehen vor der Herausforderung, informationstechnologisches und philologisches Wissen miteinander zu vernetzen. So kann versucht werden, die beim Programmieren wichtige Fähigkeit der Formalisierung von Zusammenhängen für die Modellierung philologischer Fragestellungen zu nutzen. Ferner werden neue didaktische Strategien entwickelt; so wird geprüft, inwieweit die Digitalisierung des Wissenstransfers effektivere Formen der Interaktion von Lehrenden und Lernenden und damit eine neue Lehr- und Lernkultur im philologischen Unterricht ermöglicht. – 4. Zu den Arbeitsgebieten der C. gehört auch die lit.theoretische Reflexion, z. B. über den Begriff ↗ ›Hypertext‹, über den Lit.- und Textbegriff elektronischer ↗ Editionen, die ↗ Ästhetik ↗ digitaler Lit. (↗ Hyperfiktion) und Spiele (↗ interaktive Narration), das methodische Konzept digitaler Textanalyse oder die Wissensvermittlung in computerphilologischen Lehrveranstaltungen.

Lit.: O. V. Burton (Hg.): Computing in the social sciences and humanities. Urbana 2002. – K. de Smedt u. a. (Hg.): Computing in Humanities Education. Bergen 1999. – V. Deubel: C. als studium digitale. In: V. Deubel, K. Kiefer (Hg.): MedienBildung im Umbruch. Bielefeld 2003, S. 153–175. – C. Hardmeier (Hg.): Ad fontes! Quellen erfassen – lesen – deuten; was ist C.? Amsterdam 2000. – H. Hill: Literary Concordances. Oxford, Ffm. 1979. – G. P. Landow: Hypertext 2.0. Baltimore 1997. – R. Popping: Computer-assisted Text Analysis. Ldn. 2000. – P. L. Shillingsburgh: Scholarly Editing in the Computer Age [1985]. Ann Arbor ³1996. – C. M. Sperberg-McQueen, L. Bernard: Guidelines for Electronic Text Encoding and Interchange: TEI P3. Chicago, Oxford 1994. – J. Wallmannsberger: Virtuelle Textwelten. Hdbg. 1994.   VD

Computerspiel ↗ interaktive Narration.

Computertexte, Sammelbez. für Texte, die von Computerprogrammen generiert werden. C. werden u. a. bei der automatischen ↗ Übers., bei Dialog-Systemen oder mit ästhetischem Interesse produziert. In jedem Fall verfügen die Programme über ein Lexikon von Textelementen und Verknüpfungsregeln. Bei ästhetischen Texten kommen zusätzliche Regeln und ein Zufalls- bzw. Interaktionsmodul hinzu. Von lit. C.n, die auch im Druck erscheinen, zu unterscheiden sind jene Formen digitaler Lit., die an das digitale Medium gebunden und auf Papier in der Regel kaum darstellbar sind (↗ Hyperfiktion). – In Deutschland wurden bereits Ende der 1950er Jahre von der ↗ Stuttgarter Schule um M. Bense »Autopoeme« und »Stochastische Texte« programmiert. 1967 erschien, hg. von M. Kraus und G. F. Schaudt, ein Band »Computer-Lyrik«. Ein Fabelgenerator namens »Tale-Spin« wurde 1976 an der Yale Universität von J. Meehan entwickelt. Unter dem Titel »The policeman's beard is half constructed« wurde 1985 in New York eine Sammlung von narrativen und dialogischen Kurztexten des Programms »Racter« publiziert. Zur Entwicklung von Programmen, die bestimmte Poetizitätsmerkmale (z. B. ↗ Reim, ↗ Rhythmus) simulieren, also eine Art Gedichte erzeugen können, aber auch dem Autor beim Schreiben und Erfinden behilflich sein sollen, wurde 1982 in Paris eine Arbeitsgruppe gegründet (ALAMO = L'Atelier de Littérature Assistée par la Mathématique et les Ordinateurs). – Bei der Evaluation der C. spielen theoretische Gesichtspunkte eine wesentliche Rolle. Einen Schwerpunkt bildet die Diskussion des ästhetischen Potentials stochastischer bzw. algorithmischer Kunstformen. Zu den lit. Vorbildern werden surrealistische Konzepte automatischen Schreibens und die kombinatorische Sonettkunst von R. Queneau gezählt, ferner die experimentelle Lit. der frz. Gruppe ↗ Oulipo.

Lit.: M. Bense: Einf. in die informationstheoretische Ästhetik. Reinbek 1969. – H. M. Enzensberger: Einladung zu einem Poesie-Automaten. Ffm. 2000. – M. Krause, G. F. Schaudt: Computer-Lyrik. Düsseldorf 1969. – M. Kreuzer, R. Gunzenhäuser: Mathematik und Dichtung. Mchn. 1965. – A. Rau: What You Click Is What You Get? Die Stellung Von Autoren Und Lesern in Interaktiver Digitaler Lit. Bln. 2000. – S. Reither: Computerpoesie. Bielefeld 2003. – M.-L. Ryan: Possible Worlds, Artificial Intelligence, and Narrative Theory. Bloomington/Ind. 1991. – M. Schmitz-Emans: Computertext. In: RLW. – H. Schulze: Das aleatorische Spiel. Mchn. 2000.   VD

Conceit [engl.] ↗ Concetto, ↗ Metaphysical Poets.

Concept Art ↗ Konzeptkunst.

Conceptismo, auch *conceptualismo* [span. *concepto* = Begriff, Vorstellung], Ausprägung des span. ↗ Manierismus, die sich durch die gesucht-raffinierte Verwendung der Sinnfigur des ↗ Concetto auszeichnet; der Begriff geht auf A. de Ledesmas »Conceptos espirituales« (1600–12) zurück. Zwar hat der C. in Italien das Vorbild des ↗ Marinismus; aber seine Blüte erreicht er in Spanien und wirkt von dort in andere europäische Länder weiter. Wichtigster Theoretiker ist B. Gracián, der in »Agudeza y arte de ingenio« (1648) das *concepto* als die Geistesfähigkeit versteht, in scharfsinniger Weise Beziehungen zwischen heterogenen oder gegensätzlichen Dingen zu schaffen und pointiert zu formulieren. Ferner zählen F. de Quevedo und L. Vélez de Guevara zu den Vertretern dieses Stils, den Polysemie, Ellipse, Metapher, Antithese und Paradox kennzeichnen. Trotz der Nähe zum ↗ Gongorismus geißelt Quevedo in zwei Satiren dessen artifizielle Metaphorik und dessen Rückgriff auf entlegene Bildungsstoffe.

Lit.: L. García Berrio: España e Italia ante el conceptismo. Madrid 1968.   WG

Concetto, m. [kɔn'tʃeto; it. = Idee, Konzept, Einfall; aus lat. *conceptus* bzw. *conceptio* = Vollzug, Ergebnis geistiger Tätigkeit; engl. *conceit*], Pl. *Concetti*; Sammelbez. für semantische Figuren und übergreifende Gestaltungsweisen, deren gemeinsame Funktion es ist, den Rezipienten zu verblüffen. Der C. soll den Scharfsinn des Verfassers demonstrieren, indem derjenige des Rezipienten gefordert wird. Er ist eines der wichtigsten Verfahren des ↗ Manierismus und wurde bes. im Zusammenhang der frühneuzeitlichen Argutia-Bewegung gepflegt. Zu den Figuren, mit denen ein C. gebildet werden kann, zählen schwierige oder entlegene ↗ Metaphern, ↗ Antithesen, ↗ Hyperbeln, logische Täuschungen, ↗ Paradoxa, ↗ Oxymora und ↗ Pointen. Der Sache nach begegnen Concetti seit der Antike, etwa als Verfahren des ↗ Asianismus (Martial), im ↗ *trobar clus* oder bei den frz. ↗ Rhétoriqueurs. Bes. Aufwertung und begriffliche Bestimmungen erfuhr der C. in den it. Poetiken des 16. Jh.s (C. Pellegrini: »Del concetto poetico«, 1589) und europaweit im 17. Jh. (B. Gracian: »Agudeza y arte de ingenio«, 1648). Seit Pellegrini etabliert sich eine Theorie des C. als Ausdruck des natürlichen Ingeniums, wodurch die bloß handwerklich-stilistische Funktion der ↗ Elocutio in den Hintergrund tritt. Beispiele für manieristische Concetti bieten in England W. Shakespeare, in Italien G. Marino, in Spanien L. de Góngora und B. Gracián (↗ Gongorismus), in Deutschland G. Ph. Harsdörffer, F. v. Logau, D. C. v. Lohenstein, Ch. Hoffmann von Hoffmannswaldau. Im Rahmen der ↗ Schwulst-Kritik im 18. und 19. Jh. verliert auch der C. an Bedeutung, ohne jedoch als Verfahren vollkommen zu verschwinden. Er findet sich als ›Pointenkunst‹ in Lyrik, Epigrammatik und Aphoristik der Aufklärung (G. E. Lessing, A. G. Kästner, G. Ch. Lichtenberg) ebenso wie in der Metaphorik der Romantik (F. Schlegel, Jean Paul), in der Lyrik des Symbolismus (St. Mallarmé) und P. Celans ebenso wie in der emphatischen Sprachkunst K. Kraus' und bis in die Gegenwart (P. Rühmkorf, R. Gernhardt). Wissenschaftliche Aufmerksamkeit erfährt der C. bes. seit den Forschungen G. R. Hockes.

Lit.: M. Blanco: Les Rhétoriques de la Pointe. Genf 1992. – G.R. Hocke: Manierismus in der Lit. Hbg. 1959. – G. Marzot: Teorici secenteschi del concettismo. Florenz 1944. – S. Neumeister: C. In: RLW. – K. Ruthven: The conceit. Ldn. 1969.   RZ

Conclusio, f. [lat. = (Ab)schluss], Begriff der lat. Rhet. für verschiedene, miteinander zusammenhängende Arten von Text-Schlüssen: 1. Schlussteil einer Rede (auch lat. *peroratio*, *epilogus*); 2. inhaltlich und formal abgerundete Schluss-Formulierung eines Gedankens (wie *clausula* ein lat. Übers.-Versuch für gr. *períodos*: z. B. Cicero: »Orator« 61, 204; Quintilian: »Institutio Oratoria« IX, 4, 22), ↗ Klausel; 3. logischer Schluss (so schon in der lat. Philosophie).

Lit.: P. Peters, B. Hambsch: C. In: HWbRh.   UM

Conductus, m. [mlat. = Geleit], ursprünglich Bez. für den ein- oder mehrstimmigen, in akzentuierenden Versen strophisch komponierten lat. Einleitungsgesang einer liturgischen Handlung, etwa der Lesung durch einen Diakon, dem durch den C. das Geleit zum Pult gegeben wird. Der Sache nach seit dem 11. Jh. v. a. im frz. Sprachraum bezeugt, tritt die Bez. um die Mitte des 12. Jh.s auf. Gelegentlich findet sie sich auch für außerliturgische ›Auftritte‹ (etwa im ↗ geistlichen Spiel). – Der mehrstimmige C. ist die wohl wichtigste musikalische Gattung des hohen MA.s. Er erlebte seine Blüte um 1200 an der Schule von Notre Dame in Paris; im 13. Jh. war er in Frankreich bereits weitgehend von der Motette verdrängt. Eine Berührung mit der weltlichen Lyrik ist selten. Der C. »Syon egredere« soll allerdings eine ↗ Kontrafaktur zu Tannhäusers ↗ Leich IV, einem parodistischen Schönheitspreis (Mitte des 13. Jh.s), sein. Die interpolierte Pariser Hs. (Bibliothèque Nationale, fr. 146) des satirischen »Roman de Fauvel« von Gervais du Bus (1316) setzt die Kenntnis der Gattung beim Publikum voraus.

Lit.: R. Bockholdt: C. In: LMA.   CF

Conférence, f. [kõfe'rãs; frz. = öffentlicher Vortrag], unterhaltsame Ansage von Darbietungen in ↗ Kabarett, Varieté, Zirkus und ↗ Revue, die das Publikum kommentierend durch das Programm führt und Wartezeiten überbrückt. Die Funktion, Programmteile zu verknüpfen, und die direkte Anrede des Publikums unterscheiden die C. von der (Stand-up-)Comedy und dem ↗ Sketch. – Kunststatus erreicht die C. im Kabarett, dessen integraler Teil sie in Frankreich seit R. Salis (ab 1881), in Deutschland seit der Einführung des Kabaretts 1901 ist.

Lit.: M. Fleischer: C. In: RLW. – B. Vogel: Fiktionskulisse. Paderborn 1993.   RM

Confessio ↗ Autobiographie.

Confessiones, f. Pl. [lat. = Bekenntnisse], Titel bekenntnishafter ↗ Autobiographien, dt. oft als ›Bekenntnisse‹ übersetzt.

Conflictus, m. [lat. = Zusammenstoß (der Meinungen)], mlat. ↗ Streitgedicht (vgl. ↗ Altercatio), z. B. Alkuins »C. veris et hiemis« (8. Jh.). Der C. diente als Übung zur Schärfung des Verstandes und der Redekunst.

Lit.: H. Walther: Das Streitgedicht in der lat. Lit. des MA.s. Mchn. 1920. Nachdr. Hildesheim 1984.   IS/NI

Congé, m. [kõ'ʒe; frz. = Abschied], afrz. Abschiedsdicht, geschaffen von dem ↗ Trouvère Jehan Bodel, der 1202 als Aussätziger seine Freunde und seine Vaterstadt Arras verlassen musste (»Li Congie«, 41 Strophen aus je 12 Achtsilblern). Weitere Vertreter sind der ebenfalls leprös gewordene Baude Fastoul (um 1260) und Adam de la Halle, dessen Verse auf seinen (harmloseren) Abschied von Arras (1269) jedoch satirische Züge tragen. – Vorbild der C.s waren evtl. »Les Vers de la mort« des Trouvères und späteren Zisterziensermönchs Hêlinand (1166–1230); Einflüsse der Gattung auf das »Große Testament« von F. Villon (1460) sind möglich. Auch ↗ Apopemptikon.   GS/Red.

Congeries, f. [lat.], ↗ Accumulatio.

Connecticut wits, m. Pl. [engl. *wit* = geistreicher Kopf, kluger Mensch], nordam. politischer und lit. Kreis ehemaliger Yale-Studenten um den Dichter (und einflussreichen Präsidenten der Yale-Universität) T. Dwight; sammelte sich Ende des 18. Jh.s in Hartford (der Hauptstadt Connecticuts, daher auch: *Hartford wits*) mit dem Ziel, durch politisches Engagement und v. a. durch eine eigenständige nationale Dichtung im öffentlichen Leben New Englands ein nationales Eigenwertgefühl zu wecken. Die C. w. gestalteten v. a. patriotische Stoffe aus der am. Geschichte; formal blieben sie jedoch engl. Vorbildern (A. Pope, J. Swift) verpflichtet. Der bedeutendste Vertreter dieses ersten am. Dichterkreises ist der Lyriker und Satiriker J. Trumbull (»The Progress of Dulness«, 1772/73); neben dem Gründer Dwight (»America«, 1772, »Columbia«, 1777: patriotische Gedichte, »The Conquest of Canaan«, 1785: erstes am. Epos) ist v. a. noch J. Barlow (»The Columbiad«, 1807) zu nennen.

Lit.: L. Howard: The C. w. Chicago 1943.   IS/Red.

Consilium, n. [lat. = Rat, Ratsversammlung, Ratsbeschluss], Gattung pragmatischer Schriftlichkeit: meist juristisches, aber auch medizinisches oder theologisches Gutachten, das von einem Spezialisten auf Anforderung erstellt wird. Das juristische C. entwickelte sich in Italien im 12. Jh. aus dem Bedarf der Entscheidungsträger (weltliche Gerichte) und trug wesentlich zur Verbesserung der örtlichen Rechtspflege bei. Im späten MA. wurden bevorzugt Vertreter observanter Orden in Streitfragen geistlicher Lebensführung konsultiert. In der Volkssprache haben sich v. a. diätetische Consilia (auch ›Regimina‹) für prominente Patienten erhalten.

Lit.: P. Riesenberg: The Consilia Literature. In: Manuscripta 6 (1962), S. 3–22.   CF

Consolatio, f. [lat. = Tröstung], bereits antike Bez. für eine Trostschrift (z. B. Ovid: »C. ad Liviam«; verschiedene Consulationes des Seneca). Viele Jh.e hindurch vorbildlich ist die im Gefängnis geschriebene »C. Philosophiae« des durch Theoderich den Großen, möglicherweise aufgrund einer falschen Anklage, zum Tode verurteilten Philosophen Boethius (523 f.).

Lit.: R. Kassel: Untersuchungen zur gr. und röm. Konsolationslit. Mchn. 1958.   UM

Consolatorien ⁊ Trostbücher.

Conspectus siglorum, m. [lat. = Übersicht über die ⁊ Siglen], in der ⁊ Textkritik die Übersicht über die Überlieferung eines lit. Werkes, geordnet nach den Hss.-Siglen.   GS/Red.

Constructio ad Sensum, f. [lat. = Konstruktion nach dem Sinn; auch gr.-lat.: *Constructio kata Synesin*], syntaktische Konstruktion, bei der die Kongruenz der Satzglieder durch den Sinn, nicht die grammatische Regel bestimmt ist, z. B. kann bei grammatisch singularem Subjekt mit pluraler Bedeutung das Prädikat im Plural stehen: häufig in gr. und lat. Sprache (*uterque insaniunt*), im Mhd., gelegentlich auch im Nhd.: »gewiß *würden eine Menge* die Gelegenheit benützen« (A. Zweig), vgl. auch engl. »the people were …«. GS/Red.

Constructio kata Synesin [lat.-gr. = Konstruktion nach dem Sinn], ⁊ Constructio ad Sensum.

Conte, m. [kõ:t; frz. = Erzählung, Märchen], frz. Erzählform, die meist zwischen ⁊ Roman und ⁊ Novelle steht und oft erst durch Attribute näher bestimmt wird; z. B. J. F. Marmontel: »Contes moreaux« (1761–86) und H. de Balzac: »Contes drôlatiques« (1855). Verwandte Formen: ⁊ Dit, ⁊ Fabliau.   GS/Red.

Conte en vers, m. [frz.], ⁊ Verserzählung.

Conte moral, m. [frz.], ⁊ Verserzählung.

Conte philosophique ⁊ philosophischer Roman.

Contrasto, m. [it. = Gegensatz, Streit], it. Spielart des mal. ⁊ Streitgedichts mit Verteilung der Dialoge auf einzelne Strophen (oft Sonette). – Berühmte Contrasti im 13. Jh. von Bonvesin de la Riva, Cielo d'Alcamo und Jacopone da Todi; vgl. ⁊ Altercatio, ⁊ Conflictus, ⁊ Disputatio, ⁊ Jeu parti, ⁊ Partimen (Joc partit), ⁊ Tenzone.

Texte: A. Arveda (Hg.): Contrasti amorosi nella poesia italiana antica. Rom 1992.

Lit.: D. Heller: Studien zum it. »C.«. Ffm. u. a. 1991.
                    MGS

Contre-Blason ⁊ Blason.

Copla, f. [span. = Strophe], 1. span. volkstümliche Strophenform (auch *Cantar*): Vierzeiler aus achtsilbigen oder kürzeren Versen, Assonanz nur im zweiten und vierten Vers, daher wird angenommen, dass die Strophenform aus einem assonierenden Langzeilenpaar entstand. Verwendung in der Volksdichtung (z. B. als Thema von ⁊ Villancicos) und der volkstümlichen Kunstdichtung, z. B. der Romantik. – 2. Variantenreiche Strophenform der span. Kunstdichtung, v. a. des

15. Jh.s, meist acht-, zehn- oder zwölfzeilige, zweigeteilte Strophen, häufig aus Achtsilblern. Bis ins 17. Jh. vielfach nachgeahmt wurde die von J. Manriques in seinen »C.s por la muerte de su padre« (1476) verwendete C.: ein Zwölfzeiler, gegliedert in zwei sechszeilige Halbstrophen aus je zwei symmetrischen Terzetten aus zwei Acht- und einem Viersilber; die Terzette jeder Halbstrophe haben jeweils dasselbe Reimschema, während zwischen den Halbstrophen keine Reimbindung besteht; üblich sind insgesamt sechs Reimelemente pro Strophe. In der Romantik hat die C. eine Nachblüte.   GR/Red.

Copla de arte mayor ⁊ *arte mayor.*

Copla de arte menor ⁊ *arte menor.*

Copla de pie quebrado ⁊ *pie quebrado.*

Coq-à-l'âne, m. [kɔka'la:n; frz., nach dem Sprichwort »saillir du coq en l'asne« = vom Hahn auf den Esel überspringen, d. h. zusammenhangloses Gerede], satirische Gattung der frz. Renaissancedichtung, die in paargereimten Acht-, selten Zehnsilbern zusammenhanglos teils offene, teils versteckte Anspielungen auf die Laster der Zeit oder berühmte Persönlichkeiten sowie auf aktuelle politische, militärische und religiöse Ereignisse aneinanderreiht. Als ihr Begründer gilt C. Marot (C.s in Briefform v. a. über den Papst, den korrumpierten Klerus und die Frauen, z. B. »L'épistre du Coq en l'Asne à Lyon Jamet de Sansay en Poictou«, 1531); weitere Vertreter im 16. Jh.: E. de Beaulieu, Ch. de Sainte-Marthe, M. Régnier; vereinzelt tritt die Gattung noch im 17. Jh. auf.   PHE/Red.

Corpus, n. [lat. = Körper], in lit.wissenschaftlicher Hinsicht: Gesamtheit von Texten, historischen Schriften, Urkunden, Nachlässen u. a. mit einem bestimmten inhaltlichen Zusammenhang. Den Schwerpunkt bilden Sammelwerke als Basis weiterer Forschungen.   TM

Correctio, f. [lat. = Verbesserung], 1. bereits antike Bez. für eine häufige rhet. Figur (auch gr. *metánoia* = Sinnesänderung): unmittelbare Berichtigung einer eigenen Äußerung (in Gerichtsreden auch einer gegnerischen), die oft nicht der Abschwächung, sondern der Steigerung (⁊ Amplificatio) dient. – 2. Konzept der Wiederherstellung der christlichen Gesellschaft, z. B. in der ⁊ karolingischen Renaissance.

Lit.: G. Wöhrle: C. In: HWbRh.   UM

Corrigenda, f. Pl. [lat. = zu Verbesserndes], ⁊ Errata.

Coup de théâtre, m. [frz.], ⁊ Deus ex Machina.

Couplet, n. [ku'ple:; frz., m. = Strophe, Lied, Diminutiv zu *couple* = Paar], Bez. der frz. Metrik und Musikwissenschaft für: 1. Strophe, gebräuchlich v. a. vom MA. bis zum 17. Jh., in einigen Verslehren (z. B. de Suberville, Jeanroi, Lote) bis heute; 2. ⁊ Reimpaar (C. *de deux vers*), seit dem 16. Jh. verwendet in Epos, Epigramm, Satire, Epistel, Elegie, Lehrgedicht, z. T. auch im Drama; eine Variante ist das C. *brisé* (das ›gebrochene‹ C., vgl. Reim-⁊ Brechung), in England das nach frz. Vorbild entwickelte *heroic c.*; 3. die durch ungereimte Refrainzeilen markierten Abschnitte im ⁊ Rondeau; 4. das meist kurze, pointierte Lied (mit Refrain) in Vaudeville, Opéra comique, Singspiel, Operette, Posse, Kabarett usw. mit witzigem, satirischem, auch pikantem Inhalt, häufig auf aktuelle politische, kulturelle oder gesellschaftliche Ereignisse anspielend (↗ Chanson). Der Schlussrefrain bringt oft durch Wortveränderungen oder -umstellungen eine überraschende ↗ Pointe; Sonderformen sind *C.s dialogués* oder *C.s d'ensemble*, in denen die Strophen abwechselnd von zwei Partnern gesungen werden, bes. im ↗ Vaudeville. Berühmte dt.sprachige C.s schrieb J. N. Nestroy, z. B. Knieriems Kometenlied (»Lumpazivagabundus«, 1833) oder das Lied des Lips (»Der Zerrissene«, 1844).

Lit.: W. Ruttkowski; C. In: RLW. PHE/Red.

Cour d'amour, m. [frz. = Liebes-, Minnehof], dem Minnediskurs der mal. Lit. verpflichtetes Motiv eines Gerichtshofs für Streitfragen in Liebesangelegenheiten. Aus dem häufigen Auftreten des rahmengebenden Motivs v. a. in frz. Dichtungen hat man auf die Existenz einer Rechtsinstitution dieser Art zu schließen versucht. Diese Auffassung findet heute keinen Zuspruch mehr. Man sieht im lit. C. d'a. vielmehr einen Reflex auf die zeitgenössische Unterhaltungspraxis, die minnekasuistischen Gesellschaftsspiele an frz. und nl. Höfen im 12.–15. Jh. Die Grundlage hierfür liefern v. a. die überlieferten afrz. Minnefragensammlungen, die zum Zweck praktischer Anwendung zusammengestellt wurden (vgl. Peters). – Der dt. ↗ Minnesang des 14. Jh. macht das dem C. d'a. nahestehende Motiv des ›Minnegerichts‹ produktiv. Dieses ist aber ausschließlich als *locus communis* der lit. Reflexion über minnediskurstheoretische Grundfragen zu bewerten. – Vgl. auch ↗ Minneallegorie, ↗ Minnerede.

Lit.: I. Glier: Artes amandi. Mchn. 1971. – U. Peters: C. d'a. – Minnehof. In: ZfdA 101 (1972), S. 117–133. – R. Schnell: Andreas Capellanus. Zur Rezeption des röm. und kanonischen Rechts in *De Amore*. Mchn. 1982. ID

Creacionismo, m. [kreaθio'nizmo; span. von *crear* = (er)schaffen], lateinam. und span. lit. Strömung, begründet 1917 von dem chilenischen Lyriker V. Huidobro (»Altazor«, 1919), der eine von lit. Traditionen und von Bindungen an die reale Wirklichkeit freie Dichtung forderte, die als völlig neue, absolute Schöpfung (*creacion*) entstehen müsse. Mittel dazu ist eine autonome, eigene Realitäten schaffende Sprache (v. a. assoziative Bilder, Metaphern, Spiel mit Wörtern, Silben, Buchstaben). Wie der nahe verwandte ↗ Ultraismo ist der C. stark vom ↗ Symbolismus beeinflusst; seine Vertreter wurden z. T. Vorläufer des ↗ Surrealismus, so der Peruaner J. M. Eguren, der Franzose P. Reverdy, der Spanier G. Diego, der Mexikaner J. Torres-Bodet. IS/Red.

Crepidata, f. [lat., eigentlich *fabula c.*, nach lat. *crepida* = Sandale, dem zur gr. Tracht gehörenden Schuh], antike Bez. der um 240 v. Chr. von Naevius in Rom eingeführten Nachahmung oder Bearbeitung der gr. Tragödie (mit Stoffen aus der gr. Mythologie oder Geschichte und gr. Kostümen). Da nur Titel und wenige

Bruchstücke überliefert sind, lässt sich ein spezifischer Werktypus (bzw. das Verhältnis zum gr. Vorbild) nicht rekonstruieren. ↗ Praetexta. GS/Red.

Crepuscolari, m. Pl. [it. von *crepuscolare* = dämmrig], Gruppe it. Dichter zu Beginn des 20. Jh.s, die – als Reaktion auf die pathetische, rhet. prunkvolle Dichtung G. D'Annunzios und seiner Anhänger – in bewusst einfacher Sprache und Form die unscheinbare Welt der kleinen Dinge gestalteten; charakteristisch sind eine Vorliebe für leise, gedämpfte Töne, für Andeutungen, ›dämmrige‹ Farben und eine melancholische Resignation. Vorbilder waren C. G. Pascoli und F. Jammes, z. T. die frz. und belgische Dekadenzdichtung. – Die Bez. ›C.‹ wurde gebildet in Anlehnung an den Ausdruck *poesia crepuscolare*, mit dem der Turiner Kritiker G. A. Borgese 1911 die Dichtungen M. Morettis (»Poesie di tutti i giorni«, 1911), F. M. Martinis und C. Chiaves' charakterisiert hatte; er wurde von der Lit.-wissenschaft auch auf andere Vertreter dieser Stilhaltung angewandt, so auf S. Corazzini und G. Gozzano (»La via del rifugio«, 1907; »I colloqui«, 1911), auf C. Govoni und den frühen A. Palazzeschi (»L'incendiario«, 1910) u. a.

Lit.: G. Farinelli: Vent'anni o poco più. Storia e poesia del movimento crepuscolare. Mailand 1998. – M. Hardt: Geschichte der it. Lit. Düsseldorf, Zürich 1996, S. 658–666. – G. Petronio: Geschichte der it. Lit. Bd. 3. Tüb., Basel 1993, S. 172–175. IS/Red.

Creticus, m., ↗ Kretikus.

Crispin, m. [kris'pɛ̃; frz.], Typenfigur der frz. Komödie, Mitte des 17. Jh.s von dem Schauspieler R. Poisson aus dem Aufschneider ↗ Skaramuz und dem ersten Zane (↗ Zani) der ↗ Commedia dell'Arte entwickelt: witzig-einfallsreicher, oft skrupelloser Diener mit leichtem Stottern. C. wurde zur Hauptfigur vieler Komödien und ↗ Nachspiele (z. B. »C. rival de son maître«, »C. musicien«, »C. gentilhomme«); die berühmteste Verkörperung fand er in J.-F. Regnards »Le légataire universel« (1708). IS/Red.

Critique génétique ↗ Schreiben.

Cross-reading, n. [engl. = quer lesen], Form der ↗ Montage, bei der vorzugsweise Zeitungstexte, meist mit satirischer Absicht, über die Spaltengrenzen hinweg ›quer‹ gelesen werden. – C. entsteht im 18. Jh. als Antwort auf die Disparität des Mediums Zeitung. Die Zusammenfügung des Disparaten erzeugt den paradoxen Witz und entlarvt die Struktur des Mediums selbst. G. Ch. Lichtenbergs »Nachahmung der engl. C.s« (postum 1844) benutzt die Methode zur Gesellschaftssatire. A. Holz verwendet in der »Blechschmiede« (1902) polemische Lit.zitate in der Manier des C.s. Die Pressekritik K. Kraus' (»Die Fackel«, 1899–1936) arbeitet mit der Technik des C.s in aufklärerischer Absicht. Im ↗ Dadaismus entwickelt sich das C. weiter zu Textcollagen, eine Technik, auf welche auch die experimentelle Lyrik der 1960er Jahre zurückgreift (W. S. Burroughs; F. Mon: »Plakattexte«, 1963).

Lit.: K. Riha: Cross-Reading und Cross-Talking. Stgt. 1971. WVB

Crux, f. [lat. = Kreuz], unerklärte Textstelle, in kritischen Ausgaben durch ein Kreuz markiert. Eine C. kann auf einer Textverderbnis (↗ Korruptel) oder einem ↗ Hapaxlegomenon beruhen. – Im übertragenen Sinne: unlösbare Frage. JK/Red.

Cuaderna vía, f. [span. = vierfacher Weg], auch *mester de clerecía*, span. Strophenform: Vierzeiler aus einreimigen span. ↗ Alexandrinern. Verwendung in der gelehrten Dichtung des 13. und 14. Jh.s, z.B. im »Libro de Alexandre« (Alexanderepos, um 1240), in den Heiligenleben und der Marienlyrik G. de Berceos (13. Jh.), im »Poema de Fernán González« (13. Jh., ↗ Cantar) und überwiegend auch im »Libro de buen amor« des Arcipreste de Hita Juan Ruiz (Traktat über die Liebe in autobiographischer Form, 14. Jh.). Neubelebung seit Ende des 19. Jh.s im ↗ Modernismo, bes. in Lateinamerika.

Lit.: P. L. Barcia: El mester de clerecía. Buenos Aires 1967. GR/Red.

Culteranismo ↗ Gongorismus.

Cultismo, m. auch: Culteranismo ↗ Gongorismus.

Cultural anthropology ↗ Kulturanthropologie.

Cultural Materialism ↗ New Historicism.

Cultural performance ↗ Performanz.

Cultural Studies, Pl. [engl.], Sammelbez. für thematisch orientierte Forschungen, die meist Fragestellungen aus dem Bereich der Populär- und Minderheitenkulturen unter den Gesichtspunkten von *gender, race* und *class* nachgehen. Die C. St. entstehen in den 1960er Jahren in England als ideologiekritische Forschungsrichtung, die sich gegen einen elitären Begriff der Hochkultur richtet und ein demokratisches, pluralistisches und multikulturelles Verständnis von ↗ Kultur einfordert. Sie werden 1964 mit der Gründung des ›Centre of Contemporary C. St.‹ in Birmingham (Leitung: R. Hoggart) institutionalisiert. Methodisch zunächst an der marxistischen Theorie orientiert, nähern sich die C. St. ab den 1970er Jahren neueren kulturwissenschaftlichen Methodenparadigmen an (↗ Strukturalismus, ↗ Poststrukturalismus, ↗ Semiotik). Ab den 1990er Jahren werden sie in den USA, danach im kontinentalen Europa aufgenommen und als eigene wissenschaftliche Disziplin durch die Neugründung weiterer Institute und Zss. institutionell gefestigt. In Deutschland werden v.a. die Arbeiten der C. St. zur ↗ Medienkultur rezipiert. Die C. St. zeichnen sich durch thematische Vielfalt und Nähe zu empirischen kulturellen Prozessen aus. Charakteristisch für ihren pluralistischen Ansatz ist die bevorzugte Publikationsform der C. St., der Reader.

Lit.: R. Bromley, G. Kreuzner (Hg.): C. St. Lüneburg 1999. – St. Hall: C. St. [engl. 1972–79]. Hbg. 2000. – K. H. Hörning, R. Winter (Hg.): Widerspenstige Kulturen. Ffm. 1999. JH

Cursus, m. [lat. = Lauf], Pl. *Cursus*, in der lat. (seltener volkssprachlichen) ↗ Kunstprosa der Spätantike und des MA.s gebräuchliche rhythmische Formel für Kola- und Periodenschlüsse. Die C.-Formeln lösen seit dem 4. Jh., verursacht durch den lat. Akzentwandel und die damit verbundene Verwischung der Quantitätsunterschiede, die durch die Silbenquantitäten geregelten ↗ Klauseln ab; sie beruhen im Ggs. zu diesen auf der Regelung des (dynamischen) Wortakzents und der Wortgrenzen. C.formeln sind nachweisbar zuerst bei Augustin; regelmäßig beachtet werden sie – in bewusster Anknüpfung an den als vorbildlich empfundenen Briefstil Papst Leos I., des Großen (5. Jh.) – seit dem 11. Jh. in der päpstlichen, seit dem 13. Jh. in der kaiserlichen Kanzlei (sog. C. leoninus, leonitas). Die auf das klassische Lat. zurückgreifenden Humanisten lehnen den C. ab und ersetzen ihn wieder durch Klauseln. – Man unterscheidet vier C.-Typen:

1. *C. planus* (gleichmäßiger C.): x́x / x x́x »(retributi) ónem merétur«;
2. *C. tardus* (langsamer C.): x́x / x x́xx »(felici)tátis percípient«;
3. *C. velox* (rascher C.): x́xx / x x x́x »(ex)híbitum reputábo«;
4. *C. trispondiacus* (C. aus drei Spondeen): x x́x / x x x́x »dolóres detulérunt«.

Lit.: K.-H. Göttert: C. In: RLW. – M. G. Nicolau: L'origine du »C.« rhythmique. Paris 1930. – K. D. Thieme: Zum Problem des rhythmischen Satzschlusses in der dt. Lit. des Spät-MA.s. Mchn. 1965. JK/Red.

Curtail Sonnet, n. [engl. = gekürztes Sonett], von G. M. Hopkins (1844–89) geprägte elfzeilige Sonderform des ↗ Sonetts: Die klassische Sonettform (8+6 Verse) ist proportional verkürzt auf ein Sextett (*abcabc*) und ein Quartett (*bcbd*, auch *dbcd* oder *bddb*) sowie eine abschließende Halbzeile (*tail-piece*) mit c-Reim. GSR

Cut-Up-Methode [engl. *cut up* = zerschneiden], Technik der Reorganisation einzelner oder mehrerer Texte durch Zerschneiden des gedruckten Ursprungsmaterials in Wörter, Sequenzen oder verschieden große Teile, die daraufhin in mehr oder weniger zufälliger Reihenfolge neu arrangiert werden. Die C. ist mit der Schnitt- und Montagetechnik des Films und der Collagetechnik der bildenden Künste verwandt. – Der Dadaist T. Tzara begründet in den 1920er Jahren die C., indem er Texte in einzelne Wörter zerschneidet und durch die zufällige Anordnung des Materials Gedichte generiert. Um 1960 wendet W. S. Burroughs die C. auf gedrucktes Text- und Bildmaterial sowie auf Tonband-Audioaufnahmen an (Anthologie »Minutes to go« mit Texten von Burroughs, B. Gysian, S. Beiles und G. Corso, 1960). In der Folge experimentieren auch andere Autoren der Beat-Lit. wie A. Ginsberg mit der C., die Ende der 1960er Jahre in Deutschland durch R. D. Brinkmann eingeführt wird. Der engl. Mathematiker und Informatiker I. Sommerville erprobt ab 1965 die C. als Prinzip maschineller Textproduktion. Neuerdings greifen softwaregestützte und zufallsbasierte Textgeneratoren auf die C. zurück.

Lit.: W.S. Burroughs, B. Gysin: The Third Mind. NY 1978. – C. Weissner (Hg.): Cut Up. Darmstadt 1969. MFS

Cyberpunk ↗ Cyberspace, ↗ Science-Fiction.

Cyberspace, m. ['saýbəspeýs; engl. = kybernetischer Raum, von gr. *kybernán* = steuern, lat. *spatium* = Raum], Bez. für eine computergenerierte Umgebung; häufig synonym mit dem Begriff ›Virtuelle Realität‹ (›VR‹) verwendet, der die künstliche Wirklichkeit im Daten- und Erlebniskosmos digitaler Netzwerke beschreibt. – Der Neologismus ›C.‹ taucht erstmals in W. Gibsons Roman »Neuromancer« (1984) auf, mit dem der US-am. Autor das *Cyberpunk*-Genre, eine Spielart der ↗ Science-Fiction, initiierte. Neben weiteren Texten von Gibson wie »Count Zero« (1987), »Mona Lisa Overdrive« (1989) und »Idoru« (1996) zählen zu diesem u. a. B. Sterlings »Islands in the Net« (1988) sowie N. Stephensons »Snow Crash« (1992). Seit Ende der 1990er Jahre ist das C.-Konzept auch als filmisches Sujet präsent. In Hollywood-Produktionen, z. B. in A. und L. Wachowskis »Matrix«-Trilogie (1999–2003) oder D. Cronenbergs »eXistenZ« (1999), tritt der C. zumeist in ein Konkurrenzverhältnis zur Wirklichkeit, wobei simulierte und reale Räume kaum noch als distinkt wahrnehmbar sind oder aber sich in ihren Repräsentationen miteinander verschränken. Lit.: M. Dodge, R. Kitchin: Mapping C. Ldn., NY 2001. – J. Glasenapp (Hg.): Cyberfiktionen. Mchn. 2002. – M. Klepper u. a. (Hg.): Hyperkultur. Bln., NY 1996. CL

Cyclorama ↗ Prospekt.

Cynghanedd, f. [kəŋ'hɑːnɛð; kymrisch = Übereinstimmung], zusammenfassende Bez. für die Formen des Gleichklangs (mit Ausnahme des Endreims) und deren Kombination in der walisischen (kymrischen) Dichtung. Grundformen der C. sind ↗ Alliteration und konsonantischer Binnenreim (↗ Hending); aus ihnen werden im Laufe des 13. Jh.s bei wachsendem Formbewusstsein vier Systeme (nach Art, Anzahl und Stellung der Gleichklänge im Vers) entwickelt, die in insgesamt 24 Metren (u. a. im ↗ Cywydd) verwendet werden. Der C. vergleichbare Formen des Gleichklangs und der Kombination von Gleichklängen zeigen die altirische und anord. (skaldische) Poesie. JK/Red.

Cywydd, m. ['kəuið; kymrisch], Pl. *cywyddau*, Metrum der walisischen (kymrischen) Lyrik des Spät-MA.s: paarweise gereimte, siebensilbige Verse, wobei der jeweils erste Reim eines Reimpaares betont, der zweite unbetont ist (unebene Bindung); meist kommt die ↗ Cynghanedd (Alliteration), häufig auch konsonantischer Binnenreim, hinzu. – Als Begründer der C.-Dichtung gilt Dafydd ap Gwilym (14. Jh.), dessen Cywyddau thematisch von der mlat. Klerikerdichtung und der frz. ↗ Trouvère-Poesie beeinflusst sind. In der jüngeren C.-Dichtung des 16. Jh.s überwiegen politische Themen (v. a. Kritik an der zunehmenden Kollaboration des walisischen Adels mit der Tudormonarchie). Neubelebung im 18. Jh. im Rahmen der Renaissance der walisischen Dichtung. JK/Red.

D

Da-capo-Arie ↗ Arie.

Dadaismus, auch: Dada (häufig in Majuskeln: DADA); internationale Kunst- und Lit.richtung, entstanden 1916 in Zürich unter dem Eindruck des Ersten Weltkrieges als Weiterführung und Radikalisierung von Tendenzen des ↗ Expressionismus, Kubismus und ↗ Futurismus; wenige Jahre später zerfallen. Wer den Begriff ›D.‹ erfunden hat, ist ungeklärt; programmatisch gebraucht wird er schon sehr früh von den Hauptvertretern H. Ball und T. Tzara. Der Begriff entzieht sich einer eindeutigen Bedeutungszuschreibung und imitiert nicht-sinntragende Kinder- und Werbesprache. – *Zürcher D.*: Zentrum der ersten Dadaisten war das Zürcher »Cabaret Voltaire«, das am 5. Februar 1916 als lit. ↗ Kabarett von H. Ball begründet wurde. Ball und die weiteren in Zürich im Exil lebenden und an den Programmen des Kabaretts beteiligten Künstler H. Arp, R. Huelsenbeck, M. Janco und T. Tzara versuchten, eine selbständige Lit.- und Kunstrichtung unter dem Gruppensymbol ›Dada‹ zu entwickeln. Die Gemeinsamkeit der Dadaisten bestand v. a. in ihrer künstlerisch-politischen Haltung: Das Kabarett wurde zu einem Ort des Widerstandes gegen den »Wahnsinn der Zeit« (Arp), wobei man v. a. auf das Bildungsbürgertum abzielte, das man für »die grandiosen Schlachtfeste und kannibalischen Heldentaten« (Ball) der Gegenwart verantwortlich machte. Das führte zur angeblichen Negation jeglicher Kunst, zur Verschärfung der von Kubismus und it. Futurismus eingeführten »drei Prinzipien des ↗ Bruitismus, der Simultaneität und des neuen ↗ Materials in der Malerei« (Huelsenbeck). Alle bisher geltenden ästhetischen Wertmaßstäbe und Spielregeln wurden für ungültig erklärt und die absolute Freiheit der künstlerischen Produktion proklamiert; dies führte zu immer provokativeren Programmen im Cabaret Voltaire und in der Zs. »Dada« (seit 1917, hg. von Tzara): Experimentiert wurde mit ↗ Collagen, Zufallstexten (↗ aleatorische Dichtung), ↗ reduzierten Texten, ↗ Lautgedichten, sog. ›Versen ohne Worte‹ (Ball), ›Geräuschkonzerten‹ und allen theatralen Gattungen. Bei der Suche nach eigenen und neuen Wegen und Möglichkeiten, über reine Anti-Kunst, über Protest und Negation hinauszugelangen, wurde jedoch deutlich, dass der D. zu keinem Gruppenstil fand. Nach Ende des Krieges löste sich der Zürcher D. 1918 in einzelne Richtungen auf. Es bildeten sich mehrere dadaistische Gruppierungen mit jeweils spezifischem Gesicht: So praktizierte der *Berliner D.* (1918–20; mit Huelsenbeck, den Brüdern W. und H. F. J. Herzfelde [Pseudonym: John Heartfield], G. Grosz, R. Hausmann, W. Mehring und J. Baader) eine zwischen anarchistischer und kommunistischer Argumentation pendelnde Spielart, bis er zerfiel. Der *Kölner D.* (1919 f.; mit M. Ernst, J. Baargeld und Arp) konzentrierte sich auf die bildende Kunst. Der *Pariser D.* (Tzara, Arp, L. Aragon, A. Breton, P. Eluard) dagegen war trotz mancher Kunst-Ausstellungen im Kern eine lit. Bewegung, bis 1923 der ↗ Surrealismus sein Erbe antrat. – Nur die nach dem Krieg von K. Schwitters in Hannover proklamierte und bis zu seiner Emigration nach Norwegen (1937) praktizierte Sonderform des D. unter dem Namen »Merz« (↗ Merzdichtung) überdauerte die frühen Jahre der Weimarer Republik. Wie der gesamte D. wurde sie von den Nationalsozialisten als ›entartete Kunst‹ diffamiert. – Wirkungsgeschichtlich bedeutsam war der D. durch seine theoretischen und praktischen Beiträge zur ↗ abstrakten, ↗ konkreten und ↗ akustischen Dichtung. Eine Anknüpfung an den D. unternahm in den 1950er Jahren die lit.-politisch motivierte ↗ Wiener Gruppe (F. Achleitner, H. C. Artmann, K. Bayer, G. Rühm, O. Wiener).
Texte: R. Huelsenbeck (Hg.): DADA [1964]. Reinbek 1984. – K. Riha (Hg.): 113 Dada-Gedichte [1982]. Bln. 1992. – K. Riha, H. Bergius (Hg.): Dada Berlin. Stgt. 1977. – K. Riha, W. Wende-Hohenberger (Hg.): Dada Zürich. Stgt. 1992.
Lit.: H. Bergius: Das Lachen Dadas. Die Berliner Dadaisten und ihre Aktionen. Gießen 1989. – Dies.: Montage und Metamechanik: Dada Berlin. Bln. 2000. – H. Bolliger u. a.: Dada in Zürich. Zürich 1985. – G. Jäger: D. In: RLW. – R. Meyer u. a.: Dada global. Zürich 1994. – E. Philipp: D. Mchn. 1980. – K. Riha: Dada (D.). In: Borchmeyer/Žmegač. RD/FM

Daguerreotypie, f., nach ihrem Erfinder Daguerre benannte frühe Form der Fotografie. ↗ Fotografie und Lit.

Daily-Soap ↗ Serie.

Daina, f. [litauisch], Pl. *Dainos*; altlitauisches Volkslied. Form und Stil zeigen altertümliche Züge: Strophen aus vierhebigen, meist trochäischen Versen; je zwei Verse durch Figuren der Wiederholung oder des ↗ Parallelismus membrorum und durch die dabei frei auftretenden Alliterationen und Endreime gebunden. Je nach Thematik unterscheidet man Arbeits-, Jahreszeiten-, Brautlieder, Totenklagen u. a. – Erste Veröffentlichungen im 18. Jh. (Ph. Ruhig: »Litauisches Wörterbuch«, 1745), aufgegriffen durch G. E. Lessing (»Briefe die Neueste Litteratur betreffend«, Brief 33), J. G. Herder (»Volkslieder«), J. W. Goethe (»Die Fischerin«). Breiteres Interesse fanden die Dainos im 19. Jh. im Rahmen der Indogermanistik (A. Schleicher, K. Brugmann, A. Leskien). – Der altlitauischen D. verwandt ist die lettische D. (Pl. *Dainas*), von der bis heute etwa 900.000 Beispiele aufgenommen und etwa 60.000 (mit 100.000 Varianten) veröffentlicht worden sind. JK/Red.

Daktyloepitrit, m. [aus ↗ Daktylus und ↗ Epitritos]; auch: *Daktylepitrit*; moderne Bez. für altgr. Verse, in denen daktylische und epitritische Glieder abwechseln; von A. Rossbach und R. Westphal (»Gr. Metrik«, 1856) eingeführt. Ein D. wird als Kombination aus den sog. Elementargliedern – v v – v v – (entspricht dem Hemiepes) und – v – (entspricht dem Kretikus), auch – v v – und v v –, erklärt, die durch eine weitere, in der Regel lange Silbe verbunden sind, welche die Folge – v – zum Epitritos (– – v –) ergänzt. Im Einzelnen sind verschiedene Kombinationen möglich (z. B. Verdoppelung der einzelnen Teile oder des Grundschemas, An- oder Einfügung weiterer langer Silben). Die D.en lassen sich aus dem ↗ Enkomiologikus ableiten, unterscheiden sich aber von diesem ↗ archilochischen Versmaß dadurch, dass die daktylischen und epitritischen Versteile ohne Pause verbunden sind. Daktyloepitritische Verse erscheinen stets in Strophen und werden für feierliche und ernste Inhalte verwendet; sie finden sich v. a. in der Chorlyrik, bei Stesichoros, dann bes. bei Pindar und Bakchylides, seltener in den ↗ Chorliedern der gr. Tragödie.　　　　　　　UM

Daktylus, m. [lat. nach gr. *dáktylos* = Finger, Zehe], Pl. *Daktylen*; dreigliedriger ↗ Versfuß in der Form v – –. Der D. kann durch Kontraktion der Senkungen zu einer Länge zum ↗ Spondeus (– –) werden. Wichtige daktylische Versmaße antiker Dichtung sind ↗ Hexameter und ↗ Pentameter, die alternierend gesetzt das ↗ Distichon ergeben. Im Kontext des ↗ akzentuierenden Versprinzips wird der D. als Folge einer betonten und zweier unbetonter Silben verstanden. Gemischt-daktylische Verse mit Doppelsenkungen finden sich bereits im ↗ Minnesang des 12. und 13. Jh.s, zuerst bei Kaiser Heinrich, dann bei den rheinischen Minnesängern (Heinrich von Veldeke, Friedrich von Hausen), v. a. aber bei Heinrich von Morungen und Walther von der Vogelweide. In nhd. Reimstrophen ist der D. bei A. Buchner und Ph. v. Zesen zu finden, auch hier jedoch ohne Bezug zur gr.-röm. Antike. Erst mit Adaption des daktylischen Hexameters und Pentameters durch J. Ch. Gottsched (Übers. des 6. Psalms, 1742) und F. G. Klopstock (»Die künftige Geliebte«; »Elegie«, 1748) findet der D. Eingang in die nhd. Dichtung, in der F. Schiller und J. W. Goethe ihn dann endgültig etablieren (↗ Elegie, ↗ Epigramm, ↗ Xenien). Der D. kann zur Evokation festlicher Hochstimmung beitragen (»Schiller und Klopstock sangen und Goethe, die Blume der Anmut / Rückert und auch Uhlands Muse, vor allen beliebt«; A. v. Platen: »Im Theater von Taormina« [1835], V. 9 f.), aber auch innere Unruhe ausdrücken (»Alle Gedanken sind vorwärts gerichtet, wie Flaggen und Wimpel«; Goethe: »Alexis und Dora« [1796], V. 7) oder lebendige Erzählung ermöglichen (»Doch wachsend erneut sich des Stromes Wut, / und Welle auf Welle zerrinnet«; Schiller: »Die Bürgschaft« [1798], V. 57 f.).　　　　　　　JK/CSR

Dandyismus, m. [engl. *dandy* = Stutzer, Geck, Elegant; Etymologie ungeklärt], die gesellschaftliche Erscheinung eines geistigen Aristokratismus, die Ende des 18. Jh.s in den vornehmen Londoner Regency Clubs, den Treffpunkten junger reicher Aristokraten, beginnt und im 19. Jh. v. a. in Frankreich weitergeführt wird. Der D. berührt sich mit Zeitströmungen wie ↗ Byronismus und ↗ Décadence. Er reagiert auf die mit der bürgerlichen Gesellschaft verbundene Demokratisierung und Nivellierung hergebrachter Standesnormen. Der Wunsch des Dandys nach Abgrenzung von der Masse und dem bürgerlichen Alltag prägt auch die charakteristischen Erscheinungsformen des D.: extravaganter Lebensstil, individuelle, schlicht-elegante (später auch exzentrische) Kleidung, Neigung zum Müßiggang, Vorliebe für die Welt des Schönen, geistreich-zynischer Konversationston, ironische Haltung, blasierte Gleichgültigkeit gegenüber der sozialen Wirklichkeit und ihren Problemen (↗ Eskapismus), nonkonformistische Einstellung zur bürgerlichen Leistungsgesellschaft, elitäres Bewusstsein, Ästhetisierung des eigenen Lebens. Wegen des – neben Lord Byron – prototypischen Dandys, George Bryan (Beau) Brummell (1778–1840), wird England auch als das Land des »gelebten D.« (H. Gnüg) bezeichnet. Während die D. in Frankreich zunächst auf breite Ablehnung stieß, setzten sich ab den 1830er Jahren Autoren wie H. de Balzac (»Traité de la vie élégante«, 1830), J. A. Barbey D'Aurevilly (»Du Dandysme et de George Brummell«, 1845 und 1861) oder Ch. Baudelaire (»Le dandy«, 1863) mit dem Phänomen auseinander. – Vertreter des D. in der Lit. sind in England B. Disraeli (»Vivian Grey«, 1826), E. G. Bulwer-Lytton (»Pelham«, 1828) und O. Wilde (»The Picture of Dorian Gray«, 1890); in Frankreich Ch. Baudelaire, J.-K. Huysmans (»A Rebours«, 1884), A. de Musset und A. Gide. In Deutschland ist der D. eine seltenere Erscheinung. Eine ihm verwandte Welthaltung lässt sich etwa beim Fürsten Pückler-Muskau sowie in den Werken St. Georges oder E. Jüngers beobachten. Auf internationaler Ebene gilt S. Dalí als Prototyp des D. im 20. Jh. Der am. Journalist und Autor T. Wolfe (»Fegefeuer der Eitelkeiten«, 1987) repräsentiert einen neuen Dandytypus ohne Eskapismustendenzen. Ausläufer des D. finden sich ferner periodisch wiederkehrend in Strömungen der Jugend- und Populärkultur, z. B. bei Popstars wie D. Bowie.

Lit.: G. Erbe: Dandys – Virtuosen der Lebenskunst. Köln u. a. 2002. – R. K. Garelick: Rising Star. Princeton 1998. – H. Gnüg: Kult der Kälte. Der klassische Dandy im Spiegel der Weltlit. Stgt. 1988. – Dies.: Dandy. In: ÄGB. – W. Ihrig: Lit. Avantgarde und D. Ffm. 1988. – E. Moers: The Dandy. Ldn. 1960. – S. Neumeister: Der Dichter als Dandy. Mchn. 1973.　　　　IS/KHE

Dansa, f. [provenz. = Tanz, Reigen], Tanzlied, Gattung der Trobadorlyrik; entspricht formal und inhaltlich weitgehend der ↗ Balada. Unterschiede nur in der Refraingestaltung (Verzicht auf Binnenrefrain). Dichter: Guiraut d'Espanha, Cerveri de Girona und einige Anonymi. Im 13. Jh. werden neben der charakteristischen volkstümlichen Liebesthematik auch geistliche Stoffe behandelt (z. B. in den »D.s de Nostra Dona«).　　　　　　　PHE/Red.

Danse macabre, f. [dã:s ma'kabr; frz. = ↗ Totentanz].

Darmstädter Kreis, 1. empfindsamer Zirkel, der sich etwa 1770–73 um den Herausgeber der »Frankfurter Gelehrten Anzeigen«, J. H. Merck (1741–91), sammelte. Der Hof der lit. interessierten, der ↗ Empfindsamkeit zuneigenden Fürstin Henriette Christiane Karoline (1721–74) bot nahezu ideale Bedingungen und Unterstützung für den Freundschaftsbund. Die für F. G. Klopstock, J. W. L. Gleim und Ch. M. Wieland schwärmenden Mitglieder der gehobenen Darmstädter und auch Homburger Gesellschaft trafen in lockerer Folge zusammen; man gab einander entweder antikisierende oder auf den Beruf oder einen wesentlichen Charakterzug des jeweiligen Mitglieds anspielende Namen: J. G. Herders spätere Gattin K. Flachsland hieß »Psyche«, die Homburger Hofdame L. v. Ziegler »Lila«, Herder »der Dechant«, J. W. Goethe »der Wanderer«. V.a. für Goethe wurde der D. K. zu einem Ort lit. Kommunikation und Anregung; einige kleinere Texte sind den freundschaftlichen Kontakten des Kreises zu verdanken (etwa »Pilgers Morgenlied« [1772], das »der Wanderer« an »Lila« adressiert); hier las er aus eigenen Arbeiten vor (etwa Szenen aus »Faust« oder »Götz«). Der D. K. kultivierte Empfindsamkeit in der Nachfolge lit. Muster: Der Brautbriefwechsel Herders mit K. Flachsland zeigt deutliche Anklänge an den Gefühlskult im europäischen ↗ Briefroman (S. Richardson, J.-J. Rousseau) wie auch an die z. T. düstere Naturschwärmerei bei E. Young und im »Ossian« J. Macphersons (↗ ossianische Dichtung); Briefe verschiedener Mitglieder als Ausdruck neuartiger Innerlichkeit zirkulieren im D. K. ebenso wie kleine materielle Zeichen inniger Sympathie (gemalte Bänder, Herzchen u. a.). Goethe karikiert diese Empfindsamkeit aus zweiter Hand in seinem »Jahrmarktsfest zu Plundersweilen« und im »Pater Brey« (beide 1773). BJ
2. Freundeskreis internationaler Künstler in Darmstadt 1957–59 um C. Bremer, D. Spoerri und E. Williams; weitere Mitarbeiter an den gemeinsamen Publikationen u. a. Diter Rot (Reykjavik) und A. Thomkins (Essen). Der D. K. versuchte auf dt. Bühnen experimentelles Theater zu praktizieren (Stücke von Tardieu, Ionesco, Schéhadé u. a.); vgl. »Das neue Forum. Darmstädter Blätter für Theater und Kunst« (1957–61, Redaktion C. Bremer), wo das Konzept eines »dynamischen theaters«, welches »das fortwährende stellungnehmen seiner zuschauer« und ihr Mitspielen fordert, entwickelt wurde. – Der D. K. ist ferner bedeutsam für die Geschichte der ↗ konkreten Poesie durch die von Spoerri edierte Publikationsfolge »material« (1959–60): Bd. 1, mit Beiträgen von J. Albers, C. Bremer, C. Belloli, E. Gomringer, H. Heissenbüttel, D. Rot, D. Spoerri u. a., ist eine erste internationale Anthologie konkreter Dichtung; »material 2« (D. Rot, »ideograme«, 1959) und »material 3« (E. Williams, »konkretionen« 1959) zählen zu den ersten selbständigen Publikationen konkreter Autoren. RD/Red.
Lit. zu 1.: W. Gunzert: Darmstadt und Goethe. Darmstadt 1949. – E. Heller: Apropos Darmstadt, Merck

und Goethe. In: Jb. der Dt. Akademie für Sprache und Dichtung 1964, S. 77–84. – M. Lee: Goethe, Klopstock and the Problem of Literary Influence. In: U. Goebel u. a. (Hg.): J. W. v. Goethe: One Hundred and Fifty Years of Continuing Vitality. Lubbock 1984, S. 95–113. – L. Rahn-Bechmann: Der Darmstädter Freundeskreis. Diss. Erlangen 1934.

Darstellung [lat. *exhibitio, repraesentatio*; engl. *representation, presentation, performance*], 1. allg. Oberbegriff für zeichenhaftes Repräsentieren in Wissenschaft, Kunst und Philosophie; 2. bes. seit etwa 1770 zentraler Begriff der ↗ Poetik und Philosophie. Zum einen unterscheidet man ›D.‹ jetzt dadurch deutlich von dem benachbarten Begriff ›Vorstellung‹, dass mit ihr v. a. die *sinnliche* Seite der Repräsentation erfasst wird. Zum anderen beginnt ›D.‹ nun den Begriff ›Nachahmung‹ als Übers. von *mimesis* (↗ Mimesis) zu verdrängen. Für F. G. Klopstock (»Von der D.«, 1779), auf den diese Neuorientierung zurückgeht, bedeutet poetische D. »Zeigung des Lebens, welches der Gegenstand hat«. Einzulösen sei diese Forderung nach Lebendigkeit und sinnlicher Präsenz etwa durch Verfahren wie ↗ ›Handlung‹ und ›Täuschung‹ auf der Gegenstandsebene sowie ↗ ›Bewegung‹ und ›Schnelligkeit‹ der Wörter auf der Sprachebene, so dass zugleich der Vollzugscharakter aller D. zur Geltung komme. Weil die D. stets auf das Dargestellte übergreift, ergibt sich ein semantischer Überschuss, aufgrund dessen I. Kant (»Kritik der Urteilskraft«, 1790, A 76) auch das ↗ Erhabene symbolisch für darstellbar hält (›Hypotypose‹), wiewohl es »in keiner sinnlichen Form enthalten sein« kann. G. W. F. Hegel (»Vorlesungen über die Ästhetik«, postum 1835–38, Bd. 1; Werke, Bd. 13, S. 100) sieht den »Zweck« der Kunst generell in der »sinnliche[n] D. des Absoluten«. Die Entlehnung des Begriffs der D. aus der ↗ Poetik affiziert die Philosophie in ihren eigen Objektivierungsansprüchen insofern, als es offenbar keine von der D. unabhängige Wahrheit geben kann, so dass die Philosophie selbst »mit jeder Wendung von neuem vor der Frage der D.« steht (Benjamin, S. 207). Die gegen Ende des 20. Jh.s abermals einsetzende Rückwendung aller Theorie und ↗ Ästhetik auf Fragen der D. erscheint als Reaktion auf die Übernahme lit. D.sformen in andere Disziplinen, insbes. in die Philosophie, Ethnologie und Historiographie (etwa im ↗ New Historicism).
Lit.: C. Albes, Ch. Frey (Hg.): Darstellbarkeit. Würzburg 2003 . – W. Benjamin: Ursprung des dt. Trauerspiels [1928]. In: ders.: Gesammelte Schriften. Bd. I.1. Ffm. 1974, S. 203–430. – Ch. L. Hart-Nibbrig: Was heißt »Darstellen«? Ffm. 1994. – G. W. F. Hegel: Werke in zwanzig Bdn. Bd. 13–15. Ffm. 1970. – J.-F. Lyotard: Die Analytik des Erhabenen [frz. 1991]. Mchn. 1994. – I. Mülder-Bach: Im Zeichen Pygmalions. Das Modell der Statue und die Entdeckung der »D.« im 18. Jh. Mchn. 1998. – H. White: Die Bedeutung der Form. Erzählstrukturen in der Geschichtsschreibung [engl. 1987]. Ffm. 1990. DO

Datierung [lat. *datum est* = gegeben (am)], 1. Angabe des Jahres, z. T. auch des Tages (Monats), an dem ein Schriftwerk abgeschlossen, veröffentlicht oder eine Urkunde ausgestellt wurde. – 2. Bestimmung der Entstehungszeit und ggf. des Erscheinungsjahres lit. Werke, in denen eine D. (1) fehlt, z. B. von Werken der nur hsl. überlieferten antiken und mal. Lit. oder, in neuerer Lit., von unselbständig erschienenen Texten, z. B. Gedichten, die oft erst einige Zeit nach ihrer Entstehung in Sammlungen veröffentlicht werden. Anspielungen auf Zeitereignisse oder Verknüpfungen mit biographischen Daten erlauben manchmal die Festsetzung eines frühestmöglichen (*terminus a quo* oder *post quem*, lat. = Zeitpunkt, von dem an bzw. nach dem gerechnet wird) oder spätestmöglichen Zeitpunkts (*terminus ad quem* oder *ante quem* = Zeitpunkt, bis zu dem bzw. vor dem etwas geschehen sein muss). Ebenso ermöglichen die Art des Schreibmaterials (z. B. Wasserzeichen), der Schriftduktus oder die Sprachgestaltung eines Werkes, sein Metrum oder die Analyse der lit. Abhängigkeiten die Festlegung einer relativen Chronologie.   RRG

DDR-Literatur, eine mit der DDR verbundene, sich auf sie beziehende oder durch sie definierte Lit. Der Begriff ›D.‹ umfasst einen mehr oder minder offenen Korpus lit. Texte, die durch ihn ideologisch, sozialgeschichtlich, literarhistorisch oder ästhetisch bestimmt sind. In ihm spiegeln sich die Verschiedenartigkeit und der Deutungswandel lit.geschichtlicher Entwicklungen nach 1945 wider, deren maßgeblicher Faktor die Existenz zweier dt. Staaten mit abweichenden Formen ↗ lit. Lebens zwischen 1949 und 1990 ist. – Entgegen einer naheliegenden Vermutung entstand der Begriff ›D.‹ nicht parallel zur Gründung der DDR. Deren Kulturpolitik war im ersten Jahrzehnt nach 1949 noch wesentlich gesamtdt. ausgerichtet und verfocht eine sozialistische dt. Lit., in der alle als politisch fortschrittlich angesehenen dt. Autorinnen und Autoren ihren Platz finden konnten. Erst mit der Theorie zweier Nationen auf dt. Boden zu Beginn der 1960er Jahre wurde diese Programmatik aufgegeben und das Konzept einer eigenständigen D. proklamiert. Ihr wurde von der Kulturpolitik der DDR die soziale Funktion zugewiesen, positiv identitätsstiftend zu wirken. Fürsprecher dieses Konzepts sahen in der Eigenstaatlichkeit, dem eigenen Gesellschaftssystem, den sich daraus ergebenden neuartigen sozialen Erfahrungen, der gesellschaftlichen Funktion dieser Lit., einem gewünschten weltanschaulichen Konsens und einer gemeinsamen ästhetischen Doktrin der Schriftsteller hinlängliche Gründe für deren Berechtigung und Erfolgschance (vgl. Rosenberg, S. 9). – Diese Konstituierungsbemühungen, die im Begriff ›D.‹ ihre Kennzeichnung und mit dem ↗ sozialistischen Realismus ihre ästhetische Doktrin wie im sozialistischen Nationallit. fanden, lösten in der ↗ Lit.kritik der BRD zwei Tendenzen aus: 1. die grundsätzliche Ablehnung einer solchen Eigenständigkeit und auch des Begriffs ›D.‹ und 2. eine beginnende Aufmerksam-

keit für die in der DDR verfasste Lit. Kritiker wie M. Reich-Ranicki, F. J. Raddatz und H. Mayer hatten maßgeblichen Anteil an dem Transfer von D. in die BRD und daran, dass sich der ↗ Kanon, der innerhalb der DDR aufgrund staatlicher Prämissen und eines nicht durch marktwirtschaftliche Bedingungen bestimmten lit. Lebens etabliert worden war, außerhalb der DDR mit einem Gegenkanon konfrontiert sah. Dem DDR-internen Kanon lagen in der Regel eine politische Verortung von Autor und Buch sowie im ästhetischen Urteil Nähe oder Distanz zu sozialistisch-realistischen Prinzipien zugrunde, zu denen Volksverbundenheit, Parteilichkeit und die marxistisch-leninistische Theorie als Erschließungs- und Deutungsverfahren von Wirklichkeit gehörten. – War der westdt. Widerstand gegen den Begriff ›D.‹ politisch durch die Situation des Kalten Krieges begründet, so lässt sich seine Durchsetzung in der DDR bei aller Gebundenheit an den globalen Ost-West-Konflikt nicht darauf reduzieren; vielmehr ist er »durch den Gebrauch der Schriftsteller autorisiert« worden (Heukenkamp 1995, S. 23). Dadurch grenzt er sich ab von terminologischen Alternativen wie ›Lit. in/aus der DDR‹. – Das Bestreben, einen neuen Kanon zu etablieren, der sich von den politisierenden Vereinfachungen im Westen ebenso abhob wie vom kulturpolitischen Diktat im eigenen Staat, liegt der Lyrikanthologie »In diesem besseren Land. Gedichte aus der Dt. Demokratischen Republik seit 1945« (hg. von K. Mickel und A. Endler, 1966) zugrunde: Die sozialistische Perspektive sollte durch Insistieren auf Subjektivität und Individualität aus der Erstarrung befreit werden. Diese Entwicklung setzte sich fort in den Prosa-Sammlungen »AUSKUNFT« und »AUSKUNFT II«, die St. Heym 1974 bzw. 1978 – allerdings nur außerhalb der DDR – herausgab und in denen u. a. G. de Bruyn, V. Braun, A. Endler, F. Fühmann, H. Müller, U. Plenzdorf, K. Schlesinger und Ch. Wolf vertreten waren. Nirgends außerhalb der DDR-Grenzen gebe es – so Heym im Vorwort zum ersten Band (S. 9) – »eine dt. Lit. solchen Charakters«. – Diese selbstbewusste D. erhielt von der linken politischen Bewegung in Westdeutschland und anderen westeuropäischen Ländern ab etwa 1970 großen Zuspruch: Sie wurde von der »Neuen Linken als Spiel-Raum, als Projektionsfläche für eigene (utopische) Entwürfe einer nichtkapitalistischen Gesellschaft gelesen« (Emmerich 1996, S. 12). – Schon in den 1970er Jahren kam die Frage auf, wie viele dt. Lit.en es gebe. Die bundesrepublikanische Lit.geschichtsschreibung dieser Zeit fand beinahe einhellig zu dem Urteil, dass eine ›gesamtdt. Lit.geschichte‹ die Komplexität der lit. Tatbestände verfehle, und trug dem meist durch separate Lit.geschichten zur BRD-Lit. und zur D. Rechnung (z. B. »Kindlers Lit.geschichte der Gegenwart«, 1974). – Bei der Periodisierung waren sich die Lit.geschichten und die westliche Forschung zur D. über die bestimmende Wirkung politischer Ereignisse einig: 1. 1945–49, also die Lit. der SBZ seit Kriegsende; 2. 1949–61, also die

Lit. in der Konsolidierungsphase der DDR bis zum Mauerbau; 3. 1961–71, also die Lit. in einer Phase der zunehmenden Isolierung und politischen Reglementierung; 4. 1971–76, also die Lit. nach der kulturpolitischen Liberalisierung auf dem VIII. Parteitag der SED; 5. 1976–89, also die Lit. nach der Biermann-Ausbürgerung. – Inhaltlich sah man in der *ersten* Periode ab 1945 keinen ›Nullpunkt‹, sondern erkannte das Gewicht von Neuanfang und Tradition unter dem Vorzeichen eines bürgerlichen Humanismus durch die aus dem Exil in die Sowjetische Besatzungszone heimgekehrten antifaschistischen Schriftsteller. Die *zweite* Periode ab 1949 ist geprägt von den Folgen der Staatsgründung. Die künstlerische Darstellung sollte, bei Ablehnung formalistischer Konzepte (↗ Formalismusstreit), ein neues, vorbildhaft wirkendes Menschenbild in den Mittelpunkt rücken. Nach 1961 wurde eine *dritte* Periode angesetzt, in der die »eigenmächtige lit.programmatische und poetologische Neuorientierung eines Teils der DDR-Schriftsteller« trotz des vehementen kulturpolitischen Widerstandes zu einer ästhetischen Emanzipation und zum »Beginn der internationalen Rezeption genuiner D.« (Rosenberg, S. 13 f.) geführt hat. Die *vierte* Periode ab 1971 zeichnet sich durch einen nachhaltigen Differenzierungsprozess aus. Ein z. T. radikaler Anspruch auf Selbstverwirklichung, auf Innerlichkeit, verbunden mit dem Widerstand gegen einen funktionalisierten Lit.begriff, zeigt eine neue, nun in wachsendem Maße kulturpolitisch widerständige, gesellschaftskritische D., deren Wertschätzung im Ausland sie zu einem wichtigen Exportartikel werden ließ. Diese Entwicklung führt in der *fünften* Periode ab 1976 einerseits zu markanten Auflösungserscheinungen, die den ohnehin unscharfen Begriff ›D.‹ unterminierten, insbes. mit der 1976 einsetzenden Ausreisebewegung namhafter DDR-Autorinnen und -Autoren (G. Kunert, S. Kirsch, R. Kunze, H. J. Schädlich). Andererseits waren lit.-ästhetische Konvergenzen zu beobachten, die selbst allg.-ideologische nicht ausschlossen. Dies zog eine erneute Diskussion über die Berechtigung des Begriffs ›D.‹ nach sich. So skizzierte E. Loest 1984 vier Arten von D.: 1. systemkonforme Lit.; 2. kritische, in Ost und West anerkannte Lit.; 3. von Autoren, die in der DDR leben, aber nur im Westen verlegt werden, verfasste Lit.; 4. von Autoren, welche die DDR verlassen haben, aber weiter über sie schreiben, verfasste Lit. – Als der Staat DDR am 3. Oktober 1990 aufgelöst wurde, hatte der Terminus ›D.‹ jegliche konsensfähigen Kriterien eingebüßt und war längst als Bezugsfeld für die jüngste Schriftstellergeneration bedeutungslos geworden. Auch nach 1990 schien es zeitweilig, als ob ein durch die politische Vereinigung begünstigtes Verständnis von einer gesamtdt. Lit. den Begriff ›D.‹ aufheben sollte. Allerdings bestand bald Einigkeit darüber, dass der Begriff ›D.‹ zur Kennzeichnung eines nunmehr abgeschlossenen Kapitels dt. Geschichte und ihrer Lit. ebenso geeignet wie notwendig ist (vgl. Emmerich

1992, Rosenberg 1995, Heukenkamp 1995). Gegenüber früheren Definitionen, die von einer Art politisch-lit. Biotop ›D.‹ ausgingen, hat sich das heutige Forschungsinteresse einerseits auf die Frage nach lit.-ästhetischen Eigenarten dieser Lit. verlagert und andererseits auf die unvoreingenommene Rekonstruktion einer dt.-dt. Lit.geschichte aus ihren tatsächlichen Gegebenheiten (z. B. durch die erst jetzt mögliche Nutzung früher unzugänglicher Archivbestände und den Rückgriff auf persönliche Erinnerungen von Zeitzeugen). Einige seinerzeit der D. zugerechnete Autorinnen und Autoren (z. B. V. Braun, D. Grünbein, Ch. Hein, W. Hilbig oder Ch. Wolf) zählen heute, nachdem auch eine Debatte wie der ↗ dt.-dt. Lit.streit der frühen 1990er Jahre historisch geworden ist, zu den im Lit.betrieb bes. hochgeschätzten gesamtdt. Schriftstellern.

Lit.: R. Berbig: Preisgekrönte D. nach 1989/90. In: TuK. Sonderband: D. der neunziger Jahre (2000), S. 198–207. – W. Emmerich: Kleine Lit.geschichte der DDR [1981]. Lpz. 1996. – Ders.: Für eine andere Wahrnehmung der D. In: ders.: Die andere dt. Lit. Opladen 1994, S. 190–207. – U. Heukenkamp: Soll das Vergessen verabredet werden? Eigenständigkeit und Eigenart der D. In: Aus Politik und Zeitgeschichte. Beilage zu »Das Parlament« vom 4.10.1991, S. 3–12. – Dies.: *Eine* Geschichte oder *viele* Geschichten der dt. Lit. seit 1945. In: ZfG N. F. 1 (1995), S. 22–37. – E. Loest: Über die vier Arten der D. Paderborn 1984. – E. Mannack: Zwei dt. Lit.en. Kronberg 1977. – K. Pestalozzi u. a. (Hg.): Vier dt. Lit.en? Tüb. 1986. – F. J. Raddatz: Traditionen und Tendenzen. Materialien zur Lit. der DDR. 2 Bde. Ffm. 1972. – R. Rosenberg: Was war D.? In: ZfG N. F. 1 (1995), S. 9–21. – St. B. Würffel: D. In: RLW.   RBE

Débat, m. [frz. = Streitgespräch], Textmuster der frz. Lit. mit Ursprung im MA. (Modelle sind u. a. die juristische Kasuistik und die scholastische ↗ Disputatio). Der *d.* ist ein in einen narrativen Rahmen (↗ Dit) eingebetteter Dialog zwischen zwei Gesprächspartnern, die konträre Positionen vertreten. Erörtert werden Fragen der Moral, der Religion, der Politik, aber auch der (höfischen) Liebestheorie (in der Nachfolge des ↗ Jeu parti). Dabei erweckt die dialektische Aufspaltung des Problems den (bisweilen täuschenden) Eindruck der Vollständigkeit und der Ausgewogenheit der Gesamtdiskussion.

Lit.: K. Becker: Amors Urteilssprüche. Recht und Liebe in der frz. Lit. des Spät-MA.s. Bonn 1991, S. 286–296.   KB

Décadence, f. [deka'dãs; frz.; mlat. *decadentia* = Verfall, Niedergang, Entartung; von lat. *decadere* = herabfallen], dt. meist: Dekadenzlit., Dekadenzdichtung; in der zweiten Hälfte des 19. Jh.s als Ergebnis einer ideologischen Umwertung entstandene Bez. für die zunächst in der frz., dann auch in der engl., it. und dt. Kunst und Lit. verbreitete Ästhetik des Morbiden. – Mit dem Begriff ›D.‹ radikalisieren Philosophen und Historiker des 18. Jh.s (G. Vico, Montesquieu, E. Gibbon, J.-J. Rousseau) die aus der Antike stammende

Denkfigur einer dem politischen und kulturellen Verfall ausgelieferten Gegenwart zum Leitmotiv der Kultur- und Zivilisationskritik, die sich im 19. und 20. Jh. fortsetzt (A. de Tocqueville, F. Nietzsche, M. Nordau, O. Spengler). Daneben entsteht durch die von Th. Gautier und Ch. Baudelaire eingeleitete Aufwertung der D. zu einer eigenständigen ästhetischen Position eine zweite, positiv konnotierte Entwicklungslinie (M. Barrès, J.-K. Huysmans, R. de Gourmont, O. Mirbeau, O. Wilde, W. Pater, G. D'Annunzio, St. Przybyszewski, H. Bang, St. George, F. Huch, E. v. Keyserling). Seit den 1880er Jahren begrifflich eng verknüpft mit dem Begriff ↗›Fin de Siècle‹, bezieht ›D.‹ sich nun auf diverse Formen antibürgerlicher Auflehnung gegen den als *mal du siècle* empfundenen *ennui* (frz. = Langeweile, Überdruss). Die skandalös amoralische Konvergenz von Eros und Thanatos (Liebes- und Todestrieb), eine artifiziell überreizte, extravagante Sinnlichkeit und die ›perverse‹ Lust am Untergang kennzeichnen einen antikonformistischen Habitus, der – in Abgrenzung zum ↗Naturalismus – eine Reihe von gemeinhin als pathologisch oder kriminell stigmatisierten Verhaltensweisen zum ästhetischen Kult erhebt. – Gegen die D. wenden sich nach 1900 so unterschiedliche Strömungen wie ↗Heimatlit., ↗Expressionismus und ↗Futurismus.

Lit.: R. Bauer: Die schöne D. Ffm. 2001. – W. Drost (Hg.): Fortschrittsglaube und Dekadenzbewußtsein im Europa des 19. Jh.s. Hdbg. 1986 – A. Horn: Nietzsches Begriff der ›d.‹ Ffm. 2000. – P. Jourde: L'Alcool du silence. Sur la d. Paris 1994. – D. Kafitz (Hg.): Dekadenz in Deutschland. Ffm. u. a. 1987. – E. Koppen: Dekadenter Wagnerismus. Bln. 1973. – W. Pache: Degeneration. Regeneration. Würzburg 1999. – W. Rasch: Die lit. D. um 1900. Mchn. 1986. – A. Wild: Poetologie und D. in der Lyrik Baudelaires, Verlaines, Trakls und Rilkes. Würzburg 2002. SH

Décadent ↗Fin de Siècle.

Deckname, fingierter Name, der die eigentliche Identität von Personen ›verdecken‹ soll. D.n stehen 1. für reale Personen, die in lit. Werken genannt werden, in der Antike z. B. Lesbia (für Clodia) bei Catull, im MA. v. a. in der Trobadorlyrik (↗Senhal), in der Neuzeit z. B. Diotima (für Susette Gontard) bei Hölderlin oder Lida (für Charlotte von Stein) bei Goethe; begegnen v. a. in der ↗Schlüssellit. – 2. Anstelle von Autorennamen: ↗Pseudonym. GS/Red.

Dedikation, f. [lat. *dedicatio* = Weihung], bei den Römern ursprünglich der Akt der Zueignung einer Sache, v. a. einer Kultstätte, an eine Gottheit. Dieser Gebrauch wird in der ↗Spätantike christianisiert und von der Kirche übernommen. Schon früh gewinnt ›D.‹ eine Bedeutungserweiterung über den sakralrechtlichen Akt hinaus und bezeichnet die Widmungsinschrift an einem Gebäude oder in einem Buch. In der ↗Frühen Neuzeit, in der es kein festes Autorenhonorar gab, gewann die D. dadurch Bedeutung, dass ein Autor für ein einem hochmögenden Herrn gewidmetes Werk Gegengaben erwarten konnte. – In der heutigen lit.wissenschaftlichen Terminologie wird der Ausdruck meist synonym mit ↗›Widmung‹ gebraucht. RRG

Deismus ↗Aufklärung.

Deixis, f. [gr. = das Zeigen], situationsabhängige Verweisfunktion eines ↗Zeichens. In Äußerungen verweist ein Sprecher durch bestimmte Zeichen auf Objekte außerhalb des geäußerten Textes und organisiert seine Äußerung selbst durch innertextliche Verweise (›textuelle D.‹). Deiktische Zeichen (engl. auch *indexicals*; das sind Pronomina und Proadverbien) bestimmen ihre ↗Referenz in Abhängigkeit von der jeweiligen Äußerungssituation. Sie haben keine feste, das Referenzobjekt charakterisierende Intension, sondern einen (engl.) *character*, der die Einordnung des Objekts in Abhängigkeit von aktuellen Raum-Zeit-Konstellationen und der Sprecherposition ermöglicht (›ich‹ = ›der Sprecher dieser Äußerung‹). – In der Lit.theorie wird die Konstitution fiktiver und realer Situationen durch deiktisches Verweisen und dessen ↗Kohärenz bes. an Lyriktexten untersucht. Grundlage dafür ist Bühlers sprachpsychologische Unterscheidung der »demonstratio ad oculus« (in der Realität zeigen) und der »Anaphora« (der textuellen, von einer konkreten Situation unabhängigen D.) von der fiktionalen »Deixis am Phantasma«, welche die ›Versetzung in ein imaginäres Zeigfeld‹ anregt (vgl. Bühler, S. 80 und 121–140).

Lit.: K. Bühler: Sprachtheorie [1934]. Stgt., NY 1999. – K. Green (Hg.): New Essays in D. Amsterdam, Atlanta/Ga. 1995. – W. Künne u. a. (Hg.): Direct Reference, Indexicality and Propositional Attitudes. Stanford 1997. JG

Dekabristen, m. Pl. [russ. von *dekabr'* = Dezember], Gruppe von Angehörigen des russ. Adels, v. a. des Offizierskorps, die in der Folge der napeolonischen Kriege soziale und politische Änderungen anstrebten. Nach dem Tod Alexanders I. versuchten sie ihre Ziele durch einen Aufstand am 14. (bzw. nach westlicher Zeitrechnung am 26.) Dezember 1825 in St. Petersburg zu verwirklichen, der vom neuen Zaren Nikolaus I. niedergeschlagen wurde. Fünf D. wurden hingerichtet, viele nach Sibirien verbannt. Zu den D. zählte eine Reihe revolutionär-romantischer Dichter wie der zum Tode verurteilte K. F. Rylejew, W. Küchelbecker, A. A. Bestuschew-Marlinski und A. Odojewski. A. Puškin und A. S. Gribojedow sympathisierten mit den D.

Lit.: G. Dudek (Hg.): Die D. Lpz. 1975. – H. Lemberg: Die nationale Gedankenwelt der D. Köln, Graz 1963. GS/MBE

Dekade, f. [gr., auch lat. und frz.], Einheit aus zehn Einzelteilen, insbes. Zeitraum von zehn Jahren (Jahrzehnt). In der ↗Kultur- und ↗Lit.geschichte häufig als Gliederungsprinzip kleiner ↗Epochen benutzt (z. B. ›die Roaring Twenties‹ = die wild bewegten 1920er Jahre; ›die Lit. der [19]90er Jahre‹). DB

Dekadenzdichtung ↗Décadence.

Dekadenzliteratur ↗Décadence.

Dekasyllabus, m. [lat.; gr. *dekasýllabos* = Zehnsilbler], zehnsilbiger Vers: 1. Er tritt als *alkäischer D.* im vierten Vers der alkäischen Ode (↗ Odenmaße) auf; metrische Notation: – v v – v v – v – v. – 2. In der romanischen Verskunst tritt der D. mit fester Zäsur nach der vierten Silbe und männlichem Reim auf; die Nebenform mit der Zäsur an derselben Stelle hat elf Silben und weiblichen Reim. Diese strenge Form heißt auch ↗ *vers commun*. Sie ist neben dem ↗ Alexandriner der häufigste Vers der mal. frz. Epik (↗ Chanson de geste). Die freiere, nämlich zäsurlose Variante des Zehnsilblers wurde als Nebenform des gängigeren ↗ Endecasillabo in die it. Dichtung übernommen. Die engl. Form heißt ↗ *heroic verse*. Dt. Nachbildungen des D. (fünfhebig alternierende Verse mit Auftakt und männlicher Kadenz) werden im 17. Jh. als kürzere Alternative zum Alexandriner eingesetzt; häufiger begegnet der Vers (ohne feste Zäsur) im 19. Jh. (H. Heine: »Ich grolle nicht«; F. Hebbel: »Herbstbild«). JK/Red.

Deklamation, f. [lat. *declamatio* = Redeübung], kunstgerechter bzw. kunstvoller Vortrag von Dichtungen (↗ Rezitation). Der öffentliche Vortrag ist einer der vielen Gegenstände der rhet. Lehre (↗ Pronuntiatio); sie vermittelte, solange sie den Schulalltag mitbestimmte, sowohl Techniken des Memorierens (↗ Memoria [1]) als auch Anweisungen zur Aussprache – Aufgaben, die heute v. a. die Sprecherziehung wahrnimmt und die von der Sprechwissenschaft reflektiert werden. Der Vortrag von Dichtungen ist bis heute ein Baustein der Schauspielerausbildung (vgl. Goethes »Regeln für Schauspieler«).
Lit.: G. Häntzschel: D. In: RLW. – H. M. Ritter: Sprechen auf der Bühne. Bln. 1999. – I. Weithase: Zur Geschichte der gesprochenen dt. Sprache. 2 Bde. Tüb. 1961. BM

Dekodierung, f., 1. in Semiotik und Informationstheorie die Entschlüsselung einer Nachricht mit Hilfe eines ↗ Codes. – 2. In Linguistik und Kommunikationstheorie die Tätigkeit des Textrezipienten beim Hören oder ↗ Lesen. Die Auffassung von D.sprozessen als Transformation oder Übers. steht dabei in Konkurrenz zu der Ansicht der Kultursemiotik, dass sämtlichen kulturellen Äußerungen Codes inhärent sind, die wie ein Text zu lesen und zu deuten sind. – 3. Eine weitere Verwendung des Begriffs findet sich im Rahmen semiotischer Bestimmungen der ↗ Stilistik. Hier werden stilistische Wirkungen von Texten aufgrund der Reaktionen eines hypothetischen Durchschnittslesers untersucht, dessen D.en auf der Basis der Vorhersagbarkeit von ↗ Zeichen in einer Nachricht erfolgen.
Lit.: I. Bystrina: Semiotik der Kultur. Tüb. 1989. – U. Eco: Apokalyptiker und Integrierte [it. 1964]. Ffm. 1984. GLS

Dekonstruktion, f. [frz. *déconstruction*], Neubildung aus ›Destruktion‹ und ›Konstruktion‹, in programmatischem Sinne auch: Dekonstruktivismus; im ↗ Poststrukturalismus entwickeltes Verfahren der ↗ Lit.kritik, das auf die Offenlegung der inneren Widersprüchlich-

keit und uneinholbaren Vieldeutigkeit eines Textes zielt. – Die D. versteht sich nicht als systematische Theorie oder wissenschaftliche Methode und entzieht sich kalkuliert einer eindeutigen Definition und klaren Begrifflichkeit; sie stellt sich vielmehr als Praxis einer subversiven Lektürestrategie dar, die, indem sie das Marginalisierte gegen das Priorisierte stark macht, (über binäre Oppositionen organisierte) Bedeutungsgefüge des Textes ›dezentriert‹ und ›verschiebt‹. Damit zielt die D. auf eine fundamentale Kritik des abendländischen Denkens. Gegen dessen ›logozentrische‹ ›Metaphysik der Präsenz‹ bringt sie die Vorgängigkeit der ↗ Schrift vor dem gesprochenen Wort, der Materialität des sprachlichen Zeichens (Signifikant) vor seiner Bedeutung (Signifikat) sowie die unaufhebbare Differenz und Zeitlichkeit vor jeglicher Präsenz des Subjekts, bestimmbaren Intention oder stabilen Bedeutung ins Spiel. – Initiator und wichtigster Denker der D. ist der frz. Philosoph J. Derrida (1930–2004), der sich in seinen kritischen Lektüren des abendländischen Kanons der Philosophie und Lit. auf S. Freud, F. Nietzsche und M. Heidegger sowie F. de Saussure und C. Lévi-Strauss bezieht. Der Einzug der D. in die Lit.wissenschaft geht vornehmlich auf die am. *Yale Critics* (H. Bloom, G. Hartman, J. H. Miller, P. de Man) zurück. Insbes. P. de Man unterminiert fundamentale begriffliche Dichotomien der Lit.wissenschaft wie Ästhetik/Rhet., Verstehen/*misreading*, Wirklichkeit/Fiktion, Text/Kontext, Symbol/Allegorie, Metapher/Metonymie, indem er die Tendenz lit. Texte offenlegt, in einer Bewegung der ›Selbstdekonstruktion‹ ihre eigene Bedeutungskonstitution über ihre tropologische Dimension (›Rhetorizität‹) selbst zu unterlaufen und sich ›unlesbar‹ zu machen (»Allegories of Reading«, 1979). Nachdem die D. in der am. und europäischen Lit.wissenschaft in den 1980 und 1990er Jahren eine herausragende Rolle spielte (wichtigste Zss.: »Diacritics«, »Glyph«), ist ihre gegenwärtige Bedeutung v. a. in den anti-essentialistischen Impulsen etwa für die feministische und postkoloniale Kultur- und Lit.wissenschaft (J. Butler, H. Bhabha) zu sehen.
Lit.: J. Culler: D. [engl. 1982]. Reinbek 1994. – J. Derrida: Grammatologie [frz. 1967]. Ffm. 1974. – Ders.: Die Schrift und die Differenz [frz. 1967]. Ffm. 1976. – Ders.: Dissemination [frz. 1972]. Wien 1995. – R. Gasché: The Tain of the Mirror. Cambridge/Mass., Ldn. 1986. – W. Hamacher: Das Beben der Darstellung. In: D. E. Wellbery (Hg.): Positionen der Lit.wissenschaft. Mchn. 1985, S. 149–173. – P. de Man: Allegorien des Lesens [engl. 1979]. Ffm. 1988. – T. Tholen: Erfahrung und Interpretation. Hdbg. 1999. – N. Wegmann: D. In: RLW. HSM

Dekonstruktivismus ↗ Dekonstruktion, ↗ Poststrukturalismus.

Dekoration, f., ↗ Bühnenbild, ↗ Kulisse.

Demonstrationsfilm, auch: Demo; ↗ Videoclip.

Demutsformel, auch: Devotionsformel [lat. *devotio* = Verehrung, Ergebenheit], Redewendung, deren Inhalt, mit dem sich der Sprecher selbst herabsetzt, Anzeichen für dessen Demut sein kann, aber nicht sein muss. Die D. ist als Bekundung des eigenen Rollenbewusstseins an einen faktisch oder vorgeblich Höhergestellten adressiert; sie wird im amtlich-konventionellen Schriftverkehr (›untertänigst‹, ›hochachtungsvoll‹) und im Kontext christlicher *humilitas* (›ein Diener des Herrn‹, ›ein armer Sünder vor Gott‹), aber auch als Moment der Selbststilisierung verwendet. In der Lit. begegnet die D. v. a. in ↗Widmung, ↗Prolog oder ↗Epilog; sie dient häufig der ↗Captatio Benevolentiae.

Lit.: J. Schwietering: Die D. mhd. Dichter. Bln. 1921. Nachdr. Gött. 1970. LI

Denkbild [nl. *denkbeeld*], im nl. ↗Barock entwickelte Kurzform der Prosa, die dem Ausdruck eines bildlichen Gedankens, einer Vorstellung oder philosophischen Idee dient, aber wie ein gemaltes Gedenkbild, Denkmal oder Standbild auch aus konkreter Sichtbarkeit herrühren kann. Im Zusammenhang des Anschaulichkeitspostulats findet man D.er in Kurzprosaformen von ↗Aufklärung und ↗Romantik (G. E. Lessings ↗Fabeln, G. Ch. Lichtenbergs ↗Aphorismen, F. Schlegels und Novalis' ↗»Fragmente«). J. G. Herder (»Über Bild, Dichtung und Fabel«, 1787) fasst das D. als Gedankenform, welche logische Rationalität und ↗Anschaulichkeit zu humanitären Ideen verknüpft und als kulturelle Ausdrucksform stets neu zu aktualisieren ist. W. Benjamins »D.er« (1933) umreißen konkrete Gegenstände, sind in Form und Inhalt selbstreflexiv, appellieren an die Sinne, denken über die Bedingungen von Erkenntnis und Sprache nach und vermitteln gebrochene, dialektische Bilder, die das subjektive Erlebnis in den Antagonismen der Gesellschaft reflektieren. Ähnliche Impulse bestimmen auch die Kurzprosa B. Brechts (»Geschichten vom Herrn Keuner«, 1930) sowie die Notatprosa von G. Eich (»Maulwürfe«, 1968), Th. Bernhard und G. Kunert. – Die Abgrenzung des D.s von verwandten Formen wie Aphorismus und ↗Kürzestgeschichte ist schwierig.

Lit.: L. Koch u. a. (Hg.): Lust am Kanon. D.er in Lit. und Unterricht. Ffm. 2003. – E. W. Schulz: Zum Wort D. In: ders.: Wort und Zeit. Neumünster 1968, S. 218–252. RK

Denkmal ↗Dichterdenkmal.

Denkspruch, den terminologisch schwer fixierbaren Ausdruck ↗›Spruch‹ spezifizierende Sammelbez. für knappe, konzentrierte und zugespitzte, durch den Einsatz rhet. Mittel gestützte, Lehren, Regeln und Lebensweisheit vermittelnde Prosaformen wie ↗Gnome, ↗Apophthegma, ↗Sentenz, auch Zitat, Devise, Motto und andere ethisch-didaktisch orientierte Formen im ↗aphoristischen Stil. Der D. ist durch individuelle Literarizität wie intellektuellen Anspruch vom ↗Sprichwort abgehoben. Weitere benachbarte Formen sind ↗Maxime, ↗Aphorismus und ↗Sinnspruch.

Lit.: G. Kalivoda: D. In: HWbRh. – A. Montandon: Les formes brèves. Paris 1992. FSP

Denominatio ↗Metonymie.

Denotation, f. [lat. *denotare* = bezeichnen; engl. *denotation*], begrifflicher Kern eines ↗Zeichens. Im Unterschied zur ↗Assoziation benennt ›D.‹ den klar abgegrenzten und situationsunabhängigen begrifflichen Inhalt des Zeichens. Als Gegenstück zur ↗Konnotation bei J. St. Mill (»A System of Logic«, 1900) und zu Sinn und ↗Referenz bei Lyons meint ›D.‹ die Extension des abstrakten Zeichens im Unterschied zu seinen semantischen Komponenten (›Intension‹) und zur Referenz des geäußerten Zeichens. ›D.‹ wird oft auch homonym oder hyperonym (als übergeordneter Begriff) zu ›Referenz‹ verwendet. – Goodman (1976 und 1982) integriert die D. in ein komplexes System künstlerischer Repräsentation: Ein Zeichen, ein Bild oder eine Beschreibung *denotieren* als Bez. en jeweils das, was sie im Zeichensystem vertreten (z. B. ›Husum‹). Sie stellen es als etwas Bestimmtes dar (*representation-as*; z. B. eine ›graue Stadt am grauen Meer‹); Symbol und Denotat *exemplifizieren* Bez. en, von denen sie denotiert werden (z. B. ›grau‹); sie drücken Bez. en aus (*to express*), von denen sie metaphorisch denotiert werden (z. B. ›Schwermütigkeit‹). Die künstlerische ›Repräsentation‹ eines Inhalts kommt durch Bezüge über mehrere Instanzen (*complex denotation*) prinzipiell oder aktuell denotierender Zeichen zustande. Die Lit.theorie vernachlässigt die Rolle der D. in lit. Werken zumeist zugunsten assoziativer Qualitäten oder der ↗Selbstreferenz.

Lit.: N. Goodman: Languages of Art. Indianapolis, Cambridge 1976. – Ders.: Of Mind and other Matters. Cambridge, Ldn. 1982. – J. Lyons: Semantics. 2 Bde. Cambridge 1977. – P. Ricoeur: La métaphore vive. Paris 1975. JG

Deprecatio, f. [lat. = Abbitte, Fürbitte], ↗rhet. Figur: eindringliche Bitte um wohlwollende Beurteilung einer vorgebrachten schwierigen Sache (ursprünglich in der Gerichtsrede eines Vergehens), oft – anstelle von Gründen – mit Hinweisen auf frühere Verdienste und mit ↗Apostrophe des Publikums oder anderer Instanzen. GS/Red.

Descort, m. [provenz. = Zwiespalt, von lat. *discordare* = uneinig sein], provenz. Spielart der Minneklage, deren Abschnitte in Umfang, Versmaß und Melodie voneinander abweichen, um so die innere Zerrissenheit des nicht erhörten Trobadors formal auszudrücken. Im Provenz. sind 28 solcher D.s überliefert. Die wichtigsten Vertreter sind Raimbaut de Vaqueiras, der in einem seiner D.s abweichend von der Gattungsnorm zwar alle Strophen gleich baut, dafür aber jede Strophe in einer anderen Sprache verfasst, und Pons de Capduelh (beide um 1200). Nachahmer sind u. a. die Franzosen Gautier de Dargies und Colin Muset, die Italiener Giacomino Pugliese, Giacomo da Lentini und Dante Alighieri sowie der Portugiese Nun'Eanes Cerzeo. Als Ursprung der Gattung gilt die lat. ↗Sequenz; ↗Lai. PHE/Red.

Descriptio, f. [lat. = ↗Beschreibung; gr. ↗*ékphrasis*], in der antiken Rhet. die kunstmäßige, detaillierte Beschreibung, die mittels bereitgestellter Topoi nach einer bestimmten Technik verfertigt wurde (z. B. Aussparung des Negativen, Idealisierung und Typisierung anstelle einer konkreten Wirklichkeit und realistischer Einzelzüge, vgl. z. B. ↗ Locus amoenus). Während die D. in der Antike noch sachlich oder künstlerisch-affektivisch motivierter Teil der Rede, insbes. der ↗ Epideixis (Preisrede) war, wurde sie im lat. MA. zu einer selbständigen Gattung und zur beliebtesten rhet. Kunstform.

Lit.: N. Henkel: D. In: RLW.   GS/Red.

Desillusionsroman ↗ Bildungsroman.

Desktop Publishing ↗ Buch.

Detektivgeschichte ↗ Detektivroman, ↗ Kriminalerzählung, ↗ Kriminalroman.

Detektivroman [engl. *detect* = aufdecken], anglo-am. geprägte Form des ↗ Kriminalromans, in der nicht die innere oder äußere Geschichte eines Verbrechers oder der Hergang eines Verbrechens, sondern dessen schrittweise Aufklärung und Aufdeckung durch einen privaten oder professionellen Ermittler, den Detektiv, erzählt wird. Dieses Erzählmodell schafft eine rückwärts gerichtete analytische Narration, mit dem Ziel, die vor der Ermittlung liegende Zeit, die ›abwesende Geschichte‹ (T. Todorov: »Typologie des Kriminalromans« [frz. 1966]. In: Vogt, S. 208–215, hier S. 211), anhand von Zeugenaussagen, Spuren und Indizien zu rekonstruieren und schließlich als restlos geklärte Ereigniskette zu präsentieren. Das auf Spannung hin kalkulierte Erzählschema setzt mit einem ungeklärten rätselhaften Verbrechen ein, konfrontiert Detektiv und Leser innerhalb der Fahndung mit Spuren und Hinweisen (*Clues*), Verdächtigen und falschen Fährten (*Red Herrings*) und mündet in die Aufklärungsphase, in der der Detektiv mittels logischer oder intuitiver Analyse zur Aufhellung des Geschehens und Überführung des Täters gelangt. Nach dem Grundthema der Tätersuche nennt man dieses Muster auch *Whodunit* (›Wer war's‹). Als pointierter Rätselroman gerät der D. zur Denksportaufgabe für Detektiv und Leser, wobei beiden die jeweils gleichen Hinweise zur Verfügung stehen sollen (*Fair Play*). – Als Vorläufer des D.s werden die ↗ gothic novel (der ↗ Schauerroman) des 18. Jh.s und einige ↗ Novellen der dt. Romantik (E. T. A. Hoffmann, H. v. Kleist) angesehen. Eine vollständig ausgebildete und für die Gattungskonventionen archetypische Detektivgeschichte legt E. A. Poe 1841 mit »The Murders in the Rue Morgue«, der ersten von insgesamt drei *Tales of Ratiocination*, vor. Seine exzentrisch-intellektuelle Detektivfigur Auguste Dupin und deren Methode der Deduktion werden ebenso prägend wie einzelne Motive und die Figur des mit dem Protagonisten befreundeten Berichterstatters, die nach A. C. Doyle später ›Watson-Figur‹ genannt wird. Nachdem Ch. Dickens (»Bleak House«, 1852), W. Collins (»The Woman in White«, 1860) und E. Gaboriau (»L'Affaire Lerouge«, 1866) die Kurzform der Detektivgeschichte in den Feuilletonroman integrieren, schafft Doyle mit

Sherlock Holmes den bis heute bekanntesten Protagonisten des D.s, indem er Personal und Ablauf von Poes Erzählungen aufnimmt und zwischen 1887–1927 in vier Romanen und 56 Geschichten zum weltweit populären Schema verfestigt. Elemente des D.s weisen auch Th. Fontanes »Unterm Birnbaum« (1885) und W. Raabes »Stopfkuchen« (1891) auf. Seine Prägung als pointierter Rätsel- und Unterhaltungsroman – verbunden mit einer in Regelwerken verbreiteten Schematisierung von Personen- und Handlungsstruktur – erhält der D. v. a. während des *Golden Age* (1914–39) in England, in dem A. Christie (Miss Marple, Hercule Poirot), D. L. Sayers (Lord Peter Wimsey) und G. K. Chesterton (Father Brown) wirkungsmächtige Detektivtypen entwickeln. Gleichzeitig entsteht die Sonderform der *Novel of Manners*, in der verstärkt das Milieu beleuchtet wird. In den USA entwickeln D. Hammett (»The Maltese Falcon«, 1930) und R. Chandler (»The Big Sleep«, 1939) eine hart-realistische Variante des D.s, die der rückwärts gerichteten Ermittlung ein die Geschichte vorantreibendes *Action*-Element zur Seite stellt (*Hard-Boiled School*). Mit G. Simenon (Kommissar Maigret), F. Glauser (Wachtmeister Studer) und M. Sjöwall/P. Wahlöö (Kommissar Beck) entsteht eine Spielart des D.s, die neben der Konzentration auf den reinen Aufklärungsvorgang verstärkt Motive, soziales wie politisches Umfeld sowie die Psyche des Täters und Ermittlers thematisiert. Aktuelle, kommerziell erfolgreiche Varianten machen ab 1980 in einer Mischform aus D. und ↗ Thriller Gerichtsmediziner und Profiler zu Ermittlern. Ab Mitte des 20. Jh.s tritt dem D. der ↗ Anti-Detektivroman entgegen.

Lit.: P. Boileau, Th. Narcejac: Der D. [frz. 1964]. Neuwied 1967. – P. G. Buchloh, J. P. Becker (Hg.): Der Detektiverzählung auf der Spur. Darmstadt 1977. – Dies.: Der D. [1973]. Darmstadt ⁴1990. – S. Kracauer: Der D. [1971]. Ffm. 1979. – P. Nusser: Der Kriminalroman [1980]. Stgt., Weimar ³2003. – K. W. Pietrek: Der klassische Detektiv. In: K.-P. Walter (Hg.): Lexikon der Kriminallit. Meitingen 1993 ff. [Loseblattsammlung]. – J. Vogt (Hg.): Der Kriminalroman. Mchn. 1998.   MFS

Determination, f. [von lat. *determinare* = abgrenzen, bestimmen], allg.: das eindeutige kausale Bedingtsein von Phänomenen durch Ursachen. In der Philosophie wird – in jüngster Zeit in intensiver Auseinandersetzung mit den Neurowissenschaften – danach gefragt, inwieweit das menschliche Handeln der D. unterliegt und welche Spielräume diese für die Annahme menschlicher Willensfreiheit lässt; diejenige Richtung, die eine restlose Auflösung der Willensfreiheit zugunsten der D. behauptet, heißt ›Determinismus‹. In der ↗ marxistischen Lit.wissenschaft steht ›D.‹ für die Abhängigkeit des kulturellen Überbaus von der sozioökonomischen Basis, in den klassischen Naturwissenschaften für die Erklärbarkeit aller Naturerscheinungen durch Gesetze. In der Physik des 20. Jh.s hat der Begriff bes. Bedeutung durch die Beschreibung indeterministischer Phänomene in der Quantenphysik gewonnen. – Der Terminus ›D.‹ findet sich bereits bei G. W. Leibniz in den »Nouveaux essais« (postum 1765) und steht dort für das Bestimmtsein des menschlichen Handelns. Die Frage der anthropologischen D. des Menschen wird im 18. Jh. häufig in ↗ philosophischen Romanen diskutiert (z. B. bei D.-A.-F. de Sade). Für die Lit.wissenschaft relevant wird der Begriff durch die positivistische Milieutheorie des späten 19. Jh.s, die den Menschen als durch verschiedene äußere Faktoren vollständig determiniert ansieht, sowie durch die sich daran anschließende Lit. des ↗ Naturalismus (vgl. etwa die Vorstellung eines ↗ Gesetzes der Kunst bei A. Holz).

Lit.: T. Honderich: Wie frei sind wir? [engl. 1993]. Stgt. 1995. – R. Kuhlen: Determinismus/Indeterminismus. In: HWbPh. – St. B. Würffel: D. In: RLW.   JH

Determinismus ↗ Determination.

Deus ex Machina, m. [lat. = Gott aus der Maschine], auch: Theatercoup [frz. *coup de théâtre*]; plötzliche Göttererscheinung im Drama. ›D. e. M.‹ ist ursprünglich ein theatertechnischer Begriff, denn im antiken Theater konnte am Schluss ein Gott mit Hilfe einer Kranmaschine über der Bühne schweben und den Konflikt des Dramas lösen (Euripides: »Ion«, um 415 v. Chr.; »Iphigenie bei den Taurern«, um 412 v. Chr.; Sophokles: »Philoktet«, 409 v. Chr.). Bereits Aristoteles fordert allerdings in seiner »Poetik« (Kap. 15), dass ›die Lösung der Handlung aus der Handlung selbst hervorgehen solle‹ und nicht ›aus dem Eingriff eines Gottes‹. Im weiteren Sinn bezeichnet man heute als ›D. e. M.‹ jede unmotiviert auftretende Figur, die eine von außen kommende Lösung des Geschehens präsentiert. Es gibt auch Stücke, die diese Art der Konfliktlösung in parodistischer Absicht aufgreifen: So enden Molières »Tartuffe« (1664) und B. Brechts »Dreigroschenoper« (1928) mit dem Eintreffen eines Boten des Königs, der den Verbrecher rettet.

Lit.: Ch. Balme: Theatercoup. In: RLW. – K. F. Fösel: Der D. e. m. in der Komödie. Erlangen 1975. – W. Nicolai: Euripides' Dramen mit rettendem D. e. m. Hdbg. 1990.   AHE

Deuteragonist, m. [gr.], auch: ↗ Antagonist; zweiter Schauspieler in der gr. Tragödie. ↗ Protagonist.

Deuterokanonische Schriften ↗ Apokryphen.

Deutsch-deutscher Literaturstreit, eine Feuilletondebatte, deren Ausgangspunkt die Veröffentlichung von Ch. Wolfs 1979 entworfener und nach der Maueröffnung überarbeiteter Erzählung »Was bleibt« im Juni 1990 war. U. Greiner (»Die Zeit« vom 1.6.1990) und F. Schirrmacher (»FAZ« vom 2.6.1990) warfen Wolf vor, ihr Buch, das von einer Autorin handelt, die durch die Staatssicherheit observiert wird, wäre vor dem November 1989 eine Sensation gewesen, aber die spätere Veröffentlichung lasse den Text fragwürdig erscheinen. Wolf wurde als »Staatsdichterin« denunziert; diese Einordnung wurde im Verlauf der Debatte auch auf andere Schriftsteller übertragen, welche die DDR vor 1989 nicht verlassen hatten. Im Zuge zunehmender

Generalisierung traf der Vorwurf der »Gesinnungsästhetik« auch B. Brecht und jene westdt. Autoren, die zur ↗ engagierten Lit. gezählt werden. Der dt.-dt. Lit.-streit war der Versuch, Teile der nach 1949 geschriebenen Lit. einer Neubewertung zu unterziehen.

Lit.: Th. Anz (Hg.): Es geht nicht um Ch. Wolf. Mchn. 1991. – K. Deiritz, H. Krauss: Der dt.-dt. Lit.streit oder ›Freunde, es spricht sich schlecht mit gebundener Zunge‹. Hbg., Zürich 1991.   MO

Deutschdidaktik, Wissenschaft vom Lehren und Lernen der dt. Sprache, Lit. und Kultur. ↗ Lit.didaktik.

Deutsche Bewegung, von H. Nohl (»Die D. B. und die idealistischen Systeme«, 1911) geprägte Bez. für die dt. Geistesgeschichte zwischen 1770 und 1830; vorgebildet bei W. Dilthey (»Die dichterische und philosophische Bewegung in Deutschland 1770–1800«, 1867). Im Unterschied zu den üblichen Periodisierungen dieser ↗ Epoche betont der Begriff ›D. B.‹ die Einheit der lit., philosophischen, religiösen, pädagogischen und politischen Strömungen dieser Zeit – allerdings um den doppelten Preis, dass einerseits die Kontinuitäten etwa von ↗ Weimarer Klassik, Jenaer ↗ Romantik und ↗ dt. Idealismus zur ↗ Aufklärung und andererseits die gesamteuropäischen Zusammenhänge von ↗ Klassizismus und Romantik zugunsten einer nationalistischen Hervorhebung des Dt. vernachlässigt wurden. Die Nähe zum nationalsozialistischen Begriff der ›Bewegung‹ hat die Bez. vollends desavouiert. Aus ähnlichen Gründen wurde das u. a. von R. Borchardt vertretene Konzept eines ›Dt. Jh.s‹, das meist zwischen 1750 und 1850 angenommen wurde, verworfen. – Konkurrierende, mit unterschiedlichen Akzenten ebenfalls die Einheit der Epoche betonende Begriffe sind ↗ ›Goethezeit‹ und ↗ ›Kunstperiode‹.

Lit.: H. J. Finckh: Der Begriff der »D.n B.« und seine Bedeutung für die Pädagogik H. Nohls. Ffm. u. a. 1977.   GS/DB

Deutsche Gesellschaften, Vereinigungen meist akademisch Gebildeter zur Pflege der dt. Poesie und Sprache, die im 18. Jh. die Nachfolge der ↗ Sprachgesellschaften des Barockzeitalters antraten. V. a J. Ch. Gottsched (1700–66) ist die Gründung der D. G. und ihre programmatische Ausrichtung zu danken. Gottsched übernahm 1724 nach seiner Ankunft in Leipzig die vormalige, von Studenten betriebene »Görlitzer poetische Gesellschaft« (gegründet 1697), die schon seit 1717 »Deutschübende poetische Gesellschaft« hieß. Aus dem Lesezirkel für selbst gemachte Gedichte formte er eine organisatorisch und programmatisch an der ›Académie française‹ orientierte Vereinigung, welche die Pflege der dt. Sprache in den Vordergrund stellte; die unterschiedlichen (auch lit.) Schriften der Mitglieder wurden in zwei Publikationsreihen (1730–44) veröffentlicht. Nach Gottscheds Austritt 1738 verlor die Leipziger Vereinigung schnell an Bedeutung; an anderen Orten wurden allerdings, meist von Gottsched-Schülern und -Anhängern, weitere D. G. gegründet, die z. T. die Arbeit älterer Vereinigungen fortsetzten: z. B. in Jena 1728, die Nordhausener »Lit. Gesellschaft« (1730), die Weimarer »Vertraute Rednergesellschaft« (1733), in Göttingen die »Königliche Dt. Gesellschaft« (1738) und in Königsberg die gleichnamige »Königliche Dt. Gesellschaft« (1743). Eine der spätesten Gründungen, die »Dt. Gesellschaft« in Mannheim (1775), deren Mitglieder u. a. F. G. Klopstock, Ch. M. Wieland, G. E. Lessing, J. G. Herder und F. Schiller waren, grenzte sich scharf von der gottschedianischen Lit.auffassung ab. Die meisten D.n G. blieben auf das 18. Jh. beschränkt.

Lit.: D. Cherubim, A. Walsdorf: Sprachkritik als Aufklärung. Die Göttinger Dt. Gesellschaft im 18. Jh. Gött. 2004.   BJ

Deutsche Philologie, in Konkurrenz mit anderen Termini wie ›germ. Philologie‹, ↗›Germanistik‹ oder ›germanistische Lit.wissenschaft‹ stehende Bez. für die wissenschaftliche Beschäftigung mit dt. Sprache und Lit. Der Begriff begegnet zuerst im frühen 18. Jh. Die d. Ph. fand ihre institutionelle Verankerung an den dt. Universitäten – nach einer Vorgeschichte in der zweiten Hälfte des 18. Jh.s – zu Beginn des 19. Jh.s (mit ersten Professuren in Göttingen und Berlin). Um die Jh.-mitte war der Etablierungsprozess des Faches weitgehend abgeschlossen und die Disziplin selbstverständlich geworden. Mit der klassischen ↗ Philologie, neben der die dt. auch aufgrund der zu Beginn des 19 Jh.s neuen Aufgabe, Gymnasiallehrer auszubilden, entstand, teilte sie (wie die anderen ↗ Neu-Philologien) in der Anfangszeit das methodische Instrumentarium und die Selbstverständlichkeit, mit der sie ihre Gegenstände bezeichnen konnte. Diese galt es zu sammeln (Altertümer), darzustellen (Sprache und Grammatik) oder zu edieren (Texte). Führende Fachvertreter der Frühzeit waren J. und W. Grimm sowie K. Lachmann. – Die im späteren 19. Jh. gewonnene Einsicht, dass auch die neuzeitliche Lit. philologischer Pflege bedarf, und die Forderung nach einem interpretierenden Umgang mit Texten führten zu einer terminologischen und institutionellen Differenzierung in ›ältere‹ und ›neuere d. Ph.‹, entsprechend dann auch in der Sprachwissenschaft (Junggrammatiker), sowie zu einem sich neu entwickelnden Methodenbewusstsein (Positivismus, Geistesgeschichte, ↗ Hermeneutik), das sich kaum mehr im Begriff ›d. Ph.‹ wiederfand. Gegenwärtig ist er als Bez. eines Universitäts(teil)faches weitgehend durch Begriffspaare wie ›ältere‹ bzw. ›neuere dt. Lit.‹ oder ›germanistische Mediävistik‹ bzw. ›dt. Lit.wissenschaft‹ verdrängt und steht in der Sache in Opposition zu einem kulturwissenschaftlichen Zugang zum Text. Auch eine Re-Philologisierung, die neuerdings gefordert wird, kann angesichts der Fach- und Methodendifferenzierung den Begriff nicht wieder in sein altes Recht setzen. Gleichwohl zielt er auf eine zentrale Forderung des kulturellen Selbstverständnisses des Faches, auf die ›liebende‹, d. h. auch wissenschaftlich verantwortete Betreuung lit. Zeugnisse in dt. Sprache.

Lit.: J. Fohrmann, W. Voßkamp: Wissenschaftsgeschichte der Germanistik im 19. Jh. Stgt., Weimar 1994. – K. Stackmann: Philologie. In: RLW. – K. Weimar: Geschichte der dt. Lit.wissenschaft bis zum Ende des 19. Jh.s. Mchn. 1989.   JHN

Deutscher Idealismus, ↗ Epoche und dominierende Richtung der Philosophie im dt. Sprachraum zwischen etwa 1790 (Zusammentreffen G. W. F. Hegels, F. Hölderlins und F. W. J. Schellings als Studenten im Tübinger Stift) und 1831 (Tod Hegels). Ausgangspunkt ist die kritische Philosophie I. Kants (»Kritik der reinen Vernunft«, 1781), welche die Aporien der Philosophie der ↗ Aufklärung aufzulösen suchte durch eine Theorie der Erfahrung und der ihr korrelierenden sinnlichen Welt, der das rational nicht erfahrbare »Ding an sich« gegenüberstehe. J. G. Fichte stellte, zuerst in seinen Jenaer Vorlesungen und in seiner »Grundlage der gesamten Wissenschaftslehre« (1794 u. ö.), die Rolle des Ich für die Konstruktion der Erfahrungswelt heraus. Hegel, Hölderlin und Schelling suchten dagegen vornehmlich nach dem rational nicht völlig erschließbaren Grund, der aller Erfahrung vorausliege, und fanden ihn in der Natur, in der Kunst oder in der ↗ Mythologie (so v. a. im 1796 f. in Frankfurt/M. im Rahmen ihrer Zusammenarbeit entstandenen »Ältesten Systemprogramm des dt. Idealismus«). Während Hölderlin diese Ansätze danach in eine eigene ↗ Poetik und in die Konstruktion anspruchsvoller ↗ Tragödien, ↗ Elegien, ↗ Oden und ↗ Hymnen transformierte, entwickelten Schelling und bes. Hegel den dt. Idealismus zum System. Hegels erst postum erschienene »Vorlesungen über die Ästhetik« (1835–38) verbinden Theorie und Geschichte der Kunst, die von den archaischen Anfängen über die gr. ↗ Klassik bis zur unmittelbaren Gegenwart der ↗ Berliner Klassik verfolgt wird. – Die Wirkung der Philosophie auf die Lit. ist in dieser Epoche immens: Neben Hölderlin ist bes. die Jenaer ↗ Romantik (F. Schlegel, A. W. Schlegel, Novalis) in die philosophischen Debatten unmittelbar involviert. F. D. E. Schleiermacher (»Reden über die Religion«, 1799) entwickelt eine am Begriff des Gefühls orientierte Religionstheorie, die dt. Idealismus und Romantik miteinander verbindet. Hegel und Schelling wirken bes. durch ihre späten Berliner bzw. Münchner Vorlesungen stark auf Vertreter der folgenden Generationen, v. a. des ↗ Vormärz und des beginnenden ↗ Realismus (H. Heine, F. Hebbel, S. Kierkegaard). – Die Forschung hat seit den 1960er Jahren das dichte Geflecht zahlreicher bis dahin vernachlässigter Autoren des dt. Idealismus zu erschließen versucht.

Lit.: M. Frank: Der unendliche Mangel an Sein. Ffm. 1975. – D. Henrich: Hegel im Kontext. Ffm. 1967. – Ders.: Grundlegung aus dem Ich. 2 Bde. Ffm. 2004. – Ch. Jamme, H. Schneider (Hg.): Mythologie der Vernunft. Hegels ›ältestes Systemprogramm‹ des dt. Idealismus. Ffm. 1984. – H. J. Sandkühler (Hg.): Hb. D. I. Stgt., Weimar 2005.   DB

Deutsches Literaturarchiv Marbach ↗ Literaturarchiv.

Deutschkunde, historische Bez. für das erweiterte Schulfach ›Deutsch‹, die durch den 1912 gegründeten Germanistenverband eingeführt und v. a. nach dem Ersten Weltkrieg propagiert wurde. Das Ziel war, alle Erscheinungen des dt. ›Geisteslebens‹ in Vergangenheit und Gegenwart zu erfassen und sie »stärker als bisher auf völkische Grundlagen« zu stellen (Gründungsaufruf, zitiert nach Frank, Bd. 2, S. 528). Wurde zunächst nur eine Ausweitung des ↗Deutschunterrichts angestrebt, so dehnte man das Konzept ›D.‹ während der Weimarer Republik auf alle Unterrichtsfächer aus: Religion, Geschichte, Erdkunde, Kunst gehörten zu den deutschkundlichen Kernfächern; andere, auch fremdsprachliche Fächer, sollten ebenfalls auf die Ziele der D. Rücksicht nehmen. Bes. in Preußen sollte der Unterricht aller Klassenstufen und Schulformen in diesem Sinne organisiert werden. Das Hochschulfach ↗›Germanistik‹ sollte zur ›Deutschwissenschaft‹ erweitert werden.

Lit.: H. J. Frank: Dichtung, Sprache, Menschenbildung. 2 Bde. [1973]. Mchn. 1976. – W. Hofstaetter (Hg.): Grundzüge der D. 2 Bde. Lpz., Bln. 1925–29.

GS/EKP

Deutschordensliteratur, Schrifttum von Autoren, die dem 1190 gegründeten ›Dt. Orden‹ angehörten oder ihm nahe standen. Die D. entstand von der Mitte des 13. Jh.s bis ins 14. Jh.; sie umfasst zweckorientierte geistliche und weltliche Lit. in mhd. Sprache gemäß den Aufgaben und Aktivitäten des Ordens (Unterwerfung und Christianisierung der heidnischen *Prußen*, Sicherung der Territorialherrschaft) und diente einer laikalen ritterlichen Gesellschaft, welche Ritter- und Mönchtum miteinander verband. Man unterscheidet zwischen lateinkundigen Priesterbrüdern und (häufig illiteraten) Ritterbrüdern. – Schwerpunkte der D. waren Bibel- und Legendenlit., Historiographie und Sachlit. Die Bibel- und Legendenlit. diente der Vermittlung der Heilsgeschichte sowie der Darstellung von Vorbildern ritterlicher Tapferkeit und Glaubensstärke. Bevorzugt waren die Geschichtsbücher des AT mit ihren Glaubenshelden und -helden: »Judith«, »Hester« (13. Jh.), »Daniel«, »Esra und Nehemia«, »Makkabäer«, »Hiob« (14. Jh.). Als bedeutendste Legendendichtungen des Mhd. gelten »Väterbuch« und »Passional«, die wohl vom gleichen Verfasser stammen (ca. 40.000 bzw. 110.000 Verse). Das »Väterbuch« überliefert ↗Legenden von ca. 120 Eremiten und Wüstenheiligen, das »Passional« stellt das Leben Christi und Mariä, der Apostel und Evangelisten sowie von 75 Heiligen dar. Etliche Autoren der geistlichen D. blieben aus Furcht vor strenggläubigen Kritikern anonym. – Die Historiographie diente der Verherrlichung der Taten des Ordens. An der Spitze der Geschichtswerke steht die »Livländische Reimchronik« (nach 1290), die über die Eroberung, Christianisierung und Besiedlung Livlands berichtet. Ein repräsentatives Beispiel für die preußische Geschichtsschreibung ist die »Kronike von Pruzinlant« des Ordenskaplans Nikolaus von Jeroschin

(ca. 28.000 Verse), die – auf der Grundlage der lat. »Chronica terre Prussie« Peters von Dusburg (1326) entstanden – einen Überblick über die Ordensgeschichte, bes. über Kämpfe mit heidnischen Gegnern, gibt (↗Reimchronik). – Verwaltung, Organisation und das interne Zusammenleben der Ordensgemeinschaft wurden in den umfangreichen »Statuten« (älteste Hs. von 1264) geregelt. Die Wirtschaftsbücher (»Marienburger Tresslerbuch«, »Großes Ämterbuch«, Anfang des 14. Jh.s) vermitteln Einblicke in die Administration. – Die Einheitlichkeit der D. ist u. a. bedingt durch die überregional übereinstimmende Schreibweise ihrer Lit.- und Urkundensprache. Unverwechselbar wird die Ordenssprache durch ihre spezielle Lexik (ausgeprägter Fremd- und Lehnwortgebrauch, Wortneuschöpfungen, ungewohnte Bilder, starke Betonung des Formalen, Vorliebe für volkstümliches Wortgut). – Die Erforschung der D. hat nach einem Aufschwung in der ersten Hälfte des 20. Jh.s, der von nationalem Pathos getragen war, eine längere Phase der Stagnation erlebt. Die Lage hat sich seit der Öffnung Osteuropas entscheidend verbessert. Es fehlen jedoch nach wie vor überlieferungs-, text- und rezeptionsgeschichtliche Untersuchungen. Neuere Ansätze ordnen die D. in den Kontext der sie umgebenden Kulturen ein.

Lit.: F. Löser: Überlegungen zum Begriff der D. und zur Bibelübers. In: C. L. Gottzmann (Hg.): Studien zu Forschungsproblemen der dt. Lit. in Mittel- und Osteuropa. Ffm. 1998, S. 7–37. – R. Päsler: Dt.sprachige Sachlit. im Preußenland bis 1500. Köln 2003. – J. Peters: Zum Begriff ›Deutschordensdichtung‹. In: Berichte und Forschungen. Jb. des Bundesinstituts für Kultur und Geschichte der Dt. im Östlichen Europa 3 (1996), S. 7–38. – H.-G. Richert: Die Lit. des dt. Ritterordens. In: W. Erzgräber (Hg.): Europäisches Spät-MA. Wiesbaden 1978, S. 275–286. MC

Deutschunterricht, schulischer Lernbereich, in dem Kenntnisse in dt. Sprache und Lit. vermittelt werden. Der D. gehört zu den Hauptfächern im schulischen Fächerkanon; er ist nicht abwählbarer Bestandteil der Abiturprüfung. Der sprachliche Teil des D.s umfasst den Schriftspracherwerb, den mündlichen und schriftlichen Sprachgebrauch, die Aufsatzlehre sowie Grammatik und Orthographie. Zum lit. Teil des D.s gehören die Lektüre vorwiegend dt.sprachiger Werke, die Vermittlung gattungsbezogener und lit.historischer Kenntnisse sowie eine Einführung in die lit. Textanalyse und -interpretation. Die Lehrinhalte des D.s werden durch Rahmenpläne für die jeweiligen Schulstufen geregelt. – Die angesehene Stellung des Faches Dt. im schulischen Fächerkanon ist eine relativ junge Errungenschaft. In der ersten Hälfte des 19. Jh.s dominierten im gymnasialen Unterricht die altphilologischen Disziplinen, während die Unterweisung in dt. Sprache eine untergeordnete Stellung einnahm. Das änderte sich zum einen durch die Einführung der Realgymnasien in der Mitte des 19. Jh.s, zum anderen durch die Aufwertung der klassischen dt. Lit., die für nationale

Einigungsimpulse nach der Reichsgründung 1871 genutzt wurde. In der ersten Hälfte des 20. Jh.s gestaltete sich der D. wechselhaft: Die reformpädagogische Bewegung, die um die Jh.wende schülerorientierte Impulse in die Debatte um den D. einbrachte, konnte nur eingeschränkt und verspätet praktische Relevanz gewinnen (in den 1920er bzw. erst in den 1950er Jahren), während die konservativ-völkischen Bestrebungen der ↗ Deutschkunde für den D. der 1920er Jahre einige Bedeutung hatten. Dt. Lit. spielte eine wesentliche Rolle im Rahmen dieses Denkens, wenngleich sie für völkisch-nationale Zusammenhänge funktionalisiert wurde. Im Nationalsozialismus wurde die völkische ↗ Deutschkunde der nationalsozialistischen Ideologie angepasst, indem sie an die Rassenlehre adaptiert wurde. Werke der klassischen Lit. konnten – mit passender ideologischer Steuerung – weiterhin gelesen werden, wenngleich einige Autoren bzw. Werke deutlich favorisiert und andere weniger gerne gesehen wurden. Lit. wurde 1933–45 für einen ideologisch gefärbten Innerlichkeitskult benutzt. In den ersten Nachkriegsjahren konnte an diese Form der Lit.betrachtung angeknüpft werden, indem der D. mit der unverfänglichen Idee der ›Lebenshilfe‹ verbunden wurde. Prägend für den D. der unteren und mittleren Jahrgangsstufen waren in den 1950er Jahren die Methodikbände R. Ulshöfers, in denen erstmals ein breites Methodenrepertoire für alle Aufgabenbereiche des D.s vorgestellt wurde. E. Essens vorwiegend sprachorientierte Methodik konzentrierte sich auf den gymnasialen Unterricht. Innovative Impulse gingen von einer breit geführten Diskussion um das dt. Lesebuch aus, die in den 1950er und 1960er Jahren stattfand und deren Initiator der frz. Germanist R. Minder war. Ergebnis dieser Debatte war, dass die ästhetische Qualität der lit. Lerngegenstände stärkere Beachtung fand und moralisch-lebensweltliche Argumente bei der Lit.auswahl in den Hintergrund traten. In den 1970er Jahren fand sowohl eine gesellschaftskritische als auch eine linguistisch bzw. lit.wissenschaftlich begründete Reflexion des Faches statt. Eine grundlegende inhaltliche wie intentionale Reformierung des D.s war die Folge. Die von der Linguistik angestrebte wissenschaftliche Beschreibung der Sprache führte dazu, dass der sprachliche Teil des D.s differenziert und in seinen einzelnen Teilen präziser reflektiert wurde: Die ›kommunikative Wende‹ veränderte den mündlichen wie den schriftlichen Teil des Sprachunterrichts: Adressatenorientierte und alltagsnahe Schreib- und Sprechaufgaben wurden in den D. integriert und beeinflussten den Aufsatzunterricht nachhaltig. Der Sprachunterricht (nun ›Reflexion über Sprache‹ genannt) gewann an Bedeutung, er dominierte den D. phasenweise sogar noch in der gymnasialen Oberstufe. Die Auswahl der im Lit.unterricht zu lesenden Werke wurde von einer kritischen Kanonreflexion beeinflusst: Die klassische Lit. geriet auf den Prüfstand, die sog. ↗ Trivallit. (z. B. Kriminallit.) und die ↗ Kinder- und Jugendlit. wurden ebenso Unter-

richtsgegenstand wie die Gebrauchslit. (z. B. Werbung, Pressetexte, Reportagen usw.). Eine Interpretationspraxis, die auf begründete historische Kontextualisierung von Lit. Wert legte, wurde eingeführt; sie gilt – modifiziert – bis heute. Die 1980er und 1990er Jahre waren von einem ›Zurück zur (klassischen) Lit.‹ geprägt; die Einführung in die dt. Lit. vom MA. bis zur Gegenwart prägte erneut den Unterricht in den mittleren und oberen Klassen der weiterführenden Schulen. Dabei wurde – von der ↗ Rezeptionsästhetik beeinflusst – das Schreibrepertoire über Interpretationsaufgaben hinaus um lit.nahes ↗ Schreiben erweitert. Sprachunterrichtliche Anteile wurden wieder in die unteren Klassen verlagert. Die gegenwärtige Diskussion wird bestimmt durch die angestrebte Einführung von (national gültigen) Standards, welche die Lese- und Schreibkompetenz der Schüler überprüfbar machen sollen.

Lit.: E. Essen: Methodik des D.s. Hdbg. 1956. – H. J. Frank: Dichtung, Sprache, Menschenbildung. Geschichte des D.s von den Anfängen bis 1945. 2 Bde. [1973]. Mchn. 1976. – K. Franz: D. In: RLW. – J. Fritzsche: Zur Didaktik und Methodik des D.s. 3 Bde. Stgt. 1994. – N. Hopster (Hg.): Hb. ›Dt.‹. Paderborn 1984. – R. Ulshöfer: Methodik des D.s. 3 Bde. Stgt. 1952–63 u. ö.   EKP

Devětsil ↗ Poetismus.

Devise, f. [afrz. *deviser* = teilen; engl. *device*], ↗ Sinn-, Wahlspruch, Losung, v. a. in der Heraldik, z. B. »Attempto« (›ich wag's‹, Graf Eberhard im Bart, 15. Jh.); ursprünglich Bez. für ein abgeteiltes Feld auf einem Wappen, dann für den darin stehenden Sinn- oder Wappenspruch. ↗ Heraldische Dichtung; ↗ Imprese.

GS/Red.

Devotio moderna, f. [lat. *devotio* = Frömmigkeit], eine seit dem 14. Jh. von den Niederlanden sich rasch über das westliche Europa ausbreitende, von Laien getragene Bewegung. Ihr geistiger Vater Geert Groote überließ sein Haus in Deventer (1374) frommen Frauen; in unmittelbarer Nähe siedelte Florens Radewijn eine Brüdergemeinschaft an. Obwohl die Gemeinschaften nach der Augustinerregel lebten, waren sie kein Orden. Sie lebten von der Handarbeit, häufig vom Abschreiben, Binden oder Drucken von Büchern. – Die D. m. lehnte alle scholastische Spekulation ab. Thomas von Kempen formulierte in dem in vielen hundert Hss., Drucken und Übers.en in alle Sprachen der Welt verbreiteten Hauptwerk der Bewegung, der »Imitatio Christi«: »lieber Reue empfinden als ihren Begriff kennen« (I, 1, 9). Auch die ekstatische ↗ Mystik wurde nicht geschätzt. Alles Schrifttum ordnete sich dem Ziel praktischer geistlicher Lebensführung unter. In der strikten Vorgabe, sich in das Leben Christi zu versenken, berühren sich Vorstellungen der D. m. mit der franziskanischen Theologie. – Als bevorzugter lit. Typ erscheinen neben Traktaten und allen der Mündlichkeit verpflichteten Formen die ↗ Rapiare, Sammlungen von Sprüchen und kurzen Erzählungen, die durch beständiges Wiederkäuen (*Ruminatio*) verinnerlicht werden sollten. Lebensbeschreibungen wichtiger Vertreter, die Jüngeren als Vorbild dienen sollten, sammelte bereits Thomas von Kempen im »Dialogus noviciorum«.

Lit.: U. Bodemann, N. Staubach (Hg.): Aus dem Winkel in die Welt. Ffm. u. a. 2006. – Th. Kock: Die Buchkultur der D. m. Ffm. u. a. 1999. – E. Kooper (Hg.): Medieval Dutch literature in European context. Cambridge 1994. – N. Staubach: Pragmatische Schriftlichkeit im Bereich der D. m. In: Frühmal. Studien 25 (1991), S. 418–461.   CF

Devotionsformel ⁄ Demutsformel.

Dexiographie, f. [aus gr. *dexiós* = rechts, *gráphein* = schreiben], Schreibrichtung von links nach rechts, rechtsläufige ⁄ Schrift; wurde bei den Griechen und Römern zur Regel; die ältesten gr. Schriftdenkmäler zeigen noch neben Rechtsläufigkeit auch Linksläufigkeit wie in den vorderasiatischen Schriften sowie Wechsel von Links- und Rechtsläufigkeit (⁄ Bustrophedon-Schreibung).   · GS/Red.

Dezime, f. [span. *décima* = Zehntel], span. Strophenmaß, bestehend aus zehn vierhebigen ›span. ⁄ Trochäen‹ mit der gängigen Reimfolge *abbaaccddc*. Dt. Nachbildungen gibt es in der romantischen Dichtung (F. Schlegel: »Die neue Schule«; J. v. Eichendorff: »Nachtfeier«).   JK/Red.

Diachronie, f. [gr. *diá* = (hin-)durch, *chrónos* = Zeit], von F. de Saussure im Rahmen seiner sprachzeichentheoretischen Konzeption komplementär zu ›Synchronie‹ (Sprachzustand zu einem gegebenen Zeitpunkt) in die Sprachwissenschaft eingeführter Terminus zur Bez. einer sprachlichen Entwicklung, also der zeitlichen Aufeinanderfolge verschiedener Sprachzustände. Damit einher geht die Unterscheidung zwischen synchronischer und diachronischer Betrachtungsweise von Sprache, die einander ergänzen. Während ersterer die Aufgabe zukommt, »sich mit logischen und psychologischen Verhältnissen, welche zwischen gleichzeitigen Gliedern, die ein System bilden, bestehen, so wie sie von einem und demselben Kollektivbewußtsein wahrgenommen werden«, zu befassen (Saussure, S. 96), untersucht letztere »die Beziehungen, die zwischen aufeinanderfolgenden Gliedern obwalten, die von einem in sich gleichen Kollektivbewußtsein nicht wahrgenommen werden, und von denen die einen an die Stelle der andern treten, ohne daß sie unter sich ein System bilden« (ebd., 119). – Über den von de Saussure mitgeprägten sprachwissenschaftlichen ⁄ Strukturalismus, welcher der synchronischen Betrachtungsweise zunächst den Vorrang vor der diachronischen einräumte, fand das Begriffspaar Diachronie/Synchronie seit den 1940er Jahren Eingang in die Lit.wissenschaft.

Lit.: M. Fleischer: D. In: RLW. – F. de Saussure: Grundfragen der allg. Sprachwissenschaft [frz. postum 1916]. Bln. ²1967.   CK

Dialektik, f. [gr. *téchnē dialektiké* = Kunst der Ge-

sprächsführung], Art des Argumentierens. Die D. entspringt dem Wechsel von Rede und Gegenrede im argumentativen ⁄ Dialog; sie ist die Methodenlehre der gelungenen Prüfung und Begründung von Meinungen im ⁄ Gespräch. Die Geschichte des D.begriffs, der seit der Antike im Gebrauch ist (Platon: »Politeia«, Aristoteles: »Topik«), ist äußerst wechselhaft. Ein über weite Strecken stabiles Element ist, dass die D. in der Regel als Gegenstück zur Logik und zur ⁄ Rhet. konzipiert wird, wobei oft strittig war, ob das Verhältnis dieser Disziplinen eines der Komplementarität oder eines der Konkurrenz ist und in welchem Verhältnis der Über- oder Unterordnung sie zueinander stehen. Im Ggs. zur Logik befasst sich die D. nicht mit ›schlagenden‹ Beweisen, sondern nur mit plausiblen Argumenten; im Ggs. zur Rhet. berücksichtigt sie nicht die situativen Äußerungskontexte argumentativer Rede wie *kairos* oder ⁄ *aptum*. Im mal. System des Wissens wird die D. streckenweise mit der Logik identifiziert und gehört neben Rhet. und ⁄ Grammatik zu den ›sieben freien Künsten‹ (*septem artes liberales*; ⁄ Artes). Bis ins 19. Jh. wird der D.begriff weiterhin in seinem dialogisch-argumentativen Sinne gebraucht (F. Schleiermacher, A. Schopenhauer); seitdem wird mit ihm aber auch eine Entwicklungstheorie des Absoluten (G. W. F. Hegel) bzw. der gesellschaftlichen Wirklichkeit (K. Marx) bezeichnet. Aus lit.wissenschaftlicher Perspektive haben sich v. a. die entwicklungstheoretischen D.begriffe für die ⁄ marxistische Lit.wissenschaft und die ⁄ Kritische Theorie (M. Horkheimer, Th. W. Adorno) als folgenreich erwiesen. Außerhalb der Lit.wissenschaft wird mit ›D.‹ in jüngerer Zeit wieder häufig die Argumentationstheorie bezeichnet (D. Walton, F. H. van Eemeren).

Lit.: F.-H. Robling u. a.: D. In: HWbRh. – O. Schwemmer: D. In: J. Mittelstraß (Hg.): Enzyklopädie Philosophie und Wissenschaftstheorie. Bd. 2. Stgt., Weimar ²2005, S. 181–187.   CSP

Dialektisches Theater ⁄ episches Theater.

Dialektliteratur, auch: Mundartlit., -dichtung; Werke der Hoch- und Trivialliit., die vollständig oder zumindest zu einem großen Teil in einer nicht-standardsprachlichen (regionalen oder sozialen) Varietät einer Sprache verfasst sind. Zu unterscheiden von D. im engeren Sinne sind Texte, in denen lediglich kurze Passagen dialektal gefärbt sind (bes. in der ⁄ Figurenrede). D. kann hinsichtlich des Grades, in dem sie lautliche, lexikalische und grammatische Merkmale eines gesprochenen Dialekts abbildet, stark variieren. – Aufgrund des im Prozess sprachlicher Standardisierung etablierten Nexus zwischen Standardsprache und Schriftlichkeit ist Dialektdarstellung in der Lit. eine Normabweichung und deshalb oft in komischer Lit. zu finden, etwa im volkstümlichen ⁄ Schwank. Seit der Neubewertung des Dialekts als Ausdruck des Ursprünglichen in der ⁄ Romantik erfreute sich D. in vielen Ländern zunehmender Beliebtheit, wie z. B. J. P. Hebels »Alemannische Gedichte« (1803), R. Burns'

»Poems Chiefly in the Scottish Dialect« (1786–94), die am. *local color fiction* vom Ende des 19. Jh.s (u. a. Mark Twain) oder die um dieselbe Zeit entstandenen neuprovenz. Werke von F. Mistral zeigen. Gerade im ↗ Realismus und ↗ Naturalismus, aber auch in der trivialen ↗ Heimatlit. dient der Dialekt der Authentisierung der Milieudarstellung. D. signalisiert aber auch das Streben nach einer Stärkung regionaler Identität (↗ Regionallit., ↗ Regionalismus) bzw. der Abgrenzung von einer dominanten, mit der Standardsprache assoziierten Kultur, in der Schweiz (R. v. Tavel, J. Gotthelf), der niederdt. Bewegung im 19. Jh. (K. Groth, P. Trede, J. H. Fehrs) oder seit den 1950er Jahren in der Lit. der Karibik (S. Selvon, L. Bennett). Seit Mitte des 20. Jh.s tritt neben die zuvor eher wertkonservative D. vermehrt eine gesellschaftskritische, bisweilen auch experimentelle D., z. B. in der Schweizer *modern mundart* Bewegung (K. Marti, E. Eggimann, E. Burren) oder in E. Jandls »stanzen«.
Lit.: F. Gräfe: D. in Deutschland und Italien. Marburg 2004. – G. Jones: Strange Talk. The Politics of Dialect Literature in Gilded Age America. Berkeley 1999. – Ch. Schmid-Cadalbert: D. In: RLW. – B. Sowinski: Lexikon dt.sprachiger Mundartautoren. Hildesheim 1997. – I. Taavitsainen u. a. (Hg.): Writing in Nonstandard English. Amsterdam 1999.   MG

Dialog, m. [gr. *diálogos* = Gespräch, Wechselrede.], 1. allg. Wechselrede zwischen zwei oder mehr Personen oder Personengruppen; 2. Gesprächsszene innerhalb eines dramatischen, epischen oder lyrischen Textes; 3. eigenständiger Text in Gesprächsform. – Für das ↗ Drama ist der D. konstitutives Bauelement. Den Ggs. zum D. bildet der ↗ Monolog. Terminologisch abgesetzt werden muss der D. von den allgemeineren Begriffen ›Interaktion‹, ↗›Kommunikation‹ und ›Diskurs‹ (↗ Diskursanalyse). – Schon die antiken gr. Philosophen erkannten die Bedeutung des D.s als Grundform des menschlichen Miteinanders. Als Muster der Gattung ›D.‹ (3) gelten die sokratischen D.e des Platon, in denen dieser die maieutische Technik des D.s, das geschickte Fragen zum Ziele der Wahrheitsfindung, illustriert. Der dort praktizierte Wechsel von ↗ Frage, Antwort und Widerlegung bestimmt nachhaltig die Methodik philosophischer, theologischer und wissenschaftlicher Erkenntnis. Aristoteles begründet den peripatetischen D. (gr. *perípatos* = Wandelgang eines Hauses, Spaziergang) als Auseinandersetzung verschiedener Denkpositionen miteinander. Diese von Cicero weiterentwickelte Technik beeinflusst die mal. Tradition der Lehr- und Streitgespräche (Johannes von Tepl: »Der Ackermann und der Tod«, um 1400) und der Reformationszeit (Hans Sachs: »Disputation zwischen einem Chorherrn und einem Schuhmacher«, 1524) sowie die D.literatur des Humanismus (Ulrich von Hutten: »Gesprächsbüchlein«, 1521; Erasmus von Rotterdam). Dem D. wächst im historischen Prozess zunehmend die Aufgabe zu, neben dem Erkenntnisgewinn ideale Formen des (geselligen) Gesprächs zum

Zwecke der Bildung darzustellen. Die Aufklärung bedient sich in diesem Sinne des D.s als eines Instruments vernunftgeleiteter Auseinandersetzung und damit zur Herstellung emanzipierter bürgerlicher Öffentlichkeit (G. E. Lessing: »Ernst und Falk. Gespräche für Freymäurer«, 1778; Ch. M. Wieland: »Geheime Geschichte des Philosophen Peregrinus Proteus«, 1791). In der ↗ Romantik führt die Wertschätzung von ↗ Geselligkeit und von lit.-philosophischen ↗ Mischformen zu einer intensiven Nutzung des D.s (K. v. Günderrode: »Die Manen«, um 1800). Anfang des 20. Jh.s wird zugleich mit dem neu erwachten Interesse an der essayistischen Form, z. B. bei R. Borchardt und H. v. Hofmannsthal, auch der D. wieder relevant. Parallel zur Sprachskepsis dieser Zeit verstärkt sich einerseits der Zweifel an den Möglichkeiten der Verständigung im D., andererseits entdeckt die Philosophie die Potentiale des dialogischen Denkens wieder neu (K. Jaspers, M. Heidegger, M. Buber, O. F. Bollnow). Die Linguistik beschäftigt sich seit der kommunikativ-pragmatischen Wende in den 1970er Jahren unter empirischer Perspektive mit dem D. Die daraus entstandene kommunikationstheoretische Bestimmung des D.s eröffnet neue Forschungs- und Anwendungsbereiche, die sich seitdem als interdisziplinäre und methodenpluralistische D.forschung etabliert haben.
Periodikum: Beiträge zur D.forschung. Tüb. 1991 ff.
Lit.: O. F. Best: Der D. In: K. Weissenberger (Hg.): Prosakunst ohne Erzählen. Tüb. 1985, S. 89–104. – Th. Fries, K. Weimar: D.₂. In: RLW. – G. Fritz, F. Hundsnurscher (Hg.): Hb. der D.analyse. Tüb. 1994. – E. W. B. Hess-Lüttich: D. In: HWbRh. – Ders.: D.₁. In: RLW. – R. Hirzel: Der D. [1895]. Nachdr. Hildesheim 1963. – V. Hösle: Der philosophische D. Mchn. 2006. – J. Kilian: Historische D.forschung. Tüb. 2005.   WVB

Dialogisierung, Umarbeitung narrativer Texte oder dokumentarischen Materials in die Form eines ↗ Dialogs, meist mit dem Ziel der szenischen ↗ Aufführung als Theaterstück, szenische ↗ Lesung oder ↗ Hörspiel; Form der ↗ Adaption. Die Fachdidaktik bezeichnet dialogisch ausgerichtete Schreibanlässe zur kreativen Aneignung und zum besseren Verständnis lit. Texte als ›D.‹ Aus der Theorie der ↗ Dialogizität von M. Bachtin wird ein weiteres Verständnis von D. abgeleitet: die Verteilung mehrerer, sich häufig widersprechender Diskurse, Diskurspraktiken oder ethischer Überzeugungen auf unterschiedliche Figuren in einem epischen oder dramatischen Text.   WVB

Dialogismus, m. [lat., von gr. *dialogismós*; auch *anthypophorá*; lat. auch *subiectio*], fingiertes ↗ Gespräch in Frage- und Antwortform; Gedankenfigur der ↗ Rhet., bei welcher der Redner eine von ihm selbst gestellte ↗ Frage auch selbst beantwortet (↗ rhet. Frage). Der D. dient der Beweglichkeit und Verlebendigung der ↗ Rede und wird insbes. im Argumentationsteil, häufig auch zur Widerlegung antizipierter, tatsächlich gemachter oder selbst formulierter Einwände eingesetzt. Den Ggs. zum D. bilden echte Fragen an die Zuhörenden (↗ Dubitatio). Ähnlichkeiten hat der D. mit der rhet. Figur der ↗ Sermocinatio. – Beispiele für den rhet. D. finden sich schon in den platonischen ↗ Dialogen. Bei Andokides (5. Jh. v. Chr.) dient er der Steigerung der Intensität des Vortrags; bei Hermogenes (2. Jh. n. Chr.) wird er im Rahmen der Widerlegungstechnik eingesetzt. Auch in der Lit. wird der D. häufig angewandt, bes. im Drama (W. Shakespeare: »Othello«, 1604; F. Schiller: »Wallensteins Tod«, 1800), aber auch in Erzähltexten (G. Orwell: »1984«, 1949).

Lit.: F. Blass: Die attische Beredsamkeit. 3 Bde. [1887–98]. Nachdr. Hildesheim 1978. – J. A. E. Bons: Anthypophora. In: HWbRh. – G. Ueding, B. Steinbrink: Grundriß der Rhet. Stgt., Weimar ³1994, S. 311 f. WVB

Dialogizität, f., Zweistimmigkeit, Diglossie, Polyphonie, Kopräsenz heterogener ›Stimmen‹ in der Rede als Merkmal menschlicher Kommunikation und eines Strukturtyps lit. Texte. Entscheidend für Bachtin, auf den der Begriff zurückgeht, ist die Einsicht in den Zusammenhang jeder Rede mit der Rede des Anderen: Jede Äußerung findet den Gegenstand, auf den sie gerichtet ist, als schon besprochenen, als Gegenstand anderer Rede, vor. Mit ›D.‹ ist also nicht etwa ein dialogischer Aufbau, der Wechsel von Rede und Gegenrede, gemeint, sondern jene prinzipielle Mehrdeutigkeit (↗ Ambiguität), Überlagerung, Interferenz von Bedeutung, die erkennbar wird, wenn Rede und Text als replizierende und antizipierende Verarbeitung der Äußerung des Anderen konstruiert werden. Beispiele solcher Zweistimmigkeit sind nach Bachtin ›Stilisierung‹, die Rede des ↗ Autors in der Rolle der Romanfigur, hybride Mischungen heterogener ›Stimmen‹ in der Rede, ↗ Parodie und ↗ Satire.

Lit.: M. M. Bachtin: Die Ästhetik des Wortes [russ. 1919–75]. Ffm. 1979. – U. Broich, M. Pfister (Hg.): Intertextualität. Tüb. 1985. – J. Kristeva: Bachtin, das Wort, der Dialog und der Roman [frz. 1967]. In: J. Ihwe (Hg.): Lit.wissenschaft und Linguistik. Bd. 3. Ffm. 1972, S. 345–375. – R. Lachmann (Hg.): D. Mchn. 1982. – J. Lehmann: D. In: RLW. VD

Dialogroman, Form des ↗ Romans, deren erzähltechnisch konstitutives Element das ↗ Gespräch ist. Wegen des vollständigen oder zumindest teilweisen Verzichts auf Textpassagen, welche Rede und Gegenrede arrangieren, situieren und kommentieren, erschließt sich die Handlung aus der Wechselrede der Figuren. Durch die Zurücknahme oder partielle Abwesenheit eines ↗ Erzählers wird der Erzählvorgang im Figurengespräch vollzogen, das den Fortgang der Handlung durch Verweis auf stattgefundene bzw. stattfindende Ereignisse bestimmt. Durch das weitgehende Fehlen der Erzählerrede nähert sich der D. dem ↗ Drama an. – Die Gattung des epischen ↗ Dialogs, die in der Lit. des 18. Jh.s an Bedeutung gewinnt, entsteht aus der Auseinandersetzung mit der seit der Antike verbreiteten Form des philosophischen Dialogs, die im Kontext der ↗ Aufklärung einen neuen Aufschwung erlebte. Vertreter des D.s im 18. Jh. sind C.-P. Crébillon (»La

nuit et le moment«, 1755), Ch. M. Wieland (»Araspes und Panthea«, 1760; »Peregrinus Proteus«, 1791), A. G. Meißner (»Alcibiades«, 1781/88), D. Diderot (»Jacques le fataliste«, 1796) und J. J. Engel (»Herr Lorenz Stark«, 1801). Während der philosophisch-ästhetische Dialog in der ↗ Romantik und im ↗ dt. Idealismus weiterentwickelt wird, ist eine vergleichbar weitgehende Auflösung der epischen Handlung im Gespräch erst wieder bei Th. Fontane (»Die Poggenpuhls«, 1896; »Der Stechlin«, 1897), Th. Mann (»Der Zauberberg«, 1924) und A. Schmidt (»Abend mit Goldrand«, 1975) zu beobachten.

Lit.: M.-H. Boblet: Le roman dialogué a près 1950. Paris 2003. – H.-G. Winter: Dialog und D. in der Aufklärung. Darmstadt 1974. SSI

Diaphora, f. [gr. = Unterschied], 1. in der antiken Rhet. der Hinweis auf die Verschiedenheit zweier Dinge. – 2. ↗ Rhet. Figur (auch: *Antistasis*, lat. *Contenio*, *Copulatio*, *Distinctio*): Wiederholung desselben Wortes oder Satzteiles mit emphatischer Verschiebung der Bedeutung: »Spricht die Seele, so spricht, ach! schon die Seele nicht mehr« (F. Schiller: »Votivtafeln«). D. in Dialogform: ↗ Anaklasis. GS/Red.

Diärese ↗ Dihärese.

Diaskeuast, m. [gr. *diaskeuázein* = bearbeiten], Redaktor eines lit. Werkes. Der Begriff spielt bes. in der Theorie der ↗ Heldendichtung eine Rolle. Nach der durch F. A. Wolf für die homerischen Epen aufgestellten, von K. Lachmann, W. Grimm u. a. für das »Nibelungenlied« und die anderen dt. Heldenepen übernommenen (inzwischen aufgegebenen) ↗ Liedertheorie sollen die großen Heldenepen der Antike und des MA.s durch Addition einzelner kleinerer, mündlich tradierter Episoden-Lieder entstanden sein, die ein D. »kurz vor dem Verklingen« zu Epen zusammengefügt und aufgezeichnet habe. Einziges historisches Beispiel eines D.en dieser Art ist der Finne E. Lönnrot, der im 19. Jh. aus alten lyrisch-epischen Volksliedern das finnische National-Epos »Kalevala« kompilierte, angeregt freilich erst durch die Schriften Wolfs und Lachmanns. JK/Red.

Diastole, f. [gr. = Dehnung, Trennung], Ggs. zu ↗ Systole.

Diatessaron, n., ↗ Evangelienharmonie.

Diatribe, f. [gr. = Zeitvertreib], antiker Begriff, der im Kontext von Rede und Bildung verschiedene Bedeutungen hat: 1. eine Schule; 2. die dort ausgeübte Lehrtätigkeit; davon abgeleitet 3. eine lehrhafte und/oder moralische Rede oder Schrift; 4. eine witzige, rhet. zugespitzte volkstümliche Moralpredigt, oft unter Einbeziehung eines fiktiven Gesprächspartners. Allein Bedeutung (4) ist heute noch relevant. – Elemente der D. finden sich vorbildhaft bei Seneca (»Briefe an Lucilius«) und in den Briefen des Apostels Paulus, später in der Kirchenpredigt. Bekannte lit. Beispiele sind die als ›D.‹ bezeichnete Schrift des Erasmus von Rotterdam an Luther (»De libero arbitrio«, 1524), die Predigten des Abraham a Santa Clara sowie die davon inspirierte

Kapuziner-Predigt in F. Schillers »Wallensteins Lager«.
Lit.: S. K. Stowers: D. In: HWbRh.   UM
Dibrachys, m. [gr. = der zweimal Kurze], ↗ Pyrrhichius.
Dichte Beschreibung [engl. *thick description*], von C. Geertz zur Charakterisierung interpretierender Verfahren der Ethnographie verwendeter Begriff. – Geertz definiert ↗ Kultur als Hierarchie bedeutungstragender Strukturen; die d. B. wird als Versuch verstanden, kulturelle Phänomene wie Handlungen und Institutionen als bedeutungstragende Elemente eines semiotischen Systems zu begreifen, die sich durch rein positivistische Verfahren nicht angemessen erfassen lassen. Geertz entlehnt den Begriff der d.n B. von G. Ryle, der ihn zur Charakterisierung der intentionalen Komponenten von Handlungen verwendet. – Wird Kultur als semiotisches System oder ›Text‹ verstanden, so lassen sich verschiedene Berührungspunkte von Ethnographie und Lit.wissenschaft ausmachen: Lit. Werke können als Träger kultureller Informationen angesehen werden, oder das Verstehen der ›fiktionalen Welt‹ eines lit. Werkes kann mit dem Verstehen einer fremden Kultur verglichen werden. Daher wird die d. B. als wichtige Methode im ↗ New Historicism und allg. in den ↗ Cultural Studies bzw. ↗ Kulturwissenschaften angesehen.
Lit.: D. Bachmann-Medick (Hg.): Kultur als Text. Ffm. 1996. – Th. Fechner-Smarsly: Clifford Geertz' ›D. B.‹ – ein Modell für die Lit.wissenschaft als Kulturwissenschaft? In: J. Glauser, A. Heitmann (Hg.): Verhandlungen mit dem New Historicism. Würzburg 1999, S. 81–101. – C. Geertz: Thick Description: Toward an Interpretive Theory of Culture [1973]. In: ders.: The Interpretation of Culture. Ldn. 1993, S. 3–30.   TK
Dichten, ↗ Lit. verfassen. Das Verbum ›d.‹ findet sich bereits in ahd. Zeit (*tihtôn*), im Unterschied zu den erst später belegten Substantiv-Ableitungen wie *tihtaere* (↗ Dichter), *getihte* (↗ Dichtung). Die germ. Grundbedeutung ›ordnen‹, ›herrichten‹ (vgl. angelsächs. *dihtan*) ändert sich im Ahd. unter dem Einfluss von lat. *dictare* (= diktieren) in ›schreiben‹, ›schriftlich abfassen‹, erweitert zu ›darstellen in poetischer Form‹, so z. B. bei Otfrid von Weißenburg in der Vorrede an Ludwig den Deutschen (*themo dihtôn ih thiz buoh*, V. 87). Dazu treten in mhd. Zeit noch die Bedeutungen ›ersinnen‹, ›ausdenken‹. – Im gegenwärtigen Sprachgebrauch gilt die Wortfamilie um ›d.‹ meist als veraltet. Bes. in ↗ Autorpoetiken wird ›d.‹ dagegen noch oft gebraucht mit der engeren Bedeutung ›Gedichte, also lyrische Texte verfassen‹. ↗ Schreiben.   GS/DB
Dichter, Verfasser sprachkünstlerisch gestalteter Texte. Im Ggs. zu den neutraleren Bez.en ↗ ›Autor‹ und ↗ ›Schriftsteller‹ konnotiert der Begriff traditionell Aspekte des ↗ Erhabenen und Herausgehobenen, akzentuiert die schöpferische Gestaltungskraft des Individuums (↗ Genie) und bezeichnet häufig exklusiv Verfasser *lyrischer* Texte. – Die Begriffsverwendung ist

abhängig von epochenspezifischen Tendenzen und der jeweiligen poetologischen Programmatik. Das Wort in seiner heutigen Bedeutung erscheint erstmals im 12. Jh. in der Lautform *tihtære* im »Liet von Troye« des Herbort von Fritzlar sowie im »König Rother« und tritt neben die mhd. Bez.en *singære, meistersinger, minnesinger* und *pôête*. ›D‹ wird im MA. und in der ↗ Frühen Neuzeit selten gebraucht und sinkt im 17. Jh. zur bloßen Benennung von Verfasserschaft ab. Dagegen verwenden im 18. Jh. J. Ch. Gottsched, J. J. Bodmer und J. J. Breitinger ›D.‹ programmatisch anstelle der von ihnen abgewerteten Bez. ›Poet‹. Während vom ↗ Barock bis in die ↗ Aufklärung ↗ Dichtung als erlernbare Technik betrachtet wird und das Konzept des gelehrten D.s (↗ Poeta doctus) dominiert, akzentuiert die ↗ Genie- und Inspirationsästhetik des ↗ Sturm und Drang das Individuell-Schöpferische des D.s. Die klassizistische Ästhetik betont das idealistisch beeinflusste Bild des universalistisch-schöpferischen D.s. Die ↗ Romantik schreibt das Konzept des D.s als Originalgenie programmatisch fort. Im Kontext der psychoanalytisch geprägten Vorstellungen der Frühmoderne, der lit.-theoretischen Überlegungen zur überindividuellen Textgenese und der Möglichkeit, lit. Texte elektronisch zu erzeugen, wird der Begriff im 20. Jh. problematisch und zunehmend durch ›Autor‹ oder ›Schriftsteller‹ substituiert. Emphatische Verwendung findet er jedoch nach wie vor in ↗ Autorpoetiken. – Der Begriff ›Dichterin‹ hat erst mit der Ausbildung der ↗ feministischen Lit.wissenschaft und der ↗ *gender studies* Beachtung gefunden. Seitdem werden auch die geschlechtsspezifischen Implikationen der Produktion lit. Texte untersucht.
Lit.: G. Blamberger: Das Geheimnis des Schöpferischen. Stgt. 1991. – O. A. Böhmer: Sternstunden der Lit. Mchn. 2003. – G. E. Grimm (Hg.): Metamorphosen des D.s. Ffm. 1992. – R. Hillgärtner: Kreative Individualität als Kunstfigur. Oldenburg 2005. – U. Japp: Der Ort des Autors in der Ordnung des Diskurses. In: J. Fohrmann, H. Müller (Hg.): Diskurstheorien und Lit.wissenschaft. Ffm. 1988, S. 223–234. – E. Kleinschmidt: D. In: RLW. – N. Masanek: Männliches und weibliches Schreiben? Würzburg 2005. – J. Mukařovský: Der D. [tschech. 1966]. In: ders.: Kunst, Poetik, Semiotik. Ffm. 1989, S. 173–195. – J. Schmidt: Die Geschichte des Genie-Gedankens in der dt. Lit., Philosophie und Politik [1985]. Hdbg. ³2004. – K. Schröter: D., Schriftsteller. In: Akzente 20 (1973), S. 168–188. – R. Selbmann: D.beruf. Darmstadt 1994. – S. Weigel: Die Stimme der Medusa. Reinbek 1989.   SSI
Dichterdenkmal, allg. jedes bewahrungswürdige Zeugnis eines Dichters; im engeren Sinne ein bewusst geschaffenes Artefakt (z. B. J. G. Herder: »Denkmal Johann Winkelmanns«, 1777), bes. aber architektonischplastisches Monument zur Würdigung eines Dichters. Seit dem 16. Jh. entstanden in England (Westminster Abbey) in Fortführung der altröm. Pantheon-Idee Gedenk- und Grabmäler für Künstler (ganzfiguriges D.

für W. Shakespeare, 1740). In Deutschland entwickelte sich diese Form der Denkmalkultur im späten 18. Jh. im halbprivaten Bereich aus einer Verbindung von Landschaftsarchitektur und Gedenkstein. Zu Beginn des 19. Jh.s griff Ludwig I. von Bayern mit der »Walhalla« bei Regensburg die Idee einer dt. Ruhmeshalle auf. Gleichzeitig begann das nach den Befreiungskriegen enttäuschte Bürgertum, für nicht-adlige ›Zivilisten‹ die ersten Denkmäler im öffentlichen Raum aufzustellen (M. Luther in Wittenberg, 1821), deren wichtigste bald diejenigen für F. Schiller wurden. In der zweiten Hälfte des 19. Jh.s wurden Dichterdenkmäler zu steinernen Monumenten der Lit.geschichte.

Lit.: U. Bischoff (Hg.): Kunsttheorie und Kunstgeschichte des 19. Jh.s in Deutschland. Bd. 3: Skulptur und Plastik. Stgt. 1985. – R. Selbmann: Dichterdenkmäler in Deutschland. Stgt. 1988.   JBR

Dichterfehde, von der Lit.wissenschaft des 19. Jh.s eingeführte, mit ›Fehde‹ einen Terminus des germ. Rechtssystems aufgreifende Bez. für die lit. Auseinandersetzung vorzüglich mal. Dichter. Seine historisch-soziologischen Implikationen machen den Begriff zumindest für die mal. Lit. faktisch entbehrlich. Es handelt sich bei den postulierten D.n um vorzüglich auf poetologische Themen eingrenzbare ↗ Streitgedichte, die häufig erst von der Forschung in plausible, ›Fehden‹ suggerierende Reihenfolgen gebracht wurden (Walther von der Vogelweide vs. Reinmar) oder von Redaktoren auch ohne das Wissen der sich ›befehdenden‹, z. T. längst verstorbenen Akteure zusammengestellt wurden (›Wartburgkrieg‹ um 1250; Frauenlob vs. Regenbogen um 1300). Eine von der Selbstreflexion der Lit. faszinierte, mit Hilfe der Konstruktion von ›Antipoden‹ ihren Gegenstand ordnende Lit.geschichtsschreibung griff unterstützend ein, indem sie Bezüge auch über Gebühr verdeutlichte. Sollten Wolfram von Eschenbach und Gottfried von Straßburg (um 1210) einander befehdet haben, nahm das allenfalls eine kleine Schar von Kollegen zur Kenntnis (Rudolf von Ems). – Im ↗ Humanismus, dem sich aufgrund der Erfindung des ↗ Buchdrucks andere mediale Voraussetzungen boten, wird die öffentlich inszenierte Kontroverse über Stilfragen zur Frage um die Existenzberechtigung des Poeten, gehört die Diffamierung des Abweichlers zum guten Ton (»Dunkelmännerbriefe«, 1515); bes. streitlustig ist auch die ↗ Reformationslit. – Das Wiedererwachen poetologischen Bewusstseins in der Lit. des 18. Jh.s führt zu scharfen ↗ Polemiken (z. B. G. E. Lessing vs. J. M. Goeze), die gravierende Folgen für den Geschmähten nach sich ziehen konnten. Die Bez. ›D.‹ für diese wie für die lit. Kontroversen der folgenden Jh.e ist allerdings unüblich; man spricht eher von ↗ Lit.streit.

Lit.: R. Bauschke: Die ›Reinmar-Lieder‹ Walthers von der Vogelweide. Hdbg. 1999. – S. Obermaier: Von Nachtigallen und Handwerkern. Tüb. 1995. – G. Schweikle: Parodie und Polemik in mhd. Dichtung. Stgt. 1986. – B. Wachinger: Sängerkrieg. Mchn. 1973.   CF

Dichterhaus ↗ lit. Gedenkstätte.

Dichterische Freiheit [lat. *licentia poetica* = poetische Lizenz], allg. Bez. für die Spielräume bzw. bes. Ausdrucksmöglichkeiten poetischer Sprache. ›D. F.‹ bezeichnet 1. den bewussten Verstoß (↗ Abweichung) gegen verbindliche Normen als funktional begründete Ausnahme oder 2. die freie Erprobung poetischer Möglichkeiten innerhalb poetologisch begrenzter Spielräume. Poetische Lizenzen bestehen sowohl gegenüber den Normen der Gemeinsprache als auch gegenüber anerkannten Regeln der Poetik und Rhet. Sie können auf allen Ebenen des Sprachsystems (Lautung, Lexik, Syntax, Semantik) geduldet werden. Als gewollte, kunstvolle Normverletzungen unterscheiden sich poetische Lizenzen von fehlerhaften Verstößen (*vitiae*) auf der Wortebene (Barbarismus) und in Wortverbindungen (↗ Solözismus). Häufig sind sie als metrische Notwendigkeit (*metrica necessitas*) oder durch den ↗ Reim begründet. Daneben bezeichnet ›d. F.‹ als *fictio poetica* die Abweichung von geschichtlichen Tatsachen (etwa im ↗ Geschichtsdrama) sowie die Überschreitung logischer oder empirischer Möglichkeiten (z. B. in der ↗ Science-Fiction). D. F. besteht zudem hinsichtlich der Verletzung moralischer, politischer oder religiöser Maßstäbe. Damit ist sie Vorstellungen wie der Narrenfreiheit oder Redefreiheit (*parrhesia*) als Grundrecht und Verpflichtung des antiken Redners verwandt. Satirische Freiheit (*licentia satyrica*, ↗ Satire) erlaubt es, im Ggs. zur personenbezogenen Schmähschrift (↗ Pasquill) allg. Schwächen (lasterhaftes Verhalten, anstößige Gegenstände) im Rahmen einer Verlachkomik zu thematisieren. Im Sinne eines durchschaubaren Verstoßes gegen Tatsachen kann d. F. als elementare Grundbedingung fiktionaler Lit. verstanden werden und damit als Abgrenzungskriterium gegenüber der Lüge dienen. Insofern ermöglichen Lizenzen auch im Bereich der Epik Erweiterungen des Sprachsystems durch Erzähltechniken wie Gedankenbericht oder ↗ erlebte Rede.

Lit.: W. Barner: Spielräume. In: H. Laufhütte (Hg.): Künste und Natur in Diskursen der Frühen Neuzeit. Bd. 1. Wiesbaden 2000, S. 33–67. – L.-H. Pietsch: Poetische Lizenz. In: RLW. – J. Wesche: Lit. Diversität. Tüb. 2004.   JW

Dichterkreis, auch: Autorengruppe; informeller Zusammenschluss von Autoren, gelegentlich auch mit Vertretern anderer Künste, Wissenschaftlern und Intellektuellen. Die Bez. umfasst unterschiedlichste Formen der Gruppenbildung, vom unregelmäßig tagenden Diskussionszirkel mit Affinitäten zu lokaler Gesellichkeit (↗ Salon) bis hin zur lit.programmatisch (↗ Manifest) und normativ-sozial (↗ Georgekreis) homogenisierten Vereinigung; in der Regel werden Vereinsbildungen und Großorganisationen (↗ Schriftstellerverbände) ausgenommen. Die Entstehung von D.en ist verbunden mit den historisch variierenden Strukturen kultureller Öffentlichkeiten, insbes. Produktions- und Rezeptionsbedingungen sowie Publikumsforma-

tionen. Bereits in der Antike finden sich D.e um Mäzene wie Messalla (mit Tibull und Ovid) und Maecenas (mit Horaz und Vergil), im Frankreich des 16. Jh.s ist die ⟋ Pléiade (um P. de Ronsard) bekannt, die ⟋ Sprachgesellschaften des ⟋ Barock verfolgen kulturreformerische Ziele, ähnlich die ⟋ Dt. Gesellschaften des frühen 18. Jh.s. Die Ausdifferenzierung des Kunstsystems und die Entstehung des lit. Marktes im 18. Jh. fördern die Bildung von D.en: Als ›mittlere‹ Kommunikationsmilieus ermöglichen sie zum einen den Kontakt zu anderen Autoren und damit die Diskussion poetologischer und ästhetischer Fragen, aber auch politisch-sozialer Probleme bis hin zu Entwürfen neuer Lebensstile (⟋ Göttinger Hain, Gruppenbildungen der ⟋ Romantik in Jena, Berlin und Heidelberg, D.e des ⟋ Naturalismus); zum anderen fördern sie die Wahrnehmbarkeit eines spezifischen Kunstprogramms in der Öffentlichkeit. Zss., Jahrbücher und Veranstaltungen (Lesungen, Happenings, Ausstellungen u. a.) sind Ansätze einer Institutionalisierung und Profilierung von Autorschaft unter Marktbedingungen (⟋ Sturmkreis, D.e des ⟋ Dadaismus, ⟋ Gruppe 47, ⟋ Wiener Gruppe).
Lit.: J. Hermand: Die dt. Dichterbünde. Köln u. a. 1998. – R. Kolk: Lit. Gruppenbildung. Am Beispiel des George-Kreises 1890–1945. Tüb. 1998. – O. Lorenz: Autorengruppe. In: RLW. – R. Parr: Lit. As-Sociation. Studien zur lit.-kulturellen Gruppierungen zwischen Vormärz und Weimarer Republik. Tüb. 2000. – W. Schmitz: D. In: Killy/Meid. RKO

Dichterkrönung ⟋ Poeta laureatus.
Dichtung, 1. in einem normativ-wertenden Sinn Sammelbez. für sprachkünstlerisch gestaltete, fiktionale Texte; 2. in deskriptiver Verwendung Sammelbez. für die Gesamtheit der Sprachkunstwerke und lit. ⟋ Gattungen. – Der Begriff, der keine Entsprechung in anderen europäischen Sprachen hat, erscheint erstmals als Substantivierung *getihte* (= Gedicht) zu mhd. *tihten* (= schriftlich abfassen, dichten) in Glossaren des 15. Jh.s. Bis ins 18. Jh. wird das Wort als Entsprechung von *poesis* und *poema* verwandt. Im 18. Jh. erscheint ›D.‹ zunächst in der Bedeutung ›Erdachtes, Erfundenes‹ als Antonym zu ›Wirklichkeit‹. Während der Begriff ⟋ ›Poesie‹ im 19. Jh. auf lyrische Texte eingeschränkt wird, erscheint ›D.‹ nicht mehr als Ggs. zu ⟋ ›Prosa‹, sondern bezeichnet allg. lit. Kunstwerke. ›D.‹ umfasst nun die Begriffsfelder ›Dichtkunst‹ (als gebräuchliche Verdeutschung von *ars poetica*) und ›schöngeistige Lit.‹ (⟋ Belletristik) und indiziert ästhetisch qualifizierend im Ggs. zu ⟋ ›Literatur‹ lit. Texte von herausgehobener ⟋ Poetizität. Kennzeichnend für die Vielzahl lit. Aussageformen (Gattungen), die unter ›D.‹ subsumiert werden, ist neben künstlerischer Sprachverwendung, ⟋ Fiktionalität, ⟋ Metaphorik und ⟋ Ambiguität die schöpferische Gestaltung einer textimmanenten Realität. Die Klassifizierung expositorischer Textsorten (z. B. ⟋ Essay, ⟋ Predigt, ⟋ Rede) als ›D.en‹ ist in den ästhetischen Diskursen seit dem 18. Jh. umstritten. Als normativer Kollektivbegriff in der zweiten Hälfte des 19. Jh.s konstituiert, ist das Wort Ausdruck einer spezifisch dt. Tradition ⟋ lit. Wertung und indiziert die Dominanz der klassizistisch-romantischen Kunstauffassung bis ins 20. Jh. Im Kontext der Ausweitung des Lit.begriffs und einer unscharfen definitorischen Fixierung wird der Begriff in den lit.wissenschaftlichen Diskursen seit den 1960er Jahren seltener verwandt. – Die Entstehung der D. wird epochenbedingt verschieden aufgefasst. Während vom ⟋ Barock bis zur ⟋ Aufklärung das Verfassen von D.en als lernbar galt, dominiert seit dem ⟋ Sturm und Drang das Inspirationsparadigma. Zu differenzieren ist zwischen ⟋ Gelegenheits-, ⟋ Erlebnis- und Bekenntnisdichtung.
Lit.: G. Baumann: D. In: ders.: Erschriebene Welt. Freiburg 1988, S. 9–23. – G. Bollenbeck: D. In: H. J. Sandkühler (Hg.): Europäische Enzyklopädie zu Philosophie und Wissenschaften. Bd. 1. Hbg. 1990, S. 570–573. – R. Breuer: Entwurf einer kommunikationsorientierten Theorie des sprachlichen Kunstwerks. Hdbg. 1984. – W. Dilthey: Das Erlebnis und die D. Lpz. 1905. – K. Eibl: Die Entstehung der Poesie. Ffm. 1996. – H.-J. Gerigk: Die Sache der D. Hürtgenwald 1991. – J. H. Petersen: Fiktionalität und Ästhetik. Bln. 1996. – Ders.: Die Fiktionalität der D. Mchn. 2002. – H. Rüdiger (Hg.): Lit. und D. Stgt. 1973. SSI
Dichtungsgattungen ⟋ Dichtung, ⟋ Gattung, ⟋ Epik, ⟋ Lyrik, ⟋ Drama, ⟋ Naturformen der Dichtung.
Dictionarium, n. [mittellat. = Sammlung von Wörtern; von lat. *dictio* = das Sagen], spätmal. Bez. (neben Glossarium, Vocabularium) für die verschiedensten Arten von Wörterbüchern zum Schulgebrauch; die Bez. findet sich erstmals ca. 1225 als Titel einer nach Sachgruppen geordneten lat. Wortsammlung von John Garland (mit gelegentlich engl. ⟋ Glossen); im 17. Jh. wurde ›D.‹ durch ⟋ ›Lexikon‹ oder ›Wörterbuch‹ ersetzt (vgl. aber noch engl. *dictionary*, frz. *dictionnaire*).
IS/Red.

Didaktik ⟋ Lit.didaktik.
Didaktische Dichtung ⟋ [didaktisch = lehrhaft; von gr. *didáskein* = lehren], ⟋ Lehrdichtung.
Didaskalos, m. [gr.], einstudierender Chorleiter des antiken gr. Dramas. ⟋ Regie.
Diegese, f. [frz. *diégèse*; zurückzuführen auf, aber nicht zu verwechseln mit gr. *diégēsis* = das Erzählen, mit welchem Begriff Platon in der »Politeia« den Akt der erzählerischen Darstellung im Unterschied zur ⟋ Mimesis bezeichnet], die erzählte Welt, das raumzeitliche Universum eines fiktionalen erzählenden ⟋ Textes bzw. ⟋ Films. – Ausgehend von dem aus der frz. Filmtheorie stammenden Begriff *diégèse* hat G. Genette eine verzweigte Terminologie entwickelt, welche die Stellung des ⟋ Erzählers zur erzählten Welt sowie das Verhältnis mehrerer erzählter Welten zueinander erfasst. In einer ›homodiegetischen‹ Erzählung ist der Erzähler eine Figur in der D. (im Spezialfall der ›autodiegetischen‹ Erzählung die Hauptfigur), während der Erzähler einer ›heterodiegetischen‹ Erzäh-

lung nicht zu den Figuren seiner Erzählung gehört und damit außerhalb der erzählten Welt steht. Weitere Begriffe beziehen sich auf die Gliederung von Erzählungen in Erzählebenen: ›Extradiegetisch‹ bezeichnet die hervorbringende Instanz einer Erzählung bzw. einer erzählten Welt, ›intradiegetisch‹ (kurz auch: ›diegetisch‹) die durch diese Instanz hervorgebrachte Erzählebene. Obwohl bei relationaler Verwendung der Begriffe mit diesem Begriffspaar auch das Phänomen von ↗ Rahmen- und Binnenerzählung erfasst werden könnte, hat Genette für die Binnenerzählung (die Erzählung innerhalb einer anderen Erzählung) zusätzlich den Terminus ›metadiegetische Erzählung‹ geprägt.
Lit.: G. Genette: Die Erzählung [frz. 1972/83]. Mchn. 1994. – M. Martinez, M. Scheffel: Einf. in die Erzähltheorie. Mchn. 1999. – K. Weimar: Diegesis. In: RLW.

BA

Dietrichepik, Sammelbez. für strophische Dichtungen, die Leben und Handeln Dietrichs von Bern zum Gegenstand haben, insofern ein Zweig der mhd. ↗ Heldendichtung. Da hinter der Figur Dietrichs der in Verona (»Bern«) residierende Ostgotenherrscher Theoderich (gestorben 526) steht, ist der Stoff zugleich Gegenstand der Historiographie. Theoderich, der um 470 als Geisel aus Byzanz zurückkehrte, trat 474 für seinen verstorbenen Vater das Königsamt an. Durch geschickte Kriegs- und Vertragspolitik sicherte er sich eine Vormachtstellung in Italien; 493 exekutierte er seinen Rivalen, den röm. Heerführer Odoaker, eigenhändig. 497 erreichte er die Anerkennung seines Königtums, die Italien Jahrzehnte des wirtschaftlichen Aufschwungs bescherte. Im weitgehenden Ggs. zur gelehrten Tradition, die den erfolgreichen Usurpator (den historischen Tatsachen entsprechend) als arianischen Ketzer verurteilte, gewinnt in der D. v. a. der glücklose, von Odoaker ins Exil gedrängte Dietrich Kontur. Als solchen kennt ihn bereits das ahd. »Hildebrandslied« (um 840). Als Exilant am Hofe Etzels begegnet er mit seinem Lehrmeister Hildebrand auch am Schluss des »Nibelungenliedes« (um 1200). – Seit dem 13. Jh. entstand eine rasch anwachsende Gruppe von Dichtungen, die Einzelepisoden aus dem Leben Dietrichs vorstellt. Aufgrund inhaltlicher Kriterien wird zwischen ›historischer‹ und ›aventiurehafter‹ D. unterschieden. Als ›historisch‹ gelten Dichtungen, welche die Vorgänge um die Machtergreifung Dietrichs und seine Auseinandersetzung mit Odoaker bzw. Ermenrich problematisieren (»Dietrichs Flucht«, »Rabenschlacht«), dabei freilich in kaum einem Punkt mit der Historiographie übereinstimmen. Als ›aventiurehaft‹ werden Werke bezeichnet, die Dietrich sich in einer Märchenwelt im Kampf gegen Zwerge und Riesen behaupten lassen (u. a. »Eckenlied«, »Sigenot«, »Laurin«, »Rosengarten«). Der Tendenz zur biographischen Zyklenbildung sind Werke wie die Enfance »Virginal« und der »Goldemar« (vor 1230) geschuldet. – Ob der glücklose Dietrich ein ›tragischer Held‹ sei, ist umstritten. Man kann sein topisches Zögern (seine ›zagheit‹),

das fast jeder bewaffneten Auseinandersetzung vorausgeht, erzählfunktional als retardierendes Moment deuten. Die Argumente, die Dietrich gegen sinnloses Kämpfen vorbringt, sind indes modernem Empfinden leicht zugänglich. – Wie alle Heldendichtung anonym, wurde v. a. die ›aventiurehafte‹ D. bis in die Neuzeit in dem Zeitgeschmack angepassten, weitgehend entproblematisierten Fassungen verbreitet (↗ Heldenbücher).
Lit.: J. Haustein: Die »zagheit« Dietrichs von Bern. In: G. R. Kaiser (Hg.): Der unzeitgemäße Held in der Weltlit. Hdbg. 1998, S. 47–62. – J. Heinzle: Einf. in die mhd. D. Bln., NY 1999. – E. Lienert (Hg.): D. (Jb. der Oswald von Wolkenstein-Gesellschaft 14). Ffm. 2003 f. – K. Zatloukal (Hg.): Aventiure – märchenhafte D. Wien 2000.

CF

Differentialismus, metatheoretische Vorgehensweise bei der Untersuchung und Analyse lit.wissenschaftlicher Theorien, Verfahren und Begriffe; Verfahren der ↗ analytischen Lit.wissenschaft. Ausgehend von der Spätphilosophie L. Wittgensteins sowie der daran anschließenden sprachanalytischen Philosophie liegt dem D. die anti-essentialistische Annahme zugrunde, dass es so etwas wie das ›Wesen‹ lit.wissenschaftlicher Begriffe nicht gibt und sich die Klärung der Bedeutung solcher Begriffe deshalb auf die Unterschiede im lit.-wissenschaftlichen Sprachgebrauch zu richten hat. Angestrebt werden »übersichtliche Darstellungen« (Wittgenstein, § 122) dieses Sprachgebrauchs (etwa solcher Begriffe wie ›Interpretation‹) und damit gegebenenfalls eine ›Therapie‹ begrifflicher Verwirrungen.
Lit.: A. Spree: Kritik der Interpretation. Paderborn u. a. 1995, bes. S. 23–29. – W. Strube: Analytische Philosophie der Lit.wissenschaft. Paderborn u. a. 1993. – L. Wittgenstein: Philosophische Untersuchungen [1953]. In: ders.: Werkausg. Bd. 1. Ffm. 1984, S. 225–580. ASP

Digitaldruck ↗ Druck.

Digitale Literatur, Sammelbez. für Texte, die mit Hilfe digitaler Medien generiert und verbreitet werden und deren Struktur durch das Medium entscheidend geprägt ist. D. L. zeigt eine Vielzahl von Spielarten, für die eine ganze Reihe von Bez.en kursiert, z. B. ↗ ›Hypertext‹, ↗ ›Hyperfiktion‹, ↗ ›interaktive Narration‹, ›Cybertext‹, ›Ergodic Literature‹ oder ↗ ›Internetlit.‹ Im Hinblick auf die mediale Gegebenheit genügt es, zwei Typen zu unterscheiden: 1. nicht-digitale Texte, die über das digitale Medium (durch Computerprogramme) hergestellt werden (↗ Computertexte); 2. digitale Texte, die an das digitale Medium so eng gebunden sind, dass eine Migration, eine adäquate Darstellung außerhalb desselben, im Grunde unmöglich ist. – Computertexte sind mittels Programmen aus vorgegebenen Lexika, Regelsets und Zufallsgenerator erzeugte Texte, die bestimmte lit. Erscheinungen (z. B. ↗ Reim) simulieren und so als ›Computerlyrik‹ oder ›-poesie‹ firmieren können. Sind diese Texte ohne Weiteres druckbar, so gilt dies für den zweiten Typ (Hypertext-Romane, Hypertext-Dramen, digitale Lyrik und interaktive Netz-Lit.) nur noch bedingt. Die

bes. Merkmale dieser Texte – Hypertext, Interaktivität und Multimedialität – sind adäquat nur innerhalb des digitalen Mediums darstellbar.
Lit.: E. J. Aarseth: Cybertext. Baltimore, Ldn. 1997. – J. D. Bolter: Writing Space. Hillsdale 1991. – M. Böhler, B. Suter (Hg.): Hyperfiction: Hyperlit. Basel, Ffm. 1999. – Ch. Heibach: Lit. im elektronischen Raum. Ffm. 2003. – T. Kamphusmann: Lit. auf dem Rechner. Stgt. 2002. – G. P. Landow: Hypertext 2.0. Baltimore 1997. – M.-L. Ryan: Possible Worlds, Artificial Intelligence, and Narrative Theory. Bloomington 1991. – TuK 152 (2001): D. L.   VD

Digression, f. [lat. *digressio* = Abschweifung], ⌐ Exkurs (2).

Dihärese, f. [gr. *diaíresis* = Auseinandernehmen, Trennung], auch: Diärese; 1. phonologisch die getrennte Aussprache zweier aufeinanderfolgender, als Diphthong denkbarer, aber zu verschiedenen Silben gehörender Vokale: ›naiv‹, ›genuin‹. Zuweilen wird zur Markierung der D. ein Trema gesetzt, etwa im Vornamen ›Anaïs‹. – 2. In der antiken ⌐ Prosodie die Zerlegung einer einsilbigen Lautfolge in zwei Silben, z. B. die archaisierend wirkende Erzeugung einer schwachen Kadenz: ›aqua-i‹ statt ›aquae‹: Ggs.: ⌐ Synizese. – 3. In der antiken ⌐ Metrik ein Einschnitt im Vers, bei dem im Ggs. zur ⌐ Zäsur Wort- und Versfußende zusammenfallen, bei antiken ⌐ Trochäen meist dimetrische, bei ⌐ Anapästen monometrische D., beim ⌐ Hexameter die ›bukolische D.‹ nach dem vierten ⌐ Daktylus: »Ducite ab urbe domum, mea carmina, | ducite Daphnim« (Vergil: »Eclogen« VIII, V. 69). – 4. In der ⌐ Rhet. die Differenzierung eines Hauptbegriffs in syndetisch (verbunden) oder asyndetisch (unverbunden) gereihte Unterbegriffe, die am Schluss der Darstellung durch Nennung des Kollektivbegriffs zusammengefasst werden können; auch: ⌐ Accumulatio. – 5. In der Philosophie die Differenzierung eines Begriffs in seine Bedeutungsnuancen (z. B. in Platons »Sophistes«).   JK/CSR

Dijambus, m. [gr. = Doppel-⌐ Jambus].

Dikatalektisch, Adjektiv [gr. = doppelt ⌐ katalektisch (= vorher aufhörend)], Merkmal solcher Verse, deren letzter Versfuß sowohl vor der ⌐ Dihärese als auch vor dem Versschluss unvollständig ist, z. B. der daktylische ⌐ Pentameter.   JK/Red.

Dikretikus, m. [gr.-lat. = zweifacher Kretikus], moderne Bez. für einen doppelten ⌐ Kretikus (– v – | – v –) in den Kolonschlüssen lat. Prosa (⌐ Klausel), in verschiedenen Varianten die häufigste Klauselform bei Cicero und seinen Nachfolgern. In der akzentuierenden Kunstprosa der Spätantike und des MA.s entstand daraus der ⌐ Cursus tardus.   UM

Diktum, n. [lat. *dictum* = Gesagtes], Pl. *Dikta*; pointierter Ausspruch, ⌐ Bonmot, ⌐ Sentenz. Häufig im Titel von Sentenzensammlungen (z. B. »Dicta Graeciae sapientium, interprete Erasmo Roterodamo«, Nürnberg um 1550/51).   HFR/Red.

Dilettant, m. [it. *dilettante* = Kunstliebhaber, ambitionierter Laie], in der Kunsttheorie und -praxis ab den 1770er Jahren Kontrastfigur zum berufenen, meisterhaften Künstler. Der dt. Sprachgebrauch entstammt der Londoner »Society of Dilettanti« (gegründet 1734), deren Wirken zunächst den it. Begriff im Ausland bekannt machte. Ch. J. Jagemann übersetzt diesen mit »Liebhaber, Kenner der Musik und anderer schönen Künste« (»Dizionario Italiano-Tedesco e Tedesco-Italiano«, ²1803); davon grenzt sich J. G. Sulzer ab, der in der Vorrede seiner »Allg. Theorie der schönen Künste« (1771–74) den D.en als »curiösen Liebhaber« kennzeichnet. K. Ph. Moritz entwirft in seinem »Anton Reiser« (1785–90) das erste Psychogramm des D.en, welches in J. G. Goethes und F. Schillers Schema »Über den Dilettantismus« (1799) kunstprogrammatisch weiterentwickelt wird. Im 19. Jh. wird das Phänomen des D.en mannigfaltig artikuliert: kunsttheoretisch in F. Grillparzers nicht eindeutig datierbarem »Brief über den Dilettantismus«, lit. in G. Kellers »Die mißbrauchten Liebesbriefe« (1865), essayistisch in P. Bourgets »Essais de psychologie temporaine« (1883), pädagogisch in A. Lichtwarks »Wege und Ziele des Dilettantismus« (1894). R. Kassner kennzeichnet den modernen D.en des ⌐ Fin de Siècle als Menschen der »Surrogate« (»Dilettantismus«, 1910). Daneben blieb auch F. Nietzsches Warnung vor der »gefährlichen Lust am geistigen Anschmecken« (»Unzeitgemäße Betrachtungen« IV, 1876) für das Bild des D.en in der Moderne verbindlich (H. v. Hofmannsthal: »Der Tod des Tizian«, 1902; Th. Mann: »Der Bajazzo«, 1897).
Lit.: G. Stanitzek: Der D. In: RLW. – H. R. Vaget: Der D. In: JbDSG 14 (1970), S. 131–158. – Ders.: Dilettantismus und Meisterschaft. Mchn. 1971.   SBL

Dilettantentheater ⌐ Laienspiel.

Dimeter, m. [gr. = Doppelmaß], in der antiken Metrik ein aus zwei metrischen Einheiten (⌐ Dipodie) bestehender Vers (z. B. die ⌐ archilochischen Verse in den »Epoden« des Horaz).   JK/Red.

Dinggedicht, lyrischer Text, der ein sinnlich konkretes Objekt zum Gegenstand hat. Dieser Gegenstand wird in einer Reihe von ›Standbildern‹ in seinen verschiedenen Ansichten möglichst distanziert und unpersönlich dargestellt. Darin unterscheidet sich das D. von jenen Formen der Beschreibungslyrik, die aus Gegenständen moralische Lehrsätze, philosophische Ideen oder bewegte Stimmungen (⌐ Erlebnisdichtung) ausführen. Thema des D.s kann neben Alltagsdingen, Pflanzen oder Lebewesen auch ein ⌐ Artefakt, bes. ein Kunstwerk sein, das mittels der Sprache neu produziert wird (E. Mörike: »Auf eine Lampe«, 1846; C. F. Meyer: »Der römische Brunnen«, 1882). Obwohl unter dem Eindruck des naturwissenschaftlichen Positivismus sowie der Fotografie (⌐ Fotografie und Lit.) entstanden, zeigt das D., in dem das säkularisierte Ding lyrisch strukturiert wird, Tendenzen zur symbolischen Überhöhung. In dieser Tradition stehen auch R. M. Rilkes durch die bildenden Künstler A. Rodin und P. Cézanne beeinflusste »Neue Gedichte« (1907 f.), bei denen aber das sprachliche Ausdrucksmaterial selbst zum Ding wird, dessen Signifikationskraft hinterfragt wird. Ähnliche Tendenzen zeigen sich bei den frz. ↗ Parnassiens im späten 19. Jh. und den angloam. ↗ Imagisten im 20. Jh.

Lit.: W. G. Müller: D. In: RLW. – G. Neumann: Rilkes D. In: D. Ottmann, M. Symmark (Hg.): Poesie als Auftrag. Würzburg 2001, S. 143–161. – K. Oppert: Das D. In: DVjs 4 (1926), S. 747–783.   RK

Dionysien, n. Pl. [gr. *dionýsia*], altgr. Feste zu Ehren des Dionysos, eines wohl aus Kleinasien stammenden Vegetationsgottes, Gottes der Fruchtbarkeit, des Weins und der Verwandlung (lat. Bacchus), begleitet von einem lärmenden Schwarm efeubekränzter Nymphen, Mänaden und Satyrn (Silenen), daher *dionysisch* = rauschhaft, begeisternd, ekstatisch. Sein Kult (ursprünglich wohl agrarische Fruchtbarkeitsriten bei improvisierten orgiastischen nächtlichen Feiern) wurde seit dem 6. Jh. v. Chr. in offiziellen Kultfesten institutionalisiert. Die bedeutendsten D. waren die vier jährlichen, jeweils mehrtägigen dionysischen Feiern Athens: 1. als älteste die dreitägige Anthesteria (Januar/Februar), ursprünglich Frühlingsriten, die dem Wein und den Toten geweiht waren; 2. die Lenäen (*Lenaia* nach *lenai* = Mänaden) im Monat Gamelion (Dezember/Januar); 3. die sog. ländlichen D. der einzelnen Gemeinden (*démoi*) Athens im Monat Poseidon (November/Dezember); 4. die städtischen oder großen D., die Ende des 6. Jh.s v. Chr. nach dem kultischen Vorbild der ländlichen D. von Peisistratos eingeführt wurden (im Monat Elaphebolion = Februar/März) und die zum wichtigsten Fest des antiken Griechenland wurden. – Die D. waren von fundamentaler Bedeutung für das abendländische ↗ Theater; die Grundbestandteile der kultischen Feiern waren jeweils 1. sakrale Phallusumzüge (*Phallophorien, Komoi*) unter ekstatisch-ausgelassenen Gesängen (*Phallika*) vermummter Chöre, die als eine der Keimzellen der ↗ Komödie gelten; 2. ein (Bock-)Opfer mit tänzerisch und mimetisch vergegenwärtigter symbolischer Todes- oder Auferstehungsfeier des Gottes, d. h. magisch-religiöse Verwandlungsspiele, die Keimzellen der ↗ Dithyrambus und ↗ Tragödie. Dramatische Agone wurden immer mehr zum 3. (wichtigsten) Bestandteil der D. (Dreigliederung: Umzug, Opfer, Agon). So gehörten (nach Aristoteles) Komödienagone zu den Lenäen; dithyrambische und dramatische Wettbewerbe standen im Mittelpunkt der ländlichen und städtischen D.; bei Letzteren wurden seit Ende des 6. Jh.s v. Chr. an drei aufeinanderfolgenden Tagen drei ↗ Tetralogien konkurrierender Dichter, seit 486 v. Chr. zusätzlich fünf Komödien, im Dionysostheater am Südhang der Akropolis aufgeführt und anschließend prämiert. – Die D. erloschen im Wesentlichen gegen Ende des 1. Jh.s v. Chr.; sie wurden in der Kaiserzeit vorübergehend wiederbelebt.

Lit.: L. Deubner: Attische Feste [1932]. Darmstadt ³1969. – A. W. Pickard-Cambridge: Dramatic festivals of Athens [1953]. Oxford ²1968.   IS/UM

Dionysisch, ↗ Dionysien. Ggs.: ↗ apollinisch.

Diplomatik ↗ Handschrift.

Diplomatischer Abdruck [frz. *diplomatique* = urkundlich; von lat. *diploma* = Urkunde], buchstäblich genaue Druckwiedergabe eines hsl. Textes ohne Normalisierungen oder sonstige Eingriffe des Herausgebers. ↗ Textkritik.   HHS/Red.

Dipodie, f. [gr. = Doppelfuß], zwei zu einer metrischen Einheit zusammengefasste ↗ Versfüße. Die D. gilt in der gr. Metrik als Maßeinheit bei jambischen, trochäischen und anapästischen Versen; z. B. ein jambischer ↗ Trimeter aus drei jambischen Dipodien (daher der Name). Im Unterschied dazu ist bei daktylischen u. a. mehrsilbigen Versfüßen (z. B. dem ↗ Choriambus) die Maßeinheit in der Regel die ↗ Monopodie; so setzt sich ein daktylischer Hexameter (wie es auch der Name zum Ausdruck bringt) aus sechs Versfüßen zusammen. In den freieren lat. Nachbildungen gr. Versmaße herrscht durchweg Monopodie. Demgemäß entspricht einem gr. jambischen ↗ Trimeter ein lat. jambischer ↗ Senar (= Sechser) oder einem gr. trochäischen ↗ Tetrameter ein lat. trochäischer ↗ Oktonar (= Achter).
          JK/Red.

Dirae, f. Pl. [lat. = Verfluchungen; Unheilzeichen], gr. ↗ Arai; Verfluchung einer Person oder Sache, als Teil eines Textes (z. B. Didos Fluch in Vergils »Aeneis«) oder als selbständiges Gedicht (Properz III, 25; Ovid: »Ibis«). Die D. begegnen noch in J. C. Scaligers »Poetik« (I, 53) von 1561 als lit. Gattung. – Im Ggs. zu ›Arai‹ bedeutet ›D.‹ auch ›Unheilzeichen‹, was bereits in der Antike Missverständnisse hervorrief.   UM

Direkte Rede [lat. *oratio (di-)recta* = wörtliche Rede], schriftsprachliche Sequenz, die im Ggs. zur ↗ indirekten R. das Gesprochene Wort für Wort wiedergibt, d. h. ohne Änderung von Pronomen, Modus und Wortstellung. Üblich, jedoch nicht obligatorisch ist die Markierung der d. n R. durch eine Inquit-Formel (»Sie sagte: …«) sowie Anführungszeichen. In erzählenden Texten ist die d. R. ein Mittel der Darstellung von ↗ Figurenrede.

Lit.: M. v. Roncador: Zwischen d.r R. und indirekter Rede. Tüb. 1988. – F. Simmler: Zur Geschichte der d.n R. und ihrer Interpungierungen in Romantraditionen vom 16. bis 20. Jh. In: P. Ernst, F. Patocka (Hg.): Dt. Sprache in Raum und Zeit. Wien 1998, S. 651–674.
          HHS/DP

Dirge, n. [dəːdʒ; engl., von lat. *dirigere* = leiten], nach dem ersten Wort einer beim Totenamt gesungenen ↗ Antiphon, »Dirige, Domine, Deus meus, in conspectu tuo viam meam«; zunächst Bez. für Grabgesang oder ↗ Totenklage, später übertragen auf Klagelieder allg.; vgl. das als »Fidele's D.« bekannte Lied aus Shakespeares »Cymbeline« (IV, 2): »Fear no more the heat o' th' sun …«.   MGS

Dirigierrolle, eine Art Regiebuch mal. Schauspiele; Papierrolle (oder -blätter) für den Spielleiter der Aufführung. Die D. konnte Bühnenplan, Dekorationshinweise, Personenverzeichnis, Stichworteinsätze u. a. enthalten. Zu den wenigen erhaltenen D.n gehören die des »Frankfurter Passionsspiels« von 1350, die des »Göttweiger Osterspiels« (15. Jh.) und das Sterzinger Szenar, eine D. des ↗Neidhartspiels.

Texte: J. Janota (Hg.): Die Hessische Passionsspielgruppe. 3 Bde. Tüb. 1997–2004. – J. Margetts (Hg.): Neidhartspiele. Graz 1982. – Ch. Treutwein: Das Alsfelder Passionsspiel. Hdbg. 1987.
Lit.: H. Lomnitzer: D. In: RLW. – K. Wolf: Kommentar zur »Frankfurter D.« und zum »Frankfurter Passionsspiel«. Tüb. 2002. MGS

Diskontinuität, f. [lat.], Ggs. zu ↗Kontinuität.

Diskurs, m. [frz. *discours*; it. *discorso* von lat. *discursus* = das Umherlaufen, Sich-Ergehen (über einen Gegenstand)], erörternder Vortrag oder methodisch aufgebaute ↗Abhandlung (2) oder ↗Erörterung über ein bestimmtes Thema (N. Machiavelli: »Discorsi sopra la prima deca di Tito Livio«, 1531; R. Descartes: »Discours de la méthode«, 1637) oder Sammlung solcher Abhandlungen (z. B. »Discourse der Mahlern«, 1721–23, eine von J. J. Bodmer und J. J. Breitinger herausgegebene ↗moralische Wochenschrift). – Zur Verwendung des Begriffs in der jüngeren Lit.theorie: ↗D.analyse. HFR/Red.

Diskursanalyse, 1. Erforschung von Diskursen; 2. die darauf aufbauende Form der Textanalyse. Die lit.wissenschaftliche D., die sich von jener der Sprachwissenschaften unterscheidet, basiert auf dem Diskursbegriff von M. Foucault. Als ›Diskurse‹ bezeichnet Foucault institutionalisierte Ordnungen spezialisierten Wissens, Denk- und Redeordnungen, wie sie etwa in Aussagen der ›Wissenschaften vom Menschen‹ (z. B. Medizin, Psychiatrie, Jurisprudenz) erkennbar werden, die eine »Ordnung der Dinge« nach Oppositionen wie wahr/falsch, normal/abnormal, vernünftig/wahnsinnig, männlich/weiblich begründen. Lit. erscheint aus der Sicht der D. als Gegendiskurs, ›Interdiskurs‹ (Link), eine Art Treff- und Kreuzungspunkt verschiedener Diskurse. Die Begriffe des individuellen ↗Autors und des ↗Werks werden durch die D. relativiert, die stattdessen nur noch die »Funktion Autor« anerkennt, über welche die »Existenz-, Verbreitungs- und Funktionsweise« von Diskursen bestimmt wird (Foucault, S. 211). – Die Anfänge der D. liegen im frz. ↗Poststrukturalismus. Während in den Arbeiten Foucaults das Interesse an Lit. nicht im Vordergrund steht, sieht die dt. Rezeption der 1970er Jahre in der D. den Kern eines neuen Konzepts der Lit.wissenschaft. Die Verwendung des Begriffs ›Diskurs‹ in der neueren Forschung ist inflationär.
Lit.: K.-M. Bogdal: Historische D. der Lit. Opladen u. a. 1999. – J. Fohrmann, H. Müller (Hg.): Diskurstheorien und Lit.wissenschaft. Ffm. 1988. – M. Foucault: Was ist ein Autor? [frz. 1969] In: F. Jannidis u. a. (Hg.): Texte zu Theorie der Autorschaft. Stgt. 2000, S. 198–229. – Ders.: Die Ordnung des Diskurses [frz. 1971]. Ffm. 1977. – Ch. Karpenstein-Essbach: D. als Methode. In: R. Schnell (Hg.): Vom Scheitern. Stgt. 2000, S. 98–106.

– J. Link: Elementare Lit. und generative D. Mchn. 1983. – Ders.: Versuch über den Normalismus [1997]. Opladen 1999. VD

Diskurs-Diskussion, Debatte über den Begriff ›Diskurs‹ und die Bedeutung der ↗Diskursanalyse in den Geisteswissenschaften. Das Aufsehen, das der Diskurs-Begriff seit den 1970er Jahren in den Geisteswissenschaften erregt, ist auch durch seine schillernde Bedeutungsvielfalt bedingt. So bezieht sich der Begriff in der ↗Kritischen Theorie auf »die durch Argumentation gekennzeichnete Form der Kommunikation […], in der problematisch gewordene Geltungsansprüche zum Thema gemacht und auf ihre Berechtigung untersucht werden« (Habermas, S. 130). In der Linguistik wird der Begriff auf solche ↗Texte, ↗Reden oder Konversationen bezogen, die sich durch ihre kohärente Struktur von zusammenhanglosen Reihen von Einzelsätzen unterscheiden. In der ↗Narratologie begegnet der Begriff ›narrativer Diskurs‹. Die bes. in den 1980er Jahren ausgetragene Debatte über den Diskursbegriff des ↗Poststrukturalismus ist in ihren Auswirkungen auf das Selbstverständnis der Geisteswissenschaften mit dem Positivismus-Streit der 1960er Jahre vergleichbar. Die Diskursanalyse nach Foucault lenkt das Interesse auf Texte, hinter denen andere Texte und schließlich allg. Redeordnungen sichtbar werden. Durch die Fokussierung auf anonyme Diskurse wird die Bedeutung traditioneller Themenbereiche der Geisteswissenschaften wie Subjektivität, Individualität, ↗Autor und ↗Werk relativiert. – Die D. in der Lit.wissenschaft bezieht sich auf vier Bereiche: 1. wird auf Foucaults Diskursbegriff zurückgegriffen, dem von Kritikern mangelnde Trennschärfe und Eingrenzbarkeit vorgeworfen wird; 2. der ›Diskurs‹ wird dem ↗›Dialog‹ gegenübergestellt (vgl. Stierle) und zur Abwehr hermeneutischer Sinnerwartungen benutzt; 3. in Anlehnung an die Theorie der ↗Intertextualität werden lit. Texte als ›Interdiskurs‹ (J. Link), eine Art Treffpunkt der Diskurse, verstanden und analysiert, wobei deren subversives bzw. integrierendes Potential in den Blick gerät; 4. in der ↗Narratologie werden *histoire* (bzw. *récit, sujet*) und *discours* (bzw. *narration*), also die erzählte Geschichte und ihre textuelle Realisation, unterschieden.
Lit.: J. Fohrmann: Diskurs. In: RLW. – Ders.: Diskurstheorie(n). In: RLW. – J. Fohrmann, H. Müller (Hg.): Diskurstheorien und Lit.wissenschaft. Ffm. 1988. – M. Foucault: Die Ordnung des Diskurses [frz. 1971]. Ffm. 1977. – J. Habermas: Wahrheitstheorien [1973]. In: ders.: Vorstudien und Ergänzungen zur Theorie des kommunikativen Handelns. Ffm 1984, S. 127–183. – Ders.: Der philosophische Diskurs der Moderne. Ffm. 1985. – K. W. Hempfer: Die potentielle Autoreflexivität des narrativen Diskurses und Ariosts *Orlando Furioso*. In: E. Lämmert (Hg.): Erzählforschung. Stgt. 1982, S. 130–156. – Ch. Karpenstein-Essbach: Diskursanalyse, Lit. und ästhetischer Wert. In: B. Schlieben-Lange (Hg.): Generationen. Stgt. 2000, S. 137–144. – F. A.

Kittler (Hg.): Austreibung des Geistes aus den Geistes-wissenschaften. Paderborn, Mchn. 1980. – J. Link: Elementare Lit. und generative Diskursanalyse. Mchn. 1983. – H. Raab: Foucault und der feministische Poststrukturalismus. Dortmund 1998. – R. G. Renner: Diskurstheorie. In: Killy/Meid. – K. Stierle: Gespräch und Diskurs. In: K. Stierle, R. Warning (Hg.): Das Gespräch. Mchn. 1984, S. 297–334.   VD

Dispondeus, m. [gr. = Doppel-↗Spondeus].

Dispositio, f. [lat. = Gliederung, Anordnung], auch: Disposition; der zweite von fünf Schritten der Rede-herstellung sowie dessen textuelles Ergebnis, bedeutsam auch für Schrifttexte, in den Rhet.en meist knapper behandelt als die Nachbarschritte ↗Inventio und ↗Elocutio. Die Erzeugung poetischer, bildnerischer und v. a. musikalischer Werke bezeichnet man im Hinblick auf deren Bauteile und Ordnungsschemata eher als ↗Komposition. – Zur näheren Bestimmung der D. dient die Unterscheidung von natürlicher und künstlicher Anordnung (*ordo naturalis* bzw. *artificialis*). Als natürlich galt im antiken Rom die normale Abfolge einer Gerichtsrede (Einleitung, Erzählung des strittigen Sachverhalts, Angabe der weiteren Gliederung, Beweis der eigenen Meinung, Widerlegung der gegnerischen, Schluss), später v. a. die Wiedergabe von Geschehen in chronologischer Reihenfolge, so auch in der epischen Dichtung. In der Neuzeit wird die D. weniger der Rhet. als der Logik zugeordnet und als Garant gedanklicher ↗Klarheit begriffen. D.nsübungen sind charakteristisch für den schulischen ›Verstandesaufsatz‹ des 19. Jh.s. Dagegen stärkte das im 18. Jh. kulminierende Unbehagen gegenüber poetischen Regeln die Lust an ›schöner Unordnung‹ (N. Boileau), Abschweifungen, fragmentarischer Form und lockerer Gedankenfolge, z. B. im Essay.

Lit.: S. L. Calboli Montefusco u. a.: D. In: HWbRh. – O. Ludwig: Der Schulaufsatz. Bln. 1988, S. 90–92, 159–161, 406–408. – St. Matuschek: D. In: RLW. – R. Volkmann: Die Rhet. der Griechen und Römer [1872]. Lpz. ²1885. Repr. Hildesheim u. a. 1987, S. 362–392.   BAS

Dispositiv ↗Archäologie des Wissens.

Disputatio, f. [lat.], auch: Disputation; öffentliches ↗Streitgespräch zwischen Gelehrten (Respondent oder Defendent vs. Opponent) zur Klärung theologischer oder anderer wissenschaftlicher Streitfragen (↗Quaestio); im lit. Kontext Sonderform des ↗Dialogs. Die D. war schon in der spätantiken ↗Rhet. wichtig und gewann im MA. als scholastische Unterrichtsform neben der Texterklärung (*lectio*) neue Bedeutung. In der Reformationszeit erfuhr sie einen weiteren Aufschwung (›Leipziger D.‹ zwischen M. Luther und J. Eck, 1519). In der mündlichen Prüfung zum Abschluss einer Doktor-Promotion hat sich der mal. Brauch der D. bis heute erhalten.

Lit.: F. Rädle: D. In: RLW.   RRG

Distichisch, Adjektiv [aus gr. *dís* = doppelt, *stíchos* = Vers, Zeile], Bez. für die regelmäßig alternierende Abfolge zweier formal unterschiedlicher ↗Verse; z. B. als elegisches oder epigrammatisches ↗Distichon, in dem ↗Hexameter und ↗Pentameter sich abwechseln. – Gegensätze: *monostichisch* oder ↗*stichisch* (die regelmäßige Abfolge gleich gebauter Einzelverse, z. B. epische Hexameter, in der Neuzeit ↗Alexandriner oder ↗Blankverse im Drama); *tristichisch* (die – im Dt. sehr seltene – regelmäßige Abfolge dreier formal unterschiedlicher Verse, die damit je ein *Tristichon*, einen Dreizeiler, bilden). Häufiger ist die formal regulierte Ordnung der Verse zu ↗Strophen (z. B. ↗Odenmaße).   CSR

Distichomythie ↗Stichomythie.

Distichon, n. [aus gr. *dís* = zwei, *stíchos* = Vers, Zeile], Pl. *Distichen*; antikes, zweizeiliges Strophen- bzw. Gedichtmaß. Bekannteste Form ist das elegische D. (auch: ›Elegeion‹), bei dem alternierend daktylischer ↗Hexameter und daktylischer ↗Pentameter kombiniert werden: »Im Hexameter steigt des Springquells flüssige Säule / Im Pentameter drauf fällt sie melodisch herab« (F. Schiller: »Das D.«). Das elegische D. geht auf die gr.-röm. threnodische (klagende) Variante der ↗Elegie zurück; vermuteter Ursprung ist ein vorderasiatischer Klagegesang, es findet sich aber auch in antiken Kampfliedern, erotischer Dichtung (Ovid, Horaz, Tibull), Spott- und Lehrgedichten. Die seit dem 16. Jh. (J. Fischart) begegnenden dt. Nachbildungen sind zunächst quantitierend-silbenzählend und gereimt, akzentuierend dann seit S. v. Birken und Ch. Weise. Das reimlose D. wird zuerst von J. Ch. Gottsched (Übers. des 6. Psalms, 1742) erprobt, setzt sich mit F. G. Klopstock (»Die künftige Geliebte«, 1748) durch und verdrängt den ↗Alexandriner als metrischen Baustein der Elegie. Auch im ↗Epigramm, in dem der Hexameter eine These vorlegt, die im Pentameter antithetisch reflektiert oder programmatisch-spöttisch zugespitzt wird, findet sich oft das D., so in J. W. Goethes und F. Schillers selbstreflexivem Gedicht ↗»Xenien« (1796): »Distichen sind wir. Wir geben uns nicht für mehr noch für minder, / Sperre du immer, wir ziehn über den Schlagbaum hinweg.«

Lit.: F. Beißner: Geschichte der dt. Elegie [1941]. Bln. ³1965. – D. Frey: Bissige Tränen. Eine Untersuchung über Elegie und Epigramm von den Anfängen bis zu B. Brecht und P. Huchel. Würzburg 1995. – B. Moennighoff: D. In: RLW. – M. L. West: Greek Lyric Poetry. Oxford 1993.   JK/CSR

Distributio, f. [lat. = Verteilung], ↗rhet. Figur, ↗Accumulatio.

Distribution, f. [lat. *distributio* = Verteilung, Aufteilung], 1. im Dt. seit dem 16. Jh. gebrauchte Bez. für den Vertrieb von ↗Medien über verschiedene Verteilungswege, Verkaufsverfahren und Auslieferungsformen. Dabei wird unterschieden zwischen *physischer* (Verteilung der Druckwerke durch die Auslieferungsabteilungen der ↗Verlage) und *akquisitorischer* D. (Subskriptionen – also die Einwerbung von Vorbestellungen noch gar nicht oder noch nicht vollständig

erschienener Werke – und Werbemaßnahmen allg.). ⁊ Lesungen, ⁊ Lesegesellschaften, ⁊ Lit.kritik, ⁊ Film und Fernsehen sind Institutionen der akquisitorischen D. Die historischen D.sformen werden im Rahmen der ⁊ Sozialgeschichte der Lit. sowie der ⁊ Rezeptionsforschung erschlossen. – 2. In der Linguistik (Distributionalismus) die Verteilung lautlicher Äquivalenzen im Text. – 3. In der ⁊ Rhet. (Distributio) die koordinierende Reihung von Elementen, die jedoch nicht wie bei der ⁊ Accumulatio direkt aufeinander folgen, sondern durch andersartige Elemente voneinander getrennt sind. Es kann sich entweder a) um die Verteilung sprachlicher Äquivalenzen wie unter (2) handeln, also um ⁊ Alliteration, ⁊ Assonanz, ⁊ Reim, ⁊ Akzent usw. (vgl. Plett); oder b) um die Aufzählung gleichgeordneter Begriffe, die einem ebenfalls genannten Oberbegriff zugeordnet werden können (vgl. Ottmers, S. 190).
Lit. zu 1.: H. Hiller: Zur Sozialgeschichte von Buch und Buchhandel. Bonn 1966. – P. Schmidt: D. In: RLW. – H. Widmann: Geschichte des Buchhandels. Bd. 1. Wiesbaden 1975.
Zu 3.: G. Kalivoda: Distributio. In: HWbRh. – C. Ottmers: Rhet. Stgt., Weimar 1996. – H. F. Plett: Systematische Rhet. Mchn. 2000.   WVB

Distrophisch [gr. = zweistrophig], aus zwei Strophen oder zwei Zeilen bestehend; auch: Distrophon.

Dit, m. [dit, auch: di:; afrz. = Gesprochenes, Nicht-Gesungenes], in der afrz. Lit. ein kurzer, gewöhnlich nicht gesungener lit. Text. – Den D. als ⁊ Gattung zu definieren bereitet Schwierigkeiten, da in der frz. Lit. des 13. bis 15. Jh.s mit diesem Wort unterschiedliche narrative und lyrische Texte benannt werden, die einen Sprecher in der ersten Person Sg. in Szene setzen und in Versen oder einer Mischform aus Prosa und Versen abgefasst sind. Im mal. Sprachgebrauch scheint mit dem Begriff eher eine bestimmte ⁊ Schreibweise gemeint zu sein, die sich durch ihren diskontinuierlichen Charakter und ihre thematische Vielfalt auszeichnet. Die Verwendung von spezifisch lit., an das Medium der Schrift gebundenen Verfahrensweisen wie Gattungsmontagen, Digressionen und Aufzählungen, die Betonung der subjektiven, bisweilen autobiographischen Perspektive durch den Sprecher, der Bezug zur jeweiligen Gegenwart sowie der häufig belehrende oder satirische Ton machen den D. im Hoch- und Spät-MA. zur typischen Ausdrucksform gebildeter *clercs*. – Bedeutende Verfasser von D.s sind im 13. Jh. Rutebeuf und Baudoin de Condé, im 14. Jh. Guillaume de Machaut und Jean Froissart. Im 15. Jh wird der Gebrauch des Begriffs ›D.‹ unüblich.
Lit.: J. Cerquiglini: Le D. In: D. Poirion (Hg.): La littérature française aux XIVᵉ et XVᵉ siècles. Bd. 1. Hdbg. 1988, S. 86–94. – M. Léonard: Le D. et sa technique littéraire des origines à 1340. Paris 1996.   RF

Dithyrambus, m. [lat.; gr. *dithýrambos*; Etymologie ungeklärt], Pl. *Dithyramben*; 1. allg.: enthusiastisch-ekstatisches Lied; 2. speziell: Form altgr. Chorlyrik, die

in Form einer mehrteiligen Aufführung im Rahmen des Dionysos-Kultes von einem (evtl. vermummten) Chor gesungen und getanzt wurde, welcher von einem Chorführer (⁊ Koryphaios, Exarchon) angeführt wurde. Die Quellenlage zur gr. Dithyramben-Dichtung ist dürftig, die Forschung stützt sich auf Sekundärzeugnisse. Herkunft und Anfänge sind unsicher; vermutlich ist der D. wie der Dionysoskult kleinasiatischen Ursprungs. Das älteste Zeugnis stammt aus dem 7. Jh. v. Chr. (Archilochos). Nach Herodot (»Historien« I, 23 und V, 67) fällt die erste dichterische Bearbeitung ins 6. Jh. Die klassische Struktur des D. beruht auf Chorliedern strophisch-epodischen Baus (Abfolge von Ode – Antode – Epode); seine Grundformen entsprechen denjenigen der späteren ⁊ Tragödie: ⁊ Parodos (Einzugslied des Chors), ⁊ Stasimon (Standlied), ⁊ Exodos (Auszugslied). Diese Form wird auf Arion auf Methymna zurückgeführt, der in Korinth am Hof des Tyrannen Periandros gewirkt hat. Die thematische Erweiterung des D. durch die Aufnahme epischer Stoffe aus dem Bereich der Heldensage soll auf den Tyrannen Kleisthenes von Sikyon zurückgehen, der die dithyrambische Gestaltung der ›Pathea‹ (Fährnisse) seines Ahnen Adrastos angeregt haben soll. Die Bearbeitung epischer Stoffe macht den D. zu einer Vorform der Tragödie. Zugleich bestehen die rein chorischen Dithyramben weiter und sind v. a. im Rahmen der attischen ⁊ Dionysien von großer Bedeutung. Als Begründer der dithyrambischen ⁊ Agone gilt Lasos von Hermione (6. Jh. v. Chr.); wichtige D.-Dichter sind Bakchylides und Pindar (beide 5. Jh. v. Chr.). Zur selben Zeit begründet Melanippides den jungattischen oder neuen D., bei dem der strophische Bau durch fortlaufende, astrophische und oft polyrhythmische Kompositionen ersetzt ist. – Dt. Nachbildungen des gr. D. im engeren Sinne gibt es wegen der Unsicherheit der antiken Überlieferung nicht; einige Dichtungen hymnisch-ekstatischen Tones und polyrhythmischer Form (⁊ freie Rhythmen, F. G. Klopstock, J. W. Goethe, F. Hölderlin) werden jedoch als ›D.‹ im weiteren Sinne von (1) oder ›Dithyrambe‹ aufgefasst oder aber inhaltlich charakterisierend als ›dithyrambische Prosa‹ (J. G. Herder, F. Nietzsche) bezeichnet. So besteht F. Schillers »Dithyrambe« aus siebenzeiligen, daktylischen Reimstrophen, F. Nietzsches »Dionysos-Dithyramben« sind dagegen in Freien Rhythmen verfasst.
Lit.: A. D'Angour: How the D. got its shape. In: Classical Quarterly 47 (1997), S. 331–352. – W. Groddeck: F. Nietzsches ›Dionysos-Dithyramben‹. 2 Bde. Bln., NY 1991. – D. Kemper: Dithyrambe. In: RLW. – A.W. Pickard-Cambridge: Dithyramb, Tragedy, Comedy [1927]. Oxford ²1962. – B. Zimmermann: D. Gött. 1992.   JK/CSR

Ditrochäus, m. [gr. = Doppel-⁊ Trochäus].

Dittographie, f. [gr. = Doppelschreibung], 1. fehlerhafte Wiederholung eines Buchstabens, einer Silbe oder eines Wortes in einem hsl. oder gedruckten Text (Ggs.: ⁊ Haplographie); 2. in der ⁊ Editionstechnik:

doppelte ↗Lesart oder ↗Fassung einzelner Stellen in antiken Texten.   RRG

Divan ↗Diwan.

Diverbia, n. Pl. [lat. = Dialog; Lehnübers. von gr. *diálogos*], Sg. *diverbium*, gesprochene, in ↗Senaren abgefasste (Dialog-)Partien des röm. Dramas. Ggs.: die zur Flötenbegleitung gesungenen ↗Cantica.   JK/Red.

Divination, f. [von lat. *divinatio* = Wahrsagung; gr. *mantiké*], 1. in den antiken Theorien der Wahrsagekunst bzw. Mantik (Cicero: »De divinatione«) werden zwei Formen der Wahrsagung unterschieden: die natürliche (*d. naturalis*) oder die kunstmäßige D. (*d. artificiosa*); 2. in philologischer Verwendung verweist ›D.‹ auf die durch F. Schleiermacher (»Hermeneutik und Kritik«, postum 1838) komplementär zur »Comparation« (der an den sprachlichen Strukturen eines Textes orientierten vergleichenden ↗Analyse) entwickelte Methode des ↗Verstehens: ›D.‹ meint den schöpferischen Akt der Hypothesenbildung des Interpreten, der als unmittelbares Auffassen oder intuitives Erraten der Textbedeutung verstanden wird; der Begriff nähert sich damit dem – auch für die ↗Textkritik wichtigen – Begriff der ↗Konjektur bzw. Vermutung an. Die Unterscheidung des philologischen und des mantischen Verständnisses von ›D.‹ wird in jüngeren Arbeiten unterlaufen (vgl. Hogrebe).
Lit.: W. Hogrebe (Hg.): Mantik. Würzburg 2005. – H. Schaefer: Divinatio. In: Archiv für Begriffsgeschichte 21 (1977), S. 188–225.   CSP

Diwan, m. [arab. *dîwân*, pers. *diwân* = Archiv, Schriftensammlung; Ministeramt; Polsterbank] auch: D̲ivan; pers.- arab. oder im Rahmen der ↗orientalisierenden Dichtung entstandene Gedichtsammlung. Das ursprünglich pers. Wort wurde im Arab. schon im 7. Jh. entsprechend seiner Grundbedeutung ›Sammlung von Schriftstücken, Register‹ als Bez. für die Soldlisten des Heeres verwendet. Daraus leiteten sich sowohl die administrative als auch die lit. Bedeutung ab. Im osmanisch-türk. Bereich bezeichnete ›D.‹ stärker die Versammlung oder das Ratsgremium, im übertragenen Sinne die mit Polsterbänken ausgestatteten Thron- und Audienzsäle und schließlich die Polsterbank selbst. Aus der ursprünglicheren allg. Bedeutung ›Sammlung‹ entwickelte sich im pers.-arab. Bereich der lit. Begriff, der seit dem 9. Jh. für die Sammlung verschiedener lit. Zeugnisse (sonst *kitâb* ›Buch‹) und dann zunehmend für poetische Werke verwendet wurde. Das Wort bezeichnet die oft alphabetisch angeordnete ›Sammlung der Gedichte‹ eines Stammes oder eines Dichters, häufig mit biographischen Angaben und wissenschaftlichem Apparat. In dieser Bedeutung fand es Eingang in die europäische Lit. durch den D. des Mohammed Schams od-Din Hafis aus Schiraz, den J. v. Hammer-Purgstall 1812/13 in dt. Übers. herausbrachte. Dieser inspirierte Goethe zu seinem »Westöstlichen Divan« (1819), in dem er Lehrgedichte und mystische Dichtungen, Rätsel, Balladen und erotische Lyrik zusammenstellte. In der ersten Hälfte des 19. Jh.s

übertrug F. Rückert ↗Ghaselen und ↗Qasiden aus den D.en des Saadi und des Rumi. Vgl. auch die 2000 gegründete dt.-arab. Zs. »diwan« (Berlin).
Lit.: R. Jacobi u. a.: D. In: LMA.   JBR

Dixain ↗Dizain.

Dizain, m. [di'zɛ̃:; frz. = Zehnzeiler, von frz. *dix* = zehn], auch: *Dixain*, frz. Strophe oder Gedicht aus 10 zehnsilbigen, seltener achtsilbigen Versen (Reimschema meist *ababbccdcd*). – Der D. begegnet v. a. in der Lyrik des 16. Jh.s, so bei C. Marot und seiner Schule, bes. aber in der »Délie« (1544) von M. Scève (449 D.s). Als Einzelgebilde steht er dem ↗Epigramm nahe, kann aber auch Teil der ↗Ballade und des ↗*chant royal* sein. Die Dichter der ↗Pléiade verfassten D.s mit fünf Reimen (*ababccdeed*) und solche mit Versen verschiedener Länge. ↗Douzain.
Lit.: F. Kemp: Das europäische Sonett. Gött. 2002. Bd. 1, S. 163–178.   MGS

Dochmius, m. [gr.-lat. = der Schiefe], fünfgliedriger antiker Versfuß der Form v̄ – – v –; zahlreiche Varianten auf Grund von Auflösungen der Längen und neuer Zusammenziehungen dabei entstehender Doppelkürzen. Verwendung in der Chorlyrik und als ↗Klausel.
    JK/Red.

Doctrine classique ↗klassisch.

Document humain, m. [frz. = menschliches Dokument], von H. Taine geprägte Formel für den Roman des ↗Realismus mit wissenschaftlichem Objektivitätsanspruch und positivistischer Anthropologie. Von Taine zunächst auf Balzac angewandt, erfährt der Begriff v. a. durch Zola (»Le roman expérimental«, 1880) europaweite Verbreitung. Allerdings geht die Zola'sche Theorie über die dokumentarische Methode hinaus und räumt dem Romancier die Freiheit ein, durch *personnalité, imagination* und *style* ein Sprachkunstwerk zu schaffen.
Lit.: G. Gengembre: Emile Zola. Paris 1999. – F. Wanning: Gedankenexperimente. Wissenschaft und Roman im Frankreich des 19. Jh.s. Tüb. 1999.   KB

Doggerel, auch: *d. verse, d. rhyme*; engl. Bez. für ↗Knittelvers, auch allg. für schlecht gebauten und gereimten Vers, so schon bei G. Chaucer (14. Jh.): »in rym dogerel«. Die Herkunft der Bez. ist unklar.   IS/Red.

Dokumentarliteratur, gattungsübergreifende Sammelbez. für gesellschaftskritisch und politisch orientierte Lit.formen, die aus vorgefundenen Textmaterialien der Alltagswelt wie Berichten, Protokollen, Akten, Briefen oder Tonbandaufnahmen komponiert sind. Im weiteren Sinne bezeichnet ›D.‹ ein dem *Dokumentarismus* verpflichtetes, medienübergreifendes Genre, zu dem auch O(= Original)-Ton-Hörspiele und (Fernseh-)Filme gezählt werden. Zu den wirksamsten lit. Formen der D. gehört neben Bericht und Reportage das Dokumentartheater mit seiner Vorliebe für dokumentarisch verbürgte Verhör- und Verhandlungssituationen. Mit dem Rückgriff auf Dokumente und Fakten der außerlit. Wirklichkeit grenzt sich die D. programmatisch vom Entwurf fiktiver lit. Welten und einem

spezifisch ästhetischen Wirklichkeitsbezug ab. In den Mittelpunkt rückt stattdessen der Authentizitätsanspruch des Dargestellten. Dem steht entgegen, dass sich auch die D. nur sekundär – vermittelt durch Texte – auf die Wirklichkeit bezieht. Auch wenn die D. durch ↗ Montage und ↗ Collage von dokumentarischen Zitaten die Fremdbestandteile technisch unmittelbar reproduziert, bleibt dabei stets der komponierende Eingriff des Autors prägend, der Auswahl und Anordnung des dokumentarischen Materials vornimmt. Eine unmittelbare, unverfälschte und authentische Wiedergabe außerlit. Realität bleibt somit ein unerreichtes Ideal, selbst wenn die Montage weitgehend zurücktritt und das Dokument wie in der Protokoll- und Prozesslit. größeren Eigenwert bekommt (sog. Nicht-Autoren-Lit.). Der *Semidokumentarismus* hingegen strebt dieses Ideal erst gar nicht an und kombiniert faktuale Zitate mit fiktionalen Textabschnitten. – Zu den Vorformen im 19. Jh. zählen G. Büchners »Dantons Tod« (1835; wörtliche Zitate aus den Verhandlungsprotokollen) sowie die lit. Anfänge des Journalismus (Korrespondentenberichte; z. B. H. Heine, Th. Fontane). Im 20. Jh. Herausbildung der eigentlichen D., zunächst während der Weimarer Republik, im Umfeld der Reportage der 1920er Jahre (u. a. E. E. Kisch), des Bundes proletarisch-revolutionärer Schriftsteller (BPRS) und der ↗ Neuen Sachlichkeit (v. a. E. Piscators Konzept eines dokumentarischen Theaters). In der Nachkriegszeit wendet sich die sog. Aufbaulit. der DDR der außerlit. Wirklichkeit im Sinne der Doktrin des ↗ Sozialistischen Realismus zu (↗ Bitterfelder Weg). In den 1960er Jahren gelangte die D. in der BRD ebenfalls zum Durchbruch, im Kontext nachgeholter Vergangenheitsbewältigung, später auch aus einem neu erwachten politischen Interesse an sozialen und gesellschaftlichen Themen. Besonderes Gewicht gewinnt die D. bei Autoren der ↗ Gruppe 61 und des ↗ Werkkreises Lit. der Arbeitswelt (gegründet 1970), die u. a. Selbstverständnis und Probleme des Arbeiters behandeln und die sozialkritische Reportage sowie die Protokollform bevorzugen (E. Runge, G. Wallraff). Das Dokumentarspiel der 1960er Jahre nutzte v. a. Prozess- und Berichtform, um einem neuen politischen Aufklärungsbedürfnis Rechnung zu tragen (R. Hochhuth, H. Kipphardt, P. Weiss, G. Grass, R. Schneider, H. M. Enzensberger). Wich die D. in den späteren 1970er Jahren vorübergehend einer neuen Innerlichkeit, so lässt sich in den 1990er Jahren ein wiederauflebendes Interesse am Authentischen feststellen (W. Kempowski). Medienübergreifende Verbindungen von D. mit fiktionalen Elementen finden sich bei A. Kluge.
Lit.: R. Andress: Protokollit. in der DDR. NY 2000. – H. L. Arnold, St. Reinhardt (Hg.): D. Mchn. 1973. – B. Barton: Das Dokumentartheater. Stgt. 1987. – A. Blumer: Das dokumentarische Theater der 60er Jahre in der Bundesrepublik Deutschland. Meisenheim 1977. – M. Derbacher: Fiktion, Konsens und Wirklichkeit. Ffm. 1995. – W. Fähnders: D. In: RLW. – K. H. Hilzin-

ger: Die Dramaturgie des dokumentarischen Theaters. Tüb. 1976. – N. Miller: Prolegomena zu einer Poetik der D. Mchn. 1982. – G. Saße: Dokumentartheater. In: RLW.   ABL

Dokumentarspiel, auch: Dokumentartheater. ↗ Dokumentarlit.

Doku-Soap ↗ Serie.

Dolce Stil novo, m. ['doltʃe 'stil 'no:vo; it. = süßer neuer Stil], auch *dolce stil nuovo, stilnovo, stilnovismo, dolcestilnovismo*; zwischen ca. 1270 und 1310 erst in Bologna (G. Guinizelli), dann in Florenz (G. Cavalcanti, D. Frescobaldi, C. da Pistoia, L. Gianni, G. Alfani, Ch. Davanzati) tätige Gruppe von Lyrikern. Die Bez. entstammt Dantes »Commedia« (Purgatorio 24, 57) und wird im 19. Jh. von F. De Sanctis für die Lit.-geschichtsschreibung übernommen. Schon bei Dante ist sie als poetologische Definition im Sinne einer Distanz zur ältesten it. Lyrik (*Scuola Siciliana*) und zur ↗ Trobadorlyrik zu sehen, wobei *dolce* für musikalischen Wohlklang, mystische Entrückung und hohe Intellektualität steht. Guinizellis Kanzone »Al cor gentil« (vor 1276) gilt als Gründungsmanifest: Seelenadel, der Nexus von unerfüllbarer Liebe und edler Gesinnung (*gentilezza*) und das Bild der engelsgleichen Frau (*donna angelica*) bestimmen die Lyrik des D. St. n., welche die traditionelle Liebesthematik sublimiert. Neuplatonismus, Thomismus und franziskanischer Mystizismus prägen unter Einsatz der Fachterminologie der zeitgenössischen Philosophie und ihrer Argumentationstechniken die Aussage: Stufen einer Tugendleiter sind in feststehender Folge angeordnet und illustrieren einen Prozess moralischer Erneuerung. Die Liebeskonzeption des D. St. n. ist frei von kurialen oder feudalen Vorstellungen und beruft sich auf direkte Amor-Inspiration. Petrarca, der ↗ Petrarkismus und noch die Lyrik der Frühromantik (U. Foscolo) sowie des 20. Jh.s (E. Pound) sind vom D. St. n. beeinflusst.
Lit.: C. Calenda: Il d. st. n. e Dante. In: Manuale di Letteratura Italiana 1. Torino 1993, S. 343–374. – W. Th. Elwert: Die it. Lit. des MA.s. Mchn. 1980, S. 83–91. – H. Friedrich: Epochen der it. Lyrik. Ffm. 1964, S. 49–83.   HG

Dolmetschen ↗ Übersetzung.

Domestic novel ↗ Frauenlit.

Donat, n., ein lat. Grammatiktraktat für die Schule, v. a. die »Ars grammatica« des Aelius Donatus und deren Umarbeitungen; im MA. häufig von Schülern abgeschrieben und als einziges bilderloses ↗ Blockbuch gedruckt.   CWI

Donquichottiade, f., ↗ Abenteuerroman in der Tradition von M. de Cervantes-Saavedras »El ingenioso hidalgo Don Quijote de la Mancha« (1605/15), der noch vor Erscheinen des zweiten Teils von A. F. de Avellaneda (1614) nachgeahmt wurde. Die D.n folgen dem Vorbild nicht so sehr in stofflicher Hinsicht als in der parodistischen Grundtendenz; als gelungenste dt.sprachige D. gilt Ch. M. Wielands »Don Sylvio von Rosalva« (1764).   RRG

Doppelbegabung, 1. Voraussetzung bei Künstlern, deren Werke zwei Kunstarten *miteinander* verbinden (z. B. Lit. und Musik in ↗ Minne-, ↗ Meistersang, ↗ Kirchenlied, barockem Kunstlied, ↗ Couplet, ↗ Chanson); 2. Künstler, der sich in mehr als einer Kunstart *nebeneinander* auszudrücken versucht. Dabei sind fast alle Kombinationen möglich, bes. häufig *Lit./bildende Kunst* (Ulrich Füetrer, Niklaus Manuel, Michelangelo Buonarotti, J. Wickram, B. H. Brockes, ›Maler‹ Müller, J. W. Goethe, Ph. O. Runge, C. Brentano, E. T. A. Hoffmann, V. Hugo, Th. Gautier, A. Stifter, H. Hoffmann, G. Keller, W. Raabe, A. Strindberg, G. Hauptmann, H. Hesse, J. Schlaf, E. Lasker-Schüler, A. Kubin, P. Picasso, O. Kokoschka, G. de Chirico, M. Ernst, H. Michaux, W. Hildesheimer, P. Weiss, G. Grass, A. Thomkins, D. Rot); ferner *Lit./Musik* (W. H. Wackenroder, E. T. A. Hoffmann, A. Schönberg, J. Cage, G. Rühm); *Lit./ Schauspielkunst* (W. Shakespeare, F. Raimund, J. Nestroy, F. Wedekind, J. Osborne, F. X. Kroetz); *Lit./Architektur* (M. Frisch); *Architektur/Musik* (C. F. Zelter); *Musik/bildende Kunst* (A. Schönberg, L. Feininger). – Zu unterscheiden sind Künstler, bei denen die Tätigkeit in der anderen Kunstart eine dilettantische Nebenbeschäftigung bleibt (E. Mörikes und A. v. Droste-Hülshoffs Zeichnungen), und solche, deren Arbeiten in den verschiedenen Kunstarten ebenbürtig sind (E. Barlach, W. Kandinsky, H. Arp). Manche Künstler können sich nie (E. T. A. Hoffmann) oder erst nach langem Schwanken (R. Schumann) für eine Kunstart entscheiden; oder eine Kunstart löst während der künstlerischen Entwicklung die andere ab (S. Gessner). W. Buschs Bildergeschichten, R. Wagners ↗ Musikdramen, F. Busonis »Dichtungen für Musik«, K. Schwitters' ↗ Merzdichtung suchen eine Verbindung der Kunstarten (↗ Gesamtkunstwerk). Seit der Romantik nehmen die D.en ebenso wie die Grenzüberschreitungen zwischen den Künsten zu (↗ Mischformen).
Lit.: K. Böttcher, J. Mittenzwei: Dichter als Maler. Stgt. 1980. – R. Göttl: Künstlerische D.en. Hbg. 2002. – H. Günther: Künstlerische D.en. Mchn. ²1960.   RD/Red.

Doppelreim, Reimbindung aus zwei aufeinander folgenden, jeweils unter sich reimenden Wortpaaren, z. B. *lind wiegt* : *Wind schmiegt* (St. George).   GS/Red.

Doppelroman, 1. von Jean Paul (»Flegeljahre«, Kap. XIV) geprägte Bez. für einen in seinen Teilen von verschiedenen Autoren verfassten *Kollektivroman*, z. B. »Die Versuche und Hindernisse Karls«, von K. A. Varnhagen, Fouqué, W. Neumann, A. F. Bernhardi (1808). Im 20. Jh. als Formexperiment zur Ausschaltung des vorweg disponierenden Erzählers wieder aufgenommen: »Roman der Zwölf« (1909, u. a. von H. H. Ewers, G. Meyrink, G. Hirschfeld, O. J. Bierbaum, H. Eulenburg), »Der Rat der Weltunweisen« (1965), »Das Gästehaus« (1965, entstanden im ↗ Lit. Colloquium, Berlin). – 2. Roman mit zwei oder mehr in der Darstellung zwar verschränkten, in Raum, Zeit und Hauptfiguren aber *selbständigen Erzählsträngen*, die so aufeinander bezogen sind, dass sie einander spiegeln und sich ge-

genseitig erhellen oder relativieren. Beispiele sind E. T. A. Hoffmann: »Kater Murr«, (1820–22); Multatuli: »Max Havelaar« (1860); U. Johnson: »Das dritte Buch über Achim« (1961). – 3. *Zyklus* aus mehreren in sich geschlossenen Romanen, die das gleiche Geschehen aus verschiedener Perspektive erzählen, um die Vielfalt nebeneinander bestehender Wahrheiten offenzulegen, z. B. L. Durrell: »Alexandria Quartet« (1957–60).
Lit.: F. C. Maatje: Der D. [1964]. Groningen ²1968. – H. Rogge (Hg.): Der D. der Berliner Romantik. 2 Bde. [1926]. Nachdr. Hildesheim 1999.   HHS/Red.

Doppelschüttelreim ↗ Schüttelreim.

Doppelseitiges Ereignislied, von A. Heusler (»Lied und Epos in germ. Sagendichtung«, 1905) erschlossener und bezeichneter Typ des germ. ↗ Heldenliedes, in dem ein Geschehen aus doppelter Perspektive, derjenigen eines Erzählers und derjenigen der beteiligten Personen, dargestellt wird. In der dt. Lit. erfüllt v. a. das »Hildebrandslied« (um 830/40) diese Voraussetzungen; doch spielt der Begriff in der neueren Forschung keine Rolle mehr. In ↗ eddischer Dichtung ist der Typ geläufiger (z. B. »Hunnenschlachtlied«). Verwandte Form: ↗ Folkevise.   CF

Doppelter Kursus, m. [lat. *cursus* = Lauf, Fahrt, Reise], auch: Doppelweg; Strukturierungsprinzip der ↗ Artusdichtung Chrestiens de Troyes und deren mhd. Adaptionen Hartmanns von Aue. – Begriff und Gegenstand gehen zurück auf Forschungen von Kuhn, Ruh und Fromm; Haug spricht in definitorischer Erweiterung von der »Symbolstruktur des höfischen Epos«. – Nach einer ›Eingangs-↗ Aventiure‹, durch die ein unbekannter Artusritter eine mit Statusverlust und Entehrung verbundene Gefahrensituation erfolgreich besteht, die Minne einer Frau gewinnt und eine Landesherrschaft übernimmt (erster Kursus), folgt ein umso tieferer Fall. Ursache ist ein temporäres Versagen des Ritters, dem es nicht gelingt, die widerstrebenden Ansprüche von Minne, Landesherrschaft und Artusrittertum zu vereinbaren. Die Erkenntnis seines Versagens, der Nichterfüllung seines Ich-Ideals, stürzt den Protagonisten in eine Krise. Er begibt sich erneut auf eine Aventiurefahrt (zweiter Kursus), die erzähltechnisch als zweifache, auf den Artushof bezogene, den Wiederaufstieg des Ritters abbildende Kreisbewegung angelegt ist. Die zweite Aventiuresequenz, die inhaltlich und strukturell die gesteigerte Doppelung der ersten ist, wird durch eine überhöhte, symbolisch auf das Versagen und die Eingangsaventiure bezogene Schlussaventiure beendet. – In der germanistischen Mediävistik war der doppelte Kursus jahrzehntelang unbestrittener Maßstab für die Ermittlung der ästhetischen und erzählerischen Qualität mhd. ↗ höfischer Romane, allerdings um den Preis der Abwertung zahlreicher Werke, die diesem Strukturmuster nicht folgen. Erst die Wiederentdeckung sog. ›epigonaler‹ Werke (z. B. »Lanzelet«, »Wigalois«, »Biterolf«) als lit. Texte eigenen Rechts zog eine Kritik dieser Position nach sich. Denn einerseits findet sich der doppelte Kursus nur in

Hartmanns »Erec« in reiner Form, während schon der »Iwein« signifikante Schemaabweichungen zeigt, und andererseits verwischt eine Aufweichung der Kriterien zur Bestimmung des doppelten Kursus die Grenze zu einfachen erzähltechnischen Parallelstrukturen.

Lit.: H. Fromm: Doppelweg. In: I. Glier u. a. (Hg.): Werk – Typ – Situation. Stgt. 1969, S. 64–79. – W. Haug: Die Symbolstruktur des höfischen Epos und ihre Auflösung bei Wolfram von Eschenbach. In: DVjs 45 (1971), S. 668–705. – H. Kuhn: Erec. In: Fs. P. Kluckhohn, H. Schneider. Tüb. 1948, S. 122–147. – V. Mertens: Der dt. Artusroman [1998]. Stgt. ²2005, S. 49–87. – K. Ruh: Höfische Epik des dt. MA.s. Bd. 1. Bln. 1967, S. 112–159. – E. Schmid: Weg mit dem Doppelweg. In: F. Wolfzettel (Hg.): Erzählstrukturen der Artuslit. Tüb. 1999, S. 69–85.   MME

Doppelweg ↗ doppelter Kursus.

Dorfgeschichte, eine v. a. im 19. Jh. populäre, stofflich definierte Erzählgattung. Schauplatz ist ein in sich geschlossenes ländliches Gebiet oder eine Gutsherrschaft, selten ein Industriedorf. Charakteristisch sind die einfache, einsträngige Handlung und die Bemühung um volksnahe Sprache (gelegentlich mit Dialekteinflüssen; ↗ Dialektlit.), der ausgeprägt regionale Bezug (↗ Regionallit.) und die typisierten Figuren sowie der Gegenwartsstoff. Häufig findet sich der Ggs. Stadt – Land. Eine klare Abgrenzung zur ↗ Bauerndichtung und ↗ Heimatlit. ist kaum möglich. – Ursprünglich bedeutet ›D.‹ ›gleichgültiges Gerede über unwesentliche Dinge‹. Als Gattungs- bzw. Genrebez. findet sich der Begriff erstmals bei B. Auerbach (»Schwarzwälder Dorfgeschichten«, 1843). Die lit. Entwicklung beginnt jedoch früher. Vorläufer ohne direkten Bezug sind die agrarökonomischen und volksaufklärerischen Schriften des 18. Jh.s (H. C. Hirzel 1761, R. Z. Becker 1787) sowie die ↗ Kalendergeschichten und pädagogischen Dorfutopien (J. H. Pestalozzi: »Lienhard und Gertrud«, 1781–87; H. Zschokke: »Das Goldmacherdorf«, 1817). Ob die ↗ Idylle (J. H. Voß, Maler Müller) als Vorstufe der D. gelten kann, ist umstritten. D.n im engeren Sinn finden sich in der Schweiz kurz vor 1820, in Deutschland, gleichzeitig mit anderen europäischen Ländern, seit den Oberhof-Episoden in K. L. Immermanns »Münchhausen« (1839). Die erste Blütezeit der D. mit dominant liberal-oppositioneller Tendenz und teilweise utopischen Zügen reicht bis 1848. Gleichzeitig entsteht mit den christlichen Volksschriften eine konkurrierende, anti-aufklärerische Variante. Obwohl die D. an der Herausbildung des bürgerlichen ↗ Realismus maßgeblichen Anteil hat und viele der bedeutenden Autoren (G. Keller, A. Stifter, Th. Storm, M. v. Ebner-Eschenbach, W. Raabe) gelegentlich D.n verfassten, kommt sie in Deutschland nach 1848 zur zivilisationsfeindlichen, eskapistischen Apologie des ›einfachen Lebens‹ in der Epoche der Industrialisierung herunter. Für das städtische Publikum hat sie den Reiz der ›Binnenexotik‹. In der Schweiz dagegen behält sie ihre aufklärerische

Funktion und stellt sich bis zum Beginn des 20. Jh.s in den Dienst liberaler und demokratischer Ideen (J. Frey, J. Joachim). In Österreich schafft P. Rosegger einen spezifischen, aufklärerische Traditionen mit utopisch intendierter Nostalgie verbindenden Typus der D. Die »Hochlandlit.« und die ↗ Heimatkunst-Bewegung der Jh.wende nehmen Ideologie und Darstellungsweisen der antimodernen D. auf, ebenso ein Teil der völkischen und ↗ nationalsozialistischen Lit. Andererseits gibt es weiterhin aufklärerische Sozialreportagen und die sozialkritischen D.n in der Weimarer Republik (H. Fallada, O. M. Graf). Nach 1945 sind in der Bundesrepublik, in Österreich und der Schweiz, abgesehen von ↗ Parodien (G. Jonke), vereinzelte Ansätze zu einer Anti-D. zu beobachten, während die sentimental-affirmative Spielart in ↗ Groschenheften und Heimatfilmen weiterlebt. In der DDR diente die D. anfänglich der Propaganda der Landreform (O. Gotsche), emanzipierte sich aber bald (E. Strittmatter) und prangerte den ungehemmten Fortschrittsglauben und die Zerstörung natürlicher Lebensräume an (J. Nowotny).

Lit.: U. Baur: D. Mchn. 1978. – Ders.: D. In: RLW. – R. Charbon: Tradition und Innovation. In: W. Pape u. a. (Hg.): Erzählkunst und Volkserziehung. Tüb. 1999, S. 69–82. – W. Hahl: Gesellschaftlicher Konservatismus und lit. Realismus. In: M. Bucher u. a. (Hg.): Realismus und Gründerzeit. Bd. 1. Stgt. 1981, S. 48–93. – J. Hein: D. Stgt. 1976. – K. Müller-Salget: Erzählungen für das Volk. Bln. 1984. – F. Sengle: Wunschbild Land und Schreckbild Stadt [1963]. In: K. Garber (Hg.): Europäische Bukolik und Georgik. Darmstadt 1976, S. 432–460. – R. Zellweger: Les débuts du roman rustique. Paris 1941. Repr. Genf 1978.   RC

Dorfprosa [russ. *derevénskaja próza*], ursprünglich abwertende Bez. für eine Strömung in der russ. Erzähllit. der 1960er und 1970er Jahre, deren Autoren nicht in den kulturellen Zentren lebten, sondern auf dem Lande und deren Gegenstandsbereich das russ. Dorf und seine Bewohner bilden. Die Darstellung geschieht aus zivilisationskritischer Perspektive und unterläuft die Vorgaben des ↗ sozialistischen Realismus. Das russ. Dorf mit seinen Bräuchen, seiner Religiosität und seinen sprachlichen Varietäten wird z. T. historisch-mythisch überhöht. Die D. hat als Fortsetzung des ↗ ›Tauwetters‹ zu gelten. Sie setzt sich v. a. von der idyllisierenden ›Kolchosprosa‹ der Nachkriegsjahre kritisch ab und gehört in den Kreis der europäischen Dorflit. des 19. und 20. Jh.s. Vertreter sind V. Astáf'ev, F. Abrámov, V. Belóv, V. Raspútin und S. Zalýgin und (umstritten) Vasilij Šukšín.

Lit.: K. F. Parthé: Russian village prose. Princeton/N. J. 1992. – G. Witte: Die sowjetische Kolchos- und D. der fünfziger und sechziger Jahre. Mchn. 1983. – H. Wüst: Tradition und Innovation in der sowjetruss. D. der 60er und 70er Jahre. Mchn. 1984.   US

Dörperliche Dichtung, in der älteren Forschung verwendete Bez. für mhd. lyrische, aber auch epische Werke, in welchen sog. *dörper* (niederdt. für ›Bauer‹)

in meist grotesk verzerrten Liebes-, Zank- und Prügelszenen dargestellt werden. Neidhart von Reuenthal, der Hauptvertreter der d.n D., verwendet das Wort *dörper* zur Kennzeichnung von fiktiven Kunstfiguren, die zwar wie Ritter ausstaffiert sind, sich aber unhöfisch, unritterlich (täppisch bis grob-gewalttätig) gebärden. Die für ein höfisches Publikum geschriebene d. D. hat meist satirische Funktion; sie dient etwa der Minnesangtravestie oder der sozialkritischen Persiflage einer als brüchig empfundenen, höfische Werte verratenden Adelswelt.

Lit.: G. Schweikle: Neidhart. Stgt. 1990.   GS/Red.

Dottore, m. [it. = Doktor], eine der vier komischen Grundtypen der ↗Commedia dell'Arte: der pedantische Gelehrte (Jurist, Arzt, Philosoph) aus Bologna, dessen leeres, mit lat. Zitaten gespicktes Geschwätz den Widerspruch zwischen Sein und Schein aufzeigt.

PHE/Red.

Douzain, m. [du'zɛ̃:; frz. = Zwölfzeiler, von frz. *douze* = zwölf], frz. Strophe oder Gedicht aus 12 Zeilen; Reimschema meist *ababbcbccdcd*. – Der D. begegnet v. a. in der Lyrik des 16. Jh.s, so, als Grenzform des ↗Epigramms, bei C. Marot und seiner Schule und bei den Dichtern der ↗Pléiade.   MGS

Doxographie, f. [aus gr. *dóxa* = Lehre, *gráphein* = schreiben], systematische oder chronologische Darstellung der altgr. philosophischen Lehren bis hin zur Zeit der jeweiligen *Doxographen* (= Wissenschaftshistoriker). Üblich seit Aristoteles; v. a. die D.n seiner Schüler Eudemos und bes. Theophrast wurden die Grundlagen der gesamten späteren D., z. T. umgewertet (Epikuräer), erweitert (Poseidonios), häufig auch in Handbüchern komprimiert, z. B. von Aëtios (Ende des 1. Jh.s v. Chr., u. a. von Plutarch und weiter bis ins 5. Jh. n. Chr. benutzt), auf dem wiederum jüngere doxographische Kompendien fußen; so die einzige vollständig erhaltene D. von Diogenes Laertios (Ende des 2. Jh.s n. Chr.).

Lit.: H. Diels (Hg.): Doxographie graeci. Bln. 1879, Nachdr. 1965.   IS/Red.

Drama, n. [gr. = Handlung], lit. Textgattung, die auf einer Theaterbühne dargestellt werden kann und durch Rede bzw. ↗Dialog der beteiligten ↗Figuren eine ↗Handlung unmittelbar gegenwärtig macht. Als Text verbindet das D. Figurenreden (*Haupttext*) mit ↗Nebentext, der diese rahmt und situiert (Sprecherbezeichnungen, Regieanweisungen u. a.), wodurch es sich strukturell von ↗Epik und ↗Lyrik unterscheidet; es wendet sich nicht primär an Leser oder Zuhörer, sondern an Zuschauer und verwirklicht sich daher in der Regel erst in der szenischen ↗Aufführung. Das wegen seiner Länge oder des Aufwands unspielbare ↗Lesedrama stellt einen Grenzfall dar.

Bereits Platon grenzte in der »Politeia« (392d) die ↗Mimesis von Figurenreden von erzählervermittelten Handlungen ab; Aristoteles systematisierte in der »Poetik« (1448a) dieses ›Redekriterium‹ und unterschied neben den dramatischen Hauptgattungen ↗Tragödie und ↗Komödie zwischen epischem Bericht und D. Daran anschließend beschreibt die neuere ↗Dramentheorie als Hauptmerkmal des D.s das Fehlen eines vermittelnden Kommunikationssystems (vgl. Pfister) und betont ferner die implizite Ausrichtung des D.s auf die Bühnenrealisierung. Diese erzeugt eine Kollektivität und Simultaneität von Produktion und Rezeption und stellt als plurimedialer (d. h. um nonverbale Elemente wie ↗Bühne, ↗Gestik, ↗Mimik, Musik u. a. erweiterter) Text ihrerseits eine ↗Interpretation des dramatischen Textsubstrats dar. In der Aufführung werden so zugleich ein ›internes‹ (zwischen den Figuren liegendes) und ein ›externes‹ Kommunikationssystem (zwischen Bühne und Zuschauern) etabliert, was eine charakteristische Perspektivenstruktur des D.s hervorbringt; das Fehlen der Vermittlungsinstanz bedingt eine ›Absolutheit‹ des D.s. – Bereits seit der Antike wurden darüber hinaus substanzielle Bestimmungen des D.s vorgenommen, die jedoch als historische nicht verabsolutiert werden können; in diesem Sinn wichtige, doch nicht unbedingt notwendige Elemente des D.s sind die dramatische Handlung sowie Dialog und Figuren. Die *dramatische Handlung* entspringt demnach dem Konflikt, in den sich eine Figur gestellt sieht bzw. der durch die ↗Dramatis Personae repräsentiert wird, und entfaltet sich in z. T. mehrfachen Wendungen und ggf. von Nebenhandlungen begleitet bis zu seiner Auflösung. Der Spannungsbogen des Handlungsverlaufs spiegelt sich bis ins 20. Jh. meist in der ↗Akt-Einteilung des D.s. Die Ausrichtung auf szenische Aufführbarkeit erzwingt eine im Vergleich zur Epik stärkere Konzentration, so dass häufig nur die Endphase eines größeren Handlungszusammenhangs dargestellt und seine Vorgeschichte in der ↗Exposition vermittelt wird; ferner ist die Möglichkeit eingeschränkt, wie in Epos und Roman die ›Totalität der Welt‹ im D. zu repräsentieren. Umgekehrt bewirkt die Handlungskonzentration, die in der klassizistischen Forderung nach den ↗›drei Einheiten‹ von Zeit, Ort und Handlung ihre schärfste Zuspitzung findet, eine Fokussierung auf die Perspektiven, inneren Zustände und Emotionen der Figuren. Die diesem Handlungs- und Konfliktmodell entsprechende Sprachstruktur ist im Wesentlichen der Dialog; das ↗Monodrama stellt hier einen Sonderfall dar. Hinzu treten in historisch variablem Maß die Informationsvermittlung im ↗Prolog *ad spectatores* oder ↗Argumentum, durch Erzählerfiguren (z. B. im ↗epischen Theater) sowie im ↗Beiseite-Sprechen und im ↗Monolog; mögliche narrative Elemente im D., z. B. in der Exposition der Vorgeschichte, dem ↗Botenbericht oder der ↗Teichoskopie, verweisen auf szenisch nicht repräsentierte oder repräsentierbare Handlungen. Insofern dialogische Figurenrede die sprachliche Grundform des D.s ist, tritt hier die performative Dimension der Sprache deutlicher hervor als in epischen Texten; die dramatischen Repliken sind nicht handlungsbegleitende Aussagen, sondern besitzen, z. B. als Drohung oder Versprechen, selbst Handlungscharakter. Im dialogischen Handeln konstituieren sich so die *Figuren* als Träger der dramatischen Handlung; sie sind ihrerseits historisch variabel gestaltet, z. B. als feste Typen (↗ Typenkomödie, ↗ Commedia dell'Arte), als Repräsentanten von Ideen oder Abstrakta (häufig im mal. D. und im Barock-D.), seit der neuzeitlichen Entwicklung des Konzepts von Individualität als Charaktere im Sinn individueller Persönlichkeiten (↗ Charakterdrama) oder schließlich als reine Sprachfunktionen (z. B. im D. der ↗ Postmoderne); hinzu treten Nebenfiguren (wie Boten, Diener), die Situationsfunktion haben. Die soziale Stellung der Dramenfiguren gehört durch die Jh.e zu den wichtigsten Fragen der Dramenpoetik (↗ Ständeklausel). Eine Sonderrolle spielt seit dem D. der Antike der ↗ Chor, der sowohl als Kollektiv-Figur auf der Bühne wie als Repräsentant der Zuschauer fungieren kann. – Zu diesen Merkmalen treten Typisierungen des D.s nach verschiedenen Kriterien. Das D. kann stark in einen *kultischen* oder religiösen Kontext (wie im ↗ geistlichen Spiel des MA.s) eingebettet oder einem *sozialen* Kontext (z. B. im höfischen Theater) verbunden sein, sich davon aber auch emanzipieren. Variabel ist auch der Grad der schriftlichen *Fixierung* des D.s, der von bloß skizzenhafter Festlegung des Handlungsverlaufs (z. B. in der Commedia dell'Arte) bis zur Vorschrift noch kleinster Inszenierungsdetails im Nebentext reicht. Große Bandbreite entsteht durch die Wahl des dramatischen ↗ *Stoffs*, der als mythologischer, religiöser oder historischer (↗ Geschichtsdrama) festgelegt und idealiter den Zuschauern bekannt sein, aber auch verändert bzw. aktualisiert werden oder gänzlich neu erfunden sein kann, wodurch Strukturunterschiede im Bezug auf die Informationsvergabe und den Spannungsbogen entstehen. Mit dem Stoff verschränkt sind die Differenzen der großen dramatischen Untergattungen ↗ Tragödie, ↗ Komödie und ↗ Tragikomödie, die sich ferner in der Wirkungsintention unterscheiden. Strukturell unterscheidbar sind darüber hinaus Dramen, in denen sich der entscheidende Konflikt während der repräsentierten Handlung entwickelt (Zieldrama), von solchen, in denen er vor deren Beginn liegt (↗ analytisches D.); dramenpoetisch bedeutsam ist schließlich die (Ideal-)Typologie von ↗ geschlossener und offener Form des D.s (vgl. Klotz): Während das tektonische, geschlossene D. eine einheitliche Handlung in strenger, fünf- oder dreiaktiger Form meist in gebundener Sprache unter Wahrung der Einheit von Raum und Zeit repräsentiert (idealtypisch in der frz. Tragödie des 17. Jh.s), dominiert in der offenen Form des D.s die Einzelszene, finden individualisierende Sprachformen Platz und verlieren die drei Einheiten ihre normative Geltung.

Die Geschichte des D.s hängt außer von geistes- und sozialgeschichtlichen Voraussetzungen auch von medialen und institutionellen Bedingungen (↗ Schrift, ↗ Buchdruck, Theaterinstitutionen, Mediensystem) ab. Das *gr. D. der Antike* entstand im Kontext des Dionysos-Kults der Polis Athen, wobei über den kultischen Ursprung und insbes. den Zusammenhang von Opferritual und Tragödie nur spekulative Aussagen möglich sind. In den aus dem Chorlied des ↗ Dithyrambus entstandenen Tragödien, die einem Chor einen und später bis zu drei Schauspieler gegenüberstellen, wird die szenische Gestaltung mythologischer Stoffe mit Fragen der attischen Demokratie und individueller Identität verknüpft. Entstehungsgeschichtlich und aufführungspraktisch ist mit den Tragödien das ↗ Satyrspiel verbunden, während die Komödie eine eigene Tradition aufweist. Das *röm. D.* der Antike übernimmt die gr. Tradition und stellt mit den Tragödien Senecas das Formmodell des neuzeitlichen Kunstdramas bereit. Im *MA.* entwickelt sich das geistliche Spiel als Ausgestaltung und Verselbständigung der kirchlichen Liturgie; als wichtigste Typen können ↗ Osterspiel, ↗ Weihnachtsspiel, ↗ Passionsspiel (v. a. im Spät-MA.) sowie das frz. ↗ Mysterienspiel, das engl. ↗ Prozessionsspiel und das span. ↗ Fronleichnamsspiel im Rahmen des ↗ Auto sacramental gelten; daneben entsteht ein kurzes, possenhaftes, weltliches ↗ Lustspiel. Mit der Wiederentdeckung der gr.-röm. Dramatik in ↗ Renaissance und ↗ Humanismus entwickelt sich zunächst in Italien das *Kunstdrama der Neuzeit*, das auch ↗ Schäferspiel und höfisches Festspiel (↗ Trionfi) umfasst. Während im Frankreich des 17. Jh.s (insbes. der klassizistischen ↗ *haute tragédie*) und dem elisabethanischen D. in England seit dem späten 16. Jh. zwar unterschiedliche, aber intensive Weiterentwicklungen des D.s und Professionalisierungen des Theaters stattfinden, ist die zunächst auf den akademischen und kirchlichen Bereich beschränkte Entwicklung in Deutschland verzögert; eine Wende erfolgt im 18. Jh., als dank der Abkehr von der Regelpoetik (↗ Poetik), der Shakespeare-Rezeption und der bürgerlichen Theaterkultur eine intensive neue Dramenproduktion einsetzt. Die nunmehr frei verfügbaren Formtypen der europäischen Dramen-Tradition können noch bis zum ↗ sozialen D. des späten 19. Jh.s Geltung beanspruchen, bevor die »Krise des D.s« (Szondi, S. 21) und die Auseinandersetzung mit dem modernen Mediensystem zur tendenziellen Auflösung der Dramenform (im antirealistischen D., ↗ epischen Theater, ↗ *théâtre de l'absurde*, Dokumentartheater) und schließlich zu Formen des »postdramatischen Theaters« (Lehmann) führt.

Die seit dem 4. Jh. v. Chr. bestehende poetologische Reflexion und Forschung zum D. beruhte zunächst stark auf der Neuedition und Kommentierung kanonischer Texte, woraus in Verbindung v. a. mit der Übers. der aristotelischen Poetik das neuzeitliche Beschreibungsvokabular des D.s entstand. Während die Lit.wissenschaft des 19. Jh.s noch stark an die normativen Poetiken anschloss, verlagerte sich durch die semiotisch und ritualtheoretisch orientierte ↗ Theaterwissenschaft des 20. Jh.s das Interesse vom dramatischen Text hin zur szenischen Aufführung, womit auch außereuropäische Theatertraditionen in den Blick kamen

und der größeren Freiheit des modernen Theaters dem D. gegenüber Rechnung getragen wurde.
Lit.: B. Asmuth: Einf. in die Dramenanalyse [1980]. Stgt. ⁶2004. – Ch. Balme: Einf. in die Theaterwissenschaft [1999]. Bln. ³2003. – E. Fischer-Lichte: Geschichte des D.s [1990]. 2 Bde. Tüb. ²1999. – R. Grimm (Hg.): Dt. Dramentheorien [1971]. 2 Bde. Wiesbaden ³1981. – W. Hinck (Hg.): Hb. des dt. D.s. Düsseldorf 1980. – V. Klotz: Geschlossene und offene Form im D. [1960]. Mchn. ¹³1992. – H.-Th. Lehmann: Postdramatisches Theater. Ffm. 1999. – M. Ottmers: D. In: RLW. – M. Pfister: Das D. [1977]. Mchn. ¹¹2001. – P. Szondi: Theorie des modernen D.s [1956]. In: ders.: Schriften I. Ffm. 1978, S. 9–148.   MOT

Dramatisch, 1. zur Gattung ↗ Drama gehörend; 2. im allgemeineren Sinn auch Sammelbez. für Merkmale wie ↗ Spannung und Unmittelbarkeit in anderen Textgattungen und Medien (bes. in Film und ↗ Hörspiel) sowie in außertextuellem Geschehen. – Poetologisch besitzt der Begriff in Antike und MA. gelegentlich weitere stilistische und rhet. Bedeutungen (wie Kohärenz oder Bewegtheit), bezeichnet aber meist direkte Figurenrede und Dialogizität. Seit den Renaissance-Poetiken und v. a. im 18. Jh. wird er verstärkt gattungsklassifizierend verstanden. Diese Gattungsbezogenheit wird jedoch nach der Abkehr von der Regelpoetik aufgelöst und z. B. durch ein typologisches Verständnis ersetzt; das D.e ist demnach nicht ausschließlich an die Form des Dramas gebunden, während umgekehrt ein Werk wie die gr. ↗ Tragödie epische, lyrische und d.e Elemente umfassen kann. Merkmale des D.en in diesem Sinn, wie sie u. a. F. Schlegel, G. W. F. Hegel und L. Tieck beschreiben, sind »lebendige Bewegung«, »Fortschritt wesentlicher Handlungen« und »Spannung auf den Ausgang« (A.W. Schlegel: »Vorlesungen über dramatische Kunst und Literatur«, 1809). Im 20. Jh. versucht E. Staiger, den »d.en Stil« durch das Wesensmerkmal »Spannung« und die Ausprägungen des »pathetischen« und »problematischen« Stils erneut zu bestimmen und das D.e als »Daseinsmöglichkeit« anthropologisch zu reformulieren. Als negative Folie erscheint ›d.‹ dagegen im Konzept eines »postdramatischen Theaters« (Lehmann), das sich vom Drama als latent normativer Grundlage des Theaters löst.
Lit.: H.-Th. Lehmann: Postdramatisches Theater. Ffm. 1999. – M. Ottmers: D. In: RLW. – E. Staiger: Grundbegriffe der Poetik [1946]. Zürich ⁸1968.   MOT

Dramatisierung, Erarbeitung eines Theaterstücks aus einem epischen Text; seltener aus Lyrik oder nicht-lit. Texten. Die D. führt im Unterschied zur ↗ Bearbeitung zum Gattungswechsel, anders als die Verfilmung aber nicht zum Medienwechsel (↗ Adaption). D.en verändern den Ausgangstext für die Bühnensituation: Dialogfassung, Reduktion von Themen und Personen, Konzentration auf bestimmte Aspekte, Szenenanweisungen. – Von der D. unterschieden ist die übliche lit. Praxis, ↗ Stoffe, ↗ Motive und ↗ Themen, vermittelt über epische Vorgängertexte, in eigenen Stücken zu gestalten (Sophokles, W. Shakespeare). Bekannt geworden sind u. a. die D.en von S. Richardsons »Pamela« (Voltaire, 1749), von F. Kafkas »Proceß« (A. Gide/J.-L. Barrault, 1947), von A. Franks »Tagebuch« (F. Goodrich/A. Hackett, 1959) sowie die zahlreichen D.en der Romane F. M. Dostoevskijs (bes. durch F. Castorf, z. B. »Dämonen«, 1999). Autoren setzen mit freien D.en bekannter Texte in Kombination mit anderem Textmaterial eigene Akzente; oft entsteht die D. im Probenprozess (D. von J. Hašeks »Schwejk«, Kollektiv der Piscatorbühne, 1928). Im heutigen Theater ist die D. ein beliebtes Verfahren bei Autoren, die selbst Regie führen (neben Castorf z. B. A. Petras). Lit.unterricht und Theaterpädagogik entwickeln D.en in kreativer Auseinandersetzung mit Texten.   BW

Dramatis Personae, f. Pl. [lat.], 1. Personen eines Theaterstücks; 2. Verzeichnis, das alle diese Personen aufführt. Die Humanisten etablierten mit ihrer Edition antiker Dramen das Personenverzeichnis als ↗ Nebentext: Es führt, dem Haupttext meist vorangestellt, die D. P. geordnet nach sozialem Rang, später nach Geschlecht (W. Shakespeare), Auftrittsfolge oder Wichtigkeit für die Handlung (B. Brecht) auf. Selten sind Theatertexte mit nachgestellter oder fehlender Auflistung der D.P. (z. B. J. W. Goethe: »Faust«). Das Personenverzeichnis kann die Imagination der Lesenden fördern bzw. lenken, indem zusätzliche Angaben gemacht werden, die z. B. über Physis (Alter, Aussehen, Kleidung usw.), Charaktereigenschaften, Vorgeschichte oder Beziehungen der D. P. untereinander Auskunft geben (F. Schiller: »Fiesco«; bes. ausgeprägt im Drama des ↗ Naturalismus).   BW

Dramaturg, m. [gr. *dramatourgós* = Verfasser, Aufführungsleiter eines Dramas], 1. wissenschaftlich-künstlerischer Berater am Theater, auch bei Film, Funk und Fernsehen. Der D. ist nach dem Intendanten für das künstlerische Profil und die Außenerscheinung des Theaters verantwortlich. Die Aufgaben sind vielfältig: Lektüre und Auswahl geeigneter Stücke, Erstellung des Spielplans (↗ Repertoire), Einrichtung von ↗ Bühnenbearbeitungen, unterstützende Mitarbeit beim Inszenierungskonzept und der Probenarbeit (Produktionsdramaturgie), Redaktion der Programmhefte, Presse- und Öffentlichkeitsarbeit. Der D. ist Mittler und Kontaktperson für Autoren, Verlage, Regisseure, Künstler und Publikum. – 2. Daneben existiert noch der ältere Wortgebrauch, nach dem man als ›D.en‹ den Bearbeiter eines Dramas bezeichnet. – 1767–69 wirkt G. E. Lessing als D. am Hamburger Theater, noch im 19. Jh. sind oftmals Dramatiker als D.en tätig: J. Schreyvogel in Wien, L. Tieck und später K. Gutzkow in Dresden. Im 20. Jh. gewinnt der Beruf des D.en an Bedeutung; mit Produktionsdramaturgie und Öffentlichkeitsarbeit kommen neue Aufgabenbereiche hinzu. Seit 1956 existiert als Berufsverband die ›Dramaturgische Gesellschaft‹ in Deutschland.
Perodikum: D. Zs. der Dramaturgischen Gesellschaft. 1983 ff.

Schriftenreihe: Schriften der Dramaturgischen Gesellschaft. Bln. 1973 ff. AHE

Dramaturgie, f. [gr. *dramatourgía* = Dichtung oder Aufführung eines Dramas], 1. a) Tätigkeit oder b) Büro des ↗ Dramaturgen; 2. Theorie von der Kunst und Technik des ↗ Dramas, v. a. im Hinblick auf die wirkungsästhetische Gestaltung; Teilgebiet der ↗ Poetik des Dramas. Insbes. der ↗ Aufbau und die Wirkung des Dramas beim Lesen sowie bei der ↗ Aufführung auf der Bühne bilden einen Schwerpunkt dramaturgischer Erörterungen. – Als erste dramaturgische Schrift gilt die »Poetik« des Aristoteles (um 335 v. Chr.), die den ↗ Mimesis-Begriff exponiert und sich mit Handlung, Charakteren sowie dem Bau einer guten Tragödie und deren Wirkung beschäftigt. Verschiedene zentrale Punkte werden in Anlehnung an Aristoteles in der Folgezeit immer wieder kontrovers diskutiert: Mimesis als Darstellung oder als Nachahmung (der Natur); Primat der Handlung über die Charaktere; drei Einheiten von Ort, Zeit und Handlung (Aristoteles erwähnt nur die Einheit der Handlung); geforderte Wirkung der Tragödie: Reinigung (↗ Katharsis) des Zuschauers mit Hilfe von *éleos* (›Jammer‹) und *phóbos* (›Schaudern‹). Die von Aristoteles geforderten herausragenden Personen in der Tragödie werden in fürstliche Personen umgedeutet (↗ Ständeklausel). In der »Ars poetica« des Horaz (14 v. Chr.) werden zusätzlich die fünfaktige Bauform sowie die Belehrung und Unterhaltung als Ziel eines jeden Dramas wie der Dichtung überhaupt gefordert. Aristoteles und Horaz bilden über Jh.e die maßgeblichen Autoritäten, die immer wieder verschieden ausgelegt werden. Verschiedene Theoretiker der Neuzeit schreiben normative Poetiken, welche die meist aus den antiken Dramen und Poetiken abgeleiteten Erkenntnisse als verbindliche Regeln für alle Zeiten festlegen sollen (J. C. Scaliger: »Poetices libri septem«, 1561; N. Boileau: »L'Art poétique«, 1674; J. Ch. Gottsched: »Versuch einer critischen Dichtkunst vor die Deutschen«, 1730). Mit G. E. Lessings »Hamburgischer D.« (1767–69) wird der Begriff ›D.‹ im Dt. etabliert; in dieser Schrift kritisiert Lessing die Hamburger Theateraufführungen, die Schauspielkunst und v. a. die gespielten Stücke. Aus der Dramenanalyse entwickelt sich bei ihm die ↗ Dramentheorie, die keine bautechnischen Regeln mehr vorgibt, praktisch ausgerichtet ist und die Wirkung beim Zuschauer und Leser in den Vordergrund rückt. Lessing leitet den Wechsel von der Regelpoetik zur Wirkungspoetik ein, indem er die Kategorien *éleos* und *phóbos* umdeutet (»Mitleid und Furcht soll die Tragödie erregen«; ebd., 70. Stück). J. M. R. Lenz (»Anmerkungen übers Theater«, 1774) entwickelt eine D. in Theorie und Dramenpraxis, die sich stärker an der ↗ offenen Form und an W. Shakespeares Werken orientiert. G. Freytag stellt in seiner »Technik des Dramas« (1863) ›Handwerksregeln‹ auf, die dem zeitgenössischen Autor als Richtlinien für ein bühnengerechtes Drama dienen sollen; er propagiert aber gleichzeitig auch das symmetrische, fünfteilig gebaute Drama (Einleitung, Steigerung, Höhepunkt, Fall oder Umkehr, Katastrophe); sein Pyramidenschema, das wiederum die geschlossene Form zum Vorbild erhebt, wird bis heute im Schulunterricht gelehrt. B. Brecht entwickelt mit seinem ↗ epischen Theater ein Gegenkonzept zur sog. aristotelischen Tradition.

Texte: K. Hammer (Hg.): Dramaturgische Schriften des 18. Jh.s. Bln. 1968. – Ders.: Dramaturgische Schriften des 19. Jh.s. 2 Bde. Bln. 1987. – B. v. Wiese (Hg.): Dt. D. 3 Bde. Tüb. 1956–70.

Lit.: M. Dietrich, P. Stefanek: Dt. D. von Gryphius bis Brecht. Mchn. 1965. – R. Grimm (Hg.): Dt. Dramentheorie. 2 Bde. [1971]. Wiesbaden ³1980 f. – J. Kiermeier-Debre: D.₂. In: RLW. – V. Klotz: Geschlossene und offene Form im Drama [1960]. Mchn. ¹⁴1999. – A. Perger: Grundlagen der D. Graz, Köln 1952. – H. Schmid: D.₁. In: RLW. – Ch. Weiler: D. In: E. Fischer-Lichte u. a. (Hg.): Metzler Lexikon Theatertheorie. Stgt., Weimar 2005, S. 80–83. AHE

Dramentheorie, Teilgebiet der Lit.wissenschaft, dessen Gegenstand Form, Funktion und Geschichte des Theaters und der für das Theater geschriebenen Texte bildet. – Als lit.wissenschaftliche Teildisziplin steht die D. in enger Beziehung zur Philosophie und ↗ Theaterwissenschaft. Während die Philosophie das Wesen des Tragischen und Komischen und die Theaterwissenschaft die szenischen Realisierungsmöglichkeiten zum Thema hat, geht es der lit.wissenschaftlichen D. um eine systematische und historische Beschreibung der Gattungsform ↗ Drama. Ausgangspunkt ist meist die Gattungsunterscheidung von Drama, Lyrik und Epos, die bei Aristoteles vorgeprägt ist und sich im 18. Jh. durchgesetzt hat. Im Zentrum der D. steht die Abgrenzung des Dramas von Epos und Lyrik durch die Kategorien der ↗ Handlung und des Redekriteriums: Als lit. Großform zeigt das Drama eine in sich abgeschlossene Handlung, und zwar durch Rede und Gegenrede der beteiligten Personen. Der ›geschlossenen‹ (tektonischen) Form des Dramas, die sich durch die Erfüllung der klassischen Forderung der Einheit von Handlung, Ort und Zeit auszeichnet, stellt Klotz die ›offene‹ (atektonische) Form gegenüber, die etwa im Theater W. Shakespeares oder des ↗ Sturm und Drang bewusst gegen die aristotelischen Vorgaben verstößt. Grundsätzlich unterschieden werden die dramatischen Formen in ↗ Tragödie und ↗ Komödie, wobei die D. von Beginn an ein größeres Interesse an der Tragödie zeigt. – Die Geschichte der D. beginnt mit Aristoteles. In seiner »Poetik« (1449b) legt er die Grundlagen für alle nachfolgenden Gattungsbestimmungen: »Die Tragödie ist Nachahmung einer guten und in sich geschlossenen Handlung von bestimmter Größe, in anziehend geformter Sprache, wobei diese formenden Mittel in den einzelnen Abschnitten je verschieden angewandt werden«. Ausgangspunkt der aristotelischen Definition ist die Unterscheidung von Tragödie und Komödie als den beiden bestimmenden Typen des Dramas.

Zentraler Ansatz der aristotelischen D. ist die Theorie der ↗Katharsis, der Seelenreinigung, die durch ›Jammer‹ (*éleos*) und ›Schaudern‹ (*phóbos*) beim Zuschauer hervorgerufen werden soll. Die aristotelische D. ist in der Folge vielfach aufgenommen, kritisiert und transformiert worden. Zur Zeit der ↗Renaissance wendet L. Castelvetro in seinem Kommentar zu Aristoteles (1570) dessen weitgehend deskriptive Begrifflichkeit durch die ↗Drei-Einheiten-Lehre in eine normative Theorie um. Die Vertreter der frz. ↗Klassik, bes. N. Boileau und J. Racine, verschärfen diese Lehre und fordern die strikte Einhaltung der Einheit von Handlung, Raum und Zeit. Gegen die höfische Ordnung der frz. Tragödie macht die dt. D. im 18. Jh. nach J. Ch. Gottsched, der noch auf dem Zusammenhang von Fabel und Moral besteht, das Naturgenie W. Shakespeare und die Mehrsträngigkeit der Handlung geltend. G. E. Lessing schwächt die aristotelische Forderung, die Tragödie müsse Jammer und Schaudern hervorrufen, ab, indem er diese zentralen Begriffe als ›Mitleid‹ und ›Furcht‹ übersetzt. J. W. Goethe und F. Schiller stellen in ihrem Briefwechsel präzise Kriterien zur Unterscheidung des Dramas vom Epos auf; Goethe entwickelt daraus später die Vorstellung des Epischen, Lyrischen und Dramatischen als der drei »Naturformen der Dichtung« (»Noten und Abhandlungen« zum »West-östlichen Divan«, 1819). Vor diesem Hintergrund begreift G. W. F. Hegel in seinen »Vorlesungen über die Ästhetik« (postum 1835–38) mit Blick auf die Antike das Tragische als Synthese von Epos und Lyrik. Für Hegel ist das Drama die unüberholbare Vollendung der Poesie. Die normative Auffassung der dramatischen Form wird im 19. Jh. von G. Freytags »Die Technik des Dramas« (1863) weitergeführt: Freytag unterteilt die Tragödie in fünf Akte mit der Abfolge von ↗Exposition, Konflikt, Höhepunkt, Verzögerung, Lösung/↗Katastrophe.

Neue philosophische Ansätze in der D. wenden sich zum Ende des 19. und zu Beginn des 20. Jh.s gegen die klassifikatorische Beschreibung des Dramas als einer geschlossenen Form. In seiner Erstlingsschrift »Die Geburt der Tragödie« (1872) begreift F. Nietzsche in Auseinandersetzung mit R. Wagner die gr. Tragödie als widerspruchsvolle Einheit des ↗Apollinischen und Dionysischen, während W. Benjamin im »Ursprung des dt. Trauerspiels« (1926) eine Aufwertung der barocken Form des Dramas vornimmt. Einen neuen Impuls erfährt die D. im 20. Jh. durch B. Brecht, der die aristotelische Definition der Tragödie als Nachahmung einer geschlossenen Handlung im Begriff des ↗epischen Theaters aufhebt: Das epische Theater setzt auf die Distanz des Zuschauers zum Stück, die durch Verfremdungstechniken und Illusionsbrechung hergestellt wird. Brechts episches Theater vollzieht einen Bruch mit der Autorität des Aristoteles. P. Szondis auf diesen Bruch bezogene Diagnose einer ›Krise des Dramas‹ konnte in jüngster Zeit von dem Theaterwissenschaftler H.-Th. Lehmann weiterentwickelt werden: Leh-

mann unterscheidet das traditionelle Drama, das sich im aristotelischen Verständnis durch den Primat der Handlung auszeichnet, von prädramatischen und postdramatischen Formen, um die Unabhängigkeit aktueller Theateransätze von den Vorgaben der Tradition geltend zu machen. Zusammen mit semiotischen Ansätzen (vgl. Fischer-Lichte) legt Lehmann die Grundlage für eine neue D., welche die Bedeutung des Theaters im Rahmen konkurrierender Medienmodelle unterstreicht.

Texte: R. Grimm (Hg.): Dt. D.n. 2 Bde. Ffm. 1971. – U. Profitlich u. a. (Hg.): Komödientheorie. Reinbek 1998. – U. Profitlich u. a. (Hg.): Tragödientheorie. Reinbek 1999. – H. Turk (Hg.): Theater und Drama. Tüb. 1992. Lit.: B. Asmuth: Einf. in die Dramenanalyse [1980]. Stgt., Weimar ^{6}2004. – M. Brauneck, G. Schneilin (Hg.): Theaterlexikon [1986]. Reinbek ^{4}2001. – E. Fischer-Lichte: Semiotik des Theaters. 3 Bde. Tüb. 1983. – V. Klotz: Geschlossene und offene Form im Drama [1960]. Mchn. ^{13}1992. – H.-Th. Lehmann: Postdramatisches Theater [1999]. Ffm. ^{2}2001. – M. Pfister: Das Drama [1977]. Mchn. ^{8}1994. – H. Schmid: D. In: RLW. – P. Szondi: Theorie des modernen Dramas. Ffm. 1963. AG

Dramma per musica, m. [it.], Vorform der ↗Oper.

Drapa, f. [anord. *drepa* = schlagen, stoßen, töten], Pl. *Drapur*; Haupt- und Prunkform des skaldischen Preisliedes. Im Unterschied zum ↗Flokkr, das eine Aneinanderreihung von Strophen bildet, ist die D. dreigeteilt in eine Einleitung (*upphaf*), einen längeren Hauptteil (*stefjabálkr*), der sich durch die Verwendung eines ↗Kehrreims (*stef*) in bestimmten Abständen auszeichnet, und einen Schlussteil (*slœmr*). Als Strophenform findet meist das ↗Dróttkvætt Verwendung. Wichtige Vertreter der Gattung sind die fragmentarisch erhaltene »Ragnarsdrápa« des Bragi Boddason inn gamli (9. Jh.), die »Höfuðlausn« des Egill Skallagrímsson (10. Jh.) und die »Lilja« des Eysteinn Ásgrimsson, ein Preislied auf Maria und Christus (14. Jh.). Lit.: S. Nordal: Icelandic Notes I: D. In: Acta Philologica Scandinavica 6 (1931/32), S. 144–149. – K. v. See: Germ. Verskunst. Stgt. 1967. WB

Draumkvæde, n. [norweg. = Traumgedicht], eine der bekanntesten norweg. Volksballaden (↗Ballade), die in Form einer Vision über die Reise ins Jenseits berichtet. Ein Mann namens Olav schläft am Heiligen Abend ein und erwacht erst am Dreikönigstag wieder. Er reitet dann zur Kirche und unterbricht dort die Messe, um von seinem Traum zu berichten, in dem er Himmel, Hölle und andere Dinge der jenseitigen Welt sah. – Der Text wurde seit den 1840er Jahren in Telemark (Südnorwegen) in ca. 150 Varianten aufgezeichnet, von denen die längste 74 Strophen umfasst. Die meisten Varianten haben die Grundform der norweg. Volksballade mit vierzeiligen Strophen und dem Endreimschema *abcb*. Formal zeichnet sich das D. durch eine Einleitungsstrophe sowie die Verwendung der ersten Person Sg. und unterschiedlicher Refrains, sogar innerhalb einzelner Varianten, aus. Die erhaltenen Varianten weichen beträchtlich voneinander ab hinsichtlich Strophenzahl, Handlungsfolge und Vollständigkeit der Motive, die durch keinen klar erkennbaren narrativen Faden miteinander verbunden sind. Nur 18 Varianten umfassen mehr als zehn Strophen. Daher ist der genaue Umfang des zum D. zählenden Materials schwer zu bestimmen. Sicher ist nur, dass in Norwegen ein Balladenstoff mit dem Motiv einer Vision existierte, und dass bestimmte daraus resultierende Episoden von Rezitatoren bzw. Sammlern als ›D.‹ bezeichnet wurden. – Da sich für viele der Elemente des D. Parallelen in der mal. ↗ Visionslit. finden lassen, datierte die frühere Forschung die Erstfassung des D. auf die Zeit um 1300. Neuere Untersuchungen zeigen jedoch, dass die Parallelen für eine so frühe Datierung nicht ausreichen, sondern dass die textinternen Hinweise allenfalls auf eine Entstehung kurz vor oder nach der Reformation hindeuten.

Lit.: B. Alver: Draumkvedet. Oslo 1971. – M. Barnes: D. Oslo 1976. – K. Liestøl: D., a Norwegian Visionary Poem from the Middle Ages. Oslo 1946.   SW

Drehbuch, auch: Szenario, Script; Oberbegriff für Medientexte, deren Status bestimmt ist durch Stellung und Funktion im Produktionsprozess audiovisueller technischer und elektronischer Medien. D. bezeichnet primär Gebrauchstexte, die in literaler Form Film- und Fernsehproduktionen vorstrukturieren. Die narrativen, dramaturgischen und z. T. bereits technischen Angaben des D.s stellen einen Orientierungsrahmen für Planung und Produktion dar. Die in den einzelnen Produktionsphasen spezifischen Funktionszuweisungen an das D. bedingen dessen Ausdifferenzierung: Idee, Exposé, Treatment, Rohdrehbuch, Regiedrehbuch (*final shooting script*, *découpage*) sind Textvarianten des D.s. Was von dem projektierten Medienprodukt im D. sprachlich und stilistisch vermittelt wird, ist vom technischen Entwicklungsstand, der soziokulturellen Funktion der Medien, von Autorkonzepten und Produktionskontexten abhängig. Die Textvarianten des funktionalen D.s gelangen nur in Ausnahmefällen an die lit. Öffentlichkeit. Im Ggs. dazu sind die *lit.* Drehbücher als *post shooting scripts*, autorisierte Druckfassungen von Film- und Fernsehproduktionen, für den Buchmarkt konzipiert.

Lit.: K. Kanzog: D. In: RLW. – J. Kasten: Film schreiben. Eine Geschichte des D.s. Wien 1990. – J. Paech: D. In: Killy/Meid. – A. Schwarz (Hg): Das D. Mchn. 1992. – J. Wermke: ›Filmisches Schreiben‹ ≠ Schreiben für den Film. In: J. Drews (Hg.): Vergangene Gegenwart – Gegenwärtige Vergangenheit. Bielefeld 1994, S. 175–202.   PS

Dreiakter, ↗ Drama in drei ↗ Akten; eine der drei häufigsten Gliederungsformen des Dramas (neben ↗ Fünfakter und ↗ Einakter). Der D. geht auf Aristoteles' »Poetik« (Kap. 18) zurück, in welcher Knüpfung (*desis*) und Lösung (*lysis*) eines Konflikts als Elemente der Tragödienhandlung benannt werden, sowie auf den Terenz-Kommentator Donatus (4. Jh. n. Chr.). In der Renaissance wurde dessen Modell der drei Handlungsphasen aufgenommen, um eine der ›Natur‹ des Dramas analoge formale Gliederung zu entwickeln: 1. Protasis (↗ Exposition), erregendes Moment; 2. Epitasis (Verwicklung), Entfaltung des Konflikts; 3. Katastrophe. Während seit dem 17. Jh. im dt. und frz. Drama der Fünfakter bestimmend war, prägte der D. bes. die Entwicklung des klassischen span. und portug. Dramas seit dem 16. Jh. (M. de Cervantes, F. Garcia Lorca). Die ↗ Oper ist in der Regel von keiner normierten Aktfolge bestimmt; dagegen sind R. Wagners Musiktheaterstücke (↗ Musiktheater) oft D. (»Parsifal«, »Tannhäuser«). Mit der ›Krise des Dramas‹ (P. Szondi) im 19. Jh. verlor der Fünfakter an Einfluss: Boulevardautoren überführten ihn durch Zusammenfassung der Akte 1/2 und 3/4 in den D.; H. Ibsen, G. Hauptmann u. a. gaben ihn zugunsten des D.s oder Vierakters auf. Die normativ ↗ geschlossene Form, damit auch der D. als formales Gliederungsprinzip, verlor im 20. Jh. an Bedeutung.

Lit.: V. Klotz: Geschlossene und offene Form im Drama [1960]. Mchn. ¹⁴1999. – M. Pfister: Das Drama [1977]. Mchn. ¹¹2001. – P. Szondi: Theorie des modernen Dramas [1956]. Ffm. ²⁵2004.   BW

Drei Einheiten, normative Vorgabe für die Gestaltung von Ort, Zeit und ↗ Handlung im ↗ Drama. Dabei verbindet die Lehre von den d. E. voneinander unabhängige dramatische Strukturelemente, die mehr oder minder eng definiert werden: 1. Die *Einheit des Ortes* verlangt eine Beschränkung der Handlung auf einen bzw. auf möglichst nahe beieinander liegende Schauplätze. – 2. Die *Einheit der Zeit* richtet sich auf die Vermeidung von Zeitsprüngen und strebt die Kongruenz von Spielzeit und gespielter Zeit an, wobei die gespielte Zeit einen Rahmen von 24 Stunden nicht übersteigen darf. – 3. Die *Einheit der Handlung* fordert die Geschlossenheit und Konzentration des dramatischen Geschehens und strebt den Ausschluss von Nebenhandlungen und -figuren an. – Die Lehre von den d. E. fußt auf der »Poetik« des Aristoteles, die v. a. in der it. ↗ Renaissance und im frz. ↗ Klassizismus normative Geltung erlangt. Tatsächlich spricht Aristoteles im Kontext der Tragödienbestimmung nur von der Einheit der Handlung (»Poetik«, Kap. 5–8), die »sich nach Möglichkeit innerhalb eines einzigen Sonnenumlaufs« (1449b) vollziehen solle. Damit bildet die zeitliche Beschränkung lediglich eine Funktion der Einheit der Handlung. Das Postulat von der Einheit der Zeit und des Ortes dagegen, das oft auf die »Poetik« zurückprojiziert wird, formuliert zuerst der Aristoteles-Kommentar L. Castelvetros (1576). Die Diskussion der d. E., die sich in der it. Renaissance intensiviert (J. C. Scaliger), richtet sich vorwiegend gegen die als regellos verstandene Dramatik des MA.s. Zugleich ist sie als Reaktion auf die Veränderungen in der ↗ Dramaturgie zu verstehen, die sich aus der Etablierung der Guckkastenbühne im 16. Jh. ergeben. Der Lehre von den d. E. kommt dabei die Funktion zu, die Wahrscheinlichkeit der dramatischen Handlung zu begründen. Unter diesem Aspekt werden die d. E. auch im frz. Klassizismus kontrovers diskutiert (P. Corneille, G. de Scudéry) und im Zuge der ›Querelle du Cid‹ als doktrinäre Norm durchgesetzt (F. Hédelin: »Pratique du théâtre«, 1657; P. Corneille: »Discours des trois unités«, 1660). In Deutschland ist es v. a. J. Ch. Gottsched, der die Umsetzung der d. E. nach frz. Vorbild fordert und in seinen eigenen, idealtypisch konzipierten Dramen umzusetzen sucht (»Der sterbende Cato«, 1731). Doch bereits G. E. Lessing verspottet die Ungereimtheiten, zu denen das Diktat der d. E. nötigt (»Hamburgische Dramaturgie«, 44.–46. Stück). Dennoch führt erst die Orientierung am Drama der ↗ offenen Form, die im ↗ Sturm und Drang unter Berufung auf W. Shakespeare erfolgt, zur Lösung von der klassizistischen Doktrin und zu ihrer Disqualifizierung als »erschröckliche jämmerlichberühmte Bulle von den d. E.« (J. M. R. Lenz: »Anmerkungen übers Theater«, 1774).

Obgleich das Drama der ↗ Weimarer Klassik den Vorgaben der d. E. noch weitgehend entspricht und sich auch in der neueren Dramatik Tendenzen zur Geschlossenheit feststellen lassen (so im ↗ Naturalismus), ist ihr normativer Charakter mit der Kritik des Sturm und Drang obsolet geworden.

Lit.: R. Bray: La formation de la doctrine classique en France [1927]. Nachdr. Paris 1966. – M. Fuhrmann: Einf. in die antike Dichtungstheorie. Darmstadt 1973. – Th. M. Raysor: The downfall of the three unities. In: MLN 42 (1927), S. 1–9. – G.-M. Schulz: Drei-Einheiten-Lehre. In: RLW. – E. Teichmann: Die d. E. im frz. Trauerspiel nach Racine. Lpz. 1909.   JK/NI

Dreikönigsspiel, auch: Magierspiel, ↗ geistliches Spiel des MA.s, das aus szenischen Darstellungen der Epiphanie-Liturgie entstand und ursprünglich an Epiphanias (6. Januar) aufgeführt wurde. Es entstand in vergleichbarer Weise wie das ↗ Weihnachtsspiel. In die Dramatisierung der in Mt 2 beschriebenen Ereignisse wurde auch die Person des Herodes einbezogen, was die dramatischen Möglichkeiten erweiterte (Herodes als die erste Theaterbösewicht). Schon das liturgische Drama stellte den bethlehemitischen Kindermord und die Flucht nach Ägypten dar. – Die ältesten Texte (11. Jh.) stammen aus Frankreich (Limoges, Rouen, Nevers), und v. a. dort lässt sich die Entwicklung verfolgen. Im dt. Sprachgebiet sind nur zwei D.e in der Volkssprache überliefert, aus der Schweiz das Freiburger D., das eine lange Spieltradition aufweist (von 1425 bis 1798), und das Solothurner D. von Hanns Wagner (1561).

Lit.: N. King: Mal. D.e. Freiburg/Schweiz 1979. CKU

Dreireim, dreifach wiederholter Gleichklang an den Enden aufeinander folgender Verse; Form des ↗ Mehrreims oder Haufenreims (↗ Reim). – In der Lyrik des MA.s werden D.e zur Kennzeichnung von Strophenschlüssen verwendet (z. B. bei Reinmar dem Alten). In

der Versepik dienen sie seit dem 12. Jh. sowohl dazu, Abschnittsgliederungen hörbar und sichtbar zu machen – wobei der abschließende D. häufig Verbindliches, etwa in Form einer Sentenz, formuliert (z. B. Wirnt von Grafenberg: »Wigalois«) –, als auch dazu, sinntragende Passagen hervorzuheben (z. B. »König Rother«, V. 817 f.); im Überlieferungsprozess werden solche D.e jedoch häufig beseitigt. Bei Hans Sachs dienen D.e der Akzentuierung einzelner Aktschlüsse. – Später wird der D. z. B. bei C. Brentano gebraucht.

Lit.: ↗ Mehrreim.   WA

Dreischauspielergesetz ↗ Protagonist.

Dreistillehre ↗ Genera dicendi.

Dreiversgruppe, im mhd. Minnesang die reimtechnische Zusammenfassung von drei Versen, v. a. im ↗ Abgesang, entweder durch Dreireim (*aaa*) oder mit reimlosem mittleren Vers (Waisenterzine: *axa*).

GS/Red.

Drillingsformel ↗ Zwillingsformel.

Dritter Humanismus ↗ Humanismus.

Dróttkvætt, n. [= Metrum, in dem im königlichen/fürstlichen Gefolge gedichtet wird; substantiviert aus anord. *dróttkvæðr háttr*], komplizierteste Versform der ↗ Skaldendichtung. Neben der Silbenzählung sind ↗ Stabreim und Binnenreim (↗ Hending) zu beachten. Eine Strophe besteht aus zwei Helmingar (↗ Helming). Die Einzelverse sind in der Regel sechssilbig, wobei jeder Vers drei Hebungen hat und mit einer trochäischen Kadenz enden soll. Streng genommen sind D.-Strophen keine metrischen Einheiten; die Einheit der Strophe beruht vielmehr nur auf dem Satzbau und dem Inhalt. Während Stabsetzung und Hending-Verteilung genauestens geregelt sind, ist die Wortstellung sehr frei, häufig werden Parenthesen eingeschoben. Durch die Verwendung von Kenningar (↗ Kenning) entsteht ein komplexes und hermetisches System. Etwa fünf Sechstel der überlieferten Skaldendichtung sind im D. abgefasst. Bemerkenswert ist daneben die runische Überlieferung (↗ Runen) auf der Kupferdose von Sigtuna und dem Stein von Karlevi.

Lit.: R. Frank: Old Norse Court Poetry: The D. stanza. Ithaca 1978. – H. Kuhn: Das D. Hdbg. 1983. – E. Marold: D. In: RGA. – K. v. See: Germ. Verskunst. Stgt. 1967.   WB

Druck, 1. Verfahren der Vervielfältigung eines Textes oder Bildes in gleichen Kopien auf einem dauerhaften Träger (›Bedruckstoff‹); 2. a) alle in einem Vervielfältigungsprozess erzeugten Kopien (›Auflage‹) oder b) eine dieser Kopien. – D.verfahren werden traditionell nach Beschaffenheit der ›D.form‹ (der vorgefertigten D.vorlage) in Hoch-, Tief-, Flach-, Durch- und Prägedruckverfahren unterschieden. Der ↗ Buchdruck im engeren Sinne ist ein von J. Gutenberg im 15. Jh. erfundenes Hochdruckverfahren, bei dem die Farbe von erhöhten Stellen einer aus metallenen Lettern zusammengesetzten D.form auf den Bedruckstoff gepresst wird. In der Buchproduktion wurde der Buchdruck Mitte des 20. Jh.s vom Offsetdruck, einem Flachdruckverfahren,

verdrängt. Die nahezu ebene D.form nimmt hier aufgrund chemischer Bearbeitung nur an bestimmten Stellen Farbe auf. Bei geringer Auflagenhöhe wird heute der Digitaldruck (Laserdruck, *Print on Demand,* auch: *Printing, Publishing* oder *Book[s] on Demand*) bevorzugt, der keiner D.form bedarf.
Lit.: C. W. Gerhardt u. a.: Geschichte der D.verfahren. 4 Bde. Stgt. 1974–93. – C. W. Gerhardt: D. In: RLW. – H. A. Halbey: D.kunde. Bern u. a. 1994.   RBL und SO
Druckvorlage, derjenige ↗ Textträger, der den vom ↗ Autor oder Herausgeber für abgeschlossen erklärten (›autorisierten‹) Text enthält und der dem ↗ Verlag als Datenbasis für den Satz und die anschließende Veröffentlichung überlassen wird (auch: ↗ Manuskript [2]; ↗ Original [1] und [2]). Bei der D. handelt es sich bis um 1900 meist um eine hsl. Reinschrift, im 20. Jh. häufig um ein ↗ Typoskript und heute fast immer um einen elektronisch gespeicherten Datensatz.   DB
Dubitatio, f. [lat. = Zweifel; gr. *aporía*], ↗ rhet. Figur, fingierte Unsicherheit eines Redners (oder Erzählers), der das Publikum wegen der scheinbar unlösbaren Schwierigkeiten bei Anlage und Durchführung seiner Rede (Erzählung usw.) um Rat fragt und ihm z. T. Entscheidungen (z. B. die Wahl zwischen mehreren Benennungen einer Sache) überlässt. In der Lit. bes. Stilmittel des ↗ auktorialen Erzählens (vgl. Ch. M. Wieland: »Novelle ohne Titel«), aber auch im Drama (vgl. Sprecher in Anouilhs »Antigone«).   GS/Red.
Duma, f. [auch: *Dumka*], Pl. *Dumi, Dumen;* Sammelbez. für ukrainische volkstümliche historische Lieder, in denen in balladesker, episch-lyrischer Form die Kämpfe gegen die Türken, die Krim-Tataren, die Polen und bes. die Ereignisse unter dem Hetmann Bohdan Chmelnicki (17. Jh.) besungen werden. Entstanden seit dem 16. Jh., wurden von Berufssängern, den Kobsaren, zu den nationalen Volksinstrumenten Kobsa und Bandura rezitativ und improvisatorisch (metrisch frei, reimlos) vorgetragen. Berühmt sind die Dumi der Saporoger Donkosaken. Durch Vortragsstil und Stoffe Ähnlichkeit mit den russ. ↗ Bylinen.
Lit.: A.-H. Horbatsch: Die epischen Stilmittel der ukrainischen D. Diss. Mchn. 1950.   GS/Red.
Dumb show, f. [ˈdʌm ˈʃou; engl. = stumme Schau, stummes Spiel], pantomimische Einlage in Schauspielen, speziell im ↗ Elizabethanischen Theater des 16. Jh.s, meist von Musik, Tanz und prunkvoller Kostümierung begleitet (↗ Intermezzo). Sie erschien als ↗ Prolog oder ↗ Zwischenspiel vor wichtigen Akten und Szenen, diente häufig als ↗ Vorausdeutung oder Kommentar des folgenden Handlungsgeschehens, so die *d. sh.* im dritten Akt von W. Shakespeares »Hamlet« (1601).

Lit.: D. Mehl: Die Pantomime im Drama der Shakespearezeit. Hdbg. 1964.   DGL
Dumka ↗ Duma.
Dunciade, f. [dʌntsiˈaːd; engl. *Dunciad* von *dunce* = Dummkopf, Wortbildung analog zu Jeremiade, Iliade, Donquichottiade u. a.], Bez. für Spottgedichte im Gefolge der lit.kritischen Verssatire »The Dunciad« (4 Bde. 1728–43) von A. Pope; vgl. auch »The Popiad« (dt. Popiade) von E. Curl, eine satirische Antwort auf Popes D. Gelegentlich auch Bez. für primitive dichterische Ergüsse. – Von Ch. M. Wieland stammt die »Ankündigung einer D. für die Dt.« (1755).   IS/Red.
Duodrama, Schauspiel, in dem nur zwei Personen sprechend und handelnd auftreten. Das D. entsteht im 18. Jh. als Seitenstück zum ↗ Monodrama, indem dem Hauptdarsteller eine Nebenfigur als Opponent oder Stichwortgeber beigegeben wird. Beispiele sind J. Ch. Brandes: »Ariadne auf Naxos« (1774) und H. v. Hofmannsthal: »Der Tor und der Tod« (1899). Das D. wird auch als Form des ↗ lyrischen Dramas angesehen.   AD
Duplicatio, f. [lat. = Verdoppelung], ↗ rhet. Figur, ↗ Geminatio.
Durch, unter dem Namen und Wahlspruch »Durch!« zusammengetretene freie lit. Vereinigung, die 1886 in Berlin von L. Berg, E. Wolff und K. Küster gegründet wurde und wenige Jahre später im ↗ Friedrichshagener Dichterkreis aufging. Der Name verweist auf das Programm der Vereinigung, an deren Sitzungen u. a. W. Bölsche, A. v. Hanstein, H. und J. Hart, A. Holz, J. Schlaf, P. Ernst und B. Wille teilnahmen. Er bezieht sich auf die *Durch*setzung neuer, ›moderner‹, naturalistischer Dichtung. Eine feste Programmatik gab es in der heterogenen Gruppe nicht. Zu den gemeinsamen Anliegen gehörten jedoch soziale, religiös-philosophische und lit. Kämpfe.
Lit.: K. Günther: Lit. Gruppenbildung im Berliner Naturalismus. Bonn 1972. – Verein D. Facsimile der Protokolle 1887. Kiel 1931.   GLS
Dyfalu, n. [dəvˈaːli], walisische (kymrische) Bez. für die poetische Umschreibung eines (oft nicht direkt genannten) Objekts durch eine phantasiereich ausgeklügelte Reihung ambiguoser oder metaphorischer Bilder, meist aus der Natur; neben der metrischen Form des ↗ Cywydd und den Schmuckformen der ↗ Cynghanedd kennzeichnend für die kymrische Lyrik des 14.–16. Jh.s (v. a. Liebesgedichte oder Bittgedichte). Begründer und bedeutendster Meister dieser Technik ist Dafydd ap Gwilym (14. Jh.). Neubelebung des D. im Rahmen der walisischen Renaissance im 18. Jh.   IS/Red.
Dystopie, f. [gr.], auch: Anti-Utopie. ↗ Utopischer Roman.

E

E-Book ↗ Buch.

Echogedicht, lyrischer Text, dessen Verszeilen gewöhnlich aus Fragen bestehen, die (oftmals witzig-verblüffend) im sog. Echoreim beantwortet werden: »Ach, was bleibt mir nun noch offen? – Hoffen!« (L. Tieck: »Kaiser Octavianus«, 1804). – Bezeugt schon im Altertum (Gauradas in: »Anthologia Planudea«, 152), wurden E.e im 15. Jh. durch A. Poliziano wiederbelebt und waren bis ins 18. Jh. in der europäischen Lyrik sehr beliebt (vgl. ihre Behandlung in den Poetiken von J. C. Scaliger 1561, M. Opitz 1624, Ph. v. Zesen 1640, G. Ph. Harsdörffer 1647–53, J. Ch. Gottsched ⁴1751); Blüte im Barock. Über meist nur virtuose Klangspielereien hinaus gehen in der dt. Lit. die E.e des Nürnberger Dichterkreises (J. Klaj, S. v. Birken, Harsdörffer) und die religiösen E.e F. v. Spees. Seit dem 18. Jh. finden sich E.e gelegentlich als politische oder soziale Satiren (J. Swift, H. Zschokke) und, dichtungstheoretisch neu fundiert (A. F. Bernhardi: »Sprachlehre«, 1801–03), in der romantischen Lyrik (A. W. Schlegel: »Waldgespräch«).   IS/Red.

Echoreim, ein das ↗ Echogedicht konstituierender ↗ Reim.

École fantaisiste, f. [ekɔlfãtɛ'zist; frz. *école* = Schule, *fantaisiste*, Adjektiv von *fantaisie* = Einfall, Laune, Phantasie], Kreis junger frz. Dichter, der sich zu Beginn des 20. Jh.s und bis zum Beginn des Ersten Weltkriegs um den Theaterkritiker F. Carco (»Chansons aigres-douces«, 1913) bildete. Im Rückgriff auf klassizistische Versformen im Stil von M. Maeterlinck, A. Rodenbach, P. Verlaine und St. Mallarmé schilderten die Autoren in kurzen Szenen teils ironisch-pointiert, teils auf melancholisch-elegische Weise den Alltag der ↗ Bohème des Montmartre (J.-P. Toulet: »Contrerimes«, 1920). – Die Bez. *é. f.* ist keine programmatische Selbstbeschreibung, sondern eine spätere Zuschreibung von außen. Da die *é. f.* keine ›Schule‹ im eigentlichen Sinne darstellte, behandelt die Forschung die Frage uneinheitlich, wer zu ihren Vertretern zu zählen ist. Den in intensivem Austausch stehenden Kern bildeten neben Carco T. Derème, J. Pellerin, J.-M. Bernard (Hg. der Zs. »Les Guêpes«, 1909–12), L. Vérane und Claudien (= R. de la Vaissière). Locker assoziiert waren F. Nohain, T. Klingsor, Ch. Derennes, L.-P. Fargue u. a.   NL

École lyonnaise [ekɔlliɔ'nɛːz, frz. = Lyoner Schule], Bez. für die Dichterinnen und Dichter M. Scève, L. Labé, P. du Guillet und den frühen P. de Tyard, die in der ersten Hälfte des 16. Jh.s das kulturelle Leben Lyons prägten. Sie führten Ideen und Motive des Neuplatonismus it. Prägung und die experimentelle Sprache des ↗ Petrarkismus in die frz. Dichtung ein und initiierten so die frz. Renaissance. Fälschlich wurden sie post festum als ›Schule‹ bezeichnet. Das bekannteste Werk der *é. l.* und zugleich der erste frz. Gedichtzyklus

ist »Délie« (1544) von Scève (der Titel ist ein Anagramm von ›L'idée‹), der sich nach Petrarcas Vorbild an eine einzige Person richtet. Zahlenschema und Gliederung der 449 ↗ Dizains verweisen auf ein zentrales Thema, den Makrokosmos, und auf kabbalistische Anregungen. – Louise Labé wurde in Deutschland bes. durch Rilkes Übers.en ihrer Sonette und Elegien bekannt. ↗ Pléiade.

Lit.: P. Ardouin: Maurice Scève, Pernette du Guillet, Louise Labé. L'amour à Lyon au temps de la Renaissance. Paris 1981.   DBR

École prolétarienne ↗ Populismus.

École romane, f. [ekɔlrɔ'man; frz. = romanische Schule], 1891 als programmatische Gegenbewegung zum ↗ Symbolismus gegründeter frz. Lyrikerzirkel, der mit einer emphatischen Rückwendung zur Lit.sprache der frz. ↗ Renaissance die Forderung nach logischer Klarheit und das Streben nach sprachlicher Erneuerung aus dem Geist der gr.-röm. Antike verband. Mittelpunkt der *é. r.* und Verfasser ihres 1891 im »Figaro« erschienenen Manifests war J. Moréas, aus dessen Feder bereits das 1886 publizierte Manifest der symbolistischen Schule stammte. Sein an P. de Ronsard und dem Dichterkreis der ↗ Pléiade orientierter »Pèlerin passionné« (1891) hatte Modellcharakter für die übrigen Vertreter der *é. r.*, zu denen neben M. Du Plessys, E. Reynaud und R. de la Tailhède auch der spätere Mitbegründer der »Action Française«, Ch. Maurras, gehörte. Trotz ihrer prominenten Anhängerschaft gelang es der *é. r.* nicht, eine wirksame Erneuerung der frz. Lit. herbeizuführen.   NL

Écriture ↗ Schreiben.

Écriture automatique, f. [ekri'tyrotoma'tik, frz. = automatisches Schreiben], Verfahren, das dazu dient, in der Sprache der Lit. Prozesse des Unbewussten festzuhalten. – Die *é. a.* wurde im ↗ Surrealismus als freie Niederschrift von Traumbildern entwickelt. Ihr Ziel liegt in der Befreiung der Poesie von den Vorgaben sinnhafter Rede. Sie erreicht das durch eine überraschende Bildersprache, die sich losgelöst von den Instanzen des Bewusstseins und der Vernunft in der Nähe von Traum und Wahnsinn den Gesetzen des Alltags entzieht. – Ihre erste lit. Ausprägung gewinnt die *é. a.* in dem von Ph. Soupault und A. Breton gemeinsam verfassten Roman »Les champs magnétiques« (1920). In den ›Manifesten des Surrealismus‹ (1924) stellt Breton die *é. a.* in Anknüpfung an die Dichtung von Lautréamont und A. Rimbaud sowie die Psychoanalyse S. Freuds als den Versuch vor, eine spielerisch-spontane Art der Dichtung herzustellen. Breton definiert die *é. a.* als eine Form des Gedanken-Diktats, in welcher dem Zufall eine entscheidende Rolle zukommt. Spontaneität und Unvorhersehbarkeit der zufällig entstehenden Sprachkonstellationen treten an die Stelle subjektiv-intentionaler Lenkung des Textes durch den Autor. Der Einfluss der *é. a.* hat sich im Rahmen der ↗ Avantgarden der frühen 20. Jh.s im Wesentlichen auf Surrealismus und ↗ Dadaismus beschränkt; parallele Konzeptionen gibt es auch in der bildenden Kunst (M. Ernst, M. Duchamp). – Verwandt sind die Vorstellungen des ↗ automatischen Textes und der ↗ aleatorischen Dichtung.

Lit.: P. Bürger (Hg.): Surrealismus. Darmstadt 1982. – M. Nadeau: Geschichte des Surrealismus. Reinbek 1965. – Th. M. Scheerer: Textanalytische Studien zur ›é. a.‹ Bonn 1973. AG

Écriture féminine, f. [frz. = weibliches Schreiben], feministisch inspirierte Textpraxis, die dominante kulturelle Denkmodelle hinterfragt. Die *é. f.* entwickelt sich in Frankreich in der Auseinandersetzung mit politischen Protesten, Wissenschaftskritik (J. Derrida, M. Foucault, J. Lacan) und Feminismus; Höhepunkt in den 1970er Jahren. Gemeinsamer Ansatz der Kritik ist die Metapher des Weiblichen in der dominanten Kultur, wobei neue Definitionen des Weiblichen vermieden werden. Vielmehr werden auf unterschiedliche Weise herrschende Frauenbilder, Positionen des Weiblichen in verschiedenen (mythischen, politischen, psychoanalytischen, lit., philosophischen) Diskursen und deren tradierte Denkstrukturen dekonstruiert. – In den Texten der *é. f.* mischen sich theoretische und historische Analyse mit poetischen und polemischen Stilmitteln. Als rhet. und graphische Strategien dienen Fragen, Ausrufe-, Anführungszeichen, Wiederholungen, Wortneuschöpfungen, -verzerrungen, -hervorhebungen, ↗ Ironie, ↗ Persiflage und Kurzkommentare. Die Arbeit verläuft zweigleisig: einerseits »den blinden Fleck in einem alten Traum von Symmetrie« (L. Irigaray) erkennen, andererseits neue utopische Räume des Weiblichen eröffnen (H. Cixous). Diese Zielsetzung wird mit der Ermutigung zur Schreibtätigkeit von Frauen verbunden (»Prendre la parole!«), was die *é. f.* z. T. irrtümlicherweise der Vorstellung ausgesetzt hat, sie könne nur von Frauen geschrieben werden. – Um die Dominanz des Phallologozentrismus zu kritisieren, nutzen die führenden Autorinnen der *é. f.* Erkenntnisse aus der Psychoanalyse: 1. wird die Entgrenzung der Traumarbeit als Stilmittel benutzt (ähnlich wie im ↗ Surrealismus), 2. werden Metaphern von Geschlecht, Körperlichkeit und primärer Sinnlichkeit aus den Subjektentwicklungen aktiviert, 3. kritisiert die *é. f.* bestehende Theorien und Fallstudien über Weiblichkeit und bearbeitet diese in anderen Textformen. H. Cixous und L. Irigaray meinen, einer spezifischen weiblichen Ökonomie auf der Spur zu sein. Diese lasse sich umschreiben als fließend, zweideutig, mütterlich, schwesterlich, annähernd, fliegend/stehlend (Cixous: »voler«), heterogen und nicht Besitz ergreifend. Demgegenüber vertritt J. Kristeva den Standpunkt, Weiblichkeit im Sinne des Präsymbolischen, des Semiotischen, könne sich nicht ohne das Symbolische (Lexikale) im Sprachprozess artikulieren. –

M. Wittig versucht den heterosexuell dominierten Diskurs der Psychoanalyse zu dekonstruieren. Wittig schreibt in einem assoziativen, fragmentarischen Stil, der auf die Traumarbeit hinweist, versucht aber, durch weibliche Umbenennung und utopische Inhalte die »Hegemonie des Phallus« zu brechen. – Im Œuvre von M. Duras zeigen die späten Texte (»Agatha«, »L'amant«) deutliche Spuren der *é. f.* Duras bearbeitet ihre Jugenderlebnisse in Indochina, wobei Multikulturalität, Weiblichkeitsbilder, Individuationsprozesse und libidinöse Strategien metonymisch ineinandergleiten. Unpolemisch, aber nachhaltig übt sie Kritik an westlichen Vorstellungen von Moral und einer dynamischen Zeit/Raum-Erfahrung, indem sie die Stille als sinngebendes Element in die Textpraxis einbringt.

Lit.: H. Cixous: Le Rire de la Méduse. In: L'Arc 61 (1975), S. 39–54. – Dies.: Portrait de Dora. Paris 1976. – Dies.: Le nom d'Œdipe, chant du corps interdit. Paris 1978. – L. Irigaray: Das Geschlecht, das nicht eins ist [frz. 1977]. Bln. 1979. – Dies.: Speculum. Spiegel des anderen Geschlechts [frz. 1974]. Ffm. 1984. – J. Kristeva: Polylogue. Paris 1977. – M. Wittig: Le corps lesbien. Paris 1973. MBR

Eddische Dichtung, neben Sagalit. und Skaldik eine der großen Gattungen der anord. Dichtung. Im Ggs. zur Prosagattung ↗ Saga sind e. D. und ↗ Skaldendichtung zwei lyrische Gattungen, die in der Regel streng voneinander getrennt werden. – Ursprünglich galt die Bez. ›Edda‹ nur für die »Snorra Edda«, die von Snorri Sturluson (1179–1241) als Lehrbuch für ↗ Skalden verfasst wurde. Während des ↗ Humanismus im 16. und 17. Jh. wurde in Skandinavien die These vertreten, Snorri habe als Vorlage ein verlorenes Werk des isländ. Historikers Sæmundr Sigfússon (um 1100) verwendet, das ebenfalls den Titel »Edda« getragen habe. Als 1643 eine offensichtlich sehr alte Hs., die den Namen »Codex Regius« (= CR) erhielt, mit Gedichten gefunden wurde, von denen einige Strophen auch Snorri zitierte, glaubte man, nun die Vorlage Snorris gefunden zu haben. Daher bezeichnete man die in der Hs. enthaltene Textsammlung als »Sæmundar Edda« oder »Ältere Edda«. Da sich jedoch sowohl die Autorschaft Sæmundrs als auch die ursprünglich angenommene Datierung als Irrtum erwiesen, wird die Textsammlung heute »Lieder-Edda« genannt. Der CR ist unser wichtigstes Zeugnis für die e. D. Der durchgehend von einer Hand geschriebene ↗ Codex umfasst heute 45 Blätter mit einer Lakune (Textlücke) zwischen der vierten und der fünften Lage. Die Hs. ist in zwei, auch graphisch voneinander abgehobene Teile gegliedert. Der erste Teil enthält elf Lieder (Götterlieder und Spruchdichtung), der zweite Teil 18 Lieder und zwei Prosastücke (Heldenlieder). Außer dem CR sind auch in anderen Quellen Gedichte im gleichen Versmaß und mit ähnlichem Inhalt überliefert, die unter dem Titel »Eddica minora« ediert wurden. – Für die Datierung der e.n D. gibt es kaum sichere Kriterien. Die ältesten Lieder entstanden wahrscheinlich bereits vor der Christianisierung Islands im Jahr 1000, die jüngsten vermutlich erst kurz vor der Niederschrift des CR. Bei einzelnen Liedern weichen die vorgeschlagenen Datierungen stark, teils um mehrere Jh.e, voneinander ab. – In den beiden Teilen des CR folgt die Anordnung der Lieder einem klar erkennbaren Prinzip: Der *Götterliederteil* beginnt mit einem Überblicksgedicht (»Völuspá«), das die Geschichte der Welt von der Entstehung bis zu ihrem Untergang (»Ragnarök«) beschreibt. Es folgen Lieder über einzelne Mythen oder Götter. Die anschließende »Völundarkviða« zählte nach mal. Verständnis ebenfalls zu den Götterliedern, weil Völundr (= Wieland) als Albe eher der Götter- als der Menschenwelt zugeordnet wurde. Der Götterliederteil schließt mit den zur Wissensdichtung zählenden »Alvíssmál«, die zusammen mit der »Völuspá« einen Rahmen um die mythologischen Einzelepisoden bilden. Fast alle Götterlieder sind in der Hs. mit einem Titel versehen und auch graphisch deutlich voneinander abgesetzt, so dass ihre Reihenfolge den Eindruck einer hierarchischen Strukturierung erweckt. – Der *Heldenliederteil* unterscheidet sich in seiner Konzeption deutlich vom Götterliederteil, weil er in stärkerem Maße narrativ organisiert ist. Keines der Lieder trägt in der Hs. den Titel, der in den modernen Editionen gebräuchlich ist, und bisweilen ist auch eine Abgrenzung der einzelnen Lieder schwierig. Darüber hinaus wechseln Prosaabschnitte und Strophen relativ häufig, so dass zum Teil nicht ersichtlich ist, ob die Prosa Teil eines Liedes ist oder die Verbindung zwischen zwei Liedern bildet. Die Reihenfolge der Lieder ist im weitesten Sinn chronologisch. Den Anfang machen drei Lieder über Helgi Hjörvarðsson. Daran schließen sich die Lieder aus dem Umkreis der Nibelungensage an. Prosa wechselt mit Strophen in unterschiedlichen Versmaßen, so dass der Nibelungenblock formal uneinheitlich wirkt, inhaltlich aber eine fortlaufende chronologische Darstellung bildet. Den Abschluss bilden Lieder aus dem Bereich der Burgundensage. Die Heldenlieder gehören unterschiedlichen Sagenkreisen an und unterscheiden sich beträchtlich in Form, Metrum, Sprache und Alter. Im CR bilden sie jedoch eine chronologische Erzählung, in der sämtliche Personen in verwandtschaftlicher Beziehung zueinander stehen. – Es gibt zwei eddische Hauptversmaße, den ↗ Ljóðaháttr und das ↗ Fornyrðislag. Etwa ein Viertel der Eddalieder ist im Ljóðaháttr verfasst, dessen Ursprünge in der volkstümlichen Dichtung zu suchen sind. Im Götterliederteil handelt es sich dabei v. a. um Spruch- und Wissensdichtung, d. h. um die Vermittlung von Vorschriften, Normen und Regeln. In den Heldenliedern wird der Ljóðaháttr bes. in der direkten Rede eingesetzt. Dagegen wird das Fornyrðislag, ein eigentlich episches Versmaß in der Tradition des germ. Langverses, hauptsächlich in den erzählenden Liedern verwendet.

Texte: U. Dronke (Hg.): The Poetic Edda. 2 Bde. Oxford 1969/97. – J. Helgason (Hg.): Eddadigte. 3 Bde. Kopenhagen u. a. 1962. – A. Heusler, W. Ranisch (Hg.):

Eddica minora. Dortmund 1903. Nachdr. Darmstadt 1974. – G. Neckel (Hg.): Edda. I. Text. 5., verb. Aufl. v. H. Kuhn. Hdbg. 1983; II. H. Kuhn: Kurzes Wb. Hdbg. ³1968. – V. Ólason, G. Már Gunnlaugsson (Hg.): Konungsbók Eddukvæða. Reykjavik 2001 [Faksimile-Edition].
Übers.en: Edda. Übers. v. H. Gering. Bln. 1943. – Edda. Übers. v. F. Genzmer. Einl. und Anm.en v. A. Heusler. 2 Bde. [1912/20]. Köln 1963. – Die Edda. Übers. v. K. Simrock [1851]. Bln. 1987. – Die Edda. Übers. v. A. Häny. Zürich 1987. – The Poetic Edda. Übers. v. C. Larrington. Oxford, NY 1996.
Lit.: M. Clunies Ross: Prolonged Echoes. Old Norse myths in medieval Northern society. 2 Bde. Odense 1994/98. – R. J. Glendinning, H. Bessason (Hg.): Edda. Winnipeg 1983. – A. Heusler: Die altgerm. Dichtung [1923]. Potsdam ²1941. Nachdr. Darmstadt 1957. – J. Kristjánsson: Eddas und Sagas. Hbg. 1994. – K. Schier: Edda. In: EM. – K. Schier: Edda, Ältere. In: RGA. – K. v. See: Germ. Verskunst. Stgt. 1967. – Ders.: Edda, Saga, Skaldendichtung. Hdbg. 1981. – J. de Vries: Anord. Lit.geschichte [1941 f.]. Bln. ³1999.   SW

Editio castigata, f. [lat. *castigare* = zurechtweisen, beschränken], auch: *e. castrata, expurgata, purificata*; ›gereinigte‹ Ausgabe eines Werkes, bei der moralisch oder politisch unerwünschte Stellen vom Herausgeber ausgelassen oder der Zensur gestrichen (geschwärzt) sind, z. B. die »Edizione dei deputati« von Boccaccios »Decamerone« (Florenz 1573), die Erstausgabe von E. T. A. Hoffmanns »Meister Floh« (1822), die nach 1945 ausgelieferten Exemplare von G. Baesecke: »Das Hildebrandlied« (1945). Aus pädagogischen Gründen bearbeitete, gereinigte oder gekürzte Ausgaben heißen ›in usum scholarum‹ oder ↗ ›ad usum Delphini‹.
HHS/Red.

Editio definitiva, f. [lat. *definire* = abschließen], letzte vom Verfasser selbst überwachte oder nach seinen letztgültigen Änderungswünschen eingerichtete Ausgabe eines Werks; durch sie kann gegebenenfalls eine ↗ Ausgabe letzter Hand korrigiert und überholt werden.
HHS/Red.

Edition, f. [lat. *editio* = Herausgabe], 1. Ausgabe eines oder mehrerer mit Methoden der ↗ Textkritik oder der ↗ Editionstechnik bearbeiteten Texte(s), von Musikstücken oder Filmen. Umfang und Aufbau einer E. richten sich a) nach dem Gegenstand (*sämtliche Werke* oder – nicht alles Überlieferte aufnehmende – *gesammelte Werke* eines Autors; chronologisch – z. B. »Der junge Goethe« – oder nach Gattungen – z. B. »Goethes Dramen« – auswählende *Teilausgabe*; *Einzelausgabe* eines einzigen Werks oder Werkkomplexes – z. B. Goethe: »Faust«); b) nach dem gewählten Editionstypus (↗ historisch-kritische Ausgabe, ↗ kritische Ausgabe, ↗ Studienausgabe, ↗ Leseausgabe) und damit nach dem adressierten Nutzerkreis. Je nach Ausrichtung besitzt eine E. unterschiedliche ↗ Apparate, die über die Veränderung eines Werks im Lauf seiner Entstehung (↗ Textgenese) informieren, sowie ↗ Kommentare, die es erläutern. – 2. Beeinflusst vom engl., frz. und it. Wortgebrauch kann ›E.‹ auch allg. ›Ausgabe‹, ›Herausgeberschaft‹, ›Buchreihe‹ oder ›Verlag‹ heißen (z. B. »e. text + kritik«, Mchn.).

Lit.: K. Grubmüller, K. Weimar: E. In: RLW. – W. Hagen u. a.: Hb. der E.en [1979]. Bln. ²1981. – K. Hurlebusch: E. In: U. Ricklefs (Hg.): Das Fischer Lexikon Lit. Bd. 1. Ffm. 1996, S. 457–487. – G. Martens, W. Woesler (Hg.): E. als Wissenschaft. Tüb. 1991. – R. Nutt-Kofoth u. a.: Text und E. Bln. 2000. – R. Nutt-Kofoth: Dokumente zur Geschichte der neugermanistischen E. Tüb. 2005. – R. Nutt-Kofoth, B. Plachta: E.en zu dt.sprachigen Autoren als Spiegel der E.sgeschichte. Tüb. 2005. – B. Plachta: E.swissenschaft. Stgt. 1997. – S. Scheibe u. a.: Vom Umgang mit E.en. Bln. 1988. – G. Steer: E. In: Killy/Meid.   UKO

Editionstechnik [lat. *editio* = Herausgabe, Mitteilung, Veranstaltung], wissenschaftliches Verfahren der Herausgabe älterer Texte mit dem historisch-kritischen Anspruch, aus den Textträgern den authentischen Text zu gewinnen. Die unterschiedlichen Überlieferungsbedingungen von klassischer, mal. und neuerer Lit. machen für die Textherstellung und Druckeinrichtung einer wissenschaftlichen Ausgabe den Vorrang von überlieferungskritischen oder textgenetischen E.en notwendig. Die E. besteht in der Sammlung und Überlieferungsgeschichte aller Textzeugen (auch Erschließung der Abhängigkeiten aller Textzeugen in einem ↗ Stemma), der textkritischen Bearbeitung des zu edierenden Textkonvoluts (↗ Textkritik) und ihrer kritischen Auswertung im ↗ Apparat, der wissenschaftlichen Texterschließung (↗ Kommentar, ↗ Register) und der Entscheidung über ihre Präsentation. Nach Textumfang, editionstechnischem Verfahren und wissenschaftlichen Apparatbeigaben unterscheidet man Archivausgabe, computergestützte Edition, Hypermedia-Edition, ↗ historisch-kritische Ausgabe, ↗ kritische Ausgabe, Parallelausgabe, ↗ Regestausgabe, ↗ Studienausgabe und ↗ Leseausgabe. Für Texte der neueren Lit. wird die E. stets am konkreten Einzelfall (Autor-Arbeitsweise) modifiziert: Aufgrund der Forschungsdiskussion um die Adäquatheit von E. und ihrer wissenschaftlichen Präsentationsform sind überlieferungskritische (K. Lachmann), textgenetische (F. Beißner), darstellungstechnische (H. Zeller) Edition sowie der Rückbau der Trennung von Text und Apparat (D. E. Sattler, G. Martens) als konkurrierende E.en zu unterscheiden. Der zunehmenden Spezialisierung der E. zu einer eigenständigen Wissenschaft entsprechen heute Studiengänge (z. B. in Düsseldorf, Berlin, München). Die Diskussion um E. wird in zwei Periodika (»editio. Internationales Jb. für Editionswissenschaft« mit einer Beiheftereihe und »Text. Kritische Beiträge«) geführt.

Lit.: Th. Bein: Textkritik. Göppingen 1990. – R. Nutt-Kofoth u. a. (Hg.): Text und Edition. Bln. 2000. – B. Plachta: Editionswissenschaft. Stgt. 1997. – E. Pöhlmann: Einf. in die Überlieferungsgeschichte und in die Textkritik der antiken Lit. Bd. 1: Altertum. Darmstadt

1994. – H.-G. Roloff (Hg.): Geschichte der Editionsverfahren vom Altertum bis zur Gegenwart im Überblick. Bln. 2003. – S. Scheibe: Editionswissenschaft. In: RLW.   MSP

Editio princeps, f. [lat.], ↗ Erstausgabe.

Editio spuria, f. [lat. *spurius* = unehelich, unecht], ohne Kenntnis oder Zustimmung des Verfassers verbreiteter ↗ Nachdruck.   GS/Red.

Egotismus [lat. *ego* = ich], nlat. Form der von Stendhal geprägten Bez. *égotisme* für eine philosophisch begründete Form des Egoismus, die das Glück der Menschheit dadurch herbeizuführen trachtet, dass der Einzelne (einer auserwählten Elite) auf ein Höchstmaß persönlichen diesseitigen Glücks hinarbeitet. Eine Wirkung des E. auf lit. Gestaltungen ist seit Nietzsches Bekenntnis zu Stendhals E. (1885) greifbar; vgl. v. a. die Werke von M. Barrès (z. B. die Romantrilogie »Le Culte du Moi«, 1888–91).

Lit.: A. Amend-Söchting: Ichkulte. Hdbg. 2001. – D. Moutote: Égotisme français moderne. Paris 1981.

IS/Red.

Eheschrifttum, 1. im weiteren Sinne alle Texte, die sich ausführlicher mit der Ehe befassen; 2. im engeren Sinne mal. und frühneuzeitliche Texte, in deren Mittelpunkt das Thema Ehe steht. – Das E. in seiner Gesamtheit (1) lässt sich kaum systematisch fassen, da sich historisch viele verschiedene Diskurse über die Ehe (rechtlich, theologisch, ökonomisch, moraldidaktisch, klerikal-misogam) gebildet haben, die sich oft nicht eindeutig bestimmten Textsorten zuordnen lassen und deren Verhältnis zueinander einem steten Wandel unterworfen ist. – Mit der Festsetzung der Ehe als Sakrament (12. Jh.) und dem allg. Anwachsen der lit. Produktion im Spät-MA. wächst auch die lat. Lit. über die Ehe stark an. In der theologischen und juristischen Lit. werden v. a. die formalen und rechtlichen Aspekte der Ehe ausführlicher diskutiert, teils in eigenständigen Abhandlungen (»De sacramento matrimonii«), teils innerhalb umfassenderer Werke wie den »Sentenzen« des Petrus Lombardus (Buch 4), den theologischen ↗ Summen, den Rechtssummen, den Bußsummen und in der Enzyklopädik. Stärker an der ehelichen Gemeinschaft interessiert sind Ehepredigten, wie sie in »Sermones de tempore« und »Sermones ad status« überliefert, aber noch wenig erschlossen und erforscht sind. Eine eigenständige Tradition bilden (nicht immer ganz ernst gemeinte) Aufzählungen von Ehebeschwernissen, die sich v. a. in Klerikerkreisen einer gewissen Beliebtheit erfreuten. Parallel dazu entwerfen die Kleriker seit dem 12. Jh. auch ein Ehelob, das in den folgenden Jh.en ausgebaut wird. In der dt. Lit. entsteht erst im 15. Jh. ein E. im engeren Sinne (Albrecht von Eyb: »Ob einem manne sey zunemen ein eelichs weyb oder nicht«, 1472), in Frankreich etwas früher, etwa in »Les Lamentations de Matheolus« und dem »Livre de Leesce« (1370 f.) von Jehan Le Vèvre oder dem »Miroir de marriage« (1381/96) von Eustache Deschamps. Das volkssprachliche E., bes. das

»Ehebüchlein«, führt häufig aufgrund des breiteren Publikums verschiedene Stränge der lat. Ehelit. zusammen und versucht sie zu vermitteln. Durch die Reformation gewinnt das Thema Ehe eine neue Dimension, da die Reformatoren den Priesterzölibat und die kath. Lehren von den Ehehindernissen und der Unauflöslichkeit der Ehe ablehnen. Es entsteht eine Reihe von Ehetraktaten, die teilweise bis weit ins 17. Jh. immer wieder neu aufgelegt wurden, etwa die Eheschriften M. Luthers, J. Menius' »Oeconomia christiana« (1529), H. Bullingers »Christlich Eestand« (1540), J. Spangenbergs »Des ehelichen Ordens Spiegel und Regel« (1545). In ihren Verhaltensanweisungen für das eheliche und häusliche Zusammenleben bewegen sich diese Schriften allerdings weitgehend in traditionellen Bahnen. – Die aktuelle Forschung hat gezeigt, dass die Annahme von epochenspezifischen Veränderungen des E.s (etwa die These, dass Liebe und Ehe erst in der Neuzeit als miteinander vereinbar gelten) zu einseitig ist und einer Sichtweise weichen sollte, die nach Textsorten oder Diskursen differenziert und diese über längere Zeiträume zu beschreiben versucht.

Lit.: D. Roth: *An uxor ducenda*. In: R. Schnell (Hg.): Geschlechterbeziehungen und Textfunktionen. Tüb. 1998, S. 171–232. – R. Schnell (Hg.): Text und Geschlecht. Ffm. 1997. – Ders.: Sexualität und Emotionalität in der vormodernen Ehe. Köln u. a. 2002. – A. Weber: Affektive Liebe als rechte eheliche Liebe in der ehedidaktischen Lit. der frühen Neuzeit. Ffm. 2001.   DR

Ehrenrede, bis zu einige hundert Verse umfassender Reimpaartext des MA.s, in dem Charakter und Verdienste einer hoch stehenden Person gewürdigt werden. Zu unterscheiden sind E.n auf Lebende und auf Verstorbene (↗ Totenklage). Idealtypisch liegt folgendes Aufbauschema zugrunde: a) Einleitung; b) Hauptteil mit allg. Charakterschilderung (in preisendem Ton), Aufzählung der Taten des Gelobten, allg. Preisformel und Fürbitte (bei Klagen); c) Schluss mit Wappenbeschreibung und Autorsignatur. – Als selbständige Kleinform sind E.n seit dem 13. Jh. nachweisbar (Johann I. von Brabant), in dem sie als Mittel politischer Propaganda eingesetzt werden können. Im 14. Jh. ragen die erstmals mit Wappenblasonierung versehenen E.n Peter Suchenwirts hervor (↗ heraldische Dichtung). Lit.: S. Cain-Van D'Elden: The E.n of Peter Suchenwirt and Gelre. In: Beitr. 97 (1975), S. 88–101. – K. Kellermann: Die Fragmente zur Schlacht bei Göllheim. In: Euph. 83 (1998), S. 98–129. – T. Nolte: *Lauda post mortem*. Die dt. und nl. E. des MA.s. Ffm. u. a. 1983.   WA

Eid ↗ Eidformeln.

Eidformeln, die im Ritual der Eidesleistung zur Bekräftigung und Beteuerung gebrauchten, oft als bedingte Selbstverfluchung gestalteten Invokationen Gottes, »Heiliger, dämonischer Wesen, magische Kraft tragender Gegenstände (»bei Gott dem Allmächtigen«, »bei allen Teufeln«, »bei meinem Schwerte«). Auch für

bes. Spielarten des Eides (Bündniseid, Vasalleneid, Priestereid) sind E. kennzeichnend. – Als E. im weiteren Sinne gelten auch lit. Denkmäler wie die Straßburger Eide von 843, der bairische Priestereid aus dem 9. Jh. und die mhd. Erfurter Judeneide.
Lit.: H. Fehr: Eid. In: HWbdA.   MGS

Eidolopoeie ↗ Ethopoeie.

Eigenname ↗ Onomastik.

Eigenrhythmische Verse, von Beißner eingeführte Bez. für ↗ Freie Rhythmen, mit der die Regelhaftigkeit solcher Verse akzentuiert werden soll. Dagegen hebt Reuß mit der Bez. ›autonome Metrik‹ für dieselben Phänomene die Individualität der Form jedes Verstextes hervor, der keinem vorgegebenen Schema folgt.
Lit.: F. Beißner: Bemerkungen zu E. Lachmanns Buch über Hölderlins Hymnen. In: Dichtung und Volkstum 38 (1937), S. 349–356, bes. S. 352. – R. Reuß: »…/ Die eigene Rede des andern«. Ffm. 1990, S. 90–92.   DB

Einakter, Kurzform des ↗ Dramas in einem ↗ Akt. Kennzeichnend ist die spannungsreiche Situation: Anstelle einer konfliktvollen Handlung (↗ Fünfakter, ↗ Dreiakter) präsentiert der E. ein auf die prägnante Situation konzentriertes Geschehen in gedrängter Verdichtung. Zur Tradition der E. im weiteren Sinne zählen burleske Kurzformen wie ↗ Schwank, ↗ Fastnachtspiel, ↗ Commedia dell'Arte; auch Kurzlustspiele, die seit der zweiten Hälfte des 18. Jh.s oft aus Vor-, Zwischen- oder Nachspielen (↗ Intermezzo) hervorgingen. Im Ggs. zu diesen weist G. E. Lessings »Philotas« (1759) auf den modernen E. voraus, der seit Ende des 19. Jh.s im Zusammenhang mit der ›Krise‹ des Individuums und den formal-inhaltlichen Aporien des Dramas entstand (A. Čechov, M. Maeterlinck, A. Schnitzler, H. v. Hofmannsthal, A. Strindberg, auch dessen Essay »Der Einakter« [1889], O. Wilde): Die Figur(en) sind einer meist existentiellen Situation ausgesetzt. Von bildenden Künstlern (O. Kokoschka, ↗ Avantgarde der 1920er Jahre wurde der E. experimentell erweitert und verfremdet (K. Schwitters); vom Theater des ↗ Existentialismus, vom ↗ *théâtre de l'absurde* (E. Ionesco, S. Beckett, J. Genet) und im dt. Drama seit 1950 (P. Weiss, W. Hildesheimer, Th. Bernhard) wurde der E. aufgenommen. Andere Autoren (B. Brecht, D. Fo) nahmen mit ihren E.n wieder burleske Traditionen auf. Vgl. auch ↗ lyrisches Drama, ↗ Monodrama, ↗ Duodrama.
Lit.: W. Herget (Hg.): Kurzformen des Dramas: gattungsspezifische, epochenspezifische und funktionale Horizonte. Tüb. 1996. – G. Neumann: E. In: RLW.   BW

Einband, die Buchdecke, bestehend aus den beiden Deckeln und dem Rücken des Buches, schützt und verziert gleichzeitig seit der Spätantike die Codices und seit der Mitte des 15. Jh.s die gedruckten Bücher. Der E. ist mit dem in Lagen gehefteten und durch Bünde zusammengehaltenen Bogen, dem Buchblock, fest verbunden. – Bei den prächtig gebundenen Evangeliaren und liturgischen Hss. der karolingisch-ottonischen

Zeit wurden die Holzdeckel oft aufwendig mit Gold- oder Silberblech überzogen und mit Edelsteinen oder Perlen, mit Emaille oder Elfenbein verziert, während die in den Klöstern und Kanzleien gebrauchten Bände schmucklos nur mit dickem Leder überzogen waren. In der Romanik und Gotik wurden dünnere Buchen- bretter verwendet, die mit verschiedenen Ledersorten, seltener mit Pergament überzogen und mit Blindstem- peln sowie Streicheisenlinien geschmückt wurden. In der Renaissance setzten sich Pappdeckel gegen die schweren Holzdeckel durch. – Bei der heutigen indus- triellen Herstellung der Bücher besteht der E. in der Regel aus den beiden Buchdeckeln und einer Rücken- einlage aus Pappe, die durch den E.stoff (Gewebe, Pa- pier, Leder etc.) miteinander verbunden sind und in die der Buchblock eingehängt wird.

Lit.: F. Geldner: Bucheinbände aus elf Jh.en [1958]. Mchn. ²1978. – H. Helwig: Hb. der E.kunde. 3 Bde. Hbg. 1953–55. – Ders.: Einf. in die E.kunde. Stgt. 1970. – H. Petersen: Bucheinbände. Graz 1988. – I. Schunke: Einf. in die E.bestimmung [1977]. Dresden ²1978. – F. Wiese: Der Bucheinband. Hannover ⁷2005.   GGI

Einbildungskraft [gr. *phantasía*, lat. *imaginatio*], Fä- higkeit, sich einen Gegenstand oder Sachverhalt vor- zustellen oder ihn anschaulich darzustellen. – In der Psychologie und ↗ Ästhetik der ↗ Aufklärung wird die E. zusammen mit der Fähigkeit der sinnlichen Wahr- nehmung sowie mit Gedächtnis (↗ Memoria), ↗ Witz und Scharfsinn zu den niederen Erkenntnisvermögen gerechnet, die den höheren Erkenntnisvermögen (Ver- stand, Vernunft, Urteilskraft) gegenübergestellt wer- den. Als Vermittlerin zwischen höheren und niederen Vermögen nimmt die E. dabei eine Schlüsselstellung ein. Bes. für I. Kant (»Anthropologie in pragmatischer Hinsicht«, 1798, § 25) ist der Verstand als Vermögen der Begriffe auf Sinnlichkeit im Allgemeinen und auf E. im Besonderen angewiesen, da diese das Vermögen ist, das in der Wahrnehmung sinnlich Gegebene zur Vorstellung eines Gegenstandes der Erfahrung zu ver- einen. Kant unterscheidet ›produktive‹ und ›reproduk- tive E.‹ Die reproduktive E. (das Gedächtnis) ist das Vermögen, sich einen früher wahrgenommenen Ge- genstand vorzustellen, die produktive E. das Vermö- gen, sich einen Gegenstand ohne vorhergehende Wahrnehmung vorzustellen. Daher bezeichnet Kant die produktive E. auch als ›Dichtungsvermögen‹ (ebd., § 28). Jean Paul (»Vorschule der Ästhetik« [1804, ²1813], § 6 f.) konstruiert einen Ggs. zwischen E. und genuiner ›Bildungskraft‹ oder ↗ Phantasie. Im weiteren 19. sowie im 20. Jh. spielt der Ausdruck ›E.‹ in Ästhetik und Psychologie nur noch eine untergeordnete Rolle; er wird v. a. durch ›Phantasie‹ abgelöst. Eine Ausnahme bildet der umstrittene Ansatz von Staiger.

Lit.: K. Homann: E. In: HWbPh. – D. Kamper: Zur Ge- schichte der E. Reinbek 1990. – E. Staiger: Die Zeit als E. des Dichters [1939]. Mchn. 1976.   HTE

Einblattdruck, einseitig bedrucktes, selbständig pub- liziertes Einzelblatt, das einen in sich abgeschlossenen Text oder mehrere solcher Texte trägt und illustriert sein kann. Als formale und inhaltliche Vorläufer des E.s gelten Urkunden, Schrifttafeln und Einblatt-Hss. (Gebetszettel, ↗ Lieder). Zu unterscheiden sind typo- graphische Blätter und die in der ersten Hälfte des 15. Jh.s aufkommende textierte Einblatt-Druckgraphik. Bereits J. Gutenberg publizierte Ablassbriefe (zuerst 1454) und ↗ Kalender als typographische E.e. In der Folgezeit wurde das neue Medium für die verschie- densten kommunikativen Funktionen dienstbar ge- macht und erreichte mit zunehmender Ausbreitung des ↗ Buchdrucks ubiquitäre Qualität. – Die Masse der Überlieferung (ca. 2.500 typographische Ausgaben bis 1500) transportiert pragmatisches Schriftgut wie Papst-, Kaiser- und Königsurkunden, ↗ Almanache, Ablasstexte, Bücheranzeigen, meist lat. oder dt., selten in anderen Volkssprachen. Als lit. Kleinformen begeg- nen u. a. Lieder, ↗ Gebete und Reimpaarreden in E.en, seit etwa 1490 auch humanistische Blätter, die sich durch aktuelle (oft politische) Bezüge und regelhafte Verwendung von ↗ Illustrationen auszeichnen und als Wegbereiter des frühneuzeitlichen ↗ Flugblatts zu gel- ten haben. – Die frühen E.e (bis 1500) und die Flug- blätter sind durch Kataloge und auswertende Studien erschlossen. Für die neueren E.e (nach 1500) fehlt es, abgesehen von Einzelarbeiten mit regionalem oder thematischem Schwerpunkt, bislang an einer systema- tischen Sichtung.

Lit.: F. Eisermann, V. Honemann: Die ersten typogra- phischen E.e. In: Gutenberg-Jb. 2000, S. 88–131. – F. Eisermann: Verzeichnis der typographischen E.e des 15. Jh. im Heiligen Römischen Reich Dt. Nation (VE 15). 3 Bde. Wiesbaden 2004. – I. Faust: Zoologische E.e und Flugschriften vor 1800. 5 Bde. Stgt. 1998–2003. – V. Honemann u. a. (Hg.): E.e des 15. und frühen 16. Jh.s. Tüb. 2000.   FE

Einfache Formen, elementare sprachliche Gestal- tungsmuster. A. Jolles prägte in den 1920er Jahren den Ausdruck ›e. F.‹ zur Bez. von universalen Gestaltungs- mustern (›Sprachgebärden‹) nichtlit. Texte, denen je- weils eine anthropologische Grundsituation (›Geistes- beschäftigung‹) entspricht. Zu den e.n F. zählt Jolles Legende, Sage, Mythe, Rätsel, Spruch, Kasus, Memo- rabile, Märchen und Witz. Die konkrete sprachliche Erscheinungsweise der e.n F. nennt er ›vergegenwär- tigte Formen‹. Ihre Muster sind kollektiv verfügbar und können als ›bezogene Formen‹ in unterschied- lichen Textsorten erscheinen. Als individuell gestaltete ›Kunstformen‹ prägen sie sie. Texte. Das Konzept der e.n F. wurde v. a. in der Volkskunde (Bausinger) und in der Mediävistik (Jauß) aufgenommen, aber auch diszi- plinenübergreifend reaktiviert (Hilzinger u. a.).

Lit.: H. Bausinger: E. F. In: EM 3 (1981), Sp. 1211–1226. – M. Eikelmann: E. F. In: RLW. – S. Hilzinger u. a.: Kleine lit. Formen in Einzeldarstellungen. Stgt. 2002. – H. R. Jauß: Alterität und Modernität der mal. Lit. Mchn. 1977, S. 9–47. – A. Jolles: E. F. [1930]. Tüb. 1958.   MM

Einflussforschung, Methode der Erklärung bzw. ↗ Interpretation von Texten. Die E. bestimmt das Wesentliche oder auch nur Elemente eines Textes aus seinem Entstehungsumfeld, sofern es strukturbildend auf ihn einwirkt (z. B. in Gestalt von ↗ Zitaten oder Entlehnungen) oder zur Generierung motivisch-stofflicher Elemente beiträgt. Einflüsse können von Autoren und Texten ausgehen, auch von kulturellem Wissen, von sozialen oder biographischen Kontexten. Obgleich die Leistung, welche die E. zum Verständnis von Texten beitragen soll, oft bezweifelt worden ist, wird die E. vielfach praktiziert. Oft geschieht dies ohne Verwendung des Etiketts ›Einfluss‹ und unter anderem theoretischen Vorzeichen: z. B. als ↗ Sozialgeschichte der Lit. oder im Namen der Intertextualitätsforschung. Die Bestimmung von Einflüssen ist fakultativer Bestandteil des philologischen ↗ Kommentars zu einem lit. Text. Zentrale Bedeutung kommt ihr in der ↗ vergleichenden Lit.wissenschaft (Komparatistik) zu.

Lit.: H. Bloom: The Anxiety of Influence. NY 1973. – A. Corbineau-Hoffmann: Einf. in die Komparatistik. Bln. 2000, S. 103–120. – L. Danneberg: Einfluß. In: RLW. – G. Hermerén: Influence in Art and Literature. Princeton 1975.   BM

Einfühlung, 1. das intuitive Erfassen eines Kunstwerks im Unterschied zum eher rationalen ↗ Verstehen, dem die E. vorausgehen, aber auch entgegengesetzt sein kann. Der auf J. G. Herder (»Auch eine Philosophie der Geschichte zur Bildung der Menschheit«, 1774) zurückführbare Begriff wurde von der psychologischen Ästhetik des 19. und frühen 20. Jh.s (R. Vischer, F. Th. Vischer, J, Volkelt, Th. Lipps) geprägt und popularisiert. Auf produktionsästhetischer Seite korrespondiert mit ihm das von W. Dilthey entfaltete Konzept des Erlebnisses (↗ Erlebnisdichtung). E. kann sich konkret äußern als ↗ Identifikation oder ↗ Empathie mit den Figuren oder auch mit dem Autor eines Textes. In der Lit.wissenschaft entfaltete der Begriff seine Wirkung v. a. im Kontext der ↗ werkimmanenten Interpretation (»Das Kriterium des Gefühls wird auch das Kriterium der Wissenschaftlichkeit sein«; Staiger, S. 11). Dieser seit den 1970er Jahren in Misskredit geratene Kontext hat die produktive Nutzung des Konzepts ›E.‹ zur Beschreibung der rezeptiven Annäherung an Kunstwerke lange verstellt, bevor die Öffnung der Lit.wissenschaft für anthropologische Fragestellungen seit den 1990er Jahren neue Zugänge zu ihm eröffnete (so als »motorisches Nacherleben des Kunstwerks«, Braungart, S. 192). 2. Nach dem Kunsthistoriker W. Worringer eine Welthaltung, die den spezifischen schöpferischen Prozessen bestimmter kultureller Räume und Epochen zugrunde liegt, nämlich die beseelte, erfühlte Darstellung der Natur, durch die sich v. a. die antike gr. Kunst auszeichne, im Unterschied zur abstrahierenden Reduktion der Natur, wie sie etwa die ägyptische und die byzantinische Kunst betrieben. Im Rahmen der ↗ wechselseitigen Erhellung der Künste wurde dieses Konzept von Vertretern der ↗ geistesgeschichtlichen Lit.wissenschaft auch auf die Lit. übertragen (↗ abstrakte Dichtung).

Lit.: Ch. G. Allesch: Geschichte der psychologischen Ästhetik. Gött. u. a. 1987, S. 326–351. – G. Braungart: Leibhafter Sinn. Tüb. 1995, S. 192–216. – M. Fontius: E./Empathie/Identifikation. In: ÄGB. – J. Müller-Tamm: Abstraktion als E. Freiburg 2005. – E. Staiger: Die Kunst der Interpretation [1955]. Mchn. 1977. – K. Weimar: E. In: RLW. – S. Winko: Kodierte Gefühle. Bln. 2003, S. 190–202. – W. Worringer: Abstraktion und E. Mchn. 1908.   DB

Einführung, 1. ↗ Fachbuch, das Lernende und Studierende mit der Systematik und den Methoden eines wissenschaftlichen Gebiets vertraut macht; 2. ↗ Einleitung.   DB

Eingangsreim, auch: Anfangsreim, Reim der ersten Wörter zweier Verse. »Krieg ist das Losungswort. / Sieg! und so klingt es fort.« (J. W. Goethe: »Faust« II, V. 9837 f.).   KHH

Eingangssenkung, veraltete Bez. der Verslehre für ↗ Auftakt.

Einleitung, auch: Einführung, erster Teil eines lit. oder wissenschaftlichen Textes (nach den vorangehenden ↗ Paratexten), in dem der Leser in die Thematik des Werkes eingeführt wird; im Unterschied zum ↗ Vorwort, in dem der Autor gewöhnlich mehr von den Problemen spricht, die sich bei der Abfassung oder Veröffentlichung des Textes ergaben. Verwandte Formen: ↗ Prolegomena, ↗ Exposition, ↗ Prolog, ↗ Proömium.
                                      GS/Red.

Einreim, auch: Reihenreim, Tiradenreim. Bindung einer Strophe oder eines Abschnittes durch einen einzigen Reimklang, z. B. in G. Kellers »Abendlied«.
                                      IS/Red.

Einzelausgabe, separat käufliche Edition eines Textes, im Unterschied zu einer oft nur geschlossen abgegebenen ↗ Gesamtausgabe aller Werke eines Autors. Eine Zwischenstufe bilden die bes. bei modernen Klassikern üblichen ›Gesammelten Werke in Einzelausgaben‹, deren Bände (mit oder ohne Bandzählung) einzeln erworben werden können.   HHS/Red.

Einzeltextreferenz ↗ Intertextualität.

Eisenbahnlyrik ↗ Technik und Lit.

Eisteddfod, f. [walisisch = Sitzung], Pl. *Eisteddfodau*; Dichterwettstreit keltischer ↗ Barden während eines festlichen Anlasses. Der Begriff ist erst seit dem frühen 16. Jh. belegt, eine detaillierte Beschreibung der Vorgänge wurde erstmals 1636 gegeben. Der Sachverhalt muss wesentlich älter sein, wenn auch Frühdatierungen ins 5. Jh. der Grundlage entbehren. Die Dichtung der straff organisierten Kaste der Druiden war genuin mündlich; entsprechend spärlich sind die Zeugnisse. Der genaue Ablauf der E.au ist unbekannt. Ein oberster Richter (*pencerdd*) führte von einer Art Thron aus die Aufsicht über den Wettkampf (*ymryson*), dessen Sieger Anspruch auf den Vorsitz erhob. Wenigstens indirekt bezeugt sind aus dem MA. zwei Veranstaltungen: die E.

auf dem Hoffest des Rhys ap Gruffudd in Cardigan (1176), für die nordfrz. Einfluss angenommen wird, und die E. von Carmarthen (um 1450), deren Sieger Dafydd ab Edmwnd die strengen metrischen Regeln ändern ließ. – An die mal. Tradition des E. wurde um 1800 in Wales locker angeknüpft, 1819 traf man sich in Carmarthen. Seit 1860 finden jährlich E.au mit folkloristischem Charakter statt. Als *bardd* gilt, wer teilgenommen hat; als *bardd y gadair* (»Barde vom Stuhl«) der siegreiche Verfasser von Gedichten im ↗Cynghanedd; als *bardd y goron* (»Barde mit der Krone«) der erfolgreiche Dichter in freien Metren.

Lit.: T. M. Charles-Edwards: E. In: LMA. – H. Pilch: Walisische Sprache und Lit. In: LMA.   CF

Ekkyklema, n. [gr. *ekkykléein* = herausdrehen, herausrollen], auch *ekkyklethron*, Theatermaschine der antiken, wahrscheinlich aber erst der hellenistischen Bühne: ein hölzernes Gestell auf Rädern, das v. a. der Darstellung von Innenräumen diente und bei Bedarf durch eine der portalartigen Öffnungen in der Rückwand der ↗Skene (*thyroma*) auf die Spielfläche herausgeschoben werden konnte.   JK/Red.

Eklektizismus, m. [gr. *eklégein* = auswählen, auslesen], Verfahren, das aus verschiedenartigen Vorlagen und Vorbildern, Gedanken, Theorien, Anschauungen oder Stilelementen auswählt und sie, meist ohne Rücksicht auf den originalen Kontext oder die tieferen Zusammenhänge, kompiliert, ohne eigene geistige Durchdringung und ohne eigenschöpferische Leistung; oft kennzeichnend für ↗epigonale Lit. – Die Gefahr des E. zeichnet sich zum ersten Mal im Hellenismus ab; bes. offenkundig ist der E. in der Baukunst des 19. Jh.s (Neo-Romanik, Neo-Gotik, Neo-Barock). – E. als gezielt eingesetztes Kunstmittel findet sich dagegen in der modernen Kunst und Lit., z.B. bei Picasso, M. Ernst, Strawinski, Brecht; ↗Collage, ↗Montage.   GS/Red.

Ekloge, f. [gr. *eklégein* = auswählen], in der röm. Lit. ursprüngliche Bez. für ein kleineres »auserlesenes« (Hexameter-)Gedicht beliebigen Inhalts, später eingeengt auf bukolische Dichtungen (Hirten- oder ↗Schäferdichtung) in der Art Theokrits (entsprechend wurden die »Bucolica« Vergils auch als »Eclogae« bezeichnet). Bis ins 18. Jh. wurden die Bez. ›E.‹, ›Schäfer-‹, ›Hirtengedicht‹ und ↗›Idylle‹ synonym für lyrischdramatische Hirten(wechsel)gesänge oder allg. für kürzere (auch epische) Hirtendichtungen verwendet; vgl. G. R. Weckherlin: »Eclogen oder Hürtengedichte« (1641), J. Ch. Gottsched: »Von Idyllen, E.n oder Schäfergedichten« (in: »Critische Dichtkunst«, 1730). – Nach dem großen Erfolg der »Idyllen« (1756) S. Geßners wurde ›E.‹ durch das vormals seltenere Wort ›Idylle‹ abgelöst.   IS/Red.

Ekphrasis, f. [gr. = Beschreibung], im weiteren Sinne die detaillierte ↗Beschreibung von Personen, Gegenständen oder Ereignissen mittels angemessener Topoi (↗Topos), insbes. in der ↗Epideixis. Ziel ist ein anschauliches ›Vor-Augen-Stellen‹ (*evidentia*) der in der Rede verhandelten Sache. Im engeren Sinne meint E. allein die Beschreibung von Werken der bildenden Kunst. – E. wird im MA. zu einer eigenständigen Gattung ausgestaltet, findet sich aber auch im höfischen Epos (Kleider-, Waffenbeschreibung). In der neuzeitlichen Kunstlit. entwickeln sich im Rahmen der E. verschiedene Verfahren der Bildbeschreibung, die sich ab dem 19. Jh. ausdifferenzieren in die Wissenschaftsprosa kunsthistorischer Bildbeschreibung sowie lit. Darstellungen von Bildern mit einem eigenen künstlerischen Anspruch (z. B. ↗Bildgedicht).

Lit.: A. Arnulf: Architektur- und Kunstbeschreibungen von der Antike bis zum 16. Jh. Mchn., Bln. 2004. – G. Boehm, H. Pfotenhauer (Hg.): Beschreibungskunst – Kunstbeschreibung. Mchn. 1995. – Ch. Eykman: Über Bilder schreiben. Hdbg. 2003. – A.W. Halsall: Beschreibung. In: HWbRh. – W.-D. Löhr: E. In: U. Pfisterer (Hg.): Metzler Lexikon Kunstwissenschaft. Stgt., Weimar 2003, S. 76–80. – H. Wandhoff: Kunstbeschreibungen und virtuelle Räume in der Lit. des MA.s. Bln., NY 2003.   UP

Electronic Publishing ↗Buch.

Elegantia, f. [lat. = Gewähltheit, Feinheit], Stilbegriff der antiken ↗Rhet.: die sprachliche Ausgestaltung (↗Ornatus) des am häufigsten benutzten *genus humile* und einer einfacheren Ausprägung des *genus mediocre* (↗Genera dicendi). Hierzu gehören idiomatische Korrektheit (*puritas*), sprachliche und gedankliche ↗Klarheit (*perspicuitas*) sowie einfache, v. a. klangliche und rhythmische Schmuckmittel. ›E.‹ steht häufig auch für ↗Konzinnität. – In Renaissance und Barock bedeutet E. allg. stilistische Meisterschaft in der Nachahmung antiker ↗Kunstprosa (L. Corvinus: »Hortulus elegantiarum«, 1505; J. Wimpheling: »E. majores«, 1513). E. wurde als ethisch fundiertes Bildungsideal auch zum Vorbild der Sprachpflege in den Nationalsprachen (z. B. in den Poetiken v. G. G. Trissino, it. 1529; P. de Ronsard, frz. 1565). In dt. Gebieten förderten die ↗Sprachgesellschaften ein E.ideal (›Wohlredenheit‹, ›Zierlichkeit‹), das bald über die bloße Nachahmung der rhet. Muster hinaus zu einem eigenständigen metaphernreichen und antithetischen Stil führte (Poetiken v. M. Opitz, 1624; J. G. Schottel, 1641; G. Ph. Harsdörffer, 1647–53).

Lit.: T. Albertini: E. In: HWbRh. – P. Böckmann: Formgeschichte der dt. Dichtung [1949]. Hbg. ³1967, S. 318–470.   IS/TM

Elegeion, n. [gr., eigentlich *métron elegeíon*], elegisches ↗Distichon.

Elegiac stanza [eli'dʒaiək 'stænzə; engl. = elegische Strophe], v. a. im 18. Jh. gebräuchliche Bez. der ↗*heroic stanza*.

Elegiambus, m., 1. gr. Vers, ↗Enkomiologikus. – 2. Röm. Vers der Form $-\,\cup\cup-\cup\cup-\,|\,\cup-\cup-\cup\,\bar\cup$; Zusammensetzung eines ↗Hemiepes mit einem jambischen ↗Dimeter; von Horaz als Epodenvers in der 11. Epode verwendet. Die in der 13. Epode verwendete Umkehrung des E. heißt *Iambelegus*.   JK/Red.

Elegie, f. [gr. *elegeíon* = Distichon], lyrische Gattung, die entweder formal oder inhaltlich definiert werden kann: 1. als ein in ↗Distichen verfasstes Gedicht, das sich meist aufgrund seines größeren Umfangs vom ↗Epigramm unterscheidet; 2. a) als sanfte, melancholische Klage oder b) – bes. vor der Mitte des 18. Jh.s – als Liebesgedicht in der Tradition der lat. erotischen E. – Die definitorischen Probleme mit der seit ca. 650 v. Chr. nachweisbaren Gattung gehen bereits aus der etymologischen Herleitung des Wortes ›E.‹ hervor. Das gr. *elegeíon* bezeichnet das distichische Versmaß; eine andere etymologische Deutung verknüpft den Begriff *élegos* mit der Totenklage, auf die auch Horaz in seiner »Ars poetica« (V. 75) den Gebrauch des Distichons zurückführt. In der Dichtungspraxis der Antike wirkt das Versmaß gattungskonstitutiv, die thematische Spannbreite reicht von paränetischen und gnomischen über threnetische bis hin zu erotischen Inhalten; auf diesen letzten Aspekt wird die E. in der lat. Dichtung bei Catull, Tibull, Properz und Ovid weitgehend eingeschränkt. An der antiken Gattung orientiert, bleiben für die lat. Dichtung des MA.s und des ↗Humanismus distichisches Versmaß und relative inhaltliche Unbestimmtheit charakteristisch. Mit dem Übergang in die europäischen Volkssprachen verschwimmen die Konturen der Gattung völlig, da mit dem Distichon das strenge metrische Kriterium verloren geht. So betont M. Opitz in seinem »Buch von der Dt. Poeterey« (1624) die inhaltliche Heterogenität der E., ohne dass diese durch ein formales Kriterium kompensiert würde. Opitz' eigene in den »Teutschen Poemata« (1624) veröffentlichte E.n sind dagegen nicht nur überwiegend durch die Liebesthematik bestimmt, sondern ahmen auch das Distichon meist durch den ↗Alexandriner mit Kreuzreim und wechselnd weiblichen und männlichen ↗Kadenzen nach und wirken auf diese Weise beispielhaft. Eine prägnantere Bestimmung erfährt die Gattung erst Mitte des 18. Jh.s zum einen durch die in F. G. Klopstocks E.n realisierte, sich der antiken Form nähernde reimlose Nachbildung des Distichons, zum anderen durch das neuartige psychologisch-ästhetische Konzept des ›Elegischen‹, das nun als ein die traditionellen inhaltlichen Bestimmungen transzendierender Modus des Gefühls definiert wird. Die von N. Boileau in seinem »Art poétique« (1674) in Abgrenzung vom vehementen Affekt der ↗Ode vorgenommene Zuordnung der E. zur mittleren rhet. Stillage (II, V. 38) wird von frz. und dt. Ästhetikern wie R. de Saint-Mard, J. A. Schlegel, Th. Abbt und J. G. Herder emotional-psychologisch ausdifferenziert zur ›gemäßigten‹ oder ›vermischten‹ Empfindung, zum *sanften* Gefühl der Liebe oder des Leids, so etwa, wenn der Schmerz über einen Verlust schon so weit gemildert ist, dass eine imaginative Vergegenwärtigung des vergangenen Glücks und damit die ›Mischung‹ des Gefühls möglich wird. Als ›vermischte Empfindung‹ stellt das Elegische wie das Erhabene eine Spielart des für die Ästhetik des 18. Jh.s zentralen Problems des

↗›Vergnügens an tragischen Gegenständen‹ dar. In ästhetisch-geschichtsphilosophisch idealisierter Form avanciert dieses Konzept bei Schiller zur elegischen Unterart der sentimentalischen Dichtung, in der die Wirklichkeit der verlorenen Natur bzw. dem noch nicht erreichten Ideal gegenübergestellt wird (»Über naive und sentimentalische Dichtung«, 1795 f.). Den bereits von J. A. Schlegel und Schiller hervorgehobenen Aspekt der Reflexion betonen im 19. Jh. Theoretiker wie A. W. Schlegel, G. W. F. Hegel und F. Th. Vischer, der in seiner »Ästhetik« (1846–57) die E. in Abgrenzung von anderen lyrischen Gattungen definiert: »Der Liederdichter fühlt, der elegische bespricht, was er fühlt.« Obwohl man aufgrund der sich in der zweiten Hälfte des 18. Jh.s entwickelnden prägnanten Gattungskriterien von einer ›Neuerfindung‹ der E. sprechen kann, ergibt sich daraus kein homogener Gattungsbegriff – weder in der engl. und frz. Lit., in der das metrische Kriterium fehlt, noch in der dt.sprachigen Dichtungspraxis, wo die Konkurrenz des formalen und des inhaltlichen Aspekts bestehen bleibt. So zeichnen sich die E.n des ↗Göttinger Hains häufig nicht durch das vom Vorbild Klopstock eingeführte Distichon, sondern, beeinflusst durch die engl. ↗Gräberpoesie und bes. Th. Grays »Elegy Written in a Country Church Yard« (1751), allein durch eine melancholische Stimmung aus, die sich als ubiquitäres Moment der ↗Empfindsamkeit jedoch auch in anderen Gattungen findet. Die Heterogenität der Gattung spiegelt sich in nuce auch im Werk J. W. Goethes wider: Ebenso wie seine die Tradition der lat. erotischen E. aufgreifenden »Römischen E.n« (1795), in denen die Liebesthematik – in Übereinstimmung mit der zeitgenössischen Gattungstheorie – mit poetologischer Reflexion verbunden wird, bedienen sich die threnetische E. »Euphrosyne« (1798) und das Lehrgedicht »Metamorphose der Pflanzen« (1798) des Distichons, während sich die Liebesklage der späten »Marienbader E.« (1827) durch eine Stanzenform auszeichnet. Bei Schiller (»Der Spaziergang«, 1795) und F. Hölderlin (»Menons Klagen um Diotima«, entstanden 1800; »Brod und Wein«, entstanden um 1801–03) wird die E. unter Beibehaltung des Distichons zur geschichtsphilosophischen Gattung, die den Verlust der Natur oder die Distanz zur idealisierten Religion und Kultur der Antike, die Abwesenheit der Götter und das Fehlen einer idealen menschlichen Gemeinschaft beklagt. Bei Hölderlin ist die Gattung E. trotz eines fließenden Übergangs von der ↗Hymne abgegrenzt: Während jene die Götter klagend vergegenwärtigt, verkündet diese enthusiastisch deren Sich-Nähern. In R. M. Rilkes »Duineser E.n« (1922) ist das Gattungskonzept Klopstocks, Goethes und Hölderlins auf spezifisch moderne Weise transformiert: Die freirhythmische Form orientiert sich in ›zersplitterter‹ Form noch am Distichon, der elegische Gefühlsmodus ist zur existentiellen Grunderfahrung geworden (»Hier ist alles Abstand«; VIII, V. 49). Im Vergleich zur Zeit um 1800 verliert die E. jedoch zunehmend an lit.historischer Bedeutung. F. Rückert, A. v. Platen und E. Mörike im 19. Jh., R. A. Schröder, J. Weinheber und F. G. Jünger im 20. Jh. verwenden noch Distichen, daneben findet sich ›E.‹ als lyrische Gattungsbez. meist ohne das metrische Kriterium in relativ freier Verwendung etwa bei Y. Goll, B. Brecht, K. Krolow oder J. Bobrowski. Die seit der zweiten Hälfte des 18. Jh.s übliche Definition des ›Elegischen‹ als Gefühlsmodus erlaubt schließlich auch die Übertragung der Gattungsbez. auf Texte, die völlig anderen Gattungen angehören, z. B. G. Brittings Erzählung »Afrikanische E.« (1953).

Lit.: F. Beißner: Geschichte der dt. E. [1941]. Bln. ³1965. – D. Frey: Bissige Tränen. Eine Untersuchung zu E. und Epigramm von den Anfängen bis B. Brecht und P. Huchel. Würzburg 1995. – N. Holzberg: Die röm. Liebeselegie. Darmstadt 1990. – D. Kemper: E. In: RLW. – O. Knörrich: Die E. In: ders. (Hg.): Formen der Lit. in Einzeldarstellungen. Stgt. 1981, S. 58–65. – J. Schuster: Poetologie der Distanz. Die ›klassische‹ dt. E. 1750–1800. Freiburg/Br. 2002. – St. Wackwitz: Trauer und Utopie um 1800. Stgt. 1982. – K. Weissenberger: Formen der E. von Goethe bis Celan. Bern 1969. – Th. Ziolkowski: The Classical German Elegy. Princeton 1980. JSR

Element ↗ Struktur.

Elementare Dichtung, 1. kombinatorische Textpraxis, die sich auf die konstituierenden Bestandteile von Sprach- und Zeichensystemen (Buchstaben, Silben, Zahlen) konzentriert. Hauptvertreter ist K. Schwitters (»Elementar«, 1922), der ab 1924 auch von ›konsequenter Dichtung‹ spricht. Im Kontext der Abstraktionsbewegung – Th. v. Doesburg nennt seine Malerei ab 1926 ›Elementarismus‹ – zielt Schwitters' Betonung des ↗ Materials gegenüber dem Inhalt sowohl für die Poesie als auch für die bildende Kunst auf neue, nicht-mimetische Ausdrucksmöglichkeiten, auf die »Elementarschule der Worterfahrung«, wie F. Mon später sagt (»Text als Prozeß«, 1970). – 2. Im weiteren Sinne befragt ›e. D.‹ den grundlegenden Aufbau von Welt und Sprache, und zwar in vielfältigen Bedeutungen: So bezeichnet G. Kellers »Grüner Heinrich« (1854 f.) die unwissenden Anfangsgründe seiner Kunstproduktion als »elementare Poesie« (Bd. 1, Kap. 17); W. G. Sebald nennt – auf den Aufbau der Welt aus vier Elementen anspielend – sein Buch »Nach der Natur« (1992) ein »Elementargedicht«; M. Houellebecqs Roman »Les particules élémentaires« (1998) thematisiert die Zersplitterung und Rekonstruktion des organischen Lebens aus seinen Grundbausteinen. UV

Elfenbeinturm, metaphorische Bez. für das Refugium eines Künstlers oder Wissenschaftlers, der sich von der Realität isoliert und in einer ästhetischen bzw. allg. ideellen Welt seinem Werk widmet. – Der Begriff, anfangs nur in religiösen Kontexten gebraucht, geht auf den »turris eburnea« aus dem »Hohelied Salomos« (7, 5) zurück. Durch dessen auf die Jungfrau Maria bezogene allegorische Interpretation (z. B. Turm als Symbol

der Standfestigkeit, Elfenbein als Symbol der Keuschheit) findet das Bild seit dem 12. Jh. in der Marien-Lit. und -Ikonographie Verbreitung. Mit der Profanierung biblischer Bilder in der ↗ Romantik beginnt das Bewusstsein von der religiösen Herkunft des Wortes ›E.‹ zu schwinden. Der erste Beleg für seinen modernen Gebrauch lässt sich bei Ch.-A. Sainte-Beuve in Bezug auf A. de Vigny nachweisen (»À M. Villemain«, 1845). Im 20. Jh. wird das Bild vom E. zu kulturkritischen Außensichten verwendet (P. Handke: »Ich bin ein Bewohner des E.s«, 1967).

Lit.: R. Bergmann: Der elfenbeinerne Turm in der dt. Lit. In: ZfdA 92 (1963), S. 292–320. – C. V. Bock: A tower of ivory. Ldn. 1970. IS/NI

Elision, f. [lat. *elisio* = Ausstoßung], Ausstoßung eines auslautenden unbetonten Vokals vor einem vokalisch anlautenden Wort, v. a. zur Vermeidung des Hiats (↗ Hiatus), z. B. ›da steh' ich‹. ↗ Metaplasmus. GS/Red.

Elizabethanisches Theater, n., alternative Schreibweise: Elisabethanisches Theater; Sammelbez. sowohl 1. für die Theaterpraxis als auch 2. für die Dramenproduktion während der Regentschaft der Königin Elizabeth I. von England (1558–1603) und darüber hinaus bis zum Beginn des Bürgerkrieges und zur Schließung der Theater durch die Puritaner 1642. – Zu 1.: Voraussetzungen für die Entwicklung des Elizabethanischen Theaters sind die politische und wirtschaftliche Stabilität Englands in der zweiten Hälfte des 16. Jh.s sowie die dadurch ermöglichte kulturelle Vielfalt: Neben der Hofkultur des Adels mit Hoftheater und Maskenspielen (↗ Masque) sowie lit. Beiträgen aus Humanistenkreisen (↗ Übers.en und Nachahmungen klassischer und moderner Autoren; ↗ *university wits*) etabliert sich das Theater auch als Institution des Bürgertums (Errichtung fester Theaterbauten, Konsolidierung des Berufsschauspielertums, Herausbildung eines gemischten Publikums, in dem alle gesellschaftlichen Schichten vertreten sind). – Zu 2. Das ↗ Drama des Elizabethanischen Theaters beruht auf der Verschmelzung verschiedener lit. Entwicklungslinien: Die Nachwirkung des lat. Dramas der röm. Antike (v. a. Seneca), die vom humanistischen Bildungssystem vermittelt wird, verbindet sich mit Einflüssen der it. ↗ Renaissance und der einheimischen Tradition des Volksschauspiels. Trotz der theoretischen Forderungen an das Drama, wie sie von Ph. Sidney und B. Jonson formuliert werden (Gattungstrennung, ↗ Ständeklausel, ↗ drei Einheiten), formiert sich das Elizabethanische Drama zu einem spezifischen Typus des ↗ offenen Dramas (Mischung von ↗ Vers und ↗ Prosa sowie der Stilebenen, Vernachlässigung der drei Einheiten, große Besetzung). Das erste Stück, in dem klassische und volkssprachliche Tradition wirkungsvoll zusammengeführt werden, ist die ↗ Tragödie »Gorboduc, or Ferrex and Porrex« von Th. Sackville und Th. Norton (1565, mit ↗ *dumb shows* durchsetzt), die den ↗ Blankvers als formales Muster popularisiert. Einen ersten Höhepunkt bildet das Werk Ch. Marlowes (»Dr. Faustus«, 1588 f.),

der durch die Verknüpfung von dramatischem Geschehen und agierendem ↗ Helden die ↗ Charaktertragödie begründet, die von G. Peele und R. Greene, bes. aber von W. Shakespeare (»Hamlet«, 1601; »Othello«, 1604; »King Lear«, 1605; »Macbeth«, 1606) weiterentwickelt wird. In der ↗ Historie, die im Elizabethanischen Theater stark verbreitet ist, verbindet Shakespeare Charakterdarstellung mit geschichtlichen ↗ Stoffen (»Richard III.«, 1597; »Julius Caesar«, 1601). Im Bereich der ↗ Komödie führt N. Udall (»Ralph Roister Doister«, 1552) lat. und engl. Traditionen zusammen. Als ›romantische Komödie‹ werden Traum- und Identitätsspiele bezeichnet (J. Lyly; Shakespeare: »A Midsummer-Night's Dream«, 1595). Parallel dazu entsteht als neuer Komödientypus die ↗ comedy of humours, mit der sich v. a. B. Jonson beschäftigt (»Every man in his humour«, 1598). Im beginnenden 17. Jh. wird in der ↗ Tragikomödie vermehrt die bürgerliche Realität akzentuiert (F. Beaumont, Th. Heywood). – Die Wirkung des Elizabethanischen Theaters erstreckt sich bis in die Gegenwart, sowohl durch häufige Neuübersetzungen und -aufführungen der Stücke Marlowes und bes. Shakespeares als auch durch dramatische Neubearbeitungen der in diesen Dramen kanonisierten Stoffe (T. Stoppard, H. Müller, B. Strauß, Th. Brasch).
Lit.: K. Cartwright: Theatre and humanism. Cambridge u. a. 1999. – J. H. Forse: Art imitates business. Commercial and political influences in Elizabethan theatre. Bowling Green/Ohio 1993. – L. A. Montrose: The purpose of playing. Shakespeare and the cultural politics of the Elizabethan theatre. Chicago u. a. 1996. – T. Pollard: Drugs and theatre in early modern England. Oxford 2005. – W. Weiß: Das Drama der Shakespeare-Zeit. Stgt. 1979. – U. Suerbaum: Das elisabethanische Zeitalter. Darmstadt 1989. – P. W. White: Theatre and reformation. Cambridge u. a. 1993. – The Elizabethan Theatre. 15 Bde. 1968–2002 [Tagungsberichte der University of Waterloo, Ontario; wechselnde Hg. und Erscheinungsorte].   IS/NI

Ellipse, f. [gr., lat. *ellipsis* = Auslassung], 1. ↗ rhet. Figur, Mittel der Sprachökonomie oder der stilistischen Expression: Weglassen von Satzgliedern, die zum Verständnis nicht unbedingt notwendig sind (vgl. dagegen ↗ Aposiopese), z. B. »Woher so in Atem?« (F. Schiller: »Fiesko« III, 4). – 2. Erzähltechnisches Mittel: Zeitsprung, der durch die Aussparung von Ereignissen entsteht. Vgl. dagegen ↗ Prolepse.   GS/Red.

Elocutio, f. [lat. *eloqui* = aussprechen], 1. Ausformulierung bzw. ›Ausschmückung‹ (K. Stieler) als dritter und wichtigster der fünf Schritte rhet. Textherstellung (nach ↗ Inventio und ↗ Dispositio); 2. deren Ergebnis, gleichbedeutend mit ↗ Stil bzw. ›Ausdrucks(weise)‹, als Sammelbez. für sprachliche Eigenart. – Bei der E. geht es um Stilmittel, -ebenen und -prinzipien. Traditionelle Stilmittel mit attraktiver Wirkung sind Tropen (↗ Tropus [1]; v. a. Metapher) und ↗ rhet. Figuren (v. a. der Wiederholung, z. B. ↗ Anapher). Den klassischen

Stilebenen (niedrig, mittel, hoch) ordnete man in der Antike neben unterschiedlichen Stilmitteln auch Redeziele zu (belehren, erfreuen, bewegen), später sogar soziale Stände und Dichtungsgattungen (z. B. dem hohen Stil die Tragödie). Als leitende Stilprinzipien nannte Aristoteles ↗ Klarheit und ↗ Angemessenheit, sein Schüler Theophrast ebenso wie nach ihm Cicero und Quintilian auch Sprachrichtigkeit und Redeschmuck (↗ Ornatus). Weniger verpflichtend erscheint die von den Stoikern hinzugefügte Kürze (*brevitas*, ↗ Brachylogie). – In der Neuzeit wurden Inventio und Dispositio aus der Rhet. ausgelagert (P. Ramus), letztere also im Wesentlichen auf E. beschränkt. Um 1800 ging die E.nslehre in der schreibbetonten, Natürlichkeit und Anschaulichkeit anstrebenden ↗ Stilistik auf.
Lit.: B. Asmuth: Stil, Stilistik. In: Killy/Meid. – J. Knape: E. In: HWbRh. – F. P. Knapp: E. In: RLW.   BAS

Eloge, f. [eˈloːʒə; frz. *éloge* von lat. *elogium*, = Lobrede, -schrift], 1. im engeren Sinne im 17. Jh. in Frankreich entwickelte rhet. Gattung zur öffentlichen Würdigung eines Mannes bzw. eines verstorbenen Mitglieds der ›Académie Française‹ (als Grabrede: *É. funèbre*), vergleichbar dem ↗ Enkomion und der ↗ Laudatio; 2. im weiteren Sinne daher auch allg. eine Lobrede. – Maßgeblich für die E. im engeren Sinne (1) sind die Sammlungen von B. de Fontenelle (»É.s des Académiciens«, 2 Bde. 1731) und G. Cuvier (»Recueil d'é.s historiques«, 3 Bde. 1819–27). Auch heute ist die E. noch als Teil des Aufnahmeverfahrens in die ›Académie Française‹ von Bedeutung. Hinzu kommen E.n, die außerhalb dieses institutionellen Kontextes entstehen, etwa die E. Derridas auf E. Lévinas. – ›E.‹ wird auch als Titel panegyrischer Gedichte (↗ Panegyrikus) verwendet (Saint-John Perse: »E.s«, 1911). D. Grünbein benutzt die Form als Vorlage für ein Langgedicht (»Vom Schnee oder Descartes in Deutschland«, 2003).
Lit.: J. Derrida: Adieu. In: Critical Inquiry 23 (1996), S. 1–10. – M. Durry: E. funèbre [1950]. Paris ²1992. – B. Gallina (Hg.): J. Mascaron. Les Oraisons funèbres. Fasano u. a. 2002.   CSR

Elogium, n. [lat. = Spruch, Aufschrift, Inschrift], in der röm. Antike kurze Grab- (Sarkophag-)Inschrift; in frühester Zeit in Prosa, später auch in poetischer Form (↗ Epigramm); enthielt zunächst nur Name und Ämter, später auch Preis der Toten (vgl. z. B. Sarkophage der Scipionen). – Begegnet auch auf den Ahnenbildnissen (*imagines*) im Atrium der Häuser adliger Geschlechter (vgl. z. B. die Statuen mythischer Römergestalten auf dem Augustusforum in Rom). – Lit. Nachbildungen sind die »Imagines« von Terentius Varro (39 v. Chr.) mit epigrammatischen Elogii zu 700 Bildnissen hervorragender Griechen und Römer.   IS/Red.

Emanzipation, f. [von lat. *emancipare* = freilassen], Befreiung; Übergang aus einem Zustand der Abhängigkeit in einen der Mündigkeit. Im röm. Recht steht *emancipatio* für die Entlassung von Sklaven oder von herangewachsenen Kindern aus der väterlichen Gewalt. Im 18. Jh. wird ›E.‹ zu einem programmatischen Begriff; so definiert I. Kant (»Was ist Aufklärung?«, 1784) ↗ Aufklärung als »Ausgang des Menschen aus seiner selbstverschuldeten Unmündigkeit«. Ausgehend von der naturrechtlichen Gleichheit aller Menschen werden z. B. die Auflösung der Stände und die E. der Vernunft von der Religion gefordert. Im 19. Jh. erhält ›E.‹ bei den Theoretikern des Sozialismus eine geschichtsphilosophische Dimension. Bis heute kennzeichnet der Begriff als Schlagwort die Bemühungen verschiedener gesellschaftlich unterdrückter Gruppen um Gleichstellung. Lit.theoretische Relevanz gewinnt das Konzept der E. in der ↗ Kritischen Theorie sowie in der ↗ feministischen Lit.wissenschaft.

Lit.: K. M. Grass, R. Koselleck: E. In: GG. – K.-H. Hucke, O. Kutzmutz: Emanzipatorisch. In: RLW.   JH

Emblem, n. [gr. *émblēma*; lat. *emblema* = Einlegearbeit, Intarsie, Mosaik], dt. im 17. Jh. auch ›Sinnbild‹ oder ›Sinnenbild‹, wohl als Lehnübers. zu nl. *zinnebeeld*; eine der ↗ Lehrdichtung zuzurechnende frühneuzeitliche Wort-Bild-Gattung mit im Regelfall dreigliedriger typographischer Anordnung von Bild und Wort: 1. ↗ Motto (auch *Inscriptio, Lemma*) als Überschrift, in der Regel in Prosa, meist in Form eines zunächst lat. oder gr., später auch volkssprachigen Kurzzitats; 2. ↗ Bild (auch *Pictura, Icon, Symbolon, Symbolum*) mit Darstellung eines im Hinblick auf einen *sensus spiritualis* auslegungsfähigen Sachverhalts bzw. eines oder mehrerer Gegenstände; 3. *Subscriptio* als beschreibende, erläuternde oder auslegende Bildunterschrift, zunächst versifiziert als ↗ Epigramm, später auch in Prosa. Den drei Teilen des E.s ist bisweilen ein ↗ Kommentar beigegeben; dieser bietet dann weitere Erläuterungen, häufig unter Verweisung auf Textstellen von *auctores*, mit deren Hilfe die vom jeweiligen E. vorgestellten Lebensweisheiten, Handlungsnormen und Verallgemeinerungen legitimiert werden sollen. – Der Ausdruck *emblema* wurde von dem Mailänder Juristen Andrea Alciato (1492–1555) als Titel von Sammlungen teils eigener, teils von ihm aus der »Anthologia Graeca« übersetzter Epigramme verwendet (»Emblematum liber«, Augsburg: H. Steiner, 1531; »Emblematum libellus«, Paris: Ch. Wechel, 1534). In der Folge wurde ›E.‹ als fester Terminus aufgefasst für die neue Wort-Bild-Gattung, wie sie sich in Nachahmung (↗ Imitatio [1 b]) des »Emblematum liber« und des für die vertikale typographische Anordnung der drei Teile des E.s archetypischen »Emblematum libellus« in der zweiten Hälfte des 16. Jh.s und im 17. Jh. mit großem Variantenreichtum entwickelte. Sachliche Voraussetzung für diese begriffsgeschichtliche Entwicklung war die von Alciato selbst nicht angeregte und wohl auch nicht autorisierte Hinzufügung von Holzschnitten zu seinen Epigrammen durch seinen Verleger Steiner (Wechels Ausgabe billigte Alciato nachträglich). – Die begriffliche Erfassung des E.s setzt in der zweiten Hälfte des 16. Jh.s ein im Anschluss an P. Giovios Bestimmung von fünf Bedingungen einer vollkommenen

↗ Imprese (»Dialogo dell'Imprese militari et amorose«, 1555), die bes. das Verhältnis von Bild und Wort regeln. In Übereinstimmung mit der zeitgenössischen Definitionspraxis kommt es bei Giovios Nachfolgern (z. B. G. Ruschelli: »Le imprese illustri«, 1564; H. Estienne: »L'art de faire des devises«, 1645; C.-F. Menestrier: »L'art des emblemes«, 1684) zur Unterscheidung von Imprese und E. als zwei eng verwandten Species des Genus ↗ Symbol. Als eines der unterscheidenden Merkmale gilt, dass die Imprese auf ihren (individuellen) Träger verweist, das E. dagegen eine allg. Handlungsanweisung, Lebensweisheit oder Wahrheit formuliert, als ein weiteres, dass die Imprese sich in ihrer Funktion als Erkennungszeichen im Turnier auf die schnell erfassbare bildliche Darstellung von Gegenständen höchstens dreier *genera* beschränken soll (↗ heraldische Dichtung), das eher auf Belehrung und Meditation abzielende E. dieser Beschränkung dagegen nicht unterworfen ist. Der für die Diskussion der Zeichenstruktur des E.s wichtige Hinweis auf die humanistische Hieroglyphik (Bezeichnungsfunktion nicht nur der Worte, sondern auch der Dinge) wurde von Alciato im Widmungsgedicht zum »Emblematum liber« und in seinem Traktat »De verborum significatione« (1530) geliefert. – Das E. ist strukturbildendes Prinzip nicht nur in vielen ↗ Wort-Bild-Formen der Frühen Neuzeit (z. B. auf ↗ Flugblättern), sondern auch für viele Trauerspiele und lyrische Texte bes. des Barock, in denen die dreiteilige Struktur *Lemma – Pictura – Subscriptio* mit rein sprachlichen Mitteln nachgeahmt wird (vgl. Schöne). Seit der zweiten Hälfte des 18. Jh.s wird das E. aufgrund des allg. Niedergangs der Lehrdichtung nur noch im Rahmen der angewandten ↗ Emblematik oder als lit. ↗ Formzitat verwendet.

Bibliographien: A. Adams u.a.: A Bibliography of French E. Books of the Sixteenth and Seventeenth Centuries. Genf 1999/2002. – J. Landwehr: Dutch E. Books. Utrecht 1962. – Ders.: German E. Books 1542–1813. Utrecht 1972. – Ders.: French, Italian Spanish, and Portuguese Books of Devices and E.s 1534–1827. Utrecht 1976.

Lit.: A. Buck: Die Emblematik. In: K.v. See (Hg.): Neues Hb. der Lit.wissenschaft. Bd. 10. Ffm. 1972, S. 328–345. – R. Freeman: English E. Books [1948]. Nachdr. NY 1966, Ldn. 1967. – W. S. Heckscher, K.-A. Wirth: E., E.buch. In: O. Schmitt u. a. (Hg.): Reallexikon zur dt. Kunstgeschichte. Bd. 5, Stgt. 1959, Sp. 85–228. – A. Henkel, A. Schöne (Hg.): Emblemata. Stgt. 1967. – I. Höpel: E. und Sinnbild. Ffm. 1987. – J. Manning: The E. Ldn. 2002. – H. Miedema: The term *Emblema* in Alciati. In: Journal of the Warburg and Courtauld Institutes 31 (1968), S. 234–250. – W. Neuber: Locus, Lemma, Motto. In: J. J. Berns, W. Neuber (Hg.): Ars memorativa. Tüb. 1993, S. 351–372. – M. Praz: Studies in Seventeenth-Century Imagery [1939]. Rom ²1964. – D. S. Russel: The Term *emblème* in Sixteenth-Century France. In: Neophil. 59 (1975), S. 337–351. – B. F. Scholz: *Libellum composui epigrammaton, cui titu-*

lum feci Emblemata. In: Emblematica 1 (1986), S. 213–226. – Ders.: The Brevity of Pictures. In: H. F. Plett (Hg.): Renaissance-Poetik. Bln., NY 1994, S. 315–337. – Ders.: E. In: RLW. – Ders.: E. und E.poetik. Bln. 2002. – A. Schöne: Emblematik und Drama im Zeitalter des Barock [1964]. Mchn. ³1993.   BFS

Emblematik, Sammelbez. für sämtliche kulturellen Manifestationen des ↗Emblems im Emblembuch (Buchemblematik), in dekorativen Programmen der herrschaftlichen wie kirchlichen Architektur und auf Gegenständen des profanen wie des sakralen alltäglichen Gebrauchs (angewandte E.), in enzyklopädischen Sammelwerken und in Vorworten zu Emblembüchern und Traktaten zur Poetik des Emblems.
Lit.: D. Peil: Zur ›angewandten E.‹ in protestantischen Erbauungsbüchern. Hdbg. 1978.   BFS

Emblembuch [lat. *Emblematum liber*], Sammlung von ↗Emblemen in der Nachfolge des »Emblematum liber« des Andrea Alciatus (Augsburg 1531). Die Blütezeit dieser Buchform erstreckt sich vom 16. Jh. bis zum 18. Jh., mit Schwerpunkt in Mittel- und Westeuropa. Der »Emblematum liber« wurde in über hundert Neuauflagen, Übers.en und Bearbeitungen verbreitet und gab den Anstoß zu zahlreichen Emblembüchern; über sechshundert Verfasser emblematischer Werke sind bekannt. Teilweise wurde das von Alciatus geprägte Schema des Emblems übernommen (M. Holtzwart: »Emblemata Tyrocinia«, 1581; G. Rollenhagen: »Nucleus emblematum selectissimorum«, 1611), in der Regel aber in verschiedenen Graden variiert bis fast zur Auflösung der Form durch Ausweitung nach der bildnerischen, lyrischen oder erzählerischen Seite hin (z. B. Laurens van H. Goidtsenhouen: »Mikrokosmos«, 1579, 1613 neu bearb. von J. van den Vondel). Theoretische Erörterungen über die Emblematik finden sich nach Alciatus' Vorrede zu seiner Ausgabe auch in J. Fischarts »Vorred von Ursprung, Gebrauch und Nutz der Emblematen« zu Holtzwarts Werk oder in G. Ph. Harsdörffers »Frauenzimmer-Gesprechspielen« (1641–49). Während in den Emblembüchern der romanischen Lit.en der spielerische Umgang mit Symbolen überwiegt, neigen die dt. und nl. Emblembücher eher zu bürgerlicher Morallehre. Das dem ↗Fürstenspiegel verwandte ethisch-politische E. findet sich v. a. in Deutschland. Im 17. Jh. ist etwa ein Drittel der Emblembücher religiösen Inhalts; das wichtigste Werk mit rund vierzig lat. Ausgaben zwischen 1624 und 1757 und zahlreichen Übers.en ist die »Pia desideria« des Jesuiten H. Hugo (vgl. auch die zahlreichen Trost- und Sterbebüchlein; ↗Ars Moriendi). Von Holland ausgehend erscheinen seit Anfang des 17. Jh.s auch erotische Themen in Emblembüchern (D. Heinsius: »Emblemata amatoria«, 1616; J. Cat: »Emblemata amores moresque spectantia«, 1622). Die Emblembücher beeinflussten alle Lebensbereiche; so sind auch zahlreiche Gelegenheitsproduktionen wie Stammbuchemblemata (↗Stammbuch) oder Hochzeitsemblemata bezeugt.
                                                        HFR/Red.

Embolima, n. Pl. [gr. = Einschübe], im antiken Drama Chorlieder, gesungen als bloße Einlagen, ohne Zusammenhang mit der Handlung, zwischen den Schauspielerszenen (↗Epeisodion); sie verdrängten seit Ende des 5. Jh.s den ↗Chor in seiner ursprünglichen Funktion als Kommentator der vorgeführten Ereignisse. In der ↗Tragödie bei Agathon (5. Jh. v. Chr.) bezeugt (Aristoteles: »Poetik« 18, 1456), in der Komödie erstmals bei Aristophanes (»Plutos«, 388 v. Chr.) nachweisbar. Vgl. dagegen ↗Stasimon.   GS/Red.

Emendatio ↗Textkritik.

Emendation, f. [lat. = Verbesserung, Berichtigung], verbessernde Eingriffe in einen nicht authentisch überlieferten Text bei offensichtlichen Überlieferungsfehlern (Fehler orthographischer Art, ↗Haplographien, ↗Dittographien, Wortauslassungen u. a.), auch: Druckfehlerkorrektur; vgl. dagegen ↗Konjektur; auch ↗Textkritik.   GS/Red.

Emigrantenliteratur ↗Exillit.

Emigrationsliteratur ↗Exillit.

Emotivismus ↗Philosophie und Lit.

Empathie, f. [gr. *empathés* = leidenschaftlich], Fähigkeit und Aktivität, sich in eine andere Person und bes. in deren emotionale Situation hineinzuversetzen; elementare Kompetenz der alltäglichen Kommunikation, die zu einem professionellen Vermögen im Rahmen der Psychologie und der Pädagogik ausgebildet werden kann. Beim Umgang mit Lit. kann E. sich auf den Autor beziehen (bes. im Kontext sog. ↗Erlebnisdichtung oder von ↗Autobiographien und ↗Biographien; methodisch reflektiert etwa in J.-P. Sartres Flaubert-Biographie »L'Idiot de la famille«, 1971 f.) oder auf fiktive Figuren, bes. die Protagonisten (↗Identifikation) oder auf ganze Bereiche der fiktional entworfenen Wirklichkeit (↗Einfühlung). Die heutige ↗Lit.didaktik sieht E. als wesentliches Moment der ›lit. Kompetenz‹ an.
Lit.: U. Abraham: Übergänge. Lit., Sozialisation und lit. Lernen. Opladen, Wiesbaden 1998, S. 31–34. – M. Fontius: Einfühlung/E./Identifikation. In: ÄGB. – V. Roloff: E. und Distanz. In: E. Lämmert (Hg.): Erzählforschung. Stgt. 1982, S. 269–289.   DB

Empfindsamkeit, mentalitäts- und lit.geschichtliche Bewegung im Rahmen der ↗Aufklärung des 18. Jh.s, die eine Aufwertung der menschlichen Sensibilität mit dem Ziel einer Harmonie von ›Kopf‹ und ›Herz‹, Verstand und Emotionalität, propagiert. Bes. Wertschätzung kommt dabei sozialen und ›tugendhaften‹ Gefühlen wie Freundschaft, Sympathie, Liebe und Mitleid zu. Dementsprechend wird die E. v. a. in sozialen Kleingruppen wie Freundschaftsbünden, Familien und Dichterzirkeln in ritualisierten Ausdrucksformen (↗Ritual) praktiziert. Die E. ist eine gesamteuropäische Erscheinung, die sich v. a. in der Lit., aber auch in einem Wandel der lebensweltlichen Kommunikations- und Umgangsformen (z. B. einer Vorliebe für öffentlich geführte Briefwechsel, Liebes- und Freundschaftsschwüre und -küsse, Tränen) äußert. –

Der Neologismus ›empfindsam‹, dem ältere Formen wie ›empfindlich‹ und ›zärtlich‹ vorangehen, setzt sich in Deutschland nach J. Bodes bereits im Jahr der Originalausgabe erschienener Übers. von L. Sternes »Sentimental Journey« (1768) als »Empfindsame Reise« (nach einer Anregung G. E. Lessings) durch. Die Bewegung der E. geht von England und Frankreich (*sensibilité*) aus. Philosophische Quellen sind die engl. und schottische *Moral-sense*-Philosophie und die Ästhetik A. A. C. of Shaftesburys (1671–1713); die dt. E. führt Sozialitäts-Konzepte der Naturrechtslehre S. Pufendorfs (1632–94) und der Klugheitslehre Ch. Thomasius' (1655–1728) fort. Enge Beziehungen bestehen auch zur Intensivierung der Selbstbeobachtung und zur Kultivierung des Selbstausdrucks im ↗Pietismus. – In der Lit. ist die E. eng mit der Ausbildung der aufklärerischen Wirkungspoetik (↗Wirkungsästhetik) verbunden, welche die Dichtung darauf verpflichtet, durch Illusionierung und ↗Identifikation moralisch nützliche Wirkungen zu erzielen. Dabei führt die E. in vielen lit. Gattungen zu wichtigen Neuentwicklungen. – Die empfindsame *Dramatik* beginnt mit dem ↗rührenden Lustspiel (P. de Marivaux; Ch. F. Gellert: »Die zärtlichen Schwestern«, 1747) und trägt wesentlich zur Entwicklung des ↗bürgerlichen Trauerspiels bei (Lessing: »Miß Sara Sampson«, 1755); zu dessen Begründung entwickelt Lessing die Theorie der gemischten Empfindungen und arbeitet die Rolle des Mitleids für das Drama heraus. Weitere wichtige Formen des Dramas der E. sind das Familien- und das Rührstück (A. W. Iffland, A. v. Kotzebue); als Vorläufer der dt. ↗Oper entstehen empfindsame ↗Singspiele (Ch. F. Weiße; J. W. Goethe: »Der Triumph der E.«, 1787). – In der *Lyrik* trägt die E. entscheidend zur Ausprägung des neuen Paradigmas der Erlebnislyrik (↗Erlebnisdichtung) bei. In England entsteht eine vielfach nachgeahmte enthusiastische Form der Naturlyrik (J. Thomson). F. G. Klopstocks ↗Hymnen und ↗Oden (»Der Zürchersee«, 1750) werden von den Zeitgenossen begeistert aufgenommen und führen zur kultischen Verehrung ihres Autors (↗Göttinger Hain). Eine weitere empfindsame Mode sind die Nachahmungen der vermeintlich authentischen engl. ↗ossianischen Dichtungen. – Bes. wichtig für die Ausprägung der empfindsamen *Erzähllit.* in Deutschland sind die Romane S. Richardsons mit ihren moralisch vorbildlichen Titelheldinnen (»Pamela«, 1740; »Clarissa«, 1748). Gellert propagiert die ›vernünftigen Leidenschaften‹ im Eheleben (»Leben der schwedischen Gräfin von G.«, 1747 f.), S. v. La Roche die Umwandlung der gefährlichen ›Eigenliebe‹ zur empfindsam begründeten, karitativen Tätigkeit (»Die Geschichte des Fräuleins von Sternheim«, 1771). Ab der Mitte des 18. Jh.s gerät das Harmonisierungskonzept jedoch durch die sinnliche Intensivierung der Leidenschaften in eine Krise: Weder in J.-J. Rousseaus »Julie ou la Nouvelle Héloïse« (1761) noch in F. H. Jacobis »Aus Eduard Allwills Papieren« (1775 f.) oder Goethes »Die Leiden des jungen Werthers« (1774) gelingt den

nunmehr meist männlichen Helden eine sozialverträgliche Versöhnung von Kopf und Herz. Gleichwohl trägt der empfindsame Roman zur Ausbildung innovativer personaler Erzählverfahren bei (polyperspektivischer ↗Briefroman). – Ab den 1770er Jahren ist ›E.‹ zum Modewort geworden. V. a. in der Popularphilosophie entwickelt sich eine ausgeprägte E.skritik (J. H. Campe), welche die Übertreibungen exaltierter E. und die Gefährlichkeit der Lektüre empfindsamer Romane anprangert. Während auf der einen Seite die E. zunehmend trivialisiert wird (J. M. Millers Klosterroman »Siegwart«, 1776), entstehen auf der anderen Seite empfindsamkeitskritische Romane (J. K. Wezel: »Wilhelmine Arend, oder die Gefahren der E.«, 1782). Die E. wird dabei mehr und mehr in die Nähe pathologischer Phänomene wie ↗Melancholie, Hypochondrie oder Hysterie gerückt und beeinflusst damit den anthropologisch-medizinischen Diskurs der Zeit. – Während im 19. Jh. die E. durchgehend negativ bewertet wird, wird sie für die Germanistik des 20. Jh.s zu einem wichtigen Forschungsgegenstand, an dem seit den 1960er Jahren exemplarische Kontroversen zwischen sozial- und geistesgeschichtlich orientierten Forschungsrichtungen ausgetragen werden. Neuere Arbeiten versuchen, beide Positionen über einen erweiterten, mentalitätsgeschichtlichen Begriff des Bürgertums zu vermitteln (vgl. Sauder 2001). Ähnliches gilt für das Verhältnis von E. und Aufklärung, das kaum noch als Ggs. verstanden wird. Vielmehr werden die konvergierenden Aspekte beider Konzepte ebenso wie die divergierenden herausgearbeitet.

Texte: G. Sauder (Hg.): Theorie der E. und des Sturm und Drang. Stgt. 2003.

Lit.: F. Baasner: Der Begriff ›sensibilité‹ im 18. Jh. Hdbg. 1988. – W. Doktor: Die Kritik der E. Bern. Ffm. 1975. – L. Pikulik: Leistungsethik contra Gefühlskult. Gött. 1984. – K. Garber, U. Szell (Hg.): Das Projekt E. und der Ursprung der Moderne. Mchn. 2005. – G. Sauder: E. Bd. 1. Stgt. 1974; Bd. 3. Stgt. 1980. – Ders.: E. In: Killy/Meid. – Ders.: E. In: Aufklärung 13 (2001), S. 307–338. – J. Viering: E. In: RLW. – N. Wegmann: Diskurse der E. Stgt. 1988.   JH

Emph<u>a</u>se, f. [gr. *émphasis* = Verdeutlichung, Erscheinen], 1. *semantische E.*: Figur uneigentlicher Rede (↗Tropus [1]), bei der ein explizit genannter Begriff einen weiteren unausdrücklich enthält (»Wo dieser Mensch mich hinführt, weiß ich nicht. Aber er ist ein Mensch […]«; F. Wedekind: »Frühlings Erwachen«), verwandt mit ↗Synekdoche und ↗Litotes, Mittel der Antistasis, ↗Anaklasis und ↗Diaphora. – 2. *Allg.* jeder Nachdruck durch Stimme oder Gestik, ohne semantische Wortumwertung (»Weshalb er […] mit ebensoviel E. wie Vorliebe zu zitieren pflegte.« Th. Fontane: »Effi Briest«).

Lit.: G. Michel: E. In: RLW.   CSR

Empirische Literaturwissenschaft [gr. *empirós* = erfahren], Forschungsrichtung, welche die Lit. als gesellschaftlichen Handlungsbereich versteht und die erfahrungswissenschaftliche Überprüfbarkeit lit.wissenschaftlicher Aussagen beansprucht. – Parallel zur Leserpsychologie von N. Groeben entwirft S. J. Schmidt ab 1980 eine kommunikations- und handlungstheoretisch fundierte e. L., die sich auf die Formulierung widerspruchsfreier und empirisch kontrollierbarer Aussagen verpflichtet, Konzeptionen von ›Empirie‹ an die theoretischen Voraussetzungen von Psychologie und Soziologie bindet und damit die Reduktion der Lit.-wissenschaft auf die ⁊ Hermeneutik und ihre Fixierung auf die ⁊ werkimmanente Interpretation überwinden möchte. Wissenschaftliche Aussagen lassen sich demnach nicht über die Eigenschaften lit. Texte selbst treffen, sondern nur über Kommunikationen (›Kommunikate‹) von Rezipienten, die gelesenen Texten ästhetische Merkmale (⁊›Polyvalenz‹) zuschreiben und damit den Konventionen einer Handlungsrolle im Kommunikationssystem ›Lit.‹ folgen. Neben Rezeptionshandlungen unterscheidet Schmidt Produktions-, Vermittlungs- und Verarbeitungshandlungen. Die Versuche der Siegener Forschergruppe um Schmidt (A. Barsch, G. Rusch u. a.), die lit.wissenschaftlichen Objektbereiche im Rahmen der e.n L. zu rekonstruieren, stoßen im Falle lit.geschichtlicher Fragestellungen seit der erkenntnistheoretischen Orientierung am ›Radikalen ⁊ Konstruktivismus (3)‹ des chilenischen Kognitionsbiologen H. R. Maturana an die Grenzen eines zu engen Empiriebegriffs, der textanalytische Aussagen prinzipiell aus der e.n L. ausgrenzt und nur mehr solche über das Bewusstsein von Handlungssubjekten zulassen will. Schmidt verlässt diese Position 1989 zugunsten einer systemtheoretischen ⁊ Sozialgeschichte der Lit. und entwickelt seitdem eine interdisziplinäre ⁊ ›Medienkulturwissenschaft‹, die sich von den kognitionsbiologischen Voraussetzungen des ›Radikalen Konstruktivismus‹ löst.

Lit.: E. Andringa: E. L. In: RLW. – A. Barsch u. a. (Hg.): E. L. in der Diskussion. Ffm. 1994. – N. Groeben: Rezeptionsforschung als e. L. Kronberg/Ts. 1977. – G. Rusch: Erkenntnis, Wissenschaft, Geschichte. Ffm. 1987. – S. J. Schmidt: Grundriß der E.n L. [1980]. Ffm. 1991. – Ders.: Die Selbstorganisation des Sozialsystems Lit. im 18. Jh. Ffm. 1989. – Ders.: Kognitive Autonomie und soziale Orientierung. Ffm. 1994. – Ders.: Geschichten & Diskurse. Abschied vom Konstruktivismus. Reinbek 2003.   CMO

Empirismus ⁊ Aufklärung.

Enallage, f. [gr. = Vertauschung], auch *Hypallage*, ⁊ rhet. Figur, Verschiebung der logischen Wortbeziehungen, bes. Abweichung von der erwarteten Zuordnung eines Adjektivs; dies wird zu einem anderen als dem semantisch passenden Substantiv gestellt: »Dennoch umgab ihn *die gutsitzende Ruhe* seines Anzugs« (R. Musil; auch umgangssprachlich in fehlerhaften Sätzen wie »in baldiger Erwartung Ihrer Antwort«), oder ein unpassendes Adjektiv-Attribut wird statt eines passenden Genitiv-Attributs gesetzt: »der *schuldige Scheitel*« (J. W. Goethe, statt: Scheitel des Schuldigen). GS/Red.

Enárgeia, f. [gr.], ⁊ Anschaulichkeit.

Enchiridion, n. [gr. = in der Hand (Gehaltenes)], Handbuch, Lehrbuch, Leitfaden, Quellensammlung. – M. Luthers »Kleiner Katechismus« trug bis 1546 den Obertitel »E.«; vgl. auch Erasmus von Rotterdam: »E. militis Christiani«, 1503 f.   MGS

Endecasillabo, m. [it. =Elfsilber; von gr.-lat. ⁊ *Hendekasyllabus*], elfsilbiger Vers der it. Dichtung mit weiblicher Kadenz. Der E. ist 1. durch die invariable Silbenzahl bestimmt, die seine metrische Verwandtschaft mit und zugleich seine Differenz zu dem frz. ⁊ *vers commun* sowie dem engl. und dt. ⁊ Blankvers begründet; 2. kennzeichnet ihn die Position der Betonungen: Neben der festen Endtonstelle auf der zehnten Silbe hat der E. einen beweglichen und zäsurbildenden Hauptton, der gewöhnlich auf der vierten oder sechsten Silbe liegt. Die den Vers asymmetrisch teilende ⁊ Zäsur tritt am Ende des Wortes ein, das den Hauptton trägt. Sie liegt daher in der Regel nach der vierten, fünften, sechsten oder siebten Silbe, je nachdem, ob das den Hauptton tragende Wort mit der Betonung schließt (*parola tronca*) oder ob eine tonlose Silbe folgt (*parola piana*). 3. wird der E., der Standardvers der ⁊ Sestine, des ⁊ Sonetts, der ⁊ Stanze und der ⁊ Terzine, meist gereimt verwendet. Weniger gebräuchlich ist der Vers als ungereimte Variante (*E. sciolto piano*; ⁊ Versi sciolti). – Als Grundmetrum mehrerer ihrer Hauptgenres hat der E. die gesamte it. Versdichtung seit Dante Alighieri und F. Petrarca entscheidend geprägt. Mit der Nachbildung und formgetreuen Übertragung dieser Gattungen seit dem späten 18. Jh. wurde der E. auch in die dt. Poesie eingebürgert; bes. verbreitet ist er – häufig im Wechsel mit Zehnsilbern – in der Lyrik um 1900 (St. George) und des Expressionismus (G. Heym, G. Trakl).

Lit.: W. Th. Elwert: It. Metrik [1966]. Wiesbaden ²1984, S. 54–65, 98 f.   DM

Endecha, f. [en'detʃa; span. = Klage], span. elegisches Gedicht, meist in Form einer ⁊ Romanze aus vierzeiligen Strophen (meist Sechs- oder Siebensilber); verschiedene Ausprägungen: bei der *E. real* ist z. B. der letzte Vers jedes Quartetts ein Elfsilber (u. a. von M. de Cervantes und der mexikanischen Dichterin Sor Juana Inés de la Cruz [17. Jh.] gepflegt); daneben finden sich bei Cervantes auch E.s aus gereimten Vierzeilern oder reimlosen Versen.   GR/Red.

Endreim ⁊ Reim.

Endsilbenreim, Reimbindung zwischen nebentonigen oder unbetonten Endsilben; im Unterschied zum ⁊ Stammsilben- oder Haupttonsilben-Reim. E. ergibt sich in gr. und lat. Dichtung durch syntaktischen Parallelismus oft spontan, begegnet in ahd. Dichtung als vollwertiger Reim, da die Endungssilben noch vollvokalisch sind und in der ⁊ Kadenz einen bes. Akzent tragen (*Hludwîg : sâlîg*); im gestützten E. reimt noch die vorhergehende Konsonanz mit (*zîti : nôti*). Nach der spätahd. Abschwächung des Endsilbenvokalismus ergeben sich E.e in frühmhd. Dichtung oft nur noch unzulängliche Reimbindungen, z. B. *lufte : erde* (»Altdt. Genesis«). E.e begegnen gelegentlich auch noch in mhd. Dichtung (*Hagene : degene*, »Nibelungenlied«) und in nhd. Dichtung (*denn : Furien* bei Liliencron).   GS/Red.

Enfants sans souci, Pl. [ãfãsãsu'si; frz. = Kinder ohne Sorge], auch: »Galants sans souci« und »Compagnons du Prince des Sots« (vgl. Karnevalszünfte): zwischen 1485 und 1594 agierende Gruppen von Laienschauspielern, Gauklern, Narren (*sots*). Sie führten Pantomimen und Gauklernummern auf, v. a. aber die beliebten *soties* (↗ Sottie), in denen drei Figurengruppen (Narren, zeitgenössische Typen und allegorische Figuren) die herrschenden Hierarchien auf den Kopf stellten, während die realistischere ↗ Farce die Wirklichkeit in aufklärerischer Absicht karikierte. Bekanntes Mitglied einer E. s. s.-Gruppe war der Dramatiker Gringore (= die Figur des Gringoire in V. Hugos *Notre-Dame de Paris*). Der junge C. Marot schrieb eine ↗ Ballade auf die E. s. s.
Lit.: M. Lazard: Le théâtre en France au XVIe siècle. Paris 1980.   DBR

Engagierte Literatur [frz. ↗ *littérature engagée*], eine Lit., die in erster Linie für politische und gesellschaftliche Veränderungen eintritt. Theoretisch untermauert wurde diese Richtung noch vor Sartres Forderung einer auf ›Praxis‹ hin orientierten Lit. durch G. Lukács' Auffassung, dass der realistisch schreibende Schriftsteller ›Partei‹ für die Sache des Sozialismus zu beziehen habe (»Tendenz oder Parteilichkeit«, 1932). Dadurch wurde die politische Position des Autors zum Gradmesser der ästhetischen Bewertung seiner Texte erhoben. Diese Schieflage prägte die lit. Verhältnisse in den sozialistischen Ländern bis zu ihrem Untergang. Daraus entstanden neben der affirmativen die oppositionelle Lit., welche auf der Basis der herrschenden Eigentumsverhältnisse auf Reformen drängte, und eine Lit., die sich den Forderungen nach einem politischen Bekenntnis verweigerte. In den westlichen Lit.en erhoben beispielsweise die meisten Autoren aus dem Umkreis der ↗ Gruppe 47 die Forderung nach einer e.n L. Dagegen vertritt Adorno eine Position der Skepsis gegenüber jeder einseitigen e.n L.
Lit.: Th.W. Adorno: Engagement [1962]. In: ders.: Noten zur Lit. Ffm. 1974, S. 409–430. – K.-H. Hucke, O. Kutzmutz: E. L. In: RLW. – W. Huntemann u. a.: E. L. in Wendezeiten. Würzburg 2003. – H. Peitsch: ›Vereinigungsfolgen‹. In: WB 47 (2001), S. 325–351. – J.-P. Sartre: Was ist Lit.? [frz. 1948]. Reinbek 1981.   MO

Englische Broschur ↗ Broschur.

Englische Komödianten, Sammelbez. für professionelle Schauspieltruppen aus England, die zwischen 1585 und 1650 den Kontinent bereisen und Theater spielen. Die engl. Berufsschauspieler haben ihre Heimat verlassen, weil immer weniger Schauspieltruppen dort ein Auftrittsprivileg erhalten. 1603 mit dem Regierungsantritt Jakob I. wird das Theaterwesen massiv eingeschränkt, 1642 setzen die Puritaner die Schließung aller öffentlichen Theater durch. Die ersten e.n K. treten 1585 in Dänemark und 1586 in Dresden auf.

Die folgenden e.n K. spielen sowohl an Fürstenhöfen (Dresden, Wolfenbüttel, Kassel, Stuttgart) als auch in Städten anlässlich von Messen und Märkten. Bekannt sind die Truppen von R. Browne, Th. Sackville, J. Green, J. Spencer und J. Joliphus. Die Bühne der e.n K. stellt eine vereinfachte Variante der ↗ Shakespearebühne dar: Ein leicht aufzubauendes Gerüst wird mit Hilfe eines Vorhanges in eine Vor- und Hinterbühne unterteilt, örtlich vorhandene Gegebenheiten (Galerie u. a.) werden als Oberbühne für die Musiker benutzt. Dekorationen gibt es kaum, es wird mehr Wert auf bunte und prächtige Kostüme gelegt. Anfangs finden die Aufführungen in engl. Sprache statt, im Laufe des 17. Jh.s benutzen die e.n K. zunehmend auch die jeweilige Landessprache. Die ↗ lustige Person (↗ Pickelhering) hat bei den Vorstellungen meist die Hauptrolle inne, des Weiteren gibt es oft akrobatische oder musikalische Einlagen, so dass die Aufführungen auch ohne die entsprechenden Sprachkenntnisse für die Zuschauer unterhaltend sind. Das ↗ Repertoire besteht aus Bearbeitungen der Stücke W. Shakespeares und seiner Zeitgenossen, die hierdurch erstmals auf dem Kontinent gespielt werden, sowie aus ↗ Haupt- und Staatsaktionen mit komischen Einlagen. Bis 1650 werden alle Rollen – wie im ↗ Elizabethanischen Theater – von Männern gespielt, erst dann dürfen allmählich auch Frauen auf der Bühne auftreten. Aus den e.n K. gehen die ersten dt. Wandertruppen hervor, wodurch das dt. Berufsschauspielertum entsteht. Die spiel- und aktionsfreudige Tradition der e.n K. wirkt noch lange in Deutschland nach, die Haupt- und Staatsaktionen sowie die Figur des ↗ Hanswurst dominieren die dt. Bühne bis ins 18. Jh. hinein.
Texte: W. Creizenach (Hg.): Die Schauspiele der e.n K. Bln., Stgt. 1888. Repr. Darmstadt 1967.
Lit.: A. Baesecke: Das Schauspiel der e.n K. in Deutschland. Halle 1935. Repr. Walluf 1974. – R. Haekel: Die E.n K. in Deutschland. Hdbg. 2004. – J. Limon: Gentlemen of a Company. English Players in Central and Eastern Europe. Cambridge 1985.   AHE

Englische Philologie ↗ Anglistik.

English Studies ↗ Anglistik.

Englyn, m. [εŋlin; kymrisch], Pl. *Englynion*; Strophenform der walisischen (kymrischen) Dichtung aus drei oder vier Zeilen mit Alliteration, Binnenreim oder deren Kombination (↗ Cynghanedd). Englynion dieser Art finden sich seit dem 9. Jh., es handelt sich um Strophen mit religiöser Thematik, um Gnomik und um Heldengesänge in elegischem Ton (z. B. die Klage Llywarchs über den Schlachtentod seiner 24 Söhne). – Im engeren Sinne der seit dem 12. Jh. belegte *E. unodl union*, ein vierzeiliger, heterometrischer (10-6-7-Silbler) E. mit einem Reimklang.   JK/Red.

Enjambement, n. [ãʒãbə'mã:; frz. = das Überschreiten], Zeilensprung in Verstexten: Übergreifen des Satzgefüges über das Versende oder – beim ›Strophen-E.‹ – sogar über das Strophen- oder Abschnittsende hinaus. Der Teil des Satzes, der in der neuen Zeile

steht, heißt *rejet*. – Das E. dient der Variation der Sprachführung und lockert als prosanahes Parlando die durch Wiederholung eines identischen Versschemas drohende Eintönigkeit längerer Verstexte (↗ Zeilenstil) auf. Es hebt die Integrität der Verszeilen nicht auf; Versende und Versanfang werden vielmehr emphatisch herausgehoben, v. a. in (reimlosen) Dichtungen hymnisch-ekstatischen Tons wie bei F. G. Klopstock, F. Hölderlin oder R. M. Rilke (»Wer, wenn ich schriee, hörte mich denn aus der Engel / Ordnungen«; »Duineser Elegien« 1, V. 1 f.). Das E. kann bildhafte Funktion haben, so schon bei Walther von der Vogelweide (L 39, V. 5 f.): »Sæhe ich die megde an der strâze den bal / werfen« – der Gestus des Werfens wird mit sprachlichen Mitteln abgebildet. – Die Formen des E.s können nach Graden der Abweichung von der syntaktischen Norm unterschieden werden: Beim ›glatten E.‹ fällt die Versgrenze mit der Grenze zwischen ↗ Syntagmen zusammen (»Der mißversteht die Himmlischen, der sie / Blutgierig wähnt«; J. W. Goethe: »Iphigenie auf Tauris«, V. 523 f.); beim ›harten E.‹ dagegen wird ein Syntagma durch die Versgrenze in zwei Teile aufgespalten (»Osterqualm, flutend, mit / der buchstabenähnlichen /Kielspur inmitten.« P. Celan). Eine gesteigerte Form des E.s (›morphologisches E.‹) liegt dann vor, wenn die Versgrenze mitten in ein Wort fällt (»aus dem knirschenden Klippen- / segen entlassen«; Celan: »Schädeldenken«). – Betrifft ein E. das Reimwort gereimter Dichtung, spricht man vom gebrochenen ↗ Reim. Verwandte Stilmittel sind ↗ Haken- oder Bogenstil in angelsächs. oder altsächs. Stabreimdichtungen oder ↗ Brechungen in mhd. Reimpaardichten.
Lit.: D. Burdorf: Einf. in die Gedichtanalyse [1995]. Stgt., Weimar ²1997, S. 63–66. – S. Doering: E. In: RLW. – H. Golomb: Enjambment in Poetry. Tel Aviv 1979. – B. Moennighoff: Metrik. Stgt. 2004.   JK/CSR

Enkodierung ↗ Code.

Enkomiologikus, m. [gr. = preisender (Vers)], gr. ↗ archilochischer Vers der Form – v v – v v – | $\bar{v}$ – v – $\bar{v}$; als Zusammensetzung aus einem ↗ Hemiepes und dem ersten Teil eines jambischen ↗ Trimeters bis zur ↗ Penthemimeres gedeutet. Zuerst bei Alkman (zweite Hälfte des 7. Jh.s v. Chr.) und Alkaios (um 600 v. Chr.) belegt. Bez. nach seiner Verwendung v. a. im ↗ Enkomion (Preisgedicht); auch als *Elegiambus*, in der Umkehrung (jambischer Trimeter + Hemiepes) als *Jambelegus* bezeichnet.   JK/Red.

Enkomion, n. [gr. = Preislied; lat. *laus*; frz. *éloge*], ein für einen feierlichen Umzug (*kómos*) gedichtetes und vertontes und von einem Chor oder Sänger vorgetragenes gr. Lied, das eine herausragende Persönlichkeit verherrlicht. Die antiken Textausgaben (Pindar, Bakchylides) grenzen das E. vom Siegeslied (↗ Epinikion) und vom Lied auf die Götter (Hymnos) ab. Im 5. Jh. v. Chr. etabliert sich neben dem metrisch gebundenen E. das Prosa-E. (Gorgias: »Helena«). Die theoretische Behandlung setzt bei Aristoteles (»Rhet.«) ein. In der

rhet. Praxis wird das E. mit seinem erweiterten Gegenstandsbereich (Personen, Dinge, Jahreszeiten, Orte, Tiere und Pflanzen) zu einer beherrschenden, traditionsreichen Form (Erasmus: »Lob der Torheit«).
Lit.: M. Vallozza: E. In: HWbRh.   MV

Ennui ↗ Décadence.

Enoplios, m., altgr. Vers der Form $\bar{v}$ – v v – v v – – .
    GS/Red.

Ensenhamen, m. [ensenja'men; provenz. = Unterweisung, Erziehung], provenz. Lehrdichtung, die der Unterweisung der mal. Gesellschaft in standesgemäßer Lebensführung dient. Entsprechend der sozialen Schichtung existieren E.s für Adlige und Nichtadlige beiderlei Geschlechts. Ihre Anstandsregeln, oft mit allg. Moralgrundsätzen und Hygienevorschriften vermischt, sind teils auf alle Lebensbereiche ausgedehnt, teils auf bestimmte Situationen (Verhalten in der Liebe, Benehmen bei Tisch) beschränkt. Der Komposition nach lassen sich unterscheiden: 1. E.s, welche die Didaxe direkt erteilen, und 2. solche, die sie in epischer Einkleidung vermitteln. Die metrische Form besteht überwiegend aus Sechssilbler-Reimpaaren. – Wichtige Autoren sind: Garin lo Brun, Arnaut de Maruelh, Arnaut Guilhem de Marsan, Raimon Vidal de Bezalù, Sordel, N'At de Mons, Amanieu de Sescas. Als Zeugnisse zeitgenössischer Sitten-, Moral- und Geschmacksvorstellungen sind die E.s von hohem kulturhistorischem Wert.   PHE/Red.

Entfremdung, v. a. in der ↗ marxistischen Lit.wissenschaft gebräuchlicher, aus der Sozialphilosophie übernommener Terminus, der die Störung von Identitätsbildungsprozessen im Selbstverhältnis des Subjekts sowie von Wechselseitigkeitsbeziehungen in der intersubjektiv-kollektiven oder objektiven Dimension (z. B. im Arbeitsprozess) bezeichnet. Im lit.theoretischen Zusammenhang wird untersucht, inwieweit Lit. diese Störungen affirmativ reproduziert, kritisch spiegelt, utopisch aufhebt oder – jenseits dieser Optionen – einfach nur vermittelnd transformiert. Die Auseinandersetzung mit E. kann innovative lit. Strategien wie ↗ Verfremdung, eine spielerische Bedeutungsvervielfältigung oder die Produktion ästhetischer Differenzen mit sich bringen. Verwandt ist die Frage nach dem Verhältnis von Ideologie und ↗ Ideologiekritik.
Lit.: B. Ekmann u. a. (Hg.): Fremdheit, E., Verfremdung. Bern u. a. 1992. – K.-H. Hucke, O. Kutzmutz: E. In: RLW. – R. Jaeggi: E. Ffm. 2005. – G. Schippe: Identität und E. Ffm. 2004.   MD

Enthüllungsdrama, dt. Bez. für ↗ analytisches Drama.

Entpragmatisierung ↗ Pragmatisierung.

Entremés, m. [span. = Zwischenspiel, von frz. *entremets* = Zwischengericht], Pl. *entreméses*, im span. Theater kurzer, meist schwankhaft-realistischer oder satirischer Einakter, oft mit Tanz, der zwischen den Akten der ↗ Comedia oder zwischen Vorspiel und ↗ Auto sacramental eingeschoben wurde. Ursprünglich wohl Unterhaltung zwischen verschiedenen Gängen eines

Banketts. Die meisten E.es entstanden während der Blütezeit der Comedia im 16./17. Jh. Als Meister gelten M. de Cervantes (»Ocho comedias y ocho e.es nuevos«, 1615), Lope de Vega, F. de Quevedo und L. Quiñones de Benavente, der etwa neunhundert E.es geschrieben haben soll). Der E. wurde Ende des 17. Jh.s vom ↗ Sainete abgelöst.   GR/Red.

Entstehungsvariante ↗ Variante.

Entwicklungsroman ↗ Bildungsroman.

Entwurf, die erste oder jedenfalls eine im Verlauf der ↗ Textgenese noch sehr frühe, meist unvollständige ↗ Fassung eines Textes. Die alternative Bez. ↗ ›Skizze‹ betont das Moment des Vorläufigen, Unvollständigen ebenso wie den schematischen, zuweilen graphischen Charakter der ersten Notate zu Texten (vgl. auch ›Verlaufsskizze‹). Der allererste Ansatz, aus dem der Autor einen E. entwickelt, ist meist ein beiläufig notiertes ›Stichwort‹ (vgl. Dammann), eine ›Notiz‹. Überwindet ein Text den Zustand der Unvollständigkeit im Prozess seiner Genese gar nicht, wird er ↗ ›Fragment‹ (2) genannt. Neben den Entwürfen zu lit. Werken sind aus den Zeiten, in denen ↗ Briefe fast ausschließlich hsl. abgefasst wurden, die als Ersatz einer Abschrift meist beim Verfasser verbleibenden Briefentwürfe ein wichtiger Teil der Überlieferung. – Da der Begriff ›E.‹ einen Text*zustand* kennzeichnet, in dem sich grundsätzlich Texte aller Gattungen und Genres befinden können, muss der Versuch, das Wort ›E.‹ zu einer Gattungsbez. zu machen (vgl. Bennholdt-Thomsen), als gescheitert beurteilt werden.
Lit.: A. Bennholdt-Thomsen: Entwürfe. In: J. Kreuzer (Hg.): Hölderlin-Hb. Stgt., Weimar 2002, S. 395–402. – G. Dammann: Theorie des Stichworts. Ein Versuch über die lyrischen Entwürfe G. Heyms. In: G. Martens, H. Zeller (Hg.): Texte und Varianten. Mchn. 1971, S. 203–218. – R. Reuß: Text, E., Werk. In: Text. Kritische Beiträge 10 (2005), S. 1–12.   DB

Enumeratio, f. [lat. = Aufzählung], ↗ rhet. Figur, Accumulatio.

Environmental theatre [engl.], ↗ Bühne.

Envoi, m. [ã'vwa; frz. = Geleit, Sendung], abschließende Geleitstrophe in romanischen Liedgattungen wie z. B. in der ↗ Kanzone; entspricht in Form und Funktion der provenz. ↗ Tornada. ↗ Geleit.   PHE/Red.

Enzyklopädie, f. [gr. *enkýklios paideía* = kreisförmige Erziehung/Bildung], Gattung universaler Wissenspräsentation oder umfassende Darstellung einzelner größerer Sachgebiete. Mit E. wird die Gattung von Werken der Wissenslit. bezeichnet, die die Gesamtheit des theoretischen und praktischen Wissensstoffs und/oder den Zusammenhang und die Anordnung des Wissens, seine Gliederung und Klassifikation enthält. Sie ordnet den Stoff systematisch (nach Sachbereichen, Disziplinen und Künsten) oder alphabetisch. Die Summe des überhaupt Wissbaren einer Epoche, sozusagen der Welt als ganzer, macht die *Universal-E.* aus, die Summe und der Zusammenhang eines Bereichs oder einer Disziplin bilden die *Spezial-* oder *Fach-E.* Innerhalb

eines weiter gefassten Begriffs ›enzyklopädischer Lit.‹ ist die E. als Gattung trotz gemeinsamer Züge abzugrenzen gegenüber ↗ Summen, Handbüchern, Kompendien verschiedener Art und Memorabilienlit., ferner Wissen versammelnden Gattungen wie ↗ Fürstenspiegel oder Ökonomik (↗ Hausbuch, Hausväterlit.). Mit dem historisch in neuen Funktionen begründeten Übergang von systematischen Sachordnungen zur alphabetischen Form tritt die E. in die Nähe zu verschiedenen Arten des ↗ Lexikons und des *Dictionnaire*, deren Bez.en zur Gegenwart hin mit zunehmender Häufigkeit auf sie angewandt werden. – Hinter die relativ spät (um 1500) einsetzende Begriffsgeschichte von (*en-*)*cyclopaedia* im engeren Sinn reicht die Sache selbst zurück bis in die Antike, die zwei Typen der E. hervorgebracht hat: eine *additive* (↗ Artes liberales, erweitert durch Artes mechanicae wie Medizin, Agrikultur, Architektur, Militärkunst sowie durch Jurisprudenz) und eine *integrative*. Diese wird von Plinius (gestorben 79 n. Chr.) im Bewusstsein der Neuheit seines Verfahrens mit der »Naturalis historia« geschaffen, deren einheitliches stoisch-synkretistisches, naturphilosophisches Konzept die Umordnung des aus dem umfassenden Fachschrifttum gezogenen Sachwissens bedingte und Kulturhistorisches als ›Natur im Gebrauch des Menschen‹ der Natur unterordnete. Die Fortsetzung beider Typen in Spätantike und Früh-MA. ermöglichte die erste Synthese in Isidors »Etymologiae« (um 600 n. Chr.), die Artes, kirchliche Wissenschaften, natürliche Welt und Kulturtechniken vereinigen und jede Sacherläuterung durch Worterklärung fundieren. Im 9. Jh. erhält die mal. E. mit Hrabans »De naturis rerum« eine gültige Form: In der Ordnung dieses Werks wird die Seinshierarchie abgebildet und durch die hinzugefügte Allegorisierung der Realien zu einem Bedeutungskosmos erweitert. Doch entwickelt bereits das Hoch-MA., v. a. das 13. Jh., mit der Aufnahme gr.-arab. Wissenstraditionen neue enzyklopädische Ansätze und Werkformen (Arnoldus Saxo, Alexander Neckam, Thomas von Cantrimpré, Bartholomäus Anglicus, Brunetto Latini). Umfangreichste E. des MA.s ist das »Speculum maius« des Vinzenz von Beauvais mit seinen Großteilen Kosmos, Geschichte, Wissenschaften, Ethik (der letzte Teil wurde erst im 14. Jh. hinzugefügt). Die Entwicklung führt zur Verwissenschaftlichung und zum multifunktionalen Nachschlagewerk einerseits, zum für Laien oder die Laienunterweisung eingerichteten Weltspiegel andererseits, der nun zunehmend volkssprachig abgefasst wird.
Die E. der Neuzeit behält zunächst weitgehend mal. Züge und Formen (z. B. G. Reisch: »Margarita philosophica«, 1503), entwickelt dann jedoch neue systematische Konzeptionen und perfektioniert die Sachdarstellung. Die bedeutendste E. des Barock ist J. H. Alsteds »Encyclopaedia septem tomis distincta« (1630). Im späteren 17. Jh. setzt eine Expansion großer alphabetischer ↗ Lexika ein, sie führt im 18. Jh. zum Höhepunkt der frz. »Encyclopédie« von Diderot, d'Alem-

bert u. a. (1751–80). In Deutschland ging dieser bereits Zedlers »Großes vollständiges Universal-Lexikon der Wissenschaften und Künste« (68 Bde., 1732–54) voran wie auch die von J. Ch. Gottsched betreute Übers. (1741–44) des »Dictionnaire historique et critique« P. Bayles (1697). – Als Differenzierungen innerhalb der Gattung E. nach der Aufklärungszeit lassen sich in der dt. Wissenschafts- und Lit.geschichte drei Hauptbereiche hervorheben: die Fortsetzung und Popularisierung der Universal- und Konversationslexika, etwa mit F. A. Brockhaus (Erstausg. 1809) und J. Meyer (Erstausg. 1839–55); die Ausbildung von Spezial- und Fach-E.n im 18./19. Jh. mit der Konsolidierung der akademischen Disziplinen (als späten Ausläufer vgl. K. Weimar); die Entwicklung der philosophischen E. im dt. Idealismus (G. W. F. Hegel: »E. der philosophischen Wissenschaften im Grundrisse«, 1817).

Lit.: U. Dierse: E. Bonn 1977. – F. M. Eybl u. a. (Hg.): E.n der Frühen Neuzeit. Tüb. 1995. – A. B. Kilcher: mathesis und poiesis. Die Enzyklopädik der Lit. 1600–2000. Mchn. 2003. – Th. Leinkauf: Mundus combinatus. Studien zur Struktur der barocken Universalwissenschaft am Beispiel A. Kirchers. Bln. 1993. – A. A. MacDonald, M. W. Twomey (Hg.): Schooling and Society. Leuven, Paris 2004. – Ch. Meier: E. In: RLW. – Dies. (Hg.): Die E. im Wandel vom Hochmittelalter bis zur Frühen Neuzeit. Mchn. 2002. – W. Schmidt-Biggemann: Topica universalis. Eine Modellgeschichte humanistischer und barocker Wissenschaft. Hbg. 1983. – U. J. Schneider: Seine Welt wissen. E.n in der Frühen Neuzeit. Darmstadt 2006. – Th. Stammen, W. E. J. Weber (Hg.): Wissenssicherung, Wissensordnung und Wissensverarbeitung. Bln. 2004. – K. Weimar: E. der Lit.wissenschaft. Mchn. 1980. – H. Zedelmaier: Bibliotheca universalis und Bibliotheca selecta. Köln u. a. 1992.   CM

Enzyklopädisten, Pl., Sammelbez. für die Mitarbeiter an der »Encyclopédie, ou dictionnaire raisonné des sciences, des arts et des métiers« (↗ Enzyklopädie), die unter der redaktionellen Leitung von D. Diderot und J. le Rond d'Alembert 1751–80 in Paris hg. wurde. An die Stelle d'Alemberts trat 1760 L. de Jaucourt; er vollendete nahezu allein mit Diderot das Werk. Mehr als die Hälfte der Beiträge in den letzten Bänden geht auf de Jaucourt zurück. Die »Encyclopédie« stellt das erste große Gemeinschaftswerk von adligen und bürgerlichen Gelehrten und Fachleuten im europäischen Buchwesen dar. Von den ca. 200 Autoren sind 139 namentlich bekannt, darunter P. Th. d'Holbach, J.-F. Marmontel, F. de Quesnay, J.-J. Rousseau und Voltaire. Einzige dt. Beiträger sind J. G. Sulzer und F. M. v. Grimm.

Lit.: F. A. Kafker: The Encyclopedists as individuals. Oxford 1988. – Ders.: The Encyclopedists as a group. Oxford 1996. – S. Jüttner: Schriftzeichen. Die Wende zur Universallit. unter Frankreichs E. (1750–80). Stgt. 1999. – J. Lough: The Encyclopédie. Ldn. 1972. – A. Opitz: Schriftsteller und Gesellschaft in der Lit.theorie

der frz. E. Ffm. 1975. – J. Proust: Diderot et l'Encyclopédie [1965]. Paris ²1995.   TM

Epanadiplosis, f. [gr. = Wiederholung], weitere Bez. für ↗ Anadiplose oder ↗ Kyklos.

Epanalepsis, f. [gr. = Wiederholung], ↗ rhet. Figur, Wiederaufnahme eines Wortes oder Satzteiles innerhalb eines Verses oder Satzes, jedoch nicht unmittelbar wie bei der ↗ Geminatio; z. B. »Und atmete lang und atmete tief« (F. Schiller: »Der Taucher«). ↗ Anadiplose.
                                                                GS/Red.

Epanastrophe, f. [gr. = Wiederkehr], in der Rhet. ein Synonym für die Wiederholungsfigur ↗ Anadiplose; in der Verslehre der erste Vers einer Strophe, der mit dem letzten Vers der vorigen Strophe identisch ist. Vgl. H. Heine: »Donna Clara«.   GS/Red.

Epanodos, f. [gr. = Rückkehr, lat. *reversio, regressio*], in der Rhet. die nachdrückliche Wiederholung eines Satzes in umgekehrter Reihenfolge: »Ihr seid müßig, müßig seid ihr« (2. M 5, 17).   GS/Red.

Epeisodion, n. [gr. = Hinzukommendes], Pl. *Epeisodia*; zwischen den Chorteilen angesiedelte, dialogische Partien der gr.-röm. ↗ Tragödie (die Passage vor dem ersten Chorlied wird als ↗ Prolog bezeichnet, die nach dem letzten als ↗ Exodos). Der Begriff ›E.‹ verweist auf die Entstehung der Tragödie: Er bezieht sich auf das Hinzutreten zunächst eines, später mehrerer Schauspieler züm ↗ Chor. Die meisten gr. Tragödien verfügen über drei bis fünf Epeisodia unterschiedlicher Länge, die durchnummeriert werden und aus mehreren Personenauftritten und -abgängen bestehen können. Als *terminus technicus* ist ›E.‹ zuerst bei Aristoteles nachweisbar, der den Begriff in der »Poetik« (u. a. 1452b, 1455b) auch im allgemeineren Sinn für ›Abschnitt‹ und ›Episode‹ (auch in epischen Texten) verwendet. Bereits in der alten ↗ Komödie bezeichnet ›E.‹ dann ein ›Intermezzo‹ bzw. ›Zwischenspiel.‹ – Die Geschichte des E.s in der Tragödie ist eng an die Entwicklung des Chors gebunden. Von Aischylos über Sophokles bis zu Euripides nimmt die Länge der Epeisodia stetig zu, während der Chor an Bedeutung verliert und schließlich als lyrische Einlage nur noch eine gliedernde Funktion übernimmt. Schon im 4. Jh. v. Chr. und später bei Seneca ist eine klare inhaltliche Gliederung der nun meist fünf Epeisodia zu beobachten, der der Akteinteilung des neuzeitlichen Dramas als Vorbild dient. Der Vers des E.s ist in der gr. Tragödie v. a. der jambische ↗ Trimeter, in der röm. Tragödie seine lat. Nachbildung, der jambische Senar.

Lit.: K. Aichele: Das E. In: W. Jens (Hg.): Die Bauformen der gr. Tragödie. Mchn. 1971, S. 47–83. – R. Friedrich: E. in Drama and Epic. In: Hermes 111 (1983), S. 34–52.   TH

Epenthese, Form des ↗ Metaplasmus, bei der ein Sprachmaterial in das Innere eines Worts aus euphonischen, metrischen oder stilistischen Gründen eingefügt wird.   GS/Red.

Epexegese, f. [gr. = beigefügte Erklärung], in der Rhet. ein eingeschobener Satz, der wie eine Apposition das Bezugswort näher erläutert; z.B. »Eduard, – so nennen wir einen reichen Baron ... – Eduard hatte...« (Goethe: »Wahlverwandtschaften«).　　　　GS/Red.

Ephemeriden, f. Pl. [gr. = Tagebücher, zu *ephemérios* = für einen Tag, flüchtig], Bez. für offizielle chronologische Aufzeichnungen über den Tagesablauf an orientalischen, später hellenistischen Königshöfen. Berühmt sind die (evtl. propagandistischen) E. aus dem Umkreis Alexanders des Großen; in Auszügen überliefert bei Plutarch und Arrian (Authentizität heute bezweifelt).　　　　GS/Red.

Epicedium, n. [lat.; von gr. *epikédeios* = zur Bestattung gehörig], gr. *Epikédeion*; Begräbnisgedicht. 1. Im klassischen Griechenland: formal nicht festgelegter Klagegesang bei einer Trauerfeier oder Bestattung; 2. seit der hellenistischen Zeit: a) Trauer- und Trostgedicht in elegischen Distichen oder Hexametern (verwandte Formen: ↗ Threnos, ↗ Nänie, ↗ Totenklage); b) Grabepigramm (↗ Epitaph). – Charakteristisch für das hellenistische und röm. E. ist, wie beim ↗ Epitaphios, der dreiteilige Bau (Lob des Verstorbenen, Klage, Trost für die Hinterbliebenen), der, von der antiken Rhet. (z. B. Pseudo-Dionysios von Halikarnassos) begründet und schon in der röm. Dichtung realisiert, später von der neulat. Poetik (J. C. Scaliger, 1561) und Dichtung (Helius Eobanus Hessus: »Illustrium ac Clarorum aliquot Virorum Memoriae scripta Epicedia«, 1531) tradiert wird. Verbreitet war das E. im dt. Barock (Ziel: Erregen und Stillen von Affekten), so bei S. Dach, P. Fleming, A. Gryphius, Ch. Gryphius, H. Mühlpfort (auch lat.), und noch im frühen 18. Jh., wo die klare Gliederung freilich von immer reicher werdender Metaphorik überdeckt wird.

Lit.: H.-H. Krummacher: Das barocke E. In: JbDSG 18 (1974), S. 89–147. – H. Wiegand: E. In: RLW.　MGS

Epideixis, f. [gr. = Schaustellung, Prunkrede; lat. *oratio demonstrativa* oder *laudativa* bzw. *genus demonstrativum* oder *laudativum*], auch: Epideiktik; eine der drei Arten der antiken ↗ Rede (neben der Gerichts- und der Staatsrede): rhet. reich ausgeschmückte ↗ Festrede, Lobrede (↗ Laudatio) oder Trauerrede (↗ *laudatio funebris*), insbes. zur Begrüßung, zum Abschied (auch von Verstorbenen), als Glückwunsch, aber auch zur Tadelung. Älteste Muster der E. finden sich bei Gorgias (5. Jh. v. Chr.), ein berühmter Vertreter ist Isokrates (436–338 v. Chr.). Nach dem Niedergang republikanischer Staatsformen überflügelte die Epideiktik die anderen Redegattungen und erhielt v. a. im MA. eine bes. Bedeutung für die Gestaltung der idealtypischen ↗ Descriptio.　　　　GS/Red.

Epigonale Literatur [gr. *epígonos* = Nachkomme, Nachgeborener], Lit., die sich entweder 1. explizit auf lit. und andere kulturelle Vorgänger und ↗ Traditionen bezieht oder 2. nachträglich durch Dritte auf diese beziehen lässt und 3. wegen dieses Bezugs häufig als unselbständig abgewertet wird. Die Eigenschaft, durch die sich e.L. auszeichnet, heißt ›Epigonalität‹. Jede Lit., die ihre Vorbilder als normsetzend bewertet (z. B.

↗ Klassik, ↗ Klassizismus) und nicht primär an ästhetischer Innovation (↗ Originalität) interessiert ist, kann als ›epigonal‹ bezeichnet werden; das gilt also nicht nur für die Lit. solcher Epochen, die einer ↗ Ästhetik der Nachahmung (↗ Imitatio [1]) verpflichtet sind. – Epigonalität meint sowohl die Selbstwahrnehmung von Autoren als auch Zuschreibungen von außen; bei diesen kann zwischen deskriptiven und abwertenden Zuschreibungen unterschieden werden. Die in der heutigen Forschung meist bevorzugte deskriptive Begriffsverwendung betont die formale Leistung, den virtuosen Kenntnisreichtum und die Fähigkeit der Anverwandlung eines als vorbildlich und sogar als ›klassisch‹ bewerteten Lit.modells und seiner Kultur- oder Stilepoche. Epigonalität kann daher auch als traditionsbildende Haltung und als historische Ausprägung von ↗ Intertextualität verstanden werden. – Die normative Begriffsverwendung, die in der Germanistik des 19. und auch noch des 20. Jh.s lange vorherrschte, basiert auf der Abwertung des rhet. Sprach-, Handlungs- und Textmodells und seiner Verfahren der Imitatio, ↗ Aemulatio und ↗ Mimesis und der Aufwertung von Originalität und ↗ Genie seit dem ↗ Sturm und Drang, der als ästhetischen ↗ Norm gesetzten Lit. der ↗ Weimarer Klassik sowie des romantischen Innovationspostulats ›progressiver Universalpoesie‹ (F. Schlegel). Diese Begriffsverwendung hat seit K. Immermanns Roman »Die Epigonen« (1836) der Abhängigkeit der Nachgeborenen von ihren Vorgängerepochen ihre – insbes. lit.historisch gefasste – stark abwertende Bedeutung verliehen. E. L. und epigonale Epochen gelten dann als geistig unselbständig und ästhetisch unoriginell, weil sie keine neuen Gegenstände und Ausdrucksmöglichkeiten finden, sondern ›nur‹ die Tradition reaktivieren, wiederholen oder zitieren.

Lit.: M. Fauser: Intertextualität als Poetik des Epigonalen. Immermann-Studien. Mchn. 1999. – W. Harms: Epigone. In: RLW. – M. Kamann: Epigonalität als ästhetisches Vermögen. Stgt. 1994. – B. Meyer-Sickendiek: Die Ästhetik der Epigonalität. Tüb. u. a. 2001.　　LVL

Epigonalität ↗ epigonale Lit.

Epigramm, n. [gr. *epígramma* = Aufschrift], eine für Bücher konzipierte, zugespitzt formulierte Aussage zu einem Gegenstand, einer Person oder einem Sachverhalt in Versen (dt. auch ›Sinngedicht‹); ursprünglich eine ↗ Inschrift auf einem Gegenstand. Notwendige Merkmale der Gattung sind Versform, expliziter Bezug auf einen Gegenstand und Kürze (oft zwei oder vier Verszeilen). Typisch (aber nicht notwendig) sind ein ↗ Titel, eine ↗ Pointe, Reimform oder Einhaltung eines metrischen Schemas (z. B. ↗ Alexandriner oder ↗ Distichon). Die Grenzen der Gattung und ihre Typologie sind (bis heute) umstritten. J. C. Scaliger (»Poetices libri septem«, 1561) definiert zwei E.-Typen: das ›einfache E.‹, oft der Tradition des gr. E.s und Catull (1. Jh. v. Chr.) zugeordnet, und das zweiteilige ›zusammengesetzte E.‹, vorbildlich erfüllt in den E.en des röm. Dichters Martial (1. Jh. n.Chr.). G. E. Lessing (»Zerstreute

Anmerkungen über das E.«, 1771) schränkt die Gattung auf das zweiteilige E. ein: Der erste Teil (»Erwartung«) erregt Aufmerksamkeit, der zweite Teil bildet den »Aufschluss« (Pointe). J. G. Herder (»Anmerkungen über die Anthologie der Griechen, Anmerkungen über das gr. E.«, 1785 f.) setzt sich dagegen für einen breiteren E.-Begriff ein und postuliert sieben E.-Typen. – ›E.‹ bezeichnete in der gr. Antike ursprünglich kurze zweckbestimmte Aufschriften auf Weihegeschenken, Geräten, Standbildern und Grabmälern. Spätestens seit dem 4. Jh. v. Chr. werden E.e unabhängig von konkreten Gegenständen verfasst; wichtigste Überlieferungsquelle gr. E.e ist die sog. »Anthologia Graeca«. Im antiken Rom etabliert sich die Gattung, bes. unter dem Einfluss der satirisch-witzigen E.e von Martial. Dies leitet die lange Tradition der lat. Epigrammatik ein, die über den ↗ Humanismus hinaus auch nach dem Auftreten erster volkssprachlicher E.e (ab dem 16. Jh. in Frankreich) lebendig bleibt. Im Barock kommt es zu einer gesamteuropäischen Blüte der Epigrammatik; in der dt. Lit. v. a. vertreten durch F. v. Logau und Ch. Wernicke. Die E.-Sammlungen des Barocks enthalten neben satirischen E.en auch Lobgedichte, religiös-mystische (J. Scheffler, D. Czepko) und gnomisch-lehrhafte (↗ Gnome) Texte. Stil und Inhalt der E.e demonstrieren oft kunstvolle Sprachbeherrschung (↗ Manierismus), bes. im Erfinden von überraschenden ↗ Antithesen und ↗ Pointen (↗ Argutia, ↗ Concetto). Demgegenüber bevorzugt man im 18. Jh. eher das ›ungekünstelte‹, satirische E. (A. G. Kästner, G. E. Lessing). Erste dt. E.e im Versmaß des Distichons verfassen F. G. Klopstock und J. G. Herder, ganz in der Tradition des unpointierten ›einfachen E.s‹. Dennoch wird die Gattung nachhaltiger durch J. W. Goethes und F. Schillers ebenfalls in Distichen verfasste, pointierte »Xenien« (1795 f.) beeinflusst, die im 19. Jh. viele Nachahmer finden (↗ Xenien). Die (von E. Mörike, H. v. Hofmannsthal und B. Brecht weitergeführte) Tradition des ›einfachen E.s‹ hat in den letzten zwei Jh.en gegenüber anderen lyrischen Gattungen an Profil verloren. Konturen gewinnt die Gattung heute noch im witzigsatirischen E. (E. Kästner: »Kurz und bündig«) oder als intertextuelle Fortführung der E.-Tradition (V. Braun: »Berlinische E.e«; H. C. Artmann: »Epigrammata & Quatrainen«). Sprach- und Formexperimente (E. Jandl) scheinen dagegen untypisch für die Gattung zu sein.
Texte: G. Neumann (Hg.): Dt. E.e. Stgt. 1969. – H. C. Schnur, R. Kößling (Hg.): ›Galle und Honig‹. Humanistenepigramme. Lpz. 1982.
Lit.: Th. Althaus: Epigrammatisches Barock. Bln. 1996. – D. Frey: Bissige Tränen. Eine Untersuchung über Elegie und E. seit den Anfängen bis B. Brecht und P. Huchel. Würzburg 1995. – P. Hess: E. Stgt. 1989. – G. Pfohl (Hg.): Das E. Darmstadt 1968. – A. Müller: Theorie der Pointe. Paderborn 2003. – Th. Verweyen, G. Witting: Das E. In: Simpliciana 9 (1989), S. 161–180. – Dies: E. In: HWbRh. – Dies.: E. In: RLW. – J. Weisz: Das dt. E. des 17. Jh. Stgt. 1979. RM

Epigrammatik ↗ Epigramm.

Epigraphik, f. [gr. *epigráphein* = daraufschreiben, einritzen], ↗ Inschrift, ↗ Handschrift.

Epik, f. [gr. *epikós* = in der Art eines Epos], Gruppe aller Werke der erzählenden Lit. ›E.‹ ist ein klassifikatorischer Begriff, der alle Formen der narrativen Lit. unter sich erfasst und diese wiederum hinreichend trennscharf von anderen Großformen der Lit. (↗ Drama, ↗ Lyrik) abgrenzt. Zur E. zählende Texte werden maßgeblich durch eine Erzählinstanz (↗ Erzähler) und einen Erzählgegenstand bestimmt (*histoire*, ↗ Plot, ↗ Handlung). Der Begriff ist neutral gegenüber der Unterscheidung von Vers und Prosa; epische Texte können in diesen beiden Formen der Lit. in Erscheinung treten. Der Begriff legt des Weiteren die Elemente seiner Extension nicht auf bestimmte Umfänge fest; epische Texte können kleinsten Umfangs (z. B. ↗ Fabel, ↗ Kürzestgeschichte), aber auch mittleren (↗ Novelle) oder großen Zuschnitts sein (↗ Epos, ↗ Roman). Anders als der Begriff ↗ ›Erzählung‹ (1), der sowohl lit. Formen als auch nicht-lit. Formen unter sich erfasst, wird ›E.‹ nur auf lit. Texte angewendet. – Die Dreigliederung der Lit. in E., Dramatik und Lyrik, die ein Produkt der Renaissance ist, beginnt sich in Deutschland erst seit dem 18. Jh. durchzusetzen. In Goethes Konzept der drei ↗ Naturformen der Dichtung wird E. als »klar erzählende« Form neben die »enthusiastisch aufgeregte« Lyrik und die »persönlich handelnde« Dramatik gestellt (»Noten und Abhandlungen zu besserem Verständnis des West-östlichen Divans«). Das triadische Lit.modell, das weder absolute Gültigkeit hat, da es nur eines unter mehreren Typologien ist, noch die Gesamtheit der Lit. erschöpfend abbildet, hat v. a. heuristischen Wert: es dient zur Groborientierung im weiten Feld der Lit. Die neuere Erzähltheorie vermeidet den Begriff ›E.‹ und bevorzugt den der ›Erzählung‹. ↗ Narratologie; ↗ Erzähltheorie.
Lit.: I. Behrens: Die Lehre von der Einteilung der Dichtkunst. Halle/S. 1940. – M. Martinez: Episch. In: RLW. – R. Zymner: Gattungstheorie. Paderborn 2003, S. 109–113. BM

Epikedeion ↗ Epicedium

Epilog, m. [gr. *epílogos*; lat. *epilogus*, auch *peroratio*, *conclusio* = Nach-Rede], auch: Nachschrift; Schlussteil einer Rede, eines lit. (insbes. dramatischen) oder seltener auch wissenschaftlichen Werks (↗ Nachwort). In der antiken Rhet. wird dem E. die Aufgabe zugeschrieben, die Kernpunkte einer Rede zusammenzufassen (Memoria) sowie die Affekte des Publikums zu erregen (*affectus*). In Dramen bildet der E. (oft zusammen mit dem ↗ Prolog) einen metatextuellen, außerhalb der Handlung des Stücks angesiedelten Rahmen, der zwischen Autor, Text und Publikum vermitteln und die Rezeption lenken soll. Der meist kurze E. kann u. a. eine Aufforderung zum Applaus, Rechtfertigungen, Deutungen, Belehrungen und Danksagungen enthalten. – Im antiken Drama begegnet der E. zuerst in den ↗ Komödien von Plautus. Zwischen MA. und ↗ Renaissance dient der E. zumeist der religiösen und moralischen Ermahnung. Er findet bei W. Shakespeare Verwendung (zuerst in »A Midsummer Night's Dream«) und ist im Barock-Drama dem Narr oder ⁷ Hanswurst vorbehalten. Im 19. Jh. verschwindet der E. allmählich von der Bühne, bevor er im anti-illusionistischen Theater des 20. Jh.s (B. Brecht) wiederentdeckt wird. Der E. tritt ferner auch in mal. Epen und Chroniken, später in Romanen (z. B. »Nachschrift« in Th. Mann: »Doktor Faustus«) und vereinzelt in Gedichten in Erscheinung. – Vgl. auch die verselbständigte Form des dramatischen ⁷ Nachspiels.

Lit.: C. Flügel: Prolog und E. in den dt. Dramen und Legenden des MA.s. Zürich 1969. – F. P. Knapp: E. In: RLW. – Ch. F. Laferl: E. In: HWbRh.   TH

Epimythion, n. [gr. = Nachwort, Nachüberlegung] auch: *Anamythion*; Nutzanwendung, Lehre, die einer bildhaften Erzählung angehängt wird (⁷ Epilog), teils als ⁷ Sprichwort, teils in längerer Ausführung. Das E. findet sich z. B. bei Gattungen wie ⁷ Exempel, ⁷ Gleichnis, ⁷ aitiologischer Sage und bes. bei der ⁷ Fabel. Es kann auch zur Entschlüsselung einer ⁷ Allegorie dienen. ⁷ Promythion und E. wurden in der antiken Rhet. ursprünglich zum Gebrauch der Redner und Schriftsteller entwickelt. In der Fabeltheorie sind sie seit der Aufklärung umstritten, da die Lehre häufig bis zur Unverständlichkeit verkürzt ist oder schlechthin als unpassend empfunden wird.

Lit.: I. Tar: Promythion/E. In: HWbRh.   JBR

Epinikion, n. [gr. = Siegesgesang], altgr. chorisches Siegeslied, seit Ende des 6. Jh.s v. Chr. dem Sieger in einem der großen gr. Sportwettkämpfe (⁷ Agon), etwa bei der Rückkehr in die Heimatstadt, gesungen; meist in triadischer Form (⁷ Pindarische Ode) und in ⁷ Daktyloepitriten. Die Blütezeit des E.s liegt im 5. Jh. v. Chr. mit Bakchylides und v. a. Pindar, von dem neben Fragmenten 14 olympische, zwölf pythische, elf nemëische und acht isthmische Epinikien erhalten sind. Die erhabene Feierlichkeit der Epinikien Pindars wirkte bis in die Neuzeit (P. de Ronsard) und wird noch in den freirhythmischen ⁷ Hymnen F. Hölderlins nachgeahmt.

Lit.: R. Hamilton: E. General form in the odes of Pindar. Den Haag 1974. – A. Seifert: Untersuchungen zu Hölderlins Pindar-Rezeption. Mchn. 1982.   UM

Epiparodos, f. [gr.], zusätzliche ⁷ Parodos.

Epiphanie ⁷ Plötzlichkeit.

Epipher, f. [gr. *epíphora* = Zugabe], auch: Epistrophe, f. [gr. = Wiederkehr], ⁷ rhet. Figur, nachdrückliche Wiederholung eines Wortes oder einer Wortgruppe jeweils am Ende aufeinander folgender Satzteile, Sätze, Abschnitte oder Verse (hier als Sonderform ⁷ identischer Reim), z. B. »Ihr überrascht *mich nicht*, erschreckt *mich nicht*« (F. Schiller: »Maria Stuart«). Ggs.: ⁷ Anapher.   GS/Red.

Epiphrasis, f. [gr. = Nachsatz], ⁷ rhet. Figur, Nachtrag zu einem an sich abgeschlossenen Satz zur emphatischen Steigerung oder Verdeutlichung, z. B. »Dreist muß ich tun, *und keck und zuversichtlich*« (Kleist:

»Amphitryon«). Mittel der ⁷ Amplificatio.   GS/Red.

Epiploke, f. [gr. = Anknüpfung], in der Rhet. die Wiederaufnahme des Prädikats eines Satzes durch das Partizip desselben Verbums im Folgesatz bzw. im nachstehenden Nebensatz. ⁷ Polyptoton.   GS/Red.

Epirrhēma, n. [gr. = das Dazugesprochene], im gr. Drama solistische Sprech- oder Rezitativpartie, meist in stichischen Versen, die jeweils auf eine gesungene Chorpartie folgte, vorgetragen von einem Schauspieler (im Dialog auch von zweien) oder den Chorführern. Die *epirrhematische Syzygie* (= Verbindung), d. h. die Folge von gesungenem Chorlied (Ode) – E. – Ant-Ode – Ant-E. ist ein wichtiges Strukturelement der attischen Komödie; sie konstituiert ⁷ Parodos, ⁷ Agon und ⁷ Parabase.   GS/Red.

Episch, Eigenschaft von Erzähltexten, und zwar entweder 1. aller Werke der erzählenden Lit. oder 2. lediglich der historischen Gattung ⁷ Epos (seltener auch des ⁷ Romans); davon abgeleitet auch 3. ein Stil, der demjenigen des klassischen Epos ähnelt. In der ersten Verwendung bildet die e.e Lit. (⁷ Epik) gemäß der traditionellen gattungstheoretischen Trias neben Lyrik und Drama eine der drei lit. Grundgattungen, die sich von den beiden anderen durch die vermittelnde Präsenz eines Erzählers unterscheidet. In der zweiten Verwendung bezieht man sich auf die historische Gattung des Epos, gelegentlich unter Hinzurechnung des Romans als ›moderner bürgerlicher Epopöe‹ (G. W. F. Hegel). Mithilfe der dritten, stilistischen Verwendung können auch andere Erzählgattungen als das Epos als ›e.‹ bezeichnet werden (z. B. die Rede von ›epischer Breite‹, die auch auf längere Novellen bezogen werden kann), ebenso nicht zur erzählenden Lit. gehörende Texte (⁷ episches Theater); in dieser dritten Bedeutung versteht man seit Goethe ›e.‹ als eine von drei ⁷ ›Naturformen der Dichtung‹, die als ›klar erzählende‹ durch hohe Selbständigkeit der Teile, ausführlich schildernde und retardierende Darstellungsweise, geringe Zielspannung und einen distanzierten persönlichen Erzähler gekennzeichnet ist. E. Staigers zunächst einflussreiche anthropologische Ausweitung des Begriffs zu einer ›fundamentalen Möglichkeit des menschlichen Daseins überhaupt‹ wird inzwischen kaum mehr vertreten.

Lit.: J. W. Goethe: Naturformen der Dichtung [1819]. In: ders.: Sämtliche Werke. Bd. 3/1. Ffm. 1994, S. 206–208. – M. Martinez: E. In: RLW. – E. Staiger: Grundbegriffe der Poetik [1946]. Mchn. ²1971.   MM

Epische Formel ⁷ Epitheton.

Epische Gesetze der Volksdichtung, Sammelbez. für seit Ende des 19. Jh.s mit der ›geographisch-historischen Methode‹ (auch: ›Finnische Schule‹) der Folkloristik entwickelte Theoreme, welche Zusammenhänge der inneren und äußeren Entwicklung traditioneller, v. a. mündlich verbreiteter Erzählformen (bes. in ⁷ Märchen, ⁷ Sage und ⁷ Schwank) zu beschreiben suchen. Olrik sieht den Stil mündlicher Erzählungen durch Eigenschaften charakterisiert wie Beschränkung auf meist zwei handelnde Personen und auf wenige handlungsrelevante Züge, Wiederholungsstruktur, Dreizahl, starke Kontraste, Eingangs- und Abschlussgesetz sowie Achter- (erzählerisch wichtigste Person an letzter Stelle) oder Toppgewicht (vornehmste Person an letzter Stelle). Die Märchentheorien von V. J. Propp und M. Lüthi knüpfen an diese Überlegungen an. Die e.n G. d. V. sind kein Zeichen ursprünglicher ›Volkstümlichkeit‹. Abgelöst wurden sie durch die ›Conduit-Theorie‹ (Dégh/Vàzsony).

Lit.: L. Dégh, A. Vázsony: Legend and Belief. In: Genre 4 (1971), S. 281–304. – B. Holbek: Epische Gesetze. In: EM. – A. Olrik: Epische Grundgesetze der Volksdichtung. In: ZfdA N.F. 39 (1909), S. 1–12.   KPA

Epische Integration, f., erzählerisches Verfahren, das Handlungsstränge und formal unterschiedliche Textelemente strukturell durch Korrespondenz paralleler oder kontrastierender Motive in Form von Rückblicken, Visionen, Träumen, Bekenntnissen, Märchen, Erzähl- oder Liedeinlagen zu einem homogenen Gesamtkomplex verbindet, Sinn- und Sachzusammenhänge konstituiert, die Mehrdimensionalität der Vordergrundhandlung herausstellt und das Thema ins Allgemeingültige ausweitet. ↗ Leitmotive, Dingsymbole oder ↗ Zitate akzentuieren zusätzlich die Verbindung mit der Haupthandlung. – Beispiele sind die »Wunderlichen Nachbarskinder« in J. W. Goethes »Wahlverwandtschaften«, Klingsohrs Märchen in Novalis' »Heinrich von Ofterdingen«, die lyrischen Einlagen in den erzählerischen Werken C. Brentanos, J. v. Eichendorffs oder Th. Storms, das Tagebuch des Oheims in E. Mörikes »Maler Nolten«, der »Tractat« in H. Hesses »Steppenwolf« oder die Erzählungen des Mr. White in M. Frischs »Stiller«. – Die e. I. setzt die Vorstellung einer Einheit des Erzähltextes und des Handlungszusammenhangs voraus; auf experimentelle Erzähltexte des 20. und 21. Jh.s, die mit Techniken der ↗ Montage und ↗ Collage arbeiten, ist der Begriff daher nicht sinnvoll anwendbar.

Lit.: H. Meyer: Zum Problem der e.n I. [1950]. In: ders.: Zarte Empirie. Stgt. 1963, S. 12–32.   SSI

Epischer Zyklus, m. [lat., von gr. *kýklos* = Kreis, Kreislauf], Sammelbez. für verschiedene Gruppen von Erzähltexten: 1. fragmentarisch erhaltenes Korpus gr. Epen des 7./6. Jh.s v. Chr., das der ionischen Gruppe der *Kykliker* zugeschrieben wird. Die Epen werden als autonome Teiltexte angesehen, die sukzessiv aufeinander bezogen sind; sie behandeln, Homer nachfolgend, Götter- und Heldensagen (Theogonie, thebanischer und troischer Stoffkreis); sie wurden in der Antike neben den Epen Homers vorgetragen und diesem z. T. zugeschrieben. Teile des epischen Zyklus bilden stoffliche Grundlagen für die gr. ↗ Tragödie. – 2. Ohne Rekurs auf die antike Tradition werden im MA. die afrz. ↗ Chansons de geste und mhd. ↗ Heldenepen zu epischen Zyklen zusammengefügt. – 3. In der Neuzeit sind J. Miltons »Paradise Lost« (1667) und »Paradise Regain'd« (1671) der Tradition des gr. epischen Zyklus

verpflichtet. – 4. Im 19. und 20. Jh. wird das für den epischen Zyklus charakteristische Konzept der Sukzession auf den Prosaroman übertragen, etwa bei H. de Balzac (»La comédie humaine«, 1829–54), V. Hugo (»La Légende des siècles«, 1859–83), M. Proust (»A la recherche du temps perdu«, 1913–27) oder Th. Mann (»Joseph und seine Brüder«, 1926–43), ferner in Novellenzyklen in der Nachfolge G. Boccaccios. – Das Phänomen des ↗ Zyklus findet sich auch in anderen Gattungen, bes. in der Lyrik.

Lit.: M. Davies: The Epic Cycle. Bristol 1989. – V. Klotz: Erzählen als Enttöten. In: E. Lämmert (Hg.): Erzählforschung. Stgt. 1982, S. 319–334.   SSI

Episches Präteritum, n., vorherrschende Tempusform der erzählenden Gattungen. Es hat, sofern es in epischer oder erzählender Dichtung verwendet wird, nicht die Funktion der Vergangenheitsbeschreibung, sondern drückt die fiktive Gegenwartssituation der Figur aus, von der es berichtet. Symptom dafür ist die Möglichkeit, das epische Präteritum mit einem Zukunftsadverb zu verbinden: ›Morgen ging das Schiff.‹

Lit.: K. Hamburger: Das epische Präteritum. In: DVjs 27 (1953), S. 329–357. – D. Schlegel: Alles hat seine Zeiten. Diss. Ffm. 2004.   HHS/DP

Episches Theater, seltener auch: dialektisches Theater; 1. im weiteren Sinn jede ›erzählende‹ Form von Schauspiel und Oper im Ggs. zum ›darstellenden‹ Theater; 2. im engeren Sinn Gegenentwurf B. Brechts (1898–1956) zum Illusions- und Einfühlungstheater in der Tradition der Theorie G. Freytags (»Die Technik des Dramas«, 1863) und der Aufführungspraxis des russ. Schauspielers und Regisseurs K. Stanislavskij (1863–1938); diese zeitgenössische Gegenposition wurde von Brecht formelhaft als ›aristotelisches Theater‹ bezeichnet. An die Stelle der Verkörperung von ↗ Figuren und der Simulation von Geschehnissen sollte die erzählende oder berichtende Darstellung, an die Stelle der Einfühlung in die Figuren sollte die Distanz zu ihnen treten. Ziel Brechts war eine auf die moderne ›wissenschaftliche‹ Gesellschaft zugeschnittene Theaterpraxis, in der die Zuschauer die Geschehnisse auf der Bühne analysierten, um aus ihnen angemessene Konsequenzen zu ziehen und Handlungsweisen abzuleiten. Die didaktische Aufwertung des Theaters sollte freilich nicht zu Lasten seines Unterhaltungswertes gehen. – Im Laufe der 1920er und 1930er Jahre entwickelte Brecht ein Theaterkonzept, das der Dynamik der gesellschaftlichen Entwicklung und dem neuen Charakter von Gesellschaft entsprechen sollte, es sollte zudem einen Beitrag zur Positionsbestimmung des Zuschauers und zur Veränderung der Gesellschaft liefern. Damit ist das epische Theater Teil einer internationalen Entwicklung, die erzählende und berichtende Elemente in die Dramenkonstruktion und die Aufführungspraxis aufnimmt (E. Piscator, S. M. Tretjakow, P. Claudel, Th. Wilder). Eine Theorie des epischen Theaters, die eine adäquate Inszenierungsform verlangt, hat jedoch nur Brecht während der 1930er Jahre formu-

liert (»Über experimentelles Theater«, Vortrag von 1939, veröffentlicht postum 1959; »Kleines Organon für das Theater«, 1949). Um die für die analytische Rezeption notwendige Distanz herzustellen, setzte Brecht v. a. auf die Techniken der ↗Verfremdung, mit deren Hilfe »das Geläufige auffällig, das Gewohnte erstaunlich« gemacht werden sollte (Brecht, S. 211). Alle Elemente der Aufführung – Struktur, Sprache, Inszenierung, Darstellung, Gestik, Medien, Bühnenbild – wurden vom Konzept des epischen Theaters berührt. Das drei- oder fünfaktige Schema wurde zugunsten der Reihung von ↗Szenen aufgegeben, welche exemplarische Vorgänge zeigen. In allen Bereichen sollte die Illusion von Realität aufgehoben und stattdessen ihre Veränderbarkeit in den Blick genommen werden. – Brecht nutzte eine Vielzahl von Stoffen und suchte dabei stets nach den verallgemeinerbaren Inhalten (Affirmation des Krieges, Dominanz des Bürgertums, Vorrang der Klassengesellschaft vor der Nation). Es lassen sich drei Phasen ausmachen: Auf die epischen Opern »Dreigroschenoper« (1928), »Happy End« (1929) und »Mahagonny« (1928 f.) folgten die ↗Lehrstücke (»Der Jasager und der Neinsager«, 1929 f.; »Die Maßnahme«, 1930), bis Brecht sich auf das Konzept des epischen Dramas festlegte (»Die heilige Johanna der Schlachthöfe«, 1931, Uraufführung erst 1959 in Hamburg; »Furcht und Elend des Dritten Reiches«, 1938; »Leben des Galilei«, 1938 f.; »Mutter Courage und ihre Kinder«, 1939; »Der gute Mensch von Sezuan«, 1941). Nach der Rückkehr nach Deutschland und der Gründung des Berliner Ensembles widmete sich Brecht intensiv der Inszenierungsarbeit, mit der er die Anwendbarkeit seiner Theatertheorie zu belegen versuchte. – Nach 1945 wurde das epische Theater von F. Dürrenmatt, M. Frisch und P. Weiss in der BRD und der Schweiz sowie V. Braun, H. Müller und P. Hacks in der DDR weiter entwickelt. An die Lehrstücktradition knüpften H. Kipphardt, P. Weiss und R. Hochhuth an. Das epische Theater geht dabei nahtlos, aber unter Verlust der politischen und gesellschaftsverändernden Elemente in das moderne Regietheater über.
Lit.: H.-P. Bayerdörfer: E. Th. In: Borchmeyer/Žmegač. – B. Brecht: E.Th., Entfremdung [ca. 1936]. In: ders.: Werke. Bd. 22.1. Ffm. 1993, S. 211 f. – J. Eckhardt: Das epische Theater. Darmstadt 1983. – R. Grimm (Hg.): E. Th. [1966]. Köln ³1972. – P. Langemeyer: E. Th. In: Killy/Meid. – K.-D. Müller: E. Th. In: RLW. – R. Steinweg: Lehrstück und e. Th. Ffm. 1995. – P. Szondi: Theorie des modernen Dramas. Ffm. 1956.   WD

Episode, f. [gr. *epeisódion* = Dazukommendes], Nebenhandlung (z. B. Max- und Thekla-E. in F. Schillers »Wallenstein«) oder in sich abgeschlossener Einschub (z. B. Helfenstein-Szene in Goethes »Götz«) in dramatischen oder epischen (↗epische Integration) Werken. Die E. kann auch die Grundstruktur ganzer Werke bestimmen (z. B. A. Manzoni: »Die Verlobten«); auch im ›E.n-Film‹ (z. B. R. Altman: »Short Cuts«). – Die Bez. ›E.‹ ist hergeleitet von der gr. Bez. ↗Epeisodion für die

in Chorgesänge eingeschobenen Sprechpartien.
Lit.: M. Martinez: E. In: RLW.   GS/Red.

Epistel, f. [gr. *epistolé*, lat. *epistula* = Brief], 1. allg. ↗Brief; 2. insbes. einer der Apostelbriefe des NT (↗Epistolar, ↗Perikopen); 3. davon abgeleitet öffentliches, auf moralische Fragen zielendes Mahnschreiben; 4. Gedicht mit Kennzeichen des Briefs (Bezugnahme auf Empfänger, Vermittlungsanliegen in oft gefälligem Plauderton), das meist didaktisch, oft auch satirisch eingesetzt wird (↗Briefgedicht, ↗Heroiden). – Antike Vorbilder (Horaz: »Epistula ad Pisones«, Ovid: »Epistulae ex Ponto«) prägen die Form der E. während ihrer Blütezeit im ↗Humanismus und ↗Barock. Im 19. Jh. wird die E. seltener, im 20. nur noch vereinzelt gebraucht (z. B. bei B. Brecht, W. Biermann).
Lit.: D. Kemper: E. In: RLW. – M. F. Motsch: Die poetische E. Bern, Ffm. 1974. – G. Rückert: Die E. als lit. Gattung. In: WW 22 (1972), S. 58–70.   LI

Epistolar, n. [mlat. *epistolarium*; von gr. *epistolé* = Brief], 1. mal. liturgisches Buch, das die Lesungen (↗Perikopen) aus den Apostelbriefen in der Reihenfolge des Kirchenjahres bietet. Häufig mit dem ↗Evangelistar zum ↗Lektionar, manchmal auch mit alttestamentlichen Lesungen vereinigt. Die Zusammenstellung war meist von der örtlichen Liturgie bestimmt, die ab ca. 800 n. Chr. fast überall unter dem Einfluss Roms stand. Der Buchschmuck von E.en beschränkt sich meist auf Initialen und – seltener – Bilder des Apostels Paulus. – 2. Sammlung von ↗Briefen in lat. oder gr. Sprache; meist autornah redigiert und gelegentlich mit den Antwortbriefen versehen.   CWI

Epistolographie, f. [gr. *epistolé*, *gráphein* = Brief, schreiben], Lehre vom Briefschreiben. In der Antike Teil der Rhet.; im MA. verselbständigt (↗Ars Dictandi) und von starker Wirkung auf die Poetiken, später durch Mustersammlungen zum praktischen Gebrauch (↗Briefsteller) abgelöst.   HHS/Red.

Epistrophe, f., ↗Epipher.

Epitaph, n. [gr. *epitáphios* = zum Grab, Begräbnis gehörig], im Altertum Grabinschrift in dichterischer Form (meist als ↗Epigramm), auch in christlicher Zeit bis ins Hoch-MA. üblich, dann wieder seit dem 15. Jh. gepflegt (E.-Sammlungen im 16. und 17. Jh.). Zur Zeit des Humanismus übertrug man den Begriff auch auf das Gedächtnismal (Grabmal oder anderes Erinnerungsmal) als Ganzes. Auch der vom ursprünglichen Bestimmungsort losgelöste poetische ↗Nachruf auf einen Verstorbenen kann als ›E.‹ bezeichnet werden.
Lit.: G. Bernt u. a.: Epitaphium. In: LMA. – K. S. Guthke: E. Culture in the West. Lewiston u. a. 2003. – E. Hagenbichler: E. In: HWbRh. – R. Lattimore: Themes in Greek and Latin E.s [1942]. Urbana/Ill. ²1962. – H. Wiegand: E. In: RLW.   MGS

Epitaphios, m. [gr. = zum Grab, Begräbnis gehörig], eigentlich *epitáphios lógos*; im antiken Athen die öffentliche Leichenrede (meist auf Kriegsgefallene) mit dem traditionellen Schema Totenpreis, Klage, Trost (↗Epicedium). Berühmte Beispiele: Reden des Perikles

(431 v. Chr.; bei Thukydides), Gorgias, Lysias, Demosthenes. Später finden sich Epitaphien auf große Persönlichkeiten der christlichen Kirche in den Werken Gregors von Nazianz, Gregors von Nyssa und bei Johannes Chrysostomos.

Lit.: W. Oben: E. In: HWbRh. MGS

Epitasis, f. [gr. = (An-)Spannung], nach Donat (Terenz-Kommentar, 4. Jh. n. Chr.) der mittlere der drei notwendigen Teile einer dramatischen Handlung: die Entfaltung des dramatischen Konflikts. Der E. geht voraus die ↗Protasis, die Ausgangssituation, welcher der dramatische Konflikt entspringt; der E. folgt die ↗Katastrophe, seine Auflösung. J. C. Scaliger (»Poetices libri septem«, 1561) empfiehlt im Ggs. zu Donat (im Anschluss an Horaz) eine Fünfteilung der dramatischen Handlung; ›E.‹ bezeichnet bei ihm nur die beiden ersten Phasen der sich entfaltenden dramatischen Handlung (Akt II und III), auf die dann noch, als dritte Phase (Akt IV), die ↗Katastasis folgt, eine Scheinlösung des Konflikts, deren baldiger Zusammenbruch dann die Katastrophe (Akt V) herbeiführt. JK/Red.

Epithalamium, n. [lat. von gr. *thálamos* = Brautgemach], ↗Hymenaeus.

Epitheton, n. [gr. = das Hinzugefügte], Pl. *Epitheta*; ein stehendes oder wechselndes Beiwort (attributiv verwendetes Adjektiv oder Partizip) zu einem Substantiv oder Personennamen. Prinzipiell lässt sich der Gebrauch nach der 1. individualisierenden (charakterisierendes, ›kontextbezogenes‹ E.) und der 2. typisierenden (schmückendes, ›ornamentales‹ E.; *e. ornans*) Funktion unterscheiden. Eine frühe, stereotype Verwendung findet das E. im archaischen gr. ↗Epos, wo es oft zu einem Personennamen hinzutritt und derart die einfachste Form der ›epischen Formel‹ bildet (»der edle Achilleus«; Homer: »Ilias« I, V. 7). Diese festen Verbindungen charakterisieren die mündliche Dichtung (↗Oral Poetry) der gr. Kultur wie auch anderer Kulturen. Ihr Einsatz unterstützt die mnemotechnisch anspruchsvolle Arbeit der Dichter-Sänger. Bereits im frühen gr. Epos lässt sich der spezifische Einsatz von festen Beiwörtern finden; in der späteren, schriftlichen Epik wird das E. zum stilistischen Gattungsmerkmal. Auch in der gr. Lyrik treten Epitheta auf, die dieser damit epische Züge verleihen. Aristoteles und Quintilian warnen vor dem zu häufigen Einsatz von Epitheta; dieser erzeuge einen ›frostigen‹ Stil der Rede. In der Nachfolge Quintilians rechnen die spätantiken Grammatiker das E. (wie auch ↗Metapher, ↗Metonymie und ↗Antonomasie) zu den Tropen (↗Tropus). In seinem »Versuch einer critischen Dichtkunst« (1730) empfiehlt J. Ch. Gottsched die vorsichtige Nutzung von Epitheta. – In der neuzeitlichen und modernen Prosa und Dichtung wird das E. oft prägnant verwendet und ist daher charakteristisch für den individuellen Stil der Autoren. Dabei werden alle Möglichkeiten von der Wiederbelebung der ›epischen Formel‹ (G. Keller: »Der grüne Heinrich«, 1854 f.) über der ↗Volkspoesie angenäherte, zur Redundanz nei-

gende Häufung von Epitheta (»Dabei ruhten seine großen geistreichen Augen mit sichtbarem Wohlgefallen auf dem schönen Jünglinge«; J. v. Eichendorff: »Das Marmorbild«, 1819) bis hin zu kühnen ↗Synästhesien (»Eine Wolke von welken, gebleichten Düften«; G. Trakl: »Farbiger Herbst«, 1909, V. 15) ausgeschöpft.

Lit.: L. Gondos: E. In: HWbRh. SF

Epitome, f. [gr. = Ausschnitt, Auszug], Auszug aus einem umfangreicheren wissenschaftlichen Werk, Ausschnitt aus einer Dichtung (z. B. Metzer Alexander-E. zum spätantiken Alexanderroman), auch Abriss (Zusammenfassung) eines Wissensgebietes aus mehreren Quellen: in Antike (seit dem 4. Jh. v. Chr.) und MA. verbreitet; Wiederaufleben im Humanismus (häufig als Titelwort: z. B. Melanchthon: »E. Ethices«, 1538). ↗Exzerpt, ↗Perioche. HFR/Red.

Epitritos, m. [gr. = Vier-Drittel-(Vers)], auch: *Epitrit*; antike Bez. einer metrischen Folge aus einer Kürze (eine Zeiteinheit; ↗Mora) und drei Längen (drei mal zwei, also sechs Zeiteinheiten), die im Verhältnis 3:4 (– v – –) oder 4:3 (– – v –) angeordnet sind; erscheint v. a. in den ↗Daktyloepitriten. UM

Epizeuxis, f. [gr. = Hinzufügung], ↗rhet. Figur, ↗Geminatio.

Epoche, f. [gr. *epoché* = Hemmung, Halt], ursprünglich: Zeitpunkt eines bedeutsamen Ereignisses (daher noch der Ausdruck ›Epoche machend‹), dann auch Bez. für den dadurch geprägten geschichtlichen Zeitraum, schließlich allg. für Entwicklungseinheiten in der politischen Geschichte, in der Lit.- oder Kunstgeschichte. Alternativ spricht man (schon seit dem 18. Jh.) auch von ›Zeitalter‹ oder (international verbreitet) von ›Periode‹. Das Problem, wie die (Lit.-)Geschichte in E.n einzuteilen sei, wird ›Periodisierung‹ genannt. – Die Mehrdeutigkeit dieses zentralen Begriffs der Lit.-geschichtsschreibung spiegelt das Problem wider, ob die Lit.- und Kulturgeschichte als Abfolge von eher diskontinuierlichen (inner- oder außerkulturellen) ↗Ereignissen oder von eher durch innere Homogenität geprägten Zeiträumen geprägt sei. Während Zeiträume wie ↗Sturm und Drang oder ↗Expressionismus, die durch – oft von einer jungen ↗Generation ausgehende – lit. ↗Bewegungen (3) geprägt sind, ohne Schwierigkeiten als E.n gefasst werden können, sind international und kulturgeschichtlich kontextualisierte E.nbegriffe wie ↗›Barock‹, ↗›Klassik‹, ↗›Romantik‹ und ↗›Realismus‹ weitaus schwerer fassbar, zumal wenn sie zugleich auch als E.n übergreifende Stilbegriffe verwendet werden. Potenziert wird das Problem durch die Gleichzeitigkeit konkurrierender lit. Strömungen wie etwa der ↗Weimarer Klassik und der (Jenaer) Romantik um 1800. Alternativ werden daher abstrahierende E.nbegriffe wie ↗›Kunstperiode‹ (H. Heine) oder ↗›Goethezeit‹ gesucht; oder man weicht auf mechanische Einteilungen nach Jh.en, Jahrzehnten oder Zeitpunkten (z. B. ↗Jahrhundertwende) aus. – Die neuere Forschung erkennt die Notwendigkeit der Periodisierung als Ordnungs- und Orientierungshilfe in der Lit.geschichte an und reflektiert die damit verbundenen Probleme.

Lit.: L. Danneberg: Zur Explikation von E.nbegriffen und zur Rekonstruktion ihrer Verwendung. In: K. Garber u. a. (Hg.): Europäische Barock-Rezeption. Bd. 1. Wiesbaden 1991, S. 85–93. – J. Fetscher: Zeitalter/E. In: ÄGB. – H. U. Gumbrecht, U. Link-Heer (Hg.): E.nschwellen und E.nstrukturen im Diskurs der Lit.- und Sprachhistorie. Ffm. 1985. – R. Herzog, R. Koselleck (Hg.): E.nschwelle und E.nbewußtsein. Mchn. 1987. – R. Rosenberg: E. In: Killy/Meid. – B. Steinwachs: E.nbewußtsein und Kunsterfahrung. Mchn. 1986. – P. Strohschneider u. a. (Hg.): [Themenheft:] E.n. MDG 49 (2002), H. 3. – M. Titzmann: E. In: RLW. – P. Wiesinger u. a. (Hg.): Akten des X. Internationalen Germanistenkongresses Wien 2000. Bd. 6. Bern u. a. 2002, S. 13–138.   DB

Epochenstil, auch: Epochalstil, ↗ Stil.

Epode, f. [gr. *epōdós* = Nachgesang], 1. der auf ↗ Strophe (1) bzw. ↗ Ode und ↗ Antistrophe bzw. ↗ Antode folgende, metrisch von diesen abweichende ↗ Abgesang in triadisch aufgebauter Chorlyrik und Odendichtung, bes. der ↗ Pindarischen Ode; 2. in der antiken gr. Lyrik zunächst Bez. für den auf einen längeren Vers folgenden kürzeren Vers, dann (seit Archilochos, 7. Jh. v. Chr.) für das ganze dementsprechend gebaute ↗ Distichon. Mit der, in Anschluss an die »Carmina« (»Oden«), durch spätantike Scholien (zuerst Porphyrios, ca. 3. Jh. n. Chr.) erfolgten Benennung von Horaz' »Iambi« als »E.n« zielt der Begriff meist auf die formalen Aspekte dieser »Notwehrdichtung« (E. A. Schmidt, ↗ Jambik). Horaz kombiniert die ↗ archilochischen Verse zu folgenden E.nmaßen mit überwiegend jambischem Versmaß: a) jambischer ↗ Trimeter mit jambischem ↗ Dimeter (auch ›iambische E.‹, vgl. Horaz: »E.n« 1–10); b) jambischer Trimeter mit ↗ Elegiambus (auch ›elegiambische E.‹, Horaz: »E.n« 11); c) ↗ Hexameter mit ↗ katalektisch daktylischem ↗ Tetrameter (auch ›daktylische E.‹, Horaz: »E.n« 12; ↗ Odenmaße, erste archilochische Strophe); d) Hexameter mit Iambelegus, der Umkehrung des Elegiambus (auch ›iambelegische E.‹, Horaz: »E.n« 13); e) Hexameter mit jambischem Dimeter (auch ›erste daktylisch-iambische E.‹, Horaz: »E.n« 14 und 15); f) Hexameter mit katalektisch daktylischem Trimeter (auch ›zweite daktylisch-iambische E.‹, Horaz: »E.n« 16); g) die 17. von Horaz' »E.n« verwendet den jambischen Trimeter ↗ stichisch, bildet insofern kein echtes E.nmaß.   LK

Epopöe, f. [gr. *epopoíía* = epische Dichtung], auch: *Epopee*; im 18. Jh. verbreitete Bez. für ↗ Epos, bes. für Helden- oder Götter-Epos.

Epos, n. [gr. = Wort, Ausdruck, Vers], Pl. *Epen*; auch: Heldengedicht, Epopöe, Epopee; narrative Großform in ↗ Versen, die von kollektiv bedeutsamen Taten der Vergangenheit erzählt. – In aristokratischen Kriegergesellschaften früher Hochkulturen werden an verschiedenen Orten der Erde mündlich umlaufende Heldenlieder, die von den großen Taten einer heroischeren Vorzeit handeln, in größere Erzählzusammenhänge integriert (›primäre Epik‹, ↗ Heldendichtung). Das babylonische »Gilgamesch«-Epos (Schriftfassung ca. 1800 v. Chr.) berichtet vom Kampf des Helden mit dem Himmelsstier, der Freundschaft mit Enkidu und dessen Unterweltsfahrt sowie einer Sintflut. In Indien entsteht in nachvedischer Zeit das über hunderttausend Doppelverse umfassende Heldenepos »Mahabharata«, das auch religiös-lehrhafte Partien enthält (»Bhagavadgita«). In Griechenland wird um die Mitte des 8. Jh.s v. Chr. aus der von höfischen Sängern (↗ Aöde) tradierten Stoffen des troischen Sagenkreises, wohl von einem einzelnen Dichter, der Homer genannt wird, die »Ilias« komponiert. Die Erzählung vom Zorn des Achill, seiner Abstinenz im Kampf um Troja, dem Tod seines Freundes Patroklos und der Rache Achills an Hektor wird zum Grundbuch der abendländischen Lit. Eine Generation später folgt die ebenfalls unter dem Namen Homers überlieferte »Odyssee«, die mit zahllosen abenteuerlichen Episoden gespickte Erzählung von der Heimkehr des Odysseus nach dem trojanischen Krieg zu seiner treuen Gattin Penelope. Der in beiden Epen verwendete ↗ Hexameter wird in der Folge zum epischen Standardvers der gr. und lat. Lit. Der Übergang von den zugrunde liegenden Märchen- und Sagenstoffen zur epischen Großform vollzieht sich bei den beiden homerischen Epen über die Panhellenisierung der ↗ Sage: Der Sagenstoff wird jeweils zur Unternehmung der gesamten gr. Kulturwelt stilisiert. Ebenfalls kennzeichnend (und von unabsehbaren Konsequenzen für die abendländische Lit.) ist die in mündlichen Kleinformen unbekannte Detailliertheit der Darstellung (›epische Breite‹). Die weitgehende Inkorporation des zeitgenössischen Wissenskreises und die Sammlung der relevanten religiösen, historischen und geographischen Überlieferungen machen die homerischen Epen zu den kulturellen Basistexten der gr. Kultur. Reflektiert wird das durch ihre zentrale Stellung im gr. Erziehungssystem. Im ↗ Hellenismus kommt (durch die Vermittlung der allegorischen Homerexegese in Stoa und Neuplatonismus) die Vorstellung hinzu, die homerischen Epen enthielten verschlüsselt alle Weisheit. Sie sind damit zu Weltgedichten erklärt; zugleich ist der Anspruch an die Gattung E. formuliert, solche Weltgedichte zu erschaffen. In der Folge entsteht als reflektierte Homer-Nachahmung epische Kunstdichtung (›sekundäre Epik‹); berühmteste Beispiele dafür sind die die »Argonautika« des Apollonios Rhodios (3. Jh. v. Chr.) und die (in ↗ MA. und ↗ Früher Neuzeit äußerst wirkungsmächtige) »Aeneis« Vergils (um 25 v. Chr., in lat. Hexametern). Diese erzählt von der Landnahme des flüchtigen Trojaners Aeneas in Italien und verschmilzt das Irrfahrtenmotiv der »Odyssee« (erste sechs Gesänge) mit dem kriegerischen Sujet der »Ilias« (zweite sechs Gesänge). Auch dieses E. wird in seiner Rezeption allegorisch gedeutet und als Kompendium aller Weisheit aufgefasst. Wenig später (um die Zeitenwende) schreibt Ovid sein großes episches Sammelgedicht »Metamorphosen«. Kallimachos (3. Jh. v. Chr.) begründet die gr. Kleinepik. Mit dem Gedicht »De rerum natura« des Lukrez (1. Jh. v. Chr.) spaltet sich die ↗ Lehrdichtung vom Epos ab. Parodistische Seitenzweige der epischen Tradition gehen vom (nur bruchstückhaft überlieferten) pseudohomerischen »Margites« (7. oder 6. Jh. v. Chr.) aus, auf den sich später das komische E. beruft, sowie vom anonymen »Froschmäusekrieg« (»Batrachomyomachía«, um 500 v. Chr.), der die ↗ Tierepik einläutet. – Als Schulautoren sind Ovid und Vergil im MA. präsent. Bereits in der ↗ Spätantike wird die Übertragung der epischen Form auf biblische Stoffe versucht (Juvencus, Nonnos). Die Orientierung an antiken Vorbildern kann sich jedoch im MA. nicht durchsetzen. Wichtiger für das epische Schaffen des MA.s ist die volkssprachliche Heldenepik der romanischen (↗ Chanson de geste, in Frankreich bes. die »Chanson de Roland« aus dem epischen Zyklus um Karl den Großen, um 1100; in Spanien der »Cid«, um 1140) und der germ. Völker (»Beowulf«, 8. Jh.; »Hildebrandslied«, 8. Jh.; »Nibelungenlied«, um 1200). Aus dem Kreis der keltischen Artussage (↗ matière de Bretagne) erwächst im Hoch-MA. die um die ritterliche ↗ aventiure zentrierte und gegenüber der älteren Volksepik poliertere Form der höfischen ↗ Artusdichtung (Chrétien de Troyes, 12. Jh.; Hartmann von Aue: »Erec«, um 1185; Gottfried von Straßburg: »Tristan«, um 1200; Wolfram von Eschenbach: »Parzival«, um 1200). Höhepunkt des epischen Schaffens des MA.s ist Dante Alighieris bereits von frühen Lesern bewundernd ›göttlich‹ genannte »Commedia« (1307–21): Das dreigeteilte Gedicht, das den Dichter und Protagonisten Dante, zunächst von Vergil, dann von Statius, schließlich von der Geliebten Beatrice und Bernhard von Clairvaux begleitet, durch Hölle (*Inferno*), Läuterungsberg (*Purgatorio*) und irdisches und himmlisches Paradies (*Paradiso*) führt, weist allem und jedem seinen Platz in einer von Gerechtigkeit und Liebe bestimmten göttlichen Ordnung an und erneuert nachdrücklich den Anspruch des E., umfassendes Weltgedicht zu sein. – Die ↗ Frühe Neuzeit bringt die Durchsetzung des klassizistischen Ideals mit sich. Für Disposition und Motivverwendung wird Vergil (in geringerem Umfang auch Homer) maßgebend. Der Beginn *medias in res* mit nachgeholter Vorgeschichte, die Begrenzung der zeitlichen Erstreckung auf eine nicht zu große Zahl von Tagen (meist weniger als fünfzig), die hohe Stillage, die (am mündlichen Ursprung der epischen Dichtung noch mnemotechnisch bedingte) Verwendung von typisch epischen Formeln und Redefloskeln sowie die Vorstellung, das E. habe ein Kompendium aller poetischen Gattungen zu sein – alle diese Merkmale werden weitgehend verbindlich. Zum Motivarsenal gehören: ↗ Musenanruf (mit Nennung des im Zentrum des Geschehens stehenden ↗ Helden), genealogische oder anderweitige ↗ Kataloge (nach dem Muster des Schiffekatalogs der »Ilias«), Schlachtbeschreibungen, Wettkampfspiele, Ratsver-

sammlungen mit Rededuellen, Gastmahlszenen, die Verknüpfung der sich unter Menschen vollziehenden Handlung mit übernatürlichen Wesen (›epische Maschinerie‹, mythologischer Apparat), Metamorphosen und andere Instanzen des Wunderbaren, Unterweltfahrten, die Liebesgeschichte des Helden, elaborierte Beschreibungen (↗ Ekphrasis) von Waffen, Wandteppichen etc. (nach dem Muster des Schilds des Achill). ↗ Allegorien sind zunächst sehr beliebt (E. Spenser: »The Faerie Queene«, 1590/96), werden aber im ausgehenden 17. und 18. Jh. zunehmend kritisch gesehen. Obwohl die Poetiken der Frühen Neuzeit gemeinhin das E. als die höchste Gattung auszeichnen, gelingt die große Epik nur noch selten. Herausragende Beispiele des epischen Schaffens der Frühen Neuzeit sind T. Tassos »Gerusalemme liberata« (1581, in Stanzen; mit einem Stoff aus der christlichen Geschichte des MA.s) und J. Miltons »Paradise Lost« (1667, in Blankversen; die epische Gestaltung der Schöpfungs- und Sündenfallgeschichte). L. Ariosto führt mit seinem »Orlando furioso« (1516) eine ironische Behandlung des Wunderbaren in die große Epik ein. Zwar findet diese Neuerung ab und zu auch eine Fortsetzung in der Großform selbst (Ch. M. Wieland: »Oberon«, 1780), doch erweisen sich als die eigentlichen Orte der ↗ Ironie sehr bald die Kleinepik und das komische E. (N. Boileau: »Le Lutrin«, 1672–83; S. Butler: »Hudibras«, 1663–78; A. Pope: »The Rape of the Lock«, 1712), die ↗ Verserzählung und die Epentravestie (bes. reich ausgebildet: Sind die ↗ Travestien der »Aeneis«: P. Scarron: »Le Virgile travesti«, 1648–53; A. Blumauer: »Abentheuer des frommen Helden Aeneas«, 1783). Die frühneuzeitliche Bibelepik (außer Milton M. G. Vida: »Christias«, 1535, in nlat. Sprache; A. Cowley: »Davideis«, 1656; F. G. Klopstock: »Der Messias«, 1748–73) tritt mit dem Anspruch auf, Handlungen darzustellen, die nicht nur für einzelne Nationen bedeutsam sind (wie Homers und Vergils Epik), sondern die ganze Menschheit betreffen, für die höchste Gattung den höchsten Gegenstand gewählt zu haben, der das allgemeinste Interesse finden müsste. Nicht unproblematisch für die Christianisierung der Gattung ist der heidnisch-heroische Wertekanon der epischen Tradition, gegen die sich einzelne Dichter – bes. Milton – denn auch in ikonoklastischer Absicht wenden. Gelegentlich wird die Bibelepik auch bitter befehdet und statt des religiösen Gegenstands der nationale gefordert. Auch für diese Option liefert die Dichtung vom 16. bis zum 18. Jh. reiches Material in Gestalt von Epen, die jeweils – im Anschluss an Vergils »Aeneis« – den historischen Aufstieg des eigenen Volks reflektieren (L. V. de Camões: »Os Lusíadas«, 1572; P. de Ronsard: »La Franciade«, 1572; Voltaire: »La Henriade«, 1723). Die Grenze zum ↗ Panegyrikus wird in diesen Dichtungen, obwohl ihre Einhaltung von der E.theorie in der Regel gefordert wird, oft überschritten. In Deutschland wird das Nationalepos im 17. und 18. Jh. bes. schmerzlich vermisst; die Ergebnisse der Sehnsucht nach ihm sind allerdings dürftig

(W. H. v. Hohberg: »Der Habspurgische Ottobert«, 1664; Ch. H. Postel: »Der große Wittekind«, postum 1724; Ch. O. v. Schönaich: »Hermann oder das befreyte Deutschland«, 1751; D. Jenisch: »Borussias«, 1794). Das einzige dt. sprachige E., das sich – wenigstens zeitweise – großer Anerkennung erfreut, entstammt dem Umkreis der Bibelepik und ist gerade nicht national: Klopstocks »Messias«. – Das Ende des 18. Jh.s bedeutet einen Bruch in der Gattungsgeschichte des E.: Versepik gelangt nun kaum mehr in den Kanon. Dieses Schicksal, das bereits J. W. Goethes »Hermann und Dorothea« (1798) zuteil wird, trifft romantische ↗ Verserzählungen, kulturgeschichtliche Unterhaltungsepik (V. v. Scheffel: »Der Trompeter von Säckingen«, 1854) und anspruchsvolle moderne epische Projekte (Th. Däubler: »Das Nordlicht«, 1910; A. Döblin: »Manas«, 1927) gleichermaßen. Die Gründe dafür sind mannigfaltig: der Verlust der Vorbildlichkeit der Antike und das archaisch-heroische Erbe der Gattung, das der Modernisierung widerstrebt, spielen ebenso eine Rolle wie der Übergang der Funktion, ein umfassendes Bild der Welt in lit. Form zu liefern, an den ↗ Roman. Dass dieser in der ↗ Moderne das E. ablöse, ist von der ↗ Romantheorie früh gesehen und wiederholt reflektiert worden (Ch. F. v. Blanckenburg, G. W. F. Hegel, G. Lukács). Die Annahme eines eigenen (vorsubjektiven) epischen Zeitalters, in das alle Epik eigentlich gehöre, sollte trotzdem mit Skepsis betrachtet werden – angesichts der Wurzeln des antiken Romans in der homerischen »Odyssee« und der lange parallel verlaufenden Geschichte der beiden Gattungen, die einander auch wechselseitig befruchten. – Es gibt allerdings eine wichtige Ausnahme vom Prozess der Dekanonisierung des E. im 19. und 20. Jh.: Die Wiederentdeckung oder Neudichtung nationaler Epik spielt für die einzelnen europäischen Nationalbewegungen im 19. Jh. eine große Rolle, bes. dort, wo die eigene Staatlichkeit noch nicht erreicht ist oder ein Nationalbewusstsein gar erst geschaffen werden soll. Ein Präludium hierfür stellen die um 1770 europaweit erfolgreichen »Ossian«-Dichtungen des Schotten J. Macpherson dar, die allerdings noch vorwiegend empfindsam rezipiert werden. Nach dem Durchgang durch die ↗ Romantik steht die nationale Identität im Mittelpunkt der epischen Rückwendung auf die Ursprünge. So stellt E. Lönnrot aus mündlich überlieferten karelischen Heldenliedern das finnische Nationalepos »Kalevala« (1835) zusammen; mit epischen Dichtungen avancieren in Polen A. Mickiewicz und in der Ukraine T. Schewtschenko zu Nationaldichtern. Vergleichbare Funktionen erfüllen das argentinische Gaucho-E. »Martín Fierro« (1872/79) von J. Hernández oder W. Whitmans »Leaves of Grass« (1855). In Deutschland gehören hierhin etwa die Bemühungen um das 1755 von J. J. Bodmer wiederentdeckte »Nibelungenlied« als dt. Nationalgedicht. Insgesamt jedoch ist im 19. und 20. Jh. die Weiterwirkung der epischen Tradition in anderen lit. Gattungen wichtiger geworden als die

Fortführung der eigenen Gattungsgeschichte. Episierungstendenzen lassen sich in Gestalt konkreter Anschlüsse an einzelne Elemente der epischen Tradition sowohl im modernen Roman (J. Joyce: »Ulysses«, 1922; A. Döblin: »Berlin Alexanderplatz«, 1929) als auch in lyrischen Großprojekten (E. Pound: »The Cantos«, 1925–48; D. Walcott: »Omeros«, 1990) beobachten. Ebenso nachhaltig wirken im 20. Jh. einzelne Dichter aus der epischen Tradition, insbes. Dante, mit dem sich bedeutende Autoren des 20. Jh.s intensiv auseinandersetzen (J. Joyce, T. S. Eliot, S. Beckett, J. L. Borges, P. Weiss) und der auch überragende Bedeutung für die ↗ Holocaust-Lit. gewonnen hat. So wirkt die Gattung E. produktiv weiter, auch wenn *in* ihr kaum mehr groß gedichtet werden kann.

Lit.: B. Auerochs: Die Entstehung der Kunstreligion. Gött. 2006. – C. M. Bowra: Heroic Poetry. Ldn. 1952. – P. Boyde: Dante Philomythes and Philosopher. Cambridge 1981. – U. Broich: Studien zum komischen E. Tüb. 1968. – H. Fränkel: Dichtung und Philosophie des frühen Griechentums. Mchn. 1951. – J. Freccero: Dante. Cambridge/Mass. 1986. – H. Fromm: E. In: RLW. – R. Herzog: Die Bibelepik der lat. Spätantike. Mchn. 1975. – A. Heusler: Lied und E. in germ. Sagendichtung [1905]. Darmstadt ²1956. – U. Hölscher: Die Odyssee. Mchn. 1988. – E. Köhler: Ideal und Wirklichkeit in der höfischen Epik. Tüb. 1956. – S. Koster: Antike E.theorien. Wiesbaden 1970. – B. K. Lewalski: »Paradise Lost« and the Rhetoric of Literary Forms. Princeton 1985. – A. B. Lord: The Singer of Tales. Cambridge/Mass. 1960. – G. Lukács: Die Theorie des Romans. Bln. 1920. – A. Maler: E. (Neuzeit). In: Killy/Meid. – D. Martin: Das dt. Versepos im 18. Jh. Bln., NY 1993. – B. Moennighoff: Intertextualität im scherzhaften E. des 18. Jh.s. Gött. 1991. – M. Parry: The making of Homeric verse. Oxford 1971. – K. Reinhardt: Die Ilias und ihr Dichter. Gött. 1961. – E. Rohmer: Das epische Projekt. Hdbg. 1998. – K. Ruh: Höfische Epik des dt. MA.s. 2 Bde. Bln. 1967/80. – W. G. Schmidt: »Homer des Nordens« und »Mutter der Romantik«. J. Macphersons Ossian und seine Rezeption in der dt.-sprachigen Lit. 4 Bde. Bln., NY 2003 f. – W. Suerbaum: Vergils »Aeneis«. Stgt. 1999. – A. Wolf: Heldensage und E. Tüb. 1995. BA

Epyllion, n. [gr., im 19. Jh. geprägtes Kunstwort als Diminutiv zu ↗ Epos], Kleinepos in ↗ Hexametern oder ↗ Distichen, etwa 100–800 Verse umfassend. Das E. wurde als Gegenentwurf zu dem im ↗ Hellenismus als nicht mehr zeitgemäß angesehenen heroischen Epos von dem alexandrinischen Dichter Kallimachos (3. Jh. v. Chr.) konstituiert und in seiner Dichtung »Hekálē« realisiert. Es handelt sich um eine Form der kleineren ↗ Verserzählung, die mythologische, erotische oder psychologische Stoffe für ein gebildetes Publikum gestaltet. – Das von Kallimachos entwickelte Muster beeinflusst zunächst Theokrit (↗ Idyllen) und Euphorion (»Chiliades«). Durch die röm. ↗ Neoteriker wirkt das E. auf Catull, Vergil (»Bucolica«) und Ovid (»Metamorphosen«). Als exemplarisches E. der Spätantike gilt Musaios' »Hero und Leander« (Ende des 5. Jh.s). Die christlichen Autoren Paulinus von Nola (4./5. Jh.) und Dracontius (Ende des 5. Jh.s) übertragen die Form auf die ↗Hagiographie. Seit der ↗Renaissance gibt es Impulse zur Erneuerung des E.s, u.a. durch W. Shakespeare (»Venus and Adonis«, 1592; »The Rape of Lucrece«, 1594). In der dt. Lit. des 18. Jh.s sind J.W. Goethes »Alexis und Dora (1796) und J.H. Voß' Idyllen dem antiken Gattungsmuster verpflichtet. Nach der ↗Romantik vermischt sich das E. mit anderen Ausgestaltungen der Verserzählung, so dass eine Differenzierung nicht mehr möglich ist.

Lit.: K. Gutzwiller: Studies in the Hellenistic E. Königstein 1981. – A. Maler: Der Held im Salon. Tüb. 1973. – J. F. Reilly: Origins of the Word E. In: The Classical Journal 49 (1953), S. 111–113. SSI

Erbauungsliteratur, Sammelbez. für die auf die religiöse Stärkung (↗Aedificatio) der Persönlichkeit des christlichen Lesers gerichtete Lit. Ziel der E. ist es, den individuellen spirituellen Erfahrungshorizont des Gläubigen zu bereichern und ihm praktische Hilfe zur tugendhaften christlichen Lebensführung zu gewähren. – Der Begriff ›E.‹ ist gattungsübergreifend. Zur E. gehören Bibelkommentare (↗Postille), ↗Spiegel (Beicht-, Sünden- und Heilsspiegel), Trost- und Sterbebüchlein (↗Ars Moriendi), mystische und allegorische Lit., ↗Visionslit., ↗Predigten und hagiographisches Schrifttum (↗Hagiographie, ↗Legende [1], Martyrologium, ↗Vita). – Im Früh- und Hoch-MA. richtet sich die E. fast ausschließlich an ein geistliches Publikum, im Spät-MA. verstärkt an gläubige Laien. – Im ↗Pietismus erreicht die E. einen neuen Höhepunkt. Intensivierte gefühlsbetonte individuelle und gemeinschaftliche Frömmigkeitspraxis (oft unter Einbeziehung der ganzen Familie), verbunden mit zunehmender ↗Alphabetisierung und dem neuen Bedürfnis nach Austausch spiritueller Erfahrungen (Bibelkreise), brachte einen immer größeren Bedarf an weit gefächerter erbaulicher Lektüre mit sich (Meditationsanweisungen, Katechismustraktate und Predigten, Hausbücher für die tägliche Andacht, Gebet- und Gesangbücher für den Familiengebrauch). Eine Reaktion darauf war auch die Etablierung einer neuen Gattung der E., der erbaulichen Zs. J. G. Herder, der junge J. W. Goethe und der ↗Sturm und Drang standen unter dem Einfluss pietistischer E. Pietistische ↗Autobiographien beeinflussten den psychologisch-empfindsamen ↗Roman des 18. Jh.s.

Lit.: H. Beifuss: Ein frühnhd. Erbauungsbuch aus Bayern. In: Mediaevistik 12 (1999), S. 7–40. – H. E. Bödeker u.a. (Hg.): Der Umgang mit dem religiösen Buch. Gött. 1991. – H. Kech: Hagiographie als christliche Unterhaltungslit. Göppingen 1977. – O. Pfefferkorn: Predigt, Andachtsbuch und Gebetbuch bei J. Arndt. In: Daphnis 28 (1999), S. 347–385. – D. Schmidtke: Studien zur dingallegorischen E. des Spät-MA.s. Tüb. 1982. – S. Schnell, D.-R. Moser: E. In: RLW. ID

Erbetheorie, Bestandteil sozialistischer Kulturpolitik und -theorie. Die E. versteht das Verhältnis von kultureller Überlieferung und revolutionärer Gesellschaftsentwicklung als kritischen Aneignungsprozess und zieht die ↗Klassik der ›dekadenten‹ ↗Moderne vor. – Das gegen den ↗Proletkult gerichtete Postulat der ↗Aneignung des klassischen Erbes durch K. Marx und F. Engels wird im Rahmen der Volksfrontpolitik der KPdSU in den 1930er Jahren zur E. weiterentwickelt. G. Lukács gestaltet diese zu einer normativen ↗Ästhetik aus, die den ↗sozialistischen Realismus als Methode einschließt. H. Eisler, E. Bloch, W. Benjamin und B. Brecht treten dagegen für eine Synthese des bürgerlichen Kulturerbes mit den Neuerungen der ↗Avantgarde und dem politischen Bewusstsein der proletarischen Lit. ein (↗Expressionismusdebatte). Die E. bestimmt die Kulturpolitik der DDR mit nationalpolitischem und legitimatorischem Akzent bis in die 1960er Jahre (vgl. bes. die Debatte über H. Eislers Opernlibretto »Johann Faustus«, 1952).

Texte: H. Ch. Buch (Hg.): Parteilichkeit der Lit. oder Parteilit.? Reinbek 1972. – E. Schubbe (Hg.): Dokumente zur Kunst-, Lit.- und Kulturpolitik der SED. Stgt. 1972.

Lit.: H. Peitsch: Erbe. In: W. F. Haug (Hg.): Historisch-Kritisches Wörterbuch des Marxismus. Bd. 3. Bln., Hbg. 1997, Sp. 682–698. – R. Schnell: Geschichte der dt.sprachigen Lit. seit 1945. Stgt., Weimar 1993, S. 115–122. – St. B. Würffel: E. In: RLW. WVB

Ereignis, kleinste dynamische Einheit eines Geschehens. Der E.begriff wird nicht nur aus lit.wissenschaftlicher, sondern auch aus philosophischer, historiographischer, theaterwissenschaftlicher und medienwissenschaftlicher Perspektive untersucht. ›E.‹, ein »Leitwort« im Spätwerk M. Heideggers, z. B. in den »Beiträgen zur Philosophie (Vom E.)« (1936–38), wird in der daran anschließenden dekonstruktivistischen Philosophie diskutiert (vgl. Derrida). Das E. ist hier eine Durchbrechungsfigur (Epiphanie, Trauma), die in einer radikalen Diskontinuität zu allen sie umgebenden historischen Abläufen steht. Als wichtig erweist sich der E.begriff auch für Theorien, die ↗ästhetische Erfahrung als Erfahrung von Präsenz konzipieren (Seel, Gumbrecht). Aus historiographischer Perspektive wurden v. a. das Verhältnis von historischen E.sen und Strukturen (Koselleck/Stempel) sowie die Art und Weise, wie Historiker E.se zu ↗Erzählungen (1) verknüpfen (Danto), untersucht. Ähnliche Fragen werden auch in der ↗Erzähltheorie gestellt, die das E. als elementare dynamische – d. h. den ↗Plot konstituierende – Einheit der erzählerischen ↗Handlung bestimmt. In der ↗Narratologie werden im Allgemeinen für den Handlungsverlauf kausal notwendige E.se (›Kerne‹) von dafür nicht notwendigen E.sen (›Katalysen‹) unterschieden (Tomasevskij, Barthes, Chatman). Ausgehend von einer Theorie der performativen Künste wird in der ↗Theaterwissenschaft (Fischer-Lichte) der Aufführungscharakter des Kunstwerks untersucht (↗ Performanz); in diesem Rahmen wird die ↗ Werkästhetik von einer E.ästhetik abgelöst (vgl. Mersch), die für ästhetische E.se den Vollzugscharakter (Prozessualität), die Flüchtigkeit (Unwiederholbarkeit) und das Zusammenwirken von Produzent und Rezipient (Interaktion) hervorhebt. Unter ›E.‹ wird schließlich auch eine Relevanzfigur verstanden, die eine Begebenheit von öffentlicher oder allg. Bedeutsamkeit auszeichnet und derart vom bloßen Geschehen absetzt: Die ↗ Medienwissenschaften bemühen sich um die Analyse der medialen ›Produktionslogik‹ derartiger Bedeutsamkeiten.

Lit.: R. Barthes: Einf. in die strukturale Analyse von Erzählungen [frz. 1966]. In: ders.: Das semiologische Abenteuer. Ffm. 1988, S. 102–143. – S. Chatman: Story and Discourse. Ithaca, Ldn. 1978. – A. C. Danto: Analytische Philosophie der Geschichte [engl. 1965]. Ffm. 1974. – J. Derrida: Eine gewisse unmögliche Möglichkeit, vom E. zu sprechen [frz. 2001]. Bln. 2003. – E. Fischer-Lichte (Hg.): Performativität und E. Tüb. 2003. – H. U. Gumbrecht: Diesseits der Hermeneutik. Ffm. 2004. – D. Mersch: E. und Aura. Ffm. 2002. – R. Koselleck, W.-D. Stempel (Hg.): Geschichte – E. und Erzählung. Mchn. 1973. – Th. Rathmann (Hg.): E. Köln u. a. 2003. – M. Seel: E. Eine kleine Phänomenologie. In: N. Müller-Schöll (Hg.): E. Bielefeld 2003, S. 37–47. – A. Suter, M. Hettling (Hg.): Struktur und E. Gött. 2001. – B. Tomasevskij: Theorie der Lit. Poetik [russ. 1925]. Wiesbaden 1985. CSP

Ereignislied ↗ doppelseitiges Ereignislied.

Erhaben, Adjektiv [Übers. von gr. *hýpsos* = Höhe, lat. *sublimitas*, engl./frz. *sublime*], rhet.-ästhetische Kategorie, welche den Anspruch der Sprache auf Größe formuliert – sei es in der Stillehre als hoher Stil (*genus grande*), sei es als Ausdruck der überwältigenden Wirkung der Rede auf den Menschen. – Das E.e verfügt über ein rhet. Fundament. Sein Ursprung ist die Beseelung des Menschen durch eine höhere Macht (Enthusiasmus), sein Wirkungsprinzip die ↗ Rührung der Affekte (*movere*), sein Ziel die Überwältigung des Hörers durch die unerhörte Macht der ↗ Rede. In der Lehre der drei Stilebenen verbinden sich im *genus grande* e.e Gedanken und e.e Sprache zu einer wirkungsmächtigen Einheit. Die philosophische Tradition steht dem rhet. Fundament des E.en skeptisch gegenüber: Das E.e erscheint ihr als eine vernunftlose Form der Rede; das rhet. Prinzip der Überredung wird durch das logische Prinzip der Überzeugung außer Kraft gesetzt. – Die Wirkung des E.en als ›hoher Rede‹ wird zum ersten Mal bei Homer dargestellt (»Odyssee« I, 385). Das Prinzip der Beseelung des Menschen durch den Gott führt Platon in kritischer Perspektive weiter aus: Der Dichter erscheint als geflügeltes, aber unvernünftiges Wesen (»Ion« 534b). Begriffliche Schärfe gewinnt das E.e in (Pseudo-)Longins Schrift ›Vom E.en‹ (»Perí hýpsous«). Longin erkennt im E.en die Vollendung sprachlicher Gestaltung, die sich einer erschütternden, den Hörer überwältigenden Kraft verdankt (179r).

1674 wird Longin durch N. Boileaus Übers. »Traité du sublime« im Rahmen der ↗ *Querelle des Anciens et des Modernes* wiederentdeckt (vgl. Zelle). Indem Boileau das regellose Prinzip des E.en in die klassizistische Poetik einbaut, bereitet er den Ggs. des ↗ Schönen und E.en vor, der die weitere Geschichte des Begriffs bestimmt. E. Burke (»A Philosophical Enquiry into the Origin of our Ideas of the Sublime and Beautiful«, 1757) identifiziert das E.e mit dem Schrecken, der dennoch gefällt. Burkes sensualistische Bestimmung des E.en als *terror* wurde von I. Kant aufgegriffen: In der »Kritik der Urteilskraft« (1790) verkörpert das E.e als widersprüchliches Verhältnis von ↗ Einbildungskraft und Vernunft ein Gegenprinzip zum harmonischen Zusammenspiel von Einbildungskraft und Verstand im Schönen: Dem Gefühl der Lust, das dem Schönen entspringt, entspricht die Verquickung von Lust und Unlust im E.en. Kants Leistung besteht in einer Umdeutung der Tradition des E.en, das nicht mehr als Ausdruck rednerischer Gewalt erscheint, sondern als sittliches Prinzip des Widerstandes gegen die Naturgewalt (vgl. Menninghaus). Während F. Schiller Kants Theorie des E.en als Vermittlung zwischen Ästhetik und Ethik nutzt, stuft G. W. F. Hegel (»Vorlesungen über die Ästhetik«, postum 1835–38) das E.e zur Vorstufe des Schönen in der symbolischen Kunstform herab. Unter anderen Namen findet sich das E.e nach Hegel bei K. Rosenkranz in der »Ästhetik des Häßlichen« (1853), in F. Nietzsches Schrift »Die Geburt der Tragödie aus dem Geiste der Musik« (1872) und in W. Benjamins Theorie des Ausdruckslosen (»Goethes Wahlverwandtschaften«, 1925). Namhaft wird das E.e im 20. Jh. wieder in Th. W. Adornos »Ästhetischer Theorie«. Eine spektakuläre Aufwertung erfährt es im Denken der ↗ Postmoderne: Im Rückgriff auf Kant wird das E.e bei Lyotard zum Prinzip des ästhetisch motivierten Widerstreits gegen die Vernunft erklärt.

Lit.: H. Graubner: E. In: RLW. – T. Hoffmann: Konfigurationen des E.en. Bln., NY 2006. – J.-F. Lyotard: Das E.e und die Avantgarde [frz. 1988]. In: ders.: Das Inhumane. Wien 1989, S. 159–187. – W. Menninghaus: Zwischen Überwältigung und Widerstand. In: Poetica 23 (1991), S. 1–19. – Ch. Pries (Hg.): Das E.e. Weinheim 1989. – C. Zelle: Die doppelte Ästhetik der Moderne. Stgt., Weimar 1995. AG

Erinnerungen ↗ Autobiographie, ↗ Memoiren.

Eristik, f. [gr. *eristikós téchnē* = Streitkunst], meist pejorativ verwendete Bez. für die von den Sophisten ausgebildete Technik des ↗ Dialogs, mit deren Hilfe alles bewiesen und alles widerlegt werden konnte. Karikierende Beispiele bei Platon, z. B. im »Euthydemos«. Die Anhänger der megarischen Schule wurden später ›Eristiker‹ genannt. Die Kritik an der Scholastik im Humanismus und in der Aufklärung arbeitete v. a. mit dem E.-Vorwurf. In Schopenhauers Nachlass fand sich eine »Eristische Dialektik« (1830 f.).

Lit.: R. Dietz: E. In: HWbRh. MGS

Erlebnisdichtung, Begriff der ↗ geistesgeschichtlichen Lit.wissenschaft für ein lit. Werk, das ein ›Erlebnis‹ des Autors ausdrückt. Der Ausdruck geht auf W. Dilthey (1833–1911) zurück, der in seiner psychologischen ↗ Ästhetik unter ›Erlebnis‹ freilich nicht ein Faktum der Biographie versteht, sondern die Erfahrung und Bildung von Sinn, die für jedes seelische Leben grundlegend ist und in der ↗ Dichtung einen objektivierten Ausdruck finden kann; deren ↗ Interpretation ist ein ↗›Verstehen‹ im Rekurs auf das Erlebnis. Mit der ab etwa 1910 (R. Unger, F. Gundolf) beobachtbaren Aufnahme dieses Dichtungsverständnisses gelangen der ↗ Germanistik die Ablösung von der ↗ positivistischen Lit.wissenschaft bzw. von deren Paradigma der kausalen Erklärung von Lit. aus außerlit. Fakten und die Etablierung ihrer Disziplin als ›verstehende‹ Geisteswissenschaft im Unterschied zu den ›erklärenden‹ Naturwissenschaften. – Für die Geschichte so verstandener Lit. bildeten Leben und Werk Goethes die entscheidende Vorlage, von der aus v. a. Formen und Epochen begriffen wurden, die ebenfalls in individualistischen Bildungstraditionen standen. In der Germanistik hat sich nach 1945 das Konzept der E. zunächst gehalten, und zwar bes. in der Applikation auf die Gedichte des jungen Goethe (»Sesenheimer Lieder« von 1770/71: »Es schlug mein Herz …« u. a.) und in einem an diesem Korpus ausgebildeten Verständnis von ↗ Lyrik. Mit der vollständigen Ablösung der Germanistik von der Lebensphilosophie hat auch der Begriff ›E.‹ seine Geltung verloren. Im Kontext strukturaler Methoden kann ›Erlebnis‹ allein noch als eine im Text aufgebaute Fiktion, ›E.‹ als ein möglicher ↗ Erwartungshorizont von Lesern gedacht werden.

Lit.: R. Brandmeyer: Die Gedichte des jungen Goethe. Gött. 1998. – W. Dilthey: Das Erlebnis und die Dichtung [1906]. Gött. [16]1985. – W. Hahl: Erlebnis. In: RLW. – M. Wünsch: Der Strukturwandel in der Lyrik Goethes. Stgt. 1975. – Dies.: Erlebnislyrik. In: RLW.   RB

Erlebte Rede [frz. *style indirect libre*], Form der Präsentation von Worten oder Gedanken in Erzähltexten: Die Erzählinstanz gibt die Gehalte eines Figurenbewusstseins oder einer Figurenrede in der Sicht- und Ausdrucksweise der Figur wieder. E. R. ist eine spezifische Weise, in Erzähltexten Figurenbewusstsein oder -rede darzubieten, die ohne *verba dicendi* und *sentiendi* (Verben des Sagens und Denkens) auskommt. Im Unterschied zur ↗ direkten Rede oder zum ↗ inneren Monolog bleiben der Erzähler als Sprechinstanz sowie die für das Erzählen typischen Formen der Syntax und des Tempus (im Allgemeinen das Präteritum) erhalten. Im Unterschied zur erzählten Rede oder zum Bewusstseinsbericht wird das, was die Figur denkt oder sagt, so präsentiert, dass es erkennbar ihrem Standpunkt und ihrer Ausdrucksweise zugeordnet werden kann. Insofern ist die e. R. typisch für ↗ personales Erzählen und vermittelt zwischen der distanzierten narrativen Präsentation und der direkten dramatischen Präsentation von Worten oder Bewusstseinsgehalten einer Figur in Erzähltexten; dabei bleiben im Unterschied zur indirekten Rede der Wortlaut und die (mündliche) Ausdrucksqualität des Gesagten oder Gedachten weitgehend erhalten. E. R. ist als bewusst und häufig eingesetzte Form oder Darbietungsweise seit Beginn des 20. Jh.s (z. B. V. Woolf, F. Kafka) verbreitet.

Lit.: Ch. Bally: Le style indirect libre en français moderne. In: GRM 4 (1912), S. 549–556, 597–606. – D. Cohn: Transparent Minds. Narrative Modes for Presenting Consciousness in Fiction. Princeton 1978. – K. Hamburger: Die Logik der Dichtung. Stgt. 1957. – E. Lorck: Die »E. R.«. Hbg. 1921. – P. Stocker: E. R. In: RLW.   USP

Ermetismo ↗ Hermetismus.

Erörterung, eingehende, methodisch aufgebaute Auseinandersetzung mit einem Problem, bes. in schriftlicher Form: 1. Grundform der wissenschaftlichen Darstellung, die in jeder ↗ Abhandlung (2) – im nicht selbständig erscheinenden ↗ Aufsatz und in der selbständig publizierten ↗ Monographie – ebenso dominieren sollte wie im mündlich präsentierten ↗ Vortrag (Referat). Dagegen lassen die freieren Formen ↗ Rede und ↗ Essay das Zurücktreten der E. hinter rhet. Elementen sowie bildlichen, erzählenden, beschreibenden und wertenden Passagen zu. – 2. Genre schriftlicher Arbeiten in der Schule, das traditionell »als die höchste und schwierigste Form des Aufsatzunterrrichts« (Beisbart, S. 97) galt, da in ihm der Anteil eigenständiger intellektueller Tätigkeit im Vergleich zu Formen wie Nacherzählung oder Protokoll weit überwiegt. Innerhalb der E. wiederum galt der von allen pragmatischen und fachspezifischen Kontexten abgelöste ›Besinnungsaufsatz‹, die E. allg. menschlicher oder grundsätzlicher kultureller und gesellschaftlicher Fragen, als der Gipfel. Die heutige Deutschdidaktik führt die E. dagegen auf die auch in jeder Alltagskommunikation wichtige Tätigkeit des Argumentierens zurück und versucht sie in pragmatische Kontexte und Genres (wie Leserbrief, Streitgespräch, Rezension) einzubinden. – 3. E.en finden sich ferner als nicht-erzählende Passagen in fiktionalen (meist erzählenden) Texten, als – dem Erzähler oder einer Figur zugeschriebene – Reflexionen, welche die Handlung unterbrechen, fundieren oder hinterfragen. Nach Vorläufern im 18. Jh. (H. Fielding, D. Diderot) begegnet diese Form der E. bes. in Romanen des 20. Jh.s (so bei Th. Mann, R. Musil, H. Broch).

Lit.: O. Beisbart: Argumentieren/Erörtern. In: U. Abraham u.a.: Praxis des Dt.unterrichts [1998]. Donauwörth [2]2000, S. 97–101. – J. Fritzsche: Zur Didaktik und Methodik der Dt.unterrichts. Bd. 2. Stgt. u. a. 1994, S. 112–136.   DB

Erotikon, n. [gr. *erötikós* = die Liebe betreffend], antike Bez. für Liebeslied. ↗ Liebesdichtung.

Erotische Literatur [gr. *éros* = Liebesgott], 1. im weiteren Sinn Sammelbez. für alle denkbaren Arten von fiktionaler Lit., die Liebe oder Sexualität zum Gegenstand haben. Demnach kann ›e. L.‹ als Oberbegriff ver-

wendet werden, der ↗›Liebesdichtung‹ und ↗›pornographische Lit.‹ mit umfasst. – 2. Im engeren Sinn hebt
›e. L.‹ im Ggs. zu ›Liebesdichtung‹ eine – nach Maßgabe des jeweils regional oder temporal Erlaubten – di-
rektere, freiere Darstellung hervor, die Sinnlichkeit
und Leidenschaft, öfter auch Körperlichkeit impliziert,
aber die gezielten Normverletzungen der pornographischen Lit. vermeidet. Diese Abgrenzung des Terminus gegenüber den Nachbarbegriffen darf jedoch nicht
zu einer Art Dreistillehre verallgemeinert werden (e. L.
in der Mitte zwischen ›Liebesdichtung‹ und ›pornographischer Lit.‹), da alle drei Begriffe historisch und
kulturell sehr unterschiedlich verwendet werden. – Die
in der Lit. stets existente Erotik wird in moralisch restriktiven Gesellschaften oft ganz oder teilweise unterdrückt (engl. Viktorianismus, Lit. der frühen Bundesrepublik, christlicher oder islamischer Fundamentalismus) oder sublimiert (etwa als mystische Dichtung in
Gestalt von Gottesliebe). Den Stoff der e.n L. bilden
meist Konflikte, die sich aus erfüllter oder unerfüllter
Liebessehnsucht ergeben; angestrebt werden die Darstellung, aber auch die Erregung von Affekten wie
Sehnsucht, Lust und Schmerz. Die dafür eingesetzten
ästhetischen Mittel sind vielfältig, so dass die e.L. kein
formal abgrenzbares Genre bildet.
E. L. im engeren Sinn einer derben, auf Erregung von
Reizen beim Leser oder Hörer gerichteten Darstellungsweise ist im abendländischen Kulturraum spätestens mit der ↗Kinädenpoesie der Alexandriner im 3.
Jh. v. Chr. verbreitet. Lukians »Hetärengespräche« (um
160–170 n. Chr.) wenden die Tradition des philosophischen ↗Dialogs ins Komische und entwickeln eine
antike Liebeskunst. Im Lat. sind die Lehrdichtungen
»Amores« und »Ars amatoria« des Ovid (43 v.–18
n. Chr.) für die e. L. prägend. Das »Satyricon« des Petronius (1. Jh. n. Chr.) parodiert in Prosa und Vers Homers »Odyssee«. Die Schwanklit. des MA.s und die
Novellistik der it. Renaissance bereichern die e. L. um
eine Fülle von heiteren, derbkomischen, leidenschaft-
lich-sinnlichen und nachdenklichen Liebesgeschichten. – Auf dem Gebiet der Lyrik thematisieren die nur
fragmentarisch überlieferten Abschieds- und Hoch-
zeitsgedichte (»Epithalamia«) der Sappho (um 600
v. Chr.) erstmals Leidenschaft und Verlustschmerz, die
ebenfalls fragmentarischen Dichtungen des Anakreon
(ca. 580–495 v. Chr.) den sanften Genuss. Durchgehend zeichnet sich die europäische Liebeslyrik seitdem
durch ein Spannungsverhältnis aus: einerseits Anbetung der verehrten Person, Hoffnung auf Erhörung
und Liebesgenuss; andererseits Unerfülltheit der Liebe,
Trennung und Verlust durch Zurückweisung oder äußere (etwa soziale) Umstände, Nebenbuhler, Krankheit
oder Tod. In der lat. Poesie wandeln sich bei Catull (ca.
84–54 v. Chr.) die ungezügelten Leidenschaften oft in
Verlustschmerzen. Der spätmal. Autor F. Petrarca
(1304–74) schuf mit seinen ↗Sonetten an Madonna
Laura eine Jh.e lang die Liebeslyrik bestimmende Mo-
tivtradition (↗Petrarkismus). Dem Liebesschmerz be-

nachbart stehen die Trennungs- und Scheidungspoe-
sien, für welche die Liebeslyriker oft Elemente der
(ursprünglich gar nicht erotisch gemeinten) Ab-
schiedsdichtung der ↗Propemptika und ↗Apopemp-
tika (Goethe: »Willkomm und Abschied«, »Alexis und
Dora«) übernehmen.
Die Grundmuster und Motive der e.n L. können vielfältig variiert und kombiniert werden. Die Skala reicht
vom frühneuzeitlichen ↗Grobianismus und kaum im
Druck verbreiteten, aber hsl. und mündlich tradierten
obszönen Gesängen und der tändelnden Scherzpoesie
von der Antike bis zum Rokoko auf der einen Seite
über die ›niedere‹ und ›höhere‹ Minne (Walther von
der Vogelweide, Heinrich von Meißen gen. Frauenlob)
bis hin zu einer völligen Sublimation erotischer Motive, Strukturen und Semantik in der christlich-mysti-
schen Dichtung auf der anderen Seite. Erst mit der
Verbürgerlichung der Kultur im späten 17. und im 18.
Jh. werden neue Kombinationen des bisher vorhandenen Motivkanons gesucht, erst im ↗Sturm und Drang
und in der ↗Romantik setzt sich die Individuation gegen die hergebrachten Muster durch. Eine erneute Erweiterung der Motive und Ausdrucksformen bringen
die Frauenemanzipation und die sog. sexuelle Revolution mit sich. Nach wie vor aber dominieren die
Grundmotive Werbung und Verlust sowie die Vorliebe
für kurze Darstellungsformen die e. L., von der stark
durch die Liebesthematik geprägten Jugend- und Adoleszenzlit. (↗Kinder- und Jugendlit.) über die einschlägige ↗Trivialit. bis hin zu medialen Transformationen
wie dem ↗Schlager und der Daily Soap.
Lit.: P. Englisch: Geschichte der e.n L. Stgt. 1927.
Nachdr. des Textteils Magstadt 1963. – K.W. Pietrek
(Hg.): Lexikon der e.n L. Meitingen 1992 ff. [Loseblatt-
sammlung]. – H. Schlaffer: Musa iocosa. Gattungspoetik und Gattungsgeschichte der erotischen Dichtung in
Deutschland. Stgt. 1971. – M. Schneider: Liebe und
Betrug. Mchn. 1990. – Th. Schneider (Hg.): Das Erotische in der Lit. Ffm. u. a. 1993.   UJ

Errata, n. Pl. [lat. = Irrtümer], 1. Druckfehler (Pl.);
2. Verzeichnis von Druckfehlern, die, während des
Ausdruckens entdeckt, im letzten Bogen oder auf
einem Beiblatt berichtigt werden; auch *Corrigenda* (lat.
= zu Verbesserndes). Eine nur aus Vorrede und E.
bestehende Broschüre veröffentlichte Jean Paul: »Er-
gänzblatt zur Levana« (1807); »Zweite mit neuen
Druckfehlern vermehrte Auflage« (1817).   HHS/Red.

Erregendes Moment, n., dramaturgischer Begriff,
geprägt von G. Freytag (»Technik des Dramas«, 1863)
zur Bez. der in der ↗Exposition aufgedeckten inneren
oder äußeren Bedingung, welche die »bewegte Handlung«, den dramatischen Konflikt, auslöst.   HD/Red.

Erscheinungsjahr, nach § 6 des Urheberrechtsge-
setzes das Jahr, in dem mit Zustimmung des Urhebers
bzw. des Urheberberechtigten (z. B. des Erben) ein
Werk nach dessen Vervielfältigung auf den Markt bzw.
in Verkehr gebracht wird. Im Geschäftsverkehr des
Buchhandels (laut Buchhändlerischer Verkehrsord-

nung) gilt ein Werk von dem Zeitpunkt an als erschienen, an dem ein Verlag mit seiner Auslieferung beginnt. Der Nachweis des E.s ist Bestandteil des Erscheinungsvermerks auf dem Titelblatt oder im Impressum und fungiert als Basisinformation der bibliographischen Titelaufnahme. Der Hinweis ›o. J.‹ (›ohne Jahr‹) in Bibliothekskatalogen oder Zitationen deutet auf das Fehlen der Jahresangabe im Werk. Erste Belege für die Angabe des E.s in einem gedruckten Buch finden sich bereits in der Mitte des 15. Jh.s.   VT

Erscheinungsort, Ort der Veröffentlichung eines Buches, in der Regel zugleich der Verlagssitz, während der Frühdruckzeit meist auch der Druckort. Der Nachweis des E.s ist Bestandteil des Erscheinungsvermerks auf dem Titelblatt oder im Impressum und fungiert als Basisinformation der bibliographischen Titelaufnahme. Der Hinweis ›o. O.‹ (›ohne Ort‹) in Bibliothekskatalogen oder Zitationen deutet auf das Fehlen der Ortsangabe im Werk. Mit dem Augsburger Reichsabschied von 1540 wurde vorwiegend zur Durchsetzung von Zensurbestimmungen die Angabe des E.s auf dem Titelblatt vorgeschrieben. Zahlreiche Beispiele belegen jedoch die Missachtung dieser Bestimmung oder die Angabe eines fingierten E.s. Der E. der meisten dt. Bücher ist seit der zweiten Hälfte des 20. Jh.s München.   VT

Erstaufführung ↗ Uraufführung.

Erstausgabe [lat. *editio princeps*], die erste selbständige Buchpublikation eines Werks. Die E. muss nicht identisch sein mit dem ersten Abdruck des Werks (Erstdruck), z. B. bei vorhergehender Veröffentlichung in einer ↗ Zeitschrift, und legt nicht immer einen autorisierten Text vor (häufig bei Drucken der Frühen Neuzeit). Als *editio princeps* bezeichnet man die ersten Drucke der in Hss. überlieferten Texte, v. a. antiker Autoren.
Lit.: J. Meyer: Über den Umgang mit E.n. In: Philobiblon 30 (1986), H. 2, S. 112–128. – G. v. Wilpert, A. Gühring: E.n dt. Dichtung. Eine Bibliographie zur dt. Lit. 1600–1990 [1967]. 2., vollst. überarbeitete Aufl. Stgt. 1992.   MSP

Erstdruck, 1. der erste Druckabzug eines Werkes (= Korrekturabzug); 2. die erste Veröffentlichung in einer Zs., im Ggs. zur ↗ Erstausgabe; 3. die frühesten Buchdrucke (bis 1500: ↗ Inkunabeln; bis 1550: Frühdrucke).   HHS/Red.

Erstlingsdruck, 1. erstes Druckerzeugnis einer Stadt oder eines Landes; 2. ↗ Inkunabel; 3. erster Abzug einer Druckform bei graphischen Techniken (Stich, Radierung).   HHS/NI

Erwartungshorizont, Summe der Vorannahmen über bestimmte Aspekte eines lit. Werkes (u. a. ↗ Gattung, ↗ Thema), die 1. vom Werk selbst evoziert und 2. vom Leser an ein Werk herangetragen werden. – Für Jauß, der den Begriff in die ↗ Rezeptionsästhetik einführt, stellt der mit einem lit. Werk verbundene E. eine objektivierbare Größe dar; ein Werk kann den mit ihm verbundenen E. bestätigen oder zu dessen Modifika-

tion beitragen (›Horizontwandel‹); ferner können die historische Aufnahme eines Werkes sowie dessen ›Kunstcharakter‹ nach Maßgabe der Differenzen zwischen Werk und E. beurteilt werden.
Lit.: H. R. Jauß: Lit.geschichte als Provokation der Lit.-wissenschaft. Konstanz 1967.   TK

Erweckungsbewegung ↗ Pietismus.

Erweiterter Reim ↗ Reim.

Erzähler, in der ↗ Narratologie personifizierende Bez. für diejenige Instanz in narrativen Texten, die als Quelle der ↗ Erzählung gedacht wird. – Für fiktionale Erzählungen gilt eine grundsätzliche Unterscheidung zwischen ↗ Autor und E. Sie beruht darauf, dass der E. eine fiktive Redeinstanz ist, die zum narrativen Text gehört, während der (nichtfiktive) Autor als diejenige Instanz gilt, die den Text real hervorbringt. Der Autor schreibt und erfindet die Erzählung, der E. ›erzählt‹ sie. Der E. ist damit ein Textphänomen (oder auch ein Texteffekt), der Autor ein Phänomen der sozialen Wirklichkeit. Umgekehrt kann für faktuale Erzählungen in der Regel Identität zwischen Autor und E. angenommen werden, so etwa in der ↗ Autobiographie, zu deren Gattungsvoraussetzungen die Identität von Autor, E. und Hauptfigur gehört. Dass der E. in fiktionaler Rede selbst mitfiktionalisiert ist, zeigt sich deutlich an raffinierten Spielformen von E.n, die insbes. die Lit. der ↗ Moderne hervorgebracht hat: so etwa am ›unzuverlässigen E.‹ (W. C. Booth), dessen Auskünften der ↗ Leser nur begrenztes Vertrauen schenken darf, oder am E., der, obwohl selbst außerhalb der erzählten Welt stehend, deren Grenze überschreitet und in sie eingreift. Das Spektrum von E.n in fiktionalen Texten reicht von individuellem oder kollektivem, menschlichem oder nichtmenschlichem Personal über zwar außerhalb der erzählten Welt stehende, aber noch weitgehend wie Personen gestaltete E. bis hin zu bloßen (körperlosen und raumzeitlich nicht lokalisierbaren) Erzählstimmen. Für die Analyse dieses Spektrums war im dt. Sprachraum lange die Erzähltheorie F. K. Stanzels bestimmend. Stanzel unterscheidet nach Art einer ↗ Typologie zwischen dem auktorialen und dem personalen E. sowie dem Ich-E. Der auktoriale E. steht außerhalb der erzählten Welt, ist keinen perspektivisch bedingten Wissensbeschränkungen unterworfen, kommentiert das Erzählte und kommuniziert selbstreflexiv-ironisch mit dem Leser. Kultiviert wurde dieser Erzählertyp v. a. in der humoristischen Tradition des europäischen Romans (M. de Cervantes, H. Fielding, Ch. M. Wieland, Th. Mann). Demgegenüber nimmt sich der (ebenfalls außerhalb der erzählten Welt stehende) personale E. auf die Erzählstimme zurück, bindet sich an die Perspektive einer oder mehrerer Figuren der Erzählung (Reflektorfiguren), lässt sich von ihrer Sprache anstecken (↗ erlebte Rede) und kargt mit E.kommentaren. Dieser E.typ kommt im 19. Jh. mit G. Flaubert und H. James auf und gewinnt großen Einfluss auf die Lit. der Moderne. Der Ich-E. schließlich ist mit einer Figur der

Erzählung identisch. Im Einzelnen führte diese Typologie Stanzels, so sehr sie geeignet war, historische Traditionslinien zu verdeutlichen, bald zu beachtlichen kategorialen Problemen. Die neuere Erzähltheorie (vgl. Genette, Martinez/Scheffel) verzichtet darum meist auf die Entwicklung von E.typologien, trennt die einzelnen, für den E. relevanten Analysekategorien (Wissen, ↗ Perspektive bzw. Fokalisierung, Stimme) und setzt darauf, dass sich eine differenzierte Beschreibung von E.n narrativer Texte eher aus der Kombinatorik der einzelnen Analysekategorien als aus der Anwendung von Typologien ergeben wird (↗ Diegese). Nicht durchgesetzt hat sich auch der Vorschlag K. Hamburgers, angesichts der mannigfachen Varianten unpersönlichen und neutralen Erzählens gerade in der Moderne ganz auf den personifizierenden Begriff des E.s zu verzichten und stattdessen bei fiktionaler Rede generell von einer ›Erzählfunktion‹ zu sprechen.
Lit.: W. C. Booth: The Rhetoric of Fiction. Chicago 1961. – G. Genette: Die Erzählung [frz. 1972/83]. Mchn. 1994. – K. Hamburger: Die Logik der Dichtung. Stgt. 1957. – M. Martinez, M. Scheffel: Einf. in die Erzähltheorie. Mchn. 1999. – F. K. Stanzel: Typische Formen des Romans. Gött. 1964. – Ders.: Theorie des Erzählens. Gött. 1979. – R. Zeller: E. In: RLW. – Dies.: E.kommentar. In: RLW. BA

Erzählforschung ↗ Narratologie, ↗ Erzähltheorie.

Erzähllied, lyrisch-epische Gattung, im Unterschied zur ↗ Ballade jedoch ohne dramatische Elemente. In Ansätzen schon bei Neidhart von Reuental, ausgebildet dann um 1300 von Johannes Hadloub (der im E. den höfischen Minnekult in fiktiv-realistischer Umwelt ausmalt), begegnet das E. auch bei Oswald von Wolkenstein. Die Grenze zu Volksballaden und Volkslegenden (belegt seit dem 14. Jh.) ist fließend. GS/Red.

Erzählte Zeit, Dauer, welche die Handlung einer erzählten Geschichte in Anspruch nimmt. Im Unterschied zur ↗ Erzählzeit, die durch außerfiktionale Kriterien bestimmt werden muss, ergibt sich die e. Z. aus innerfiktionalen (expliziten oder impliziten) Zeitangaben. Setzt man e. Z. und Erzählzeit zueinander ins Verhältnis, erhält man das Erzähltempo oder die Erzählgeschwindigkeit einer Erzählung. Man unterscheidet zeitdeckendes Erzählen oder die ›Szene‹ (die e. Z. entspricht annähernd der Erzählzeit), zeitraffendes Erzählen (die e. Z. ist länger als die Erzählzeit) und zeitdehnendes Erzählen (die e. Z. ist kürzer als die Erzählzeit). Bedeutsam für die narrative Praxis sind die beiden Extremfälle zeitdehnenden und zeitraffenden Erzählens: die Pause (während die Erzählzeit weiterläuft, rückt die e. Z. nicht voran) und die Ellipse (Zeitsprung, Aussparung).
Lit.: G. Genette: Die Erzählung [frz. 1972/83]. Mchn. 1994. – E. Lämmert: Bauformen des Erzählens. Stgt. 1955. – M. Martinez, M. Scheffel: Einf. in die Erzähltheorie. Mchn. 1999.– G. Müller: Morphologische Poetik. Darmstadt 1968. – P. Stocker: Erzähltempo. In: RLW. BA

Erzähltheorie [frz. *narratologie*, engl. *narratology*], in der älteren Forschung häufig auch: Erzählforschung; heute meist: ↗ Narratologie; systematische Beschreibung der Darstellungsformen, Handlungsstrukturen und Funktionen des Erzählens. E.n versuchen, das spezifisch Narrative (Erzählerische) an Erzählwerken zu erfassen. Dabei konzentrieren sie sich 1. auf die Art und Weise, wie die Handlung erzählerisch vermittelt wird (*discours*), oder 2. auf die erzählte Handlung (*histoire*) oder aber 3. auf die Funktionen des Erzählens. Zur ersten Gruppe gehören E.n, welche die Vermittlung des Erzählten durch die Figur eines Erzählers (K. Friedemann, W. C. Booth, F. K. Stanzel) oder andere Aspekte der Darstellung wie Zeitgestaltung oder Perspektivierung betonen (E. Lämmert, G. Genette). Zur zweiten Gruppe gehören Ansätze, die Tiefenstrukturen der erzählten Handlung erfassen, welche von der Art und Weise der erzählerischen Präsentation unabhängig sind (V. Propp, N. Frye, C. Bremond, T. Todorov); solche E.n erfassen über den Bereich der erzählenden Lit. hinaus die Darstellung von Handlungen in jeglicher Darbietungsform, in fiktionalen wie in nichtfiktionalen Texten, mit Hilfe von Sprache, Bildern oder anderen Medien. Zur dritten Gruppe zählen Ansätze, die z. B. anthropologische, soziale oder kognitive Funktionen des Erzählens in den Mittelpunkt stellen (A. Jolles, W. Labov, M. Fludernik).
Lit.: T. Kindt, H.-H. Müller (Hg.): What is Narratology? Bln., NY 2003. – M. Martinez, M. Scheffel: Einf. in die E. [1999]. Mchn. ⁶2005. – A. Nünning: E. In: RLW. – F. K. Stanzel: Theorie des Erzählens [1978]. Gött. ⁷2002. MM

Erzählung, 1. Oberbegriff für alle erzählenden Darstellungen von faktualen/realen oder fiktiven ↗ Handlungen: a) Dieser allg. Begriff von E. (engl. *narrative*) umfasst alle lit. Erzähltexte wie ↗ Epen, ↗ Romane, ↗ Novellen oder ↗ Balladen. Er hat in der neueren lit.wissenschaftlichen Forschung den Fundamentalbegriff ↗ ›Epik‹ abgelöst. b) Der Begriff umfasst aber auch alle alltäglichen oder in nicht-lit. Textsorten realisierten, schriftlichen oder mündlichen Präsentationen von Geschehnissen, soweit diese eine Erzählinstanz aufweisen, die eine zeitlich organisierte, also durch mindestens eine Veränderung (↗ Ereignis) charakterisierte Handlungs- oder Geschehensfolge, eine reale oder fiktive ›Geschichte‹, erzählt (z. B. Alltagserzählungen, Biographien, Autobiographien, Werke der Geschichtsschreibung oder Zeitungsmeldungen).
2. Gattungs- oder Sammelbegriff für lit. Erzähltexte mittleren Umfangs: a) Als *Sammelbegriff* für lit. Erzähltexte mittleren Umfangs – also kürzer und weniger komplex als Romane und Epen, aber länger als ↗ Witz oder ↗ Skizze – ist ›E.‹ weitgehend unumstritten. b) Als *Gattungsbegriff* im Ggs. etwa zu ↗ Kurzgeschichte, ↗ Novelle u. a., zumeist inhaltlich zu bestimmenden Erzähltexten mittlerer Länge (z. B. ↗ Fabel, ↗ Legende, ↗ Märchen, ↗ Kalendergeschichte) ist ›E.‹ jedoch umstritten, da keine allg. anerkannte, begriffsscharfe Be-

stimmung vorliegt. Probleme bereitet insbes. das Verhältnis der E. zur Novelle und zur Kurzgeschichte. Als – zur Bildung eines Gattungsbegriffs allerdings nicht hinreichende – Kriterien hat man das Fehlen dramatischer Begebenheiten (im Ggs. zur Novelle) oder einer Schlusspointe (im Unterschied zur Kurzgeschichte), die Darstellung des Alltäglichen statt des Außergewöhnlichen oder auch die Einbeziehung philosophischer Reflexionen in das Erzählen anzuführen versucht. – Im 18. Jh. setzt sich die poetische E. im Sinne des Sammelbegriffs und im Unterschied zu älteren Formen wie dem ↗ Schwank oder der ↗ Fazetie allmählich durch, zunächst meist als ↗ Verserzählung. Im 19. und 20. Jh. entwickelt sich eine Konkurrenz von Novelle und E. – und zwar auf der Ebene der Begriffe, der Bez.en und der Texte selbst (A. Stifter, W. Raabe, Th. Mann). Angesichts der anhaltenden Definitionsprobleme tritt heute der Gattungsbegriff ›E.‹ meist zugunsten des Sammelbegriffs zurück.
Lit. zu 1.: A. C. Danto: Narration and Knowledge. NY 1985. – D. Herman: Scripts, Sequences, and Stories. In: PMLA 112 (1997), S. 1046–1059. – R. Koselleck, W.-D. Stempel (Hg.): Geschichte – Ereignis und E. Mchn. 1973. – M. Leubner, A. Saupe: E.en in Lit. und Medien und ihre Didaktik. Baltmannsweiler 2006. – M. Martinez, M. Scheffel: Einf. in die Erzähltheorie. Mchn. 1999. – M. Schmeling, K. Walstra: E.₁. In: RLW – W.-D. Stempel: Zur Frage der konversationellen Identität konversationeller E.en. In: E. Lämmert (Hg.): Erzählforschung. Stgt. 1982, S. 7–32. – H. White: Die Bedeutung der Form. Erzählstrukturen in der Geschichtsschreibung [engl. 1987]. Ffm. 1990.
Zu 2.: H. Aust: Novelle. Stgt. 1990. – H. Dedert: Die E. im Sturm und Drang. Stgt. 1990. – R. Meyer: Novelle und Journal. Stgt. 1987. – J. Müller: Novelle und E. In: EG 16 (1961), S. 97–107. – K. K. Polheim: Hb. der dt. E. Düsseldorf 1981. – M. Schmeling, K. Walstra: E.₂. In: RLW. USP

Erzählzeit, Dauer, die das Erzählen einer Geschichte benötigt. Im Unterschied zur ↗ erzählten Zeit, deren Umfang aufgrund von Hinweisen im Text oft relativ genau angegeben werden kann, ist die Erzählzeit relativ unbestimmt. Einen annähernden Orientierungswert für ihre Bestimmung findet man allerdings in der jeweiligen (etwa in Seiten oder Zeilen anzugebenden) Länge eines Textes bzw. Textausschnitts. Von Bedeutung ist die E. v. a. im Hinblick auf die Bestimmung des Erzähltempos eines narrativen Textes. BA

Erziehungsroman, Romantypus, in welchem die Erziehung eines jungen Menschen – im Unterschied zum verwandten ↗ Bildungsroman – als gezielter pädagogischer Formungsprozess dargestellt wird. Der E. dient dabei häufig auch der exemplarischen Veranschaulichung eines theoretischen Erziehungsprogramms. Durch die Fokussierung auf den Erziehungsaspekt unterscheidet er sich vom ↗ Adoleszenzroman, in dem das Leben und die Probleme Heranwachsender ohne Einengung auf die pädagogische Perspektive thematisiert werden. – Historisch entwickelt sich die E. aus Genretraditionen der ↗ Autobiographie, des ↗ Fürstenspiegels und der pädagogischen ↗ Sachprosa (Erziehungsratgeber, Benimmbücher). Er erlebt eine Blütezeit im pädagogisch geprägten Zeitalter der ↗ Aufklärung. Als E.e gelten Xenophons »Kýru paideía« (›Erziehung des Kyros‹, 4. Jh. v. Chr.), F. Fénelons »Télémaque« (1699), J.-J. Rousseaus »Émile« (1762) und J. H. Pestalozzis »Lienhard und Gertrud« (1780–87). Der E. kann auch in geschlechtsspezifisch umgedeuteter Form auftreten (C. Lennox: »The Female Quixote«, 1799). Zu Beginn des 20. Jh.s wird die Erziehung vermehrt unter negativen Vorzeichen thematisiert; damit ist eine Abgrenzung vom Adoleszenzroman kaum noch möglich (H. Hesse: »Unterm Rad«, 1906; R. Musil: »Die Verwirrungen des Zöglings Törleß«, 1906).
Lit.: R. A. Barney: Plots of Enlightenment. Stanford 1999. – R. Granderoute: Le roman pédagogique. 2 Bde. Bern u. a. 1983. IS/JH

Esbatement, m., ↗ Klucht.

Eschatologie ↗ Apokalypse.

Eskapismus, m. [von engl. *to escape* = entfliehen], 1. im weiteren Sinn: jede Abwendung von der Realität (z. B. als ↗ Exotismus) und Flucht aus sozialer Verantwortung; 2. im engeren Sinn: pejorativ gebrauchter Begriff, mit welchem der moralische Vorwurf gegen bestimmte Richtungen der Lit. verbunden ist, sie schaffen eine Ersatzwelt des schönen Scheins, die soziale Fragen nicht beachte. So wird der Begriff etwa von zahlreichen Lit.kritikern zwischen den beiden Weltkriegen verwendet, die in Strömungen wie ↗ Expressionismus, ↗ Surrealismus, ↗ esoterischer Lit. und ↗ *l'art pour l'art* einen ästhetizistischen, exotistischen oder provinzialistischen E. aufzuweisen versuchen. Die ↗ marxistische Lit.wissenschaft benutzt ›E.‹ als Vorwurf gegen ↗ Formalismus und Experiment. – 3. Im therapeutischen Sinn eine ↗ Funktion der Kunst: Kunst als Ersatzbewältigung (↗ Katharsis) oder Sublimierung von Schuld- und Lebensproblemen. CSR

Esoterisch, Adjektiv [gr. *esōterikós* = innerlich], Eigenschaft von Lehren und Schriften, die nur für einen ausgesuchten Kreis bes. Begabter oder Würdiger bestimmt und für Laien unzugänglich sind. Der Begriff wurde in der Antike als Ggs. zu ↗ ›exoterisch‹ gebildet und bezog sich auf die streng schulmäßige, nicht lit. fixierte Philosophie (z. B. die Platons; früheste Belege bei Lukian und Galen, 2. Jh. n. Chr.); er wurde jedoch schon in der Antike (im Anschluss an Mysterienkulte und die pythagoreische Tradition) erweitert und zur Bez. der bewussten Geheimhaltung bestimmter Lehren verwendet. Analog wurde ›e.‹ auf neuzeitliche Lit. übertragen im Sinne von bewusster oder faktischer Geheimhaltung, die man entweder (etwa in der Lessing-Forschung) durch die fehlende Veröffentlichung oder aber (z. B. in der Beurteilung bestimmter Werke des Symbolismus, bes. Georges und des George-Kreises) durch eine nur für Eingeweihte verständliche, gleichsam kultisch kodifizierte Geheimsprache gewahrt sieht. – Texte, die sich grundsätzlich gegen jedes Verständnis sperren, werden meist als ↗›hermetische Lit.‹ bezeichnet. HD/Red.

Esprit ↗ Witz.

Essay, m. [ˈɛse, auch: ɛˈse; engl. *essay*; frz. *essai* = (Kost-)Probe, Versuch], nicht-fiktionale, aber lit. stilisierte Gebrauchsform der Prosa, die nicht eindeutig von ↗ Aufsatz, ↗ Abhandlung (2), ↗ Traktat und ↗ Feuilleton abzugrenzen ist. Die neuere Forschung verzichtet weitgehend auf die Definition der Gattungsform und konzentriert sich auf die Analyse des – erstmals von R. Musil im »Mann ohne Eigenschaften« so genannten – ›Essayismus‹ als Denk- und Schreibverfahren in unterschiedlich geformten Texten. – Nach der Blütezeit des E.s um 1900 haben sich Philosophen wie G. Lukács, Th. W. Adorno und M. Bense sowie Lit.historiker wie H. Haas und K. Rohner um eine Begriffsbestimmung bemüht, die für die gesamte Geschichte des E.s von M. de Montaigne und F. Bacon bis zur Gegenwart gelten soll. Kennzeichnend für den E. ist danach eine Offenheit des Denkens, eine Methode des Fragens und Suchens, die einerseits der Komplexität der Erfahrungswirklichkeit gerecht werden will und andererseits allen Dogmen des Glaubens und Systemen der Wissens skeptisch entgegentritt: Im E. werde das Denken und Schreiben zum Experiment, zur unabgeschlossenen Wahrheitssuche, die unterschiedliche Möglichkeiten durchspiele und das Fazit dem Leser überlasse. Der epistemologischen Offenheit des E.s entsprechen die in ihm verwendeten rhet. und ästhetischen Verfahren: das Umkreisen eines Themenkomplexes in Variationen, der Wechsel von Perspektiven, die Einschaltung von Assoziationen und Digressionen, die Wahl eines betont einseitigen Standpunktes mit dem Ziel, den Leser zum eigenen Denkentwurf zu provozieren, das Operieren mit These und Antithese, der Gebrauch von Analogien und Paradoxa, die Ersetzung von Argumenten durch ↗ Metaphern und Exempla (↗ Beispiel). Der Autor kann (so schon bei Montaigne) die Darstellung stark subjektivieren und individualisieren. Auf Grund seines Erkenntnisanspruchs und seiner Denk- und Schreibverfahren wird der E. im Schnittfeld »zwischen wissenschaftlicher und ästhetischer Wirklichkeitsaneignung« (E. Ostermann) angesiedelt. Thematisch wehrt sich der E. bewusst gegen die Festlegung auf einzelne Fachgebiete und Lebensbereiche. Im Gegenzug zur fortschreitenden Ausdifferenzierung der Wissensdiskurse, deren Ergebnisse er aber verwertet, dringt er auf die Verknüpfung der Erkenntnisse und Erfahrungen zu einer Einheit des ›Lebens‹, zu einer Totalität der ›Kultur‹ und fungiert so als ein kultureller ›Interdiskurs‹. – Obwohl sich strukturell verwandte Darstellungsformen schon in der Antike bei Plutarch, Cicero oder Horaz finden, lässt die Lit.wissenschaft die Geschichte des E.s gewöhnlich mit M. de Montaignes »Essais« (1580–95) beginnen, weil hier zum ersten Mal die unsystematische Denk- und Schreibmethode reflektiert und mit dem Gattungsbegriff verbunden wird.

1597 übernimmt F. Bacon die Bez. für seine philosophischen Betrachtungen (»Essayes«), die in ihrer sehr viel systematischeren, auf Objektivität zielenden Methode jedoch dem ↗ Traktat nahestehen. Bes. in England, aber auch in Frankreich setzt sich der Begriff im 17. und 18. Jh. als Bez. für philosophische Abhandlungen durch (J. Locke: »An E. Concerning Human Understanding«, 1690; J.-J. Rousseau: »Essai sur l'origine des langues«, 1781); bis heute werden im angelsächs. Bereich sowohl philosophisch-wissenschaftliche als auch lit. Darstellungen als *essays* bezeichnet. Blütezeit des E.s im engeren Sinne ist im engl. Sprachraum jedoch das 19. Jh. (J. Ruskin, M. Arnold, W. Pater; in den USA R. W. Emerson). In Deutschland wird der Begriff bis zur Mitte des 19. Jh.s so gut wie nie verwendet (wenn überhaupt, dann in der Übers. ›Versuch‹), obwohl essayistische Denk- und Schreibverfahren bereits von J. J. Winckelmann, G. E. Lessing oder J. G. Herder entwickelt und bes. von Frühromantikern wie F. Schlegel radikalisiert worden sind. Doch erst mit den »E.s« von H. Grimm (1859–90), die bewusst an das Vorbild von Emerson anschließen, setzt sich ›E.‹ als Gattungsbez. für wissenschaftlich informierte, aber lit. stilisierte Prosaaufsätze durch. Diese erscheinen überwiegend im Medium der Kulturzss. (z. B. »Dt. Rundschau«) und unterscheiden sich von den Feuilletonartikeln der Tageszeitungen durch einen größeren Seitenumfang und ein höheres Bildungsniveau. Ihr inhaltliches Spektrum umfasst alle möglichen Themen aus Natur und Kultur. Gegen 1900 verringert sich der Anteil der Universitätsprofessoren unter den Essayisten, sie werden durch ›freischwebende‹ Intellektuelle und Schriftsteller ersetzt, die den E. teilweise zu einer dichterischen Prosaform erheben (R. Kassner, H. v. Hofmannsthal, R. Borchardt, H. und Th. Mann). Der E. um 1900 wird einerseits zum bevorzugten Organ der ↗ Kulturkritik, andererseits dient er als Mittel der nationalen und europäischen Kulturpolitik, insofern er mit seinen Synthesen eine einheitliche ›Weltanschauung‹ herbeiführen soll. Den üblichen Umfang von 10–30 Seiten sprengen ›Groß-E.s‹ in Buchformat wie O. Spenglers »Der Untergang des Abendlandes« (1918). In der Weimarer Republik setzt sich die Blütezeit des E.s fort (W. Benjamin, S. Kracauer, H. Broch, R. Musil, G. Benn). Der Zss.- und Buch-E. bekommt Konkurrenz durch den Radio-E. Essayistische Formen und Verfahren wandern verstärkt in fiktionale Erzähltexte ein (Broch: »Die Schlafwandler«, 1931 f.; Musil: »Der Mann ohne Eigenschaften«, 1930–43), die mit der Aktivierung des ›Möglichkeitssinns‹ (Musil) dem ›Zerfall der Werte‹ (Broch) in der modernen Kultur entgegenarbeiten. Nach 1945 wird der E. von einzelnen Autoren weitergepflegt (H. E. Holthusen, Th. W. Adorno, H. M. Enzensberger, R. Menasse, D. Grünbein), verliert aber seine kulturpolitische Bedeutung mit dem Niedergang des Bildungspublikums. Intermediale Formen entstehen mit dem Film-E. (A. Kluge) und dem Fernseh-E. **Lit.:** Th. W. Adorno: Der E. als Form. In: ders.: Noten zur Lit. I. Ffm. 1958, S. 9–49. – M. Bense: Über den E. und seine Prosa. In: ders.: Plakatwelt. Stgt. 1952, S. 23–37. – W. Braungart, K. Kauffmann (Hg.): E.ismus um 1900. Hdbg. 2005. – L. Cerný: E. In: HWbPh. – G. Haas: E. Stgt. 1969. – K. G. Just: E. In: Dt. Philologie im Aufriß. 2., überarbeitete Aufl. Hg. v. W. Stammler. Bd. 2. Bln. 1960, Sp. 1897–1948. – G. Lukács: Über Wesen und Form des E.s. In: ders.: Die Seele und die Formen. Bln. 1911, S. 3–39. – W. Müller-Funk: Erfahrung und Experiment. Studien zu Theorie und Geschichte des E.ismus. Bln. 1995. – E. Ostermann: E. In: HWbRh. – L. Rohner: Der dt. E. Neuwied, Bln. 1966. – Ch. Schärf: Geschichte des E.s. Gött. 1999. – H. Schlaffer: E. In: RLW.   IS/KK

Essayismus ↗ Essay.

Estampie, f. [frz.; von vorahd. *stampôn = stampfen], afrz. Tanz, dessen Rhythmus durch Aufstampfen der Füße markiert wird, oft nur instrumentales Vortragsstück, im Aufbau der ↗ Sequenz verwandt (einfache Setzung der Versikel in doppeltem oder dreifachem Kursus), aber auch mit Texten verschiedener Thematik, z. T. als Tanzlied mit Refrain; verbreitet im 13. und 14. Jh. Verwandt ist die provenz. Estampida; ↗ Descort, ↗ Leich (Tanzleich).   GS/Red.

Estilo culto, m. [span. = gepflegter (d. h. gelehrter) Stil], ↗ Gongorismus.

Estribillo, m. [span.], ↗ Refrain, z. B. in der ↗ Letrilla.

Ethical criticism ↗ Ethik der Lit.

Ethik der Literatur, f. [von gr. *éthos* = Sitte, Gewohnheit; engl. *ethical criticism*], im weitesten Sinne das moralische Reflektieren über Gegenstände der Lit.wissenschaft. – Gegenstände einer E. d. L. können 1. der ethische Charakter von *in* lit. Werken zum Ausdruck kommenden Auffassungen, 2. die ethische Qualität lit. Werke als solcher, 3. die Auswirkungen der Lektüre lit. Werke auf die ethischen Kompetenzen der Leserschaft oder 4. die ›ethische Verantwortung‹ von Autoren sein. – Insbes. im angelsächs. Raum wird unter dem Etikett *ethical criticism* diskutiert, ob bzw. in welchem Umfang ethische Kategorien zur ästhetischen Beurteilung eines lit. Werkes herangezogen werden sollten. Eine Extremposition wird von Vertretern des sog. ›Ästhetizismus‹ behauptet, die Ethik und ↗ Ästhetik als zwei vollständig distinkte Bereiche bestimmen. Demgegenüber kann geltend gemacht werden, dass lit. Werke in überwältigender Mehrzahl von menschlichen Werten handeln, zu denen ethische in jedem Fall hinzuzuzählen sind. Moderatere Positionen bestehen daher darauf, ethische Erwägungen müssten Bestandteil der ästhetischen Würdigung zumindest einiger lit. Werke sein, und unterstreichen, dass ethische ›Defekte‹ eines Werks unter Umständen als ästhetische Mängel anzusehen seien (vgl. Carroll). Die Frage, ob lit. Werken die Funktion der Vermittlung ›moralischen Wissens‹ zukommt, ist umstritten. Auf der einen Seite wird geltend gemacht, im Zuge der Lektüre könne die ethische Kompetenz von Lesern befördert werden; diese könnten neue moralische Überzeugungen gewinnen,

ihre ›moralische Sensibilität‹ verfeinern, die Anwendungsbedingungen moralischer Kategorien besser zu verstehen lernen oder zu moralischem Handeln motiviert werden (vgl. Cunningham). Kritiker betonen dagegen, dass zumindest fiktionale lit. Werke die in ihnen enthaltenen moralischen ›Sichtweisen‹ nicht argumentativ begründen und damit rechtfertigen könnten (vgl. New), oder sie betonen – wie schon im ↗ New Criticism – die Irrelevanz moralischer Auswirkungen für die ästhetische Würdigung lit. Werke. Theoretiker der ↗ ›Postmoderne‹, die den Gedanken ›absoluter‹ Werte ablehnen, sprechen lit. Darstellungsformen oft bes. Chancen der Vermittlung ethischer Einsichten zu (vgl. Gibson, Weston). – Ein frühes Beispiel der Wahrnehmung von Lit. unter ethischen Gesichtspunkten ist die ›Dichterschelte‹ Platos. Weitere Belege sind Horaz' »Ars Poetica« oder J. Ch. Gottscheds »Critische Dichtkunst«. Erst unter dem Einfluss der im späten 18. Jh. entwickelten Theorien I. Kants verliert der Zusammenhang von Lit. und Ethik seine Selbstverständlichkeit in der ästhetischen Theorie. In der lit. Praxis kann von einer strikten Trennung von Lit. und Ethik zu keinem Zeitpunkt die Rede sein.

Lit.: N. Carroll: Art and Ethical Criticism. In: Ethics 110 (2000), S. 350–387. – A. Cunningham: The Heart of What Matters. The Role for Literature in Moral Philosophy. Berkeley, Ldn. 2001. – A. Gibson: Postmodernity, Ethics and the Novel. Ldn., NY 1999. – Ch. New: Philosophy of Literature. Ldn., NY 1999. – [Themenheft:] Ethics and Literary Studies. PMLA 114 (1999). – M.W. Roche: Die Moral der Kunst. Mchn. 2002. – M. Weston: Philosophy, Literature and the Human Good. Ldn., NY 2001.   TK

Ethnikon ↗ Antonomasie.

Ethnographie ↗ Ethnologie und Lit.

Ethnologie und Literatur. Ethnologie [= E.; von gr. *éthnos* = Volk als kulturell definierte Gemeinschaft] ist »die Wissenschaft vom kulturell Fremden« (K.-H. Kohl). Zum terminologischen Feld zählen der nah verwandte Begriff ›Ethnographie‹, ferner ›Anthropologie‹, ›Kulturanthropologie‹, ›Volkskunde‹ und ›Völkerkunde‹ – Bez.en, die in verschiedenen kulturellen Kontexten jeweils auch unterschiedliche Wissenschaftstraditionen repräsentieren. Im Dt. wird die Bez. ›Völkerkunde‹, die um 1770 gleichzeitig mit ›Völkerbeschreibung‹ und ›Ethnographie‹ geprägt wurde (vgl. Petermann, S. 284–297), als Synonym für ›E.‹ verwendet. Während für die E./Völkerkunde eine vergleichende, mithin auch kulturrelativistische, in der fremdkulturellen Begegnung auf wechselseitige Toleranz ausgerichtete Perspektive bestimmend ist, verschrieb sich die Volkskunde (in dieser Form eine spezifisch dt. Prägung) einer nationalhistorischen und oftmals ideologisch befrachteten Perspektive. In der angelsächs. Tradition ist der seit dem frühen 16. Jh. nachgewiesene Begriff *anthropology* verbreitet, der meist im Sinne von ›E.‹ gebraucht und (im Ggs. zum dt. ›Anthropologie‹) primär auf kulturelle Phänomene bezogen wird. Trotz der heterogenen Begriffstraditionen hat sich heute ein Konsens herausgebildet, dem zufolge *E.* als eine durch fremdkulturelle Erfahrung und Imagination getragene, vergleichende Theorie von Kulturformen aufgefasst wird, *Ethnographie* als deren beschreibende und aufzeichnende, meist auf empirischer Feldforschung fußende Praxis.

Historisch hat die E. mindestens dreierlei Wurzeln: 1. Seit der ↗Antike zählt die Beschäftigung mit fremden Ländern und Menschen zu den großen Sorgen und Faszinationen, die auch das elementare Register lit. Themen bestimmen. – 2. E. im disziplinären Sinne ist ein – politisch ambivalentes – Produkt des 18. und 19. Jh.s, ein »Bastard der Aufklärung und des Kolonialismus« (Petermann, S. 13). – 3. Unter den Bedingungen der ↗Moderne und vor dem Erfahrungshintergrund einer voranschreitenden Globalisierung erweist sich ›das Fremde‹ als eine in ihrer Produktivkraft für Wissenschaften und Künste kaum zu überschätzende kulturelle Ressource. Neben der Psychoanalyse, teils in Wechselwirkung mit ihr, avancierte die E. zur kulturellen Leitwissenschaft; Klassiker wie M. Meads »Coming of Age in Samoa« (1928) oder C. Lévi-Strauss' »Tristes tropiques« (1955) und »La pensée sauvage« (1962) wirkten mit ihren formelhaften Titeln und zugespitzten Thesen weit über die Fachgrenzen und die akademische Öffentlichkeit hinaus. – Die Blütezeiten ethnologischer Lit. entwickelten sich parallel zu den epochalen Schüben außereuropäischer Entdeckungs- und Erfahrungsprozesse. Mit dem Kolumbus-Zeitalter verbunden waren die leidenschaftlichen Plädoyers von B. de Las Casas und B. de Sahagún für die vom span. Eroberungszug bedrohten Indios. Die großen Weltumsegelungen im Zeitalter der ↗Aufklärung führten zu imposanten Bestandsaufnahmen und ↗Reiseberichten von teils dramatischer, teils idyllischer Faszinationskraft (L. A. de Bougainville, G. Forster, A. v. Humboldt).

Im 20. Jh. war es die von B. Malinowski formulierte und exemplarisch umgesetzte Methode der ›teilnehmenden Beobachtung‹, die der E. neue Impulse gab (»Argonauts of the Western Pacific«, 1922), während die späte Publikation von Malinowskis unbearbeitetem ↗Tagebuch seiner pazifischen Forschungsjahre (»A Diary in the Strict Sense of the Term«, 1967) ob ihrer rassistischen Ausfälle heftige Kritik hervorrief. Das Dilemma zwischen verständnisvoller Annäherung und vorurteilsgelenkter Abwehr stellt sich nicht zufällig als ein Konflikt zweier Textsorten dar: Die ethnographische Arbeit des Feldforschers ist wesentlich eine Arbeit an und mit der lit. Darstellungsform, die auf Popularisierung zielt, so dass der Forscher zum Schriftsteller wird (vgl. Geertz).

Von lit. E. ist in dreifachem Sinne zu sprechen: 1. stellt sich das ethnologische Wissen wesentlich als ein schriftlich fixiertes, auf kollektiven Überlieferungen und mündlichen Informationen beruhendes Quellenkorpus dar, das 2. v. a. in seinen Feldforschungs-Antei-

len narrativ und szenisch durchkomponiert, insofern nach lit. Kategorien beschreibbar ist; 3. wird das ethnologisch gewonnene Wissen über fremde Kulturen flankiert von genuin lit. Diskursformen wie dem (realen oder fiktiven) Reisebericht, der phantastisch anmutenden Erzählung von fremden Welten oder gar der pseudo-dokumentarischen Brieflit. nach dem Muster von Ch.-L. de Montesquieus »Lettres persanes« (1721), in welchen eine fiktive arab. Reisegruppe ihre befremdlichen Eindrücke aus Europa schildert. Zu einem erheblichen Teil verstand sich die ethnologische Forschung selbst als eine auf lit. Zeugnisse gerichtete Recherche- und Sammlungsaufgabe. So suchte der Afrikaforscher L. Frobenius die geistige Substanz des von ihm bereisten Kontinents vornehmlich in den von ihm gesammelten ↗Mythen, ↗Märchen und ↗Sagen zu erfassen (»Paideuma«, 1928), welche in den 1930er Jahren die Protagonisten der Pariser ↗Négritude-Bewegung (L. Senghor, A. Césaire) als authentischen Ausdruck afrikanischen Wesens begrüßten.

E. u. L. haben keine strikt abgegrenzten Gegenstandsbereiche, sondern ruhen auf der gemeinsamen Grundlage symbolischen Handelns, das sich in Texten niederschlägt. Hier wie dort haben wir es mit durch sprachliche Artikulationsmuster geformten, subjektiv perspektivierten Versionen von Wirklichkeit zu tun. In der E. verflechten sich auf schwer zu entwirrende Weise die Tätigkeiten des Beobachtens, Darstellens und Deutens; die dabei entstehenden Texte weisen einen beachtlichen Grad an ↗Fiktionalität auf, bes. dann, wenn ethnologische Abhandlungen anfangen, selber zu dichten und zu phantasieren, wofür S. Freuds Schrift »Totem und Tabu« (1913) ein viel kritisiertes Beispiel abgibt. Die elementarste Gemeinsamkeit ethnographischer und narrativer Lit. liegt darin, dass sowohl Feldforschungen wie ↗Romane und ↗Erzählungen einen Plot aufweisen, d. h. einen auf der Basis raumsemantischer Strukturen von einem individuellen Protagonisten durchlaufenen Handlungsbogen. Die basalen Elemente der Narration, von V. Propp aus den rekurrenten Strukturen russ. Zaubermärchen abgeleitet (»Morphologie des Märchens«, russ. 1928, dt. 1975), formieren sich aus der Entgegensetzung zweier Welten; um deren Kluft zu überwinden, braucht es einen ↗Helden und seine Tatkraft. Als Bewegungsablauf ist das Plot-Modell von Ausfahrt, Absenz und Wiederkehr strukturell verwandt mit der raumzeitlichen Dynamik einer Reise; in seinen agonalen Motiven des Bewährungskampfes hat es Affinitäten zu den unkalkulierbaren Abenteuern kultureller Alterität. Für den ethnographischen Forschungsreisenden besteht die Herausforderung darin, zu den Anderen zu gehen und dort eine Weile zu bleiben, freilich nicht für immer. Wer Held sein will, muss sich gegenüber der eigenen Bezugsgruppe auszeichnen durch den mutigen Wechsel auf die Seite des Fremden, er muss das Fremde aufnehmen, ohne dabei die kontrastive Grundorientierung am Eigenen und das Ziel der bilanzierenden

Rückkehr aus den Augen zu verlieren. Da das Reisen zumal in überseeische Gefilde im vorindustriellen Zeitalter monatelange, oft sogar jahrelange Abwesenheit erforderte, dauerte die Ausnahmesituation des Unterwegsseins lange genug, um massive Veränderungen in den Gewohnheiten der Reisenden hervorzurufen. – Diese in der E. theoretisch reflektierten Mechanismen von mimetischer Assimilation und machtgestützter Distanz, von Verlangen und Abwehr werden in lit. Texten seit der ↗ Frühen Neuzeit immer wieder als modellhafte ›ethnographische Situationen‹ durchgespielt. Als Prototyp des neuzeitlichen ↗ Abenteuerromans entwirft D. Defoes »Robinson Crusoe« (1719) die Gestalt des Reisenden, der auf einer einsamen Insel strandet. Des Verfahrens einer ›stationären Reise‹ bedient sich auch J. Swifts satirischer Roman über einen engl. Schiffsarzt: »Gullivers Reisen«, 1726 unter dem Titel »Travels into Several Remote Nations of the World« erschienen, folgen dem kulturkontrastiven Schema der »Lettres Persanes«, indem sie den Helden einer ganzen Serie von episodischen Aufenthalten in fremden Welten aussetzen, von denen einige erheblich veränderten Größenmaßstäben unterliegen. Die aus solchen fiktiven Abenteuern zu gewinnende Einsicht in die perspektivische Variabilität von Größen- und Herrschaftsverhältnissen regt dazu an, mit aufklärerischer Distanz und Selbstironie auf die Sitten und Gebräuche Europas zu blicken und dessen Wahrnehmungsmuster zu relativieren. Die Dramaturgie der stationären Reise formt ebenso die schon aus der ersten Kolonialphase in Mittel- und Südamerika bekannte Textsorte der *Captivity Narratives*, der mehr oder minder authentischen Berichte von Schiffbrüchen, Verirrungen oder Überfällen mit nachfolgender längerer Gefangenschaft unter ›Wilden‹ und anschließender Restitution der kulturellen Differenz (H. Staden, G. Guerrero, A. Nuñez Cabeza de Vaca). Am prägnantesten ist der hieraus erwachsende Konflikt in H. Melvilles Südsee-Romanen »Typee« (1846) und »Omoo« (1847) gestaltet. Melville entwirft hier die Gestalt des »beachcombers«, der auf einem Schiff zu einer der mit paradiesischer Naturnähe lockenden pazifischen Inseln gelangt, dort die Seiten wechselt und für mehrere Monate ein Leben im Stile der Insulaner führt. P. Gauguin und R. L. Stevenson setzen diesen Aussteigertraum später in die Tat um. Der frz. Schiffsarzt V. Segalen verfasst bei einem Aufenthalt auf Neukaledonien im Jahre 1904 den ethnographischen Roman »Les Immémoriaux«, in dem aus der Perspektive der Polynesier über die kulturzerstörende Arbeit europäischer Missionare berichtet wird. Im Werk des Schriftstellers und Ethnologen M. Leiris verbindet sich eine vitale, durch die Ästhetik des ↗ Surrealismus verstärkte Bewunderung der Ausdrucksformen und Kulte Schwarzafrikas mit einer kritischen Perspektive auf die kolonialen Gewaltaspekte der ethnographischen Sammel- und Forschungstätigkeit. Leiris' Aufzeichnungen von seiner Teilnahme an der sog. Dakar-Djibouti-Expedi-

tion 1931–33 klagen den skrupellosen Zugriff an, mit dem sich die Exkursion ihre Informationen und Beutestücke unter der Protektion des frz. Kolonialregimes verschafft hat. Leiris' Buch »L'Afrique fantôme« (1934) hatte nach dem Zweiten Weltkrieg großen Einfluss auf die im Zeichen des ↗ Postkolonialismus vorgetragene Kritik am imperialen Erbe der E. sowie auf die US-am. Methodendebatte der 1980er Jahre (vgl. Clifford/Marcus), in der erörtert wurde, inwieweit der Blick des Ethnologen zu einer poetischen und hermeneutischen Vor-›Fabrikation‹ der erzielten Forschungsergebnisse führe. Von eurozentrischer (oder nordam.) Voreingenommenheit sind jedoch auch die Kritiker der traditionellen E. nicht frei.
Ein bes. Fall ist H. Fichte, der sich seit Anfang der 1970er Jahre intensiv mit afroam. Kulten beschäftigte und zahlreiche Reisen in die Karibik, nach Mittel- und Südamerika und nach Nordwestafrika unternahm. In Fichtes Arbeiten nimmt die Polemik gegen die Schul-E., bes. gegen Lévi-Strauss, einen großen, vom kritischen Geist der 68er-Jahre erfüllten Raum ein. Zugleich ist Fichtes Blick auf die von exotischen Kulten durchsetzten Lebenswelten Brasiliens und Mittelamerikas getragen von einer Sehnsucht nach atavistischen Ritualen und körperlichen Grenzerfahrungen, in der uralte und triviale Motive europäischer Zivilisationsflüchtlinge aufleben. Verlegenheitshalber hat man Fichtes Œuvre gelegentlich mit dem irreführenden Etikett ›Ethnopoesie‹ versehen. Die ›unreine‹ oder hybride Mischung der Interessen und Genres hat bei diesem Autor jedoch Methode, wie v. a. der erst postum veröffentlichte vielbändige Zyklus »Geschichte der Empfindlichkeit« (1986–2006) zeigt (darin z. B. »Forschungsbericht«, 1989; »Explosion. Roman der E.«, 1993). Auch in seiner Fragwürdigkeit legt dieses nicht nur in der dt.sprachigen Lit. einzigartige Versuchslabor ethnologischer Selbsterkundungen ein ästhetisch eindrucksvolles Zeugnis ab für das unheilbar subjektive Dilemma einer seit je von Lust und Angst getriebenen »Wissenschaft vom Fremden«.
Lit.: E. Berg, M. Fuchs (Hg.): Kultur, soziale Praxis, Text. Ffm. 1993. – J. Clifford, G. E. Marcus (Hg.): Writing Culture. Berkeley 1986. – M. Frank: Kulturelle Einflussangst. Inszenierungen der Grenze in der Reiselit. des 19. Jh.s. Bielefeld 2006. – C. Geertz: Die künstlichen Wilden [engl. 1988]. Mchn., Wien 1990. – K.-H. Kohl: E. – die Wissenschaft vom kulturell Fremden. Mchn. 1993. – W. Petermann: Die Geschichte der E. Wuppertal 2004. – E. Schüttpelz: Die Moderne im Spiegel des Primitiven. Mchn. 2005. AHD

Ethnopoesie ↗ Ethnologie und Lit.

Ethopoeie, f. [gr. *ethopoiía* = Charakterdarstellung], 1. ↗ rhet. Figur, Form der ↗ Sermocinatio: fiktive Rede, die einer historischen, mythologischen oder erdichteten Gestalt in den Mund gelegt wird (z. B. zur Charakterisierung ihrer Gemütslage, vgl. Ovid: Niobes Klage in den »Metamorphosen« VI, 170–202). Verwandt sind die ↗ Prosopopöie, die Einführung konkreter Erscheinungen (bes. aus dem Bereich der Natur: Flüsse, Winde usw.) oder abstrakter Begriffe (Liebe, Alter) als redende (z. T. auch handelnde) Personen, und die *eidolopoeie*, die einem Toten beigelegte Rede. Auch ↗ Personifikation, ↗ Allegorie. – 2. In der Rhet. das Vermögen, eine Rede so zu gestalten, dass der Redner als Biedermann erscheint, bes. von Lysias (ca. 445–380 v. Chr.) geübt. ↗ Imitatio (1 c). HHS/Red.

Etym, n. [gr. *étymon* = das Wahre], Wurzelwort; von A. Schmidt (»Der Triton mit dem Sonnenschirm«, 1969) eingeführter Begriff für sog. ›Wortkeime‹, die unter der kontrollierten Bewusstseinssprache liegen sollen; ihre Interpretation mittels phonetischer Anklänge erlaube die Entschlüsselung des ›eigentlich Gemeinten‹, z. B. Einfall – ein Phall(us). Bewusstes Stilmittel in Schmidts »Zettels Traum« (1970). HHS/Red.

Etymologie, f. [aus gr. *étymos* = wahr, *lógos* = Wort, Lehre], Lehre von der Entstehung, Verwandtschaft und formalen wie inhaltlichen Entwicklung der lexikalischen Einheiten einer Sprache; Teilbereich der historischen (diachronen) Sprachwissenschaft, gleichzeitig aber auch deren Grundlage. Die moderne etymologische Forschung fragt nach Grundwort, Benennungsmotiv, Laut- und Bedeutungsgeschichte, Bildungstyp, Gebrauchsbedingungen und Verwandtschaftsbeziehungen von Wörtern, umfasst also Fragen sowohl nach der Entstehung als auch nach der Geschichte eines Wortes mit dem Ziel, umfassende Wortbiographien zu erstellen. Berücksichtigt werden dabei neben sprachinternen auch sprachexterne (z. B. soziologische oder kulturhistorische) Faktoren. – In der antiken Philosophie (z. B. Platon: »Kratylos«) galt die E. als ›Lehre von der wahren (ursprünglichen) Bedeutung eines Wortes‹; sie sollte den wesenhaften Zusammenhang zwischen der Lautgestalt eines Wortes und der von ihm bezeichneten Sache erhellen. Mangels sprachtheoretischen und -geschichtlichen Wissens behielt die etymologische Forschung bis weit in die Neuzeit hinein ihren überwiegend spekulativen Charakter (im 18. Jh. etwa bei J. G. Hamann und J. G. Herder). Erst mit den Erkenntnissen der im frühen 19. Jh. begründeten historisch-vergleichenden Sprachwissenschaft (R. K. Rask, F. Bopp, J. Grimm) erhielt die E. eine wissenschaftliche Grundlegung und Methode, systematisch dargestellt erstmals in den »Etymologischen Forschungen auf dem Gebiete der Indo-Germanischen Sprachen« (1833/36) von A. F. Pott. – Eine ebenso problematische wie wirkungsmächtige Wiederbelebung der spekulativen E. unternahm im 20. Jh. der Philosoph M. Heidegger in seinen Arbeiten zu kanonischen Texten der europäischen Geistesgeschichte. An ihn knüpft etwa J. Derrida an.

Lit.: A. Bammersberg: Geschichte der etymologischen Forschung seit dem Beginn des 19. Jh.s. In: W. Besch u. a. (Hg.): Sprachgeschichte. Teilbd. 1. Bln., NY ²1998, S. 775–786. – U. Ruberg: Etymologisieren. In: RLW. – R. Schmitt (Hg.): E. Darmstadt 1977. – E. Seebold: E. Mchn. 1981. CK

Euhemerismus, m., eine Theorie, welche die Entstehung von Göttern aus menschlichen Helden und Herrschern ableitet, die aufgrund ihrer Verdienste in den Status der Göttlichkeit erhoben wurden. Benannt ist sie nach dem gr. Ethnographen Euhemeros von Messene (um 300 v. Chr.), der in seinem verlorenen staatsutopischen Roman »Hierá anagraphé« (›Heilige Aufzeichnung‹) einen Zeustempel auf der fiktiven Inselgruppe Panchaia beschreibt, in dem eine Inschrift bezeuge, Uranos, Kronos und Zeus seien die ältesten Könige dieser Insel gewesen. Allerdings ist die – lediglich in späteren Bruchstücken bei Diodoros Siculus, Ennius und Eusebius überlieferte – Theorie älter als ihr Namensgeber. – Beim E. handelt es sich um eine rationalistische Deutung des ↗ Mythos, die auch als Mythenkritik vorgetragen werden konnte und die v. a. der christliche Monotheismus im Zuge der Missionierung nutzte. So bildete der Hinweis auf die Grabstätten der Götter (z. B. das Zeus-Grab auf Kreta) sowie auf Herrschergenealogien, die sich auf Götter zurückführten, gute Angriffspunkte gegen polytheistische Religionen. Bei den Kirchenvätern konnte der E. als Erklärung des heidnischen Polytheismus durch die implizite Historisierung auch zur Integration der heidnischen Überlieferung in das christliche Weltbild dienen. Waren für Augustinus die Götter noch verdienstvolle Menschen (Iris, die gr. Göttin des Regenbogens, als Erfinderin der Schrift), so fasste Martin von Bracara (515–579) die Götter als böse Menschen auf, deren Kulte von Dämonen übernommen worden waren. – Umgekehrt konnte der E. jedoch auch zur Legitimierung des Herrscherkultes dienen.

Lit.: J. D. Cooke: Euhemerism. In: Speculum 1 (1927), S. 396–410. – R. Müller: Überlegungen zur *Hierá anagraphé* des Euhemeros von Messene. In: Hermes 121 (1993), S. 276–300. – M. Winiarczyk: Euhemeros von Messene. Mchn. 2002. WB

Euphemismus, m. [lat., von gr. *euphēmeín* = gute Worte sprechen], uneigentliche Rede, beschönigende Umschreibung (↗ Periphrase) von Unangenehmem, moralisch oder gesellschaftlich Anstößigem oder Unheilvollem, z. B. ›entschlafen‹ für sterben, ›Negativwachstum‹ für Rezession oder ›Deixel‹ für Teufel. Auch Fremdwörter werden als E. verwendet, z. B. ›Zerealien‹ für Frühstücksgetreide. Übersteigerte Verwendung des E. bewirkt häufig ↗ Ironie (z. B. in Th. Manns »Felix Krull«).

Lit.: G. Michel: E. In: RLW. – N. Zöllner: Der E. im alltäglichen und politischen Sprachgebrauch des Engl. Ffm. 1997. CSR

Euphonie, f. [gr. *euphonía* = Wohlklang], Bez. für sprachlichen Wohlklang und Wohllaut in der antiken Rhet. (Ggs.: ↗ Kakophonie, auch Dissonanz.) Die als euphonisch empfundenen Laute und Lautverbindungen sind von Sprache zu Sprache verschieden. HFR/Red.

Euphuismus, m. [gr. *euphyés* = schöngewachsen, wohlbegabt], Ausprägung des ↗ Manierismus in der engl. Lit. des ausgehenden 16. Jh.s. Benannt nach J. Lylys Erzählungen »Euphues: The Anatomy of Wit« (1578) und »Euphues and His England« (1580). Stilistische Merkmale euphuistischer Prosa sind gehäufte syntaktische ↗Parallelismen und ↗Antithesen, ferner ↗Alliterationen, ↗Assonanzen und Prosareime, pointierte Wortspiele, die Reihung ↗rhet. Fragen und anderer rhet. Figuren sowie die Textamplifikation durch ausufernde Vergleiche und Beispiele. Euphuistische Prosa fällt hingegen nicht durch ↗Metaphorik oder Wortschatzbesonderheiten wie Fremdwörter auf. Weitere Vertreter: R. Greene, Th. Lodge. Nachwirkung bis T. S. Eliot.

Lit.: A. Feuillerat: John Lyly and Euphuism. Cambridge 1910. – R. B. Heilman: Greene's Euphuism and Some Congeneric Styles. In: G. M. Logan (Hg.): Unfolded Tales. Ithaca 1989, S. 49–73. – H.-P. Mai: E. In: HWbRh. – R. A. McCabe: Wit, Eloquence, and Wisdom in ›Euphues: The Anatomy of Wit‹. In: Studies in Philology 81 (1984), S. 299–324. RZ

Eupolideion, n. [gr.], nach Eupolis (attischer Komödiendichter, 5. Jh. v. Chr.) benanntes Metrum der gr. Lyrik: v̄ v̄ – v̄ | – v v – | – v – v̄ – v v̄. JK/Red.

Euripideion, n., nach Euripides benanntes ↗archilochisches Versmaß. JK/Red.

Evangeliar, n. [mlat. *evangeliarum*], in der Spätantike entstandener Hss.-Typ, in dem alle vier kanonischen Evangelien sowie bestimmte echte und falsche Vorreden des Hieronymus und die Konkordanztafeln (*Canones*) des Eusebios von Caesarea vereinigt sind. Das E. wurde im MA. mit unterschiedlichen Bez.en belegt, am gebräuchlichsten war *textus* (oder *liber*) *quattuor evangeliorum*. Da das E. den Neuen Bund enthält, konnte es Christus repräsentieren und wurde häufig prachtvoll verziert und als Eid-Hs. verwendet. Im frühen und hohen MA. wurde das E. noch in der Messe benutzt, wofür es eine kalendarische Liste der Festlesungen (»Capitulare evangeliorum«) erhalten konnte. Schon ab dem 8. Jh. erhielt es in dieser Funktion Konkurrenz durch das ↗Evangelistar. CWI

Evangelienharmonie, f., Darstellung des Lebens Jesu, in der die vier Evangelien zu einem einheitlichen Text abgeglichen und verwoben sind. Das »Diatessaron« des Syrers Tatian (2. Jh.), dessen Wortlaut nicht erhalten ist, ist die älteste bekannte E. Sie wurde in der Folge mehrfach (etwa in das Arab. und Pers.) übersetzt und für anderssprachige Bibeltextfassungen adaptiert, so von Bischof Victor von Capua (6. Jh.) für den lat. Vulgata-Text. Im 9. Jh. entstand im Kloster Fulda eine zweispaltige lat.-ahd. Bearbeitung des »Tatian«, im 14. Jh. eine Übertragung ins Mittelengl. Eigenständige lat. E.n stammen daneben u. a. von Johannes Gerson (um 1400) und A. Osiander (1537). – Die zahlreichen freien Evangeliendichtungen u. a. von Juvencus (4. Jh.) und Otfrid von Weißenburg (ahd., 9. Jh.) sowie der altsächs. »Heliand« (↗Bibelepik) sind keine E.n im engeren Sinn, weil sie nicht streng dem biblischen Wortlaut verpflichtet sind.

Lit.: P. Hörner: Zweisträngige Tradition der E. Hildesheim 2000. – D. Wünsch: E. In: TRE. SG

Evangelistar, n. [mlat. *evangelistarium*], auch: Perikopenbuch; neuzeitliche Bez. für den Hss.-Typ, der die Evangelienlesungen (↗Perikope) für die Feste des röm. Kirchenjahrs enthält. Die Textreihenfolge hält sich meist an die Jahresordnung, wobei die Lesungen für die teilweise beweglichen Herrenfeste (Temporale) von denen für die Heiligenfeste (Sanktorale) getrennt sein können. Hinzu kommen Lesungen im Rahmen von Votivmessen für bes. Anliegen. E.e enthalten somit nicht das ganze NT, Festtags-E.e bieten sogar nur Lesungen zu bestimmten Hochfesten. Das »Godescalc-E.« (781–783) ist das früheste erhaltene E.; berühmt ist der ↗Buchmalerei-Zyklus zum Leben Christi im »Codex Egberti« (980–985). Mit dem Aufkommen des ↗Missale verlor das E. an Bedeutung. CWI

Evidentia, f. [lat.], ↗Anschaulichkeit.

Evokation, f. [lat. *evocare* = aufrufen, anrufen], sekundäre Mitbedeutung eines Wortes oder einer größeren linguistischen Einheit. Für diesen Nebensinn von Zeichengebilden wird in der Linguistik sowohl die Bez. ›E.‹ (E. Coseriu) als auch die Bez. ↗›Konnotation‹ (L. Hjelmslev) verwendet. Der evokative bzw. konnotative Aspekt von lit. Texten wurde in der strukturalistisch orientierten ↗Semiotik (R. Barthes, U. Eco) ebenso wie in der sprachanalytisch ausgerichteten ↗Ästhetik (M. C. Beardsley) hervorgehoben. In der ↗Lit.theorie spricht man meist von ›Konnotation‹ als Ggs. zu ↗›Denotation‹: Neben dem referentiellen oder denotativen Aspekt von Zeichengebilden, der den Bezug einer linguistischen Einheit auf die durch sie bezeichnete Sache sichert (›präpositionale Bedeutung‹), wird ein nicht-referentieller oder konnotativer Aspekt veranschlagt, der bestimmte Wahrnehmungseindrücke oder Gefühlszustände hervorruft (›affektive‹ oder ›emotive‹ Bedeutung‹). Die im Rahmen einer E. ›herbeigerufenen‹ sekundären Begleitbedeutungen (Konnotationen) oder Begleitvorstellungen (↗Assoziationen) sind entweder individuelle bzw. idiosynkratische E.en eines Einzelnen oder überindividuelle, in einer spezifischen Gruppe, die über bestimmte Kompetenzen und Kenntnisse verfügt, geteilte E.en. Der evokative Charakter von Lit., ihr konstitutiver Reichtum an Konnotationen und Assoziationen, wird häufig – in der älteren Forschung (z. B. Burger) terminologisch meist noch recht vage – für die Polyvalenz bzw. Vieldeutigkeit lit. Texte verantwortlich gemacht.

Lit.: R. Barthes: Elemente der Semiologie [frz. 1965]. Ffm. 1983. – M. C. Beardsley: Aesthetics [1958]. Indianapolis, Cambridge 1981. – H. O. Burger: E. und Montage. Gött. 1961. – E. Coseriu: Textlinguistik [1980]. Tüb. 2006. – U. Eco: Semiotik [engl. 1979]. Mchn. 1987. – B. Garza-Cuarón: Connotation and Meaning. Bln., NY 1991. – G. Genette: Fiktion und Diktion [frz. 1991]. Mchn. 1992. CSP

Evolution, f. [lat. *evolutio* = Entfaltung, Entwicklung], kontinuierlicher Entwicklungsprozess. Das Konzept der E. dient in der Biologie dazu, die Entstehung und Verbreitung verschiedener Arten durch die Prinzipien von Mutation und Selektion zu erklären (Ch. Darwin: »On the Origin of Species«, 1859). Ansätze dazu wurden bereits im 17. und 18. Jh. diskutiert (G. W. Leibniz, Ch. Bonnet, J.-B. de Lamarck). Im 20. Jh. wird der E.sbegriff auch in anderen Naturwissenschaften (kosmische E., chemische E.) und in den Verhaltenswissenschaften (Soziobiologie, evolutionäre Psychologie) übernommen. Als ›kulturelle E.‹ bezeichnet man die Weitergabe von durch Lernen erworbenen Eigenschaften. Das Modell einer ↗lit. E. wird ab 1920 im russ. ↗Formalismus entwickelt. Das umfassendste moderne Konzept vertritt die Systemtheorie der E. (R. Riedl: »Die Ordnung des Lebendigen«, 1975): E. wird hier als ein universelles Prinzip verstanden, das die Selbstregulierung offener Systeme steuert, welche ein komplexes Wechselwirkungsverhältnis mit ihrer jeweiligen Systemumwelt aufrechterhalten. Auch soziale und kulturelle Systeme unterliegen damit der E. Eine mögliche Übertragung auf die Lit. hat Eibl im Rahmen seiner ↗Biopoetik vorgeschlagen: Demnach ist die Kunst ein eigenständiger E.sfaktor, indem sie durch die von ihr ausgelösten physiologischen Lustempfindungen im Gehirn stressreduzierend wirkt und damit einen Selektionsvorteil schafft.

Lit.: M. Fleischer: Kulturtheorie: Systemtheoretische und evolutionäre Grundlagen. Oberhausen 2001. – K. Eibl: Animal Poeta. Bausteine der biologischen Kultur- und Lit.theorie. Paderborn 2004. JH

Examinatio, f. [lat. = Abwägung], Teilschritt der ↗Textkritik.

Exclamatio, f. [lat. = Ausruf, Aufschrei], ↗rhet. Figur; mit Hilfe von Gesten, Intonation, Zeichensetzung bzw. lexikalischen oder syntaktischen Mitteln effektvoll gestalteter Ausruf, der eine Gefühlserregung zum Ausdruck bringt (Cicero: »In Catilinam« 1.1.2: »O tempora, o mores!« – W. Shakespeare: »König Richard der Dritte« V, 4: »Ein Pferd! ein Pferd! mein Königreich für'n Pferd!«). HD/CK

Exegese, f. [gr. exégēsis = Auseinanderlegung, Erklärung], Auslegung von Schriftwerken, insbes. solchen mit Verkündigungs- oder Gesetzescharakter (biblischen, juristischen, seltener lit. Inhalts). Vorwiegend Gesetzesauslegung ist die E. des AT durch jüdische Schriftgelehrte. Mit der Diskussion des Verhältnisses von AT und NT beginnt die christliche Bibel-E. (↗Typologie). Die E. der Patristik knüpft methodisch an die antike Homer- und Vergil-Kommentierung an und begünstigt damit die E. nichtbiblischer Texte im späteren MA. – Kernproblem ist zunächst das Verhältnis von historischem und in ihm verborgenem geistigen Sinn, das seit Origenes in der Lehre vom dreifachen, später vierfachen ↗Schriftsinn systematisiert wird (↗Allegorese). Die allegorische Ausdeutung einzelner Bibelstellen wird seit dem 5. Jh. in Handbüchern kompiliert (z. B. Hieronymus Lauretus: »Silva allegoriarum totius sacrae scripturae«, 1570). Nachwirkungen dieser Tra-

dition reichen bis ins Barock. Sie beeinflussen auch die E. nichttheologischer Texte; Dante fordert sie im Widmungsbrief an Cangrande für das Verständnis der »Commedia«. Ansätze zu objektiverer E. streng nach dem Wortsinn ergeben sich aus der biblischen Textkritik seit Hieronymus (ca. 347–419). Die eigentlich historisch-philologische E. beginnt mit Luther und den Humanisten. Konsequent wissenschaftlich orientierte Auslegungsnormen und -methoden (↗Hermeneutik) setzen sich jedoch erst allmählich mit wachsendem Geschichtsbewusstsein durch. In der Lit.wissenschaft ist der Begriff der E. weithin durch den der ↗Interpretation ersetzt. Darbietungsformen der E. sind einfache Worterklärung (↗Glosse), Anmerkungen (↗Scholie), ↗Kommentare, im MA. oft in Form des Lehrgesprächs, und ↗Predigt (Homilie).

Lit.: R. Smend: E. In: RLW. HHS/Red.

Exempel, n. [lat. *exemplum* = (Waren-)Muster, gr. *parádeigma*], Beispiel; historischer oder fiktiver Fall, der einen allg. Sachverhalt veranschaulicht oder belegt. – Die antike ↗Rhet. behandelt das E. als Teil der Argumentationslehre. In der politischen Rede soll es beweisen, dass bestimmte Handlungsoptionen zu einem gewünschten (adhortatives E.) oder abgelehnten (dehortatives E.) Ergebnis führen. Voraussetzungen dafür sind 1. die Ähnlichkeit (Isomorphie) der Ausgangssituationen von E. und zu entscheidendem Fall und 2. die Kausalität zwischen der umstrittenen Handlung und dem ihr folgenden ↗Ereignis. In der Gerichtsrede dient das E. v. a. der Widerlegung allg. Behauptungen (Gegenbeispiel) und der Erläuterung (illustratives E.). Da die Beweislehre im MA. in den Bereich der ↗Dialektik fällt, behandelt die Rhet. das E. meist nur als Stilmittel (Gedankenfigur). Es dient v. a. in der didaktischen und religiösen Lit. (↗Predigt, ↗Traktat) der Veranschaulichung theologischer und moralischer Lehren. Beliebt sind auch die Lebensläufe vorbildhafter historischer Personen (E.figuren). Als Materialbasis entstehen umfangreiche Sammlungen (Valerius Maximus, Caesarius von Heisterbach, Stephan von Bourbon, Vinzenz von Beauvais, »Gesta Romanorum«). Die Stoffe stammen aus allen Wissensgebieten, der biblischen und antiken Geschichte über die hagiographische Lit. bis zur volkstümlichen Überlieferung und zur Naturkunde. Daneben gibt es genuin fiktionale Typen wie die ↗Fabel. – In der dt. Lit. tritt zuerst der Stricker ab 1220 mit einer umfangreichen Produktion sog. ↗Bîspel hervor, in denen auf die Beispielerzählungen stets eine Nutzanwendung sehr unterschiedlicher Länge folgt. Später werden viele der lat. Sammlungen übersetzt. Weitere umfangreiche Sammlungen entstehen in der Barockzeit. Seit der ↗Aufklärung, in der G. E. Lessing noch einmal eine Theorie des E.s entwirft, verliert das E. mit dem Glauben an allg. verbindliche Normen und Weltorientierungen an Bedeutung.

Lit.: G. Dicke: E. In: RLW. – M. Hagby: Die Strickersche Kurzerzählung im Kontext mlat. ›narrationes‹. Münster 2001. – P. v. Moos: Geschichte als Topik. Hildesheim 1988. – R.-H. Steinmetz: E. und Auslegung. Freiburg/Schweiz 2000. – J.-Th. Welter: L'exemplum dans la littérature religieuse et didactique du Moyen âge. Paris, Toulouse 1927. RHS

Exemplar, n. [lat., mlat. *exemplar, exemplarium* oder *exemplum*], 1. Muster, Vorbild, Bild, Bildnis; 2. in der Philosophie und Theologie: Urbild, Abbild; 3. in der Schreibtechnik: a) Abschrift, bes. im Urkundenwesen; b) Vorlage, v. a. eines Lehrbuchs der Universität; c) selten: Original; 4. neuzeitlich v. a. im Buchdruck, Buchhandel und Antiquariatswesen: einzelnes ↗ Buch als Teil einer Druckauflage. – Bedingt durch das breite mlat. und entsprechende mhd. Bedeutungsspektrum lässt sich die je spezifische Verwendung nur kontextuell erschließen. In der dt. ↗ Mystik und ihrem Umfeld überwiegen die Bedeutungen (1) und (2), so auch in den dt. Texten H. Seuses. Dagegen erzählt der *prologus* der als ›E.‹ bezeichneten Hss.-›Redaktion‹ dieser Texte die Entstehungsgeschichten der darin enthaltenen *buechlú*: »In disem exemplar stand geschriben vier guotú buechlú« (3, 2); »daz man ein gereht exemplar vinde nach der wise, als sú [= buecher] ime dez ersten von gote inluhten« (4, 6). Die Forschung vermutet im *gereht e.* »ein ›Musterbuch‹, das Autorität erheischt«, und in der E.-›Redaktion‹ eine ›Ausg. letzter Hand‹ (Ruh, S. 421). Womöglich spielt hier die aus dem Buch- und Universitätsbetrieb seit dem 13. Jh. bekannte offizielle, kontrollierte Textvorlage (3 b) herein, die sich mit (2) im Sinne des Abbildes eines ›göttlichen Urtextes‹ zu verbinden scheint. Vgl. auch Heinrich von dem Türlin: »Diu Crône«, V. 29970.
Texte: H. Seuse: Dt. Schriften. Stgt. 1907.
Lit.: K. Ruh: Geschichte der abendländischen Mystik. Bd. 3. Mchn. 1996. – M. Steinmann: E. In: LMA. – O. Weijers (Hg.): Vocabulaire du livre et de l'écriture au moyen âge. Turnhout 1989. SB

Exemplifikation, f. [lat.], ↗ Parabel.

Exemplum ↗ Exempel.

Exilantenliteratur ↗ Exillit., ↗ Migrantenlit.

Exilliteratur [lat. *exsilium* = Verbannung, Zufluchtsort], auch: Emigrantenlit.; 1. im allg. Sinne die lit. Produktion von Autoren, die wegen politischer, religiöser oder rassistischer Verfolgung gezwungen sind, sich an einem anderen als dem von ihnen gewünschten Lebens- und Arbeitsort aufzuhalten. Meist geht damit der Verlust der gewohnten Sprachgemeinschaft und des bisherigen Publikums einher. E. in diesem Sinne hängt eng mit den Vertreibungsbewegungen der bisherigen Geschichte zusammen, aber auch mit der seit der Antike bekannten Form der Verbannung oder Aberkennung der Staatsbürgerschaft als Strafmaßnahme gegenüber einzelnen Bürgern. – 2. Im engeren Sinne die lit. Produktion derer, die sich aufgrund der nationalsozialistischen Herrschaft seit 1933 aus Deutschland, 1938 aus Österreich und ab 1939 aus den vom NS-Regime besetzten Gebieten zur Flucht gezwungen sahen. Da der Begriff der Emigration, der oft synonym mit dem des Exils benutzt wird, eigentlich eine freiwillige Auswanderung meint, haben dt. Autoren, die vom Nationalsozialismus vertrieben wurden, den Begriff für sich abgelehnt, zumal er im Nationalsozialismus propagandistisch verharmlosend benutzt wurde.

Zu 1.: E. im weiteren Sinne findet man etwa im 1. Jh. n.Chr. bei Ovid (»Epistulae ex Ponte«, »Tristium Libri«), der die Exilsituation thematisiert; bei Dante im 14. Jh., allerdings ohne inhaltlichen Bezug zum Exil; im Gefolge der Frz. Revolution, u. a. von B. Constant, G. de Staël, F. R. de Chateaubriand; gleichzeitig bei G. Forster, der im Pariser Exil starb. E. spielt eine wichtige Rolle im Zuge der europäischen Nationalismen, der Demokratisierungs- und Freiheitsbewegungen des 19. Jh.s; für Italien sind etwa G. Mazzini und G. Garibaldi zu nennen; für Polen A. Mieckiewicz und J. Slowacki. Dt.sprachige Exilautoren dieser Zeit sind z. B. L. Börne (Paris), G. Büchner (Straßburg, Schweiz), J. Görres (Straßburg), H. Heine (Paris), K. Marx (London) und K. A. Postl (= Charles Sealsfield, USA). Es folgten Autoren, die wegen der Sozialisten- und Jesuitengesetze Deutschland verlassen mussten (O. Panizza), sowie Kriegsgegner im Ersten Weltkrieg (H. Ball, L. Frank, R. Huelsenbeck, L. Rubiner, R. Schickele). Auf politische Gegner und Verfolgte des Zarenregimes in Russland (N. Bely, M. Gorki, A. I. Herzen, A. N. Tolstoi) folgten die im Zuge der Russ. Revolution Exilierten (J. Bunin, V. Nabokov, L. Trotzki) bis hin zum Nobelpreisträger A. I. Solschenizyn (Ausbürgerung 1974). Neben der E. im engeren Sinne (2) gab es im 20. Jh. E. von Autoren, die aus Diktaturen wie Spanien (A. Machado, A. Casona), Portugal, Griechenland und der Türkei stammten, aus den Militärdiktaturen Mittel- und Südamerikas, den sozialistisch und diktatorisch beherrschten Staaten Afrikas und Asiens (etwa der in Paris lebende chines. Nobelpreisträger Gao Xingjian), überhaupt von Autoren, die aus dem sog. Ostblock fliehen mussten, die schon früh (U. Johnson) oder im Umkreis der Ausbürgerung von W. Biermann 1976 die DDR – meist in Richtung Bundesrepublik oder Westberlin – verließen (J. Becker, Th. Brasch, S. Kirsch, G. Kunert, R. Kunze, K. Schlesinger u. a.). Nach dem Ende der Sowjetherrschaft ist zunehmend die Verfolgung durch religiös-politischen Fundamentalismus in den Fokus der Aufmerksamkeit gerückt.

Zu 2.: Im Zentrum des Begriffs ›E.‹ steht jedoch meist die Lit. von Autoren, die Deutschland und Österreich wegen des NS-Regimes verlassen mussten. Der Nationalsozialismus hat in einem bis dahin beispiellosen Umfang über eine halbe Million Menschen aus Deutschland vertrieben, darunter ca. 2.500 journalistische und lit. Autoren. Das geschah in mehreren Wellen, beginnend mit der Machtübergabe an A. Hitler am 30.1.1933, mit dem Höhepunkt nach dem Reichstagsbrand am 27.2.1933 und der ↗ Bücherverbrennung am 10.5.1933 sowie weiteren Wellen 1938 nach den Synagogenbränden und dem Anschluss Österreichs und mit Kriegsbeginn 1939, wobei es teilweise nach dem Erlass der sog. Nürnberger Rassengesetze 1935 zu einer vorübergehenden Rückwanderung gekommen war. Außer dem Umstand, exiliert und – bis auf ganz wenige, die in der Schweiz Asyl fanden – aus dem dt. Sprachraum verbannt worden, aber Repräsentanten des ›anderen‹, d. h. wahren Deutschland zu sein, gab es so gut wie keine Gemeinsamkeiten unter den Autoren der E. Schon aufgrund der sowohl rassistisch wie politisch motivierten Vertreibung war das Feld stark heterogen. Das Spektrum reichte politisch von linksradikal bis monarchistisch, wobei insbes. die politische Linke in sich tief zerspalten war, ästhetisch von Auftrags- und Unterhaltungsautoren bis zu eher elitären Dichtern, wie K. Wolfskehl, der nach Neuseeland übersiedelte, von etablierten, älteren Autoren hin zu solchen, die erst im Exil zu schreiben begannen. Hinzu kam die Verteilung auf viele Exilländer. Die meisten hatten zunächst in Erwartung eines baldigen Zusammenbruchs der NS-Herrschaft in unmittelbarer Nähe Deutschlands Zuflucht gesucht, in Österreich, der Schweiz, den Niederlanden, Frankreich, England, Dänemark und der Tschechoslowakei. Oft wurden die Exilierten wenig bereitwillig aufgenommen; bes. die Schweiz zeichnete sich durch rigorose Maßnahmen gegen ›Überfremdung‹ aus, indem sie Asylsuchende nicht hereinließ, bald wieder auswies oder ins Reich zurückschickte, wie etwa E. Reger. Mit der Zerschlagung der ČSR und der Annexion Österreichs setzten neuerliche Fluchtbewegungen ein, die nach Kriegsbeginn in Frankreich meist ins Internierungslager führten und – in der Regel über Spanien und Portugal – in die USA. Kommunistisch orientierte Autoren waren meist in die Sowjetunion gegangen, wo sie in der Folgezeit oft drangsaliert, eingesperrt und, wie etwa E. Ottwalt, ermordet wurden. Jüdische Exilierte, wie A. Zweig, gingen auch nach Palästina. Einige übersiedelten, wie G. Tergit, wegen der schwierigen Lebensbedingungen von dort nach England. Eine größere Zahl ging nach Mittel- und Südamerika, so St. Zweig nach Brasilien, A. Seghers, E. E. Kisch, L. Renn u. a. nach Mexiko. Die USA waren das bedeutendste Asylland, mit Zentren in New York und Los Angeles. – Für Deutschland bedeutete die massenhafte Exilierung von Kulturschaffenden und Wissenschaftlern einen Verlust an Substanz ohnegleichen. Zwar waren keineswegs alle exilierten Autoren bekannt oder bedeutend, aber so gut wie alle bekannten und bedeutenden Autoren gingen ins Exil. Abgeschnitten von den bisherigen Verlagen, vom Publikum, von der Sprache, überhaupt von der lit. Infrastruktur, konnten nur wenige von ihnen, wie der als Nobelpreisträger verehrte Th. Mann in Los Angeles oder Erfolgsautoren wie V. Baum, L. Feuchtwanger, E. M. Remarque, F. Werfel, ohne größere Not leben. Bei den meisten anderen verschlechterte sich die Lebenssituation dramatisch mit zunehmender Dauer des Exils. Viele wurden durch Elend und Isolation traumatisiert, einige begingen Suizid, wie der schon vor 1933 nach Schweden emigrierte K. Tucholsky, W. Benjamin in Port-Bou, C. Einstein und W. Hasenclever im Inter-

nierungslager, E. Toller in New York und St. Zweig in Rio de Janeiro. Hatte man zunächst noch Österreich als Absatzgebiet gehabt und waren in den Jahren unmittelbar nach 1933 die Gastländer noch an Darstellungen der Situation in Deutschland interessiert, nahm das Interesse mit den Jahren ab, und die Autoren verloren den Kontakt zu den dt. Vorgängen. Zudem wurden sie häufig in die z. T. sehr scharf, bis hin zu persönlichen Verleumdungen geführten Debatten um die richtige politische Auseinandersetzung mit der NS-Herrschaft verstrickt, wobei insbes. Moskau-treue Kommunisten einerseits Druck, andererseits Werbung für eine gemeinsame ›Volksfront‹ machten. Wegen der weltanschaulichen, ästhetischen und v. a. räumlichen Aufspaltungen des Exils gab es zwar zahlreiche Verlage, von denen jedoch nur wenige größere Bedeutung erlangen konnten, wie Oprecht in der Schweiz, Querido und Allert de Lange in den Niederlanden, Carrefour in Frankreich, Malik in der Tschechoslowakei, Bermann-Fischer in Wien, Stockholm und New York. Die vielen Publikationsorgane des Exils konnten wegen meist sehr geringer Auflagenzahlen selten wirtschaftlich arbeiten, so »Mass und Wert« (Zürich), »Die Sammlung« (Amsterdam), »Neue deutsche Blätter« (Prag), »Die neue Weltbühne« (Prag, Zürich), »Internationale Lit.« und »Das Wort« (Moskau), »Orient« (Haifa), »Freies Deutschland« (Mexiko), »Der Aufbau« (New York). Hervorzuheben ist das »Pariser Tageblatt« (1933–36) bzw. die »Pariser Tageszeitung« (1936–40), als einzige Tageszeitung des Exils auch ein bedeutendes Organ der Lit.debatten und -kritik.
Entsprechend der komplizierten Situation der E. zwischen Exilierten, Gastländern und Deutschland und den jeweiligen politischen Konstellationen ist auch das Erscheinungsbild der E. sehr komplex. Für Dramatiker war die Situation bes. schwierig, weil sie kaum Möglichkeiten zur Aufführung fanden. So bleiben die Erfolge B. Brechts, z. B. mit »Die Gewehre der Frau Carrar« (1937), eher die Ausnahme. Viele Autoren waren durch Drehbuch-Verträge, bes. auf Initiative von P. Kohner, nach Hollywood gelangt, in der Regel konnten sie dort aber nicht Fuß fassen. Ähnlich schwierig war die Situation für Lyriker. Ca. 200 Gedichtbände bzw. Anthologien hat man gezählt. Meist konnte die im Exil entstandene Lyrik, etwa von B. Brecht, J. R. Becher, E. Lasker-Schüler, B. Viertel, K. Wolfskehl, erst nach 1945 veröffentlicht werden. So wird die E. hauptsächlich von Prosa bestimmt. Zunächst dominierten zeitnahe Themen wie die Situation im Reich, im Exil und im Gastland, in tagesbezogenen, appellativen Formen: Aufrufe, ↗ Essays, ↗ Polemiken. Am bekanntesten geworden sind die Rundfunkansprachen von Th. Mann über BBC. Hinzu kamen sog. Tarnschriften, die ins Reich geschmuggelt wurden, oder aktualistische Romane, mit denen man z. B. NS-Anhänger zu bekehren suchte (W. Schönstedt: »Auf der Flucht erschossen«, 1933; W. Kolbenhoff: »Untermenschen«, 1933; A. Scharrer: »Maulwürfe. Ein dt. Bauernroman«, 1933 f.),

dazu Werke, die sich mit der Vorgeschichte und dem Beginn der NS-Herrschaft oder der Lage im Inneren des Reichs auseinandersetzten (L. Feuchtwanger: »Die Geschwister Oppermann«, 1933; O.M. Graf: »Anton Sittinger«, 1937; Ö.v. Horvath: »Jugend ohne Gott«, 1937; K. Mann: »Mephisto«, 1937; A. Seghers: »Der Kopflohn«, 1933; »Die Rettung«, 1937). Relativ spät folgten die als bedeutendste lit. Zeugnisse der Auseinandersetzung mit dem ›Dritten Reich‹ eingeschätzten Werke wie A. Seghers' Bestseller »Das siebte Kreuz« (1939) und A. Zweigs »Das Beil von Wandsbek« (1943). Ein weiterer wesentlicher Aspekt der E. war die Auseinandersetzung mit der Situation des Exils selbst, so bei L. Feuchtwanger (»Exil«, 1935/39), S. Lackner (»Jan Heimatlos«, 1938), K. Mann (»Der Vulkan«, 1937/39), H. Sahl (»Die Wenigen und die Vielen«, 1933/46) und bes. in A. Seghers' »Transit« (1940f.). Begleitet wird diese Auseinandersetzung mit dem Exil oft von ↗ Tagebüchern (B. Brecht, Th. Mann, K. Mann, R. Musil, W. Vortriede, St. Zweig) und ↗ Autobiographien (K. Mann: »The Turning Point«, 1942; A. Döblin: »Schicksalsreise«, 1940; C. Zuckmayer: »Second Wind«, 1940); bei St. Zweig (»Die Welt von gestern«, 1944) und H. Mann (»Ein Zeitalter wird besichtigt«, 1946) sind diese zugleich als Epochendarstellungen angelegt. – Mit Dauer und Verschärfung der Exilsituation steigt die Abwendung von politisch-tagesaktuellen Themen hin zum bewusst Literarischen und zu traditionellen Formen, wie etwa dem ↗ Sonett (J.R. Becher). V.a. beginnt der historische Roman – ähnlich wie in der ↗ inneren Emigration – zu dominieren (B. Brecht: »Die Geschäfte des Herrn Julius Cäsar«, 1938f.; L. Feuchtwanger: »Der falsche Nero«, 1936; B. Frank: »Cervantes«, 1934; H. Mann: »Henri Quatre«,1935/38; St. Zweig: »Triumph und Tragik des Erasmus von Rotterdam«, 1934). Hinzu kommen großangelegte Werke, in denen historische in mythologisch grundierte oder auch utopisch angelegte Epochaldarstellungen übergehen (H. Broch: »Der Tod des Vergil«, 1945; H.H. Jahnn: »Fluß ohne Ufer«, 1949f.; Th. Mann: »Joseph und seine Brüder«, 1933–45, und »Doktor Faustus«, 1947; F. Werfel: »Stern der Ungeborenen«, 1943/45). – Diese Werke werden oft erst nach der dt. Kapitulation 1945, das gelegentlich zu Unrecht als Datum des Endes der E. angesehen wird, beendet. Sie zeigen, dass man die Phase der E. in diesem Fall mindestens bis 1949, dem Zeitpunkt der Gründung zweier dt. Staaten, ansetzen muss, da viele Exilierte erst zu diesem Zeitpunkt zurückzukehren begannen. Sehr viele wählten dabei die DDR, die sie demonstrativ willkommen hieß (J.R. Becher, W. Bredel, B. Brecht, H. Mann – der allerdings vor der Rückkehr starb –, A. Seghers, A. Zweig), wohingegen ihnen in der BRD nicht selten von Seiten der Daheimgebliebenen, exemplarisch am Beispiel Th. Manns zu sehen, Ablehnung entgegenschlug. Überhaupt setzt oft erst nach 1945 die Aufarbeitung der Exilerfahrungen ein, wie man an der Zahl der autobiographischen Erinnerungen gerade von Frauen (K.

Bloch, M. Buber-Neumann, L. Fittko, R. Klüger, S. Viertel, Ch. Wolff) erkennen kann, deren Situation im Exil oft bes. hart war, da sie meist den Unterhalt für die Familien verdienen mussten. Nicht zu vergessen ist, dass viele der Exilierten nicht mehr zurückkehrten, sondern in den USA, in Palästina oder in den anderen Ländern ihres Exils blieben.
Texte: W. Emmerich, S. Heil (Hg.): Lyrik des Exils. Stgt. 1985. – E. Loewy (Hg.): Exil. Lit. und politische Texte aus dem dt. Exil 1933–45. Stgt. 1979.
Periodikum: Exil. Forschung. Erkenntnisse. Ergebnisse. 1981 ff.
Lit.: K. Feilchenfeldt: E. In: Killy/Meid. – K. Jarmatz u.a.: Kunst und Lit. im antifaschistischen Exil 1933–45. 7 Bde. Lpz. 1979–81, ²1981–89. – C.D. Krohn u.a. (Hg.): Hb. der dt.sprachigen Emigration 1933–45. Darmstadt 1998. – B. Spies: E. In: RLW. – H.-A. Walter: Dt. E. 1933–50. Bisher 4 Bde. Stgt. 1978ff. ES
Exil-PEN ↗ PEN.

Existentialismus, m. [frz. *existentialisme*], lit.-philosophische Strömung der frz. Nachkriegszeit, die sowohl an die Theoreme der Existenzphilosophen (S. Kierkegaard, F. Nietzsche) als auch an die Ästhetik der klassischen ↗ Moderne (F. Kafka, M. Proust, J. Joyce) anknüpft. J.-P. Sartres Vortrag »L'existentialisme est un humanisme« (1945) versucht im Rückbezug auf K. Jaspers und M. Heidegger die Kerngedanken der existentialistischen Philosophie zu popularisieren, die er bereits in seinem philosophischen Hauptwerk »L'être et le néant« (1943) formuliert hat. Kategorisch weist Sartre jede teleologische Wesensbestimmung zurück und verkündet emphatisch die Freiheit des Subjekts, das jenseits von Religion und Metaphysik aufgefordert ist, sich selbst zu entwerfen. Auch bei A. Camus, der neben Sartre zu den Hauptvertretern des atheistischen E. zählt (im Ggs. zum christlichen E. eines G. Marcel), führt die Entdeckung des Absurden als Paradigma der Wahrnehmung zum Entwurf einer tragisch-heroischen Existenz (»Le mythe de Sisyphe«, 1942), die sich allein durch den unermüdlichen Kampf gegen die Ungerechtigkeit rechtfertigen kann (»L'homme révolté«, 1951). – Die Blütezeit des E. umfasst die Zeitspanne 1940–60. Lit. und Philosophie können als zwei autonome Repräsentationsformen des E. betrachtet werden. Sartres »La nausée« (1938) und Camus' »L'étranger« (1942) rücken die Erfahrung des Ekels als Gefühl der Fremdheit und die Sinnlosigkeit des menschlichen Daseins ins Zentrum der Aufmerksamkeit. Camus' »La Peste« (1947) wird zum erfolgreichsten Werk existentialistischer Lit., auch wenn der Roman (ebenso wie Sartres Romanzyklus »Les Chemins de la liberté«, 1945–49) formalästhetisch nicht an die Entwürfe der Moderne heranreicht. Ähnliches gilt für die Theaterstücke Camus' und Sartres, die im Ggs. zum ↗ théâtre de l'absurde traditionellen Darstellungsmustern verhaftet bleiben. Einen Einblick in den E. als Signatur einer Epoche, die mit allen überlieferten Traditionen bricht und zugleich mit dem Begriff des En-

gagements einen Neuanfang zu begründen sucht (↗ Engagierte Lit.), liefert S. de Beauvoirs Schlüsselroman »Les mandarins de Paris« (1954). Spuren der Auseinandersetzung mit dem E. finden sich auch im Werk M. Merleau-Pontys, R. Arons und bei dt. Autoren (z. B. H. Kasack, H. E. Nossack).
Lit.: H. Arendt: Was ist Existenzphilosophie? Ffm. 1990. – C. Blasberg (Hg.): Denken/Schreiben (in) der Krise – E. und Lit. St. Ingbert 2004. – O. F. Bollnow: Existenzphilosophie. Stgt. 1949. – G. Haim: Dictionary of Existentialism. Ldn. 1999. – H. Hardt, V. Roloff (Hg.): Lit. Diskurse des E. Tüb. 1986. – W. Lesch: E. In: RLW. – H.-M. Schönherr-Mann: Sartre: Philosophie als Lebensform. Mchn. 2003 – T. Seibert: E. Hbg. 2000. – G. Vannier: L'existentialisme. Paris 2001.   SSM

Exkurs, m. [lat. *excursus* = Ausfall, Abschweifung], 1. in der antiken Rhet. eine Form der ↗ Amplificatio. – 2. In erzählender Lit. das bewusste Abschweifen des Erzählers. In der mal. Lit. ist die Behandlung von Nebenthemen (Digression) zu unterscheiden vom E., der – etwa als Lit.-E. – über die Problematisierung der Darstellung (↗ Dubitatio) zu Reflexion und Aufweis eigener Kunstfertigkeit dienen und damit den Stellenwert eines Werkes innerhalb der Tradition markieren soll (Gottfried von Straßburg: »Tristan«; Rudolf von Ems: »Alexander«). – 3. In wissenschaftlichen Werken der Neuzeit ein ↗ Kapitel, das in einem nur mittelbaren Zusammenhang zum Argumentationsgang der jeweiligen ↗ Abhandlung (2) steht.
Lit.: C. Brinker-von der Heyde: Autorität dank Autoritäten: Lit.exkurse und Dichterkataloge als Mittel zur Selbststilisierung. In: J. Fohrmann u. a. (Hg.): Autorität der/in Sprache, Lit., Neuen Medien. Bielefeld 1999, S. 442–464. – H. Esselborn: Digression. In: RLW.   CF

Exodium, n. [lat. = Ausgang], 1. ursprünglich: Schluss eines antiken Dramas; 2. im röm. Theater heiteres, meist parodistisches ↗ Nachspiel zu einer Tragödie, z. B. eine Satura (↗ Satire), ↗ Atellane oder ein ↗ Mimus.   GS/Red.

Exodos, f. [gr. = Ausgang, Auszug], Pl. *Exodoi*; im gr. Drama 1. im weiteren Sinne der auf das letzte Standlied (↗ Stasimon) des ↗ Chors folgende Schlussakt (so Aristoteles: »Poetik« 1452b 21 f.), in dem der dramatische Konflikt gelöst oder resümiert wird; 2. im engeren Sinne das Lied des Chors beim Auszug aus dem Theater. – Die E. erfüllt folgende dramaturgische Funktionen: In der ↗ Tragödie werden v. a. im sog. *Ecce*-Schluss der tragische Held und seine Tat eindrucksvoll dem Publikum vor Augen geführt und das tragische Geschehen gedeutet und verallgemeinert (z. B. im »Oidipous Tyrannos« des Sophokles). Die tragische Handlung kann aber auch bis in die E. weitergeführt werden (z. B. in der »Elektra« des Sophokles). Die E. der Tragödie stellt nicht selten eine Klagescene dar (z. B. in den »Persern« des Aischylos), während die E. der ↗ Komödie den Triumph des komischen Helden zeigt und häufig in einem feuchtfröhlichen Umzug (*Kómos*), Hochzeitszug oder in einer Tanzscene endet.

Lit.: G. Kremer: Die Struktur des Tragödienschlusses. In: W. Jens (Hg.): Die Bauformen der gr. Tragödie. Mchn. 1971, S. 117–141. – B. Zimmermann: E. In: NPauly, Bd. 4 (1998), Sp. 346 f.   MSR

Exordium, n. [lat.], Anfang (einer Rede), ↗ Rhet., ↗ Disposition; auch ↗ Proömium, ↗ Prolog.

Exoterisch, Adjektiv [gr. *exōterikós* = äußerlich], Eigenschaft von Lehren und Schriften, die für ein breiteres Publikum bestimmt sind, zuerst bei Aristoteles belegt, mutmaßlich für Argumentationen propädeutischer oder rhet. Art, die zwar nicht lit. publiziert wurden, aber doch allg. zugänglich waren. Diese Deutung wird von Andronikos von Rhodos (1. Jh. v. Chr.) bewahrt (vgl. Gellius XX, 5). Die heutige Beziehung des Begriffs auf allgemeinverständliche lit. Werke findet sich zuerst bei Cicero (»De finibus bonorum et malorum« V 5, 12; »Ad Atticum« IV 16, 2), später bei den Aristoteles-Kommentatoren Ammonios und Simplikios.   HD/Red.

Exotismus, m. [lat. *exoticus* von gr. *exōtikós* = ausländisch, fremd], 1. im weiteren Sinne jede Form der Orientierung auf das Fremde, die zumeist inhaltlich durch ihren Gegenstandsbereich näher bestimmt wird (z. B. Primitivismus, ↗ orientalisierende Dichtung). – 2. im engeren Sinne die im 19. Jh. im Zusammenhang mit Kolonialismus und industrieller Expansion aufkommende ästhetische Haltung einer Hinwendung zum Fremden, wobei die jeweils andere Kultur als – positiv besetztes – Gegenbild zum Eigenen fungiert. Die Bez. ›E.‹ selbst begegnet schon seit dem 19. Jh., setzt sich aber erst im späten 20. Jh. im Zusammenhang mit den Theorien des ↗ Postkolonialismus und ↗ Orientalismus allg. durch. In den letzten Jahren wurde der E. zu einem wichtigen Forschungsgegenstand der Lit.- und Kulturwissenschaften. – Angesiedelt zwischen ethnographischer Belehrung und bloßer Unterhaltung, liegt dem E. meist ein manichäisches Hier-Dort-Schema zugrunde (↗ Alterität), das ethno- und eurozentrisch fixiert ist – selbst dort, wo der E. bloße Kostümierung ist für die Kritik am Eigenen: bei Werken im Stile von Ch.-L. de Montesquieus »Lettres Persanes« (1721) oder der subversiven Selbstinszenierung mancher Bohème-Künstler (P. Scheerbart, E. Lasker-Schüler). Mehr als auf der unterstellten Eigenheit des fremdartigen Objekts basiert der E. jedoch auf dessen jeweiliger subjektiver Wahrnehmung. E. ist eine kulturelle Strategie; maßgeblich ist nicht die ↗ Authentizität der Darstellung, sondern das jeweilige Verfahren der ↗ Verfremdung (z. B. Übertreibung, Fetischisierung). In der ↗ Moderne produziert die Faszination des Fremden mehr Wünsche als Ängste; der E. richtet sich gegen die Gleichförmigkeit und Langeweile einer zunehmend globalisierten Welt und wurde deshalb als Form des ↗ Eskapismus bestimmt (vgl. Reif).
›Exotica Peregrina‹ meint im 18. Jh. primär alle ›ausländischen Dinge‹, welche die heimische Natur nicht hervorbringt, sondern die aus räumlich entfernten Gegenden importiert werden müssen, namentlich Tiere,

Gewächse und Gesteine (vgl. Zedlers »Universallexicon«, Bd. VIII, 1734). Darüber hinaus umfasst der Bereich des Exotischen stets auch Gegenstände der Kunst und des Kunsthandwerks sowie komplexe kulturelle Arrangements: Wunderkammern, Kuriositätenkabinette und Triumphzüge, Gewächshäuser, Chinoiserien und orientalisierende Architektur, aber auch Varietés und Weltausstellungen bis hin zu den heutigen multifunktionalen Freizeittropen.

Th. Gautier, so die Brüder Goncourt in ihrem »Journal« (Bd. II: 1862–65, 1887), führte 1863 den *goût de l'exotisme* als genuin ästhetische Kategorie ein. In psychologischer Hinsicht kennzeichnen Intensität und Sinnlichkeit die emotionale Haltung des E.; Hyper- und Synästhesie streben eine radikale, befreiende Sinneserfahrung an, durch die sich der E. als *art brut*, als wilde, barbarische Kunst, in der ästhetischen Moderne einer politisch-kulturellen Vereinnahmung entzieht. Der im E. gesuchte Neuigkeits- und Seltenheitswert führt freilich zu einem immer schnelleren Wechsel bei der Jagd nach Sensationen. Die Aneignung fremder Kunst und Lit. im E. kann inhaltlich-thematischer (↗ Expressionismus), formaler (Kubismus), aber auch gattungsspezifischer (Holzschnitt, ↗ Haiku) Natur sein; sie dient der künstlerischen Inspiration und der kulturellen Erneuerung. Als »Ästhetik des Diversen« (V. Segalen) sucht der E. den Reiz des Fremden im pittoresken Kontrast unterschiedlicher Denk- und Lebensweisen und ist insofern anti-klassisch orientiert. – In Abgrenzung zur Reiselit. ist die exotistische Lit. durch ein hohes Maß an Selbstbezüglichkeit und Fiktionalität gekennzeichnet. Nach den Abenteuer- und Entdeckungsreisen (A. v. Humboldt, G. Forster) erlaubte die zunehmende touristische Erschließung auch abgelegener Weltgegenden im ausgehenden 19. Jh. immer mehr Künstlern die Erfahrung jener kulturellen Differenzen, die ein melancholisch-sentimentaler E. bereits im Modus ihres Verschwindens einzufangen versucht. Letzte Ausläufer davon sind die Krise der Ethnologie nach dem Zweiten Weltkrieg und der Versuch ihrer Neubegründung mit lit. Mitteln (C. Lévi-Strauss, H. Fichte).

Das imperiale Orientbild des napoleonischen Frankreich mit seiner den Ägyptenfeldzug begleitenden wissenschaftlichen Bestandsaufnahme, der »Déscription de l'Egypte« (1809–28), läutete eine Ära romantischer Orientfahrten ein, die als Künstlerreise die klassische Italientour ablöste (F. R. de Chateaubriand, G. de Nerval, G. Flaubert, R. M. Rilke, H. v. Hofmannsthal). In der zweiten Hälfte des 19. Jh.s trugen auch dt. Autoren (F. Ratzel, W. Raabe) zu einer geographischen und lit. Vermessung Afrikas bei. Parallel entwickelten sich ein lit.-künstlerischer Japonismus (M. Dauthendey, Klabund) und ein bis weit ins 20. Jh. anhaltender Amerikanismus (N. Lenau, R. Müller, B. Brecht). Die geographische Expansion von Kolonialismus und Kolonisierung schlug sich in einem entsprechenden ästhetischen und thematischen Engagement nieder (B. Möllhausen,

Ch. Sealsfield). Pragmatisch wie ideologisch motiviert zeigt sich die plakativ und verklärend auftretende Koloniallit. (H. Grimm, F. v. Bülow). Im internationalen Kontext zu nennen sind die im Aufbruchspathos des 19. Jh.s entstandenen Werke von J. Verne, J. F. Cooper und R. Kipling; nach dem Ersten Weltkrieg die stärker selbstreflexiv orientierten Autoren wie J. Conrad, T. E. Lawrence oder A. Gide. – Insbes. in den Kunst- und Lit.debatten des frühen 20. Jh.s spielte der E. eine herausragende Rolle. Die ↗ Avantgarden des 20. Jh.s waren sehr an Stammeskunst interessiert. Die formalen Anleihen bildender Künstler bei afrikanischer (Kubismus) und ozeanischer »Ur-Kunst« (E. Nolde) gaben – vermittelt durch Kritiker wie C. Einstein und W. Hausenstein – auch Impulse für die Annäherung der Literaten an Afrika (F. T. Marinetti, R. Hülsenbeck, K. Edschmid) und die Südsee (z. B. im ↗ Surrealismus). Nach dem Muster orientalischer Märchensammlungen stellten L. Frobenius oder C. Einstein afrikanische Nachdichtungen zusammen. Seit den 1920er Jahren lässt sich eine verstärkte Hinwendung zu Indien (H. Hesse, G. Grass) und China (M. Frisch) sowie zu den fernöstlichen Religionen (A. Döblin, E. v. Keyserling) beobachten. Der E. der ↗ Exillit. ist v. a. durch die jeweiligen Exilländer geprägt; dabei kommt Lateinamerika eine zentrale Rolle zu (St. Zweig, A. Seghers, P. Zech). Ende des 20. Jh.s finden sich exotistische Strategien in der engagierten (H. Ch. Buch, K. Modick) ebenso wie in der auf touristische Unterhaltung abzielenden Lit. (B. Kirchhoff); im Gegenwartsroman werden neue Formen ethnographischen Erzählens entwickelt (M. Roes, Ch. Ransmayr).

Lit.: F. Brie: E. der Sinne. Hdbg. 1920. – G. Chinard: L'exotisme américain dans la littérature francaise au XVIᵉ siècle. Paris 1911. – A. Maler: Exotische Welt in populären Lektüren. Tüb. 1990. – G. Pickerodt: E. In: RLW. – H. Pollig (Hg.): Exotische Welten – Europäische Phantasien. Stgt. 1987. – W. Reif: Zivilisationsflucht und lit. Wunschräume. Stgt. 1975. – C. Rincón: Exotisch/E. In: ÄGB. NB

Experimentelle Literatur [lat. *experimentum* = Versuch, Erprobung], Typ von Lit., der neue Inhalte, Darstellungs- und Aussagemöglichkeiten erprobt. Der für die gesamte neuzeitliche Naturwissenschaft wichtige Begriff des ›Experiments‹ wird seit dem Ende des 18. Jh.s auch auf human- und gesellschaftswissenschaftliche Gegenstände bezogen. Obwohl das Wort bis zur Renaissance oft gleichbedeutend mit *experientia* [= Erfahrung] verwendet wird, findet sich bereits im MA. die neuzeitliche Bedeutung im Sinne eines vom Menschen gezielt vorbereiteten Verfahrens zur Gewinnung neuer Erfahrungen; von F. Bacon wird sie 1623 als »experientia quaesita« (›gesuchte Erfahrung‹) beschrieben (»De dignitate et augmentis scientiarum«). Im Bereich naturwissenschaftlichen Forschens ist das Experiment nach wie vor die dominante Methode. Auf Lit. wird der Begriff ›Experiment‹ erstmals im Rahmen der »progressiven Universalpoesie« der Frühromantiker übertragen: F. Schlegel spricht in seinen 1797–1801 entstandenen, erst 1957 publizierten »Literary Notebooks« von »experimentierenden Fragmenten«, und Novalis zielt auf eine »Experimentphysik des Geistes«, in der die Sprache selbst zum Material lit.-kunstphilosophischen Experimentierens wird (»Das allg. Brouillon«, 1798 f.): Eine andere Übertragung des Begriffs ›Experiment‹ nimmt É. Zola in »Le roman expérimental« (1880) vor. Anknüpfend an die ›Milieutheorie‹ H. Taines und die ›Soziologie‹ A. Comtes, v. a. aber an C. Bernards ›médecine expérimentale‹ (1865), erklärt Zola, ein Romanautor müsse provozierender Beobachter und Experimentator sein: Der Roman sei ein Experiment mit der Psychologie und Soziologie des Romanpersonals. Für die e. L. des 20. Jh.s gilt, dass die Suche nach neuen Modellen lit. Wirklichkeitsgestaltung sowohl auf das Sprachmaterial wie auf den Inhalt von Lit. fokussiert sein kann. Beispiele dafür sind: abstrakte, konkrete, visuelle, akustische Dichtung, Collagen, Computerlyrik, episches Theater, absurdes Drama, Happening, Antitheater. Das Erproben ›neuer‹ Mittel und Wege lässt die e. L. als ↗ ›Avantgarde‹ erscheinen, doch erst die Rezeption – Annahme oder Ablehnung – macht aus innovativen Wagnissen anerkannte und damit stilbildende Kunst.

Lit.: G. Jäger: Experimentell. In: RLW. – S. J. Schmidt: Das Experiment in Lit. und Kunst. Mchn. 1978.　　WW

Experimentelles Theater, Sammelbez. für verschiedene Theaterformen, welche neue Mittel und Aufführungssituationen erproben. Im engeren Sinne steht die Bez. ›e. Th.‹ für das an É. Zola (»Le roman expérimental«, 1880) orientierte Programm, naturwissenschaftliche Methoden und Versuchsanordnungen auch auf das Theater zu übertragen (↗ experimentelle Lit.). Im 20. Jh. nimmt B. Brecht für sein ›Theater im wissenschaftlichen Zeitalter‹ die Bez. ›e. Th.‹ in Anspruch. Seit den 1950er Jahren hat sich ein Sprachgebrauch eingebürgert, der unter ›experimentellem Theater‹ solche Formen versteht, welche sich der radikalen Erprobung innovativer Theatermittel und Erfahrungshorizonte für Akteure und Zuschauer verschreiben. In diesem Sinne werden so heterogene Theateravantgarden wie ↗ Symbolismus, ↗ Futurismus, ↗ Konstruktivismus (2), ↗ Dadaismus, Aktionskunst und ↗ Performance als ›e. Th.‹ bezeichnet.

Lit.: B. Brecht: Über E. Th. Ffm. 1970. – P. Pörtner: Experiment Theater. Zürich 1960. – J. Roose-Evans: Experimental Theatre from Stanislavsky to Peter Brook. NY 1984. – S. J. Schmidt: Das Experiment in Lit. und Kunst. Mchn. 1978.　　MWA

Explicit [= es ist beendet; in Angleichung an ↗ incipit entstandenes Kunstwort, von lat. *explicitum est* = es ist abgewickelt], Kennwort der Schlussformel (subscriptio) von ↗ Handschriften und Frühdrucken (↗ Kolophon), auch von einzelnen Kapiteln, z. B. »Titi Lucretii Cari de rerum natura liber tertius explicit feliciter; incipit liber quartus«. Ursprünglich am Ende von Papyrusrollen in der Funktion des Titelblatts.　　HHS/Red.

Explikation ↗ analytische Lit.wissenschaft.

Exposé, n. [frz., von lat. *exponere* = auseinandersetzen, darstellen], Darstellung, Bericht, Übersicht. Kurze, zusammenfassende Beschreibung eines Sachverhalts oder eines Arbeitsvorhabens, etwa eines lit. oder lit.-wissenschaftlichen Buchprojekts. Beim ↗ Film wird im E. die Filmhandlung auf ca. 5–10 Seiten skizziert und dem Dramaturgen einer Produktionsgesellschaft vorgelegt.　　GS/KK

Exposition, f. [lat. *expositio* = Ausstellung, Darlegung], 1. meist am Beginn eines ↗ Dramas präsentierte Vermittlung von Wissen über die in der Vergangenheit liegenden und gegenwärtigen Voraussetzungen der unmittelbar präsentierten dramatischen Situation. – 2. Der Begriff ›E.‹ wird ferner häufig mit dem Dramenanfang selbst in eins gesetzt, was Dramen mit später nachgetragener Vorgeschichte nicht berücksichtigt. Umgekehrt verliert ein rein informationeller E.sbegriff an Trennschärfe, wenn wie beim ↗ analytischen Drama die Ermittlung der vorausliegenden Ereignisse die gesamte Handlung bestimmt. Im Sinn der Vermittlung von Vorgeschichte (1) wird der Begriff ›E.‹ auch auf Erähllit. angewandt. – Die E. kann in Form eines ↗ Prologs isoliert von der eigentlichen Handlung am Beginn stehen, wie es in der antiken ↗ Tragödie seit Sophokles die Regel ist. Im neuzeitlichen Drama wird der isolierte Prolog seltener verwendet, v. a. im ↗ Humanistendrama, ↗ Reformationsdrama und Meistersingerdrama. Bereits der antike Grammatiker Donat (4. Jh. n. Chr.) spricht dagegen dem ersten ↗ Akt des Dramas als ↗ Protasis die Funktion des Prologs zu; die Integration der E. in die Handlung wird im neuzeitlichen Drama seit dem 18. Jh. zur Regel. Während das ↗ Stationendrama, der ↗ Einakter und moderne Dramen des 20. Jh.s häufig ganz auf Informationen über Vorgeschichte verzichten, verwendet das ↗ epische Theater Elemente isolierter E. durch Erzählerfiguren.

Lit.: B. Asmuth: E. In: RLW. – H. G. Bickert: Studien zum Problem der E. im Drama der tektonischen Bauform. Marburg 1969. – P. Michelsen: Die Verbergung der Kunst. In: JbDSG 17 (1973), S. 192–252. – M. Pfister: Das Drama [1977]. Mchn. ¹¹2001, S. 124–137. – W. Schultheis: Dramatisierung von Vorgeschichte. Assen 1971.　　MOT

Expressionismus, m. [lat. *expressio* = Ausdruck], lit.-geschichtliche Epoche des frühen 20. Jh.s, Strömung der ↗ Avantgarde. – Der Begriff bezeichnet Texte, die etwa in den Jahren 1910–25 erscheinen und durch Gemeinsamkeiten sowohl in ihrer ästhetischen Form und ideologischen Fokussierung als auch in ihrer spezifischen Einbindung in das Sozialsystem Lit. gekennzeichnet sind. Typisch ist die radikal kultur- und gegenwartskritische Ausrichtung des E., die Infragestellung des Modernisierungsprozesses und seiner diversen Phänomene, u. a. der Industrialisierung, Verstädterung, Bürokratisierung und Technisierung (G. Heym, F. Kafka). Bes. scharfe lit. Aggressionen richten sich gegen das Bürgertum als den materiellen und intellektuellen Träger der Fortschrittsideologie (A. Döblin). Zu zentralen Figuren und Figurenkonstellationen entwickeln sich daher der Spießer und als sein Gegenspieler der Künstler (P. Zech), der Vater-Sohn-Konflikt im bürgerlichen Milieu (W. Hasenclever, F. Werfel) und Außenseiter an den Rändern der zeitgenössischen Gesellschaft, z. B. Kriminelle, Kranke und Wahnsinnige (E. Weiß). Die Autoren des E. thematisieren freilich nicht bloß die sozialen Konsequenzen der Modernisierung, sondern auch deren Auswirkungen auf die sinnliche Erfahrung von Wirklichkeit. V. a. die Beschleunigung der Zeit und die Reizüberflutung in den elektrifizierten und industrialisierten Großstädten werden als Zerfall des Subjekts erfahren und fiktionalisiert. Die wichtigste poetische Strategie zur Darstellung dieser Ich-Dissoziation ist die Reihentechnik in der Lyrik, die scheinbar wahllose Aneinanderreihung von unzusammengehörigen Partikeln der Wirklichkeit (J. van Hoddis). Die radikale Traditions- und Gegenwartskritik artikuliert sich zugleich in einer Zerstörung eingespielter sprachlicher und ästhetischer Normen (A. Stramm). So sprengt etwa ein dissoziierter Erzähler die Regeln der Grammatik (C. Einstein), wird im Gedicht der trügerische Wohllaut des Reims verabschiedet, der eine längst obsolete harmonische Weltordnung vorgaukelt (E. Stadler), oder tritt im Schauspiel an die Stelle des klassischen fünfaktigen Dramenaufbaus eine lose Folge inhomogener Szenen, in denen die Brüchigkeit und Sinnlosigkeit zeitgenössischer Biographien aufscheint (G. Kaiser). Kennzeichnend ist des Weiteren die Tendenz zur Abstraktion, mithin die Abwendung des Blicks von den Einzelheiten einer als defizient empfundenen Wirklichkeit einerseits und die bedingungslose Radikalisierung des Blicks auf die Moderne andererseits. Hinzu kommt die Abwendung von den Schönheitskonzepten der bürgerlichen Kunst zugunsten einer intensiven Auseinandersetzung mit dem Abstoßenden, Ekelerregenden und Widerlichen (Ästhetik des ⁊ Hässlichen). Im Dienste der möglichst effektvollen Vermittlung ihrer modernekritischen Vorstellungen greifen die Expressionisten verstärkt auch zu bes. wirkmächtigen Techniken der ⁊ Rhet. und ⁊ Stilistik. Eine zentrale Rolle spielen ⁊ Hyperbel (Übertreibung), ⁊ Klimax (Steigerung), ⁊ Antithese und ⁊ Synekdoche; gerade das letztgenannte Mittel ermöglicht es, die Auflösung des Subjekts in der Moderne oder die Inhumanität der industrialisierten Gesellschaft, die den Menschen etwa im Klinikbetrieb auf seine einzelnen Körperteile reduziert, zu illustrieren (G. Benn). Der massive Einsatz der ⁊ Synästhesie zielt auf die Emotionalisierung des rationalistisch geprägten Subjekts der ⁊ Moderne, die Beteiligung aller Sinne bei der Lektüre und die Aufhebung der Grenzen zwischen den Künsten in der arbeitsteilig organisierten Gesellschaft (E. Lasker-Schüler, G. Trakl). Bezeichnend für den E. sind daher auch Versuche, eingefahrene Aufführungstraditionen am Theater zugunsten eines vielschichtigen visuellen und akustischen

Gesamterlebnisses zu revolutionieren (O. Kokoschka), und das Interesse an den neuen Medien ⁊ Film und ⁊ Hörspiel (A. Ehrenstein, K. Pinthus). Ebenfalls charakteristisch sind zahlreiche Doppel- und Dreifachbegabungen, welche die Ästhetik des E. in unterschiedlichen Künsten umzusetzen versuchen (A. P. Gütersloh, A. Kubin, A. Schönberg). Ideologische Grundlage der Bewegung ist der Vitalismus, die Rückbesinnung auf die kreatürlichen Kräfte des Lebens, die durch die Bürgermoral und die Technisierung, Mechanisierung und Rationalisierung des Alltags zunehmend unterdrückt und verdrängt worden sind. Dem stellen die Expressionisten das undomestizierte Reich der Natur, die Macht von Gefühl und Trieb, die Wildheit vorzivilisierter Völker und die Unbürgerlichkeit vergangener Epochen gegenüber (K. Edschmid, Klabund, R. Müller). Als Vordenker des Vitalismus wie des Nihilismus wird intensiv F. Nietzsche rezipiert. Die philosophische Basis der Lit. des E. speist sich aber auch aus der zeitgenössischen Materialismus- und Rationalismuskritik von H. Bergson und S. Freud sowie aus dem Pessimismus von A. Schopenhauer. Die lit. Vorbilder der Expressionisten sind teils in den europäischen Lit.en des 19. und frühen 20. Jh.s zu suchen (G. d'Annunzio, G. Flaubert, A. Rimbaud, A. Strindberg), zu einem bedeutenden Teil entfaltet sich die poetische Praxis aber auch innerhalb von Kreisen und Zirkeln der Bewegung und aufgrund ihrer intensiven ästhetischen Diskussionen selbst. Überhaupt ist der E. eine Epoche, die von ausgeprägten und eigenwilligen schöpferischen Individuen getragen wird, welche sich gleichwohl sehr stark in Künstlergruppen organisieren und engagieren. Aus diesen gehen die zentralen Publikationsorgane der Epoche, »Der Sturm« (H. Walden) und »Die Aktion« (F. Pfemfert), aber auch die unterschiedlichsten weiteren Versuche der Autoren hervor, mit ihren Werken und ihren Anliegen Widerhall in der Öffentlichkeit zu finden, z. B. durch Lesungen, Theateraufführungen oder Ausstellungen. Der E. ist damit ebenso in einen größeren ästhetischen Transformationsprozess auf allen Gebieten der Künste eingebunden wie in die Ideen der europäischen Avantgarde. Seine Zentren im dt. sprachigen Raum sind Berlin, München, Leipzig, Prag, Wien und Zürich, also die kulturellen Metropolen der Zeit. Hier sind auch die zumeist neu gegründeten Verlage und deren spezielle Reihen (»Der jüngste Tag«) angesiedelt, über welche die Autoren ihre Texte, anfangs oft relativ erfolglos, vertreiben (H. F. S. Bachmair, E. Rowohlt, K. Wolff). – Die Expressionisten als scharfe Kritiker der Bourgeoisie entstammen in der Regel selbst gutbürgerlichen Verhältnissen und haben eine gediegene Schul- und Universitätsausbildung genossen. Sie gehören fast durchweg *einer* Generation an, sind zum großen Teil zwischen 1880 und 1890 geboren. Viele von ihnen wählen bürgerlich-akademische Berufe, nur wenige wagen den riskanten Schritt in die freie Schriftstellerei. Um 1910 veröffentlichen sie ihre ersten, den Früh-E. einleitenden Texte. Dabei handelt es sich zumeist um poetische Produkte, nicht um Programme und Manifeste; die systematische Theoretisierung der Ästhetik der Bewegung folgt erst Jahre später (C. Edschmid, P. Hatvani, K. Hiller). Mit dem Ausbruch des Ersten Weltkriegs, den die meisten Autoren emphatisch begrüßen, rückt der aktuelle Waffengang in den Mittelpunkt vieler Texte (Kriegs-E.). Pazifistische Positionen sind anfangs eher die Ausnahme (R. Schickele). Der Tod vieler Schriftsteller an der Front und die Enttäuschung der Überlebenden über das geradezu maschinelle Abschlachten von Millionen von Menschen im Feld führen bald einen Stimmungswandel herbei. In der Folge mutiert ein bedeutender Teil der Künstler der Bewegung zu exponierten Propagandisten einer Beendigung des Kriegs (Klabund). An den Revolutionen in Deutschland und Österreich sind zahlreiche Autoren als Vertreter linkssozialistischer bis anarchistischer Positionen aktiv beteiligt (R. Müller, E. Toller). Der Spät-E. ist somit stark politisch-aktivistisch geprägt. Die nun einsetzende Breitenwirkung geht einher mit einer Bankrotterklärung der Epoche durch viele ihrer eigenen Repräsentanten infolge der mutmaßlichen Abnutzung ihrer poetischen Mittel und der Verbürgerlichung ihrer Rezipienten. Aus dem E. selbst entstandene Bewegungen wie der ⁊ Dadaismus stellen sich schon ab 1916 programmatisch als Überwindung des veralteten E. dar. – Die Schriftsteller des E. sind in allen lit. Gattungen tätig. Kennzeichnend für die *Lyrik* der Epoche sind v. a. der Bruch mit den Gestaltungstraditionen der europäischen Dichtung, die Abwendung von Stimmungspoesie zugunsten einer Thematisierung der Konsequenzen der Modernisierung, der ostentative Tabubruch und die sprachliche Reduktion und Konzentration (G. Benn, G. Heym). Die harsch zurückgewiesene Gegenwart wird mit utopischen, geradezu messianischen Ideen eines erneuerten Menschen kontrastiert (J. R. Becher, E. Stadler). Formal treten neben Experimente mit Langversen (E. Stadler) und lautmalerischen Kurzversen (A. Stramm) auch regelgerechte Gedichte wie ⁊ Sonette oder vierzeilige Reimstrophen aus fünfhebig alternierenden Versen (G. Heym, G. Trakl). Die *erzählende Dichtung*, anfangs bes. die Kurzprosa, später auch der Roman, ist v. a. von der Sprengung althergebrachter Muster der Narration geprägt. Typisch sind ferner die Abkehr von einem allwissenden Erzähler und von einer teleologisch angelegten Handlungsführung, die Thematisierung menschlicher Abgründe und Extremsituationen sowie die Auslotung der Möglichkeiten und Grenzen des Erzählens in der sog. Reflexionsprosa (A. Döblin, A. Ehrenstein, C. Einstein, F. Kafka). Signifikant erscheint in der Prosa auch die Überschreitung der üblichen Grenzen zwischen den Gattungen, z. B. in Richtung auf die philosophische Abhandlung oder die Lit.-kritik (O. Flake, C. Sternheim, F. Werfel). Das *Drama* der Epoche ist auf starke Wirkung hin angelegt, sei es bei der Lektüre durch die Darstellung von Grausamkeiten, sei es bei der Aufführung durch den Einsatz

neuartiger dramaturgischer Mittel, etwa ein komplexes Zusammenspiel von Licht, Bewegung, Farbe, Klang und Musik (W. Kandinsky). Im ⁊ Stationendrama des E. tritt an die Stelle einer durchkomponierten Handlung eine ungeordnete Folge von Szenen, in denen das Publikum das Schicksal eines modernen Individuums in einer schweren Sinnkrise verfolgen kann (G. Kaiser, R. J. Sorge). Verkündigungs- und Wandlungsdrama hingegen verlebendigen zentrale Aspekte der Ideologie der Bewegung auf der Bühne (E. Barlach, R. Goering, E. Toller, F. v. Unruh). – Viele der expressionistischen Autoren, die nicht im Ersten Weltkrieg umgekommen sind, wenden sich in den 1920er Jahren von der Bewegung ab. Ästhetisch führen ihre Wege u. a. in den ⁊ Dadaismus, den ⁊ Surrealismus oder die ⁊ Neue Sachlichkeit. Politisch und ideologisch lassen sich die unterschiedlichsten Entwicklungen verfolgen, deren Spektrum von einem fundamentalistischen Katholizismus über den Anarchismus bis hin zum Rechtsradikalismus reicht. Die Nationalsozialisten verbieten die Werke der meisten Expressionisten und ermorden viele Vertreter der Bewegung. Aber auch im kommunistischen Herrschaftsbereich wird die Epoche durch den sog. ⁊ E.streit nachhaltig diskreditiert.

Lit.: K. Amann, A. Wallas: E. in Österreich. Wien u. a. 1994. – Th. Anz: Lit. des E. Stgt., Weimar 2002. – M. Beetz: E. In: RLW. – R. G. Bogner: Einf. in die Lit. des E. Darmstadt 2005. – W. Erhart: E. In: HWbRh. – W. Fähnders: Avantgarde und Moderne. Stgt., Weimar 1998. – Ders. (Hg.): Expressionistische Prosa. Bielefeld 2001. – H. Kiesel: Geschichte der lit. Moderne. Mchn. 2004. – G. Martens: Vitalismus und E. Stgt. u. a. 1971. – Y.-G. Mix (Hg.): Naturalismus, Fin de siècle, E. Mchn. 2000. – H. Oehm: Subjektivität und Gattungsform im E. Mchn. 1993. – P. Sprengel: Geschichte der dt.sprachigen Lit. 1900–18. Mchn. 2004. – M. Stern: E. in der Schweiz. Bern, Stgt. 1981. – S. Vietta, H.-G. Kemper: E. [1975]. Mchn. ⁶1997.   RGB

Expressionismusdebatte, 1937–39 im Kontext der ⁊ Exillit. geführte Diskussion über die Bedeutung der lit. ⁊ Moderne für die Lit. im Klassenkampf und Antifaschismus, die von Seiten der Kommunistischen Partei negativ beantwortet wurde. Demgegenüber wurden Verständlichkeit, Authentizität und Vorbildfunktion als vorrangig angesehen. Die E. setzt Debatten im ›Bund proletarisch-revolutionärer Schriftsteller‹ (BPRS) fort und wird nach dem Zweiten Weltkrieg im ⁊ Formalismusstreit in der DDR wieder aufgenommen. Ausgelöst wurde die E. durch G. Benns Hinwendung zum Nationalsozialismus 1933/34, mit der sich K. Mann in mehreren Aufsätzen auseinandersetzte. A. Kurella zog daraufhin 1937 in der Exil-Zs. »Das Wort« eine direkte Linie zwischen ⁊ Expressionismus und Faschismus: Der Expressionismus sei Ausdruck gesellschaftlichen Verfalls. Kurella erfuhr breite Kritik, u. a. von E. Bloch und B. Brecht, welche die Freiheit der lit. ⁊ Form für die Kritik und Veränderung von Gesellschaft einforderten. Der Höhepunkt der E. war die Ge-

genüberstellung der Positionen Blochs und G. Lukács'
im Juni-Heft 1938 von »Das Wort«. Für Kurellas Posi-
tion sprachen die Verbindung von it. ↗ Futurismus und
Faschismus sowie die NS-Karriere eines Autors wie H.
Johst, dagegen der Ausschluss der Moderne aus dem
Kanon des Dritten Reiches.
Lit.: D. Schiller: E. In: S. Barck u. a. (Hg.): Lexikon sozi-
alistischer Lit. Stgt., Weimar 1994, S. 141–143. – H.-J.
Schmitt (Hg.): Die E. Ffm. 1973.   WD
Exspiratorischer Akzent ↗ quantitierendes Versprin-
zip.

Extemporieren [lat. *ex tempore* = nach Gelegenheit],
↗ Stegreifspiel.
Extension ↗ Bedeutung, ↗ Referenz.
Exzerpt, n. [lat. *excerptio* = Auszug], knappe Zusammenstellung der für den jeweiligen Benutzer oder einen bestimmten Leserkreis wichtigen Gesichtspunkte
eines Buches oder einer Abhandlung; der Text der Vorlage kann auszugsweise wörtlich abgeschrieben oder
zusammengefasst sein.
Lit.: B. Jeßing: Arbeitstechniken des lit.wissenschaft-
lichen Studiums. Stgt. 2001, S. 81–87   GS/Red.

F

Fabel, f. [lat. *fabula* = Rede, Erzählung; heutige Bedeutung seit dem ↗ Humanismus; dt. seit dem 14. Jh.], 1. der *Stoff-* oder *Handlungskern* eines erzählerischen oder dramatischen Werks, auch: ↗ Plot.
2. Nach dem legendären Gattungsstifter Aisopos (5. Jh. v. Chr.) auch *äsopische F.* genannte, durch typisches Personal gekennzeichnete, meist einepisodische, lehrhafte Erzählung in Vers oder Prosa, in der nichtmenschliche Akteure (Pflanzen, unbelebte Gegenstände, meist aber Tiere) so handeln, als verfügten sie über menschliche Denk- und Verhaltensmuster. Konstitutiv ist darüber hinaus der modellhaft demonstrative Charakter der F.: Der dargestellte Einzelfall ist als anschauliches Beispiel für eine daraus ableitbare Regel der Moral oder Lebensklugheit zu verstehen. Die F. gehört mit dieser didaktisch-reflexiven Zweckausrichtung zum Bereich der ↗ Lehrdichtung. Die der Handlung zu entnehmende Lehre ist meist der Erzählung angefügt (↗ Epimythion), seltener ihr vorangestellt (↗ Promythion); sie kann aber auch in die Handlung integriert sein oder ganz fehlen. Der Kreis der Akteure ist eingegrenzt auf einen relativ kleinen Kanon bestimmter Tiere, denen jeweils konstante menschliche Eigenschaften zugeordnet werden (der schlaue Fuchs, der gierige Wolf usw.). Kennzeichnend für die F. ist weiter ihre meist dialektische Erzählstruktur (oft in Dialogen zweier Tiere mit polar entgegengesetztem Verhalten realisiert) sowie die ironisch-verfremdende Spannung zwischen einer demonstrativ irrealen Handlung und einer gleichwohl darin abgebildeten allgemein gültigen Lehre. Verwandt ist die F. auf der einen Seite dem ↗ Märchen, dem ↗ Schwank und der ↗ Erzählung, auch dem Tierepos, von denen sie jedoch ihre dezidiert didaktische Zweckausrichtung unterscheidet. Auf der anderen Seite nähern sich F.n, die so spezielle Verhältnisse darstellen, dass sie auf ihre explizite Selbstdeutung angewiesen sind, der ↗ Allegorie, der ↗ Parabel, dem ↗ Gleichnis oder der ↗ Satire an. – In der gr. Lit. wurde die F. unter die weit gefassten Begriffe *mythos* oder *logos* (= Erzählung, Vorfall, Geschichte) subsumiert, in der röm. Tradition zählten F.n zu den ↗ Apologien, im MA. zu den ↗ Bîspeln; erst im 15. Jh. wird mit einer größeren Gattungsbewusstheit der Begriff terminologisch reflektiert und damit zu einer selbständigen Gattungsbezeichnung aufgewertet (H. Steinhöwel, J. Zainer), im 18. Jh. dann terminologisch verfestigt. Dennoch verbinden sich die Anfänge der F. bereits mit dem Beginn von Lit., der Streit um ihre gr. oder ind. Ursprünge ist inzwischen durch die Annahme der Polygenese beigelegt. Als Vater der europäischen F. gilt der historisch nicht fassbare phrygische Sklave Aisopos: Auf das unter seinem Namen laufende Textcorpus berufen sich alle späteren F.-Sammlungen. Entscheidend für die inhaltliche und formale Ausbildung der äsopischen F. wurde die *lat.* F.-*Sammlung* des thrakischen Sklaven Phädrus, der überlieferte F.n und eigene Nachbildungen mit lehrhafter Tendenz zur vermutlich ersten röm.-lat. F.-Sammlung zusammenstellte (1. Jh. n. Chr.). Auf dieser Grundlage entwickelte sich ein F.bestand, der bis ins 16. Jh. als Schullektüre in ganz Europa verbreitet war. *Volkssprachliche F.n* finden sich seit dem 12. Jh.: antike Traditionen (Hesiod, Horaz) aufgreifend zunächst vereinzelt (z. B. bei den mhd. Spruchdichtern) oder eingelagert in größere Werke, zuerst in der »Kaiserchronik« (12. Jh.), bis ins 18. Jh. auch in der Predigtlit. (Abraham a Sancta Clara). Während in Frankreich bereits um 1180 eine eigenständige, höfisch orientierte F.-Sammlung in Reimpaarversen, der »Ysopet« der Marie de France, entstand, erreichten F.-Sammlungen in Deutschland nach wenigen Vorläufern (Stricker, U. Boner u. a.) erst in der Frühen Neuzeit unter Einfluss der (Wieder-)Entdeckung der gr. Corpora der Spätantike im Humanismus und der Reformation, die eine breite religiös-moralische Ausrichtung der F.lit. beförderte (M. Luther), ihre Blütezeit. Jetzt entwickelte sich eine reiche und vielfältige, verschiedene Traditionen verknüpfende dt. F.dichtung (B. Waldis, E. Alberus, H. Sachs). Abgesehen von J. de La Fontaines »Fables« (1668), die in ihrer formalen Gestaltung einen Höhepunkt der Gattungsentwicklung markieren, wurden im 17. Jh. repräsentativere Formen gegenüber der F. vorgezogen. Dagegen wurde die F. im 18. Jh. zu einer bevorzugten Gattung der rationalistisch-moralistischen Aufklärung und zu einem zentralen Gegenstand der ↗ Poetiken (J. Ch. Gottsched, J. G. Herder, J. J. Bodmer, J. J. Breitinger). Typisch für die F.n des 18. Jh.s sind die Betonung bürgerlicher Lebensklugheit, die episch-plaudernde, gefühlige oder galante Ausgestaltung in zierlichen Versen sowie die Erweiterung und Neuerfindung von Motiven, Situationen und Figuren bei Vernachlässigung der tradierten Form (F. v. Hagedorn, Ch. F. Gellert, J. W. L. Gleim). Gegen das Verblassen der äsopischen Tradition und die ›lustige Schwatzhaftigkeit‹ im Gefolge La Fontaines wendet sich G. E. Lessing, indem er epigrammatisch knappe, schmucklose Prosa-F.n mit treffsicherer Zuspitzung fordert und selbst verfasst (»F.n. Drey Bücher. Nebst Abhandlungen mit dieser Dichtungsart verwandten Inhalts«, 1759). Spätere F.n knüpfen dennoch eher an die zur moralisch-erbaulichen Verserzählung sich ausweitenden F.n des frühen 18. Jh.s an, neigen zu allegorisierender Gleichsetzung von Tieren und Menschen (G. K. Pfeffel) und damit zur Auflösung der F. in die Satire. Nachdem die F.n des 19. und frühen 20. Jh.s in Russland (I. A. Krylov), Frankreich (P. Lachambeaudie, J. Anouilh) und Deutschland (J. H. Pestalozzi, W. Hey, J. A. C. Löhr) in spätaufklärerischer Tradition weitge-

hend für Kinder und Jugendliche gedacht waren, werden im weiteren Verlauf des 20. Jh.s Versuche unternommen, die F. als Mittel aktueller Zeitkritik wieder zu beleben (in den USA J. Thurber, in Deutschland E. Weinert, W. Schnurre, R. Kunze). Ein freier Umgang mit der Form ist bei F. Kafka (»Kleine F.«) zu beobachten. – Vgl. auch ⁊ Tierepik.

Texte: A. Elschenbroich (Hg.): Die dt. und lat. F. in der frühen Neuzeit. 2 Bde. Tüb. 1990. – H. C. Schnur (Hg.): F.n der Antike, gr. und lat. Mchn. 1978. – Ders. (Hg.): Lat. F.n des MA.s. Mchn. 1978. – M. Windfuhr (Hg.): Dt. F.n des 18. Jh.s. Stgt. 1993.

Lit.: H. G. Coenen: Die Gattung F. Gött. 2000. – R. Dithmar: Die F. [1971]. Paderborn ⁷1988. – Th. Elm, P. Hasubek (Hg.): F. und Parabel. Mchn. 1994. – K. Grubmüller: Meister Esopus. Untersuchungen zu Geschichte und Funktion der F. im MA. Mchn. 1977. – Ders.: F.₂ In: RLW. – N. Holzberg: Die antike F. Darmstadt 1993. – E. Leibfried, J. M. Werle (Hg.): Texte zur Theorie der F. Stgt. 1978.   IS/WHO

Fabian Society, 1884 gegründete Vereinigung britischer Sozialreformer, benannt nach dem röm. Konsul und Feldherrn Q. Fabius Maximus Verrucosus (›Cunctator‹). Wie dieser durch bewusstes Abwarten (nicht ›Zaudern‹) Erfolg hatte, so war es von Anfang an Ziel der F. S., gesellschaftliche Veränderungen im Sinne eines freiheitlichen Sozialismus nicht durch Revolution, sondern durch allmähliche, verfassungskonforme Evolution zu verwirklichen. Führende Vertreter waren S. und B. Webb sowie G. B. Shaw, der 1889 die »Fabian Essays in Socialism« herausgab und mit zahlreichen Veröffentlichungen zu politischen und wirtschaftlichen Fragen für die Ideen der F. S. warb (1952 erschienen »New Fabian Essays«, hg. v. R. H. S. Crossman). Auch H. G. Wells war der Bewegung zeitweise eng verbunden. 1918 eignete sich die Labour Party die Ziele der F. S. an.

Lit.: I. Britain: Fabianism and Culture. Cambridge u. a. 1982. – A. M. McBriar: Fabian Socialism and English Politics, 1884–1918. Cambridge 1962. – N. und J. McKenzie: The First Fabians. Ldn. 1977. – E. R. Pease: History of the F. S. Ldn. 1925. – A. West: »A Good Man Fallen Among Fabians«. Ldn. 1974.   MGS

Fabliau, m. [fabli'oː; von afrz. *fable* = Erzählung], Pl. *Fabliaux*; gereimte Schwankerzählung (»conte à rire en vers«, J. Bédier), verfasst zwischen Ende des 13. und Anfang des 14. Jh.s in Nordfrankreich. Der pikardische Ausdruck ›F.‹ hat die reguläre, aber sehr seltene Form *fableau* verdrängt, wohl weil die meisten Gattungszeugnisse aus der Picardie stammen. Man zählt heute ca. 150 F.x, wobei einige Hss. den Begriff für Texte verwenden, die keine F.x sind, während andere, der Gattung zugehörige Erzählungen ⁊ ›Lais‹, ⁊ ›Contes‹ oder noch einfacher ⁊ ›Dits‹ genannt werden. Für die nähere Bestimmung gilt deshalb: 1. F.x sind Kurzerzählungen, die eine einfache, aber vollständige ⁊ Anekdote wiedergeben. Trubert, Dichter von über 3.000 Versen, nennt sich selbst »fait de fabliaux«. – 2. F.x wollen we-

niger belehren denn unterhalten. Die Moral, oft am Schluss, ist vielfach parodistisch oder sehr zweifelhafter, misogyner und reaktionärer Natur. – 3. Die Handlung ist zeitgenössisch zur Niederschrift. Der »Lai d'Aristote«, der am Hof Alexanders des Großen spielt, ist somit ein Grenzfall und seine Zugehörigkeit zu den F.x umstritten. – 4. Die Personen stammen vornehmlich aus dem Volk (Händler, Bauern, Scholaren auf der Wanderschaft). Ritter erscheinen meist in Situationen, die in der höfischen Lit. untypisch wären. Der Priester gilt immer als ausschweifend, die Frau als schlüpfrig, jedoch intelligenter als ihr männlicher Gegenpart. Kleriker kommen meist gut weg: Da ein gutes Drittel der Intrigen auf dem traditionellen Schema der Dreiecksbeziehung beruht, fällt ihnen oft die dankbare Rolle des Geliebten zu. – Auch wenn die F.x keine eigentliche ›bürgerliche Lit.‹ darstellen – man findet sie in denselben Sammlungen wie höfische Texte –, zeugen sie von der Entstehung einer neuen Schicht, die im städtischen Milieu und im Handel zu finden ist. Eher denn als realistisch dürfen sie als anti-idealistisch gelten, weil körperliche Triebe, Sexualität, Lug, Trug und Geld die Werte der höfischen Gesellschaft systematisch ersetzt haben. – Das Kuriosum F. hatte in Frankreich keinen direkten lit. Nachfolger: Die ⁊ Farce, die sich nach dessen Untergang entwickelte, greift nur wenige Themen des F. auf; dasselbe gilt für die ⁊ Märe der dt. Lit. Über Boccaccio, der vielfach aus F.x schöpft, finden sich aber einige der Themen in der frz. ⁊ Novelle des 15. Jh.s wieder.

Texte: W. Noomen, N. Van den Boogaard (Hg.): Nouveau recueil complet des f.x (NRCF). 10 Bde. Assen 1983–98.

Lit.: J. Bédier: Les F.x. Paris 1893. – O. Jodogne: Le F. Turnhout 1975. – R. Kiesow: Die F.x. Bln. 1976. – B. J. Levy: The F.x. Amsterdam 2001. – Ph. Ménard: Les F.x, contes à rires du Moyen Age. Paris 1983. – P. Nykrog: Les F.x. Genf 1973. – J. Rychner: Contribution à l'Etude des F.x. Genf 1960.   AC

Fabula, f. [lat. = Erzählung (die einer Dichtung zugrunde liegt), Schauspiel], das röm. Drama; man unterscheidet im Einzelnen: F. ⁊ *atellana* (volkstümliche Posse), F. ⁊ *palliata* (Komödie, gr. Stoffe, gr. Kostüme), F. ⁊ *togata* (Komödie, röm. Stoffe, röm. Kostüme) und als deren Sonderformen F. *trabeata* (spielt in der gehobenen röm. Gesellschaft), F. *tabernaria* (spielt in den unteren Schichten der röm. Gesellschaft), F. ⁊ *crepidata* (Tragödie; Stoffe aus der gr. Mythologie oder Geschichte, gr. Kostüme) und F. ⁊ *praetexta* (Tragödie, Stoffe aus der röm. Geschichte, röm. Kostüme). JK/Red.

Fabula palliata ⁊ Palliata.

Fachbuch, der Ausbildung oder Fortbildung in einem bestimmten Beruf oder Berufszweig oder der ⁊ Einf. in ein Wissensgebiet dienendes Lehrbuch; die Abgrenzung zum im engeren Sinn wissenschaftlichen Buch einerseits, das den Akzent stärker auf eine systematische Darstellung und die Diskussion von Forschungsproblemen legt, und dem für ein breiteres Publikum aufbereiteten ↗ Sachbuch andererseits ist nicht immer scharf zu ziehen. HHS/Red.

Fachliteratur ↗ Sachlit.

Fachprosa ↗ Sachlit.

Faction-Prosa ['fækʃən; engl. von *fact* = Tatsache], auch: Faktographie, nicht-fiktives, auf Tatsachen fußendes und zu dokumentarischer Darstellung (↗ Dokumentarlit.) tendierendes Erzählen in der am. Lit. nach 1945, zunehmend seit den 1960er Jahren: v. a. J. R. Hersey (»The Algiers Motel Incident«, 1969), T. Capote (»In Cold Blood«, 1965) und N. Mailer (»The Armies of the Night«, 1968; »Of a Fire On the Moon«, 1970). In der Tradition des Tatsachenberichts will die F. die objektive Welt, in der wir leben, beschreiben (T. Capote), um ein ungenaues und verzerrtes Bild der Wirklichkeit zu verhindern (N. Mailer). *Faction* enthält dabei immer auch ein Moment der Parteinahme, der Stellungnahme gegen Situationen und Bedingungen der gegenwärtigen Gesellschaft. T. Wolfe entwickelte in den 1960er Jahren das Konzept des ›New Journalism‹, in dem lit. Ausdrucksmittel wie Metaphorik und Montage eine wichtige Rolle spielen; seit den 1970er Jahren wurde er zu einem der wichtigsten Autoren der F. (»The Right Stuff«, 1979; »The Bonfire of the Vanities«, 1987). RD/Red.

Fado, m. [portug. = Geschick, Verhängnis], auch *Fadinho*; portug. volkstümliches, wehmütiges zweiteiliges (Tanz-)Lied; Thema meist Liebessehnsucht; die Moll-Melodie des ersten Teils wird im zweiten in Dur wiederholt; oft mit einfacher Gitarrenbegleitung; bekannt seit dem 19. Jh., wurde der F. bes. in Städten (Café und Straßen) getanzt und gesungen. IS/Red.

Fahrende, Pl. [mhd. *varndiu diet, gerndiu diet, varndez volc,* mlat. *vagantes*], auch: fahrendes Volk; nicht-sesshafte, zeitweilig, periodisch oder ständig umherziehende Personen unterschiedlicher sozialer Herkunft, insbes. im MA. und der ↗ Frühen Neuzeit. Unter den F.n des MA.s waren Händler und Kaufleute, Gewerbetreibende (Kesselflicker, Rattenfänger), Musikanten, Spaßmacher, Bettler und Prostituierte, auch Geistliche, die sich z. T. des Lat. bedienten (↗ Vagantendichtung). Die Lit.wissenschaft interessiert sich bes. für die (zumindest phasenweise) von Hof zu Hof ziehenden Dichter (z. B. Walther von der Vogelweide), sowie für die Spielleute, denen man lange Zeit eine eigene Gattung (↗ Spielmannsdichtung) zuschrieb. Das früheste lit. Zeugnis für die *varnden* findet sich im 12. Jh. im »Orendel« (V. 1359). Gegenüber jenen, »die dâ heime ir lant bûwent« (»Herzog Ernst«, V. 9), zeichnete sie oft Bildung und Lebenserfahrung aus. Die F.n waren ein konstitutiver Bestandteil der mal. Gesellschaft. Gleichwohl begegnete man ihnen zuweilen mit Misstrauen, und die Kirche schloss sie häufig vom Abendmahl aus. Um dies zu umgehen, kam es zu eigenen staatsähnlichen oder zunftartigen Organisationen. Unter den fahrenden Schaustellern hatten neben den engl. und it. die frz. Wanderbühnen lit. Bedeutung. Lit.: F. Graus: F. In: LMA. – W. Hartung: Die Spielleute

im MA. Düsseldorf 2003. – C. Puschmann: Fahrende Frauenzimmer. Herbolzheim 2000. – E. Schubert: Fahrendes Volk. Darmstadt 1995. JBR

Faksimile, n. [lat. *fac simile* = mach es gleich/ähnlich, Neubildung des 19. Jh.s], dem Original bestmöglich gleichende zweidimensionale Reproduktion von ↗ Autographen, Hss., Zeichnungen und Drucken mit den für diesen Zweck adäquaten manuellen und/oder technischen Verfahren (z. B. Lichtdruck, Buchdruck, Offsetverfahren). Ein F. umfasst die vollständige Wiedergabe der Vorlage in Originalformat (bei einem Auszug spricht man von ›Teilfaksimile‹, die Wiedergabe nur einer Seite ist ein ›Singularfaksimile‹) und in originalgetreuer Farbe, es ist häufig mit einem Einbandreplikat, ggf. einer Handschriftenbeschreibung und ihrer wissenschaftlichen Auswertung versehen und von hohem wissenschaftlichen und bibliophilen Wert. Die häufige fotomechanische Schwarz-Weiß-Reproduktion wird ebenfalls gewöhnlich als ›F.‹ bezeichnet. Ein F.druck liegt nur vor bei der Reproduktion eines Drucks mittels nachgeschnittener Drucktypen. Die älteren Synonyme ›Replikat‹ und ›Replik‹ werden heute meist nur noch für dreidimensionale Kunstgegenstände oder Einbandreproduktionen verwendet. Lit.: Th. Hilka: Zur Terminologie und Geschichte der Faksimilierung. In: Bibliothek 9 (1985), S. 290–299. – C. Urcheguía: Edition und F. In: R. Nutt-Kofoth u. a. (Hg.): Text und Edition. Bln. 2000, S. 323–352. – H. Zeller: Die F.-Ausgabe als Grundlagenedition für Philologie und Textgenetik. In: ders., G. Martens (Hg.): Textgenetische Edition. Tüb. 1998, S. 80–100. – H. Zotter: Bibliographie faksimilierter Hss. Graz 1976. MSP

Faktographie ↗ Faction-Prosa.

Faktual ↗ Fiktionalität.

Falkentheorie, von P. Heyse 1871 anhand einer ↗ Novelle aus Boccaccios »Decamerone« (5. Tag, 9. Geschichte) entwickelte Novellentheorie, nach der von jeder Novelle ein bes. prägnantes Motiv gefordert wird, das (wie der Falke jener Novelle) den erzählerischen Mittelpunkt ausmacht. Heyse betonte zwar v. a. die spezifische »Qualität des (Novellen-)Stoffes«, die F. wurde in seiner Nachfolge jedoch vielfach als formale Gattungstheorie aufgefasst und wird deshalb heute als zu einseitig in Frage gestellt. Lit.: H. Aust: Novelle [1990]. Stgt., Weimar ⁴2006. GMS/SHO

Fallhöhe, dramaturgischer Begriff, der v. a. in klassizistischen Poetiken als wirkungsästhetisches Argument für die ↗ Ständeklausel ins Feld geführt wurde: Je höher der soziale Rang eines Helden, desto bestürzender, aber auch beispielhafter wirke sein tragischer Fall. Als Tragödienhelden wurden deshalb Angehörige des Hochadels, mit Vorrang Fürsten, empfohlen. Die Ausweglosigkeit ihres Scheiterns überzeuge eher, während die Missgeschicke niederer, bürgerlicher Personen keine tragische Erschütterung aufkommen ließen, weil ihnen die F. fehle und die Umstände ihrer

Bedrängnis durch menschliche Hilfe zu beheben seien. – Die Vorstellung findet sich bereits in Renaissance-Kommentaren zur »Poetik« des Aristoteles (bei F. Robortello und V. Madio). Der Begriff wurde durch K. W. Ramlers Übers. von Ch. Batteux' »Traité de la poésie dramatique« (1774) ins Dt. eingeführt. Schon in der ersten Hälfte des 18. Jh.s hatte J. Ch. Gottsched versucht, den Prinzipien der F. und der Ständeklausel für die Tragödie normative Geltung zu verschaffen. Aber wenig später traten J. E. Schlegel und G. E. Lessing für ein ⁊ bürgerliches Trauerspiel ein und wiesen die F. zurück.

Lit.: H.-J. Schings: Consolatio Tragoediae. In: R. Grimm (Hg.): Dt. Dramentheorien. Bd. 1. Kronberg/Ts. 1971, S. 1–44. TU

Fälschung, in der Lit. Text mit bewusst falsch gesetzter Autorennennung. Gründe für lit. F.en können sein: 1. Apologetik: scheinbar authentische alte Zeugnisse sollen die Wahrheit von Glaubenssätzen belegen (⁊ Apokryphen); 2. Absicherung von politischen oder juristischen Privilegien durch angeblich echte Chroniken oder Urkunden (Konstantinische Schenkung); 3. Ruhmsucht, Sensationslust, Gelehrteneitelkeit u. a.; in diesem Sinn wird die Entdeckung unbekannter Hss. oder ganzer Dichtungen vorgegeben, häufig seit dem Humanismus, bes. wirksam: J. MacPhersons Gesänge des fiktiven gälischen Barden Ossian (1760–63) oder die angeblich von einem Südseehäuptling verfassten Reden »Papalagi« von E. Scheuermann (1920); 4. Wille zur Diskriminierung von Gegnern, die durch den ihnen unterschobenen Text parodiert oder verunglimpft werden sollen (W. Hauffs Roman »Der Mann im Mond«, veröffentlicht 1826 unter dem Namen H. Claurens); 5. lit. Ehrgeiz und Erfolgsstreben, wenn unbekannte Autoren ihrem Werk dadurch mehr Geltung zu verschaffen hoffen, dass sie es mit einem bekannten oder aus anderen Gründen attraktiven Namen verbinden (Wilhelmine von Gersdorfs Romane »Redwood«, 1826, und »Mosely Hall«, 1825, waren als Übers.en von Werken J. F. Coopers deklariert). Materielle Gewinnsucht spielt dagegen als F.smotiv häufiger bei Autographen und Gemälden eine Rolle. – Nicht zur lit. F. zu rechnen sind Werke, deren falsche Autorennennung den Verfasser vor Verfolgung schützen soll (⁊ Pseudonym), die Teil rhet. Übung ist (⁊ Pastiche), zur lit. Fiktion gehört (fingierte Quellen, Briefe, Reden in Geschichtswerken) oder der bloßen Freude an lit. Verhüllung dient (⁊ Mystifikation). Der lit. F. entgegengesetzt ist das ⁊ Plagiat, bei dem ein Autor nicht ein eigenes lit. Produkt einem fremden Verfasser zuschreibt, sondern umgekehrt die geistige Leistung eines anderen als seine eigene ausgibt.

Lit.: K. Corino (Hg.): Gefälscht! Betrug in Lit., Kunst, Musik, Wiss. und Politik. Nördlingen 1988. – E. Frenzel: Gefälschte Lit. In: Archiv für Geschichte des Buchwesens 4 (1963), S. 711–740. – G. van Gemert: F., Plagiat. In: Killy/Meid. – K. Weimar: F. In: RLW. HHS/Red.

Familienblatt, unterhaltend belehrender Zeit-schriftentypus, der sich Mitte des 19. Jh.s ausdifferenzierte. Massenhaft hergestellt, richtete sich das F. durch eine allgemeinverständliche Präsentation an alle Bevölkerungskreise, unabhängig von Bildung, Geschlecht, Alter und Sozialstatus. Das größtenteils wöchentlich in Quartformat erscheinende F. war illustriert und präsentierte in seinen Rubriken und Beilagen Erzählungen, Fortsetzungsromane, Berichte und Aufsätze apolitischen Inhalts. Das Themenspektrum reichte von Berichten zu Länder- und Völkerkunde, Historiographie und Zeitgeschichte, Technik und Naturwissenschaft bis zu Beiträgen über Kunst und Kultur. Durch die vollständige Anpassung an den Lesergeschmack wich der Bildungsanspruch häufig der Trivialität. – Als Bestandteil eines Zeitschriftentitels wurde das Wort ›F.‹ zum ersten Mal 1817 gebraucht. Zu einem eigenständigen Genre konnte sich das F. erst nach 1850 entwickeln. Durch einen geringen Bezugspreis erreichten die Blätter z. T. Auflagen mit über 50.000 Stück. Zu den populärsten Familienblättern zählten »Die Gartenlaube« (1853–1944), »Die illustrirte Welt« (1853–1902), »Über Land und Meer« (1858–1925), »Daheim« (1864–1944) sowie »Das Buch für Alle« (1864–1944). Als Verleger hatten E. Keil, A. Kröner, E. Hallberger, A. Klasing und H. Schönlein Anteil an diesem Erfolg. Schriftsteller wie Th. Fontane, K. Gutzkow, P. Heyse, L. Ganghofer, W. Raabe oder Th. Storm schrieben für das F. Dessen Blütezeit reichte bis weit in die 1870er Jahre. Ende des 19. Jh.s setzte sich die Illustrierte als Unterhaltungszeitschrift durch.

Lit.: D. Barth: Das F. – ein Phänomen der Unterhaltungspresse des 19. Jh.s. In: Archiv für Geschichte des Buchwesens 15 (1975), S. 121–316. – D. Barth: Zeitschrift für alle (Blätter für's Volk). Das F. im 19. Jh. Münster 1974. – H. Plaul: Bibliographie dt.sprachiger Veröffentlichungen über Unterhaltungs- und Trivialliit. Vom letzten Drittel des 18. Jh.s bis zur Gegenwart. Lpz. 1980. NBI

Familienbuch ⁊ Hausbuch.

Familiendrama, auch: Familienstück, Hausvaterdrama, ⁊ Rührstück.

Familienroman, Romantypus, der Verhältnisse familiären Zusammenlebens im Kontext einer oder mehrerer Generationen darstellt. Der Konflikt bleibt selten auf die Familie konzentriert, sondern dient der kritisch-reflektierenden Gestaltung psychologischer, historischer und gesellschaftlicher Bedingungen, aber auch der Ehe-, Generations-, Erziehungs-, Zeit- oder Künstlerproblematik, weshalb die meisten F.e zugleich auch anderen Romankategorien zugeordnet werden können. – Eine erste Blüte erlebt die F. in den ⁊ Briefromanen der ⁊ Empfindsamkeit: S. v. La Roche, S. Richardson und C. F. Gellert thematisieren Frauenschicksale oder Erziehungsfragen. Von der Mitte des 19. Jh.s bis heute dient die Darstellung des Familienschicksals zunehmend der Gesellschafts-, Zeit- und Kulturkritik (A. Stifter: »Witiko«, 1865–67; É. Zola: »Les Rougon-Macquart«, 1871–93; Th. Mann: »Buddenbrooks«, 1901; J. Galsworthy: »Forsyte Saga«, 1906/21; W. Faulkner: »Go Down, Moses«, 1942; W. Kempowski: »Tadellöser & Wolff«, 1971).

Lit.: D. Bayer: Der triviale F. und Liebesroman im 20. Jh. Tüb. 1963. – C. Borer (Hg.): Fesselnde Familie. Tüb. 1991. – M. Herzog: Lebensentwürfe zwischen zwei Welten. Ffm. 2003. – H. Hillenaar (Hg.): Fathers and mothers in literature. Amsterdam 1994. – Th. Logan: The Victorian parlour. Cambridge 2001. – B. v. Matt: Marie Salander und die Tradition der Mutterfiguren im schweizerischen F. Zürich 1990. – P. v. Matt: Verkommene Söhne, mißratene Töchter. Mchn. 1995. – Yi-ling Ru: The family novel: towards a generic definition. NY, Bern 1992. SSI

Famosschrift [lat. *famosus* = berühmt, berüchtigt, ehrenrührig], Schmähschrift; in Humanismus und Reformation gebrauchte Verdeutschung für lat. *libellus famosus* (vgl. auch *famosum carmen* = Schmähgedicht, ↗ Pasquill). GS/Red.

Fantasy, f. ['fɛntəzɪ; engl.; von gr. *phantasía* = Erscheinung, Vorstellung], Spielart erzählender fiktionaler Lit., die eine Gegenwelt zur Normwirklichkeit hervorbringt. – Der Begriff ist aus engl. *fantasy literature* abgeleitet und betont damit die inhaltliche Abweichung vom ontologisch und physikalisch Möglichen als Kernpunkt der erzählten Welt. Wie im ↗ Märchen und in gewissen Formen der ↗ Science-Fiction sind in der F. die erzählten Ereignisse in einer Gegenwelt situiert, die nicht problematisiert wird, punktuell von der Normwirklichkeit abweicht und deren ontologische Grundlagen unerzählt bleiben; märchenähnlich sind häufig Personal (Zauberer, Zwerge, Drachen u. ä.) und Requisiten (magische Ringe, Schwerter, Kleidungsstücke). Vom Märchen unterscheidet sich die F. durch eine komplexere Handlungsstruktur, die verschiedene parallel verlaufende Handlungsstränge aufweisen kann, sowie durch eine deutlichere Konturierung der erzählten Welt als einer alternativen Wirklichkeit (J. R. R. Tolkiens »Lord of the Rings« etwa sind Karten, Annalen, genealogische Aufstellungen sowie eine Grammatik verschiedener fiktiver Sprachen beigegeben), die bevorzugt als eine quasi-mal. zur Erscheinung gelangt. Im Unterschied zur Science-Fiction lässt sich das Unmögliche in der F. nicht auf die Projektion eines technologischen Fortschritts zurückführen, sondern auf magische und andere archaische Praktiken. Dadurch sowie durch die Existenz eines quasi-mythologischen Überbaus ist die F. auch mit der mythischen Erzählung (↗ Mythos) verwandt, von der sie sich indes durch das Fehlen eines verbindlichen religiösen Hintergrunds unterscheidet. Gelegentlich wird ›F.‹ auch als Oberbegriff für die Genres verwendet, die mit dem Unmöglichen operieren. – Die F. ist ein junges Genre: An seinem Anfang stehen die von W. Scott und Novalis inspirierten Romane und Erzählungen W. Morris' (»The Hollow Pool«, 1856) und G. MacDonalds (»Lilith«, 1895). Als gattungsbildend stellten sich indes erst Tolkiens »The Hobbit« (1937) sowie seine Romantrilogie »The Lord of the Rings« (1954 f.) heraus, die sich ihrerseits an den inhaltlichen und strukturellen Mustern des mal. Artus-Romans sowie der Ependichtungen Ariosts, Spensers und Tassos orientierten. Es folgten C. S. Lewis' (ursprünglich als Kinderlit. publizierte) Erzählungen des »Narnia«-Zyklus (1950–56). Das Genre, das sich, v. a. im engl. Sprachbereich, mit einem ebenso reichhaltigen wie qualitativ höchst unterschiedlichen Textkorpus (L. Alexander, R. Jordan, M. Zimmer Bradley) etablierte, hatte mit J. K. Rowlings seit 1997 erschienenen »Harry Potter«-Romanen große kommerzielle Erfolge zu verzeichnen, die sich auch auf andere Medien erstreckten (Verfilmungen von Tolkiens Trilogie und der Rowling-Romane).

Lit.: L. Hunter: Modern Allegory and F. Basingstoke, Ldn. 1989. – H. Kreuzer (Hg.): Märchen und F. Gött. 1993. – W. Mass, St. P. Levine (Hg.): F. San Diego 2002. – H. W. Pesch: F. Forchheim 1982. – J. H. Timmerman: Other Worlds. The F. Genre. Bowling Green 1983. JEA

Farbensymbolik, die übertragene Verwendung oder Deutung von Farben in Lit. und bildender Kunst. Die künstlerische Verwendung bestimmter Farben als Bedeutungsträger ist in der Bildkunst und der Lit. des MA.s streng kodifiziert: Übertragene Bedeutungen einer Farbe sind systematisch festgelegt und können in der ↗ Allegorese erschlossen werden – sowohl in geistlicher Dichtung wie auch im weltlichen ↗ Minnesang (sechs Minnefarben). In der Frühen Neuzeit tritt an die Stelle dieser Aufladung der Farben mit geistlichem Sinn eine wissenschaftliche Begründung ihrer Bedeutung im Kontext von Astrologie und Temperamentenlehre. An die Stelle der konventionalisierten oder aber objektiven Bedeutung der Farben tritt etwa seit J. W. Goethes Studien zu deren »sinnlich-sittlicher Wirkung« (»Zur Farbenlehre«, 1810, »Didaktischer Teil«, 6. Abteilung) Ende des 18. Jh.s die ↗ Evokation von ↗ Stimmungen und Stimmungswerten; allegorische Farbverwendung wird also durch symbolische ersetzt. – In der Poetik der ↗ Moderne treten alle Festlegungen der F. zugunsten eines freien ↗ Spiels mit Farben zurück.

Lit.: K. Grubmüller: F. In: RLW. – A. Overath: Das andere Blau. Zur Poetik einer Farbe im modernen Gedicht. Stgt. 1987. BJ

Farce, f. [fars; frz., lat. *farsus* und germ. *farwida* = Betrug, Streich], komisches Schauspiel zunächst des frz. Spät-MA.s. Die etwa 140 bis 200 überlieferten Stücke von jeweils 350–400 Versen Länge (Achtsilbler, Paarreime), deren Autoren z. T. im Milieu der ↗ Bazoche zu suchen sind, dramatisieren in linearer, episodischer Struktur fabliaux- und novellentypische Schwankstoffe (z. T. mit Umkehrung: betrogener Betrüger). Je drei bis vier typenhafte, sozial determinierte Antagonisten, deren Hierarchie der Streich in karnevalesker Manier aufhebt, Themen aus dem Bereich Ehebruch (*triangle érotique*) und Ehestreit (*querelle des sexes*), eine auf das Körperliche zielende Situationskomik sowie eine z. T. derbe Sprachkomik machen die F. zu einer höchst populären Gattung. Sie erfreut sich noch im 16. und 17. Jh. großer Beliebtheit und wird u. a. von Molière gezielt aufgegriffen und aktualisiert. – In der dt. Lit. tritt die Gattungsbez. ›F.‹ vereinzelt seit dem 18. Jh. zur Kennzeichnung von possenhaften Stücken lit.satirischen oder parodistischen Charakters auf. Obwohl auch in jüngster Zeit F.n geschrieben werden (B. Strauß: »Kalldewey, F.«, 1981), hat sich eine eigenständige dt. Genretradition nicht ausgebildet.

Lit.: B. C. Bowen: Les caractéristiques essentielles de la f. française et leur survivance dans les années 1550–1620. Urbana 1964. – Ch. Mazouer (Hg.): F.s du Grand Siècle. Paris 1992. – B. Rey-Flaud: La f. ou la machine à rire. Genf 1984. – Dies.: Molière et la f. Genf 1996. – K. Schoell: La f. du quinzième siècle. Tüb. 1992. – K. Schoell: Das komische Theater des frz. MA.s. Mchn. 1975. KB und BM

Faschistische Literatur ↗ nationalsozialistische Lit.

Fashionable Novels, Pl. [engl. = Moderomane], Sammelbez. für (im Einzelnen sehr heterogene) engl. Romane der Zeit zwischen Romantik und Realismus. Thematisch sind sie der aristokratischen Sphäre, bes. der Welt des ↗ Dandyismus (diese z. T. kritisierend) zugewandt und weisen ausgiebige Milieuschilderungen und Konversationen auf. Hauptautoren sind Th. Lister, R. P. Ward, Ch. Bury, B. Disraeli (»Vivian Grey«, 1826/27; »Contarini Fleming«, 1832; »Venetia«, 1837), E. G. Bulwer-Lytton (»Pelham«, 1826), C. Gore, C. Mulgrave, Countess of Blessington. 1825–35 hatten die F. N. ihre Blüte; sie beeinflussten den Realismus der ↗ viktorianischen Lit.

Lit.: F. Schubel: Die ›F. N.‹. Uppsala u. a. 1952. MGS

Fassung, textphilologischer Begriff.
1. In der Mediävistik bezeichnet ›F.‹ einen von mehreren Zuständen eines lit. Werks, die alle oder mehrheitlich auf denselben Verfasser zurückgehen. Bereits in der älteren Lit. sind vom Autor verantwortete Doppel-F.en (etwa mit verschiedenen Widmungsträgern) verbreitet (Konrad von Megenberg, Thomas Peuntner). In der Forschung zur extrem variant überlieferten ↗ Heldendichtung ist die genetische Betrachtungsweise weitgehend zugunsten einer Unterscheidung von F.en gleichen Rechts (»Nibelungenlied AB« vs. »Nibelungenlied C«) aufgegeben worden. Mit Recht plädiert daher Bumke dafür, den mediävistischen F.sbegriff ganz von der ↗ Autor-Instanz zu lösen. CF
2. In den neueren Philologien bezeichnet ›F.‹ die vollständige oder ↗ Fragment (2) gebliebene Ausführung eines lit. ↗ Werks, die von anderen Ausführungen dessel-ben Werks abweicht. Die Abweichungen zwischen den F.en an jeweils derselben Stelle des Textes heißen ↗ Varianten. F.en können auf den Autor oder auf Dritte (Verleger, ↗ Lektor, Setzer, Korrektor, Drucker) zurückgehen. Die F.en sind auf verschiedenen ↗ Textträgern dokumentiert, bes. in ↗ Handschriften (2) oder ↗ Manuskripten und ↗ Typoskripten, auf Druckfahnen und im Umbruch, die als Korrektur-F.en beide dem ↗ Druck vorangehen, sowie in den verschiedenen Dru-

cken, unter denen der ↗ Erstdruck und die F. ›letzter Hand‹ (also die letzte von einem Autor zu Lebzeiten noch autorisierte F.) bes. wichtig sind. Die Rekonstruktion der Abfolge der F.en, also der ↗ Textgenese, ist eine der wichtigsten Aufgaben der ↗ Editionstechnik. Lit.-wissenschaftliche ↗ Interpretationen lit. Werke werden ihrem Wissenschaftsanspruch aus heutiger Sicht nur dann gerecht, wenn sie sich nicht auf eine isolierte einzelne F. beschränken, sondern die gesamte Textgenese einbeziehen. Bei aus ästhetischen (z. B. J. W. Goethe: »Iphigenie auf Tauris«; F. Hölderlin: »Patmos«; G. Keller: »Der grüne Heinrich«) oder politischen (z. B. B. Brecht: »Leben des Galilei«) Gründen vom Autor signifikant umgearbeiteten F.en eines Werks ist das bes. fruchtbar. DB

Lit. zu 1.: J. Bumke: Die vier F.en der Nibelungenklage. Bln., NY 1996.
Zu 2.: K. Kanzog: Einf. in die Editionsphilologie der neueren dt. Lit. Bln. 1991. – B. Plachta: F. In: RLW.

Fasti, f. Pl. [lat. = Tage des Rechtsprechens, von *fas* = (göttliches) Recht, Gesetz], 1. die Werktage (Gerichtstage) des röm. Kalenders (*dies fasti*) im Ggs. zu den Feiertagen (*dies nefasti*). – 2. Der röm. Kalender, d. h. Listen aller Tage des Jahres mit Angabe ihres jeweiligen Rechtscharakters und weiteren Kommentaren (eine dichterische Bearbeitung des kommentierten Festkalenders sind Ovids »Fastorum libri VI«). – 3. Namenlisten der höchsten Jahresbeamten (*f. consulares, f. magistratuum*), der Priester (*f. sacerdotales*) und Verzeichnisse der röm. Siegesfeiern (*f. triumphales*). – Die Kodifizierung und Kommentierung der F. führte zur Entwicklung der Jahrbücher (*Annales maximi*) und damit zur Grundform der röm. Geschichtsschreibung (↗ Annalen). HFR/Red.

Fastnachtspiel, Hauptgattung des weltlichen Schauspiels im Spät-MA., bezeugt seit dem ausgehenden 14. Jh. ↗ Sitz im Leben des F.s war der jährlich wiederkehrende, auf wenige Tage beschränkte Zeitraum vor der kirchlichen Fastenzeit (Februar), in welchem die städtische Sozialordnung teilweise suspendiert erschien und welcher Raum für Umzüge (↗ Schembartlauf), Darbietungen und ausgelassenes Treiben bot, allerdings unter Aufrechterhaltung eines Vermummungsverbots. In diesem vom Kirchenjahr vorgegebenen Zusammenhang versammelten sich vorab organisierte Gruppen von jeweils fünf bis zwanzig Akteuren, die, angeführt von einem Praecursor (Vor-Läufer, Spielführer), von (Wirts-)Haus zu (Wirts-)Haus zogen und ihre kurzen, selten länger als 15 Minuten währenden Spiele darboten, die meist in der Aufforderung zu Geselligkeit und Alkoholgenuss kulminierten. Der Einsatz von Kostümen und Requisiten dürfte über Andeutungen nicht hinausgegangen sein. Erst im 16. Jh. sollte das F. in Nürnberg eine eigene, nun auch jenseits der ›Saison‹ aktive Bühne erhalten. – Die überlieferten Lese-Hss. aus bürgerlichem Besitz – unsere einzigen verbindlichen Text-Zeugnisse – konservieren den in der Praxis der ↗ Aufführung erkennbar unfesten Text.

Sie stellen das F. zudem in den Kontext anderer, das Fastnachtsthema in Vers und Prosa thematisierender Texte (↗ Märe, ↗ Schwank). – Hauptort des frühen F.s scheint Nürnberg gewesen zu sein, das eine eigene, teilweise selbstreferentielle F.-Tradition hervorbrachte. Aus einer großen Schar oft anonymer Verfasser ragen als wichtigste namentlich bekannte Hans Folz, Hans Rosenplüt (ca. 1400–60) und Hans Sachs (16. Jh.) hervor. Reichhaltig muss auch die nur indirekt bezeugte Lübecker Spielkultur gewesen sein. – Gegenstand des F.s ist in der Regel eine banale Ordnung (Paarbeziehung, Recht, Brauchtum, sogar: Wechsel der Jahreszeiten), die umständehalber außer Kraft gesetzt (›verkehrt‹) erscheint und eben darin ihre Bestätigung findet. Ansätze zur Typenkomödie sind kaum zu greifen. Der Bauer ist nicht immer dumm, nicht immer geil und also nicht die Schießscheibe städtischen Spotts. Die Häme gegenüber Juden bleibt in den zeitüblichen Ausmaßen. – Die Funktion des F.s wird seit Bachtin kontrovers diskutiert, der das F. als Bestandteil einer punktuell aufflackernden Kultur der von Kirche und Staat Unterdrückten (Gegenwelt) ansieht. Demgegenüber akzentuiert Moser die enge Bindung an den kirchlichen Jahreslauf, innerhalb dessen dem F. eine feste Rolle als zur Katharsis führende Bußpredigt zustehe. Zuletzt wurde auf die wesenhafte Ambiguität des Karnevals hingewiesen, die sich jedem vereindeutigenden Zugriff entziehe und die durch das in seinen Aussagen selten konsistente, polyphone F. geradezu ausgestellt werde (vgl. Quast). Allen neuzeitlichen Wiederbelebungsversuchen der Gattung geht solche Mehrstimmigkeit freilich ab.

Lit.: M. Bachtin: Lit. und Karneval [russ. 1963/65]. Mchn. 1969. – H. Greco-Kaufmann: Kampf des Karnevals gegen die Fasten. In: Euph. 86 (1992), S. 319–332. – Th. Habel: Vom Zeugniswert der Überlieferungsträger. In: G. Hübner, J. Knape (Hg.): Artibus. Wiesbaden 1994, S. 103–134. – W. Mezger: Narrenidee und Fastnachtsbrauch. Konstanz 1991. – D.-R. Moser: Bräuche und Feste im christlichen Jahreslauf. Graz u. a. 1993. – B. Quast: Zwischenwelten. In: W. Harms, St. Jaeger (Hg.): Fremdes wahrnehmen – fremdes Wahrnehmen. Stgt. 1997, S. 205–219. – H. Ragotzky: »Pulschaft und Nachthunger«. In: H.-J. Bachorski (Hg.): Ordnung und Lust. Trier 1991, S. 427–446. – Dies.: F. In: RLW. – E. Simon: Die Anfänge des weltlichen dt. Schauspiels 1370–1530. Tüb. 2003.   CF

Fatras, m. [fa'tra; frz. = Plunder, Wortschwall], Gattung der frz. Lyrik; ursprünglich elfzeilige, gereimte Strophen (Schema: *aab aab babab*), die zusammenhanglos paradoxe Einfälle oder absurde Vorgänge aneinanderreihen (auch als *Fatrasie*, f., bezeichnet); bezeugt seit dem 13. Jh., meist anonym erschienen; aber auch von dem Dichter und Juristen Ph. de Rémi, Sire de Beaumanoir (13. Jh.) sind elf F. überliefert. – Seit dem 14. Jh. wird jeder F.-Strophe ein Distichon vorangestellt, dessen zwei Zeilen jeweils deren ersten und elften Vers bilden und Reim und Versform bestimmen

(*AB Aab aab babaB*); im 15. Jh. entwickelt Baudet Herenc (»Doctrinal«, 1432) aus diesem sog. *F. simple* den *F. double* (nach der ersten Strophe wird in der zweiten das Distichon umgekehrt verarbeitet) und veröffentlicht neben dem üblichen paradoxen F. (dem *F. impossible*) sog. *F. possibles* mit sinnvollem Text. Diese werden v. a. in den ↗ Puys gepflegt und bleiben bis ins 17. Jh. lebendig; überliefert sind 64 Beispiele, z. T. als Parodien, z. T. in andere Texte integriert oder als poetische Muster. Vgl. auch ↗ Baguenaude, ↗ Coq-à-l'âne.

Lit.: L. C. Porter: La fatrasie et le f. Paris, Genf 1960.
                                                        IS/Red.

Faustverse ↗ Madrigalverse.

Fazetie, f. [lat. *facetia* = Witz, Scherz, von *facetus* = fein, elegant, witzig], auch: Facetie; Scherzrede, pointierte Kurzerzählung, ↗ Anekdote in lat. Prosa, voll Spott und Ironie, oft erotisch getönt. Im 15. Jh. als Produkt der it. ↗ Renaissance durch den Florentiner G. F. Bracciolini, genannt Poggio, eingeführt (»Liber facetiarum«, postum 1470). Durch Ausgaben und Übers.en (H. Steinhöwel, 1475) in Deutschland (und Frankreich) heimisch geworden, wird der Typus der F. Poggios bald eifrig nachgeahmt, doch erliegen die dt. Bearbeiter nicht selten der Gefahr des Moralisierens (A. Tünger: »Facetiae latinae et germanicae«, 1486; S. Brant, 1500). Der F.nstil dringt auch in ↗ Predigtmärlein (Geiler von Kaisersberg) und, z. T. vergröbert, in die ↗ Schwanklit. ein (J. Wickram: »Rollwagenbüchlein«, 1555). In Deutschland wird H. Bebel zum Vollender der F. (»Libri facetiarum«, 1508–12), die bei ihm zwar schwäbisch-volkstümliche Züge trägt, doch mit ihrer heiteren Pikanterie und der geschliffenen pointierten Form dem it. Vorbild wesensverwandt wird. Eine weitere Sammlung mit eigenen lat. F.n und solchen von Poggio, Bebel u. a. stellte N. Frischlin zusammen (»Facetiae selectiores«, 1600). – Mit der eigentlichen F. wenig mehr als den Namen gemein hat die Sammlung lat. Sprichwörter »Cum nihil utilius humanae credo saluti«. Trocken moralisierend, dient sie auf dt. Schulen lange zu Lehrzwecken und wird im 14. und 15. Jh. häufig übersetzt, so auch von S. Brant (1490).

Lit.: W. Barner: F. In: RLW. – L. Petzoldt: Narrenlit., Facetie, Schwank und Witz von der it. Renaissance bis zur frühen Neuzeit. Innsbruck 1994.   MGS/Red.

Feature, n. ['fi:tʃər; engl. = Gesichtszug, Merkmal; von *to feature* = kennzeichnen, gestalten], Sammelbegriff für stark variierende Darstellungsformen in den Printmedien, bes. aber im Hörfunk und im Fernsehen, denen inhaltlich eine Tendenz zur Dokumentation (↗ Dokumentarlit.) gemeinsam ist. Im Vergleich zu den Printmedien, die, wenn überhaupt, den Begriff fast synonym mit ↗ ›Reportage‹ verwenden (und damit Sparten wie die »Seite Drei« der »Süddeutschen Zeitung« meinen), ist er im Hörfunk und im Fernsehen als Format klarer bestimmt und im Programm fest verankert. Die Entwicklung des Radio-F.s begann damit, dass die engl. BBC die Bez. 1939 für experimentelle

Sendeformen einführte, welche sich vom fiktiven ›Radio-Drama‹ bzw. ↗ Hörspiel durch ihren dokumentarischen Charakter unterschieden. Vermittelt durch Kontrolloffiziere der engl. Besatzungsmacht, wurden diese Formen nach 1945 von den westdt. Radioanstalten übernommen; allerdings hatte es in Deutschland schon in den 1920er und 1930er Jahren die verwandten Formen des ↗ Hörberichts, des ↗ Hörbilds und der ↗ Hörfolge gegeben. An der Vervollkommnung des Radio-F.s wirkten in den 1950er Jahren Schriftsteller wie A. Andersch mit, die durch die moderne Erzähllit. mit der Technik der ↗ Montage vertraut waren. Seitdem versteht man unter ›Radio-F.‹ im genauen Sinn eine Sendung, welche die Darstellungsmittel des Sprecherberichts, des Originaltons, des Atmosphärengeräuschs, ggf. auch die der Dialogszene und des Musikstücks so miteinander verbindet, dass beim Zuhörer der Eindruck einer konkreten Geschichte entsteht. Die Kombination solcher Darstellungsmittel unterscheidet das Radio-F. vom bloßen Bericht oder vom reinen Hörbild. Ähnliches gilt für das Fernseh-F., bei dem noch Zwischentitel, Graphiken, ↗ Collagen u. a. hinzukommen können. Allerdings hat die Trennschärfe des Begriffs seit den Formexperimenten der 1950er und 1960er Jahre nachgelassen. Heute meint ›Hörfunk-F.‹ oft nicht mehr als ›Bericht mit O-Tönen‹, während ›Fernseh-F.‹ oft unspezifisch mit ›Dokumentarfilm‹ gleichgesetzt wird.
Lit.: T. Auer-Krafka: Die Entwicklungsgeschichte des westdt. Rundfunk-F.s von den Anfängen bis zur Gegenwart. Wien 1980. – Ch. Hülsebus-Wagner: F. und Radio-Essay. Aachen 1983. – C. Mast: ABC des Journalismus. Konstanz ¹⁰2004, S. 272–290.   KK

Fechtbücher, Gattung der spätmal. Fachlit., die sich an ein überwiegend adliges Publikum richtet, das Regeln und Techniken des bewaffneten Zweikampfes zu erlernen hatte. Verfasser der F. waren meist an Höfen angestellte Fechtmeister (Siegmund Ringeck, Hans Thalhofer, Hans Liechtenauer). In auffälliger Weise erfüllen die F. jedoch nicht die Funktion, Wissen unabhängig vom Vermittler zu präsentieren. Vielmehr erfolgt die Verschriftung »mitt verborgen und verdeckten worden Darumb das die kunst nitt gemain solt werden« (Hs. Dresden C 487). Manche F. sind dem Wortlaut nach »schlicht unsinnig« (Müller, S. 397), erfüllen aber ein Bedürfnis nach schriftlicher Beglaubigung einer autoritativen Tradition.
Lit.: J.-D. Müller: Zwischen mündlicher Anweisung und schriftlicher Sicherung von Tradition. In: H. Hundsbichler (Hg.): Kommunikation und Alltag in Spät-MA. und früher Neuzeit. Wien 1992, S. 379–400. – Ders.: Hans Lecküchners Messerfechtlehre und die Tradition. In: ders. (Hg.): Wissen für den Hof. Mchn. 1994, S. 353–384.   CF

Feengeschichte, Erzählung, deren Protagonistinnen weibliche zaubermächtige Wesen sind, die zuweilen in menschliche Geschicke eingreifen. F.n begegnen in verschiedenen lit.geschichtlichen Kontexten: als kel-

tisch-irische Sagen, als mal. romanhafte Erzählungen romanischer Herkunft oder als Märchen, die im 17./18. Jh. bes. in Frankreich ausgebildet wurden. In der ursprünglichen keltischen Mythologie sind Feen halbgöttliche Naturwesen, die in Gewässern, Höhlen oder Grotten leben, das Gedeihen von Haus und Hof fördern und Menschen helfen. Wenn sie gestört oder beleidigt werden, können sie aber auch schaden. Die Feen sind verwandt mit den der niederen germ. Mythologie entstammenden Elfen (vgl. ahd., mhd. *alp*). Im Engl. bedeutet *fairy* sowohl Elfe als auch Fee und *fairy-tale* Märchen. Die mythologischen Vorstellungen vermischten sich früh mit dem antiken Glauben an Schicksalsgöttinnen: Wie sie treten Feen zuweilen in der Dreizahl auf, machen Geburtsgeschenke und spielen Schicksal. Ein beliebtes Motiv mal. Dichtungen wurden Feen, die mit ihrem Liebreiz Helden und Ritter in ihr Reich locken. In den auch in Italien rezipierten Artusepen (L. Ariosto, T. Tasso) hieß Artus' zauberkundige Schwester, Fee Morgue, *Fata Morgana*. Feenmotive zeigen sich in der engl. Tradition seit dem 14. und 15. Jh. (G. Chaucer, E. Spenser); mit den Feendramen R. Greenes und W. Shakespeares »Midsummernight's Dream« (1595) wechseln sie hinüber in andere Kunstgattungen. Zum Beispiel lieferte die Episode um die Fee Armida Stoff für mehr als siebzig Opern. Diese Begeisterung gründete auf der Mitte des 17. Jh.s bes. in Frankreich aufkommenden lit. Mode der ↗ Salons, wo die F.n nunmehr ästhetisiert und zu galant-höfischen Kunstmärchen ausgeschmückt wurden. Zahlreiche ↗ Féerien entstanden in ihrem Gefolge. Seit 1749 wurden umfangreiche Sammlungen angelegt: Höhe- und Endpunkt bildet das 41-bändige »Cabinet des fées« (1785–89). Wenn es nicht schon durch die Kreuzzüge orientalische Einflüsse gegeben hat, so fließen spätestens zu Beginn des 18. Jh.s durch die Übers. von »1001 Nacht« (A. Galland) Wesenseigenschaften der Peris und Dschinen in die F.n ein. Die Schauplätze der Handlungen werden in den Orient verlegt. Im Dt. wurde nach 1740 das Wort ›Fee‹ neu entlehnt, nachdem es in frühnhd. Zeit verlorengegangen war. Bes. Ch. M. Wieland trug zur Verbreitung der lit. Mode bei. Die F.n der Nachaufklärungszeit, insbes. die der Romantik, sind dem Bereich der ↗ phantastischen Lit. zuzuordnen. Meist sind sie als ↗ Märchen bzw. ↗ Kunstmärchen gestaltet; wichtige Vertreter waren L. Tieck, C. Brentano, A. v. Arnim, E. T. A. Hoffmann, F. de la Motte Fouqué (»Undine«), H. Heine (vgl. dessen Essay »Die Elementargeister«). Die Feenwesen sind in ihrer lit. Gestaltung so eindrücklich, dass sie bis heute ein Eigenleben in der Vorstellungswelt führen und in verschiedenen Kunstgattungen und Medien auftreten.
Lit.: D. Buschinger, W. Spiewok (Hg.): Die Welt der Feen im MA. Greifswald 1994. – M. Grätz: Das Märchen in der dt. Aufklärung. Stgt. 1987.   JBR

Feenmärchen ↗ Feengeschichte.

Féerie, f. [fe'ri:; frz.], szenische Aufführung einer ↗ Feengeschichte (auch als Singspiel, Oper, Ballett, Pantomime) unter Verwendung aller bühnentechnischen Mittel und mit großem Kostüm- und Ausstattungsaufwand. – F.n waren im Rahmen der lit. Feenmode seit Mitte des 17. Jh.s v. a. in England (F.ausstattungen von Inigo Jones) und Frankreich (als sog. *F.s à grand spectacle*) beliebt; im 18. Jh. erregten die F.n von A. Sacchi (für die Feenmärchen C. Gozzis, 1761/62) oder von D. Garrick und dem berühmten Bühnenbildner de Loutherbourg (für das Drury-Lane-Theatre London, seit 1770) Aufsehen, ebenso die zu F.n ausgestalteten Shakespeare-Inszenierungen (bes. des »Sommernachtstraums«) der Romantik, im 19. Jh. die F.n der Wiener Vorstadttheater (v. a. F. Raimunds Inszenierungen seiner ↗ Zauberstücke) oder die F.pantomimen von J.-B. G. Debureau.   IS/Red.

Félibrige, m. [feli'briːʒ; zu neuprovenz. *félibre* = Kenner, Gelehrter; von F. Mistral einem alten Kirchenlied entnommen], von Th. Aubanel, F. Mistral, J. Roumanille u. a. am 21.5.1854 gegründeter Dichterbund, der sich die »Ehrenrettung und Wiederherstellung der provenz. Sprache und des provenz. Kulturgutes« (Mistral) zur Aufgabe machte. Die in provenz. Sprache geschriebenen Dichtungen Roumanilles (»Li Nouvè«: Weihnachtsgedichte; »Li Conte Prouvençau e li Cascareleto«: Märchen und Schwänke), Aubanels (»La Mióugrano entreduberto« – ›Der halbgeöffnete Granatapfel‹) und bes. Mistrals (die Versepen »Mirèio«, »Calendau«, »Lis Isclo d'Or«, »Nerto«) waren sehr erfolgreich, ebenso ihr seit 1855 erscheinender provenz. Almanach »Armana Prouvençau«. Mit der vorausgehenden Wiederentdeckung der Trobadordichtung durch die Gelehrten A. Fabre d'Olivet, H. P. Rochegude und F. Raynouard begründete der F. eine Renaissance der provenz. Lit. in der zweiten Hälfte des 19. Jh.s. Heute ist der F. im gesamten provenz.-katalanischen Sprachbereich verbreitet und in acht »Mantenenço« (Bezirke) gegliedert. Weitere Publikationsorgane des F. sind neben dem Almanach die seit 1919 erscheinende Zs. »Lo Gai Saber« und die wissenschaftlich anspruchsvolle »Revue des langues romanes« (seit 1870). Jüngere, gesellschaftskritisch orientierte provenz. Autoren wie S. Bec, P. Pessemesse und Y. Rouquette, die sich um das »Institut d'Études Occitanes«, das »Comité Occitan d'Études et d'Action« und R. Lafonts Zs. »Viure« (seit 1965) formierten, begreifen sich in Opposition zum F. Lit.: S. Calamel u. a.: La langue d'oc pour étendard. Toulouse 2002. – R. Jouveau: Histoire du F. Aix-en-Provence 1987. – P. Mirèmont: Le F. e la langue d'Oc. Périgueux 1985.   PHE/Red.

Feministische Literaturwissenschaft, Sammelbez. für eine Vielzahl von kritischen Positionen innerhalb der Lit.wissenschaft, die das Geschlecht als zentrale Analysekategorie zugrunde legen. V. a. die angloam. Forschung unterscheidet zwischen dem biologischen Geschlecht (engl. *sex*) und der sozialen Geschlechterrolle (engl. *gender*), die wechselnden historischen und kulturellen Rahmenbedingungen unterworfen ist und weitgehend als Konstrukt aufgefasst wird (↗ *gender*

studies). Die f. L. hat sich im Kontext der Frauenbewegung und aufgrund deren Kritik an den patriarchalen Strukturen der Gesellschaft entwickelt. Ansätze und Methoden der f.n L. sind als Kritik an der ›objektiven‹, maskulin geprägten Wissenschaft zunächst pluralistisch gewählt. F. L. ist im Dialog mit feministischer Wissenschaftskritik und anderen Fächern entstanden und daher der Interdisziplinarität verpflichtet (Einbeziehung soziologischer, psychoanalytischer, linguistischer oder kulturtheoretischer Ansätze), zeichnet sich jedoch zunehmend durch eine eigene Theoriebildung und differenzierte Methodik aus. – In »A Room of One's Own« (1929) kritisiert V. Woolf nicht nur die Stereotypisierung von Frauen in der Weltlit., sondern weist auch auf das Fehlen einer Genealogie weiblichen Schreibens hin. Woolfs Essay – in den 1970er Jahren zusammen mit S. de Beauvoirs »Le Deuxième Sexe« (1949; dt. »Das andere Geschlecht«) ein Basistext der zweiten Frauenbewegung (↗ Frauenlit.) – ist wegweisend für die f. L., die als systematischer Forschungsbereich u. a. durch K. Milletts »Sexual Politics« (1970; dt. »Sexus und Herrschaft«) begründet wird. Millett verknüpft ihre Analyse der gesellschaftlichen Machtverhältnisse mit der Darstellung von Geschlechterbeziehungen in Texten männlicher Autoren. Die Kritik an stereotypen, oft misogynen Darstellungsweisen bezeichnet E. Showalter (»Towards a Feminist Poetics«, 1979) als *feminist critique*. Unter *gynocritics* hingegen versteht Showalter die gynozentrische Variante der f.n L. Diesen Wechsel vom Andro- zum Gynozentrismus vollzieht sie bereits 1977 in ihrer weiblichen Lit.geschichte »A Literature of Their Own«. In Frankreich untersuchen Kritikerinnen wie H. Cixous, L. Irigaray und J. Kristeva unter dem Einfluss psychoanalytischer Theorien weibliche Schreibweisen (↗ *écriture féminine*). Die f. L., wie der Feminismus überhaupt, setzt sich in den 1980er Jahren mit dem Vorwurf auseinander, eine Domäne der weißen Mittelschicht zu sein. A. Walkers Essay »In Search of Our Mothers' Gardens« (1974) tritt in einen kritischen Dialog mit Woolf und wird zu einem Schlüsseltext für afroam. Feministinnen wie B. Christian, A. Lorde und bell hooks. Seither wird in der f.n L. die Kategorie *gender* um die Aspekte der Ethnizität, des sozialen Status sowie der sexuellen Orientierung erweitert. Der Einfluss von ↗ Poststrukturalismus und ↗ Dekonstruktion bestimmt die zunehmend theoretischen Debatten der 1990er Jahre. J. Butlers »Gender Trouble« (1990; dt. »Das Unbehagen der Geschlechter«) ist prägend für diese Forschungsrichtung, die bei G. Ch. Spivak um die Perspektive des ↗ Postkolonialismus erweitert wird. Untersuchte die f. L. zunächst v. a. weibliche Schreibweisen, arbeitete vergessene weibliche Traditionen auf und konnte dadurch zu einer Revision des traditionellen Lit.kanons beitragen, so ist sie inzwischen als ein Ansatz innerhalb der ↗ *gender studies* anzusehen, die den Blick auf die Kategorie Gender in der Lit. von Autorinnen *und* Autoren lenken (vgl. auch ↗ Männlichkeit).

Lit.: H. Bußmann, R. Hof (Hg.): Genus. Stgt. 1995. – G. Greene, C. Kahn (Hg.): Changing Subjects. The Making of Feminist Literary Criticism. Ldn. 1993. – K. Gut: F. L. In: RLW. – M. Humm (Hg.): Feminisms. NY 1992. – R. Kroll (Hg.): Metzler Lexikon Gender Studies/Geschlechterforschung. Stgt. 2002. – L. Lindhoff: Einf. in die feministische Lit.theorie [1999]. Stgt., Weimar ²2003. – I. Schabert: Engl. Lit.geschichte aus der Sicht der Geschlechterforschung. Stgt. 1997.   PP

Femme fatale ↗ Film Noir.

Femme fragile ↗ Film Noir.

Fensterschau ↗ Teichoskopie.

Fernsehfeature ↗ Feature.

Fernsehfilm ↗ Fernsehspiel.

Fernsehschwank ↗ Schwank.

Fernsehserie ↗ Serie.

Fernsehspiel, nicht primär für eine Kinoverwertung, sondern unmittelbar für die Ausstrahlung im Fernsehen produzierter, meist als künstlerisch anspruchsvoll bewerteter fiktionaler Film. Das F. integriert in seine szenische Struktur Erzählformen und -inhalte aus Lit., Theater, Film und Hörfunk, die den Bedingungen der Fernsehvermittlung angepasst werden. Die seit den frühen 1960er Jahren häufig synonym mit ›F.‹ verwendete Bez. ›Fernsehfilm‹ hebt die Anwendung filmischer Erzählformen und Ästhetiken hervor. – In den 1930er und 1950er Jahren orientierten sich F.e, die aufgrund fehlender Aufzeichnungstechniken live gesendet wurden, an Vorbildern aus den Bereichen Theater und Hörfunk. So passte sich die zeitliche Struktur der F.e der Aufführungsdauer des Theaters an. Die spezifischen Empfangsbedingungen des kleinen Bildschirms führten zur Bevorzugung von Nah- und Großaufnahmen. Dieser visuelle Stil beeinflusste auch die Dramaturgie und Gestaltung der F.e, was sich in der Bez. ›Wohnküchendramaturgie‹ niederschlägt. Im weiteren Verlauf der Fernsehgeschichte ist seit den 1960er Jahren neben der wachsenden Bedeutung der filmischen Ästhetik auch eine thematische Ausdifferenzierung der F.e erkennbar. Zu der Weltvermittlung und der Präsentation von Lebens- und Konfliktlösungsmodellen (z. B. in der ZDF-Reihe »Das kleine F.«) tritt die Unterhaltung (Liebesfilme, Komödien). Seit den 1990er Jahren prägt die ökonomische Situation der Sendeanstalten das Erscheinungsbild des F.s. Als kommerzielle Erzählform der geschlossenen Narration etabliert sich bei den privaten Anbietern der eigenproduzierte Fernsehfilm nach dem Vorbild des am. TV-Movie; dabei werden auch populäre Filmgenres wie Melodrama oder Thriller adaptiert. Der Handlungsaufbau dt.sprachiger TV-Movies passt sich den Sehgewohnheiten der Zuschauer an. In den ersten drei Minuten werden Thema und Charaktere erkennbar gemacht, um einen Programmwechsel zu verhindern. Im weiteren Verlauf vermeiden die Drehbücher mit dem Ziel der Zuschauerbindung lange Zwischenszenen. Vor den Werbeblöcken sind Handlungshöhepunkte platziert, die erst nach der Werbung aufgelöst

werden (Cliffhanger). Da die rechtliche Regulierung in Deutschland drei Werbeblöcke erlaubt, hat sich eine Vier-Akt-Dramaturgie der TV-Movies entwickelt. Lit.: C. Beling (Hg.): Theorie des F.s. Hdbg. 1979. – G. Edgerton: The American Made-for-TV Movie. In: B. G. Rose (Hg.): TV Genres. Westport 1985, S. 151–180. – J. Ellis: Visible Fictions. Ldn., NY 1989. – K. Hickethier: Das F. der Bundesrepublik Deutschland. Stgt. 1980. – Ders.: F.forschung in der Bundesrepublik und der DDR 1950–85. Bern u. a. 1989. – Ders.: F. In: RLW. – R. Nelson: TV Drama in Transition. Ldn. 1997. – H. Nierhaus (Hg.): F.e. Bln. 1985. – P. v. Rüden (Hg.): Das F. Mchn. 1975. – I. Schneider (Hg.): Dramaturgie des F.s. Mchn. 1980. – W. Waldmann: Das dt. F. Wiesbaden 1977. – H. J. Wulff: TV-Movies »Made in Germany«. Kiel 2000.   JBL

Fest, ein aus dem Alltag herausgehobener Anlass, der in Gemeinschaft feierlich begangen wird. F.e und Feiern finden sich in allen Kulturen. Sie lassen sich in öffentliche und private, in F.e des Jahres- oder Lebenslaufs unterteilen; periodisch wiederkehrende F.e sind z. B. die Kirchenfeste, aber auch Geburtstage. Im ↗ Barock, der herausragenden Epoche der höfischen F.kultur, werden mit Hilfe aller Künste teure und mehrtägige F.e zu Repräsentationszwecken inszeniert. Im 19. Jh. dienen politische F.e (z. B. das Hambacher F. 1832) zur Herstellung einer politischen Öffentlichkeit. F.e werden von verschiedenen Disziplinen (Geschichte, Theologie, Psychologie, Philosophie, Kulturgeschichte) untersucht. Demgemäß gibt es unterschiedliche Ansätze zur Deutung des Phänomens: 1. als Flucht aus der Wirklichkeit, Exzess und Widerspruch zur Welt, aber evtl. auch als Rückbezug auf das Göttliche; 2. als Ruhe- und Kontemplationspunkt in einer hektischen Arbeitswelt, als Zustimmung zur Welt; 3. als Aufhebung der Alltagswelt, Umkehr der sozialen Ordnung, Seins- und Bewusstseinserweiterung; oder 4. als Herrschaftsinstrument der politisch, wirtschaftlich oder hierarchisch Mächtigen. Lit.: R. Alewyn: Das große Welttheater. Mchn. 1989. – A. Assmann: F. In: RLW. – D. Düding u. a. (Hg.): Öffentliche F.kultur. Reinbek 1988. – W. Gebhardt: F., Feier und Alltag. Ffm. u. a. 1987. – W. Haug, R. Warning (Hg.): Das F. Mchn. 1989. – M. Maurer (Hg.): Das F. Köln u. a. 2004.   AHE

Festrede, zum mündlichen Vortrag vor einem Publikum bestimmter, aus einem feierlichen Anlass konzipierter Prosatext. – In der antiken ↗ Rhet. bildet die F. einen wichtigen Bestandteil des *genus demonstrativum* (auch: epideiktische Rede, ↗ Epideixis), einer der drei Redegattungen neben Gerichtsrede und politischer Entscheidungsrede. Sie erfüllt primär die Funktion des Lobs (↗ Laudatio), seltener auch des Tadels (Vituperatio); darüber hinaus gibt sie dem Redner in bes. Maß Gelegenheit zur Ausstellung seiner Kunstfertigkeit. Obwohl die F. zunächst eine rhet. Zweckform darstellt, die vorzugsweise mit tradierten Topoi (↗ Topos) und wiederkehrenden Formulierungen arbeitet, besitzt sie aufgrund der ausgeprägten Möglichkeit der Entfaltung von Kunstfertigkeit, die auch durch das Zurücktreten des Zwangs, unmittelbar handlungslenkend zu wirken, bedingt ist, eine bes. Affinität zur Poesie, v. a. zu panegyrischen Lit.formen und zu Ausprägungen der ↗ Gelegenheitsdichtung. Da die F. auch politische Funktionen erfüllen kann, ist die Grenze zur politischen Rede fließend. Die F. bildet eine Sammelgattung, die so unterschiedliche Formen wie Eröffnungs-, Abschieds-, Tisch-, Geburtstags-, Hochzeits- und auch Trauerrede (↗ laudatio funebris) umfasst. Lit.anthropologisch ist der zeremonielle und rituelle Charakter der F. durch ihre Verortung im ↗ Fest als vom Alltag abgehobener kultureller Inszenierungsform bestimmt (↗ Ritual). – Die theoretische Bestimmung der F. als Teil der erwähnten Trias der Redegattungen geht auf Aristoteles (»Rhet.« 1358a–1359a) zurück. Aber bereits Quintilian (»Institutio oratoria« III, 4, 1–16) kritisiert die Dreiteilung aufgrund der realen Vielfalt von Redearten als willkürlich. Gleichwohl bleibt die Bestimmung der F. in diesem Rahmen bis ins 18. Jh. hinein wirkmächtig. Die Technik der epideiktischen Rhet. wird in der ↗ Spätantike in systematisierter Form Schullehrstoff und bleibt es bis in die Neuzeit hinein. In ↗ Renaissance und ↗ Barock erlebt die Gattung der F. eine Hochzeit als Teil der zeitgenössischen Repräsentationskultur.

Lit.: R. Eigenwald: F. In: J. Dyck (Hg.): Rhet. in der Schule. Kronberg/Ts. 1974, S. 157–178. – R. Eigenwald: F. In: HWbPh. – H. Lausberg: Hb. der lit. Rhet. Mchn. ²1973, S. 129–138. DWL

Festschrift, anlässlich eines Jubiläums oder einer Ehrung zusammengestellte, meist auch publizierte Sammlung von ↗ Aufsätzen, teils ergänzt durch lit. Texte. Die F. ist eine gewidmete Festgabe v. a. an wissenschaftliche Gelehrte (seltener an Institutionen) zur Ehrung (↗ Hommage) von Geburtstagen oder Emeritierungen, im Ggs. zur Gedenkschrift, die einem jüngst oder vor einer runden Zahl von Jahren Verstorbenen gewidmet ist. Neben meist thematisch auf Forschungsschwerpunkte des Geehrten konzentrierten Beiträgen von Schülern, Kollegen und Freunden enthält die F. in der Regel eine Würdigung des Lebenswerkes, eine Bibliographie des Geehrten sowie eine Tabula Gratulatoria und ein Porträtfoto. Die erste F. wurde 1867 dem Altphilologen F. Ritschl gewidmet; weitaus bekannter wurde diese Textsorte jedoch durch die dem Historiker Th. Mommsen 1877 zugeeignete F. »Commentationes Philologicae«. NST

Festspiel, 1. Aufführung eines Bühnenwerks im Rahmen eines ↗ Festes. – Das antike ↗ Drama ist ursprünglich F. in diesem Sinne, da es an den kultisch-religiösen Kontext des Festes gebunden ist (↗ Dionysien). Auch das ↗ geistliche Spiel des MA.s und der Frühen Neuzeit bildet sich aus festspezifischen Liturgien heraus (↗ Weihnachts-, ↗ Passions-, ↗ Osterspiel). Eine säkularisierte Form ist das höfische F. der ↗ Renaissance und des ↗ Barock, das der Feier des absoluten Monarchen dient. Im 18. Jh. kommen F.e im Rahmen von Natio-

nalfeierlichkeiten hinzu. Die patriotischen Feste des zweiten Kaiserreichs bedienen sich des F.s in bes. Maße (Sedan-F., Barbarossa-F.). Bis heute werden Theateraufführungen als Festelement eingesetzt. – 2. Ein eigens für eine F.-Aufführung im Sinne von (1) verfasstes Bühnenwerk. Das F. als lit. Gattung ist der ↗ Gelegenheitsdichtung zuzurechnen. Gemeinsam ist den sakralen Formen des F.s wie antiken Dramen und mal. geistlichen Spielen der rituelle Nachvollzug der Taten und Leiden der Götter und Helden bzw. Christi und der Heiligen (↗ Mysterienspiel), der für den Zuschauer eine Aktualisierung des Bekannten bedeutet. Dagegen wird an den Höfen des 16.–18. Jh.s und bei nationalen und patriotischen Feiern im 18. und 19. Jh. mit dem F. ein einmaliger Anlass gewürdigt. Die oft als allegorische Dramen gestalteten F.e haben zunächst ihren Platz neben ↗ Opern, ↗ Trionfi und anderen Elementen höfischer Festkultur, bevor sie sich im bürgerlichen Fest etablieren. Beispiele sind die anlässlich des Westfälischen Friedens verfassten Stücke von B. J. G. Schottel und J. Rist, J. W. Goethes »Palaeophron und Neoterpe« (1800), F. Schillers »Huldigung der Künste« (1804), C. Brentanos »Am Rhein, am Rhein!« (1813) und G. Hauptmanns »F. in dt. Reimen« (1913). – 3. Ein Bühnenwerk, das selbst eine Feier sein soll, wobei einer Idee unabhängig von einer Festveranstaltung gehuldigt wird. R. Wagner bezeichnet seinen »Ring des Nibelungen« (1854–74) als »Bühnenfestspiel«, seinen »Parsifal« (1879) als »Bühnenweihfestspiel«. F.en will er eine sich durch die Revolution von 1848 neu definierende Menschheit darstellen. Ähnlich ideologisch aufgeladen, jedoch ohne das künstlerische Niveau der Werke Wagners, sind die F.e, die zwischen 1933 und 1937 als Thingspiele verfasst werden. – 4. Nur im Pl.: Mehrere Tage oder Wochen andauerndes Bühnenfestival. Bedeutende Beispiele im dt.sprachigen Raum sind die ›Bayreuther F.e‹ (1876 von R. Wagner begründet und bis heute seinem Werk vorbehalten), die ›Münchener F.e‹ (seit 1901) und die ›Salzburger F.e‹ (1920 begründet von H. v. Hofmannsthal und M. Reinhardt). Dieses F.verständnis liegt auch sog. Filmfestspielen zu Grunde, z. B. in Venedig (seit 1932), Cannes (seit 1946) und Berlin (›Berlinale‹, seit 1951).

Lit.: A. Assmann: Fest. In: RLW. – P. Csobádi u. a. (Hg.): »Und jedermann erwartet sich ein Fest«: Fest, Theater, F.e Salzburg 1996. – B. Engler, G. Kreis (Hg.): Das F. Willisau 1988. – D.-R. Moser: F. In: Killy/Meid. – P. Sprengel: Die inszenierte Nation: Dt. F.e 1813–1913. Tüb. 1991. JK/LI

Feszenninen, f. Pl. [lat. *versus fescennini*], altitalische, ursprünglich improvisierte Gesänge voll derben Spotts, nach der Stadt Fescennium in Etrurien benannt; zunächst wohl bei Erntefesten, dann v. a. bei Hochzeiten gesungen (vgl. dagegen Epithalamium, ↗ Hymenaeus), aber auch von Soldaten beim Triumphzug. Lit. geworden bei Catull, Claudianus sowie in den (nicht erhaltenen) F. des Annianus (2. Jh. n. Chr.), auf die sich Ausonius beruft. MGS

Feuilleton, n. [fœjə'tõ:, auch: 'fœjətõ:; frz. = Beiblätt-
chen, von *feuille* = Blatt],
1. der Teil einer Zeitung, der hauptsächlich Notizen,
↗ Berichte, Kritiken, ↗ Rezensionen und ↗ Kommentare
aus dem künstlerischen, kulturellen und wissenschaftlichen Leben enthält; doch können auch politische,
wirtschaftliche, ja sportliche Themen behandelt werden. Neben kritischen Beiträgen finden hier lit. Texte
und künstlerisch oder kulturell interessante Bilder ihren Ort, wobei der ↗ Fortsetzungsroman eine eigene
Sparte ausmachen kann (›Romanfeuilleton‹). Name
und Form gehen auf das frz. »Journal des Débats« zurück, das ab 1800 ein kulturkritisches Beiblatt enthielt.
In den dt.sprachigen Ländern wurde wegen der zen-
surbedingten Trennung zwischen politischer und kritischer Presse die Spartenbez. ›F.‹ zunächst fast nur von
den lit.-kulturellen ›Konversationsblättern‹ der Restaurationszeit übernommen. Mit dem Revolutions-
jahr 1848 führten die Tageszeitungen fast ausnahmslos
ein F. im wörtlichen Sinne ›unter dem Strich‹ der Poli-
tikseiten ein. Diese Anordnung wurde erst nach dem
Zweiten Weltkrieg durch die Einrichtung eigener F.sei-
ten ersetzt. – Die frz. ↗ ›Causerie‹ oder ›Plauderei‹ der
Restaurationszeit hat über Vermittler wie L. Börne und
H. Heine auch stilistisch die Entwicklung des dt. F.s in
der zweiten Hälfte des 19. Jh.s bestimmt (D. Spitzer,
Th. Fontane). Zu Beginn des 20. Jh.s gewinnt dagegen
eine kulturphilosophisch gebildete und sprachlich verdichtete Kritik an Bedeutung, die dann das F. der
1920er Jahre dominiert (A. Kerr, W. Benjamin, S. Kracauer). – Wesentlich seltener wird ›F.‹ als Bez. für Formate der Kulturberichterstattung in Zss., Hörfunk und
Fernsehen gebraucht.
2. a) Gattung der publizistischen Gebrauchslit.; b) Text,
der dieser Gattung zugeordnet werden kann. Aus der
schon im 19. Jh. üblichen Sammelbez. für kleine Prosaformen im F.teil der Zeitung (Wochenplauderei,
Buch-, Theater-, Musik- und Kunstkritik, Korrespondenz, Reisebild, Denkbild) hat die ältere Forschung
hauptsächlich mit Hilfe von stilistischen Kriterien einen Gattungsbegriff zu gewinnen versucht. Laut Haacke (Bd. 3, S. 263–268) ist das F. v. a. durch eine subjektive, assoziative und amüsante Darstellungsweise bestimmt; von dem stilverwandten ↗ Essay unterscheide
es sich durch die geringere Länge und einen beschei-
deneren Anspruch an die Bildung des Publikums. Die
jüngere Forschung zieht es vor, ›F.‹ allein im Sinne von
(1) als einen Teil der Zeitung zu definieren und in diesem Feld einzelne thematisch und funktional abgrenzbare Textsorten und -formen zu analysieren. Die Ausweitung auf nicht medial eingebundene Texte wird nur
noch dann vorgenommen, wenn der historische Bezug
auf Formen der publizistischen Gebrauchslit. erkennbar ist (z. B. bei R. Walsers Prosastücken). – Mit dem
historischen Blüte des F.s in der zweiten Hälfte des 19.
Jh.s ist der stil- und moralkritische Vorwurf des ›Feuilletonismus‹ entstanden. Rückblickend sprach H. Hesse
im »Glasperlenspiel« (1943) vom »feuilletonistischen

Zeitalter«. Da sich der Vorwurf des Feuilletonismus
häufig mit dem Antisemitismus paarte, ließ er sich von
den Nationalsozialisten gegen die angeblich ›verju-
dete‹ Meinungspresse instrumentalisieren. Mit Blick
auf die Tendenz der Tageszeitungen und anderer Medien zur stärkeren Vermischung von Information und
Unterhaltung (›Infotainment‹) ist die Rede vom Feuilletonismus seit den 1990er Jahren wieder aktuell geworden.
Lit.: J. Drews: F.₁. In: RLW. – E. Eckstein: Beiträge zur
Geschichte des F.s. 2 Bde. Lpz. 1876. – W. Haacke: Hb.
des F.s. 3 Bde. Emsdetten 1951/53. – K. Kauffmann, E.
Schütz (Hg.): Die lange Geschichte der Kleinen Form.
Bln. 2000. – E. Meunier, H. Jessen: Das dt. F. Bln. 1931.
– U. Püschel: F.₂. In: RLW. – G. Reus: Ressort: F. Kons-
tanz 1999. – A. Todorow: Das F. der ›Frankfurter Zeitung‹ in der Weimarer Republik. Tüb. 1996.   IS/KK
Feuilletonroman ↗ Fortsetzungsroman.
Fibel, f. [abgeleitet von ›Bibel‹, da die Bibel ursprünglich zum Lesenlernen verwendet wurde], 1. Schulbuch
zum ersten Lesenlernen. Als Leselernbuch enthält die
F. einen nach einer bestimmten Methode aufgebauten
Leselehrgang: Ursprünglich war allein die Buchstaben-
methode gebräuchlich, so schon in der ältesten dt. F.,
dem hsl. »Modus legendi« von Ch. Hueber (1477), der
in den folgenden Jh.en, befördert durch die Erfindung
des Buchdrucks, zahlreiche weitere folgten. Die F. hatte
dabei meist die Form eines ABC-Buchs oder Abecedariums (so noch bei K. Ph. Moritz: »Neues ABC-Buch«,
1790). Charakteristisch ist die Verbindung von Bild
und Text; dieser ist häufig in Versform abgefasst. Zu
Beginn des 19. Jh.s wurde die Buchstaben- von der
Lautiermethode abgelöst; seitdem konkurrieren verschiedenste Leselernmethoden (Schreib-Lese-Me-
thode, analytisch-synthetische, phonetische Methode,
ganzheitliche Ansätze der Reformpädagogik). Darüber
hinaus besitzen die F.n auch die indirekte Funktion,
die Kinder in gesellschaftliche und kulturelle – in
früheren Jh.en bes. religiöse und ethische – Normen
einzuführen und spiegeln somit die aktuelle Umwelt
wie die Erziehungsintentionen der Gesellschaft wider.
Moderne F.n versuchen immer mehr beim Inhalt sowie bei der sprachlichen und bildlichen Gestaltung die
kindliche Erlebnis- und Erfahrungswelt zu berücksichtigen, um einen möglichst hohen Lernerfolg zu erzielen. – 2. Im übertragenen Sinne: Elementarbuch zur
Einführung (auch Erwachsener) in ein Fachgebiet
(z. B. ›Computerfibel‹). – 3. Im Bereich der Lit. auch
Bez. für ein Werk, das Merkmale der F. (1) wie Bild-
Text-Verbindung, Lehrhaftigkeit und Versform aufweist und diese parodistisch oder gesellschaftskritisch
umdeutet (B. Brecht: »Kriegsfibel«, 1955).
Lit.: M. Dahrendorf (Hg.): Lit. für Einsteiger. Leseför-
derung durch Erstleselit. Weinheim 1998. – A. Gröm-
minger (Hg.): Geschichte der F. Ffm. u. a. 2002. – R.
Gümbel: Erstleseunterricht. Königstein/Ts. 1980. – H.
Müller, K. A. Wirth: F. (ABC-Buch). In: Reallexikon
zur dt. Kunstgeschichte. Bd. 8. Mchn. 1987, Sp. 665–

719. – I. Waldschmidt: F.n, F.n ... Dt. F.n der Vergangenheit. Bln. 1987. WHO

Fiction, f. ['fikʃən; engl. = Erfindung, Erdichtung; von lat. *fingere* = bilden, erdichten], anders als dt. ↗ ›Fiktion‹ in der angloam. Lit.wissenschaft die Bez. ausschließlich für epische Belletristik (↗ Romane, ↗ Erzählungen usw.), im Unterschied zu *non-fiction* (↗ Sachlit.), aber auch zu *poetry* (↗ Lyrik) und *drama*. Besondere Formen: *crime fiction* (Kriminallit.), *light fiction* (↗ Unterhaltungslit.), *pulp fiction* (am., Slang: Schundlit.), *science fiction* (↗ Science-Fiction). RI

Figur, f. [lat. *Figura* = Gestalt], 1. ↗ rhet. Figur; 2. durch einen fiktionalen Text dargestellte Gestalt, der die Fähigkeit zu mentalen Prozessen zugeschrieben wird. – F.en stehen meist in engem mimetischen Bezug zum Menschen, können aber auch zoomorpher, künstlicher oder übernatürlicher Art sein. Der ontologische Status von F.en ist umstritten. Strukturalistische Theorien halten sie für Textelemente; psychologische Theorien für Vorstellungskomplexe, die von Rezipienten auf der Basis diverser Wissensbestände (u. a. Alltagspsychologie, narratives Wissen) konstruiert werden. Die Analyse von F.en folgt entsprechend unterschiedlichen Methoden. Untersucht werden u. a.: 1. Darstellung im Text (direkte und indirekte, Eigen- und Fremd-Charakterisierung; medienspezifische Strategien), 2. Eigenschaften und Strukturen (Körperbild, Persönlichkeit, Dimensionalität, Entwicklung), 3. Verhältnis zu anderen Textelementen (Diegese, Plot), 4. Rezeption (Empathie, Identifikation), 5. Zusammenhang mit soziokulturellen Kontexten (Menschenbilder, Stereotype). F.en können typisiert oder individualisiert gestaltet sein und sind meist eingeordnet in ↗ F.enkonstellationen als Haupt- oder Nebenfiguren, ↗ Protagonisten oder ↗ Antagonisten. Der Begriff ›F.‹ ist von ↗ ›Aktant‹, ›Darsteller‹ und ›Rolle‹ zu unterscheiden.

Lit.: J. Eder: Die F. im Film. Diss. Hbg. 2001. – F. Jannidis: F. und Person. Bln., NY 2004. – Th. Koch: Lit. Menschendarstellung. Tüb. 1991. – U. Margolin: The What, the When, and the How of Being a Character in Literary Narrative. In: Style 24 (1990), S. 453–468. – E. Platz-Waury: F.₃. In: RLW. – R. Schneider: Grundriss zur kognitiven Theorie der F.enrezeption am Beispiel des viktorianischen Romans. Tüb. 2000. – M. Smith: Engaging Characters. Oxford 1995. JE

Figura ↗ Figuraldeutung.

Figura etymologica, f. [lat. Kunstwort für gr. *schéma etymologikón* = etymologische Figur], ↗ Wortspiel, Sonderfall der ↗ Paronomasie: Verbindung zweier oder mehrerer Wörter des gleichen Stamms zur Ausdruckssteigerung, oft unter Suggerierung eines dem lautlich-etymologischen Verhältnis entsprechenden inneren Zusammenhangs; als Mittel der Komik z. B. ›einen schweren Gang gehen‹; ›betrogene Betrüger‹. HHS/Red.

Figuraldeutung [lat. *figura* = Figur, Typus, Gestalt], ein seit der frühen christlichen Kirche geübtes, auf der allegorisch-typologischen Bibelexegese (↗ Allegorie, ↗ Allegorese, ↗ Typologie) gründendes heilsgeschicht-

lich ausgerichtetes System von Vorausdeutung (↗ Präfiguration) und Erfüllung, bei dem eine Figur oder ein Ereignis (der alttestamentliche *Typus*) sich nicht allein auf sich selbst bezieht, sondern auch seinen neutestamentlichen *Antitypus* einschließt. So verweist Moses, der auf dem Berg Sinai die Gesetzestafeln empfängt, auf Christus, der die Bergpredigt hält, oder der Durchzug der Israeliten durch das Rote Meer auf die christliche Taufe. Analog halbbiblischer Typologie kann F. auch von einem antiken Typus wie Odysseus am Mastbaum als *figura* des Gekreuzigten ausgehen. HFG

Figurant, m. [lat. *figurare* = gestalten], älterer Fachausdruck der Bühnensprache: Statist, stumme (Neben-) Rolle; im Ballett: Corpstänzer (Ggs.: Solotänzer).

Figurendrama, nach W. Kayser diejenige der drei idealtypischen Dramenformen, deren Schwerpunkt auf der Gestaltung der ↗ Figuren liegt. Im F. bestimmt die zumeist komplex angelegte und mitunter modellhaft handelnde Hauptfigur den Ablauf des dramatischen Geschehens (z. B. J. W. Goethe: »Götz von Berlichingen«). Im Ggs. dazu ist das ›Geschehnis-‹ oder ›Handlungsdrama‹ durch ein geschlossenes Handlungsgefüge gekennzeichnet, dem die einzelnen Figuren funktional untergeordnet sind (↗ geschlossene Form). Im ›Raumdrama‹ entspringt der dramatische Konflikt dem (sozialen) Milieu, wobei die Hauptfigur zur Verknüpfung von oftmals disparaten Handlungseinheiten dient. Kaysers Typologie greift auf F. Schillers »Egmont«-Rezension (1788) sowie auf R. Petsch zurück. Zwar greift das Konzept des F.s inhaltlich auf das im 18. Jh. verbreitete ↗ Charakterdrama zurück und bindet es in einen umfassenderen Rahmen ein, doch ermöglicht es letztlich nur allg. und tendenzielle Qualifizierungen.

Lit.: W. Kayser: Das sprachliche Kunstwerk [1948]. Tüb. u. a. ²⁰1992. – R. Petsch: Drei Haupttypen des Dramas. In: DVjs 12 (1934), S. 210–244. JK/NI

Figurengedicht [lat. *carmen figuratum*], lyrischer Text, bei dem die visuelle Form der Schrift eine selbständige ästhetische und semantische Rolle neben der gebundenen Sprache erhält. Bis in die Neuzeit werden zwei Hauptformen nebeneinander oder in Kombination miteinander verwendet: 1. das *Technopaignion*, dessen Zeilenumriss (mit unterschiedlichen Verslängen) den zentralen Gegenstand nachahmt; 2. das *Carmen cancellatum*, bei dem in den Zeilen Intexte (also eingelagerte Texte) mit eigener Bedeutung (z. B. Namen) hervorgehoben werden, deren Umrisse eine zeichenhafte Form ergeben. – Als Vorläufer von (2) können altägyptische hymnische Gittertexte mit ↗ Akrostichon, ↗ Mesostichon, ↗ Telestichon oder Auffälligkeiten in der Zeichenanordnung gelten. Das Technopaignion (1) hat seine prägende Form etwa am Anfang des 3. Jh.s v. Chr. durch Simias von Rhodos (z. B. Flügel des Eros, Ei, Beil) erhalten. Dem Technopaignion stehen figurale Schriftflächen mit Prosatexten nahe. Der christliche Dichter P. Optatianus Porfyrius, der im frühen 4. Jh. für Kaiser Konstantin insgesamt 28 F.e schuf, verankerte nicht nur das F. nachhaltig in der lat. Lit., sondern entwickelte es auch produktiv weiter. Bei Porfyrius sind Technopaignien und Carmina cancellata nebeneinandergestellt und deutlich voneinander beeinflusst, v. a. in der Anwendung der strengen Buchstabenzählung bei den Ersteren und in der teilweisen Verwendung von gegenständlichen, wenn auch geometrischen Umrisslinien für die Intexte der Letzteren. Hier vertreten die F.e einen hohen ↗ Stil, der einerseits eine prachtvolle Anlage in den Hss. begründet und andererseits ihren Einsatz für die Panegyrik (↗ Panegyrikus) und die Christusfrömmigkeit nahelegt. Nach vereinzelten merowingischen und angelsächs. Carmina cancellata (Venantius Fortunatus, Bonifatius) wird die Gattung dann wieder im Umkreis Karls des Großen gepflegt (Alkuin, Josephus). Alkuins Schüler Hrabanus Maurus führt sie mit zunächst 28 F.en zum Lob des hl. Kreuzes zu ihrem bis in den ↗ Humanismus bewunderten Höhepunkt, indem er den Umrissfiguren z. T. bildhafte Qualität verleiht. Ab spätkarolingischer Zeit benutzt die Sonderform des Umrissliniengedichts bereits die Verteilung der Textlinien in der Fläche zur Erzeugung von Figuren (z. B. Pyramiden, Räder). Nach nur gelegentlichen Wiederaufnahmen im Hoch- und Spät-MA. werden in Humanismus, ↗ Manierismus und ↗ Barock (z. B. Ph. v. Zesen: »Palm-Baum«, 1649) wieder verstärkt F.e, v. a. Technopaignien, geschaffen. In J. C. Scaligers Poetik (1561) werden sie als Gattung aufgenommen und anhand von Imitationen gr. Vorbilder demonstriert; danach spielen sie als wirkungsvolles Stilmittel im religiösen und weltlichen Bereich eine Rolle. Nach einer Abwertung im 18. und 19. Jh. wird in der avantgardistischen Lit. des 20. Jh.s in frei disponierender, teils typographisch aufwendiger Form wieder an die F.e angeschlossen, etwa von G. Apollinaire (»Calligrammes«), dem ↗ Dadaismus (R. Hausmann), dem it. Futurismus (F. T. Marinetti: »Parole in libertà«) und schließlich der ↗ visuellen Poesie als Teil der ↗ konkreten Poesie.

Lit.: J. Adler, U. Ernst: Text als Figur. Weinheim 1987. – U. Ernst: Carmen figuratum. Köln u. a. 1991. – B. F. Scholz: F. In: RLW.   CWI

Figurenkonfiguration ↗ Figurenkonstellation.

Figurenkonstellation, das System der ↗ Figuren eines Textes und ihrer Beziehungen. Mindestens drei Ebenen sind zu unterscheiden: 1. handlungsfunktionale Verhältnisse der Figuren als Interaktionspartner (z. B. ↗ Protagonist – ↗ Antagonist); 2. Ähnlichkeiten und Kontraste auf der Ebene körperlicher, psychischer, sozialer und symbolischer Eigenschaften (↗ Held – ↗ Antiheld, Schurke); 3. Positionen innerhalb einer Aufmerksamkeitshierarchie (Hauptfigur – Nebenfigur). Auf allen Ebenen haben sich in der Lit.- und Mediengeschichte typische Muster der F. herausgebildet: Die interaktionale Grundkonstellation Protagonist – Antagonist wird durch Kombinationen mit Helfern, Mentoren, Liebesobjekten u. a. ausdifferenziert. Auf der Eigenschaftsebene werden Wertestrukturen entwickelt,

die differenziert oder polarisiert gestaltet sein können; dabei wird häufig mit Parallel- und Kontrastfiguren gearbeitet. Auf der hierarchischen Ebene stehen Texte mit einer einzigen Hauptfigur solchen gegenüber, die viele gleichwertige Figuren aufweisen. – Zu unterscheiden von der F. ist die *Figurenkonfiguration* als vorübergehendes System der Figurenbeziehungen zu einem bestimmten Zeitpunkt (gelegentlich werden die Termini auch umgekehrt verwendet, z. B. bei Polheim).

Lit.: J. Eder: Die Figur im Film. Diss. Hbg. 2001. – D. Kafitz: F. als Mittel der Wirklichkeitserfassung. Kronberg/Ts. 1978. – M. Pfister: Das Drama. Mchn. 1988. – E. Platz-Waury: F. In: RLW. – K. K. Polheim (Hg.): Die dramatische Konfiguration. Paderborn u. a. 1997.   JE

Figurenrede, die Rede von ↗ Figuren in Erzähltexten in Abgrenzung zur Erzählerrede. Häufig geschieht die Darstellung von F. szenisch und in Dialogform (dramatischer Modus) und ist formal durch Anführungszeichen, begleitende ↗ Inquit-Formeln (*verba dicendi*) wie ›sagte er‹ und das Präsens gekennzeichnet. Neben der Darstellung von gesprochener Rede kann die F. auch der Präsentation von Figurengedanken dienen. – Es lassen sich mindestens drei Arten von F. unterscheiden, die sich z. T. mit der Erzählerrede mischen: 1. erzählte Rede (hoher Erzähleranteil), 2. transponierte (↗ indirekte oder ↗ erlebte) Rede und 3. zitierte Rede (geringer bis kein Erzähleranteil; z. B. ↗ direkte Rede, ↗ innerer Monolog, ↗ Stream of Consciousness).

Lit.: M. Martinez, M. Scheffel: Einf. in die Erzähltheorie [1999]. Mchn. ³2002. – U. Quinkertz: Zur Analyse des Erzählmodus und verschiedener Formen von F. In: P. Wenzel (Hg.): Einf. in die Erzähltextanalyse. Trier 2004, S. 141–161. – S. Rimmon-Kenan: Narrative Fiction [1983]. Ldn., NY ²2002. – P. Stocker: F. In: RLW.   MBA

Figurentheater ↗ Puppenspiel.

Fiktion, f. [vom lat. Substantiv *fictio* zum Verb *fingere* = gestalten, erdichten, vortäuschen], 1. im normalen Sprachgebrauch ›Erfindung‹ oder ›Einbildung‹ im Ggs. zu real vorhandenen, d. h. zeitlich und räumlich in unserer Wirklichkeit identifizierbaren, Sachverhalten. – 2. Auf lit. Texte bezogen der imaginäre Status der dargestellten Figuren, Orte und Ereignisse, insofern diese keine direkte Korrespondenz in der Realität besitzen. Die Begriffe ›F.‹ und ›Lit.‹ sind nicht deckungsgleich: Es gibt nichtlit. F.en (z. B. in juristischen Fallbeschreibungen oder mathematischen Textaufgaben) ebenso wie Lit. ohne F.en (z. B. ↗ Autobiographien oder ↗ Gelegenheitsdichtung).

In fiktionaler Lit. (↗ Fiktionalität) können sich fiktive mit realen Elementen vermischen. Das gilt bes. für Gattungen an der Grenze zwischen Faktum und F. wie den ↗ historischen Roman oder das Dokumentartheater (↗ Dokumentarlit.), aber auch für viele andere Werke, welche fiktive Ereignisse schildern, die sich an realen Orten zutragen (Berlin in A. Döblins »Berlin

Alexanderplatz«) oder in denen historische Personen auftreten (Napoleon in L. Tolstois »Krieg und Frieden«). Manche Werke spielen mit der Grenzlinie zwischen Faktum und F. wie W. Hildesheimers scheinbar authentische ↗Biographie über eine fiktive Figur (»Marbot«) oder lit. ↗Fälschungen wie J. Macphersons angeblich mal. »Ossian«. – Der F.scharakter einer Darstellung hängt vom kulturellen Wissen zur Zeit der Werkentstehung ab und ist insofern historisch veränderlich: Während Zauberer-Figuren heute als F.en in den Bereich der ↗phantastischen Lit. gehören, wurden sie im MA. in historischen ↗Chroniken als Faktum akzeptiert.

Lit.: P. Blume: F. und Weltwissen. Bln. 2004. – G. Gabriel: F. In: RLW. – M.E. Reicher (Hg.): F., Wahrheit, Wirklichkeit. Paderborn 2007. – B.W. Seiler: Die leidigen Tatsachen. Von den Grenzen der Wahrscheinlichkeit in der dt. Lit. seit dem 18. Jh. Stgt. 1983. – F. Zipfel: F., Fiktivität, Fiktionalität. Bln. 2001.   MM

Fiktionalität, f. [vom lat. Substantiv *fictio* zum Verb *fingere* = gestalten, erdichten, vortäuschen], eine Eigenschaft vieler lit. Texte. ›Fiktional‹ bezeichnet eine bestimmte Sprachverwendung oder Redeform, die durch einen scheinbar paradoxen Wahrheitsanspruch gekennzeichnet ist: Fiktionale Rede behauptet, dass etwas der Fall ist – allerdings nicht im Hinblick auf unsere Wirklichkeit, sondern mit Bezug auf die imaginäre Objektivität einer erzählten Welt. Der seit der Antike (Platon: »Politeia«) immer wieder erhobene Vorwurf, dass Dichter lügen, beruht deshalb auf einem Missverständnis: Anders als ein Lügner, der in täuschender Absicht etwas Falsches über die Wirklichkeit behauptet, präsentiert der Dichter im Modus der fiktionalen Rede seinem Publikum eine Geschichte, die in einer imaginären Welt, nicht aber in der Wirklichkeit stattgefunden haben soll. Ob der Leser ein Werk als fiktional oder nichtfiktional (›faktual‹) versteht, wird in der Regel durch *Fiktionssignale* gesteuert, die sich inner- oder außerhalb des Textes befinden können. Dazu zählen ↗Paratexte wie die Gattungsbez. ›Roman‹, aber auch textinterne Darstellungsformen wie ↗erlebte Rede oder allwissendes Erzählen, die den imaginären Standpunkt eines übermenschlich informierten Sprechers voraussetzen. – Das Phänomen der F. hat sich historisch entwickelt und verändert. So liegt in den Artusromanen des 12. Jh.s noch keine frei erfindende, ›autonome‹ F. vor, sondern eine ›funktionale‹ F. (Burrichter), bei der ein vorgegebener, als historisch geglaubter Stoff durch Hinzufügungen neuer Details oder Szenen rhet. inszeniert wird. – Manche Werke spielen auf paradoxe Weise mit der Grenze zwischen fiktionalem und nichtfiktionalem Erzählen. So tritt in der jungen Gattung der sog. ›Autofiktionen‹ ein mit dem Autor offenbar weitgehend identischer Erzähler auf, der unter der Bez. ›Roman‹ eine womöglich autobiographische Geschichte wiedergibt (z. B. S. Doubrovsky: »Fils«, 1977).

Lit.: B. Burrichter: Wahrheit und Fiktion. Der Status der F. in der Artuslit. des 12. Jh.s Mchn. 1996. – D. Cohn: The Distinction of Fiction. Baltimore, Ldn. 1999. – I. Klemm: Fiktionale Rede als Problem der sprachanalytischen Philosophie. Königstein 1984. – F. Martínez-Bonati: Fictive Discourse and the Structures of Literature. Ithaca, Ldn. 1981. – J.-D. Müller: Lit. und andere Spiele. Zum F.sproblem in vormoderner Lit. In: Poetica 36 (2004), S. 281–311.   MM

Film, m. [engl. = Häutchen, dünne Schicht], 1. ein mit einer lichtempfindlichen Schicht versehener, meist auf einer Rolle aufgewickelter Streifen für fotografische Aufnahmen oder die Aufnahme einer Abfolge von bewegten Bildern; 2. ein mit technischen Apparaten, insbes. Kameras, aufgenommenes, als Abfolge bewegter Bilder von ↗Handlungen und ↗Szenen konzipiertes und zur Vorführung (im Kino) bzw. Sendung (im Fernsehen) bestimmtes Werk. Der F. als technisches ↗Medium benötigt Apparate auf der Produktions- und der Rezeptionsseite (Aufzeichnungs- bzw. Vorführgeräte); auch haben beide Seiten dieses Massenmediums einen eher kollektiven bzw. kollektivierenden Charakter (Produktionsteam; Kinopublikum). Mindestens sechs Aspekte des F.s sind zu unterscheiden:

1. Den Beginn der *technisch-materialen Entwicklung* des F.s im engeren Sinn kann man – nach verschiedenen technischen Vorstufen (Camera obscura, Guckkasten, [Reihen-]Fotografie) – auf das Jahr 1895 datieren. In diesem Jahr führen M. und E. Skladanowsky in Berlin ihr ›Bioscop‹ und L. und A. Lumière in Paris ihren ›Cinématographe‹ öffentlich vor, der ein Apparate-Verbund von Kamera und Projektionsgerät ist. Der F. ist produktionstechnisch zunächst ein ausschließlich visuelles Medium, das erst in der ↗Aufführung mit der begleitenden Stummfilmmusik zum audiovisuellen Medium wird, bis dann in den 1920er Jahren die Kombination von F. und Tonaufzeichnung erprobt wird. Von den verschiedenen Verfahren setzt sich der Lichtton durch, bei dem die akustischen Informationen als Lichtspur neben den F.-Bildern aufgezeichnet werden, was eine vollständige Synchronisierung von Bild und Ton ermöglicht. Obwohl die UFA noch 1927 auf die Weiterentwicklung zum Tonfilm verzichtete, hat sich die audiovisuelle Variante des F.s bereits um 1930 durchgesetzt. Der letzte und die technische Entwicklung des Mediums abschließende Schritt ist die Entwicklung des Farbfilms. Die durchgehende Farbigkeit des F.materials (zuvor gab es nur Verfahren der Tönung und der ›Viragierung‹ einzelner Szenen) war seit Mitte der 1930er Jahre möglich; zuerst nur in der technisch und finanziell aufwendigen Technicolor-Technik, dann seit den 1950er Jahren in der Eastman-Color-Technik, bei der drei Farbstreifen auf dem Negativfilm übereinandergelegt werden; sie setzte sich bis in die 1970er Jahre durch. Heute hat die Computertechnik diese Verfahren optimiert und durch Möglichkeiten des Tricks und der Simulation ergänzt und erweitert.

2. Auch die *ökonomisch-institutionelle Entwicklung* des

(audio-)visuellen Massenmediums F. ist von grundsätzlicher Bedeutung, weil die hochtechnisierten und überaus komplexen Produktionsapparate, technischen Entwicklungskapazitäten und internationalen Distributionsnetze einschließlich der Vorführstätten große Kapitalmengen benötigen. Mehr noch als andere Medien ist der F. deshalb auch von Marktfaktoren bestimmt. Für die historische Entwicklung, die früh von Monopolisierungsbestrebungen (Produktion, Rechte, Vertrieb und Vorführung in einer Hand) und Trust-Bildungen gekennzeichnet ist, sind zuerst die Etablierung der F.theater im urbanen Raum (um 1905) und die kommerzielle Durchsetzung des Langfilms wichtig (D. W. Griffith: »The Birth of a Nation«, 1915). Seit den 1920er Jahren wird die US-am. F.industrie auf dem Weltmarkt führend. Die Konsolidierung nach der Weltwirtschaftskrise stellt den Auftakt für die Etablierung des überaus effizienten kulturindustriellen Studiosystems in Hollywood dar, dessen Erfolg in den 1930er und 1940er Jahren von den ›goldenen Zeiten‹ des Kinos sprechen lässt. Von 1945 bis heute haben sich mit der Konkurrenz des Fernsehens, der Entwicklung anderer Medien, der Einführung staatlicher F.förderungen aus kulturpolitischen Gründen sowie der weiteren Globalisierung des F.marktes die ökonomischen Bedingungen deutlich verändert.

3. Die *medienästhetische Entwicklung* des F.s lässt sich zum einen beschreiben als Weg eines populärkulturellen Unterhaltungsmediums zur – den anderen Künsten gleichrangigen, hinsichtlich ihrer intermedialen und synästhetischen Qualitäten sogar überlegenen – Kunstform. Weil der F. dabei stets gleich Massenmedium und Ware geblieben ist, lassen sich zum anderen die ästhetischen Ausdifferenzierungen, Anreicherungen und Genrebildungen des F.s nicht von den technisch-materialen und insbes. den ökonomisch-institutionellen Entwicklungen ablösen. Vielmehr prägen die jeweiligen Publikumserwartungen und Rezeptionsbedingungen die ästhetischen F.stile mit, die sich zwischen den divergierenden Ansprüchen realistischer Abbildungsästhetik, filmischer Formkunst, soziokultureller, kollektiver Imaginationsbedürfnisse und konkreten ökonomischen und politischen Machtverhältnissen bewegen (z. B. ↗Zensur). In der F.geschichte des 20. Jh.s lassen sich daher Konjunkturen expressionistischer und (neo-)realistischer F.stile ebenso ausmachen wie Genrebildungen (z. B. ↗Melodrama, Western, ↗Thriller) oder – in den europäischen Diktaturen der Zeit – F.e, die das kollektive Bewusstsein ›gleichzuschalten‹ suchen. Eine Ableitung des einen aus dem anderen, wie sie S. Kracauer (»From Caligari to Hitler«, 1942/47) versucht hat, ist jedoch problematisch.

4. *Literatur und F.* War der ↗Roman das ästhetische Leitmedium im 19. und frühen 20. Jh., wird es der F. – einschließlich des Fernsehfilms – im Lauf des 20. Jh.s. Er tritt damit in Medienkonkurrenz nicht nur zum Roman, sondern auch zur lit. geprägten Hochkultur

insgesamt. Die veränderten Rezeptionsbedingungen ebenso wie die Analogien von Spielfilm und (realistisch erzähltem) Roman bzw. ↗Drama in der ästhetischen Strukturierung (Erzählformen, vergleichbarer Umgang mit ↗Diegesis und ↗Mimesis) bzw. der (szenischen) Realisation fordern die Lit. und ihre Institutionen (bes. das ↗Theater) heraus. Die kritische ›Kino-Debatte‹ einerseits sowie Forderungen nach ›filmischen Schreibweisen‹ andererseits, die gleichermaßen nur ästhetische Extreme in der Ausprägung der Medienkonkurrenz darstellten, sind inzwischen der Diskussion konkreter Fragen der Medien-Transformation und der ↗Intermedialität gewichen. Gleichwohl ist B. Brechts Diktum »Der F.esehende liest Erzählungen anders. Aber auch der Erzählungen schreibt, ist seinerseits ein F.esehender. Die Technifizierung der lit. Produktion ist nicht mehr rückgängig zu machen.« (»Der Dreigroschenprozeß«, 1931) methodisch, wahrnehmungstheoretisch und medienästhetisch immer noch nicht eingeholt.

5. *Forschungsgeschichte.* Die teilweise strukturelle Vergleichbarkeit von erzähltheoretischen und erzählanalytischen Verfahren mit Aspekten der F.analyse hat die Ausdifferenzierung einer disziplinär eigenständigen F.wissenschaft zum einen erleichtert (›F.philologie‹ nach K. Kanzog), dann aber auch eingeengt. Schon früh haben jedoch F.kritik und ↗F.theorie wichtige Impulse für die systematische Erforschung des Gegenstands geliefert. Seit den 1960er Jahren und dann insbes. durch die Aufnahme semiotischer Konzepte hat sich die F.analyse als ein zentraler Bereich der F.wissenschaft herausgebildet. Sie hat inzwischen ein differenziertes Instrumentarium entwickelt, mit dessen Hilfe der F. beschreibbar geworden ist (vgl. Monaco, Hickethier, Korte, Faulstich). Eine rein technisch-analytische oder semiotische Beschreibung des Mediums stößt aber stets an ihre hermeneutischen (vgl. Lohmeier), kulturtheoretischen (vgl. Flusser) und wahrnehmungsphysiologischen Grenzen.

6. *F. im intermedialen Verbund heute.* Der F. ist heute einerseits auf dem internationalen Markt etabliert, andererseits in einen intermedialen distributiven Verbund eingetreten (Fernsehen, Video, Computer, Internet). Zugleich haben die Diskussionen über dieses Medium und seine Konkurrenz mit der Lit. ihre Schärfe verloren: Der (Kino-)F. ist – spätestens seit der Etablierung des Fernsehens – nicht mehr das Leitmedium für die neuen Massenmedien, das die kritischen Auseinandersetzungen und die utopischen Hoffnungen auf die massenkulturelle Entwicklung zugleich auf sich vereint (so noch bei B. Brecht und W. Benjamin), sondern Teil einer ausdifferenzierten massenmedialen Szenerie, in der die zusammen vermarkteten und technisch voneinander profitierenden Einzelmedien zusammenzusehen sind. Die filmwissenschaftlichen Fragestellungen verschieben sich daher – trotz noch ungelöster Fragen für das Medium F. im Speziellen – auf kulturwissenschaftliche, kulturtheoretische

und die Mediengrenzen überschreitende interdisziplinäre Fragen.
Lit.: W. Faulstich: Grundkurs F.analyse. Mchn. 2002. – V. Flusser: Medienkultur. Ffm. 1997. – K. Hickethier: F.- und Fernsehanalyse [1993]. Stgt., Weimar ³2001. – W. Jacobsen u.a. (Hg.): Geschichte des dt. F.s [1993]. Stgt., Weimar ²2004. – K. Kanzog: F. In: RLW. – H. Korte: Einf. in die systematische F.analyse. Bln. 1999. – A.-M. Lohmeier: Hermeneutische Theorie des F.s. Tüb. 1996. – Ch. Metz: Sprache und F. Ffm. 1973. – J. Monaco: F. verstehen [engl. 1977]. Reinbek ³2001. – G. Nowell-Smith (Hg.): Geschichte des internationalen F.s [engl. 1996]. Stgt., Weimar 1998. – J. Paech: Lit. und F. [1988]. Stgt., Weimar ²1997. LVL

Filmfestspiele ↗ Festspiel (4).

Filmkritik ↗ Filmtheorie.

Filmmusik ↗ Musik und Lit.

Film Noir, m. [film'noa:r; frz. = schwarzer Film], von dem frz. Filmkritiker N. Frank 1946 – mit Bezug auf die *série noire,* eine Kriminalromanreihe – geprägte Bez. für eine Strömung des US-am. Kinos der 1940er Jahre, die bis Ende der 1950er Jahre anhält. Der größte Teil der zugehörigen Filme ist im Normalformat (1:1,33) und in Schwarz-Weiß gedreht. Das visuelle Konzept des F. N. ist geprägt durch tiefenscharfe Fotografie, extremen Hell-Dunkel-Stil (*Chiaroscuro*), kontrastreiche Beleuchtung (*low-key lighting*), Schattenbilder und subjektive, schräge Kameraeinstellungen. Narrative Techniken sind häufige Rückblenden und die kommentierende Erzählung durch die Stimme des Protagonisten aus dem *Off.* Stoffe und Personal bezieht der F. N. zunächst aus den ↗ Kriminal- und ↗ Detektivromanen der US-am. *Hard-Boiled School.* Archetypische Figuren sind der desillusionierte Einzelgänger – häufig ein Privatdetektiv, ein zu Unrecht Verdächtigter oder ein Verbrecher – und die verhängnisvolle *Femme fatale* bzw. die in Gefahr geratende *Femme fragile.* Vor der schattenrissartigen Kulisse urbaner Labyrinthe oder in kargen Interieurs entfalten sich in der Kriegs- und Nachkriegsatmosphäre von latenter Bedrohung, Entfremdung und Paranoia Geschichten um Mord, Verrat, Untreue und Korruption ohne *Happy End,* die als illusionsloser Gegenentwurf zum *American Dream* konstruiert sind. Versteht man ›F. N.‹ weniger als Genre denn als Bez. für einen visuellen und narrativen Stil sowie für die durch diesen vermittelte ›dunkle‹ Atmosphäre, so können ihm auch einige Western und ↗ Melodramen zugerechnet werden. – Prägende Einflüsse auf ästhetische Konzeptionen des F. N. haben der dt. expressionistische Film, der frz. Poetische Realismus und später der it. ↗ Neorealismo. Als erster F. N. gilt meist J. Hustons Regiedebüt »The Maltese Falcon« (1941), die dritte Verfilmung von D. Hammetts gleichnamigem Detektivroman (1930). Die Darstellung des zynischen Privatdetektivs Sam Spade durch H. Bogart wird in der Folge für die Protagonisten des F. N. richtungweisend. Stilprägende Regisseure sind ferner H. Hawks, F. Lang, O. Preminger, R. Siod-

mak, O. Welles und B. Wilder. Adaptiert werden Texte von R. Chandler, C. Woolrich und J. M. Cain. In der späten Phase ab 1949 werden die visuellen und narrativen Konzepte des F. N. zunehmend radikalisiert (O. Welles: »Touch of Evil«, 1958). Als *Neo Noir* gelten Filme, die ab Ende der 1960er Jahre auf Muster und Techniken des F. N. zurückgreifen (M. Scorsese: »Taxi Driver«, 1976; W. Wenders: »Hammett«, 1982). Ferner entstehen hybride Mischformen mit dem Science-Fiction-Film (*Future Noir,* z. B. R. Scott: »Blade Runner«, 1982; A. Proyas: »Dark City«, 1998), dem Horrorthriller (A. Parker: »Angel Heart«, 1987) oder dem Roadmovie (D. Lynch: »Wild at Heart«, 1990). C. Hansons »L. A. Confidential« (1997), die pessimistischen Thriller C. Nolans (»Following«, 1998; »Memento«, 2000) und R. Rodriguez' (»Sin City«, 2005) sind Beispiele für die anhaltende Präsenz des F. N. – Der F. N. wirkt vielfach auf die Lit. des 20. Jh.s zurück (Romane von J. Fauser, Graphic Novels von F. Miller, Lyrik von J. Ashbery und W. Wondratschek).
Lit.: P. Schrader: Notizen zum F. N. [engl. 1972]. In: Filmkritik 238 (1976), S. 463–477. – A. Silver, J. Ursini (Hg.): F. N. NY 1996. – B. Steinbauer-Grötsch: Die lange Nacht der Schatten. F. N. und Filmexil. Bln. 1997. – P. Werner: F. N. und Neo-Noir. Mchn. 2000. MFS

Filmschlager ↗ Schlager.

Filmszenarium ↗ Szenarium.

Filmtheorie, f., wissenschaftliche Untersuchung des ↗ Mediums (Kino-)Film in systematischer und kritischer Absicht. Die F. fragt nach den ästhetischen Strukturen, Formen und Qualitäten des Films, seinen spezifischen medialen Eigenschaften im Vergleich mit den anderen Medien und Künsten (insbes. der Lit.), den Gattungs- und Genrezuweisungen und deren Entwicklung sowie den historischen, sozialen, ökonomischen und materialen Bedingungen dieses sich im 20. Jh. etablierenden ↗ Massenmediums. Dafür sind verschiedene Beschreibungsmodelle aufgegriffen und methodisch entfaltet worden: filmanalytische Verfahren, auch im Rückgriff auf semiotische Konzepte (vgl. Metz), Übertragungen philologischer und textanalytischer Beschreibungsweisen auf den Film (vgl. Kanzog) oder (bild-)hermeneutische Betrachtungsweisen (vgl. Panofsky, Lohmeier). Aber auch allgemeinere medientheoretische Fragestellungen sind Bestandteil der F., ebenso wie publikumssoziologische und sozialpsychologische, ideologiekritische und produktionsökonomische Ansätze (z. B. B. Brecht: »Der Dreigroschenprozeß«, 1931; W. Benjamin: »Das Kunstwerk im Zeitalter seiner technischen Reproduzierbarkeit«, frz. 1936; vgl. auch Kracauer). Auch die Filmkritik stellt aufgrund der in ihr entwickelten ästhetischen Auffassungen und Normen sowie ihrer medientheoretischen Reflexion und Einordnung von Filmen einen wichtigen Beitrag zur F. dar. Die methodisch sehr heterogenen Beiträge zur F. lassen sich jedoch nur schwer zu einem überzeugenden, Analyse und Rezeption, Theorie und Praxis umgreifenden, historisch reflektierten und systematischen Gesamtentwurf zusammenfügen. Denn historisch entfaltete sich die frühe F. in der Auseinandersetzung des massen- und populärkulturellen Phänomens Film mit der etablierten, insbes. lit. geprägten Hochkultur (›Kino-Debatte‹), der methodisch-theoretischen, aber auch filmtechnischen Selbstverständigung der Filmregisseure (D. Vertov, S. M. Eisenstein), die auch an Überlegungen des frühen ⁊ Strukturalismus und ⁊ Formalismus anschließen, sowie in der konkreten Arbeit der Filmkritik. In den 1920er Jahren wird nach der bes. ⁊ Poetik und ⁊ Stilistik des Films gefragt (B. M. Ejchenbaum: »Poètika kino«, russ. 1927). Erste kohärente F.n formulierten dann Arnheim, Balász und Kracauer. Insbes. Kracauers nach dem Zweiten Weltkrieg stark rezipierte Arbeiten »Von Caligari zu Hitler« (1942/47) und »Theorie des Films« (1960) verstärkten allerdings eher die – auch wertende – Dichotomie von ›Formalismus‹ bzw. ›Expressionismus‹ versus ›Realismus‹ bzw. ›Naturalismus‹ des Films und der F., die damit auch eine Parallele zur lit.theoretischen ⁊ Expressionismus- bzw. Realismusdebatte aufweist. Diese Dichotomie ist erst durch semiotisch und struktural argumentierende Modelle (vgl. Metz) und dann insbes. durch G. Deleuzes semiotische und bewusstseinsphänomenologische Ansätze vereinigende F. überwunden worden. Inzwischen sind der eigene disziplinäre Wert von F.n und die ästhetische Eigenständigkeit ihres Gegenstands etabliert, sodass der Film nicht mehr einseitig von der Lit. her bewertet oder kritisch befragt wird, wie es gerade auch bei Lit.verfilmungen vormals praktiziert wurde. Vielmehr werden mit Hilfe medientheoretischer Modelle Fragen der ⁊ Intermedialität des Films (vgl. Paech), seiner spezifischen ästhetischen Erscheinungsweise und seiner Bedeutung für das (kollektive) ⁊ Imaginäre diskutiert.

Texte: F.-J. Albersmeier (Hg.): Texte zur Theorie des Films [1979]. Stgt. ⁴2001. – A. Kaes (Hg.): Kino-Debatte. Texte zum Verhältnis von Lit. und Film 1909–29. Mchn. 1978. – A. Kümmel, P. Löffler (Hg.): Medientheorie 1888–1933. Texte und Kommentare. Ffm. 2002. – J. Schweinitz (Hg.): Prolog vor dem Film. Nachdenken über ein neues Medium 1909–14. Lpz. 1992. – K. Witte (Hg.): Theorie des Kinos [1972]. Ffm. ²1973.

Lit.: R. Arnheim: Film als Kunst [1932]. Ffm. 1988. – B. Balász: Schriften zum Film. 2 Bde. Mchn. 1982 und Bln. 1984. – A. Bazin: Was ist Kino? Bausteine zu einer Theorie des Films [frz. 1958]. Köln 1975. – G. Deleuze: Das Bewegungs-Bild. Kino 1 [frz. 1983]. Ffm. 1997. – Ders.: Das Zeit-Bild. Kino 2 [frz. 1985]. Ffm. 1997. – A. Easthope (Hg.): Contemporary Film Theory. Ldn. u. a. 1993. – K. Kanzog: Einf. in die Filmphilologie. Mchn. 1991. – S. Kracauer: Von Caligari zu Hitler [engl. 1942/47]. Ffm. ³1995. – Ders.: Theorie des Films [engl. 1960]. Ffm. 1996. – A.-M. Lohmeier: Hermeneutische Theorie des Films. Tüb. 1996. – R. Matzker: Das Medium der Phänomenalität. Mchn. 1993. – Ch.

Metz: Sprache und Film. Ffm. 1973. – J. Paech: Lit. und Film [1988]. Stgt., Weimar ²1997. – E. Panofsky: Stil und Medium im Film [engl. 1936/47]. Ffm. 1999, S. 19–57.
LVL

Fin de Siècle, n. [fɛ̃də'sjɛklə; frz. = Ende des Jh.s], mit dem kalendarischen Ende des 19. Jh.s koinzidierende, von etwa 1880 bis zum Ersten Weltkrieg dauernde Epoche der Lit.- und Kulturgeschichte, die sowohl durch diffuse Endzeitstimmungen als auch durch ein spezifisches Modernitätsbewusstsein geprägt ist. – Der Begriff wird enger verwendet als die etwa denselben kulturgeschichtlichen Zeitraum umfassende Bez. ⁊ ›Jh.-wende‹: Gemeinsam sind den unter ›F. d. S.‹ zusammengefassten Strömungen wie ⁊ Décadence, ⁊ Symbolismus und ⁊ Neuromantik die Absage an den ⁊ Naturalismus, die Abkehr vom bürgerlichen Liberalismus und die Wende zu irrationalistisch-lebensphilosophischen Konzepten. Der Positivismus wird durch Fortschritts-, Technik- und Medienskepsis in Frage gestellt; die stark beschleunigten sozialen Entwicklungen provozieren künstlerische und religiöse Gegenentwürfe, in die neben theosophischen und spiritistischen Strömungen v. a. das auf die romantische ⁊ Autonomieästhetik zurückgehende, von Th. Gautier und seinen Nachfolgern entwickelte Konzept ⁊ l'art pour l'art eingeht. Parallel zum populären Monismus, der die Identität von Geist und Materie postuliert und Gedanken der romantischen Naturlehre aufgreift (E. Haeckel, G. Th. Fechner), erscheinen die artifiziellen Welten der Kunst und Lit. des F. d. S. als Laboratorien einer ⁊ Avantgarde, die synästhetische oder mystische Entgrenzung anstrebt (R. M. Rilke, M. Maeterlinck). Die mit der Auflösung sozialer und familiärer Strukturen einhergehende individuelle Freiheit erlaubt eine bis dahin nicht gekannte Spannbreite an künstlerischen Experimenten und Extravaganzen. Der mit ästhetischem Raffinement und urbaner Blasiertheit ausgestattete *Dandy* (⁊ Dandyismus) sowie seine radikalisierte Ausprägung, der zwischen Lebenslust und Lebensüberdruss schwankende *Décadent*, sind wichtige Verhaltensmuster in der Kultur des F. d. S. (J.-K. Huysmans, G. D'Annunzio). Hinzu kommen das melancholische Leiden an der eigenen Ohnmacht sowie die Ästhetisierung und Kultivierung von Weltschmerz und Menschenhass (O. Wilde). Elitarismus, der Abscheu vor allem Banalen und Alltäglichen, das Schwelgen in metaphysischen Spekulationen, aber auch in Abnormitäten und obszönen Grausamkeiten, sind Grundmotive des F. d. S. (J.-K. Huysmans, St. Przybyszewski). Die beiden Grundtypen des *Décadent* und des auf F. Nietzsche zurückgehenden ›Übermenschen‹ konvergieren in ihrer Ablehnung einer bürgerlich egalitären Gesellschaft (z. B. im ⁊ Georgekreis), unterscheiden sich aber in ihrem Verhältnis zur Natur: Während die Welteekel des *Décadent* Werte wie ›Gesundheit‹ oder ›körperliche Kraft‹ zu Feinden der Kunst erklärt, beklagt der nietzscheanische Zivilisationskritiker die Auflösungs- und Erschöpfungszustände der abendländischen Kultur. Pessimismus und Spätzeitgefühl (Th. Mann) gehören ebenso zum ästhetischen und mentalen Repertoire des F. d. S. wie Erlösungsphantasien und der Durchbruch zur ↗ Moderne. – Eine weitere für das lit. F. d. S. zentrale Spannung ist die Dialektik von Sprachskepsis (H. v. Hofmannsthal) und Sprachmagie (St. Mallarmé, St. George), die – teilweise in Anlehnung an die Philosophie F. Mauthners – die Grenzen der sprachlichen ↗ Mimesis auslotet und dabei neue lit. Darstellungsverfahren hervorbringt. – Wesentlich für das Verständnis des F. d. S. sind auch dessen Beziehungen zur Psychologie und Psychiatrie. Schriften wie »Genio e follia« (1864) des it. Kriminologen C. Lombroso, J.-M. Charcots Hysteriestudien und S. Freuds »Traumdeutung« (1900) bestimmen die anthropologischen Vorstellungen und das kulturelle Klima im F. d. S. Sie liefern den psychopathologischen und weltanschaulichen ›Rohstoff‹ einer überfeinerten, kränkelnden oder überspannten ›Nervenkunst‹ (H. Bahr). In denselben Zusammenhang gehört auch das an sexualpathologische Studien von Charcot, Freud, O. Weininger und R. v. Krafft-Ebing anknüpfende Motiv der vampirhaft triebgesteuerten ›femme fatale‹ (O. Wilde: »Salome«, 1891), dem auf der Gegenseite Ansätze zu einer erotischen Rebellion der Frau (F. zu Reventlow) und der Entwurf eines autonomen weiblichen Subjekts (L. Andreas-Salomé) korrespondieren. – Zuerst belegt in É. Zolas Künstlerroman »L'Œuvre« (1886) sowie in der von A. Baju herausgegebenen Zs. »Le Décadent littéraire et artistique« (1886–89), entwickelt sich der Begriff ›F. d. S.‹ zu einem modischen Schlagwort, das auch in England, Italien und Deutschland (H. Bahr, M. Herzfeld) eine rasche Verbreitung findet. Symptomatisch für eine Rückkehr zu metaphysischen Fragen ist – neben dem allg. Interesse für theosophisch-spiritistische Strömungen und der Tendenz zur Sakralisierung von Kunst – der in den 1890er Jahren einsetzende und von großer öffentlicher Resonanz begleitete Übertritt vieler Literaten zum kath. Glauben (J.-K. Huysmans, F. Jammes, P. Claudel, P. Bourget, Ch. Péguy; ↗ ›Renouveau catholique‹). – Die Bildung künstlerischer Avantgarden im F. d. S. äußert sich nicht nur in deren ästhetischer Programmatik, sondern auch in einem transnationalen Beziehungsgeflecht und in – meist urbanen – Subkulturen. Dazu gehören die Kaffeehauslit. des ›Jungen Wien‹ (H. Bahr, R. Beer-Hofmann, P. Altenberg) ebenso wie die Bohème- und Symbolisten-Zirkel in Paris (um St. Mallarmé), Berlin, München, London, Turin, Mailand und St. Petersburg, aber auch die Anarcho-Bohème um E. Mühsam oder die alternative Lebenskultur der sich in Ascona treffenden Monte-Verità-Kommune.

Lit.: R. Bauer u. a. (Hg.): F. d. s. Ffm 1977. – H. Feinendegen: Dekadenz und Katholizismus. Paderborn 2002. – J. M. Fischer: Jh.dämmerung. Wien 2000. – H. Hinterhäuser: F. d. S. Mchn. 1977. – Ch. Lubkoll (Hg.): Das Imaginäre des F. d. s. Freiburg 2001. – M. Milner: L'imaginaire des drogues. De Th. de Quincey à H.

Michaux. Paris 2000. – Y.-G. Mix (Hg.): Naturalismus, F. d. s., Expressionismus. Mchn. 2000. – G. Ponnau (Hg.): Fins de Siècle. Toulouse 1989. – K. Tebben (Hg.): Dt.sprachige Schriftstellerinnen des F. d. s. Darmstadt 1999. – J. Viering: F. d. s. In: RLW. – P. Wilson: The Oscar Wilde Years. Bournemouth 2004. – St. B. Würffel (Hg.): F. d. s. 1885–1914. Stgt. 2004.   SH

Fitte, f., Begriff der altsächs. Poetik: Textabschnitt. Die lat. Heliand-Praefatio (um 850) bemerkt, der Dichter habe dieses Werk nach der Sitte derartiger Dichtungen in ›F.n‹ (*vitteas*) aufgeteilt, was im Sinne von lat. *lectiones* oder *sententias* zu verstehen sei. Es handelt sich nach diesem Verständnis also um einen Leseabschnitt, eine Vortragseinheit, die mit den ↗ Âventiuren der mhd. Heldenepik oder den *distinctiones* Herborts von Fritzlar (um 1200) vergleichbar ist. Mit Bezug auf aengl. *fit* (lat. *cantilena*) dürfte der Begriff ursprünglich ein selbständiges Lied bezeichnet haben. Die Wortwahl (vgl. ahd. *vizza* = Faden, Gewebe) entspringt offenbar – wie auch bei lat. *textus* und altisländ. *þáttr* – der Vorstellung eines Textes als Gewebe.

Lit.: K. Müllenhoff: Vittea. In: ZfdA 16 (1873), S. 141–143.   WB

Flachdruck ↗ Druck.

Flagellantendichtung ↗ Geißlerlieder.

Flaneur, m. [frz. = langsamer Spaziergänger], von W. Benjamin in seinen Schriften über das Paris des 19. Jh.s entwickelte Symbolfigur der Moderne. Der F. beherrscht die Kunst des ziel- und zwecklosen Umherschlenderns in der Großstadt. Zunächst sind es die Passagen, jene Bauwerke aus Stahl und Glas, Vorläufer des Warenhauses, in denen er zu gehen pflegt. Dort frönt er der Langsamkeit – er macht im Habitus deutlich, dass er über genügend Zeit verfügt, und erhebt so Einspruch gegen die zunehmende Beschleunigung des modernen Lebens. Er zeichnet sich aus durch Untertauchen in der Menge, Neugier auf Veränderungen in der Großstadt, Lust am Schauen sowie das Vermögen, sich an Verschwundenes zu erinnern. Der F. ist in der Lage, in der Stadt wie in einem Buch zu lesen. In der dt. Lit. verstanden sich insbes. F. Hessel (»Spazieren in Berlin«, 1929) und S. Kracauer als F.e.

Lit.: W. Benjamin: Gesammelte Schriften. Bd. 5: Das Passagen-Werk. Ffm. 1982. – M. Keidel: Die Wiederkehr der F.e. Würzburg 2006. – E. Köhn: Straßenrausch. Flanerie und kleine Form. Bln. 1989. – H. Neumeyer: Der F. Würzburg 1999. – R. Severin: Spuren des F.s in dt.sprachiger Prosa. Ffm. u. a. 1988.   MO

Flashback ↗ Analepse.

Flashforward ↗ Prolepse.

Flickvers, inhaltlich und gedanklich überflüssiger Vers, der nur zur Strophenfüllung dient.

Fliegende Blätter, 1. seit G. E. Lessing belegte Bez. für ↗ Flugblätter oder ↗ Flugschriften oder andere unperiodische Publikationen. – 2. Illustrierte humoristische Zeitschrift, die von 1844 bis 1944 in München erschien. Mitarbeiter u. a.: W. Busch, F. Dahn, F. Freiligrath, E. Geibel, V. v. Scheffel, C. Spitzweg.

Lit.: E. Zahn (Hg.): Facsimile-Querschnitt durch die F.n B. Mchn. u. a. 1966. HW/Red.

Flokkr, m. [anord. = Schwarm, Haufen], Aneinanderreihung von Skaldenstrophen, die inhaltlich nur lose miteinander verbunden sind und keine fortlaufende Handlung erzählen. Wie die mal. ↗Skalden F. und Vísur (↗Vísa) voneinander abgrenzten, ist nicht genau bekannt. Vermutlich bestand der Unterschied v. a. im Inhalt, da die Vísur meist eine politische, ermahnende oder informative Funktion erfüllten, während der F. eine einfache Form des Preisgedichts war. Insgesamt sind zwölf Gedichte erhalten, deren Titel die Bez. ›F.‹ enthält; die meisten von ihnen stammen aus dem 11. Jh. Von der gehobenen Form der Preisdichtung, der ↗Drápa, unterscheidet sich der F. durch den ihm fehlenden Kehrreim, das *stef.* Offensichtlich waren sich die Fürsten des Unterschiedes zwischen F. und Drápa sehr wohl bewusst und empfanden es als Beleidigung, wenn sie statt mit einer Drápa mit einem F., also einem zweitklassigen Gedicht, abgefertigt werden sollten. Eine Anekdote innerhalb der Saga über den norweg. König Olaf den Heiligen berichtet, dass der Skalde Þórarinn loftunga als Dank für seinen Aufenthalt am Hof des dän. Königs Knut ein Gedicht für den König verfasst habe. Als König Knut aber feststellte, dass es sich dabei nur um einen F. handelte, wurde er sehr zornig und drohte, Þórarinn töten zu lassen, falls dieser nicht innerhalb eines Tages aus dem F. eine Drápa mache. Dann heißt es in der Saga: »Þórarinn machte daraufhin ein *stef,* das er ins Gedicht einsetzte, und er fügte einige Strophen und Verse hinzu.«
Lit.: H. Kuhn: Das Dróttkvætt. Hdbg. 1983. – K. v. See: Skaldendichtung. Mchn., Zürich 1980. – E. O. G. Turville-Petre: Skaldic Poetry. Oxford 1976. – J. de Vries: Anord. Lit.geschichte [1941 f.]. Bln. ³1999. SW

Flores rhetoricales, f. Pl. [lat. = Redeblüten], rhet. Begriff zur Bez. derjenigen Stilmittel sprachlicher und gedanklicher Ausschmückung (↗Ornatus) der Rede, die bes. starke Wirkung haben und dem Stil Abwechslung (Varietas) und erhabenen Glanz verleihen.
HD/Red.

Florilegium, n. [lat. = Blütensammlung, aus *flores* = Blüten, *legere* = lesen, sammeln], Pl. *Florilegien,* humanistische Übers. von gr. *anthología,* in der röm. Antike und im lat. MA. meist als *saturae* oder auch unter den Bez.en *dicta, excerpta, flores, floretum, sententiae, auctoritates* verbreitet; Zusammenstellung von 1. ausgewählten Texten oder 2. Textauszügen oder 3. – nicht immer wörtlich wiedergegebenen – Lehrsätzen aus Werken eines Autors oder mehrerer Autoren zu einem Thema. – Den Typ der *Dicta philosophorum,* d. h. Florilegien aus profaner antiker Lit., vertreten z. B. die Cato zugeschriebenen, im MA. als ↗Schultexte verwendeten »Dicta Catonis« (3. Jh. n. Chr.) mit ↗Sentenzen u. a. aus Texten Senecas; ein aus Freising stammendes F. (10. Jh.) mit Auszügen aus der röm. Dichtung; die vom Umfang her bereits handbuchartigen Sammlungen »F. Gallicum« und »F. Anglicum« (12.

Jh.); die wahrscheinlich von Marsilius von Padua (ca. 1312 f.) für den universitären Bedarf aus dem »Corpus Aristotelicum« sowie aus den Werken von Boethius, Seneca und Plato latinus zusammengestellten »Auctoritates Aristotelis«. Daneben kursierten schon früh patristische Florilegien: In seinen »Sententiae sive De summo bono« stellte Isidor von Sevilla selbständig und sachlich geordnet Sätze der Kirchenväter zu theologischen Themen zusammen; ähnlich der Defensor von Ligugé (zweite Hälfte des 7. Jh.s) mit seinem »Liber scintillarum«, dem meistverbreiteten F. des MA.s. Im Spät-MA. ebenfalls sehr verbreitet war der alphabetisch nach Schlagworten geordnete »Manipulus florum« (13. Jh.) des Thomas de Hibernia. Auch zu anderen Sachgebieten existierten Florilegien, z. B. das »Rosarium philosophorum«, ein alchimistisches F. des Spät-MA.s. Sie alle dienten hauptsächlich der Wissensvermittlung und als Ersatz für die vollständigen Originalwerke. In der ↗Frühen Neuzeit wurden die Florilegien mehr und mehr zu rhet. Zitatensammlungen, die Eloquenz und Gelehrsamkeit demonstrieren sollten, z. B. Jan Gruters »F. ethico-politicum« in 3 Bdn. (1610–12), eine mehrsprachige Sprichwörtersammlung.
Lit.: K. Elm (Hg.): Florilegien, Kompilationen, Kollektionen. Wiesbaden 2000. – K. Grubmüller: F. In: RLW. – A. Lehner: Florilegia. F. Frisingense (Clm 6433). Turnhout 1987. – C. Wachsmuth: Studien zu den gr. Florilegien. Bln. 1882. Nachdr. Osnabrück 1971. DW

Floskel, f. [lat. *flosculus* = Blümchen], in der antiken Rhet. (Cicero, Seneca) zunächst Redezier (›Redeblume‹), Denkspruch, Sentenz, dann auch formelhafte Redewendung ohne Aussagequalität. ›F.‹ ist seit 1747 (Ch. F. D. Schubart) in Deutschland als abwertende Bez. für nichtssagende Sprachfüllsel oder konventionelle ↗Formeln gebräuchlich, z. B. ›wie ich bereits schon mehrfach ausgeführt habe‹. HW/Red.

Flugblatt, auf Ch. F. D. Schubarts Lehnübers. des frz. *feuille volante* zurückgehender Sammelbegriff für zuerst in der ↗Frühen Neuzeit aufkommende, zum Zweck des kommerziellen Vertriebs ein- oder beidseitig bedruckte Blätter, mehr durch Konvention als aus sachlichen Gründen vom ↗Einblattdruck des 15. Jh.s unterschieden; von der ↗Flugschrift durch deren größeren Umfang abgrenzbar. – Das F. ist durch Herstellung und Verbreitung ein ›schnelles‹, durch seine meist dem Tagesgeschehen verpflichteten Inhalte zudem ein ›schnelllebiges‹ Medium: Politische, d. h. militärische und kirchenpolitische Ereignisse, Hinrichtungen und Morde, tatsächliche oder vermeintliche Schauspiele der Natur wurden, oft versehen mit einfachen Holzschnitten, unter das Volk gebracht. Im Zeitalter der ↗Reformation und dann wieder im Dreißigjährigen Krieg not unabdingbares Mittel der Propaganda, trat das F. seit der Mitte des 17. Jh.s hinter komplexere Periodika zurück, lebte aber im ↗Bänkelsang und im ↗Bilderbogen des 19. Jh.s fort. – In politischen Kontexten (etwa in Wahlkämpfen, gewerkschaftlichen Arbeitskämpfen, hochschulpolitischen Auseinandersetzungen an Universitäten) hat das F. bis heute eine wichtige Funktion als unaufwendiges, schnell zu produzierendes und zu distribuierendes Medium. Lit.: W. Adam: Das F. als kultur- und lit.geschichtliche Quelle der Frühen Neuzeit. In: Euph. 84 (1990), S. 187–206. – W. Harms (Hg.): Dt. illustrierte Flugblätter des 16. und 17. Jh.s. 6 Bde. Mchn., Tüb. 1980–2005. – H. Oelke: Die Konfessionsbildung des 16. Jh.s im Spiegel illustrierter Flugblätter. Bln., NY 1992. – M. Schilling: F. In: RLW.   CF

Flugschrift, in seinem Kern wie an seinen Rändern unscharfer Sammelbegriff für die rund 10.000 im dt. Sprachraum erschienenen Druckschriften der Zeit zwischen etwa 1500 und 1530 (bereits 1976 stellte Köhler über 70 divergierende Definitionen zusammen). Eine handhabbare Beschreibung hat von verbindenden äußeren Merkmalen wie Sprache (bevorzugt Dt.), Format (Quart oder kleiner), geringem Umfang, fehlender Bindung und niedrigem Preis auszugehen. Die noch kleinere, nur eine oder zwei Seiten umfassende Variante heißt ↗›Flugblatt‹. Formal überwiegen – in Vers und Prosa – traditionsreiche Gattungen mit hoher kommunikativer Ausrichtung: ↗Predigt, Sendbrief, ↗Traktat, ↗Dialog, ↗Pamphlet und ↗Satire. Inhaltlich ist (ab 1520) fast immer ein Bezug auf die von M. Luther angestoßenen Ereignisse der Reformation gegeben, deren Auswirkungen die häufig prekäre Kommunikationssituation der überwiegend geistlichen Verfasser maßgeblich bestimmten. Diese Situation wird einer Öffentlichkeit, die den Verfassern oft nicht mehr vertraut und noch nicht grenzenlos ist, in meist einfachen Texten und mit Hilfe von Bildern (Titelblatt, Buchschmuck) vermittelt. Zu Recht gelten F.en als ein eindrucksvolles Beispiel für die unmittelbare Einwirkung der Lit. auf die Lebenspraxis der Menschen (vgl. Moeller/Stackmann). Trotzdem stehen seitens der Germanistik vergleichende Untersuchungen unter sozial-, kommunikations- und rezeptionsgeschichtlichen Gesichtspunkten noch weitgehend aus. Lit.: H.-J. Köhler: Die F.en. In: H. Rabe u. a. (Hg.): Fs. E. W. Zeeden. Münster 1976, S. 36–61. – B. Moeller, K. Stackmann: Städtische Predigt in der Frühzeit der Reformation. Gött. 1996. – J. Schwitalla: Dt. F.en. Tüb. 1983.   CF

Fokalisierung ↗personales Erzählen.

Folge ↗Serie.

Folkevise, f. [dän. = Volksweise, Volkslied], Pl. *Folkeviser*; die skandinavische, v. a. dän. Volksballade des MA.s; episch-dramatisches Gedicht mit lyrischem ↗Refrain, das zum Reihen- und Kettentanz gesungen wurde. – Die F. als typische Form der mal. höfischen Dichtung Dänemarks hat doppelten Ursprung: Sie geht zurück auf frz. ↗Balladen, Tanzlieder mit Refrain, die im 12. Jh. zugleich mit dem Tanz als Form höfischer Geselligkeit nach Dänemark importiert wurden; außerdem knüpft sie an die heimische Tradition der ↗Helden- und Götterlieder eddischer Art (v. a. Formen des ↗doppelseitigen Ereignisliedes) an. Die F. entsteht

im 13. und 14. Jh. v. a. an den Adelshöfen; Ereignisse aus bürgerlichem und bäuerlichem Milieu werden erst in jüngeren F.r besungen. Typische Strophenformen sind der meist vierhebige endgereimte Zweizeiler mit Refrain (oft auch als Zwischenrefrain; ↗Balada) und der Vierzeiler (meist Wechsel von Drei- und Vierhebern, Kreuzreim) mit Refrain stets am Ende der Strophe; kennzeichnend sind rhythmische Freiheiten (freie Versfüllung) und altertümliche Reimformen (Assonanzen, Halbreime, identische Reime). Thematisch lassen sich sechs Gruppen unterscheiden: 1. nord. Göttermythen (relativ selten, z. B. Balladen vom Torekall = Thor, der seinen Hammer aus der Gewalt der Riesen heimholt); 2. germ.-dt. und nord. Heldensagen (↗Kaempeviser); 3. volkstümliche Geschichten von jenseitigen und geisterhaften Naturwesen (z. B. Ballade von Herrn Oluf und den Elfen); 4. ↗Legenden (z. B. Balladen von König Olaf dem Heiligen oder von der Jungfrauenquelle); 5. lit. Stoffe v. a. frz. Herkunft (z. B. Tristan-Stoff); 6. historische Ereignisse v. a. des 12. und 13. Jh.s. – Vereinzelte und bruchstückhafte Aufzeichnungen dän. F.r finden sich in der ersten Hälfte des 15. Jh.s; die ersten größeren Sammlungen, meist Liederbücher junger Adliger, stammen aus dem 16. und 17. Jh. Eine erste Edition von hundert F.r besorgte 1591 A. S. Vedel; eine um nochmals hundert F.r erweiterte Fassung legte 1695 P. Syv vor. Diese Ausgabe liegt W. Grimms Übers. von 1811 (»Altdän. Heldenlieder, Balladen und Märchen«) zugrunde. Die systematische Sammlung dän. F.r erfolgte im 19. und 20. Jh. durch S. Grundtvig u. a. (»Danmarks gamle F.r«, 12 Bde., 1853–1976).   JK/Red.

Folklore, f. [aus engl. *folk* = Volk, *lore* = Kunde], Überlieferungen eines Volkes. – Der 1846 von W. J. Thoms geprägte Begriff ›F.‹ bezeichnet die zunächst mündlich tradierten Überlieferungen eines bestimmten Volkes, die in mehreren Varianten kursieren, ein hohes Maß an formelhaften Komponenten aufweisen und in mindestens einer schriftlich fixierten Version vorliegen; lit. Ausprägungen sind etwa ↗Ballade, ↗Fabel, ↗Märchen, ↗Rätsel, ↗Sage, ↗Sprichwort oder ↗Volkslied. Aus Quellen der oralen Tradition (↗Oral Poetry) schöpfend, weist F. häufig phantastische oder mythologische Elemente auf und kann als Sinngebungsmuster für rational nicht erfassbare Phänomene fungieren. In einem weiteren Sinn umfasst F. als allg. Volkskunde sämtliche volkstümlichen Brauchtümer wie Volksglaube, -tanz oder -tracht. Als neuere Ausprägung der F. können die sog. ›modernen Legenden‹ (*urban legends*) angesehen werden, unglaubliche Erzählungen, die ebenfalls ausschließlich mündlich tradiert werden und stets Wahrheitsanspruch erheben. Lit.: J. H. Brunvand: F. In: ders. (Hg.): American F. NY, Ldn. 1996, S. 285–287. – H. Gerndt: F. In: RLW.   ME

Folksong ↗Song.

Form [lat. *forma* = Gestalt, Äußeres, Beschaffenheit; gr. *eídos, morphé*], Anordnung und Organisation der materialen, sprachlichen oder thematischen Teile eines

Kunstwerks bzw. eines lit. Textes. – Charakteristisch für den Begriff ist seine komplementäre Verwendung mit Begriffen wie ›Inhalt‹, ›Materie‹, ›Stoff‹ oder ›Substanz‹. Er kann in Abgrenzung zu diesen sowohl die äußere Erscheinung als auch die ↗ Struktur eines ↗ Artefakts bezeichnen, die Disposition seiner Elemente sowie Aspekte seiner Gestaltung. In anderer Hinsicht wird die F. eines Artefakts von seiner ↗ Funktion bzw. die F. des Kunstwerks von der F.losigkeit anderer Gegenstände unterschieden. F. wird allg. als Resultat intentionaler Handlungen verstanden, wurde aber auch häufig als quasi-naturwüchsige Eigenschaft des Kunstwerks gesehen. Zudem kann der Begriff der F. sowohl deskriptiv als auch normativ benutzt werden; außerdem zur Bez. einer konkreten Sache sowie einer abstrakten Eigenschaft. In der lit.historischen Rekonstruktion lassen sich plurale Ausdrucks- und Darstellungsformen im Sinne von Gestaltungsweisen differenzieren (F.geschichte). Die Bedeutung des F.begriffs bewegt sich so in einem Spannungsfeld zwischen ästhetischer Verbindlichkeit und historischer Bedingtheit. – Die Inhalt-F.-Dichotomie geht u. a. auf die in der antiken ↗ Rhet. gebräuchliche Unterscheidung von *res* (Sachen) und *verba* (Worten) zurück. Als ästhetischer Grundbegriff wird ›F.‹ seit Mitte des 18. Jh.s nach der Auflösung der engen Verknüpfung von ↗ Poetik und Rhet. zentral. I. Kant benutzt den Begriff in der »Kritik der Urteilskraft« (1790) zur Betonung der Autonomie des Ästhetischen gegenüber der Verstandeserkenntnis. G. W. F. Hegel dagegen geht in den »Vorlesungen über die Ästhetik« (postum 1835–38) von der dialektischen Vermittlung von F. und Inhalt zu einer Totalität im Kunstwerk aus – mit Primat auf der Inhaltsseite. Im 19. Jh. differenziert sich das F.verständnis in eine ›vitalistisch-idealistische‹ und eine ›technische‹ Variante aus. Lit.theoretische Strömungen des 20. Jh.s wie ↗ Formalismus, ↗ Strukturalismus, F.geschichte und ↗ werkimmanente Interpretation behaupten in unterschiedlicher Weise den Vorrang der F. vor dem Inhalt lit. Texte; der aus der Kunstgeschichte (H. Wölfflin) übernommene Ggs. zwischen ↗ geschlossener F. und ↗ offener F. hat v. a. in der ↗ Dramentheorie einen festen Platz, wird aber auch breiter verwendet. Als ›Theorieimporte‹ wichtig geworden sind für die Lit.wissenschaft zudem E. Cassirers kulturphilosophische Theorie der symbolischen F.en als derjenigen geistigen Energien, durch welche Bedeutungsgehalte an sinnliche Zeichen geknüpft werden, und N. Luhmanns kommunikationstheoretische Unterscheidung von Medium und F. im Sinne loser und rigider Kopplungen von Elementen bei der Generierung von Sinnstrukturen.
Lit.: D. Burdorf: Poetik der F. Stgt., Weimar 2001. – E. Cassirer: Der Begriff der symbolischen F. im Aufbau der Geisteswissenschaften. In: F. Saxl (Hg.): Vorträge der Bibliothek Warburg 1921–22. Lpz., Bln. 1923, S. 11–39. – A. Käuser: Zur Aktualität der F.geschichte. In: DVjs 76 (2002), S. 285–293. – R. Kray, K. Luehrs-Kaiser (Hg.): Geschlossene F.en. Würzburg 2005. – N. Luhmann: Zeichen als F. In: D. Baecker (Hg.): Probleme der F. Ffm. 1993, S. 45–69. – M. Schäfer-Willenborg: F. und Rhet. In: J. Fohrmann, H. Müller (Hg.): Lit.wissenschaft. Mchn. 1995, S. 217–248. – Ch. Schildknecht: F. In: RLW. – R. Schwinger: F. und Inhalt. In: HWbPh. – K. Städtke: F. In: ÄGB. – W. Tatarkiewicz: Geschichte der sechs Begriffe Kunst, Schönheit, F., Kreativität, Mimesis, Ästhetisches Erlebnis [poln. 1975]. Ffm. 2003.   DWL

Formalismus, m., ›formale Methode‹ der Lit.wissenschaft.
1. Mit dem russ. F. beginnt die moderne ↗ Lit.theorie. Hauptvertreter wie V. Šklovskij (1893–1984) oder J. Tynjanov (1894–1943) entwickelten die ›formale Methode‹ etwa 1915–30 in St. Petersburg und Moskau. Grundlegend für den F. ist die Frage nach der ›Literarizität‹ von Texten: Wodurch wird eine sprachliche Mitteilung zu einem lit. Kunstwerk? Die Antwort des F. lautet: durch die Art der Verwendung der Sprache; dies bereitet den späteren *linguistic turn* der Lit.wissenschaft vor. Für den F. ist Lit. gekennzeichnet durch die ›autonome‹ oder ›autotelische‹ Verwendung von Sprache, die hier nicht der Übermittlung von Informationen dient, sondern ihren Zweck in sich selbst trägt. Bes. manifest wird dies im sog. ›Bloßlegen des Verfahrens‹ (auch ↗ ›Verfremdung‹), durch das die Aufmerksamkeit des Lesers auf die lit. Verwendung der Sprache gelenkt wird. Deutlich erkennbar wird diese Vorgehensweise in der ↗ Parodie, die nach der formalistischen Theorie einer der wichtigsten Motoren der ↗ Lit.geschichte ist, indem sie durch Automatisierung bereits selbstverständlich gewordene Sprachverwendungen ›entautomatisiert‹ und damit wieder wahrnehmbar macht. In der Person R. Jakobsons (1896–1982) beeinflusst der F. die Entwicklung des ↗ Strukturalismus maßgeblich; V. Propp (1895–1970) entwickelt eine frühe Form der Erzählforschung, die spätere Entwicklungen der ↗ Narratologie anstößt.
2. In der marxistischen Ästhetik dient das Etikett ›F.‹ als Vorwurf gegen Künstler und Literaten, die äußere Gestaltung gegenüber dem (politischen) Gehalt überzubewerten (↗ Formalismusstreit).
Lit.: V. Erlich: Russian Formalism [1955]. New Haven ³1981 [dt. 1964]. – R. Fieguth: F. In: RLW. – J. Striedter (Hg.): Texte der russ. Formalisten. Mchn. 1969.   TAS

Formalismusstreit, anti-modernistische Diskussion in der DDR, die Anfang 1951 im Kontext der Dekadenz-Kampagne und der 5. Tagung des Zentralkomitees der SED begann. Ziele waren die Eingliederung der Lit. (wie auch der übrigen Künste) in die neue historische Situation des ›real existierenden Sozialismus‹, die Profilierung des Begriffs ↗ ›Realismus‹ und die ›Überwindung des Modernismus‹. Dessen Formexperimente wurden als Dekadenzphänomen und als ›Verlust demokratischer Substanz‹ diffamiert. Ausgangspunkt war der ↗ sozialistische Realismus als verbindliche lit. Form. Experimentelle Texte und Produktionen wie B. Brechts und P. Dessaus »Verhör des Lukullus« (1951), Brechts »Die Mutter«-Inszenierung (1951), seine Inszenierung von J. W. Goethes »Ur-Faust« (1952) oder H. Eislers »Johann Faustus« (1952) wurden kritisiert oder abgelehnt, ihre Aufführung wurde unterbunden. Der F. setzt die Lit.debatten in der Kommunistischen Partei 1928–34, die Unterdrückung des russ. ↗ Formalismus (1915–30) und die ↗ Expressionismusdebatte (1937–39) fort und schließt an die Erbe-Diskussion der DDR an. Einflussreichster Theoretiker war bis 1956 G. Lukács, der die sozialistische Lit. aus der Tradition des Realismus des 19. Jh.s ableitete.

Lit.: W. Emmerich: Kleine Lit.geschichte der DDR. Bln. 2005. – R. Rosenberg: Die Formalismus-Diskussion in der ostdt. Nachkriegsgermanistik. In: W. Barner, Ch. König (Hg.): Zeitenwechsel. Ffm. 1996, S. 301–312.

WD

Formel, f. [lat. *formula* = kleine Form, Gestalt, Norm, Maßstab], im Wortlaut mehr oder weniger fixierte, vorgeprägte Redewendung für einen bestimmten Begriff oder Gedanken (z. B. ›Tag und Nacht‹ für ›immer‹). Sprachformeln sind allg. verständlich und verfügbar. Sie unterscheiden sich darin von neugeprägten formelhaften Stilelementen z. B. in Dichtungen, die später allerdings auch zu allg. Sprachformeln werden können. Im Unterschied zum mehr inhaltlich-didaktisch bestimmten ↗ Sprichwort (und zur sprichwörtlichen Redensart) enthält die Sprachformel häufig keine selbständige, in sich geschlossene Aussage. – Bes. verbreitet sind F.n auf archaischen Sprachstufen, im Rechts- und Kultbereich (Segens-, Zauber-, ↗ Eidformel, z. B. ›So wahr mir Gott helfe‹), in der Volksdichtung (Volkslied, Volksepos, Märchen, z. B. ›Es war einmal ...‹). F.n können auch für Gruppensprachen kennzeichnend sein (idiomatische Redensart, Modejargon, Schlagwort). – Man unterscheidet F.n 1. nach ihrer formalen Ausprägung: a) ↗ Zwillingsformeln (›Gold und Silber‹), Reimformeln (mit Alliteration: ›Mann und Maus‹, ›Haus und Hof‹, lat. *praeter propter*, mit Reim: ›Stein und Bein‹, ›Sack und Pack‹, lat. *nolens volens*), b) sprachlich weniger fixierte Wendungen (›wie ... gesagt‹ und als Grenzfälle c) in einen Text eingestreute, formelhaft verwendete Modewörter (›echt‹, ›effektiv‹, ›de facto‹); – 2. nach ihrer Anwendung: Gruß-, Segens-, Gebets-, Brief-F.n, Eingangs-, Schluss-, Demuts-F.n. – Als ›formelhaft‹ werden mit Sprachformeln durchsetzte Texte bezeichnet, aber auch durch bestimmte Formmuster geprägte Texte (z. B. Urkunden). F.n können positiv bewertet werden (z. B. in bestimmten poetischen Ausprägungen, vgl. ↗ Epitheton ornans), aber auch negativ (↗ Floskel, Phrase). – Die F. ist vom ↗ Topos als einem inhaltlich bestimmten Vorstellungsschema zu unterscheiden.

Lit.: Ch. Schmid-Cadalbert: F.₂ (Erzählformel). In: RLW.

GS/Red.

Formelbuch, mal. ↗ Formularbuch.

Formenlehre, von F. Sengle eingeführtes System zur Kategorisierung der lit. Formen, das über Dichtung im engeren Sinn und die traditionelle Gattungspoetik mit ihrer schematischen Dreiteilung (↗ Lyrik, ↗ Epik, ↗ Drama) hinaus Theorien und Beschreibungskriterien bereitstellen soll sowohl für nicht-fiktionale lit. Zweckformen wie Rede, Predigt, Essay, Brief, Tagebuch, Biographie oder lit.kritische Schriften als auch für poetische Formen, die zwischen den traditionellen Gattungen angesiedelt sind, wie z. B. das Epigramm. ↗ Gattungen, ↗ Poetik.

Lit.: F. Sengle: Vorschläge zur Reform der lit. F. [1967]. Stgt. ²1969.

GS/Red.

Formularbuch [lat. *formula* = Formel], Sammlung von Urkunden- und Briefmustern. Für das mal. F. ist v. a. die Bez. ›Formelbuch‹ geläufig. – Formularbücher wurden meist an ihrem Gebrauchsort (Kanzlei) angelegt; sie versammelten Muster, die rechtsverbindlichen Charakter besaßen und bestimmten kommunikativen oder stilistischen Normen genügen sollten. Sie fanden im Schreibbetrieb der Kanzlei oder als Schulbuch zur Schreiberausbildung Verwendung und konnten die Funktion der Beispielsammlung innerhalb einer ↗ Ars Dictandi, der Gedächtnisstütze eines Berufsschreibers oder auch einer regulativen Vorgabe, etwa bei Urkunden, haben. Spezifische Angaben wie Namen oder Daten wurden meist ausgespart, wodurch sich das F. von einer Sammlung archivierter Originalbriefe unterscheidet. – Formularbücher existieren bis heute, v. a. im juristischen Zusammenhang. – Eine verwandte Form ist der ↗ Briefsteller.

Lit.: J. Knape, B. Roll: F. In: RLW.

ID

Formzitat, n. [aus lat. *forma* = Gestalt, *citare* = auf-, herbei-, anrufen], uneigentliche Verwendung von konventionalisierten ↗ Formen und Gattungsmustern in Lit. und anderen Medien. Wie das ↗ Zitat allg. ist auch das F. ein Fall indirekter Zeichenverwendung, bei dem komplexe Zeichen wie die formalen Charakteristika von ↗ Gattungen zu Zeichen für deren üblichen Gebrauch werden. Es ist daher häufig mit gesteigerter ↗ Selbstreferenz sowie Reflexion auf ästhetische Gestaltungsweisen und die eingespielte Semantik von Formen, ggf. auch auf Spezifika unterschiedlicher ↗ Medien (↗ Intermedialität) verbunden. Voraussetzung ist ein Verständnis für die Historizität und Relativität von Formen, das erst seit dem 18. Jh. allg. vorausgesetzt werden kann.

Lit.: A. Böhn: Das F. Bln. 2001. – Ders. (Hg.): F. und Intermedialität. St. Ingbert 2003. – P. Kuon: Gattung als Zitat. Das Paradigma der lit. Utopie. In: Ch. Wagenknecht (Hg.): Zur Terminologie der Lit.wissenschaft. Stgt. 1989, S. 309–325.

AB

Fornaldar saga, f. [isländ. = Vorzeitgeschichte], Pl. *Fornaldar sögur*; Sammelbez. für etwa dreißig anord. Prosaerzählungen unterschiedlichen Umfangs, die sich durch ihre Stoffe (germ. ↗ Heldensage der Völkerwanderungszeit und Wikingergeschichten aus der Zeit vor der Besiedlung Islands um 900) von anderen Gattungen der anord. Prosaerzählung (↗ Saga) unterscheiden. Die Bez. stammt von dem Dänen C. Ch. Rafn

(»Fornaldar sögur Nordrlanda«, 1829 f.). Unterschieden werden: 1. Heldensagas mit Stoffen südgerm. oder ostgerm. Ursprungs, meist jüngere Prosabearbeitungen älterer ↗ Heldenlieder (↗ eddische Dichtung). – 2. Wikingersagas, abenteuerliche Kriegs- und Beutefahrten aus der Wikingerzeit. Trotz gelegentlich märchenhafter Ausschmückung (Kämpfe mit Riesen, Wiedergängern usw.) spiegeln sie die geschichtliche Realität der Wikingerzeit wider. – 3. Kämpensagas; auch sie enthalten Wikingergeschichten, jedoch weitgehend ohne geschichtliche Grundlage. – 4. Abenteuersagas; jüngere, sehr freie Kompilationen von Motiven der älteren Helden- und Wikingersagas; Abenteuerliches und Märchenhaftes überwiegen. – Die Überlieferung der *Fornaldar sögur* setzt im Ggs. zur Überlieferung der *Íslendinga sögur* relativ spät ein; die ältesten Hss. stammen aus dem 15. Jh., die meisten *Fornaldar sögur* sind nur in Papierhss. des 16. und 17. Jh.s erhalten. Für ihre Popularität zeugen jedoch zahlreiche isländ. Rimur (↗ Rima) und färingische Volksballaden. Die *Fornaldar sögur* entfalteten v. a. im 19. Jh. eine große Wirkung (F. de la Motte Fouqué: »Der Held des Nordens«, 1810; E. Tegnér: »Frithiof Saga«, 1825; R. Wagner: »Der Ring des Nibelungen«, 1853–74).

JK/Red.

Fornyrðislag, n. [anord. = Weise alter Dichtung, aus *forn* = alt, *orð*, *yrðis* = Wort, *lag* = Lage, Ordnung], verbreitetes anord. Strophenmaß v. a. zahlreicher eddischer Götter- und Heldenlieder, Bez. in Snorris »Jüngerer Edda« (»Háttatal«), dt. »Altmärenton« (A. Heusler). Das regelmäßige F. umfasst vier Langverse aus je zwei zweihebigen, in der Regel viersilbigen Kurzversen, die durch ↗ Stabreim verknüpft sind. Neben dem vierzeiligen F. begegnen v. a. in älteren Gedichten auch Strophen aus 2, 3, 5, 6, 7 Langversen. – Historisch gesehen setzen die Langverse des anord. F. die Tradition des südgerm. ↗ Stabreimverses fort, unterscheiden sich jedoch auf Grund der lautgeschichtlichen Entwicklung von den aengl., altsächs. und ahd. Vertretern dieses Verses durch die mehr oder minder regelmäßige Silbenzahl der einzelnen Zeile und die strophische Anordnung der Verse. Die reinste Ausprägung zeigt das »Hymirlied«.

JK/Red.

Forschungsbericht, zusammenfassende und kommentierte Darstellung der wissenschaftlichen Beschäftigung mit einem begrenzten Gegenstand, Thema, Begriff oder Zeitraum. – Innerhalb des selbst gesteckten Rahmens liegt dem F. die Erfassung aller publizierten Forschungsergebnisse zugrunde, die in einer ↗ Bibliographie entweder vollständig oder in repräsentativen Auszügen dokumentiert sind. Nach Bestandsaufnahme und Sichtung werden ausgewählte Beiträge kritisch referiert und bewertet, wobei die Selektionskriterien expliziert sein sollten. Aufgabe von F.en ist es, Fragestellungen, Tendenzen und Entwicklungen der Forschung herauszuarbeiten, Ergebnisse zusammenzufassen sowie Forschungsaufgaben und Desiderate aufzuzeigen. Die Darstellung kann u. a. chronologisch oder systematisch erfolgen. F.e als Tertiärdokumente (Forschung über Forschung) erscheinen nicht nur selbständig oder in Fachzeitschriften, sondern häufig auch einleitend in monographischen Abhandlungen zu bestimmten Themen, Autoren oder Werken.

Lit.: G. Jäger: Der F. In: H.-H. Krummacher (Hg.): Beiträge zur bibliographischen Lage der germanistischen Lit.wissenschaft. Boppard 1981, S. 73–92. – JbIG. Reihe C: F.e. Hg. v. H.-G. Roloff. Bern u. a. 1980 ff. – IASL. Sonderhefte Forschungsreferate. Hg. v. W. Frühwald u. a. Tüb. 1985 ff.

WA

Fortsetzungsroman, längere Prosa-Erzählung, die abschnittweise geliefert (↗ Kolportageroman) bzw. in Zeitungen und Zss. abgedruckt wird (Zeitungs-, Feuilleton-, Illustriertenroman). Ist die Publikationsform F. grundsätzlich für jeden ↗ Roman möglich und der Begriff daher kaum als Werturteil geeignet, so zielt der F. in der periodischen Presse v. a. auf die Gewinnung und Bindung von Lesern. Interesse an hohen Auflagen legt populäre Stoffe und serielle Narrationsmuster wie an Abschnittsenden orientierte Spannungsbögen (›Cliffhanger‹) oder Kommentare zum Übergang nahe. Dies wird bei eigens als F.en verfassten Texten, z. T. auch bei Vorabdrucken von Büchern berücksichtigt. – Der F. entsteht mit dem Aufkommen einer periodischen Presse (bes. der Monats- und Wochenmagazine), zunächst in England (D. Defoe: »Robinson Crusoe«, 1719 f.). Mit Ch. Dickens' »Pickwick Papers« (1836 f.) setzt sich auch im Buchhandel der F. mit monatlicher Lieferung durch. In Frankreich erscheint H. de Balzacs »La vieille fille« 1836 als erster F. in einer Tageszeitung; hoch bezahlte Erfolge waren u. a. »Les mystères de Paris« (1842 f.) von E. Sue und »Le Comte de Monte-Cristo« von A. Dumas (1845 f.). Auch in Deutschland wurden bereits im 18. Jh. Erzähltexte in Periodika (z. T. in größeren Abständen) veröffentlicht, so Ch. M. Wielands »Die Abderiten« (1774–80) im »Teutschen Merkur« und F. Schillers »Geisterseher« in der »Thalia« (1787–89). G. Weerth lieferte 1848 f. in der »Neuen Rheinischen Zeitung« mit »Leben und Taten des berühmten Ritters Schnapphahnski« den ersten für eine Zeitung verfassten Roman, ihm folgte K. Gutzkow mit »Die Ritter vom Geiste« (1850 f.). F.e erschienen seit den 1860er Jahren in lit. Zss. und in Familienblättern (»Gartenlaube«, »Unterhaltungen am häuslichen Herd«). Auch renommierte Autoren wie Th. Fontane und W. Raabe begründeten ihren kommerziellen Erfolg durch Vorabdrucke in diesen Periodika. In der Weimarer Republik spiegelt die Auswahl der Vorabdrucke in den großen Meinungsblättern deren politische Ausrichtung wider: A. Döblins »Berlin Alexanderplatz« erscheint in der »Frankfurter Zeitung«, E. M. Remarques »Im Westen nichts Neues« in der »Vossischen Zeitung«, Romane von J. Roth, B. Traven u. a. in der sozialdemokratischen Presse. Seit den 1960er Jahren geht die Bedeutung des F.s zurück; heute bietet außer regionalen Zeitungen allein die »Frankfurter Allg. Zeitung« einen F.

Lit.: N. Bachleitner: Kleine Geschichte des dt. Feuilletonromans. Tüb. 1999.   CWÜ

Forum Stadtpark, auch: Grazer Forum, Grazer Gruppe; Künstlerkreis, der sich 1958 mit dem Ziel zusammenschloss, das verfallene Grazer Stadtpark-Café in ein modernes Kunstzentrum umzuwandeln. Seit 1960 finden dort Lesungen, Ausstellungen u. a. künstlerische Veranstaltungen (z. B. Theater, Film, Kabarett) und Diskussionen statt, oft mit österr. und internationalen Gästen. Im Programm wesentlich umfangreicher und vielfältiger als die ↗ Wiener Gruppe, wurde das F. St. in den 1960er Jahren zum wichtigsten Zentrum bes. der jungen österr. Lit. (v. a. W. Bauer, B. Frischmuth, P. Handke). Als Publikationsorgan des F. St. erscheint seit 1960 mit z. T. internationalen Beiträgen die weit über Österreich hinaus verbreitete, von A. Kolleritsch und G. Waldorf herausgegebene Zs. »manuskripte« (Autoren: Th. Bernhard, G. Jonke, E. Jandl, F. Mayröcker, P. Rosei; bildende Künstler: E. Maly, H. Staudacher, G. Moswitzer, F. Hartlauer.) Das F. St. ist auch heute eines der wirksamsten künstlerisch-kulturellen Zentren Österreichs.   RD/Red.

Fotografie und Literatur. Der Anfang des Verhältnisses von F. u. L. kann auf die Erfindung der Daguerreotypie (1839) datiert werden. Die medienkomparatistische Betrachtung dieses Verhältnisses beginnt um 1970 im Zuge der Erweiterung des Lit.begriffs und zielt auf die Reflexion der spezifischen Medialität von Lit., bes. als ↗ Text oder ↗ Schrift, ab. Die Fotografie beansprucht als erstes mechanisch-technisches Medium Kunstcharakter und stellt somit bis dahin geltende Paradigmen der ↗ Kunst in Frage. Wirklichkeits-, Wahrheits- und Subjektbegriffe sowie ästhetisch-mimetische Kategorien werden einer Überprüfung unterzogen. Aufnahme findet die Fotografie in die Lit. – soweit sie von den Autoren nicht grundsätzlich abgelehnt oder ignoriert wird – in Form motivischer, theoretisch-diskursiver, ästhetischer oder materialer Anleihen (z. B. ↗ Collagen). – Die Künstler und Autoren des ↗ Realismus stehen in einem unauflösbaren Spannungsverhältnis zur Fotografie: Einerseits betonen sie deren reproduktiven Charakter, andererseits ist die Fotografie als exakte Repräsentation für sie ein Maßstab der künstlerischen Darstellung. É. Zola radikalisiert die metaphorische Form fotografischer Wahrnehmung und Wiedergabe in seiner Schrift »Le roman expérimental« (1880; ↗ experimentelle Lit.). Im ↗ Naturalismus findet eine Neusemantisierung der Fotografie als Materialisierung des Unsichtbaren statt. Im Kontext der Wahrnehmungsexperimente um 1900 übernimmt der mimetische Charakter der Fotografie Aufgaben der medialen Simulation, d. h. der virtuellen Repräsentation des temporär und lokal Abwesenden. Nach H. Bergson, der die Fotografie als ›Gedächtnismedium‹ verstand, und M. Proust, der die Vorstellung einer ›inneren Dunkelkammer‹ entwickelte, trieb R. Barthes die Diskussion voran, indem er in »Le message photographique« (1961) den semiotischen Ggs. zwischen

F. u. L. herausarbeitete und in »Le chambre claire« (1980) die Konzepte von *studium* und *punctum* (Bemühung und Betroffenheit) als zwei komplementären, mehr oder weniger allen ↗ Artefakten eigenen Weisen des kulturellen Umgangs mit der Wirklichkeit entwarf.

Lit.: I. Albers: Sehen und Wissen. Das Photographische im Romanwerk É. Zolas. Mchn. 2002. – E. Koppen: Lit. und Photographie. Stgt. 1987.   MGR

Fotoroman ↗ Bildergeschichte.

Frage, Sprechakt, der eine Wissensvermittlung vom Hörer zum Sprecher intendiert bzw. initiiert. F.n werden u. a. durch bestimmte Pronomina (›wann‹, ›wo‹ usw.), durch Mittel der Syntax (↗ Inversion) oder der Intonation konstituiert. Unter den zahlreichen Erscheinungsformen der F. sind v. a. zu unterscheiden: 1. die *Ergänzungsfrage* mit einleitendem Interrogativum und finitem Verb an zweiter Stelle im Satz (»Wer wohnt dort oben auf goldenen Sternen?« H. Heine: »Fragen«); 2. die *Entscheidungsfrage*, die ein Ja oder Nein als Antwort verlangt (»Gibt es Leben auf den Sternen?«); 3. die *Alternativfrage*, deren Antwortmöglichkeiten in der Frage vorgegeben sind (»Hilft Ihnen bei der Antwort die induktive oder die deduktive Methode?«); 4. die *Vergewisserungsfrage*, welche die Syntax des Aussagesatzes hat und allein durch die Intonation bzw. ein F.zeichen markiert wird (»Er ist ein Dichter?«); 5. die ↗ rhet. *Frage*. Dass F.n nicht nur ein wichtiges lit. Stilmittel in singulären Texten bilden können (z. B. in J. W. Goethes »Prometheus« oder B. Brechts »Fragen eines lesendes Arbeiters«), sondern auch einen strukturellen Grundzug in einem lit. Œuvre, ist am Beispiel von F. Hölderlins Dichtung nachgewiesen worden (vgl. Doering).

Lit.: R. Conrad: Studien zur Syntax und Semantik von F. und Antwort. Bln. 1978. – S. Doering: Aber was ist diß? Formen und Funktionen der F. in Hölderlins dichterischem Werk. Gött. 1992.   BM

Fragment, n. [lat. *fragmentum* = Bruchstück, von *frangere* = zerbrechen], 1. nicht vollständig überlieferter oder 2. nicht vollendeter Text oder aber 3. ein Text, der mit der Absicht gestaltet ist, den Eindruck von Unvollständigkeit zu erwecken. Benachbarte Begriffe mit nicht ganz deckungsgleicher Bedeutung sind ›Bruchstück‹ und ↗ ›Entwurf‹.

Zu (1): Als ›F.‹ wird ein Text bezeichnet, für den aufgrund der Überlieferungslage keine autorisierte vollständige ↗ Fassung erhalten ist, wie es etwa für einen großen Teil der antiken Lit. gilt. – Zu (2): Als F.e gelten ferner Texte, die vom ↗ Autor aus verschiedenen Gründen (Tod, Interessenverlagerung, Komplexität des Stoffes) nicht vollendet wurden. Eine textkritische Untersuchung, die sich auch auf die Materialität des Überlieferungsträgers bezieht, kann Aufschlüsse über die ↗ Textgenese wie die individuellen poetischen Verfahren liefern (etwa im Rahmen der Schreibprozessforschung; ↗ Schreiben). – Zu (3): Von den aufgrund kontingenter Umstände entstandenen F.en (1) und (2) sind diejenigen F.e zu unterscheiden, die auf einen bewussten Gestaltungswillen des Autors zurückgehen. Das F. ist hier zu einer ästhetischen Kategorie erhoben: Es soll dazu dienen, die generelle Prozessualität, Unvollständigkeit, Zerrissenheit und Zeitlichkeit von Wahrnehmung und Erfahrung ästhetisch zu gestalten. Das F.-Konzept wird dabei gegenüber der Vorstellung eines vollendeten und in sich geschlossenen ↗ Werks aufgewertet. – Verweisen schon Texte von G. E. Lessing (so die von ihm ab 1774 unter dem Titel »Wolfenbüttler F.e« hg. Schriften von H. S. Reimarus), J. G. Herder (»F.e über die neuere dt. Lit.«, 1767) und J. W. Goethe (»Auszüge aus einem Reisejournal«, 1788) auf eine solche bewusste Verwendungsweise, so wurde ›F.‹ mit der ↗ Romantik zu einem zentralen ästhetischen und theoretischen Begriff: F. Schlegel spricht im 116. »Athenaeumsfragment« davon, dass die »romantische Dichtart [...] ewig nur werden, nie vollendet sein kann.« Ziel der Frühromantiker war es, geschichtsphilosophische Konzepte in Frage zu stellen, die auf eine Totalisierung der Identität und auf eine umfassende Systematisierung des Denkens ausgerichtet waren. In dieser antisystematischen Kraft des F.s besteht die Attraktivität des Begriffs für die moderne ↗ Ästhetik und Philosophie. Im 19. Jh. setzte F. Nietzsche das F. gegen den »Willen zum System« ein (»Götzen-Dämmerung«, 1888: »Sprüche und Pfeile« 26); im 20. Jh. wird das F. im Kontext der ↗ Kritischen Theorie zu einer zentralen Kategorie, die sich gegen das ›Ideologische‹, Affirmative am Begriff des gelungenen Kunstwerks« (Adorno, S. 283) wendet. Die frz. F.-Theorien des 20. Jh.s greifen auf Nietzsches F.-Begriff zurück und untersuchen, wie der Bezug zwischen F. und Ganzheit zu denken und zu fassen sei. Das F. ist in verschiedenen begrifflichen Ausprägungen eine zentrale Denkfigur der ↗ Dekonstruktion und untrennbar mit Begriffen wie ›Differenz‹, ↗ ›Bruch‹, ›Rest‹ und ›Entzug‹ verbunden. Mit Dällenbach und Hart Nibbrig (»Fragmentarisches Vorwort«, S. 15) lassen sich die Möglichkeiten des Bezugs zwischen F. und Totalität folgendermaßen systematisieren: a) Das F. erscheint als Teil eines nicht in Frage stehenden Ganzen, auf das es sich bruchlos beziehen lässt. – b) Das F. verweist als ↗ Pars pro Toto auf das nicht mehr oder noch nicht existierende Ganze. – c) Das F. wird vom Ganzen radikal abgesetzt. In dieser letzten Bestimmung erscheint das F. weder als »Moment eines Totalisierungsprozesses« (ebd.) noch als Teil eines Ganzen, noch als Substitut eines noch nicht oder nicht mehr existierenden Ganzen. Dabei wird das F. tendenziell absolut gesetzt und auf problematische Weise zum ›totalen F.‹ hypostasiert.

Lit.: Th. W. Adorno: Ästhetische Theorie [postum 1970]. Ffm. 1973. – A. Camion u. a. (Hg.): Über das F. – Du fragment. Hdbg. 1999. – L. Dällenbach, Ch. L. Hart Nibbrig (Hg.): F. und Totalität. Ffm. 1984. – Dies.: Fragmentarisches Vorwort. In: ebd., S. 7–17. – J. Fetscher: F. In: ÄGB. – R. Sorg, St. B. Würffel (Hg.): Totalität und Zerfall im Kunstwerk der Moderne. Mchn. 2006. – P. Strohschneider: F.₂. In: RLW.   CMT

Fraktur ↗ Schrift.

Frame ↗ kognitive Poetik.

Frankfurter Schule ↗ Kritische Theorie.

Französische Broschur ↗ Broschur.

Französische Klassik ↗ Klassik.

Frauendienst, in der okzitan. Trobadorlyrik des 12. Jh.s entwickeltes, in die frz. und dt. höfische Dichtung übernommenes Liebesmodell: Der Mann dient der in der Regel adligen Dame in der Hoffnung auf sexuelle Belohnung. Das lit. Konzept, das kein Abbild der Geschlechterverhältnisse in der historischen Lebenswirklichkeit darstellt, dürfte in erster Linie analog zur Rechtsbeziehung zwischen Lehnsmann und Lehnsherr verstanden worden sein; der Dienst begründet vor diesem Hintergrund einen Anspruch auf Gegenleistung. Bes. in Kreuzliedern wird der F. außerdem dem Kreuzzug als ritterlichem Gottesdienst analogisiert. Daneben könnte der über die mlat. Liebesdichtung vermittelte Einfluss antiker lit. Texte (z. B. Ovid: »Amores« I, 9) eine Rolle spielen. Die Konkretisierungen des Dienstmodells fallen gattungsabhängig unterschiedlich aus: In der höfischen Liebeslyrik besteht der F. im ↗ Minnesang selbst; der Minnesänger dient seiner Dame, indem er ihre Qualitäten rühmt (›Frauenpreis‹). In der höfischen Epik erscheint der F. in der Regel als ritterlicher Kampf für die Dame (Wolfram von Eschenbach: »Parzival«; auch als Turnierveranstaltung wie im »Mauritius von Craûn«). Beide Konkretisierungstypen sind kombiniert im »F.« Ulrichs von Liechtenstein. Stets impliziert das Dienstmodell, dass sich der Mann dem Willen der Dame unterwirft und dass er sich um die Einhaltung ethischer Standards, v. a. um Exklusivität, Beständigkeit und Aufrichtigkeit seiner Liebe, bemüht. Bes. breit ist dieser Aspekt in der Lehrdichtung (z. B. Hartmann von Aue: »Klage«) ausgeführt. Zusammen mit der Begründung eines Anspruchs auf sexuelle Zuwendung ist die Konzeption der Liebe als ethischer Anstrengung die eigentliche Leistung des Dienstmodells: Der Mann verdient sich die Liebe der Dame durch vorbildliches Verhalten. Der F. kann deshalb, unabhängig vom angestrebten Lohn, als Wert an sich dargestellt werden. Da es in der zeitgenössischen Lebenswirklichkeit innerhalb der Ehe einen grundsätzlichen Anspruch auf Geschlechtsverkehr gab, dürfte es dem adligen Publikum plausibel erschienen sein, dass der lit. F. gewöhnlich in außer- oder vorehelichen Liebesbeziehungen situiert ist.

Lit.: J. Bumke: Höfische Kultur [1986]. Mchn. ¹⁰2002. – G. Hübner: Frauenpreis. Baden-Baden 1996. – I. Kasten: F. bei Trobadors und Minnesängern im 12. Jh. Hdbg. 1986. – R. Schnell: Causa amoris. Tüb., Basel 1985.   GHÜ

Frauenlied ↗ Frauenstrophe, ↗ Mädchenlied.

Frauenliteratur, Lit. von bzw. über Frauen.

1. Lit. *über* Frauen, bes. Romane, die weibliche Charaktere und weibliche Lebenswirklichkeit in den Mittelpunkt stellen, teilweise mit didaktischer Intention. Frauen sind bes. seit dem 19. Jh. auch die Adressa-

tinnen von F. in diesem Sinne. – Der engl. Roman ist v. a. in seinen Anfängen mit der Darstellung von Frauenschicksalen verbunden, von D. Defoes »Moll Flanders« (1722) bis zu S. Richardsons empfindsamem Briefroman »Pamela« (1740/41). S. Rowsons am. Erfolgsroman »Charlotte Temple« (1794) trägt sentimentale Züge und weist zahlreiche Übereinstimmungen mit zeitgenössischer Ratgeberlit. auf. Im 19. Jh. entsteht in den USA eine eigene Lit.gattung, die sich ›weiblichen‹ Themen wie Häuslichkeit und Familie widmet (*domestic novel*). Autorinnen wie H. Beecher Stowe und C. M. Sedgwick treten für Frauenrechte, die Abschaffung der Sklaverei sowie für Minderheitenrechte ein. Vor dem Hintergrund der nun zunehmend öffentlich diskutierten ›Frauenfrage‹ stellt der Roman im 19. Jh. häufig Frauenthemen in den Mittelpunkt. Meist geht es um Figuren, die an den restriktiven Geschlechterrollen leiden (N. Hawthorne: »The Scarlet Letter«, 1850; G. Flaubert: »Madame Bovary«, 1857; L. Tolstoi: »Anna Karenina«, 1873–76; Th. Fontane: »Effi Briest«, 1895). Im 20. Jh. wird ›F.‹ zunehmend im Sinne von an weibliche Leser adressierter Lit., teilweise auch von ↗ Unterhaltungslit. aufgefasst.

2. Lit. *von* Frauen, d. h. lit. Werke aller Gattungen, die von Frauen verfasst wurden. F. gibt es in allen Kulturen und zu allen Zeiten. Meist ist sie unter schwierigen gesellschaftlichen Rahmenbedingungen entstanden: Aufgrund erschwerter Publikationsmöglichkeiten wurden viele Werke anonym oder unter (männlichem) Pseudonym, bes. unter dem Namen des Ehemanns oder Verlegers, veröffentlicht. Aus diesem Grund betätigten sich Autorinnen traditionell v. a. in Formen privaten Schreibens (z. B. Briefe, Tagebücher, später Reiseaufzeichnungen). Einige ihrer Werke gerieten in späterer Zeit in Vergessenheit, so dass weibliche Lit.-geschichtsschreibung immer auch eine Aufarbeitung der sozialen und kulturellen Rahmenbedingungen von Schriftstellerinnen erfordert (↗ feministische Lit.wissenschaft). – Als Begründerin der F. wird die gr. Lyrikerin Sappho (um 600 v. Chr.) angesehen. Im MA. artikuliert sich weibliches Schreiben v. a. im Umfeld von Klöstern bei Mystikerinnen wie Hildegard von Bingen, Mechthild von Magdeburg, Julian of Norwich, Margery Kempe, Katharina von Genua und Teresa von Avila (↗ Mystik). In Frankreich partizipieren Frauen wie die Epikerin Marie de France im 12. Jh. an der Adelskultur und treten sogar als Troubadourinnen (Clara d'Anduze, Comtesse de Die) hervor (↗ Trobador, ↗ Trobadorlyrik). In der ↗ Renaissance zählen die utopische Schrift »La Cité des Dames« von Christine de Pizan ebenso wie die Revision biblischer Frauenbilder durch A. Lanyer und E. Cary in England zur F. Für die F. der ↗ Aufklärung kann M. Wollstonecrafts programmatische »Vindication of the Rights of Woman« (1792) stehen. Zwar gilt die Lit. des 18. Jh.s als männlich dominiert, aber empirische Studien belegen, dass z. B. in England die Mehrzahl der Romane von Autorinnen verfasst wurde. Als erster dt. Frauen-

roman wird S. v. La Roches empfindsamer Roman »Das Fräulein von Sternheim« (1771) angesehen. Auch in der ↗ Romantik sind in Deutschland Frauen nicht nur wie R. Varnhagen als Salonnièren tätig (↗ Salon), sondern auch als Dichterinnen wie B. v. Arnim und K. v. Günderrode. In England treten im 19. Jh. Frauen als Verfasserinnen von Tagebüchern (D. Wordsworth), Romanen (M. Shelley, J. Austen) und Lyrik (E. Barrett Browning, Ch. Rossetti) hervor. A. Radcliffe, die Erfolgsautorin der Schauerromantik, antizipiert mit ihren ↗ Reiseberichten die Rheinromantik. In Frankreich sind u. a. Mme de Staël und George Sand zu nennen. Die Lit. des 19. Jh.s ist durch die Debatte um die Rechte der Frauen und die damit einhergehenden gesellschaftlichen Veränderungen geprägt. Autorinnen dieser Zeit verwenden teilweise noch Pseudonyme (die engl. Schwestern Anne, Charlotte und Emily Brontë etwa publizieren zunächst als ›Acton‹, ›Currer‹ und ›Ellis Bell‹), können sich aber zunehmend zu ihrem Schriftstellertum bekennen. Schreiben als Beruf ist nun – zumindest wenn dies durch ökonomische Notwendigkeit begründet wird – für Frauen akzeptiert. Seit dem späten 19. Jh. wenden sich Autorinnen auch populärkulturellen Genres wie ↗ Horrorlit. sowie ↗ Kinder- und Jugendlit. zu, die zwar wenig soziales Prestige, aber gute Verdienstmöglichkeiten bieten. Um 1900 verkörpert der Typus der ›neuen Frau‹ (*new woman*) die sich aus der tradierten Rolle lösende Frau (K. Chopin: »The Awakening«, 1899). Teilweise müssen Frauen jedoch bis weit in das 20. Jh. hinein gegen gesellschaftliche Zwänge anschreiben. Das Motiv des Wahnsinns als Aspekt weiblicher Lebenswirklichkeit, als ambivalente Metapher für die Marginalisierung von Frauen und deren Aufbegehren gegen restriktive soziale Normen findet sich daher von Ch. Brontës »Jane Eyre« (1847) über die autobiographische Erzählung »The Yellow Wall-Paper« (1892) der am. Autorin und Frauenrechtlerin Ch. Perkins Gilman bis hin zu V. Woolf, S. Plath und M. Piercy. Mit B. Friedans Analyse des ›Weiblichkeitswahns‹ (»The Feminine Mystique«, 1963) setzt in den USA die zweite Frauenbewegung ein. Noch in den 1960er Jahren geht die irische Autorin E. O'Brien ins Londoner Exil, da sie über tabuisierte Themen wie außereheliche Beziehungen und Scheidung schreibt. Seit den 1970er Jahren sind zahlreiche Werke der F. durch die Frauenforschung wiederentdeckt worden, was zu einer Revision des ↗ Kanons führte. Durch kommentierte Ausgaben und ↗ Anthologien werden sie wieder einem breiten Lesepublikum zugänglich gemacht. Von Autorinnen verfasste F. ist seit dem 20. Jh. eine selbstverständliche gesellschaftliche Realität, die dennoch durch diese Bez. noch immer als ›Ausnahme‹ markiert wird.

Texte: S. M. Gilbert, S. Gubar (Hg.): The Norton Anthology of Literature by Women. NY [2]1996.
Lit.: R. v. Bardeleben, P. Plummer (Hg.): Perspektiven der Frauenforschung. Tüb. 1998. – B. Becker-Cantarino: Schriftstellerinnen der Romantik. Mchn. 2000. –

S. Duda, L. F. Pusch (Hg.): Wahnsinnsfrauen. 3 Bde. Ffm. 1992–99. – H. Gnüg, R. Möhrmann (Hg.). Frauen Lit. Geschichte [1985]. Stgt. 1999. – P. Gropp: F. in Wissenschaft und Praxis. Mainz 2003. – M. Hübel: Mein Schreibetisch. Schriftstellerinnen aus drei Jh.en. Mainz 1994. – D. Jedamski u. a. (Hg.): »Und tät das Reisen wählen!«: Frauenreisen – Reisefrauen. Zürich 1994. – V. Kapp u. a. (Hg.): Subversive Romantik. Bln. 2004. – S. Mergenthal: Erziehung zur Tugend. Frauenrollen und der engl. Roman um 1800. Tüb. 1997. – I. Schabert: Engl. Lit.geschichte. Eine neue Darstellung aus der Sicht der Geschlechterforschung. Stgt. 1997. – I. Stephan: F. In: RLW.   PP

Frauenstrophe, konstitutiver Bestandteil des ↗ Minnesangs. Die F. erscheint als Gegenstück der Männerstrophe(n), bes. im ↗ Wechsel, Dialoglied und ↗ Tagelied. Thematisch bereichern die F.n den männlichen Teil des Liedes, so dass die Werbung als Ausgangsbasis und gleichzeitig als Ziel setzt und dadurch von vornherein semantisch eingeschränkt ist. Die weibliche Stimme ist nicht Konkurrenz zu den Männerstrophen, sondern erfüllt eher eine komplementäre Funktion. Zu den häufigsten Themen der F.n gehören: Bewertung der Werbung, Klage über die unerwiderte Liebe oder über den Schmerz der Trennung, Liebesbeteuerungen, Angst vor Konkurrenz, Schwanken zwischen Pflicht und Neigung, selbstreflexiver Zweifel über die Rolle der Dame im Lied. Die Distanz zum Inhalt, die sich daraus ergibt, dass die Zuhörer beim ↗ Vortrag (1) des Liedes die weibliche Sprecherin der F. nicht mit dem männlichen ↗ Sänger identifizieren konnten, ermöglichte den Verfassern, heikle Themen anzusprechen, etwa Kritik an der Minnepraxis anderer Sänger zu üben, die das Liebesglück verhindernde Gesellschaft anzuklagen oder sich zum Ideal erfüllter Liebe zu bekennen. Falls ein Lied nur aus F.n besteht, spricht man von einem ›Frauenlied‹.

Lit.: I. Bennewitz: Das Paradoxon weiblichen Sprechens im Minnesang. In: Mediävistik 4 (1991), S. 21–36. – Dies.: »Frauen«-Gespräche. In: Das MA. 1 (1996), H. 2, S. 11–26. – Th. Cramer u. a. (Hg.): Frauenlieder – Cantigas de amigo. Stgt. 2000.   KS

Freie Bühne, von M. Harden, Th. Wolff, H. und J. Hart, O. Brahm u. a. 1889 in Berlin nach dem Vorbild von A. Antoines ↗ théâtre libre gegründeter Verein für geschlossene Mitgliedervorstellungen naturalistischer Dramen, deren öffentliche Aufführung meist durch die ↗ Zensur verboten war. Vorsitzender war bis 1894 O. Brahm, der auch die 1890 begründete Zs. »F.B.« (weitergeführt ab 1894 als »Neue dt. Rundschau«, ab 1904 als »Neue Rundschau«) herausgab. Mit Aufführungen von Werken von H. Ibsen, A. Holz und J. Schlaf, L. Tolstoj, A. Strindberg sowie der skandalösen Uraufführung von G. Hauptmanns »Vor Sonnenaufgang« (20.10.1889) bahnte die F.B. den naturalistischen Dramen den Weg und schuf zugleich einen neuartigen Bühnenstil (natürlicher Sprechton, Betonung von Mimik und Gestik). Ähnliche Vereine entstanden in Berlin (»Freie ↗ Volksbühne«, »Dt. Bühne«), München (»Akademisch-dramatischer Verein«), Leipzig (»Lit. Gesellschaft«), London (»Independent Theatre«), Wien, Kopenhagen und Moskau.

Lit.: K. Günther: Lit. Gruppenbildung im Berliner Naturalismus. Bonn 1972. – G. Schley: Die F. B. in Berlin. Bln. 1967.   GMS/DGL

Freie Künste ↗ Artes.

Freie Rhythmen, Verse ohne Reime, ohne Strophenordnung und ohne durchgehendes Versmaß, die ungeachtet ihrer metrischen Freiheit erkennbare Anleihen bei antiken Versformen machen (vgl. die Hexameterschlüsse in R. M. Rilkes »Duineser Elegien«, 1923). Gedichte in F.n Rh. sind durch hohen, auch hymnischen Stil gekennzeichnet. Durch ihren Stil und ihren Traditionsbezug unterscheiden sich F. Rh. von ↗ Freien Versen. – F. Rh. wurden unter dem Einfluss der ↗ Psalmen und der Dichtung der Antike entwickelt, bes. als vermeintliche Nachahmung des Pindarischen ↗ Dithyrambus. F. G. Klopstock hat die F.n Rh. in die dt. Lit. eingeführt (»Die Frühlingsfeier«, 1759). Danach sind sie vom jungen Goethe aufgegriffen worden (»Wanderers Sturmlied«, »Ganymed«, Prometheus«); sie begegnen weiter bei F. Hölderlin (»Wie wenn am Feiertage …«, »Patmos«), Novalis (»Hymnen an die Nacht«), H. Heine (»Nordseebilder«), E. Mörike (»Peregrina«) und F. Nietzsche (»Dionysos-Dithyramben«). Im 20. Jh. werden die F.n Rh. an die Freien Verse angenähert; der feierlich-gehobene Ton wird vielfach aufgegeben und Prosanähe gesucht. In F.n Rh. schreiben in Amerika W. Whitman, in England T. S. Eliot und W. H. Auden, in Frankreich P. Claudel, in der ehemaligen Sowjetunion W. Majakowski.

Lit.: L. L. Albertsen: Die f.n Rh. Aarhus 1971. – A. Closs: Die f.n Rh. in der dt. Lyrik. Bern 1947. – S. Doering: F. Rh. In: RLW. – H. Enders: Stil und Rhythmus. Studien zum freien Rhythmus bei Goethe. Marburg 1962. – A. Goldbeck-Loewe: Zur Geschichte der freien Verse in der dt. Dichtung. Kiel 1891.   GMS/BM

Freie Verse, Verse ohne Reim, ohne strophische Ordnung und ohne durchgehendes oder überhaupt ohne Versmaß. Anders als die ↗ Freien Rhythmen greifen F. V. nicht auf antike Verselemente zurück. Die im Ganzen prosanah konstruierten F.n V. machen insbes. von Elementen der Syntax als Mittel der Gliederung und der semantischen Pointierung Gebrauch. – F. V. finden sich erst in der Lit. der Moderne, im Bereich der dt. Lit. beginnend mit A. Holz' »Phantasus« (1898 f.). F. V. treten vielfach in expressionistischer Lyrik auf (G. Trakl, E. Lasker-Schüler, A. Stramm). B. Brecht weitet die Möglichkeiten der freien Versgestaltung aus und ist damit Vorbild für Autoren wie H. M. Enzensberger und R. Kunze. Im Unterschied zu den Dichtungen dieser Autoren, die vereinzelt herkömmliche (aber mehr antikisierenden) Verselemente enthalten, verzichtet die prosanahe Lyrik der 1970er Jahre (R. D. Brinkmann, J. Theobaldy), die ebenfalls eine Form der freien Versgestaltung darstellt, auf jegliche metrische Reminiszenz. – Den F.n V.n entsprechen in anderen europäischen Sprachen die ↗ Vers libres; Vorläufer sind die ↗ Madrigalverse.

Lit.: K. Birkenhauer: Die eigenrhythmische Lyrik B. Brechts. Tüb. 1971. – H.-J. Frey, O. Lorenz: Kritik des freien Verses. Hdbg. 1980. – D. Lamping: Moderne Lyrik. Gött. 1991. – Ders.: F. V. In: RLW. – H. Schultz: Vom Rhythmus der modernen Lyrik. Mchn. 1970.   BM

Freilichttheater, Theater unter freiem Himmel. Die ↗ Amphitheater der Antike, aber auch die mal. Bühnen auf den Marktplätzen waren F. Doch benutzt man den Begriff in erster Linie für F. späterer Jh.e, die bewusst im Ggs. zu geschlossenen Theaterbauten ihrer Zeit konzipiert worden sind. Die Garten- und Heckentheater des 17. und 18. Jh.s werden in höfische Parks eingebaut; die Theateraufführungen sind oft ein Bestandteil größerer ↗ Feste. Man unterscheidet Gartentheater, die nur für die jeweiligen Aufführungen aufgebaut werden, und Heckentheater, bei denen der natürliche Bewuchs so gestaltet wird, dass Hecken (als Kulissenflügel) und Grasflächen ein dauerhaftes grünes Theater bilden (Schlossparktheater in Versailles, Hannover-Herrenhausen, Belvedere bei Weimar). Ende des 18. Jh.s entstehen Naturtheater, die kaum mehr in die Landschaft eingreifen, sondern die Lichtstimmung nutzen, die Naturkulisse ins Spiel integrieren und somit ein Gegenmodell zu den künstlich beleuchteten Rangtheatern bilden (vgl. die Aufführung von J. W. Goethes Singspiel »Die Fischerin« im Tiefurter Park 1782). Auch Felsenlandschaften werden als stimmungsvolle Kulisse für Theatervorstellungen entdeckt (Felsengarten Sanspareil bei Bayreuth). Die 1890 gegründeten Luisenburg Festspiele und die Felsenbühne Rathen, auf der 1938 die ersten Karl-May-Spiele stattfinden, spielen bis heute. Anfang des 20. Jh.s entstehen im Rahmen der ↗ Heimatkunst-Bewegung etliche F. mit einem nationalen oder volkstümlichen Repertoire. Daneben etablieren sich auch große F., die andere architektonische Räume für ihre Theaterzwecke nutzen (Opernaufführungen in der Arena von Verona, Aufführungen von H. v. Hofmannsthals »Jedermann« auf dem Salzburger Domplatz, Festspiele in der Stiftsruine Bad Hersfeld). Im Laufe des 20. Jh.s steigt die Zahl der F. stark an. Die Aufführungen finden auf Grund der Witterungsbedingungen in der Regel nur im Sommer statt, sie haben oftmals ↗ Festspiel- oder Eventcharakter, weshalb sie beim Publikum außerordentlich beliebt sind.

Lit.: B. Schöpel: Naturtheater. Tüb. 1965. – E. Stadler: Das neuere F. in Europa und Amerika. 2 Bde. Einsiedeln 1951/53. – K. Voß: F. – Theater unter freiem Himmel. Münster 2005.   AHE

Freimaurerliteratur, Sammelbez. für Texte, die v. a. der dichterischen Umsetzung der Ideen und des Gedankengutes der Freimaurer dienen sollten. Die in der ersten Hälfte des 18. Jh.s aus dem Geist der ↗ Aufklärung zunächst in England, dann auch in Deutschland gegründeten Geheimgesellschaften praktizierten säku-

larisierte christliche Humanität; die innere Struktur der Gesellschaften war in verschiedene Stufungen oder Grade gestaffelt; die Aufnahme bestand aus einem mystifizierenden Initiationsritual. Viele wichtige Schriftsteller des 18. Jh.s waren Mitglieder in einer der örtlichen ›Logen‹: G. E. Lessing in der Hamburger Loge »Absalom«, J. W. Goethe und viele andere Weimarer Intellektuelle in der dortigen Loge »Anna Amalia«. »Logenlieder« steuerten neben Goethe auch M. Claudius und J. H. Voß bei; W. A. Mozarts »Zauberflöte« und Goethes Versuch, »der Zauberflöte Zweiten Teil« zu verfassen, standen stark unter freimaurerischem Einfluss, der Briefroman »Das Ganze der Maurerei« (1782), des Goethe-Zeitgenossen A. S. v. Goué verarbeitete Erlebnisse mit der Freimaurerei. Abgesehen von diesen unmittelbar als ›F.‹ zu bezeichnenden Texten fand das humanitäre Denken der Freimaurerei auch Eingang u. a. in Lessings »Nathan der Weise« (1779), in F. Schillers »Lied an die Freude« (1786) oder in Goethes »Das Göttliche« (1783); in Goethes Roman »Wilhelm Meisters Lehrjahre« (1796) wird eine reformadlige Geheimgesellschaft beschrieben, deren Ethos und Initiationsritual Anteile der Freimaurerei adaptiert. Auch in den moralischen Schriften Lessings (»Ernst und Falk«, 1777) und J. G. Herders (»Briefe zu Beförderung der Humanität«, 1793–97; »Adrastea«, 1803) wird freimaurerisches Gedankengut aufgegriffen. Hier wird allerdings deutlich, dass die moralischen Kategorien von Humanität und Toleranz insgesamt der Aufklärung zuzurechnen sind, von der die Freimaurerei nur ein Teil ist.

Lit.: E. Großegger: Freimaurerei und Theater. Köln, Wien 1981. – O. Antoni: Der Wortschatz der dt. Freimaurerlyrik des 18. Jh.s in seiner geistesgeschichtlichen Bedeutung. Mchn. 1968.   BJ

Freitagsgesellschaft, geselliger Kreis, den J. W. Goethe 1791 in Weimar gründete und der sich der Planung nach jeden ersten Freitag im Monat treffen sollte; tatsächlich traf man sich schließlich in größeren Abständen in Goethes Haus am Frauenplan oder im Wittumspalais Anna Amalias. Im Unterschied zu den geselligen Lesezirkeln der Zeit (auch in Weimar) war die F. ein Versuch Goethes, durch eine auf höherem Niveau gebildete Gesellschaft selber wieder bildend tätig zu werden. Jedes Mitglied sollte »aus dem Feld der Wissenschaften, Künste, Geschichte […] oder Demonstrationen physikalischer oder chemischer Experimente« (»Statut der F.«, 1791) etwas zur ↗ Geselligkeit beitragen. Mitglieder waren u. a. die Schriftsteller Ch. M. Wieland und J. G. Herder, die Künstler J. H. Meyer und G. M. Kraus, der Unternehmer F. J. Bertuch, der Arzt Ch. W. Hufeland, der Herzog Carl August und auch einige Jenenser Professoren. Die F. stellte allerdings schon 1796 ihre Tätigkeit ein.   BJ

Fremdsprachenphilologie ↗ Anglistik, ↗ Romanistik, ↗ Slawistik.

Fremdvariante ↗ Variante.

Fremdwortreim ↗ Reim.

Frequentatio, f. [lat.], ↗ Accumulatio.

Friedrichshagener Dichterkreis, 1888 gebildete, bis etwa 1892 bestehende informelle Gruppe von Autoren, der u. a. die Brüder H. und J. Hart, W. Bölsche, O. E. Hartleben, G. Hauptmann, F. Wedekind, R. Dehmel, G. Landauer, A. Holz und J. Schlaf zugerechnet werden. Diskutiert wurden Fragen der Ästhetik, des Sozialismus, der Demokratie und des Individualismus. Die Kulturarbeit des F. D.es stand unter der Leitidee »Die Kunst dem Volke« und bewirkte die Gründung der »Freien Volksbühne«.

Lit.: J. Hermand: Die dt. Dichterbünde. Köln u. a. 1998, S. 130–139. – R. Kauffeldt, G. Cepl-Kaufmann: Berlin-Friedrichshagen. Lit.hauptstadt um die Jh.wende. Mchn. 1994. – H. Scherer: Bürgerlich-oppositionelle Literaten und sozialdemokratische Arbeiterbewegung nach 1890. Stgt. 1974.   GLS

Fronleichnamsspiel, Typus des mal. ↗ geistlichen Spiels, speziell des ↗ Prozessionsspiels, der an den Stationen einer am Fronleichnamstag begangenen Prozession durch ↗ Lebende Bilder, Figurenrede oder dramatische Darstellung Begebenheiten der christlichen Heilsgeschichte vorführt. – Die Entstehung der F.e geht auf die von Papst Urban IV. 1254 initiierte Einführung des Fronleichnamsfestes und den sich seit dem 14. Jh. entwickelnden Ritus der Sakramentsprozession zurück. Die Spieltradition setzt im dt.sprachigen Bereich Ende des 14. Jh.s mit dem relativ kurzen Innsbrucker (thüringischen) F. von 1391 ein und gelangt im 15. und 16. Jh. mit großen, szenenreichen Aufführungen zu bes. Wirksamkeit (z. B. Künzelsauer F. von 1479). Auf der theologischen Grundlage der Verehrung des Altarsakraments ist das F. nicht wie die ↗ Weihnachts-, ↗ Oster- und ↗ Passionsspiele an die markanten Abschnitte des Christuslebens gebunden, sondern es erfasst die gesamte Heilsgeschichte, indem es Szenen und Motive anderer Spieltypen (bes. der Passionsspiele) und neugeschaffene Darstellungsteile kompiliert. Das dramatisch vergegenwärtigte Geschehen erstreckt sich von der Schöpfung und dem Sündenfall über weitere alttestamentliche Begebenheiten (von Kain und Abel bis Salomo), die neutestamentlichen Weihnachts-, Passions- und Osterereignisse bis zu Heiligenauftritten und zur Eschatologie (kluge und törichte Jungfrauen, Antichrist, Weltgericht). Dazu treten statische, paränetisch-didaktische Partien, die v. a. dogmatische und moraltheologische Glaubensgrundsätze vermitteln, z. B. Erklärungen zum Glaubensbekenntnis durch Propheten und Apostel, zur Eucharistie durch den Papst, zur Sündenlehre durch die allegorischen Figuren Anima und Corpus. Im Ggs. zu den Bedingtheiten der lokal fixierten ↗ Simultanbühne (Nebeneinander aller Spielorte, paralleler Ablauf gleichzeitiger Handlungen) ist für das an die Prozession gebundene F. das Sukzessionsprinzip konstitutiv. Eine wichtige Rolle kommt daher dem Spielführer (*rector processionis*) zu, der mit Erläuterungen und Kommentaren die Zusammenhänge der Einzelszenen für die Zuschauer verständlich macht oder bei einer Prozession mit Lebenden Bildern (z. B. Zerbster F., Anfang des 16. Jh.s) als Erklärer des Dargestellten die einzige Sprechrolle innehat. – Die Aufführungen der F.e wurden unter geistlicher Gesamtleitung v. a. von den städtischen Zünften getragen, die gemäß der Prozessionsordnung für Ausstattung und ↗ Aufführung jeweils bestimmter Szenen, Bilder oder Figuren zuständig waren. Durch seine Bindung an die Prozession erhielten sich im F. gottesdienstliche Handlungen (Gesänge, Gebete, rituelle Gesten und Bewegungen), in welche die Zuschauer als Gemeinde der Gläubigen einbezogen wurden. – Das F. tritt als gesamteuropäischer Spieltypus bes. in England (*Corpus Christi play*), aber auch in Italien und Spanien (↗ Auto sacramental) auf.

Lit.: W. F. Michael: Die geistlichen Prozessionsspiele in Deutschland. Baltimore 1947. – M. Rubin: Corpus Christi. Cambridge 1999.   EUB

Fronte, f. [it. = Stirn, Vorderseite], ↗ Kanzone.

Frontispiz, m. [mlat. *frontispicium* = Frontansicht, Vorderseite], ↗ Buchillustration.

Frottola, f. [it., von *frotta* = ungeordnete Anhäufung, Schwarm], Pl. *Frottole*; 1. Gattung der it. Lyrik, ursprünglich sublit. Volksdichtung (*F. giullaresca* = F. der Gaukler), die zusammenhanglos Sprichwörter, absurde Einfälle, Wortspiele (sog. *motti*), unsinnig-scherzhafte Dialoge und Anspielungen auf Tagesereignisse aneinanderreiht; metrisch sehr frei, mit Ketten-, Schlag- und Binnenreimen. Zeugnisse erst aus dem 14. Jh.; zu dieser Zeit auch Ausprägung zur formal strengeren Kunstform (*F. letteraria, F. d'arte*) aus Sieben- oder Elfsilblern mit Paar- oder Dreireim, Schlag- und Binnenreim und moralischer oder satirisch-parodistischer Tendenz. Die traditionelle unsinnige Reihung burlesker Einfälle erscheint als Sonderform des *Motto confetto* (= vervollkommnetes Witzwort) aus paargereimten Siebensilblern und strikter Trennung von Sinn- und Reimpaareinheit. Vertreter der *F. letteraria* sind im 14. Jh. F. Sacchetti, F. Vannozzo, A. da Ferrara, im 15. Jh. J. da Bientina; auch Petrarca werden drei *Frottole* zugeschrieben. – Eine Sonderform des 14. Jh.s aus binnengereimten ↗ Endecasillabi in *neapolitanischem Dialekt* ist der sog. *Gliommero* (neapolitanisch für it. *gomitolo* = Knäuel); Vertreter im 15. Jh.: F. Galeota, J. Sannazaro.

2. ↗ Barzelletta (*F. barzelletta*).   IS/Red.

Fruchtbringende Gesellschaft, auch: Palmenorden; älteste und bedeutendste der dt. ↗ Sprachgesellschaften des 17. Jh.s; gegründet 1622 in Köthen; späterer Sitz in Weimar. Die Fruchtbarkeitssymbolik ist der Florentiner »Accademia della Crusca« entnommen. Mitglieder sind zunächst fast nur Adlige, später viele Gelehrte und nahezu alle wichtigen Autoren des ↗ Barock.

Lit.: H. Jaumann: Sprachgesellschaft. In: RLW. – K. Manger (Hg.): Die Fruchtbringer – eine Teutschhertzige Gesellschaft. Hdbg. 2001.   DB

Frühe Neuzeit [engl. *early modern period*; frz. *renaissance, humanisme*; it. *rinascimento, umanesimo*], histo-

rische Makro-↗ Epoche, die den Zeitraum vom späten MA. bis zum Ende des 18. Jh.s umspannt. Sowohl die Bez. als auch der mit ihr erfasste Zeitraum sind in der Forschung umstritten, da einerseits der Epochenname eine Vielzahl an unterschiedlichen Strömungen und Ereignissen verschiedener Bereiche, Disziplinen und Länder umfasst und andererseits der F.n N. mehrere historische, kulturelle und damit auch lit. Epochen wie ↗ Renaissance, ↗ Humanismus, Reformation, ↗ Gegenreformation, Säkularisierung, Konfessionalisierung, ↗ Barock und ↗ Aufklärung zugeordnet werden, die als Konstrukte gleichermaßen kritisch gesehen, aber ebenfalls weiter benutzt werden. – Der Begriff ›F. N.‹ stammt aus der Geschichtswissenschaft der 1950er und 1960er Jahre (vgl. Koselleck) und wird inzwischen in allen historischen Disziplinen, also auch in der Lit.-geschichtsschreibung, benutzt, um die Übergangszeit zwischen MA. und Neuzeit zu bezeichnen. Allerdings suggeriert er eine Abkehr vom ›finsteren MA.‹ und die Hinwendung zur Neuzeit und damit – im weiten, geschichtswissenschaftlichen Sinne – zur Moderne. Diese Wende ist jedoch als Einschnitt weder in allen Diskursen und Lebensbereichen noch in allen Ländern einheitlich ausgeprägt und daher erst recht nicht zeitlich genau bestimmbar. – Die F. N. kann nicht als gradlinige Abfolge von Ereignissen beschrieben werden, die direkt zu einem modernen Zeitalter führten. In der F.n N. stehen vielmehr völlig unterschiedliche und teilweise gegenläufige Prozesse nebeneinander, wie sich bes. deutlich in der ↗ Querelle des Anciens et des Modernes im 17. Jh. zeigt, bei der es um die Frage geht, ob sich die Lit. an der ↗ Antike oder an neuen Vorbildern orientieren sollte. Als entscheidende Veränderungen im Zuge der F.n N. werden v. a. genannt: Pluralisierung, Universalisierung, Subjektbezogenheit bzw. Individualisierung, Kommerzialisierung, Sozialdisziplinierung und Säkularisierung. – In der ↗ Germanistik trug die Prägung und Durchsetzung des Begriffs ›F. N.‹ zur institutionellen Stabilisierung und Integration von Forschungspotentialen bei, die zuvor aufgrund der an fast allen dt. Universitäten praktizierten Dichotomisierung von ›älterer‹ und ›neuerer dt. Lit.‹ marginalisiert zu werden drohten. An vielen Hochschulen Deutschlands, Österreichs und der Schweiz haben sich Forschungsstellen, Institute, Verbände, Vereine und Forschungszentren etabliert, von denen die meisten mit Buchreihen oder Zss. (z. B. »Daphnis« mit dem Beiheft »Chloe«) präsent sind.
Lit.: K. Garber (Hg.): Nation und Lit. im Europa der F.n N. Tüb. 1989. – Ders. u. a. (Hg.): Stadt und Lit. im dt. Sprachraum der F.n N. 2 Bde. Tüb. 1998. – W. Haug (Hg.): MA. und f. N. Tüb. 1999. – H. Jaumann: F. N. In: RLW. – H.-G. Kemper: Dt. Lyrik der f.n N. 6 in 10 Bdn. Tüb. 1987–2006. – R. Koselleck: Neuzeit. In: ders. (Hg.): Studien zum Beginn der modernen Welt. Stgt. 1977, S. 264–299. – R. Vierhaus (Hg.): F. N. – frühe Moderne? Gött. 1992.   UKO
Frühexpressionismus ↗ Expressionismus.

Frühmittelhochdeutsche Literatur, von ca. 1060 bis ca. 1160 vornehmlich in Klöstern entstandene, anonyme geistliche Lit. in frühmhd. Sprache. Überliefert sind die mehr als 90 Werke in der Wiener, Millstätter und Vorauer Sammelhs. des 12. Jh.s, daneben mehr zufällig als Einträge in lat. Codices, zuletzt auch in Werkhss. Die Epoche setzt ein mit »Ezzos Gesang«, einem Lied für den letzten großen Pilgerzug vor den Kreuzzügen, und endet weniger verlässlich mit einer Reihe religiöser Dichtungen, die eher vage auf die Zeit um 1160 datiert werden und aufgrund ihrer Provenienz, Inhalte, Themen und Formen sowie auch ihres womöglich weiblichen Publikums gewiss in die frühe höfische Zeit hineinreichen, von deren nun einsetzender Lit. sie sich merklich unterscheiden. Die Sammelhss. verfolgen in der Anlage ihrer Texte ein heilsgeschichtlich ausgerichtetes Prinzip; sie enthalten der Lit. verwandte, zumeist jedoch kleinere lit. Typen wie bibelepische, Liturgie und geistlichem Lied nahe Vers- und Lehrdichtungen, die ihre um Seelsorge bemühte christliche Ethik oft predigthaft vermitteln. Gegen Ende der Epoche entstehen wohl auf einem »neuen, adligen, religiös-politischen und laikalen« Selbst- und Lebensbewusstsein gründende (Hellgardt, S. 638), in die Zukunft weisende große epische Werke wie die »Kaiserchronik«, das »Rolandslied« und der »König Rother«, denen sich mit dem von frz. Lit.beziehungen abhängigen »Alexanderlied« das neue Genre des ›Antikenromans‹ zugesellt.
Texte: F. Maurer (Hg.): Die religiösen Dichtungen des 11. und 12. Jh.s. 3 Bde. Tüb. 1964–70.
Lit.: G. Ehrismann: Geschichte der dt. Lit. bis zum Ausgang des MA.s. Bd. 2.1: Frühmhd. Zeit. Mchn. 1922. Nachdr. Mchn. 1954. – F. G. Gentry: Bibliographie zur frühmhd. geistlichen Dichtung. Bln. 1992. – E. Hellgardt: F. L. In: RLW. – G. Vollmann-Profe: Wiederbeginn volkssprachiger Schriftlichkeit im hohen MA. [1986]. Tüb. ²1994.   HFG

Fugitives, Pl. [engl. = Flüchtlinge], Gruppe von Dichtern und Lit.kritikern, die sich seit 1922 an der Vanderbilt-Universität in Nashville/Tennessee zusammenfanden. Kulturpolitisch verband sie die Ablehnung der Großstadtzivilisation sowie des Fortschritts- und Wissenschaftsoptimismus, denen sie die Forderung der Rückkehr zu den agrarisch-ländlichen Lebensformen und Wertvorstellungen des am. Südens entgegenstellten (daher werden sie auch als *Agrarians* oder *Southerners* bezeichnet). Lit. suchten die F. an die neue engl. Lyrik, insbes. die poetische Technik T. S. Eliots (im Gefolge Th. E. Hulmes und E. Pounds, ↗ Imagismus) anzuknüpfen. Ihre Lyrik ist gekennzeichnet durch starke Gedanklichkeit, komplexe, oft kontrastive und assoziative Bildlichkeit und die Betonung traditioneller Formen und Strukturen, die experimentell aufgelockert, verfremdet werden (z. B. die Sonettform bei M. Moore). Vertreter sind C. Brooks, D. Davidson und als bedeutendste J. C. Ransom, A. Tate und R. P. Warren, die auch das Organ der Gruppe, die Zs. »The Fugitive«

(1922–25), herausgaben; diese wurde zur einflussreichsten Lit.zeitschrift der Südstaaten, die insgesamt den F. eine lit. Renaissance verdanken. Von weitreichender Wirkung war auch die später im Kreis der F. entwickelte Lit.kritik des ↗ New Criticism.
Lit.: L. S. Cowan: The Fugitive Group [1959]. Baton Rouge/La. ²1968. IS/Red.

Fugung, dt. Bez. für ↗ Synaphie.

Füllwort, in der Vers- oder Prosasprache ein semantisch unnötiges, oft sogar Unklarheit erzeugendes Wort, meist eine Partikel. In Versen werden Füllwörter aus metrischen oder rhythmischen Gründen oder des Reimes wegen eingefügt, z. B. in satirischer Absicht gehäuft im Schlussvers von J. W. Goethes Sonett »Das Sonett«: »Und müßte *nun doch auch mitunter* leimen.« DB

Fünfakter, ↗ Drama in fünf ↗ Akten. G. Freytag wies dem F. als Idealtyp der ↗ geschlossenen Form eine pyramidale Struktur zu, in der Form und Handlung korrespondieren: 1. ↗ Exposition; 2. Steigerung; 3. entscheidendes Geschehen, Höhepunkt; 4. Fall/Umkehr durch ↗ Peripetie; 5. Katastrophe. – Die gr. Tragödie kannte keine normative Gliederung, sondern Wechsel von Handlung (↗ *Epeisodion*) und ↗ Chorlied. Aristoteles' »Poetik« (Kap. 12) ist davon geprägt; ↗ Prolog und ↗ Exodos (Auszug des Chores) rahmen die Wechsel. Menanders Komödien wiesen fünf Abschnitte auf; Senecas Tragödien realisierten den F. erstmals gemäß regelpoetologischer Normen (Horaz: »Ars poetica«). Mal. Mysterienspiel und Elisabethanisches Drama blieben davon unbeeinflusst. Der F. wurde, vermittelt durch die it. Tradition des 16. Jh.s (Rezeption Senecas) und das frz. Regeldrama (J. Racine), im dt. Trauerspiel des 17. Jh.s aufgenommen (A. Gryphius) und blieb bis zum 19. Jh. bestimmend. Mit der ›Krise des Dramas‹ (Szondi) in der zweiten Jh.hälfte wurde der F. zugunsten von Vieraktern (A. Čechov, H. Ibsen) und ↗ Dreiaktern aufgegeben. Seit Ende des 19. Jh.s kam es zur Auflösung der Aktstruktur zugunsten von Szenenfolgen (↗ Einakter, ↗ Stationendrama, ↗ episches Theater), die auf ↗ offene Formen zurückgehen.
Lit.: G. Freytag: Die Technik des Dramas [1863]. Bln. 2003. – V. Klotz: Geschlossene und offene Form im Drama [1960]. Mchn. ¹⁴1999. – M. Pfister: Das Drama [1977]. Mchn. ¹¹2001. – P. Szondi: Theorie des modernen Dramas [1956]. Ffm. ²⁵2004. BW

Funkerzählung, Sonderform des ↗ Hörspiels, bei der das Erzählerische gegenüber den dramatischen Elementen überwiegt. Die Bez. verwendete wahrscheinlich zum ersten Mal W. Brink 1933. Er unterschied die F. als eine »auf dem Selbstgespräch aufgebaute Form«, die ein Geschehen indirekt vermittle, von der direkten Geschehensdarstellung im Hörspiel. Diese Unterscheidung wurde von anderen Theoretikern der F. weiter differenziert, etwa durch die Abgrenzung zwischen dem sog. epischen Hörspiel mit überwiegendem Dialog und der F. mit überwiegendem Sprechertext (O. H. Kühner) oder zwischen »präsentierendem« und »referierendem Erzählen« (F. Knilli). Als erste F.en gelten

Funkadaptionen epischer Vorlagen (H. Kesser: »Schwester Henriette«, 1929; »Strassenmann«, 1930). Einen festen Platz im Hörspielprogramm einzelner Rundfunkanstalten nahm die F. jedoch erst seit Mitte der 1950er Jahre ein.
Lit.: R. Döhl: Vorläufiger Bericht über Erzählen und Erzähler im Hörspiel. In: F. Martini (Hg.): Probleme des Erzählens in der Weltlit. Stgt. 1971, S. 367–408.
RD/KK

Funkkantate ↗ Rundfunkkantate.

Funktion, f. [lat. *functio*], Aufgabe oder Leistung eines Zeichens, Textelements oder Textes; die Relation zwischen einem Zeichen bzw. Element und der Bedeutung, die ihm in verschiedenen Kontexten zugeschrieben werden kann. So lässt sich z. B. die F. eines Satzes innerhalb eines Kapitels oder eines Werks, in Bezug auf andere Werke oder auf die Rezipienten bestimmen, aber auch die F. des Autornamens in verschiedenen Kontexten (vgl. Foucault). Nach Bühler unterscheidet man die deskriptive, expressive und appellative F., nach Jakobson die referentielle, emotive, konative, phatische, metasprachliche und ästhetische oder poetische F. Letztere kennzeichnet eine Mitteilung als mehrdeutig und autoreflexiv (↗ Äquivalenzprinzip). – Die Vorstellung, dass jedes Element eines Werks zu seiner Bedeutung beitrage, dass der Sinn des Ganzen auf der Funktionalität der Teile beruhe und das Ganze wiederum interne wie externe F.en erfüllen könne, findet sich als poetologische Forderung seit den Anfängen der Lit.geschichte (z. B. in Aristoteles' auf ↗ Katharsis ausgerichteter Tragödienkonzeption). Als lit.wissenschaftlicher Begriff wird ›F.‹ erst im russ. ↗ Formalismus theoretisch ausgearbeitet und im ↗ Strukturalismus weiter entwickelt. Er ist heute in der Lit.wissenschaft mit Konzeptionen wie der Kontextsolidarität (Eco), der ↗ Rezeptionsästhetik (Gumbrecht) oder der Abweichungspoetik (Fricke) verbunden. – Das Wort ›F.‹ findet auch in verschiedenen anderen Fächern (Mathematik, Philosophie, Soziologie) Verwendung.
Lit.: K. Bühler: Sprachtheorie [1934]. Stgt. 1965. – U. Eco: Semiotik [it. 1987]. Stgt. 1991, S. 347–368. – M. Foucault: Was ist ein Autor? [frz. 1969]. In: F. Jannidis u. a. (Hg.): Texte zur Theorie der Autorschaft. Stgt. 2000, S. 198–229. – H. Fricke: Norm und Abweichung. Mchn. 1981. – Ders.: F. In: RLW. – H. U. Gumbrecht: Poetizitätsdefinition zwischen F. und Struktur. In: Poetica 10 (1978), S. 342–361. – R. Jakobson: Linguistik und Poetik [engl. 1960]. In: ders.: Poetik. Ffm. 1979, S. 84–121. – B. Kleimann, R. Schmücker (Hg.): Wozu Kunst? Die Frage nach ihrer F. Darmstadt 2001. – N. Luhmann: F. In: HWbPh. HHG

Funktionalität der Teile ↗ Funktion.

Furcht und Mitleid ↗ Katharsis.

Fürstenspiegel, an Regenten adressiertes Schrifttum, das in unterweisender Diktion Normen öffentlichen und privaten Verhaltens, insbes. der Amtsführung, darlegt. Der Begriff ›F.‹ greift die im MA. für viele Gattungen normativer Lit. geläufige ↗ Spiegel-Metaphorik auf. – Die Erscheinungsformen der Gattung sind vielfältig: ↗ Traktat, Lobgedicht und -rede, ↗ Brief, ↗ Dialog, Sentenzensammlung, ↗ Predigt, Erziehungsroman, ↗ Emblembuch. Als Gattung lässt sich der F. daher kaum durch formale, sondern eher durch inhaltliche und funktionale Kriterien definieren. Nicht selten richten sich F. nur vorgeblich an konkrete Herrscher. Das Anliegen der Autoren ist in diesem Fall nicht, ein Lehrstück für eine bestimmte Person zu verfassen, sondern eine lit. Leistung im Rahmen der Gattung ›F.‹ zu erbringen. Wo ein Auftrag vorliegt, handelt es sich oft um repräsentative Werke, die nicht auf ein tatsächliches Bedürfnis, über die Kunst des Regierens belehrt zu werden, zurückgehen, sondern als außenwirksames Medium der Selbstinszenierung als vorbildlicher Herrscher gedacht sind. – Die theoretischen Grundlagen der F. liegen in der christlichen Staatslehre patristischer Prägung. Punktuell wurde auch das Gedankengut der hellenistisch-röm. Staatsphilosophie rezipiert. Als Vorläufer der F. gelten Mahnschreiben geistlicher Verfasser an Könige im merowingischen und karolingischen Frankenreich (6.–8. Jh.). Der erste karolingische F. ist die für Ludwig den Frommen geschriebene »Via regia« des Smaragd von St.-Mihiel (811/814). Ihr Inhalt bewegt sich zwischen theokratischer Legitimation der Herrschaft (der gesalbte König ist *vicarius Christi*) und einem christlich, am monastischen Ideal orientierten Tugendkatalog. Das große Herrschervorbild ist der alttestamentliche König David. – Im Hoch-MA. zeichnet sich eine partielle ›Säkularisierung‹ des Herrscherbildes ab, was das Verfassen der F. auch für Territorial- und Stadtherren ab dem 13. Jh. begünstigt. Der Schwerpunkt der F. dieser Zeit liegt auf staatstheoretischen Ausführungen. Repräsentativ für diesen Typus ist der meistgelesene abendländische F., »De regimine principum« des Aegidius Romanus (1277/79), der in mehrere Volkssprachen übersetzt wurde. Auf aristotelischer Ethik, Ökonomik und Politik sowie der Militärkunst nach Vegetius beruhend, umfasst das Werk die Bereiche der Ständelehre, des Natur- und Lehnsrechts, der Rechtsprechung sowie der innen- und außenpolitischen Praxis. – Ein anderes Profil haben die F. des ↗ Humanismus: Die Dominanz der Staatslehre tritt zurück zugunsten des Ziels der persönlichen ethischen und intellektuellen Vervollkommnung des Regenten als Voraussetzung für eine gute Regierung. Herrscherideal ist der *princeps litteratus*, der gelehrte Herrscher. Den Höhepunkt humanistischer F. bildete Erasmus' von Rotterdam »Institutio principis Christiani« (1516), die über die Epochengrenzen hinaus Schule machte. Die Person des literatur- und kunstfördernden und selbst lit. tätigen Kaisers Maximilian I. (1459–1519) gibt ein Beispiel für die praktische Realisierung des idealtypischen humanistischen Herrscherkonzeptes ab. – Als selbständige Textsorte in dt. Sprache gibt es die F. erst seit der Mitte des 14. Jh.s. Vorläufer sind die in andere lit. Formen (etwa Romane) integrierten Erläuterungen der erstrebenswerten moralischen Qualitäten eines Herrschers (Hartmann von Aue: »Gregorius«; Wolfram von Eschenbach: »Parzival«). Weitverbreitet sind die Auflistungen der Ritter-Tugenden (Tugendkataloge), die in ihrem normativ-unterweisenden Ton dem F. verwandt sind. – Unter dem Einfluss der Reformation entstehen zahlreiche F., welche die Heilige Schrift zur wichtigsten Quelle der Regentenerziehung erklären. Ihre Verfasser sind oft in Kreisen der Hofprediger zu suchen. Dem Herrscher wird die gewichtige Rolle des Wahrers der Heilsordnung zugewiesen, d.h., der Regent wird mit Kompetenzen ausgestattet, die ihm die Förderung des neuen Glaubens auf innenpolitischer und institutioneller Ebene ermöglichen sollen. – Die F. des 17. und 18. Jh.s sind von großer Formenvielfalt zwischen staatstheoretischen und pädagogischen Entwürfen geprägt, wobei sich die Hinwendung zu praktischen Themen der Politik und Verwaltung verstärkt. In diesem Sinne brachte die intensive Gattungsentfaltung auch eine Tendenz zur ›Bürokratisierung‹ mit sich. Die theoretische Wertediskussion wird trotzdem im Rahmen der F. weitergeführt. Ihr Gegenstand ist nun das Verhältnis von Politik und Moral, eine Debatte, die bereits im 16. Jh. durch N. Machiavellis Schrift »Il Principe« (1516) ausgelöst wurde. Dieser berüchtigten Anleitung zur Machtausübung, der von ihren Gegnern eine Missachtung moralischer Maximen vorgeworfen wurde, wird das Gebot einer ethisch-religiösen Fundierung politischen Handelns entgegengesetzt (›Antimachiavellismus‹). – Im aufgeklärten Absolutismus des 18. Jh.s ist die Idee der ›Volksbeglückung‹ das zentrale Thema der F. Der Regent hat Sorge für sein Volk zu tragen: durch Wirtschaftsförderung, Nahrungsmittel- und Gesundheitsvorsorge, Armenfürsorge und Unterdrückung von Lastern. Mit den politischen Veränderungen, welche die Frz. Revolution europaweit mit sich brachte, wurde die Gattung weitgehend ihrer primären Adressaten beraubt.

Lit.: I. Ahl: Humanistische Politik zwischen Reformation und Gegenreformation. Stgt. 2004. – W. Berges: Die F. des hohen und späten MA.s. Lpz. 1938. Nachdr. Stgt. 1952. – J. C. Jacobs: Der F. im Zeitalter des aufgeklärten Absolutismus. Wiesbaden 2001. – H.-O. Mühleisen: Politische Tugendlehre und Regierungskunst. Tüb. 1990. – D. Peil: F. In: RLW. – J. M. Schulte: Speculum regis: Studien zur F.-Lit. in der gr.-röm. Antike. Münster 2001. ID

Fußnote, 1. einem laufenden Text am Fuß einer Seite beigegebene ↗ Anmerkung. F.n können erläuternden, verweisenden oder vertiefenden Charakter haben. Meist dienen sie der Angabe von Quellen und Forschungslit. Sie werden einer Textstelle durch laufende Nummerierung oder Sonderzeichen (z. B. ↗ Asterisken) zugeordnet und gelten als sekundäre, untergeordnete Elemente, die einem Text Informationen hinzufügen, sich also auf ihn beziehen, ihn erweitern und dennoch nicht auf gleicher Stufe mit ihm stehen. – 2. Aus dieser Bewertung hat sich der übertragene Gebrauch des Begriffs ›F.‹ für eine Annotation im weitesten Sinne entwickelt, also eine beiläufige Kommentierung, meist zu einem sehr speziellen Sachverhalt. – F.n (1) gelten seit der ↗Frühen Neuzeit als Ausweis von Wissenschaftlichkeit, wobei sie den Haupttext dominieren und in Frage stellen können, so dass der Name ebenso gut anzeigen könnte, dass die Informationen des oberen Teils der Seite auf dem unteren fußen. Die vielfältigen Gestaltungsweisen und Funktionen der F. führten dazu, dass man sie als Zeichen von Zugehörigkeit zu bestimmten Diskurszusammenhängen und von intertextuellen Beziehungen untersucht hat. Bes. Interesse fand die F. als Bestandteil eines lit. Textes (z. B. bei L. Sterne und Jean Paul), bei dem mit den Kennzeichen und Assoziationen der F. gespielt wird.

Lit.: A. Grafton: Die tragischen Ursprünge der dt. F. [engl. 1995]. Bln. 1995. – S. Mainberger: Die zweite Stimme. Zu F.n in lit. Texten. In: Poetica 33 (2001), S. 337–353. – P. Rieß u. a.: Prolegomena zu einer Theorie der F. Münster, Hbg. 1995. – H. Stang: Einl. – F. – Kommentar. Fingierte Formen wissenschaftlicher Darstellung als Gestaltungselemente moderner Erzählkunst. Bielefeld 1992. UKO

Future Noir ↗ Film Noir.

Futurismus, m. [it. *futurismo* = Zukunftsorientierung, von *futuro* = Zukunft], 1. it. ↗Avantgarde-Bewegung von Literaten, Künstlern und Musikern um den Schriftsteller F. T. Marinetti, die mit einem »Futuristischen Manifest« im Pariser »Figaro« vom 20. Februar 1909 erstmals an die Öffentlichkeit trat. 1910 erschien Marinettis Roman »Mafarka le futuriste«. In den folgenden Jahren machten die Futuristen nicht nur mit zahllosen ↗Manifesten auf sich aufmerksam, sondern auch mit skandalerregenden Aktionen in mehreren europäischen Städten. Weitere Hauptvertreter sind die Autoren A. Bruno, P. Buzzi, E. Cavacchioli, C. Govoni, A. Palazzeschi, A. Soffici, die Maler und Bildhauer G. Balla, U. Boccióni, C. Carrà, E. Prampolini, G. Severini, der Architekt A. Sant'Elia sowie der Komponist L. Russolo. Die lit. Vorgeschichte des F., ablesbar in der Zs. »Poesia« (1905–09), dreht sich um den Versuch, Eigenheiten des frz. ↗Symbolismus wie den ↗Freien Vers in die it. Lyrik zu übertragen. Der F. propagierte gegen die Herrschaft der Tradition über die moderne Welt (›passatismo‹) einen Kult der Technik und Geschwindigkeit, verherrlichte aber auch die rücksichtslose männliche Kraft und den Krieg. Für die Dichtung rief Marinetti nach den »parole in libertà«, den aus den Zwängen der Syntax und der überkommenen Bedeutung befreiten Wörtern; umgesetzt wurde dieses Programm in Lautdichtungen (↗Lautgedicht), die Maschinengeräusche oder Schlachtenlärm imitierten. Für die bildende Kunst verlangten die Futuristen, ausgehend vom frz. Pointillismus, nach der ›dynamischen Empfindung‹ in Malerei und Skulptur. Die futuristischen Komponisten forderten die Ablösung überkommener Harmonien und traditioneller Instrumente zugunsten einer durch die Technik inspirierten Ge-

räuschmusik mit entsprechenden Klangquellen. Wie viele andere avantgardistische Bewegungen des 20. Jh.s wollten die Futuristen nicht nur die Künste, sondern das Leben insgesamt revolutionieren. 1915 begrüßten sie den Eintritt Italiens in den Krieg, von dem sie ein Ende des ›Passatismus‹ und den Untergang der alten abendländischen Zivilisation sowie ein neues heroisches Zeitalter Italiens erwarteten. Nach der Machtergreifung B. Mussolinis erhoffte sich der mit dem Duce befreundete Marinetti vom Faschismus die Modernisierung Italiens und stellte 1927 die Gleichung »faschistische Kunst = F.« auf.

2. Die futuristische Lit.- und Kunsttheorie (mehr als die Dichtungen und Kunstwerke) strahlte in alle europäischen Länder aus. Am größten war die Wirkung in Russland. 1912 unterzeichneten D. Burljuk, A. Kručonych, V. Majakovski und V. Chlebnikov das Manifest »Eine Ohrfeige dem öffentlichen Geschmack«, worin sie die russ. Lit. von Puškin bis Gorki »vom Dampfer der Gegenwart« zu werfen verlangten und die Schaffung neuer, willkürlicher Wörter propagierten. Der russ. F., auch als ›Kubofuturismus‹ bezeichnet und z. T. mit fließenden Übergängen zu anderen avantgardistischen Bewegungen, war wie sein it. Anreger eine lit. und künstlerische Bewegung mit dem Ziel der Revolutionierung der Gesellschaft. Nach der Oktoberrevolution 1917 glaubten die Futuristen zunächst ihre Ziele mit Hilfe der Bolschewiki erreichen zu können und nahmen einflussreiche Positionen im Kulturleben der jungen Sowjetunion ein. Ab 1923, als die Gruppe ↗»LEF« (»Linke Front der Kunst«) mit der gleichnamigen Zs. an die Öffentlichkeit trat, begann die Partei mit scharfer Kritik gegen die »LEF« und gegen den F. vorzugehen. Ende der 1920er Jahre war der F. in der Sowjetunion verschwunden, doch hatte er alle anderen avantgardistischen Bewegungen stark geprägt (z. B. den ↗Proletkult).

3. In Deutschland erschien zwar 1922 in wenigen Nummern die Zs. »F.«, doch hat eine futuristische Bewegung sich hier nicht etablieren können. Ausgehend vom ↗Sturmkreis um H. Walden gab es indes eine rege Rezeption von Elementen der futuristischen Lit.- und Kunsttheorie in Dichtung und bildenden Künsten.

Texte: U. Apollonio (Hg.): Der F. Köln 1972. – W. Asholt, W. Fähnders (Hg.): Manifeste und Proklamationen der europäischen Avantgarde (1909–38). Stgt., Weimar 1995. – E. Proffer, C. R. Proffer (Hg.): The Ardis Anthology of Russian Futurism. Ann Arbor/Mich. 1980.

Lit.: Ch. Baumgarth: Geschichte des F. Reinbek 1966. – P. Demetz: Worte in Freiheit. Der it. F. und die dt. lit. Avantgarde 1912–34. Mchn. 1990. – P. Hulten (Hg.): Futurismo & Futurismi. Mailand 1966. – R. Lauer: F. (russ.). In: Borchmeyer/Žmegač. – A. Lawton: Russian Futurism through his Manifestoes. Ithaca u. a. 1988. – V. Markov: Russian Futurism. Berkeley u. a. 1968. – G. Regn: F. (it.). In: Borchmeyer/Žmegač. – H.-G. Schmidt-Bergmann: F. Reinbek 1993. MBE

G

Gai Saber, m. ['gai 'saber; provenz. = fröhliche Wissenschaft], eigentlich ›Consistori de la Subregaya Companhia del G. S.‹, bürgerliche Dichtergesellschaft, gegründet 1323 in Toulouse zur Wiederbelebung der nach den Albigenserkreuzzügen (1209–29) vom Niedergang bedrohten provenz. Dichtungstradition. Der Kanzler der Gesellschaft, Guilhem Molinier, verfasste Mitte des 14. Jh.s eine ethisch und religiös fundierte Regelpoetik (»Leys d'Amors«). Die Repräsentanten des G. S. (Bernat de Panassac, Raimon de Cornet, Arnaut Vidal, Guilhem de Galhac) fanden sich alljährlich zu Dichterwettbewerben, den sog. ↗ Blumenspielen, zusammen. Die dort preisgekrönten Dichtungen wurden unter dem Namen »Joias del G. S.« (Freuden der fröhlichen Wissenschaft) gesammelt. Die Ausstrahlung des ›Consistori‹ im gesamten provenz. Sprachraum war eine der Ursachen dafür, dass sich das Provenz. als Dichtersprache bis Ende des 15. Jh.s in Südfrankreich behauptete. – 1393 wurde in Barcelona auf Initiative König Johanns I. von Aragon ein katalanischer ›Consistori de la Gaya Ciència‹ von Jacme March und Lluis de Averço mit demselben Ziel gegründet. PHE/Red.

Galante Dichtung [frz. *galant* = modisch, höfisch (gekleidet); *galán* = höfischer Mensch; it./span. *gala* = Staatskleid], 1. allg. Bez. für die spielerische Verarbeitung erotischer oder amouröser Themen; 2. Stilbegriff der älteren Forschung für die Lit. zwischen ↗ Barock und ↗ Aufklärung (ca. 1680–1730). – Beide Bedeutungen haben zunächst einen pejorativen Nebensinn und akzentuieren entweder das ›Schlüpfrige‹, moralisch Anstößige der g.n D. oder werten sie als Indikator für eine kulturelle Verfallszeit zwischen zwei Großepochen, der kaum lit. Innovationspotential zugestanden wird. Darin folgt die Forschung der ↗ Schwulst-Kritik der Frühaufklärung (J. Ch. Gottsched). Neuere Untersuchungen begreifen dagegen den ›galanten Diskurs‹ (vgl. Borgstedt/Solbach) als übergreifendes, u. a. ↗ Briefsteller, Künste, Mode, ↗ Oper, Philosophie und Poesie erfassendes Kommunikationsideal um 1700, das die nationallit. Grenzen überschreitet. – Die g. D. entwickelt sich in den frz. ↗ Salons (Marquise C. de Rambouillet). Die Salonkultur verfolgt das Stilideal der *préciosité* (↗ preziöse Lit.) und pflegt die Kunst einer verfeinerten ↗ Konversation. Damit grenzt sich die Bewegung von der Buchgelehrsamkeit des ↗ Humanismus ab. Niederer Adel und aufsteigendes Amts- und Handelsbürgertum versuchen die höfische Galanterie zu imitieren. Das Galante steht für das gewandte Betragen der Aristokratie, das als ironisches Gesellschafts-Spiel der Koketterie und des Esprits (*conduite*) verstanden wird. G. D. dient v. a. zum Zeitvertreib. In pointiert-heiterer Sprache (Wort-, Klangspiele), überreicher, oft entlegener Bildlichkeit (↗ Manierismus)

entsteht eine Gesellschaftsdichtung, die bes. erotische und sexuelle Themen in poetischen Kleinformen (↗ Epigramm, ↗ Madrigal, ↗ Ode, ↗ Sonett, Epistel) verarbeitet. Daneben eignet sich die g. D. neue Wissensbestände, z. B. über fremde Länder und Kulturen, an, die im Zuge der Ausdifferenzierung der modernen ↗ Zeitschriften durch ›polyhistorische‹ Textsorten wie Monatsgespräche und ›Klatsch‹-Relationen (J. Rist, E. Francisci, E. W. Happel, Ch. Thomasius) popularisiert werden. In Deutschland orientiert sich die galante Lyrik v. a. an der zweiten ↗ schlesischen Dichterschule. Verbreitung findet sie über umfangreiche ↗ Anthologien wie die ›Neukirchsche Sammlung‹ oder Ch. F. Hunolds »Auserlesene Gedichte unterschiedener berühmten und geschickten Männer« (1718–21). Der galante Unterhaltungsroman (A. Bohse: »Amor am Hofe«, 1689) knüpft an den höfisch-historischen Barockroman an, reduziert jedoch Personenbestand und Handlungsstränge und konzentriert sich auf die Liebesintrige. Weitere Vertreter der g.n D. in Deutschland sind H. A. v. Abschatz, Ch. Gryphius, J. Ch. Günther und E. Neumeister. ↗ Rokoko und ↗ Anakreontik nehmen Formen und Motive der g.n D. auf. Der galante Roman wird durch Ch. M. Wieland weiterentwickelt. – A. Holz parodiert die galante Lyrik in seiner Gedichtsammlung »Dafnis« (1904).

Lit.: Th. Borgstedt, A. Solbach (Hg.): Der galante Diskurs. Dresden 2001. – S. Heudecker u. a. (Hg.): Kulturelle Orientierung um 1700. Tüb. 2004. – U.-K. Ketelsen: Galante Lit. In: RLW. – D. Niefanger: Galanterie. In: H. Laufhütte (Hg.): Künste und Natur. Wiesbaden 2000, S. 459–472. – C. Wiedemann (Hg.): Der galante Stil 1680–1730. Tüb. 1969. JW

Galliambus, m. [gr.-lat.], ursprünglich das Kultlied der vorderasiatischen (phrygischen) Magna Mater Kybele und des Attis; Bez. nach den Galloi, den Kultdienern der Göttin. Dann der Vers dieser Kultlieder, der seit alexandrinischer Zeit (Kallimachos) in der antiken Kunstdichtung Verwendung findet. Der G. gilt als katalektischer Tetrameter aus vier *Ionici a minore* mit ↗ Diharese nach dem zweiten Versfuß. Schema: ∪ ∪ – – ∪ ∪ – – ∪ ∪ – – ∪ ∪ –̆. Oft mit ↗ Anaklasis zwischen den ersten beiden Versfüßen und weiteren Variationen durch Auflösung von Längen bzw. Zusammenziehung zweier Kürzen zu einer Länge. Verwendung u. a. bei Catull. JK/Red.

Gallizismus, m. [lat. *gallicus* = zu Gallien gehörig], Nachbildung einer syntaktischen oder idiomatischen Eigenheit der frz. Sprache, z. B. ›das Bett hüten‹ (nach: *garder le lit*) oder ›den Hof machen‹ (nach: *faire la cour*). GS/Red.

Garten- und Landschaftsliteratur, Gesamtheit derjenigen seit Beginn des 18. Jh.s entstandenen theoretischen und lit. Texte, welche die äußere Natur (Landschaft) oder eine imitierte Natur (Garten) sowie die ihnen zugeordneten ↗ Stimmungen zum Gegenstand haben. – Zentrales Motiv bei der Entstehung von G. u. L. ist das Gebirge. Um 1800 waren die Alpen eine der meistbesuchten und -beschriebenen Regionen Europas. Noch hundert Jahre zuvor war die Gestalt des Gebirges, die stets mit Schrecken und Angst verbunden worden war, durch das zeitgenössische Schönheitsideal nicht erfassbar. Erst im 18. Jh. wichen die Ängste einem neuen, mit Wohlgefallen verbundenen Blick auf die Berge, der paradigmatisch für das Bild wurde, das sich die Menschen nun von der äußeren Natur als Landschaft machten. Der Mensch, der nicht mehr den Mythos Berg fürchtete, sondern die Ästhetik des Gebirges genoss, sah sich schauend einer Welt gegenüber, deren natürliche Gegebenheiten er ästhetisch zur Landschaft sortierte; Landschaft ist im Hinblick auf ihre ästhetische Wirkung und die aus dieser hervorgehende Stimmung codierte Natur. Mit der Entdeckung der Landschaft einher ging eine Verschiebung der Begründung der ↗ Ästhetik: von einer abstrakten Metaphysik des ↗ Schönen zu einer psychologischen ↗ Wirkungsästhetik, die nicht nur das rational begründete Schöne kennt, sondern auch die im Sprachgebrauch der Zeit ↗ ›erhaben‹ genannte lustbringende Erfahrung des Großen, Erschreckenden, Interessanten. Die Physikotheologie, welche die sichtbare Wohlgestalt und Wohlgeordnetheit der bis zum 17. Jh. allein metaphysisch gerechtfertigten Welt aufzuzeigen versucht, bringt eine Anfang des 18. Jh.s aufkommende ↗ Naturlyrik hervor, die die Betrachtung der Natur im Zusammenspiel mit ihrer Wirkung beim Betrachter als Beweis für die Konsequenz und Güte der Schöpfung regelrecht durchbuchstabiert (B. H. Brockes). Der Entdeckung der Landschaft in Wahrnehmungsmustern, die sich über ↗ Reiseberichte, Briefe, Gedichte, Stiche, Gemälde durchsetzen, folgt im Lauf des 18. Jh.s eine Gestaltung der äußeren Natur im zuerst in England entstehenden Medium des Landschaftsgartens, der die ästhetisch hoch geschätzten Formationen in verkleinertem Maßstab nachstellt. Das Konzept wird im Wesentlichen von Literaten entwickelt (J. Addison, A. Pope) und ist als Folge unterschiedlicher Stimmungsszenen seinem Wesen nach lit. (theatralische Dramaturgie, aufeinander aufbauende Wirkungen, narrative Entwicklung). Somit wird der Garten nicht nur wichtiger Schauplatz und zentrales Motiv der Lit., sondern er nimmt auch selbst lit. Strukturen auf und vererbt diese gegen Ende des 18. Jh.s wiederum an neue lit. Genres wie den ↗ Roman der ↗ Empfindsamkeit oder den ↗ Schauerroman, die wie die Gärten der Zeit ganz pointiert auf die Folge wechselnder Stimmungen des Menschen in der Landschaft setzen (H. Walpole, A. Radcliffe, M. G. Lewis). Die Lit. der ↗ Romantik nimmt diese Tendenz auf, gibt Garten und Landschaft als zentralen Motiven und Schauplätzen allerdings eine neue, vom einfachen Reiz-Reaktions-Schema der Wirkung gelöste, wiederum metaphysisch begründete Bedeu-

tung (Novalis, J. v. Eichendorff). Landschaft als ästhetisch aufgefasste äußere Natur ist bis heute ein zentrales Thema der Lit. (im 19. Jh. z. B. A. Stifter, im 20. Jh. Th. Bernhard, P. Handke, P. Rosei). Die Gartenkunst verliert zwar allmählich an Bedeutung, erlebt jedoch in der Lit. zwischen 1870 und 1945, bes. im ↗ Jugendstil und im ↗ Symbolismus, eine neue Blüte (A. Ch. Swinburne, St. George, H. v. Hofmannsthal, R. Borchardt, E. G. Winkler).

Texte: H. Küster, U. Küster (Hg.): Garten und Wildnis. Mchn. 1997.

Lit.: F. Apel: Die Kunst als Garten. Hdbg. 1983. – A. Corbin: Meereslust. Bln. 1990. – J. D. Hunt: The Figure in the Landscape. Baltimore, Ldn. 1976. – N. Miller: Die beseelte Natur. In: H. Pfotenhauer (Hg.): Kunstlit. als Italienerfahrung. Tüb. 1991, S. 112–191. – M. H. Nicolson: Mountain Gloom and Mountain Glory. Ithaca, NY 1959. – J. Ritter: Landschaft [1963]. In: ders.: Subjektivität. Ffm. 1974, S. 141–163. – S. Schama: Der Traum von der Wildnis. Mchn. 1996. – H. v. Trotha: Angenehme Empfindungen. Mchn. 1999. – J. Woźniakowski: Die Wildnis [poln. 1974]. Ffm. 1987.   HVT

Gasel ↗ Ghasel.

Gassenhauer, m. [aus ›Gasse‹ und ›hauen‹ = laufen (vgl. ›hau ab‹)], von städtischer, später bes. großstädtischer Bevölkerung (Wien, Berlin) popularisiertes, leicht einprägsames, künstlerisch anspruchsloses Lied. Charakteristisch sind im Allgemeinen wiederholungsreiche Melodik, knappe Texte, oft Refrainformen. G. waren nicht nur anonyme, dem ↗ Bänkelsang nahestehende Volkslieder und Geselligkeitsgesänge, vergleichbar heutigen Karnevalsschlagern, sondern ebenso Couplets, Singspiel-, Operetten- oder popularisierte Opernnummern (C. M. v. Weber: »Jungfernkranz«); im Ggs. zum modernen, industriell produzierten und vertriebenen ↗ Schlager entstanden G. spontan und ohne Steuerung. – ›G.‹ bezeichnet zunächst Personen (›Pflastertreter‹, ›Nachtbummler‹), im 16. Jh. dann volkstümliche Tänze (seit 1517 belegt) und Lieder (Ch. Egenolff: »Gassenhawerlin vnd Reutterliedlin«, Ffm. 1535). Die lat. Übers. von ›G.‹ als *carmen triviale* (1561) bezeugt bereits abwertende Bedeutung, das Wort bleibt jedoch bis zum Ende des 18. Jh.s weithin auch ohne negativen Nebensinn. Dieser setzt sich durch, nachdem Herder 1773 den Begriff ↗ ›Volkslied‹ einführte. Seit der Verbreitung von Radio und Tonfilm wird das Wort ›G.‹ durch die erstmals 1867 belegte Bez. ›Schlager‹ verdrängt.   HW/Red.

Gastarbeiterliteratur ↗ Migrantenlit.

Gattung [lat. *genus*; frz. *genre*; engl. *kind*], 1. institutionalisiertes, auf sozialen Konventionen beruhendes textuelles Ordnungsmuster, das v. a. auf lit. Texte bezogen wird, aber auch in der Wissenschaft (Monographie, Aufsatz, Lexikonartikel), im Journalismus (Glosse, Essay, Leitartikel, Feature) oder allg. im Bereich von Gebrauchstexten (Bedienungsanleitung, Brief, Kochrezept) wichtig ist, hier häufig mit dem Ausdruck ↗ ›Textsorten‹ von den lit. ›G.en‹ im engeren

Sinne unterschieden. – 2. Bez. für allg., vermeintlich überzeitliche Möglichkeiten oder »Qualitäten« (Staiger, S. 167) bes. von lit. Texten, namentlich im Hinblick auf die sog. drei ↗»Naturformen der Dichtung« (J.W. Goethe) Lyrik, Epik und Drama, die als allgemeinere »Dichtweisen« (auch »Schreibweisen«, Hempfer, Verweyen/Witting) von den spezielleren »Dichtarten« (lit. G.en im engeren Sinne) unterschieden werden. – Die künstlerischen Ordnungsmuster, die sich bei einem weiteren Lit.begriff nicht allein Schriftwerken, sondern auch mündlichen Texten unterlegen lassen (↗Oral Poetry), werden von den Autoren allererst erfunden und durch Nachbildung institutionalisiert; oder sie werden in intertextuellem Bezug erfüllt, indem ein Autor ›in einer G.‹ schreibt (und sei es durch Überführung einer G. von einer ›fremden‹ Lit. in die eigene). Dabei kann es sich um eine regelkonforme, die G. bestätigende und stabilisierende Nachbildung eines vorgegebenen Musters handeln oder um eine abweichende Nachbildung (z. B. ↗Parodie, ↗Kontrafaktur). Seit der Antike werden G.en der Dichtkunst beschrieben, normiert und kanonisiert. Die lit.wissenschaftliche G.sforschung verfährt demgegenüber heute eher deskriptiv-rekonstruierend. G.en werden dabei je nach Erkenntnisinteresse und theoretischen Prämissen nach vollkommen heterogenen Kriterien voneinander unterschieden, etwa nach Form und/oder Inhalt und/oder Funktion und/oder Kommunikationssituation und/oder Distribution, nach Art und Grad der Stilisierung und/oder der Symbolisierung und/oder der Fiktionalisierung. Eines der ältesten Unterscheidungskriterien ist das ›Redekriterium‹ (Einzelrede in lyrischen, Wechselrede in dramatischen, Erzähler- und Figurenrede in epischen Texten); weiter können sich G.en durch Prosa- oder Versform voneinander unterscheiden (wie der Roman vom Epos oder das bürgerliche Trauerspiel vom Versdrama) und innerhalb einer Formgruppe weitere Binnendifferenzierungen aufweisen, etwa nach Versart, -zahl und -kombination (Hexameterepos vs. Stanzenepos), nach Umfang (Fabel, Kurzgeschichte, Roman), Inhalt (Liebesroman und Abenteuerroman), Adressaten (Frauenromane oder Kindergeschichten) oder ›Haltung‹ (Ernst vs. Scherz). Konventionalisierte, ›formelhafte‹ G.ssignale (bes. am Textanfang und -ende) weisen auf die G.szugehörigkeit eines Textes hin (»Es war einmal ...«: Märchen; »Kommt ein Mann in eine Kneipe und bestellt ein Bier ...«: Witz), ebenso explizite G.sbezeichnungen, die einem Text vorangestellt sind (»Gedicht«, »Komödie in drei Akten«). Das Ordnungsmuster ›G.‹ sortiert die Lit. als System und orientiert alle Beteiligten im lit. Feld; es bindet den Autor an bestimmte, durch Tradition und Konvention verbürgte Anforderungen, die freilich jederzeit zurückgewiesen oder umdefiniert werden können, und es weckt und lenkt Lesererwartungen, die erfüllt, aber auch (gezielt) enttäuscht werden können.

Lit.: D. Burdorf: Poetik der Form. Stgt., Weimar 2001.

– D. Combe: Les genres littéraires. Paris 1992. – G. Dammann: Textsorten und lit. G.en. In: K. Brinker u. a. (Hg.): Text- und Gesprächslinguistik. Bln., NY 2000. Bd. 1, S. 546–561. – K. W. Hempfer: G. In: RLW. – W. Raible: Was sind G.en? In: Poetica 12 (1980), S. 320–349. – E. Staiger: Grundbegriffe der Poetik [1946]. Mchn. 1975. – Th. Verweyen, G. Witting: Die Kontrafaktur. Konstanz 1987. – G. Willems: Das Konzept der lit. G. Tüb. 1981. – R. Zymner: G.stheorie. Paderborn 2003.   RZ

Gattungsgeschichte, Erforschung oder Darstellung der Geschichte 1. einer bestimmten lit. Gattung oder 2. eines (z. B. nationalsprachlich oder historisch) begrenzten Zusammenhanges von Gattungen oder 3. der Lit. unter dem Aspekt ihrer gattungssystematischen Ordnung. – G. setzt die Bestimmung der ↗Gattung voraus, deren Geschichte erforscht oder dargestellt werden soll. Sie manifestiert sich in den Texten, die unter eine gefundene oder (re-)konstruierte Gattungsbestimmung fallen (↗Gattungstheorie) und als Textereignisse auf der Zeitachse betrachtet werden können. Dabei konstruieren gattungsgeschichtliche Darstellungen weniger die chronologische Aufeinanderfolge der jeweiligen Texterereignisse als vielmehr ihre historische, motivierende und verknüpfende Aufeinanderfolge: Die gattungssystematisch bestimmten Gegenstände werden so miteinander in einen Zusammenhang erzählerischer Sinnbildung, also einer Geschichte, gebracht. Hierzu zählt nicht allein die Berücksichtigung des lit.historischen und sozialgeschichtlichen Kontextes eines Texterereignisses, sondern auch seine kausale Verknüpfung mit vorangehenden und/oder folgenden Texterereignissen der gleichen Gattung, die untereinander in der Gattungszugehörigkeit übereinstimmen, ansonsten als je individuelle Texte sich jedoch voneinander unterscheiden, so dass die Unterschiedlichkeit zweier Texterereignisse bei gewahrter Gattungsgleichheit einen Anlass zu historisch erklärendem Verstehen bietet. Gattungsgeschichtliche Darstellungen weisen vielfach topische Abläufe auf, indem sie von der Begründung einer Gattung (mit der Benennung eines Gattungsbegründers, der den ›Prototyp‹ der jeweiligen Gattung geschaffen hat) über eine Entwicklungsphase zu einer Blütephase und ggf. auch zu einer Verfallsphase bzw. zum Ende der Gattung reichen. Im Rahmen strukturalistischer G. geht es um die Evolution lit. Gattungen innerhalb des oder eines vorausgesetzten lit. Systems. In diesem Zusammenhang finden sich auch Überlegungen zu Regeln des gattungsgeschichtlichen Wandels (z. B. Titzmann). Ein grundlegendes Problem der G. ist die Verbindung bzw. Verbindbarkeit des objektkonstituierenden Ordnungsbegriffes einer Gattung mit der Unterschiedlichkeit der Einzeltexte im historischen Längsschnitt, durch welche die gewünschte Objektkonstanz häufig unterlaufen wird. Eine Lösung dieses Problems besteht darin, eine *Realdefinition* statt einer *Nominaldefinition* der Gattung vorzunehmen, also bereits in die Definition historische Realien zu integrieren, statt zunächst nur einen Begriff zu bestimmen. Ein anderer Lösungsvorschlag für dieses Problem besteht darin, einen Ordnungsbegriff so zu konstruieren, dass (gattungskonstitutive) *notwendige Merkmale* und (genrehistorische) *alternative Merkmale* miteinander verschränkt werden (nach dem Muster »a und b und c und [d oder e oder f oder ... n]«; vgl. Fricke, S. 14). Die Bestimmung einer Gattung ist stets theorieabhängig, interessegeleitet und zweckorientiert und daher grundsätzlich vorläufig. Jede Veränderung eines der bedingenden Kriterien würde also auch andere G.n, andere sinnbildende historische Konstrukte zur Folge haben. – Einzelne gattungsgeschichtliche Bemerkungen finden sich seit der Antike, Versuche regelrechter gattungsgeschichtlicher Darstellungen trifft man verstärkt seit dem 18. Jh. an (J. G. Herder, G. E. Lessing), wissenschaftliche G.n seit der Etablierung der ↗ Lit.wissenschaft um die Mitte des 19. Jh.s: E. E. Koch: »Geschichte des Kirchenliedes und Kirchengesanges« (2 Bde., 1847); W. Creiznach: »Geschichte des neueren Dramas« (5 Bde., 1893–1913); K. Vietor: »Geschichte der dt. Ode« (1923); G. Müller: »Geschichte des dt. Liedes« (1925); W. Kayser: »Geschichte der dt. Ballade« (1936); F. Beißner: »Geschichte der dt. Elegie« (1941); D. Lamping: »Das lyrische Gedicht« (1989).

Lit.: H. Fricke: Aphorismus. Stgt. 1984. – M. Fubini: Entstehung und Geschichte der lit. Gattungen. Tüb. 1971. – W. Hinck (Hg.): Textsortenlehre – G. Hdbg. 1977. – D. Lamping, D. Weber (Hg.): Gattungstheorie und G. Wuppertal 1990. – M. Titzmann (Hg.): Modelle des lit. Strukturwandels. Tüb. 1991. – W. Voßkamp: G. In: RLW. – R. Zymner: Uneigentlichkeit. Paderborn u. a. 1991. RZ

Gattungsstil ↗ Stil.

Gattungstheorie, allg. die Reflexion über Eigenart, Gemeinsamkeit, Abgrenzung, Funktion und Historizität von ↗ Gattungen; als lit.wissenschaftliche G. alle systematischen, methodisch und theoretisch kontrollierten Versuche einer auf Prinzipienwissen ausgerichteten Reflexion über lit. Gattungen, und zwar 1. als Theorie bestimmter Einzelgattungen oder 2. als Theorie der lit. Gattungen überhaupt. Diese allg. Reflexion kann von Gewohnheiten im Umgang mit und Reden über Gattungen ausgehen und diese in rationalen Rekonstruktionen überprüfen, korrigieren und präzisieren; sie kann aber auch von lit.fernen Vorannahmen oder abstrakten Postulaten ausgehen und jene vorwissenschaftlichen Gewohnheiten an ihnen messen. G. hat es dabei mit einer Reihe von grundlegenden Problemen zu tun: 1. der Frage nach dem ontologischen Status von Gattungen; 2. der Frage nach Kriterien und Möglichkeiten der Begriffsbestimmung und Beschreibung von Gattungen; 3. der Frage nach der Einteilung der Lit. als solcher in Gattungen; 4. der Frage nach dem Verhältnis von ›Dichtarten‹ (Roman, Ballade, Tragödie) und ›Dichtweisen‹ (Epik, Lyrik, Drama); 5. der Frage nach dem Verhältnis von Gattungen zu ›Schreib-

weisen‹ (Hempfer in RLW, Verweyen/Witting); 6. der Frage nach den Bedingungen und Möglichkeiten der ↗ Gattungsgeschichte; 7. der Frage nach dem Zusammenhang zwischen Gattungen und im weiteren Sinne soziologischen Sachverhalten (Funktionen von Gattungen, Gattungen als Institutionen, Gattung und Geschlecht); 8. der Frage nach den biopoetischen bzw. anthropologischen Dispositionen, welche Gattungen bedingen oder gar erzwingen. – Die Geschichte der gattungstheoretischen Reflexion reicht von ästhetisch-philosophischen Fragestellungen bei Platon und Aristoteles über eine lange Phase normativer ↗ Poetiken bis zu anthropologisch und psychologisch argumentierenden Poetiken des 18. Jh.s, die die spekulativen Wesensbestimmungen von Gattungen um 1800 vorbereiteten. Die lit.wissenschaftliche G. folgt zunächst jenen philosophischen, rhet. oder dichtungspraktischen Ansätzen und gelangt seit Ende des 19. Jh.s mit morphologischen, fundamental-anthropologischen und essentialistischen Theorien zu einer gewissen Selbständigkeit. Seit den 1960er Jahren werden diese Ansätze als unhaltbar angesehen, und die G. strebt eine im strengeren Sinne lit.wissenschaftliche Strukturbestimmung von Gattungen an, etwa im Kontext der ↗ analytischen Lit.wissenschaft.

Lit.: I. Behrens: Die Lehre von der Einteilung der Dichtkunst vornehmlich vom 16. bis 19. Jh. Halle/S. 1940. – A. Fowler: Kinds of Literature. Oxford 1982. – K. W. Hempfer: G. Mchn. 1973. – Ders.: Gattung. In: RLW. – A. Horn: Theorie der lit. Gattungen. Würzburg 1998. – D. Lamping: G. In: RLW. – A. Meier: Lyrisch – episch – dramatisch. In: ÄGB. – M. Schnur-Wellpott: Aporien der G. aus semiotischer Sicht. Tüb. 1983. – Th. Verweyen, G. Witting: Die Kontrafaktur. Konstanz 1987. – R. Zymner: G. Paderborn 2003. RZ

Gaya ciència ↗ Gai saber.

Gebände, auch: Gebęnde, Bez. der Meistersinger 1. für die Art der Reimbindung, das Reimschema; 2. für die ↗ Meistersangstrophe (↗ Stollenstrophe), das Gesätz, ↗ Gebäude.

Gebäude, Bez. der Meistersinger für die ↗ Meistersangstrophe (Stollenstrophe), auch ›Gebände‹, ›Stück‹, ›Gesätz‹.

Gebet, n. [mhd. *gebet*, ahd. *gibet* = von bitten], zentraler Ausdruck des Glaubens an Gott, unmittelbarste Form des Umgangs mit ihm; ferner Verschriftlichung der ursprünglich mündlichen Form (↗ Gebetbuch) und deren lit. Transformation. Als Idealvorstellung ist das G. Antwort des Menschen auf das Sprechen Gottes, wie es in der Bibel als Gesetz und Evangelium oder in den Sakramenten geschieht. Vorbild für alle christlichen G.e ist das Vaterunser (Mt 6, 9–13; Lk 11, 2 f.), das Jesus seine Jünger lehrte. Die ↗ Psalmen sind für Juden wie Christen wichtige G.e. Man kann das stille, innerliche G. als private Form, die an keine Regeln gebunden ist, vom lauten, äußerlichen G. als öffentlicher bzw. liturgischer Form unterscheiden, die im Gottesdienst beheimatet ist. Es gibt verschiedene gottesdienstliche G.e, z. B. das stille G. des Priesters beim Anlegen der Gewänder, das Kollektengebet oder die Fürbitte vor dem Abendmahl. Der Aufbau ist meist dreiteilig: Anrede/Anrufung – Anliegen – Abschluss mit Amen. Sonderformen des G.s sind die ↗Litanei oder das Stundengebet. Inhalte eines G.s können Klage oder Lob, Bitte und Dank sein. Die Fürbitte gilt persönlichen Anliegen, der Gemeinde, aber auch ferner stehenden Personen und Institutionen. Die Struktur des G.s – bes. der Psalmen – begegnet oft in konfessionell geprägten Biographien, aber auch in der Lyrik (R. M. Rilke: »Das Stundenbuch«; E. Lasker-Schüler), wo sie dem Ausdruck nicht konfessionell gebundener radikaler Subjektivität dient.

Lit.: V. Brümmer: Was tun wir, wenn wir beten? Marburg 1985. – D. Evers: G. In: HWbRh. – F. Heiler: Das G. Mchn. ²1919. – St. Keppler: G. als poetogene Struktur. In: R. Zymner, M. Engel (Hg.): Anthropologie der Lit. Paderborn 2004, S. 338–355. – Ders.: »Wie haben wir alle gebetet«. Zu einer Leitfigur der klassisch-modernen Lyrik. In: DVjs 125 (2006), S. 235–247. – A. Kraß: G. In: RLW.   SMI

Gebetbuch, Sammlung von ↗Gebeten meist für den privaten Gebrauch, die zum Gebet in verschiedenen Lebenslagen anleiten soll. In der Alten Kirche betete man die ↗Psalmen. Rasch kamen hsl. Sammlungen mit Gebeten (auch für den Gottesdienst) auf. Im MA. benutzte man vielerorts die »Meditationes et orationes« Anselms von Canterbury. Zur weiten Verbreitung von Gebetbüchern kam es durch das Aufkommen des ↗Buchdrucks sowie eine zunehmende Lesefähigkeit im Gefolge der Reformation. Luthers »Betbüchlein« von 1522 enthielt Dekalog, Credo, Vaterunser, Ave Maria und einige verdeutschte Psalmen. Gebete sollten keine Formeln sein, sondern frei gesprochen werden, d. h. aus dem Herzen kommen. Doch schon J. Habermann (1516–90) verließ dieses Ideal mit seinem G. von 1567, das bis ins 19. Jh. aufgelegt wurde. Im ↗Pietismus kamen Gebetbücher auf, die Bibelstellen als Gebete enthielten. Eine Sonderform des G.s ist das ↗Brevier.

Lit.: P. Althaus: Forschungen zur ev. Gebetslit. [1927]. Hildesheim 1966. – F. v. Ingen (Hg.): Gebetslit. der frühen Neuzeit als Hausfrömmigkeit. Wiesbaden 2001. – T. Koch: Johann Habermanns »Betbüchlein« im Zusammenhang seiner Theologie. Tüb. 2001.   SMI

Geblümte Rede, auch: geblümter Stil; an einen seit dem späteren 13. Jh. belegten Gebrauch von mhd. *blüemen* und *florieren* angelehnte Bez. für dt. Texte und Textpassagen v. a. aus dem 13. und 14. Jh., die in dichter und auffälliger Weise mit ↗rhet. Figuren ausgestattet sind. Der redebezogene Gebrauch von mhd. *geblüemet* beruht auf der normalsprachlichen metaphorischen Bedeutung ›geschmückt, ausgezeichnet‹ und auf der Analogie zum lat. Fachterminus *flores* (Blumen) für die rhet. Figuren. Deshalb konnte der Ausdruck sowohl mit ›höfisch erlesener‹ als auch mit ›rhet. ornierter‹ Ausdrucksweise assoziiert werden. Bei hö-

fischen Dichtern besteht g. R. bes. in reihenweise eingesetzten ↗Metaphern, ↗Metonymien und ↗Vergleichen mit hyperbolischer (steigernder, übertreibender) Funktion in laudativen Texten oder Textpassagen (Marien-, Frauen-, Fürstenpreis, Schönheitsbeschreibungen). Syntaktische Überstrukturierungen (↗Parallelismus, ↗Anapher) sorgen zusammen mit den uneigentlichen Ausdrücken für einen sprachartistischen Eindruck. Die einzelnen Ausdrucksformen haben oft Vorbilder in der lat. Lit., die in ↗Spätantike und Früh-MA. sowie in die hochmal. Marienhymnik zurückreichen. Ihre Verwendung v. a. im Lobpreis entsprach der Praxis des lat. Grammatik- und Rhet.unterrichts. Bes. dt. Sangspruchdichter und Epiker mit lat. Bildungshorizont, seltener die Minnesänger, nutzten die g. R. sowohl zur Auszeichnung des Textgegenstands (die Qualität des Sujets wird in der Qualität des Textes abgebildet und durch diese bestätigt) als auch zur Kunstdemonstration (der Text wird zum Nachweis der Kompetenz des Dichters ausgezeichnet). Die Doppelfunktion, zugleich den Textgegenstand und die Dichtungstechnik durch kunstvolle Ausdrucksformen zur Geltung zu bringen, begründet die lit.geschichtliche Bedeutung der g.n R.: Sie spiegelt ein Konzept gelehrter Dichtung wider, welches der rhet. Tradition entstammt und auf die gegenstands- und funktionsabhängige Demonstration von Sprachkunst konzentriert ist.

Lit.: G. Hübner: Lobblumen. Tüb., Basel 2000. – S. Köbele: Frauenlobs Lieder. Tüb., Basel 2003. – M. Stolz: ›Tum‹-Studien. Tüb., Basel 1995.   GHÜ

Gebrauchsliteratur, Sammelbez. für so unterschiedliche ↗Textsorten wie Werbetexte, Reportagen, Flugblätter, Predigten, Andachtsbücher, Zaubersprüche, Kirchenlieder, Schlagertexte, Kalendergeschichten, Gelegenheitsdichtung oder politisch-agitatorische Texte, deren Gemeinsamkeit in ihrer praktischen Verwendbarkeit liegt. G. wird also abgegrenzt von einer vorgeblich zweckfreien bzw. allein künstlerischen Idealen verpflichteten ›eigentlichen Lit.‹ (↗Autonomieästhetik, ästhetische Autonomie; ↗Institution Kunst/Lit.). Eine eindeutige Unterscheidung dieser Lit. von G. aufgrund spezifischer Strukturmuster bzw. lit. Verfahren ist nicht möglich, zumal Autoren des 20. Jh.s gezielt beide Bereiche aneinander anzunähern versuchen: B. Brecht betont den Gebrauchswert als Kriterium für Lyrik (»Kurzer Bericht über 400 (vierhundert) junge Lyriker«, 1927); H. M. Enzensberger sieht im Gedicht einen »Gebrauchsgegenstand« (»Scherenschleifer und Poeten«, 1961). Der in den 1960er Jahren geprägte Begriff ›G.‹ markiert eine (für antike und mal. Texte schon zuvor vollzogene) Erweiterung des lit.wissenschaftlichen Forschungsfeldes wie auch der Gegenstände des ↗Dt.unterrichts um Texte unterhalb bzw. jenseits eines herkömmlichen Lit.verständnisses.

Lit.: H. Belke: Gebrauchstexte. In: H. L. Arnold, V. Sinemus (Hg.): Grundzüge der Lit.- und Sprachwissenschaft. Bd. 1. Mchn. 1973, S. 320–341. – L. Fischer u. a.

(Hg.): G. Stgt. 1976. – M. Leubner: Gebrauchstexte und ihre Didaktik. In: G. Lange, S. Weinhold (Hg.): Grundlagen der Dt.didaktik. Baltmannsweiler 2005, S. 319–346. – J. Schwitalla: Gebrauchstexte. In: RLW.

CWÜ

Gebrochener Reim ↗ Reim.

Gebundene Rede [lat. *oratio (numeris) astricta*, seit 1630 (J. H. Alsted) *oratio ligata*], die metrisch teilweise oder ganz geregelte Sprache im Unterschied zur ungebundenen Rede (*oratio soluta*). – Quintilian erhob ›g. R.‹ (bei ihm: *oratio vincta*) zum Fachbegriff (»Institutio oratoria« IX, 4, 19). Er versteht darunter die teilweise, v. a. durch ↗ Klauseln am Satzschluss, geregelte Sprache der Redekunst, die heute als ↗ Kunstprosa gilt. Maßgebender für die Folgezeit wurde Ciceros Bemerkung (»Orator« 67), der Dichter sei durch das Versmaß mehr gebunden (»versu sit astrictior«) als der Redner. Ciceros Bez. der kunstvollen Rede als rhythmisch gebunden (*numeris astricta*; »Orator« 187) wurde in der Renaissance auf die Poesie übertragen, die man als höchste Form der Rhet. begriff, und in der Folgezeit darauf beschränkt. Als ungebunden gilt seitdem nicht nur die gänzlich ungeregelte Sprache, sondern verwirrenderweise auch die rhet. Kunstprosa, die Quintilian noch als g. R. verstand. G. R. im Sinne von Versdichtung wurde in der barocken Poetik zum Leitbegriff. Als ihr Hauptmerkmal galt damals der ↗ Reim. Seit der reimlosen Dichtung des 18. Jh.s (F. G. Klopstock) verlagerte sich das Sinnzentrum wieder auf die metrische Form. Die gleichzeitige Verselbständigung der Dichtung gegenüber der Rhet. entzog dem Begriff ›g. R.‹ seine Grundlage, doch blieb er als gehobene Ersatzbez. für Verstexte weiterhin gebräuchlich. Angesichts der modernen ›Krise des Verses‹ (St. Mallarmé) erscheint er inzwischen aber kaum noch aktuell. Auf die freien, d. h. metrisch nicht geregelten Verse, die seit der zweiten Hälfte des 20. Jh.s in der Lyrik vorherrschen, ist er sinnvoll nicht anwendbar.
Lit.: B. Asmuth: Gebundene/ungebundene Rede. In: HWbRh. – L. Fischer: G. R. Tüb. 1968.   BAS

Gedächtnis ↗ Memoria.

Gedankenlyrik, auch: Ideenlyrik, philosophische Lyrik; Sammelbez. für vorwiegend reflektierende ↗ Gedichte, die im Unterschied zur Erlebnislyrik (↗ Erlebnisdichtung) gedankliche, vielfach weltanschauliche Zusammenhänge gestalten. Dabei stehen, im Ggs. zur ↗ Lehrdichtung, der subjektive Ausdruck der Reflexion und die individuelle Gestaltung des Gedankenablaufs im Vordergrund. – Aufgrund der zunehmenden Abwertung didaktischer Dichtung nach 1800 und einer antirationalistischen Aufwertung des ›Fühlens‹ gegenüber dem ›Denken‹ wird der Begriff ›G.‹ Mitte des 19. Jh.s beinahe gleichzeitig in den ästhetischen Schriften der Hegel-Nachfolger F. Th. Vischer, R. Gottschall und M. Carriere geprägt. Dieser unterscheidet im Rahmen des Versuchs einer vollständigen deskriptiven Ordnung der lyrischen Gattungen die ›Lyrik der Gedanken‹ von derjenigen der Anschauung

und des Gefühls (»Das Wesen und die Formen der Poesie«, 1854). – Das Konzept der G. wird auch auf frühere Epochen angewandt. G. begegnet demnach v. a. in den Blütezeiten weltanschaulicher Systeme. Sie behandelt häufig große theologische und philosophische Themen wie die Spannung zwischen Diesseits und Jenseits, den Theodizeegedanken, das Erleben kosmischer Harmonie oder andere metaphysische, ästhetische oder existentielle Grunderlebnisse. Ihre Geschichte ist eng verknüpft mit der Entwicklung bestimmter Gedichtformen wie ↗ Epigramm, ↗ Sonett, ↗ Ode oder ↗ Elegie, die aufgrund struktureller Merkmale (etwa der strikt vorgegebenen Form) als bes. geeignet zur Darstellung reflexiver Inhalte gelten können. – Beispiele für G. finden sich in der höfischen Lyrik des MA.s, in der ↗ Spruchdichtung des ↗ Humanismus, in den Sonetten und Epigrammen des ↗ Barock (A. Gryphius, P. Fleming, F. v. Logau), in der ↗ Oden-Dichtung der Aufklärung (B. H. Brockes, A. v. Haller, F. G. Klopstock) und in der Lyrik J. W. Goethes (v. a. in den späten Sammlungen »West-östlicher Divan«, 1819, und »Gott und Welt«, 1827). Ein Höhepunkt der G. sind die philosophischen Gedichte F. Schillers (»Das Ideal und das Leben«, »Der Spaziergang«, beide 1795). Einzelne gedankenlyrische Texte verfassen F. Hölderlin, F. Hebbel, F. Rückert, F. Nietzsche, St. George und R. M. Rilke (»Duineser Elegien«, 1923). – Außerhalb des dt. Sprachraums finden sich gedankenlyrische Texte z. B. in England (J. Milton, A. Pope, G. G. N. Byron, J. Keats, T. S. Eliot), Frankreich (A.-M.-L. de Lamartine, A. de Vigny, P. Valéry) und Italien (G. Leopardi). – Der Begriff ›G.‹ hat in der Forschung trotz der kontinuierlichen Produktion solcher Texte durch eine Fülle von Autoren kaum Resonanz gefunden. Ebenso wie der komplementäre Begriff ›Erlebnislyrik‹ entspricht er mit seiner dualistischen Trennung von Denken und Empfinden nicht mehr dem modernen Menschenbild.
Lit.: A. Todorow: G. Stgt. 1980. – K. Weimar: G. In: RLW.   GMS/JH

Gedankentropus ↗ Tropus (1).

Gedankenwitz ↗ Witz.

Gedenkschrift ↗ Festschrift.

Gedicht, Verstext, der oft als Bestandteil der ↗ Lyrik verstanden wird. Das Wort bezeichnet in seiner ältesten Bedeutung das nach mündlicher Vorgabe schriftlich Verfasste (mhd. *getihte* von lat. *dictare*). In erweiterter Bedeutung steht es schon im MA. für eine meist schriftlich fixierte Kunstschöpfung, kann aber auch eine lügenhafte Erfindung meinen. Für den gegenwärtigen terminologischen wie alltagssprachlichen Gebrauch sind zwei Bedeutungsverengungen entscheidend: 1. Im 18. Jh. wird ›G.‹ ein poetologischer Terminus für Texte in Versen, und zwar unabhängig von ihrer Gattungszugehörigkeit; G. E. Lessings »Nathan der Weise« (1779) und F. Schillers »Don Carlos« (1787) erschienen mit dem Untertitel »Ein dramatisches G.«, J. W. Goethes Epos »Hermann und Dorothea« (1797)

galt als ›episches G.‹. An diese Konzentration des Begriffsumfangs knüpft Lamping an, der ›G.‹ als Rede bzw. Text in Versen definiert und ausgehend von dieser formalen Bestimmung nach weiteren Kriterien lyrische, epische und dramatische G.e voneinander unterscheidet. – 2. Diesem Verständnis von ›G.‹ steht in der Geschichte des Wortgebrauchs seit dem 19. Jh. eine erneute Bedeutungsverengung entgegen, die auch terminologische Konsequenzen hat. Mit der Durchsetzung der ↗ Prosa in den dramatischen und epischen Formen hat sich die Vorstellung vom Verstext auf eine kurze G.form konzentriert, die als ↗ ›lyrisch‹ bezeichnet wird und heute die repräsentative Form versgebundener Dichtung ist.
Lit.: G. In: DWb 4 (1878), Sp. 2013–2019. – D. Burdof: Einf. in die G.analyse [1995]. Stgt., Weimar ²1997. – D. Lamping: Das lyrische G. [1989]. Gött. ³2000. – Ders.: G. In: RLW.   RB

Geflügelte Worte, bes. einprägsame ↗ Zitate, die unabhängig vom ↗ Kontext verwendet werden, dem sie entstammen. Im Ggs. zum anonymen ↗ Sprichwort sind die Urheber der g.n W. bekannt; im Ggs. zum ↗ Aphorismus sind sie nicht separat konzipiert, sondern von Dritten aus ihrem textuellen Zusammenhang gerissen. Die g.n W. dienen dem Bildungsnachweis, dem Bezug auf historische Autoritäten und wegen ihrer rhet. Wirkung als Redeschmuck (↗ Ornatus). – Die Bez. ›g. W.‹ ist die von J. H. Voß (1781) stammende wörtliche Übers. der homerischen Formel *épea pteroénta* (= ›[vom Mund des Redners zum Ohr des Angeredeten] fliegende Worte‹). Populär wird sie durch G. Büchmanns Sammlung »G. W. Der Citatenschatz des dt. Volkes« (¹1864, ⁴³2001).
Lit.: W. Mieder: Aphorismen, Sprichwörter, Zitate. Bern 2000, S. 11–34. – B. Müller: Die Flügel des Gedächtnisses. In: Merkur 57 (2003), S. 1087–1099.
                                                HW/NI

Gegenkanon ↗ Kanon.
Gegenkultur, f. [engl. *counterculture*], erstmals 1951 von T. Parsons verwendet, wurde der Begriff Ende der 1960er Jahre durch T. Roszak bekannt gemacht. Im Ggs. zur *Subkultur*, die als Teilformation einer Gesellschaft keineswegs zu dieser in Opposition stehen muss, definiert sich G. als Kritik und Antithese der jeweils dominanten Kultur, deren Werte- und Normengefüge sie ablehnt und zu überwinden sucht. Als prominente Beispiele der nicht selten eng mit der *Jugendkultur* verflochtenen G. können z. B. die Werke der *Beat Poets* (J. Kerouac, A. Ginsberg u. a.), die studentische 68er-Bewegung sowie die Hippie- und Punk-Bewegung gelten, welche speziell an der als reaktionär wahrgenommenen Lebensweise der bürgerlichen Konsumgesellschaft Anstoß nahmen. Nach wie vor sind es v. a. die 1960er Jahre, die als Blütezeit gegenkultureller Strömungen angesehen werden.
Lit.: P. Braunstein, M. W. Doyle (Hg.): Imagine Nation. The American Counterculture of the 1960s and '70s. NY 2002. – H. U. Gumbrecht: G. In: RLW. – R. Legutko:

Gedanken über G. In: SuF 51 (1999), S. 35–50. – T. Roszak: G. [engl. 1969]. Düsseldorf 1971.   JGP
Gegenreformation [frz. *contre-réforme*, engl. *counter-reformation*, it. *contra-riforma*], Selbstbehauptung der kath. Kirche gegenüber der Reformation in Auseinandersetzung mit dem Protestantismus in theologischer, kultureller, politischer und militärischer Hinsicht (vgl. Jedin, S. 80). Der Begriff ›G.‹ wurde 1776 eingeführt von J. St. Pütter und durchgesetzt durch L. v. Ranke (1795–1886) als Bez. für das kämpferische Vorgehen der kath. Kirche gegen die ev. Reformation. Als Epochenbez. für die Reichsgeschichte zwischen 1555 und 1648 wurde er von M. Ritter (»Dt. Geschichte im Zeitalter der G. und des Dreißigjährigen Krieges«, 1889–1908) gebraucht und deshalb von kath. Historikern zunächst abgelehnt. In der eingangs angeführten Definition von H. Jedin fand er jedoch allg. Anerkennung; die G. wird seitdem verstanden als zeitlich parallele Entwicklung neben der kath. Reform im Sinne einer Selbstbesinnung der Kirche auf das kath. Lebensideal durch innere Erneuerung, welche durch das Konzil von Trient, das Papsttum und die Reformorden, an erster Stelle die Jesuiten, durchgesetzt worden war. – Im Bereich der Lit. rechnen zur G. im engeren Sinne Streitschriften und Satiren des 16. Jh.s, etwa von Th. Murner (1475–1537), J. Cochlaeus (1479–1552), A. Alveldt (ca. 1480–ca. 1535) und J. Nas (1534–90). Im weiteren Sinne gehört die gesamte Lit. der kath. Reform des 16. und 17. Jh.s (↗ Barock) dazu, die ihren Niederschlag in Gebets-, Gesang- und Erbauungsbüchern wie in allen Lit.sparten fand. Die Entwicklung nahm ihren Ausgangspunkt in den romanischen Ländern, bes. Spanien; vor den Volkssprachen diente Lat. als Lit.sprache. – Im Bereich der Lyrik dominiert die geistliche vor der weltlichen Dichtung. Als religiöse Dichter wirkten in humanistischer Tradition stehende Jesuiten wie J. Balde (1604–68) und F. Spee v. Langenfeld (1591–1635) oder Angelus Silesius (1624–77). – Die Entwicklung des barocken Romans setzte in Spanien ein. Ägidius Albertinus (1560–1620) übersetzte den ↗ pikaresken Roman »Guzman de Alfarache« (1599/1604) von M. Alemán y de Enero (1547– nach 1613). – Das Drama der G. mit seiner Verbindung von Katechese und Unterhaltung nahm ebenfalls in Spanien seinen Ausgang (F. Lope de Vega [1562–1635], P. Caldéron de la Barca [1600–81]). Große Breitenwirkung entfaltete das gelehrte Schul- und Klosterdrama der Jesuiten (↗ Jesuitendrama; ↗ Märtyrerdrama) mit seinen Vertretern J. Pontanus (1542–1626), J. Gretser (1562–1625) und J. Bidermann (1577–1639). Die Aufführungen als »dramatische Predigten« (Valentin, S. 242) sollten die Wahrheit der Heilsgeschichte belegen und die Zuschauer aufrütteln. Die gesamte Lit. der G. dient der Verkündigung der kath. Glaubenslehre. – Als Terminus, der die G. und ihre Gegner im Zeitalter zugespitzter Glaubensauseinandersetzungen situiert, wird heute häufig ›Konfessionalismus‹ gebraucht.
Lit.: B. Bauer: G. In: RLW. – D. Breuer: Oberdt. Lit.

1565–1650. Mchn. 1979. – H. Jedin: Kath. Reformation oder G.? [1946]. In: E. W. Zeeden (Hg.): G. Darmstadt 1973, S. 46–81. – D.-R. Moser: Verkündigung durch Volksgesang. Studien zur Liedpropaganda und -katechese der G. Bln. 1981. – H. G. Rötzer: Der Roman des Barock 1600–1700. Mchn. 1972. – J.-M. Valentin: G. und Lit. In: Historisches Jb. 100 (1980), S. 240–256. – D. J. Weiß: Kath. Reform und G. Darmstadt 2005.   DJW

Gegenrefrain, auch: Anfangsrefrain. ↗ Refrain.

Gegensang, von L. Uhland (»Der Minnesang«) geprägte Bez. für diejenigen mhd. lyrischen Gattungen, welche sich bewusst, z. T. parodistisch vom ↗ Minnesang Reinmars des Alten oder Walthers von der Vogelweide absetzen wollten. Hauptvertreter ist Neidhart von Reuental.   GS/Red.

Gegenstandsloser Roman, dt. (charakterisierende) Bez. für den frz. ↗ Nouveau Roman.

Gegenstrophe ↗ Antistrophe.

Gegenwartsliteratur, auch: zeitgenössische Lit. ›G.‹ ist ein relationaler Begriff, der eine Teilmenge des Gesamtbereichs ↗ ›Belletristik‹ bezeichnet. Seine Bestimmung ist abhängig davon, was der Betrachter als seine Gegenwart erfährt und wie er ›Gegenwart‹ definiert. V. a. drei Varianten finden Verwendung: 1. bezeichnet ›G.‹ die Neuerscheinungen der letzten Jahre, wobei der aktuellen Buchsaison oft ein bes. Interesse zukommt; 2. wird der Begriff rezeptions- oder produktionsbezogen entweder a) auf die Werke noch lebender oder jüngst verstorbener Autoren bezogen oder b) auf den Katalog von Neuerscheinungen innerhalb der Lebensspanne eines gegenwärtigen Publikums; 3. in der Lit.-wissenschaft bezeichnet der Begriff ›G.‹ in der Regel die jüngste Periode der Lit.produktion. Die Abgrenzung einer Gegenwart von der Historie ist meist ereignisgeschichtlich motiviert und orientiert sich an politischen oder sozialen Einschnitten bzw. an Daten, die im zeitgeschichtlichen Diskurs als solche interpretiert werden. Aus der Perspektive des frühen 21. Jh.s kommen insbes. 1945, 1968 und 1989/90 als Beginn der G. in Betracht.

Die Festlegung auf *1945* bezieht sich auf das Ende des ›Dritten Reichs‹, die Vorstellung eines umfassenden politischen und kulturellen Neuanfangs sowie den Beginn einer Entwicklung von ›zwei Lit.en‹ in Ost und West. Ein zentraler Stellenwert für die Herausbildung einer bundesrepublikanischen G. wird dabei der ↗ Gruppe 47 zuerkannt. Stichworte der Beschreibung sind Hinweise auf die Anfänge in am. Kriegsgefangenenlagern und die von H. W. Richter herausgegebene Zs. »Der Ruf«, die Praxis der Autoren-Lesungen und Preisvergaben, die Verbindung von Lit. und Kritik, die Durchsetzung eines gesellschaftskritischen Realismus, die Opposition zur Restauration der ›Ära Adenauer‹, das Anschreiben gegen die Verdrängung der NS-Vergangenheit, gegen Wiederbewaffnung und Ökonomismus bei gleichzeitiger Ablehnung von politisch-operativen Lit.vorstellungen. Als zentrale Persönlichkeiten dieser zu ihrer Zeit heftig befehdeten ↗ ›Nachkriegslit.‹

werden retrospektiv v. a. H. Böll, G. Grass, I. Bachmann, U. Johnson und M. Walser hervorgehoben. Bis zu ihrem Niedergang Mitte der 1960er Jahre fungierte die Gruppe 47 als Bezugspunkt für die Idee eines ›besseren‹ Deutschland und als Symbol für den geglückten Neuanfang nach 1945.

Die Wahl des durch das Jahr *1968* markierten Einschnitts hebt auf die gesellschaftlichen Veränderungen ab, die sich in der Folge der sog. ›Studentenunruhen‹ dieser Zeit ergeben haben. Die Lit. zeichnete sich in den 1960er Jahren durch eine zunehmende Politisierung aus, die auf den ›Kalten Krieg‹ (Bau der Berliner Mauer 1961; Kuba-Krise 1962) und die aktuellen weltgeschichtlichen Entwicklungen (Vietnam-Krieg; ›Kulturrevolution‹ in China 1966) reagierte. Die Umbruchstimmung verflog indes bald und machte einer Skepsis in Bezug auf die politisch-gesellschaftliche Gestaltungskraft von Lit. Platz. Die 1970er Jahre standen vornehmlich im Zeichen einer ›Neuen Subjektivität‹. Mit dieser Tendenzwende erfuhr individuelle Erfahrung als Bezugspunkt für Lit. erneut eine Aufwertung, was die Karriere autobiographischer Lit. oder von Frauenlit., aber auch die des dt. ›Autorenfilms‹ beförderte. Die Individualisierung verbindlicher Orientierungsmarken setzte sich in den späten 1970er und in den 1980er Jahren im Horizont der ›Postmoderne‹-Diskussion fort. Gleichzeitig war eine Wiederkehr des Erzählens zu beobachten, die statt formaler Innovation den Weg zum Publikum und den Brückenschlag von ›U-‹ und ›E-Kultur‹ suchte (P. Süskind: »Das Parfum«, 1985).

Zunehmend wird der Einschnitt *1989/90* als Beginn der G. angesehen. Die Periodisierung rekurriert auf das Ereignis der dt.-dt. Vereinigung. Als bes. Merkmale dieser jüngsten Lit. gelten die Thematisierung von ›Wende‹ und ›Einheit‹, die kurzzeitige Karriere von ↗ Poplit. und Oberflächen-Ästhetik sowie die dichte Stafette von ↗ Lit.streiten und publizistischen Auseinandersetzungen, bei denen zentrale Tabuthemen des öffentlichen Lebens kontrovers diskutiert wurden (z. B. der ↗ dt.-dt. Lit.streit um Ch. Wolf, ferner um P. Handke, B. Strauß oder M. Walser). Die Debatten gelten als Versuche einer Neujustierung des durch die dt.-dt. Vereinigung und die Globalisierung erschütterten kulturellen Systems.

Lit.: W. Barner (Hg.): Geschichte der dt. Lit. von 1945 bis zur Gegenwart. Mchn. 1994. – M. Baßler: Der dt. Pop-Roman. Mchn. 2002. – K. Briegleb, S. Weigel (Hg.): G. seit 1968. Mchn., Wien 1992. – F. Th. Grub: »Wende« und »Einheit« im Spiegel der dt.sprachigen Lit. 2 Bde. Bln. 2003. – C. Kammler u. a.: Dt.sprachige G. seit 1989. Eine Auswahlbibliographie. Hdbg. 2003. – R. Schnell: Geschichte der dt.sprachigen Lit. seit 1945 [1993]. Stgt. ²2003. – V. Wehdeking (Hg.): Mentalitätswandel in der dt. Lit. zur Einheit (1990–2000). Bln. 2000.   LB

Gehalt, durch die ↗ Gestalt vermittelte erlebte ↗ Bedeutung eines Kunstwerks. Gegenüber dem teilsynonymen ›Inhalt‹ weist ›G.‹ eine Konnotation bes. Werthaftigkeit auf. – In der Kunsttheorie der ↗ Weimarer Klassik wird der G. als dem Inneren des Künstlers entspringendes Element einerseits von der gestalteten ↗ Form, andererseits vom materialen ↗ Stoff unterschieden. Walzel bestimmt ›G.‹ und Gestalt als wechselseitig bedingte Aspekte des lit. Kunstwerks.

Lit.: O. Walzel: G. und Gestalt im Kunstwerk des Dichters. Bln.-Neubabelsberg 1923. – E. M. Wilkinson: ›Form‹ and ›Content‹ in the Aesthetics of German Classicism. In: P. Böckmann (Hg.): Stil- und Formprobleme in der Lit. Hdbg. 1959, S. 18–27.   DWL

Geheimbundroman, Sonderform des ↗ Abenteuer- und Schauerromans. Die Handlung des G.s wird durch eine mächtige Geheimgesellschaft bestimmt, deren Manipulationen und Mystifikationen Protagonisten und Geschehen des Romans lenken. Zunächst übernatürlich scheinende Ereignisse werden in der Regel rational erklärt. Der G. hat seinen Ursprung in der Geheimbund-Lit. der Aufklärung (Freimaurer, Illuminaten). Das Grundmuster des G.s lieferte F. Schillers »Der Geisterseher« (1786). Dessen Erfolg regte Fortsetzer und Nachahmer im Bereich des Trivialromans an (Follenius, K. Grosse, K. F. Kahlert, C. Tschink); das Geheimbund-Motiv fand jedoch auch Eingang in den lit. anspruchsvollen Roman der Zeit (L. Tieck: »William Lovell«, 1795 f.; J. W. Goethe: »Wilhelm Meisters Lehrjahre«, 1795 f.; A. v. Arnim: »Die Kronenwächter«, 1817). Die mit der Frz. Revolution aufgekommenen politischen Verschwörungstheorien hielten den trivialen G. bis in die Gegenwart lebendig. Ironisch gebrochen wird das Muster des G.s bei Th. Pynchon (»The Crying of Lot 49«, 1966) und U. Eco (»Il pendolo di Foucault«, 1988).

Lit.: M. Agethen: Geheimbund und Utopie. Mchn. 1984. – M. Thalmann: Der Trivialroman des 18. Jh.s und der romantische Roman. Bln. 1923. – M. Voges: Aufklärung und Geheimnis. Tüb. 1987.   PHA

Geißlerlieder, Gesänge der mal. Laienbruderschaften der Flagellanten (Geißler), in den Quellen meist als ↗ Leis, auch als ↗ Leich bezeichnet; dem geistlichen ↗ Volkslied zuzurechnen. – Ausgehend von Italien (↗ Lauda), in Deutschland für die Jahre 1260–62 und 1296, v. a. aber für das Pestjahr 1349 bezeugt. Die auf dem Weg zum oder vom Akt der Geißelung gesungenen (z. T. neu geschaffenen, meist bereits vorhandenen) Lieder wechselten; der Leis bei der Bußhandlung selbst stand fest (»Nu tret her zuo der buossen welle«). Wichtigste dt. Quelle der Texte und aller Melodien ist Hugos von Reutlingen »Chronicon ad annum MCCCXLIX«.

Texte: P. Runge (Hg.): Die Lieder und Melodien der Geißler des Jahres 1349 nach der Aufzeichnung Hugo's von Reutlingen. Lpz. 1900. Nachdr. Hildesheim, Wiesbaden 1969.

Lit.: A. Hübner: Die dt. G. Bln. 1931. – J. Müller-Blattau: Die dt. G. In: Zs. für Musikwissenschaft 17 (1935), S. 6–18.   MGS

Geisterballade ↗ Ballade.

Geistergespräch, 1. ideengeschichtliche Vorstellung, dass die herausragenden intellektuellen Gestalten aller Zeiten in einem zeitlosen Verständigungszusammenhang miteinander stehen. Bes. eindrucksvoll wird dieser Gedanke eines ›hohen G.s‹ als Grundelement einer ›monumentalischen Geschichtsschreibung‹ im Frühwerk F. Nietzsches (»Vom Nutzen und Nachtheil der Historie für das Leben«, 1874; »Die Philosophie im tragischen Zeitalter der Griechen«, 1873) gestaltet: Ein Riese rufe dem andern durch ›die öden Zwischenräume der Zeiten‹ zu. – 2. Fiktiver ↗ Dialog, an dem sich im Unterschied zum ↗ Totengespräch sowohl Lebende als auch Tote beteiligen können.

Lit.: K. O. Brogsitter: Das hohe G. Bonn 1958. – D. Burdorf: Riese, Berggipfel, Leuchtturm. In: G. R. Kaiser, H. Macher (Hg.): Schönheit, welche nach Wahrheit dürstet. Hdbg. 2003, S. 1–26.   JH

Geistesgeschichtliche Literaturwissenschaft, philosophisch orientierte Strömung der ↗ dt. Philologie der 1910er und 1920er Jahre, die sich von der ↗ positivistischen Lit.wissenschaft abzugrenzen suchte und Kunst als Ausdruck einer überindividuellen geistigen Instanz verstand. – Eine Grundlegung erfuhr die g. L. im späten 19. Jh. durch W. Dilthey, der die Geisteswissenschaften durch Abgrenzung von den Naturwissenschaften wissenschaftstheoretisch zu begründen versuchte. Der Prozess des ↗ ›Verstehens‹ wurde gegen das naturwissenschaftliche Prinzip des ›Erklärens‹ gesetzt und mit dem Begriff ›Erlebnis‹ (↗ Erlebnisdichtung) verbunden. In den 1910er Jahren entwickelte sich die g. L. als Antwort auf eine Krise des Fachs, die aus dem Ungenügen an einem verengten disziplinären Diskurs entstanden war. Der Mikrologie einer analytisch-individualisierenden Fakten- und Detailwissenschaft stellte die g. L. den umfassenden Entwurf sinnhafter geschichtlicher Zusammenhänge entgegen. Als Ausgangspunkt gilt R. Ungers Aufsatz »Philosophische Probleme in der neueren Lit.wissenschaft« (1908). Mit der g.n L. war eine erneute Aufwertung des Kunstwerks verbunden. Im Blickfeld standen das zeitüberdauernde ›große‹ Werk und v. a. sein Schöpfer. An die Stelle der ↗ Edition als zentraler lit.wissenschaftlicher Publikationsform traten die ↗ Monographie (Unger: »Hamann und die dt. Aufklärung«, 1911; F. Gundolf: »Shakespeare und der dt. Geist«, 1911) und die Überblicksdarstellung (H. A. Korff: »Geist der Goethezeit«, 4 Bde., 1923–53). Das stoffliche Interesse richtete sich auf zeit- oder raumübergreifende geistige Zusammenhänge (Ideen- oder Problemgeschichte, auch Stiltypologie). Der Ansatz ist normativ; in Abgrenzung zum relativistischen Positivismus verstand sich die g. L. als »Prinzipienwissenschaft« (Unger): Dichtung erscheint als Medium der Lebensdeutung und der Künstler wird als maßstabsetzende ›Gestalt‹ begriffen. Der außerordentliche Erfolg der g.n L. im Fachdiskurs der 1920er Jahre manifestierte sich u. a. in der Begründung der auch heute noch existierenden (allerdings neu ausgerichteten) »Dt. Vierteljahrsschrift für Lit.wissenschaft und Geistesgeschichte« durch P. Kluckhohn und E. Rothacker. – Als Leistungen der g.n L. können die einen kulturgeschichtlichen Überblick gestattende Konstruktion transpersonaler Sinneinheiten sowie der interdisziplinäre Zugriff angesehen werden; ihre Grenzen liegen in ihrem normativen Ansatz und in der spekulativen Synthesenbildung.

Lit.: H. Dainat, R. Kolk: Das Forum der Geistesgeschichte. In: R. Harsch-Niemeyer (Hg.): Beiträge zur Methodengeschichte der neueren Philologien. Tüb. 1995, S. 111–134. – H. Dainat: Von der Neueren dt. Lit.geschichte zur Lit.wissenschaft. In: J. Fohrmann, W. Voßkamp (Hg.): Wissenschaftsgeschichte der Germanistik im 19. Jh. Stgt., Weimar 1994, S. 494–537. – Ch. König, E. Lämmert (Hg.): Lit.wissenschaft und Geistesgeschichte. 1910–25. Ffm. 1993. – K. Weimar: Geistesgeschichte. In: RLW.   LB

Geisteswissenschaft ↗ Kulturwissenschaft (2).

Geistliche Dichtung ↗ geistliche Epik, ↗ geistliche Lyrik, ↗ geistliches Spiel, Geistlichendichtung, ↗ Antichristdichtung, ↗ Deutschordenslit., ↗ Messiade, ↗ Patriarchade.

Geistliche Epik, Sammelbez. für erzählende religiöse Dichtungen, die ihrem Stoff, Umfang und ihrer Ausgestaltung nach auf monumentale Darstellung heilsgeschichtlicher Zusammenhänge zielen. Die Stoffgrundlage bilden AT, NT und Apokryphen (↗ Bibelepik) sowie Heiligenleben (↗ Legende [1a], ↗ Legendendichtung). Die Werke der g.n E. beschränken sich selten auf bloße Stoffwiedergabe in Versform. Meist werden sie von ↗ Prologen und ↗ Epilogen gerahmt; allegorische Auslegungen werden in die Handlung integriert; die intellektuelle Durchdringung der geistlichen Inhalte wird durch deren affektives Erfassen intensiviert (Heinrich von Neustadt: »Von Gottes Zukunft«, Anfang des 14. Jh.s). Für viele Dichtungen ist eine enzyklopädische Tendenz charakteristisch: In der Darstellung des Erlösungsplans wird der Bogen von der Schöpfung bis zum Jüngsten Gericht gespannt, was die Werke der g.n E. zu Kompendien des heilsgeschichtlich relevanten Wissens macht. Die exemplarischen Figuren (Heilige im »Väterbuch« und »Passional«, Ende des 13. Jh.s; Johannes der Täufer und Maria Magdalena in »Der Saelden Hort«, nach 1298) werden typologisch mit dem Leben Jesu oder den alttestamentlichen Figuren in Verbindung gebracht; die Handlung wird in epochale Ereignisse der Geschichte des Christentums eingebettet (Kreuzesholzlegende in Lutwins »Adam und Eva«, 14. Jh.). – Als ↗ Erbauungslit. zur privaten Lektüre oder als Grundlage für die im Klostermilieu geläufigen ↗ Tischlesungen hatte die g. E. im MA. ihren festen ↗ Sitz im Leben. Der hohe lit. Anspruch einiger Werke (»Die Erlösung«, Anfang 14. Jh.) spricht neben einer spirituellen, andächtig-meditativen auch für eine intellektuell-ästhetische zeitgenössische Rezeption. – Mit der zunehmenden Säkularisierung der Lit. in der Neuzeit haben Werke der g.n E. im Vergleich zum MA. an Bedeutung verloren. Zu den letzten großen Beispielen gehört F. G. Klopstocks Epos »Der Messias« (1748–73).

Lit.: J. Janota: Orientierung durch volkssprachige Schriftlichkeit. Tüb. 2004, S. 221–237. – V. Mertens, U. Müller (Hg.): Epische Stoffe des MA.s. Stgt. 1984.   ID

Geistliche Lyrik, auch: religiöse Lyrik; Sammelbez. für Gedichte, die christlich-dogmatische Glaubensinhalte, aber auch individuelles religiöses Erleben darstellen. – Nach dem Vorbild lat. Dichtungen (↗ Hymne, ↗ Sequenz, Conductus, ↗ Cantio), bes. der Hymnen des Ambrosius (4. Jh.), entwickelte sich die volkssprachliche g. L. Erste Zeugnisse sind ahd. und frühmhd. ↗ Psalmen und ↗ Gebete (»Wessobrunner Schöpfungsgedicht«, vor 814), Heiligenpreislieder (auf Gallus, Petrus, Georg, 9. Jh.), Marienhymnen (»Melker Marienlied«, um 1140), poetische Heilslehren (»Ezzolied«, um 1160), Sündenklagen sowie Lieder für kirchliche Feste, Teile der Messfeier, Wallfahrten und Prozessionen. Höfische ↗ Minnesänger wie Walther von der Vogelweide und Frauenlob entwickelten eine anspruchsvolle geistliche Kunstlyrik, die sich in ↗ Leich, Marienlyrik, Kreuzzugslyrik (Friedrich von Hausen, Hartmann von Aue, später Konrad von Würzburg), geistlicher Spruchdichtung (Reinmar von Zweter) sowie ↗ geistlichen Tageliedern (Peter von Arberg, Hugo von Montfort) äußerte. Auch die Meistersänger nahmen sich geistlicher Stoffe an (Mönch von Salzburg, Hans Sachs). Im Spät-MA. wurden häufig geistliche ↗ Kontrafakturen weltlicher Lieder produziert. Bedeutendste Überlieferungsträger der g.n L. sind die Würzburger, die Jenaer und die Kolmarer Liederhss. M. Luther, der auch als Liederdichter und Komponist wirkte, begründete das für den ev. Gemeindegesang vorgesehene ↗ Kirchenlied. Die g. L. des Barock entwickelte das Kirchenlied weiter, griff aber auch auf die mal. ↗ Mystik zurück; sie war poesieorientiert und stellte das subjektive, individuelle Empfinden in den Vordergrund (ev. Autoren: M. Opitz, Ch. Knorr von Rosenroth, A. Gryphius, P. Fleming, P. Gerhardt; kath. Autoren: D. v. Czepko, F. v. Spee und Angelus Silesius). Vertreter des ↗ Pietismus knüpften an diese Tradition an (N. v. Zinzendorf, G. Tersteegen), ebenso – mit immer stärkerer Individualisierungstendenz – Ch. F. Gellert, F. G. Klopstock, Novalis (»Geistliche Lieder«, 1802), C. Brentano (»Romanzen vom Rosenkranz«, 1809 f.) und A. v. Droste-Hülshoff (»Das geistliche Jahr«, 1851). Weite Verbreitung fand seit dem Barock eine der ↗ Erbauungslit. zuzurechnende g. L., die entweder volkstümliche Liedformen benutzte (Versifizierung von Glaubensartikeln, Psalterbearbeitungen) oder den jeweils zeittypischen Formenschatz der weltlichen Lyrik adaptierte (im 19. Jh. z. B. Ph. Spitta, K. Gerock, J. Sturm). – Nach Formen ästhetisierender religiöser Lyrik (R. M. Rilke: »Das Stundenbuch«, 1905) entwickelte sich seit etwa 1930 wieder eine unpersönliche Aussage anstrebende g. L.: auf protestantischer Seite – zum Teil im Kontext der ›Bekennenden Kirche‹ – von R. A.

Schröder, J. Klepper und D. Bonhoeffer, auf kath. Seite von G. v. Le Fort (»Hymnen an die Kirche«, 1924), R. Schneider und W. Bergengruen. In der Nachkriegszeit entstand eine lit. unbedeutende didaktische Erbauungslyrik, die Naturbilder und die Anrufung bleibender menschlicher Werte mit christlicher Tröstungsbereitschaft verband (A. Goes, O. Schaefer).

Lit.: I. Bach, H. Galle: Dt. Psalmendichtung vom 16. bis zum 20. Jh. Bln., NY 1989. – P. Dronke: Die Lyrik des MA.s. Bd. 2: Die Entwicklung der g.n L. Mchn. 1973. – A. Dürr, W. Killy (Hg.): Das Protestantische Kirchenlied im 16. und 17. Jh. Wien 1986. – J. Janota: Studien zu Funktion und Typus des dt. geistlichen Liedes im MA. Mchn. 1968. – H.-G. Kemper: Dt. Lyrik der frühen Neuzeit. 6 Bde. in 10 Bdn. Tüb. 1987–2006. – J. Pfeiffer: Dichtkunst und Kirchenlied. Hbg. 1961. – M. Rössler: Liedermacher im Gesangbuch: Liedgeschichte in Lebensbildern. Stgt. 2001. – K. Ruh (Hg.): Beiträge zur weltlichen und g.n L. des 13.–15. Jh.s. Bln. 1973. – I. Scheitler: Geistliches Lied. In: RLW. – B. Wachinger: Der Mönch von Salzburg. Zur Überlieferung geistlicher Lieder im späten MA. Tüb. 1989. – E. Zeller: Das Wort und die Wörter. Tradition und Moderne in der g.n L. Stgt. 1990.   MDC

Geistliches Drama ↗ geistliches Spiel.

Geistliches Spiel, der Überlieferung [mhd. *spil*, lat. *ludus*] entnommene Sammelbez. für die in der kirchlichen Liturgie verwurzelten mal. ↗ Schauspiele, die – ohne Bezug zur aristotelischen Theorie des antiken Dramas – zentrale Ereignisse der christlichen Heilsgeschichte szenisch vergegenwärtigen. – Die Keimzelle des geistlichen Spiels bildet im 10. Jh. der dialogische Ostertropus (↗ Tropus [2]) *Quem queritis in sepulchro*, ein von zwei Chören gesungener Redewechsel zwischen den drei Marien und dem die Auferstehung verkündenden Engel am Grabe Christi. Mit der Erweiterung zur szenischen Darstellung der *Visitatio sepulchri*, des Grabbesuchs der drei Marien am Ostermorgen, entsteht als unmittelbare Vorstufe zum Spiel die dramatische Osterfeier. Analog entwickelt sich aus dem Weihnachtstropus *Quem queritis in praesepe* im 11. Jh. das dramatische *Officium pastorum*, die Feier der Anbetung des Jesuskindes durch die Hirten. Durch Aufnahme außerliturgischer Szenen erfolgt im 13. Jh. die Verselbständigung zum Spiel (↗ Osterspiel, ↗ Weihnachtsspiel), das an die lat. Sprache, die sakrale Symbolik des Kirchenraumes und die Kleriker als Akteure gebunden bleibt und sich in dieser Form das gesamte MA. hindurch erhält. Zudem bildet sich seit dem 13. Jh. das stofflich und szenisch expandierende, im Freien (Kirchenvorplatz oder Marktplatz) aufgeführte Spiel mit überwiegend volkssprachigen Texten aus, das als Phänomen der stadtbürgerlichen Kultur bes. im 15. Jh. und in der ersten Hälfte des 16. Jh.s seine Blütezeit erlebt. Die Funktionen von Autor und Spielleiter werden in der Regel von Geistlichen wahrgenommen, doch sind die Darsteller dieser zu teilweise mehrtägig gespielten Zyklen ausgedehnten Spiele Angehörige der städtischen Bürgerschaft. Den engeren Oster- und Weihnachtsfestkreis überschreitend werden hier Ereignisse der gesamten Heilsgeschichte von der Schöpfung bis zum Weltende in Szene gesetzt. Neben der Bibel als Hauptquelle wird auf Stoffe und Motive aus ↗ Apokryphen, Hagiographie und theologischem Schrifttum zurückgegriffen.

Die Vielfalt der als Szenenkomplex oder episodische Einzelszene überlieferten Spiele lässt sich nach ihrer Zugehörigkeit zu den großen heilsgeschichtlichen Epochen der Vergangenheit, Gegenwart und Zukunft gruppieren: 1. a) Die alttestamentliche Epoche der Vorausdeutung ist mit selbständigen Spielen, z. B. vom Sündenfall und seinen Folgen, von Jacob und Esau, Simson oder Susanna, nur gering belegt, da sich ihre theologische Substanz erst aus dem Erlösungsgeschehen der Folgeepoche erschließt. b) Am stärksten vertreten sind die der Epoche der Erfüllung zugehörigen, auf Christus und die Feste des Kirchenjahres zentrierten neutestamentlichen Spiele (Oster-, Weihnachts-, ↗ Passionsspiel). Kennzeichnend für die Passionsspiele mit den typuskonstituierenden Szenen der Passion vom Abendmahl bis zur Grablegung ist die oft in größerer Dimension genutzte Möglichkeit der Szenenanlagerung durch Einbezug von alt- und neutestamentlichem Vorgeschehen (z. B. Weltschöpfung, Sündenfall, alttestamentliche ↗ Präfigurationen, Weihnachtsszenen, öffentliches Wirken Jesu) und Weiterführung zu den Ereignissen von Ostern bis Pfingsten. Einzeln überliefert sind z. B. das Magdalenenspiel, ↗ Marienklagen und Spiele von Mariae Tod und Himmelfahrt. – 2. Die von der Bibel ausgesparte, dafür durch die ↗ Hagiographie mit Zeugnissen der Präsenz des Göttlichen in der Welt aufgefüllte Epoche der heilsgeschichtlichen Gegenwart, des Zeitalters der *Ecclesia*, wird v. a. von ↗ Mirakel- und Legendenspielen (↗ Legende) repräsentiert, die das durch heilige Personen und Gegenstände mit göttlicher Kraft gewirkte Wunder ins Zentrum stellen (z. B. Nothilfe durch Maria, Georg oder Nikolaus, Martyriumswunder an Dorothea und Katharina, Wundergeschehen um die Kreuzeshelzreliquie). – 3. Drei Spieltypen erfassen die wiederum biblisch offenbarte letzte Epoche der heilsgeschichtlichen Zukunft: a) Zehnjungfrauenspiele führen die individuelle, b) Antichristspiele (↗ Antichristdichtung) die kollektive und c) ↗ Weltgerichtsspiele die universale Eschatologie vor. – Daneben zeigen die prozessional aufgeführten ↗ Fronleichnamsspiele den göttlich gelenkten Ablauf der Heilsgeschichte vom Anbeginn bis zum Weltende. Selten vertreten ist im dt.sprachigen Bereich die Sonderform der zeitenthobenen ↗ Moralität mit allegorischen Personifikationen als Handlungsträgern.

Die aufführungstypische ↗ Simultanbühne visualisiert die christliche Weltvorstellung und lässt über die chronologische Ereignisfolge hinaus den theologischen Sinn des Geschehens transparent werden. Polar stehen sich Himmel (im Osten, erhöhte Position) und Hölle gegenüber; dazwischen werden die diesseitigen Spielorte nach dem auf Gut und Böse verweisenden Rechts-Links-Schema angeordnet. Während der Aufführung bleibt durch den Einbezug lat. Gesänge (zumeist mit volkssprachiger Paraphrase) und liturgisch-ritueller Elemente die Rückbindung an den Gottesdienst stets präsent. Wesentliches Anliegen des geistlichen Spiels, das sein Laienpublikum rational und emotional ergreift, ist die religiöse Belehrung. Durch direkte (predigthafte Lehrreden) und indirekte, handlungsimmanente Didaxe (unmittelbare Vergegenwärtigung historischer Vorgänge als Exempel für Heils- und Unheilsgeschehen) werden moraltheologische und dogmatische Sachverhalte vermittelt, während über die Erregung von Mitleid, Erschütterung, Verdammnisfurcht und Heilszuversicht die Zuschauer individuell zu Selbstbesinnung und Sündenerkenntnis gelangen können. Auch die Funktion der ernsten Geschehen in krasser Gegensätzlichkeit konfrontierten ›komischen‹, zumeist genuin entstandenen Szenen mit derb-grotesker, auch skatologischer und sexueller Komik ist im heilspädagogischen Kontext zu sehen. Da die Handlungsträger sich als Repräsentanten von Todsünden des Leibes und der Seele dekuvrieren, ist die vordergründige Belustigung von einem auf die eigene Sündhaftigkeit verweisenden Abschreckungseffekt begleitet.

Die Tradierungsweise der überwiegend anonym erhaltenen Spieltexte, aufführungsgebunden als Regiebuch, ⁊ Dirigierrolle oder Einzelrolle, aber auch sekundär als Abschrift zu Lesezwecken, belegt die praktische Gebrauchsfunktion ihrer Aufzeichnung. – Nach Ausweis der lokalisierbaren Texte und der zahlreich überlieferten Aufführungszeugnisse verbreitet sich das geistliche Spiel über das gesamte dt. Sprachgebiet mit regionaler und lokaler Schwerpunktbildung im Südtirolischen, Alemannischen und Rheinfränkischen. Als Erscheinung des europäischen MA.s tritt das geistliche Spiel mit spezifischer Eigenprägung der volkssprachigen Spieltypik auch in den Niederlanden (Mirakelspiele, Moralitäten), England (zyklische Fronleichnamsspiele, Moralitäten), Frankreich (Mysterienspiele, Passionen), Italien (Prozessionsspiele, Predigtspiele) und Spanien (⁊ Auto sacramental) auf. – Die Tradition des geistlichen Spiels endet mit dem Übergang zur ⁊ Frühen Neuzeit im Zuge der geistig-religiösen Gegenbewegung und der lit. und dramentechnischen Innovationen von Reformation und ⁊ Humanismus. Partiell wirkt das geistliche Spiel weiter in der Agitation der ⁊ Gegenreformation und in der Rezeption durch das neuzeitliche Volksschauspiel.

Lit.: R. Bergmann: Spiele, Mal. geistliche. In: RLG. – Ders.: Katalog der dt.sprachigen geistlichen Spiele und Marienklagen des MA.s. Mchn. 1986. – M. Brauneck: Die Welt als Bühne. Bd. 1. Stgt., Weimar 1993. – H. Linke: Vom Sakrament bis zum Exkrement. In: G. Holtus (Hg.): Theaterwesen und dramatische Lit. Tüb. 1987, S. 127–164. – L. R. Muir: The Biblical Drama of Medieval Europe. Cambridge 1995. – U. Schulze: G. Sp. In: RLW. EUB

Geistliches Tagelied, religiöses Pendant zum weltlichen ⁊ Tagelied, das wie dieses auf festen personalen (Ritter, Dame, Wächter), lokalen (Burginneres und -äußeres), temporalen (Nacht, Tagesanbruch) und inhaltlichen (Warnung der Wächters, Klage der Dame, Abschied des Ritters) Konstituenten beruht. Die Allegorese dieser Konstituenten, integrierendes Moment des Liedes, ist variabel, in den Grundzügen aber immer auf das Seelenheil bezogen: So bedeutet der Ritter z. B. den Menschen, der sich der Sünde (= Dame) hingibt, aber von seinem Gewissen (= Wächter) ermahnt, geistlich erweckt wird. – Nur rund 15 Lieder folgen dem Schema des Tageliedes genau. Etwa 35 schöpfen in lockerer Weise und Abfolge aus dem Motivbestand der Gattung. Weitere rund 90 enthalten vereinzelte tagelied-ähnliche Elemente. Die meisten sind Anonyma; bekannteste Dichter sind Heinrich Laufenberg und Hans Sachs. Die Melodien sind z. T. notiert, oft auch nur mit Tonnamen bezeichnet. – Der Liedtypus ist wohl im Umkreis des Sangspruchs (Reinmar von Zweter) entstanden; erstmals belegt ist er in der Heidelberger Hs. (cpg 350, um 1300). Einflüsse der Bibel, der geistlichen Weckhymne des Früh-MA.s und der provenz. ⁊ Alba sind wahrscheinlich; vielfach ist ⁊ Kontrafaktur zu vermuten. – Das »Hohenfurter Liederbuch« (Böhmen, um 1450) und die »Kolmarer Liederhs.« (um 1460) überliefern die größten Gruppen geistlicher Tagelieder. Einen neuen und letzten Impuls erhält die Gattung dank der religiösen Wandlungen des 16. Jh.s mit dem ⁊ Kirchenlied (Ph. Nicolai: »Wachet auff, rufft vns die Stimme«, 1599).

Lit.: Th. Kochs: Das dt. geistliche Tagelied. Münster 1928. – M. Probst: Nu wache ûf, sünder traege. Ffm. 1999. – A. Schnyder: Das geistliche Tagelied des späten MA.s und der frühen Neuzeit. Tüb., Basel 2004. MDC

Gelegenheitsdichtung, auch: Kasualdichtung, Okkasionaldichtung [lat. *casus* = Fall, Gelegenheit; *occasio* = (günstige) Gelegenheit], Sammelbez. für lit. Werke, die zu einem bestimmten Anlass verfasst werden. Die G. gehört zur ⁊ Gebrauchslit. und wird meist als Auftragsarbeit angefertigt. Sie dient oft der Würdigung einer Person bzw. ihrer gesellschaftlichen Stellung, wobei die Festgemeinschaft zum eigentlichen Adressaten wird (⁊ Panegyrikus). Meist erlaubt G. Rückschlüsse auf Wertvorstellungen ihrer Entstehungszeit. – G. ist als ⁊ Hofdichtung seit der Antike belegt (⁊ Poeta laureatus); im MA. und in der Frühen Neuzeit bildeten sich ⁊ heraldische Dichtung und ⁊ Pritschmeisterdichtung heraus. Im Rückgriff auf antike Muster pflegten die Humanisten nlat. G. und gaben ihr eine Theorie (J. C. Scaliger), an die M. Opitz anknüpfen konnte. Sein »Buch von der dt. Poeterey« (1624), in dem er die G. unter den traditionsreichen Bez. ›Sylven und Wälder‹ thematisiert, beförderte den Wechsel von der lat. zur dt-sprachigen G. In kath. Regionen und an Universitäten überwog die lat. G. bis ins 18. Jh., andernorts nur bis ca. 1650. Die G. der ↗ Empfindsamkeit nahm Abstand vom repräsentativen Charakter der barocken G. Äußerungen J. W. Goethes verbanden sie eng mit der ↗ Erlebnisdichtung. Seit dem späten 18. Jh. wird sie zunehmend in bürgerlicher Privatheit und von Laien, oft auch als ↗ Dialektlit., gepflegt.

Lit.: W. Adam: Poetische und Kritische Wälder. Hdbg. 1988. – K. Heldt: Der vollkommene Regent. Tüb. 1997. – W. Segebrecht: Das Gelegenheitsgedicht. Stgt. 1977. – Ders.: Gelegenheitsgedicht. In: RLW.   LI

Gelehrtenrepublik, Form des ↗ utopischen Romans.

Geleit, m., dt. Entsprechung für provenz. ↗ ›Tornada‹ und afrz. ↗ ›Envoi‹; eingeführt von F. Diez (»Die Poesie der Troubadours«, 1826): Schluss- und Widmungsstrophe eines mal. provenz. oder afrz. Lieds.   GS/Red.

Geleitwort ↗ Vorwort.

Gemäldegedicht ↗ Bildgedicht.

Gemeinplatz, dt. Übers. (Wieland 1770) für lat. *locus communis*: allg. bekannter, unbezweifelter Satz oder Ausdruck, heute meist als nichtssagende Redensart (Phrase, Floskel) negativ bewertet.   GMS/Red.

Gemeinsprache ↗ Hochsprache.

Geminatio, f. [lat. = Verdopplung], ↗ rhet. Figur der unmittelbaren ↗ Wiederholung eines Satzteils oder Wortes. Unterschieden werden Wiederholungen eines Einzelwortes (›Iteratio‹ oder ›Duplicatio‹), z. B. »Freude, Freude treibt die Räder« (F. Schiller: »An die Freude«, V. 39) oder von Wortgruppen (›Repetitio‹), z. B. »Mein Vater, mein Vater, jetzt faßt er mich an« (J. W. Goethe: »Erlkönig«, V. 26). Drei- und mehrfache unmittelbare Wiederholung nennt man ›Epizeuxis‹, nicht unmittelbar anschließende Wiederholungsfiguren dagegen ↗ ›Epanalepse‹.

Lit.: K.-H. Göttert: Gemination. In: RLW.   CSR

Gemischte Empfindungen, auch: vermischte Empfindungen; das Erleben verschiedener Gefühle zu gleicher Zeit. – G. E. können darauf beruhen, dass einer Person verschiedene Sachverhalte oder Aspekte von Sachverhalten gegenwärtig sind, die jeweils eigene emotionale Reaktionen hervorrufen. – In der theoretischen Auseinandersetzung mit Lit. spielen g. E. schon früh eine Rolle. Aristoteles sieht das Charakteristikum von ↗ Tragödien darin, sowohl »Mitleid« und »Furcht« als auch Vergnügen hervorzurufen (»Poetik« 1453b). In der Folge ist, wie Abhandlungen von M. Mendelssohn, D. Hume, E. Burke und F. Schiller belegen, insbes. der Umstand, dass nicht nur angenehme, sondern auch unangenehme Emotionen (z. B. Entsetzen) Bestandteil eines künstlerischen Rezeptionserlebnisses sein können, als erklärungsbedürftig angesehen worden; einschlägige Untersuchungen widmen sich zumeist der Psychologie von g.n E. oder weisen ihnen (ästhetische oder moralische) Funktionen zu.

Lit.: J. Levinson: Emotion in Response to Art. In: M. Hjort, S. Laver (Hg.): Emotion and the Arts. NY, Oxford 1997, S. 20–34. – D. Pugmire: Conflicting Emotions and the Indivisible Heart. In: Philosophy 71 (1996), S. 27–40.   TK

Gender studies, f. Pl. [ˈdʒɛndəˈstadiːz; aus engl. *gender* = (soziales) Geschlecht, *studies* = Studien, Untersuchungen], seit den 1980er Jahren etablierte Forschungsrichtung, die sich v. a. innerhalb der Sozial- und Kulturwissenschaften systematisch und historisch mit der Geschlechterdifferenz in verschiedenen Bereichen einer Kultur befasst. Grundannahme der *g. st.* ist, dass das soziale Geschlecht (*gender*) nicht biologisch begründet ist, sondern als veränderbares kulturelles Konstrukt gelten muss. In jüngster Zeit wird darüber hinaus die Unterscheidung soziales/biologisches Geschlecht (*gender/sex*) mit dem Hinweis auf kulturelle Konstruktionen von körperlichen Geschlechtsmerkmalen bestritten (vgl. Butler). Die *g. st.* weisen Überschneidungen mit dem Feminismus auf, legen jedoch ihren Schwerpunkt anders als feministische Theorien nicht auf eine Beschäftigung mit ›der Frau‹ bzw. mit einer essentiell verstandenen ›Weiblichkeit‹ oder auf eine Kritik an männlicher Herrschaft. Die *g. st.* betrachten vielmehr unter Bezugnahme auf den Dekonstruktivismus die Konstitution und Funktion von Geschlecht in einer Kultur (einschließlich von hierarchischen Beziehungen zwischen den Geschlechtern) als Folge sprachlich-differentieller Prozesse. Dabei gilt eine binäre Geschlechteropposition als offiziell etablierte Ordnung, die vielfältige Differenzen verbirgt. – Die *g. st.* verstehen Geschlechterdifferenz als Grundlage kultureller Bedeutungsstiftung und beanspruchen demzufolge, Teil jeder wissenschaftlichen Disziplin zu sein. In der Lit.wissenschaft beschäftigen sich die *g. st.* mit der Konstruktion, Destruktion und Rekonstruktion von ↗ ›Männlichkeit‹ und ›Weiblichkeit‹ durch lit. Texte bzw. deren Rezeption. Darüber hinaus findet die Frage nach einem geschlechtsspezifischen ↗ Lesen und dem Einfluss von Geschlecht auf Autorschaft und ↗ Schreiben Beachtung (vgl. Showalter). Die *g. st.* bilden damit eine Weiterentwicklung der ↗ feministischen Lit.wissenschaft, die sich auf ↗ Frauenlit., die ↗ *écriture féminine* und die Darstellung von Frauenbildern in der Lit. konzentrierte. Die heterogenen Ansätze der *g. st.* in der Lit.wissenschaft unterscheiden sich durch das unterschiedliche Gewicht, das auf die Destruktion und Rekonstruktion von Geschlechtsidentität gelegt wird. Maßgeblich von J. Derrida beeinflusste Arbeiten konzentrieren sich auf die Wiederentdeckung von Differenzen durch eine Auflösung der Signifikate von ›männlich‹ und ›weiblich‹ (vgl. Vinken). Weitere Ansätze bemühen sich um die Annäherung an eine utopisch verstandene ›Weiblichkeit‹ und müssen sich dabei mit der Frage auseinandersetzen, wie diese ›Weiblichkeit‹ hinter den etablierten Konstrukten von Geschlechtsidentität aufgefunden werden kann. Während Cixous und Irigaray eine spezifisch weibliche Körpererfahrung zum Ausgangspunkt ihrer Überlegungen machen, vertritt Weigel den ›schielenden Blick‹ zugleich auf bestehende und auf utopische Bilder von ›Weiblichkeit‹.

Lit.: Ch. v. Braun, I. Stephan (Hg.): Gender Studien.

Stgt., Weimar 2000. – H. Bußmann, R. Hof (Hg.): Genus. Stgt. 1995. – J. Butler: Das Unbehagen der Geschlechter [engl. 1990]. Ffm. 1991. – H. Cixous: Weiblichkeit in der Schrift [frz. 1979]. Bln. 1980. – W. Erhart: G. st. In: RLW. – D. Feldmann, S. Schülting: G. St./Gender-Forschung. In: R. Kroll (Hg.): Metzler Lexikon G. St. Geschlechterforschung. Stgt., Weimar 2002, S. 143–145. – L. Irigaray: Das Geschlecht das nicht eins ist [frz. 1977]. Bln. 1977. – E. Showalter: Speaking of Gender. NY, Ldn. 1989. – B. Vinken (Hg.): Dekonstruktiver Feminismus. Ffm. 1992. – S. Weigel: Der schielende Blick. In: dies., I. Stephan (Hg.): Die verborgene Frau [1983]. Hbg. ^{2}1985, S. 83–137.   AS

Genealogie, f. [lat.], ↗ Generation, ↗ Archäologie des Wissens.

Genera dicendi, n. Pl. [lat. = Arten des Redens], die drei Stilarten, welche die lat. ↗ Rhet. hinsichtlich der Verwendung schmückender Stilmittel (↗ Ornatus) wie ↗ rhet. Figuren und Tropen (Tropus [1]) unterscheidet: *genus humile* (niederer Stil), *genus mediocre* (mittlerer Stil) und *genus grande* (hoher Stil). Die antike Rhet. (Cicero, Quintilian) ordnet die G. d. je unterschiedlichen Wirkungsabsichten der Rede zu: Das *genus humile* dient der bloßen Mitteilung oder Belehrung (*docere*), das *genus mediocre* dient durch gefällige Ausdrucksweise und die Verwendung oratorischer Schmuckmittel der angenehmen Unterhaltung (*delectare*), das *genus grande* als hohe und schwere Stilart ist erhabenen Gegenständen und der Rührung und Erschütterung der Zuhörerschaft vorbehalten (*movere*). Durch die Forderung der antiken Rhetoriker, die drei Wirkungsabsichten in der Redepraxis miteinander zu verbinden, wird die Unterscheidung der G. d. sehr erschwert. – Galfredus de Vino Salvo (um 1200) und Johannes de Garlandia (13. Jh.) entwickeln das mnemotechnische System der *Rota Vergiliana* (›Rad des Vergil‹), das die Stilarten in je einem Werk Vergils ausgebildet findet: Das Heldenpos »Aeneis« entspricht dem *genus grande*, die dem Landleben gewidmeten »Georgica« korrespondieren dem *genus mediocre* und die Hirtengedichte »Bucolica« dem *genus humile*. Die mal. Poetiken interpretieren die G. d. entsprechend gruppenspezifisch, d.h., sie ordnen jeder Gesellschaftsgruppe eine Stilebene und Tätigkeit zu (dem herrschenden und kriegführenden Adel den hohen Stil, den Ackerbauern den mittleren und den Viehzüchtern den niedrigen Stil), ebenso je spezifische Requisiten, Lokalitäten oder Pflanzen. Nach Eberhardus Alemannus (13. Jh.) erfolgt die Zuordnung ständisch – unterteilt nach Adligen (*curiales*), Bürgern (*civiles*) und Landvolk (*rurales*) –, woraus sich die Drei-Stil-Lehre der ↗ Renaissance und des ↗ Barock ableitet, die das Drama ständisch und stilistisch unterscheidet (↗ Ständeklausel) und auch den Roman des 17. Jh.s dreigliedrig ordnet (heroisch – bürgerlich – pikaresk). Im 18. Jh. verlieren das System der antiken Rhet. und damit auch die Lehre der G. d. im Zuge einer Neuorientierung der Poetik ihren Einfluss.

Lit.: C. M. Calcante: G. d. e retorica sublime. Pisa 2000. – K.-H. Göttert: G. d. In: RLW.   JK/CSR

General literature ↗ allg. Lit.wissenschaft.

Generation, f. [lat. *generatio* = Zeugung, von gr. *génos* = Geschlecht], die Gruppe der in einem begrenzten, zwischen zehn und fünfzig Jahre umfassenden Zeitraum geborenen Menschen, der oft bestimmte gemeinsame, historisch und kulturell bedingte Erfahrungen und Eigenschaften zugeordnet werden. – Der Begriff ›G.‹ wird um 1900 – etwa gleichzeitig mit der Aufwertung des Konzepts ›Jugend‹ – in die Kultur- und Sozialwissenschaften eingeführt (W. Dilthey: »Über das Studium der Wissenschaft vom Menschen, der Gesellschaft und dem Staat«) und gegen die biologische Vorstellung einer linearen Genealogie im Sinne einer Geschlechterabfolge abgesetzt; allerdings wird auch der biologische Begriff ›Genealogie‹ gelegentlich metaphorisch auf die Bereiche der Moral und des Wissens übertragen (F. Nietzsche: »Zur Genealogie der Moral«, 1887; M. Foucault: ↗»Archäologie des Wissens«, frz. 1969). K. Mannheim konturiert den soziologischen Begriff ›G.‹ 1928 analog zum Klassenbegriff als objektive Kategorie. Dagegen bildet sich ebenfalls im frühen 20. Jh. ein lit.spezifischer G.sbegriff heraus, mit dessen Hilfe Altersgruppen aufgrund ihrer unterschiedlichen kulturellen Erfahrungen und Lektürepräferenzen sowie des jeweils von ihnen bevorzugten ↗ Stils (›G.sstil‹) voneinander abgehoben werden. Die Selbstbez. lit. Gruppierungen und Richtungen als ›G.‹, wie sie in den ↗ Avantgarden des 20. Jh.s häufig begegnet (z. B. ↗ ›G. von 98‹), dient einerseits der Erhöhung der Durchsetzungskraft dieser Gruppen, die sich durchgehend als die junge G. gegen die etablierten Inhalte, Ausdrucksformen und Werte der älteren G.en positionieren; unablässiger Innovationsdruck und Überbietungsgesten sind für diese Positionierungen (etwa in lit. ↗ Manifesten) charakteristisch. Andererseits wird damit die Bedeutung von Subjektivität bei der Produktion (↗ Autor) und Rezeption von Lit. zugunsten der Kategorien Kollektivität und Gruppe abgewertet; Konzepte wie kulturelles Gedächtnis (↗ Memoria [2]), ↗ Kanon und ↗ Klassiker werden durch die radikale Gegenwartsorientierung marginalisiert. Das ↗ Werk als Zielgröße lit. Gestaltung wird verdrängt; an seine Stelle rückt die G. selbst als kulturelles Projekt. Dennoch zeichnet den lit. G.sbegriff eine relative Stabilität gegenüber ephemeren Konzepten wie ›Mode‹ oder ›Strömung‹ aus, die der Beschreibung alltagsästhetischer Phänomene dienen und in der Krise genealogischen Bewusstseins ebenfalls Konjunktur haben. – Gerade angesichts der Unsicherheiten bei der Kategorisierung historischer und kultureller Tendenzen der Gegenwart und jüngsten Vergangenheit ist dem G.sbegriff in den Medien eine wichtige Funktion zugewachsen (›68er‹ und ›89er G.‹ – vgl. die Arbeiten von Bude – oder die von Illies konstruierte popliti. ›G. Golf‹); zugleich wird er auch problematisiert (vgl. Parnes u. a., Weigel). Rückblickend werden auch frühere lit. Gruppierungen wie der ↗ Sturm und Drang oder das ↗ Junge Deutschland als G.en beschrieben.

Lit.: H. Bude: Das Altern einer G. Die Jahrgänge 1938 bis 1948. Ffm. 1995. – Ders.: G. Berlin. Bln. 2001. – V. Funucci (Hg.): G. and Degeneration. Durham/N.C. u.a. 2001. – H.U. Gumbrecht: G. In: RLW. – F. Hofmann: »Die schöne bittersüße Krankheit Jugend«. In: A. Beyer, D. Burdorf (Hg.): Jugendstil und Kulturkritik. Hdbg. 1999, S. 89–109. – F. Illies: G. Golf. Bln. 2000. – U. Jureit, M. Wildt (Hg.): G.en. Hbg. 2005. – R. Klausnitzer: Was sind lit. G.en? In: ders.: Lit.wissenschaft. Bln., NY 2004, S. 134–154. – E. Liebau: G. In: Ch. Wulff (Hg.): Vom Menschen. Weinheim, Basel 1997, S. 295–306. – E. Liebau, Ch. Wulf (Hg.): G. Weinheim, Basel 1996. – K. Mannheim: Das Problem der G.en. In: Kölner Vierteljahreshefte für Soziologie 7 (1928), S. 157–185; 309–330. – J. Neubauer: The Fin-de-Siècle Culture of Adolescence. New Haven, Ldn. 1992. – P. Nora (Hg.): Realms of Memory. Bd. 1. NY 1996. – O. Parnes u.a. (Hg.): G. Mchn. 2005. – B. Schlieben-Lange, W. Erhart (Hg.): [Themenheft] G.en. LiLi 30 (2000), H. 120. – S. Weigel: Genea-Logik. Mchn. 2006. FH

Generationenstil ↗ Stil.

Generation von 98 [span. *generación del 98*], von Azorín (= José Martínez Ruiz) 1913 geprägter Name für eine politisch-lit. Gruppe span. Schriftsteller, die im Rahmen einer allg. politisch-nationalen Erneuerungsbewegung nach dem verlorenen Kubakrieg (1898: Verlust der letzten überseeischen Kolonien) eine nationale Regeneration Spaniens durch Wiederanschluss an die geistigen Entwicklungen Europas erstrebten. Die Werke ihrer (verschiedenen politischen Richtungen angehörenden) Vertreter sind gekennzeichnet durch intensives politisches Engagement und das Bemühen, die Selbstbesinnung auf span. Landschaft, Geschichte und Lit. mit europäischen Traditionen zu verbinden, um so die Isolation Spaniens gegenüber Europa abzubauen, ohne die nationalen Eigenwerte preiszugeben. Die Gruppe ist stark beeinflusst von den Werken der russ. Realisten, der skandinavischen Naturalisten und der dt. Philosophen A. Schopenhauer und F. Nietzsche; weitere Hauptvertreter sind M. de Unamuno, R. de Maeztu, P. Baroja, A. Machado y Ruiz, R. Menéndez Pidal.

Lit.: P. Laín Entralgo: La generación del 98. Madrid 1967. – L.S. Granjel: La generación literaria del 98. Salamanca 1966. – H. Jeschke: Die G.v. 98 in Spanien. Halle/S. 1934. RRG

Género chico, n. ['xenero 'tʃiko; span. = kleine Gattung], verschiedene kurze (einaktige) volkstümlich-burleske, zumeist musikalisch-dramatische Formen des span. Theaters des 19. Jh.s; umfasst sowohl die einaktige ↗ Zarzuela, Schwänke, das komprimierte Melodram, v.a. aber den in den Madrider Cafétheatern gegen 1870 wiederbelebten, bes. populären ↗ Sainete mit Schilderungen des Madrider Volkslebens mit Gedicht-, Lied- (Couplet-) und Tanzeinlagen. Beispiele

sind u.a. die »Cuadros al fresco« (1870): »Bilder eines Madrider Morgens und seiner Zwischenfälle« von Tomás Luceño; »La Verbena de la Paloma« (1894) von R. de la Vega und T. Bréton; »La boda de Luis Alonso« (1899) von J. de Brugos, J. Giménez und J. Lopez Silva. – Das G.ch. erfreute sich außerordentlicher Beliebtheit bis etwa 1910–20. Auch das sozial engagierte Nachkriegstheater ist dem G.ch. verpflichtet.

Texte: A. Valencia (Hg.): El g.ch. Madrid 1962.

Lit.: A. Amorós: El g.ch. In: R. Gullón (Hg.): Diccionario de Literatura Española e Hispanoamericana. Madrid 1994. – P. Bentivegna: Parody in the »G.ch.«. Diss. Pittsburgh 1974. – R. Ferrer: El g.ch. Cádiz 1993. – M.A.W. Versteeg: El Discurso Comico del g.ch. Diss. Groningen 1997. HER

Genese ↗ Textgenese.

Genethliakon, n. [gr. *genéthlios* = die Geburt betreffend], antikes Gedicht zur Feier der Geburt eines Kindes oder eines späteren Geburtstages, das in freier Versform bestimmte Topoi und mythische Bezüge variiert. Bezeugt in hellenistischer Zeit, voll entwickelt bei den Römern, z.B. Tibulls G. auf den Geburtstag seines Freundes Cornutus oder den der Dichterin Sulpicia, Ovids G. auf den eigenen Geburtstag oder den seiner Frau. GS/Red.

Genfer Schule ↗ Strukturalismus.

Genie, n. [frz.], 1. Befähigung zu außergewöhnlichem schöpferischen, erfinderischen oder gestalterischen Handeln; 2. eine Person, die über diese Befähigung verfügt und sie realisiert. Die Befähigung wird entweder als ein der Person beigegebener göttlicher Geist [lat. *genius*] oder als etwas natürlich Angeborenes [lat. *ingenium*] verstanden; so definiert I. Kant in § 46 der »Kritik der Urteilskraft« (1790) G. als »angeborne Gemüthsanlage (ingenium), durch welche die Natur der Kunst die Regel giebt.« Die als ›G.‹ bezeichneten Personen sind meist Künstler, mitunter Erfinder, Wissenschaftler, Feldherrn, Politiker, Unternehmer, neuerdings auch Sportler. In der ↗ Querelle des Anciens et des Modernes des 17. Jh.s streitet Ch. Perrault gegen die Nachahmung antiker Muster mit dem Argument, das G. gelange durch die unmittelbare Schau göttlicher Urbilder des Schönen zu seinen Schöpfungen. Im 18. Jh. weichen solche platonischen Konzeptionen zunehmend der Auffassung, das G. partizipiere an der schöpferischen Kraft der Natur. Unter dem Einfluss frz. und engl. Autoren wie J. Batteux, D. Diderot, J. Addison, E. Young und A.A.C. Earl of Shaftesbury wird ›G.‹ in Deutschland zum Leitbegriff einer künstlerischen Subjektivität, die vermeintlich alles aus sich selbst schafft und ihren Grund nicht im Verstand, sondern in der Empfindung hat. J.G. Hamann, J.G. Herder, J.M.R. Lenz und der frühe J.W. Goethe sind die wichtigsten Vertreter dieser Konzeption, deren Dynamismus, Irrationalismus und revolutionärer Impetus in der verbreiteten Metapher vom »Strom des G.s« (Goethe: »Die Leiden des jungen Werthers«, 1774, Brief vom 26. Mai) zum Ausdruck kommen. Historische

Leitfiguren eines genialen Dichtertums, welches gegebene Regeln außer Kraft setzt und eigene schafft, sind Homer, Pindar, Shakespeare und der vermeintliche Ossian; mythologische Leitfigur (etwa als Titelgestalt in einem Dramenfragment und einer ↗ Hymne Goethes) ist der gegen die Herrschaft des Zeus anstreitende und ein eigenes Menschengeschlecht hervorbringende Prometheus. Im dt. Idealismus weist F. W. J. Schelling dem künstlerischen G. die Aufgabe zu, in originären Schöpfungen die Entzweiung von Subjekt und Objekt sowie von Endlichem und Unendlichem aufzuheben, während G. W. F. Hegel, unter ausdrücklicher Berufung auf die Autoren der ↗ Weimarer Klassik, gegen die Vorstellung des aus sich selbst schöpfenden G.s die Überzeugung setzt, das G. verwirkliche sich allein im Studium der Künste und in der Aneignung äußerer Gegenstände der Erfahrung. Im späteren 19. Jh. sind A. Schopenhauer und der frühe F. Nietzsche die letzten Vertreter einer mit metaphysischen Intentionen belehnten G.-Konzeption; sie schreiben dem musikalischen G. die Fähigkeit zu, in seinen Schöpfungen das Prinzip des Weltwillens zu überwinden (Schopenhauer) oder es rein hervortreten zu lassen (Nietzsche). Spätere Autoren bemühen sich um eine Reformulierung des G.-Begriffs in lebensphilosophischen, psychologischen und soziologischen Kategorien.

Lit.: E. Lauterborn: Beiträge zur Geschichte des frz. G.-Begriffs im 18. Jh. Diss. Freiburg 1952. – G. Peters: Der zerrissene Engel. G.ästhetik und lit. Selbstdarstellung im 18. Jh. Stgt. 1982. – J. Schmidt: Geschichte des G.-gedankens in der dt. Lit., Philosophie und Politik. 2 Bde. Darmstadt 1985. – K. Weimar: G. In: RLW.   TZ

Geniezeit, auch: Genieperiode oder Genieepoche. Phase der europäischen Lit.-, Kultur- und Geistesgeschichte in der zweiten Hälfte des 18. Jh.s, in der die künstlerische Produktion dem Begriff des ↗ Genies programmatisch folgt oder damit beschreibbar ist. Für die dt.sprachige Lit. werden die Bez.en ›G.‹ und ↗›Sturm und Drang‹ synonym verwendet.   TZ

Genitivmetapher ↗ Metapher.

Genre, n. [ˈʒãːrə; frz.; von gr. *génos*, lat. *genus* = Art, Gattung, Wesen], 1. Gruppe von Texten mit ähnlichen Eigenschaften. Der Begriff wird sowohl synonym zu ↗›Gattung‹ als auch zur Unterscheidung von Textformen innerhalb einer Gattung verwendet; er bezeichnet sowohl systematisch abstrakte Konstrukte (z. B. G. des phantastischen und des realistischen Romans) als auch historisch eingegrenzte Konzepte (z. B. G. des antiken und des barocken Schäferromans). Dementsprechend variieren die Kriterien der Zuordnung eines Textes zu einem G. – Die Unterscheidung nach G.s ist bereits in der antiken Differenzierung des Redens angelegt und führt über die Drei-Stil-Lehre (↗ Genera dicendi) bis in die Dichtungsreflexion des 18. Jh.s, in der zum Gattungsbegriff eine Ableitung aus der Kunstkritik (von ↗ Genrebild) tritt, die auch für lit. Textsorten verwendet wird. Systematische Versuche, ›G.‹ terminologisch als Ersatz für ›Gattung‹ zu etablie

ren, schlugen ebenso fehl wie der Versuch, ›G.‹ auf ein Konzept von ›Untergattung‹ festzulegen. Dennoch scheint Letzteres aussichtsreicher, weil so der historisch und medial bedingte Wandel lit. Formen kategorial genauer erfasst werden kann.   HHG

2. Gruppe von Filmen, die ein hohes Maß an Gemeinsamkeiten in den dargestellten Schauplätzen, im fiktiven Personal, in den narrativen Mustern, in der technischen Machart sowie in den durch diese Standardisierungen geweckten Erwartungen der Rezipienten aufweisen (z. B. ↗ Film Noir, ↗ Thriller, Western, ↗ Melodram). Der Bereich der Filmproduktion, der stark durch die Orientierung an G.s gekennzeichnet ist, heißt auch ›Genrekino‹.   DB

Lit.: G. Dammann: Was sind und wozu braucht die Lit.wissenschaft G.s? In: Textsorten und lit. Gattungen. Bln. 1983, S. 207–220. – H. Fricke: Norm und Abweichung. Mchn. 1981. – D. Lamping: G. In: RLW. – D. Perkins: Literary Classifications: How Have they Been Made? In: ders.: Is Literary History Possible? Baltimore 1992, S. 61–84. – R. Zymner: Gattungstheorie. Paderborn 2003, S. 194–197.

Genrebild [frz. = Gattung, Wesen, Art], 1. in der Kunstgeschichte eine Bildgattung, in der ein Ausschnitt aus dem Alltagsleben, meist der unteren Gesellschaftsschichten oder des Bürgertums, detailreich im Sinne einer Milieustudie, oft mit heiter-anekdotischen oder sentimental-rührseligen Zügen, geschildert wird (auch: Sittenbild, Gesellschafts- oder Konversationsstück). – 2. in der Lit. eine kurze epische Darstellung der unter (1) genannten Themen, oft arm an eigentlicher Handlung oder als ↗ Episode in größerem Rahmen (z. B. Lotte beim Brotschneiden in J. W. Goethes »Leiden des jungen Werthers«); der ↗ Idylle verwandte Form. – 3. Ein im 19. und frühen 20. Jh. populäres volkstümliches Dramolett, das schwankhaft-humoristisch (oft mit Musikeinlagen, gelegentlich in Mundart) mittels typenhaften Personals das (klein-) bürgerliche Leben (R. Jonas: »Unter dem Weihnachtsbaum«, um 1850) oder Szenen aus dem Alltag einer historischen Persönlichkeit behandelt (G. A. Nadler: »Beethovens zerrissener Schuh«, 1872).

Lit.: E. Seybold: Das G. in der dt. Lit. Stgt. 1967.
    CLU

Genres objectifs, m. Pl. [frz. = objektive Gattungen], auf A. Jeanroy zurückgehende Sammelbez. für mal. Strophenlieder mit erzählendem, berichtendem Inhalt, in denen Handlungen oder Gefühle von Rollenfiguren (↗ Rollenlyrik) dargestellt sind – im Unterschied zu Liedgattungen, welche durch subjektive Autor-Äußerungen oder Aussagen eines lyrischen Ichs geprägt sind (welche unter dem Gegenbegriff *genres subjectifs* zusammengefasst werden können). – Zu den *g. o.* zählen in der provenz. und afrz. Lyrik ↗ Alba (afrz. Aube), ↗ Pastorelle, ↗ Chanson de toile, ↗ Virelai, Monologue de mal mariée; in der mhd. Lyrik ↗ Wechsel, ↗ Tagelied, Frauenmonolog, ↗ Erzähllied, Mutter-Tochter- und Gespielinnen-Gesprächslied.

Lit.: H. Janssen: Das sog. ›Genre objectif‹. Göppingen 1980. – A. Jeanroy: Les origines de la poésie lyrique en France au moyen âge [1888]. Paris ⁴1965. – I. Kasten: Genre objectif. In: RLW.   GS/Red.

Genus demonstrativum, n. [lat.], ↗ Laudatio.

Genus grande, auch: *genus difficilis*, ↗ Genera dicendi.

Genus humile ↗ Genera dicendi.

Genus laudativum, n. [lat.], ↗ Laudatio.

Genus mediocre ↗ Genera dicendi.

Geographie und Literatur. Als ›Beschreibung der Erde‹ hat Geographie [gr. *geõgraphía* aus *gé* = Erde, *gráphein* = schreiben] schon seit der ↗ Antike die Doppelbedeutung einer Wissensform und eines Darstellungsverfahrens. Empirische Sachverhalte und Erkenntnisinstrumente diverser ›Erdwissenschaften‹ finden ebenso Eingang in das geographische Wissen wie Reise- und Landschaftsbeschreibungen, Berichte und Überlieferungen von der Lebensweise ferner Städte und Völkerschaften. Den engeren Gegenstandsbereich der Geographie bilden die physikalische und die politisch-kulturelle Beschaffenheit der Erde bzw. der Erdoberfläche. Die Erde selbst, als System und Körper, hat mit Beginn der ↗ Neuzeit ihre dominante ikonische Veranschaulichung in den gleichermaßen messtechnisch wie ästhetisch bestimmten Darstellungsmedien der Landkarte und des Globus gefunden. Diese wurden ihrerseits bald zum Gegenstand lit. Beschreibungen und fiktionaler Entwürfe. In J. Conrads »Heart of Darkness« (1902) erinnert sich der erzählende Kapitän Marlow an sein kindliches Faible für imaginäre Reisen über den kartographisch erschlossenen Erdraum. Conrad beschreibt damit eine tiefe ästhetische Komplizenschaft zwischen der reisenden und der lesenden Variante vorpreschender Neugier. Die geheimnisvolle Weite unbekannter Gebiete, weißer Flecken oder dunkler Kontinente auf der Landkarte spornt ↗ Phantasie und Abenteuerlust an; geographische Sogwirkung wird zur lit. Antriebskraft. Im kolonialen Diskurs der (phantasmatischen) Raumbeherrschung stellt sich zugleich ein klares Schema der Gender-Zuweisung ein: Die den Raum erobernden ↗ Helden sind männlich, aktiv, extrovertiert; die ›wartenden‹ Gebiete hingegen werden mit weiblicher Semantik konnotiert; auf der Grenze, an der Schwelle zweier differenter Räume schließlich tummeln sich Figuren des Dritten und Überläuferinnen.

In Antike und MA. waren ↗ Reiseberichte und landeskundliche Beschreibungen hybride Gattungen, in denen sich Überliefertes und Erfundenes, Erlebtes und Erforschtes in kaum zu entwirrender Weise vermischten. Die Übergänge zwischen geographischer ↗ Sachlit., persönlich gehaltenen Reiseaufzeichnungen und fiktionalen Abenteuergeschichten blieben fließend, solange die Darstellungsmuster weithin von der rhet. Tradition, zumal vom Topos des Wunderbaren, geprägt waren. So finden sich in phantastischen Kolportagen wie den (lange für authentisch gehaltenen) Rei-

sen J. Mandevilles (»Voyage d’outre mer«, 1357–71) vergleichbare Sachgehalte und Beschreibungen wie in den dokumentarischen Aufzeichnungen des Kolumbus und anderer Amerikafahrer (vgl. Greenblatt). Nach dem ersten Zeitalter der Entdeckungen um 1500 avancierte v. a. das zweite, um 1750 mit systematisch konzipierten Weltumseglungen und Südseeexkursionen einsetzend, zum eigentlichen Zeitalter der Geographie. – Um 1800 dominieren in der dt.sprachigen Reiselit. noch die beschreibend-erzählenden Mischformen, in denen ↗ Anschaulichkeit und Gelehrsamkeit vom persönlichen Duktus des Reisenden und Schreibenden zusammengehalten werden. Von G. Forsters Bericht über die zweite Cook’sche Weltumsegelung (»A Voyage Round the World«, 1777, dt. 1778–80) über J. G. Seumes »Spaziergang nach Syracus« (1803), J. W. Goethes »Italienische Reise« (1816–28) und A. v. Humboldts »Reise in die Aequinoktialgegenden Amerikas« (frz. 1805–34, dt. Teilübers. 1859 f.) bis hin zu A. v. Chamissos Tagebuch seiner Teilnahme an einer russ. Weltumseglung (»Reise um die Welt in den Jahren 1815–18«, 1836) zieht sich eine Linie bemerkenswert welthaltiger Reiseprosa, die einen Kontrast zu der kleinteiligen politisch-regionalen Untergliederung des dt. ›Flickenteppichs‹ bildet. In H. Heines »Reisebildern« (1826–31) hingegen macht sich eine kalkulierte poetische Stilisierung bemerkbar; gesucht werden neben oberit. Sujets mit Vorliebe ›altdt.‹ Themen wie Mittelrhein, Nordsee und Harz. Zur Leitfigur der ↗ Romantik wurde der einsame Wanderer in bäuerlicher oder menschenleerer Landschaft (W. Müller, F. Schubert: »Winterreise«, 1827). Konnte im Paradigma des ↗ Bildungsromans die Isomorphie von Schrift und (Lebens-)Weg strukturbildende Funktion gewinnen (Goethe: »Wilhelm Meisters Lehrjahre«, 1795 f.), so vollziehen Goethes »Wanderjahre« (1821) den Schritt zur Topographie eines nichtlinearen Erzählraumes. Die perfektionierte Erzähltechnik mehrfach delegierter Berichte, Niederschriften und mündlicher Erzählungen bringt einen ›Archivroman‹ hervor, dessen inhärente Ordnung dem Muster des geographischen (hier durch Lesen zu erwandernden) Textraumes nachgebildet ist.

Zum Schauplatz und Vehikel der geographischen Obsessionen des Industriezeitalters aber wird die aus Journalismus und Wissenschaft gespeiste populäre Imaginationswelt der Abenteurer, Entdecker, Erfinder und Rekordjäger. Ihren prägnantesten Ausdruck stellen die Romane J. Vernes dar (»Cinq semaines en ballon«, 1863; »Le tour du monde en 80 jours«, 1873), die aktuelle wissenschaftlich-technische Entwicklungen aufnehmen und fiktiv vorantreiben. In der dt.sprachigen Populärlit. bedienen sich die Werke F. Gerstäckers und K. Mays das Faible für Reiseabenteuer und geographische Sensationen; sie folgen darin angloam. Vorbildern wie der vom maritimen ↗ Exotismus angeregten Prosa R. L. Stevensons und H. Melvilles. Einen modernen Heldentypus eigener Art bildet die Figur

des Erdvermessers, der die Tradition ›raumgreifender‹ Handlungsformen wie Pilgerschaft oder Wanderung fortsetzt und mit zeitgenössischer Empire auflädt. In F. Kafkas Roman »Das Schloß« (postum 1926) reist der Landvermesser Josef K. in eine entlegene Region, um dort vergeblich von seinem unsichtbar bleibenden Auftraggeber im Schloss nähere Weisungen zu erbitten. Th. Pynchons Roman »Mason & Dixon« (1997) schildert die Abenteuer zweier am. Geodäten, welche 1767 erstmals die Grenzlinie zwischen Maryland und Pennsylvania festlegten – eine Linie, die das politische Nordamerika in Gebiete der Sklaverei und der Bürgerrechte spaltete. – Zur gesellschaftlichen Dimension des kartierten Raumes gehört die Problematik von dezisionistischer Grenzziehung und territorialer Macht; mit der geographischen Erschließung und politischen Definition von Räumen (Nationalstaaten, Kolonialismus) verbinden sich Praktiken des sozialen Ein- und Ausschlusses. Seit jeher sind geographische Sachverhalte und Relationen auch als Ausdruck oder gar Legitimationsbasis kultureller oder sozialer Ungleichheit verstanden worden. So tragen die Nord-Süd-Ausrichtung der Kartographie und die konventionelle Europa-Zentrierung der Erd-Darstellungen dazu bei, politische Hierarchien festzuschreiben und eine teleologische Ausrichtung der Weltgeschichte auf das christliche Abendland hin zu propagieren. Die Repräsentation geographischer Räume beruht auf der Fiktion eines Mittelpunkts der Erde; historisch wechselnde Anwärter auf diese Position waren Jerusalem, das Mittelmeer, Rom, später Paris (der Ur-Meter) und London (der Greenwich-Nullmeridian). Für das dt. Reich ist die Debatte um den »Verlust der Mitte« (H. Sedlmayr) Teil nationalkultureller Erneuerungsbestrebungen im Gefolge spätfeudaler Kleinstaaterei und napoleonischer Besatzung. Der Weimar-Jenaer Musenhof um 1800, die Paulskirchen-Bewegung von 1848, R. Wagners Bayreuther Festspielhaus-Gründung von 1876, das Treffen der Wandervogel-Jugend auf dem Hohen Meißner bei Kassel 1913 – alle diese Initiativen sind Versuche einer arbiträren geographischen Zentrierung des amorphen dt. Territorialgebildes. Die kulturelle Sinngebung mithilfe räumlich-geographischer Herrschaftsansprüche erhielt Ende des 19. Jh.s in der politischen Geographie F. Ratzels eine pseudowissenschaftliche Grundlegung, die in der vom NS-Staat vehement vertretenen ›Geopolitik‹ K. Haushofers ihre militärisch-expansionistische Fortsetzung fand. In J. Nadlers »Lit.geschichte der dt. Stämme und Landschaften« (1912–28) wurden geographische Bindungen von Autoren und Genres als Erklärungs- und Einteilungsprinzip für die Erfassung lit. Werke herangezogen. Jenseits solcher völkisch argumentierender Herkunfts-Apologetik können Regionalität, landschaftliche Prägung und Zugehörigkeit sinnvolle Kriterien zur Beschreibung lit. Formen und Prozesse darstellen.
Lit.: M. Espagne: Raum und Zeit als Kategorien der Lit.wissenschaft. In: J. Schönert (Hg.): Lit.wissenschaft und Wissenschaftsforschung. Stgt., Weimar 2000, S. 42–56. – St. Greenblatt: Wunderbare Besitztümer [engl. 1994]. Bln. 1997. – K. Hermsdorf: Regionalität und Zentrenbildung. Ffm. 1999. – J. Lossau: Die Politik der Verortung. Bielefeld 2002. – J. K. Schütze: Gefährliche Geographie. Wien 1995.   AHD

Geonym, n. [gr. *gē* = Erde, *ónoma* = Name], ⁊ Pseudonym.

Georg-Büchner-Preis ⁊ Büchnerpreis.

Georgekreis, informelle Vereinigung von Künstlern und Wissenschaftlern um den Lyriker St. George (1868–1933), die ihrer ästhetizistischen, anti-naturalistischen, durch den frz. ⁊ Symbolismus beeinflussten Lit.programmatik v. a. in den »Blättern für die Kunst« (1892–1918) Ausdruck verlieh. Waren zunächst noch etwa gleichaltrige europäische Autoren (wie P. Gérardy, H. v. Hofmannsthal, R. Perls), Maler (M. Lechter) und Musiker (C. v. Franckenstein) die Beiträger, so wandelt sich die Assoziation um 1900 zu einer strikt hierarchisierten Gruppierung um den von seinen nun meist deutlich jüngeren Anhängern als charismatisches Zentrum verehrten George. Das Ziel des Kreises bestand darin, der von Materialismus und Subjektivismus geschwächten Gegenwart eine durch Erziehung generierte ästhetisch-heroische Lebensform entgegenzusetzen, die Verehrung des Genius (Platon, Dante, Goethe, Hölderlin) mit Kritik an epigonaler und funktionaler Kunst und Wissenschaft verband. Der überwiegend aus akademisch qualifizierten und an Hochschulen tätigen Mitgliedern bestehende G. (mit Germanisten wie F. Gundolf und M. Kommerell und Historikern wie F. Wolters und E. v. Kantorowicz) konnte in den 1920er Jahren mit seinem männerbündischen Ethos des Dienstes und der Ambition kultureller Erneuerung aus dem Selbstverständnis als ›Geheimes Deutschland‹ heraus Einfluss auf Intellektuellenzirkel und die dt. Universität gewinnen.
Texte: G. P. Landmann (Hg.): Der George-Kreis [1965]. Stgt. ²1980.
Lit.: W. Braungart: Ästhetischer Katholizismus. St. Georges Rituale der Lit. Tüb. 1997. – St. Breuer: Ästhetischer Fundamentalismus. St. George und der dt. Antimodernismus. Darmstadt 1995. – C. Groppe: Die Macht der Bildung. Das dt. Bürgertum und der George-Kreis 1890–1933. Köln 1997. – R. Kolk: Lit. Gruppenbildung. Am Beispiel des George-Kreises. 1890–1945. Tüb. 1998. – G. Mattenklott: Bilderdienst. Ästhetische Opposition bei Beardsley und George [1970]. Ffm. ²1985.   RKO

Georgian Poetry, Titel einer von E. Marsh 1912–22 hg. fünfbändigen lyrischen Anthologie; seitdem Bez. für die lit. Richtung der darin vertretenen, zur Regierungszeit des engl. Königs George V. (1910–36) wirkenden Dichter, v. a. R. Brooke, W. H. Davies, J. Drinkwater, W. de la Mare, H. Monro, auch D. H. Lawrence, J. Masefield, R. Graves. Hauptkennzeichen der G. P. sind Traditionsverbundenheit in Form und Gehalt, sentimentalische Sehnsucht nach dem ländlichen Leben, Betonung des typisch Englischen und Abkehr von der Stimmung des ↗ Fin de Siècle. Die Bez. wird auch ausgeweitet auf andere Autoren ähnlicher Haltung; vgl. die von J. Reeves hg. Anthologie »G. P.« (1962), die auch Lyrik von E. Blunden, A. E. Housman, W. Owen u. a. enthält.

Lit.: D. Goldie: The Non-modernist Modern. In: N. Roberts (Hg.): A Companion to Twentieth-Century Poetry. Oxford 2001, S. 37–50. – T. Rogers (Hg.): G. P. 1911–22. Ldn. u. a. 1977. – M. Simon: The Georgian Poetic. Berkeley u. a. 1975. – F. A. Swinnerton: The Georgian Literary Scene 1910–35 [1939]. Ldn. ⁹1969.

MGS

Germanische Altertumskunde, Wissenschaft von der Geschichte und Kultur der germ. Stämme und Völker vor ihrer Christianisierung. – Gegenstände der g.n A. sind die germ. Stämme und ihre Geschichte, ihre wirtschaftliche, gesellschaftliche, staatlich-politische Organisation einschließlich der Stammesrechte, ihre Lebensformen, Brauchtum und Sitte, Religion und Mythologie, Dichtung und Kunst und als bes. Forschungszweig die Runologie. Wichtigste Quellen der g.n A. sind: 1. Die Zeugnisse gr. und lat. Historiker, Geographen und Ethnologen: im 1. Jh. v. Chr. Caesar; im 1. Jh. n. Chr. Plinius d. Ä. und Tacitus (»Germania«); im 2. Jh. Ptolemaeus; im 4. Jh. Ammianus Marcellinus; im 6. Jh. Iordanes; ferner mittellat. Historiker wie Gregor von Tours (6. Jh.), Paulus Diaconus (8. Jh.), Saxo Grammaticus (12. Jh.). – 2. Lat. Kodifizierungen der germ. Stammesrechte (»Leges Barbarorum«) seit dem 5. Jh. (»Leges Visigothorum«, »Lex Burgundiorum«; »Lex Salica«, »Lex Ribuaria«; »Leges Langobardorum«; »Lex Alamannorum«, »Lex Baiuwariorum«; »Lex Thuringorum«; ↗ Rechtslit.). – 3. Denkmäler der angelsächs. Stabreimpoesie (bes. das Buchepos »Beowulf«, wohl 8. Jh., überliefert im 10. Jh.) und, als wichtige Quelle für das skandinavische Altertum, die anord. (altisländ.) Lit., insbes. die ↗ eddische Dichtung und die umfangreiche Sagalit. (↗ Saga). – 4. Der Wortschatz der germ. Stammesmundarten, der durch die im 19. Jh. von O. Schrader begründete, im 20. Jh. von H. Hirt und H. Krahe ausgebaute linguistisch-kulturhistorische Methode als Geschichtsquelle v. a. der vorgeschichtlichen Zeit nutzbar gemacht wurde. – 5. Archäologische Funde, die Aufschluss über Sachgüter des germ. Altertums geben (Anlagen von Häusern, Siedlungen; Transportmittel; Werkstoffe und ihre Verarbeitung; Kleidung, Haar- und Barttracht, Waffen, Schmuck). Die Erforschung des germ. Altertums setzt um 1500 im Rahmen des ↗ Humanismus ein; sie verdankt ihre Entstehung v. a. dem wachsenden Interesse des aufstrebenden Bürgertums an der Vergangenheit der eigenen Nation. Am Anfang steht die systematische Sichtung und Auswertung der antiken Quellen (erste Edition: Beatus Rhenanus: »Rerum Germanicarum libri III«, 1531; darauf aufbauend: J. Turmair [Aventinus]: »Chro-

nica von vrsprung, herkomen, vnd thaten der vhralten Teutschen«, 1541, und W. Lazius: »De gentium aliquot migrationibus, sedibus fixis, reliquiis ... libri XII«, 1557) und der »Leges Barbarorum« (Teilsammlung durch J. Sichardt, 1530; erste vollständige Sammlung durch den Niederländer F. Lindenbrog, 1613; darauf aufbauend: H. Conring: »De origine iuris Germanici«, 1643). V. a. die skandinavische Forschung, zunächst ausgehend von Saxo Grammaticus (erster Druck 1514), wendet sich dann von der rein philologischen Arbeit ab und der kulturgeographisch-archäologischen Methode zu; Mythologie, Religionsgeschichte und Runenkunde werden in die g. A. einbezogen (Olaus Magnus: »Historia de gentibus Septentrionalibus«, 1555; Ole Worm: »Runer seu Danica literatura antiquissima«, 1636; ders.: »Danicorum monumentorum libri VI«, 1643); in Schweden entsteht bereits im 17. Jh. ein wissenschaftliches Institut für die Erforschung der nord. Altertümer (1667 Gründung des Antiquitätskollegiums in Uppsala durch M. G. de la Garde). – Neue Impulse vermitteln der g.n A. die verschiedenen Strömungen der Romantik, in Deutschland bes. die von F. C. v. Savigny und K. F. Eichhorn begründete historische Rechtsschule, aus der u. a. J. und W. Grimm hervorgehen (»Dt. Rechtsaltertümer«, 1828; »Dt. Mythologie«, 1835). Die skandinavische Forschung erhält durch die Arbeiten von N. F. S. Grundtvig (»Nordens Mythologi«, 1808) und R. Nyerup (»Historisk-statistisk Skildring af Tilstanden i Danmark og Norge«, 1803–06) neuen Aufschwung; in England wirken H. Weber, J. Jamieson und W. Scott (»Illustrations of Northern Antiquities«, 1814). Wissenschaftliche Gesellschaften, Zss. und Museen werden gegründet. In der zweiten Hälfte des 19. Jh.s erscheinen in der Nachfolge der Romantiker systematische Darstellungen der germ. Mythologie und zur Runenkunde (U. M. Petersen: »Nordisk Mythologi«, 1849; K. Simrock: »Hb. der dt. Mythologie mit Einschluss der anord.«, 1853; L. Wimmer: »Runeskriftens oprindelse og udvikling i Norden«, 1874, dt. 1887). Eine erste Gesamtdarstellung der g.n A. gibt K. Müllenhoff (»Dt. Altertumskunde«, 1870–92). – Anfang des 20. Jh.s entsteht eine Reihe dem Positivismus verpflichteter Handbücher (J. Hoops: »Reallexikon der g.n A.«, 1911–19; F. Kauffmann: »Dt. Altertumskunde«, 1913–23). In der 1938 von H. Schneider hg. ›G.n A.‹ (²1952) wird der Versuch unternommen, das Fach neu zu begründen als Wissenschaft vom »germ. Geist« und dem »klassischen« germ. Altertum, das dem gr. Altertum als gleichwertig gegenübergestellt wird. Beschränkten sich die Veröffentlichungen nach 1945 zunächst im Wesentlichen auf den Bereich der Archäologie (V. Kellermann: »G. A.«, 1966), zeugt die von H. Beck u. a. hg. Neubearbeitung des »Reallexikons der g.n A.« (RGA) von der interdisziplinären Erschließung des Gegenstandes.   JK/Red.

Germanische Dichtung, diejenige in den germ. Volkssprachen entstandene Dichtkunst, die von den Einflüssen der antiken lat. Buchkultur und des christlichen Glaubens weitgehend freigeblieben ist. Es handelt sich in erster Linie um mündlich tradierte Dichtung. Die wenigen authentischen Zeugnisse der g.n D. in Runeninschriften sind semiliteral. Der Formenbestand ist deshalb nur aus sekundären Quellen einerseits und durch Rückprojektion schriftlich überlieferter Zeugnisse, v. a. des Gattungsinventars der nordgerm. ↗ eddischen Dichtung, auf die schriftlose Zeit andererseits erschließbar. Das Verfahren, spätere Gattungsbez.en mit den Erwähnungen bei antiken und spätantiken Autoren zu parallelisieren (etwa das bei Prokop genannte Klagelied des Wandalenkönigs Gelimer mit aengl. *hearmlêoð*, anord. *grátr*, ahd. *karaleih/-sang*, mhd. *klageliet*), ist methodisch problematisch. Einzelne frühe schriftlich überlieferte Zeugnisse wie der »Beowulf«, die »Merseburger Zaubersprüche«, das »Hildebrandslied« oder das »Ludwigslied« gelten als typische Repräsentanten der g.n D., obwohl bei ihnen mit mehr oder weniger greifbaren Einflüssen der Schriftkultur gerechnet werden muss. – Die Zugehörigkeit eines Zeugnisses zur g.n D. wird durch formale und inhaltliche Kriterien festgelegt, wobei auch Traditionen aus der indogerm. Dichtung zu beachten sind. Wichtigstes *formales* Kriterium ist der ↗ Stabreim, der ursprünglich rein ↗ stichisch gewesen sein mag; während der skandinavische Raum vielseitige strophische Dichtung entwickelte (↗ *Fornyrðislag*, ↗ *Ljóðaháttr, Galdralag*), blieben die kontinentalen Zeugnisse strophenlos und wurden unter dem Einfluss der spätantiken Dichtung mit ↗ Hakenstil und ↗ Bogenstil gleichsam ›episch‹. – Der *Inhalt* der g.n D. ergibt sich aus dem (rekonstruierten) Gattungskanon. Er umfasst Ritualdichtung, Zauberdichtung, ↗ Spruchdichtung, ↗ Merkdichtung, Kleinlyrik, Preislied, ↗ Erzähllied. Heuslers Einteilung der g.n D. erweist sich auch heute noch als praktikabel, wenngleich die Differenzierung in ›niedere‹ und ›höhere‹ Gattungen in ihren diachronischen und soziologischen Implikationen einer Revision bedarf. Seine Datierung der ›höheren‹ Gattungen Preislied und Erzähllied in die Völkerwanderungszeit – damit begründet, dass es in urgerm. Zeit (zumindest nach Tacitus) keinen höfischen oder berufsmäßigen ↗ Sänger oder ↗ Dichter gegeben habe – lässt sich ebenso wenig beweisen wie die Charakterisierung der ›niederen‹ Gattungen als anonyme Gemeinschaftsdichtung: Die »Dietrich-Strophe« auf dem Runenstein von Rök oder die »Merseburger Zaubersprüche« dürften in ihrer Elaboriertheit einen ausgebildeten Dichter voraussetzen. – Die wichtigsten Quellen für die Existenz der g.n D. bieten antike und spätantike Autoren (Tacitus, Plutarch, Julian Apostata, Ausonius, Ammianus Marcellinus, Priscus, Cassiodor, Jordanes und Venantius Fortunatus). Poetologische Bez.en finden sich erst später in volkssprachlichen Glossierungen lat. Texte, wobei die lebenswirkliche Entsprechung derartiger Gattungsbez.en nicht immer plausibel ist. Die Vortragsweise kann aus den Termini technici – den Synonyma für ›singen‹ und ›sagen‹ sowie den Katego-

rien ↗ Lied, ↗ Leich und Spruch (↗ Spruchdichtung) – nicht sicher rekonstruiert werden. Eine gemeingerm. Bez. für den Dichter der g.n D. fehlt ebenfalls; aengl. *þyle* korrespondiert mit anord. *þulr*; nur anord. ist der *skáld* (↗ Skalde) belegt, westgerm. ist aengl. *scop* und ahd. *scof*.

Lit.: G. Baesecke: Vorgeschichte des dt. Schrifttums. Halle/S. 1940. – H. Beck: Dichtung. In: RGA. – H. de Boor: Dichtung. In: H. Schneider (Hg.): Germ. Altertumskunde [1938]. Mchn. ²1951, S. 306–430. – A. Heusler: Die altgerm. Dichtung [1923]. Potsdam ²1943. – K. Müllenhoff: Commentationis de antiquissima Germanorum poesi chorica particula. Kiel 1847. – St. Sonderegger: Überlieferungsgeschichte der frühgerm. und anord. Lit. In: K. Langosch u. a. (Hg.): Geschichte der Textüberlieferung der antiken und mal. Lit. Bd. 2. Zürich 1964, S. 703–761. WB

Germanische Philologie, wissenschaftliche Disziplin, deren primärer Gegenstand die Sprache und Lit. der germ. Einzelstämme ist. Dabei sind vornehmlich die älteren Sprachstufen und frühen lit. Zeugnisse Untersuchungsgegenstand. ›G. Ph.‹ kann als Oberbegriff für dt., engl., nl. und nord. Philologie verwendet werden; andererseits kann die g. Ph. auch selbst als Teildisziplin der ↗ germ. Altertumskunde verstanden werden. Ein erweitertes Konzept der g.n Ph. schließt ↗ Mythologie, Geschichte, Recht, Volkskunde, aber auch die neueren Sprach- und Lit.stufen mit ein. Als eigenständiges akademisches Fach ist die g. Ph. heute aus wissenschaftsgeschichtlichen Gründen und wegen der zunehmenden Spezialisierung kaum mehr existent.

Lit.: H. Paul (Hg.): Grundriß der g.n Ph. Straßburg 1891; 2. Aufl. 3 Bde. 1900–09; 3. Aufl. in Einzelbdn. Bln. 1911 ff. – E. Schwarz: Dt. und g. Ph. Hdbg. 1951. – Friedrich Stroh: Hb. der G.n Ph. Bln. 1952. WB

Germanismus, m. [lat. *germanicus* = germanisch], Nachbildung einer idiomatischen oder syntaktischen Eigentümlichkeit des Dt. in einer anderen Sprache, z. B. sind die »Dunkelmännerbriefe« (»Epistolae obscurorum virorum«, 1515/17) in satirischer Absicht in einem von Germanismen durchsetzten Lat. verfasst.
RRG

Germanist, Vertreter der ↗ dt. Philologie. Der Begriff bezeichnete bis zur Mitte des 19. Jh.s v. a. den Erforscher des germ. Rechts im Unterschied zum Romanisten, dem Erforscher des röm. Rechts. J. Grimm als Präsident der ersten G.enversammlung 1846 in Frankfurt/ M., zu der namhafte Juristen, Historiker und Philologen eingeladen hatten, gebrauchte in seiner auf der Versammlung nicht gehaltenen Rede »Über den Namen der G.en« den Begriff als übergreifende und zusammenfassende Bez. für die Vertreter »der ›drei fächer‹ der deutsche[n] philologie [...] des deutschen rechts und der deutschen geschichte«. Die Bez. ›G.‹ setzte sich jedoch nicht in dieser weiten, sondern in der bereits vor 1846 fassbaren engeren Verwendung durch. So benutzten schon der Student K. F. Frommann in seiner Mitschrift der Göttinger Vorlesung J.

Grimms über »Dt. Lit.geschichte« (1837), der Bres-
lauer Privatdozent für dt. Sprache und Lit. G. Freytag
(1839) und der Pädagoge K. E. Mager (1840) den Begriff ›G.‹ für Vertreter der dt. Philologie. Seit den
1860er Jahren gewann im allg. Sprachgebrauch die
philologische Bedeutung die Oberhand über die juristische. Das aus ›G.‹ abgeleitete »ungeheuerliche wort
Germanistik« war nach K. Weinhold (1888) bis 1860
noch »unerhört«, und R. Hildebrand beteuerte 1873:
»germanistik, germanist ist und bleibt mir barbarisch.«
– Heute beginnt die Berufsbez. im Zuge der disziplinären Ausdifferenzierung, komparatistischen Öffnung und kulturwissenschaftlichen Erweiterung der
↗ Germanistik unüblich zu werden.
Lit.: P. Boden, U. Wirth (Hg.): [Themenheft:] Klassiker
der Germanistik. MDG 53 (2006), H. 1. – K. Düwel:
Zur Benennung der Universitäts-Institute. In: H. Beck
u. a. (Hg.): Zur Geschichte der Gleichung »germa-
nisch–deutsch«. Bln., NY 2004, S. 649–694. – Ch. König (Hg.): Internationales G.enlexikon 1800–1950. 3
Bde. Bln., NY 2003. – Ch. König u. a. (Hg.): Wissenschaftsgeschichte der Germanistik in Porträts. Bln.,
NY 2000. – U. Meves: »Über den Namen der G.en«.
Oldenburg 1989. – Ders.: Zur Namensgebung ›G.‹ In:
J. Fohrmann, W. Voßkamp (Hg.): Wissenschaftsgeschichte der Germanistik. Stgt. 1994, S. 25–47. UMS

Germanistik, f. [lat. *Germani* = zwischen Rhein, Do-
nau, Weichsel und Nord- bzw. Ostsee angesiedelter
Volksstamm], akademische Disziplin, die sich mit
der Erforschung und Vermittlung der dt. ↗ Sprache
und ↗ Lit. befasst. – Die G. umfasst die Teilfächer dt.
Sprachwissenschaft, aufgeteilt in Sprachgeschichte
(diachrone Sprachwissenschaft) und Linguistik (synchrone Sprachwissenschaft), sowie dt. ↗ Lit.wissen-
schaft, aufgeteilt in ↗ Mediävistik (Ältere dt. Lit.wis-
senschaft, bis ca. 1500) und Neuere dt. Lit.wissenschaft
(ab ca. 1500), zudem Fachdidaktik Deutsch (Didaktik
der dt. Sprache und Lit.; ↗ Lit.didaktik) sowie Deutsch
als Fremdsprache (DaF). Unmittelbare Nachbarfächer,
die sich im Prozess der wissenschaftshistorischen Ausdifferenzierung von der G. emanzipiert haben, sind
Niederlandistik, Skandinavistik und Volkskunde. Als
neuere ↗ Philologie ist die G. einerseits mit der Klassischen Philologie und ihren Teildisziplinen Latinistik
und Gräzistik, andererseits mit anderen neuphilolo-
gischen Disziplinen wie ↗ Romanistik, ↗ Anglistik und
↗ Slawistik verwandt. Die diachrone Sprachwissenschaft erforscht die Sprachgeschichte des Dt. vom Ahd.
über das Mhd. bis zum Nhd. mit seinen verschiedenen
Abarten und Dialekten. Die synchrone Sprachwissenschaft untersucht Phonetik, Morphologie, Syntax sowie semantische und pragmatische Aspekte der dt.
Sprache. Die Lit.wissenschaft widmet sich der ↗ Edition und ↗ Interpretation von Texten, der ↗ Lit.ge-
schichte und der ↗ Lit.theorie, also den verschiedenen
Formen der Verwaltung und Vermittlung der sprach-
lich-medial verfassten kulturellen ↗ Tradition und ihrer reflektierenden Durchdringung. Im Bereich der

Auslandsgermanistik (im angloam. Bereich *German
Studies*) kommen die Aufgaben des Sprachunterrichts
und der Landeskunde hinzu. Die G. gehört zur Diszi-
plinengruppe der Geisteswissenschaften (im Unterschied zu den Naturwissenschaften), wird aber bisweilen im Rahmen anderer disziplinärer Aufteilungen
auch als Teilgebiet der ↗ Kulturwissenschaften, der
↗ Medienwissenschaften, der Textwissenschaften oder
der historischen Wissenschaften beschrieben. Des
Weiteren gab und gibt es für den lit.wissenschaftlichen
Zweig immer wieder Vorschläge, den nationalphilolo-
gischen Bezug hinter sich zu lassen und die G. in einer
↗ allg. und ↗ vergleichenden Lit.wissenschaft (Komparatistik) aufgehen zu lassen. Die Linguistik orientiert
sich seit einiger Zeit zunehmend an den wissenschaftlichen Standards der Naturwissenschaften und bildet
dabei neue Subdisziplinen wie die Neurolinguistik. Ein
traditionsreicher Konkurrenzbegriff für die Bez. des
Faches G. ist der Ausdruck ↗ ›Dt. Philologie‹. Gegenüber diesem hebt ›G.‹ weniger den ›vertikalen‹ Bezug
zur ›Mutterdisziplin‹ Philologie als vielmehr den ›horizontalen‹ Bezug zu den ›Schwesterdisziplinen‹ Romanistik, Anglistik usw. hervor; zudem werden der Insti-
tutionscharakter und die Wissenschaftlichkeit der
Disziplin bes. betont. ›G.‹ ist ein Dachbegriff der Fä-
chersystematik, der die institutionelle Einheit einer
historisch gewachsenen Fächergruppe suggeriert, die
inhaltlich nicht immer leicht vermittelbar erscheint.
Wichtigster Berufsverband und institutionelle Vertre-
tung der G. in der Öffentlichkeit ist der 1912 gegründete ›Dt. Germanistenverband‹ (DGV). – Der Ausdruck ›G.‹ taucht erst in der zweiten Hälfte des 19. Jh.s
vermehrt auf und tritt als Bez. der Disziplin den bis dahin üblichen Begriffen ›Dt. Philologie‹ oder ↗ ›Germ.
Philologie‹ nur langsam an die Seite. Der Sache nach
existiert die Erforschung der dt. Sprache und Lit. in
größerem Ausmaß seit der ↗ Frühen Neuzeit. Ein historischer Bezugspunkt ist – wie für die Entstehung einer dt.sprachigen Lit.tradition in der Neuzeit allg. – M.
Opitz' »Buch von der dt. Poeterey« (1624). Allerdings
werden die Anfänge der G. als akademische Disziplin
sachgeschichtlich in der Regel am Beginn des 19. Jh.s
lokalisiert, unter *institutionengeschichtlicher* Perspektive auch in der Mitte des 19. Jh.s, als es in verstärktem
Ausmaß zur Einrichtung ordentlicher Professuren für
dt. Sprache und Lit. kommt, und unter *begriffsgeschichtlichen* Gesichtspunkten gar erst im letzten Drittel
des 19. Jh.s, als sich die Bez. ›G.‹ als Dachbegriff für die
Einheit von Dt. Philologie (Altertumskunde, Edition
mal. Texte und historische Grammatik) und Dt. Lit.
geschichte durchsetzt (vgl. Weimar in RLW). Als *ide-
engeschichtliches* Kriterium wird die Ersetzung der
Leitkategorie ›Gelehrsamkeit‹ durch ›Wissenschaftlichkeit‹ und ›Bildung‹ gesehen. Als Gründerfiguren
gelten J. und W. Grimm sowie K. Lachmann, deren
Methoden der Textedition und – im Fall der Grimms
– der Sprachforschung (J. Grimm: »Dt. Grammatik«,
1819; J. und W. Grimm: »Dt. Wörterbuch«, erster Bd.

1854, postum abgeschlossen 1960) modellbildend werden. Unter *mentalitätsgeschichtlicher* Perspektive wird die Entstehung der G. häufig mit dem romantischen Interesse an volkhaften Ursprüngen und mit der ideologischen Hoffnung auf eine politisch geeinte dt. Nation in Verbindung gebracht: Die ›Nationalphilologie‹ (vgl. Fürbeth) soll durch den Aufweis einer einheitlichen dt. Sprach- und Lit.geschichte Evidenzen für die durchzusetzende Einheit der dt. Nation liefern. Institutionengeschichtlich bedeutsam sind die Installation der ersten einschlägigen Extraordinariate (G. F. Benecke 1805 in Göttingen, F. F. Delbrück 1809 in Königsberg, F. H. von der Hagen 1810 in Berlin) und Lehrstühle (G. F. Benecke 1814 in Göttingen) sowie die Einrichtung germanistischer Seminare – den Anfang macht die Universität Rostock 1858; ferner die Gründung der »Zs. für dt. Altertum« 1841 als erstes Publikationsorgan der Dt. Philologie (heute: »Zs. für dt. Altertum und dt. Lit.« [ZfdA]), dem 1869 die »Zs. für dt. Philologie« (ZfdPh) an die Seite tritt. Auf die ›Gründerphase‹ folgt ab dem letzten Drittel des 19. Jh.s eine Periode der zunehmenden Orientierung an den sich mehr und mehr zu Leitdisziplinen entwickelnden Naturwissenschaften. Die ›Junggrammatiker‹ (W. Braune, H. Paul, E. Sievers) bemühen sich vor diesem Hintergrund vorrangig um eine Erforschung der indogerm. Sprachfamilie, ihrer Entwicklung und Sprachgesetze; Lit.geschichte und ↗ Poetik orientieren sich an der philosophischen Strömung des Positivismus (W. Scherer). Gleichzeitig kommt es zur Integration der neueren dt. Lit.geschichte in die Dt. Philologie: 1874 werden in Leipzig und München die ersten ordentlichen Professuren für die ›neuere Abteilung‹ eingerichtet; eine wichtige ausschließlich neuphilologische Fach-Zs. ist der 1894 gegründete »Euphorion« (Euph.). Insgesamt differenzieren sich Sprach- und Lit.wissenschaft mit der Zeit dergestalt aus, dass immer weniger Fachvertreter in beiden Bereichen gleichzeitig den Anschluss an die Forschung halten können. Seit dem ersten Jahrzehnt des 20. Jh.s konkurrieren ↗ geistesgeschichtliche (P. Kluckhohn, R. Unger) und an der ↗ Form orientierte Ansätze der Lit.betrachtung (F. Strich, O. Walzel) mit der ↗ ›positivistischen Lit.wissenschaft‹ und setzen sich nach und nach durch. Wichtigstes Publikationsorgan der geistesgeschichtlichen Lit.wissenschaft ist die 1923 gegründete »Dt. Vierteljahrsschrift für Lit.wissenschaft und Geistesgeschichte« (DVjs). – Die Machtergreifung der Nationalsozialisten 1933 stellt in der G. wie in allen Bereichen gesellschaftlichen Lebens die Akteure vor die Alternative: Emigration bzw. Vertreibung, ↗ ›innere Emigration‹ oder ›völkisches‹ Engagement. Der politische Umbruch bedeutet aber keine grundlegende Umwälzung wissenschaftlicher Paradigmen – weder 1933 noch 1945 (vgl. Danneberg/Schernus). Ein eigener nationalsozialistischer Wissenschaftsbegriff wird nicht entwickelt, entgegen anderslautenden programmatischen Äußerungen, die einen radikalen Bruch mit der wissenschaftlichen Tradition

postulieren. Gleichwohl wird das verstärkte Aufkommen einer ↗ ›werkimmanenten‹ Lit.wissenschaft (E. Staiger, W. Kayser) nach dem Zweiten Weltkrieg häufig als Reaktion auf die politische Korruption der G. während des ›Dritten Reiches‹ gedeutet – im Sinne einer ›Reinhaltung‹ der Lit. von allen gesellschaftlichen Kontaminationen durch Konzentration auf eine Deutung lit. Texte ›aus sich selbst heraus‹. Ein erster bedeutender Anstoß für eine kritische Auseinandersetzung der G. mit ihrer nationalsozialistischen Vergangenheit wird auf dem Münchner Germanistentag 1966 geleistet (vgl. Lämmert u. a.). Die 1960er und 1970er Jahre bringen in der Bundesrepublik – in Korrelation zu gesellschaftlichen und bildungspolitischen Veränderungen (Abschied von der bildungsbürgerlichen Tradition bei gleichzeitiger Bildungsexpansion, Reform des Hochschulsystems, der Dt.lehrerausbildung und des ↗ Dt.unterrichts) – in der Lit.wissenschaft ein verstärktes Interesse an sozialgeschichtlichen, lit.soziologischen und ideologiekritischen Fragestellungen. Die synchrone Sprachwissenschaft erfährt daneben zu dieser Zeit einen von Empirisierung und Formalisierung geprägten Prozess der ›Verwissenschaftlichung‹ durch die Adaption strukturalistischer und wenig später auch kognitionswissenschaftlicher Theoreme, der auch auf Seiten der Lit.wissenschaft beträchtliche Wirkung zeitigt (*linguistic turn*). In der Linguistik kursieren seitdem ›naturalistische‹ neben ›kulturalistischen‹ Sprachtheorien (vgl. Grewendorf), und durch die vermehrte Einrichtung von Professuren für Germanistische Linguistik kommt es zu einer weiteren Ausdifferenzierung des Fachs und der heute üblichen Dreiteilung in die Bereiche Linguistik, Mediävistik und Neuere dt. Lit.wissenschaft. In den 1980er Jahren wird die lit.wissenschaftliche G. zunehmend von – durch die Adaption poststrukturalistischer und medientheoretischer Reflexionen beförderten – Kontroversen um eine adäquate Theorie der Lit. geprägt. – Die G. der DDR ist offiziell in ihrer Praxis den Rahmenvorgaben der marxistisch-leninistischen Gesellschaftstheorie verpflichtet. Gleichwohl können ›bürgerliche‹ Fachvertreter noch bis in die 1950er Jahre hinein von diesen Vorgaben weitgehend unbehelligt forschen und lehren (H. A. Korff und Th. Frings in Leipzig). Neben der Orientierung an den marxistisch-leninistischen Rahmenvorgaben adaptiert die DDR-G. während der gesamten Nachkriegszeit mit einer gewissen Zeitverzögerung westliche Forschungsentwicklungen – etwa das Aufkommen rezeptionstheoretischer Fragestellungen in der Lit.wissenschaft (↗ Rezeptionsästhetik) oder die Entwicklung der generativen Grammatik in der Sprachwissenschaft. Als ein Versuch, die Einheit des Fachs auf der Ebene der Periodika zu bewahren, wird 1981 die »Zs. für G.« (ZfG) gegründet, die – wie alle genannten Zss. – nach ihrer Neukonstitution 1990 noch heute existiert; vergleichbare Unternehmen in der Bundesrepublik sind »Wirkendes Wort« (WW, seit 1950), »Sprache und Lit.« (SuL, mit wechselnden Titeln seit 1970) sowie die »Zs. für Lit.wissenschaft und Linguistik« (LiLi, seit 1971). – Mit Beginn der 1990er Jahre wird die G. wie viele andere Geisteswissenschaften auch im Gefolge disziplinärer Verunsicherungen und Legitimationsprobleme von einer ›kulturwissenschaftlichen Wende‹ erfasst, nach der Sprache und Lit. – ihren Vertretern zufolge – vorrangig als Teilaspekte eines übergreifenden Ganzen namens ↗›Kultur‹ zu verstehen seien. Schnell formiert sich jedoch eine Gegenbewegung, die demgegenüber für eine ›Rephilologisierung‹ der G. argumentiert – für eine Konzentration auf die seit jeher tradierten und eingeübten Kernkompetenzen. – Im 21. Jh. ist die Selbstbehauptungsfähigkeit der G. unter Bedingungen umfassender Umstrukturierungen des Universitätssystems (›Bologna-Prozess‹) einerseits, eines durchgreifenden Funktionswandels der Geisteswissenschaften andererseits sowie einer in vielen Ländern Europas und der Welt abnehmenden Nachfrage nach Kenntnis der dt. Sprache und Lit. neuen Herausforderungen ausgesetzt.

Bibliographien: H.W. Eppelsheimer, C. Köttelwesch (Hg.): Bibliographie der dt. Sprach- und Lit.wissenschaft. Ffm. 1957 ff. (auch als Online-Ressource, zurzeit bis 1985 rückerschlossen). – G. Internationales Referatenorgan mit bibliographischen Hinweisen. Tüb. 1960 ff. (beginnend mit dem Jg. 1998 auch als CD-ROM-Version).

Lit.: W. Barner, Ch. König (Hg.): Zeitenwechsel. Germanistische Lit.wissenschaft vor und nach 1945. Ffm. 1996. – A. Bentfeld, W. Delabar (Hg.): Perspektiven der G. Opladen 1997. – K.-M. Bogdal, O. Müller (Hg.): Innovation und Modernisierung. G. von 1965–80. Hdbg. 2005. – H. Dainat, L. Danneberg (Hg.): Lit.wissenschaft und Nationalsozialismus. Tüb. 2003. – L. Danneberg u. a. (Hg.): Stil, Schule, Disziplin. Ffm. u. a. 2005. – L. Danneberg, W. Schernus: Der Streit um den Wissenschaftsbegriff während des Nationalsozialismus. In: Dainat/Danneberg 2003. S. 41–53. – W. Erhart (Hg.): Grenzen der G. Stgt., Weimar 2004. – J. Fohrmann: Das Projekt der dt. Lit.geschichte. Stgt. 1989. – J. Fohrmann, W. Voßkamp (Hg.): Wissenschaft und Nation. Zur Entstehungsgeschichte der dt. Lit.wissenschaft. Mchn. 1991. – Dies. (Hg.): Wissenschaftsgeschichte der G. im 19. Jh. Stgt., Weimar 1994. – J. Förster u. a. (Hg.): Wozu noch G.? Stgt. 1989. – F. Fürbeth (Hg.): Zur Geschichte und Problematik der Nationalphilologien in Europa. Tüb. 1999. – K. Garber: G. In: Killy/Meid. – G. Grewendorf: Sprache als Organ, Sprache als Lebensform. Ffm. 1995. – U. Haß, Ch. König (Hg.): Lit.wissenschaft und Linguistik von 1960 bis heute. Gött. 2003. – J. Hermand: Geschichte der G. Reinbek 1994. – G. Kaiser, M. Krell (Hg.): Zwischen Resonanz und Eigensinn. Studien zur Geschichte der Sprach- und Lit.wissenschaften im 20. Jh. Hdbg. 2005. – Ch. König (Hg.): Internationales Germanistenlexikon 1800–1950. 3 Bde. Bln., NY 2003. – Ch. König, E. Lämmert (Hg.): Lit.wissenschaft und Geistesgeschichte

1910 bis 1925. Ffm. 1993. – Ch. König u.a. (Hg.): Wissenschaftsgeschichte der G. in Porträts. Bln., NY 2000. – E. Lämmert u.a.: G. – eine dt. Wissenschaft. Ffm. 1967. – U. Meves: Zur Einrichtung der ersten Professur für dt. Sprache an der Berliner Universität (1810). In: ZfdPh 104 (1985). S. 161–185. – Ders.: G. In: H. Brunner, R. Moritz (Hg.): Lit.wissenschaftliches Lexikon [1997]. Bln. ²2006. S. 141–146. – R. Rosenberg: Zehn Kap. zur Geschichte der G. Bln. 1981. – J. Schönert (Hg.): Lit.wissenschaft und Wissenschaftsforschung. Stgt., Weimar 2000. – S. Vietta, D. Kemper (Hg.): G. der siebziger Jahre. Mchn. 2000. – K. Weimar: Geschichte der dt. Lit.wissenschaft bis zum Ende des 19. Jh.s [1989]. Mchn. ²2003. – Ders.: G. In: RLW.   DWL

Gesammelte Werke, ein- oder mehrbändige Ausgabe, welche eine repräsentative Auswahl aus den Werken eines Autors in ungekürzter Form (im Unterschied zu ›Ausgewählten Werken‹) enthält. G.W. zielen als ↗Leseausgaben auf die Verbreitung eines Autors und sind oft auch als Einzelbände separat käuflich. Sie bieten häufig den Wortlaut einer textkritisch ungeprüften Ausgabe im Nachdruck.   MSP

Gesamtausgabe, ungekürzte Edition 1. sämtlicher Schriften, 2. einer definierten Gruppe (alle Dramen, die Lyrik) oder 3. eines vorher in Teilen erschienenen einzelnen Werks eines Autors. In der Praxis ist die Abgrenzung gegen die Bez. ↗›Gesammelte Werke‹ fließend. Die historisch-kritische G. bietet darüber hinaus den textkritisch geprüften Text aller relevanten Textzeugen eines Gesamtwerks (↗kritische Ausgabe, ↗Editionstechnik, ↗Apparat).   HHS/MSP

Gesamtkunstwerk, aus der Verbindung mehrerer Künste wie Musik, Schauspielkunst, Dichtung, Architektur oder Malerei hervorgegangenes Werk. Geprägt wurde der Begriff in R. Wagners Schrift »Das Kunstwerk der Zukunft« (1849). Zwar lässt sich der Gedanke einer Synthese der Künste schon in der von der Frz. Revolution getragenen Architekturtheorie E.-L. Boullées mit ihrem Entwurf von Idealstädten und in der romantischen Idee der Musikalisierung der Malerei bei Ph. O. Runge ausmachen, doch das Programm einer bewussten Verbindung aller Künste findet sich erst im ↗Jugendstil mit seinem Streben nach der vollständigen Ästhetisierung des Alltags. Zu Beginn des 20. Jh.s war die Idee des G.s eingebettet in die radikalen gesellschaftlichen wie wissenschaftlichen Umbrüche der Moderne (M. Duchamp; russ. ↗Konstruktivismus [1]). In den 1960er und 1970er Jahren sind Nachwirkungen des revolutionären und utopischen G.s in den Arbeiten von J. Cage, M. Broodthaers oder J. Beuys zu finden. Heute ist der Gedanke des G.s in Konzepte wie ↗Intermedialität und ↗Multimedialität eingegangen.

Lit.: J. Söring: G. In: RLW. – H. Szeemann (Hg.): Der Hang zum G. Aarau, Ffm. 1983.   SMB

Gesamtwerk ↗Werk.

Gesang, dt. Übers. von ↗›Hymne‹ oder ↗›Canto‹.

Gesangbuch, Sammlung von christlichen Liedern, entstanden im 16. Jh., nachdem Luther den Gemein-

degesang zum integralen Bestandteil des Gottesdienstes gemacht hatte. Das G. hat große Bedeutung für den Gottesdienst sowie für die private Frömmigkeit. 1524 erschien in Wittenberg das Chorgesangbuch von J. Walter in fünf Stimmbüchern, 1529 das Klugsche G. und 1545 das Babstsche G., jeweils mit Vorreden Luthers. Kath. Gesangbücher folgten. In reformierten Gottesdiensten sang man ↗ Psalmen nach dem Genfer Psalter (frz. von Marot/Beza, dt. von A. Lobwasser in Vertonung von Goudimel). Im 17. Jh. stiegen die Verbreitung und der Umfang des G.s. Nach 1648 findet das G. seinen festen Platz im lutherischen Gottesdienst. Zuvor besaßen nur der Kantor und der Pfarrer ein G. Die Lieder mussten aus dem Kopf gesungen werden. Fast jede Stadt und jedes Territorium hatten ihre eigenen Gesangbücher, jedoch aufgrund der hohen Druckkosten oft ohne Noten. Mit dem Aufkommen des ↗ Pietismus geht das Entstehen neuer Gesangbücher einher: »Geistreiches G.« von A. Freylinghausen in Halle (1704/14) oder das G. von J. Porst in Berlin. Durch die Aufklärung kam es zur Bearbeitung alter und zum Entstehen neuer, ›vernünftiger‹ Lieder mit den Inhalten Tugend und Moral. Diese Tendenzen versuchte man im 19. Jh. auszugleichen, auch mehrten sich die Stimmen für ein einheitliches G. für die ev. Kirchen Deutschlands. Erst 1950 erschien das »Ev. Kirchengesangbuch« (EKG), das mit seinem Stammteil und Regionalteilen für die Landeskirchen ein einheitliches G. schuf. 1993 wurde es durch das »Ev. G.« (EG) abgelöst, das neue und ökumenische Lieder aufnahm. Das kath. G. »Gotteslob« (GL) von 1975 wird seit 2001 der Neubearbeitung unterzogen.
Lit.: W. Miersemann, G. Busch (Hg.): Pietismus und Liedkultur. Tüb. 2002. – Ch. Möller (Hg.): Kirchenlied und G. Quellen zu ihrer Geschichte. Tüb. 2000.   SMI

Gesatz ↗ Gesetz (3).

Gesätz ↗ Gesetz (3).

Geschehnisdrama, auch: Handlungsdrama; Ggs.: ↗ Figurendrama.

Geschichtsdichtung, Sammelbez. für: ↗ historischer Roman, ↗ historische Erzählung, ↗ chronikalische Erzählung, ↗ Geschichtsdrama, historische ↗ Ballade, ↗ historisches (Volks-)Lied, (Welt-, ↗ Reim-)↗ Chroniken, ↗ Heldenlied, ↗ Heldenepos.

Geschichtsdrama, auch: historisches Drama; 1. im weitesten Sinn: jedes Theaterstück (meist ein ↗ Trauerspiel bzw. eine ↗ Tragödie) mit historischem Stoff. – 2. Präzisierbar ist diese vage Gattungsbestimmung durch eine Reihe von Merkmalen, denn nicht alle Dramen, die sich auf Vergangenes beziehen, sind Geschichtsdramen: a) Der Handlungsbereich liegt wesentlich in der politisch-gesellschaftlichen Öffentlichkeit; b) der historische Gegenstand gilt als überlieferungswürdig und aktualisierbar; c) er wird durch den Dramentext (z. B. durch Quellenzitate, genaue Ortsangaben, historische Namen oder Anmerkungen) als authentisch ausgezeichnet; d) es wird in der Regel auf typische historiographische Verfahren des jeweils gel-

tenden Geschichtsdiskurses referiert. – Als erstes überliefertes G. gelten »Die Perser« (472 v. Chr.) von Aischylos. In der röm. Lit. ist die »Octavia« des (Pseudo-)Seneca das einzige Beispiel der Gattung. Dieses erste Nero-Drama wird im 15. Jh. neu ediert und in der ↗ Frühen Neuzeit in ganz Europa übersetzt bzw. als Ausgangspunkt weiterer Geschichtsdramen gewählt (Lope de Vega: »Roma abrasada«, 1625; D. C. v. Lohenstein: »Agrippina«, 1665; J. Racine: »Britannicus«, 1669). Sieht man von den wenigen mal. Versuchen ab, Geschichte dialogisch zu präsentieren (A. Mussato: »Ecerinis«, 1314), so beginnt die kontinuierliche Geschichte des G.s in der ↗ Renaissance, mit J. Lochers nlat. »Tragoedia de Thurcis et Suldano« (1497). Ihr folgen weitere Dramen aus dem humanistischen Umfeld, die z. T. ins Dt. übertragen werden, wie die Konfessionspolemik »Pammachius« (1538) von Th. Naogeorgus. Als frühe dt.sprachige Geschichtsdramen im weiteren Sinne können N. Frischlins »Fraw Wendelgard« (1579) oder Dramen von H. Sachs (»Herodes«, 1552) und J. Ayrer (»Bamberg«, postum 1618) gelten. Von größerer Bedeutung für die europäische Entwicklung des G.s sind aber die um 1600 entstehenden Dramen im barocken Spanien (M. de Cervantes Saavedra: »El cerco de Numancia«, 1583; Lope de Vega: »Fuenteovejuna«, 1614) und im elisabethanischen England, bes. W. Shakespeares ›Roman Plays‹ (»Julius Caesar«, 1599), seine Historien und – im weiteren Sinn – sein »Hamlet« (1602), aber auch Ch. Marlowes Tragödien (»Edward II«, 1593). Im 17. Jh. entwickelt sich mit den Dramen des frz. ↗ Klassizismus (P. Corneille: »Cid«, 1637; J. Racine: »Bérenice«, 1670) sowie den barocken Trauerspielen in den Niederlanden (J. van den Vondel: »Gysbreght van Amstel«, 1637) und Deutschland eine erste Blüte des G.s. Auf den dt. ↗ Wanderbühnen werden Shakespeare-Stoffe adaptiert, auf der Jesuitenbühne kirchengeschichtliche Dramen gezeigt und in den protestantischen Gymnasien Geschichtsdramen nach dem Muster des ↗ schlesischen Trauerspiels aufgeführt (A. Gryphius: »Leo Armenius«, 1650; D. C. v. Lohenstein: »Cleopatra«, 1661/80; J. Ch. Hallmann: »Mariamne«, 1670). Im 18. Jh. setzt das dt. G. mit J. Ch. Gottscheds Dramenreform ein, die sich an der frz. *doctrine classique* orientiert (»Der sterbende Cato«, 1732; J. E. Schlegel: »Hermann«, 1741; L. A. V. Gottsched: »Panthea«, 1744). Als germanisierendes ↗ Bardiet ist F. G. Klopstocks »Hermann«-Trilogie (1764–87) konzipiert. Auch J. W. Goethes »Götz von Berlichingen« (1771/73) bezieht sich auf die Nationalgeschichte. Sein Entstehungskontext, die Shakespeare-Euphorie und ein neues Geschichtsbewusstsein am Ende des 18. Jh.s, lassen den »Götz« als eine Art Gründungsurkunde des neueren G.s erscheinen. Ihm folgen neben Formexperimenten um 1800 (Goethe: »Egmont«, 1791; F. Schiller: »Wallenstein«-Trilogie, 1793–99; H. v. Kleist: »Prinz Friedrich von Homburg«, 1810) unzählige Nationaldramen (F. de la Motte-Fouqué, A. v. Arnim, L. Uhland) und

↗ Ritterdramen. (F. M. Klinger). Im 19. Jh. prägen F. Grillparzer (»König Ottokar«, 1825), Ch. D. Grabbe (»Napoleon«, 1831), G. Büchner (»Dantons Tod«, 1835) und F. Hebbel (»Agnes Bernauer«, 1851) die parallel zum aufkommenden ↗ Historismus geführte Diskussion um das Verhältnis von fiktionalen und faktualen Anteilen im G. Die Sozialgeschichte rückt seit G. Hauptmanns naturalistischem Stück »Die Weber« (1892) ins Blickfeld. Seither sind die (eher subjektiven) Geschichtserfahrungen des Einzelnen (etwa im Krieg) ein zentraler Gegenstand von Geschichtsdramen, während die National-, Ereignis- und Herrschaftsgeschichte an Bedeutung verliert (A. Schnitzler: »Der Schleier der Beatrice«, 1899; G. Kaiser: »Die Bürger von Calais«, 1914; F. Werfel: »Juarez und Maximilian«, 1924; C. Zuckmayer: »Des Teufels General«, 1946). Ausgehend von einer teils emphatischen Rückbesinnung auf die ›historische Wahrheit‹ setzen das politische Theater E. Piscators, das ↗ epische Theater B. Brechts (»Mutter Courage«, 1941) sowie die Dokumentarstücke seit 1960 (R. Hochhuth, H. Kipphardt, P. Weiss) neue Form-Akzente. Innerhalb der DDR-Lit. haben die avantgardistischen Geschichtsdramen H. Müllers (»Germania Tod in Berlin«, 1977) eine herausragende Bedeutung. Die jüngste Nationalgeschichte thematisiert aus postmoderner Sicht neben Müller (»Germania 3«, 1995) u. a. B. Strauß (»Schlußchor«, 1992). – Die Geschichtsdramen-Forschung wurde jahrzehntelang durch Sengles schon in den 1940er Jahren in Anlehnung an Petersen entwickelte, deutlich national geprägte These vom Beginn des eigentlichen G.s mit Goethes »Götz«, einer Blütezeit im dt. 19. Jh. und einem Verfall der Gattung im 20. Jh. geprägt. Neuere Arbeiten (vgl. Broich u. a.) haben dagegen einen systematischen Gattungsbegriff entwickelt, der nun auch komparatistisch verwendbar ist.
Lit.: U. Broich u. a.: Das europäische G. nach 1945. in: LJb. 28 (1987). S. 153–297. – W. Düsing (Hg.): Aspekte des G.s. Tüb. 1998. – D. Fulda, S. S. Tschopp (Hg.): Lit. und Geschichte. Bln. 2002. – R. Grimm, J. Hermand (Hg.): Geschichte im G. Stgt. 1976. – W. Hinck (Hg.): Geschichte als Schauspiel. Ffm. 1981. – Ders.: Geschichtsdichtung. Gött. 1995. – H. Lindenberger: Historical Drama. Chicago 1975. – K. Müller-Salget: Historisches Drama. In: RLW. – E. Neubuhr (Hg.): G. Darmstadt 1980. – D. Niefanger: G. der Frühen Neuzeit. 1495–1773. Tüb. 2005. – J. Petersen: G. und nationaler Mythos. Stgt. 1940. – A. Schalk: Geschichtsmaschinen. Über den Umgang mit der Historie in der Dramatik des technischen Zeitalters. Hdbg. 1989. – J. Schröder: Geschichtsdramen. Tüb. 1994. – F. Sengle: Das historische Drama in Deutschland [Habil. 1942, Erstausg. 1952]. Stgt. ³1974. – W. Struck: Konfigurationen der Vergangenheit. Dt. Geschichtsdramen im Zeitalter der Restauration. Tüb. 1997. – M. W. Wikander: The Play of Truth and State. Historical Drama from Shakespeare to Brecht. Baltimore 1986.   DN

Geschichtsklitterung [frühnhd. *klittern* = klecksen, schmieren], eine durch Verdrehung oder irreführende Verbindung von Tatsachen entstellte tendenziöse Geschichtsschreibung; Bez. nach dem Titel der zweiten Ausgabe von J. Fischarts »Gargantua« (»Affentheurlich Naupengeheurliche Geschichtklitterung ...«, 1582).
HHS/Red.

Geschlossene Form, 1. von Wölfflin im Rahmen der fünf von ihm zur Beschreibung von Kunstwerken und Epochenstilen herausgearbeiteten Ggs.paare geprägte Kategorie. Wölfflin sieht die ↗ Renaissance mit ihren nach Begrenzung und klarer innerer Struktur strebenden Kunstwerken durch die Dominanz der g.n F. gekennzeichnet, während er im ↗ Barock das Überwiegen ↗ offener Formen diagnostiziert. Walzel stellt dieses Ggs.paar in den Mittelpunkt seines Programms einer ↗ wechselseitigen Erhellung der Künste und erprobt seine Anwendbarkeit auf lit. Texte. – 2. Von Klotz in lockerer Anknüpfung an diese Tradition geprägter Begriff der ↗ Dramentheorie zur Kennzeichnung der formalen Eigenschaften eines Dramas. In einem Drama in g.r F. sind, im Unterschied zu einem Drama in offener Form, die ↗ drei Einheiten von Ort, Raum und Zeit gewahrt, die zumeist einsträngige Handlung ist auf wenige Figuren konzentriert. Das Drama ist meist als ↗ Dreiakter oder ↗ Fünfakter aufgebaut. Klotz (S. 216) bringt das Drama der g.n F. auf die Formel »der Ausschnitt als Ganzes«. – Die g. F. geht auf die Adaption der »Poetik« des Aristoteles durch das frz. und it. Theater des 15. und 16. Jh.s zurück; diese Konzeption verfolgt das Ziel, die Glaubwürdigkeit des Dramas als eines Abbildes der Wirklichkeit (↗ Mimesis) zu sichern. Sie behält ihre uneingeschränkte Anerkennung bis in das letzte Drittel des 18. Jh.s. – In jüngsten Forschungen zur Lit. des 20. Jh.s wird das Konzept reaktiviert und über das Drama hinaus erweitert (vgl. Kray/Luehrs-Kaiser).
Lit.: D. Burdorf: Poetik der Form. Stgt., Weimar 2001, S. 405–429. – V. Klotz: Geschlossene und offene Form im Drama. Mchn. 1960. – R. Kray, K. Luehrs-Kaiser (Hg.): G. F.en. Würzburg 2005. – O. Walzel: Wechselseitige Erhellung der Künste. Bln. 1917. – H. Wölfflin: Kunstgeschichtliche Grundbegriffe. Mchn. 1915. CMT

Geschmack [lat. *gustus, sapor*; engl. *taste*; frz. *goût*; it. *gusto*], 1. die ästhetische Vorliebe einer Person; 2. das spontan-intuitive Vermögen, ästhetische Qualitäten wahrzunehmen und zu unterscheiden. – Obwohl die Wurzeln des Begriffs ›G.‹ in der ↗ Rhet. liegen (*iudicium*), wird ein umfassendes Verständnis erst im 17. Jh. entwickelt, das oft auf den ›guten G.‹ zielt. Für B. Gracián (»Oráculo manual«, 1647) ist G. eine natürliche Gabe, die im Horizont einer allg. Verhaltenslehre der Ausbildung bedarf. Diese pragmatisch grundierte Kompetenz im System gesellschaftlicher Konventionen erfährt um 1700 eine Um- und Aufwertung zu einem prinzipiell kultivierbaren Sensorium des Individuums für das ↗ Schöne und Angemessene (↗ *aptum, decorum*). So definiert J. Addison (»The Pleasures of

the Imagination«, 1712) G. (»taste«) mit Blick auf die Lit. als »Faculty of the Soul, which discerns the Beauties of an Author with Pleasure, and the Imperfections with Dislike«. Die im 18. Jh. gesamteuropäisch geführte Diskussion des G.sbegriffs trägt wesentlich zur Konstitution der ↗Ästhetik als neuer Disziplin bei, in deren Rahmen G. eine Leitkategorie nicht nur der ↗ästhetischen Erfahrung, sondern auch der ästhetischen Erziehung darstellt. Als Hauptproblem erweist sich nach I. Kant (»Kritik der Urteilskraft«, 1790, A 64) die paradoxe Struktur des G.surteils, das als subjektives Urteil Anspruch auf allg. Geltung erhebt. Da jedoch die individuelle Beurteilung des Schönen ›ohne alles Interesse‹ erfolgt und lediglich um die Zustimmung der anderen wirbt, kann dieser Anspruch legitimiert werden; Grundlage hierfür ist ein »subjektives Prinzip [...], welches nur durch Gefühl und nicht durch Begriffe, doch aber allgemeingültig bestimme, was gefalle oder mißfalle« (ebd.); dieses Prinzip nennt Kant den »Gemeinsinn« (*sensus communis aestheticus*). Zwar verliert der G. als Kategorie im 19. Jh. an Bedeutung, doch bleibt er v.a. im ↗Ästhetizismus als soziales und ästhetisches Urteilsvermögen in Kraft. Hier setzt schließlich die Kritik der modernen Soziologie an, wenn sie G. als Sinn für gesellschaftliche Distinktion beschreibt:»Der G. ist die Grundlage alles dessen, was man hat – Personen und Sachen –, wie dessen, was man für die anderen ist, dessen, womit man sich selbst einordnet und von den anderen eingeordnet wird« (Bourdieu, S. 104).
Texte: A.v. Bormann (Hg.): Vom Laienurteil zum Kunstgefühl. Texte zur dt. G.sdebatte im 18. Jh. Tüb. 1974.
Lit.: W. Amann: »Die stille Arbeit des G.s«. Würzburg 1999. – A. Baeumler: Das Irrationalitätsproblem in der Ästhetik und Logik des 18. Jh.s bis zur *Kritik der Urteilskraft*. Halle 1923. – P. Bourdieu: Die feinen Unterschiede [frz. 1979]. Ffm. 1987. – D. Brückner: G. Bln. 2003. – U. Frackowiak: Der gute G. Mchn. 1994. – P. Guyer: Kant and the Claims of Taste. Cambridge 1979. – K. Weimar, F. Solms: G. In: RLW.   DO
Geselligkeit, zwanglose Form des kommunikativen Zusammenseins aus unterschiedlichen Anlässen. G. in diesem allg. Sinne ist eine Grundform menschlichen Verhaltens. Zu den historischen Formen zählen z.B. die ↗Symposien in Griechenland, die frz. ↗Salons des 17. und 18. Jh.s sowie die lit. Zirkel des späten 19. und frühen 20. Jh.s. Das Bürgertum des 19. Jh.s entwickelte neben häuslichen auch öffentliche Formen der G., z.B. das Vereinswesen. – Für die G. im 18. Jh. ist v.a. die naturrechtlich-politische Dimension mit der »Verpflichtung des Menschen zur Sozialität« (S. Pufendorf: »De iure naturae et gentium«, 1672) wichtig. F. Schleiermacher hebt den Aspekt der G. im Hinblick auf den gemeinschaftlichen Austausch im Sinn einer »geselligen Hermeneutik« hervor (»Versuch einer Theorie des geselligen Betragens«, 1799; vgl. auch J.F. Herbart: »Allgemeine practische Philosophie«, 1808). Neuer-

dings wird die Frage der G. unter dem Stichwort der ↗Performanz dem Handlungsmoment kultureller Äußerungen subsumiert; damit wird auf die Tradition der ↗Rhet. sowie auf linguistisch-soziologische Konzepte des Sprachgebrauchs verwiesen, welche die Prozessualität von ↗Kommunikation hervorheben. – Das gesellige Erzählen findet sowohl auf der Textebene (etwa im Novellenzyklus [↗Novelle]) als auch auf der Rezeptionsebene von Lit. statt: Das mündliche Erzählen z.B. von ↗Märchen ist hier ebenso zu nennen wie alle Formen der privaten und öffentlichen ↗Lesung, des mündlichen Austauschs über Lit. im Rahmen lit. G., aktuell etwa in Lit.häusern oder beim ↗Poetry Slam. Zu früheren Institutionen dieser Art gehört das Kaffeehaus. Es kommt so zur Einbindung des lit. Autors in den gesellschaftlichen Zusammenhang, wobei das gesellschaftliche Forum als konstitutiver Aspekt von Lit. zu betrachten ist. Zur G. gehören auch Gruppenbildungen von Autoren sowie lit. Gesellschaften.
Lit.: W. Braungart: Prolegomena zu einer Ästhetik der G. (Lessing, Mörike). In: Euph. 97 (2003), S. 1–18. – D. Gaus: G. und Gesellige. Stgt. 1998. – A. Heinz u.a. (Hg.): Ungesellige G. Hdbg. 2005. – E. Peter: G.en Lit., Gruppenbildung und kultureller Wandel im 18. Jh. Tüb. 1999. – G. Simmel: Soziologie der G. [1911]. In: ders.: Gesamtausgabe. Bd. 12. Ffm. 2001, S. 177–193. – F. Vollhardt: Selbstliebe und G. Tüb. 2001.   GLS
Gesellschaft für deutsche Sprache, Nachfolgeinstitution des (Allg.) ↗Dt. Sprachvereins.
Gesellschaftsdichtung, Sammelbez. für lit. Werke, die sich innerhalb der sozialen, geistigen und ethischen Konventionen der jeweils herrschenden Gesellschaftsordnung bewegen und deren ästhetischen Normen entsprechen (z.T. auch mit ›Standesdichtung‹, ›Standespoesie‹ gleichgesetzt). Ihre Thematik ist nicht durch individuelles Erleben oder gar Gesellschaftskritik bestimmt, sondern spiegelt allg. anerkannte Verhaltensmuster, die durch typische Gestalten repräsentiert werden. Teilweise ist sie unmittelbar für den Vortrag in der Gesellschaft, für ein versammeltes ↗Publikum konzipiert. Sie ist vornehmlich Rollendichtung, entsteht meist als ↗Gelegenheitsdichtung. Sie begegnet v.a. in Zeiten geschlossener Sozialordnungen: ↗höfische Dichtung seit dem Hellenismus, ↗Minnesang und höfische Epik im Hoch-MA., die ↗Schäfer- und Hirtendichtung in Renaissance und Barock, die ↗galante Dichtung (Anakreontik) im Rokoko, das Gesellschaftslied des 16.–19. Jh.s.   GS/Red.
Gesellschaftskritik, publizistischer Angriff gegen rechtliche, politische, wirtschaftliche, soziale oder moralische Gegebenheiten einer Gesellschaft. Lit. G. ist bereits in der Antike anzutreffen. Die ↗Komödien des Aristophanes (um 400 v.Chr.) greifen massiv in gesellschaftliche Diskussionen ein; Tacitus' »Germania« (98 n.Chr.) dient der Kritik an der röm. Gesellschaft. Im MA. tritt G. in der Regel als Ständekritik auf. Mit Beginn der Neuzeit ist G. zentraler Teil der gesellschaftlichen Selbstreflexion. Die Spannbreite reicht dabei

von moralischen ↗ Erzählungen in der Tradition der Ständekritik bis hin zu den pazifistischen Texten im Kontext des Dreißigjährigen Kriegs. Im Modernisierungsprozess spaltet sich G. auf in einen oft abgewerteten Strang, der Fehlentwicklungen bloß anmahnt, und eine radikale Richtung, die den Umsturz von Gesellschaftsstrukturen anvisiert. Die Übergänge sind, wie die Frz. Revolution von 1789 zeigt, fließend; Kritik der Gesellschaft, immanent begonnen, kann sich zum Umbruch radikalisieren. Als Gegenentwürfe zur kritisierten Gesellschaft entstehen seit der Frühen Neuzeit ↗ Utopien einer idealen Gesellschaft, etwa als imaginierte Reisetexte (Th. Morus: »Utopia«, 1516; J. G. Schnabel: »Die Insel Felsenburg«, 1731–43), die als ↗ Science-Fiction und Dystopien im 20. Jh. weiterentwickelt werden. Die G. wird im Verlauf des 19. Jh.s zunehmend radikalisiert, theoretisch erhält sie im Marxismus ihre systematische Basis, v. a. für sozialistische und kommunistische Autoren des 20. Jh.s (J. R. Becher, A. Seghers, P. Weiss). Die Inanspruchnahme von Lit. für die G. führt im Kontext der Kommunistischen Partei aber zu formalen Verengungen (↗ sozialistischer Realismus). Demgegenüber betonen Autoren wie B. Brecht die Offenheit der Beziehung von Form und G. Nichtkommunistische Autoren wie H. Böll setzen auf eine radikale, aber immanente Kritik der Gesellschaft. Daneben entwickelt sich seit dem 18. Jh. eine konservative ↗ Kulturkritik und Zivilisationskritik, welche fordert, die Dynamik der gesellschaftlichen Entwicklung zu stoppen, und versucht, die zunehmende Komplexität und Offenheit von sozialen Verhältnissen mit einfachen Formeln zu beherrschen. – ↗ Politische Lit.
Lit.: B. Beßlich: Wege in den »Kulturkrieg«. Zivilisationskritik in Deutschland 1890–1914. Darmstadt 2000. – F. Trommler: Sozialistische Lit. in Deutschland. Stgt. 1976.   WD

Gesellschaftslied, von H. Hoffmann v. Fallersleben 1843 zur Abgrenzung vom ↗ Kunstlied einerseits und vom ↗ Volkslied anderseits geprägte Bez. für im Spät-MA. aufkommende, den kulturellen Anschauungen und Praktiken bestimmter, zunächst adliger, seit dem 16. Jh. v. a. bürgerlicher Gruppen verpflichtete weltliche Lyrik, die in geselliger Runde gesungen und in ↗ Liederbüchern kodifiziert wurde (im 15. Jh.: »Königsteiner Liederbuch«, »Lochamer-Liederbuch«). Fest und Tanz als gesellschaftliche Anlässe bestimmen zunächst auch das thematische Spektrum (Tanz-, Spiel- und Zechlieder); komplementär dazu stehen einfühlsame Liebes- und Kinderlieder. Aus der Bindung an soziale Gruppen (Soldaten-, Studenten- und Jägerlieder) gehen bald schon modische, typisierte Lieder hervor. Große Teile der gelehrten Lyrik des 17. Jh.s stehen in der Tradition des G.s (S. Dach, M. Opitz, Ph. v. Zesen, J. Rist). In der Sache hält es sich bis in die Gesellschaftskultur des 19. Jh.s (J. W. Goethe, J. v. Eichendorff). Als zu weiter Sammelbegriff wird ›G.‹ von der neueren Forschung abgelehnt.
Lit.: H. Brunner: G. In: RLW. – Ch. Petzsch: Einschrän-

kendes zum Geltungsbereich von ›G.‹. In: Euph. 61 (1967), S. 342–348 – Ders.: Das Lochamer-Liederbuch. Mchn. 1967. – P. Sappler (Hg.): Das Königsteiner Liederbuch. Mchn. 1970.   CF

Gesellschaftsroman, Romantypus des 19. und 20. Jh.s, der beansprucht, die ganze Gesellschaft seiner Zeit modellhaft darzustellen. Der Ursprung des G.s in der ersten Hälfte des 19. Jh.s hat sowohl inner- als auch außerlit. Voraussetzungen. Um 1800 beginnt der ↗ Roman das ↗ Epos als diejenige Gattung abzulösen, deren Aufgabe es ist, die ganze Welt darzustellen. Die traditionell enge Bindung der Gattung Roman an das Sujet Liebe lockert sich, das thematische Spektrum wird weiter. Die Herausbildung einer sich mit Eigendynamik entwickelnden bürgerlichen Gesellschaft (in Abhebung vom Staat) lässt es als sinnvoll erscheinen, die ganze Welt als soziale Welt (und nicht mehr als religiös geordnete oder moralische Welt) darzustellen. Das neue Arsenal der Gesellschaftsdarstellung wird erstmals im europaweit wirksamen ↗ historischen Roman W. Scotts erprobt und dann bahnbrechend von H. de Balzac auf die zeitgenössische Gesellschaft übertragen. Im 19. Jh. sind die bedeutendsten Schriftsteller der europäischen Romanlit. Autoren von G.en (Stendhal, Balzac, G. Flaubert, É. Zola, G. Eliot, Ch. Dickens, W. M. Thackeray, L. N. Tolstoj, I. S. Turgenjew). In Deutschland, wo die poetologische Diskussion über den G. unter dem Begriff ›Zeitroman‹ geführt wird, erreicht man erst gegen Ende des 19. Jh.s mit dem Werk Th. Fontanes Anschluss an das europäische Niveau. – Im G. sind ↗ Figurenkonstellationen, Räume und ↗ Handlungen im Hinblick auf soziale Signifikanz angelegt. Die symbolischen Ordnungen der Romanwelten werden durch Kombinationen von semantischen Oppositionen so organisiert, dass modellhafte Durchblicke auf die Totalität der ganzen Gesellschaft möglich werden – häufig in kritischer Perspektive. Innerlichkeit und Privatleben erscheinen als sozial vermittelt. Eine große Breite der Gesellschaftsdarstellung wird oft panoramatisch, d. h. durch ein umfangreiches Figurenspektrum und eine Vielzahl von Schauplätzen, erreicht. Wichtige politische Ereignisse werden gelegentlich zu Kristallisationszentren der Romane. Obwohl G.e zu großem Umfang neigen (bis hin zum Romanzyklus, z. B. Balzac: »La comédie humaine«, 1829–54; Zola: »Les Rougon-Macquart«, 1871–93), ist eine Abgrenzung des G.s als eines eigenen Formtypus aufgrund der Vielfalt der in ihm wirksamen lit. ↗ Traditionen und ↗ Schreibweisen problematisch. Insbes. ist die Opposition zum ↗ Bildungs- bzw. Entwicklungsroman unscharf, da Bildungs- bzw. Entwicklungsromane zugleich G.e sein können (G. Flaubert: »L'éducation sentimentale«, 1869; Ch. Dickens: »David Copperfield«, 1850; G. Eliot: »Middlemarch«, 1871 f.). Der G. ist daher eher als eine (in den verschiedensten Formen erfüllbare) Aufgabe des Romanciers denn als eine Untergattung der Gattung ›Roman‹ zu verstehen. Dieser Aufgabe unterziehen sich auch im 20. Jh. weiterhin be-

deutende Romanciers (M. Proust: »A la recherche du temps perdu«, 1913–27; J. Joyce: »Ulysses«, 1922; A. Döblin: »Berlin Alexanderplatz«, 1929; R. Musil: »Der Mann ohne Eigenschaften«, 1930–32; U. Johnson: »Jahrestage«, 1970–83). Die lit.wissenschaftliche Forschung hat freilich die großen Romane des 20. Jh.s vorrangig unter anderen Aspekten als demjenigen der Gesellschaftsdarstellung behandelt.
Lit.: B. Auerochs: Erzählte Gesellschaft. Mchn. 1994. – E. Edler: Die Anfänge des sozialen Romans und der sozialen Novelle in Deutschland. Ffm. 1977. – H. V. Geppert: Der realistische Weg. Tüb. 1994. – D. Göttsche: Zeit im Roman. Mchn. 2001. BA

Gesellschaftsstück ↗ Salonstück.

Gesetz, n. [ahd. *Gisezzida* = Festsetzung, zu setzen], 1. in Philosophie, Logik und Naturwissenschaften Terminus sowohl a) zur Kennzeichnung regelhafter Zusammenhänge aller Art in Natur, Wissenschaft und Gesellschaft als auch b) zur normativen Formulierung verbindlicher Verhaltensvorschriften und Ordnungen. Denkgesetze werden von Naturgesetzen unterschieden. – 2. In der ↗ Rhet. als ›G. der wachsenden Glieder‹ bedeutsam und sowohl auf die Anordnung des Stoffes als auch auf die syntaktische Gestaltung des Satzes (Wortstellung) bezogen. V. a. komplexe Satzkonstruktionen erlauben Bauformen mit steigernden Mitteln: Erst am Schluss der Periode werden zentrale Aspekte des Gedankengangs offengelegt. – In der Lit.wissenschaft lassen sich zwei Bedeutungsstränge unterscheiden: 3. auch: **Gesätz, Gesatz** [Übers. von gr. *nómos* = Gesetz, Melodie, Lied]; seit der ↗ Renaissance Bez. für Reimgedicht oder ↗ Strophe, v. a. für die Strophen des ↗ Meistersangs, speziell den ↗ Aufgesang. – Die Diminutivform ›Gesetzchen‹ steht für kleine Gedichte, Lieder oder Sprüche. – 4. In der Poetik: Regel oder Regelsystem, der oder dem die Dichtung folgt oder zu folgen hat. Während die Verwendung des Begriffs ›G.‹ bei M. Opitz und J. G. Herder noch im Kontext der rhet. geprägten Regelpoetik und der Auseinandersetzung mit ihr steht, versucht A. Holz mit seinem »Kunstgesetz« (»Kunst = Natur – X «) die Dichtung an quasi-naturwissenschaftlichen Maßstäben auszurichten: »Die Kunst hat die Tendenz, wieder die Natur zu sein. Sie wird sie nach Massgabe ihrer jedweiligen Reproductionsbedingungen und deren Handhabung.« (»Die Kunst. Ihr Wesen und ihre G.e«, 1891) Dennoch darf in dieser Formel der pragmatische Aspekt der Handhabung und der Individualität lit. Sprachverwendung nicht übersehen werden. Verwendung findet der Begriff auch im Dadaismus (H. Kersten).
Lit.: D. Burdorf: Poetik der Form. Stgt., Weimar 2001. – H. Fricke: G. und Freiheit. Mchn. 2000. – G. L. Schiewer: Poetische Gestaltkonzepte und Automatentheorie. Würzburg 2004. GLS

Gespaltener Reim ↗ Reim.

Gespensterballade ↗ Gespenstergeschichte.

Gespenstergeschichte [engl. *ghost-story*, frz. *histoire des revenants*], kurze Erzählform, die empirisch un-

mögliche Handlungen überirdischer und überzeitlicher ↗ Figuren als real schildert mit dem Effekt des Unheimlichen, oft als ↗ Binnenerzählung eines ↗ Romans oder eines Novellenzyklus (↗ Novelle), wodurch sich die Fiktion des mündlichen Erzählens einstellt. Die typische Bauform folgt dem Schema: Einführung der Erzählperspektive (mit einer Vorliebe für Geschichten-Erzählfiguren) – Erzeugung von Spannung – Beglaubigung – Steigerung – Pointierung. Neben dem Gespenst sind genretypische Figuren: Teufel, Hexen, Wiederkehrer aus dem Jenseits, Doppelgänger, Naturgeister, Nixen, Ritter oder Vampire. Zur Motivwelt der G. gehören Geisterstunde, Spuk, Schuld und Sühne, Okkultismus, Somnambulismus und Wahnsinn, Phantastik sowie ein romantisches Lokal- und Zeitkolorit. – Historisch entspringt das Genre der folkloristischen ↗ Trivialliit. Bis ins Spät-MA. von christlicher Seite als Volksglaube tabuisiert, ist das Gespenstermotiv vorwiegend in einfachen mündlichen Erzählungen anzutreffen. Ihre erste lit. Blüte erlebt die G. in der späten ↗ Aufklärung (J. C. Wezel, J. K. A. Musäus), in der sie als unechte ›Antiform‹ (Kanzog) eine von Aberglauben geprägte Subkultur entmythologisiert. Dagegen ist die häufig antirationalistisch mystifizierende G. der ↗ Weimarer Klassik und der Romantik vom ↗ Schauerroman (Ch. H. Spiess, J. A. Gleich) und von zeitgenössischen psychologischen Theorien (F. Mesmer, Ph. Pinel, K. Ph. Moritz, J. Ch. Reil) beeinflusst. Hierher gehören neben den mehrbändigen Anthologien von S. Ch. Wagner (1797 f. und 1801 f.) sowie von J. A. Apel und F. Laun (»Gespensterbuch«, 1810–17) auch F. Schillers »Der Geisterseher« (1787–89), J. W. Goethes »Unterhaltungen dt. Ausgewanderten« (1795), L. Tiecks »Der Fremde« (1796), H. v. Kleists »Das Bettelweib von Locarno« (1810), F. de la Motte-Fouqués »Die Köhlerfamilie« (1814) und E. T. A. Hoffmanns »Der unheimliche Gast« (1819). Entgegen dieser romantischen Traditionslinie der G. verfolgen J. P. Hebel (»Merkwürdige G.« im »Rheinländischen Hausfreund«, 1809) und H. Heine (»Reisebilder«, 1. Teil: »Harzreise«, 1824) wieder volksaufklärerische oder gar satirische Ziele. Im 18. und 19. Jh. erfreut sich die benachbarte lyrische Gattung der *Gespensterballade* zunehmender Beliebtheit (A. v. Droste-Hülshoff, E. Mörike). Das 19. Jh. ist die Hauptepoche der G. (E. A. Poe, Ch. Dickens, O. Wilde, G. de Maupassant, A. S. Puschkin, N. Gogol). Eine letzte Blüte erreicht die Gattung parallel zur Entstehung der Psychoanalyse (S. Freud: »Das Unheimliche«, 1919) im ↗ Fin de Siècle (bes. in der ↗ Neuromantik) und im ↗ Expressionismus (G. Meyrink: »Der Golem«, 1915). Nun dominieren die Motive des Wahnsinns und des Automaten-Menschen. Im 20. Jh. wird die klassische G. zunehmend verdrängt durch die technischen Mythen der ↗ Science-Fiction mit dem ihr eigentümlichen Personal (Mutanten, Aliens, Roboter). Letzte wichtige Vertreter der Gattung im 20. Jh. sind M. L. Kaschnitz (»Gespenster«, 1960) und F. Hohler (»Erzählung«, 1973). – Eine wichtige

Rolle spielt die G. auch als Genre der neueren ↗ Kinder- und Jugendlit.

Lit.: K. Kanzog: Der dichterische Begriff des Gespenstes. Diss. Bln. 1951. – Ders.: G. In: RLW. – L. v. Stackelberg: Die dt. G. der Zeit der Spätaufklärung und der Romantik. Diss. Mchn. 1983. – D. Weber (Hg.): G.n. Stgt. 1989. – G. v. Wilpert: Die dt. G. Stgt. 1994.

UME

Gespräch, 1. im weiteren Sinne der sprachliche, vorzugsweise mündliche Austausch zwischen zwei oder mehreren Personen. Faktoren, welche die rhet. Strategien und Handlungsmuster bestimmen, sind der soziale Rahmen, die Konstellation der G.spartner, die Themen, das Medium, der Grad der Öffentlichkeit u. a. Als Grundform des sozialen Verkehrs ist das G. Forschungsgegenstand verschiedener Disziplinen wie Linguistik, Rhet., Theologie, Philosophie, Psychologie oder Soziologie. Gegenstand wissenschaftlicher Reflexion ist die Abgrenzung des Terminus ›G.‹ a) vom lit. ↗ ›Dialog‹ als Wechselrede innerhalb von lyrischen, dramatischen und epischen Texten bzw. als eigenständigem lit. Text in Gesprächsform; b) von ↗ ›Konversation‹ als konventioneller, unverbindlicher Unterhaltung, die primär der Pflege von Kommunikationsbeziehungen dient; c) vom ↗ ›Diskurs‹ als streng linearer Entwicklung spezialisierten Wissens. – 2. Im engeren Sinne die Dokumentation der mündlichen Unterhaltungen bedeutender Persönlichkeiten durch Zeitgenossen, z. B. der »Tischreden« M. Luthers (schon 1566 durch J. Aurifaber hg., später ergänzt durch Skripte anderer Teilnehmer), der G.e J. W. Goethes mit J. P. Eckermann, F. v. Müller, F. W. Riemer u. a. oder der (von G. Janouch aufgezeichneten) G.e F. Kafkas. – 3. Als ahd. G.e bzw. G.sbüchlein werden zwei Überlieferungen des 9. und 10. Jh.s bezeichnet, die jeweils ein Sachglossar und Mustersätze in Frage-und-Antwortform für den Alltagsgebrauch überliefern und vermutlich für die Verständigung des Dt. unkundiger Romanen bestimmt waren – die »Kasseler Glossen« (↗ Glosse) und die »Altdt.« bzw. »Pariser G.e.«

Lit.: K. Brinker: Linguistische G.sanalyse [1989]. Bln. ³2001. – M. Fauser: Das G. im 18. Jh. Stgt. 1991. – E. W. B. Hess-Lüttich: G. In: HWbRhK. – C. Schmölders (Hg.): Die Kunst des G.s Mchn. 1979. – K. Stierle, R. Warning (Hg.): Das G. [1984]. Mchn. ²1996. KR

Gesprächsspiel, eng mit der Entstehung der Salonkultur verbundene Form der geselligen ↗ Konversation, u. a. in der Form von Buchstaben-, Silben-, Reim- und Rollenspielen. – Die als Unterhaltungs- und Lehrstoff dienenden G.e der it. und frz. Höfe und adligen ↗ Salons waren Vorbild für G. Ph. Harsdörffers »Frauenzimmer-G.e« (1641–49), die der Pflege der dt. Sprache und der Sitten dienen sollten. 1644 gründete Harsdörffer den »Pegnesischen Blumenorden« (↗ Sprachgesellschaften), in dem an der Entwicklung einer nationalen Lit. nach dem Vorbild der Renaissance-Lit. in anderen europäischen Ländern gearbeitet wurde; dabei wurde die Mitwirkung von Frauen als unerlässlich empfunden (vgl. M. K. Stockfleth: »Die Kunst= und tugend= gezierte Macarie«, 1673). Am Hof von Wolfenbüttel förderte Sophie Elisabeth von Braunschweig-Lüneburg (1613–76) Gemeinschaftsdichtungen und G.e. In der Frühromantik bildete das ↗ Gespräch die Grundlage einer Entfaltung der Poesie, und die G.e wurden zu Schreibspielen. Seit ca. 1970 greifen die Konzepte des kreativen ↗ Schreibens auf diese Traditionen zurück.

Lit.: P. Dollinger: »Frauenzimmer-G.e«. Mchn. 1996. – G. Mattenklott (Hg.): Lit. Geselligkeit. Stgt. 1979. – R. Zeller: Spiel und Konversation im Barock. Bln. 1974.

WVB

Gesta, f. Pl. [lat. *res gestae* = Taten], weit verbreitete Gattung mal. Geschichtsschreibung. Eine antike Vorform findet sich in den röm. G., welche die Amtshandlungen eines Magistrats festhielten. Für die mal. G.-Lit. lassen sich zwei Gruppen unterscheiden: 1. Die Bischofs- und Abtsgesta halten die Taten der Bischöfe eines Bistums bzw. der Äbte eines Klosters von den Anfängen bis in die Gegenwart fest. Charakteristisch ist die Verbindung von biographischen Elementen und institutionenbezogener Darstellung. Bischofs- und Abtsgesta sind oft Auftragswerke und spiegeln die offizielle Sicht der Geschichte des eigenen Bistums bzw. der Klostergemeinschaft wider. Das älteste und bedeutendste Zeugnis hierfür ist der »Liber Pontificalis«, die G. der Päpste (6.–9. Jh., fortgesetzt im 12. Jh.). Frühestes Beispiel für Bischofsgesta sind die Metzer Bischofsgesta des Paulus Diaconus (»G. episcoporum Mettensium«, um 783/91). Die ersten Abtsgesta dürften die um 823/33 in der Abtei St. Wandrille (Normandie) entstandenen »G. abbatum Fontanellensium« sein. Alle drei genannten Werke hatten Vorbildfunktion für die spätere mal. G.-Lit. – 2. Herrschergesta verknüpfen Elemente der Vita mit dem Berichtshorizont von Reichschroniken. Als bedeutendste Zeugnisse der Herrschergesta gelten die G. Kaiser Konrads II. von Wipo (um 1040/46) und die »G. Frederici« Ottos von Freising und Rahewins (1157/60), eine zeitgenössische Reichsgeschichtsschreibung unter Kaiser Friedrich I. Sonderfälle sind die »G. Dei per Francos« Guiberts von Nogent (Geschichte des ersten Kreuzzugs, 1104/08) sowie die »G. Romanorum«, eine weit verbreitete, in die Volkssprachen übersetzte lat. Exempelsammlung zu Predigtzwecken (13./14. Jh.). Als ›G.‹ werden auch einige Bistums-, Stadt- und Volkschroniken bezeichnet (»G. Treverorum«, »G. Danorum«).

Lit.: H.-W. Goetz: Geschichtsschreibung und Geschichtsbewusstsein im hohen MA. Bln. 1999. – H. Grundmann: Geschichtsschreibung im MA. [1958]. Gött. ⁴1987. ST

Gestalt, f. [gr. *idéa*, *eídos*, *morphé*], Erscheinung des Ganzen eines Kunstwerks in der Anschauung seiner Form, die als Ausdruck dichterischen Erlebens verstanden wird. – Als Komplementärbegriff wird ↗ ›Gehalt‹ verwendet, als dessen Ausdruck die G. gedacht wird. G. kann sowohl als Wahrnehmungs- wie auch als Produktionsphänomen verstanden werden.

Der Begriff ›G.‹ ist teilsynonym mit dem der ↗ Form, wobei ›Form‹ eher die äußere, ›G.‹ eher die Inneres ausdrückende Erscheinung in ihrer Ganzheit bezeichnet. So dient ›G.‹ häufig als Einheits- und Validierungskonzept. Zudem schwankt die Bedeutung des Begriffs zwischen der *Idee* eines Artefakts und seiner raumzeitlicher *Aktualisierung*. – In diesem Sinne geht das G.konzept auf Elemente von Platons Ideenlehre zurück. J. W. Goethe konzipiert die G. als dem natürlichen Organismus analoge Erscheinung und ↗ Struktur von Kunstwerken. In der geistesgeschichtlichen Lit.wissenschaft der ersten Hälfte des 20. Jh.s (Walzel, Müller) bezeichnet der G.begriff, z. T. im Anschluss an Goethes Morphologiekonzeption, die nicht rational erfassbare, einem inneren Bildungsgesetz entspringende ganzheitliche Wahrnehmung eines lit. Textes als ästhetisches Erlebnis.

Lit.: D. Buchwald: G. In: ÄGB. – W. Hahl: G. In: RLW. – G. Müller: Die G.frage in der Lit.wissenschaft und Goethes Morphologie [1944]. In: ders.: Morphologische Poetik. Hg. v. E. Müller. Tüb. 1968, S. 146–224. – A. Simonis: G.theorie von Goethe bis Benjamin. Köln u. a. 2001. – W.-D. Stempel: G., Ganzheit, Struktur. Gött. 1978. – O. Walzel: Gehalt und G. im Kunstwerk des Dichters. Bln.-Neubabelsberg 1923.   DWL

Gestus, m. [lat. = Körperhaltung, Gebärde], auch: Geste, f.; in der antiken ↗ Rhet. Bez. für normierte Körperbewegungen und Haltungen für den rednerischen Vortrag, festgelegt nach den zu erregenden Affekten. In der Theatersemiotik ist Gestik neben Kinesik, ↗ Proxemik und ↗ Mimik Gegenstand der Aufführungsanalyse. – In rhet. bestimmten Theaterformen bleibt bis Mitte des 18. Jh.s ein normierter G. in Geltung, der auch später gelegentlich auflebt. Mit dem Entstehen des historischen Bewusstseins und zunehmender Individualisierung empfand man eine festgelegte Gebärdensprache als gekünstelt und erstrebte eine natürlichere Gestik. Aber auch unter dem Ideal der Natürlichkeit prägen Epochen ihren spezifischen Gestenkanon aus, der sich als Teil des ↗ Habitus der jeweiligen Zeit untersuchen lässt.

Lit.: E. Fischer-Lichte: Semiotik des Theaters. Bd. 1. Tüb. 1983, S. 60–87.   TU

Gesundheitslehre ↗ Medizinlit.

Ghasel, n. [arab. *gazal* = Liebespoesie; häufig übersetzt als ›Gespinst‹], auch: *Gasel*, n., oder: *Ghasele*, f.; eine in der arab., pers., türk. und Urdu-Lit. weit verbreitete lyrische Form, die sich seit dem 7. Jh. in der hochartifiziellen arab. Dichtkunst neben oder aus den Auftaktversen (*nasib*, *Nesib*) der ↗ Qaside heraus entwickelt hat, in denen Liebessehnsucht und Verlustschmerz ausgedrückt wurden. Das G. besteht aus vier bis sechzehn jeweils in zwei Halbverse unterteilten Langversen, die meist als Verspaare verstanden werden. Der Reim des ersten Verspaares (Königsreim) wird im jeweils übernächsten Vers wiederholt, während jeder ungerade Vers ohne Reim bleibt (*aaxaxaxa*). Das G. befasst sich hauptsächlich mit der menschlichen oder der mysti-

schen Liebe, dem Lebensgenuss, dem Glück und der Vergänglichkeit, auch mit allg. philosophischen Reflexionen. Seine weiteste Verwendung fand das G. in der pers. Dichtkunst, wo es durch Saadi (gestorben 1292), Hafis (gestorben 1390) und Saib (gestorben 1678) zu eigener Vollkommenheit geführt wurde. Die G.endichtung wendet sich gegen den orthodoxen Islam, dem sie eine Religion der kosmischen Liebe und Wahrhaftigkeit entgegensetzt. In Europa befasste man sich seit dem 17. Jh. mit der Gattung (Adam Olearius: »Persianisches Rosenthal«, 1654). Bahnbrechende Wirkung erzielten die G.n-Übers.en F. Rückerts (seit 1819). A. v. Platen erweiterte die Ausdrucksmöglichkeiten der Gattung, indem er sie aus dem orientalisierenden Dekor befreite. Danach wurde die Form nur noch vereinzelt erprobt, so von H. v. Hofmannsthal und – in parodistischer Absicht – von H. M. Enzensberger.

Lit.: D. Burdorf: Poetik der Form. Stgt., Weimar 2001, S. 236–259. – J.Ch. Bürgel: Das persische G. In: K. v. See (Hg.): Neues Hb. der Lit.wissenschaft. Bd. 5. Wiesbaden 1990, S. 265–277. – Ders.: G. In: RLW. – H. Ünlü: Das G. des islamischen Orients in der dt. Dichtung. Ffm. u. a. 1991.   JBR

Ghasele ↗ Ghasel.

Ghostwriter, m. [engl. = Geisterschreiber], anonymer Autor, der im Auftrag und unter dem Namen gesellschaftlich wichtiger oder populärer Personen (Politiker, Künstler und Sportler) nach genauer Absprache oder in weitgehender Freiheit Reden, Zeitungsartikel und Bücher (v. a. ↗ Memoiren) schreibt.   HD/Red.

Gleichklang ↗ Reim.

Gleichlauf ↗ Parallelismus.

Gleichnis [bereits ahd. als *galîhnissa* bzw. *galîhnissi* belegt; im 18. Jh. Genuswechsel von f. zu n.], erweiterter ↗ Vergleich, meist mit zumindest rudimentärer narrativer Struktur. In G.sen werden Zustände, Vorgänge, Situationen, ↗ Handlungen aus einem Bedeutungsbereich (›Bildhälfte‹) so gebraucht, dass sie auf einen anderen Bedeutungsbereich (›Sachhälfte‹), der eigentlich in Rede steht und erhellt werden soll, verweisen. Die Markierung des Vergleichs (und damit der Aufforderung zum Bedeutungstransfer) ist explizit. G.se sind damit Situationsdeutungen durch uneigentliche Rede. In aller Regel sind G.se keine selbständigen Texte, sondern in Kotexte (↗ Kontext) eingebettet, innerhalb deren sie zur Veranschaulichung, aber auch (in argumentativen Zusammenhängen) als Beweis- oder Überredungsmittel dienen. Eine Unterscheidung von ›G.‹ und ↗ ›Parabel‹ ist über weite Strecken der Begriffsgeschichte hin problematisch, da die beiden Bez.en oft synonym verwendet werden; so wird ›G.‹ auch häufig als Übers. von gr. *parabolé* und lat. *parabola* verwendet. Erst in der modernen Forschung gewinnen solche Unterscheidungsversuche eine gewisse Solidität. In der theologischen G.forschung wurde vorgeschlagen, das Material von G.sen v. a. in wiederkehrenden, typischen, allg. bekannten Vorgängen und Situationen zu sehen, während die Parabel von stärker individualisierten

Einzelfällen handle (vgl. Linnemann). Die Lit.wissenschaft attestiert der Parabel größere episch-fiktionale Selbständigkeit; das G. hingegen verbleibe im Rahmen hypothetischer ↗Fiktionalität (vgl. Zymner). – Bekannteste und wirkungsmächtigste Beispiele sind die homerischen G.se, die häufig Naturvorgänge mit menschlichen Handlungen und Situationen parallelisieren, die G.se der jüdischen Bibel und der rabbinischen Tradition und (davon abhängig) die G.se des NT.

Lit.: H. Fränkel: Die Homerischen G.se [1921]. Gött. [2]1977. – J. Jeremias: Die G.se Jesu [1947]. Gött. [11]1998. – A. Jülicher: Die G.reden Jesu [1886, [2]1910]. Repr. Darmstadt 1976. – E. Linnemann: G.se Jesu. Gött. 1961. – R. Zymner: Uneigentlichkeit. Paderborn u. a. 1991. – Ders.: G. In: RLW.   BA

Gleitender Reim [dt. Übers. von it. *rima sdrucciola*], Reim auf dreisilbige Wörter der Form – v v (z. B. schallende : wallende).   IS/Red.

Gliommero, m. [lji'omero], neapolitanische Sonderform der ↗Frottola.

Glosa, f. [span. = Glosse], span. Gedichtform, entstanden im Umkreis der höfisch-petrarkisierenden Lyrik des 15. Jh.s, bis Ende des 17. Jh.s sehr beliebt. Die G. variiert und kommentiert ein vorgegebenes Thema, das in Form eines Verses oder mehrerer Verse eines bekannten Gedichts (span. *cabeza, texto, letra* oder *mote*, dt.: Motto) der G. vorangestellt wird; jedem Vers des Mottos wird eine ↗Dezime zugeordnet, die diesen Vers wieder aufgreift. Als klassische Form gilt die G. mit vierzeiligem Motto und entsprechend vier Dezimen, deren Schlussverse zusammen wieder das Motto ergeben. Hauptvertreter: V. Espinel (1550–1624); in Deutschland wurde die G. bes. durch die Romantiker F. und A.W. Schlegel (»Variationen«, 1803), L. Tieck, J. v. Eichendorff und L. Uhland (»Glosse«, 1813) oft in ernster, z. T. in parodistischer Absicht nachgeahmt.

                  ED/Red.

Glossar, n. [lat. *glossarium* = Wörterbuch, von gr. *glóssa* = Zunge, Dialekt, erklärungsbedürftiger Ausdruck], 1. Sammlung von ↗Glossen. Im röm. und hellenistischen Schulbetrieb wurden Worterklärungen zur Dichtung und zur Bibel gesammelt, im MA. neben lat.-lat. Wortgleichungen seit dem 7. und 8. Jh. auch volkssprachige Glossen zu lat. Vokabeln, je nach Zweck entweder in der Reihenfolge des Auftretens in dem zugrundeliegenden Text (textfolgebezogene G.e oder Textglossare) oder aber in alphabetisch oder nach Sachgruppen geordneten G.en (Sachglossare). – 2. Unspezifische Bez. für Wörterverzeichnisse überhaupt.

Lit.: J. Hamesse (Hg.): Les manuscrits des lexiques et glossaires de l'antiquité tardive à la fin du moyen âge. Louvain-la-neuve 1996. – M. Lapidge u.a.: Glossen, G.e. In: LMA.   SG

Glosse, f. [gr. *glóssa* = Zunge, Dialekt, erklärungsbedürftiger Ausdruck], Erläuterung, Randbemerkung.
1. In der Schriftkultur der Antike und des MA.s: Verständnishilfe zu einem Text in Form einer Wort- oder

Sacherklärung, die zwischen die Zeilen des Textes (Interlinearglosse), innerhalb der Zeile (Kontextglosse.) oder an den Rand der Seite (Marginalglosse) geschrieben oder auch blind eingeritzt (Griffelglosse) ist. Der glossierte Ausdruck (↗Lemma) kann erläutert sein durch ein gleichsprachiges Synonym, durch ausführlichere ↗Kommentare (↗Scholien) oder (seltener) durch Übers.swörter. – Die Praxis der Glossierung ist eine Kulturtechnik von ungebrochener Kontinuität von der Antike bis in die Neuzeit. Sie richtet sich auf autoritative Texte, deren genaues Verständnis sie garantieren hilft (Bibel, Kirchenväter, klassische Dichter). Lat.-lat. glossierte Texthss. sind im MA. die Grundlage für jede philologische und exegetische Textarbeit; daher heißen auch die aus dem Unterricht an der Hochschule hervorgegangenen, über Jh.e hin kumulierten Kommentare oft *Glossa* (zu zivil- und kirchenrechtlichen Quellentexten seit dem 12. Jh.; »Glossa ordinaria« zur Bibel seit dem 12. Jh.). Diese begleitenden G. napparate erreichen oft einen vielfach größeren Umfang als der glossierte Text selbst. Mit dem ↗Buchdruck wird in der Frühen Neuzeit das komplexe hsl. Layout von Grundtext und G.n allmählich aufgegeben, wohingegen eigenständige Wortglossensammlungen (↗Glossar) sich bereits seit dem hohen und späten MA. durch die Aufnahme weiterer Wissensbestände zu den Buchtypen ↗Enzyklopädie und ↗Lexikon weiterentwickeln. – Wortübers.en durch volkssprachige Synonyme sind ein Sonderfall der mal. Glossierung (seit dem 7. Jh.: altirische, aengl., ahd., frz. zu lat. Texten). Die ahd. G.n stehen am Beginn der dt. Schriftlichkeit (noch vor jeder Übers.), weil sie die erste und elementare Aneignungstechnik lat. Bildungsinhalte waren (für die engl. Lit. gilt das Entsprechende). Die Auswahl der so glossierten Texte bestimmte sich nach dem Bildungsbedarf kirchlicher Institutionen wie Dom- und Klosterschulen: Im Vordergrund steht die Bibel, daneben treten Texte der seelsorgerischen und missionarischen Praxis (Gregor der Große) sowie der kirchlichen Administration (Konzilsbeschlüsse), ferner Lektüretexte des Lateinunterrichts (z. B. Vergil, Boethius, Prudentius). Sehr früh entsteht auch ein Bedarf an flexibler einsetzbaren Worterklärungen, d. h. nach separaten lat.-dt. Glossaren in der Art von Wörterbüchern, der auf zwei Wegen gedeckt wird: durch die Exzerpierung und Sammlung von einzelnen Textglossen (z. B. »Monseer Bibelglossen«), und durch die Einarbeitung ahd. Wortentsprechungen in ältere, meist spätantike, lat.-lat. Synonymensammlungen (z. B. »Ahd. Abrogans« mit fast 7.000 ahd. Wörtern, Ende des 8. Jh.s). Die dt. Textglossierungstätigkeit hat ihre Zentren in den Klöstern und Domstiften St. Gallen, Reichenau, Regensburg, Freising, Würzburg, Fulda, Mainz, Echternach und Trier. Sie hat ihren Höhepunkt im 9. Jh. und wird schon im 11. Jh. spärlich; dagegen werden lat.-dt. Glossare wie das enzyklopädische »Summarium Heinrici« (ca. 11. Jh.) bis ins 15. Jh. weiterbenutzt und tradiert.
2. In der heutigen Publizistik: knapper, meist pole-

misch-ironischer Kommentar zu aktuellen politischen oder kulturellen Sachverhalten, meist an einer festen Stelle (etwa als Spalte am Rand der ersten Seite) des ↗ Feuilletons platziert.　　　　　　　　　SG

3. Aus der span. Lit. stammende Gedichtform, in welcher ein vorgegebenes Thema, ein meist vierzeiliges ›Motto‹, poetisch variiert und kommentiert wird; dabei hat der Kommentarteil so viele je zehnzeilige Strophen, wie das Motto Verse hat, da je ein Vers des Mottos als Schlussvers einer Strophe dient. Die G. wurde im Barock durch Ph. v. Zesen ins Dt. eingeführt und von Romantikern wie J. v. Eichendorff, L. Tieck und L. Uhland häufig benutzt.　　　　　　　　　DB

Lit. zu 1.: N. Henkel: G.$_1$. In: RLW. – M. Lapidge u. a.: G.n, Glossare. In: LMA. – P. L. Schmidt: Glossographie. In: NPauly 4 (1998), Sp. 1097–1101.
Zu 2.: U. Püschel: G.$_3$. In: RLW.
Zu 3.: W. Helmich: G.$_2$. In: RLW.

Glossographie, f. [gr.], das Erläutern durch ↗ Glossen.

Glykoneus, m. [lat.; gr. *glykóneios*], äolisches, achtsilbiges ↗ Kolon der Form $\bar{v}\ \bar{v}\ |-v\,v-|\,v\ \bar{v}$ (vgl. auch ↗ Hipponakteus, ↗ Pherekrateus, ↗ Asklepiadeus). Die Bez. wird auf einen ansonsten unbekannten Dichter Glykon zurückgeführt. Der G. kann durch ↗ Anaklasis oder Erweiterungen der Grundform abgewandelt werden. Die akephale (um das erste Element verkürzte) Form wird als ↗ Telesilleion bezeichnet.

Lit.: B. Snell: Gr. Metrik [1955]. Gött. 1982, S. 43–48.　　　　　　　　　　　　　　　AW

Gnadenvita, f. [lat. *vita* = Leben], Pl. *Gnadenviten*; Gattung der mal. christlichen Lit., welche mystische Erfahrungen göttlicher Güte, die Personen geistlichen Standes gemacht haben (Visionen, Auditionen oder andere Offenbarungen), in Form einer ↗ Vita als eine Abfolge von Episoden darstellt. Der Schauplatz des Geschehens ist im Unterschied zur ↗ Legende nicht die Außen-, sondern die Innenwelt, die Seele des Menschen. Die Ereignisse beziehen sich auf die Begegnungen der Seele mit dem Göttlichen, welche im Spannungsfeld zwischen der realen, menschlich-irdischen und der transzendenten Wirklichkeit mystischer Erlebnisse anzusiedeln sind (↗ Mystik). Mündlich überlieferte oder schriftlich dokumentierte Berichte mystischer Erfahrungen wurden in der Regel der Viten-Form angenähert, wobei eine stark symbolisch-allegorisch geprägte Sprache angestrebt wurde. Die G. ermöglicht es, die mystische Lehre anschaulich mitzuerleben. – Es sind nur wenige Gnadenviten überliefert: das »Gnaden-Leben« des Friedrich Sunder, Kaplans im Dominikanerinnenkloster Engelthal (um 1330), die Offenbarungen der Engelthaler Schwestern Christine Ebner und Adelheid Langmann (ca. 1330–44), die G. der Oetenbacher Nonne Elsbeth von Oye (um 1340) sowie die Nonnenviten in den ↗ Schwesternbüchern von Kirchberg (um 1296) und Töß (14.–15. Jh.).

Lit.: S. Bürkle: Lit. im Kloster. Tüb. u. a. 1999. – J. Janota: Geschichte der dt. Lit. von den Anfängen bis zum

Beginn der Neuzeit. Bd. III/1. Tüb. 2004, S. 106–128. – S. Ringler: Viten- und Offenbarungslit. in Frauenklöstern des MA.s. Zürich, Mchn. 1980. – Ders.: Gnadenviten aus süddt. Frauenklöstern des 14. Jh.s. In: D. Schmidtke (Hg.): »Minnichlichiu gotes erkennnusse«. Stgt. u. a. 1990, S. 89–104. – J. Thali: Beten – Schreiben – Lesen. Tüb. u. a. 2003.　　　　　　　　ID

Gnome, f. [gr. *gnōmē* = Spruch, Erkenntnis, Meinung], Erfahrungssatz, ↗ Maxime oder ↗ Sentenz, Denkspruch ethischen Inhalts in Vers oder Prosa. Der Bereich der G.n-Dichtung wie auch die Form dieser Dichtung wird ›Gnomik‹ genannt. – In allen Lit.en v. a. auf den älteren Stufen ihrer Entwicklung vertretene Form der ↗ Lehrdichtung, oft in (›Gnomologie‹ genannten) Sammlungen vereinigt (↗ Florilegium, ↗ Anthologie); verbreitet bes. in den orientalischen Lit.en. In der gr. Lit. können die unter dem Namen des Theognis aus Megara überlieferten Kurzelegien in Distichen (6. Jh. v. Chr.) zu den G.n gezählt werden, ebenso Spruchsammlungen des Solon und des Phokylides. In der röm. Lit. sind die G.n des Publilius Syrus (1. Jh. v. Chr.) und die anonyme, erst im 3./4. Jh. entstandene, Cato zugeschriebene Sammlung »Dicta (Disticha) Catonis« (145 Doppelhexameter, eines der didaktischen Grundbücher des MA.s; ↗ Schultexte) zu nennen. G.n finden sich auch in der anord. Lit. (»Hávamál«, 13. Jh.) und in mhd. Dichtung (Freidank: »Bescheidenheit«, 13. Jh.). Im 14./15. Jh. wird die G. zum ↗ Priamel weiterentwickelt. In neuerer Zeit ist sie etwa in J. W. Goethes Spruchdichtung (etwa der Abteilung »Epigrammatisch« seiner Werkausgaben seit 1815, der »Zahmen Xenien« oder den ›Sprüchen in Prosa‹) oder in F. Rückerts »Weisheit des Brahmanen« (6 Bde., 1836–39) wiederbelebt worden. Für die Forschung ist J. G. Herders Aufsatz »Spruch und Bild, insonderheit bei den Morgenländern« (1792) wichtig geworden. – Verwandte Formen sind ferner ↗ Apophthegma, ↗ Aphorismus und ↗ Sprichwort.

Lit.: M. Eikelmann: Gnomik. In: RLW. – A. Hummel, G. Kalivoda: G., Gnomik. In: HWbRh.　　　　MGS

Gnomik ↗ Gnome.

Gnomologie ↗ Gnome.

Goethe-Schiller-Archiv Weimar ↗ Literaturarchiv.

Goethezeit, Sammelbegriff für jene Phasen der dt. Lit.-, Kultur- und Geistesgeschichte, die der Lebensspanne J. W. Goethes (1749–1832) zuzurechnen sind, insbes. für ↗ Sturm und Drang, Spätaufklärung, ↗ Weimarer Klassik, ↗ Romantik und dt. Idealismus. Umstritten ist der Begriff, insofern er die Homogenität der Epoche und die überragende Bedeutung Goethes darin impliziert. Konkurrierende Bez.: ↗ ›Kunstperiode‹.

Lit.: H. A. Korff: Geist der G. 5 Bde. Lpz. 1923–53. – K. Weimar: G. In: RLW.　　　　　　　　　　TZ

Goldene Latinität, die lit. Epoche von Ciceros Anfängen bis zu Augustus' Tod (etwa 80 v. Chr. – 14 n. Chr.), die sich durch eine außerordentliche Dichte von Meisterwerken auszeichnet und für die europäische Rezeption als ↗ ›klassisch‹ und normenbildend gilt. Die nachfolgende, in der Rezeption als weniger kanonisch angesehene Zeit wird als ↗›Silberne Latinität‹ bezeichnet. Die Metall-Metaphorik verweist auf Hesiods Weltalter-Mythos; übertragen auf die Lit.geschichte wird die Bez. seit dem MA. verwendet. Die Prosa der G.n L. erreicht ihre Hoch-Zeit in den letzen Jahren der Republik (Cicero, Caesar, Sallust), die Lyrik erst unter der Herrschaft des Augustus: Innerhalb von etwa zwanzig Jahren entstehen die Werke von Vergil, Horaz, Tibull, Properz und Ovid. Sie gehen aus dem ›Maecenaskreis‹ hervor und unternehmen den programmatischen Aufbau einer ›Nationallit.‹   SF

Goliạrden, m. Pl., in Frankreich u. a. Ländern heute noch, in Deutschland früher übliche Bez. für ↗Vaganten. Die Bez. ist wohl abzuleiten von lat. *gula* (= Kehle; ursprüngliche Bedeutung: ›Schlemmer‹), wurde aber im MA. als Gruppenname (G. = *pueri, discipuli Goliae*) von Golias, einem legendären Bischof, hergeleitet, der, als vermeintlicher geistiger Ahnherr der von der Kirche bekämpften G., mit dem von den Kirchenvätern als Schimpfwort verwendeten Namen des biblischen Goliath bedacht wurde.   ED/Red.

Gongorịsmus, m. [span. *gongorismo*, benannt nach dem Hauptvertreter, L. de Góngora y Argote], auch *cult(eran)ismo, estilo culto* (›gelehrter Stil‹), span. Spielart des ↗Manierismus, die sich auszeichnet durch einen dunklen, hermetischen Stil mit mythologischen Anspielungen, intensivem Fremdwortgebrauch, gesucht-virtuoser Bildlichkeit und Metaphorik, mit Hyperbeln, Latinismen und der Anlehnung an die Syntax der lat. Poesie. Der G. wird in Spanien als artifizielle Gegenposition zur klassisch klaren Dichtung bekämpft und marginalisiert, besitzt jedoch einen zeitgenössischen Widerhall in Italien (↗Marinismus) und England (↗Euphuismus). Seit dem 19. Jh. finden sich wieder Anklänge an den G., bes. bei P. Verlaine und den frz. Symbolisten (St. Mallarmé), später bei dem span. Dichter R. Darío. Zum 300. Todestag Góngoras entdeckt die »Generation von 1927« (R. Alberti, F. García Lorca) im G. die Modernität einer reinen, von mimetischen Zwängen freien Dichtungssprache.
Lit.: T. Heydenreich: Culteranismo und theologische Poetik. Ffm. 1977. – E. K. Kane: Gongorism and the Golden Age. Chapel Hill 1928.   WG

Gọspel ↗Blues.

Gọterna ↗Gotischer Bund.

Gọthic nọvel, f. [engl. = gotischer Roman, Schauerroman], engl. ↗Schauerroman, der ab der Mitte des 18. Jh.s als eigene Gattung hervortritt und zu den Vorläufern des ↗Kriminalromans gehört. Ursprünglich wurden für die *g. n.s* mal. (›gotische‹) Schauplätze gewählt. Schlösser und Klöster mit Falltüren, Verliesen und Labyrinthen, mediterrane Landschaften, dunkle Wälder und Ruinen, schurkenhafte männliche und verfolgte weibliche Charaktere, Leidenschaften und Verbrechen sowie das Wirken übernatürlicher Kräfte gehören zu den typischen Gattungsmerkmalen der *g. n.s*. Neben Romanen werden auch Erzählungen, Balladen, Büh-

nenadaptionen und Dramen verfasst. Im weiteren Sinn wird der Terminus auch für Werke verwendet, denen zwar der mal. Handlungsort fehlt, die aber durch eine düstere Atmosphäre, vergleichbare Figurenkonstellationen oder Ähnlichkeiten in Handlung und Motivik eine Nähe zur *g. n.* aufweisen. – Als eine der ersten *g. n.s* kann T. Smoletts »Ferdinand, Count Fathom« (1753) angesehen werden. Allg. gilt »The Castle of Otranto, a Gothic Story« (1764) von H. Walpole als Prototyp. W. Beckfords »Vathek, an Arabian Tale« (1786) zeichnet sich durch opulente orientalische Schauplätze und grotesk übersteigerte Handlungen aus. Bedeutung erlangte die *g. n.* durch die Romane A. Radcliffes, bes. »The Mysteries of Udolpho« (1794), durch M. G. (›Monk‹) Lewis' »The Monk« (1796) sowie v. a. durch M. Shelleys »Frankenstein« (1818). Zu den späteren Vertretern zählen die Iren Ch. R. Maturin (»Melmoth the Wanderer«, 1820), Sh. Le Fanu (»The House by the Churchyard«, 1863) und B. Stoker (»Dracula«, 1897; ↗Vampirroman). Bereits Ende des 18. Jh.s wird die Gattung in J. Austens »Northanger Abbey« (1789 verfasst, 1818 veröffentlicht) parodiert. Im 19. Jh. finden sich schauerromantische Züge im viktorianischen Roman bei Ch. Dickens und W. Collins. Ch. Brockden Brown (»The Asylum«, 1811), H. Melville, N. Hawthorne und E. A. Poe gelten als Vertreter des *American gothic*. Seit »Frankenstein« wird die *g. n.* v. a. von Autorinnen – von E. Brontës »Wuthering Heights« (1847) bis zu A. Carter und M. Atwood (*female gothic*) – zur Re-Lektüre schauerromantischer Genrekonventionen genutzt.
Lit.: J. Achilles: Sheridan Le Fanu und die schauerromantische Tradition. Tüb. 1991. – S. Becker: Gothic Forms of Feminine Fictions. Manchester 1999. – M. Ellis: The History of Gothic Fiction. Edinburgh 2000. – J. E. Hogle (Hg.): The Cambridge Companion to Gothic Fiction. Cambridge 2002. – M. Myrone u. a.: Gothic Nightmares. Ldn. 2006.   PP

Gotischer Bund [schwed. *Götiska förbundet*], auch: *Göterna*, lit. Vereinigung, gegründet 1811 in Stockholm mit dem Ziel, durch Wiederbelebung der nord. Mythologie (Quellenforschungen, Übers.en, Sammlungen, Dichtungen) das nach dem Krieg mit Russland (1808/09) zerrüttete schwedische nationale Selbstbewusstsein zu heben. Zu den Mitgliedern zählten die bedeutendsten romantischen Dichter Schwedens, die viele ihrer Werke in der Zs. des Gotischen Bundes, »Iduna«, veröffentlichten: E. G. Geijer (»Manhem«, 1811, mit dem programmatischen Gedicht »Vikingen«), E. Tegnér (»Svea«, 1811), A. A. Afzelius (Balladensammlung »Svenska folkevisor«, 1814–16), E. J. Stagnelius, P. H. Ling. Die Aktivitäten der Gruppe gingen um 1840 in der Pan-Skandinavischen Bewegung auf. ↗Phosphoristen.
Lit.: O. Springer: Die nord. Renaissance in Skandinavien. Stgt. 1937.   IS/Red.

Gọtterapparat, Bez. der klassischen Philologie für das Auftreten von überirdischen Gestalten (Göttern,

Allegorien) in antiken Epen und Dramen zur Förderung der Handlung und zur Lösung von Konflikten. ↗ Deus ex Machina. GS/Red.

Göttinger Hain, auch: Hainbund; Freundschafts- und Dichterbund, benannt nach F. G. Klopstocks Ode »Der Hügel und der Hain«. Der germ. Wald und die ↗ Barden galten den Anhängern des G. H.s als ›nord.‹ Alternative zum gr. Parnass und den Musen. Der Bund wurde am 12. September 1772 von den Studenten J. H. Voß, J. F. Hahn, L. Ch. H. Hölty und J. M. Miller in einem Eichengrund nahe Weende bei Göttingen gegründet. Später traten u. a. H. Ch. Boie, K. A. W. v. Closen, K. F. Cramer, J. A. Leisewitz und die Grafen Ch. und F. L. zu Stolberg bei; ihm nahe standen u. a. G. A. Bürger und (als Auswärtiger) M. Claudius. – In ritualisierten Zusammenkünften gaben die Dichter sich germ. Namen; ihre Treffen protokollierten sie in einem ›Bundesbuch‹. Der G. H. löste sich ab 1774 mit dem Studienende seiner Mitglieder auf. – In glühender Verehrung für W. Shakespeare und Klopstock wandten die Dichter des G. H.s sich gegen Rationalismus, frz. Dichtungsvorbilder und die Tändeleien des ↗ Rokoko (wobei Ch. M. Wieland als Hauptfeind ausgemacht wurde). Schwärmerische Natur- und Vaterlandsliebe wie das Bekenntnis zum wahrhaften Gefühlsausdruck verbinden diese ›Protestbewegung‹ mit ↗ Empfindsamkeit und ↗ Sturm und Drang. – Anregungen fand der G. H. bei J. G. Herder, J. W. L. Gleim und J. W. Goethe, im engl. Sprachraum u. a. bei Th. Percy und in der ↗ ossianischen Dichtung J. Macphersons. Ihre Produktionen (v. a. ↗ Balladen, ↗ Oden und ↗ Lieder) publizierten die Angehörigen des G. H.s zumeist im »Göttinger Musenalmanach«, den Boie seit 1770 herausgab. Der populärste Einzeltext dürfte Bürgers (als Kollektivprodukt entstandene) Gespensterballade »Lenore« sein, die wesentlich zur Entwicklung der ↗ Kunstballade beitrug. Das hohe, nicht immer ganz stilsichere patriotische Pathos mancher Texte (z. B. das »Lied eines bluttrunkenen Wodanadlers« im »Musenalmanach« 1774), ihr ›rasendes Oden-Geschnaube‹ (G. Ch. Lichtenberg) fand zeitgenössisch manche Kritik und zog, wie die gelegentlich epigonale Anlehnung an Klopstock, dem G. H. einigen Spott zu. Die dichtungstheoretischen Maßgaben des G. H.s, sein Einfluss auf die volkstümliche Poesie und die Entwicklung von Ballade, Lied und Ode wirkten bis in die ↗ Romantik fort.

Texte: A. Kelletat (Hg.): Der G. H. Stgt. 1967. – Lit.: C. Blasberg: Werkstatt am »Strom« oder das Dädalus-Syndrom. Produktionsphantasien im G. H. In: D. E. Wellbery, Ch. Begemann (Hg.): Kunst – Zeugung – Geburt. Freiburg/Br. 2002, S. 151–175. – P. Kahl: Dichter und Dichtung im G. H. In: Jahresschriften der Claudius-Gesellschaft 11 (2002), S. 31–45. – Ders.: Das Bundesbuch des G. H.s 1772/73. Tüb. 2006. – A. Lüchow: »Die heilige Cohorte«. Klopstock und der G. H.bund. In: K. Hilliard, K. Kohl (Hg.): Klopstock an der Grenze der Epochen, Bln., NY 1995, S. 152–220.

FM

Gräberpoesie [engl. *Graveyard Poetry*], auch: Kirchhofspoesie; nach ihrem bevorzugten Schauplatz und Gegenstand bezeichnete meditativ-elegische Richtung der Lyrik um die Mitte des 18. Jh.s, die Motive des Todes, des Grabes und der Nacht mit melancholischer Reflexion, düsterer Naturstimmung und Empfindungen von Schauer und Schrecken verknüpft. Sie entstand in England im Zuge der Gegenbewegung gegen Rationalismus und ↗ Klassizismus und ist hierin verbunden mit der Ausbildung der neuen Gefühlskultur (↗ Empfindsamkeit, *sensibility*) und der Entwicklung des ↗ Schauerromans (↗ *gothic novel*). Wichtige Beispiele sind Th. Parnell: »Night-Piece on Death« (1721), E. Young: »The Complaint, or Night Thoughts on Life, Death and Immortality« (1743/45), R. Blair: »The Grave« (1743), J. Hervey: »Meditations among the Tombs« (1746) und Th. Gray: »Elegy Written in a Country Churchyard« (1750). Die engl. G. erschloss der Lyrik neue Bereiche des Gefühls, des Unbewussten und des Außerrationalen und bildete darin eine der Wurzeln der ↗ Romantik. Diese Motive gewannen unter engl. Einfluss ab etwa 1750 weite Verbreitung in ganz Europa, z. B. bei C. M. Bellman und J. G. Oxenstierna in Schweden, bei J. C. Pindemonte und U. Foscolo in Italien und bei J. F. v. Cronegk, F. G. Klopstock (»Die frühen Gräber«, 1764) und L. Ch. H. Hölty in Deutschland (↗ Göttinger Hain). Wirkungen zeigen sich bis zu Novalis' »Hymnen an die Nacht« (1800) und den romantischen ↗ Nachtstücken.

Lit.: C. Fehrman: Kyrkogårdsromantik. Lund 1954 [mit engl. Zusammenfassung]. – P. van Tieghem: La poésie de la nuit et des tombeaux. Brüssel 1921. PH

Grabrede, dt. Bez. für lat. ↗ *laudatio funebris*.

Gracioso, m. [span.], lustige Person des span. Barockschauspiels (↗ Comedia), von Lope de Vega (»La Francesilla«, 1598) als Kontrastfigur zum ernsten Helden entwickelt; meist Diener, Reitknecht, Soldat, aber auch Vertrauter und Ratgeber seines Herrn (so bei J. Ruiz de Alarcón, Tirso de Molina), Intrigant (Moreto) oder philosophischer Narr (P. Calderón); er zeigt volkstümliche Charakterzüge, ist jedoch nicht wie die ↗ Zani der ↗ Commedia dell'Arte als Typus oder Maske festgelegt. Mit dem Anschluss an das klassizistische frz. Theater seit 1750 wurde der G. aus dem ernsten Schauspiel verbannt. Im 20. Jh. Wiederbelebungsversuche durch J. B. Martínez (»Los intereses creados«, 1909).

Lit.: B. Kinter: Die Figur des G. im span. Theater des 17. Jh.s. Mchn. 1978. IS/Red.

Gradatio, f. [lat. = stufenweise Steigerung], lat. Bez. für den bekannteren gr. Begriff ↗ ›Klimax‹.

Graduale, n. [lat. *gradus* = Stufe], seit dem 12. Jh. übliche Bez. für das Choralbuch, das die in der Messe und während des Stundengebets vorgetragenen Gesänge enthält (↗ Antiphon). Die Bez. bezieht sich auf die Stufe (*gradus*), von der aus der Kantor zwischen Lesung und Evangelium den Zwischengesang vorträgt.

Lit.: M. Klöckener, A. Häußling: Liturgische Bücher. In: P. Carmassi (Hg.): Divina officia. Wolfenbüttel 2004, S. 354 f. – U. Surmann: Antiphonar/G. In: J. M. Plotzek u. a. (Hg.): Biblioteca Apostolica Vaticana. Liturgie und Andacht im MA. Stgt. u. a. 1992, S. 35–37.

ID

Gradus ad Parnassum, m. [lat. = stufenweiser Aufstieg zum Parnass (dem Musensitz der gr. Mythologie)], Titel alphabetisch geordneter gr. oder lat. Wörterbücher, in denen jedes Wort nach metrischen Silbenwerten gekennzeichnet ist und jedem Wort die jeweils passenden und schmückenden Beiwörter (Epitheta), traditionelle Wendungen und Satzkonstruktionen beigegeben sind; bestimmt für schulische und gelehrte Übungen im Verfassen gr. und lat. Verse. Den ersten G. a. P. gab der Jesuit P. Aler (Köln 1702) heraus. ›G. a. P.‹ wurde auch als Titel für musikalische Unterrichtswerke übernommen. HW/Red.

Graffiti, m. oder n. Pl. [Sg.: *Graffito*, it.; abgeleitet von *graffiare* = (ein-)kratzen], 1. hsl. und auf unkonventionelle Weise angebrachte sprachliche Zeichen, Bildsymbole und Kurztexte an Wänden und Gegenständen des öffentlichen Raums, die gekratzt, geschrieben oder gesprüht wurden; 2. archäologische Bez. für die Signatur der produzierenden Schule bzw. Werkstatt auf dem Boden antiker Vasen; 3. auch: *sgraffito*: Ritztechnik der Wandmalerei ab dem 15. Jh. in Italien mit zwei farblich unterschiedlichen Putzschichten. – G. sind seit der Erfindung der Schrift belegt als spontan entstandene Wandinschriften (Pompeji), Gefangenengraffiti in Katakomben und Kerkern (Rom), als Pilgerinschriften, mal. Runeninschriften (Norwegen) sowie in Ausweitung der Wandgraffiti als Erinnerungsgraffiti auf Natur- und Kunstgegenständen. – Die modernen gesprühten bzw. mit Filzstift angebrachten G. haben ihren Ursprung Ende der 1960er Jahre in New York. Die Signaturengraffiti (*Hits*, später sog. *Tags*), einfache Namens- bzw. Synonymkürzel, die zum Unterlaufen von Gangrevieren in der Stadt angebracht wurden, entwickelten sich zu größeren und bunteren graphisch bearbeiteten Schriftflächen (*Pieces*) an Wänden, U-Bahnen und Zügen. Die als Subkultur bezeichneten anonym angebrachten Schrift-G. (*Writing*) von gewöhnlich kurzer Dauer übertraten meist die Grenze zur Illegalität und standen in Wechselwirkung mit anderen Untergrundbewegungen wie ↗ Rap, ↗ HipHop und Breakdance. – Die europäische G.-Szene mit vorwiegend Schrift- und Spruchgraffiti, Schablonengraffiti und auch Bildgraffiti ist schwer zu generalisieren. Teils politisch-ästhetisches Bekenntnis, teils reine »Aktionsspur« (Neumann, S. 77), die mit Verletzung der syntaktischen und lexikalischen Regeln sowie mit provokativen und öffentlich tabuisierten Themen spielt, führen G. durch optische Irritation zu einer Veränderung des festgefügten Raumes (vgl. ebd., S. 183), an den sie durch ihre Platzierung gebunden sind, und werden zunehmend als Auftragskunst attraktiv. Lit.: D. Cherubim: G. In: RLW. – N. Macdonald: The

G.-Subculture. Ldn., NY 2002. – R. Neumann: Das wilde Schreiben. Essen 1991. – P. Schluttenhafner, R. Klaußenborg (Hg.): G. Art Deutschland. Bln. 1995. – B. v. Treech: Das große G.-Lexikon. Bln. 2001. ASS

Gräkophilie, f. [gr. = Liebe zu den Griechen], die einseitige Hochschätzung und Bevorzugung der gr. gegenüber der röm. Antike. – Im Kontext der dt. ↗ Antikerezeption ist damit im Besonderen die von J. J. Winckelmann ausgehende Erhebung der klassischen gr. Skulptur zur künstlerischen Norm und zugleich zum menschlichen Ideal gemeint. F. Schlegel folgt dem mit der Kanonisierung der gr. Lit. nach, J. W. Goethe und F. Schiller bekräftigen kunsttheoretisch (nicht aber in ihrer lit. Praxis) die Normativität der gr. Antike, W. v. Humboldt propagiert deren Studium als exemplarisches Bildungserlebnis des Individuums. Damit wird die G. zum zentralen Merkmal im rezeptionsgeschichtlichen Konstrukt der ›dt. ↗ Klassik‹. Dass die G. um 1800 auf einer Projektion eigener ästhetischer und humanistischer Ideale und nicht auf objektiver historischer Einsicht beruht, ist schon ihren Protagonisten bewusst. In kulturpolitischer Hinsicht zeigt die G. in Deutschland im ausgehenden 18. Jh. die Intention, an der bislang dominanten lat.-romanischen Tradition vorbei das Vorrecht eines Deutsch-Griechentums, d. h. eine exklusive Verwandtschaft der Deutschen mit dem gr. Ursprung der europäischen Kultur, zu beanspruchen. SM

Grammatik, f. [gr. *grámma* = Buchstabe], Gesamtheit der Regeln einer Sprache bzw. Werk, das diese Regeln kodifiziert. – G.en sind mindestens hinsichtlich ihrer Ziele (1), ihres Objektbereichs (2) und ihrer Beschreibungsperspektive (3) zu unterscheiden: Sie können 1. deskriptiv, normativ oder sprachdidaktisch ausgerichtet sein, wobei die Grenzen fließend sein können. Sie können sich 2. auf einen gegebenen Sprachzustand (z. B. der »Grundriss« von Eisenberg) oder auf die Entwicklung einer Sprache beziehen (z. B. die historische G. von Paul). 3. In der G.theorie sind unterschiedliche Vorschläge zur Beschreibung sprachlicher Regularitäten gemacht worden. Z. B. sieht die *Valenz*- oder *Dependenzgrammatik* das Verb als strukturellen Kern des Satzes an, um den sich andere Elemente im Satz (Ergänzungen) ordnen. Die *Konstituenten*- oder *Phrasenstrukturgrammatik* gliedert den Satz in Einheiten, die ihrerseits in kleinere Einheiten bis hin zu den Morphemen gegliedert werden. Die *funktionale G.* beschreibt grammatische Phänomene mit Blick auf ihre jeweilige Leistung in einer Kommunikationssituation. – In ältester und älterer Begriffsverwendung dient ›G.‹ als Übername für unterschiedliche Fertigkeiten im schreibenden und verstehenden Umgang mit lit. Texten (↗ Philologie, ↗ Hermeneutik). Dieser Begriff von G., der bereits in der Antike ausgebildet war (z. B. bei Dionysios Thrax, 1. Jh. v. Chr.), hat sich bis in die Neuzeit bewahrt. So bildete die G. im mal. Wissenschaftssystem zusammen mit ↗ Rhet. und ↗ Dialektik das sprachliche ›Trivium‹ der ↗ Artes liberales. Noch in F. Schleiermachers »Hermeneutik und Kritik« (postum 1838) und in A. Boeckhs »Encyklopädie und Methodologie der philologischen Wissenschaften« (postum 1877) wirkt dieses weite Begriffsverständnis nach, wenn beide die »grammatische Interpretation« als die Erschließung einzelner Sprachelemente und des Zusammenhangs solcher Elemente bestimmen. In diesem Sinn ist G. auch heute Teil lit.wissenschaftlicher Aktivität, selbst wenn das Wort ›G.‹ dafür kaum mehr in Anspruch genommen wird.

Lit.: H. Bosse, C. Schmidt: G. In: H. Bosse, U. Renner: Lit.wissenschaft. Freiburg 1999, S. 83–101. – P. Eisenberg: Grundriss der dt. G. [1985]. 2 Bde. Stgt., Weimar ³2006. – H. Paul: Dt. G. 5 Bde. Halle/S. 1916–20.   BM

Grammatischer Reim ↗ Reim.

Grammatologie, f. [Lehre von der Schrift; aus gr. *grámma* = Schrift, *lógos* = Wort, Sprache], auf J. Derrida zurückgehendes Denkmodell. Die G. diagnostiziert einen Vorrang der gesprochenen Sprache vor der Schrift in der Geschichte der Philosophie (bei Plato, G. W. F. Hegel oder J.-J. Rousseau) wie auch im Zeichenmodell von F. de Saussure. Durch diese Präferenz sei eine Tradition der Metaphysik entstanden, die am Modell der Stimme den Vorrang der Identität vor der Differenz im Denken und des Signifikats vor dem Signifikanten in der Sprache bekräftigt habe. Demgegenüber verfolgt die G. das Projekt einer Rehabilitation der Schrift gegenüber der Stimme, um deutlich zu machen, dass in der Schrift die eigentlichen Prinzipien der Sprache und des Zeichens zum Ausdruck kommen. Die G. wird damit zur sprachtheoretischen Voraussetzung der ↗ Dekonstruktion, die das schriftbasierte Prinzip der unendlich fortgesetzten Differenz (»différance«) in Lit. und Philosophie aufdeckt und zeigt, dass Bedeutung nicht identifiziert, sondern immer nur differenziert und verschoben werden kann.

Lit.: J. Culler: Dekonstruktion [engl. 1982]. Reinbek 1988. – J. Derrida: G. [frz. 1967]. Ffm. 1983. – O. Jahraus: Lit. als Medium. Weilerswist 2003. – A. Spree: G. In: RLW.   OJ

Grand Guignol, m. [grägin'jɔl; frz. = großes Kaspertheater], 1. Name eines 1898 in Paris von M. Maurey eröffneten Theaters, das mit Unterbrechungen bis 1962 in extrem veristischer Darstellungsart Schauer- und Horrorstücke darbot. – 2. Davon abgeleitete Bez. für die Gattung der Horror- und Schauerdramatik. – In der Tradition des Jahrmarkt- und Kaspertheaters (↗ Guignol) stehend ist die Ästhetik des G. G. durch äußerste Direktheit, Grobheit, typisierende Darstellung sowie viel Theaterblut gekennzeichnet. Das Spiel mit der Angst der Zuschauer wird durch komische Zwischenszenen durchbrochen. Die bevorzugten Figuren des G. G. sind der Arzt und der Psychiater. Die Stücke der Anfangszeit (O. Méténier) sind häufig von E. A. Poe inspiriert. In den 1920er Jahren wird A. de Lorde, der in seinen Stücken Elemente des ↗ Theaters der Grausamkeit von A. Artaud vorwegnimmt, zum Klassiker des G. G. P. Weiss greift mit seinem Stück

»Marat/Sade« (1964) ebenfalls auf diese Tradition zurück.

Lit.: C. Antona-Traversi: L'histoire du G. G. Paris 1933. – K. Kersten, C. Neubaur: G. G. Bln. 1976.   WVB

Grand opéra, f. [frz. = große Oper], 1. Sammelbegriff für ernste frz. Opern zwischen 1820 und 1870, die historische Stoffe mit spektakulären Effekten, prunkvollen Dekorationen, großen Massenszenen, ↗ Chor und ↗ Ballett auf die Pariser Bühne bringen; 2. daneben auch gelegentlich Bez. für das Pariser Opernhaus. – 1828 wird D.-F.-E. Aubers »La Muette de Portici« uraufgeführt, bei der die stumme, pantomimisch agierende Titelheldin, die melodramatische Anlage und die grandiosen Effekte (u. a. Ausbruch eines Vulkans) für einen Bühnenerfolg sorgen. 1829 folgt G. Rossinis frz. Oper »Guillaume Tell«. Der bedeutendste Vertreter der *g. o.* ist G. Meyerbeer (eigentlich J. M. Beer), der gemeinsam mit dem Librettisten E. Scribe die erfolgreichsten Opern für Paris schreibt: »Robert le diable« (1831), »Les Huguenots« (1836), »Le Prophète« (1849), »L'Africaine« (1865). In der *g. o.* werden politische oder religiöse Machtkonflikte auf die Bühne gebracht (Bartholomäusnacht in »Les Huguenots«, Wiedertäuferherrschaft in Münster in »Le Prophète«), wobei verfeindete Parteien, Protagonisten und Volksmassen einander wirkungsvoll gegenübergestellt werden. Die historischen Schauplätze und Ereignisse werden detailgetreu mit komplizierter Bühnenmaschinerie und technischen Effekten abgebildet; die Visualisierung dominiert derart, dass die Handlung auch ohne Worte zu verstehen ist. Große Chor- und Ballettszenen werden integriert, wobei der Chor meist das Volk repräsentiert. Meyerbeers Kompositionen erobern auch die dt. Bühnen und werden bis 1870 viel gespielt. R. Wagners frühe Opern – insbes. die historische Oper »Rienzi« (1842) und »Tannhäuser« (in der Fassung für Paris 1861) – sind noch der Tradition der *g. o.* verpflichtet.

Lit.: A. Gerhard: G. O. In: MGG², Sachteil. – E. Plaut: Die große Oper. Gießen 2007.   AHE

Graveyard Poetry ↗ Gräberpoesie.

Grazer Forum, auch: Grazer Gruppe, Grazer Künstlerkreis, ↗ Forum Stadtpark.

Grazie, f. [lat. *gratia*; gr. *cháris* = Anmut, Liebreiz], die harmonische Einheit des ästhetisch ↗ Schönen und des sittlich Guten in der sinnlichen Erscheinung. Die G. wirkt über die ↗ Darstellung reizender, unwillkürlicher Bewegung unmittelbar auf die Anschauung; sie kann mit sprachlichen Mitteln nur unzureichend ausgedrückt werden. Ihr ästhetischer Gegenbegriff ist das statisch ↗ Erhabene. In der ↗ Antike stehen die drei gr. Chariten bzw. die röm. G.n für ein heiteres Lebensgefühl und den schenkenden Überfluss der Natur. Im 18. Jh. wird das ursprünglich aristokratische Konzept säkularisiert und verbürgerlicht. Die *moral graces* A. A. C. of Shaftesburys postulieren ein für die ↗ Empfindsamkeit verbindliches verinnerlichtes Tugendideal, bei F. Schiller (»Über Anmut und Würde«, 1793) ist Anmut die Erscheinungsform der meist weiblichen

↗ schönen Seele. – G. äußert sich in der Kunst in fließenden Formen, z. B. dem antiken Kontrapost (dem harmonischen Ausgleich zwischen allen Körperteilen bei Statuen, die einen stehenden menschlichen Körper darstellen) oder W. Hogarths leicht gekrümmter »line of beauty and grace« (»The Analysis of Beauty«, 1753). In der Lit. erreicht sie ihren Höhepunkt in der spielerischen Dichtung der ↗ Anakreontik und in Ch. M. Wielands Versepos »Musarion oder die Philosophie der G.n« (1769), bevor sie von H. v. Kleist (»Über das Marionettentheater«, 1810) aufgrund des selbstreflexiven Charakters moderner Texte für unmöglich erklärt wird.

Lit.: G. Kleiner: Die verschwundene Anmut. Ffm. 1994. – F. Pomezny: G. und G.n in der dt. Lit. des 18. Jh.s. Hbg., Lpz. 1900. JH

Graziendichtung, Bez. für die dt. Dichtung des ↗ Rokoko, in der Grazien (als Göttinnen der Anmut neben anderen mythologischen Figuren) zur Staffage gehören und zugleich auf die kunsttheoretische Basis (↗ Grazie als das schöne Gute) verweisen. KT/Red.

Gräzismus, m. [lat. *graecus* = griechisch], Nachbildung einer idiomatischen oder grammatischen Eigentümlichkeit des Altgr. in einer anderen Sprache, v. a. im Lat. GS/Red.

Gregorianik ↗ Choral.

Grenzverschiebungstropus ↗ Tropus (1).

Griechenlieder ↗ Philhellenismus.

Griffelglosse ↗ Glosse (1).

Grobianismus, m. [von Grobian(us), gelehrte, ironische Neubildung aus grob = bäurisch, unerzogen und der Endung *-ian*, wie sie in Heiligennamen wie Cyprian, Damian etc. erscheint; zuerst in Zeningers »Vocabularius theutonicus« (1482) belegt als Synonym zu *rusticus* = Bauer], auch: grobianische Dichtung; durch S. Brants »Narrenschiff« (1494, Kapitel 72) wird »Sanct Grobian« zum lit. Schutzpatron der Grobianismen, d. h. von Verhaltens- und Sprachformen, die sich durch Rohheit, Unanständigkeit und Ungebildetheit von den am Höfischen orientierten Anstandsnormen des Bürgertums unterscheiden. Der davon abgeleitete lit.wissenschaftliche Gattungsbegriff ›grobianische Dichtung‹ bezeichnet eine didaktische Lit.gattung vornehmlich des 16. Jh.s, die grobianische Sitten entweder in satirischer Absicht als negative Enkomiastik beschreibt (Hans Sachs: »Die verkert dischzuecht Grobiani«, 1563) oder in direktem polemischen Angriff bloßstellt (Th. Murner: »Schelmenzunft«, Kapitel 21). Die grobianische Dichtung schließt sich vorzugsweise dem Darstellungsbereich höfischer ↗ Tischzuchten an, deren Verhaltensregeln auf die städtische Bevölkerung übertragen werden. Das erfolgreichste Werk des G. ist F. Dedekinds »Grobianus. De morum simplicitate libri duo«, 1549 (in lat. Distichen); erweiternde Übers. durch K. Scheidt: »Grobianus. Von groben sitten und unhöflichen geberden«, Worms 1551.

Lit.: H.-J. Bachorski: G. In: RLW. – Th. P. Thornton (Hg.): Grobian. Bln. 1957. HW/Red.

Groschenhefte, Verbreitungsform von ↗ Triviallit., insbes. sog. ↗ Schund- und ↗ pornographischer Lit.: massenhaft produzierte, billige (umgangssprachlich: wenige Groschen kostende) Roman-Hefte (oft Serien), die v. a. an Kiosken vertrieben werden.

Lit.: P. Nusser: Romane für die Unterschicht. Stgt. ⁵1981. – A.V. Wernsing, W. Wucherpfennig: Die G. Wiesbaden 1976. IS/Red.

Großbritannienstudien ↗ Anglistik.

Großstadtdichtung, Gruppe von lit. Texten, in denen Großstädte und damit verbundene Wirklichkeitserlebnisse im Zentrum stehen. Historisches Fundament für den Erfahrungsraum Großstadt sind ökonomische, politische, soziale und technische Umstrukturierungsprozesse, die sich im Verlauf des 18. Jh.s ereignen und eine radikale Veränderung der europäischen Welt bewirken. Zu dieser Entwicklung gehört, dass seit Mitte des 18. Jh.s die Bedeutung der Stadt als Zentrum für Wirtschaft, Politik und Kultur wächst. Die mit der zunehmenden Verstädterung verbundene Konzentration großer Menschenmassen – beginnend um 1800 in London, seit den 1870er Jahren auch in Berlin soziale Realität – führt zu zahlreichen Problemen (Verarmung, Anonymisierung, Isolation, Vereinsamung), ist aber auch Plattform für Erlebnispluralismus, Simultanität und Dynamik. Städtische Liberalität, Nebeneinander von Lebensstilen, Unüberschaubarkeit und Ambivalenz von Wahrnehmungsangeboten begünstigen die Erosion sinnstiftender Orientierungsstrukturen: Die Fragmentierung der Außenwelt atomisiert die Innenwelt der Bewohner. Erste lit. Reflexe auf den Erfahrungsraum Großstadt finden sich bereits bei A.-R. Lesage, E. Sue, V. Hugo und Ch. Dickens. Zum zentralen Thema avanciert die Stadt im ↗ Naturalismus (É. Zola, A. Holz): Sie steht hier paradigmatisch für das Lebensgefühl der ↗ Moderne – und zwar im Roman wie in der Lyrik. Reichen lyrische G.en – mit Höhepunkten in Naturalismus, ↗ Expressionismus und ↗ Neuer Sachlichkeit – von engagiert sozialkritischen Stellungnahmen über sachliche Bestandsaufnahmen bis hin zu subjektiv zeitenthobenen Seelenlandschaften (Ch. Baudelaire, A. Holz, G. Heym, R. M. Rilke, E. Kästner, B. Brecht, H. M. Enzensberger, P. Waterhouse), so versuchen die Großstadt-Romane des 20. Jh.s (A. Belyj, J. Joyce, J. Dos Passos, A. Döblin) die Komplexität städtischen Wirklichkeitserlebens mit der experimentellen Erprobung neuer Erzähl- und Darstellungstechniken (Vielsträngigkeit, Perspektivenfülle, Collagetechniken) zu verknüpfen; dramatische G.en sind eher selten (B. Brecht, A. Camus).

Lit.: C. Forderer: Die Großstadt im Roman. Wiesbaden 1992. – C. Meckseper, E. Schraut (Hg.): Die Stadt in der Lit. Gött. 1983. – K. R. Scherpe: Die Unwirklichkeit der Städte. Reinbek 1988. – W. Wende (Hg.): Großstadtlyrik. Stgt. 1999. WW

Grotesk, Adjektiv [it. *grottesche* von *grotta* = Höhle; engl., frz. *grotesque*], ästhetische Gestaltungsform und lit. Schreibweise, die Komisches mit Grauenerregendem mischt mit dem Ziel der Wahrnehmungs-Irritation. Grundprinzip g.er Darstellung ist die Kombination und Invertierung des Heterogenen, Inkommensurablen und Polaren, z. B. durch die Stilfiguren des ↗ Oxymorons, des ↗ Paradoxons und der Uneigentlichkeit (↗ Metapher). Grauen (Monstrosität, Dämonie, Gefahr, Abgrund) und ↗ Komik (Karikatur, Scherz, Spiel, Karneval, Absurdität, ↗ Witz) werden unvermittelt miteinander konfrontiert, ungeachtet der konventionellen Unangemessenheit komischer Darstellung angesichts furchtbarer Ereignisse; Kayser (S. 126) spricht von einer »Vereinigung des Unvereinbaren«. Bachtins Theorie des Karnevals betont die antisystematische und folkloristische Seite der G.en. Der Rezipient wird irritiert, indem er in den Zustand der Schwebe zwischen Illusion und Realität versetzt wird. Als künstlerische Darstellungs- oder lit. Schreibweise kann das G.e partiell oder global in grundsätzlich jeder lit. Gattung (Lyrik, Epik, Drama, Witz) vorkommen. Von dem G.en als Schreibweise zu unterscheiden ist die Textsorte der ↗ Groteske. – Das it. Wort *grottesco* bezeichnet zunächst die in Rom entdeckten spätantiken ornamentalen Wandmalereien im »Domus Aurea« des Kaisers Nero, die tierische, pflanzliche, menschliche und mythologische Elemente spielerisch montieren. Davon inspiriert wird die Ornamentik der it. ↗ Renaissance, z. B. Raffaels Stuckmalereien in der Villa Madama (1516 f.) oder Garofalos »Triumphzug des Bacchus« (1540). Später werden als ›g.‹ auch Stilzüge der Kunstwerke von H. Bosch über A. Böcklin bis hin zu A. Kubin, H. Arp, G. Grosz oder M. Deix bezeichnet. Weiter wird die Wortbedeutung ausgedehnt auf die manieristische Schreibweise von Autoren wie F. Rabelais (»Gargantua et Pantagruel«, 1532–52), M. de Montaigne, J. Vauquelin de La Fresnaye, J. Fischart (»Geschichtklitterung«, 1575) oder H. J. Ch. v. Grimmelshausen (»Simplicissimus«, 1669). Im Anschluss an J. Mösers »Harlekin oder Vertheidigung des G.-Komischen« (1761) grenzt C.-F. Flögel (»Geschichte des G.-Komischen«, 1788) die erhabene oder ursprünglicheren derben Komik, dem G.en, ab. Das G.e wird seither im engen Sinn als Teilbereich der Komik angesehen. Als Vermischung von Leiden und Lebensziel ist es in den Schreckensszenarien des Spätaufklärers J. C. Wezel (»Belphegor«, 1776) und bei K. Ph. Moritz (»Anton Reiser«, 1790) konzipiert. Romantisch verklärt statt körperlich realistisch sind die G.en Jean Pauls, E. A. Poes und E. T. A. Hoffmanns. Im 20. Jh. sind F. Kafka, J. L. Borges, V. Nabokov, A. Döblin, H. Mann (»Lidice«, 1943) und Th. Mann (»Der Erwählte«, 1951) Vertreter g.er Lit. Hier wie in Ch. Morgensterns, J. van Hoddis' und A. Lichtensteins lyrischen Untergangsvisionen wird das G.e Ausdruck einer grundlegenden Skepsis gegenüber der Möglichkeit einer adäquaten Wahrnehmung der Realität. Im modernen Drama findet sich G.es vermischt mit Absurdem (A. Jarry, E. Barlach, A. Schnitzler, Ö. v. Horváth, F. Dürrenmatt). Das Problem einer Unterhaltungs- und

Lachkultur angesichts des Zweiten Weltkrieges und des Holocaust offenbart sich bei G. Grass (»Die Blechtrommel«, 1959) und E. Hilsenrath (»Der Nazi & Der Friseur«, 1977), analog dazu bei G. Tabori in seinem Drama »Jubiläum« (1983) oder bei R. Benigni in seiner Film-G.e »La vita è bella« (1997).

Lit.: M. M. Bachtin: Lit. und Karneval [russ. 1929/65]. Ffm. 1990. – O. F. Best: Das G.e in der Dichtung. Darmstadt 1980. – D. Dopheide: Das G.e und der Schwarze Humor in den Romanen E. Hilsenraths. Bln. 2000. – P. Fuß: Das G.e. Köln u. a. 2001. – R. Haaser, G. Oesterle: G. In: RLW. – W. Kayser: Das G.e. Oldenburg 1957. – W. Köpke: Jean Pauls G.e »Tod und Teufel«. In: Lit. und Leser 20 (1997), H. 3, S. 113–132. – E. Rosen: G. In: ÄGB.   UME

Groteske, f. [it. *grottesche* von *grotta* = Höhle; engl. *grotesque tale*, frz. *grotesque*], Textsorte, in welcher die Lustiges mit Grausigem verbindende Schreibweise des ↗ Grotesken dominiert. Die G. vermischt demonstrativ und sinnzerstörend die Grenzen zwischen ↗ Komik und Tragik, Menschlichem und Animalischem. Der Ausdruck ›G.‹ bezeichnet sowohl dramatische als auch epische und lyrische Texte. Zu den typischen Darstellungtechniken gehören: Paradoxie, Stilbruch, Metaphorik, überzeichnende ↗ Satire, nur partielle Komik, Übertreibung, Monstrosität, ↗ Exotismus, Mythisierung, Metamorphose und Phantastik. Hauptsächliche Wirkungsfunktion der G. ist das gleichzeitige Erregen von Grauen (bis hin zum Schock) und Lachen. Den Stilzug im gesamten Text durchzuhalten, so dass von einer ›G.‹ im strengen Sinne die Rede sein kann, gelingt vorwiegend in kleinen lit. Formen wie der ↗ Kurzgeschichte oder dem ↗ Gedicht. – Die G. als Gattung ist – im Ggs. zur Schreibweise des Grotesken – eine moderne Form. Ihr lit.geschichtlicher Brennpunkt liegt zwischen dem späten 19. Jh. und dem ↗ Expressionismus. Das ästhetische Fundament für die Textsorte legt im Gefolge von J. Möser (»Harlekin oder Vertheidigung des Grotesk-Komischen«, 1761) die ↗ Romantik (F. Schlegel, E. T. A. Hoffmann, E. A. Poe). Im frühen 20. Jh. wird der Ausdruck ›G.‹ zu einem modischen Gattungsnamen, auch ausdrücklich als Untertitel gesetzt, so schon in A. Schnitzlers »Der grüne Kakadu. G. in einem Akt« (1898). Die G. wird ferner zum antibürgerlichen Kampfbegriff gegen das, was als »entfremdete Welt« (Kayser, S. 198) vorgestellt wird. Die häufige Verwendung des Gattungsnamens zieht jedoch keine einheitliche Gattungtradition nach sich. Autoren von Prosa-G.n sind N. Gogol, G. Meyrink, F. Kafka, M. Brod, P. Scheerbart, H. H. Ewers, M. Walser und F. Hohler (»Die Karawane am Boden des Milchkruges«, 2003). Die Blütezeit der lyrischen G. ist der Expressionismus (G. Heym, Ch. Morgenstern, J. Ringelnatz). Dramatiker, die den grotesken Stilmitteln breiten Raum geben, sind L. Pirandello, E. Ionesco, F. Dürrenmatt und Th. Bernhard.

Lit.: W. Kayser: Das Groteske. Oldenburg 1957. – F. Lorenz: Das Buch der G.n. Mchn. 1914. – M. Müller: Die

G. In: O. Knörrich (Hg.): Formen der Lit. in Einzeldarstellungen. Stgt. 1981, S. 143–150. – R. Sorg: G. In: RLW. UME

Groupe de Médan, frz. Gruppe von Schriftstellern, die dem ↗ Naturalismus zugeordnet werden und sich seit 1878 in É. Zolas Landhaus in Médan (eigentlich Medan) bei Paris treffen. In einem lockeren Kreis von jüngeren Autoren (G. de Maupassant, H. Céard, L. Hennique, P. Alexis, J.-K. Huysmans), die sich aus strategischen Gründen um G. Flaubert, Zola und die Brüder Goncourt scharen, entsteht 1880 der Sammelband »Les Soirées de Médan« mit z. T. schon zuvor publizierten Novellen zum Thema des dt.-frz. Krieges. Der Band wird bald darauf zum Medienereignis stilisiert und als Manifest der naturalistischen Schule angesehen.
Lit.: D. Baguley: Le naturalisme et ses genres. Paris 1995, S. 18–26. – C. Becker (Hg.): Les Soirées de Médan. Paris 1981. KB

Gründerzeit, aus der Wirtschaftsgeschichte übernommene, in ihrer Anwendbarkeit umstrittene lit.geschichtliche Epochenbez. für die Zeit zwischen der Reichsgründung 1871 und der Demission Bismarcks 1890. Zwar fehlte es nicht an ebenso massenhaften wie kurzlebigen patriotischen Bekenntnissen in allen lit. Gattungen zu Sieg und Reichsgründung, doch die Signatur einer eigenen lit. Epoche vermochten diese politischen Ereignisse eher nicht zu stiften. Sicherlich haben zahlreiche Autoren das Bedürfnis des neuen Staates nach historischer Fundierung bzw. Konstruktion einer Vorgeschichte bedient, doch finden sich solche Versuche ebenso nach 1866 (Ablösung des Dt. Bundes von Österreich) wie nach 1871: W. Jordans Hohenzollern-Apotheosen »Nibelunge« (4 Bde., 1867–74) erschienen vor und nach der Reichsgründung; vor 1871 entstanden G. Freytags Feier eines kommenden »Zweiten Reichs« in seinem vaterländischen Romanzyklus »Die Ahnen« (6 Bde., 1872–80), R. Hamerlings »Germanenzug« (1864) und H. v. Linggs Versepos »Völkerwanderung« (3 Bde., 1866–68) zur Vorgeschichte der dt. Nationalstaatsgründung. Auch der für die Lit. der G. reklamierte ästhetische Heroismus lässt sich kaum auf die beiden Dekaden nach der Reichsgründung begrenzen. – Ebenso problematisch erscheint daher auch die Verwendung von ›G.‹ als Bez. für die ›zweite Phase‹ des ↗ Realismus ab 1870.
Lit.: R. Hamann, J. Hermand: G. [1965]. Ffm. 1977. – J. Hermand: Zur Lit. der G. In: DVjs 41 (1967), S. 202–232. – G. Jäger: Die G. In: M. Bucher u. a. (Hg.): Realismus und G. Bd. 1. Stgt. 1976, S. 96–159. – S. Kiefer: Dramatik der G. St. Ingbert 1997. – E.-Ch. Park: Fontanes Zeitromane. Ffm. u. a. 1997. – W. Schmitz: G. In: Killy/Meid. – P. Sprengel: Geschichte der dt.sprachigen Lit. 1870–1900. Mchn. 1998, S. 102–107. – R. Werner: G. In: RLW. DK

Gruppe 1925, Kreis in Berlin lebender linksbürgerlicher und kommunistischer Schriftsteller, u. a. J. R. Becher, A. Döblin, E. E. Kisch, L. Frank, B. Brecht. Sie brach nach zunehmender Polarisierung 1928 auseinander (Aufnahme Döblins in die Preußische Akademie der Künste; Gründung des »Bundes proletarischrevolutionärer Schriftsteller Deutschlands«), ihre ehemaligen ›Mitglieder‹ befehdeten sich in der Folgezeit z. T. (u. a. Becher vs. Döblin).
Lit.: K. Petersen: Die »G. 1925«. Hdbg. 1981. RD/Red.

Gruppe 47, sich stets neu formierende Vereinigung von Autor/innen, Kritikern, Publizisten, Verlegern und Lektoren, die sich 1947–90 (regelmäßig nur 1947–67) zu insgesamt 34 Tagungen unter der Leitung von H. W. Richter versammelte und 1950–67 zehn Preisträger kürte (u. a. G. Eich, H. Böll, I. Aichinger, I. Bachmann, G. Grass). Der aus am. Gefangenschaft heimgekehrte Richter und A. Andersch – die ehemaligen Hg. der Zs. »Der Ruf« (1946 f.) – sowie sechzehn Autoren (u. a. W. Kolbenhoff, W. Schnurre, W. Bächler, W. M. Guggenheimer, N. Sombart und F. Minssen) trafen sich vom 5. bis 7.9.1947 am Bannwaldsee (Allgäu), um den Gedanken einer ›kollegialen handwerklichen Kritik‹ (H. L. Arnold) an Manuskripten und eine ›freie Entfaltung‹ der Kommunikation (Richter) zu begründen. Damit verbunden war eine Ad-hoc-Kritik am lit. Text, auf die der Autor selbst nicht reagieren durfte. – In der Geschichte der G. 47 kristallisiert sich ein spannungsreiches Psychogramm der dt.sprachigen ↗ Nachkriegslit. heraus; durch ihre solitäre, aktive Präsenz reflektiert sie die jeweils aktuelle lit. Produktion und die Entwicklung lit.kritischer Strukturen in den ersten beiden Jahrzehnten nach Kriegsende (von der ↗ Kahlschlag-Lit. zur ↗ experimentellen Lit.). Anhand der politisch-publizistischen Aktivitäten der G. 47 lässt sich deren demokratischer Grundgedanke ablesen. Während der Treffen in den 1950er und 1960er Jahren wurden politische Resolutionen zu nationalen (atomare Bewaffnung der Bundeswehr 1958, Mauerbau 1961, Spiegel-Affäre 1962, Springer-Presse 1967) und internationalen Ereignissen (Ungarn 1956, Algerienkrieg 1960, Vietnam 1956) verfasst. Hatte bereits 1952 in Niendorf (Ostsee) mit I. Aichinger (»Spiegelgeschichte«), I. Bachmann (»Dunkles zu sagen«), P. Celan (»Todesfuge«) ein lit. Paradigmenwechsel von der Kriegs- zur Nachkriegsgeneration stattgefunden, so wurde das Bild der G. 47 zu Beginn der 1960er Jahre stets heterogener. Eine neue Generation von Autor/innen (P. Rühmkorf, G. Wohmann, J. Becker, D. Wellershoff, G. Elsner, A. Kluge, H. Fichte, N. Born, H. M. Novak, P. Handke) las, was zu einer Öffnung der G. 47 führte und neue ästhetische Formen (›Realismus‹-Konzept), lit.kritische Maßstäbe und politische Haltungen provozierte. Radikale Änderungen brachte die Anwesenheit von Journalisten (J. Kaiser, M. Reich-Ranicki), Verlegern und Lit.managern seit der 16. Tagung 1955 in Berlin mit sich; die G. 47 entwickelte sich von einer ›Kritikwerkstatt zur Lit.börse‹ (H. L. Arnold); sie bediente den Lit.betrieb nicht nur, sondern half ihm auch sich zu entfalten. Auf der 30. Tagung 1966 (Princeton) wurde diese Zäsur offenbar, was sich u. a. an öffentlichen Stellungnahmen zum Vietnamkrieg, am Disput um P. Weiss' Konzept politischer Lit. sowie an P. Handkes Infragestellung der Rituale der G. 47 zeigte. Die Tagung in der »Pulvermühle« bei Erlangen 1967 gilt als die letzte. Ein für 1968 in Prag geplantes Treffen wurde vom Einmarsch der Warschauer-Pakt-Truppen dort verhindert. 1977 lud Richter letztmalig ein, um diesem Phänomen des lit. Nachkriegsdeutschlands mit der sog. ›Begräbnistagung‹ ein Ende zu bereiten; es folgte nur noch eine nachgeholte Tagung in Prag 1990. Lit.: H. L. Arnold: Die G. 47. Hbg. 2004. – Ders. (Hg.): TuK Sonderbd.: Die G. 47 [1980]. Mchn. ³2004. – K. Briegleb: Mißachtung und Tabu. Bln. 2003. – J. Fetscher u. a. (Hg.): Die G. 47 in der Geschichte der Bundesrepublik. Würzburg 1991. – R. Lettau (Hg.): Die G. 47. Neuwied 1967. – H. W. Richter (Hg.): Almanach der G. 47. Hbg. 1962. – T. Richter (Hg.): Die G. 47 in Bildern und Texten. Köln 1997. – J. Schutte: Dichter und Richter (Hg.). Bln. 1988. COW

Gruppe 61, Arbeitskreis von Schriftstellern, Kritikern, Journalisten und Lektoren, entstanden 1961 in Dortmund. Programmatisch formuliertes Ziel der Gruppe war es, sich unabhängig von politischen Einflüssen mit den sozialen und menschlichen Problemen der industriellen Arbeitswelt lit. auseinanderzusetzen. Auf regelmäßig stattfindenden Zusammenkünften wurden aktuelle Texte gelesen und diskutiert. Der lit. Wert der von den Gruppenmitgliedern vorgelegten Arbeiten wurde unterschiedlich beurteilt: Kritisiert wurden eine »lit. Schablonenwelt«, die Realität verstelle, statt sie sichtbar zu machen (D. Wellershoff), eine klischeehafte Sprache und die Anwendung konventioneller lit. Redeweisen und -muster. Neuartig ist dagegen die Erprobung lit. Darstellungsweisen wie Dokumentation, Protokoll und Reportage (F. C. Delius, G. Wallraff). Eine Krise seit Mitte der 1960er Jahre führte zur Abspaltung des ↗ Werkkreises Lit. der Arbeitswelt und zu gruppeninternen Diskussionen, die 1971 eine Neuformulierung des Programms und bald darauf die Auflösung der Gruppe nach sich zogen. Weitere wichtige Autorinnen und Autoren sind M. von der Grün, G. Herburger, A. Mechtel, E. Runge, K. Struck und P.-P. Zahl.

Lit.: I. D. Arnold-Dielewicz, H. L. Arnold (Hg.): Arbeiterlit. in der Bundesrepublik. Stgt. 1979. – H. L. Arnold (Hg.): G. 61. Stgt. u. a. 1971. – J. Hermand: Die dt. Dichterbünde. Köln u. a. 1998, S. 300–305. RD/Red.

Gruppenstil ↗ Stil.

Gruppo 63, m. [*gruppo sessantatre*, it.], Verbund neoavantgardistischer Intellektueller in Italien, begründet nach dem Vorbild der ↗ Gruppe 47 anlässlich einer Zusammenkunft im Oktober 1963 in Palermo. Die Gruppe rekrutiert sich wesentlich aus Beiträgern der Lyrikanthologie »I novissimi« (1961) und der Zs. »Il Verri«, versteht sich als polemische Gegenstimme zu ↗ *Neorealismo* und *Ermetismo* und benutzt in undogmatischem Rückgriff auf die historischen ↗ Avantgarden, auf Theoreme des kritischen Marxismus, der Phänomenologie, des ↗ Strukturalismus und der Soziologie der Massenkommunikation experimentelle Formen (Montage, Collage, Serialität, Sprachmischung usw.), die sich einer Vermarktung durch die Kulturindustrie widersetzen. Theoretiker: L. Anceschi, U. Eco; Autoren: E. Sanguineti, N. Balestrini, R. Barilli, A. Giuliani, G. Manganelli, L. Malerba; Komponisten: L. Berio, L. Nono; Verleger: G. Feltrinelli, V. Scheiwiller. Die Zss. »Marcatré« und »Quindici« sind Organe theoretischer Diskussion und lit. Foren der Gruppe, die sich Ende der 1960er Jahre auflöst.

Lit.: R. Barilli, A. Guglielmi: G. 63. Torino 2003. – J. Hösle: Die it. Lit. der Gegenwart. Mchn. 1999, S. 113–119. HG

Guckkastenbühne ↗ Bühne, ↗ Illusionsbühne.

Guignol, m. [gin'jɔl; frz. = Kasper, Kaspertheater)], 1. Hauptfigur des frz. Handpuppenspiels; 2. allg. das Puppenspiel; 3. kleiner Bühnennebenraum zum schnellen Umkleiden. – Die Figur des G. wurde durch L. Mourquet (1769–1844) für dessen an it. Vorbildern orientiertes Lyoner Marionettentheater erfunden. Der G. tritt im Kostüm der Lyoner Seidenweber auf und ist durch eine volkstümliche Sprache und satirische Einlagen charakterisiert. Die große Popularität der Figur führte zur Gleichsetzung des G. mit dem Handpuppenspiel allg. und mit dessen Stücken.

Lit.: H. R. Purschke: Die Entwicklung des Puppenspiels. Ffm. 1984. WVB

Gürtelbuch ↗ Beutelbuch.

H

Habitus, m. [lat. = Haltung, Gestalt], äußeres Erscheinungsbild, angenommene Verhaltensgewohnheit. In der Soziologie P. Bourdieus bezeichnet ›H.‹ das historisch und kulturell spezifische System von Dispositionen (Werthaltungen, Einstellungen), das sich Individuen einer sozialen Einheit in Sozialisationsprozessen aneignen und das ihr Denken, Wahrnehmen, Beurteilen und Handeln so lenkt, dass sie alle typischen Gedanken und Handlungen einer Kultur zu erzeugen vermögen. In lit.wissenschaftlichen Untersuchungen wird der Begriff seit den 1990er Jahren verstärkt verwendet, z. B. bei der Figurenanalyse, oder es wird nach dem H. von Autoren gefragt.
Lit.: C. Bohn: H. und Kontext. Opladen 1991. – P. Bourdieu: Zur Soziologie der symbolischen Formen. Ffm. ²1983, S. 40 und 125–158. – Th. Unger: Diskontinuitäten im Erwerbsleben. Tüb. 2004, S. 17–25.   TU

Hadschiwat, m. [türk.], Partner des ↗Karagöz im gleichnamigen türk. Schattenspiel.

Hagiographie, f. [aus gr. *hágios* = heilig, *gráphein* = schreiben], Sammelbegriff für geistliches Schrifttum, dessen Gegenstand die Lebensbeschreibung von Heiligen ist. Die ersten Zeugnisse hagiographischer Lit. waren die spätantiken Märtyrer-Biographien. Mit dem Ende der Christenverfolgungen entstanden Viten (↗Vita) bes. tugendhafter und glaubensfester Christen (Bekenner, Bischöfe, Einsiedler). Die Verschmelzung verifizierbarer Informationen mit lit. Fiktion ist in der H. ebenso üblich wie ein weitgehend konstantes Motivbeiwerk (Jungfräulichkeit bzw. Keuschheit, Abkehr von der Welt, Askese, Wunder). – Die abendländische H. des MA.s ist als Domäne der Geistlichkeit vorrangig lat. Die Überlieferung dt.sprachiger Heiligenleben setzt im 9. Jh. ein. Im Spät-MA. nimmt die Menge dieser Viten im Zuge einer intensivierten Laienfrömmigkeit und des enorm gewachsenen Heiligenkultes erheblich zu. – Hagiographische Werke wurden einzeln, als thematische Sammlungen (Viten der in einer Region bes. verehrten Heiligen, Jungfrauenviten) oder hagiographische Kompendien (↗Legendar) in Vers und Prosa überliefert. Sie fanden Verwendung in der Liturgie und bei der klösterlichen ↗Tischlesung, dienten als Handreichung für Priester zur Predigtvorbereitung oder zur erbaulichen Privatlektüre. – M. Luthers Kritik an der Verbreitung ›unevangelischer‹ Stoffe durch die H. spitzten seine Nachfolger zum Verdikt gegen die H. zu, der sie v. a. Ahistorizität vorwarfen. Die von kath. Seite weiterhin geförderten Textausgaben wurden nun mit apologetischen Vorreden versehen. Seit Mitte des 16. Jh.s ist auch protestantische H. bezeugt, die sich v. a. durch ihren betont didaktischen Anspruch und kritisch-zeitgenössischen Bezug auszeichnet. Seit dem 17. Jh. rückte die H. in den Mittelpunkt thesaurierender Bemühungen in der Nachfolge des Jesuiten J. Bolland. In der bis heute nicht abgeschlossenen Reihe »Acta Sanctorum« werden hagiographische Quellen ediert und kritisch kommentiert.
Lit.: D. Bauer u. a. (Hg.): H. im Kontext. Stgt. 2000. – W. Berschin: Biographie und Epochenstil im lat. MA. 5 Bde. Stgt. 1986–2004. – J. Dummer (Hg.): Zwischen Historiographie und H. Stgt. 2005. – M. Heinzelmann: Neue Aspekte der biographischen und hagiographischen Lit. in der lat. Welt (1.–6. Jh.). In: Francia 1 (1973), S. 27–44. – W. Kirsch: Laudes sanctorum. Stgt. 2004. – F. P. Knapp: legenda aut non legenda. In: GRM 53 (2003), S. 133–154. – D. von der Nahmer: Die lat. Heiligenvita. Darmstadt 1994. – E. Paoli (Hg.): Gli studi agiografici sul Medioevo in Europa. Florenz 2000. – G. Philippart (Hg.): H.s. 3 Bde. Turnhout 1994–2001. – A. Schnyder: Legendenpolemik und Legendenkritik in der Reformation. In: Archiv für Reformationsgeschichte 70 (1979), S. 122–140. – B. K. Vollmann: Erlaubte Fiktionalität: die Heiligenlegende. In: F. P. Knapp, M. Niesner (Hg.): Historisches und fiktionales Erzählen im MA. Bln. 2002, S. 63–72.   ID

Hagionym, n., [gr.], ↗Pseudonym.

Haibun, m. [jap. = Haiku-Text], kunstvoll konziser Prosastil im Geiste des ↗Haiku, im Japan des 17. bis 19. Jh.s gepflegt. Inhaltlich weites Spektrum: Naturimpressionen, tagebuchartige Aufzeichnungen, Reflexionen zu Natur und Menschenleben. Es handelt sich um Texte in freier Form, sprachlich knapp gehalten durch einen großen Anteil chines. Vokabulars. Kürzere Texte können auf ein einzelnes Haiku hinführen, längere enthalten oft mehrere Verse. Als vorbildhafte Autoren für den H. gelten Matsuo Bashô (»Genjûan no ki«, 1690), Yokoi Yayû oder Kobayashi Issa (»Ora ga haru«, 1852).
Texte.: Kobayashi Issa: Mein Frühling. Übers. v. G. S. Dombrady. Zürich 1983.   EM

Haiku, n. [jap. = humoristischer Vers], Form der jap. Lyrik, die aus 17 Silben in drei Zeilen (5–7–5) besteht. Das H. ist reimlos; zäsurbildende Elemente (*kireji*) und Jahreszeitenanzeiger (*kigo*) sind im klassischen H. obligatorisch. – Das H. hat seinen Ursprung in der Kettendichtung (*haikai no renga*), wo ihm als Auftaktvers (*hokku*) bes. Gewicht zukam. Im 17. Jh. entwickelte es sich zu einer populären Verskunst, in der die Anspielung, die Parodie und das wortspielerische Element überwogen. Gegen Ende des 17. Jh.s wurde das Kürzestgedicht als Mittel zum ernsten lyrischen Ausdruck entdeckt. Matsuo Bashô (1644–94) brachte es zur Reife und ist auch Vollender der lyrischen Prosaskizze ↗Haibun. Neben ihm gelten Yosa Buson (1716–83) und Kobayashi Issa (1763–1827) als bedeutendste H.-Dichter. Masaoka Shiki (1867–1902) sicherte dem H. die Bedeutung für die Moderne. Der 17-silbige Vers ist bis heute in Japan populär und als Gattung produktiv. Das moderne H. bedient sich z.T. der Umgangssprache und ist oft ohne Jahreszeitenbezug (*muki no ku*). – Das H. erkennt im winzigsten Ausschnitt Weltwirklichkeit und Bedeutung; der erfasste Moment wird sinnlich-konkret und stark bildhaft dargestellt. Für Symbole und Metaphern ist kaum Platz; feste Assoziationen sichern die Sinngebung durch die Leser. – Größere Übers.en ins Engl. und Frz., u.a. von A. Miyamori 1932 (»An Anthology of H. Ancient and Modern«) sowie von R.H. Blyth, stellten umfangreiches Material bereit, das auch im dt. Sprachraum – nach einer ersten, noch sehr frei an den jap. Vorbildern orientierten Mode um 1900 (A. Holz, R.M. Rilke, Klabund) – zu Nachdichtungen anregte, u.a. von A.v. Rottauscher (1939) und M. Hausmann (1951). Seit dem 20. Jh. ist auch eine H.-Dichtung außerhalb Japans zu beobachten (z.B. P. Eluard, E. Pound), verstärkt seit den 1960er Jahren (im Dt. etwa G. Eich, H.C. Artmann). Das westliche H. neigt, im Ggs. zur Ursprungsform, zum ↗ Aphorismus, zur intellektuellen Zuspitzung und zur individuell-existentiellen Aussage. Die Konzentration der Aussage schafft neue Möglichkeiten der Wirklichkeitserfassung, allerdings fehlen bis auf die Kürze verbindliche Regeln.

Lit.: R.H. Blyth: H. 4 Bde. [1949–52]. Tokio ⁴1992. – Ders.: A History of H. 2 Bde. [1963]. Tokio ⁶1973. – G. Coudenhove: Jap. Jahreszeiten. Tanka und H. aus dreizehn Jh.en [1963]. Zürich ⁶1991. – D. Krusche: H. (Übers. und Essay) [1970]. Stgt. ⁵1984. – E. May: Shômon. H. von Bashôs Meisterschülern. 2 Bde. Mainz 2000–02. – H. Shirane: Traces of Dreams. Landscape, Cultural Memory and the Poetry of Bashô. Stanford 1998. – A. Wittbrodt: »Hototogisu ist keine Nachtigall«. Traditionelle jap. Gedichtformen in der dt.sprachigen Lyrik (1849–1999). Gött. 2005. – N. Witting: H. In: RLW.   EM

Hainbund ↗ Göttinger Hain.

Hakenstil, von E. Sievers geprägte Bez. für die Inkongruenz von Langversgliederung und syntaktischer Gliederung; von A. Heusler ›Bogenstil‹ genannt. Im Ggs. zum ↗ Zeilenstil, bei dem der Langvers zugleich syntaktische Einheit ist, werden beim H. die Satzschlüsse in die Mitte der Langverse verlegt. ↗ Brechung, ↗ Enjambement.

Lit.: A. Heusler: Dt. Versgeschichte. Bd. 1. Bln. 1925. – E. Sievers: Altgerm. Metrik. Halle/S. 1893.   JK/Red.

Hallescher Dichterkreis, Bez. für zwei Autorengruppen des 18. Jh.s, die sich in dem pietistisch geprägten Halle versammelten, von dem als einem frühen Zentrum der dt. ↗ Aufklärung zahlreiche Impulse für die lit. Freundschaftskultur des 18. Jh.s ausgingen. Beide Kreise verkörpern trotz ihrer zeitlich-örtlichen Nähe unterschiedliche Tendenzen; das Werk des Philosophen G.F. Meier (1718–77) ist jedoch für beide gleichermaßen bedeutsam. – 1. Erster oder älterer H.D. (I.J. Pyra, S.G. Lange), der im Ausgang vom ↗ Pietismus religiöse Stoffe, die Themen Gott, Freundschaft

und Natur sowie einen gefühlsbetonten, empfindsamen Stil ins Zentrum der Dichtkunst stellt. Wichtige Zeugnisse sind Pyras »Tempel der wahren Dichtkunst« (1737), die gemeinsame Gedichtsammlung »Thirsis und Damons freundschaftliche Lieder« (1736–44), und Langes Übers. der Oden des Horaz (1747/52). Theoretisch bedeutend ist die Ablehnung des ↗ Reims, stilistisch wirkungsvoll die Ausbildung eines subjektiv-affektiven Dichtungsstils, der im 18. Jh. u.a. zur Erweiterung des dt. Emotionswortschatzes beigetragen hat. – 2. Zweiter oder jüngerer H.D., auch: Anakreontiker; Ausgangspunkt der Dichtung der dt. ↗ Anakreontik oder des dt. ↗ Rokoko, die v.a. als eine Poesie des ↗ ›Witzes‹ konzipiert war. Um 1739 schlossen sich in Halle J.W.L. Gleim, J.N. Götz, J.P. Uz und P.J. Rudnick zu einem Freundeskreis zusammen, der sich intensiv mit den antiken ↗ Anakreonteen, scherzhaften Gedichten über Liebe, Wein und Gesang, befasste sowie Übers.en und freie Nachdichtungen anfertigte. Anregungen waren J.Ch. Gottscheds »Versuch einer Übers. Anacreons in reimlose Verse« (1736), die Grundlegung einer philosophischen Ästhetik durch A.G. Baumgarten (»Aesthetica«, 1750/58) und Meier (»Gedanken von Scherzen«, 1744) sowie die Dichtung des ersten Halleschen Dichterkreises. Gleims »Versuch in scherzhaften Liedern« (1744–58) lässt im Titel die Nähe zu Meier erkennen. 1745 veröffentlicht Götz seinen »Versuch eines Wormsers in Gedichten«, 1746 erscheinen die Anakreon-Übers. von Götz und Uz sowie die von Gleim hg. »Freundschaftlichen Briefe«, 1749 die »Lyrischen Gedichte« von Uz.

Lit.: J. Jacob: Heilige Poesie. Tüb. 1997. – H.-J. Kertscher: Anakreontik. Zweiter H.D. Halle 1993. – U. Pott (Hg.): Das Jh. der Freundschaft. Gött. 2004. – G. Schenk: Leben und Werk des halleschen Aufklärers G.F. Meier. Halle 1994.   GLS

Hamartia, f. [gr. = Irrtum, Verfehlung], in der Tragödientheorie des Aristoteles (»Poetik«, Kap. 13) das Fehlverhalten des Helden, das die tragische Katastrophe herbeiführt. – Die H. ist nicht moralische Schuld, sondern ein tragisches Versagen des Helden, das auf der Fehleinschätzung einer außergewöhnlichen Situation beruht. Die Verantwortung des Helden ist gleichwohl gegeben – sie liegt in der ungenügenden Reflexion und der Überschätzung der eigenen Möglichkeiten (↗ Hybris), z.B.: Sophokles: »König Ödipus«.
                                                        JK/Red.

Hamâsa, f. [arab. = Tapferkeit], altarab. Anthologien (meist Heldenlieder); die berühmteste ist die von dem Syrer Abû Tammâm (oder Temmâm, 9. Jh.) aus älteren Quellen (in 10 Büchern) zusammengestellte Sammlung von Heldenliedern, Totenklagen, Sprüchen, Liebes-, Schmäh-, Ehren- und Scherzliedern von über 500 Verfassern, die in ihrer vielfachen Überlieferung, Kommentierung und Erweiterung heute ein wichtiges Quellenmaterial der vorislamischen arab. Volkslit. darstellt. – Eine Ausgabe dieser H. mit Scholien aus dem 12. Jh. und lat. Übers. erschien 1828–51, hg. von

G. W. F. Freytag (»Hamasae Carmina«); eine metrische
dt. Übers. publizierte 1846 F. Rückert.   GS/Red.
Handlung, Gesamtheit der dargestellten Geschehnisse
in einem dramatischen oder erzählenden Text.
Während der alltagssprachliche und philosophische
H.sbegriff zielgerichtete und absichtsvolle Einzeltätig-
keiten bezeichnet, wird als ›H.‹ in den Kunst- und Medienwissenschaften in erster Linie die vom Künstler
oder Autor *gestaltete* Gesamtheit des Dargestellten bezeichnet, in welche die H.en (im alltagssprachlichen
Sinne) einzelner Akteure eingebunden sind. Dieser
H.sbegriff umfasst also mehr als intentionale Einzel-
handlungen, er bezeichnet deren dynamische Kombination als Interaktionen, aber auch nicht-intentio-
nale (natürliche oder übernatürliche) Geschehnisse,
Verhaltensweisen, ›inneres‹ Geschehen, im Einzelfall
auch Zustände und Gegebenheiten. Dieser ästhetische
H.sbegriff, der von Aristoteles als *mythos* eingeführt
worden ist (lat. *fabula*; ↗ Fabel), bezieht sich zunächst
auf dramatische Lit. So fordert das ebenfalls auf Aristoteles zurückgehende Ideal der ›Einheit der H.‹ (↗ drei
Einheiten) für Dramen einen in sich geschlossenen,
kausal und final organisierten und einsträngigen
H.sverlauf. Spätestens mit dem ↗ Sturm und Drang
setzten sich im Drama und in seiner Poetik aber
H.skonzepte durch, die eher an Mehrsträngigkeit und
Offenheit orientiert sind. – Die formalistisch-struktu-
ralistische Narratologie des 20. Jh.s hat den H.sbegriff
auch auf erzählende Texte bezogen, um das Was der
Erzählung (*histoire*), also das Erzählte, im Unterschied
zum Wie des Erzählens (*discours*) zu bezeichnen. Dabei kann zwischen der reinen Ereignisfolge (*story*) und
ihrer Gestaltung (*plot*) differenziert werden. Ferner
wurde der H.sbegriff in den letzten Jahrzehnten auch
auf andere Medien und Künste angewendet (z. B.
↗ Film, ↗ Fernsehspiel, ↗ Comic, ↗ interaktive Narration).
Lit.: B. Asmuth: Einf. in die Dramenanalyse [1980].
Stgt., Weimar ⁵1997. – Ders.: H. In: RLW. – M. Martinez, M. Scheffel: Einf. in die Erzähltheorie. Mchn.
1999. – S. Werling: H. im Drama. Ffm. 1989.   USP
Handlungsdrama, Ggs.: ↗ Figurendrama.
Handschrift, 1. ein von Hand geschriebenes Schriftstück in beliebiger Sprache, jeden Alters, Formats und
Umfangs. Denkbar sind alle Formen vom Einzelblatt
bis hin zum voluminösen, mit einem Einband ge-
schützten ↗ Buch oder auch zur Buchrolle (Rotulus).
Erhaltene Teile einer sonst verlorenen H. nennt man
›H.enfragmente‹ (↗ Fragment); eigenhändige Verfas-
serschriften wie v. a. hsl. Briefe werden – im Ggs. zu
H.en fremder Hand, z. B. von ↗ Schreibern – bibliothe-
karisch gesondert als ↗›Autographen‹ geführt; auch
für Urkunden und Diplome, Gegenstand der Diplomatik, ist ›H.‹ nicht der Primärbegriff (hier spricht
man übergreifend eher von ›Schriftstücken‹); geritzte
oder gravierte Texte, Sujet der Epigraphik, gelten gemeinhin ebenso wenig als H.en. In der gegenwärtigen
dt. Wissenschaftssprache wird das noch bis ins 19. Jh.

bevorzugte lat. Äquivalent ↗›Manuskript‹ (lat. *ma-
nuscriptum* = von Hand Geschriebenes) seltener benutzt. Demgegenüber gilt im Verlagswesen noch heute
eine von einem Autor an seinen ↗ Verlag gelieferte
↗ Druckvorlage, obzwar kaum je mehr hsl., sondern
meist ein ↗ Typoskript oder eine elektronische Datei,
als ›Manuskript‹.
Vor der Erfindung des ↗ Buchdrucks mit beweglichen
Lettern Mitte des 15. Jh.s war die H. das einzige Medium, Texte aller Gebiete zu verschriftlichen und zu
vervielfältigen (nur ein geringer Teil der Texte in den
erhaltenen H.en ist von ihren Verfassern selbst geschrieben). Daher und auch angesichts des weitgehenden Verlusts der antiken H.en gilt das europäische MA.
als das wichtigste Zeitalter der H.; der kunstvoll be-
schriftete, zumal mit ↗ Initialen und Miniaturen ver-
zierte und aufwendig gebundene Pergament- bzw. Pa-
piercodex des MA.s gilt als Sinnbild der H. schlechthin. Jede H. ist per se ein Unikat. Je älter eine H. ist,
umso größeren Wert hat sie tendenziell für das Kultur-
erbe. So enthalten die wenigen erhaltenen H.en der
Spätantike und des frühen MA.s einen Großteil des
uns bekannten antiken Schrifttums. Texte des MA.s
selbst, namentlich die frühesten volkssprachigen, sind
oft in einer einzigen bzw. in nur wenigen H.en überliefert; vieles Erhaltene verdankt sich der Wiederverwertung des Pergaments ›veralteter‹ H.en (↗ Palimpsest;
Makulatur).
In der Antike stellten zumeist Sklaven, im frühen und
hohen MA. überwiegend Schreibstuben (↗ Skriptori-
en) in Klöstern H.en her. Im späten MA. gewährleis-
tete eine stringentere Organisation des Schreibwesens
bes. an den Universitäten bzw. in Lohnschreiberstuben
eine breitere hsl. Textüberlieferung. Mit Beginn der
↗ Frühen Neuzeit blieb das Verfassen hsl. Texte vorwiegend in der privaten Kommunikation und im
Kanzleiwesen in Übung, während das gedruckte Buch
die H. als Überlieferungsträger von Lit. und Wissenschaft fast völlig ablöste.
Eine H. ist *erstens* durch ihr materielles Äußeres geprägt. So können hsl. Texte auf unterschiedliche Beschreibstoffe aufgebracht werden, neben dem in der
Antike gängigen Papyrus, dem Pergament im MA. und
dem dann üblichen Papier z. B. Textilien, Palmblätter
oder Baumrinde. Eine aus mehreren Lagen bestehende
H. kann durch Fadenheftung und mit einem Einband
stabilisiert werden, der z. B. aus einer flexiblen Perga-
ment- oder Lederdecke (↗ Kopert) oder aus pergam-
ment- bzw. lederüberzogenen Holzdeckeln bestehen
kann; die seltenen Prachteinbände des MA.s sind mit
Gold, Silber, Edelsteinen, Elfenbein u. a. geschmückt.
Für die gängigen Größen von H.en gelten die Begriffe
(von groß nach klein) Folio (nur einmal gefalteter Bogen), Quart-, Oktav- und Duodezformat. *Zweitens*
wird eine H. durch den Grad der ästhetischen Gestaltung der enthaltenen Texte bestimmt, von der flüchtig
gekritzelten Notiz bis hin zur kalligraphischen Meis-
terleistung auf Buchseiten mit sorgsam vorbereitetem

Zeilengerüst und Schriftspiegel, verziert mit dem reichhaltigen Repertoire der ↗Buchmalerei. Beliebtestes Schreibwerkzeug war stets die Tintenfeder, auch benutzte man Stifte oder andere Utensilien. H.en werden als bes. kostbares Sammelgut v. a. in Bibliotheken sowie in Archiven und Museen verwahrt. Ihre wissenschaftliche Auswertung wurde nach Vorarbeiten, z. B. im ↗Humanismus, seit dem 19. Jh. systematisch vorangetrieben. Heute bieten die elektronische Datenverarbeitung und das Internet neue Möglichkeiten: Datenbanken und Portale werden mit dem Ziel eingerichtet, Digitalisate möglichst vieler H.en mit den zugehörigen Beschreibungen und ↗Editionen zu vereinen. Diese Unternehmungen werden als Schritte auf dem Weg zu einer umfassenden, weltweit zugänglichen virtuellen H.enbibliothek verstanden. JO
2. In den neueren Philologien ist die H. meist ein Autograph des ↗Autors, bei einigen Autoren und bei schwieriger Überlieferungslage (z. B. bei ↗Briefen, deren Original vernichtet wurde oder aus anderen Gründen verschwunden ist) auch eine H. von fremder Hand. Neben den autorisierten ↗Drucken ist sie die wichtigste Grundlage (↗›Textträger‹ oder ›Textzeuge‹) für die Edition lit. Texte. Seit dem späten 19. Jh. treten dem Manuskript in diesem engeren Sinne oft hsl. korrigierte Typoskripte an die Seite, ohne sie (v. a. im Bereich der ↗Lyrik, des Briefs und des ↗Tagebuchs) ganz abzulösen; bei Gegenwartsautoren ist zunehmend die elektronisch unterstützte Produktion, Speicherung und Übermittlung ihrer Texte zu berücksichtigen. Die Rekonstruktion und die benutzergerechte Darstellung der in den H.en dokumentierten ↗Textgenese vom ersten ↗Entwurf über verschiedene ↗Fassungen und die meist als Reinschrift angelegte Druckvorlage bis zum ↗Erstdruck bilden zentrale Aufgaben der ↗Editionstechnik. Die frz. *critique génétique* (↗Schreiben) und auch die jüngere dt. Editionsphilologie sind von der teleologischen Vorstellung abgerückt, welche die H. nur als Vor- oder Zwischenstufe zum vollendeten ↗Text ansah, und haben demgegenüber den – auch ästhetischen – Eigenwert hsl. Fassungen und ↗Varianten herausgearbeitet. DB
Lit. zu 1.: C. Jakobi-Mirwald: Das mal. Buch. Stgt. 2004. – F. Heinzer: H. In: RLW. – K. Löffler, W. Milde: Einf. in die H.enkunde. Stgt. 1997. – O. Mazal: Lehrbuch der H.enkunde. Wiesbaden 1986. – Ders. (Hg.): Geschichte der Buchkultur. Bisher 3 in 2 Bdn. Graz 1999 ff. – K. Schneider: Paläographie und H.enkunde für Germanisten. Tüb. 1999. – R. Stammberger: Scriptor und Scriptorium. Graz 2003.
Zu 2.: W. Frels: Dt. Dichterhss. von 1400 bis 1900 [1934]. Nachdr. Stgt. 1970. – A. Grésillon: Lit. H.en. Einf. in die »critique génétique« [frz. 1994]. Bern u. a. 1999. – J. Meyer (Hg.): Dichterhss. [1999]. Stgt. ²2003. – M. Stingelin (Hg.): »Mir ekelt vor diesem tintenklecksenden Säkulum«. Schreibszenen im Zeitalter der Manuskripte. Mchn. 2004.
Handwerkslied, Gattung des ↗Ständeliedes.

Hanswurst, m. [Scheltname: Hans Wurst, mittelndt.: Hans Worst], seit dem 16. Jh. Bez. für »einen groben menschen von unbeholfener figur [...], dessen leibesgestalt an eine wurst erinnert« (DWb 10 [1877], Sp. 461); Name für die komische Figur im dt.sprachigen Volkstheater, die in Improvisationen (↗Hanswurstiaden) zwischen den Szenen der ↗Haupt- und Staatsaktionen auftritt. – Die Figur des H. ist seit dem mal. Fastnachtspielen nachweisbar. Die Entwicklung des Berufsschauspielertums durch die engl., frz. und it. Wanderbühnen im 16. und 17. Jh. mündet in festen Typendarstellungen (↗Pickelhering, ↗Arlecchino, H.). Popularität erhält der H. durch J. A. Stranitzky (1676–1726) im Kostüm des Salzburger Bauern im ↗Wiener Volkstheater. Fortgesetzt wird diese Tradition durch G. Prehauser, J. J. F. v. Kurz (Bernadon) und J. La Roche (Kasperl). Trotz der symbolischen ›Austreibung des H.‹ 1737 durch die Theatertruppe der F. C. Neuber (›Hans-Wurst-Streit‹) existiert die Figur weiter, z. B. in Bearbeitungen des Faust-Stoffes sowie bei J. N. Nestroy, F. Raimund und M. Reinhardt bis hin zu P. Weiss (»Wie dem Herrn Mockinpott das Leiden ausgetrieben wird«, 1968).
Lit.: H. G. Asper: H. Emsdetten 1980. – M. Berthold: Komödiantenfibel. Mchn. 1979. – J. Hein: Das Wiener Volkstheater. Darmstadt 1978. – A. Ziltener: H.s lachende Erben. Bern, Ffm. 1989. WVB
Hanswurstiade, um die ↗lustige Person des ↗Hanswurst oder Harlekin (Harlekinade) zentrierte Posse mit zahlreichen Stegreifeinlagen v. a. der Hauptperson; im 17. und 18. Jh. bes. von dt. ↗Wanderbühnen entweder selbständig aufgeführt oder als Nachspiel einzelnen Szenen der ↗Haupt- und Staatsaktionen angefügt. – Ursprünge liegen wohl im spätmal. ↗Fastnachtspiel, im engl. Pickelheringspiel und in der ↗Commedia dell'Arte. Höhepunkte im ↗Wiener Volkstheater (Stranitzky, Kurz-Bernardon, Ph. Hafner); im Puppenspiel (↗Kasperltheater) bis heute erhalten. PHE/Red.
Hapaxlegomenon, n. [gr. = einmal belegtes Wort], ein Wort, meist aus einer nicht mehr aktiven Sprache oder älteren Sprachstufe, dessen Existenz nur durch eine einzige Belegstelle gesichert ist. Die Bedeutung eines H. kann durch den Kontext, durch etymologische Ableitung oder durch Analogie erschlossen werden. Vgl. auch ↗Neologismus. UKO
Haplographie, f. [gr. = Einfachschreibung], fehlerhaftes Auslassen eines Buchstabens, einer Silbe, eines Wortes bei aufeinander folgenden gleich lautenden Buchstabenfolgen; in Hss. ein häufiges Versehen (Ggs.: ↗Dittographie). Die H. entspricht lautgeschichtlich der *Haplologie*, dem Auslassen doppelter Laute zur Artikulationserleichterung, z. B. wurde ›Zaubererin‹ verkürzt zu ›Zauberin‹. RRG
Happening, n. [engl. = Geschehen], Form der Aktionskunst im öffentlichen Raum, bei der das Publikum an der Durchführung beteiligt ist und die Bedeutung von künstlerischer und alltäglicher Handlung problematisiert wird. H.s basieren auf zuvor angekündigten

Konzepten, mit denen der Handlungsspielraum der Akteure reglementiert und die raum-zeitlichen Bedingungen des Ereignisses strukturiert werden (↗ Konzeptkunst). Sie stehen im Kontext der Ausweitung künstlerischer Ausdrucksformen und sind typisches Merkmal der Aktionsmalerei, der Neuen Musik, des postmodernen Tanzes und der *Body Art*. Historische Einflüsse sind im ↗ Dadaismus (M. Duchamp, K. Schwitters, H. Arp) und ↗ Surrealismus (A. Artaud) zu sehen. Das »theatrical event« (1952) um J. Cage, die Aktionen der jap. Gutai-Gruppe (seit 1954) und die Material- und Körperaktionen des Wiener Aktionismus entwickeln das H. als neue Kunstform. Der US-am. Maler und Kunsttheoretiker A. Kaprow prägte 1958 in einem Aufsatz über J. Pollocks körperlich-expressive *Drippaintings* den Begriff ›H.‹ und führte 1959 selbst »18 H.s in 6 Parts« durch.
Lit.: T. Dreher: Performance Art nach 1945. Mchn. 2001. – R. Ferguson: Out of actions. Ldn. u. a. 1998. – M. R. Sandford: H. and other acts. Ldn. u. a. 1995. – J. L. Schröder: H. In: RLW.   WDE
Hard-boiled fiction ↗ Kriminalroman.
Hard-boiled School, Gruppe am. Kriminalschriftsteller der 1930er und 1940er Jahre um D. Hammett und R. Chandler. ↗ Detektivroman, ↗ Film Noir, ↗ Kriminalroman.
Harlekin, m., von J. M. Moscherosch 1642 eingeführte Verdeutschung für *Harlequin*, die frz. Bez. der zweiten Dienerfigur (des zweiten Zane; ↗ Zani) der ↗ Commedia dell'Arte (it. ↗ Arlecchino); auch Bez. für den dt. ↗ Hanswurst.   PHE/Red.
Harlekinade ↗ Hanswurstiade.
Harlem Renaissance ↗ Blues.
Harmonie ↗ Angemessenheit.
Harte/glatte Fügung, [gr. *harmonía austērá* = h. F., *glaphyrá sýnthesis* = g. F.], von N. v. Hellingrath übersetzte und eingeführte Terminologie des Dionysios von Halikarnassos (1. Jh. v. Chr.), bezeichnet die unregelmäßigen bzw. regelmäßigen Merkmale des ↗ Rhythmus im Gedicht: H. F. entsteht als synkopierende Spannung zwischen der Verseinheit und gegenläufigen rhythmischen Einheiten v. a. als Effekt des ↗ Enjambements, in dessen Folge Satzgrenzen im Vers auftreten, aber auch durch Inversionen, Einschübe, Ellipsen und Anakoluthe. Sie begegnet bes. bei ↗ Freien Rhythmen, zuerst bei F. G. Klopstock, J. W. Goethe und F. Hölderlin nach dem Vorbild Pindars (6./5. Jh. v. Chr.) und verstärkt in der Lyrik des 20. Jh.s. Von ›g.r F.‹ spricht man im Gegenzug bei Einklang von Satz- bzw. Syntagma- und Verseinheit.
Lit.: D. Burdorf: Einf. in die Gedichtanalyse [1995]. Stgt. ²1997, S. 66–68. – N. v. Hellingrath: Hölderlin-Vermächtnis [1936, ²1944]. Mchn. 1995. – G. Kurz: Zu einer Poetik des Enjambements. In: SuL 19 (1988), H. 1, S. 45–51.   MSP
Hartford wits [engl.], auch: ↗ Connecticut wits, ältester nordam. Dichterkreis.
Haskala ↗ Aufklärung.

Hässlich, Negationsbegriff, der alle Phänomene umfasst, die in einer Kultur als dem ↗ Schönen entgegengesetzt oder mit ihm unverträglich empfunden werden, z. B. das Defiziente, Formlose, Missgestaltete, Abstoßende. Das H.e gelangt oft nur zur Darstellung, wenn sich der Voluntarismus nonkonformistischer Autoren (z. B. Marquis de Sade, Comte de Lautréamont) den Geschmacksnormen ihrer Zeit widersetzt. Geduldet wurde die lit. Darstellung des H.en lange nur in begründeten Ausnahmefällen: in der Alltagsästhetik des Karnevals (↗ Karnevalismus); im derben ästhetischen Amüsement des dritten oder vierten Standes (in Spielarten der ↗ Komik wie der ↗ Burleske oder dem skatologischen ↗ Schwank); wenn übergeordnete Instanzen (der Bildung oder des Glaubens) eine Legitimation lieferten, etwa bei der Wiedergabe von Stoffen der antiken ↗ Mythologie (mit medienspezifischen Differenzierungen wie in der Laokoon-Debatte; ↗ Laokoon-Problem) oder bei der Darstellung der Passion Christi oder des Martyriums christlicher Heiliger; ferner in Kontexten der ↗ Satire oder ↗ Karikatur, in denen die dezidierte Wirkungsabsicht sonst verpönte Verzerrungen oder Verunstaltungen erlaubte. Der Siegeszug des Mimesiskonzepts – die Verpflichtung der Künste auf Nachahmung der Natur – ermöglicht im 18. Jh. die allmähliche Anerkennung des H.en und Abstoßenden als Sujet, sofern die Ausführung eine hinreichende künstlerische Perfektion erkennen lässt; in diesem Sinne plädiert etwa D. Diderot anlässlich von Darstellungen der Enthäutung des Marsyas für die Zulässigkeit des H.en. Die Hochschätzung W. Shakespeares in ↗ Empfindsamkeit und ↗ Sturm und Drang lässt das H.e auch ins zeitgenössische Drama eindringen. Die zunehmende Bedeutung des H.en im Pathetischen und ↗ Tragischen, im Komischen und Lächerlichen wird jedoch von der philosophischen Ästhetik lange ignoriert; um 1800 würdigt allein F. Schlegels Aufsatz »Über das Studium der gr. Poesie« (1797) das H.e in seiner Bedeutung und in die Zukunft weisenden Modernität. Der ↗ Autonomieästhetik des ↗ dt. Idealismus dagegen ist das H.e gleichbedeutend mit der bedrohlichen Artikulation unversöhnter Natur. Mit der Kategorie des ↗ Erhabenen war eine Formel gefunden, die das H.e zugleich anerkennt und neutralisiert: Akte der Entsagung oder der Selbstüberwältigung weisen die Begehrlichkeit der rohen Natur zurück und demonstrieren zuletzt die Unantastbarkeit eines moralischen Subjekts. Wenn aber die Domestikationsstrategie des Erhabenen an der überwältigenden Natürlichkeit ihrer Sujets scheitert, weil der reflexhaft reagierende Körper (wie im Ekel) jede ästhetische Sublimierung durchkreuzt, erhält das H.e wieder den Index einer verfemten oder trivialen Kunst, die sich nachsagen lassen muss, noch in der Negation des Schönen parasitär auf dieses bezogen zu bleiben. Selbst die »Ästhetik des Häßlichen« des Hegel-Schüler K. Rosenkranz (Erstfassung 1837) spricht dem H.en jede ästhetische Eigenständigkeit ab. Erst in der zweiten Hälfte des 19. Jh.s setzt sich (zunächst in Frankreich und England, später auch in Deutschland) die Einsicht durch, dass die Begriffe der klassischen Ästhetik der modernen Kunst und Lit. kaum noch gerecht werden können. Die Erfahrung des Ersten Weltkriegs und die Neupositionierung der ästhetischen Kategorien angesichts einer untergegangenen Welt und einer zertrümmerten Wirklichkeit lassen das H.e schließlich zu einer Zentralkategorie der ästhetischen Moderne werden.

Lit.: Compar(a)ison 2 (1996): Ästhetiken des H.en. – U. Franke: Häßlichkeit. In: HWbPh. – W. Henckmann: H. In: RLW. – H. R. Jauß (Hg.): Die nicht mehr schönen Künste. Mchn. 1968. – W. Menninghaus: Ekel. Ffm. 1999. – G. Oesterle: Entwurf einer Monographie des ästhetisch H.en. In: D. Bänsch (Hg.): Lit.- und Sozialwissenschaften. Bd. 8: Zur Modernität der Romantik. Stgt. 1977, S. 217–297. – C. Zelle: Die doppelte Ästhetik der Moderne. Stgt., Weimar 1995.   HRB

Haufenreim, auch: Reimhäufung; Folge von mehr als zwei gleichen Reimklängen.

Hauptfigur ↗ Protagonist, ↗ Figur.

Hauptperson ↗ Held.

Haupttext, Komplementärbegriff zu ↗ Nebentext; im Drama die ↗ Figurenrede.

Haupttonsilbenreim ↗ Stammsilbenreim.

Haupt- und Staatsaktion, von J. Ch. Gottsched geprägter, kritisch-polemischer Begriff für die Schauspiele der dt. ↗ Wanderbühnen Ende des 17. und Anfang des 18. Jh.s. ›Hauptaktion‹ bezeichnet das Hauptstück des Abends im Ggs. zum ↗ Nachspiel oder ↗ Zwischenspiel; ›Staatsaktion‹ bezieht sich auf den ernsten Inhalt des Dramas, das in gehobenen Herrscher- und Staatskreisen spielt und historisch-politische Stoffe aufgreift. Die Stücke sind oft sehr freie, vereinfachende Prosa-Bearbeitungen der Barockdramen für die Bühne, die von den Prinzipalen für den Gebrauch ihrer eigenen Truppe angefertigt und nicht gedruckt werden. Nur die ernsten Szenen werden schriftlich fixiert, sie werden bei der Vorstellung mit komischen Stegreifeinlagen durch die Figur des ↗ Hanswurst durchsetzt. Die dt. Wanderschauspieler stehen mit diesen Stücken und ihrer Aufführungspraxis in der Tradition der ↗ engl. Komödianten. Sie nutzen grelle Bühnen- und Requisiteneffekte, die virtuoseffekthaschende Darstellung mischt das Erhabene und Derbkomische, das Grausige und das Rührende. Die auf Sensation und Überraschung abzielende Handlung endet – entgegen den lit. Vorlagen – auf der Bühne meist glücklich. Die überlieferten Bühnenmanuskripte sind weniger lit.geschichtlich als vielmehr theatergeschichtlich interessant, da sie die Basis für die Entwicklung einer dt. Schauspiel- und Theaterkunst bilden.

Texte: R. Payer von Thurn (Hg.): Wiener H. u. St.en. 2 Bde. Wien 1908/10.

Lit.: S. Müller: Die H. u. St. Diss. Innsbruck 1990. AHE

Hausbuch, 1. Sammelbegriff für einen Überlieferungstypus spätmal. und frühneuzeitlicher Lit., dessen Sinnhaftigkeit sich allein aus der allen Exemplaren mehr oder weniger deutlichen Hinordnung auf den konkreten ›Haushalt‹ ihrer Anleger ergibt. – Hausbücher sind ↗ Sammelhss. mit erkennbarem Gebrauchsinteresse der Konzepteure. Inhalte, Gebrauchszusammenhang und -frequenz variieren erheblich. In manchen Hausbüchern dominiert ein medizinisch-diätetisches, in anderen ein juristisches, merkantiles oder botanisches Interesse, in wieder anderen ein primär lit. Gebrauchsinteresse. Der Verbleib innerhalb eines ›Hauses‹ bewirkte mitunter eine stetige Erweiterung des Textbestandes über mehrere Generationen. Als Träger familiengeschichtlicher Aufzeichnungen nähert sich das H. dem ›Familienbuch‹. Die Heterogenität des Typs offenbart sich in der Zusammenschau der bekanntesten Exponenten: dem H. des Würzburger Klerikers Michael de Leone (Mitte des 14. Jh.s), dem »Wolfegger H.« (1450–80), dem H. des vermutlich aus Regensburg stammenden Händlers Ulrich Mostl sowie denjenigen des Nürnbergers Valentin Holl (1524–26) oder des Augsburger Webers Simprecht Kröll.   CF

2. Bis in die Gegenwart Titelbestandteil von Druckwerken, insbes. ↗ Anthologien. Mit dem Label ›H.‹ soll den potentiellen Käufern suggeriert werden, es handle sich bei dem Produkt um ein Buch, das in keinem Haushalt fehlen dürfe. Der immense Erfolg von L. Reiners' Lyrikanthologie »Der ewige Brunnen. Ein H. dt. Dichtung« mit über einer halben Million verkauften Exemplaren zeigt, dass diese Strategie erfolgreich sein kann.   DB

Lit.: Ch. Bertelsmeier-Kierst: Das ›H.‹ des Michael de Leone. In: H. Brunner (Hg.): Würzburg, der große Löwenhof und die dt. Lit. des Spät-MA.s. Wiesbaden 2004, S. 199–210. – D. H. Meyer: Lit. Hausbücher des 16. Jh.s. 2 Bde. Würzburg 1989. – Ders.: H. In: RLW. – B. Studt (Hg.): Haus- und Familienbücher in der städtischen Gesellschaft des Spät-MA.s und der Frühen Neuzeit. Köln, Weimar 2005.

Hauspostille ↗ Postille.

Hausvaterdrama ↗ Rührstück.

Haute tragédie, f. [otətraʒeˈdi; frz. = hohe Tragödie], die klassische Form der frz. ↗ Tragödie in der zweiten Hälfte des 17. Jh.s. Gekennzeichnet ist die *h. t.* durch die Tendenz zu starker Formalisierung und Konzentration: symmetrischer Aktaufbau (↗ geschlossene Form), Orientierung an den ↗ drei Einheiten (↗ Handlung, Zeit, Ort), Beschränkung des Geschehens auf wesentliche Aktionslinien und Reduzierung des Personals auf eine überschaubare Anzahl von ↗ Figuren. Der tragische Konflikt wird in der höfischen Gesellschaft des Absolutismus angesiedelt, die durch die Wahl historischer Stoffe ins Idealtypische überhöht und zugleich verfremdet wird. Daraus ergeben sich der hohe Stand des Helden (↗ Ständeklausel) und dessen dramatische ↗ Fallhöhe. Dabei unterstehen Bühnengeschehen und -sprache dem Regulativ von ↗ Wahrscheinlichkeit und Schicklichkeit. Gemäß dem *genus grande*, dem die *h. t.* zugeordnet ist, kommt ihr rhet. Gehalt

v. a. in der Behandlung des ↗Verses (↗Alexandriner) und der Sprache (*stilus gravis*) zum Ausdruck. Die wichtigsten Vertreter der *h. t.* sind P. Corneille (»Cinna«, 1642) und J. Racine (»Britannicus«, 1669; »Phèdre«, 1677). In Deutschland ist der Einfluss der *h. t.* bei J. Ch. Gottsched noch groß; seit G. E. Lessing und bes. dem ↗Sturm und Drang wird er durch die Wirkung W. Shakespeares zurückgedrängt.
Lit.: Ch. Delmas: La tragédie de l'âge classique (1553–1770). Paris 1994. – K. Heitmann: Das frz. Theater des 16. und 17. Jh.s. Wiesbaden 1977. – B. Louvat: La poétique de la tragédie classique. Paris 1997. – J.-P. Perchellet: L'héritage classique. Paris 2004. – J. Thomas: Studien zu einer Poetik der klassischen frz. Tragödie (1673–78). Ffm. 1977.　　　　　　　ED/NI

Hebung, Komplementärbegriff zu ↗›Senkung‹. H. ist die metrisch hervorgehobene Position, die Senkung die metrisch nicht hervorgehobene Position in einem ↗Versmaß bzw. die entsprechende Stelle in einem ↗Vers. H. und Senkung sind die dt. Entsprechungen von gr. *ársis* und *thésis*. Der ursprüngliche Gebrauch dieser Ausdrücke bezieht sich auf den Vortrag von Versen, nämlich auf das Heben und Senken der Stimme bei der Rezitation (so bei dem spätantiken Theoretiker Marius Victorinus) bzw. das Heben und Senken des Fußes beim Tanz (so in der antiken Vers- und Rhythmustheorie des Aristoxenos von Tarent), dann auch der Hand oder des Taktstocks. Von diesen Wortbedeutungen ist in der neueren metrischen Theorie nichts geblieben; ›H.‹ und ›Senkung‹ sind Begriffe der ↗Versifikation. In ↗silbenzählenden metrischen Systemen kommt das Begriffspaar H. und Senkung nicht zur Geltung, wohl aber in ↗quantitierenden und ↗akzentuierenden Verssystemen. H.en und Senkungen sind durch das jeweilige Metrum vorgegeben, das seinerseits nach der Anzahl der H.en bezeichnet werden kann (z. B. jambischer Fünfheber). Im dt. Vers werden H.en und Senkungen üblicherweise jeweils durch eine betonte bzw. eine unbetonte Silbe besetzt. Doch wird in der poetischen Praxis von Fall zu Fall um der Monotonievermeidung willen oder der ikonischen Markierung einer Textstelle wegen von dieser Regel abgewichen, die dadurch allerdings nicht außer Kraft gesetzt wird.
Lit.: D. Breuer: Dt. Metrik und Versgeschichte. Mchn. 1981. – Ch. Küper: H. In: RLW. – Ders.: Sprache und Metrum. Tüb. 1988. – B. Moennighoff: Metrik. Stgt. 2004. – Ch. Wagenknecht: Dt. Metrik [1981]. Mchn. ⁵2007.　　　　　　　JK/BM

Hebungsspaltung, in der altdt. Metrik zwei kurze Tonsilben am Versausgang anstelle einer langen Tonsilbe.　　　　　　　GS/Red.

Hecken- oder Gartentheater ↗Freilichttheater.

Heiltumsbüchlein, im engeren Sinn: bebilderte Kleindrucke mit dt.sprachiger Beschreibung einer Reliquiensammlung, entstanden zur Erläuterung der periodisch stattfindenden Heiltumsweisungen (↗Pilgerlit.); der Schwerpunkt der Überlieferung liegt im 15.

und frühen 16. Jh. Die Übergänge zwischen den H. und den bereits deutlich früher überlieferten (lat. oder dt.) Reliquieninventaren, die im weiteren Sinn ebenfalls als ›H.‹ bezeichnet werden, sind fließend. H. dienen der Förderung des Reliquienkultes einer spezifischen Wallfahrtskirche (Stiftskirche in Halle, 1520) oder eines bestimmten Ortes (Nürnberg, 1487; Würzburg, 1483). Ihr Aufbau ist je nach den örtlichen Gepflogenheiten der Weisung unterschiedlich. Die Mitarbeit von Künstlern höchsten Ranges (für Wittenberg, 1509: Lucas Cranach d. Ä.) beweist den hohen Repräsentationsanspruch der H., die nicht nur den Belangen der Kirche, sondern auch städtischen (Wien, 1502) und dynastischen Interessen (Wittenberg) dienen konnten.
Lit.: L. Cárdenas: Friedrich der Weise und das Wittenberger Heiltumsbuch. Bln. 2002. – F. Eisermann: Heiltumsbücher. In: VL. – Ders.: Die Heiltumsbücher des späten MA.s als Medien symbolischer und pragmatischer Kommunikation. In: R. Suntrup u. a. (Hg.): Medien der Symbolik in Spät-MA. und Früher Neuzeit. Ffm. u. a. 2005, S. 37–56. – W. Schmid: Die Wallfahrtslandschaft Rheinland am Vorabend der Reformation. In: B. Schneider (Hg.): Wallfahrt und Kommunikation – Kommunikation über Wallfahrt. Mainz 2004, S. 17–195.　　　　　　　NM

Heimatkunst, antimodernistische kulturpolitisch-lit. Bewegung (ca. 1890–1933), die eine Erneuerung des dt. ›Volksgeistes‹ durch die Verbreitung ›völkisch-dt.‹ christlichen‹ Gedankenguts anstrebte. Ihr ausgeprägtes Freund-Feind-Denken richtete sich gegen eine als Fehlentwicklung verstandene ↗Moderne, v. a. gegen Technisierung und Großstadtkultur (›Los von Berlin!‹-Bewegung), ferner gegen den Einfluss der Intellektuellen und der Juden; im lit.-künstlerischen Bereich wurden insbes. ↗Décadence (›Nervenpoeten‹) und ↗Naturalismus bekämpft. Dagegen wurden die Einbettung des Künstlers in den ›Volksgeist‹, die Hinwendung zu ↗Volkspoesie, ↗Regionallit. und Lokalismus sowie die Produktion von Weltanschauungslit. gefordert. Mit ihrer biologistischen Grundeinstellung (Propagierung von ›Rasse‹, ›gesundem Volkstum‹, ›Schaffung von Lebensraum‹, Rede von ›Entartung‹), der Forderung nach einer Führerpersönlichkeit sowie ihrem programmatischen Irrationalismus mündet die H. direkt in die ↗nationalsozialistische Lit. – Die argumentativ schwachen, aber wirkmächtigen programmatischen Schriften der H. (J. Langbehn: »Rembrandt als Erzieher«, 1890; E. Wachler: »Die Läuterung dt. Dichtkunst im Volksgeiste«, 1897; F. Lienhard: »Die Vorherrschaft Berlins«, 1900; A. Bartels: »Geschichte der dt. Lit.«, 1901 f.) entstanden größtenteils in der Frühphase bis 1905. Zeitgleich waren die Theoretiker der H. journalistisch äußerst aktiv, bes. in den Zss. »Kunstwart« (1887–1912, 1925–32), »Der Türmer« (1898–43), »Kyffhäuser« (1899–1902), »Heimat« (1900–04) und »Hochland« (1903–41, 1946–71). Die Autoren (H. Federer, G. Frenssen, W. v. Polenz, L. v.

Strauß und Torney, H. Voigt-Diederichs, E. Zahn) orientierten sich zunächst am Typus der ↗ Dorfgeschichte sowie an den Romanen L. Anzengrubers, G. Kellers und W. Raabes. Bereits in H. Löns' Roman »Der Wehrwolf« (1910) findet sich jene Verbindung von Sentimentalität und Gewalttätigkeit, welche die ideologisch verschärfte zweite Phase der H. ab 1918 prägt (H. Grimm: »Volk ohne Raum«, 1926).

Lit.: K. Rossbacher: H.bewegung und Heimatroman. Stgt. 1975.   IS/LI

Heimatliteratur, im Zuge der Emotionalisierung des Heimatbegriffs Anfang des 19. Jh.s entstandener, inhaltlich definierter Lit.typus, bei dem ›Heimat‹ im Sinne eines bestimmten landschaftlichen Raums (oft der Herkunftsregion des Autors) und einer meist ländlich-bäuerlichen Daseinsform zentrales Thema ist. Als neutralere, auch für an ländlichen Räumen orientierte Lit. anderer Sprachen verwendbare Bez. bietet sich ↗ ›Regionallit.‹ an. – Neben Heimatstücken, Verserzählungen und Lyrik ist der Heimatroman (zu dem auch ↗ Dorfgeschichte und Bauernroman gezählt werden können) die Hauptform der H. Häufig ergeben sich Überschneidungen mit der ↗ Dialektlit. H. umfasst sowohl kritische Texte, welche die realen gesellschaftlich-ökonomischen Verhältnisse des ländlichen Lebens beschreiben, als auch idealisierte Darstellungen einer scheinbar heilen Welt: Das Dorf als Ort festgefügter Werte und Normen wird der Stadt sowie gesellschaftlichen Modernisierungsprozessen positiv gegenübergestellt. Obwohl H. zu großen Teilen der ↗ Triviallit. zugerechnet wird, zeigen insbes. die Vertreter des bürgerlichen ↗ Realismus die Möglichkeiten lit. anspruchsvoller H. (A. v. Droste-Hülshoff, M. v. Ebner-Eschenbach, Th. Fontane, J. Gotthelf, G. Keller, W. Raabe, A. Stifter, Th. Storm). Die Blütezeit der dt.sprachigen H. fällt in die zweite Hälfte des 19. Jh.s. Durch Fortsetzungsromane in Familienblättern wie »Die Gartenlaube« (seit 1853) fand die H. weite Verbreitung bes. in bürgerlichen Kreisen. Voraussetzungen für diese Entwicklung waren die Entdeckung der Landschaft als Erfahrungs- und Identifikationsraum, v. a. aber die durch die Industrialisierung bedingten sozialen und ökonomischen Veränderungen (Verstädterung, Landflucht, Pauperismus) und ein damit einhergehender Wertewandel. Zunehmend setzten sich idealisierte, sentimentale bis zeitlos-mystische Darstellungen von ›Heimat‹ durch, die national-konservative Werte vermittelten und Fluchträume vor Gegenwartsproblemen boten. Große Popularität erreichten z. B. B. Auerbach mit seinen »Schwarzwälder Dorfgeschichten« (1843–54) und L. Ganghofer. Die in der H. dargestellte ›heile Welt‹ des Dorfes bot sich zur Ideologisierung an und wurde Ende des 19. Jh.s von der ↗ Heimatkunst-Bewegung und später von der ›Blut- und Bodendichtung‹ (↗ nationalsozialistische Lit.) aufgegriffen. Gleichzeitig entstanden ab den 1920er Jahren auch kritische Heimatdarstellungen (O. M. Graf, M. Fleißer, A. Seghers). Die H. nach 1945 ist v. a. von sentimental-konserva-

tiven Heftchenromanen geprägt. Werke von Autoren wie H. Bienek, G. Grass und U. Johnson, die sich mit dem Verlust von Heimat beschäftigen, lassen sich nur im weitesten Sinne als ›H.‹ bezeichnen. Ab 1970 entsteht eine ›neue H.‹ oder auch ›Anti-H.‹, die Stoffe und Motive der H. kritisch (F. Innerhofer, Herta Müller) bis ironisch (Th. Bernhard) aufnimmt. – Die Entwicklung der H. bes. im 19. Jh. ist in den verschiedenen europäischen Ländern vergleichbar. Außerhalb der dt.sprachigen Lit. gelten z. B. K. Hamsun, J. Bojer und F. Timmermanns als bedeutende Vertreter regionaler Lit. – Als lit.wissenschaftlicher Terminus wird ›H.‹ erst seit den 1970er Jahren, also seit dem Aufkommen der ›neuen H.‹, verwandt.

Lit.: R. Charbon: H. In: RLW. – P. Mettenleiter: Destruktion und Heimatdichtung. Tüb. 1974. – A. Schumann: Heimat denken. Regionales Bewußtsein in der dt.sprachigen Lit. zwischen 1815 und 1914. Köln 2002.
                                                                         NH

Heimkehrerroman, Typus des ↗ Zeitromans, in dessen Zentrum die Figur eines aus Krieg oder Gefangenschaft Heimkehrenden steht, der versucht, sich in einer von materieller Zerstörung und Aufhebung sozialer und moralischer Ordnungen bestimmten Umwelt neu zu orientieren. Der H. unternimmt meist eine über das individuelle Schicksal hinausgehende Analyse der Zeitsituation, eine Bestandsaufnahme, die sich in einer radikal veränderten Wirklichkeit des Bleibenden zu vergewissern sucht. – H.e entstanden bis auf E. Wiecherts »Die Majorin« (1933 f.), der auf den Ersten Weltkrieg repliziert, nach dem Zweiten Weltkrieg. Wichtige Vertreter sind G. Gaiser (»Eine Stimme hebt an«, 1950), F. Tumler (»Heimfahrt«, 1950), H. W. Richter (»Sie fielen aus Gottes Hand«, 1951), H. Böll (»Und sagte kein einziges Wort«, 1953), J. M. Bauer (»So weit die Füße tragen«, 1955) und A. Döblin (»Hamlet oder Die lange Nacht nimmt ein Ende«, 1956).

Lit.: B. Clausen: Der H. In: Der Mittelweg 36 (1992/93), S. 57–71.   SSI

Heiterkeit ↗ Humor.

Heiti, n. [anord. = Name, Benennung], Pl. *Heitis*; in der Poetik der anord. Dichtung die Bez. eines – im Ggs. zur mindestens zweigliedrigen ↗ Kenning – einfachen poetischen Ausdrucks. H.s dienen dem Ersatz eines Appellativum oder Nomen proprium (Gattungs- oder Eigennamens), sind also in rhet. Hinsicht als ↗ Tropus (1) zu klassifizieren. Im Bereich der Appellativa werden oft archaische Wörter verwendet (z. B. für Schwert *hjörr* anstatt *sverð*); bei den Nomina propria können Attribute oder Eigenschaften zur Schaffung eines H. dienen (etwa für Odin *Hangi* = der Hängende; oder *Hnikarr* = Aufhetzer). Sammlungen von H.s sind in der »Edda« (»Skáldskaparmál«) des Snorri Sturluson, in den *þulur* (Merkversreihen) sowie im eddischen Gedicht »Alvíssmál« überliefert.

Lit.: E. Marold: H. In: RGA.   WB

Held [gr. *hếrōs* = Tapferer, Held, Halbgott], auch: Hauptperson, ↗ Protagonist, Heros; Zentralfigur in

dramatischen und epischen Texten, die als exemplarischer Handlungsträger zumeist repräsentative Funktionen erfüllt und maßgeblich die Lenkung der Sympathie des ↗Lesers beeinflusst. Dabei ist ›H.‹ kein wertneutraler Begriff, sondern die Bez. enthält noch graduell ›heroische‹ Konnotationen aus ihrer historischen Wortbedeutung. Soweit in der heutigen Lit. wissenschaft der Begriff nicht ganz zugunsten der neutraleren Synonyme aufgegeben wird, versucht man, durch verschiedene Oppositionen das Gestaltungsspektrum des H.en zu beschreiben: positiver vs. negativer H.; aktiver vs. passiver H.; einzelner vs. kollektiver H. – Der antike und mal. Heroenkult profiliert v. a. den bewunderungswürdigen und tugendhaften H.en, dessen vorbildhafte Disposition ihre Wirkung bis in die Neuzeit entfaltet. Transportiert wird dieses Ideal in ↗H.endichtung, ↗H.enepos, ↗H.enlied und ↗H.ensage; neu akzentuiert wird es in Barockdrama und -roman, in denen die soziale ↗Fallhöhe des H.en den tragisch-heroischen Gehalt seiner Taten bestimmt. Mit der Verbürgerlichung des H.en im 18. und 19. Jh. (H. Schlaffer) wird der Begriff auch auf Figuren niederen Standes bzw. auf solche, die den positiv-vorbildlichen Charaktermerkmalen nicht mehr entsprechen, ausgeweitet (G. Büchner: »Woyzeck«, entstanden 1836, erschienen postum 1879). Daneben formieren sich Konzepte des kollektiven bzw. des abstrakten H.en (z. B. das Wirken der Geschichte in F. Schillers »Wallenstein«-Trilogie, 1800). Mit der Integration von Komödienfiguren in den H.en-Begriff (vgl. den ›bürgerlichen H.en‹ C. Sternheims) wird der Weg für den Gegenentwurf des ↗Antihelden vorbereitet. Mittelbare Antwort darauf ist der reaktivierte positive H., der in der populären Lit. des 19. und 20. Jh.s erneut auftaucht (↗Abenteuerroman, ↗Science-Fiction) und im ↗sozialistischen Realismus als Ideologieträger funktionalisiert wird. – Das ganze Spektrum der H.entypen (mit deutlicher Bevorzugung des positiven H.en) begegnet bis heute im ↗Film; Züge des H.en werden auch von den Stars der populären Kultur übernommen.
Lit.: H. Esselborn-Krumbiegel: Der ›H.‹ im Roman. Darmstadt 1983. – G. R. Kaiser (Hg.): Der unzeitgemäße H. in der Weltlit. Hdbg. 1998. – F. Linares: Der H. Bonn 1967. – B. Plett: Problematische Naturen? H. und Heroismus im realistischen Erzählen. Paderborn u. a. 2000. – H. Schlaffer: Der Bürger als H. Ffm. 1973. – P. Zeindler: Der negative H. im Drama. Zürich 1969. – Th. Ziolkowski: Hesitant Heroes. Ithaca, Ldn. 2004.

NI

Heldenballade ↗Ballade.
Heldenbriefe ↗Heroiden.
Heldenbuch, hsl. oder gedruckte Sammlung von ↗Heldenepen. Gesammelt wurden die späten mhd. Heldenepen um Dietrich von Bern (nicht die historische ↗Dietrichepik) und um Ortnit und Wolfdietrich. Kernbestand der Sammlungen waren immer der »Ortnit/Wolfdietrich«, der »Rosengarten« und der »Laurin«, die dann um andere Werke aus dieser Stoff-

tradition ergänzt wurden; selten finden auch gattungsfremde Stücke Eingang. Das älteste überlieferte H. stammt aus der ersten Hälfte des 14. Jh.s; es sind Fragmente einer rheinfränkischen Pergament-Hs., die mit Sicherheit »Eckenlied«, »Virginal« und »Ortnit/Wolfdietrich« enthielt. Das 1472 von Kaspar von der Rhön fertiggestellte *Dresdner H.* ist eine Papier-Hs. und umfasst neben den genannten Texten noch »Rosengarten«, »Sigenot«, »Wunderer«, »Laurin« und das »Jüngere Hildebrandslied«. Auch *Linhart Scheubels H.* (benannt nach dem Auftraggeber und Besitzer) ist eine Papier-Hs., die um 1480/90 in Nürnberg entstand und deren Grundbestand (»Ortnit/Wolfdietrich«, »Virginal«) um »Antelan«, »Nibelungenlied« und den gattungsfremden »Lorengel« erweitert wurde. Am weitesten in die Frühe Neuzeit hinein wirkten zwei H.-Hss. aus Straßburg. Sie bildeten den Ausgangspunkt für die z. T. mit Holzschnitten illustrierten H.drucke: die H.-Hs. des Goldschmieds Diebold von Hanowe (Papier, um 1480: »Ortnit/Wolfdietrich«, »Rosengarten«, »Laurin«, »Sigenot«) und eine Papier-Hs. von 1476 mit »Ortnit/Wolfdietrich«, »Rosengarten«, »Salman und Morolf« und (vermutlich) »Laurin«. In der Hs. Diebolds von Hanowe erscheint erstmals die sog. »H.-Prosa«, eine sehr kurze, aber umfassende »Darstellung des Heldenzeitalters« (Heinzle 1999, S. 46), in der die ursprünglich ganz unabhängigen Stoffkreise in eine genetische Abfolge gebracht werden. Der auf diesen Hss. basierende Straßburger Druck von 1479 (aus der Offizin von Johann Prüß) trägt schließlich den Titel, der dem Überlieferungstyp seinen Namen gab: *der helden büch / das man nennet den Wolfdietrich.* Er erfuhr fünf weitere Ausgaben: Augsburg 1491 und 1545, Hagenau 1509, Frankfurt/M. 1560 und 1590. Die heute bekannteste Sammel-Hs., das von Hans Ried im Auftrage Maximilians I. angefertigte und prunkvoll ausgestattete *Ambraser H.* (benannt nach seinem ehemaligen Aufbewahrungsort Schloss Ambras bei Wien), ist kein H. im lit.historischen Sinne, wohl aber ein *helden buech* nach mal. Verständnis, nämlich eine umfassende Sammlung von altüberlieferten Dichtungen, die von der Bewährung adliger Helden erzählen. Neben den Heldenepen der Heldenbücher finden sich hier Texte der historischen Dietrichepik (»Buch von Bern«, »Rabenschlacht«), das »Nibelungenlied« und als unikale Überlieferungen von unschätzbarem Wert Hartmanns von Aue »Erec«, die »Kudrun« und der »Biterolf«.
Lit.: J. Heinzle (Hg.): H. 2 Bde. Göppingen 1981/87. – Ders.: Heldenbücher. In: VL. – Ders.: Einf. in die mhd. Dietrichepik. Bln., NY 1999, S. 41–50. – W. Kofler (Hg.): Die H.-Inkunabel von 1479. Göppingen 2003.

MME

Heldendichtung, Sammelbez. für umfangreichere (↗Heldenepos) und kürzere lit. Werke (↗Heldenlied), welche die Existenz der ↗Heldensage voraussetzen. ›Heldensage‹ und ›H.‹ wurden in der Forschung nicht immer getrennt. Die Romantiker sahen in der H. ein über Jh.e gewachsenes Gemeinschaftswerk der dt.

Volksseele und setzten sie mit der Heldensage gleich. A. Heusler und H. Schneider vertraten demgegenüber zu Beginn des 20. Jh.s die Auffassung, dass die Sage für sich gar nicht, sondern allein in der Dichtung und durch die dichterische Leistung Einzelner existiere (»Heldensage ist Lit.geschichte«; Schneider, S. 71). Heute versteht man unter ›Heldensage‹ das gesamte Stoff- und Typenarsenal heroischer Überlieferung unabhängig vom Medium (also auch Skulpturen, Bildzeugnisse usw.), während ›H.‹ sprachkünstlerisch geformte, also in Schriftlichkeit überführte Heldensage meint, bei der jedoch Einflüsse mündlichen Erzählens weiter erhalten geblieben sind. – Insofern H. von historischen oder als historisch aufgefassten Persönlichkeiten handelt, ist sie auch Geschichtsdichtung. Die zeitliche Distanz gegenüber den Personen, von denen erzählt wird, schwankt beträchtlich. In der kontinentalen europäischen H. des MA.s werden v. a. Ereignisse um Figuren der Völkerwanderungszeit vorgestellt. Weitgehend ohne Rücksicht auf die tatsächliche Chronologie verschmelzen die Protagonisten zu einem das ›heroische Zeitalter‹ repräsentierenden Verband. In der Geschichtsdichtung wird diese Sorglosigkeit gelegentlich kritisiert (»Kaiserchronik«). Grundsätzlich bleibt zu berücksichtigen, dass in der mal. H. keine lebendigen Erinnerungen weiterleben: Sowohl die durchgehende ›Privatisierung‹ der Protagonisten (A. Heusler: »Lied und Epos in germ. Sagendichtung«, 1905), die den tatsächlichen Vorgängen geradezu auszuweichen scheint, als auch die Deutung der Vorgänge vermittels Schablonen (vgl. Haug), die mitunter ein historisches Ereignis in sein Gegenteil umschlagen lässt (↗ Dietrichepik), zeugen nicht von einer Verpflichtung der H. im Rahmen kontinuierlicher Memorialkultur. Hier unterscheidet sich die dt. H. etwa von der span. (»Cid«), v. a. aber von den frz. ↗ Chansons de geste. – H. kann in fortlaufenden Versen geschrieben (lat. »Waltharius«), kann aber auch strophisch abgefasst oder in größere Erzähleinheiten, etwa Gesänge (Homer), ↗ Laissen (Chanson de geste) oder »Aventiuren« (»Nibelungenlied«) unterteilt sein. Ihr Stil ist formelhaft. Bereits die homerischen Epen sind in hohem Maße von Wiederholungen kleinerer Versatzstücke geprägt. Die Ausdrucksform bewahrt, in der Schrift konzipiert, den Stil mündlicher Dichtung. Dieser Stil kann ästhetisch als »symbolisch-stilistischer Ausdruck des starren heroischen Ethos« (Danek, S. 21) gedeutet werden. Funktional ist er »diskurstraditionell konventionalisierte Stilisierung« (Oesterreicher, S. 278), die eine als mündlich vorgestellte und damit verbürgte Tradition ins neue Medium verlängerte (vgl. Heinzle). In dieser Absicht rekurriert bereits die erste Zeile des »Hildebrandsliedes« auf das »sagen«, und ebenso verfährt das »Nibelungenlied B« (Strophe 1). – Alle Formelemente begünstigen den Vortrag. Dass H. zumindest im Spät-MA. vorgetragen wurde bzw. als Vortragsdichtung intendiert war, zeigen die Angaben zur Vortragsdauer im »Dresdener Heldenbuch« (1472). Über die Sangbarkeit von H. gehen die Meinungen nicht nur innerhalb der Nationalphilologien auseinander. Für die Chanson de geste wird Vortrag zur viersaitigen Geige bzw. Drehleier angesetzt. Ähnlich stellt man sich das Wirken der kaukasischen ↗ Aschughen vor. Der Vortrag der mongolischen Rhapsoden, der bis weit ins 20. Jh. verfolgt werden kann, kennt Begleitung mit einem violinähnlichen Saiteninstrument; ein 1943 verstorbener Sänger verwendete bis zu 170 musikalische Motive für bestimmte Textvorgänge. Dagegen lassen selbst hochreflektierte Einspielungen etwa des »Nibelungenliedes« die meisten Germanisten nicht recht an musikalische Begleitung des Vortrags glauben. – Die H. ist schriftlich überliefert, sie geht in der Regel auf schriftliche Vorlagen zurück. Allerdings konnte sie im Vorfeld eines Vortrags umgearbeitet oder auch während des Vortrags spontan aktualisiert werden. Vergleichbare Überlieferungsvarianz ist auch in anderen Gattungen mal. Lit. zu greifen. Mit diesen ist H. häufig im Verbund überliefert: mit historiographischen Werken, Legenden, im »Ambraser Heldenbuch« (1504–17) mit Romanen und Versnovellistik, in der »Riedegger Hs.« (Ende des 13. Jh.s) auch mit Lyrik. – H. erzählt vom Leben und Sterben außergewöhnlicher, durch Geburt, Körper- oder Geisteskräfte aus dem Sozialverband herausgehobener Einzelner. Insofern der Held nicht imitabel ist, entfällt der Appell, es ihm gleichzutun. Im Gefüge mal. Lit. steht die H. damit dem ↗ höfischen Roman, der wesentlich Problemdichtung ist, gegenüber. H. lebt in hohem Maße von der Teilnahme des Publikums an den vorgewussten Schicksalen bekannter, durch Typisierung in ihrem Fühlen und Handeln beschränkter Personen. Sentimentales Pathos und schonungslose Brutalität stehen dabei oft unverbunden nebeneinander. Erzählerische Innovation ist v. a. in der Variation einzelner Attribute möglich (Dietrichs von Bern Verhältnis zu Frauen; Hildebrands Alter; Siegfrieds Kraft). Vor diesem Hintergrund hat eine wertorientierte, der spezifischen Ästhetik der H. gegenüber ratlose Germanistik der 1960er Jahre die Verbannung der H. ins Kinderzimmer anregen können. Ein solcher Ansatz verkennt die Funktionen von H. für die kollektive Identität großer Teile der Weltbevölkerung in der Vergangenheit, ja zum Teil bis in die Gegenwart hinein.

Lit.: H. Beck (Hg.): Heldensage und H. im Germ. Bln., NY 1988. – G. Danek: »Lit. Qualität« bei Homer und im jugoslawischen Heldenlied. In: Wiener humanistische Blätter 34 (1992), S. 16–32. – H. Haferland: Mündlichkeit, Gedächtnis und Medialität. Gött. 2004. – J. Heinzle: Die Nibelungensage als europäische H. In: ders. u. a. (Hg.): Die Nibelungen. Wiesbaden 2003, S. 3–27. – Ders.: H. In: RLW. – W. Oesterreicher: Verschriftung und Verschriftlichung im Kontext medialer und konzeptioneller Schriftlichkeit. In: U. Schaefer (Hg.): Schriftlichkeit im frühen MA. Tüb. 1993, S. 267–292. – H. Schneider: Einleitung zu einer Darstellung der Heldensage. In: Beitr. 77 (1955), S. 71–82. – K. v.

See: Held und Kollektiv. In: ders. (Hg.): Europa und der Norden im MA. Hdbg. 1999, S. 145–181. CF

Heldenepos, lit. Form der ↗ Heldendichtung, die auf der Grundlage der ↗ Heldensage beruht; im Ggs. zum kürzeren ↗ Heldenlied handelt es sich um eine Großform mit mehreren Tausend Zeilen oder Strophen. – Die ältere Forschung nahm die Entstehung des H. aus dem Zusammenfließen einzelner Heldenlieder an. A. Heusler (»Lied und Epos in germ. Sagendichtung«, 1905), der die Unvereinbarkeit der Stilformen erkannte, setzte an die Stelle kontinuierlichen Fließens einen schöpferischen Akt. Es ist allerdings bis heute kein selbständiges Heldenlied als unveränderter Baustein eines H. nachgewiesen worden. Beide bedienen sich mit unterschiedlichen Absichten und Akzentsetzungen der Heldensage. – Da das H. oft große Teile des kulturellen Gedächtnisses oraler oder semi-oraler Kulturen zusammenfasst, eignet ihm ein Zug ins Kompendienhafte, Enzyklopädische, was sich etwa in den altind. »Mahabharata« (100.000 Langzeilen) und »Ramayana« zeigt, die dem Erzählgerüst zahllose Versatzstücke, darunter lange Abhandlungen (wie die »Bhagavadgita«), integrierten. Seit den für die abendländische Entwicklung maßgeblichen Epen Homers stehen Personen oder Personengruppen, die geschichtliche Vorgänge wesentlich prägten, im Zentrum der Darstellung. Die ↗ Spätantike und das mal. Europa orientierten sich v. a. an Vergil (»Äneis«). Sieht man von Vorläufern wie dem altsächs. »Heliand« ab, der das Leben Jesu in heldenepisches Gewand kleidet, setzt in Europa das H. im 11. Jh. mit der frz. ↗ Karls- und Wilhelmsepik ein, die um 1200 bereits in Deutschland adaptiert ist. Hier bildet sich seit dem 13. Jh. die ↗ Dietrichepik heraus. Die Tendenz zur Zyklusbildung fordert nach und nach das Schließen von ›Lücken‹. Spätere Heldenepen erscheinen als ›Dichtung über Dichtung‹. Die Bedeutung als glaubwürdige Geschichtsüberlieferung hatte das H. offenbar spätestens im 13. Jh. verloren. Als solche fungierte sie freilich in überwiegend oralen Kulturen bis in die Neuzeit. In Zentralasien sind Heldenepen von bis zu 40.000 Zeilen (z. B. das »Manas«-Epos, die ›Odyssee der Kirgisen‹) keine Seltenheit. Vom Sagenkreis um Dschingis-Khan haben sich fünf mongolische Heldenepen eines hypothetischen Zyklus des 13.–15. Jh.s erhalten. Aus Tibet adaptierten die Mongolen den Geser-Khan-Stoff, dessen etwa fünfzehn Gesänge z. T. bis ins 20. Jh. vorgetragen wurden. Was der finnische Philologe E. Lönnrot im 19. Jh. aus in Karelien umlaufenden Liedern zum nationalen H. »Kalevala« komponierte, dürfte auf ähnlichen Quellen beruht haben. Obwohl man Lönnrots Anteil mit nicht mehr als 3 % veranschlagt, wird das »Kalevala« heute der Dichtung des 19. Jh.s zugeschlagen.

Lit.: W. Heissig: Die mongolischen Heldenepen. Opladen 1979. CF

Heldengedicht ↗ Epos.

Heldenlied, lit. Form der ↗ Heldendichtung, die auf der Grundlage der ↗ Heldensage beruht; im Ggs. zum ↗ Heldenepos handelt es sich um eine Kurzform mit einem Umfang zwischen 50 und 500 Zeilen. – Das H. setzt die Heldensage voraus. Personen und Handlungszusammenhänge sind mit seinem Einsetzen bekannt, werden allenfalls anzitiert (»Hildebrandslied«, um 840). Im Zentrum kann der dem Publikum bekannte tragische, in Rede und Gegenrede entfaltete Konflikt einer als geschichtlich vorgestellten Person stehen. Die Lösung wird fallweise umerzählt, wie etwa die internationalen Varianten des »Hildebrandsliedes« (z. B. ↗ Byline von Ilja Murometz: »Jüngeres Hildebrandslied«) belegen. Das »Fragment eines Sigurdliedes« (»Das Alte Sigurdlied«, 11. Jh.) problematisiert das Umlaufen mehrerer Erzählvarianten von Sigurds Tod. Über den Vortrag kurzer H.er wird häufig innerhalb von Heldenepen berichtet: Odysseus hört seine eigene Geschichte (»Odyssee« VIII, 72–82), ebenso Beowulf im gleichnamigen Epos (V. 867–915). Der Spruchdichter Marner (Mitte des 13. Jh.s) distanziert sich von denen, die H.er vortragen, nennt dabei aber geläufige Themen (z. B. Kriemhilds Verrat, Siegfrieds Tod). – Mit dem H. verbinden sich traditionell Vorstellungen höheren Alters und mündlicher Komposition. Dass das H. lit.geschichtlich nicht einfach vom Epos abgelöst wird, vielmehr auch neben ihm existiert oder gar im ↗ Situationslied und im Ereignislied auf komplexere Dichtungen auswählend zurückgreift, steht dem nicht entgegen. Die Annahme, Heldenepen seien das Ergebnis eines Zusammenfließens von H.ern, gilt dagegen heute als widerlegt. Das punktgenaue Erzählen der H.er ist mit der Ökonomie größerer Dichtungen (etwa des »Nibelungenlieds«) kaum vereinbar. Erschwerend kommt hinzu, dass die meisten für die Epengenese zitierten H.er historisch nicht verifizierbare Konstrukte sind. – Der Eindruck mündlicher Komposition entsteht durch formale Eigenschaften wie Wiederholungen, Formeln oder ↗ Stabreim, die in semi-oralen Kulturen eine gewisse Konstanz auch im Detail gewährleisten sollen. CF

Heldensage, 1. im engeren Sinne inhaltlich definierte Form der ↗ Sage; 2. im weiteren Sinne das Gesamt der heroischen Überlieferung zu einzelnen Völkern oder Personen unabhängig von seinen Medien; insofern ist die H. abgehoben von der in der Schrift konzipierten und überlieferten ↗ Heldendichtung und deren Formen ↗ Heldenlied und ↗ Heldenepos. – Die H. geht in der Regel auf Ereignisse der lokalen oder nationalen Geschichte zurück, deren Erfolg oder Misserfolg ursächlich mit führenden Personen verbunden erscheinen. Einwanderung, Besiedlung, Behauptung und Zerstörung nehmen großen Raum ein. Vorgänge der Migration stehen hinter dem mesopotamischen Sagenkreis um Gilgamesch (Gründung von Uruk), den altind. Sagen (»Mahabharata«) oder der H. des alten Israel (Landnahme in Palästina), die zudem von andauernder Feindschaft mit den Philistern berichten. Die Zerstörung Trojas wurde Gegenstand ebenso reicher Sagenentwicklung wie die Gründung Roms.

Wo es Erinnerungsorte gab, verlieh die Sage dem Lebensraum ein einzigartiges Ansehen, das oft über Jh.e gepflegt wurde. Der in der ↗ Karlsepik bedeutende Ort der Schlacht von Roncesvalles wurde Etappe auf der Jakobs-Wallfahrt nach Compostela. Pilgern zeigte man angebliche Relikte der Schlacht (Reste von Rolands Schwert). Ansässige Geschlechter knüpften ihr Herkommen gerne an lokale Helden, um ihr Prestige zu erhöhen. Solche Zurechnung konnte auch auf nationaler Ebene erfolgen. Exklusivität spielte offenbar eine untergeordnete Rolle: Griechen, Perser und Römer beriefen sich gleichermaßen auf ihre trojanische Abkunft. – Setzt man voraus, dass die historischen Vorgänge in der Sagenbildung noch lebendig sind, lassen sich die Verfahren, mit denen sie umerzählt werden, als ›Reduktion‹, ›Assimilation‹ und ›Koordination‹ beschreiben (vgl. Heinzle). Der Reduktion komplexer Prozesse auf elementare menschliche Affekte und Konflikte (Goldgier, Hybris, Eifersucht, Rache) folgt die Assimilation an vorgängige Erzählschemata (verräterische Einladung, Brautwerbung). Schließlich werden einzelne H.n zyklisch zu Sagenkreisen koordiniert. All dies setzt zwar eine gewisse Stringenz, aber noch keine Schriftlichkeit voraus. Zeugnisse germ. H. finden sich daher auch auf Bildsteinen und anderen Monumenten, häufig im Zusammenhang sakraler Denkmäler (Kirchenportale), wo die Figuren der H. nach christlicher Deutung als typologische Vorbilder der Heilszeit verstanden werden konnten (↗ Typologie).

Lit.: K. Graf: Heroisches Herkommen. In: L. Petzold (Hg.): Das Bild der Welt in der Volkserzählung. Ffm. u. a. 1990, S. 45–64. – J. Heinzle: Die Nibelungensage als europäische H. In: ders. u. a. (Hg.): Die Nibelungen. Wiesbaden 2003, S. 3–27. – J. Latacz: Troja und Homer. Mchn., Bln. 2001. CF

Hellenismus, m., 1. allg. die Beherrschung der gr. Sprache bzw. die Assimilation an die gr. Kultur. – 2. Von J. G. Droysen geprägter Epochenbegriff, der die Zeit vom Tod Alexanders des Großen (322 v. Chr.) bis zum Untergang des Ptolemäerreiches (30 v. Chr.) umfasst. – Im H. dominiert die gr. Kultur den Mittelmeerraum und Asien, nimmt aber auch orientalische Einflüsse auf. Den langsamen Zerfall der streitenden Nachfolgestaaten des Alexanderreiches (Diadochenreiche) begleitet der Aufstieg Roms zur Hegemonialmacht im Mittelmeerraum. Die Römer zerschlagen die gr. Staaten, öffnen sich aber der gr. Kultur. Im H. finden gr. Poesie, Philosophie und Wissenschaft zu einer letzten Blüte. – In Athen entstehen die Stoa (Zenon von Kition) und der Garten des Epikur; Pyrrhon aus Elis begründet den Skeptizismus. Menander erneuert die attische ↗ Komödie; aus der ↗ Diatribe kynischer Wanderredner entwickelt Menippos die menippeische ↗ Satire (↗ Prosimetrum). Kulturelles Zentrum ist aber Alexandria mit seiner ↗ Bibliothek; ihre Bibliothekare wirken als Geographen, Mathematiker (Eratosthenes), Philologen und Dichter (Kallimachos), edieren und kommentieren Werke der klassischen gr. Lit. Aus die-

ser Tradition entsteht formal virtuose, gelehrt anspielungsreiche Dichtung in erlesener Sprache (↗ Poeta doctus, ↗ Neoteriker). Neue Formen sind ↗ Epyllion (Kallimachos) sowie ↗ Idylle und ↗ bukolische Dichtung (Theokrit). Das Hexameterepos wird weiterentwickelt (Apollonios von Rhodos), mittels epischer ↗ Lehrdichtung wird Wissenschaft popularisiert (Aratos von Soloi). Als poetische Kleinformen sind ↗ Epigramme und Technopaignia (↗ Figurengedicht) beliebt. Neben Historiographie und ↗ Biographie (Polybios, Poseidonios) kommt im Bereich der ↗ Prosa auch Unterhaltungslit. auf: Liebes-, Reise- und Abenteuergeschichten (Chariton), historische ↗ Romane, aber auch Geschichten von Gespenstern, Monstrositäten und Wundern. Die Sprache der Prosaschriftsteller bleibt nahe an der sich entwickelnden gemeingr. Umgangssprache, der *koiné*. U. a. als Folge des ↗ Attizismus, der den ↗ ›Asianismus‹ zu verdrängen sucht, geht die Kunstprosa des H. später fast vollständig verloren. Lit.: A. Dihle: Gr. Lit.geschichte [1967]. Mchn. ²1991. – J. G. Droysen: Geschichte des H. [1836–43]. 3 Bde. Darmstadt 1980. – S. Said (Hg.): Hellenismos. Leiden u. a. 1991. CLU

Helming, m. [anord. = Hälfte], auch *vísuhelming*; die Halbstrophe der skaldischen Strophenformen (↗ Dróttkvætt), die meist aus einer syntaktischen Einheit besteht. Obwohl ein H. auch einzeln überliefert werden kann, ist er nicht als selbständige Strophenform anzusehen. Lit.: L. M. Hollander: Is the Scaldic Stanza a Unit? In: GR 22 (1947), S. 298–319. – H. Kuhn: Die Dróttkvættstrophe als Kunstwerk. In: Ch. Gellinek (Hg.): Fs. K. Reichardt. Bern 1969, S. 63–72. – K. v. See: Germ. Verskunst. Stgt. 1967. WB

Hemiepes, n. [gr. = halber epischer (Vers), d. h. halber ↗ Hexameter], Pl. *Hemiepes*; in der antiken Metrik ein Vers der Form $- \vee \vee - \vee \vee -$. Die Bez. geht auf die röm. Grammatiker der Spätantike zurück, die das H. als katalektischen daktylischen Trimeter auffassen und damit als Hexameterhälfte deuten. Heute wird das H. auch als Ausprägung eines vermuteten gr. Urverses aus drei festen Längen aufgefasst. – Das H. findet Verwendung 1. im ↗ Pentameter (= Folge zweier Hemiepe), 2. in ↗ archilochischen Versen (Epoden und Asynarteten) sowie in den Variationen horazischer Epoden bei Ausonius, 3. in daktyloepitritischen Versen bei Pindar und Bakchylides. Stichisch begegnet das H. nur in spätlat. Dichtung bei Ausonius. JK/Red.

Hemistichion, n. [gr. *hêmi* = halb, *stíchos* = Vers], allg. Bez. für einen durch ↗ Zäsur gebildeten Halbvers, dem in der germ. Dichtung der ↗ An- bzw. Abvers entspricht. Das H. ist typisch für den ↗ Alexandriner (Zäsur nach der sechsten Silbe); in der dramatischen ↗ Stichomythie bewirkt es eine bestimmte Form der alternierenden Rede (Hemistichomythie). Lit.: L. L. Albertsen: Neuere dt. Metrik [1984]. Bln. 1997. – M. L. Gasparov: A History of European Versification. Oxford 1996. MBH

Hendekasyllabus, m. [lat.-gr. = Elfsilbler, aus gr. *héndeka* = elf, *syllabé* = Silbe], elfsilbiger Vers. 1. In der antiken Metrik wird unterschieden zwischen drei ↗äolischen Versmaßen: dem *alkäischen H.*, dem Versmaß der ersten beiden Verse der alkäischen Strophe (↗Odenmaße), dem *sapphischen H.*, dem Versmaß der ersten drei Verse der sapphischen Strophe (↗Odenmaße), und dem *phaläkeischen H.* (↗Phalaikeion). – 2. Dem H. entspricht in der romanischen Verskunst der ↗Endecasillabo. JK/Red.

Hendiadyoin, n. [gr. = eins durch zwei], ↗rhet. Figur, bei der ein Begriff durch zwei gleichwertige, mit ›und‹ verbundene Wörter ausgedrückt wird, z. B. ›voll und ganz‹. Zuweilen tritt die syntaktische Nebenordnung an die Stelle einer logisch richtigeren Unterordnung (etwa Substantiv + Adjektiv- oder Genitivattribut): »ir varwe und ir lîch« (Gottfried von Straßburg) für ›die Farbe ihres Leibes‹, »mir leuchtet Glück und Stern« (Goethe) für ›Glücksstern‹. HD/Red.

Hending, f. [anord. = Griff, Silbenreim innerhalb des Verses], Pl. *Hendingar*; in der ↗Skaldendichtung ein Silbenreim, der jeweils die beiden Halbverse einer Verszeile, vornehmlich der ↗Dróttkvætt-Strophe, aneinander bindet. Dieser einsilbige Reim umfasst den Silbenvokal und einen bzw. mehrere nachfolgende Konsonanten; die *skothending* bindet in den ›ungeraden‹ Verszeilen unterschiedliche Vokale mit den Folgekonsonanten, die *aðalhending* bindet in den ›geraden‹ Verszeilen der Strophe jeweils den gleichen Vokal mit den Folgekonsonanten; vgl. die beiden ersten Verszeilen der Runeninschrift von Karlevi (Schweden): *Folginn liggr hinns fylgðu; flestr vissi þat mestar*. Im Ggs. zum ↗Stabreim können die H.ar auch auf Nebensilben verteilt werden.
Lit.: E. Marold: H. In: RGA. WB

Hephthemimeres, f. [aus gr. *heptá* = sieben, *hēmí* = halb, *méros* = Teil; lat. (*caesura*) *semiseptenaria*], in der antiken Metrik die ↗Zäsur nach dem siebten halben Fuß eines Verses. Im daktylischen Hexameter gestaltet sich das (in der Grundform) so: –∪∪–∪∪–∪∪–|∪∪–∪∪–x, im jambischen Trimeter so: ∪–∪–∪–∪|–∪–∪–. Die H. im Hexameter wird meist mit einer weiteren Zäsur wie derjenigen nach dem dritten (↗Trithemimeres) oder nach dem fünften (↗Penthemimeres) halben Fuß kombiniert. Im dt. Hexameter wird die H. als Zäsur nach der vierten Hebung realisiert: »Nobel, der König, versammelt den Hof; | und seine Vasallen« (J. W. Goethe: »Reineke Fuchs« I, V. 6).
Lit.: A. Kelletat: Zum Problem der antiken Metren im Dt. In: DU 16 (1964), H. 6, S. 50–85. JK/Red.

Heptameter, m. [gr. *heptámetros* = aus sieben Maßeinheiten bestehend], in der Theorie der gr.-röm. Metrik ein Vers, der sich aus sieben metrischen Einheiten (↗Metrum) zusammensetzt. In der antiken Praxis nicht vorkommend. JK/Red.

Heraldische Dichtung, im *engeren Sinne* synonym mit ›Heroldsdichtung‹ oder ›Ehrenreden‹ verwendet: eine Gruppe volkssprachiger ↗Spruchdichtungen des Spät-MA.s, deren Thema der Lobpreis eines (verstorbenen) adligen Herrn ist und die gewöhnlich aus einem panegyrischen Teil und einer heraldisch regelgerechten Beschreibung des Wappens des Adelshauses bestehen (↗Blason). Im *weiteren Sinne* wird ›h. D.‹ gleichbedeutend mit dem Begriff ›Wappendichtung‹ verwendet, welcher auch die in größere Textzusammenhänge eingefügten Wappenbeschreibungen und -allegorien umfasst. – H. D. ist eng verbunden mit der mal. Erscheinung des Wappens, das im 12. Jh. entsteht und erst zur Kennzeichnung des ritterlichen Kriegers, im Folgenden aber bes. zur zeichenhaften Anbindung des Trägers an seine (möglichst alt- und hoch-)adligen Vorfahren dient. Wappenbeschreibungen erfüllen so panegyrische und memoriale Funktionen; im Zusammenhang mit der Turnierteilnahme dienen sie außerdem zur Legitimation des Trägers, zum Nachweis seiner ritterlichen Geburt, und werden deshalb von professionell ausgebildeten Ausrufern, den ›poursuivants‹ oder ›Knappen von den Wappen‹ (ab dem 14. Jh. ›Herolde‹ genannt), verfasst und mit einem Lob der Kriegs- und Turniertaten angereichert. Überliefert sind sie anfänglich nur in der literarisierten Form der ›Heroldslieder‹ innerhalb von fiktionalen Turnierbeschreibungen des 13. Jh.s (»Virginal«; Konrad von Würzburg: »Turnier von Nantes«). Im 14. und 15. Jh. lösen sie sich aus dem Verwendungszusammenhang des Turniers und werden zu einer eigenständigen Gattung des Fürsten- und Ritterlobs, den ↗Ehrenreden, die teils von Herolden, teils von Berufsdichtern verfasst werden (Gelre, Peter Suchenwirt, Hans Rosenplüt). Im Weiteren fächern sich lit. Form und Funktion auf; die Bandbreite reicht von den Wappenschilderungen innerhalb von Wappen- und Turnierbüchern (Jost Amman: »Wappen- und Stammbuch«) über Lobreden auf die Adelsfamilien eines bestimmten geographischen Raums (Johannes Holland; Püterich von Reichertshausen: »Ehrenbrief«) bis hin zu parodistischer Darstellung (Heinrich Wittenwiler: »Der Ring«). Die Wappenbeschreibungen innerhalb der höfischen Romane und der Antikenromane des MA.s sollten nicht zur h.n D. gezählt werden, da sie in einem anderen lit. Kontext situiert sind, in dem es nicht um die heraldische Funktion selbst geht; gleichwohl sind gegenseitige Beeinflussungen nicht auszuschließen. Eine Nebenform ist die ↗Pritschmeisterdichtung.
Lit.: W. v. Anrooij: Spiegel van ridderschap. Amsterdam 1990. – C. Brinker: »Von manigen helden gute tat«. Geschichte als Exempel bei Peter Suchenwirt. Bern u. a. 1987. – St. Cain Van D'Elden: Peter Suchenwirt and Heraldic Poetry. Wien 1976. – L. Fenske: Adel und Rittertum im Spiegel früher heraldischer Formen. In: J. Fleckenstein (Hg.): Das ritterliche Turnier im MA. Gött. 1986, S. 75–160. – Th. Nolte: Lauda post mortem. Die dt. und nl. Ehrenreden des MA.s. Ffm. 1983. – M. Stuckmann: Wappenschilderungen und historisch-heraldische Anspielungen in Konrads von Würzburg ›Trojanerkrieg‹. Diss. Wuppertal 2001. FF

Herausgeberfiktion ↗ Vorwort.

Herbstlied, Bez. für Minnelieder des späten 13. oder des 14. Jh.s, die herbstliche Schlemmer- und Zechfreuden (mhd. *luoder*) mit dem Liebesleid kontrastieren. Die minnesangspezifische, von Steinmar eingeführte Konstruktion bezieht sich auf das höfische *vröide*-Konzept und stellt der enttäuschten Hoffnung auf den Erfolg im ↗ Frauendienst die problemlos erreichbare Lust ungehemmten Essens und Trinkens entgegen; *luoder* und Herbst stechen dabei Minne und Mai aus. Als lit.historische Anknüpfungspunkte kommen neben Minneabsagen der höfischen Liebeslyrik ↗ Reimreden des 13. Jh.s mit der Analogie zwischen Liebes- und Weinfreude sowie mlat. Trinklieder in Frage. Steinmars Konstruktion wird in Liedern Johannes Hadlaubs variiert, die mit dem Herbstlob eine Liebesklage ohne Minneabsage einleiten, und in Liedern der Neidhart-Tradition übernommen. Spätmal. Trink- und ↗ Martinslieder greifen die minnesangtypische Konstruktion nicht mehr auf; Gemeinsamkeiten mit dem H. beschränken sich auf Motivparallelen.

Lit.: E. Grunewald: Die Zecher- und Schlemmerlit. des dt. Spät-MA.s. Diss. Köln 1976. – N. Haas: Trinklieder des dt. Spät-MA.s. Göppingen 1991. – G. Lübben: *Ich singe daz wir alle werden vol.* Stgt. 1994.   GHÜ

Hermeneutik, f. [gr. *hermeneúein* = aussagen, verkünden, übersetzen, erklären, auslegen], Theorie und Methodik (auch: Kunstlehre) des Verstehens, Interpretierens und Anwendens von Texten und anderen kulturellen Erzeugnissen. Die lit.wissenschaftliche H. der Gegenwart zeichnet sich durch folgende Prinzipien aus: 1. Ziel der Erkenntnis ist es, einen kohärenten Bedeutungszusammenhang des Interpretationsgegenstands zu bestimmen oder das Fehlen eines solchen Zusammenhangs kohärent zu erklären. Dieses Erkenntnisziel wird insbes. von Vertretern der ↗ Dekonstruktion zurückgewiesen. – 2. Als eine Theorie und Methodik des historischen Fremdverstehens zielt die H. auf die Rekonstruktion jener Bedeutungen, die einem Text im ↗ Kontext seiner Entstehung zukamen. Dabei spricht sie dem aktualisierenden Verstehen eine konstitutive Rolle zu: Fremde Bedeutungen seien nur rekonstruierbar, wenn man einem Text zunächst bekannte Bedeutungen zuschreibt, die dann zum Gegenstand eines gleichzeitig mit dem Fremdverstehen sich bildenden reflexiven Selbstverstehens werden. – 3. Logik und Prozess der Erkenntnis werden als *hermeneutischer Zirkel* beschrieben: Die Bedeutungen der einzelnen Elemente eines Textes lassen sich nur im Vorgriff auf den Bedeutungszusammenhang aller Elemente verstehen, der seinerseits nur in der Synthese der Einzelbedeutungen verständlich wird. Dieser Satz beschreibt weder einen logischen Zirkel noch ein Erkenntnisdilemma, sondern einen alltäglichen, in der wissenschaftlichen H. kontrolliert durchgeführten Erkenntnisprozess, der bei einem ungenauen Verstehen des Einzelnen und des Ganzen beginnt und durch ein wiederholtes, deshalb als zirkulär bezeichnetes Analy-

sieren und Synthetisieren von Bedeutungen zu einem genaueren Verstehen gelangt. Die Dekonstruktion kritisiert dieses Erkenntnisprinzip, weil sie ein Verstehen des Ganzen nicht anstrebt und auch nicht für möglich hält. Befürworter hypothetisch-deduktiver Verfahren lehnen den hermeneutischen Zirkel als pseudowissenschaftlich ab, während er von Semiotikern wie U. Eco gerechtfertigt wird, da er Ähnlichkeiten mit dem von Ch. S. Peirce beschriebenen Erkenntnisweg der Abduktion aufweist. Vereinbar ist das Prinzip des hermeneutischen Zirkels auch mit kognitionspsychologischen Theorien, die das ↗ Verstehen als einen rekursiven und sich revidierenden Aufbau mentaler Modelle beschreiben.

In der gr. Antike meint H. zunächst die Auslegung und Übers. des Götterwillens als Anleitung zu richtigem Verstehen und richtiger Befolgung. Es entsteht die Technik der ↗ Allegorese, der Interpretation eines hinter der wörtlichen Bedeutung verborgenen Sinns. Sie wird von den Philosophen der Stoa in der Homer-Interpretation und von den Kirchenschriftstellern der Patristik (u. a. Origenes, Augustin) in der Auslegung des AT kultiviert, wobei die Lehre des mehrfachen, im MA. speziell des vierfachen ↗ Schriftsinns kanonisch wird. Mit dem Argument, die Heilige Schrift lege sich selbst aus (*sola scriptura*) und habe keinen verborgenen Sinn, erklärt Luther das Verständnis des wörtlichen Sinns für ausreichend. Freilich setzt auch der reformatorische H., etwa bei M. Facius, ein außerhalb der Bibel angesiedeltes theologisches Wissen als »Schlüssel« der Auslegung ein. Seit Beginn der Neuzeit bezeichnet ›H.‹ nicht nur die Technik, sondern auch die Theorie der Auslegung und erscheint 1654 erstmals als Buchtitel (bei J. C. Dannhauser). Im 18. Jh. wird die H. bei Ch. Wolff zu einer allg. Auslegungslehre innerhalb der Logik. Die Deutung profaner Texte, insbes. antiker Lit., steht nun gleichberechtigt neben der Bibelexegese. Im 19. Jh. macht F. D. E. Schleiermacher die H. zur erkenntnistheoretisch fundierten Theorie eines Verstehens, welches die ursprüngliche Textbedeutung mit Hilfe eines ›grammatischen‹ (auf die allg. Regeln der Sprache zielenden) und eines ›psychologischen‹ (auf den einzelnen Sprachverwender zielenden) Interpretationsverfahrens rekonstruiert. A. Boeckh stellt diesem Verfahren die gattungsbezogene und die realhistorische Interpretation zur Seite. W. Dilthey konzipiert die H. als eine erkenntnistheoretisch und lebensphilosophisch fundierte Methodik des Verstehens von Lebensäußerungen überhaupt und erklärt sie zur Grundlage aller Geisteswissenschaften. In kritischer Dilthey-Nachfolge stehen im 20. Jh. zum einen hermeneutische Konzepte wie M. Heideggers Existenzialontologie, die das Verstehen als eine Form des In-der-Welt-Seins untersucht, zum anderen die Spezialhermeneutiken von Einzelwissenschaften.

Lit.: E. Betti: Die H. als allg. Methodik der Geisteswissenschaften. Tüb. 1962. – H. Birus (Hg.): Hermeneutische Positionen. Gött. 1982. – H. Brinkmann: Mal. H.

Darmstadt 1980. – G. Figal: H.₂. In: RLW. – M. Frank: Das individuelle Allgemeine. Ffm. 1977. – H.-G. Gadamer: Wahrheit und Methode [1960]. Tüb. ³1972. – U. Japp: H. Mchn. 1977. – H. R. Jauß: Ästhetische Erfahrung und lit. H. Ffm. 1982. – E. Leibfried: Lit. H. Tüb. 1980. – F. D. E. Schleiermacher: H. und Kritik. Ffm. 1977. – J. Schönert, F. Vollhardt (Hg.): Geschichte der H. und die Methodik der textinterpretierenden Disziplinen. Bln., NY 2005. – H. Seifert: Einf. in die H. Tüb. 1992. – P. Szondi: Einf. in die lit. H. Ffm. 1975. – K. Weimar: H.₁. In: RLW. – Ders.: Hermeneutischer Zirkel. In: RLW.   TZ

Hermeneutischer Zirkel, ↗ Hermeneutik.

Hermetische Literatur [hermetisch = fest verschlossen – ursprünglich mit dem magischen Siegel des gr. Gottes Hermes, womit dieser eine Glasröhre luftdicht verschließen konnte], Schrifttum einer spätantiken religiösen Offenbarungs- und Geheimlehre, als deren Verkünder und Verfasser Hermes Trismegistos (d. h. der dreimal größte Hermes, die gr. Verkörperung des ägyptischen Schrift-, Zahlen- und Weisheitsgottes Thot) angesehen wurde; aufgezeichnet in den unter den Schriften des Apuleius überlieferten »Asclepius«-Abhandlungen und in zahlreichen Fragmenten, v. a. aber im »Corpus Hermeticum« (nach dem Titel des ersten der 18 Teile auch »Poimandres« genannt). Die in gr., koptischer und lat. Sprache verfassten Texte dieser Sammlung sind nicht gleichzeitig entstanden und enthalten keine einheitliche, d. h. widerspruchsfreie Lehre. Das »Corpus« wird dem 2./3. Jh. n. Chr. zugerechnet, enthält aber Teile, die mindestens dem 1. Jh. v. Chr. zugehören. Es sind Traktate in Brief-, Dialog- oder Predigtform, die Kosmogonie, Anthropogonie und Erlösungslehre vereinigen; sie zeigen Einflüsse ägyptischer und orphischer Mysterien, neuplatonische und neupythagoreische Gedanken und handeln von Wiedergeburt, Ekstase, Reinigung, Opfer, mystischer Vereinigung mit Gott. Sie waren möglicherweise zunächst für »konventikelartig organisierte hermetische Esoteriker« (Tröger) bestimmt, erreichten aber im 3. und 4. Jh. n. Chr. weitere Verbreitung und Einfluss auf die christliche Gnostik. Vornehmlich durch arab. Vermittlung blieb die h. L. auch für das MA. lebendig. Nachdem schon Abaelard und Albertus Magnus (»Speculum astronomicum«) Gedanken der h.n L. verarbeitet hatten, wurde das »Corpus Hermeticum« durch die lat. Übers. M. Ficinos (Florenz 1463, veröffentlicht: Treviso 1471) und die gr. Ausgabe (Paris 1554) für den europäischen ↗ Humanismus bedeutsam. Starken Einfluss hatte die h. L. auf die Alchimie, Astrologie und auf okkulte Strömungen der Lit. des 16. und 17. Jh.s (Agrippa von Nettesheim, Paracelsus, J. V. Andreae, auch auf die ägyptisierende Freimaurermythologie des 18. Jh.s, etwa in Mozarts »Zauberflöte«).
Lit.: W. Scott (Hg.): Hermetica. 4 Bde. Oxford 1924–36. Nachdr. Scranton/Pa. 1968. – K.-W. Tröger: Mysterienglaube und Gnosis im Corpus Hermeticum XIII. Bln. (Ost) 1971.   HW/Red.

Hermetismus, m. [it. *ermetismo*], Richtung der modernen it. Lyrik (etwa 1930–50), die an den frz. ↗ Symbolismus (A. Rimbaud, St. Mallarmé, P. Valéry) anknüpft: An die Stelle anschaulicher Gegenstände und offenliegender Sinnzusammenhänge setzt der H. einen geheimnisvoll-dunklen, vieldeutigen Beziehungsreichtum, indem er Klang- und Gefühlswerte des Wortes gegenüber seiner Sinnbedeutung hervorhebt, magisch-rätselhafte, nur assoziativ nachvollziehbare Verknüpfungen heterogener Seinsbereiche anstrebt und so ein unmittelbares, spontanes Textverständnis verwehrt. Der H. entstand aus der Opposition gegen die moderne Massengesellschaft und die herkömmliche, als verbraucht empfundene Sprache des Alltags wie auch der Lit. eines G. Carducci oder G. d'Annunzio); er erstrebt eine Autonomie der Dichtung, die mittels sprachlicher Erneuerung auch ›neue‹ Wirklichkeiten zu entdecken und darzustellen sucht. Vertreter des H. sind E. Montale, G. Ungaretti, S. Quasimodo. Der H. wurde seit etwa 1950 bekämpft von L. Anceschi und den späteren Vertretern der ↗ Gruppo 63. – Vielfach wird heute ›H.‹ (ursprünglich von F. Flora in polemischer Absicht geprägt) als Bez. für einen allg. Wesenszug der modernen Lyrik verstanden und auch für entsprechende Richtungen der nicht-it. Lit. verwendet.
Lit.: M. Baßler: Hermetik. In: RLW. – F. Flora: La poesia ermetica [1936]. Bari ³1947. – M. Hardt: Geschichte der it. Lit. Düsseldorf, Zürich 1996, S. 751–763. – G. Petronio: Geschichte der it. Lit. Bd. 3. Tüb., Basel 1993, S. 227–245. – S. Ramat: L'ermetismo. Florenz 1969.
                                              GMS/Red.

Heroic couplet, n. [hi'rouik 'kʌplit; engl. = heroisches Reimpaar], auch *long couplet*; in der engl. Dichtung Reimpaar aus zwei ↗ heroic verses (jambischen Fünfhebern). Das *h. c.* ist seit G. Chaucer (»Canterbury Tales«, 1391–99) die bedeutendste metrische Form der engl. Verserzählung und des Lehrgedichts; sie begegnet im 15. Jh. bei J. Lydgate (»The Book of Troy«), im 16. Jh. bei Gavin Douglas (Übers. von Vergils »Äeneis«), G. Chapman (Übers. von Homers »Odyssee«) und Ch. Marlowe (»Hero and Leander«), im 17. Jh. bei J. Dryden (»Fables Ancient and Modern«, »The Dunciade«, »Essay on Man«) sowie im 18. Jh. bei A. Pope (»The Rape of the Lock«). Im 19. Jh. verliert das *h. c.* an Bedeutung.   JK/Red.

Heroic stanza, f. [hi'rouik 'stænzə; engl. = heroische Strophe], in der engl. Dichtung Strophe aus vier ↗ heroic verses mit dem Reimschema *abab*. Sie findet sich v. a. im 16. und 17. Jh. (J. Dryden: »H. St.s on the Death of Oliver Cromwell«). Th. Gray gebraucht sie im 18. Jh. als *elegiac stanza* in elegischer Dichtung (»Elegy Written in a Country Churchyard«). In Grays Nachfolge findet sich die *h. st.* gelegentlich in der ↗ Gräberpoesie (H. W. Longfellow: »The Jewish Cemetery at Newport«).   JK/Red.

Heroic verse [hi'rouik 'vɛːs; engl. = heroischer Vers], in der engl. Dichtung gereimter fünfhebiger jambischer Vers mit fester männlicher oder weiblicher Zäsur nach der zweiten Hebung. Variationen dieses Grundschemas begegnen v. a. in der älteren Dichtung. – Der *h. v.* ist die engl. Adaption des frz. Zehnsilblers (↗ *vers commun*, ↗ Dekasyllabus [2]) bzw. des it. ↗ Endecasillabo. Er findet sich zuerst Ende des 13. Jh.s vereinzelt in den Gedichten des Codex Harleian. Später wird er stichisch (paarweise gereimt als ↗ *heroic couplet*) und strophisch verwendet (u. a. in der ↗ Chaucerstrophe und der ↗ *heroic stanza*). Durch Aufgabe von Reim und Zäsur wird im 16. Jh. aus dem *h. v.* der ↗ Blankvers entwickelt. JK/Red.

Heroiden, f. Pl. [gr. *hērōís* = Heldin; auch lat.], auch: Heldenbriefe; nach dem Titel von Ovids »Heroides« (Priscian 10, 54) benannte und unmittelbar an diese anknüpfende lit. Gattung: fiktive ↗ Briefgedichte weltlicher oder biblischer Helden mit erbaulichem, politischem oder unterhaltendem Inhalt. Ovids Werk steht in der Tradition der erotischen ↗ Elegie; es enthält 15 klagende oder werbende Briefe mythischer Frauen (z. B. Penelope, Dido, Medea) an ihre in der Ferne weilenden Geliebten und drei Briefpaare (Paris – Helena, Hero – Leander, Akontios – Kydippe). Es wurde in der Ovid-Renaissance des MA.s rezipiert und seit dem Humanismus in der ›Epistola eroica‹ nachgeahmt: zunächst lat. (Enea Silvio Piccolomini), dann in allen Volkssprachen. In Deutschland führte Eobanus Hessus die geistliche Spielart der »Heroides sacrae« ein (Briefe christlicher Heldinnen, 1514 und 1532), welche dann bes. von Jesuiten gepflegt wurde (J. Bidermann). Zur lit. Mode wurden H. im Barock durch Ch. Hoffmann von Hoffmannswaldau und seine Nachahmer (D. C. v. Lohenstein, H. A. v. Zigler und Kliphausen). Später fanden sie mehr Resonanz in England (A. Pope) und Frankreich (Ch.-P. Colardeau, C.-J. Dorat). A. v. Platen und A. W. Schlegel bemühten sich (im Anschluss an Wielands »Briefe von Verstorbenen«) um ihre Erneuerung.
Lit.: R. G. Czapla: Heroide. In: RLW. – G. Dörrie: Der heroische Brief. Bln. 1968. HHS/Red.

Heroisch-galanter Roman, späte Form des höfischen Barockromans. Konstitutiv sind die Weitschweifigkeit einer von ↗ Exkursen, Einschüben und Parallelerzählungen retardierten Handlungsführung, ein typisierendes, entindividualisiertes Figureninventar, Liebes-, Schicksals- und Verwechslungsmotive sowie die Prüfung und endliche Bewährung der Figuren durch Tugend und stoische Beharrlichkeit. Das in einer pseudohistorischen, höfischen Welt angesiedelte Geschehen chiffriert Gegenwartsbezüge. Der unterhaltende oder belehrende heroisch-galante Roman ist oft Ausdruck einer humanistischen Gelehrsamkeit, die den Bildungshorizont der Zeit in epischer Form darbietet. – Die Genese der Gattung in Deutschland beginnt mit der produktiven Rezeption frz. Romane des 17. Jh.s und ist vom ↗ Ritterroman und ↗ Staatsroman sowie vom sentimentalen Liebesroman beeinflusst. Wichtige Vertreter sind Ph. v. Zesen (»Adriatische Rosemund«,

1645; »Afrikanische Sofonisbe«, 1647), Anton Ulrich von Braunschweig (»Die syrische Aramena«, 1669– 73), E. W. Happel (»Der Asiatische Onogambo«, 1673), H. A. v. Ziegler-Kliphausen (»Die Asiatische Banise«, 1689) und D. C. v. Lohenstein (»Arminius«, 1689 f.).
Lit.: R. Alewyn: Der Roman des Barock. In: H. Steffen (Hg.): Formkräfte der dt. Dichtung vom Barock bis zur Gegenwart [1963]. Gött. 1967, S. 21–34. – M. Bannister: Privileged Mortals. Oxford 1983. – J. A. McCarthy: The Gallant Novel and the German Enlightenment. In: DVjs 59 (1985), S. 47–78. – H. Geulen: Der galante Roman. In: H. Koopmann (Hg.): Hb. des dt. Romans. Düsseldorf 1983, S. 117–130. – F. Harzer: H. R., Galanter Roman. In: RLW. – C. Lugowski: Die märchenhafte Enträtselung der Wirklichkeit im Höfisch-galanten Roman. In: ders.: Wirklichkeit und Dichtung. Ffm. 1936, S. 1–25. – A. M. Pedullà: Nel labirinto: studi comparati sul romanzo barocco. Neapel 2003. – H. Singer: Der galante Roman. Stgt. 1966. – B. L. Spahr: Der Barockroman als Wirklichkeit und Illusion. In: R. Grimm (Hg.): Dt. Romantheorien. Ffm. 1968, S. 17– 28. SSI

Heroldsdichtung ↗ heraldische Dichtung.

Heros ↗ Held.

Herrnhuter Brüdergemeine ↗ Pietismus.

Heterometrie, f., metrische Ungleichförmigkeit von Versen oder Versgruppen. Ggs.: ↗ Isometrie. H. als Eigenschaft größerer Versdichtungen wird ↗ Polymetrie genannt.

Heteronyme ↗ Pseudonym.

Hexameter, m. [aus gr. *héx* = sechs und *métron* = Maß], antiker Vers aus sechs ↗ Daktylen, deren letzter ↗ katalektisch ist und deren erste vier – der fünfte nur ausnahmsweise (Spondiacus) – durch ↗ Spondeen ersetzt werden können (auch ›daktylischer H.‹). Normalform: $-\bar{v}(v)-\bar{v}(v)-\bar{v}(v)-\bar{v}(v)-vv-x$: »Hurtig mit Donnergepolter entrollte der tückische Marmor« (Homer: »Odyssee« XI, V. 598). Die Bez. ›H.‹ findet sich zuerst bei Herodot (»Historien« I, 47); andere antike Bez. sind gr. *hērōikón métron* (heroisches Maß) oder lat. *versus longus* (langer Vers). Die ↗ Zäsur liegt im antiken H. hinter der zweiten (Trithemimeres), dritten (Penthemimeres) oder vierten (Hephthemimeres) Hebung oder hinter der ersten Senkung des dritten Versfußes (*kata triton trochaion*), sehr selten hinter der Senkung des vierten Versfußes (›bukolische ↗ Dihärese‹), was den H. in einen daktylischen ↗ Tetrameter und einen ↗ Adoneus zerteilt. Das Versende scheinbar vorwegnehmende Zäsuren werden vermieden (und damit wird eine Art ›Brücke‹ gebaut), nämlich zwischen den beiden Kürzen des vierten Daktylus (›Hermannsche Brücke‹, nach dem Philologen G. Hermann) und nach dem vierten Fuß, sofern dieser spondeisch gefüllt ist (›bukolische Brücke‹). Der relativ freie Wechsel von Daktylen und Spondeen sowie die diversen Zäsurmöglichkeiten verleihen dem H. große Variabilität. Zwischen den Extremen von Holospondeus (nur aus Spondeen, auch ↗ ›Spondeiazon‹ genannt) und Holo-

daktylus (ganz aus Daktylen gebaut) sind dreißig Variationen gebräuchlich. – Der H. ist der Grundvers des gr. (Homer, Nonnos) und lat. (Ennius, Vergil, Ovid, Lukan) ↗ Epos, der ↗ bukolischen Dichtung, von ↗ Epyllion, ↗ Lyrik, Didaktik (Hesiod) und ↗ Satire. Außerdem wird er verwendet in den »Homerischen Hymnen« oder, mit dem ↗ Pentameter alternierend (als ↗ Distichon), in ↗ Elegien und ↗ Epigrammen, vereinzelt auch in dramatischen Texten (Sophokles, Philoktetes). Die H.-Dichtung der hellenistischen Zeit (Kallimachos) und der Spätantike (Nonnos) verfährt im Ggs. zur älteren homerischen im Versbau strenger und künstlicher (zwei Spondeen dürfen nicht unmittelbar aufeinander folgen; der Spondiacus wird bewusst gesucht, die Brücken werden streng beachtet). In die röm. Dichtung führt Ennius den H. ein; die Verwendung entspricht weitgehend der aus der gr. Dichtung bekannten, beachtet allerdings die Hermann'sche Brücke nicht, was eine weitere Zäsurmöglichkeit eröffnet (*post quartum trochaeum*: $-\lor\lor\,|-\lor\lor\,|-\lor\lor\,|-\lor\,||\lor|$ $-\lor\lor\,|-\text{x}$). In der ↗ quantitierenden mlat. Dichtung erscheint der H. als leoninischer H. (*versus leoninus*, mit Reim von Penthemimeres und Schluss) oder dreigeteilt als *trinini salientes* (bei dem Tetrimimeres, Hepthemimeres und Versende reimen). – Älteste H. in dt. Sprache finden sich als Merkverse und Kalendersprüche im 14. Jh.; um quantitierende H. mühen sich die Humanisten des 16. und 17. Jh.s (S. Geßner, J. Fischart). Erste, gereimte H. nach dem ↗ akzentuierenden Versprinzip stammen aus dem 17. Jh. (S. v. Birken), in dem der heroische ↗ Alexandriner aber weiter privilegiert blieb. Den reimlosen, akzentuierenden H. führen J. Ch. Gottsched (»Critische Dichtkunst«, 1730; Übers. des 6. Psalms, 1742) und F. G. Klopstock (»Messias«, »Die künftige Geliebte«, »Elegie«, 1748) in die dt. Dichtung ein. Die Homer-Übers.en J. H. Voß' sowie J. W. Goethes H.-Epen (»Reineke Fuchs«, »Hermann und Dorothea«) etablieren den H. in der dt. Dichtung; in der engl. Dichtung sind v. a. S. T. Coleridge, H. W. Longfellow, A. Tennyson und A. Ch. Swinburne von Bedeutung.
Lit.: B. Moennighoff: H. In: RLW.   JK/CSR

Hiatus, m. [lat. = Öffnung, klaffender Schlund], auch: Hiatus, Hiat; das Zusammenstoßen zweier Vokale an der Silben- oder Wortfuge. Man unterscheidet den *Binnenhiat* innerhalb eines Wortes (›Lei-er‹) oder eines Kompositums (›Tee-ernte‹) und den *äußeren Hiat* zwischen zwei Wörtern (›da aber‹). Zur Vermeidung eines H. kann ein schwachtoniges *e* im Auslaut durch ↗ Elision getilgt und der Ausfall durch Apostroph gekennzeichnet werden (›wusst' ich‹). Andere Möglichkeiten der Vermeidung sind ↗ Aphärese, ↗ Krasis oder ↗ Synalöphe. – Der H. galt der normativen ↗ Metrik v. a. bei gleichen und betonten Vokalen als schwerer Verstoß; nach dem Vorbild der lat. H.tilgung wurde auch the Beseitigung schwachtoniger Vokale angestrebt (z. B. von M. Opitz, 1624). Streng vermieden wurde der H. auch von philologisch orientierten Dichtern des 19.

Jh.s wie A. v. Platen, F. Rückert, E. Mörike oder K. Simrock. Dagegen galt in ↗ Empfindsamkeit, ↗ Weimarer Klassik und ↗ Romantik ein freierer Umgang mit dem H. als zulässig, so dass er vereinzelt bei F. G. Klopstock, G. E. Lessing oder J. W. Goethe, häufiger bei F. Schiller, H. v. Kleist und H. Heine zu finden ist.   HW/SHO

Hieroglyphik ↗ Rebus.

Hieronym, n., ↗ Pseudonym.

Hilarodie, f., auch: Simodie, Magodie, Lysiodie (die ersten beiden Begriffe stehen für ernste, die letzten beiden für komische Formen); altgr. Bez.en für solistische, mimisch-gestische (gesungene) Vorträge einfacher Lyrik zu Musikbegleitung, ggf. mit Tanz, in der Tradition des ↗ Mimus (↗ Kinädenpoesie). Erhalten ist nur der hellenistische Text »Des Mädchens Klage«.
IS/Red.

Hildebrandston, 1. die sangbare Melodie (der ↗ Ton [4]) oder 2. die durch diese organisierte epische Strophenform einer Reihe späterer ↗ Heldendichtungen, die auf der Grundlage der das »Nibelungenlied« strukturierenden ↗ Nibelungenstrophe gebildet worden sind: zwei endreimende Langzeilenpaare (3-3a, 3-3a, 3-3b, 3-3b), im Anvers mit klingender, im Abvers mit männlicher Kadenz: »Lert ích von wéiben féchtn / Das wér mir ímmer schándt« (»Jüngeres Hildebrandslied« 12, 1). Namensgebend wurde das »Jüngere Hildebrandslied« (überliefert im 15./16. Jh., Fassung D mit Zäsurreim), das freilich jünger ist als »Ortnit« (um 1230) und »Wolfdietrich« (erste Hälfte des 13. Jh.s, Fassung D mit Zäsurreim in der zweiten Hälfte des 13. Jh.s). Der H., ein einfacher Rezitationston, gilt trotz dieser späten Überlieferung als ›altepisch‹, da er noch die vierzeilige Langversstrophe realisiert. Die Romantiker griffen in ↗ Balladen gelegentlich auf ihn zurück (L. Uhland: »Des Sängers Fluch«).
Lit.: H. Brunner: Epenmelodien. In: O. Werner, B. Naumann (Hg.): Formen mal. Dichtung. Göppingen 1970, S. 149–178.   CF

Hinkjambus ↗ Choliambus.

Hintertreppenroman, um 1880 gebildete Bez. für den ↗ Kolportageroman, der von Hausierern als Massenware an ein einfaches Lesepublikum (Dienstboten) an der Hintertreppe‹ (dem Dienstboteneingang) verkauft wurde.   IS/Red.

HipHop, m. [engl.], auch: *Hip-Hop* oder *Hiphop*; 1. am. Popkultur, die als Subkultur der – vorwiegend jugendlichen – afroam. und hispanischen Stadtbevölkerung in den späten 1970er Jahren entstand; 2. heute meist im engeren Sinne Bez. für einen dieser Bewegung entstammenden, als Tanzmusik verwendeten Musikstil, der sich durch rhythmisch prägnante, mittels Computertechniken erzeugte Klangkreationen mit Vokalbegleitung auszeichnet, allerdings von verwandten Formen (wie *TripHop* usw.) schwer abzugrenzen ist. – In den Anfangsjahren waren für die H.-Bewegung u. a. drei Phänomene kennzeichnend: a) der ↗ *Rap* genannte Sprechgesang, b) die Sprühdosenkunst ↗ *Graffiti* und c) die akrobatische Tanzform *Breakdance*. Zu einem eigenständigen Musikstil, der schwarze Musiktraditionen wie Soul, Funk, Rhythm and Blues, z. T. auch Jazz aufgreift, entwickelt wurde die Musik der H.-Bewegung Mitte der 1980er Jahre zunächst in New Yorker Diskotheken. Konstitutive Elemente des H.s, der ursprünglich – ähnlich wie der Rap – gegen den Mainstream ausgerichtet war und als Sprachrohr politischen Protests genutzt wurde, inzwischen aber zu den einflussreichsten und auch kommerziell erfolgreichsten Strömungen der Unterhaltungsmusik zählt, ist das Zusammenmischen bereits vorhandenen Musikmaterials (meist älterer Rock- oder Soulaufnahmen) mit Rapgesang, der mit einem durch einen Drum-Computer erzeugten Beat unterlegt und mit den Mitteln moderner Studiotechnik gespeichert und weiterverarbeitet wird.

Texte: L. Stavsky: A 2 Z. The book of rap and hip-hop slang. NY 1995.

Lit.: N. George: Hip Hop America. NY 1998. – S. Hager: Hip Hop. The Illustrated History of Break Dancing, Rap Music, and Graffiti. NY 1984. – H. Loh, S. Verlan: H. Arbeitsbuch. Mülheim/Ruhr 2000. – T. Mitchell (Hg.): Global Noise. Rap and Hip-Hop outside the USA. Middletown/Conn. 2001. – A. Sexton (Hg.): Rap on Rap. NY 1995. WHO

Hipponakteische Strophe ↗ Odenmaße.

Hipponakteus, m., antiker Vers der Form $\bar{v}\,\bar{v} - v\,v - v - \bar{v}$, eines der Grundmaße der äolischen Lyrik (↗ äolische Versmaße), ebenso seine achtsilbige akephale Form; die Bez. nach Hipponax, einem ionischen Lyriker (6. Jh. v. Chr.), ist unerklärt, da unter seinem Namen keine Hipponakteen überliefert sind. JK/Red.

Hirtendichtung ↗ Schäferdichtung.

Historie, f. [gr. *istoría* = Erkundung, Wissen(schaft), Erzählung], 1. in der gr. Antike allg. Bez. für empirische Wissenschaft, seit Aristoteles insbes. auch für die Geschichtsschreibung. Im Lat. bezeichnet das Lehnwort *historia* im Unterschied zu ↗ ›Annalen‹ die Darstellung der Zeitgeschichte. – 2. Im Spät-MA. Bez. für beliebte und weit verbreitete, oft unterhaltsamphantastische Erzählungen in Vers oder Prosa, z. B. »H.n von der alden ê« (eine mit Sagen- und Legendengut angereicherte Nacherzählung des AT, Mitte des 14. Jh.s); bes. häufig in den Titeln der ↗ Volksbücher (»Historia von D. Johan Fausten«, 1587). – 3. Dramatische Gattung des ↗ Elizabethanischen Theaters, eine der frühesten Formen des ↗ Geschichtsdramas (engl. *history*); Protagonisten sind meist die Könige der engl. Geschichte (Königsdramen). Blüte Ende des 16. Jh.s; gestaltet in mehrsträngiger Handlungsführung Ereignisse der nationalen Geschichte in chronikartiger Reihung locker gebauter epischer Szenen (daher auch *chronical play*) mit einer großen Zahl ständisch gemischter Personen, die einen Wechsel von hohem und niederem Stil, Vers und Prosa, ernsten und komischen Szenen bedingen. Die H. knüpft damit trotz der stofflichen Neuerung formal an die Stationentechnik mal. Mysterien und Moralitäten an und ignoriert außer der äußerlichen Einteilung in Akte die Forderungen der Renaissancepoetiken, etwa diejenige der ↗ drei Einheiten. – Als Vorläufer der H. gilt J. Bale (»Kynge Johan«, um 1535); auf die erste eigentliche H., »The Famous Victories of Henry V.« (1588), folgen H.n fast aller Dramatiker der elisabethanischen Zeit. Höhepunkt sind W. Shakespeares zehn H.n, unter denen einige (z. B. »Richard III«, 1593; »Henry IV«, zwei Teile, 1597) durch die individualisierende Menschendarstellung und die durch *einen* Charakter geprägte Handlungsführung wesentliche Merkmale der ↗ Tragödie aufweisen.

Lit.: G. Melville: H. In: RLW. – J. Ribner: The English History Play in the Age of Shakespeare. Princeton 1957. IS/Red.

Historienbibel, zu Beginn des 20. Jh.s durch Vollmer geprägte Bez. für dt. Prosatexte, die in freier Bearbeitung den biblischen Erzählstoff relativ vollständig, erweitert um apokryphe und profane Inhalte, aber ohne erbauliche Glossen darbieten. Neben der Vulgata wurden von den durchweg anonymen Bearbeitern v. a. die »Historia Scholastica« des Petrus Comestor (um 1170) und das »Speculum historiale«, aber auch dt. Weltchroniken wie die des Rudolf von Ems und die »Christherre-Chronik« zugezogen. Man unterscheidet zehn voneinander unabhängige Textgruppen, von denen einige in Untergruppen zerfallen und die zehnte den nicht quantifizierbaren Rest zusammenfasst. – Die H.n sind eine Erscheinung des 15. Jh.s, aus dem über hundert Hss. erhalten sind, die diese Textsorte enthalten. Sie kamen dem steigenden Bedürfnis entgegen, die biblischen Heilsereignisse in der Volkssprache zu rezipieren. Obwohl die H.n über weite Strecken den Text der Vulgata übersetzten, koordinierten sie für ihr Publikum widersprüchliche Angaben und stellten heilsgeschichtliche Zusammenhänge her. Dem alttestamentlichen Teil der Gruppen Ib, IIa und IIc wurde z. B. eine ↗ Prosaauflösung des neutestamentlichen (apokryphen) ›Marienlebens‹ Bruder Philipps zugefügt. Einige ↗ Skriptorien scheinen sich auf die serielle Herstellung der umfangreichen Textsorte spezialisiert zu haben. Die Hagenauer Werkstatt Diebold Laubers (seit 1420) kompilierte ein umfängliches Bildprogramm. Obwohl sich die H. als ›Verbrauchstext‹ größter Beliebtheit erfreute, fand sie nur punktuell Anschluss an den ↗ Buchdruck.

Lit.: U. v. Bloh: Die illustrierten H.n. Bern u. a. 1991. – A. Rapp: »bücher gar hubsch gemolt«. Bern u. a. 1996. – H. Reinitzer (Hg.): H. (Staats- und UB Hamburg Cod. 7 in Scrinio). Mchn. 1988. – H. Vollmer: Ober- und Mitteldt. H.n. Bln. 1912. – Ders.: Niederdt. H.n und andere Bibelbearbeitungen. Bln. 1916. – Ders.: Die Neue Ee. Eine neutestamentliche H. Bln. 1929. CF

Historische Erzählung, 1. fiktionaler Prosa- oder Vers-Text mittleren Umfangs mit partiell historischem Stoff. Die h. E. bildet keine ↗ Gattung im Sinne einer lit. Institution, sondern eine Textsorte, die sich mit verschiedenen Gattungen wie der ↗ Novelle oder epischen Kurzformen wie ↗ Anekdote oder ↗ Kalendergeschichte

verbinden kann. Die h. E. wird meist mit dem ↗ historischen Roman parallelisiert und zugleich von ihm abgegrenzt. Dem geringeren Umfang der h.n E. korrespondiert ihre weniger verzweigte Handlung. Nicht geringer ist dagegen die narrative Komplexität der h.n E.; beliebt sind ↗ Rahmenerzählungen und Dokumentfiktionen. Die h. E. kann jedoch auch der narrativ anspruchslosen Vermittlung von Geschichtswissen dienen, indem fiktive Figuren in historischer Kulisse die Lebensweise vergangener Epochen vorführen (W. H. Riehl: »Kulturgeschichtliche Novellen«, 1856). Anders als der historische Roman treten h. E.en schon vor dem ↗ Historismus auf (an dessen Anfängen steht H. v. Kleist: »Michael Kohlhaas«, 1810) und sind nicht auf verbindliche Strukturelemente wie den ›mittleren Helden‹ festgelegt. Als Höhepunkt der h.n E. in der dt.sprachigen Lit. gilt die Epoche des poetischen Realismus, bes. in der Schweizer Lit. (J. Gotthelf, G. Keller, C. F. Meyer). Die inhaltliche und formale Unbestimmtheit der h.n E. ermöglicht ihre Aktualisierung mit wechselnden Funktionen bis in die Gegenwart (z. B. W. G. Sebald: »Die Ausgewanderten«, 1992).
2. Die Grundannahme der diskursorientierten Geschichtstheorie, dass Geschichte kein objektiv gegebener Tatbestand, sondern eine diskursive Konstruktion ist, also in narrativen Textstrukturen repräsentiert, ja allererst durch sie konstituiert wird. Die Erzählung wird als die Struktur angesehen, in der Geschichte entsteht, weil ihre syntagmatische Folgerichtigkeit ein Geschehen als kohärenten, motivierten Prozess erscheinen lässt. Diese Funktion erfüllen nicht allein historiographische, sondern auch lit. Erzählungen. Da nicht die vermittelnde Darbietung durch einen Erzähler (*discours*), sondern die Kohärenzbildung in der erzählten Geschichte (*histoire*) im Zentrum dieses Begriffs von Erzählung steht, können sogar Darstellungsformen wie das ↗ Drama darunter fallen.
Lit.: P. Ricœur: Zeit und Erzählung. Bd. 1: Zeit und h. E. [frz. 1983]. Mchn. 1988. – S. S. Tschopp: Die Geburt der Nation aus dem Geist der Geschichte. Historische Dichtung Schweizer Autoren des 19. Jh.s. Tüb. 2004.   DF

Historische Ideenlehre ↗ Ideengeschichte (1).

Historischer Kalender ↗ Kalendergeschichte.

Historischer Reim, Reimbindung, zur Zeit des Dichters rein war, durch die spätere Sprachentwicklung aber unrein geworden ist; begegnet bes. in engl. und frz. Dichtung, vgl. z. B. bei Shakespeare ›proved : loved‹ (im 16. Jh. pru:vd : lu:vd gesprochen), heute zum Augenreim (einem nur noch optisch, nicht klanglich realisierten Reim) geworden.   GS/Red.

Historischer Roman, Romantypus, in dem eine (partiell) fiktive Handlung als Teil eines als Geschichte bekannten Geschehens erzählt wird. Als fiktionale Großerzählung zeichnet sich der historische Roman meist durch die scheinbar bruchlose Integration von fiktiven und historischen Handlungsbestandteilen sowie lit. und historiographischen Darstellungstechniken, zu

nehmend aber auch durch deren Gegeneinanderführung und Problematisierung aus. Die Vielfalt seiner Formen beruht auf der Anknüpfung an Erzählkonventionen anderer Romantypen (wie ↗ Kriminalroman, ↗ Abenteuerroman, ↗ Schelmenroman, ↗ Bildungsroman oder ↗ Gesellschaftsroman), auf der (manchmal fingierten) Integration von historischen Quellen sowie auf der Realisierung verschiedener ›Funktionstypen‹ (Unterhaltung, historisch-politische Didaxe, narratives Experiment). Die Imaginationslizenz der lit. ↗ Fiktion gilt nur eingeschränkt; Änderungen historischer Fakten und fiktive Ergänzungen dürfen nicht mit dem historischen Wissen der Rezipienten kollidieren, es sei denn, dass ein ↗ Verfremdungseffekt erzielt werden soll. Was als historisch gilt, hängt vom Geschichtsbild der Autoren und Leser ab. Genau genommen orientiert sich der historische Roman nicht an der Geschichte im Sinne von ›vergangenem Geschehen‹, sondern an der Geschichte als ›Disziplin des Wissens darüber‹, die ihrerseits historischem Wandel unterliegt. Die Abhängigkeit von der Historiographie zeigt sich auch in der teils abgrenzenden, teils imitativen Auseinandersetzung mit deren Erzählweisen. Gegenüber der Historiographie beansprucht der historische Roman meist eine ›Verlebendigung‹, d. h. eine anschauliche, oft psychologisierende und deshalb Identifikationsmöglichkeiten eröffnende Darstellung von Geschichte. Geschichte (als Geschehen) setzt der historische Roman als einen Prozess voraus, der die Gegenwart aus der Vergangenheit herleitet und in die Zukunft weiterführt. Die Erzählung von Vergangenheitsgeschichten wird daher als aktuell relevant angesehen. – Auf vor Ende des 18. Jh.s entstandene Romane wird der Begriff nur selten angewandt, obwohl bereits der ↗ höfische Roman des ↗ Barock ein genuines Interesse an der Modellierung von Geschichtsbildern kennt (D. C. v. Lohenstein: »Arminius«, 1689 f.). Denn erst in der späten ↗ Aufklärung bildeten sich zwei entscheidende Voraussetzungen der Gattung heraus: die moderne Auffassung von Geschichte als eigengesetzlichem Prozess sowie eine institutionell abgesicherte Unterscheidung zwischen methodisch zu ermittelnder historischer Wahrheit und dieser gegenüber autonomer lit. Fiktion. Als Prototypen der Gattung gelten die historischen Romane W. Scotts (»Waverley«, 1814; »Ivanhoe«, 1819), bes. wegen der Etablierung der meist fiktiven Figur des ›mittleren Helden‹, der ein Stück Geschichte aus der Perspektive eines von historischen Ereignissen Betroffenen oder des Begleiters einer historischen Persönlichkeit erlebt. Eine erste Welle h. R. mit dieser Erzähltechnik gab es in Deutschland allerdings schon vor Scott (B. Naubert). In der gattungsästhetischen Reflexion der 1790er Jahre wird der – schon ›h. R.‹ genannte – Romantypus freilich noch nahe an die Historiographie gerückt, da beide dem Wahrscheinlichkeitsprinzip unterworfen seien. Weitere frühe Beispiele des historischen Romans sind: A. v. Arnim: »Die Kronenwächter« (1817); A. de Vigny: »Cinq-

Mars« (1826); A. Manzoni: »I promessi sposi« (›Die Verlobten‹, 1827). Vorbedingung des enormen Publikumserfolgs im 19. Jh. war die in den nationalen Erhebungen gegen Napoleon erfahrene Macht der Geschichte, auf die viele historische Romane durch politische Gesinnungsbildung einzuwirken versuchten (W. Alexis, G. Freytag, H. Sienkiewicz). Höher geschätzt werden heute Texte, die Gegenbilder zu einem zerstörerischen Geschichtsprozess entwerfen (A. Stifter: »Witiko«, 1865–67), den historischen Roman zum realistisch-kritischen Gesellschaftsroman ausbilden (L. Tolstoj: »Vojna i mir« [›Krieg und Frieden‹], 1868 f.), die Perspektivität ihrer Geschichtskonstruktion durch einen gespaltenen Erzähler ausstellen (W.M. Thackeray: »The History of Henry Esmond«, 1852) oder den historischen Stoff ästhetisch ausbeuten (G. Flaubert: »Salammbô«, 1862). Zugleich werden Experimente zur Integration lit. und historiographischer Verfahren unternommen, etwa in einer fingierten Chronikedition (W. Meinhold) oder im ›Professorenroman‹ mit Anmerkungsapparat (J. V. v. Scheffel, G. Ebers). Die lit. Moderne stand dem historischen Roman einerseits kritisch gegenüber, trug andererseits aber wesentlich zu seiner Weiterentwicklung bei, u. a. durch Entgrenzung der geschichtsepischen Einbildungskraft sowie durch Montage- und Verfremdungstechniken (A. Döblin: »Wallenstein«, 1920). Die Autoren der Emigration (auch der ›inneren‹) schätzten den historischen Roman, weil historische Stoffe bes. dazu geeignet sind, Zeitkritik zu verschlüsseln oder politischen Idealen (gewesene) Wirklichkeit zu verleihen. Die avanciertesten historischen Romane – in der Nachkriegszeit z. B. C. Simons »La route des Flandres« (1960) oder A. Kluges »Schlachtbeschreibung« (1964/78) – führen die Gattung insofern in eine neue Dimension, als sie Zeiten und Räume konfundieren, die dargestellte Geschichte partiell phantastisch werden lassen oder ›unmögliche‹ Perspektiven auf sie bieten sowie neuartige Subjekt- und Geschichtsmodelle entwerfen. In der ↗›Postmoderne‹ wird der historische Roman begünstigt durch ein wieder wachsendes historisches Interesse (U. Eco: »Il nome della rosa«, 1980). Ein für die gesellschaftliche Selbstverständigung nach 1945 zentraler Geschichtsbereich bildet den Gegenstand der ↗Holocaust-Lit. als einer Textgruppe mit Sonderproblemen und -normen (Zeugenschaft, ›Darstellungsverbot‹). Überhaupt scheint die Geschichtslast des Nationalsozialismus eine Ursache dafür zu sein, dass die dt.sprachige Gegenwartslit. weder die spielerische Freiheit noch die Fülle von formalen wie geschichtsbildlichen Experimenten aufweist, die den anglophonen historischen Roman auszeichnen (J. Barnes, Th. Pynchon, S. Rushdie, G. Swift). – Nach wichtigen Forschungsbeiträgen in den 1970er Jahren (Geppert) verweisen neuere, vom *linguistic turn* in der Geschichtstheorie beeinflusste Studien auf die Narrativität der Geschichte, die nie objektiv gegeben sei, sondern stets diskursiv konstruiert werde.

Lit.: H. Aust: Der historische Roman. Stgt. 1994. – C. Bernard: Le passé recomposé. Paris 1996. – H. Eggert: H.R. In: RLW. – H.V. Geppert: Der »andere« historische Roman. Tüb. 1976. – B. Hey'l: Geschichtsdenken und lit. Moderne. Tüb. 1994. – G. Lukács: Der historische Roman [russ. Übers. 1938, dt. Original 1955]. Neuwied, Bln. 1965. – F. Lampart: Zeit und Geschichte. Würzburg 2002. – M. Meyer: Die Entstehung des historischen Romans in Deutschland und seine Stellung zwischen Geschichtsschreibung und Dichtung. Diss. Mchn. 1973. – H. Müller: Geschichte zwischen Kairos und Katastrophe. Ffm. 1988. – A. Nünning: Von historischer Fiktion zu historiographischer Metafiktion. 2 Bde. Trier 1995. – I. Schabert: Der historische Roman in England und Amerika. Darmstadt 1981.　　DF

Historisches Drama ↗Geschichtsdrama.

Historisches Lied, auch: historisches Volkslied, Einzel- oder Gemeinschaftslied meist anonymer Verfasser, das von zeitgenössischen Ereignissen berichtet, um diese (häufig unter Hervorhebung einzelner Personen) chronistisch zu dokumentieren (Berichtslied), parteinehmend zu werten (Parteilied) oder zum Geschichtsmythos zu erhöhen (Preislied). Kriege, Schlachten, Siege (seltener Niederlagen, vgl. Lieder zum Bauernkrieg 1525), Krönungen und Totenklagen sind die wichtigsten Themen der historischen Lieder, in denen oft Episoden- und Anekdotenhaftes dem zentralen historischen Geschehen des jeweiligen Stoffes vorgezogen wird. Die im 19. Jh. fixierte Bez. ›historisches Volkslied‹ ist trotz der Verfasseranonymität und gelegentlich ›zersungener‹ Überlieferung des mündlich und auf Flugblättern tradierten Liedgutes fragwürdig, auch wenn einzelne historische Lieder die Popularität von Volksliedern erreichten. Dem historischen Lied im weiteren Sinne können auch jene Lieder zugerechnet werden, die kein punktuelles historisches Ereignis thematisieren, jedoch in bestimmten historischen Situationen politische Bedeutung besaßen: Reformationschoräle, Nationalhymnen und Kampflieder. – Schon Tacitus (»Annalen« II, 88) berichtet von historischen Liedern der Germanen über den Cheruskerfürsten Arminius; die ältesten Zeugnisse dieser Gattung jedoch sind erst aus christlicher Zeit erhalten. Ab dem 14. Jh. setzt eine breitere Überlieferung der zeitgeschichtlichen Lieder ein. Strophische Form, auch als Umdichtung bekannter Kirchen-, Volks- u.a. Lieder, balladesk-erzählende Diktion und oft auch moralisierende und gebetsähnliche Schlüsse kennzeichnen das historische Lied des 16. und 17. Jh.s.

Texte: A. Hartmann (Hg.): Historische Volkslieder und Zeitgedichte vom 16. bis zum 19. Jh. 3 Bde. Mchn. 1907–13. – R. v. Liliencron: Die historischen Volkslieder der Dt. vom 13.–16. Jh. 4 Bde. Lpz. 1865–69.
Lit.: K. Kellermann: Abschied vom ›historischen Volkslied‹. Tüb. 2000. – G. Kieslich: Das historische Lied als publizistische Erscheinung. Münster 1958. – D. Sauermann: Historische Volkslieder des 18. und 19. Jh.s. Münster 1968.　　ADM

Historisches Präsens, n. [lat. *praesens historicum*], vereinzelte Gegenwartsformen in sonst im ↗ epischen Präteritum verfassten Erzählungen. Das historische Präsens ist eine sog. ›Tempus-Metapher‹ (Weinrich, S. 205). Durch die zeitliche Angleichung des Erzähler- und des Figurenstandpunktes erscheinen die Personen stärker als Handelnde, d. h., es wird bes. in ergreifenden Szenen größere Lebendigkeit und dramatische Veranschaulichung erzeugt.
Lit.: J. H. Petersen: Erzählen im Präsens. In: Euph. 86 (1992), S. 65–89. – H. Weinrich: Tempus [1964]. Mchn. ⁶2001.   HHS/DP

Historisches Volkslied ↗ historisches Lied.

Historisch-kritische Ausgabe, ↗ Edition eines Schriftwerkes, welche die verschiedenen authentischen ↗ Fassungen und ↗ Varianten eines Textes von den frühesten ↗ Entwürfen bis zur ↗ Ausgabe letzter Hand vollständig präsentiert und dadurch ein Bild der Entstehungsgeschichte liefert (↗ Textgenese; ↗ Textgeschichte); im Unterschied zur ↗ kritischen Ausgabe, die sich auf eine Auswahl der überlieferten Fassungen und Varianten beschränkt. ↗ Editionstechnik, ↗ Textkritik.   HHS/Red.

Historismus, m., selten auch: Historizismus; eine die Moderne prägende Denkweise des 19. und 20. Jh.s, die ein eigenes wissenschaftliches und ästhetisches Verfahren hervorgebracht hat. Zu unterscheiden sind eine weitere und eine engere Bedeutung: 1. H. im weiteren Sinne ist eine geistesgeschichtliche Strömung, die von einer vielfältigen Wirkung historischen Wissens und Denkens auf die Vorstellungen vom Menschen und seiner je individuellen Existenz ausgeht und auf Architektur, Musik, bildende Kunst, Lit. und Wissenschaft gleichermaßen gewirkt hat. Als Folgephänomene des so verstandenen H. können seit F. Nietzsche (»Vom Nutzen und Nachtheil der Historie für das Leben«, 1874) und W. Dilthey (»Rede zum 70. Geburtstag«, 1903) der Relativismus und der Positivismus gesehen werden. – 2. ›H.‹ im engeren Sinne bezeichnet die Auswirkung dieser Denkweise auf das wissenschaftliche Vorgehen der historischen Disziplinen (bes. Geschichtswissenschaft, Jurisprudenz, Theologie, Philologien) und die damit zusammenhängende Methodenbildung in den ›historischen Schulen‹ dieser Fächer (F. C. Savigny, L. v. Ranke, J. G. Droysen), z. B. Quellenkritik und Ideenlehre. – Ausgehend vom weiteren H.-Begriff kann in der Lit. von drei verschiedenen Formen einer ästhetischen Umsetzung historistischer Vorstellungen und Verfahrensweisen gesprochen werden: Der *historiographische* H. erkennt in geschichtlichen Stoffen seinen vorzüglichen Gegenstand (z. B. die ↗ historischen Romane von W. Scott, F. Dahn und G. Freytag). Der *simulierende* H. sucht geschichtliche Textverfahren zu imitieren oder zu rekonstruieren (so die Epen von C. Spitteler: »Olympischer Frühling«, 1900–05, und P. Ernst: »Kaiserbuch«, 1922–28). Historische Stile werden im 19. Jh. bes. in Musik, Baukunst und bildender Kunst aufgegriffen. Der *technische* H. setzt

in seinen Texten Verfahren ein, die Parallelen zum wissenschaftlichen H. erkennen lassen: Er sammelt, katalogisiert, segmentiert und individualisiert sogar einzelne Lexeme, während übergeordnete Zusammenhänge wie Satz und Text an Sinn verlieren (G. Flaubert: »Salammbô«, 1863; J.-K. Huysmans: »À rebours«, 1884; A. Holz: »Phantasus« 1898, erw. 1916, 1924; Th. Däubler: »Die Schraube«, 1916). Dieses Verfahren der avantgardistischen Lit. im Zeichen des H. hat F. Nietzsche bereits in »Der Fall Wagner« (1888) sich ausdrücklich auf die lit. ↗ Décadence beziehend, beschrieben und kritisiert. – Über den Beginn des H. gibt es unterschiedliche Ansichten: Z. T. wird er generalisierend mit der im 18. Jh. gefestigten Einsicht in die Geschichtlichkeit des Menschen, z. T. mit J. G. Herders Entwicklungsgedanken oder W. v. Humboldts Grundlegung einer historischen Wissenschaft verbunden. Als Begriff taucht ›H.‹ kurz vor 1800 bei F. Schlegel und Novalis auf, die ihn als Relativierung des Rationalen verstehen. Mit L. Feuerbachs Schrift »Über das Wunder« (1839), in der die Überbewertung des Faktischen kritisiert wird, setzt die eigentliche H.-Diskussion ein. Im 19. Jh. wird sie einerseits in den historischen Disziplinen selbst, dann aber auch verstärkt in der Philosophie – meist in Auseinandersetzung mit G. W. F. Hegel – weitergeführt (K. Marx und F. Engels, F. Nietzsche, J. Burckhardt, W. Dilthey). Als Höhepunkt der H.-Debatte in Deutschland kann die erste Hälfte des 20. Jh.s gelten (M. Weber, E. Troeltsch, F. Meinecke), wobei der H. nicht nur angegriffen, sondern auch kritisch weitergedacht wird. Nach 1945 knüpfen nicht nur die Geschichtswissenschaft (vgl. Oexle; Rüsen), sondern auch wichtige Strömungen der Lit.- und Kulturwissenschaft an den wissenschaftlichen H. an, z. B. der ↗ ›New Historicism‹ und die ›lit. Anthropologie‹.
Lit.: F. Aspetsberger: Der H. und die Folgen. Ffm. 1987. – M. Baßler u. a.: H. und lit. Moderne. Tüb. 1996. – D. Fulda: H. in allen Gestalten. In: Rechtshistorisches Journal 16 (1997), S. 188–220. – D. Fulda, S. S. Tschopp (Hg.): Lit. und Geschichte. Bln. 2002. – L. Köhn: Die Überwindung des H. In: DVjs 48 (1974), S. 704–766 und 49 (1975), S. 94–165. – J. Le Rider: H. v. Hofmannsthal. H. und Moderne in der Lit. der Jh.wende. Wien u. a. 1997. – D. Niefanger: Produktiver H. Tüb. 1993. – Ders.: H. In: HWbRh. – O. G. Oexle: Geschichtswissenschaft im Zeichen des H. Gött. 1996. – O. G. Oexle, J. Rüsen (Hg.): H. in den Kulturwissenschaften. Köln 1996. – J. Rüsen: Konfigurationen des H. Ffm 1993. – M. Schlott: H. In: RLW. – H. Tausch (Hg.): H. und Moderne. Würzburg 1996. – A. Wittkau: H. Gött. 1992. – G. Wunberg: Unverständlichkeit. H. und lit. Moderne. In: Hofmannsthal-Jb. 1 (1993), S. 309–350.   DN

Historizismus ↗ Historismus.

History of Ideas ↗ Ideengeschichte (2).

Histrione, m. [lat. *histrio* = (fahrender) Schauspieler], offenbar aus dem Etruskischen *ister* abgeleitete Bez. für den Aufführungskünstler, zunächst für die Akteure des röm. Theaters der Frühzeit (bereits während der Pestepidemie von 364 v. Chr. sollen ↗ Ludi unter Beteiligung etruskischer Schauspieler aufgeführt worden sein). Die röm. H.n waren in der Regel Freigelassene oder Sklaven. Sie wurden als organisierte Truppe vom Magistrat angemietet und von einem Spielleiter angeführt, der Regie führte und sie am Gewinn beteiligte. – Frühe mal. Traditionen glossieren den Begriff ›H.‹ mit *louffo*, *hâzus* oder *wefâri*, was noch auf Trickkünstler und Seiltänzer deutet (↗ Joculator). Seit dem Hoch-MA. konnten aber auch Spruchdichter als ›H.n‹ tituliert werden. Mit dem ↗ Spielmann ist der H. nur zu identifizieren, wenn man ihn nicht zum Verfasser der ↗ Spielmannsdichtung erhebt.   CF

Hochdruck ↗ Druck.

Hochkultur ↗ Kultur.

Hochlandliteratur ↗ Dorfgeschichte.

Hochliteratur [lat. *littera* = Buchstabe], auch: Höhenkammlit.; Klasse von lit. Texten, der in Abhängigkeit von entweder impliziten oder expliziten Normen der Wertung (↗ lit. Wertung) eine vorrangige Geltung von relativer Dauerhaftigkeit zugesprochen wird. Lit. Texte von behauptetem oder begründetem Rang werden erst durch fortdauernde Wirkung von institutioneller Vermittlung und kultureller Autorität (z. B. durch Schule, Universität, Textsammlungen, ↗ Lit.kritik, Verlagspolitik) zu H. (↗ Kanon). Der Ausdruck ›H.‹ ist der Vermischung von deskriptiven und evaluativen Elementen wegen aus der Fachsprache der Lit.wissenschaft weitgehend ausgeschieden. Das wechselseitige Konstitutionsverhältnis, das H. und die Identität einer Kultur unterhalten, ist sowohl gegeben als auch umstritten. Gegensätze: ↗ Triviallit., ↗ Schundlit. Die Summe der H.en verschiedener Sprachen wird als ↗ ›Weltlit.‹ bezeichnet.   BM

Hochsprache, auch: Gemein-, Verkehrs- oder Standardsprache; die vorbildhafte, normierte Form einer Nationalsprache. Basiert im Dt. auf der ostmitteldt. Verkehrs- (= Sprech-) und Kanzlei- (= Schreib-)Sprache des 16. Jh.s und wird im Ggs. zu den überwiegend nur gesprochenen Mundarten durch Sprachpflege (seit den ↗ Sprachgesellschaften und ↗ Akademien des 17. Jh.s) überprüft und den veränderten Sprachverhältnissen angepasst. Maßstab sind Sprachgefühl und Sprachgebrauch. Regeln und Gesetze für Sprachrichtigkeit (z. B. für Wortschatz, Semantik, Morphologie, Syntax) sind in normativen, synchronen Grammatiken fixiert (z. B. Duden-Grammatik). Die H. lässt verschiedene stilistische Varianten und Schichten zu und bestimmt u. a. die Sprache der Publizistik, der Schule, der Wissenschaft und der Medien, wobei für die gesprochene H. traditionell ebenfalls eine normierte Ausspracheregelung besteht (Bühnenaussprache, Hochlautung, Aussprache der Nachrichtensprecher). – Die Normen der H. waren bis zur Mitte des 19. Jh.s hauptsächlich beeinflusst von der Sprache der Lit. Heute dagegen hat die Umgangssprache entscheidenden Einfluss auf sprachliche Neuerungen in der H. und der Lit. Die ↗ Dialektlit. entzieht sich den Normierungen der H. ganz. – Die Bez. ›H.‹ wird nicht durchgehend in gleicher Bedeutung verwendet; oft wird sie gleichbedeutend mit ↗ ›Schriftsprache‹ gebraucht. In der Linguistik wird meist statt von ›H.‹ von ›Standardsprache‹ gesprochen.   GS/Red.

Hochzeitslied, auch: Hochzeitsgedicht; Sammelbez. für verschiedene lyrische Genres, die eine Eheschließung zum Anlass haben, also zur ↗ Gelegenheitsdichtung zählen: ↗ Brautlied; gr. ↗ Hymenaeus; lat. *Epithalamium*; als spöttische Variante die altit. ↗ *Feszenninen*.
                    Red.

Hodoeporicon, n. [von gr. *hodoipórikos* = zur Reise gehörend, aus *hodós* = Weg, Reise; *póros* = Straße, Hilfsmittel], Pl. *Hodoeporica*; gräzisierende Bez. für lat., oft in Versen verfasste ↗ Reiseberichte über vom Autor selbst unternommene Reisen in für ihn geographisch ferne Gebiete. Wichtige Bestandteile des H.s sind die Beschreibung von Anlass, Umständen (z. B. Reisegefährten) und Verlauf der Reise sowie von Land und Leuten, aber auch die Schilderung von subjektiven Eindrücken und Erlebnissen während der Reise. Unter den in Antike und lat. MA. vielfältigen Darstellungen von Reisen werden nur wenige als ›H.‹ bezeichnet, etwa das verlorene H. in Hexametern von Laktanz (290–300 n. Chr.) oder das ebenfalls verlorene »Odoporicum« des Reichenauer Abtes Haito über seine Gesandtschaft nach Konstantinopel (811). Aus dem ↗ Humanismus der ↗ Frühen Neuzeit und des ↗ Barock stammen dagegen zahlreiche Hodoeporica, die in Form und Inhalt antiken Vorbildern nacheifern und in denen sich eigenes Erleben und Gelehrsamkeit vermischen. – Verwandte Form: ↗ Itinerarium.

Lit.: J. Richard: Les récits de voyages et de pèlerinages. Turnhout 1981. – H. Wiegand: Hodoeporica. Baden-Baden 1984. – Ders.: H. In: RLW.   DW

Hofdichter, 1. im engeren Sinn Bez. für Literaten des 16.–18. Jh.s, die an Fürstenhöfen eine Dauerstellung innehatten, die sie im Kreis höfischer Architekten, Gartenbaumeister, Maler, Musik- und Tanzmeister, Pyrotechniker, Fecht- oder Reitlehrer, Astrologen und Historiographen ausübten. – Das Aufkommen der H. wurde durch Modernisierungsschübe in der it. ↗ Renaissance und im frz. Absolutismus begünstigt, die den Hof bürgerlichen Amtsträgern und damit studierten Intellektuellen mit künstlerischen Neigungen öffneten. Renaissance-Autoren wie T. Tasso (1544–95) sowie die großen Dramatiker des frz. ↗ Klassizismus (P. Corneille, J. Racine, Molière) können als H. angesehen werden. Im dt. Absolutismus frz. Prägung gab es H. z. B. in den Residenzen Berlin, Dresden und Wien; Autoren mit europäischer Wirkung wie G. W. Leibniz und Voltaire ließen sich jedoch nicht auf Dauer an einen der dt. Höfe binden. – Der Aufgabenbereich der H. bestand zunächst v. a. darin, den Ablauf höfischer Feste zu organisieren und zu überwachen. Als Gelegenheitsdichter traten sie an Geburtstagen, Begräbnissen und Feiertagen hervor (↗ Enkomion, ↗ Epicedium);

sie schrieben aber auch Schauspiele oder konzipierten die Rolle des Monarchen, der im Ballett mittun wollte. Handbücher wie N. Boileaus »Art poétique« (1674) oder U. Königs »Untersuchung von dem guten Geschmack in der Dicht- und Redekunst« (1727) dienten der Orientierung. Da das Amt eine sehr weitgehende Ausrichtung der Lit. auf den Herrscher vorsah, überlebte es den Niedergang der Monarchie nicht. Nur das britische Königshaus leistet sich noch bis heute eine Art H. (↗Poeta laureatus). – 2. Im weiteren Sinn oft unspezifisch gebrauchte Bez. für Autoren aller Zeiten, die in einem engeren Verhältnis zu einem Herrscherhaus standen. In Hofordnungen der Zeit vor 1500 finden sich jedoch keine Hinweise auf eine Verstetigung des H.-Amtes. Eine Übertragung des Begriffs auf frühneuzeitliche oder mal. Poeten, die sich allenfalls vorübergehend bei Hof aufhielten (z. B. Reinmar, Walther von der Vogelweide, Neidhart), ist unpraktisch, da sonst nahezu die gesamte Lit. dieser Epochen als ↗›Hofdichtung‹ zu bezeichnen wäre. Auch die Berater an Fürstenhöfen der ↗Frühen Neuzeit, die häufig als Prinzenerzieher wirkten (so noch Ch. M. Wieland seit 1772 am Weimarer Hof), sind von institutionalisierten H.n abzugrenzen. Ebenso wenig ist es sinnvoll, die berufliche Tätigkeit J. W. Goethes als Minister in Weimar seit 1776 als H.-Existenz zu rubrizieren. Goethe hat jedoch in seinem Drama »Torquato Tasso« (1790) die Problematik des H.s grundsätzlich zur Sprache gebracht.

Lit.: R. Haller: H. In: RLG. – F. Reckow (Hg.): Die Inszenierung des Absolutismus. Erlangen 1992. – E. Widder: Hofordnungen. In: VL, Bd. 11. CF

Hofdichtung, unscharfe Sammelbez. für Texte, welche die Normen höfischer Standes- und Lebensideale und monarchischer Strukturen repräsentieren und propagieren oder Fürsten verherrlichen; ferner auch für den politisch-kulturellen Kontext dieser Lit. Zu unterscheiden von ›H.‹ ist die spezifischere Bez. ↗›höfische Dichtung‹, die in der Regel nur auf die an den europäischen Fürstenhöfen des 11.–13. Jh.s entstandene Lit. bezogen wird. – H. entsteht vorwiegend an den Höfen selbst, z. T. als Auftragsdichtung von ↗Hofdichtern, z. T. von Außenstehenden, die Ruhm, Förderung oder Dotationen erwerben wollten. H. ist vorwiegend ↗Gelegenheitsdichtung anlässlich höfischer Ereignisse. Kennzeichnend sind der direkte Bezug auf das jeweilige Herrscherhaus, die Benutzung der in rhet. Lehrbüchern tradierten panegyrischen Phraseologie und Lobtopik, die Verwendung der ↗Allegorie, bes. in mythologischer Einkleidung (v. a. zur Herrscher-↗Apotheose). Neben lyrischen und panegyrischen Gattungen (↗Panegyrikus, ↗Eloge, ↗Enkomion, ↗Epideixis) ist das historische ↗Epos (zur Darstellung der göttlichen oder heroischen Herkunft des Herrscherhauses) beliebt; seit der ↗Renaissance treten ↗Eklogen, Sing- und Schäferspiele, ↗Intermezzi, ↗Trionfi, ↗Opern und ↗Festspiele hinzu. Lit. bedeutsam – allerdings auch die Grenzen der H. sprengend – sind die

Werke T. Tassos und G. B. Guarinis sowie die »Faerie Queene« (1590) von E. Spenser. – H. findet sich bereits an den hellenistischen Königshöfen, wo unter orientalischen Einflüssen auch der Formelschatz ausgebildet wurde, sodann in der röm. Kaiserzeit (z. B. Senecas panegyrischer und zugleich pädagogischer ↗Fürstenspiegel »De clementia«), im gesamten MA. (z. B. das lat. H. des Venantius Fortunatus am Hofe der Merowinger, 6. Jh., und diejenige des Archipoeta am Stauferhof, 12. Jh.), an den Höfen der Renaissance (F. Filelfo: »Sphortias«, ein Epos über die Sforzas) und erreicht eine Blüte im europäischen ↗Barock (in Deutschland z. B. J. U. v. König: »August im Lager«, 1731). – Der kulturhistorische Wert der H. besteht v. a. darin, dass sie das ideale Herrscherbild der jeweiligen Epoche spiegelt. IS/Red.

Höfische Dichtung, Dichtung, die von einem (Fürsten-)Hof in Auftrag gegeben wird und sich formal und inhaltlich an den Vorstellungen und Werten der Adelsgesellschaft orientiert. H. D. ist damit Ausdruck einer neuen laikalen Kultur des Feudaladels, der seit dem 11. Jh. zunächst in Frankreich ein eigenes ständisches Selbstbewusstsein entwickelt. In Deutschland entsteht h. D. als in Versen verfasste volkssprachige Lit. an den Höfen der Staufer und den Fürstenhöfen in Thüringen und Österreich vom letzten Drittel des 12. bis zur Mitte des 13. Jh.s. Die höfische Signatur einzelner Inhalte kann mitunter nur durch einen Vergleich mit konkurrierenden Sinngebungsmodellen wie Kanonistik oder Theologie bestimmt werden. Sosehr sich feudaladlige höfische Kultur von klerikaler Kultur absetzt, so sehr teilen die Autoren der h.n D. Bildungshorizont und -voraussetzungen geistlicher Autoren. Höfische und klerikale Kultur sind daher nicht zwingend als dichotomische Größen zu verstehen. Eine teilgruppenspezifische Identifizierung der Träger und Adressaten h.r D. im Kontext feudaladliger Kultur ist kaum möglich. – Thema der h.n D. ist die Vervollkommnung des Ritters in der Welt und vor Gott, aber auch die Frage nach dem Proprium höfischer Kultur in der Begegnung mit dem Fremden. Das zeigt sich in den beiden Hauptformen h.r D., im ↗Minnesang und im ↗höfischen Roman. Beide werden aus Frankreich übernommen, die provenz. ↗Trobadorlyrik und der *roman courtois* bestimmen die bereits weitgehend schriftlit. organisierte Lit.produktion in Deutschland um 1200. Neben dem mündlichen Vortrag dieser Dichtung, der auch lit. reflektiert wird, ist vereinzelt bereits stille Lektüre belegt. Höfische Wertvorstellungen beeinflussen das bis um 1200 mündlich tradierte ältere ↗Heldenepos und auch die geistliche Lit. des Hoch-MA.s. Die sog. nachklassische Lit. des 13. Jh.s greift vielfach spielerisch auf Formen und Sujets der h.n D. zurück und bildet über die freie Kombination verfügbarer Versatzstücke aus der h.n D. eine die Literarizität der Dichtung betonende Ästhetik aus.

Lit.: J. Fleckenstein (Hg.): Curialitas. Gött. 1990. – Ders.: Rittertum und ritterliche Welt. Bln. 2002. –

H. Haferland: Höfische Interaktion. Mchn. 1988. – C. St. Jaeger: Die Entstehung der höfischen Kultur. Bln. 2001. – G. Kaiser, J.-D. Müller (Hg.): Höfische Lit. Hofgesellschaft. Höfische Lebensformen um 1200. Düsseldorf 1986. – U. Peters: Mal. Lit. am Hof und im Kloster. In: N. F. Palmer, H. J. Schiewer (Hg.): Mal. Lit. und Kunst im Spannungsfeld von Hof und Kloster. Tüb. 1999, S. 167–192. – U. Schulze: Höfische Klassik. In: RLW.   BQ

Höfische Dorfpoesie, auf ein höfisches Publikum zugeschnittene Darstellung bäuerlichen Lebens. Die Bez. prägte K. Lachmann für Neidharts Lyrik (vgl. seine Walther-Ausgabe von 1827, Anm. zu 65, 32). Nur selten wird sie auf andere mal. Autoren, v. a. Nachahmer Neidharts, angewendet.   GS/LI

Höfischer Roman, erzählende Großform der ⁄ höfischen Dichtung des MA.s, die vom gleichzeitigen ⁄ Heldenepos durch Stoff, Form und Sprache deutlich geschieden ist. Auftraggeber und Mäzene sind Fürsten, häufig auch adlige Damen, Publikum ist die Gesellschaft der Fürstenhöfe; die (anders als beim Heldenepos) meist namentlich bekannten Verfasser gehören in der Regel zu den Ministerialen. Gegenstand des höfischen Romans ist die als Vorbild und Legitimation der Feudalgesellschaft gedachte Darstellung eines idealen Rittertums, Hauptfigur ist der eher sentimentale als kriegerische Ritter, der sich im Dienst seiner Minnedame auf Turnieren und in Zweikämpfen mit Rittern und Fabelwesen auszeichnet (⁄ Aventiure), gesellschaftliches Ansehen erringt und seinen Platz in der höfischen Welt und vor Gott zu bestimmen lernt. Die Romane bestehen aus oft nur lose verbundenen Episoden, deren Sinn aus ihrem programmatischen Zusammenhang hervorgeht; häufig sind sie zu einem ⁄ ›doppelten Kursus‹ zweier Abenteuerreihen geordnet, wobei in der ersten der Held aufgrund eines Fehlverhaltens oder einer Schuld scheitert, in der zweiten sich dann bewährt. Die zweite steht damit zur ersten im Verhältnis von Bewährung und Anspruch oder Erkenntnis und Irrtum. Der auktoriale Erzähler des höfischen Romans artikuliert sich in Exkursen, Reflexionen und direkten Anreden sowohl an seine Gestalten als auch an die Hörer. Mit der stark idealisierenden Darstellung des ritterlichen Lebens korrespondiert eine stilisierte, von derben Wendungen gereinigte Sprache. Für die metrische Form des zum Vortrag bestimmten höfischen Romans ist der ⁄ Reimpaarvers verbindlich, nur ausnahmsweise findet sich die für die Heldenepik charakteristische ⁄ Strophe. ⁄ Prosa kommt erst mit den für ein lesendes Publikum geschriebenen, der ⁄ Chronik verwandten Romanzyklen auf. – Die Geschichte des höfischen Romans beginnt Mitte des 12. Jh.s in Frankreich mit der Adaptierung antiker Stoffe (Alexander-, Theben-, Aeneas- und Trojaromane). Seine klassische Form erhält er um 1160–90 in den ⁄ Artusdichtungen Chrestiens von Troyes (»Erec«, »Cligès«, »Lancelot«, »Yvain«). In der Gralsthematik seines unvollendeten »Perceval« zeigt

sich bereits die Tendenz, die offenbaren Widersprüche zwischen Ideal und Wirklichkeit der höfisch-ritterlichen Welt durch metaphysisch-eschatologische Sinngebung aufzuheben. Das geschieht dann konsequent in den heilsgeschichtlich konzipierten großen Prosaromanzyklen, welche die Bewährung des Ritters durch seine Erlösung ersetzen (»Lancelot-Gral-Zyklus«). – Der dt. höfische Roman schließt sich an frz. Vorbilder an. Als sein Begründer gilt trotz einiger möglicherweise älterer Versuche (»Graf Rudolf«, »Straßburger Alexander«, Eilharts »Tristrant«) schon den Zeitgenossen Heinrich von Veldeke, der um 1170 mit der Bearbeitung des »Roman d'Eneas« begann. Die Rezeption Chrestiens durch Hartmann von Aue (»Erec« und »Iwein«, vor 1200) und Wolfram von Eschenbach (»Parzival«, nach 1200) bedeutet zusammen mit dem »Tristan« Gottfrieds von Straßburg (um 1210) den Höhepunkt der dt. Epik des MA.s. Neue Stoffbereiche erschließen Hartmanns Legendendichtungen (»Gregorius«, »Der arme Heinrich«) und Wolframs »Willehalm« (vor 1220, nach einer ⁄ Chanson de geste). Neben sie treten weniger anspruchsvolle Erzählwerke, die durch Häufung und Verschachtelung von Abenteuer- und Minnehandlungen unterhalten wollen (Ulrich von Zatzikhoven: »Lanzelet«, vor 1200; Wirnt von Grafenberg: »Wigalois«). Kaum Resonanz fanden die afrz. Prosaromane (außer dem »Prosa-Lancelot«, Mitte des 13. Jh.s). Stattdessen entstand eine kaum überschaubare Fülle kompilierender Versepen, welche (nun z. T. auch ohne afrz. Vorbild) einzelne Helden des Artushofs durch immer wunderbarere Abenteuer führen (so die Romane Strickers und Pleiers, um 1250–80), Zyklen bilden (Heinrich von dem Türlin: »Der aventiure crône«, um 1230) oder ältere Werke fortsetzen (Ulrich von Türheim: »Willehalm«) und erweitern (Wisse und Colin: »Parzival«). Eine eigenständige Fortentwicklung des höfischen Romans im Sinne einer ›Fürstenlehre‹ gelang Mitte des 13. Jh.s Rudolf von Ems (»Der gute Gerhard«, »Barlaam«, »Willehalm von Orlens«, »Alexander«, »Weltchronik«). Sein Nachfolger Konrad von Würzburg ist in seinen großen Epen eher restaurativ (»Engelhard«, »Partonopier«, »Trojanerkrieg«), erschließt der höfischen Erzählkunst aber novellenartige Formen, deren lit. Bedeutung diejenige des höfischen Romans nun bald übertrifft (⁄ Märe). Eine Wiederbelebung unternahm in der zweiten Hälfte des 15. Jh.s Ulrich Füetrer, dessen »Buch der Abenteuer« den gesamten Stoffkreis zu einem historisierenden Großepos zusammenband. Der frühnhd. Prosaroman, der den höfischen Roman dann ablöst, lebt aus anderen Quellen und aus anderem Geist.

Lit.: K. Bertau: Über Lit.geschichte. Mchn. 1983. – E. Köhler: Ideal und Wirklichkeit in der höfischen Epik [1956]. Tüb. ²1970. – L. Lieb, St. Müller (Hg.): Situationen des Erzählens. Bln., NY 2002. – K. Ruh: Höfische Epik des dt. MA.s. 2 Bde. Bln. 1967/80. – E. Schmid: H. R. In: RLW. – St. Schmitt: Inszenierungen von

Glaubwürdigkeit. Tüb. 2005. – M. Schnyder: Topographie des Schweigens. Gött. 2003.   HHS/Red.

Höfisches Epos, 1. im weiteren Sinne Oberbegriff für die erzählenden Großformen der ↗ höfischen Dichtung: neben dem ↗ höfischen Roman und der in höfisches Gewand gekleideten (›höfisierten‹) Heldenepik des Hoch-MA.s auch die romanhafte höfische Legende; 2. im engeren Sinne Synonym für ›höfischer Roman‹.   HHS/Red.

Hoftheater, ein Theater, das nicht nur vor dem Hof spielt, sondern auch von diesem finanziert und geleitet wird. Bis Ende des 18. Jh.s herrschen die exklusiven H. vor, in denen auch in Deutschland it. Sänger sowie frz. Schauspieler und Tänzer auftreten. 1775 wird in Gotha das erste dt.sprachige H. gegründet, das den Darstellern Direktverträge mit dem Hof bietet, unter höfischer Oberaufsicht steht, der zahlenden Öffentlichkeit zugänglich ist und einen regelmäßigen ganzjährigen Spielbetrieb aufweist. Weitere bedeutende H.gründungen folgen in Wien, Mannheim, Berlin und Weimar, wo J. W. Goethe von 1791 bis 1817 die Theaterleitung innehat. Um 1800 sind die H. den Wandertruppen finanziell und künstlerisch deutlich überlegen: Sie verfügen über die besten Darsteller, großzügige Theatergebäude und opulent ausgestattete Opern- und Schauspielaufführungen. Mitte des 19. Jh.s erlangt das Wiener Burgtheater unter H. Laube und F. Dingelstedt herausragende Bedeutung. Der Meininger Herzog Georg II. gestaltet in Ausstattung, Choreographie der Massenszenen und Ensemblespiel musterhafte Vorstellungen insbes. der Werke F. Schillers und W. Shakespeares, sein H.ensemble (›die ↗ Meininger‹) unternimmt erfolgreiche Gastspielreisen durch Europa. 1918 endet die Ära der H., die meisten werden in Staats- oder Landestheater umgewandelt und bestehen in dieser Form noch heute.

Lit.: U. Daniel: H. Stgt. 1995. – H. Zielske: Zwischen monarchischer Idee und Urbanität. In: M. Porrmann, F. Vaßen (Hg.): Theaterverhältnisse im Vormärz. Bielefeld 2002, S. 43–69.   AHE

Hofzucht, f. [mhd. *hovezuht*], Sammelbez. für didaktische Texte, die v. a. Jüngere das angemessene Verhalten am Hof lehren sollen. Im weiteren Sinn können zahlreiche Passagen der ↗ höfischen Romane als H. begriffen werden, im engeren Sinn eine Reihe von Abschnitten aus allg. didaktischen Werken oder Tugendlehren, aber auch kürzere selbständige Texte. Sie alle setzen unterschiedliche inhaltliche Schwerpunkte und bedienen sich verschiedener Vermittlungsformen wie ↗ Rede oder ↗ Dialog, so dass anders als bei den ↗ Tischzuchten, zu denen es Übergangsformen gibt, nicht von einer eigenen Gattung gesprochen werden kann. – Die optimistische Annahme im ersten Buch von Thomasins von Zerclære »Welschem Gast« (1215 f.), es sei durch Ermahnung und gute Beispiele möglich, Männer und Frauen am Hof so zu erziehen, dass sie einander *genæme* (V. 1679) werden, weicht schon im 13. Jh. einer eher skeptischen, warnenden

und die Missstände der Gegenwart betonenden Grundhaltung (Konrad von Haslau: »Der Jüngling«, »Winsbeke«). Zahlreiche nicht für das 12. und 13. Jh. spezifische und bereits in lat. Verhaltenslehren formulierte Regeln leben in der neuzeitlichen ↗ Anstandslit. fort.

Lit.: H. Haferland: H. In: RLW.   JHN

Höhenkammliteratur ↗ Hochlit.

Hokku ↗ Haiku.

Hollywood-Melodrama ↗ Melodrama.

Holocaust-Literatur, im Kernbereich Lit. über die Shoah, die von den Verfolgten selbst verfasst wurde, weshalb sie zunächst als Zeugnislit. definiert werden muss. Darüber hinausgehende Bestimmungen sind umstritten. Der Sache nach ist die Shoah der von den Nationalsozialisten betriebene systematische Ermordung der europäischen Juden. Das Wort ›Holocaust‹ bürgerte sich erst um 1980 ein. Es ist kritisierbar, weil es auch ›Brandopfer‹ bedeuten kann und damit eine Sinngebung des Mords suggeriert. ›H.‹ hat sich als Bez. jedoch durchgesetzt, weil ›Holocaust‹ im angloam. Raum benutzt wird, wo die Erforschung des Holocaust seit den 1960er Jahren maßgeblich vorangetrieben wurde. In Deutschland wurde die Erforschung der H. seit den 1980er Jahren intensiviert. Auch die Datierung der Shoah ist strittig. Begann die Ausgrenzung dt. Juden schon 1933, so setzte der systematische Mord erst 1941 ein. Daran, ob die Vorgeschichte der Shoah zu dieser selbst gerechnet wird, entscheidet sich etwa, ob G. Kolmars Gedichte aus dem Jahr 1933 als ›H.‹ bezeichnet werden sollten. Neben denen der Juden können auch die Zeugnisse der Sinti und Roma als ›H.‹ bezeichnet werden, denn auch auf diese Gruppen richtete sich die Vernichtungspolitik des Dritten Reichs. Die engste Verwendung des Begriffs ›H.‹ bezeichnet jene Texte, die zeitgleich mit der Verfolgung entstanden sind, also etwa die Tagebücher aus den Ghettos. Ein Problem der H. liegt darin, dass viele Verfolgte die zentrale Szene der Shoah, die Vergasungen, nicht aus eigener Anschauung beschreiben konnten. Nur wenige Zeugnisse, wie etwa die Erinnerungen F. Müllers, der das Sonderkommando in Auschwitz überlebte, sind überliefert. Die meisten Tagebücher, etwa das der A. Frank, brechen vorher ab. P. Levis Essaysammlung »I sommersi e i salvati« (1986; dt.: »Die Untergegangenen und die Geretteten«, 1990) drückt die als fundamental erlebte Differenz zwischen der Erfahrung des Überlebens und dem Schicksal der Ermordeten schon im Titel aus. Viele Memoiren Überlebender dokumentieren das Gefühl der Überlebensschuld. Weiter gefasst, umspannt ›H.‹ auch die Texte Verfolgter, die keine Augen-, sondern nur Zeitzeugen waren, und die Lit. anderer Gruppen. Die Lyrik von N. Sachs, die 1940 nach Schweden emigrierte, gehört in die erste Gruppe, die autobiographischen Romane J. Semprúns sowie der KZ-Roman von B. Apitz in die zweite. Die Ausdehnung des Begriffs ›H.‹ auf die Memoiren von Tätern, die auch Augenzeugen waren, wie dem Kommandanten von Auschwitz, R. Höß, weisen dagegen viele zurück. Der weiteste Begriff von ›H.‹ umfasst alle Texte, die sich auf die Shoah beziehen. Er impliziert eine Ausweitung auf nicht verfolgte Gruppen und den Übergang von der Dokumentation zur Fiktion. Gab es diese schon früh, etwa bei H. G. Adler, G. Weil und E. Hilsenrath, so wird das Dokumentarische in der H. zukünftig in dem Maße zurückgedrängt werden, in dem die Zeitzeugen sterben. Obgleich auf Deutschland als den Verursacher der Shoah bezogen, ist die H. doch wesentlich transnational geprägt. Zu den dt.sprachigen Autoren gehören: J. Améry, J. Becker, P. Celan, V. Klemperer, R. Klüger, F. Wander, P. Weiss. Die Sprachenvielfalt in den Lagern sowie die Flucht- und Reisewege der Verfolgten unterstreichen die Erfahrung der kulturellen Heterogenität. Das zentrale ästhetische Problem der H. liegt darin, dass über etwas, das als unfassbar begriffen wird, im Medium der Sprache gehandelt werden muss. Die Verpflichtung zum Zeugnisablegen widerstreitet dem Hang zu verstummen. Wenn nach Auschwitz die europäische Kultur nicht, wie Th. W. Adorno meinte, nur mehr Müll ist, weil sie Auschwitz nicht hat verhindern können, so werden heute doch im Licht der Shoah die eskapistischen und legitimatorischen Funktionen der Kunst stärker befragt. Viele sehen deshalb die Hauptaufgabe jeder Rezeption der H. in einer immer wieder neu zu leistenden Thematisierung der Shoah, in der das Virulente dieses Ereignisses je neu zu bestimmen wäre.

Lit.: St. Braese u. a. (Hg.): Dt. Nachkriegslit. und der Holocaust. Ffm., NY 1998. – St. Braese: Die andere Erinnerung. Jüdische Autoren in der westdt. Nachkriegslit. Bln. u. a. 2001. – S. Friedländer: Probing the Limits of Representation. Cambridge/Mass. 1992. – A. H. Rosenfeld: Ein Mund voll Schweigen. Lit. Reaktionen auf den Holocaust. Gött. 2000. – E. Sicher: Breaking Crystal. Writing and Memory After Auschwitz. Urbana/Ill. u. a. 1998. – J. E. Young: Beschreiben des Holocaust. Ffm. 1992.   SKR

Holoreim ↗ Manierismus.

Holospondeus ↗ Spondeiazon.

Homeriden, m. Pl., im engeren Sinne die Nachkommen des Dichters Homer in dessen Geburtsort Chios, die in Familientradition die Werke und den Ruhm ihres Ahnherren bewahren; im weiteren Sinne alle diejenigen ↗ Rhapsoden, die sich beruflich ausschließlich der Rezitation und Auslegung der Homerischen Epen widmen. Die philologische Kritik an der singulären Autorschaft, ja an der Existenz des Dichters Homer (in Deutschland v. a. durch F. A. Wolf, 1795) erklärt die H. zu den kollektiven Schöpfern der in heterogenem mündlichen Entstehungs- und Überlieferungszusammenhang sich herausbildenden »Ilias« und »Odyssee«. Die Kontroverse, ob eine namenlose Gruppe von H. oder der eine Dichter Homer die Epen geschaffen habe, wird um 1800 zum Musterfall für die Gegenüberstellung von Natur- oder Volkspoesie und Kunstpoesie. Sie provoziert auch eine Debatte um die for-

male Einheit der beiden gr. Epen, womit zugleich aufgrund der kanonischen Geltung dieser beiden Werke die ästhetische Norm der Homogenität in Frage steht. Strukturell überträgt sich diese Diskussion dann auf die entstehungsgeschichtlichen Forschungen zum »Nibelungenlied«.   SM

Homilie, f. [gr.], ↗ Predigt.

Hommage, f. [ɔ'maːʒ; von frz. *homme* = Mann, Mensch; ursprünglich: bekundetes Treueverhältnis gegenüber dem Feudalherrn], huldigende Ehrerbietung. Unter ›H.‹ versteht man die öffentliche Respektsbezeugung gegenüber einer meist prominenten Person, z. B. in Form einer ↗ Festschrift oder eines Festaktes. Auch Kunstwerke können als H. an jemanden oder etwas angelegt sein, indem explizit auf den Ehrenträger verwiesen wird, etwa im ↗ Festspiel.   ME

Homoerotische Literatur, Sammelbez. für lit. Werke aller Kulturen, Epochen und Gattungen, die das erotische bzw. sexuelle Begehren oder Handeln von Menschen desselben Geschlechts thematisieren. Die Definitionsversuche reichen von thematischen Bestimmungen über Versuche einer Rekonstruktion von Autor-Identitäten bis hin zu konstruktivistischen Ansätzen eines *Gay* oder *Queer Reading* (↗ Queer Studies). Angesichts der Unvereinbarkeit ihrer wissenschaftstheoretischen und gesellschaftskritischen Ansätze konnte die Forschung noch kein einheitliches Konzept h.r L. erarbeiten. – Das Begehren zwischen Menschen desselben Geschlechts zählt zu den zentralen Motiven der Weltlit. Im europäischen Kontext finden sich seine Wurzeln bereits in der archaischen gr. ↗ Liebesdichtung (Sappho). Aufgrund der in allen patriarchalen Kulturen vorherrschenden Marginalisierung weiblicher Sexualität stammen die meisten Motive der h.n L. aus der männlichen Sphäre. Modellbildend wirken dabei sowohl typologische und individuelle ›Ikonen‹ der mann-männlichen Erotik (Ephebe, Matrose; Narziss, Sebastian) als auch mythologische und historische Männerpaare (Gilgamesch und Enkidu, David und Jonathan, Zeus und Ganymed, Achill und Patroklos; Edward und Gaveston). Sie bilden Motivkerne der h.n L. in den subkulturell tradierten ›Homokanones‹ der unterschiedlichen Nationallit.en und dienen einer konstruktivistischen ›Homolektüre‹ als Hinweise für zu entdeckende homosexuelle Subtexte. – Die h. L. der gr. und röm. Antike bringt v. a. die homosexuelle *Praxis* zur Sprache (»Gr. Anthologie«; Martial), artikuliert aber auch bereits Vorstellungen einer ›wesensmäßigen‹ Homosexualität (Platon: »Symposion«). Trotz der z. T. tödlichen Bedrohung aller Artikulationen des Homosexuellen durch Verfemung (»Sodomie«), Kriminalisierung (»Unzucht«) und Pathologisierung (»Perversion«) finden sich Zeugnisse einer reichen europäischen h.n L. seit der Renaissance (Michelangelo, Ch. Marlowe, W. Shakespeare) und der Klassik (Ansätze bei J. W. Goethe im Gefolge von J. J. Winckelmann; erste offensive Ausgestaltung bei A. v. Platen). Befördert von den Tendenzen zur Liberalisierung der Sittengesetze und -normen entwickeln sich seit dem ausgehenden 19. Jh. in den westlichen Kulturen unterschiedliche Strömungen der h.n L., die Perspektiven auf die Gesellschaft im Sinn einer »erotischen Opposition« ermöglichen: hymnischer Knaben- und Männerkult (W. Whitman, St. George, H. H. Jahnn), Todesverfallenheit der Homosexualität (Th. Mann, H. Bang, H. Ch. Andersen), Ästhetisierung des Eros (O. Wilde, A. Gide, V. Woolf) oder emanzipatorische Konzepte des Begehrens gegen soziale Diskriminierungen (K. Mann, F. G. Lorca, J. Baldwin, H. Fichte, D. Meyer, Ch. Reinig). In den nicht-westlichen Kulturen bleibt h. L. eher marginal (Japan: Y. Mishima).

Periodikum: Forum Homosexualität und Lit. 1987 ff.

Lit.: A. Busch, D. Linck (Hg.): Frauenliebe – Männerliebe. Stgt., Weimar 1997. – P. Derks: Die Schande der heiligen Päderastie. Bln. 1990. – G. Härle u. a. (Hg.): Ikonen des Begehrens. Stgt. 1997. – H. Mayer: Außenseiter. Ffm. 1975. – W. Popp: Männerliebe. Stgt. 1992.

GHÄ

Homogramme, n. Pl. [aus gr. *hómos* = gleich, *gráphein* = schreiben], auch: Homographe; Wörter, die bei gleichem Schriftbild verschiedene Aussprache (Betonung) und Bedeutung haben, z. B. Legénde – légende, modérn – módern; rásten – sie rasten; dagegen: ↗ Homonyme.

IS/Red.

Homoiarkton, n. [gr. = gleich beginnend], in Analogie zu ↗ Homoioteleuton gebildete Bez. für eine ↗ rhet. (Klang-)Figur, die gleichklingenden Anfang aufeinander folgender Wörter oder Wortgruppen aufweist, z. B. per *aspera ad astra*.

HD/Red.

Homoioprophoron, n. [gr. Gleiches vorn tragend], antike Bez. der ↗ Alliteration; galt bei gehäufter Folge meist als Stilfehler.

ED/Red.

Homoioptoton, n. [gr. = gleicher Kasus], ↗ rhet. (Klang-)Figur: Wiederholung gleicher Kasusendungen in einer Wortfolge, z. B. ›Maer*entes*, flent*es*‹, ›lacrim*antes*, commiser*antes*‹ (Ennius); Sonderfall des ↗ Homoioteleuton.

ED/Red.

Homoioteleuton, n. [gr. = gleich endend], Klangfigur: gleicher Ausklang einander folgender Wörter oder Wortgruppen, z. B. ›nolens volens‹ oder ›wie gewonnen, so zerronnen‹. Bei Kasuskongruenz spricht man von einem ↗›Homoioptoton‹, bei gleichen Ausklängen in Versen vom ↗›Reim‹.

CSR

Homologie, f. [gr. *homología* = Übereinstimmung], Strukturparallelismus. Im Ggs. zur ↗ Analogie, bei der Ähnlichkeitsmerkmale zweier verschiedener Phänomene in der Sache selbst vorliegen müssen, bezieht sich die H. auf eine formale Äquivalenz von Relationen und Strukturen. – Der ursprünglich mathematische Struktur-Begriff wurde von C. Lévi-Strauss in die Ethnologie eingeführt, von L. Goldmann in die Lit.soziologie. Eine bes. Rolle spielt er für strukturalistische Verfahren der Textinterpretation.

Lit.: M. Titzmann: Strukturale Textanalyse. Mchn. 1977, S. 152 f. – Ders.: H. In: RLW.

JH

Homonymie, f. [gr. *homonymía* = Gleichnamigkeit], Typ lexikalischer ↗ Ambiguität, bei der inhaltlich voneinander unabhängige Sprachzeichen phonetisch und graphisch übereinstimmen, z. B. »Riemen« aus ahd. *riomo* ›Lederstreifen, Peitsche‹ vs. »Riemen« aus ahd. *riemo* ›Ruder‹; im Unterschied zur *Polysemie*, bei der ein Sprachzeichen mehrere inhaltlich verwandte Teilbedeutungen aufweist, z. B. »Sturm«: ›heftiger Wind‹, ›starke Gefühlsbewegung‹, ›Kampf, Angriff‹. H. entsteht durch lautliche Angleichung etymologisch nicht verwandter Wörter, durch Entlehnungsprozesse oder durch die inhaltliche Auseinanderentwicklung der Teilbedeutungen ursprünglich polysemer Sprachzeichen. Vgl. auch ↗ Äquivokation.

CK

Homophonie ↗ Wortspiel.

Honorar, n. [lat.], seit Erfindung des Buchhandels übliches Entgelt für schriftstellerische Tätigkeit; das H. kann auch in Naturalien oder durch Freiexemplare abgegolten werden. – Zunächst gab es H. nur für die ↗ Edition von Büchern, die Annahme eines Autoren-H.s galt bis zur Mitte des 16. Jh.s als unehrenhaft; üblich war dagegen der Tausch der Freiexemplare gegen Naturalien oder Privilegien von Fürsten und Gönnern oder gegen Exemplare anderer Autoren (Dedikationswesen). Der Gedanke des ›geistigen Eigentums‹ sowie die Möglichkeit, durch H.e aus schriftstellerischer Tätigkeit den Lebensunterhalt zu bestreiten, entwickelten sich erst ab Mitte des 18. Jh.s.

Lit.: H. Bosse: Autorschaft ist Werkherrschaft. Paderborn u. a. 1981. – M. Estermann: H. In: RLW. – G. Schulz: Buchhandels-Ploetz. Freiburg, Würzburg 1990.

SHO

Hörbericht, Sendeform des Radios, die teils in Ablösung des ↗ Hörbilds, teils als spezifische Form der ›erlebnisgeladenen‹ ↗ Hörfolge‹ bes. im nationalsozialistischen Rundfunk gepflegt wurde. Sie sollte, u. a. durch schnellen Standortwechsel des Reporters in Raum und Zeit, den Hörer mitreißen und aktivieren. Als exemplarisch kann der H. vom Fackelzug in Berlin am 30. Januar 1933 (Reporter W. Beyl) gelten.

RD/KK

Hörbild, seit 1925 in Deutschland erprobte Sendeform des Radios, die Musik, Gedichte oder kurze Szenen mit charakterisierenden Geräuschen verband, um ein akustisches Bild eines begrenzten Themas, einer begrenzten Situation wirkungsvoll darzustellen. Die Bez. wird von A. Braun eingeführt; zunächst spricht man auch vom ›akustischen Film‹ (vgl. Braun). Während R. Kolb die Synonyme ›Hörplastik‹ und ›Hörrelief‹ verwendet, wird die Bez. ›H.‹ von anderen Autoren in den 1930er und 1940er Jahren oft gleichbedeutend mit ↗›Hörbericht‹ und ↗›Hörfolge‹ verwendet. Auch die Grenzen zur ↗ Reportage sind fließend. Nach 1945 wird das H. meist als ↗›Feature‹ bezeichnet.

Lit.: A. Braun: Hörspiel [1929]. In: H. Bredow (Hg.): Aus meinem Archiv. Probleme des Rundfunks. Hdbg. 1950, S. 149–151. – R. Kolb: Formen des Hörspiels. In: Das Horoskop des Hörspiels. Bln. 1932, S. 82–100.

RD/KK

Hörbuch [engl. *audiobook*], auch: Audiobuch; ein gegenwärtig als CD oder Kassette (und neuerdings auch als Download) vertriebenes Medium, das vorwiegend lit. Texte zu Gehör bringt, aber auch Sachtexte, historische Dokumente, Biographien, Essays, Briefe bzw. Briefwechsel, Memoiren und Interviews. Lit. Hörbücher dokumentieren v. a. öffentliche Lesungen, Studio-Lesungen oder ↗ Hörspiele. Die Vorgeschichte des H.s beginnt in den 1950er Jahren (etwa mit G. Gründgens' »Faust«-Inszenierung, welche die Dt. Grammophon auf Langspielplatte presste) und setzt sich in den 1970er Jahren mit der Kinderkassette fort. Erst in den 1990er Jahren hat sich das H. einen festen Platz auf dem lit. Markt erobert; in H.-Bestenlisten wird es prämiert, im Feuilleton rezensiert. Das Dasein des H.s verdankt sich der Handlichkeit der neuen Tonträger; sein Reiz korrespondiert mit dem Verdruss an der monotonen Aufgeregtheit des Fernsehens bzw. dem Wunsch nach angeregter Ruhe und der Scheu vor der als mühevoll empfundenen Konzentration auf die Buchlektüre bei gleichzeitiger Rezeptionsbereitschaft für das akustische Erlebnis wohlklingender Rede. Die H.verlage haben anfänglich v. a. aus den Vorräten der Rundfunkarchive geschöpft und alte Hörspielproduktionen ins Programm genommen; inzwischen machen sie neben aktuellen Bestsellern auch eigens auf das neue Medium abgestimmte Produktionen verfügbar: z. B. Hörmonologe und Sprachopern.

Lit.: U. Hennig: Der H.markt in Deutschland. Münster 2002. – T. Lehmkuhl: Bloßer Bügelbegleiter? Über das H. In: Merkur 59 (2005), S. 362–366.   BM

Hörer, 1. im weiteren Sinne derjenige, der ein akustisches Signal über das Ohr aufnimmt; in den verschiedenen Kommunikationsmodellen wird auch vom ›Rezipienten‹, ↗ ›Publikum‹, ›Receiver‹, ›Adressaten‹, ›Decoder‹ oder ›Interpreter‹ gesprochen. – 2. Im engeren Sinne Rezipient akustisch-auditiv vermittelter Texte (↗ Vorlesungen, ↗ Lesungen, ↗ Predigten, ↗ Hörspiele, Hörfunk, Sprechtheater), abzugrenzen vom visuell rezipierenden ↗ Leser und vom Zuschauer, der zusätzlich zur akustischen eine optische Vermittlung erfährt. Die Vermittlungsformen treten auch parallel auf, so, wenn ein Publikum einem Vortragenden zuhört, der aus einem Schrifttext vorliest. Das gemeinsame Hörerlebnis fungiert v. a. in der vor- und frühbürgerlichen Zeit als Gesselligkeitstopos. – 3. Rezipient von Musik, sei es von Tonträgern, im Hörfunk oder im Konzert.

Lit.: D. Green: Hören und Lesen: Zur Geschichte einer mal. Formel. In: W. Raible (Hg.): Erscheinungsformen kultureller Prozesse. Tüb. 1990, S. 23–44. – Ch. Schmid-Cadalbert: H. In: RLW. – M. Scholz: Hören und Lesen. Wiesbaden 1980. – R. Steinlein: Vom geselligen H. zum einsamen Leser. In: J. Merkel, M. Nagel (Hg.): Erzählen. Reinbek 1982, S. 156–171.   SHO

Hörfolge, eine in den 1920er Jahren ausgebildete, dem ↗ Hörbild ähnliche Sendeform. In der H. kann »eine dramatische Szene [...] neben einem epischen Bericht stehen, ein Lehrgespräch [...] auf eine lyrische Impres-

sion folgen, eine musikalische Einlage [...] in milieugebundene Geräusche eingebettet« sein, vorausgesetzt, dass »diese Teile durch ein sie alle umspannendes und ihre Sinngebung bestimmendes Thema gebunden und gebändigt werden« (Nothard). Als exemplarische H.n gelten F. W. Bischofs »Hallo, hier Welle Erdball« (1928), J. F. Engels und F. W. Bischoffs »Menschheitsdämmerung« (1930) sowie E. Kästners und E. Nicks »Leben in dieser Zeit« (1930). Seit 1945 ist die Bez. weitgehend durch ↗ ›Feature‹ abgelöst.

Lit.: G. Eckert: Zur Theorie und Praxis der H. In: Rufer und Hörer 5 (1950/51), S. 110–114. – F. Nothard: Sache und Erlebnis in der H. In: Rufer und Hörer 3 (1933/34), S. 315–321.   RD/KK

Hörfunkfeature ↗ Feature.

Horrorliteratur [lat. *horror* = Schauer, Schauder, engl.: = Entsetzen, Schauder, Gräuel], Sammelbez. für erzählende, nur in Ausnahmefällen auch für dramatische oder lyrische Texte (Grand Guignol, ↗ Ballade), die schreckliche Taten, Ereignisse oder Zustände mit der Absicht darstellen, den Leser zu ängstigen und/oder abzustoßen. – Im Kontext der Diskussion über wirkungsästhetische Absichten des engl. Schauerromans (↗ *gothic novel*) findet der Terminus ›Horror‹ Eingang in die Poetik: A. Radcliffe differenzierte, im Unterschied zum heutigen Sprachgebrauch, zwischen »tales of horror« und »tales of terror«: Während der ›terror‹ einer unbestimmt, diffusen Angst entspricht, bezeichnet der ›horror‹ ein oft mit Ekel vermischtes Grauen vor einer entsetzlichen Erscheinung. Mag diese auch übernatürlichen Ursprungs sein, erlebt sie der Betroffene doch als konkrete Bedrohung, als Begegnung mit einem Gespenst oder als Konfrontation mit einer entstellenden Krankheit. Nach dieser Differenzierung gilt der Horror als Domäne einer Ästhetik des Schrecklichen, die mit rhet. Mitteln der Überwältigung arbeitet, wie z. B. der dt. Räuber- und Schauerroman des Aufklärungszeitalters. Gegen diese dt. Dominanz im lit. Horror wandte sich E. A. Poes berühmte poetologische Korrektur: »My horror is not of Germany but of soul« (»Tales of the Grotesque and Arabesque«, 1840). Die Unvereinbarkeit des auf physische Reaktionen abzielenden Horrors (Schweißausbrüche, gesträubte Haare, Zittern, Herzrasen, Erbleichen) mit der von ›interesselosem Wohlgefallen‹ (I. Kant) bestimmten ästhetischen Erfahrung trug zum geringen lit. Ansehen der H. zumal im dt. Sprachraum bei. Gründe für ihre Geringschätzung liegen aber auch im Verfahren der H. selbst, die mit Vergröberungen, Verzerrungen, Wiederholungen und Übertreibungen arbeitet und sich wegen des selbst auferlegten Zwangs zur Identifizierung des Schreckens im Nachteil befindet gegenüber einer Ästhetik des Unheimlichen, die das Schrecken erregende Objekt unbestimmt lässt. Erst im frz. Symbolismus und in der engl., frz. und it. Lit. des ↗ Fin de Siècle (↗ Schwarze Romantik) und schließlich im phantastischen Roman der nord- und südam. Lit.en (H. P. Lovecraft, H. Quiroga, G. García Márquez) gewinnt die H. ein relatives lit. Ansehen. Nach dem romantischen Zeitalter (E. T. A. Hoffmann, Th. Gautier, E. A. Poe) und dem Zeitraum zwischen 1890 und 1930 (V. de l'Isle Adam, H. H. Ewers) erwachte in den 1970er und 1980er Jahren kurzzeitig noch einmal das Interesse am lit. Horror (St. King, C. Barker), bevor es weitgehend vom Film absorbiert wurde.

Lit.: H. D. Baumann: Horror. Weinheim, Basel 1989. – H. R. Brittnacher: Ästhetik des Horrors. Ffm. 1994. – C. Zelle: »Angenehmes Grauen«. Lit.historische Beiträge zur Ästhetik des Schrecklichen im 18. Jh. Hbg. 1987. HRB

Hörspiel, auch: Funkspiel, Funkdrama, Hördrama, Sendespiel; von H. S. v. Heister 1924 eingeführte Bez. für ein meist im Hörfunk gesendetes und/oder medial aufgezeichnetes und auf Tonträgern (Schallplatte, Tonbandcassette, Compact Disc) reproduziertes dramatisches Genre, das mit elektroakustischen Mitteln arbeitet. Neben dem Wort werden v. a. Geräusch und Musik eingesetzt, ferner Techniken wie Blende, Schnitt, ↗ Montage und die akustischen Illusionsmöglichkeiten, die ein Studio zulässt. Als H.e gelten neben dem eigentlichen, lit. ambitionierten H. auch ↗ Adaptionen klassischer Lit. (Drama, aber auch Prosa), Spiele für den Schul- oder Kinderfunk, Dialekt-, Kriminal- oder Science-Fiction-Stücke, die zumeist feste Sendetermine einnehmen. Poetologisch wird das H. als eigenständige, durch den Rundfunk entstandene und an dieses Medium gebundene Lit.gattung aufgefasst. Wie das ↗ Feature zeichnet es sich durch seine offen gehaltene, vielfältige Form aus.

Sieht man von einigen früheren Versuchen ab, ist 1924 das eigentliche Geburtsjahr des H.s: Mit R. Hughes' »Danger«, G. Germinets und P. Cusys »Maremoto« und H. Fleschs »Zauberei auf dem Sender« wurden in London, Paris und Frankfurt am Main H.e gesendet. In den ersten Jahren überwogen Sendungen mit adaptierter Dramenlit., wobei sehr früh bereits größere Zyklen zusammengefasst wurden (die Dramatiker des 19. Jh.s; das dt. Lustspiel bis Lessing; das ↗ Volksstück). Damit übernahm der Rundfunk von Anfang an eine wichtige Rolle der Kulturvermittlung. Die Entwicklung des eigenständigen H.s erfolgte zögernder: In einer ersten Phase (1924 f.) wurden v. a. fingierte oder echte Katastrophen (Bergwerkeinsturz, Schiffsuntergang, Zugunglück) dargestellt, aber auch phantastische Ereignisse (»Spuk« von R. Gunold nach E. T. A. Hoffmann), die den Hörer zum zufälligen Ohrenzeugen einer Sensation machten. Eine zweite Phase (1926–28) diente v. a. der konsequenten Erprobung der medialen Möglichkeiten. Typisch dafür waren die ›akustischen Filme‹ (↗ Hörbild), in denen die Montage-Techniken des Kinofilms auf den Hörfunk übertragen wurden. In extremen Fällen verzichtete man dabei auf das Wort als Bedeutungsträger und beschränkte sich auf akustische Signale (W. Ruttmann). Pioniere dieser Versuche waren F. Bischoff, H. Bodenstedt und v. a. A. Braun in Berlin. Die Jahre 1929–32 bildeten einen ersten künstlerischen Höhepunkt der H.produktion; zugleich entstanden die ersten bedeutenden H.theorien von B. Brecht (»Radiotheorie 1927–32«), A. Döblin (»Lit. und Rundfunk«), R. Kolb (»Das Horoskop des H.s«) und H. Pongs (»Das H.«). Das H.angebot reichte formal von der lyrischen Montage (A. Schirokauer) bis zu featureähnlichen Formen wie Aufriss, ↗ Hörbericht, Hörbild, ↗ Hörfolge, ideologisch vom völkisch-nationalen Beitrag (W. Brockmeier, E. W. Möller) über das bürgerlich-humanistische H. (A. Döblin, H. Kasack, H. Kesser) zum sozialistischen H. (J. R. Becher, B. Brecht, W. Benjamin, E. Ottwald, G. W. Pijet). Durch das völkisch-nationale H. und die ›Entdeckung‹ des Volksstücks wurde das nationalsozialistische H. vorbereitet (A. Bronnen, K. Eggers, R. Euringer, P. Hagen, K. Heynicke, E. W. Moeller, J. Nierentz, W. Plücker). Die jetzt v. a. in der sog. ›Stunde der Nation‹ platzierten H.e sollten ›Gemeinschaftserlebnisse‹ vermitteln und wurden als ›völkischer Willensausdruck‹ verstanden. Bei häufig chorischer Grundstruktur waren die Grenzen zum ›Thingspiel‹ (↗ Freilichttheater) fließend. Hörfolge und Hörbericht (W. Bley) waren bevorzugte Spielformen, bis das H. nach 1939 fast völlig aus den Programmen verschwand. – Nach 1945 knüpfte man in der DDR an das sozialistische H. vor 1933 an. Es dominierte eine spezifische Art des Gegenwarts-H.s, das in mehreren Entwicklungsstufen zum fest etablierten Bestandteil der sozialistischen Lit. werden sollte. Wichtige Autoren: M. Bieler, W. Bräunig, H. Girra, J. Goll, R. Kirsch, A. Müller, G. Rentsch, G. Rücker, R. Schneider, W. K. Schweickert, B. Seeger, D. Waldmann. – In der Bundesrepublik erlebte das H. während der 1950er Jahre einen neuen Aufschwung, gefördert durch Lit.preise wie den »H.preis der Kriegsblinden«, der seit 1951 verliehen wird. Nach einer kurzen Feature-Phase unter angelsächs. Einfluss knüpfte es wieder am Stimmenhörspiel der Weimarer Republik an. Als stilbildend gelten G. Eichs »Träume« (1951). Zahlreiche namhafte Autoren trugen zu diesem ästhetisch orientierten H. bei: I. Aichinger, I. Bachmann, H. Böll, F. Dürrenmatt, M. Frisch, W. Hildesheimer, P. Hirche, W. Jens, M. L. Kaschnitz, S. Lenz, M. Walser, D. Wellershoff, E. Wickert; von den Autoren, die schon vor 1933 geschrieben hatten, J. M. Bauer, F. Gasbarra, F. v. Hoerschelmann, W. E. Schäfer, W. Weyrauch. Dieses ›H. der Innerlichkeit‹ geriet Anfang der 1960er Jahre zusehends in die Krise. Es setzte sich eine Gruppe von Autoren – auch unter dem Einfluss der neuen Stereotechnik – durch, die unter dem Stichwort ›neues H.‹ subsumiert werden: J. Becker, P. O. Chotjewitz, R. Döhl, B. Frischmuth, P. Handke, L. Harig, E. Jandl, M. Kagel, F. Kriwet, F. Mayröcker, H. Noever, P. Pörtner, G. Rühm, R. Wolf, W. Wondratschek. Man erprobte Sprachspiel, Hörcollage, das akustische Spiel an der Grenze zur Musik als neue H.formen, die Anfang der 1970er Jahre durch Einsatz des O-Tons und eine zunehmende gesellschaftskritische Konkretisierung des Themenkatalogs vor experimentellem Leerlauf bewahrt wurden.

Die meisten Autoren der 1960er Jahre belieferten weiterhin den Rundfunk, hinzu kamen D. Kühn, I. v. Kieseritzky, Y. Karsunke, M. Scharang, H. Wiedfeld, G. Wallraff, P. Wühr. – Weder die Konkurrenz des Fernsehens mit seinen medienspezifischen Formen (z. B. dem Fernsehspiel) noch der Wettbewerb mit den privaten Radiosendern und ihrem kommerziellen Unterhaltungsprogramm hat die öffentlich-rechtlichen Sendeanstalten dazu verleitet, das H.-Angebot seit den 1980er Jahren einschneidend zu reduzieren. Kultursender wie der Deutschlandfunk, WDR 3 und BR 3 pflegen bis heute die Tradition, wobei die Tendenz zu kleineren Formaten geht. Ein neuer Markt hat sich durch die ⁊ Hörbücher eröffnet, die v. a. die Speichermedien der Tonbandkassette und der Compact Disc nutzen.

Lit.: S. Bolik: Das H. in der DDR. Ffm. 1994. – R. Döhl: Das neue H. Darmstadt 1988. – Ders.: Das H. zur NS-Zeit. Darmstadt 1992. – E. K. Fischer: Das H. Stgt. 1964. – M. Fohrmann: »Aus dem Lautsprecher brüllte der Krieg.« E. Johannsens H. *Brigadevermittlung*. Bielefeld 2005. – A. P. Frank: Das H. Hdbg. 1963. – H. Kekeis: Das dt. H. 1923–1973. Ffm. 1973. – W. Klose: Didaktik des H.s. Stgt. 1973. – C. Pross: Blindheit als Einsicht. Beobachtungen zur Medienästhetik des frühen dt. H.s. In: DVjs 81 (2007), S. 81–108. – U. Rosenbaum (Hg.): Das H. Eine Bibliographie. Hbg. 1974. – H. Schwitzke: Das H. Köln, Bln. 1963. – A. Stuhlmann: Radio-Kultur und Hör-Kunst. Würzburg 2001. – Ch. W. Thomsen, I. Schneider (Hg.): Grundzüge der Geschichte des europäischen H.s. Darmstadt 1985. – A. Voswinckel: Collagen im H. Würzburg 1995. – H.-W. Wagner, U. Kammann (Hg.): HörWelten. 50 Jahre H.preis der Kriegsblinden 1952–2001. Bln. 2001. – W. Weber: Strukturtypen des H.s. Ffm. 1997. – St. B. Würffel: Das dt. H. Stgt. 1978. – Ders.: H. In: RLW.

RD/KK

Hort, m. [mhd. = Schatz], Bez. der »Kolmarer Liederhs.« (um 1440) und des jungen Hans Sachs für einige vielstrophige, meist erzählende Meisterlieder. Der jüngere ⁊ Meistersang versteht unter ›H.‹ eine Gruppe von Liedern, deren ⁊ Ton (4) strophenweise wechselt. Gerne werden dabei mehrere Töne des gleichen Tonkomponisten oder mehrere namensgleiche Töne verwendet. Im ›H. in den vier gekrönten Tönen‹ wechseln die vier langen Töne von Heinrich von Mügeln (gelegentlich der im Tonschema gleiche Hofton Boppes), Frauenlob, Marner und Regenbogen strophenweise; in der fünften Strophe werden Teile dieser Töne so aneinander gesetzt, dass aus jedem je ein Stollen bzw. eine Hälfte des Abgesangs aufeinander folgen.

JR

Hörtext ⁊ akustische Dichtung.

Hosenrolle, Verkörperung einer Männerrolle durch eine Schauspielerin oder Sängerin; Mittel der Situationskomik und des Rollentauschs. – Als am Ende des 16. Jh.s Theaterrollen erstmalig auch mit Schauspielerinnen besetzt wurden, nutzte man diese Neuerung bes. in den Verwechslungskomödien des frz., span.

und it. Theaters zur Geschlechtsmaskierung. Berühmte H.n sind Viola in W. Shakespeares »Was ihr wollt«, Donna Juana in Tirso de Molinas »Don Gil von den grünen Hosen«, Cherubino in W. A. Mozarts »Figaros Hochzeit«, Oktavian im »Rosenkavalier« von R. Strauss und H. v. Hofmannsthal. Die H. wird von B. Brecht in »Der gute Mensch von Sezuan« als Mittel der Rollen-Verfremdung eingesetzt (Shen Te/Shui Ta). Ursprünglich unbeabsichtigte H.n entstehen durch die Besetzung ehemaliger Kastratenrollen mit Sängerinnen.

Lit.: G. Lehnert: Maskeraden und Metamorphosen. Würzburg 1994. – Dies.: Wenn Frauen Männerkleider tragen. Mchn. 1997.

HW/SHO

Hrynhent, n., auch: *hrynhendr háttr*, m. [anord., von *hrynja* = fließen, *háttr* = Art und Weise, Maß], Strophenmaß der ⁊ Skaldendichtung aus acht vierhebigen, in der Regel achtsilbigen Versen mit fester Kadenz und trochäischem Gang; Strophengliederung, Anordnung der Stabreime und Hendingar (⁊ Hending) entsprechen denen des ⁊ Dróttkvætt; die H.-Zeile wird daher als erweiterte Dróttkvætt-Zeile, aber auch als Nachbildung kirchenlat. Muster aufgefasst. Das Maß begegnet zuerst bei Arnórr Jarlaskáld (»Magnúsdrápa«, um 1040) und war bes. beliebt in der geistlichen Skaldik des späteren MA.s. Bedeutendste H.-Dichtung ist die »Lilja« (»Die Lilie«) des Eysteinn Ásgrímsson (14. Jh.), eine hundert H.-Strophen umfassende ⁊ Drápa auf die Jungfrau Maria; nach diesem Gedicht wird das H. gelegentlich auch als »Liljulag« (Weise des Gedichtes »Lilja«) bezeichnet.

JK/Red.

Huitain, m. [ɥi'tɛ̃; frz. = Achtzeiler], in der frz. Verslehre Strophe oder Gedicht aus acht gleich gebauten Zeilen, meist Achtsilblern, seltener Zehnsilblern; gängigstes Reimschema: *ababbcbc*. Der H. begegnet v. a. in der frz. Dichtung des 16. bis 18. Jh.s; auf Grund seiner satirischen bzw. epigrammatischen Inhalte tritt er als Form zeitweise mit dem ⁊ Sonett in Konkurrenz, so bei M. Scève (1503–60).

JK/Red.

Humaniora, f. Pl. [neulat. Bildung: Komparativ zu lat. *humanus* = menschlich], eigentlich *H. studia*: wohl im 16. Jh. (⁊ Humanismus) gebildete Bez. für das Studium und die Kenntnis des klassischen Altertums, bes. der antiken Sprachen und Lit.en (daneben bestand die klassisch lat. Bez. nach Cicero: *studia humanitatis*). Die seit dem 17. Jh. vordringende Verkürzung zu ›H.‹ bezeichnet auch die (alt-)philologischen Lehr- und Prüfungsfächer.

IS/Red.

Humanismus, m. [lat. *humanus* = menschlich, gebildet], eine ursprünglich aus der ⁊ Rhet. kommende Bildungsbewegung, die im Ideal den durch die rhet. Schriften der Antike überlieferten Menschenbild sieht. Dessen hervorstechendes Merkmal ist die *humanitas*, wie sie Cicero (»De oratore« 1, 35 und 71) und später Quintilian (»Institutio oratoria« 1 prooemium 9; 2, 15, 1) für den Redner forderten. Für Cicero vereint der vollkommene Redner Bildung, Ethik und Beredsamkeit auf ideale Weise in seiner Person. Dieses Ideal möchte der H. für die Gegenwart wiedergewinnen durch intensive Schulung der eigenen Beredsamkeit am Vorbild der antiken Schriften. Das ebenfalls antike Konzept der Nachahmung Älterer (↗ Imitatio [1 b]) soll dabei weder das eigene *ingenium* noch die historische ↗ Alterität der Vorbilder verleugnen und liefert damit eine stets problematische Grundkonstante des H. (Ciceronianismusdebatte). Das historisch zu verstehende Gebot der Rhet., sich angemessen (*apte*) auszudrücken, eröffnet die Möglichkeit, antike Muster aufzubrechen und die Auseinandersetzung mit den Vorbildern als Wetteifern (↗ Aemulatio) zu verstehen. Im 15. Jh. entwickelt sich an den Artistenfakultäten das Bildungsprogramm des H., das im Anschluss an Cicero *studia humanitatis* genannt wird und sich in die Bereiche Poesie, Rhet., Geschichte und Moralphilosophie unterteilt. Zunehmend werden Dozenturen für lat. oder (später) gr. Poesie als solche für *studia humanitatis* bezeichnet; seit 1490 lässt sich in Italien für deren Inhaber die Bez. *umanista* nachweisen. Der Begriff ›H.‹ selbst wird erst 1808 zum ersten Mal von F. I. Niethammer in der bildungspolitischen Schrift »Der Streit des Philanthropinismus und H. [...]« für die in der Tradition der *studia humanitatis* stehende Pädagogik seiner Zeit verwendet. 1859 versteht G. Voigt den Begriff ›H.‹ als Bez. einer Epoche. Seit J. Burckhardt (»Die Cultur der Renaissance in Italien«, 1860) wird der Begriff ↗ ›Renaissance‹ nahezu synonym gebraucht, sowohl um eine intellektuelle Bewegung als auch um eine Epoche zu bezeichnen. Ab dem späten 19. Jh. werden beide Bez.en auch generell für an der Antike orientierte Strömungen verwendet; so spricht man v. a. seit den Forschungen von Ch. H. Haskins (»Renaissance of the 12th Century«, 1927) und H. Rashdall von einer ›Renaissance‹ und einem ›H.‹ des 12. Jh.s. – Die Anfänge des H. liegen in Italien, von wo er sich über ganz Europa ausbreitet. Er beginnt im Kontext politischer und gesellschaftlicher Umbrüche der ersten Jahrzehnte des 14. Jh.s. Als erster prominenter Vertreter wird, trotz der Diskussion um Vorläufer wie A. Mussato (1262–1329) oder L. de' Lovati (1262–1309), F. Petrarca (1304–74) angesehen. Seine ersten Begegnungen mit den Schriften Ciceros bezeichnet er selbst als den Beginn seiner Studien, die auf die Wiedergewinnung des klassischen Lat. und v. a. auf die Abkehr vom scholastischen Wissenschaftsbetrieb gerichtet sind. Hauptkritikpunkt ist der Gebrauch eines für ihn verderbten und den Gegenständen v. a. der Theologie nicht angemessenen Lat. Seine Bemühungen um die Sprache der Antike fördern aus zahlreichen Hss.-Beständen viele bislang unbekannte antike Texte zutage; seine am klassischen Lat. orientierten Dichtungen und seine an Cicero angelehnten Briefe wirken stilprägend für folgende Generationen. Sie stehen gleichwohl in der Tradition der mal. *artes dictaminis* (↗ Ars Dictandi), wie auch das übrige Werk noch sehr vom mal. Denken beeinflusst ist. Dennoch gibt Petrarca einige der wichtigsten grundlegenden Themen des H. vor.

Unter seinem direkten Einfluss und in seiner Nachfolge steht G. Boccaccio (1313–75) mit der Wiederentdeckung antiker Schriften (Tacitus), der Verteidigung der Dichtkunst und der Pflege des volkssprachlichen H. (»Decamerone«). – Die Kanzler der Florentiner Republik, C. Salutati (1331–1406) und L. Bruni (1370–1444), verleihen dem H. eine politische Dimension, indem sie die neue Form der Rhet. für die politische Diplomatie fruchtbar machen, v. a. durch Rückbesinnung auf die Reden Ciceros und dessen Forderung, als Redner *in utramque partem disputare*, gleichzeitig für und gegen dieselbe Sache sprechen zu können. Bruni verwendet zur Darstellung des Rednerideals die Form des Ciceronianischen ↗ Dialogs (»Ad Petrum Paulum Histrum Dialogus«) und begründet so eine Hauptgattung des H. Hier können verschiedene Redner (zumeist bekannte Zeitgenossen) unterschiedliche Standpunkte zu einer ethischen Grundfrage vertreten, ohne dass der Autor selbst eindeutig Stellung bezieht. So wird Redekunst demonstriert und zugleich vermittelt. – An den Universitäten sind Humanisten meist Lehrer der *studia humanitatis* an der Artistenfakultät und damit in inferiorer Stellung gegenüber den Angehörigen der Höheren Fakultäten, auch wenn die meisten ihrem Fach eine höhere Bedeutung beimessen. Im Zusammenhang mit dem universitären Lehrbetrieb entstehen nach dem Aufkommen des ↗ Buchdrucks zahlreiche Ausgaben klassischer Werke. Dennoch bleiben die Gelehrtenzirkel in den Kanzleien und am Hof der eigentliche Nährboden für eigene Werke und Neuerungen. Hier entstehen der Neuplatonismus, z. B. von M. Ficinos (1433–99) »Theologia Platonica«, und der Synkretismus, den G. Pico della Mirandola (1463–94) u. a. in der Schrift »De dignitate hominis« entfaltet. L. Valla (1407–57) schreibt im Dienste Alfonsos d'Aragon ein Werk, in dem er mit sprachwissenschaftlichen Argumenten die Urkunde der Konstantinischen Schenkung als eine Fälschung entlarvt. Ebenfalls im Auftrag von Fürsten entstehen historiographische Werke, etwa von Bruni oder F. Biondo (1392–1463). Das Verfassen von Lyrik bleibt für die meisten Humanisten eine Nebenbeschäftigung. Zu den prominentesten Dichtern des H. zählt A. Poliziano (1454–94) mit it. ↗ »Stanze«, lat. »Sylvae« (↗ Silvae) und gr. ↗ Epigrammen. Der H. beeinflusst auch Malerei (D. Ghirlandaio, S. Botticelli, A. Mantegna), Architektur (F. Brunelleschi) und Musik (G. P. Palestrina), hier v. a. das *dramma per musica*, aus dem später die ↗ Oper hervorgeht. Ab der zweiten Hälfte des 15. Jh.s breitet der H. sich über ganz Europa aus. Auch hier gibt es mit dem ›Prager Frühhumanismus‹ eine mögliche Frühform. Im dt. Sprachgebiet nördlich der Alpen werden die *studia humanitatis* durch Reisen dt. und it. Gelehrter eingeführt. E. Silvio de' Piccolomini (1405–64), später Papst Pius II., lebt während seiner Zeit als Sekretär Kaiser Heinrichs III. ab 1443 in Wien. Der Esslinger ↗ Stadtschreiber N. v. Wyle (um 1415–79) sammelt dessen Briefe und bringt sie 1478 als Muster für Briefrhet. in den Druck (↗ Briefsteller). Seine »Translatzen«, Übers.en von antiken und humanistischen Briefen, Reden und Novellen in das Dt., verfolgen ebenfalls das Ziel, die dt. Sprache am Lat. zu formen. Sie begründen zusammen mit den Übers.en H. Steinhöwels (1411/12–79) im Dt. Reich den volkssprachlichen H., der eine größere Rolle spielte als der *umanesimo volgare* in Italien und mit dem »Narrenschiff« S. Brants (1458–1521) wohl seinen größten publizistischen Erfolg hat. Auch an den Universitäten war der it. H. Vorbild für den dt. H. Mit P. Luder (1415–72) lehrt erstmals ein Humanist u. a. an den Universitäten in Heidelberg, Erfurt, Leipzig, Basel und Wien. Die dort einsetzenden Attacken gegen die Theologie führen zu hitzigen und oftmals erbitterten Auseinandersetzungen zwischen Humanisten und Theologen, wie etwa in Freiburg zwischen G. Zingel und dem u. a. für seine berühmten (↗ Humanistendrama) J. Locher (1471–1528). Fast immer verteidigen dabei Humanisten mit Angriffen auf das Lat. der Theologen die Dichtung gegen den Vorwurf der Gefährdung der Sitten. Dieser Dauerzwist ist ein weiteres Kennzeichen des dt. H.; er prägt auch die Ingolstädter Antrittsrede von C. Celtis (1459–1508), einem herausragenden lat. Dichter des dt. H., der im ganzen Reich die Gelehrtenzirkel in Sodalitäten institutionalisiert (↗ Sodalitas). Erasmus von Rotterdam (1466/67–1536) fordert auch für die Theologie die Besinnung auf die ↗ Quellen und damit gegen die Scholastik einen neuen Zugang zu Bibel und Patristik. Damit bereitet er unbewusst die Reformation mit vor, die er zunächst begrüßt, später aber – anders als Ph. Melanchthon – bekämpft und die fortan den H. in den Hintergrund drängt, dabei aber humanistische Anstöße z. B. in ihrem »sola-scriptura«-Impuls übernimmt. Zu dieser Zeit ist der H. über ganz Europa verbreitet: von Böhmen, Ungarn und Polen über Skandinavien und England bis nach Spanien und Portugal. Außerhalb des Dt. Reichs wirkt er auch über die Reformation hinaus stärker fort, etwa in den Schriften von M. Montaigne (1533–92) und J. C. Scaliger (1484–1558) in Frankreich, R. Agricola (1444–85) und J. Lipsius (1547–1606) in Holland, A. de Cartegana (1384–1456) und E. A. Lebrija (1442–1522) in Spanien oder Th. Morus (1478–1535) in England. – Der zweite H. oder Neuhumanismus versteht sich als ein Konzept zu einer Allgemein- und Menschenbildung, die nach der von J. J. Winckelmann (1717–68) vollzogenen Umorientierung statt an der röm. die gr. Antike als Vorbild nimmt. W. v. Humboldt (»Über das Studium des Alterthums, und des gr. insbes.«, 1793) versteht die Bestimmung des Menschen in der Allgemeinbildung und diese als Aneignung des Griechentums. Jeder Mensch habe ein Anrecht auf Bildung, um ein mündiger, gleichberechtigter Teil der Gesellschaft werden zu können. Humboldts Ideen prägen die preußische Bildungsreform (Konzeption des Humanistischen Gymnasiums 1809 f., Gründung der Berliner Universität 1810). Die ästhetische Auseinandersetzung mit der gr.

Antike spielt auch eine Rolle in Schriften der ↗ Weimarer Klassik oder von F. Hölderlin. Krisenerfahrungen in Politik, Kultur und Bildung führen nach 1900 zu einem kurzen Aufleben des ›Neohumanismus‹ im ↗ Georgekreis (K. Hildebrandt) und in den 1920er Jahren zum ›Dritten H.‹ (W. Jaeger: »Antike und H.«, 1925). Ursprünglich nicht in namentlicher Korrespondenz zum ›Dritten Reich‹ konzipiert, spielt der dritte H. ab 1933 eine ambivalente Rolle, was ab 1945 zu einer programmatischen Entpolitisierung des H. führt. Seit den 1970er Jahren verliert das Studium der Sprachen, Kultur und Lit. der Antike im Zuge von Bildungsreformen und Orientierung auf Gegenwartssprachen (bes. Englisch) rapide an Bedeutung.

Lit.: Bibliographie internationale de l'Humanisme et de la Renaissance. Genf 1965 ff. – E. Bernstein: German Humanism. Boston 1983. – G. Brucker: Florenz in der Renaissance. Hbg. 1990. – H. O. Burger: Renaissance – H. – Reformation. Bad Homburg v. d. H. 1969. – A. Grafton: Leon Battista Alberti. Bln. 2002. – A. Grafton, L. Jardine: From Humanism to the Humanities. Ldn., Cambridge/Mass. 1986. – H. Jaumann: H.₂. In: RLW. – P. O. Kristeller: H. und Renaissance. 2 Bde. Mchn. 1974/76. – M. Landfester: H.₁. In: RLW. – N. Mout (Hg.): Die Kultur des H. Mchn. 1998. – A. Rabil: Renaissance Humanism. 3 Bde. Philadelphia 1991. – P. G. Schmidt (Hg.): H. im dt. Südwesten [1993]. Stgt. ²2000. – R. W. Southern: Medieval Humanism and other Studies. Oxford 1970. – R. G. Witt: »In the Footsteps of the Ancients«. The Origins of Humanism from Lovato to Bruni. Boston u. a. 2000. – F. J. Worstbrock (Hg.): Deutscher H. 1480–1520. Ergänzungsbde. von: VL (2005 f.).   MR

Humanistendrama, das lat. Drama im europäischen ↗ Humanismus (15. und 16. Jh.). Die ersten Aufführungen antiker Komödien (Terenz, Plautus), an denen humanistische Autoren – etwa als Übersetzer – beteiligt waren, entsprachen kaum antiken Gegebenheiten. Noch lange wurde wie im MA. angenommen, das antike Schauspiel sei im Wesentlichen von einem Rezitator (dem sagenhaften Calliopius) deklamiert und von Akteuren pantomimisch vorgetragen worden. Bei der Plautus-Aufführung von Ferrara (1486) knüpfte man noch ganz an die mal. Vorstellung an, stattete das Stück aber aufwendig im Geist der ↗ Renaissance aus. Etwa gleichzeitig bemühte sich Pomponius Laetus in Rom um eine Rekonstruktion der antiken Verhältnisse (1485), die durch die Terenz-Ausgabe des Niederländers Jodocus Badius (Lyon 1493), der in Ferrara und Rom lernte, in den Norden vermittelt wurde. Die produktive Aufnahme der röm. Komödie steht auch in Deutschland unter dem Zeichen mal., aus Italien importierter Vorstellungen. 1465 gaben J. Pirckheimer, H. Schedel u. a. in Padua ein »Lustspiel dt. Studenten«. Der früheste, lange richtungsweisende Exponent des dt. H.s ist J. Wimpfelings ↗ Komödie »Stylpho«, die 1480 auf der Promotionsfeier der Heidelberger Artistenfakultät vorgetragen wurde. – Theatergeschichtlich leitete J. Lochers zeitgeschichtliches Drama »Historia de rege Franciae«, aufgeführt 1495 in den Gärten der Freiburger Universität und im selben Jahr gedruckt, das dt. H. ein. Suchte das it. H. die Fürstenhöfe, lebte das dt. H. in enger Symbiose mit der Universität, wo es programmatisch für Moral und gepflegtes Lat. eintrat (J. Kerckmeister: »Codrus«, 1485; J. Grünpeck: »Comoediae duae«, 1497). Ein Herrscher, der Vertreter der neuen Bildungsidee öffentlich auszeichnete (↗ Poeta laureatus), musste sich für die ›lebendige‹ Repräsentation des Könnens seiner Poeten gewinnen lassen. 1501 krönte König Maximilian I. in Linz während der Aufführung des Festspiels »Ludus Dianae« von Conrad Celtis (gedruckt Nürnberg 1501) den Agierenden V. Lang mit dem Dichterlorbeer. Der ›Poeta‹ ist denn auch die Perspektivfigur vieler Stücke, und es liegt auf der Hand, dass sich die Vertreter der *studia humanitatis* im Schicksal ihrer (oft von ihnen selbst gespielten) Protagonisten selbst zu feiern suchten. – Die weitere Entwicklung des H.s im 16. Jh. ist von der fortschreitenden Konfessionalisierung nicht mehr zu trennen (↗ Reformationsdrama; ↗ Jesuitendrama). Formale und inhaltliche Anknüpfung an das mal. ↗ geistliche Spiel, Rücknahme der ↗ Terenzbühne zugunsten einer ↗ Simultanbühne, Verzicht auf emphatische Proklamierung eines humanistischen Bildungsideals und teilweise vehemente Religionspolemik (Th. Naogeorg: »Pammachius«, 1538; M. Hiltprandus: »Ecclesia militans«, 1573) verweisen auf die allgegenwärtige Kontroverslit., in der das H. nun aufgeht. Eine Einschränkung des Begriffs ›H.‹ im engeren Sinne auf Dramen des Frühhumanismus (1480–1520) erscheint daher geboten.

Lit.: P. Bahlmann: Die lat. Dramen von Wimpfelings »Stylpho« bis zur Mitte des 16. Jh.s. Münster 1893. – C. Dietl: Die Dramen Jakob Lochers und die frühe Humanistenbühne im süddt. Raum. Bln., NY 2006. – J. A. Parente: Religious Drama and the Humanist Tradition. Leiden 1987. – H.-G. Roloff: Neulat. Drama. In: RLG.   CF

Humanistisches Gymnasium ↗ Humanismus.

Hum_o_r, m. [Lehnwort aus engl. *humour*, frz. *humour*, it. *umorismo*, von lat. *humor* = Flüssigkeit], 1. zunächst eine psychologische Disposition, nämlich die Fähigkeit, im Angesicht menschlicher Beschränkung zu lachen. – 2. Die Darstellung dieser Fähigkeit kann dann zum ästhetischen Prinzip lit. Werke werden. – Ausgehend von der antiken H.pathologie, die sich mit Körpersäften wie Blut, Schleim und Galle beschäftigte, entwickelt sich im MA. eine philosophische Temperamenten-Lehre mit dem Vorsatz, melancholische, sanguinische, phlegmatische oder cholerische Gemütsverfassungen aus dem individuellen Mischverhältnis menschlicher Körperflüssigkeiten abzuleiten. Diesen allg. H.begriff einengend, findet sich im angelsächs. Raum seit dem 16. Jh. der Gebrauch des Wortes als Bez. für eine *spezifische* Gemütsverfassung. H. wird in der schottischen Moralphilosophie – im Ggs. zur ob-

jektiven Kategorie der ↗ Komik – als eine subjektive Kategorie definiert und als ›bleibende Lebenshaltung‹ von der nur temporären ›Laune‹ (*temper*) unterschieden. Im 18. Jh. entwickelt sich ›H.‹ zum bürgerlichen Gegenbegriff gegen die als höfisch-aristokratisch diskreditierten Formen des zynischen, aggressiven, geistreichen oder frivolen ↗ Witzes. Moralphilosophisch und anthropologisch akzentuiert ist H. nun der liebenswerte, heitere, optimistische Witz. Parallel zu diesen Definitionsversuchen etabliert sich im angelsächs. Sprachraum eine lit. Schreibweise, ausgehend von J. Swifts »Gulliver« (1726), H. Fieldings »Tom Jones« (1749) und L. Sternes »Tristram Shandy« (1759–67), die traditionsstiftend wird für die lit. Gestaltung selbstreflexiver humoristischer Figuren. Als wohl frühester eigentlicher H.theoretiker bestimmt Jean Paul in seiner »Vorschule der Ästhetik« (1804) H. als »das romantische Komische« (§ 32). Sein metaphysisches H.-Ideal wird von S. Kierkegaard (»Über den Begriff der Ironie«, dän. 1841) in die Nähe religiöser Glaubenswahrheiten gerückt und schließlich von A. Ruge (»Neue Vorschule des Ästhetik«, 1837) als Charakterideal des versöhnlich Naiven neu formuliert. Demgegenüber lässt sich laut F. Th. Vischer (»Ästhetik«, 1846–57) H. als Technik der Entpolarisierung auch emanzipatorisch verstehen, nämlich als tolerantes Infragestellen geltender Konventionen. Doch dominieren die Merkmale der spielerischen Heiterkeit und der überlegenen Distanz und Versöhnlichkeit die Begriffsgeschichte; bes. in der zweiten Hälfte des 19. Jh.s obsiegt die psychologistische Lesart. Der ästhetische Bezug geht verloren, das Wort ›H.‹ wird zur Bez. für unernste Spaßkultur, wie bereits L. Pirandello in seinem Essay »L'umorismo« (1908) kritisiert. S. Freud sieht im H. v. a. eine Entlastungsfunktion (»Der Witz und seine Beziehung zum Unbewußten«, 1905). In »Der H.« (1927) bestimmt er H. genauer als eine Ausgleichsleistung zwischen depressivem und manischem Selbstbewusstsein und damit zwischen ›Ich‹ und ›Ich-Ideal‹. Die H.theorie gewinnt ihre Beispiele vorwiegend aus der Lit. des 19. Jh.s, der Hauptepoche humoristischer Lit. (E. T. A. Hoffmann, G. Keller, Th. Fontane, W. Raabe, W. Busch). Im 20. Jh. wird die humoristische Romantradition meist ironisch gebrochen, u. a. durch Th. Mann (»Joseph und seine Brüder«, 1933–43), G. Grass oder A. Drach. – Die heutige Lit.theorie betrachtet ›H.‹ als eine historisch variable ↗ Schreibweise, die sich verschiedenartiger Techniken des Komischen bedient mit dem Ziel, die Diskrepanz zwischen Eigentlichem und Uneigentlichem auszugleichen. Im Unterschied zum ›niedrig‹ Lächerlichen (›Spaß‹, ›populärer Witz‹, ›alberner Scherz‹, ›Amüsement‹, ›Schadenfreude‹) deckt der H. das seriös Komische ab. Ästhetischer H. ist demonstrativ nonkonform, sei es gelassen pessimistisch (›Galgenhumor‹ oder ›schwarzer H.‹ im Sinne von A. Bretons »Anthologie de l'humour noir«, 1940) oder aber gelassen optimistisch (subtile Selbstironie, Understatement, Lakonik). H. als ›Gemütszustand‹ verweigert sowohl die Sinnsuche als auch die Destruktion von Sinn. Während die ideologiekritische Lit.wissenschaft seit den 1970er Jahren in Opposition zur harmonisierenden H.auffassung des 19. Jh.s die H.forschung vernachlässigte, entwickeln sich bereits kurz darauf Gegenreaktionen, u. a. in der dt. Satirezeitschrift »Titanic«, die ein Ressort »H.kritik« einrichtet, das ideologischer Borniertheit, absolutem Wissen und dogmatischen Festlegungen trotzt.

Lit.: J. Bremmer, H. Roodenburg (Hg.): Kulturgeschichte des H.s. Darmstadt 1999. – F. Evrard: L'humour. Paris 1996. – M. Hellenthal: Schwarzer H. Essen 1989. – D. Hörhammer: Die Formation des lit. H.s. Mchn. 1984. – Ders.: H. In: ÄGB. – W. Preisendanz: H. als dichterische Einbildungskraft. Mchn. 1963. – Ders.: H. In: RLW. – U. Profitlich: Zur Deutung der H.theorie Jean Pauls. In: ZfdPh 89 (1970), S. 161–168.   UME

Humoreske, f. [seit Anfang des 19. Jh.s entwickelte dt. Analogiebildung zu den Wörtern ↗›Burleske‹ (frz. *burlesque* seit 1643), ↗›Groteske‹ oder ↗›Arabeske‹], kleine Erzählform, in welcher Episoden aus dem bürgerlichen Alltag realistisch abgebildet und die darin vorkommenden menschlichen Beschränktheiten stets humorvoll kommentiert werden. Die in der H. dominierende Schreibweise des ↗ Humors verlangt die konziliant-amüsierte, niemals polemisch-aggressive Distanzierung der Erzählinstanz zu den erzählten Figuren und Handlungen sowie zum Stoff der Erzählung. Da es sich bei H.n oft um journalistische Kurztexte handelt, werden sie zuerst oft unselbständig in ↗ Lit.zeitschriften, ↗ Almanachen, ↗ Anthologien oder ↗ Kalendern publiziert. – Der Gattungsname ›H.‹ bezieht sich im 19. Jh. auch auf Musikstücke (R. Schumann: »H.«, Opus 20, 1839). In der zweiten Hälfte des 19. Jh.s, untermauert durch den Bedeutungswandel des Wortes ›Humor‹, der zur versöhnlichen ›Grundstimmung‹ des toleranten Bürgers idealisiert wird, etabliert sich ›H.‹ als Bez. für kurze, meist auf harmlose Weise amüsante, triviallit. Geschichten, z. B. Reiseanekdoten oder Erzählungen aus dem alltäglichen Familien- oder Berufsleben (C. F. van der Velde: »Das Liebhaber-Theater«, 1823; F. X. Told, C. Spindler, F. H. Slawik, G. Nicolai). Nicht selten prägen in dieser Zeit, mit einem Höhepunkt im ↗ Biedermeier und ↗ Realismus, patriarchale und sentimentale Züge die Gattung. Eine Ausnahme bildet etwa Th. Mundts freilich eher satirischer als humoristischer, aber im Untertitel als ›H.‹ bezeichneter Prosatext »Kampf eines Hegelianers mit den Grazien« (1832). Zu den wichtigsten Verfassern von H.n im 19. Jh. gehören S. v. Grabowski, J. Stinde, K. May, E. Eckstein (»Besuch im Karzer«, 1875), H. Hoffmann, E. v. Wildenbruch, P. Rosegger und L. Anzengruber. Kriegerisch instrumentalisiert wird die Gattung in der Tradition der Militärhumoreske (z. B. Freiherr v. Schlicht [= W. E. H. E. Graf Baudissin]: »Ein Adjutantenritt«, 1905) schließlich durch G. Hochstetter (»Feldgrüne H.n«, 1916). Die Reputation der Gattung leidet trotz journalistischer Nachblüte im 20. Jh. (L. Thoma: »Der

Postsekretär im Himmel«, 1914; E. Friedell). Erst zeitgenössischen Autoren wie R. Gernhardt (»Es gibt kein richtiges Leben im valschen. H.n«, 1987) gelingt es, die Gattung parodistisch wiederzubeleben.

Lit.: R. Grimm: Begriff und Gattung H. In: Jb. der Jean-Paul-Gesellschaft 3 (1968), S. 145–164. – J. Holzner: H. In: RLW.   UME

Hybride Gattungen ↗ Mischformen.

Hybridität ↗ Postkolonialismus.

Hybris, f. [gr. = Überheblichkeit, Anmaßung], aus der gr. Ethik übernommene Bez. der Tragödientheorie (↗ Tragödie) für eine aus Überheblichkeit gegenüber den Göttern entstandene Schuld des Menschen, welche die Vergeltung (Nemesis) der Götter, d. h. die tragische ↗ Katastrophe, hervorruft. Der Mensch kann eine solche Schuld sowohl aktiv (vgl. Herodots Novellen über Kroisos und Polykrates) als auch im Glauben subjektiver Unschuld (Sophokles: »König Ödipus«) auf sich laden.   HD/SHO

Hymenaeus, m. [lat.; von gr. *hyménaios* = Hochzeit, Hochzeitsgott], altgr. chorisches, wohl auf einem Volksbrauch basierendes Hochzeitslied, meist auf dem Weg vom Haus der Brauteltern zum Bräutigam (oder auch vor dem Schlafgemach der Brautleute) von einem Mädchen- und Jünglingschor gesungen. Der Name des Hochzeitsgottes H. ist wohl aus dem Refrain »Hymen, o Hymenaie« entstanden. – Fragmente sind u. a. von Sappho überliefert. Seit dem Hellenismus und bei den Römern wird der H. auch als *Epithalamium* bezeichnet; Versmaß ist meist der Hexameter, aber mit demselben Topos- und Motivbestand (Preis der Vermählten, der Ehe, Wünsche für Nachkommenschaft, mythologische Bezüge); bedeutendster Vertreter ist Catull. Auch epische Formen (selbständig oder in Erzählungen integriert, z. B. bei Theokrit) und rhet. ausgestaltete Prosa-Epithalamien (Vorläufer der Hochzeitsrede) sind belegt. Das Epithalamium wurde im lat. MA. und v. a. in der Renaissance wieder aufgenommen (A. M. Salimbeni, P. de Ronsard, E. Spenser, J. Donne).

Lit.: L. Forster: The Icy Fire. Cambridge 1969. – J. Gruber u. a.: Epithalamium. In: LMA. – R. Muth: H. und Epithalamion. In: Wiener Studien 67 (1954), S. 5–45.   MGS

Hymenaios, m. [gr.], Hochzeitslied. ↗ Hymenaeus.

Hymne, f. [gr. *hýmnos*, lat. *hymnus*, etymologisch ungeklärt], 1. auch: Hymnus; in Antike und MA. ein meist kultisch-religiöser Lob- und Preisgesang; 2. in der Neuzeit eine feierlich-erhabene lyrische Gattung.

Zu (1): Nach ältesten Textzeugnissen in der altorientalischen (Echnaton: »Sonnengesang«, um 1350 v. Chr.) und hebr. Dichtung (↗ Psalmen), die als Vorläufer der H. angesehen werden können, entwickelt sich *hýmnos* im Griechenland der nachhomerischen Zeit zu einer Sammelbez. für preisende Lieder in erhabenem Ton, dargeboten im Einzelvortrag oder im Wechselgesang zwischen Vortragendem und Festgemeinde bzw. Chor. Zu den ältesten Zeugnissen der europäischen Lit. zählen die (nicht von Homer stammenden) »Homerischen

H.n« aus dem 8.–6. Jh. v. Chr. Der H. verwandte Formen sind der Dionysos preisende ↗ Dithyrambus und der an Apoll gerichtete ↗ Paian. Aus neuzeitlicher Sicht werden auch die ↗ Epinikien Pindars, sakrale und mythologische Elemente enthaltende Siegesgesänge auf die Gewinner sportlicher Wettkämpfe, als H.n eingestuft (›Pindarische H.‹). Die röm. Lit. übernahm die H. unter der Bez. *carmen*. Erst durch frühchristliche Autoren wird ›H.‹ zu einem feststehenden Begriff für Gesänge zum Lob Gottes in kultisch-sakralem Kontext. Zunächst schloss die H. auch die biblischen Psalmen und Lieder ein, wurde aber allmählich auf nachbiblische Gesänge zum Preis Gottes und der Heiligen eingeschränkt. Als entscheidend für die lat. H.ndichtung (die byzantinische H. nahm eine andere Entwicklung) gilt die im 4. Jh. von Ambrosius von Mailand entwickelte, sog. ›Ambrosianische H.‹ (meist acht Strophen zu je vier Versen), die für gut 1.000 Jahre die lat.-mal. H. bestimmte.

Zu (2): Die H.ndichtung der Neuzeit behielt die Merkmale der überlieferten H. bei: a) appellative, hierarchische Struktur, b) feierlicher Ton, c) Tendenz zur Dreigliedrigkeit (Anrufung, berichtender Mittelteil, Bitte). Sie löste sich aber seit dem 16. Jh. vermehrt aus liturgischen Bindungen und orientierte sich wieder am gr.-antiken *hýmnos*, bes. an den »Homerischen H.n« und an Pindar. Während die H. von der rationalistischen, moralisch-didaktisch dominierten Richtung der frühen ↗ Aufklärung zunächst skeptisch betrachtet wurde, konnte sie sich in Deutschland im Lauf des 18. Jh.s im Zuge von ↗ Pietismus, ↗ Empfindsamkeit und ↗ Sturm und Drang, unter dem Einfluss des Gefühlskultes, der Subjektautonomisierung, der Genieästhetik (↗ Genie) und der Diskussion um das ↗ Erhabene unter säkularisierten Vorzeichen zur enthusiastisch-lyrischen Form par excellence entwickeln. Einen entscheidenden Einschnitt in die Geschichte der dt. H. stellt die Dichtung F. G. Klopstocks und ihm folgend des ↗ Göttinger Hains dar. Klopstocks Langgedicht »Die Frühlingsfeyer« (1759/71) gilt als erste Verwirklichung des neuen hymnischen Stils in dt. Sprache. Klopstock selbst bezeichnet diese Texte – ebenso wie J. W. Goethe seine freirhythmischen H.n der 1770er Jahre (»Prometheus«, »An Schwager Kronos«) – noch als ↗ ›Oden‹; in deren späteren Fassungen variiert er antike ↗ Odenmaße. Erst Novalis und F. Hölderlin (›Tübinger H.n‹, 1788–93) verwenden die Bez. ›H.‹ für ihre lyrischen Texte. Novalis' »H.n an die Nacht« (1799 f.) vereinen freie Rhythmen mit gereimten Versen, alternierenden Metren und rhythmisierten Prosapartien. Hölderlin entwickelt in seinen großen freirhythmischen Gedichten der Jahre 1800–06 eine an Pindar orientierte dreigliedrige Form der H. Im 19. Jh. üben v. a. F. Nietzsches »Dionysos-Dithyramben« (1884) und W. Whitmans »Leaves of Grass« (1855–92) große Wirkung aus. Um 1900 können St. Georges frühe, im Ton sehr verhaltene »H.n« (1890) als prominente Beispiele für hymnisches Dichten gelten; hym-

nische Züge finden sich auch in vielen Gedichten R. M. Rilkes, etwa in den »Duineser Elegien« (1922). Für die angloam. und frz. Lit. des 20. Jh.s sind etwa E. Pound, P. Claudel und L. Aragon als Dichter von H.n zu nennen. In Deutschland stammen neue hymnische Versuche nach 1945 von I. Bachmann (»An die Sonne«) oder P. Celan, die nach nicht durch den Nationalsozialismus pervertierten Möglichkeiten einer Dichtung im hohen Ton suchen, während andere Autoren (P. Rühmkorf, H. M. Enzensberger) den hymnischen Stil ironisch gebrochen oder parodistisch verwenden. – Die Abgrenzung der H. von Ode und auch ↗ Elegie wird zusehends problematischer, da metrisch für die H. der Neuzeit kaum mehr eine Einschränkung gilt. Für die H. sind ↗ freie Rhythmen nicht gattungskonstitutiv, diese können jedoch auf eine hymnische Haltung hinweisen. Inhaltlich ist die H. nicht mehr verbindlich religiösen Kontexten oder Themen verpflichtet, kann aber Strukturelemente religiösen Sprechens bewahren. Die neuzeitliche H. konstituiert sich durch die gegenläufige Entwicklung, dass sich die geistliche Dichtung zunehmend säkularisiert, während die weltliche sich durch Emphatisierung ihres Sprachgestus sakralisiert. Strukturen und Traditionen ihrer sakralen Herkunft bleiben der H. auf diese Weise erhalten. Für sie ist ein Pathos konstitutiv, dessen Wurzeln in der Sphäre des Heiligen und Religiösen liegen. Auch ihre Appellstruktur und die verehrende direkte Anrede können als strukturbildend für die H. gelten. Bei formaler und thematischer Vielfalt bleibt der H. auch des späten 19. und 20. Jh.s also als stabiler Faktor ein performativ verehrender Sprachgestus im emphatisch-gehobenen Stil eigen. – Die ›Hymnologie‹ als musik- und lit.wissenschaftliche Fragestellungen verbindende Wissenschaft bes. vom mal. Hymnus und vom neuzeitlichen Kirchenlied wird im 19. Jh. begründet. Neben dem Kirchengesang finden heute bes. die ›Nationalhymnen‹ Interesse, eine der wenigen neuzeitlichen Formen der H., die weiterhin Musik und Text verbinden. Eine hinreichende, die antike, mal. und neuzeitliche H. gleichermaßen berücksichtigende Begriffsklärung, eine historisch-systematische Typologie sowie eine umfassende, komparatistisch angelegte Gattungsgeschichte der H. stehen aus.

Periodikum: Jb. für Liturgik und Hymnologie. 1955 ff.
Lit.: W. Braungart: H., Ode, Elegie. In: A. Aurnhammer, Th. Pittrof (Hg.): »Mehr Dionysos als Apoll«. Antiklassizistische Antike-Rezeption um 1900. Ffm. 2002, S. 245–271. – D. Burdorf: Gibt es eine Geschichte der dt. H.? In: ZfG N. F. 14 (2004), S. 298–310. – N. Gabriel: Studien zur Geschichte der dt. H. Mchn 1992. – J. Jacob: Heilige Poesie. Tüb. 1997. – Ch. Jamme, A. Lemke (Hg.): Hölderlins späte Hymnik. Stgt. 2002. – J. Janota: Hymnus. In: RLW. – J. Julian (Hg.): A dictionary of hymnology. 2 Bde. [1892]. Ldn. [2]1907. Nachdr. NY 1979. – K.M. Kohl: Rhetoric, the bible, and the origins of free verse. Bln., NY 1990. – A. Knittel, I. K. Kording: H. In: HWbRh. – O. Knörrich: Die H. In: ders.

(Hg.): Formen der Lit. in Einzeldarstellungen. Stgt. 1982, S. 184–191. – A. Kraß: H. In: RLW. – H.-H. Krummacher: Bibelwort und hymnisches Sprechen bei Klopstock. In: JbDSG 13 (1969), S. 155–179. – H. Kurzke: H.n und Lieder der Deutschen. Mainz 1990. – K. Schumann: Dt. H.nvergleich. In: neue dt. lit. 48 (2000), S. 111–118. – H. Thomke: Hymnische Dichtung im Expressionismus. Bern, Mchn. 1972. – M. Vöhler: »Danken möcht' ich, aber wofür?« Zur Tradition und Komposition von Hölderlins Hymnik. Mchn. 1997. COS

Hymne-Blason, m., von der romanistischen Lit.wissenschaft geprägte Bez. für ein dem ↗ Blason verwandtes poetisches Genre, das in scherzhaftem oder satirischem Lob v. a. den Mikrokosmos beschreibt. Die Form (meist paargereimte sieben- oder achtsilbige Verse, seltener Zehnsilbler oder ↗ Alexandriner) wird v. a. von den Pléiade-Poeten P. de Ronsard (»La Grenouille«, »Le Fourmy«) und R. Belleau (»Le Papillon«, »La Cerise«) gepflegt. PHE/Red.

Hymnenstrophe, auch: ambrosianische H., Strophenform der christlichen Spätantike, bestehend aus vier reimlosen ↗ akatalektischen jambischen ↗ Dimetern (ambrosianischer Hymnenvers). Von Ambrosius im 4. Jh. verwendete und bis ins späte MA. maßgebliche Strophenform der lat. Hymnendichtung; acht H.n bilden den ambrosianischen Hymnus (↗ Hymne). In der Folge der (paar-)gereimten Übertragungen der lat. Hymnen, insbes. des 16. Jh.s, hat sich in der dt. Dichtung die H. (und mit ihr der ambrosianische Hymnenvers als vierhebiger Jambus mit männlicher Kadenz) über die geistliche Lyrik hinaus durchsetzen können. LK

Hymnus, m. [lat.], antike oder mal. ↗ Hymne (1).

Hypallage, f. [gr. = Vertauschung], rhet. Figur, ↗ Enallage.

Hyperbaton, n. [gr. = Umgestelltes, lat. *trajectio, transgressio*], ↗ rhet. Figur: Trennung syntaktisch eng zusammengehöriger Wörter durch eingeschobene Satzteile zur expressiven Betonung der getrennten Wörter oder aus rhythmischen Gründen: »o *laß* nimmer von nun an *mich* dieses Tödliche sehn« (F. Hölderlin: »Der Abschied«); kann bes. durch ↗ Parenthese oder ↗ Prolepsis entstehen: »dies Pistol, wenn Ihr die Klingel rührt, streckt mich leblos zu Euren Füßen nieder« (H. v. Kleist: »Michael Kohlhaas«). Vgl. auch ↗ Inversion, ↗ Tmesis. HHS/Red.

Hyperbel, f. [gr. *hyperbolé* = Übermaß], ↗ Tropus (1): extreme, im wörtlichen Sinne oft unglaubwürdige oder unmögliche Übertreibung zur Darstellung des Außerordentlichen, meist mit Mitteln der Metaphorik oder des ausgeführten Vergleichs. Bes. beliebt in volkstümlichen Erzählgattungen (↗ Chanson de geste, ↗ Spielmannsdichtung) und im Barock, von klassizistischen Autoren gemieden. Die angestrebte affektive Intensivierung gerät leicht zur Manier und in die Nähe des Lächerlichen, bewusst z. B. bei H. Heine: »ein Schneidergesell, so dünn, daß die Sterne durchschimmern

konnten« (»Harzreise«) oder Jean Paul. Viele hyperbolische Wendungen, bes. der Bibel (»zahlreich wie Sand am Meer«), sind in die Umgangssprache eingegangen und verflacht (»blitzschnell«, »eine Ewigkeit warten«). Verwandte Form: ↗ Hyperoche. HHS/Red.

Hyperfiktion, auch: Hyperfiction [ˈhaɪpəˈfikʃən; engl.], lit. Werk, das den Computer als Produktions- und Rezeptionsmedium nutzt und hypertextuelle Strukturen aufweist (↗ Hypertext); die Integration von (bewegten) Bildern und Ton ist möglich. Der Begriff wird noch uneinheitlich verwendet; so werden narrative Hypermediaproduktionen ohne Textkomponente bisweilen als ›H.‹ bezeichnet; sie sollten jedoch nichtlit. Nachbargattungen zugerechnet werden, z. B. der Netzkunst. Zudem wird die Bez. ›H.‹ verschiedentlich auch auf nicht-narrative Produktionen ausgedehnt; der Begriff ↗›Fiktion‹ ist jedoch in der Lit.wissenschaft an die Darstellung von ↗ Handlungen gebunden, und aus diesem Grunde sollte der Begriff ›H.‹ nur für narrative Produktionen verwendet werden. – H.en sind wesentlich durch hypertextuelle Strukturmuster geprägt. Ihre wichtigsten Ausprägungen sind die Baumstruktur und die Rhizomstruktur (der botanische Begriff wurde von G. Deleuze und F. Guattari in die Kulturwissenschaften eingeführt). Diese Strukturen sind von Anfang an unter dem Aspekt der ↗ Rezeption diskutiert worden. Zunächst stand dabei die Freiheit des Rezipienten im Mittelpunkt der Diskussion: Der Rezipient könne sich mittels Interaktivität seine eigene ↗ Erzählung erschaffen. Diese Argumentation wird inzwischen insofern kritisch gesehen, als auf Autorseite die durch den ↗ Autor vorgegebenen Beschränkungen betont und auf Rezipientenseite das Interesse an der eigenen Erschaffung von Erzählungen problematisiert wird. – Die Geschichte der H.en beginnt in den 1980er Jahren in den USA. Als Prototyp der H. gilt »Afternoon, a Story« von M. Joyce (1987, als Buch und Diskette publiziert 1990). In Deutschland ist die Entstehung von H.en eng mit verschiedenen Wettbewerben in den 1980er Jahren verknüpft. Im Unterschied zu den frühen H.en aus dieser Zeit nutzen die Produktionen seit den 1990er Jahren verstärkt die hypermedialen Möglichkeiten des Computers; H.en sind seitdem zumeist hyper- bzw. multimediale Produktionen mit Textkomponente. Zu den dt. Produktionen, die einige Popularität erlangt haben, gehört »Hilfe!« von S. Berkenheger. Diese H., die zunächst im Netz erschienen ist, ist das erste Werk in der »edition cyberfiction«, der bislang einzigen H.sreihe auf CD-ROM im dt.sprachigen Raum. Im Internet gibt es eine Reihe von Publikationsforen für H. en sowie wissenschaftliche und essayistische Auseinandersetzungen mit solchen Produktionen (vgl. etwa das Internet-Journal »www.dichtung-digital.de«).

Lit.: M. Böhler, B. Suter (Hg.): hyperfiction. Ffm., Basel 1999. – R. Simanowski: Interfictions. Ffm. 2002. – B. Suter: H. und interaktive Narration im frühen Entwicklungsstadium zu einem Genre. Zürich 2000. ML

Hyperkatalektisch, Adjektiv [gr. *hyperkataléktikos*,

Kunstwort = über die Grenze hinausgehend], Merkmal solcher Verse, die über den letzten regelmäßig gefüllten Versfuß hinaus eine überzählige Silbe enthalten.

JK/Red.

Hypermeter, m. [gr. *hypérmetros* = das Maß überschreitend], in der antiken Metrik Bez. für einen Vers, dessen letzte, metrisch überzählige Silbe auf einen Vokal ausgeht, der vor dem vokalischen Anlaut des folgenden Verses elidiert wird. Die in der gr. und röm. Verskunst seltenen H. setzen ↗ Synaphie voraus; sie durchbrechen die Regel, nach der die Elision eines den Vers schließenden Vokals durch die Versgrenze verhindert wird. ↗ Hyperkatalektisch. JK/Red.

Hyperoche, f. [gr. = Übermaß], ↗ rhet. Figur: Hervorhebung der Einmaligkeit oder Unvergleichlichkeit einer Sache oder Person durch superlativische Steigerung: »Die stillste aller Mittagsstillen« (A. Seghers: »Die Gefährten« 1, 1). HHS/Red.

Hypertext, m. [ˈhaipə…; engl.; aus gr. *hypér* = über, hinaus und lat. ↗ Text], Text in elektronisch-digitaler Form, der aufgrund der vielfältigen Verknüpfungen (›Links‹) zwischen seinen Textteilen (›Nodes‹, ›Lexien‹) diverse Lesewege anbietet. H.e sind nicht-linear und setzen Entscheidungen des Lesers über den Verlauf ihrer Lektüre voraus. – T. H. Nelson erfindet 1967 den Begriff, mit dem er das Konzept theoretisch beschreibt, bevor es mit der Entwicklung des Internet (auf der Basis des »H. Transfer Protocol« = »http«) weltweit verbreitet wurde. Während in der Lit. schon früher mit H.-Strategien experimentiert wurde (z. B. A. Schmidt: »Zettels Traum«, 1970), existieren lit. H.e im eigentlichen Sinne (auch ↗ ›Hyperfiktion‹ genannt) erst seit 1987/90 (M. Joyce: »Afternoon, a Story«). Im Rahmen der Lit.wissenschaft werden in der elektronischen ↗ Editionstechnik zunehmend die Möglichkeiten des H.es genutzt.

Lit.: Ch. Heibach: Lit. im Internet. Bln. 2000. – R. S. Kamzelak: H. In: RLW. – A. Rau: What you click is what you get. Die Stellung von Autoren und Lesern in interaktiver digitaler Lit. Bln. 2000. – P. Schlobinski, B. Suter (Hg.): [Themenheft:] Hyperfiction im Dt.unterricht. DU 53 (2001), H. 2. – H. Schmidt-Bergmann, T. Liesegang (Hg.): Liter@tur. Bielefeld 2001. – B. Suter: Hyperfiktion und interaktive Narration im frühen Entwicklungsstadium zu einem Genre. Zürich 2000. – B. Suter, M. Böhler (Hg.): Hyperfiction. Ffm. 1999. – TuK 152 (2001): Digitale Lit. RM

Hypertext/Hypotext, m. [Kunstwörter aus dem Gr., = Obertext/zugrunde liegender Text], von G. Genette zur Bestimmung intertextueller Relationen geprägte Termini (↗ Intertextualität). Als ›Hypertext‹ bezeichnet Genette jeden Text, der in seiner Gesamtheit oder in großen Teilen durch Transformation aus einem vorhergehenden Text (›Hypotext‹) abgeleitet ist. Je nach Art der Transformation und der mit ihr einhergehenden Absicht lassen sich mehrere Typen unterscheiden: die Transformation kann spielerisch (↗ Parodie), satirisch (↗ Travestie) oder ernsthaft (↗ Transposition)

erfolgen; ebenso kann die Imitation spielerisch (↗ Pastiche), satirisch (↗ Persiflage) oder ernst (Nachbildung) sein. Während Umformungen sich immer auf einzelne ↗ Prätexte beziehen, gelten Nachahmungen Textgruppen (↗ Gattungen, Stilebenen, Gesamtwerk eines Autors). In allen Fällen verhalten sich die Hypertexte zu ihren Vorbildern wie ein wiederbeschriebenes Pergament (↗ Palimpsest): Durch den neuen Text lässt sich der Hypotext erkennen; eine Lektüre, die diese Präsenz ausblendet oder nicht wahrnimmt, ist unvollständig. Texte wie J. Joyces »Ulysses« oder Th. Manns »Doktor Faustus«, die diese intertextuellen Bezüge bes. klar realisieren, repräsentieren für Genette durch ihre Überstrukturiertheit (»Lit. auf zweiter Stufe«) den bes. Reiz von Lit.

Lit.: G. Genette: Palimpsestes. Paris 1982 [dt. 1993].

TAS

Hypertextualität ↗ Intertextualität.

Hypodochmius, m., Variante des ↗ Dochmius.

Hypokrites, m. [gr. = Schauspieler], Schauspieler mit Sprechrolle im gr. Drama, der (im Ggs. zum ↗ Chor in der ↗ Orchestra) auf der Bühne agierte. Der H. war auf eine Dramengattung spezialisiert. Frauenrollen spielten stets Männer. Die Kostüme waren stereotyp (Tragödie: Maske, ↗ Kothurn; Komödie: Maske, Phallus) – Aristoteles zufolge stellte Thespis als erster dem Chor einen H. gegenüber, dialogisierte dadurch die Chorlyrik (↗ Dithyrambus) und trug so zur Entstehung der ↗ Tragödie bei. Im 5. Jh. führte Aischylos den zweiten, Sophokles den dritten H. ein. Thespis trat noch selbst als H. auf, später wählten die Dichter professionelle H. Nachdem 449 v. Chr. die Agone (Wettbewerbe) der tragischen (und wenig später jene der komischen) Schauspieler eingeführt worden waren, wurde der erste H. (= Protagonist) gelost. Im 4. Jh. gewann der Protagonisten-Agon an Bedeutung, die schauspielerische Virtuosität trat auf Kosten der Stücke in den Vordergrund, deren Texte die H. z. T. willkürlich abänderten. Ab dem 4. Jh. waren die H. panhellenisch organisiert.

Lit.: H.-D. Blume: H. In: NPauly, Bd. 5 (1998), Sp. 810–812.

MSR

Hypomnema, n. [gr. = Erinnerung, Erwähnung, Denkschrift; lat. *commentarius*], Sammelbegriff für Aufzeichnungen aller Art, die als Gedächtnisstützen sowohl im öffentlichen (Register, Archive, Urkunden, Protokolle) wie im privaten Bereich (Konzepte, Lektürenotizen, Tagebücher) fungierten; im Kontext der Historiographie werden unter H.ta schmucklose Vorstudien für die spätere Ausarbeitung verstanden. Seit dem 4. Jh. v. Chr. erscheinen H.ta als fachwissenschaftliche Abhandlungen zur Geographie, Historie, Philosophie und Medizin. Bes. gebräuchlich wird der Begriff für autobiographische Monographien politisch bedeutender Persönlichkeiten sowie zur Bez. von Sammelwerken vermischten Inhalts. Bei den alexandrinischen Grammatikern wird ›H.‹ zum *terminus technicus* für fortlaufende, meist nach Stichworten angeordnete, philologische Kommentare.

Lit.: G. Arrighetti: Poeti, eruditi e biografi. Pisa 1987, S. 161–231. – F. Böhmer: Der Commentarius. In: Hermes 81 (1953), S. 210–250.   MBH

Hyporchema, n. [gr. = Tanzlied], auf Thaletas von Gortyn (7. Jh. v. Chr.) zurückgehende altgr. Chorlyrik (↗Chorlied) in kretischen Versmaßen; ursprünglich ein Begleitlied zu Waffentänzen (v. a. in Kreta und Sparta), später (als Synonym für ↗›Paian‹) Bez. für ein kunstvolles Preislied zu Ehren Apolls. Nur wenige Fragmente sind erhalten bei Pindar, Bakchylides und Pratinas von Phleius.
Lit.: A. M. Dale: Stasimon and Hyporcheme. In: Eranos 48 (1950), S. 14–20. – H. Koller: Die Mimesis in der Antike. Bern 1954, S. 166–173.   MBH

Hypostase, f. [gr. *hypóstasis* = Unterlage, Grundlage, Gegenstand], auch: Hypostasierung, Vergegenständlichung oder ↗Personifikation eines Begriffs, bes. die Ausgestaltung einer Eigenschaft oder eines Beinamens zu einer selbständigen Gottheit in der Mythologie. – Poetologisch die Technik der Personengestaltung durch Zusammensetzung verschiedener Einzelzüge (Bischof Turpin in der »Chanson de Roland« aus *fortitudo* und *sapientia* im Ggs. zu Roland = *fortitudo* und Olivier = *sapientia*) oder durch Hinzufügung neuer Züge zu einer älteren (historischen oder lit.) Person (J. Racines Pyrrhus: zu den Zügen antiker Heroen treten solche von Romanhelden des 17. Jh.s).   HHS/Red.

Hypotaxe, f. [gr. = Unterordnung, lat. *subordinatio*], Art der unterordnenden Verknüpfung von Sätzen, wobei im Unterschied zur beiordnenden ↗Parataxe der eine Satz syntaktisch in den anderen integriert ist. Die H. kennzeichnet den Periodenstil und den Kanzleistil. In der antiken ↗Rhet. ist Cicero Verteidiger des hypotaktisch angelegten Periodenstils (↗Asianismus), welcher pathetische Spannungsbögen ermöglicht. Als Form amtlicher Schreiben erlebt der Kanzleistil – und mit ihm die H. – im 15. Jh. eine Blüte. Im 17. Jh. verbreitet sich die H. auch in der Lit. Im Zuge der von J. Ch. Gottsched geäußerten Kritik kommt es im 18. Jh. zur Bevorzugung stilistischer Einfachheit, Natürlichkeit und Gefühlsorientierung in mittlerer Stillage. Dennoch bleibt die H. auch danach ein wichtiges Kennzeichen des Individualstils lit. Autoren (H. v. Kleist, Th. Bernhard).
Lit.: E. A. Blackall: Die Entwicklung des Dt. zur Lit.-sprache 1700–75 [engl. 1959]. Stgt. 1966. – J. Macheiner: Das grammatische Varieté. Ffm. 1991. – C. van Lengen, E. Rolf (Hg.): Syntax. Zur Subordination von Sätzen. Münster 1993.   GLS

Hysterologie, f., ↗Hysteron proteron.

Hysteron proteron, n. [gr. = das Spätere als Früheres], auch: Hysterologie, ↗rhet. Figur: Umkehrung der zeitlichen oder logischen Abfolge einer Aussage, so dass z. B. der zeitlich spätere Vorgang vor dem früheren erwähnt wird: »moriamur et in media arma ruamus« (Vergil: »Aeneis« 2, 353); »Dies ist mein Sohn nicht, den hab' ich nicht ausgewürgt, noch hat ihn dein Vater gemacht« (Th. Mann: »Der Erwählte«).   HHS/Red.

Iambelegus ↗Epode.

Iambes, m. Pl. [jãb; frz. = Jamben], in der frz. Verskunst Zweizeiler aus einem ↗Alexandriner (Zwölfsilbler) und einem Achtsilbler. Je zwei I. sind durch Endreim verbunden (Reimschema: *abab*), ohne dass sie jedoch eine Strophe bilden, da die Grenzen zwischen den einzelnen Vierergruppen in der Regel nicht mit syntaktischen Einschnitten zusammenfallen, sondern durch ↗Enjambements und Reimbrechung syntaktisch überspielt werden. – Die Form der I. wurde durch A. Chénier als Nachbildung der sog. jambischen ↗Epode des Horaz (jambischer ↗Trimeter + jambischer Dimeter) in die frz. Dichtung eingeführt; sie wird auch als frz. Ersatzform für das elegische ↗Distichon gedeutet. I. werden ferner von A. Barbier und V. Hugo benutzt. In anderen Nationalsprachen heißt die Form ↗›Jambik‹ oder ›Jambendichtung‹.   JK/Red.

Ich-Roman, längere Prosa-Erzählung, die im Ggs. zur ↗Autobiographie die Erlebnisse eines *fiktiven* erzählenden Ichs schildert. Der Begriff wird von F. Spielhagen (»Beiträge zur Theorie und Technik des Romans«, 1883) eingeführt und als spezifisch moderne, notwendig subjektive Romanform im Ggs. zum objektiv erzählenden homerischen ↗Epos bestimmt. – Der I. eignet sich aufgrund der begrenzten Perspektive der Ich-Erzählsituation bes. zur humoristischen Darstellung der Welt des Alltags. Diese Traditionslinie beginnt mit den komisch-realistischen I.en der Antike (Petronius, Apuleius) und wird ab dem 16. Jh. mit den ↗pikaresken Romanen fortgeschrieben (M. Alemán, H. J. Ch. v. Grimmelshausen). Zu ihr gehören auch die humoristischen Romane und die ↗Satire des 18. Jh.s (L. Sterne, J. Swift). Durch die formale Nähe zur Autobiographie wird der I. im 19. Jh. für den Entwicklungs- und ↗Bildungsroman wichtig (Ch. Dickens, A. Stifter). Um 1900 dient er v. a. der Darstellung von Bewusstseinsinhalten und der Problematisierung von Individualität (M. Proust, R. M. Rilke, S. Beckett).
Lit.: B. Romberg: Studies in the Narrative Technique of the First-Person Novel. Stockholm 1962.   HHS/JH

Icon, n. [gr.-lat.], Bildteil des ↗Emblems.

Ideal, n. [gr. *idéa* = Urbild, Idee], Inbegriff des Vollkommenen; historisch determinierte, abstrakte Vorstellung eines absoluten Zustandes als Ziel menschlichen Strebens und Handelns. I.e existieren in allen Gebieten menschlicher Tätigkeiten. Als prinzipielle Möglichkeit nur gedacht, schließt das I. immer deren Nichterreichbarkeit ein. In die Vergangenheit projizierte oder von ihr abgeleitete I.e sind bestimmt von ideologisch-programmatischem Charakter. Das I. steht häufig in Opposition zur Realität, welche die Bedingungen zur Erreichung des angestrebten Zustandes diktiert. – Quelle bildet Platons Ansicht vom I. als unvergänglichem, allem übergeordnetem Urbild (der

›Idee‹) des Seins. Ausgehend von I. Kants in der »Kritik der reinen Vernunft« (1781) entwickeltem Konzept des ›transzendentalen Ideals‹ (vgl. Bd. 4, S. 515–523) gewinnt der Begriff zentrale Bedeutung für die Philosophie des ↗dt. Idealismus und wird zur fundamentalen Kategorie schöpferischer lit. Produktion in der ↗Weimarer Klassik (z. B. bei F. Schiller als neuhumanistisches Menschheitsideal) und der Romantik. In seinen »Vorlesungen über die Ästhetik« (postum 1835) bezeichnet Hegel das I. als ›wahre‹ Idee des Kunstschönen (vgl. Bd. 13, S. 203–229), die in der klassischen Kunst der Antike nur in der Skulptur (vgl. Bd. 14, S. 372–374), in der neueren Kunst nur in der Poesie zu finden sei. – Von dem Streben nach einer idealen systematischen Darstellung des eigenen Sachgebietes erfasst sind auch die Anfänge der Lit.geschichtsschreibung (J. A. Ortloff: »I. einer Litterargeschichte«, 1800).
Lit.: V. Bazil: I. und Schema. Diss. Mchn. 1995. – W. Düsing: I. In: RLW. – G. W. F. Hegel: Werke in 20 Bdn. Bd. 13–15. Ffm. 1970. – I. Kant: Werkausg. [1956]. Bd. 3 f. Ffm. ¹⁰1988.– E. Panofsky: Idea [1924]. Nachdr. Bln. 1993.   TM

Idealistische Ästhetik, f. [aus gr. *idéa* = Idee, normativ gehaltvoller Begriff; *aísthēsis* = Wahrnehmung], 1. im weiteren Sinn Bez. für alle Kunsttheorien, welche das ↗Schöne mit Platon als Idee verstehen; 2. im engeren Sinn Bez. für die Kunstphilosophie des ↗dt. Idealismus. Die i. Ä. lehnt die These, ↗Kunst sei ihrem Wesen nach ↗Mimesis (verstanden als Nachahmung der Natur), ab. Ihr Ausgangspunkt ist stattdessen die These I. Kants, dass Kunstwerke ästhetische Ideen ausdrückten, »die viel zu denken veranlass[en], ohne dass [ihnen] doch irgend ein bestimmter Gedanke, d. i. Begriff adäquat sein kann [...]« (»Kritik der Urteilskraft« [1790, ²1793], B 192 f.). Als solche seien sie ein »Pendant« zu den Ideen der reinen Vernunft wie Gott, Freiheit oder Unsterblichkeit (ebd., B 193). F. W. J. Schelling begründet dann die i. Ä., indem er Vernunftideen und ästhetische Ideen gleichsetzt; provokativ zugespitzt ist seine folgende Formel: »Die unmittelbare Ursache aller Kunst ist Gott« (»Philosophie der Kunst« [postum 1859], § 23). Für G. W. F. Hegel (»Vorlesungen über die Ästhetik«, postum 1835–38) ist die Kunst neben Religion und Philosophie eine Form des absoluten Geistes; ihr Thema ist die ›Idee‹, d. h. das Verhältnis von Geist und Natur. Sofern Kunstwerke anschauliche Darstellungen der Idee sind, wird Schönheit in der Kunst als das »sinnliche Scheinen der Idee« verstanden (Hegel, Bd. 12, S. 151; die Echtheit der Formulierung ist umstritten). Hegels These vom ›Ende der Kunst‹ in der Moderne markiert dann allerdings auch das Ende der i.n Ä. Im 20. Jh. knüpfen Th. W. Adorno, G. Lukács und E. Bloch in ihren materialistischen Wiederbelebungen der i.n Ä. an Hegel an, M. Heidegger eher an Schelling.

Lit.: P. Bürger: Zur Kritik der i.n Ä. Ffm. 1983. – A. Gethmann-Siefert: Einf. in die Ästhetik. Mchn. 1995. – K. Hammermeister: The German Aesthetic Tradition. Cambridge 2002. – G. W. F. Hegel: Werke. Bd. 12–14. Ffm. 1970. HTE

Ideenballade, von W. Kayser eingeführter, in der Forschung umstrittener Begriff für eine Form der ↗ Ballade, die F. Schiller geprägt und in beinahe allen seiner Balladen realisiert habe. Die I. gestalte das aktive Handeln eines Helden, das gegen ein blindes Schicksal rebelliere und so eine sittliche Idee verwirkliche. Die neuere Forschung relativiert die Gültigkeit der Begriffe ›Held‹, ›Schicksal‹, ›Idee‹ und damit auch ›I.‹ für Schiller und bezweifelt umso mehr die Übertragbarkeit auf Balladen J. W. Goethes, die durch ihre größere Variabilität, die Einbeziehung archaischer und magischer Elemente sowie durch ihre spielerisch-parodistischen Züge selten klar auf eine sittliche ›Idee‹ festzulegen sind.
Lit.: W. Kayser: Geschichte der dt. Ballade [1936]. Bln. ²1943, S. 120–137. – N. Mecklenburg: Balladen der Klassik. In: Ch. Freitag (Hg.): Ballade. Bamberg 1986, S. 42–55. RSI

Ideendrama, Bühnenwerk, in dem ein gewichtiger Leitgedanke, ein weltanschaulicher Zusammenhang oder ein ethischer Wertkomplex im Zentrum der Aussage steht und in der Regel als allgemeingültig dargestellt wird. Sujetwahl, Gestaltung von Dramen- und Bühnenhandlung, dramatisches Personal und Sprache sind auf die sinnlich-szenische Darstellung dieser zentralen Idee hin ausgerichtet. Als Gattungsbez. kann ›I.‹ keine Ausschließlichkeit beanspruchen; Überschneidungen mit anderen Untergattungen (z. B. ↗ Geschichtsdrama) sprechen indes nicht gegen den Begriff. Liegt die zentrale Idee des I.s eher in einem konkreten, weniger komplexen Problem, spricht man von einem ↗ Problemstück, liegt sie in einer engen (partei-)politischen Aussage, von einem Tendenzdrama. – Ideendramen finden sich im frz. ↗ Klassizismus (P. Corneille, J. Racine, Voltaire), bei G. E. Lessing (v. a. mit der Idee der Toleranz im »Nathan«), in der ↗ Weimarer Klassik (J. W. Goethe, F. Schiller), im 19. Jh. bei F. Grillparzer und F. Hebbel. Aus dem 20. Jh. werden Dramen z. B. von H. v. Hofmannsthal, G. B. Shaw, T. S. Eliot, J.-P. Sartre und A. Camus als Ideendramen betrachtet. – Eine neuere umfassende Studie zum I. ist Desiderat.
Lit.: R. Unger: Von Nathan zu Faust. Zur Geschichte des dt. I.s. Basel 1916. TU

Ideengeschichte, 1. im weiteren Sinne: jegliche Darstellung der historischen Entwicklung und Veränderung intellektueller Konzepte; 2. im engeren Sinne: Forschungsrichtung, die von der am. Schule der ›History of Ideas‹ begründet wurde und grundlegende anthropologische Denkmuster analysieren will.
Zu 1.: Als ›Historische Ideenlehre‹ ist die I. bereits gegen Ende des 18. Jh.s im Gefolge des kantischen Kritizismus und des ↗ dt. Idealismus nachweisbar. Im 19. Jh. entwickeln K. Marx und F. Engels die spezifisch

marxistische Form der Ideologiegeschichte (↗ Ideologiekritik). Als Erbe der idealistischen I. tritt gegen Ende des 19. Jh.s W. Diltheys Konzept einer hermeneutisch verfahrenden ↗ Geistesgeschichte auf, die im einheitlichen ›Geist‹ das verbindende Element aller kulturellen Erscheinungen einer Zeit sieht. Abzugrenzen ist die I. auch von der ↗ Begriffsgeschichte, die geistige Konzepte ausgehend vom historischen Sprachgebrauch erschließen will. Berührungspunkte gibt es mit einigen Richtungen der ↗ Problemgeschichte.
Zu 2.: 1940 begründet Lovejoy das »Journal of the History of Ideas« und damit die I. als eigene historiographische Disziplin. Sie soll unter Einbeziehung aller geschichtlichen Disziplinen als Materialreservoir – auch der Lit.geschichte – historisch invariante Elementarideen (»unit-ideas«) aufspüren, die historisch in vielfältigen Varianten auftreten. Das Konzept wird in der Folge zum einen wegen des substantialistischen Ideenbegriffs kritisiert, zum anderen wegen seiner starken Ausrichtung auf eine unterstellte historische ↗ Kontinuität.
Lit.: A. O. Lovejoy: Die große Kette der Wesen [engl. 1936]. Ffm. ²1993. JH

Ideenlyrik ↗ Gedankenlyrik.

Identifikation, Vorgang der ↗ ästhetischen Erfahrung, bei dem sich der Rezipient in ein bestimmtes, durch emotional aufgeladene Nähe charakterisiertes Verhältnis zu Figuren (auch: ↗ ›Empathie‹) oder anderen Textelementen setzt. Der Begriff der I. konkretisiert v. a. im Kontext der ↗ Rezeptionsästhetik und auf der Basis der Psychoanalyse das ältere Konzept der ↗ Einfühlung. Verschiedene Typen der I., ausgelöst durch in den Texten angelegte I.sangebote, lassen sich mit Jauß unterscheiden: die *assoziative I.* (Übernahme einer Rolle in der imaginären Welt einer Spielhandlung), die *admirative I.* (Bewunderung des Vollkommenen), die *sympathetische I.* (Solidarisierung mit dem Unvollkommenen), die *kathartische I.* (Befreiung des Gemüts durch tragische Erschütterung oder komische Entlastung, ↗ Katharsis), die *ironische I.* (Verweigerung oder Ironisierung der erwarteten oder erwünschten I.). Zwischen diesen Typen sind Überlagerungen und Übergänge möglich. Die Ästhetik der ↗ Kritischen Theorie warnt vor einem Übermaß an I., vor dem »Herabsetzen der Distanz bei gleichzeitigem isolierenden Konsum« (Adorno, S. 409), das den Umgang bestimmter Rezipientengruppen mit Phänomenen der ↗ Kulturindustrie wie der ↗ Trivialitt. (›identifikatorisches Lesen‹) oder den Stars in den Bereichen Film, Schlager, Rock- und Popmusik kennzeichne.
Lit.: Th. W. Adorno: Ästhetische Theorie. Ffm. 1970. – Ch. Allesch: I. In: RLW. – M. Fontius: Einfühlung/Empathie/I. In: ÄGB. – H. R. Jauß: Ästhetische Erfahrung und lit. Hermeneutik. Ffm. 1982, S. 244–292. MGS/DB

Identischer Reim ↗ Reim.

Ideologiegeschichte ↗ Ideengeschichte (1).

Ideologiekritik, methodische Grundorientierung der Lit.wissenschaft und Ästhetik, die einen Ideologie-Begriff voraussetzt, welcher sich vom abwertenden all-tagssprachlichen Gebrauch ebenso abhebt wie von der neutralisierenden Ausdehnung in K. Mannheims Wissenssoziologie. K. Marx (↗marxistische Lit.wissenschaft) und mit ihm die Vertreter der ↗Kritischen Theorie definieren ›Ideologie‹ als gesellschaftlich notwendig verzerrtes Bewusstsein. Dieses enthalte zugleich ein falsches Moment, die täuschende Verdeckung der Wirklichkeit, und ein richtiges, das sich durch seinen unaufhebbaren Wirklichkeitsbezug erklärt. Ideologie dient der Rechtfertigung und Bestätigung von partikularen Interessen und Positionen, die sie als allg. ausgibt. Als Prinzip der ↗Interpretation ermöglicht es I., die Geschichtlichkeit der Lit. zu verstehen, die unvermeidlich auch Ideologisches enthält: Wie die Vorstellungsweisen und Formenrepertoires der Entstehungszeit in den lit. Texten enthalten sind, so wird deren Bild durch die rezeptionsgeschichtlichen Deutungsmuster und Wertungsnormen immer wieder verändert. Anders als die empirische ↗Lit.soziologie erfasst I. nicht nur äußere Zusammenhänge, sondern stellt der lit.geschichtlichen Faktizität die gegenwärtige Potentialität der Werke gegenüber, die Th. W. Adorno als deren »Wahrheitsgehalt« bestimmt, welcher durch kritische »Eingriffe« zu erschließen sei.

Lit.: Th. W. Adorno: Ästhetische Theorie. Ffm. 1970. – K.-O. Apel u.a.: Hermeneutik und I. Ffm. 1971. – G. Hauck: Einf. in die I. Hbg. 1992. – P. Ch. Lang: Hermeneutik I. Ästhetik. Königstein/Ts. 1981. – K. Salamun (Hg.): Ideologien und I. Darmstadt 1992. – D. Schöttker: Ideologie. In: RLW. – Ders.: I. In: RLW. – P. V. Zima: Ideologie und Theorie. Tüb. 1989. – P. V. Zima, R. Winter (Hg.): Kritische Theorie heute. Bielefeld 2007. Red.

Idiom ↗Phraseologie.

Idiomatik ↗Phraseologie.

Iduna, f. [Idun(n) = anord. Göttin, Gattin des Dichtergottes Bragi und Wächterin der goldenen Äpfel der ewigen Jugend], konservativ-idealistische, naturalismusfeindliche Vereinigung Wiener Schriftsteller und Kritiker, 1891 (als »I. Freie dt. Gesellschaft für Lit.«) von P. Philipp, F. Lemmermayer u.a. gegründet; ihr Organ, ›I. Zs. für Dichtung und Kritik‹, erschien nur in sieben Nummern (1892 f.). 1894 trat ein Teil der Mitglieder in die »Wiener (seit 1897: »Dt.-Österr.«) Schriftstellergenossenschaft« (Vorsitz bis 1900: A. Müller-Guttenbrunn) ein. Diese und die 1904 aufgelöste I. wurden zum Sammelbecken heterogener konservativer und christlich-katholischer Schriftsteller. – Das erste Hölderlin-Jb. von 1943 trug (einem Zeitschriften-Projekt F. Hölderlins folgend) wieder diesen Titel. GG

Idylle, f. [seit dem 18. Jh. anstelle der älteren Form ›Idyll‹, n., von gr. *eidýllion* = kleines Gedicht, zu *eídos* = Gestalt, Wesen, Idee, Gattung], epische Kleinform in Versen oder rhythmischer Prosa, die, oft unter Verwendung dialogischer und lyrischer Rede, räumlich-statische Schilderungen einer ursprünglichen Geborgenheit des Menschen in der Natur bzw. ihrer harmo-

nischen Koexistenz gibt, meist im Bild des Hirtenlebens. Angesiedelt auf der Schwelle von Natur zu Kultur, inszeniert die I. einen Zustand des Menschen, der schon nicht mehr ganz natürlich, aber auch noch nicht kultiviert ist bzw. beides zugleich. Erste Spuren idyllischer Motivik finden sich im Paradies der biblischen »Genesis« und in Homers »Odyssee«. Anders als diese aber vermag die I. als Gattung die Aporien des Ursprungs darzustellen, indem sie ihn als räumliche Struktur reflektiert: Zeit wird im Raum gespiegelt und in der zyklischen Wiederkehr der Jahreszeiten aufgehoben. – Bereits bei Theokrit (3. Jh. v. Chr.), den die Antike als Begründer der Gattung ausweist, zeigt sich die doppelte Geste der Bewahrung und Überschreitung des Alten als lit. Strategie: Vom Epos stammt das hexametrische Versmaß, vom ↗Mimus sind die dialogische Struktur und der volkstümliche Sprachduktus übernommen, aus der Chorlyrik die Figur des mythischen Urhirten und Sängers Daphnis. Neben diesen Bezügen erweisen auch Topoi wie der (Wett-)Gesang der Hirten oder die Beschreibung kleiner Kunstwerke den artifiziellen, autoreferentiellen Charakter der Gattung. Gegenüber Theokrit, der die I. aus der ironischen Distanz des Städters in der Gegenwart eines abgeschiedenen Ortes inszeniert (↗Locus amoenus), schlagen die »Bucolica« (ca. 40 v. Chr.) Vergils den umgekehrten Weg ein. Der aus einzelnen ↗Eklogen komponierte Zyklus konfrontiert die Welt der Hirten mit den sozialen Konflikten der Zeit und entrückt die ›reale‹ I. dadurch aus der Gegenwart ins imaginäre Arkadien, ein verlorenes Goldenes Zeitalter, das dereinst durch Erfüllung seiner politischen Voraussetzungen wiederzugewinnen ist. An der Schwelle zum MA. versiegt die I.ndichtung vorerst ganz. Zwar schreibt sich die bukolische Thematik anknüpfend an Vergil in der europäischen Lit. fort, aber die Welt der Hirten erstarrt schnell zur abstrakten Ikonographie kirchlicher und weltlicher Herrschaft. Noch die dt. Hirtendichtung des Barock (M. Opitz, G. R. Weckherlin, D. Czepko, G. Ph. Harsdörffer, J. Klaj) verwendet die idyllische Szenerie allegorisch; der Begriff ›I.‹ wird bis hin zu J. Ch. Gottsched (»Versuch einer critischen Dichtkunst«, 1730) synonym mit ›Hirtendichtung‹ gebraucht. Erst die Naturdichtung der Frühaufklärung (B. H. Brockes, A. v. Haller, E. v. Kleist) und die ↗Anakreontik (J. W. L. Gleim, J. P. Uz, F. v. Hagedorn) entwickeln wieder ein Interesse am Gesang der Hirten als kultureller Urszene, das bei S. Gessner zur modernen Neubegründung der Gattung führt. Dessen – von J. G. Herder und J. W. Goethe kritisierte – »I.n« (1756) erblicken in der ›freien‹ Natur das moralische Korrektiv der überfeinerten und sittlich degenerierten Zivilisation. F. (›Maler‹) Müller dagegen hebt die irrationalen Züge von Mensch und Natur auch noch im zeitgenössischen Landleben hervor (z. B. »Die Schaafschur«, 1775). Das Ziel der Einbettung der I. in die Realität verfolgt auch J. H. Voß, der aber eine je schon kultivierte Natur zur Lebensgrundlage des Menschen erklärt (»Die Heumad«; »Die Kirschpflückerin«,

1778 f.), die sich zur Anti-I. verkehrt, wo politische Unterdrückung Mensch und Natur deformiert (»Die Pferdeknechte«, 1775; »Junker Kord«, 1793). Müllers und Voß' *ästhetischer Realismus* nutzt die Gattung als Medium sozialer Kritik, die allerdings in Affirmation umschlägt, wo sie längst etablierte Lebensentwürfe idealisiert (Voß: »Luise«, 1784). Die Gefahr der Stagnation hat schon F. Schiller gesehen, der die I. als jene der drei sentimentalischen ›Empfindungsweisen‹ bestimmt, die dem Menschen seine verlorene Einheit mit der Natur vergegenwärtigt. Entgegen der bukolischen Tradition fordert Schiller eine I., die »den Menschen, der nun einmal nicht nach Arkadien zurückkann, bis nach Elysium führt« (»Über naive und sentimentalische Dichtung«; vgl. auch »Der Spaziergang«, 1795). Goethes Gedicht »Der Wandrer« (1772) entdeckt die I. als ästhetisches Phänomen: Wer sich ihrer bewusst ist, kann sie nicht bewohnen und umgekehrt. In »Hermann und Dorothea« (1797) benutzt Goethe die I. als Prüfstein für die Ideen der Frz. Revolution. In der »Novelle« (1828) erscheint die I. nur noch als Topos lit. Selbstreflexion, wie ihn zahlreiche Novellen und Romane des 19. Jh.s zitieren (z. B. H. v. Kleist, J. Gotthelf, A. Stifter, G. Keller, Th. Storm, Th. Fontane). Idyllische Motive sind bis heute in der Lit. zu finden, während die Gattung I. bald nach 1800 abstirbt. Schon E. Mörike zitiert sie nur noch ironisch (»I. vom Bodensee«, 1846; »Der alte Turmhahn«, 1852); ein letzter Nachhall findet sich bei H. v. Hofmannsthal (»I.«, 1893) und St. George (»Der Tag des Hirten«, 1895).

Texte: H. J. Schneider (Hg.): I.n der Deutschen. Ffm. 1978.

Lit.: R. Böschenstein-Schäfer: I. [1967]. Stgt. ²1977. – B. Effe, G. Binder: Antike Hirtendichtung. Düsseldorf, Zürich ²2001. – K. Garber (Hg.): Europäische Bukolik und Georgik. Darmstadt 1977. – G. Häntzschel: I. In: RLW. – G. Kaiser: Wandrer und I. Gött. 1977. – Ders.: Von Arkadien nach Elysium. Gött. 1978. – F. Schneider: Im Brennpunkt der Schrift. Würzburg 2004. – H. U. Seeber, P. G. Klussmann (Hg.): I. und Modernisierung in der europäischen Lit. des 19. Jh.s. Bonn 1986.   FS

Iktus, m. [lat. = Wurf, Stoß, Schlag, auch: Taktschlag], Versakzent; lat. Bez. für das metrische Auszeichnung der ↗ Hebung in den nach dem ↗ akzentuierenden Versprinzip gebauten Versen.   JK/SHO

Illumination, f. [mlat. *illuminatio* = Erleuchtung], 1. im MA. in Europa und im Orient zur Blüte gekommene, mit der Erfindung des ↗ Buchdrucks weitgehend untergegangene Form der ↗ Buchmalerei, die ↗ Handschriften v. a. religiösen Inhalts mit kolorierter Bebilderung versieht. Der synonyme Begriff der ›Miniaturmalerei‹ stammt von *minium*, einem häufig eingesetzten roten Pigment, und verweist ursprünglich nicht auf das an der Textseite gebundene, erst im Verhältnis zur neuzeitlichen Groß- und Tafelmalerei reduziert erscheinende Format der I.en. Sie als ↗ ›Illustrationen‹ zu bezeichnen birgt ebenfalls die Gefahr modernistischer Verzeichnung, da der Kunst der I. ein differentes, in der jüdisch-christlichen Buchtradition begründetes spirituelles Bild-Text-Verständnis zugrunde liegt. Das bebilderte Buch galt hinab bis zur Ebene des einzelnen Buchstaben selbst als heilsgeschichtliches ↗ Symbol, die Bilder selbst besaßen nicht den Status getreuer Abbildungen von in der Lebenswelt Sichtbarem, sondern von auf eine dahinter liegende göttliche Wahrheit verweisenden Zeichen.

2. In der Neuzeit der gezielt inszenierte Einsatz von Licht bzw. Beleuchtung im Innen- und Außenraum. I.en sollen Werke der bildenden Kunst wie Skulpturen (vgl. Diers), Architekturen oder ganze Städte in ein bes. Licht rücken, performative Darbietungen (Theater) oder ephemere Veranstaltungen (Feste, Riten, Zeremonien, Massenveranstaltungen) begleiten und überhöhen oder Waren mit einer ↗ Aura versehen. In der Kunst der ↗ Moderne schließlich (etwa im Umkreis des ›Bauhauses‹) werden die Lichtprojektionen selbst im Sinne eines autonomen Kunstkonzeptes zum entmaterialisierten Werk erklärt. Der Bezug der I. zur religiösen oder säkularen Heilssymbolik, zur Verklärung personaler oder kollektiver Herrschaft, zum ästhetisch Erhabenen und Totalen ist stark. Beispiele für neuzeitliche und moderne I.en sind Feuerwerke im Rahmen barocker Feste, im Glanz elektrischen Lichts erstrahlende Weltausstellungen, wagnerianische, expressionistische und avantgardistische Bühneninszenierungen (z. B. W. Gropius' ›Totaltheater‹), NS-Massenveranstaltungen wie A. Speers ›Lichtdome‹, Leuchtreklamen sowie der künstlerische Einsatz in der kinetischen Kunst und der Lichtkunst (z. B. L. Hirschfeld-Mack, L. Moholy-Nagy).

Lit.: M. Diers: (Nach-)Lebende Bilder. In: D. Burdorf, W. Schweickard (Hg.): Die schöne Verwirrung der Phantasie. Tüb. 1998, S. 175–205. – A. Hoormann: Lichtspiele. Zur Medienreflexion der Avantgarde in der Weimarer Republik. Mchn. 2003. – U. Knapp (Hg.): Buch und Bild im MA. Hildesheim 1999. – O. Pächt: Buchmalerei des MA.s. Mchn. 1984. – M. Schwarz (Hg.): Licht und Raum. Köln 1998.   MD

Illusion, ästhetische Erfahrung, bei welcher der Rezipient das in einem Kunstwerk (z. B. Roman, Schauspiel, Gemälde) Dargestellte so wahrnimmt, als sei es real. Von der Sinnestäuschung bzw. Trugwahrnehmung wird die ästhetische I. unterschieden. Der Rezipient nimmt mit Hilfe seiner Einbildungskraft z. B. an einem lit. Geschehen teil, hat Handlungen, Personen und Orte ›vor Augen‹, ist sich aber der ↗ Fiktionalität des Dargestellten bewusst. J. W. Goethe spricht von »selbstbewußter I.«, bei welcher »der Gedanke an Kunst« stets ›lebhaft‹ ist (»Frauenrollen auf dem Röm. Theater«, 1788). Dem Illudierten ist es möglich, vielfältige Situationen und Emotionen mitzuerleben, ohne von eintretenden negativen Ereignissen real betroffen zu sein. – Die zahlreichen theoretischen Reflexionen zur ästhetischen I. im 18. Jh. knüpfen an das Vergegenwärtigungsprinzip (›Vor-die-Augen-Stellen‹) der antiken ↗ Rhet. an. Während der Roman des ↗ Realismus und das Drama des ↗Naturalismus die I.slit. auf die Spitze treiben (↗I.sbühne), durchbricht Brechts ↗episches Theater mit Hilfe des ↗Verfremdungseffekts die ästhetische I., um bei den Zuschauern eine rationale und kritische Haltung hervorzurufen.

Lit.: F. Burwick, W. Pape (Hg.): Aesthetic I. Bln. 1990. – W. Strube: I. In: RLW. – W. Wolf: Ästhetische I. und I.sdurchbrechung in der Erzählkunst. Tüb. 1993.   MBL

Illusionsbühne, Bühnenform, die durch eine Illusionen erzeugende Ausstattung Ort und Zeit der Handlung als unmittelbar gegenwärtige Wirklichkeit vortäuschen will; mit der Verbreitung der Kulissen- und Guckkastenbühne ist sie die vom 17. bis 19. Jh. vorherrschende Bühnenform in Europa. Durch die nach den Regeln der Perspektive bemalten ↗Kulissen und ↗Prospekte entsteht ein Illusionen erzeugendes Bühnenbild. Gemeinsam mit den Dekorationen zielen Kostüme, realistische Schauspielkunst und Handlungen auf die Täuschung und Einfühlung des Zuschauers ab, der in die gleichsam natürlich erscheinende Guckkastenbühne hineinschaut. Der Höhepunkt dieser Entwicklung wird mit den naturalistischen Dramen und ihren detailgenauen Umsetzungen sowie den in Dekoration und Kostüm historisch exakten Aufführungen der ↗Meininger erreicht. Um 1900 wird die I. zunehmend durch verschiedene Experimente mit Raum- und ↗Stilbühne ersetzt; B. Brechts ↗episches Theater bildet ebenfalls ein dezidiertes Gegenkonzept.   AHE

Illustration, f. [lat. *illustrare* = erleuchten, erläutern, schmücken], bildliche Darstellung, die sich in erklärender oder schmückender Weise auf einen gleichzeitig dargebotenen Text bezieht. Die Bild-Text-Relation kann konvergierend, kooperierend oder konkurrierend gestaltet sein. Bei einer systematischen Überordnung des Bildes über den Text handelt es sich um Bildbände, ↗Bilderbücher oder Bilderbögen. Neben I.en lit. Texte gibt es seit dem 16. Jh. Sach-I.en in wissenschaftlichen Werken, selten jedoch I.en in musikalischen Werken. Die Bez. ›I.‹ ist meist auf Darstellungen bezogen, die in Vervielfältigungsverfahren hergestellt sind (Holzschnitt, Kupferstich, Radierung, Holzstich, Lithographie, fotografische Reproduktion, ein- oder mehrfarbige Druckvorlagen). – Die ersten I.en treten mit der Erfindung des Holzschnittes in China im 8. Jh., in Europa ab ca. 1460 als ↗Buch-I.en auf. Der Terminus ›Buch-I.‹ wird als Oberbegriff für die gesamte bildliche und ornamentale Ausstattung von ↗Büchern verwendet, meist ohne genaue Abgrenzung zu den Ausdrücken ↗›Buchmalerei‹, ›Buchschmuck‹ und ↗›Illumination‹ (1). Diese Unterarten entsprechen nicht notwendig dem Kriterium des drucktechnisch ausgeführten Verfahrens: Buchmalerei sind von Hand gemalte Textbegleitungen (auch ›Miniaturen‹ genannt). Buchschmuck ist von Hand oder im Druck ausgeführtes Zierbeiwerk ohne konkreten Textbezug (Vignetten, Kopfleisten); ›Illumination‹ bzw. ›Illuminierung‹ bezeichnet das farbige Ausmalen einer mittels Schablone vorgegebenen Umrisszeichnung,

wie es die ältesten mit Holzschnitten illustrierten Bücher aufweisen. Um 1500 zeigen die I.en einen zunehmenden Verzicht auf Farbe, dafür stärkeren Einsatz von Strichlinien (A. Dürer, H. Holbein d. J.). Die zwischen dem 15. und 18. Jh. einsetzende Kombination von Text und I. soll ungeübten Lesern ein leichteres Textverständnis ermöglichen. Ab der Reformationszeit wird mit Kupferstichen gearbeitet, bis zum Beginn des 19. Jh.s Techniken wie Stahlstich und Lithographie aufkommen und der I. zu einem Aufschwung verhelfen (z. B. L. Richter). In der Folge der fotografischen Reproduktion um 1860 wurde der phantasievolle Stil der Helden- und Wirklichkeitsdarstellung in der I. durch die dekorative Manier des ↗Jugendstils (Th. Th. Heine, H. Vogeler) und die Buchkunst des ↗Expressionismus (A. Kubin, M. Beckmann) abgelöst. Zwischen den Massenphänomenen der I. in ↗Comics, Werbung und Kinderbüchern hat die klassische Buch-I. heute eine marginalisierte Position.

Lit.: K. Discherl (Hg.): Bild und Text im Dialog. Passau 1993. – G. M. Rösch: I. In: RLW. – H. Holländer: Lit., Malerei und Grafik. In: P. V. Zima (Hg.): Lit. intermedial. Darmstadt 1995, S. 129–170. – A. Verweyen: Buchillustrationen/Book Illustrations. Mchn. 1989. ASS

Illustriertenroman ↗Fortsetzungsroman.

Imaginär, Adjektiv [lat. *imago* = Bild], neben dem Realen und dem Symbolischen eine von drei »Artikulationsformen« (Weber, S. 127) in der psychoanalytischen Theorie J. Lacans. – Das Konzept des I.en entwickelt Lacan in seinem Aufsatz zum Spiegelstadium (Bd. I, S. 61–70). Als ›I.es‹ bezeichnet er den illusionären Bereich der (v)erkennenden Identifikation des Säuglings mit dem Spiegelbild, in dem sich das Begehren des Subjekts artikuliert – ein Vorgang, der am Anfang der Subjektkonstitution steht. Lacans Konzept des I.en greifen psychoanalytische Film- (Metz) und Medientheorien (Pfeiffer, Tholen) auf; auch die politische Philosophie (Castoriadis) besetzt den Begriff. Isers lit. Anthropologie bestimmt Lit. funktional durch die interdependente Triade des Realen, Fiktiven und I.en. Fiktives und I.es werden zu lit. Konstituenten: Erst durch die »Zurüstung eines I.en« (Iser, S. 18) ist Lit. mehr als bloße Wiedergabe der außertextuellen Welt. Zugleich aber stellen Akte des Fingierens Bezüge auf das Reale her und überführen so das als (Wirkungs-)Potential definierte, formlose I.e in eine Gestalt (vgl. Fluck).

Lit.: C. Castoriadis: Gesellschaft als i.e Institution [frz. 1975]. Ffm. 1990. – W. Fluck: Das kulturelle I.e. Ffm. 1997. – W. Iser: Das Fiktive und das I.e. Ffm. 1991. – E. Kleinschmidt, N. Pethes (Hg.): Lektüren des I.en. Köln u. a. 1999. – J. Lacan: Schriften. 3 Bde [frz. 1966]. Olten 1973–80. – Ch. Lubkoll: Das I.e des Fin de siècle. Freiburg 2002. – Ch. Metz: Der i.e Signifikant [frz. 1977]. Münster 2000. – K. L. Pfeiffer: Das Mediale und das I.e. Ffm. 1999. – J.-P. Sartre: Das I.e [frz. 1940]. Hbg. 1971. – G. Ch. Tholen: Die Zäsur der Medien. Ffm. 2002. – S. Weber: Rückkehr zu Freud [1978]. Wien 1990.   JHA

Imaginerie populaire, f. [frz.], ↗ Bilderbogen.

Imagismus, m. [engl. *imagism*, von *image* = Bild], engl.-am. lit. Bewegung, die am Beginn der modernen engl.sprachigen Lyrik steht. Angeregt wurde der I. durch Th. E. Hulme und E. Pound. Die Grundzüge einer neuen Lyrik, die Pound ›imagistisch‹ nannte, hatten für Hulme (»Romanticism and Classicism«, 1912) ›klassizistisch‹ zu sein im Ggs. zur ›romantischen‹ (bei Pound: ›symbolistischen‹) Dichtung. Imagistische Lyrik sollte die Wahrnehmung verändern, indem sie neue ↗ Bilder entwickelte. Der an ↗ Metaphern reichen Sprache des ↗ Symbolismus mit ihren ›vagen‹, nicht eindeutig auflösbaren Bildern hielten die Imagisten die Idee entgegen, dass sich Gedichte auf einzelne, scharf konturierte Bilder zu konzentrieren hätten. Durch die Konfrontation solcher Bilder in einem Gedicht und ihre Überblendung bei der Lektüre sollten im Leser neue Vorstellungen angeregt werden; imagistische Gedichte verlangen also ein produktives Leseverhalten. An die Stelle konventioneller ↗ Metrik sollten ↗ freie Rhythmen treten. Darüber hinaus verband Pound mit dem Programm des I. bereits seine Ästhetik des knappen und präzisen Ausdrucks als Grundlage jeder Lyrik. Hulme brachte das Programm auf den Ggs. von *fancy* und *imagination*: Statt der visionären Kraft der *imagination* und ihrem Blick in andere Welten sollte der moderne Lyriker die kombinatorische Fähigkeit der *fancy*, ausgehend von der Wahrnehmung von Wirklichkeit, gebrauchen. Vom I. inspiriert waren ferner T. S. Eliot, A. Lowell, H. Doolittle und R. Aldington.

Texte: P. Jones (Hg.): Imagist Poetry. Ldn. 1972.
Lit.: G. Hughes: Imagism and the Imagists. Ldn. 1960. – M. Pfister: I. In: Borchmeyer/Žmegač. – W. C. Pratt: The Imagist Poem. NY 1963. MBE

Imagisten, m. Pl. [lat. *imago* = Bild], 1. Anhänger des engl.-am. ↗ Imagismus; 2. auch: Imaginisten, Moskauer Dichterkreis, der sich sowohl gegen den ↗ Symbolismus wie gegen den ↗ Futurismus wendete. Die 1919–24 aktive (und oft lärmend auftretende) Gruppe entwickelte ihr Programm weitgehend unabhängig vom engl.-am. Imagismus. Im Mittelpunkt der Lyrik sollte das ↗ Bild stehen (statt der Wortschöpfungen und -experimente des Futurismus). Gedichte sollten sich frei entwickelnde Bilderfolgen sein; die »Welle der Bilder« sollte jeden Gedanken an »Inhalt«, an »Bedeutung« wegspülen. »Jeder Inhalt in einem Kunstwerk ist ebenso dumm und überflüssig wie aufgeklebte Zeitungsfetzen auf Bildern.« (»Deklaration«, 1919) Wichtigster Vertreter der I. war der Lyriker S. Jessenin. Als treibende Kraft des Kreises wirkte V. G. Shershenevich, vor 1914 Futurist und Übersetzer F. T. Marinettis; zu den I. gehörten auch R. Ivenev und A. B. Mariengof.

Lit.: R. Lauer: Imaginisten (russ.). In: Borchmeyer/Žmegač. – V. Markov: Russian Imagism 1919–24. 2 Bde. Gießen 1980. MBE

Imagologie, f. [lat. *imago* = Bild], Forschungsansatz, der im Rahmen der ↗ vergleichenden Lit.wissenschaft, aber auch der Nationalphilologien nach Konstruktionsweisen, Strukturierungsmustern, Kodierungsstrategien, Funktionalisierungen, Rezeptionen und Systematisierungen primär nationaler, aber auch gruppen- oder geschlechterspezifischer Selbst- und Fremdbilder fragt. Konstitutiv für Profil und Tragfähigkeit der I. sind Integration bzw. Abgrenzung von benachbarten Konzepten, die sich ebenfalls mit der symbolischen Dimension kollektiver Identitätsbildung befassen (z. B. mentalitätshistorische Stereotypenforschung, Xenologie, sozialpsychologische oder gedächtniskonzeptuelle Verfahrensweisen). Schlüsselbegriffe können dabei ›Klischee‹, ›Typus‹, ›Mythos‹, ›Projektion‹ oder ›Ideologie‹ sein.

Lit.: A. Corbineau-Hoffmann: Einf. in die Komparatistik. Bln. 2000, S. 171–185. – M. S. Fischer: Nationale Images als Gegenstand Vergleichender Lit.geschichte. Bonn 1981. – J. Riesz u. a.: Lit. I. Bayreuth 1980. MD

Imitatio, f., nur Sg. [lat. *imitare* = nachahmen; gr. *mímēsis*], Nachahmung. – Zu differenzieren sind zwei grundsätzlich verschiedene Bedeutungskomplexe, die aber Berührungspunkte miteinander haben:

1. Nachahmung als kunstschaffendes Prinzip. Zu unterscheiden sind a) I. *naturae*, Nachahmung der Natur (↗ Mimesis), d. h. der außerlit. Realität im weitesten Sinne; b) I. *auctorum*, Nachahmung sprachlich-stilistischer bzw. stofflicher, rhet. oder lit. Muster – die für die Kunsttheorie zentrale Bedeutungsvariante –; c) I. *morum*, Nachahmung sittlicher Haltungen und Verhaltensweisen.

a) Für die I. *naturae* sind das platonische und das aristotelische Mimesis-Konzept entscheidend. Während mimetische Kunst bei Platon wegen ihres bloßen Abbildcharakters (Kunst als Abbild der Realität, die ihrerseits Abbild der Idee ist) als eine unmaßgebliche Kopie negiert wird, wertet Aristoteles sie als schöpferischen Akt im Rahmen des allg. menschlichen Nachahmungsbedürfnisses auf. – b) Das Phänomen der I. *auctorum* entspringt der hellenistischen rhet. Tradition der politischen Rede, deren Kunst am Vorbild, d. h. durch die Nachahmung der Musterreden, erlernt wurde. Die lit. I. *auctorum* als poetologische Größe entwickelt sich im alten Rom im Zusammenhang der Rezeption gr. Lit. Für die Zeit der augusteischen Klassik (↗ Goldene Latinität) ist das Spannungsfeld zwischen I. und *novitas*, dem Originalitätsbewusstsein, bezeichnend. Nach Horaz soll der gute *imitator* nicht Äußerlichkeiten, *res* oder *verba* eines Musters nachahmen, sondern das Ethos eines Autors und seiner Gattung fortführen. In der frz.- und dt.sprachigen höfischen Epik des 12. Jh.s fungiert die I. v. a. als Nachahmung des Stoffs der Vorlage, die es sprachlich zu adaptieren und stilistisch auszuschmücken gilt. Vorbilder (Dichterautoritäten) zum Nachahmen benennt zum ersten Mal Gottfried von Straßburg in seinem Dichterkatalog im »Tristan« (ca. 1220). – F. Petrarca empfiehlt eine eklektische I., mit dem Zweck, ausgehend von vielen fremden Mustern eigene künstlerische Individualität auszubilden und im Idealfall – wenn die Schwächen des Originals bewusst vermieden und nur seine Stärken produktiv rezipiert werden – seine Vorbilder zu übertreffen (↗ Aemulatio). Die in der humanistischen Rhet. programmatische I. Ciceros als Norm der Redekunst wurde v. a. von Erasmus von Rotterdam (»Ciceronianus«, 1528) satirisch in Frage gestellt (↗ Humanismus). In der ↗ Renaissance erfuhr die I. als zentrale produktionsästhetische Kategorie bes. Aufwertung. J. J. Winckelmanns in seiner Erstlingsschrift programmatisch formuliertes Postulat der »Nachahmung der gr. Werke« (1755) als einzig wahre schöpferische Strategie meint eine ganze Reihe vermeintlich genuin antiker Verfahrensweisen, die das künstlerische Talent zu verfeinern vermögen: vom Studium der schönen Natur über das Nachbilden der in der Kunst der alten Griechen zu beobachtenden idealen Schönheit bis hin zum Übertreffen der Natur im durch die künstlerische Idee ›beseelten‹ Kunstwerk. Im Rahmen der Genieästhetik (↗ Genie) des 18. Jh.s wird die I. als epigonal abgewertet und spielt danach für die Kunstproduktion lange Zeit keine zentrale Rolle mehr. Heutige lit.theoretische Konzepte, die Elemente der I. aufnehmen, sind etwa die ↗ Einflussforschung und die ↗ Intertextualität. – c) Für die *I. morum* ist eine rhet. Bezugnahme auf ethische Kategorien charakteristisch. Als rhet. Mittel ist die *I. morum* die Kunst, eine Rede so zu gestalten, dass die positiven Charaktereigenschaften des Redners zur Geltung kommen; als Gedankenfigur fingiert sie die Aussprüche oder Gedanken von lebenden, toten, fiktiven Personen oder personifizierten Dingen mit dem Ziel, deren Charakter bzw. momentanen Gemütszustand herauszustellen (↗ Ethopoeie, ↗ Prosopopöie). Die Verwendung dieser Figur wurde seit der Antike in Schulübungen erlernt. – Die christliche Ausprägung der *I. morum* ist die *I. Christi* (2 b).

2. *I. Christi*: a) im engeren Sinne die Lebensform des Jüngerkreises des irdischen Jesus – die Teilhabe an seiner Wanderschaft, Armut, Familienlosigkeit, an seinem Auftrag zur Verkündigung der Herrschaft Gottes und zu Heilungen. – b) Im weiteren und für die geistliche Lit. des MA.s relevanten Sinne bedeutet I. die am Vorbild Jesu orientierte Lebens- und Verhaltensform aller Christen. Sie basiert auf einem verbindlichen Normenkanon und bildet die Grundlage der christlichen Ethik. Zu den Formen mal. I. zählen die *Peregrinatio propter Christum*, das Ideal der asketischen Heimatlosigkeit und die v. a. das Mönchtum betreffende *Vita apostolica*, welche Wanderaskese mit Armut und Predigt verbindet. Die höchste Form der I. ist das Martyrium, die Nachfolge Christi in der Passion. Durch die gelebte I. (Armut, Demut, Keuschheit, Askese, Buße und Abtötung des Fleisches) gelang es auserwählten Heiligen wie Franz von Assisi, den Zustand der *Christiformitas* zu erreichen, die maximalen Ähnlichkeit mit Jesus. – I. ist eine der Zentralkategorien der ↗ Hagiographie und der ↗ Erbauungslit. Die Lebensgeschichte eines Heiligen in seiner ↗ Vita setzt sich

nicht selten aus Stationen der I. zusammen (Alexius von Edessa bleibt ehelos, verteilt seinen Besitz unter die Armen, geht auf entbehrungsreiche Wanderschaft, lebt in Buße und Demut als Bettler, wird verachtet und verspottet und betet für seine Beleidiger, um schließlich einsam und von den eigenen Eltern unerkannt zu sterben). – In der franziskanischen Frömmigkeit spielt die I., das *nudus nudum sequi* (›nackt dem nackten [Christus] zu folgen‹), eine herausragende Rolle. Das in mehr als 770 lat. und volkssprachigen Hss. erhaltene Werk *De I.ne Christi* des Fraterherren Thomas von Kempen (ca. 1441) bezeugt die Aktualität der I.-Thematik für eine weitere Leserschaft. – Das Verständnis der *I. morum* (1c), bes. ihrer christlichen Version (2 b), wirkte prägend in der Lit. der Moderne nach (E. T. A. Hoffmann: »Lebensansichten des Katers Murr«, 1820–22; L. Aragon: »La semaine sainte«, 1958).

Lit.: H. Entner: I. In: RLW. – E. Feistner: *I.* als Funktion der *Memoria*. In: U. Ernst, K. Ridder (Hg.): Kunst und Erinnerung. Köln u. a. 2003, S. 259–276. – W. Haug: Klassikerkataloge und Kanonisierungseffekte. In: A. Assmann, J. Assmann (Hg.): Kanon und Zensur. Bd. 2. Mchn. 1987, S. 259–270. – N. Kaminski, D. de Rentiis: I. In: HWbRh. – D. de Rentiis: Die Zeit der Nachfolge. Tüb. 1996.　　　　　ID

Imitatio Christi ↗ Postfiguration, ↗ Imitatio (2).

Immanenz, f. [lat. *immanens* = darin bleibend], philosophischer Begriff, der ein Darin-Bleiben, Innewohnen oder In-sich-Strömen (lat. *manare*) meint. ›I.‹ ist der Gegenbegriff zu ›Transzendenz‹ als Ausdruck einer Bewegung des Überschreitens, durch die hierarchisierende Gegensätze wie innen/außen, Subjekt/Objekt, Gott/Mensch etabliert werden. I. steht dagegen für das ungeschiedene und nicht unterscheidbare Ineinandersein von Entitäten. Die einflussreichste neuzeitliche Ausformulierung von I. findet sich in Spinozas Formel von Gott als der ›immanenten, nicht überschreitenden Ursache aller Dinge‹. Spinoza wendet sich gegen die Vorstellung einer Welt, die das Resultat göttlich-emanierender Schöpfung ist. Zugleich steht I. für Innerweltlichkeit und ein emphatisches Verhältnis zur Gegenwart. – Seit einigen Jahren ist I. als Konzept neuer Philosophien des Lebens wieder aktuell. Gemeinsam ist ihnen die Ablehnung von Transzendenz und Subjektzentrierung, ferner der Gedanke des *desœuvrement* (der Ent-werkung), des Plädoyers für eine Existenzweise, die Leben als ›Singularität‹ (Agamben) oder als dialogische Zuwendung im Hier und Jetzt (Bürger, Tholen) auffasst.

Lit.: G. Agamben: Bartleby oder die Kontingenz gefolgt von Die absolute I. [it. 1993/96]. Bln. 1998. – Ch. Bürger: Das Denken des Lebens. Ffm. 2001. – L. Oeing-Hanhoff: Immanent, I. In: HWbPh. – T. Tholen: Erfahrung und Interpretation. Hdbg. 1999, S. 189–249.　　TT

Immaterialität ↗ Material.

Immigrantenliteratur ↗ Migrantenlit.

Impliziter Autor, m. [engl. *implied author*], von Booth eingeführte Instanz, auf welche die in einem lit. Werk

zum Ausdruck kommenden Normen zurückgeführt werden können. – Der implizite Autor ist nach Booth sowohl vom (realen oder ›empirischen‹) Autor eines lit. Werks als auch von dessen ↗ Erzähler verschieden; er ist vielmehr das ›Bild‹ eines bestimmte Werte vertretenden Autors, wie es sich aus der Gesamtheit des Werkes ergibt. – Das Konzept des impliziten Autors ist vielfach aufgegriffen und bes. in erzähltheoretische Kontexte übertragen, aber auch scharf kritisiert worden (vgl. Kindt/Müller). Sein Korrelat ist der ↗ implizite Leser.
Lit.: W. C. Booth: The Rhetoric of Fiction. Chicago 1961. – F. Jannidis u. a. (Hg.) Texte zur Theorie der Autorschaft. Stgt. 2000. – T. Kindt, H.-H. Müller: Der implizite Autor. In: F. Jannidis u. a. (Hg.): Rückkehr des Autors. Tüb. 1999, S. 273–288. – Dies.: The Implied Author. Bln., NY 2006. TK

Impliziter Leser, von Iser eingeführrter wirkungsästhetischer Begriff, der ein kommunikationstheoretisches Korrelat zum ↗ impliziten Autor markiert. – Für den impliziten Leser wird eine eigene Kommunikationsebene zwischen im fiktionalen Text vorhandenen Adressaten und Leserfiguren sowie den realen Lesern eines lit. Textes postuliert, mit deren Hilfe sich – von individuellen ›Aktualisierungen‹ eines Textes unabhängige – allg. Wirkungsstrukturen fiktionaler Texte analysieren lassen sollen. Aus interpretations- und erzähltheoretischer Sicht (vgl. Genette) ist das Konzept des impliziten Lesers als irreführend oder überflüssig kritisiert worden.
Lit.: G. Genette: Impliziter Autor, i. L.? [frz. 1983] In: F. Jannidis u. a. (Hg.): Texte zur Theorie der Autorschaft. Stgt. 2000, S. 233–246. – W. Iser: Der Akt des Lesens. Mchn. 1976. TK

Imprese, f. [it. *impresa* = Absicht, Unterfangen, Unternehmen; span. *empresa*; frz. *devise*; engl. *device*; nlat. *symbolum*], frühneuzeitliche ↗ Wort-Bild-Form, bei der ein persönlicher Leitsatz des Trägers dargestellt wird. Im Regelfall ist die I. – im Ggs. zum dreiteiligen ↗ Emblem – zweigliedrig: 1. ↗ Motto (*inscriptio*) als Beischrift, in der Regel in Prosa, bisweilen in Form eines Kurzzitats; 2. ↗ Bild (*pictura* oder *icon*) als sinnbildliche Darstellung eines einfachen oder komplexen, auf das Handeln des Trägers beziehbaren Sachverhalts. – Die I. wird im Unterschied zum Wappen nicht vererbt, sondern vom (zunächst meist adligen) Träger zur Selbstdarstellung gewählt. Schon im 16. Jh. ist eine ›Verbürgerlichung‹ der I., etwa als Drucker- und Verlegerzeichen (Signet), zu beobachten. – Die begriffliche Erfassung der I. setzt im Anschluss an bes. in Frankreich (z. B. C. Paradin: »Devises Heroiques«, 1551) begegnende buchförmige Sammlungen von Exemplaren der Gattung mit P. Giovios »Dialogo dell'I. militari et amorose« (1555) ein, in dem Bedingungen für eine vollkommene I. aufgestellt werden und das Bild als Leib (*corpo*), das Motto als Seele (*anima*) der I. interpretiert wird. Bei Giovios it. und frz. Nachfolgern (z. B. E. Tesauro: »Idea delle perfette i.«, um 1629; G.

Ruschelli: »Le i. illustri«, 1564; H. Estienne: »L'art de faire des devises«, 1684) wird die Leib-Seele-Analogie im Sinne der aristotelischen Unterscheidung von Materie (gr. *hylé*, lat. *materia*) und Form (gr. *morphé*, lat. *forma*) expliziert. Damit konnte die I. im Rahmen der zeitgenössischen, topisch angelegten ↗ Poetik dargestellt werden.
Lit.: D. Caldwell: Studies in Sixteenth-Century Italian I. In: Emblematica 11 (2001), S. 1–257. – R. Klein: La Théorie de l'expression figurée dans les traités Italiens sur les I., 1555–1612. In: Bibliothèque d'Humanisme et Renaissance 19 (1957), S. 320–342. – D. S. Russell: The Emblem and Device in France. Lexington 1985. – D. Sulzer: Interpretationen ausgewählter I.ntraktate. In: ders.: Traktate zur Emblematik. St. Ingbert 1992, S. 109–129. BFS

Impressionismus, m. [von frz. *impression* = Eindruck], antinaturalistische lit. Strömung des späten 19. und frühen 20. Jh.s. Der Begriff ›I.‹ kennzeichnet zunächst eine stilistische Strömung der frz. Malerei zwischen 1850 und 1930, ausdrücklich in C. Monets Gemälde »Impression. Soleil levant« (1872). Anfang der 1890er Jahre fordert als erster im dt. Sprachraum H. Bahr die Übertragung der Prinzipien der frz. Gegenwartsmalerei auf die Lit. (»Die Überwindung des Naturalismus«, 1891). Während Bahr zunächst v. a. von ›Nervenkunst‹ und ↗›Décadence‹ spricht, verwendet er 1903 auch den Titel »I.« – I. ist eine Gegenbewegung innerhalb der ↗ Moderne gegen den sich als objektivierend verstehenden ↗ Naturalismus, gegen die politische Lit. und gegen die idyllisierenden und nationalistischen Konzepte der ↗ Heimatkunst. Die Installierung des Subjekts als erkenntnisleitendes Medium ist Ausdruck eines neuen Menschenbildes, das durch bürgerliche Freiheiten und die zunehmende Öffnung von Verhaltenssystemen bestimmt wird. Das Individuum erfährt eine Aufwertung gegen die Verhaltensvorschriften und Verwertungsinteressen der Gesellschaft. Es widersetzt sich damit der nationalistischen Formierung ebenso wie der industriellen Zurichtung, die als Entwicklungstendenzen das späte 19. Jh. bestimmen. Damit erhält der I. eine dialektische Position, nämlich Ausdruck der und Widerspruch zur Entwicklung der Gesellschaft zu sein. Der Rückzug aus der gesellschaftlichen Entwicklung, den der I. zugleich antritt, trägt zwar idyllische Züge, ist jedoch auch im Kontext der subjektivistischen Haltungen und Konzepte der ↗ Avantgarden des frühen 20. Jh.s zu sehen. – Der lit. Ausdruck wird im I. vom schreibenden Subjekt und seiner Wahrnehmung bestimmt. Der bes. Augenblick erhält durch die subjektive Wahrnehmung einen herausgehobenen Stellenwert. Wahrnehmung und lit. Ausdruck werden dabei auf Wirklichkeitsausschnitte fokussiert, die nicht notwendig in einen Handlungsfluss eingebunden sind. An die Stelle einer elaborierten Handlung, die Weltbilder, Charaktere, Konflikte, Handlungskonzepte und -lösungen vorführt, tritt die detaillierte Beschreibung von Seelenzuständen und

Eindrücken. Die Wahrnehmung diktiert den Ausdruck von Dingen, Farben, Tönen, Formen, Bildausschnitten oder kleinen Figurationen, als ↗Tableau oder Momentaufnahme einer Bewegung. Stilistische und formale Mittel wie ↗Lautmalerei, ↗Parataxe, ↗erlebte Rede und ↗freie Rhythmen bestimmen den I. Die wichtigsten Genres sind ↗Skizze, ↗Novelle, Dramolett und ↗Gedicht, weniger der ↗Roman. Ziel ist die Rekonstruktion von ↗Stimmungen und Atmosphären, die als heiter beschrieben werden und sich damit signifikant von den Stimmungslagen anderer gesellschafts- und kulturkritischer Stile unterscheiden. – Es gibt viele Überschneidungen des lit. I. mit ↗Symbolismus und ↗Jugendstil. Zuweilen wird der I. nicht als Epoche oder lit. Bewegung, sondern als Stilelement verstanden, das historisch nicht eindeutig situiert ist. – Als lit. Vorläufer des I. in Frankreich gelten Ch. Baudelaire, E. und J. Goncourt sowie P. Verlaine. Seine Hauptvertreter sind M. Proust, J.-K. Huysmans, A. France und H. de Régnier sowie der Belgier M. Maeterlinck, der Engländer O. Wilde und der Russe A. Tchechow, in Italien G. D'Annunzio. Im Deutschland und Österreich der 1890er Jahre gehören H. Bahr, D. v. Liliencron, R. Dehmel, A. Holz, J. Schlaf, M. Dauthendey, P. Altenberg, A. Schnitzler und R. Beer-Hofmann zum I. Die frühen Werke von H. und Th. Mann, R. M. Rilke und H. v. Hofmannsthal werden gleichfalls dazu gezählt. Als Publikationsforen des I. gelten »Die Gesellschaft« (München) und »Die Freie Bühne« (Berlin).
Lit.: M. Fick: I. In: RLW. – H. Fritz: I. In: Borchmeyer/ Žmegač. – R. Hamann, J. Hermand: I. [1960]. Ffm. 1977. – H. Marhold: I. in der dt. Dichtung. Ffm., Bern 1985. – R. M. Werner: I. als lit.geschichtlicher Begriff. Ffm., Bern 1981.　　　　　　　　　　　　　　WD

Impressum, n. [lat. = das Eingedruckte], in allen veröffentlichten Druckwerken wie Büchern, Zeitungen und Zss. enthaltene, gesetzlich vorgeschriebene Angabe von Verlag und Druckerei (beide mit Ortsangaben) sowie Urheber (bei ↗Flugblättern mit dem Zusatz »V. i. S. d. P.« = Verantwortlich im Sinne des Pressegesetzes); hinzu tritt der – meist mit dem ebenfalls im I. enthaltenen Copyright-Vermerk kongruente – Erscheinungszeitpunkt: bei Büchern das Jahr (bei ab dem Spätherbst eines Jahres erscheinenden Büchern wird zum Zweck der Suggestion von Aktualität oft schon das Folgejahr angegeben), seltener der Monat, bei Periodika das genaue Datum. Verantwortliche Urheber sind bei Büchern der ↗Autor oder Herausgeber (Editor), bei Zeitungen und Zss. der Herausgeber, der Chefredakteur und die leitenden Redakteure (Ressortleiter). Zur auch international eindeutigen Identifizierung eines Druckwerks wird die ISBN oder ISSN (↗ISBN/ISSN) vergeben und ebenfalls im I. angegeben; zur eindeutigen bibliothekarischen Erfassung tritt die »CIP-Einheitsaufnahme« der »Dt. Bibliothek« hinzu, auf deren elektronisch abrufbare Daten heute im I. häufig nur noch verwiesen wird. Ort des I.s ist bei Büchern meist die Rückseite des Titelblatts (also in der Regel die Seite 4 als letzte noch nicht explizit paginierte Seite), seltener die allerletzte Textseite (ggf. vor der Verlagswerbung); bei Zeitungen meist die Seite 2; bei Zss. häufig eine der letzten Seiten. Weitere Angaben im I. können sich auf folgende Bereiche beziehen: bei übersetzten Werken der fremdsprachige Titel der Originalausgabe sowie deren Verlag mit Ort und Erscheinungsjahr; Setzerei, Buchbinderei, Urheber der Umschlagabbildung, Gestalter des Umschlagentwurfs, verwendete Schrifttype und -größe, verwendetes Papier (auch mit Gewichtsangabe), Einbandart(en), Auflagenfolge und -höhe. Das I. gehört zum »verlegerischen Peritext« (Genette, S. 22–40), also zu denjenigen ↗Paratexten, auf die der Autor nur geringen Einfluss hat. Vorläufer ist der ↗Kolophon in mal. Hss. und in Drucken der ↗Frühen Neuzeit.
Lit.: G. Genette: Paratexte [frz. 1987]. Ffm., NY 1989. – V. Schnell: I. In: E. Schütz u. a. (Hg.): Das BuchMarkt-Buch. Reinbek 2005, S. 146 f.　　　　　　　　　　DB

Improvisation, f. [lat. *improvisus* = unvorhergesehen], Kompositions- und Produktionsverfahren der szenisch-musikalischen Künste. I. ist funktionaler Teil der Tanz- und Schauspielpädagogik. Sie stellt zudem eine eigene Aufführungspraxis dar. Improvisation ist immer Regelvollzug und basiert auf der Beherrschung spezifischer I.stechniken. Der Begriff ›I.‹ findet als Bez. für it. Stegreifdichter (Improvisator) ab dem 18. Jh. im Dt. Verwendung. Bes. in der ↗Commedia dell'Arte wurde I. über grob festgelegte Typen- und Handlungsschemata praktiziert. Durch die Dominanz des Lit.-theaters und die Instanz des Regisseurs zeitweilig in den Hintergrund gedrängt, tritt I. mit der Re-Theatralisierung der szenisch-musikalischen Künste um 1900 verstärkt wieder ins Bewusstsein (z. B. im Ausdruckstanz; ↗Tanz).
Lit.: A. C. Albright: Taken by Surprise. A Dance Improvisation Reader. Middletown/Conn. 2003. – G. Ebert: I. und Schauspielkunst. Bln. 1979. – H. Eilert: I. In: RLW.　　　　　　　　　　　　　　　　　　　WDE

Incipit [lat. = es beginnt], erstes Wort der Anfangsformel, die in ↗Handschriften oder Frühdrucken anstelle des (späteren) ↗Titels den Beginn eines Textes anzeigt, z. B. »Incipit comoedia Dantis Alagherii, Florentini natione, non moribus«; dann Bez. für die Anfangsformel selbst. Vgl. auch ↗explicit.　　　　　　　　　HHS/Red.

Incrementum, n. [lat. = Wachstum, Zunahme], ↗rhet. Figur der emphatischen Steigerung: Benennung eines Sachverhalts durch mehrere, von unten graduell aufsteigende Aussagen, z. B. »sie lachten des Fürsten, und die Könige spotteten sie« (F. G. Klopstock: »Messias«); »Wenn sie vergiftet, tot ist, eingesargt« (H. v. Kleist: »Das Käthchen von Heilbronn«). Sonderform der ↗Klimax (häufig mit der ↗Gradatio gleichgesetzt); Mittel der ↗Amplificatio.　　　　　　　　　HHS/Red.

Index, m. [lat. *indicare* = anzeigen], 1. meist am Ende eines Buches aufgeführtes alphabetisch geordnetes Register; 2. hoch- oder tiefgestelltes Unterscheidungszei-

chen, z. B. die Ziffer in dem Ausdruck ›t_1‹; Pl. *Indizes*; 3. Liste der durch die kath. Kirche verbotenen Bücher; Pl. *Indexe*. Der wirkungsmächtige »I. librorum prohibitorum« wurde 1559 unter Papst Paul IV. im Zuge des Aufbaus einer anti-protestantischen Inquisition zusammengestellt. Diese Liste, deren letzte amtliche Ausgabe 1948 erschien und später noch um Nachträge ergänzt wurde, enthielt zuletzt über 6.000 Einträge: Schriften, die aus Sicht der kath. Kirche gegen ihre Glaubens- und Sittenlehre verstießen, darunter Gesamtwerke (z. B. diejenigen von F. Rabelais, H. de Balzac und É. Zola) und Einzelwerke (z. B. I. Kants »Kritik der reinen Vernunft« und G. Flauberts »Madame Bovary«). 1966 wurde die Geltung des »I. librorum prohibitorum« außer Kraft gesetzt. Seit der 1998 eingeschränkt erfolgten Öffnung des Archivs der Kongregation für die Glaubenslehre sind die Bedingungen für die Erforschung der kirchlichen ↗ Zensur wesentlich verbessert worden.
Lit.: H. Wolf: I. Der Vatikan und die verbotenen Bücher. Mchn. 2006. – Ders.: Inquisition, I., Zensur [2001]. Paderborn ²2003.   BM
Indexical [engl.] ↗ Deixis.
Indianerbuch, fiktionaler oder nichtfiktionaler Text, welcher das Leben der indigenen Kulturgruppen Nordamerikas, der *Native Americans*, als Thema oder Motiv zentral aufgreift. – Im 18. Jh. beschäftigen sich einzelne Autoren (z. B. J. H. Campe) in Reisebeschreibungen mit den Ureinwohnern Nordamerikas. Zu Beginn des 19. Jh.s nimmt die Zahl der europäischen Nordamerika-Expeditionen deutlich zu, dokumentiert in ethnographischen ↗ Reiseberichten. Daneben entstehen zahlreiche ↗ Abenteuer- und ↗ Reiseromane, die sich mit dem konfliktreichen Verhältnis zwischen indianischen Ureinwohnern und weißen Siedlern beschäftigen (z. B. von Charles Sealsfield, Pseudonym für K. A. Postl). Als Klassiker des I.s dieser Phase gelten J. F. Coopers »Lederstrumpf«-Romane (1823–41). Großen Erfolg haben Ende des 19. Jh.s K. Mays »Winnetou«-Romane. Im 20. Jh. werden zunehmend weibliche Figuren ins Zentrum gestellt; außerdem richtet sich das I. nicht mehr nur an jugendliche, sondern auch an kindliche Leser; die Grenzen zur ↗ phantastischen Lit. werden fließend (M. Ende: »Die unendliche Geschichte«, 1979). Einzelne Autoren nutzen das poetische Potential indianischer Traditionen und kultureller Differenzen (H. Johansen: »Zurück nach Oraibi«, 1986). In Amerika kommt es zu einer intensivierten lit. Produktivität von indianischen Autoren (S. Alexie: »Reservation Blues«, 1995, dt. 1998). Die neuere Forschung unterscheidet deshalb die Bereiche ›Lit. *über* Indianer‹ (dazu zählt das I.) und ›Lit. *von* Indianern‹.
Lit.: W. Hochbruck: Die Darstellung und ideologische Funktion indianischer Mündlichkeit in der nordam. Lit. Tüb. 1991. – E. Lips: Das I. [1956]. Lpz. ⁶1980. – G. Ueding, K. Rettner (Hg.): Karl-May-Hb. [1987]. Würzburg ²2001.   EST
Indirekte Rede, Form der Wiedergabe von sprachlichen Äußerungen. Charakteristisch sind Satzgefüge mit *verba dicendi* oder *sentiendi* wie ›sagen‹ oder ›denken‹ in der übergeordneten Konstruktion. Das Verb des Nebensatzes steht nicht notwendigerweise im Konjunktiv. Mittels der i.n R. weist der Sprecher den subordinierten Teil als eine Äußerung aus, die von einem anderen Handelnden zu einem anderen Zeitpunkt getätigt wurde: ›Er sagte, dass er schon satt ist/sei.‹ Es ist nicht ausgeschlossen, dass der wiedergegebene Sprecher und der aktuelle Sprecher die gleiche Person sind. Die i. R. ist damit nicht allein ein Mittel zur nicht-wörtlichen Wiedergabe von Gesagtem, sondern kann auch der Distanzierung des Sprechers von einem erlebten Sachverhalt dienen, etwa im Rahmen einer ↗ Erzählung. In Erzähltexten ist die i. R. ein Mittel der ↗ Figurenrede. Äußerst ungewöhnlich ist die durchgehende Verwendung der i.n R. im Drama (E. Jandl: »Aus der Fremde«, 1980).
Lit.: F. Coulmas (Hg.): Direct and Indirect Speech. Bln. 1986. – T. Güldemann, M. v. Roncador (Hg.): Reported Discourse. Amsterdam 2002. – G. Zifonun u. a.: Grammatik der dt. Sprache. Bd. 3. Bln. 1997.   BME
Individualstil, auch: Persönlichkeits- oder Personalstil, ↗ Stil.
Indogermanistik, Wissenschaft, welche die indogerm. Sprachen und deren Zusammenhang erforscht. ↗ Slawistik.
Inferenz ↗ Wortspiel.
Informationsästhetik, von dem Stuttgarter Mathematiker und Philosophen M. Bense (1910–90) im Anschluss an den Mengentheoretiker F. Hausdorff eingeführte Bez. für seine an den Paradigmen der Nachrichtentechnik, Informationstheorie und Kybernetik orientierte Kunsttheorie, die in den 1960er Jahren die Möglichkeiten und Grenzen einer exakten Lit.wissenschaft und Textanalyse zu erforschen versuchte. Grundlegend sind der Begriff der Information und die theoretische Beschreibung ihrer Übermittlung, Verarbeitung und Speicherung. Als statistische Wahrscheinlichkeitstheorie ist die Informationstheorie in der von C. E. Shannon und W. Weaver begründeten Form auf den syntaktischen Aspekt des ↗ Zeichens beschränkt. Hieran knüpft Bense an, indem er künstlerische Texte als statistisch geordnete Strukturen von Sprachzeichen sowie ihren Relationen auffasst. Der Grad der Unwahrscheinlichkeit des Auftretens von Zeichen signalisiert Kreativität, Neuheit und Informationswert eines Textes bei einem Mindestmaß an Redundanz, die jedoch erforderlich ist, um Verständnis zu ermöglichen. Insofern ist die I. ein wissenschaftlich fundierter Versuch, auf der Basis der Zeichenstruktur ästhetische Fragestellungen zu entwickeln. Aspekte der Wahrnehmung und der Verstehensprozesse wurden dabei zunächst ausgeblendet. H. W. Franke bezeichnet spätere Ansätze, welche die Dimension von Wahrnehmung, Verhalten und Emotion einbeziehen, als ›kybernetische Ästhetik‹. – Informationsästhetische Ansätze gelten als Wegbereiter für ↗ konkrete Poesie (von Bense

direkt initiiert ist die ↗ Stuttgarter Schule) sowie für aktuelle Entwicklungen der Netzlit., welche die Möglichkeiten des ↗ Hypertextes nutzen.

Lit.: M. Bense: Einf. in die informationstheoretische Ästhetik [1969]. In: ders.: Ausgewählte Schriften. Bd. 3. Stgt., Weimar 1998, S. 251–336. – M. Fleischer, H. Fricke: Information. In: RLW. – H.G. Frank, H.W. Franke: Ästhetische Information. Bln. u.a. 1997. – F. Hausdorff: Das Chaos in kosmischer Auslese [1898]. In: ders., Gesammelte Werke. Bd. 7. Bln. 2004, S. 587–808.   GLS

Informationsbuch, veraltete Bez. für ↗ Sachbuch.

Infratextualität ↗ Kontext.

Ingenium ↗ Genie, ↗ Originalität.

Inhaltrilogie ↗ Trilogie.

Initiale, f. [lat. *initium* = Anfang], 1. im weiteren Sinne jeder Anfangsbuchstabe, z.B. bei der Abkürzung von Namen; 2. im engeren Sinne Zierbuchstabe zur Hervorhebung des Anfangs eines Buches, eines Textes oder einzelner Textabschnitte. Die Vielfalt der I.n reicht von einfachen, durch Farbe und Größe hervorgehobenen Buchstaben über mit Ranken, floralen Ornamenten, zoo- bzw. anthropomorphen Motiven geschmückten Figureninitialen bis hin zu sog. *historisierten* I.n mit z.T. dreidimensionalen szenischen Darstellungen. Als *Lombarden* bezeichnet man die bauchig gerundeten I.n des Unzialalphabetes (↗ Schrift). Sie schmückten v.a. im Spät-MA. einfache Hss. Eine andere Form der I.n sind *Cadellen*, die aus parallel laufenden Schäften und Bögen gebildeten, mit Masken (Fratzen) verzierten Großbuchstaben. Die Staffelung von verschieden aufwendigen I.ntypen innerhalb eines Textes kann dazu dienen, dem Leser die inhaltliche Hierarchie der Textabschnitte verständlich zu machen.

Lit.: J.J.G. Alexander: I.n aus großen Hss. Mchn. 1978. – E.J. Beer: Beiträge zur oberrheinischen Buchmalerei. Basel u.a. 1959. – Ch. Jakobi-Mirwald: Text – Buchstabe – Bild. Bln. 1998. – O. Mazal: Das Buch der I.n. Wien 1985.   ID

Initiationsgeschichte ↗ Short Story.

Injunktion, f. [lat. *iniungere* = anfügen], ›abbildender‹ Begriff, der nicht die Kriterien einer Definition erfüllt. Der Zoologe B. Hassenstein spricht von ›I.‹, wenn das von einem Begriff zu repräsentierende Phänomen unklare Grenzen oder fließende Übergänge aufweist (z.B. ›Individuum‹, ›Pflanze‹ und ›Tier‹). Statt willkürliche Grenzen in das heterogene Kontinuum einzuzeichnen, führt die I. alle Merkmale des Gegenstandes auf und beschreibt deren Ausprägung im Kerngebiet des Bezeichnungsfeldes wie an dessen Grenzen. Nach Moeller/Stackmann (S. 223) handelt es sich bei den meisten Begriffen der Lit.wissenschaft um I.en.

Lit.: B. Hassenstein: I. In: HWbPh. – B. Moeller, K. Stackmann: Städtische Predigt in der Frühzeit der Reformation. Gött. 1996.   MNE

Inkonzinnität, f. [lat. *inconcinnus* = ungeschickt, ungereimt], rhet. Bez. für Unebenheit im Satzbau (Mangel an ↗ Konzinnität), kann als Fehler, aber auch als

bewusster Kunstgriff zur Vermeidung von Gleichförmigkeit in der Reihung von Satzgliedern (↗ Parallelismus) gelten.   GS/Red.

Inkorporation ↗ Aneignung.

Inkunabeln, f. Pl. [lat. *incunabula* = Windeln, Wiege; erster Anfang], auch: Wiegendrucke; die aus den Anfängen der Buchdruckerkunst bis zum Jahr 1500 stammenden, an über 250 Druckorten Europas entstandenen Druckwerke. Da auch die ersten Produkte der Lithographie, der Radierung, des Kupferstichs oft als ›I.‹ bezeichnet werden, wird für die eigentliche Bedeutung oft der Terminus ›Wiegendrucke‹ gewählt. I. können ganze Bücher, aber auch ↗ Einblattdrucke sein. Zu den frühen, großformatigen I. in Folio kommen später Drucke im handlicheren Quartformat. Die Auflage betrug im Durchschnitt einige hundert Exemplare; die Gesamtzahl der noch existierenden I. wird auf weniger als 30.000 geschätzt, darunter knapp 2.500 in dt. Sprache. Katalogisiert wurden die I. zuerst in folgenden Werken: Cornelis van Beughem: »Incunabula Typographiae« (1688); G.W.F. Panzer: »Annales typographici [...]« (1793–1803); L. Hain: »Repertorium bibliographicum« (1826–38). Ihrer Seltenheit, aber auch ihrer typographischen Schönheit wegen (die zugrunde liegende Hs. ist meist getreu nachgebildet) wurden die I. zu gesuchten Sammlerobjekten. Bedeutende Sammlungen bestehen in den großen Bibliotheken von London, Paris und München, aber auch in den USA.

Lit.: S. Corsten, R.W. Fuchs (Hg.): Der Buchdruck im 15. Jh. Eine Bibliographie. 2 Bde. Stgt. 1988/93. – J.L. Flood: Inkunabel. In: RLW. – F. Geldner: Inkunabelkunde. Wiesbaden 1978. – Ders.: Die dt. Inkunabeldrucker. 2 Bde. Stgt. 1968/70. – Gesamtkatalog der Wiegendrucke. Bisher 10 Bde. Lpz., dann Stgt. 1925 ff.   MGS

Innamorati, m. Pl. [it.], Sg. *innamorato*, auch: *amorosi*; die Figuren der Verliebten in der ↗ Commedia dell'Arte.

Innere Emigration, f., die Distanznahme innerhalb eines diktatorischen Regimes gegenüber dessen politischen und künstlerischen Forderungen und Auflagen. Die Formel von der i.n E. wurde 1945 von F. Thieß in die öffentliche Debatte in Deutschland eingebracht, um Autoren aufzuwerten, die sich aus konservativer, christlicher oder humanistischer Wertetradition innerhalb des ›Dritten Reichs‹ von diesem zu distanzieren oder an ihm Kritik zu üben suchten. Nach 1989 hat man gelegentlich den Begriff auch auf das Verhalten von Autoren innerhalb der DDR übertragen. Wegen der ursprünglichen polemischen Absicht von F. Thieß, mit dem Konzept ›i.E.‹ die Bedeutung des Exils und der ↗ Exillit., insbes. von Th. Mann, gegenüber den im ›Dritten Reich‹ Verbliebenen und ihren Werken herabzusetzen, ist der Begriff von Anfang an heftig umstritten gewesen und danach immer wieder kontrovers diskutiert worden. Hinzu kommt, dass nach 1945 Autoren die Haltung einer i.n E. für sich beansprucht haben, die nicht unumstritten waren, wie z.B. G. Benn, der den Nationalsozialismus ursprünglich begeistert begrüßt hatte und sich v. a. aufgrund heftiger Angriffe von NS-Seite zurückzog, indem er Militärarzt wurde (Benn selbst nennt das in einem Brief an I. Seidel vom 12.12.1934 »eine aristokratische Form der Emigrierung«). Problematischer noch ist F. Thieß selbst, dessen Werk zwar teilweise unterdrückt, andererseits aber mit dem erzählenden Sachbuch »Tsushima« (1936) höchst erfolgreich war. Ebenso angreifbar ist G. Eich, der sich mit ↗ Naturlyrik betont von der politischen Aktualität fernhielt, zugleich aber Propagandistisches für den Rundfunk lieferte. Eine Sonderstellung nehmen diejenigen Autoren ein, die ins faschistische Italien gingen, wo sie relativ unbehelligt arbeiten konnten, wie R. Borchardt (der dort allerdings schon seit 1903 lebte), St. Andres, G.R. Hocke, M. Krell, A.T. Wegner. Der Begriff ›i. E.‹ ist einerseits für Werk und Haltung derer, die wegen ihrer Überzeugungen inhaftiert (W. Krauss: »PLN«) oder ermordet wurden (A. Haushofer: »Moabiter Sonette«, postum 1946) oder Suizid begingen (J. Klepper: »Der Vater«, 1937), zu schwach, andererseits für das Mitmachen in der Unterhaltungsindustrie des ›Dritten Reichs‹ (E. Kästner, W. Koeppen), für Lavieren oder Opportunismus (W. Kiaulehn, L. Rinser) zu beschönigend. Im Kern ist er am ehesten für jene Prosawerke oder Dramen zutreffend, die in sog. Sklavensprache oder ›verdeckter Schreibweise‹ durch gezielte Anspielungen oder Parabolik Kritik zu üben suchten. Das betrifft zum einen Versuche historischer Parallelisierungen des NS-Regimes z. B. zu den Wiedertäufern (P. Reck-Malleczewen: »Bockelson«, 1937), zur Frz. Revolution (F. Sieburg: »Robespierre«, 1935) oder zu anderen exemplarischen Konstellationen (W. Bergengruen: »Der Großtyrann und das Gericht«, 1935; R. Schneider: »Las Casas vor Karl V.«, 1938; St. Andres: »El Greco malt den Großinquisitor«, 1936), die das Diktatorische und Terroristische des Systems spiegeln sollten. Diese Hinwendung zum historischen Roman teilte die i. E. mit der Exillit. Zum anderen finden sich Rückgriffe v. a. auf die antike Mythologie oder mythische Entwürfe, insbes. in E. Jüngers Erzählung »Auf den Marmorklippen« (1939), die mit ihren Figuren (Oberförster) und Orten (Schindehütte) als ↗ Camouflage der Situation ihrer Entstehungszeit gilt. Andere Formen waren die der kritischen Auseinandersetzung in essayistischer Form mit Leitbegriffen wie ›Heldentum‹ oder die Diskussion von Wertvorstellungen (D. Sternberger), aber auch Entlarvung von Euphemismen, etwa bei G. Nebel, der in seinem Essay »Auf dem Fliegerhorst« (1941) die wohl schärfste Attacke auf den technologischen Nihilismus und die menschenverachtende Vernichtungsmentalität des Nationalsozialismus führte, erstaunlicherweise dafür aber nur strafversetzt wurde. Veröffentlicht wurden solche Texte, meist im Verein mit Naturlyrik oder demonstrativ politikfernen bildungsbürgerlichen Erörterungen zu Themen der Kulturgeschichte, aber auch geopolitischen Reflexionen, vorzugsweise in Zss. wie

der »Dt. Rundschau« (bis 1942), »Neuen Rundschau« (bis 1944) oder in der »Frankfurter Zeitung«, die 1943 wegen eines vernichtenden Artikels über D. Eckhart, den sog. ›Seher der Bewegung‹, verboten wurde. Auch hier sind die Übergänge fließend, wie schon der Titel einer Zs. zeigt, in welcher propagandistische Heldengedichte von G. Gaiser neben distanzierten, politikentzogenen Artikeln standen: »Das innere Reich«. Zudem war der lit.politischen Lenkung durchaus daran gelegen, durch Spielräume für christliche und humanistische Innerlichkeit die Akzeptanz in den Kreisen des Bürgertums zu erhalten. Die Motive der Distanzierung oder Kritik waren sehr unterschiedlich, sie reichten von politischer Enttäuschung oder Zurückweisung durch den Nationalsozialismus (G. Benn, A. Bronnen) über Gekränktheit durch zu geringe Wertschätzung (H. Grimm, E. Wiechert) bis hin zu Positionen elitärer Massenverachtung (G. Nebel, P. Reck-Malleczewen) und auch zu Pazifismus oder Rückbesinnung auf christliche Werte (St. Andres, J. Klepper), wobei diese Positionen im Einzelfall zugleich antidemokratisch und ästhetisch epigonal sein konnten.

Lit.: Ch. Caemmerer, W. Delabar (Hg.): Dichtung im Dritten Reich? Opladen 1996. – H. Ehrke-Rotermund, E. Rotermund: Zwischenreiche und Gegenwelten. Mchn. 1999. – H.D. Schäfer: Das gespaltene Bewußtsein. Mchn., Wien 1981. – R. Schnell: Lit. I. E. 1933–45. Stgt. 1976. – Ders.: I. E. In: RLW. – Ders.: Dichtung in finsteren Zeiten. Reinbek 1998. – Y. Wolf: F. Thieß und der Nationalsozialismus. Tüb. 2003.   ES

Innere Form [gr. *éndon eídos*; engl. *inward form*], in einem Kunstwerk entworfenes, diesem adäquates Strukturprinzip. – Die i. F. wird einerseits als eine Art Modell des Kunstwerks im Bewusstsein des Produzenten, andererseits als ästhetische Idee im Kunstwerk selbst gedacht. In beiden Fällen geht die i. F. der äußeren ↗ Form voraus: als Plan oder als ›Seele‹ des Kunstwerks. – Das Konzept geht, verstanden als hinter den materiellen Dingen stehende Formkraft, auf Plotin zurück und wird von A. Earl of Shaftesbury auf die Theorie des Kunstwerks übertragbar gemacht. Vermittelt über diesen gelangt die Idee der i.n F. nach Deutschland, wo sie bes. von J. W. Goethe aufgegriffen wird. Für die Geschichte des Konzepts ist auch seine Applikation auf die Sprachtheorie durch W. v. Humboldt wichtig, von wo aus es durch W. Scherer für die lit.wissenschaftliche Poetik fruchtbar gemacht wird.

Lit.: M. Aumüller: I. F. und Poetizität. Ffm. 2005 – D. Burdorf: Poetik der Form. Stgt., Weimar 2001. – R. Schwinger: I. F. In: R. Schwinger, H. Nicolai: I. F. und dichterische Phantasie. Mchn. 1935, S. 1–85. – Ders.: Form, innere. In: HWbPh.   DWL

Innerer Monolog, direkte und nicht erkennbar durch den Erzähler vermittelte Form der Präsentation von Gedanken und anderen Bewusstseinsinhalten in Erzähltexten. Der innere Monolog ist eine spezifische Weise, in Erzähltexten Figurenbewusstsein darzubieten, die ohne *verba sentiendi* (Verben des Denkens) auskommt. Im Unterschied zum Gedankenzitat und zur ↗ erlebten Rede fällt der Erzähler als erkennbare Vermittlungsinstanz weg: Es ›spricht‹ allein die Figur. Insofern stellt der innere Monolog einen Grenzfall des Erzählens dar. In ihm werden Gedanken, Wahrnehmungen, Eindrücke und Gefühle der Figur so präsentiert, als ob sie direkt – und somit gleichsam dramatisch – wiedergegeben werden: »Ich muß das Programm anschauen ... Ja, richtig: Oratorium? Ich hab' gemeint: Messe« (A. Schnitzler: »Leutnant Gustl«, 1900). Das Tempus des inneren Monologs ist das Präsens, seine Syntax ist der Assoziativität von Bewusstseinsinhalten angepasst, und diese sind vom internen Standpunkt (*internal ↗ point of view*) der Figur geprägt. Der innere Monolog ist somit typisch für ↗ personales Erzählen. Eine radikale Variante ist der ↗ Stream of Consciousness. Der innere Monolog ist eine Erscheinung der ästhetischen Moderne mit ihrer Neigung zu subjektiver Perspektivierung und zur Problematisierung des Subjekts. E. Dujardin schrieb als einer der ersten Autoren innere Monologe (»Les lauriers sont coupés«, 1888) und prägte dafür den Begriff ›monologue intérieur‹. Neben ›autonomen‹ inneren Monologen, die einen ganzen Erzähltext prägen, gibt es viele im inneren Monolog verfasste Passagen in modernen Romanen (z. B. A. Döblin: »Berlin Alexanderplatz«).

Lit.: D. Bickerton: Modes of Interior Monologue. In: Modern Language Quarterly 28 (1967), S. 229–239. – D. Cohn: Transparent Minds. Narrative Modes for Presenting Consciousness in Fiction. Princeton 1978. – E. Dujardin: Le monologue intérieur. Paris 1931. – E. Höhnisch: Das gefangene Ich. Studien zum inneren Monolog in modernen frz. Romanen. Hbg. 1967. – P. Stocker: I. M. In: RLW.   USP

Innerlichkeit, Haltung des Rückzugs aus der politischsozialen Wirklichkeit und der Konzentration auf den Bereich innerseelischen Erlebens. Der unscharfe Begriff charakterisiert – abhängig von Epochenspezifika und der jeweiligen ästhetischen Programmatik – verschiedene mögliche Tendenzen: die irrationale Flucht in eine weltfremde Idylle, einen empfindsam-sentimentalen Eskapismus, den Rückzug aus der als oberflächlich verstandenen Welt, die durch transzendente Bezüge motivierte Konzentration auf das Seelenleben als ontologischen Erfahrungsraum oder schließlich die Flucht vor einer repressiven Außenwelt in die innere Freiheit. – Das mhd. Wort *innecheit* wurde in der ↗ Mystik geprägt. Neuzeitlich manifestiert sich das Konzept in dem gefühlsbetonten Mystizismus des ↗ Pietismus ebenso wie in der ↗ Empfindsamkeit. Während in der ↗ Romantik Tendenzen der I. mit programmatischen Sehnsuchtsgedanken verschmelzen, indiziert der Rückzug ins Private im ↗ Biedermeier die defizitäre Teilhabe bürgerlicher Schichten am politischen Diskurs der Zeit. Zu einer Wiederbelebung der I. kommt es in der ↗ Neuromantik und der ↗ Décadence, im 20. Jh. im Kontext des ↗ Subjektivismus, der ↗ inneren

Emigration, der ↗ DDR-Lit. und der ↗ Postmoderne. Die wissenschaftliche Auseinandersetzung mit der I. diskutiert den Dualismus von ↗ Autonomie- und Heteronomieästhetik.

Lit.: B. Fetz (Hg.): I. Wien 1987. – H.-B. Gerl-Falkovitz (Hg.): Rationalität und I. Hildesheim 1997. – G. Horváth: Wege der dt. I. Budapest 2001. – G. Sauder: Zur Kontinuität von I. in dt. Selbstreflexion. In: B. Thum (Hg.): Gegenwart als kulturelles Erbe. Mchn. 1985, S. 249–267. – H. Staub: Laterna magica. Zürich, Freiburg 1960.   SSI

Innovation ↗ Originalität.

Inquit-Formel [lat. *inquit* = er sagte], das in die direkte Rede eines Textes vom Erzähler eingeschobene »sagte er«, »sprach er« und seine Varianten; fehlt sie, nähert sich die Erzählung dem ↗ Dialog des Dramas (z. B. die Rahmenerzählung von Goethes »Unterhaltungen dt. Ausgewanderten«). Nach ausführlicher I. wird, bes. im 18./19. Jh., der vorausgehende Redeteil wiederholt: »Nun, alter Franz‹, fing der Großonkel an, indem er sich im Vorsaal den Schnee vom Pelze abklopfte, ›nun, alter Franz, ist alles bereitet ...?‹« (E. T. A. Hoffmann: »Das Majorat«). In älteren, zum mündlichen Vortrag bestimmten Verstexten steht die I. zuweilen außerhalb des metrischen Rahmens.   HHS/Red.

Inreim, Reim eines Wortes im Versinnern mit dem Wort am Versende, z. B. »O Sonne der Wonne« (P. Fleming).   GS/Red.

Inschrift, Schrift- und Sprach-Denkmal (gelegentlich mit bildlicher Darstellung verbunden), das im Unterschied zu lit. Texten (auf Papyrus, Pergament, Papier) in der Regel auf Stein, Holz, Knochen, Ton eingegraben (geritzt) ist (selten in erhabener Schrift). Nach dem Verwendungsbereich werden unterschieden: 1. *Bau-I.en* an und in Kirchen, auf Glocken, an Burgen und Stadtmauern, an und in öffentlichen und privaten Häusern. – 2. *I.en auf Gegenständen*: Hausgeräte, Waffen, Minnekästchen, Teppiche, Bilder usw.; auch in mhd. Dichtung erwähnt, vgl. die Gürtel-I. bei Albrecht von Halberstadt (»Metamorphosen« VI, 576). – 3. *Grab-I.en*, auch I.en auf Totenbrettern, Marterln, Steinkreuzen, wiederum auch in mhd. Dichtung erwähnt, vgl. Grahmurets Grab im »Parzival« Wolframs v. Eschenbach. – Auftraggeber waren im MA. v. a. die Kirche und der Adel, erst seit der Frühen Neuzeit auch das Bürger- und Bauerntum. – Die *älteste germ. I.* die I. auf dem Helm B von Negau in einem nordetruskischen Alphabet (2. Jh. v.–1. Jh. n. Chr.), *I.en mit ↗ Runen* (wie auf der Lanzenspitze von Wurmlingen, 7. Jh.) waren in Mitteleuropa nicht so häufig wie in Nordeuropa. Die *mal. I.en* auf dt. Boden knüpfen nicht an Runen-I.en an, sondern an röm. I.en-Traditionen: Bis ins 14. Jh. herrscht Kapital- bzw. Majuskelschrift vor, danach die got. Minuskel; erst im 15. Jh. wird, unter dem Einfluss von Humanismus und Renaissance, die röm. Kapitale wieder aufgenommen, seit dem 16. Jh. dringt Fraktur vor. I.en sind meist in Prosa verfasst, gelegentlich auch in Reimversen, bis ins 14. Jh. vorwiegend in

lat. Sprache, danach finden sich mehr und mehr auch dt. I.en; diese überwiegen nach 1500.
Lit.: Akademie der Wissenschaften in Bln. u. a. (Hg.): Die dt. I.en. Bisher 41 Bde. Stgt. 1942 ff. – Th. Neukirchen: Inscriptio. Tüb. 1999. – Ch. Wulf: Epigraphik. In: RLW. GG

Inscriptio, f. [lat.], Überschrift des ↗ Emblems.

Inspiration, f. [gr. *epípnoia*, lat. *inspiratio*], Einhauchung, Eingebung, geistiger Einfluss. I. setzt die Empfänglichkeit des Berührten voraus. Seit der Antike spielt der Begriff eine prominente Rolle in theologischen Theorien, v. a. bezüglich der Bibel, die als vom Heiligen Geist inspiriert angesehen wird. In der ↗ Poetik wird die I. allegorisch als Geschenk der Musen an Poeten dargestellt; sie bezeichnet dasjenige, was zu Fähigkeiten wie Gelehrsamkeit (↗ Poeta doctus) und poetischem Können hinzukommen muss, damit ein gelungenes Kunstwerk entstehen kann. Im 18. Jh. wird die Vorstellung der I. durch das subjektivistische Konzept des ↗ Genies zurückgedrängt. Im 20. Jh. wird das Konzept der I. im Kontext von Theorien der Kreativität rekonstruiert.
Lit.: G. Hornig, H. Rath: I. In: HWbPh. – H. Joas: Die Kreativität des Handelns. Ffm. 1996. – D. Klein: I. und Autorschaft. Ein Beitrag zur mediävistischen Autordebatte. In: DVjs 80 (2006), S. 55–96. – Ch. J. Steppich: Numine afflatur. Die I. des Dichters im Denken der Renaissance. Wiesbaden 2002. – D. Till: I. In: RLW.
HTE

Institutionen, f. Pl. [lat. *institutum* = Einrichtung; lat. *institutio* = Anweisung, Unterricht], 1. in der röm. und mal. Lit. systematische, für den Anfänger gedachte Einf.en in verschiedene Wissensgebiete, z. B. Quintilians Einf. in die Rhet. »Institutio oratoria« (1. Jh.) oder Cassiodors Grundbuch mal. Bildung »Institutiones divinarum ac saecularum litterarum« (6. Jh.) und v. a. die I. der Rechtswissenschaft (u. a. »Institutiones seu elementa«, 533 n. Chr. im Auftrag Kaiser Justinians entstandene Einf. in die Jurisprudenz, Teil des »Corpus iuris civilis«). ↗ Isagoge, ↗ Kompendium. – 2. In der sozialgeschichtlichen Forschung der Gegenwart bezeichnen I. die sozialen ›Rahmenbedingungen‹ bzw. die rechtlich verankerten Organisationsformen lit. Kommunikation, unterschieden nach Produktions-, Rezeptions- und Distributions-I. (↗ Akademie, ↗ Lit.preise, ↗ Schriftstellerverbände, Wissenschaftliche Gesellschaften; Bibliothekswesen, Buchmarkt, ↗ Verlage usw.). P. Bourdieus Theorie vom »lit. Feld« kennt drei Bereiche für Institutionalisierung: das lit. Leben, die Gattungstheorie (lit. Genres) und die ↗ »Institution Kunst/Lit.« (Ch. Bürger).
Lit.: P. Bourdieu: Les règles de l'art. Genèse et structure du champ littéraire. Paris 1992 [dt. 1999]. – Ch. Bürger: Der Ursprung der bürgerlichen Institution Kunst im höfischen Weimar. Ffm. 1977. – G. Gaiser: Lit.geschichte und lit. I. Meitingen 1993. – J. Jurt: Das lit. Feld. Darmstadt 1995. – W. Voßkamp: Gattungen als lit.-soziale I. In: W. Hinck (Hg.): Textsortenlehre – Gat-

tungsgeschichte. Hdbg. 1977, S. 27–44. – N. Werber: Institution. In: RLW. GG

Institution Kunst/Literatur, lit.soziologisches Konzept, das die epochalen Funktionsbestimmungen von Kunst und Lit. in ihrer sozialen Bedingtheit meint. In *systematischer* Hinsicht erfasst der Begriff die Rahmenbedingungen der Produktion, Rezeption und Distribution von Lit. in unterschiedlichen Epochen. Die Funktionsbestimmungen werden aus den allg. Vorstellungen über Kunst, den Rezeptionshaltungen und den Selbstauffassungen der Künstler gewonnen. Sie bilden eine zwischen Einzelwerk und Publikum eingezogene Zwischenebene, die den Wirkungsspielraum von Werken festlegt. In *historischer* Hinsicht beschreibt I. K./L. einen Funktionswandel von Kunst und Lit. in der bürgerlichen Gesellschaft: Um 1800 wandelt sich das aufklärerische Verständnis von Lit. als Medium öffentlicher Verständigung zu einer Vorstellung ästhetischer Autonomie (↗ Autonomieästhetik), die wiederum einige Jahrzehnte später von den historischen ↗ Avantgarden radikal in Frage gestellt wird.
Lit.: Ch. Bürger: I. K./L. In: dies.: Mein Weg durch die Lit.wissenschaft. Ffm. 2003, S. 161–181. – P. Bürger: Vermittlung – Rezeption – Funktion. Ffm. 1979. TT

Instrumentalmusik ↗ Musik und Lit.

Inszenierung, f. [frz. *mise en scène* = in Szene gesetzt], 1. szenisch-künstlerische Realisierung eines Theaterstücks, welche die Konzeption, den Einstudierungsprozess und das fertige Produkt (↗ Aufführung) gleichermaßen umfasst. Der Begriff entsteht zu Beginn des 19. Jh.s; erst im weiteren Verlauf entwickelt sich der Beruf des Regisseurs im heutigen Sinne: Der Regisseur ist diejenige Person, die alle Teile einer Aufführung (↗ Bühnenbearbeitung des Textes, Einstudierung mit den Darstellern, Musik, Bühnenbild, Kostüme) einer einheitlichen Konzeption und Interpretation unterordnet und damit zu einer I. im Sinne eines eigenständigen Kunstwerks macht. – 2. Teilaspekt von ↗ Theatralität; ein schöpferischer Modus der Zeichenverwendung in der Produktion, wobei durch spezifische Auswahl und Strukturierung etwas zur Erscheinung gebracht wird. ›I.‹ gilt als anthropologische und ästhetische Kategorie, von der aus ↗ Kulturwissenschaften aus dem Theaterbereich auf weitere kulturelle Aktivitäten des Menschen übertragen wird. Inzwischen scheinen weite Bereiche der Wirklichkeit nur noch als I.en wahrgenommen zu werden, wofür die Omnipräsenz der ↗ Medien mitverantwortlich ist.
Lit.: E. Fischer-Lichte, I. Pflug (Hg.): I. von Authentizität [2000]. Tüb., Basel ²2007. – J. Kiermeier-Debre: I. In: RLW. AHE

Integumentum, n. [lat. = Verhüllung; auch: *involucrum*; gr. *parapétasma*], Bez. für die Verhüllung einer moralischen, (natur-)philosophischen oder theologischen ›Wahrheit‹ in lit. Texten, einzelnen sprachlichen Figuren oder textuellen Strukturen. Wie ähnlich aufgeladene Metaphern – etwa ›Schleier‹, ›Geheimnis‹ oder ›Dunkelheit‹ (*obscuritas*) – gehören der Begriff und die in ihm implizierte hermeneutische Konzeption einer exegetisch zu bergenden ›eigentlichen Wahrheit‹ zur vormodernen Tradition von ↗ Allegorie und ↗ Allegorese. Obgleich in deren einschlägigen Feldern – etwa der neuplatonischen Mythentheorie oder der Bibelexegese – präsent, wird ›I.‹ erst in lat. Texten der ↗ ›Renaissance (2) des 12. Jh.s‹ zum Schlüsselbegriff einer ↗ Hermeneutik, die mit spezifischen ↗ Autoren, ↗ Textsorten (↗ Kommentar, ↗ *accessus ad auctores*) und Institutionen (Kathedralschule) verbunden ist. Dabei können drei Ausprägungen unterschieden werden: 1. Das Konzept dient dazu, aus den im Schulunterricht auszulegenden kanonischen Texten (wie der »Äneis« Vergils) naturphilosophisches oder moralisches Wissen herauszupräparieren; legitimiert wird dies durch eine enzyklopädische Konzeption des Textes als Träger von Wissen, durch die Berufung auf spätantike Autoritäten (Macrobius) und durch ausführliche Reflexionen über die Wahrheit des Fiktiven. – 2. Mittels ›integumentaler‹ Interpretationen werden antike Philosopheme (wie die platonische »Weltseele«) als verhüllter Ausdruck christlicher Dogmen (etwa der Trinität) verstanden (Wilhelm von Conches): eine Aufwertung vorchristlichen Denkens und Schreibens, die in theologischen Traktaten subtil an die Methodologie und Erkenntnistheorie der frühscholastischen rationalen Theologie angebunden werden (Peter Abaelard). – 3. Seit ca. 1150 entstehen Werke mit eigenem integumentalem Anspruch, die kosmologische und theologische Fragen in lit. Form – v. a. über ↗ Personifikation und Fiktionalisierung abstrakter Begriffe (Natura) – verhandeln: Die breit überlieferten Werke von Bernardus Silvestris (»Cosmographia«) und Alanus von Lille (»Anticlaudianus«) beeinflussten dabei auch die volkssprachige allegorische Lit. (»Rosenroman«, J. Gower, G. Chaucer). – Die integumentale Hermeneutik des 12. Jh.s steht unter dem Einfluss der entstehenden Scholastik. Sie strahlte – in einem in der Forschung umstrittenen Ausmaß – in die volkssprachige Hermeneutik und Reflexion über Lit. aus (Thomasin von Zerclære) und wurde im ↗ Humanismus aufgegriffen (u. a. von Coluccio Salutati).

Lit.: F. Bezner: Vela Veritatis. Hermeneutik, Wissen und Sprache in der *Intellectual History* des 12. Jh.s. Leiden, Boston 2005. – J. Endres u. a. (Hg.): Ikonologie des Zwischenraums. Der Schleier als Medium und Metapher. Mchn. 2005. – Ch. Huber: I. In: RLW. – F. P. Knapp: Historie und Fiktion in der mal. Gattungspoetik. Hdbg. 1997.   FB

Intellęctio, f. [lat.], Erkenntnis; in der ↗ Rhet. Vorbedingung der Produktion einer Rede.

Intelligenzblätter [lat. *intelligentia* = Kenntnis; engl. *intelligence* = Nachricht, Anzeige], Form der periodischen Presse, ursprünglich ein- oder mehrmals wöchentlich erscheinende (in privaten Anzeigekontoren zusammengestellte) Listen von Kauf- und Verkaufsangeboten, dann halboffizielles oder amtliches Publikationsorgan für Gesetze und Bekanntmachungen. – Das

erste dieser Kontore wurde 1630 in Paris von Théophraste Renaudot gegründet; seine seit 1631 mehrmals wöchentlich erscheinende ›Gazette‹ wurde unter Mazarin offizielles Publikationsorgan für Kabinettsbeschlüsse und königliche Erlasse. – Das *erste dt. Intelligenzblatt* erschien in Frankfurt/M. 1722 (»Wöchentliche Frankfurter Frag- und Anzeigungsnachrichten«, spätere »Frankfurter Nachrichten«), es folgten Hamburg 1724, Hanau 1725, Berlin 1727, Wien und Halle 1729 u. a. Die dt. I. waren *amtliche* Publikationsorgane; ihre Einnahmen durch Insertionsgebühren (Einrückgebühren; anfangs auch Vermittlungsgebühren bei Zustandekommen eines Geschäfts) kamen öffentlichen Einrichtungen des Sozialwesens zugute. In Preußen und Österreich galt der Insertions- oder »Intelligenz«-Zwang (Monopol der Publikation bzw. Erstpublikation von Anzeigen; gegen die nicht der Regierung gehörenden politischen Zeitungen gerichtet), in Preußen auch der Bezugszwang (für Behörden, Gymnasien, Apotheker, Ärzte, Kirchen und Juden usw.). Neben privaten Anzeigen und den amtlichen Bekanntmachungen enthielten die I. Behördenverwaltungsberichte, Verzeichnisse der Geburten, Eheschließungen, Taufen und Todesfälle, Nachrichten aus Handel und Verkehr (z. B. Marktpreise); aufgelockert wurden die Nachrichten durch einen redaktionellen Teil, für den u. a. Universitätsprofessoren allgemein interessierende Artikel über Kunst, Wissenschaft und Politik verfassen mussten. – Das Intelligenzblatt als oftmals einzige Zeitung der einfachen Bevölkerung stellte die Verbindung zwischen dem absolutistischen Staatswesen und seinen Untertanen her. – Mit dem Aufkommen der Lokalpresse nach der Napoleonischen Zeit und mit der Aufhebung des Monopols 1848 ging das Anzeigenwesen allmählich auf die politischen Zeitungen und Zss. über. Den öffentlich-rechtlichen Charakter verloren viele I., als in der ersten Hälfte des 19. Jh.s das amtliche Bekanntmachungswesen an eigene Regierungs- und Amtsblätter (offizielle Presse) übergeben wurde.

Lit.: H. Böning: Das Intelligenzblatt – eine lit.-publizistische Gattung des 18. Jh.s. In: IASL 19 (1994), H. 1, S. 22–33. – T. Kempf: Aufklärung als Disziplinierung: Studien des Wissens in I.n und gelehrten Beilagen der zweiten Hälfte des 18. Jh.s. Mchn. 1991.   GG

Intension ↗ Bedeutung.

Intention, f. [lat. *intentio* = Aufmerksamkeit], mentales Phänomen der ›Gerichtetheit‹ auf etwas. Eine I. wird einem Subjekt zugesprochen, wenn es eine Handlung mit einem Ziel oder überlegt ausführt oder wenn es Absichten in Bezug auf Zukünftiges verrät. Zu einem wichtigen Teil sprachlicher ↗ Bedeutung werden I.en des Sprechers bei E. Husserl und H. P. Grice. – Die I.en des ↗ Autors spielen bei der Interpretation lit. Texte eine wichtige Rolle. Als semantische Grundlage der Textbedeutung erklärt ein ›konkreter Intentionalismus‹ (*actual intentionalism*) das, was der Autor beabsichtigt, ein ›hypothetischer Intentionalismus‹ (*hypothetical intentionalism*) das, was ein gut informierter Leser dem Autor als I. vernünftigerweise zuschreiben kann. Vertreter ›antiintentionalistischer‹ Entwürfe heben dagegen die semantische und pragmatische Autonomie (oft auch die ⁊ Selbstreferenz) des Textes hervor und sehen in der Einbeziehung der Autorintention einen Fehlschluss (*intentional fallacy*). Während sich der konkrete Intentionalismus auf das von einem Sprecher Gemeinte (*utterer's meaning*), der hypothetische auf die Bedeutung einer in einen historischen Kontext eingebetteten Äußerung (*utterance meaning*) beruft, beziehen sich streng antiintentionalistische Modelle auf die einer ›abstrakten‹ Wortsequenz zuzuschreibenden Bedeutungen (*ludic meaning*). – Nachdem der unreflektierte konkrete Intentionalismus bes. der traditionellen ⁊ Lyriktheorie vom ⁊ New Criticism kritisiert wurde, nehmen Theorien der ⁊ Postmoderne weitgehend antiintentionalistische Positionen ein (ohne allerdings eine intentionalistische Sprechweise vermeiden zu können). ⁊ Hermeneutik, ⁊ Rezeptionsästhetik und die analytisch orientierte Lit.theorie neigen dagegen in unterschiedlichem Grade vermittelnden Positionen des *hypothetical intentionalism* zu.

Lit.: F. Jannidis: I. In: RLW. – J. Levinson: The Pleasures of Aesthetics. Ithaca, NY 1996. – G. Meggle (Hg.): Handlung, Kommunikation, Bedeutung. Ffm. 1993. – D. Newton de Molina (Hg.): On Literary I. Edinburgh 1976. – J. R. Searle: Intentionality. Cambridge 1985.   JG

Interaktive Narration, Sammelbez. für Erzählproduktionen, deren Rezeption an die Nutzung interaktiver Möglichkeiten von Computern bzw. Computerprogrammen gebunden ist. Der Begriff umfasst das lit. Genre ⁊ Hyperfiktion ebenso wie narrative Computerspiele; heutige Computerspiele gelten zwar durch ihren diegetischen Charakter eher dem ⁊ Film als der Lit. verwandt; im Rahmen einer weit gefassten, die Medien integrierenden ⁊ Narratologie verdienen sie jedoch als die bei weitem populärste Form interaktiver Produktionen mit narrativen Strukturen Berücksichtigung. – Die i.n N.en sind v.a. im Hinblick auf die Aspekte Funktion, Strukturmuster und (Spiel-)Genre zu unterscheiden: 1. Zwei Merkmalsoppositionen prägen die Funktion von narrativer Interaktivität (vgl. Ryan): a) Im ›explorativen Modus‹ kann sich der Rezipient frei in der fiktionalen Welt bewegen, hat aber auf die Handlung keinen Einfluss; im ›ontologischen Modus‹ dagegen entscheidet er über unterschiedliche Handlungsvarianten. b) Im ›internen Modus‹ versteht sich der Rezipient als Teil der fiktionalen Welt (v.a. durch seine ›Führung‹ einer Spielfigur); im ›externen Modus‹ situiert er sich außerhalb der fiktionalen Welt. Auf der Grundlage dieser Merkmale sind vier Typen von Interaktivität zu unterscheiden (z. B. extern-ontologisch wie in Spiel-Simulationen und intern-ontologisch wie in Adventure-Games). – 2. I. N.en sind hypertextuell bzw. -medial strukturiert. Neben der Baumstruktur und der Rhizomstruktur (v.a. für Hyperfiktionen) ist v.a. die

für Adventures prägende Labyrinth-Struktur (mit unterschiedlichen, schwer überschaubaren Möglichkeiten, an einzelne Zielpunkte zu gelangen) verbreitet. – 3. Die Produktionen können spielorientiert (›ludisch‹) sein: Sie können entweder um eine Spielkomponente ergänzt (wie im Falle der interaktiven Spielgeschichte) oder durch eine Spielkomponente bestimmt werden (wie im Falle des Adventures); es kommt dabei zu einem Wechsel zwischen ›reinen‹ Erzähl- und Spielphasen. – Die ersten i.n N.en, zumeist bereits mit Spielkomponente, entstanden in den 1970er Jahren. Der Übergang von den 1980er zu den 1990er Jahren ist durch eine zunehmende Bildorientierung auch im Bereich der i.n N. geprägt. Heutige Computerspiele orientieren sich deutlich an filmischen Erzählverfahren; ihre ökonomische Bedeutung hat inzwischen beinahe diejenige des Kinofilms erreicht.

Lit.: M.-L. Ryan: Narrative as Virtual Reality. Baltimore, Ldn. 2001. – M. Wolf (Hg.): The Medium of the Video Game. Austin/Tex. 2001.   ML

Interessenbildung, Entwicklung der Motivation für die Hervorbringung und Rezeption von Texten im literarhistorischen Prozess. Die Frage nach der lit. I. versteht sich als kulturwissenschaftliches Forschungsprogramm, das Lit. von ihren Trägern her in den Blick nimmt. Gefragt wird, was Menschen im Lauf der Geschichte bewegt hat, lit. Texte zu produzieren und zu rezipieren, zu fördern und zu tradieren. In einem übergreifenden Sinn sind damit sowohl außerlit. als auch innerlit. Bedingungsmomente des Literarischen angesprochen, in einem spezielleren Sinn dessen außerlit. Begründungs- und Wirkungszusammenhänge. – Für die Erforschung volkssprachiger mal. Lit. entwickelt, privilegiert das Programm tendenziell den auf die außerlit. Funktionen von Lit. gerichteten Interessenbegriff, weil diese Lit. überhaupt erst geschaffen wurde, um die lebenspraktischen Bedürfnisse von Gruppen und Institutionen zu befriedigen (Vermittlung von Sach- und Orientierungswissen, Legitimation von Machtansprüchen, Repräsentation von Herrschaft). Gefragt wird nicht bloß nach Funktionen, sondern nach der Entfaltung des Zusammenspiels von Funktionen und Formen, das niemals ein für allemal festgelegt ist (ein und dieselbe Funktion kann von verschiedenen Formen erfüllt werden, ein und dieselbe Form kann verschiedene Funktionen erfüllen). Mit dem Ausbau und der Differenzierung des Formen- und Funktionsrepertoires der Lit. seit dem hohen MA., die mit einer zunehmenden Eigendynamik der Formentwicklung einhergehen, gewinnt das Moment der lit. Autonomie an Bedeutung, das im Horizont des übergreifenden Interessenbegriffs mit dem Moment der lit. Heteronomie historisch zu vermitteln ist. Die Vielfalt möglicher Interessen von der strikt pragmatischen Veranlassung eines Textes (etwa eines politischen Spruchs) bis zum Vergnügen am autoreflexiven Spiel mit Texten erlaubt dabei nur bedingt eine Systematisierung und Inventarisierung. – Die Lit. konsequent als Kulturphänomen verstehend, beansprucht das Programm, konkurrierende lit.geschichtliche Ansätze in einen umfassenden Verständnisrahmen zu integrieren.

Lit.: J. Heinzle (Hg.): Lit. I. im MA. Stgt., Weimar 1993. – Ders.: Lit. I. im MA. In: E. C. Lutz (Hg.): Mal. Lit. im Lebenszusammenhang. Freiburg/Schweiz 1997, S. 79–93.   JHE

Interiectio, f. [lat. = Einwurf], auch: Interjektion, ↗rhet. Figur: in einen Satzzusammenhang eingeschobener Ausruf: »*Spricht* die Seele, so spricht ach! schon die *Seele* nicht mehr« (F. Schiller: »Votivtafeln« 47), oft mit Wiederholung des letzten vorangehenden Satzglieds. Bei größerem Umfang nähert sich die I. der ↗Parenthese; vgl. ↗Exclamatio.   HHS/Red.

Interkulturelle Germanistik, fachübergreifende, kulturwissenschaftlich orientierte Richtung der ↗Germanistik, welche die »Kultur(en)gebundenheit germanistischer Arbeit« mit den Zielen analysiert, entweder die Germanistik selbst zu einer »Fremdkulturwissenschaft« (Wierlacher/Bogner, S. IX) zu transformieren oder aber deren Methodenspektrum durch die Erschließung der Dialektik des kulturell Eigenen und Fremden im Produktions-, Rezeptions- und Wissenschaftsprozess weiter zu differenzieren. Von ›i.r G.‹ kann erst die Rede sein, wenn nicht nur Vorgaben der außerwissenschaftlichen Umwelt, hier v. a. der Politik und Ethik, dann eine bestimmte Themenwahl bedient werden (Migrantenlit., ↗Postkolonialismus), sondern wenn das philologisch-kulturwissenschaftliche System selbst diese in Form von neuen Erkenntnisinteressen, Beschreibungskategorien und Methodiken aufnimmt. Dies ist der Fall bei der interkulturellen Interpretation als lit.wissenschaftlicher Arbeitsweise, die methodisch reflektiert die Konfrontation eines Textes mit eigen- und fremdkulturellen Referenz- oder Kontextsystemen herbeiführt, die, einander bereichernd und durchdringend, neue Deutungspotentiale des Texts realisieren, welche eine rein eigenkulturelle Interpretation nicht erbringen könnte. Die theoretische Begründung dafür zeigt zwei Grundtendenzen: 1. Dem Text seien mehrere kulturelle Referenzrahmen (z. B. wegen seiner kulturell-hybriden Entstehungszusammenhänge) schon eingeschrieben bzw. der Gegenstand sei überhaupt erst durch das Ineinandergreifen von historisch wie poetisch kulturdifferenten Diskursen konstituiert (H. Uerlings); oder aufgrund der lit.theoretischen Annahme, dass ästhetische Gebilde grundsätzlich kontextfrei (P. Ricoeur) oder situationsabstrakt (S. J. Schmidt) und deshalb für fremdkulturelle Kontextuierung offen seien. – 2. Davon zu unterscheiden ist die fremdkulturelle Interpretation, die v. a. in der Komparatistik, bei der lit. ↗Übers. und in der Auslandsgermanistik eine Rolle spielt. Hier wird beispielsweise J. W. Goethes »Faust« bewusst mit russ. Referenz- oder Kontextsystemen konfrontiert, und der so ›russifizierte‹ »Faust« kann wiederum auf das Verständnis der dt. »Faust«-Forschung zurückwirken; ein Wirkungszusammen-

hang, der Goethes Idee der ↗Weltlit. als Kommunikationszusammenhang sehr nahe steht.

Lit.: E. W. B. Hess-Lüttich: Interkulturalität. In: RLW. – D. Kemper, A. Żerebin (Hg.): Eigen- und fremdkulturelle Lit.wissenschaft. Mchn. 2007. – H. Steinmetz: Interpretation und fremdkulturelle Interpretation lit. Werke. In: B. Thum, G.-L. Fink (Hg.): Praxis i.r G. Mchn. 1993, S. 81–98. – H. Uerlings: Poetiken der Interkulturalität. Haiti bei Kleist, Seghers, Müller, Buch und Fichte. Tüb. 1997. – A. Wierlacher, A. Bogner (Hg.): Hb. i. G. Stgt. 2003.   DK

Interkulturelle Literatur ↗Migrantenlit.

Interlinearglosse ↗Glosse (1).

Interlinearversion, f. [lat. *inter lineas* = zwischen den Zeilen; *vertere* = übersetzen], 1. eine über den Zeilen des Ausgangstextes eingetragene Wort-für-Wort-Glossierung (↗Glosse [1]). Die I. tritt auf als Form der volkssprachigen (dt. oder engl.) Erschließung meist lat. Texte im klösterlichen Schulbetrieb des frühen MA.s, die den Eindruck einer sich syntaktisch völlig dem Ausgangstext unterordnenden Übers. macht, tatsächlich aber den Ausgangstext Form für Form als lexikalischer und grammatikalischer ↗Kommentar begleiten soll. – Die Technik der I. wird, als eine funktionale (nicht genetische) Vorstufe eigentlicher Übers., im 9. Jh. v. a. in alemannischen Klöstern gepflegt (»Ahd. Benediktinerregel«, »Murbacher Hymnen«, altalemannische Psalmenbruchstücke), dient aber noch im hohen MA. gelegentlich als Hilfsmittel der Texterschließung ohne lit. Anspruch.   SG

2. Heute wird die I. zuweilen als – editionstheoretisch umstrittenes – Hilfsmittel eingesetzt, um denjenigen Lesern lit. bedeutsamer ↗Übers.en, welche der Ausgangssprache nicht oder nur unzureichend mächtig sind, die Besonderheiten der Übers. anhand der Differenzen zur I. zu verdeutlichen, so etwa in den Bdn. 15–17 der »Frankfurter Hölderlin Ausgabe«, in denen F. Hölderlins Übers.en von Werken Pindars, Sophokles' u. a. ediert sind.   DB

Lit.: D. Kartschoke: I. In: RLW.

Interlude, n. [engl. = Zwischenspiel; aus lat. *inter* = zwischen, *ludus* = Spiel], dramatische Form des engl. Theaters am Ende des 15. Jh.s und im 16. Jh. Das I. ist ein meist kurzes, häufig von Musik begleitetes Stück, das formal noch der ↗Moralität nahe steht, thematisch jedoch stärker verweltlicht und oft von burlesker Komik ist (Rückgriffe auf die lat. Komödie). Es gilt als Vorform des neueren engl. Dramas, v. a. der elizabethanischen Komödie. Hauptvertreter sind H. Medwall und J. Heywood. Aufführungen fanden v. a. bei Hof, in den Hallen des Adels und in den Colleges statt. – Die Bez. lässt drei Möglichkeiten für den Ursprung der I.s offen: Sie waren entweder ↗Zwischenspiele 1. in den Pausen bei Banketten und Festlichkeiten oder 2. zwischen den Akten längerer Schauspiele (↗Entremés, ↗Intermezzo) oder aber 3. ein Spiel zwischen zwei oder mehreren Darstellern.

Lit.: Th. W. Craik: The Tudor I. Leicester ³1967. – W.

Habicht: Studien zur Dramenform vor Shakespeare. Hdbg. 1968. – L. Sikorska: In a Manner of Morall Playe. Ffm. u. a. 2002.   MGS

Interlu̲dium, n. [aus lat. *inter* = zwischen, *ludus* = Spiel], ↗Zwischenspiel; vgl. ↗Zwischenakt, ↗Intermezzo, ↗Interlude.

Intermedialität, f. [lat. *inter* = zwischen], Beziehung zwischen medial unterschiedlichen Künsten, insbes. als formale oder inhaltliche Bezugnahme lit. Texte auf andere Medien, als Prägung lit. Texte durch medial differente Werke oder – umgekehrt – als Beeinflussung nichtlit. Kunstwerke durch lit. Texte. Obwohl der Begriff ›I.‹ erst Ende des 20. Jh.s in Analogie zu ↗›Intertextualität‹ gebildet wurde, begann die vergleichende Betrachtung der Künste schon in der Antike. Ch. Batteux versuchte, die ›Schönen Künste‹ auf Naturnachahmung als gemeinsames Grundprinzip zurückzuführen (1746). Lessing unterschied 1766 bildende Kunst und Poesie durch ihre Beziehung zur Zeitlichkeit; Vertreter der semiotischen Ästhetik knüpften hier an (↗Laokoon-Problem). Die von O. Walzel 1917 formulierte Idee einer ↗»wechselseitigen Erhellung der Künste« findet weitgehend Zustimmung, kontrovers diskutiert wird hingegen, ob es eine integrale Theorie der Künste geben könne (Hegel: »Vorlesungen über die Ästhetik«, 1835–38). Das theoretische Interesse am Thema I. wurde durch die Geschichte der ästhetischen Praktiken selbst stets wachgehalten. Prägend für Romantik und Moderne sind Tendenzen zur Medienmischung und zur strukturellen Orientierung an anderen Medien (z. B. Musikalisierung, später Angleichung an den ↗Film). Manche Darstellungsformen sind von vornherein intermedial, so ↗Emblem und ↗Lied, inszeniertes ↗Schauspiel, Tonfilm, ↗visuelle Poesie und ↗Oper. Einerseits gilt die Ausdifferenzierung der Künste als Charakteristikum der ästhetisch-lit. Moderne, andererseits nähern sich in der Idee des ↗Gesamtkunstwerks oder im Austausch und der Kombination von Gestaltungsmitteln die Künste einander an. ↗Dadaismus, ↗Futurismus und ↗Surrealismus durchbrachen die Grenzen zwischen den Künsten. – Zu unterscheiden sind intermediale *Transformations-* und *Kombinationsprozesse*. Im ersten Fall werden Inhalte oder Formen entweder vom einen ins andere Medium übertragen oder dort thematisiert, im zweiten erfolgen Medienmischungen auf phänomenaler Ebene. Viele Spielformen der I. sind transformativ: 1. Lit. Reaktionen auf bildende Kunst (wie Gedichte, Erzählungen, Essays über Bilder) und bildliche Reaktionen auf Lit. (wie Illustrationen und Lit.-Comics); 2. lit. Darstellungen musikalischer Werke und musikalisch strukturierte Texte, vertonte Texte/Libretti; 3. lit. Darstellungen von Architektur und architektonisch inspirierte Textgestalten; 4. Texte über Filme und filmisch strukturierte Textformen, Drehbücher, Skripte, ↗Verfilmungen. Zudem bestehen Beziehungen zwischen Lit. und Tanzkunst sowie in jüngerer Zeit zwischen Lit. und Neuen Medien. – Spielformen der Medienmischung sind u. a.: 1. Mischformen von Text und Graphik (Emblem, ↗Collage, ↗Montage, ↗Bilderbuch, ↗Comic, visuelle Poesie), Bilder mit integrierten Textelementen (↗Wort-Bild-Formen); 2. Vokalmusik, Hörspiele, Laut- und Sprechgedichte; 3. Architekturen mit integrierten Textelementen, Buchobjekte; 4. Filme mit integrierten Elementen lit. Texte; 5. Gesamtkunstwerke wie die Oper und sprachlich-visuell-akustische Performances.

Lit.: N. Goodman: Sprachen der Kunst. Ffm. 1995. – Ch. Lubkoll: Mythos Musik. Freiburg 1995. – I. O. Rajewsky: I. Tüb., Basel 2002. – W. Rasch (Hg.): Bildende Kunst und Lit. Ffm. 1970. – St. P. Scher (Hg.): Lit. und Musik. Bln. 1984. – F. Schmitt-von Mühlenfels: Lit. und andere Künste. In: M. Schmeling (Hg.): Vergleichende Lit.wissenschaft. Wiesbaden 1981, S. 157–174. – U. Weisstein: Lit. und bildende Kunst. Bln. 1992. – P. V. Zima (Hg.): Lit. intermedial. Darmstadt 1995.   MSE

Intermedium ↗Intermezzo.

Interme̲zzo, n. [it., von lat. *intermedius* = in der Mitte, dazwischen], Pl. *Interme̲zzi*; auch: *Interme̲dium*; 1. ↗Zwischenspiel des it. Renaissanceschauspiels; ursprünglich wie der span. ↗Entremés und das engl. ↗Interlude wohl Unterhaltung zwischen den einzelnen Gängen eines Banketts; im 15. und 16. Jh. dann *musikalische und szenische Einlage* zwischen den einzelnen Akten oder Teilen von Tragödien und Komödien (auch von Mysterien u. a.); zunächst Vokal- oder Instrumentalmusik (Madrigale, Chöre), dann v. a. Masken- und andere Schautänze, Pantomimen, allegorisch-mythologische Szenen, realistische Possen. Durch Ausstattungsprunk und vielfältige Bühneneffekte überlagerten die Intermezzi oft zeitlich und optisch das eigentliche Stück, zu dessen Inhalt sie meist in keiner Beziehung standen (die berühmten Mysterienaufführungen des Kardinals Pietro Riario 1473 in Rom boten als Intermezzi Ballette mit Nymphen, mit mythologischen Liebespaaren, die Pantomime eines Kentaurenkampfes u. a.). Intermezzi bildeten die Höhepunkte höfischer und städtischer Feste und wurden oft, ähnlich den ↗Trionfi, von berühmten Künstlern gestaltet (u. a. von F. Brunelleschi für Florenz, Leonardo da Vinci für die Sforza in Mailand, 1489 und 1493). – Aus den Intermezzi entstehen Ende des 16. Jh.s zwei bedeutende neuzeitliche Theatergattungen: das ↗Ballett und die Opera buffa (↗Oper). – 2. Heute werden eine Zwischenaktmusik oder die Balletteinlage einer Oper als ›I.‹ bezeichnet.

Lit.: H. Eilert: I. In: RLW. – J. Jacquot (Hg.): Les Fêtes de la Renaissance. 2 Bde. Paris 1973/75.   IS/Red.

Internal point of view ↗innerer Monolog, ↗personales Erzählen.

Internethandel ↗Bestseller.

Internetliteratur, Bereich der ↗digitalen Lit. Lit.wissenschaftlich werden als Teile der digitalen Lit. unterschieden: 1. Computerlit.; 2. Lit. im Internet; 3. Webfiction oder Netzlit.; die Bereiche (2) und (3) können als ›I.‹ bezeichnet werden. Der Begriff ›Computerlit.‹ erfasst Texte, die in den Bereichen Produktion und Rezeption auf elektronische Datenverarbeitung angewiesen sind (↗ Computertexte). ›Lit. im Internet‹ steht für alle Formen der Präsentation von lit. Texten im Netz, also auch solche Texte, die zusätzlich in Buchform publiziert sind. Die Begriffe ›Webfiction‹ und ›Netzlit.‹ bezeichnen ausschließlich für die Online-Nutzung verfasste Texte. Die Texte der Netzlit. sind durch nonlineare Erzählweisen und die Interaktivität der Lektüre gekennzeichnet. In der interaktiven Lektüre, die selbst Teil des Produktionsprozesses ist, lösen sich die in der bisherigen Lit.geschichte entwickelten Grenzen zwischen Autor und Leser auf (↗ Hyperfiktion, ↗ interaktive Narration). Es lassen sich zwei Formen der Netzlit. unterscheiden: a) die Verbindung unterschiedlicher Textteile via Internet; b) die gemeinsamen Schreibprojekte unterschiedlicher Autoren, die häufig aus ganz unterschiedlichen Ländern ihre Textbeiträge liefern. Die Grenzen zwischen Netzlit. und Internetspielen sind fließend, da viele Internetspiele als fortlaufende Erzählungen organisiert sind.

Lit.: Ch. Böhler: Lit. im Netz. Wien 2001. – N. Hautzinger: Vom Buch zum Internet? St. Ingbert 1999. – Ch. Heibach: Lit. im elektronischen Raum. Ffm. 2002. – Th. Kamphusmann: Lit. auf dem Rechner. Stgt., Weimar 2002. – M.-L. Ryan: Narrative as Virtual Reality. Baltimore, Ldn. 2001. – R. Simanowski: Interfictions. Ffm. 2002. – TuK 152 (2001): Digitale Lit.   JBL

Internet Relay Chat ↗ Salon.

Interpolation, f. [lat. = Einschaltung, Verfälschung], nicht vom ↗ Autor, sondern von einem späteren Bearbeiter oder Editor stammende Veränderung eines Originaltextes durch einen nicht als solchen kenntlich gemachten Einschub von zusätzlichen Wörtern, Sätzen oder Abschnitten. I.en werden vorgenommen, 1. um seltene oder ungewöhnliche Ausdrücke zu erläutern oder zu ersetzen (so bereits bei den antiken Grammatikern, deren I.en oder ↗ Glossen dann allmählich in den Text aufgenommen wurden); 2. um einen Text einer bestimmten Absicht zu unterwerfen (z. B. dienten die I.en jüdischer und christlicher Gelehrter der Spätantike und des MA.s dazu, den eigenen Lehrmeinungen den Schein höheren Alters und damit größerer Glaubwürdigkeit zu verschaffen); 3. um einen älteren Text zu modernisieren oder zu erweitern (so gelegentlich bei mal. Bearbeitern lit. Texte). – Alle diese Verfahren galten der älteren Philologie als legitime Möglichkeiten adressatenorientierter Aktualisierung von Traditionsgut. Insofern es sich bei interpolierten Texten um Werke eigenen Rechts handelt, werden sie von der heutigen Editionsphilologie oft nicht mehr ›gereinigt‹, sondern als ↗ Fassung abgedruckt.   RRG/CF

Interpretament ↗ Interpretation.

Interpretandum ↗ Interpretation.

Interpretation, f. [lat. = Erklärung, Auslegung], 1. geistige und sprachliche Operation, die einem aus Zeichen bestehenden oder als zeichenhaft aufgefassten Gegenstand Bedeutungen zuweist; 2. ein zusammenhängendes Resultat oder Produkt mehrerer solcher Operationen. – Im Unterschied zum ↗ Verstehen, das sich unwillkürlich einstellt, ist die I. eine willentlich gesteuerte Operation. Im Bereich der Lit.-I. gibt es zum einen *künstlerische I.en* wie ↗ Rezitationen, ↗ Illustrationen, ↗ Inszenierungen, Verfilmungen, Vertonungen und lit. Bezugnahmen (↗ Intertextualität), zum anderen *diskursive I.en*. Letztere erfolgen entweder mündlich im I.sgespräch oder schriftlich in unterschiedlichen Textsorten (↗ Rezension, ↗ Essay, Aufsatz, wissenschaftliche Monographie). Tritt eine I. mit wissenschaftlichem Anspruch auf, so muss sie explizieren, welchen Bestandteilen des I.sgegenstands (Interpretandum) sie welche Wissensgehalte (Interpretamente) auf welche I.sweise zuschreibt. Auf diese drei Faktoren der I. beziehen sich die Beiwörter, mit denen lit.wissenschaftliche I.en spezifiziert werden: Ausdrücke wie ›Gedicht-‹, ›Roman-‹, ›Dramen-‹, ›Motiv-‹ oder ›Werk-I.‹ bezeichnen das Interpretandum; Ausdrücke wie ›psychoanalytische‹, ›sozial-‹, ›kultur-‹ oder ›geistesgeschichtliche I.‹ bezeichnen das Interpretament; Ausdrücke wie Allegorese, Symbol-I., hermeneutische, strukturale oder dekonstruktive I. bezeichnen die I.sweise. Solche Ausdrücke können zugleich die lit.wissenschaftliche Position oder Schulrichtung benennen, von der aus eine I. erfolgt. Die drei Faktoren der I. lassen sich durch andere lit.wissenschaftliche Operationen isoliert beschreiben: Das Interpretandum durch ↗ Analyse, das Interpretament durch Kontextualisierung (↗ Kontext) und die I.sweise durch methodologische Reflexion. In der Lit.theorie ist umstritten, welche Kriterien erfüllt sein müssen, damit eine I. als angemessen gelten kann. Neben der Forderung, eine I. müsse ihrem Gegenstand einen kohärenten Sinn zuweisen, steht der Einwand, dies sei vieldeutigen und semantisch inkohärenten Texten unangemessen. Neben der Forderung, eine I. müsse mit Bedeutungsintentionen übereinstimmen, die für den Moment der Textentstehung als möglich und wahrscheinlich angenommen werden können, steht der Einwand, bestimmte Texte oder sogar lit. Texte überhaupt transzendierten die Semantik ihrer Entstehungszeit und seien nicht allein in historisierender, sondern auch in aktualisierender Einstellung angemessen zu interpretieren. Mit diesem Argument wird z. T. bestritten, dass Lit.-I. überhaupt eine wissenschaftliche Tätigkeit sein kann.

Die Funktionen der Lit.-I. sind vielfältig. Sie kann die Darlegung eines tatsächlichen oder die Anheimstellung eines zu diskutierenden Verstehens sein. Ihr primäres Ziel kann darin liegen, den semantischen Zusammenhang (›Sinn‹) des I.sgegenstands mit Hilfe des Interpretaments darzulegen und zu erklären, aber auch darin, ein Interpretament (z. B. lit.historisches Wissen oder ein philosophisches Problem) anhand des I.sgegenstands darzulegen oder zu erörtern. Sogar die indirekte Wertung (↗ lit. Wertung) des Interpretandums oder des Interpretaments kann die Funktion einer I.

sein. Umstritten ist, welche dieser Funktionen mit dem wissenschaftlichen Anspruch von I. vereinbar sind. Lit.: G. Abel: I.swelten. Ffm. 1993. – P. Brenner: Das Problem der I. Tüb. 1998. – U. Eco: Die Grenzen der I. [it. 1990]. Mchn., Wien 1992. – G. Herméren: I. Types and Criteria. In: J. Margolis (Hg.): The World of Art and the World. Amsterdam 1984, S. 131–161. – E. D. Hirsch: Prinzipien der I. [engl. 1967]. Mchn. 1972. – U. Japp: Hermeneutik. Mchn. 1977. – G. Kurz: Methoden der Textinterpretation in lit.wissenschaftlicher Perspektive. In: K. Brinker u. a. (Hg.): Text- und Gesprächslinguistik. Bd. 1. Bln., NY 2000, S. 209–220. – H. Lösener: Zwischen Wort und Wort. I. und Textanalyse. Mchn. 2006. – G. Pasternack: I. Mchn. 1979. – P. Ricœur: Der Text als Modell: hermeneutisches Verstehen [1972]. In: H.-G. Gadamer, G. Boehm (Hg.): Seminar: Die Hermeneutik und die Wissenschaften. Ffm. 1978, S. 83–117. – J. Schönert, F. Vollhardt (Hg.): Geschichte der Hermeneutik und die Methodik der textinterpretierenden Disziplinen. Bln., NY 2005. – J. Schutte: Einf. in die Lit.interpretation. Stgt. 1985. – R. Shusterman: Vor der I. Wien 1996. – A. Spree: Kritik der I. Paderborn 1995. – Ders.: I. In: RLW. – P. Strohschneider, F. Vollhardt (Hg.): [Themenheft:] I. MDG 49 (2002), H. 2. – W. Strube: Analytische Philosophie der Lit.wissenschaft. Paderborn 1993. – Th. Zabka: Pragmatik der Lit.interpretation. Tüb. 2005.   TZ

Interpretationsgemeinschaft, [engl. *interpretive community*], gesellschaftliche Gruppe, welche die Auffassung von Texten bestimmt. Der Begriff ›I.‹ wurde von St. Fish geprägt. Für Fish existiert jeder Text erst in der Realisierung durch den Leser; Entscheidungen über ›richtige‹ und ›falsche‹ Deutungen wären in dieser Auffassung nicht möglich. Durch die Entwicklung des Konzepts der I. begegnet Fish dem Einwand, dass diese Ansicht in völligen Subjektivismus münde: Das durch die historische, politische, religiöse, soziale, institutionelle und kulturelle Situation geprägte Umfeld, dem Leser angehören, lässt diese den Text unausweichlich in bestimmter Weise wahrnehmen; außerhalb dieses Rahmens liegende Möglichkeiten werden nicht gesehen. Einer der wichtigsten Einwände gegen diese These liegt darin, dass bei Fish I.en zu statisch angesetzt werden: Alle Menschen sind ständig den Erwartungen und Konventionen mehrerer, teilweise konträrer I.en ausgesetzt. Lit.: St. Fish: Is there a Text in This Class? The Authority of Interpretive Communities. Cambridge/Mass. 1980.   TAS

Interpunktion, f. [lat. *interpunctum* = durch Punkte abgetrennt, aus *inter* = zwischen, *pungere* = stechen], auch: Zeichensetzung; System graphischer Mittel zur textuellen, syntaktischen und morphematischen Gliederung geschriebener Sprache. Die entsprechenden Elemente heißen ›I.szeichen‹, auch ›Syngrapheme‹ genannt. *Satzzeichen* (z. B. Punkt, Frage- und Ausrufezeichen, Komma, Semikolon) werden von *Wortzeichen* (z. B. Trennungsstrich zur Silbentrennung, Binde-

strich, Apostroph, Auslassungszeichen wie ... oder ***) unterschieden. Bis Ende des 18. Jh.s ist die Kodifizierung im Dt. vorangeschritten. Poetische Normabweichungen können sowohl Kennzeichen lit. Individualstils sein (z. B. bei H. v. Kleist, A. Stifter, St. George, A. Döblin) als auch Epochenmerkmal, z. B. im ↗ Naturalismus, wo sie mit rhythmischen Aspekten verbunden sind. Aufmerksamkeit erhalten individuelle Charakteristika der I. insbes. im Zusammenhang von ↗ Editionen, in denen herkömmlicherweise Eigenheiten der I. und Orthographie normiert wurden. Lit.: B. Garbe (Hg.): Texte zur Geschichte der dt. I. und ihrer Reform 1462–1983. Hildesheim, Zürich 1984. – K. Grubmüller, J. Stenzel: I. In: RLW. – H. S. Höchli: Zur Geschichte der I. im Dt. Bln., NY 1981. – W. Mentrup: Zur Zeichensetzung im Dt. Tüb. 1983. – J. Stenzel: Zeichensetzung. Stiluntersuchungen an dt. Prosadichtung. Gött. 1966.   GLS

Intertextualität, f., Bezug eines ↗ Textes auf andere Texte. Im weitesten Sinne umfasst ›I.‹ alle Bezüge eines lit. Textes zu anderen lit. oder auch nichtlit. Texten (↗ ›Prätexten‹). Meist wird ›I.‹ jedoch enger gefasst und dem Begriff der ↗ Imitatio (1b) gegenübergestellt, der in der antiken, mal. und frühneuzeitlichen Poetik eine zentrale Position einnimmt. Der Verfasser einer Imitatio ahmt einen als Muster aufgefassten Prätext nach oder versucht, ihn wetteifernd zu übertreffen (↗ Aemulatio). Das Konzept der I. betont hingegen den selbstständigen Umgang des Folgetextes mit der Tradition, gesteht kanonischen Werken keine privilegierte Rolle zu und bezieht sich eher auf den Text als auf die Person und die Absichten des Autors. – Im Anschluss an M. Bachtins Theorie der ↗ Dialogizität führte J. Kristeva den I.sbegriff in die Lit.wissenschaft ein. Sie spricht dem Text eine Bedeutung zu, die sich von der künstlerischen Gestaltungsabsicht des Autors, dem Konzept eines geschlossenen Werkes und der Leitidee eines fixierbaren Sinns ablöst. Der Autor wird zum Schnittpunkt überindividueller ↗ Diskurse, das intendierte Werk wandelt sich zum vieldeutigen Text, an die Stelle einer fixierbaren und intersubjektiv vermittelbaren ↗ Bedeutung treten intertextuelle Bezüge. In diesem Verständnis wurde ›I.‹ zu einem Leitbegriff von ↗ Dekonstruktion und ↗ Poststrukturalismus. Demgegenüber begrenzen Ansätze des ↗ Strukturalismus und der ↗ Hermeneutik I. auf spezifische Verfahren lit. Sinnbildung. Im Unterschied zur Quellen- und ↗ Einflussforschung geht es diesen I.theorien aber weniger um die Einwirkung fremder Texte auf die Textgenese als vielmehr um Verweise auf Prätexte, die in der Regel vom Autor beabsichtigt, im Text markiert und im Interesse eines angemessenen Textverständnisses für den Leser erkennbar sein müssen. In der textanalytischen Praxis ist der Unterschied zwischen der Beschreibung von Einflüssen und intertextuellen Elementen allerdings nicht immer trennscharf. – G. Genette unterscheidet fünf Typen der ›Transtextualität‹ (als Inbegriff derjenigen Sachverhalte, die einen Text in eine offensichtliche oder verdeckte Beziehung zu anderen Texten bringen): ›Paratextualität‹ bezeichnet die Beziehung zwischen dem Haupttext und ihm unmittelbar beigeordneten Texten wie ↗ Titel, ↗ Motto, ↗ Vor- oder ↗ Nachwort, ↗ Einleitung, Umschlagstext. Im Fall der ›Metatextualität‹ wird der Text durch einen anderen kommentiert. Die ›Architextualität‹ eines Textes besteht aus seiner Zugehörigkeit zu bestimmten Gattungen, Textsorten oder Schreibweisen. ›I.‹ im engen Sinn meint die Präsenz eines Textes in einem anderen in Form eines ↗ Zitats, eines ↗ Plagiats oder einer Anspielung. ›Hypertextualität‹ schließlich bezeichnet die Beziehung eines Textes (›Hypertext‹) zu einer Textvorlage (›Hypotext‹), von der er durch Verfahren der Transformation (↗ Parodie, ↗ Travestie) oder Nachahmung (↗ Persiflage, ↗ Pastiche) abgeleitet ist (↗ Hypertext/Hypotext). – Bei intertextuellen Bezügen ist zwischen Verweisen auf einzelne Prätexte (›Einzeltextreferenz‹) und Verweisen auf allgemeinere lit. Muster oder Gattungsnormen (›Systemreferenz‹ bei Broich/Pfister; ›Architextualität‹ bei Genette) zu unterscheiden. Da Gattungsnormen im lit. Bewusstsein oft durch paradigmatische Einzelwerke repräsentiert werden, ist die Grenze zwischen Einzel- und Systemreferenz allerdings nicht immer klar zu ziehen. – Die verschiedenen Arten und Grade intertextueller Bezüge sind nur durch ein Bündel von Kriterien erfassbar. Sie können neben der Semantik eines Textes Aspekte seiner Graphie, Interpunktion, Phonologie, Morphologie, Lexik oder Syntax betreffen, aber ebenso die metrische, rhet. oder erzählerische Gestaltung.

Lit.: M. Bachtin: Die Ästhetik des Wortes [russ. 1919–75]. Ffm. 1979. – U. Broich: I. In: RLW. – U. Broich, M. Pfister (Hg.): I. Tüb. 1985. – G. Genette: Palimpseste [frz. 1982]. Ffm. 1993. – J. Kristeva: Wort, Dialog und Roman bei Bachtin [frz. 1967]. In: J. Ihwe (Hg.): Lit.-wissenschaft und Linguistik. Bd. 3. Ffm. 1972, S. 345–375. – W. Kühlmann, W. Neuber (Hg.): I. in der Frühen Neuzeit. Ffm 1994. – M. Martinez: Dialogizität, I., Gedächtnis. In: H. L. Arnold, H. Detering (Hg.): Grundzüge der Lit.wissenschaft [1996]. Mchn. ⁷2005, S. 430–445.   MM

Interview, n. [engl.]; meist mündliche Befragung von Personen zur Ermittlung sach- und personenbezogener Informationen und zur Fixierung sog. O-Töne (= Originaltöne). In der empirischen Sozialwissenschaft, der Meinungs- und Marktforschung sowie der medizinischen Diagnostik werden das qualitative (unstrukturierte) und das quantitative (strukturierte) I. zur Ermittlung von Daten oder zur Konstruktion der ›Oral History‹, also zur Dokumentation von Lebensgeschichten, eingesetzt. Im Journalismus dient das I. dazu, den I.-Partner als Person oder als Funktionsträger vorzustellen und seine Aussagen authentisch erscheinen zu lassen. Das I. hat sich aus Verhör und ↗ Gespräch (1) entwickelt. Lassen sich Vorläufer in anekdotischen und erzählerischen Protokollen der Begegnungen von Zeitgenossen mit Prominenten seit

Ende des 18. Jh.s erkennen, so wurde es als journalistische Form in den 1830er Jahren von Polizeireportern in der Frage-Antwort-Form der Gerichtsprotokolle etabliert. In den 1860er Jahren wurde in den USA das Politiker-I. institutionalisiert, die wichtigste Form der journalistischen Kontrolle der Politik. Seit Beginn des 20. Jh.s wird das I. ferner als wichtiges Element des Star-Systems der Unterhaltungsindustrie genutzt. In den Printmedien wie in den elektronischen Medien Radio und Fernsehen werden bis heute die vier wichtigsten Funktionen des I.s – Information, Kontrolle, Personifizierung und Authentifizierung – genutzt, verstärkt und ausdifferenziert. In allen nachrichten- und unterhaltungsorientierten Formaten gehört das I. zum festen Repertoire. Es wird in sehr heterogenen Formen präsentiert: als Fragebogenaktion, Blitz- oder Lang-I., unterhaltsame bis informative Plauderei (Talkshow) oder Streitgespräch, als narratives, an der Reportage orientiertes Gesprächsprotokoll oder auch als Monolog des Interviewten, aus dem zuvor die Fragen und Anmerkungen des Interviewers eliminiert wurden.

Lit.: G. Bentele: I. In: RLW. – M. Haller: Das I. Ein Hb. für Journalisten [1991]. Konstanz ³2001.   SP

Intimatio, f. [lat. = Bekannt-, Vertrautmachung], Pl. *Intimationes*, v. a. im ↗ Humanismus gepflegte Form der poetischen Vorlesungsankündigung, durch die der Dozent am Schwarzen Brett seiner Fakultät um Hörer warb. I.nes sind wertvolle Zeugnisse eines ansonsten oft schlecht dokumentierten Vorlesungsbetriebes. Sie dienten zum Aufweis eigener Kunst und im Streit der Richtungen und Gruppen als Forum zur Positionierung. ›Vergleichende Werbung‹ ist ebenso bezeugt wie das Abreißen durch Kollegen als Kampfansage. Erhalten ist praktisch nur, was von den Verfassern (seltener: seitens der Universität) archiviert wurde.   CF

Intratextualität ↗ Kontext.

Intrige, f. [frz. *intrigue* von lat. *intricare* = verwickeln, verwirren], dramaturgische Bez. für das eine Handlung begründende Komplott, mit dem sich ein Teil der Dramenfiguren zur Durchsetzung seiner Ziele gegen einen anderen verschwört. Schon bei Euripides war die I. als *mēchánēma* neben der Wiedererkennung (↗ Anagnorisis) oft der wesentlichste Bestandteil der Tragödie (»Medea«, »Elektra«, »Iphigenie in Tauris«). Dabei zeigt z. B. die »Iphigenie« des Euripides (wie später die Goethes), dass die I. in der Tragödie bisweilen auch zu einem glücklichen Ende führen kann. Von Euripides wurde die I. in die sog. Neue attische Komödie (Menander, Apollodoros) übernommen, von dort in die röm. Komödie (Plautus, Terenz), weiter dann in die Komödie der Neuzeit, vgl. etwa Molières I.nkomödie »Les fourberies de Scapin«, die auf den »Phormio« des Terenz und damit indirekt auf den »Epidikazomenos« des Apollodoros zurückgeht. Als reine I.n-Dramen gelten v. a. die span. ↗ Mantel-und-Degen-Stücke, während die I.nkomödien seit Molière wieder, wie zuvor schon bei Menander (»Dyskolos«) und Terenz (»Heautontimorumenos«), oft zugleich zur

↗Charakterkomödie tendieren. Ein neueres Beispiel ist H. v. Hofmannsthal: »Der Unbestechliche« (1923).

HD/Red.

In usum Delphini ↗ad usum Delphini.

Invektive, f. [lat. *invehi* = jemanden anfahren], Schmähung, Beschimpfung, Schmährede, Schmähschrift; in der Antike häufig Mittel der ↗Polemik in ↗Komödie, ↗Satire und forensischer ↗Rhet., aber auch selbständige Gattung (beliebt bei den ↗Neoterikern). Die I. richtet sich nicht nur gegen Personen (der Politik, der Geschichte und des Mythos), sondern auch gegen Abstraktionen und Dinge (Reichtum, Zorn; die Weinrebe). Berühmte I.n haben verfasst: Archilochos, Lucilius, Varro, Cicero, Sallust, Catull, Ovid, Juvenal.

Lit.: S. Koster: Die I. in der gr. und röm. Lit. Meisenheim 1980.

GMS/Red.

Inventio, f. [lat. = das Finden, von *invenire* = finden], der erste von fünf Schritten der Redeherstellung vor ↗Dispositio, ↗Elocutio, ↗Memoria (1), ↗Pronuntiatio (vgl. z. B. Cicero: »De inventione«). Ursprünglich das Sammeln von Rede-Argumenten (bes. der Gerichtsrede), dann allg. die stoffliche Konzeption von Schrifttexten, auch der epischen und dramatischen Handlung (↗Fabel). Die erschließenden Gesichtspunkte werden als Personen und Sachen betreffende Denkorte (gr. *tópoi* [↗Topos], lat. *loci*) begriffen und mit Suchformeln systematisch abgefragt, z. B. mit dem mal. Hexameter »Quis? Quid? Ubi? Quibus auxiliis? Cur? Quomodo? Quando?« Als Voraussetzung des Gelingens gelten breite Sachkenntnisse bzw. gute Allgemeinbildung. – Höchstes Ansehen genoss die I. in der Frühen Neuzeit, auch in Malerei und Musik. J. S. Bach komponierte »I.nen«. Poetiken dieser Epoche (M. Opitz, K. Stieler) sind nach der Abfolge von I., Dispositio und Elocutio gegliedert. R. Agricola und P. Ramus verstanden die I. allerdings nicht mehr als Teil der Rhet., sondern der Dialektik (Logik). Wichtiger als reproduktives Suchen und Finden von Bekanntem wurde im 18. Jh. ähnlich wie in der Naturwissenschaft das kreative Erfinden von Neuem (H. W. v. Gerstenberg: »wo Genie ist, da ist Erfindung«). Rudimente der I. finden sich heute in der rhet. geprägten Ratgeberlit., im schulischen ↗Aufsatz (2) und in der Kommunikationswissenschaft, z. B. die nach H. D. Lasswell benannte Suchformel: »Who says What in Which channel to Whom with What effect?«

Lit.: J. Dyck: Ticht-Kunst. Dt. Barockpoetik und rhet. Tradition [1966]. Tüb. ³1991, S. 40–65. – M. Kienpointner: I. In: HWbRh. – D. Till: I. In: RLW.

BAS

Inversion, f. [lat. *inversio* = Umkehrung, auch *reversio*, gr. *anastrophé*], ↗rhet. Figur: von der üblichen Wortfolge abweichende Umstellung von Wörtern; kann ohne Ausdruckswert sein, z. B. bei Nachstellung von Präpositionen (meinetwegen, *mecum* [lat. = mit mir]), aber auch bestimmte Wirkungen erzielen, z. B. archaisierende (»Röslein rot«) oder emphatische (»mit meines Zornes Riesenarm«, F. Schiller: »Don Carlos«; »Unendlich ist die jugendliche Trauer«, Novalis: »Heinrich von Ofterdingen«). – Das Gegenteil dieser

Hervorhebung bezweckt die sog. Kaufmanns-I. zur Vermeidung des ›ich‹ am Satzanfang, bes. nach ›und‹: »... und habe ich mich bemüht ...«. Vgl. ↗Hyperbaton, ↗Tmesis; als Sinnfigur entspricht der I. das ↗Hysteron proteron.

HHS/Red.

Invocatio, f. [lat. *invocare* = herbeirufen], lit. ↗Topos, Form der ↗Apostrophe: Anrufung höherer Mächte, die vom im Text zur Sprache kommenden dichterischen Subjekt um Unterstützung gebeten werden: 1. In der Dichtung tritt die I. als ↗Musenanruf (so in Homers »Odyssee« I, V. 1) oder als Anrufung der Götter (so in Homers »Ilias« I, V. 1) in Erscheinung, meist am Beginn oder am Schluss des Textes. Quintilian (»Institutio oratoria« 10, 1, 48) versteht die I. bei Homer rezeptionsästhetisch als *captatio benevolentiae*, also als Mittel, das Wohlwollen der Leser zu erlangen. – 2. In mal. Urkunden begegnet die I. als Einleitungsformel, als Anrufung Gottes. Diese Anrufung kann entweder in symbolischer Form, meist durch ein Kreuz, erfolgen, oder sie kann verbal ausgedrückt werden. Häufig treten beide Formen nebeneinander auf. In den fränkischen und dt. Königsurkunden dient das Chrismon (die ↗Initiale des verzierten C) als I.

Lit.: P. Rück (Hg.): Graphische Symbole in Urkunden. Sigmaringen 1996. – D. Till: I. In: RLW. – Th. Zinsmaier: I. In: HWbRh.

KS

Involucrum, n. [lat.], ↗Integumentum.

Inzision, f. [lat. *incisio* = Einschnitt, Abschnitt], 1. in der Verslehre ↗Zäsur, ↗Diärese; mit ›I.‹ wird bes. die Diärese nach dem ersten Hemiepes des ↗Pentameter bezeichnet; 2. in der Rhet. lat. *incisio* (auch: *incisum*) für gr. ↗›Komma‹.

GG

Ionicus, m. [lat. = ionisch(er Fuß); gr. *ionikós*], erstmals von Alkman (7. Jh. v. Chr.) verwendetes gr. Versmaß: v v – –. Die Tragödie (Aischylos, Euripides) benutzte den I., dessen Bez. auf die als weichlich geltenden ionischen Kultlieder zurückgeht, v. a. zur Herstellung einer fremdländisch-orientalischen Atmosphäre. Neben regelmäßig gebildeten ionischen ↗Tetrametern (Alkaios) finden sich durch ↗Anaklasis veränderte Formen. Zuweilen wird der I. auch mit anderen Metren kombiniert (z. B. mit ↗Jambus oder ↗Choriambus bei Sappho). Die Unterscheidung zwischen einem *I. a minore* (v v – –) und einem *I. a maiore* (– – v v) gilt seit Snell als ›Erfindung‹ der um eine ↗katá métron-Analyse bemühten antiken Theorie.

Lit.: B. Snell: Gr. Metrik [1955]. Gött. 1982, S. 34 f. – M. L. West: Greek Metre. Oxford 1982, S. 142–145. AW

Ionikologie ↗Kinädenpoesie.

Ionisches Versmaß ↗Odenmaße.

Irische Renaissance, auch: zweite ↗keltische Renaissance; lit. Bewegung in Irland seit dem Ende des 19. Jh.s, die sich als Teil der irischen Unabhängigkeitsbewegung verstand. Sie erstrebte die Neubelebung der keltischen, bes. der irischen Sprache und Dichtung, der Folklore und des Brauchtums. Ausgangspunkt waren historische Werke wie St. J. O'Gradys »History of Ireland« (1878 f.) und »Early Bardic Literature« (1879).

Zentralisiert und programmatisch ausgerichtet wurde die i. R. durch die Gründung der »Irish National Literary Society« (1892) und der »Gaelic League« (1893). Diese Gesellschaften regten einerseits folkloristische und poetische Sammlungen und Übers.en an, anderseits förderten sie die moderne irische Dichtung. Wichtigster Autor der i.n R. ist W.B. Yeats (1865–1939), der außerdem die Neubelebung des irischen Theaters maßgeblich mitgestaltete: Zusammen mit Lady I. A. Gregory gründete er 1899 das ›Irish Literary Theatre‹; 1904 übernahm er die Leitung des Dubliner ›Abbey Theatre‹, dessen Aufführungen (Dramen von Yeats, J. M. Synge, G. Moore, P. Column, E. Martyn, S. O'Casey) in der Folgezeit weltweite Beachtung fanden. Lit.: U. Ellis-Fermor: The Irish Dramatic Movement [1939]. Ldn. ²1971. – R. Fallis: The Irish Renaissance. Dublin 1978. – B. Herrmann: Keltische Identität als Fiktion. Hdbg. 1989. – Ph. L. Marcus: Yeats and the Beginning of the Irish Renaissance [1970]. Syracuse/NY ²1987. – R. Skelton, D. R. Clark (Hg.): Irish Renaissance. Dublin 1965.   IS/Red.

Irlandistik ↗ Anglistik.

Ironie, f. [lat. *ironia*, gr. *eirōneía* = betrügerische Verstellung, Ausflucht, Unernst], uneigentlicher Ausdruck des Gemeinten durch sein Gegenteil. In der Rhet. wird die I. als ↗ Tropus (1) verstanden, der eine wörtliche Aussage (↗ Proposition) in kritischer Absicht sinnverkehrt bzw. semantisch verfremdet gebraucht. Konstitutiv für ironische Rede ist die Erschließbarkeit der ›eigentlichen‹ Bedeutung des Gesagten (im Unterschied zu Lüge und Betrug), ohne dessen Negation explizit zu machen (wie in der ↗ Litotes). Kenntlich wird I. in lit. Texten durch Kontrast- oder I.-Signale: durch Über- oder Untertreibung, Widersprüche und stilistische Unangemessenheit, Modalpartikel, Antonyme; in gesprochener Rede auch durch Intonation, Gestik und Mimik. Der ironische Ggs. von Gesagtem und Gemeintem ist historisch häufig nur über Kontextbedingungen erschließbar. Unter ›tragischer I.‹ versteht man dagegen den Ggs. zwischen dem Unwissen des Helden um sein Verhängnis und dem überlegenen Wissen der anderen Beteiligten und Zuschauer. – In der Antike meint ›I.‹ zunächst die Redeweise der *dissimulatio*, die das Gegenteil des wörtlich Gesagten aussagt (Anaximenes von Lampsakos, Quintilian, Cicero); diese ironische Verstellung kennzeichnet v. a. die heuchlerische Rede (Aristophanes: »Wolken«). Die antike Rhet. unterscheidet zwischen der I. als Wort- (Sprungtropus) und als Gedankenfigur. Beim Sokrates der platonischen Dialoge wird die I. als verstellte Unwissenheit (im Wissen des eigenen Nichtwissens) dagegen zum Mittel der Entlarvung scheinhaften Wissens der Gesprächspartner und diskursiven Hervorbringung der Wahrheit, also zur Methode der philosophischen Fragekunst (›sokratische Maieutik‹). Während die ironische Substitution des eigentlich Gemeinten durch sein Gegenteil im MA. noch als Spielart der ↗ Allegorie gilt, wird sie seit der ↗ Renaissance als Ggs. dazu ver-

standen. Im 17. und 18. Jh. bildet die I. eine rhet. Grundfigur der ↗ Satire. Die Aufklärungssatiren J. Swifts, G. W. Rabeners oder Ch. L. Liscows operieren in sozialmoralischer Absicht v. a. mit dem rhet. Schema ›Lob durch Tadel‹. Erst F. Schlegel hat die rhet. I. als Redefigur von der poetischen I. unterschieden, die ein Werkganzes (bzw. einen Stil) im Sinne des Gegensinns von Gesagtem und Gemeintem charakterisiert (»Lyceum«-Fragment 42 [1797]). Diese ›romantische I.‹ vollzieht den »steten Wechsel von Selbstschöpfung und Selbstvernichtung« (»Athenäum«-Fragment 51 [1798]). Sie bewirkt dadurch ein ›Schweben‹ der Poesie »zwischen dem Dargestellten und dem Darstellenden« im Sinne einer potenzierten Reflexion, einer »endlosen Reihe von Spiegeln« (»Athenäum«-Fragment 116); in diesem Sinne realisieren L. Tieck und Novalis die I. als selbstreflexives dichterisches Spiel. Die sich über die Gegensätze (des Bedingten und Absoluten, Endlichen und Unendlichen) erhebende romantische I. weist dem Ironiker eine Position jenseits der aggressiven ↗ Polemik zu; sie gerät dadurch (etwa bei Jean Paul) in die Nachbarschaft zum ↗ Humor. G. W. F. Hegel hat die romantische I. als relativistisches ›Spiel mit Allem‹ kritisiert, das Wahrheit und Fortschritt in subjektiven ›Schein‹ auflöse (»Geschichte der Philosophie«, postum 1833–36). Ähnlich argumentieren K. W. F. Solger gegen die spöttische I. Lukians und Ch. M. Wielands sowie S. Kierkegaard, der in seiner Dissertation (»Über den Begriff der I. mit ständiger Rücksicht auf Sokrates«, 1841) die (sokratische) I. als existenzielle Haltung der ›absoluten Negativität‹, aber auch als Annäherung an die Wahrheit versteht. – In der lit. Moderne wird die I. als Prinzip eines skeptisch gebrochenen Bewusstseins (z. B. im Sinne des Gegensatzes von ›Geist‹ und ›Leben‹) verwendet. So dient die I. bei Th. Mann der ›Humanisierung‹ des ↗ Mythos (»Joseph und seine Brüder«, 1933–43), bei R. Musil dem Ausdruck des Mangels allg.verbindlichen Wissens (»Der Mann ohne Eigenschaften«, 1930–43). Die neuere Lit.theorie versteht I. v. a. als Aufschub bzw. Unterlaufen des Textverstehens (R. Barthes, P. de Man). Die spät- oder post-moderne Allgegenwart der I. bis in die Massenmedien hinein (›ironic hell‹) zeigt indes Gegentendenzen bewusst ›oberflächlichen‹ Schreibens, etwa in der ↗ Poplit. der zweiten Hälfte der 1990er Jahre.
Lit.: U. Japp: Theorie der I. [1983]. Ffm. ²1999. – E. Lapp: Linguistik der I. [1992]. Tüb. ²1997. – W. G. Müller: I. In: RLW. – R. Schnell: Die verkehrte Welt. Lit. I. im 19. Jh. Stgt. 1989. – W.-D. Stempel: I. als Sprechhandlung. In: W. Preisendanz, R. Warning (Hg.): Das Komische. Mchn. 1976, S. 205–235. – I. Strohschneider-Kohrs: Die romantische I. in Theorie und Gestaltung [1960]. Tüb. ³2002.   CD

Isagoge, f. [gr. *eisagōgḗ* = Einleitung, Einführung], in der antiken Lit. die Einf. in eine Wissenschaft, meist in Form eines ↗ Kompendiums, eines dialogischen Lehrgesprächs oder ↗ Briefs. ↗ Institutionen.   RRG

ISBN/ISSN, Kennziffern zur eindeutigen Identifizierung von Einzeltiteln und Periodika. Die für Einzelpublikationen vergebene ISBN (*International Standard Book Number*) besteht seit dem 1.1.2007 aus einer dreizehnstelligen, fünfteiligen Ziffernfolge. Nach dem Präfix (entweder 978 oder 979), das bei der ISBN vor 2007 fehlt, folgt eine Gruppennummer. Sie verweist auf die nationale, geographische oder sprachliche Herkunft (z. B. 3 = Deutschland, Österreich und die dt. sprachige Schweiz), es folgen eine Ziffergruppe, die den Verlag kennzeichnet, eine Titelnummer und eine Prüfziffer. Neuauflagen erhalten eine neue ISBN. Vergeben wird die ISBN in Deutschland von der ›Marketing und Verlagsservice des Buchhandels GmbH‹ (MVB).
Die für Periodika vergebene ISSN (*International Standard Serial Number*) besteht aus einer achtstelligen Zahlenfolge, die im Ggs. zur ISBN jedoch keine Codezahlen entsprechend der Herkunft oder Verlagszugehörigkeit bildet. Vergeben wird die ISSN in Deutschland von der Dt. Nationalbibliothek.   VT

Isokolon, n. [gr. = das Gleichgliedrige], die Gleichartigkeit zweier oder mehrerer Kola (⁊ Kolon) oder ⁊ Kommata innerhalb derselben Periode hinsichtlich der syntaktischen Konstruktion, gelegentlich auch der Wort- und Silbenzahl. So besteht etwa das I. »Veni, vidi, vici« aus drei Kola, die durch die Mittel des ⁊ Asyndeton, der ⁊ Alliteration und ⁊ Homoioptoton eng verbunden sind. Durch Parallelismus der Antithese erreicht das I. sprachliche Intensivierung.
Lit.: W. Neuber: I. In: HWbRh.   MV

Isometrie, f. [aus gr. *ísos* = gleich, *métron* = Maß], metrische Gleichförmigkeit. ›Isometrisch‹ können Verse heißen, wenn sie sich desselben Versmaßes bedienen; und eine Reihe von Versblöcken ist isometrisch, wenn sie von demselben Strophenmaß Gebrauch macht (⁊ Strophe). Dagegen bedienen sich heterometrische Verse unterschiedlicher Versmaße.
Lit.: Ch. Küper: I. In: RLW.   BM

Isotopie, f. [aus gr. *ísos* = gleich, *tópos* = Ort], aus der Kernphysik stammende, von A. J. Greimas in die Textlinguistik eingeführte Bez. für die semantische Homogenität, die zwischen verschiedenen Wörtern (Lexemen) und Ausdrücken (Lexemgruppen) innerhalb eines Textes dadurch gestiftet wird, dass deren gemeinsame semantische Merkmale rekurrieren (Sem-⁊ Rekurrenz), z. B. in ›Der Sturm hatte sich gelegt und die See beruhigte sich wieder. Eine leichte Brise, von Norden kommend, ließ das Segelboot nur noch langsam

vorankommen ...‹ durch das Klassem ›(Luft-)Bewegung‹. Gleichzeitig werden polyseme, d. h. mehrdeutige sprachliche Einheiten im kontextuellen Zusammenhang monosemiert, also vereindeutigt – im Beispiel ›Sturm‹ im Sinne von ›starker Wind, sehr heftige Luftbewegung‹, nicht von ›Angriff, Kampf‹. Die kunstvolle Verflechtung mehrerer I.n v. a. in lit. Texten führt zu semantischer Dichte.
Lit.: A. J. Greimas: Sémantique structurale. Paris 1966 [dt.: Strukturale Semantik. Braunschweig 1971]. – W. Heinemann: Das Isotopiekonzept. In: K. Brinker u. a. (Hg.): Text- und Gesprächslinguistik. Bln., NY 2000, S. 54–60. – Ders.: I. In: RLW. – F. Rastier: Systematik der I.n. In: W. Kallmeyer u. a.: Lektürekolleg zur Textlinguistik. Bd. 2. Ffm. 1974, S. 153–190.   CK

ISSN ⁊ ISBN/ISSN.

Iteratio, f. [lat. = Wiederholung], rhet. Figur, ⁊ Geminatio.

Ithyphallicus, m. [aus gr. *ithýs* = gerade, aufrecht, *phállos* = Phallus], antikes, der trochäischen Tripodie entsprechendes ⁊ Kolon: – v – v – –. Die Bez. hängt mit der Verwendung der Form in den phallischen Kultliedern bei Dionysosfesten zusammen. Der I. taucht vorwiegend in der Chorlyrik (⁊ Chorlied) auf und wird zumeist mit Versteilen oder mit festen Versen kombiniert, eine Technik, die auf Archilochos zurückgeht und von den Tragikern bis zu Horaz zahlreiche Nachahmer fand.
Lit.: C. M. J. Sicking: Gr. Verslehre. Mchn. 1993, S. 140.
                    AW

Itinerarium, n. [lat. = Reiseführer], Pl. *Itineraria*, Wegbeschreibung, Marschkarte. Die Itineraria informieren Reisende, bes. Militärs, Kaufleute oder Pilger, über Routen, Entfernungen und Raststätten, z. T. auch Sehenswürdigkeiten. Außer den schriftlichen (*I. adnotatum*) gab es bebilderte Itineraria (*I. pictum*) wie die »Tabula Peutingeriana« (mal. Kopie einer Straßenkarte des 2./3. Jh.s n. Chr.). – Itineraria sind ab dem 3. Jh. n. Chr. erhalten, z. B. ist das »I. provinciarum Antonini Augusti« eine wichtige Quelle für die Topographie des röm. Reiches. Eher romanhaft ist dagegen das »I. Alexandri« (340 n. Chr.). Das christliche Pilgerwesen hat zahlreiche Itineraria hervorgebracht, von denen u. a. das »I. Hierosolymitanum sive Burdigalense« (von Bordeaux nach Jerusalem) und die »Peregrinatio Aetheriae« erhalten sind. – Verwandte Formen: ⁊ Hodoeporicon, ⁊ Reisebericht.
Lit.: J. Burian: I. In: NPauly. Bd. 5 (1998), Sp. 1178–1182.   SAR

J

Jagdallegorie ↗ Minneallegorie.

Jahrhundertwende, 1. allg. lit.- und kulturhistorische Bez. für das Ensemble der um 1900 dominierenden künstlerischen Strömungen. – Im Unterschied zu dem v. a. auf ↗ Décadence, ↗ Symbolismus und ↗ Neuromantik fokussierten Epochenbegriff ↗ ›Fin de Siècle‹ umfasst der neutralere Begriff ›J.‹ auch Richtungen wie ↗ Impressionismus, ↗ Naturalismus und ↗ Jugendstil. – 2. Im Kontext der gegen Ende des 20. Jh.s wiederauflebenden Diskussion über die J. als Zeitenwende und der damit verbundenen Erinnerung an die Lit. anderer J.n, v. a. der für die dt. Kultur zentralen Epochenschwelle um 1800, wird ›J.‹ noch allgemeiner als Bez. für diverse mit der kalendarischen Schwellensituation assoziierte kulturelle Umbrüche verwendet (vgl. Braungart u. a.). Im Ggs. zu der für die J. von 1900 charakteristischen Dialektik von Endzeit- und Aufbruchsstimmungen artikuliert sich die Lit. der Jahrtausendwende in eher gedämpfter Resignation bzw. in postmoderner Ironisierung der eigenen Weltuntergangsbefindlichkeit (vgl. Knobloch/Koopmann).
Lit.: D. Bänsch, E. Ruprecht (Hg.): J. Manifeste und Dokumente zur dt. Lit. 1890–1910 [1970]. Stgt. 1981. – W. Braungart u. a. (Hg.): Ästhetische und religiöse Erfahrungen der J.n. 3 Bde. Paderborn 1997–2000. – A. Brendecke: Die J.n. Ffm. 1999. – F. Herre: J. 1900. Stgt. 1998. – M. Jakubowski-Tiessen u. a. (Hg.): J.n. Gött. 2000. – D. Kimmich, T. Wilke: Einf. in die Lit. der J. Darmstadt 2006. – H.-J. Knobloch, H. Koopmann (Hg.): Fin de siècle. Fin du millénaire. Tüb. 2001. – H. Kreuzer, H. Hinterhäuser (Hg.): Jahrhundertende – J. Wiesbaden 1976. – F. N. Mennemeier: Lit. der J. [1985/88]. Bln. ²2001. – U. Mölk (Hg.): Europäische J. Gött. 1999. SH

Jahrmarktspiel, Sammelbez. für theatralische Darbietungen auf Jahrmärkten und bei ähnlichen Veranstaltungen unter freiem Himmel. Als J.e gelten neben den Theateraufführungen von ↗ Wanderbühnen (bes. der engl. Komödianten) auch ↗ Singspiele, Pantomimen sowie alle Arten des ↗ Puppenspiels und des inszenierten Liedvortrags (↗ Bänkelsang). Politisch motiviertes ↗ Straßen- oder ↗ Agitprop-Theater zählt hingegen nicht dazu. – Blütezeiten des J.s sind das Spät-MA. und die Frühe Neuzeit. Bis in die zweite Hälfte des 18. Jh.s hat sich das J. um die Popularisierung von Shakespeare- und Volksbuch-Stoffen (z. B. Faust) sowie um die ↗ Typenkomödie verdient gemacht. Mit der zunehmenden Institutionalisierung des Theaters im 18. Jh. verliert das J. an Bedeutung.
Lit.: I. Martin: Le Théâtre de la foire. Oxford 2002. LI

Jakobinismus, nach ihrem Versammlungsort, dem Dominikanerkloster *St. Jacques* in Paris, benannte radikaldemokratische Strömung der Frz. Revolution. Bevorzugte lit. Formen des J. sind das politische Lied, das Drama und das politische Flugblatt. Der Begriff wird bes. im dt.sprachigen Raum auf politisch orientiertes Schreiben zwischen 1789 und 1806 angewandt. Hier gelten je nach Definition volksaufklärerische, republikanische und radikaldemokratische Autoren der Spätaufklärung, Befürworter der Frz. Revolution auch nach 1793 (Hinrichtung Ludwigs XVI. und Phase der Terreur) und die Mitglieder der revolutionären Klubs im frz. besetzten Reichsgebiet als Vertreter des J. (z. B. G. Forster, G. F. Rebmann).
Lit.: W. Reinbold: Mythenbildungen und Nationalismus. »Dt. Jakobiner« zwischen Revolution und Reaktion (1789–1800). Bern u. a. 1999. – M. Schlott: J. In: RLW. – I. Stephan: Lit. J. in Deutschland (1789–1806). Stgt. 1976. PHA

Jambelegus, m., ↗ Enkomiologikus, ↗ Elegiambus.

Jamben ↗ Jambik.

Jambendichtung ↗ Jambik.

Jambenfluss, Bez. für einen nach der Art jambischer und trochäischer Verse durch regelmäßig alternierende Hebungen und Senkungen gekennzeichneten ↗ Prosarhythmus, der im Allgemeinen als Stilfehler gilt. So ändert Th. Storm (»Das Fest des Haderslevhuus«) auf Anregung P. Heyses den Satz: »Ich háb doch dárum nícht den Tód gefréit« in »Ich hab dárum doch nicht den Tód gefréit«. J. W. Goethes vom J. gekennzeichnete Prosafassung der »Iphigenie auf Tauris« kann unter sprachrhythmischen Aspekten als Vorstufe der endgültigen Version in ↗ Blankversen gelten.

JK/CSR

Jambik, f., lyrische Gattung, die sich seit ihren Anfängen in der gr. Antike inhaltlich durch einen kritischen Gestus von (obszönem) Spott bis hin zur ↗ Invektive als Ausdruck existentieller Betroffenheit auszeichnet und formal jambische bzw. epodische Versmaße bevorzugt; ↗ Jambus, ↗ Epode (2). Ausgehend von Vulgär- und Spottversen des ›Iambos‹-Fests im Demeter- und Dionysoskult, begründet Archilochos (7. Jh. v. Chr.) die lit. J., die ihm wesentlich geprägt ist von hilfloser Empörung gegenüber einem konkreten Adressaten als Resultat zwischenmenschlicher Verletzung. Als maßgebliche ›Jambographen‹ gelten daneben Semonides und Hipponax (7./6. Jh. v. Chr.), bei denen die Schmähung im Vordergrund steht, später auch Kallimachos (3. Jh. v. Chr.), der sich in seiner ironisch distanzierenden J. direkt auf Hipponax bezieht und wie Archilochos Fabel-Elemente (↗ Fabel [2]) einbezieht. Das Metrum in der gr. J. variiert, dominierende Versmaße sind (jambischer) ↗ Trimeter und (trochäischer) ↗ Tetrameter. Entscheidenden Einfluss auf die J. der Neuzeit hatte die röm. Antike mit den epodischen »Iambi« des Horaz (1. Jh. v. Chr.): Anknüpfend an archilochische Muster gibt sich das Ich nun repräsentativ und solidarisch mit einer Gemeinschaft und wendet sich offensiv gegen (politische) Missstände. In der romanischen Dichtung greifen A.-M. Chénier (postum 1819), A. Barbier (1831) und G. Carducci (1882) die Gattung der J. auf. Für die dt. Dichtung sind allein zwei Vertreter zu nennen: F. L. v. Stolberg (1784) orientiert sich in seinen nicht-epodischen »Jamben« an den horazischen »Satiren«. R. Borchardts »Jamben« entstehen 1935/36 (veröffentlicht postum 1967) und gelten in ihrer formalen (epodischen) und inhaltlichen Komplexität als singuläre »Notwehrdichtung« (Schmidt) gegen den Nationalsozialismus.

Lit.: E. A. Schmidt: Notwehrdichtung. Moderne J. von Chénier bis Borchardt (mit einer Skizze zur antiken J.). Mchn. 1990. LK

Jambischer Senar ↗ Trimeter.

Jambischer Trimeter ↗ Trimeter.

Jambus, m. [gr. *íambos*, Etymologie ungeklärt], ↗ Versfuß in der Form ᴗ–. Als metrische Einheit jambischer Sprechverse gilt in der antiken Dichtung nicht der einzelne Versfuß, sondern die ↗ Dipodie, d. h. die Verbindung zweier Versfüße (ᴗ–ᴗ–), einschließlich erlaubter Auflösungen (die lange Silben durch zwei kurze ersetzen dürfen), auch ›Dijambus‹ genannt. Wichtigste jambische Dipodien sind der jambische ↗ Trimeter (drei Füße, Standardvers für Dialoge im gr. Drama), der komisch-satirische ↗ Choliambus sowie der jambische ↗ Tetrameter (vier Füße) und dessen katalektische Nebenform. Nach einzelnen Versfüßen werden die freien Nachbildungen der lat. Dichtung gemessen, so der jambische ↗ Senar (sechs Füße), ↗ Septenar (sieben Füße) oder Oktonar (acht Füße). Bei gesungenen jambischen Versen ist neben der Auflösung der Längen auch die ↗ Synkope einer Kürze zulässig (↗ *anceps*), wodurch den Dijambus auch ein ↗ Kretikus (–ᴗ–), ↗ Bacchius (ᴗ––), ↗ Molossus (–––) oder ↗ Spondeus (––) ersetzen kann. – Gemäß dem ↗ akzentuierenden Versprinzip der germ. Sprachen gilt die Folge einer unbetonten und einer betonten Silbe als J. Jambische Verse sind also alternierende Verse mit Eingangssenkung: »Der Menschenstimme das gemäße Maß / so setz ich ruhig gleichend Schritt für Schritt« (J. Weinheber: »Der J.«). Die Bez. ›J.‹ wird nicht auf alternierende Verse mal. Dichtung angewandt; dagegen verwendet man sie in der Neuzeit (in der dt. Lit. seit M. Opitz, 1624) häufig auch dann, wenn kein Bezug zur antiken Verskunst vorliegt. Wichtigste jambische Verse in der dt.sprachigen Dichtung sind ↗ Alexandriner, ↗ *vers commun*, ↗ Blankvers, ↗ Endecasillabo sowie die Nachbildungen antiker jambischer Versformen. JK/CSR

Jazz ↗ Blues.

Jean Potage [ʒɑ̃pɔˈtaːʒ; frz. = Hans Suppe], Name der gängigsten frz. ↗ Hanswurst-Figur. PHE/Red.

Jesuitendichtung, von Jesuiten bes. während der Blütezeit des Ordens (16.–18. Jh.) verfasste und verbreitete, meist dogmatisch-religiöse Zweckdichtung im Dienst der Ordensaufgaben (Erziehung sowie Wahrung, Sicherung und Ausbreitung des kath. Glaubens). Die meist lat. J. ist entsprechend der Universalität des Ordens international ausgerichtet; bes. gepflegt wird sie in Spanien, Frankreich, Italien, Deutschland, Österreich, Polen und den Niederlanden. Formal ist sie an den zeittypischen nlat. Traditionen und den jeweiligen ↗ Nationallit.en orientiert. Die Gattungsvielfalt resultiert aus der intensiven Zielgruppenarbeit des Ordens, der neben der Verbreitung von ↗ Predigten und allg. ↗ Erbauungslit. nicht nur die oft kostenlos verteilten ↗ Traktate nach Bildungsstand der Leser abzustufen wusste, sondern auch spezielle Kinderkatechismen in Umlauf brachte. – Insbes. das ↗ Jesuitendrama gewann trotz der durch die lat. Sprache bedingten Exklusivität aufgrund seines massenwirksamen Schauprunks sowie der raffinierten Dramaturgie und Regie (volkssprachliche ↗ Zwischenspiele, Pantomimen, Musikeinlagen, ↗ Ballette) in Deutschland größte Wirksamkeit, bes. im Dienste der ↗ Gegenreformation. Herausragende Beispiele jesuitischer Lyrik stammen von J. Pontanus, N. Avancini und J. Balde. Als dt.sprachige Sonderfälle der J. können die Gedichtsammlungen F. v. Spees (»Trutznachtigall«, erschienen postum 1649) und des Angelus Silesius (= J. Scheffler: »Der Cherubinische Wandersmann«, 1675) gelten. Zur J. zählende Epen und Romane hat J. Bidermann verfasst.

Lit.: Y. A. Haskell: Loyola's Bees: Ideology and Industry in Jesuit Latin Didactic Poetry. Oxford 2003. – M. Sammer: Die Fastenmeditation. Mchn. 1996. – J.-M. Valentin: L'école, la ville, la cour. Paris 2004. IS/LI

Jesuitendrama, Oberbegriff für von der Societas Jesu (1540 von Papst Paul III. bestätigt, 1773 aufgehoben) im dt. Sprachraum seit ca. 1550 hervorgebrachte und inszenierte Bühnenstücke. – Das J. geht wie das protestantische ↗ Schuldrama auf das ↗ Humanistendrama zurück. Es war als wesentlicher Bestandteil einer aktiven Rekatholisierung Deutschlands (↗ Gegenreformation) fest verankert im Schulbetrieb des Ordens, soweit es nicht nur vordergründig der praktischen rhet. Ausbildung diente. Seine Pflege wurde durch die »Ratio studiorum« (1599) verbindlich festgeschrieben. – Für Einstudierung und Aufführung am Ende des Schuljahres und zu bes. kirchlichen Festen wie Fronleichnam stand ein *pater comicus* zur Verfügung. Gespielt wurde zunächst auf einer ↗ Terenzbühne; die realistischere Raumauffassung des ausgehenden 16. Jh.s verlangte dann nach einer Trennung der ↗ Simultanbühne in Vorder- und Hinterbühne. Erst im 17. Jh. setzte sich die Kulissenbühne durch. In Wien war das vom Kaiserhaus geförderte, zur Hofbühne avancierte Theater der Jesuiten technisch gegenüber der ↗ Oper konkurrenzfähig. – Stofflich stand das J. zunächst fest auf dem Boden der Tradition des ↗ geistlichen Spiels. An Repräsentanten von Tugenden und Lastern sowie an Heiligen und Herrschern exemplifizierte es den Triumph der Kirche (↗ Märtyrerdrama). Den Neugläubigen hielt man die Schicksale lasterhafter Würdenträger (Udo von Magdeburg), hybrider Gelehrter (Cenodoxus) und Ketzer (Leo Armenius) vor Augen.

Bedeutende Autoren der ersten Generation waren J. Gretser (1562–1625) und J. Pontanus (1542–1626), in dem man den eigentlichen Begründer des J.s erkennt. Aus der zweiten Generation ragt J. Bidermann (1578–1639) hervor, dessen »Cenodoxus« (1609) die unvereinbare Gegensätzlichkeit von christlicher Demut und humanistisch-neustoischer Selbstgerechtigkeit problematisierte. Vor dem Hintergrund des Dreißigjährigen Krieges wuchs die Zahl kirchenhistorischer Dramen an. Im ausgehenden 17. Jh. wurde der Einsatz der Bühnenmaschinerie intensiviert. Nun gewann die Musik eine zentrale Stellung; Autoren wie P. Aler (1656–1727) schrieben Opern oder integrierten Tanzeinlagen. Weiterhin wurde das dramatische Wirken von Schrifttum begleitet, das dessen auf Überzeugung der Zuschauer zielende Absichten theoretisch fundierte (F. Lang: »Dissertatio de actione scenica«, 1725). Im Wandel der Theater-Moden, dem das J. ebenso wie das weltliche Drama der Zeit ausgesetzt war, blieb ↗ Persuasion sein wichtigstes, jeden Theater-Effekt heiligendes Anliegen.

Lit.: B. Bauer: Jesuitische ›ars rhetorica‹ im Zeitalter der Glaubenskämpfe. Ffm. 1986. – W. Flemming: Geschichte des Jesuitentheaters in den Landen dt. Zunge. Bln. 1923. – F. Rädle: Aus der Frühzeit des Jesuitentheaters. In: Daphnis 7 (1978), S. 403–462. – F. G. Sieveke: J. In: Killy/Meid. – P. Sprengel: Der Spieler-Zuschauer im Jesuitentheater. In: Daphnis 16 (1987), S. 47–106. – S. Tilg: Die Hl. Katharina von Alexandria auf der Jesuitenbühne. Tüb. 2005. – R. Wimmer: J. In: RLW. CF

Jeu parti, m. [ʒø:par'ti; frz. = geteiltes Spiel], Nachahmung des provenz. ↗ Partimen oder Joc partit in Nordfrankreich; ↗ Streitgedicht meist minnedialektischer Thematik: Zwei hypothetische, einander ausschließende Fälle werden von je einem Sprecher in oft spitzfindiger Argumentation verteidigt bzw. widerlegt. Gegen Ende wird gern ein Schiedsgericht zur Entscheidung angerufen. Erhalten sind mehr als 200 Jeux partis, v. a. aus dem 13. Jh. – Eine freiere Form des Streitgedichts ist die ↗ Tenzone.

Texte: A. Långfors (Hg.): Recueil général des jeux-partis français. 2 Bde. Paris 1926. MGS

Jiddische Literatur, in jiddischer Sprache, dem seit dem 10. Jh. auf der Basis dt. Mundarten sich herausbildenden Idiom der nicht-assimilierten aschkenasischen Juden, durchweg in hebr. Schriftzeichen aufgezeichnete Lit. Unter ›j.r L.‹ wird v. a. die westjiddische, seit dem 14. Jh. reicher, im 16. Jh. geradezu explodierend überlieferte Lit. verstanden, die im Ggs. zur ostjiddischen über das 18. Jh., also die jüdische Aufklärung (Haskala) und die sozial-kulturelle Integration (Assimilation), hinaus kaum weiterentwickelt wurde. – Die j.L. stand quantitativ immer im Schatten der hebr. Lit. (noch um 1600 im Verhältnis von ca. 1 : 6), die sich als Lit. der Gelehrten nicht an die jüdischen Haushalte richtete. Erhalten oder bezeugt sind rund 500 Titel, die sich großenteils den doch in der dt. Lit. vorherrschenden Gebrauchszusammenhängen zuordnen lassen (↗ Sachlit., ↗ Medizinlit.; ↗ Liturgie und Para-Liturgie; Auslegungen biblischer Bücher, ↗ katechetische Lit.; ↗ Fabel, ↗ Exempel; ↗ Artusroman, ↗ Heldendichtung, ↗ Spielmannsdichtung, ↗ Fastnachtspiel). Die meisten Werke zeugen durch ihre nichtjüdischen Stoffe oder die Adaptation zeitüblicher Formen vom regen Kulturkontakt der jüdischen Gemeinden. – Unter den frühen Werken der Erzähllit. nimmt die in der Synagoge in Alt-Kairo aufgefundene Cambridger Hs. von 1382 mit dem »Dukus Horant«, einem in mhd. Überlieferung verlorenen Zweig der Kudrun-Sage, auch in der Germanistik eine herausragende Stellung ein. Bereits ins 15. Jh. weist der (bis ins 17. Jh. mehrfach überarbeitete) »Widuwilt«, eine Adaption des Artusromans »Wigalois« Wirnts von Gravenberg (um 1220). In der auf hebr. Grundlage entstandenen Fabeldichtung (z. B. dem »Kuh-Buch«, gedruckt vor 1595, und den »Fuchsfabeln«, gedruckt 1583) ist eine kenntnisreiche Verarbeitung mal. und humanistischer Autoren (U. Boner, S. Brant, E. Alberus) zu beobachten. Fast alle weitverbreiteten Titel der ↗ Volksbuch-Lit. (u. a. »Eulenspiegel«, »Die sieben weisen Meister«, »Buch der Beispiele«, »Fortunatus«) hielten sich in jiddischen Hss. und Drucken bis ins ausgehende 18. Jh. Im Bereich der autochthonen Erzähllit. bildete sich die formal zwischen Märchen, Novelle und Exempel stehende »Maise« heraus, in welcher Autoritäten aus talmudischer Zeit als Träger von Handlungen der internationalen Erzähllit. auftreten. Das »Maisebuch«, das 1596 noch 109 Erzählungen versammelte, konnte seinen Umfang im Laufe einer langen Druckgeschichte (ab 1602 ca. 18 Auflagen) mehr als verdoppeln (1750: 250 Erzählungen). Die Überlieferung der j.n L. in Hs. und Druck ist im Laufe der Jh.e dramatisch weggebrochen. – Im 20. Jh. hatte die ostjiddische Lit. bis zur Oktoberrevolution (1917) ein Zentrum in Russland (Sch. Alejchem). Aufgrund der Vertreibung und Vernichtung der europäischen Juden besteht die j. L. seit der Mitte des 20. Jh.s v. a. in den USA (I. B. Singer) und in Israel weiter; dort ist sie allerdings stark hinter das Hebr. zurückgetreten. – Ein Zentrum der Erforschung j.r L. besteht seit 1971 an der Universität Trier.

Lit.: H. Dinse: Die Entwicklung des jiddischen Schrifttums im dt. Sprachgebiet. Stgt. 1974. – W.-O. Dreeßen: J. L. In: RLW. – A. Jaeger: Ein jüdischer Artusritter. Tüb. 2000. – M. Przybilski: Ein anti-arthurischer Artusroman. In: ZfdA 131 (2002), S. 409–435. – K. Stackmann: »Dukus Horant« – Der Erstling jüd.-dt. Lit.symbiose. In: St. Moses, A. Schöne (Hg.): Juden in der dt. Lit. Ffm. 1986, S. 64–76. – M. Steinschneider: Die hebr. Übers.en des MA.s und die Juden als Dolmetscher. Bln. 1893. – E. Timm: J. L. In: Killy/Meid. CF

Jig, m. [dʒig; engl., wohl zu frz. *gigue* = lustiger Tanz], 1. *ballad-j.*, im engl. Theater seit 1582 bezeugte Posse in Versen mit populären Gesangs- und grotesken Tanzeinlagen, meist als ↗ Zwischen- oder ↗ Nachspiel aufgeführt, zeitweilig (z. B. 1612) wegen des derben Inhalts verboten; verfasst von Komödianten wie R. Tarleton,

R. Reynolds, Th. Sackville und W. Kemp (berühmter J.: »Rowland«), durch die J.s auch auf dem Kontinent beliebt wurden (der älteste erhaltene engl. J. »Singing Simpkin« wurde als »Pickelhering in der Kist« noch um 1700 aufgeführt) und v. a. von direktem Einfluss auf die »Singents-Spiele« (1618) J. Ayrers waren. J.s gelten als Vorform der ↗ Ballad-Opera. – 2. Engl. Tanzlied des 16. Jh.s.
Lit.: C. R. Baskervill: The Elizabethan J. Chicago 1929.
IS/Red.

Joc partit [ʒɔkparˈtiːt; provenz.], ↗ Jeu parti, ↗ Partimen.

Joculator, m. [lat. *jocus* = Spaß, Scherz], Pl. *Joculatores*; improvisierender Unterhaltungskünstler während mal. Festlichkeiten, der kurze Nummern in Vers oder Prosa zum Besten gab. Es ist jedoch nicht zu ermitteln, in welcher Weise die J.es an Entstehung oder Tradierung der uns gekommener Texte beteiligt waren. Selbst als bloße Medien bleiben sie damit ohne lit.geschichtliche Bedeutung.   CF

Journal, n. [frz.], ↗ Tagebuch.

Journalismus, Sammeln, Recherchieren, Aufbereiten und Übermitteln aktueller Informationen durch Presse, Rundfunk, Fernsehen, Internet und Nachrichten- bzw. Bildagenturen. Mit der Institutionalisierung des J., die sich zwischen der Erfindung des ↗ Buchdrucks im 15. Jh. und der Einführung der Massenpresse und der Telegraphie im 19. Jh. vollzieht, wird die kulturelle Selbstbeobachtung und Selbstthematisierung erweitert, verstetigt und dynamisiert. Spätestens seit Beginn des 20. Jh.s gilt der J. als Gradmesser für gesellschaftliche Vermassungstendenzen und als kulturelles Beschleunigungsmittel schlechthin. Da die journalistischen Medien für Neuigkeiten zuständig sind, geraten durch sie Ereignisse und Veränderungen (oder ihr Ausbleiben) immer stärker in den Blick. Ausgelöst wird dadurch eine Umstellung der kulturellen Orientierung auf das Neue, schon 1676 beklagt als ›Zeitungssucht‹. Entsprechend entstehen im J. Text- und Bildsorten, die äußerst prägnant sind, deren Informationsgehalt aber schnell veraltet. J. wird deshalb – in Absetzung zur vermeintlich überzeitlichen Lit. – seit dem 19. Jh. mit ›Tagesschriftstellerei‹ übersetzt; gilt die Lit. als tief, so wird der J. als flach und oberflächlich kritisiert. Im Zuge der Professionalisierung des Journalistenberufs und der Ausdifferenzierung der Ressorts, Rubriken und der Presselandschaft überhaupt werden allerdings journalistische Rollenmuster und Formen etabliert (Nachricht, ↗ Bericht [2], ↗ Interview, Kritik, ↗ Kommentar [3], ↗ Glosse [2], ↗ Reportage), mit denen die Gegenwart aktuell, umfassend und aus verschiedenen Perspektiven beobachtet, thematisiert und analysiert werden kann. Ist der J. in seinen Anfängen wirtschaftlich motiviert (Übermittlung aktueller, konjunkturrelevanter Daten), so kapriziert er sich darüber hinaus bereits im 15. Jh. auf das Sensationelle (Morde, Katastrophen, Abnormitäten) und auf das Politische (Bericht, Kritik politischer Ereignisse,

Entwicklungen und Tendenzen). Bes. Letzteres führt von Beginn an zu Konflikten mit den herrschenden Mächten, so dass der J. als unbequeme Kontrollinstanz wahrgenommen wird, die ihrerseits durch Zensurmaßnahmen kontrolliert werden muss. Aus der Perspektive des Liberalismus wird die Pressefreiheit seit dem 18. Jh. als Grundlage jeder freiheitlichen Verfassung eines Staates verstanden und die Presse im Rahmen der demokratischen Gewaltenteilung neben der Exekutive, Legislative und Judikative zur Vierten Gewalt erklärt. Allein der Verdacht, dass sich der J. an den wirtschaftlichen Interessen einzelner Journalisten und Redakteure oder ganzer Verlage, Sender und Medienkonzerne ausrichten könnte, ruft Kritiker auf den Plan, die in der gesellschaftlichen und politischen Macht zugleich eine Übermacht vermuten und die Pressefreiheit durch sie gefährdet sehen.
Lit.: G. Bentele: J. In: RLW. – B. Blöbaum, St. Neuhaus (Hg.): Lit. und J. Opladen 2003. – R. Stöber: Dt. Pressegeschichte. Konstanz 2000. – J. Wilke: Grundzüge der Medien- und Kommunikationsgeschichte. Köln u. a. 2000.   SP

Jugendliteratur ↗ Kinder- und Jugendlit.
Jugendlyrik ↗ Kinder- und Jugendlyrik.
Jugendschriften ↗ Kinder- und Jugendlit.
Jugendschriftenbewegung ↗ Kinder- und Jugendlit.
Jugendstil, dt. Variante einer europäischen Stilrichtung (frz. *Art Nouveau*, engl. *Modern Style*, nl. *Stijl*) in Kunstgewerbe, Architektur und bildender Kunst um ca. 1890–1910, die auf den Prinzipien von Linearität, Flächigkeit und Ornamentik basiert. – Kennzeichnend für die Formensprache des J.s sind das florale oder geometrische Ornament und die geschwungene, fließende Linie, durch welche einzelne Gegenstände dynamisch überformt und Struktur und Dekor verschmolzen werden. Als Reformbewegung erstrebte der J. sowohl einen neuen künstlerischen ↗ Stil als auch eine Ästhetisierung der Lebenswelt und reagierte damit einerseits auf die Dominanz des ↗ Historismus und andererseits auf das Vordringen technisch-funktionaler Formen in die moderne Lebenswelt. Das Ornament diente dabei weniger der Maskierung technischer Funktionalität als ihrer ästhetisch-vitalen Überhöhung. – Geleitet von der Idee des ↗ Gesamtkunstwerks und in Zusammenhang mit den lebensreformerischen Tendenzen der Jh.wende propagierten die Vertreter des J.s die Vereinigung von Kunst und Leben (P. Behrens: »Feste des Lebens und der Kunst«, 1900; H. van de Velde: »Vom neuen Stil«, 1907). Wirksam wurde dieses Programm v. a. im Bereich angewandter Kunst: in der ornamentalen Gestaltung von Gebäuden, Innenräumen und Gebrauchsgegenständen wie Möbeln, Porzellan, Gläsern, aber auch Büchern und Zss. Der Begriff ›J.‹ wurde in Anlehnung an die Münchner Zs. »Jugend« (1896–1940) geprägt und in der Anfangszeit oft synonym mit ›Sezessionismus‹ verwandt. Die zeitgenössischen Verwendungen bezogen sich allein auf die angewandte und bildende Kunst. Wichtige Zss. des

J.s neben der »Jugend« waren »Pan« (1895–1900), »Simplicissimus« (1896–1944), »Ver Sacrum« (1898–1903) und »Die Insel« (1899–1902). Regionale Zentren in Form von Werkstätten und Künstlergruppen bestanden in Darmstadt, Dresden, München, Weimar und Wien. – Von der Lit.wissenschaft wurden v. a. in den 1950er bis 1980er Jahren Versuche unternommen, in Analogie zum J. in der Kunst einen ›lit. J.‹ (insbes. in der Lyrik) zu definieren, die allerdings zu keiner konsistenten Begriffsbildung führten (vgl. bes. die Arbeiten von Hermand). Dem J. zugerechnet wurden u. a. O. J. Bierbaum, M. Dauthendey, R. Dehmel, St. George, E. Hardt, A. Holz, H. v. Hofmannsthal, E. Lasker-Schüler, der frühe H. und Th. Mann, R. M. Rilke, E. Stadler und K. G. Vollmoeller. Dabei wurden Aspekte des Dekorativen und Ornamentalen v. a. in drei Bereichen untersucht: 1. Die Forschung zum ›lit. J.‹ richtete sich in erster Linie auf einen lit. Stil, den man mit motivischen (z. B. ›Tanz‹, ›Schwan‹ oder ›femme fragile‹) oder sprachlich-ästhetischen Analogien zur bildenden Kunst (mit einer ornamentalen Struktur der lyrischen Metaphorik) zu bestimmen versuchte. Weder die Motivik noch strukturelle Merkmale wie ›Antirealismus‹, ›Stilisierung‹ oder ›Selbstreferentialität‹ ermöglichten jedoch die Eingrenzung eines Textkorpus und die Abgrenzung gegenüber konkurrierenden Stilbegriffen wie ↗›Impressionismus‹, ↗›Neuromantik‹ und ↗›Symbolismus‹. – 2. Gelegentlich (zuerst bei Hermand) wurde der Begriff des ›lit. J.s‹ auch auf das lit. ↗Chanson (F. Wedekind, E. v. Wolzogen) und die Varietékultur der Jh.wende (›Überbrettl‹) bezogen, in denen man eine lit. Variante angewandter Kunst erkannte. – 3. Schließlich wurden und werden Aspekte der Text-Bild-Verschränkung untersucht, die aus der engen Zusammenarbeit von Lyrikern mit Bildkünstlern (etwa Rilkes mit H. Vogeler oder Georges mit M. Lechter) bei der dekorativen Ausstattung ihrer Bücher resultierten. Illustration, Typographie und Buchschmuck werden als bedeutungskonstitutive Elemente analysiert und in den Kontext des epochentypischen Projekts einer Synthese der Künste (Gesamtkunstwerk) gestellt.
Texte: J. Hermand (Hg.): Lyrik des J.s. Stgt. 1964. – J. Mathes (Hg.): Prosa des J.s. Stgt. 1982. – Ders. (Hg.): Theorie des lit. J.s. Stgt. 1984. – M. Winkler (Hg.): Einakter und kleine Dramen des J.s. Stgt. 1974.
Lit.: A. Beyer, D. Burdorf (Hg.): J. und Kulturkritik. Hdbg. 1999. – C. Blasberg: J.-Lit. In: DVjs 72 (1998), S. 682–711. – R. Campe: Ästhetische Utopie – J. in lyrischen Verfahrensweisen der Jh.wende [1978]. In: V. Žmegač (Hg.): Dt. Lit. der Jh.wende. Königstein/Ts. 1981, S. 217–241. – H. Fritz: J. In: Borchmeyer/Žmegač. – J. Hermand (Hg.): J. Darmstadt 1971. – D. Jost: Lit. J. [1969]. Stgt. ²1980. – W.-J. Pantus: J. in Wort und Bild. Köln 2000. – H. Scheible: Lit. J. in Wien. Mchn., Zürich 1984. – K.-J. Sembach: J. Köln 1990. – H.-U. Simon: Sezessionismus. Stgt. 1976. – J. W. Storck: »J.« – ein lit.geschichtlicher Epochenbegriff? In: R. Jost, H. Schmidt-Bergmann (Hg.): Im Dialog mit der Mo-

derne. Ffm. 1986, S. 106–130. – R. Ulmer (Hg.): Art Nouveau, Symbolismus und J. in Frankreich. Stgt., NY 1999. GST

Jugendtheater ↗ Kinder- und Jugendtheater.

Junges Deutschland, 1. Bez. für eine zeitkritische lit. Richtung der 1830er Jahre, als deren Hauptvertreter K. Gutzkow, H. Laube, Th. Mundt und L. Wienbarg, ferner H. Heine und L. Börne gelten; 2. aus dieser Richtungsbez. abgeleiteter lit.wissenschaftlicher Epochenbegriff für die Zeit von 1830 bis 1840, der jedoch Gefahr läuft, Differenzen eher zu verdecken, als Gemeinsames fassen zu können. Dieser weite, bes. in der Forschung der 1960er und 1970er Jahre vertretene *politikzentrierte* Begriff versteht das Junge Deutschland als Ausdruck eines durch die Pariser Julirevolution von 1830 verschärften Liberalismus und als »Einübung im öffentlichen Ungehorsam« (Hermand, S. 370); er erweitert die Menge der dem Jungen Deutschland zugerechneten Schriftsteller erheblich. Demgegenüber versteht der in der neueren Forschung (vgl. Koopmann) dominierende enge, *lit.zentrierte* Begriff das Junge Deutschland als zeitkritische, im Wesentlichen aber lit.- und kulturbezogene Erneuerungsrichtung am Ende der ↗ Goethezeit. In dieser Perspektive wurde die Julirevolution im Jungen Deutschland bes. anfangs v. a. als politisches Fanal gegen die Restaurationsordnung in ganz Europa rezipiert; folgenreicher für die lit. Bewegung wurde sie jedoch in ihrer durch Heine vorbereiteten ästhetischen Umkodierung: Mit dem Untergang der alten Gesellschaftsordnung hatte dieser schon 1828 das Ende der ›Kunstperiode‹ verknüpft, so dass bald darauf die Julirevolution und der Tod des »Zeitablehnungsgenies« (Heine an K. A. Varnhagen v. Ense, 28.2.1830) Goethe im Jungen Deutschland zur symbolischen Initialzündung für eine ästhetische Umwälzung erhoben werden konnten, die Kunst und Lit. mit dem gegenwärtigen (›modernen‹) Wirklichkeitsempfinden in Einklang bringen sollte. – Als Grundtendenz dieser ›lit. Umsturzbewegung‹ kann die Reintegration der Kunst in den Strom der Geschichte und des geschichtlichen Lebensgefühls (›Zeitgeist‹) gelten, also v. a. die Überwindung der klassizistischen Lehre von einer unabhängigen und objektiven zweiten Welt der Kunst, die nun nicht länger von Bedingungsfaktoren des Lebens wie Religion und Philosophie, Wissenschaften und Politik getrennt sein sollte. Die eigene Gegenwart wurde als Übergangszeit im Sinne der Überwindung der alten lit. (die von Goethe dominierte ›Kunstperiode‹ als kultureller ›Endpunkt‹) und politischen Ordnung (Absolutismus des 18. Jh.s und der Restaurationszeit mit seiner durch Goethe verkörperten Symbiose mit der Kunst) angesehen; daher die Inflation der Attribute ›modern‹ und ›jung‹ als Abgrenzungsbegriffe, von ›Zeitgeist‹ u. a. als Identifikationsbegriffe. Diese neue Verzeitlichung der Kunst entsprach einem Weltgefühl, in welchem Wandel durch aufbrechende Spannungen beschleunigt wird, ohne dass eine klare Utopie deren Auflösung und damit ein eschatologisches Ende der Zeitgewalt verspräche. Weder politisch noch ästhetisch haben die Vertreter des Jungen Deutschlands ein verbindliches Programm vorgelegt; unter dem Vorzeichen von ›Übergang‹ waren Überwindung des Alten und Erneuerung (Vorbilder: M. Luther, G. E. Lessing) selbst Programm. Als Mittel dazu galt die Fähigkeit zur Kritik in der spezifisch modernen Variante, die um Vorläufigkeit und Subjektivität ihrer Ergebnisse weiß und ihre Grundlagen in Skepsis und Individualität erkennt. Daraus erklären sich die Vorlieben des Jungen Deutschlands für Formen publikumsnaher Prosa (Th. Mundt: »Die Kunst der dt. Prosa«, 1837), den die Zeitströmungen kritisch thematisierenden Roman (K. Gutzkow: »Wally, die Zweiflerin«, 1835; Mundt: »Madonna, oder: Unterhaltungen mit einer Heiligen«, 1835), die Novelle, die Memoirenform, die Reisebeschreibung nach Heines Vorbild, die Gattungsmischung, die ↗ Lit.-kritik (Mundt: »Kritische Wälder«, 1833; L. Wienbarg: »Zur neuesten Lit.«, 1835; Gutzkow: »Beiträge zur Geschichte der neuesten Lit.«, 1836), die kulturtheoretische Abhandlung (Wienbarg: »Aesthetische Feldzüge«, 1834; Gutzkow: »Die Mode und das Moderne«, 1836) sowie für journalistische Arbeiten und Zss.gründungen (Mundt: »Lit. Zodiacus. Journal für Zeit und Leben, Wissenschaft und Kunst«, 1835 f.; Wienbarg/Gutzkow: »Dt. Revue«, 1835). – Eine genauere Charakterisierung über diese Tendenzen hinaus wird dadurch erschwert, dass das Junge Deutschland keine homogene und programmatisch geschlossene Gruppe darstellte. Zwar spricht schon Wienbarg 1834 allg. vom »jungen Deutschland« im Ggs. zum »alten Deutschland« (= »altdt. Adel«, »tote Gelehrsamkeit«, »altdt. Philistertum«), spezifischer dann Gutzkow in »Wally« vom »Jungen Deutschland« im Sinne einer Richtung, doch wurde eine vermeintliche Gruppen- oder Schulidentität dem Jungen Deutschland eher von außen aufgezwungen. Vom Redakteur des Stuttgarter »Lit.-Blattes« W. Menzel im Oktober 1835 als »Sekte« der »unmoralischen Lit.« frz.-revolutionssüchtiger Provenienz heftig angegriffen, wurde das Junge Deutschland (namentlich Heine, Gutzkow, Laube, Wienbarg und Mundt) im Verbot des Bundestages vom 10. 12. 1835 wirkungsmächtig zur »lit. Schule« stilisiert, dessen Bemühungen unverhohlen dahin gehen, in belletristischen, für alle Klassen von Lesern zugänglichen Schriften die christliche Religion auf die frechste Weise anzugreifen, die bestehenden sozialen Verhältnisse herabzuwürdigen und alle Zucht und Sittlichkeit zu zerstören«. Doch nicht nur die Zensurverhältnisse im kleinstaatlichen Deutschland, sondern v. a. die tatsächlich fehlende Gruppenidentität und das Fehlen politischer Programme und Verabredungen ließen das Publikations- und Schreibverbot bereits Anfang 1836 in der Presse als in seiner Substanz wenig greifbar und nicht durchsetzbar erscheinen.

Texte: A. Estermann (Hg.): ›Dt. Revue‹ und ›Dt. Blätter‹. Ffm. 1971. – Ders. (Hg.): Politische Avantgarde 1830–40. 2 Bde. Ffm. 1972. – J.-Ch. Hauschild (Hg.): Verboten! Das Junge Deutschland 1835. Düsseldorf 1985. – J. Hermand (Hg.): Das junge Deutschland. Stgt. 1966.

Lit.: H. Koopmann: Das Junge Deutschland. Darmstadt 1993. – J. A. Kruse, B. Kortländer (Hg.): Das junge Deutschland. Hbg. 1987. – H. Steinecke: Lit.kritik des Jungen Deutschland. Bln. 1982. – W. Wülfing: Schlagworte des Jungen Deutschland. Bln. 1982. DK

Jüngstes Deutschland, von den Brüdern H. und J. Hart 1878 in den »Dt. Monatsblättern« geprägte Bez. für die Vertreter des ↗ Naturalismus. Zuweilen werden unter dem Begriff auch die Vertreter antinaturalistischer Gegenströmungen (die ›zweite Moderne‹) wie ↗ Impressionismus, ↗ Symbolismus, ↗ Décadence, ↗ Neuromantik verstanden (A. v. Hanstein: »Das Jüngste Deutschland«, 1900). IS/Red.

Jung-Wien, auch: ↗ Wiener Moderne, Junges Österreich; avantgardistischer Dichterkreis um H. Bahr in Wien (Treffpunkt: Café Griensteidl), ca. 1890–1900, der sich für die internationalen antinaturalistischen Lit.strömungen (↗ Symbolismus, ↗ Impressionismus, ↗ Neuromantik) einsetzte, deren Tendenzen die einzelnen Vertreter J.s während dieser Zeit auf unterschiedliche Weise in ihren Werken verwirklichten (H. v. Hofmannsthal, A. Schnitzler, F. Salten, F. Dörmann, R. Beer-Hofmann, P. Altenberg, zunächst auch der spätere Kritiker des J., K. Kraus). Organe der Jung-Wiener waren die »Moderne Rundschau« (seit 1891, hg. v. E. M. Kafka und J. Joachim) und »Die Zeit« (1884–1904, hg. v. H. Bahr). Vgl. auch ↗ Jüngstes Deutschland, ↗ Jugendstil, Dekadenzdichtung (↗ Décadence), ↗ Jahrhundertwende.

Lit.: G. Wunberg (Hg.): Das junge Wien. Österr. Lit.- und Kunstkritik 1887–1902. 2 Bde. Tüb. 1974. – B. Zeller (Hg.): Jugend in Wien. Lit. um 1900. Stgt. 1974. IS/Red.

Junktion, f. [lat. *iunctio* = Verknüpfung], auch: Nebenordnung. In der Aussagenlogik dient der ›Junktor‹ oder ›Operator‹, mit dessen Hilfe aus einfachen oder elementaren Aussagen logisch zusammengesetzte Aussagen gebildet werden, der Verknüpfung von Sätzen. Die Verwendung der Booleschen Operatoren ›und‹, ›oder‹ und ›nicht‹ ist als Verfahren des *Information Retrieval* in der elektronischen Texterschließung geläufig. In der ↗ Rhet. gehört die Wortverbindung (*verba coniuncta*) zur Ausgestaltung der Wortfügung. In der Linguistik wird der Begriff sowohl auf die Satzebene (L. Tesnière, Dependenzgrammatik) als auch auf die Textebene angewendet (↗ Textlinguistik). Grundlegend ist die »Sprachtheorie« (1934) von K. Bühler, der Deixis als Zeigefunktion auffasst und das kataphorische (vorverweisende) vom anaphorischen (rückverweisenden) Zeigen als kohäsive, d. h. grammatische, Verknüpfungsmittel der Satz- und Textorganisation unterscheidet. Neben expliziten Formen der Konnexion (koordinative, d. h. additive, disjunktive, adversative Verknüpfungen; konzessive, kausale, konditionale und temporale Verknüpfungen) sind implizite Formen zu berücksichtigen. Implizite Formen kommen durch Inferenz von Seiten des Lesers zustande, der um die Herstellung sinnvoller Zusammenhänge bemüht ist. Die Interpretation stützt sich auf das Zusammenspiel von Satzbedeutungen, sprachlichem ↗Kontext und Hintergrundwissen. Auf diese Weise lassen sich je nach Kontext, Texttyp, Textthema und Bedeutung der Einzelsätze implizite Zusammenhänge etablieren. Die Kenntnis dieser Regularitäten ist Basis des adäquaten Verständnisses auch lit. Texte.

Lit.: C. Fabricius-Hansen: Formen der Konnexion. In: K. Brinker u. a. (Hg.): Text- und Gesprächslinguistik. Bd. 1. Bln., NY 2000, S. 331–343. – G. Langer: Textkohärenz und Textspezifik. Ffm. 1995. – W. Raible: J. Hdbg. 1992. – E. Stuck: J. In: RLW.   GLS

K

Kabarẹtt, n. [frz. *cabaret* = Schenke, speziell als *café-concert*], satirisches Theater als Sequenz kleiner szenischer Formen. Näher präzisiert werden kann der Begriff aus unterschiedlicher Perspektive. Als *lit. Textsorte*: Abfolge 1. distinkter, 2. zur öffentlichen Aufführung bestimmter Nummern, von denen wenigstens einige 3a. *zeitkritisch* oder auch 3b. *uneigentlich* oder auch 3c. *komisch* sind und die 4. aus *mindestens zwei* der folgenden kabarettistischen Genre-Elemente stammen: witzige Conférence; Parodie einer öffentlichen Persönlichkeit; aktuelle Kontrafaktur einer lit. oder auch musikalischen Vorlage; Vortrag eines satirischen Gedichtes oder auch Erzähltextes; Chanson; Ensemble-Couplet; satirischer Rollenmonolog; Sketch (einschließlich pantomimischer Fiktion) (vgl. Fricke/Zymner, S. 232). Aus *kommunikationstheoretischer* Sicht: »K. ist das Spiel mit dem erworbenen Wissenszusammenhang des Publikums« (Henningsen, S. 9). In *semiotischer* Perspektive: K. als Inbegriff »einer ganz bestimmten und streng geregelten Art und Weise, Nachrichten selbst herzustellen«, nämlich durch 27 »Generierungsmethoden des K.s« (Fleischer, S. 53–80). In *theaterwissenschaftlicher* Bestimmung: K. als semi-theatrale ›Fiktionskulisse‹, also als »(1) eine simultan rezipierte Gattung der darstellenden Kunst, organisiert als (2) Abfolge von Nummern [...], die in ihrer Gesamtheit (3a) zeitkritisch oder auch (3b) komisch sind und (4) aus Conférencen und mindestens zwei [...] szenischen Modi bestehen« (Vogel, S. 46).

K. ist keine Textsorte, sondern ein Aufführungstyp mit einem weiten Spektrum an verwendbaren Textsorten. Eine Gesamt-Bestimmung als ›gespielte Satire‹ würde das Nummern-Prinzip des K.s verfehlen – wäre also einerseits zu weit (vgl. geschlossene satirische Dramen wie Gogols »Revisor«), andererseits zu eng: Unter den Nummern eines K.-Programms können sich z. B. auch ernste ↗ Chansons und nichtsatirische Conférencen im Klartext befinden. Über weite Strecken jedoch gehört K. als satirisch-uneigentlicher Spezialfall zur ↗ Schlüssellit.: Das Publikum muss in die Lage versetzt werden, szenische Fiktionskulissen auf ihre aktuellen Referenzen hin zu durchschauen. Wegen dieses Aktualitätsbezugs ist K. permanente Uraufführung. Ein K.-Programm wird kaum einmal von dritter Seite nachgespielt (historische Ausnahme: DDR-Betriebskabaretts unter Zensurbedingungen); die Darsteller gehören zum Autoren- oder doch zum originalen Produktionsteam und gestalten den Ablauf durch ständige Aktualisierung, bzw. durch Extempore-Variationen in Wechselwirkung mit dem Abendpublikum, immer wieder neu. Dennoch ist eine polare Differenzierung zwischen den Haupttypen ›politisches K.‹ und ›lit. K.‹ sinnvoll. Wo man im Verhältnis 1 : 1 auf die aktuelle Nachrichtenlage hin übersetzen kann und muss, liegt rein politisches K. vor (das dann auch zur zweckgebundenen Gebrauchsform werden kann, z. B. zur SPD-Wahlreklame der Lach- und Schießgesellschaft 1976). Wird dagegen der Maßstab 1 : 1.000 gewählt, behält also die satirisch-symbolische Darstellung Gültigkeit auch für andere Zeiten und Länder, handelt es sich um lit. K. (in – historisch seltener – Reinform z. B. bei H.-D. Hüschs Kunstfigur »Hagenbuch« als Jedermann vom Niederrhein).

Als eigenständige Genre-Form entwickelt sich das kabarettistische Kneipen-Theater (*Café-chantant*) ab 1880 in Paris (R. Salis: »Chat noir« seit 1881, A. Bruant: »Le Mirliton« seit 1885), ab 1900 in Berlin (E. v. Wolzogen u. a.: »Buntes Theater [Überbrettl]« seit 1901), München (F. Wedekind u. a.: »Die 11 Scharfrichter [Simpl]« seit 1901) und Wien (M. Henry u. a.: »Nachtlicht« bzw. »Cabaret Fledermaus« seit 1906). Aber seine Wurzeln reichen zurück zu den populären Verspottungs-Traditionen des ↗ Fastnachtspiels einerseits sowie zu den spätaufklärerischen ↗ Satiren von Schubart, Seume, Lichtenberg oder Jean Paul und den ›Zeitstrophen‹ in Nestroys oder Offenbachs Bühnen-Couplets andererseits. Die Lit.parodien in M. Reinhardts »Schall und Rauch« (seit 1901 und wieder ab 1919), expressionistische Tendenzen im Emigranten-K. »Der Blaue Vogel« (1908–31) und v. a. das dadaistische Zürcher »Cabaret Voltaire« (1916 f.) von H. Ball, R. Huelsenbeck u. a. näherten das lit. K. der künstlerischen Avantgarde an. In der Zwischenkriegszeit dominierten neben kommerziellen (»K. der Komiker« in Berlin) die politischen Dimensionen (»Wilde Bühne«, »Katakombe«); nach der totalitären Gleichschaltung 1933 und 1938 stießen ihre Vertreter auf Zensurgewalt (KZ-Haft W. Fincks), wurden in den Tod getrieben (u. a. J. Soyfer in Wien) oder emigrierten wie E. Manns Münchner »Pfeffermühle«, die in Zürich zum Paten für das dortige »Cornichon« und damit für die reiche Eigentradition des Schweizer K.s wurde. Für die Bewältigung von Kriegsfolgen und Nazi-Vergangenheit spielte das K. sowohl in Österreich (z. B. H. Qualtingers »Herr Karl«) wie in der BRD eine wichtige öffentliche Rolle (Düsseldorfer »Kom(m)ödchen«; »Münchner Lach- und Schießgesellschaft«; Westberliner »Stachelschweine«); im ständigen Kampf mit der Zensur teilweise auch einzelne DDR-K.s (»Distel«, »Herkuleskeule«, »Academixer«). Mit dem seit der Blockade 1948 populären Berliner Radio-K. »Die Insulaner« und dem ersten TV-Format »Hallo Nachbarn« (seit 1963) begann der Aufstieg des Medien-K.s (z. B. D. Hildebrandts »Notizen aus der Provinz« und »Scheibenwischer«) mit Genre-eigenen TV-Stars wie W. Schneyder, E. Steinberger oder G. Polt. Damit verbunden war die zunehmend selbständige Rolle von

Frauen – früher nur Diseusen und Sketchpartnerinnen – in der K.-Szene, von L. Fitz bis zu den »Missfits«. Je mehr sich die Medien als politischer Machtfaktor etablierten, desto stärker sind sie inzwischen auch Inhalt und Angriffspunkt von Comedy-Formaten und mediensatirischen Late-Night-Shows aus kabarettistischer Tradition geworden (z. B. H. Schmidt).

Forschungsgeschichtlich setzte – nach Jahrzehnten vorwiegend sammelnder und anekdotisch erzählender Darstellungen (editorisch aufbereitet von V. Kühn, enzyklopädisch geordnet bei Budzinski/Hippen) – wissenschaftliche K.-Theorie erst ein mit Henningsen (1967), während Fleischer (1989) stark slavistisch orientiert ist. Den Stand der Forschung markiert Vogels Gattungs-Monographie (1993). Punktuell darüber hinaus gelangt bislang nur Müller mit seinen Analysen zur ↗ Pointe im ↗ Sketch und anderen Formen.

Lit.: K. Budzinski, R. Hippen (Hg.): Metzler K. Lexikon. Stgt. 1996. – M. Fleischer: Eine Theorie des K.s. Bochum 1989. – H. Fricke, R. Zymner: Parodieren geht über Studieren. In: F. Griesheimer, A. Prinz (Hg.): Wozu Lit.wissenschaft? Tüb. 1991, S. 212–232. – J. Henningsen: Theorie des K.s. Ratingen 1967. – V. Kühn (Hg.): Kleinkunststücke. Eine K.-Bibliothek in fünf Bdn. Weinheim 1987–94. – R. Müller: Theorie der Pointe. Paderborn 2003. – B. Vogel: Fiktionskulisse. Poetik und Geschichte des K.s. Paderborn 1993. HF

Kabarettschlager ↗ Schlager.

Kabuki, n. [jap., von *kabuku* = sich exzentrisch verhalten, sich verdrehen], klassische jap. bürgerliche Theaterform, die durch antiillusionistische Darstellungsweisen und eine rein männliche Besetzung charakterisiert ist. K. vereint die Einflüsse von Volkstänzen, des No-Theaters und des ↗ Bunraku. Die typischen Merkmale des K. sind prächtige Kostüme, zu Masken geschminkte Gesichter, welche in Augenblicken hoher Emotionalität zu sog. *mie*-Gesten eingefroren werden, artistische Choreographien von Kampfszenen, eine perfektionierte antiillusionistisch eingesetzte Bühnenmechanik mit ein oder zwei durch den Zuschauerraum verlaufenden Bühnenstegen (*hanamichi*) sowie die Begleitung durch die *Shamisen* (eine dreisaitige Laute). – K. entwickelt sich in der zweiten Hälfte des 16. Jh.s aus den K.tänzen der Tempeltänzerin Okuni. 1629 wird Frauen und 1652 auch jungen Männern die Ausführung der K.tänze, die inzwischen häufig der Prostitution dienten, verboten. Seitdem wird K. ausschließlich von männlichen Akteuren in allen Rollen gestaltet. Ende des 17. Jh. werden, u. a. durch den Autor M. Chikamatsu (1653–1724), aktuelle Ereignisse (bes. Liebesmorde) zum Stoff für die Stücke, deren Aufführungen einen ganzen Tag dauern. Im 18. Jh., der Blütezeit des K., setzt sich durch feudale Restriktionen und den Einfluss des Bunraku die ästhetische Stilisierung und Ritualisierung der Darstellungspraxis durch. Das unstete Leben der K.schauspieler ist ein Motiv der *Ukiyo-e* (Farbholzschnitte). Seit Ende des 19. Jh.s be-

stehen wechselseitige Einflüsse zwischen dem ›Neuen K.‹ und dem europäischen Theater. – Leims interpretiert die Transkulturationsprozesse zwischen portug. Jesuitentheater und jap. Theater als wesentlichen Impuls für die Entstehung des K.

Texte: J. R. Brandon (Hg.): K. Plays on Stage. Honolulu 2002.

Lit.: M. Gunji: K. NY 1985. – Th. F. Leims: Die Entstehung des K. Leiden u. a. 1990. – B. Powell: K. in Modern Japan. Ldn. 1990. WVB

Kadenz, f. [it. *cadenza* = Fall, Silbenfall; von lat. *cadere* = fallen], metrische Form des Versschlusses. Die nhd. Metrik unterscheidet im Allgemeinen zwischen männlicher K. (auch: stumpfer oder steigender K.) und weiblicher K. (auch: klingender oder fallender K). Die männliche K. ist einsilbig, der Vers endet mit einer Hebung; die weibliche K. ist zweisilbig, der Vers endet mit einer Folge von Hebung und Senkung. Die Bez.en leiten sich von der Flexion der frz. Adjektive (*grand* – *grande*) ab. Die ↗ Reime am Versende werden entsprechend ebenfalls als ›männlich‹ oder ›weiblich‹ bezeichnet; die K. kann aber auch reimlos sein. – Die mhd. Metrik unterscheidet die einsilbig männliche, die zweisilbig männliche, die weibliche, die klingende und die dreisilbig klingende K.

Lit.: Ch. März: K. In: RLW. – W. Mohr: K. In: RLG. JK/Red.

Kæmpevise, f. [dän. = Heldenweise, Heldenlied], Pl. *Kæmpeviser*; skandinavische, v. a. dän. Volks-↗ Ballade (↗ Folkevise) des MA.s mit Stoffen aus der germ.-dt. ↗ Heldensage (z. B. Nibelungenballaden) und aus der nord. Heldensage der Wikingerzeit (z. B. »Hagbard und Signe«); im weiteren Sinne werden auch Ritterballaden (mit lit. Stoffen, v. a. frz. Provenienz) und historische Balladen als ›K.r‹ bezeichnet. – Für die Heldensagenforschung von bes. Interesse sind die K.r mit Stoffen aus dem Nibelungensagenkreis (dän. »Sivard Snarensvend«, »Sivard und Brynhild«, »Kremolds Rache«; norweg. »Sigurd Svein«; färingischer Balladenzyklus »Sjurdurkvaedi«, bestehend aus »Regin smidur«, »Brinhildatattur«, »Högnatattur«). Die alten Stoffe haben in diesen Balladen tief greifende Umgestaltungen erfahren – die Handlung ist auf einige Grundlinien reduziert; die Zahl der handelnden Personen ist stark verringert (z. B. kennt die Ballade »Sivard und Brynhild« über Siegfrieds Tod nur noch vier Personen); neu sind Märchenmotive (Sivard/Siegfried kann nur durch sein eigenes Schwert umkommen), die alten Namen sind teilweise volksetymologisch umgedeutet (Hafver = Meerverteidiger für Hagen/Högni), teilweise durch typische Balladennamen ersetzt (Sienhild, Sinelille u. a. für Kriemhild/Gudrun). – Als Quellen für die skandinavischen Nibelungenballaden wurden in der Forschung verlorene dt. Heldenlieder vermutet, z. T. wurde auf die skandinavische Sagentradition hingewiesen; wahrscheinlich sind jedoch bei jeder einzelnen Heldenballade dt. und nord. Quellen zusammengeflossen. JK/Red.

Kahlschlag-Literatur, von W. Weyrauch (Nachwort zu der Lyrikanthologie »Tausend Gramm«, 1949) geprägte Bez. für die dt. Lit. der Jahre 1945–49. Der Begriff wurde schnell zu einem Schlüsselwort, das die beabsichtigte Neukonstituierung der dt. Lit. nach 1945 zu fassen schien. Als exemplarisch für die intendierte Abwendung von einem traditionsgebundenen Poesieverständnis, wie es die Lyrik der ↗›inneren Emigration‹ geprägt hatte, und von einem fortwirkenden poetischen Konservatismus wurden G. Eichs Gedichte »Latrine« (1946) und »Inventur« (1947) angesehen. Die durch den Nationalsozialismus und die Kriegskatastrophe ›verunreinigte‹ Sprache sollte durch die Rückführung auf existentielle Grundelemente des täglichen Lebens zu einem Neubeginn geführt werden. Mit der gleichen Rhet. des radikalen Neuanfangs arbeitet die konkurrierende Bez. ↗›Trümmerlit.‹ (vgl. H. W. Richter: Vorwort zu der Lyrikanthologie »Deine Söhne Europa«, 1947). Weyrauchs Postulat, man solle mit »Sprache, Substanz und Konzeption [...] von vorn anfangen«, selbst »um den Preis der Poesie«, war von Beginn an umstritten. Nicht nur Lit.kritiker wie A. Andersch und W. Jens problematisierten diesen Neorealismus früh, auch die ↗ Nachkriegslit. selbst ließ sich nicht darauf reduzieren, wie schon der weitere Weg des Lyrikers Eich belegt. Die verständliche Absicht, mit Schutt und Ruinen auch hinfällige Idealkonstruktionen und ideologische Modelle zu beseitigen, erwies sich als illusorisch und scheiterte an den lit. Bedürfnissen der Schriftsteller und Leser. Statt der Rückbesinnung auf nüchterne Wahrheiten kam es zu einer ›lyrischen Restauration‹ (Schnell, S. 82), welche die Zeitlosigkeit und Außerweltlichkeit von Poesie beschwor. Die Griffigkeit der Formel ›K.‹ hat allerdings bewirkt, dass der Begriff bis heute im lit.geschichtlichen Sprachgebrauch geblieben ist.
Lit.: G. Müller: ›Kahlschlag‹ und ›Inventur‹. In: V. Žmegač (Hg.): Geschichte der dt. Lit. vom 18. Jh. bis zur Gegenwart. Bd. III/2 [1984]. Weinheim ²1994, S. 413–427. – P. Rühmkorf: Das lyrische Weltbild der Nachkriegsdeutschen. In: H.-W. Richter (Hg.): Bestandsaufnahme. Mchn. u. a. 1962, S. 447–476. – R. Schnell: Geschichte der dt.sprachigen Lit. seit 1945 [1993]. Stgt., Weimar ²2003.   RBE

Kakophonie, f. [gr. = Missklang], meist polemisch gebrauchte Bez. der antiken ↗ Rhet. zur Beschreibung und Bewertung von als hässlich empfundenen Klangerscheinungen, u. a. bei Wortzusammensetzungen mit geräuschstarken, schwer sprechbaren Konsonantenhäufungen, z. B. ›Schutzzoll‹, ›Strickstrumpf‹. HW/Red.

Kalauer, m., (flacher) Wortwitz; auch: abgegriffenes Wortspiel. Der K. entsteht aus der Verschmelzung gleich oder ähnlich lautender Wörter mit unterschiedlicher Bedeutung zu einem einzigen Ausdruck (z. B. zwei füllige Opernsängerinnen = »die beiden Primatonnen«). Vom witzigen ↗ Wortspiel unterscheidet sich der K. nicht in technischer Hinsicht, sondern nur durch seinen schlechten Ruf. – ›K.‹ verdrängte im 19.

Jh. das ältere ↗›Calembour‹, ist erstmals 1858 in Berlin belegt und setzte sich nach 1870 durch. Der Ausdruck nimmt Bezug auf Kalau (heute: Calau) in der Niederlausitz, seinerzeit Sommerfrische eines Berliner Witzblattredakteurs.
Lit.: P. Köhler: Witz. In: S. Hilzinger u. a.: Kleine lit. Formen in Einzeldarstellungen. Stgt. 2002, S. 259–271, bes. S. 263 f. – R. Müller: Theorie der Pointe. Paderborn 2003.   PK

Kalendar, n. [lat. *calendae* = erster Tag des Monats im röm. Kalender], liturgisches Buch, das die christlichen Fest- und Heiligentage in der Chronologie des Kirchenjahres verzeichnet. Ein bes. wichtiger Typus ist das ↗ Martyrologium.   ID

Kalender, m. [mlat. *calendarium* = Schuldbuch, von lat. *calendae* = erster Tag des Monats, übertragen: Monat], Verzeichnis der nach Wochen und Monaten geordneten Tage. Der meist für den praktischen Gebrauch konzipierte K. kann Merksätze, Gesundheitsregeln, Zitate, Sprichwörter u. a. enthalten. Je nach Adressatenkreis, Form, Sachbezug oder Gebrauchszusammenhang sind zu unterscheiden: Bauern-, Jugend-, Ärzte-, Lehrer-K.; Abriss-, Umleg-, Wand-K.; Historischer K., Heiligen-K.; Termin-K. Vorformen des K.s gibt es seit alters her; aber erst mit dem Buchdruck findet der K. weite Verbreitung. Der K. übernimmt neben der Aufgabe der Zeitrechnung oft auch die der Unterhaltung (↗ K.geschichte) und die der Hilfe bei der Alltagsbewältigung. Im 17. Jh. hat sich H. J. Ch. v. Grimmelshausen als K.macher hervorgetan (»Des Abentheurlichen Simplicissimi Ewig-währender Calender«, 1671), im 19. Jh. F. W. Gubitz mit seinem »Dt. Volkskalender«, 1835–68). Die bis heute ungebrochene Tradition des K.s ist ein sowohl von der Volkskunde als auch neuerdings von der Lit.wissenschaft genutztes Feld der historischen Erforschung der Alltagskultur.
Lit.: A. Braunbehrens (Hg.): K. im Wandel der Zeiten. Karlsruhe 1982. – Y.-G. Mix (Hg.): Der K. als Fibel des Alltagswissens. Tüb. 2005. – G. M. Rösch: K. In: RLW. – R. Wendorff: Tag und Woche, Monat und Jahr. Opladen 1993.   Red.

Kalendergeschichte, kurzer erzählender Text mit belehrender und unterhaltender Absicht. K.n werden seit der zweiten Hälfte des 15. Jh.s für ↗ Kalender verfasst. Als Begriff wird ›K.‹ Ende des 18. Jh.s etabliert, als sich die Textform von ihrer ursprünglichen Publikationsform bereits zu lösen beginnt. Kalender als Publikationsort zielen auf ein breites Publikum, das ansonsten kaum liest und v. a. pragmatische Anleitung sucht. Die K. ist formal schwer abgrenzbar, lediglich der knappe Umfang engt ihre Vielfalt ein: Es finden sich Genres wie ↗ Schwank, ↗ Anekdote, ↗ Legende, ↗ Sage, ↗ Bericht, ↗ Satire und moralische ↗ Erzählung unter den K.n. Der didaktische wie unterhaltende Charakter der K. macht sie zu einer attraktiven lit. Plattform für die Erziehung und Beeinflussung breiter Bevölkerungsteile. Auf die religiösen ›Historischen Kalender‹ der Frühen Neuzeit, die v. a. erbauliche ↗ Exempel und

↗ Legenden enthalten, folgen Weiterentwicklungen, die den heilsgeschichtlichen Kontext aufzulösen beginnen (H. J. Ch. v. Grimmelshausen, J. Beer). Die moralisierenden, ›volkstümlichen‹ Kalender des 19. Jh.s (beginnend mit J. P. Hebel: »Schatzkästlein des rheinischen Hausfreundes«, 1811) verzichten mehr und mehr auf die religiösen Verpflichtungen der traditionellen K. Als lit. Gebrauchsform ist die K. flexibel einsetzbar und kann an unterschiedliche Druckorte angepasst werden. Ihre ›Volkstümlichkeit‹ ist dabei v. a. eine Frage der Anpassung der lit. Gestaltung an die jeweilige Zielgruppe, zumeist ungeübte Gelegenheitsleser. – Lit. bedeutsam sind die Genre-Anleihen im 20. Jh. So nennt O. M. Graf eine Sammlung kurzer Erzählungen ›K.n‹ (1929); B. Brecht nimmt den Gattungsnamen auf und publiziert eine Reihe von unterschiedlichen Texten und Textformen als ›K.n‹ (1949); die Sammlung erreicht schnell sehr hohe Auflagen (bis heute ca. eine Million Exemplare). Die Adaptation des Begriffs durch Graf und Brecht zitiert die gesamte lit. und kulturelle Tradition der K. und lädt damit die eigenen Texte auf. Brecht nutzt die Stilelemente und Konnotierung der K. als verfremdendes und Erkenntnis leitendes Mittel.

Lit.: G. Bee: Aufklärung und narrative Form. Münster 1997. – J. Knopf: Die dt. K. Ffm. 1983. – Ders. (Hg.): Alltags-Ordnung. Tüb. 1983. – Ders.: K. In: RLW. – L. Rohner: K. und Kalender. Wiesbaden 1978.   WD

Kalligramm, n., ein von G. Apollinaire (vermutlich als Kontamination aus ›Kalligraphie‹ und ›Autogramm‹) geprägter Ausdruck, der als Name für Apollinaires visuelle Gedichte dient. In diesem Sinn tritt er im Titel von Apollinaires Sammlung »Calligrammes. Poèmes de la paix et de la Guerre« (1918) auf.   BM

Kanadistik ↗ Anglistik.

Kanevas, m. [mlat. *canava* = Hanf; it. *canavaccio* = Wischlappen, Entwurf, Plan, Grundschema], in der it. Stegreifkomödie und ↗ Commedia dell'Arte Bez. für ↗ Szenarium (das Handlungsablauf und Szenenfolge festlegt).   GG

Kanon, m. [gr. *kanón* = Richtscheit, Maßstab, Regel, Norm; bereits in der Antike tritt neben die auch heute noch begegnende Bedeutung ›Regelwerk‹ die dann dominant werdende Bedeutung ›maßgebliche Textsammlung‹], Pl. *Kanones*; Sammlung von als maßgeblich, musterhaft, bedeutend oder repräsentativ angesehenen ↗ Texten, ↗ Werken oder ↗ Autoren. Funktion jedes K.s ist die Auswahl jener geistigen Güter der Vergangenheit, die vorrangig in die Zukunft tradiert werden sollen (↗ Tradition). Aus der Retrospektive selegiert der K. aus einem überreichlich vorhandenen Material oder nimmt (im Falle ältester Überlieferung) das auf, was sich im Tradierungsprozess erhalten und damit historisch bereits durchgesetzt hat. Da die Aneignung des kanonisierten Traditionsguts in der Regel anspruchsvolle Sozialisation voraussetzt, ist ein K. immer auch Bildungskanon. In K.es können sich (insbes. in den Phasen der K.bildung) ideelle Programme realisieren (z. B. Stilideale, Ideale nationaler Größe oder Eigentümlichkeit); als auf langfristige Tradierung angelegte Gebilde sind sie aber auch oft überraschend programmresistent und nicht jeder Instrumentalisierung zugänglich. – Das geschichtlich wirkungsmächtigste Modell des K.s bilden diejenigen Sammlungen von Texten, welche die heiligen Schriften der großen Weltreligionen ausmachen. Im Bereich der Künste und der Lit. konnten, solange sich deren K.es nur auf Blütezeiten bezogen, also auf die als qualitativ unerreichbar und musterhaft gedachte Produktion einer bestimmten Phase der Vergangenheit (↗ Klassik), ähnlich fest umrissene Listen von kanonischen Autoren, Künstlern oder Werken entstehen: so etwa der K. der drei Tragiker, der neun Lyriker und der zehn Redner im antiken Griechenland. Sobald jedoch (seit dem ausgehenden 18. Jh.) die Musterhaftigkeit der ↗ Antike nicht mehr anerkannt und im Gegenzug die Vorstellung eines national- und weltlit. K.s ausgebildet wird, wird der K. notwendig umkämpft und an seinen Rändern diffus. Jeder moderne K. in der Lit. und in den Künsten ist in diesem Sinn nicht *geschlossen*, sondern *offen*. Offenheit des K.s bedeutet, dass keine genaue Anzahl von Texten, die ihm angehören, genannt werden kann und dass er erweitert, eingeschränkt und revidiert werden kann. Das bedeutet nicht, dass der K. unbegrenzt aufnahmefähig für neue Texte ist, da dies die normative und Orientierung gebende Funktion des K.s aufheben würde. Offene K.es zeichnen sich auch dadurch aus, dass Versuche, sie dem Status eines geschlossenen K.s anzunähern (etwa durch Leselisten, Curricula, ↗ Anthologien oder Vorschläge von Lit.kritikern wie H. Bloom oder M. Reich-Ranicki), so einflussreich sie phasenweise auch sein mögen, doch keine Chance haben, allg. und längerfristige öffentliche Geltung zu erlangen. Im Zusammenhang mit offenen K.es unterscheidet man sinnvollerweise: 1. den *Kernkanon* (solche Texte, Werke, Autoren umfassend, ohne welche die Idee eines K.s gar nicht gefasst werden kann, also etwa für die abendländische Lit.: Dante Alighieri, W. Shakespeare, J. W. Goethe, Ch. Baudelaire, F. Kafka u. a.); 2. den *Subkanon* (K.es für bestimmte ↗ Gattungen, ↗ Epochen, ↗ Stile etc.); 3. den *Gegenkanon* (K.es, die von bestimmten unterdrückten und benachteiligten Gruppen gegen die kulturelle Dominanz des ›offiziellen‹ K.s vorgeschlagen werden: Lit. von Frauen, ethnischen Minderheiten, der Arbeiterklasse etc.); 4. den *Negativkanon* (Autoren bzw. Texte, die in exemplarischer Weise als aus dem K. ausgeschlossen gelten können, also etwa A. v. Kotzebue für die ↗ Goethezeit). – Kriterien für die Aufnahme in den lit. K. bzw. das Verbleiben in ihm sind: Exzeptionalität des Werks (z. B. herausragende ästhetische Qualität); Repräsentanz epochaler, gattungsmäßiger, sozialer oder anderer Art; aktive Bezugnahme auf das Werk in der jeweiligen Gegenwartskultur (durch ↗ Lektüre, durch ↗ Zitat und ↗ Adaption in neuen lit. Texten, durch die aktualisierende ↗ Rezeption im Kulturbetrieb, etwa durch das

↗ Repertoire des Theaters, durch die Wissenschaft, bes. durch neue ↗ Editionen der Werke und ↗ Biographien der Autoren, oder durch Medienereignisse, etwa anlässlich von Jubiläen und Gedenktagen). Mit der Bildung, Tradierung und Revision des K.s beschäftigte Institutionen sind Schule und Universität, lit. ↗ Öffentlichkeit und Verlagswesen. Die Krise des K.s der großen abendländischen Lit. in der Gegenwart scheint weniger durch Angriffe auf die Werke der ›toten weißen Männer‹ im Namen von *race*, *class* und *gender* als durch die wachsende Schwierigkeit, Vergangenes überhaupt lebendig zu erhalten, und den Bedeutungsverlust der Lit. in der zeitgenössischen Gesellschaft bedingt.
Lit.: A. Assmann, J. Assmann (Hg.): K. und Zensur. Mchn. 1987. – H. Bloom: The Western Canon. NY 1994. – R. v. Heydebrand (Hg.): K. Macht Kultur. Stgt., Weimar 1998. – G. Jäger: Schule und lit. Kultur. Bd. 1. Stgt. 1981. – R. Rosenberg: K. In: RLW. – K. Weimar: Geschichte der dt. Lit.wissenschaft bis zum Ende des 19. Jh.s. Mchn. 1989. BA

Kantate, f. [it. *cantata*; von lat. und it. *cantare* = singen], musikalische Gattung; in der heute verbreiteten Bedeutung ein mehrteiliges, geistliches oder weltliches Vokalwerk geringeren Umfangs für Solostimmen und/oder Chor sowie Orchester. Die it. *cantata* entwickelte sich in der zweiten Hälfte des 17. Jh.s zur wichtigsten Gattung des weltlichen Sologesangs. Die überwiegend heterometrische Struktur der fast durchweg der Liebesthematik gewidmeten Texte korrespondierte mit einem (zunehmend normierten) Wechsel zwischen rezitativischen und ariosen musikalischen Satztechniken. Eine an der ↗ Oper orientierte Abfolge von madrigalischen Rezitativtexten und Da-Capo-Arien legte auch E. Neumeister seiner ersten Sammlung von Kirchenkantanten (1704; Einzeldrucke zuerst 1702) zu Grunde. In den K.n J. S. Bachs und anderer Komponisten wurde jedoch dieser ›Neumeister-Typ‹ mit der Tradition der älteren protestantischen ›K.‹ und ihren Elementen des Bibelspruchs (*dicum*), der ↗ Ode und des ↗ Kirchenliedes kombiniert. Die weltliche K. wurde um die Mitte des 18. Jh.s mehrfach poetologisch reflektiert und diente in ihrer mythologischen Variante (H. W. Gerstenberg, K. W. Ramler) als Experimentierfeld für neuartige musikalisch-lit. Affektwirkungen. Als ↗ Gelegenheitsdichtung blieben K.ntexte auch im 19. und 20. Jh. präsent.
Lit.: K. Conermann: Die K. als Gelegenheitsgedicht. In: D. Frost, G. Knoll (Hg.): Gelegenheitsdichtung. Bremen 1977, S. 69–109. – Ders.: K. In: RLW. – C. Gottwald: K. In: MGG², Sachteil. UMI

Kantatenhörspiel ↗ Rundfunkkantate.

Kantional ↗ Cantio.

Kanzone, f. [it. *canzone*, aus lat. *cantio* = Zauberformel], 1. Gedichtform der ↗ Trobadorlyrik (↗ *cansò*) bis ans Ende des 12. Jh.s in die it. Lyrik übernommen wird und sich damit auch weltanschaulichen und politischen Themen öffnet. Elf- (*endecasillabi*) und siebensilbige (*settenari*) Verse sind zu meist fünf bis sieben

Strophen (*stanze*) mit frei gestaltetem Reimschema und Versmaß gruppiert, die für jede *stanza* identisch bleiben. Die petrarkistische K. (*canzone antica, classica*) unterteilt jede *stanza* in *fronte* (Aufgesang) und *sirma* (Abgesang; auch *sìrima, coda*), wobei die Reime von *fronte* und *sirma* differieren. Die *fronte* ist aus zwei (selten drei) *piedi* (Stollen) im Umfang von üblicherweise drei oder vier Versen gebildet, die metrisch und versifikatorisch identisch sind. Die Reihenfolge der Reime der *piedi* kann variieren. Die *sirma* kann in zwei gleiche Teile (*volte*) untergliedert sein (*sirma divisa*) oder nicht (*sirma unica*). Die *volte* sind metrisch identische Perioden von meist drei oder vier Versen. *Sirma* und *fronte* werden bisweilen durch einen einzelnen Vers (*chiave, concatenazione*) verknüpft, der den letzten Reim der *fronte* aufnimmt. Eine K. kann von einer kürzeren Geleitstrophe (*commiato, congedo*) mit relativ freier Struktur abgeschlossen werden, in der sich oft eine ↗ Apostrophe findet. Ab dem 17. Jh. entsteht in Imitation der gr. Lyrik die *canzone pindarica*, die eine Dreiteilung der *stanza* in *strofa, antistrofa* und *epodo* vornimmt (G. Trissino, G. Chiabrera). Im Gefolge vereinzelter Experimente des 17. Jh.s (A. Guidi) löst sich die Form im 19. Jh. zur freien K. (*canzone libera*) mit regelloser Gestaltung von Strophe und Reimschema auf (G. Leopardi). Zugleich ahmen dt. Autoren die petrarkistische K. nach (A. W. Schlegel, Platen, Rückert). – 2. In Italien seit Mitte des 19. Jh.s Bez. für ein mehrstrophiges Lied, zumeist verfasst und mit Musikbegleitung vorgetragen von einem *cantautore* (Liedermacher); ↗ Schlager, ↗ Chanson.
Lit.: F. Bausi, M. Martelli: La metrica italiana. Florenz 1993, S. 47–53. – G. Bertone: Breve dizionario di metrica italiana. Turin 1999, S. 38–43. – H. Brunner: K. In: RLW. – W. Th. Elwert: It. Metrik [1968]. Wiesbaden ²1984, S. 105–110. – G. Gorni: Metrica e analisi letteraria. Bologna 1993, S. 15–62. HG

Kanzonenstrophe ↗ Stollenstrophe.

Kanzonetta, f. [it. = Liedchen], ursprünglich ↗ Kanzone mit volkstümlicher (meist Liebes-)Thematik und einfacher Ausprägung (↗ Stollenstrophe aus Sieben-, Achtsilblern), nicht immer eindeutig von ↗ Ballata und ↗ Barzelletta zu trennen; beliebt im 15. Jh. – Seit der Auflösung der klassischen Kanzonenform durch G. Chiabrera im 17. Jh. auch Bez. für kurze, sechszeilige Gedichtformen anakreontisch-rokokohafter Thematik; Hauptvertreter P. A. Metastasio (18. Jh.). IS/Red.

Kapitalschrift ↗ Schrift.

Kapitel, n. [lat. *capitulum* = Köpfchen], 1. ursprünglich die dem ↗ Abschnitt eines ↗ Textes vorangestellte, meist räumlich oder farblich abgesetzte Überleitungsformel oder Inhaltsangabe (↗ Lemma, Rubrik, ↗ Summarium); 2. später dieser Abschnitt selbst, der durch Nummerierung und/oder Überschrift als solcher gekennzeichnet wird. Die Einteilung eines Prosawerks in K. dient der Verdeutlichung seiner Gliederung, die K.überschriften dienen der Erzeugung und Steuerung der Lesererwartung (↗ Vorausdeutung). – K.überschriften sind seit dem 4. Jh. v. Chr. bezeugt. Im späten MA. verschmelzen sie z. T. mit Bildbeischriften, gewinnen aber im späten 15. Jh. wieder an Eigenständigkeit und werden ausführlich resümierend, was bereits im 17. Jh. als zu ›volkstümlich‹ für den ↗höfischen Roman abgelehnt wird. Seit dem 18. Jh. (H. Fielding, L. Sterne, Jean Paul) werden die Einteilung, Anordnung und bes. die Überschriften der K. auch zur Erzielung humoristischer oder ironisierender Wirkungen genutzt.

Lit.: M. Huber: K. In: RLW. – N. F. Palmer: K. und Buch. In: Frühmal. Studien 23 (1989), S. 43–88. – Ph. Stevick: The Chapter in Fiction. Syracuse, NY 1970. – E.-P. Wieckenberg: Zur Geschichte der K.überschrift im dt. Roman vom 15. Jh. bis zum Ausgang des Barock. Gött. 1969.   HHS/LI

Kapuzinade, f., Kapuzinerpredigt; strafende oder tadelnde Ansprache, wie sie bei den Kapuzinern üblich war, in derber Sprache und volkstümlicher Ausdrucksweise, bilderreich und übertreibend. Am bekanntesten sind die ›K.n‹ des Augustinermönchs Abraham a Sancta Clara (1644–1709).   GG

Karagöz [türk. = Schwarzauge], auch: Karaghioz, Karagheuz, 1. ↗lustige Person des islamischen ↗Puppenspiels, ursprünglich Hauptfigur des türk. ↗Schattenspiels: junger, volkstümlich-derber, schlagfertig-witziger, auf animalische Bedürfnisse fixierter (dicker, mit großem Phallus ausgestatteter) Typus (z. B. in Gestalt eines Handwerkers, Händlers, Boten). Sein Partner ist meist der ältliche, wichtigtuerische, halbgebildete Spießer Hadschiwat, dessen Worte K. stets missversteht oder ins Unflätig-Komische verdreht. – 2. Das türk., aber auch allg. das orientalische Schattenspiel selbst (noch heute von sog. *Karagödschi* in Caféhäusern aufgeführte Possen).

Lit.: H.-L. Bobber u. a.: Türkisches Schattentheater. Ffm. 1983.   IS/Red.

Karikatur, f. [it. *caricare* = überladen, übertreiben], seit dem 17. Jh. belegter Begriff für die bildliche Darstellung einer Person durch Weglassung unwesentlicher Züge und übertreibende bis verzerrende Hervorhebung charakteristischer Merkmale, meist mit komischer Wirkung – vergleichbar der ↗Parodie, die zuweilen als ›K.‹ von Texten bezeichnet wird. Im 18. Jh. verbindet sich die K. mit der Tradition des allegorisierenden politischen Flugblatts. Im 19. Jh. setzt sie sich als Pressekarikatur (*cartoon*) auf politische und gesellschaftliche Themen durch. Die Übergänge von der K. zum harmloseren ›Bilderwitz‹ sind fließend. – Beziehungen zur Lit. ergeben sich aus Tendenzen 1. zur graphischen Konkretisierung ›bildhafter‹ Redeweise, v. a. von ↗Sprichwörtern und ↗Allegorien (Justitia, Staatsschiff, ›dt. Michel‹; der engl. ›John Bull‹); 2. zur Typisierung (z. B. H. Daumiers Schurke Robert Macaire; F. Bileks Herr Hirnbeiß), analog zu ↗Komödie, ↗Kabarett und ↗Satire; 3. zur Ergänzung durch Text (Beschriftungen, Spruchbänder, Sprechblasen, Überschriften, Unterschriften und narrative, mono-

oder dialogische Legenden, manchmal gereimt); 4. zur Darstellung von Handlung durch eine Folge prägnanter Einzelszenen (W. Hogarths Kupferstich-Folgen wurden für die Bühne adaptiert; W. Buschs ↗Bildergeschichten standen Pate für die ersten am. ↗Comics); 5. zur satirischen und propagandistischen Verwendung (z. B. auf Plakaten); 6. zur geistreichen (↗Witz) ›Verdichtung‹ einer Aussage (vgl. Gombrich): G. Ch. Lichtenberg kommentierte Hogarths Kupferstiche, R. Gernhardt ergänzte Lichtenbergs Aphorismen durch Cartoons; Sammlungen von Porträtkarikaturen erscheinen meist mit ↗Anekdoten oder Zitaten der Dargestellten. – Im Ggs. zur Praxis der K. im 19. Jh. und des Comics arbeiten Karikaturisten heute nur noch selten mit Textern zusammen und verstehen sich häufig selbst als ›Autoren‹.

Lit.: E. H. Gombrich: Das Arsenal des Karikaturisten. In: G. Langemeyer u. a. (Hg.): Bild als Waffe. Mchn. 1985, S. 384–401. – G. Oesterle, I. Oesterle: K. In: HWbPh. – C. Oberstebrink: K. und Poetik. J. Gillray 1756–1815. Bln. 2005. – G. M. Rösch: K. In: RLW.   RSI

Karlsepik, Sammelbez. für Dichtungen, die das Leben und Handeln Karls des Großen (742–814, Herrscher seit 768) zum Gegenstand haben. Insofern die K. von als geschichtlich anerkannten Tatsachen ausgeht, ist sie Geschichtsdichtung (↗karolingische Renaissance). Insofern sie sich dabei verstärkt um die Füllung historiographischer Leerstellen bemüht, ist sie ↗Heldendichtung. Bereits im ausgehenden 9. Jh. liegen mit der ›Vita Caroli Magni‹ Einhards und den »Gesta Caroli Magni« des Notker Balbulus eine um Sachlichkeit bemühte und eine mit märchenhaften Anekdoten ausgeschmückte Darstellung vor. – In der frz. ↗Chanson de geste schwankt das facettenreiche Bild Karls zwischen Idealherrscher und tyrannischem Despoten. Große Faszination ging von seinen Feldzügen gegen die Mauren in Spanien im Jahre 778 aus, in deren Mittelpunkt der Angriff auf die Nachhut des fränkischen Heeres und deren Verteidigung bis zum letzten Blutstropfen stehen. Die sichere Heimkehr des Heeres wird erkauft durch den Heldentod des Karlsneffen Roland, der sich weigert, die Abrückenden mit dem Horn um Hilfe zu rufen. Diese Vorgänge thematisiert das älteste volkssprachige Werk der K., die »Chanson de Roland« (um 1100). – Die mhd. K. setzt im Umkreis des Welfenhofes ein mit der »Kaiserchronik« (1150) und dem »Rolandslied« des Pfaffen Konrad (um 1170), das die »Chanson de Roland« adaptiert. Anders als in den Niederlanden, wo sich eine breite »Karelepiek« mit einem mehrschichtigen Karlsbild entfaltete, bleibt das Roland-Thema das einzige, das in die dt. Lit. findet. Im 13. Jh. bearbeitete der Stricker den Stoff für Liebhaber der »hovelichen kunst« (»Karl«, um 1220). Auch wenn kein direkter Zusammenhang mit der Umbettung der Gebeine Karls am 25. Juli 1215 in den Aachener Goldschrein und der Einführung des Karlskultes in Zürich (1233) nachweisbar ist, zeugen die Ereignisse vom Fortleben der Erinnerungsfigur Karl gerade in der

Stauferzeit. V. a. im ripuarischen Raum interessierte die frz.-nl. K. punktuell. Im 14. Jh. wurden in der Gegend um Aachen sechs ursprünglich selbständige Texte (darunter »Karl und Galie«, »Morant und Galie«, »Karl und Ellegast« und »Rolandslied«) zur sog. »Karlmeinet«-Kompilation vereinigt. – In nachmal. Zeit hatte die K. kein nennenswertes Nachleben. Span. Dramatiker des 16./17. Jh.s (Lope de Vega, P. Calderón de la Barca, M. de Cervantes) feierten Karl als schwächlichen Liebhaber an der Spitze zerstrittener Paladine, wie es die frz. Tradition vorbereitet hatte. Obwohl Napoleon Karl als »Notre prédécesseur« bezeichnete, unterblieb auch in Frankreich eine Wiederbelebung.

Lit.: B. Bastert (Hg.): Karl der Große in den europäischen Lit.en des MA.s. Tüb. 2004. – B. Besamusca: Repertorium van de Middelnederlandse Karelepiek. Utrecht 1983. – K. Herbers (Hg.): Jakobus und Karl der Große. Tüb. 2003. – P. Wunderli: Speculatio Carolina. In: Vox Romania 55 (1996), S. 38–87.   CF

Karnevalismus, m., Manifestation von karnevalesken Elementen in der Lit. M. Bachtin entwickelte die These, dass die in der Volkskultur bes. des MA.s verwurzelten karnevalsartigen Feste lit. Hervorbringungen tiefgreifend beeinflussten; zunächst in direkter Weise, weil für diese Feste Texte entstanden (↗Fastnachtspiel), dann auch indirekt in Form einer ›Karnevalisierung der Lit.‹. Anzeichen solcher Karnevalisierung sieht Bachtin nicht nur in dezidiert komischen Gattungen wie der antiken menippeischen ↗Satire, sondern etwa auch bei W. Shakespeare oder im Roman F. M. Dostoevskijs, wo sie mit der dort herrschenden ↗Dialogizität zusammenhängt. Kennzeichen sind Aufhebung der Trennung zwischen ↗Erhabenem und Niederem (Bachtin: ›Mesalliance‹), Verzicht auf die Logik des Alltags (›Exzentrizität‹) und ↗Parodie des Ernsten. Dadurch führen solche Feste und die von ihnen beeinflusste Lit. die ›fröhliche Relativität alles Bestehenden‹ vor Augen.

Lit.: H.-J. Bachorski: Karneval. In: RLW. – M. M. Bachtin: Rabelais und seine Welt [russ. 1965]. Ffm. 1995. – K. Clark, M. Holquist: M. Bakhtin. Cambridge/Mass. 1984.   TAS

Karolingische Literatur ↗Althochdt. Lit.

Karolingische Renaissance, die nach ihrem Hauptförderer, dem Frankenkönig und Kaiser Karl (I.) dem Großen benannte Kulturbewegung der Jahrzehnte um 800 n. Chr. Die k. R. erfasste neben der zentralen politischen Leistung der Wiederherstellung des röm. Kaisertums sehr viele unterschiedliche Bereiche, so die Gestaltung der Schrift, die Pflege des Lat., die Dichtung, die Gesetzgebung, die Liturgie, die Zeitberechnung, die bildende Kunst (↗Buchmalerei) und die Architektur. Getragen wurde die k. R. zunächst von den fremden Gelehrten, die Karl an seinen Hof gerufen hatte, später auch von den Klöstern, Stiften und selbst von gebildeten Laien. Zumeist orientierte sich die k. R. an den Formen und Inhalten der untergegangenen röm. ↗Antike und dabei bes. der christlichen ↗Spätan-

tike, sie erbrachte aber auch originelle Leistungen. In mehr oder weniger engem Zusammenhang mit der k.n R. steht die erste große Phase ahd. Lit. Die Folgen der k.n R. waren einschneidend, obwohl sich die Verhältnisse schon unter Karls Sohn, Ludwig dem Frommen, verschlechterten; ihre Errungenschaften wirkten direkt oder indirekt lange nach: Das Kaisertum etwa bestand bis 1806, und selbst die moderne ↗Schrift basiert noch auf der karolingischen Minuskel. – Der Begriff der ›k.n R.‹ ist allerdings mehrfach angegriffen worden, zum Teil, weil die kulturelle Erneuerung, anders als in der it. ↗Renaissance, nicht von einer breiten Schicht getragen, sondern vom Herrscher verordnet worden sei. Schwerer wiegt der Einwand, dass die (unbestrittene) Erneuerung nicht als Wiedergeburt der heidnischen Antike, sondern als Wiederherstellung der christlichen Gesellschaft (›Renovatio‹, ›Correctio‹) intendiert gewesen sei.

Lit.: W. Berschin: Biographie und Epochenstil im lat. MA. Bd. 3. Stgt. 1991. – E. Panofsky: Die Renaissancen der europäischen Kunst [engl. 1957]. Ffm. 1990, S. 57–66. – P. E. Schramm: Kaiser, Könige und Päpste. Bd. I/1. Stgt. 1968, S. 302–341.   CWI

Kasperltheater, ↗Puppenspiel um die zentrale Gestalt des Lustigmachers Kasperl, dessen Name sich vom schwarzen Wortführer der heiligen drei Könige herleitet und so viel wie ›läppischer Mensch‹ bzw. ›närrischer Kerl‹ bedeutet. Das Personal des K.s enthält typische Vertreter einer dem Märchen verwandten Gesellschaftsordnung: König, Prinzessin, Hofpersonal, Polizist; Hexe, Teufel, Tod, Zauberer, Drache u. a., d. h. Hüter und Störer einer hierarchischen Ordnung. Kasperl als ein mit Mutterwitz und derbem Humor ausgerüsteter Außenseiter verhilft in einem Spiel mit primitiver Fabel und naiver Typik dem Guten zum Sieg und stellt die gestörte Gesellschaftsordnung wieder her. – Die *Gestalt des Kasperl* war ursprünglich eine ↗lustige Person des ↗Wiener Volkstheaters in der Tradition des ↗Hanswurst. Die erfolgreichste Ausprägung als »Originalkasperl« erhielt die Gestalt durch den Schauspieler J. Laroche (1745–1806) am Wiener Leopoldstädter Theater in oftmals für ihn geschriebenen Stücken (Kasperliaden). Verwandt waren die Figuren des ↗Staberl und des Kasperl oft begleitenden ↗Thaddädl. – Dichterische Ausprägung erfuhr die Gestalt des Kasperl dann als lustiger Bediener in Platens Lustspiel »Der Schatz des Rhampsinit« oder seit 1850 in Poccis über 40 Kasperlstücken, in A. Strindbergs Groteske »Kasperls muntere Friedhofsreise« (1900), in A. Schnitzlers »Zum großen Wurstel« (1906), W. Benjamins Hörspiel »Radau um Kasperl« (1932) oder in M. Kommerells »Kasperlespiele für große Leute« (1948), in neuerer Zeit bei H. C. Artmann (1969). Mitte des 19. Jh.s ging die Figur des Spaßmachers in das Marionettentheater bzw. das Puppenspiel Österreichs und dann ganz Deutschlands über.

Lit.: O. Bernstengel (Hg.): »Die Gattung leidet tausend Varietäten... « Beiträge zur Geschichte der lustigen Figur im Puppenspiel. Ffm. 1994. – P. Csobádi (Hg.): Die lustige Person auf der Bühne. Anif, Salzburg 1994. – N. Miller, K. Riha (Hg.): Kasperletheater für Erwachsene. Ffm. 1978. GG

Kasside ↗ Qaside.

Kasualdichtung ↗ Gelegenheitsdichtung.

Kasus, m. [lat. *casus* = Fall], aus der Jurisprudenz entlehnte Bez. für eine der ↗ einfachen Formen, die, im Unterschied zum einmaligen ↗ Memorabile, einen generalisierbaren Normenkonflikt vorführt (vgl. Kasuistik). A. Jolles sieht im K. eine Tendenz, sich zur Novelle zu erweitern.
Lit.: A. Jolles: Einfache Formen. Halle/S. 1930. Nachdr. Tüb. 1999, S. 171–199. – M. Eikelmann: K. In: RLW.
RRG

Katabasis, f. [gr. = Abstieg], Unterweltsfahrt des Helden als fester Bestandteil zahlreicher vorderasiatischer und europäischer Heldensagen. Die K. des Odysseus bei Homer (»Odyssee« XI) ist vielfach nachgebildet worden, so von Vergil (»Aeneis« VI) und Dante (»Divina Commedia«). JK/Red.

Katachrese, f. [gr. *katáchrēsis* = Missbrauch], Wortverwendung in uneigentlicher Bedeutung, ↗ Tropus (1): 1. habituelle ↗ Metapher zur Füllung einer sprachlichen Lücke, z. B. ›Arm‹ eines Flusses oder ›Maus‹ eines Computers. – 2. Gebrauch einer Wendung, deren eigentliche Bedeutung nicht mehr gewusst wird, wie ›Sarkasmus‹ (von gr. *sarkázein* = zerfleischen, häuten) für Spott oder ›parricidium‹ (= Vatermord) für Verwandtenmord. – 3. Bildbruch: Vermischung uneigentlicher Wendungen, die der wörtlichen Bedeutung nach aus disparaten Bereichen stammen. Die K. in diesem Sinne wirkt oft unfreiwillig komisch: »Die konjunkturelle Talsohle ist nur die Spitze des Eisbergs« (Stilblüte); bewusst hingegen wird sie für preziöse Effekte genutzt und zum ↗ Oxymoron verkürzt: »welkes Blut« (R. M. Rilke: »Zwei Prager Geschichten«).
Lit.: D. Peil: K. In: RLW. CSR

Katalekten, f. Pl., richtiger: Catalepta [von gr. *katá leptón* = Zurückgelassenes, Kleinigkeiten], ältere Bez. für gesammelte Bruchstücke antiker Werke (z. B. J. C. Scaliger: »Catalecta veterum poetarum«, 1573). ↗ Anthologie. GS/Red.

Katalektisch, Adjektiv [gr. *kataléktikos* = (vorher) aufhörend, unvollständig], in der antiken Metrik Eigenschaft eines Verses, dessen letzter Fuß bis auf eine (*k. in syllabam*) oder zwei Silben (*k. in bisyllabam*) gekürzt ist, oft in fallenden – daktylischen oder trochäischen – Versmaßen: »Nicht stillt Aphrodite dem schönen Knaben die Wunde« (F. Schiller: »Nänie«, V. 5). Die Bez. ›k.‹ ist umstritten, weil sie die nicht von allen Metrikern geteilte Annahme voraussetzt, metrische Einheiten seien aus ↗ Versfüßen zusammengesetzt. Gegensätze: ↗ akatalektisch, ↗ hyperkatalektisch. CSR

Katalog, m. [gr. *katálogos* = Aufzählung, Verzeichnis; von *katalégein* = sammeln, zusammenstellen; bereits bei Homer auch mit der Bedeutung ›klassifizierend darstellen‹], 1. alphabetisch oder systematisch angelegtes Verzeichnis von Büchern, Bildern u. a. Kunstgegenständen. Aus der Antike sind mehrere solcher K.e überliefert, die meist als *Pinakes* (Pl. von gr. *pínax* = Holztafel, im weiteren Sinne Verzeichnis; daher auch ›Pinakothek‹ für eine Bildersammlung) bezeichnet werden, vgl. z. B. die Didaskalien oder den von Kallimachos (3. Jh. v. Chr.) erstellten alphabetischen, mit bio-bibliographischen Informationen angereicherten K. der alexandrinischen Bibliothek. – 2. Sprachlich gebundene Reihung gleichartiger Begriffe, Namen oder Fakten, wie sie in allen Kulturen früh verbreitet sind und sich funktional der ↗ Merkdichtung zuordnen lassen (Götter-K., Helden-K.). Von der einfachen Form abzugrenzen ist der epische, im lit. Text eingelagerte K. Der Versuch, den lit. K.en historische Fakten abzugewinnen, ist zumindest für die ältesten K.e, den Schiffs- und den Troer-K. der »Ilias« (II, 484), fehlgeschlagen. Bereits Homer scheint mit dem Anspruch auf Intersubjektivität, den die K.-Form suggeriert, geschickt zu kalkulieren. Mal. Dichtung kennt K.e v. a. in heroischer und höfischer Dichtung, in der sie, meist aus der Gelegenheit gebildet, der Historisierung des Stoffes, der Einführung epischen Personals oder der quantitativen und qualitativen Veranschaulichung einer Gruppe dienen. Seit Heinrich Wittenwilers »Ring« (um 1400) ist der epische K. als Fiktion enttarnt. In der Lit. der Neuzeit stößt der Versuch, über die einfache Form Ordnung zu stiften, an seine Grenzen. Der K. wird, seiner ehemals beglaubigenden Funktion enthoben, nun fast ausschließlich in parodistischer Absicht verwendet, so von J. W. Goethe in »Hanswursts Hochzeit« (1775: K. der Ekelnamen), bei G. Keller (»Die drei gerechten Kammacher«) und in A. Schmidts Roman »Aus dem Leben eines Fauns«.
Lit.: R. Blum: Die Lit.verzeichnung im Altertum und MA. In: Archiv für Geschichte des Buchwesens 24 (1983), S. 1–256. – T. Krischer: Formale Konventionen der homerischen Epik. Mchn. 1971. – W. Kühlmann: K. und Erzählung. Freiburg 1973. – M. Müller: Namenkataloge. Hildesheim 2003. CF

Katalogverse ↗ Katalog.

Kata metron [gr. = nach einem Maß], Eigenschaft von Versschemata, die durch Wiederholung derselben metrischen Einheit erzeugt worden sind, z. B. ↗ Dimeter (zwei Einheiten), ↗ Trimeter (drei), ↗ Tetrameter (vier), ↗ Pentameter (fünf), ↗ Hexameter (sechs). Die gr. Metrik misst dabei ↗ Jambus, ↗ Trochäus und ↗ Anapäst gemäß der ↗ Dipodie, d. h., je zwei Versfüße werden als eine metrische Einheit betrachtet. CLU

Katastasis, f. [gr. = Zustand], Begriff aus der Dramentheorie J. C. Scaligers (»Poetices libri septem«, 1561) für den scheinbaren Ruhezustand bzw. die scheinbare Lösung einer dramatischen Handlung auf dem Höhepunkt der Verwicklung (↗ Epitasis), auf die dann der Zusammenbruch in der ↗ Katastrophe folgt. Beispiel: die Erleichterung des Ödipus und der Iokaste bei der Nachricht vom Tode des Polybos im »König Ödipus« des Sophokles. ↗ Retardierendes Moment. JK/Red.

Katastrophe, f. [gr. *katastrophé* = Wendung, Umkehr, Ausgang, Zusammenbruch], Begriff der ↗ Dramentheorie für den letzten Teil eines ↗ Dramas, in dem der tragische Konflikt seine Lösung findet. Nach Ausbildung des dramatischen Konflikts (↗ Protasis) und dem Ansteigen der Handlung (↗ Epitasis) wird die K. vorbereitet durch die ↗ Peripetie (oft gekoppelt mit ↗ Anagnorisis), den Krisen- und Wendepunkt. Diese Entwicklung kann in einen scheinbaren Ruhezustand münden (↗ Katastasis), führt aber letztlich in rasch fallender Handlung zum Ende des Dramas. Dabei ist wichtig, dass die K. *jede* und nicht nur die tragische Lösung des Konflikts meint (z. B. auch den versöhnlichen Schluss von J. W. Goethes »Iphigenie auf Tauris«, 1787). – Der Begriff fußt auf der »Poetik« des Aristoteles (Kap. 10) und wird in der Poetik Donats (Terenzkommentar, 4. Jh. n. Chr.) in den dritten Akt verlegt. Dagegen soll nach den auf Horaz bzw. Seneca basierenden Poetiken (z. B. J. C. Scaliger: »Poetices libri septem«, 1561) die K. in den fünften Akt fallen (so noch bei G. Freytag: »Die Technik des Dramas«, 1863), wie das in der Folge die ↗ *haute tragédie* in geradliniger Szenenführung demonstriert. Andere Dramenformen räumen der K. breiteren Raum ein; so ist prinzipiell die Ausdehnung der K. über das gesamte Stück möglich (vgl. das ↗ analytische Drama und seinen sukzessiven Vollzug der vor der Bühnenhandlung liegenden Ereignisse; daher auch ›K.ndrama‹). Seltener ist das Fehlen der eigentlichen K. (z. B. G. Hauptmann: »Die Weber«), womit u. a. versucht wird, die K. ins Bewusstsein der Zuschauer zu verlegen. IS/NI

Kata triton trochaion [gr. (*tomé*) *k. t. t.* = (Einschnitt) nach dem dritten Trochäus], ↗ Hexameter.

Katechese ↗ Katechetische Lit.

Katechetische Literatur [gr. *katēchein* = unterweisen], Sammelbez. für Texte, die für die *Katechese*, die Unterweisung in Grundfragen des Glaubens, konzipiert wurden. – Noch in der ↗ Spätantike erfolgte die Unterweisung in der Vorbereitung der Erwachsenentaufe, dem *Katechumenat*. Mit Durchsetzung der Kindstaufe wurde die Katechese auf einen späteren Zeitpunkt verschoben und verstärkt Eltern und Paten übertragen. Allerdings zeugt eine kaum überschaubare Masse k.r L. aus MA. und Früher Neuzeit von dem Bedürfnis, die Hauptstücke des Glaubens auch nach der Taufe (v. a. im Zusammenhang der Beichte) zu erinnern: Glaubensbekenntnis, Vaterunser, Zehn Gebote, Sieben Hauptsünden und Sieben Sakramente wurden den Gläubigen in Vers oder Prosa, einfach oder gar nicht kommentiert, in leicht memorierbarer Form dargeboten. – Die k. L. ist grundsätzlich doppelgesichtig. Neben den direkt an die Gläubigen gerichteten Werken existiert immer auch Lit. als Unterweisung der Unterweisenden. Inhaltliche Grenzen sind kaum zu ziehen. Die Überlieferung geht bis ins 16. Jh. fast immer auf Geistliche zurück. – Die ältesten ahd. Texte (»Weißenburger Katechismus«, nach 789), die z. T. noch im Zusammenhang der Missionierung verschriftlicht wurden, gehören zur k.n L. Unter den Handreichungen für Katecheten erlangten die 1281 zu einem Gesamtwerk vereinigten katechetischen Opuscula des Thomas von Aquin große Bedeutung. Breitenwirkung ging im 15. Jh. vom »Opus tripartitum« des Pariser Kanzlers J. Gerson aus, das dezidiert an Laien gerichtet war und auch ins Dt. übertragen wurde. Im dt.sprachigen Raum entfaltete die ↗ Wiener Schule (seit ca. 1390) intensive, v. a. an den Bedürfnissen der Beichtväter orientierte katechetische Bemühungen. Im Spät-MA. wurden mitunter einfache Katechismus-Tafeln in den Kirchen ausgehängt (z. B. 1451 in Hildesheim). Im 16. Jh. überflutete die k. L. beider Konfessionen den Buchmarkt. Die Doppelgesichtigkeit der k.n L. spiegelt sich in Luthers »Großem« und »Kleinem Katechismus« (1529). 1563 legten die Reformatoren die Hauptstücke der Lehre im »Heidelberger Katechismus« nieder. Bis ins 18. Jh. stand die k. L. im Dienst häuslicher und schulischer Unterweisung. Seit dem 19. Jh. entwickelte die kath. Kirche Einheits-Katechismen für Diözese, Staat (»Kath. Katechismus der Bistümer Deutschlands«, 1955) und Welt (Johannes Paul II.: »Katechismus der Kath. Kirche«, 1992).

Lit.: B. Adam: Katechetische Vaterunserauslegungen. Mchn. 1976. – E. Paul: Geschichte der christlichen Erziehung. 2 Bde. Freiburg 1993–95. – A. Peters: Kommentar zu Luthers Katechismen. 5 Bde. Gött. 1990–94. – U. Störmer-Caysa: Katechese. In: RLW. – E. Weidenhiller: Untersuchungen zur dt.sprachigen k.n L. des späten MA.s. Mchn. 1965. CF

Katechismus, m. [gr. *katéchein* = entgegentönen, belehren], Pl. *Katechismen*, Lehrbuch zur Weitergabe von Glaubensinhalten, meist im Frage-Antwort-Schema; wichtigste Textsorte der ↗ katechetischen Lit. – M. Luther prägte den K. als ›Laienbibel‹ (»Großer« und »Kleiner K.« von 1529). Inhalt sind Credo, Zehn Gebote, Vaterunser, Taufe und Abendmahl. Man unterscheidet den *analytischen*, von einer These ausgehenden (z. B. »Heidelberger K.«, 1563) und den *synthetischen*, thematisch geordneten K. (z. B. Luther). In allen großen Konfessionen gibt es Katechismen. Sie dienen der Unterweisung der Gemeinde (z. B. K.predigten), der Ausbildung der Geistlichen, als Andachts- oder Schulbuch, in den ev. Kirchen als Bekenntnisschriften. F. D. E. Schleiermacher nimmt die Gattung mit seiner »Idee zu einem K. der Vernunft für edle Frauen« (1798) auf. Neue Wege ging man im 20. Jh. mit dem »Erwachsenenkatechismus«, der Texte zu zentralen christlichen Lehren enthält. SMI

Katene, f. [lat. = Kette], Großform der kommentierenden Bibelexegese, deren Aufkommen ins 6. Jh. datiert wird. Pagane Vorbilder sind nicht nachweisbar. – Die K. kommentiert den biblischen Text auf der Grundlage exzerpierter Einzelkommentare, indem Vers für Vers unter Nennung der Autorität kettengleich aneinandergereiht wird. Der zu kommentierende Text kann in der Blattmitte (Rand-K.) oder blockweise mit eingeschobener K. erscheinen (Text-K.). Von ↗ Florilegium und ↗ Scholie unterscheidet sich die K. v. a. durch die konstante Nutzung der immer gleichen Quellen. Der Begriff ›K.‹ wird erstmals für die Evangelienkatene des Thomas von Aquin verwendet, die als »Catena aurea« (so seit 1321) weit verbreitet war und im 14. Jh. vom Dt. Orden übersetzt wurde. Die ↗ Gegenreformation stellte die auf Autoritäten gestützte K. dem selbstverfassten ↗ Kommentar der Protestanten gegenüber. Die neuere Forschung versucht u. a., aus sekundär überlieferten K.n die z. T. verlorenen Urfassungen abzuleiten.

Lit.: M. Faulhaber: K.n und K.nforschung. In: Byzantinische Zeitschrift 18 (1909), S. 383–395. – H. Lietzmann: Catenen. Freiburg u. a. 1897. – E. Mühlenberg: K.n. In: TRE.   CF

Katharsis, f. [gr. = Reinigung], zentraler Begriff der Tragödientheorie seit Aristoteles. In seiner »Poetik« (Kap. 6) schreibt Aristoteles der ↗ Tragödie eine reinigende Wirkung zu: Indem sie »Jammer und Schaudern« (*éleos* und *phóbos*) beim Zuschauer auslöse, werde dieser von »derartigen Erregungszuständen« gereinigt. – In voraristotelischer Zeit finden sich bereits die Begriffe *éleos* und *phóbos* in lit.theoretischen Kontexten (Gorgias: »Helena« 8/9; Platon: »Ion« 535b–e). Der Begriff ›K.‹ dagegen wird zunächst nur in theologischen und medizinischen Zusammenhängen verwendet. Erst bei Aristoteles gewinnt er seine psychologische Bedeutung im Sinne jener befreienden Affektentladung. Dadurch gerät die therapeutische Funktion der Tragödie in den Blick, die für den neuzeitlichen Diskurs durchgängig von Interesse ist. Die seit dem ↗ Humanismus übliche Übers. der Begriffe *éleos* und *phóbos* durch lat. *misericordia* (Mitleid) und *metus* (Furcht) bzw. *terror* (Schrecken) schafft dabei neue Interpretationsmöglichkeiten. F. Robortello (Aristoteleskommentar, 1548) deutet die K. als Immunisierung der Seele gegen Affekte. Hier zeigt sich der Einfluss der stoischen *constantia*-Lehre, die v. a. für das ↗ Trauerspiel des 17. Jh.s von Bedeutung ist. Eine weitere für die Entwicklung der neuzeitlichen Tragödie folgenschwere Umdeutung des aristotelischen K.-Begriffs vollziehen V. Maggi und B. Lombardi (Aristoteleskommentar, 1550), indem sie ihm eine ethische Dimension geben. K. wird hier nicht mehr als Befreiung von Mitleid und Furcht aufgefasst, sondern als Reinigung von den Leidenschaften, die auf der Bühne zur Darstellung kommen: Mitleid mit dem Helden der Tragödie, der deshalb im aristotelischen Sinn (»Poetik«, Kap. 13) ein »mittlerer Mann« sein soll, und Furcht vor einem ähnlichen Schicksal führen zur sittlichen Läuterung des Zuschauers. Diese Umdeutung wird durch P. Corneille aufgegriffen (»Discours de la tragédie«, 1660), der die Begriffe *pitié* (Mitleid) und *terreur* (Schrecken) verwendet. In Deutschland nimmt M. Opitz (Vorrede zur Übers. der »Trojanerinnen«, 1625) eine Begriffsverschiebung vor, indem er *éleos* mit ›Mitleid‹ übersetzt, *phóbos* dagegen in ›Beständigkeit‹ im Sinne einer stoischen Furchtlosigkeit transfe-

riert. In der Folge gelangt das barocke ↗ Märtyrerdrama zur Blüte, dessen Funktion als belehrendes Exempel an die erwarteten Wirkungen auf den Zuschauer geknüpft ist: Das stoisch ertragene Martyrium des tugendhaften Helden erregt Mitleid, während die Laster des Tyrannen, das Rasen der Affekte Abscheu und Schrecken auslösen. Dieser antithetische Aufbau der Barocktragödie lässt keinen Raum für den »mittleren Mann«, ein Heldenkonzept, das später von J. G. B. Pfeil (»Vom bürgerlichen Trauerspiele«, 1755) und G. E. Lessing (»Hamburgische Dramaturgie«, 1767–69, 14. Stück) programmatisch gefordert wird. Lessings Transformation der aristotelischen Tragödientheorie (74.–79. Stück) bringt ein Ungleichgewicht von Mitleid und Furcht mit sich, indem Furcht als »auf uns selbst bezogene[s] Mitleid« aufgefasst wird (75. Stück). Die Tragödie vermag den Menschen im Sinne der ↗ Aufklärung moralisch zu bessern, da sie Mitleid freisetzt, das als Ausgangspunkt aller sozialen Tugenden verstanden wird. Diese K.-Deutung wird erst um 1850 durch medizinisch-psychologische Interpretationen marginalisiert. J. Bernays' Übers. von ›K.‹ als »erleichternde[r] Entladung« (»Grundzüge der verlorenen Abhandlung des Aristoteles ...«, 1857) wird von F. Nietzsche übernommen, bevor sie bei S. Freud relevant wird. Der Konzentration der K.-Theorien auf individuelle psychische Prozesse setzt B. Brecht sein Konzept eines ↗ epischen Theaters entgegen, das den Zuschauer wieder als Teil eines Kollektivs ansprechen soll. Indem die individuellen Emotionen, die nur zu einer K. des Einzelnen führen können, durch ↗ Verfremdung an gruppenspezifische rationale Reaktionen gebunden werden, soll das Theater gesellschaftsverändernde Wirkungen erzielen.

Lit.: J. P. Aikin: And they changed their lives from that very hour. Catharsis and Exemplum in the Baroque Trauerspiel. In: Daphnis 10 (1981), S. 241–255. – M. Luserke (Hg.): Die Aristotelische K. Hildesheim 1991. – Ders.: Die Bändigung der wilden Seele. Stgt. 1995. – C. Zelle: K. In: RLW. – A. Zierl: Affekte in der Tragödie. Bln. 1994.   JK/LI

Kehrreim, auch: ↗ Refrain. Vollständige oder weitgehend übereinstimmende Wiederholung eines Verses an analogen Positionen im mehrstrophigen Text.   BM

Kellertheater ↗ Zimmertheater.

Keltische Renaissance, 1. lit. Bewegung des 18. Jh.s in Großbritannien, die im Rahmen der Bemühungen um eine nationale Selbstbesinnung die Wiedererweckung der mal. keltischen Dichtung anstrebte. Im Zentrum der k.n R. stand die Nachdichtung keltischer (schottischer), gälischer (irischer) und runischer (isländ.) Sagen und Dichtungen, die der zeitgenössischen Formauffassung (Balladenformen, rhythmische Prosa) und schwermütig-elegischen Stimmungslage angepasst wurden. Die k. R. wurde programmatisch vorbereitet durch W. Temple (»Of Heroic Virtue«, »Of Poetry«, 1690) und fand ihre Höhepunkte in den Nachahmungen altisländ. epischer Gedichte durch Th. Gray

(»The Fatal Sisters«, »The Descent of Odin«, 1761) und v. a. in der – erst 1829 als ↗ Fälschung erkannten – ↗ ossianischen Dichtung von J. MacPherson (1760–63). Getreuere Wiedergaben der Quellen waren Th. Percys »Five Pieces of Runic Poetry« (1763) und »Reliques of Ancient English Poetry« (1765), die u. a. Th. Chatterton zu archaisierenden Dichtungen anregten (»Poems supposed to have been written at Bristol by Th. Rowley and others in the 15th century«, 1777). Die k. R. löste in Deutschland, etwa bei Klopstock und im ↗ Göttinger Hain, die Mode der ↗ Bardendichtung aus. – 2. ↗ Irische Renaissance.   GG/Red.

Kenning, f. [anord. = Kennzeichnung], Pl. *Kenningar*; in der anord. Poetik die Bez. eines – im Ggs. zum einfachen ↗ Heiti – mehrgliedrigen Ausdrucks, der zum Ersatz eines Appellativum oder Nomen proprium (Gattungs- oder Eigennamens) dient. Eine K. besteht aus einem Grundwort (*stofnorð*) und einem Bestimmungswort als genitivischer Ergänzung (*kenniorð*), oder aber aus einem Kompositum. Durch die genitivische Ergänzung ist eine K. beliebig erweiterbar, denn jedes Grund- und Bestimmungswort kann durch eine K. ersetzt werden, so dass aus bis zu sieben Gliedern bestehende K.ar überliefert sind. In inhaltlicher Hinsicht hat das Grundwort einer K. mit jenem Nomen proprium oder Appellativum, das ersetzt werden soll, nichts oder wenig gemein; erst die genitivische Ergänzung lenkt auf das Gemeinte zurück: Der Rabe ist, weil er das Blut der Gefallenen auf dem Schlachtfeld trinkt, *hræsævar bergir* (›Berger des Leichensees‹) oder *benvíðis skári* (›Möwe des Wundenmeeres‹), wobei ›Leichensee‹ und ›Wundenmeer‹ ihrerseits K.ar für Blut sind. Die Entschlüsselung einer K. ist oft nur vor dem Hintergrund eines spezifischen kulturellen Referenzsystems möglich (germ. Heldensage und ↗ Mythologie); die Bez. Thors als *hafra dróttinn* (›Herr der Ziegenböcke‹) erschließt sich z. B. nur dem, der weiß, dass sein Wagen von zwei Ziegen gezogen wird. Daneben existieren auch K.ar, die den Begriff eher metaphorisch verschlüsseln. – Die K. als Stilfigur ist auch in anderen Sprachen (z. B. im Altind. und Altirischen) bekannt, hat es allerdings nur im Anord., hier v. a. in der ↗ Skaldendichtung, zu einer hohen Systematisierung gebracht. Ihr Ursprung wird in der Sprache des ↗ Rätsels, des Tabus, des Magischen oder des Sakralen gesucht. Lit.: W. Beck: Zum (indo-)germ. Hintergrund der Skaldensprache. In: G. Pinault, D. Petit (Hg.): Langue poétique indo-européenne. Leuven 2006, S. 7–21. – K. Düwel: K. In: RLW. – E. Marold: K. In: RGA. – R. Meissner: Die K.ar der Skalden. Bonn 1921.   WB

Kernkanon ↗ Kanon.

Kettenbuch [lat. *liber catenatus*], ein zur Sicherung gegen Diebstahl im hinteren Einbanddeckel mit einer Metallkette an einem Regal oder Lesepult befestigtes Buch, verbreitet vom 11. Jh. bis in die Frühe Neuzeit. Die Kettenbücher wurden in Regalen der ›Kettenbibliotheken‹ aufbewahrt, konnten hervorgezogen und auf Lesepulten, die entlang der Regale aufgestellt waren,

abgelegt werden. Obwohl die meisten Kettenbibliotheken aufgelöst wurden, kann man noch heute anhand charakteristischer Löcher im Originaleinband nachvollziehen, ob es sich um ein ehemaliges K. handelt.   ID

Kettenreim, 1. äußerer K., auch: Terzinenreim; Endreim mit der Reimstellung *aba bcb* ... (auch *aba cbc* ...), z. B. in Dantes »Divina Commedia«; 2. innerer K.: Reimfolgen, die Versanfang, Versinneres und Versende nach einem bestimmten Schema verketten, schon in mhd. Lyrik (u. a. Konrad von Würzburg), im 17. Jh. u. a. G. Neumark (Schema: *a ... b ... a / c ... b ... c*: »*Streue* deinen goldnen *Regen* auf dies Paar und sie erfreue / Schaue sie in vollem Segen und mit Nektar sie betaue«).   GS/Red.

Keulenvers [Übers. von lat. (*versus*) *rhopalicus*; zu gr. *rhopalikós* = keulenförmig], Sonderform des daktylischen ↗ Hexameters. Der K. setzt sich aus fünf Wörtern zusammen, deren Silbenzahl stets um eine Silbe zunimmt; das Wortmaterial eines solchen Verses dehnt sich gewissermaßen keulenförmig aus.   JK/Red.

Kiltlieder [alemannisch ›Kiltgang‹ = nächtlicher Besuch eines Burschen bei seinem Mädchen, vgl. ahd. *chwiltiwerch* = Abendwerk, Abendarbeit], volkstümliche, meist dialogische Erzähllieder über den im südwestdt. Raum verbreiteten Brauch des Kiltgangs; besingen Aufbruch des Burschen zu seinem Mädchen, Einlassbegehr (mit sog. *Kiltsprüchen*), Trennung am Morgen (↗ Tagelied), Wiederbegegnung u. a.

Kinädenpoesie, f. [gr. *kínaidos* = Tänzer, Päderast], auch: *Kinaidologie* oder *Ionikologie*; alexandrinische Dichtung mit erotischem oder sexuellem, evtl. auch parodistisch-satirischem Charakter, vermutlich entstanden aus ionischen Trinkliedern und unzüchtigen ionischen Tänzen (Horaz: »Oden« III, 6, V. 21), die vom Kinaidos (*Kinaidologos* oder, wegen des Vortrags ionischer Verse, auch: *Ionikologos*) bei festlichen Gelagen, ursprünglich zu orientalischer Musik, vorgeführt wurden (↗ Mimus). Das Versmaß war der ↗ Sotadeus, der dem Hauptvertreter, Sotades von Maroneia, zugeschrieben und daher für K. auch *Sotadische Lit.*   GG

Kinaidologie ↗ Kinädenpoesie.

Kinder- und Jugendliteratur (= KJL.), in älteren Darstellungen: Jugendschriften [engl. *children's literature*; frz. *littérature de jeunesse*], 1. die von Kindern (= K.) und Jugendlichen (= J.) außerhalb des Unterrichts und auch nicht in Begleitung zu diesem freiwillig konsumierte fiktionale und nicht-fiktionale Lit. (= K.- und Jugendlektüre, Freizeitlektüre); 2. die Gesamtheit der fiktionalen und nicht-fiktionalen Texte, die von den Erwachsenen als geeignete K.- und Jugendlektüre angesehen und zur Lektüre empfohlen, teils auch für K. und J. eigens publiziert werden (= *intentionale* KJL.); 3. die für K. und J. eigens hervorgebrachte Lit., die Gesamtheit der fiktionalen und nicht-fiktionalen Texte, die für K. und J. eigens verfasst, die seitens ihrer Urheber von vornherein als potentielle K.- und Jugendlektüre konzipiert worden sind (= *spezifische* KJL.). Unter ›(positiv) *sanktionierter* KJL.‹ sind all die Texte zu verstehen, die von den gesellschaftlich dazu autorisierten (konfessionellen, pädagogischen, lit.kritischen) Instanzen zur geeigneten K.- und Jugendlektüre erklärt worden sind und entsprechend gekennzeichnet sind. KJL. ist als Textkorpus begrifflich von K.- und Jugend*medien* zu unterscheiden, bei denen es sich um adressatenspezifische Sonderformen allg. Publikationsmedien handelt (K.- und Jugendbuch, -zeitschrift, -kassette, -theater, -kino, -fernsehen etc.). Bei der KJL. handelt es sich ursprünglich nicht um eine *originäre* Lit., sondern um eine bes. Lit.*verwendung*, um die nachträgliche Inanspruchnahme einer primär nicht bzw. nicht ausschließlich für K. und J. bestimmten Lit. für eben diese Zielgruppe. Erst in einem zweiten, historisch bedeutend späteren Schritt entsteht eine Lit., die eigens für K. und J. verfasst ist, die freilich bis heute nur einen Teil des KJL.-Angebots ausmacht. Als zentral hat sich das Prinzip der *Akkommodation* erwiesen: KJL. muss auf die sprachlichen, kognitiven und lit. Kompetenzen der jeweils anvisierten Altersgruppe abgestimmt sein. – *Geschichte:* KJL. lässt sich seit dem MA. nachweisen. Neben Liedern, Epen und Sagen spielt die lat. Lit. eine große Rolle, die zum mal. Schullektürekanon gehört. (»Disticha Catonis«, Fabeln des Avian und der »mal. Aesop«, gnomische Spruchsammlungen). Hinzu kommen speziell an Jünglinge adressierte Werke, die Fragen der Ausbildung behandeln (Notker Balbulus: »De viris illustribus«, um 890; Konrad von Hirsau: »Dialogus super auctores«, 12. Jh.). Das erste bekannte dt.sprachige Dokument ist der Edelknabenspiegel »Der Jüngling« des Konrad von Haslau (Ende 13. Jh.). Von den »Disticha Catonis« und anderen gnomischen Spruchsammlungen inspiriert ist der »Windsbecke« (13. Jh.), ein ritterliches Lehrgedicht in Form eines väterlichen Rates für einen Sohn, wie die »Windsbeckin«, das Pendant für Mädchen (Mutterbelehrung). Mit Beginn des *Buchdrucks* erscheinen als Drucke auch eigens an K. und J. adressierte Werke, v.a. lehrhafte Lit. (»Disticha Catonis«, »Facetus« u.a.), oft in lat.-dt. Ausgaben, und religiös erbauliche Werke (»Seelentrost«, 1487). Daneben erscheinen Zucht- und Sittenbücher (Erasmus: »De civilitate morum puerilum«), Anstandslehren, elterliche Räte, Komplimentier- und Konversationsbücher; ebenso unterhaltende Schriften wie Fabeln und Tierepen (Rollenhagens »Froschmeuseler«, 1595), Prosaromane (»Pontus und Sidonia«, 1485; »Schöne Magelona«, 1536; G. Wickram: »Der Jungen Knaben Spiegell«, 1554). Eine Sonderstellung nehmen die v.a. im *Zeitalter des Humanismus* gebräuchlichen Schülergespräche ein, die Alltagslatein lehren sollen (Erasmus: »Colloquia familiaria«) wie auch das ↗ Schuldrama, das Ende des 17. Jh.s durch Ch. Weise zu einer nochmaligen Blüte gelangte. Von den epochemachenden Werken des 17. Jh.s sei Comenius' »Orbis sensualium pictus« (1658) genannt. Nach der ersten Blüte im Zeitalter der Refor-

mation erlebt die KJL. eine weitere Hochphase im letzten Drittel des 18. *Jh.s*, getragen von der Pädagogik der Aufklärung (Locke, Rousseau, Philanthropismus). Zu ihren Autoren zählen J.G. Sulzer, Ch.F. Weiße (»Der Kinderfreund«, 1776–82), J.B. Basedow (»Elementarbuch«, 1770), J.K. Wezel (»Robinson Crusoe«, 1779 f.), J.H. Campe (»Robinson der Jüngere«, 1779 f.), Ch.G. Salzmann, A.L.v. Schlözer, J.K.A. Musäus (»Moralische Kinderklapper«, 1788), K.Ph. Moritz, F.J. Bertuch (»Bilderbuch für Kinder«, 1790–1830). Die aufgeklärte KJL. hat die Grundlagen für ein breites, moralisch und sachlich belehrendes Schrifttum mit unterhaltendem Charakter gelegt, das auch im 19. Jh. noch lebendig bleibt. Die *Romantik* entwickelt eine konträre KJL.-Auffassung. Sie erklärt die sog. Volkspoesie – volkstümliche K.reime, Volksmärchen, Sagen, Legenden, Volksbücher und Puppenspiele – zur einzig wahren KJL. Zu ihren markantesten Leistungen gehören die K.lieder aus dem »Wunderhorn« (1808) v. Arnims und Brentanos, die »Kinder- und Hausmärchen« der Brüder Grimm (1812/15; ²1819) wie die Märchennovellen für K. von Tieck, Brentano, E.T.A. Hoffmann u.a. Die Romantik begründet eine neue Tradition des K.liedes (F. Rückert, F. Güll, W. Hey, Hoffmann v. Fallersleben) und regt zahlreiche weitere Märchen-, Sagen- und Volksbuchsammlungen an (E.M. Arndt, J.P. Lyser, G. Schwab, K. Simrock, H. Pröhle, I. und J. Zingerle u.a.). Mit W. Hauff, L. Bechstein und Th. Storm entwickeln sich biedermeierliche und realistische Tendenzen im Märchen. Daneben steht im *19. Jh.* eine breite Strömung der KJL., welche die aufgeklärte Tradition des moralischen Erzählens unter Wiederaufnahme religiöser Motive und Inhalte fortsetzt (Ch.v. Schmid, A. Schoppe, G. Nieritz, W.O.v. Horn [d.i. Wilhelm Oertel], F. Hoffmann, F. Schmidt u.a.). Zudem entwickelt sich eine umfangreiche Erzähllit. für Mädchen (↗ Mädchenlit.: R. Koch, Th. v. Gumpert, A. Stein [d.i. Margarete Wulff], O. Wildermuth, I. Braun, M. Osten [d.i. Emilie Eyler], Aurelie [d.i. Sophie Baudissin], E. Averdieck, L. Pichler u.a.). In der Backfischlit. des ausgehenden 19. Jh.s zeigt sich eine stärkere Psychologisierung (C. Helm, E.v. Rhoden, H. Koch). Aus den ↗ Robinsonaden und den ↗ Reiseberichten des 18. Jh.s geht die Abenteuerlit. des 19. Jh.s hervor; die dt. KJL. (Ch. Sealsfield, F. Gerstäcker, S. Wörishöffer, K. May) hat jedoch der anglo-am. Abenteuerlit. (J.F. Cooper, F. Marryat, H. Melville, R.L. Stevenson) nur wenig Gleichwertiges entgegenzusetzen. Gegen Ende des 19. Jh.s öffnet sich die KJL. auf breiter Front nationalistischem und kolonialistischem Gedankengut. Aus der KJL. des 19. Jh.s haben die Bilderbücher bzw. Bildergeschichten H. Hoffmanns (»Der Struwwelpeter«, 1845) und W. Buschs (»Max und Moritz«, 1865) den Rang bleibender Klassiker erlangt. Nicht unumstritten sind dagegen die »Heidi«-Romane J. Spyris (1880) und v. Rhodens »Trotzkopf« (1885). – Gegen die Unterwerfung der KJL. unter Marktgesetze und Verlegerinteressen wie auch gegen deren Missbrauch durch Nationalismus und Chauvinismus wendet sich Ende des 19. Jh.s die *Jugendschriftenbewegung* (H. Wolgast: »Das Elend unserer Jugendlit.«, 1896); ihr geht es um ästhetische Erziehung und um künstlerisch wertvolle KJL. – Eine eigene KJL. entsteht im Umfeld der Sozialdemokratie (E. Rossbach: »Märchenbuch für die Kinder des Proletariats«, 1893; R. Grötzsch: »Nauckes Luftreise«, 1908, J. Brand (d. i. Emil Sonnemann): »Gerd Wullenweber«, 1915; B. Schönlank: »Der Kraftbonbon und andere Großstadtmärchen«, 1928; C. Dantz: »Peter Stoll. Ein Kinderleben«, 1925; L. Tezner: »Hans Urian, die Geschichte einer Weltreise«, 1929). Bereits um die Jahrhundertwende formuliert C. Zetkin (»Kunst und Proletariat«, 1911) eine Gegenposition, nach der eine proletarische KJL. die sozialistische Weltanschauung zu vermitteln und für den Klassenkampf zu erziehen habe; dieser Linie folgt in der Weimarer Zeit die KJL. aus dem Umfeld der KPD (H. zur Mühlen, E. Lewin-Dorsch, K. A. Wittfogel, B. Lask, A. Wedding, W. Schönstedt: »Kämpfende Jugend«, 1932). Die Tendenz der neuen Sachlichkeit zieht mit den Büchern E. Kästners (»Emil und die Detektive«, 1928) in die KJL. ein. – Die KJL. der *DDR* setzt die sozialistischen Traditionslinien fort, wird anfänglich jedoch stark von sowjetischen Vorbildern bzw. von Übernahmen aus der sowjetischen Erwachsenenlit. (A. Fadejew, A. Gaidar, N. A. Ostrowski) geprägt. Nach einer Phase der intensiven Auseinandersetzung mit der dt. Vergangenheit treten in den 1950er Jahren Probleme des staatlichen Neuaufbaus in den Vordergrund (H. Beseler, B. Pludra, I. Korn, A. Wedding, E. Strittmatter). In den 1960er Jahren geraten zunehmend individuelle Konflikte und Alltagsprobleme in das Blickfeld (A. Wellm, K. Neumann, U. Kant, G. Holtz-Baumert, H. Hüttner). Die 1970er Jahre bringen eine stärkere Beachtung subjektiver Momente (G. Görlich, B. Wolff, U. Plenzdorf, R. Schneider); zugleich zeigt sich eine größere Offenheit für die romantisch-poetischen Traditionslinien der KJL. (Märchen-, Heldendichtung u. a.). – Im *westlichen Deutschland* und in *Österreich* sticht nach 1945 zunächst die breite Rezeption der KJL. des anglo-am. und skandinavischen Raumes hervor (L. Carroll, H. Lofting, P. L. Travers, S. Lagerlöf, A. Lindgren, C. S. Lewis, Tolkien), was den Formenbestand der dt.sprachigen KJL. bereichert. Auf epischem Gebiet stellt J. Krüss mit seinen Helgoländer Erzählzyklen die KJL. in die Tradition althergebrachter Erzählkunst. O. Preußlers lit. K.märchen und Kasperlgeschichten und die »Jim Knopf«-Romane (1960–62) M. Endes steigen zu internationalen K.buchklassikern auf. Einen Beitrag zur Phantastik leisten E. Lillegg und H. Winterfeld. Zugleich darf man von einer Hochphase dt. und österr. K.lyrik sprechen (Ch. Busta, J. Guggenmos, J. Krüss, E. Borchers, M. Ende, J. Spohn). In den 1960er Jahren kommt es zu ersten Versuchen einer kritischen Auseinandersetzung mit der Naziherrschaft und dem Holocaust (H. P. Richter: »Damals

war es Friedrich«, 1961; H. G. Noack: »Stern über der Mauer«, 1962), die in den 1980er und 1990er Jahren ihren Höhepunkt erreicht (G. Pausewang: »Die Reise im August«, 1992). Gegen die Errichtung einer heilen K.welt auf der Basis einer Verdrängung der Realität wenden sich im Gefolge der 68er-Revolte die antiautoritäre und die sozialkritische KJL. (Grips-Theater, U. Wölfel, S. Kilian, Ch. Nöstlinger, P. Härtling, R. Welsh, H. Ch. Kirsch, G. Pausewang u. a.). Die beginnenden 1980er Jahre zeigen ein zunehmendes Interesse an phantastischer KJL. Als Infragestellung der neuen KJL. werden anfänglich M. Endes »Momo« (1973) und »Die unendliche Geschichte« (1979) wie auch die Psychologisierung der realistischen Genres (P. Härtling, G. Mebs, K. Boie, M. Pressler) empfunden. Ab den 1980er Jahren wird die Breite des Gattungsspektrums moderner KJL. akzeptiert. Die 1990er Jahre sind durch den Vormarsch der multimedialen Unterhaltungsangebote gekennzeichnet; die nun bei der Zielgruppe favorisierten Genres (Science-Fiction, Fantasy, Mystery, Grusel und Horror, Comedy etc.) harren noch der Entdeckung durch Kritik und Wissenschaft.

Lit.: M. Dahrendorf: KJL. im bürgerlichen Zeitalter. Königstein 1980. – K. Doderer (Hg.): Lexikon der KJL. 4 Bde. Weinheim, Basel 1975–82. – H.-H. Ewers u. a. (Hg.): KJL.-Forschung [Jb.]. Stgt. 1995 ff. – H.-H. Ewers: Lit. für K. und J. Mchn. 2000, vollst. überarb. 2005. – K. Franz u. a. (Hg.): KJL. Ein Lexikon. Meitingen 1995 ff. – C. Gansel: Moderne KJL. Bln. 1999. – G. Haas (Hg.): KJL. Stgt. 1984. – G. Klingenberg: KJL.-Forschung. Wien u. a. 1973. – B. Kümmerling-Meibauer: Klassiker der KJL. Ein internationales Lexikon. 2 Bde. Stgt. 1999. – Dies.: KJL. In: RLW. – G. Lange (Hg.): Taschenbuch der KJL. 2 Bde. Baltmannsweiler 2000 u. ö. – E. O'Sullivan: K.lit. Komparatistik. Hdbg. 2000. – W. Pape: Das lit. K.buch. Bln. 1981. – J. Thiele: Das Bilderbuch. Oldenburg 2000. – R. Wild (Hg.): Geschichte der dt. KJL. [1990]. Stgt. ²2002. HHE

Kinder- und Jugendlyrik, für Kinder und Jugendliche geschriebene Gedichte. K. u. J. wird wie ↗ Kinder- und Jugendlit. generell als rezipientenbezogene Sonderform der Erwachsenenlit. verstanden. Während ›Kinderlyrik‹ als Begriff geläufig ist, wenn auch nicht klar definiert ist, hat ›Jugendlyrik‹ neben ›Jugendroman‹ oder ›Jugendtheater‹ (↗ Kinder- und Jugendtheater) noch kein gattungsspezifisches Profil. Gedichte *von* Kindern werden selten publiziert und spielen eher eine Rolle als didaktisches Konzept im ↗ Deutschunterricht. Gelegentlich finden sich in den ↗ Anthologien der Kinderlyrik auch nicht eigens für Kinder geschriebene Gedichte *über* Kinder.

1. Kinderlyrik unterscheidet sich von ↗ Lyrik generell weniger durch die künstlerischen Mittel als durch die Themenwahl, die Bevorzugung erzählerischer und lehrhafter Formen und die weitgehende Vermeidung der für die Lyrik typischen Verschlüsselungen wie ↗ Allegorie und ↗ Symbol. Neben der *intentionalen* (ei-

gens für Kinder geschriebenen) Kinderlyrik werden zuweilen auch solche Gedichte zur Kinderlyrik gerechnet, die nicht eigens für Kinder geschrieben sind, von denen man aber meint, dass Kinder sie verstehen können; sie stammen entweder aus der volkstümlichen Überlieferung (v. a. Kinderreime und Kinderlieder) oder werden aus dem gesamten Textrepertoire der Lyrik ausgewählt. Im Unterschied zur epischen Kinder- und Jugendlit. liegt die Tradierung der Kinderlyrik fast ausschließlich bei den Bildungsinstitutionen Kindergarten und Schule; Anthologien und ↗ Lesebücher sind die wichtigsten Publikationsmöglichkeiten für Kindergedichte. Der sozialgeschichtliche Ansatz der Kindheitsforschung (vgl. Vogdt) sieht den Beginn der Kinderlyrik in der Aufklärung, während ihr Ende mit dem ›Verschwinden der Kindheit‹ am Ausgang des 20. Jh.s zusammenfalle. – Nach Anfängen im 18. Jh. (Ch. F. Weiße, Ch. A. Overbeck) wird die Entwicklung v. a. durch die Kinderlieder in A. v. Arnims und C. Brentanos Sammlung »Des Knaben Wunderhorn« (1806–08) bestimmt. F. Rückert begründet nicht nur die Tradition des »Märchenerzählgedichts« (Vogdt, S. 131), sondern auch den Typus des ↗ Bilderbuchs mit gereimten Geschichten. Die bürgerliche Kinderlyrik des 19. Jh.s (F. Güll, R. Reinick, V. Blüthgen, A. H. Hoffmann von Fallersleben, A. Kopisch, G. Falke) bestimmt den Kanon bis weit ins 20. Jh., wobei die »Fünfzig Fabeln für Kinder« (1833) von W. Hey mit Bildern von O. Speckter bes. dauerhaft wirken. Die Innovationen des frühen 20. Jh.s bleiben zunächst weitgehend unbeachtet (P. und R. Dehmel: »Fitzebutze«, 1900; J. Ringelnatz: »Geheimes Kinder-Spiel-Buch«, 1924; Ch. Morgenstern: »Klein Irmchen«, postum 1921). Den Neubeginn nach 1945 dokumentieren die Anthologien von J. Krüss (»So viele Tage wie das Jahr hat«, 1959) in der BRD sowie von E. George und R. Hänsel (»Ans Fenster kommt und seht ...«, 1963) in der DDR, die neben dem klassischen Kanon jeweils auch aktuelle Kinderlyrik von B. Brecht, P. Hacks und J. Krüss enthalten. In der westdt. Kinderlyrik beginnt Ende der 1950er Jahre mit Krüss ein neues, stark von Nonsens-Elementen (↗ Unsinnspoesie) und Sprachspielen bestimmtes Schreiben (H. Baumann, H. A. Halbey, J. Spohn, H. Manz) sowie mit den rhythmisch und klanglich ausgefeilten Naturgedichten von J. Guggenmos ein neuer Ton in der Kinderlyrik (Ch. Busta, E. Borchers). Nach 1968 finden antiautoritäre Pädagogik und politische Kontroversen Eingang ins Kindergedicht und den Kindersong (Christiane & Frederik, D. Süverkrüp). Die gesamte, sehr reiche und durchaus nicht nur propagandistische Kinderlyrik der DDR ist nach der Wende publizistisch nicht mehr präsent (D. Mucke, W. Petri, E. Strittmatter). Eine wichtige Rolle spielt die Kinderlyrik in Österreich (F. Hofbauer, Ch. Nöstlinger, R. Bletschacher; Österr. Staatspreis für Kinderlyrik, seit 1993).

2. ›Jugendlyrik‹ ist im Unterschied zu ›Kinderlyrik‹ zunächst kein rezipienten-, sondern ein produzentenbezogener Terminus, bezeichnet also *von* Jugendlichen geschriebene und z. B. beim ↗ Poetry Slam vorgetragene Gedichte. Daneben kann man darunter auch *für* Jugendliche geschriebene bzw. von ihnen ohne schulische Empfehlung gelesene Gedichte verstehen, die in Thema und Form ihr jeweiliges Lebensgefühl treffen (z. B. ↗ HipHop und ↗ Rap).

Lit.: K. Franz: Kinderlyrik. Mchn. 1979. – Ders.: Kinderverse. In: RLW. – K. Franz, H. Gärtner (Hg.): Kinderlyrik zwischen Tradition und Moderne. Baltmannsweiler 1996. – H. J. Gelberg (Hg.): Die Stadt der Kinder. Recklinghausen 1969. – H.-J. Kliewer (Hg.): Die Wundertüte [1989]. Stgt. 2005. – H.-J. und U. Kliewer: Jugendlyrik. Stgt. 2000. – E. Kratschmer: Poetologie des Jugendgedichts. Ffm. 1996. – H. Reger: Kinderlyrik in der Grundschule [1990]. Baltmannsweiler 2000. – I. B. Vogdt: Wunderhorn und Sprachgitter. Geschichte der intentionalen Kinderlyrik seit dem 18. Jh. Mchn. 1998.   HJK und UK

Kinder- und Jugendtheater, Theater für Kinder und Jugendliche (als Zuschauer) bzw. mit Kindern und Jugendlichen (als Spielern). Ein früher Vorläufer ist das humanistische ↗ Schuldrama der ↗ Renaissance, das dem Spracherwerb des Lat., der Gedächtnisübung und der Schulung der ↗ Rhet. diente. Mit der Einf. dt.sprachiger Texte verschob sich im 17. Jh. das pädagogisch-didaktische Interesse von der rhet. zur moralischen Erziehung. Die Schultheater der Protestanten und der Jesuiten waren von der konfessionellen Indienstnahme durch Reformation (↗ Reformationsdrama, ↗ Reformationslit.) bzw. ↗ Gegenreformation geprägt. – G. K. Pfeffels »Dramatische Kinderspiele« (1769) markieren den Übergang vom Schuldrama zum bürgerlichen Kinderdrama des 18. Jh.s, das für die private Aufführung gedacht oder als Lesedrama konzipiert war. Als dessen Protagonist gilt Ch. F. Weiße (1726–1804). Mit der Berliner Premiere der Kinder-Komödie »Die drei Haulemännerchen« (1854) von C. A. Görner wurde die bis heute fortwirkende Tradition des dt. Weihnachtsmärchens begründet. Mit der dt. Erstaufführung der Weihnachtspantomime »Peter Pan« von J. M. Barrie unter dem Titel »Peter Gerneklein« (1905) und der Uraufführung des Märchenspiels »Peterchens Mondfahrt« (1912) von G. v. Bassewitz wird ein dramaturgischer Perspektivenwechsel markiert: Die Handlung dieser Stücke wird aus der Perspektive der Kinder entwickelt. – Das weltweit erste staatliche Theater für Kinder wurde 1919 in Moskau gegründet. Der Direktion gehörte N. Saz an, die spätere Leiterin des Zentralen Kindertheaters der Sowjetunion. Mit der legendären Inszenierung »Das bucklige Pferdchen« (1922) des Regisseur A. A. Brjanzew wurde das Theater der jungen Zuschauer in Petrograd eröffnet, das eine bes. Verbindung zwischen Künstlern und Publikum pflegte und das Theaterspiel der Kinder programmatisch in Inszenierungen integrierte. Es war Modell für alle sowjetischen K. u. J. und nach 1945 auch für die staatlichen K. u. J. in der DDR. Im Gefolge der Studentenbewegung versuchten neu gegründete K. u. J. in der BRD und bes. in Westberlin (Grips-Theater, Theater Rote Grütze, Hoffmanns Comic-Theater) den mangelnden Realitätsbezug des herkömmlichen K. u. J.s zu überwinden und das Selbstbewusstsein der jungen Zuschauer zu stärken. In den 1970er und 1980er Jahren entwickelte sich in der BRD eine breite Szene des professionellen K. u. J.s, zunächst v. a. von Freien Theatern getragen, zunehmend auch von den Staats-, Stadt- und Landestheatern. Autoren wie P. Maar, R. Herfurtner, F. K. Waechter und W. Grote prägten das sich entwickelnde Repertoire; hinzu kamen Texte und Inszenierungen aus Schweden, den Niederlanden, Italien und der Schweiz. Seit den 1980er Jahren, bes. aber nach der politischen Vereinigung näherten sich die beiden unterschiedlich gewachsenen Szenen des K. u. J.s in Ost- und Westdeutschland zunehmend aneinander an.

Lit.: U. Dettmar: Das Drama der Familienkindheit. Der Anteil des Kinderschauspiels am Familiendrama des späten 18. und frühen 19. Jh.s. Mchn. 2002. – U. Henschel: Theaterspielen als ästhetische Bildung. Weinheim 1996. – M. Jahnke: Von der Komödie für Kinder zum Weihnachtsmärchen. Meisenheim/Gl. 1977. – Reclams Kindertheaterführer. Stgt. 1994. – M. Schedler: Kindertheater. Ffm. 1972.   GT

Kino-Debatte ↗ Film, ↗ Filmtheorie.

Kirchenlied, für den volkssprachlichen Gemeindegesang im christlichen Gottesdienst geeigneter, strophisch gegliederter Verstext. Das K. ist nicht scharf von anderen Formen geistlicher Lyrik abzugrenzen, doch resultieren aus der Gebrauchsbindung ein relativ übersichtlicher Bau ein Anspruch auf intersubjektive Verbindlichkeit der Glaubensaussage. Thematisch orientiert sich das K. am christlichen Heilsgeschehen, das es im Bezug auf die Etappen des Kirchenjahres (z. B. Pfingstlieder), des Gottesdienstes, des christlichen Lebenslaufs (z. B. Tauflieder) oder existentielle Grunderfahrungen (z. B. Tageszeiten, Tod) und -bedürfnisse (z. B. Trost, Erbauung) vergegenwärtigt. Mit der Anrufung und dem Lob Gottes verbinden sich Wirkungsabsichten wie Verkündigung, Lehre und Mahnung (katechetische Funktion). Insgesamt hält sich, bei relativ stabiler Typik auch des (bibel-)sprachlichen Ausdrucks, ein fester Kanon von Themen, Vorstellungen, Symbolen; durch den Gebrauch erfährt das bestehende Liedgut zugleich fortwährend textliche Änderungen oder Ergänzungen. – Geschichtlich ist v. a. die Prägung durch die Reformation wesentlich, welche in der Liturgie den lat. Kirchengesang durch das volkssprachliche Gemeindelied ersetzt. Doch knüpft das K. der Reformation an eine lange Tradition an. Im dt. Sprachraum sind über 600 volkssprachliche K.er aus vorlutherischer Zeit bekannt (z. B. das Freisinger »Petruslied«, um 850), die den lat. Klerikergesang ergänzen und meist eng an ihn angelehnt sind, so z. B. der ↗ Leis »Christ ist erstanden« (um 1160) an die Ostersequenz »Victimae paschali«. Die häufigste K.strophe, die M. Luther mit Liedern wie »Erhalt uns, Herr, bei deinem Wort« prägte und die zur meistgebrauchten

dt. Strophenform überhaupt wurde (vgl. Frank, S. 208–213), entwickelte sich aus der Hymnenstrophe des Ambrosius. Schon früh wirkt auf dem Weg der ↗ Kontrafaktur auch das weltliche Lied ein (z. B. »O Welt, ich muß dich lassen« nach H. Isaac: »Innsbruck, ich muss dich lassen«). Metrisch folgt das K. dem 16. Jh.s noch denselben Regeln wie der ↗ Meistersang; nicht erst von Luther erfunden ist auch die barförmig aufgebaute siebenzeilige *Lutherstrophe* (z. B. das Psalmlied »Aus tiefer Not schrei ich zu dir«; vgl. Frank, S. 543–548). Als erste dt. K.sammlung erscheint 1524 in Wittenberg das »Geystliche gesangk Buchleyn«; 1537 folgt das erste kath. Gesangbuch. Die Reformierten halten sich weithin an A. Lobwassers Übers. des ›Genfer Hugenottenpsalters‹ aus dem Frz. (1573). Die meisten sowie die formal und inhaltlich vielfältigsten K.er entstehen im 17. Jh.; kath. Dichtern wie F. Spee (»Trutznachtigall«, 1649) und J. Scheffler (= Angelus Silesius) stehen ev. Autoren wie J. Heermann und P. Gerhardt gegenüber. Die im Barock schon angelegte Tendenz zur mystischen Verinnerlichung, zur Äußerung des individuellen religiösen Gefühls führt zum K. des ↗ Pietismus (G. Tersteegen). Im Zeichen der ↗ Aufklärung treten statt des Heilsgeschehens sittliche Belehrung und Gegenwartsbezug in den Vordergrund; das hergebrachte Liedgut wird erheblich verändert (F. G. Klopstock: »Veränderte Lieder«) oder ersetzt. J. G. Herder (›Weimarer Gesangbuch‹, 1795) tritt dieser Modernisierungstendenz entgegen und bereitet so die hymnologische Restauration der Romantiker im Zeichen der »Volkspoesie« vor (E. M. Arndt: »Von dem Wort und dem K.e«, 1819). Im 19. Jh. setzt die historisch-kritische Erforschung des K.s ein. Das K. dieser Zeit wirkt häufig sentimental und klischeehaft; nach engl. Vorbild entstehen Erweckungs- und Missionslieder. Keinen Anteil mehr nimmt das K. seit dem 19. Jh. an den Formentwicklungen der profanen Poesie – die sich aber ihrerseits, etwa bei G. Benn oder B. Brecht (»Großer Dankchoral«), noch aus dem älteren K. speisen kann. Unter dem Schlagwort »Gesangbuchnoth« (R. Stier, 1838) verbindet sich in der ev. Kirche die Kritik am aufklärerischen Liedgut mit der Forderung eines einheitlichen Gesangbuchs, das bald nach der Eisenacher Kirchenkonferenz (1852) erscheint (bislang letzte Fassung: »Ev. Gesangbuch« von 1993). Das kath. Einheitsgesangbuch »Gotteslob« liegt seit 1975 vor. In den 1930er und 1940er Jahren streben Autoren wie J. Klepper, R. A. Schröder oder O. Riethmüller durch den Rückgriff auf Bibel und Tradition sowie eine schlichte, konzentrierte Sprache die erneute geistliche Vertiefung des K.es an. Nach 1945 ist eine zunehmende Internationalisierung des Kirchengesangs zu beobachten (am. Spirituals und Gospels, K.er, die sich musikalisch am Folk- oder Popsong u. a. orientieren).

Texte: K. Ameln u. a. (Hg.): Das dt. K. Bd. 1 in 2 Teilbdn. Kassel 1975/80. – W. Bäumker: Das kath. Dt. K. in seinen Singweisen [...]. 4 Bde. [1883–1911]. Nachdr. Hildesheim 1962. – A. Fischer, W. Tümpel:

Das dt. ev. K. des 17. Jh.s. 6 Bde. [1904–16]. Repr. Hildesheim 1964. – Ph. Wackernagel: Das dt. Kirchenlied von der ältesten Zeit bis zu Anfang des 17. Jh.s. 5 Bde. [1864–77]. Repr. Hildesheim 1964.
Lit.: H.-J. Becker u. a. (Hg.): Geistliches Wunderhorn. Mchn. 2001 – H. J. Frank: Hb. der dt. Strophenformen [1978]. Tüb., Basel ²1993. – W.-I. Geppert: K. In: RLG. – G. Hahn: Evangelium als lit. Anweisung. Mchn., Zürich 1981. – G. Hahn, J. Henkys (Hg.): Liederkunde zum Ev. Gesangbuch. Gött. 2000 ff. – Jb. für Liturgik und Hymnologie (JLH), 1955 ff. – M. Jenny, J. Henkys: K. In: TRE. – H.-G. Kemper: Dt. Lyrik der frühen Neuzeit. Tüb. 1987 ff., bes. Bde. 1–3, 1987 f. – H. Kurzke, H. Ühlein (Hg.): K. interdisziplinär. Ffm. ²2002. – H. Kurzke: K. und Lit.geschichte. In: Jb. für Liturgik und Hymnologie 35 (1994/95), S. 124–135. – Ch. Möller (Hg): K. und Gesangbuch. Tüb., Basel 2000. – J. Pfeiffer: Dichtkunst und K. Hbg. 1961. – M. Rößler: K. In: RLW. – I. Scheitler: K., Gesangbuch. In: Killy/Meid. – K. Ch. Thust: Das Kirchen-Lied der Gegenwart. Gött. 1976. – Ch. Wagenknecht: Dt. Metrik [1981]. Mchn. ⁵2007.   MN

Kirchhofspoesie ↗ Gräberpoesie.

Kitharodie, f. [gr. *kithára*, ein mit den Fingern oder dem Plektron gespieltes Saiteninstrument], in der gr. Antike der von der Kithara begleitete ursprünglich ↗ epische, seit dem 7. Jh. v. Chr. (Terpandros von Lesbos) v. a. ↗ lyrische Sologesangsvortrag (vgl. dagegen die chorische ↗ Aulodie). Im Hellenismus entstanden auch K.n als Wechsel von Chor- und Sologesang, chorische und rein instrumentale K.n (Phrynis von Mytilene, Timotheos von Milet, 4. Jh. v. Chr.).   IS/Red.

Kitsch, m. [Wortherkunft ungeklärt, entweder von *kitschen* = Straßenschlamm zusammenscharren oder von mhd. *ketschen* = schleppen, schleifen oder aber von rotwelsch *Ketsch* = Ware unter der Hand bzw. auf listige Weise verkaufen], seit der zweiten Hälfte des 19. Jh.s verwandte negativ wertende Bez. für ästhetisch wie stilistisch als minderwertig, klischeehaft überladen, unecht oder banal verstandene Kunstprodukte. – Während frühere, der ↗ Autonomieästhetik verpflichtete Ansätze den Ggs. von K. und Kunst akzentuieren, hebt die ↗ Postmoderne die Dichotomie auf und diskutiert K. als Trivialmythos und Instrument hermeneutischer Distinktion. Andere Ansätze deuten K. als ein das Wertsystem der Kunst imitierendes Paradigma und akzentuieren die kontextuelle Bedingtheit der wertenden Qualität des Begriffes. Der bis in die Gegenwart nicht eindeutig zu fixierende Terminus impliziert oft eine typisierende Figurenzeichnung, ein unproblematisch-eskapistisches Handlungsschema, gesteigerte Emotionalität und die Tendenz zur Harmonisierung, die dem Rezipienten eine eindimensionale Identifikation ermöglicht. Indem das Kunstprodukt sich weniger an ästhetischen als an ökonomischen, auf eine massenhafte Verbreitung zielenden Paradigmen orientiert und die Bedürfnisse des breiten Publikums bedient, steht der lit. K. in der Nähe der ↗ Triviallit. Die ↗ post-

moderne Lit. entdeckt im K. die Möglichkeit, tradierte oder verbrauchte Ausdrucksformen zwischen ↗ Zitat und ↗ Ironie alternierend fortzuschreiben und betont das ästhetische wie stilistische Potential des K.s.
Lit.: F. Aspetsberger (Hg.): Banal und erhaben. Innsbruck 1997. – W. Braungart (Hg.): K. Tüb. 2002. – U. Eco: Apokalyptiker und Integrierte. Ffm. 1989. – N. Elias: K.stil und K.zeitalter. Münster 2004. – H.-E. Friedrich: K. In: RLW. – H.-D. Gelfert: Was ist K.? Gött. 2000. – W. Killy: Deutscher K. Gött. 1978. – R. Klüger: Von hoher und von niedriger Lit. Gött. 1996. – C. Putz: K. Bochum 1994. – J. Schulte-Sasse (Hg.): Lit. K. Tüb. 1979. – G. Theile (Hg.): Das Schöne und das Triviale. Mchn. 2003.   SSI

Kladde, f. [ndt. = Schmutz(fleck), Schmiererei], erster Entwurf, erste flüchtige Niederschrift (↗ Brouillon), im Ggs. zur fertigen Reinschrift; Buch für (vorläufige) tägliche Eintragungen, Geschäftsnotizen, Schulaufgaben.   GG

Klage, Bez. für Dichtungen über Themen wie Abschied, Vergänglichkeit, Verlust der Heimat, Liebe, Alter, Tod (↗ Toten-K.) usw. – K.n gibt es in allen Kulturen in den unterschiedlichsten Gattungsformen; vielfach sind sie auch in Epen eingebaut, z. B. Gilgameschs K. um seinen toten Freund im Gilgamesch-Epos. Die sog. »Klagelieder Jeremiae«, fünf leichenliedähnliche ↗ Psalmen, vereinigen verschiedene Gattungen wie Toten-K., Sündenbekenntnis, Gebet. – Als Begründer der kunstmäßig ausgebildeten K. gilt Simonides (500 v. Chr.). Zu den bekanntesten K.n gehören die von Ovid in der Verbannung am Schwarzen Meer verfassten »Tristia« (eigentlich »Tristium libri V«, 8–12 n. Chr., nach denen K.n in elegischen Distichen auch als ›Tristien‹ bezeichnet werden). – Als eigenständige lit. Gattung erscheint die K. in Hartmanns von Aue fälschlich »Büchlein« genannter Disputation, einem Lehrgedicht höfischer Minnegesittung. Auch in mhd. Lyrik begegnen zahlreiche K.n. – Der Barock zeitigt wieder eine Fülle von K.n, die um das zentrale Thema der *vanitas*, der Vergänglichkeit, kreisen, z. B. A. Gryphius' »Kirchhofs-Gedanken«. – In der Empfindsamkeit fanden die schwermütigen pseudo-keltischen Gesänge der Ossiandichtung J. Macphersons zahlreiche Nachahmungen. K.n verfassten ferner u. a. E. Young (»The Complaint, or Night Thoughts on Life, Death and Immortality«, 1742–45), Th. Gray (»Elegy«), O. Goldsmith, in Deutschland u. a. F. G. Klopstock und L. Ch. Hölty. J. W. Goethe, der auch verschiedene K.n übersetzte (»Klaggesang von der edlen Frauen des Asan Aga«, 1775; »Klaggesang, Irisch«, 1817), und F. Schiller fassen ihre dichterischen K.n in die Form von ↗ Elegien.   GG

Klang, akustisch wahrnehmbares Phänomen; neben der optisch und z. T. haptisch wahrnehmbaren ↗ Schrift die zweite konstitutive sinnliche Dimension der Lit., die sie mit der Musik teilt (↗ Musik und Lit.). K. artikuliert sich in der Lit. primär sprachlich, d. h. als eine Abfolge von Lauten, die in ihrer Kombination einen Sinn konstituieren. Auch die Phänomene des ↗Rhythmus und der ↗Metrik (also das Verhältnis von ↗Prosodie und ↗Versifikation in Verstexten) entfalten sich primär auf der K.-Ebene. Der K. kann sich, v.a. durch Verbindung mit Musik, von der Sinndimension emanzipieren, etwa im Gesang. Eine nicht-musikalische Entfernung des K.s vom Sinn stellen die ↗Lautgedichte dar (↗akustische Dichtung).   DB

Klanggestalt, zusammenfassende Bez. für alle akustischen, insbes. phonetischen Elemente der Lit., z.B. ↗Reim, ↗Alliteration, ↗Assonanz, ↗Lautmalerei oder Onomatopöie (↗onomatopoietische Dichtung), Lautsymbolik und ↗Rhythmus. Umstritten ist, inwieweit Phänomene wie die Sprachmelodie (Melos) oder die durch bestimmte Vokal- und Konsonantenfolgen erzeugte innere Musikalität eines Textes begrifflich hinreichend präzise fassbar sind.   DB

Klangmalerei ↗Lautmalerei.

Klapphornverse, vierzeilige Scherzverse, die mit der Wendung ›Zwei Knaben ...‹ beginnen müssen; Bez. nach einem frühen Beispiel: »Zwei Knaben gingen durch das Korn, / der eine blies das *Klappenhorn*...« Seit 1878 durch die ↗Fliegenden Blätter verbreitet. ↗Unsinnspoesie.   GS/Red.

Klarheit [gr. *saphéneia*, lat. *perspicuitas*], Stilprinzip, das Eindeutigkeit, übersichtliche Anordnung und hinreichende Detailgenauigkeit verlangt, nicht jedoch sprachliche Attraktionen. – Ursprünglich eines von drei Gestaltungsprinzipien (neben Kürze und Wahrscheinlichkeit) des Redeteils *narratio*, wird K. von Aristoteles nebst Angemessenheit zum beherrschenden, auch dichterischen Stilprinzip erhoben, das er jedoch durch ungewöhnliche Sprachmittel ergänzt wünscht. Von den vier Prinzipien des Aristoteles-Schülers Theophrast (Sprachrichtigkeit, K., Redeschmuck, Angemessenheit) deutet Cicero die beiden ersten als selbstverständliches Fundament, die beiden anderen als beifallswürdigen Gipfel des Redestils. Quintilians Benennung der K. als *perspicuitas* wurde von Georg von Trapezunt (15. Jh.) durch *claritas* ersetzt. Dieses Wort, das vorher eher sprachlichen Glanz bezeichnete, führte zu frz. *clarté* und engl. *clarity*. Die dt. Terminologie ist widersprüchlich. Vom 17. bis 19. Jh. übersetzte man *perspicuitas* als ›Deutlichkeit‹, seit Adelung (1785) auch und im 20. Jh. überwiegend als ›K.‹. Im Gefolge von Descartes bezeichnet ›Deutlichkeit‹ hingegen nur die logisch-begriffliche, ›K.‹ als Oberbegriff auch die sog. sinnliche K., die seit Herder (1775) besser ›Anschaulichkeit‹ heißt. – K. wird v.a. von Sachtexten erwartet. In der Aufklärung gilt sie auch als poetische Norm, in Frankreich seit dem 17. Jh. als Nationaltugend. Seit dem Irrationalismus des 18. Jh.s werden dagegen auch Dunkelheit und Unbestimmtheit als ästhetisch reizvoll diskutiert.

Lit.: B. Asmuth: Perspicuitas. In: HWbRh. – H. Weinrich: Die *clarté* der frz. Sprache und die K. der Franzosen. In: Zs. für romanische Philologie 77 (1961), S. 528–544.   BAS

Klassik, f. [von ↗klassisch abgeleitetes Substantiv], Bez. für kulturgeschichtliche ↗Epochen, die von nachfolgenden Zeiten als vorbildhaft, normbildend, kanonisch anerkannt werden. In diesem Sinne wurde schon in der röm. Antike die gr. Lit. und Kunst respektiert. In der ↗Renaissance bildeten sich ein engerer und ein weiterer K.-Begriff heraus: K. bezogen auf die gesamte gr.-röm. Antike oder nur auf ihre Höhepunkte – im gr. Altertum die perikleische Epoche (*attische K.*), im röm. Altertum die Zeit der ↗Goldenen Latinität. Ausgehend von der Beschreibung der gr.-röm. Antike wurde die Bez. ›K.‹ im 18. Jh. zu einem Stilbegriff, der folgende Merkmale umfasst: Objektivität der Darstellung, Einheitlichkeit und Geschlossenheit der Form, Harmonie der Proportionen. Hinzu kommt das inhaltliche Merkmal einer humanistischen Grundhaltung (↗Humanismus). Dieser K.begriff wurde von J.J. Winckelmann (»Gedancken über die Nachahmung der Gr. Wercke in der Mahlerey und Bildhauer-Kunst«, 1755) auf die Formel ›edle Einfalt und stille Größe‹ gebracht. Der Stilbegriff ›K.‹ wird auch auf nicht-antike Phasen und Strömungen der Kulturgeschichte angewandt, insbes. auf die *frz. K.* des 17. Jh.s wegen ihres Strebens nach Klarheit und Reinheit der Sprache (normbildend: die *Académie française*) sowie nach Einfachheit und Natürlichkeit des Stils (z.B. N. Boileau: »L'Art poétique«, 1674), die ↗*Weimarer K.* und in der Musik die *Wiener K.* um 1800 (Mozart, Haydn, Beethoven). Weiterhin wird die Bez. ›K.‹ allg. verwandt für die Kulminationen einer kulturgeschichtlichen Entwicklung im Sinne von Reife- oder Blütezeit, sofern diese für Folgezeiten richtungsweisend war: Als *Staufische K.* gilt die mhd. Blütezeit um 1200, als *span. K.* das lit. *Siglo de oro* 1550–1680. Häufig changiert der Begriff ›K.‹ zwischen der historischen, der stilistisch-deskriptiven und der stilistisch-wertenden Verwendung. Umstritten ist die Abgrenzung der nur im Dt. so vorkommenden Bez. ›K.‹ gegenüber ↗›Klassizismus‹. Als Gegenbegriffe gelten ↗›Manierismus‹, ↗›Barock‹, ↗›Romantik‹ und ↗›Moderne‹.

Lit.: R. Bockholdt (Hg.): Über das Klassische. Ffm. 1987. – H.O. Burger (Hg.): Begriffsbestimmung der K. und des Klassischen. Darmstadt 1972. – K.O. Conrady (Hg.): Dt. Lit. zur Zeit der K. Stgt. 1977. – M. Fuhrmann: Einf. in die antike Dichtungstheorie. Darmstadt 1973. – Th. Gelzer: K. und Klassizismus. In: Gymnasium 82 (1975), S. 147–173. – J. Grimm: Frz. K. Stgt., Weimar 2005. – R. Grimm, J. Hermand (Hg.): Die K.-Legende. Ffm. 1971. – W. Jaeger (Hg.): Das Problem des Klassischen und die Antike [1931]. Darmstadt 1961. – G. Schulz: K.₂. In: RLW. – G. Schulz, S. Doering: K. Geschichte und Begriff. Mchn. 2003. – S. Settis: Die Zukunft des ›Klassischen‹ [it. 2004]. Bln. 2005. – J.v. Stackelberg: Die frz. K. Mchn. 1996. – H.-J. Simm (Hg.): Lit. K. Ffm. 1988. – H. Stenzel: Die frz. ›K.‹ Darmstadt 1995. – H. Thomé: K.₁. In: RLW. – W. Voßkamp (Hg.): K. im Vergleich. Stgt., Weimar 1993.   GS/TZ

Klassiker, 1. Künstler, der einer als ↗›Klassik‹ bezeichneten Epoche oder Richtung zugerechnet wird; 2. Urheber von Werken, die als ↗klassisch gelten; 3. ein als klassisch geltendes Werk.
Lit.: R. Rosenberg: K. In: RLW. TZ

Klassisch, Adjektiv [lat. *civis classicus* = Angehöriger einer höheren Steuerklasse, zuerst von Cicero metaphorisch verwendet], in lit. Zusammenhängen Beiwort für Epochen, Autoren oder inhaltliche Gesinnungen (›k.es Menschenbild‹, ›k.e Naturauffassung‹). Das Wort kann unterschiedliche Bedeutungen haben. 1. *Einer Epoche oder Richtung angehörend, die als ↗ Klassik gilt*: Die k.e Tragödie ist die Tragödie der attischen Klassik, die k.en Dramen Goethes entstammen der Phase der ↗ Weimarer Klassik. – 2. *Ausgewogen, harmonisch, stilrein, vollendet*: Diese Eigenschaften der Gestaltung und Gesinnung gelten als Charakteristika antiker Klassik und einiger ebenfalls als ›Klassik‹ bezeichneten neuzeitlichen Epochen wie der Weimarer Klassik. Die *doctrine classique* (z. B. N. Boileau: »L'Art poétique«, 1674) fordert und dokumentiert die Regelhaftigkeit der frz. Klassik, bes. ihrer ↗ Tragödie. Als ein solcher Stilbegriff lässt sich die Bez. ›k.‹ auch auf Werke anderer Epochen beziehen; z. B. werden Dialogromane des poetischen ↗ Realismus wegen ihrer einheitlichen Gestaltung und ausgleichenden Tendenz gelegentlich als ›k.‹ bezeichnet. – 3. *Idealtypisch, exemplarisch, genuin*: Die ›k.e Moderne‹ etwa besteht aus einer Menge von Werken, in denen konzentriert und unverfälscht die typischen Merkmale dieser in stilistischer Hinsicht nicht als Klassik geltenden Epoche ausgeprägt sind; eine Novelle wird als ›k.‹ bezeichnet, wenn sie alle wesentlichen Merkmale ihrer Gattung enthält. – 4. *Kanonisch, überzeitlich gültig*: Zitate, Theatertexte, Schulbuchautoren usw., die man als ›k.‹ bezeichnet, werden häufig und kontinuierlich rezipiert, ihnen wird das Vermögen zugesprochen, in unterschiedlichen historischen und thematischen Kontexten bedeutsam zu sein und ästhetisch zu gefallen, sie zählen zur Allgemeinbildung, müssen aber keiner als Klassik geltenden Epoche angehören. – 5. *Erstrangig, mustergültig, normsetzend*: Aufgrund der zuvor genannten Bedeutungen des Wortes werden k.e Werke, Gattungen, Formen, Stile usw. oft als vorbildlich für die jeweils aktuelle künstlerische Produktion erachtet; insbes. ist dies in Phasen des ↗ Klassizismus der Fall.
Die Substantivierungen ›Klassik‹ (F. Schlegel: »Literary Notebooks«, 1797, veröffentlicht erst 1963), ›Klassizität‹ (F. Schlegel: »Athenäums-Fragment« 116, 1798) und ›das Klassische‹ (Goethe zu Eckermann, 2.4.1829) wurden in Abgrenzung zum Wort ›Romantik‹ und dessen Ableitungen in die zeitgenössische poetologische und kunsttheoretische Diskussion eingeführt.
Lit.: ↗ Klassik. TZ

Klassizismus, m., Bez. für ästhetische Positionen, künstlerische Verfahrensweisen (antikisierende Dichtung) oder hiervon geprägte Epochen, die auf Stoffe, Motive, Gattungen, Formen, Stilelemente und poeto-

logische Normen der für vorbildlich erklärten gr.-röm. Antike zurückgreifen. Vom neuzeitlichen Originalitätsbegriff aus wird der K. oft in die Nähe des Epigonentums gerückt und wegen der bloß äußerlichen Antike-Nachahmung abgegrenzt von originär-schöpferischen Antike-Aneignungen. Damit verbunden ist häufig der Vorwurf pedantischer Regelbindung und formaler Erstarrung (↗ Ästhetizismus). Klassizistische Positionen treten ihrerseits meist kritisch einer vorangegangenen Phase vermeintlicher Form- und Regellosigkeit oder Dekadenz entgegen. Der K. ist, als ein Phänomen der Neuzeit, erstmals in der it. ↗ Renaissance breit ausgeprägt, dort gestützt auf einen an der Antike gebildeten Regelkanon in der ↗ Poetik (M. G. Vidal, J. C. Scaliger). Im Rahmen des europäischen ↗ Humanismus wirkt der K. v. a. in Frankreich (Ronsard) weiter und prägt die als *classicisme* bezeichnete Epoche der frz. Kultur im 17. Jh. Der Ausdruck *classicisme* wird im Dt. teils mit ›K.‹, teils mit ↗›Klassik‹ wiedergegeben – je nachdem, ob die Abhängigkeit von vermeintlichen antiken Normen oder der Rang einer Blütezeit innerhalb der frz. Kulturgeschichte hervorgehoben wird. Im 18. Jh. gibt es klassizistische Strömungen in England (Pope, Gray) sowie in der frz. und dt. Aufklärung (Voltaire, Gottsched); im 19. und frühen 20. Jh. treten in Deutschland insbes. in der Lyrik klassizistische Tendenzen auf, u. a. bei Platen, Geibel und George. Der nicht abwertend verwendete Ausdruck ›Neoklassizismus‹ bezeichnet den in unterschiedlichen Künsten des frühen 20. Jh.s erfolgenden Rückgriff auf kanonische Stile und Epochen unterschiedlicher Art, z. B. bei I. Strawinsky die Orientierung am Barock, einer zwar kanonischen, in stilistischer Hinsicht aber gerade nicht klassischen Epoche.
Lit.: G. Boehm u. a. (Hg.): Canto d'Amore. Klassizistische Moderne in Musik und bildender Kunst 1914–35. Basel 1996. – D. Dolgner: K. Lpz. 1991. – H. Thomé: K. In: RLW. – R. Wellek: Das Wort und der Begriff »K.« in der Lit.geschichte. In: Schweizer Monatshefte 45 (1965/66), S. 154–173. GS/TZ

Klassizität ↗ klassisch.

Klausel, f. [lat. *clausula* = Schluss(-satz, -formel)], in der antiken Rhet. die durch Silbenquantitäten geregelten Perioden- und Satzschlüsse der ↗ Kunstprosa; im 5. Jh. v. Chr. von den gr. Rhetorikern (Gorgias, Isokrates) entwickelt, von den Römern übernommen und in ein für die spätantike Kunstprosa verbindliches System gebracht (Cicero, Quintilian). – Die wichtigsten Schlussformeln sind der akatalektische ↗ Dikretikus (– v – – v –) und, als häufigste K., ↗ Kretikus + ↗ Trochäus (– v – – v). Ein trochäischer Schluss, v. a. auch ein Ditrochäus, konnte sich auch an andere Metren anschließen, z. B. an den ↗ Päon (– v v v) oder ↗ Molossus (– – –), wobei allein die Schlussfigur eines Hexameters (– v v – v) vermieden werden musste. – Der Verlust des Gefühls für die Unterscheidung der Silbenquantitäten in der Spätantike führte zu einer Auflösung der antiken K.technik; an die Stelle der antiken K.n traten die rhythmischen Formeln des ↗Cursus. In der an antiker Lit. geschulten Prosa neuzeitlicher Schriftsteller (z. B. Hölderlin) finden sich zuweilen Wiederbelebungen der K.technik.

Lit.: H. G. Steimer: Hölderlins K.n. In: Hölderlin-Jb. 31 (1998/99), S. 281–328. HW/DB

Kleinepik ↗Epos, ↗Epyllion.

Klimax, f. [gr. = Steigleiter, lat. *gradatio*], ↗rhet. Figur; 1. steigernde Reihung synonymer Wörter: »wie habe ich ihn nicht gebeten, gefleht, beschworen« (G. E. Lessing: »Philotas«), oder gleicher Satzglieder: »veni, vidi, vici« (Caesar); 2. sich steigernde Gedankenführung, verbunden mit der Wiederaufnahme bestimmter Wörter (↗Epanalepsis, ↗Anadiplose), manchmal auch als ↗›Gradatio‹ bezeichnet, z. B. »... dieweil wir wissen, daß Trübsal Geduld bringt; Geduld aber bringt Erfahrung; Erfahrung aber bringt Hoffnung (Röm 5, 3 f.), »Gut verlorn, unverdorben – Mut verlorn, halb verdorben – Ehr verlorn, gar verdorben« (S. Franck: »Sprichwörter«, 1541). Ggs.: ↗Antiklimax HHS/Red.

Klingender Reim, auch: weiblicher ↗Reim. Ggs.: ↗männlicher Reim.

Klinggedicht, im 17. Jh. gebräuchliche Lehnübers. für ↗›Sonett‹ (erstmals nach holländischem Vorbild bei M. Opitz: »Buch von der Dt. Poeterey«, Kap. 7) neben ›Klingreim‹, ›Klinggesang‹, ›Klinglied‹, ›Klingsatz‹. IS/Red.

Klippelvers ↗Knittelvers.

Klopfan, paargereimte, meist 4- bis 10-zeilige Gruß- und Bittsprüche, die beim süddt. volkstümlichen Brauch des Anklopfens in den sog. ›Klöpfelnächten‹ (Neujahrsnacht und die Nächte zum zweiten bis vierten Adventssonntag) z. T. aus dem Stegreif aufgesagt wurden und vielfach persönliche Anspielungen und Derbheiten enthielten. Als lit. Gattung von den Nürnberger Handwerkerdichtern des 15. Jh.s (Rosenplüt, Hans Folz) gepflegt. HW/Red.

Klucht, f. [auch *Cluyte, Clute*, nl. = Posse, Schwank], Pl. *Kluchten*; auf der Basis von Schwankerzählungen gefertigte Spiele aus dem Repertoire nl. Wanderbühnen (14. Jh.), dem Wesen nach heiter bis hin zum handfesten Klamauk: In der »Cluyte van playerwater« (15. Jh.) schickt eine vermeintlich kranke Frau ihren Gatten fort, Playerwater zu holen, damit sie sich mit dem Pfaffen amüsieren kann – Enttarnung und Prügelei folgen (↗Boerde). In der ältesten Überlieferung (»Hulthemsche Hs.«, ca. 1410) als ↗Nachspiele der ↗Abele spelen aufgezeichnet, ist die K. zumindest funktional dem gr. ↗Satyrspiel vergleichbar. In der Pflege durch die ↗Rederijkers tritt die K. (unter diesem Namen oder als ›Esbatement‹) als selbständiges Possenspiel auf. Der Geistliche M. de Castelein (1485–1505) dichtete wenigstens 36 K.en. CF

Klüppelvers ↗Knittelvers.

Knittelvers, m., auch: Knüttel-, Knüppel-, Klüppel- und Klippelvers; v. a. im ausgehenden 15. und im 16. Jh. in Deutschland gebräuchliches Versmaß. Zu unterscheiden sind der *freie* und der *strenge* K. Der freie K.

zeichnet sich allein durch den ↗Paarreim aus; die Anzahl der Silben ist von Vers zu Vers variabel. Er ist im 15. Jh. vielfach in Gebrauch, z. B. in der Spruchdichtung bei H. Rosenplüt und im ↗Fastnachtspiel. Der strenge K. ist ebenfalls paargereimt; er zeichnet sich außerdem durch eine geregelte Anzahl der Silben aus: Bei männlicher ↗Kadenz ist er achtsilbig, bei weiblicher Kadenz neunsilbig. Eine ↗Alternation von Senkung und Hebung ist nicht vorgesehen, auch wenn sich viele streng gebaute K.e alternierend vortragen lassen. Die strenge Variante des K.es findet sich u. a. bei H. Sachs, J. Fischart und S. Brant. – Im Zuge der Opitzischen Versreform (»Buch von der Dt. Poeterey«, 1624) kommt der K. in Verruf. Gleichwohl lebt er jenseits des Lit.kanons in volkstümlichen Kontexten weiter, wird aber erst in der zweiten Hälfte des 18. Jh.s rehabilitiert. Goethe verwendet den K. in parodistischen und satirischen Frühwerken (»Das Jahrmarktsfest zu Plundersweilern«) und streckenweise auch in den altfränkischen Eingangsversen des »Faust«. V. a. in komischen und archaisierenden Verwendungsweisen hat sich der K. seither behaupten können, z. B. in K. A. Kortums »Jobsiade« oder in P. Weiss' »Marat/Sade«.

Lit.: J. Rettelbach: K. In: RLW. – H.-J. Schlütter: Der Rhythmus im strengen K. des 16. Jh.s. In: Euph. 60 (1966), S. 48–90. JK/BM

Knüttelvers ↗Knittelvers.

Kode ↗Code.

Kodex ↗Codex, ↗Buch.

Kognitive Poetik [lat. *cognitio* = Kennenlernen, Erkenntnis], auch: kognitive Lit.wissenschaft; theoretisch-methodischer Ansatz, der lit.wissenschaftliche Fragestellungen, insbes. zur Wirkung (↗Wirkungsästhetik) von Textstrukturen, mit Modellannahmen über Prozesse und Zustände im menschlichen Geist klärt. Die k. P. arbeitet interdisziplinär mit der Psychologie, der kognitiven Linguistik (↗linguistische Poetik), der *Philosophy of Mind* und der Neurobiologie (↗Biopoetik) zusammen. Sie erklärt z. B. lit. ↗Verstehen unter Berücksichtigung von Informationen, die im Geist in Form von mentalen Schemata (*Scripts* oder *Frames*) gespeichert sind (vgl. Müller), oder ↗Metaphern als Produkte von Projektionen (»mappings«) mentaler Konzepte (vgl. Lakoff/Turner).

Lit.: J. Gavins, G. Steen (Hg.): Cognitive poetics in practice. Ldn. 2003. – G. Lakoff, M. Turner: More than cool reason. Chicago 1989. – R. Müller: Script-Theorie. In: RLW. – R. Schneider: Grundriß zur kognitiven Theorie der Figurenrezeption am Beispiel des viktorianischen Romans. Tüb. 2000. – E. Semino, J. Culpeper (Hg.): Cognitive stylistics. Amsterdam 2002. – P. Stockwell: Cognitive poetics. Ldn. 2002. – M. Turner: The cognitive study of art, language, and literature. In: Poetics today 23 (2002), S. 9–20. – R. Viehoff: Lit. Verstehen. In: IASL 13 (1988), S. 1–39. – S. Winko: Kodierte Gefühle. Bln. 2003. – Dies.: Verstehen lit. Texte versus lit. Verstehen von Texten? In: DVjs 69 (1995), S. 1–27. RM

Kognitivismus ↗ Philosophie und Lit.

Kohärenz, f. [von lat. *cohaerere* = zusammenhängen], textlinguistischer Begriff für den Zusammenhang von Textelementen. – Damit ein ↗ Text als sprachliche Einheit aufgefasst werden kann, müssen zwischen einzelnen seiner Elemente K.relationen identifiziert werden können. Auf grammatischer und thematisch-inhaltlicher Ebene wird K. durch explizite oder implizite Wiederaufnahme von Textelementen, durch Konjunktionen oder durch konventionalisierte Muster thematischer Entfaltung erreicht. Textimmanente Faktoren allein können Textkohärenz allerdings nicht gewährleisten; ob ein Text als Einheit aufgefasst wird, hängt wesentlich von kontextuellen Faktoren ab, zu denen sein Präsentationskontext sowie v. a. das sprachliche Wissen und Weltwissen von Textproduzenten und -rezipienten gehören (›pragmatische‹ und ›kognitive‹ Faktoren). In lit. Texten kann K. durch bes. sprachliche Mittel unterstützt (z. B. durch den ↗ Reim) oder auch gezielt ›gestört‹ werden.
Lit.: K. Brinker: Linguistische Textanalyse [1988]. Bln. ⁵2001. – U. Oomen: Linguistische Grundlagen poetischer Texte. Tüb. 1973. – E. Stuck: K. In: RLW.　TK

Kolchosprosa ↗ Dorfprosa.

Kollation, f. [lat. *collatio* = das Zusammentragen, die Vergleichung], 1. Teil der ↗ Textkritik; 2. Vergleich einer Abschrift mit dem Original bzw. von Druckfahnen mit der Vorlage (Manu- oder Typoskript) zur Gewährleistung einer fehlerlosen Wiedergabe des Textes.　GG

Kollektaneen, f. Pl. [lat. *collectaneus* = angesammelt], Sammlung von Auszügen und Zitaten (↗ Exzerpten) vorwiegend aus wissenschaftlichen Werken (z. B. die »Collectanea rerum memorabilium« von G. J. Solinus, 3. Jh.: Auszüge aus Plinius' »Naturalis historia«), auch von eigenen ergänzenden Bemerkungen, Verweisen und Notizen, sog. ›Lesefrüchten‹ des Sammlers; auch ↗ Analekten, ↗ Anthologie.　GS/Red.

Kollektivpseudonym ↗ Pseudonym.

Kollektivstil ↗ Stil.

Kölner Schule, auch: Neuer Realismus; Gruppe von Schriftstellern, die seit Mitte der 1960er Jahre einen dynamischen und perspektivistischen Realismusbegriff zu verwirklichen suchen, welcher den Erfahrungen einer unüberschaubar gewordenen Welt, der Undurchdringlichkeit der Dinge Rechnung tragen soll. Kleine Erfahrungsausschnitte werden in minutiöser Detailgenauigkeit und subjektiv begrenzter Erzählperspektive dargestellt (Wechsel zwischen Nah- und Fernsicht, Zeitdehnung und Zeitraffung). Die K. Sch. verwendet Techniken des modernen Films und des ↗ Nouveau Roman, der beschreibenden Poesie in der Tradition A. Stifters sowie des ↗ personalen Erzählens. Das Konzept des ›Neuen Realismus‹ wurde von D. Wellershoff entwickelt (»Lit. und Veränderung«, 1969) und in seinen Romanen verwirklicht (»Ein schöner Tag«, 1966; »Die Schattengrenze«, 1969). Weitere Autoren: R. D. Brinkmann, G. Seuren, G. Herburger, G. Steffens, N. Born, J. Ploog und R. Rasp.　IS/Red.

Kolometrie, f. [gr. *kolometría* = Vermessung metrischer Glieder], die Analyse und Deutung der Versstruktur. Da die gr. ↗ Strophen in den Abschriften ursprünglich fortlaufend (wie Prosa) notiert worden waren, stellte sich für die alexandrinischen Grammatiker wie Aristophanes von Byzanz (3. Jh. v. Chr.) die Aufgabe, die Strophen metrisch zu analysieren und ihre Glieder (↗ Kolon) abzusetzen. Hierfür wurden Trennzeichen (/) eingeschaltet oder eigenständige Verszeilen verwendet. Die Grundsätze und Kriterien der Zeilenabteilung werden bis heute diskutiert.
Lit.: C. M. J. Sicking: Gr. Verslehre. Mchn. 1993, S. 57 f.　MV

Kolon, n. [gr. = Glied; lat. *membrum*], Pl. *Kola*; in Analogie zum ›Glied‹ eines Körpers metaphorisch gebrauchter Begriff: 1. In der Metrik eine Folge langer und kurzer (bzw. betonter und unbetonter) Silben (z. B. der ↗ Glykoneus), die sich vom ↗ Metrum (ca. 3–6 Silben) durch den größeren Umfang (bis zu 12 Silben) und eine differenziertere, jedoch feste Struktur unterscheidet. Im Ggs. zum ↗ Vers und zur ↗ Periode bildet das K. in der Regel keine selbständige Einheit, sondern trägt zur Gliederung übergeordneter Zusammenhänge bei. – 2. Nach der rhet. Lehre der Wortfügung (*compositio*) bildet das K. eine syntaktische und semantische Einheit (z. B. Haupt-, Nebensatz, Wortgruppen mittlerer Länge). Der kunstvolle Einsatz und Wechsel der Kola ist die Aufgabe der Textkomposition. – 3. In der Phonologie bezeichnet ›K.‹ eine Tongruppe, die als intonatorische Einheit gefasst wird.
Lit.: Ch. Küper: K. In: RLW. – M. L. West: K. In: NPauly. Bd. 6. S. 643 f.　MV

Kolonialismus ↗ Postkolonialismus.

Kolonreim ↗ Reimprosa.

Kolophon, m., auch n. [gr. = Gipfel, Spitze], auch: *Subscriptio* [lat. = Unterschrift, Vermerk] oder *Rubrum* [lat. = das rot (Geschriebene)], die am Schluss einer mal. Hs. (↗ Explicit) oder eines Frühdrucks mitgeteilten Angaben über Autor und Titel, Schreiber oder Drucker, Ort und Jahr der Herstellung. Vorläufer des ↗ Impressums.
Lit.: F. Schanze: K. In: RLW. – K. O. Seidel: K.e als Quelle für das Selbstverständnis mal. Schreiber. In: Das MA. 7 (2002), S. 145–156.　HHS/Red.

Kolportageroman [frz. *colportage* = Hausierhandel, aus *col* = Hals, *porter* = tragen], lit. anspruchslose Sensationslit. (↗ Schundlit.), Teilbereich der ↗ Triviallit. Die ursprüngliche Vertriebsart übertrug sich auf das Produkt: K.e wurden von Hausierern feilgeboten. – Die *Anfänge* dieses Hausierhandels liegen im 15. Jh., wo v. a. religiöse Erbauungslit., Volksbücher und Kalender im Haus und auf Jahrmärkten angeboten wurden. Im 18. Jh., im Gefolge der Säkularisierung auch des lit. Geschmacks, bildeten ↗ Ritter- und Räuberromane die Hauptmasse der Kolportagelit. Mit Einführung der Gewerbefreiheit 1869 blühte neben dem Hausierhandel auch der Kolportagebuchhandel auf, der die Entwicklung des in Unterhaltungszeitschriften entstandenen, dann eigens für diesen verfassten, in Lieferungen erscheinenden ↗ Fortsetzungsromans begünstigte. In diesem K. mit seinen sensationellen, spannend aufgemachten Stoffen (die z. T. der Hochlit. entstammen) herrschte die kompensatorische Tendenz, der werdenden Industriegesellschaft eine Wunschwelt mit enger Moral entgegenzuhalten (vgl. auch Heimat-, Bauern- und ↗ Abenteuerroman). 1893/94 soll es in Deutschland und Österreich 45.000 Kolporteure mit 20 Millionen Lesern gegeben haben; 1914 betrug die Abonnentenzahl 4 Millionen (80 % Zss., 12 % historische, belletristische und religiöse Schriften, 3 % Fortsetzungsromane). Die meisten Autoren, die in Lohnarbeit ihre an den Bedürfnissen des Publikums orientierten Machwerke anfertigten, waren von den Wünschen ihrer Verleger abhängig. Die fabrikmäßige Produktion z. B. eines Guido von Fels betrug 72 K.e, 900 Reihenromane mit etwa 200.000 Druckseiten. Lit. höher standen die Werke von R. Kraft und von K. May, der von 1881–86 fünf umfangreiche K.e mit über 12.000 Seiten verfasste, ehe er sich den phantasievollen Abenteuerromanen zuwandte. – Um 1900, als der K. starken Angriffen von Pädagogen, Pfarrern und Kulturkritikern ausgesetzt war, ergab eine Studie (Heinrici), dass er nur 16 % des Absatzes der Kolporteure ausmachte, den Löwenanteil hatten Familienzeitschriften wie die »Gartenlaube«, Modeblätter, Lexika und populäre Ausgaben. Im Ersten Weltkrieg wurden die K.e wegen ihrer angeblich die Wehrkraft zersetzenden Tendenzen verboten, im Dritten Reich wurde mit den Anordnungen über das »schädliche und unerwünschte Schrifttum« von 1935 und 1940 der billige Liebes-, Abenteuer- und Wildwest-, der Kriminal- und Zukunftsroman für Vertrieb und Leihverkehr zwar verboten, gleichwohl boomte zwischen 1933 und 1944 das Genre mit 80 Reihen mit bis zu 300.000 Exemplaren pro Woche. Reste der Kolportagelit. finden sich heute in den an Kiosken feilgebotenen ↗ Groschenheften.

Lit.: A. Graf: Literarisierung und K. In: U. Brunold-Bigler und H. Bausinger (Hg.): Hören Sagen Lesen Lernen. Bausteine zu einer Geschichte der kommunikativen Kultur. Bern, Bln. 1995, S. 277–291. – K. Heinrici: Die Verhältnisse im dt. Colportagebuchhandel. In: Schriften des Vereins für Sozialpolitik. Lpz. Bd. 79 (1899), S. 183–229. – A. Klein: Die Krise des Unterhaltungsromans im 19. Jh. Bonn 1969. – G. Kosch, M. Nagl: Der K. Bibliographie 1850 bis 1960. Stgt. 1993. – A. Meier: Kolportage. In: RLW. – K. M. Michel: Zur Naturgeschichte der Bildung. Die ältere Kolportagelit. In: G. Schmidt-Henkel (Hg.): Trivialliit. Bln. 1964, S. 7–22. – H.-J. Neuschäfer: Populärromane im 19. Jh. Von Dumas bis Zola. Mchn. 1976. – D. Petzold, E. Späth (Hg.): Unterhaltungslit. Erlangen 1990. – G. Scheidt: Der Kolportagebuchhandel (1869–1905). Stgt. 1994. – R. Schenda: Volk ohne Buch. Studien zur Sozialgeschichte der populären Lesestoffe 1770–1910. Ffm. 1988.   GG

Komik, f. [frz. *comique*, lat. *comicus*, gr. *kōmikós* = zum Lustspiel gehörig, scherzhaft; von *kómos* = Umzug (im Dionysos-Kult)], Lachen erregende Eigenschaft eines Gegenstands oder einer Person. ›Das Komische‹ bezeichnet dagegen das entsprechende künstlerische oder lebensweltliche Phänomen. Die Etymologie des Wortes macht deutlich, dass ›K.‹ sich zunächst (bis Mitte des 18. Jh.s) nur auf die ↗ Komödie bezieht und von dort aus zur Bez. der Eigenart außerkünstlerischer Phänomene übergeht. Formal lässt sich zwischen Sprach-, Verwandlungs-, Situations- und Charakterkomik, wirkungsbezogen zwischen heiterer und drastischer K. (↗ Groteske) unterscheiden. Ausdruck der Wahrnehmung von K. ist das Lachen, das mit aggressivem Verlachen nicht identisch ist (vgl. G. E. Lessing: »Hamburgische Dramaturgie«, 1767–69, 29. Stück). Während das Lachen das komisch Abweichende tendenziell versöhnlich und humorvoll integriert (↗ Humoreske, ↗ Farce) und damit auch eine ›subversive‹ Qualität entfalten kann, verhängt das Verlachen moralisch relevanter Fehler eine die Ordnung stabilisierende pragmatische Sanktion. Diese K. ist seit dem 18. Jh. unter dem Namen des ›Lächerlichen‹ Gegenstand der ↗ Satire. Das Vergnügen an komischen Fehlern gilt v. a. in der monastischen Lit. des MA.s als moraltheologisch problematisch. Die aufklärerische Verlach-Komödie gebraucht dagegen die K. im Sinne der moralisch-satirischen Didaktik (N. Boileau, Molière, J. Ch. Gottsched). Mit der Autonomisierung der Lit. emanzipiert sich auch eine ›freie‹ K., die in allen Gattungen zum Ausdruck kommen kann. – Die Theorie der K. beginnt mit Aristoteles (»Poetik«, Kap. 5), der sie als mit Hässlichkeit verbundenen Fehler definiert, welcher »keinen Schmerz und kein Verderben verursacht«. Die Harmlosigkeit der K. dient wie in der späteren Komödientheorie zur Abgrenzung von der Tragik (↗ tragisch). K. setzt in jedem Fall die Distanziertheit des wahrnehmenden Subjekts von schädlichen Folgen voraus. Für die neuzeitlichen K.-Theorien seit Th. Hobbes (»On Human Nature«, 1650), der sie psychologisch aus dem plötzlich empfundenen Überlegenheitsgefühl gegenüber einem anderen bestimmt, ergibt sich K. aus einer überraschend wahrgenommenen Inkongruenz, die auf unterschiedliche Strukturformeln gebracht wird: Gemeint ist der Kontrast zwischen Elementen einer ›widersinnigen Ideenverbindung‹ (J. J. Eschenburg, Ch. Wolff), zwischen hochgespannter Erwartung und Nichtigkeit (I. Kant), Ideal und Wirklichkeit (F. Schiller), Bestandteilen eines anschaulichharmlosen ›sittlichen Kontrasts‹ (J. W. Goethe), Freiheit und Notwendigkeit (F. W. J. Schelling), Irrtum bzw. Unverstand und Verstand (Jean Paul: »Vorschule der Ästhetik« [1810, ²1813], § 28), dem ›Wesentlichen und seiner Erscheinung‹ (G. W. F. Hegel), abstraktem Begriff und realem Objekt (A. Schopenhauer), Plötzlichkeit und Gefahrlosigkeit (F. Nietzsche), Automatischem und Lebendigem (H. Bergson), Scheinwert und Nichtigkeit (J. Volkelt) oder schlechthin die

›Selbstauflösung des Widersinns‹ (N. Hartmann).
Auch H. Plessner (S. 294) bestimmt das Komische als
»Gegensinnigkeit, die gleichwohl als Einheit sich vorstellt und hingenommen werden will«. – Theoretisch
ist K. bis heute Gegenstand lit.wissenschaftlicher, ästhetischer, anthropologischer, ethnologischer und psychologischer Forschung. Die Lit.wissenschaft behandelt sie im text-, gattungs- und epochenspezifischen
Zusammenhang, v. a. im Kontext der Komödientheorie.
Lit.: M. M. Bachtin: Rabelais und seine Welt [russ.
1965]. Ffm. 1987. – H. Bergson: Das Lachen [frz.
1900]. Darmstadt 1988. – A. Kablitz: K., Komisch. In:
RLW. – H. Plessner: Lachen und Weinen [1941]. In:
ders.: Gesammelte Schriften. Bd. 7. Ffm. 1982, S. 277–
332. – W. Preisendanz, R. Warning (Hg): Das Komische. Mchn. 1976. – J. Ritter: Über das Lachen. In:
ders: Subjektivität. Ffm. 1974, S. 62–92. – W. Röcke, H.
Neumann (Hg.): Komische Gegenwelten. Paderborn
u. a. 1999. – K. Schwind: Komisch. In: ÄGB.   CD
Komische Person ↗ lustige Person.
Komisches Epos, n. [engl. *mock epic* oder *mock-heroic
poem*], auch: komische Epopöe, komisches oder
scherzhaftes Heldengedicht; meist in Versform gehaltene Untergattung des ↗ Epos, deren komische Wirkung durch Ironisierung oder kontrastive Umkehrung
von Formelementen der epischen Heldendichtung erzeugt wird. Konstitutiv für das komische Epos ist die
↗ Parodie oder ↗ Travestie von Elementen der epischen
Tradition (Gesänge, ↗ Musenanruf, Göttermaschine-
rie, heroische Bewährungen des komischen Helden,
Kampfhandlungen, Heldenpreis) und des heroischen
Stils durch Bezug auf einen niederen Gegenstand. Als
Kleinform steht es dem ↗ Epyllion nahe. Definitorisch
umstritten ist die Frage, ob das komische Epos nur parodistische Heldenepen umfasst oder im weiteren Sinn
auch komische Ritter- und Tierepen einschließt. – Das
älteste komische Epos, die pseudo-homerische »Batra-
chomyomachie« (›Der Froschmäusekrieg‹), wirkt als
Gattungsvorbild weit über die nlat. und volkssprachliche Dichtung der Reformation und Frühen Neuzeit
hinaus (S. Lemnius: »Monachopornomachia«, 1539;
G. Rollenhagen: »Froschmeuseler«, 1595; K. E. F. Baßler: »Ameisen- und Immenkrieg«, 1841). Während die
Gattung im 16. und 17. Jh. v. a. in der it. (M. M. Boiardo: »L'Orlando innamorato«, 1486; Ariost: »Orlando
furioso«, 1516; A. Tassoni: »La secchia rapita«, 1622)
und frz. (N. Boileau: »Le Lutrin«, 1674–83) Dichtung
verbreitet ist, bleiben dt.sprachige komische Epen zunächst eine Randerscheinung (vgl. J. Fischarts ge-
schlechtersatirisches Tierepos »Flöh Hatz Weiber
Tratz«, 1573, oder Ch. Wernicke: »Ein Heldengedicht
Hans Sachs genannt«, 1702). V. a. durch A. Popes komisches Versepos »The Rape of the Lock« (1712), das
die galante Episode eines Haarlockenraubs im iro-
nisch-heroischen Stil erzählt, sowie sein lit.satirisches
Epos »Dunciad« (1728) gibt die engl. Lit. den Anstoß
für eine Vielzahl dt.sprachiger komischer Epen im 18.

Jh., ohne dass eine regelhafte Festlegung erfolgt. J. F. W.
Zachariäs »Der Renommiste« (1744) bezieht wie Pope
die Gattungsmerkmale des Epos auf eine amouröse
Handlung, das Liebesabenteuer eines rauflustigen Studenten. Auch J. P. Uz' »Der Sieg des Liebesgottes«
(1753) und M. A. v. Thümmels »Wilhelmine oder der
verliebte Pedant« (1764), das die Liebesgeschichte
eines armen Pastors in einer rokokohaften ↗ Idylle an-
siedelt, entsprechen diesem gattungsprägenden Muster. Ch. M. Wielands »Idris und Zenide« (1768) und
»Der neue Amadis« (1771) verwirklichen erstmals das
komische Ritterepos in dt. Sprache, leiten jedoch bereits – angeregt durch das (abermals engl.) Vorbild von
L. Sternes »Life and Opinions of Tristram Shandy,
Gentleman« (1760–67) – die Ablösung des komischen
Epos durch die komische Prosa-Erzählung bzw. den
komischen Roman am Ende des 18. Jh.s ein. K. Immermanns »Tulifäntchen« (1827), das die Ruhmestaten eines zwergenhaften Helden schildert, und A.
Grüns politisch-satirische »Nibelungen im Frack«
(1843) bezeugen indes ein Nachleben der Gattung als
↗ Kontrafaktur des heroischen Epos im 19. Jh., deren
letztes Beispiel F. v. Saars »Pincelliade« (1897) ist. Prominente komische Tierepen sind J. W. Goethes »Reineke Fuchs« (1794) und A. Glasbrenners Zeitsatire
»Neuer Reineke Fuchs« (1846). – In der Forschung
konkurrieren verschiedene Typologien, die thema-
tisch-formal zwischen dem komischen Tierepos, dem
komischen Ritterepos und dem klassizistischen komischen Epos unterscheiden (vgl. Schmidt) oder in-
tertextuell zwischen parodistischen, romantischen,
travestierenden und hudibrastischen (nach S. Butlers
»Hudibras«, 1663–78) komischen Epen differenzieren
(vgl. Moennighoff).
Lit.: U. Broich: Studien zum komischen Epos. Tüb.
1968. – B. Moennighoff: Intertextualität im scherzhaften Epos des 18. Jh.s. Gött. 1991. – Ders.: K. E. In:
RLW. – K. Schmidt: Vorstudien zu einer Geschichte
des komischen Epos. Halle/S. 1953.   CD
Komische Verserzählung ↗ Boerde, ↗ Verserzählung.
Komma, n. [gr. = Schlag, abgehauenes Stück; von gr.
kóptein = schlagen, abschlagen; lat. *comma, incisum,
articulus, particula*], 1. das kleinste Stück einer ↗ Periode
(von bis zu etwa drei Wörtern). Syntaktisch meist unselbständig, gilt es entweder als ein kleines ↗ Kolon oder
als Teil eines Kolons und bildet gegenüber diesem einen
weniger tiefen Einschnitt im Periodengefüge. – 2. Als
dt. Satzzeichen bezeichnet das ›K.‹ den Beistrich (,).
Lit.: P. Dräger: K. In: HWbRh.   MV
Kommentar [lat. *commentarius*, Lehnübers. von gr.
↗ *Hypomnema* = Erinnerung, Denkwürdigkeit, Erklärung von Texten, ↗ Scholien], 1. in den Philologien die
meist in einem gesonderten Anhang (↗ Appendix) versammelten Texterläuterungen in Form von a) Worterklärungen zur historischen oder fremdkulturellen Bedeutung eines Ausdrucks; b) Sacherklärungen zu den
gemeinten Realien; c) Querverweisen auf die Verwendung desselben, eines ähnlichen oder eines oppositio-

nellen Ausdrucks im selben oder einem anderen Werk des Autors (Parallelstellen); d) Hinweisen auf intertextuelle Bezüge (↗ Intertextualität); e) Informationen zur Entstehungs- und Überlieferungsgeschichte; f) Informationen zum Entstehungskontext (z. B. Brief- und Gesprächsäußerungen des Autors); g) Informationen zur Wirkungsgeschichte (z. B. zu kontroversen Interpretationen einer Stelle). Der philologische K. hat die Funktion, das Textverstehen zu erleichtern und zu intensivieren, ohne selbst explizite Bedeutungszuschreibungen vorzunehmen. – 2. In der Essayistik W. Benjamins derjenige Teil einer Exegese, der sich mit dem historischen ›Sachgehalt‹ eines Werkes befasst, unterschieden von der ›Kritik‹ als einer Untersuchung des ›Wahrheitsgehalts‹, welcher die historische Bedingtheit des Werkes transzendiert. – 3. Im Journalismus eine vom sachlich informierenden ↗ Bericht unterschiedene Textsorte, deren zentraler Sprechakt die Meinungsäußerung ist.

Lit.: W. Benjamin: Goethes Wahlverwandtschaften [1924 f.]. In: ders.: Gesammelte Schriften. Bd. I.1. Ffm. 1974, S. 123–201. – W. Frühwald u. a. (Hg.): Probleme der Kommentierung [1975]. Weinheim 1987. – R. Häfner: K.₁. In: RLW. – H. Kraft: Editionsphilologie. Darmstadt 1990, S. 178–202. – G. Martens (Hg.): Kommentierungsverfahren und K.formen. Tüb. 1993. – N. Oellers: K.₂. In: RLW.   TZ

Kommersbuch [Kommers = Festgelage der akademischen Korporationen; von lat. *commercium* = Verkehr, Verbindung], Liederbuch für sog. Fest-Kommerse und ähnliche studentische Zusammenkünfte. Das K. enthält neben ↗ Studentenliedern auch ↗ Balladen, Wander- und ↗ Volkslieder sowie patriotisches Liedgut. – Als erstes Beispiel kann das »Akademische Liederbuch« von Ch. W. Kindleben (1782) angesehen werden. Die Bez. ›K.‹ wird jedoch erst im 19. Jh., der Blütezeit studentischer Verbindungen, üblich, wo es einerseits zur überregionalen Verbreitung einzelner Kommersbücher kommt, im Gegenzug aber regionalspezifische Anhänge geschaffen werden. Seit dem späten 19. Jh. liegen kommentierte und historisch-kritische Ausgaben vor. Kommersbücher werden z. T. noch bis heute aufgelegt.   IS/LI

Kommos, m. [gr. = (das die Totenklage begleitende) rhythmische) Schlagen (der Brust)], in der gr. Tragödie von Chor und Schauspieler(n) wechselweise oder gemeinsam vorgetragene ekstatische Klagegesang (↗ Threnos). Der K. besteht oft nur aus kurzen jambischen Versgliedern, die immer wieder durch Schmerzensschreie und Klagerufe unterbrochen werden. Der K. wird von Klagegebärden wie rhythmischem Schlagen der Brust und Raufen der Haare begleitet; vgl. z. B. die Schlussszene in den »Persern« des Aischylos.   JK/Red.

Kommunikation, f. [lat. *communicatio* = Mitteilung, Unterredung, von *communicare* = etwas gemeinsam tun, etwas teilen, sich besprechen], Sammelbez. für alle Formen der Koordination des Verhaltens zwischen In-

teraktionspartnern aufgrund der Verwendung von ↗ Zeichen (›K.smitteln‹). K. ist ein wesentlicher Aspekt der Herstellung und Sicherung menschlicher (und tierischer) Gemeinschaftlichkeit. – ›K.‹ ist ein zentraler Terminus der Linguistik, ↗ Semiotik, Psychologie, Soziologie und Informationstheorie sowie der ↗ Lit.theorie. Der Begriff bezieht sich seit der Antike auf ein weites Bedeutungsspektrum, das sowohl Aspekte der Mitteilung als auch solche der Gemeinschaft umfasst. Das lat. *communicatio* wird als Fachterminus in ↗ Grammatik und ↗ Rhet. verwendet. Der Ausdruck hat im 20. Jh., bes. in dessen zweiter Hälfte, im Zuge der Entwicklung technischer K.smedien große Verbreitung gefunden und dringt durch den Einfluss der Soziologie, Nachrichtentechnik und Kybernetik auch in die Sprach- und Lit.wissenschaft ein. In der Linguistik wird K. zunächst als Informationsvermittlung, Austausch und Verständigung aufgrund der Verwendung von Zeichen aufgefasst. Darüber hinaus gehört zur zwischenmenschlichen K. das weite Feld pragmatischer Aspekte: K. umfasst soziale Beziehungen, impliziert Identität hinsichtlich soziolinguistischer Merkmale wie Dialekt, Sprachstil und Idiolekt und ist mit Fragen der Handlungsbeeinflussung verbunden. Sie wird hinsichtlich ihrer Situationsabhängigkeit und in ihrer kulturell geprägten Spezifik untersucht. Neben der verbalen Äußerung umfasst sie para- und nonverbale Dimensionen. – In ästhetisch-lit. Hinsicht sind die Auffassungen von Sprache und K. zunächst mit poetologischen Fragen verbunden, welche etwa den Zusammenhang von lit. ↗ Stil und Rezeptionsverhalten betreffen (so behauptet Jean Paul in § 36 der »Vorschule der Ästhetik« in polemischer Absicht, ein humoristischer Stil könne im Ggs. zum ernsten Sprachstil nur bei einem Teil der Leser Anerkennung finden). Insofern sind lit. Formen der Sprachverwendung generell mit Fragen der Kommunizierbarkeit verbunden. – Lit. relevant sind ferner die medialen Formen der K. (↗ Mündlichkeit und Schriftlichkeit), die sich sowohl auf die Textgestaltung auswirken als auch auf die Rezeptionshaltung. – In zahlreichen lit. Werken, insbes. der ↗ Moderne, ist das Misslingen von K. nicht nur Thema, sondern auch Strukturprinzip.

Lit.: M. Faßler: Was ist K.? Mchn. 1997. – N. Lenke u. a.: Grundlagen sprachlicher K. Mchn. 1995. – K. Merten: K. Opladen 1977. – G. Rusch: K. In: RLW.
                   GLS

Kommunikationstheorie, f. [lat. *communicatio* = Mitteilung, Unterredung], Theorie, die Zwecke, Funktionen und Prozesse sprachlicher Interaktion beschreibt. Die Verwendung von informationstheoretisch begründeten Kommunikationsmodellen brachte allerdings vielfach nachrichtentechnische Verkürzungen in der Beschreibung von Kommunikationsprozessen mit sich. Im Anschluss sowohl an die informationstheoretische Konzeption von C. E. Shannon und W. Weaver (»A Mathematical Theory of Communication«, 1948) als auch an K. Bühlers »Sprachtheo-

rie« (1934) hat Jakobson sechs Sprachfunktionen, darunter eine emotive (emotionale) und eine poetische Funktion, bestimmt. Dieser Ansatz ist für die Beschreibung lit.sprachlicher Charakteristika nach wie vor grundlegend. Ebenfalls an Bühler schließt der Kommunikationstheoretiker Ungeheuer an. Er akzentuiert die prinzipielle Gefährdung, das potentielle Misslingen von Kommunikation. Zugleich legt Ungeheuer sprachliche Formen offen, die der Verständnissicherung dienen, z. B. ↗Metapher und ↗Paraphrase. Dieser in der Lit.wissenschaft bislang kaum beachtete Ansatz kann für hermeneutische Fragen der Interpretation lit. Texte ebenso fruchtbar gemacht werden wie für die spezifische Analyse lit. ↗Dialoge. – Als bes. einflussreich auch im Bereich der Lit.wissenschaft haben sich die K. von Habermas und die systemtheoretische Konzeption des Soziologen Luhmann erwiesen. Habermas' Texthermeneutik impliziert sowohl die Rekonstruktion historischen Sinns als auch die ›Sinn- und ↗Ideologiekritik‹, d. h. die Stellungnahme zum Geltungsanspruch jenes Sinns aus Rezipientenperspektive. Luhmanns Ansatz bietet zunächst einen Rahmen für die historische ↗Kontextualisierung kultureller Phänomene. Weiterhin werden mit Luhmanns Ansatz die Verstehensprozesse des Rezipienten akzentuiert.
Lit.: J. Habermas: Erkenntnis und Interesse. Ffm. 1968. – R. Jakobson: Linguistik und Poetik [engl. 1960]. In: ders.: Poetik. Ffm. 1979, S. 83–121. – N. Luhmann: Soziale Systeme. Ffm. 1984. – G. Rusch: K. In: RLW. – G. Ungeheuer: Kommunikationstheoretische Schriften I: Sprechen, Mitteilen, Verstehen. Aachen 1987.   GLS

Kommunikationswissenschaft [lat. *communicatio* = Mitteilung, Unterredung], Wissenschaft von den Bedingungen, der Struktur und dem Verlauf der Verwendung von Zeichensystemen. Angeregt wurde die K. durch die Beschäftigung mit technischen Problemen der Nachrichtenübertragung sowie mit den Informations- und Kommunikationstechnologien. Der Begriff umfasst sowohl sozialwissenschaftlich-empirische Ansätze, die z. B. in der Massenkommunikationsforschung, der Medienforschung und der Publizistik zur Anwendung kommen, als auch handlungstheoretische Ansätze insbes. der Linguistik (u. a. Konversations- und Diskursanalyse). Hier werden Kommunikationsprozesse unter vielfältigen Gesichtspunkten einschließlich psychologischer, soziologischer und politologischer Aspekte untersucht. – Das Potential linguistisch orientierter K. wird für die lit.wissenschaftliche Forschung noch nicht hinreichend genutzt; umgekehrt werden lit. Texte in der K. kaum berücksichtigt. Zwar werden die Instrumente linguistischer Gesprächsforschung für die Untersuchung lit. ↗Dialoge, z. B. in der Dramenanalyse, herangezogen, aber die pragmatisch orientierte Auseinandersetzung mit historischen Formen des mündlichen und schriftlichen Kommunikationsverhaltens wäre noch zu intensivieren. – Von der K. zu unterscheiden ist die Kommunikationsforschung im engeren Sinn, die sich auf das Feld der Kommunikationswirkung in Werbung und Politik konzentriert.
Lit.: R. Burkart: K. Wien 1998. – M. Karmasin: Kulturwissenschaft als K. Wiesbaden 2003. – D. Krallmann, A. Ziemann: Grundkurs K. Mchn. 2001.   GLS

Komödie, f. [gr. *kōmōdía*, aus *kómos* = Festzug, Gelage; *aoidé* bzw. *ōdé* = Gesang; lat. *comoedia*], seit dem 15. Jh. dt. Lehnwort, zunächst in der Form ›Comedia‹ (DWb 11 [1873], Sp. 1683); Gattung des ↗Dramas, bei der die Wirkung des Lachens oder zumindest des stillen Spaßes (als Publikumsreaktion) im Vordergrund steht. Zu diesem Zweck arbeitet die K. mit der szenischen Vergegenwärtigung komischer Situationen und Figuren mittels dramatischer Fiktion (Rollenrede). Die verbalen und nonverbalen Mittel der K. sind vielfältig: ↗Ironie, ↗Satire, ↗Humor, ↗Parodie, ↗Burleske, ↗Groteske, Scherz, Klamauk, Mimik, Pantomime (*Slapstick*) oder Karnevaleske. Universell beruht die Wirkung der K. auf einem »Kipp-Phänomen« (Iser); die komischen Situationen und Figuren brechen mit Erwartungen und verstoßen gegen gesellschaftliche Normen und Tabus. Die Asymmetrie zwischen gesellschaftlicher Norm und individueller Abweichung (Mésalliance, Intrige, Betrug, Hypochondrie usw.) ist kalkuliert, das Komische insofern sozialgeschichtlich determiniert, als es vom Normenwandel dessen abhängt, was als lächerlich (oder alternativ: heiter, scherzhaft, fröhlich, witzig) empfunden und mitunter gar sozial geächtet wird. Die Hauptfunktion der K. ist die einer Ersatzhandlung, einer Lizenz zum Lachen über Verhaltensweisen und Charaktertypen, die üblicherweise nicht toleriert sind. In der K. können sämtliche Formen der ↗Komik zum Einsatz kommen: neben der Sprach- und Dialogkomik auch die Verwechslungs-, Situations-, Typen- und Charakterkomik. Die Wirkung der Verwechslungskomik beruht auf freiwilligen oder unfreiwilligen Kommunikationsstörungen: Täuschung, Lüge, Intrige, Verstellung, falscher Verdacht, Verwechslung, Missverständnis, Verkleidung, Maskerade, Versteckspiel, Wiedererkennung (↗Anagnorisis), ↗Pantomime. Zum Ggs. zwischen Verstehen und Nichtverstehen treten weitere komische Kipp-Figuren. In Opposition zur Gesellschaft ist z. B. auch die meist satirisch und typisiert dargestellte ›Komische Figur‹ zu sehen (Diener, Geistlicher, Frömmler, Hypochonder, Betrüger). Sprachkomische Wirkung wird u. a. mithilfe von ↗Wortspielen, witzigen Formulierungen, sprechenden Namen oder sprachlicher Pointierung erzielt. Situationskomik dagegen vollzieht sich in der Turbulenz physischer Bühnenaktionen. Zu den historisch variablen, aber typischen Elementen der K. gehören die einfache Handlung, das glückliche Ende, die niedere Stilebene, das niedere Personal (↗Ständeklausel), der konkrete Zeit- und Ortsbezug sowie die erbauliche Funktion. Benachbarte Sonderformen sind ↗Tragikomödie, ↗Posse, ↗Farce, Burleske, ↗Humoreske und Groteske. – Seit Platon wird die K. als Gattung moralisch diskreditiert und – bes. von Aristoteles

(u. a. im verlorengegangenen K.nteil der »Poetik«) – als Gegenbegriff zur Tragödie definiert. Das Komische ist von Anfang an verbunden mit der pejorativen Nebenbedeutung des ›Lasterhaften‹ und ↗›Hässlichen‹. Die häufig postulierten folkloristischen Ursprünge der K. (frühantike Volkskomödie in der dionysisch-kultischen Tradition, ↗Mimus, Maskenumzüge, röm. ↗Atellane) liegen im Dunkeln. Lit. traditionsbildend sind erst die attischen K.n von Aristophanes (u. a. die satirisch antisokratische K. »Die Wolken«, 449 v. Chr.) und Menander (einzig erhalten die traditionsbildende unanstößige Konversationskomödie »Dyskolos«, wiederentdeckt 1957) und die daran anschließenden röm. K.n von Plautus (»Miles gloriosus«) und Terenz (»Andria«, »Eunuchus«). Der ↗Chor bleibt in der klassisch-antiken K. Ausdruck der Ritualisierung (durch Wiederholung) und Performativität des Komischen. Noch das mal. ↗Osterspiel pflegt dieses komische Zwischenspiel. Als K.n im engen Sinn lassen sich aber erst wieder die seit 1440 v. a. in Nürnberg florierenden ↗Fastnachtspiele bezeichnen (Hans Rosenplüt, Hans Folz). In Richtung einer einheitlichen Handlung wird diese offene Form erst im 16. Jh. durch Hans Sachs, Jakob Ayrer und Heinrich Julius von Braunschweig gebändigt. Davor bieten Fastnachtspiele meist nur kurze Abfolgen derbkomischer, zotiger bis schimpfwütiger Sprüche und Reden eines bauernständischen Personals. Ähnlich populär ausgerichtet wie das dt. Fastnachtspiel ist die ↗Commedia dell'Arte seit dem 16. Jh., mit dem *Arlecchino* als Scherzfigur, der später die Figuren des ↗Wiener Volkstheaters – ↗Hanswurst (J. A. Stranitzky), ↗Kasperl (J. J. La Roche), ↗Staberl (A. Bäuerle) und ↗Thaddädl (A. Hasenhut) – folgen. Diesen Traditionen schließt sich ab dem ausgehenden 16. Jh. das europäisch-folkloristische Wander- und Jahrmarkttheater an. Hier dominiert die improvisierte, d. h. auch vorwiegend gestische und mimische, Komik, die bis hin zu inszenierten Prügeleien führt. Noch die Ständeklausel in M. Opitz' K.n-theorie (»Buch von der Dt. Poeterey«, 1624, Kap. 5) verlangt eine Beschränkung der Handlungen und des Personals auf die niederen Stände (Bauern, Handwerker, Soldaten u. a.) und des Stils auf die einfache Prosa. A. Gryphius' Schimpfspiel »Absurda comica. Oder Herr Peter Squentz« (1658) demonstriert diese soziale ↗Fallhöhe an der Differenz zwischen dem komischen Binnenspiel und der ernsten höfischen Rahmenhandlung. Als erste Versuche, K.n für das anbrechende bürgerliche Zeitalter zu schreiben, gelten Ch. Weises Typenlustspiel »Die unvergnügte Seele« (1690) sowie Ch. Reuters Standessatire »Graf Ehrenfried« (1700). Eine konsequente Logik der Fabel, wie sie die Aufklärungspoetik im 18. Jh. fordern wird, fehlt diesen frühen bürgerlichen K.n aber noch. J. Ch. Gottsched (»Versuch einer Critischen Dichtkunst«, 1730) wendet sich v. a. gegen die kommerzielle Barockkomödie (in der Tradition des Spaniers Lope de Vega etwa), deren publikumswirksame Vermischung von improvisierten Hanswurstiaden und

pompösen ↗›Haupt- und Staatsaktionen‹ auf der Wanderbühne er verurteilt. Gottsched will eine dt. Typen- und Intrigenkomödie nach frz. Vorbild (v. a. Molière) etablieren. Als Forderungen stellt er neben ›durchschaubaren‹ Charakteren aus dem niederen Stande v. a. die Wahrscheinlichkeit, Notwendigkeit und Lehrhaftigkeit der Fabel (›glückliches Ende‹) auf. Im Zentrum steht die »Nachahmung einer lasterhaften Handlung« (»Critische Dichtkunst«, ⁴1751, S. 643), die zu verlachen sei (›Verlachkomödie‹). Die Disziplinierung des burlesken Stegreifspiels gelingt nur partiell; v. a. die it. Commedia dell'Arte bleibt im 18. Jh. einflussreich (C. Goldoni). Doch entwickelt sich Gottscheds Leipzig zwischen 1730 und 1760 zum Zentrum der ›sächsischen Typenkomödie‹ mit folgenden Hauptvertretern: L. Gottsched (»Die Pietisterey im Fischbeinrocke«, 1736, angelehnt an G.-H. Bougeants »La Femme Docteur«, 1730), J. E. Schlegel (»Die Stumme Schönheit«, 1747; »Der Triumph der guten Frauen«, 1748), H. Borkenstein (»Bookesbeutel«, 1741) und A. G. Uhlich (»Der Unempfindsame«, 1745). Die idealisierten ›vernünftigen‹ Bürger führen hier einen sittlich tadelhaften Außenseiter der poetischen Gerechtigkeit zu, indem sie ihn entweder integrieren oder aber vertreiben. Von solch satirischer Lasterkorrektur entfernt sich erst das Genre des rührenden Lustspiels (*sentimental comedy, comédie larmoyante*), welches Tugendhandlungen positiv durch eine Affektsprache des Mitleids aufwertet: Nach Ch. F. Gellert, der das Genre praktisch (»Die Betschwestern«, 1745) und theoretisch (»Pro comœdia commovente«, 1751) begründet, schreibt Ch. F. Weiße rührende Lust- und Singspiele (»Amalia«, 1765; auch für Kinder: »Die Schadenfreude«, 1776). Als episodisch strukturierte ›Familiengemälde‹ tendieren diese K.n zum scherzhaft-rührseligen Plauderton. Doch birgt der Bruch mit der starren Typenkomödie unter dem zunehmenden Einfluss der K.n W. Shakespeares (z. B. »As You Like It«, 1603) auch die Voraussetzung für die psychologisch und historisch differenziertere Figurendarstellung bei G. E. Lessing. Mit seinen Jugendlustspielen (»Der junge Gelehrte«, 1747) noch der aufklärerischen Typenkomödie verpflichtet, gelingt ihm mit »Minna von Barnhelm« (1767) der Durchbruch zur vielschichtigen Charakter- und Gesellschaftskomödie, so dass dieses Drama als Höhepunkt der dt. Aufklärungskomödie gewertet werden darf. Die universalisierende Lit.komödie der Romantik, welche epische, lyrische, dramatische und parodistische Elemente vereint und dadurch oft zum reinen ↗Lesedrama tendiert, wird theoretisch vorbereitet in F. Schlegels Essay »Vom ästhetischen Werte der gr. K.« (1794). Schlegel entwickelt am Modell des Aristophanes das Ideal einer grundlos ›schönen‹ K., die sich von der bloß satirischen abgrenzt. Zu unterscheiden ist in der romantischen K. ein ›parabatischer‹ von einem ›illudierenden‹ K.ntypus (vgl. Japp, S. 12 f.). ›Parabatisch‹ ist das publikums- und wirkungsorientierte ›Aus-der-Rolle-

Fallen‹ der Figuren in satirisch-politischen Intermezzi, so in L. Tiecks K. »Der Gestiefelte Kater« (1797), die mit Märchenmotiven Ch. Perraults spielt, aber auch in C. Brentanos »Gustav Wasa« (1800) oder J. v. Eichendorffs »Krieg den Philistern« (1823 f.). Diese parabatischen K.n richten sich als intertextuelle ↗ Lit.satiren gegen die erfolgreichen Volkskomödien A. W. Ifflands und A. v. Kotzebues. Effektvoll verwischen sie die Grenzen zwischen den Gattungen, zwischen einzelnen Rollen sowie zwischen Bühne und Parkett (↗ Publikum). Im ›illudierenden‹ K.ntypus dagegen wird die fiktive Bühnenwirklichkeit nicht durchbrochen, sondern ihrerseits als Plattform verwendet für das romantische Spiel mit der Täuschung, z. B. in den Intrigenkomödien C. Brentanos (»Ponce de Leon«, 1804) oder J. v. Eichendorffs (»Die Freier«, 1833). Eine Ausnahmeerscheinung bleiben die sozialkritischen, partiell ↗ grotesken Sturm-und-Drang-Tragikomödien von J. M. R. Lenz (»Der Hofmeister«, 1774; »Die Soldaten«, 1776). Das Theater der ↗ Weimarer Klassik bietet nur wenige Ansätze zu einer K.nform, so im Versuch des jungen J. W. Goethe, darin J. E. Schlegel, nicht Gottsched folgend, den ↗ Alexandriner in die K. einzuführen (»Die Mitschuldigen«, 1768 f.; »Der Groß-Cophta«, 1791). Anders als bei F. Schiller enthalten Goethes ↗ Tragödien viele komische Elemente (im »Faust« I von 1808 z. B. in den Gelehrtensatiren der »Studierzimmer«-Szenen und in »Auerbachs Keller« sowie in den Grotesken der »Walpurgisnacht«). Als Höhepunkt der klassizistisch ausgerichteten ›ernsten K.‹ (Arntzen) gelten H. v. Kleists »Amphitryon« (1807) und bes. dessen deutungsoffene und sprachkritische K. »Der zerbrochne Krug« (1811), die auf einer zweiten Sinnebene mittels biblisch-mythologischer Anspielungen die Ambivalenz zwischen Sprache und Idee sowie zwischen irdischem und göttlichem Gesetz dramatisch gestaltet. Auch die nachromantische Gesellschaftskomödie des 19. Jh.s behält diese sprachkritische Ausrichtung bei (Ch. D. Grabbe, G. Büchner, F. Grillparzer, F. Hebbel und G. Freytag). Eine parodistisch-skeptische Sicht auf Politik und Moral kennzeichnet die Wiener Volkspossen F. Raimunds (»Der Alpenkönig und der Menschenfeind«, 1828) und J. N. Nestroys (»Der Zerrissene«, 1845). Ein antiromantischer Impetus ist auch für A. v. Platens die aristophanische Schicksalstragödie ironisierende K.n charakteristisch (»Die verhängnisvolle Gabel«, 1826; »Der romantische Ödipus«, 1829). – Im 20. Jh. findet in vielerlei Hinsicht eine Umdeutung etablierter K.nregeln statt. Der versöhnliche Schluss weicht dem offenen oder gar destruktiven Ende, die komische Figur wird zur quasi-tragischen Heldenfigur (H. v. Hofmannsthal: »Der Schwierige«, 1921; »Der Unbestechliche«, 1923; A. Schnitzler: »Professor Bernhardi«, 1912; Ö. v. Horvath: »Figaro läßt sich scheiden«, 1934). Selbst die volkstümlichen Stegreifkomödien K. Valentins und L. Karstadts tendieren zum Nonsens, zum Grotesken und Absurden. Die Vermischung von Komischem und Tragischem dominiert im 20. Jh. die K.ntradition, bes.

nach dem Zweiten Weltkrieg, von P. Hacks (»Amphitryon«, 1969) bis hin zu P. Süskinds Monodrama »Der Kontrabass« (1981). Ab Ende der 1920er Jahre reflektieren die erfolgreichen Exil-K.n des Expressionisten W. Hasenclever (»Ein besserer Herr«, 1926; »Konflikt in Assyrien«, 1938), welche kabarettistisch die politische Reaktion, die Bourgeoisie und die ↗ Neue Sachlichkeit ins Visier nehmen, die Genese der totalitären Politik in Deutschland, welche der K. nur noch wenig Spielraum lässt. Die Notlage und zugleich Fragwürdigkeit der K. unter nationalsozialistischer Herrschaft thematisieren filmisch Ch. Chaplin (»The Great Dictator«, 1940) und der Emigrant E. Lubitsch (»To Be or Not to Be«, 1941). Die K. nähert sich nach dem Zweiten Weltkrieg verstärkt dem Theater des Absurden (z. B. im Falle von E. Canettis handlungsarmen ›akustischen Masken‹ in seiner ›K. der Eitelkeit«, verfasst 1933 f., publiziert 1950) und der Groteske (B. Brecht, F. Dürrenmatt, M. Frisch, P. Weiss).

Lit.: H. Arntzen: Die ernste K. Mchn. 1968. – E. Catholy: Das dt. Lustspiel. 2 Bde. Stgt. u. a. 1969/82. – B. Greiner: Die K. Tüb. 1992. – W. Haas, M. Stern (Hg.): Fünf K.n des 16. Jh.s. Bern u. a. 1989. – W. Hinck (Hg.): Die dt. K. Düsseldorf 1977. – W. Iser: Das Komische – ein Kipp-Phänomen. In: W. Preisendanz, R. Warning (Hg.): Das Komische. Mchn. 1976, S. 398–402. – U. Japp: Die K. der Romantik. Tüb. 1999. – V. Klotz: Bürgerliches Lachtheater. Mchn. 1980. – F. N. Mennemeier (Hg.): Die großen K.n Europas. Tüb. 2000. – U. Profitlich: K.ntheorie. Reinbek 1998. – U. Profitlich, F. Stucke: K. In: RLW. – H. Steffen (Hg.): Das dt. Lustspiel. 2 Bde. Gött. 1969. – H. Steinmetz: Die K. der Aufklärung [1966]. Stgt. ³1978. UME

Kómos, m. [gr.], Festgelage, festlicher Gesang, fröhlicher Umzug, bes. zu Ehren des Dionysos. ↗ Enkomion, ↗ Exodos.

Komparatistik, f. [lat. *comparare* = vergleichen], ↗ vergleichende Lit.wissenschaft.

Kompendium, n. [lat. = (Arbeits- oder Zeit-)Ersparnis], Handbuch, Abriss, kurzgefasstes Lehrbuch, Leitfaden, geraffte, überblickartige Darstellung eines Wissensgebietes, ↗ Repertorium. GG

Kompilation, f. [lat. *compilare* = rauben, plündern], Zusammentragen von Texten und Textteilen aus mehreren Quellen. – Bonaventura (gestorben 1274) verwendet im Prolog zum »Sentenzen-Kommentar« den Begriff ›Kompilator‹ in Abgrenzung von ↗ Schreiber, Kommentator und ↗ Autor systematisch für denjenigen, der etwas abschreibt und dabei anderes hinzufügt, wenn auch nichts Eigenes (»Aliquis scribit aliena, addendo, sed non de suo; et iste compilator dicitur«). Die Bez. ist durchaus wertfrei, das Verfahren rein technisch charakterisiert. Bedeutende geistliche Kompilatoren des späten MA.s wie Regula von Lichtenthal, Lienhart Peuger oder Thomas Finck betrachteten es als wichtige Aufgabe, tradiertes Schrifttum adressatenbezogen zu aktualisieren, indem sie es ergänzten. – Die Geringschätzung der K. entspringt der Ästhetik (bes. der

↗Genie-Ästhetik) des 18. Jh.s, die an lit. Texte zunehmend das Kriterium der Originalität anlegte. In den modernen Verfahren der ↗Collage und ↗Montage sowie in der Ästhetik der ↗Postmoderne werden der K. verwandte Vorgehensweisen bei der Textproduktion dagegen wieder aufgewertet.

Lit.: H. Kallweit: K. In: RLW. – A. Minnis: Late-Medieval Discussions of compilatio and the Rôle of the compilator. In: Beitr. [Tüb.] 101 (1979), S. 385–421.   CF

Komplimentierbuch [lat. *complementum* = Ergänzung, Anhang; span. *complimiento*, frz. *compliment* = Höflichkeitsbezeugung], Anleitung für angemessenes Verhalten im öffentlichen und im privaten Bereich, Lehrbuch der Galanterie, des Gebrauchs von Formeln und Redewendungen, der Zeremonialwissenschaften, der Konversation, meist mit Exempla- bzw. Apophthegmasammlungen, mit Sprach- und Rhetoriklehrbüchern und Briefstellern verbunden, die Komplimente für alle Situationen des gesellschaftlichen (höfischen) Lebens bereithielten; Teilgebiet der rhet. und der ↗Anstandslit. Das Wort ›compliment‹ begegnet in dt. Texten zuerst in Aegidius Albertinus' Übers. von A. de Guevaras »Epistolas familiares«. Der Begriff ›K.‹ stammt von G. Greflinger (»Ethica complementoria. Complementier-Büchlein«, Hbg. 1645). – Die Komplimentierkunst war eine wesenhaft an das feudale System gebundene Ausprägung hierarchisch genormter Verhaltensweisen mit dem Ziel, das Individuum zum *politischen Menschen*, zum Weltmann und Kavalier bzw. Hofmann heranzubilden. – Die *Ursprünge* der Komplimentierbücher liegen in den mal. Sittenbüchern und ↗Tischzuchten; bes. einflussreich waren die Lehren des Italieners B. Castiglione (»Cortegiano«, 1528), der Spanier A. de Guevara und B. Gracián, des Engländers F. Bacon und der Franzosen N. Faret, M. du Refuge, F. de Callières, F. A. P. de Moncrif und J. B. M. de Bellegarde. In Deutschland fällt die *Blütezeit der Komplimentierbücher* in die Zeit von 1650 bis 1750. Hier waren, nach den Übers.en v. a. frz. Vorbilder, die führenden Lehrmeister der Komplimentierkunst Ch. Weise (»Politischer Redner«, 1677) und J. Riemer (»Schatzmeister aller Freud- und Leidkomplimente«, 1681). – Die oft umständlichen barocken Komplimente wurden im galanten Zeitalter den neuen Idealen der leichten Verständlichkeit, Zierlichkeit und Kürze angepasst. – In der Übergangszeit zwischen feudaler und bürgerlicher Gesellschaft entstanden speziell für Bürgerliche abgefasste Komplimentierbücher mit vereinfachten Anweisungen, die oft vom Widerspruch zwischen theoretischer Ablehnung des Komplimentierwesens und praktischer Empfehlung seiner Muster geprägt waren, z. B. C. F. Hunold: »Manier höflich und wohl zu Reden und zu Leben« (1710). Seit dem Auftreten von Thomasius bekämpfte das aufklärerische Bürgertum immer vehementer das überflüssige, mit Heuchelei identifizierte Komplimentieren und propagierte eine moralistische »Tugend des Herzens« und einen der höfischen Komplimentierkunst entgegengesetzten

Natürlichkeitsstil; bes. erfolgreich war A. v. Knigges »Über den Umgang mit Menschen« (2 Bde. 1788). In seiner Nachfolge entstanden bis heute zahlreiche bürgerliche Benimm- und Sittenbücher.

Lit.: M. Beetz: Frühmoderne Höflichkeit. Stgt. 1990. – Ders.: K. In: RLW. – K. Borinski: Gracián und die Hoflit. in Deutschland. Halle 1894. – G. Braungart: Hofberedsamkeit. Tüb. 1988. – E. Cohn: Gesellschaftsideale und Gesellschaftsroman des 17. Jh.s. Bln. 1921. – M. Fauser: Das Gespräch im 18. Jh. Stgt. 1991. – B. Felderer, T. Macho (Hg.): Höflichkeit. Mchn. 2002. – K.-H. Göttert: Kommunikationsideale. Mchn. 1988. – M. Hinz: Rhet. Strategien des Hofmannes. Stgt. 1992.   GG

Komposition, f. [lat. *compositio* = Zusammensetzung], aus der Musik entlehnte Bez. für die Gestaltung und den Aufbau eines lit. Textes. ›K.‹ meint in der Regel mehr als nur die äußere stoffliche oder formale Gliederung (↗Tektonik, ↗atektonischer Bau); vielmehr werden Kategorien wie Einheit eines Werkes, äußere und innere ↗Form, das Verhältnis seiner Teile untereinander und zum Ganzen u. a. einbezogen; heute wird der Begriff meist ersetzt durch ↗›Struktur‹.

Lit.: M. Huber: K. In: RLW.   GS/Red.

Konfessionalismus ↗Reformationslit., ↗Gegenreformation.

Konfiguration, f., das Beziehungsgefüge zunächst zwischen den ↗Figuren, im übertragenen Sinne auch zwischen anderen Strukturelementen eines fiktionalen Textes. In der Dramenanalyse bezeichnet ›K.‹ die Strukturierung des Personals, die sich durch die jeweilige Auswahl aus dem (Theater-)Ensemble, d. h. mit der Bühnenpräsenz der Figuren, ergibt. Erzähltheoretisch unterscheidet Ricœur K. als ↗erzählte Zeit von gelebter Zeit (Präfiguration) und Lesezeit (Refiguration). W. Benjamin (»Ursprung des dt. Trauerspiels«, 1928) versteht lit.theoretische »Ideen« als K. oder ↗Konstellation von Begriffen.

Lit.: E. Auerbach: Figura. In: ders.: Gesammelte Aufsätze zur Romanischen Philologie. Bern, Mchn. 1967, S. 55–92. – G. Neumann: K. Goethes ›Torquato Tasso‹. Mchn. 1965. – P. Ricœur: Temps et récit. 3 Bde. Paris 1983–85 [dt.: Zeit und Erzählung. 3 Bde. Mchn. 1988–91].   EP

Konflikt, m. [lat. *conflictus*, von *confligere* = feindlich zusammenstoßen], allg.: Zwiespalt, Auseinandersetzung, Streit, auch: innerer Widerstreit von Motiven, Wünschen, Bestrebungen, Kollision polarer Kräfte, bes. ethischer Werte. Bildet als augenfällige Verdichtung einer dualistischen Weltsicht den Kern des ↗Dramas (dramatischer K., der zur Lösung, zur ↗Katastrophe, drängt): In der ↗Komödie und im ↗Schauspiel handelt es sich um komische, heitere, aber auch ernste oder objektiv ungleichgewichtige (Schein-)K.e, z. B. zwischen Liebe und übersteigerter Ehre in G. E. Lessings »Minna von Barnhelm«, in der Tragödie dagegen um existentielle, meist antinomische K.e (tragische K.e, die in der dramatischen Situation der Tragödie durch Scheitern des Helden zwar gelöst werden, grundsätzlich aber Aporien sind), z. B. der K. zwischen göttlichem und weltlichem Gesetz in Sophokles' »Antigone«. IS/Red.

Königsberger Dichterkreis, auch: Kürbishütte; von R. Roberthin in den 1620er Jahren in Königsberg gegründete bürgerliche Vereinigung von Musikern und Dichtern (z. B. S. Dach). Unter dem Emblem des Kürbisses verfassten die Mitglieder des K. D.es Kirchen- und Gesellschaftslieder sowie Gelegenheitsdichtungen wie Hochzeits- und Begräbnisgedichte, aber auch Schäferspiele und Opern.
Lit.: A. Kelletat (Hg.): S. Dach und der K.D. Stgt. 1986. – A. Schöne: Kürbishütte und Königsberg. Mchn. 1975.
HD/BM

Königsdrama ↗ Historie (3).

Königsreim ↗ Ghasel.

Konjektur, f. [lat. *coniectura* = Vermutung], im Rahmen der ↗ Textkritik ein verbessernder Eingriff des Herausgebers in den überlieferten Text, oft mit dem Anspruch, ein gar nicht oder nicht mehr vorhandenes Original wiederherzustellen. Im Ggs. zur einfachen ↗ Emendation handelt es sich bei K.en nicht nur um Ausbesserungen offensichtlicher Überlieferungsfehler (↗ Korruptel), sondern auch um Eingriffe, die den überlieferten Text dort ändern, wo er nach Meinung des Herausgebers dem Stil, dem Wortgebrauch, der Metrik und der Reimtechnik des Autors und seiner Zeit nicht entspricht. Da weitgehende K.en auf der subjektiven ↗›Einfühlung‹ des Herausgebers in den Text und auf dem Erahnen (der ↗›Divination‹ [2]) seiner authentischen Gestalt beruhen, besteht bei solchen Eingriffen die Gefahr der Herausgeberwillkür. – Während die *Konjekturalkritik* in der klassischen Philologie und bei der Bibelkritik meist sparsam betrieben wurde, waren die weitreichenden K.en in älteren Editionen mal. Texte z. T. nicht genügend abgesichert und werden daher in der heutigen Forschung verworfen. – Bei der Edition neuzeitlicher Texte greifen K.en meist unter Rückgriff auf hsl. oder maschinenschriftliche Textstufen, bes. ↗ Druckvorlagen, in die Textgestalt der ↗ Drucke ein. Bei allein hsl. überlieferten Textkorpora, die oft nur zu ↗ Fragmenten oder ↗ Entwürfen gediehen sind, greifen Editoren zuweilen durch Wortergänzungen, syntaktische Rekonstruktionsversuche und Zuordnung von auf der Hs. voneinander getrennten Textsegmenten zueinander in die authentisch überlieferte Textgestalt ein. Umstritten sind etwa die weitreichenden K.en F. Beißners und D. E. Sattlers bei den Editionen von F. Hölderlins späten Gedichtfragmenten.
Lit.: B. Plachta: Editionswissenschaft. Stgt. 1997, S. 90–98. JK/DB

Konjekturalkritik, f. [lat.], textkritische Praxis des Einsatzes von ↗ Konjekturen.

Konkordanz, f. [lat. *concordare* = übereinstimmen, in Einklang stehen], 1. alphabetisches Verzeichnis der in einem lit. bzw. wissenschaftlichen Werk enthaltenen, als wichtig erachteten Wörter und Wendungen (Verbal-K.) oder Sachen und Begriffe (Real-K.) mit vollständi-

ger oder ausgewählter Belegstellenangabe. – 2. Sammlung und Gegenüberstellung wörtlich oder inhaltlich übereinstimmender Textstellen verschiedener, hinsichtlich Nummerierung und/oder Paginierung voneinander abweichender Ausgaben desselben Textes, z. B. Bibel-K.en (seit dem 13. Jh.), Werk-K.en zu P. Celan, Dante, J. W. Goethe, F. Hölderlin, F. Kafka, I. Kant, W. Shakespeare. – Die Erstellung von K.en, die als Hilfsmittel zur Texterschließung und zum Textvergleich dienen, ist durch die Möglichkeiten der elektronischen Datenverarbeitung erheblich vereinfacht worden.
Lit.: H. Meyer: K. In: RLW. HD/CK

Konkrete Poesie, [lat. *concretus* = gegenständlich], auch: konkrete Dichtung, ↗ abstrakte Dichtung oder materiale Dichtung; Richtung der internationalen experimentellen Lit. ab etwa 1950, die unter dem Einfluss von ↗ Dadaismus, ↗ Futurismus und ↗ Merzdichtung die Arbeit am konkreten Sprachmaterial in den Mittelpunkt stellt. Prägend wirkten 1. die Ästhetik der Abweichung, ↗ Verfremdung und Entautomatisierung, der zufolge das ästhetische Artefakt mit Konventionen der Zeichenverwendung bricht, um auf seine Zeichen und die Spielregeln ihres Gebrauchs aufmerksam zu machen; 2. das Interesse an der Materialität der künstlerischen Gebilde und die Tendenz, diese zu betonen; 3. die Ästhetik der abstrakten, nicht gegenständlichen Darstellung. Für die theoretische Profilierung k.r gingen maßgebliche Anstöße von der Linguistik und ↗ Semiotik, aber auch von der ↗ Autonomieästhetik aus. Insofern k. P. nicht als Darstellung von außerhalb des Textes situierten Referenz-Objekten betrachtet werden möchte, sondern als nicht-mimetisches, materielles Gebilde, ist sie abstrakte Dichtung; in der Ästhetik wurden ›konkret‹ und ›abstrakt‹ daher anfangs wie Synonyme gebraucht. – Enge Beziehungen bestehen zur poetischen Sprachreflexion und zur ↗ Sprachkritik, da Sprache oft als das ↗ Material konkreter Texte aufgefasst wird; zur Basis konkreter Textgestaltung werden Buchstaben und Laute, Wörter, Sätze, Texte, Redensarten und sprachliche Regeln. – Wichtige Manifeste der k.n P. verfassten O. Fahlström, E. Gomringer, A. und H. de Campos und F. Mon. – Bezogen auf ihre Phänomenalität differenziert sich k. P. in eine visuelle und in eine akustische Richtung aus. Konstitutiv für Erstere ist das sichtbare Erscheinungsbild des Textes; aufgegriffen, dabei aber umfunktionalisiert werden auch traditionelle Formen der ↗ visuellen Poesie. Akustische k. P. geht von gesprochener Sprache, Lauten und deren (auch durch elektronische Medien erzeugten) Verfremdungsmöglichkeiten aus. Wichtige Beiträge zur k.n P. erbrachten u. a. die Mitglieder der ↗ Wiener Gruppe, der ↗ Stuttgarter Schule und des ↗ Darmstädter Kreises (2).
Texte: St. Bann (Hg.): Concrete Poetry. An international anthology. Ldn. 1967. – E. Williams (Hg.): An anthology of concrete poetry. NY 1967.
Lit.: M. Bense: K. P. In: Sprache im technischen Zeitalter 15 (1965) Sonderheft: Texttheorie und konkrete

Dichtung, S. 1236–1244. – R. Döhl: Konkrete Lit. In: M. Durzak (Hg.): Dt. Gegenwartslit. Stgt. 1981, S. 270–289. – B. Garbe (Hg.): K. P., Linguistik und Sprachunterricht. Hildesheim u. a. 1987. – E. Gomringer (Hg.): k. p. Stgt. 1973. – H. Hartung: Experimentelle Lit. u. k. P. Gött. 1975. – Ders.: K. P. In: RLW. – M. Wulff: K. P. und sprach-immanente Lüge. Stgt. 1978.   MSE

Konnotation, f. [aus lat. *con-* = mit, *notatio* = Bezeichnung; engl. *connotation*], von einem Zeichen angeregte emotionale, stilistische oder inhaltliche ↗ Assoziationen und Ideen. Die K.en eines Zeichens unterscheiden sich von dem begrifflichen Kern, der ↗ Denotation. ›K.‹ wird zumeist homonym zum Begriff der sprachlichen ›Assoziation‹ verwendet. K.en umfassen sowohl okkasionelle (in einer bestimmten Situation gebildete und an diese gebundene) Ideenverbindungen, die auf individuellen Erfahrungen oder individuellem Wortgebrauch beruhen, als auch solche, die dem kollektiven Wortgebrauch entstammen (etwa der Unterschied zwischen ›Hund‹ und ›Köter‹). J. St. Mill (»A System of Logic«, 1900) etabliert ›K.‹ als Bez. für die mit einem Wort verbundenen definitorischen Kennzeichnungen (›Intension‹), im Unterschied zur Denotation. – Traditionell gelten die Lit. und bes. die (moderne) ↗ Lyrik als das Feld eines konnotationsreichen Sprechens. Hier wird Sprache ›entautomatisiert‹, so dass alle Zeicheneigenschaften bedeutsam werden und auch okkasionelle, entfernte und subjektive K.en zum Tragen kommen können. Postmoderne Interpretationen heben im Rahmen der ↗ ›Dekonstruktion‹ des Textes oder des ›misreading‹ oft abgelegene K.en in lit. Texten hervor.
Lit.: E. Andringa: K. In: RLW. – P. Prechtl: Sprachphilosophie. Stgt., Weimar 1999. – G. Rössler: K.en. Wiesbaden 1979. – M. Schröder: Humor und Dialekt. Zur Genese sprachlicher K.en am Beispiel der ndt. Folklore und Lit. Neumünster 1995.   JG

Konsequente Dichtung, von K. Schwitters geprägter Ausdruck zur Bez. solcher ↗ elementarer Dichtung, die auf das Wort als Bedeutungsträger verzichtet, es aber als graphisches oder phonetisches Material nutzbar macht, z. B. Schwitters: »Ursonate« (1932). Die k. D. stellt eine Vorstufe der späteren ↗ konkreten Poesie dar.   RD/Red.

Konstanzer Schule ↗ Rezeptionsästhetik.

Konstellation, f. [lat. *constellatio* = Stellung der Gestirne zueinander; von lat. *stella* = Stern], Zusammentreffen von Umständen; Verhältnisbestimmung zwischen Elementen. In der Nachfolge von St. Mallarmés »Un coup de dés«, G. Apollinaire, H. Arp und dem ↗ Dadaismus bezeichnet ›K.‹ die graphische Erscheinungsweise der ↗ visuellen Poesie. Für Gomringer ist K. »strukturbewusste dichtung« (1997, S. 72) aus wenigen Wörtern, die »eine art denkbild« (1971, S. 89) erzeugt. – Im Ausgang von W. Benjamin (↗ Konfiguration) und M. Webers Idealtypenlehre stellt die K. für Th. W. Adorno (»Negative Dialektik«, 1966) eine Denkfigur dar, die durch das Arrangement von Begriffen das Individuelle darzu-

stellen trachtet, ohne es begrifflich zu fixieren.
Lit.: E. Gomringer: Gelebte K.en. In: R. Salis (Hg.): Motive. Tüb., Basel 1971, S. 88–92. – Ders.: die k. – eine neue gedichtform. In: Wespennest 106 (1997), S. 70–73.   EP

Konstruktivismus, m. [lat. *construere* = errichten], 1. Bewegung der russ. Avantgardekunst um 1915–25, die ähnlich wie der it. ↗ Futurismus eine enge Verbindung von Kunst und Technik anstrebt und die Gestaltung auf elementare Formen und Farben zurückführt. Zusammen mit der nl. *de Stijl*-Bewegung wirkt der K. auch auf das Weimarer »Bauhaus«. Wichtig ist er für die Buchgestaltung und die ↗ Bühnenbilder der 1920er Jahre, aber auch für die Lit. der ↗ Neuen Sachlichkeit.   DB
2. Von K. L. Selinski theoretisch begründete russ. lit. Gruppierung 1924–30, die sich neben den ↗ Imagisten (2) sowie den Vertretern des ↗ Futurismus und des ↗ Proletkults an der Diskussion um die Bedingungen einer wahren proletarischen Kunst beteiligte. Die Konstruktivisten plädierten in dieser Debatte dafür, formale Aspekte des Kunstwerks den revolutionären Inhalten unterzuordnen. Weitere Vertreter: E. G. Bagrizki, W. M. Inber, I. L. Selwinski.   RD/Red.
3. Sammelbez. für epistemologische Ansätze, denen zufolge jedes Wissen und Erkennen seinen Gegenstand erst konstruiert und stets auch anders konstruieren könnte. Damit richtet sich der K. gegen die Auffassung, dass Vorstellungen Gegenstände adäquat abbilden und man die ›tatsächliche‹ Wirklichkeit mit dem Verstand erkennen kann, mithin gegen die gesamte Metaphysik. Da demnach Gegenstände ihrem Erkennen nicht vorgängig sind, weil es z. B. Blumen an sich überhaupt nicht gibt, sondern unter den sinnlichen Eindrücken eine Blume nur dank erlernter Schemata unterschieden werden kann, wird auch von ›radikalem K.‹ gesprochen. Der K. leugnet indes nicht, dass es sinnvoll und möglich ist, von der Wirklichkeit zu sprechen. Er zeigt nicht nur, wie Lit.wissenschaft zu gültigen Erkenntnissen gelangt, sondern auch, warum und wie Lit. zur Beschreibung der Welt beiträgt. Vom radikalen K. ist der ›Erlanger K.‹ (P. Lorenzen, J. Mittelstraß) abzugrenzen, der als wissenschaftliche Methode einfordert, stets zunächst eine intersubjektiv vermittelbare Sprache als Begründungsbasis zu konstruieren. Einige Vertreter des K. meiden den Ausdruck ›K.‹, weil ihn völlig unterschiedliche Ansätze beanspruchen. – Als erster Schritt zum K. gilt I. Kants »Kritik der reinen Vernunft« (1781), in der die Überzeugung, dass der Mensch einen unmittelbaren Zugang zur eigentlichen Wirklichkeit hat, erstmals systematisch in Frage gestellt wird. Im 20. Jh. entstand der K. in den Bereichen Neurobiologie (H. Maturana) und Kybernetik (H. v. Foerster). Für die Lit. wissenschaft verwertbar gemacht wurde er v. a. durch N. Luhmann und S. J. Schmidt.   RBU
Lit. zu 2.: R. G. Grübel: Russ. K. Wiesbaden 1981.
Zu 3.: N. Luhmann: Die Wissenschaft der Gesellschaft. Ffm. 1992. – S. J. Schmidt (Hg.): Der Diskurs des Radi-

kalen K. Ffm. 1987. – P. Watzlawick, P. Krieg (Hg.): Das Auge des Betrachters. Mchn. 1991.

Kontakion, n., frühbyzantinische gesungene ↗ Hymne.

Kontamination, f. [lat. *contaminatio* = Befleckung, Verderbnis, fachsprachlich: (radioaktive) Verunreinigung], oft negativ konnotierte Bez. von Kontaktphänomenen jeglicher Art: 1. In der Linguistik Neubildung von Wörtern oder syntaktischen Wendungen durch Zusammenfügung nicht zusammengehöriger Ausgangsformen (›tragikomisch‹ aus ›tragisch‹ und ›komisch‹). – 2. Lit.geschichtlich bezeichnet ›K.‹ die Verschmelzung verschiedener Vorlagen zur Schaffung eines neuen Werkes, wie bereits von den röm. Komödiendichtern Plautus und Terenz unter Rückgriff auf gr. Komödien praktiziert. – 3. In der Textkritik bezeichnet ›K.‹ die Vermischung von Lesarten verschiedener hsl. Textfassungen bei einer Abschrift. – 4. In der Intermedialitätsforschung wird ›K.‹ für Interferenzerscheinungen (z. B. filmisches Schreiben) verwendet. DNA

Konterdetermination ↗ Metapher.

Kontext, der Zusammenhang [lat. *contextus*], in dem ein Textelement oder ein Text steht. 1. Der Zusammenhang eines Textelements mit anderen Elementen desselben Textes wird auch als *intratextueller K.* oder *Kotext* bezeichnet, der Zusammenhang zum Textganzen als *infratextueller K.* Textelemente sind auf unterschiedliche Weise im Text kontextualisiert, nämlich syntaktisch durch Sätze und Satzverknüpfungen, semantisch durch den Zusammenhang mit ähnlichen und gegensätzlichen Bedeutungen anderer Textelemente sowie rhet.-stilistisch durch ähnliche und andersartige lit. Äußerungsweisen. – 2. Der über den einzelnen Text hinausgehende K. eines Textelements oder Textes kann ein Klassifikations-, Produktions- oder Rezeptionskontext sein. *Klassifikationskontexte* sind Ordnungseinheiten, zu denen ein Text gezählt wird, insbes. lit. ↗ Epochen, Richtungen und ↗ Gattungen. *Produktions- bzw. Entstehungskontexte* sind thematisch gebündelte Bedingungen, unter denen ein Text verfasst wurde (biographischer, kultureller, geistesgeschichtlicher, philososophischer, politischer, sozialgeschichtlicher, ökonomischer K.). *Rezeptionskontexte* sind Zusammenhänge, innerhalb deren ein Text vermittelt, verstanden oder verarbeitet wird (z. B. die Institution Theater, in der ein Text aufgeführt wird; die aktuelle politische Situation, von der sein Verstehen beeinflusst wird; ein anderes Werk, das ihn zitiert). Mit dem Ausdruck ›intertextueller K.‹ kann ein Klassifikations-, Produktions- oder Rezeptionskontext gemeint sein. K.ualisierung ist notwendige Bedingung der ↗ Interpretation. Lit.: H. Aschenberg: K.e in Texten. Tüb. 1999. – L. Danneberg: Interpretation. K.bildung und K.verwendung. In: Siegener Periodikum zur internationalen empirischen Lit.wissenschaft (SPIEL) 9 (1990), H. 1, S. 89–130. – Ders.: K. In: RLW. – J. Schulte-Sasse: Aspekte einer kontextbezogenen Lit.semantik. In: Historizität in Sprach- und Lit.wissenschaft. Mchn. 1974. –

K. Stierle: Zur Begriffsgeschichte von ›K.‹. In: Archiv für Begriffsgeschichte 18 (1974), S. 144–149. TZ

Kontextglosse ↗ Glosse (1).

Kontextualisierung, f., die Aktivität, diejenigen ↗ Kontexte zu rekonstruieren, in denen Texte stehen. Sie fließt – meist unbewusst – in jede ↗ Lektüre von Texten ein; ihre methodisch reflektierte Anwendung ist notwendiger Bestandteil jeder ↗ Interpretation. DB

Kontextualität, f., die Eigenschaft von Texten, in verschiedenen ↗ Kontexten zu stehen und nur durch deren Rekonstruktion adäquat verstanden werden zu können. DB

Kontiguität ↗ Metonymie.

Kontinuität, f. [von lat. *continuare* = fortsetzen], der stetige Zusammenhang einzelner Elemente innerhalb eines Ganzen. Der Begriff ›K.‹ und sein Ggs. ›Diskontinuität‹ sind sowohl für Mathematik und Naturwissenschaften als auch für die geschichtlichen Wissenschaften von Bedeutung. – Schon Aristoteles etabliert das bis ins 18. Jh. nicht in Frage gestellte Prinzip eines stetigen, kontinuierlichen Übergangs innerhalb der Natur vom Unbelebten hin zum Belebten. G. W. Leibniz entwickelt mit der Infinitesimalrechnung die Möglichkeit, K. mathematisch darzustellen. Die Quantenmechanik beweist dagegen in der ersten Hälfte des 20. Jh.s erstmals die Existenz diskontinuierlicher, sprunghafter Veränderungen in der Natur auf atomarer Ebene. – Die Vorstellung der K. aller raum-zeitlichen Erscheinungen wird von I. Kant als eine regulative Idee des menschlichen Erkennens angesehen. In der Lebensphilosophie (H. Bergson, W. Dilthey) wird die historische K. vom biographischen Modell der K. des Lebens und Erlebens des Individuums hergeleitet. Diese Auffassung wird v. a. vom frz. ↗ Strukturalismus (C. Levi-Strauss) und ↗ Poststrukturalismus (M. Foucault) kritisiert, welche die Geschichte als diskontinuierlichen, sprunghaft verlaufenden Prozess ansehen. K. wird unter dieser Perspektive nur noch als eine narrativ vermittelte Konstruktionsleistung des Historikers angesehen (↗ New Historicism). Lit.: H. M. Baumgartner: K. und Geschichte [1972]. Ffm. 1997. – W. Breidert: Kontinuum, K. In: HWbPh.

JH

Kontrafaktur, f. [von spätlat. *contrafacere*; aus lat. *contra* = entgegen, entsprechend; *facere* = machen; vom 16. bis 18. Jh. Synonym von ›Konterfei‹ = ähnliche Darstellung, z. B. in Stadtansichten und Porträts], 1. lit. Verfahren, das in der partiellen Übernahme eines Textes oder einer Gruppe von Texten zu Zwecken, die dem übernommenen Text ursprünglich fernliegen, besteht; 2. davon abgeleitet ein Text, der mittels dieses Verfahrens entstanden ist. Der Begriff wird auch für andere Künste, insbes. die Musik, verwendet. – Anfang des 20. Jh.s wurde der Terminus ›K.‹ in die Lit.wissenschaft zur Bez. der Umdichtung eines weltlichen Liedes in ein geistliches (und umgekehrt) eingeführt (vgl. Hennig). An diesem Sprachgebrauch orientiert sich auch der musikwissenschaftliche Begriff der K. im

Sinne einer Neuvertextung vorhandener Melodien. Erst die Lit.wissenschaft der letzten Jahrzehnte bemüht sich um die Konturierung der K. als eines von mehreren grundlegenden Verfahren der ↗ Intertextualität. Während die ↗ Parodie die Textvorlage herabzusetzen versucht und sich in ihrer Komisierung erschöpft, verzichtet die K. auf die Komisierung der Vorlage und verwendet diese zu ihren eigenen, neuen Zwecken. Von der ↗ Travestie unterscheidet sich die K. durch die Übernahme der spezifischen Gestalt der ↗ Prätexte. Über weite Strecken der Begriffsgeschichte wurde die K. allerdings nicht eigens von der Parodie unterschieden und allenfalls als ›ernste Parodie‹ (*parodia seria*) gefasst (so in der Horaz-Imitation der ↗ Frühen Neuzeit). Beachtlichen Anteil an der Geschichte der Schreibweise hat die satirische K. Sie richtet ihren Angriff nicht auf die Vorlage, sondern mittels der Transformation der Vorlage auf den jeweiligen, von der ↗ Satire gemeinten Gegenstand. Meisterlich gehandhabt wurde sie im 20. Jh. durch B. Brecht. Durch die Neuorientierung bekannter Sätze und idiomatischer Wendungen auf kommerzielle Zusammenhänge hin hat die K. gegenwärtig v. a. in der Werbung (sowie, davon abgeleitet, in der politischen Auseinandersetzung) herausragende Bedeutung gewonnen.
Lit.: K. Hennig: Die geistliche K. im Jh. der Reformation. Halle 1909. Repr. Hildesheim u. a. 1977. – Th. Verweyen, G. Witting: Die K. Konstanz 1987. – Dies.: K. In: RLW. – M. Wehrli: Parodie und K. In: ders.: Lit. im dt. MA. Stgt. 1984, S. 271–284.　　　　BA

Kontrapost, m. [lat.], ↗ Grazie.

Konversation, f. [frz. *conversation* = Gespräch, Unterhaltung; von lat. *conversatio* = Verkehr], allg.: kommunikative Sprachhandlung, die zu den elementaren Daseinsformen des Menschen gehört; im engeren Sinne: ↗ Gespräch, das bestimmten Normen gehorcht. Seit der Antike sind Lehren für die Gesprächs- und Mitteilungskultur erarbeitet worden, zumeist im Zusammenhang mit der ↗ Rhet. Die Humanisten der ↗ Renaissance haben eine Theorie der K. entworfen, die dem spontanen zwischenmenschlichen Gespräch ästhetische und moralische Qualitäten abfordert. Mit der ↗ Aufklärung setzte sich die Forderung nach geistreicher und witziger K. durch; seit dem 20. Jh. wird unter dem Gesichtspunkt der psychischen Entlastung durch das unvermittelte Gespräch K. als Smalltalk betrieben. – An der Erforschung der K. beteiligen sich Lit.-, Sprach- und Sozialwissenschaft. Die Analyse der K. hat deren Voraussetzungen und Maximen erarbeitet: K. erfordert wenigstens zwei Personen mit wechselndem Sprechkontakt, die Teilnehmer haben sich innerhalb eines von allen verstandenen Signalsystems zu verständigen und sollten ein gemeinsames Interesse an der Sprachhandlung haben. Nach Grice gilt für die K. ein umfassendes Kooperationsprinzip, basierend auf den Maximen der Quantität (maximale Informationsvergabe), der Qualität (Wahrheit, Aufrichtigkeit), der Relation (Relevanz) und der Modalität (Klarheit).
Lit.: D. Franck: Grammatik und K. Königstein/Ts. 1980. – H. P. Grice: Logic and Conversation. In: P. Cole, L. Morgan (Hg.): Syntax and Semantics. Bd. 3. NY 1975, S. 41–56.　　　　HW/Red.

Konversationskomödie [von frz./engl. *conversation* = Gespräch, Unterhaltung], auch: Konversationsstück; Typus von Komödien und teilweise auch ernsteren Bühnenstücken des 19. und 20. Jh.s, in denen Alltagsleben, Probleme und Scheinprobleme höherer Gesellschaftsschichten mit Mitteln gepflegter, geistreicher, witziger und pointenreicher Unterhaltung vorgeführt werden. Charakter- und Handlungsentwicklung sind demgegenüber oft weniger ausgefeilt. Als Gesellschaftsdichtung hat die K. vielfache Beziehungen zur ↗ Boulevardkomödie. Wichtigste Vertreter der K. sind in England O. Wilde (»Lady Windermere's Fan«, 1892) und in Österreich als Nachfolger E. v. Bauernfelds (»Bürgerlich und romantisch«, 1839) H. Bahr (»Das Konzert«, 1909). In H. v. Hofmannsthals »Der Schwierige« (1921) wird die Konversationsthematik selbstreflexiv thematisiert.
Lit.: A. Barth: Moderne engl. Gesellschaftskomödie. Mchn. 1987. – A. Doppler: Das Konversationsstück bei A. Schnitzler und H. v. Hofmannsthal. In: Institut für Österreichkunde (Hg.): Sprachthematik in der österr. Lit. des 20. Jh.s. Wien 1974, S. 69–82.　　　　TU

Konversationslexikon, n., im 19. Jh. typische Konzeption einer ↗ Enzyklopädie.

Konzeptkunst [engl. *Concept Art*], Kunstform, die von dem Gedanken getragen wird, dass die Idee und das Konzept der Kunst das eigentliche Kunstwerk sei. Die K. entwickelte sich international in den 1960er Jahren v. a. unter dem Einfluss Sol LeWitts aus der Minimal Art heraus. Sie bricht mit traditionellen Kunstformen wie Malerei und Bildhauerei und betreibt eine Reduzierung des Objekthaften, die sich bis zur Entmaterialisierung in Form von gedanklich-assoziativen Prozessen in der Vorstellung des Betrachters entwickeln kann. Wichtige Vertreter sind D. Buren, H. Darboven und R. Long. Die K. ist eng mit der Sprache verbunden; so spielen in den Arbeiten von J. Kosuth linguistische Analysen eine wichtige Rolle. Die Werke der Gruppe *Art & Language* repräsentieren durch ihre Analogien von Kunst und Sprache die extremste Form der K.
Lit.: A. Hoormann: Außerhalb des Ateliers. Land Art und Concept Art. In: M. Wagner u. a. (Hg.): Moderne Kunst. Reinbek 1991. Bd. 2, S. 591–609. – Th. Dreher: Konzeptuelle Kunst in Amerika und England zwischen 1963 und 1976. Ffm. u. a. 1992.　　　　SMB

Konzert-Melodrama ↗ Melodrama.

Konzinnität, f. [lat. *concinnitas* = kunstgerechte Verbindung], rhet. Bez. für eine die bloße grammatische Korrektheit übersteigende syntaktische Eleganz (↗ Elegantia) und klanglich-rhythmische Ebenmäßigkeit. In dem an Cicero orientierten dt. Sprachgebrauch meist auf den syntaktischen ↗ Parallelismus eingeschränkt. Ggs.: ↗ Inkonzinnität.　　　　HD/Red.

Kopert, m. [lat. *copertorium* = Einband], eine vom 9. bis zum 16. Jh. in Europa verbreitete Art des Hss.- oder Bucheinbands: *libri sine asseribus*, Bücher ohne Holzdeckel. Der ↗Einband bestand nur aus weichem, manchmal gefärbtem, sonst aber schmucklosem Material (Leder, Pergament). Der Umschlag war meist mit einer Klappe mit Schnürvorrichtung oder Schließe versehen. Die einzelnen Lagen wurden mit Ketten- und Langstich direkt in den Umschlag eingeheftet. Der Rücken wurde durch kleine Leder- oder Hornplatten verstärkt, deren Lochung gefällige Heftmuster ermöglichte.
Lit.: A. Ottermann: Wege zu K.en – eine Orientierung am Beispiel der Stadtbibliothek Mainz. Gutenberg-Jb. (2001), S. 348–364. – A. Scholla: Libri sine asseribus. Zur Einbandtechnik, Form und Inhalt mal. K.e des 8. bis 14. Jh.s. Diss. Leiden 2002.   GGI

Korn, n., auch: Kornreim; nach der Meistersingerterminologie ein Reim zwischen ↗Waisen verschiedener Strophen, d. h. zwischen Versen, die im jeweiligen Strophenverband selbst keine Reimentsprechung haben, sondern erst in der folgenden Strophe; z. B. 1. Strophe: *ababcKc*, 2. Strophe: *dedefKf*.   GS/Red.

Korrekturabzug ↗Erstdruck.

Korruptel, f. [lat. *corruptela* = Verderbnis], verderbte, d. h. durch äußere Einwirkungen wie Textverlust oder Druckfehler unlesbar oder unverständlich gewordene Textstelle. Sie wird in ↗historisch-kritischen Ausgaben entweder als ›unheilbar‹ durch eine ↗Crux markiert oder durch eine ↗Konjektur des Herausgebers aufgelöst.   JK/Red.

Koryphaios, m. [gr. = der an der Spitze Stehende], in der frühen gr. Antike Bez. für Anführer von Parteien, Senat und für Heerführer, vereinzelt auch Beiname für Götter (Artemis, Zeus). Später Bez. für den Vorsänger beim Vortrag des ↗Dithyrambus und für den Chorführer im gr. Drama, der den Rhythmus der Chorgesänge bestimmte und (neben einzelnen ↗Choreuten) den Chor in den Dialogen vertrat. In einigen Quellen steht der Name des K. für den ganzen Chor. Lukian verwendet ›K.‹ synonym mit ›der Höchste, Hervorragendste‹, davon ist der moderne Ausdruck ›Koryphäe‹ abgeleitet.   GG

Kosmisten, m. Pl., eine aus dem russ. ↗Proletkult hervorgegangene lit. Gruppe, die sich selbst als *Kusniza* (= Schmiede) bezeichnete.

Kosmogonie, f. [aus gr. *kósmos* = Welt, *goné* = Geburt], geglaubte Erzählung von der Schöpfung oder dem Ursprung der Welt, wie sie in allen Weltkulturen begegnet (↗Mythos). Die kosmogonischen Systeme sind komplex; die vergleichende Ethnologie hat verschiedene Grundmuster herausgearbeitet. Häufig steht das Bild vom Ei, in dem Himmel und Erde noch verschmolzen sind, als Inbegriff des Ur-Chaos am Anfang (u. a. Afrika, China, Indien, Japan). Auch kann sich das Universum aus dem Körper eines von der Gottheit zerstückelten Meer-Ungeheuers erheben (Mesopotamien). Das Wasser, das es zu bändigen gilt und aus welchem Materie für die Schöpfung geborgen werden muss, ist vielen K.n gemeinsam. – Obwohl vielfach allein durch ihre Verschriftung bewahrt, reflektieren K.n zunächst mündliche, über Jh.e fortlebende Traditionen. Häufig ist kein Ausschließlichkeitsanspruch einer einzigen K. erkennbar. Die Ägypter etwa brachten die konkurrierenden K.n der Städte Heliopolis, Hermopolis und Memphis in ein System friedlicher Koexistenz.
Lit.: A.-M. Esnoul u. a. (Hg.): La naissance du monde. Sources orientals. Paris 1959 [dt. Zürich 1964; Nachdr. Darmstadt 1991]. – R. Sorel: Les cosmogonies grecques. Paris 1994.   CF

Kotext ↗Kontext.

Kothurn, m. [von gr. *kóthornos* = Stiefel], der zum Kostüm des Schauspielers in der antiken Tragödie gehörende hohe Schaftstiefel, der mit Bändern umwickelt bzw. vorn verschnürt wurde. Seit Aischylos mit erhöhten Sohlen, um den Schauspieler herauszuheben. Der K. wurde im Laufe der Zeit immer höher (seit dem 2. Jh. v. Chr. dicke viereckige Holzsohlen), in der röm. Kaiserzeit schließlich stelzenartig. Der Ggs. hoher K. – niedriger ↗Soccus (Schuh des komischen Schauspielers) steht in dieser Zeit metonymisch für den Ggs. zwischen ↗Tragödie und ↗Komödie bzw. erhabenem und niederem ↗Stil.   JK/Red.

Kranzlied, lyrisches Genre des 15./16. Jh.s, welches die Situation eines Rätselspiels, bei dem ein Kranz als Siegespreis errungen werden kann, im Wechselgesang zwischen einem jungen Mann und einem Kreis von Mädchen gestaltet.   GS/Red.

Krasis, f. [gr. = Mischung], artikulatorisch oder metrisch bedingte Verschmelzung zweier Wörter durch Zusammenziehung (Kontraktion) des auslautenden und des anlautenden Vokals, z. B. mhd. *si ist* zu *sîst*, gelegentlich auch unter Ausfall (Synkope) eines Konsonanten, z. B. mhd. *ez ist* zu *êst*, *daz ich* zu *deich* (hier mit Kontakt-Umlaut). ↗Synalöphe; ↗Metaplasmus.   GS/Red.

Kratineion, n. [gr.; lat. *kratineus*, m.], antiker Vers der Form: – ∨ ∨ – | ∨ – ∨ – || – ∨ – v̄ – ∨ –; nach dem gr. Komödiendichter Kratinos (Mitte 5. Jh. v. Chr.) benannt.   GG

Kräuterbuch ↗Medizinlit.

Kreis von Coppet ↗Schweizer Lit.

Kreis von Münster, kath. Gruppe von Schriftstellern, Theologen und Pädagogen um F. v. Fürstenberg (1729–1810), den Staatsminister des Fürstbistums Münster, sowie die Fürstin Amalia v. Gallitzin (1748–1806). Der Kreis bestand von 1765 bis 1826. Er war ein Sammelbecken für irrationalistische Strömungen des 18. Jh.s (Einflüsse F. Hemsterhuis', F. H. Jacobis, J. G. Hamanns), die der ↗Aufklärung, aber auch der ↗Weimarer Klassik kritisch gegenüberstanden und die kath. Romantik (C. Brentano) vorbereiteten. Vom K. v. M. beeinflusst ist auch A. v. Droste-Hülshoff. Fürstenberg machte sich darüber hinaus durch seine Bildungspolitik (allg. Schulordnung 1768, Universitätsgründung

1780) um die Entwicklung des Bildungswesens und den Aufbau des dreistufigen öffentlichen Unterrichtssystems in Deutschland verdient.

Lit.: W. Loos, E. Trunz: Goethe und der K. v. M. [1971]. Münster ²1974. – P. Schulz: Amalia Fürstin von Gallitzin. Münster 1998. Red.

Kretikus, m. [lat. *creticus* = der Kretische], auch: *Amphímakros* [gr.], antiker Versfuß der Form – v –. Der z. B. in einem Tanzlied des Bakchylides und in den Chören der aristophanischen Komödien gebrauchte K. wird in der antikisierenden dt. Dichtung nur selten nachgeahmt. – In der Prosa ist der K. wichtiger Bestandteil der ↗ Klauseln. JK/Red.

Kreuzreim ↗ Reim.

Kreuzzugsdichtung, Sammelbez. für mal. Texte, die sich auf die Palästinakreuzzüge oder auf die mit gleichen kirchenrechtlichen Privilegien ausgestatteten Kriege gegen sog. Heiden oder Ketzer beziehen. Das unter dem Begriff ›K.‹ subsumierte Textkorpus ist in mehrfacher Hinsicht heterogen: Es umfasst lyrische und epische sowie auch historiographische Texte, Dichtungen, deren unmittelbares Sujet die Kreuzzüge bilden (↗ Reimchroniken, Pilgerlieder, Aufruflieder), neben solchen, die in traditionellen Sujets (↗ Karlsepik und Wilhelmsepik; ↗ Chanson de geste) oder Gattungen (↗ Abenteuerroman, ↗ Minnesang) die Kreuzzugserfahrung des 12. und 13. Jh.s thematisieren. Eine strenge Systematik der K. ist weder thematisch noch gattungstheoretisch zu leisten, die Grenzen innerhalb der lyrischen und epischen Texte sowie zwischen fiktionalen und nichtfiktionalen Formen (insbes. Gebrauchsformen) sind fließend: Epische K. beeinflusst die Chronistik, Predigtlit. die K. insgesamt. Die Texte weisen außerdem Berührungspunkte mit weiteren lit. Gattungen auf (z. B. ↗ höfischer Roman, politische und erotische Lyrik). Ein mal. Gattungsbegriff existiert nur für das sog. Kreuzlied (*kriuzliet* bei Reinmar dem Fiedler). – Die lit.- und kulturhistorische Bedeutung der K. ergibt sich aus folgenden Gründen: 1. In der K. manifestieren sich die ideellen Konzepte, welche die historischen Ereignisse aktiv und reaktiv begleiten. Das prekäre Wechselverhältnis zwischen historischer und ästhetischer Erfahrung bedarf dabei einer differenzierten Beurteilung, so im Falle der markanten Parallelität von historischem Niedergang der Kreuzzugsbewegung ab 1200 und einer ab 1210/20 virulent werdenden ›poetischen Skepsis‹. – 2. K. ist generell von einer auffallenden Ambivalenz zwischen Idealisierung und drastischer Kriegsdarstellung getragen. Ihre affirmative Programmatik wird dabei schon aufgrund spezifischer poetischer Konventionen unterlaufen: So ist die Titelgestalt des mhd. »Rolandslieds« trotz dessen klarer ideologischer Ausrichtung nicht nur als Ritter-Märtyrer, sondern zugleich als Muster heroischer Hybris gestaltet. Ferner wird das Thema des Glaubenskriegs in lyrischer und epischer K. mit den höfisch-ritterlichen Idealen von Liebeslyrik und Roman konfrontiert. – 3. K. ist allen Lit.en des mal. Europa gemein. Einen wesentlichen Bezugspunkt bildet die lat. Lit., doch vermögen die volkssprachigen Lit.en ein durchaus eigenständiges Profil auszubilden. Prägend sind v. a. Gattungen und Konzeptionen, welche die provenz.-frz. Dichtung entwickelte. – 4. Für das Fortwirken der K. bis in die Gegenwart sorgen weltlit. Kanontexte wie L. Ariostos »Orlando Furioso« und T. Tassos »Gerusalemme liberata«.

Kreuzzugsepik: Epische Dichtungen über die Palästinakreuzzüge sind in Relation zur breiten Tradition der Karls- und Wilhelmsepik unterrepräsentiert. Der frz. Zyklus (13./14. Jh.), der von der Kindheit Gottfrieds von Bouillon bis zum Auftreten Saladins berichtet, geht im Kern auf das spätere 12. Jh. zurück und ist von der ↗ Chanson de geste beeinflusst. In der mhd. Lit. bietet der kurze Bericht über den ersten Kreuzzug in der »Kaiserchronik« (um 1150) den frühesten Beleg. Er verarbeitet legendarische Motive und spart nicht mit grausigen Details (Anthropophagie vor Antiochia). Der Abschnitt über den Fall Akkons (1291) in der Reimchronik Ottokars von der Steiermark (um 1310) ist aufgrund der zeitlichen Nähe zum Geschehen, der Spannung zwischen Affirmation der Kreuzzugsidee und Kritik v. a. am röm. Klerus und aufgrund der lit. Bezüge bemerkenswert. Das bedeutendste und wirkungsmächtigste Korpus der epischen K. bilden die Chansons de geste um Roland und Wilhelm von Orange. Ihr historischer Kern sind die Kämpfe Karls des Großen in der span. Mark und Wilhelms Abwehrkämpfe gegen die Sarazenen in Südfrankreich. Dass schon die karolingische Epik das Thema des *bellum iustum* gegen die Heiden kennt, bezeugt das ahd. »Ludwigslied« (881 f.). Im Unterschied zu seinen frz. Quellen übt Wolframs »Willehalm« (1210/20) deutliche Kritik an der skrupellosen Tötung der muslimischen Gegner. Die Utopie einer Verständigung auf Basis der gemeinsamen kulturellen Ideale und die Vorstellung vom ›edlen Heiden‹, die bereits im »Parzival« entwickelt wird, ist deutlich dem höfischen Roman verpflichtet. Der Kerngedanke der K., die Legitimität des Kampfes im Namen Gottes, wird freilich auch bei Wolfram nicht angezweifelt. Loslösung der Thematik vom Zeitgeschehen und Literarisierung zeigen schließlich die Kreuzfahrtepisoden in den späthöfischen ↗ Novellen und Abenteuerromanen des ausgehenden 13. Jh.s (Konrad von Würzburg: »Herzmaere« und »Der Welt Lohn«; »Reinfried von Braunschweig«). Frühe Vorbilder hierfür liefern die ↗ Spielmannsepen (bes. »Herzog Ernst«).

Lyrische K. umfasst zunächst von der einschlägigen Predigtlit. beeinflusste Aufruf- und Pilgerlieder (↗ Pilgerlit.). Lat. Zeugnisse finden sich u. a. in den »Carmina Burana« (46–52). Die frühesten provenz. Kreuzlieder – schon in Verbindung mit der höfischen Liebesthematik – stammen von Wilhelm IX. von Aquitanien und von Marcabru (Mitte des 12. Jh.s). In der Folge dominiert als Thema der Konflikt zwischen Frauen- und Gottesdienst mit unterschiedlichen Lösungsmodellen. Prägend wirken hier die ↗Trouvères Conon de Béthune, Guiot de Dijon und der Chatelain d'Arras. Für die mhd. Lit. repräsentativ sind die Lieder des 1190 in Kleinasien gefallenen Friedrich von Hausen und Albrechts von Johannsdorf. Aufruflieder im engeren Sinn gestalten Hartmann von Aue und v.a. Walther von der Vogelweide. In den späteren Liedern Neidharts und des Tannhäuser spiegelt sich jene desillusionierte Wirklichkeitserfahrung wider, die in den »Akkon-Sprüchen« Freidanks kulminiert (alle um 1220/30). Beispiele für das Fortleben des Kreuzlieds geben Oswald von Wolkenstein, die Hussitenlieder, u.a. von Michel Beheim, und das Türkenlied (ab 1400).

Die übrige K. bezieht sich v.a. auf den Albigenser-Kreuzzug (1209–29; u.a. »Canson de la Crozada«, nach 1214) und die sog. Ostkolonisation (↗Deutschordenslit.). – Hinzuweisen bleibt auf die breit gefächerte arab. Lit. im Kontext der Kreuzzüge (Preis- und Klagelyrik, Epik und Chronistik).

Texte: U. Müller (Hg.): K. [1969]. Tüb. ⁴1998.
Lit.: W. Haubrichs: Kreuzzugslyrik. In: RLW. – P. Hölzle: Die Kreuzzüge in der okzitan. und dt. Lyrik des 12. Jh.s. 2 Bde. Göppingen 1980. – A. Khattab: Das Bild der Franken in der arab. Lit. des MA.s. Göppingen 1989. – A. Maalouf: Der Heilige Krieg der Barbaren [frz. 1983]. Kreuzlingen u.a. ³2001. – Ch. T. Maier: Crusade propaganda and ideology. Cambridge u.a. 2000. – U. Müller: Untersuchungen zur politischen Lyrik des dt. MA.s. Göppingen 1974. – S. Schöber: Die afrz. Kreuzzugslyrik des 12. Jh.s. Wien 1976. – G. Spreckelmeyer: Das Kreuzzugslied des lat. MA.s. Mchn. 1974. – F.-W. Wentzlaff-Eggebert: K. des MA.s. Bln. 1960. – R. Wisniewski: K. Darmstadt 1984.   MK

Kriegsexpressionismus ↗ Expressionismus.

Kriegsliteratur, 1. allg. jede Art von Lit., die sich mit Phänomenen des Krieges bzw. konkreter kriegerischer Handlungen in darstellender, reflektierender oder auch Partei ergreifender Weise beschäftigt. Von a) politischen, militärischen, medizinischen oder anderen dominant pragmatisch motivierten Stellungnahmen zum und im Kriege, die in lit. Hinsicht vorwiegend als Quellenkorpus und Diskursmaterial in Betracht kommen, sind b) Beiträge mit genuin lit. Mitteln und Ambitionen zu unterscheiden. – 2. Als K. im engeren Sinne wird jene Lit. betrachtet, die sich in thematischer und/oder darstellungsästhetischer Hinsicht ausdrücklich und konsistent mit kriegerischen Ereignissen, ihren Entstehungsursachen, Erscheinungsformen und Folgen auseinandersetzt. – K. hat sich weder systematisch noch historisch als eigenes Genre etabliert; sie bedient sich verschiedenster Textsorten. Der Krieg als uraltes Menschheitsthema ist stets auch Gegenstand und Herausforderung sprachlich-ästhetischer Darstellung gewesen. Die Rede über den Krieg bedient sich rhet. und poetischer Verfahren, die einem unfassbaren Geschehen kollektiver (meist staatlich organisierter) Gewalt ein metaphorisches oder allegorisches Gepräge

verleihen und es bildhaft einer elementaren Naturgewalt gleichsetzen. Mit Homers »Ilias« (8. Jh. v. Chr.) steht am Ausgangspunkt abendländischer Lit. eine mythologisch überhöhte Form der Kriegsberichterstattung. Gattungstypischer Gegenstand des ↗Epos sind heroische Kampfepisoden vor dem Hintergrund kollektiver Kriegsführung. Im politischen Schrifttum der Antike nimmt die Rechtfertigungs- und Memoirenlit. militärischer Befehlshaber (Caesar: »De Bello Gallico«, 52/51 v. Chr.) sowie die räsonierende Beschreibung mustergültiger Schlachten großen Raum ein. Die neuzeitliche Wiederbelebung des antiken Epos im Zuge der Formierung der europäischen Nationallit. en verherrlicht das Hervorgehen nationaler Identitätsbildung aus den sie begründenden Grenzkriegen und Expansionszügen (L. Ariosto: »Orlando furioso«, 1516; T. Tasso: »Gerusalemme liberata«, 1581; L. V. de Camões: »Os Lusíadas«, 1572). Als Spätausläufer derartiger nationalgeschichtlicher Gründungslegenden kann die mythogene Episierung des US-am. Sezessionskrieges verstanden werden (M. Mitchell: »Gone With the Wind«, 1936). – In der epischen Tradition werden Gewalt und Tod, Verheerung und Entwurzelung als Formen und Folgelasten des Krieges nicht ausgeblendet; emphatisch bejaht wird die Möglichkeit persönlich-heroischen Handelns und moralisch gerechtfertigter Kriegsziele. Kriege erscheinen als überzeitliche, omnipräsente Ausdrucksformen geschichtlicher Dynamik. Eine kritische Perspektive auf die zerstörerische Wirklichkeit des Krieges setzt in der dt. Lit. mit den ↗Trauerspielen und Gedichten des ↗Barock ein, v.a. aber mit H. J. Ch. v. Grimmelshausens Roman »Simplicissimus« (1669), der aus der pikaresken Perspektive des subalternen Mitläufers, Mittäters und Opfers von den Gewaltexzessen und dem sozialen Ordnungszerfall während des Dreißigjährigen Krieges berichtet. Der ideologiekritische Einsatz des Schelms und das Modell der Herr-Knecht-Dialektik lassen sich bis hin zu J. Hašeks »Abenteuern des Braven Soldaten Schwejk« (tschech. 1920–23) und G. Grass' »Blechtrommel« (1959) weiterverfolgen.

Da die lit.ästhetische Entwicklung der K. kaum eigendynamische Formen ausprägt, sind ihre Hervorbringungen über weite Strecken entlang kriegsgeschichtlicher Einschnitte zu periodisieren. Thematische Schwerpunkte der K. sind der Dreißigjährige Krieg (die Figur des Feldherrn A. v. Wallenstein noch in F. Schillers Dramentrilogie von 1800 und in A. Döblins 1920 publiziertem Roman), sodann die Frz. Revolution mit den anschließenden Koalitionskriegen und dem Aufstieg Napoleons zum Beherrscher Europas (Stendhal: »La Chartreuse de Parme«, 1839; W. M. Thackeray: »Vanity Fair«, 1847 f.; L. N. Tolstoj: »Krieg und Frieden«, russ. 1864–69; in Deutschland F. Hölderlin mit den um 1797 entstandenen Gedichten »Buonaparte« und »Dem Allbekannten«; J. W. Goethe: »Unterhaltungen dt. Ausgewanderter«, 1795; »Campagne in Frankreich«, 1822; H. v. Kleist: »Die Verlobung in St. Domingo«, 1811; »Die Hermannsschlacht«, postum 1821; Th. Fontane: »Vor dem Sturm«, 1878). Die Romane Stendhals und Tolstojs ragen durch ihre innovativen Darstellungen des Kampfgeschehens heraus; Stendhal thematisiert das durch Distanzfeuerwaffen zunehmende Abstraktwerden des Krieges, den abwesenden Feldherrn, den fehlenden Überblick und das leere Schlachtfeld; Tolstoj kritisiert anlässlich der Belagerung und des Brandes von Moskau die historiographische Logik monokausaler Erklärungsmuster und inszeniert die Wendung des Kriegsglücks als ein Lehrstück in historischer Kontingenz – mit der narrativen Konsequenz, möglichst keine der diversen Handlungslinien und Figuren zu privilegieren, sondern Geschichte als Resultante disparater Kräfte zu erzählen.

Einen fundamentalen Kulturbruch bedeuteten die Stellungs- und Grabenkämpfe des Ersten Weltkrieges. Im Sog der Mobilmachung und im Zeichen der sie ideologisch überformenden ›Ideen von 1914‹ nahm das publizistische und poetische Engagement kriegsbegeisterter Literaten in Deutschland bis dahin ungekannte Ausmaße an: Th. Mann, G. Hauptmann, R. M. Rilke, H. v. Hofmannsthal, R. Musil, A. Döblin u. a. begrüßten den Kriegsausbruch als kathartische Befreiung aus einer langen Phase zivilisatorischer Stagnation. Ein aus Pressezitaten gefügtes kritisches Monument dieses lit. Kriegseinsatzes entwarf K. Kraus in dem Drama »Die letzten Tage der Menschheit« (1919). Allein in den ersten Kriegstagen wurden dt. Zeitungsredaktionen von mehreren Millionen eingesandten Kriegsgedichten überschwemmt, das ›Augusterlebnis‹ 1914 galt als Sternstunde des poetischen Enthusiasmus. Den vom Kreis um St. George (»Der Krieg«; »Der Dichter in Zeiten der Wirren«, 1917) wiederentdeckten Hölderlin erklärten seine Exegeten zum Künder eines »Geheimen Deutschland« (N. v. Hellingrath); der von den neugr. Befreiungskämpfen erzählende Briefroman »Hyperion« (1797/99) wurde als Tornister-Ausgabe verbreitet. Hölderlins um 1800 entstandene, antimonarchisch intendierte ↗Ode »Der Tod fürs Vaterland« prangte später zur Glorifizierung der Weltkriegstoten in der sog. Langemarck-Halle des Berliner Olympiastadions, vis-à-vis einem Kriegsgedicht des 1917 gefallenen W. Flex, dessen Kriegsbüchlein »Der Wanderer zwischen beiden Welten« (1917) zur NS-Zeit und noch danach in hohen Auflagen vertrieben wurde. Langemarck, ein Ort und Schlachtfeld in Flandern, wurde nach einem verlustreichen Sturmangriff dt. Freiwilligenregimenter im November 1914 zum Signifikanten für den ›Opfergang‹ der dt. Jugend mythisiert. Th. Mann lässt den Protagonisten seines Romans »Der Zauberberg« (1924) nach dem »Donnerschlag« des Kriegsausbruchs im Angriff von Langemarck enden. Eine strukturanaloge Rolle als Schreckensfinale spielt der Kriegsausbruch in H. Hesses »Demian« (1919) und J. Roths »Radetzkymarsch« (1932). Meisterstücke tangentialer Kriegsdarstellung sind neben V. Woolfs »Jacob's Room« (1922) der

Schlussband von M. Prousts Zyklus »A la recherche du temps perdu« (»Le temps retrouvé«, postum 1927), in dem der Ich-Erzähler Zeuge der Zeppelin-Luftangriffe auf Paris wird, sowie der im August 1913 einsetzende »Mann ohne Eigenschaften« (1930–43), über dessen geplantes Ende R. Musil notierte: »Alle Linien münden in den Krieg«. – Verstanden die Romanciers der klassischen Moderne (auch H. Broch: »Die Schlafwandler«, 1931 f.) den Krieg als Epochenbilanz, so zeigte sich die Poetik des ↗Expressionismus und ↗Futurismus ästhetisch affiziert von der freigesetzten technischen Destruktivkraft; A. Stramms Kriegsdichtung ahmt onomatopoetisch die Wirkung von Geschossen nach; G. D'Annunzio verlängert die rhet.-cäsarischen Usurpationsgesten seiner spätdekadenten Helden durch den Abwurf von Flugblättern über Wien und die selbstherrliche Besetzung der dalmatinischen Hafenstadt Fiume in eigenes, ästhetisch ermächtigtes Kriegshandeln. In den 1920er Jahren meldet sich der ehemalige Stoßtruppführer E. Jünger zu Wort, zunächst mit autobiographisch grundierten Schilderungen (»In Stahlgewittern«, 1920; »Der Kampf als inneres Erlebnis«, 1922), die der zufallsbedingten Massen- und Materialschlacht abenteuerliche Handlungsepisoden individuellen Heldentums abzutrotzen versuchen, um 1930 mit einer politischen Essayistik, in der zentrale Aspekte des sozial-, kultur- und technikgeschichtlichen Wandels moderner Kriegsführung entfaltet werden: der Begriff der ›totalen Mobilmachung‹, die Übertragung militärischer Formationen auf politische Herrschaft (›organische Konstruktion‹) und industriell-technische Produktivität (»Der Arbeiter«, 1932). Widerhall findet in der Nachkriegsdepression auch bei dem Juristen C. Schmitt die von H. v. Kleist dramaturgisch propagierte Idee des Partisanen- bzw. Guerrilla-Krieges (vgl. Kittler). Ab Ende der 1920er Jahre erscheint dagegen eine Fülle von Büchern mit antimilitaristischer und antichauvinistischer Botschaft (E. M. Remarque: »Im Westen nichts Neues«, 1929; L. Renn: »Krieg«, 1928, und »Nachkrieg«, 1930; A. Zweig: »Der Streit um den Sergeanten Grischa«, 1927, und »Erziehung vor Verdun«, 1935). Trotz ihrer politischen Antikriegshaltung neigen die meisten dieser Romane zu pathetischem Duktus, stereotypen Handlungsmustern und einer Heroisierung der ›verlorenen Generation‹. Zur *lost generation* zählen auf engl. Seite S. Sassoon und R. Owen, junge Poeten, die im Kriegseinsatz getötet oder traumatisiert, in den Wahnsinn oder Selbstmord getrieben wurden. L.-F. Célines »Voyage au bout de la nuit« (1932) fängt die Absurdität und wahllose Grausamkeit des unsichtbaren Krieges im Erzählton eines zynischen, schnoddrigen Nihilismus ein. E. Hemingway kann den stilbildenden Lakonismus seiner Kriegsreportagen in den Romanen über den Ersten und Zweiten Weltkrieg (»A Farewell to Arms«, 1929; »For Whom the Bell Tolls«, 1940) nur im Modus existentieller Überhöhung zur Fiktion werden lassen. Zahlreiche, teils ambitionierte Gestaltungsversuche hat die erbitterte Schlacht um Stalingrad nach sich gezogen. Nach Th. Plieviers »Stalingrad«-Roman (1945) ist es die mit großem Abstand zum Geschehen vorgelegte »Schlachtbeschreibung« A. Kluges (1964/78), die mithilfe der Montage dokumentarischer und fiktionaler Elemente den »organisatorischen Aufbau eines Unglücks« zu beleuchten versucht. Neue darstellerische Verfahren präsentiert auch der zur Bewegung des ↗ Nouveau Roman zählende C. Simon in seinem Roman »Route de Flandres« (1960), der eine Schlüsselszene physischer Gewalt am Rande des Kriegsgeschehens – die Zersprengung eines Dragonerregiments beim Angriff dt. Truppen – prismatisch zerlegt und aus ihren möglichen narrativen Einbettungen immer wieder herauslöst. In Th. Pynchons »Gravity's Rainbow« (1973) wird die Flugbahn der London bombardierenden V2-Raketen zur Bildchiffre einer postmodernen Verschaltung von Körper, Technik und narrativem Zufallsprinzip; dieser und sein Vorgänger-Roman »V.« (1963) nehmen effektvoll die genozidale Biopolitik des dt. Kolonialismus und der nazistischen Konzentrationslager ins Visier. Aus dt. Sicht ist die Darstellung des Zweiten Weltkriegs kaum zu trennen von der Auseinandersetzung mit der NS-Diktatur und dem Holocaust; sie ist ferner geprägt durch die gespaltene respektive verdoppelte Perspektive der dt. Teilstaaten. Als großangelegte Projekte epischer Erinnerungsarbeit hervorzuheben sind P. Weiss' »Ästhetik des Widerstands« (1975–81) und U. Johnsons »Jahrestage« (1970–83). Zuletzt und bar eigener fiktionaler Zutaten gehört in diese Reihe das kollektive Erinnerungswerk über den Zweiten Weltkrieg, zu dem W. Kempowski private Aufzeichnungen, Archiv-Dokumente und lit. Quellen zusammenfügte (»Das Echolot«, 1993–2005). – Die theoretisch-analytische Beschäftigung mit K. hat in jüngster Zeit Impulse v. a. aus der Traumaforschung erhalten, aus der Debatte um Ästhetik und Gewalt sowie – wiederum auf den dt. Kontext bezogen – von der durch W. G. Sebald ausgelösten Diskussion um »Luftkrieg und Lit.« (1999). Als lit. Intervention in laufende Kriegsereignisse aus dt.sprachiger Sicht können auch P. Handkes Serbien-Texte gelten, die den diffusen, leicht zukunftsverschobenen Kriegshintergrund seiner Romane »Mein Jahr in der Niemandsbucht« (1994) und »Der Bildverlust« (2002) mit einem riskanten aktuellen Einsatz versehen.

Lit.: Th. Anz, J. Vogl (Hg.): Die Dichter und der Krieg. – P. Barker: Niemandsland [engl. 1991]. Mchn. 1997. – H. U. Gumbrecht u. a. (Hg.): Der Dichter als Kommandant. D'Annunzio erobert Fiume. Mchn. 1996. – B. Hüppauf (Hg.): War, Violence, and the Modern Condition. Bln. 1997. – W. Kittler: Die Geburt des Partisanen aus dem Geist der Poesie. Freiburg 1987. – I. Mülder-Bach (Hg.): Modernität und Trauma. Beiträge zum Zeitenbruch des Ersten Weltkrieges. Wien 2000. – H.-H. Müller: Der Krieg und die Schriftsteller. Der Kriegsroman der Weimarer Republik. Stgt. 1986. – W. G. Sebald: Luftkrieg und Lit. Mchn. 1999. AHD

Kriminalerzählung, kurzes lit. Prosawerk, das von Spannung geprägt ist und von einem Verbrechen bzw. dessen Aufklärung handelt. Die K. kann von verwandten populärkulturellen Genres wie ↗ Kriminal- bzw. ↗ Detektivroman durch ihre Kürze und durch formale Eigenarten wie Formelhaftigkeit, Betonung des Rätsels, Vernachlässigung einer differenzierten Figurencharakterisierung sowie meist offenes Ende abgegrenzt werden. – Erste Muster der K. sind E. A. Poes Geschichten um den Amateurdetektiv C. A. Dupin (»Murders in the Rue Morgue«, »The Purloined Letter«, »The Mystery of Marie Roget«, 1841–42). In Poes schauerromantisch geprägter K. »The Black Cat« steht das Verbrechen und nicht seine Auflösung im Mittelpunkt. Ch. Dickens veröffentlicht in der von ihm selbst hg. Zs. »Household Words« zwischen 1850 und 1856 K.en, in denen die Findigkeit von Verbrechern mit der Polizeiarbeit konkurriert. Dickens' K. »The Black Veil« bedient sich ebenfalls schauerromantischer Konventionen. Seit den 1860er Jahren entwickelt sich in den USA der Heftroman (*dime novel*). International erfolgreich sind die Nick-Carter-Serie mit mehr als 1.000 Folgen sowie in Deutschland ab den 1950er Jahren die Serien »Kommissar X« und »Jerry Cotton« (↗ Trivial-lit.). A. C. Doyles ab 1891 im »Strand Magazine« erscheinende 56 »Adventures of Sherlock Holmes« sind ebenfalls überwiegend K.en. Ein Reiz für die Leser dieser Serien liegt neben der Herausforderung zum Mitlösen der kriminalistischen Rätsel in dem durch Formelhaftigkeit bedingten Wiedererkennungswert. Ein Gegenbild zu der Figur des intellektuellen Detektivs entwirft G. K. Chesterton in seinen 50 Pater Brown-Geschichten (»The Innocence of Pater Brown«, 1911). Die K.en des norwegisch-engl. Autors R. Dahl (»Kiss, Kiss«, »Kiss Again«) sind durch schwarzen Humor geprägt. Dieser charakterisiert auch S. Deitmers Sammelband »Bye-bye Bruno«, der 1988 gleichzeitig mit den ersten dt. Frauenkrimis erscheint (↗ Kriminalroman).

Lit.: E. Marsch: Die K. Theorie, Geschichte, Analyse [1972]. Mchn. 1983. – P. Nusser: Der Kriminalroman [1980]. Stgt. ²1992. PP

Kriminalroman, lit. Prosawerk, das die Geschichte eines Verbrechens bzw. eines Verbrechers erzählt. Die Aufklärung der Tat, meist durch einen Detektiv in der Ermittlerrolle, kennzeichnet die Sonderform des ↗ Detektivromans. Verwandte Genres sind außerdem Polizeiroman (hervorgegangen aus dem frz. *roman policier*), ↗ Thriller und Spionageroman (J. le Carré, James-Bond-Romane I. Flemings) sowie die entsprechenden filmischen Umsetzungen. – Die lit. Wurzeln des K.s liegen einerseits im ↗ Abenteuer-, ↗ Schelmen-, ↗ Ritter-, ↗ Räuber- und ↗ Schauerroman, andererseits reichen sie zurück zu volkstümlichen Überlieferungen historischer Figuren wie Robin Hood in England und Rob Roy in Schottland, Schinderhannes, Mutter Courage und Kaspar Hauser in Deutschland. Seit dem 18. Jh. wurden Aufsehen erregende Gerichtsfälle lit. bearbeitet. In England dienten die Geschichten des »Newgate Calendar« (1774–78) Autoren wie D. Defoe, H. Fielding und Ch. Dickens als Vorbilder. In Frankreich erschienen die »Causes célèbres et interessantes« (1732–43) von F. G. de Pitaval, die bald in dt. Übers. vorlagen (1747; 1792–95, hg. und eingel. v. F. Schiller). Defoes »Moll Flanders« (1722), Fieldings »The Life of Jonathan Wilde the Great« (1743) sowie Schillers »Der Verbrecher aus verlorener Ehre« (1786) und »Der Geisterseher« (1789) markieren den Übergang zum anspruchsvollen K. In den 1840er Jahren begründet E. A. Poe das Genre der Detektivlit. (↗ Kriminalerzählung); mit ihm beginnt der prägende Einfluss der anglaom. Kriminallit. auf die internationale Produktion von Texten dieses Genres. Etwa gleichzeitig entstehen E. Sues Verbrecherroman »Les Mystères de Paris« (1842) und Ch. Dickens' »Oliver Twist« (1838), der überwiegend im Milieu der Londoner Unterwelt angesiedelt ist und Diebe, Mörder und Prostituierte zu seinen Protagonisten zählt. Auch Dickens' Romane »Great Expectations« (1861) und »The Mystery of Edwin Drood« (1870) sind von der Faszination des Verbrechens geprägt. In dieser Tradition stehen ebenfalls V. Hugo (»Les Misérables«, 1862) und F. M. Dostoevskij (»Schuld und Sühne«, 1866). Neben solchen komplexen Werken kommen seit der Mitte des 19. Jh.s neue Erscheinungsformen und Gattungsmerkmale des K.s hinzu, v. a. seine zunehmende Popularisierung (z. B. in Romanen des engl. Erfolgsautors W. Collins) und Ausdifferenzierung in Untergattungen. So entstehen der psychologische K. (É. Gaboriau, G. Leroux, G. Simenon, P. Highsmith) sowie – v. a. im dt. Sprachraum – der sozialkritische und politische K. (J. Wassermann: »Der Fall Maurizius«, 1928; F. Dürrenmatt: »Der Richter und sein Henker«, 1952; »Der Verdacht«, 1953). In England wird die Zeit der 1920er und 1930er Jahre als *golden age* des K.s bezeichnet: Autorinnen und Autoren wie A. Christie, D. Sayers, N. Marsh, M. Allingham und G. K. Chesterton gründen den *Detection Club* und entwerfen ein spielerisches Regelwerk für ihre Geschichten. In den USA entwickeln R. Chandler und D. Hammett die Variante der *hard-boiled fiction*. Das zumeist ländliche Setting der engl. Tradition und die Betonung der Verbrechensaufklärung treten darin zugunsten urbaner Schauplätze (*mean streets*) und einer meist brutalen *action* zurück; Protagonisten sind v. a. einsame Privatdetektive. Das schwedische Autorenpaar M. Sjöwall und P. Wahlöö verlagert in den 1960er und 1970er Jahren den Akzent auf polizeiliche Ermittlungen und beeinflusst Autorinnen und Autoren wie H. Mankell, Å. Edwardson, L. Marklund (Schweden) und A. Holt (Norwegen). K.e werden heute weltweit geschrieben, u. a. in der Türkei (E. Aykol), in Griechenland (P. Markaris), Israel (B. Gur) und Russland (A. Marinina). Parallel zu dieser Internationalisierung lässt sich eine ständige Diversifizierung des Genres beobachten: Seit den 1970er Jahren gibt es einen Trend zu Frauenkrimis mit meist feministischer Intention, zunächst in den USA, wo u. a. S.

Paretsky, S. Grafton und P. Cornwell die Genrekonventionen des *hard-boiled* K.s aus einer weiblichen Perspektive subversiv umschreiben, seit den späten 1980er Jahren auch in Deutschland, z. B. in den Bella-Block-Romanen D. Gerckes und bei S. Deitmer. Neuansätze im K. bietet seit den 1990er Jahren auch der Aspekt der Ethnizität, u. a. bei den afroam. Autorinnen und Autoren W. Mosley, V. Wilson Wesley und B. Neely. Auch in England entstehen ethnische K.e (V. Headley, M. Phillips) und Frauenkrimis (L. Cody, V. McDermid), während M. Walters die Tradition des psychologischen K.s fortsetzt und die *crime ladies* R. Rendell und P. D. James den klassischen britischen K. weiterentwickeln. In Deutschland manifestiert sich neuerdings ein ursprünglich am. Trend zur Regionalisierung des K.s (*local color*), parallel zu den entsprechenden Fernsehserien mit wechselndem regionalen Schwerpunkt (»Tatort«, »Polizeiruf 110«), u. a. in den Eifel-Krimis von J. Berndorf.
Lit.: C. Birkle u. a. (Hg.): Frauen auf der Spur. Tüb. 2001. – G. Dietze: Hardboiled Woman. Geschlechterkrieg im am. K. Hbg. 1997. – P. Freese: The Ethnic Detective. Essen 1992. – A. J. Gosselin (Hg.): Multicultural Detective Fiction. NY 1999. – E. Keitel: K.e von Frauen für Frauen. Darmstadt 1998. – G. H. Klaus, St. Knight (Hg.): The Art of Murder. Tüb. 1998. – N. Schindler: Das Mordsbuch. Alles über Krimis. Hildesheim 1997. – J. Vogt (Hg.): Der K. Mchn. 1998. – Th. Wörtche: K. In: RLW. PP

Krippenspiel ↗ Weihnachtsspiel.

Krisis, f. [gr. = Entscheidung], im ↗ Drama die Situation der Entscheidung. In der Tragödie ist die K. der Augenblick auf dem Höhepunkt des dramatischen Konflikts, in dem sich der Held durch eine bestimmte Entscheidung seiner Handlungsfreiheit begibt und damit den Umschwung der Handlung (↗ Peripetie) einleitet, die danach unausweichlich auf die ↗ Katastrophe zuläuft. Beispiel: im »König Ödipus« des Sophokles die Entscheidung des Ödipus, trotz der Warnungen des Teiresias den Mörder des Laios zu suchen. JK/Red.

Kritik ↗ Lit.kritik, ↗ Theaterkritik, ↗ Rezension.

Kritische Ausgabe, 1. die nach den Grundsätzen der ↗ Textkritik hergestellte Edition eines nicht authentisch überlieferten lit. Werkes der Antike oder des MA.s. Sie enthält in der Regel den einleitenden Editionsbericht (mit einer detaillierten Übersicht über die zur Edition herangezogenen Textzeugen, die Hss.), den kritischen Text (mit Zeilenzähler), den kritischen ↗ Apparat (je nach Überlieferungslage und Textgeschichte mit einem Verzeichnis aller oder nur der textgeschichtlich relevanten ↗ Lesarten: Entstehungsvarianten, Überlieferungsvarianten, ↗ Konjekturen), eventuell einen Kommentar und ein Register. Die älteste k. A. eines mhd. Textes ist K. Lachmanns Edition der Werke Walthers von der Vogelweide (1827). JK/DB
2. In der neueren Philologie die Edition eines einzelnen Textes, einer (nach Gattungskriterien oder Werkphasen abgegrenzten) Gruppe von Texten eines Autors

oder des Gesamtwerks eines Autors, die den Grundsätzen der ↗Textkritik folgt, d.h., einen anhand der ↗Textträger (›Zeugen‹) geprüften Text enthält (daher die Bez. ›kritisch‹) und die ↗Textgenese in ihren wichtigsten ↗Fassungen und ↗Varianten dokumentiert, ferner Dokumente und Darstellungen zur Entstehungs-, Text- und Wirkungsgeschichte sowie texterschließende Erläuterungen enthält. Von der ↗historisch-kritischen Ausgabe unterscheidet sich die k.A. durch den fehlenden Anspruch, *alle* Fassungen und Varianten eines Textes, also die vollständige Textgeschichte, zu dokumentieren. Die ↗Studienausgabe verzichtet dagegen meist ganz auf die Dokumentation der Textgenese und legt ihr Schwergewicht auf *eine* ausgewählte Textfassung und den benutzerorientierten ↗Kommentar. – Einige editorisch anspruchsvolle neuere Editionen sind angesichts der Fülle der überlieferten Fassungen und Varianten, deren vollständige Wiedergabe im Druck als nicht sinnvoll bewertet wird, nicht als historisch-kritische Ausgabe, sondern als k.A. angelegt, so die »Sämtlichen Werke« H.v. Hofmannsthals (1975 ff.) oder die »Werke und Briefe« E. Lasker-Schülers (1996 ff.). DB

Lit.: W. Hagen: Von den Ausgabentypen. In: S. Scheibe u. a.: Vom Umgang mit Editionen. Bln. [Ost] 1988, S. 31–54. – G. Martens: »Historisch«, »kritisch« und die Rolle des Herausgebers bei der Textkonstitution. In: editio 5 (1991), S. 12–27. – H. Weigel: »Nur was du nie gesehn wird ewig dauern«. C. Lachmann und die Entstehung der wissenschaftlichen Edition. Freiburg 1989.

Kritischer Realismus, stiltypologischer Begriff zur Abgrenzung des Realismusverständnisses des 20. Jh.s von dem des 19. Jh.s (›poetischer‹ oder ›bürgerlicher‹ ↗Realismus); vgl. auch den ›neuen Realismus‹ der ↗Kölner Schule. Dagegen ↗sozialistischer Realismus.

Kritische Theorie, sozialphilosophische Denkrichtung des 20. Jh.s, die Erkenntnisse der abendländischen Philosophie mit einem undogmatischen Marxismus und der Psychoanalyse S. Freuds verbindet. Die K. Th. sieht sich der Herstellung gerechterer Lebensverhältnisse verpflichtet. Dabei wird die Kritik zeitgenössischer Theorien und Ideologien als unabdingbarer Teil der Selbstaufklärung einer Gesellschaft und als Voraussetzung für die Überwindung ihrer naturwüchsigen Selbststeuerung verstanden. Die von M. Horkheimer am Frankfurter »Institut für Sozialforschung« hg. »Zs. für Sozialforschung« (1932–41, Nachdr. 1970) diente einer heterogenen Gruppe, der älteren Generation der K.n Th., die auch als ›Frankfurter Schule‹ bezeichnet wird, als theoretische Plattform (Th.W. Adorno, W. Benjamin, E. Fromm, L. Löwenthal, H. Marcuse, F. Neumann, F. Pollock). Nach der Emigration 1933 wirkten die meisten dieser Autoren in den USA weiter. Horkheimer und Adorno kehrten 1949 nach Frankfurt zurück und prägten dort die jüngere Generation der K.n Th. (L. v. Friedeburg, J. Habermas, Alfred Schmidt). Im Bereich Kunst und Kultur beein-

flusste die K. Th. v.a. die ↗Ästhetik, seit den 1960er Jahren auch die ↗Lit.wissenschaft (P. Szondi). Für Adorno (»Ästhetische Theorie«, postum 1970) stellen die autonomen Kunstwerke eine Möglichkeit dar, die kapitalistischen Gesellschaften sinnlich und rational zu begreifen sowie potentiell zu transzendieren. Da die Werke von den gesellschaftlichen Verhältnissen durchdrungen sind, scheint die Möglichkeit eines veränderten Lebens nur in den avanciertesten Werken, und auch in diesen nur negativ, auf. Die ↗Artefakte der Massenkultur verwirft Adorno dagegen als kulturindustrielle Erzeugnisse. Dagegen greift Benjamin die produktiven Momente des Massenmediums Film auf (»Das Kunstwerk im Zeitalter seiner technischen Reproduzierbarkeit«, 1936). Marcuse arbeitet den Protestcharakter einiger Formen der Massenkultur heraus (»An Essay on Liberation«, 1969; »Counterrevolution and Revolt«, 1972). Marcuses Studien über die unbewussten Anteile in der Kunstproduktion (»Eros and Civilization«, 1955) sowie Löwenthals Pionierarbeit bei der Entwicklung der ↗Lit.soziologie (z.B. »Das Individuum in der individualistischen Gesellschaft«, 1936 in der »Zs. für Sozialforschung« erschienen) werden heute kaum noch rezipiert. Adornos und Benjamins Schriften gehören dagegen zu den Klassikern der Lit.wissenschaft.

Lit.: A. Demirović: Der nonkonformistische Intellektuelle. Die Entwicklung der K.n Th. zur Frankfurter Schule. Ffm. 1999. – M. Jay: Dialektische Phantasie. Die Geschichte der Frankfurter Schule und des Instituts für Sozialforschung 1923–50. Ffm. 1976. – K.R. Scherpe: K. Th. In: RLW. – R. Wiggershaus: Die Frankfurter Schule. Mchn., Wien 1988. – Zs. für k.Th. 1995 ff. SKR

Krokodil, eigentlich: »Gesellschaft der Krokodile«; gesellig-lit. Vereinigung, in der sich die (berufenen) Mitglieder des ↗Münchner Dichterkreises und einheimische Künstler, Literaten und Lit.liebhaber von 1856 bis 1883 zusammenfanden. GS/Red.

Kryptogramm, n. [gr. = verborgene Schrift], Text mit einer versteckten Botschaft (z.B. Verfassername, Widmung, Appell), die durch bes. gekennzeichnete Buchstaben, Silben oder Wörter bzw. nach einem vereinbarten Verfahren herausgelesen werden kann. Prinzipiell kann jede Textsorte als K. genutzt werden; bevorzugte Genres sind ↗Anagramm, ↗Akrostichon, ↗Telestichon, Notarikon (wo die Buchstaben eines Wortes als Initialen anderer Wörter fungieren, wie in manchen Losungen oder Eselsbrücken) und ↗Chronogramm (worin manche Buchstaben Zahlen repräsentieren, z.B. das *C* die 100). Daneben können auch das ↗Lipogramm (ein Text, bei dem ein bestimmter Buchstabe fehlt, etwa das *e*), das ↗Palindrom und das ↗Tautogramm (ein Text mit bes. häufiger Verwendung eines Buchstabens) als K.e gelten. – Seit dem 6. Jh. v. Chr. überliefert, waren K.e in der Spätantike, dann wieder in Renaissance und Barock beliebt. In der Aufklärung abgewertet, aber im 19. Jh. von F. Rückert und Komikautoren wiederent-

deckt, nimmt das K. seit dem 20. Jh. seinen Platz in virtuoser und experimenteller Poesie ein.
Lit.: G. Grümmer: Spielformen der Poesie. Lpz. 1985. – J. Kiermeier-Debre: K. In: RLW. PK

Kryptonym, n. [aus gr. *kryptós* = verborgen, *ónoma* = Name], ↗ Pseudonym.

Küchenlatein [Übers. von mlat. *Latinitas culinaria*], auch: Mönchslatein; verballhorntes, barbarisches Lat., speziell das schlechte Mönchs- und Universitätslatein des späten MA.s. Die Bez. findet sich erstmals bei dem Humanisten Lorenzo Valla (»Apologetus«, 15. Jh.), der Poggio Bracciolini vorwarf, er zerschlage das grammatisch richtige Lat., wie ein Koch Töpfe zerbreche. Populär wurde das Schmähwort in der Reformation, wo die humanistischen Verfasser der »Epistolae obscurorum virorum« (Dunkelmännerbriefe, 1515–17) den Gegnern Reuchlins das verderbte Lat. in den Mund legten. GG

Kudrunstrophe, epische Strophenform der singulär im »Ambraser Heldenbuch« (um 1505) überlieferten »Kudrun« (um 1230). Die K. beruht auf der ↗ Nibelungenstrophe (zwei zäsurierte endreimende Langverspaare), wobei der Abvers des dritten Langverses vierhebig klingend, derjenige des vierten sechshebig klingend (mit Schlussbeschwerung) erscheint: »er hörte die fróuwen klágen únde ríezen« (Strophe 92, 4b). Die über hundert Strophen (von insgesamt 1.705 Strophen), welche die normale Bauweise der Nibelungenstrophe aufweisen, geben keinen Anlass zur Rekonstruktion einer ›Ur-Kudrun‹.
Lit.: H. Brunner: Epenmelodien. In: O. Werner, B. Naumann (Hg.): Formen mal. Lit. Göppingen 1970, S. 149–178. CF

Kuhreihen, m. [mhd. *reien* = Rundtanz im Freien], auch: Kuhreigen; alpenländisches (Volks-)Lied, wohl aus Lockrufen zum Eintreiben des Viehs entstanden. Aufzeichnungen der (dem Jodel verwandten) Melodien reichen bis ins 16. Jh. zurück; gedruckte Textfassungen finden sich seit dem 18. Jh. Der »Emmenthaler K.« wurde 1808 in »Des Knaben Wunderhorn« aufgenommen. GS/Red.

Kulisse, f. [frz. *coulisse* = Schiebefenster, -wand], bewegliches Dekorationsteil (meist Holzrahmen mit bemalter Leinwand, auf Schienen befestigt), das die Bühne seitlich begrenzt. Die K. wird von G. B. Aleotti erfunden und erstmals 1619 im ›Teatro Farnese‹ in Parma verwendet. Die K.nbühne ist bis Ende des 19. Jh.s das vorherrschende Bühnensystem in Europa. Die K.n werden parallel zur Rampe auf beiden Seiten der Bühne paarweise angeordnet, es gibt je nach Größe des Theaters ca. 4–8 K.npaare hintereinander. Schnelle Bühnenverwandlungen sind möglich, da gleichzeitig die alten K.n seitlich hinaus- und die neue K.n hineingefahren werden können. Durch die perspektivische Malerei auf den K.n sollen Landschaften und Räume nachgeahmt und eine größtmögliche Tiefen- und Illusionswirkung (↗ Illusionsbühne) erzielt werden. Die K.nbühne besteht außerdem aus ↗ Prospekt und ↗ Sof-

fitten, die das ↗ Bühnenbild nach hinten und oben hin ergänzen. AHE

Kultbuch [lat. *colere* = sorgfältig pflegen], Buch, dessen Inhalte und/oder Protagonisten von einzelnen Publikumsgruppen im Sinne der Begründung oder Bestätigung eines spezifischen Lebensstils rezipiert werden. Dabei steht nicht der – im Sinne der avantgardistischen Moderne – reflexive Umgang mit einer vieldeutigen und rätselhaften Kunst im Vordergrund, sondern die Legitimierung von Praktiken und Werten, die vom kulturellen Mainstream abweichen. Das Phänomen des K.s ist mit der Ausdifferenzierung des Kunstsystems und der Entstehung eines lit. Marktes im 18. Jh. verbunden. Tendenziell erweist sich das K. als quasi-religiöses Medium, das in einer säkularisierten Gesellschaft Sicherheit der Lebensführung verbürgt, dessen Lektüre Erlebnisqualität zugeschrieben wird, das – als Fokus von Gruppenaktivitäten – gemeinschaftsbildende Funktion haben und eine zeitlich und lokal begrenzte ›Wiederverzauberung‹ der Welt leisten soll. Orientierungs- und Identifikationsangebote des K.s machen es seit J. W. Goethes »Werther« attraktiv für jugendliche Leserschichten (K. May: »Winnetou«, W. Flex: »Der Wanderer zwischen beiden Welten«, J. D. Salinger: »The Catcher in the Rye«, ↗ Adoleszenzlit.) und Subkulturen (H. Hesse: »Der Steppenwolf«, J. Kerouac: »On the Road«), ohne dass eine einheitliche Interpretation vorausgesetzt wäre; vielmehr ermöglichen Kultbücher wie F. Nietzsches »Zarathustra« oder R. M. Rilkes »Cornet« unterschiedlichste Referentialisierungen, denen allenfalls ihre Differenz zu etablierten Werten gemeinsam ist. Auch eine von Kulturinstitutionen attestierte lit. Qualität ist zumeist sekundär. Zwar lässt sich das K. nicht planen, gleichwohl ist gegenwärtig ein inflationärer Gebrauch des Etiketts zu beobachten, der als Teil einer Vermarktungsstrategie dient (B. Lebert: »Crazy«, B. v. Stuckrad-Barre: »Soloalbum«).
Lit.: W. Braungart: Ritual und Lit. Tüb. 1996. – F. Hackert, U. Herrmann: Kultbücher. In: Jb. des Archivs der dt. Jugendbewegung 16 (1986–87), S. 21–26. – W. Schmidt-Biggemann: Kult. In: HWbPh. – R. Winter: Kult. In: H.-O. Hügel (Hg.): Hb. populäre Kultur. Stgt., Weimar 2003, S. 295–299. RKO

Kultlied, das rituellen religiösen Handlungen zugeordnete Lied (↗ Choral, ↗ Hymne). – In engerem Sinne vorlit. poetische Formen, die archaische kultische Rituale (Opferhandlungen, Prozessionen, Mysterien) begleiteten, wobei Wort, Musik und Tanz in magisch-apotropäischer Funktion verbunden sind (↗ Carmenstil). Das K. lässt sich als älteste poetische Ausdrucksform (neben ↗ Arbeitslied, ↗ Preislied und ↗ Totenklage) in fast allen Frühkulturen nachweisen. IS/Red.

Kultur, f. [lat. *cultura* = Pflege, Ackerbau], metaphorischer Begriff für jegliche Art von menschlicher Ausbildung, Tätigkeit und Produktion, die über das von Natur Gegebene hinausgeht und neue ↗ Artefakte, Fähigkeiten, ↗ Bedeutungen, ↗ Symbole hervorbringt. Im alltäglichen Sprachgebrauch wird K. häufig auf die ›Hochkultur‹, insbes. auf die ›schöngeistigen‹ Bereiche von ↗Kunst, Musik und Lit., eingegrenzt, von denen ›Subkulturen‹ und ›Gruppenkulturen‹ abgesetzt werden. Im akademischen Bereich hat sich demgegenüber im 20. Jh. ein weiter Begriffsgebrauch durchgesetzt (↗Kulturwissenschaft). – Das Wort ›K.‹ leitet sich von lat. *colere* (= pflegen, verbessern) ab. Die Übertragung auf den Menschen (Philosophie als »cultura animi«) findet sich erstmals bei Cicero (»Tusculanae Disputationes« [45. v. Chr.] II) und wird dort mit der Ausbildung menschlicher Fähigkeiten sowie der Pflege von Wissenschaften und Künsten und der Religionsausübung verbunden. Parallel entsteht bereits ein politisch akzentuierter Begriff der ›Zivilisation‹, der zur Abgrenzung gegen die ›Barbaren‹ dient. – Im MA. ist der Gebrauch von *cultus* in religiöse Kontexte eingebunden. Breiter entfaltet sich der K.-Begriff wieder in der Gelehrtensprache der ↗Frühen Neuzeit (F. Bacon, S. Pufendorf). Zentrale Bedeutung gewinnt er jedoch erst im 18. Jh. Während sich in Frankreich der Neologismus *civilization* etabliert, wird der Terminus ›K.‹ in Deutschland populär und gewinnt seine bezeichnende Bedeutungsvielfalt (J. G. Herder; ↗Kulturgeschichte): Er wird nun 1. auch auf Kollektive bezogen (v. a. Völker), er bezeichnet 2. menschliche Hervorbringungen im Allgemeinen, und er umfasst 3. sowohl den Prozess als auch dessen Ergebnisse. Um 1800 werden erstmals Versuche zur terminologischen Abgrenzung von ›K.‹ und ›Zivilisation‹ unternommen (I. Kant, F. A. Wolf). Dabei werden der K. meist die inneren und prozesshaften Begriffselemente zugesprochen, während ›Zivilisation‹ auf die äußeren, materiellen Produkte bezogen wird. Gegen Ende des 19. Jh.s wird aufgrund zunehmender nationalistischer Tendenzen ›dt. K.‹ gegen ›frz. Zivilisation‹ in Stellung gebracht. Diese ›K.-Zivilisation-Antithese‹ prägt die Propaganda der beiden Weltkriege und lebt bis heute im Nebeneinander eines alltagssprachlichen elitären K.begriffs und eines auch auf technischen Fortschritt bezogenen Zivilisationsbegriffs fort. Parallel dazu wird in den Wissenschaften ebenfalls bereits Ende des 19. Jh.s ein pluralistischer und weitgehend wertfreier K.-Begriff entwickelt (*culture* in der engl. Ethnologie). Entscheidende Beiträge dazu liefern die Kulturphilosophie um 1900, die Kultursoziologie und die neuere ↗Kulturanthropologie.

Lit.: J. Fisch: Zivilisation, K. In: GG. – J. Heinz: Narrative K.konzepte. Hdbg. 2006. – M. Pflaum: Die K.-Zivilisation-Antithese im Dt. In: J. Knobloch (Hg.): Europäische Schlüsselwörter. Bd. 3. Mchn. 1967, S. 288–427. JH

Kulturanthropologie, f. [engl. *cultural anthropology*], neuere Richtung der Ethnologie seit den 1970er Jahren, welche die Beschreibung und Deutung von ↗Kultur als menschliches Symbolsystem in den Mittelpunkt stellt. Theorie und Methodik sind von dem am. Ethnologen C. Geertz geprägt. Geertz definiert Kultur im Gefolge M. Webers als »selbstgesponnenes Bedeutungsgewebe« (S. 9), das vom Ethnologen mittels der hermeneutischen Methode der ↗dichten Beschreibung‹ (*thick description*) mit mikroskopischer Genauigkeit interpretiert werden müsse. Die dabei gewonnenen Erkenntnisse sind nicht vollständig verallgemeinerbar, sondern tragen in ihrer komplexen Besonderheit dazu bei, die Vielfalt des menschlichen Diskursuniversums zu dokumentieren. Das Konzept von Geertz hat entscheidend zur sog. anthropologischen Wende in den ↗Kulturwissenschaften (z. B. in der ↗Kulturgeschichte oder den ↗Philologien; ↗Kulturpoetik) beigetragen. In der K. selbst ist Geertz in zweierlei Hinsicht kritisiert worden: Indem er Kultur als eine Art ↗Text bestimme, schließe er die nicht-textuellen Dimensionen kulturellen Handelns aus. Zudem ziele die dichte Beschreibung auf die Herstellung in sich völlig kohärenter, holistisch geschlossener Welten, die den Widersprüchen kultureller Phänomene und der Kontingenz multikultureller Welten nicht gerecht würden. ↗Ethnologie und Lit.

Lit.: E. Berg, M. Fuchs (Hg.): Kultur, soziale Praxis, Text. Ffm. 1993. – C. Geertz: Dichte Beschreibung [engl. 1973]. Ffm. 1983. – R. Girtler: K. [1979]. Wien 2006. JH

Kulturelles Leben ↗lit. Leben.

Kulturgeschichte, 1. Fachrichtung innerhalb der Geschichtsschreibung und -wissenschaft, die sich auf die Darstellung und Erklärung kultureller Entwicklungen und Zusammenhänge konzentriert, im Ggs. zur politischen Ereignisgeschichte oder zur Sozialgeschichte; 2. im populärwissenschaftlichen Bereich ein seit Ende des 20. Jh.s beliebtes Genre zur überblicksartigen Darstellung einzelner Kulturthemen. – Die K. entwickelt sich im 18. Jh. aus der *philosophie d'histoire* Voltaires und J. G. Herders (»Ideen zur Philosophie der Geschichte der Menschheit«, 1784–91) sowie der Universalgeschichte. Der Terminus findet sich erstmals in J. Ch. Adelungs »Versuch einer Geschichte der Cultur des menschlichen Geschlechts« (1782). Adelung entwickelt darin ein Phasen- und Einflussmodell der ↗Kultur verschiedener Völker in Anlehnung an die Lebensalter des Menschen. Im 19. Jh. zerfällt die K. in verschiedene Bewegungen: Eine auf ältere historiographische Traditionen zurückgehende antiquarische Linie beschäftigt sich mit meist heimatgeschichtlichen Sammlungen und Museumsgründungen. Eine von Herder und den Romantikern ausgehende Linie widmet sich einer national ausgerichteten, sittengeschichtlichen K., die sich ab der Mitte des 19. Jh.s auch lit. Formen wie des ↗historischen Romans oder des zeitgeschichtlichen Panoramas bedient (G. Freytag: »Bilder aus der dt. Vergangenheit«, 1859–67). Wissenschaftlich relevant wird die K. in Deutschland wieder gegen Ende des Jh.s mit dem misslungenen Versuch des Leipziger Historikers K. Lamprecht (»Was ist K.?«, 1897), die K. zum neuen Zentrum der gesamten Geschichtswissenschaft zu machen. Wesentlich erfolg-

reicher und wirkungsmächtiger sind dagegen die Arbeiten des Schweizer Kunst- und Kulturhistorikers J. Burckhardt zur K. (»Die Kultur der Renaissance in Italien«, 1860; »Gr. K.«, postum 1898–1902). – Die Etablierung einer modernen K. gelingt der ›Annales‹-Bewegung in Frankreich in den 1920er Jahren mit ihrem Konzept einer Mentalitätsgeschichte (↗ Mentalitätsforschung). Seither hat sich eine Reihe neuer Forschungsrichtungen etabliert, die sich als kulturgeschichtlich verstehen, wie z. B. die Alltags- und die Mikrohistorie (C. Ginzburg). Daneben leistet die K. wichtige Beiträge zu übergeordneten Themenbereichen der ↗ Kulturwissenschaft wie der Historischen Anthropologie oder der *gender*-Forschung und bedient sich dabei des gesamten Satzes neuerer kulturwissenschaftlicher Methoden.
Lit.: P. Burke: Was ist K.? [engl. 2004] Ffm. 2005. – U. Daniel: Kompendium K. [2001]. Ffm. ³2002. – S. Haas: Historische Kulturforschung in Deutschland 1880–1930. Köln u. a. 1994. – H. Schleier: Geschichte der dt. Kulturgeschichtsschreibung. Bd. 1. Waltrop 2003.   JH

Kulturindustrie, Begriff der ↗ Kritischen Theorie, mit dem Th. W. Adorno und M. Horkheimer in der »Dialektik der Aufklärung« (1947) jene industrielle Verfallsform von ↗ Kultur bezeichnen, durch die sie ihre Gegenwart charakterisiert sehen: eine Kultur, deren Produktion nicht mehr den Gesetzen der ↗ Kunst, sondern Imperativen des Marktes, der Technik und Politik gehorcht. Ihre Kritik der K., die im Vorwurf eines ›Massenbetruges‹ kulminiert, versucht nachzuweisen, dass der Anspruch der kulturindustriellen Produkte, ästhetische Gebilde und damit gestaltete Wahrheit zu sein, nichtig ist. Entscheidend ist dabei nicht die industrielle Fertigung einzelner kultureller Produkte oder die Technik ihrer massenhaften Reproduktion, sondern vielmehr die am Profit orientierte Verteilung und Verbreitung des Produzierten, die im Zirkel von Manipulation und Bedürfnis alles wesentlich Neue ausschließe und das historisch und ästhetisch Verschiedene zur falschen Einheitlichkeit nivelliere (z. B. in der Annäherung von überlieferter Kunst und moderner Unterhaltungsindustrie). Auf diese Weise befördere die K. ideologisches statt kritisches Bewusstsein und setze die Verdinglichung der Arbeitswelt fort, indem sie scheinhaft gerade deren Gegenteil – Individualität – verspreche und so systemstabilisierende Ersatzbefriedigung liefere. Damit sei eine Entwicklung der bürgerlichen Kunst einseitig ans Ende gelangt, die seit der ↗ Aufklärung des 18. Jh.s gekennzeichnet ist durch das widersprüchliche Ineinander von Autonomie und Warencharakter im Zusammenhang des Marktes.
Lit.: H. Steinert: K. Münster 1998. – J. Windrich: Dialektik des Opfers. In: DVjs 73 (1999), S. 92–114. – M. Zuckermann: Gedenken und K. Bln. 1999.   VD

Kulturjournalismus, 1. im engeren Sinn die als Orientierungshilfe und Informationsangebot verstandene journalistische Auseinandersetzung mit kulturellen ↗ Artefakten, Ereignissen und Entwicklungen vornehmlich aus den Bereichen Lit., Theater, Kunst, Musik, Architektur und Film; 2. im weiteren Sinn die unterhaltsame oder philosophisch-kritische Beobachtung und Thematisierung gesellschaftlicher Phänomene im Hinblick auf ihre Bedeutung für den Zustand und die Entwicklung der ↗ Kultur. – Gelten als die wichtigsten Formen des K. im engeren Sinn Kritik, ↗ Bericht, ↗ Interview und ↗ Porträt, so werden zum K. im weiteren Sinn nicht nur ↗ Denkbild, ↗ Aphorismus, ↗ Anekdote, ↗ Skizze, ↗ Essay, ↗ Reisebericht und (lit.) ↗ Reportage gezählt, sondern alle journalistischen Formen, die eher im lit. Stil, d. h. tendenziell mehrdeutig, polyvalent verfasst sind. Mit dieser ↗ Schreibweise wird zum einen versucht, den möglichen Polyvalenzen des behandelten Gegenstandes gerecht zu werden bzw. ihn polyvalent erscheinen zu lassen; sie versteht sich in Form und Auswahl des Themas eher als journalistisch-artistisches Experiment, mit dem unter Zeitdruck kulturelle Tiefenwirkungen ermittelt und erzielt werden sollen. Zum anderen wird mit dieser Schreibweise das journalistische Aktualitätsgebot transzendiert, da sie auf eine lit. Qualität abzielt, die über den Tag hinaus Gültigkeit behält. Kulturjournalistische Texte im engeren Sinn besitzen in der Regel eine geringe Halbwertszeit. Wenn sie in Sammelbänden ediert werden, dann heißt das meist, dass auch das Interesse an den Büchern nicht lange anhält. Dagegen sind kulturjournalistische Texte im weiteren Sinn oft von vornherein darauf angelegt, auch in Büchern gedruckt zu werden; zuweilen werden sie sogar in Werkausgaben gesammelt, etwa im Fall der Klassiker des K. wie H. Heine, L. Börne im 19. Jh., E. E. Kisch, A. Kerr, J. Roth, K. Tucholsky, S. Kracauer aus den 1920er Jahren, schließlich M. Reich-Ranicki, H. M. Enzensberger, M. Rutschky, G. Goettle oder A. Osang in der alten und neuen Bundesrepublik.
Als wichtigster Ort des K. gilt das ↗ Feuilleton, wo er in der zweiten Hälfte des 18. Jh.s als Buchbesprechungsteil eingeführt wird. Etabliert wird der K. im frz. »Journal de Débats« als Rubrik, getrennt durch einen Strich vom Rest des redaktionellen Teils. Im Laufe des 19. Jh.s differenziert sich das Feuilleton als eigenes Ressort aus. Der K. im weiteren Sinn dringt von hier aus als Beobachtungsform und Schreibweise auch in die anderen Ressorts ein. Kritisch wird deshalb zuweilen von einer allg. ›Feuilletonisierung‹ gesprochen, d. h. von einer Aufweichung der auf Eindeutigkeit und Monovalenz ausgerichteten journalistischen Normen.
Lit.: D. Heß (Hg.): K. [1992]. Mchn. ²1997. – K. Kauffmann, E. Schütz (Hg.): Die lange Geschichte der Kleinen Form. Beiträge zur Feuilletonforschung. Bln. 2000.   SP

Kulturkritik, Sammelbez. für Autoren, Texte und Theorien, die entweder 1. dem allg. Gesellschaftszustand oder 2. den bes. Verhältnissen der Kultur zu einer bestimmten Zeit ablehnend gegenüberstehen. Im ersten Fall spricht man alternativ von ›Zivilisationskritik‹, im zweiten Fall von ›Zeitkritik‹. – Die Herkunft des Begriffs ›K.‹ ist bislang nicht geklärt, er dürfte aber frühestens in der zweiten Hälfte des 19. Jh.s entstanden sein, als das Bezugswort ↗›Kultur‹ auf die Gesamtheit der Geistes- und Lebensformen eines Volkes oder einer Zeit ausgeweitet wurde (J. Burckhardt, F. Nietzsche). Um 1900 wurden analoge Komposita wie ↗›Kulturwissenschaft‹ und ›Kulturphilosophie‹ geprägt. – Traditionelle Formen der Sittensatire, die seit der Antike häufig mit dem Lob der vergangenen Zeiten und des ländlichen Lebens verbunden waren, können als Vorläufer der modernen K. gelten. An ihre Stelle tritt bei dem Aufklärer J.-J. Rousseau eine philosophische Fundamentalkritik am Gesellschaftszustand überhaupt, die sich in der europäischen und am. Romantik des 19. Jh.s (Novalis, J. Ruskin, R. W. Emerson) spezifischer gegen die Formen der sog. ›Fortschritts‹ richtet. F. Nietzsche wird mit seinen Analysen der ›modernen Kultur‹ zum Begründer der K. um 1900, die v. a. von einem konservativen Standpunkt aus den Verfall der alteuropäischen Kulturwerte beklagt und den Untergang des durch die ›Zivilisation‹ korrumpierten Abendlandes prophezeit (P. de Lagarde, J. Langbehn, R. Borchardt, O. Spengler, J. Ortega y Gasset). Im 20. Jh. wird von marxistischer Seite aus die Entfremdung des Menschen durch die kapitalistische Wirtschaft auch in den anderen Bereichen der modernen Gesellschaft kritisiert, bes. in der sog. ↗›Kulturindustrie‹ (M. Horkheimer, Th. W. Adorno). Mit der Renaissance des Kulturdenkens und der Wiederkehr konservativer Weltanschauungen am Ende des 20. Jh.s wird der Begriff ›K.‹ vermehrt zur Kennzeichnung von Tendenzen in der Gegenwartslit. verwendet (B. Strauss, P. Handke).

Lit.: B. Beßlich: Wege in den ›Kulturkrieg‹. Zivilisationskritik in Deutschland 1890–1914. Darmstadt 2000. – A. Beyer, D. Burdorf (Hg.): Jugendstil und K. Hdbg. 1999. – G. Bollenbeck: K.: ein unterschätzter Reflexionsmodus der Moderne. In: LiLi 137 (2005), S. 41–53. – L. Johnson: The Cultural Critics. Ldn, Boston/Mass. 1979. – R. Konersmann (Hg.): K. Lpz. 2001. – H.-J. Lieber: K. und Lebensphilosophie. Darmstadt 1974. – H. Rudolph: K. und konservative Revolution. Tüb. 1971. – D. Sobrevilla: Der Ursprung des Kulturbegriffs, der Kulturphilosophie und der K. Tüb. 1971.   KK

Kulturphilosophie ↗ Kulturtheorie (2).

Kulturpoetik [engl. *poetics of culture*], von St. Greenblatt im Rahmen der Theoriedebatte über den ↗ New Historicism geprägter Begriff, der auf einer Analogie zwischen ↗ Text und ↗ Kultur beruht. Dem New Historicism zufolge gibt es keinen Unterschied zwischen lit. und nicht-lit. Texten, sondern nur ein vernetztes Text-Universum (↗ Intertextualität). Die Lit. ist ein Bestandteil der von Widersprüchen und Machtstrukturen untergründig durchzogenen historischen Realität und damit eingebettet in komplexe kulturelle Wechselwirkungen. Diese soll eine dekonstruktivistische Einzeltextlektüre nach dem Muster der kulturanthropologischen ↗ dichten Beschreibung aufspüren und dabei die ↗›Poetik‹ dieses kulturellen Text-Gefüges zum Vorschein bringen. Lit. Texte werden zwar nicht hinsichtlich ihres fiktionalen oder ästhetischen Status befragt, gelten aber als bes. aussagekräftig für die Rekonstruktion kultureller Konstellationen.

Lit.: M. Baßler (Hg.): New Historicism [1995]. Tüb., Basel ²2001. – St. Greenblatt: Towards a Poetics of Culture. In: H. A. Veeser (Hg.): The New Historicism. NY 1989, S. 1–14.   JH

Kultursoziologie ↗ Kulturtheorie (2).

Kulturtheorie, wissenschaftliches Erklärungsmodell für die Entstehung, den Wandel und den inneren Aufbau von ↗ Kultur, die als systematisch-gesetzlicher Zusammenhang verschiedener Phänomene und Prozesse verstanden wird. Kulturtheoretische Modelle können entweder 1. Bestandteil allg. Theorien sein oder 2. von einzelnen kulturwissenschaftlichen Disziplinen oder Autoren eigenständig entwickelt werden oder 3. in methodischer Hinsicht als übergeordnetes wissenschaftliches Paradigma dienen.

Zu 1.: Kulturtheoretische Überlegungen sind seit dem 18. Jh. Bestandteil verschiedener philosophischer Systeme, meist im Zusammenhang mit Fortschritts- bzw. Degenerationskonzepten der Menschheit (J.-J. Rousseau, I. Kant, F. Nietzsche; ↗ Kritische Theorie; psychoanalytische K., marxistische K.). – Zu 2.: Kulturtheoretische Überlegungen in kulturwissenschaftlichen Einzeldisziplinen dienen meist dazu, den jeweiligen Gegenstandsbereich gegen andere Disziplinen abzugrenzen sowie eine angemessene Methodik darzulegen. Dabei übernehmen, parallel zur Geschichte des Begriffs ↗›Kultur‹, verschiedene Wissenschaften eine Leitfunktion. Eigenständige K.n werden nach 1900 zunächst von der Kulturphilosophie entwickelt, die Kultur als »wertvolle Wirklichkeiten« (H. Rickert: »Kulturwissenschaft und Naturwissenschaft«, 1899) bzw. eigenen symbolisch bestimmten Kosmos (E. Cassirer: »Philosophie der symbolischen Formen«, 1923–29) definiert und der ↗ Kulturwissenschaft von den Naturwissenschaften abweichende Erkenntnisformen zuordnet. Die Kultursoziologie (G. Simmel, A. Weber, M. Scheler) bemüht sich demgegenüber, Kultur und Gesellschaft in ihren jeweiligen Erscheinungs- und Verlaufsformen voneinander abzugrenzen. Als Syntheseversuch von Psychologie und Soziologie versteht sich N. Elias' K., die den »Prozeß der Zivilisation« als langfristige, parallel verlaufende Neukonfiguration gesellschaftlicher Konstellationen und psychischer Verhaltensstrukturen darstellt (»Über den Prozeß der Zivilisation«, 1939). Wichtige Beiträge zur K. aufgrund empirischer Fallstudien lieferte zudem die Ethnologie (B. Malinowski, F. Boas; ↗ Ethnologie und Lit.) bzw. die neuere ↗ Kulturanthropologie (C. Geertz). – Zu 3.: K. als eigenständiges methodisches Paradigma hat sich in den letzten Jahrzehnten v. a. in engem Kontakt zur ↗ Semiotik (J. Lotman), Systemtheorie (N. Luhmann) und neueren Konzepten der Evolution (R. Riedl) entwickelt. Kultur wird dabei zumeist als Form der nichtbiologischen Vererbung verstanden, die eine »zweite Wirklichkeit« (Fleischer, S. 290) hervorbringt. Lit.: M. Bal: Kulturanalyse. Ffm. 2002. – M. Fleischer: K. Oberhausen 2001. – J. Heinz: Narrative Kulturkonzepte. Hdbg. 2006. – Th. Jung: Geschichte der modernen K. Darmstadt 1999. – St. Moebius, D. Quadflieg (Hg.): Kultur. Theorien der Gegenwart. Wiesbaden 2006. – W. Müller-Funk: K. Stgt. 2006. – A. Nünning (Hg.): Metzler Lexikon Lit.- und K. [1998]. Stgt., Weimar ³2004. – C.-M. Ort: K. In: RLW.   JH

Kulturwissenschaft, 1. im Sg.: eine seit den 1980er Jahren gebildete und an einigen Universitäten institutionalisierte eigenständige, meist empirisch orientierte Disziplin, die Traditionen verschiedener anderer Wissenschaften, bes. der ↗ Lit.wissenschaft, der ↗ Medienwissenschaft, der Volkskunde und der Ethnologie (↗ Ethnologie und Lit.), aufnimmt und erweitert. – 2. Im Pl.: ebenfalls seit den 1980er Jahren zunehmend verbreitete neue Bez. für eine Gruppe von Disziplinen, die seit dem Ende des 19. Jh.s unter der Sammelbez. ›Geisteswissenschaften‹ firmiert haben. Die Neubenennung spiegelt eine wissenschaftsstrukturelle und -politische Neuorientierung im System der universitären Fakultäten wider und wird auch innerhalb der einzelnen Disziplinen (v. a. in den ↗ Philologien) benutzt, um den eigenen Gegenstandsbereich sowie die Fachmethodik zu reformieren. – Der Begriff ›K.‹ in den beiden heute gebrauchten Verwendungsweisen ist das Pendant zu engl. ↗ ›Cultural Studies‹. Die dt.sprachigen K.en haben aus den angelsächs. Theoriedebatten auch zahlreiche Anregungen erfahren. Dennoch dürfen die beiden Begriffe aufgrund der jeweils unterschiedlichen wissenschaftsgeschichtlichen und wissenschaftlichen Situation nicht gleichgesetzt werden. Zu 1.: Der Terminus einer »allg. Cultur-Wissenschaft« (G. Clemm, 1851) taucht bereits im 19. Jh. vereinzelt für eine breit empirisch orientierte Wissenschaft von den materiellen Grundlagen der menschlichen Kultur auf. Die heutige K. definiert sich v. a. über ihre Arbeitsgebiete. Schwerpunktthemen sind z. B. historische Anthropologie, Gedächtnistheorien, Medialitätskonzepte; enge Verbindungen bestehen zur *gender*-Forschung, zur Wissenschaftsgeschichte, zur Komparatistik (↗ Allg. Lit.wissenschaft, ↗ Vergleichende Lit.wissenschaft). Methodisch arbeitet die K. inter- und transdisziplinär, ist aber weiterhin der Tradition der empirischen Fallstudie verpflichtet. Zu 2.: K. als disziplinenübergreifender Gegenpol zu den Naturwissenschaften wird bereits um 1900 von den Neukantianern (H. Rickert: »K. und Naturwissenschaft«, 1899; W. Windelband) propagiert. Beide Wissenschaftstypen unterscheiden sich demnach nicht nur durch ihre unterschiedlichen Gegenstandsbereiche, sondern durch unterschiedliche Erkenntnisideale und Verfahren (z. B. Verstehen versus Erklären) voneinander. Infolge einer Legitimationskrise der traditionellen Geisteswissenschaften und eines zunehmenden Verteilungskampfes um Fördermittel wird

gegen Ende des 20. Jh.s wissenschaftspolitisch eine kulturwissenschaftliche Neuorientierung gefordert: Die Geisteswissenschaften sollten, einem weiten Begriff der ↗ Kultur entsprechend, ihren Gegenstandsbereich auch auf Bereiche der ↗ Populärkultur ausdehnen und sich von reinen Textwissenschaften hin zu Medienwissenschaften entwickeln. Damit verbunden sind Forderungen nach der Anwendung transdisziplinärer Methoden (z. B. der ↗ Lit.soziologie P. Bourdieus, der ↗ Diskursanalyse M. Foucaults, der ↗ Kulturanthropologie C. Geertz') sowie anderen, stärker kooperativen Strukturen der Forschung (Forschungszentren, Verbundprojekte). Diese Diskussionen werden auch in den Einzeldisziplinen teilweise heftig geführt. Inzwischen hat sich die K. in einzelnen Philologien (am weitesten entwickelt in der ↗ Anglistik) als eigene Forschungsrichtung mit thematischen Schwerpunkten und einem praktizierten Methodenpluralismus weitgehend etabliert. Die zu Beginn der 1990er Jahre vereinzelt erhobene Forderung, die Lit.wissenschaft müsse sich vollends in eine K., Medienwissenschaft oder ↗ Medienkulturwissenschaft auflösen oder verwandeln, wird jedoch nicht mehr ernsthaft formuliert. Lit.: A. Assmann: Einf. in die K. Bln. 2006. – H. Böhme: K. In: RLW. – H. Böhme, K. Scherpe (Hg.): Lit. und K.en. Reinbek 1996. – H. Böhme u. a.: Orientierung K. [2000]. Reinbek ²2002. – M. Fauser: Einf. in die K. Darmstadt 2003. – F. Jaeger u. a. (Hg.): Hb. der K.en. 3 Bde. Stgt., Weimar 2004. – A. Nünning, V. Nünning (Hg.): Konzepte der K.en. Stgt., Weimar 2003. – F. Schößler: Lit.wissenschaft als K. Tüb., Basel 2006.   JH

Kunst, Inbegriff aller ↗ Artefakte, die in einem bestimmten institutionellen Rahmen (der ›Kunstwelt‹) produziert und rezipiert werden und eine ästhetische ↗ Funktion erfüllen. – Als Sammelbegriff umspannt ›K.‹ die verschiedenen medial unterscheidbaren K.formen (Malerei, Musik, Lit., Architektur u. a.). Definitionen des K.begriffs können nicht auf allen K.werken gemeinsame manifeste Eigenschaften zurückgreifen, da K.werke in zu großer Mannigfaltigkeit auftreten; eine Menge nicht-trivialer manifester Eigenschaften, die allen K.werken und nur diesen gemeinsam wären, gibt es nicht. Insbes. angesichts avantgardistischer K.konzepte (z. B. *objets trouvés*) haben sich traditionelle Versuche, K. zu definieren (z. B. als ↗ Mimesis), als anfechtbar erwiesen. Erfolgversprechendere Definitionen des K.begriffs konzentrieren sich daher auf nicht-manifeste (›werkexterne‹) Eigenschaften von K.werken. Für K. ist demnach konstitutiv, dass sie in Übereinstimmung mit bestimmten Regeln hervorgebracht, präsentiert und wahrgenommen wird. Zu diesen Regeln gehören u. a. die Absicht des Künstlers, sein Werk möge eine bestimmte, für K. spezifische Aufnahme erfahren, die Präsentation des K.werks z. B. im Kontext einer K.ausstellung sowie bestimmte Wahrnehmungs- und Interpretationsmodi auf Seiten der Rezipienten (traditionell bestimmt u. a. als ›ästhetisches Vergnügen‹, ›Interesselosigkeit‹). K.werke werden so verständlich als Bestandteile einer institutionellen (regelgeleiteten) Praxis, der »artworld« (Dickie). Ferner lässt sich geltend machen, dass sich K.werke nur dann als solche erkennen lassen, wenn sie in einer nachvollziehbaren Verbindung (↗ Kontinuität oder Diskontinuität) zu bisherigen K.traditionen stehen. Deren Entfaltungen nachzuzeichnen ist Aufgabe der K.geschichte, ↗ Lit.geschichte, Musikgeschichte usw. Die Ursprünge der K. reichen vor die frühen Hochkulturen bis in prähistorische Zeit zurück.

Lit.: R. Bluhm, R. Schmücker (Hg.): K. und K.begriff. Paderborn 2002. – N. Carroll (Hg.): Theories of Art Today. Madison/Wisc. 2000. – U. Charpa: K. In: RLW. – St. Davies: Definitions of Art. Ithaca u.a. 1991. – G. Dickie: The Art Circle: A Theory of Art. NY 1984. – E.H. Gombrich: The Story of Art [1950]. Ldn., NY [16]1995. – R. Schmücker: Was ist K.? Mchn. 1998.   TK

Kunstballade, im Ggs. zur anonymen Volksballade die von einem namentlich bekannten Verfasser stammende ↗ Ballade.

Künstlerbuch ↗ Malerbuch.

Künstlerdrama, Bühnenwerk (Tragödie, Komödie, auch Oper, Operette) über einen Künstler. Meist wird dessen Lebens- und Schaffensproblematik gestaltet, die aus der Abgrenzung der Künstlerexistenz von bürgerlichen Lebensweisen entsteht. Wird eine historische Persönlichkeit aus der bildenden Kunst, der Musik oder der Dichtung zum Gegenstand gewählt, kann das K. als Untergattung des ↗ Geschichtsdramas angesehen werden. Es kann aber ebenso von erfundenen Gestalten handeln. – Der Beginn des K.s wird in der Epoche des Sturm und Drang angesetzt, als sich mit dem ↗ Genie-Begriff die Vorstellung von der seelischen Eigenart und Sonderstellung des Künstlers verband. J.W. Goethe stellt in »Torquato Tasso« (1790) ein ebenso egozentrisches wie phantasiemächtig begabtes Künstlergenie in die repräsentative Gesellschaft des Hofes, in welcher der Protagonist voller Misstrauen jedes reale Maß verliert. Die alternde Künstlerin Sappho in F. Grillparzers gleichnamigem Trauerspiel (1819) fühlt sich durch die Kunst dem Leben, das ihre Leidenschaft zurückweist, unlösbar entfremdet und stürzt sich vom Felsen ins Meer. Im 19. Jh. sind außerdem A.G. Oehlenschläger, J.F. Castelli, G.Ch. Braun, K.L. Immermann, R. Wagner, F. Hebbel, H.v. Hofmannsthal und G. Hauptmann als Autoren von Künstlerdramen hervorgetreten. In der ersten Hälfte des 20. Jh.s wurden z.B. in der Oper »Cardillac« von P. Hindemith noch einmal Individualnöte des Schöpfertums thematisiert; in der zweiten Jh.hälfte wurde eher die Frage nach der politischen Position des Künstlers gestellt, so z.B. in P. Weiss' »Hölderlin« (1971) und G. Salvatores »Büchners Tod« (1972).

Lit.: U. Japp: Das dt. K.. Bln., NY 2004.   TU

Künstlernovelle ↗ Künstlerroman.

Künstlerroman, Typus des ↗ Bildungsromans, der die innerseelische und lebensweltliche Entwicklung eines Künstlers darstellt. Charakteristisches Element des K.s

ist die polare Spannung zwischen der kreativen Erlebniswelt des Subjekts und dem lebenspraktischen Anspruch der Gesellschaft – eine Spannung, die eine existentielle Erfahrung von ↗ Alterität und eine tragische Zerrissenheit bedingt. Oftmals reflektiert der K. über Voraussetzungen und Bedingungen von Kreativität und formuliert implizit Aspekte einer poetologischen Programmatik. – Im Ggs. zum K. greift die *Künstlernovelle* ein konflikthaftes Ereignis aus dem Leben eines Künstlers exemplarisch auf. Wichtige Beispiele sind E. T. A. Hoffmanns »Das Fräulein von Scuderi« (1819), E. Mörikes »Mozart auf der Reise nach Prag« (1855), Th. Manns »Tod in Venedig« (1912) und H. Hesses »Klingsors letzter Sommer« (1920). – Das Entstehen des K.s ist vor dem Hintergrund der Genieästhetik (↗ Genie) des ↗ Sturm und Drang zu verstehen, der die soziale Freiheit und moralische Ungebundenheit des kreativ-schöpferischen Menschen postuliert. Das zeigt sich bes. in den K.en W. Heinses (»Ardinghello«, 1787; »Hildegard von Hohenthal«, 1795 f.). Während J.W. Goethe mit »Wilhelm Meisters Lehrjahre« (1795 f.) vor dem Hintergrund der klassizistischen Ästhetik nach Aussöhnung zwischen künstlerischer Natur und lebensweltlichen Ansprüchen strebt, kontrastiert die ↗ Romantik die Ungebundenheit des Künstlers mit der bürgerlichen Norm (F. Schlegel: »Lucinde«, 1799; L. Tieck: »Franz Sternbalds Wanderungen«, 1798; Novalis: »Heinrich von Ofterdingen«, postum 1802; J. v. Eichendorff: »Ahnung und Gegenwart«, 1815). Diesen Ggs. betonen auch noch die K.e E. Mörikes (»Maler Nolten«, 1832), G. Kellers (»Der grüne Heinrich«, 1854 f.; Neufassung 1879 f.), H. Hesses (»Narziß und Goldmund«, 1930) und Th. Manns (»Doktor Faustus«, 1947). Mit dem ↗ Realismus gewinnt der kulturhistorisch-biographische K. an Bedeutung. Zu differenzieren ist zwischen Werken, die Anspruch auf historische Korrektheit erheben (H. Kurz: »Schillers Heimatjahre«, 1843; F. Werfel: »Verdi«, 1924; L. Feuchtwanger: »Goya«, 1951; D. Kühn: »Ich, Wolkenstein«, 1977) und trivial-sentimentalen K.en (B. E. Brachvogel: »Friedemann Bach«, 1858). In Werken der am. Lit. sind Fragen der Künstlerexistenz mit der Problematik der weiblichen Selbstbestimmung verknüpft worden (K. Chopin: »The Awakening«, 1899).

Lit.: S. Hausdörfer: Rebellion im Kunstschein. Die Funktion des fiktiven Künstlers in Romanen und Kunsttheorie der dt. Romantik. Hdbg. 1987. – L. M. Huf: A portrait of the artist as a young woman. NY 1985. – U. R. Mahlendorf: The wellsprings of literary creation. Columbia 1999. – M. Mai: Bilderspiegel – Spiegelbilder. Würzburg 2000. – M.-F. Melmoux-Montaubin: Le roman d'art. Paris 1999. – E. Meuthen: Eins und doppelt oder vom Anderssein des Selbst. Tüb. 2001. – A. Rieger: Alter ego. Der Maler als Schatten des Schriftstellers in der frz. Erzähllit. von der Romantik bis zum Fin de siècle. Köln 2000. – R. Seret: Voyage into creativity. NY, Bern 1992. – E. Varsamopoulou:

The poetics of the K. and the aesthetics of the sublime. Aldershot 2002. SSI

Künstlichkeit, Eigenschaft von ↗ Artefakten, durch die sie sich von Gegenständen der Natur unterscheiden; Ggs.: Natürlichkeit. Der Begriff wird sowohl positiv (im Sinne von ›Kunstfertigkeit‹) wie negativ (im Sinne von ›Künstelei‹) wertend verwendet. Der schon in der gr. Philosophie (z. B. bei Platon) verbreitete Gedanke der K. wird in der ersten Hälfte des 20. Jh.s wieder aufgegriffen; nun sind – etwa bei E. Jünger – der industrielle Arbeiter und der säkularisierte Künstler die Hauptprotagonisten der K. Mit der Erfindung des Computers und der damit verbundenen Fähigkeit zur Simulation aller möglichen Arten von Seiendem hat sich die Bedeutung der K. in ihrer Beziehung zur Natur verändert: Im Vordergrund stehen nun künstliche Intelligenz, künstliches Leben oder virtuelle Realität.
Lit.: K. In: DWb 11 (1873), Sp. 2715 f. – R. Capurro: Über K. In: K. Kornwachs (Hg.): Technik – System – Verantwortung. Münster 2004, S. 165–172. – M. Martinez: K. In: RLW. SMB

Kunstlied [mhd. *daz liet* = Strophe, Pl. *diu liet* = mehrstrophiger sangbarer, aber nicht unbedingt gesungener Text], lit.-musikalisches Werk, dessen Urheber bekannt sind. – ›K.‹ ist Antonym zu J. G. Herders Begriff ↗ ›Volkslied‹ (vgl. »Briefwechsel über Ossian und die Lieder alter Völker«, 1773). Beide Formen des ↗ Liedes setzen die Verbindung von Text und Melodie voraus. Der Unterscheidung des K.s vom sog. Volkslied dienen soziale Kriterien (Produktion und Rezeption in gebildeten statt in ungebildeten Schichten) sowie die dokumentierte Verfasserschaft und schriftliche Überlieferung als Merkmale des Gemachten im Ggs. zu einer als mündlich vorgestellten Tradierung des Volkslieds. ›K.‹ ist Oberbegriff zu verschiedenen Arten von Liedern wie politischem Lied, geistlichem Lied, Liebes-, Kirchen-, Marien-, Arbeits-, Studenten-, Chor-, Tanz- oder Tenorlied. – Unter ›K.‹ können die poetischen und poetologischen Bemühungen um gesungene Kleindichtung seit dem 12. Jh. zusammengefasst werden. Eine eigene Form des K.s bildet der ↗ Meistersang (14.–17. Jh.), bei dem v. a. von Handwerkern nach festgelegten Kunstregeln Lieder gemacht und vorgetragen werden. Im ↗ Humanismus des 16. Jh.s und im ↗ Barock (M. Opitz, S. Dach, J. Rist, P. Fleming) gibt es Bemühungen, in der Gattung des dichterisch gestalteten Liedes das Verhältnis von Sprache und Musik neu zu bestimmen. Im engeren Sinne gehört der Begriff ›K.‹ in die Diskussion um das Volkslied im 18. und 19. Jh. In sog. ›Liederschulen‹ wurde ein Liedtyp entwickelt, in dem ein selbstbewusst werdendes Bürgertum sich gleich weit von adliger Repräsentation in der Opernarie wie von der Volkstümlichkeit absetzte. Beispiele dafür sind die 1753 begründete Berliner Liederschule (C. Ph. E. Bach u. a.), Ende des 18. Jh.s die vom ↗ Göttinger Hain, von Herder und dem jungen Goethe beeinflusste »Zweite Berliner Liederschule« (J. F. Reichardt, C. F. Zelter) sowie die Schwäbische Liederschule

(Ch. F. D. Schubart u. a.). – Das K. wird in der Regel als Sologesang mit Klavierbegleitung vorgetragen und zeichnet sich durch stilistische Komplexität, Individualität des Ausdrucks und hohe Ansprüche an die Wiedergabe aus. Mit den mehr als 500 Liedern F. Schuberts wird das K. im engeren Sinne begründet und zugleich auf seinen ersten Höhepunkt gebracht. Schubert vertont Gedichte J. W. Goethes (»Mignon«, »Wandrers Nachtlied«, »An den Mond«), aber auch Texte weniger bedeutender Autoren, wie etwa Gedichtzyklen W. Müllers (»Die schöne Müllerin«, »Winterreise«). Neben Kompositionen in strenger wie variierter Strophenform finden sich durchkomponierte Lieder. Weitere Vertreter des K.s im 19. Jh. sind R. Schumann, J. Brahms und H. Wolf. In ironischer Wendung der Gattungsgeschichte werden einzelne K.er (wie Goethes und Schuberts »Heidenröslein« oder H. Heines von F. Silcher vertonte »Loreley«) so populär, dass sie als ›Volkslieder‹ empfunden werden. Im 20. Jh. wird das K. etwa von R. Strauss oder A. Schönberg weiterentwickelt; daneben geht es vielfältige Verbindungen mit dem ↗ Chanson und dem ↗ Song ein. In den 1960er und 1970er Jahren entwickeln ›Liedermacher‹ wie W. Biermann, R. Mey, H. Wader oder F. J. Degenhardt im Kontext einer sich politisierenden Folklorebewegung (Burg Waldeck) neue Formen des K.s, die an Traditionen der ↗ Ballade und des ↗ Bänkelsangs orientiert sind.
Lit.: J. Cloot: K. In: RLW. – H. Kretzschmar: Geschichte des neuen dt. Liedes. Lpz. 1911. Nachdr. Hildesheim, Wiesbaden 1966. – S. Kross: Geschichte des dt. Liedes. Darmstadt 1989. EC

Kunstmärchen, kürzere Prosaerzählung wunderbaren Inhalts, die sich für den Leser erkennbar an ein bekanntes Modell des auch ›Volksmärchen‹ genannten ↗ Märchens anlehnt. Im Unterschied zu diesem ist das K. eine individuelle Erfindung mit unverstelltem Kunstcharakter. – Mit Blick auf Ursprünge und Quellen wird von der Historischen Erzählforschung gern auf die altorientalische Mythologie, antike Überlieferungen, nicht zuletzt die Bibel, die mal. Epik sowie die Predigt-, Schwank- und Novellenlit. des späten MA.s und der Frühen Neuzeit hingewiesen. Von einer europäischen K.tradition im engeren Sinne kann indes erst seit dem 17., von einer dt. seit dem 18. Jh. gesprochen werden. Als Höhepunkt der Entwicklung gilt gemeinhin das K. der ↗ Romantik. – Die Entstehungsgeschichte des K.s ist im Zusammenhang mit der Entwicklung der it. ↗ Novelle zu sehen. Bereits Mitte des 16. Jh.s dringen erste märchenhafte Elemente in diese Formtradition ein (G. F. Straparola: »Le piacevoli notti«, 1550–53). Als erste bedeutende K.sammlung gilt G. Basiles postum erschienener »Pentamerone« (»Lo cunto de li cunti«, 1634–36). Um 1700 beginnt in Frankreich die das gesamte 18. Jh. prägende Mode der ↗ ›Feengeschichten‹ und ↗ ›Féerien‹. Mme. M.-C. d'Aulnoys Publikation »Les Contes des fées« von 1696, die Erzählsammlungen von M.-J. L'Héritier de Villandon und v. a. Ch. Perraults »Histoires ou contes du temps passé« (mit dem sehr viel bekannteren Nebentitel »Contes de ma mère loye«) von 1697 initiieren eine Flut von Feenmärchen. Die Tradition gipfelt schließlich in dem 41 Bde. umfassenden »Cabinet des fées« (1785–89; dt.: »Blaue Bibliothek aller Nationen«, 1790–97). Als Kulturimport haben die Feenmärchen auch auf dem dt. Markt ihre Leser. Mit den 1760er Jahren setzt zudem eine breite Übers.stätigkeit ein, der sich in den 1780er eine eigene Feenmärchen-Lit. anschließt (Ch. M. Wieland, Ch. A. Vulpius, J. G. Schummel, W. Ch. Günther), welche eine wichtige Rolle bei der Überwindung des aufklärerisch-klassizistischen Dichtungskonzepts spielt. Das dt. Feenmärchen steht im Vergleich zu den frz. Vorbildern sehr viel stärker im Horizont der pädagogischen Funktionalisierung. Die K.tradition des 18. Jh.s wird neben den Feenmärchen noch durch die Übers. orientalischer Erzählungen bestimmt. 1704–12 erscheint J. A. Gallands frz. Übers. von »1001 Nacht« (»Les mille et une nuits«), der eine Flut anderer Übers.en sowie orientalischer oder pseudo-orientalischer Nachdichtungen folgt (↗ orientalisierende Dichtung). – Eine neue K.tradition bildet sich in Deutschland gegen Ende des 18. Jh.s mit J. K. A. Musäus’ ›Volksmährchen der Deutschen« (5 Bde., 1782–86), J. W. Goethes »Das Mährchen« (1795) und dem Beginn der romantischen K.dichtung. Musäus wendet sich von den frz. oder orientalisch konturierten Stoffen ab und bedient sich einer humoristischen, gelegentlich satirischen Erzählweise. Bei Goethe wird das K. zum Medium und Ort der Wiederherstellung einer zerrissenen Welt im Zeichen von Entsagung und Selbstopfer. Das Märchenhafte ist verbunden mit der Erinnerung an ein ›goldenes Zeitalter‹. Die K. der Frühromantik sind entweder symbolisch-allegorisierend (Novalis) oder psychologisierend (Tieck) ausgerichtet; sie inszenieren eine wunderbare Wahrheit hinter den Erscheinungen der empirischen Welt und suchen nach den Übergängen vom Realen zum Irrealen. Das K. wird zum Ort der ›Neuen ↗ Mythologie‹ sowie zum Medium narrativer Gesellschaftskritik und eines aufklärungskritischen poetologischen Diskurses. Einen Höhepunkt der Entwicklung markiert E. T. A. Hoffmann (»Der goldne Topf«, 1814). C. Brentano (»Italienische Märchen«; »Rheinmärchen«) lehnt sich an das sog. Volksmärchen an, tendiert aber auch zu Allegorie und Parabel. Populäre K. der Romantik sind ferner von W. H. Wackenroder, J. v. Eichendorff, F. de la Motte Fouqué, A. v. Chamisso, W. Hauff sowie von dem Dänen H. Ch. Andersen überliefert. In der Tradition des romantischen K.s schreiben später noch E. Mörike und Th. Storm. Die weitere Entwicklung im 19. und 20. Jh. (von G. Büchner über K. Tucholsky bis hin zu C. Funke) ist zumeist durch das travestierende Spiel mit Lesererwartungen gekennzeichnet und lebt vom erkennbaren Bezug auf das romantische K.

Lit.: F. Apel: Die Zaubergärten der Phantasie. Hdbg. 1978. – C.-M. Fontaine: Das romantische Märchen. Mchn. 1985. – M. Grätz: Das Märchen in der dt. Auf-

klärung. Stgt. 1985. – V. Klotz: Das europäische K. Stgt. 1985. – M. Mayer, J. Tismar: K. Stgt., Weimar 1997. – St. Neuhaus: Märchen. Tüb., Basel 2005. – H. Rölleke: K. In: RLW. – P.-W. Wührl: Das dt. K. Hdbg. 1984. LB

Kunstperiode, auf Heine zurückgehende Bez. für die Phase der dt. Lit.- und Kulturgeschichte zwischen ↗ Sturm und Drang und ↗ Vormärz, v. a. für ↗ Weimarer Klassik und ↗ Romantik; von einer gesellschaftskritischen Lit.geschichtsschreibung, welche die Problematik konkurrierender Begriffe wie ↗ ›Goethezeit‹ vermeiden möchte, bis heute verwendet (z. B. Beutin u. a.).

Lit.: W. Beutin u. a.: Dt. Lit.geschichte. Stgt. 1979 [u. ö.]. – H. Heine: Die romantische Schule [1836]. In: ders.: Sämtliche Schriften. Bd. III. Mchn., Wien 1976, S. 357–504. TZ

Kunstpoesie, Ggs. zu ↗ Volkspoesie.

Kunstprosa, von E. Norden geprägter Begriff zur Bez. kunstmäßig gestalteter ↗ Prosa. Die K. wurde bes. von Gorgias (5. Jh. v. Chr.) entwickelt, indem er versuchte, die inhaltlich-syntaktische Gliederung eines Textes möglichst eng mit der rhythmisch-klanglichen in Verbindung zu bringen. Die Perioden werden unter Vermeidung des ↗ Hiatus rhythmisch gegliedert (z. B. durch Antithese, Parallelismus, metrisierte Kola und ↗ Klauseln) mit dem Ziel, die Prosa der Poesie anzunähern und ihr eine psychagogische Wirkung zu verleihen. Anders als die Poesie sollte die rhythmisierte Prosa nicht dieselben Metren wiederholen, sondern numerisch bestimmte Silbenfolgen bilden (Aristoteles) und zudem Tropen (↗ Tropus [1]), rhet. ↗ Figuren (z. B. ↗ Anapher, ↗ Alliteration, ↗ Homoioteleuton) einsetzen wie auch auf die Wahl der Wörter (*ornatus*) einen bes. Wert legen. Als erster Theoretiker der K. gilt der Sophist Thrasymachos aus Chalkedon (5. Jh. v. Chr.), am weitesten ausgearbeitet erscheint die Theorie der K. in der aristotelischen »Rhet.« (nicht erhalten sind dagegen die grundlegenden rhet. Werke des Aristoteles-Schülers Theophrast). Die Theorie wird in Rom rezipiert (Cicero, Quintilian, Dionysios von Halikarnassos, die anonyme Schrift »Perí hýpsous« [›Vom Erhabenen‹], später Menandros Rhetor und Hermogenes). Gegen die ›poetisierte‹ Prosa der asianischen Beredsamkeit (↗ Asianismus) richten sich im 1. Jh. n. Chr. die Attizisten. Die quantitierenden Klauseln finden auch in den akzentuierenden Sprachsystemen Nachfolge. Von der ↗ Spätantike bis zum ↗ Humanismus wird die schriftliche Prosa grundsätzlich rhetorisiert und am Vorbild der antiken K. ausgerichtet. In der Neuzeit wird der Begriff ›K.‹ verallgemeinert und mit der künstlerischen oder dichterischen Prosa (im Ggs. zur Fachprosa, ↗ Sachlit.) gleichgesetzt.

Lit.: G. Calboli: Asiani (Oratori). In: F. Della Corte (Hg.): Dizionario degli Scrittori Greci e Latini. Bd. 1. Mailand 1987, S. 215–232. – A. Dihle: Prosarhythmus. In: NPauly. – M. Erren u. a.: K. In: HWbRh. – E. Norden: Die antike K. [1898]. Darmstadt ⁵1958. SF

Kunstreligion ↗ Religion und Lit.

Kunst und Literatur. Zwischen bildender Kunst und Lit. bestehen seit der Antike intensive Wechselbeziehungen: Man bestimmte ihr Wesen durch Abgrenzung gegen die jeweilige Schwesterkunst oder durch Analogisierung mit dieser. Dabei wurden teils die je spezifischen Darstellungsmittel von K. u. L. akzentuiert, teils die Gegenstände und Prinzipien der Darstellung (↗Mimesis). Bis ins späte 19. Jh. nahmen Vergleiche mit der Malerei, gelegentlich auch mit Plastik und Zeichnung, eine zentrale Stellung in lit.theoretischen Reflexionen ein. Später traten die Fotografie und die elektronischen Bildmedien als Vergleichsrelata hinzu. Durch Beobachtung hergestellte Beziehungen zwischen K. u. L. liegen auch dort vor, wo diese im Horizont ästhetischer Epochen- und Stilbegriffe als vergleichbare Phänomene gedeutet werden. Viele Dichter haben sich in theoretisch-essayistischer Form über Kunst und Künstler geäußert und finden in der Auseinandersetzung mit bildender Kunst und bildenden Künstlern zur eigenen Positionsbestimmung. – Die Analogisierung von K. u. L. hat viele Kontroversen ausgelöst. Die Formel ↗›ut pictura poesis‹ (Horaz: »Epistula ad Pisones«) vermag die Wesensgleichheit von Malerei und Dichtung allerdings nicht hinreichend zu begründen. Lessing bestreitet im »Laokoon« (1766) die Gleichheit beider Künste auf der Basis eines medienästhetischen Ansatzes (↗Laokoon-Problem) und setzt damit Reflexionen von Shaftesbury (»Characteristicks of Men, Manners, Opinions, Times«) und J. Harris fort (»Discourse on Music, Painting and Poetry«). Die Übersetzbarkeit von Kunstwerken in begriffliche Sprache wird in der ↗Autonomieästhetik, etwa durch K. Ph. Moritz, A.W. und Caroline Schlegel, bestritten. Dagegen wird das ↗Bildgedicht als poetisches Äquivalent des Bildkunstwerks anerkannt. – Lit.theoretische Begriffe und Metaphern entstammen oft der Sphäre bildender Kunst. Gattungsnamen wie ↗›Idylle‹ (von gr. *eídolon* = Bildchen) und die Rede von poetischen ›Gemälden‹ oder vom ›Denkbild‹ (W. Benjamin) suggerieren strukturelle Analogien zwischen der lit. und der visuellen Sphäre. Aus der Kunstbeschreibung entlehnt wurden Verfahrensnamen wie ↗›Collage‹ und ↗›Montage‹. Das Interesse am Materiellen der Künste und an der physisch-sinnlichen Beschaffenheit von Artefakten ist ein Grundzug der ästhetischen Moderne; K. u. L. verstehen sich nicht mehr als Darstellung von etwas Vorgegebenem, sondern als autonome Konstruktionen mit je spezifischen Darstellungsmitteln. – Zwischen konkreten Werken der Lit. und der bildenden Kunst bestehen vielfältige Bedingungsverhältnisse. Beschreibungen und Interpretationen von Bildern entstehen schon in der Antike. Auch um bildende Künstler und ihre Arbeitsprozesse ranken sich zahlreiche Texte, die durch den impliziten Spiegelungsbezug zwischen K. u. L. eine autoreflexive Dimension besitzen. Wo es in Texten über Bilder um tatsächliche Werke und Künstler geht, ist die Einbeziehung kunsthistorischer Befunde in die lit.wissenschaftliche Arbeit wichtig. Die Lit.geschichte kennt zudem eine Vielzahl fiktiver Bilder und Maler. – Verschiedene Textformen beziehen sich auf Werke bildender Kunst. Die Bildbeschreibung (↗Ekphrasis) ist antiken Ursprungs und zielt auf Vergegenwärtigung des Bildes vor dem inneren Auge des Lesers. Andere Texte nehmen Werke bildender Kunst zum Vorwand relativ autonomer Ausgestaltung von Kernmotiven. Formal zu unterscheiden sind ↗Bildgedichte, Dramatisierungen von Bildern und narrative Transformationen von Bildvorlagen. Ein wichtiges Differenzierungskriterium ergibt sich ferner sowohl dadurch, dass die Bilder die zu ihnen verfassten Texte begleiten, aber auch unsichtbar bleiben können, als auch dadurch, dass es sich im letzteren Fall um imaginierte Bilder handeln kann. – Wie anlässlich von Werken der bildenden Kunst eine Fülle lit. Texte entstanden ist, so auch umgekehrt. Maler und andere bildende Künstler beziehen ihre Sujets vielfach aus lit. Texten. Dabei entstehen zum einen ↗Illustrationen im engeren Sinn, die oft dazu dienen, die Texte zu begleiten, aber auch eigenständige Werke, die an einen ihnen zugrunde liegenden Text erinnern. Beziehungen zur Lit. unterhalten oft auch solche Werke der bildenden Kunst, in welche Schriftzüge integriert sind (z. B. im Kubismus) oder die Bücher und andere Schriftträger darstellen. Als eigene Kunstform kann das ↗Malerbuch gelten, das oft als Transformation lit. Vorlagen entsteht. – Hinsichtlich der K. u. L. der Moderne sind kontroverse Thesen darüber formuliert worden, ob beide Künste sich infolge ihrer Autonomisierung auseinanderbewegen oder ob sie sich vielmehr bis hin zur Ununterscheidbarkeit und phänomenalen Verschmelzung annähern. Die Beurteilung dieser Kontroverse hängt zum einen davon ab, an welchem Paradigma man sich orientiert, zum anderen davon, ob man Malerei und Graphik als »Sprachen der Kunst« (N. Goodman) betrachtet und insofern eine künsteübergreifende ›Sprachlichkeit‹ ästhetischer Medien, gegebenenfalls sogar eine universale Tiefenstruktur, unterstellt. – Die historische Entwicklung von der gegenständlichen zur nichtgegenständlichen Kunst ist als Argument für die These der Entzweiung der Schwesterkünste, aber auch für die Gegenthese angeführt worden: Zum einen scheint sich die nichtgegenständliche (›abstrakte‹) Kunst aus der Vorherrschaft des Wortes schon dadurch zu emanzipieren, dass sie auf originär malerisch-visuelle Ausdrucksmittel setzt. Zum anderen arbeiten gerade die Vertreter der ästhetischen ↗Avantgarden, welche die Mimesis-Poetik hinter sich gelassen haben, auf vielfältige Durchbrechungen und Verwischungen der Grenze zwischen lit. und visueller Kunst hin. Jenseits der traditionellen Theorien der künstlerischen Gattungen scheinen Darstellungsprinzipien und -mittel frei transportierbar zu sein (↗Intermedialität). – Insofern Lit. schriftlich verfasst und ihre Publikation an sichtbare Trägersubstanzen gebunden ist, besitzt sie selbst eine visuelle Dimension. Die Typographie steht im Schnittfeld zwischen

K. u. L.; Kalligraphie und Buchgestaltungskunst gehen ihr historisch voran (↗Schrift).

Lit.: G. Boehm, H. Pfotenhauer (Hg.): Beschreibungskunst – Kunstbeschreibung. Mchn. 1995. – M. Butor: Die Wörter in der Malerei [frz. 1969]. Ffm. 1993. – Ch. Eykman: Über Bilder schreiben. Hdbg. 2003. – W. M. Faust: Bilder werden Worte. Mchn., Wien 1977. – W. Rasch (Hg.): Bildende K. u. L. Ffm. 1970. – M. Schmeling, M. Schmitz-Emans (Hg.): Das visuelle Gedächtnis der Lit. Würzburg 1998. – U. Weisstein: Lit. und bildende Kunst. Bln. 1992. – P. V. Zima (Hg.): Lit. intermedial. Darmstadt 1995.   MSE

Kürbishütte ↗Königsberger Dichterkreis.

Kürze, 1. metrisch: Ggs. zu ↗Länge; 2. stilistisch: ↗Brachylogie, ↗Lakonismus; auch: ↗Ellipse.

Kürzestgeschichte [dt. Entsprechung der engl. Bez.en *short short story, very short story* und *shortest story*], kurze fiktionale Prosagattung. Von der ↗Kurzgeschichte, der sie häufig als Untergattung zugeordnet wird, unterscheidet sich die K. durch eine noch weiter gehende Verknappung. Eine genauere Definition der variantenreichen K. ist kaum zu leisten. Häufig genannte, vermeintlich typische Merkmale der K. wie Ideologiefeindlichkeit, Zurücktreten des Erzählers, ↗Metafiktion, Offenheit oder intensive Mitwirkung des Lesers an der Bedeutungskonstitution sind allg. Kennzeichen modernen Erzählens. Die Feststellung kognitiver Dissonanzen als Struktur- und Wirkungsprinzip der K. (vgl. Schubert) berücksichtigt Besonderheiten, die sich aus einer Verknappung der Darstellung ergeben, bietet aber ebenfalls keine trennscharfe Gattungsbestimmung. – Die K. fand im 20. Jh. in der engl.sprachigen und lateinam. Lit. bes. Verbreitung. Sie kann als Erneuerung der Kurzgeschichte gelten, knüpft aber auch an traditionelle epische Kurzgattungen wie ↗Mythos, ↗Märchen, ↗Fabel oder ↗Anekdote an. Bekannte Autoren von K.n sind M. Atwood, J. Updike, J. Cortázar, R. Wolf, H. Heißenbüttel und P. Bichsel.

Lit.: U. Meyer: Kurz- und K. In: Kleine lit. Formen in Einzeldarstellungen. Stgt. 2002, S. 124–144. – S. Schubert: Die K. Ffm. 1997.   AS

Kurzgeschichte [Lehnübers. der engl. Bez. *short story*], fiktionale Prosagattung, deren Kürze nicht rein quantitativ zu bestimmen, sondern Folge einer verknappten Darstellung ist. Dementsprechend ist die K. tendenziell fragmentarisch sowie einperspektivisch und zumeist einepisodisch gestaltet. Weitere Merkmale eines konzisen Erzählens lassen sich für die variantenreiche K. nur idealtypisch bestimmen: zielstrebiger Anfang und pointierter, sinndeutender Schluss, beschränkte Figurenzahl und Tendenz zur Figurentypisierung, Vermeidung von Ortswechseln, zeitdeckende oder -raffende Darstellung, personales oder neutrales Erzählverhalten, Tendenz zu alltagssprachlichem Stil. Von der eng verwandten ↗Novelle unterscheidet sich die K. durch eine größere Offenheit der Darstellung und den Verzicht auf ein ›unerhörtes Ereignis‹. In einer engeren Definition ist die K. als Dar-

stellung einer zum Publikationszeitpunkt aktuellen Alltagssituation bestimmt worden; diese Alltagssituation soll auf einen verallgemeinerbaren Sinn, eine anthropologische ›Grenzsituation‹ im Sinne von K. Jaspers, verweisen, ohne durchgehend ›uneigentlich‹ zu sein (vgl. Meyer). Entgegen dieser Auffassung werden aber auch parabolische, phantastische und sprachexperimentelle Erzählungen zur K. gerechnet (vgl. Durzak, Marx). – Die ↗Short Story als Vorläuferin der K. entstand seit der Mitte des 19. Jh.s v. a. in den USA. Hier dominierte zunächst eine handlungsorientierte Variante, die durch die Massenpresse verbreitet wurde und schließlich eine weitgehende Kommerzialisierung erfuhr. Durch einen Neuansatz in den 1920er Jahren entstanden dann zunehmend Short Stories, die der Bewusstseinsdarstellung und Sozialkritik größeres Gewicht einräumen, später außerdem formexperimentelle Texte. Bei ihrer Verbreitung in Ländern v. a. Europas und Lateinamerikas schließt die Gattung auch an nationale Traditionen an. So hat die K. in Deutschland Vorläufer in den ↗Kalendergeschichten J. P. Hebels oder in ↗Erzählungen H. v. Kleists (»Das Bettelweib von Locarno«) und E. T. A. Hoffmanns. Sie etablierte sich jedoch erst nach 1945 als eigenständige Gattung, nachdem auf der Suche nach neuen lit. Formen (in der ↗›Kahlschlaglit.‹) eine produktive Rezeption der am. Short Story stattgefunden hatte. Die dt.sprachige K. widmete sich zunächst einer Darstellung der Kriegs- und Nachkriegswirklichkeit. Dabei wurde sie durch Publikationsmöglichkeiten in den Massenmedien gefördert. Seit den 1950er Jahren entwickelte die dt.sprachige K. dann ein verstärktes Interesse an weiteren sozialen Phänomenen der Gegenwart, an der psychologischen Dimension der Figurendarstellung und an sprachexperimentellen Formen sowie an Untergattungen wie der Horror-, Science-Fiction- und Kriminalgeschichte. Seit den 1970er Jahren tritt die K. gegenüber freieren Formen der Kurzprosa zurück. Bekannte Autoren von Short Stories im engl. Sprachraum sind O. Henry, E. Hemingway, D. Hammett, W. Faulkner, J. Updike, Ph. Roth, S. Anderson, J. C. Oates, D. Barthelme, R. Coover; von K.n im dt.sprachigen Bereich W. Borchert, E. Langgässer, H. Böll, M. L. Kaschnitz, I. Aichinger, A. Andersch, S. Lenz, R. Kunze, P. Bichsel, Th. Bernhard, U. Widmer, I. Schulze.

Lit.: G. Ahrends: Die am. K. [1980]. Trier ³1996. – K. Doderer: Die K. in Deutschland [1953]. Wiesbaden ⁶1980. – M. Durzak: Die Kunst der K. [1989]. Mchn. ²1994. – L. Marx: Die dt. K. [1985]. Stgt. ³2005. – U. Meyer: Kurz- und Kürzestgeschichte. In: Kleine lit. Formen in Einzeldarstellungen. Stgt. 2002, S. 124–144. – L. Rohner: Theorie der K. [1973]. Wiesbaden ²1976. – P. Wenzel: K. In: RLW.   AS

Kurzprosa, mehrdeutige Gattungsbez. für kurze lit. Prosatexte: 1. im weiteren Sinn alle lit. Prosatexte geringen Umfangs, z. B. ↗Märchen, ↗Kalendergeschichte, ↗Schwank, ↗Beispielgeschichte, ↗Anekdote, ↗Fabel,

↗ Parabel, ↗ Novelle, ↗ Kurzgeschichte und ↗ Aphorismus. – Im engeren Sinn können zwei weitere Bedeutungen unterschieden werden: 2. dem Aphorismus ähnliche Texte, die wie der Aphorismus in kotextuell isolierten Reihen auftreten, die Grenzen des Aphorismus aber durch essayistische oder narrative Erweiterungen überschreiten. Diese Mischform wird auch als ›Minimalprosa‹ bezeichnet. Sie gelangte im 18. Jh. in der Nachfolge der frz. ↗ Moralisten in die dt. Lit. und erfuhr im 20. Jh. als Textsorte zwischen Philosophie und Lit. Verbreitung. Bekannte Autoren von K. in diesem Sinn sind G. Ch. Lichtenberg, A. Schopenhauer, W. Benjamin (»Einbahnstraße«), B. Brecht, E. Bloch (»Spuren«), W. Schnurre, P. Handke und B. Strauß. – 3. Kurze lit. Prosatexte der ↗ Moderne, die sich der Zuordnung zu genauer definierten Gattungen entziehen, z. B. ↗ Prosagedicht, ↗ Feuilleton, ↗ Aufzeichnung, ↗ Skizze oder ↗ Reportage. Die Kürze dieser Texte wird als Verknappung und damit als strukturbildendes Merkmal verstanden. Der Versuch, sie auf dieser Grundlage durch Unverständlichkeit erzeugende ›Texturen‹ zu bestimmen (vgl. Baßler), leistet jedoch keine trennscharfe Abgrenzung gegenüber anderen Formen moderner Lit. K. in diesem Sinn entstand in den ↗ Avantgarden zu Anfang des 20. Jh.s und wurde in den 1950er und 1960er Jahren weitergeführt; charakteristisch ist die Neuerfindung von Gattungsbez.en für Sammlungen solcher K. Bekannte Autoren sind R. Walser, C. Einstein, F. Kafka (»Betrachtung«), R. Musil (»Nachlaß zu Lebzeiten«), H. Heißenbüttel, F. Mayröcker (»Magische Blätter«) und G. Eich (»Maulwürfe«). Lit.: H. Arntzen: Philosophie als Lit. In: B. Bennett u. a. (Hg.): Probleme der Moderne. Tüb. 1983, S. 51–66. – M. Baßler: Die Entdeckung der Textur. Tüb. 1994. – Ders.: K. In: RLW. AS

Kurzzeile, auch: Kurzvers; Ggs. zu ↗ Langvers.

Kustode, f. [lat. *custos* = Wächter], in mal. Hss. der Buchstabe oder die Ziffer am unteren Rand einer Seite (rechts oder links) am Ende einer Lage. Eine K. sollte dem korrekten Verbinden von Lagen durch den Buchbinder dienen (also darüber ›wachen‹). In der Inkunabelzeit wurden die Lagen zunehmend durch die Wörter oder Anfangssilben gekennzeichnet, die auf der nächsten Seite (und damit zugleich auf der nächsten Lage) folgen. Ab dem 16. Jh. wurden K.n auf jeder Seite angebracht. Diese zusätzliche Seitennummerierung verschwand Anfang des 19. Jh.s wieder. UKO

Kviðuháttr, m. [anord. = Liedmaß, aus *kviða* = Lied, *háttr* = Art und Weise, Maß, Metrum], Strophenmaß der ↗ Skaldendichtung, das als kunstmäßig ausgebildete skaldische Variante des eddischen ↗ Fornyrðislag gilt. Es besteht aus vier stabgereimten Langversen; im Ggs. zum Fornyrðislag zählen die Anverse der Langverse jeweils drei, die Abverse vier Silben. Im Ggs. zu allen anderen skaldischen Strophenmaßen weist der K. weder Binnenreim (↗ Hending) noch feste Kadenzen auf. Er ist seit den Anfängen der Skaldendichtung im 9. Jh. nachweisbar. Beispiele sind das »Ynglingatal« des jóðólfr ór Hvíni und die Gedichte »Sonartorrek« und »Arinbjarnarkviða« des Egill Skallagrímsson.

JK/Red.

Kybernetische Ästhetik ↗ Informationsästhetik.

Kykliker ↗ epischer Zyklus.

Kyklos, m. [gr. = Kreis], Übereinstimmung des Wortmaterials am Anfang und am Ende desselben Teilsatzes, Satzes, Absatzes oder Textes; z. B. »Entbehren sollst du, sollst entbehren« (J. W. Goethe: »Faust« I, V. 1549). GS/Red.

Kyōgen, n., variantenreiches ↗ Zwischenspiel des jap. ↗ Nō-Theaters.

L

Lai, m. [lɛ:; afrz., von altirisch *lôid*, *laid* = Lied, Vers, Gedicht], im Afrz. seit dem 12. Jh. Bez. für 1. reine Instrumentalstücke; 2. gereimte Kurzerzählungen, die Stoffe v. a. aus der Artus-Welt behandeln (*l.s narratifs*; bedeutendste Autorin: Marie de France, zweite Hälfte des 12. Jh.s); 3. eine Gattung der Liedkunst (*l.s lyriques*, Minne- und religiöse Lieder), die nicht auf Strophen (*concordia*) aufbaut, sondern auf einer meist großen Anzahl unterschiedlich langer Abschnitte (*discordia*). Verwandte Formen im 12./13. Jh. sind der provenz. ↗Descort und der dt. ↗Leich. Möglicherweise liegt allen diesen Gattungen die lat. ↗Sequenz zugrunde. Im 14. Jh. erlebt der L. eine späte Blüte (E. Deschamps, G. Machaut, J. Froissart, Christine de Pisan). – Nur indirekt durch die afrz. Dichter bezeugt und in ihrer Eigenart unbestimmbar sind die sagenhaften *l.s bretons*.
Lit.: H. Baader: Die L.s. Ffm. 1966. – G. S. Burgess: The Old French Narrative Lay. An Analytical Bibliography. Cambridge 1995. – R. Kroll: Der narrative L. als eigenständige Gattung in der Lit. des MA.s. Tüb. 1984. – K. Ringger: Die L.s. Tüb. 1973. MGS

Laienspiel [gr. *laikós* = Volk], Amateurtheater. 1. Als systematischer Begriff bezeichnet ›L.‹ alle Formen des Theaters, in denen nichtprofessionelle Schauspieler mitwirken. – 2. In einem engen historischen Sinn wird das L. als Teil der reformpädagogischen Jugendbewegung im ersten Drittel des 20. Jh.s angesehen (›L.bewegung‹). – Das szenische Spiel von nichtprofessionellen Akteuren wird im öffentlichen Rahmen oder auch ohne Publikum (z. B. in Form des therapeutischen Dramas) betrieben. Das L. übernimmt je nach Kontext künstlerische, unterhaltende, religiöse, pädagogische, politische oder therapeutische Funktionen. Entsprechend vielfältig sind die Trägerschaften des L.s: religiöse Instanzen, berufliche Vereinigungen, Bildungsinstitutionen (Schul- und Studententheater), politische Organisationen (Arbeitertheater), Vereine oder freie Gruppen. Neben bes. in ländlichen Gebieten wirkenden Gruppierungen, die sich an lokalen Traditionen und volkstümlichen Festen orientieren (Bauerntheater, Dorftheater, Mundarttheater, ↗Passionsspiel), gibt es auch altersspezifische Gruppierungen (↗Kinder- und Jugendtheater, Seniorentheater). – Im gr. Theater setzt sich der Chor aus Laienspielern zusammen. Das mal. Theaterwesen (↗Geistliches Spiel, ↗Fastnachtspiel) wird von Laienspielern getragen. Erst im Spät-MA. treten an einigen Orten auch professionelle Mimen auf. Das protestantische ↗Schuldrama und das gegenreformatorische ↗Jesuitendrama des 16. Jh.s werden ebenfalls von Laien aufgeführt. Im 18. und 19. Jh. wird das Liebhabertheater in höfischen und bürgerlichen Kreisen gepflegt (›Dilettantentheater‹). Die seit dem späten 19. Jh. gegründeten das L. tragenden Vereine erhalten 1893 mit dem »Bund dt. Amateurtheater«

eine Dachorganisation. Vom institutionalisierten Theater in Vereinen und auf öffentlichen Bühnen setzt sich die ab 1900 aufkommende ›L.bewegung‹ ab, die kunsterzieherisch motiviert nach Innovationen des Aufführungsstils sucht. Führend für diese am Bewegungstheater orientierte Bewegung ist der Pädagoge M. Luserke. Weitere Tendenzen in der L.bewegung akzentuieren die Naturverbundenheit (Freilichttheater), die Gemeinschaft sowie den Rückgriff auf Volksgut, teilweise seit den 1920er Jahren mit einer Hinwendung zu völkisch-nationalen Zielsetzungen. – Im späten 20. Jh. kommt es zu antibürgerlichen Ausprägungen wie dem antiautoritären Jugendtheater nach 1968. Heute weist das L. auch Formen auf, die verschiedene mediale Elemente kombinieren und vom Vergnügen am Karnevalesken (Zirkus, Maskenspiel) geprägt sind.
Lit.: J. Belgrad (Hg.): TheaterSpiel. Ästhetik des Schultheaters. Hohengehren 1997. – Ders.: L. In: RLW. – R. W. Brednich: L.bewegung. In: RLW. – C. Godde: Das L. als reformpädagogisches Element. Bonn 1990. – H.-G. Nagel: Die Zeittafel. Zur Geschichte des organisierten Dt. Amateurtheaters [1992]. Heidenheim ²1998. – E. L. Sondergeld (Hg.): Hb. Amateurtheater. Heidenheim 1992. EST

Laienspielbewegung ↗Laienspiel.

Laisse, f. [lɛ:s; afrz. = Dichtung in Versen, Lied, hier: Abschnitt eines Heldenepos], Verseinheit der frz., provenz. und span. Erzähldichtung des MA.s, insofern deren – formal variabler – Grundbaustein. Eine L. bilden beliebig viele isometrische Verse mit identischem Reim (›Tiradenreim‹). Der herkömmliche Umfang einer L. liegt zwischen fünf und 35 Versen (etwa in der »Chanson de Roland«, 12. Jh.); sie kann aber auch aus nur zwei oder bis zu 1.443 Versen (im »Hervi«) bestehen. In der ↗Chanson de geste ist der Zehnsilbler der epische Vers, später der ↗Alexandriner; in der frz. Wilhelmsepik schließen sich L.n mit einem Kurzvers (*orphelin*). In der älteren frz. Epik begegnet ferner die *l. similaire*, eine Art episches Resümee.
Lit.: H. Widmer: Episodenaufbau und L.struktur im afrz. Rolandslied. Zürich 1978. CF

Lake School [engl. = Seeschule], auch: *Lake Poets* oder *Lakers* (Byron). Freundeskreis der drei engl. romantischen Dichter S. T. Coleridge, R. Southey und W. Wordsworth; die Bez. spielt auf deren zeitweiligen Aufenthalt (seit 1797) im engl. Lake District, dem Seengebiet von Cumberland und Westmorland an. Sie erschien (in abschätzigem Sinne) zuerst in einem Artikel F. Jeffreys in der Edinburgh Review (1817). GG

Lakonismus, m., knappe und pointiert-sachliche, ›unterkühlte‹ Ausdrucksweise (z. B. die Antwort Ciceros auf die drängenden Fragen im Senat nach dem Schicksal der Verschwörer: »vixerunt« – ›sie haben gelebt‹); im Altertum v. a. den Lakedaimoniern (Spartanern)

zugeschrieben und nach ihnen benannt. Eine Sammlung ›lakonischer‹ Aussprüche gab schon Plutarch (1. Jh. n. Chr.) heraus (»Apophthegmata Lakonika«). Lit.: J. Stenzel: L. In: RLW. ED/Red.

Landlebenliteratur ↗ Bauerndichtung, ↗ Dorfgeschichte.

Landschaftsliteratur ↗ Garten- und Landschaftslit.

Landsknechtslied, Sonderform des historischen Kriegs- und Soldatenliedes, von den freiwilligen Söldnern Kaiser Maximilians (seit 1486) gepflegt, lebendig bis zur Ablösung der Landsknechte durch ein stehendes Heer um 1620. L.er sind mehrstrophige Erlebnis- und ↗ Ständelieder in balladesken Tönen. Sie schildern geschichtliche Ereignisse oder das Leben und ordensmäßige Selbstverständnis der Landsknechte. Die bekanntesten, im 16. Jh. auch in Einzeldrucken verbreiteten L.er behandeln die flandrischen Kriege Kaiser Maximilians, die Fehden Sickingens und Huttens (1523), die Schlacht von Pavia (1525) und die Taten und Verdienste des Landsknechtsführers Frundsberg. Die Autoren (z. B. Meinhart von Hamm, Jörg Graff, Nikolaus Manuel und Wilhelm Kirchhof) nennen sich am Ende des Liedes selbst. Die erhaltenen Melodien lassen erkennen, dass L.er eher Vortragslieder mit rezitativen oder choralhaften Tönen und teilweise kurzem chorischen Refrain waren als Marsch- und Schlachtgesänge. Durch die Erforschung des historischen Volksliedgutes im 19. Jh. und die Wandervogelbewegung des 20. Jh.s gewannen einige L.er kurzfristig neue Popularität. HW/Red.

Landstreicherroman, auch: Vagabundenroman; Typus des ↗ Abenteuerromans mit einem ↗ Protagonisten, der auf seinen zivilisationskritisch, vitalistisch oder religiös-philosophisch motivierten Wanderungen und Weltfahrten freiwillig außerhalb der Gesellschaftsordnung steht. Kennzeichnend ist die Idealisierung einer eskapistischen, archaisch-naturnahen, antiintellektuellen Existenz. Die motiv- und gattungsgeschichtlichen Wurzeln des L.s sind im ↗ Schelmenroman zu sehen. – Nach romantischen Frühformen (J. v. Eichendorff: »Aus dem Leben eines Taugenichts«, 1826) entwickelte sich die L. im Kontext der individualistisch-antibürgerlichen Weltanschauungen der ersten Jahrzehnte des 20. Jh.s. Wichtige Vertreter sind H. Hesse (»Knulp«, 1915), Klabund (»Bracke«, 1918), W. Bonsels (»Aus den Notizen eines Vagabunden«, 1921/24), K. Hamsun (»Landstrykere«, 1927) und M. Hausmann (»Lampioon«, 1928).
Lit.: G. Bollenbeck: Armer Lump und Kunde Kraftmeier. Der Vagabund in der Lit. der 20er Jahre. Hdbg. 1978. SSI

Länge, der mit einer langen Silbe gefüllte Teil eines Versfußes. In der ↗ quantitierenden Metrik, in welcher die Zeitdauer der Silbenaussprache den Rhythmus bestimmt, wird zwischen L. (–) und ↗ Kürze (∨), der kleinsten Zeiteinheit, unterschieden. Sie stehen in einem festgelegten Verhältnis zueinander: Eine L. gilt gleich zwei Kürzen (wie in der Musik zwei Viertelno-

ten für eine Halbe). Unterschieden werden die durch einen langen Vokal oder einen Diphthong gebildete Naturlänge sowie die ↗ Positionslänge. Die akzentuierende Metrik (↗ akzentuierendes Versprinzip) versucht, L. und Kürze durch ↗ Hebung und Senkung nachzubilden. SHO

Langgedicht [engl. *long poem*], in den Avantgarden des 20. Jh.s (G. Apollinaire: »Zone«; V. Majakowski: »Wolke in Hosen«; O. Paz: »Nocturno de San Ildefonso«) aufgekommene lyrische Langform, die sich nicht auf traditionelle Genres wie ↗ Versepos, ↗ Ballade oder ↗ Zyklus zurückführen lässt. Durch seine offene Form stiftet das L. den Eindruck einer kalkulierten Inkohärenz. Auf diese Weise lassen sich simultane Bewegungsabläufe (A. Holz: »Phantasus«), Bewusstseins- und Wahrnehmungsströme (J. Ashbery: »Flow Chart«), philosophische Diskurse (T. S. Eliot: »Four Quartets«) und eine zeiträumlich komplexe Phänomenologie (W. C. Williams: »Paterson«; R. D. Brinkmann: »Westwärts 1&2«; P. Böhmer: »Kaddish«) darstellen. Vier Strategien der Organisation des Textmaterials greifen beim L. ineinander: 1. Heterogenität der Formen, Kontexte, Sprachen; 2. Offenheit von Form und intendierter Aussage; 3. Diskontinuität inhaltlicher Bezüge; 4. Progressionsstruktur analog zur Prosanarration. – Gegenüber dem aus *einem*, emphatisch aufgeladenen Augenblick generierten *kurzen* Gedicht der Moderne (↗ Plötzlichkeit) zeichnet sich das L. dadurch aus, dass sich zwischen seinen Einzelmomenten überraschende Zusammenhänge herstellen lassen.
Lit.: W. Höllerer: Thesen zum langen Gedicht [1965]. In: L. Völker (Hg.): Lyriktheorie. Stgt. 1990, S. 402–404. – L. Jordan: Strukturen und Funktionen des modernen ›langen Gedichts‹. In: J. Lajarrige (Hg.): Vom Gedicht zum Zyklus. Vom Zyklus zum Werk. Innsbruck u. a. 2000, S. 248–259. – A. Kramer: »Der Raum macht weiter«. Überlegungen zum langen Gedicht bei R. D. Brinkmann. In: G. Schulz, M. Kagel (Hg.): Blicke westwärts – ostwärts. Vechta 2001, S. 269–284. JRT

Langue, f. [ˈlãːgə; frz.], ↗ Strukturalismus.

Langvers, zweiteiliger (d. h. aus zwei Halbzeilen bestehender), in der Mitte zäsurierter Vers, der von der Antike bis in die Gegenwart nachweisbar ist, dabei aber fast durchweg ohne Traditionsbindung auftritt. – Im Prinzip ist bereits der von Cicero (»De legibus« II, 68) als *versus longus* apostrophierte ↗ Hexameter als L. anzusehen, ebenso der germ., mündlicher Tradition entstammende ↗ Stabreimvers (»Hildebrandslied«, »Heliand«). Im Ahd. besteht der – in der älteren Forschung (J. Grimm, A. Heusler) meist ›Langzeile‹ genannte – L. aus An- und Abvers, die durch ↗ Alliteration oder Zäsurreim (↗ Reim) miteinander verbunden sind. Zahl der Hebungen, Auftakt und Kadenz sind noch nicht festgelegt. Das Ende des L.es fällt in den Hss. meist mit dem Zeilenende zusammen (»Ludwigslied«, »Christus und die Samariterin«, »Petruslied«). Mit Otfrids von Weißenburg »Evangelienbuch« bricht die schriftlit. L. durch. Mit der Kürenbergerstrophe tritt er im ausgehenden 12. Jh., paargereimt und metrisch reguliert, erneut auf (»Nibelungenlied«). Ein Einfluss der ↗ Vagantenzeile der mlat. Poesie, die formal ebenfalls ein (akzentrhythmischer) L. ist, den die Poetiken des 13. Jh.s (Johannes de Garlandia, Eberhard der Deutsche) entsprechend definieren, ist für die zeitgleiche dt. Dichtung nicht anzunehmen. G. R. Weckherlin bestimmte die die Barocklyrik prägenden ↗ Alexandriner als »lange verse« mit »Abbruch in der mitten« (»Gaistliche und weltliche Gedichte«, 1641). Mit den seit F. G. Klopstock auflebenden reimlosen Hexametern ist die Rückbindung an die Antike gegeben. Gelegentlich wurden auch die ↗ Freien Rhythmen des 18. bis 20. Jh.s unter dem Begriff ›L.‹ subsumiert. – Einer geschichtlich-evolutionären Darstellung ist durch die offensichtliche Diskontinuität des Phänomens weitgehend der Boden entzogen.

Lit.: F. Maurer: Langzeilenstrophen und fortlaufende Reimpaare. In: DU 11 (1959), H. 2, S. 5–24. – U. Schulze: L. In: RLW. – Ch. Wagenknecht: Dt. Metrik. Mchn. 1981, S. 48 f. – F. J. Worstbrock: Vagantenzeile/Vagantenstrophe. In: RLW.   CF

Langzeile ↗ Langvers.

Langzeitserie ↗ Serie.

Laokoon-Problem, Bez. für einen Diskussionszusammenhang, in dem es um die medialen, semiotischen, darstellungs- und wirkungsästhetischen Unterschiede zwischen der Lit. und den bildenden Künsten (v. a. Malerei und Skulptur) sowie z. T. auch der Schauspielkunst geht. Den Künsten werden dabei aufgrund ihrer verschiedenen Darstellungsmedien (Sprache vs. Zeichnung/Farbe/Stein/Körper) verschiedene Zeichen zugeordnet (›künstliche‹/›willkürliche‹ vs. ›natürliche‹/›nachahmende‹). Über die Verwendungsregeln dieser Zeichen sollen sich spezifische Gegenstandsbereiche und Darstellungsweisen voneinander unterscheiden lassen. – Die Bez. ›L.‹ geht zurück auf G. E. Lessings Schrift »Laokoon oder über die Grenzen der Malerei und Poesie« (1766). Im kritischen Ausgang von J. J. Winckelmanns Deutung der Marmorplastik des Laokoon versucht Lessing gegenüber der ↗ Ut-pictura-poesis-Tradition eine strikte Grenzziehung zwischen den Künsten. Die wichtigste Konsequenz aus ihren differenten Zeichensystemen betrifft einen verschiedenartigen Umgang mit Raum und Zeit. Gegenüber der sog. ›malenden Poesie‹ und, komplementär, einer ›dichtenden Malerei‹ soll die Lit. auf eine Darstellung von Handlungen im zeitlich sukzessiven Nacheinander, die bildende Kunst hingegen auf die simultane Darstellung eines »fruchtbaren Moments« im räumlichen Nebeneinander beschränkt werden. Das L. wird heute im Rahmen der Lit.geschichte, der Ästhetik und der Diskursanalyse als Schlüsselkonstellation der ↗ Aufklärung historisch erörtert, im Horizont aktueller Text-Bild-Diskussionen aber auch semiotisch und medientheoretisch reformuliert (↗ Intermedialität).

Lit.: G. Gebauer (Hg.): Das Laokoon-Projekt. Stgt. 1984. – I. Mülder-Bach: Bild und Bewegung. Zur Theo-

rie bildnerischer Illusion in Lessings »Laokoon«. In: DVjs 66 (1992), S. 1–30. – D. E. Wellbery: Lessing's Laocoon. Cambridge 1984.   UP

Lapidarius, m. [lat. *lapis* = Stein], auch: *liber lapidarius*, lat. Bez. für ein mal. Steinbuch oder -verzeichnis, in dem Eigenschaften sowie Heil- und Zauberkräfte der Edelsteine abgehandelt und z. T. allegorisch-moralisch gedeutet werden (vgl. ↗ Bestiarium). Unter gr.-lat., seit dem 11. Jh. auch unter arab. Einfluss entstehen im MA. zahlreiche Lapidarien. Die bekanntesten in mlat. Sprache stammen von Marbod von Rennes (11. Jh.), Arnold dem Sachsen, Albertus Magnus (beide 13. Jh.); in dt. Sprache ist das »Steinbuch« Volmars (Mitte des 13. Jh.s) überliefert.

Lit.: U. Engelen: Die Edelsteine in der dt. Dichtung des 12. und 13. Jh.s. Mchn. 1978.   MGS

Lapidarstil, m. [lat. *lapis* = Stein], knappe, wuchtige Ausdrucksweise in der Art der in Stein gemeißelten, sich auf Wesentliches beschränkenden lat. Inschriften in der röm. Kapital- oder Monumentalschrift.

GS/Red.

L'art pour l'art, n. [larpur'la:r, frz. = die Kunst um der Kunst willen], Formel, die – zunächst in Frankreich um 1800 – die Autonomie der Kunst gegen jegliche außerästhetischen (z. B. moralischen, religiösen oder politischen) Zwecke propagiert und das Schöne zum alleinigen Gestaltungsprinzip erklärt. Als Schlagwort der artistischen Poetologie, bes. im ↗ Ästhetizismus um 1900, wird *l. p. l.* von den Befürwortern einer ethisch bzw. sozial ↗ engagierten Lit. auch heute noch häufig im pejorativen Sinne mit elitärem Virtuosentum und esoterischer Wirklichkeitsferne gleichgesetzt. – Ausgangspunkt des *l. p. l.* ist die dt. ↗ Autonomieästhetik um 1800 (I. Kant, K. Ph. Moritz, F. Schiller, F. Schlegel), die über Mme. de Staël, B. Constant (erste Verwendung des Begriffs *l. p. l.* 1804 in den »Journaux Intimes«), V. Cousin (Vorlesungen 1818, veröffentlicht 1836) und H. Heine in Frankreich verbreitet wurden. Ab 1830 wird *l. p. l.* zur Devise des frz. Romantiker- und ↗ Bohème-Kreises um V. Hugo und Th. Gautier (Vorrede zu seinem Roman »Mademoiselle de Maupin«, 1835), die ihn als Kampfbegriff sowohl gegen die zeitgenössische moralisierende Wirkungsästhetik als auch gegen die sozialutopischen Kunsttheorien der Saint-Simonisten und Fourieristen verwenden. Von den ↗ ›Parnassiens‹ und von Ch. Baudelaire im Rahmen seiner Neubewertung der schöpferischen Imagination verteidigt, radikalisiert dann der Kreis um St. Mallarmé und die Symbolisten (↗ Symbolismus) die Ästhetik des *l. p. l.* zur Unabhängigkeit des Formalen gegenüber dem Inhalt. Diese Sichtweise trägt zur Etablierung einer hermetischen Dichtung bei (↗ absolute Dichtung, ↗ poésie pure) und wirkt insbes. auf St. George, R. M. Rilke und den jungen H. v. Hofmannsthal. Bevor F. Nietzsche in »Jenseits von Gut und Böse« (1886) *l. p. l.* als Ausdruck der Dekadenz kritisiert und als europäische Krankheit diagnostiziert, ist er in seinem Frühwerk »Die Geburt der Tragödie« (1872) der einflussreiche Fürsprecher einer Existenz im Ästhetischen und einer ›Artistenmetaphysik‹. Im Ästhetizismus um 1900 findet die Theorie des *l. p. l.* ihren Höhepunkt in der Opposition zum Mimesis-Prinzip und zum sozialen Engagement des ↗ Naturalismus und wird zu einem allg. Grundsatz der ↗ Moderne in Europa und Amerika, der sich vom Bezug auf das künstlerische Werk auch auf die Konzeption des ›schönen Lebens‹ ausweiten kann (z. B. im ↗ Dandyismus bei O. Wilde). – Wenngleich die frz. Forschung bereits früh die Bedeutung des *l. p. l.* im Emanzipationsprozess der Kunst gewürdigt hat (vgl. Cassagne), steht der Vorbehalt gegen die Selbstbezüglichkeit des Kunstwerks nicht nur bei antimodernistischen Dekadenzkritikern wie M. Nordau (»Entartung«, 1892) lange Zeit einer historischen Einordnung des Prinzips in den Kontext der europäischen Autonomiepoetik im Weg. In jüngster Zeit hat neben der Lit.soziologie (P. Bourdieu) v. a. die Systemtheorie die autopoietische Funktion der *l. p. l.*-Formel untersucht und als wesentlichen Bestandteil für die Ausbildung des modernen Kunstsystems herausgestellt (vgl. Simonis).

Lit.: A. Cassagne: La théorie de l. p. l. en France chez les derniers romantiques et les premiers réalistes [1906]. Seyssel 1997. – E. Heftrich: Was heißt l. p. l.? In: R. Bauer (Hg.): Fin de siècle. Ffm. 1977, S. 16–29. – N. Kohl: L. p. l. in der Ästhetik des 19. Jh.s. In: LiLi 8 (1978), S. 159–173. – R. Luckscheiter (Hg.): L. p. l. Der Beginn der modernen Kunstdebatte in frz. Quellen der Jahre 1818–47. Bielefeld 2003. – A. Simonis: Lit. Ästhetizismus. Tüb. 2000. – R. Werner: Ästhetizismus. In: RLW.   MCB

Laserdruck ↗ Druck.

Latinismus, m. [*latinus* = lat.], Nachbildung einer syntaktischen oder idiomatischen Eigenheit des Lat. in einer anderen Sprache, im Dt. v. a. Endstellung des Verbs oder Partizipialkonstruktionen (vgl. z. B. Goethes Novellendefinition: »eine sich ereignete unerhörte Begebenheit«). Als Latinismen werden gelegentlich auch die aus dem Lat. stammenden Lehn- und Fremdwörter bezeichnet. Lexikalische und syntaktische Latinismen begegnen seit dem Ahd. in Übers.en aus dem Lat., im Stil der (lat. Vorbildern verpflichteten) spätmal. Formelbücher und Briefsteller, in der aus diesen entwickelten Kanzleisprache und in der wissenschaftlichen Sprache.   GS/Red.

Latinitas, f. [lat.], 1. in der röm. Rhet. Bez. für die Sprachrichtigkeit als eine der *virtutes dicendi*, neben ↗ Klarheit (*perspicuitas*), ↗ Angemessenheit (*aptum*) und Schmuck (*ornatus*). – 2. Bez. für die lat. Lit. des MA.s (auch: ›Latinität‹), im Unterschied zu den mal. volkssprachlichen oder vulgärlat. Dichtungen. Die L. ist kein nationales Schrifttum, sondern wird von den Gebildeten aller europäischen Kulturen getragen; sie steht in der Tradition sowohl der profanantiken röm. als auch der frühchristlichen Lit.   SHO

Latinität, f., ↗ Silberne L., ↗ Goldene L., ↗ Latinitas (2).

Lauda, f. [it. = Lobgesang], Pl. *Laude*; geistlicher Lobgesang zu Ehren Gottes, Christi, der Jungfrau Maria, der Heiligen, aber auch allegorischer Figuren wie der Tugend in der spätmal. volkssprachlichen Dichtung Italiens. Die L. entwickelt sich im 13. Jh. aus den am Schluss der Frühmette gesungenen lat. *laudes* des Breviers; sie wird zunächst innerhalb der geistlichen Bruderschaften (*compagni dei laudesi*) gepflegt und ist metrisch noch nicht festgelegt – die ältesten Laude sind in ↗ Laissenstrophen, Reimpaaren oder Sechszeilern (Reimschema: *ababcc*) abgefasst. Seit der Flagellantenbewegung von 1258/60 ist die L. v. a. das Prozessionslied der Geißlerbruderschaften (*compagni dei disciplinati*); hier erhält sie die feste Form der ↗ Ballata. Durch die Ausgestaltung der häufig dialogisch gestalteten Prozessionslieder zu dramatischen Szenen entwickelt sich die L. *drammatica*, ein ↗ Prozessionsspiel, neben der Devozione (dem ↗ Predigtspiel) und der späteren ↗ *sacra rappresentazione* die bedeutendste Form des ↗ geistlichen Spiels im mal. Italien. In der L. *drammatica* setzen sich neben der Ballata auch andere metrische Formen wie ↗ Sestine, ↗ Oktave und ↗ Terzine durch. – Laude stammen u. a. von Jacopone da Todi (zweite Hälfte des 13. Jh.s), Lionardo Giustiniani (erste Hälfte des 15. Jh.s), Lorenzo de Medici und Savonarola.   JK/Red.

Laudatio, f. [lat. = Lobrede], in der ↗ Rhet. eine Grundform des *genus demonstrativum* (der epideiktischen Redegattung, ↗ Epideixis). Aufgabe der L., zu der auch ihr Gegenstück, die *vituperatio* (Tadel- oder Schmährede), gehört, sind *laus* [f.] (Lob) und *laudare* (loben); folglich spricht man auch vom *genus laudativum*. Gegenstand der L. sind u. a. »Götter, Menschen, belebte Wesen, Dinge (z. B. Orte, Städte, Sachen)« (Vallozza u. a. nach Quintilian: »Institutio Oratoria« III, 7, 1–28; Priscian: »Praeexercitamina« 7). Seit der Antike lehrt die Rhet., die L. nach einem bestimmten Schema zu gliedern; so umfasst die *laus hominis* (›Lobrede auf einen Menschen‹) etwa in chronologischer Folge Eltern und Vorfahren, Geburtsstadt, Heimatland, Lebenslauf, Eigenschaften, Tod. Als einziger Typus der L. begegnet in der rhet. Praxis der röm. Antike die ↗ *laudatio funebris* (Grabrede) auf einen meist adligen Angehörigen oder Staatsmann. Christliche Grabreden gibt es seit dem 4. Jh., als Ambrosius und Augustin Kaiser und Kirchenfürsten im Rückblick auf ihr Leben rühmten. In der Poetik zumal des 12. und 13. Jh.s und ihr zufolge auch in der Poesie spielt die L. als Element der ↗ *descriptio personae, loci* u. a. (Personen-, Ortsbeschreibung u. a.) eine herausragende Rolle. Dabei empfiehlt Matthäus von Vendôme, die *descriptio* solle die der L. würdigen subjektiven Merkmale im Sinne des Idealtypus – ob eines Herrschers oder eines ↗ Locus amoenus (Lustort) – stilisieren (»Ars versificatoria« I, 44–65). Er selbst gibt Muster für eine L. u. a. auf einen geistlichen und weltlichen Fürsten oder auf Helena, und es scheint so, als wenn Arnold von Lübeck sich in der Übers. des »Gregorius« Hartmanns von Aue bei der *descriptio* des jungen (II 9, 9–17) und des zum

Papst erwählten Gregorius (IV 29, 1–26) hieran erinnert. Überhaupt hat das eng gegliederte Schema der Topoi (↗ Topos) für die L., wie sie Matthäus in Anlehnung an antike Vorbilder (Cicero, Horaz, Priscian) lehrt, große Wirkung auf die lat. und volkssprachliche Lit. Von noch höherer Bedeutung ist die L. in der nlat. Lit. der ↗ Renaissance, des ↗ Humanismus und des ↗ Barock. Das bezeugt ihr Platz in den Schulrhet.en für die Lateinschulen und die akademische Ausbildung in den ↗ Artes. Zudem hat die L. damals einen herausragenden Ort in der oft geübten Gelegenheitsrede und -poesie in den verschiedensten Bereichen privater und öffentlicher Kultur. – Heute tritt die L. meist als Form der ↗ Festrede auf.

Lit.: B. Bauer: Jesuitische ›ars rhetorica‹ im Zeitalter der Glaubenskämpfe. Ffm. u. a. 1986. – J.-D. Müller: Dt.-lat. Panegyrik am Kaiserhof und die Entstehung eines neuen höfischen Publikums in Deutschland. In: A. Buck u. a. (Hg.): Europäische Hofkultur im 16. und 17. Jh. Hbg. 1981, S. 133–140. – M. Vallozza u. a.: L. In: HWbRh. – A. Zimmermann: Von der Kunst des Lobens. Mchn. 1993.   HFG

Laudatio funebris, f. [lat. = Leichen-, Totenrede], mündlich auf einer Trauerfeier vorgetragener ↗ Nachruf auf einen oder mehrere Menschen, gelegentlich in Hs., Druck oder durch andere Medien überliefert. – Die bereits in der Antike ausgebildete Gattung wurde auch im christlichen MA. gepflegt, bes. aber durch die Humanisten neu belebt. Ihre letzte Blüte erlangte sie während der Frühen Neuzeit in den Formen der lat. akademischen Gedenkrede, der katholischen ↗ Leichenpredigt und der protestantischen Abdankung (Parentation). Rudimente der für die *l. f.* konstitutiven rhet. Muster sind bis in die gegenwärtige ↗ Memorialkultur wirksam.

Lit.: Ch. Kiening: Totenklage. In: RLW. – W. Kierdorf: L. f. Meisenheim/Glan 1980. – M. Vallozza u. a.: Laudatio. In: HWbRh. – A. Zimmermann: Von der Kunst des Lobens. Mchn. 1993.   RGB

Lautgedicht, experimentelle Form der Lyrik mit Akzentsetzung auf die akustisch-klanglichen Dimensionen der Sprache; Teil der ↗ akustischen Dichtung. Dabei geht es in erster Linie nicht um die inhaltlichen oder semantischen Bedeutungen eines Textes, Satzes oder Wortes, sondern um die ästhetischen, rhythmischen und sinnlichen Qualitäten von Buchstaben und Lautfolgen. Suchen laut- und klangmalerisch arbeitende Autoren nach Äquivalenzen zwischen sprachlichen Lauten und Außersprachlichem, so wird im reinen L. die akustische Materialität der Sprache verabsolutiert. Die Betonung der akustisch-klanglichen Seite der Sprache rückt das L. in die Nähe zu Zaubersprüchen, Kinderliedern und Abzählversen, aber auch in den Kontext von Nonsensdichtungen (J. H. Voß: »Lallgedicht«, J. L. Runeberg: »Höstsang«, Ch. Morgenstern: »Das große Lalula«, P. Scheerbart: »Kikakoku«). Eine programmatische Funktion einhergehend mit einer Vielzahl von Manifesten wird dem L.

im Rahmen der Arbeiten des it. ↗ Futurismus (G. Balla, F. Cangiullo, F. T. Marinetti), des ↗ Dadaismus (H. Ball, R. Huelsenbeck, K. Schwitters, T. Tzara), des ↗ Lettrismus (I. Idou) und der ↗ konkreten Poesie (H. C. Artmann, E. Gomringer, H. Heißenbüttel, E. Jandl) zugeschrieben. Bis heute wird die Arbeit mit den Lautwerten der Sprache als kreative Herausforderung angesehen (O. Pastior, C. Claus, V. Scherstjanoi, D. Moss, J. Blonk, F. Miranda).

Lit.: B. Scheffer: L. In: RLW. – Ch. Scholz: Untersuchungen zur Geschichte und Typologie der Lautpoesie. 3 Bde. Obermichelbach 1989. – Ch. Scholz, U. Engeler (Hg.): Fümms bö wö tää Uu. Stimmen und Klänge der Lautpoesie mit einer CD. Basel 2002.   WW

Lautmalerei, f. [gr. *onomatopoiía*], auch: Klangmalerei, Onomatopöie; die sprachliche Nachahmung einer nicht-sprachlichen, v. a. einer akustischen, aber auch einer optischen oder haptischen Sinneswahrnehmung. L. kann sowohl einzelne Wörter oder Wortteile als auch Ketten von Wörtern oder Wortteilen oder ganze Texte umfassen. Wahlweise bedient sie sich fest lexikalisierter Einheiten oder bringt ↗ Neologismen hervor. Sie ist in unterschiedlichen Textsorten, in der Alltagssprache ebenso wie in der Poesie präsent. Die Arbitrarität des sprachlichen Zeichens erscheint durch die L. relativiert, aber keineswegs aufgehoben, da sie sinnliche Eindrücke stets nur zu imitieren, nicht jedoch zu reproduzieren vermag. – Die vielfältigen Formen der L. lassen sich heuristisch in drei Gruppen einteilen: 1. Die direkte Nachahmung eines sinnlichen Eindruckes durch eine sprachliche Einheit, die genau diese Wahrnehmung repräsentieren soll, z. B. die Nachahmung von Tierlauten (›kikeriki‹). – 2. Die Benennung einer Sinneswahrnehmung mit einem Wort, das diesen auditiven Eindruck imitiert, allerdings nach den üblichen grammatischen Regeln verwendet wird, z. B. ein Verb, das ein Geräusch der Natur bezeichnet und gleichzeitig lautlich imitiert (›klirren‹). – 3. Die v. a. in lit. Texten praktizierte auffällige Wiederholung oder Häufung bestimmter Laute innerhalb einer Wortgruppe (»Raßle den schallenden Trab«; J. W. Goethe: »An Schwager Kronos«). Voraussetzung dafür ist oft eine bestimmte lautsymbolische Theorie. Ziel dieser poetischen Technik kann sowohl die bes. Pointierung eines einzelnen onomatopoietischen Wortes als auch die Stimulierung spezifischer Emotionen oder sinnlicher oder synästhetischer Effekte bei den Rezipienten sein. – Die L. ist ein zentrales sprachästhetisches Phänomen innerhalb der Geschichte des Abendlandes. V. a. in drei Bereichen kultureller Theoriebildung bzw. künstlerischer Praxis war sie über die Jahrtausende hinweg fast ungebrochen präsent: 1. Die ↗ Rhet., und mit ihr die ↗ Poetik, reflektiert onomatopoietische Gestaltungsmittel seit der Antike als hochwirksame, wenn auch nicht uneingeschränkt empfohlene Strategien des Redeschmucks. – 2. In den Theorien über den Ursprung der Sprache kommt der L. gleichfalls seit altgr. Zeit ein hoher Stellenwert zu. Die immer wieder geäußerte These, wo-

nach eine einstige ›Ursprache‹ gänzlich oder wenigstens z. T. aus der lautmalenden Imitation sinnlicher
Naturwahrnehmungen entstanden sei, gilt erst seit der
Durchsetzung der strukturalistischen Linguistik
(↗ Strukturalismus) im 20. Jh. als endgültig verabschiedet. – 3. Die L. wird in allen europäischen Lit.en fast
durchgängig als Stil- und Gestaltungsmittel benutzt
(↗ onomatopoietische Dichtung). Quantität und Art
ihrer Verwendung sind allerdings abhängig von den
jeweils zeitgenössischen poetologischen und lautsym-
bolischen Theorien.
Lit.: G. Braungart, G. M. Rösch: Onomatopöie. In:
RLW. – J. F. Graham: Onomatopoetics. Cambridge
1992. – M. Gross: Zur linguistischen Problematisierung des Onomatopoetischen. Hbg. 1988.   RGB
Lautreim ↗ Alliteration.
Lay [lei; engl., von afrz. ↗ lai], engl. Bez. für kurzes,
zum Gesang bestimmtes ↗ Erzähllied, verwandt mit
der ↗ Ballade; die Bez. wird bevorzugt gebraucht für
mal. Lieder mit geschichtlicher oder abenteuerlicher
Thematik. Der MA.-Kult des 19. Jh.s ließ neue L.s entstehen (W. Scott: »L. of the Last Minstrel«; W. E. Ay-
toun: »L.s of the Scottish Cavaliers«).
Lit.: J. Finlayson: The Form of the Middle English L. In:
Chaucer Review 19 (1984/85), S. 352–368.   MGS
Lebende Bilder [frz. *tableaux vivants*], bewegungs-
und wortlose Bilddarstellung durch eine Personengruppe vor Zuschauern. In den L.n B.n werden Episoden aus der Bibel, der ↗ Mythologie und der Geschichte
oder bekannte Gemälde mit entsprechenden Sujets
szenisch nachgestellt. Kostüme und Requisiten (gelegentlich auch Musik oder Licht) spielen dabei eine
wichtige Rolle. – Vorformen der L.n B. gibt es bereits
in der Antike bei ↗ Festen und Kultfeiern. Im Spät-MA.
werden Szenen aus der Bibel im Rahmen von Prozessionen und Theateraufführungen nachgestellt. Bei den
aus Italien kommenden ↗ Trionfi werden prunkvolle
allegorische Szenen als Huldigung für den Herrscher
präsentiert. Die nl. ↗ Rederijkers veranstalten im 15.
Jh. triumphale Fürsteneinzüge, bei denen prächtige
Architektur, Figuren und Musik ein Kunstwerk bilden, sowie allegorische Sinnspiele mit Symbolgestal-
ten. ↗ Niederländische Komödianten verbreiten diese
L.n B. auch in Deutschland. Renaissance und Barock
favorisieren generell prächtig ausgestattete Schaubilder
und integrieren sie in Feste und Theateraufführungen
geistlicher sowie weltlicher Art (↗ *sacra rappresentazione*, ↗ Auto sacramental, ↗ Intermezzi). Ab dem 18. Jh.
werden L. B. als geselliges Unterhaltungsspiel in Privat-
kreisen beliebt. In der zweiten Hälfte des 18. Jh.s beginnt die Nachbildung von Gemälden auf der Bühne,
die somit plastisch-dreidimensional zu sehen sind (zuerst 1761 nach dem Gemälde von J.-B. Greuze
»L'Acordée de Village« in Paris). Meist erscheinen L. B.
nun innerhalb von Theaterstücken, gelegentlich werden sie auch als eigenständige Aufführungen oder
↗ Zwischenakte gegeben. Einen Grenzbereich der L.n
B. bilden die nur von einzelnen Personen dargestellten

Attitüden um 1800: Emma Hart (später Lady Emma
Hamilton) verkörpert in kunstvollen Posen bis zu 200
verschiedene Figuren und Affektzustände pro Aufführ-
rung. Henriette Hendel-Schütz gastiert mit einem Programm von Attitüden und L.n B.n aus Bibel und Mythologie erfolgreich auf dt. Bühnen und nutzt zusätzlich Lichteffekte. Innerhalb von Oper und Drama
erscheinen L. B. meist am Ende – als Schlusstableau.
Hier wird durch die Gruppierung der Figuren ein sze-
nisch-visueller Eindruck eingefroren, der meist Sym-
bol- bzw. Zeichencharakter hat (J. W. Goethe: »Proserpina«, 1779). Ende des 19. Jh.s werden Schlachtszenen
bei vaterländischen Gesellschaften nachgestellt. –
Heute findet man gelegentlich noch L. B. bei Karnevals-
umzügen. Ferner wird die Form (meist als Standbild
mehrerer Personen) als Teil der ›szenischen Interpretation‹ in der ↗ Lit.didaktik angewendet.
Lit.: M. Diers: (Nach-)L. B. In: A. Beyer, D. Burdorf
(Hg.): Die schöne Verwirrung der Phantasie. Tüb.
1998, S. 175–205. – K. G. Holmström: Monodrama, attitudes, tableaux vivants. Stockholm 1967. – U. Itters-
hagen: Lady Hamiltons Attitüden. Mainz 1998. – B.
Jooss: L. B. Bln. 1999.   AHE
Lebenserinnerungen, im 18. Jh. entstandene dt. Bez.
für autobiographische Schriften; auch: Erinnerungen.
↗ Autobiographie, ↗ Memoiren.
Lebensstil ↗ Stil.
Leberreim, kurzes, aus dem Stegreif verfasstes Gelegenheitsgedicht mit beliebigem, meist scherzhaftem
Inhalt (Wunsch, Rätsel, Spott, Trinkspruch), meist als
Vierzeiler, dessen Eingangsvers das Stichwort ›Leber‹
enthält, am häufigsten in der Form: »Die Leber ist von
einem Hecht und nicht von einem/einer«, worauf ein
Tiername folgt, auf den die nächste Zeile reimt, z. B.
»und nicht von einer Schleie, / Der Fisch will trinken,
gebt ihm was, / daß er vor Durst nicht schreie« (Th.
Fontane). Nach wahrscheinlich mündlicher Tradition
erschien 1601 die erste Sammlung ndt. L.e von Johannes Junior, »Rhythmi Mensales«; diese waren Quelle
für die hochdt. Sammlung »Epatologia Hieroglyphica
Rhythmica« (1605) des J. Sommer (Therander). Im 17.
Jh. folgten zahlreiche Sammlungen, z. B. als Anhang zu
G. Grefflingers ↗ Komplimentierbuch die von Heinrich
Schaeve verfassten »Jungfer Euphrosinens von Sitten-
bach züchtige Tisch- und L.e« (1665). Im 18. Jh. wenig
geachtet, erhält sich der L. in ländlichen Kreisen länger
(J. F. Rothmann: »Lustiger Poet«, 1711; H. v. Fallersle-
ben: »Weinbüchlein«, 1829; Fontane: »Wanderungen
durch die Mark Brandenburg«, 1882).
Lit.: O. Stückrath: L.e aus alter und neuer Zeit. In: F. S.
Krauss: Das Minnelied des dt. Land- und Stadtvolkes
[1929]. Hanau 1968, S. 197–205.   GG
Lectio difficilior, f. [lat. = die schwierigere Lesart], 1.
Begriff der ↗ Textkritik, der besagt, dass die schwierigere ↗ Lesart (1) anderen, einfacheren Lesarten vor-
zuziehen sei, da diese sich aufgrund der Tendenz zur
Vereinfachung beim Abschreiben eher als fehlerhaft
erklären ließen als umgekehrt. Der Grundsatz der *l. d.*

ist seit K. Lachmann, der solchen »inneren Kriterien« der Textherstellung mechanische Kriterien vorzog, umstritten. JK/Red.

2. Das Prinzip der *l. d.* wird zuweilen – schon in der ↗»Hermeneutik« F. D. E. Schleiermachers (postum 1838), bes. aber im Kontext der ↗Dekonstruktion – von der Edition auf die ↗Interpretation übertragen: Der lit.wissenschaftliche Versuch, schwierige, bes. historisch oder kulturell fremde, Texte angemessen zu lesen bzw. zu verstehen, solle die Interpretationsprobleme nicht vermeiden, sondern gerade suchen und reflektieren, um so der Komplexität des Lektüre- und Verstehensprozesses gerecht zu werden. DB

Lectio facilior, f. [lat. = die einfachere Lesart], Ggs. zu ↗*lectio difficilior.*

Leerstelle, von Iser geprägter Begriff zur Charakterisierung von Textelementen, welche die Leser zur Bildung von Hypothesen über das Geschehen eines fiktionalen Textes und damit zur Mitarbeit an dessen Sinnkonstitution provozieren. – L.n können auf verschiedenen Ebenen eines Textes auftreten; Iser (1970) nennt u. a. »Schnittechniken«, bei denen verschiedene Handlungsstränge aufeinander zu beziehen sind, sowie Erzählerkommentare, die zu wertenden Stellungnahmen zum Erzählten einladen. – Der Begriff der L. hat seinen theoretischen Ort in der ↗Rezeptionsästhetik; bestimmend ist hier die Auffassung, dass Sinn oder Bedeutung lit. Texte erst im Zuge der Lektüre ›aktualisiert‹ (konstituiert) werden. – Von der L. unterscheidet Iser (1976) die Unbestimmtheitsstelle (↗Unbestimmtheit).

Lit.: W. Iser: Die Appellstruktur der Texte. Konstanz 1970. – Ders.: Der Akt des Lesens. Mchn. 1976. – A. Spree: L. In: RLW. TK

LEF, m. [ljef; Abk. aus russ. *Levyj front iskusstva* = Linke Front der Kunst], eine der zahlreichen nachrevolutionären lit. Gruppierungen in Russland. LEF wurde 1923 von V. Majakóvskij zusammen mit der (in der Abk. gleichnamigen) Zs. LEF (= »Levyj front« 1923–25; »Novyj LEF« = »Neuer LEF« 1927–29) gegründet. Bei LEF handelt es sich um eine Weiterentwicklung des russ. Futurismus, die von der Hinwendung zur Produktionskunst bzw. später zur sog. »literatura fakta« (= Faktographie) unter programmatischer Beachtung des künstlerischen Niveaus gekennzeichnet war. Zum LEF gehörten u. a. N. Aséev, B. Arvátov, O. Brik, Aleksej Kručënych, S. Tret'jakóv und anfangs auch B. Pasternák. Berührungspunkte ergaben sich zu Theater (Meyerhold) und Film (Eisenstein, Vertov). Zwischen allg. Programm und individueller künstlerischer Praxis bestanden gewaltige Unterschiede, die auch zu heftigen Auseinandersetzungen führten. Nach dem Ausscheiden von Majakovskij und Brik 1928 zerfiel die Gruppierung.

Lit.: H. K. Stephan: ›LEF‹ and the Left Front of the Arts. Mchn. 1981. US

Legendar, n. [lat. *legenda* = die zu lesenden (Texte)], planmäßig angelegte Sammlung von Heiligen-↗Le-

genden, zumeist nach der Abfolge ihrer Festtage innerhalb des Kirchenjahres (*per circulum anni*), seltener nach Heiligen-Typen (Bischöfe, Märtyrer, Bekenner, Jungfrauen) geordnet. Aus Gründen des Umfangs und der Heuristik wurden im Spät-MA. meist zwei Bände (Sommer- und Winterteil) angelegt und Register vorgeschaltet. Das populärste L. wurde die *Legenda aurea* des it. Dominikaners Jacobus de Voragine. – Das L. gehört zum Bereich der ↗Hagiographie.

Lit.: W. Williams-Krapp: Die dt. und nl. Prosalegendare des MA.s. Tüb. 1986. ID

Legende, f. [lat. *legenda* = die zu lesenden (Texte)], ursprünglich Bez. für die in der Messe zu lesenden Abschnitte, u. a. aus Heiligenleben; später für einen Erzähltext, der vom Leben und Wirken Heiliger berichtet. Wortgebrauch und Gattungsbegriff sind unscharf. Grundsätzlich ist zwischen ›L.n‹, ↗›Legendendichtungen‹ und ›legendenhaften Zügen‹ in Texten anderer Gattungen zu unterscheiden. Die L. selbst kann im strengen Sinn der christlichen Heiligenlegende (1) oder in einem weiteren, auch nichtchristliche oder profane L.n umfassenden Sinn (2) verstanden werden.

1. a) Die christliche Heiligenlegende zeichnet sich aus durch das Postulat einer Wirklichkeit, in der Naturgesetze und Psychologie weitgehend suspendiert sind. Sinn- und strukturkonstituierenden Primat hat die Wirkmacht des Göttlichen. Darstellungsabsicht der L. ist es, die Universalität der göttlichen Gnade zu offenbaren. Durch Wunder kommt es zur Begegnung zwischen dem Göttlichen und der Welt der Menschen. Das Wunder ist immer ein Signum und bedeutet etwas über das bloße Ereignis Hinausweisendes: Wenn der Scheiterhaufen auf wunderbare Weise erlischt, bestärkt Gott dadurch den Märtyrer in seinem Glauben, zeigt das unrechtmäßige Tun der Peiniger an und demonstriert seine Überlegenheit gegenüber den Götzen. – Legendarisches Erzählen ist immer exemplarisch. Am deutlichsten wird dies am Beispiel ›sündiger Heiliger‹, Personen, die durch ihre Bekehrung bzw. einen radikalen Wandel (etwa von einer Prostituierten zu einer asketischen Einsiedlerin: Maria Ägyptiaca) sogar den Status der Heiligkeit erlangen. Die Erzählintention der L. gilt hier nicht dem individuellen Werdegang des Protagonisten, sondern der überindividuellen Idee der Möglichkeit des Heilserwerbs trotz ungünstiger Ausgangsbedingungen. – Die Exemplarik der Gattung L. schließt eine Typik ihrer Figuren ein. Das Ideal der ↗Imitatio (2) spielt für die Charakterisierung der Protagonisten, die sich in ihrem Sein und Tun dem Ideal der *Christiformitas* (Christusähnlichkeit) nähern, eine große Rolle. – Aufbauprinzip ist meist die additive, nicht immer kausal verbundene Reihung einzelner Episoden, die ganz der Darstellungsabsicht untergeordnet erscheint. Das L.ngeschehen fügt sich in das Kontinuum der Heilsgeschichte zwischen Passion Christi und Jüngstem Gericht ein und bezeugt so die universelle Wirksamkeit des Heilswerks. Aus diesem Grund ist legendarisches Erzählen reich an typolo-

gischen Bezügen; einzelne Begebenheiten präsentieren sich als ↗Postfigurationen alt- und v.a. neutestamentlicher Ereignisse (↗Typologie). – Anhand inhaltlicher und motivischer Besonderheiten lassen sich L.ntypen unterscheiden: L.n der heiligen Jungfrauen, Märtyrer, Bischöfe, Bekenner, Eremiten und der sog. sündigen Heiligen. In vielen Fällen handelt es sich jedoch um Mischformen (ein Bischof kann als Bekenner zum christlichen Glauben finden, vor seiner Wahl zum Bischof als Einsiedler leben und am Schluss ein Martyrium erleiden). – Der Form, Struktur und dem Motivschatz nach ist die L. der ↗Vita verwandt. Im Mittelpunkt der Vita steht allerdings eine bestimmte herausragende Person, während der Protagonist einer L. v. a. als exemplarische Projektionsfläche bestimmter Ideen fungiert. Überliefert wurden L.n einzeln (Libellus), in Sammlungen (↗Legendar) oder integriert in historiographische Großwerke (u. a. »Kaiserchronik«). – Die Polemik der Reformation gegen die L. lässt sich durch M. Luthers Wortspiel ›L. = Lügende‹ verdeutlichen. Ausgangspunkt für die Kritik an der kath. L., die im Extremfall zum Instrument der ›Volksverdummung‹ degradiert wurde, waren die fabulösen Stoffanreicherungen, die dem Wahrheitsverständnis der Zeit nicht mehr entsprachen. Die Gattung wurde allerdings – nach eigens formulierten neuen Kriterien – auch für die protestantische Lit. produktiv gemacht. – Die ↗Aufklärung stand der Gattung L. ablehnend gegenüber. Die L.n der ↗Romantik (z. B. von L. Tieck und L. Uhland) sind Dokumente der ↗MA.-Rezeption und Symptom einer epochenspezifischen Begeisterung für die als ideal-transzendent stilisierte Religiosität vergangener Zeiten. Seit Mitte des 19. Jhs ist die L. v.a. Bestandteil der kath. ↗Erbauungslit. Popularität gewann das in mehreren Auflagen erschienene zwölfbändige Legendar von A. Stolz (1851–60). b) In den lit. L.n des 19. und 20. Jh.s, beginnend mit H. v. Kleists Erzählung »Die heilige Cäcilie oder die Gewalt der Musik« (1810), fehlt meist der textimmanent vorausgesetzte Glaube an Gott und die Möglichkeit des Heils; sie haben mit dem christlichen Verständnis der L. (1 a), wie es sich in den mal. Zeugnissen manifestiert, nur noch wenig zu tun, sondern sind – in verschiedenen Gattungen (Erzählung, Roman, Lyrik u. a.) realisierte – Auseinandersetzungen mit der L., die sich legendenhafter Motive oder formaler Gattungsmerkmale der L. aus Darstellungsgründen bedienen (z. B. G. Keller: »Sieben L.n«, 1872; G. Flaubert: »La Légende de saint Julien l'Hospitalier«, 1877; C. F. Meyer: »Der Heilige«, 1880; B. Brecht: »Die L. der Dirne Evlyn Roe«, 1917; Th. Mann: »Der Erwählte«, 1951). ID
2. Ein noch weiteres Verständnis von ›L.‹ löst den Begriff ganz von den christlichen Kontexten ab. Die L. in diesem Sinne setzt statt des christlich verstandenen Bereichs des ›Heiligen‹ als einer von Gott durchdrungenen, den gewöhnlichen Menschen kaum zugänglichen Sphäre nur mehr die strukturelle Annahme der Existenz einer die Alltagswelt transzendierenden

Sphäre voraus, in der die Protagonisten angesiedelt werden und die – im Ggs. etwa zu Paradieses- und anderen Jenseitsvorstellungen, zu ↗Utopie und ↗Fantasy – auf die Lebenswelt zurückwirkt. Eine solche Erweiterung des Begriffsverständnisses ist notwendig wegen der häufigen Verwendung des Wortes ›L.‹ außerhalb von christlichen Zusammenhängen; sie ist sinnvoll im Hinblick auf die Viten aus dem Alltag herausgehobener Personen a) in nichtchristlichen religiösen Kontexten und b) in profanen Kontexten. Dieses anthropologisch-kulturgeschichtliche Verständnis von ›L.‹ hat Jolles bereits 1930 entwickelt. Er weist die Struktur der L. etwa nicht nur in den ↗Epinikien Pindars (5. Jh. v. Chr.) nach, in welchen die Sieger bei sportlichen Wettkämpfen unter Rückgriff auf die ↗Mythologie besungen werden, sondern sogar noch in der zeitgenössischen Zeitungsberichterstattung über Sportler (vgl. heute etwa die boulevardjournalistische Rede vom ›Torwart-Titan‹). Ecker knüpft daran an und entwickelt ein gattungstheoretisch reflektiertes, zugleich lit.wissenschaftliches und ›kulturanthropologisches‹ Verständnis der L., das christliche (1 a), andere religiöse (2 a), auf christliche Motive Bezug nehmende lit. (1 b) und profane (2 b) L.n gleichermaßen zu erfassen vermag. Wichtig ist dabei in allen diesen Fällen – außer dem rein lit. Fall (1 b) –, dass der Status der L. in der Regel weder als historische Wahrheit noch als lit. ↗Fiktion, sondern in einem Bereich zwischen diesen beiden Polen angesiedelt wird. – Das profane Verständnis von ›L.‹ (2 b) begegnet außerhalb des Sports bes. häufig im Bereich der populären Kultur. L.n in diesem Sinne bilden sich um Künstler oder ›Stars‹, die meist jung gestorben sind, oft durch Unfall, Mord oder Selbstmord oder unter zum Teil bis heute ungeklärten Umständen. Unter der Perspektive dieses Todes rückt das ganze Leben – jedenfalls in der dominanten medialen Wahrnehmung – in ein geheimnisvolles Licht. Künstler, deren Leben in diesem Sinne zur ›L.‹ geworden ist, an der durch zahlreiche Buch- und Filmpublikationen weitergestrickt wird, waren z. B. im Bereich des Films (J. Dean, G. Kelly, P. P. Pasolini, R. W. Fassbinder, R. Schneider), der Oper (M. Callas) oder der populären Musik (J. Joplin, J. Hendrix, J. Morrison, K. Cobain) tätig. Auch im Bereich der Lit. werden zuweilen gewaltsam zu Tode gekommene Autoren zu L.n stilisiert (E. Hemingway, I. Bachmann). – Nicht sinnvoll ist es demgegenüber, den Begriff ›L.‹ ähnlich wie das Attribut ›legendär‹ auf die Bez. von geheimnisvollen Vorgängen aller Art auszudehnen. So gehören die sog. *urban legends* (↗Folklore) eher zum Bereich der ↗Sage. DB

Texte: H.-P. Ecker (Hg.): L.n. Stgt. 1999.
Lit.: H.-P. Ecker: Die L. Stgt., Weimar 1993. – E. Feistner: Historische Typologie der dt. Heiligenlegende des MA.s von der Mitte des 12. Jh.s bis zur Reformation. Wiesbaden 1995. – A. Jolles: Einfache Formen [1930]. Tüb. ⁶1982, S. 23–61. – F. P. Knapp: legenda aut non legenda. In: GRM 53 (2003), S. 133–154. – K. Kunze: L.

In: RLW. – G. Philippart: Les légendiers latins et autres manuscrits hagiographiques. Turnhout 1977. – S. Ringler: Zur Gattung L. In: P. Kesting (Hg.): Würzburger Prosastudien. Bd. II. Mchn. 1975, S. 256–270. – B. K. Vollmann: Erlaubte Fiktionalität. In: F. P. Knapp, M. Niesner (Hg.): Historisches und fiktionales Erzählen im MA. Bln. 2002, S. 63–72. – W. Williams-Krapp: Die dt. und nl. Prosalegendare des MA.s. Tüb. 1986. – Th. Wolpers: Die engl. Heiligenlegende des MA.s. Tüb. 1964.

Legendendichtung, Sammelbez. für umfangreiche mal. Versdichtungen auf der Basis von ↗ Legenden oder legendarischen Stoffen. Im Unterschied zur Legende referiert L. nicht oder nicht primär auf konkrete Kultverhältnisse, ihr ↗ Sitz im Leben ist jenseits liturgischer Praxis zu suchen. – Zu den ersten bedeutenden Zeugnissen der L. in dt. Sprache zählen die folgenden, im 12. bis 13. Jh. im Kontext der ↗ höfischen Lit. entstandenen Texte: Heinrich von Veldeke: »Servatius«; Hartmann von Aue: »Gregorius«; Rudolf von Ems: »Barlaam und Josaphat«; Ebernand von Erfurt: »Heinrich und Kunigunde«; Reinbot von Durne: »Georg«. Konrad von Würzburg erarbeitete 1270–80 drei L.en für angesehene weltliche und geistliche Auftraggeber: »Silvester«, »Alexius« und »Pantaleon«. Das um 1300 entstandene »Passional«, eine dreiteilige Legendensammlung in Versen (↗ Deutschordenslit.), sowie Bruder Philipps dem Dt. Orden gewidmetes »Marienleben« (Anfang des 14. Jh.s) zählen ebenfalls zur L.
Lit.: U. Wyss: Legenden. In: V. Mertens, U. Müller (Hg.): Epische Stoffe des MA.s. Stgt. 1984, S. 40–60. ID

Legendendrama ↗ Märtyrerdrama.

Legendenepik ↗ Legendendichtung.

Legendenspiel ↗ Legende, ↗ Mirakelspiel.

Lehrdichtung, auch: lehrhafte, didaktische Dichtung. Meist in Versen abgefasste Lit. (deswegen seltener auch: Lehrgedicht), die primär der Vermittlung von Sach- und Orientierungswissen oder von Verhaltensanweisungen dient, deren Verfasser also eine demonstrativ didaktische Intention verfolgt. Nicht sinnvoll ist dagegen eine weit gefasste Begriffsverwendung, die als ›L.‹ auch solche lit. Texte bezeichnet, die eine nur implizit didaktische Funktion erfüllen, wie sie die wirkungsmächtige Formel *prodesse et delectare* (›nützen und ergötzen‹) des Horaz für jegliche Dichtung nahelegt. Inhaltlich erstreckt sich die L. entsprechend der Ausdifferenzierung epistemologischer Teilbereiche grundsätzlich über alle Arten geistlichen, moralischen, akademischen und empirischen Wissens; formal ist sie ebenso wenig auf eine Gattung festgelegt. Von der Antike bis zur Frühen Neuzeit spielte die L. eine so wichtige Rolle, dass sie den drei formal bestimmten Gattungen Lyrik, Epik, Dramatik als vierte, inhaltlich bestimmte Gattung an die Seite gestellt wurde (so v. a. in Poetiken der Frühen Neuzeit, etwa bei Ch. Batteux, J. G. Sulzer). Manche Untergattungen sind in der L. jedoch bes. gebräuchlich, so etwa ↗ Fabel, ↗ Priamel, ↗ Parabel, ↗ Bîspel, ↗ Gnome, ↗ Legende, ↗ Spruchdich-

tung, ↗ Allegorie. Trotz ihres immensen Zuspruchs in der Praxis wurde die poetologische Legitimierung der L. seit jeher kontrovers diskutiert, weil man ihr z. T. ihre poetische Dignität absprach, erfüllte sie doch weder das aristotelische Fiktionalitäts-, noch das Handlungs- oder das Nachahmungskriterium. – Die frühesten überlieferten L.en sind Hesiods »Theogonie«, eine Entstehungsgeschichte der Götter und der Welt, und seine »Erga« (›Werke‹, die sich mit den Themen Recht und Arbeit beschäftigen, um 700 v. Chr.). In der gr. Lit. und im Hellenismus folgten versifizierte philosophische L.en (Xenophanes, Parmenides, Empedokles) und systematische, den unterschiedlichsten wissenschaftlichen Disziplinen gewidmete L.en (Menekrates von Ephesos, Nikandros von Kolophon). Wirkungsmächtige röm. L.en sind aus dem 1. Jh. v. Chr. Lukrez' »De rerum natura«, Vergils »Georgica« (über das Landleben, zugleich Natur-, Staats- und Lebenslehre) und die Dichtungslehre des Horaz (»Ars poetica«); scherzhaften L. widmete sich in augusteischer Zeit Ovid (»Ars amatoria«). Im MA. entwickelte sich nicht nur eine lat. Tradition der L., beginnend mit der christlich-apologetischen L. im 4. Jh. (Commodianus) und den moralischen Sentenzen des Pseudo-Cato bis hin zu enzyklopädischen Großformen, sondern auch in den mal. volkssprachlichen Lit.en war die L. die populärste Form der Wissensvermittlung. In mhd. Sprache findet sich neben umfangreicheren Werken wie dem höfischen Tugendlehre »Der welsche Gast« des Thomasin von Zerclære (1215 f.), der Spruchsammlung Freidanks (»Bescheidenheit«, 13. Jh.) und Hugos von Trimberg Moralenzyklopädie »Der Renner« (1300) eine Fülle von kürzeren, gereimten Stände-, Minne- und Morallehren, moralischen Spruchsammlungen, Sitten- ↗ Spiegeln, ↗ Tischzuchten, ↗ Kalendern, Koch-, ↗ Schach-, Wahrsage- und Traumbüchern, ferner naturkundlichen Darstellungen. Eine Grenzform bilden die ↗ Reimchroniken.
In der Renaissance entstanden neben versifizierten lat. Dichtungstheorien (M. G. Vida: »De arte poetica«, 1527) lat. L.en theologisch-moralistischen, sozialdidaktischen oder naturkundlichen Inhalts. N. Boileaus in frz. Versen verfasste Poetik (»L'art poétique«, 1674) ist eines der wichtigsten Dokumente des frz. ↗ Klassizismus. Eine letzte Blüte erlebte die L. in der Aufklärung, deren Poetiken die Verbreitung von Moral und Wissen durch die Dichtung forderten und diese so gezielt für den Wissenstransfer nutzten. Epochale Wirkung hatten die L.en von A. Pope (»Essay on Man«, 1733), B. H. Brockes (»Irdisches Vergnügen in Gott«, 1721–48) und A. v. Haller (»Die Alpen«, 1732). F. Schillers philosophisches Gedicht »Der Spaziergang« (1795) sowie J. W. Goethes lehrhafte Epigrammdichtung, sein Fragment »Die Geheimnisse« (1794 f.), v. a. aber seine morphologischen Lehrelegien (»Die Metamorphose der Pflanzen«, 1799) markieren Höhepunkt und Abschluss der L., die im Gefolge eines neuen, an ↗ Fiktionalität orientierten Dichtungsbegriffs im 19.

Jh. mehr und mehr zurücktrat. Im 20. Jh. versuchte B. Brecht die Tradition der Gattung aufzugreifen und verfolgte in seinen Lehrgedichten und durch russ. Vorbilder (S. M. Tretjakow) angeregten ↗Lehrstücken didaktische und politische Ziele.

Lit.: L. L. Albertsen: L. In: U. Ricklefs (Hg.): Fischer Lexikon Lit. Ffm. 1996. Bd. 2, S. 937–960. – G. E. Grimm: Lit. und Gelehrtentum in Deutschland. Tüb. 1983. – W. Kühlmann: L. In: RLW. – H. G. Rötzer, H. Walz (Hg.): Europäische L. Darmstadt 1982. – Ch. Siegrist: Das Lehrgedicht der Aufklärung. Stgt. 1974. – B. Sowinski: Lehrhafte Dichtung des MA.s. Stgt. 1971. – U. Steiner: Poetische Theodizee. Philosophie und Poesie in der lehrhaften Dichtung im 18. Jh. Mchn. 2000. – P. Toohey: Epic lessons. An introduction to ancient didactic poetry. Ldn., NY 1996. – F. Vollhardt: Selbstliebe und Gesellschaft. Tüb. 2001.   GS/WHO

Lehrparabel ↗ Parabel.

Lehrstück, 1. im weiteren Sinn ein ↗Drama, das im Kontext didaktischer Lit. konzipiert ist; 2. im engeren Sinn Teil einer Gruppe von kleineren Dramen B. Brechts, die zwischen 1928 und 1935 als Vorstufe des ↗epischen Theaters entstanden (»Der Lindberghflug«, 1929; »Das Badener L. vom Einverständnis«, 1930; »Der Jasager«, 1930; »Der Neinsager«, 1931; »Die Maßnahme«, 1930 f.; »Die Ausnahme und die Regel«, 1930 f.; »Die Horatier und Kuriatier«, 1935). Thema der L.e ist die Ableitung von richtigen Entscheidungen und angemessenem Verhalten in Extremsituationen aus allg. Einsichten. Die Fabel ist auf das Wesentliche reduziert, die Szenerie verfremdet (Kulissen, abstrakte, reduzierte Bühnenbilder, Tafelbilder, ↗Songs), die Figuren werden abstrahiert (durch Maske, Chöre, Gesten), Text und Musik dienen als Einheit der Erarbeitung eigener Positionen, die Handlung wird als Versuchsanordnung entworfen, die Abhandlung der Fragestellungen hat Disputationscharakter, die Handlung wird begründet, die Texte sollen Gebrauchswert haben. Die L.e sind von Brecht gemeinsam mit den kooperierenden Komponisten (K. Weill, P. Hindemith, H. Eisler) als Selbstverständigungstexte für Schauspieler und als Schulstücke oder -opern entworfen worden. Die Themen differieren: Während »Die Maßnahme« die Entscheidung zwischen Mitgefühl und Revolution abhandelt und dabei auch den Tod eines der Revolutionäre legitimiert, thematisiert »Der Lindberghflug« das affirmative Verhältnis Mensch-Maschine. – Der Begriff ›L.‹ wird seit den 1920er Jahren auch umgangssprachlich im weiten Sinne von (1) verwendet. Die Tradition des L.s wird nach 1945 von P. Weiss, H. Kipphardt und R. Hochhuth weitergeführt. Elemente des L.s sind im internationalen ↗Straßentheater weitergepflegt worden. Mit dem Niedergang des politischen Theaters ist auch der des L.s verbunden.

Lit.: K.-D. Krabiel: Brechts L.e. Stgt., Weimar 1993. – R. Steinweg: Das L. Stgt. 1972. – Ders. (Hg.): Brechts Modell der L.e: Zeugnisse, Diskussion, Erfahrungen. Ffm. 1976. – Ders.: L. und episches Theater. Ffm. 1995. WD

Leich, m., Großform der mhd. Lyrik. Der L. setzt sich anders als das (↗Kanzonen-)↗Lied mit seiner in der Regel dreiteiligen Form (*AAB*) aus paarig gebauten ↗Versikeln (*AA′, BB′...*) zusammen. Jedes Versikel hat eine eigene metrische Struktur sowie Melodie. Durch die variationsreiche Abfolge der Versikel werden unterschiedliche L.typen ausgebildet. Formverwandt ist die ↗Sequenz. – Die Bedeutungsgeschichte von mhd. *leich* ist ebenso umstritten wie die von frz. ↗*lai*, mit dem sowohl lyrische Großformen als auch erzählende Texte bezeichnet werden. Der vielfach vertretenen Ansicht, der dt. Begriff habe seine spezifische Bedeutung unter dem Einfluss des frz. Begriffs erhalten, steht relativierend entgegen, dass mhd. *leich* in einer ahd. und frühmhd. Tradition steht: Seit dem 10. Jh. ist *leich* als musikalischer Terminus bezeugt. Schon Notker III. von St. Gallen (gestorben 1022) unterscheidet zwischen *lied* und *leich*; unklar bleibt allerdings, ob er dies bereits im Sinne des hochmal. Wortgebrauchs tat. – Der formale Unterschied zwischen dem in seiner Reihenform eher offenen L. und dem geschlossenen Kanzonenlied begünstigt bestimmte Darstellungsweisen: Die paarigen Versikel konnten für motivische oder argumentative Parallelisierungen oder Antithesen genutzt werden; die Reihenstruktur bot Gelegenheit für Aufzählungen; die formalen Korrespondenzen zwischen den einzelnen Versikeln an unterschiedlichen Positionen begünstigten inhaltliche Bezugnahmen innerhalb des Textes. – Man unterscheidet L.s mit Minnethematik von solchen mit religiösen Themen. Der Minneleich greift auf das Lob der Dame und die Klage des Ichs aus dem zeitgleichen ↗Minnesang zurück und kann beides mit didaktischen Elementen der Minnelehre ebenso umstandslos verbinden wie mit Tanzmotiven. Der religiöse L. nimmt v. a. auf die zentralen Stationen der Heilsgeschichte (Inkarnation, Kreuzigung, Jüngstes Gericht) und ihre Protagonisten (Christus, Maria, Trinität) Bezug. Eine Ausnahme davon bildet der Kreuzleich Heinrichs von Rugge (12. Jh.). – Von den rund 40 erhaltenen L.s stammen neben dem Kreuzleich nur der Minneleich Ulrichs von Gutenberg aus dem 12. Jh. Allerdings werden im dritten L. Des von Gliers Friedrich von Hausen und Hartmann von Aue als L.dichter bezeichnet. Bedeutende L.dichter des 13. Jh.s sind Walther von der Vogelweide, Reinmar von Zweter, Ulrich von Winterstetten (5 überlieferte L.s), Tannhäuser (6), Otto von Botenlauben, Konrad von Würzburg (2), Der Wilde Alexander und Hadlaub (3). Frauenlobs L.s, ein Minne- und ein Marienleich sowie einer auf das Kreuz Christi, bilden den künstlerischen und gedanklichen Höhepunkt der Gattungsgeschichte. Aus dem 14. Jh. sind nur zwei L.s erhalten. Im 15. Jh. wird der Begriff unspezifisch und oft als Synonym zu ↗*hort* verwendet. – Das Bewusstsein vom repräsentativen Charakter dieser Gattung kommt auch in der Tatsache zum Ausdruck, dass in den großen ↗Liederhss. (»Kleine Heidelberger Liederhs.«, »Jenaer Liederhs.«, »Große Heidelberger Liederhs.«) die L.s in aller Regel das jeweilige Autorenœuvre eröffnen (Ausnahme: Otto von Botenlauben). Nur in der »Jenaer Liederhs.« und der »Wiener Leichhs.«, die sich weitgehend auf die Gattung L. beschränkt, sind zehn Melodien überliefert.

Lit.: H. Apfelböck: Tradition und Gattungsbewußtsein im dt. L. Tüb. 1991. – K. H. Bertau: Sangverslyrik. Über Gestalt und Geschichtlichkeit mhd. Lyrik am Beispiel des L.s. Gött. 1964. – J. Haustein: L. In: RLW. – Ch. März: Lai, L. In: MGG², Sachteil.   JHN

Leichenpredigt, Form der religiösen Grabrede (↗ laudatio funebris) sowie bes. deren schriftliche Erweiterung und Publikation, die im 16. Jh. im Bereich der Wittenberger Reformation aufkommt und dort rasche Verbreitung findet. Seltener begegnet sie im reformierten und kath. Bereich (vgl. aber Boge/Bogner). Von Luther erschienen drei L.en für Kurfürst Friedrich den Weisen (1525) und dessen Bruder Johann (1532) mit dem Ziel, Gott zu loben sowie die Hinterbliebenen bzw. die Gemeinde zu trösten, zu belehren und zu erbauen. Die Schüler und Nachfolger Luthers entwickelten die Gattung weiter. So wollte N. Selnecker (1530–92) zusätzlich zum seligen Sterben anleiten (↗ Ars Moriendi). In der weiteren Entwicklung nahm die ↗ Biographie des Toten einen immer größeren Raum in der L. ein. Sein Leben sollte zum Vorbild und Muster für das Leben und Sterben der Hinterbliebenen werden. Neben Sammlungen, die der Verbreitung einer lutherischen Sterbekultur dienten, gab es Einzeldrucke von L.en, die im Aufbau immer komplexer wurden. So kamen zur eigentlichen Predigt und dem Lebenslauf noch eine Abdankungsrede (Dank der Angehörigen), eine Standrede (kurze Leichenrede) und ↗ Epicedien (Gedichte von Freunden oder Verwandten) hinzu. Dadurch stieg der Umfang der L. manchmal auf ca. 200 Seiten. Schon am Ende des 17. Jh.s setzte theologische Kritik an der L. ein; durch die Weiterentwicklung der Medien und der ↗ Memorialkultur (z.B. die neue Form des ↗ Nachrufs in Zeitungen) kam sie im 18. Jh. aus der Mode. Die meisten L.en erschienen in Mitteldeutschland für Angehörige der Ober- und Mittelschicht (nur selten für Kinder) auf Kosten der Angehörigen. So sind L.en auch Quelle für Sozial-, Medizin-, Lit.- und Kindheitsgeschichte sowie für Volkskunde, Demographie und Biographik.

Lit.: B. Boge, R. G. Bogner (Hg.): Oratio Funebris. Die kath. L. der frühen Neuzeit. Amsterdam, Atlanta, Ga. 1999. – F. M. Eybl: L. In: HWbRh. – R. Lenz (Hg.): L.en als Quelle historischer Wissenschaften. Köln, Wien 1975.   SMI

Leimon-Literatur [gr. *leimôn* = wasser- und grasreicher Ort, Aue; lat. *prata*], lit. Sammelwerke mit verschiedenartigem Inhalt, Bez. nach der mit »Leimon« betitelten gr. Exzerptensammlung des Pamphilos (zweite Hälfte des 1. Jh.s, Alexandria), vgl. auch ↗ Silvae.   GG

Leipogrammatisch, Adjektiv [aus gr. *leípein* = weglassen, *grámma* = Buchstabe], auch: lipogrammatisch; Eigenschaft von Texten, die unter konsequenter Weglassung eines bestimmten Buchstabens verfasst worden sind. ↗ Lipogramm.   FM

Leis, m. [mhd. *kirleis* = geistliches Lied], Pl. *Leise(n)*; früh bezeugte Bez. (z.B. im »Herzog Ernst« B, um 1200) für die ersten volkssprachlichen geistlichen Gemeindelieder. Unklar ist, ob die Benennung auf den Schlussvers dieser Lieder, den Anruf »Kyrie eleis(on)«, zurückgeht oder, wie bislang meist angenommen, auf eine Entstehung der L.en aus den Kyrie-Rufen, mit denen die Gemeinde den Rufen des Priesters antwortete. – Der L. wurde innerhalb der lat. Liturgie hoher Festtage verwendet. Ältestes dichterisches Zeugnis ist das ahd. »Petruslied« (9. Jh., mit Neumen [Notenzeichen] überliefert), weitere mal. Beispiele sind der Oster-L. »Krist ist erstanden« und der Pfingst-L. »Nu bitten wir den heiligen geist«. ↗ Kirchenlied, ↗ Osterlied.

Lit.: J. Janota: Studien zu Funktion und Typus des dt. geistlichen Liedes im MA. Mchn. 1968.   MGS

Leitmotiv, ein innerhalb eines musikalischen oder lit. Kunstwerks oder eines ↗ Zyklus wiederkehrendes ↗ Motiv oder ↗ Thema. 1. Weite Verbreitung (auch als Lehnwort im Frz. und Engl.) erfuhr der Begriff in einer speziellen musikwissenschaftlichen Bedeutung durch die seit den 1870er Jahren erschienenen Leitfäden zu R. Wagners Musikdramen (v.a. »Der Ring des Nibelungen«, »Tristan und Isolde«, »Parsifal«): In deren sinfonischer Musiksprache erzeugt die ›leitmotivische‹ Wiederkehr und Verwebung bestimmter, immer wieder abgewandelter Tonfolgen ein durch Vorausahnungen und Rückerinnerungen geprägtes Gefühlsverständnis des Werkes. Th. Mann transponierte, durch die Wagner'sche Musik und ihren »Beziehungszauber« (»R. Wagner und der ›Ring des Nibelungen‹«, 1937) angeregt, das L. in die Lit. (z.B. »Tristan«, 1903). Auch bei M. Proust, J. Joyce und V. Woolf kann man von einer L.-Technik sprechen: Wiederkehrende Wörter oder Sentenzen werden mit einer Gestalt, Situation, Gefühlslage oder Stimmung zu Strukturelementen des Romans verknüpft. – 2. Davon ist eine allg., häufig unklare Begriffsverwendung zu unterscheiden: In der Musikwissenschaft wurde ›L.‹ von Beginn an auch einfach mit ›Motiv‹ und ›Thema‹ gleichgesetzt, so dass der Begriff die sinnstiftende Wiederholung von Tonfolgen bezeichnete. In der Lit.wissenschaft kann ›L.‹ ebenso allg. für mehrfach auftretende, gliedernde und verbindende Elemente wie den ↗ Refrain in Lied und Ballade oder formelhaft wiederkehrende Wortfolgen, Bilder, Motive und Symbole in der Prosa (z.B. den ›Falken‹ in der ↗ Novelle) gebraucht werden. Als bes. stark durch L.e geprägt gelten demnach J. W. Goethes »Wahlverwandtschaften«. Die historische Ausweitung des L.-Begriffs auf vor der Mitte des 19. Jh.s entstandene Kunstwerke ist jedoch umstritten.

Lit.: Ch. F. Lorenz: L. In: RLW. – J. Veit: L. In: MGG², Sachteil.   JBR

Lektion, f. [lat. *lectio* = Lesung], ursprünglich Bez. für die Schriftlesung im Gottesdienst, dann auch übertragen auf die gelesenen (Bibel-)Abschnitte (die im ↗ *Lektionar* gesammelt wurden). Im 16. Jh. in die Schulsprache übernommen für die Behandlung (Vorlesen und Kommentieren) eines Textabschnittes aus einem Lehrbuch, für diesen Text oder Lehrstoff selbst, auch für Lernabschnitt, Lehrpensum oder Unterrichtsstunde. In übertragener Bedeutung: Zurechtweisung. – Als selbstreflexives neueres Beispiel vgl. R. Barthes' Antrittsvorlesung am Collège de France vom 7.1.1977: »Leçon/L.« (frz. 1978; Ffm. 1980).   GS/Red.

Lektionar, n. [lat. *lectio* = Lesung], liturgisches Buch, das Lesungen für den christlichen Gottesdienst enthält. Das L. entstand aus den biblischen Perikopenlisten (Capitularen), indem man die dort ausgewählten Textstellen für die Lesungen von Messe und Stundengebet gesondert abschrieb und zusammenstellte. Ein Voll-L. vereint die Lesestücke aus den Evangelien (↗ Evangeliar, ↗ Evangelistar), dem AT, der Apostelgeschichte, den neutestamentlichen Briefen sowie der Apokalypse (↗ Epistolar). In der westlichen Kirche wurde das L. bereits im MA. durch das ↗ Missale, das alle zu einer Messfeier gehörenden Texte (Gebete, Lesungen, Gesänge; ↗ Graduale) enthält, weitgehend abgelöst. Dennoch hat es als ›Perikopenbuch‹ im kath. Gemeindegottesdienst seine Bedeutung bis heute bewahrt.
Lit.: B. Braun-Niehr: L. In: J.M. Plotzek u.a. (Hg.): Biblioteca Apostolica Vaticana. Liturgie und Andacht im MA. Stgt. u.a. 1992, S. 29–31.   ID

Lektor, m. [lat. = Leser], 1. wissenschaftlich oder lit. gebildeter Verlagsangestellter, der die Buchproduktion eines ↗ Verlages steuert, indem er an den Möglichkeiten des Buchmarktes orientierte Buchkonzepte ausarbeitet und realisiert, eingehende Manuskripte begutachtet, Autoren für den Verlag sucht und Manuskripte mit ihnen berät. Die Tätigkeit des L.s hat sich bis heute unter dem Einfluss betriebswirtschaftlicher Gesichtspunkte und neuer technischer Möglichkeiten immer mehr in Richtung auf Methoden verschoben, wie sie vom industriellen Produktmanagement gefordert sind. – 2. Wissenschaftlicher Mitarbeiter an einer Universität, der praktische Kurse zur Ergänzung von Vorlesungen und Seminaren, bes. Fremdsprachenübungen, abhält.
Lit.: U. Schneider: Der unsichtbare Zweite. Die Berufsgeschichte des L.s im lit. Verlag. Gött. 2005.   BL/Red.

Lektüre, f. [lat.-frz.], 1. Vorgang des ↗ Lesens. Man unterscheidet zwischen der *kursorischen L.*, die auf einen schnellen Überblick zielt, und der *statarischen L.*, die auf eine langsam fortschreitende, rekursive und vergleichende Wahrnehmung aller Details und internen Zusammenhänge eines Textes zielt. Die statarische L. gilt in unterschiedlichen Lit.theorien, insbes. im ↗ New Criticism, in der ↗ Hermeneutik P. Szondis und im ↗ Poststrukturalismus, als Korrektiv oder Alternative zur ↗ Interpretation, wie man den Einwand hervorrief, mit dem Terminus ›L.‹ werde der konstruktive, vom Wissen des Rezipienten gesteuerte Akt der Bedeutungszuschreibung verschleiert. – 2. Gegenstand des Lesens.

Dieser kann im Hinblick auf den situativen Kontext des Lesens spezifiziert werden (›Bettlektüre‹). Ohne solche Spezifikation sind mit ›L.‹ meist in der Schule gelesene Texte gemeint. Eine eigene Gattung der populären Ratgeberlit. bilden die solche Texte erläuternden ›L.hilfen‹.
Lit.: J. Belgrad, K. Fingerhut (Hg.): Textnahes Lesen. Hohengehren 1998. – U. Japp: Hermeneutik. Mchn. 1977. – D.E. Wellbery: Interpretation vs. Lesen. In: L. Danneberg, F. Vollhardt (Hg.): Wie international ist die Lit.wissenschaft? Stgt., Weimar 1995, S. 123–138. – S. Winko: L. oder Interpretation? In: MDG 49 (2002), S. 128–141.   TZ

Lekythion, n. [gr. = Ölfläschchen], antikes, der trochäischen ↗ Hephthemimeres entsprechendes ↗ Kolon (– v – v – v –), das auch als das auf die ↗ Penthemimeres folgende Teilstück des iambischen Sprechverses gedeutet wird. Der Name, für den der spätantike Grammatiker Hephaistion mit Hinweis auf Euripides (»Phoenizierinnen«, V. 239–246, 250–257) die alternative Bez. ›Euripideion‹ einführt, geht auf den von Aristophanes (»Frösche«, V. 1208–1245) gegen Euripides gerichteten Ausdruck *leký|thion ap|ôles|en* zurück.
Lit.: D. Korzeniewski: Gr. Metrik. Darmstadt 1968, S. 109 f.   AW

Lemma, n. [gr. = Aufgenommenes, Aufgegriffenes], 1. Stichwort in Nachschlagewerken (Lexika, Wörterbüchern); 2. das im textkritischen ↗ Apparat oder in den ↗ Anmerkungen eines Kommentars aufgegriffene Bezugswort aus dem Haupttext; 3. in älterem Sprachgebrauch: Motto oder Titel eines lit. Werkes, das oder der dessen Thematik thesenhaft zusammenfasst, oder eine entsprechende ↗ Kapitel- oder Bildüberschrift, bes. als Teil eines ↗ Emblems.   JK/Red.

Leoninischer Vers, auch: *versus leoninus* [lat.]; daktylischer ↗ Hexameter (seltener ↗ Pentameter) mit Zäsurreim (↗ Reim); ↗ Penthemimeres und Versende sind durch Reime (nach dem 11. Jh. meist zweisilbig) gebunden: »Nobilis hoc Hagano / fuerat sub tempore tiro« (»Waltharius«, V. 27). – Die Bez. stammt (nach Erdmann) evtl. von dem *cursus leoninus*, dem von Papst Leo dem Großen in seiner ↗ Kunstprosa gepflegten rhythmischen Satzschluss (↗ Cursus), der durch syntaktischen Parallelismus zu Gleichklängen führen konnte; von daher wurde die Bez. möglicherweise auf das ähnliche Phänomen im binnengereimten Hexameter übertragen. Als Namengeber wird teilweise auch ein (nicht belegter) Dichter Leo (12. Jh.) oder Leoninus (v. St. Victor) angenommen. – Der leoninische Vers erscheint selten im klassischen Lat. (Vergil), häufiger in der Spätantike (Sedulius); in der Karolingerzeit gemieden (Einfluss der Klassik), nimmt seine Verbreitung seit dem 9. Jh. zu (z.B. »Ecbasis captivi«, Legenden der Hrotsvit, »Waltharius«, 10. Jh.), im 11. Jh. übertrifft er bereits die Zahl der reimlosen Verse (»Ruodlieb«). Im 12. Jh. geht seine Bedeutung im Rückgriff auf die Antike zeitweilig wieder zurück. Nachahmungsversuche in dt. Sprache finden sich im

15. Jh. bei Eberhard von Cersne (»Regel der Minne«), im 16. Jh. bei Johannes Fischart.

Lit.: P. Klopsch: Einf. in die mlat. Verslehre. Darmstadt 1972. GG

Leporello, n., ein längerer Streifen Papier, der, handharmonikaartig abwechselnd nach vorn und hinten gefalzt, vornehmlich für Prospekte, Bilderbücher, Landkarten u. ä. verwendet wird. – Ursprünglich aus China kommend, wird dieser zickzack gefalzte Druck nach der langen Liste der Geliebten des Titelhelden von Mozarts Oper »Don Giovanni« benannt, die dessen Diener Leporello anlegte.

Lit.: F. Wiese: Der Bucheinband. Hannover ⁷2005. GGI

Lesart, 1. in der klassischen und mediävistischen Philologie überlieferter oder durch ↗Emendation bzw. ↗Konjektur hergestellter Wortlaut einer Textstelle. Die von der L. des Haupttextes abweichenden L.en (↗Varianten) werden im textkritischen ↗Apparat zusammengestellt. JK/DB

2. In den neueren Philologien wird dem Begriff ›L.‹ in editorischen Kontexten meist die Bez. ›Variante‹ vorgezogen. Nur in der lange Zeit einflussreichen Editionen F. Beißners (»Stuttgarter Hölderlin-Ausg.«, 1943–85) und in dessen Gefolge wird am textkritischen Begriff ›L.‹ festgehalten. – Dagegen hebt die heute dominante Verwendung des Begriffs ›L.‹ den rezeptionsästhetischen Aspekt hervor, dass der Leser selbst zwischen den Varianten wählen kann, die ihm ein Text an einer Stelle anbietet; im weiteren Sinne kann ›L.en‹ auch die verschiedenen Möglichkeiten der ↗Lektüre eines Textes oder Textteils bezeichnen. DB

Lit.: H. Kraft: Editionsphilologie. Darmstadt 1990, S. 39–42. – W. Woesler: L., Variante. In: RLW.

Leseausgabe, ↗Edition, die den bloßen Text bietet, oft mit einem ↗Nachwort und manchmal mit sachlichen und sprachlichen Erläuterungen versehen. Einen textkritischen Apparat, also Informationen zur Textgenese bzw. Textgeschichte, enthält die L. in der Regel nicht. Die Basis der Textdarstellung (z. B. der Erstdruck oder eine historisch-kritische Ausgabe) wird manchmal, aber nicht immer nachgewiesen. Meistens ist der Text orthographisch modernisiert, was der besseren Verständlichkeit dienen soll. Da die L. textologischen Standards nicht genügt, ist sie in wissenschaftlichen Zusammenhängen im Ggs. zur ↗historisch-kritischen oder ↗kritischen Ausgabe und zur ↗Studienausgabe nicht zitierfähig. Ihre Aufgabe liegt in der günstigen Publikation und Verbreitung von Texten. – Bedeutend für die Bürgerkultur im 19. Jh. (»Meyers Groschenbibliothek«, »Reclams Universalbibliothek«), wird die L. erst um 1925 systematisch von wissenschaftlichen Ausgaben geschieden. Ihre Abgrenzung von der Studienausgabe wird aber durch die seither zunehmend üblichen Erläuterungen in L.n erschwert.

Lit.: K. Kanzog: Einf. in die Editionsphilologie der neueren dt. Lit. Bln. 1991, S. 179–192. – B. Plachta: Editionswissenschaft. Stgt. 1997. VL

Lesebuch, Textsammlung mit lit. und/oder nichtlit. Texten, konzipiert in der Regel für (schulische) Lern- und Lehrzwecke, insbes. für den Lese- und Lit.unterricht (↗Deutschunterricht). Zu unterscheiden sind das lit. L. (als reine ↗Anthologie vornehmlich lit. Texte mit höchstens wenigen beigefügten Aufgaben) und das als Lese- und Arbeitsbuch konzipierte L.; dem L. stehen seit dem letzten Drittel des 20. Jh.s integrierte Lehrwerke zur Seite, die in einem Werk Sprach- und L. vereinen. – Lesebücher sind stets Ausdruck von lit.didaktischen und bildungspolitischen Konzeptionen und ggf. auch Instrumente zur schulischen Durchsetzung neuer Konzeptionen. Zentrale (und im Zusammenspiel zu betrachtende) Aspekte der Schulbuchgestaltung sind die Textauswahl und die Aufgabenstellungen. Die Textauswahl zeichnet sich v. a. durch die Berücksichtigung bestimmter Epochen, Gattungen und Themen aus (wobei lit. Texte durch Gebrauchs- und Medientexte ergänzt werden können); die Textauswahl kann einem ↗Kanon folgen oder auch kanonstiftend sein. Mit der Frage der Textauswahl ist die nach der Textkombination eng verbunden (Textgruppierung nach Themen, Gattungen oder Epochen). Die Aufgabenstellungen sind v. a. nach Zielen und Formen (analytisch, produktionsorientiert, gesprächsorientiert) des Umgangs mit Texten zu unterscheiden. Weitere Aspekte betreffen die Offenheit bzw. Geschlossenheit von Aufgabenstellungen, den Grad der Förderung von Eigenaktivität der Lernenden und die Kombination von Aufgabenstellungen zu Lernarrangements. – Die frühen dt. Lesebücher aus dem 16. bis 18. Jh. dienen mit ihren ausschließlich religiösen Texten als Leselehrbuch. In der ↗Aufklärung, in der eine eigenständige ↗Kinder- und Jugendlit. begründet wird, entstehen die moralischen Lesebücher, in denen lehrhafte Erzählungen im Dienste der moralischen Erziehung eingesetzt werden (Ch. F. Weise: »Abc-Buch«, 1772). Vom Beginn des 19. Jh.s bis zum Ende der Weimarer Republik dominiert das ›Gesinnungsbuch‹, das der Förderung einer bürgerlich-humanistischen Weltsicht dient (Ph. Wackernagel: »Dt. L.«, 1843), allerdings nach der Reichsgründung 1871 vom wachsenden Nationalismus beeinflusst wird. In der NS-Zeit werden Lesebücher als Vermittler nationalsozialistischer Ideologie instrumentalisiert (»Dich ruft dein Volk«, 1941). Nach 1945 erfolgt als Ausdruck der Abkehr von der NS-Diktatur eine Zuwendung zu einem tradierten Lit.verständnis, das hohe Lit. abseits von gesellschaftlichen und politischen Interessen und Konflikten als Mittel zur individuellen Lebenshilfe betrachtet (z. B. »Die gute Saat« und »Lebensgut«). Mitte der 1960er Jahre setzt eine Neuorientierung durch die Hinwendung zu Problemen der gesellschaftlichen Wirklichkeit ein (durch die Aufnahme von Texten auch aus Wissenschaft, Politik und Publizistik in Lehrwerke). Die 1970er Jahre zeichnen sich v. a. durch eine Ausweitung des Spektrums von Textsorten zugunsten von Gebrauchstexten (↗Gebrauchslit.) aus, die in einzelnen

Lesebüchern sogar dominieren. Die kritische ↗ Lit.-didaktik der Zeit gibt zudem den Anstoß zu Lesebüchern, in denen eine kritische Analyse von Gesellschaft (bes. mittels der Analyse von Formen der Manipulation in Texten) angestrebt wird. Seit Mitte der 1980er Jahre beginnt, begünstigt durch die kognitive Wende der Lit.didaktik, die Hinwendung zu handlungs- und produktionsorientierten Verfahren. Insgesamt wird die Eigenaktivität von Schülern – häufig in sog. ›Werkstatt‹- oder ›Magazin‹-Kapiteln – verstärkt gefördert. In den 1990er Jahren etablieren sich im Zeichen einer mediendidaktischen Orientierung in der Fachdidaktik Medienkapitel in Lesebüchern. Die Diskussion um die PISA-Studie (2001) und die mit dieser Studie begründete Einführung von Bildungsstandards für das Fach Deutsch hat zu einer Reihe von neuen Lehrwerken (mit deutlicher Tendenz zum integrierten Lese- und Sprachbuch) und zur Überarbeitung etablierter Lehrwerke geführt. Die neuen Lese- und integrierten Lese-/Sprachbücher werden auf die Kompetenzorientierung der Bildungsstandards verpflichtet (mit der Gefahr, dass lit. Texte zu beliebig austauschbaren Objekten eines historische Aspekte vernachlässigenden Analysetrainings werden); deutlichster Ausdruck hierfür ist die Betonung von Arbeitstechniken und Lernstrategien für das selbstgesteuerte Lernen. Die zentrale und bislang kaum gelöste Herausforderung für die Lehrwerke besteht darin, die Kompetenz- und Outputorientierung von Lit.unterricht mit der Vermittlung spezifischer Umgangsweisen mit Lit. zu vereinbaren, die von der analytischen, messbaren Erschließung von Gebrauchstexten zu unterscheiden sind.

Lit.: S. Ehlers: Umgang mit dem L. Baltmannsweiler 2003. – S. Ehlers (Hg.): Das L. Baltmannsweiler 2003. – H. J. Frank: Geschichte des Deutschunterrichts. Mchn. 1973.   ML

Lesedrama, auch: Buchdrama; Drama, das nach Meinung des Autors oder des Rezipienten entweder nicht aufführbar ist oder der ↗ Aufführung nicht bedarf. Die Einschätzung basiert auf der Diskrepanz zwischen den Aufführungsmöglichkeiten sowie Rezeptionsgewohnheiten der jeweiligen Zeit und der ↗ Dramaturgie des geschriebenen Stücks – so verursachen im 18. und 19. Jh. reiche Szenenwechsel, großes Personal und extreme Zeitsprünge aufführungstechnische Probleme. Im Ggs. zu Frankreich und England, wo immer eine enge Verbindung zwischen Dramatik und Theaterpraxis bestand, werden in Deutschland viele Werke als Lesedramen konzipiert und rezipiert. J. W. Goethes »Faust« (1808/32) gilt lange Zeit als unspielbar, beide Teile der Tragödie werden jeweils erst über zwanzig Jahre nach ihrem Druck uraufgeführt (1829/54), aber heute ist der »Faust« – in mehreren Inszenierungen der letzten Jahre sogar beide Teile – ein viel gespieltes Theaterstück. Moderne variable Inszenierungstechniken und Experimentierfreude machen prinzipiell alle Dramen spielbar, so dass keins der traditionell als L. betrachteten Werke (K. Kraus: »Die letzten Tage der Mensch-

heit«, 1918 f.; R. Musil: »Die Schwärmer«, 1921) unaufgeführt geblieben ist.

Lit.: M. Ottmers: L. In: RLW. – P. Stefanek: L.? In: E. Fischer-Lichte (Hg.): Das Drama und seine Inszenierung. Tüb. 1985, S. 133–145.   AHE

Lesegesellschaft, ab der zweiten Hälfte des 18. Jh.s verbreitete selbstorganisierte Einrichtung zur ↗ Distribution von Büchern. Bei den L.en handelt es sich um private, laut selbstgegebenen Statuten standesunabhängige, jedoch sozial homogene Zirkel aus dem städtischen Bürgertum, die ohne kommerzielle Interessen neuerschienene Bücher und Zss. kostengünstig – zum Teil über Ausleihe – zugänglich machen. Da der Aufbewahrungsort der Lesestoffe zugleich Versammlungsort der Mitglieder ist, organisiert die L. auch einen gesellig-kommunikativen Austausch über das Gelesene. Die Mitgliederzahlen der einzelnen Gesellschaften liegen zwischen 20 und mehr als 400; insgesamt werden etwa 60.000 Mitglieder angenommen. Hochkonjunktur hat die L. zwischen 1780 und 1820; in dieser Zeit werden etwa zweihundert L.en pro Jahrzehnt gegründet. – Zu den bereitgestellten Lesestoffen zählen das popularphilosophische Schrifttum der ↗ Aufklärung, Rezensionszeitungen und auch die politische Tagespresse; gegen Ende des 18. Jh.s nimmt der Anteil der ↗ Belletristik deutlich zu. Als autonome Zirkel mit demokratischen Statuten und aufklärerischem Programm geraten nicht wenige L.en in den Verdacht, republikanische Tendenzen zu befördern. Die Obrigkeit versucht daher, Neugründungen zu konzessionieren oder bestehende L.en wieder zu schließen. Ein Teil der sozialhistorischen Forschung (vgl. Dann) idealisiert die sichtbare Verbindung von Aufklärung und ↗ Geselligkeit und sieht in der L. ein funktionierendes Modell für die moderne Gesellschaft Europas. – Noch heute gibt es L.en, die z. T. schon über zweihundert Jahre bestehen. Die zeittypische Form der L. ist jedoch eine Einrichtung zur Förderung der durch die elektronischen Medien marginalisierten Buch- und Lesekultur. Mittels Buchempfehlungslisten, Schulbesuchen und öffentlichen ↗ Lesungen soll die Verbindung von ↗ Buch und aufklärerischer Öffentlichkeit lebendig gehalten werden. Bundesweit agiert z. B. die ›Dt. L. e. V.‹ seit 1977.

Lit.: O. Dann (Hg.): L.en und bürgerliche Emanzipation. Mchn. 1981. – H. Pleticha (Hg.): Anstiftung zum Lesen. Ravensburg 1982. – E. Schön: Geschichte des Lesens. In: B. Franzmann u. a. (Hg.): Hb. Lesen. Mchn. 1999, S. 1–85. – R. Wittmann: Geschichte des dt. Buchhandels. Mchn. 1991.   NW

Lesehalle ↗ Bibliothek.

Leseliste ↗ Kanon.

Lesen, verstehendes Wahrnehmen von Geschriebenem mittels Augen- oder Tastsinn. Im Begriff ›L.‹ steckt das Wort ›lesen‹ im Sinne von ›sammelnd auflesen‹ oder ›einzeln auswählen und einsammeln‹. Im alltagssprachlichen Verständnis wird ›L.‹ daher als sorgfältiges Aufsammeln von Zeichen – also nicht nur von Buchstaben, sondern auch von Spuren, Gesichtern oder Daten – gedacht. Nach dieser Grundvorstellung wird auch das Aufnehmen und ↗ Verstehen von schriftlich Niedergelegtem modelliert; das L. wird dabei auf eine vermeintlich simple Mechanik reduziert, die dem eigentlichen Verstehensakt nur vorarbeitet. Verkannt wird in diesem Modell, dass L. eine mediale Kulturtechnik ist, bei der ganz unterschiedliche Vorgänge auf komplexe Weise zusammenspielen – vom optischen Erkennen und Entschlüsseln der ↗ Schrift über neurobiologische, kognitive und psychologische Prozesse bis hin zur Konstitution von ↗ Bedeutung und zum eigenständigen und kreativen Verarbeiten des Gelesenen. Relevant ist nicht nur das ›Was‹ der Lektüre (die individuell oder geschlechtertypisch, generationenspezifisch oder auch schichten- und gesellschaftsweit geltende Auswahl der Lesestoffe; ↗ Kanon), sondern auch das ›Wie‹ der Lektüre (die Modi und Formen des L.s, aufgrund deren eine Schrift- und Textkultur erst funktioniert). – Eine eigene Forschung jenseits der didaktischen Vermittlung des ersten L.lernens gibt es erst seit wenigen Jahrzehnten. Als Ergebnis dieser mittlerweile expandierten Leseforschung sind folgende Aspekte des L.s zu unterscheiden: 1. Die sozialgeschichtlich ausgerichtete Lit.wissenschaft interessiert sich für empirienahe Studien zur primären ↗ Alphabetisierung sowie zur Entwicklung des lit. Marktes oder zur Zirkulation von Gedrucktem in einer Gesellschaft. Nach einem heuristischen Schema – wer hat was wann gelesen bzw. überhaupt lesen können? – werden hier Daten erhoben und ausgewertet. – 2. Die philologische Leseforschung verfolgt auch qualitative und normative Aspekte des L.s. Die gesteigerte Geltung von einzelnen ↗ Lektüren ist nicht mehr nur eine Selbstverständlichkeit des eigenen Erlebens oder eine Sache der Soziologie oder Politik, sondern wird auch als eine Wirkung von Leseprozeduren verstanden. So ist es z. B. im Zeitalter der elektronischen Bildmedien erklärungsbedürftig, wieso eine bildungspädagogisch gedachte Biographie mit der Lektüre von ›großen‹ Büchern verbunden wird. – 3. Die ↗ Rezeptionsästhetik hat den Stellenwert des L.s im System Lit. verändert: Galt das lit. ↗ Werk lange ausschließlich als das Produkt eines schreibenden ↗ Autors, so wird die Literarisierung eines Textes inzwischen auch als Ergebnis je individueller Lektüreweisen begriffen. Zur ↗ Autorpoetik tritt die gleichfalls unhintergehbare Lesepoetik. Ein lit. Werk ist demnach nicht einfach ein fertig vorliegendes Geschriebenes, sondern ein Text, der erst durch die Lektüre als Lit. zugänglich wird. – 4. Das poetologisch und verfahrenstechnisch aufgeklärte L., die kunstfertige Lektüre lit. Texte, wie sie Kritiker und Philologen praktizieren, löst im Verlauf des 20. Jh.s (im russ. ↗ Formalismus oder im ↗ New Criticism mit seinem Verfahren des ↗ close reading) die philosophische ↗ Hermeneutik als Leitverfahren der ↗ Philologie ab. Diese Richtung der Lit.wissenschaft kann an F. Nietzsche anknüpfen, der unter Philologie »die

Kunst, gut zu lesen«, verstanden hat (»Der Antichrist«, 1888, Nr. 52). Mit dem Aufkommen der ↗ Dekonstruktion und ihren *rhetorical readings* (de Man) hat die lektüregestützte Methodenbildung von neuem Konjunktur. – 5. Leseforschung ist inzwischen ein eigener Teil der ↗ Lit.geschichte, der auf der Einsicht basiert, dass das L. eine eigene, von gängigen politisch-sozialen wie lit.historischen Epocheneinteilungen unabhängige Geschichte hat. Als relevant wird dabei angesehen, ob zu bestimmten Zeiten und in bestimmten Gesellschaften oder Kulturen und Subkulturen eher schnell oder langsam, laut oder leise, extensiv oder intensiv, gesellig oder einsam gelesen wurde. – 6. In Zeiten, in denen Medienkonkurrenz Alltag ist, ist das Interesse an der Lesedidaktik ungebrochen. Struktur, Entwicklung und Förderung von ›Lesekompetenz‹ stehen im Zentrum der andauernden Debatte um die didaktische und medienpädagogische Konzeptualisierung von L. Allg. anerkannt ist, dass das L.können über ein simples Training von kognitiven Fähigkeiten hinaus stets auch ein Enkulturationsprozess ist (Lesesozialisation, ↗ lit. Sozialisation, ↗ lit. Bildung).

Lit.: H. Aust: L. In: RLW. – J. Belgrad, K. Fingerhut (Hg.): Textnahes L. Baltmannsweiler 1998. – A. Bellebaum, L. Muth (Hg.): Leseglück. Opladen 1996. – M. Bickenbach: Von den Möglichkeiten einer ›inneren‹ Geschichte des L.s. Tüb. 1999. – S. Birkerts: Die Gutenberg-Elegien. L. im elektronischen Zeitalter [engl. 1994]. Ffm. 1997. – R. Chartier, G. Cavallo (Hg.): Die Welt des L.s [it. 1995]. Ffm. 1999. – B. Franzmann u. a. (Hg.): Hb. L. Mchn. 1999. – W. Graf: Der Sinn des L.s. Münster 2004. – H.-J. Griep: Geschichte des L.s. Von den Anfängen bis Gutenberg. Darmstadt 2005. – Ch. Hart-Nibbrig: Warum lesen? Ffm. 1983. – G. Jäger: Leser, L. In: Killy/Meid. – M. v. der Kammer: Wege zum Text. Sechzehn Unterrichtsmethoden für die Entwicklung der Lesekompetenz. Baltmannsweiler 2004. – P. de Man: Allegories of Reading. New Haven, Ldn. 1979. – A. Manguel: Geschichte des L.s [engl. 1996]. Reinbek 1999. – E. Schön: Der Verlust der Sinnlichkeit oder Die Verwandlung des Lesers. Stgt. 1987. – N. Wegmann: Was heißt einen klassischen Text lesen? In: J. Fohrmann, W. Voßkamp (Hg.): Wissenschaftsgeschichte der Germanistik im 19. Jh. Stgt., Weimar 1994, S. 334–450.   NW

Leser, Rezipient geschriebener oder gedruckter Texte, der medienspezifisch v. a. vom Zuhörer (↗ Hörer) und Zuschauer zu differenzieren ist. Typologisch lassen sich vier Formen unterscheiden: 1. der *reale L.*, eine tatsächlich existierende Person außerhalb des Textes, die diesen rezipiert. Der reale L. ist Forschungsgegenstand der ↗ Lit.soziologie. – 2. der *intendierte L.* oder Adressat, der jenem L.-Bild entspricht, das der ↗ Autor bei der Gestaltung seines Werkes entwirft. Als idealer L., dessen Kompetenz sich mit der des Autors decken sollte, ist er eine real nicht völlig einlösbare Fiktion. Intendierter und realer L. können sich allerdings beim *primären Adressaten* eines Textes, der oft vom Autor durch eine ↗Widmung hervorgehoben wird, stark aneinander annähern. – 3. Eine Sonderform von (2) ist der ↗›implizite L.‹ (W. Iser) als rezeptionsästhetische Instanz (↗Rezeption, ↗Rezeptionsästhetik). Auch der implizite L. besitzt keine reale Existenz, sondern bezeichnet vielmehr den subjektiven Beitrag des L.s zum gelesenen Text. Unter der Voraussetzung, dass der Text »Unbestimmtheitsstellen« (R. Ingarden) bzw. »Leerstellen« (Iser) aufweist, werden diese vom impliziten L. ›entdeckt‹ und durch eigene Vorstellungen ausgefüllt. Somit entspricht der implizite L. dem »im Text vorgezeichneten Aktcharakter des Lesens« (Iser, S. 9). – 4. Der *fiktive* L., eine L.-Figur als Teil der in einem lit. Text entfalteten ↗Fiktion. Oftmals ist der fiktive L. als konkrete Figur ausgearbeitet, die mitunter mit dem ↗Erzähler in einen Dialog tritt. In der ↗postmodernen Lit. wird diese Technik zur Erzeugung von ↗*mise-en-abyme*-Effekten genutzt (I. Calvino: »Se una notte d'inverno un viaggiatore«, 1979).

Lit.: R. Engelsing: Der Bürger als L. Stgt. 1974. – B. Franzmann u.a. (Hg.): Hb. Lesen. Mchn. 1999. – Ch. Garbe (Hg.): Lesen im Wandel. Lüneburg 1997. – P. Goetsch (Hg.): Lesen und Schreiben im 17. und 18. Jh. Tüb. 1994. – N. Groeben, P. Vorderer: L.psychologie: Lesemotivation – Lektürewirkung. Münster 1988. – R. Ingarden: Das lit. Kunstwerk [1931]. Tüb. ⁴1972. – W. Iser: Der implizite L. Mchn. 1972. – L. Muth: Der befragte L. Mchn. u.a. 1993. – N.H. Platz: Die Beeinflussung des L.s. Tüb. 1986. – E. Schön: L. In: RLW. – E. Wolff: Der intendierte L. In: Poetica 4 (1971), S. 141–166.   MGS/NI

Lesesozialisation ↗lit. Sozialisation, ↗Lesen.

Lesung, öffentlich oder privat gelesener Vortrag eines lit. oder nichtlit. Werkes vor einem zahlenden oder geladenen Publikum. Die L. ist eine Form der oralen Distribution von Lit. und ermöglicht eine kollektive Rezeptionserfahrung. Gelesen werden neben bereits veröffentlichten oft noch unveröffentlichte oder unvollendete Werke. Vortragende sind entweder der Verfasser selbst (›Autorenlesung‹) oder eine oder mehrere andere Personen. Zuweilen gibt es Übergänge zum freien Vortrag (↗Rezitation, ↗Deklamation). Dramatische Texte werden des Öfteren auch mit verteilten Rollen gelesen; treten weitere performative Elemente hinzu, ohne dass eine ↗Aufführung vorläge, spricht man von einer ›szenischen L.‹. Bei fremdsprachlichen L.en wird neben dem Originaltext häufig aus einer Übers. gelesen. L.en werden etwa in lit. ↗Salons oder auf Tagungen lit. Gesellschaften abgehalten. Neben L. en zur Würdigung von (auch verstorbenen) Autoren und ihren (meist kanonischen) Werken finden L.en von zeitgenössischen Autoren häufig zu Werbezwecken in Buchhandlungen statt; auch Bibliotheken und kulturelle Einrichtungen werden für L.en genutzt. Neuere Formen von L.en seit Anfang der 1990er Jahre sind ↗*Poetry Slam* und *Open Microphone*.

Lit.: Th. Böhm (Hg.): Auf kurze Distanz. Die Autorenlesung. Bln. 2003.   NST

Letrilla, f. [le'trilja; Diminutiv von span. *letra* = Buchstabe, Schrift, Brief], in span. Dichtung strophisches Gedicht oft satirischen oder burlesken Charakters in (meist vertonten) Kurzversen, verwandt mit dem ↗Villancico; am Ende jeder Strophe wird deren Hauptgedanke oder Pointe als *Estribillo* (d.h. ↗Refrain) wiederholt. – Hauptvertreter im 17. Jh.: L. de Góngora und F.G. de Quevedo, im 19. Jh.: Bretón de los Herreros.   MGS

Letter ↗Druck.

Lettrismus, m. [frz. *lettre* = Buchstabe], 1945 in Paris von I. Isou begründete und fast ausschließlich durch ihn repräsentierte lit. Bewegung, welche die von den Futuristen und Dadaisten begonnene Reduktion der Sprache auf sinnfreie Buchstaben- und Lautfolgen konsequent fortsetzte und systematisierte. Derart erweitert, stellt das Alphabet für den L. lediglich ein materiales Repertoire akustischer Zeichen dar, über das der Dichter kompositorisch verfügt. Auf dem Gebiet der ↗akustischen Dichtung ist der L. ein wichtiges Verbindungsglied zwischen den Avantgarden des frühen 20. Jh.s und der ↗konkreten Poesie seit 1950.   RD/Red.

Lever de rideau [frz. = Aufziehen des Vorhanges], ↗Vorspiel.

Lexikon, n. [gr. *lexikón* = das Wort betreffend], im 17. Jh. eingeführtes Kunstwort für ein alphabetisch geordnetes Nachschlagewerk, entweder für alle Wissensgebiete (↗Enzyklopädie, Universal-L.), für ein spezifisches Sachgebiet (↗Real-L., Fachenzyklopädie) oder für den Wortschatz einer oder mehrerer Sprachen (auch Fach-, Sonder-, Gruppensprachen); ↗Wörterbuch.

Lit.: H.-A. Koch: L. In: RLW.   GS/Red.

Leys d'Amors ↗Gai Saber.

Liber lapidarius ↗Lapidarius.

Libretto, n. [it. = kleines Buch, Begriff im Dt. erstmals 1837 nachgewiesen], Pl. *Libretti*; Textbuch einer ↗Oper, Operette, eines Musikdramas, Singspiels usw. – Gedruckte Textbücher gibt es seit den Anfängen der Oper (Ende des 16. Jh.s). Die Bez. ›L.‹ hat sich jedoch erst im 19. Jh. allg. durchgesetzt. – Ein L. ist von Anfang an zur Vertonung bestimmt und erhält von daher seine spezifische Eigenart (Hauptkriterien: Bühnenwirksamkeit und Eignung zur Komposition). Es ist selten eigenständige Dichtung von lit. Wert, häufig die Bearbeitung eines Schauspiels, wobei dessen Dialoge vereinfacht, dafür lange Monologe (für wirkungsvolle Arien) eingeführt werden. – Seit dem 19. Jh. konzipieren Komponisten zunehmend ihre Libretti selbst. In der Oper der Gegenwart wird häufig ein lit. hochwertiger Text durch Musik zu deuten versucht (Lit.oper, ↗Musiktheater).

In der von der Camerata fiorentina um 1600 entwickelten Oper (gedacht als Wiederbelebung des antiken Dramas) hatte das L. anfangs durchaus lit. Gewicht (Texte von O. Rinuccini und A. Striggio zur Musik von J. Peri und C. Monteverdi). – Mit der Entwicklung zur historisch-pathetischen Opera seria trat der Text immer mehr hinter die Musik zurück. Statt einer geschlossenen Handlung sollte das L. Rahmen für belkantistische Virtuosität abgeben, Texte für Rezitative und Arien reihen. Vertreter solcher Libretti sind im 18. Jh. A. Zeno und P. A. Metastasio, Erfinder der sog. Intrigenoper und mit 57 Libretti der erfolgreichste Librettist seiner Zeit. – Die Rückkehr zur geschlossenen, überschaubaren Handlung kennzeichnen dagegen die Libretti von R. da Calzabigi für Glucks (gegen die Opera seria konzipierten) Reformopern (»Orfeo«, 1762; »Alceste«, 1767; »Paris und Helena«, 1769). – Im Anschluss an Metastasio entstand das rein komische L. für den *dramma giocoso* in der Tradition der ↗ Commedia dell'Arte: Hauptvertreter sind C. Goldoni und L. da Ponte, Mozarts bedeutendster Librettist (»Figaros Hochzeit«, 1786; »Don Giovanni«, 1787; »Così fan tutte«, 1790). In Frankreich verfassten u. a. Molière, P. Corneille und J. Racine Libretti für den von J. B. Lully entwickelten Typus der *tragédie en musique* (nach dem Vorbild des klassizistischen Sprechtheaters). Dieser erfolgreiche Operntypus wurde erst im 19. Jh. von der ↗ *grand opéra* abgelöst. Ihr Librettist wurde E. Scribe, der fruchtbarste und theatergewandteste Dramatiker seiner Zeit. Die *dt. Librettistik* war in ihren Anfängen von der it. bestimmt: Der Text der ersten dt. Oper, »Daphne« (1627, Musik von H. Schütz), ist eine Bearbeitung des L.s von Rinuccini durch M. Opitz. Ansätzen zu einer dt. (vaterländisch-historischen) Oper dienen die Libretti von G. Ph. Harsdörffer, Ch. H. Postel (allein 28 Libretti für die Hamburger Oper), B. Feind und Ch. F. Hunold. Seit 1740 herrschte v. a. der it. Opernstil. Das von Joseph II. 1778 in Wien gegründete »Teutsche Nationalsingspiel« konnte sich dagegen auf Dauer nicht durchsetzen, trotz der zahlreichen Bemühungen dt. Dichter (Ch. F. Weisse; Ch. M. Wieland: »Alceste«, 1773, »Rosamunde« 1778; Bretzner/Stephanie der Jüngere: »Entführung aus dem Serail«, 1782; E. Schikaneder: »Zauberflöte«, 1791; J. G. Herder und J. W. Goethe). Das L. der ersten romantischen Oper (C. M. v. Weber: »Freischütz«, 1821) stammt von J. F. Kind. – Das musikalische Durchkomponieren seit dem 19. Jh. beendete auch in der Librettistik die Trennung zwischen gesprochenem Prosatext und gesungenen versifizierten musikalischen Nummern. Bes. seit R. Wagners eigenen Textdichtungen zu seinem musikdramatischen ↗ Gesamtkunstwerk hat sich der Grundsatz immer stärker durchgesetzt, dass Musik und Text sich wechselseitig bedingen, so dass viele Komponisten ihre Texte, die nun v. a. auch sozialkritische oder philosophische Themen aufgreifen, selbst verfassten. Häufig wurde auch der Rückgriff auf lit. Vorlagen und die Zusammenarbeit von Komponist und Dichter. Ohne Nachfolge blieb vorerst die »Abstrakte Oper Nr. 1« (1953) von B. Blacher und W. Egk, die auf der Basis eines L.s aus Wortneubildungen, Silben und Lauten ohne Handlung und Wortsinn menschliche Grundsituationen musikalisch auszudrücken versucht. Experimente sind auch M. Kagels regiebetonte Bühnenwerke und H. W. Henzes nach H. M. Enzensbergers ›Recital‹

»El Cimarron« (1970) komponiertes musiktheatralisches Stück für kleines Ensemble.
Lit.: K. Achberger: Lit. als L. Hdbg. 1980. – W. Dürr (Hg.): Der Text im musikalischen Werk. Bln. 1998. – J. M. Fischer (Hg.): Oper und Operntext. Hdbg. 1985. – A. Gier: Das L. Darmstadt 1998. – K. Honolka: Kulturgeschichte des L.s. Wilhelmshaven 1978. – E. Istel: Das L. Bln. 1915. – K.-D. Link: Lit. Perspektiven des Opern-L.s. Bonn 1975. – Ch. Nieder: Von der »Zauberflöte« zum »Lohengrin«. Das dt. Opern-L. in der ersten Hälfte des 19. Jh.s. Stgt. 1989. – Ders.: L. In: RLW. – B. Plachta: Die Debatte über Oper und Operntext im 18. Jh. In: International Congress on the Enlightenment. Oxford 1996, Bd. 2, S. 867–871. – Ders.: Libretti: eine von den Editoren vergessene Gattung? In: G. Martens (Hg.): Kommentierungsverfahren und Kommentarformen. Tüb. 1993, S. 25–37. – U. Weisstein: The L. as literature. NY 1960.   GG

Licentia poetica ↗ dichterische Freiheit.

Lichtregie, gezielter Einsatz von Beleuchtungstechnik auf dem Theater über die schlichte Beleuchtungsnotwendigkeit hinaus, um in einer Bühneninszenierung im Zusammenspiel der Darstellungsmittel Bedeutung zu konstituieren oder zu evozieren oder die Aufmerksamkeit der Zuschauer zu lenken. – L. setzt einerseits leistungsfähige Lichtquellen (z. B. elektrische Bühnenscheinwerfer) voraus. Umso bemerkenswerter ist, welche raffinierten Beleuchtungsvorrichtungen durch Kerzen, Talglichter oder Fackeln Bühnenmaschinerien des 17. und 18. Jh.s bereits vorsahen (z. B. versenkbare Rampenbeleuchtungen). L. setzt andererseits ↗ Regie voraus, die sich erst im Laufe des 19. Jh.s als eigene Gestaltungsinstanz im Sinne der umfassenden künstlerischen Leitung einer Inszenierung herausdifferenzierte. Von ›L.‹ im engeren Sinne spricht man daher (nach Vorläufern wie den ↗ Meiningern) erst im Zusammenhang mit den Regisseuren der ↗ Stilbühne. Berühmt wurde auch die L. zur Strukturierung der Zuschauerwahrnehmung auf E. Piscators ↗ Simultanbühne.
Lit.: A. Hoormann: Lichtspiele. Mchn. 2003, S. 202–226.   TU

Liebesbrief ↗ Minnebrief.

Liebesbriefsteller ↗ Minnebrief.

Liebesdichtung, thematisch bestimmte lit. Kategorie, deren Definitionen von den kulturell wandelbaren Liebesvorstellungen abhängig sind. Im weiteren Sinn lassen sich als ›L.‹ alle lit. Werke bezeichnen, die unterschiedliche Erscheinungsweisen der Liebe (Begehren, Erfüllung, Beziehung, Entsagung) in zentraler Weise thematisieren (auch: ↗ erotische Lit.). Im engeren Sinn wird unter ›L.‹ insbes. die Liebes*lyrik* verstanden. Zur L. gehören Genres wie ↗ Minnesang, Liebeslied und Liebesroman; Letzterer verbindet die Liebe oft mit anderen Themensträngen (Abenteuer, Bildung, Entwicklung, Krise der Gesellschaft). Die Gattung Drama realisiert L. bes. in der großen Liebestragödie (W. Shakespeare: »Romeo und Julia«), im sinnenfrohen Schäferspiel des ↗ Barock und ↗ Rokoko sowie im

↗ bürgerlichen Trauerspiel, dessen zentrales Anliegen die Begründung des bürgerlichen Liebes-Ideals ist (G. E. Lessing: »Emilia Galotti«; F. Schiller: »Kabale und Liebe«; F. Hebbel: »Maria Magdalene«). L. erscheint auch in den zahlreichen trivialen Formen der Massenmedien (Unterhaltungsroman, ↗ Schlager, Soap-Opera). In einer sehr weiten Auffassung des sexuellen Charakters der Liebe kann erotische oder sogar pornographische Lit. als L. gelten (J. W. Goethe: »Venezianische Epigramme«; F. Schlegel: »Sonette«; B. Brecht: »Sonette«; O. Panizza: »Liebeskonzil«). Den Gegenpol zu ihnen bildet jene L., welche die Liebe in eine übersinnliche Dimension transponiert (Dante, Petrarca) und sie als geistige Erfahrung gestaltet (mal. Mystik, Angelus Silesius, Novalis). – Bereits die ältesten Zeugnisse der europäischen L., die Oden der altgr. Dichterin Sappho (um 600 v. Chr.), bringen die Liebe als Grenzerfahrung zur Sprache; der Verstoß gegen das Vorgegebene stellt das Movens der Dichtung dar. Dies gilt auch für die lat. L. (Catull, Ovid); selbst zahlreiche Beispiele des Minnesangs sind zwar stark dem höfischen Übereinkommen, aber ebenso einer normüberschreitenden Liebes-Utopie verpflichtet. Die sinnliche altorientalische L. (»Das Hohelied Salomos«) stellt wichtige Textvorbilder für die europäische L. der Neuzeit bereit. Dichter des Klassizismus greifen Rollenmuster der antiken sowie der ind. und pers. L. (Hafis) auf, um deren Sinnlichkeit für die eigenen subjektiven Entwürfe von Liebe zu nutzen (J. W. Goethe, A. v. Platen, St. George). Seit dem 19. Jh. stellt die L. die Identität von Liebe als existentieller menschlicher Grunderfahrung und deren bürgerlicher Realisierung in legalen ›Beziehungen‹ wie der Ehe zunehmend in Frage. Im 20. Jh. stehen Werke, in denen die Liebe als konkrete Utopie beschworen wird (R. M. Rilke, B. Brecht, E. Lasker-Schüler, U. Hahn, S. Kirsch), neben Texten, welche die Triebdimension der Liebe hervorheben (G. Benn, G. Eich, F. Roth, K. Kiwus). Vor diesem Hintergrund sehen neuere Untersuchungen die L. weniger als Abbild subjektiver Erfahrung denn als Auseinandersetzung mit den geltenden »Liebescodes« (Luhmann) oder als sprachlichen Entwurf von ›Unerhörtheiten‹.

Texte: H. Gnüg (Hg.): Nichts ist versprochen. Liebesgedichte der Gegenwart. Stgt. 2000. – N. Holzberg (Hg.): Applaus für Venus. Die 100 schönsten Liebesgedichte der Antike. Mchn. 2004. – F. Kemp (Hg.): Dt. L. aus acht Jh.en. Zürich 2002. – E. Polt-Heinzl, Ch. Schmidjell (Hg.): Liebesgedichte aus aller Welt. Stgt. 2001. – C. Schmölders (Hg.): Erfindungen der Liebe. Ffm., Lpz. 2000. – H. Wagener (Hg.): Dt. Liebeslyrik [1982]. Stgt. 1995.
Lit.: C. Fischer (Hg.): Abkehr von Schönheit und Ideal. Stgt., Weimar 2000. – H. Fröhlich: Apologie der Lust. Tüb. 2005. – G. E. Grimm (Hg.): [Themenheft:] Liebeslyrik. MDG 50 (2003), H. 1. – G. Härle: Lyrik – Liebe – Leidenschaft. Gött. 2007. – A. Kraß, A. Tischel: Bündnis und Begehren. Bln. 2002. – N. Luhmann:

Liebe als Passion. Ffm. 1982. – H. Meier (Hg.): Über die Liebe. Mchn., Zürich 2001.– H. Schlaffer: Musa iocosa. Gattungspoetik und Gattungsgeschichte der erotischen Dichtung in Deutschland. Stgt. 1971. – Ders.: Knabenliebe. In: Merkur 49 (1995), S. 682–694.   GHÄ
Liebesgruß ↗ Minnebrief.
Liebhabertheater, auch: Laienspiel, Amateurtheater; von Dilettanten gespieltes, nicht-professionelles Theater mit meist unregelmäßiger Aufführungsfrequenz. Der Begriff ›L.‹ wird in erster Linie für die Liebhaberaufführungen vom 17. bis 19. Jh. benutzt, obwohl es Laienspiele seit der Antike in fast allen europäischen Ländern und auf fast allen sozialen Ebenen gibt. An europäischen Fürstenhöfen sind L.aufführungen vielerorts und über Jh.e hinweg sehr beliebt. Ein bürgerliches L. besteht über viele Jahre in Biberach, wo unter Ch. M. Wielands Leitung 1761 die dt. Erstaufführung von W. Shakespeares »Sturm« stattfindet. Für das Weimarer L. ist J. W. Goethe als Schauspieler und Dramatiker tätig, 1779 wird dort die Prosafassung der »Iphigenie auf Tauris« uraufgeführt. In Düsseldorf gründet K. L. Immermann einen Theaterverein, mit dem er Mustervorstellungen – v. a. von Stücken Shakespeares – produziert. Seit dem 19. Jh. treten die L. zunehmend aus dem privaten Bereich heraus und entwickeln sich zum ständischen Vereinstheater oder später zum organisierten Amateurtheater (Arbeiter- oder ↗ Studententheater).
Lit.: H. Bosse: Das L. als Pappkamerad. In: St. Blechschmidt, A. Heinz (Hg.): Dilettantismus um 1800. Hdbg. 2007, S. 69–90. – R. Falck: Zur Geschichte des L.s. Bln. 1887. – G. Sichardt: Das Weimarer L. unter Goethes Leitung. Weimar 1957.   AHE
Lied, n., gesungener oder sangbarer Text. Das L. ist zumeist ein lyrisches Gedicht mit endgereimten Versen, bestehend aus einer Folge von metrisch und musikalisch identischen Strophen. Es gibt aber davon abweichende Arten des L.s; überdies hat sich die Vorstellung von ›L.‹ im Laufe der Jh.e verändert. Da ein L. üblicherweise aus Text und Melodie besteht, müsste eine Gesamtdarstellung sowohl diese beiden Komponenten als auch die einzelnen Ausprägungen und zeitlichen Differenzen berücksichtigen; eine solche umfassende Übersicht fehlt in der gegenwärtigen Forschung, und daher ist auch eine kurze Beschreibung sehr schwierig. – Das nhd. Wort ›L.‹ ist entstanden aus ahd. *liod* und mhd. *liet*, hinter denen wiederum das zu erschließende gemeingerm. Wort **leuda-* (n., = lobende Strophe?) steht. Im Mhd. bezeichnete der Sg. *daz liet* eine Einzelstrophe, der Pl. *diu liet* eine Folge von Strophen, woraus dann der nhd. Sg. *das Lied* wurde. In vereinzelten Fällen meinte *liet* im MA. auch eine epische Großform, entweder strophisch und sangbar bzw. gesungen (z. B. in »Nibelungenlied«), in seltenen Fällen auch eine wohl nicht sangbare Erzählung (mhd. »Kaiserchronik«, V. 2; mhd. »Rolandslied«, im Ggs. zur strophischen und sangbaren afrz. »Chanson de Roland«). Das nhd. Wort ›L.‹ ist oft die dt. Übers. für gr. *odé*, lat.

carmen, okzitan. *canso*, frz. *chanson*, it. *canzone* und engl. *song*, aber in keinem Fall wirklich deckungsgleich mit diesen Bez.en. – Vielerlei Formen des lyrischen L.s sind zu unterscheiden, deren Bez.en nicht immer sehr genau definiert sind und daher oft nicht konsequent verwendet werden. So sind für das Dt. hinsichtlich des Typus grundsätzlich, mit jeweils weiterer Untergliederung, zu unterscheiden: 1. mal., weitgehend ursprünglich höfische L.er; 2. ganz allg. L.er der folgenden Jh.e; 3. ↗ Volkslieder und volksliedhafte L.er; 4. Kunstlieder. Gemäß ihrem Inhalt kann man unterscheiden: ↗ Kirchenlieder und religiöse L.er aller Art, Liebes- und Naturlieder, politische L.er, Lob- und Spottlieder, Klagelieder, Erzähllieder (↗ Balladen), ↗ Trinklieder u. a.; nach ihrer gesellschaftlichen Verankerung: höfische L.er, Vaganten-, Soldaten-, Kinderlieder u. a.; nach der Vortragsart: Chor-, Solo-, Tanz-, Klavier- oder Orchesterlieder; nach ihrer Intention (vgl. G. Müller): Distanz- und Ausdruckslieder, sowie schließlich das Gegensatzpaar Volkslied/Kunstlied. – An den Anfängen des dt.sprachigen L.s, von denen kaum etwas erhalten ist, standen wohl, wie in anderen Sprachräumen, verschiedene Arten von Kult- und Gebrauchsliedern (mit den Themen Arbeit, Werbung und Liebe, Spott sowie Zauber). Die ältesten schriftlich überlieferten L.er sind das politisch-panegyrische Ludwigslied sowie das religiöse Petruslied (9. Jh.); sie stehen in christlicher Tradition (ambrosianischer Hymnus), aber wohl auch in der Linie des germ. Erzähl- und Preislieds (vgl. L.er der Edda und der ↗ Skalden). Die erste große Blütezeit des dt.sprachigen L.s war die weltliche mhd. Sangverslyrik des 12. bis 15. Jh.s, die ursprünglich Teil der höfischen Adelskultur war; sie stand anfangs unter dem Einfluss der gleichfalls höfischen ↗ Trobador- und ↗ Trouvère-Lyrik in Süd- und Nordfrankreich, deren Ursprünge ihrerseits nicht ganz klar sind. Die mhd. Lyrik, die sehr schnell zu sprachlich kunstvollen L.ern führte, wird meist zusammengefasst mit den Bez.en ↗ ›Minnesang‹ (= Liebeslieder) und ›Sangspruchdichtung‹ (= Lieder über Ethik/Moral, Lebensführung, Politik, Religiöses; ↗ Spruchdichtung [2]). Herausragende Vertreter, die jeweils für Text und Melodie, für *wort unde wîse*, verantwortlich waren, sind im 12. und 13. Jh. der Kürenberger, Friedrich von Hausen, Heinrich von Morungen, Reimar der Alte, Walther von der Vogelweide, Neidhart, Gottfried von Neifen, Reinmar von Zweter, Bruder Wernher, Rumelant, Friedrich von Sonnenburg und Frauenlob (= Heinrich von Meißen); im 14. und 15. Jh. der Mönch von Salzburg, Muskatblüt, Hugo von Montfort, Oswald von Wolkenstein und Michel Beheim. Auf die Tradition der Sangsprüche berief sich der zunftmäßig organisierte ↗ Meistersang; eine Weiterentwicklung der höfischen Liebeslyrik war das sog. ↗ Gesellschaftslied des späten MA.s und der Frühen Neuzeit. Mal. Sangverslyrik war lange Zeit monodisch (und so auch stets der immer konservativ gebliebene Meistersang); Mehrstimmigkeit ist erstmals beim Mönch von Salzburg und dann v. a. bei

Oswald von Wolkenstein überliefert, bei Letzterem stark unter dem Einfluss der romanischen Polyphonie. Die Hauptstimme bei nun entstehenden polyphonen L.ern lag anfangs in der Unterstimme (Tenor), später dann in der Oberstimme (Diskant bzw. Sopran). Zunehmend wurden jetzt auch, v. a. in den hsl. und gedruckten ↗ Liederbüchern, einfachere L.er überliefert, deren Verfasser nicht (mehr) bekannt sind und die üblicherweise als ›Volkslieder‹ bezeichnet werden; solche Volkslieder gibt es bis heute, und sie wurden seit der Romantik systematisch gesammelt (A. v. Arnim, C. Brentano: »Des Knaben Wunderhorn«, 1806–08; L. Erk, F. M. Böhme: »Dt. L.erhort«, 1893 f.). Seit der Frühen Neuzeit (16./17. Jh.) gab es, anknüpfend an L.formen aus dem It. (↗ Madrigal, ↗ Villanelle, ↗ Kanzone) und Frz., eine eigene und vielgestaltige Entwicklung des dt. L.es hinsichtlich Text und die Melodie. Bis ins 19. Jh. gilt aber, dass alle diese L.er metrisch gleich gebaute Strophen mit einer jeweils gleichen, strophenweise sich wiederholenden Melodie hatten; allerdings begannen sich seit dem Barock die Text- und die Musik-Komponenten, die im gesamten MA. und z. T. noch in der beginnenden Neuzeit in der Person des ↗ Sängers verbunden waren, von dem sowohl Text als auch Melodie stammten, allmählich auseinanderzubewegen. Inhaltlich ging die Entwicklung einerseits hin zu größerer Schlichtheit, zu einer gewissen Sentimentalität und schließlich ↗ Empfindsamkeit (J. Ch. Günther, M. Claudius, G. A. Bürger), Eigenschaften, die allmählich allg. – v. a. im Zuge der Romantik – mit dem Begriff ›L.‹ assoziiert wurden; andererseits jedoch auch zu reflektierenden L.ern (M. Opitz, S. Dachs, P. Fleming, Ch. Hoffmann von Hoffmannswaldau), welche später zur ↗ Gedankenlyrik der ↗ Weimarer Klassik führten. Die Reformation, nämlich M. Luther und seine Nachfolger, schufen die lange Tradition des aussagekräftigen und auf die Gemeinde bezogenen protestantischen ↗ Kirchenliedes, das später auch von kath. Autoren nachgeahmt wurde. Eine weitere große Blütezeit des L.es war die Epoche der Weimarer Klassik und der ↗ Romantik (Texte von J. W. Goethe, C. Brentano, L. Tieck, N. Lenau, A. v. Droste-Hülshoff, E. Mörike, Th. Storm; zum Volksliedhaften tendierten: A. v. Arnim, J. v. Eichendorff sowie – mit ironischen Brechungen – H. Heine). Jetzt allerdings sind Texterfindung und Musik getrennt, bereits vorhandene L.-Texte werden nachträglich vertont (W. A. Mozart, C. F. Zelter, J. F. Reichardt, F. Schubert, R. Schumann, später H. Wolf, R. Strauss u. a.). Es entsteht das neuzeitliche dt. Kunstlied (Sololied mit Klavierbegleitung); es ist in seiner Ausprägung so dominierend und markant, dass die dt. Bez. im 19. Jh. als Fremdwort ins Frz. (*le lied*) und Engl. (*the lied*) übernommen wurde. Neu ist, dass seit Schubert bei der Vertonung die Melodie nicht mehr immer strophenweise wiederholt wird, sondern viele L.er jetzt durchkomponiert werden. Außerdem bildet sich die Vermittlungsform des L.erkonzertes, also des L.erabends, heraus. Strophenlieder und durchkomponierte L.er der unterschiedlichsten Traditionen und der verschiedenartigsten Inhalte stehen bis heute in Entstehung und Gebrauch parallel nebeneinander, vom spätromantischen Liebeslied über das Orchesterlied und das moderne Kunstlied über die politischen und sozialkritischen, stark durch die angelsächs. populäre Musik geprägten ↗ Songs bis hin zu den Werken der männlichen und dann auch weiblichen ↗ Liedermacher der jüngeren Gegenwart, die teilweise Einflüsse der frz. Chansonniers und der angelsächs. Songwriter aufnehmen. Bei den Liedermachern der verschiedenen Sprachräume findet sich in vielen Fällen wieder die alte Einheit von Textdichter, Melodieerfinder (den Ausdruck ›Komponist‹ sollte man vermeiden) und Sänger, wie sie seit dem MA. lange üblich war.

Lit.: H. Bergner (Hg.): Lyrik des MA.s. 2 Bde. Stgt. 1983. – O. Bie: Das dt. L. Bln. 1926. – H. Brunner: L.₂. In: RLW. – J. Cloot: Kunstlied. In: RLW. – K. Gudewill u. a.: L. In: MGG¹. – E. Jammers (Hg.): Ausgewählte Melodien des Minnesangs. Tüb. 1963. – P. Jost: L. In: MGG², Sachteil. – H. Kreuzer (Hg.): [Themenheft:] Das L. LiLi 9 (1979), H. 34. – S. Kross: Geschichte des dt. L.es. Darmstadt 1989. – A. Meier: L.₃. In: RLW. – G. Müller: Geschichte des dt. L.es vom Zeitalter des Barock bis zur Gegenwart. Mchn. 1925. Nachdr. Darmstadt 1959. – Th. Rothschild (Hg.): L.ermacher. Ffm. 1980. – G. Schweikle: Minnesang [1989]. Stgt., Weimar ²1995. – H. Tervooren (Hg.): Sangspruchdichtung. Stgt., Weimar 1995.   UM

Liederbuch, 1. Sammlung von Volks-, Gesellschafts- oder Studentenliedern des Spät-MA.s und der Frühen Neuzeit (vgl. dagegen die ↗ Liederhss. des ↗ Minne- oder ↗ Meistersangs). Zunächst wurden die Liederbücher noch hsl. (teils aus persönlichem Interesse, teils gewerblich) angelegt (z. B. das Lochamer und das Rostocker L., das L. der Clara Hätzlerin, 15. Jh.); seit dem 16. Jh. gibt es auch Drucke (Ambraser L., 1582; Raaber L., um 1600). Oft sind Noten beigegeben oder wenigstens die Melodien genannt (frühestes Beispiel: das 1512 bei Erhart Öglin in Augsburg erschienene L.; ferner: G. Forster: »Schöne, fröhliche, frische, alte und neue teutsche Liedlein«, 1539–56; Antwerpener L., 1544; »Groß L.«, Ffm. 1599). – 2. In der Minnesangforschung auch Bez. für eine erschlossene Folge von Liedern, wie sie sich in den erhaltenen Hss. als Vorlage z. T. noch abzeichnen oder zumindest rekonstruieren lassen. – 3. Heute Bez. für verschiedenartige Sammlungen von sangbaren Gedichten mit Melodien: a) Zusammenstellung der ↗ Lieder eines Autors (›Heine-L.‹, ›Brecht-L.‹); b) Zusammenstellung von Liedern verschiedener Autoren und Komponisten, z. B. für schulische Zwecke.   MGS

Liederhandschrift, von Hand geschriebene Sammlung sangbarer ↗ Lyrik. – Als ›L.‹ werden v. a. die mal. Sammlungen volkssprachiger Lieddichtung des ↗ Minnesangs und der bis in den ↗ Meistersang reichenden Sangspruchtradition (↗ Spruchdichtung [2]) bezeichnet, aber auch noch frühneuzeitliche Korpora. Für

Sammlungen des 15. und 16. Jh.s mit Liebesliedern jüngeren Stils und ↗ Gesellschaftsliedern hat sich die Bez. ↗›Liederbuch‹ eingebürgert. – Im letzten Viertel des 13. Jh.s, etwa gleichzeitig mit der Lyrik der ↗ Trobadors und ↗ Trouvères, erreicht die Tradierung mhd. Lyrik eine neue Qualität, die sich in der Niederschrift mehr oder minder voluminöser L.en dokumentiert. Obschon Minnesang und Sangspruch sich noch im 12. Jh. ausformen und eine ausschließlich mündliche Tradierung nicht anzunehmen ist, sind Vorstufen dieser Sammlungen nur aus Textstrecken zu rekonstruieren, die verschiedene L.en übergreifen. Die erhaltenen Korpora speisen sich kaum aus den Beständen älterer Überlieferungstypen (z. B. Beischriften zu größeren lat. und dt. Werken), sondern im Wesentlichen wiederum aus Sammlungen, die seit 1250 entstanden sind; weitergehende Annahmen zur Gestalt der Vorstufen (wie in der ›Liederbuchtheorie‹) bleiben hypothetisch. Die wichtigsten der mhd. L.en, die den Großteil uns überhaupt bekannter Lieddichtung bewahren und durchweg auf vermögende Auftraggeber zurückgehen, sind die »Kleine« und die »Große (Manessische) Heidelberger L.« (A, um 1270, und C, um 1300–1330/40), die »Weingartner L.« (B, um 1300/25) und die »Jenaer L.« (J, um 1330/40). In Umfang (A hat ca. 800, C über 5.200 Strophen), Format (J ist ein Großfolio-Bd.), Ausstattung (ganzseitige Autorenbilder in B und C, J hat Melodien) und Ausrichtung (A und C sammeln nahezu alle Genres, B und J vornehmlich klassischen Minnesang bzw. Sangspruchdichtung) variierend, eint sie die Ordnung nach dem Autorprinzip und innerhalb der einzelnen Korpora nach ↗ Tönen (4), wobei die Zuordnungen – wie auch, trotz weithin sorgfältiger Aufzeichnung, der Wortlaut der Texte – oft variieren. Daneben entsteht auf einzelne Autoren Ausgerichtetes, z. B. auf Neidhart in der »Riedegger-Hs.« (Ende des 13. Jh.s) oder auf Walther von der Vogelweide und Reinmar den Alten in der »Würzburger L.« (vor 1350). Ein Wandel in den soziologischen Voraussetzungen der Liedgattungen und ihrer Dokumentation nach der Mitte des 14. Jh.s lässt bedeutendere L.en erst seit dem zweiten Viertel des 15. Jh.s wieder in größerer Zahl entstehen – darunter nun öfter von den Lieddichtern selbst oder ihrem engeren Umfeld initiierte (z. B. Oswald von Wolkenstein, Muskatblüt, Michel Beheim, Hans Folz) und retrospektiv auf einzelne Autoren (z. B. Neidhart-c, Frauenlob-F) oder Gattungen (vorreformatorische Meisterlieder-Hss., darunter die »Kolmarer L.« k mit fast 4.600 Strophen) zielende L.en, in denen sich Alt- und Neubestände mischen.

Lit.: M. Baldzuhn: Vom Sangspruch zum Meisterlied. Mchn. 2002. – Ch. Hamm: Manuscript structure in the Dufay era. In: Acta Musicologica 34 (1962), S. 166–184. – F.-J. Holznagel: Wege in die Schriftlichkeit. Tüb., Basel 1995. – S. Huot: From song to book. Ithaca, Ldn. 1987. – L. Voetz: Überlieferungsformen mhd. Lyrik. In: E. Mittler, W. Werner (Hg.): Codex Manesse. Hdbg. ²1988, S. 224–274.   MBN

Liedermacher, Künstler, der alle oder zumindest mehrere der Funktionen Textdichter, Komponist, ↗ Sänger und Instrumentalist (meist Gitarrist, seltener Pianist) in sich vereint. Die Bez. ist schon seit dem 18. Jh. (bei F. v. Hagedorn, Ch. M. Wieland und L. Tieck) belegt und steht dort allg. für den Lyriker (vgl. DWb 12 [1885], Sp. 992). In den 1960er Jahren wird sie – etwa in der Selbstbeschreibung W. Biermanns – als eine Art Lehnübers. von engl. *songwriter* und in Analogie zu B. Brechts Berufsbez. ›Stückeschreiber‹ auf eine Gruppe damals junger, fast ausschließlich männlicher Künstler angewandt, die eine neue Form populärer und zugleich anspruchsvoller, auf öffentliche Präsentation hin geschriebener Lyrik entwickelten. Sie knüpften dabei an Formen wie ↗ Ballade, ↗ Bänkelsang und ↗ Couplet sowie an nonkonformistische Vorbilder wie Oswald von Wolkenstein und François Villon, W. Mehring und B. Brecht, J. Brel und M. Theodorakis an. Ein weiterer wichtiger Einfluss ist die zeitgenössische engl.sprachige populäre Musik, die durch die Dominanz der *singer-songwriters* geprägt ist (W. Guthrie, J. Cash, B. Dylan, J. Baez, L. Cohen), deren ↗ Songs im Kontext der Protest- und Antikriegsbewegungen der 1960er und 1970er Jahre weltweit Verbreitung fanden. Demgegenüber blieben die dt. L. (F. J. Degenhardt, W. Neuss, H. Wader) ein regional und zeitlich begrenztes Phänomen. In den 1970er Jahren kamen L. einer neuen Generation hinzu, deren Lieder stärker subjektiv geprägt waren und sich teilweise dem ↗ Schlager annäherten (R. Mey, K. Hoffmann, K. Wecker, A. Heller); als Verfallsform des L.s und zugleich als Annäherung an das ↗ Kabarett und die ↗ Unsinnspoesie kann die ebenfalls in dieser Zeit erfolgreiche Figur des ›Blödelbarden‹ angesehen werden (K. Dall, U. Roski). Die seit den 1980er Jahren populär gewordenen dt.sprachigen Sänger, die wiederum einer neuen Generation angehören, verstehen und präsentieren sich meist nicht mehr als L., sondern als Protagonisten einer Rockband (H. Grönemeyer, M. Müller-Westernhagen).
Lit.: D. Burdorf: Song. In: RLW. – R. Grimm u. a.: Dt. L. 1970–96. Ffm. 1996. – M. Henke: Die großen Chansonniers und L. Düsseldorf 1987. – Th. Rothschild (Hg.): L. Ffm. 1980. – Ders.: L. In: TuK 9/9a (1984): Politische Lyrik, S. 85–93. – Ch. Schmid-Cadalbert: Sänger. In: RLW.   DB

Liederschule ↗ Kunstlied.

Liedertheorie, Lehre von der Entstehung des ↗ Heldenepos, der zufolge dieses sich aus eigenständigen Liedern zusammensetzt. Von F. A. Wolf (»Prolegomena ad Homerum«, 1795) postuliert, wurde die L. bei der Methodisierung des Faches auf dt. Epen übertragen. Anders als zuvor A. W. Schlegel meinte K. Lachmann, durch textkritische, oft werkästhetische Aspekte im Epos die Lieder noch ausmachen zu können. Er wandte die L. zuerst auf das »Nibelungenlied« an (»Über die ursprüngliche Gestalt des Gedichts von der Nibelungen Noth«, 1816); die Identifikation von zwan-

zig Liedern bestimmte seine maßgebliche Edition (1841). Die L. prägte z. B. Ausgaben der »Kudrun« von L. Ettmüller (»Gûdrûnlieder«, 1841) und K. Müllenhoff (»Kudrun«, 1845). Sie wurde im folgenden ↗ Nibelungenstreit grundlegend in Frage gestellt und von A. Heusler revidiert.
Lit.: G. Ehrismann: Das Nibelungenlied in Deutschland. Mchn. 1975.   AL

Lifestyle ↗ Stil.

Limerick, m. [engl.], fünfversiges Scherzgedicht mit geregeltem Metrum und Reim, der ↗ Unsinnspoesie zuzurechnen. Besteht aus fünf Versen mit anapästischem Grundrhythmus und hat das Reimschema *aabba*. Der erste Vers beginnt fast immer mit der Nennung einer Person in Verbindung mit einer Ortsangabe:

> »There was a young lady of Riga
> Who smiled as she rode on a tiger;
> They came back from the ride,
> With the lady inside
> And a smile on the face of the tiger.«

Die Gedichtform des L. findet sich in der engl. Lit. seit den 1820er Jahren. Als Meister des L. gilt E. Lear (»Book of Nonsense«, 1846); die Form wurde in den angelsächs. Ländern im 19. und v. a. im 20. Jh. auch von bedeutenden Dichtern (u. a. A. Tennyson, R. Kipling, W. H. Auden) gepflegt. Die ersten dt. L.s wurden von C. Peiser 1925 publiziert; populär wurden sie nach dem Zweiten Weltkrieg.
Lit.: W. S. Baring-Gould: The lure of the l. Ldn. 1967. – C. Bibbry: The art of the l. Ldn. 1978. – W. Dietze: 333 L.s Lpz. 1977. – H. Helmers: Lyrischer Humor. Stgt. 1971. – P. Köhler: L. In: RLW. – G. Legman (Hg.): The l. NY 1991.   GG

Lindenschmidstrophe ↗ Morolfstrophe.

Linguistische Poetik, interdisziplinär angelegte Richtung der Lit.wissenschaft, die in die Lit.theorie und in die praktische Analyse von Texten und Kontexten sprachwissenschaftliche Zugänge integriert. Die l. P. kann sich auf alle Gebiete der Sprachwissenschaft (Phonologie, Morphologie, Syntax, Semantik, Pragmatik, Textlinguistik) beziehen. Sowohl ausschließlich am Text und dessen Regelhaftigkeit interessierte lit.wissenschaftliche Theorien (z. B. ↗ Formalismus) als auch auf die Interaktion von Text und Leser zielende Ansätze (z. B. ↗ Diskursanalyse, Kognitive Stilistik) rekurrieren auf sprachwissenschaftliche Grundlagen. – Vorläufer sind die antike ↗ Rhet. sowie Theoretiker des 18. Jh.s wie J. Ch. Gottsched und J. G. Herder, welche die Analysen von Sprache und Lit. eng miteinander verzahnen. Die moderne l. P. setzt in der Folge der sich in den 1960er Jahren herausbildenden ↗ Textlinguistik ein und greift auf den russ. Formalismus zurück. R. Jakobsons Bestimmung der ›poetischen Funktion‹ ist dabei bes. einflussreich. In den 1970er Jahren sind unter dem Einfluss der ›Generativen Transformationsgrammatik‹ Bestrebungen vorherrschend, die eine systematische Theoriebildung auf der Ebene der

sprachlichen Regelhaftigkeit (N. Chomskys Begriff der ›Kompetenz‹) anvisieren und in die Begründung einer ›Generativen Poetik‹ (T. A. van Dyk) münden. Im Zuge des in der Linguistik der 1980er Jahre einsetzenden *Pragmatic Turn* zeichnet sich in der l.n P. ebenfalls eine Bevorzugung pragmatischer Ansätze ab (z. B. kommunikationstheoretische Dramenanalyse, wahrnehmungsorientierte Poetik). Die Untersuchung lit. Gattungen, der Stilistik von lit. Textkorpora u. a. wird seitdem zunehmend mit Mitteln der l.n P. betrieben; dabei spielt die Leserorientierung der Lit. eine zentrale Rolle. Im Zusammenhang mit psycho- und neurolinguistischen Erkenntnissen entsteht neuerdings eine multidisziplinäre Ausweitung der l.n P., die sich der Untersuchung von Kognition und Emotion in der Verarbeitung von Lit. widmet (↗ Biopoetik). – Institutionell schlägt sich das Interesse an l.r P. zunächst in der Gründung interdisziplinärer Zss. nieder (»Zs. für Lit.-wissenschaft und Lingustik« [»LiLi«] seit 1971; »Poetics« seit 1972); hinzu kommen die internationale Fachgesellschaft »PALA« (»Poetics and Linguistics Association«) mit der Zs. »Language and Literature« (seit 1992) sowie neue Publikationsreihen wie »Linguistic Approaches to Literature« (seit 2002).
Lit.: L. Doležel: Occidental Poetics. Ldn. 1990. – H. Fricke, W. van Peer: L. P. In: RLW. – R. Jakobson: Poetik [1979]. Ffm. ⁴2005. – I. Kasten u. a. (Hg.): [Themenheft:] Lit.wissenschaft und Linguistik. MDG 44 (1997), H. 3. – E. Semino, J. Culpeper: Cognitive Stylistics. Amsterdam, Philadelphia 2002.   EST

Lipogramm, n. [aus gr. *leípein* = weglassen, *grámma* = Buchstabe], auch: Leipogramm; Text, in dem ein einzelner Buchstabe konsequent vermieden ist. – Das L. ist die vielleicht älteste bekannte lit. Spielform mit zahlreichen Beispielen aus der antiken Lit., belegt schon aus dem 6. Jh. v. Chr., als der gr. Lyriker und Musiktheoretiker Lasos und sein Schüler Pindar Gedichte ohne ›s‹ schrieben, angeblich, weil der ›unangenehme‹ Konsonant den Vortrag störte. Fulgentius ließ – wohl aus mystisch-magischen Gründen – in jedem Buch seiner Weltgeschichte »De aetatibus mundi et hominis« (6. Jh.) der Reihenfolge des Alphabets nach jeweils einen Buchstaben aus. Danach tritt das L. offenbar erst wieder im 13., vermehrt und in vielen Lit.en im 17. Jh. auf, als die barocke Freude am ↗ Spiel im L. die Gelegenheit zu virtuosen Kunststücken fand: Auch religiöse Texte und Predigten wurden (z. B. von J. K. Bonorand, J. Müller, E. Uhse) als L.e verfasst. Die Geschichte des dt. L.s setzt sich über B. H. Brockes, F. Ritter, F. Kempner und O. Nebel bis in die Gegenwartslit. fort (E. Helmlé: »Im Nachtzug nach Lyon«, 1995). Bemerkenswertes Beispiel in der neueren frz. Lit. ist der ohne *e* verfasste Roman »La Disparition« (1983) von G. Perec.
Lit.: H. Boehncke, B. Kuhne: Anstiftung zur Poesie. Oulipo – Theorie und Praxis der Werkstatt für potentielle Lit. Bremen 1993. – A. Liede: Dichtung als Spiel [1963]. Bln., NY ²1992, Bd. 2, S. 90–94.   FM

Lipogrammatisch ↗ leipogrammatisch.
Lira, f. [span. = Leier; nach einem Gedicht Garcilasos de la Vega, in dem der Dichter seine Kunst mit einer Leier vergleicht], variationsreiche span. Kurzstrophe aus 4–6 Zeilen mit regelmäßigem Wechsel von Sieben- und Elfsilblern und festem Reimschema, meist aus zwei Reimklängen. Die L.s sind Adaptionen it. Strophenformen, die ihrerseits freie Nachbildungen horazischer Strophenmaße sind und in der it. Dichtung des frühen 16. Jh.s die ältere prunkvolle ↗ Kanzone ablösen. – Bedeutendste Form der L. ist die *L. garcilasiana*, eine fünfzeilige Strophe mit Siebensilblern in den Zeilen 1, 3 und 4, Elfsilblern in den Zeilen 2 und 5; Reimschema: *ababb*. Sie wurde im 16. Jh. durch Garcilaso de la Vega nach dem Vorbild des Bernardo Tasso in die span. Dichtung eingeführt und begegnet v. a. in der Lyrik (Fra Luís de León, San Juan de la Cruz) und im Drama (Jerónimo Bermúdez, Guillén de Castro, Tirso de Molina) des 16. Jh.s, dann wieder in Klassizismus und Romantik. Weitere Formen sind die vierzeilige *Cuarteto-L.* (Zeilen 1 und 3: Elfsilber, Zeilen 2 und 4: Siebensilber; Reimschema: *abab*), die sich v. a. in den span. Horaz-Übers.en des 16. Jh.s findet (Fra Luís de León, Francisco de la Torre), und die sechszeilige *Sexteto-L.* oder *L. sestina* (Zeilen 1, 3 und 5: Siebensilbler, Zeilen 2, 4 und 6: Elfsilbler; Reimschema: *ababcc*), die vom 16. Jh. bis zur Romantik in der Lyrik und im Drama (M. de Cervantes, Lope de Vega) verwendet wird.   JK/Red.
Litanei, f. [gr. *litaneía* = Prozessionsgebet oder öffentliches Bittgebet], feste Gebetsform, bei der Gebetsanliegen durch einen Vorbeter gesprochen und durch einen feststehenden Gebetsruf der Gemeinde (z. B. »Kyrie eleison / Herr, erbarme dich«) beantwortet werden (↗ Gebet). Schon das AT kennt ›Wechselgebete‹ (Ps 118 oder 136), die über die jüdische Tradition im Christentum aufgenommen und weitergeführt wurden. Das Flehen zu Gott kommt durch das Beten der L. zum Ausdruck. Ursprünglich wurde die L. nur bei Prozessionen gesungen, später auch in Gottesdiensten. Luther entfernte die Anrufung der Heiligen aus der L. In der lutherischen und kath. Kirche wurde die L. weiter benutzt, nicht jedoch bei den Reformierten. Ab dem 17. Jh. wird die L. oft nur gesprochen.   SMI
Literalisierung ↗ Alphabetisierung.
Literalität, f. [engl. *literacy*], ↗ Mündlichkeit/Schriftlichkeit; ↗ Alphabetisierung.
Literarische Anthropologie, f. [gr. *ánthrōpos* = Mensch], auf die Lit. bezogene Lehre vom (Wesen des) Menschen: 1. eine sich seit der ↗ Aufklärung verstärkt mit anthropologischen Sachverhalten auseinandersetzende Richtung der Lit.; 2. eine seit etwa 1990 verstärkt kulturanthropologisch-ethnologische Modelle aufgreifende Lit.wissenschaft.
1. Von einer l.n A. im strengen Sinne kann man erst dort sprechen, wo Lit. und Anthropologie je eigene Systeme bilden, zwischen denen diskursive Interferenzen möglich sind. Für die älteren Epochen ist dies

nicht der Fall. Lit. (im Sinne der *belles lettres*) und Anthropologie (im Sinne einer Wissenschaft vom Menschen) existieren im MA. weder dem Namen noch der Sache nach: Die Frage nach dem Wesen des *homo* (lat. = Mensch) als Krone der Schöpfung, Mikrokosmos oder Mängelwesen wird allein im Rahmen der Theologie und der Philosophie gestellt; der Ort des Menschen wird im Spannungsfeld zwischen Engel und Tier situiert; auch die Beschreibung des menschlichen Körpers bleibt heilsgeschichtlich oder ethisch grundiert. Partiell eigene Wege geht v. a. die volkssprachige Lit., die (z. B. im ↗höfischen Roman) anhand kontrastiver Lebens- und Sprachformen Aspekte eines zivilisatorischen Prozesses entwirft. ↗Kultur wird profiliert im Blick auf Gegenwelten, Nicht-Orte und Außenseiter, höfisches oder ritterliches Verhalten in Bezug auf animalische oder naturhafte Formen. Die Genealogie zeigt sich als eine spezifische Denkform und Wissensordnung, die ebenso die sozialen Beziehungen wie die Modelle von Sprache und Überlieferung prägt – und sie jeweils an Ursprünge und Übergänge bindet. – Mit der Veränderung der Gattungen und sozialen Gegebenheiten verschieben sich im späten MA. auch die anthropologischen Ansätze in der (narrativen) Lit.: in Richtung auf ein Ausagieren von Gewalt, eine Steigerung des Bösen und Dämonischen, eine Vergröberung von Beziehungsformen. Der frühneuzeitliche Prosaroman entwickelt neue Semantiken der Vergesellschaftung, die barocke Lit. neue Dimensionen der Affektkultur. In der gleichen Zeit führt in Frankreich die Koppelung von Moralistik und Roman zu einer Öffnung der Lit. für die sich nun als Wissenschaft konstituierende Anthropologie. Im dt. Sprachraum werden ähnliche Tendenzen erst im 18. Jh. wirksam: im ↗Pietismus, der Konzepte von Erfahrungsbezogenheit und Verinnerlichung in den Schnittfeldern von Theologie, Lit., Pädagogik, Medizin, Pharmakologie und Psychologie entwickelt; in der Spätaufklärung, die sich von Rationalismus und Systemdenken löst und eine Selbstaufklärung der Aufklärung betreibt, bei welcher der ›ganze Mensch‹ ins Zentrum rückt. Intensiviert werden die Beziehungen zwischen den Naturwissenschaften und der Lit. Ch. M. Wieland rekurriert in seinen Romanen auf physiologische und empirisch-psychologische Diskurse. K. Ph. Moritz bringt in dem Roman »Anton Reiser« seine »Erfahrungsseelenkunde« zu lit. Entfaltung. Generell wird die als Naturkunde am Menschen (und insbes. am Körper) verstandene ↗Autobiographie zu einem bevorzugten Entfaltungsort der l.n A. Die ↗Romantik stellt dem naturwissenschaftlichen Paradigma eine Orientierung an F. W. J. Schellings spekulativer Naturphilosophie gegenüber und erprobt dialektische Modelle der Verschränkung von Körper und Geist (Novalis, J. W. Ritter, C. G. Carus). Die Lit. um 1900 knüpft daran an, vollzieht aber zugleich – Impulse A. Schopenhauers und F. Nietzsches verstärkend – mit der Hinwendung zur Triebnatur und zur Sexualität des Menschen einen

Paradigmenwechsel (A. Schnitzler). In der Folgezeit treten die sich neu entwickelnden Wissenschaften Ethnologie (↗Ethnologie und Lit.) und Kulturanthropologie in Wechselwirkungen mit der Lit. ein, welche sich intensiv mit den Problemen äußerer und innerer Fremde beschäftigt (H. H. Jahnn, H. Fichte).
2. Aus den Bereichen Ethnologie und Kulturanthropologie kommen auch die seit etwa 1990 verstärkten Impulse zu einer l.n A. im lit.- und kulturwissenschaftlichen Sinne. Der Richtung der l.n A., die sich an den ↗*Cultural Studies* orientiert, geht es darum, Lit. als komplexe Form zu begreifen, in der anthropologische und kulturelle Parameter spannungsvoll aufeinandertreffen (vgl. Bachmann-Medick, Kiening). Die l. A. Isers hingegen versucht, anknüpfend an Theorien der ↗Fiktion und der Imagination (↗imaginär), die spezifische anthropologische Leistung des Fiktiven zu bestimmen. Sie begreift Lit. als Spiegel für die Plastizität des Menschen und als medialen Spielraum, der, Leistungen älterer Medien übernehmend, mit Hilfe des Imaginären ein beständiges Selbst-Überschreiten des Menschen ermöglicht.

Lit.: D. Bachmann-Medick (Hg.): Kultur als Text. Ffm. 1996. – A. Barsch, P. M. Hejl (Hg.): Menschenbilder. Ffm. 2000. – R. H. Bloch: Etymologies and Genealogies. Chicago 1983. – W. Braungart u. a. (Hg.): Wahrnehmen und Handeln. Bielefeld 2004. – M. Fauser: Einf. in die Kulturwissenschaft. Darmstadt 2003, S. 41–65. – W. Iser: Das Fiktive und das Imaginäre. Ffm. 1991. – Ch. Kiening: Zwischen Körper und Schrift. Ffm. 2003. – Ders.: Anthropologische Zugänge zur mal. Lit. In: JbIG. Reihe C, Bd. V,1 (1996), S. 11–129. – H. Pfotenhauer: L. A. Stgt. 1987. – W. Riedel: Anthropologie und Lit. in der dt. Spätaufklärung. In: IASL. Sonderheft 6 (1994), S. 92–157. – Ders.: ›Homo natura‹. L. A. um 1900. Bln., NY 1996. – Ders.: L. A. In: RLW. – H.-J. Schings (Hg.): Der ganze Mensch. Stgt., Weimar 1994.   CKI

Literarische Bildung, 1. Vorgang des Kompetenzerwerbs im Umgang mit Lit.; 2. das Resultat dieses Vorgangs. – Das Konzept ›l. B.‹ setzt ein emphatisches Verständnis von Lit. voraus. In Opposition zur Vorstellung einer nur funktionalen Ausbildung – etwa durch den schulischen ↗Deutschunterricht oder durch das Studium der Lit.wissenschaft – werden dabei zwei Behauptungen über die Wirkung von Lit. aufgestellt: a) Aus der ↗Lektüre lit. Texte resultieren gravierende positive Effekte für den ↗Leser als Person; b) für die lit.-gestützte Selbst-Formung gibt es keinen gleichwertigen Ersatz. – Schon immer gelten lit. Texte als bevorzugtes Medium der Bildung. So soll sich die ↗Philologie aus den Bedürfnissen des Unterrichts – am Anfang stand die Erklärung der Werke Homers – entwickelt haben. Bis weit über die ↗Spätantike hinaus gab es eine Form der l.n B., über die sich ein Leser als Angehöriger der Oberschicht qualifizieren konnte. Die Lektüre orientierte sich an einem begrenzten ↗Kanon klassischer Autoren (Vergil, Cicero, Sallust, Terenz). Die Aneignung der Lektüre zielte nicht auf ein simples Stoffwissen, sondern auf ein allg. Kulturwissen ab. Realisieren sollte sich diese Teilhabe an der Lit. der Alten v. a. im Kennenlernen exemplarischer Persönlichkeiten (etwa aus den Werken Vergils). In den verschiedenen Phasen des ↗ Humanismus wurde der Kanon erweitert, ohne jedoch den Rahmen der gr.-lat. Klassiker zu sprengen. – Im 18. Jh. fungierte eine schichtenspezifische l. B. als Vorform der bürgerlichen ↗ Öffentlichkeit: Das lit.kritische Räsonnement im Kreis der ↗ Leser wurde zum Modell für die politische bzw. parlamentarische Debatte. Im 19. Jh. hat sich die existenzielle Lektüre, für welche die eigene Person als bildungsfähiges Individuum der primäre Interpretations- und Aneignungskontext ist, als dominante Form der l.n B. durchgesetzt. Kanonisch ist nun neben der gr.-lat. auch die nationale, nhd. ↗ Klassik. Ort der l.n B. ist der Deutschunterricht des neuhumanistischen Gymnasiums mit einer Lesedidaktik, die ihr Ideal im Leitgedanken der humanen Perfektion sieht und deren technische Grundregel die selbsttätige und nicht länger die imitatorische Aneignung ist. Statt stilistischer oder rhet. Vorbildlichkeit zählt hier ein bildungsphilosophisch begründeter Katalog von Werten wie Individualität, Nationalität, Religiosität und Geschichtlichkeit oder – ins Formale gewendet – Harmonie, Universalität und Totalität als Explikation des Bildungsgehalts der klassischen Autoren und Texte. – Heute wird l. B. kontrovers bewertet: Einerseits ist die kulturkritische Sorge, dass die Neuen Medien die Lit. verdrängen, omnipräsent. Andererseits jedoch ist unklar, wer für die l. B. zuständig ist und welche Bedeutung sie noch hat. Einige Vertreter drängen das Phänomen in eine auf die Schule und deren pädagogische Belange fixierte ↗ Lit.didaktik ab. Der Aspekt der ↗ lit. Sozialisation wird dabei stärker akzentuiert als derjenige der l.n B. Zuweilen wird l. B. in der soziologischen Leseforschung, bes. im Kontext der PISA-Studie, auf eine primär berufs- und medienpraktisch verstandene Schlüsselqualifikation oder Lesekompetenz reduziert. Eine andere Fraktion sieht dagegen die l. B. als einen für die Erkenntnis wie die gesellschaftliche Anerkennung der Lit. entscheidenden Rezeptions- und Funktionskontext und damit als weiterhin zentralen Gegenstandsbereich der Lit.wissenschaft an. Eine unter ideologiekritischen Vorzeichen stehende Position sieht die l. B. im Kontext der Kanonisierungsprozesse und arbeitet an einer kritischen Evaluation der ↗ Lit.geschichte. Dem steht das Verfahren gegenüber, die Formen und Modi der Lektüre und die sich daraus ergebenden ›bildenden‹ Effekte zu untersuchen.

Lit.: U. Eigler: Lectiones vetustatis. Röm. Lit. und Geschichte in der lat. Lit. der Spätantike. Mchn. 2003. – M. Fuhrmann: Der europäische Bildungskanon des bürgerlichen Zeitalters [1999]. Ffm. ²2004. – Ders.: Bildung. Stgt. 2002. – N. Groeben, B. Hurrelmann (Hg.): Lesekompetenz. Weinheim, Mchn. 2002. – J. Habermas: Strukturwandel der Öffentlichkeit. Neuwied

1962. – M. Kämper-van den Boogaart: Schönes schweres Lesen. Wiesbaden 1997. – H. Schlaffer: Poesie und Wissen. Ffm. 1990. – N. Wegmann: L. B. in den Zeiten der Theorie. In: DU 45 (1993), S. 12–25.   NW

Literarische Evolution, im Rahmen des russ. ↗ Formalismus entwickeltes Konzept von Entwicklung der Lit. Das Konzept der l.n E. bezieht in seinem Kern keine soziologischen, biographischen, psychologischen oder vergleichbaren Kontexte in seine Erklärung von lit. Entwicklung ein. Insofern handelt es sich nicht um ein Konzept von ↗ Lit.geschichte, sondern eher um ein Konzept von Formengeschichte, das die innerlit. Dynamik von Kunstgriffen untersucht. Die russ. Formalisten haben, wenn sie von ›l.r E.‹ sprechen, Lit. als eine von Kontinuitäten und Diskontinuitäten bestimmte Reihe vor Augen. Lit. und ihre Formensprache entwickeln sich nach dem Muster Innovation – Konventionalisierung (Automatisierung) – Innovation (Entautomatisierung). – Der anti-spekulative (v. a. gegen psychologisch akzentuierte Modelle von Lit.geschichte und Lit.interpretation gerichtete) Impuls, der das Konzept von l.r E. wie überhaupt das Denken der russ. Formalisten von Anfang an begleitet hat, macht ihren Ansatz nicht frei von begründeten Anfechtungen. Umstritten ist insbes. die empirische Gültigkeit des als zu einfach kritisierten Modells. – ↗ Lit. Reihe.

Lit.: B. Eichenbaum: Lermontow [russ. 1924]. In: ders.: Aufsätze zur Theorie und Geschichte der Lit. Ffm. 1965, S. 101–118. – J. Tynjanov: Das lit. Faktum [russ. 1924]. In: J. Striedter (Hg.): Russ. Formalismus. Mchn. 1971, S. 392–431. – Ders.: Über die l. E. [1927]. In: ebd., S. 433–461.   BM

Literarische Fälschung ↗ Fälschung.

Literarische Gedenkstätte, ein durch Gedenktafel, Denkmal oder Haus bzw. Wohnung markierter Ort, der in einem ursächlich-authentischen Kontext mit einem ↗ Dichter oder lit. Text steht. L. G.n werden zuerst im Zuge der Ausbildung nationaler Gedenkkulturen und ↗ Philologien sowie der kulturellen Auratisierung des ↗ Autors im 19. Jh. eingerichtet. Die Musealisierung privater Wohnräume setzt 1859 mit dem Haus F. Schillers in Weimar ein. Das Dichterhaus ist die populärste Form der l.n G. Mittlerweile haben sich unterschiedliche Typen mit z. T. performativem Charakter herausgebildet. Neben der vollständig auratischen (Re-)Inszenierung der authentischen Lebenswelt des Dichters (Brecht-Weigel-Gedenkstätte, Berlin) stehen l. G.n, die weder authentische Dokumente noch Wohnräume ausstellen (Kleist-Museum, Frankfurt/O.), in denen daher der Übergang zur ↗ Lit.ausstellung fließend ist. Einen bes. Fall bilden Mischformen (z. B. Buddenbrookhaus, Lübeck), die Lebens- und Romanwelt, die inszenierte Ausstellung von Lit. und dokumentarische Information miteinander verschmelzen.

Lit.: S. Autsch u. a. (Hg.): Atelier und Dichterzimmer in neuen Medienwelten. Bielefeld 2005. – H. Wisskirchen (Hg.): Dichter und ihre Häuser. Lübeck 2002.

MGR

Literarische Gesellschaft, Zusammenschluss (in der Regel in der Rechtsform eines eingetragenen Vereins) von Lit.interessierten zur Bewahrung und Förderung der Kenntnis, Erinnerung und Geltung (↗ Kanon) eines Schriftstellers, einer lit. Gattung (z. B. ›Europäische Märchengesellschaft‹), einer zentralen lit. Figur (z. B. ›Faust-Gesellschaft‹), einer Epoche (z. B. ›Neue L. G. für Lit. der Gegenwart‹). In der Regel gehören zu einer l.n G. eine Gründungsgeschichte oder ein Gründungsakt. Das leserfundierte Kulturengagement von unten zur Gestaltung regionaler Erinnerungsräume verbindet die Sicherung geschichtlicher Überlieferung mit Zukunftsentwürfen. Umgesetzt wird die jeweilige Programmatik durch öffentliche Aktivitäten wie ↗ Lesungen, Preisverleihungen, Tagungen, Veröffentlichungen (Schriftenreihe), Ausstellungen, ↗ Editionen der Werke des Namenspatrons, Einrichtung seines Geburts- oder Wohnhauses als ›Dichterhaus‹ mit Museum und Archiv sowie als Sitz der l.n G. Nicht selten wird auch die Topographie der erinnerungsrelevanten Orte (Wohnhäuser, Dichterpfade, Grabstätte) markiert. Für die Mitglieder erfüllen die regelmäßig stattfindenden Veranstaltungen die Funktion lit.orientierter Geselligkeit und Selbstpräsentation, für die Kommunen haben solche Aktivitäten einen kulturtouristisch-ökonomischen Hintergrund. Mitunter werden auch Schriftstellervereinigungen und Dichterbünde (z. B. ↗ ›Tunnel über der Spree‹) als ›l. G.en‹ bezeichnet. Heute gibt es in Deutschland ca. 200 l. G.en, seit 1986 besteht die ›Arbeitsgemeinschaft L.r G.en und Gedenkstätten‹ mit Sitz im ↗ ›Lit. Colloquium Berlin‹. Entstanden ist die Form der l.n G. im 19. Jh. aus den Elementen Geselligkeit, Selbstpräsentation und Dichterverehrung, wie sie in ↗ Salons und Lesezirkeln, aber auch in Vereinen zur Errichtung von Dichterdenkmälern und -gedenkstätten als Ausdruck des Konzepts Kulturnation mit dem zentralen Bestandteil Dichterkult praktiziert wurde. Zu den ältesten heute noch bestehenden l.n G. en gehören das ›Freie Dt. Hochstift‹ (1859) sowie die Shakespeare- (1864), Goethe- (1885) und Schiller-Gesellschaft (1895), welche auf den schon 1835 gegründeten Marbacher Schillerverein zurückgeht.
Lit.: H. Detering: L. G. In: RLW. – J. Grywatsch (Hg.): Eine l. G. im 20. Jh. 75 Jahre Annette-von-Droste-Gesellschaft (1928–2003). Bielefeld 2003. – Arbeitsgemeinschaft L.r G.en (Hg.): L. G.en in Deutschland. Ein Hb. Bearb. v. Ch. Kussin. Bln. 1995. – R. Noltenius: Dichterfeiern in Deutschland. Mchn. 1984. – W. Wülfing u. a.: Hb. lit.-kultureller Vereine, Gruppen und Bünde 1825–1933. Stgt. 1998. BD

Literarische Reihe, Begriff des russ. ↗ Formalismus, mit dem die ›externen Funktionen‹ eines lit. Textes innerhalb des lit. Systems erfasst werden sollen. – Der Terminus geht zurück auf J. Tynjanov (1927). Für den russ. Begriff *rjad*, der auch ›Ordnung‹ bedeuten kann, hat sich im Dt. die Übers. ›Reihe‹ (im Sinne von ›Nexus‹ oder ›Einbindung‹) durchgesetzt. Als ›l. R.‹ wird die Gesamtheit der einem Werk vorausgegangenen und folgenden Werke der Lit.geschichte bezeichnet. Durch die l. R. wird der Zusammenhang der ›inneren Lit.geschichte‹ hergestellt. Gleichzeitig wird eine Abhängigkeit von außerlit. (z. B. sprachlichen oder sozialen) Reihen negiert. Eine Korrelation verschiedener Reihen ist dabei systemlogisch möglich, wobei die Autonomie des lit. Textes im Sinne seiner Strukturiertheit als Ausdruck interner Funktionsgesetze (›Literarizität‹) betont wird. Der Begriff und die Konzeption der l.n R. sind in den westlichen Lit.wissenschaften auf wenig Resonanz gestoßen; lediglich für die Begründung der ↗ Rezeptionsästhetik hat das Konzept eine Rolle gespielt.
Lit.: M. Fleischer: L. R. In: RLW. – J. Tynjanov: Über die lit. Evolution [russ. 1927]. In: J. Striedter (Hg.): Russ. Formalismus. Mchn. 1971, S. 433–461. NST

Literarisches Colloquium Berlin, n. [lat. *colloquium* = Gespräch, Gesprächskreis], Abkürzung: LCB; von W. Höllerer 1963 gegründete unabhängige Kulturinstitution. Das LCB bietet Lesungen, LCB-Editionen (Einstellung 1989 mit Nr. 100), Förderung von Autoren und Filmemachern, gibt die Zs. »Sprache im technischen Zeitalter« (seit 1961) heraus. Es ist Sitz der ›Arbeitsgemeinschaft Lit. Gesellschaften und Gedenkstätten‹, seit 1997 auch des ›Dt. Übersetzerfonds‹ und vergibt bzw. vergab den Alfred-Döblin-Preis (seit 1979), den Berliner Literaturpreis (1989–98 und seit 2005, verbunden mit der ›Heiner-Müller-Gastprofessur für dt.sprachige Poetik‹ an der Freien Universität Berlin), die Johannes-Bobrowski-Medaille (1992–98) und den Lyrik-Debüt-Preis (seit 1999). BD

Literarisches Leben, traditionell auch: lit. ↗ Öffentlichkeit; funktionalistisch: Literatursystem; eher abfällig: Literaturbetrieb; im Ggs. zum weiter gefassten ›kulturellen Leben‹ der Gesamtzusammenhang aller Institutionen, Handlungen und Kommunikationen, die im engeren oder weiteren Sinn mit Lit. verknüpft sind, also deren Produktion, Distribution, Präsentation, Archivierung, Förderung und Pflege, aber auch das wissenschaftliche, kulturjournalistische, geschäftliche, politische, juristische, alltägliche Sprechen und Schreiben über Lit. in den Medien, anlässlich von Jubiläen und Preisverleihungen, in lit.- und kulturwissenschaftlichen Instituten, in Foyers und auf Podien von Konferenzen, Kongressen, Lit.häusern, ↗ Salons. Man muss sich das lit. Leben dieser Vielfalt entsprechend als hochkomplexes, dynamisches Diskursgeflecht vorstellen, in dem die kulturelle Bedeutung von ›Lit.‹ durch unzählige Handlungen und Kommunikationen immer wieder aufs Neue ermittelt wird. – Als eine vom Bürgertum organisierte lit. Öffentlichkeit entwickelt sich das lit. Leben in Deutschland seit dem 17. Jh. mit der Gründung der ↗ Sprachgesellschaften und zu Beginn des 18. Jh.s mit der Etablierung einer kontinuierlichen Auseinandersetzung mit Lit. in Büchern und Zss. Diskursiv grenzt sich dieser Bereich gegenüber anderen Teilöffentlichkeiten, v. a. aber gegenüber dem politischen System des Absolutismus ab und schafft sich eigene Institutionen und Foren (Gruppen, Salons, ↗ Lit.zeitschriften, ↗ Manifeste), Regeln, Rollen, Strategien und Kommunikationsformen (↗ Lit.kritik, Polemik). Diese Abgrenzung wird einerseits als emanzipativ erfahren, weil auch politische Themen im Zusammenhang lit. Fragestellungen kritisch diskutiert werden können. Andererseits erscheint die lit. Öffentlichkeit als Ort, der von einigen wenigen Verlegern, Herausgebern, Autoren und Kritikern dominiert wird, denen es v. a. um Einfluss und Geld geht. Von einer solchen Doppeldeutigkeit bleibt die weitere Entwicklung des lit. Lebens bestimmt. Kennzeichnend für diese sind die Vermassung und Kommerzialisierung des Journalismus, die Institutionalisierung des ↗ Feuilletons und die Etablierung neuer Lit.zeitschriften sowie die seit dem 19. Jh. immer häufigeren Gründungen neuer ↗ lit. Gesellschaften, in denen text-, autoren- und programmbezogene Debatten initiiert und neue Formen des Gedenkens, der Pflege und der Förderung erfunden werden, schließlich die auf die Idee der ›Nation‹ bezogene Historisierung der Lit., die u. a. zur Einrichtung von ↗ Bibliotheken und ↗ Lit.archiven sowie zur wissenschaftlichen Auseinandersetzung mit der ›dt.‹ oder einer ›regionalen‹ Lit. führt (↗ Lit.geschichte, ↗ Lit.wissenschaft). Spätestens seit Mitte des 19. Jh.s setzt sich im Zuge einer verschärften medialen Konkurrenz mit dem ↗ Journalismus (und später mit den elektronischen und dann auch digitalen Medien) die Idee fest, dass die Lit. ein bes. wichtiges und zugleich gefährdetes Medium sei, das vom lit. Leben geschützt werden müsse. Viele lit. Gesellschaften, Vereine und – seit der zweiten Hälfte des 20. Jh.s – Lit.-häuser verstehen sich (ebenso wie das Feuilleton der »Frankfurter Allg. Zeitung« mit seiner Unterabteilung »Lit. und l. L.«) als Reservate, in denen Autoren, Texte oder Textformen vor dem Vergessen und vor den Fährnissen des freien Marktes bewahrt werden. Kulturpolitische Entscheidungen unterstützen diese Schutzfunktion. So haben die öffentlich-rechtlichen Sender der Bundesrepublik Deutschland den gesetzlichen Auftrag, das kulturelle und damit auch das lit. Leben durch spezielle Sendungen zu fördern. Die Ausprägung des lit. Lebens einer Stadt, einer Region oder einer Nation (Lit.häuser, Bibliotheken, Lit.festivals, Lese- und Lesungskultur, Autorenförderung etc.) wird als Indikator für ein ebenso offenes, tolerantes, verantwortungsbewusstes und niveauvolles Gemeinwesen verstanden. Gleichwohl stehen auch hier bestimmte Institutionen und Personen im Verdacht, v. a. ihren Einfluss, ihre Autoren und ihre Programme bei der Auseinandersetzung um die knapper werdenden öffentlichen Gelder absichern zu wollen. – Mit der zunehmenden Kommerzialisierung der Kultur hat sich das lit. Leben erheblich erweitert. So wird der Begriff dort unscharf, wo sich das lit. Leben mit Werbeveranstaltungen, Popkonzerten und Partys mischt. Zugleich hat es sich seit den 1960er Jahren bes. in den Großstädten in Milieus und Szenen ausdifferenziert (↗ Under-

ground-Lit., Subkultur), wo Lit. an außergewöhnlichen Orten und in außergewöhnlichen Formen produziert und präsentiert wird (z. B. ↗ Poetry Slam). Die öffentliche Förderung, die Kommerzialisierung und die Inszenierung von Lit. sind inzwischen zu den drei wichtigsten Komponenten geworden, die für die Vielfalt und die Lebendigkeit des lit. Lebens sorgen.

Lit.: A. Breitenstein (Hg.): Der Kulturbetrieb. Ffm. 1996. – Dt. Kulturrat (Hg.): Das Lit.buch. Baden-Baden 1993. – O. Lorenz: L. L. In: RLW. – E. Schütz u. a. (Hg.): Das BuchMarktBuch. Reinbek 2005. SP

Literarische Sozialisation, das Hineinwachsen der Individuen in die lit. Kultur einer Gesellschaft und der damit einhergehende Prozess der Persönlichkeitsbildung. Wichtigste Instanzen der l.n S. sind Familie (erste Begegnungen mit Lit. durch Erzählen, Vorlesen, gemeinsame Rezeption von ↗ Bilderbüchern), Schule (↗ Deutschunterricht, ↗ Lit.didaktik) und – in geringerem Maße – *peer groups* (gemeinsame Rezeption v. a. von Produkten populärer Kultur, aber auch von ›Kultbüchern‹); hinzu kommen Institutionen wie Bibliotheken, Buchhandlungen und Theater sowie die Lit. vermittelnden ↗ Medien. – Die Forschung zur l.n S. hat sich – nach Vorläufern wie Ch. Bühlers nach dem Ersten Weltkrieg entwickelter Theorie der Lesealter und eher sporadischen Untersuchungen in den 1970er und 1980er Jahren (vgl. Larcher/Spies) – erst seit den 1990er Jahren zu einer eigenen Disziplin entwickelt, die Teil einerseits der ↗ empirischen Lit.wissenschaft, der ↗ Lit.soziologie und ↗ Lit.psychologie, andererseits der ↗ Lit.didaktik ist. ›L. S.‹ wird unterschieden von dem Begriff ›Lesesozialisation‹, der die Entwicklung der Lesefähigkeit, des rezeptiven Umgangs mit schriftlichen Texten aller Art, bezeichnet. Die Forschung zur Lesesozialisation wird v. a. in der empirischen Sozial- und Kommunikationswissenschaft betrieben. Allerdings gibt es große Schnittmengen zwischen beiden Bereichen: Lesesozialisation und l. S. sind in vielerlei Hinsicht zwei Aspekte desselben Bildungsprozesses; bei der Untersuchung der l.n S. treten dabei gegenstandsspezifische Kompetenzen (wie Fähigkeit zum Umgang mit verschiedenen ↗ Gattungen und Textsorten sowie mit historisch, sprachlich oder kulturell von der heutigen Alltagswelt entfernter Lit.) in den Vordergrund. So kann man drei Stufen l.r S. ausmachen (vgl. Eggert/Garbe, S. 9 f.): 1. Lesefertigkeit (Beherrschung des Schriftsystems); 2. Lesekompetenz (Fähigkeit zur Bewältigung größerer Textmengen, zur Sicherung und Verbesserung des Textverständnisses); 3. lit. Rezeptionskompetenz (Fähigkeit und Bereitschaft, Lit. als Kunst zu rezipieren). Der Deutschunterricht zielt auf einen Auf- und Ausbau dieser Kompetenzen ab. – Die Forschung zur l.n S. ist aus der Wahrnehmung einer sich immer weiter verschärfenden Krise des ↗ Lesens heraus entstanden: Die zunehmende Dominanz der Bildmedien und elektronischen Medien sowie die damit einhergehende Beschleunigung der Abläufe in der Lebenswelt entziehe seit einigen Jahren der l.n S. der

Heranwachsenden die Grundlage; visuelle Kompetenz verdränge die lit. Kompetenz; die zum Lesen lit. Texte erforderliche Ruhe, Konzentration, Anstrengung und Entbehrung unmittelbarer Triebbefriedigung würden nicht mehr aufgebracht. Die zwischenzeitlich vorliegenden empirischen Studien haben diese Annahmen z. T. bestätigt, aber auch die produktiven Funktionen herausgearbeitet, die unterschiedlichen medialen Ausprägungen und Präsentationsformen von Lit. (mündliche Erzählung, Buch, Lesung, ↗ Hörbuch, ↗ Hörspiel, Verfilmung, Theateraufführung, ↗ Hypertext) im Prozess der l.n S. zukommen. Sie zeichnen ferner ein nach Ländern (auch Bundesländern), Altersstufen, Geschlechtern, gesellschaftlichen Gruppen sowie Schulformen differenziertes Bild. Die Erforschung individueller Lesebiographien von Schülern und Heranwachsenden ergänzt die empirisch-sozialwissenschaftlich orientierten Erhebungen. Systematisch ausgedehnt wurden die Forschungen zwischenzeitlich auch auf Erwachsene, insbes. auf Studierende (vgl. Eggert u. a.; Eicher). Welche bildungspolitischen, lit.didaktischen und methodischen Konsequenzen aus diesen laufend fortgeschriebenen Studien zu ziehen sind, ist strittig. – Eine historische Erweiterung und Vertiefung erhalten die Arbeiten zur l.n S. durch die ebenfalls seit einigen Jahren vorangetriebenen Forschungen zur Geschichte des Lesens.

Lit.: U. Abraham: Übergänge. Lit., Sozialisation und lit. Lernen. Opladen, Wiesbaden 1998. – U. Abraham u. a. (Hg.): Deutschdidaktik und Deutschunterricht nach PISA. Freiburg/Br. 2003. – H. Eggert, Ch. Garbe: L. S. Stgt., Weimar 1995. – H. Eggert u. a.: Lit. Intellektualität in der Mediengesellschaft. Weinheim, Mchn. 2000. – Th. Eicher: Lesesozialisation und Germanistikstudium. Paderborn 1999. – B. Franzmann u. a. (Hg.): Hb. Lesen. Mchn. 1999. – W. Graf: Der Sinn des Lesens. Modi der lit. Rezeptionskompetenz. Münster 2004. – N. Groeben, B. Hurrelmann (Hg.): Lesesozialisation in der Mediengesellschaft. Weinheim, Mchn. 2004. – D. Larcher, Ch. Spies (Hg.): Lesebilder. Geschichten und Gedanken zur l.n S. Reinbek 1980. – C. Rosebrock: Lesen im Medienzeitalter. Weinheim, Mchn. 1995.   DB

Literarische Wertung, Bez. für das Werten *von* Lit. im Unterschied zum Werten *in* Lit. Unter ›Wertung‹ ist eine sprachliche oder nicht-sprachliche Handlung zu verstehen, mit der ein Subjekt einem Objekt – Gegenstand, Sachverhalt, Person – die Eigenschaft zuordnet, in Bezug auf einen bestimmten Wertmaßstab positiv oder negativ zu sein. In einer l.n W. ist das Objekt der Wertung ein lit. Text, ein Sachverhalt des lit. Lebens, ein Autor u. a., und als Maßstab fungiert ein lit.bezogener Wert. Lit. Texte sind nicht als solche wertvoll oder wertlos, sondern erhalten diese Eigenschaften erst dann, wenn man sie auf Wertmaßstäbe bezieht und fragt, in welchem Umfang sie ihnen entsprechen. Als Maßstäbe l.r W. dienen zum einen ästhetische Werte im engeren Sinne, die sich auf formale, strukturelle oder sprachliche Textmerkmale beziehen, etwa ›Schön-

heit‹, ›Stimmigkeit‹, ›Mehrdeutigkeit‹, ›Selbstreferenz‹; zum anderen aber auch moralische, politische, religiöse u. a. Werte, mit denen Inhalte gewertet werden, dazu wirkungsbezogene Maßstäbe wie ›Erkenntnisgewinn‹, ›Mitleid‹, ›Sinnstiftung‹, ›Lustgewinn‹ und schließlich relationale Werte wie ›Innovation‹ oder ›Steigerung‹. Welche Werte eingesetzt werden und in welchem Bereich sie gelten, variiert historisch sowie kulturell und hängt auch von normativen Vorgaben aus philosophischen, religiösen, ethischen, sozialen u. a. Rahmentheorien ab. In allen Bereichen des Umgangs mit Lit. wird gewertet: explizit sprachlich in Form von Werturteilen (Kienecker, Piecha), implizit sprachlich mit Aussagen, deren wertendes Potenzial erst zu erschließen ist; darüber hinaus in zahlreichen bewussten und unbewussten Akten des Wählens, etwa beim Schreiben und Lesen von Texten, bei der Distribution z. B. durch Verleger, Lektoren oder Bibliothekare und der Verarbeitung von Lit. durch Lit.kritiker, -didaktiker und -wissenschaftler (↗ Kanon).

Sprachliche Wertungen von Lit. können keine überzeitliche, kontextunabhängige Geltung beanspruchen, sind aber keineswegs stets ›rein subjektiv‹. Dies sind nur die individuellen Geschmacksbekundungen, mit denen sich ein Sprecher auf das eigene Gefühl beruft. Als verbindlicher kann dagegen ein Werturteil gelten, das ein Sprecher intersubjektiv zu begründen versucht; und ›fundiert‹ ist ein Urteil, wenn der Sprecher diesen Anspruch einlöst. Um ein Werturteil über einen lit. Text zu begründen, muss der Sprecher 1. Argumente dafür vorbringen, dass der Text die ihm zugeschriebenen Eigenschaften tatsächlich aufweist; 2. den Wertmaßstab rechtfertigen, den er seinem Urteil zugrunde legt; und 3. begründen können, dass er den Wert zu Recht auf die Texteigenschaften bezieht. Im Zuge der Ausdifferenzierung der Disziplin und als Reaktion auf soziale Krisenerfahrungen etabliert sich – nach ersten Thematisierungen durch W. Scherer – in den 1920er Jahren l. W. als ein eigener Bereich lit.wissenschaftlicher Reflexion (O. Walzel). Seitdem sind auf der Basis unterschiedlicher Lit.theorien Argumente für ebenso unterschiedliche Maßstäbe der l.n W. vorgebracht worden, die auf fundierte Werturteile abzielen (Überblicke bei Mecklenburg, Schrader). Sie wirken meist in zwei Richtungen: Zum einen rechtfertigen sie Lit. als wertvolles Kulturprodukt, zum anderen geht es um angemessene Kriterien zur Unterscheidung wertvoller von wertlosen Texten. Seit den 1980er Jahren wird im Zusammenhang mit der Kritik am Kanon, v. a. in den USA, z. T. die Kontingenz l.r W. und ihrer Maßstäbe hervorgehoben (Herrnstein-Smith), z. T. mit poststrukturalistischer Argumentation das Ziel wissenschaftlich begründeter Werturteile aufgegeben. Dagegen stehen neuere Versuche, l. W. zu intersubjektivieren. Trotz der Tatsache, dass auch im wissenschaftlichen Umgang mit Lit. zahlreiche Wertungshandlungen vollzogen werden, wird das Gebiet der l. W. nicht häufig erforscht.

Lit.: B. Herrnstein-Smith: Contingencies of Value. Cambridge, Ldn. 1988. – R. v. Heydebrand, S. Winko: Einf. in die Wertung von Lit. Paderborn u. a. 1996. – M. Kienecker: Prinzipien l.r W. Gött. 1989. – N. Mecklenburg (Hg.): L. W. Tüb. 1977. – A. Piecha: Die Begründbarkeit ästhetischer Werturteile. Paderborn 2002. – M. Schrader: Theorie und Praxis l.r W. Bln., NY 1987. SWI

Literarische Zeitschriften ↗ Literaturzeitschriften.

Literarizität, f., Grundeigenschaft aller lit. Texte, durch welche sie sich von alltagssprachlichen Texten unterscheiden. Eine Theorie der L. hat bes. der russ. ↗ Formalismus entwickelt. ↗ Lit. Reihe.

Literat, m. [lat. *litteratus* = schriftkundig, gelehrt], Person, die mit Lit. über das bloße ↗ Lesen hinaus meist professionell befasst ist, etwa als ↗ Autor bzw. Verfasser lit. Texte, also als ↗ Schriftsteller bzw. ↗ Dichter, oder aber als Übersetzer, Kritiker, ↗ Lektor oder Verleger von Lit., auch als Buchhändler oder Bibliothekar (oder in den jeweiligen weiblichen Ausprägungen). Gegenüber diesen spezifizierenden Berufsbez.en betont ›L.‹ einerseits die allg. Komponente der Kennerschaft im Bereich der Lit., andererseits den kultursoziologischen Aspekt, die Zugehörigkeit zum Lit.betrieb, wie die Wendung ›in L.enkreisen verkehren‹ belegt. Treffpunkte von L.en sind etwa Lit.häuser, Lit.cafés und ↗ Salons, also Orte und Institutionen, in denen noch Reste der untergegangenen ↗ Bohème zu finden sind. Bezogen auf Schriftsteller hat die Bez. heute oft eine abwertende Komponente (im Sinne von ›Vielschreiber von Texten geringen Niveaus‹). – Während der seit dem 16. Jh. im Dt. belegte Begriff zunächst einen Schriftkundigen oder Sprachgelehrten bezeichnete, ist die Bedeutungsentwicklung, die es heute nur noch in Ausnahmefällen erlaubt, unter einem ›L.en‹ einen Lit.wissenschaftler zu verstehen, ein Indiz für die Entfernung der ↗ Lit.wissenschaft von der Lit.

Lit.: R. Kolk: L. In: RLW. – W. Pfeifer u. a.: Etymologisches Wb. des Dt. [1989]. Mchn. 2003, S. 806. DB

Literatur, f. [lat. *littera* = Buchstabe], von den unterschiedlichen Verwendungsweisen des Ausdrucks ›L.‹ sind v. a. drei wichtig:

1. L. als die Gesamtheit des Geschriebenen. Dieser auf der Wortbedeutung aufbauende Begriff (ältere Bez. auch: ›Schrifttum‹) ist allerdings in engeren lit.wissenschaftlichen Zusammenhängen kaum gebräuchlich; hingegen erfährt er in kulturwissenschaftlichen Kontexten eine Renaissance.

2. L. als der Gegenstand der L.wissenschaft (auch: Primärlit., lit. Texte). Was in diesem Sinn als L. gilt, ist perspektiven- bzw. theorieabhängig (↗ L.theorie). Essentialistische Konzepte von L. suchen den Begriff durch Merkmalsanalyse zu bestimmen. So werden beispielsweise die ↗ Fiktionalität oder die ↗ Poetizität als Kennzeichen von L. gesehen: L. sei durch eine spezifische Art des Behauptens bzw. durch eine spezifische Zeichenverwendung definiert (↗ Fiktion, ↗ Funktion, ↗ poetische Funktion, ↗ Norm, ↗ Abweichung). – Anti-

essentialistische Konzepte bestimmen L. nicht als eine Klasse von Texten, die durch gemeinsame Merkmale bestimmt sind, sondern beispielsweise als eine Institution. In diesem Sinn gilt als L., was als solche deklariert (z. B. durch ↗ Paratexte, insbes. durch Gattungsnamen) und in entsprechendem Rahmen präsentiert wird (z. B. durch Lesungen). – K. Weimar expliziert den Begriff ›L.‹ mit Bezug auf die Rezeptionshaltung, die lit. Texte bei Erwachsenen üblicherweise auslösen. – Die v. a. seit den 1970er Jahren geführte lit.theoretische Diskussion über den Begriff ›L.‹ hat ungeachtet ihrer Unabgeschlossenheit wesentlich zur Überwindung seiner naiven Verwendung beigetragen (↗ L.wissenschaft).

3. L. als die Gesamtheit aller Texte von bestimmtem Wert. Dazu: ↗ Hochlit., ↗ Triviallit., ↗ Schundlit.

Lit.: T. Eagleton: Einf. in die L.theorie [engl. 1983]. Stgt. ³1994, S. 1–18. – J. Gottschalk, T. Köppe (Hg.): Was ist L.? Paderborn 2006. – G. H. Knapp, G. Labroisse (Hg.): Wandlungen des L.begriffs in den dt. sprachigen Ländern seit 1945. Amsterdam 1988. – St. Mussil: Der Begriff der L. In: DVjs 80 (2006), S. 317–352. – L. Rühling: Fiktionalität und Poetizität. In: H. L. Arnold, H. Detering (Hg.): Grundzüge der L.wissenschaft [1996]. Mchn. ⁷2005, S. 25–51. – K. Weimar: Enzyklopädie der L.wissenschaft [1980]. Mchn. ²1993, S. 81–92. – Ders.: L. In: RLW. BM

Literaturarchiv, private oder öffentliche Institution, die dazu dient, dichterische Dokumente aller Art, bes. ↗ Nachlässe, zu sammeln, zu bewahren und der Forschung sowie der interessierten Öffentlichkeit zugänglich zu machen. In Deutschland sind nach der Wiedervereinigung das Dt. L. (DLA, Marbach), die Akademie der Künste (AdK, Berlin) und das Goethe- und Schillerarchiv (GS, Weimar) die größten und zugleich wichtigsten L.e neben den ↗ Bibliotheken in Wolfenbüttel, Frankfurt/M., Leipzig u. a. – Die Geschichte der AdK Berlin reicht bis in das 17. Jh. zurück; erst 1926 wurde die Sektion Dichtkunst etabliert. Die Neugründung erfolgte 1950 im Osten und 1954 im Westen. Aus dem Zusammenschluss der beiden Akademien 1993 ging die »Stiftung Archiv« hervor. Deren sieben Abteilungen (Bildende Kunst, Baukunst, Musik, Lit., Darstellende Kunst, Film- und Medienkunst, Historisches Archiv) mit knapp 800 Einzelbeständen verdeutlichen ihren interdisziplinären Charakter. Gesammelt werden mittlerweile die Nachlässe nicht nur der Archivmitglieder, sondern auch anderer Autoren. Ein zeitlicher Schwerpunkt ist das 20. Jh. – Das GS ist aus dem Goethe-Archiv der Großherzogin Sophie von Sachsen-Weimar-Eisenach hervorgegangen, dessen wichtigste Aufgabe die Erarbeitung der Sophien-Ausgabe (auch: Weimarer Ausgabe) von Goethes Werken (1887–1919 in 143 Bänden) war. Heute besitzt das GS 111 persönliche Archivbestände aus Lit., Philosophie und Verlagswesen mit dem Schwerpunkt 18.–19. Jh.; es ist Teil der Klassik Stiftung Weimar. – Das DLA Marbach wurde 1955 als Einrichtung der Dt. Schillergesellschaft neben dem Schiller-Nationalmuseum gegründet, zunächst v. a., um der exilierten dt. Lit. zwischen 1933 und 1945 einen zentralen Ort der Sammlung zu geben; ab 2006 tritt das Lit.museum der Moderne hinzu. Museum und Archiv verfolgen das Ziel, Dokumente und Lebenszeugnisse der neueren dt. Lit. zu sammeln, zu ordnen und für die Forschung bereitzustellen. Das Sammelgebiet erstreckt sich mittlerweile von der Aufklärung bis zur Gegenwart.

Lit.: H. G. Hannesen: Die Akademie der Künste in Berlin. Bln. 2005. – Ch. König: L. In: RLW. – U. Raulff: Wie kommt die Lit. ins Archiv – und wer hilft ihr wieder heraus? In: SuF 58 (2006), S. 403–413.   MGR

Literaturatlas, ein graphische und bildliche Darstellungen zur Lit. sammelndes Buch. Ein L. kann Karten, Werktabellen, schematische Darstellungen und Zahlenmaterial zur Lit. und ihrer Entwicklung bringen (z. B. H. D. Schlosser: »dtv-Atlas zur dt. Lit.«, 1992) oder auch vornehmlich Bildmaterialien: Faksimiles, Porträts, Fotos, Illustrationen etc. (z. B. G. Könnecke: »Dt. L. in Bildern«, 1908, Repr. 1995).   IS/Red.

Literaturausstellung, öffentliche Präsentation von Lit. und ihren Kontexten. Die Ausstellbarkeit von Lit. ist grundsätzlich umstritten. ›L.‹ meint zunächst eine thematisch, personal, epochal oder an ein Werk gebundene Ausstellung, die auf rezeptions- und sozialgeschichtliche Dokumente unterschiedlicher Materialitäten und Authentizitätsstufen zurückgreift und diese an einem Ort, der nicht notwendigerweise biographisch-authentischen Charakter hat, zur Anschauung bringt (dagegen: ↗lit. Gedenkstätte). Die L. ist somit Teil der Lit. ↗Rezeptionsgeschichte und ↗Öffentlichkeit. Lange Zeit waren die vorwiegend dokumentarisch ausgerichteten Dauer- und Sonderausstellungen der ↗Lit.archive für den Stil der L.en in Deutschland prägend. Seit den 1990er Jahren werden die medialen und intermedialen Bezüge der Lit. offensiver präsentiert (z. B. durch auditive, visuelle und interaktive Elemente); der performative Charakter der Inszenierung von Lit. wird genutzt und reflektiert. – Eine systematisch-historische Typologie der L. steht noch aus.

Lit.: S. Lange-Greve: Die kulturelle Bedeutung von L.en. Hildesheim u. a. 1995.   MGR

Literaturbetrieb ↗lit. Leben.

Literaturbriefe, fingierte ↗Briefe als Einkleidung lit.-theoretischer oder allg. kulturkritischer Erörterungen, z. T. als Einzelschrift, z. T. periodisch in Zss.; bes. im 18. und 19. Jh. beliebte Form lit.kritischer Auseinandersetzungen; z. B. spielte sich der ↗Lit.streit des 18. Jh.s zum großen Teil in L.n ab. Als Erster verwendet diese Form J. J. Bodmer (»Critische Briefe«, 1746), dann F. Nicolai (»Briefe über den itzigen Zustand der schönen Wissenschaften in Deutschland«, 1755) und v. a. G. E. Lessing, dessen periodisch erscheinende »Briefe, die neueste Lit. betreffend« (1759/60, bis 1765 fortgeführt von Nicolai) die ästhetischen Anschauungen der ↗Aufklärung prägten. Bedeutung für den ↗Sturm und Drang hatten die L. von W. v. Gerstenberg, H. P. Sturz u. a. (»Briefe über Merckwürdigkeiten der

Litteratur«, 1766 f.) und J. G. Herder (»Briefwechsel über Ossian …«, 1773). Lit.- und Kulturkritik in Briefen sind auch typisch für das ↗Junge Deutschland (H. Heine; L. Börne: »Briefe aus Paris«, 1832/34), F. Hebbel u. a. Lit.theoretisch wichtig als Artikulation einer Sprachkrise ist ferner »Ein Brief« (des Lord Chandos) von H. v. Hofmannsthal (1902).

Lit.: W. G. Müller: Brief. In: HWbRh.   GS/Red.

Literaturdidaktik, f., Wissenschaft vom Lehren und Lernen der Lit. Als eine Teildisziplin sowohl der Lit.- als auch der Unterrichtswissenschaft beschreibt die L. theoretisch und empirisch das Handlungsfeld Lit.unterricht (als Teilbereich des ↗Deutsch- oder Fremdsprachunterrichts) und leitet praktisch zum Unterrichten an. Gegenstand der L. ist der Zusammenhang zwischen 1. Eigenschaften lit. Unterrichtsgegenstände, 2. Lern- und Handlungsvoraussetzungen der unterrichteten Subjekte, 3. Zielen, 4. Verfahren und Medien sowie 5. institutionellen und normativen Bedingungen des Lit.unterrichts. Diese Aspekte werden in lit.didaktischer Forschung und Theoriebildung einzeln oder in ihrer Interdependenz untersucht: 1. Texte, die sich an jugendliche Zielgruppen richten (↗Kinder- und Jugendlit.), die als Schullektüre kanonisch sind oder die sich als Schullektüre etablieren könnten (z. B. ↗Gegenwartslit.), werden in lit.wissenschaftlichen Kategorien beschrieben und hinsichtlich ihrer Relevanz für Bildungsprozesse didaktisch analysiert. – 2. Die für den Unterricht relevanten Kenntnisse, Fähigkeiten, Erfahrungen, Gewohnheiten und Interessen der Lernenden werden unter Hinzuziehung von Erkenntnissen u. a. der Sozialisationsforschung, der Mediennutzungsforschung, der Lern- und Entwicklungspsychologie untersucht. – 3. Kenntnisse, Fähigkeiten, Fertigkeiten und Einstellungen, die der Lit.unterricht vermitteln soll, werden formuliert, auf normative Grundlagen zurückgeführt und zum Zweck der Diagnose und Förderung operationalisiert. Der Lit.unterricht fördert insbes.: die Vorstellungstätigkeit und affektive Beteiligung beim Lesen; das Verstehen lit. Ausdrucksgehalte und Sinnzusammenhänge; die mündliche und schriftliche Artikulation des Verstehens; die intersubjektive Verständigung über solche Artikulationen; die künstlerische (bildliche, szenische, lit.) Gestaltung und Umgestaltung des Verstandenen; eine erkennende und kritisch urteilende Einstellung gegenüber Lit.; die Bildung interpretatorischer Begriffe; die Kenntnis lit. Gestaltungsweisen; das Wissen über Gattungen, Epochen und Stilmittel; die Übertragung des an Lit. Gelernten auf den Umgang mit anderen Medien. – 4. Verfahren des Lit.unterrichts werden beschrieben, entwickelt und in der Praxis erforscht. Es sind Verfahren des Lesens, Vortragens, Analysierens, Interpretierens, Beurteilens und ästhetischen Gestaltens von Lit. sowie des Umgangs mit Unterrichtsmedien (Lese- und Arbeitsbücher, audiovisuelle und elektronische Medien). – 5. Institutionelle Rahmenbedingungen (z. B. die Gliederung des Schulsystems und des Fächerkanons) sowie institutionalisierte und nicht-institutionalisierte Normen (Lehrpläne, Prüfungsanforderungen, maßgebliche gesellschaftliche Ansichten über Bildungsziele und ⁊ Kanones) werden als Grundlage der Entscheidungen über Gegenstände, Handlungsweisen und Ziele des Unterrichts beschrieben und gegebenenfalls anhand lit.didaktischer Erkenntnisse kritisiert.

Die Entwicklung der L. zu einer wissenschaftlichen Disziplin ist gekennzeichnet durch einen Ausgangszustand in den 1950er Jahren, in dem didaktisches Wissen die primäre Funktion einer Vermittlung von Unterrichtstechniken hat, weshalb die den Standardwerke dieser Zeit *Methodiken* sind und die L. ihren institutionellen Ort nicht an den Universitäten, sondern an den pädagogischen Hochschulen und den Studienseminaren der Referendarsausbildung hat. Die Entwicklung der L. zu einer universitären Disziplin beruht auf drei Impulsen: 1. Die 1962 f. von W. Klafki formulierte Kritik am Primat der Methodik innerhalb der Didaktik führt in der Dt.didaktik, zunächst bei H. Helmers, zu einer mehrdimensionalen, um die Dimension der Unterrichtsziele zentrierten Theoriebildung, die in den 1970er Jahren ihren Höhepunkt findet in J. Krefts Fundierung der L. in einer Theorie der Ich-Entwicklung als Ausbildung kognitiver, sozialer, expressiver und sprachlicher Kompetenz. – 2. Die kritische Bestandsaufnahme der germanistischen Lit.wissenschaft – ihrer wissenschaftlichen Paradigmata, weltanschaulichen und politischen Grundlagen und ihrer einseitigen Wahl der Forschungsgegenstände – geht in den 1960er Jahren einher mit einer Kritik an der Textauswahl schulischer ⁊ Lesebücher und der dort vermittelten Einstellungen zu Lit. und Wirklichkeit. In der Folge etabliert sich eine kritische L., die nach Maßgabe der wissenschaftlich und politisch reformierten Germanistik eine Erweiterung des schulischen Lektürekanons, eine Orientierung der ⁊ lit. Bildung am Ziel der Gesellschaftskritik und eine Erneuerung der Unterrichtsmethodik durch wissenschaftliche Verfahren fordert. – 3. Die um 1970 erfolgte Ausweitung des Gegenstandsbereichs lit.wissenschaftlicher Forschung auf Phänomene der Vermittlung, Aneignung und Verarbeitung von Lit. gestattet es einer nicht allein lit.wissenschaftlich, sondern auch soziologisch, psychologisch und pädagogisch fundierten Disziplin wie der L., zu einem vermittlungswissenschaftlichen Zweig innerhalb der Lit.wissenschaft zu werden.

Wichtige programmatische Ausrichtungen der L. sind: Werteerziehung und Lebenshilfe durch Lit. (seit 1945); immanente und sachstrukturelle Interpretationen (seit 1960); sozial- und ideologiekritische Lit.aneignung (seit 1968); Identitätsbildung der Leser (seit 1977); ⁊ rezeptionsästhetisch begründete Orientierung an der produktiven Mitwirkung der Leser bei der Sinnkonstitution (seit 1982); Orientierung an nationalen Bildungsstandards (seit 2003).

Lit.: U. Abraham, M. Kepser: L. Deutsch. Bln. 2005. – K.-M. Bogdal, H. Korte (Hg.): Grundzüge der L. Mchn.

2002. – J. Fritzsche: Zur Didaktik und Methodik des Dt.unterrichts. Bd. 3: Umgang mit Lit. Stgt. 1994. – H. Helmers: Didaktik der dt. Sprache. Stgt. 1966. – W. Klafki: Studien zur Bildungstheorie und Didaktik. Weinheim 1963. – J. Kreft: Grundprobleme der L. Hdbg. 1977. – E. K. Paefgen: Einf. in die L. [1999]. Stgt., Weimar ²2006.   TZ

Literaturfehde ⁊ Dichterfehde, ⁊ Lit.streit.

Literaturgeschichte, 1. im weitesten Sinne die Gesamtheit aller schriftlichen Zeugnisse in der Geschichte. – 2. Spezifizierungen gewinnt der Begriff in systematischer Hinsicht durch die unterschiedlich weite Verwendung des Begriffs ⁊ ›Lit.‹ (die als Menge allen Schrifttums verstanden oder eingegrenzt werden kann auf ›schöne Lit.‹, eine Gattung, eine ⁊ Regional-, ⁊ National- oder aber die ⁊ Weltlit.); ›L.‹ meint dann die Gesamtheit und den Verlauf einer bestimmten Lit. – 3. Eine weitere Spezifizierung erfolgt durch die Fixierung eines Zeitabschnitts (⁊ Epoche). Unter ›L.‹ wird dann die Gesamtheit und der Verlauf der (meist auch national und/oder unter Gattungsaspekten spezifizierten) Lit. dieses Zeitraums verstanden (z. B. ›dt. Lit. [oder: Lyrik] des 17. Jh.s‹). Traditionell im Zentrum von L. stehen Autor und Werk. Abhängig von sich historisch verändernden Akzentsetzungen ergeben sich jeweils neue wissenschaftliche Perspektivierungen in Hinblick auf die Lit.-Auswahl, das ihr zugeschriebene Sinnpotential sowie ihre Kontexte, Bedingungsfaktoren und Funktionszusammenhänge. – 4. Meint ›L.‹ zum einen das Schrifttum in einem zeitlichen Abschnitt selbst, so verweist der Begriff zum anderen auf die programmatische Zusammenstellung von Texten und deren Darstellung als Sinnzusammenhang. In diesem Sinne ist die L. eine Teildisziplin der Lit.wissenschaft. Der L. als Darstellungsform kommen unterschiedliche Aufgaben zu: Ganz allg. obliegt ihr das Ordnen und Einordnen von Autoren, Werken, Strömungen, Gattungen, Stilen oder lit. Prozessen sowie von deren Bedingungszusammenhängen im Kontinuum der Geschichte. Eine Aufgabe besteht in der Sicherung von fachdisziplinären Wissensbeständen, die als bewahrenswert eingestuft werden. Über Inhalt und Grenzen dieses Gedächtnis-Archivs entscheidet die jeweilige fachwissenschaftliche Diskussion einer Zeit. Der jeweils gültige lit.geschichtliche ⁊ Kanon und subjektive Entscheidungen des Lit.geschichtsschreibers bestimmen die Auswahl der Texte und Autoren, die wiederum die weitere Kanonisierung der einen und das Vergessen der anderen Texte und Autoren beeinflusst. Fachintern kommt der L. die Aufgabe zu, den Gegenstandsbereich der Wissenschaftsdisziplin zu fixieren und anschaulich zu machen. Dadurch hat sie eine nicht zu unterschätzende Vermittlungsfunktion: Sie dient sowohl der Integration und Ausbildung des eigenen Nachwuchses als auch der Popularisierung des fachlichen Wissens außerhalb der Disziplin. Immer wieder umstritten ist der Grad der Wissenschaftlichkeit von L. Anlass sind nicht zuletzt die Probleme der

Verknüpfung der Einzeltexte mit dem jeweiligen Kriterienkatalog in Hinblick auf Auswahl, Fragestellung, Methodik und Kontextualisierung.
Schon in Antike und MA. finden sich Formen der L., die häufig als Kataloge kanonischer Werke auftreten. Ein einschneidender Paradigmenwechsel findet im späten 18. und im 19. Jh. mit der Ablösung des Systematischen durch das Historische statt. L. wird zunehmend zur Geschichte der Nationallit., wobei die ›schöne Lit.‹ zum zentralen Bezugspunkt wird. Marksteine der Entwicklung sind G. G. Gervinus' »Geschichte der poetischen National-Lit. der Deutschen« (1835–42), welche die Lit.entwicklung mit der nationalpolitischen Geschichte verknüpft, und W. Scherers »Geschichte der dt. Lit.« (1883), die im Horizont des naturwissenschaftlich orientierten Positivismus Lit. als gesellschaftlich und biographisch determiniert ansieht. W. Diltheys Konzept des ›Erlebnisses‹ (↗ Erlebnisdichtung) sowie daraus entwickelte geistes- und problemgeschichtliche Ansätze prägen die nachfolgenden Jahrzehnte. Seit den 1960er Jahren bestimmt ein zunehmender Methodenpluralismus die Entwicklung der Lit.geschichtsschreibung. Die Darstellung der ↗ Kontexte von Lit. tritt in den Vordergrund, v. a. aus sozial- und institutionengeschichtlichen Blickwinkeln. Die gegenwärtige Fachentwicklung und die Diskussionen um die Überführung der Lit.wissenschaft in eine Kultur- oder Medienwissenschaft haben den Trend zur Pluralisierung weiter verstärkt. Ein Konsens über *die* L. zeichnet sich aus prinzipiellen Gründen nicht ab; es gibt ein vielstimmiges Mit-, Neben- und Gegeneinander unterschiedlicher Konzeptionen von L., in dem sogar die provokante Forderung einer Fokussierung der L. auf die Entwicklung einer eigenständigen nationalen ›schönen Lit.‹ ab dem 18. Jh. (vgl. Schlaffer) ihren Platz hat. Für die weitere Diskussion sehr viel nachhaltiger dürften allerdings die Auswirkungen der neuen elektronischen Möglichkeiten der Speicherung und Verbreitung von Texten sein (↗ Hypertext).
Lit.: L. Danneberg, F. Vollhardt (Hg.): Vom Umgang mit Lit. und Lit. Stgt. 1992. – J. Fohrmann: Über das Schreiben von L. In: P. Brenner (Hg.): Geist, Geld und Wissenschaft. Ffm. 1993, S. 175–202. – D. Perkins: Is literary history possible? Baltimore, Ldn. 1992. – R. Rosenberg: Lit.geschichtsschreibung. In: RLW. – H. Schlaffer: Die kurze Geschichte der dt. Lit. Mchn. 2002. – J. Schönert: L. In: RLW. – M. Titzmann: Skizze einer integrativen L. und ihres Ortes in einer Systematik der Lit.wissenschaft. In: ders. (Hg.): Modelle des lit. Strukturwandels. Tüb. 1991, S. 395–438. – W. Voßkamp: Theorien und Probleme gegenwärtiger Lit.geschichtsschreibung. In: F. Baasner (Hg.): Lit.geschichtsschreibung in Italien und Deutschland. Tüb. 1989, S. 166–174. LB

Literaturkalender, 1. periodisch erscheinendes Verzeichnis biographischer und bibliographischer Daten lebender Schriftsteller. Maßgebliches Werk für die dt.-sprachige Lit. ist ›Kürschners Dt. L.‹ (seit 1879), der bis 1924 Autoren schöngeistiger und wissenschaftlicher Lit. verzeichnete; seit 1925 erscheint gesondert ›Kürschners Dt. Gelehrtenkalender‹. – 2. Von Verlagen jährlich hg. Lese-, Merk- und Notizbücher, meist mit lit. Kalendarium (Geburts-, Todestage von Autoren) und thematisch, gattungs- oder autororientierten lit. Beiträgen. Vorläufer dieser L. können in den ↗ Almanachen, ↗ Musenalmanachen und ↗ Taschenbüchern des 18. Jh.s gesehen werden. – 3. Wandkalender mit lit. Themen und Jahrestagen von Autoren. IS/Red.

Literaturkritik, Behandlung lit. Autoren, Werke und Stile, bei der die ↗ lit. Wertung im Vordergrund steht. Die L. hat sich seit dem 17. Jh. zu einem öffentlichen Diskurs der Lit.vermittlung entwickelt, bei dem zunehmend professionalisierte und spezialisierte Autoren (heute v. a. bezahlte Journalisten) bestimmte Textsorten (Referat, ↗ Rezension, ↗ Satire, ↗ Essay, ↗ Feature, Diskussion) und Publikationsmedien (Zs., Zeitung, Radio, Fernsehen, Internet) benutzen. Anders als im angloam. Sprachraum betont der dt. Begriff ›L.‹ Unterschiede gegenüber der ↗ Lit.wissenschaft, die sich aber erst während des 19. und 20. Jh.s im Prozess der Arbeitsteilung herausgebildet und verfestigt haben. – In der gr. Antike werden seit der hellenistischen Zeit die weitgehend synonymen Begriffe *grammatikós* und *kritikós* als Bez.en für Philologen gebraucht; L. im heutigen Sinn des Wortes findet ansatzweise in ↗ Agonen statt, die sich in Werken wie dem »Carmen Homeri et Hesiodi«, dem Dichterwettstreit in den »Fröschen« des Aristophanes sowie in sophistischen und hellenistischen Dichterkommentaren und ↗ Scholien niederschlagen. In der röm. Zeit tritt der *criticus* (Richter der Lit.) neben den *grammaticus* (Kenner der Lit.) und leitet aus den allg. Regeln der Rhet. und Poetik Maßstäbe der Beurteilung von einzelnen Werken ab. Im lat. MA. finden sich neben der religiös und moralisch argumentierenden L. auch Ansätze zu einer ästhetisch wertenden, so bei Gottfried von Straßburg im Prolog zum »Tristan«. Als ein Höhepunkt mal. L. gilt Dantes Selbstinterpretation seiner »Divina Commedia« (13. Brief). Der von Humanisten des 16. Jh.s begonnene Vergleich zwischen antiker und moderner Lit. führt in der ↗ *Querelle des Anciens et des Modernes* des 17. Jh.s zu einer Relativierung und Historisierung der Urteilskriterien. Auch lit.soziologisch bereiten die gesellschaftlichen Debatten dieser Zeit über den *bon goût* die Ausbildung einer öffentlichen L. vor. In Deutschland bieten die ↗ Sprachgesellschaften einen allerdings noch ständisch beschränkten Diskussionsraum, aus dem die Regelpoetiken (↗ Poetik) des ↗ Barock hervorgehen. Doch erst die im 18. Jh. immer zahlreicher gegründeten ↗ Lit.zeitschriften der ↗ Aufklärung machen die L. zu einem öffentlichen Diskurs. Nach Ch. Thomasius mit seinen »Monatsgesprächen« (1688–90) geben der Leipziger Aufklärer J. Ch. Gottsched und seine Zürcher Konkurrenten J. J. Bodmer und J. J. Breitinger eine Reihe von lit.kritischen Zss. heraus. Eine Generation später lassen sich bei G. E.

Lessing, M. Mendelssohn und F. Nicolai zwei Verfahren der L. deutlich unterscheiden: In der Form des Raisonnements wird nach allg. Regeln der Poetik gesucht (»Briefe, die neueste Lit. betreffend«, 1759 f.); dagegen werden in der Form der Rezension einzelne Schriften beurteilt (»Bibliothek der schönen Wissenschaften«, 1757–67; »Allg. Dt. Bibliothek«, 1765–96 – das führende Rezensionsorgan der dt. Aufklärung). Die Lit.-kritiker des ↗Sturm und Drang (J.G. Herder, J.W. Goethe, J.H. Merck) interessieren sich nicht mehr für das generelle Regelsystem der Poetik, sondern für die individuelle Schöpferkraft eines Dichters oder eines Volkes. Während die L. der ↗Weimarer Klassik (neben Goethe F. Schiller, W. v. Humboldt) über die Betrachtung von Einzelwerken Gattungsgesetze der Kunst und Bildungsgesetze der Menschheit zu erlangen suchen, verknüpft die L. der Frühromantik (A.W. Schlegel, F. Schlegel, L. Tieck) die ästhetische Charakteristik der Dichtungen mit der philosophischen Reflexion über die ›Poesie der Poesie‹. Die L. der Jungdeutschen (L. Börne, H. Heine, K. Gutzkow) beschreibt und bewertet dagegen die lit. Texte im Hinblick auf die soziale, politische und geistige Situation der Gegenwart, worauf die L. des ↗Realismus (J. Schmidt, J. Rodenberg, Th. Fontane) wieder mit der Betonung poetischer Kriterien antwortet. Insgesamt ist die *ideengeschichtliche Entwicklung* der L. seit dem 19. Jh. gekennzeichnet durch ein Pendeln zwischen inner- und außerlit. Maßstäben. An der Wende zum 20. Jh. differenziert sich die L. zusammen mit ihren Publikationsorganen nach kultur- und parteipolitischen Ideologien aus (liberale, konservative, sozialdemokratische, kommunistische, protestantische, katholische, jüdische L. im dt. und habsburgischen Kaiserreich sowie in der Weimarer Republik und der Österr. Republik); in den folgenden Jahrzehnten gerät sie teilweise unter die Herrschaft einer totalitären Kulturpolitik, so im nationalsozialistisch regierten Deutschland und in der DDR. Dagegen soll die Freiheit der L. in der BRD, der Schweiz und Österreich durch ein liberales Presserecht und eine demokratische Medienpolitik gesichert werden. – Kontinuierlicher erscheint die *sozial- und mediengeschichtliche Entwicklung* der L.: Im 19. Jh. steigt der Anteil von Lit.kritikern, die als neben- oder hauptberufliche Journalisten arbeiten. Zu den immer zahlreicheren Lit.- und Kulturzss., in denen sich der theoretisch reflektierende Essay als spezifische Textsorte etabliert, kommt das ab 1848 allg. eingeführte ↗Feuilleton (1) der Tageszeitungen als Medium der L. hinzu und übernimmt die Formen und Funktionen der aktuellen Rezension und Berichterstattung. Im 20. Jh. wird das Angebot der L. durch die neuen Medien Radio und Fernsehen ergänzt und um Formen wie den Radioessay, das Feature oder die Fernsehdiskussion (bekanntestes Beispiel: M. Reich-Ranickis »Lit. Quartett«, 1988–2001) bereichert. An der Wende zum 21. Jh. entstehen Rezensionsforen im Internet (»www.literaturkritik.de«, seit 1999), die in die Zukunft einer für alle Mediennutzer zugänglichen, interaktiven L. weisen.

Lit.: W. Albrecht: L. Stgt., Weimar 2001. – Th. Anz, R. Baasner (Hg.): L. Mchn. 2004. – W. Barner (Hg.): L. Stgt. 1990. – M. E. Geisler: Das annektierte Raisonnement. In: Magazine audiovisuell. Bln. 1988, S. 175–192. – P. U. Hohendahl (Hg.): Geschichte der L. 1730–1980. Stgt. 1985. – H. Jaumann: L. In: RLW. – St. Neuhaus: L. Gött. 2004. – St. Porombka: Kritiken schreiben. Konstanz 2006. – R. Viehoff: L. im Rundfunk. Tüb. 1981. – R. Wellek: Geschichte der L. 1750–1950 [engl. 1965]. 3 Bde. Bln., NY 1977 f. GS/KK

Literaturlexikon, auf Lit. bezogenes Nachschlagewerk in meist alphabetischer Ordnung. V. a. folgende Formen sind zu unterscheiden: 1. *Autorenlexikon*. Je nach Zuschnitt verzeichnet es Autoren der Weltlit. (z. B. G. v. Wilpert [Hg.]: »Lexikon der Weltlit.«, Bd. 1, 1997), einer Nationallit. (z. B. W. Killy [Hg.]: »L.«, 1988–93) oder einzelner Teilbereiche der Lit. (z. B. E. Friedrichs: »Die dt.sprachigen Schriftstellerinnen des 18. und 19. Jh.s«, 1981). – 2. *Werklexikon*. Es bringt v. a. Inhaltsangaben einzelner Werke, ggf. auch Hinweise zur Interpretation und Angaben zu weiterführender Sekundärlit. (z. B. W. Jens [Hg.]: »Kindlers Neues Lit. Lexikon«, 1988–98). – 3. *Sachwörterbuch*. Es expliziert die fachsprachlichen Ausdrücke der Lit.wissenschaft (z. B. H. Fricke u.a. [Hg.]: »Reallexikon der dt. Lit.wissenschaft«, 1997–2003) oder erschließt einen thematischen Schwerpunkt (z. B. O. Knörrich: »Lexikon lyrischer Formen«, 1992; H. S. und I. G. Daemmrich: »Themen und Motive in der Lit.«, 1995). Je einen Überblick über die lit.wissenschaftlich einschlägigen Lexika geben Blinn und Zelle.

Lit.: H. Blinn: Informationshandbuch Dt. Lit.wissenschaft [1982]. Ffm. 2005. – C. Zelle: Kurze Bücherkunde für Lit.wissenschaftler. Tüb., Basel 1998. BM

Literaturoper ↗Musik und Lit., ↗Oper.

Literaturpreis, Auszeichnung von Schriftstellern durch Kommunen, Unternehmen oder private und öffentliche Stiftungen, die zumeist als festlich inszenierte, öffentliche, regelmäßig stattfindende Ehrungshandlung mit den Kernelementen ↗Laudatio, Überreichung der Preisinsignien, Dankrede vollzogen wird. Geehrter und Institution (Repräsentant) sind dabei physisch anwesend und gewinnen mediale Aufmerksamkeit. Ein L. stiftet eine sichtbare Beziehung zwischen Preisträger und Institution, die der elementaren Struktur von Gabe und Gegengabe entspricht. Die grundsätzliche Konstellation markiert die Begründung des röm. Redners Plinius des Jüngeren (61/62–113/114 n.Chr.) für seine Förderung des Dichters Martial, der ihm ›Ehre und Ruhm, und beides für die Ewigkeit‹ verschafft habe. Die geehrten Autoren bewahren ihre Förderer vor dem Vergessen, sie verschaffen ihnen einen Platz in der Geschichte, wenigstens der Lit.geschichte. Die L.vergabe erfüllt drei Funktionen: Förderung einer lit. Richtung, Unterstützung von Autoren (symbolisch: Reputation, Image; sozial: Beziehungen, neue Publikationsforen; ökonomisch: Preisgeld), öffentliche Selbstpräsentation und Identitätsstiftung der Institution.

Dabei entwickeln sich bestimmte ↗ Rituale: Um nicht als abhängig von der Institution zu gelten, distanzieren sich Autoren oft in ihrer Dankrede von der Institution, kritisieren den durch den Preis symbolisierten und durch den Verleihungsakt sichtbar gemachten Wert, erscheinen nicht persönlich zur Preisverleihung (E. Jelinek beim ↗ Nobelpreis für Lit. 2004), nehmen einen Preis nicht an (J.-P. Sartres Ablehnung des Nobelpreises 1964) oder geben ihn wieder zurück (P. Handke 1999 seinen ↗ Büchnerpreis von 1973). L.e gibt es für alle Segmente lit. Produktion, für unveröffentlichte oder unabgeschlossene Texte, für das erste Werk oder das Gesamtwerk, es gibt Haupt- und Förderpreise, regionale, nationale und internationale Preise. Die Forschung bezieht sich v. a. auf die kulturpolitische Funktion von L.en und auf die Geschichte einzelner L.e.

Lit.: E. Dambacher: Lit.- und Kulturpreise 1859–1949. Marbach/N. 1996. – C. Hartley u. a. (Hg.): The Europa Directory of Literary Awards and Prizes. Ldn., NY 2002. – H. Leitgeb: Der ausgezeichnete Autor. Städtische L.e und Kulturpolitik in Deutschland 1926–71. Bln., NY 1994. – O. Lorenz: L. In: RLW. BD

Literaturpsychologie, f., Sammelbez. für die Untersuchung lit. Texte in psychologischer Perspektive. Die L. zeichnet sich durch eine Vielfalt methodischer Zugänge und Forschungsgegenstände aus. Als Unterkategorien der L. gelten u. a. die ↗ psychoanalytische Lit.-wissenschaft, Teile der ↗ Rezeptionsästhetik und die Kreativitätsforschung. Das Forschungsgebiet der L., in deren Zentrum das Interesse am einzelnen Menschen (↗ Autor, ↗ Rezipient) steht, kann bei Ausweitung des Gegenstandsbereichs auf Kollektive in das der Sozialpsychologie und der ↗ Lit.soziologie übergehen. – Der Begriff ›L.‹ wird erstmals von W. Dilthey im Rahmen seiner Grundlegung der Geisteswissenschaften als Wissenschaften von den (psychologischen) Verstehensprozessen benutzt (»Die Einbildungskraft des Dichters«, 1887). In den psychoanalytischen Lit.interpretationen S. Freuds und seiner Schüler dient die Lit. der Verifikation psychoanalytischer Hypothesen. Im Rahmen dieser Denktradition wird erneut die Hypothese der Nähe von ›Genie und Irrsinn‹ generiert, die seit den 1940er Jahren durch empirisch fundierte Ergebnisse der am. Kreativitätsforschung widerlegt wird. Neben dem Einfluss S. Freuds auf eine psychologische Herangehensweise an lit. Texte (W. Muschg) ist für die 1930er und 1940er Jahre derjenige C. G. Jungs zu nennen. Beide Strömungen konstituieren im Wesentlichen die psychoanalytische Lit.wissenschaft, die in den 1970er Jahren u. a. durch P. v. Matt neu fundiert wird. Parallel dazu befördert das wieder erwachte Interesse an der Psychologie die Hinwendung zu einer empirisch und pragmatisch ausgerichteten Lit.wissenschaft. Autor- und Leserpsychologie, Kreativitätsforschung und Sprachpsychologie werden heute zumeist als Teilbereiche der ↗ empirischen Lit.wissenschaft, zuweilen auch der sozialwissenschaftlichen Psychologie angesehen. Seit den 1980er Jahren wird daneben die Weiterentwicklung des Freud'schen Ansatzes durch J. Lacan bedeutsam.

Lit.: N. Groeben: L. Stgt. 1972. – Ders. (Hg.): Arbeiten zur sozialwissenschaftlichen Psychologie. Münster 1999 f. – Ders.: L. In: RLW. – N. Groeben, J. Landwehr: Empirische L. (1980–90) und die Sozialgeschichte der Lit. In: IASL 16.2 (1991), S. 143–235. – R. Langner (Hg.): Psychologie der Lit. Mchn. 1986. – P. v. Matt: Lit. wissenschaft und Psychoanalyse [1972]. Stgt. 2001. – W. Muschg: Freud als Schriftsteller [1930]. Mchn. 1975. – W. Schönau: Einf. in die psychoanalytische Lit.wissenschaft. Stgt. 1991. WVB

Literaturrevolution, lit. Umwälzung. L.en finden im Umfeld der ↗ Moderne, vornehmlich im frühen 20. Jh., statt; sie sind eine Antwort auf den ↗ Ästhetizismus der Jh.wende. Zwar verbanden bereits die Naturalisten die Proklamation der Moderne mit der Forderung nach einer »Revolution der Lit.« (K. Bleibtreu, 1886); diese blieb jedoch, v. a. wegen der ästhetischen Traditionalität des ↗ Naturalismus, aus. L.en gehen mit einem Traditionsbruch einher; die lit.revolutionären Umbrüche sind an Formexperimente gebunden, die erst die seit 1910 wirkenden ↗ Avantgarden einlösten, u. a. durch den Verzicht auf die formale Kohärenz des Kunstwerks, den Bruch mit der Tradition mimetischen Erzählens sowie die Absage an eine subjektzentrierte, individualistische Kunst. – Die erste europäische Bewegung, die solche Forderungen proklamierte, war der it. ↗ Futurismus, der durch die Vermittlung H. Waldens und A. Döblins im ›Berliner Futurismus‹ – einem der Anfänge des ↗ Expressionismus – rezipiert wurde. Außerlit. Prozesse wie Urbanisierung, Technisierung und Dynamisierung der Lebenswelt, die Erfahrung von Simultanität, Fragmentierung und Ich-Dissoziation in einer industrialisierten, verstädterten Moderne bewirken eine Revolutionierung des Lit.verständnisses und des lit. Schreibens; die futuristische Simultankunst, der expressionistische Reihungsstil oder das Konzept der ›Schlagwortpoesie‹ im ↗ Sturmkreis sind deren unmittelbare Resultate. Das Moment des Revolutionären ist dabei eng an die produktionsästhetische Ebene gebunden, daneben kommen aber auch – v. a. im ↗ Dadaismus – rezeptionsästhetische Faktoren zum Tragen. Stärker als der Expressionismus sind die dadaistischen Aktionen darauf ausgerichtet, die konventionellen Formen der Rezeption von Lit. zu unterlaufen; sie setzen auf eine aktive Form der Rezeption von Kunst und Lit., die durch Performances, Vortrags- und Leseabende vermittelt wird. Lit. wird nicht nur als eine soziale, sondern zugleich als eine politische Praxis gewertet und eingesetzt; intendiert ist eine Zusammenführung von künstlerischer und politischer Aktion, von Kunst und Revolution. Darüber hinaus sind die Kunst- und L.en des 20. Jh.s an ein urbanes Bewusstsein gebunden; die Städte werden als Laboratorien und Experimentierfelder der zivilisatorischen und ästhetischen Moderne verstanden.

Lit.: P. Bürger: Theorie der Avantgarde. Ffm. 1974. – W. Fähnders: Avantgarde und Moderne 1890–1933. Stgt., Weimar 1998. – P. Pörtner: Lit.-Revolutionen 1910–25. 2 Bde. Neuwied, Bln. 1960 f.   SBE

Literatursatire, f., lit. Form der ⁊ Lit.kritik, die statt mit Würdigung und Argumentation mit Spott, Übertreibung und ⁊ Parodie arbeitet und sich häufig eigener fiktionaler Arrangements bedient. Die L. ist in erster Linie ein Medium des Kampfes mit der lit. Konkurrenz, des ⁊ Lit.streits; ihr Ziel ist die Behauptung des eigenen lit. Ranges durch die Herabsetzung der Gegner oder die Durchsetzung bestimmter lit.kritischer Normen; ihr Spektrum reicht von (impliziter oder expliziter) ⁊ Lit.theorie bis hin zu Verleumdung und Klatsch. Angegriffen werden Personen, einzelne ⁊ Werke, ⁊ Gattungen, ⁊ Stile, sprachliche und geistige Moden oder der Habitus von ⁊ Literaten (z. B. als Gelehrter, Vielschreiber oder Großschriftsteller). Die Gattungsvielfalt ist ähnlich breit gestreut wie bei der ⁊ Satire überhaupt. L. kann als parodistische Transformation fremder Texte auftreten, sich in eigenen lit. Formen ausprägen oder Bestandteil von umfangreicheren Werken sein, die als Ganzes nicht (oder nicht nur) als L. zu qualifizieren sind. So läuft etwa ⁊ Polemik gegen ›hohe‹ Gattungen in ›niederen‹ Gattungen gerne mit. – Angriffe auf andere Lit. gehören bereits zum lit. Repertoire der ⁊ Antike, so etwa bei Aristophanes, Horaz oder Lukian. Im MA. können die sich gegen den höfischen ⁊ Minnesang richtenden Gedichte Neidharts oder die ⁊ Invektive gegen Wolfram von Eschenbach in Gottfrieds von Straßburg »Tristan« (um 1200) als L. aufgefasst werden. Seit ⁊ Humanismus und ⁊ Früher Neuzeit sind wir über Lit.streite detaillierter unterrichtet; diese werden immer wieder auch mit satirischen Mitteln ausgefochten, so im Fall der »Epistolae obscurorum virorum« (›Dunkelmännerbriefe‹, 1515–17), in der frz. ⁊ *Querelle des Anciens et des Modernes*, in der Auseinandersetzung um die ›Scribblers‹ im engl. Neoklassizismus (auf die sich A. Popes »Dunciad« [1729] bezieht) oder im Streit zwischen den Leipziger Literaten um J. Ch. Gottsched und den Zürcher Autoren J. J. Bodmer und J. J. Breitinger im 18. Jh. Formal einflussreich sind im 17. und 18. Jh. die »Ragguagli di Parnasso« des T. Boccalini (1612 f.), die in der Tradition des lukianischen ⁊ Totengesprächs stehen: Apollon urteilt über aktuelle lit. Streitfragen, die ihm vorgelegt werden. Noch J. M. R. Lenz' »Pandämonium Germanikum« (entstanden 1775, postum 1819) ist ein Ausläufer dieser Tradition. Im Zeichen der Polemik einer kleinen Zahl hochbegabter Schriftsteller gegen den Großteil der zeitgenössischen Lit. stehen die satirischen ⁊ Epigramme J. W. Goethes und F. Schillers (»Xenien«, 1797) sowie die satirischen Ausfälle im »Athenaeum« (1798–1800), der programmatischen Zs. der Frühromantiker. Die romantische L. richtet sich gegen ⁊ Aufklärung und Philistertum (L. Tieck: »Der gestiefelte Kater«, 1797; C. Brentano: »Gustav Wasa«, 1800; J. v. Eichendorff: »Krieg den Philistern«,

1824) und findet auch Nachfolge außerhalb der Romantik (Ch. D. Grabbe: »Scherz, Satire, Ironie und tiefere Bedeutung«, 1827; A. v. Platen: »Der romantische Ödipus«, 1829). Die Welle der politischen Satire im ⁊ Vormärz führt zu einer Bedeutungseinbuße der L., die danach nie mehr das Gewicht erlangt, das sie im 18. Jh. und der Goethezeit hatte. – Dem Rückgang der eigentlichen L. im Verlauf des 19. und 20. Jh.s steht der jüngste Aufstieg der Mediensatire in lit. und filmischer Form gegenüber. In den satirischen Blickpunkt rücken nun Mechanismen des Kulturbetriebs, etwa die Miseren des öffentlichen und privaten Rundfunks, die Erscheinungsformen des Lit.marktes oder die auf Massenbedürfnisse zugeschnittene kommerzielle Filmproduktion Hollywoods (R. Altman: »The Player«, 1992).
Lit.: J. Brummack: Satirische Dichtung. Mchn. 1979. – H. Jaumann: Critica. Untersuchungen zur Geschichte der Lit.kritik zwischen Quintilian und Thomasius. Leiden u. a. 1995. – A. Košenina: Der gelehrte Narr. Gött. 2003.   BA

Literatursoziologie, Teildisziplin der Lit.wissenschaft, die sich mit den Beziehungen zwischen lit. Werk und Gesellschaft befasst. – Es konkurrieren zwei Bedeutungen von ›L.‹: 1. Als Teilgebiet der Lit.wissenschaft ist sie Gesellschaftsgeschichte in und an lit. Texten, wobei sich im Verlauf der Forschungsgeschichte das Interesse von den in lit. Werken behandelten Inhalten zu den gesellschaftlichen Implikationen der Formen und der Machart verlagert hat. – 2. Als Teilgebiet der Soziologie ist L. an den Rahmenbedingungen für Entstehung, Verbreitung, Aufnahme und Weiterverarbeitung des gesellschaftlichen Faktums Lit. interessiert. Gegenstandsbestimmung und Theoriebildung sind bis heute kontrovers und zementieren die Differenzierung zwischen der L. und einer Soziologie der Lit. (vgl. Köhler 1974).

Das Anliegen der L. ist seit der Reflexion auf die bürgerliche Gesellschaft im 18. Jh. thematisch (J. G. Herder, A. W. Schlegel), wurde aber nicht systematisch entfaltet. Nach ersten Versuchen Anfang der 1920er Jahre, in Deutschland eine »soziallit. Methode« heimisch zu machen (Merker, S. 48), bildete sich der Begriff ›L.‹ im Umfeld der Etablierung der Kunstsoziologie und in Anlehnung an die wissenssoziologischen Studien K. Mannheims heraus (Schücking, L. Balet und E. Auerbach; vgl. Kohn-Bramstedt). Wissenschaftsgeschichtlich ist L. eine Absage an die irrationalistischen Tendenzen der Lit.wissenschaft. Die erzwungene Emigration vieler Wissenschaftler verhinderte jedoch eine Ausarbeitung der Disziplin. Einige Ansätze wurden in der frühen BRD durch A. Hauser aufgegriffen. – Nach dem Zweiten Weltkrieg verfiel der materialistische Ansatz der L. (z. B. Löwenthal) dem Verdikt gegen die marxistische Geschichtsphilosophie in ihrer stalinistischen Verengung. L. wurde ausdrücklich – wie schon bei L. v. Wiese 1930 – als eine spezielle Soziologie definiert, die die Wertsphäre Kunst ausklammert und mit den Methoden der historischen bzw. empirischen Sozialforschung über Dichterkreise, Leserkulturen, Büchervertrieb und über das Verhältnis von Kunst und Massenmedien arbeitet; Gegenstand dieser speziellen Soziologie ist die soziale Interaktion der an Lit. Beteiligten (Escarpit, Fügen, Silbermann). Die empirische L. in Deutschland war damit komplementär zur werkimmanent vorgehenden Lit.wissenschaft. Sie schloss sich damit auch eng an die seit den 1930er Jahren in den angelsächs. Ländern etablierte *sociology of art* an, die ausdrücklich eine Grenze zwischen L. und ↗ Hermeneutik zieht (vgl. Verdaasdonk); im *institutional approach* wird als Dichtung die Summe von Wertzuweisungen durch interessierte Institutionen verstanden und werden, z. B. unter Berufung auf Bourdieu, gruppenzentrierte Handlungen mit Lit. untersucht: z. B. Bedeutungsfestlegung, Kanonbildung, überhaupt die Steuerung der Verfügbarkeit von Lit. – Die Weiterführung von L. als Teil der Lit.wissenschaft fußte auf einer neuen Rezeption marxistischer Ansätze in den 1960er Jahren. Sie bezog sich v. a. auf Lukács, dessen frühe Beiträge zu einer Geschichtsphilosophie der Lit. seinerzeit Kritik am blinden Empirismus von Untersuchungen über Mäzenatentum und Genie sowie an einer inhaltssoziologischen Lesart von Lit.werken übten; sie mündeten in dem zentralen Satz »Das wirklich Soziale in der Lit. ist: die Form« (Lukács, S. 72). Die Wirkung von Lukács war in der westeuropäischen L. weit größer als in der marxistischen Lit.wissenschaft der DDR und des Ostblocks, wo ein genuin lit.soziologischer Ansatz erst in Reaktion auf die Trivialliteraturforschung und die ↗ Rezeptionsästhetik in der BRD Anfang der 1970er Jahre ausgebildet wurde; man konzentrierte sich auf das Gebiet der empirischen Leserforschung und der tatsächlichen Rezeption lit. Werke (Sommer, Löffler). Eine produktive Fortführung der Ansätze von Lukács legte L. Goldmann im Rahmen seines ›genetischen Strukturalismus‹ vor: im Postulat einer ›Homologie‹ zwischen der Struktur des herrschenden Bewusstseins einer Klasse oder Gruppe, an der Autor und Leser teilhaben, und der Struktur lit. Konventionen und Gattungen. Wirklich einflussreich wurde aber nur die ↗ Kritische Theorie Adornos, die eine primär der Kunst verpflichtete L. anmahnte. Die sozialen Implikationen der Form, der Sprache und erst dann des Inhalts eines Kunstwerks hätten Gegenstand der Wissenschaft zu sein, keinesfalls nur seine Wirkung (Kontroverse mit A. Silbermann, 1966 f.). Was tatsächlich wirke und sich dem empirischen Zugriff anbequeme, sei die massenhaft produzierte und rezipierte Kunst. Die empirische L. hat im Gegenzug der Kritischen Theorie einen Mangel an Operationalisierbarkeit angelastet. Dennoch ist der Einfluss Adornos, in geringerem Maße Goldmanns, auf die lit.soziologische Debatte nicht hoch genug zu veranschlagen (zuletzt P. Zima). Mit der Annäherung an diskurstheoretische Ansätze einer grundsätzlichen Textualisierung des Wirklichkeitsbegriffs (z. B. ↗ New Historicism) entfällt allerdings der zentrale Begriff der Vermittlung.

– Seit den 1980er Jahren hat der soziologische Systembegriff (T. Parsons, N. Luhmann) der L. neue Impulse gegeben. Die ↗ Systemtheorie beschreibt die moderne Gesellschaft als ein Ensemble von interagierenden Teilsystemen, unter denen eines die Lit. ist. Der wechselseitige Anpassungsdruck zwischen den Teilsystemen wird als ein entscheidender Motor für Änderungen im System der Gattungen gesehen (Köhler 1977), die als institutionalisierte Verständigungsformen zu sehen sind (Voßkamp); Lit. im Ganzen wird als Institution mit einer eigenen Geschichte verstanden (P. Bürger). Die Analyse des ›Sozialsystems Lit.‹ verdrängte die Werkanalyse. Neuere Ansätze für Lit. geschichtsschreibung (z. B. v. Heydebrandt), bislang ein wichtiges Feld für lit.soziologisches Arbeiten, stützen sich auf die Systemtheorie, müssen sich aber ihre Befangenheit in der Synchronie vorhalten lassen (Titzmann). Angesichts eines Überangebots an lit.theoretischen Ansätzen ist das Interesse an L. stark gesunken.

Texte: J. Bark (Hg.): L. 2 Bde. Stgt. 1974. – H. N. Fügen (Hg.): Wege der L. Neuwied 1971.

Lit.: Th. W. Adorno: Thesen zur Kunstsoziologie. In: ders.: Ohne Leitbild. Ffm. 1967, S. 94–103. – P. Bourdieu: Zur Soziologie der symbolischen Formen. Ffm. 1970. – A. Dörner, L. Vogt: L. Opladen 1994. – R. Escarpit: Das Buch und der Leser. Ffm. 1961. – H. N. Fügen: Die Hauptrichtungen der L. und ihre Methoden. Bonn 1964. – L. Goldmann: Soziologie des modernen Romans [frz. 1964]. Neuwied 1970. – A. Hauser: Sozialgeschichte der Kunst und Lit. 2 Bde. Mchn. 1951. – R. v. Heydebrandt u. a. (Hg.): Zur theoretischen Grundlegung einer Sozialgeschichte der Lit. Tüb. 1988. – E. Köhler: Einige Thesen zur L. In: GRM N. F. 24 (1974), S. 257–264. – Ders.: Gattungssystem und Gesellschaftssystem. In: Romanistische Zs. für Lit.geschichte 1 (1977), S. 7–22. – E. Kohn-Bramstedt: Probleme der L. In: Neue Jahrbücher für Wissenschaft und Jugendbildung 7 (1931), S. 719–731. – L. Löwenthal: Zur gesellschaftlichen Lage der Lit. In: Zs. für Sozialforschung 1 (1932), S. 85–102. – G. Lukács: Schriften zur L. Neuwied 1961. – P. Merker: Neue Aufgaben der Lit.geschichte. In: Zs. für Dt.kunde. Erg.-H. 16. Lpz. 1921, S. 1–82. – K. E. Rosengren: Sociological aspects of the literary system. Stockholm 1968. – G. Rusch (Hg.): Empirical approaches to literature. Siegen 1995. – J. Scharfschwerdt: Grundprobleme der L. Bln., Köln 1977. – L. L. Schücking: Die Soziologie der lit. Geschmacksbildung. Mchn. 1923. – A. Silbermann: Lit.philosophie, soziologische Lit.ästhetik oder L.? In: Kölner Zs. für Soziologie 1966, S. 139–148. – D. Sommer u. a. (Hg.): Funktion und Wirkung. Bln. 1978. – M. Titzmann (Hg.): Modelle des lit. Strukturwandels. Tüb. 1991. – H. Verdaasdonk: Empirical sociology of literature as a nontextually oriented form of research. In: Poetics 14 (1985), S. 173–185. – W. Voßkamp: Methoden und Probleme der Romansoziologie. In: IASL 3 (1978), S. 1–37. – N. Werber: Evolution lit. Kommunikation statt Sozialgeschichte der Lit. In: WB 41 (1995), S. 427–444. – P. Zima: Textsoziologie. Stgt. 1980.   JB

Literatursprache, auch: Hochsprache, Standardsprache; formal Teil der ↗ Schriftsprache, mit dieser in enger Wechselbeziehung stehend, jedoch nicht durchweg mit ihr gleichzusetzen. Sofern sich die L. durch einen hohen Ordnungsgrad der sprachlichen Mittel, stilistische Differenziertheit, ein sensibilisiertes Sprachbewusstsein und polyfunktionalen Gebrauch in Alltag, Wissenschaft und ↗ Kunst auszeichnet, lässt sie sich als eine bes. hoch entwickelte Form der jeweiligen Nationalsprache verstehen. Es gibt ↗ Epochen, in denen die L. generell den Normen der Schriftsprache verpflichtet ist, auf diese jedoch Einfluss nehmen kann durch Bestätigung ihrer Normen, Etablierung anderer Normen oder Neubildungen. In Epochen großer Distanz zu ihr öffnet sich die L. v. a. als ↗ Sprache der Dichtung weitgehend Sprachschichten unter dem Niveau der Schriftsprache oder entfernt sich von ihr durch extreme ↗ Stilisierung bis hin zum Gebrauch ferner Sprachstufen oder fremder Sprachformen (J. Joyce: »Finnegans Wake«, 1939). Im Verhältnis von L. und Schriftsprache ist außerdem der qualitativ andere Gebrauch von Sprache in der Dichtung zu berücksichtigen, der sich in der Aktualisierung und vielfältigen Funktionalisierung aller Sprachebenen niederschlägt. Die mehr oder minder klar umrissene Gesamtstruktur von Tendenzen und Merkmalen der L. einer Epoche versucht man im Begriff ›Epochenstil‹ zu erfassen. – In Deutschland zeigt sich zum ersten Mal ein Bestreben zu überregionaler, einheitlicher Sprachgestaltung in der mal. Blütezeit. Dies führte zu einer L., die als erste dt. Schriftsprache angesprochen werden kann, jedoch den Verfall der höfischen Dichtung nicht überdauerte. Nach der Begründung der nhd. Schriftsprache durch M. Luther entwickelt sich im ↗ Barock wieder eine relativ einheitliche, durch Nachahmung lat., auch romanischer Stilideale geprägte L. Seit der Mitte des 18. Jh.s werden L. und Gemeinsprache von der gleichen bürgerlichen Schicht getragen; dadurch nähert sich die L. erneut der Gemeinsprache an. Im 19. Jh. tritt der Ggs. zwischen der gesprochenen Umgangssprache und der Schrift- und L. wieder stärker ins Bewusstsein. Die daraus resultierende Skepsis und Kritik an der L. fördert allg. eine Annäherung an die gesprochene Sprache, insbes. die Neigung zur ↗ Dialektlit. Praktisch wirksam wird diese Entwicklung im ↗ Naturalismus, der bisher ausgeschlossene, niedrige und regionale Schichten der Sprache aufnimmt. Im 20. Jh. wird die Leitfunktion der L. nach und nach von der Zeitungssprache übernommen. Die L. selbst zeigt seit der Sprachkrise um 1900 widersprüchliche Tendenzen: Einerseits entfernt sie sich wieder von der Gemeinsprache (so im ↗ Symbolismus und ↗ Expressionismus), andererseits wird die vom Naturalismus eingeschlagene Richtung weiter verfolgt. Große Teile der Lit. des 20. und 21. Jh.s zeichnen sich dadurch aus, dass sie diese widersprüchlichen Elemente verbinden.

Lit.: R. Baum: Hochsprache, L., Schriftsprache. Darmstadt 1987. – E. A. Blackall: Die Entwicklung des Dt. zur L. 1700–75 [engl. 1959]. Stgt. 1966. – J. Dittmann u. a. (Hg.): Erscheinungsformen der dt. Sprache. Bln. 1991. – Th. Roelcke: L. In: RLW. – J. Scharnhorst, E. Ising (Hg.): Grundlagen der Sprachkultur. Beiträge der Prager Linguistik zur Sprachtheorie und Sprachpflege. 2 Bde. Bln. 1976/82. – M. Schmitz-Emans: Die Sprache der modernen Dichtung. Mchn. 1997.   ED/DO

Literaturstreit, publizistische Auseinandersetzung mit weitem Wirkungsradius und großer Wirkungsintensität, bei der sich im engeren Sinne lit.-ästhetische Diskurse mit historisch-politischen und gesellschaftlich-mentalen überschneiden. Im Unterschied zur ↗ Lit.kritik sind Fragen der ↗ lit. Wertung und ↗ Ästhetik sekundär, vielmehr stehen gesellschaftliche Reizoder Tabuthemen im Vordergrund. – L.e sind gebunden an die Existenz einer Öffentlichkeit, in der differente Interessen oder Wertepositionen Kontroversen auslösen können. Entstehungsvoraussetzung der Auseinandersetzung ist eine gesellschaftliche Problemlage, die öffentlich bislang gar nicht oder nur in unbefriedigender Form thematisiert worden ist. Eine maßgebliche Funktion des L.s besteht darin, diese Kommunikationsknoten zu lösen und in der Auseinandersetzung klare Positionen anzubieten. Die thematische Zentrierung entwickelt sich oft aus dem Nebendiskurs eines weiter gespannten Problemhorizonts. Sie ist meist reduktiv und weicht von der Thematik und Intention des Initialtextes beträchtlich ab. Für den L. ist häufig ein ›produktives Missverstehen‹ bestimmend. Ein solches kann sich durch den diskursiven Wechsel vom lit. auf ein nichtlit. Feld wie Publizistik oder Politik ergeben. Schon dadurch, dass eine lit. Sprache, die sich durch Evokation, Vielstimmigkeit, Vorbehaltlichkeit und Unbestimmtheit auszeichnet, in den Informationsraum der Medien oder das Sprachsystem der Politik wechselt, können Skandalisierungseffekte entstehen, insofern sie dort an ihr nicht adäquaten Regeln und Realitäten gemessen wird. Wenn gesellschaftlich relevante, aktuelle Themen behandelt werden, ist öffentlicher Meinungsstreit offen oder verdeckt immer auch ein Machtkampf. Das Streitgeschehen erschöpft sich oft in reiner Positionierung und verläuft in der Regel desintegrativ. Zu den Mitteln und Methoden des L.s gehören daher Polemik und Diffamierung, Personalisierung und Selbstinszenierung. – Zur Geschichte des L.s gehören die politischen, gesellschaftlichen und kulturellen Brüche und Umbrüche der Moderne. Kulminationsphasen sind das späte 18. und das frühe 19. Jh. (Aufklärungs- und Pantheismusdebatte, Xenienstreit, ›Wissenschaftskriege‹), die Zeit nach 1945 (Streit um Th. Mann, Kollektivschuld-Debatte) und nach der dt.-dt. Vereinigung 1989/90 (↗ ›dt.-dt. L.‹ um Ch. Wolf; L.e um B. Strauß, P. Handke, G. Grass, M. Walser).

Lit.: H.-J. Bachorski u. a. (Hg.): [Themenheft:] L. MDG 47 (2000), H. 4. – L. Bluhm: Standortbestimmungen. Anm.en zu den L.s der 1990er Jahre in Deutschland.

In: C. Kammler u. a. (Hg.): Dt.sprachige Gegenwartslit. 1989–2003. Hdbg. 2004, S. 61–73. – H.-D. Dahnke, B. Leistner (Hg.): Debatten und Kontroversen. Lit. Auseinandersetzungen in Deutschland am Ende des 18. Jh.s 2 Bde. Bln., Weimar 1989. – W. Mauser, G. Saße (Hg.): Streitkultur. Strategien des Überzeugens im Werk Lessings. Tüb. 1993. LB

Literatursystem, n., Begriff aus der ↗ Sozialgeschichte der Lit., aus der empirischen, später konstruktivistischen (S. J. Schmidt) und aus der systemtheoretischen Lit.wissenschaft. ›L.‹ meint zunächst die Menge aller in einer Gesellschaft zu einer Zeit als Lit. definierten Texte und hebt v. a. auf die gesellschaftlichen und ästhetischen Normen ab, nach denen Texte als Lit. definiert werden. – Der systemische Aspekt bekommt insbes. in der empirischen Lit.wissenschaft eine antihermeneutische Perspektive: Lit. als System zu betrachten heißt, von der ↗ Interpretation der Texte abzusehen und stattdessen Lit. als kommunikativen Handlungsbereich zu definieren. In und mit der Systemtheorie versucht man dagegen, auch die Bedeutung und die Interpretation der Texte in die Idee des L.s zu integrieren. Dafür werden die beiden Begriffe ›Sozialsystem‹ (für die gesellschaftliche und kommunikative Dimension) und ›Symbolsystem‹ (für die semantische und nicht zuletzt auch hermeneutische Dimension) von Lit. aufeinander bezogen und der Text als Gelenkstelle zwischen beiden situiert.

Lit.: O. Jahraus: Lit. als Medium. Weilerswist 2003. – C.-M. Ort: Sozialsystem ›Lit.‹ – Symbolsystem ›Lit.‹. In: S. J. Schmidt (Hg.): Lit.wissenschaft und Systemtheorie. Opladen 1993, S. 269–294. – M. Titzmann: L. In: RLW. – N. Werber: Lit. als System. Opladen 1992. OJ

Literaturtheorie, f. [gr. *theōría* = Betrachtung, Reflexion], 1. im allg. Sinne jede mehr oder weniger systematische Reflexion über den Begriff, das Wesen, die ↗ Form, ↗ Struktur und Zeichenhaftigkeit, die Produktion und ↗ Wirkung, aber auch über die hermeneutische und methodische Erschließung lit. Texte bzw. des Literarischen an sich. Diese zu allen Zeiten begegnende Reflexion kann impliziter oder expliziter Teil lit. Werke selbst sein oder den Gegenstand lit.naher Diskurse in ↗ Rhet., Philosophie, ↗ Lit.wissenschaft oder in Künstlermanifesten und ↗ Autorpoetiken bilden. – 2. Im spezifischen Sinne seit den 1960er und verstärkt seit den 1990er Jahren ein zunehmend kanonisiertes Bündel von Theoriekomplexen wie ↗ Poststrukturalismus, ↗ Dekonstruktion, ↗ Diskursanalyse u. a., die, nicht zwangsläufig Lit. oder das Literarische als zentralen Gegenstand aufweisend, sowohl zur Interpretation lit. Texte herangezogen als auch selbst zum (systembildenden) Gegenstand der Lit.wissenschaft gemacht werden.

Die *antike L.* kreist um die Produktions- und Rezeptionsbedingungen verschriftlichter mündlicher Kommunikation, den Wahrheitsgehalt, ontologischen Status und die Legitimität der Lit., ihre psychagogische Dimension (↗ Katharsis) sowie um die (oft prophetische) soziale Rolle des ↗ Dichters (↗ Poeta vates). Die antike ↗ Rhet. lässt sich v. a. in ihrer ›Stillehre‹ (↗ Elocutio) als Systematisierung grundlegender sprachlicher Dimensionen lit. Textualität verstehen, ist in MA., ↗ Renaissance und ↗ Barock als theoretischer Horizont der Lit. einflussreich und wird überdies zu normativen ↗ Poetiken transformiert. Die – oft nicht sehr systematische – *L. des MA.s* erörtert in ↗ *accessus ad auctores* (Einleitungsschriften), ↗ Kommentaren, ↗ Prologen und ↗ Exkursen die philosophische, moralische und theologische Dimension sowie die Legitimität und Nützlichkeit der Lit. im Horizont des Christentums und entwickelt im volkssprachlichen Bereich auch Ansätze zu einer Erkenntnis autonomer ästhetischer Freiräume. L.n der *europäischen Frühen Neuzeit* kreisen – in verstärkter Auseinandersetzung mit der Antike und der Scholastik – um Fragen der ↗ Imitatio/↗ Mimesis, die Konzeption des Dichters, den Wahrheits- und Fiktionsgehalt der Lit., ihre epistemisch-hermeneutischen Aspekte (↗ Allegorese) und die Gattungssystematik, um das Verhältnis zwischen ↗ Antike und ↗ Moderne (↗ *Querelle des Anciens et des Modernes*) sowie um Status und lit. Praxis der Volkssprachen. Zentrale methodische Probleme bei der Erschließung vormoderner L.n sind deren nicht (bzw. nur teilweise) autonom gedachte Konzepte von Lit. und die Einbindung von Lit. und L. in komplexe diskursive und normative bzw. pragmatische Zusammenhänge. – In den frz. dominierten Epochen der ↗ *Aufklärung* und des ↗ *Klassizismus* wird die Lit. als kalkuliertes Phantasie-Produkt vernünftiger und naturgemäßer Regeln und als Spiegel harmonischer Ordnung begriffen, während im Horizont bürgerlicher Kultur die erzieherische Dimension der Lit. für deren Rezipienten betont wird. Attackiert werden diese Bestrebungen im ↗ Sturm und Drang durch die Konzeption des regelsprengend-naturwüchsigen lit. ↗ ›Genies‹. Die *L. der Frühromantik* entwickelt in Anlehnung an Kant und den ↗ dt. Idealismus die ↗ Autonomieästhetik, privilegiert ↗ Ironie, Unabschließbarkeit und ↗ Selbstreflexivität als fundamentale Erkenntnismodi, begreift Philosophie und Poesie als Momente einer »progressiven Universalpoesie« (F. Schlegel) und erklärt (neben der ↗ Mythologie) v. a. ↗ Märchen und ↗ Roman zu zentralen lit. Formen. Die (oft implizite) L. um 1900 setzt hier insofern an, als sie Autonomie, Unbestimmtheit, Selbstbezüglichkeit und Reflexivität als zentrale lit.-ästhetische Kriterien bestimmt, in die indes – teils als Folge einer Krise der Sprache und der Aufwertung von Kontingenz – Fragmentarizität, Zerrissenheit und Körperlichkeit integriert werden.

Seit der Konstitution der ↗ Lit.wissenschaft im 19. Jh. kommt der – nun dezidiert von normativer ↗ Poetik abgegrenzten – L. eine fundamentale Rolle zu. Während ↗ marxistische Lit.wissenschaft und ↗ Sozialgeschichte der Lit. diese an eine gesellschaftliche Wirklichkeit binden und beider Verhältnis zueinander erörtern, konzipieren ↗ Hermeneutik und ↗ werkimmanente Interpretation, ↗ New Criticism und *explication de texte* Lit. als auf der Basis genauer ↗ Analyse erschließbare Sinnräume. Eine Vermittlung beider Tendenzen strebt die ↗ Rezeptionsästhetik an, welche die historisch und kontextuell unterschiedlichen Erwartungen und Horizonte der ↗ Leser lit. Werke in den Vordergrund stellt. Als L. prägend wurde v. a. der ↗ Strukturalismus, in dem Lit. nicht als kontextuell, biographisch oder intentional determiniertes Produkt eines Autors, sondern als Zeichensystem erscheint, das allg. semiotischen und sprachlichen Regeln unterliegt. Ausgehend vom russ. ↗ Formalismus wird dabei – etwa in der ↗ Prager Schule – zu bestimmen versucht, welche textuellen Verfahren und Strukturen die spezifische Literarizität der Lit. ausmachen (›poetische Funktion‹); andere strukturalistische Ansätze begreifen Lit. als spezifischen Fall allg. gültiger kultureller Zeichensysteme.

Die *L. der Gegenwart* ist ein mittlerweile an vielen Universitäten in Europa und den USA kanonisch gewordenes, zugleich aber auch umstrittenes Bündel von Theorien, die sich jeweils als Überwindung des Strukturalismus ›auf dessen Grundlagen‹ begreifen (↗ Poststrukturalismus), die Stabilität von ↗ Sinn, Subjektivität, Wesenhaftigkeit und Struktur zur Illusion erklären und bes. über die Aufwertung der Unhintergehbarkeit der Sprache (*linguistic turn*) zur L. werden: So wird das unausweichliche Spiel von instabilen Sinneffekten, -spuren und Ambivalenzen in der Lit. selbst (↗ Dekonstruktion, ↗ Intertextualität) bzw. in der Mehrdeutigkeit produzierenden Lektüre von Lit. untersucht; das lit. Subjekt wird als dezentriert verstanden (↗ psychoanalytische Lit.wissenschaft); die nicht mehr primär biologisch begründete Geschlechterdifferenz (↗ *gender studies*) führt zu Postulat und Praxis ↗ weiblichen Schreibens (↗ *écriture féminine*); Lit. erscheint als subversives Moment von Logiken des ↗ Diskurses und der Exklusion (↗ Diskursanalyse, ↗ New Historicism) sowie als politisches Medium, in dem unterdrückende Identitäten ausgehebelt werden können (↗ Postkolonialismus). – In den modernen L.n wird das Verhältnis von Gegenstand und Reflexion neu dimensioniert: Lit. und lit.theoretische, philosophische und ästhetische Reflexion werden Teil eines übergreifenden Denkraums: eine Fusion, die nicht notwendigerweise zu einer – der modernen L. oft vorgeworfenen – Beliebigkeit führen muss, sondern neue Denkmöglichkeiten eröffnen kann. Zunehmend wird angesichts der Komplexität, Interdisziplinarität und Kombinierbarkeit der modernen L.n aber deutlich, dass es stets zu reflektieren gilt, was eine Theorie jeweils leisten soll und kann.

Lit.: H. Boethius: Dichtungstheorien der Aufklärung. Tüb. 1971. – K.-M. Bogdal: Neue L.n. Opladen 1997. – J. Culler: L. [engl. 1997]. Stgt. 2002. – T. Eagleton: Einf. in die L. [engl. 1983]. Stgt., Weimar ⁴1997. – M. Fuhrmann: Dichtungstheorie der Antike. Darmstadt 1992. – A. Geisenhanslüke: Einf. in die L. [2003]. Darmstadt ³2006. – H. V. Geppert, H. Zapf (Hg.): Theorien der Lit.

2 Bde. Tüb., Basel 2003/05. – G. v. Graevenitz: Konzepte der Moderne. Stgt. 1999. – W. Haug: L. im dt. MA. Darmstadt 1992. – O. Jahraus: L. Tüb., Basel 2004. – W. Menninghaus: Unendliche Verdopplung. Die frühromantische Grundlegung der Kunsttheorie. Ffm. 1987. – A. Minnis (Hg.): Medieval Literary Theory. Oxford 1988.– G. Neumann (Hg.): Poststrukturalismus. Stgt., Weimar 1997. – Th. A. Schmitz: Moderne L. und antike Texte. Darmstadt 2002. – M. Sexl: Einf. in die L. Wien 2004. – B. Weinberg: Literary Criticism in the Renaissance [1961]. 2 Bde. Ann Arbor 1990. – P. V. Zima: Was ist Theorie? Tüb., Basel 2004. – P. V. Zima, F. Harzer: L. In: RLW.   FB

Literaturverfilmung ↗ Verfilmung.

Literaturwissenschaft, Gesamtheit der von akademischen Institutionen als wissenschaftlich anerkannten Tätigkeiten, die sich auf die Erkenntnis der Lit. richten. Philologische Aufgaben, die nacheinander entstanden sind und nun nebeneinander bestehen, wie die ↗ Edition von Texten, ↗ Lit.geschichte, Analyse der Werke, ↗ Lit.soziologie, Leserforschung, ↗ Lit.theorie, werden unter dem Begriff ›L.‹ zusammengefasst. Er soll Einheit herstellen: unter den verschiedenen Arten lit. Texte (vom Kirchenlied bis zum Feuilleton), unter ihren verschiedenen Aspekten (von der Entstehung eines Textes bis zu seiner Aufbewahrung), unter verschiedenen Verfahren, solche Texte zu beschreiben (von der Psychoanalyse des Autors bis zur Strukturanalyse der poetischen Sprache). Um dem Eindruck des Zufälligen in der Anhäufung von Teilgebieten und im Wechsel miteinander streitender Methoden entgegenzuwirken, bemüht sich die L. um terminologische Klarheit, argumentative Strenge und systematische Konstruktion. ›L.‹ ist also eine pragmatische Bez. für eine Vielzahl der an Universitäten vertretenen Fachrichtungen (d. h. der ↗ Germanistik, ↗ Anglistik, ↗ Slawistik etc., soweit sie sich mit der Lit. befassen) und zugleich das Ideal eines kompetenten Umgangs mit Lit., der über subjektive Leseerfahrungen und über die tagesgebundene Beurteilung von Neuerscheinungen (↗ Lit.kritik) hinausreicht. Die Konstituente ›Wissenschaft‹ in dem Kompositum ›L.‹ postuliert – anders als ihre historischen Vorläufer Poetik, Kritik, Interpretation –, dass eine objektive Beschreibung und Analyse von Lit. möglich sei. Doch kann niemand, der sich mit poetischen Texten beschäftigt, die Lektüre, d. h. seine jeweils bes. Lektüre, umgehen, also auch nicht den subjektiven Anteil an Imagination, Gefallen und Verstehen außer Acht lassen. Auch der Lit.wissenschaftler ist zunächst ein Leser wie jeder andere. In Grundzügen sind die Aufgaben der L. bereits in den Fragen enthalten, die der gewöhnliche Leser einem Text stellt: Zu welchem Zweck ist er geschrieben? Wann, in welcher Umgebung ist er entstanden? Worin ist er anderen Texten ähnlich und unähnlich? Wie ist er zu verstehen? L. versucht, die ästhetische Erfahrung des nichtprofessionellen Lesers durch intensive Beschreibungen des Textes und extensive Auskünfte über seinen Kontext zu bestätigen oder zu korrigieren, jedenfalls durch den professionellen Habitus von Exaktheit und Ausführlichkeit zu übertreffen. L. ist heute das dominierende, weil staatlich anerkannte und subventionierte Konzept eines Umgangs mit Lit., der die Passivität des privaten Lesens in die Aktivität des kontrollierten Redens und Schreibens über Lit. überführt. – Es ist nicht selbstverständlich, dass zum lit. Leben auch dessen wissenschaftliche Untersuchung gehört. Vor und neben ihr sind auch andere Verhaltensweisen möglich, ja sie gehen ihr sogar logisch und historisch voraus: das reflexionsfreie Vergnügen an Poesie oder Gespräche unter Liebhabern und Kennern der Lit. Die zunehmende Verwissenschaftlichung im Umgang mit Lit. ist eine Besonderheit der europäischen Kultur und bereits in der Antike entstanden. Im 5. Jh. v. Chr. bringen gr. Philosophen rationale Einwände gegen die Behauptung der Dichter vor, sie sagten, von den Musen inspiriert, die Wahrheit; die philosophische Kritik (v. a. Platons) unterwirft also die poetische Phantasie einer Überprüfung. Die aristotelische »Poetik« rechtfertigt hingegen die fragwürdig gewordene Dichtung, indem sie ihr einen Sonderstatus im Reich des Möglichen zuerkennt. Aus der Schule des Aristoteles gehen die Philologen der Bibliothek von Alexandrien hervor, die seit dem 3. Jh. v. Chr. die klassischen Werke der gr. Vergangenheit sammeln, kommentieren und herausgeben. (Dieses Niveau philologischer Arbeit wird erst in der Frühen Neuzeit wieder erreicht.) Die Dichter tragen selbst zur Vermehrung des Wissens über Dichtung bei, indem sie ihr Werk durch Gattungsbezeichnungen und Zitate in eine lit. Tradition stellen, in Vorreden ihre Absicht erläutern, in Poetiken (von Horaz' »Ars poetica« bis zu G. E. Lessings dramaturgischen Schriften) Prinzipien und Techniken der lit. Produktion bekannt machen. Seit dem 18. Jh. wird die Zahl der lit. Neuerscheinungen auf dem Buchmarkt so groß, dass ihre Beurteilung zu einer öffentlichen Angelegenheit wird: Ihr dienen die Diskussionen in den ↗ Lesegesellschaften und die Rezensionen in den damals entstehenden kritischen Zss. Während die heutige dt. Bez. ›L.‹ die akademische Disziplin rigide von jenen vorwissenschaftlichen Vorstufen abrücken möchte, gesteht der in anderen westlichen Ländern übliche Begriff *literary criticism*, *critica* oder *critique* den Zusammenhang mit älteren Wissensformen wie Belesenheit, Geschmacksurteil und Kanonbildung freimütig ein. Eine Erneuerung solcher ästhetischen und zugleich gelehrten ›Kritik‹ hätten in Deutschland um 1800 die Brüder A. W. und F. Schlegel eröffnet: Sie richteten ihre Aufmerksamkeit auf die poetische Struktur individueller Werke, an denen sie dennoch die Verbindungen zur ↗ Weltlit. offenlegten. Stattdessen setzte sich zu Beginn des 19. Jh.s die Germanistik der Brüder J. und W. Grimm sowie K. Lachmanns durch, die auf Sprachgeschichte, Nationallit., philologische Methodik und deren Institutionalisierung bedacht war. Die Einrichtung von Lehrstühlen für dt. Philologie während der napo-

leonischen Besetzung hatte ein ideologisches Ziel: die Konstruktion einer nationalen Lit.geschichte vom MA. bis zur Gegenwart. Sie verfolgte auch einen praktischen Zweck: die Ausbildung von Deutschlehrern. Obwohl diese Aufgaben und Ziele das Studium der Germanistik bis heute prägen, versuchte seit dem späteren 19. Jh. der Teil des Faches, der sich der neueren Lit.geschichte zugewandt hatte, selbständig zu werden, was jedoch erst im 20. Jh., v. a. durch die Berufung auf internationale Vorbilder, zur Regel wurde. (Auf der anderen Seite bildeten die sprachlich-philologischen Teile der Germanistik unter dem Begriff ›Sprachwissenschaft‹ oder ›Linguistik‹ ein eigenes Fach.) Die Gesamtheit aller Beschäftigungen mit Lit., die mit dem Anspruch auf öffentliche Geltung und allg. Gültigkeit auftreten, hieß bis ins 18. Jh. ↗ ›Philologie‹ oder ›Kritik‹ (sie stehen im Dienst von Kennern und Liebhabern), seit dem 19. Jh. Lit.geschichte (sie stellt sich in den Dienst der Nation). ›L.‹ (ihr Name dient auch dazu, ihre Existenz an der Universität zu rechtfertigen) wird erst am Ende des 20. Jh.s geläufig. Zweifellos besitzt die neue Bez. ›L.‹ gegenüber der älteren ›Lit.geschichte‹ den Vorzug, dass der Gegenstand der Wissenschaft (d. h. die Geschichte der Lit.) und die Wissenschaft von diesem Gegenstand (d. h. das Studium dieser Geschichte) nicht denselben Namen tragen. Das Wort ›L.‹ findet sich bereits zu Beginn des 19. Jh.s, wo es jedoch die Gesamtheit des Wissens über Bücher bedeutet, also unserer heutigen ›Bücherkunde‹ entspricht. Programmatisch steht ›L.‹ um 1890 im Titel von Abhandlungen, die lit.historische Erkenntnisse auf Prinzipien gründen wollen, sei es das der Kausalität geschichtlicher Prozesse, sei es das der Psychologie des schöpferischen Lebens (Grosse, Merbot, Elster). Daran wird das Bemühen sichtbar, durch den Zusatz ›-wissenschaft‹ neben den erfolgreichen Naturwissenschaften bestehen zu können. Um die Gleichrangigkeit – nicht Gleichartigkeit – der philologischen und historischen Disziplinen mit den modernen Naturwissenschaften zu behaupten, waren weniger diese positivistischen Nachahmungsversuche geeignet als vielmehr W. Diltheys Vorschlag, die »Geisteswissenschaften« als eine Hermeneutik individueller Ereignisse, Personen und Werke den deskriptiven und normativen Verfahren der Naturwissenschaften entgegenzusetzen. Mit größerem Recht jedoch konnte der Anspruch auf Wissenschaftlichkeit auftreten, sobald es gelang, an der Sprache und Komposition von Dichtungen Gesetzmäßigkeiten zu entdecken, die dem Auge des Laien verborgen geblieben waren. Dies unternehmen zuerst die russ. Formalisten (↗ Formalismus), die zu Beginn des 20. Jh.s die Analyse der Lit. von den heterogenen biographischen und historischen Kommentaren befreiten, um sich auf die Beschreibung der sichtbaren Form und der unsichtbaren Struktur des Textes zu konzentrieren. Das formalistische Erbe wurde vom tschech. sowie frz. ↗ Strukturalismus und später vom am. Dekonstruktivismus (↗ Dekonstruktion) übernommen. Verspätet und abgeschwächt kam diese internationale Konzeption von L. um 1970 nach Deutschland, als gerade die traditionell historisch ausgerichtete Lit.geschichte sich durch marxistische und empirische Lit.soziologie verjüngt und erneut befestigt hatte. Unterscheidet sich – so die These der Strukturalisten – die Struktur lit. Werke prinzipiell vom normalen Sprachgebrauch, von den Erscheinungen des individuellen Lebens und der sozialen Realität, so muss es eine eigene Theorie und Methodik der lit. Analyse, also eine eigenständige und strenge Disziplin ›L.‹, geben. Die formalistischen und strukturalistischen Richtungen der L. verzichten auf hermeneutische Einfühlung und die Absicht, den Sinn eines Werks durch eine »Kunst der Interpretation« (Staiger) zu erschließen, da dieser Sinn nicht objektivierbar und höchstens als eine Reihe von Rezeptionen bei unterschiedlichen Lesern beschreibbar sei. Linguistik, Semiotik, Soziologie, Psychologie dienen seit der Mitte des 20. Jh.s zunehmend der L. als Hilfsdisziplinen und zur semantischen Orientierung; sie ergänzen die seit der Gründung der Nationalphilologien herrschende Ausrichtung auf die Geschichte. Die Selbstauszeichnung der L. durch den Titel einer Wissenschaft hat in den letzten Jahrzehnten die internen Energien des Faches erhöht (sichtbar an Zahl und Niveau der Publikationen), seine externen Wirkungen in der Öffentlichkeit jedoch vermindert. Gerade die Absicht, die vielfältigen Interessen und Resultate der Forschung zu einem plausiblen System zusammenzuschließen (und einige als unwissenschaftlich davon auszuschließen), hat anhaltende Debatten über Theorie und Methodik dieser Disziplin angeregt: Soll sie eine eigene Terminologie entwickeln oder die überlieferte Bildungssprache nutzen? Soll sie Philologie oder ↗ Kulturwissenschaft sein? Liegt ihre Aufgabe im historischen oder im ästhetischen Bereich? Braucht die Lit. mehr oder weniger Wissenschaft? Argumente für strengere Wissenschaftlichkeit (Wagenknecht) rufen Gegenargumente hervor, die in der »Szientifizierung« den Grund für den Verlust an öffentlicher Bedeutung der L. ausmachen wollen (Griesheimer/Prinz). Solche Diskussionen, in denen Selbstüberschätzung mit Selbstzweifeln wechselt, haben die Reflexionsfähigkeit eines Faches, das sich im gelehrten Wissen sicher fühlte, beträchtlich erhöht. Sie haben aber auch dazu geführt, dass mittlerweile in der L. die L. eine größere Rolle spielt als die Lit.

Lit.: H. L. Arnold, H. Detering (Hg.): Grundzüge der L. [1996]. Mchn. ⁷2005. – E. Elster: Prinzipien der L. Bd. 1. Halle 1897. – F. Griesheimer, A. Prinz (Hg.): Wozu L.? Tüb. 1991. – E. Grosse: Die L.: ihr Ziel und ihr Weg. Halle 1887. – R. Merbot: Forschungsweisen der Geistes-Wissenschaften. Ffm. 1889. – H. Schlaffer: Poesie und Wissen. Ffm. 1990 – K. Stierle: L. In: U. Ricklefs (Hg.): Das Fischer Lexikon Lit. Bd. 2. Ffm. 1996, S. 1156–1185. – Ch. Wagenknecht (Hg.): Zur Terminologie der L. Stgt. 1988. – K. Weimar: Geschichte der dt. L. bis zum Ende des 19. Jh.s. Mchn. 1989. – Ders.: L. In: RLW. – R. Wellek: Geschichte der Lit.kritik 1750–

1950 [engl. 1955–86]. 4 Bde. Bln., NY 1978–90. – W. K. Wimsatt, C. Brooks: Literary Criticism. Ldn. 1957. HS

Literaturzeitschriften, auch: lit. Zss.; eigenständige, periodisch erscheinende Publikationen mit dem Themenschwerpunkt Lit. Veröffentlicht werden in L. 1. lit. Texte, 2. ↗ Rezensionen, 3. journalistische oder wissenschaftliche Auseinandersetzungen mit dem gesamten Themenspektrum des kulturellen, bes. des ↗ lit. Lebens, 4. Ergebnisse lit.wissenschaftlicher Forschung und deren Diskussion. Die unübersehbare Vielfalt der L. entsteht durch die Mischung dieser Rubriken; als Hauptgruppen sind dabei auszumachen: reine L. (produktionsorientiert), rezensierende und diskutierende L. (rezeptionsorientiert) und wissenschaftliche L. (forschungsorientiert). Da die L. – gemessen am ausführlicheren und langsameren Medium ↗ Buch – mit kurzen Texten in relativ schneller Abfolge Entwicklungen und Tendenzen präsentieren und diskutieren, fungieren sie als Informations- und Selektionsmedien, die das lit. Leben überschaubar halten, indem sie bestimmte Autoren, ↗ Schreibweisen, Fragestellungen und Themen bevorzugen und sich programmatisch an ästhetischen oder wissenschaftlichen Richtungen bzw. Schulen orientieren. Auf diese Weise reflektieren L. die jeweilige Bedeutung der Lit. in der Gesellschaft und prägen sie zugleich. L. erscheinen in Deutschland seit Ende des 17. Jh.s (»Acta eruditorum«, 1682–1782; Ch. Thomasius: »Monatsgespräche«, 1688–90) und bestimmen im 18. Jh. wesentlich die Entwicklung und Ausdifferenzierung der lit. Öffentlichkeit. Zwischen 1700 und 1790 sind 323 L. nachzuweisen, allein zwischen 1770 und 1795 werden mehr als 200 Neugründungen von L. gezählt; das 18. Jh. gilt daher als ›Blütezeit des Zeitschriftenwesens‹, in der alle wichtigen Debatten über die Aufgabe von Lit. über das Medium L. ausgetragen werden (z. B. J. Ch. Gottsched: »Beiträge zur critischen Historie der dt. Sprache«, 1732–42; G. E. Lessing u. a.: »Briefe die neueste Lit. betreffend«, 1759–65; F. Nicolai: »Allg. dt. Bibliothek«, 1765–1805; Ch. M. Wieland: »Teutscher Merkur«, 1773–1810; F. Schiller: »Thalia«, 1785–93; Schiller/J. W. Goethe: »Horen«, 1795–97; Goethe: »Propyläen« 1798–1800; F. und A. W. Schlegel: »Athenäum«, 1798–1800). Hinzu kommen Zss., die keine ästhetischen Programme durchsetzen oder debattieren, sondern unterhalten und belehren wollen. Spätestens mit Beginn des 19. Jh.s gewinnen diese L. auf einem expandierenden Markt etwa in der Form der Unterhaltungsblätter, Rundschau-Zss. und Familien-Zss. an Bedeutung (»Allg. Moden-Zeitung«, 1799–1903; »Novellen-Zeitung«, 1844–73; »Westermanns Monatshefte«, 1856–1986; »Die Gartenlaube«, 1853–1944). Die L. mit ästhetischer und politischer Programmatik können zwar noch einmal in den Programmblättern des ↗ Jungen Deutschland eine revolutionäre Aura entfalten (K. Gutzkow: »Phoenix«, 1835–38), müssen sich aber zunehmend auf ausgewählte gebildete Kreise beschränken (»Dt. Vierteljahrsschrift«, 1838–70; »Der Leuchtturm«, 1846–51;

»Dt. Rundschau«, 1874–1914). Durch die Etablierung und interne Ausdifferenzierung auflagenstarker Tageszeitungen und Zss. erwachsen den L. zudem Konkurrenten, die aktueller über das lit. und kulturelle Leben berichten und damit Leserschaft binden. Ende des 19., Anfang des 20. Jh.s differenzieren sich die L. noch weiter aus. Sie werden zu den Foren der verschiedenen ↗Avantgarden (»Kritische Waffengänge«, 1882–84; »Freie Bühne«/»Die neue Rundschau«, 1885–1902; »Blätter für die Kunst«, 1892–1919; »Der Sturm«, 1910–32; »Dada«, 1917–20); sie bündeln kulturkritische Stimmen (»Der Türmer«, 1898–1943; »Die Zukunft«, 1892–1922; »Die Fackel«, 1899–1936; »Die Schaubühne«/»Die Weltbühne«, 1905–33) und versuchen Schnittmengen zwischen verschiedenen Künsten herzustellen (»Pan«, 1895–1900; »Die Insel«, 1899–1902). Daneben etablieren sich L., die das gesamte kulturelle Leben kritisch begleiten (»Neue dt. Beiträge«, 1922–27; »Der neue Merkur«, 1914–25; »Die neue Bücherschau«, 1919–29; »Die lit. Welt«, 1925–30). Während die L. in der NS-Diktatur verboten oder staatlich reglementiert werden und der Kritik Platz allenfalls in Form der ↗Camouflage lassen, etablieren sich von Exilanten gegründete L. in Zürich, Amsterdam, Prag, Paris. In der Nachkriegszeit werden L. als Foren der politischen Erneuerung und des lit. Nachholbedarfs gegründet (»Die Wandlung«, 1945–49; »Ost und West«, 1947–49). Für die Lit.geschichte der Bundesrepublik Deutschland werden die L. prägend, indem sie sich gegen das ↗Feuilleton mit dem Abdruck längerer oder komplexerer lit. und essayistischer Texte profilieren, welche die Möglichkeit eingehender Reflexion bieten (»Merkur«, ab 1947; »Akzente«, ab 1954; »Text und Kritik«, ab 1963). Die Ausdifferenzierung des lit. Lebens lässt sich nicht zuletzt an der Vielfalt der L. bemessen, welche durch die Etablierung elektronischer L. im Internet in den 1990er Jahren noch einmal vergrößert wurde (»literaturkritik.de«, »IASL-online«).

Lit.: Th. Dietzel, H.-O. Hügel: Dt. lit. Zss. 1880–1945. 5 Bde. Mchn. u. a. 1988 f. – B. Fischer, Th. Dietzel: Dt. lit. Zss. 1945–70. 4 Bde. Mchn. u. a. 1992. – E. Fischer u. a. (Hg.): Von Almanach bis Zeitung. Ein Hb. der Medien in Deutschland 1700–1800. Mchn. 1999. – J. Kirchner (Hg.): Bibliographie der Zss. des dt. Sprachgebietes bis 1900. 4 Bde. Stgt. 1968–89. – H.-A. Koch: Zeitschrift. In: RLW.

SP

Litotes, f. [gr. = Schlichtheit], rhet. Stilmittel, ↗Tropus (1), Mittel der ↗Meiosis, der untertreibenden Ausdrucksweise oder des Understatement: Statt eines Superlativs oder Elativs wird die Verneinung des Gegenteils gesetzt, z. B. ›nicht unbekannt‹ (eigentlich: sehr bekannt, berühmt). Indem weniger gesagt wird, als gemeint ist, ist die L. der ↗Emphase, durch den Gebrauch des Gegenteils der ↗Ironie verwandt.

ED/Red.

Littérature clandestine, f. [frz. = heimliche Lit.], ↗Résistancelit.

Littérature engagée, f. [literatyraˈʒe; frz. = enga-

gierte Lit.], von J.-P. Sartre als Gegenentwurf zum Konzept der Kunstautonomie geprägter und von der Gruppe um die Zs. »Temps Modernes« als Doktrin übernommener Begriff, der die Forderung nach einer gesellschaftlichen Positionierung der Lit. zum Ausdruck bringt. In seinem Essay »Qu'est-ce que la littérature?« (1947, dt.: »Was ist Lit.?«, 1950) begründete Sartre die Notwendigkeit einer *l. e.* als freiwillig gewählter Form politisch, sozial oder religiös ↗engagierter Lit. Sartre sah den Schriftsteller automatisch verstrickt *(embarqué)* in die drängenden Fragen seiner Zeit. Da jedes lit. Werk somit per se eine Stellungnahme enthalten musste, konnte ›reine‹ Kunst *(poésie pure)* in seinen Augen nur ›leere‹ Kunst sein. Aus der von ihm postulierten Untrennbarkeit von Ethik und Ästhetik leitete Sartre sowohl die ästhetische Freiheit des Schriftstellers als auch seine gesellschaftliche Verantwortung ab.

Lit.: A. Gide: L. e. Paris 1950. – K. Kohut: Was ist Lit.? Die Theorie der »l. e.« bei J.-P. Sartre. Marburg 1965. – H. Krauss: Die Praxis einer »l. e.« im Werk J.-P. Sartres: 1938–48. Hdbg. 1970.

NL

Littérature générale ↗allg. Lit.wissenschaft.

Liturgie, f. [gr. *leitourgía* = öffentlicher Dienst], festgelegte Ordnung des Gottesdienstgeschehens. Bezeichnete ›L.‹ im Gr. den Dienst am Staat und an den Göttern, so denotiert der in den christlichen Bereich übertragene Begriff heute die streng geregelte äußere Form des Gottesdienstes unter Einbeziehung von tropischen (↗Tropus [2]) und musikalischen Elementen sowie ↗Symbolen und Symbolhandlungen. L. ist die Aktualisierung der in den liturgischen Büchern (wie dem kath. Messbuch oder der ev. Agende) festgehaltenen Ordnung; trotz der dort erfolgenden Reglementierung, welche die L. in die Nähe zum Ritus rückt, ist eine gewisse Variationsbreite zugelassen. Die Vermischung von liturgischen und volkstümlichen Elementen führte im MA. zur Herausbildung des ↗geistlichen Spiels.

Lit.: A. Angenendt, J.-D. Müller: L. In: RLW. – K.-H. Bieritz: Liturgik. Bln. 2004. – A. Odenthal: L. als Ritual. Stgt. 2002.

ME

Living Newspaper, n. [engl. = lebende Zeitung], am. Variante des ↗Lehrstücks im Stil des ↗epischen Theaters, eine Art des dramatisierten Journalismus mit politisch-gesellschaftlichen Themen. Formal werden Elemente aus Zirkus, Varieté, Ballett, Film und Musik genutzt. – Nach Vorstufen v. a. im ↗experimentellen Theater der Sowjetunion entstand das eigentliche L. N. in den 1930er Jahren am New Yorker Federal Theatre und beeinflusste v. a. mit seinen filmischen Momenten das am. Theater; im Zweiten Weltkrieg diente es in England der Erwachsenenbildung und der Heerespropaganda. Die Form des L. N. lebt in verschiedenen Ländern bis in die Gegenwart weiter.

Texte: L. Brown (Hg.): Liberty Deferred and Other L. N.s of the 1930's Federal Theatre Project. Fairfax/Va. 1989.

Lit.: J.W. Casson: L.N. In: The Drama Review 44 (2000), H. 2, S. 107–122. MGS

Living Theatre, n. [engl. = lebendes Theater], New Yorker Theaterkollektiv, gegründet 1947 von Julian Beck und Judith Malina – ehemaligen Schülern in E. Piscators Theaterworkshop. Als Alternative zum kommerziellen Theater hat das L.Th. mehr als 80 Produktionen in 25 Ländern auf die Bühnen gebracht und einen starken Einfluss auf die Off-Broadway-Bewegung in New York sowie auf weitere avantgardistische Theatergruppen der 1960er Jahre ausgeübt. Begonnen hatte das L.Th. mit unkonventionellen Produktionen am. und europäischer Autoren wie G. Stein, W.C. Williams, J. Cocteau und B. Brecht. Bis zur Eröffnung des Cherry-Lane-Theaters 1951 spielte man in Privatwohnungen. Antiillusionistisch und lebensnah sollte dieses experimentelle Theater sein und sich in formaler wie inhaltlicher Hinsicht von den etablierten Broadway-Produktionen abgrenzen. Vorbildfunktion hatten die Theorien K.S. Stanislawskis und E. Piscators sowie A. Artauds ↗ Theater der Grausamkeit, die vom L.Th. weiterentwickelt wurden. Mit Hilfe formaler Mittel wie publikumsnaher Choreographien, epischer Elemente (Sprechchöre), ↗ Tanz und ritualisierter Gebärdensprache sollten die Zuschauer einer existentiellen Grenzerfahrung ausgesetzt werden, wobei die Konfrontation mit Themen wie der Unmenschlichkeit von Krieg, Gewaltherrschaft und Diskriminierung unmittelbar physisch erfahrbar sein sollte. Die experimentellen Mittel stießen ebenso wie die radikale anarcho-pazifistische Grundhaltung der Bewegung und deren offener Umgang mit Sexualität bei den Behörden auf Missfallen: Zwischen 1953 und 1963 kam es immer wieder zu polizeilichen Zwangsmaßnahmen gegen das Theater. Die Aufführung von »The Brig« führte 1963 zur endgültigen Schließung der Spielstätten; das L.Th. ging nun mit Stücken wie »Frankenstein« und »Paradise Now« als Wander- und Straßentheater nach Europa. Nach einem versuchten Neuanfang in Brasilien 1970 kehrte die Truppe in die USA zurück und setzte die politische Straßentheaterarbeit zunächst mit Arbeitslosen und Kohle- und Stahlarbeitern in Pittsburgh fort, um sich in den 1980er Jahren wieder in New York niederzulassen. Seit Becks Tod wird das L.Th. von seiner Witwe und Hanon Reznikow weitergeführt.

Lit.: J. Beck: The Life of the Theater. San Francisco 1972. – I. Buchholz, J. Malina: L.Th. heißt Leben. Linden 1980. – C. Silvestro, W. Unger: The Living Book of the L.Th. Köln 1971. – J. Tytell: The L.Th. Ldn. 1997. KHE

Lizenz ↗ dichterische Freiheit.

Ljóðaháttr, m. [anord. = Spruchweise, aus *ljóð* = Vers, Strophe und *háttr* = Art und Weise, Maß, Metrum], anord. Strophenmaß v.a. der eddischen Merk-, Spruch- und Zauberdichtung (»Hávamál«); es besteht aus einer doppelten, bisweilen auch dreifachen Folge je eines Langverses aus zwei zweihebigen, durch ↗ Stabreim verbundenen Kurzversen und eines zwei- bis dreihebigen Vollverses (der in sich stabt). Die Versfüllung ist im Ggs. zu den meisten anderen anord. Strophenformen relativ frei. JK/Red.

Loa, f. [span. = Lob, Lobgedicht], im älteren span. Drama dialogisches Vorspiel, Rede oder Prolog; dann auch kurze dramatische Dichtung *vor* dem eigentlichen Schauspiel, mit dem es in losem Zusammenhang stand und dem es als Einf. oder Praeludium diente (vor einem ↗ Auto als *L. sacramental*, vor einer ↗ Comedia als *L. humana*); enthält Lob des Autors oder der Persönlichkeit, der das Stück gewidmet war, des Publikums, der Stadt oder des Stückes selbst, mit dem Zweck, auf das Stück vorzubereiten, das Verdienst der Schauspieler zu rühmen oder das Wohlwollen des Publikums zu erlangen (↗ Captatio Benevolentiae). – Auch Bez. für ein Drama von geringem Umfang, das allegorisch eine berühmte Person oder ein glückliches Ereignis feiert. GG

Lobgedicht ↗ Panegyrikus.

Lobrede ↗ Laudatio.

Local color ↗ Kriminalroman.

Local color fiction ↗ Dialektlit.

Locus, m. [lat.], ↗ Topos.

Locus amoenus, m. [lat. = lieblicher Ort], lit. ↗ Topos: Schilderung einer fiktiven Ideallandschaft mit stereotypen Elementen (Blumen, Bach oder Quelle, schattige Bäume, Vogelsang, Windhauch, Frühling). Der L.a. ist in der antiken Lit. ausgestaltete Kulisse belebter Darstellungen einer utopischen Glückslandschaft, in der Frieden und Harmonie herrschen (Goldenes Zeitalter, Tierfrieden, Fruchtbarkeit, Paradiesesvorstellungen; ↗ arkadische Poesie). Aus der röm.-lat. Bukolik (↗ Schäferdichtung) und der ↗ Idylle (Vergil, Theokrit) gelangt der Topos in die weltliche Lit. des MA.s, wo er als dem höfisch-sozialen Bezirk gegenübergestellter Ort fungiert. In der höfischen *Lyrik* ist er ein Wunschort der Liebeszuwendung (↗ Trobadorlyrik, ↗ Minnesang) oder ein Lustort erfüllter Liebe (in der ↗ Pastorelle). In der mal. *Epik* fungiert der L.a. als vom höfischen Leben abgegrenzter Liebesort (Chrétien de Troyes: »Erec et Enide«; Gottfried von Straßburg: »Tristan«), der auch ganz zur Allegorie werden kann (Guillaume de Lorris, Jean de Meun: »Le Roman de la Rose«). In der mal. ↗ Rhet. und ↗ Poetik (insbes. bei Matthäus von Vendôme) ist der L.a. Gegenstand elaborierter Descriptio (↗ Ekphrasis) und bekommt im *locus terribilis* ein Gegenstück (Dante: »La Commedia«). Anknüpfend an die Landschaftsschilderungen der antiken Bukolik spielt der L.a. in der Lit. des Barock eine wichtige Rolle.

Lit.: E.R. Curtius: Europäische Lit. und lat. MA. [1948]. Bern, Mchn. ⁹1977, S. 191–209. – K. Garber: Der l.a. und der locus terribilis. Köln, Wien 1974. – P. Haß: Der l.a. in der antiken Lit. Bamberg 1998. – D. Thoss: Studien zum l.a. im MA. Wien, Stgt. 1972. SFJ

Locus communis ↗ Gemeinplatz.

Locus terribilis, m. [lat. = schrecklicher Ort], Ggs. zu ↗ Locus amoenus.

Logaödische Reihen [aus gr. *lógos* = Wort, *ōdé* = Gesang: = aus Prosa und Poesie bestehend], heute ungebräuchlich gewordene Bez. für die ↗ äolischen Versmaße und ihre Kombinationen und Fortentwicklungen in der gr.-lat. Metrik. JK/Red.

Logodädalion ↗ Manierismus.

Logographen, m. Pl. [aus gr. *lógos* = Wort, Prosa, *gráphein* = schreiben], 1. heute umstrittene Bez. F. Creuzers (1771–1858) für frühgr.-ionische Historiker und Geographen (7.–5. Jh. v. Chr.), die ihre teils legendär-mythischen, teils sachlich fundierten Berichte über Städte, Landschaften, Götter- und Königsgenealogien usw. in Prosa abfassten. Da sie am Beginn der Entwicklung einer frühgr. Prosalit. stehen, wurde die Bez. später auch ausgeweitet auf ›Prosaschriftsteller‹. Bedeutende L. waren Hekataios von Milet und Hellanikos von Mytilene; ihre nur fragmentarisch erhaltenen Werke gelten als stoffliche Quellen Herodots. – 2. Attische, juristisch geschulte Redner, die gegen Honorar Gerichtsreden für prozessierende Bürger verfassten, die diese dann vor Gericht in eigener Sache vortrugen. Der erste bekannte Logograph war Antiphon aus Rhamnus (5. Jh. v. Chr.; 15 Reden erhalten), er gehört wie der berühmteste, Lysias (von 233 Reden 34 erhalten), zum Kanon der zehn attischen Redner. IS/Red.

Lokalstück, Theaterstück, das örtliche Eigentümlichkeiten – meist einer Stadt, seltener einer Landschaft –, d. h. Typen, Dialekt, regionale Sitten und Verhältnisse, spiegelt. Das L. kann als rein unterhaltende oder satirische ↗ Posse (oft mit Gesang), als moralisierendes ↗ Sittenstück oder als soziales ↗ Volksstück konzipiert sein, wobei die Grenzen untereinander sowie zu anderen Formen des ↗ Volkstheaters fließend sind, z. B. zum ↗ Zauberstück, zur Lit.parodie, zur mythologischen Karikatur, z. T. auch zum ↗ Bauerntheater. – L.e entstanden jeweils aus ortsgebundenen Theatertraditionen (Intermedien, Possen, bürgerlichen Rührstücken) im 18. Jh.; Blütezeiten waren der ↗ Vormärz mit zeitsatirischen und zeitkritischen Lokalpossen, insbes. in Wien (J. N. Nestroy), Hamburg (G. N. Bärmann, J. H. David), Darmstadt (E. E. Niebergall), Berlin (D. Kalisch, A. Glaßbrenner), und der ↗ Naturalismus (L.e mit sozialer Tendenz: L. Anzengruber in Wien, G. Hauptmann in Berlin, J. Stinde in Hamburg). IS/Red.

Lombarde ↗ Initiale.

Long couplet ↗ *heroic couplet*.

Losbuch, Sammlung lebenspraktischer Handlungsanweisungen, die aus systematisch angeordneten Orakelsprüchen besteht. Um eine Antwort zu erhalten, muss der Ratsuchende Manipulationen vornehmen, die eingangs erläutert werden und deren Ausgang vom Zufall abhängt. Der Vorgang gleicht dem Werfen des Loses. Er kann etwa im Würfeln oder Drehen einer Scheibe bestehen. – Bereits die gr. Antike kannte die Gattung; über das Lat. fanden arab. Losbücher nach Europa. Herrschende, denen der Blick in die Zukunft als handlungsweisend erschien, richteten sich gerne nach den Orakeln. Trotz des kirchlichen Verbots, das Befragung

des Loses als Verstoß gegen das erste Gebot ansah, wurden Losbücher auch im Druck weit verbreitet. Bereits bei Konrad Bollstatter (zehn Losbücher zwischen 1450–75) und Georg Wickram (1539) dient das Losen freilich nur mehr zur »kurzweil«.

Lit.: K. Schneider (Hg.): Ein mal. Wahrsagespiel. Wiesbaden 1978. – K. Speckenbach: L. In: RLW. CF

Lost Generation [engl. = verlorene Generation], eine Gruppe am. Schriftsteller der 1920er Jahre, die das Erlebnis des Ersten Weltkrieges pessimistisch gestimmt und desillusioniert hatte. Die Bez. geht auf G. Stein zurück. Zur Gruppe der L. G. werden neben E. Hemingway E. E. Cummings, M. Cowley, J. Dos Passos und F. S. Fitzgerald gerechnet. Ihre gegen die am. Traditionen rebellierenden Werke sind geprägt durch Illusionslosigkeit und einen bis zum Zynismus und Nihilismus gesteigerten Bindungsverlust. – Die Bez. wurde auch auf europäische Schriftsteller der Zeit nach dem Ersten Weltkrieg ausgedehnt (E. M. Remarque, E. Toller, W. E. S. Owen, L. Aragon, A. Huxley).

Lit.: L. R. Broer, J. D. Walther (Hg.): Dancing Fools and Weary Blues. Bowling Green/O. 1990. – M. Dolan: Modern Lives. West Lafayette/Ind. 1996. – N. R. Fitch: Sylvia Beach and the l. g. NY, Ldn. 1983. GG

Lösungsdrama, Dramentypus, in dem eine tragische Katastrophe überraschend abgewendet wird. Dies kann durch Eingreifen einer göttlichen Macht geschehen (↗ Deus ex Machina) wie in der Antike in den »Eumeniden« des Aischylos. Die Lösung kann aber auch durch eine höhere weltliche Macht erfolgen und ist dann meist mit einer inneren menschlichen Wandlung verbunden wie in J. W. Goethes »Iphigenie« und H. v. Kleists »Prinz Friedrich von Homburg«.

Lit.: P. Kluckhohn: Die Arten des Dramas. In: DVjs 19 (1941), S. 241–268. TU

Lovesong ↗ Song.

Ludi, m. Pl. [lat. = Spiele], röm. öffentliche Spiele, Schauspiele oder Wettkämpfe. Es gab Zirkusspiele (*l. circenses*, z. B. Gladiatorenkämpfe, Wagenrennen, Tierhetzen) und Theaterspiele (*l. scaenici*). Wie die gr. Spiele sind sie stets kultisch eingebunden; anders als bei den gr. Spielen wirkten röm. Bürger nicht auf der Bühne mit. – Die L. sind etruskischen Ursprungs. Folgende L. enthielten auch *l. scaenici* (in der Reihenfolge ihrer Einführung): L. Romani (= L. Magni, seit 364 v. Chr.), L. Apollinares, L. Megalenses und L. Florales. In der Kaiserzeit wurden die L. stark vermehrt (z. B. zu Ehren bestimmter Kaiser oder wichtiger Ereignisse), doch viele davon bestanden nicht lange.

Lit.: F. Bernstein: L. publici. Stgt. 1998. SAR

Ludlamshöhle, Wiener geselliger Kreis von Schauspielern, Dichtern und Musikern, 1817 von dem Burgschauspieler K. Schwarz gegründet, benannt nach A. G. Oehlenschlägers gleichnamigem Theaterstück von 1817; Mitglieder u. a. J. Ch. v. Zedlitz, J. F. Castelli, F. Grillparzer, K. v. Holtei, E. v. Bauernfeld, C. M. v. Weber, der Maler M. M. Daffinger, der Ästhetiker J. Jeitteles. 1826 von der Polizei wegen angeblich staatsgefährdender Tätigkeit aufgelöst, wurde die L. danach unter verschiedenen Namen (z. B. »Baumannshöhle«, »Grüne Insel«, zuletzt »Neue L.«) wieder eingerichtet; sie bestand bis 1973. HD/Red.

Lügendichtung, Sammelbez. für lit. Werke, die das gezielte Verbreiten von Unwahrheiten zum dichterischen Verfahren machen oder es komisch bzw. satirisch thematisieren. Dabei wird das Lügen als Phantasieleistung bewertet (Lügenwettstreit) oder als menschliches Fehlverhalten (Aufschneiden) vorgeführt. Das Lügen als bewusster Akt der Wahrheitskorrektur, der zugleich von der spannungsreichen und provokativen Differenz zur Wahrheit lebt, unterscheidet die L. von utopischer, phantastischer oder symbolischer Dichtung. Wie die ⟋Satire basiert die L. auf einem ›aufgeklärten‹ Standpunkt und kann ⟋Gesellschaftskritik enthalten. Tritt jedoch das ästhetische Vergnügen am Lügen hinter den moralischen bzw. didaktischen Anspruch, die psychologische Analyse (L. Ulitzkaja: »Die Lügen der Frauen«, russ. 2002, dt. 2003) oder die Existenzfrage (J. Becker: »Jakob der Lügner«, 1970) zurück, wird der Begriff ›L.‹ nicht verwendet. L. begegnet in verschiedenen nationalsprachlichen Ausprägungen (z. B. nordam. *Tall Tales* und jap. *Ejikotaro*-Erzählungen), obwohl weltweit viele ähnliche Motive und ⟋Anekdoten auftreten. – Die Rezeption von Homers »Odyssee«, die das wichtigste Paradigma für den europäischen Typus des listenreichen Lügners bereitstellt, bestimmt eine lange Tradition von Lügenromanen, in denen das Reisen zentral ist, z. B. in Lukians »Wahrer Geschichte«, den »Herzog Ernst«-Texten (12./13. Jh.), J. Swifts »Gulliver's Travels« (1726) und v. a. den von G. A. Bürger im Dt. bekannt gemachten »Wunderbaren Reisen« (1786) des Barons von Münchhausen (⟋Münchhausiade). Die Reiselüge, meist als Ich-Erzählung vorgebracht, verbindet sich oft mit der Wunschlüge (›Schlaraffenland‹). Neben dem listenreichen Lügner entwickelt sich der Typus des weniger intelligenten Aufschneiders (Bramarbas), dessen spätere Vertreter (A. Gryphius: »Horribilicribrifax Teutsch«) meist auf Plautus' »Miles gloriosus« zurückgehen. In der Lit. des 19. Jh.s wird der Lügner auf Kosten seines Unterhaltungswerts zunehmend psychologisiert. In der ⟋Kinder- und Jugendlit. des 20. Jh.s erlebt die L. dagegen eine Renaissance, bes. in Lügengedichten sowie z. B. in A. Lindgrens »Pippi Langstrumpf« (schwed. 1945).
Lit.: P. Grossardt: Die Trugreden in der Odyssee und ihre Rezeption in der antiken Lit. Bern 1998. – H. v. Hofe, J. Strelka: L. NY 1966. – P. Köhler: L. In: RLW. – H. Weinrich: Linguistik der Lüge [1966]. Mchn. ⁶2000.
LI

Lukianismus ⟋Satire.

Lullaby, n. ['laləbaj; engl., von lautmalendem *to lull* = beruhigen], engl. Wiegenlied oder Refrain eines solchen; formal und entstehungsgeschichtlich meist den ⟋Carols zugerechnet. Blütezeit im 15. (damals meist als *lullay* bezeichnet) und 16. Jh. MGS

Lustige Person, auch: komische Person; Bühnenfigur, die als Spaß- und Lustigmacher vorrangig der ⟋Unterhaltung des Zuschauers dient und unter wechselndem Namen in verschiedenen historischen und nationalen Variationen vorkommt. Sie zeichnet sich fast immer durch Gefräßigkeit, sexuelle Triebhaftigkeit, Tölpelhaftigkeit, Spottsucht, Gerissenheit und Schalkhaftigkeit aus, während darüber hinaus bei einzelnen Vertretern die jeweils als typisch verstandenen nationalen Merkmale in teilweise ⟋grotesker Überspitzung ausgestellt werden. Die l. P. erfüllt drei Funktionen: 1. Erheiterung des Zuschauers, z. B. durch betonte Verwendung von Regio- und Soziolekt, Scherzformeln und Stegreifeinlagen, übertriebene ⟋Mimik, Gestik und Akrobatik; 2. Relativierung der Bühnenhandlung, sofern die l. P. nicht selbst Zentrum einer ⟋Posse ist, sondern Nebenfigur bleibt; sie agiert als Kontrastfigur zum ⟋Helden und parodiert auf niederer Ebene dessen vorbildhafte Handlungen und Tugenden; 3. Durchbrechung der Bühnenillusion, indem sich die l. P. im publikumsnahen Aktionsraum (Bühnenrand) direkt an den Zuschauer wendet und das Bühnengeschehen kommentiert bzw. glossiert (⟋Parabase). – Bereits in ⟋Mimus, ⟋Atellane und antiker Komödie tritt die l. P. in der Gestalt des ⟋Parasiten oder des soldatischen Maulhelden auf (Menander, Aristophanes, Plautus, Terenz), im mal. ⟋Osterspiel z. B. als Salbenkrämer-Gehilfe Rubin. In den ⟋Fastnachtspielen des 15. und 16. Jh.s entwickelt sich der derbe und verschlagene Bauerntölpel zur stehenden l.n P. (H. Sachs). Mit den ⟋Wanderbühnen des 16. und 17. Jh.s bilden sich nationale Stereotypen heraus: der ⟋Pickelhering bei den ⟋engl. Komödianten, ⟋Arlecchino in der ⟋Commedia dell'Arte, ⟋Guignol in Frankreich und ⟋Gracioso in Spanien (Lope de Vega). Noch der ⟋Hanswurst, eine Erfindung J. A. Stranitzkys vom Anfang des 18. Jh.s, steht in dieser Tradition. Trotz der Angriffe J. Ch. Gottscheds und J. H. v. Engelschalls bleibt er unter wechselnden Namen (Kasperl, Bernadon) zentrale Figur des ⟋Wiener Volkstheaters (F. Raimund, J. N. Nestroy).
Lit.: H.G. Asper: Hanswurst. Emsdetten 1980. – P. Csobádi u. a. (Hg.): Die l. P. auf der Bühne. 2 Bde. Salzburg 1994. – E.-M. Ernst: Zwischen Lustigmacher und Spielmacher. Münster 2003. – B. Müller-Kampel: Hanswurst, Bernadon, Kasperl. Paderborn 2003. – U. Profitlich, F. Stucke: Komische Person. In: RLW. – A. Ziltener: Hanswursts lachende Erben. Bern 1989.
PHE/NI

Lustrum, n. [lat.], Pl. *Lustren* oder *Lustra*; röm., alle fünf Jahre stattfindendes Opferfest; allg. ein Zeitraum von fünf Jahren (Jahrfünft), insbes. als Lebensabschnitt eines Menschen (vgl. z. B. Horaz: »Oden« IV, 1). DB

Lustspiel, seit dem 16. Jh. begegnende Eindeutschung für ⟋›Komödie‹ (vgl. Grimm DWb 12 [1885], Sp. 1351). Das Wort wird zunächst (u. a. bei M. Opitz und G. Ph. Harsdörffer) synonym mit ›Comedie‹ verwendet und kann sich allmählich (z. B. bei A. Gryphius)

gegen andere Übers.sversuche durchsetzen, z. B. gegen ›Schimpfspiel‹, ›Scherzspiel‹, ›Freudenspiel‹ oder ›Kurzweilig Spiel‹. Im 18. Jh. wird, J. Ch. Gottscheds Wortgebrauch folgend (»Versuch einer Critischen Dichtkunst«, 1730), die Bez. ›L.‹ gegenüber ›Komödie‹ sogar bevorzugt. Analog zu ↗ ›Tragödie‹ und ↗ ›Trauerspiel‹ bleiben aber beide Ausdrücke geläufig. Im 18. Jh. gewinnt das Wort bes. in der Verbindung ›rührendes L.‹ die Konnotation des Ernsthaften und Erbaulich-Belehrenden (G. E. Lessing). A. W. Schlegel dagegen kehrt das Verhältnis um und schreibt der Komödie den ganzen Kosmos, dem ›niederen‹ L. dagegen nur die häusliche Sphäre zu (»Vorlesungen über dramatische Kunst und Lit.«, 1809). Die Lit.wissenschaft des 20. Jh.s verstärkt erneut das Bemühen um eine terminologische Distinktion zwischen Komödie und L., ohne freilich auf eine eindeutige Wort- oder Begriffsgeschichte zurückblicken zu können. So versucht W. Kayser (»Das sprachliche Kunstwerk«, 1948), zwischen der Komödie als ›dramatischer‹ Form und dem L. als ›epischer‹ Form zu unterscheiden. Doch können sich solche Unterscheidungsversuche langfristig nicht durchsetzen. Typisch für den lit.wissenschaftlichen Sprachgebrauch ist vielmehr Martinis Oszillieren zwischen beiden Ausdrücken.

Lit.: F. Martini: Überlegungen zur Poetik des L.s. In: ders.: L.e – und das L. Stgt. 1974, S. 9–37. – U. Profitlich: Geschichte der Komödie. In: ZfdPh 116 (1997), S. 172–208. – H. J. Schrimpf: Komödie und L. In: ZfdPh 97 (1978), S. 152–182.   UME

Lutherstrophe ↗ Kirchenlied.

Lyoner Dichterschule ↗ école lyonnaise.

Lyrik, f. [gr. *lýra* = Leier], 1. in systematischer Verwendung: Begriff der ↗ Gattungstheorie für diejenigen Verstexte, die nicht ↗ episch oder ↗ dramatisch sind; 2. in historischer Verwendung: Sammelbez. für alle ↗ Gedichte.

Ein systematisches Verständnis von ›L.‹ setzt erst in der zweiten Hälfte des 18. Jh.s ein. Es führt zu einer Definition von ›L.‹ als Sprache der Leidenschaft, Empfindungen und Gefühle (vgl. Cullhed). Die dt.sprachigen Beiträge zu dieser gemeineuropäischen ↗ L.theorie (J. A. Schlegel, J. G. Herder, A. W. Schlegel, G. W. F. Hegel, F. Th. Vischer) haben im 19. Jh. keine einheitliche Fassung erhalten, aber das auf sie gestützte, vorzugsweise an Goethe und der ↗ Romantik bestätigte Theorem von der Subjektivität der L. hat das Verständnis dieser lit. Großform beherrscht und sie als Gattung neben ↗ Drama und ↗ Epik legitimieren können. Das Paradigma der ↗ Erlebnisdichtung hat dieses Verständnis im 20. Jh. zunächst weitergetragen. Starke Impulse für die Erweiterung des historischen und theoretischen Blicks und den damit einhergehenden Bruch mit dem Subjektivitäts-Theorem gingen von der Barockforschung, der Aufnahme der modernen L. in den germanistischen Kanon (vgl. Friedrich) und der Verarbeitung des russ. ↗ Formalismus (vgl. Lotman) aus. Die Ergebnisse der neueren L.forschung stellen sich vielfäl-

tig und noch ohne Schulbildung dar. Zur Orientierung ist daher die klare Unterscheidung zwischen den oben genannten Begriffsverwendungen 1. und 2. notwendig.

Zu 1.: Wer L. im Rahmen eines Gattungssystems begreifen will, ist auf Kategorien angewiesen, welche die Unterscheidung der L. von den anderen ↗ Gattungen gewährleisten. Am konsequentesten in dieser Hinsicht ist Lamping. Er bestimmt das lyrische Gedicht zunächst als »Rede in Versen« (S. 23). Diese formale Definition erfasst am Gegenstand ein notwendiges Merkmal, das seine Unterscheidung von Prosatexten gestattet und für den ästhetischen Charakter des Gedichts von grundlegender Bedeutung ist: Die Versgliederung schafft vom Satz unabhängige semantische Einheiten, welche die Bedeutung der Rede vermehren. Die durch die Verspause erhöhte Aufmerksamkeit für die Wörter der Verseinheit gibt ihnen eine Bedeutungschance, die syntaktisch gestützt sein kann, sich aber nicht allein syntaktisch realisiert. Über dieses für jede L.analyse grundlegende, formale Merkmal hinaus ist ein weiteres erforderlich, um lyrische Gedichte von dramatischen und epischen Verstexten unterscheiden zu können. Es ist nach Lamping das Strukturmerkmal der »Einzelrede« (S. 63), das die Abgrenzung von dramatischer und epischer Rede gewährleistet. Einzelrede ist monologisch im Unterschied zu dialogischer Rede; sie ist situativ und kommunikativ absolut im Unterschied zu Rede in Gesprächssituationen; und sie ist strukturell einfach im Unterschied zu komplexer Rede wie z. B. der vermittelnden Rede eines Erzählers (vgl. ebd.). Die Struktur der Einzelrede ist systematisch gesehen ein notwendiges Merkmal des lyrischen Gedichts, sie muss aber in ihren historischen Realisierungen nie in allen genannten Hinsichten ausgebildet sein. Für die Interpretationspraxis relevant ist eine Reihe von Potenzen und Lizenzen, die der L. gemeinhin zugeschrieben und von der Struktur der Einzelrede begünstigt werden. Zu den *Potenzen* zählt eine ästhetische Komplexität aus Fülle und Dichte poesiesprachlicher Verweisungen, die durch die Entlastung von normalen Redefunktionen ermöglicht und in ihrer Wirkung gesteigert wird. Zu den *Lizenzen* gehören Redeweisen, die als dunkel gelten, logisch ungeordnet sind oder als verkürzt erscheinen.

Zu 2.: Fungiert ›L.‹ als Sammelbez. für alle Gedichte, ändern sich Gattungsverständnis und Interpretationspraxis. Zur L. zählen dann auch epische oder dramatische Gedichte, die durch das systematische Verständnis der Gattung ausgeschlossen, aber z. B. in ↗ Anthologien der L. fraglos überliefert werden. Dazu gehören u. a. ↗ Balladen mit der vermittelnden Rede ihres Erzählers, Gedichte mit dialogischer Struktur und experimentelle Formen an der Grenze von Vers und Rede, sofern sie im lit. Leben als Gedichte gelten. Die Gattung ist dann historisch offen, und der Begriff ↗ ›lyrisch‹ bedeutet die Zugehörigkeit eines Textes zur so verstandenen Gattung der Gedichte. Die diesem historischen Ansatz entsprechende Interpretationspraxis arbeitet mit dem Konzept typischer Merkmale, d. h. solcher, die Gedichte auffallend häufig prägen, ohne notwendig oder ihnen gar alleine vorbehalten zu sein. Die gegenwärtig herrschende Praxis der L.analyse, wie sie z. B. in den Einf.en von Burdorf (S. 6–21) und Bode (S. 13–22) sichtbar wird, orientiert sich an so verstandenen Merkmalen. Dabei gilt, bei Ausschluss des ↗ Prosagedichts, allein der ↗ Vers als notwendiges Merkmal. Seine Segmentierung der Gedichtsprache bzw. deren Überstrukturiertheit aus Vers und Satz gibt dem Gedicht in jedem Fall eine von der ↗ Prosa abweichende, tendenziell poetische Qualität. Sie wird gesteigert, wenn das Gedicht zugleich metrisch organisiert ist und seine Silben und Verse durch ↗ Metrum, ↗ Reim und ↗ Strophe eine Klangqualität erhalten, die ihrerseits semantische Funktionen übernehmen kann. Zur ↗ Metrik gehören auch die Gedichtmaße, die, wie z. B. das ↗ Sonett, das Spiel aus Klängen und semantischen Strukturen nach Vorgaben zu Textumfang und -gestalt regeln. Gedichtsprache kann darüber hinaus durch starke Bildlichkeit gekennzeichnet sein; ihre gebräuchlichsten, insbes. in der ↗ Rhet. methodisch reflektierten Mittel sind ↗ Allegorie, ↗ Symbol, ↗ Vergleich, ↗ Metapher, ↗ Metonymie. Aus dem Zusammenspiel der genannten Merkmale ergibt sich eine gedichttypische, im Vergleich mit anderen Gattungen erhöhte Artifizialität der Sprache, die sich auch aufgrund der relativen Kürze des Textes deutlich bemerkbar macht. Die gesteigerte Sprachkunst artikuliert sich oft als Selbstreferentialität, d. h., lyrische Texte verweisen tendenziell und in unterschiedlichem Maße auf die Machart ihrer sprachlichen Hervorbringung. Neben der Aufmerksamkeit für die Verwendung lit.sprachlicher Ausdrucksmittel erfassen weitere Konzepte die gedichttypische ↗ Mimesis: die bei gegebener Verselbständigung der Sprache reduzierte Fiktionalitätssuggestion, die gedichtspezifischen Chancen der Gestaltung von Zeit und die am Gebrauch der Personalpronomina erkennbaren Kommunikationsstrukturen von Gedichten. Der Katalog gedichttypischer Merkmale ist in dem Maße offen, in dem die ihm zugrunde liegende Definition der L. historisch ist. Der Interpretationspraxis steht ein aus der Geschichte der L. gewonnenes Ensemble von Merkmalen zur Verfügung, von denen allein der Vers notwendig ist, während die anderen in gattungsgeschichtlich charakteristischen Auswahlen bzw. Kombinationen vorkommen und die Lektüre auf den Gedichtcharakter des Textes ausrichten. Dem Vorwurf, nicht systematisch definieren zu können, was L. ist, kann der historische Ansatz nur entgehen, wenn die Angemessenheit einer systematischen Gattungsdefinition grundsätzlich verneint wird. Die Realität der Gattung liegt dann allein in ihrem Gebrauch. Ein Produzenten und Rezipienten vertrauter Katalog von Merkmalen gewährleistet es, die Gattungszugehörigkeit im jeweiligen Fall bestimmen zu können. Gesucht werden also nicht Merkmale, die allen Texten der L. gemeinsam sind und nur ihnen zukommen, sondern gerade so viele Merkmale wie zum Erkennen der »Familienähnlichkeit« (L. Wittgenstein) erforderlich (vgl. Müller-Zettelmann, S. 17).

Von einer *Geschichte der L.*, deren Eigenleben demjenigen der anderen großen Gattungen vergleichbar ist, kann erst in der Neuzeit gesprochen werden. Ab etwa 1750 bilden sich Praktiken und Diskurse heraus, die auf den Ebenen von Edition, Kritik, Theorie und Unterricht kurze Verstexte verschiedener Form als eine Gattung sichtbar und lesbar machen, für die als Pendant zu Epik und Dramatik in der ersten Hälfte des 19. Jh.s das Substantiv ›L.‹ gebildet wird. Vor dieser großen Erfindung gab es nur Gedichtformen aus je eigenem Recht, die von der Antike bis J. Ch. Gottsched (»Critische Dichtkunst«, 1730) als Gattungen begriffen wurden. Zu den für diese heterogene Gruppe wichtigen antiken Formen zählen ↗ Epigramm, ↗ Ode und ↗ Elegie. Die späte Erfindung der L. wird an der Ode ansetzen und am ↗ Lied, das mit ↗ Volkslied und ↗ Ballade zu den nationalen Traditionen der dt. L. zählt. Ihr formaler Reichtum verdankt sich darüber hinaus der im 17. Jh. einsetzenden Aufnahme von Gedichtmaßen der romanischen Lit.en: Sonett, ↗ Madrigal, ↗ Terzine, ↗ Sestine, ↗ Rondeau. Die Zeit von 1750 bis 1850 verfügt über alle genannten Formen; wenige neue kommen hinzu (z. B. das ↗ Ghasel). Entscheidend für die aufklärerische und bes. für die klassizistische und romantische Praxis ist eine zuerst bei F. G. Klopstock beobachtbare Sensibilität für das historisch überlieferte Ethos der Formen. Im gleichen Zeitraum bildet sich eine Editionspraxis heraus, welche die Fülle der Formen in eine Großform einbringt. Diese für die Geschichtsfähigkeit der neuen Gattung wesentliche pragmatische Synthese stellt sich in drei bis heute gültigen Arten dar: 1. Die Autoren veröffentlichen unter der neuen Sammelbez. ›Gedichte‹ (G. A. Bürger 1778, J. W. Goethe 1800, J. v. Eichendorff 1837) eine Werkgruppe, die in einer Einzelpublikation auftritt oder innerhalb von Gesamtausgaben getrennt von anderen Gattungen der Versdichtung und der Prosa. – 2. Auf L. spezialisierte periodische Publikationen (↗ Musenalmanache u. a. Jahrbücher) werden ab 1770 zum Forum für neue Schreibweisen und Gruppenbildungen; sie präsentieren dem Publikum, neben Vertrautem, Gattungsinnovationen. – 3. Der neue Markt für L. kennt auch die alte Form der ↗ Anthologie, die als historische oder systematische Synthese von ›L.‹ oder ›Gedichten‹ ein aufschlussreicher Anzeiger der Expansion und Konzentration des Gattungsverständnisses ist (z. B. Aufnahme der Ballade und Ausschluss der ↗ Verserzählung). Diese Editionspraktiken haben zusammen mit Diskursen der ↗ Lit.kritik und ↗ Gattungstheorie das Gebiet der L. geschaffen und eine Lesekultur ermöglicht, die ohne Weiteres alle Gedichte aus der Zeit vor dieser Erfindung als lyrische Texte einbezieht und aus den in dieser Synthese möglichen merkmalsspezifischen Nachbarschaften begreift. Historisch gesehen ist dieser komplexe Prozess Teil einer neuen Aufteilung des ganzen Gebiets der Lit.: Mit dem Siegeszug der Prosa löst sich die alteuropäische Einheit der Dichtung als Versdichtung auf; deren Praxis und Reputation gehen allmählich auf die L. über, die auch die traditionelle Bez. der Versdichtung als Gebiet der ›Gedichte‹ bzw. der ›Poesie‹ erbt. Am Ende des 19. Jh.s steht sie als repräsentative Form der Versdichtung der Prosa gegenüber. In dieser Konfiguration hat sich die L. als Gattung in der ↗ Moderne entwickelt und behauptet. Sie kann in der Bedeutung mit Drama und ↗ Roman nicht konkurrieren, gilt aber durch ihre Bindung an den Vers als künstlerisch bes. anspruchsvolle Schreibweise.

Lit.: Ch. Bode: Einf. in die L.analyse. Trier 2001. – D. Burdorf: Einf. in die Gedichtanalyse [1995]. Stgt., Weimar ²1997. – A. Cullhed: The Language of Passion. The Order of Poetics and the Construction of a Lyric Genre 1746–1806. Ffm. 2002. – H. Fricke, P. Stocker: L. In: RLW. – H. Friedrich: Die Struktur der modernen L. [1956]. Reinbek 1992. – W. Hinderer (Hg.): Geschichte der dt. L. vom MA. bis zur Gegenwart. Stgt. 1983. – F.-J. Holznagel u. a.: Geschichte der dt. L. Stgt. 2004. – H.-G. Kemper: Dt. L. der frühen Neuzeit. Bisher 8 Bde. Tüb. 1987–2002. – D. Lamping: Das lyrische Gedicht [1989]. Gött. ³2000. – J. M. Lotman: Die Struktur lit. Texte [russ. 1970]. Mchn. ⁴1993. – E. Müller-Zettelmann: L. und Metalyrik. Hdbg. 2000. – St. Trappen: Gattungspoetik. Hdbg. 2001.   RB

Lyriktheorie, systematische wissenschaftliche Reflexion über ↗ Gedichte. Im Unterschied zu autoren-, gruppen- oder epochenspezifischen Poetiken (↗ Autorpoetik) wird L. in der Lit.wissenschaft als Teil einer ↗ Gattungstheorie und im Rahmen einer allg. ↗ Texttheorie verstanden. Sie erarbeitet deskriptive Definitionsansätze zur systematischen Bestimmung derjenigen Konstituenten, die allen als Gedicht bzw. ↗ lyrisch eingeordneten Texten in Abgrenzung von ↗ dramatischen und narrativen Texten gemeinsam sind. Die vom Ende des 18. Jh.s datierende Gattungstrias bietet keinen tragfähigen Ansatz für die L., da die von ihr vorgenommene Gattungsdifferenzierung nicht auf einheitlichen Kriterien basiert: Anders als das Drama und die Erzähllit. ist Lyrik z. B. nicht allein über das Redekriterium, also die Unterscheidung von vermittelter und unvermittelter Redewiedergabe, abgrenzbar (Warning, S. 17–25).

Im Vergleich zu Minimaldefinitionen wie der von Lamping (vgl. dazu ↗ Lyrik) eröffnen umfassende texttheoretische Überlegungen fruchtbarere Ansätze zur Begründung und Weiterentwicklung von L.:

1. Titzmann schlägt vor, die ↗ Narratologie (↗ Erzähltheorie) für eine allg. Texttheorie zu nutzen und mittels ihrer Kategorien die unterschiedlichen Kommunikations- und Organisationsformen der Lyrik (vgl. dazu Müller-Zettelmann, Hühn/Schönert) wie der anderen Gattungen zu erfassen. Gegenüber dem Kommunikationsakt des Erzählens lässt sich Lyrik (wie in anderer Weise auch Dramatik) als Reduktionsform mit variab-

lem Nutzungsgrad des Spektrums möglicher Vermittlungsebenen bestimmen (vgl. Schönert): Lyrische Texte können die beiden narrativen Grundkonstituenten, nämlich die Staffelung von Vermittlungsinstanzen und die temporale Sequenzialisierung von Ereignissen, gleichermaßen realisieren; sie können aber auch die Vermitteltheit (analog zur Figurenrede in Dramentexten) zugunsten des performativen Vollzugs des Sprechens scheinbar aufgeben. Aufgrund dieser Variabilität ist Lyrik – im Unterschied zu Dramen- und Erzähllit. – kein tendenziell homogenes Korpus, sondern durch unterschiedliche Ausprägungen der Vermittlung gekennzeichnet, aus denen die verschiedenen (evtl. auch epochenspezifisch abgegrenzten) Lyrikgenres abzuleiten sind, z. B. das Rollengedicht (↗ Rollenlyrik) als prononcierte Dissoziierung des Sprechers vom Autor mit bes. Funktionalisierung der Kompositionsinstanz oder die ↗ Erlebnisdichtung als suggerierte Identität von Autor, Sprecher und Figur zusammen mit unmittelbarer Darbietung des Sprechens (vgl. als Vorläufer dieses Ansatzes auch Spinner und Easthope).

2. Partiell anders orientierte neuere Beiträge zur L. (Burdorf 1997, S. 21; Wolf 1998, S. 261–267; Müller-Zettelmann, S. 73–138; vgl. auch ↗ Lyrik) versuchen die Gattung über ein Mehrkomponentenmodell, einen Katalog von Merkmalen – wie den Tendenzen zu Textkürze und Reduktion des Dargestellten, Überstrukturierung, ästhetischer Selbstreferenzialität, Subjektperspektive und labiler ästhetischer Illusion – sowie über deren variable Ausprägung und Kombination im Sinne nicht trennscharfer Eingrenzung, sondern von Familienähnlichkeit zu definieren und dadurch eine Typologie lyrischer Formen zu entwerfen. Auf dieser Basis lassen sich über die Formulierung bestimmter prototypischer Merkmalsausprägungen und -kombinationen die verschiedenen Lyrikgenres und deren historische Veränderungen rekonstruieren (Wolf 2003; vgl. kritisch dazu Schönert).

3. Geht das Modell (2) tendenziell von der faktischen Manifestation der lyriktypischen Merkmale im Text selbst aus, so lokalisiert Culler die Gattungsspezifika von Lyrik als (grundsätzlich historisch und kulturell variabel zu verstehende) Konvention in der Erwartungshaltung und den Operationen des Lesers im Rezeptionsprozess (wie auch des Autors bei der Produktion).

Lit.: D. Burdorf: Einf. in die Gedichtanalyse [1995]. Stgt., Weimar ²1997. – Ders.: L. In: RLW. – J. Culler: Structuralist Poetics. Ldn. 1975. – A. Easthope: Poetry as Discourse. Ldn. 1983. – P. Hühn, J. Schönert: Zur narratologischen Analyse von Lyrik. In: Poetica 34 (2002), S. 287–305. – D. Lamping: Das lyrische Gedicht [1989]. Gött. ³2000. – E. Müller-Zettelmann: Lyrik und Metalyrik. Hdbg. 2000. – J. Schönert: Normative Vorgaben als ›Theorie der Lyrik‹? In: G. Frank, W. Lukas (Hg.): Norm – Grenze – Abweichung. Passau 2004, S. 303–318. – K. Spinner: Zur Struktur des lyrischen Ich. Ffm. 1975. – M. Titzmann: The Systematic Place of Narratology in Literary Theory and Textual Theory. In: T. Kindt, H. H. Müller (Hg.): What is Narratology? Bln., NY 2003, S. 175–204. – L. Völker (Hg.): L. Stgt. 1990. – R. Warning: Interpretation, Analyse, Lektüre. In: ders.: Lektüren romanischer Lyrik. Freiburg/Br. 1997, S. 9–43. – W. Wolf: Aesthetic Illusion in Lyric Poetry. In: Poetica 30 (1998), S. 251–289. – W. Wolf: The Lyric – an Elusive Genre. In: Arbeiten aus Anglistik und Amerikanistik 28 (2003), S. 59–91.   PH

Lyrisch, eine Eigenschaft von ↗ Gedichten oder deren Zugehörigkeit zur ↗ Lyrik. – Das Wort geht auf gr. *lýra* (Leier) zurück und verwies ursprünglich auf zur Musikbegleitung vorgetragene Texte. Diese Bedeutung hat sich bis ins 18. Jh. gehalten; sie wurde abgelöst von der ihr verwandten und bis heute gebräuchlichen, aber problematischen Bedeutung, die ›l.‹ als einen starken Gefühlsausdruck versteht, welcher in den verschiedensten Kunstformen (so im ↗ l.en Drama) und ganz bes. in der Lyrik möglich ist. In der Lit.wissenschaft gibt es gegenwärtig zwei terminologische Gebrauchsweisen des Ausdrucks: 1. Er bezeichnet eine Eigenschaft möglichst vieler, herkömmlicherweise zur Lyrik gehörender Texte. Der zur Zeit konsequenteste Versuch bestimmt als ›l.‹ alle Gedichte, die »Einzelrede in Versen« sind (Lamping, S. 63); Einzelrede ist monologisch, absolut und strukturell einfach im Unterschied zu dialogischer, situationsgebundener und strukturell komplexer Rede. Diese Definition gewährleistet die Abgrenzung des l.en Gedichts vom ↗ epischen und ↗ dramatischen und kann zugleich in formaler (↗ Vers) und struktureller Hinsicht (Redegestaltung) die Interpretation von Gedichten anleiten. – 2. Der Ausdruck ›l.‹ bezeichnet die Zugehörigkeit eines lit. Textes zur Gattung Lyrik; ihr wird zugeordnet, was alltagssprachlich wie auch zunehmend terminologisch ›Gedicht‹ genannt wird. Mit dieser Offenheit verliert der Ausdruck zwar an Präzision, kann aber die bei seiner engeren Bedeutung (1) notwendigen Ausschlüsse vermeiden, z. B. die Nichtberücksichtigung dialogisch oder episch strukturierter Gedichte, die in Anthologien der Lyrik meist fraglos als ›lyrische Texte‹ bezeichnet werden.
Lit.: D. Burdorf: Einf. in die Gedichtanalyse [1995]. Stgt., Weimar ²1997. – Ders.: L. In: RLW. – D. Lamping: Das l.e Gedicht [1989]. Gött. ³2000.   RB

Lyrisches Drama, Kurzform des Dramas, in der Empfindungen und Reflexionen der Figuren im Vordergrund stehen, häufig in der Form eines ↗ Monodramas oder ↗ Duodramas. – Das lyrische Drama lebt nicht wie das Illusionstheater der aristotelischen Tradition aus geschlossener ↗ Handlung und ↗ Intrige, sondern, bei schwach motivierter Abfolge der Szenen, aus der inneren Welt der Figuren. Seine thematische Einheit ergibt sich häufig aus der Absicht, ein Sprichwort oder eine These zu erproben oder zu bewahrheiten. Das Attribut ↗›lyrisch‹ konnte in der Gattungstypologie des 18. Jh.s das für den damals entstandenen Dramentyp

charakteristische Übergewicht von ↗ Stimmung und seelischem Ausdruck kennzeichnen. Trotz der sich wandelnden Vorstellungen von ›lyrisch‹ konnte sich der Begriff ›l. D.‹ bis heute halten. – Die Form entsteht und wird, beginnend mit J.-J. Rousseaus »Pygmalion« (1770), ein erfolgreiches Genre im letzten Drittel des 18. Jh.s, zunächst als Schauspiel mit Musik (↗ Melodrama; auch: *scène lyrique*); reiche Nachfolge findet es im ↗ Sturm und Drang (H. W. v. Gerstenberg, J. W. Goethe, F. Schiller). Es verselbständigt sich als rein lit. Form in der frz. und engl. ↗ Romantik (V. Hugo, A. de Musset, Th. de Banville, G. G. N. Byron, P. B. Shelley, R. Browning). Das lyrische Drama der Moderne entwickelt sich, in Opposition zum naturalistischen Milieudrama, im ↗ Symbolismus und wird zu einem bedeutenden Experimentierfeld der dramatischen Gattung; z. B. bei M. Maeterlinck (»La princesse Maleine«, 1889; »L'intruse«, 1890) und H. v. Hofmannsthal (»Gestern«, 1891; »Der Tod des Tizian«, 1892; »Der Tor und der Tod«, 1894). Zum lyrischen Drama des 20. Jh.s gehören Stücke des ↗ Expressionismus von O. Kokoschka, H. Walden, A. Stramm, A. Mombert und engl. Versdramen von W. B. Yeats, T. S. Eliot und Ch. Fry.
Lit.: E. Schels: Die Tradition des lyrischen Dramas von Musset bis Hofmannsthal. Ffm. u. a. 1990. – M. Schwarz-Danuser: Melodram. In: MGG², Sachteil. – P. Szondi: Das lyrische Drama des Fin de Siècle. Ffm. 1975. – M. Vöhler: Monodrama. In: RLW.   RB

Lyrisches Ich, als textinterne Instanz der Sprecher im Gedicht, der grammatikalisch der ersten Person zugeordnet, aber nicht als eine im Text eingeführte ↗ Figur anzusehen ist. – Der Begriff ›l. I.‹ wurde 1910 von M. Susman vorgeschlagen und 1916 von O. Walzel aufgegriffen, um die Gleichsetzung der ersten Person (des Ich) als ›Sprecher‹-Instanz im Gedicht mit dem Autor des Textes in Frage zu stellen. In der Folgezeit wurde der Begriff mit unterschiedlichen Bedeutungen besetzt, beispielsweise als Markierung für das ›gattungsspezifische‹ Gestalten von Subjektivität und Individualität, oder er wurde in seiner Zuständigkeit erweitert auf den ↗ impliziten Autor‹ (bzw. das Textsubjekt). Das ›lyrische Ich‹ diente vielfach als Leitkategorie für Studien zur Geschichte ›lyrischer Subjektivität‹ (vgl. Pestalozzi, Müller, Gnüg, Sorg, Jaegle). – Diesen Tendenzen, dem Begriff des lyrischen Ich eine weitreichende Geltung zu verschaffen, stehen jetzt präzisierend-einschränkende Konzepte entgegen. Um in Verfahren zur Textbeschreibung den unterschiedlichen Typen von Gedichten gerecht zu werden, die der Lyrik zugeordnet werden, sollte der textuell eingesetzte (oder zu erschließende) Sprecher (die Sprecher-Instanz), der nicht nur mit der ersten Person Sg. oder Pl. realisiert werden kann, als prinzipielle Vermittlungsinstanz angesehen und vom Autor unterschieden werden. Mit der Bez. ›l. I.‹ wären dann nur diejenigen Darstellungsweisen zu erfassen, in denen die Sprecher-Instanz in der ersten Person Sg. oder Pl. besetzt oder aus der Anrede an ein ›Du‹ oder ›Ihr‹ zu erschließen ist. Dem lyrischen Ich nicht zugerechnet werden sollte die sog. unvermittelte Rede, die von einer (im Text eingeführten) Figur getragen wird und die den Typus des Rollengedichtes (↗ Rollenlyrik) oder des dramatischen ↗ Monologs (*dramatic monologue*) kennzeichnet.

Lit.: D. Burdorf: Einf. in die Gedichtanalyse [1995]. Stgt., Weimar ²1997, S. 185–213. – H. Fricke, P. Stocker: L. I. In: RLW. – H. Gnüg: Entstehung und Krise lyrischer Subjektivität. Stgt. 1983. – D. Jaegle: Das Subjekt im und als Gedicht. Stgt. 1995. – M. Martinez: Das lyrische Ich. In: H. Detering (Hg.): Autorschaft. Stgt., Weimar 2002, S. 376–389. – W. G. Müller: Das lyrische Ich. Hdbg. 1979. – K. Pestalozzi: Die Entstehung des lyrischen Ich. Bln. 1970. – J. Schönert: Empirischer Autor, Impliziter Autor und L. I. In: F. Jannidis u. a. (Hg.): Rückkehr des Autors. Tüb. 1999, S. 289–294. – B. Sorg: Das lyrische Ich. Tüb. 1984. – K. H. Spinner: Die Struktur des lyrischen Ichs. Ffm. 1975. – M. Susman: Das Wesen der modernen dt. Lyrik. Stgt. 1910. – O. Walzel: Schicksale des lyrischen Ich [1916]. In: ders.: Das Wortkunstwerk. Lpz. 1926. Nachdr. Darmstadt 1973, S. 260–277.   JS

Lysiodie, f., ↗ Hilarodie.

M

Mabinogion, n. (auch Pl.) [Etymologie umstritten]; Sammlung von ↗ Erzählungen, überliefert in mittelkymrischer (d. h. walisischer) Sprache in zwei Hss. aus dem 14. Jh., dem »Roten Buch von Hergest« (*Llyfr Coch Hergest*; Jesus College, Oxford) und dem fragmentarischen, etwas älteren (ca. 1325) »Weißen Buch von Rhydderch« (*Llyfr Gwyn Rhydderch*; National Library of Wales, Aberystwyth); ältere Bruchstücke finden sich schon in Hss. des 13. Jh.s. Die Erzählungen dürften in ihrer jetzigen Form im ausgehenden 12. Jh. verfasst worden sein, gehen z. T. aber inhaltlich bis auf keltische Stammeserzählungen des 1. Jh.s v. Chr. zurück. Das M. ist das bedeutendste lit. Zeugnis des keltischen Britannien vor der Ankunft der Engländer. – Die Erzählungen blieben weitgehend unbekannt, bis sie von Ch. Guest 1838–49 ediert und mit einer engl. Übers. versehen wurden. Lady Guest war es auch, die der Sammlung den Titel »M.« gab und damit zugleich den Gattungsnamen prägte. Die Bedeutung des Namens ist ungeklärt und wird mit dem keltischen Gott *Maponos* in Verbindung gebracht, könnte aber auch soviel wie ›jugendliche Taten‹ im Rahmen eines keltischen Heldenzyklus bedeuten. – Es handelt sich um elf Erzählungen, die in drei Zyklen zerfallen: 1. Die »Vier Zweige« stellen die älteste Schicht dar und reflektieren die heidnische Welt westbritischer Kleinkönigreiche aus der Zeit unmittelbar vor der Ankunft der Römer. Dieser Teil ist das eigentliche M., bestehend aus vier aufeinander bezogenen Erzählungen, die zusammen einen Zyklus bilden: »Pwyll, Prinz von Dyfed«, »Branwen, Tochter des Llyr«, »Manawydan, Sohn des Llyr« und »Math, Sohn des Mathonwy«. Es ist offenbar, dass diese vier ›Zweige‹ vor ihrer schriftlichen Fixierung über einen so langen Zeitraum oral tradiert worden waren, dass die ursprüngliche Anordnung um den Helden Pryderi völlig in Vergessenheit geriet und nur mehr rekonstruiert werden kann. Reale Welt und keltische Gegenwelt durchdringen sich in ihnen ständig, durch die hochmal. Schicht schimmert überall die untergegangene Kultur der altbritischen druidischen Religion hindurch. – 2. Die vier »Native Tales« sind die unverbundenen Erzählungen »Der Traum des Macsen Wledig« (also des Römers Magnus Maximus [383–388], der es mit britischer Unterstützung zur Kaiserwürde brachte und im kollektiven Bewusstsein als sagenhafter Heerführer überlebte), »Llud und Llefelys«, »Culhwch und Olwen« und »Der Traum des Rhonabwy« – die letzten beiden sind die frühesten volkssprachigen Quellen des Artus-Mythos und zeigen ihn in einem archaischeren Zustand als die ältere lat. Tradition (↗ Artusdichtung). – 3. Die verbleibenden drei Erzählungen (»arthurische Romanzen«) sind walisischer Re-Import der frz. *matière de Bretagne*: »Owein – Die Frau vom Brunnen« (Yvain-Stoff), »Peredur,

Sohn des Efrawg« (Perceval-Legende) und »Gereint, Sohn des Erbin«.

Texte: H. Birkhan (Hg.): Keltische Erzählungen vom Kaiser Arthur. 2 Bde. Essen 1989. – L. Mühlhausen, S. Zimmer (Hg.): Die vier Zweige des Mabinogi (Pedeir Ceinc y Mabinogi). Tüb. 1988.

Lit.: G. Jones, Th. Jones: The M. Ldn. 1989. – B. Maier, S. Zimmer (Hg.): 150 Jahre M. Tüb. 2001. – I. Williams: Pedeir Keinc y Mabinogi. Cardiff 1951. – C. W. Sullivan (Hg.): The Mabinogi. NY 1996. HIR

Maccaronische Dichtung ↗ makkaronische Dichtung.

Mädchenlied, Typus der ›niederen Minne‹. Die Protagonistin ist nicht wie im klassischen ↗ Minnesang eine Dame, sondern ein unverheiratetes Mädchen (*maget*). Diesem Liedtypus begegnet man vereinzelt im frühen Minnesang (Kürenberger: MF 10,9); zu einer häufigeren Erscheinungsform wird er erst bei Walther von der Vogelweide (49,25; 39,11; 74,20). Thematisch unterscheiden sich dessen drei M.er wesentlich. Der erstgenannte ↗ Ton (4) weist noch eine starke Anlehnung an die Topoi (↗ Topos) des ›hohen Minnesangs‹ auf. Trotz der ungewöhnlichen Adressierung an *frouwelîn* werden bekannte Themen wie das Ausharren im Dienst trotz Hindernissen und die Schönheit der Frau als Widerspiegelung ihrer Güte angesprochen. In den anderen beiden Liedern wird die erotische Faszination expliziter, die erfüllte Liebe zum Hauptthema, wenn auch nur im Traum oder als vergangenes Erlebnis. Zu den bedeutendsten Fortsetzern der Gattung zählen Gottfried von Neifen und Steinmar.

Lit.: I. Bennewitz: ›vrouwe / maget‹. Überlegungen zur Interpretation der sog. M.er. In: H.-D. Mück (Hg.): Walther von der Vogelweide. Stgt. 1989, S. 237–252. – Th. Cramer u. a. (Hg.): Frauenlieder – Cantigas de amigo. Stgt. 2000. KS

Mädchenliteratur, analog zu dem Begriff der intentionalen ↗ Kinder- und Jugendlit. die Lit., die für Mädchen publiziert worden ist. Der engere Begriff der spezifischen M. meint die für Mädchen eigens verfasste Lit. Intentionale M. gibt es bereits im MA. und in der Frühen Neuzeit; sie ist überwiegend religiöser und lehrhafter Art. Im *letzten Drittel des 18. Jh.s* setzt unter dem Einfluss der aufklärerischen Pädagogik eine stärkere Ausdifferenzierung und quantitative Ausweitung ein. Es dominieren (nichtfiktionale) moralisch-belehrende Schriften, die das ältere Mädchen auf ihre einfache Bestimmung als Hausfrau, Gattin und Mutter vorbereiten sollen (J. H. Campe: »Väterlicher Rath für meine Tochter«, 1789). Daneben gibt es Romane und Monatsschriften sowie, v. a. für das jüngere Mädchen, unterhaltende Lesebücher. Seit *Beginn des 19. Jh.s* wird die fiktionale M. dominant – zunächst in Form des sentimental-religiösen Prüfungs- und Läuterungsromans (Ch. F. W. Jacobs) und der moralischen Erzählung (J. Glatz). Religiosität und eine gefühlvolle Seele erscheinen als Merkmale des sich jetzt endgültig durchsetzenden Paradigmas vom weiblichen Geschlechtscharakter. In dieser Zeit etabliert sich auch die Lit. für jüngere und kleine Mädchen. Aus den volkstümlichen, episch bereits komplexeren und das Moment der Unterhaltung stärker betonenden »Erzählungen und Novellen für die reifere weibliche Jugend« der Biedermeier- und Nachbiedermeierzeit (z. B. R. Koch) entsteht die *Backfischerzählung*, die sich auf die Darstellung der engen Welt des wohlbehüteten jungen bürgerlichen (oder adeligen) Mädchens bis zur Verlobung oder Verheiratung beschränkt. Die Backfischzeit – mit ihr setzt sich in der M. die Vorstellung von weiblicher Pubertät durch – wird verstanden als Schonraum, in dem das Mädchen noch möglichst lange Kind sein darf (hierzu gehören auch jungenhafte Züge), und gleichzeitig als Übergangsphase, in der es sich zur ›Dame‹ zu wandeln hat, die gleichwohl noch kindlich-spontan sein soll (Th. v. Gumpert, C. Helm, E. v. Rhoden). In Rhodens Buch »Der Trotzkopf« (1885) wird durch die Art der Darstellung des ›Trotzes‹ dessen Widerständigkeit betont, wodurch den Leserinnen Gegenlektüren zur Anpassungsgeschichte ermöglicht werden. Der große Erfolg des Buches führte zu einer Unzahl von Neuauflagen (bis heute), Fortsetzungsbänden, Nachahmungen und Abwandlungen des »Trotzkopf«-Modells. Seit *Beginn des 20. Jh.s* verschiebt sich das Mädchenbild noch mehr in Richtung auf die Betonung des Spontan-Kindlichen bzw. Natürlich-Liebenswerten (E. Ury: »Nesthäkchen«-Reihe, 1918–25). Daneben entwickeln sich seit 1871 andere Genres und Akzentuierungen (Historische Erzählung, Patriotismus). Im Ersten Weltkrieg (und bereits davor) zeigt die M. starke militaristische und nationalistische Tendenzen. Die konservative Entsagungsideologie der M. gegen Ende der Weimarer Zeit geht bruchlos über in die NS-M., die je nach den politisch-ökonomischen Erfordernissen entweder die mütterlich-aufopfernde Komponente oder das Männlich-Kämpferische im Mädchenbild betont. Die dt.sprachige jüdische M., entstanden am Ende des 18. Jh.s, findet ein abruptes Ende. – Das Gros der M. nach 1945 bis zum Beginn der 1970er Jahre und noch darüber hinaus ist geprägt von der traditionellen Backfischlit. und ihren modernen Varianten. Unter dem Einfluss von Studenten- und Frauenbewegung und deren emanzipatorisch-soziologischem Diskurs entsteht seit den frühen 1970er Jahren die ›emanzipatorische‹ M., welche die geschlechtsspezifische Sozialisation in Frage stellt und den Alltag und die Probleme von Mädchen (unter Einbezug der Sexualität) zu schildern sucht. Seit ca. Mitte der 1980er Jahre entwickelt sich die psychologisch orientierte M., in der es – unter dem feministischen Blickwinkel der Geschlechterdifferenz – um die Möglichkeit weiblicher Identitätsbildung geht; mit erzählerischen Mitteln der Moderne werden Gefühle, Erinnerungen und Phanta-

sien des Mädchens dargestellt. In der seit Mitte der 1990er Jahre erscheinenden postmodernen M. sind Ziele wie Identitätsfindung und Sinnsuche aufgegeben zugunsten der witzig-ironischen Darstellung von Oberflächenstrukturen. – Das Geschlechtsspezifische der neueren M. kann sich tendenziell auflösen, die Grenze zur ↗ Adoleszenzlit. verwischen.

Lit.: S. Barth: Jungfrauenzucht. Stgt. 1994. – O. Brunken u. a. (Hg.): Hb. zur Kinder- und Jugendlit. Von 1800 bis 1850. Stgt. 1998. – D. Grenz: M. Stgt. 1981. – D. Grenz, G. Wilkending (Hg.): Geschichte der Mädchenlektüre. Weinheim 1997. – G. Lehnert (Hg.): Inszenierungen von Weiblichkeit. Opladen 1996. – G. Wilkending (Hg.): M. der Kaiserzeit. Stgt. 2003. – Dies. (Hg.): Kinder- und Jugendlit. M. Stgt. 1994. – C. Wulf (Hg.): M. und weibliche Sozialisation. Ffm. 1996.　DG

Madrasha, Pl. *Madrashe*, in der syrischen Lit. metrisch einfache, langstrophige Lieder für Solo- und Chorgesang.

Madrigal, n. [Etymologie unsicher; vielleicht von lat. *cantus materialis* = einfacher oder weltlicher Gesang (im Ggs. zum *cantus formalis* bzw. *spiritualis*) oder von *cantus matricalis* = muttersprachlicher Gesang; die einflussreiche frühe Herleitung von it. *mandriano* = Hirt ist nicht haltbar], nicht strophisch gegliedertes Gedicht aus gereimten, meist alternierenden Versen mit nicht festgelegter Hebungszahl. – Seit dem frühen 14. Jh. ist das M. in Italien als eine volkssprachliche Gattung gesungener Lyrik, meist polemischen, satirischen oder moralischen Inhalts, bezeugt. Unter dem Einfluss F. Petrarcas (1304–74) wird das M. zur bukolisch-idyllischen Liebesdichtung (vier M.e im »Canzoniere« [Erstausg. Venedig 1470]). Wichtige it. M.-Dichter sind ferner Michelangelo Buonarotti und Torquato Tasso. Die älteren M.e, etwa Petrarcas, weisen eine feste Form auf: Einstrophigkeit aus 2–3 Terzetten und 1–2 angeschlossenen Reimpaaren (zwei- bis dreistimmige, textadäquate Vokalkomposition; Vertreter: J. da Bologna, F. Landino. Im 16. Jh. wird das M. formal freier: Es umfasst 6–13 Verse verschiedener Länge (7–11 Silben) in freier Anordnung und Reimstellung, die auch reimlose Zeilen (↗ Waisen) zulässt. Ist das M. länger als das 14-zeilige Sonett, spricht man von *Madrigalon*. Ende des 16. Jh.s, v. a. aber im 17. Jh., wird wieder eine verbindlichere Form (13 Zeilen, in drei Terzette und zwei Reimpaare gegliedert) angestrebt. Dieses M. wurde zur wichtigsten europäischen Gattung weltlicher Vokalmusik. Vertont wurden hauptsächlich Texte von F. Petrarca, P. Bembo, L. Ariost, T. Tasso, G. Guarini. Bedeutende M.-Komponisten des 16. und 17. Jh.s waren in Italien A. Gabrieli, L. Marenzio, C. Gesualdo und C. Monteverdi, in Frankreich C. Janequin, in Deutschland H. L. Haßler, L. Lechner, J. Gallus, H. Schütz und Ch. Demantius, in England W. Byrd, Th. Morley und J. Wilbye. Palestrina und O. di Lasso schrieben auch geistliche M.e. Das M. bildet ferner die wichtigste Textform der barocken ↗ Opern und ↗ Oratorien. – Unter dem Einfluss der poetologischen

Abhandlung C. Zieglers »Von den M.en« (1653) wird das M. seit dem Spätbarock auch in der dt. Lit. zu einer selbständigen Gattung, die sich durch Einfachheit und gegenüber dem ⁊ Lied noch größere metrische Freiheit auszeichnet. Es begegnet v. a. in der ⁊ galanten Dichtung (B. Neukirch, E. Neumeister, Ch. Hölmann, J. Ch. Günther), in der ⁊ Anakreontik (F. v. Hagedorn, Ch. F. Gellert, J. W. Goethes »Leipziger Lieder«) und in der ⁊ Romantik (A. W. Schlegel, L. Uhland, J. v. Eichendorff).

Lit.: R. G. Czapla: M. In: RLW. – A. Einstein: The Italian M. 3 Bde. Princeton/N. J. 1949. – H. Friedrich: Epochen der it. Lyrik. Ffm. 1964, S. 167, 341, 446–450. – U. Schulz-Buschhaus (Hg.): Das M. Bad Homburg v. d. H. u. a. 1969. – K. Stierle: F. Petrarca. Mchn., Wien 2003, S. 580 f. – K. Vossler: Das dt. M. Weimar 1898. Nachdr. Wiesbaden 1972.   HW/DB

Madrigalverse, in it. ⁊ Madrigalen u. a. verbreitete unstrophische Kombination von akzentuierenden Reimversen unterschiedlicher Hebungszahl. Sie wurden im Dt. zunächst in mit Musik verbundenen Texten, insbes. in den Rezitativpartien von Kantate, Oratorium, Singspiel und Oper, nachgebildet. M. begegnen aber auch in von Musik unabhängigen Texten: im Barock als Alternative zum formstrengen ⁊ Alexandriner, z. B. bei A. Gryphius (»Catharina von Georgien«, 1647); später bei G. E. Lessing (Fabeln und Erzählungen) und in langen Partien von J. W. Goethes »Faust« (z. B. in der Schülerszene, V. 1868–2048). Daher werden sie auch ›Faustverse‹ genannt. Im 20. Jh. werden M. etwa von E. Stadler gebraucht (»Zwiegespräch«). – Mit den M.n im Dt. metrisch identisch sind die aus der frz. Dichtung übernommenen ⁊ vers libres. Vgl. ⁊ Freie Verse.

Lit.: D. Burdorf: Einf. in die Gedichtanalyse. Stgt., Weimar ²1997, S. 87 f.   GS/DB

Magazin, n. [arab. machzan, Pl. machazin = Warenlager, Lagerhaus], 1. derjenige Teil einer Bibliothek, der vorrangig der Lagerung der Bestände dient und daher im Ggs. zum ›Freihandbereich‹ für Benutzer meist nicht zugänglich ist. – 2. Bez. und Titel oder Titelbestandteil für periodische Zss., Rundfunk- und Fernsehsendungen mit locker zusammengefügten Beiträgen, oft zu bestimmten Themen oder für bestimmte Rezipientengruppen.

Lit.: H. Heinze: M. In: RLW.   IS/BM

Magierspiel ⁊ Dreikönigsspiel.

Magischer Realismus, m., 1. im Deutschland der 1920er Jahre durch F. Roh eingeführte Bez. eines nachexpressionistischen Malstils, die bald darauf von dem Ausdruck ⁊ ›Neue Sachlichkeit‹ verdrängt wurde. Übergenaue Fokussierung und Detailklarheit erzielen einen ⁊ Verfremdungseffekt, der das ›Geheimnis‹ hinter der dargestellten Alltagswelt enthüllt. In jüngerer Zeit wurde der Begriff im Zusammenhang mit dem sog. Hyperrealismus in der Malerei wieder aufgegriffen. – 2. In der Germanistik werden Werke der ›Zwischengeneration‹ (O. Loerke, H. Kasack, E. Langgässer, H. Lange, F. Lampe, teilweise E. Jünger) zum magi-

schen Realismus gezählt. Zwischen den späten 1920er und den frühen 1950er Jahren zeigt sich in dieser Richtung eine überraschende Kontinuität. Überscharfe Beschreibung und ein Hang zum Miniaturistischen verleihen der prinzipiell realistischen fiktionalen Welt etwas Unheimlich-Bedrohliches bzw. Wundervolles. Wichtige Gattungen sind Roman, Erzählung und ⁊ Naturlyrik. – 3. In der internationalen Lit.wissenschaft umfasst der Begriff ›m. R.‹ Texte, in denen eine realistisch erzählte Welt um nicht-realistische oder phantastische Elemente bereichert ist. Anfangs ausschließlich auf lateinam. Werke der 1960er Jahre (insbes. G. García Márquez) und auf postkoloniale Lit.en (⁊ Postkolonialismus) angewandt, wird der magische Realismus heute als weltweiter Erzählmodus verstanden, der sich z. B. bei S. Rushdie, B. Okri und G. Grass findet. Anders als in der ⁊ phantastischen Lit. wird die Mischung scheinbar unvereinbarer Elemente im magischen Realismus nicht als widersprüchlich dargestellt. Der magische Realismus verwendet ungewöhnliche Erzählperspektiven; er stellt phantastische und mythische Elemente als realistisch, realistische Elemente als phantastisch dar und nimmt so eine kritische Überprüfung der vorherrschenden westlichen Weltsicht vor und lässt alles menschliche Wissen als Konstruktion erkennbar werden.

Lit. zu 1.: F. Roh: Nachexpressionismus – M. R. Lpz. 1925. – S. Menton: Magic Realism Rediscovered, 1918–81. East Brunswick/N. J. 1983. – Zu 2.: B. Schäfer: Unberühmter Ort. Die Ruderalfläche im magischen Realismus und in der Trümmerlit. Ffm. u. a. 2001. – M. Scheffel: M.R. Tüb. 1990. – Ders.: M. R. In: RLW. – Zu 3.: L. Parkinson-Zamora, W. B. Faris (Hg.): Magical Realism. Durham/N. C. 1995.   AHT

Magodie, f., ⁊ Hilarodie.

Maikäferbund, Bonner Dichterkreis 1840–46, begründet von J. G. Kinkel und dessen Frau Johanna. Vereinsabzeichen war ein Maikäfer am grünseidenen Band. Die Mitglieder (u. a. A. Kaufmann, W. Müller v. Königswinter, A. Schlönbach, zeitweilig auch K. Simrock und J. Burckhardt) sollten in die wöchentlichen Sitzungen einen Bogen mit eigenen oder fremden Versen oder mit Prosa zur kritischen Besprechung mitbringen.   GG

Majuskel ⁊ Schrift.

Makame, f. [arab. maqāma = ursprünglich: Stammeszusammenkunft, dann die dabei gehaltenen Reden, schließlich auch: lit. Kunstvortrag], arab. rhet.-poetische Kunstform in metrisch freier ⁊ Reimprosa mit Verseinlagen, Sinnsprüchen und einer Vorliebe für seltene Wörter, lit. Zitate und Anspielungen. Die einzelnen M.n, meist Schelmengeschichten, sind verbunden durch eine fiktive Gestalt, von deren Kunst, sprachlicher Treffsicherheit und moralischer Pointierung ein Erzähler berichtet. Trotz des hohen Schwierigkeitsgrads der Texte blieben die sprachlichen Schmuckmittel der M. bis in neuere Zeit für die arab. Lit. stilbildend. – Das Prinzip der aneinander gereihten Schelmengeschichten wirkte auf die hebr. Lit. des MA.s (der span. Jude Charisi, gestorben vor 1235, verfasste ein seit 1578 mehrfach gedrucktes M.n-Werk »Taschkemoni«) und auf den späteren ⁊ pikaresken Roman. Als Schöpfer der M. gilt Al-Hamadhāni (966–1008). Höhepunkt der Gattung sind die fünfzig »Maqāmāt« des Al-Hariri (1054–1122), die durch F. Rückerts Übers. (»Die Verwandlungen des Abu Seid von Serug, oder die M.n des Hariri«, 1826) Einfluss auf dt. Reimprosa (R. M. Rilke) gewannen.   HW/Red.

Makkaronische Dichtung [nach den it. Nudeln], auf der Verschmelzung des Wort- und Formenguts zweier Sprachen beruhende Gattung (meist: Versgattung) des Komischen. Dabei werden Lexeme der einen Sprache mit den Morphemen der anderen flektiert (J. M. Moscherosch: »Fahrimus in Schlittibus«). Bleiben die Wortkörper unangetastet (»Bertram, iam factus in den lenden lam«, 15. Jh.), so spricht man auch von ›Poesia Fidenzia‹ oder ›pedantesker Dichtung‹; diese Bez.en gehen zurück auf C. Scroffas Gelehrten- (›Pedanten‹-) Satire »I Cantici di Fidenzio Glottocrisio Ludimagistro« (1562). Eine Sonderform bilden die ›Sauerkrautsprachen‹, die, wie das ⁊ Küchenlatein (»Caesar equus consilium«, Cäsar fährt Rad), auf einem die Sprachgrenzen überschreitenden wortspielenden Verfahren (⁊ Kalauer) beruhen oder eine fremde Sprache mit den Klangmitteln der eigenen nachahmen (›arab.‹ mittels südhessisch »Hawwera, hawwera nix ze knawwera«). – Nach Vorläufern in Antike und Spätantike (z. B. gr.-lat. Hexameter bei Ausonius) sowie im MA. (u. a. in den »Carmina Burana«) begründete T. Odasi mit seinem »Carmen macaronicum« (1490/93) das Genre, dessen Hauptwerke 1517–21 T. Folengo schuf (komisches Ritterepos »Baldus«; Schäferparodie »Zanitonella«; »Moscaea«, dt.: »Mückenkrieg«, 1600). Von Italien breitete sich die m. D. – mit Lat. als Grundsprache, durchsetzt mit dem Vokabular der Volkssprachen – bis zum 17. Jh. nach Frankreich, England, Schottland und Deutschland aus, wo makkaronische Elemente bei S. Brant, Th. Murner, H. Sachs, in der Schwanklit. und in J. Fischarts »Nuttelversen« (in der ›Geschichtklitterung‹) begegnen, bevor J. C. Freys Vergil-Parodie »Floia« (1593) einen gelehrten Höhepunkt bildet. Im Barock lebt die m. D. bei den gebildeten Ständen fort als Hochzeitscarmen und Studentenpoesie; im 18. Jh. zieht in der pedantesken Spielart das Frz. ein (»Des Deutsch-François Jean Chretien Toucement Sein Lustigk Schrifft«, 1730). Im 19. Jh. findet die m. D. nur Platz in Witzblättern, doch entwickelt sich durch Einwanderer in den USA eine dt.-engl. Mischdichtung (Ch. G. Leland: »Hans Breitmann's Ballads«, 1869). Heute existiert die m. D. fast nur noch sublit., z. B. unter Schülern. Doch obwohl lit. kaum mehr in Gebrauch, stellt das makkaronische Verfahren doch ein Alltagsphänomen dar, siehe das ›Spanglish‹ US-am. Latinos oder die Übers. fremder Marken ins Chines. (Coca-Cola = Ke-kou-ke-le, d. h. ›geeignet für Mund, geeignet für Freude‹).

Lit.: C. Blümlein: Zur Geschichte der maccaronischen Poesie. In: JbFDH N. F. 13 (1897), S. 215–244. – J. A. Morgan: Maccaronic Poetry. NY, Cambridge 1872. – H. Wiegand: M. D. In: RLW.   PK

Málaháttr, m. [anord. = Redeton; aus *mál* = Rede, schichte, *háttr* = Art und Weise, Maß], zweihebiger Verstyp der ⁊ eddischen Dichtung; Bez. nach Snorri Sturlusons »Jüngerer Edda« (»Hattatal«). Vom ⁊ Fornyrðislag unterscheidet sich die M. durch schwerere Zeilenfüllung (mehr Silben, in der Regel in der Halbzeile fünf und mehr) und häufigere Stabsetzung (oft drei Stäbe in einer Langzeile); die beiden Kadenzen des Verses können unterschiedlich gebaut sein; ziemlich regelmäßig durchgeführt im »Jüngeren Atlilied« (»Atlamal en groenlenzko«).   MGS

Malerbuch, 1. gelegentlich auch: Künstlerbuch; von einem bildenden Künstler gestaltetes Buch mit Bildreproduktionen, das dem Kunstanspruch des Abgebildeten auch in Gestaltung und Ausstattung (Großformat, Layout, Typographie, Druckqualität, Papiermaterial) gerecht werden soll, meist in sehr kleiner Auflage gedruckt wird und so zum bibliophilen Kunstwerk avanciert. Seit 1800 hat die Gattung mit den Möglichkeiten der Lithographie Aufschwung genommen und später auch die Gruppe der ›Ars librorum‹ (bibliophile, durch Pressendruck hergestellte Ausgaben) ausgebildet. Beispiele finden sich in Folge verbesserter Farbdrucktechniken bes. nach 1920 (H. Antes, G. Braque, M. Chagall, P. Picasso, M. Ernst, G. Grass). Faksimilierte oder originale hsl. Zusätze können ebenso enthalten sein wie gedruckte Texte (K. Mann, G. Grosz). Das M. kann als Wiederbelebung der mal. ⁊ Handschrift mit neuen drucktechnischen Mitteln und als wichtige ⁊ Bild-Text-Form eingeschätzt werden. – 2. in der Kunstgeschichte auch ein Kompendium traditioneller technischer Malregeln zur Farbherstellung sowie Szenen- und Figurenverwendung (M. vom Berg Athos, Beginn des 18. Jh.s).

Lit.: W. Arnold: Das M. des 20. Jh.s. Die Künstlerbuchsammlung der Herzog August Bibliothek Wolfenbüttel. Wiesbaden 2004.   RK

Manier, f. [lat. *manus* = Hand; mittellat. *manuarius* = handlich; frz. *manière* = Art und Weise], 1. allg.: Art und Weise eines Tuns oder Verhaltens; in diesem Sinne erstmals als Fremdwort (*maniere*) bei Gottfried von Straßburg (»Tristan«, um 1210), häufiger gebraucht seit dem 16. Jh.; im 17. Jh. v. a. in der Bedeutung ›gutes Benehmen, gesellschaftliche Sitte‹ (vgl. noch heute im Pl.: ›gute Manieren‹). – 2. In Kunst und Lit. hat ›M.‹ drei unterschiedlich wertende Bedeutungen: a) neutral als Synonym für ›Stil‹, für die einem Künstler oder einer Epoche eigentümliche Darstellungsweise (vgl. E. T. A. Hoffmann: »Fantasiestücke in Callots M.«); b) positiv als Ausdruck des original Schöpferischen; so ordnete J. W. Goethe (»Einfache Nachahmung der Natur, M., Stil«, 1789) M. als »ein Mittel zwischen der einfachen Nachahmung und dem Stil« ein; c) negativ als gekünstelte, epigonale, äußerliche, übertriebene, oft

auch routinierte Nachahmung eines Stils (etwa bei J. J. Winckelmann). – Vgl. dagegen ›manieristischer Stil‹ im Sinne der Kunstauffassung des ↗ Manierismus.
Lit.: W. Braungart: M., Manierismus. In: RLW. – R. Zymner: Manierismus. Paderborn u. a. 1995.   GS/DB

Manierịsmus, m. [engl. *mannerism*; frz. *Manierisme*; it., span. *manierismo*], Sammelbez. für in allen Künsten und Lit.en angewandte virtuose Verfahren der Material- und Technikbeherrschung, welche die Funktion haben, durch demonstrative Artistik Staunen der Rezipienten auszulösen. Unter ›M.‹ können alle Formen akrobatischer Zeigelust verstanden werden, die auf die Schaulust eines Publikums und dessen bewundernde Reaktion setzen. Dabei gibt es bereichsspezifische Modi des Verfahrens. So ist M. in der Lit. eine ↗ Schreibweise, die verschiedene Ebenen des lit. Textes betreffen kann: Dies können grammatisch-rhet. Aspekte sein wie die Häufung (↗ pangrammatisch) oder Vermeidung (↗ Lipogramm) bestimmter Buchstaben, die Verwendung bes. dunkler ↗ Metaphorik und allg. die Häufung bestimmter Figuren (Hyperbeln, Anaphern, Epiphern, Antithesen, Paradoxa, Oxymora) und Tropen (↗ Concetto); dies können auch metrische oder prosodische Aspekte sein wie die Häufung einsilbiger Wörter in Verstexten (Logodädalion), die unverbundene Aneinanderreihung möglichst vieler Wörter in einem Vers (versefüllende Asyndeta) oder auch artistische Reimstrukturen bis hin zu dem komplizierten Holoreim (bei dem ganze Verszeilen miteinander reimen); dies können weiter makrostrukturelle Aspekte eines Textes sein wie die Verschränkung von Verszeilen zu ↗ vers rapportés, die labyrinthische Tektonik sog. ›Romanmonstren‹ oder die mehrere Fiktionsebenen miteinander verschränkende Bauform eines Dramas und die ikonische Abbildung des Redegegenstandes in ↗ Figurengedichten (Technopaignien); schließlich kann es sich auch um inhaltliche Aspekte handeln wie die bes. detaillierte Schilderung von Sachverhalten. Ähnlich komplexe Möglichkeiten lassen sich für die ›Malweise‹ als Modus der M. in der Malerei konstatieren, für die ›Komponierweise‹ in der Musik, für die ›Konstruktionsweise‹ in der Architektur und für andere Modi des allg. Verfahrens der demonstrativen Artistik. Überdies können ↗ Emblem, ↗ Oper oder ↗ Film die artistischen Modi verschiedener Kunstformen miteinander verbinden. – Für Kunst und Lit.en hat man mehrfach Epochen des M. ansetzen wollen. Solche Versuche haben allenfalls in der Kunstgeschichte Geltung erlangen können (1520–1610 als ›Epoche des M.‹). M. als Verfahren lässt sich dagegen von der Antike (↗ Asianismus) bis zur Gegenwart in allen europäischen Lit.en (und deren kolonialen ›Ablegern‹) sowie in bildenden, gestaltenden und darstellenden Künsten feststellen. Beispiele für M. in der Malerei bieten G. Arcimboldo, Parmigianino; in der Plastik G. da Bologna, B. Cellini; in der Architektur G. Romano, Michelangelo; in der Musik C. Gesualdo, G. Gould; in der it. Lit. G. Marino, U. Eco; in der frz. Lit. C. Marot, M. Scève, G. Perec; in der span. Lit. L. de Góngora, Lope de Vega; in der engl. Lit. J. Lyly, A. Marvell, J. Donne, J. Joyce; in der dt. Lit. Konrad von Würzburg, J. Fischart, J. Balde, G. Ph. Harsdörffer, D. C. v. Lohenstein, Jean Paul, F. Rückert, A. Schmidt, O. Pastior; in den slawischen Lit.en S. Polockij, P. Kochanowski, V. Chlebnikov, V. Majakowskij, J. Tuwim.
Lit.: D. Arasse, A. Tönnesmann: Der europäische M. Mchn. 1997. – M. Blanco: Les Rhétoriques de la Pointe. Paris 1992. – W. Braungart (Hg.): Manier und M. Tüb. 2000. – Ders.: Manier, M. In: RLW. – E. R. Curtius: Europäische Lit. und lat. MA. Tüb. 1948. – L. Finscher: M. In: MGG², Sachteil. – A. Hauser: Ursprung der modernen Kunst und Lit. Mchn. 1972. – G. R. Hocke: Die Welt als Labyrinth. Hbg. 1957. – Ders.: M. in der Lit. Hbg. 1959. – K. P. Lange: Theoretiker des M. Mchn. 1972. – A. Liede: Dichtung als Spiel [1963]. 2 Bde. in 1 Bd. Bln., NY ²1992. – J. V. Mirollo: Mannerism and Renaissance Poetry. New Haven, Ldn. 1984. – R. Zymner: M. Paderborn u. a. 1995. – Ders.: M. In: HWbRh.   RZ

Manifẹst, n. [lat. *manifestus* = greifbar], öffentliche Programmschrift einer Gruppierung. Das M. dient der öffentlichen und grundsätzlichen Bekanntgabe der Auffassungen und Ziele politischer, gesellschaftlicher, weltanschaulicher oder künstlerischer Bewegungen, die sich oft selbst als avantgardistisch, innovativ oder revolutionär begreifen. Es dient zum einen der programmatischen Außendarstellung und der Abgrenzung von anderen Positionen, zum anderen trägt es zur Konstituierung und Festigung der Bewegung bei und versucht in vielen Fällen mögliche Anhänger zu Handlungen aufzurufen. Die Bestandteile eines M.s entsprechen seinen Funktionen: Einer emphatisch und thesenartig vorgebrachten Darstellung der eigenen Auffassungen – oft in Form einer Wortexplikation (z. B. ›Dada‹, ›Kommunismus‹) – folgt ein in die Zukunft weisendes Programm. Typisch ist zudem das die sich konstituierende Gruppe anzeigende ›Wir‹, das durch die explizite Nennung des Autors bzw. der Autoren – oder Unterzeichner – eines M.s konkretisiert wird. Das M. wird meist als Einzeldruck, Zeitungs- oder Zeitschriftenartikel veröffentlicht. – Der in der Neuzeit sich ausbreitende Ausdruck ›M.‹ bezeichnete ursprünglich offizielle politische Erklärungen, im Verlauf des 19. Jh.s setzten sich das Wort und der Begriff dann in der heutigen Bedeutung durch, v. a. durch die enorme Wirkung des »M.s der Kommunistischen Partei« von 1848. Danach wurde das M. zu einem zentralen Modus der öffentlichen Auseinandersetzung in politisch-gesellschaftlichen wie in lit.-künstlerischen Zusammenhängen. Dies gilt bes. für ↗ Avantgarde-Bewegungen wie ↗ Futurismus, ↗ Dadaismus oder ↗ Surrealismus. Problematisch ist die Frage, inwieweit Texte, die nicht als Programmschriften intendiert, aber als solche rezipiert wurden, als M.e gelten können.
Texte: W. Asholt, W. Fähnders (Hg.): M.e und Proklamationen der europäischen Avantgarde (1909–38). Stgt., Weimar 1995.

Lit.: W. Asholt, W. Fähnders (Hg.): »Die ganze Welt ist eine Manifestation«. Die europäische Avantgarde und ihre M.e. Darmstadt 1997. – H. van den Berg, R. Grüttemeier (Hg.): M.e: Intentionalität. Amsterdam 1998. – F. W. Malsch: Künstlermanifeste. Weimar 1997.
USP

Männlicher Reim, einsilbiges und betontes in der Reimposition stehendes Wort: ›Bein : Wein‹, oder mehrsilbiges Wort mit betonter letzter Silbe: ›Willigkeit : Billigkeit‹, im Unterschied zum ↗ weiblichen Reim. Die Bez.en ›m. R.‹ und ›weiblicher Reim‹ stammen aus der silbenzählenden frz. Metrik: einsilbige Formen sind maskulin (*fils, grand*), zweisilbige feminin (*fille, grande*).
GG

Männlichkeit, zentrale Kategorie der Geschlechterforschung. M. wird häufig bestimmt als ein diskursiv erzeugtes Konstrukt, eine Konfiguration sozialer, historisch variabler kultureller Praktiken und Bilder. In der M.sforschung herrscht die Ansicht vor, dass es in einer Gesellschaft nicht nur einen Typus von M., wie ihn die Rede vom ›Patriarchat‹ suggeriert, gibt. Deshalb wird von M. zumeist im Plural gesprochen. Das bisher einflussreichste Konzept zur Erforschung von M. ist das der ›hegemonialen M.‹ (Connell). Es erlaubt, Geschlechterverhältnisse unter den Aspekten von Macht, Produktion und emotionaler Bindung zu erfassen und zu kritisieren. Das Konzept enthält zum einen die Annahme einer strukturellen Herrschaft hegemonialer Männer über Frauen *und* unterdrückte Männer, zum anderen berücksichtigt es den historischen Wandel und die kulturelle Differenziertheit von Hegemonialität. – Die lit.wissenschaftliche Erforschung von M. begann in Deutschland mit Theweleits Untersuchung zur Psychogenese des faschistischen Mannes. M. wird gegenwärtig auf mehreren Ebenen erforscht, so auf derjenigen der männlichen Bindungsstrukturen, wie sie sich als Männerbünde (Widdig) oder -freundschaften manifestieren. Ein zentrales Forschungsfeld bilden auch die männlichen Selbstbilder in der Moderne (Mosse) sowie die familiären Verflechtungen, innerhalb deren M. sich narrativ herstellt (Erhart). In der Tradition der ↗ Kritischen Theorie bewegen sich Ansätze, die die Logosfixierung männlicher Selbstentwürfe analysieren (Wieland) und darüber hinaus nach Spuren nicht-hegemonialer M. in der Lit. suchen (Tholen).
Lit.: R. W. Connell: Der gemachte Mann [engl. 1995]. Opladen 1999. – W. Erhart: Familienmänner. Mchn. 2001. – G. Mosse: Das Bild des Mannes [engl. 1996]. Ffm. 1997. – K. Theweleit: Männerphantasien [1977]. 2 Bde. Reinbek 1987. – T. Tholen: Verlust der Nähe. Hdbg. 2005. – B. Widdig: Männerbünde und Massen. Opladen 1992. – K. Wieland: Worte und Blut. Das männliche Selbst im Übergang zur Neuzeit. Ffm. 1998.
TT

Mantel- und Degenstück [span. *comedia de capa y espada*, auch *comedia de ingenio* (= Geist, Witz, Erfindungsgabe)], bes. im 17. Jh. verbreitete Untergattung der span. ↗ Comedia, span. Variante des europäischen ↗ Sittenstücks, benannt nach der Kleidung der Hauptfiguren (Kavaliere und vornehme Bürger); behandelt Themen und Gestalten des span. Alltagslebens (z. B. gesellschaftliche Normverletzungen, Ehrenhändel u. a.). Charakteristisch für das M. u. D. ist das weitgehende Fehlen der Dekoration, ein festes, aber nicht im Stil der ↗ Commedia dell'Arte typisiertes Personal (Kavalier, Dame oder Mädchen von Stand, komische Figur des ↗ Gracioso u. a.), eine kunstvoll entwickelte Handlung mit Verwechslungen und ↗ Intrigen, die realistische Darstellung und der Vorrang des Mimischen. Wichtigste Autoren sind Lope de Vega (»Der Ritter vom Mirakel«, 1621), P. Calderón de la Barca (»Dame Kobold«, 1629) und Tirso de Molina (»Don Gil mit den grünen Hosen«, 1635). Historisch und sozial eher lockere Zitate des M. u. D.s sind »cloak-and-dagger movies« oder »swashbuckler«; so gibt es fast alle zehn Jahre einen neuen Zorro-Film, zuletzt 2002.
Lit.: F. B. Pedraza-Jimenéz (Hg.): La comedia de enredo. Almagro 1998. – J. G. Weiger (Hg.): La comedia de capa y espada. Madrid 1988.
HER

Manuskript, n. [lat. *manu scriptum* = mit der Hand geschrieben], 1. handgeschriebener Text; 2. jede Art Druckvorlage, ob hsl., mit Maschine geschrieben (↗ Typoskript), ein früherer (meist korrigierter) Druck oder eine elektronische Datei (auf Datenträgern wie Diskette, CD-ROM oder als E-Mail-Attachment); 3. hsl. Buch der Antike und des MA.s. ↗ Handschrift, ↗ Autograph.
GS/Red.

Märchen [engl. *fairy tale*; frz. *conte*; Diminutivform zu ›Mär‹, von mhd. *mære* = Botschaft, Nachricht, Kunde], fiktionale kürzere Prosaerzählung, die auf einen als volkstümlich angesehenen Motivkatalog zurückgreift. In der Wortgeschichte ist der Begriff oftmals pejorativ besetzt im Sinne von ›Lügenerzählung‹. – Der Begriff findet sich gemeinhin spezifiziert als ↗ ›Kunstmärchen‹, ›Volksmärchen‹ oder ›Buchmärchen‹. Zentral für die Bestimmung von ›M.‹ ist der Begriff des Volksmärchens. Er ist wissenschaftlich problematisch und vielfältig (auch ideologisch) besetzt. Zu seiner Etablierung haben maßgeblich die Brüder J. und W. Grimm mit ihrer Sammlung »Kinder- und Hausmärchen« (= »KHM«, [1]1812/15, [7]1857) beigetragen. Rezeptionsgeschichtlich bedeutsam sind daneben v. a. L. Bechsteins M.bücher (1845/56). – Die heutige Forschung sucht der Problematik des Begriffs ›Volksmärchen‹ dadurch zu entgehen, dass sie ihn durch den Terminus ›Buchmärchen‹ ersetzt. Unter ›Buchmärchen‹ versteht man schriftlich fixierte, in der Regel literarisierte Erzählungen, die einem an Volksmärchen herangetragenen Erwartungshorizont entsprechen. ›Volksmärchen‹ ist ein Idealbegriff, der kleinere Prosaerzählungen mit den folgenden Merkmalen bezeichnet: Anonymität, Oralität und Volkstümlichkeit der Überlieferung, ein unbestimmtes und unbestimmbares ›hohes‹ Alter; stereotypes, aber variantenreiches Erzählen im Rahmen eines vorgegebenen (kulturell bestimmten, meist nationalen oder ethnischen) Motivkatalogs, Ahistoriziät, Naivität, Zweckfreiheit und Unterhaltungscharakter (oft bzw. zunehmend als Kindererzählung). Wird der Begriff im engeren Sinne verwendet (dann oft auch: ›Zaubermärchen‹), treten als weitere Bestimmungsmerkmale das Wunderbare (die partielle Aufhebung der Naturgesetze) und das Moment der Wunscherfüllung hinzu. – Im weiteren Sinne nähert sich der Begriff ›Volksmärchen‹ dem gattungsübergreifenden Begriff ›Volkserzählung‹ an, mit dem er häufig unreflektiert gleichgesetzt wird. Als Teil einer vermuteten Tradition oraler (Volks-)Überlieferung wird der M.begriff zumeist abgesetzt von ↗›Sage‹ und ↗›Legende‹. Von beiden wird er geschieden durch den fehlenden konkreten (historischen oder hagiographischen o. ä.) Bezug und den für das M. selbstverständlichen Stellenwert des Wunderbaren (in Sage und Legende tritt das Wunder dagegen als das Außerordentliche auf). Die Bestimmung des Volksmärchens ist methodisch problematisch, da die Existenz der zu bestimmenden Form als Prämisse bereits vorausgesetzt wird. Dabei werden das Vorhandensein von M.motiven in der (oralen wie literalen) Erzähltradition zum Nachweis einer ansonsten nicht fixierbaren Gattung M. verengt und Grimms »KHM« implizit oder explizit als Modell gesetzt. Ein anderes Problem ist die Ausweitung des Begriffs auf sonstige Formen phantastischer oder ethnologisch anders zu definierender Erzählungen (etwa die wissenschaftlich wenig differenzierte Rede von antiken, mal., orientalischen, indianischen ›M.‹). – Die »KHM« sind seit den M.studien der Grimms der zentrale Bezugspunkt der M.forschung. Bei den »KHM« handelt es sich um Adaptationen einer als volkstümlich verstandenen literalen oder oral-literalen Tradition. Die Texte sind entweder direkt einer lit. Vorlage entnommen oder den Redaktoren über die Vermittlung einer mündlichen Beiträgerschaft zugekommen. Die Bezugstexte entstammen in der Mehrzahl dem 16. bis frühen 19. Jh. und gehören unterschiedlichen Gattungen und Funktionsbereichen an (Schwänke, Predigten, Exempel, Kuriositätenlit., Lügen- und Rätselgeschichten, M.novellen, Romane, frz. Unterhaltungslit. des 18. Jh.s, bes. ›Contes des fées‹). Sammlung und Redaktion der Erzählungen sind ein wichtiger Teil der Editionspraxis der frühen ↗›dt. Philologie‹ sowie ein Ausdruck des romantischen Bestrebens, die nationale Kulturtradition zu revitalisieren. Die Texte galten den Redaktoren als Überlieferungsreste eines ›urdt. Mythus‹. Die Bearbeitung diente dem Zweck, das Erzählmaterial in die Form des (vermeintlichen) ›Archetypus‹ zurückzuversetzen. Dieser ist formal dem romantischen Kunstmärchen nachgebildet und steht in der Tradition von Volksbuch und Novelle. Redaktionspraktiken sahen – je nach Notwendigkeit – die Extrapolation, Dekontextualisierung (Enthistorisierung; Tilgung fremder Gattungsmerkmale), Prosaifizierung und Kontamination von Erzählteilen vor. Dazu kam die Tendenz zur Purifizierung (Enterotisierung bzw. Entsexualisierung;

Glättung von Grobianismen und Fäkalkomik; Substitution fremdsprachlicher Partikel). Der zeithistorische Vorstellungshorizont der Grimms und die Nebenabsicht eines ›Haus- und Kinderbuches‹ prägen die Ausgestaltung und bestimmen den verdeckten Werte- und Tugendkatalog der Sammlung. Augenfälliges Merkmal ist die Typisierung. Die Erzählungen lassen sich auf eine überschaubare Anzahl von Grundtypen zurückführen. Der Erzählstil ist durch Eindimensionalität, Flächenhaftigkeit, Abstraktheit, Isolation und Sublimation gekennzeichnet. Figuren und Ereignisse zeigen eine klare antinomische Struktur, die bis in die motivische Einzelkonturierung des M.s hinein zu verfolgen ist (Vorliebe für das Extrem, etwa bei Belohnung und Bestrafung). Der Handlungsverlauf ist in der Regel einsträngig und zeigt häufig eine dreifache Variation der Ereignisse, in deren Verlauf der anfänglich dem Mangel ausgesetzte Protagonist Erfolg und Glück gewinnt.

Die Redaktion hat von ihren lit. Mustertexten ausgehend einen eigenen Sprachstil durchgesetzt. Er ist am Leitbild einer idealisierten Kindertümlichkeit und Einfachheit orientiert und zielt ebenso wie die oft als ›gut-böse‹ ausgedeutete antinomische Struktur auf Anschaulichkeit ab. Der Anschaulichkeit dient eine sprachliche Konturierung, die auf Beschreibung oder Schilderung weitgehend verzichtet und die Dinge ohne individualisierende Charakterisierung in betont flächiger Bildlichkeit benennt. Eine charakterisierende Auszeichnung erfolgt über eindeutige Attributierungen und Requisiten im Kontext einfacher und anschaulicher Bilder. Die Bildlichkeit ist einer klaren Typisierung verpflichtet (z. B. Stadt, Schloss, Wald). Sprachlich-stilistisch dienen der Anschaulichkeit bildhafte, gelegentlich alliterierende Redewendungen, Tautologien, formelhafte Adjektive und sprichwörtlich-redensartliche Sentenzen, die im Laufe der Textredaktionen oft interpoliert oder noch verstärkt werden. Gerade die Sprichwörter und Redensarten unterstreichen den Anspruch auf Volkstümlichkeit. Wie die Metaphorik entstammen sie häufig dem Naturbereich und sind rural geprägt. Eine eigene Volkstümlichkeit evozieren auch die gelegentlichen dialektalen Einschläge, die der Herkunft der Grimms und vieler ihrer Beiträger entsprechend oft dem Hessischen entstammen. Zur formelhaften Ausgestaltung der Sprache gehören die einen magischen Hintergrund der Erzählung suggerierenden, häufig gereimten Beschwörungs- und Merkverse. Als formelhaft kann auch die Zahlentypik des M.s gelten, die auf wenige Zahlenwerte begrenzt ist (insbes. die Eins, Zwei, Sieben, Zwölf, Hundert und v. a. die Drei). Die Kindertümlichkeit schlägt sich in der Vorliebe für kindliche Handlungsträger und sprachlich-stilistisch in der Neigung zur Diminutivbildung nieder. Als bes. typisch gelten die Eingangs- und Schlussformeln mit den ihnen eigenen Fiktionssignalen. In den Schlussformeln sind darüber hinaus gelegentlich formelhafte Merkmale mündlicher Erzählkultur zu finden. – Die Entwicklung des (Volks-)M.s ist v. a. im Zusammenhang mit der Unterhaltungslit. des späten 18. und frühen 19. Jh.s und dem romantischen Kunstmärchen zu sehen. Vorbild sind die »KHM«. Lit.historisch sind sie eine Erscheinung insbes. der ersten Hälfte des 19. Jh.s.

Lit.: H. Bausinger: M. In: EM 9, Sp. 250–274. – L. Bluhm: Grimm-Philologie. Hildesheim 1995. – M. Clausen-Stolzenburg: M. und mal. Lit.tradition. Hdbg. 1995. – M. Grätz: Das M. in der dt. Aufklärung. Stgt. 1988. – M. Lüthi: Die europäischen Volksmärchen. Bern ⁴1974. – M. Lüthi, H. Rölleke: M. Stgt. ⁹1996. – H. Rölleke: Die M. der Brüder Grimm. Mchn., Zürich ³1992. – Ders.: M. In: RLW. – H. Rölleke, L. Bluhm: »Redensarten des Volks, auf die ich immer horche«. M. – Sprichwort – Redensart. Stgt. 1997. – H.-J. Uther: Brüder Grimm. Kinder- und Hausmärchen. Bd. 4. Mchn. 1996.   LB

Märchendrama, Bühnendichtung, die bekannte Volksmärchen bzw. ↗Feengeschichten oder andere ↗Kunstmärchen als Stoff verwendet oder im Falle einer Neuerfindung sich an deren lit. Verfahren anlehnt. Gelegentlich erscheint die Märchenwelt mit anderen Figurenkreisen vermischt. Kennzeichen des M.s sind ein reflektierter, raffinierter Gebrauch des Wunderbaren (↗phantastische Lit.), freie, oft überbordende Phantastik, leichte, schwebende ↗Ironie und (häufig) lit. Selbstbezüglichkeit; all dies verbindet sich zur ↗Evokation einer eigenen poetischen Kunst- und Märchenwelt. Aus dem Fundus der europäischen Bukolik (↗Schäferdichtung) gehen die Anfänge der Gattung bei W. Shakespeare (»A Midsummer Night's Dream«, 1600) und im span. Barocktheater (Lope de Vega) hervor. Der Venezianer C. Gozzi sucht mit seinen Märchendramen (»Fiabe«) im 18. Jh. die ↗Commedia dell' Arte zu erneuern; Phantastik und Situationskomik verbinden sich in seinen Stücken mit ↗Lit.satire (in der Auseinandersetzung mit der regelhaften Reformkomödie C. Goldonis und dem tragischen Bombast P. Chiaris). Anknüpfend an Shakespeare, die Commedia dell'Arte und Gozzi baut die dt. Romantik die lit. Selbstreflexion und die lit.- und zeitsatirische Dimension im M. aus (L. Tieck: »Der gestiefelte Kater«, 1797; »Prinz Zerbino«, 1799; J. v. Eichendorff: »Krieg den Philistern«, 1824; in diese Tradition gehört auch G. Büchners »Leonce und Lena«, postum 1842). Im ↗Symbolismus wird das M. als lit. Alternative fern von allem naturalistischen ›Milieu‹ wiederentdeckt. Allerdings verwandelt sich die übermütige Phantastik hier in der Regel in mystisch-tiefsinniges, geheimnisvollschweres Theater mit seelischem Tiefgang (M. Maeterlinck, G. Hauptmann). Wiederbelebungen der Gattung hat es im 20. Jh. gelegentlich gegeben, etwa bei P. Hacks. – Eng verwandt mit dem M. ist die Zauberoper (G. F. Händel: »Alcina«, 1735, nach Ariost; W. A. Mozart: »Die Zauberflöte«, 1791), eine im 19. Jh. bes. wichtige lit.-musikalische Gattung; man denke an die Wiener Zauberopern (u. a. nach ↗Libretti von F. Rai-

mund) sowie an E. T. A. Hoffmann: »Undine« (1812–14, nach F. de la Motte Fouqué), C. M. v. Weber: »Oberon« (1826), E. Humperdinck: »Hänsel und Gretel« (1893) und C. Debussy: »Pelléas et Mélisande« (1902, nach M. Maeterlinck). Bekannte moderne Gozzi-Adaptionen liegen mit S. S. Prokofjews »Die Liebe zu den drei Orangen« (1919) und H. W. Henzes »König Hirsch« (1955) vor.

Lit.: H. Feldmann: Die Fiabe C. Gozzis. Köln u. a. 1971. – B. Greiner: Die Komödie. Tüb. 1992. – W. Hinck: Das dt. Lustspiel des 17. und 18. Jh.s und die it. Komödie. Stgt. 1965.   BA

Märe, n. [mhd. n. und f. *mære* = Kunde, Nachricht, Bericht, Erzählung], mhd., in Reimpaaren versifizierte Erzählung mittlerer Länge (ca. 150–2.000 Verse). Ihr Gegenstand sind fiktive, diesseitig-profane und unter weltlichem Aspekt betrachtete Vorgänge mit ausschließlich (oder vorwiegend) menschlichem Personal. Sowohl die Verwendung von ›M.‹ als Gattungsbez. als auch der Gattungscharakter des M.nkorpus (220 Texte) ist umstritten. Zum einen entspricht die fachsprachliche Adaptation des Wortes nicht mhd. Sprachgebrauch: Zwar wird die allg. Werkbezeichnung (›Quelle‹, ›Stoff‹, ›Inhalt einer Erzählung‹, ›das vorliegende Erzählwerk‹) seit dem 13. Jh. bevorzugt für kleinere Erzählformen verwendet, doch spricht daraus kein mal. Gattungsbewusstsein. Zum andern ist keine deutliche Abgrenzung von den – oft in Sammelhss. mit den M.n vereinten – formell und/oder funktional ähnlichen, nicht narrativen, kürzeren oder längeren, geistlichen oder nichtfiktiven Nachbargattungen (z. B. ↗Bîspel, ↗Rede, ↗Legende, auch ↗Fabel, ↗höfischer Roman) möglich. Alternativ wird der Begriff der ›Novellistik‹ verwendet, der einerseits die genetische und typologische Verwandtschaft zu einer internationalen Erzähltradition, bes. zur lat. ↗Schwank- und ↗Exempelzählung und zum afrz. ↗Fabliau, betont, andererseits die Brücke zur ↗Novelle der Neuzeit schlägt, als deren erster Vertreter Boccaccios »Decamerone« gilt. – Die Textgruppe wird um die Mitte des 13. Jh.s durch das M.n-Œuvre des Strickers etabliert (z. B. »Der begrabene Ehemann«). Sie bewegt sich im Großteil zwischen den Polen schwankhaft-unterhaltsamen und moralisch-exemplarischen Erzählens; im Zentrum steht oft ein komischer (erotischer) Konflikt innerhalb einer schematisierten Figuren- und Handlungskonstellation (Ehe, Dreiecksverhältnis, Ständetypik), der meist gesellschaftliche Normen und Werte thematisiert und diskutiert, wobei keineswegs immer eindeutig auf eine exemplarische Moral des dargestellten Geschehens abgezielt wird, ja diese zuweilen intentional untergraben zu werden scheint (Heinrich Kaufringer: »Die unschuldige Mörderin«) oder die Handlung ins Sinnlose bzw. Groteske abdriftet (»Die drei Mönche von Colmar«). Daneben existiert eine höfisch-galante, oft sentimentalisierende Abart des M. (»Mauricius von Craun«, Konrad von Würzburg: »Herzmære«). Im 16. Jh. klingt die Gattung mit den Verserzählungen von

Hans Folz und Hans Sachs aus bzw. geht in den Prosaschwank über.

Lit.: H. Fischer: Studien zur dt. M.ndichtung [1968]. Tüb. ²1983. – K. Grubmüller (Hg.): Novellistik des MA.s. M.ndichtung. Ffm. 1996. – J. Heinzle: Altes und Neues zum M.nbegriff. In: ZfdA 99 (1988), S. 277–296. – H.-J. Ziegler: Maere. in: RLW. CKR

Marginalglosse ↗ Glosse (1).

Marginalien, f. Pl. [lat. *margo* = Rand], Randbemerkungen: 1. hsl. ↗ Glossen, kritische Anmerkungen usw. in ↗ Handschriften, Akten, Büchern; 2. auf den Rand einer Buchseite (marginal) gedruckte Verweise (Quellen, Zahlen, Inhaltsangaben zum Text), insbes. bei theologischen und wissenschaftlichen Werken. IS/Red.

Mariendichtung, Sammelbez. für lyrische, epische und dramatische Dichtungen, die dem Leben, Sterben und wundertätigen Wirken der Gottesmutter gewidmet sind oder ihre Verehrung befördern. In der Lit.wissenschaft ist der Begriff ›M.‹ erst seit Anfang des 20. Jh.s gebräuchlich (vgl. Kober). – Die Verehrung Marias hatte bis zum 6. Jh. ihre Heimat in der Ostkirche. Erst nach und nach übernahm der Westen die Festtage. Eine selbständige Kultentwicklung setzte mit den Karolingern ein. Maria, Mutter Gottes und doch Mensch, wurde als *mediatrix* (Mittlerin) gegenüber dem strengen Sohn angerufen. Spätestens im 12. Jh. ist Maria freilich »ein überirdisches Wesen geworden, das mit göttlicher Würde ausgerüstet, auf dem Thron der Trinität sitzt.« (Seeberg, S. 267) Die Verehrung schlug sich in der ersten Blüte lat. M. im 11. Jh. nieder. Von einigen lat. Hymnen und Sequenzen des 10. und 11. Jh.s, die sich bis in die moderne Liturgie gehalten haben (»Ave praeclara«, »Salve regina«), sind zahlreiche Übers.en in alle Volkssprachen bekannt. – Dt. M. prägte sich seit dem 12. Jh. aus. Aus der Jahrhundertmitte ist das »Arnsteiner Mariengebet« (300 Verse) überliefert, dessen Sprecherin bereits jenen für die M. typischen Einschlag des Privaten offenbart, indem sie in sehr persönlichen Wendungen den Beistand Marias sowohl für sich selbst als auch für ihre Angehörigen erfleht. Am Anfang der epischen Dichtungen steht der wohl in Augsburg wirkende Priester Werner, dessen »Driu liet von der maget« (1172, mehrere Fassungen) für die Kindheitsgeschichte bereits auf das apokryphe Evangelium des Pseudo-Matthäus zurückgreifen. Der gebildete Verfasser beförderte die Verbreitung seines Werkes durch die Verheißung, dass jede Gebärende, welche die »Driu liet« in der Hand halte, nur geringe Schmerzen dulden müsse. Es folgen Walther von Rheinau (Ende des 13. Jh.s) und Konrad von Heimesfurt (1225), bis mit dem »Marienleben« des Kartäusers Philipp von Seitz eingangs des 14. Jh.s ein episches Werk erscheint, dessen breite Überlieferung (fast 100 Hss.) von den folgenden nicht mehr erreicht wird. Philipp widmete sein auf der Basis der beliebten lat. »Vita beatae Mariae virginis et salvatoris rhythmica« (vor 1250) entstandenes Werk den Rittern des Dt. Ordens, die sich ganz der Marienverehrung verschrieben

und bereits Ende des 13. Jh.s 25 Marienlegenden in das »Passional« aufgenommen hatten (↗ Deutschordenslit.). – Den bedeutendsten Anteil an der mal. M. hatten die Lyriker des 13.–16. Jh.s. Konrads von Würzburg virtuose »Goldene Schmiede« (um 1277/87), die ebenfalls vom Dt. Orden rezipiert wurde, wirkte auf mehr als eine Generation der Spruchdichter stilbildend. Frauenlobs (gestorben 1318) mehrstrophiger Marienleich (↗ Leich) stellt den Höhepunkt einer in ihrer Raffinesse zunehmend ins Änigmatische tendierenden Marienlyrik dar. Das meisterliche Lied des Spät-MA.s dominieren die alten Sinnbilder und Beiworte Marias (wie »Rose ohne Dorn«, »Blühende Gerte Arons«) in allen erdenklichen, z.T. gesuchten Kombinationen. Unter dem Einfluss der Reformation ging schließlich auch im ↗ Meistersang der marianische Anteil zurück (Hans Sachs). M. Luthers Diktum, Maria sei eigentlich nicht mehr gewesen als »ein arm hawß magt«, fasst zumindest das Desinteresse des Protestantismus an M. bündig zusammen. Von da an kann sich M. im dt. Raum nicht mehr auf den Kultus einer homogenen Glaubensgemeinschaft beziehen. Nachreformatorisch bringt die dt. Lit. v. a. lyrische M. hervor. Das Engagement der Jesuiten für die Marienverehrung (u. a. J. Balde, F. Spee) kann nicht davon ablenken, dass die theologische Erkenntnis über Maria als Gegenstand der M. im Wesentlichen abgeschlossen war. Individualisierung und Privatisierung, die bereits für das »Arnsteiner Mariengebet« signifikant waren, prägen die marianische Dichtung – v.a. Lyrik – der Neuzeit. Die Romantiker lassen Maria selbst zu Wort kommen, was – kultisch bedingt – im MA. allein der ↗ Marienklage vorbehalten war. Für F. Hölderlin (»Viel hab' ich dein …«) waltet Maria als »allvergessende Liebe« anstelle der Götter in einer Epoche der Götterferne. Auch die Lit. um 1900 führt die M. nicht zurück auf den Boden der Dogmatik, sondern in eine ästhetisch-esoterische Kunstreligion (R.M. Rilke: »Das Marien-Leben«, 1912).

Texte: E. Haufe (Hg.): Dt. M. aus 9. Jh.en. Ffm. 1989. Lit.: R. Bäumer, L. Scheffczyk (Hg.): Marienlexikon. 6 Bde. St. Ottilien 1988–94. – K. Gärtner: M. In: RLW. – P. Kern: Trinität, Maria, Inkarnation. Bln. 1971. – A. Kober: Zur Geschichte der dt. M. In: Zs. für den dt. Unterricht 28 (1916), S. 595–619 und 691–700. – R. Seeberg: Lehrbuch der Dogmengeschichte. Bd. 3. Stgt. ⁶1960. – K. Stackmann: Magd und Königin. Gött. 1988. CF

Marienklage, mal. Darstellung der Klage der Gottesmutter um Jesus, ihren gekreuzigten Sohn. Das Motiv geht zurück auf die Szene der Passionsgeschichte, in der Jesus Maria vom Kreuz herab seinem Lieblingsjünger anvertraut (Jh 19, 25–27). Im Laufe der christlichen Theologie- und Frömmigkeitsgeschichte wurde die Begegnung, in der Maria stumm bleibt und ihr Schmerz nicht erwähnt wird, zu einer Klage der mitleidenden Gottesmutter umgedeutet. Bereits die Kirchenväter verknüpften diese Szene mit der in der

Kindheitsgeschichte Jesu erzählten Weissagung des Simeon, dass ein Schwert die Seele der Gottesmutter durchbohren werde (Lk 2, 34), und deuteten sie als Hinweis auf deren künftiges Leid. Auf dieser exegetischen Basis wurden ihr Klageworte in den Mund gelegt, zunächst vereinzelt in der ostkirchlichen Tradition (Ephräm der Syrer, Romanus Melodus), dann, im Zuge der im 12. Jh. aufblühenden, in der Identifikation mit der mitleidenden Gottesmutter einen affektiven Heilsweg suchenden Compassio-Frömmigkeit, kontinuierlich bei westkirchlichen Theologen und Dichtern. Die vermutlich ersten Klageworte lat. Sprache legte Eadmer (gestorben 1124) der mitleidenden Mutter in den Mund. Den eigentlichen Anfang nimmt die M. als lit. Gattung mit der wirkungsreichen ⁊ Sequenz (1) »Planctus ante nescia« (um 1180) Gottfrieds von Breteuil. Es folgen im 13. Jh. zwei weitere einflussreiche Texte, die das fromme Begehren nach Einzelheiten der Passion mit fingierten Erlebnisberichten stillen, welche Maria selbst Autoritäten wie Anselm von Canterbury und Bernhard von Clairvaux in Visionen mitteilt. Während sich der »Bernhardstraktat«, ein selbständig überliefertes Exzerpt aus einer Predigt des Zisterziensers Oglerius von Trino (gestorben 1214), als monologischer Bericht der glorifizierten Maria gibt, bietet die »Interrogatio Anselmi« ein lebhaftes Interview. Die – eher victorinisch-zisterziensischem als franziskanischem Milieu entstammende – Sequenz »Stabat mater dolorosa« wird vielfach der Gattung der M. zugerechnet, obwohl Maria hier nicht als Subjekt, sondern als Objekt der Klage erscheint. – Die volkssprachlichen M.n ordnen sich einerseits der poetischen Tradition des »Planctus«, andererseits der narrativen Tradition des »Bernhardstraktats« und der »Interrogatio Anselmi« zu. In der Nachfolge des »Planctus« stehen u. a. die M.n von Böhmen, Erlau, Füssen, Lichtenthal, München und St. Gallen. Die verbreitete »Augsburger M.« bietet umfangreiche, in eine epische Darstellung des Geschehens unter dem Kreuz eingebettete Klageworte Marias. Auf den »Bernhardstraktat« geht die in zwei Redaktionen überlieferte Versdichtung »Unser vrouwen klage« zurück, die in der ersten Hälfte des 13. Jh.s im südwestdt. Sprachraum entstand. Die »Interrogatio Anselmi« wurde seit dem 14. Jh. vielfach in Prosa- und Versfassungen für die Volkssprache bearbeitet. Das »Stabat mater« ist ein Beispiel dafür, dass lat. geistliche Lieder in singulären Zugriffen immer neu für die Volkssprache und ihre Gebrauchszwecke bearbeitet werden. Auch die benachbarten Gattungen des Marienlebens (⁊ Mariendichtung) und des ⁊ geistlichen Spiels enthalten oftmals Klagemonologe der Gottesmutter.

Lit.: R. Bergmann: Katalog der dt.sprachigen geistlichen Spiele und M.n des MA.s. Mchn. 1986. – A. Kraß: Stabat mater dolorosa. Mchn. 1998. – U. Mehler: M.n im spätmal. und frühneuzeitlichen Deutschland. 2 Bde. Amsterdam 1997.   AK

Marinismus, m. [it. *marinismo*], nach dem it. Dichter G. Marino (1569–1625) benannter Stil. Als lit. ⁊ Manierismus und Teil der barocken ⁊ Argutia-Bewegung ist der von Marinos Lyrik und Epik (»Adone«, 1623) ausgehende Stil durch formale Virtuosität und intensiven ⁊ Concetto-Gebrauch geprägt. Im Zuge seiner europäischen Rezeption wirkte der M. auch auf die dt. Lit. des Spätbarock (Ch. Hoffmann v. Hoffmannswaldau, D. C. v. Lohenstein).

Lit.: P.-M. Denzler: Mannerisms in marinism, gongorism, preciosity, euphuism and mannerism. Diss. Albuquerque/N. Mex. 1987. – F. Salsano: Marino e marinismo. Rom 1977.   DM

Marionettentheater, Form des ⁊ Puppenspiels. Die Bez. ist eine Entlehnung aus frz. *marionnette* bzw. *mariolette*. Marionetten sind bereits im alten China, in Ägypten, Griechenland und Rom bezeugt. – Seit dem MA. ist Italien das klassische Land des M.s, beliebt war es aber auch in den anderen europäischen Ländern; Paris z. B. besaß seit dem Ende des 16. Jh.s verschiedene M.; am bekanntesten das von P. Brioché und dessen Sohn Jean am Pont-Neuf (um 1650). In ganz Europa gab es Wanderbühnen mit Typen, die die jeweilige Mentalität des Herkunftsvolkes spiegelten (vgl. etwa den it. Pulcinella, frz. Polichinelle, engl. Punch, russ. Petruschka, türk. Karagöz, dt. Hanswurst). In Deutschland bestanden Wanderbühnen bis ins 20. Jh., daneben früh auch schon stehende M., etwa von J. A. Stranitzky (1676–1726) in München, Augsburg, Nürnberg (um 1709), von der Puppenspielerfamilie Hilverding in Wien (1672), Prag (1698), Danzig, Stockholm, Lübeck, Lüneburg, mit bis zu einen Meter großen Puppen. Gespielt wurden Spektakel-, Rühr- und Heimatstücke, Komödien, Opern und Operetten: 1674 z. B. führte La Grille das M. in Paris als »Opéra des Bamboches« ein (zum Spiel der lebensgroßen Puppen wurde hinter der Bühne gesungen). J. Haydn komponierte verschiedene Opern für das M. in Wien (»Dido«, »Philemon und Baucis oder Jupiters Reise auf die Erde«, 1773). Das neuere M. wurde 1858 von F. v. Pocci und J. L. Schmid (»Papa Schmid«) in München begründet, wo 1900 auch das erste M.-Gebäude eröffnet wurde. Im 20. Jh. bekannt geworden sind in Deutschland bes. die stehenden Bühnen von P. Brann (M. Münchner Künstler) und I. Puhonny (M. Baden-Baden), daneben die M. in Augsburg (›Puppenkiste‹), Bad Tölz, Köln, Düsseldorf, Stuttgart, Steinau, in Österreich das Wiener M. von R. Teschner und das Salzburger M. (A. Aicher, Programm u. a. Opern von W. A. Mozart), in der Schweiz das Züricher M. (gegr. 1918), in Italien das ›Teatro dei Piccoli‹ in Rom. Im 20. Jh. haben u. a. T. Dorst und N. Sachs Stücke für das M. geschrieben.

Lit.: J. Chesnais: Histoire générale des Marionnettes. Paris 1947, Nachdr. 1980. – P. L. Mignon: M. Lausanne 1963. – H. R. Purschke (Hg.): Das allerzierlichste Theater. Mchn. 1968. – G. Wittkop-Ménardeau: Von Puppen und Marionetten. Zürich, Stgt. 1962.   GG

Marschlied, auch: Soldatenlied; das zum Marschieren gesungene, meist chorische Lied, charakterisiert durch einen gleichförmigen Rhythmus, der die natürliche Bewegungsform des menschlichen Gehens aufnimmt. Gehört wie das ↗ Arbeitslied zu den einfachen Formen des Gemeinschaftsgesangs. Während im Zuge der Kriege und Kriegsvorbereitungen des 20. Jh.s unvermindert am M. orientierte kriegsverherrlichende Gedichte geschrieben werden (H. Lersch: »Soldatenabschied«, 1914), sind lit. relevant eher die antimilitaristischen ↗ Kontrafakturen dazu (H. Heine: »Die Grenadiere«, 1822). Vgl. auch ↗ Kriegslit.   JK/Red.

Martinslied, am Gedenktag des heiligen Martin, dem 11. November, gesungenes Lied. – Der Brauch, am St.-Martinstag zu schlemmen, ist alt bezeugt. In vielen europäischen Regionen wurde dieser Tag als Winteranfang angesehen. Für das Entstehen der M.er wurden insbes. die brauchtümlichen Funktionen der Abgaben an Herren (Martinsgans) und das Verschließen der Fässer mit ausgegorenem Wein wichtig. Ein erstes weltliches lat. M. nach zahlreichen geistlichen Martins-↗Hymnen ist 1216 bezeugt. Als Sonderform des Schlemmerliedes lässt sich das dt. M. seit dem Ende des 14. Jh.s nachweisen, die frühesten Belege sind Kanones (*radel*) vom Mönch von Salzburg bzw. aus seinem Umkreis. In den zahlreichen Texten bis zum 17. Jh. (allein zehn sind in den »Frischen teutschen Liedlein« G. Forsters dokumentiert) werden häufig Beziehungen zwischen Gans, Wein und St. Martin hergestellt, meist wird zum Essen und Trinken ermuntert; typisch sind auch lat. Texteinschübe. Alle mit Melodie überlieferten Lieder sind mehrstimmig. – Ein jüngerer Typ von M.ern ist v. a. in Norddeutschland und den Niederlanden verbreitet; es sind vorwiegend Bittlieder von Kindern und Jugendlichen, oder es besteht ein Zusammenhang zu Umzügen und Martinsfeuern. Die durchweg erst im 19. und 20. Jh. aufgezeichneten Lieder gehören zu einem bereits im 16. Jh. nachgewiesenen Brauchtum. Zu dem älteren Typ von M.ern besteht dennoch nur ein vergleichsweise lockerer Zusammenhang.

Lit.: W. Jürgensen: M.er. Breslau 1910. – B. Wachinger: M.er. In: VL.   JR

Märtyrerdrama, Schauspiel, in dessen Mittelpunkt das Martyrium eines Heiligen, d. h. sein meist mit Folter verbundener gewaltsamer Tod um des Glaubens willen, steht. Dabei ist nicht jede dramatische Dichtung, die auf dem Stoff einer Märtyrerlegende basiert, als ›M.‹ zu bezeichnen, sondern nur eine solche, in welcher das Leiden und der Tod die zentralen Themen sind. Nimmt dagegen die Schilderung des Lebens und Wirkens des Heiligen mindestens den gleichen Anteil wie diejenige des Martyriums an, ist eher von einem ›Legendendrama‹ zu sprechen. Als solche sind die lat. Dramen Hrotsvits von Gandersheim (ca. 935–nach 973) anzusehen, obwohl sie z. T. Heiligenpassionen aufgreifen (Passio der heiligen Jungfrauen Agape, Chionia und Hirena; Passio der heiligen Fides, Spes und Caritas). – Im »Mühlhäuser (thüringischen) Katharinenspiel« (um 1350), das sich primär mit dem Marty-

rium der Heiligen beschäftigt, ist viel eher ein frühes Zeugnis eines M.s zu sehen. Der Legendenstoff ist mit Teufelsauftritten und Himmelfahrtsszenen angereichert, was für eine gesteigerte dramatische Anschaulichkeit sorgt: Die Kontrastierung des himmlischen Lohns für die Märtyrerin mit den Schrecken der Hölle, die den Christenverfolgern drohen, vermittelt eindrücklich den ›lohnenden‹ Aspekt der Glaubensfestigkeit. – Im lat. M. der Jesuiten (z. B. J. Pontanus: »Eleazarus Machabaeus«; M. Rader: »Sanctus Cassianus Martyr«) ist – entsprechend dem Missionsauftrag des Ordens, die zum Protestantismus Übergetretenen zurückzugewinnen – nicht zuletzt ein Propaganda-Mittel zu sehen. Die Besonderheit jesuitischer Märtyrerdramen besteht darin, dass die meisten von ihnen primär für den Unterrichtszusammenhang verfasst wurden: Das Einstudieren und die Aufführung waren feste Bestandteile des Schulunterrichts. – Das ↗ Jesuitendrama beeinflusste nachhaltig auch das barocke M., das sich mit einer neuen Aufmerksamkeit der Person des Märtyrers zuwendet. Dieser steht einem antiken Helden näher als einem christlichen Märtyrer mal. Prägung. Die ethische Vollkommenheit des Protagonisten, verbunden mit seiner stoischen Haltung gegenüber Folter und Todesgefahr, soll im Zuschauer Bewunderung auslösen. Als Kontrast zum in der Figur des Märtyrers realisierten Ideal der überragenden menschlichen Größe präsentiert sich das Böse in Gestalt der Christenverfolger, das Abscheu hervorrufen soll. Der dramatische Handlungsablauf beschränkt sich nicht auf die Darbietung des Stoffes; vielmehr wird der Rezipient in seiner Wahrnehmung didaktisch begleitet: Jedem Akt (↗›Abhandlung‹ [1]) folgt ein ›Reyhen‹, ein ↗ Chor meist allegorischer Personen, der das Geschehene deutet. Der wichtigste Vertreter des barocken M.s ist A. Gryphius. Seine Märtyrerdramen sind von der lutherischen Reformorthodoxie geprägt. So entwirft er in der Figur der Catharina von Georgien im gleichnamigen M. ein Gegenbild zur kath. Heiligen Katharina von Alexandrien. Gryphius' Protagonistin lehnt einen Glaubenswechsel unter Zwang ab und weist somit den Einfluss weltlicher Macht auf Fragen der Konfession zurück. Die Thematisierung der Angst und ihrer Überwindung ist weniger als psychologisierendes Element zu bewerten, sondern vielmehr als eine Demonstration der übermenschlichen Leistung Catharinas, die sie umso heroischer erscheinen lässt. – J. Ch. Gottsched versuchte im Sinne einer Erneuerung der Gattung das barocke Kriterium der Bewunderung mit der für die Tragödie der ↗ Aufklärung charakteristischen Absicht der Erregung von Mitleid zu verbinden. Sein »Sterbender Cato« (1731) scheitert jedoch an der Unvereinbarkeit von heroischem Ethos des standhaft Leidenden mit der beabsichtigten Emotionalisierung. Das barocke M. bildete den Höhepunkt und zugleich den Ausklang der Gattung.

Lit.: Th. Borgstedt: Angst, Irrtum und Reue in der Märtyrertragödie. In: Daphnis 28 (1999), S. 563–594.

– F. van Ingen: Die schlesische Märtyrertragödie im Kontext zeitgenössischer Vorbildlit. In: Daphnis 28 (1999), S. 481–528. – S. Tilg: Die Hl. Katharina von Alexandria auf der Jesuitenbühne. Tüb. 2005. ID

Martyrologium, n. [gr. *martýrion* = (Blut-)Zeugnis], Pl. *Martyrologien*; in der westlichen Kirche Verzeichnis von Gedenktagen der christlichen Märtyrer nach der Chronologie des Kirchenjahrs, beginnend meist mit dem 1. Januar (Circumcisio: Beschneidung Christi). Man unterscheidet zwischen kalendarischen und historischen (narrativen) Martyrologien. Die Ersteren nennen nur den Namen des Märtyrers, ggf. seinen Status (Diakon, Bischof, Papst) und den Ort seines Todes. Die historischen Martyrologien enthalten dagegen biographische Informationen (Herkunft, Leben vor dem Martyrium), beschreiben Verhaftung, Folter, Todesumstände, ggf. (auch postum) vollbrachte Wunder (↗Mirakellit.) und nähern sich somit den ↗Legendaren. Die Inhalte der Martyrologien waren nur bedingt einem festen Textkorpus verpflichtet und konnten im Lauf der Zeit je nach Lokaltradition, Anspruch oder Kultrelevanz ergänzt oder gekürzt werden. Als Folge einer seit dem Früh-MA. zunehmenden theologischen Differenzierung des Martyriums (Virginität als unblutiges Martyrium) fanden immer mehr Heilige Eingang in Martyrologien. – Der Gebrauchskontext für Martyrologien ist die tägliche Gebetszeit Prim im Kloster, in deren Rahmen durch das Vorlesen entsprechender Tagesabschnitte aus dem M. christlicher Heiliger gedacht wird. – Der wichtigste Repräsentant der kalendarischen Martyrologien wurde das um die Mitte des 5. Jh.s in Oberitalien verfasste »M. Hieronymianum«. Als Begründer historischer Martyrologien gilt der Angelsachse Beda Venerabilis (vor 731). Wirkungsmächtig wurden auch die Martyrologien Ados von Vienne (855) und Usuards von St.-Germain-des-Prés (859 f.). – Die Gattung war hauptsächlich dem Lat. verbunden. Es sind nur wenige Martyrologien in Volkssprache (nl., frz., dt.) bekannt; das früheste Beispiel ist das illustrierte ostmitteldt. »Jenaer M.« aus dem letzten Viertel des 13. Jh.s.

Lit.: W. Berschin: Biographie und Epochenstil im lat. MA. 5 Bde. Stgt. 1986–2004. – P. Carmassi: M. In: ders. (Hg.): Divina officia. Liturgie und Frömmigkeit im MA. Wolfenbüttel 2004, S. 128–131. – J. Dubois: Martyrologes. Abbeville 1990. – H. Moll (Hg.): Zeugen für Christus. Das dt. M. des 20. Jh.s [1999]. Paderborn ²2000. ID

Marxistische Literaturwissenschaft, methodischer Ansatz der Lit.kritik und Lit.geschichtsschreibung, der – auf der Basis der materialistischen Geschichtswissenschaft von K. Marx und F. Engels – von einem politischen Verständnis von Lit. ausgeht, die Wechselwirkungen zwischen Lit. und materieller Geschichte erforscht und so die Lit.geschichte als Teil der Gesamtgeschichte darstellt. – Mit der Sickingen-Debatte über das gleichnamige Drama von F. Lassalle (1859) beginnt die marxistische Lit.kritik. Die wissenschaftliche Diskussion wie auch die Lit.geschichtsschreibung erreichen im dt. Kaiserreich mit F. Mehrings »Lessing-Legende« (1891/92) und seinen zahlreichen Aufsätzen zur Lit. des 18. und 19. Jh.s einen ersten Höhepunkt. Lenins »Parteiorganisation und Parteilit.« (1905), L. Trotzkis »Lit. und Revolution« (1924) sowie E. Bloch, G. Lukács und B. Brecht in der ↗Expressionismusdebatte am Ende der Weimarer Republik diskutieren die Parteilichkeit der Lit. und ihren realistischen Anspruch. Der in den 1930er Jahren zunächst in der UdSSR entstehende Marxismus-Leninismus entwickelt, u. a. in Auseinandersetzung mit dem russ. ↗Formalismus (↗Formalismusstreit), eine Lit.konzeption, die dialektische Modelle einer Wechselwirkung zwischen Lit. und Gesellschaft durch eine Abbild- und Widerspiegelungstheorie ersetzt, welche eine einseitige Kausalbeziehung zwischen materieller Geschichte und Phantasieproduktion behauptet, so bei M. Kagan: »Ästhetik« (1971), und R. Weimann: »Lit.geschichte und Mythologie« (1971). G. Lukács (»Die Zerstörung der Vernunft«, 1955) wertet – lange Zeit auch für die Lit.geschichtsschreibung der DDR verbindlich – vermeintlich nicht-realistische und irrationalistische lit. Richtungen und Epochen wie die Romantik kategorisch ab. Dagegen werden in den westlichen Ländern (im sog. *Neomarxismus*) die relative Autonomie der Kunst und ihre nur mittelbare Abhängigkeit von der materiellen Geschichte erörtert, etwa bei Ch. Caudwell (»Bürgerliche Illusion und Wirklichkeit«, 1937, dt. 1971), W. Benjamin (»Über den Begriff der Geschichte«, 1940) und Th. W. Adorno (»Ästhetische Theorie«, 1970); ↗Kritische Theorie. E. Bloch (»Das Prinzip Hoffnung«, 3 Bde., 1949–59) steht zwischen beiden Richtungen. In der gesamten Diskussion spielt der von Marx und Engels eingeführte Begriff ›Ideologie‹, der ein interessegeleitetes Zerrbild der Wirklichkeit bezeichnet, eine zentrale Rolle (↗Ideologiekritik). Umfassende marxistische Lit.geschichten sind A. Hausers »Sozialgeschichte der Kunst und Lit.« (1953) und die in der DDR erschienene »Geschichte der dt. Lit. von den Anfängen bis zur Gegenwart« (12 Bde., 1960–89).

Lit.: P. Anderson: Über den westlichen Marxismus [engl. 1976]. Ffm. 1978. – H. Bay, Ch. Hamann (Hg.): Ideologie nach ihrem ›Ende‹. Zur Diskussion materialistischer Lit.wissenschaft. Opladen 1995. – F. Jannidis: M. L. In: RLW. – H.-Th. Lehmann (Hg.): Beiträge zu einer materialistischen Theorie der Lit. Opladen 1977. – W. Mittenzwei (Hg.): Positionen. Beiträge zur marxistischen Lit.theorie in der DDR. Lpz. 1969. – F. J. Raddatz (Hg.): Marxismus und Lit. 3 Bde. Reinbek 1969. – R. Scholz, K.-M. Bogdal (Hg.): Lit.theorie und Geschichte. Opladen 1996. RS

Maske, f. [frz. *masque*, it. *maschera*, von mlat. *masca* (Hexe) und wohl von arab. *maskharat* = Possenreißer], Verkleidung v. a. des Gesichts, die zu kultisch-rituellen, säkular-zeremoniellen (Karneval) oder theatralen Zwecken angelegt wird und als Schminkmaske mittels

Farbe, Bart, Perücke oder als abnehmbare plastische M. aus verschiedenen Materialien gestaltet sein kann. Neben der Verstellung der Identität können insbes. Theatermasken zusätzlich die Funktion haben, mimetisch jemanden oder etwas anderes zu verkörpern, Emotionen hervorzurufen sowie die Zugehörigkeit zu einer sozialen Kategorie (Geheimgesellschaft, Geschlecht) oder auch zu einem speziellen Theaterkontext zu signalisieren, in dem diese M. regelmäßig begegnet. Im 18. Jh. nannte man zuweilen metonymisch das gesamte Erscheinungsbild einer Rollenfigur auf dem Theater eine M. Einen in ähnlicher Weise erweiterten M.nbegriff verwendet die neuere Theatersemiotik, die Gesicht und Gestalt darunter fasst. – In der gr. Antike gab es je spezielle M.n für ↗ Komödie, ↗ Tragödie und ↗ Satyrspiel. Im röm. Theater sind M.n erst seit dem 1. Jh. v. Chr. belegt. In der ↗ Commedia dell' Arte werden seit dem 15. Jh. M.n verwendet. Mit zunehmender Psychologisierung der Dramencharaktere und Individualisierung der Schauspielkunst treten plastische Gesichtsmasken in den Hintergrund. Als Alternative zum psychologischen Figurenkonzept werden sie von modernen Theaterautoren wie B. Brecht, J. Cocteau, J. Genet, E. Ionesco, A. Jarry, E. O'Neill und L. Pirandello wieder eingesetzt. Auch in der Theater- und Schauspielpädagogik wird mit M.n experimentiert.
Lit.: Ch. B. Balme: Theater im postkolonialen Zeitalter. Tüb. 1995. – Ders.: M. In: RLW. – G. Eisermann: Rolle und M. Tüb. 1991. – E. Fischer-Lichte: Semiotik des Theaters. Bd. 1. Tüb. 1983, S. 100–111.   TU

Maskenzüge, auch: Maskenspiele, eine in der Renaissance in ganz Europa verbreitete theatralische Unterhaltung, die v. a. in Italien zu hoher Blüte gelangte. Aus ihren Ursprüngen in alten Karnevalsbräuchen entfalteten sich (zuerst in der it. Frührenaissance) prunkvolle Umzüge und Maskenspiele mit revueartigen Abfolgen lose verbundener Schaunummern, u. a. mit allegorischen und antik-mythologischen Gestalten und Themen. Szenisch und dramaturgisch bedeutsam ist die Entwicklung der ↗ Wagenbühne (carro). In der Folge entwickelte sich daraus eine Reihe verwandter Formen wie die it. ↗ Trionfi, die frz. entrées, die Hochzeitsspiele, die ↗ Intermezzi, die sakralen Prozessionen. In Frankreich und v. a. in England entstand aus diesen Ansätzen die ↗ Masque. Auch J. W. Goethe organisierte am Weimarer Hof M.; Abbildungen berühmter Trionfi dienten ihm als Vorlage für den Maskenzug im »Faust« II, V. 5065–5986.
Lit.: F. Decroisette: Les fêtes urbaines en Italie à l'époque de la Renaissance. Paris 1994. – J. Jacquot (Hg.): Fêtes de la Renaissance. 2 Bde. Paris 1968. – A. Kohler: Redouten und M. im klassischen Weimar. In: IASL 23 (1998), H.1, S. 30–47.   HER

Masque, f. [ma:sk; engl.-frz. = Maske], theatralische Mischform des 17. Jh.s in Frankreich und England, in der sich Pantomime, Tanz, Musik, Bühneneffekte und Prachtausstattung zu einem höfischen Spektakel ver-

banden, das zusammen mit den erhabenen, meist mythologischen Inhalten mehr der Selbstdarstellung des Hofes als der Vorführung dramatischer Konflikte diente. Die M. verdankt ihre Entstehung einerseits heimischen Traditionen des Mummenschanzes, die entscheidenden Anstöße aber den ↗ Maskenzügen oder -spielen der frz. und v. a. der it. Renaissance, deren Bühnentechnik und höfische Stilisierung sie übernahm. Sie gelangte v. a. unter den Stuarts zu hoher Blüte. Die adeligen Laiendarsteller wurden zunehmend von Berufsschauspielern abgelöst, bes. im burlesk-komischen ↗ Nachspiel, der Antimasque. Ihren Höhepunkt erreichte sie durch die Beiträge von I. Jones als Ausstatter und B. Jonson als Autor. Die M. wurde auch für die Weiterentwicklung der Bühnentechnik und des Musik- und Tanztheaters (H. Purcell, G. F. Händel) bedeutungsvoll.
Lit.: D. Bevington (Hg.): The Politics of the Stuart Court M. Cambridge 1998. – D. Lindley (Hg.): The Court M. Manchester 1984.   HER

Massenmedien, n. Pl. [lat. medium = Mitte, Öffentlichkeit, öffentlicher Weg], Kommunikationsmittel, welche die monodirektionale Kommunikation zwischen einzelnen Sendeinstanzen und einer großen Zahl von potentiellen Empfängern ermöglichen. Charakteristisch für M. ist die Asymmetrie der kommunikativen Beziehung, die keine mit der Kommunikation von Senderseite vergleichbare Rückwirkung der Rezipienten erlaubt. Dieses strukturelle Fehlen von Interaktion führt zu einer Standardisierung und Differenzierung der Programme von M. (vgl. Luhmann). Der erhöhten Freiheit einer Kommunikation, die nicht mehr an von Sendern und Empfängern geteilte soziale Situationen gebunden ist, steht die Notwendigkeit der Ausrichtung an vermutbaren Interessen und der Strukturierung von Programmen durch Genres und Themen entgegen. Die Orientierung am Wert ›Information‹ lässt massenmediale Kommunikation ständig veralten und bedingt weitere Kommunikation, was die Periodizität von M. erklärt. – M. können erst nach der Entwicklung von Verbreitungsmedien entstehen, welche die effektive Distribution identischer kommunikativer Botschaften an einen massenhaften, unbestimmten Adressatenkreis ermöglichen. Zuerst ist dies bei der ↗ Zeitung (und mit Einschränkungen der ↗ Zeitschrift) der Fall, die den ↗ Druck im Unterschied zum ↗ Buch für die Verbreitung aktueller und unspezifischer, also potentiell für jeden interessanter Informationen nutzt. Der Ende des 19. Jh.s entwickelte Film ist das erste moderne Massenmedium; er übernimmt zunächst neben Unterhaltungs- auch Informationsfunktionen (Wochenschau). Das in den 1920er Jahren eingeführte Radio und v. a. das sich Mitte des 20. Jh.s etablierende Fernsehen erreichen jedoch eine wesentlich höhere Aktualität und thematische Breite als der Kinofilm. Das Internet ist der Struktur nach kein Massenmedium, allerdings sind Tendenzen erkennbar, die potentiell immer multidirektionale Kommunikation im Internet v. a. im Zuge seiner möglichen Konvergenz mit dem Fernsehen an massenmediale Verhältnisse anzunähern.

Lit.: H. M. Kepplinger: Ereignismanagement: Wirklichkeit und M. Zürich 1992. – N. Luhmann: Die Realität der M. [1995]. 2., erw. Aufl. Opladen 1996. – G. Maletzke: Psychologie der Massenkommunikation. Hbg. 1963. – K. Merten u. a. (Hg.): Die Wirklichkeit der Medien. Opladen 1994. AB

Massenspiel, Formen von Theateraufführungen, bei denen eine bes. große, manchmal in die Tausende gehende Anzahl von Darstellern zum Einsatz kommt und die meist in Stadien oder speziellen Freiluftspielstätten stattfinden (dagegen ↗ Massenszene). Als Spielvorlagen werden in der Regel ↗ Szenarien benutzt, die einen Stoff mit hoher Integrationskraft für einen (oft weltanschaulichen) Wertkomplex gestalten, in dessen Kontext die M.e zuweilen eine geradezu kultische Bedeutung erlangen. Charakteristisch sind eine massenornamentale Regie mit rhythmischen Bewegungen von Menschenblöcken, Sprechchören, Musik und Scheinwerferlicht. – M.e wurden zuerst 1920 in der Sowjetunion ausprobiert und an bes. sozialistischen Festtagen veranstaltet. Anfang der 1920er Jahre führten Gewerkschaften in Leipzig M.e auf, z. T. nach Szenarien von E. Toller (»Bilder aus der großen Frz. Revolution«). Um 1930 wurden M.e als Teil sozialdemokratischer Sportfeste inszeniert. Auch B. Brecht greift in dem Arbeiterfilm »Kuhle Wampe« für einige Szenen auf Massen von Arbeitersportlern zurück. Zum Verständnis dieser M.e ist neben der Geschichte der Arbeiterbewegung auch der psychologische Diskurs über den Massenbegriff im Anschluss an G. Le Bon (»Psychologie der Massen«, frz. 1895, dt. 1911) wichtig. In den 1930er Jahren schließen die Nationalsozialisten mit dem Thingspiel an die Tradition des Massentheaters an.

Lit.: H. Eichberg u. a.: M.e. Stgt. 1977. – S. Kracauer: Das Ornament der Masse [1927]. In: ders.: Das Ornament der Masse. Ffm. 1977, S. 51–63. – J. London (Hg.): Theatre under the Nazis. Manchester, NY 2000. – H. Wolff: Volksabstimmung auf der Bühne? Ffm. 1985. TU

Massenszene, begrenzte Spielphase eines Bühnenstücks, in der eine größere Anzahl von Menschen auftritt, die nicht als individuelle Charaktere mit eigenen Repliken agieren, sondern als Gruppe benötigt werden. Die Gruppe kann als Ganze handlungsaktiv werden wie z. B. das Volk in F. Schillers »Wilhelm Tell« oder aber den Hintergrund der Spielhandlung abgeben und dabei z. B. die auf der Bühne repräsentierte Position der Zuschauer markieren. Zuweilen werden M.n benötigt, um Helden aus der Masse heraustreten zu lassen (so in J. W. Goethes »Egmont« und Ch. D. Grabbes »Napoleon«). Als Darsteller werden in M.n häufig Statisten und Laiendarsteller eingesetzt. – M.n kommen seit der Antike in vielen Dramenformen vor. Bes. häufig begegnen sie im mal. ↗ geistlichen Spiel, in

der Barocktragödie (↗ Jesuitendrama), in W. Shakespeares Historien und in vielen ↗ Geschichtsdramen des 19. Jh.s. TU

Material, n. [lat. *materia* = Stoff], allg. Werkstoff, Rohstoff oder Hilfsmittel; in der Lit. die stofflichen Gegenstände, auf deren Basis und mit deren Hilfe ↗ Texte erzeugt (↗ Schreiben), aufbewahrt, vervielfältigt und verbreitet werden. M. der Lit. können daher z. B. Tontafeln, Papyrus, Papier, alle Ritz- und Schreibinstrumente bis hin zum Kugelschreiber, zur Schreibmaschine oder zum Personalcomputer, ferner alle Arten von Tonträgern, bei ↗ Wort-Bild-Formen auch alle Bildträger sein. ›M.‹ ist in der Lit. jedoch abzugrenzen von ↗ ›Stoffen‹, ↗ ›Themen‹ und ↗ ›Motiven‹, den inhaltlichen Elementen lit. Texte. Allerdings gibt es, etwa in der ↗ Dokumentarlit., bei den Verfahren der ↗ Collage und ↗ Montage sowie bei allen durch ↗ Aufführung geprägten Formen der Lit. wie ↗ Theater und ↗ Tanz, Berührungen, Überschneidungen und Übergänge zwischen diesen Bereichen. – Die Frage nach Formen und Funktion von M. in der Lit. ist ferner abzugrenzen von der sog. ›materialistischen Lit.wissenschaft‹, welche die sozialen Produktionsbedingungen von Lit. untersucht und sich dabei in einer anti-idealistischen Wendung insbes. auf die substantielle Grundlage ästhetischer Produktion bezieht, ohne jedoch der komplexen, sich historisch immer wieder verändernden Bedeutung des M.s im Prozess lit. Produktion hinreichend Rechnung zu tragen (↗ marxistische Lit.-wissenschaft). Dagegen wird in heutigen Beschreibungen lit. Prozesse zunehmend die ›M.ität der Kommunikation‹ (Gumbrecht) und Produktion in den Mittelpunkt gerückt und Tendenzen der Immaterialisierung (vgl. Lyotard) entgegengesetzt. Zentral ist der M.aspekt bes. in der Editionsphilologie, wie zuerst die frz. *critique génétique* hervorgehoben hat (vgl. Grésillon). Die lit.wissenschaftliche Theoriebildung und Forschung zum M. bezieht ihre Anregungen aus der Architekturtheorie und v. a. aus der kunstwissenschaftlichen M.forschung, die auf eine Umwertung der Dichotomie von Materie und Geist zielt und die Rolle von Werkstoffen in der Kunstproduktion anstelle der traditionell bevorzugten Kategorien ↗ Form und ↗ Inhalt hervorhebt (vgl. Wagner, Hoormann). In den neueren Theorien der ↗ Performanz sowie in ↗ Produktionsästhetiken, die den ästhetischen Prozess gegenüber dem ↗ Werk aufwerten (vgl. Butler), wird der M.begriff in den Vordergrund gerückt. Dabei spielen die phänomenologische Körperphilosophie, das Konzept der am M. orientierten ↗ Einbildungskraft (vgl. Bachelard) sowie E. Cassirers »Philosophie der symbolischen Formen« eine zentrale Rolle.

Lit.: G. Bachelard: L'eau et les rêves. Paris 1942. – S. Breton-Gravereau, D. Thibault: L'aventure des écritures. Bd. 2: Matières et formes. Paris 1998. – J. Butler: Körper von Gewicht [engl. 1993]. Bln. 1995. – E. Cassirer: Zur Logik der Kulturwissenschaften. Göteborg 1942. – A. Grésillon (Hg.): La critique génétique. Tüb.

2000. – H. U. Gumbrecht (Hg.): M.ität der Kommunikation. Ffm. 1998. – A. Haus u. a. (Hg.): M. im Prozess. Bln. 2000. – A. Hoormann: Medium und M. Mchn. 2007. – J.-F. Lyotard: Immaterialität und Postmoderne [frz. 1985]. Bln. 1985. – F. de Mèredieu: Histoire matérielle et immatérielle de l'art moderne. Paris 1994. – D. Mersch: Was sich zeigt: M.ität, Präsenz, Ereignis. Mchn. 2002. – Th. Strässler, C. Tora-Mattenklott (Hg.): Poetiken der Materie. Freiburg/Br., Bln. 2005. – M. Wagner: Das M. der Kunst. Mchn. 2001. – M. Wagner-Egelhaaf (Hg.): Prima Materia. Königstein/Ts. 2004. – J. Watson: Literature and material culture from Balzac to Proust. Cambridge 1999.   FH

Materiale Dichtung ↗ konkrete Poesie.

Materialer Text, auf das sprachliche ↗ Material (Silben, Buchstaben) ↗ reduzierter Text; die Bez. begegnet v. a. im Umkreis der ↗ Informationsästhetik.

Materialismus ↗ Aufklärung.

Matière de Bretagne, f. [frz. *matière* = Stoff], Bez. für den keltisch-bretonischen Sagenkreis um ›König Artus‹; lit. fassbar in der ↗ Artusdichtung.

Mätopie, f. [gr.], auch: Anti-Utopie. ↗ Utopischer Roman, ↗ Staatsroman.

Mauerschau ↗ Teichoskopie.

Maxime, f. [lat. *maxima regula* = höchster Grundsatz], oberster ethischer Grundsatz, Lebensregel; in Frankreich seit den ↗ Moralisten des 17. Jh.s Bez. für den ↗ Aphorismus, in Deutschland meist für dessen ethisch-didaktische Ausformung. Darüber hinaus hat ›M.‹ eine außerlit. Bedeutung, bes. in I. Kants Moralphilosophie. Ihre Blütezeit als lit. Form erlebt sie bei F. de La Rochefoucauld und L. Vauvenargues. Seither ist ihr Allgemeingültigkeitsanspruch einem Erosionsprozess unterworfen. Noch bei J. W. Goethe bezeichnet ›M.‹ vorrangig die Gattung; deren ethische Orientierung lässt sich nicht zuletzt im Zuge der Rezeption seiner sog. »M.n und Reflexionen« auch in Deutschland bis in die 1950er Jahre beobachten (W. v. Scholz, G. Hauptmann, E. Jünger).
Lit.: C. Rosso: La »maxime« [1968]. Bologna 2001. FSP

Mäzenatentum [von Maecenas (ca. 70–8 v. Chr.), Berater des Kaisers Augustus und Förderer röm. Dichter wie Vergil, Horaz, Properz], Unterstützung der Lit. oder anderer Künste durch reiche Gönner. Das M. war über Jh.e die wichtigste Voraussetzung für die Entstehung von Lit., deren Autoren in aller Regel ökonomisch nicht abgesichert waren. Die hohen Materialkosten (etwa für Pergament und Farben) setzten erhebliche Mittel voraus und machten das M. zu einer Domäne wohlhabender, in aller Regel auch mächtiger Förderer. Schon bei den Griechen gab es Mäzene wie Hieron von Syrakus (6./5. Jh. v. Chr.), der Aischylos und Pindar förderte, während König Archelagos (um 400 v. Chr.) Euripides unterstützte. Im frühen und hohen MA. waren es meist geistliche und weltliche Herren, die aus Neigung und repräsentativen Bedürfnissen als Auftraggeber und Gönner auftraten. Entstehung und Entwicklung der ↗ höfischen Dichtung sind ohne das M. nicht vorstellbar (↗ Hofdichter). Auch Frauen spielten als Sponsoren der Dichtung (entweder direkt oder mittelbar über ihre Ehemänner) eine wichtige Rolle – etwa Eleonore von Aquitanien (die ↗ Trobadorlyrik und ↗ Artusdichtung unterstützte) oder ihre Töchter Marie de Champagne (an deren Hof Chrétien de Troyes wirkte) und Mathilde, die Gattin Heinrichs des Löwen, auf deren Initiative die dt. Übers. des »Rolandliedes« (ca. 1170) zurückgeht. Bedeutende Lit.-Zentren waren der Hof des Landgrafen Hermann I. von Thüringen, an dem Heinrich von Veldeke nach langer unfreiwilliger Unterbrechung seinen »Eneasroman« (ca. 1190) abschloss und v. a. antike Stoffe rezipiert wurden, oder derjenige des Bischofs Wolfger von Passau, zu dessen Gefolge Walther von der Vogelweide (um 1200) gehörte und wo um etwa die gleiche Zeit vielleicht auch das »Nibelungenlied« entstand, ferner die Residenz der Babenberger in Wien, wo Reinmar der Alte und Walther von der Vogelweide gedichtet haben, oder der Stauferhof, in dessen Umkreis Lyriker wie Friedrich von Hausen oder Bligger von Steinach (Ende des 12. Jh.s) nachgewiesen sind. Gattung und Stoffwahl der geförderten Dichtung wurden in aller Regel durch Geschmack und Interessen der Gönner bestimmt. Die Zusammenhänge zwischen M. und den Ausprägungen lit. Lebens im MA. sind von der Forschung erst ansatzweise geklärt; bes. zum Einfluss der Fürstenhöfe liegen kaum Ergebnisse vor. Im Spät-MA. nimmt zunehmend auch das erstarkende städtische Patriziat am M. teil und bewirkt dadurch, dass die Lit. der Repräsentation und Selbstvergewisserung der bürgerlichen Oberschicht (teils in Anlehnung an höfische Traditionen, teils in pointierter Abkehr von solchen Vorbildern) dient. Lit. Spuren des M.s treten auch in der Dichtung selbst zutage – etwa in den Fehden der Spruchdichter untereinander oder im fiktionalen »Sängerkrieg« (13. Jh.) auf der Wartburg. In der ↗ Renaissance sind v. a. die Medici als Förderer der Dichtung bezeugt. Im ↗ Barock führte das höfische M. zu der Gattung des Widmungsgedichts (↗ Widmung). Seit dem 18. Jh. wurde die mäzenatische Förderung durch Gönner, für die als spätes Beispiel R. M. Rilke angeführt werden kann, immer stärker von einem System öffentlicher Förderung und vertraglicher Absicherung abgelöst. Dabei spielen seit Mitte des 20. Jh.s die ↗ Medien eine zunehmende Rolle, aber auch ↗ Verlage, Banken u. a. Großunternehmen nehmen am (nicht zuletzt wirtschaftlich motivierten) M. teil. In jüngerer Zeit kamen verstärkt neue Formen der Förderung durch ↗ Lit.-preise, Stipendien (z. B. für ↗ *writers in residence*), Stiftungen und ein komplexes System des Sponsoring auf.
Lit.: M. Backes: Das lit. Leben am kurpfälzischen Hof zu Heidelberg im 15. Jh. Tüb. 1992. – H.-J. Behr: Mäzen. In: RLW. – J. Bumke (Hg.): Lit. M. Darmstadt 1982. – Ders.: Mäzene im MA. Mchn. 1979. – R. Lejeune: Littérature et société occitane au Moyen âge. Lüttich 1979. – W. C. McDonald: German medieval literary patronage from Charlemagne to Maximilian I.

Amsterdam 1973. – M. G. Scholz: Zum Verhältnis von Mäzen, Autor und Publikum im 14. und 15. Jh. Darmstadt 1987. – W. Ullrich: Mit dem Rücken zur Kunst. Die neuen Statussymbole der Macht. Bln. 2000. – B. Wachinger: Sängerkrieg. Mchn. 1973.   RKR

Mediävistik, f., Wissenschaft vom MA. Philologen der ↗ Renaissance sahen die Zeit zwischen der Antike und ihrer Gegenwart (4.–15. Jh.) als *medium aevum* (mittleres Zeitalter); die daraus abgeleitete Bez. ›MA.‹ setzt sich seit dem 17. Jh. als Epochenbegriff durch. Heute ist ›M.‹ Sammelbez. für die sich mit mal. Gegenständen beschäftigenden Teilfächer verschiedener Wissenschaften (Theologie, Anglistik, Germanistik, Romanistik, Archäologie, Heraldik, Geschichts-, Kunst-, Musik-, Rechts- oder Sozialwissenschaft), wobei die zeitliche Eingrenzung der Epoche in den einzelnen Fächern differiert. Daneben bezeichnet ›M.‹ eine inter- oder transdisziplinäre MA.forschung, die vorwiegend mentalitätsgeschichtlich und kulturwissenschaftlich ausgerichtet ist.
Lit.: J.-D. Müller: M. In: RLW. – Das MA. Perspektiven mediävistischer Forschung. Zs. des Mediävistenverbandes. 1996 ff.   WA

Medien, n. Pl. [lat. *medium* = Mitte, Öffentlichkeit, öffentlicher Weg], Mittel, welche Kommunikation ermöglichen, ihr spezifische Bedingungen auferlegen und dadurch zur Etablierung und Verfestigung bestimmter Kommunikationsverhältnisse führen. – Der Begriff ›M.‹ wird sowohl umgangssprachlich als auch in den Wissenschaften mit sehr unterschiedlichen Bedeutungen verwendet. So werden etwa Wasser oder Luft als physikalische M. für darin stattfindende Prozesse bezeichnet. Auch kultur- und sozialwissenschaftliche M.begriffe unterscheiden sich v. a. hinsichtlich des Umfangs des durch sie erfassten Gegenstandsbereichs beträchtlich. Einen sehr allg. und rein relational gefassten M.begriff vertritt, auf Heider aufbauend, Luhmann. Danach ist ein Medium allein dadurch bestimmt, dass es jeweils den Hintergrund für darin unterscheidbare Formen bildet. Auch McLuhan fasst ›M.‹ sehr weit als ›extensions of man‹, welche die Handlungsmöglichkeiten von Menschen in Bezug auf ihre Umwelt und untereinander erweitern. Die meisten gängigen M.begriffe schränken ihren Umfang auf den Gebrauch bestimmter technischer Hilfsmittel zur Kommunikation, häufig sogar auf moderne ↗ Massenmedien ein. Pross unterteilt M. hinsichtlich ihrer Technikabhängigkeit in primäre (ohne Technikgebrauch), sekundäre (mit Technikeinsatz nur auf der Senderseite) und tertiäre (mit Technikeinsatz auf Sender- und Empfängerseite). Neben Unterschieden in der Reichweite lassen sich auch solche in der Akzentsetzung feststellen, denn unter ›M.‹ können sowohl die jeweiligen M.produkte als auch der gesamte gesellschaftliche Teilbereich, in dem sich Produktion und Rezeption eines Mediums abspielen, sowie die ihn prägenden Organisationsformen verstanden werden. Für Letzteres hat sich, bes. im Hinblick auf die soziale Nutzung

und Einbettung der technischen Entwicklungen, der Begriff des ›M.dispositivs‹ herausgebildet. – Die primären M. Lautsprache und paraverbale Kommunikation gehören zu den ältesten M., aber auch für ↗ Bilder in verschiedenen Trägermedien gibt es frühe Belege. Zu diesen ersten sekundären M. kommt die ↗ Schrift hinzu, welche die Aufzeichnung oraler prä-lit. Traditionen ermöglicht, aber auch deren Standardisierung und Herauslösung aus konkreten sozialen Prozessen, v. a. im Medium ↗ Buch, mit sich bringt. Die Entwicklung des ↗ Drucks schafft die Voraussetzung für die massenhafte Verbreitung standardisierter Schriftstücke. Das Medium Buch verändert sich dadurch nachhaltig. Seit dem 18. Jh. treten ihm die neuen Massenmedien ↗ Zeitschrift und ↗ Zeitung zur Seite. Dadurch und durch das Aufkommen gedruckter ↗ Triviallit. infolge der Verbilligung der Buchproduktion und zunehmender Alphabetisierung verändert sich v. a. im 19. Jh. auch die mediale Verbreitung von Lit. Die Entwicklung tertiärer Medien, v. a. der modernen Massenmedien Film (Ende des 19. Jh.s), Radio (in den 1920er Jahren) und Fernsehen (Mitte des 20. Jh.s), führt zu immer schnelleren Umwälzungen des M.systems. Dabei werden Inhalte, aber auch Formen der Lit. und des ↗ Theaters aufgenommen, adaptiert und transformiert (↗ Adaption, ↗ Verfilmung), und es entstehen neue mediale (Zwischen-)Formen wie ↗ Drehbuch, ↗ Hörspiel und ↗ Fernsehspiel. Digitalisierung und Internet schaffen Ende des 20. Jh.s für Lit. neuartige mediale Bedingungen und Möglichkeiten, v. a. durch die Nutzung von ↗ Hypertexten und die Integration von Interaktivität, was die Grenzen zum neuesten Unterhaltungsmedium Computerspiel teilweise verschwimmen lässt (↗ interaktive Narration). – Es hat sich zwar eine eigenständige Disziplin ↗ ›M.wissenschaft‹ etabliert, die aber sowohl mit sozial- als auch kulturwissenschaftlichen Orientierungen betrieben wird und deren Verhältnis zur Lit.wissenschaft ungeklärt ist.
Lit.: W. Benjamin: Das Kunstwerk im Zeitalter seiner technischen Reproduzierbarkeit [frz. 1936]. In: ders.: Gesammelte Schriften I.2. Ffm. 1974, S. 471–508. – H. M. Enzensberger: Baukasten zu einer Theorie der M. In: Kursbuch 20 (1970), S. 159–186. – G. Hallenberger: M. In: RLW. – F. Heider: Ding und Medium. In: Symposion 2 (1921), S. 109–157. – J. Helbig (Hg.): Intermedialität. Bln. 1998. – H. H. Hiebel u. a.: Die M. Mchn. 1998. – N. Luhmann: Die Kunst der Gesellschaft. Ffm. 1997. – M. McLuhan: Understanding Media. NY 1965. – K. Merten u. a. (Hg.): Die Wirklichkeit der M. Opladen 1994. – H. Pross: M.forschung. Darmstadt 1972. – H. Schanze (Hg.): Hb. der M.geschichte. Stgt. 2001. – M. Vogel: M. der Vernunft. Ffm. 2001. AB

Mediendispositiv ↗ Medien.

Medienkultur, f. [aus lat. *medium* = Mitte, Öffentlichkeit, öffentlicher Weg, *cultura* = Bearbeitung, Anbau, Veredlung], der Zusammenhang von ↗ Kultur und den ↗ Medien, in denen sie sich vollzieht, bes. den modernen ↗ Massenmedien Film, Radio und Fernsehen.

›M.‹ wird seit den 1990er Jahren im Unterschied zu älteren Begriffen wie ↗›Kulturindustrie‹ (M. Horkheimer/Th. W. Adorno), die eine strenge Entgegensetzung von Kultur und (Massen-)Medien implizieren, verwendet, um auf die enge Wechselwirkung zwischen Kultur als dem symbolischen und repräsentativen Bereich menschlicher Hervorbringungen und den jeweiligen Medien, die für ihre Produktion, Distribution und Archivierung zur Verfügung stehen, hinzuweisen. Dies geschieht vor dem Hintergrund zunehmender Durchdringung von Massenmedien und älteren kulturellen Feldern wie bildende Kunst, ↗Theater und Lit. In diesem Zusammenhang wird häufig die Öffnung der ↗Lit.wissenschaft in Richtung auf eine ↗M.wissenschaft gefordert.

Lit.: V. Flusser: M. Ffm. 1997. – K. Hickethier u. a. (Hg.): Medien – Kultur. Bln. 1991. – S. J. Schmidt: Kognitive Autonomie und soziale Orientierung. Ffm. 1994. AB

Medienkulturwissenschaft, 1. im weitesten Sinne: für den Gegenstandsbereich ↗Medienkultur zuständige Teildisziplin einer allg. Medienwissenschaft. Das wissenschaftliche Erschließen von Medienkultur steht im Zusammenhang mit weiteren medienwissenschaftlichen Aufgabengebieten wie Medientechnik, Medienökonomie, Medienrecht, Medienpädagogik oder Medienphilosophie. Medienkultur umfasst die Menge der mit Hilfe unterschiedlicher ↗Medien (unter jeweils spezifischen gesellschafts-, kultur- und mediengeschichtlichen Bedingungen) hervorgebrachten ↗Artefakte von kultureller Bedeutung. Schwerpunkt der M. ist die Analyse solcher Artefakte – beispielsweise von publizistischen und lit. Texten, ↗Hypertexten, bildkünstlerischen und musikalischen Werken, Film-, Fernseh- und Video-Produktionen, Theateraufführungen und ↗Performances – im Hinblick auf ihre Bedeutung für kulturelle ›Wirklichkeitsmodelle‹, ihre medialen Bedingungen (Medialität) in Produktion, Distribution und Rezeption sowie ihre medialen Korrespondenzbeziehungen (↗Intermedialität). M. ist deshalb interdisziplinär organisiert und kooperiert mit Disziplinen wie Sprach- und Lit.wissenschaft, Kunstwissenschaft, Musikwissenschaft, Theater-, Film und Fernsehwissenschaft. – 2. Im engeren Sinne ist M. heute in der Praxis von Lehre und Forschung bezogen auf die Analyse des Artefaktbereiches (und der damit verbundenen subjektiven Erfahrungs-, kollektiven Wissens- und institutionellen Handlungszusammenhänge) analoger und digitaler Massenmedien wie Hörfunk, Film, Fernsehen, Computer und Netzmedien sowie deren Wechselwirkung mit literalen Medien. – ›M.‹ wurde als Begriff geprägt von S. J. Schmidt im Zusammenhang von Diskussionen der 1980er und 1990er Jahre zur Erweiterung des Gegenstandsbereiches und zur methodologischen (Neu-)Orientierung der Sprach-, Lit.- und Kunstwissenschaften angesichts der anwachsenden kulturellen Relevanz der sog. Neuen Medien. Diese Diskussionen sind wichtig v. a. für die Lit.wissenschaft, weil einerseits die von ihr vermittelten Kompetenzen zur Analyse von fiktionalen sprachlichen Texten Grundlagen für Untersuchungen von Artefakten neuer und neuester (Massen-)Medien schaffen können und weil sich andererseits Zugewinne für das gegenstandstheoretische und methodologische Repertoire der Lit.wissenschaft durch Erfahrungen mit nicht-literalen Medien erreichen lassen.

Lit.: K. Hickethier: Einf. in die Medienwissenschaft. Stgt., Weimar 2003, S. 222–244. – S. J. Schmidt: Lit.wissenschaft als interdisziplinäres Vorhaben. In: J. Janota (Hg.): Vielfalt der kulturellen Systeme und Stile. Bd. 2. Tüb. 1993, S. 3–19. – Ders.: M. In: A. und V. Nünning (Hg.): Konzepte der Kulturwissenschaften. Stgt., Weimar 2003, S. 351–369. – J. Schönert: Lit.wissenschaft – Kulturwissenschaft – M. In: R. Glaser, M. Luserke (Hg.): Lit.wissenschaft – Kulturwissenschaft. Opladen 1996, S. 192–208. – H. Segeberg: Lit. im Medienzeitalter. Darmstadt 2003. – R. Viehoff: MedienKulturWissenschaft. In: H. Jaumann (Hg.): Domänen der Lit.-wissenschaft. Tüb. 2001, S. 175–187. – W. W. Wende: Kultur – Medien – Lit. Würzburg 2004. JS

Mediensatire ↗Lit.satire.

Medientheorie, in der Lit.wissenschaft diejenige Teildisziplin, die sich mit dem Zusammenhang von Lit. und technischen Kommunikationsverhältnissen beschäftigt. Die M. steht an der Schnittstelle zu benachbarten Disziplinen wie Kultur- und Kommunikationswissenschaften. Im Rahmen der Philosophie stellt sich ihr die grundsätzliche Frage nach dem Verhältnis von ↗Medium und Wirklichkeit. Eine einheitliche Definition der M. wird erschwert durch eine Vielzahl von Medienbegriffen, die unterschiedliche Aspekte umfassen und nicht ohne Einschränkungen auf einen gemeinsamen Nenner zu bringen sind. Zielt der lat. Ursprung des Begriffs ›Medium‹ auf die Bedeutungen ›Mitte, Mittel, Vermittelndes‹, so versteht man unter ›Medien‹ im Alltagsverständnis die wichtigsten Kommunikationsmittel einer Epoche. Funktion der Medien ist die massenhafte Verbreitung von Informationen. Die Gegenstände der M. differenzieren sich geschichtlich aus: Im Mittelpunkt stehen die Übergänge von der Mündlichkeit zur Schriftlichkeit (↗Mündlichkeit/Schriftlichkeit), von der Schriftlichkeit zum ↗Buchdruck, vom Buchdruck zu den analogen Medien (Rundfunk, Fernsehen, Presse) und schließlich die Erweiterung der analogen durch die digitalen Medien. Rückten zunächst Einzelmedien wie das Fernsehen in den Mittelpunkt der M., so erweiterte sich der Fokus der M. in den letzten Jahrzehnten auf den grundsätzlichen Zusammenhang von Lit., Medien und Gesellschaft. Der relativ neutrale Begriff vom Medium als Instrument wurde durch einen stärkeren Medienbegriff abgelöst, dem zufolge Lit. selbst nichts anderes als ein medial strukturierter Informationsträger ist. – Der Begriff des Mediums, der seinen Ursprung in den Naturwissenschaften hat, ist erst in den letzten Jahrzehnten zu einer der zentralen Kategorien der Geisteswissenschaften geworden. Die Ursprünge der M. liegen jedoch weiter zurück. Die Geschichte der neueren M. im engeren Sinne beginnt mit W. Benjamins Überlegungen zum »Kunstwerk im Zeitalter seiner technischen Reproduzierbarkeit« (1936), die von M. Horkheimer und Th. W. Adorno in der »Dialektik der Aufklärung« (1947) unter dem Stichwort ↗ ›Kulturindustrie‹ weitergeführt worden sind. Dominiert bei Benjamin und Adorno noch ein kritischer Medienbegriff, so findet die M. durch den am. Kommunikationstheoretiker McLuhan im Zeichen der elektronischen Medienwelt zu einer neuen Prägnanz: »The medium is the message«, lautet McLuhans Formel, der zufolge der Inhalt eines Mediums immer nur ein anderes Medium ist. Zusammen mit postmodernen Theorien der Selbstreferentialität des ↗ Zeichens konnte McLuhans Medienbegriff der M. neue Impulse geben. In N. Luhmanns Systemtheorie, die den Aspekt der Information in den Mittelpunkt stellt, gilt das Medium als gesellschaftliches Teilsystem mit einem spezifischen ↗ Code. Die Grundlage für eine medientheoretische Begründung der Lit.wissenschaft hat F. A. Kittler gegeben, der in Anlehnung an die ↗ Diskursanalyse eine grundsätzliche Orientierung der Lit.wissenschaft an Prozessen der Datenspeicherung und Datenübertragung fordert. Lit.: W. Faulstich: M.n. Gött. 1991. – G. Helmes, W. Köster (Hg.): Texte zur M. Stgt. 2002. – H. H. Hiebel (Hg.): Die Medien. Mchn. 1998. – F. A. Kittler: Aufschreibesysteme 1800/1900 [1985]. Mchn. ³1995. – H. Kreuzer (Hg.): Lit.wissenschaft – Medienwissenschaft. Hdbg. 1977. – N. Luhmann: Die Realität der Massenmedien. Opladen 1996. – M. McLuhan: Understanding Media. NY 1965. AG

Medienwechsel, die Überführung von Thema, Handlung oder argumentativer Struktur eines Textes von einem Medium in ein anderes. – M. kann sich grundsätzlich von jedem Medium zu jedem anderen Medium vollziehen, z. B. vom Buch zum Hörbuch, Hörspiel oder Film, vom Theaterstück zur Oper oder zum Fernsehspiel. Einerseits müssen die konstitutiven Bedeutungs- und Informationsstrukturen des Ausgangstextes beim Transfer in den Zieltext weitgehend erhalten bleiben. Andererseits unterliegen lit. Themen, Erzählhaltungen, Handlungsabläufe, Figurenkonstruktionen oder Personenkonstellationen im M. massiven Veränderungen, weil die Zeichensysteme von Ausgangs- und Zielmedium sich grundlegend voneinander unterscheiden. Außerdem differieren die jeweiligen Realisierungsmöglichkeiten, kulturellen Bedingungen und technischen Grenzen künstlerischer Gestaltung innerhalb der diversen Medien oft erheblich. Die Adaption eines Ausgangstextes wird somit durch die semiotischen, ästhetischen oder organisatorischen Konventionen des Zielmediums restringiert, also z. B. die Handlung eines Romans in der Hörspielfassung für den Rundfunk gestrafft. Umgekehrt eröffnet das Zielmedium neue Darstellungspotentiale und vielfältige Möglichkeiten der innovativen Fortschreibung des Ausgangstextes. – Phänomene des M.s lassen sich seit der Ausbildung von literalen Kulturen beobachten, z. B. die Verschriftlichung einer Rede mit Zwischentiteln, graphischen Hervorhebungen oder Marginalien. Die Spielarten des M.s vervielfachen sich mit der Erfindung und Nutzung immer neuer Medien, insbes. in der Moderne, von der Tageszeitung über Fotografie und Radio bis hin zu Fernsehen und Internet. In jüngster Zeit wendet sich die Forschung nach langer Fixierung auf die Lit.verfilmung, die seit den 1920er Jahren diskutiert und untersucht wird, anderen Formen des M.s, auch in MA. und Früher Neuzeit, zu. – Vgl. auch ↗ Adaption, ↗ Intermedialität.
Lit.: F. J. Albersmeier: Theater, Film und Lit. in Frankreich. M. und Intermedialität. Darmstadt 1992. – E. W. B. Hess-Lüttich, R. Posner (Hg.): Code-Wechsel. Texte im Medienvergleich. Opladen 1990. – M. Mundt: Transformationsanalyse. Methodologische Probleme der Lit.verfilmung. Tüb. 1994. – C.-M. Ort: M. und Selbstreferenz. Tüb. 2003. – M. Schaudig: Lit. im M. Mchn. 1992. – I. Schneider: Der verwandelte Text. Tüb. 1981. RGB

Medienwissenschaft [lat. *medium* = Mitte, Öffentlichkeit, öffentlicher Weg], wissenschaftliche Disziplin, die mediale Produkte und kommunikative Prozesse aus theoretischer oder historischer Perspektive untersucht. Die auffällige Heterogenität der Disziplin lässt sich aus der Uneinheitlichkeit des Begriffs ›Medium‹ (↗ Medien) und den unterschiedlichen Fachtraditionen der einzelnen Bezugswissenschaften erklären (u. a. die ↗ Philologien, Kunstgeschichte und Musikwissenschaft, Soziologie und Publizistik). Die Unübersichtlichkeit dieses transdisziplinären Feldes hat zu Kontroversen, aber auch zu für die ↗ Lit.wissenschaft stimulierenden Debatten Anlass gegeben. Prominente Themenfelder sind etwa ↗ Intermedialität (↗ Adaption, ↗ Verfilmung), die Rolle der Lit. im Gesamtsystem der Medien und die Medialität der Lit. selbst, d. h. ihre spezifischen Bedingungen als Medium und Kommunikationsform. Ein weiterer wichtiger Gegenstand ist die digitale Lit., die im Zeitalter des Internet neue Formen der Textualität (↗ Hypertext) und Autorschaft hervorgebracht hat. – Methodisch lassen sich als folgende Herangehensweisen unterscheiden: ideologiekritische (H. M. Enzensberger, D. Prokop), semiotische (U. Eco), diskursanalytische (F. Kittler), systemtheoretische (N. Luhmann) und konstruktivistische (S. J. Schmidt) Ansätze. Beeinflusst von M. Horkheimers und Th. W. Adornos Thesen zur ↗ Kulturindustrie (↗ Medienkultur) warnt die ideologiekritische M. vor der Bewusstseinsmanipulation durch ↗ Massenmedien und reagiert darauf mit der Aufklärung der Rezipienten und der Etablierung einer Gegenöffentlichkeit durch gezielten Medieneinsatz. Gegenstand der ↗ Semiotik sind verbale, visuelle und akustische Zeichensysteme als notwendige Voraussetzung medial vermittelter Kommunikation. F. Kittlers Medienarchäologie kombiniert M. Foucaults ↗ Diskursanalyse und J.

Lacans strukturale Psychoanalyse mit eigenen Thesen zur Technikgeschichte. Die Systemtheorie operiert mit einem weiten Medienbegriff, der auf der Unterscheidung von Medium und ↗ Form beruht (z. B. Texte als Formen im Medium Sprache), und einem engeren, der Medien als Verbreitungsmedien ansieht. Im Konstruktivismus sind Medien Werkzeuge zur Herstellung kollektiver Wirklichkeiten, nicht nur zu deren Kommunikation. Jeweils eigene Methodologien haben die Filmwissenschaft (Ch. Metz) und die Bildwissenschaft (G. Boehm) entwickelt. In Verbindung mit mediengeschichtlichen Einzelstudien (etwa von M. Giesecke zur Entstehung des ↗ Buchdrucks) zeichnen sich in neueren Untersuchungen die Konturen einer ↗ Medienkulturwissenschaft ab, die unterschiedliche Ansätze integriert.

Lit.: G. Bentele (Hg.): Lexikon Kommunikations- und M. Wiesbaden 2006. – W. Faulstich: Einf. in die M. Mchn. 2002. – Ders. (Hg.): Grundwissen Medien [1994]. Mchn. ⁵2003. – K. Hickethier: Einf. in die M. Stgt. 2003. – Ch. Karpenstein-Eßbach: Einf. in die Kulturwissenschaft der Medien. Paderborn 2004. – C. Liebrand (Hg.): Einf. in die Medienkulturwissenschaft. Münster 2005. – H. Schanze (Hg.): Hb. der Mediengeschichte. Stgt. 2001. – Ders. (Hg.): Metzler Lexikon Medien- und Kommunikationstheorie. Stgt. 2003. – R. Schnell: Medienästhetik. Stgt. 2000. – W. W. Wende: Kultur – Medien – Lit. Würzburg 2004.   JL

Medievalism [engl.], ↗ Mittelalterrezeption.

Medizinliteratur, Sammelbez. für alle mal. Texte, die in Theorie und Praxis die Gesundheit und Krankheit des Menschen zum Gegenstand haben. Der Begriff ›medizinisch‹ wird dabei sehr weit gefasst und bezieht auch Texte ein, die nach heutigem Verständnis keineswegs diesem Bereich zugerechnet werden, wie etwa ↗ Segen, ↗ Zaubersprüche oder astronomisch-astrologische Werke. – Das medizinische Schrifttum in dt. Sprache setzt nahezu gleichzeitig mit der ersten Verschriftlichung dt. Texte in ahd. Zeit ein. Die ältesten Denkmäler der dt. M. sind die beiden sog. »Basler Rezepte«, die um 800 in Fulda aufgezeichnet wurden und die bei Fieber und Hautgeschwüren Heilung versprechen. Darüber hinaus sind aus ahd. Zeit nur sehr wenige Rezepte bekannt. Etwas häufiger erhalten sind dagegen Zaubersprüche und Segen, die sich auf Heilung oder Abwehr von Krankheiten richten. Als dritte Textsorte der ahd. M. sind ↗ Glossare anzuführen, die meist den lat.-dt. Wortschatz auf dem Gebiet der Heilpflanzen und der Körperteile verzeichnen. – In der zweiten Hälfte des 12. Jh.s werden sechs medizinische Texte aufgezeichnet, mehr als in den drei Jh.en zuvor. Überwiegend handelt es sich dabei um sehr kurze Texte: zwei Rezeptsammlungen, ein Rezept für Wöchnerinnen, eine Krankheitsprognostik und zwei Schriften über Heilmittel, ein Kräuter- und ein Steinbuch. Die Texte stammen alle aus dem oberdt. Sprachraum, mit Regensburg als Zentrum. Überliefert wurden sie ausnahmslos in lat. Sammelhss. Im 13. Jh. neh-

men Anzahl und Umfang der Texte sprunghaft zu. Aus den einfachen Formen des 12. Jh.s entwickeln sich nun v. a. zwei Großformen: 1. Das *Arzneibuch* ist ein umfangreiches medizinisches Kompendium, das sich aus verschiedenen Traktaten und Rezeptaren zusammensetzt und vielfältige Themen aus dem Bereich der theoretischen und praktischen Medizin zum Gegenstand hat. Diese Gattung nimmt von da an eine dominierende Stellung im medizinischen Schrifttum ein. Als erster Vertreter dieser Textsorte gilt der anonym überlieferte »Bartholomäus«; es folgten das »Dt. salernitanische Arzneibuch« und das vom Ende des 13. Jh.s stammende »Arzneibuch« Ortolfs von Baierland. – 2. In den *Kräuterbüchern* werden dagegen Heilpflanzen – ausschließlich unter dem Gesichtspunkt ihrer medizinischen Verwertbarkeit, ohne botanische Interessen – behandelt. Der zentrale Text dieser Gattung ist der vor der Mitte des 13. Jh.s entstandene dt. »Macer«. – Die Ursache für das sprunghafte Anwachsen der dt. M. im 13. Jh. hängt mit dem Aufstieg der abendländischen Medizin zusammen, der Ende des 11. Jh.s mit der Rezeption der antiken und arab. Medizin in der Schule von Salerno einsetzt. Die medizinischen Schriften antiker Autoren (allen voran Hippokrates und Galen) werden durch arab. Vermittlung im Abendland wieder bekannt gemacht und zusammen mit arab. Werken ins Lat. übertragen. Dieses neu aufkommende Wissen findet sofort den Weg in die sich gerade institutionalisierenden Hochschulen und trägt so dazu bei, dass die Medizin neben Theologie und Rechtswissenschaft von Anfang an einen festen Platz an den Universitäten einnimmt. Die strikte Trennung der Heilkunde von der Magie und der Religion sowie als deren Folge die Entwicklung hin zu einer autonomen wissenschaftlichen Disziplin haben hier ihren Ausgangspunkt. Das damals entstehende umfangreiche lat. medizinische Schrifttum dominiert bis weit in die Neuzeit hinein die abendländische Medizin und wird zum Ausgangspunkt der dt. M. – Das dt. medizinische Schrifttum des 14. Jh.s ist kaum erforscht. Die herausragenden Dokumente der M. dieser Epoche sind jedoch zweifellos die Schriften gegen die Pest, die 1348–51 das gesamte Abendland heimsuchte. Trotz aller Unzulänglichkeit und Hilflosigkeit der damaligen Medizin angesichts der Pest ist festzuhalten, dass in diesem Jh. noch heute gültige Grundlagen für die erfolgreiche Bekämpfung von Seuchen gelegt werden. – Im 15. Jh. schwillt, wie beim gesamten volkssprachlichen Schrifttum, die Anzahl der medizinischen Hss. explosionsartig an. In den meisten Fällen handelt es sich jedoch bei ihnen um Kompilationen bzw. Bearbeitungen von bekannten Werken. Aus der großen Masse der Texte ragen zwei Textsorten heraus, die Neues bringen: *Gesundheitslehren* und *chirurgische Schriften*, allen voran die »Wundarznei« Heinrichs von Pfalzpaint, von dem die erste Beschreibung einer plastischen Operation im Abendland stammt und dessen Operationsmethode einer Nasenersatzplastik noch bis zum Beginn des 20.

Jh.s praktiziert wurde. Seine Schrift gehört zu den wenigen dt. Texten, die nicht auf lat. Vorlagen, sondern auf mündlicher Tradierung beruhen.
Lit.: G. Keil: Der medizinische Kurztraktat in der dt. Lit. des MA.s. In: I. Reiffenstein (Hg.): Beiträge zur Überlieferung und Beschreibung dt. Texte des MA.s. Göppingen 1983, S. 41–144. – Ders.: Die medizinische Lit. des MA.s. In: R. Jansen-Sieben (Hg.): Artes mechanicae en Europe médiévale/in middeleeuws Europa. Brüssel 1989, S. 73–111. – O. Riha: Wissensorganisation in medizinischen Sammelhss. Wiesbaden 1992. – B. Schnell: Vorüberlegungen zu einer Geschichte der dt. M. des MA.s. In: Sudhoffs Archiv 78 (1994), S. 90–97. – Ders.: Die dt. M. im 13. Jh. In: Ch. Bertelsmeier-Kierst, Ch. Young (Hg.): Eine Epoche im Umbruch. Tüb. 2003, S. 249–265. BS

Mehrdeutigkeit ↗ Ambiguität, ↗ Ambivalenz (3).

Mehrkulturelle Literatur ↗ Migrantenlit.

Mehrreim, über ein Reimpaar hinausgehende Anhäufung desselben Gleichklangs an den Enden aufeinander folgender Verse (z. B. ↗ Drei- oder ↗ Vierreim); auch: Haufenreim (↗ Reim). – M.e erfüllen verschiedene Funktionen: In mal. Lyrik werden sie z. B. zur Kennzeichnung von Strophenschlüssen verwendet; in nicht-lyrischen Texten sind sie ornamentales Stilmittel in rhet. aufwendig gestalteten Passagen (Prologe, Epiloge), sie machen Abschnittsgliederungen hörbar und sichtbar, dienen aber auch dazu, Abschnitte über Neueinsätze und Abschnittsenden hinweg formal zu verknüpfen. M.e markieren oft sinntragende Passagen, in denen häufig Verbindliches, etwa Erzählerrede in Form von Sentenzen, formuliert wird.
Lit.: W. Achnitz: Ein rîm an drîn worten stêt. Überlegungen zu Verbreitung und Funktion von M.en in mhd. Reimpaardichtung. In: ZfdA 129 (2000), S. 249–274. – W. Grimm: Zur Geschichte des Reims. In: ders.: Kleinere Schriften. Bd. 4. Gütersloh 1887, S. 125–341, bes. S. 231–244. WA

Mehrteiler ↗ Serie.

Meininger, Hoftheatertruppe des Herzogs Georg II. von Sachsen-Meiningen (1826–1914), der nach einschlägigen Studien (Historienmalerei, Archäologie, Geschichte) zusammen mit der Schauspielerin Ellen Franz ein Musterensemble aufbaute. Die M. strebten, teilweise mit den Methoden des zeitgenössischen Positivismus, nach szenischem und psychologischem ↗ Realismus der Darstellung. Dem dienten die Ausstattung mit historisch getreuen Kostümen aus ›echtem Material‹ (die Figurinen sind im »Meininger Kostümkodex« erhalten), ein historisch exaktes ↗ Bühnenbild (meist ›echte‹ Versatzstücke vor gemaltem Horizont statt Soffitten, ↗ Ausstattungsstück), eine naturalistische Geräuschkulisse, eine raffiniert stimmungsmalende Beleuchtung (Gas und Elektrizität, Anfänge der ↗ Lichtregie) sowie psychologisch durchgearbeitete, individualisierte ↗ Massenszenen. – Studien des Geschichtshintergrundes, des Milieus, Analyse der Texte, obligates Sprechtraining, lange und gründliche Proben

dienten der Schauspielererziehung und sollten das psychologische Rollenverständnis und Ausdrucksvermögen vertiefen. Die Bemühungen um ein homogenes Ensemble, um ein stilistisch geschlossenes Bühnen-↗ Gesamtkunstwerk und die Musteraufführungen verbanden die M. mit Bestrebungen R. Wagners und F. v. Dingelstedts. – Die M. spielten möglichst die Originaltexte (ungekürzt), am häufigsten F. Schiller und W. Shakespeare, doch als Erste auch H. Ibsen. Der Zusammenklang von historisierendem Detail und suggestiver Atmosphäre, von psychologischer Ensemble- und Einzeldarstellung zerbrach bei den Nachahmern ins Zerrbild der ›Meiningerei‹. Die M. selbst unternahmen 1874–90 triumphale Gastspielreisen (2.591 Vorstellungen) in Europa und Amerika; sie beeinflussten die weitere Entwicklung des Theaters. A. Antoine, A. Appia haben von ihnen gelernt, und manche ihrer Ideen sind nach wie vor fruchtbar (Chorregie bei W. Felsenstein).
Lit.: Th. Hahm: Die Gastspiele des M. Hoftheaters im Urteil der Zeitgenossen. Diss. Köln 1971. – V. Kern: Das M. Hoftheater. Regensburg 1996. – V. Kern, H. Müller (Hg.): Die M. kommen! Meiningen 1999. – J. Osborne (Hg.): Die M. Texte zur Rezeption. Tüb. 1980. HER

Meiosis, f. [gr. = Verringerung], in der Rhet. die bewusste Verkleinerung, Verharmlosung oder sogar Unterschlagung eines gewichtigen Sachverhaltes. Häufige Mittel sind ↗ Litotes, ↗ Euphemismus, ↗ Ironie, ↗ Emphase.

Meistersang, auch: Meistergesang; zunftmäßig betriebene Liedkunst städtischer Dichter-Handwerker v. a. des 15. und 16. Jh.s. Vorläufer sind die sich selbst als *meister* bezeichnenden fahrenden Spruchdichter des Spät-MA.s, so Frauenlob oder Heinrich von Mügeln (ihre Werke zeigen bereits wesentliche Merkmale des M.s); ebenso fahrende Dichter des 15. Jh.s wie Michel Beheim. Bald nach dem Tod von Hans Sachs (1576) setzte der Niedergang des M.s ein, sein Ende kam jedoch erst im 19. Jh. (Meistersingervereinigungen gab es in Ulm bis 1839, in Memmingen bis 1875). Als Stifter wurden die ›4 gekrönten Meister‹ Frauenlob, Regenbogen, Marner, Mügeln verehrt, als Ursprungssitz Mainz, wo Frauenlob um 1315 die erste Meistersingerschule begründet haben soll. Nach der wohl im 16. Jh. in Augsburg aufgekommenen anachronistischen Sage vom Ursprung des M.s wurden die ›zwölf alten Meister‹, darunter neben den Genannten Walther von der Vogelweide und Wolfram von Eschenbach, im Jahre 962 von Papst und Kaiser autorisiert und privilegiert. Darin bekunden sich Selbstverständnis und -wertung des M.s: ein bewusstes Epigonentum; der Glaube an die Lehrbarkeit der Kunst; das Wetteifern mit den Vorbildern. Die Form der Lieder (↗ Meistersangstrophe, ↗ Stollenstrophe) und ihr Inhalt lehnen sich an ↗ Minnesang und ↗ Spruchdichtung an: Tendenzen der Spruchdichter weiterverfolgend, legen die Meistersinger großen Wert auf den *sin*, betonen ihre gelehrte Bildung und neigen stark zum Lehrhaften und Erbaulichen. Regeln sind alleinige Richtschnur des Schönen. Stofflich haben geistliche Themen Vorrang: zunächst mariologische Themen; mit dem Fortschreiten der Reformation stellt sich der M. zunehmend in den Dienst des Protestantismus. Formale Neuerungen sind u.a. das ↗ silbenzählende Versprinzip und die strenge ↗ Alternation. Regeln, Praktiken und Terminologie sind niedergelegt in sog. Schulkünsten, in Protokollen und Schulordnungen und v.a. in der ↗ Tabulatur (einflussreich war bes. die Nürnberger Tabulatur). Man organisierte sich in der Vereinigung der ›Singschule‹ (der Begriff kann auch für die einzelne Singveranstaltung stehen). Hier unterscheidet man zwischen dem Hauptsingen in der Kirche, das religiösen, später auch ernsten weltlichen Stoffen vorbehalten war, und dem der Unterhaltung dienenden Zechsingen im Wirtshaus. Der Vortrag der Lieder war durchweg solistisch und ohne Instrumentalbegleitung. In der Anfangsphase des M.s durften die Dichter nur poetisch produktiv sein, d.h. keine eigenen Weisen erfinden, sondern lediglich den Tönen der zwölf alten Meister neue Texte unterlegen; gegen 1480 vollzog der von Worms nach Nürnberg gekommene Hans Folz eine grundlegende Reform: Nun konnte nur derjenige ein Meister werden, der einen neuen ↗ Ton (4) – d.h. Text und Melodie – geschaffen hatte. Die oft eigenartigen Namen der Töne (z.B. »Kurze Affenweise«) gewährleisteten einen gewissen Urheberschutz. Die Meistersingerzunft legte Wert auf eine strenge Hierarchie: Auf der untersten Stufe standen die lediglich reproduzierenden ›Singer‹; wer auf eine autorisierte Melodie einen eigenen Text verfassen konnte, durfte sich ›Dichter‹ nennen; als ›Meister‹ galt der Schöpfer eines neuen Tons; an der Spitze dieser Pyramide schließlich rangierten die ↗ ›Merker‹. – In der ersten Phase galt Mainz als führender Ort des M.s, später gingen die wesentlichen Impulse von Nürnberg aus, das seinen Ruhm v.a. Hans Sachs (1494–1576) verdankte, mit Georg Hager, Hans Glöckler u.a. aber eine ganze Reihe weiterer bedeutender Meistersinger aufzuweisen hatte. Der Augsburger Singschule (Blütezeit ebenfalls im 16. Jh.) gehörten z.B. Onofrius Schwarzenbach und Martin Dir an. Weitere Orte: Straßburg, Freiburg, Colmar (Singschule 1546 durch Jörg Wickram gegründet), Ulm, Memmingen, Steyr, Iglau, Breslau. – Die bedeutendste erhaltene Sammlung von Meisterliedern ist die Kolmarer Liederhs. (ca. 1460); insgesamt sind ca. 16.000 Lieder in etwa 120 Hss. vom 15. bis 18. Jh. erhalten. Beschreibungen von Theorie und Praxis des M.s lieferten u.a. A. Puschman: »Gründlicher Bericht des Deudschen Meistergesangs« (Görlitz 1571, Neuausg. 1984), C. Spangenberg: »Von der Musica und den Meistersängern« (Straßburg 1598, Neuausg. 1861) und J.Ch. Wagenseil: »Von der Meister-Singer holdseligen Kunst […]« (Altdorf 1697). – Die Forschung hat sich mit dem M. seit der Frühzeit der Germanistik beschäftigt; doch ist der Quellenbestand noch immer

nicht voll erschlossen. Ein spätromantisches Bild vom M. lebt fort in R. Wagners ↗ Musikdrama »Die Meistersinger von Nürnberg« (1867).

Lit.: H. Brunner: Die alten Meister. Mchn. 1975. – Ders.: Meistergesang. In: RLW. – H. Brunner, J. Rettelbach (Hg.): Die Töne der Meistersinger. Göppingen 1980. – H. Brunner, B. Wachinger (Hg.): Repertorium der Sangsprüche und Meisterlieder des 12. bis 18. Jh.s. Tüb. 1986ff. – R. Hahn: Der Meistergesang in der Geschichte der Germanistik. In: ZfG 4 (1983), S. 450–462. – Ders.: Meistergesang. Lpz. 1985. – B. Nagel (Hg.): Der dt. M. Darmstadt 1967. – Ders.: M. [1962]. Stgt. ²1971. – J. Rettelbach: Variation, Derivation, Imitation. Tüb. 1993. – F. Schanze: Meisterliche Liedkunst zwischen Heinrich von Mügeln und Hans Sachs. 2 Bde. Mchn. 1983 f. MGS

Meistersangstrophe, von den Meistersingern aus dem mhd. ↗ Minnesang übernommene ↗ Stollenstrophe. Das Normalschema (musikalisch ›Barform‹ genannt) AA/B wird in der Regel durch Hinzufügung eines Stollens oder Stollenteils nach dem Abgesang erweitert (Reprisenbar AA/BA oder AA/BA'). Eine M. umfasst durchschnittlich 20–30 Verse, doch kommen auch überkurze (fünf Verse) und überlange (100 Verse und mehr) Strophen vor. Ein Meistersingerlied besteht aus mindestens drei M.n.

Lit.: O. Plate: Die Kunstausdrücke der Meistersinger. In: Straßburger Studien 3 (1888), S. 147–224; gekürzter Wiederabdruck in: B. Nagel (Hg.): Der dt. Meistersang. Darmstadt 1967, S. 206–263. MGS

Meistersonett ↗ Sonettenkranz.

Melancholie, f. [gr. = Schwarzgalligkeit], Schwermut, zunächst medizinischer Begriff der Lehre von den Körpersäften und Temperamenten, der aber bereits in der Antike mit der Vorstellung außerordentlicher Begabung verbunden war. Nach der theologisch begründeten Abwertung der M. im MA. greift die Renaissance diesen Zusammenhang wieder auf. Durch alle Veränderungen der psychologischen und sozialgeschichtlichen Begründungen hindurch erscheint M. von nun an als Folge der Säkularisation und Individuation, als Begleitumstand selbstbestimmten Denkens, als durch den Verlust transzendenter Normen bedingte Verunsicherung sowie als Ausdruck der Handlungshemmung in der Diskrepanz von Wollen und Können, Theorie und Praxis. So kann die M.-Konzeption des 18. Jh.s als Konsequenz der Aufklärung und zugleich als Widerspruch zu dieser aufgefasst werden. Der melancholische Rückzug in die Innerlichkeit, in Natur und Einsamkeit, sowie die melancholische Selbstreflexion und Selbstbeobachtung bis hin zur Hypochondrie sind nicht nur als Akte des Eskapismus, sondern zugleich als Kritik am Rationalisierungszwang und Fortschrittsoptimismus, als Ausdruck der Forderungen einer in den realen Verhältnissen unbefriedigten Subjektivität zu verstehen. Damit bleibt die M. der ↗ Utopie verbunden, wie bes. in den geschichtsphilosophischen Programmen um 1800 (F. Schiller, F. Schlegel) deutlich wird, die der ›Entzweiung‹ mit ästhetischen Lösungen zu begegnen suchen. In der neueren Diskussion wird die utopische Perspektive oftmals aufgegeben und vorgeschlagen, den Begriff ›M.‹ durch den der Trauer zu ersetzen (Bohrer).

Lit.: W. Benjamin: Ursprung des dt. Trauerspiels [1928]. In: ders.: Gesammelte Schriften. Bd. I.1. Ffm. 1974, S. 203–430. – K. H. Bohrer: Der Abschied. Theorie der Trauer: Baudelaire, Goethe, Nietzsche, Benjamin. Ffm. 1996. – J. Clair (Hg.): M. Ostfildern-Ruit 2005. – L. Heidbrink: M. und Moderne. Mchn. 1994. – R. Klibansky u. a.: Saturn und M. [engl. 1964]. Ffm. 1990. – R. Lambrecht: M. Reinbek 1994. – W. Lepenies: M. und Gesellschaft [1969]. Ffm. 1998. Red.

Melische Dichtung, f. [gr. *mélos* = Lied, Gedicht], auch: Melik; die gr. gesungene (chorische und monodische) Lyrik, Lieddichtung (↗Chorlieder, ↗Hymnen, ↗Oden). OB/Red.

Melodram, n., gleichzeitige oder abwechselnde Verwendung von Sprachstimme und Musik in einer szenischen Darbietung; bekannt seit dem Altertum (gr. ↗Tragödie), erscheint dann im ↗Schuldrama, in der Oper (L. van Beethoven: »Fidelio«, Kerkerszene; C. M. v. Weber: »Der Freischütz«, Wolfsschluchtszene), in Schauspielmusiken (Beethoven: »Egmont«) und im modernen ↗Musiktheater. Hier werden neue Differenzierungen entwickelt, zuerst durch Fixierung von Tonhöhe und Rhythmus der Sprechstimme (E. Humperdinck: »Die Königskinder«, 1897), dann durch Verfeinerung ihrer Notation bei A. Schönberg (»Moses und Aaron«). Eine Mischung verschiedener Formen des M.s zeigen A. Bergs Opern. Das ↗Hörspiel entwickelte Formen der musikalisch pointierten Erzählung, wie umgekehrt auch das verbal pointierte Musikstück (S. Prokoffief: »Peter und der Wolf«) vorkommt. Die seit Stummfilmzeiten gepflegte Praxis, filmischen Dialog musikalisch zu unterlegen, hat in bestimmten Filmgenres das M. zu einem der wichtigsten Ausdrucksmittel werden lassen. – Auch Bez. für ↗Melodrama.

Lit.: K. G. Fellerer: Studien zur Musik des 19. Jh.s. Bd. 4: Vom Musikdrama zum Futurismus. Regensburg 1989. – U. Kühn: Sprech-Ton-Kunst. Musikalisches Sprechen und Formen des M.s im Schauspiel- und Musiktheater (1770–1933). Tüb. 2001. – U. Küster: Das M. Ffm. u. a. 1994. – Ch. Plank: Die melodramatische Szene in der Oper des 19. Jh.s. Mchn. 2005. HER

Melodrama, n., zunehmend auch: Melodram; 1. musikalisch-dramatische Mischgattung, die auf dem Prinzip des ↗Melodrams basiert (auch: ↗lyrisches Drama, ↗Mono-, ↗Duodrama). Nach den beliebten galantempfindsamen Mono- oder Duodramen des 18. Jh.s pflegt die Romantik das Konzert-M., d. h. die Rezitation von Gedichten, v. a. Balladen, zu Klavier- oder Orchesterbegleitung (z. B. R. Schumann: »Balladen«, 1852; »Manfred«, 1848; F. Liszt: »Lenore«, 1858). – Im 20. Jh. wird das herkömmliche M. übernommen (zuerst R. Strauß: »Enoch Arden«, 1900) oder differenziert (A. Schönberg: »Pierrot lunaire«, 1912). Es wird

kombiniert mit Ballett oder Pantomime (A. Honegger: »Amphion«, 1931), mit Solo- oder Chorgesang (A. Honegger: »Johanna auf dem Scheiterhaufen«, 1935), mit szenischen Formen überhaupt (W. Walton: »Facade«, 1931; I. Strawinsky: »Persephone«, 1934; H. W. Henze: »Das Wundertheater«, 1949). Melodramatische Formen beherrschen auch die Anfänge des Hörspiels.

2. Aus dem musikalisch-dramatischen M. hervorgegangene Dramenform mit charakteristischem Inhalt und Aufführungsstil; sie entwickelte sich zu einer der populärsten Theaterformen der europäischen Romantik, in England und Frankreich mitbedingt durch Gesetze, die das Sprechstück auf wenige lizenzierte Bühnen beschränkten und damit die anderen Bühnen zwangen, auf Singspiel, Musikpantomime, Burletta und das musikalisch-dramatische M. auszuweichen. Die Musik trat in Letzterem jedoch bald zurück; charakteristisch wurden ein aufwendiger, pathetischer Inszenierungsstil, der Vorrang schauriger und rührender Effekte vor einer glaubhaften Handlung, mal. (›gothick‹) oder orientalische Schauplätze und Helden. Teilweise in der Tradition des sentimentalen ↗Rührstücks wurde das M. um 1800 in Frankreich begründet, von G. de Pixérécourt (120 Melodramen), in England von M. Holcroft (»A Tale of Mystery«, 1802). Wichtiges Vorbild waren F. Schillers »Räuber«, sowohl für die Massenproduktion von Melodramen als auch für die anspruchsvollen romantischen Dramatiker (F. Grillparzer: »Die Ahnfrau«, 1817; G. G. N. Byron: »Manfred«, 1817; P. B. Shelley: »The Cenci«, 1819; V. Hugo: »Hernani«, 1830), die sämtlich Elemente des M.s verwendeten. – Das M. bereicherte die Bühnentechnik (Hulins ›clous sensationnels‹, L. J. M. Daguerres Lichteffekte und Panoramadekorationen zur Illusion unendlicher Weite). Die Autoren planten den Stimmungsreiz von Bühnenbild, Kostüm, Beleuchtung und Musik in ihre Stücke ein und gaben oft präzise Vorschriften (vgl. »Hernani«: Karlsgruft und Schlussszene).

3. Der Stummfilm adaptierte volkstümliche Theaterformen und folglich auch das M.: Die verfolgte Unschuld, vom Schurken an Bahnschienen gefesselt und vom Helden im letzten Augenblick gerettet, wurde sprichwörtlich. Das *Hollywood-M.* ist überwiegend ein Frauenfilm: die Heldinnen der ›weepies‹ leiden am Konflikt ihrer Gefühle mit sozialen, moralischen und ökonomischen Zwängen, werden gebeutelt von Gewalt und Sentimentalität. Höhepunkte gibt es in jeder Epoche: D. W. Griffith, Ch. Chaplin (»City Lights«), J. v. Sternberg (»Morocco«), E. Lubitsch (»The Man I Killed«), F. Capra (»Prohibited«), D. Sirk (»All That Heaven Allows«), G. Cukor (»Little Women«), W. Wyler (»Jezebel«), M. Curtiz (»Casablanca«), J. L. Mankiewicz (»The Barefoot Countess«), L. Visconti (»Senso«), E. Kazan (»Splendour in the Grass«), L. Buñuel (»Tristana«), R. W. Fassbinder (»Die bitteren Tränen der Petra v. Kant«), M. Scorsese (»The Age of Innocence«), C. Eastwood (»Bridges of Madison County«), G. Mar-

shall (»Pretty Woman«). Heute beherrscht das M. auch die Serien und Mehrteiler des Fernsehens.

4. Die Begriffe ›M.‹ und ›melodramatisch‹ bezeichnen zunehmend auch eine subversive Essenz und verweisen unabhängig von historischen Gattungen auf »a disruptive, modern mode of consciousness and representation« (Hays/Nikolopoulou, S. VII).

Lit.: J. Bratton (Hg.): M. Stage, Picture, Screen. Ldn. 1994. – V. Corsten: Von heißen Tränen und großen Gefühlen. Ffm. u. a. 1999. – M. Hays, A. Nikopoulou (Hg.): M. Scranton 1996. – J. Redmond (Hg.): M. Cambridge u. a. 1992. – W. Schimpf: M. In: RLW. – B. Singer: M. and Modernity. NY 2001. – James L. Smith: M. Ldn. 1973. – J. van der Veen: Le mélodrame musical de Rousseau au romantisme. Den Haag 1955.   HER

Melos, n. [gr. = Glied, übertragen: 1. Lied, Gedicht, Wehklage, 2. Melodie], in der Lit., ausgehend von der schon im Gr. üblichen weiteren Bedeutung ›Ton des Redners‹, Bez. für Sprachklang und -melodie eines Textes. ↗ Klang, ↗ Klanggestalt.   OB/Red.

Memoiren, n. Pl. [memoˈaːrən, frz. = Denkwürdigkeiten, von lat. *memoria* = Erinnerung, Gedenken], Erzählung des eigenen Lebens oder eines ›denkwürdigen‹ Teils daraus, wobei die Zeitgenossenschaft und das Wirken des Einzelnen im Kontext geschichtlich bedeutsamer politischer oder öffentlicher Ereignisse im Vordergrund stehen. – Wenngleich die Grenzen fließend sind, kennzeichnet die M. im Unterschied zur ↗ Autobiographie die Einordnung der individuellen Lebensgeschichte in größere Zusammenhänge von öffentlicher oder geschichtlicher Tragweite; es geht um die Darstellung der Teilhabe eines Einzelnen, meist einer Person des öffentlichen Lebens, an solchen Ereignissen, nicht um die Rekonstruktion einer individuellen Entwicklungsgeschichte. Insofern sie nicht auf eine subjektive Vergangenheit zielen, sondern auf die Erhellung geschichtlicher Ereignisse und historischer Figuren, können M. von einem anderen geschrieben sein (Madame de Maintenon; C. Saint-Réal). Mit ihrem Impuls zur erzählerischen Ausgestaltung etwa von politischen Hintergründen oder sexuellen Abenteuern (bes. in den sog. ›skandalösen M.‹ Bussy-Rabutins oder Ch. Charkes) nähern sie sich immer wieder dem ↗ Roman bzw. machen von seinen Konventionen Gebrauch (G. G. Casanova de Seingalt: »Mémoires«, entstanden seit 1790; L. Braun: »M. einer Sozialistin«, 1909–11); umgekehrt nutzt der Roman die M. als Erzählmuster (J. Cleland: »Memoirs of a Woman of Pleasure«, 1748 f.; A. Dumas père: »Mémoires d'un Médecin«, 1846–55). – Ihre Blütezeit erleben die M. v. a. im Frankreich des 17. und frühen 18. Jh.s (J. F. P. de Retz: »Mémoires«, verfasst 1671–79, erschienen 1717; A. d'Hamilton: »Mémoires du Comte de Gramont«, 1713). Erklärter Zweck der M. dieser Epoche ist es, dem Leser Vorbilder und Kenntnisse der Welt, Informationen über große Personen oder vernachlässigte Ereignisse der Geschichte zu vermitteln; gleichzeitig sind sie oft apologetischer Natur. Die M. der frz. Revo-

lutions- und der (nach-)napoleonischen Epoche folgen dieser Tradition (C. Desmoulins, J. Necker, J. de Lafayette, Madame de Staël, E. de Las Cases, B. de Constant; in England bedingt D. Hume und E. Gibbon). In Deutschland entsteht erst im 19. Jh. eine eigentliche M.lit. (K. A. Varnhagen v. Ense, 1824–30; K. L. Immermann: »Memorabilien«, 1840–43; E. M. Arndt, 1858; M. v. Meysenburg, 1876; K. v. Metternich, 1880/84; O. v. Bismarck, 1898/1921). Trotz des seit dem 19. Jh. zu beobachtenden Übergewichts der Autobiographie und des ↗ autobiographischen Romans behalten die M. bis heute ihre Funktion für die Darstellung eines Einzelnen »als Träger einer sozialen Rolle« (Neumann, S. 25) bes. im Kontext der Politik (W. S. Churchill, Ch. de Gaulle, K. Adenauer, W. Brandt, F. J. Strauss), aber auch der Unterhaltungsbranchen wie Sport und Film.

Lit.: W. Krömer: Briefe und M. im Frankreich des 17. Jh.s. In: K. v. See (Hg.): Neues Hb. der Lit.wissenschaft. Bd. 10. Ffm. 1997, S. 310–315. – H. Leitner: Lebenslauf und Identität. Ffm., NY 1982. – B. Neumann: Identität und Rollenzwang. Ffm. 1970.   HSM

Memorabile, n. [lat. *memorabilis* = denkwürdig], archaischer Poesietypus (↗ einfache Formen), der historisch fixierte einmalige Ereignisse erzählt, die zum Beweis der Glaubwürdigkeit mit unverwechselbaren Einzelzügen ausgestattet sind, im Unterschied zum verallgemeinernden ↗ Kasus.   GG

Memorabilien, f. Pl. [lat. *memorabilis* = denkwürdig], Denkwürdigkeiten, Erinnerungen, gelegentlich Titel für ↗ Memoiren, z. B. bei K. L. Immermann (»M.«, 1840/43) oder seit dem 19. Jh. für Xenophons von Athen »Apomnemoneumata Sokratous« (Erinnerungen an Sokrates, 4. Jh. v. Chr.): »Memorabilia Socratis«.   GS/Red.

Memoria, f. [lat.], Gedächtnis.

1. In der Rhet. wichtig im Hinblick auf die Gedächtniskunst (*ars memoriae* oder *ars memorativa*; ↗ Mnemonik), die das natürliche Erinnern verbessert; zugleich Stichwort für das Auswendiglernen (Memorieren) als vierten, zuletzt hinzugekommenen der fünf Schritte der Redeherstellung (vgl. ↗ Inventio). – Aristoteles (4. Jh. v. Chr.) behandelt die M. nicht in seiner »Rhet.«, sondern in der Schrift »Über Gedächtnis und Erinnerung«. Die Entwicklung der Gedächtniskunst (grundlegend hierzu Yates) beginnt mit dem gr. Lyriker Simonides (um 500 v. Chr.). Er soll die bei einem großen Festmahl von der Saaldecke Erschlagenen identifiziert haben, weil er sich ihre Plätze gemerkt hatte. Unbekannte Griechen stellten derartige M. in den Dienst der Rhet. Man prägte sich den Redeverlauf anhand eindrucksvoller Bilder (lat. *imagines*) ein und verteilte diese im Geist auf zusammenhängende Orte (*loci*), z. B. Zimmer eines Hauses (nicht zu verwechseln mit Argumentationsörtern; vgl. ↗ Topos). Erläutert wird diese Technik erstmals und grundlegend in der anonymen »Rhetorica ad Herennium« (III, 28–40; um 85 v. Chr.), der ältesten lat., für das MA. wichtigsten Rhet.,

die man bis zum 15. Jh. Cicero zuschrieb, danach auch von Cicero selbst (»De oratore« II, 350–360) und Quintilian (»Institutio oratoria« XI, 2). Letzterer berührt auch nichtvisuelle Merkhilfen, z. B. wirksameres Lernen vor dem Einschlafen. – Die rhet. vermittelte M. diente in der mal. Scholastik als sinnliche Grundlage der Kardinaltugend Klugheit. In der Renaissance wurde sie zum Ausgangspunkt enzyklopädischer Bildkünste (z. B. des Gedächtnistheaters von G. Camillo) und magisch-okkulter Spekulationen (G. Bruno). Im 18. Jh. sank das Ansehen von Rhet. und M. Heute ist M. eher Gegenstand der Forschung als der Redepraxis.   BAS

2. In der allg. Kultur- und Lit.wissenschaft: personaler und kollektiv-kultureller Erinnerungsspeicher. Die M. als kulturell verankertes Gedächtnis (über die bloß individuelle Erinnerung hinaus) ist die Basis für die Selbstvergewisserung und Identitätsbildung des Einzelnen wie des Kollektivs, nicht zuletzt über das Medium der Künste. Die M. schließt die Gesamtheit der kulturellen Überlieferungen einer Gruppe, eines Volkes oder der Menschheit insgesamt ein. Sie kann sich auf das natürliche Erinnerungsvermögen des Individuums stützen, auf bes. mit der Tradierung beauftragte Personengruppen, auf ⁊ Rituale und ⁊ Institutionen, aber auch auf den Speicher der ⁊ Schrift. Sie wird durch Erinnerungszeichen (Monumente), Kult oder mündliche und schriftliche Überlieferung wach gehalten und gelenkt. Die M. ist deshalb eng mit den anfänglichen Funktionen von Dichtung verknüpft: Die Musen sind Töchter der gr. Göttin der Erinnerung, Mnemosyne; das ewige Gedenken (lat. *gloria* = Ruhm) an Heroen, Herrscher, Künstler, Ereignisse und herausragende Taten ist die vornehmste Aufgabe der Dichtung (⁊ Epos, ⁊ Heldendichtung, ⁊ Panegyrikus). Die Erinnerung an sie soll denen, die sie pflegen, Orientierung und das Gefühl der Gemeinschaft geben. Diese kulturstiftende Leistung des Gedächtnisses herrscht in der neueren Begriffsgeschichte vor. – Die Wortbedeutung bleibt im Kern von der Antike bis zur Gegenwart stabil, hängt funktional indessen von den medizinisch-physiologischen, psychologischen, soziologischen, theologischen bzw. kulturgeschichtlichen Fassungen des Konzepts von Gedächtnis ab (womit zugleich wesentliche Gegenstandsbereiche seiner theoretischen Begründung genannt sind). Die Soziologie untersuchte das Gedächtnis als kollektives Phänomen (›mémoire collective‹), dem eine wichtige Funktion bei der Integration gesellschaftlicher Gruppen und Kulturen zukommt (Halbwachs). Diese Forschungen berühren sich mit solchen zum ›kulturellen Gedächtnis‹. Der Kunsthistoriker A. Warburg und seine Schule fassten ikonographische Traditionen seit der Antike als ›Bildgedächtnis‹ Alteuropas zusammen. Parallel beschrieb Curtius die lit. Überlieferung des lat. MA.s (Topos) als Erinnerungsraum der europäischen Lit. In der neueren ⁊ Kulturwissenschaft wurde dieses soziologische und geistesgeschichtliche M.-Konzept aufge-

nommen. Hiervon zu unterscheiden ist der naturwissenschaftliche Gebrauch des Begriffs. Die moderne Gehirnphysiologie betrachtet das Erinnerungsvermögen als neuronale Funktion. Daneben ist Gedächtnis/Erinnerung auch eine Fähigkeit bzw. Funktion, dem Immunsystem eignet. – Die Anfänge der volkssprachlichen Laienkultur tragen ganz überwiegend die Züge einer Memorialkultur, in der Rechts- und Besitzverhältnisse ebenso wie dynastische Traditionen und poetische, kultische, alltagspraktische Überlieferungen schriftlos mittels Erinnerungszeichen bewahrt werden. Erst seit dem 12. Jh. beginnt auch in der laikalen Oberschicht der Schriftgebrauch Formen und Inhalte kultureller Überlieferung durchgreifend zu verändern. Es sind aber vorerst begrenzte Sektoren (Herrschaftsausübung, Recht, Geschichtsschreibung), in denen die Schrift das schriftlose Erinnern verdrängt. Im Spät-MA. erfasst die Verschriftung des Bewahrenswerten auch Gebrauchstexte. Es entstehen Möglichkeiten zur individuellen Erinnerung des Selbst in adligen und bürgerlichen Memoiren, ⁊ Autobiographien und verwandten Schriften. Seit Beginn der Neuzeit ist das kollektive Gedächtnis vermehrt Objekt autoritativ-obrigkeitlicher Lenkung und Formierung. Politisches Interesse daran haben geistliche wie weltliche Machthaber (im Zuge von Konfessionalisierung und Territorialisierung). Mittel und Strategien dazu stammen nicht zuletzt aus der Mnemonik. Die Erinnerungslehre rechnet mit einer topischen Organisation des Gedächtnisses (*Topoi/loci*). Dies führt zum einen dazu, dass die M. in spezifischer Weise mit den Wissensordnungen verknüpft und zur Basis von Enzyklopädik wird. Zum anderen wird die Bildtheorie der Mnemonik prägend für alle Formen von imaginativer und manifester Bildpraxis im Dienste der M.: von der Andachtsübung bis hin zur Ausstattung von Städten mit Monumenten. Topische und bildliche Erinnerungsformen verbinden sich im ⁊ Emblem. Seit dem 19. Jh. werden Strategien einer Formierung des kollektiven Gedächtnisses kritisiert und unterlaufen. Auf der einen Seite erlauben die Massenkommunikationsmittel einen immer wirksameren Zugriff auf kollektive Bewusstseinsinhalte, zu denen die Selektion und die Strukturierung der Bilder von der Vergangenheit gehören. Auf der anderen Seite wird die verordnete oder manipulierte M. als Entfremdung vom individuellen Verhältnis des Subjekts zu dem, was ihm vorausliegt, erkannt. A. Schnitzler (»Anatol«, 1893; »Paracelsus«, 1898) etwa führt vor, dass die subjektive Verfasstheit der Erinnerung jeden zwischenmenschlichen Austausch und erst recht kollektive Formen der Identitätsbildung rein äußerlich bleiben lässt. Die Erinnerung ist für den anderen opak. S. Freud (»Die Traumdeutung«, 1900; »Das Ich und das Es«, 1923) erkennt, dass die ›unbewusste‹ M. vieldeutig ist und sich nicht zweifelsfrei interpretieren lässt. Für die Psychoanalyse besitzt die Erinnerungsarbeit in der ›freien Assoziation‹ eine therapeutische Bedeutung; im ⁊ Surrealismus wird sie unter Berufung auf Freud zum Prinzip künstlerischer Produktion gemacht (↗ *écriture automatique*). Kennzeichnend ist für die ↗ Moderne, dass die Erinnerung weniger als aktiv zu steuernde Technik denn als nicht willentlich beeinflussbares Geschehen verstanden wird (etwa in M. Prousts ›mémoire involontaire‹). In den ↗ Avantgarden des 20. Jh.s wird – in Übereinstimmung mit Befunden der Neurophysiologie, der Psychologie und der Psychoanalyse – immer radikaler in Frage gestellt, dass das Gedächtnis mehr ist als ein lockeres, ständiger Veränderung unterworfenes Konglomerat vergangener Wahrnehmungen und Erfahrungen, kollektiver Überlieferungen unterschiedlicher Provenienz, kultureller Stereotypen, eingeübter Sozialisationsmuster und Habitus. Die Rolle der M. als identitätsverbürgenden Kerns der Persönlichkeit scheint ausgespielt zu sein. Gegenwärtig haben sich die einstmals unter ›M.‹ zusammengefassten Phänomene in so unterschiedliche Sachverhalte ausdifferenziert, die Gegenstand einzelwissenschaftlicher (psychologischer, soziologischer, kulturgeschichtlicher, medizinischer u. a.) Forschung sind, dass von ›Sachgeschichte‹ nur noch im Plural gesprochen werden kann. – An die soziologische und kulturanthropologische Forschung schließen die zahlreichen Arbeiten von A. und J. Assmann an. Lit. wird bei ihnen im weitesten Sinne als Schriftkultur verstanden und ↗ Schrift ihrerseits als Notationssystem, das als ein externer Zwischenspeicher die ›zerdehnte Kommunikation‹ (Ehlich), also die Mitteilung und Reaktualisierung der Mitteilung über einen langen Zeitraum hinweg, erlaubt. Schriftkultur erscheint mithin als Sonderfall des kulturellen Gedächtnisses. Kulturelle Überlieferung basiert in oralen Gesellschaften auf performativer Repetition, in skripturalen Gesellschaften auf dauerhafter Speicherung, die ohne rituelle Erneuerung auskommt. – Noch auf die 1920er Jahre gehen Forschungen zu M. und ↗ Intertextualität zurück, wie sie von Bachtin angestoßen wurden. Bachtin weist die Dichotomie ›Repetition‹ vs. ›Reflexion‹ unterschiedlichen Gattungen zu, nämlich *Epos* vs. *Roman*; der Roman sei im Ggs. zum älteren Epos seit der ↗ Frühen Neuzeit durch Reflexion als Denk-, Sprach-, Schreib- und Lebensform geprägt, durch Vielstimmigkeit und Prozessualität. Bachtins Ansatz wurde u. a. von Lachmann weiterentwickelt, die den systemischen Charakter des kulturellen Gedächtnisses betont, bes. seine Funktion, Modelle der kulturellen M. zu bilden. Eines dieser Modelle sind lit. Texte. Texte werden als Möglichkeitsbedingung für neue Texte angesehen, welche die älteren aufheben bzw. überschreiben. Erinnern erscheint demnach nicht allein als Bewahren, sondern auch als Umschrift und Aktualisierung. WN

Lit. zu 1.: J. J. Berns: Mnemonik. In: RLW. – H. Lausberg: Hb. der lit. Rhet. [1960]. Mchn. ²1973, §§ 1083–1090. – W. Neuber: M. In: HWbRh. – Ders.: M. In: RLW. – P. Ricœur: Gedächtnis, Geschichte, Vergessen [frz. 2000]. Mchn. 2004, S. 98–113. – R. Volkmann: Die Rhet. der Griechen und Römer [1872]. Lpz.

²1885. Repr. Hildesheim u. a. 1987, S. 567–572. – F. A. Yates: Gedächtnis und Erinnern [engl. 1966]. Bln. ⁶2001.
Zu 2.: A. Assmann u. a. (Hg.): Schrift und Gedächtnis. Mchn. 1983. – A. Assmann: Erinnerungsräume. Mchn. 1999. – A. Assmann, D. Harth (Hg.): Mnemosyne. Ffm. 1991. – J. Assmann: Das kulturelle Gedächtnis. Mchn. 1992. – J. Assmann, T. Hölscher (Hg.): Kultur und Gedächtnis. Ffm. 1988. – M. M. Bachtin: Formen der Zeit im Roman [russ. 1937–75]. Ffm. 1989. – J. J. Berns, W. Neuber (Hg.): Das enzyklopädische Gedächtnis der Frühen Neuzeit. Tüb. 1998. – J. J. Berns (Hg.): Gedächtnislehren und Gedächtniskünste in Antike und Früh-MA. Tüb. 2003. – L. Bolzoni: La fabbrica del pensiero. Dall'arte della m. alle neuroscienze. Mailand 1989. – K. Ehlich: Text und sprachliches Handeln. In: A. Assmann u. a. 1983, S. 24–43. – M. Halbwachs: Das Gedächtnis und seine sozialen Bedingungen [frz. 1925]. Bln., Neuwied 1966. – Ders.: Das kollektive Gedächtnis [frz. 1950]. Ffm. 1991. – E. A. Havelock: Als die Muse schreiben lernte [engl. 1986]. Ffm. 1992. – R. Lachmann: Gedächtnis und Lit. Ffm. 1990. – O. G. Oexle (Hg.): M. als Kultur. Gött. 1995. – A. Warburg: Mnemosyne-Atlas. Hg. v. W. Rappl. Wien 1993. – H. Weinrich: Lethe. Kunst und Kritik des Vergessens. Mchn. 1997. – H. Wenzel: Hören und Sehen, Schrift und Bild. Kultur und Gedächtnis im MA. Mchn. 1995.

Memorialkultur, f. [lat. *memoria* = Erinnerung], alle Praktiken der öffentlichen Stiftung des Andenkens an eine Person, insbes. als Reaktion auf deren rezenten Tod. – Die Vergegenwärtigung von Leben und Leistungen eines soeben Verstorbenen gehört zu den elementaren Bestandteilen fast jeder Form menschlicher Vergesellschaftung. ›M.‹ im engeren Sinne meint jedoch weniger alle Spielarten rituell oder zeremonial bestimmter, leiblich-repräsentativer Erinnerung an eine Person als vielmehr die Fixierung des Andenkens in dauerhafter, oft artifizieller Ausformung. Sie reicht somit von Beschreibungen und Abbildungen von Leichenbegängnissen über dichterische Grabinschriften, gedruckte Trauerreden und feuilletonistische Nekrologe bis hin zu sepulkralen Monumenten und Prunksärgen in Mausoleen. Dokumente der M. finden sich in nahezu allen gängigen Medien und Kunstgattungen einer Zeit. Die Stiftung des Andenkens an einen Menschen ist also offen sowohl für äußere Innovationen in Darstellungsmaterial und Gestaltungsweise als auch für die Aufbewahrung der je spezifischen, einzigartigen Daten eines einzelnen Lebenslaufes. Auf der anderen Seite sind die von der M. hervorgebrachten Artefakte gerade in den christlich-europäischen Kulturen durch außerordentliche Konventionalität und Traditionsgebundenheit gekennzeichnet, insbes. hinsichtlich eingespielter Aufbaumuster und Stereotypen des Personenlobs. Die oft behauptete schönfärberische Tendenz der Memorialisierung von Verstorbenen wurde hingegen von der jüngeren Forschung als Vorurteil wi-

derlegt. Auch die geläufige These von der sukzessiven Tabuisierung des Todes und seiner gänzlichen Verdrängung aus Familie und Öffentlichkeit seit dem MA. wurde angesichts der reichen Ausdifferenzierung der M., nicht zuletzt in der Moderne, bezweifelt. – Die schriftlit. überlieferten Zeugnisse der M. werden unter dem Begriff ↗ ›Nachruf‹ zusammengefasst.
Lit.: Ph. Ariès: Geschichte des Todes [frz. 1978]. Darmstadt 1996. – B. Boge, R. G. Bogner (Hg.): Oratio funebris. Amsterdam, Atlanta/GA 1999. – R. Lenz (Hg.): Leichenpredigten als Quelle historischer Wissenschaften. 3 Bde. Köln u. a. 1975–84.   RGB

Ménestrel, m. [menɛs'trɛl, provenz.-afrz.; von spätlat. *ministerialis* = Beamter], in der frz. Lit. des MA.s der im Dienst eines Hofes stehende Jongleur (↗ Spielmann, ↗ Joculator), dann (im 13. Jh.) auch der Jongleur überhaupt. Vgl. auch engl. ↗ Minstrel.   MGS

Menippea, f., eigentlich *Satura Menippea*, menippeische ↗ Satire.

Men's Studies ↗ Männlichkeit.

Mentalitätsforschung [Neubildung, abgeleitet von frz. *mentalité* = Sinnesart; lat. *mentalis* = geistig], auch: Mentalitätsgeschichte; Gebiet der Geistes-, Kultur- und Geschichtswissenschaften, in dem versucht wird, individuelle und kollektive, spontane und vermittelte Verhaltensweisen in Denken, Fühlen und Handeln bestimmter historischer ↗ Epochen und Kulturräume sowie deren soziale, kulturelle und künstlerische Ausprägungen zu erfassen und zu beschreiben. – Die M. etablierte sich als Spezialdisziplin mit der 1929 von H. Bloch und L. Febvre gegründeten Zs. »Annales«. Das dort erhobene Postulat einer *histoire totale* zielt darauf, innerhalb eines historischen Zeitraumes umfassende Bezüge zwischen gesellschaftlichen, religiösen und psychohistorischen Faktoren als Mentalitätskonstitution zu erfassen. Dabei reicht die Fülle der auszuwertenden Gegenstandsbereiche von mythischen Überlieferungen bis zum ökonomischen System, von familiaren Lebensformen bis zu den Herrschaftsinstitutionen, um daraus eine Totale der *atmosphère mentale* eines Zeitalters zu rekonstruieren. Diese Rekonstruktion bedarf der methodisch reflektierten Fakteninterpretation, die je nach der Kerndisziplin, aus der heraus M. betrieben wird, unterschiedlich ausfallen kann. Denn die M. kann keiner Einzeldisziplin zugeschlagen werden; sie besteht nur, weil verschiedene Theorieansätze und Wissenschaftsdisziplinen sich im interdisziplinären Austausch überlagern. Die Problematik einer trennscharfen Definition von ›M.‹, bes. in Abgrenzung zur historischen Anthropologie, ist dabei nach wie vor ungelöst. Zwar wird von einem komplexen Zusammenwirken individueller und kollektiver Faktoren ausgegangen, aber nicht jedes beliebige Konglomerat aus Gefühlen, Meinungen und gesellschaftlichen Variablen ist als ›Mentalität‹ zu bezeichnen. Vielmehr sollte ein daraus resultierendes Handlungsschema zur Lebensdeutung und -bewältigung zu erkennen sein, das die Lebenspraxis einer definierbaren sozialen Gruppe bestimmt und ein mehr oder weniger bewusst wahrgenommener Bestandteil des jeweiligen Alltagswissens ist. Insofern kann Mentalität ebenso zur Verstetigung der sie hervorbringenden Faktoren beitragen, wie andererseits Veränderungen einzelner Variablen zu einem ›Mentalitätswandel‹ führen können. – Der Frageansatz der M. führte zu umfangreichen Untersuchungen vergangener Kulturen und ihrer Lebensformen (z. B. zum Umgang mit Sterben und Tod, zur Geschichte der Kindheit, zur Ausprägung von Geschlechterrollen). Der Lit. kommt bei der Formierung, Konservierung und Veränderung von Mentalitäten eine bes. Rolle zu, weil sie Probleme nicht mit einem wissenschaftlichen oder journalistischen Wahrheitsanspruch thematisiert und argumentativ erörtert, sondern sie in ästhetischer Überformung und/oder in Form der ↗ Fiktion präsentiert. Der Lit.wissenschaft ermöglicht die M. über den Zugriff auf Ergebnisse und Methoden anderer Wissenschaftsdisziplinen ein vertieftes Verständnis lit. Texte; sie durchbricht die Beschränkung auf eine naiv identifikatorische Lektüre, indem sie die weitreichende Fremdheit vergangener Epochen konstatiert und beschreibt. Im Gegenzug steuert die Lit.wissenschaft mit ihrem Beharren auf dem Kunstcharakter lit. Texte wesentlich zur fächerübergreifenden Rekonstruktion einer europäischen Mentalitätsgeschichte bei. – Die M. weist Berührungspunkte mit der – allerdings weniger stark fächerübergreifenden – ↗ Imagologie als Teil der ↗ vergleichenden Lit.wissenschaft auf.
Lit.: C. Brinker-von der Heyde: Mentalität, historische Anthropologie und Lit. In: Jb. der Oswald von Wolkenstein-Gesellschaft 12 (2000), S. 65–81. – P. Dinzelbacher (Hg.): Europäische Mentalitätsgeschichte. Stgt. 1993. – O. G. Oexle: Mentalitätsgeschichte. In: RLW. – U. Raulff (Hg.): Mentalitäten-Geschichte. Bln. 1987.   MME

Mentalitätsgeschichte ↗ Mentalitätsforschung.

Merkdichtung, Sammelbez. für meist kurze, in Form eines ↗ Katalogs erscheinende Verzeichnisse von Stoffen unterschiedlichster Wissensbereiche in gebundener Rede, deren Ursprung zumeist in rein mündlichen oder semi-oralen Kulturzusammenhängen zu suchen und deren Verschriftung sekundär ist. In diesem Sinne umfasst M. sowohl Bauern- und Wetterregeln als auch ↗ Kalendergedichte, ↗ Cisiojani, ↗ Zaubersprüche, gereimte Glaubenslehren (Dekaloggedichte), gesellschaftliche Verhaltensregeln (↗ Tischzuchten) oder grammatische Merkverse.
Lit.: R. M. Kully: Denk- und M. als Gebrauchspoesie. In: A. Keck, Th. Nolte (Hg.): Ze hove und an der strazen. Stgt. 1999, S. 134–151. – Ders.: Merkvers. In: RLW.   CF

Merker, m. Pl., 1. im ↗ Minnesang fiktive Aufpasser und Neider (*merkære*), welche die Begegnung der Liebenden verhindern oder überwachen und deren Existenz wie das zugrunde liegende Prinzip der *huote* überhaupt vom lyrischen Ich meist beklagt wird. Im späteren MA. wird gelegentlich zwischen guten und schlechten M.n unterschieden. – 2. Im ↗ Meistersang die (realen) Zensoren und Schiedsrichter, die – meist zu viert im ›Gemerk‹, einem durch Vorhänge abgeteilten Raum, sitzend – als Vorsteher der Singschule die Liedvorträge nach den Regeln der ↗ Tabulatur beurteilen und Verstöße registrieren.

Lit.: L. Seibold: Studien über die Huote. Bln. 1932.

MGS

Merkvers ↗ Merkdichtung.

Merzdichtung, Teil der ›Merzkunst‹; von K. Schwitters 1918 geprägter Begriff für die von ihm vertretene Sonderform des ↗ Dadaismus; der Oberbegriff ›Merz‹ verdankt seinen Namen dem Wort ›Kommerzbank‹. – »Das Wort Merz bedeutet wesentlich die Zusammenfassung aller erdenklichen Materialien für künstlerische Zwecke«, in den u. a. 1923–32 in Schwitters' Zs. »Merz« publizierten Dichtungen (auch) die collagenhafte Verwendung fertiger »Sätze aus Zeitungen, Plakaten, Katalogen, Gesprächen usw., mit und ohne Abänderung« (Schwitters). Das ›Merzen‹ sollte zu einem ↗ Gesamtkunstwerk beitragen und neben Texten und Bildern auch auf der ›Merzbühne‹ (mit Einbeziehung des Publikums) und in ›Merzbauten‹ (Nachbau P. Bisseggers im Sprengel Museum Hannover) realisiert werden. Beträchtlichen Einfluss übte die M. u. a. auf die ↗ konkrete Poesie aus.

Lit.: J. Büchner u. a.: Kurt Schwitters 1887–1948. Ffm., Bln. 1986. – S. Meyer-Büser, K. Orchard (Hg.): MERZ. Aller Anfang ist Merz. Ostfildern-Ruit 2000. – K. Werner: Von Merz bis heute. Altenburg 1987. FM

Mesọdos, m. [gr. = Zwischengesang], ↗ Proodos.

Mesọstichon, n. [aus gr. *mésos* = mitten, *stíchos* = Vers], schmückende Figur in Gedichten, bei der die in der Mitte der Verse stehenden Buchstaben, von oben nach unten gelesen, einen bestimmten Sinn ergeben; viel seltener als ↗ Akrostichon und ↗ Telestichon. MGS

Messiạde, f. [von Messias = der Gesalbte], geistliches Epos über Leben und Leiden Christi; die Gebundenheit an die Evangelienvorlage behindert im Allgemeinen eine freie künstlerische Entfaltung des Stoffes. M.n sind z. B. die ↗ Evangelienharmonien (»Diatessaron« des Syrers Tatian, um 170 n. Chr., der altsächs. »Heliand«, um 830, Otfrieds ahd. Evangelienbuch, vor 870). Das einflussreichste Werk der in der ersten Hälfte des 18. Jh.s beliebten ↗ Bibelepik war das Hexameter-Epos »Der Messias« (1748–73) von F. G. Klopstock, das zahlreiche Nachahmungen fand, im 19. Jh. F. Rückerts »Leben Jesu. Evangelienharmonie in gebundener Rede« (1839), L. Storchs »Der Jakobstern. Eine M.« (1836–38), F. W. Helles Christusepen (1870–96 u. 1886) u. a. Im Anschluss an E. Renans populärwissenschaftliches Werk »La Vie de Jésus« (1863) entstanden auch romanhafte Darstellungen, oft mit Neudeutungen des biblischen Stoffes, im 20. Jh. z. B. W. v. Molo »Legende vom Herrn« (1927), E. Ludwig, »Der Menschensohn« (1928), R. Ranke-Graves, »King Jesus« (1954), M. Brod, »Der Meister« (1952). Nicht als ›M.‹ bezeich-

net werden die Spiegelungen des historischen Heilands in modernen Christusgestalten, z. B. die Romane »Der Narr in Christo Emanuel Quint« (1920) von G. Hauptmann, »Der wiederkehrende Christus« (1926) von R. Huch. GG

Messkatalog, vom 16. bis 19. Jh. publiziertes Verzeichnis der angekündigten Neuerscheinungen für die Büchermessen in Frankfurt/M. und Leipzig. Der erste M. wurde ab 1564 von dem Augsburger Buchhändler G. Willer herausgegeben, zunächst jährlich, ab 1574 halbjährlich (jeweils vor den Messen im Frühjahr und im Herbst). Von 1598 bis 1750 fungierte der Rat der Stadt Frankfurt/M. als Herausgeber. Für die Leipziger Messe gab H. Grosse 1594 erstmals einen M. heraus. Die Übernahme des Leipziger M.s durch Ph. E. Reich (Weidmannsche Buchhandlung) 1759 geschah in einer Phase, während der Leipzig zum Hauptumschlagplatz im System des dt. Buchhandels avancierte. M.e erschienen bis 1860, die Funktion der bibliographischen Ankündigung bzw. Erfassung war schon seit den Jahrzehnten zuvor erfolgreich durch die Bücherverzeichnisse von Hinrichs, Heinsius und Kayser sowie durch buchhändlerische Zs.en (insbes. durch das ab 1834 erscheinende Börsenblatt für den Dt. Buchhandel) übernommen worden. – Bei der Auswertung von M.en ist zu beachten, dass sie nur einen Teil der Titelproduktion ausweisen. Sie erfassen lediglich das für die überregionalen Messen in Planung genommene Angebot; Kleinschrifttum und Titel für einen regional begrenzten Markt wurden hier zumeist nicht aufgeführt. Die Bedeutung der M.e ergab sich zum einen als Informationsmittel für die Messehändler, zum anderen als Kontrollinstrument für Zensurinstanzen.

Lit.: O. Duntze: Die Frankfurter und Leipziger M.e als buchgeschichtliche Quellen. In: Buchhandelsgeschichte (Beilage zum Börsenblatt des dt. Buchhandels) 1/2002, S. B10–B18. VT

Mester de clerecía, m. [span.], ↗ *cuaderna vía*.

Metabibliographie ↗ Bibliographie.

Metafiktion, f. [gr. *metá* = über, nach], Erzähllit., die ihre ↗ Fiktionalität gezielt und grundsätzlich offenlegt, bzw. entsprechende Erzähl- oder Darstellungsstrategien. – M. kann punktuell oder auf den ganzen Text angewandt werden. Bei ›expliziter M.‹ spricht eine der Figuren oder der ↗ Erzähler die Fiktionalität des Erzählten offen aus, bei ›impliziter M.‹ wird die strukturelle Einheit des fiktiven Geschehens durchbrochen, z. B. durch mehrere paradox oder zumindest nicht stimmig aufeinander bezogene Ebenen des Erzählten (Metalepse, ↗ mise en abyme). Das metafiktionale Verfahren kann auch auf andere Texte bezogen sein (↗ Intertextualität), etwa im Fall der ↗ Parodie. Umstritten bzw. im Einzelfall zu prüfen ist, inwieweit M. die Illusionsbildung auf Seiten des Rezipienten grundsätzlich stört oder gar zerstört oder ob sie nur ein Bewusstsein des Lesers für das fiktionale Als-ob-Spiel schafft oder verlangt. Ferner ist strittig, ob M. grundsätzlich alle, insbes. neuzeitliche Erzähltexte betreffen kann (z. B.

M. de Cervantes: »Don Quixote«) oder ob sie allein moderne oder postmoderne Romane (etwa von M. Frisch, K. Vonnegut, J. L. Borges) auszeichnet. Der Terminus ›M.‹ wurde erst in den 1970er Jahren eingeführt.
Lit.: D. Frank: Narrative Gedankenspiele. Wiesbaden 2001. – A. Nünning: Von historischer Fiktion zu historiographischer M. 2 Bde. Trier 1995. – M. A. Rose: Parody/Meta-Fiction. Ldn. 1979. – M. Scheffel: Formen selbstreflexiven Erzählens. Tüb. 1997. – P. Waugh: Metafiction. Ldn., NY 1984. – W. Wolf: Ästhetische Illusion und Illusionsdurchbrechung in der Erzählkunst. Tüb. 1993.   USP
Metalepse, f., ↗ Metafiktion.
Metalepsis, f. [gr. = Vertauschung], ↗ Tropus (1) zwischen ↗ Metapher und ↗ Metonymie: Ersetzung eines polysemantischen Wortes durch ein synonymes Wort mit einer im gegebenen Kontext nicht gemeinten Teilbedeutung, z. B.: »er ist ein *Gesandter*, aber kein *Geschickter*« (gesandt = *geschickt*; kann auch bedeuten: ›gewandt‹, ›fähig‹); begegnet auch bei Homonymen (↗ Homonymie); gern für ↗ Wortspiele verwendet. GG
Metamorphose, f. [gr. *metamórphōsis* = Verwandlung], Gestaltwandel, v. a. die Verwandlung eines Menschen in ein Tier, eine Pflanze oder in unbelebte Natur (manchmal auch umgekehrt). Die M. begegnet in Mythologie (Zeus als Stier, als Schwan, Daphne als Lorbeerbaum), Märchen (Froschkönig) und aitiologischen Sagen (Watzmannsage) sowie in der Lit. aller Zeiten seit Homer (»Odyssee« 10: die Verwandlung der Gefährten des Odysseus in Schweine durch die Zauberin Kirke), dann v. a. in hellenistischer Lit. (Apuleius: »Der goldene Esel«, 2. Jh.). Die berühmteste und wirkmächtigste Zusammenfassung antiker Verwandlungsgeschichten sind Ovids »M.n« (fünfzehn Bücher, ca. 10 n. Chr.). M.n finden sich auch in anord. Dichtung (Lied vom Drachenhort: Otr – Fischotter, Fafnir – Drache), in der Neuzeit u. a. in Shakespeares »Sommernachtstraum« (Zettel – Esel), in F. Kafkas Erzählung »Die Verwandlung« (Käfer) und in E. Ionescos Stück »Die Nashörner«.
Lit.: W. Hermann, H.-J. Horn (Hg.): Die Rezeption der *M.n* des Ovid in der Neuzeit. Bln. 1995. GS/Red.
Metanoia, f. ↗ Correctio.
Metapher, f. [gr. *metaphorá* = Übertragung, Transport; von *metaphérein* = umhertragen, übertragen, austauschen, verändern; lat. *metaphora, translatio*], wichtigste Form der ↗ Uneigentlichkeit, bei der auf der Ebene einzelner Formulierungen und Wörter (↗ Tropus [1]) konventionelle Ausdruck-Inhalt-Zuordnungen durch das Zusammenspiel des Ausdrucks mit seiner Textumgebung (Kotext) oder situativen Umgebung (Kontext) aufgehoben und durch die Aufforderung oder den Zwang zu einer unkonventionellen und dadurch neuen Bedeutungskonstituierung ersetzt werden: Der Ko- oder Kontext eines Ausdrucks (Wort oder Wortverbindung) ›konterdeterminieren‹ einen Ausdruck als Initialsignal der Uneigentlichkeit und

fordern dadurch gleichzeitig als Transfersignal der Uneigentlichkeit zu einem entschematisierten (oft als erhellend empfundenen) Neuverstehen des somit metaphorischen Ausdrucks in seinem Ko- oder Kontext auf. Dabei verändert der metaphorische Ausdruck nicht seine Semantik, die ihm als isoliertem Sprachzeichen zukommt; die Richtungsänderung der Kohärenzbildung wird jedoch durch Ko- oder Kontextelemente auf Bereiche der Denotation oder Konnotation des Ausdrucks gelenkt, die bei der konventionellen Bedeutungskonstituierung lediglich im Hintergrund stehen oder herausgefiltert werden. Die Bedeutungskonstituierung bleibt im Unterschied zu anderen, in bestimmter Weise gelenkten Formen der Kohärenzbildung (↗ Metonymie) unscharf oder offen im Rahmen des Bedeutungspotentials der beteiligten Sprachzeichen. Eine Grammatik der M. unterscheidet Wortarten (Substantivmetapher, Verbalmetapher, adjektivische M.) und syntaktische Formen der M. (Genitivmetapher, metaphorische Prädikation, metaphorischer ↗ Vergleich). Ebenso lassen sich Bildfelder (M.n aus dem Bereich der Natur, der Schifffahrt, des Sports, der Informatik), stilistische Wirkungsdispositionen (pathetische, dunkle, komische, verhüllende oder enthüllende M.n) und kategorisierende Stufungen (Konkretisierung des Abstrakten, ↗ Personifikation, Belebung des Unbelebten, Anthropomorphisierung) voneinander unterscheiden. Die metaphorische Vermischung von Wahrnehmungsbereichen führt zur ↗ Synästhesie (›Lieder sehen‹, ›Bilder hören‹, ›Gerüche ertasten‹), die textuelle Verkettung von einzelnen M.n zu bildgleichen oder bildungleichen M.nkomplexen (*compound metaphor*, oft mit komischer Wirkung: ↗ Katachrese; ↗ Allegorie). – In der mehr als zweitausendjährigen Geschichte von M.ntheorie und -forschung sind komplexe Theorien über Konstitution und Funktion von M.n entwickelt worden, deren Gemeinsamkeiten und Unterschiede nicht leicht auszumachen sind. Äquivokationen erschweren die Orientierung. Konzeptionell tragende Stichwörter wie ›Vergleich‹, ›Identität‹, ›Analogie‹, ›Ähnlichkeit‹, ›Übertragung‹ bedeuten bei verschiedenen Autoren unter Umständen sehr Verschiedenes. Die in der modernen dt.sprachigen M.nforschung weit verbreitete Bündelung der Theoriegeschichte in drei Positionen – *Substitutionstheorie* (M. als Ersetzung eines eigentlich gemeinten durch einen uneigentlichen Ausdruck), *Vergleichstheorie* (M. als verkürzter Vergleich mit zu erschließendem Tertium Comparationis), *Interaktionstheorie* (M. als Interaktion zwischen Ausdruck und konterdeterminierendem Ko- bzw. Kontext) – dient v. a. der Komplexitätsreduktion. Im 20. Jh. setzen sich Interaktionstheorien weithin durch (Richards' »tenor-vehicle-Theorie«, Blacks »focus-frame-Theorie«; Weinrichs Theorie der Konterdetermination). Sie konkurrieren allerdings seit geraumer Zeit mit kognitionslinguistischen Ansätzen (Fillmore, Lakoff/Johnson, Baldauf, Cameron/Low), die ihr Augenmerk auf die kognitive Organisation von

Weltwissen (in ›Idealized Cognitive Models‹) statt auf die linguistische Determination semantischer Merkmale richten. Lit.: Ch. Baldauf: M. und Kognition. Ffm. 1997. – B. Biebuyk: Die poietische M. Würzburg 1998. – H. Birus: M. In: RLW. – M. Black: Metaphor. In: Proceedings of the Aristotelian society 55 (1954), S. 273–294. – C. Cameron, ·G. Low (Hg.): Researching and applying metaphor. Cambridge 1999. – H. G. Coenen: Analogie und M. Bln., NY 2002. – U. Eco: Semantica della metaphora. In: ders.: Le forme del contenuto. Mailand 1969, S. 95–125. – E. Eggs: M. In: HWbRh. – Ch. Fillmore: Semantic Frames and the Semantics of Understanding. In: Quaderni di Semantica 12 (1985), S. 222–253. – A. Haverkamp (Hg.): Theorie der M. Darmstadt 1983. – W. Köller: Semiotik und M. Stgt. 1975. – Ch. Lakoff, M. Johnson: Metaphors we live by. Chicago 1980. – D. Peil: M.nkomplex. In: RLW. – I. A. Richards: The Philosophy of Rhetoric. NY, Ldn. 1936. – P. Ricoeur: La métaphore vive. Paris 1975. – H. Weinrich: Allg. Semantik der M. In: ders.: Sprache in Texten. Stgt. 1976, S. 317–327. – St. Willer: M./metaphorisch. In: ÄGB. – Zs. für Semiotik 25 (2005), H. 1/2: M.n in Bild und Film, Gestik, Theater und Musik; H. 3/4: M.n in Sprache, Lit. und Architektur. – R. Zymner: Uneigentliche Bedeutung. In: M. Martinez u. a. (Hg.): Regeln der Bedeutung. Bln., NY 2003, S. 128–168.   RZ

Metaphernkomplex ↗ Metapher.

Metaphorik, f., 1. zusammenfassende Bez. für den spezifischen Gebrauch von ↗ Metaphern bei einem Autor, in einem Text oder Textkorpus; 2. Sammelbez. für unterschiedliche Formen der ↗ Uneigentlichkeit (auch: ›Bildlichkeit‹, ›Gleichnismanier‹) bei einem Autor, in einem Text oder Textkorpus; 3. Bez. für den Gesamtbereich aller Formen der Uneigentlichkeit (↗ Tropus [1], ↗ Allegorie, ↗ Parabel, ↗ Fabel, ↗ Emblem). Lit.: B. Asmuth: Bildlichkeit. In: HWbRh. – P. Michel: Alieniloquium. Elemente einer Grammatik der Bildrede. Bern u. a. 1987. – J. Nieraad: »bildgesegnet und bildverflucht«. Darmstadt 1977.   RZ

Metaphrase, f. [aus gr. *metá* = nächst, nahe bei, *phrásis* = Wort, Rede], 1. wortgetreue Übertragung einer (auch fremdsprachlichen) Versdichtung in Prosa (im Ggs. zur ↗ Paraphrase); 2. erläuternde Wiederholung eines Wortes durch ein Synonym.   GG

Metaphysical Poets [engl. = metaphysische Dichter], Bez. für eine Reihe engl. Lyriker des 17. Jh.s wie J. Donne, G. Herbert, R. Crashaw, H. Vaughan, A. Marvell; erstmals verwendet von J. Dryden, eingebürgert im 18. Jh. durch S. Johnson. Neu entdeckt wurden die M. P. im frühen 20. Jh., v. a. von T. S. Eliot. Charakteristika der vielfach religiös, auch mystisch getönten Gedichte sind: Ironie, Satire, Vorliebe für das Paradoxe (*conceit*, ↗ Concetto), dialektisches Räsonnement, Verbindung des Emotionalen mit dem Intellektuellen, die Kunst psychologischer Beobachtung und eine gelehrte Bildersprache. Die M. P. sind damit Vertreter des ↗ Euphuismus und des ↗ Manierismus.

Texte: H. J. C. Grierson (Hg.): Metaphysical Lyrics and Poems of the 17th Century [1921]. Nachdr. Oxford 1962. Lit.: A. Esch: Die ›metaphysische‹ Lyrik. Düsseldorf 1970. – E. Miner: The Metaphysical Mode from Donne to Cowley. Princeton 1969. – D. Reid: The M. P. Harlow 2000. – A. J. Smith: Metaphysical Wit. Cambridge 1991.   MGS

Metaplasmus, m. [gr. = Umformung], Pl. Metaplasmen; Abweichung von der sprachlich korrekten Form eines Wortmaterials. Im Ggs. zum ↗ Barbarismus, der als Fehler gilt, ist der M. um einer Stilwirkung, des Wohllauts oder der metrischen Ordnung willen erlaubt. Metaplasmen entstehen u. a. durch Auslassung von Lauten am Wortanfang (Aphärese), im Wortinnern (↗ Synkope) oder am Wortende (↗ Elision, ↗ Apokope) bzw. durch Hinzufügung am Wortanfang (Prosthese), im Wortinnern (Epenthese) oder am Wortende (Paragoge) bzw. durch Zusammenziehung benachbarter Wörter (↗ Synalöphe). Lit.: B. Moennighoff: Metaplasmen. In: RLW.   BM

Metatextualität ↗ Intertextualität.

Methode, f. [gr. *méthodos* = der Weg auf ein Ziel hin], planvolles Vorgehen, um ein Ziel zu erreichen oder eine Aufgabe zu lösen, meist im Bereich des Denkens oder Handelns, v. a. in den Wissenschaften. ›M.‹ ist ein wissenschaftstheoretischer Begriff, der in der Lit.wissenschaft mindestens vier Bedeutungen hat: 1. In einer strengen, wissenschaftstheoretischen Verwendung müssen M.n in einen Theoriezusammenhang eingebunden sein, muss es eine geregelte Abfolge von Verfahrensschritten geben und müssen die so erzielten Ergebnisse wiederholbar sein. – 2. In einer erkenntnistheoretischen Begriffstradition kann von der ›M.‹ einer Disziplin nur dann gesprochen werden, wenn sie eine eigenständige, allein auf diese Weise zu erzielende Erkenntnis erbringt. – 3. Lit.wissenschaftlich betrachtet, erfordert eine M. den Rahmen einer ↗ Lit.theorie. In ihr müssen Ziele explizit formuliert, zumindest aber explizierbar sein, dazu Annahmen über Verfahrensweisen, auf welchem Weg die Ziele einzulösen sind, und eingeführte Begriffe, mit denen die Ergebnisse dokumentiert werden. – 4. Jedes regelgeleitete Vorgehen zur Erreichung eines Ziels ist ›methodisch‹. – Den ›weichen‹ Standards der Lit.wissenschaft entsprechend stellt 3. eine sinnvolle und fruchtbare Verwendung von ›M.‹ dar; 1. und 2. sind zu eng, während 4. zu unspezifisch bleibt. Als wissenschaftlich nützlich gelten M.n v. a., weil sie ökonomisch sind, Ergebnisse nachvollziehbar machen und Forschungskontinuität ermöglichen. Als problematisch wird des Öfteren gesehen, dass sie ihren Objektbereich schematisieren und unkonventionellen Problemlösungen entgegenstehen. So meiden einige Forscher den Begriff ›M.‹, weil sie ihn zur Bez. disziplinärer Umgangsweisen mit Lit. für zu eng halten, ersetzen ihn durch unspezifische Ausdrücke wie ›Verfahren‹ oder heben ihn in Ausdrücken wie ›Position‹ oder ›Richtung‹ auf (z. B. Wellbery). In neueren Einführungen in die Lit.wissenschaft oder -theorie dominiert jedoch ›M.‹ im Sinne von 3. und 4. (z. B. Geisenhanslüke). Die M.n der Lit.wissenschaft werden in deren ↗ Methodologie reflektiert. Unterschieden werden M.n der ↗ Textkritik, der Textanalyse und ↗ Interpretation sowie der Lit.geschichtsschreibung. In den bis in die 1950er Jahre hinein tradierten M.nlehren des 19. Jh.s (vgl. Oppel) wird unter ›M.‹ das Handwerkszeug wissenschaftlichen Umgangs mit Lit. verstanden. Die philologische M. der Textsicherung steht noch gleichberechtigt neben der biographischen M. im Rahmen positivistischer Lit.theorie und/oder der historisch-hermeneutischen M. der Textauslegung in W. Diltheys Nachfolge. In den M.ndarstellungen ab Mitte des 20. Jh.s werden unter ›M.n‹ meist nur noch Verfahrensweisen der Textinterpretation verstanden. Nach 1945 etablieren sich in der westdeutschen Lit.-wissenschaft – neben der durchgängigen hermeneutischen Tradition – die textzentrierte ↗ ›werkimmanente M.‹, in der DDR dagegen kontextbetonte M.n im Rahmen historisch-materialistischer Lit.theorien. In den 1970er Jahren setzt sich das Schlagwort vom ›M.npluralismus‹ durch, dem ein Nebeneinander z. T. inkompatibler M.n entspricht (vgl. Hauff u. a.). Verfahren mit strukturalistischer, linguistischer und semiotischer Fundierung, welche die Textanalyse präzisieren sollen, stehen neben Ansätzen dominant gesellschaftlicher Kontextualisierung (z. B. Ideologiekritik, Sozialgeschichte), neben lit.psychologischen und rezeptionsorientierten Methoden (↗ Rezeptionsästhetik, ↗ empirische Lit.wissenschaft). Auch unter den seit den 1980er Jahren praktizierten poststrukturalistischen Umgangsweisen mit Lit. lassen sich einige als ›M.‹ im Sinne von 3. bezeichnen, so diskursanalytische Strategien der Kontextualisierung oder die textzentrierten Operationen der ↗ Dekonstruktion, theoriegeleitet nach Differenzen zu suchen. Seit den 1990er Jahren gewinnen an den Kognitionswissenschaften orientierte M.n an Raum.

Lit.: R. Baasner: M.n und Modelle der Lit.wissenschaft. Bln. 1996. – H. Fricke: Wieviele ›M.n‹ braucht die Lit.-wissenschaft? In: ders.: Lit. und Lit.wissenschaft. Paderborn u. a. 1991, S. 169–187. – A. Geisenhanslüke: Einf. in die Lit.theorie. Darmstadt 2003. – J. Hauff u. a.: M.ndiskussion. 2 Bde. Ffm. 1972. – H. Oppel: M.nlehre der Lit.wissenschaft. In: W. Stammler (Hg.): Dt. Philologie im Aufriß. Bln. ²1957, S. 39–82. – D. E. Wellbery: Positionen der Lit.wissenschaft. Mchn. 1985. – V. Žmegač (Hg.): M.n der Lit.wissenschaft. Ffm. 1972, S. 7–12. SWI

Methodik ↗ Lit.didaktik.

Methodologie, f. [aus gr. *méthodos* = Weg, *lógos* = Vernunft; lat. *methodologia*], die Lehre von den ↗ Methoden. ›M.‹ ist ein wissenschaftstheoretischer Begriff, der in der Lit.wissenschaft uneinheitlich verwendet wird. ›M.‹ bezeichnet 1. den Teil der allg. Darstellung der Wissenschaften insgesamt oder einer Einzelwissenschaft, in dem die Methoden begründet und ver-

mittelt werden (Methodenlehre); 2. die wissenschaftstheoretische Untersuchung von Methoden, v. a. ihrer Prämissen und Ziele; 3. jede theoretische Auseinandersetzung mit Methoden. – Gegen diese zu weite Verwendung sollte gesetzt werden: 4. Zur M. zählen nur die Aussagen über eine Methode, die systematischer Teil eines Gesamtentwurfs der Wissenschaft und/oder in ein wissenschaftstheoretisches Modell eingebunden sind. In der Lit.wissenschaft wird der Begriff des Öfteren durch schwächere Begriffe wie ›Methodenreflexion‹ oder ›-diskussion‹ ersetzt. Die Geschichte der lit.wissenschaftlichen M. in Deutschland stellt sich als Reihe von Versuchen dar, in unterschiedlichen Problemsituationen das Fach als Wissenschaft zu begründen oder wieder zu legitimieren. Es dominieren daher normative Ansätze. Die Methodenlehren des 19. Jh.s passen sich in Aufbau und Zielsetzung den philosophischen oder naturwissenschaftlichen Vorbildern an. Gegen sie wird um 1900 der Versuch gesetzt, auf der Basis einer eigenständigen, hermeneutischen Erkenntnis das Fach als spezifisch geisteswissenschaftliches zu etablieren (W. Dilthey). Infolgedessen weichen M.n Darstellungen des Gegenstandes, die allg. Hinweise zu philologischen Methoden enthalten. In den 1970er Jahren werden im Zuge der Verwissenschaftlichungsbestrebungen theoretische Entwürfe zum wissenschaftlichen Status der Lit. wissenschaft vorgelegt. Plädiert wird zum einen für den Anschluss des Faches an die Standards philosophisch-wissenschaftstheoretischer M. (Pasternack), zum anderen werden verstehens- und kommunikationstheoretische Ansätze (Habermas, Apel) herangezogen. Ferner wird in mehreren ›Methodenüberblicken‹ der ›Methodenpluralismus‹ des Faches als der einzig angemessene Zustand der Disziplin festgeschrieben. Im Anschluss an poststrukturalistische Wissenschaftskritik wird in den 1980er Jahren z. T. der Versuch einer methodologischen Fundierung der Disziplin generell als unangemessen abgelehnt. Dagegen stehen neuere Bemühungen, den wissenschaftlichen Status der Lit.wissenschaft wieder zu stärken (z. B. das von K. Weimar u. a. hg. »Reallexikon der dt. Lit.wissenschaft«, 1997–2003).

Lit.: U. Charpa: M. der Wissenschaft: Theorie lit.wissenschaftlicher Praxis? Hildesheim u. a. 1983. – L. Danneberg: M.n. Bln. 1989. – R. Kamitz: Methode/M. In: J. Speck (Hg.): Hb. wissenschaftstheoretischer Begriffe. Bd. 2. Gött. 1980, S. 429–433. – G. Pasternack: Theoriebildung in der Lit.wissenschaft. Mchn. 1975. – W. Solms: Die Methodologisierung der Lit.wissenschaft. In: F. Nemec, W. Solms (Hg.): Lit.wissenschaft heute. Mchn. 1979, S. 9–50. SWI

Metonomasie, f. [gr. = Umbenennung], auch: Traduktionym; Veränderung eines Eigennamens durch Übers. in eine fremde Sprache, z. B. ›Schwarzerd‹ in ›Melanchthon‹, ›Bauer‹ in ›Agricola‹; bes. bei den humanistischen Gelehrten des 15. und 16. Jh.s beliebt. ↗ Pseudonym. GS/Red.

Metonymie, f. [gr. *metonomázein* = umbenennen, Namen vertauschen], auf der Ebene einzelner Formulierungen und Wörter (↗ Tropus [1]) neben der ↗ Metapher wichtigste Form der ↗ Uneigentlichkeit, bei der konventionelle Ausdruck-Inhalt-Zuordnungen durch das Zusammenspiel des Ausdrucks mit seiner Textumgebung (Kotext) oder situativen Umgebung (Kontext) aufgehoben und durch die Aufforderung oder den Zwang zu einer unkonventionellen und dadurch neuen, aber im Unterschied zur Metapher relational bestimmten Bedeutungskonstituierung ersetzt werden: Der Ko- oder Kontext eines Ausdrucks (Wort oder Wortverbindung) ›konterdeterminieren‹ einen Ausdruck als Initialsignal der Uneigentlichkeit und fordern dadurch gleichzeitig als Transfersignal der Uneigentlichkeit zu einem entschematisierten, aber relational bestimmten Neuverstehen des somit metonymischen Ausdrucks in seinem Ko- oder Kontext und im Zusammenhang mit seinem morphosemantischen Feld auf. Im Falle verblasster M.n ist Bedeutungskonstituierung als Ergänzung eines scheinbar elliptischen Ausdrucks möglich. Dabei verändert der metonymische Ausdruck nicht seine Semantik, die ihm als isoliertem Sprachzeichen zukommt; die Richtungsänderung der Kohärenzbildung wird jedoch durch Ko- oder Kontextelemente auf Bereiche des morphosemantischen Feldes des Ausdrucks gelenkt, die bei der konventionellen Bedeutungskonstituierung lediglich im Hintergrund stehen oder herausgefiltert werden. Typen relational gelenkter Kohärenzbildung zwischen metonymischem Ausdruck und morphosemantischem Feld lassen sich unterscheiden nach: Kausalität (Erzeuger/Erzeugnis: ›Goethe lesen‹, ›Porsche fahren‹), Finalität (›das Buch verlängern‹), Temporalität (›unser Jahrhundert glaubt‹) oder auch Spatialität (Raum/Inhalt, Ort/Bewohner: ›Ganz München feiert‹). Die Relation des Kontrastes betrifft die ↗ Ironie, die der Subsumption die ↗ Synekdoche und teilweise auch die ↗ Antonomasie. Die M. wird in Rhet.en und Poetiken seit der Antike behandelt, wobei der ›metonymische Nachbarschaftsbezug‹, der durch die relationale Lenkung hergestellt wird, unter Stichwörtern wie »denominatio«, »traductio«, »Vernennung« (G. Ph. Harsdörffer: »Poetischer Trichter«), »Grenzverschiebungstropus« (Lausberg), »Kontiguität« (Jakobson) oder auch »category extension« (Taylor) Beachtung findet.
Lit.: H. Birus: M. In: RLW. – R. Jakobson: Die Polarität zwischen Metaphorik und Metonymik. In: ders., M. Halle: Grundlagen der Sprache [engl. 1956]. Bln. [Ost] 1960, S. 65–70. – H. Lausberg: Elemente der lit. Rhet. Mchn. ²1963. – M. Le Guern: Sémantique de la métaphore et de la métonymie. Paris 1973. – M. Ruegg: Metaphor and m. In: Glyph 6 (1979), S. 141–157. – J. R. Taylor: Linguistic categorization (1990). Oxford ²1995. – R. Zymner: Zwei Seiten der improprietas. In: P. Michel (Hg.): Die biologischen und kulturellen Wurzeln des Symbolgebrauchs beim Menschen. Bern u. a. 1994, S. 91–122.   RZ

Metrice ↗ quantitierendes Versprinzip.

Metrik, f. [gr. *metriké téchnē* = Kunst des Messens], Wissenschaft von den Regeln des ↗ Verses bzw. diese Regeln selbst. M. ist eine Disziplin der ↗ Philologie und ebenso wie diese perspektivenreich. Die *Theoretische M.* fragt danach, was überhaupt eine Folge sprachlicher Ausdrücke zu einem Vers macht, und befasst sich mit der begrifflichen Differenzierung ihres Gegenstandes. Sie unterscheidet zwischen *Versifikation*, welche die metrische Regelhaftigkeit eines Verstextes auf Begriffe bringt (z. B. die Art und Anzahl der Versfüße), und *Prosodie*, welche die sprachliche Seite eines Verstextes erfasst (z. B. das Silbenmaterial, die Akzentverteilung). Die *Historische M.* untersucht die geschichtliche Entwicklung metrisch strukturierter Corpora. Die *Deskriptive M.* beschreibt bestimmte Corpora von Verstexten, z. B. den Versgebrauch eines Autors. Die *Vergleichende M.* trifft Aussagen über die (Un-)Ähnlichkeit von mehreren metrischen Corpora. Die *Angewandte M.* befasst sich mit der Ästhetik metrischer Erscheinungen; sie untersucht z. B. die semantische Funktion metrischer Elemente oder bestimmt ihren Traditionsbezug. – Nicht alle Verstexte sind mit den Begriffen nur eines metrischen Systems zu beschreiben. In der dt. Versgeschichte etwa haben sich mehrere solcher Systeme ausgebildet (vgl. Wagenknecht): 1. Die Metrizität eines Textes kann allein durch den ↗ Reim gegeben sein (z. B. Freier ↗ Knittelvers). – 2. Die Metrizität kann durch Reim und Silbenzahl bestimmt sein, wie es etwa in der nach frz. Vorbild verfassten dt. Renaissancedichtung der Fall ist (z. B. bei G. R. Weckherlin). – 3. Die Metrizität kann durch Reim, Silbenzahl und metrische Größen (in akzentuierender M.: die Anzahl der Hebungen und Senkungen; in quantitierender M.: die Anzahl der Längen und Kürzen) wie etwa im barocken ↗ Alexandriner bestimmt sein. – 4. Die Metrizität kann durch Reim und metrische Größen wie z. B. im ↗ Volkslied bestimmt sein. – 5. Ein allein nach Größen bestimmtes metrisches System ist im daktylischen ↗ Hexameter realisiert. – 6. Ein durch Silbenzahl und Größen bestimmtes metrisches System bestimmt den ↗ Blankvers, aber auch die antiken und antikisierenden ↗ Odenmaße. – 7. Andere Lit.en haben auch ein rein silbenzählendes metrisches System entwickelt. – Verstexte sind ↗ stichisch geordnet, wenn ihre metrische Struktur von Vers zu Vers dieselbe ist und die Verse nicht in Gruppen geordnet sind. Liegt eine Gliederung eines Verstextes in gleichartig gebaute, mehrversige Einheiten vor, ist er strophisch geordnet. Bezieht sich eine metrische Regel auf das Ganze eines Textes (z. B. ↗ Sonett), liegt eine globale metrische Ordnung vor.
Lit.: D. Breuer: Dt. M. und Versgeschichte. Mchn. 1981. – A. Heusler: Dt. Versgeschichte. 3 Bde. Bln., Lpz. 1925–29. – W. Kayser: Geschichte des dt. Verses. Bern, Mchn. 1960. – Ch. Küper: Sprache und Metrum. Tüb. 1988. – Ders.: M. In: RLW. – B. Moennighoff: M. Stgt. 2004. – Ch. Wagenknecht: Dt. M. [1981]. Mchn. ⁵2007.   BM

Metrum, n. [lat. = Maß], auch: Versmaß, älter: Silbenmaß; das metrische Regelwerk, das eine Versart bestimmt. Je nach Art der zu bestimmenden Versart sind anzugeben: die Reimbindung, die Anzahl der Silben und die Art der metrischen Größen. Je nach metrischem System (↗ Metrik), dem eine Versart angehört, variiert die metrische Notation des jeweiligen M.s. Das Schema des alternierend und silbenzählend gebauten ↗ Blankverses z. B. hat die Anzahl der Silben und die Ordnung von Hebung (–) und Senkung (v) abzubilden: v–v–v–v–v–(v). Das Schema des silbenzählenden Renaissance-↗ Alexandriners hat neben der obligatorischen Zäsur allein die Anzahl der Silben zu notieren: x x x x x x | x x x x x x (x). Die Reimstellung wird durch Kleinbuchstaben markiert. Das Schema des Kreuzreims beispielsweise: *abab*. Ist der Kreuzreim nur halb realisiert, werden die ungereimten Verse (›Waisen‹) mit ›x‹ markiert: z. B. *axax*.
Lit.: Ch. Küper: Sprache und M. Tüb. 1988. – B. Moennighoff: Metrik. Stgt. 2004. – Ch. Wagenknecht: Dt. Metrik [1981]. Mchn. ⁵2007.   BM

Midrasch, m. [hebr. = Forschung, Auslegung; von *darasch* = suchen, forschen], Pl. *Midraschim*; rabbinisches Auslegungsschrifttum der Bibel im Talmud und in eigenen Textsammlungen, meist aus der klassischen Zeit der ersten Jh.e n. Chr. Das Deutungsspektrum der M.im reicht von philologischer Fachexegese bis hin zu poetischer (meist erzählender) Bibelparaphrase und relativ freier Phantasie über die Bibel. Neben der legendenhaften Ausschmückung der Bibel ist der Hauptzweck des M. die Vermittlung aktueller Anliegen jüdischen Lebens mit dem zentralen Text der religiösen Tradition. Aus dem Charakter der erzählenden Bibelparaphrase ergibt sich die große Bedeutung des M. für die jüdische Lit. aller Jh.e bis in die Gegenwart. Aktuell ist die Tendenz zu beobachten, den Umfang des Begriffs ›M.‹ auf alle bibelbezogene Lit., die sich auf midraschische Deutungen oder Auslegungsverfahren stützt, zu erweitern. M.im in diesem Sinn wären zahlreiche Bücher E. Wiesels ebenso wie Th. Manns Romanzyklus »Joseph und seine Brüder« (1933–43).
Lit.: G. H. Hartman, S. Budick (Hg.): Midrash and Literature. New Haven 1986. – G. Stemberger: M. Mchn. 1989.   BA

Migrantenliteratur, Sammelbegriff, der auch für die nicht immer scharf abgrenzbaren Alternativbez. ›Ausländerlit.‹, ›Immigrantenlit.‹, ›interkulturelle (mehrkulturelle) Lit.‹ steht und teilweise auch Exilantenlit. oder ↗ Exillit. einschließt. Es geht dabei um Texte von Autorinnen und Autoren anderer sprachlicher und kultureller Herkunft, die in dt. Sprache geschrieben und in dt. Kontext publiziert wurden. Von der Thematik her spiegeln viele dieser Texte die andere kulturelle Erfahrung der Autoren in ihrem Herkunftsland, ihre Identitätssuche und die Auseinandersetzung mit der Situation als Fremder in Deutschland, Österreich und der Schweiz sowie ihre individuellen und sozialpolitischen Probleme und Erfahrungen wider. Aber diese thematische Aussage ist keineswegs ein selbstverständliches Zuordnungskriterium, da die Autoren, auch wenn sie bewusst aus der Außenperspektive schreiben, nicht auf die Ausländerthematik allein festgelegt werden können. Wichtigere Kriterien sind die mehrkulturelle und mehrsprachige Erfahrung in der Minderheitensituation, die neue Perspektiven in die dt. Lit. hineinbringt, sowie der meist bewusst vollzogene Sprachwechsel von der Muttersprache zum Dt. als Sprache der lit. Kreativität bzw. die Entscheidung für die dt. Sprache bei mehrsprachig aufgewachsenen Autoren. Einige dieser Autoren publizieren jedoch auch weiter in ihrer Muttersprache oder werden durch Übersetzertätigkeit zu Kulturvermittlern zwischen Herkunfts- und Ankunftsland. – Bis Mitte des 20. Jh.s gibt es nur vereinzelt Autoren anderer Muttersprache, die einen Platz in der dt.sprachigen Lit. einnehmen (so A. v. Chamisso, E. Canetti, Ö. v. Horvath, J. Hay). Nach dem Zweiten Weltkrieg gibt es unter den Exilautoren in Deutschland und Österreich zunächst nur wenige, die zur dt. Sprache wechseln (z. B. G. Kövary, G. Sebestyén, M. Dor, G. Laub). Die Entwicklung einer *eigenständigen M.* steht im Zusammenhang mit den größeren Migrationsbewegungen seit den 1960er Jahren durch Exil, Arbeitsmigration und Repatriierung. Von der Ausgangsposition ist dabei zu unterscheiden nach Autoren, die bereits in ihrer Heimat und in ihrer Muttersprache einen Status als Autoren erworben hatten (so O. Filip, A. Skármeta, F. Baykurt, A. Özakin), anderen, die erst in der oder durch die Erfahrung der Migration zum Schreiben kommen und sich dann meist schon früh der dt. Sprache bedienen (z. B. F. Biondi, G. Chiellino, SAID, S. Dikmen, E. S. Özdamar, K. Kurt), sowie Autoren, die im dt. Sprachraum aufgewachsen und von Kind an zweisprachig sind (u. a. Z. Şenocak, J. F. A. Oliver, Z. Çırak, S. Özdogan, F. Zaimoglu, R. Knapp, D. A Franzetti, Z. Bánk). – Nachdem Aras Ören bereits seit Anfang der 1970er Jahre der Situation der Ausländer in Berlin eindringlich lit. Ausdruck verschafft hat, konnte die M., bis dahin auf muttersprachliche oder versteckte dt.sprachige Publikationen beschränkt, in stärkerem Maße seit dem Ende der 1970er Jahre auch an die dt. Öffentlichkeit treten. Eine Reihe von Anthologien, meist mit Autoren verschiedener Nationalität, aber dann in zunehmendem Maße auch selbständige Publikationen einzelner Autoren machen die breite Ausgangsbasis dieser Lit. sichtbar. Eine Reihe von Tagungen, oft mit entsprechenden Tagungspublikationen, und langsam auch die Aufnahme der Autoren in größeren Verlagen sowie ihre Präsenz in Autorenlexika und in den Medien sorgen seit den 1980er Jahren für eine breitere Rezeption durch die dt. Öffentlichkeit. 1984 wurde von der Robert Bosch Stiftung ein ↗ Lit.preis für Autoren nichtdt. Muttersprache (Adelbert-von-Chamisso-Preis) eingerichtet, der von der Bayerischen Akademie der Schönen Künste verliehen wird. Die bisherigen

Preisträger sind: 1985 A. Ören aus der Türkei, 1986 O. Filip aus der Tschech. Republik, 1987 F. Biondi und G. Chiellino aus Italien, 1988 E. Benyoëtz aus Israel, 1989 Y. Pazarkaya aus der Türkei, 1990 C. Atabay aus dem Iran, 1991 L. Moníková aus der Tschech. Republik, 1992 A. Karasholi aus Syrien und G. Tschinag aus der Mongolei, 1993 R. Schami aus Syrien, 1994 D. Andrea Franzetti, Italo-Schweizer, 1995 G. Dalos aus Ungarn, 1996 Y. Tawada aus Japan, 1997 G. Dal aus der Türkei und J. F. A. Oliver, span. Herkunft, 1998 N. Wodin, russ. Herkunft, 1999 E. S. Özdamar aus der Türkei, 2000 I. M. Trojanow aus Bulgarien, 2001 Z. Çırak aus der Türkei, 2002 SAID aus dem Iran, 2003 I. Rakusa aus der Slowakei, 2004 Z. Bánk, ungarische Herkunft, und A.-W. Asserate aus Äthiopien, 2005 F. Zaimoglu aus der Türkei, 2006 Z. Gahse aus Ungarn, 2007 M. Sadlon aus der Slowakei. Dazu kommen jährlich ein bis zwei Förderpreise für Nachwuchsautoren. – Einige Entwicklungstendenzen, die sich seit den 1990er Jahren abzeichnen: sehr viel stärkere Präsenz von Autoren aus ost- und südosteuropäischen Ländern; Frauen, die früher eher Ausnahmeerscheinungen unter den Autoren waren, treten mit eigenen Werken immer stärker in Erscheinung; Nachwuchsautoren melden sich immer selbstbewusster zu Wort, teilweise in ausgeprägtem Jugendjargon. – Der spezifische Beitrag der M. zur dt. Lit.szene und zur dt. Alltagswirklichkeit liegt auf mehreren Ebenen: in dem anderen Blickwinkel, der sich aus der Erfahrung der Spannung zwischen den Kulturen und Sprachen und aus der Minderheitensituation ergibt; in der Sensibilisierung für die dt. Sprache, die durch sprachliche Distanz, Bereicherung durch die Muttersprache und sprachliche Differenzierung gekennzeichnet ist; in der Übernahme und Weiterentwicklung von Erzähltraditionen oder lit. Gestaltungen, die in der dt.sprachigen Lit. weniger bekannt sind; in der lit. Realisierung eines interkulturellen Gesprächs mit dem Ziel der Öffnung für eine mehrkulturelle Gesellschaft. Über den lit. sprachigen Kontext hinaus geht es um Überwindung nationaler Grenzen und einen kulturellen Beitrag zur Globalisierung.

Lit.: I. Ackermann, H. Weinrich (Hg.): Eine nicht nur dt. Lit. Zur Standortbestimmung der »Ausländerlit.«. Mchn. 1986. – I. Ackermann (Hg.): Fremde AugenBlicke. Mehrkulturelle Lit. in Deutschland. Bonn 1996. – I. Amodeo: ›Die Heimat heißt Babylon‹. Zur Lit. ausländischer Autoren in der Bundesrepublik Deutschland. Opladen 1996. – A. Blioumi (Hg.): Migration und Interkulturalität in neueren lit. Texten. Mchn. 2002. – C. Chiellino (Hg.): Interkulturelle Lit. in Deutschland. Stgt. 2000. – S. Fischer, M. McGowan (Hg.): Denn du tanzt auf einem Seil. Positionen dt.-sprachiger MigrantInnenlit. Tüb. 1997. – D. Horrocks, E. Kolinsky (Hg.): Turkish culture in German society today. Providence, Oxford 1996. – M. Howard (Hg.): Interkulturelle Konfigurationen. Zur dt.sprachigen Erzähllit. von Autoren nichtdt. Herkunft. Mchn. 1997. –

P. M. Lützeler (Hg.): Schreiben zwischen den Kulturen. Ffm. 1996. IA

Mikrofilm ↗ Buch.

Milieudrama, Form des Schauspiels, für welche die Fremdbestimmung seiner ↗ Dramatis Personae wesentlich ist. Diese sind in den engen Grenzen ihres Milieus gefangen und reagieren auf dessen Wert- und Verhaltensvorgaben meistens resignativ, selten offensiv. Der dramatische Konflikt entzündet sich durch Reibung an ihren eingeschränkten Handlungsmöglichkeiten. Milieudramen entwerfen ein aktuelles Zustandsbild, worin ein gesellschaftliches Problem in den Vordergrund, der ↗ Held dagegen in den Hintergrund tritt. Ansatzweise ist diese Tendenz bereits im ↗ Sturm und Drang (J. M. R. Lenz) und im ↗ Realismus (G. Büchner, F. Hebbel, Ch. D. Grabbe) zu beobachten; programmatisch wird sie erst im dt. ↗ Naturalismus. Dort, wo der Held vollständig in seinem Milieu aufgeht und das Kollektiv an seine Stelle tritt, ist die Reinform des M.s erreicht (G. Hauptmann: »Die Weber«, 1892; M. Gorki: »Nachtasyl«, 1902). Die Dramaturgie des M.s wird oft auch im gesellschaftskritischen Film angewandt.

Lit.: Th. Elm: Das soziale Drama. Stgt. 2004. – S. Hoefert: Das Drama des Naturalismus [1968]. Stgt., Weimar ^{4}1993. SBL

Millennium, n. [lat.], Pl. *Millennien*; Zeitraum von tausend Jahren (Jahrtausend). In der ↗ Kultur- und ↗ Lit.geschichte wird der schwer überschaubare Zeitraum zuweilen als Orientierungshilfe für die Konstruktion von Makro-↗ Epochen oder Weltaltern benutzt. V. a. um das Jahr 2000 wurde vielfach diskutiert, inwieweit mit dem dritten Jahrtausend ein neuer großer Abschnitt der Menschheitsgeschichte zu erwarten sei. DB

Mime, m. [gr. *mímos* = Nachahmer], im 18. Jh. eingeführte Bez. für Schauspieler (statt des abschätzigen ›Komödiant‹), heute veraltet. – Der Begriff bezeichnet ursprünglich den fahrenden Tänzer, Gaukler und Possenspieler der Antike, der seit dem 5. Jh. v. Chr. (↗ Mimus) bezeugt ist; er galt als ehrlos und war streng vom Schauspieler (↗ Hypokrites) der staatlichen Theater geschieden. IS/Red.

Mimesis, f. [gr. = Nachahmung], zentraler Terminus der ↗ Ästhetik und ↗ Poetik, der das Verhältnis zwischen Kunst und außerkünstlerischer Wirklichkeit bezeichnet. – In der gr. Antike bezieht sich der Begriff ursprünglich auf rituelle Tänze (Dionysos-Kult), bei Platon und Aristoteles wird er auf alle Künste übertragen. Aristoteles definiert Dichtung als Nachahmung menschlicher Handlungen und beschränkt sich dabei nicht auf das getreue Abbilden der Wirklichkeit. Der Dichter solle »das nach den Regeln der Wahrscheinlichkeit oder Notwendigkeit Mögliche« darstellen, nicht das, »was wirklich geschehen ist, sondern vielmehr, was geschehen könnte« (»Poetik«, Kap. 9). Horaz greift in seiner »Ars poetica« die aristotelische M.-Definition auf und beruft sich auf Wahrscheinlichkeit

und Angemessenheit. Im 18. Jh. knüpft J. Ch. Gottsched (»Critische Dichtkunst«, 1730) an die M.-Defi-
nitionen der Antike an und fordert die Wahrung der
Wahrscheinlichkeit sowie die innere Widerspruchslo-
sigkeit des Dargestellten. G. E. Lessing (»Laokoon«,
1766) und J. W. Goethe (»Einfache Nachahmung der
Natur, Manier, Stil«, 1789) differenzieren den Begriff
weiter. Im ↗ Sturm und Drang und in der ↗ Romantik
stößt der M.-Gedanke auf Ablehnung (»Ja keine Nachahmung der Natur. Die Poesie ist durchaus das Gegenteil«; Novalis, 1800), im ↗ Realismus und ↗ Naturalismus wird er wieder aufgegriffen. Im 20. Jh. findet eine
theoretische Reflexion z. B. bei W. Benjamin, G. Lukács
(↗ Widerspiegelungstheorie) und Th. W. Adorno statt.
Lit.: E. Auerbach: M. [1946]. Tüb. [10]2001. – W. Erhart:
M.-₂. In: RLW. – G. Gebauer, Ch. Wulf: M. Reinbek
1992. – J. H. Petersen: M. – Imitatio – Nachahmung.
Mchn. 2000. – B.F. Scholz (Hg.): M. Tüb. 1998.   MBL
Mimiamben, m. Pl. [gr.], meist dialogische komische
oder satirische Gedichte im ↗ Choliambus (Hinkjambus) des Hipponax (6. Jh. v. Chr.), die in der Art des
↗ Mimus alltägliches Leben realistisch abbilden. In hellenistischer Zeit v. a. von Hero(n)das von Kos (3. Jh.
v. Chr.; z. B. »Die Kupplerin«, »Der Bordellwirt« u. a.),
in röm. Zeit von Gnaeus Matius (1. Jh. v. Chr.) gepflegt.
↗ Jambik.   GG
Mimik, f. [gr. *mimeisthai* = ausdrücken, nachahmen],
körpersprachliche Ausdrucksbewegung des Gesichts,
deren gezielter lit., rhet. und schauspielerischer Einsatz
auf der alten Auffassung beruht, dass sich die psychische Befindlichkeit eines Menschen in seiner M.
und ↗ Gestik spiegele. In der Theatersemiotik zählt M.
neben Kinesik, Gestik und ↗ Proxemik zu den Hauptas-
pekten der Aufführungsanalyse. Im Dramentext können Angaben zur Körpersprache im ↗ Nebentext oder
indirekt in der Figurenrede enthalten sein. – Mit dem
größeren Interesse an der Psychologie seit der Aufklärung werden im 18. Jh. mimische Aspekte verstärkt in
der Schauspielkunst berücksichtigt. J. W. Goethe tritt
demgegenüber für antikisierende Distanz u. a. durch
↗ Masken ein.
Lit.: G. Braungart: Leibhafter Sinn. Tüb. 1995, bes.
S. 149–172. – E. Fischer-Lichte: Semiotik des Theaters.
Bd. 1. Tüb. 1983, S. 48–60. – A. Košenina: M.-₂. In:
RLW.   TU
Mimus, m. [lat.; gr. *mímos* = Possenspiel(er)], 1. antike
Form der improvisierten, volkstümlichen, komischen
bis drastisch-realistischen Theaterdarbietung, die zur
Belustigung der Zuschauer v. a. Situationen des All-
tagslebens thematisiert. Der vorwiegend nicht-lit.
Charakter des M. bedingt eine schwierige Quellenlage:
Es sind keine Texte, sondern nur Titel und Verfassernamen sowie Zeugnisse zu Inhalt und Darstellungspraxis überliefert. Der M. hat sich vermutlich aus dem
mimischen Gebärdentanz entwickelt, dessen Elemente
z. T. in ihm fortleben (Verwandlungstanz, Tierstimmenimitation, ↗ Pantomime). Historisch greifbar wird
der gr. M. zuerst im dorischen Peloponnes und in den

dorischen Kolonien Unteritaliens und Siziliens, wo
er sich bis ins 8. Jh. v. Chr. zurückverfolgen lässt
(↗ Phlyaken). Als Hauptvertreter gelten Epicharmos in
Megara und Sophron in Syrakus, der den M. um 430
v. Chr. zur lit. Gattung weiterentwickelt. Der sophro-
nische M. zeigt auf einfachen Bretterbühnen Szenen
des Betrugs, Diebstahls, Ehebruchs oder Gerichts. Die
Personen sind durch Kostüme und Utensilien fest umrissene ↗ Typen wie der Narr, der Dümmling, der betrogene Ehemann, der geprellte Wirt, der aufschneide-
rische Soldat, das buhlerische Weib oder die Kupplerin. Im Unterschied zur antiken Tragödienpraxis
werden weibliche Rollen von Frauen gespielt (*Mimae*);
↗ Chöre, Masken und ↗ Kothurn finden keine Verwendung. Seit dem 4. Jh. v. Chr. verbreiten Wandertruppen
den M. In dieser Zeit ist der gr. M. in einer Fülle von
Formen belegt: das mimische ↗ Paignion (Vorführen
von Tieren, z. B. Tanzbären, Tierstimmenimitation,
akrobatische Kunststücke, Possenreißereien), der dorische M. mit den Themen und Typen der Phlyakenposse und der sophronischen Mimen, der ionische M.,
der den Themenkreis der mimischen Darbietung erweitert und neue lit. Formen entwickelt, etwa die solistisch vorgetragenen Formen der ↗ Hilarodie, ↗ Kinädenpoesie oder ↗ Mimiamben. Der röm. M. ist zuerst
als Gebärdentanz bei den *Ludi Apollinares* des Jahres
212 v. Chr. bezeugt, bevor er seit dem 2. Jh. v. Chr. fester Bestandteil der *Ludi Florales* wird. Hier werden u. a.
Ehebruchs-, Räuber- und Banditenstücke, Märchen-
und Zauberpossen aufgeführt. Wie beim gr. M. fehlen
Masken und Kothurne (daher: *mimus planipes* = M.
auf ebenen Füßen). Die Bühne wird ins Dionysostheater verlegt (M. als Nachspiel), doch wird erst in der
Kaiserzeit die große Bühne dafür verwendet. Trotz
kirchlicher Widerstände gegen den unmoralischen M.
(etwa bei Cyprianus, Ambrosius, Augustinus) ist er in
Rom bis ins 6. Jh. lebendig. Ein Verbot erfolgte 525
durch Justinian. – 2. Schauspieler des ↗ M. (1). Seit
dem 4. Jh. v. Chr. sind Gruppen wandernder Berufsmi-
men bezeugt, die an Fürstenhöfen, v. a. aber in Städten
gastieren, wo sie als Komödianten, im Unterschied zu
Tragödiendarstellern, als ehrlos gelten.
Lit.: H. Reich: Der M. Bln. 1903. Nachdr. Hildesheim
1974. – H. Wiemken: Der gr. M. Diss. Gött. 1951. JK/LI
Miniaturmalerei ↗ Illumination (1).
Minimalprosa ↗ Kurzprosa (2).
Minneallegorie, Sonderform der ↗ Minnerede, in der
– jeweils in der Form einer ↗ Allegorie – entweder 1.
über das Wesen der Minne oder 2. über das Minnegeschehen gehandelt wird. Allegorische Deutungen von
Blumen, Kräutern, Steinen, Gärten oder Höhlen im
thematischen Kontext der Minne begegnen vielfach
auch jenseits der M. Bedingt durch ihre allegorische
Konstruktion haben M.n eine bes. Affinität zur ↗ geblümten Rede. – 1. Geradezu symptomatisch verbinden sich in der »Minneburg« (14. Jh.) allegorische und
lehrhafte Züge: Zeugung und Geburt des Minnekindes
in der Minneburg und das Wirken allegorischer Ge-

genspieler werden erzählt und dann erläutert, mit persönlichen Erfahrungen des Erzählers verbunden und in einer abschließenden Gerichtsszene quasi objektiviert. – 2. Hadamar von Laber allegorisiert etwa zeitgleich das Minnegeschehen als ›Jagd‹: Das Wild (die Dame) wird vom Jäger (der minnende Mann) und seiner Hundemeute (*Froide*, *Trôst*, *Triuwe* usw.) gejagt, kann aber am Ende entkommen. Das Werk hat eine reiche Wirkungsgeschichte, die sowohl das inhaltliche Motiv der Jagd als auch den ambitionierten Stil betrifft.

Texte: H. Pyritz (Hg.): Die Minneburg. Bln. 1950. – K. Stejskal (Hg.): Hadamars von Laber Jagd. Wien 1880. Lit.: L. Lieb: Minnerede. In: RLW.   JHN

Minnebrief, auch: Liebesbrief, Liebesgruß; mal. Briefgedicht, an einen Partner gerichtetes Minnelied oder Reimpaargedicht. Das *brieve und schanzune tihten* gehörte nach Gottfried von Straßburg (»Tristan«, V. 8139) zur höfischen Bildung. – M.e finden sich zuerst in handlungsbestimmender Funktion in der Epik (u. a. »Ruodlieb«, 11. Jh.; »König Rother«; Heinrich von Veldeke: »Eneasroman«, 12. Jh.; Wolfram von Eschenbach: »Parzival«, nach 1200). Wie ein M. beginnt der ↗ Leich Ulrichs von Gutenburg (Ende 12. Jh.); ein M.wechsel begegnet in der »Minnelehre« Johanns von Konstanz (13. Jh.). Selbständige M.e überliefert erst das Spät-MA. (z. B. von Hugo von Montfort, 14. Jh.); seit dem 14. Jh. sind Musterbriefe in sog. Liebesbriefstellern erhalten. Ein längerer M. wird auch ↗ ›Büchlein‹ genannt. Einen M. in Prosa enthält der »Frauendienst« Ulrichs von Lichtenstein.

Lit.: E. Meyer: Die gereimten Liebesbriefe des dt. MA.s. Diss. Marburg 1898. – J. Schulz-Grobert: Dt. Liebesbriefe in spätmal. Hss. Tüb. 1993.   MGS

Minnegericht, dt. Variante des ↗ Cour d'amour.

Minnehof ↗ Cour d'amour.

Minnelehre, die Unterweisung im angemessenen und erfolgreichen Verhalten in Angelegenheiten der Minne. Die M. bildet sich im 12. bis 14. Jh. zwar gattungsübergreifend aus, bevorzugt aber in ↗ Minnerede und ↗ Minneallegorie des 14. Jh.s, die ihr erörternd oder in Handlung umsetzend breiten Raum gewähren. Fasst man ›M.‹ jedoch weiter und versteht sie auch als Belehrung über Ursache, Wirkung und Folgen der Minne, kennt sie schon die Lit. des 12./13. Jh.s, die sie – unter gelegentlichem Rückgriff auf die Schrift »De amore« des Andreas Capellanus (um 1180) oder mit Bezug auf Ovids »Ars amatoria« – sowohl in der Minnelyrik (v. a. Reinmar) wie der Sangspruchdichtung (von Walther von der Vogelweide bis Frauenlob) und auch im Roman (von Heinrichs von Veldeke Eneasroman über die Werke Ulrichs von Lichtenstein und Rudolfs von Ems bis hin zum sog. Minne- und Aventiureroman des 14. Jh.s.) thematisiert. Im zweiten Teil von Heinrich Wittenwilers »Ring« (um 1400) wird noch einmal eine Synthese der M.n als Elementen einer allg. Verhaltenslehre geboten, die jedoch in einer heillos gewordenen Welt am Ende wirkungslos bleibt.

Lit.: R. Schnell: Causa amoris. Liebeskonzeption und Liebesdarstellung in der mal. Lit. Bern 1985.   JHN

Minnelied ↗ Minnesang.

Minneparodie ↗ dörperliche Dichtung.

Minnerede, durch die Minnethematik konstituierter erörternder Text des MA.s, dessen Anliegen es ist, theoretische Einsichten in das Wesen der Minne und praktische Regeln für das Verhalten der Minnepartner zu vermitteln, was zumeist in vierhebigen Reimpaarversen, mitunter auch in Strophenform geschieht. Der Begriff findet sich mal. vereinzelt in unterminologischer Verwendung (z. B. als Überschrift: *Ain mynn red von hertzen vnd von leib*). 1913 gebraucht ihn Matthaei im Titel seiner Sammelausgabe, in der er jedoch nicht nur erörternde, sondern auch erzählende Texte zum Thema ›Minne‹ herausgibt. – Im Anschluss an diese Verwendung versammelt die Mediävistik unter der Bez. ›M.‹ rund 550 Werke aus dem nl. und dt.sprachigen MA. mit insgesamt mehr als 150.000 Versen, darunter Liebes- und Neujahrsgrüße, Streitgespräche, Versliebesbriefe u. a. Ihr Umfang reicht von Kleinformen mit unter 50 bis hin zu Großformen mit über 5.000 Versen. Experimentelle Frühformen wie die ↗ Büchlein entstehen seit dem Ende des 12. Jh.s, letzte Sammelhss. fertigt man noch im späten 16. Jh. an. Überliefert sind die Texte zumeist gemeinsam mit lehrhaften Reden anderer Thematik und weiteren kleinepischen Texten wie ↗ Mären, ↗ Bispeln, ↗ Fabeln, Streitgedichten oder Briefen. Teilweise erscheinen sie auch in Liederhss. und ähnlichen Kompendien zum übergeordneten Thema ›Minne‹. Als spezifische Merkmale der erzählenden M. können die häufig eine Rahmenhandlung eröffnenden Einleitungstopoi (↗ Natureingang, Spaziergang, Traum, Entführung) sowie die überwiegende Ich-Erzählhaltung gelten. Im Einzelnen sind Erzählformen und -inhalte jedoch disparat ausgestaltet: Es erscheinen monologische Minne- und Tugendlehren, Minneklagen, Preisgedichte, Liebesbriefe oder -grüße, daneben Werbungs-, Lehr- und Streitgespräche. In den eher erzählenden Texten (Minneerzählungen) werden Werbungsvorgänge, seltsame Begegnungen oder Minnegerichtsszenen geschildert. Eine Sonderform bilden Minneallegorien, die in der Lit.geschichtsschreibung zwar einen prominenten Platz einnehmen, mit nur etwa sechs Prozent jedoch nicht den Großteil des Corpus repräsentieren.

Texte: K. Matthaei (Hg.): Mhd. M.n I. Bln. 1913. – W. Brauns, G. Thiele (Hg.): Mhd. M.n II. Bln. 1938 (Nachdr. beider Bde. in einem Bd. mit einem Nachw. v. I. Glier: Dublin, Zürich 1967).

Lit.: W. Achnitz: M.n. In: H.-J. Schiewer (Hg.): Forschungsberichte zur germanistischen Mediävistik. Teil 2. Bern u. a. 2003, S. 197–255. – T. Brandis: Mhd., mittelniederdt. und mittelnl. M.n. Mchn. 1968. – I. Glier: Artes Amandi. Untersuchung zu Geschichte, Überlieferung und Typologie der dt. M.n. Mchn. 1971. – L. Lieb: M. In: RLW.   WA

Minnesalut ↗ Salut d'amour.

Minnesang, die dt. erotische Lieddichtung zwischen etwa 1150 und 1450. Wie alle Zeiten und Kulturen hat auch das europäische MA. eine ↗ Liebesdichtung hervorgebracht, in der anthropologische Universalien epochenspezifisch ausgestaltet werden. Im M. dominiert die in der höfischen Kultur entwickelte Auffassung der Liebe als einer durch ihre Gewalt das ganze Dasein bestimmenden Macht. Kulturspezifisch ist die nicht immer explizite Verbindung mit moralischen und religiösen Vorstellungen: sittliche Vortrefflichkeit als Voraussetzung und Folge wahrer Liebe; die geschlechtliche Liebe als Abbild der spirituellen; die Liebe Gottes, die Erlösung des Menschen und die Verehrung Marias als Bildspender für die Liebe zwischen den Geschlechtern. Die Forderung nach moralischer Vorbildhaftigkeit als Voraussetzung wahrer Liebe gelangt aus der antiken Freundschaftslit. (Cicero: »De amicitia«) in die höfische Kultur, wo sie, zuerst im Umfeld des dt. Kaiserhofs, seit dem Ende des 11. Jh.s als Vorbild für die passionierte, keineswegs homoerotische Freundschaft zwischen Männern, bes. geistlich ausgebildeten, rezipiert wird (Ælred von Rievaulx: »De amicicia spiritali«). Im 12. Jh. wird, zuerst in Frankreich, die Konzeption der Tugendfreundschaft auf die Liebe zwischen den Geschlechtern übertragen; damit sind die Voraussetzungen für die spezifische Ausprägung des M.s geschaffen (vgl. Jaeger). Motivische Anregungen empfängt der M. aus der geistlichen Marienverehrung ebenso wie aus der lat. Liebeslyrik (Ovid, mlat. ↗ Vagantendichtung) und dem arab. Frauenpreis. Den frühesten M. dichten schon vor 1100 ↗ Trobadors in provenz. Sprache (Wilhelm IX. von Aquitanien). Ihnen folgen etwa ab 1150 in (Nord-)Frankreich die ↗ Trouvères. Unabhängig davon entsteht ungefähr zur gleichen Zeit im Donauraum der frühe dt. M. (Kürenberger, Burggraf von Regensburg, Meinloh von Sevelingen, Dietmar von Aist). Es handelt sich um langzeilige Einzelstrophen oder kurze einfache ↗ Lieder, um ↗ Rollenlyrik (Männer- und ↗ Frauenstrophen, ↗ Wechsel), in der wenige Motive wie Werbung, Sehnsucht und Trennungsklage variiert werden. Nach 1170 treten am Rhein Minnesänger auf, die erstmals romanischen Vorbildern folgen (Heinrich von Veldeke, Rudolf von Fenis, Friedrich von Hausen, Albrecht von Johansdorf), wie sich formal an der Einführung der mehrstrophigen ↗ Kanzone mit anspruchsvolleren Versfüllungen und Reimschemata, inhaltlich an der Übernahme der Lehensterminologie zeigt. Der Sänger preist die Geliebte als Herrin (*frouwe*), der er dient, um als Lohn ihre Gunst (*genâde*) gewährt zu bekommen. Es ist zweifelhaft, ob der ›hohen Minne‹, auf die sich die ältere Forschung konzentriert hat, wirklich ein modellhaft-ideologischer Charakter zugesprochen werden kann, zu dessen Grundzügen die hoffnungslose Liebe (*ûf wân*), der Verzicht auf die Geliebte und die daraus folgende sittliche Veredelung des liebenden Sängers gehören. Oft meint *hôhe minne* nicht mehr als eine emotional, artistisch oder auch sozial gesteigerte

Form der Liebe. Tatsächlich geht es in den am häufigsten auftretenden Typen, in der Werbekanzone und im Klagelied, meist um unglücklich-einseitige Liebesverhältnisse oder um die gesellschaftlichen Hindernisse, die den Liebenden in Gestalt von Aufpassern (*huote*, ↗ Merker) entgegentraten. Doch deshalb *zielen* die Minnesänger nicht auf unerfüllte Liebe. Die meisten Lieder beschreiben nur einen Ausschnitt der höfischen Liebe, nämlich die Werbephase, die der Erfüllung vorangeht. Auch die in der Epik häufig gestaltete zweite Phase ist – nur seltener – Gegenstand des M.s: Im ↗ Tagelied beklagen die Liebenden den Abschied nach gemeinsam verbrachter Nacht. Wie der Dienstgedanke wird auch das zeittypische Kreuzlied aus der Romania übernommen, in dem der Sänger den Konflikt zwischen dem Frauendienst und dem Dienst an Gott im Kampf gegen die Heiden thematisiert (↗ Kreuzzugsdichtung). Neu ist die formal anspruchsvolle ↗ Leich-Dichtung (Kreuzleich, Minneleich), die thematisch zwischen Lied- und Sangspruchdichtung steht. Anders als die von fahrenden Sängern niederen Standes betriebene ↗ Spruchdichtung wird der M. in der Regel von adligen Dilettanten hervorgebracht: von Ministerialen, Herren und Grafen, von Herzögen und Königen wie dem späteren Kaiser Heinrich VI. Die ersten professionellen Minnesänger zählen zu den bedeutendsten überhaupt: Reinmar und Walther von der Vogelweide. Mit ihnen und drei weiteren Dichtern, die sich ebenfalls durch ihren individuellen Stil auszeichnen (Heinrich von Morungen, Hartmann von Aue und Wolfram von Eschenbach), erreicht der M. in den Jahrzehnten um 1200 seinen Höhepunkt. Am weitesten entzieht sich Reinmar dem modernen Verständnis. Seine Selbststilisierung als ↗ Sänger einer Entsagungsminne, der die Unerreichbarkeit der Geliebten in immer neuen Liedern reflektierend beklagt, bestimmte lange Zeit das romantische Klischee des M.s. Dieses einseitige Bild wurde in den letzten Jahrzehnten revidiert. Heinrich von Morungen ragt durch Rückgriffe auf mythische Vorprägungen (Narzissus, Venus, Elfen) und durch die Bildhaftigkeit seiner Sprache hervor, in der das Licht eine Fülle von Metaphern und Vergleichen angeregt hat. Sprachmelodik und Versgestaltung erlauben dem heutigen Leser ähnlich wie bei den Liedern Walthers einen scheinbar unmittelbaren Zugang. Die herausragende Rolle Walthers wurde bereits von den Zeitgenossen anerkannt und bis in die Gegenwart nie in Frage gestellt. Er bereicherte den M. durch eine Vielzahl neuer Motive und Themen, nicht zuletzt durch die Verbindung von M. und Sangspruch. Daraus erwuchsen programmatische Lieder, in denen Walther die Tugendhaftigkeit der Frau nicht mehr fraglos voraussetzt, sondern stellvertretend für die Gesellschaft einfordert. Dieser ethischen Eingrenzung steht die soziale Entgrenzung der Frauen gegenüber, an die ein solcher Anspruch überhaupt gerichtet werden kann. Galten vorher nur die adligen Damen (*frouwen*) als minnewürdig, so ist es jetzt das ganze weibliche Geschlecht (*diu wîp*), soweit es *tugent* besitzt (*wîp-frouwe*-Streit). Diese Position deutet sich bereits bei Hartmann an, der in prägnanten Formulierungen die ständische Beschränktheit des M.s kritisiert. In seiner Kreuzlyrik formuliert er zugleich am schärfsten das in den Anfängen der höfischen Lit. noch überdeckte Problem, die geschlechtliche Liebe als Leitbild der höfischen Kultur mit der überkommenen Werthierarchie der christlichen Gesellschaft zu vereinbaren. Durch die Einbindung des Erotischen in die religiös fundierte Beziehung der Ehe löst Wolfram das Dilemma in seinen ungewöhnlich expressiven Tageliedern ähnlich wie in seinen epischen Dichtungen. – In ganz anderer Weise erweitert Neidhart das Spektrum des M.s. In seinen Sommer- und Winterliedern verlagert er die Liebe auf den dörflichen Tanzplatz bzw. in die Schenke, wo das lyrische Ich den bäuerlichen Mitbewerbern um die Gunst der Dorfschönen stets unterliegt. – Die bis dahin entwickelten Motive und Typen werden von den Minnesängern des 13. Jh.s (Burkhard von Hohenfels, Gottfried von Neifen, Ulrich von Winterstetten, Tannhäuser, Konrad von Würzburg) variiert. So kann man von einer nicht nur formal sehr hoch entwickelten, sondern auch von einer formellen Dichtung sprechen, ohne damit Aussagen über die Authentizität des M.s zu treffen, die sich späterer Erkenntnis fast immer entzieht. Am Ende des Jh.s führen Steinmar und Hadlaub mit Ernte-, ↗ Herbst- und Erzählliedern noch einmal neue Typen in den M. ein. Neben den konkreten Themen bleibt das geistige Problem der Verbindung von Religion und Erotik virulent. Die intensive Beziehung des Ichs zu Gott drückt Mechthild von Magdeburg in Texten aus dem Umfeld der ↗ Mystik in Bildern aus der Tradition der erotischen Lyrik aus. – Den Höhepunkt der Bemühungen, im Geschlechtlichen das Göttliche wiederzuerkennen, stellt das artifizielle Werk Frauenlobs (gestorben 1318) dar. In seinen Großdichtungen (Marienleich, Minneleich, »Minne und Welt«) wie in seinen Minneliedern gestaltet er unter Rückgriff auf eine Fülle gelehrten Wissens mit poetischen Mitteln die Verschränkung von menschlicher Sexualität, Naturerkenntnis und Heilsgeschichte. Nach Frauenlob bricht die lebendige Tradition des M.s ab. Oswald von Wolkenstein, der ›letzte Minnesänger‹ (gestorben 1445), ist in verschiedener Hinsicht ein Sonderfall. – Konzipiert wurde der M. als höfische Aufführungskunst. Der Minnesänger erfand nicht nur Text (*wort*) und Melodie (*wîse*), sondern trug seine Lieder auch selbst vor. Doch über die Aufführungspraxis besitzen wir keine hinlänglichen Quellen außerhalb des M.s selbst. So kann die Interaktion zwischen dem Aufführenden und seinem Publikum nicht zuverlässig rekonstruiert werden. Für den hochmal. M. vor Neidhart sind die Melodien größtenteils verloren; wo ↗ Kontrafakturen romanischer Vorbilder vorliegen, lassen sie sich bisweilen rekonstruieren. Vergleichsweise zuverlässige Aufzeichnungen gibt es für spätmal. Dichter, (Hugo von Montfort, Mönch von Salzburg, Oswald

von Wolkenstein). Die Texte wurden v. a. in umfangreichen Sammelhss. überliefert, die in einer Zeit entstanden, in der die Lieder der älteren Dichter offenbar schon als Leselyrik rezipiert wurden (↗ Liederhss.). – Die Erforschung des M.s setzt im 16. Jh. ein; seit dem 18. Jh. schreitet sie kontinuierlich fort (J. J. Bodmer: »Von den vortrefflichen Umständen für die Poesie unter den Kaisern aus dem schwäbischen Hause«, 1743; »Proben aus der alten schwäbischen Poesie des Dreyzehnten Jh.s«, 1748). Frühe Höhepunkte sind die Ausgaben K. Lachmanns (»Walther von der Vogelweide«, 1827) und M. Haupts (»Des M.s Frühling«, 1857). Nach einer langen Phase sehr weit getriebener Konjekturalkritik (C. v. Kraus) hält sich die jüngere Forschung enger an die hsl. Überlieferung. Die moderne Bewertung des M.s wird durch die Forschungen Burdachs eingeleitet.

Lit.: K. Burdach: Reinmar der Alte und Walther von der Vogelweide. Lpz. 1880. – St. Jaeger: Ennobling Love. Philadelphia 1999. – I. Kasten: M. In: RLW. – H. Kuhn: M.s Wende. Tüb. 1952. – R. Schnell: Causa amoris. Bern 1985. – G. Schweikle: M. [1989]. Stgt. ²1995. – E. Wechssler: Das Kulturproblem des M.s. Halle/S. 1909.   RHS

Minnesänger, auch: Minnesinger, Liederdichter und -komponisten der Zeit zwischen 1160 und 1320, die für tatsächlichen oder fiktiven mündlichen Vortrag bestimmte, in je eigenen metrisch-musikalischen Formen (›Tönen‹; ↗ Ton [4]) gefasste, ein- oder mehrstrophige Gedichte mit dem Thema der institutionalisierten höfischen Liebe verfassten (↗ Minnesang). Die Bez. kommt erstmals bei Hartmann von Aue vor. M. entstammen dem Adel, der Dienstmannschaft und der Bildungsschicht; tragend ist die Vorstellung des Dilettanten, so dass auch Berufssänger wie Walther von der Vogelweide vorgeben, nur für den Minnelohn zu singen. Über die biographische Authentizität der M. besteht Uneinigkeit, mehrheitlich geht man von ↗ Rollenlyrik aus. In der Regel sangen die M. ihre Lieder selber, die Delegation des ↗ Vortrags an einen ↗ Spielmann wird (im Unterschied zur Romania) nicht gezeigt. Man geht von wiederholtem Vortrag des gleichen Liedes (›Wiedergebrauchsrede‹) aus; dass M. vorwiegend eigene Lieder sangen, wird angenommen. Die musikalisch-performative Fertigkeit differierte vermutlich stark; Walther wird in Gottfrieds von Straßburg »Tristan« als herausragender Musiker gerühmt. Das spricht für einen hohen Anteil der individuellen Gestaltungsmöglichkeiten beim Vortrag. Die Bez. ›M.‹ wurde in der Mitte des 18. Jh.s durch J. J. Bodmer wiederbelebt.   VM

Minstrel, m. [engl.; von afrz. *ménestrel, ministerel*; von spätlat. *ministerialis* = Beamter], berufsmäßiger Rezitator und Sänger im mal. England. Oft mit ↗ ›Spielmann‹, ↗ ›Joculator‹, ›Jongleur‹ gleichbedeutend gebraucht. Von der engl. Romantik wurde der M. poetisch überhöht, vgl. W. Scotts »Lay of the Last M.« (1805).

Lit.: J. Southworth: The English Medieval M. Woodbridge 1989. MGS

Minuskel, f., ↗ Schrift.

Mirakelliteratur [lat. *miraculum* = Wunder, Wunderwerk], Sammelbegriff für 1. Aufzeichnungen von Wunderereignissen, in denen Eingriffe göttlicher Macht gesehen wurden, sowie 2. die darauf basierenden Erzählwerke in Vers oder Prosa. – Mirakelerzählungen thematisieren eine auf das Wunderwirken konzentrierte Form der Interaktion zwischen Mensch und Gott bzw. Übernatürlichem. Ihre Gegenstände sind z. B. übernatürliche Krankenheilungen, Gebetserhörungen und Hilfeleistungen in Notsituationen. Wunderbare Eingriffe der göttlichen Macht können sich dem Menschen auch als Warnzeichen offenbaren, die seine Gesinnung oder sein Handeln beeinflussen sollen (ein Licht vom Himmel bei der Bekehrung des Saulus vor Damaskus). Als wundertätig agieren meist Christus, Maria als Mittlerin oder Heilige in der Nachfolge Christi (↗ Imitatio [2]). Wunder können sich auch postum am Grabe eines Heiligen oder als Resultat der Verehrung von Reliquien und Kultbildern an Wallfahrtsorten ereignen. – Vorläufer der M. sind bereits aus vorchristlicher Zeit überliefert. Das bekannteste Beispiel sind Steintafeln mit Aufzeichnungen der Wunderheilungen aus dem Asklepeion im gr. Wallfahrtsort Epidauros (5. Jh. v. Chr.). Im christlichen MA. zählen die »Dialogi de miraculis« (593 f.) Gregors des Großen, die »Libri octo miraculorum« Gregors von Tours oder der »Dialogus miraculorum« (1219/23) des Cäsarius von Heisterbach zur M. – Vor dem Hintergrund der wachsenden Marienfrömmigkeit und des 1095 verbindlich eingeführten Samstags-Marienoffiziums, das einen verstärkten Bedarf an Lesestoff mit sich brachte, entstanden im Hoch- und Spät-MA. zahlreiche Marienmirakelsammlungen. Weite Verbreitung findet M. auch in integrierter Überlieferungsform: als Anhang in Heiligenviten, in Exempel- und Predigtsammlungen. Seit dem 15. Jh. avancierten die an Wallfahrtsorten angelegten Mirakelbücher zum wichtigsten Medium der Kultpropaganda, um im Zuge der ↗ Gegenreformation und der Wallfahrtsbegeisterung zwischen 1650 und 1750 ihre Blütezeit zu erreichen. – Im Bereich der kath. Laienfrömmigkeit sind ↗ Mirakelspiele, schriftlich fixierte Gebetserhörungen und Anliegenbücher bis heute verbreitete Formen der M.

Lit.: W. Haubrichs: Mirakel. In: RLW. – M. Heinzelmann u. a. (Hg.): M. im MA. Stgt. 2002. – K. Herbers u. a. (Hg.): Mirakelberichte des frühen und hohen MA.s. Darmstadt 2005. ID

Mirakelspiel [lat. *miraculum* = Wunder], ↗ geistliches Spiel des MA.s, das Leben und Wundertaten der Heiligen und der Jungfrau Maria behandelt. Seine Grenzen zum Legendenspiel (↗ Legende) sind unscharf. – Seit dem 12. und 13. Jh. v. a. in Frankreich verbreitet (Jean Bodel: »Jeu de saint Nicolas«, um 1200; Rutebeuf: »Miracle de Théophile«, um 1260), dann auch in England (selten), den Niederlanden und Deutschland (das ndt.

»Spiel von Theophilus«, 15. Jh.; Dietrich Schernberg: »Spiel von Frau Jutten«, 1480). Im 14. und 15. Jh. werden Marienmirakel, oft Bearbeitungen von erzählenden Vorlagen (↗ Mirakellit.), beliebt; vgl. die 40 afrz. »Miracles de Nostre Dame par personnages« (14. Jh.) oder das halbdramatische Marienmirakel »Marieken van Nijmegen« (Drucke des 16. Jh.s). Bedeutsam für die Geschichte des ↗ Dramas ist die Einführung komischer Elemente (↗ Farce). Die Tradition des M.s wurde im 20. Jh. wieder aufgenommen (z. B. K. G. Vollmoellers Pantomime »Das Mirakel«, Uraufführung 1911). – Von der engl. Forschung werden die Bez. en ›M.‹ (*miracle play*) und ↗ ›Mysterienspiel‹ (*mystery play*) oft unterschiedslos gebraucht.

Texte: G. Paris, U. Robert (Hg.): Miracles de Nostre Dame par personnages. 5 Bde. Paris 1876–80. – A. W. Pollard (Hg.): English Miracle Plays, Moralities and Interludes. Oxford ⁸1927.

Lit.: E. Ukena: Die dt. M.e des Spät-MA.s. 2 Bde. Bern, Ffm. 1975. MGS

Mischformen, neu gebildete Kunstformen, die aus der Kombination zweier oder mehrerer als distinkt wahrgenommener Kunstformen entstehen, wobei deren je eigene Merkmale in der neuen Form materiell präsent sind und zu deren formaler Konstitution beitragen. – In der Lit.wissenschaft bezeichnet ›M.‹ im engeren Sinne jene lit. Formen, die durch Gattungsvermischung (etwa ↗ Ballade, ↗ Prosagedicht, ↗ episches Theater, ↗ autobiographischer Roman) oder durch Kombination von lit. Texten mit anderen Medien (z. B. ↗ Hörspiel) entstehen (auch: ›hybride Gattungen‹). – M. werden vorzugsweise im Kontext künstlerischer Avantgarden entwickelt, bes. wirkungsmächtig in der Moderne am Beginn des 20. Jh.s. Die lit.wissenschaftliche Diskussion um Text-Bild-Zusammenhänge hat sich seit Anfang der 1960er Jahre zu einer Intermedialitätsdebatte ausgeweitet, in der die systematischen Beziehungen von Medienkontakten in M. analysiert werden (↗ Wort-Bild-Formen, ↗ Intermedialität). In einer poststrukturalistischen Sicht, die jede Unterscheidbarkeit von Gattungen negiert, können alle Kunstformen als M. betrachtet werden. Im frz. Sprachraum werden diese Phänomene unter dem Schlagwort *métissage*, im engl. unter *hybridity* diskutiert.

Lit.: F. Laplantine, A. Nouss (Hg.): Métissages, de Arcimboldo à Zombi. Paris 2001. – I. O. Rajewsky: Intermedialität. Tüb., Basel 2002. DNA

Mischprosa, 1. im weiteren Sinne jede ↗ Prosa, in der die Mischung zweier (selten mehrerer) Sprachen praktiziert wird (↗ makkaronische Dichtung); 2. im engeren – von der Forschung bevorzugten – Sinne das Nebeneinander von Lat. und Dt. in mal. Prosa. – Die Anfänge der M. sind in der exegetischen und ↗ katechetischen Lit. ahd. Zeit zu suchen. Doch ist bereits bei Notker III. von St. Gallen (ca. 950–1022) ein hierarchisierter Gebrauch von Lat. (v. a. für Bibelzitate, Termini und Allegorisches) und Dt. erkennbar. In den »Tegernseer Liebesbriefen« (1160–86) nutzt v. a. die Freundin

M.: »Wande du mir daz uercheret hast, notabilis factus es mihi. […] Wande warest du mir nieth liep, ego permitterem te currere in voraginem, ut ita dicam, ignorantie et cecitatis« (Brief Nr. 9), wobei der letzte, allegorisierende Passus an die ältere Tradition anschließen könnte.

Lit.: B. Grabmeyer: Die M. in Willirams Paraphrase. Göppingen 1976. – B. Stolt: Die Sprachmischung in Luthers Tischreden. Lund 1964.   CF

Mise en abyme, f. [miza'bi:m; auch: *mise en abîme*, frz. = In-Abgrund-Setzung; ursprünglich Begriff der Heraldik für ein innerhalb eines Wappenschildes abgebildetes kleineres Wappen, welches ›in eine Vertiefung gesetzt‹ ist], im Anschluss an eine Tagebucheintragung A. Gides von J. Ricardou geprägte Bez. für eine Form lit. Rekursivität und Selbstreferentialität, die als Einlagerung eines untergeordneten, kleineren Textelements in ein übergeordnetes, größeres auftritt, wobei zwischen beiden ein Ähnlichkeitsverhältnis formaler oder inhaltlicher Natur besteht und der Eindruck einer fortgesetzten Reflexion erzeugt wird. Häufig steht das eingelagerte Element in einem metatextuellen bzw. kommentierenden Verhältnis zum übergeordneten Rahmen, z. B. als Buch im Buch (M. Butor: »L'emploi du temps«, 1956) oder innerhalb eines Schauspiels aufgeführtes Schauspiel (W. Shakespeare: »Hamlet«, um 1601). Das in Lit. und Kunst immer wieder auftretende Phänomen ist bes. häufig in den selbstreferentiellen, antimimetischen Texten des ↗ Nouveau Roman und der Postmoderne zu beobachten.

Lit.: L. Dällenbach: Le récit spéculaire. Paris 1977. – J. Gruber: Lit. und Heraldik. In: A. Arens (Hg.): Text-Etymologie. Stgt. 1987, S. 220–230. – F. Hallyn (Hg.): Onze études sur la m. e. a. Gent 1980. – J. Ricardou: Problèmes du nouveau roman. Paris 1967.   MFS

Mise en scène [frz.] ↗ Inszenierung.

Missale, n. [von lat. *missa* = Messfeier], Pl. *Missalien*; liturgischer Buchtypus, der die älteren Typen ↗ Evangelistar, ↗ Epistolar und ↗ Graduale in das Rollenbuch des Priesters, das Sakramentar, integriert. Das M. enthält somit prinzipiell alle in der Messe zu sprechenden und zu singenden Texte (deswegen auch: ›Voll-‹ oder ›Plenarmissale‹). Aufgeteilt ist das M. in das Temporale mit den teilweise beweglichen Herrenfesten, das Sanktorale mit den Heiligenfesten und in einen (die Feiern zu bes. Anlässen regelnden) Votivmessenteil. Ein typischer Buchschmuck des M. ist die Kombination eines Kreuzigungsbildes und einer T-Initiale zum Hochkanon. – Das M. ist zuerst im 8. Jh. belegt und verdrängt ab dem 13. Jh. die übrigen liturgischen Hss.-Typen weitgehend. Nach dem Konzil von Trient wurde 1570 mit dem »M. Romanum« erstmals eine einheitliche Redaktion für fast die gesamte kath. Kirche festgelegt; seit dem Zweiten Vatikanischen Konzil würde das M. durch Messbücher in den Landessprachen ersetzt.

Lit.: A. Baumstark: M. Romanum. Eindhoven 1929. – F. Heinzer: M. In: Lexikon des gesamten Buchwesens. Bd. 5. Stgt. ²1995, S. 197.   CWI

Missverstehen, fehlgeleitetes ↗ Verstehen.

Miszellen, f. Pl., auch: Miszellaneen [lat., von *miscellus* = gemischt], Sammelbez. für (meist kleinere) Aufsätze verschiedenen Inhalts, bes. für kurze Beiträge in wissenschaftlichen Zss.   IS/Red.

Mittelalter [lat. *medium aevum*], ↗ Epochen-Begriff, der vor dem Hintergrund der zunächst v. a. ästhetisch orientierten Wahrnehmung eines ›mittleren Zeitalters‹, das der ↗ Humanismus zwischen Antike und Jetztzeit emphatisch postuliert hatte, im 17. Jh. aus der Perspektive des neuzeitlichen Mitteleuropäers zu einer allg. historischen Vorstellung erweitert wurde. Das triadische Schema löste Lehren wie die einer Abfolge von vier Weltreichen (*Translatio imperii*) ab. Als kulturelles Denkmuster behauptet es einen von Kontinuitäten und Frakturen gleichermaßen geprägten Fortgang der Geschichte in drei Epochen mit weitgehend homogenen Weltbildern. Es beschränkt seinen Geltungsanspruch räumlich auf Kleinasien bzw. den Mittelmeer-Raum (↗ Antike) und das christliche Zentraleuropa (M.), deren Kulturhaushalte dem aufgeklärten Weltbürger der jeweiligen, oft als ↗ ›Moderne‹ im weiteren Sinne verstandenen Gegenwart, überall (also auch in Amerika) zugänglich erscheinen. Voraussetzung kultureller Kontinuität blieb das Lat., das M. und Moderne die Kultur der Antike zugänglich hielt. Allerdings trifft die Annahme der Dominanz des Lat. bereits auf die oström., zunächst von der gr., seit dem 9. Jh. von der slawischen Sprache geprägte Kultur nicht mehr zu. – Insofern bei der Aufstellung der Trias von Anfang an eine Abgrenzung aufgrund von Wesenseigenschaften (Epochenmerkmalen) bestimmend war, änderten sich ihre zeitlichen Grenzen permanent durch Umgewichtungen historischer Vorgänge. Für den Beginn des M.s wurden z. B. die staatliche Einsetzung des Christentums (im Jahr 313), der die Völkerwanderung einleitende Hunnensturm von 375 oder das Ende der Wanderungsbewegung im 7. Jh. herangezogen. Für das Ende des M.s nahm man die Erfindung des Buchdrucks (um 1450), die Entdeckung Amerikas (1492) oder die Konfessionalisierung (nach 1517) in Anspruch, rechnete aber auch mit einem Übergangszeitraum von mehreren hundert Jahren (14.–17. Jh.). Das in der neueren Forschung zunehmend akzeptierte und in Detailstudien umgesetzte Postulat von ↗ Spätantike und ↗ Früher Neuzeit als Zeiträumen eigener Prägung lässt die Grenzen des M.s in beide Richtungen deutlicher hervortreten. – Die Wissenschaften vom M. werden fachübergreifend ↗ ›Mediävistik‹ genannt. Obwohl sich zahlreiche akademische Disziplinen dem M. zuwenden und je nach Perspektive (etwa ökonomische, verfassungsrechtliche) zu anderen Binnengliederungen gelangen, dominiert heute die Klassifikation der historisch-philologischen Disziplinen. Ihr M.-Begriff ist, abhängig von Quellenlage und Fachstruktur, ein operativer. Als Grenzmarken erscheinen aber in der Regel der Abschluss der Völkerwanderung im 7. Jh. und das Einsetzen der Glaubensspaltung zu Beginn des 16. Jh.s. Die germanistische Mediävistik hat daran Anteil, insofern sie sich einerseits am Aufkommen von Schriftlichkeit in der Volkssprache (nach 750) orientiert, anderseits die allg.historischen Vorgänge, die schon zuvor als Indizien für das Ende des M.s um 1500/20 anerkannt wurden, zunehmend auch als lit.-geschichtlich relevant erweisen kann (neue Gattungen, Ausdrucksformen, Techniken). Innerhalb dieser Grenzen hat sie eine Binnengliederung in *frühmal.* (Ahd., ca. 750–1050; Frühmhd., ca. 1050–1180), *hochmal.* (Mhd., 1180–1350) und *spätmal. Lit.* (Frühnhd., 1350–1500) etabliert. Die mhd. Wörterbücher werten allerdings nur Quellen bis um 1350 aus; hier setzt das »Frühnhd. Wörterbuch« an. – Aus der Perspektive der ↗ Romanistik, ↗ Anglistik oder Skandinavistik ergeben sich angesichts einer mal. Tendenz zu gesellschaftlicher Homogenisierung, deren Voraussetzung das gemeinsame Lat. war, bei der Binnengliederung in der Regel nur geringfügige Verschiebungen. – Die heutige Mediävistik, obwohl noch nicht wirklich unter gesellschaftlichem Legitimationsdruck, sucht noch immer nach neuen Wesensbestimmungen ihres Gegenstands. In der anhaltenden Debatte um ↗ *Alterität* oder *Modernität* des M.s wird hier grundsätzliche Andersartigkeit, dort Kontinuität bestimmter Denkformen bis in die Gegenwart konstatiert. Diese Kontroverse, deren Ausgang noch offen ist, kann bislang nicht absehbare kulturpolitische Folgen haben.

Lit.: Th. Cramer (Hg.): Wege in die Neuzeit. Mchn. 1988. – W. Haug (Hg.): M. und frühe Neuzeit. Tüb. 1999. – J. Heinzle: Wann beginnt das Spät-M.? In: ZfdA 112 (1983), S. 207–223. – Ders. (Hg.): Modernes M. Ffm. 1994. – H.-D. Kahl: Was bedeutet »M.«? In: Saeculum 40 (1989), S. 15–38. – D. Klein: Wann endet das Spät-M. in der Geschichte der dt. Lit.? In: H. Brunner, W. Williams-Krapp (Hg.): Forschungen zur dt. Lit. des Spät-M.s. Tüb. 2003, S. 299–316. – E. Pitz: M. In: LMA. – S. Skalweit: Der Beginn der Neuzeit. Darmstadt 1982.   CF

Mittelalterrezeption [engl.: *medievalism*], Aufnahme und Weiterverwendung von Themen, Motiven oder Personen aus dem ↗ MA., als feststehender Terminus geprägt von G. Kosiełek (1977), wohl nach dem Vorbild ↗ ›Antikerezeption‹. Unter dem Begriff ›Wirkungsgeschichte‹ (↗ Wirkungsästhetik) hat sich die ↗ Germanistik von Anfang an auch mit dem Nachwirken mal. Themen, ↗ Stoffe und Werke beschäftigt. Seit den späten 1960er Jahren wurde die M. zu einem wichtigen und anerkannten Arbeitsgebiet der germanistischen ↗ Mediävistik; wichtig waren dabei die von H. R. Jauß entwickelte Richtung der ↗ Rezeptionsästhetik und die nach 1968 entbrannte germanistische Diskussion um die Relevanz älterer Lit. sowie der wenig später einsetzende sog. MA.-Boom (z. B. Babenberger-Ausstellung, 1976; Staufer-Ausstellung, 1977). Eine Parallele dazu im angelsächs. Bereich ist die v. a. von L. J. Workman angestoßene Medievalism-Forschung (»Studies in Medievalism«, 1979 ff.; zahlreiche weitere

Publikationen in Großbritannien und v. a. den USA). Wichtige Impulse zur M.s-Forschung gaben Tagungen in Salzburg (1979, 1982, 1986, 1989, 1990), Neubrandenburg (1979), Odense (1981), St. Louis/USA (1982), Berlin (1983), Lausanne (1989), Wetzlar (2001) und Schöppenstedt (2005) sowie regelmäßige Sektionen zur M. bei den MA.-Tagungen in Kalamazoo (USA) und Leeds. Im Zusammenhang dieser internationalen Aktivitäten ist eine große Anzahl von Einzelbeiträgen, Monographien und Sammelbänden entstanden, die – über die Lit. hinausgreifend – auch die Architektur, bildende Kunst, Musik und ↗ Mentalitätsforschung umfassen. – Grundsätzlich unterscheiden lassen sich vier Formen der M., die sich aber vielfältig vermischen: 1. die produktive, schöpferische M. (Verarbeitung des MA.s in neuen Werken); 2. die reproduktive M. (Versuche von Rekonstruktionen oder Renovierungen, etwa in Musik oder Architektur); 3. die wissenschaftliche M. (z. B. in der Mediävistik); 4. die politisch-ideologische M. (Instrumentalisierung zu politisch-ideologischen Zwecken, z. B. ›Nibelungentreue‹; Camelot als Chiffre für die Kennedy-Administration; moderne ›Kreuzzüge‹). – Durch ↗ Renaissance und ↗ Humanismus und deren Neuorientierung an der ↗ Antike war das Interesse an Mittelalterlichem zurückgedrängt worden, wenn auch keineswegs verschwunden. Es erfuhr eine Intensivierung durch das aufkommende nationale Bewusstsein im späten 18. Jh. und den beginnenden Nationalismus, in Deutschland befördert durch die Kriege gegen Napoleon, steigerte sich dort im Imperialismus des 19. und im Nationalsozialismus des 20. Jh.s. Entscheidend war neben einer allg. Nostalgie und Gegenwartsflucht dabei stets die Suche nach nationaler Identität und Selbstbestätigung in der eigenen Vergangenheit – ein Bestreben, das aufgrund der politischen Zersplitterung im dt.sprachigen Raum bes. ausgeprägt war. – M. gab es seit dem 19. Jh. in vielen Bereichen, z. B. in Architektur (Neoromanik, Neogotik; etwa in Neuschwanstein) und Malerei (z. B. engl. Präraffeliten, Historienmalerei), anfangs weniger in der Musik (da originale mal. Musik, abgesehen von der Gregorianik, lange kaum bekannt war), intensiv jedoch in der Lit. Dabei gab es in den einzelnen Kultur- und Sprachräumen naturgemäß eine Konzentration auf bestimmte Stoffe sowie historische und lit. Personen, die fast immer mit der eigenen Vergangenheit zusammenhingen: Artus/Arthur (angelsächs. Welt, Frankreich, ↗ Artusdichtung), Richard Lionheart und Robin Hood (England), Charlemagne und Jeanne d'Arc (Frankreich), El Cid und Amadis (Spanien; ↗ Amadisroman), Roland/Orlando (Italien, Sizilien), Edda und ↗ Saga (Skandinavien) sowie im dt. Sprachraum der Staufer-Kaiser Friedrich I., Walther von der Vogelweide sowie das »Nibelungenlied«; kaum national gebunden scheint demgegenüber die Rezeption des Tristan-Stoffs zu sein. – Im Dt. setzt die neuere M., nach ersten Anfängen im ↗ Barock, mit der Wiederbeschäftigung mit mal. ↗ Handschriften und deren Texten ein (J. J. Bod-

mer, J. J. Breitinger), teilweise im konkurrierenden Nebeneinander zur Antikerezeption (F. G. Klopstock,
J. W. L. Gleim). M. findet sich auch bei J. W. Goethe
(»Götz von Berlichingen«, »Von dt. Baukunst«,
»Faust«). Sie wurde entscheidend intensiviert in der
romantischen Lit. (A. W. und F. Schlegel, Novalis, L.
Tieck) und hielt, in allerdings unterschiedlicher Stärke
und deutlich verschiedener Ausprägung, in der Folge-
zeit an; gleichzeitig entwickelte sich die neue, anfangs
ganz auf das MA. konzentrierte Germanistik (J. und
W. Grimm). Für das 19. Jh. entscheidend wurde das
Opern-Werk R. Wagners – dieser »Mittler des MA.s«
(Wapnewski) bewirkte, dass bestimmte mal. Stoffe bis
heute einer breiteren Öffentlichkeit bekannt sind
(Tannhäuser/Wartburgkrieg/Venusberg, Lohengrin,
Parsifal und der Gral, Tristan und Isolde, nordische
und mhd. Nibelungen-Tradition sowie Hans Sachs
und der Meistersang). Viele Werke der M. gerieten,
manchmal nach anfänglichem Erfolg, wieder in Vergessenheit (Ausnahme etwa F. Hebbels »Nibelungen«-
Trilogie, 1862). Gegenstand der M. waren die unterschiedlichsten Stoffe und Personen, darunter auch
Hartmanns von Aue ↗Legendendichtungen (»Der
arme Heinrich« wirkt auf G. Hauptmann, G. Pfitzner,
R. Huch, T. Dorst und U. Ehler; der »Gregorius« auf
Th. Mann: »Der Erwählte«); auffällig ist, dass ein so
aktualitätsverdächtiges Werk wie Wolframs »Willehalm«, der wohl erste Anti-Kriegs-Roman der Weltlit.,
bis heute fast keine Nachwirkung hatte. Für den in den
letzten Jahrzehnten einsetzenden MA.-Boom und eine
damit verbundene MA.-Nostalgie waren neben den
genannten Ausstellungen wichtig: Romane wie I.
Morgners »Trobadora Beatriz« (1974), E. Hilschers
Roman über Walther von der Vogelweide (»Der Morgenstern«, 1976; »Der Dichter und die Frauen«, 1992)
und insbes. U. Ecos »Il nome della rosa« (1980) sowie
der MA.-Zyklus von D. Kühn (»Oswald von Wolkenstein«, »Neidhart«, »Parzival« und »Tristan«, 1976–
2003), Übers.en engl.sprachiger Artus-Romane (M.
Stewart, M. Zimmer Bradley; dt. Einzelfall: W. Kubie:
»Mummenschanz auf Tintagel«, 1946), das riesige und
bilderreiche Drama »Merlin« von T. Dorst und U. Ehler (1981). Dazu kamen eine Flut von Sachbüchern
zum MA., MA.-Feste, Konzerte mit mal. Musik, Opern
mit mal. Themen; des Weiteren die mit mal. Motiven
und Themen arbeitende ↗Fantasy-Lit. und die davon
abgeleiteten Fantasy-Filme, bestimmte Bereiche der
↗Science-Fiction (Motive der mal., v. a. der Artus-Lit.)
sowie schließlich die Massenmedien, mit Comics,
MA.-Filmen und MA.-TV-Produktionen bis hin zu
Computerspielen. Mediävisten kritisieren oft, dass in
vielen, wenn nicht den meisten dieser Werke ein
›falsches‹ MA.-Bild vermittelt werde. Dies ist sicherlich
richtig, doch sollte man speziell die Werke der schöpferischen M. weniger nach dem Grad ihrer Authentizität beurteilen (im Ggs. zu den Werken der reproduktiven M. und der wissenschaftlichen M.), sondern nach
ihren eigengesetzlichen neuen Formen.

Bibliographie: S. Grosse, U. Rautenberg: Die Rezeption
mal. dt. Dichtung. Tüb. 1989.
Lit.: H.-J. Bachorski, I. Kasten (Hg.): [Themenheft:] M.
MDG 45 (1998), H. 1–2. – O. Ehrismann: Das Nibe-
lungenlied in Deutschland. Mchn. 1975. – K. Gamer-
schlag (Hg.): Moderne Artus-Rezeption 18.–20. Jh.
Göppingen 1991. – F. Gentry u. a. (Hg.): The Nibelun-
gen Tradition. Ldn., NY 2002. – W. Gratzer, H. Möller
(Hg.): Übersetzte Zeit. Das MA. und die Musik der
Gegenwart. Hofheim/Ts. 2001. – S. Hartmann u. a.
(Hg.): Artus-Mythen und Moderne. Wetzlar 2005. – G.
Koziełek: M. Tüb. 1977. – R. Krohn (Hg.): Forum. Ma-
terialien und Beiträge zur M. 3 Bde. Göppingen 1986–
92. – Ders.: M. In: Killy/Meid. – J. Kühnel u. a. (Hg.):
M. 5 Bde. Göppingen 1979–96. – U. Müller: Das Nach-
leben der mal. Stoffe. In: V. Mertens, U. Müller (Hg.):
Epische Stoffe des MA.s. Stgt. 1984, S. 424–448. – J. F.
Poag, G. Scholz-Williams (Hg.): Das Weiterleben des
MA.s in der dt. Lit. Königstein/Ts. 1983. – S. Schmidt:
Mhd. Epenstoffe in der dt.sprachigen Lit. nach 1945.
2 Bde. Göppingen 1989. – W. Spiewok (Hg.): Rezeption dt. Dichtung des MA.s. Greifswald 1982. – P. Wapnewski (Hg.): M. Stgt. 1986.   UM

Mittellateinische Philologie, Wissenschaft vom zwischen ↗Spätantike und ↗Renaissance bzw. ↗Humanis-
mus entstandenen europäischen Schrifttum in lat.
Sprache. Die m. Ph. wurde als selbständige akademische Diszplin um 1900 aus der Klassischen ↗Philo-
logie herausgelöst und an dt. Hochschulen etabliert
(1895 in Göttingen, 1904 in Berlin). Herkunft, Stellung
im Fächergefüge und geringe Kapazitäten machten
Abgrenzungen gegenüber Gegenstandsbereichen der
Theologie, Germanistik und Geschichtswissenschaft
erforderlich und riefen eine Konzentration der m.n
Ph. auf wenige herausragende Dichter und Werke hervor, die zur inneren Stabilisierung und Qualitätssiche-
rung des Faches beitrug. – Im Bereich der erzählenden
Lit. können das Hexameterepos »Waltharius« (9. Jh.),
die »Alexandreis« Walthers von Châtillon, der »Ruodlieb« (Ende des 11. Jh.s), der »Ysengrimus« (Mitte des
12. Jh.s) und die »Ecbasis cuiusdam captivi« als bes-
tens erforscht gelten. Im Bereich der geistlichen und
weltlichen ↗Lyrik galt neben den ↗Hymnen und
↗Tropen v. a. der ↗Vagantendichtung (»Carmina
Burana«, Archipoeta) große Aufmerksamkeit. Das
dramatische Werk Hrotsvits von Gandersheim ist
schon seit dem Humanismus Gegenstand lat. Philologie. Eine herausragende Einzelleistung stellt Berschins
Werk zur mlat. ↗Hagiographie dar. Das weite Feld
pragmatischer Schriftlichkeit teilt sich die m. Ph. mit
anderen Disziplinen. Ferner hat sie Fragen der Paläographie (v. a. des Früh-MA.s; vgl. Bischoff) und Biblio-
theksgeschichte (vgl. Lehmann) entscheidend befördert. – Institutionell ist die m. Ph. gegenwärtig besser
vertreten als die Wissenschaft von der ↗neulat. Lit.,
dabei jedoch – trotz eines ständig steigenden internationalen Interesses an dem Fachgebiet – gerade in
Deutschland nicht weniger gefährdet als diese.

Hilfsmittel, Periodika: P. Lehmann u. a.: Mlat. Wörterbuch. Bisher 3 Bde. Mchn. 1959 ff. – F. A. C. Mantello, A. G. Rigg (Hg.): Medieval Latin. An Introduction and Bibliographical Guide. Washington 1996. – Mittellat. Jb. 1964 ff.

Lit.: W. Berschin: Biographie und Epochenstil. 5 Bde. Stgt. 1986–2001. – B. Bischoff: Mal. Studien. Stgt. 1966. – F. Brunhölzl: Geschichte der lat. Lit. des MA.s. 2 Bde. Mchn. 1975–92. – E. R. Curtius: Europäische Lit. und lat. MA. Bern 1948. – F. Graf (Hg.): Einl. in die lat. Philologie. Stgt., Lpz. 1997. – G. Huber-Rebenich: Mlat. im Spektrum der Disziplinen. In: Das MA. 7 (2002), S. 184–196. – K. Langosch: Lat. MA. [1963] Darmstadt ⁴1983. – P. Lehmann: Erforschung des MA.s. Stgt. 1959–62. – M. Manitius: Geschichte der lat. Lit. des MA.s. 3 Bde. Mchn. 1911–31. Nachdr. Mchn. 1974–76. – B. K. Vollmann: Mlat. Lit. In: RLW.   CF

Mittelreim ↗ Reim.

Mittenreim, Reim zwischen Versende und einem Wort im Innern eines vorangehenden oder nachfolgenden Verses, z. B. »Läßt du dein Herz betören durch die Liebe, / So werden alle Triebe, losgelassen, / Der Kraft in vollen Massen sich entladen« (F. Schlegel: »Der Wasserfall«).   GS/Red.

Mnemonik, f. [von gr. *mnēmonikós* = gedächtnisstark], 1. im weiten Sinn: Lehre des Funktionierens und Optimierens der Gedächtnisleistung; auch: Mnemotechnik (↗ Memoria [1]). – 2. Im engen Sinn: Eine insbes. an F. A. Yates orientierte Forschung, die Texte als künstliches Gedächtnis ansieht. Die M. macht es sich zur Aufgabe, die Gegenstände der kulturellen und lit. Erinnerung, die in Texte Eingang finden, aufzusuchen und zu beschreiben. Dabei lässt sie sich von zwei Gedanken leiten: a) von dem bereits in der antiken Rhet. entwickelten Gedanken, dass Erinnerungsfähigkeit und Gedächtnis planvoll, nämlich nach den Regeln der Mnemotechnik, geschult werden können; b) von dem Gedanken, dass diese Regeln bei der lit. Produktion mitwirken und deshalb die Struktur oder den Inhalt von Texten mitbestimmen können.

Lit.: J. J. Berns: M. In: RLW. – A. Haverkamp, R. Lachmann (Hg.): Raum – Bild – Schrift. Ffm. 1991. – R. Lachmann: Gedächtnis und Lit. Ffm. 1990. – F. A. Yates: The Art of Memory. Ldn. 1966.   BM

Modern dance ↗ Ballett, ↗ Tanz.

Moderne, f. [frz. *moderne*; von spätlat. *modernus* = neu, derzeitig], 1. in den Geschichtswissenschaften und der Philosophie die gesamte Neuzeit seit der ↗ Renaissance. – 2. In den Lit.- und Kulturwissenschaften entweder a) die mit der Überwindung der Regelpoetiken (↗ Poetik), insbes. mit der Frühromantik um 1795 beginnende Periode oder b) im frz. Sprachraum die Phase, die mit den ästhetischen Innovationen und thematischen Neuorientierungen beginnt, welche der durch Ch. Baudelaire begründete ↗ Symbolismus um 1850 mit sich bringt, oder c) im dt. Sprachraum die nach 1885 mit dem ↗ Naturalismus und der Rezeption des frz. Symbolismus einsetzende künstlerische Ent-

wicklung. Je nach Perspektive können entweder (1) oder (2 a) als ›Makroepoche M.‹ (vgl. Vietta), (2 b) oder (2 c) als ›Mikroepoche M.‹ aufgefasst werden. – Wurde innerhalb der seit 1687 ausgetragenen ↗ *Querelle des Anciens et des Modernes* der Begriff ›M.‹ als lit.kritische Kategorie eingeführt und von der ↗ Antike abgegrenzt (vgl. Jauß 1970), so kommt es Ende des 19. Jh.s im Umfeld des Naturalismus zu einer Verschiebung: Die Beschreibungen und Definitionen von ›M.‹ werden mit Blick auf die nach 1871 einsetzenden gesellschaftlichen Modernisierungsschübe vorgenommen, die mit der zunehmenden Industrialisierung, Technisierung bzw. Technologisierung, Urbanisierung, Rationalisierung, Säkularisierung und Verwissenschaftlichung der Gesellschaft einhergehen. Die gesellschaftliche M. wird nun als industrialisierte und dynamisierte Massengesellschaft erfahren, in der Subjektivität und Individualität im Zuge zeittypischer Entwicklungen wie Spezialisierung, Ausdifferenzierung und Abstraktion an Bedeutung verlieren. Auf diese ›Entzauberung‹ (M. Weber) der Welt reagiert die Lit. in unterschiedlichen Formen: Die Naturalisten verwenden den Terminus ›M.‹ im Sinne von ›gegenwärtig statt vorherig‹, ›aktuell statt verbraucht bzw. überholt‹ als einen programmatischen Begriff, mit dem in Absetzung zum epigonalen ↗ Historismus der ↗ Gründerzeit-Lit. und in Anlehnung an die erstarkenden Naturwissenschaften sowie an die in diesen Jahren begründete Soziologie eine Referenz von Lit. auf die gesellschaftliche M. proklamiert wird. Um 1900 greifen auch die antinaturalistischen, ästhetizistischen Strömungen des ↗ Fin de Siècle auf den M.begriff zurück und reklamieren ihn – den Ansätzen der Naturalisten diametral entgegengesetzt – für die Autonomie von Kunst und Lit. von der zivilisatorischen M. und der gesellschaftlichen Realität. Aus diesem unterschiedlichen Umgang mit den gesellschaftlichen Modernisierungsprozessen resultieren äußerst heterogene Ausprägungen der lit. M. wie die ↗ Berliner, ↗ Münchner und ↗ Wiener M. sowie Bewegungen wie ↗ Ästhetizismus, ↗ Symbolismus, ↗ Décadence, ↗ Neuromantik und ↗ Neuklassik auf der einen und die Avantgarde-Strömungen des ↗ Futurismus, ↗ Expressionismus, ↗ Dadaismus, ↗ Surrealismus und der ↗ Neuen Sachlichkeit auf der anderen Seite. Der Terminus ›M.‹ wird daher als Epochen- wie als Stilbegriff gleichermaßen verwendet. Als Epoche ist die lit. M. zum einen durch ein hohes Maß an Heterogenität und Komplexität gekennzeichnet; erfasst wird dabei der Zeitraum zwischen 1885, dem Beginn der Wirkungszeit des Naturalismus, und dem Ende der Weimarer Republik im Jahr 1933. Zum anderen wird der Stilpluralismus zum Kennzeichen der M.; erst die Vielzahl lit. Strömungen und Tendenzen sowie die Pluralität der Stile und Schreibformen zusammengenommen ergeben die M., die damit bereits Tendenzen der ↗ Postmoderne vorwegnimmt. – Während der Naturalismus die Lit. auf die gesellschaftliche M. festlegen will, lehnen die ästhe-

tizistischen Strömungen um 1900 eine solche Festlegung ab. Die Avantgardebewegungen der 1910er und 1920er Jahre entwickeln ihre Programmatik im Anschluss an die Forderung nach der Referentialität von Lit.: Sie zielen auf die ›Überführung von Kunst in Lebenspraxis‹ (P. Bürger) und setzen an die Stelle der Autonomiekonzepte des Ästhetizismus, die nach 1910 noch von Autoren wie St. George oder H. v. Hofmannsthal weiterverfolgt werden, die Referenz auf eine gesellschaftliche M., wobei die Großstadt als das Paradigma dieser M. thematisiert wird. Mimetische Darstellungs- und Beschreibungsformen haben in diesem Zusammenhang nur mehr eingeschränkte Bedeutung; man will der spezifischen Struktur der modernen Erfahrungswelt ebenso wie den ihr eigenen Wahrnehmungsstrukturen gerecht werden: Dissoziation, Fragmentierung und Dynamisierung sind kultursoziologische, existenzphilosophische und wahrnehmungsphysiologische Faktoren, welche die avantgardistische M. in einer Poetik des ↗ Fragments und einer Montage- bzw. Simultankunst zu integrieren sucht. Die zentralen Kriterien lit. Erzählens und Schreibens sind nicht mehr Chronologie und Kausalität, sondern – in Verbindung mit der thematischen Verschiebung von der Innen- zur Außenwelt – Gleichzeitigkeit, Fragmentarismus und Beschleunigung. Da der Grad der Radikalität, mit der diese Forderungen im Ästhetischen eingelöst werden, erheblich variiert, muss für die 1910er und 1920er Jahre eine Unterscheidung zwischen einer avantgardistischen Form der M. (Futurismus, Expressionismus, Dadaismus, Surrealismus, Konstruktivismus) und einer klassischen M. vorgenommen werden; Letztere vermeidet einen konsequenten Bruch mit lit. Konventionen und der ästhetischen Tradition; die Werke F. Kafkas, Th. Manns, H. Brochs, R. Musils, St. Zweigs oder F. Werfels zeigen dies; ein wesentliches ästhetisches Merkmal bleibt die formale Kohärenz. Auch die Tatsache, dass diese Ausprägung sich fast ausschließlich an einzelnen Autoren festmachen lässt, die avantgardistische M. hingegen in der Regel in Form einer Bewegung wirkt, macht diese Differenzierung notwendig. Die Ästhetik der Neuen Sachlichkeit kann im Hinblick auf die Integration avantgardistischer Verfahrensweisen wie ↗ Montage, ↗ Collage, assoziatives Schreiben, Intermedialität, Entgrenzung, Vermischung – etwa von Belletristik und Publizistik, von Fiktion und Dokument, von fiktionalem und dokumentarischem Schreiben – in traditionale und konventionelle Erzählkonzepte als Synthese von avantgardistischer und klassischer M. gelten (z. B. A. Döblin: »Berlin Alexanderplatz«, 1929).
Lit.: G. Blamberger: M. In: RLW. – P. Bürger: Theorie der Avantgarde. Ffm. 1974. – W. Fähnders: Avantgarde und M. 1890–1933. Stgt., Weimar 1998. – H. R. Jauß: Lit. Tradition und gegenwärtiges Bewußtsein der Modernität [1965]. In: ders.: Lit.geschichte als Provokation. Ffm. 1970, S. 11–66. – Ders.: Studien zum Epochenwandel der ästhetischen M. Ffm. 1989. – H. Kie-

sel: Geschichte der lit. M. Mchn. 2004. – C. Klinger: modern/M./Modernismus. In: ÄGB. – S. Vietta, D. Kemper (Hg.): Ästhetische M. in Europa. Mchn. 1998. – S. Vietta: Ästhetik der M. Mchn. 2001. SBE

Modernes Antiquariat ↗ Antiquariat.

Modernismo, m. [span. = Modernismus], lateinam. und span. lit. Strömung, ca. 1890–1920, welche die Thematik und Sprache des ↗ Realismus ablehnte und unter Rückgriff auf ältere Traditionen (↗ Gongorismus, ↗ Mystik), bes. aber unter dem Einfluss des frz. ↗ Symbolismus (P. Verlaine) und der ↗ Parnassiens, eine Erneuerung der Dichtung im Sinne des ↗ l'art pour l'art anstrebte: *thematisch* durch die (z. T. hermetische) Gestaltung auch des Subjektiven, Irrationalen und Surrealen, *sprachlich-formal* durch die Erschließung neuer rhythmischer und klanglicher Ausdrucksmöglichkeiten und durch syntaktische und metrische Experimente. – Nach dem kubanischen Vorläufer J. Martí wurde der Nicaraguaner R. Darío der führende Repräsentant des M.; seine Werke (»Azul«, 1888; »Prosas profanas«, 1896; »Cantos de vida y esperanza«, 1905) beeinflussten nachhaltig die gesamte lateinam. und span. Dichtung. Weitere Vertreter sind R. Jaimes Freyre (Bolivien), L. Lugones (Argentinien), J. Herrera y Reissig (Uruguay), G. Valencia (Kolumbien), E. Gomez Carillo und R. Arévalo Martínez (Guatemala), C. Vallejo (Peru) sowie die Spanier R. M. del Valle-Inclán (»Sonatas«, 1902–05), A. und M. Machado y Ruiz, F. Villaespesa, J. R. Jiménez, J. Guillén und L. Cernuda. Der M. stand z. T. in enger Wechselbeziehung zur ↗ Generation von 98. Fortgeführt und modifiziert wurde er im ↗ Ultraismo.
Lit.: C. L. Irade: M., modernity, and the development of Spanish American literature. Austin/Tex. 1998. – R. Gullón: El m. Madrid 1980. IS/Red.

Modern mundart ↗ Dialektlit.

Modern Style ↗ Jugendstil.

Modus, m. [lat. = Maß, Melodie, Weise], Pl. Modi; mal. Bez. a) für die acht Kirchentonarten (seit dem 8. Jh., nach byzantinisch-syrischem Vorbild) dorisch, hypodorisch, phrygisch, hypophrygisch, lydisch, hypolydisch, mixolydisch, hypomixolydisch; b) für rhythmische Typen der lat. Dichtung, die sechs Metren der antiken Dichtung entsprechen (trochäisch, jambisch, daktylisch, anapästisch, spondäisch, tribrachisch). – 2. Sammelbez. für lat., in den *Carmina Cantabrigiensia* überlieferte Gedichte des 10. und 11. Jh.s, in denen zu einer damals geläufigen ↗ Sequenz-Melodie neue geistliche oder weltliche Stoffe gestaltet wurden (↗ Kontrafaktur). Die Bez. ›M.‹ geht zurück auf eine Wolfenbütteler Hs., in der vor jedem Gedicht als eine Art Titel die zugehörige Melodie (*modus*) vermerkt ist (z. B. »M. Ottinc«: Panegyricus auf alle drei Ottonenkaiser nach der Melodie zu einem älteren Text auf Otto I.). GS/Red.

Modus amplificationis, m. [lat.], ↗ Amplificatio.

Mögliche Welten, alternative Zustände einer Gesamtheit (›Welt‹). Der Begriff der ›m.n W.‹ wurde ur-

sprünglich von G.W. Leibniz zur Lösung des Theodizeeproblems eingesetzt: Gott habe statt einer absolut idealen Welt die beste der m.n W. erschaffen (»Essais de théodicée« [1710]). Sprachphilosophische Bedeutung erlangt das Konzept durch die Modallogik, welche ›Möglichkeit‹ und ›Notwendigkeit‹ als ›wahr in mindestens *einer* möglichen Welt‹ bzw. ›wahr in *allen* m.n W.‹ formallogisch zu erfassen sucht. Eine ›mögliche Welt‹ ist hier eine maximale konsistente Menge von Gegebenheiten, die eine Alternative zu einer Ausgangsmenge von Gegebenheiten bildet. M.W. müssen in endlichen Umformungsschritten von der Ausgangswelt erreichbar sein. – In der Lit.wissenschaft werden m.W. zur Erklärung fiktiver lit. Welten herangezogen. Beide Konzepte haben gemeinsam, dass sie metaphysische Probleme aufwerfen: Existieren diese Welten in der gleichen Weise wie die aktuale bzw. reale Welt, sind sie abstrakte Modelle oder ›nicht aktualisierte‹ Zustände einer Ausgangswelt? Die Konzepte der m.n W. und der fiktiven lit. Welten kommen sich denkbar nahe, wenn Letztere bildlich vorstellbar oder gar realistisch sein sollen. Jedoch verfügen fiktive lit. Welten über einen größeren Spielraum als modallogische m.W., da sie an sich weder auf Erreichbarkeit noch auf Widerspruchsfreiheit oder Vollständigkeit festgelegt sind. Fiktionale lit. Werke werden bisweilen als Grundlage ganzer Gruppen fiktiver (möglicher) Welten angesehen.
Lit.: L. Dolezel: Heterocosmica. Fiction and Possible Worlds. Baltimore, Ldn. 1998. – R. Ronen: Possible Worlds in Literary Theory. Cambridge 1994. – A. Spree: M.W. In: RLW. – F. Zipfel: Fiktion, Fiktivität, Fiktionalität. Bln. 1999. JG

Molossus, m., antiker Versfuß aus drei langen Silben; begegnet in der Regel nur als Ersatz (Kontraktionsform) für andere Versmaße, z.B. für eine jambische ↗Dipodie, einen ↗Choriambus (– ∪ ∪ –), einen ↗Ionicus a minore (∪ ∪ – –) oder a maiore (– – ∪ ∪); Bez. nach den Molossern in Epirus. GS/Red.

Mönchslatein ↗ Küchenlatein.

Moniage, m. [mɔni'aːʒə; frz. = Mönchwerdung], in epischer Dichtung der Rückzug eines Protagonisten aus der Welt in ein Kloster, was einer gängigen Lebenspraxis des mal. Adels entspricht. Als lit. Motiv wird der M. eingesetzt, um das Gottgefällige des vorangegangenen Lebens hervorzuheben (z.B. »König Rother«, »Orendel«, Hartmann von Aue: »Der arme Heinrich«). Gelegentlich steht er in komischem Kontrast zum raubeinigen Heldenleben (Ilsan im »Rosengarten«, Walther von Aquitanien in der »Chronik von Novalese«, »Wolfdietrich D«). In zyklischer Dichtung kann sich die Episode vom Klostereintritt zur selbständigen Erzählung auswachsen (»M. Guillaume«). Betrachtete man den M. früher als ›asketisches Schwänzchen‹, bemühen sich neuere Forschungen, seine Vorbereitung im Erzählganzen aufzuweisen.
Lit.: C. Biesterfeldt: M. Stgt. 2004. – Dies.: Das Schlusskonzept M. in mhd. Epik als Ja zu Gott und der Welt. In: Wolframstudien XVIII (2004), S. 211–231. CF

Monodie, f. [gr. monodîa = Einzelgesang], allg.: einstimmiger (begleiteter oder unbegleiteter) Gesang im Ggs. zur mehrstimmigen Polyphonie. Monodisch war aller Gesang bis ins 9. Jh. n. Chr., die Instrumente spielten die Melodie mit (vgl. Gregorianik, Minne- und Meistersang). M. wird auch ein mehrstimmiger Satz genannt, in dem eine Melodie eindeutig führt (z.B. Opernarie), ferner der Sologesang v. a. in Madrigalen des Barock. Speziell: 1. *in der altgr. Lyrik* das zu Instrumentalbegleitung vorgetragene Sololied (Ggs. ↗Chorlied). Zur monodischen Lyrik rechnen ↗ Elegie, ↗ Jambik und die sog. melische M. (↗Oden); bekannte Dichter dieser Form sind Alkaios, Anakreon, Archilochos, Hipponax, Sappho, Tyrtaios u.a.; 2. *in der attischen Tragödie* eine vom Schauspieler zum Instrument (Aulos, Lyra, Kithara) gesungene Partie von größerem Umfang, meist mit klagendem Charakter. Kritik setzte sich zunehmend verselbständigenden Form bei Aristophanes; Fortführung der M. in der röm. Tragödie und bes. der röm. Komödie (Plautus), vgl. ↗Canticum (1).
Lit.: W. Barner: Die M. In: W. Jens (Hg.): Die Bauformen der gr. Tragödie. Mchn. 1971, S. 278–320. GG

Monodistichon, n. [gr. *mónos* = allein], einzelnes ↗Distichon (Zweizeiler); didaktische, religiöse oder politische ↗Sentenz, im Barock in ↗Alexandrinern (D. v. Czepko, Angelus Silesius), später als ↗Epigramm, z.B. die »Xenien« von J.W. Goethe und F. Schiller. CSR

Monodrama, Einpersonenstück oder Drama, in dem eine der Figuren deutlich dominiert. Bei Reduktion der Handlung stehen die Empfindungen und Reflexionen der Figur im Vordergrund. Häufig wird das M. als Form des ↗lyrischen Dramas angesehen. – Das M. kommt in der zweiten Hälfte des 18. Jh.s in Mode als oft von Instrumentalmusik begleiteter Monolog einer meist weiblichen Figur (↗Melodrama). J.-J. Rousseaus »Pygmalion« (1762) ist Auslöser für ähnliche Stücke, häufig mit Stoffen aus der antiken Mythologie, die Paraderollen für Schauspieler(innen) mit dominierender Gestik bereitstellen, so F.W. Gotters »Medea« (1775) und J.W. Goethes »Proserpina« (1778). Heute versteht man unter ›M.‹ ein Einpersonenstück monologischen Charakters, häufig in Verbindung mit technischen Medien wie Telefon oder Tonband (S. Beckett: »Krapp's last tape«, 1959).
Lit.: A.D. Culler: M. and the dramatic monologue. In: PMLA 90 (1975), S. 366–385. – S. Demmer: Untersuchungen zu Form und Geschichte des M.s. Köln, Wien 1982. – U. Kühn: Sprech-Ton-Kunst. Musikalisches Sprechen und Formen des Melodrams im Schauspiel- und Musiktheater (1770–1933). Tüb. 2001. – U. Küster: Das Melodrama. Ffm. 1994. – W. Schimpf: Lyrisches Theater. Das Melodrama des 18. Jh.s. Gött. 1988. – M. Völler: M. In: RLW. AD

Monogramm, n. [lat. *monogramma*; aus gr. *mónos* = allein, einzig; *grámma* = Schriftzeichen], künstlerisch ausgeführtes Namenszeichen, das sich durch die Verschlingung der Anfangsbuchstaben auszeichnet. Generell als die kunstvolle Ausgestaltung der Initialen eines Namens, z. B. auf Urkunden oder Kunstgegenständen, verstanden, kann das M., wie im Falle mal. M.e, auch die ›Ineinanderschränkung‹ der Elemente eines Wortes oder Satzes zu einer zusammenhängenden Figur bezeichnen. Dabei werden die ersten Buchstaben eines Namens oder Satzes nach Art der Ligatur, d. h. durch die Verschmelzung ursprünglich getrennter Grapheme zu einer Einheit (æ, œ), vertikal oder horizontal aneinander angeheftet, teilweise auch unter Verwendung eines Hilfsstriches oder durch Hinzunahme bildhafter Komponenten. Aufgrund seiner extremen Verknappung erhält das M. oftmals einen verrätselnden Charakter.

Lit.: V. Gardthausen: Das alte M. Lpz. 1924.   ME

Monographie, f. [aus gr. *mónos* = allein, *gráphein* = schreiben], Einzelschrift; wissenschaftliche Untersuchung (↗ Abhandlung [2], ↗ Studie), die ein Problem, eine Person oder ein Werk zum Gegenstand hat und Anspruch auf eine möglichst umfassende und systematische Erschließung ihres Themas erhebt. Abzugrenzen ist die M. von Einzelbeiträgen, also ↗ Aufsätzen oder Artikeln in Zss. und Schriftenreihen, sowie von Sammelwerken, in denen Beiträge verschiedener Verfasser zu einem Thema zusammengestellt sind. Mit der Herausbildung der positivistischen Lit.wissenschaft im 19. Jh. (v. a. durch W. Scherer, 1841–86) wurde die M. Grundlage für die Erstellung einer material- und faktenreichen Autorenbiographie.

Lit.: H. Kaulen: Die lit.wissenschaftliche M. In: P. J. Brenner (Hg.): Geist, Geld und Wissenschaft. Ffm. 1993, S. 141–174.   TM

Monolog, m. [aus gr. *mónos* = allein, *lógos* = Rede], Rede einer einzelnen Person, Ggs.: ↗ Dialog.

1. Der M. im engeren Sinn (›Selbstgespräch‹) kommt als Ich-Aussprache in bestimmten Formen der Lyrik oder in Tagebuchaufzeichnungen vor, kann sowohl rein gefühlsbestimmte Aussagen als auch gedankliche Auseinandersetzungen enthalten. Zu unterscheiden davon ist der ↗ innere M., der zwar durch die gleiche Rederichtung bestimmt wird, aber durch Äußerung von Bewusstseinsvorgängen neue Möglichkeiten der Wiedergabe des Unterbewussten erschließt.

2. M. im weiteren Sinne ist im Ggs. zum M. als Selbstgespräch an bestimmte konkrete Kommunikationssituationen gebunden, die sachlich (etwa durch größeres Wissen des Sprechenden) oder psychologisch (›über die Köpfe der anderen hinwegreden‹) motiviert sein können. Die Erzählung, der Vortrag, die Predigt vor schweigenden Zuhörern werden in diesem Sinn als M. verstanden. Auch in Romanen oder Dramen findet sich diese Form häufig. Als Sonderform können M.-Serien mehrerer Personen angesehen werden, bei denen es zu keinem Dialog kommt, entweder weil das Aneinandervorbeireden konstitutiv für die Aussage ist oder weil eine ›höhere Regie‹ durch Rollenverteilung den Dialog verhindert wie in den Typen der Welttheater- oder Totentanzspiele.

3. Der dramatische M. ist auf der Illusionsebene Selbstgespräch, auf der Kommunikationsebene hat er dagegen eine wichtige Mitteilungsfunktion für den Zuschauer. Petsch unterscheidet nach der Stellung im Drama den *Rahmenmonolog* am Anfang oder Ende des Dramas, den *Brückenmonolog* als Verbindung zwischen den einzelnen Teilen der Handlung, den *Kernmonolog* als Zentrum des dramatischen Vorgangs und die *M.kette* aus mehreren M.en. Nach der Funktion im Drama kann man unterscheiden: den *technischen M.* als Übergang zwischen verschiedenen Auftritten (J. N. Nestroy: »Der Zerrissene« III, 8), den *epischen M.* zur Mitteilung von auf der Bühne nicht dargestellten oder nicht darstellbaren Vorgängen (J. W. Goethe: »Iphigenie auf Tauris« I, 1), den *lyrischen M.*, der die seelische Gestimmtheit einer Person ausdrückt (Gretchens M. »Meine Ruh' ist hin« in Goethes »Faust« I), den *Reflexionsmonolog*, der eine Situation durch eine Figur reflektiert oder einen Kommentar der Lage gibt (ursprünglich Aufgabe des gr. Chors), sowie den *dramatischen M.* im engeren Sinne, der zur Entscheidung in Konfliktsituationen führt und konstitutiv ist für den Fortgang der Handlung (F. Schiller: »Die Räuber« IV, 5). Er findet seinen reinsten Ausdruck im Drama der ↗ geschlossenen Form, wo er meist den dramatischen Höhepunkt darstellt, oft gipfelnd in einer ↗ Sentenz. Den Sprechenden charakterisiert ein hoher Reflexions- und Bewusstseinsgrad, was sich auch in der Gliederung, der rhet. und stilistischen Geformtheit des M.s ausdrückt. M. und Dialog sind im Drama der geschlossenen Form nach Funktion und Form deutlich voneinander abgegrenzt, während im Drama der ↗ offenen Form der Übergang fließender ist. – Nicht in allen Epochen der Lit.geschichte nimmt der dramatische M. die gleiche Stellung ein. In der antiken Tradition gewinnt er v. a. mit dem Zurücktreten des Chors an Bedeutung. Im Drama der Renaissance und des ↗ Barock dient er als Mittel der Darstellung einer prunkvoll ausgeschmückten Rht., aber auch als Darstellung der Höhepunkte in sittlichen Entscheidungen. Nach W. Shakespeares Vorbild wird er bei G. E. Lessing als Reflexionsmonolog eingesetzt. Im ↗ Sturm und Drang dient er in erster Linie der Selbstanalyse und charakterenthüllenden Stimmungen und Affekten. In der ↗ Weimarer Klassik findet der M. seinen Höhepunkt als Mittel der Seelenanalyse und als integriertes dramatisches Element in Entscheidungssituationen vor der Lösung oder Katastrophe. Im ↗ Realismus, wo die psychologische Wechselwirkung im Dialog in den Vordergrund rückt, v. a. aber im ↗ Naturalismus, wo der M. als dem Gesetz der Natürlichkeit widersprechend verstanden wird, tritt er immer mehr zurück.

Lit.: B. Asmuth: M. In : RLW. – H. P. Bayerdörfer: »Le partenaire«. Form- und problemgeschichtliche Beobachtungen zu M. und Monodrama im 20. Jh. In: J. Brummack u. a. (Hg.): Lit.wissenschaft und Geistesgeschichte. Tüb. 1981, S. 529–563. – V. Klotz: Geschlossene und offene Form im Drama [1960]. Mchn. [14]1999.

– P. v. Matt: Der M. In: W. Keller (Hg.): Beiträge zur Poetik des Dramas. Darmstadt 1976, S. 71–90. – J. Mukařovský: Dialog und M. In: ders.: Kapitel aus der Poetik [tschech. 1940]. Ffm. 1967, S. 108–149. – R. Petsch: Wesen und Formen des Dramas. Halle 1945. – M. Pfister: Das Drama [1977]. Mchn. ^{8}1994.   IA

Monometer, m. [gr. = Einzelmaß], Bez. der antiken Metrik für einen Vers, der aus nur einer metrischen Einheit besteht, z. B. einer jambischen, trochäischen oder anapästischen ↗Dipodie; findet sich hauptsächlich als ↗Klausel (trochäische Dipodie, Ditrochäus); Ggs.: ↗Dimeter, ↗Trimeter.   GS/Red.

Monopodie, f. [gr. = Einzelfuß], in der gr. Metrik Maßeinheit für Versfüße, die nur einzeln (monopodisch) gemessen und nicht zu einer ↗Dipodie zusammengefasst werden, z. B. ↗Daktylus, ↗Kretikus. In den freien lat. Nachbildungen gr. Versmaße herrscht durchweg M.   GS/Red.

Monostichon, n. [aus gr. *mónos* = allein, einzig, *stíchos* = Vers], 1. isolierter und unabhängiger Vers bzw. ein nur aus einer Zeile bestehendes Gedicht, das inhaltlich und metrisch autark ist, z. B.: »Blumen reicht die Natur, es windet die Kunst sie zum Kranze.« (J. W. Goethe) – Berühmt sind die »Monosticha Catonis«, in denen Cato an seinen Sohn adressierte Lebensweisheiten niedergelegt hat. – 2. Vers, der dasselbe Versmaß wie seine Nachbarverse aufweist (↗stichisch); Ggs. zu ↗Distichon und ↗Strophe.   SHO

Monostrophisch, 1. ein nur aus einer Strophe bestehendes Gedicht oder Lied, kennzeichnend z. B. für den frühen dt. Minnesang; 2. Dichtung aus lauter gleichen Strophen, z. B. »Nibelungenlied«, »Oberon« (von Ch. M. Wieland), im Ggs. zu Dichtungen mit wechselnden Strophenformen wie z. T. das gr. ↗Chorlied (↗Epode).   GS/Red.

Montage, f. [mɔn'ta:ʒə; frz. = Zusammensetzen, Aufstellen], 1. Gebrauch von Fertigteilen in der Kunst; 2. das dadurch erzeugte Produkt. Dabei werden Elemente ihrem ursprünglichen Gebrauchszusammenhang entnommen und mit anderen Teilen neu zusammengesetzt, in der Lit. durch die Übernahme von fremden Texten oder Textteilen, so dass beim Leser Assoziationen ausgelöst und verfremdende Effekte erzielt werden. Beim ↗Film steht ›M.‹ für den Schnitt des Bild- und Tonmaterials. – ›M.‹ wird häufig mit ↗›Collage‹ synonym verwendet, bei der allerdings meistens der Gebrauch von Fertigteilen anderer Medien hinzukommt. Ähnlich wie beim Begriff des künstlerischen ↗Materials wird durch den M.begriff das Neuartige der Kunstprodukte positiv hervorgehoben. Die so produzierten Kunstwerke zeichnen sich durch verschieden starke Fragmentierung aus, die bis zur Unvereinbarkeit der montierten Bruchstücke gesteigert sein kann. Zu unterscheiden ist zwischen demonstrativen, irritierenden M.verfahren einerseits und integrierenden, verdeckten andererseits. *Integrierende* M., bei der die authentischen Redeabschnitte nicht als Fremdkörper, sondern illusionsfördernd wirken, wird früh prak-

tiziert, so in G. Büchners »Dantons Tod« (1835). Schon im 18. Jh. bringt G. Ch. Lichtenberg die engl. Tradition des *cross-reading* nach Deutschland, eine Technik, in der Zeitungstexte quer gelesen und so paradoxe Simultaneitäten hergestellt werden. Seit den Avantgardebewegungen des frühen 20. Jh.s überwiegen *demonstrative* Verfahren, so in der lit. M., die sich mit Großstadterfahrung und Massenmedien nach dem Ersten Weltkrieg entwickelt. Die irritierende M. widersetzt sich den Konventionen des organischen Kunstwerks und negiert durch die Zusammenführung von Kunst und Nicht-Kunst klassische Autonomievorstellungen. Formen der M. sind im 20. Jh. in allen Gattungen vertreten. Die M. als filmtechnisches Mittel wird zunächst durch V. I. Pudovkin und S. M. Eisenstein (»Panzerkreuzer Potemkin«, 1925) diskutiert und angewendet. In der Lyrik erproben G. Benn, H. M. Enzensberger sowie Vertreter der ↗konkreten Poesie und Mitglieder der ↗Wiener Gruppe M.verfahren. In der Lit. wird das zitierte Material v. a. der Presse und Reklame, aber auch der Bibel, der Mythologie, Volksliedern und Schlagern sowie klassischen Texten entnommen – so im modernen M.roman (J. Dos Passos: »Manhattan Transfer«, 1925; A. Döblin: »Berlin Alexanderplatz«, 1929) –, in Texten mit dokumentarischer Funktion den einschlägigen historischen Quellen (P. Weiss: »Marat/Sade«, 1964). Ein verwandtes Verfahren ist die ↗Cut-Up-Methode. – Neuerdings bietet der ↗Hypertext offene, die M. dynamisierende Strukturen, indem Textteile durch wählbare Links verknüpft werden. Lit.: P. Bürger: Theorie der Avantgarde. Ffm. 1974. – H. Fritz (Hg.): M. in Theater und Film. Tüb., Basel 1993. – G. Jäger: M. In: RLW. – H. Möbius: M. und Collage. Mchn. 2000. – R. Schnell: Medienästhetik. Stgt., Weimar 2000, S. 51–102. – V. Žmegač: M./Collage. In: Borchmeyer/Žmegač.   AD

Mora, f. [lat. = Verweilen, Verzögerung], von G. Hermann für die antike Metrik eingeführter Begriff für die kleinste metrische Zeiteinheit, eine metrische Kürze (∨); eine metrische Länge besteht demnach aus zwei Moren (∨∨ = –); von A. Heusler auch für die ↗Taktmetrik übernommen.   GS/Red.

Moralische Erzählung ↗Novelle.

Moralische Wochenschrift, populärer Zeitungstypus der ↗Aufklärung mit belehrend-erzieherischer Intention. In den m.n W.en werden v. a. Themen der Erziehung, (Geschmacks-)Bildung und Lebensgestaltung behandelt, während politische Themen ausgespart bleiben. Daneben versammeln die m.n W.en lit. Beiträge, die aktuelle ästhetische Diskussionen aufgreifen (v. a. in ↗Rezensionen und lit.theoretischen Abhandlungen). Favorisierte Darstellungsformen sind belehrende ↗Gespräche, ↗Briefe und ↗Tagebücher sowie verschiedene Formen fiktionaler Texte. – Die dt. m.n W.en, die von 1750 bis 1780 Konjunktur haben, basieren auf den engl., von R. Steele und J. Addison herausgegebenen Wochenschriften »The Tatler« (1709–11), »The Spectator« (1711 f.) und »The Guardian« (1713).

In der Folge erscheinen in Hamburg »Der Vernünftler« (1713 f.) und »Der Patriot« (1724–26). Eminente Bedeutung gewinnen J. Bodmers und J. Breitingers »Discourse der Mahlern« (1721 f.) und J. Ch. Gottscheds »Die vernünftigen Tadlerinnen« (1725–27), weil darin zentrale ästhetische Probleme diskutiert werden und der ↗ Lit.streit zwischen der Zürcher und der Leipziger Schule ausgetragen wird. Im späten 18. Jh. beginnen sich die m.n W.en thematisch auszudifferenzieren (Erziehungsorgane, Zss. für Frauen); herausragend ist dabei »Der Wandsbecker Bote« (1771–75) von M. Claudius.

Lit.: E. Maar: Bildung durch Unterhaltung. Die Entdeckung des Infotainment in der Aufklärung. Pfaffenweiler 1995. – W. Martens: Die Botschaft der Tugend. Stgt. 1968. – S. Niefanger: Schreibstrategien in m.n W.en. Tüb. 1997. – U. Schneider: Der moralische Charakter. Stgt. 1976.   IS/NI

Moralisten, m. Pl., 1. im weiteren Sinn: Philosophen und Schriftsteller, die in ihren Werken das menschliche Verhalten unter dem allg. Gesichtspunkt der Moral oder unter der Annahme bestimmter Moralgesetze behandeln. In diesem Sinne können schon antike Autoren wie Seneca oder Marc Aurel als M. gelten. – 2. Im engeren Sinn: frz. Schriftsteller des späten 17. und des 18. Jh.s, die sich, im Anschluss an die »Essais« M. de Montaignes (1533–92) und teilweise im Kontext der Pariser ↗ Salons, bes. der Analyse der menschlichen Psyche widmeten und ihre pessimistisch-misanthropischen Lebenserfahrungen in kunstvoller Rhet. zur Belehrung ihrer Zeitgenossen darboten. Bevorzugte lit. Formen sind ↗ Maxime, ↗ Aphorismus, ↗ Essay, ↗ Brief, ↗ Dialog, ↗ Anekdote und ↗ Satire. Zu den M. werden gezählt: F. de La Rochefoucauld (1613–80) mit seinen bahnbrechenden »Réflexions ou sentences et maximes morales«, 1665), Ch. de Saint-Évremond (1614–1703), J. de La Bruyère (1645–96) mit dem an dem gr. Autor Theophrast orientierten Werk »Les caractères« (1688), L. de Vauvenargues (1715–47), N. Chamfort (1741–94), A. de Rivarol (1753–1801) und J. Joubert (1754–1824). – F. Nietzsche führt die Begriffe ›M.‹ und ›Moralistik‹ in den dt. Sprachraum ein und übernimmt in Schriften wie »Menschliches, Allzumenschliches« (1878–80), »Morgenröthe« (1881) und »Die fröhliche Wissenschaft« (1882) von den frz. M. die zugleich rigorose und antisystematische Denkhaltung sowie die Kunstform des Aphorismus.

Texte: F. Schalk (Hg.): Die frz. M. [1938]. 2 Bde. Mchn. 1974.

Lit.: M. Kruse: Beiträge zur frz. Moralistik. Bln., NY 2003. – B. Parmentier: Le siècle des moralistes. Paris 2000. – U. Schulz-Buschhaus: Moralistik und Poetik. Hbg. 1997. – J. v. Stackelberg: Frz. Moralistik im europäischen Kontext. Darmstadt 1982. – D. Steland: Moralistik und Erzählkunst. Mchn. 1984. – H. Wentzlaff-Eggebert: Lesen als Dialog. Frz. Moralistik in texttypologischer Sicht. Hdbg. 1986. – P. Werle: Moralistik. In: RLW.   GS/DB

Moralität, f. [frz. *moralité*, von spätlat. *moralitas* = Sittlichkeit], Form des spätmal. Dramas mit lehrhafter Tendenz: Personifizierung und Allegorisierung abstrakter Begriffe und Eigenschaften (Tugenden und Laster, Leben und Tod), die meist um die Seele der typisierten Zentralfigur (z. B. Jedermann) kämpfen. Charakteristisch ist die Verbindung von Gelehrsamkeit und Rhet. mit volkstümlichen Elementen und ↗ Lebenden Bildern. Die Aufführungen fanden meist zur Fastenzeit auf Etagen- oder ↗ Wagenbühnen statt. – Als früher Vorläufer der M. gilt Hildegards von Bingen ↗ Singspiel »Ordo Virtutum« (12. Jh.). Seit Ende des 14. Jh.s ist die M. vertreten in Frankreich (über 70 Stücke) und v. a. in England (»The Castell of Perseverance«, 15. Jh.; »Everyman«, Druck nach 1500), dann auch in Italien (Elemente der M. hat die ↗ *sacra rappresentazione*) und Spanien. In den Niederlanden ist sie oft als *zinnespel* oder *spel van sinne* (Sinn-Spiel) bezeichnet; dem bekanntesten Werk »Elckerlijc« (um 1490) folgen bis ins 17. Jh. zahlreiche M.en der ↗ Rederijkers. Ein Lübecker Verzeichnis nennt mehrere dt. M.en noch aus der ersten Hälfte des 15. Jh.s; bedeutend ist die umfangreiche, kunstvoll komponierte Erfurter M. (überliefert 1448). Erst kurz vor und in der Reformationszeit aber gewinnt die M. unter humanistischem Einfluss weitere Verbreitung. Die M. weist auch Züge auf, die zum weltlichen Drama hinführen (Personen und Handlung außerhalb des biblischen Rahmens). Wiederbelebung u. a. durch H. von Hofmannsthals »Jedermann« (1903–11).

Lit.: D. Gilman (Hg.): Everyman & Company. NY 1989. – W. Helmich, H. Bergner: M.en. In: LMA. – W. Helmich: Die Allegorie im frz. Theater des 15. und 16. Jh.s. Bd. I: Das religiöse Theater. Tüb. 1976. – R. Potter: The English Morality Play. Ldn., Boston/Mass. 1975. – E. Simon: M. In: RLW.   MGS

Moritat, f. [Etymologie ungeklärt (erste Belege aus dem 17. Jh.), entweder von lat. *moritas* = erbauliche Geschichte, Moralität, von rotwelsch *moores* (von jiddisch *mora*) = Lärm, Schrecken oder Verballhornung aus ›Mordtat‹ (in diesem Sinne erstmals im Lahrer Kommersbuch, 1862)], die im ↗ Bänkelsang gesungenen (balladesken) Lieder bzw. die auf M.enzetteln verteilten Prosatexte, in denen stets Geschehnisse bzw. Handlungen thematisiert werden, die eine Durchbrechung der sozialen Ordnung und die Bestrafung dieses juristisch einklagbaren Tatbestands behandeln. Autoren wie F. Wedekind oder B. Brecht machen ironischen Gebrauch von dieser Form.

Lit.: W. Braungart (Hg.): Bänkelsang. Text – Bilder – Kommentare. Stgt. 1985. – T. Cheesman: The shocking ballad picture show. German popular literature and cultural history. Oxford, Providence 1994. – L. Petzoldt: Bänkelsang. Stgt. 1974. – K. V. Riedel: Der Bänkelsang. Hbg. 1963. – K. Riha: M., Bänkelsong, Protestballade [1975]. Königstein ²1979. – H. D. Zimmermann (Hg.): Lechzend nach Tyrannenblut. Ballade, Bänkelsang und Song. Bln. 1972.   GG

Morolfstrophe, die im mhd. Spielmannsepos »Salman und Morolf« (12. Jh.) verwendete Strophenform aus Vierhebern mit der Reimfolge *aabxb* (Kadenzen meistens: *mmwm*). Mit Abwandlungen (z. B. Lindenschmidstrophe mit den Kadenzen *mmwmw*) und Erweiterungen (↗ Tirolstrophe) bis ins Spät-MA. beliebt, v. a. auch im ↗ Volkslied. MGS

Morphologische Literaturwissenschaft [von ›Morphologie‹ = Wissenschaft von der äußeren Gestalt, der Bauweise und der Formveränderung, bes. der Pflanzen, Tiere und Menschen; aus gr. *morphé* = Form, Gestalt, *lógos* = Lehre], in den 1940er Jahren in Deutschland unternommener Versuch einer Neubegründung der Lit.wissenschaft auf der Basis der morphologischen Schriften J. W. Goethes. Die von G. Müller ab 1939 entwickelte und in der Nachkriegszeit auch von H. Oppel angewandte m. L. betrachtet die Dichtung als Organismus, der durch ein ›Gestaltgesetz‹, eine ›organisierende Mitte‹, zusammengehalten wird. Die Elemente und Ebenen der Gestaltung, die am dichterischen Kunstwerk sichtbar werden, fasst sie als ›Metamorphosen‹ dieses Gestaltungsgesetzes auf. Die Annahme eines bewussten dichterischen Schaffensprozesses lehnt sie ebenso ab wie die Möglichkeit rationaler Analyse und Erklärung von Dichtung; auch die Persönlichkeit des Dichters deutet sie nur als Erscheinungsform des dichterischen Gestaltungsgesetzes. – Der morphologische Ansatz verabsolutiert die organizistischen Annahmen, die bereits in der ↗ Autonomieästhetik (z. B. in Goethes eigener Rede von den ↗ ›Naturformen der Dichtung‹) aufzufinden sind. Im Versuch, die Lit.-wissenschaft als abgeschlossenen Bereich gegenüber der nationalsozialistischen Vereinnahmung zu immunisieren, verstrickt er sich in Denkfiguren, die z. T. höchst problematische Parallelen zum rassistischen und biologistischen Denken der Nationalsozialisten aufweisen. Trotz einiger Gemeinsamkeiten mit den irrationalistischen Tendenzen der ↗ werkimmanenten Interpretation blieb die m. L. auch nach 1945 ohne spürbare Resonanz. Auch für die heutigen Ansätze einer ↗ lit. Anthropologie und einer ↗ Biopoetik ist sie nicht anschlussfähig.
Lit.: R. Baasner: G. Müllers morphologische Poetik und ihre Rezeption. In: W. Barner, Ch. König (Hg.): Zeitenwechsel. Ffm. 1996, S. 256–267. – G. Müller: Morphologische Poetik. Tüb. 1968. – H. Oppel: M. L. Mainz 1947. Nachdr. Darmstadt 1967. JK/DB

Motet, f. [frz. m., von *mot* = Wort], Form der afrz. Sangverslyrik des 12.–14. Jh.s: mehrstimmige Komposition mit einer Grundstimme (Tenor) und zwei bis drei Oberstimmen mit jeweils verschiedenen Texten: Der Text der Grundstimme besteht meist nur aus einem Wort (daher die Bez.) oder einer kurzen Wortgruppe, meist in lat. Sprache und liturgischen Ursprungs. Demgegenüber können die Texte der Oberstimmen in frz. Sprache abgefasst sein und weltliche Inhalte haben; diese Texte sind heterometrisch gebaut, unstrophisch und ungleich lang, die Reimstellung ist

frei. Hauptvertreter: Guillaume de Machaut. Seit dem 14. Jh. in ganz Europa als Gattung der Kirchenmusik (*Motette*) verbreitet (Palestrina, Orlando di Lasso). JK/Red.

Motiv, n. [mlat. *motivum* = Gedanke, Einfall], kleinste bedeutungsvolle Einheit eines lit. Textes oder selbständig tradierbares intertextuelles Element (↗ Intertextualität). Terminologische und methodische Unschärfen ergeben sich durch unterschiedliche Begriffsverwendung in verschiedenen Sprachen: Die angelsächs. Lit.wissenschaft verwendet den engeren Begriff *motif* neben dem allgemeineren *theme*; die frz. Lit.wissenschaft gebraucht allein den weiter gefassten Begriff *thème*. – Als Kategorie des Inhalts befindet sich das M. auf einer mittleren Abstraktionsebene. Anders als der ↗ Stoff (z. B. Faust-Stoff) ist es nicht an bestimmte Namen, Orte und Zeiten gebunden; gegenüber dem ↗ Thema (z. B. Verführbarkeit des Menschen) ist es inhaltlich konkreter gefasst (z. B. Teufelspakt). Nach der Bedeutung innerhalb eines Textes kann zwischen Haupt- bzw. Kernmotiven, Neben- und Füllmotiven unterschieden werden. Als ›blinde‹ oder ›ornamentale‹ M.e werden häufig funktionslose Textelemente bezeichnet. In referentieller Perspektive ist die Differenzierung von Typen-M.en (z. B. Sonderling, Femme fatale), Situations-M.en (z. B. Inzest, Bruderkampf), Raum-M.en (z. B. Höhle, Ruine), Zeit-M.en (z. B. Frühling, Mitternacht), auch Ding-M.en (z. B. Ring, zerbrochener Krug) möglich. Innerhalb eines lit. Werks können M.e textkonstituierende und gliedernde Funktionen übernehmen. Als ↗ ›Leitmotiv‹ wird – in Anlehnung an die Begriffsverwendung in der Musik – ein strukturierendes Inhaltselement bezeichnet, das innerhalb eines Textes in weitgehend identischer Form wiederkehrt.
Lit.: H.S. Daemmrich, I.G. Daemmrich (Hg.): Themen und M.e in der Lit. [1987]. Tüb., Basel ²1995. – R. Drux: M. In: RLW. – E. Frenzel: M.e der Weltlit. [1976]. Stgt. ⁵1999. – Dies.: Vom Inhalt der Lit.: Stoff – M. – Thema. Freiburg 1980. – U. Mölk: Das Dilemma der lit. M.forschung und die europäische Bedeutungsgeschichte von ›M.‹. In: Romanistisches Jb. 42 (1991), S. 91–120. – J.-Ch. Seigneuret (Hg.): Dictionary of literary themes and motives. 2 Bde. NY 1988. – St. Thompson: Motif-index of folk-literature. 6 Bde. [1932–36]. Helsinki ²1955–58. SD

Motivation, f. [von lat. *movere* = bewegen], auch: Motivierung; erzähltheoretischer Ausdruck für diejenigen Gründe, welche die Ereignisse in einer Erzählung rechtfertigen. Drei Typen werden (mit Martinez nach C. Lugowski) unterschieden: 1. *Kausale M.* als der in moderner Lit. häufigste Fall erklärt ein Ereignis mittels geltender Kausalitätsvorstellungen. – 2. Bei *finaler M.* folgt ein Ereignis dem Willen einer höheren Macht (z. B. Gott). Oft werden diese beiden Formen der M. kombiniert, wenn z. B. etwas zwar naturgesetzlich eintreten muss, aber auch als Schicksal geschildert wird. – 3. *Kompositorische M.* liegt vor, wenn ein Ereignis um

der ›ästhetischen Geschlossenheit‹ willen eintritt. – Der russ. ↗ Formalismus (V. Šklovskij, B. Ejchenbaum, B. Tomaševskij) prägte den Ausdruck ›M.‹. Auch der ↗ Strukturalismus (Barthes) analysierte, inwiefern ein Ereignis sinnvoll ins Erzählen eingebettet ist.
Lit.: R. Barthes: Introduction à l'analyse structurale des récits [1966]. In: ders.: L'aventure sémiologique. Paris 1991, S. 167–206. – C. Lugowski: Die Form der Individualität im Roman [1932]. Ffm. 1984. – M. Martinez: Doppelte Welten. Gött. 1996. – Ders.: Motivierung. In: RLW. – M. Martinez, M. Scheffel: Einf. in die Erzähltheorie [1999]. Mchn. ³2002. RBU

Motivgeschichte, Teildisziplin der ↗ vergleichenden Lit.wissenschaft, die sich mit der vergleichenden Inhaltsanalyse lit. Werke beschäftigt, eng verwandt mit der ↗ Stoffgeschichte und der ↗ Thematologie. Die M. untersucht die Variation und Konstanz von ↗ Motiven und Motivkomplexen in diachroner und synchroner Perspektive. – Der relativ junge, seit den 1920er Jahren verwendete Begriff bezeichnet ein Forschungsgebiet, mit dem sich die ↗ Germanistik seit ihren Anfängen befasst. Ein Schwerpunkt der M. liegt seit J. und W. Grimm in der Volkslied- und Märchenforschung, was zur Erstellung umfangreicher Motivkataloge geführt hat. Die frühe Phase der M. konzentrierte sich insbes. auf die Suche nach archetypischen Grundformen; im Positivismus des ausgehenden 19. und frühen 20. Jh.s stand die detaillierte Registrierung und Systematisierung von Motiven im Zentrum, oft in nationalphilologischer Beschränkung. Im 20. Jh. erfuhr die M. zunächst wichtige Impulse durch die ↗ geistesgeschichtliche Lit.wissenschaft und die ↗ Ideengeschichte. Im russ. ↗ Formalismus und im ↗ Strukturalismus entwickelte sich seit den Märchenanalysen von V. J. Propp eine Motivforschung, die den Zusammenhang von Motivgestaltung, Textorganisation und Gattungsmerkmalen in synchroner Blickrichtung untersucht. Die in den 1960er Jahren einsetzende internationale Debatte über das Verhältnis von Stoff- und M. zur inhaltlich weiter gefassten Thematologie hat der stoff- und motivgeschichtlichen Forschung wichtige Anstöße zur theoretisch-methodologischen Reflexion ihrer Verfahren, Ziele und Gegenstände gegeben. Jüngere Forschungen zur M. verfolgen – soweit sie sich nicht auf die traditionelle Aufgabe der Sammlung und Kategorisierung von Motiven beschränken – häufig komparatistisch und kulturwissenschaftlich akzentuierte Fragestellungen.
Lit.: H.S. Daemmrich, I.G. Daemmrich: Wiederholte Spiegelungen. Themen und Motive in der Lit. Bern, Mchn. 1978. – R. Drux: M. In: RLW. – E. Frenzel: Neuansätze zu einem alten Forschungszweig. Zwei Jahrzehnte Stoff-, Motiv- und Themenforschung. In: Anglia 111 (1993), S. 97–117. – L. Petzoldt (Hg.): Studien zur Stoff- und M. der Volkserzählung. Ffm., Bern 1995. – V. J. Propp: Morphologie des Märchens [1928]. Mchn. 1972. – Th. Wolpers (Hg.): Gattungsinnovation und Motivstruktur. 2 Bde. Gött. 1989/92. – Th. Ziol-

kowski: Disenchanted Images. A literary Iconology. Princeton 1977. SD

Motto, n. [it.; von vulgärlat. *muttum* = Wort], Pl. *Motti*; 1. Form des ↗ Paratextes: der einer Schrift vorangestellte Leit- oder Wahlspruch, oft Zitat eines anderen Autors, meist auf das Werk als Ganzes bezogen, kann aber auch nur für einzelne Teile (Kapitel, Akte, Bücher) gelten (J. W. Goethe: »West-östlicher Divan«, G. Büchner: »Leonce und Lena«). Das M. findet sich bes. häufig in erzählender Prosa, aber auch in anderen Textformen. Als Quelle für das M. dienen z. B. antike Werke (Sophokles in F. Hölderlin: »Hyperion«, Sallust in F. Schiller: »Fiesko«), die Bibel (H. Böll: »Ansichten eines Clowns«), klassische Werke der Weltlit. (Dante Alighieri: »Göttliche Komödie« in Th. Mann: »Doktor Faustus« sowie in W. Koeppen: »Tod in Rom«, W. Shakespeare: »Ein Sommernachtstraum« in J. v. Eichendorff: »Viel Lärmen um Nichts«), Werke der Philosophie (z. B. S. Kierkegaard: »Entweder – Oder« in M. Frisch: »Stiller«) und der Volksweisheit (F. Nietzsche: »Die fröhliche Wissenschaft«, jap. Redensart in S. Lenz: »Brot und Spiele«). – Unter dem Aspekt der Kommunikationssituation und Funktion des M.s ist zu unterscheiden zwischen stärker aussagebetonten, argumentativen, also erläuternd oder ergänzend auf den Titel oder Inhalt des Textes bezogenen Formen (z. B. Frisch: »Biographie«, Koeppen: »Tauben im Gras«) und stärker adressatenbezogenen, adhortativen, also den Rezeptionsprozess lenkenden Formen (A. v. Droste-Hülshoff: »Die Judenbuche«, F. Werfel: »Der veruntreute Himmel«, Ch. Wolf: »Nachdenken über Christa T.«). Bes. in programmatisch verstandener Lit. wie etwa im ↗ sozialistischen Realismus findet sich häufig die zweite Form des M.s. Eine weitere Funktion des M.s ist es, die Glaubwürdigkeit durch eine Autorität zu verbürgen. Von bes. Interesse ist die Wechselwirkung zwischen M. und Werkaussage: Die Aussage des M.s kann durch die Aussage des Werkes eine neue Nuance oder eine neue Bedeutung erhalten, die Aussage des Werkes kann aber ebenso durch das M. nuanciert, kontrastiert oder vertieft werden. Die genaue Bestimmung der Funktion des M.s kann daher von großer Bedeutung für die Analyse eines lit. Werkes sein.
2. Bestandteil des ↗ Emblems (auch: Lemma, Inscriptio).
Lit.: J. E. Antonsen: Text-Inseln. Studien zum M. in der dt. Lit. vom 17. bis 20. Jh. Würzburg 1998. – G. Genette: Paratexte [frz. 1987]. Ffm. 1992. – R. Gläser: Das M. im Lichte der Intertextualität. In: J. Klein, U. Fix (Hg.): Textbeziehungen. Tüb. 1997, S. 259–301. – K. Kruschkova: Statt M. In: MLN 110 (1995), S. 475–492. – D. Peil: M.₂. In: RLW. – K. Segermann: Das M. in der Lyrik. Mchn. 1977. IA

Muckrakers, m. Pl. ['makrejkəs; engl. = Schmutzwühler, Sensationsmacher; von *muckrake* = Mistgabel], von Th. Roosevelt 1906 geprägte Bez. (nach einem Zitat aus »The Pilgrim's Progress« von J. Bunyan) für eine Gruppe am. Editoren, Journalisten und Schriftsteller, die seit etwa 1890 die politischen, wirtschaftlichen und sozialen Missstände geißelten und für Reformen kämpften. Höhepunkt ihres Kampfes, des später so genannten *muckraking movement*, waren 1903 die aufrüttelnden, schonungslosen Aufsätze von L. Steffens, R. St. Baker und I. M. Tarbell in »McClure's Magazine« (insbes. über die Korruptionsversuche der Industrietrusts). Weitere M. (die meist auch naturalistische, sozialkritische Romane verfassten) waren Ch. E. Russel, U. Sinclair (»The Jungle«, 1906), D. G. Phillipps (dessen Artikelserie »The Treason of the Senate«, 1906, Roosevelts Rede provozierte) und E. Markham (»Children in Bondage«, 1914 über Kinderarbeit). Die *muckraking period* endete etwa 1912.

Lit.: A. Hornung: Narrative Struktur und Textsortendifferenzierung. Die Texte des Muckraking Movement (1902–12). Stgt. 1978. IS/Red.

Muiderkring, m. [məjdər'kriŋ; nl. = Muiderkreis], holländischer Freundeskreis in der ersten Hälfte des 17. Jh.s um den Dichter und Historiker P. C. Hooft im Muiderschloss in Muiden, Provinz Nordholland. Die seit 1621 jeden Sommer stattfindenden Zusammenkünfte dienten der Pflege von Lit. und Musik und trugen entscheidend zum Aufschwung der nl. Kultur ihrer Zeit bei. HD/Red.

Multikulturalismus, im deskriptiven Sinn Bez. für das Vorhandensein mehrerer ⁊ Kulturen in einer Gesellschaft bzw. in einem Nationalstaat. Im politischnormativen Sinn zielt der M. zudem auf eine wechselseitige Anerkennung und Gleichberechtigung zwischen den zusammenlebenden Kulturen ab. Im ersten Sinn sind heute auf Grund ihrer Kolonialgeschichte und der ökonomischen Entwicklungen fast alle westlichen Industrienationen multikulturell geprägt. Dabei ist die hauptsächlich in den USA geprägte Vorstellung des *melting pot*, die auf Aufgabe der eigenen kulturellen Identität zugunsten der Assimilation an die nationale Kultur abzielt, heute von anderen, die kulturelle Vielfalt bejahenden Leitideen (›Mosaik‹, ›Salatschüssel‹) abgelöst worden. Inwiefern in den westlichen Gesellschaften bisher ein M. im Sinne kultureller Gleichberechtigung erreicht werden konnte, ist jedoch fraglich. Gegnern des M. zufolge führen Anerkennung und Förderung der kulturellen Identität von Minderheiten potentiell zu einer Zersplitterung des Nationalstaates und des kulturellen Zusammenhalts einer Gesellschaft. – In den Bereichen Lit. und Film werden heute die Äußerungen von Künstlern mit einem doppelten kulturellen, religiösen und nationalen Hintergrund (z. B. von türk. Immigranten und Immigrantenkindern) zunehmend als wichtig und eigenständig wahrgenommen. Häufig zeichnen sie sich durch sprachlichen und stilistischen Synkretismus und somit eine Nähe zu Konzepten der ⁊ Postmoderne aus.

Lit.: B. Barry: Culture and Equality. Cambridge 2001. – G. Baumann: The Multicultural Riddle. NY, Ldn. 1999. AHT

Multimedialität, digitalisierte Lit.formen wie CD-ROM, Internet oder DVD, die sich vom traditionellen ⁊ Buch abgrenzen, indem sie über die ⁊ Schrift hinaus weitere Medien (bes. Ton und Bild) integrieren und vernetzte oder interaktive Anwendungsformen ermöglichen. Vorstufen finden sich in der bildenden Kunst der 1950er Jahre und der am. Hypertextlit. der 1980er Jahre (⁊ Hypertext [1]), aber auch im Umkreis sprach- und maschinenexperimenteller Arbeiten seit den 1960er Jahren (z. B. ⁊ Stuttgarter Schule, ⁊ Wiener Gruppe, ⁊ Oulipo). Die multimediale Ästhetik zeichnet sich durch die Verknüpfung von Dateien gleichen und unterschiedlichen Medientyps aus. Hieraus ergeben sich unterschiedliche Animationsformen der Texte. Charakteristisch ist die Multi- und Nonlinearität der Textstruktur, aus der eine neue Form der individuellen ⁊ Lektüre folgt. Es ergibt sich die Möglichkeit der Interaktivität (des aktiven Eingriffs in den Text und der Fortschreibung des Textes; ⁊ interaktive Narration), aber auch der vielfältigen Neugestaltung der Text-Rezeption und -Produktion. M. ermöglicht daher die Reflexion der lit. Paradigmen ⁊ Text, ⁊ Autor, ⁊ Sprache, ⁊ Schreiben, ⁊ Lesen und fordert neue computergebundene Poetologien heraus, die auf die spezifischen digitalen und hypermedialen Strukturen eingehen.

Lit.: F. W. Block u. a. (Hg.): p0es1s. Ästhetik digitaler Poesie. Stgt. 2004. MGR

Münchhausiade, f., eine bes. Form der ⁊ Lügendichtung, die sich Ende des 18. Jh.s entwickelt hat. Im Rahmen satirischer Abenteuer-, Reise- und Kriegsgeschichten berichtet ein Erzähler im expressiven Sprachstil in der Art des ›Jägerlateins‹ oder ›Seemannsgarns‹ von seinen Erlebnissen. – Die M. ist verbunden mit der Fabulierkunst des Barons C. F. H. v. Münchhausen (1720–97). Dies geht zurück auf die 1781–83 anonym veröffentlichten Geschichten zu »M-h-s-n« im Berliner »Vademecum für lustige Leute«, die der nach London geflohene E. R. Raspe 1785 unter erstmaliger Namensnennung ins Engl. übersetzte und herausgab. Bereits 1786 erschien Raspes Buch rückübersetzt und erweitert von G. A. Bürger in dt. Sprache, in der 2. Aufl. (1788) um weitere Geschichten vermehrt. Am offenen Prinzip der Erweiterungen und Bearbeitungen halten die nachfolgenden weltweiten Neuerscheinungen bis ins 20. Jh. fest. So wurde z. B. nach 1800 die M. zu einem Kinderbuch modifiziert.

Lit.: H. Kämmerer: »Nur um Himmels willen keine Satyren …« Hdbg. 1999. – W. R. Schweizer: Münchhausen und M.n. Bern 1969. – E. Wackermann: Münchhausiana. Bibliographie [1969], Supplementbd. Stgt. 1978. – B. Wiebel, Th. Gehrmann: Münchhausen – ein amoralisches Kinderbuch. Zürich 1996. – B. Wiebel: Münchhausen – Raspe – Bürger. In: Münchhausen-Museum Bodenwerder (Hg.): Münchhausen – Vom Jägerlatein zum Weltbestseller. Gött. 1998. S. 13–55. TM

Münchner Dichterkreis, von König Maximilian II. v. Bayern 1852 initiierter Kreis hauptsächlich norddt. Schriftsteller. Die einheimischen Literaten (u. a. F. Graf Pocci, F. von Kobell, F. Trautmann, L. Steub) standen dem Kreis eher reserviert gegenüber. Seine führenden Köpfe waren E. Geibel und P. Heyse; ferner gehörten dazu F. Bodenstedt, M. Carrière, F. Dahn, F. Dingelstedt, M. Greif, J. Grosse, W. Hertz, H. Leuthold, H. Lingg, Melchior Meyr, W. H. Riehl, A. F. v. Schack, J. V. v. Scheffel. 1856 regte Heyse die Gründung einer gesellig-lit., auch Einheimischen offenstehenden Vereinigung nach dem Vorbild des ↗ Tunnels über der Spree an. Diese nannte sich nach H. Linggs Gedicht »Das Krokodil zu Singapur« *Gesellschaft der Krokodile* (mit amphibischen Decknamen der Mitglieder). – Die *lit. Bedeutung des M. D.es* liegt in der Pflege nicht-politischer, klassizistischer Dichtung, die zuerst gegen das ↗ Junge Deutschland, später gegen ↗ Realismus und ↗ Naturalismus gerichtet war. Der im Kreis geschätzten Virtuosität im Formalen entspricht die rege Übersetzertätigkeit seiner Mitglieder, doch führten der Formkult, das Vermeiden des Hässlichen, die Betonung der Dichterwürde, wie auch die historische und romantische Thematik oft zu epigonalem Ästhetizismus.

Lit.: V. de la Giroday: Die Übersetzertätigkeit des M. D.es. Wiesbaden 1978. – W. Hettche: Die »Münchner lit. Gesellschaft« im Spiegel des Briefwechsels zwischen Paul Heyse und Ludwig Ganghofer. In: Zs. für bayerische Landesgeschichte 55 (1992) H. 3, S. 575–609. – M. Krausnick: Paul Heyse und der M. D. Bonn 1974. – J. Mahr (Hg.): Die Krokodile. Ein M. D. Stgt. 1987. – R. Werner: ›Wir von Gottes Gnaden, gegen die durch Pöbels Gunst‹. Ästhetik und Lit.politik im ›M. D.‹. In: J. LLnk, W. Wülfing (Hg.): Nationale Mythen und Symbole in der zweiten Hälfte des 19. Jh.s. Stgt. 1991, S. 172–198. GG

Münchner Moderne, Bez. für eine auf München konzentrierte Künstlerbewegung, die sich ab 1890 konstituiert und neben der ↗ Berliner und ↗ Wiener Moderne das wichtigste urbane Zentrum der lit. ↗ Moderne bildet. Zu den Repräsentanten gehören der naturalistische Programmatiker und Prosaautor M. G. Conrad, der Dramatiker O. Panizza, der Dichter und Kabarettist F. Wedekind, der Satiriker und Dramatiker L. Thoma, St. George und der ↗ Georgekreis, H. und Th. Mann sowie die Schwabinger ↗ Bohème um F. zu Reventlow und die ›Kosmiker‹ L. Klages, K. Wolfskehl und A. Schuler, der zeitweilig auch R. M. Rilke zugehörte. Schon diese Aufzählung zeigt die große Heterogenität der M. M., die sich weder epochentypologisch noch soziologisch auf einen Nenner bringen lässt: Fortschrittliche und bayerisch-katholizistische, naturalistische und ästhetizistische (↗ Ästhetizismus), kosmopolitische und nationalistische Tendenzen konkurrierten und kooperierten miteinander. Auf der einen Seite stand das alte München mit der ↗ ›Heimatkunst‹-Bewegung um L. Ganghofer, auf der anderen Seite der Künstlervorort Schwabing, wo die Bohème ihren Kult des Lebens und der Jugend, des kosmischen Eros, der antibürgerlichen Rebellion und der Geheimlehren feierte und die Emanzipation der Frau realisierte. – Zu den wichtigsten Institutionen der M. M. gehört die »Gesellschaft für modernes Leben«, die sich 1890 konstituierte und eine Wochenschrift mit dem Titel »Moderne Blätter« herausgab. Von großem Einfluss war die 1885 von Conrad gegründete Zs. »Die Gesellschaft«, die zunächst mit dem Berliner ↗ Naturalismus kooperierte. 1890 kam es anlässlich eines Artikels Conrads über die »sog. ›Freie Bühne‹ in Berlin« zum Bruch der M. M. mit der Berliner Moderne. Die ab 1896 erscheinende Zs. »Jugend« förderte den wechselseitigen Einfluss von moderner Lit. und Malerei und propagierte den ↗ Jugendstil. Die ebenfalls ab 1896 erscheinende Zs. »Simplicissimus« war ein Forum für antimonarchische, antiklerikale und antimilitaristische ↗ Satire und ↗ Karikatur. Anstöße zu einer proletarischen Revolution gingen von der Gruppe »Tat« um E. Mühsam, von G. Landauers ›Sozialistischem Bund‹ und dem zum Aktionskreis zählenden L. Rubiner aus. Im Münchner ↗ Kabarett gruppierten sich die später nach Zürich emigrierenden Dadaisten um H. Ball und E. Hennings. Mit der Ersten Ausstellung der Secession »Der Blaue Reiter«, zu der W. Kandinsky, F. Marc, P. Klee, A. Macke und G. Münter gehörten, kulminierte die Münchner Kunstrevolution der bildnerischen Moderne, aus der dann der ↗ Expressionismus entstand. Der Erste Weltkrieg beendete die M. M.

Texte: W. Schmitz (Hg.): Die M. M. Stgt. 1990.
Lit.: H. Kiesel: Geschichte der lit. Moderne. Mchn. 2004. – P. Sprengel: Geschichte der dt.sprachigen Lit. 1870–1900. Mchn. 1998. SKL

Mundartdichtung ↗ Dialektdichtung.

Mundartsong ↗ Song.

Mündlichkeit/Schriftlichkeit [engl. *orality/literacy*; von lat. *os* = Mund, *littera* = Buchstabe], auch: Oralität/ Literalität; 1. Gebrauchsweisen grundlegender ↗ Medien der Kommunikation: der Lautsprache und der ↗ Schrift; 2. kognitive Dispositionen, die im Umgang mit diesen Medien ausgebildet werden; 3. davon abgeleitet können Mündlichkeit (= M.) und Schriftlichkeit (= Sch.) selbst als Medien verstanden werden, welche die Produktion und Rezeption von Sprache und damit auch von Lit. wesentlich beeinflussen. Im Rahmen einer Mediengeschichte der Lit. markiert der Übergang von der M. zur Sch. einen zentralen Einschnitt; in synchroner Perspektive dagegen umspannen sie den Gesamtbereich von Lit.

Die nur im Rahmen eines weiten Lit.begriffs zur Lit. zu rechnende mündliche Dichtung (↗ Oral Poetry) unterliegt gegenüber der Schriftlit. Beschränkungen, die erst im Kontrast zu dieser deutlich hervortreten. Die allg. Evolutionsleistung von Schrift und Sch. liegt in der Externalisierung des Gedächtnisses: Die Nutzung von Schrift erlaubt den Verzicht auf die gleichzeitige Anwesenheit von Kommunikationspartnern; sie löst Kommunikation damit von aktuellen Sprechsituationen ab. Bei für ↗ Vortrag oder ↗ Aufführung vorgesehenen lit. Texten gilt dies zunächst nur für die Produktion, bei für ↗ Lektüre vorgesehenen Texten auch für die ↗ Rezeption. Die Distanz zu aktuellen Sprechsituationen bewirkt verschiedene Eigenschaften konzeptioneller Sch. wie die Vermeidung von Redundanz und einen hohen Grad textueller Integration. Da mündliche Dichtung weder auf die Externalisierung von Gedächtnisfunktionen noch auf die Distanz zu Sprechsituationen bauen kann, muss sie sich bei einem Vortrag aus dem Stegreif, aber auch bei der Abfassung einer Dichtung schon vor dem Vortrag auf das natürliche Gedächtnis sowie eine begleitende Aufmerksamkeit stützen, welche die Disposition des Gegenstandes in ihrer Reichweite beschränkt. Umgekehrt wird schriftliche Dichtung von solcher Aufmerksamkeit entlastet und von der Begrenzung der Erinnerung an den Gegenstand befreit. Sie kann über die dadurch gewonnene Freiheit der Disposition neue Formen konzeptioneller ↗Literarizität ausbilden. So ist Sch. notwendige Bedingung dafür, dass die metrische Gestaltung eines Textes zu reinem Schmuck werden kann, während sie ursprünglich mnemonisches Hilfsmittel ist (↗Memoria [1], ↗Mnemonik). Sch. begünstigt ferner die Entfaltung des Dialogischen im Drama, die Ablösung der gespielten Situation von der Aufführungssituation eines Stücks, aber auch die Virtualisierung der Sprechsituation in der Lyrik sowie textuelle Fiktionalisierungen (z. B. der Erzählerfigur) in der Erzähllit. Auch gezielter Aufbau von ↗Spannung durch eine von der Ereignisfolge abweichende Darstellung ist unter den restriktiven Bedingungen von M. nicht denkbar; erst eine Entlastung hiervon durch Sch. erlaubt, dass Lit. sich zu der uns heute vertrauten Komplexität entwickelt. – Der institutionelle Kontext von Lit. ändert sich im Übergang von der M. zur Sch. grundlegend: Autorschaft bildet sich heraus, die Rezipientenrolle erfährt vielfältige Spezifikationen. Zugleich entstehen ↗Bibliotheken als Zentren der Aufbewahrung von Texten, ferner Formen ihrer Distribution wie auch des interpretierenden Umgangs mit ihnen, da Schrifttexte durch den Wegfall nonverbaler Möglichkeiten der Vereindeutigung kommunikativer Intentionen oder des gemeinten Sinns zu einer konstitutiven Vieldeutigkeit (↗Ambiguität) tendieren. – Wie sehr Sch. das an Handlungszusammenhängen interessierte konkrete, der M. verpflichtete Denken auf Abstraktion hin umstellt, hat Havelock an der Frühgeschichte der gr. Lit. gezeigt. Lit. wird jedoch im Zuge der Ausbreitung von Sch. nicht überall sofort zu Leselit. So liest man im MA. nur im Ausnahmefall selbst und bekommt stattdessen von einem Vorleser vorgelesen. Dichtungen werden zwar schriftlich konzipiert und sind deshalb konzeptionell schriftlich, sie werden aber noch mündlich rezipiert. Um dieses Übergangsstadium einzubeziehen, hat Zumthor von ›Vokalität‹ gesprochen. – Wendet man die Dichotomie ›M./Sch.‹ deskriptiv, so kann die Grenze sowohl in diachroner wie in synchroner Sicht schnell unscharf werden. Unrichtig ist z. B. die verbreitete Unterstellung, primäre M. (vgl. die Begriffe ›primäre‹ und ›sekundäre Oralität‹ bei Ong) erlaube keine Konservierung von Texten, sondern er-

zwinge den jeweiligen Neuaufbau einer Dichtung durch Themen und Formeln aus dem Stegreif. Tatsächlich sind Traditionen, in denen die Textgestalt vor einem Vortrag im Großen und Ganzen festliegt, weiter verbreitet als solche, in denen die Komposition einer Dichtung erst im Zuge des Vortrags erfolgt. Metrisch gebundene und auf diese Weise fixierte Texte existieren etwa schon vor dem Aufkommen von Schrift. Umgekehrt sucht die Erzählkunst der Moderne, M. gezielt zu imitieren. So gibt J. Joyce in dem – gewiss nur als Derivat von M. zu bewertenden – ↗inneren Monolog der Molly Bloom am Schluss des »Ulysses« Aufbauprinzipien literaler Textualität gezielt preis.

Lit.: J. Assmann: Das kulturelle Gedächtnis [1977]. Mchn. ⁵2005. – M. Donald: Origins of the Modern Mind. Harvard 1991. – K. Ehlich: Funktion und Struktur schriftlicher Kommunikation. In: H. Günther, O. Ludwig (Hg.): Schrift und Sch. Bd. 1. Bln., NY 1994, S. 18–41. – W. Erzgräber, P. Goetsch (Hg.): Mündliches Erzählen im Alltag, fingiertes mündliches Erzählen in der Lit. Tüb. 1987. – R. Finnegan: Oral Poetry. Cambridge 1977. – J. Goody: The Interface Between the Written and the Oral. Cambridge 1987. – D. H. Green: Medieval Listening and Reading. Cambridge 1994. – H. Haferland: M., Gedächtnis und Medialität. Gött. 2004. – Eric Havelock: Als die Muse schreiben lernte [engl. 1986]. Ffm. 1992. – P. Koch, W. Oesterreicher: Sprache der Nähe – Sprache der Distanz. In: Romanistisches Jb. 36 (1985), S. 15–43. – A. B. Lord: Der Sänger erzählt [engl. 1960]. Mchn. 1965. – D. R. Olson: The World on Paper. Cambridge 1994. – W. J. Ong: Oralität und Literalität [engl. 1982]. Opladen 1987. – Ch. Schmid-Cadalbert: Oralität (M.). In: RLW. – P. Zumthor: Die Stimme und die Poesie in der mal. Gesellschaft [frz. 1984]. Mchn. 1994. ᴴᴴ

Musenalmanach, m., Sonderform des ↗Almanachs; jährlich erscheinendes ↗Periodikum, das zumeist unveröffentlichte lit. Texte in Versform versammelt, v. a. Gedichte, aber auch Dramen oder Epen (beide meist in Auszügen) sowie Übers.en. Der M. erfüllt dabei die Funktion eines poetischen ↗Vademekums, das herausragende neue lit. Produkte zur Lektüre bereitstellt. Sowohl um einen verzweigten Autorenkreis zu simulieren als auch um ein »gesellschaftliches Versteckspiel« (Mix, S. 20) zu initiieren, werden einzelne Beiträge ↗anonym oder unter ↗Pseudonym publiziert. – Der erste dt.sprachige M., der »Göttinger M.« (1770–1804, hg. von H. Ch. Boie u. a.), der zugleich wichtiges Organ des ↗Göttinger Hains ist, erscheint in Anlehnung an den Pariser »Almanach des Muses« (1765–1833). Als Nachahmungen entstehen der Leipziger »Almanach der dt. Musen« (1770–87) und der »Hamburger M.« (1776–80). F. Schillers »M.« (1796–1800) dient dem Kunstanspruch der ↗Weimarer Klassik. Im 19. Jh. entstehen zunächst die M.e der Romantik (»M. für das Jahr 1802«; der »Grüne M.«, 1804–06), später der progressive »Moderne M.« (1893 f.) von O. J. Bierbaum.

Lit.: M. Anderle: Wiener Lyrik im 18. Jh. Die Gedichte

des Wiener M.s 1777–96. Stgt. 1996. – U. Dickenberger: Der Tod und die Dichter. Scherzgedichte in den M.en um 1800. Hildesheim u. a. 1991. – G. Hay: Die Beiträger des Voß'schen M.s. Hildesheim 1975. – Y.-G. Mix: Die dt. M.e des 18. Jh.s. Mchn. 1987. – R. Pissin: Almanache der Romantik. Bln. 1910. Nachdr. Hildesheim 1970. – W. Seyffert: Schillers M.e. Bln. 1913.   NI

Musenanruf, lit. ↗Topos, der aus der Anrufung der Musen (↗Apostrophe, ↗Invocatio) mit der Bitte um poetische Inspiration besteht. Der M. zu Beginn eines Werks (insbes. eines ↗Epos) soll den privilegierten Zugang des Autors zur dichterischen Wahrheit demonstrieren, indem die Verbundenheit mit der göttlichen Sphäre als Quelle der Inspiration hervorgehoben wird. Die Position des Dichters kann von der passiven Rolle als Sprachrohr der Musen bis hin zu einer selbstbewussten Auseinandersetzung mit ihnen reichen. Die M.e von der Antike über das MA. bis zur Neuzeit lassen sich somit als Spuren einer immanenten ↗Poetik lesen, die das Verhältnis von eigenmächtiger Invention und außengeleiteter Inspiration immer wieder neu bestimmt. Ein weiteres Spannungsfeld besteht zwischen der antiken Herkunft des Topos und seinen christlichen Aneignungen.
Lit.: E. Barmeyer: Die Musen. Mchn. 1968. – G. Neumann: »L'inspiration qui se retire«. M., Erinnern und Vergessen in der Poetologie der Moderne. In: A. Haverkamp, R. Lachmann (Hg.): Memoria. Mchn. 1993, S. 433–455.   JL

Musical, n. [engl. 'mju:zikl], populäre Gattung des Musiktheaters, das Schauspiel, Musik, Gesang, Tanz und Szene einbezieht. Das Genre kann als genuin am. Kunstform angesehen werden. Die Stoffe stammen aus der Lit., aus Märchen, Satire, Comic oder der Bibel. Die Musik ist gleichermaßen den Stilmitteln des 19. Jh.s wie der jeweils aktuellen Popularmusik verpflichtet. Als Gattung schwankt das M. zwischen reiner Unterhaltung, Kommerzialität und einem höheren Anspruch, dabei spiegelt es stets direkt oder indirekt seine Gegenwart wider. M.s entstehen als Gemeinschaftsarbeit eines Teams von Spezialisten und unterliegen bis in die Aufführungspraxis hinein ständigen Wandlungen. Seit den 1980er Jahren haben engl. Produktionen (A.L. Webber) die am. überflügelt. – Das M. entstand in Amerika als *musical comedy* zu Beginn des 20. Jh.s aus verschiedenen Vorformen des Unterhaltungstheaters, auch unter dem Einfluss engl. Adaptionen europäischer ↗Operetten (F. Lehár). In den 1940er und 1950er Jahren hatte das Genre seinen Höhepunkt mit Werken Rodgers' und Hammersteins, der Gershwin-Brüder, I. Berlins und L. Bernsteins. Mit »Fiddler on the Roof« (J. Bock) endete 1964 die Ära des klassischen am. M.s. In der Folgezeit entstanden Rock-M.s (»Hair«) und seit den 1980er Jahren opulent-effektvoll ausgestattete, industrialisierte *megaspectacles*. – Die dt. Erstaufführung von »My Fair Lady« im Berliner »Theater des Westens« 1961 ist der Ausgangspunkt für den Erfolg am. M.s auf dt. Bühnen. Daneben gibt es auch eigen-

ständige dt. M.-Produktionen (z.B. »Linie 1«, 1986). Der am. Regisseur R. Wilson hat in Zusammenarbeit mit Komponisten populärer Musik an dt. Theatern erfolgreiche M.s nach kanonischen stofflichen Vorlagen realisiert (z. B. »The Black Rider«, 1990).
Lit.: H. Fischer: Dt. M.s. Bln. 1996. – W. Jansen (Hg.): M. kontrovers. Bln. 1994. – U. Müller: M. In: RLW. – B. Rosenberg, E. Harburg: The Broadway M. NY 1993. – G. Schubert: M. In: MGG², Sachteil.   JBR

Musikalischer Akzent ↗quantitierendes Versprinzip.

Musikdrama, von Th. Mundt geprägte Bez. für eine künstlerische Einheit von Schauspiel und Tonkunst im Ggs. zur Musikuntermalung des Dramas (z.B. H. v. Chezy und F. Schubert: »Rosamunde«, 1823, A. Daudet/G. Bizet: »L'Arlésienne«, 1873). Da dies Wagners Forderungen nach dem dichterisch-musikalischen ↗Gesamtkunstwerk vorwegnimmt, wird ›M.‹ seit je für seine Werke und ihre Nachfolge verwendet. Wagner hat ›M.‹ und ›musikalisches Drama‹ zwar in seinen späteren Schriften gebraucht, als Bez. für seine Werke aber andere Benennungen gewählt (z. B. ›Handlung‹, ›Bühnenfestspiel‹). – Die Bez. ›M.‹ wird auch gebraucht, um lit., szenisch und musikalisch anspruchsvolle Alternativen zur rein kulinarischen Oper zu unterstreichen.
Lit.: C. Dahlhaus: Vom M. zur Lit.oper. Mchn. 1989. – S. Döhring, S. Henze-Döhring: Oper und M. im 19. Jh. Laaber 1997. – Th. Mundt: Kritische Wälder. Lpz. 1833. – R. Wagner: Über die Benennung »M.«. In: ders.: Sämtliche Schriften und Dichtungen. Bd. 9. Lpz. ⁶1912, S, 302–308.   HER

Musiktheater, 1. verschiedene *Verbindungen von Wort, Musik und Bühne*, die sich im Zuge der Opernreform in der ersten Hälfte des 20. Jh.s als Gegenentwürfe zu Spätromantik und ↗Verismus einbürgerten. Erstarrte Traditionen sollten aufgebrochen, das Verhältnis von Wort und Musik neu definiert werden. Man griff auf Sprechtheater und Ballett zurück (I. Strawinsky, C. Orff, B. Blacher), auf das Oratorium (Strawinsky, A. Honegger, D. Milhaud, O. Messiaen), den Film (B. Brecht/K. Weill, P. Claudel/Milhaud), auf Funk und Fernsehen (Blacher, G.-C. Menotti, H. W. Henze), auf Pantomime und Melodram (A. Schönberg, M. Kagel, B. Bartok, L. Dallapiccola). Häufig wurden lit. anspruchsvolle Vorlagen vertont (Lit.oper), wie in Henzes »Der Prinz von Homburg« oder Reimanns »Lear«.
2. *Aufführungsstil* musikdramatischer Werke, der sich mit den Opernreformen seit Beginn des 20. Jh.s entwickelt hat. Konzepte für eine spezifische Opernregie wurden v. a. von dt. Regisseuren entwickelt (M. Reinhardt, G. Gründgens, O. F. Schuh, G. R. Sellner). Der Singschauspieler sollte keine geniale Ausnahme (W. Schröder-Devrient, M. Callas) bleiben, Musik und Szene sollten mit psychologischer Wahrheit durchdrungen werden. Entscheidende Anstöße kamen von W. Felsenstein und seiner Schule (J. Herz, G. Friedrich, H. Kupfer), die gleichermaßen psychologischen Realismus (Stanislawski) und gesellschaftliche Analyse verlangten, was bis heute die europäische Praxis prägt.

Wieland Wagner nutzte A. Appias und G. Craigs Ideen zur Beleuchtungs- und Bühnenreform und verband psychologische Intensität mit symbolstarker Abstraktion, wie das in anderer Weise auch A. Freyer, P. Mussbach, H. Wernicke, R. Pountney, N. Hytner, K. E. und U. Hermann und R. Wilson tun. G. Rennert, J. P. Ponnelle, J. Flimm, P. Chéreau und L. Bondy entwickelten eine psychologisch-präzise Erzählform, die auch von Regisseuren wie J. Wieler, M. Kušej oder C. Guth angestrebt wird. Postmoderne und Dekonstruktion wollen die Bühnenhandlung weniger erzählen als fragmentieren und kommentieren, wozu sie oft starke, ja schockierende Bilder finden, bis hin zur Rauminstallation und Pop-Art (M. Duncan, L. Haußmann, H. Konwitschny). Die Globalisierung des M.s führt dazu, dass unterschiedliche Tendenzen in den großen Häusern und Festivals weitgehend nebeneinander existieren.

Lit.: H. Bayerdörfer (Hg.): M. als Herausforderung. Tüb. 1999. – N. Eckert: Von der Oper zum M. Bln. 1995. – S. G. Harpner (Hg.): Über M. Mchn. 1992. – M. Kruse (Hg.): M. Kassel 2001. – S. Mauser, J. M. Fischer (Hg.): M. im 20. Jh. Laaber 2002.   HER

Musik und Literatur. ›Musik‹ [lat. = (*ars*) *musica*, von gr. *mousiké* (*téchnē*) = musisches, künstlerisches Handwerk, *moúsa* = Muse] ist im Kanon der sieben freien Künste die Bez. für die Tonkunst wie für ihre Ausübung. Im landläufigen Verständnis bilden M. u. L. zusammen mit Malerei und Bildhauerei den musischen Bereich der ›Künste‹ (↗Kunst und Lit.). Der Zusammenhang von Musik mit Lit. und ↗Sprache scheint in ↗Vertonungen von Texten unproblematisch zu sein. Doch werden dabei gerade die akustischen, scheinbar musiknahen Elemente der Sprache (Laut, ↗Klang, ↗Rhythmus) zum Problem, weil die Betonung im Sprechrhythmus (↗Vers) nicht ohne Weiteres den Betonungen durch die Melodie anzupassen ist. Eine praktische Auseinandersetzung der Musik mit der Lit. hat in der sog. Vokalmusik stattgefunden; in Groß- (↗Kantate, ↗Oratorium, ↗Oper) wie in Kleinformen (Motette, ↗Lied, bes. ↗Kunstlied, ↗Chanson) ist je nach Epoche und Stand der kunsttheoretischen Diskussion das Verhältnis von Sprache und Musik neu bestimmt worden, schwankend zwischen W. A. Mozarts Forderung, Musik müsse »der Poesie gehorsame Tochter« sein, und A. Salieris Diktum »Prima la musica e poi le parole«. Ausgangspunkt für Analogisierungen von Sprache und Musik sind zeichentheoretisch gegründete Auffassungen, welche die Sprache als eines unter anderen Symbolsystemen verstehen (z. B. in der ↗Romantik; vgl. Naumann). – Seit der Mitte des 19. Jh.s (R. Wagner, E. Hanslick) wird in Abgrenzung zu ›funktionaler Musik‹ – als Begleitung zum Tanz, zur Liturgie, zu Repräsentations- oder Unterhaltungszwecken – eine ›absolute‹ (auch: ›autonome‹) Musik postuliert, die ›abgelöst‹ von außermusikalischen Anlässen (Texten) und programmatischen Hinweisen (Szenarien, Überschriften, Themen) ist, v. a. als Instrumentalmusik auftritt und sich so nachdrücklich von der Lit. abgrenzt. Dagegen steht die

in musiktheoretischen Erörterungen vertretene Auffassung, Musik selbst sei eine Art Sprache (›Tonsprache‹). Dieses Verständnis stellt durch Analogiebildungen eine große Nähe der Musik zur Lit. sowie zu ihren Intentionen und Techniken her, das in einer musikalischen ↗Rhet. kulminiert (J. N. Forkel 1788/1801). Leitend ist dabei die Vorstellung, dass M. u. L. sich zeitlich linear konstituieren und beide eine offensichtliche Mitteilungsabsicht haben. Analogien musikalischer Strukturen zu Syntax und Pragmatik sind deutlicher als die zur sprachlichen Semantik, da Bedeutungen in der Musik immer unspezifischer sind als in sprachlichen Äußerungen. – Der Begriff ↗›Leitmotiv‹ vermag scheinbar eine Verbindung zwischen M. u. L. herzustellen. In der Musikwissenschaft steht er für die musikalische Kennzeichnung thematisch bedeutungsvoller Figuren, Gegenstände oder Themen durch eine sich wiederholende Notenfolge, deren Auftreten demonstrierend oder kommentierend auf das Geschehen verweist. Aktuell sind die Verwendungen von Leitmotiven in der Filmmusik. Im Musikdrama und in der Programmmusik findet durch das Leitmotiv eine Transformation verbalsprachlicher Denotationen in musiksprachliche Semantik statt. Aus musikwissenschaftlichen Analysen wird der Begriff ›Leitmotiv‹ (F. W. Jähn, 1871; H. v. Wolzogen, 1876), angestoßen v. a. von der Wagner-Rezeption, in die Lit.produktion (T. S. Eliot: »The Waste Land«, 1922) wie in die Lit.wissenschaft übernommen. In der »Einf. in den ›Zauberberg‹« [1939] spricht Th. Mann vom Leitmotiv als »dem Versuche […], Einheit zu schaffen, Einheit fühlbar zu machen und das Ganze im Einzelwerk gegenwärtig zu halten.« Neben der Undeutlichkeit, dass oftmals bloß formelhaft wiederholte ↗Motive schon als ›Leitmotiv‹ bezeichnet werden, bleibt die generelle Differenz, dass die Gleichzeitigkeit der musikalischen Darbietung aufgrund der andersartigen ästhetischen Konzeption in der Lit. in ein Nacheinander von charakterisierenden Einzelheiten, Konstellationen oder zitathaften Wiederholungen umgesetzt werden muss. Zweifelhaft erscheint, ob ein Leitmotiv auch ohne Verbindung mit dem Wort seine Funktion erfüllen kann: »Glücklich und richtig berechnet gehen einige Melodien wie leise Fäden durch das Ganze und halten es geistig zusammen.« (C. M. v. Weber) – Im Thematisch-Stofflichen ist die Überschneidung zwischen M. u. L. sehr breit; das gilt 1. für die musikalische Behandlung lit. Stoffe, 2. für Thematisierungen von Musik und Musikern in der Lit. Zu 1.: Neben instrumentalmusikalischen Annäherungen, die als »Sinfonische Dichtungen« in den Bereich der Programmmusik gehören (R. Strauss: »Also sprach Zarathustra«, »Till Eulenspiegel«), hat sich im 20. Jh. v. a. in der Oper eine weitreichende Verbindung von Wort, Szene und Musik entwickelt, die als ›Musiktheater‹ bezeichnet wird. Es finden sich Formen wie Lit.oper (A. Berg: »Wozzeck«, nach G. Büchner, 1925), ↗episches Theater (I. Strawinsky: »Histoire du soldat«, 1918; B. Brecht, K. Weill: »Die Dreigroschenoper«, 1928) oder vertontes Schauspiel (C. Orff: »Antigonae«, 1949). Die Zusammenarbeit von R. Strauss und H. v. Hofmannsthal (u. a. »Der Rosenkavalier«, 1911) gilt als kongenial und erfolgreich. Außerdem wurden Stoffe der Lit., von Mythen und Sagen bis hin zu Texten für die Sprechbühne (W. Shakespeare: »Othello«, »Falstaff«; F. Schiller: »Don Carlos«, »Wilhelm Tell«), für das Musiktheater adaptiert, ebenso Erzähltexte (»Manon Lescaut«, »Carmen«, »Die Kameliendame«); in jüngster Zeit etwa G. Grass' Erzählung »Das Treffen in Telgte« (Musik: E. Mayer, Libretto: W. Willaschek, 2005). – Zu 2.: Thematisierungen von Musik und Musikern in der Lit. finden sich z. B. bei E. T. A. Hoffmann (»Ritter Gluck«, 1809), E. Mörike (»Mozart auf der Reise nach Prag«, 1855), F. Werfel (»Verdi«, 1924), Th. Mann (»Doktor Faustus«, 1947) oder R. Schneider (»Schlafes Bruder«, 1992).

Lit.: C. Dahlhaus: Vom Musikdrama zur Lit.oper. Mchn. 1983. – H. Danuser: Inspiration, Rationalität, Zufall. In: Archiv für Musikwissenschaft 47 (1990), S. 87–102. – J. N. Forkel: Allg. Geschichte der Musik [1788–1801]. Graz 1967. – A. Gier: Musik in der Lit. In: P. V. Zima (Hg.): Lit. intermedial. Darmstadt 1995, S. 61–92. – W. Hildesheimer: Mozart [1977]. Ffm. ³2004. – M. Huber: Text und Musik. Ffm. u. a. 1992. – A. Käuser: Klang und Prosa. In: DVjs 68 (1994), S. 409–428. – V. Karbusicky: Grundriß der musikalischen Semantik. Darmstadt 1986. – J. H. Leventhal: Echoes in the text. Musical citations in German narratives from Theodor Fontane to Martin Walser. NY u. a. 1995. – M. Mann: The Musical Symbolism in Th. Mann's Novel »Doctor Faustus«. In: Notes 14 (1956/57), S. 33–42. – B. Naumann (Hg.): Die Sehnsucht der Sprache nach der Musik. Texte zur musikalischen Poetik um 1800. Stgt., Weimar 1994. – A. Ullrich: Die »Lit. oper« von 1970–90. Wilhelmshaven 1991.   EC

Muster ↗ Prototyp.

Mysterienspiel [wohl Wortkreuzung aus lat. *ministerium* = Gottesdienst und *mysterium* = Geheimnis], 1. im weiteren Sinn: ↗ geistliches Spiel des MA.s; 2. im engeren Sinn: mal. Spiel, das v. a. geoffenbarte Heilswahrheiten darstellt. – Seit dem 12. Jh. in Frankreich, seit dem 14. Jh. in England bezeugt, im 15. Jh. auch in den Niederlanden. In Frankreich finden sich neben anonymen M.en auch Werke namentlich bekannter Dichter wie Eustache Marcadé, Arnoul Gréban, Jean Michel. Die M.e waren z. T. extrem umfangreich (bis zu 62.000 Verse), ihre Spieldauer betrug z. T. Wochen; in England gab es im 15. Jh. ganze M.-Zyklen, z. B. den »York Cycle« mit 48 erhaltenen Stücken. In neuerer Zeit Wiederbelebungsversuche (z. B. P. Claudel, T. S. Eliot). – Die engl. Forschung setzt das M. häufig mit dem ↗ Mirakelspiel gleich oder subsumiert darunter gar wie die Romanistik ↗ Weihnachtsspiel, ↗ Passionsspiel, ↗ Osterspiel, ↗ Fronleichnamsspiel. In Deutschland dagegen werden die spezielleren Gattungsbezeichnungen bevorzugt.

Lit.: H.-J. Diller: Redeformen des engl. Misterienspiels.

Mchn. 1973. – H. Fricke, J.-D. Müller: M. In: RLW. – M. Peitz: Das mal. M. in Frankreich. Diss. Mchn. 1957. – E. Prosser: Drama and Religion in the English Mystery Plays. Stanford 1961. – G. A. Runnalls: Les mystères français imprimés. Paris 1999. – R. Woolf: The English Mystery Plays. Ldn. 1972.   MGS

Mystifikation, f. [gr.-lat. = Täuschung, Vorspiegelung], irreführende, ungenaue oder verschlüsselte Angaben über Autorschaft, Entstehungsbedingungen, Erscheinungsjahr, auch Verlag und Druckort eines lit. Werkes ohne zwingende (politische, moralische) Gründe, aus Freude am Versteckspiel, Herausforderung der Kritik, auch zur Erfolgssteigerung (hier ist die Grenze zur lit. ↗ Fälschung fließend). Mittel sind halbgelüftete Anonymität, ↗ Pseudonyme, fingierte Quellen, mehrdeutige Untertitel, geheimnisvolle Begleitbriefe (an Verlage) oder Pressenotizen; vgl. etwa die verschlüsselten Titelblätter der Werke von Barock-Autoren wie H. J. Ch. v. Grimmelshausen (nachgeahmt bei A. Holz: »Dafnis«), die als ›freie Übers.en‹ berühmter oder angeblich verschollener Autoren deklarierten Romane »Castle of Otranto« (H. Walpole) und »Walladmor« (W. Alexis), die wechselnden Pseudonyme Tucholskys; auch ↗ Pastiche.   GS/Red.

Mystik, f. [von gr. *mýein* = (die Augen bzw. den Mund) schließen, davon gr. *mystikós*, lat. *mysticus* = dunkel, geheimnisvoll; das Substantiv lat. *mystica*, frz. *la mystique* erst Mitte des 17. Jh.s], die Vorstellung und Darstellung einer unmittelbaren Einheit der Seele mit Gott. – M. ist ein kultur- und epochenübergreifendes universales religiöses Phänomen. Im Mittelpunkt mystischer Texte steht die jede verstandesmäßige Erkenntnis übersteigende Vereinigung mit dem Göttlichen, die ›Unio mystica‹. Mystische Texte denken die Ähnlichkeit des Menschen mit Gott um in eine Einheitsrelation. Drei Typen mystischer Texte lassen sich unterscheiden: 1. poetische mystische Texte; 2. Texte, welche die Einheitserfahrung innerhalb bestimmter theologisch-philosophischer Kategoriensysteme besprechen (›mystische Theologie‹ u. a. des Judentums, Christentums, Islam); 3. Texte, die über Aufstiegsmodelle, etwa die Stationen Reinigung – Erleuchtung – Vereinigung, zur mystischen ›Unio‹ hinführen wollen (sog. ›mystagogische‹ Texte). Für diese drei ineinander übergehenden Grundtypen lassen sich innerhalb der christlichen M. zusätzlich eine mehr affektiv-voluntative und eine spekulativ-intellektuelle Prägung unterscheiden. Quer dazu liegen verschiedene inhaltliche Akzentuierungen (Brautmystik, Passionsmystik, Eucharistiemystik, Visionsmystik). Unterschiedlich hoch ist darüber hinaus die Intensität, mit der das Sprachproblem jeweils mitreflektiert wird. Das Sprachdilemma der M. besteht darin, dass mystische Rede eine paradoxe Vermittlung von Unmittelbarkeit anstrebt. Daraus resultiert eine mystische ›Sondersprache‹, die Metaphern, Oxymora, hyperbolische Emphase und Wiederholungsfiguren spezifisch einsetzt, Intensiv- und Abstraktbildungen erfindet und Kategorien bildet, die permanent ins Paradoxe (↗ Paradoxon) umschlagen. In diesem Sinn ist M. ein spiritualitätsgeschichtlich wie poetologisch überaus folgenreicher Sonderfall religiöser Rede. Die christliche M. des MA.s, sprach-, lit.- und denkgeschichtlich von nachhaltiger Wirkung, hat alle traditionellen religiösen Vermittlungsmodelle (hierarchisch gestufte Teilhabe-, Analogie- und ↗ Imitatio [2]-Modelle) so weitgehend transformiert, dass sogar die religiöse Leitdifferenz ›Immanenz/Transzendenz‹ unsichtbar wird. Das Ziel der Heilsgeschichte, die Vereinigung des Menschen mit Gott, soll unter Umgehung der Geschichte und der Institution Kirche schon ›jetzt‹, im Augenblick der ›Unio‹, hergestellt werden. Daher begegnen M. und Theologie einander skeptisch. Eben das, was die Mystiker auf der einen Seite religiös qualifiziert – ihre Einheit mit Gott –, ist es, was sie auf der anderen Seite einer ›falschen‹ Heiligkeit (dem Häresie-Vorwurf) ausliefert. – Die Wurzeln der abendländisch-christlichen M. liegen in der gr. Philosophie und im Judentum. Die mal. M. ist von der patristischen Theologie geprägt. Ihre Grundlegung erfährt sie mit Dionysius Areopagita (5. Jh. n. Chr.), der eine neuplatonisch inspirierte »Theologia mystica« schreibt, eine außerordentlich wirkmächtige ›negative Theologie‹ der Einheit mit Gott. Kernbestimmung seiner Metaphysik des Einen ist der »überseiende« Gott, dessen Transzendenz alles positiv zuschreibende, prädikative Sprechen notwendig verfehle. M. ist gerade nicht der Abbruch jeder theoretischen Begründungsleistung; sie ist nicht gegen Rationalität, sondern führt über sie hinaus. Im 12. Jh. ragen die Hoheliedpredigten Bernhards von Clairvaux heraus. Sie werden im späteren MA. die Spiritualität mystisch disponierter Nonnen und Beginen (ohne Ordensbindung sich klösterlich zusammenschließender Frauen) entscheidend prägen. Ästhetisch und konzeptionell herausragend ist Mechthild von Magdeburg mit ihrem »Fließenden Licht der Gottheit« (13. Jh.). Monastische Theologie trifft hier auf ein neues Selbstbewusstsein religiöser Laienbewegungen. Hinzu kommt, als weitere geschichtliche Voraussetzung für das Entstehen mystischer Lit., die wachsende Bedeutung der Bettelorden. Bes. die an den Universitäten wirkenden Dominikaner sind seit dem Spät-MA. offiziell beauftragt, die ungeregelten Zusammenschlüsse der Mystiker zu kontrollieren. Unter ihnen ist Meister Eckhart (um 1260–1328) eine Ausnahmefigur, der auf ganz eigene Weise auf die Spiritualität der religiösen Frauengemeinschaften reagiert. Sein lat. und dt. Werk (Bibelkommentare, Predigten, Traktate) mit dem Kerngedanken einer ›Gottesgeburt‹ im ›Grund‹ der Seele wirkt u. a. über Nicolaus Cusanus bis ins 15. Jh. weiter, ja bis ins 19. und 20. Jh. (Hegel, Heidegger). Eckhart verdankt die dt. Sprache eine große Zahl neuer Wortbildungen, Begriffe wie ›Gelassenheit‹, ›Abgeschiedenheit‹, ›Ichheit‹, dazu das Vokabular einer differenzierten Affektsprache (Innerlichkeit, Innigkeit, u. a.). Eckharts Schüler Johannes Tauler und Heinrich Seuse nehmen im 14.

Jh. die Ideen Eckharts mit je neuer Akzentuierung auf. Die mystische Lit. des MA.s steht damit zwischen Laienfrömmigkeit, monastischer Spiritualität und universitärer Theologie. Sie findet sich in allen europäischen Volkssprachen, stets in enger Symbiose mit dem Lat., so die nl. (Hadewijch), die it. (Angela von Foligno, Katharina von Siena) und die frz. M. (Marguerite Porete, 13. Jh.). Die span. M. hat ihre Blütezeit im 16. Jh. (Theresa von Avila, Johannes vom Kreuz). Im konfessionellen Zeitalter greifen im dt.sprachigen Bereich die Spiritualisten (u. a. S. Franck, K. Schwenckfeld) die Vorstellung gottunmittelbarer ›Innerlichkeit‹ auf, die über Tauler und die »Theologia dt.« an Luther weitergereicht worden war. Im Barock kommt die M. zu neuer lit. Blüte. Höhepunkte im kath. Bereich sind F. v. Spee (»Trutznachtigall«, 1649) und Angelus Silesius (»Der Cherubinische Wandersmann«, 1675). Parallel dazu finden sich naturmystische Tendenzen, so bei J. Böhme (»Aurora oder Morgenröte im Aufgang«, 1612). Die Romantik greift auf die M. als geheimnisvoll ›potenzierte Poesie‹ zurück (F. Schlegel, Novalis). Dass die M. für poetische wie diskursive Zusammenhänge virulent bleibt, und zwar gerade dort, wo die theologische Binnenperspektive verlassen wird, zeigen im 20. Jh. R. Musils Roman »Der Mann ohne Eigenschaften« sowie in der Lyrik R. M. Rilke und P. Celan.
Lit.: M. Baßler, H. Châtellier (Hg.): M., Mystizismus und Moderne in Deutschland um 1900. Straßburg 1998. – W. Böhme (Hg.): Zu dir hin. Über mystische Lebenserfahrung von Meister Eckhart bis Paul Celan. Ffm. 1990. – B. Gruber (Hg.): Erfahrung und System. M. und Esoterik in der Lit. der Moderne. Opladen 1997. – A. M. Haas: M. als Aussage [1996]. Ffm. ²1997. – B. Hasebrink: Formen inizitativer Rede bei Meister Eckhart. Tüb. 1992. – W. Haug: Zur Grundlegung einer Theorie des mystischen Sprechens. In: ders.: Brechungen auf dem Weg zur Individualität. Tüb. 1997, S. 531–550. – W. Haug, W. Schneider-Lastin (Hg.): Dt. M. im abendländischen Zusammenhang. Tüb. 2000. – S. Köbele: Bilder der unbegriffenen Wahrheit. Tüb., Basel 1993. – O. Langer: M. In: RLW. – Ders.: Christliche M. im MA. Darmstadt 2004. – N. Luhmann, P. Fuchs: Reden und Schweigen. Ffm. 1989. – U. Peters: Religiöse Erfahrung als lit. Faktum. Tüb. 1988. – K. Ruh: Geschichte der abendländischen M. 4 Bde. Mchn. 1990–99. – U. Spörl: Gottlose M. in der dt. Lit. um die Jh.wende. Paderborn u. a. 1997. – G. Steer, L. Sturlese (Hg.): Lectura Eckhardi. Stgt. u. a. 1998. – M. Wagner-Egelhaaf: M. der Moderne. Stgt. 1989.   SK

Mythe, f. [von gr. *mýthos*, m.; f. durch die Anlehnung an ›Sage‹, ›Fabel‹, ›Geschichte‹], eine durch Jolles definierten ↗ einfachen Formen und zwar diejenige, die als unbeglaubigte Geschehenserzählung Naturerscheinungen oder Grundfragen des menschlichen Lebens erklären will, z. B. eine Erzählung darüber, wie der Faden an die Bohnen kommt, oder die Erzählung von Wilhelm Tells Apfelschuss als Antwort auf die Frage nach Gewaltherrschaft und deren Konsequenzen. Charakteristisch für die M. ist, dass sie ein einmaliges Ereignis als Schicksal und Wesensdeutung dauerhaft macht. In Jolles' Terminologie bezeichnet ›M.‹ das abstrakte Gestaltungsmuster, ›Mythus‹ dagegen die jeweiligen konkreten Ausführungen.

Lit.: A. Jolles: Einfache Formen [1930]. Tüb. ⁶1982, S. 96–125.   SM

Mythenkorrektur, lit. oder bildkünstlerisches Verfahren, das einen ⁊ Mythos, eine »traditionelle Erzählung« (Graf, S. 7), fortschreibt und so bearbeitet, dass ein zentraler Punkt, der zum Kernbestand des Mythos gehört, ›berichtigt‹ wird, wodurch eine von der Überlieferung markant abweichende, ›korrigierte‹ Fassung entsteht. B. Brecht entwirft unter dem Titel »Berichtigungen alter Mythen« (Notizbuchaufzeichnungen ab 1933, Erstdruck 1954) eine neue Version des Sirenenabenteuers: »Das ganze Altertum glaubte dem Schlauling [Odysseus] das Gelingen seiner List. Sollte ich der erste sein, dem Bedenken aufsteigen?« Die hier geäußerten »Bedenken« stellen die alte Erzählung in Zweifel und begründen eine neue Fassung, nach der die List des Odysseus misslingt: Die Sirenen verweigern den Gesang und beschimpfen Odysseus. Der Mythos wird gegen die homerische Tradition gelesen: Der Ruhm des Odysseus erscheint nachhaltig depotenziert, der ›vielgewandte Held‹ der Achaier wird zum »verdammten, vorsichtigen Provinzler«. Dieses Verfahren lässt sich als ›narrative Korrektur‹ bezeichnen. Eine zweite Form der M. entsteht durch die Umwertung einer mythologischen Figur. So stellt A. Camus (»Le mythe de Sisyphe«, 1942) seinen Lesern Sisyphos als einen »glücklichen Menschen« vor; Achill erscheint bei Ch. Wolf (»Kassandra«, 1983) als »das Vieh«. Derartige Veränderungen lassen den narrativen Kern unangetastet und zielen auf die Wertung der Figuren, die radikal umgekehrt wird, so dass eine ›semantische Korrektur‹ entsteht. Mit ihren verblüffenden, paradoxalen Pointen erzeugen die korrigierten Mythen eine gesteigerte Spannung und Denkbilder von hoher Eindringlichkeit.

Lit.: F. Graf: Gr. Mythologie. Mchn. u. a. 1991. – M. Vöhler, B. Seidensticker (Hg.): M.en. Bln., NY 2005.
                                                           MV

Mythisches Analogon, n., Sammelbez. für Formeigenschaften lit. Werke, die einer mythischen Wirklichkeitsauffassung ähneln. Der von dem Germanisten C. Lugowski in den frühen 1930er Jahren geprägte Begriff ist Bestandteil einer anthropologisch fundierten ästhetischen Theorie, die Lit. als einen ›formalen Mythos‹ versteht. Formal-mythisch im Sinne Lugowskis ist ein lit. Werk nicht deswegen, weil es mythologische Stoffe oder Motive zum Inhalt hätte, sondern aufgrund bestimmter formaler Eigenschaften. In Erzähltexten drückt sich das mythische Analogon in Gestaltungsmerkmalen aus, die Lugowski mit Begriffen wie ›Linearität‹, ›resultathafter Erzählstil‹, ›Gehabtsein der Figuren‹, ›thematische Überfremdung‹ und ›Motivation von hinten‹ beschreibt. Entsprechende Eigenschaften

sind auch in dramatischen und lyrischen Werken zu finden. Lugowskis Auffassung der Lit. als mythischen Analogons ist philosophisch von E. Cassirers »Philosophie der symbolischen Formen« (1923–29) geprägt und weist Gemeinsamkeiten mit ungefähr gleichzeitigen Ansätzen in der Sowjetunion (V. Propp: »Morphologie des Märchens«, 1928) und in den USA (›Archetypal Criticism‹, etwa bei Frye) auf.

Lit.: N. Frye: Anatomy of Criticism. Princeton 1957. – C. Lugowski: Die Form der Individualität im Roman [1932]. Ffm. 1976. – M. Martinez (Hg.): Formaler Mythos. Paderborn 1996. – Ders.: M. A. In: RLW. – J.-D. Müller: C. Lugowski. In: MDG 53 (2006), S. 28–39.   MM

Mythographie, f. [gr. *mythographía* = Niederschrift von Mythen], systematische Darlegung und Deutung der gr.-röm. ⁊ Mythologie. Zu betonen ist der deskriptiv-kommentierende Charakter der M., der auch für mythographische Passagen in der Dichtung gilt. Die M. ist bildungs- und mediengeschichtlich, lit.- und kunstwissenschaftlich von Bedeutung, weil sie mündliche Traditionen kodifiziert, mythologische Überlieferung und Verfahren der Mythendeutung systematisiert sowie die Rezeption der Mythen in Dichtung und Kunst wesentlich bestimmt. – Mythographische Passagen finden sich bereits bei Homer (Exempla, Kataloge) und v. a. bei Hesiod, später in kosmographischen, historiographischen und philosophischen Texten. Aus deren Tradition entwickelt sich im ⁊ Hellenismus die M. als eigene Gattung mit zunehmendem Einfluss auf die Dichtung. Zu nennen sind u. a. die »Apista« des Palaiphatos (4. Jh. v. Chr.), die »Bibliothek« des Pseudo-Apollodor (1. Jh.) und die »Fabulae« des Hyginus (2. Jh.). Über Texte wie Fulgentius' »Mitologiae« (5. Jh.) sowie die drei »Mythographi Vaticani« (9.–12. Jh.) trägt die M. die deutende Rezeption der antiken Mythologie im MA. Ihre Tradition setzt sich fort zu G. Boccaccios »Genealogia Deorum« (um 1350) und erreicht in der Spätrenaissance mit dem M.n von L. G. Gyraldi (1548), N. Conti (1551) und V. Cartari (1556) einen Höhepunkt, zumal was den Einfluss auf die bildende Kunst betrifft. Langlebigkeit und Konstanz der Gattung belegen die später nicht mehr genealogisch, sondern lexikographisch angelegten M.n wie das bis um 1800 sehr einflussreiche »Gründliche mythologische Lexikon« von B. Hederich (1724, ²1770), das noch ausführliche historische, physikalische und moralische Deutungen enthält. Fortgesetzt sind Tradition und Vermittlungsfunktion der M. in den einschlägigen modernen Handbüchern, die freilich zugunsten wissenschaftlicher Fundierung auf die stereotypen Deutungsverfahren verzichten.

Lit.: L. Brisson, Ch. Jamme: Einf. in die Philosophie des Mythos. 2 Bde. Darmstadt 1996. – Th. Heinze: M. In: NPauly. – W. Killy (Hg.): M. der frühen Neuzeit. Ihre Anwendung in den Künsten. Wiesbaden 1984. – J. Seznec: Das Fortleben der antiken Götter [frz. 1940]. Mchn. 1990.   MK

Mythologie, f.; 1. die Gesamtheit der einem bestimmten Kulturkreis zugehörigen Mythen (↗ Mythos), z. B. gr., germ., ind., christliche M.; 2. daneben auch (in Analogie zur üblichen Wortbildung auf -logie) die Wissenschaft oder die Lehre von den Mythen. Als Kompositum verbindet der Begriff ›M.‹ die beiden gr. Ausdrücke für ›Rede‹, die antonym die unbeweisbare, erdichtete Erzählung (*mythos*) und die mit Vernunftgründen überzeugende Argumentation (*lógos*) bezeichnen. Diese Differenz zeigt an, dass die Zusammenstellung und Überlieferung der Mythen als M. zugleich eine Distanzierung bedeutet, aus der heraus kritisch nach dem Geltungsanspruch der tradierten Erzählungen gefragt werden kann. M. hat daher eine stoffgeschichtliche und eine untrennbar damit verbundene problemgeschichtliche Seite: Auf der einen erscheint sie als ein Reservoir von Figuren und Motiven, das in einem hauptsächlich von der Kunst und Lit. getragenen Prozess der Rezeption, Adaption und Neudeutung von den Anfängen der Überlieferung an bis heute vergegenwärtigt wird, auf der anderen als die Frage, inwiefern eine Tradition fiktiver Erzählungen bedeutsame Aussagen über die Wirklichkeit enthalten kann. – Die bedeutendste lit. Quelle, aus der sich die antike M. an die mal. wie die neuzeitliche Kunst und Lit. vermittelt, sind Ovids »Metamorphosen« (entstanden im ersten Jahrzehnt n. Chr.). Neben den lit.-künstlerischen Werken und ihrer jeweiligen Wirkungsgeschichte steht die eigene Tradition mythographischer, d. h. mythenbeschreibender und -sammelnder, Handbücher, die im MA. zur Gattung enzyklopädischer Wissenssammlungen für das Studium gehören, sich von der Renaissance an bis ins 18. Jh. aber auch als praktische Hilfsmittel für bildende Künstler und Dichter verstehen. Noch bis ins 19. Jh. erfüllt z. B. B. Hederichs »Gründliches mythologisches Lexikon« (1724, neue Ausg. 1770) diese Aufgabe. – Mit der Überlieferung der antiken M. in die christliche Kultur ergibt sich die Opposition zwischen den biblischen Geschichten, die als wahrhafte Gotteszeugnisse, und den gr. und röm. polytheistischen Göttererzählungen, die als bloße Fiktionen gelten. M. wird in diesem Kontext als heidnische Götterlehre zum Ggs. von Theologie. Die Rechtfertigung und damit überhaupt die Überlieferung der antiken M. verdankt sich hier der allegorischen Deutung, die darin bildhaft indirekte Darstellungen auch christlich anzuerkennender Wahrheiten sieht. Die Wahrheitsfrage, die schon von Beginn an mit der gr. Begriffsbildung *mythos* kritisch gestellt ist, spitzt sich in der Aufklärung zu der Verwunderung zu, warum mythische Naturerklärungen auch dann noch tradiert werden, wenn wissenschaftliche Einsicht sie als falsch erwiesen hat. M. gilt hier als Kindheitsstufe des menschlichen Verstandes, der aus Ermangelung richtiger Einsicht Geschichten erfindet. Deren Fortbestand über die Aufklärung hinaus wird als künstlerisch-rhet. Konvention erklärt. Einen grundlegenden Neuansatz gegenüber dieser rationalistischen Position bietet die philosophisch-ästhetische Reflexion, welche die M. als Leistung der menschlichen Einbildungskraft und damit als eine eigene, der logisch-wissenschaftlichen Erklärung komplementäre Form der Welterschließung würdigt (G. Vico, J. G. Herder). Die dt. Frühromantik (F. Schlegel, F. W. J. Schelling) entwickelt daraus das utopische Programm einer ›Neuen M.‹, in der sich Poesie und Wissenschaft, Phantasie und Vernunft, damit auch gesellschaftlich das Volk und die Gelehrten neu versöhnen sollen. Die Romantik erweitert den Blick über die antike M. hinaus auf die ind. (F. Schlegel) sowie die germ. M., deren Erforschung zur Gründung der Germanistik gehört (J. Grimm: »Dt. M.«, 1835). Aspekte des modernen Verständnisses von M. sind die dialektische Verschränkung von Rationalismus und M., in der zugleich vom Aufklärungspotential des Mythos sowie von den mythischen Zügen des Rationalismus die Rede ist (M. Horkheimer/Th. W. Adorno: »Dialektik der Aufklärung«, 1947), die durch die Ethnologie gebotene Horizonterweiterung auf außereuropäische Kulturen und die damit verbundene strukturalistische Beschreibung der M. als Denkform (C. Lévi-Strauss), die Übertragung des Begriffs ›M.‹ auf Phänomene der Alltagskultur (Barthes) sowie die kulturwissenschaftliche Reflexion über die medien- und bildungsgeschichtlichen Bedingungen der verschiedenen Vorstellungen von M. (v. Graevenitz).

Lit.: R. Barthes: Mythologies. Paris 1957 [dt. 1964]. – D. Burdorf, W. Schweickard (Hg.): Die schöne Verwirrung der Phantasie. Antike M. in Lit. und Kunst um 1800. Tüb. 1998. – M. Frank: Der kommende Gott. Vorlesungen über die Neue M. Ffm. 1982. – G. v. Graevenitz: Mythos. Stgt. 1987. – B. Guthmüller, M. Baumbach: M. In: NPauly. Bd. 15/1 (2001), Sp. 611–636. – U. Heidmann Vischer: M. In: RLW. – C. Lévi-Strauss: Mythologiques. 4 Bde. Paris 1964–71 [dt. 1971–75]. – E. Müller: Mythos/mythisch/M. In: ÄGB.   SM

Mythos, m. [gr. = Rede, Wort, Erzählung; lat. *fabula*], Erzählung, die einen nicht beweisbaren, kollektiv wirksamen Sinn stiftet. Die weitere Explikation des M.-Begriffs ist komplex und fällt in die Zuständigkeit verschiedener Disziplinen: neben der Lit.wissenschaft in die der Philosophie, der Religionswissenschaft, der Ethnologie, der Politologie, der Psychologie und Psychoanalyse, die jeweils eigene M.-Verständnisse formulieren und damit verschiedene Aspekte des M. bestimmen. Grundlegende Orientierung für alle ist, schon durch die Herkunft des Begriffs, die gr. Antike, insbes. sind es die Epen Homers und Hesiods. Daher rührt die engere Definition des M. als Götter- und Heldengeschichte. Der gr. Begriff ›M.‹ bezeichnet – in Opposition zu *lógos* als der vernünftig argumentativen – die unbeweisbare, fiktional-erzählende Rede. In der Begriffsbildung liegt damit ein Moment der kritischen Distanzierung. M. ist diejenige Rede, deren Wahrheitsgehalt zu bezweifeln ist. Mit wirkungsgeschichtlich großer Ausstrahlung ist dies als Platons Dichterschelte überliefert: ›Die Dichter lügen‹, indem sie Mythen erzählen. Platon selbst indes artikuliert seine Philosophie als M. (z. B. der Seelen-M. im »Phaidros«). Die »Poetik« des Aristoteles versteht M. als die »Zusammenfügung von Geschehnissen«, d. h. strukturell als Handlungsverlauf der Tragödie. Von der antiken Begriffsbildung und -verwendung unterscheidet sich das *neuzeitliche M.-Verständnis* dadurch, dass es über den Bezug auf die Dichtung hinaus auf einen sich darin ausdrückenden Weltanschauungstyp spekuliert. Das hängt mit der Neubewertung der ↗ Mythologie als einer eigenen welterschließenden Leistung der menschlichen Einbildungskraft zusammen, wie sie mit G. Vico (»Principi di una scienza nuova«, 1725) beginnt und in Deutschland v. a. von J. G. Herder vertreten wird. Die neue Definition zielt nicht auf die dichterischen Texte selbst, sondern auf die in ihnen zur Darstellung kommenden kollektiven Vorstellungsweisen eines Volkes. ›M.‹ meint nicht die Dichtung, sondern deren weltanschauliche Voraussetzung. Der Göttinger Altphilologe Ch. G. Heyne setzt 1763 den auf diese Weise neu gedeuteten gr. Begriff ›M.‹ an die Stelle des bislang dominierenden Terminus ›Fabel‹. Mit diesem (aus lat. *fabula* über frz. *fable* vermittelten) Begriff qualifizierte die Aufklärungspoetik alles antik Mythologische aus christlicher und rationalistischer Warte als menschheitsgeschichtliche Irrtümer ab, um es lediglich als rhet. Schmuck (*ornatus*) gelten zu lassen. Der neue weltanschauungstypologische M.-Begriff verbindet sich mit geschichtsphilosophischem Denken. Dessen Grundformen sind zum einen das Aufklärungsmodell, das einen Erkenntnisfortschritt von der mythischen zur wissenschaftlichen Welterklärung annimmt (›vom M. zum Logos‹), zum anderen ein triadisch-utopisches Modell, das den M. als kollektives Weltverbundenheitsideal an den Anfang der Geschichte setzt, es dann im Geschichtsprozess durch rationale Entfremdung zerstört sieht, um es aktuell als heilsbotschaftliches Geschichtsziel zu verkünden. Dieses Modell kennzeichnet das M.-Verständnis der dt. Romantik (Schelling, Hölderlin) sowie späterer Künstlerprogramme bis ins 20. Jh. (z. B. R. Wagners Opernwerk). Die Vorstellung kollektiver Sinn- und Identitätsstiftung bezeichnet dabei einen politischen Aspekt des M. Ihre Verwendung in der völkisch-rassistischen Ideologie des 20. Jh.s (z. B. A. Rosenberg: »Der Mythus des 20. Jh.s«, 1930) hat als Reaktion zu einer ideologiekritischen Diskussion geführt, die den M. v. a. als politischen Irrationalismus und Zwangscharakter erörtert. Alternativ zu geschichtsphilosophischen und politischen setzten philosophisch-anthropologische Erklärungen an: E. Cassirer etwa bestimmt den M. neben der Sprache und den exakten Wissenschaften als eigenen Typus der »symbolischen Formen«, in denen der Mensch die Welt erfährt und versteht (»Philosophie der symbolischen Formen II: Das mythische Denken«, 1925), Blumenberg deutet ihn als ein erzählerisch-ästhetisches Verfahren zur Selbstbehauptung des Menschen gegenüber der ihn umgebenden Wirklichkeit. Der lit.-wissenschaftliche Zugang zum M. liegt in der Untersuchung, wie die Lit. den M. vergegenwärtigt und was ihre verschiedenen Formen der Vergegenwärtigung für das M.-Verständnis ausmachen. Statt eines geschichtlich konstanten Begriffs sind so die konkreten lit. Darstellungen als historisch sich verändernde Auffassungen von M. zu sehen. – Nach den verschiedenen Richtungen, Arten und Funktionen der Sinngebung kann man verschiedene *Typen des M.* unterscheiden: theogonische, kosmogonische und anthropogonische Mythen als Sinngebung vom Ursprung (der Götter, der Welt, der Menschen) her; eschatologische Mythen als Sinngebung vom Ende her; ätiologische Mythen als Ursprungserklärung bestimmter Erscheinungen (z. B. Vulcanus); Perioden- und Transformationsmythen als Deutungsmodelle des Geschichtsverlaufs (z. B. ›goldenes Zeitalter‹); Legitimationsmythen zur Rechtfertigung (etwa von Herrschaftsansprüchen oder religiösen und gesellschaftlichen Normen).

Lit.: H. Blumenberg: Arbeit am M. Ffm. 1979. – K. H. Bohrer (Hg.): M. und Moderne. Ffm. 1983. – L. Brisson, Ch. Jamme: Einf. in die Philosophie des M. 2 Bde. Darmstadt 1991–96. – W. Burkert, A. Horstmann: M., Mythologie. In: HWbPh. – R. B. Erdbeer, F. Graf: M. In: NPauly. Bd. 15/1 (2001), Sp. 636–648. – M. Fuhrmann (Hg.): Terror und Spiel. Probleme der Mythenrezeption. Mchn. 1979. – C.-F. Geyer: M. Mchn. 1996. – U. Heidmann Vischer: M. In: RLW. – M. Schmitz-Emans, U. Lindemann (Hg.): Komparatistik als Arbeit am M. Hdbg. 2004. – J. Starobinski: Fable et mythologie aux XVIIᵉ et XVIIIᵉ siècles. In: ders.: Le remède dans le mal. Paris 1989, S. 233–262 [dt.: Das Rettende in der Gefahr. Ffm. 1990]. – P. Tepe: M. & Lit. Würzburg 2001.

SM

N

Nachahmung ↗ Mimesis, ↗ Imitatio, ↗ Pastiche.

Nachdichtung, freie Form der ↗ Übers. mit eigenem, vom Bezug auf das Original weitgehend abgelöstem poetischen Anspruch. Der von Übersetzern wie St. George teilweise emphatisch gebrauchte Begriff ist lit.-wissenschaftlich problematisch, da in ihn meist ein hohes, aber nicht genau rekonstruierbares Maß irrationaler Grundannahmen eingegangen ist, und sollte durch den Begriff ›Übers.‹ ersetzt werden, für den klare Kriterien entwickelt wurden.   DB

Nachdruck, 1. unveränderter Wiederabdruck (Reprint) eines Schriftwerkes v. a. bei älteren wissenschaftlichen Ausgaben und Standardwerken (↗ Neudruck) bzw. vor Einführung des ↗ Urheberrechts Wiederabdruck eines Werkes durch den Verleger, hier häufig mit Neusatz oder Teilneusatz, wodurch Setzerfehler im ursprünglich autorisierten Text auftreten können (Doppeldruck, Zwitterdruck); 2. widerrechtlicher Wiederabdruck eines Werks (Raubdruck) mit Neusatz, bes. verbreitet in der Frühen Neuzeit und im 18. Jh. Durch Unterlaufen der Produktions- und Distributionskosten wird aus der Marktgängigkeit des Originalwerks mit einem preisgünstigeren N. Profit gezogen. Lit.: M. Boghardt: Analytische Druckforschung. Hbg. 1977.   MSP

Nachkriegsliteratur, Sammelbez. für die dt. Lit. nach 1945; meist wird die N. bis 1949 terminiert, gelegentlich wird ihr Ende aber auch später (z. B. um 1955, 1960, 1968 oder 1990) angesetzt oder ganz offengelassen. – Der Begriff zielt auf zwei sich überschneidende Phänomene: Einerseits kennzeichnet er die Gesamtheit jener dt. Lit., die nach dem Sieg der alliierten Truppen über das nationalsozialistische Deutschland 1945 tatsächlich in den Besatzungszonen geschrieben, gedruckt und verbreitet wurde. Andererseits dient er als lit.geschichtlicher Periodisierungsbegriff, der lit. Phänomene und Richtungen wie ↗ ›Trümmerlit.‹, ↗ ›Kahlschlaglit.‹ oder ›Stunde Null‹ umfassen soll. Trommler (S. 171) hat angesichts dieser Unklarheit die Frage aufgeworfen, was Autorinnen und Autoren der sog. ›N.‹ wie W. Koeppen, H. E. Nossack, W. Weyrauch, A. Andersch, E. Langgässer, G. Eich, P. Huchel und M. L. Kaschnitz wirklich gemeinsam ist. Diese Schriftsteller hätten, frei von Vergangenheitslasten, das Potential verspürt, den durch die Hitlerdiktatur abgerissenen ästhetischen Faden der europäischen Moderne wieder aufzunehmen und fortzuspinnen. Ortlosigkeit, Desorientierung und ein nachhaltiger Einfluss des ↗ Existentialismus werden als gemeinsame Prägungen dieser Autorengeneration gesehen, die wichtiger seien als das rasch an Unschärfe leidende Bild des Nationalsozialismus (Trommler, S. 178). Unter diesem Vorzeichen wird der Begriff der ›N.‹ in einem lit.geschichtlichen Raum eingeordnet, der bis in die 1920er Jahre

zurückreicht und bei dem der ↗ Exillit. weniger Gewicht zukommt als der Lit. der ↗ ›inneren Emigration‹. Konzepte beispielsweise, wie sie von der Gruppe »Kolonne« entwickelt und nach 1933 aufgegeben wurden (naturmagische Poesie, Zeitbegriff, ästhetisch begründete Distanz zu Politik und Staat), erscheinen als eine Vorprägung, die Anteil an der lit. Kontur nach 1945 hat. Diese Bezüge sind wiederholt Anlass gewesen, die zeitlichen Grenzen dieser lit.geschichtlichen Periode zur Diskussion zu stellen und sie von den historischen Grenzen abzuheben. So plädiert Schäfer dafür, die Kontinuitäten in der dt. Lit. zwischen etwa 1930 und 1960 stärker zu beachten. Als entscheidende Zäsur sieht er bereits die Weltwirtschaftskrise (1929–32) an: Sie habe eine Revision des modernen Stils bewirkt, der mit seiner Formzertrümmerung als Inbegriff der Gesellschaftskrise gedeutet wurde, und daher eher antimodernen Darstellungstechniken den Weg geebnet. Die Lit. nach 1945 habe zwar konkurrierende politische Kunstfraktionen hervorgebracht, aber in der ästhetischen Praxis selbst mit dem klassizistischen Realismus in der DDR und dem klassizistischen Expressionismus in der BRD eher eine einheitliche Lit.sprache jenseits vom Experimentellen erzeugt. Erst in den 1960er Jahren sei jenes die ästhetischen Phänomene bestimmende Krisenbewusstsein überwunden worden und eine neue Generation zum Zuge gekommen. – Aufgrund der Verknüpfung historischer und lit. Kategorien wurden im Wesentlichen fünf Datierungen der N. vorgeschlagen: 1. *1945–49*, also bis zur Gründung der beiden dt. Staaten. – 2. *1945–55* (vgl. Born/Manthey, S. 9), also bis zu einer kurzen historischen Tauwetterphase im Politischen wie Ästhetischen, für die etwa A. Anderschs Zs. »Texte und Zeichen« (1955–57) als exemplarisch angesehen werden kann. – 3. *1945–59/60*, also bis zum Erscheinen dreier großer Romane, die als eine Art Summe der N. angesehen werden können: G. Grass: »Die Blechtrommel«, U. Johnson: »Mutmassungen über Jakob« und H. Böll: »Billard um halbzehn« (alle 1959). Diese Datierung korrespondiert mit dem bis um 1960 dominierenden Bewusstsein von einer ungeteilten Gegenwartslit., das sich erst mit der nachfolgenden Generation und der scharfen Trennlinie zwischen den dt. Staaten aufgrund des Mauerbaus 1961 verlor. – 4. *1945–68/71*, also bis zur Studentenbewegung in Westdeutschland und zur vorübergehenden Liberalisierung der DDR-Kulturpolitik. – 5. *1945–89/90*, also bis zum Ende der dt. Teilung. – Ein so weites Verständnis von ›N.‹ als Makroepoche wird jedoch selten vertreten. So hat Heukenkamp (1995, S. 33) den Übergangscharakter der N. betont und auf das Forschungsdesiderat hingewiesen, »die innere Verfaßtheit der Gruppen und Parteibildungen, Freundschaften und Beziehungen in der Nachkriegszeit« herauszuarbeiten, z. B. das differenzierte Verhältnis der verschiedenen Vertreter der ›inneren Emigration‹ zum Nationalsozialismus, die Konflikte zwischen den exilierten sozialistischen Schriftstellern und jenen, die in Deutschland überlebt hatten, sowie die Verdichtung des ↗lit. Lebens Ende der 1940er Jahre, bes. in Gestalt der zahllosen Lit.- und Kulturzeitschriften dieser Zeit. Folgt man diesem Konzept einer ›offenen‹ N., deren institutioneller Höhepunkt der erste Dt. Schriftstellerkongress 1947 war und deren Möglichkeiten sich nicht in dem erschöpften, was ihr – eben nicht zwangsläufig – folgte, dann verspricht die begriffliche Fokussierung auf die Jahre 1945–49 den größten lit.geschichtlichen Gewinn für das Verständnis der dt. Lit. in der zweiten Hälfte des 20. Jh.s.

Lit.: W. Barner u. a.: Geschichte der dt. Lit. von 1945 bis zur Gegenwart. Mchn. 1994, S. 1–160. – N. Born, J. Manthey (Hg.): [Themenheft:] N. Lit.magazin 7 (1977). – G. Hay u. a.: »Als der Krieg zu Ende war«. Lit.-politische Publizistik 1945–50. Marbach/N. 1973. – U. Heukenkamp (Hg.): Nachkriegslit. in Berlin 1945–49. Bln. 1996. – Dies.: Eine Geschichte oder viele Geschichten der dt. Lit. seit 1945? In: ZfG N. F. 1 (1995), S. 22–37. – Ch. Lubkoll: N. In: RLW. – H. D. Schäfer: Zur Periodisierung der dt. Lit. seit 1930. In: Born/Manthey, S. 95–115. – R. Schnell: Geschichte der dt. sprachigen Lit. seit 1945 [1993]. Stgt., Weimar ²2003. – F. Trommler: N. – eine neue dt. Lit.? In: Born/Manthey, S. 167–186. – V. Wehdeking, G. Blamberger: Erzähllit. der frühen Nachkriegszeit (1945–52). Mchn. 1990.

RBE

Nachlass, die bei Ableben eines Autors bestehende Sammlung vorwiegend schriftlicher Dokumente. Das private, unveröffentlichte ↗Archiv eines Autors, das neben sämtlichen selbst verfassten Dokumenten auch aus Materialsammlungen und der ↗Bibliothek des Autors bestehen kann, wird nach dem Tod des Verfassers erbrechtlich an Personen oder Institutionen übergeben. Die gesamten Rechte, die v. a. die Veröffentlichung bisher nicht publizierter Dokumente betreffen, liegen bis siebzig Jahre nach dem Tod des Autors bei dessen Erben. Ein N. liegt meist nicht vollständig an einem Ort vor, sondern wird in mehreren Archiven und Forschungsstätten aufbewahrt, in denen er inventarisiert wird und in der Regel zu Forschungszwecken einsehbar ist. – Erst im 19. Jh. beginnt die Verwaltung von Nachlässen in Form von institutionalisierten Archiven. Nachlässe aus dem 16., 17. und 18. Jh. sind selten bzw. nur fragmentarisch erhalten. J. W. Goethe ist einer der ersten Schriftsteller, die ihren N. noch zu Lebzeiten selbst ordnen, was er in seinem Aufsatz »Archiv des Dichters und Schriftstellers« (1827) kommentiert. Wichtige Autoren-Nachlässe werden heute etwa im »Dt. Lit.archiv« Marbach, im »Freien dt. Hochstift« Frankfurt/M. und im Archiv der Berliner »Akademie der Künste«, ferner in vielen Staats- und Landesbibliotheken aufbewahrt.

Lit.: B. Baumann-Eisenack: N. In: RLW. – Ch. König (Hg.): Verwaltung und wissenschaftliche Erschließung von Nachlässen in Lit.archiven. Mchn. u. a. 1988. NST

Nachlese, Nachtrag zu einer vorangegangenen Publikation, insbes. postum hg. Sammlung von Werken eines Dichters, die nicht in dessen ↗gesammelte Werke aufgenommen waren oder sich unveröffentlicht im Nachlass fanden; ↗Paralipomena.

Nachruf, schriftlit. Reaktion auf das rezente Ableben eines oder mehrerer Menschen. – Der N. ist Teil der reich ausdifferenzierten ↗Memorialkultur im Dienste der Stiftung des Andenkens eines Verstorbenen und gleichzeitig, da er für spezifische Gelegenheiten verfasst wird, eine der wichtigsten Gattungen der Kasuallit. (↗Gelegenheitsdichtung). Von privaten Kondolenztexten unterscheidet ihn die Zurichtung für eine öffentliche Rezeptionssituation. – Bereits in der altgr. und lat. Lit. bilden sich zentrale Genres, Strukturmerkmale und Topoi aus, die bis zur Gegenwart bestimmend für die Gattung bleiben sollten. Die zwei in der Antike wichtigsten Formen, ↗Epicedium (Trauergedicht) und ↗laudatio funebris (Leichenrede), sind nach der Abfolge der Affekte aufgebaut, die sie nacheinander beim Publikum erregen sollen: Klage, Lob und Trost. Die Würdigung des Verblichenen folgt zuerst dem Lauf der ↗Biographie und sodann dem Katalog der Tugenden. Auch spezifische rhet. Strategien kommen immer wieder zur Anwendung, z. B. die *comparatio* oder die ↗Prosopopöie. Das MA. übernimmt die antiken Traditionen beinahe bruchlos, allein die ideologische Ausrichtung erscheint nun christianisiert. Während der Reformation findet die kasuallit. Gattung in diversen Ausprägungen ihren Weg in das Medium Buch und durchläuft während der folgenden Jh.e, insbes. in der Spielart der stark homiletisch geprägten protestantischen ↗Leichenpredigt, eine beispiellose Erfolgsgeschichte. Mit der Aufklärung verdrängen andere Genres des N.s (u. a. die Grabrede, das ↗Totengespräch und der prosaische ↗Nekrolog) die älteren Formen; viele der bewährten rhet. Muster für Aufbau, stilistische Gestaltung und Personenlob bleiben freilich erhalten. Dies ändert sich auch kaum im 19. Jh., als sich der N. sukzessive zu einer Gattung der Publizistik, v. a. der Tagespresse, wandelt, ebenso wenig wie im 20. Jh., als er zusätzlich die neueren Medien Hörfunk, Fernsehen und Internet erobert.

Lit.: R. G. Bogner: Der N. als lit. Gattung. In: F. Simmler (Hg.): Textsorten dt. Prosa vom 12./13. bis 18. Jh. und ihre Merkmale. Bern u. a. 2002, S. 39–51. – St. Brunn: Abschieds-Journalismus. Münster 1999. – F. Eybl: Funeralrhet. In: HWbRh. – Ders.: Nekrolog. In: HWbRh. – M. Kazmaier: Die dt. Grabrede im 19. Jh. Tüb. 1977. – R. Lenz: De mortuis nil nisi bene. Sigmaringen 1990. RGB

Nachschlagewerk ↗Sachbuch.

Nachschrift ↗Epilog.

Nachspiel, kurzes, meist heiter bis derb possenhaftes, eigenständiges Spiel (auch ↗Pantomime oder ↗Ballett), das in der europäischen Theatertradition bis

Ende des 18. Jh.s der Aufführung eines dramatischen Werks folgt. Beispiele sind das ↗Satyrspiel als Abschluss der gr. Tragödientrilogie, das ↗Exodium (meist eine ↗Atellane) im röm. Theater, die ↗Klucht am Ende der mal. ↗Abele spelen und ↗Moralitäten, die volkssprachlichen Schwänke als N.e des lat. ↗Schuldramas (Humanistendrama, Jesuitendrama), die ↗Jigs, Pickelheringspiele und ↗Hanswurstiaden der ↗engl. Komödianten und dt. ↗Wanderbühnen, die ↗Entreméses und Sainetes des span. Theaters, die Farcen um Arlecchino (aus der Tradition der ↗Commedia dell'Arte) im europäischen Theater des 17. und 18. Jh.s (verfasst u. a. von Molière). Das erste dt. N. (»Vom Bauern Mopsus, der seine Frau verprügelt«) ist für 1581 bezeugt. N.e sind beim Publikum der dt. Wanderbühnen sehr beliebt, da sie einen unterhaltsamen Abschluss des Theaterabends bieten: Im Zentrum stehen meist eine komische Figur (oft Harlekin), derbe Späße und Wortspiele; Extemporieren sowie Gesang und Tanz sind übliche Bestandteile. Im Zuge von J. Ch. Gottscheds Theaterreform nehmen regelmäßige, schriftlich ausgearbeitete ↗Einakter zu, wie sie in der Folge L. A. V. Gottsched, J. E. Schlegel, T. J. Quistorp und Ch. F. Gellert verfassen. Um 1800 geht die Theaterpraxis, N.e. oder Ballette als Abschluss der Vorstellung zu geben, allmählich zurück.

Lit.: O. Gutjahr: N. In: RLW. – D. G. John: The German N. in the Eighteenth Century. Toronto u. a. 1991.

IS/AHE

Nachtstück, 1. die seit dem 15. Jh. in der Malerei auftretende Darstellung einer Szene ohne Tageslicht mit natürlicher (Mond, Sterne) oder künstlicher (Fackel, Kerze, Lampe) Beleuchtung; 2. deren lit. Äquivalent. – In lit. Texten begegnet die Bez. *night-piece* zuerst in der engl. Lit. des 17. Jh.s (R. Herrick, 1648), dann in der engl. ↗Gräberpoesie (Th. Parnell: »A Night-piece on Death«; E. Young: »Night Thoughts«, 1742–45; vgl. auch ↗*gothic novel*, ↗Schauerroman). Inspiriert von der romantischen Naturphilosophie (F. W. J. v. Schelling; G. H. Schubert: »Ansichten von der Nachtseite der Naturwissenschaft«, 1808) ist das N. in der dt. Lit. eng mit der ↗Romantik verbunden. Das lit. N. umfasst zunächst die poetische Darstellung einer nächtlichen Szene mit entsprechendem Stimmungsgehalt, erfährt dann eine stärkere Hinwendung zum Irrationalen und zeigt nihilistische Ansichten, extreme psychische Zustände, die ›Nachtseiten‹ des menschlichen Geistes auf (↗Schwarze Romantik). Bedeutende N.e der Romantik sind E. A. F. Klingemanns »Nachtwachen. Von Bonaventura« (1804) und E. T. A. Hoffmanns Zyklus »N.e« (1816 f.). – Das lit. N. beeinflusst die Musik des 19. Jh.s (R. Schumanns »N.e«, op. 23, 1839). – In der dt. Lit. des 20. Jh.s tritt die Bez. bei H. Bienek (»N.e«, 1959) und W. Hildesheimer (»N.«, 1963) auf.

Lit.: H. Leopoldseder: Groteske Welt. Bonn 1973. – N. Miller: Von N.en und anderen erzählten Bildern. Mchn., Wien 2002.

MBL

Nachwort, eine dem Haupttext nachstehende Form des ↗Paratextes. Anders als das ↗Vorwort, das rezeptionslenkend auf die Lektüre eines Textes vorbereitet, soll das N. erst nach beendeter Lektüre wahrgenommen werden. Das N. kann als kurze Notiz (Th. Mann: »Doktor Faustus«) oder kompakte Ausführung (V. Nabokov: »Lolita«) in Erscheinung treten, selten als ausgreifender Kommentar, der den Umfang des Haupttextes übersteigt (vgl. das mit »Vorwort zum N.« und »N. zum N.« ausgestattete N. in F. Dürrenmatt: »Der Mitmacher«). Häufig finden sich N.e nicht schon in der originalen Veröffentlichung eines Textes, sondern erst in späteren Stufen seiner Überlieferung; meist ist es dann nicht mehr vom Autor, sondern vom Herausgeber oder Übersetzer verfasst. In allen diesen Fällen ist das N. bereits Element der Rezeptionsgeschichte eines Textes.

BM

Naiv und sentimentalisch, ein Begriffspaar, das in F. Schillers längerem Aufsatz »Über naive und sentimentalische Dichtung« (1795 f.) zwei verschiedene künstlerische bzw. ästhetische Konzepte bezeichnet. ›Naiv‹ (von lat. *nativus* = angeboren, natürlich) war im Kontext der empfindsamen ↗Kulturkritik u. a. durch Ch. F. Gellert als Begriff des Unverdorbenen in die dt. ↗Poetik eingeführt worden; ›sentimentalisch‹, zunächst gleichbedeutend mit ›sentimental‹ (gefühlvoll, empfindsam), wird erst von Schiller in neuer Bedeutung verwendet: Dieser unterscheidet sowohl im kunsthistorischen Bereich als auch im Hinblick auf die Psychologie des Künstlers zwischen der naiv-selbstgewissen Kunst und Lit. der ↗Antike sowie der ↗Renaissance auf der einen Seite und der sentimentalisch-reflexiven, ideengeleiteten Kultur der Moderne auf der anderen Seite. Naives und ↗Genie gehören für Schiller unmittelbar zusammen: »Naiv muß jedes wahre Genie sein, oder es ist keines. Seine Naivetät allein macht es zum Genie […]. Unbekannt mit den Regeln, den Krücken der Schwachheit und den Zuchtmeistern der Verkehrtheit, bloß von der Natur oder dem Instinkt, seinem schützenden Engel, geleitet, geht es ruhig und sicher durch alle Schlingen des falschen Geschmackes.« Natur und fraglose Sinnhaftigkeit zeichnen das Genie aus, das ›Naive‹, das damit konträr zur problematischen, durch Reflexion dominierten ›sentimentalischen‹ Moderne situiert wird.

Lit.: W. Binder: Die Begriffe ›naiv‹ und ›sentimentalisch‹ und Schillers Drama. In: JbDSG 4 (1960), S. 140–157. – H. Jäger: Naivität. Kronberg 1975. – H.-G. Pott: Naiv. In: RLW. – Ders.: Sentimentalisch. In: RLW. – G. Stanitzek: Blödigkeit. Tüb. 1989. – P. Szondi: Das Naive ist das Sentimentalische. In: Euph. 66 (1972), S. 174–206.

BJ

Name ↗Onomastik.

Namengebung ↗Onomastik.

Namenkunde ↗Onomastik.

Nänie, f. [lat. *nenia, naenia* = Totenklage], in der röm. Antike in ursprünglicher Bedeutung die nicht lit. fixierte und bereits im 3. Jh. v. Chr. bei den Dichtern verachtete primitive Totenklage, die von Verwandten des

Toten oder von bezahlten Klageweibern beim Leichenbegängnis zur Flöte gesungen wurde. Später Bez. für die an ihre Stelle tretende förmliche ↗ *laudatio funebris*; von Horaz (»Carmina« II 1, 38) auch mit den kunstgemäßen Trauerliedern (↗ Threnos, ↗ Epicedium) von Simonides und Pindar gleichgesetzt. In dieser Tradition steht F. Schillers »N.«.   HD/Red.

Narodniki ↗ Populismus.

Narrativik ↗ Narratologie, ↗ Erzähltheorie.

Narratologie, f. [von lat. *narrare* = erzählen], auch: Narrativik, Erzählforschung, ↗ Erzähltheorie; Wissenschaft oder Theorie vom Erzählen. Gegenüber der Bez. ›Erzähltheorie‹ und v. a. dem in den 1980er Jahren verbreiteten Begriff ›Erzählforschung‹ wird der Terminus ›N.‹ in der aktuellen Diskussion bevorzugt verwendet, da er einerseits Anschluss an die internationale, insbes. engl.sprachige Forschung verspricht, andererseits den theoretischen und den praktisch-analytischen Umgang mit dem Phänomen des Erzählens und mit Erzähltexten gleichermaßen umfasst.

Die N. im weitesten Sinne widmet sich der Erforschung aller kulturellen Manifestationen, die als ›Erzählen‹ identifiziert werden können. Als kleinste Einheit von Narrativität wird die Darstellung einer Zustandsveränderung angesehen (↗ Ereignis). Gegenstand der N. können so neben Erzähltexten auch Texte anderer ↗ Gattungen und in anderen ↗ Medien produzierte ↗ Artefakte (Bilder, Musikstücke) sein.

Seit den 1990er Jahren ist die von dem frz. Strukturalisten G. Genette geprägte und im dt. Sprachraum von M. Martinez und M. Scheffel fortentwickelte narratologische Terminologie weit verbreitet. W. Schmid (2005) ersetzt diese allerdings z. T. und ergänzt sie insbes. im Bereich der ↗ Perspektive. Genette unterscheidet in seiner exemplarischen Untersuchung von M. Prousts »À la recherche du temps perdu« grundlegend zwischen dem Aspekt der ↗ Darstellung (*récit*) und dem der ↗ Handlung (*histoire*). Unter dem Aspekt der Darstellung werden Fragen gestellt nach 1. dem Umgang mit der Zeit (in welcher Reihenfolge [↗ Anachronien], wie schnell [Erzähltempo] und wie oft [Frequenz] wird etwas erzählt?); 2. nach der ↗ Perspektive (Fokalisierung) und dem Modus der Präsentation (narrativ, dramatisch, Arten der Figurenrede, bes. ↗ erlebte Rede); 3. nach Zeitpunkt und Ort des Erzählens (später, gleichzeitig, früher); und 4. nach der Positionierung des Erzählers (homodiegetisch oder heterodiegetisch). Die Aspekte ›erzählte Welten‹ und ›Handlung‹ werden bei Martinez/Scheffel weiter entfaltet. Handlung wird differenziert in ↗ Ereignis, Geschehen und Geschichte. Im Bereich der erzählten Welten können stabile von instabilen sowie mögliche von unmöglichen Welten unterschieden werden. Der Terminus ↗ ›Erzählung‹ bezeichnet dann den Erzählakt der Geschichte(n) und ihrer Welten. Dieser kann auf mehreren Ebenen und aus unterschiedlichen Perspektiven stattfinden: Genette unterscheidet zwischen extradiegetischer (↗ Rahmenerzählung), intradiegetischer

(↗ Binnenerzählung) und metadiegetischer (Erzählung innerhalb der Binnenerzählung) Ebene. Die von dem Anglisten F. K. Stanzel eingeführten ›typischen Erzählsituationen‹ (↗ personales Erzählen, ↗ auktoriales Erzählen und Ich-Erzählsituation) zur Bez. möglicher Perspektivierungen wurden von Genette durch ein offeneres System von Fokalisierungen ersetzt: die interne (aktorial, Mitsicht) und die externe (neutral, Außensicht) Fokalisierung sowie die Nullfokalisierung (auktorial, Übersicht). – Schmid unterscheidet davon abweichend zwischen einer narratorialen und einer personalen Perspektive, die sich in den Parametern der Perzeption, der Ideologie, des Raumes, der Zeit und der Sprache unterschiedlich (distributiv) manifestieren können. Die Textanalyse wird nach Schmids Modell anhand dreier Leitfragen durchgeführt: nach der Auswahl (wer ist dafür verantwortlich?), nach der Bewertung (wer ist die bewertende Instanz?) und nach der Benennung (wessen Sprache wird gesprochen?). – Wesentlich ist auch die komplexe Kommunikationssituation von Erzähltexten. Die ↗ Kommunikation zwischen narrativer Instanz und narrativen Adressaten innerhalb der erzählten Welt wird einerseits unterschieden von derjenigen zwischen dem abstrakten oder impliziten ↗ Autor (W. C. Booth), der – in der Forschung allerdings umstritten – Sinngebungsinstanz des Textes, und dem abstrakten oder impliziten Leser (W. Iser); andererseits ist sie abzuheben von der Kommunikation zwischen empirischem Autor und realem Leser.

Ausgangspunkte der etwa hundertjährigen Geschichte der lit.wissenschaftlichen Erzähltheorie sind ↗ Romantheorie (F. Spielhagen, G. Lukács), ↗ Gattungsgeschichte und volkskundliche Erzählforschung. In ihrer Studie zur »Rolle des Erzählers in der Epik« (1910) konkretisiert K. Friedemann O. Walzels Überlegungen zur ästhetischen ↗ Form, die damit ins Zentrum der Erzählforschung rückt: »›Wirklich‹ im epischen Sinne aber ist zunächst nicht der erzählte Vorgang, sondern das Erzählen selbst.« (S. 25) Damit wird zugleich die grundsätzliche ↗ Fiktionalität von Erzähltexten, für die u. a. der Erzähler als Medium der Vermittlung ein Indiz ist, betont. In den 1950 und 1960er Jahren bekommt die Erzähltheorie ein ausgeprägt textanalytisches und damit philologisches Profil (E. Lämmert: »Bauformen des Erzählens«, 1955; F. K. Stanzel: »Typische Erzählsituationen im Roman«, 1955; W. C. Booth: »Distance and Point of View«, 1961). K. Hamburger prägt den Begriff des ›epischen Präteritums‹. – Parallel dazu und weitgehend unabhängig von der dt.-sprachigen Erzählforschung entwickelt sich seit den 1950er Jahren die N. des frz. ↗ Strukturalismus (vgl. Barthes, Todorov), die zunächst v. a. im angelsächs. Sprachraum diskutiert, kritisiert und pragmatisiert wird (D. Cohn, S. Chatman, G. Prince). Ansätze zu einer Zusammenführung der beiden Traditionsstränge lassen sich seit den 1980er Jahren beobachten: Das Symposium »Erzählforschung« von 1980 (Lämmert

1982) dokumentiert sowohl die Differenz linguistischer, gattungsgeschichtlicher und lit.theoretischer Ansätze als auch die interdisziplinären Möglichkeiten. Seitdem ist eine kulturwissenschaftliche Ausweitung der N. zu beobachten, die sich in Gattungsgrenzen überschreitenden, interdisziplinären und intermedialen Konzepten (vgl. Nünning/Nünning) niederschlägt, welche auf die Kunst- und Musikgeschichte, die Geschichts-, Theater- und Filmwissenschaft ausstrahlen (↗New Historicism). Durch die Hamburger Forschergruppe ›N.‹ (Schmid, Kindt/Müller) werden Fragen nach dem Stellenwert der Theorie im Wissenschaftssystem (als Teil einer ↗Texttheorie, als heuristisches Werkzeug der Interpretation, als systematischer Deskriptionsmodus, als interdisziplinäres Wissenssystem) gestellt und es wird an einer allg. anwendbaren narratologischen Terminologie gearbeitet.

Lit.: R. Barthes: Am Nullpunkt der Lit. [frz. 1953]. Hbg. 1959. – D. Cohn: Narratologische Kennzeichen der Fiktionalität [engl. 1990]. In: Sprachkunst 26 (1995), S. 105–112. – U. Eco: Lector in fabula [it. 1979]. Mchn. 1987. – M. Fludernik: Einf. in die Erzähltheorie. Darmstadt 2006. – K. Friedemann: Die Rolle des Erzählers in der Epik [1910]. Darmstadt 1965. – G. Genette: Die Erzählung [1972/83]. Mchn. 1998. – K. Hamburger: Die Logik der Dichtung. Stgt. 1957. – F. Jannidis: Figur und Person, Bln. 2004. – T. Kindt, H.-H. Müller (Hg.): What is Narratology? Bln. 2003. – E. Lämmert: Bauformen des Erzählens [1955]. Stgt. ⁸1990. – Ders. (Hg.): Erzählforschung. Stgt. 1982. – M. Martinez, M. Scheffel: Einf. in die Erzähltheorie [1999]. Mchn. ⁵2003. – A. Nünning: Erzähltheorie. In: RLW. – A. Nünning, V. Nünning (Hg.): Erzähltheorie transgenerisch, intermedial, interdisziplinär. Trier 2002. – W. Schmid: Elemente der N. Bln., NY 2005. – F. K. Stanzel: Theorie des Erzählens. Gött. 1979. – T. Todorov: Grammaire du Décaméron. Paris 1969. – J. Vogt: Aspekte erzählender Prosa [1972]. Opladen ⁸1998. – P. Wenzel (Hg.): Einf. in die Erzähltextanalyse. Trier 2004.   WVB

Narrenliteratur, heterogenes Corpus von Texten verschiedener Epochen und Gattungen vornehmlich der dt. Lit., in denen närrische Figuren sich auf verschiedene Weise handelnd in Beziehung zu bestehenden Konventionen setzen, deren temporäre Suspendierung oder Zurschaustellung Freiräume der Reflexion aufbrechen kann. Der Begriff des Narren wird lange Zeit mit einer pathologisch-geisteskranken Tendenz zur gewalttätigen Negierung auch der höchsten Ordnung (Ps 14; Ps 53) assoziiert. In einer Geschichte der N. wären solche Nihilisten abzugrenzen von moralisch-didaktischen Narrenfiguren, die als solche mit spezifischen Attributen eingeführt und v. a. im 15./16. Jh. abgebildet werden. – Die ältesten Narren der dt. Lit. tragen keine Kappen, sie stiften auch nichts Gutes: Mit geistiger Kraft und körperlicher Gewalt verschafft sich der Pfaffe Amis bei dem Stricker (↗Schwankroman Mitte des 13. Jh.s) sein Recht. Markolf ist ein gewaltbereiter *follus*, ein *agent provocateur*, der seinem um

Weisheit bemühten König Salomo Rituale der Gewalt und Gewaltvermeidung aufdrängt (»Dialogus Salomonis et Marcolphi«, 12. Jh.). Die Streiche des Pfaffen gehen z. T. in den »Eulenspiegel« (Straßburg 1510 f.) ein, und auch Markolf lebt als Morolf bis ins Spät-MA. fort. Hier treffen sie auf die moralisch-didaktischen Narren, die Belehrung und Besserung im Negativbild vermitteln: Die Narren, die S. Brant in seinem »Narrenschiff« (Basel 1494) versammelt, erweisen sich als Gefangene ihrer Obsessionen. Als Prototypen spezifischer Borniertheiten (z. B. als ›Büchernarr‹) verweisen sie auf die Konsequenzen selektiver Weltwahrnehmung für das Individuum (zunächst mehr als für den Sozialverband). Um 1500 ist der Narr zum Protagonisten einer Tugend- und Ständelehre geworden, die v. a. im dt. Südwesten rasant um sich greift. Geiler von Kaysersberg predigt in Straßburg 1498 ausführlich über Brants »Narrenschiff«; Th. Murner begründet in zahllosen Stücken eine zwischen Exorzismus und Krankenheilung angesiedelte ›Narrologie‹ (»Narrenbeschwörung«, 1512; »Schelmenzunft«, 1512; »Mühle von Schwindelsheim«, 1515; »Geuchmatt«, 1519). Das frühe ↗Fastnachtspiel zeigt sich empfänglich für närrische Revuen (H. Folz: »Die Liebesnarren«; P. Gengenbach: »Die Gouchmat«, 1517; Hans Sachs: »Das Hoffgesindt Veneris«). Die Implikationen notorischer Narretei für das Gemeinwesen illustrieren harmlos-didaktische Werke wie das »Lalebuch« (1597) oder die »Schildbürger«. Die Zeit der Reformation bringt eine reiche N. hervor, in der die Verkehrung der Ordnung aus allen Richtungen aufs Korn genommen wird (Th. Murner: »Von dem großen lutherischen Narren«, 1522; ↗Reformationsdrama). Im 17. Jh. lebt die didaktische N. noch einmal auf (H. J. Ch. v. Grimmelshausen: »Simplicissimus«, 1668; J. Beer: »Narren-Spital«, 1681); die N. geht nun in den ↗Schelmenroman über. – N. ist im Kern ein aufklärerisches Genre, das sich mitunter an der Grenze zum ↗Fürstenspiegel bewegt. Der Narr der zentraleuropäischen Lit.en ist in mancher Hinsicht ausgestattet wie der in allen Weltkulturen vorkommende mythische ›Trickster‹.

Lit.: B. Könneker: Wesen und Wandlung der Narrenidee im Zeitalter des Humanismus. Wiesbaden 1966. – K. Manger: Narrensatire. In: RLW. – D. Matejovski: Das Motiv des Wahnsinns in der mal. Dichtung. Ffm. 1996. – W. Mezger: Narrenidee und Fastnachtsbrauch. Konstanz 1991. – W. Mezger, K. Bitterling: N. In: LMA. – P. Radin: The Trickster. NY 1978. – W. Röcke: Die Freude am Bösen. Mchn. 1987. – Ders.: Die Gewalt des Narren. In: H. Brunner, W. Williams-Krapp (Hg.): Forschungen zur dt. Lit. des Spät-MA.s. Tüb. 2003, S. 51–71.   CF

Nationalepos, dasjenige (Helden-)↗Epos einer Nation, das angeblich deren nationale Eigenart am reinsten gestaltet. Im Unterschied zum Begriff ↗›Volksepos‹, der die Genese eines Epos erklären will, zielt die Begriff ›N.‹ auf das Wesen und den Geist der Dichtung, die er in Beziehung zu dem ›unverwechselbaren‹ Nationalcharakter des Volkes setzt, in dessen Kulturkreis sie entstanden ist. Fragwürdig ist bei dieser Definition die Reduktion nationaler Eigenschaften auf einen ahistorischen Idealtypus und die Reduktion der Dichtung auf ein nationales Identifikationsmuster. – Der Begriff leitet sich her aus dem Herderschen Konzept der ↗ Nationallit.en; er erhält in Deutschland sein Gepräge im Zusammenhang mit dem seit der Romantik und den ›Befreiungskriegen‹ erstarkenden Nationalbewusstsein und findet sich in der nationalen Lit.geschichtsschreibung des 19. Jh.s. Als Nationalepen gelten u. a. das »Gilgamesch-Epos« für Sumer, Babylonien und Assyrien, »Ilias« und »Odyssee« für Griechenland, die »Aeneis« für Rom, das »Rolandslied« für Frankreich, »Beowulf« für England, das »Nibelungenlied« für Deutschland, das »Igorlied« für Russland, das »Kalevala-Epos« für Finnland, der »Cid« für Spanien, die »Lusiaden« für Portugal, das »Mahâbhârata-Epos« für Indien, das »Shāh-Namé« (Königsbuch) für Persien. GG

Nationalliteratur, Sammelbez. für alle lit. Texte, die in einer Nationalsprache verfasst sind. J. G. Herder formulierte zuerst die Idee der ›Muttersprache‹ als eigentümlicher Denkart und -form eines Volkes: »Wenn man nun [...] sich ein Volk gedenkt, das sich seine Sprache bildet: was muß dies wieder der Sprache für Natur geben, daß sie ein Werkzeug *ihrer* Organen, ein Inhalt *ihrer* Gedankenwelt, und eine Form *ihrer* Art zu bezeichnen, kurz, daß sie eine Nationalsprache werde?« (»Abhandlung über den Ursprung der Sprache«, 1771) Die Nationalsprache allein wird zum Hort von Originalität und Genialität, bringt den Originalschriftsteller als »Nationalschriftsteller« hervor. Der Begriff ›N.‹ wurde nur wenige Jahre nach Herder erstmals von L. Meister in seinen »Beiträgen zur Geschichte der dt. Sprache und Nation« (1780) verwendet, J. W. Goethe sah ihn einerseits im Ggs. zu seinem Konzept der ↗ Weltlit.; die lit.geschichtlichen Rückblicke in »Dichtung und Wahrheit« (7. Buch) referieren andererseits sehr genau, in welchem Maße die dt. Lit. der 1750er und 1760er Jahre sich gleichermaßen gegen den politisch sanktionierten frz. Einfluss und gegen antikisierende Stoffe durchsetzen musste. Die im 19. Jh. häufigeren Projekte einer ›Geschichte der dt. N.‹ (z. B. G. G. Gervinus: »Geschichte der poetischen National-Lit. der Dt.«, 1835–42; A. F. C. Vilmar: »Geschichte der dt. N.«, 1845) sind allerdings vielfach von nationalistischer Verengung des Begriffs gekennzeichnet. Lit.: J. Fohrmann: Das Projekt der dt. Lit.geschichte. Stgt. 1989. – F. Fürbeth u. a. (Hg.): Zur Geschichte und Problematik der Nationalphilologien in Europa. Tüb. 1999. – K. Weimar: Geschichte der dt. Lit.wissenschaft bis zum Ende des 19. Jh.s. Mchn. 1989. BJ

Nationaloper ↗ Oper.

Nationalpoesie ↗ Volkspoesie.

Nationalsozialistische Literatur, Sammelbez. für Lit., die intentional den Nationalsozialismus (= NS) propagieren wollte und/oder von Autoren verfasst wurde, die sich aktiv in den Dienst des NS-Regimes stellten oder von ihm gezielt gefördert wurden. Im Kern handelt es sich um Lit. der Zeit zwischen 1933 und 1945, die meist in epigonalen ästhetischen Formen von Dichtung, aber auch auf der Höhe massenkultureller Standards wesentliche Elemente der NS-Ideologie vertritt: diktatorischer Führerstaat, rassistische ›Volksgemeinschaft‹ und militante Eroberungspolitik auf der Grundlage antirationalistischer Wertvorstellungen (»Glaube und Tat«, so der Titel des Organs der ›Hitler-Jugend‹). N. L. in diesem Sinne reicht in ihrer Vorgeschichte bis ins ausgehende 19. Jh. zurück und muss in Korrespondenz zu lit. Tendenzen der Weimarer Republik gesehen werden (vgl. Breuer), in der es nicht nur eine den Nationalsozialismus propagierende Lit. gibt (J. Goebbels, H. Johst), sondern auch eine breite antidemokratisch bis terroristisch gesonnene nationalrevolutionäre Lit. (A. Bronnen, E. Jünger, E. v. Salomon) sowie eine völkisch-nationalistische Lit. mit meist antisemitischen Aspekten, die sich seit dem ausgehenden 19. Jh. (A. Bartels, W. Bloem, H. Burte, A. Dinter, H. Grimm, E. G. Kolbenheyer, P. de Lagarde), u. a. über die sog. ↗ Heimatkunst, entwickelt hat. Oft wird ›n. L.‹ gleichgesetzt mit der ›Blut und Boden‹-Lit. über völkisches Bauerntum (H. F. Blunck, W. Vesper, K. H. Waggerl), mit nationalistischer Kriegslit. (E. E. Dwinger, F. Schauwecker, H. Zöberlein), ruhmrediger, todessüchtiger Heldendramatik, sog. Thingspielen (C. Langenbeck, H. Zerkaulen) und Feier- und Weihedichtung zu den einschlägigen Anlässen zwischen Parteitag und ›Heldengedenktag‹ (H. Anacker, H. Menzel, G. Schumann). Das ist aber entschieden zu einseitig. Abgesehen von einer kurzen Phase bis 1934 bestand die Lit. im NS keineswegs vorrangig aus SA-Romanen, Bauerndramen oder Führer- oder Opferhymnik. Es kam zwar, anders als beim Film, nicht zu den geforderten großen, zeitgemäßen Werken über das ›neue‹ Reich, schon deshalb, weil dem das epigonale Verständnis von dichterischem Seher- und Deutertum im Wege stand und die Konkurrenz der unterschiedlichen lit.politischen Institutionen zwischen Partei und Staat keine eigenständigen Entwicklungen zuließen. Umso mehr aber förderte man über direkte Aufträge, Kampagnen und Preise gezielt eine Lit. von spezifischer massenkultureller Modernität, oft in direktem Medienverbund mit Rundfunk und Film. Es handelt sich dabei zum einen um lit. Propaganda der Projekte technischer Modernisierung im Rahmen der ›Volksgemeinschaft‹ (Autobahn, Staudämme, Flugwesen etc.), zum anderen um populäre naturwissenschaftliche, technische und geopolitische ↗ Sachbücher (W. Bade, H. Hauser, W. Kiaulehn, C. Ross), die im Falle von K. A. Schenzinger und A. Zischka auch nach 1945 außerordentlich erfolgreich waren. Hinzu kommt die Produktion von humoresker ↗ Unterhaltungslit. (H. Spoerl, J. H. Rösler), feuilletonistischen Plaudereien (P. Bamm, E. Kammerer, W. Haacke, H. Steguweit) und dialektaler ↗ Regionallit. Die Überbewertung gelegentlicher Angriffe auf serielle Massenlit. in der früheren Forschung hat lange Zeit verdeckt, dass es im ›Dritten Reich‹ ein breites Angebot von ↗ Kriminalromanen und utopisch-technischer Lit. gab, in denen allermeist keine explizite NS-Ideologeme zu finden waren, von denen aber durch Befriedigung lit. Konsuminteressen erhöhte Akzeptanz des Regimes erwartet wurde. An der lit. Produktion im ›Dritten Reich‹ hat insbes. im Bereich der Prosa, v. a. dann, wenn man nicht nur auf Bücher, sondern auch auf Zeitungen und Zss. blickt, diejenige Lit., die sich explizit in den Dienst nationalsozialistischer Ideologie gestellt hat, einen relativ geringen Anteil, wobei überdies nach wie vor umstritten ist, was zwingend zur NS-Ideologie gehört. Hier sind die Übergänge zur ↗ inneren Emigration fließend. Da die Förderung massenunterhaltender Lit. ebenso wie die bewusste Duldung nicht-nationalsozialistischer Lit. jenseits von Differenzen im Einzelnen zur Lit.politik des Nationalsozialismus gehörte, lässt sich rechtfertigen, in dieser Lit. das Spezifische für jene Zeit zu suchen. Insofern bleibt der Begriff ›n. L.‹ in der Forschung umstritten. Der in der DDR gebräuchliche Begriff ›faschistische Lit.‹ (vgl. Hartung) erscheint auf den ersten Blick trennschärfer; er macht es aber schwierig, die Spezifik der Lit. unter dem Nationalsozialismus gegenüber Werken des europäischen Faschismus abzugrenzen, die insbes. in der it. und frz. Lit. von höherem ästhetischen Rang waren (L.-F. Céline, P. Drieu de la Rochelle, F. Marinetti).

Texte: S. Graeb-Könneker (Hg.): Lit. im Dritten Reich. Stgt. 2001.
Lit.: J.-P. Barbian: Lit.politik im ›Dritten Reich‹. Mchn. 1995. – St. Breuer: Anatomie der Konservativen Revolution. Darmstadt 1993. – G. Hartung: Dt. faschistische Lit. und Ästhetik. Lpz. 2001. – H. Sarkowicz, A. Mentzer: Lit. in Nazi-Deutschland. Ein biografisches Lexikon. Hbg., Wien 2002. – H. D. Schäfer: Das gespaltene Bewußtsein. Mchn., Wien 1981. – R. Schnell: Nationalsozialismus und Lit. In: Killy/Meid. – Ders.: Dichtung in finsteren Zeiten. Reinbek 1998. – K. Vondung: N. L. In: RLW. ES

Nationalstil ↗ Stil.

Nationaltheater, staatlich subventioniertes, repräsentatives Theater, das v. a die nationale Dichtkunst pflegt. Programmschriften für ein zu schaffendes dt. N. entstehen in Folge der Theaterreformen der ↗ Aufklärung (J. Ch. Gottsched, J. E. Schlegel); Vorbild ist die ›Comédie Française‹. J. F. Löwen fordert 1766 als Voraussetzungen für ein N.: eine stehende, subventionierte Bühne, einen gebildeten Theaterleiter (frei von Geschäftsinteressen), dt. Originalstücke und eine Theaterakademie. Die von Hamburger Bürgern gegründete und von Löwen geleitete ›Hamburger Entreprise‹ (1767–69) gilt als erstes dt. N., das aber finanziell scheitert. Es bleibt lange Zeit der einzige bürgerliche Versuch, ein N. zu etablieren. Einige Höfe beginnen, ihre dt.sprachigen Theater in »Hof- und N.« umzu-

benennen (Wien 1776, Mannheim 1777/79). Die bürgerlichen Reformideen werden dort – mit Ausnahme der Subventionierung und Öffnung für alle Stände – aber kaum verwirklicht, es bleiben ↗ Hoftheater unter höfischer Aufsicht und Zensur, die dt. Werke und Autoren nicht sonderlich fördern. Im Zuge der Revolution von 1848 erhält die N.idee neue Zugkraft. E. Devrient plädiert in »Das N. des neuen Deutschlands« (1849) dafür, das Theater zur »Staatsanstalt« zu erklären, unter den Schutz des Kultusministeriums zu stellen und Schauspieler als fachkundige Leiter einzusetzen. Der Plan wird allerdings nicht verwirklicht. – Heute tragen nur noch die Theater in Weimar (seit 1919) und Mannheim den Namen ›N.‹.
Lit.: R. Bauer, J. Wertheimer (Hg.): Das Ende des Stegreifspiels – Die Geburt des N.s. Mchn. 1983. – W. Klein: Der Preußische Staat und das Theater im Jahre 1848. Bln. 1924. – R. Krebs: L'idée du »théâtre national« dans l'Allemagne des Lumières. Wiesbaden 1985. – L. Senelick (Hg.): National Theatre in Northern and Eastern Europe, 1746–1900. Cambridge 1991. AHE

Naturalismus, 1. ein allg. ästhetisches Konzept; 2. das poetologische Programm einer lit. Richtung; 3. daraus abgeleitet eine Epoche in der dt. und europäischen Lit.geschichte.

Zu 1.: Im Bereich der Ästhetik meint ›N.‹ eine der Wirklichkeit verpflichtete Kunstauffassung etwa im Bereich der bildenden Künste oder in unterschiedlichen Epochen der Lit.geschichte. Wie alle ästhetischen Realismuskonzepte setzt auch der N. einen außerästhetischen Diskurs voraus, der die in der Erfahrung greifbare Wirklichkeit aufwertet und ihre künstlerische Durchdringung mit Erkenntnisgewinn und Wahrheitsanspruch ausstattet. Die Abgrenzung zum Begriff ↗ ›Realismus‹ ist auf dieser Ebene daher unscharf; tendenziell gilt ›N.‹ meist als dessen Steigerung. Im Fall des lit. N. (vgl. 2.) stellen die in der zweiten Hälfte des 19. Jh.s aufblühenden experimentellen Naturwissenschaften die außerästhetische Grundlage dar.

Zu 2.: Der lit. N. trat als gesamteuropäische Lit.strömung mit einem deutlichen Schwerpunkt in den 1880er Jahren auf. Hauptvertreter in Frankreich waren E. und J. H. de Goncourt (»Germinie Lacerteux«, 1864), dann É. Zola (»Les Rougon-Macquart«, 1871–93); in Russland L. N. Tolstoj (»Macht der Finsternis«, 1886); in Norwegen H. Ibsen (»Nora«, 1879) und A. Garborg (»Bauernstudenten«, 1883); in Schweden A. Strindberg (»Der Vater«, 1887; »Fräulein Julie«, 1888); in Italien G. Verga (»Die Besiegten«, 2 Bde. 1881–88); in England G. R. Gissing (»New Grub Street«, 1891) und G. Moore (»A Mummer's Wife«, 1885); in Spanien E. P. Bazán (»Das Gut Ulloa«, 1886); in Deutschland schließlich G. Hauptmann, A. Holz und J. Schlaf. – Der entscheidende programmatisch-theoretische Impuls ging von Frankreich aus: H. Taine verficht ab 1853 einen Paradigmenwechsel in allen Geisteswissenschaften, die von den Naturwissenschaften die Methoden der wertfreien Deskription und kausalen Erklärung erlernen sollten, um zu gleicher Zuverlässigkeit und darüber vermittelt zu einem ähnlichen Aufschwung sowie zu breiter Anerkennung zu gelangen. Im Grundsatz übernimmt Taine die Fundamentalannahme einer durchgehenden Kausalverkettung alles Seienden, wie sie Ch. Darwin in seiner Evolutionstheorie (»On the Origin of Species by Means of Natural Selection«, 1859) vorgelegt hatte, und überträgt sie auf die Geschichte der Kultur. Werke des »menschlichen Geistes« seien wissenschaftlich ebenso zu behandeln wie Werke der »lebendigen Natur«, nämlich über die Erschließung ihrer »Daseinsphäre«, analysierbar über die »drei Quellen« von »Rasse« (*le race*), »Sphäre« (*le milieu*) und »Zeitpunkt« (*le moment*); Geisteswissenschaft erscheint so als »eine Art angewandter Botanik« (»Philosophie de l'art«, 1882). Der Kunst und der wissenschaftlichen Beschäftigung mit ihr wird eine allg. Erkenntnisfunktion zugewiesen, denn die Kunst könne den »wesentlichen Charakter« einer Sache noch deutlicher zum Ausdruck bringen als die Natur selbst. – Zum Begründer des poetologischen N. wird É. Zola, indem er Taines Ansatz, der Anweisungen für die Rezeption von Lit. formuliert, in ein produktionsästhetisches Konzept umwandelt. Zwischen 1864 (»Du progrès dans les sciences et dans la poésie«) und 1881 arbeitet er seine »Œuvres critiques« aus, unter denen v. a. »Le roman expérimental« (1880) breit in Europa rezipiert wird. In typischem Rückgriff auf ein außerästhetisches methodologisches Vorbild (hier C. Bernards »Introduction à l'étude de la médecine expérimentale«, 1865) geht er von der Prämisse aus, dass »alle Offenbarungen des menschlichen Geistes auf die gleiche wissenschaftliche Bahn« hinausliefen, und proklamiert daher das Ideal »einer von der Wissenschaft determinierten Lit.« Deren Methoden seien Beobachtung (Ist-Beschreibung) und Experiment (Modifikation der natürlichen Erscheinung), ihre lit. Verfahren der »Experimentalroman«, das »Protokoll des Experiments, das der Romanschriftsteller vor den Augen des Publikums wiederholt«. Als »Analytiker des Menschen in seiner individuellen und sozialen Tätigkeit« deckt der Schriftsteller als Wissenschaftler den Determinismus menschlichen Verhaltens auf, im Sozialen v. a. bedingt durch Vererbung und Milieu. Negativ grenzt sich dabei der wissenschaftsorientierte N. gegen den idealistisch-wirklichkeitsfernen »Lyrismus«, den »Roman der reinen Imagination« und das »Studium des abstrakten, des metaphysischen Menschen« in ↗ Klassik und ↗ Romantik ab. – Insbes. durch die Rezeption von Zolas Schriften breitet sich der N. in ganz Europa aus, ebenso finden die Termini *naturaliste* und *naturalisme* europäische Verbreitung, jedoch mit unterschiedlicher Wertigkeit. Insbes. in Deutschland ist die ältere, noch nicht auf die Lit., wohl aber auf die Philosophie (›Vernunftgläubiger‹ im Sinne von ›Offenbarungsleugner‹) und die bildende Kunst (›ungelehrter Künstler‹) bezogene Verwendung des Begriffs ›Naturalist‹ derart negativ besetzt, dass sich kaum einer der später von der Lit.geschichtsschreibung so genannten Naturalisten selber so bezeichnete. Die Selbstbeschreibungskategorien des dt. N. hießen vielmehr ›(konsequenter) Realismus‹ oder ↗ ›Moderne‹; erst um 1890, als der N. seinen Zenit schon überschritten hatte (H. Bahr: »Die Überwindung des N.«, 1891), setzt sich ›N.‹ auch zur Selbstbeschreibung durch. – Widerstände gegen Zolas N.-Konzept ergeben sich in Deutschland v. a. durch die stringente Verklammerung von Wissenschaft und Leben, die als Bedrohung von Unabhängigkeit und Eigenrecht der Kunst kritisiert wird und durch die man die eigentlichen künstlerisch-kreativen Faktoren, die Subjektivität des Künstlers auch im Sinne seiner kreativ erschließenden gedanklichen Durchdringung der Wirklichkeit, abgewertet bzw. marginalisiert sieht. In der Polarität zwischen kritischem naturwissenschaftlichen Verstand und künstlerischer Gestaltungskraft (↗ Phantasie) entwickelt sich eine Vielzahl unterschiedlicher N.-Konzepte, die in Deutschland nie im Sinne einer verbindlichen Lehre vereinheitlicht werden. Den kleinsten theoretischen Nenner des dt. N. bilden nicht die Szientifizierung der Kunst, sondern das gegen den verfälschenden Idealismus gerichtete Wahrheitspathos sowie die Aufbruchstimmung mit den Selbstbeschreibungskategorien ›Jüngstdeutschland‹ oder ›Sturm und Drang der Moderne‹. Spannungen herrschen auch innerhalb der beiden Zentren des N. (↗ Berliner Moderne, ↗ Münchner Moderne): Die Berliner Szene versammelt sich um den Kreis der Brüder H. und J. Hart (K. Henckell, O. E. Hartleben, P. Hille, H. Conradi, J. Schlaf u. a.) und ihre Zs. »Kritische Waffengänge« (1882–84), den Verein ↗ »Durch!« (L. Berg, E. Wolff, B. Wille, A. Holz, W. Bölsche, G. Hauptmann) und die ab 1889 von O. Brahm herausgegebene Zs. »Die freie Bühne«. Dabei spannt sich das theoretische Spektrum vom »Ideal-Realismus« der Brüder Hart bis zu A. Holz' berühmter Formel »Kunst = Natur – x«, mit der er ein gesetzmäßiges Zulaufen der Kunst auf die Natur, allein gestört durch die »jedweiligen Reproductionsbedingungen«, beschreibt (»Die Kunst. Ihr Wesen und ihre Gesetze«, 1891 f.). Ähnlich verhält es sich in München, wo sich in M. G. Conrads Zs. »Die Gesellschaft« ab 1885 J. Hillebrand, C. Alberti und K. Bleibtreu um den theoretischen Ausbau des N. bemühen. Hier lässt sich eine Tendenz weg vom naturwissenschaftsorientierten Objektivismus und hin zur Subjektivierung und Psychologisierung verfolgen. – Prosa als diejenige Gattung, die schon aus der realistischen Tradition heraus ein vielfältiges Instrumentarium für eine der Wirklichkeit verpflichtete Darstellung bot und zudem der expositorischen Darstellungsweise der Wissenschaften am nächsten stand, war das wichtigste formale Medium des N. Zeitgenössisch viel beachtet war M. Kretzers erster Großstadt- bzw. Berlin-Roman »Meister Timpe« (1888), der in eher traditioneller Erzählweise von der Verelendung des Handwerkermilieus im Konkurrenzdruck der Großindustrie und dem verzweifelterfolglosen Widerstand des Protagonisten als Maschinenstürmer handelt. Auch wenn K. Bleibtreu (»Revolution der Litteratur«, 1886) Kretzer als »ebenbürtigen Jünger Zolas« und als »Realist par excellence« feierte, blieb dieser in seinem Selbstverständnis (»Objektivität und Subjektivität in der Dichtung«, 1888 f.) auf Distanz zur Wissenschaftsorientierung des N. Sein Ideal besteht nicht im wissenschaftlich objektivierenden »Menschenbeobachter«, sondern im subjektiv und aus dichterischem Geist gestaltenden »Menschenkenner«, nicht in der Verwandlung des Einzelnen in eine Matrix seines Milieus, sondern in der Gestaltung des Individuums in seinen sozialen Nöten Sehr viel näher am Darstellungsmodus Zolas liegt die Titelerzählung aus A. Holz' und J. Schlafs Prosaband »Papa Hamlet« (1889). Die Milieuanalyse eines heruntergekommenen Schauspielers, der in Schmutz, Hunger und Alkoholismus verwahrlost und schließlich zum Mörder seines Kindes wird, bietet einen Modellfall für den Erzähl- und Sprachgestus des konsequenten N.: Soziolekt und Idiomatik der Alltagssprache, daneben die vielfältigen Fragmentarisierungen durch die Nachahmung gesprochener Sprache lösen tendenziell die syntaktische Geschlossenheit auf, die überwuchernde Dialogisierung den narrativen Duktus der Prosa und die Annäherung von ↗Erzählzeit und ↗erzählter Zeit die traditionelle Vorstellung von Handlung (↗›Sekundenstil‹). – Dieselbe Programmatik suchen Holz und Schlaf in »Die Familie Selicke« (1890) auf das Drama zu übertragen. Die Handlung des Stücks gilt den Verfassern programmatisch nicht mehr als das Primäre des Theaters; vielmehr liege dies in der Darstellung von Charakteren, die allein über die Revolutionierung der Sprache geleistet werden könne. In pointierter Absetzung von allen Vorläufern wie den sozialkritisch-analytischen Dramen Ibsens ruft Holz den Bruch mit der Theatertradition des »gesamten Akademikertums zweier Jahrtausende« (offener Brief an M. Harden, 1897) aus und findet damit (in abmildernder Differenzierung) Widerhall in der zeitgenössischen Rezeption (Th. Fontane) und bei nachfolgenden Dramatikern wie C. Sternheim, G. Kaiser oder B. Brecht. Stehen Holz und Schlaf für die theoretische und experimentelle Spitze des dt. naturalistischen Dramas, so G. Hauptmanns soziale Dramen »Vor Sonnenaufgang« (1889) und »Die Weber« (1893) für dessen Anschluss an den europäischen N. – In der Lyrik erscheint die erste Gruppenidentität stiftende Anthologie des dt. N. 1885 unter dem programmatischen Titel »Moderne Dichter-Charaktere« (hg. von W. Arent), die 1886 unter dem Titel »Jungdeutschland« wiederaufgelegt wird und damit einen der wichtigsten Referenzbezüge des N. innerhalb der dt. Tradition herausstellt. – Rezeption und wissenschaftliche Aufarbeitung des N., aber auch schon die vielfältigen dt. Theorien des N. selbst entstanden bzw. vollzogen sich bis weit in das 20. Jh. hinein im Geltungsbereich der dt. idealistischen Kunsttheorie. Galt der N. (belegt mit den Ausgrenzungsbegriffen ›Zolais-

mus‹ und ›Ibsenianismus‹) in dieser Perspektive als »Tod der Poesie« (E. Wolff: »Zola und die Grenzen von Poesie und Wissenschaft«, 1891), wurde er im nationalkonservativen Milieu als ›internationalistisch‹ diffamiert; schließlich gestaltete sich auch das Verhältnis zur Sozialdemokratie trotz einer Annäherung von N. und linksoppositionellen Sozialdemokraten in der Zs. »Berliner Volksbühne« kompliziert und spannungsreich; W. Liebknecht verwirft 1890 f. die Richtung des ›Jüngsten Deutschlands‹ als irrelevant und unkämpferisch. – Große Beachtung fand der N. in der Germanistik der 1960er Jahre, der es gerade um die Aufbrechung von ästhetischen sowie politisch-ideologischen Diskursregeln ging.

Zu 3.: Ob der dt. N. eine Epoche darstelle, bleibt umstritten (vgl. dagegen Borchmeyer). Dafür fehlen die programmatische Geschlossenheit der Bewegung, ein identitätsstiftender Selbstbeschreibungsmodus der in Frage stehenden Dichter sowie eine deutliche Dominanz der Richtung im lit. Feld. Als heuristische Kategorie lässt sich ›dt. N.‹ auf das Jahrzehnt zwischen etwa 1882/83 und 1892/93 beziehen.

Texte: M. Brauneck, Ch. Müller (Hg.): N. Stgt. 1987. – Th. Meyer (Hg.): Theorie des N. Stgt. 1973. – J. Schutte (Hg.): Lyrik des N. Stgt. 1982.

Lit.: K.-M. Bogdal: »Schaurige Bilder«. Der Arbeiter im Blick des Bürgers am Beispiel des N. Ffm. 1978. – D. Borchmeyer: N. In: Borchmeyer/Žmegač. – Ch. Bürger u. a. (Hg.): N., Ästhetizismus. Ffm. 1979. – R. C. Cowen: Der N. Mchn. 1973. – R. Hamann, J. Hermand: N. [1959]. Ffm. 1977. – D. Kafitz: J. Schlaf. Tüb. 1992. – Ders.: Tendenzen der N.-Forschung und Überlegungen zu einer Neubestimmung des N.-Begriffs. In: DU 40 (1988), S. 11–29. – J. Kolkenbrock-Netz: Fabrikation, Experiment, Schöpfung. Strategien ästhetischer Legitimation im N. Hdbg. 1981. – Dies.: Realismus und N. als lit.historische und ästhetische Begriffe. In: B. Gruber, G. Plumpe (Hg.): Romantik und Ästhetizismus. Würzburg 1999, S. 317–338. – G. Mahal: N. Mchn. 1975. – H. Möbius: Der Positivismus in der Lit. des N. Mchn. 1980. – V. I. Moe: Dt. N. und ausländische Lit. Ffm. u. a. 1983. – H. Scheuer: N. Stgt. u. a. 1974. – Ders.: N. In: Killy/Meid. – P. Sprengel: Lit. im Kaiserreich. Bln. 1993. – Ders.: N. In: RLW.   DK

Natureingang, mit stereotypen Elementen gestaltetes Naturbild als Einleitung eines lit. Textes oder Textabschnitts. Es handelt sich nicht um eine realistische Naturschilderung oder individuelle Naturerfahrung, sondern um eine Reihung konventionalisierter Topoi (↗Topos) (Frühling/Sommer, Blüten und Duft, grüne Bäume, Vogelsang, ↗Locus amoenus; Winter, Kälte, kahler Wald, schweigende Vögel), die metaphorisch auf die im weiteren Verlauf des Textes auftretenden Stimmungen, Zustände oder Geschehnisse bezogen werden können. Die Relation von Natur und Mensch kann dabei parallel-identifizierend (Frühling = Erwachen der Hoffnung, Liebeserfüllung; Winter = Trauer, Liebesferne) oder kontrastierend sein. – Der N. spielt eine wichtige Rolle in der volkssprachigen Lyrik des MA.s. In der altokzitan. ↗ Trobadordichtung findet er sich um 1100 bei Wilhelm IX. von Aquitanien, im mhd. ↗ Minnesang schon in den frühesten Liedern um 1170 (Dietmar von Aist, Burggraf von Rietenburg), ebenso in vielen lat. und lat.-mhd. Liedern der hochmal. ↗ Vagantenlyrik (»Carmina burana«, 12.–13. Jh.). Troubadours wie Marcabru und Bernart de Ventadorn, Minnesänger wie Heinrich von Veldeke und Walther von der Vogelweide machen den N. um 1200 zum Gattungsmerkmal des mal. Liebeslieds. Im 13. Jh. wird er zur Mehrstrophigkeit erweitert; die auf ihn verwendete Sprach- und Reimkunst verselbständigt sich (Gottfried von Neifen, Ulrich von Winterstetten, Tannhäuser). Diese Tradition des N.s setzt sich im ↗ Volkslied und in der an diese anknüpfenden romantischen Lyrik verwandelt fort.

Lit.: W. Adam: Die ›wandelunge‹. Studien zum Jahreszeitentopos in der mhd. Dichtung. Hdbg. 1979. – R. Bauschke u. a.: N. In: LMA. – D. E. Pearsall, E. Salter: Landscape and Seasons of the Medieval World. Toronto 1973. – B. v. Wulffen: Der N. im Minnesang und im frühen Volkslied. Mchn. 1963. SFJ

Naturformen der Dichtung, Bez. J. W. Goethes für die Gattungstrias Epik, Lyrik, Dramatik. – In den »Noten und Abhandlungen zu besserem Verständnis des west-östlichen Divans« (1819) unterscheidet Goethe im Rahmen seiner Erörterung poetologischer Grundbegriffe zwischen ›Dichtarten‹ und ›N. d. D.‹. Als ›Dichtarten‹ bezeichnet er die inhaltlich-stofflich oder formal-stilistisch mehr oder weniger klar bestimmbaren und historisch fixierbaren Textgruppen wie Elegie, Epigramm, Fabel, die im Mittelpunkt der bis ins 18. Jh. dominierenden normativen Gattungspoetik standen. Ihnen stellt er die N. d. D. gegenüber, die er als zeitlich nicht fixierbare Manifestationen menschlicher Grundhaltungen (›Dichtweisen‹) deutet und als »klar erzählend« (Epos), »enthusiastisch aufgeregt« (Lyrik) und »persönlich handelnd« (Drama) charakterisiert. Sie könnten in jedem individuellen Gedicht zusammenwirken, z. B. in der ↗ Ballade und, als Großform, in der attischen ↗ Tragödie, aber auch in reiner Form auftreten, z. B. im homerischen Epos, da hier alles durch die distanzierende Haltung des Erzählers geprägt sei. Goethes Begriff der N. d. D. wird aufgegriffen von der anthropologisch begründeten Gattungslehre E. Staigers (»Grundbegriffe der Poetik«, 1946). ↗ Gattungen.

Lit.: R. Zymner: Gattungstheorie. Paderborn 2003. JK/Red.

Naturgeschichte, Sammelbez. für naturkundliche Wissensformationen, die sich im 18. und teilweise noch im 19. Jh. aus Wissensbeständen der Botanik, Zoologie, Geologie, Mineralogie, Paläontologie und Astronomie zusammensetzen. N. ist bereits bei Aristoteles (»Historia animalium«, 4. Jh. v. Chr.) der Beobachtung von Naturphänomenen verpflichtet; dagegen ist sie bei Plinius dem Älteren (»Naturalis historiae libri XXXVII«, 1. Jh. n. Chr.) eher narrativ-fabulierend

konzipiert. Spätestens bei F. Bacon (»De augmentis Scientiarum«, 1623) wird ein wissenschaftlich-induktives Vorgehen gefordert, das dann von G. L. L. Buffon, D. Diderot sowie G. Cuvier weiterverfolgt wird. I. Kants »Allg. N. und Theorie des Himmels« (1755) zeigt Natur als Prozess, nicht mehr als konstante Wesenheit. Die spekulativen Züge der romantischen Naturphilosophie (F. W. J. Schelling, J. W. Ritter) haben die N. weiterhin geprägt, was sich noch in E. Haeckels monistischer Annahme von Zellseelen bzw. einer Weltenergie bemerkbar macht (»Die Welträtsel«, 1899). Eine Synthese von philosophisch-theoretischer und materialistisch-empiristischer Konzeption erarbeitet A. v. Humboldt (»Kosmos«, 1845–62), der faktische Naturbeobachtungen mit Einbildungskraft zu Naturgesetzen verbindet und das geschichtliche Interesse mit empirischen Daten zum romantischen Konzept einer gewordenen und sich entwickelnden Natur (*natura naturans*) verknüpft. – Heute ist der Begriff nur noch im Museumsbereich verbreitet.

Lit.: U. Friedrich: N. zwischen artes liberales und frühneuzeitlicher Wissenschaft. Tüb. 1995. – W. Lepenies: Das Ende der N. Ffm. 1978. – H. Vögel: N. In: RLW.

RK

Natürliche Schule [russ. *natural'naja škola*], Stilformation in der russ. Lit., die in den 1840er Jahren den Bruch mit der ↗ Romantik und den Beginn des ↗ Realismus markiert. Programmatisch wurde die Lit., allen voran von V. G. Belinskij, eine aufklärerische Funktion mit dem Ziel zugewiesen, eine breite Leserschaft über die gesellschaftlichen und sozialen Zustände in Russland zu unterrichten. Zu einer der Leitgattungen der N.n Sch. entwickelte sich deshalb, v. a. unter Einfluss frz. Vorbilder, die physiologische Skizze [*fiziologičeskij očerk*], die in deskriptiver, quasi-dokumentarischer Form die Lebensumstände zumeist von Vertretern der unteren Schichten darstellt (z. B. in dem 1845 erschienenen Sammelband »Fiziologija Peterburga« [›Die Physiologie Petersburgs‹]). Auch in den traditionellen epischen Gattungen pflegte man einen bewusst unrhetorischen Stil und wandte sich der sozialen Thematik zu. Die N. Sch. hatte maßgeblichen Einfluss auf die Frühwerke von I. S. Turgenev und F. M. Dostoevskij.

Lit.: V. I. Kulešov: Natural'naja škola v russkoj literature XIX veka [1965]. Moskau ²1982. – I. P. Viduėckaja (Hg.): »Natural'naja škola« i ee rol' v stanovlenii russkogo realizma. Moskau 1997. – V. V. Vinogradov: Gogol and the Natural School [russ. 1925]. Ann Arbor 1987. AO

Naturlyrik, Sammelbez. für Gedichte, die explizit Natur thematisieren. Die Bez. ist wie andere stoffbestimmte Begriffe der ↗ Lyrik (z. B. Liebeslyrik, Großstadtlyrik) in Lesekultur, Unterricht und Editionspraxis geläufig, wenn es darum geht, die thematische Vielfalt der Gattung zu differenzieren. Gedichte, die Naturphänomene darstellen oder sogar als zentrales Thema haben, kennt schon die Antike (Theokrit, Properz, Tibull). Aber erst seit der ↗ Aufklärung gibt es

Gedichte, die als N. gelten und die nach wenigstens zwei Gesichtspunkten zusammengestellt und betrachtet werden: 1. ästhetische Anschauung der Natur in ihrer sinnlichen Gegenständlichkeit; 2. Reflexion der humanen Bedeutung von Natur als Raum der Begegnung mit Fremdem oder Höherem und als Bildspender für den Ausdruck von Innerlichkeit und Subjektivität. Die N. der Aufklärung beginnt bei B. H. Brockes (»Irdisches Vergnügen in Gott«, 1721–48) in der Haltung theologischer Lesbarkeit der Natur in allen ihren Details; bei A. v. Haller ist sie ↗ Lehrdichtung (»Die Alpen«, 1732) und bei F. G. Klopstock, neben empfindsamen Stimmungsbildern (»Die Sommernacht«, 1766), hymnische Anrufung der Schöpfung und Reflexion über die Endlichkeit des Menschen (»Die Frühlingsfeyer«, 1759). Zwischen 1770 und 1850 entfaltet die dt. N., bei Zurücktreten der wissenschaftlichen und theologischen Ansprüche, das Thema der Ähnlichkeit von Mensch und Natur und schafft damit der Aussprache von Innerlichkeit und Subjektivität ein Potential von Bildern, aus denen Analogien geschöpft werden können: konkrete (poesiefähige) Details, Ströme, Landschaften, Gestirne, Zeiten und Zyklen von Tag und Jahr. Bei J. W. Goethe, der auch Lehrdichtung schrieb (»Die Metamorphose der Pflanzen«, 1799), bleibt die Natur, trotz aller Ähnlichkeit, objektives Gegenüber (»Maifest«, 1772; »Dornburg«, 1828), während sie bei C. Brentano (»Sprich aus der Ferne …«, 1801) in eine raffiniert vermittelte, äußerste Nähe zum Menschen kommen kann; J. v. Eichendorffs Naturgedichte (»Mondnacht«, 1837) stehen in der Tradition der Lesbarkeit des ›Buches der Natur‹. Gedichte mit geschichtsphilosophischer Deutung des Verhältnisses von Kultur und Natur schrieben F. Schiller (»Der Spaziergang«, 1795), Novalis (»Hymnen an die Nacht«, 1800) und F. Hölderlin (»Der Rhein«, 1808). Nach dem gemeineuropäischen »Untergang der romantischen Sonne« (Ch. Baudelaire, 1862) tritt in der N., sofern sie nicht romantische Motive formelhaft wiederholt (E. Geibel), die Aussprache von Innerlichkeit in Bildern der Natur zurück. Detaillierte Naturbeschreibungen finden sich schon bei A. v. Droste-Hülshoff (»Heidebilder«, 1844). In der realistischen N. sucht der Sprecher/Betrachter in der Natur nicht mehr das ihm Ähnliche, sondern Objekte der Anschauung, die in unausgedeutete, weitgehend autonome Bilder umgesetzt werden (F. Hebbel: »Herbstbild«, 1857; Th. Fontane: »Mittag«, 1875; C. F. Meyer: »Schwarzschattende Kastanie«, 1882). Diese Tendenz verstärkt sich in der symbolistischen N. um 1900 (St. George: »Komm in den totgesagten park und schau …«, 1897). Im 20. Jh. gibt es den einzigen programmatischen Auftritt innerhalb der Geschichte der N.: Ende der 1920er Jahre wird sie mit O. Loerke und W. Lehmann ein Genre, das Schule macht und eine eigenständige Reflexion von Thema und Schreibweisen hervorbringt. Bei tendenzieller Gleichsetzung von Lyrik und N. entstehen Gedichte, die den Menschen auf eine von ihm getrennte Natur

existentiell beziehen. Daran schließt ein Kreis jüngerer Autoren um die Zs. »Kolonne« (1929–32) an (P. Huchel, G. Eich, E. Meister, H. Domin). B. Brecht stellt die N. aus der Sicht der ↗ Exillit. grundsätzlich in Frage (»An die Nachgeborenen«, 1939). Nach dem Zweiten Weltkrieg gehört die N. mit ihren etablierten und mit neuen Autoren (J. Bobrowski, E. Arendt, K. Krolow, Ch. Lavant, H. Piontek, I. Bachmann) bis etwa 1960 zu den dominanten lyrischen Strömungen. Als ›Ökolyrik‹ gelten in den 1970er und 1980er Jahren Gedichte der Warnung und des Protests gegen die Naturzerstörung. Neue Ausdrucksformen der N. begegnen in der Gegenwart bei S. Kirsch, F. Mayröcker oder Ch. Lehnert.
Texte: G. E. Grimm (Hg.): Dt. N. Stgt. 1995. – E. Marsch: Moderne dt. N. Stgt. 1980. – P. C. Mayer-Tasch (Hg.): Im Gewitter der Geraden. Dt. Ökolyrik 1950–1980. Mchn. 1981.
Lit.: H. Blumenberg: Die Lesbarkeit der Welt [1981]. Ffm. ³1993. – A. v. Bormann: Natura loquitur. Naturpoesie und emblematische Formel bei J. v. Eichendorff. Tüb. 1968. – G. Häntzschel: N. In: RLW. – J. Haupt: Natur und Lyrik. Stgt. 1983. – U. Heukenkamp: Die Sprache der schönen Natur [1982]. Bln. u. a. ²1984. – Dies.: Zauberspruch und Sprachkritik. In: H. L. Arnold (Hg.): Text + Kritik. Sonderbd.: Lyrik des 20. Jh.s. Mchn. 1999, S. 175–200. – U.-K. Ketelsen: Die Naturpoesie der norddt. Frühaufklärung. Stgt. 1974. – Ch. Kohlroß: Theorie der modernen Naturgedichts. Würzburg 2000. – N. Mecklenburg (Hg.): N. und Gesellschaft. Stgt. 1977. – K. Richter: Lit. und Naturwissenschaft. Mchn. 1972. – W. Riedel: Natur/Landschaft. In: U. Ricklefs (Hg.): Fischer Lexikon Lit. Bd. 3 [1996]. Ffm. 2002, S. 1417–1433.   RB

Naturpoesie ↗ Volkspoesie.

Naturtheater ↗ Freilichttheater.

Nea ↗ Palliata.

Nebenfigur ↗ Figur.

Nebenordnung ↗ Junktion.

Nebentext, alle im gedruckten Dramentext enthaltenen Textsegmente außer der ↗ Figurenrede als dem Haupttext, d. h. diejenigen Textteile, die bei der theatralischen Umsetzung auf der Bühne nicht gesprochen werden. Der N. ist R. Ingarden zufolge neben dem Haupttext, von dem er meist typographisch unterschieden ist, konstitutiver Bestandteil und Besonderheit des dramatischen Textes (vgl. dagegen den allg. Begriff ↗ ›Paratext‹). Er umfasst neben ↗ Titel, ggf. ↗ Motto, Personenverzeichnis, Markierungen von Akt und Szene und den Sprecherbezeichnungen die Regiebemerkungen (auch: Regie-, Szenen- oder ↗ Bühnenanweisungen) zu Requisiten, Bühnenbild, Kostüm, Gestik und Mimik. Die Regiebemerkungen, die den größten Teil des Nebentextes ausmachen, haben häufig eine eigene Syntax, sind normalerweise im Präsens gehalten und werden meist aus Sicht des Zuschauers formuliert. Ingarden beschreibt den N. als die vom Verfasser gegebenen Informationen für die Spielleitung. Durch den transitorischen Status, der den Regiebemerkungen bei ihm zugeschrieben wird, erübrigen sich diese in der Theateraufführung, da sie dort durch andere Zeichen ersetzt werden. Sie bilden insofern nur eine vorübergehende Lösung, als optische Signale, Bühnenrequisiten und Körpersprache im Dramentext einer anderen Notation unterworfen werden müssen als auf der Bühne. Allerdings sind die Regiebemerkungen beim Lesen eines Dramentextes für die Bedeutungsgenerierung konstitutiv: Sie sind ein narratives Element, das Teil der Fiktion ist und differenzierte Informationen über die handelnden Personen und deren Umgebung vermittelt.

Lit.: H. L. Aasand (Hg.): Stage Directions in *Hamlet*. Madison/NJ 2003. – Th. Gallèpe: Didascalies. Les mots de la mise en scène. Paris 1998. – R. Ingarden: Das lit. Kunstwerk [1931]. Tüb. ⁴1972, S. 220 und S. 403–425. – M. Pfister: Das Drama. Mchn. 1977. – E. Platz-Waury: N. In: RLW. – J. Steiner: Die Bühnenanweisung. Gött. 1969. – G. Tschauder: Wer »erzählt« das Drama? Versuch einer Typologie des N.es. In: SuL 22 (1991), H. 2, S. 50–67. – K. Weimar: Regieanweisung. In: RLW.

AD

Negativkanon ↗ Kanon.

Négritude, f. [negriˈtydə; frz. = das Schwarz-Sein von *nègre* = Schwarzer], 1. lit. Strömung farbiger frz. Dichter in den 1930er bis 1950er Jahren, die den Aufbau einer schwarzen Identität und die kulturelle und politische Emanzipation von den Kolonialherren anstrebten (A. Césaire, Martinique; L. S. Senghor, Senegal; L.-G. Damas, Frz.-Guayana). – 2. Die Gesamtheit der kulturellen Werte der Schwarzen Welt, insbes. auch die kollektive historische Erfahrung der Unterdrückung und Sklaverei. Der Begriff trat erstmals in Césaires freirhythmischem Gedicht »Cahier d'un retour au pays natal« (›Zurück ins Land der Geburt‹, 1939) an die Öffentlichkeit. Weiterentwickelt und kritisch beleuchtet wird die N. dichterisch und theoretisch z. B. von T. U Tam'si (Kongo) und W. Soyinka (Nigeria). – Wesentliche künstlerische und politische Anliegen der N. wurden bereits in den Zss. »Légitime Défense« und »L'Étudiant Noir« (jeweils eine Ausg. 1932 und 1935) formuliert, wichtigstes Sprachrohr wurde 1947 die Zs. »Présence Africaine«. Wichtige theoretische Fragestellungen der N., zuerst 1948 von J.-P. Sartre in »L'Orphée noir« angesprochen, waren das Problem der Frankophonie schwarzer Dichtung, also die in der Sprache selbst ausgetragene Auseinandersetzung mit der Sprache der Kolonialherren, sowie die politische Solidarität mit dem Kommunismus, der zunächst eine Bewegung von Weißen ist. – Die N. wurde scharf kritisiert wegen ihres ›antirassistischen Rassismus‹, der eine echte rassenlose Gesellschaft verhindere, sowie ihres Universalismus, der wichtige Unterschiede zwischen schwarzen Kulturen verschleiere. Im Zuge der Unabhängigkeitsbewegung der Kolonien wurde der ›Pan-Afrikanismus‹ der N. häufig zugunsten der Suche nach nationaler Identität und Lit. aufgegeben. Im ↗ Postkolonialismus spielt die N., obgleich sie durchaus postkoloniale Ziele

verfolgt, wegen ihres essentialistischen Konzepts keine große Rolle mehr.

Lit.: S. Adotevi: N. et Négrologues. Paris 1972. – L. Kesteloot: Les écrivains noirs de langue française. Naissance d'une littérature. Paris 1963. – Dies.: Histoire de la littérature négro-africaine. Paris 2001. – L. S. Senghor: N. et humanisme. Paris 1964. – W. Soyinka: The Burden of Memory, the Muse of Forgiveness. NY, Oxford 1999.

AHT

Neidhartspiel, seit der Mitte des 14. Jh.s gehäuft auftretendes weltliches mal. Schauspiel auf der Stoffgrundlage des skatologischen »Veilchenschwanks«, in dessen Mittelpunkt der Lyriker Neidhart von Reuental (13. Jh.) stand. – Neidhart entdeckt im Frühling das erste Veilchen und legt seinen Hut darüber, um seiner Herzogin die Entdeckung im Wortsinne zu gewähren. Ein dies beobachtender Bauer platziert unter dem Hut einen Kothaufen, dessen zeremoniöse Offenbarung dem Hofdichter die Verbannung einbringt. Ein historischer Hintergrund in Gestalt eines Volksfestes am Wiener Hof, wie ihn der durch Wien reisende Humanist R. Bartolini (1515) vermutete, ist auszuschließen. – Es sind wenigstens sechs selbständige Texte in breiterer Überlieferung zu unterscheiden. Der älteste Text (»St. Pauler N.«, 66 Verse), der nur drei Sprechrollen aufweist, wird um 1350 angesetzt. Im »Tiroler (Großen) N.« aus der ersten Hälfte des 15. Jh.s teilen sich dagegen über 70 Sprecher 2.624 Verse. Im »Nürnberger N.« (letztes Viertel des 15. Jh.s) ist der Einfluss des ↗ Fastnachtspiels und seiner Rahmenbedingungen greifbar (236 Verse, 25 Personen). Aufführungsbelege zu Fastnacht verteilen sich über den ganzen dt. Sprachraum: 1395 und 1419 (Arnheim), 1479 (Nürnberg), 1488 (Bamberg, Passau), 1492 (Preßburg). Etwas überraschend steht das Fastnachtspiel »Der Neidhart mit dem feyhel« von Hans Sachs (1557; 508 Verse, acht Personen) nicht in der Nürnberger Spieltradition, sondern geht auf den gemäßigten ↗ Schwank »Neidhart Fuchs« zurück. In der Folgezeit verliert das derbe N. seines beschränkten Plots wegen für Neubearbeitungen zunehmend an Attraktivität.

Lit.: I. Bennewitz: Neidhartiana. In: RLW. – P. Herrmann: Karnevaleske Strukturen in der Neidhart-Tradition. Göppingen 1984. – M. Siller: Anmerkungen zu den N.en. In: ZfdPh 104 (1985), S. 380–403. – E. Simon: N. In: VL. – Ders.: Die Anfänge des weltlichen dt. Schauspiels 1370–1530. Tüb. 2003.

CF

Nekrolog, m. [aus gr. *nekrós* = Leiche, *lógos* = Rede], 1. biographischer ↗ Nachruf auf einen Verstorbenen, auch Sammlung solcher Biographien, oft ansatzhaft in Leichenpredigten und -reden enthalten (in barocker Lit. etwa von A. Gryphius, F. v. Logau). – 2. Kalender- oder annalenartiges Verzeichnis der Todestage bzw. der Toten, v. a. mal. kirchlicher oder klösterlicher Gemeinschaften (Äbte, Vorsteher, Stifter) für die jährliche Gedächtnisfeier.

Lit.: K. Manger: N. als Biographie. Lohensteins Rede von 1679 auf Hoffmannswaldau. In: W. Berschin (Hg.):

Biographie zwischen Renaissance und Barock. Hdbg. 1993, S. 277–309. **GG**

Nemesis, f. [gr.], ↗ Hybris.

Neoavantgarde ↗ Avantgarde.

Neobarock, m. oder n., 1. die Verwendung ›barocker‹ Elemente, insbes. a) in der Lit. seit dem späten 19. Jh. (A. Holz: »Dafnis«, 1904) sowie b) in Film (P. Greenaway) und Theater v. a. seit den 1990er Jahren. – 2. Eine Ausprägung postmoderner, v. a. lateinam. Lit. (*neobarroco*), die sich durch Vergnügen am Sinnlichen, ↗ Grotesken und Karnevalesken, einen spielerischen Umgang mit ↗ Intertextualität sowie ein antirealistisches Selbstverständnis auszeichnet. – Die Theorie des N. fußt auf der dt. Barockrezeption des frühen 20. Jh.s (W. Benjamin: »Ursprung des dt. Trauerspiels«, 1928), die über E. D'Ors und J. Ortega y Gasset in den span. Sprachraum gelangt. Unter dem Einfluss postmoderner Theorien entfernt sich der seit den späten 1920er Jahren geführte Diskurs um eine Wesensentsprechung von Lateinam. und Barockem (A. Carpentier) von der Bezugnahme auf die span. Barocklit. und bringt den Begriff ›N.‹ hervor (S. Sarduy: »Barroco«, 1974). Als Vertreter des N. gelten J. Cortázar, C. Fuentes, G. G. Márquez, J. Lezama Lima, M. V. Llosa.
Lit.: A. Ndalianis: Neo-Baroque Aesthetics and Contemporary Entertainment. Cambridge/Mass. 2004. – A. Pauly: Neobarroco. Ffm. 1993. **LI**

Neoklassizismus ↗ Klassizismus.

Neokolonialismus ↗ Postkolonialismus.

Neologie ↗ Aufklärung.

Neologismus, m. [aus gr. *néos* = neu, *lógos* = Wort], Pl. *Neologismen*; in der Sprachgeschichte eine Wortneubildung, die durch verschiedene Verfahren erreicht werden kann: 1. durch Komposition (Kombination eigenständiger Bestandteile, z. B. ›Dosenpfand‹, ›Genmais‹), Derivation (Ableitung unter Verwendung von Affix, Präfix oder Suffix, z. B. ›Cyberpunk‹, ›Cyberkriminalität‹), durch ↗ Abkürzung (›simsen‹, ›Zivi‹) oder Zusammenziehung vorhandener Elemente (›Telefavelas‹); 2. durch Eindeutschung von Fremdwörtern (›Eskapismus‹ aus engl. *escapism*); oder 3. durch Bedeutungsverlagerung (›Zweck‹ = ursprünglich Nagel, seit dem 16. Jh. ›konkreter Zielpunkt zum abstrakten Ziel‹). Neben Fach- und Sondersprachen, deren Neologismen recht schnell habitualisiert und als solche nicht mehr wahrgenommen werden (›Automobil‹, ›Modem‹, ›Kurskonsolidierung‹), weist im dichterischen Kontext v. a. manieristische Lit. einen hohen Bedarf an Neologismen auf, was der Bez. ›N.‹ den Nebensinn einer gekünstelt-gewaltsamen Neubildung eingetragen hat.
Lit.: D. Herbert u. a.: Neuer Wortschatz. Bln. 2004. – W. Seibicke: N. in: RLW. – W. Teubert (Hg.): Neologie und Korpus. Tüb. 1998. **CSR**

Neomarxismus ↗ Marxistische Lit.wissenschaft.

Neo Noir ↗ Film Noir.

Neorealismo, m. [it. = Neu-Realismus; selten *neoverismo*], Strömung in Lit., Film, Malerei, Architektur Italiens, ca. 1930–55. A. Bocelli prägt den Begriff 1931 angesichts der Romane »Gli indifferenti« (A. Moravia, 1929) und »Gente di Aspromonte« (C. Alvaro, 1930) für eine Lit., die künstlerischen Formwillen ablehnt und – angeregt von US-am. Vorbildern (J. Steinbeck, W. Faulkner, E. Caldwell) – den Blick auf soziale, ökonomische und kulturelle Missstände lenkt (I. Silone, C. Jovine, C. Bernari, V. Brancati; Lyrik: C. Pavese). Krieg, Partisanenkampf, Invasion und Nachkriegselend sind zentrale Themen von Prosa (P. Levi, E. Vittorini, V. Pratolini, C. Levi, I. Calvino) und Filmen (R. Rossellini, V. de Sica, L. Visconti) des N. der 1940er Jahre. Ungeschönte Darstellungen, häufig in dialektaler Rede ›proletarischer‹ Protagonisten, machen Filme und Texte des N. zum Ausdruck politischen Engagements.
Lit.: E. Candela: N. Neapel 2003. – F. De Nicola: N. Mailand 1996. – J. Hösle: Die it. Lit. der Gegenwart. Mchn. 1999, S. 17–50. **HG**

Neostrukturalismus ↗ Poststrukturalismus.

Neoteriker, m. Pl. [von gr. *neóteroi* = die Neueren, die Modernen] auch *poetae novi* (Cicero); Kreis röm. Dichter der spätrepublikanischen Zeit (Mitte des 1. Jh.s v. Chr.), die sich in bewusster Abkehr von der Tradition an den alexandrinischen Dichtern aus dem Umkreis des Kallimachos orientieren, wahrscheinlich unter dem Einfluss von Parthenios. Sie bevorzugen wie ihre Vorbilder kleine Formen und eine gelehrte und anspielungsreiche Diktion, so dass ihnen ›Dunkelheit‹ vorgeworfen wird. Die N. stellen private Themen (Liebeskummer, Freund- und Feindschaften des Autor-Ich) in komplexer, z. T. schwer zugänglicher, avantgardistischer Form dar. Die zentrale Stellung der privaten Welt in ihrer Dichtung ist als bewusste Provokation zu werten. Die unter der Leitung des Grammatikers P. Valerius Cato stehende Gruppe der N. zeichnet sich auch durch eine gemeinsame politische Zielsetzung aus. Ihre Produktion richtet sich v. a. auf Formen wie ↗ Epyllion, ↗ Elegie und ↗ Epigramm. Sie lehnen wie die Alexandriner das große, historische ↗ Epos ab. Ihre Werke sind nur fragmentarisch erhalten; eine Ausnahme bildet das *liber* ihres Hauptvertreters Gaius Valerius Catullus, des ersten nachweisbaren ↗ Poeta doctus in Rom. Weitere bedeutende Vertreter sind C. Licinius Acer Calvus, Helvius Cinna, Furius Bibaculus und Ticida. Auch Frauen wie Sempronia, Cornificia, Hortensia und Sulpicia haben sich diesem Kreis angeschlossen. Die neoterischen Gedichtsammlungen üben einen bes. Einfluss auf die Epigrammatik (Domitius Marsus, Martial), die Elegie der Kaiserzeit und auf die poetologischen Konzeptionen der *poikília* (Buntheit) und Gattungsmischung (Horaz) aus. Die N. gelten als Vorbilder der raffinierten *poeti novelli* des 2. Jh.s n. Chr. (Alfius Avitus, Septimius Serenus, Terentianus Maurus). In neoterischem Stil sind auch die Epyllien »Ciris« und »Culex« gehalten. **SF**

Neoverismo, m. [it.], ↗ Neorealismo.

Nestorchronik ↗ Povest'.

Netzliteratur ↗ Internetlit.

Neuauflage ↗ Auflage.

Neudruck, im Unterschied zum unveränderten ↗Nachdruck eines Textes Abdruck eines älteren Werkes, der mit Textbesserungen, einer allg. einführenden oder der neueren Forschungslage Rechnung tragenden Einleitung, neuer Bibliographie usw. versehen wurde. GS/Red.

Neue Deutsche Welle ↗ Schlager, ↗ Song.

Neue Komödie ↗ Palliata.

Neuer Realismus ↗ Kölner Schule, ↗ Realismus.

Neue Sachlichkeit, kulturelle Strömung sowie Richtung der Ästhetik, die – ausgehend von Lit. und Malerei – zum prägenden Epochen-Stil der 1920er und frühen 1930er Jahre wurde. Zwar lassen sich auch spezifische Sujets und Typen (z. B. Technikkult und -ideologie, Amerikaorientierung, Sportkult, Girlkultur bzw. Girlfigur) sowie Verhaltensformen wie die »Verhaltenslehren der Kälte« (Lethen) für das Phänomen reklamieren, doch in der Lit. wird die Kategorie ›Sachlichkeit‹ vornehmlich auf ein formalästhetisches Schreibprinzip bezogen. – Die Wirkungszeit der Neuen S. koinzidiert weitgehend mit der Weimarer Republik, wobei sich auch noch in der dt.sprachigen ↗Exillit. neusachliche Schreibtechniken und Theoreme nachweisen lassen. Entgegen früheren Annahmen ist die Entstehung der neusachlichen Lit. weniger eng an die Ausbildung der Neuen S. in der Malerei zu knüpfen. Die neusachliche Lit. konstituiert sich ästhetisch und thematisch durch die Auseinandersetzung mit der urbanisierten und technisierten Lebenswelt; sie ist als die letzte relevante Bewegung der ↗Moderne anzusehen, deren Programme und poetologische Prämissen sie durch die auf Versachlichung lit. Schreibens zielenden Forderungen nach einer beobachtenden, anti-psychologisierenden Ästhetik weiterführt. – Auf den ersten Blick präsentiert sich die Neue S. nicht als eine geschlossene Gruppierung von Schriftstellern, die in Form von Veranstaltungen und Inszenierungen in der Öffentlichkeit aktiv ist; dennoch wird sie als eine »Zeitbewegung« (H. Ihering: »Zeittheater«, 1929) wahrgenommen. Dabei etabliert sie sich als eine antiexpressionistische, auf Elemente des ↗Naturalismus zurückgreifende Strömung. Die Überwindung der expressionistischen ›Vergeistigungstendenzen‹ als Ziel vor Augen, verspürt man eine »Freude am Gegenständlichen« (B. Brecht: Journal-Notiz vom 20.8.1920). Die Neue S. versteht sich als eine der Realität verpflichtete »Präzisionsästhetik« (W. Enkenbach [= E. Reger]: »Die Erneuerung des Menschen durch den technischen Geist« [1928]); sie folgt einem Realismuskonzept, das mit Hilfe von Schreibstrategien wie Bericht- und Reportagestil, Montagetechnik und Dokumentarismus erreicht werden soll; dadurch soll die ästhetisch-autonome Kunstlit. überwunden und eine neue, funktionale Gebrauchslit. entwickelt werden. Die Kategorie ›Sachlichkeit‹ wird durch Kriterien wie Neutralität und Objektivität des Autors, Klarheit, Einfachheit, Nüchternheit und Präzision des Ausdrucks sowie die Forderung nach der Beobachtung der äuße-

ren Wirklichkeit konkretisiert. Statt auf das Erzählen von Erfundenem legen sich die Autoren auf das Berichten realer Zustände fest (vgl. J. Roth: »Eine Flucht ohne Ende«, Vorwort). Intendiert ist damit keineswegs die Identifikation von Schriftstellern mit Reportern. Vielmehr geht es im Anschluss an die Aufhebung der Gattungsgrenzen um die Ausbildung einer operativen Lit. und damit um die Integration journalistischer Schreibtechniken in die lit. Praxis. Durch diese Verbindung von fiktionalem und dokumentarischem Schreiben, von Fiktionalität und Faktizität entstehen im Namen der Neuen S. Genres wie Zeit- bzw. Reportageroman (L. Feuchtwanger, E. Glaeser, I. Keun, E. M. Remarque, J. Roth), lit. Bericht und lit. Reportage (E. E. Kisch), Zeitstück und Reportagedrama (F. Bruckner, C. Credé, A. Döblin, M. Fleißer) oder Gebrauchslyrik (E. Kästner, M. Kaléko, W. Mehring, K. Tucholsky). Mit ihnen sollen die gesellschaftlichen Modernisierungsprozessen synchrone und adäquate lit. Produktions- und Rezeptionsformen entwickelt werden. Die Neue S. reagiert auf die Demokratisierung der Gesellschaft der 1920er Jahre und muss daher als das Ergebnis einer vorher nicht gekannten Politisierung von Lit. und Kunst verstanden werden. In Analogie zu den gesellschaftspolitischen Zuständen präsentiert sie sich als eine Gebrauchskunst, geschrieben oder zumindest offen für ein Massenpublikum, konzipiert mit dem Anspruch, sich an der gesellschaftlichen Modernisierung aktiv zu beteiligen. Mit Blick auf dieses Ziel öffnet sich die neusachliche Lit. der in diesen Jahren entstehenden Massenkultur und gibt damit die traditionelle Auffassung von Lit. als einer autonomen Kunstsphäre preis.

Lit.: S. Becker, Ch. Weiß (Hg.): Neue S. im Roman. Stgt., Weimar 1995. – S. Becker: Neue S. 2 Bde. Köln u. a. 2000. – H. Lethen: Neue S. Stgt. 1970. – Ders.: Verhaltenslehren der Kälte. Ffm. 1994. – M. Lindner: Leben in der Krise. Stgt., Weimar 1994. – K. Petersen: Neue S. In: RLW. SBE

Neue Subjektivität, Strömung der dt.sprachigen Lit., die Ende der 1960er Jahre aufkam und sich durch die Hinwendung zu einer subjektbezogenen Schreibperspektive sowie durch die Opposition gegen eine allein auf die Sprache orientierte Lit. (↗konkrete Poesie) und insbes. gegen ein dokumentarisch-politisches Schreiben (↗Dokumentarlit.) auszeichnete. Die Entdeckung der Innenwelten (P. Handke: »Die Innenwelt der Außenwelt der Innenwelt«, 1969) geht auf den ↗Sturm und Drang und die ↗Romantik ebenso zurück wie auf den ↗Expressionismus und lenkt den Blick auf das Unbewusste und Halbbewusste bei alltäglichen Vorgängen. Die Mitschriften, Notate und Protokolle des Alltags sollen eine intensive ästhetische Erfahrung oder gesteigerte Erlebnisqualität für jeden Schreibenden ermöglichen; der neuromantische Gedanke, dass jeder zum Künstler werden kann (J. Beuys), ist hier ebenso leitend wie die Auffassung der Pop Art, dass die Grenzen von Höhenkamm- und Alltagskultur fallen sollen.

– Subjektives Schreiben kann aber auch der Rekonstruktion der persönlichen Vergangenheit dienen sowie Gegenwartsprobleme oder Generationsbrüche darstellen (H. Fichte: »Versuch über die Pubertät«, 1974; Ch. Wolf: »Kindheitsmuster«, 1976; F. Zorn: »Mars«, postum 1977; B. Vesper: »Die Reise«, postum 1977); ebenso lässt sich durch das Schreiben eine narrativ gestiftete, eigene Identität reflektieren (M. Frisch: »Tagebuch 1966–71«, 1972), dies auch gepaart mit der Suche nach einem spezifisch weiblichen Schreiben (V. Stefan, B. Kronauer, A. Duden), wofür die Selbstreflexionen in I. Bachmanns Roman »Malina« (1971) einflussreich gewesen sind. – In anderen Texten der Neuen S. werden aus subjektiv reflektierten Sprachmustern neue Wirklichkeiten produziert. So entwickelt R. D. Brinkmann neue Formen (*cut-up*, Bild-Text-Montage), mit denen auf der Ebene der Zeichen eine spielerische wie auch gesellschaftskritische Perspektive entworfen wird. Insofern ist der Einwand politisch engagierter Autoren, mit dem subjektiven Blick würden nur eskapistische Illusionen des jeweiligen Ich genährt und Gesellschaftsprobleme verdeckt, nicht haltbar. – In ↗ Autobiographien und ↗ Tagebüchern der 1980er und 1990er Jahre hat sich die Selbstorientierung fortgesetzt, teilweise in Auseinandersetzung mit politischer Bedrohung (Herta Müller), öfter noch als heiter-ironische Konstruktion von Sprachspielen und eigenen Welten (H. Lenz, L. Harig). Lit.: H. Ebeling: Neue S. Würzburg 1990. – H.-H. Ewers (Hg.): Alltagslyrik und Neue S. Stgt. 1986. – L. Jordan: Neue S. In: RLW. – H. Schlösser: Subjektivität und Autobiographie. In: K. Briegleb, S. Weigel (Hg.): Gegenwartslit. seit 1968. Mchn., Wien 1992, S. 404–423.   RK

Neuhumanismus, auch: Zweiter Humanismus, ↗ Humanismus.

Neuklassik, auch: Neuklassizismus; lit. Bewegung in Deutschland um ca. 1905–10, die in kritischer Abgrenzung zu verschiedenen Tendenzen der lit. ↗ Moderne (↗ Naturalismus, ↗ Impressionismus, ↗ Neuromantik) ein auf den Begriffen ↗ Form, ↗ Gesetz und Notwendigkeit basierendes Programm ästhetisch-formaler Erneuerung entwarf und eine moderne ↗ Tragödie zu schaffen versuchte. – Die Bewegung der N. entstand um 1905 als programmatische Allianz der Autoren P. Ernst, W. v. Scholz und S. Lublinski. Zum weiteren Umkreis dieser Gruppe gehörten u. a. E. v. Bodman und G. Lukács. Im Mittelpunkt des neuklassischen Programms stand der Gedanke des ›Formprinzips‹, nach dem ein Kunstwerk das Produkt überhistorischer, gattungsimmanenter Formgesetzlichkeiten zu sein habe. Die Vertreter der N. wandten sich damit in kämpferisch-kulturkritischer Weise sowohl gegen formauflösende Tendenzen der lit. Moderne (Lublinski: »Die Bilanz der Moderne«, 1904) als auch gegen gesellschaftliche Folgen des Modernisierungsprozesses. Ihr ästhetisches und gesellschaftliches Erneuerungsstreben richtete sich bes. auf die Tragödie als Zentrum eines neuen, erzieherischen Theaters. Die

Neuklassiker entwickelten das Konzept einer modernen Tragödie zuerst in Aufsätzen (Ernst: »Die Möglichkeit der klassischen Tragödie«, 1904; Scholz: »Gedanken zum Drama«, 1904; Lublinski: »Der Weg zur Tragödie«, 1906), die jeweils die Kategorie der ›Notwendigkeit‹ in den Mittelpunkt stellen. In ihren in der Folgezeit entstandenen Tragödien versuchten Ernst (»Demetrios«, 1905; »Brunhild«, 1909), Scholz (»Der Jude von Konstanz«, 1905; »Meroë«, 1906) und Lublinski (»Peter von Rußland«, 1906; »Gunther und Brunhild«, 1908) dieses Programm zu realisieren. Formal orientierten sie sich dabei weniger am Vorbild der dt. ↗ Klassik als an der antiken Tragödie (Ernst) und am ↗ Geschichtsdrama Hebbels (Scholz, Lublinski). Lit.: D. Borchmeyer: N. In: Borchmeyer/Žmegač. – J. Bucquet-Radczewski: Die neuklassische Tragödie bei Paul Ernst (1900–10). Würzburg 1993. – K. A. Kutzbach: Die neuklassische Bewegung um 1905. Emsdetten 1972. – A. Wöhrmann: Das Programm der N. Ffm. 1979. – U. Zintarra: Zum Klassik-Begriff im Neoklassizismus. Diss. Freiburg 1987.   GST

Neulateinische Literatur, Sammelbegriff für die lat. Dichtung des von F. Petrarcas Tod (1374) bis ins 18. Jh., mit Ausläufern bis in die Gegenwart reichenden Zeitraums, der zumindest für die ersten Jh.e keine klare Abgrenzung gegenüber dem Gegenstand der ↗ Mlat. Philologie ermöglicht und emphatische Epochenbegriffe wie ↗ ›Renaissance‹ und ↗ ›Humanismus‹ sowie die Lit. der ↗ Gegenreformation einschließt. Kontinuitätsmerkmal ist außer der über die innereuropäischen Landesgrenzen verbindenden Sprache die Orientierung an der antiken Dichtung, auf deren breites Inventar an Gattungen, Themen, Motiven und bedeutenden Einzelwerken die n. L. über Jh.e zurückgriff. Darin haben so unterschiedliche Erscheinungen wie der Humanismus, der sich von der als *barbarolexis* (also ungehobelte Sprachverwendung) verurteilten mal. Verkehrssprache abgrenzte, die weitgehend in konfessionalistischer Kontroversschriftstellerei sich erschöpfende n. L. des 16. Jh.s und die sich endgültig von vielen mal. Traditionen befreiende Gelehrtendichtung des ↗ Barock ihre Gemeinsamkeit. Formale Kontinuitäten bestanden durch das Fortwirken der Hauptgattungen: der religiösen Lyrik, der Panegyrik und Epik, der Predigt und des Dramas, v. a. aber der meist im elegischen Distichon abgefassten Gelegenheitsdichtung, dem wichtigsten Medium der inneren Selbstverständigung und Kommunikation seit dem Humanismus. Als neue Formen bildeten sich u. a. ↗ Utopie (Th. Morus, 1516) und ↗ Hodoeporicon heraus. Inhaltlich zeigt sich, sofern nicht ohnehin durch Gattungskonventionen festgelegt, eine Tendenz zur Allegorisierung gerade der paganen Mythologie: Maria und die Heiligen vertraten Figuren der antiken Sage oder legten Gewänder der Bukolik an. Geistliche ↗ Kontrafakturen überwölbten wie schon im »Ovide moralisé« des Hoch-MA.s) Ovids »Heroides« und »Amores«. Unter dem Einfluss it. Neulateiner, die auch

Einfluss auf die Entwicklung der Lyrik (↗Ekloge, ↗Ode) und der Bühnendichtung nahmen, entstanden panegyrische Großepen auf Figuren der Zeitgeschichte. – Seit der zweiten Hälfte des 16. Jh.s fand die n. L. im protestantischen, von der Missionsarbeit der Jesuiten unberührten Norden kaum noch Anklang. Die Aufhebung des Ordens (1773), der mit J. Bidermann, J. Gretser (Drama) und J. Balde (Lyrik) herausragende Vertreter n.r L. hervorgebracht hatte, bedeutete einen tiefen Einschnitt. Im frühen 18. Jh. v. a. noch in der ↗Satire gegenwärtig, verlor die n. L. bis zum Ende des Jh.s allen Kredit. Das Lat. konnte sich nur noch als Wissenschaftssprache halten oder blieb in der Dichtung Sache von Liebhabern (H. Weller: »Carmina«, 1938). – Heute kann die n. L. im universitären Zusammenhang meist nur von Seminaren für Klassische Philologie mitbedient werden. Mit den »Humanistica Lovaniensia« widmete sich lange nur ein Periodikum dezidiert der n.n L.; der Gegenstand fand allerdings u. a. in Zss. des Humanismus-, Frühneuzeit- und Renaissanceforschung Beachtung. 1998 wurde die »Dt. Nlat. Gesellschaft« gegründet, 1999 das »Nlat. Jahrbuch« ins Leben gerufen.

Lit.: K. O. Conrady: Lat. Dichtungstradition und dt. Lyrik des 17. Jh.s. Bonn 1961. – G. Ellinger: Geschichte der N.n L. Deutschlands im 16. Jh. 3 Bde. Bln., Lpz. 1929. Nachdr. Bln. 1969. – L. Forster: Die Bedeutung des Nlat. in der dt. Barocklit. In: M. Bircher, E. Mannack (Hg.): Dt. Barocklit. und europäische Kultur. Hbg. 1977, S. 53–71. – W. Kühlmann: Apologie und Kritik des Lat. im Schrifttum des dt. Späthumanismus. In: Daphnis 9 (1980), S. 33–63. – W. Ludwig: Litterae Neolatinae. Mchn. 1989. – Ders.: N. L. In: RLW.   CF

Neu-Philologie, zusammenfassende Bez. für die Lit.- und Sprachwissenschaften, die sich mit den neuzeitlichen europäischen Sprachen und Lit.en (und ihren überseeischen Zweigen, etwa in Nord- und Lateinamerika) beschäftigen; sie gliedert sich entsprechend in dt., engl., frz. usw. Philologie (auch: ↗Germanistik, ↗Anglistik, ↗Romanistik, ↗Slawistik). Der Ausdruck wurde gebildet im Unterschied zur ›Alt-Philologie‹, die sich mit der gr.-röm. Antike befasst. Die Bez. findet sich auch in Zss.-Titeln wie »Neophilologus« (seit 1915). ↗Lit.wissenschaft, ↗vergleichende Lit.wissenschaft.   GS/Red.

Neuromantik, gegennaturalistische Tendenz in der dt.sprachigen Lit. zwischen 1890 und 1920, die in Auseinandersetzung mit der historischen ↗Romantik (R. Huch: »Die Romantik«, 1899–1908) auf deren Stoffe und Motive zurückgreift, sich dabei aber sowohl der unterschiedlichen modernen Stilformen des ↗Fin de Siècle (insbes. des ↗Jugendstils) als auch traditioneller Ausdrucksformen bedient. Wegen dieser Interferenzen mit anderen Stil- und Epochenbegriffen und wegen des ungeklärten Status einer zuweilen konstruierten, das 19. Jh. übergreifenden ›Makroepoche‹ Romantik (vgl. Vietta/Kemper) ist der Begriff ›N.‹ in der Forschung nach wie vor umstritten und wird oftmals nur

negativ in ideologiekritischen und lit.soziologischen Studien benutzt. – Erste Belege für den Begriff ›N.‹ finden sich bereits kurz nach 1800; zunächst dient er ganz allg. zur lit.historischen Unterscheidung der zeitgenössischen Lit. von der ›altromantischen‹ Dichtung des MA.s; bei H. Heine und den Jungdeutschen (L. Wienbarg, Th. Mundt) wird er konkret auf die dt. Romantik bei L. Tieck, Novalis und den Brüdern Schlegel bezogen. Um 1900 wird ›N.‹ als Sammelbegriff der zeitgenössischen Lit.kritik (H. Bahr: »Die Überwindung des Naturalismus«; L. Berg: »Die Romantik der Moderne«, beide 1891) für alle diejenigen nicht-naturalistischen Strömungen verwendet, die im Gefolge irrationalistischer, ästhetizistischer (↗Ästhetizismus) und mystizistischer Tendenzen auch eine Wiederbelebung romantischer Traditionen propagieren. Ähnlich wie in Frankreich (*néoromantisme*) vermischen sich Merkmale der N. mit der ↗Décadence-Dichtung (vgl. S. Lublinski: »Der Ausgang der Moderne«, 1909). Als Protest gegen die ökonomisch-materialistische Gegenwart greifen die Vertreter der N. die in der Romantik bevorzugten historischen Stoffe des MA.s und der Renaissance sowie den Bohème-Typus des »Seelenvagabunden« (J. Hermand in: Paulsen 1969) auf, setzen Traumdichtung und phantastische Wunschwelten mit einer Neigung zur Realitätsflucht gegen naturalistische Milieuschilderung und verabsolutieren die künstlerische Individualität und die gefühlsmäßige Subjektivität. In der Wahl der künstlerischen Mittel sind sie oftmals epigonal, v. a. in der Natur- und Liebeslyrik (H. Hesse, R. Huch, H. Carossa, R. Dehmel), weniger in der Erzählprosa (Jugendwerk von Th. und H. Mann) und im Drama (G. Hauptmanns Traum- und Märchendramen »Hanneles Himmelfahrt« und »Die versunkene Glocke«; H. v. Hofmannsthal: »Das Bergwerk zu Falun«). Zur Verbreitung und Popularisierung der N. trug v. a. der Verlag Eugen Diederichs in Leipzig bei, zu dessen Konzept einer neuromantisch-harmonischen Kunst- und Gegenwelt auch die ↗Jugendstil-Buchausstattung gehörte.

Lit.: H. Motekat: Die dt. N. In: J. Bojko-Blochyn (Hg.): Ukrainische Romantik und N. vor dem Hintergrund der europäischen Lit. Hdbg. 1985, S. 111–121. – W. Paulsen (Hg.): Das Nachleben der Romantik in der modernen dt. Lit. Hdbg. 1969. – R. Schwede: Wilhelminische N. – Flucht oder Zuflucht? Ffm. 1987. – P. Sprengel: N. In: Borchmeyer/Žmegač. – J. Viering: N. In: RLW. – S. Vietta, D. Kemper (Hg.): Ästhetische Moderne in Europa. Mchn. 1997.   MCB

New Criticism, m. [engl. = neue Kritik], Richtung der angloam. Lit.wissenschaft, die mit ihrer Programmatik und Praxis der rein ↗werkimmanenten ↗Analyse des komplexen Bedeutungs- und Strukturgefüges des lit. Textes v. a. in den 1950er und 1960er Jahren enorm einflussreich war. – Das methodische Prinzip des N. C. bildet das *close reading*, die genaue Analyse des Spannungsgefüges aller semantischen Nuancen und formalen Elemente des einzelnen Textes. Anders als im russ.

↗ Formalismus oder im Prager ↗ Strukturalismus ist das *close reading* nicht empirisch-textlinguistisch verankert, sondern zielt auf die Entschlüsselung der semantischen Vielschichtigkeit eines Textes unter Verzicht auf Wissenschaftssprache und historische Kontextualisierung. Auch Biographie und Intention des Autors sowie die Wirkung auf den Leser werden ausgeklammert (W. K. Wimsatt und M. C. Beardsley: »The Intentional Fallacy«, 1946; »The Affective Fallacy«, 1949); das lit. Werk wird vielmehr als komplexe organische Einheit betrachtet, deren Sprache charakterisiert ist durch ↗ Ambiguität, ↗ Spannung, Metaphorizität, Paradoxie und ↗ Ironie. Bevorzugter Gegenstand ist neben der modernen Lyrik und der *metaphysical poetry* des 17. Jh.s mit ihren dichten und dunklen ↗ Metaphern auch die poetische Sprache W. Shakespeares. – Der Begriff wird durch J. C. Ransom geprägt (»The N. C.«, 1941). Als wichtigste Vertreter des N. C. in den 1940er und 1950er Jahren gelten neben Wimsatt und Beardsley C. Brooks (»The Well Wrought Urn«, 1947), A. Tate, R. P. Blackmur, K. D. Burke und R. P. Warren; zu den Vorläufern zählen T. S. Eliot, I. A. Richards, dessen »Principles of Literary Criticism« (1924) und »Practical Criticism« (1929) methodologisch und lit.didaktisch wegweisend waren, sowie W. Empson, der die semantische Ambiguität des lit. Werks in den Mittelpunkt rückt (»Seven Types of Ambiguity«, 1930). – Wenngleich die von einem dezidierten (kultur-)politischen Konservatismus getragene Bewegung zu disparat blieb, um als Schule gelten zu können, dominierte der N. C. die engl.sprachige Lit.wissenschaft und ↗ Lit.didaktik bis in die 1970er Jahre. Sein enormer Einfluss zeigt sich sogar noch in der subversiv gewendeten Affinität der am. Vertreter der ↗ Dekonstruktion zum *close reading*.

Lit.: F. Lentricchia: After the N. C. Chicago/Ill. 1980. – L. A. Walton, A. Walton (Hg.): The Cambridge History of Literary Criticism. Bd. 7. Cambridge 2000. – C. Uhlig: N. C. In: RLW. – R. Weimann: ›N. C.‹ und die Entwicklung der bürgerlichen Lit.wissenschaft. Mchn. 1974. HSM

New Historicism, m. [engl.], lit.wissenschaftliche Interpretationsweise, die Texte als Ausdruck des Machtdiskurses versteht. Der N. H. ist keine doktrinäre lit.-wissenschaftliche Position, sondern eine in den 1980er Jahren entstandene ›Lektürepraxis‹; die einschlägigsten Beiträge stammen von Forschern, die auf dem Gebiet der engl. ↗ Renaissance arbeiten. Als Hauptrepräsentant kann St. Greenblatt gelten. Beeinflusst wurde der N. H. vom engl. *Cultural Materialism* (bes. R. Williams) und der ↗ Diskursanalyse M. Foucaults. Er betrachtet Lit. nicht als autonomen Bereich, sondern als Teil der gesellschaftlichen Realität: Sie ist einer der Wege, auf denen ›soziale Energie‹ (Greenblatt) zirkuliert; kulturelle Phänomene wie das Theater oder lit. Texte sind nicht lediglich Widerspiegelungen politischen Handelns, sondern selbst Formen politischer Aktion. Typisch für den N. H. ist es daher, seine (von

der Methode'der ↗ dichten Beschreibung des Anthropologen C. Geertz inspirierten) Analysen von Texten nicht auf kanonische ›hohe‹ Lit. zu beschränken, sondern diese soziale Komponente durch das erhellende, oft provokative Nebeneinanderstellen von Lit. mit Alltagstexten (Tagebücher, Gerichtsakten, Zeitungen) zu betonen; bes. Aufmerksamkeit gilt Phänomenen des ›Verhandelns‹ und des Kämpfens um gesellschaftliche Macht. Kritiker werfen dem N. H. vor, dass seine Methode die Besonderheit lit. Texte nicht in den Blick bekomme und die Auswahl der kontrastierten Quellen oftmals arbiträr sei.

Lit.: M. Baßler (Hg.): N. H. [1995]. Ffm. 2001. – J. O. Fichte: N. H. In: RLW. – St. J. Greenblatt: Renaissance Self-Fashioning. Chicago 1980. – Ders.: Shakespearean Negotiations. Berkeley 1988. – H. A. Veeser (Hg.): The N. H. NY 1989. TAS

New Philology, f. [engl.; frz. *Nouvelle Philologie*], Neue ↗ Philologie; in den 1980er Jahren aus den theoretischen Debatten des ↗ Poststrukturalismus hervorgegangene philologische Theorie, die sich bis heute auf die ↗ Mediävistik konzentriert. Die Begriffsprägung ist an ↗ ›New Historicism‹ angelehnt; mit dieser Richtung teilt die N. Ph. die emphatische Abgrenzung gegenüber einer als ›old‹ titulierten traditionellen Philologie sowie die Grundannahme der Eingebundenheit jedes Textes in einen vielstimmigen kulturellen und intertextuellen Kontext. Das Interesse der N. Ph. bleibt dabei insofern streng auf den Text bezogen, als dessen Status und Repräsentation im hsl. Überlieferungsmedium unter der Perspektive einer vielfältigen Kontextualisierung analysiert wird. Grundlegend ist die v. a. Zumthor verpflichtete Erkenntnis von der ›mouvance‹ (Beweglichkeit) und ›variance‹ (Veränderlichkeit) des mal. Textes (↗ Varianz), ferner die Frage seiner ↗ Performanz und seiner Medialität im Rahmen einer semi-oralen Gesellschaft (↗ Mündlichkeit/Schriftlichkeit). Indem die N. Ph. mit Nachdruck auf eine ›Erneuerung‹ der Editionsphilologie abzielt, erhebt sie einen eminent praktischen Anspruch. Besondere Hoffnungen setzt sie dabei in die Möglichkeiten der modernen EDV-Technologie. Deren Flexibilität erscheint mitunter als neues Äquivalent zur Offenheit des mal. Textes. Dies führt konsequenterweise bei Cerquiglini dazu, dass eine gedruckte Edition verworfen wird, weil sie dem Gegenstand, dem variablen Text, und den zentralen Theoremen einer ›neuen Philologie‹ inadäquat sei. Hier setzen die zentralen Einwände gegen die N. Ph. an (vgl. Gleßgen/Lebsanft, Tervooren/Wenzel): Wird sie als radikales theoretisches Konzept gefasst, bleibt sie die praktischen Antworten auf die Fragen der Editionsphilologie, der Lit.vermittlung und der Lesbarkeit der nach ihren Grundsätzen behandelten Textüberlieferung schuldig. Indem sie in der Varianz der Überlieferung, die erst von der modernen Forschung überblickt werden kann, vorschnell ein intentionales Prinzip mal. Textrepräsentation erkennen will, scheint sie etwas als historisch bewusst zu betrachten, worüber erst heute verfügt werden kann. Als operationalisierbare Methode konvergiert die N. Ph. hingegen mit einer ohnehin laufend modifizierten ›traditionellen‹ Editionswissenschaft und schuldet der ›alten Philologie‹ somit mehr, als sie zuzugeben bereit ist. – Maßgeblich für die Ausbildung der N. Ph. war Cerquiglini; Begriffsprägung, erste Auslotung und Verbreitung leistete das von Nichols hg. »Speculum«-Heft. In den folgenden Jahren reagierte auch die dt.sprachige Mediävistik. Produktiv werden Thesen und Erkenntnisse der N. Ph. v. a. in den neueren Forschungen zu Variabilität, Performanz und Medialität mal. Texte. Editionsphilologisch sind noch keine schlagenden Ergebnisse zu verbuchen, wenngleich die Theorie die Sensibilität gegenüber den mal. Überlieferungsformen und -kontexten geschärft hat.

Lit.: B. Cerquiglini: Éloge de la variante. Paris 1989. – M.-D. Gleßgen, F. Lebsanft (Hg.): Alte und neue Philologie. Tüb. 1997. – St. G. Nichols (Hg.): [Themenheft:] N. Ph. Speculum 65 (1990), H. 1. – H. Tervooren, H. Wenzel (Hg.): [Sonderheft:] Philologie als Textwissenschaft. ZfdPh 116 (1997). – P. Zumthor: Essai de poétique médiévale. Paris 1972. MK

New York School of Poets, f. [engl. = New Yorker Dichterschule], etwa 1950–75 bestehende offene Gruppe am. Lyriker, die der New Yorker Kunstwelt nahestanden. Durch F. O'Hara (1926–66), Kurator am Museum of Modern Art und wichtigster Lyriker der N. Y. Sch. o. P., kam es zu engen Kollaborationen mit der »New York School of Painters«: Lesungen, Filme, Happenings. Neben O'Hara gehörten J. Ashbery, K. Koch und J. Schuyler zum Kern der Gruppe. Ashbery gab mit H. Mathews die Zs. »Locus Solus« heraus. Obwohl die Vertreter der N. Y. Sch. o. P. große Diversität untereinander auszeichnet, sind ihnen Vorlieben gemein, die sie von anderen am. Strömungen unterscheiden und neben der ↗ Black Mountain School zu wichtigen lyrischen Innovatoren über die USA hinaus machen: die Tendenz zum Visuellen, zur Oberfläche, zur Popkultur; die Nähe zu frz. Avantgarden der Vorkriegszeit und Gegenwart (↗ Oulipo). Eine ›second generation‹ der Gruppe um T. Berrigan, L. Fagin und R. Padgett fand ihr Domizil in A. Warhols »Factory«, dann im »Poetry Project St.-Mark's-Church-in-the-Bowery«. N. Born und R. D. Brinkmann gaben Anregungen der N. Y. Sch. o. P. an die dt. Lyrik weiter.

Texte: F. O'Hara: Collected Poems. Berkeley u. a. 1971. – Ders.: Lunch Poems. Übers. v. R. D. Brinkmann. Köln 1969.
Lit.: R. D. Brinkmann: Notizen 1969 zu am. Gedichten und zur Anthologie »Silverscreen«. In: ders. (Hg.): Silverscreen. Neue am. Lyrik. Köln 1969, S. 7–32. – M. Perloff: Frank O'Hara. Austin/Texas 1979. – Dies.: The Poetics of Indeterminacy. Princeton/N. J. 1981. JRT

Nibelungenstreit, der größte rezeptionsgeschichtliche Richtungsstreit der noch jungen ↗ Germanistik im 19. Jh., der sich an der – in dem Band »Zu den Nibelungen und zur Klage« (1836) zusammengefassten – ↗ Lieder-

theorie K. Lachmanns (Berlin) entzündete und mit A. Holtzmanns (Heidelberg) Kritik daran in seinen »Untersuchungen über das Nibelungenlied« (1854) begann. Lachmann hatte postuliert, man könne die einzelnen Lieder des »Nibelungenliedes« textkritisch isolieren und so deren nachträgliche Zusammenfügung analog zur Entstehung von Homers »Odyssee« nachweisen, wie sie F. A. Wolf (»Prolegomena ad Homerum«, 1795) gelehrt hatte. Holtzmann hielt dagegen, dass Lachmann sich mit Vorsatz allein auf die seiner Theorie günstige Hs. A des Liedes stütze. Auf K. Müllenhoffs (Kiel, ab 1858 Berlin) beißende Replik (1854) reagierte Holtzmann mit der Polemik »Kampf um der Nibelunge Hort gegen Lachmann's Nachtreter« (1855). Wichtigste Protagonisten der Kontroverse, die das Fach (auch in der akademischen Öffentlichkeit) in eine schwere Krise stürzte, waren außer den Genannten M. Haupt (Berlin) und auf Seiten der Anti-Berliner F. Pfeiffer (Wien), F. Zarncke (Leipzig) und K. Bartsch (Rostock).

Lit.: R. Kolk: Berlin oder Leipzig? Eine Studie zur sozialen Organisation der Germanistik im »N.«. Tüb. 1990. CF

Nibelungenstrophe, mhd. Strophenform, Bez. nach ihrer Verwendung im »Nibelungenlied« (= NL): vier paarweise reimende ↗ Langverse; die Anverse sind dreihebig, meist mit weiblich klingender, selten männlicher Kadenz, die ersten drei Abverse dreihebig, der letzte Abvers vierhebig, jeweils mit männlicher Kadenz:

V. 1–3: 3w 3m a
          3w 3m a
          3w 3m b
(»uns ist in álten máeren ‖ wúnders víl geséit«)
V. 4:   3w 4m b
(»mán gesách an hélden ‖ níe so hérlich gewánt«).

Auftakt und Versfüllung sind relativ frei; neben zweisilbiger Senkung begegnet v. a. Senkungsausfall (einsilbiger Takt oder ↗ beschwerte Hebung), in der Regel im zweiten Takt des vierten Abverses. Diese erweiterte Schlusskadenz, die wohl durch ›Austextieren eines gesungenen Melismas am Strophenschluß‹ (W. Mohr) entstanden ist, verleiht dem letzten Vers Nachdruck und macht die Sinneinheit der Strophe hörbar; diese Schlussbeschwerung trägt auch zum Eindruck der blockhaften Fügung der N.n bei. Der letzte Vers enthält oft Sentenzen, Zusammenfassungen und die für die mhd. Epik charakteristischen ↗ Vorausdeutungen. Kadenzwechsel findet sich relativ selten (z. B. NL, Strophe 13). Nach der Reimordnung gliedert sich die N. in die Paare 2+2, nach der rhythmischen in 3+1; die Syntax schwankt zwischen beiden oder umspielt diese Ordnung durch häufige Verwendung von Enjambements (↗ Haken- oder Bogenstil, z. B. NL, Strophe 32), auch über die Strophengrenze hinaus (Strophenenjambement, Strophensprung, z. B. NL, Strophe 30/31). Gelegentlich erscheinen Zäsurreime (vgl. Strophen 1, 17 u. a.). – Verwendet ist die N. auch in der Lyrik des Kürenbergers (um 1160), in der Elegie Walthers von der Vogelweide und in der »Kûdrûn« (um 1230, etwa 6 % der Strophen). Die Genese ist umstritten; erwogen werden Zusammenhänge mit einer mündlich tradierten ahd. Langzeilenstrophe, auch mit der mittellat. Vagantenstrophe (↗ Vagantenzeile). – Verwandte Strophen sind die ↗ Kudrunstrophe, ↗ Walther-Hildegund-, und ↗ Rabenschlachtstrophe und der ↗ Hildebrandston, der zur oft benutzten Variante der N. in Volksballade sowie im Volks- und Kirchenlied wird. GG

Nicht-Autoren-Literatur ↗ Dokumentarlit.

Nicht-propositionale Erkenntnis ↗ Philosophie und Lit.

Niederdeutsche Bewegung ↗ Dialektlit.

Niederdeutsche Literatur, 1. im engeren Sinne Lit. in ndt. Sprache; 2. im weiteren Sinne Lit. des ndt. Kulturraumes. Beide Grenzziehungen sind problematisch: Erscheint das Kriterium ›Sprache‹ mitunter als zu eng, um die vielfältigen Wechselbeziehungen zur Lit. hochdt. (und lat.) Sprache adäquat zu würdigen, postuliert das Kriterium ›Raum‹ die Existenz einer homogenen Kulturlandschaft ›Niederdeutschland‹, von der schwerlich die Rede sein kann. Gleichwohl hat auch eine primär sprachlich definierte n. L. häufig ihren Beitrag zur spezifisch ›ndt. Kultur‹ und zur dt. Geistesgeschichte insgesamt leisten müssen. Ein forschungsgeschichtlich bedingtes Süd-Nord-Gefälle hat, sicher nicht ganz zu Recht, auf beiden Seiten mehr Trennendes als Verbindendes hervortreten lassen. – Das Ndt. versammelt mehrere norddt. Dialekte, die dadurch definiert sind, dass sie an bestimmten Lautwandelerscheinungen, die vor dem 7. Jh. zum Abschluss gekommen waren, nicht teilhatten (Konsonantenverschiebung) und sich auch danach nur sporadisch an der Entwicklung zum Nhd. beteiligten (keine nhd. Diphthongierung). Im Norden grenzt sich das Ndt. gegen das Friesische bzw. Dän. ab; eine einigermaßen feste Südgrenze stellt die ›Benrather Linie‹ dar; im Westen sind politische und dialektale Grenzen zum Nl. dagegen inkongruent. – Als im 8. Jh. Schriftlichkeit in dt. Sprache fassbar wird, bildet Kloster Fulda in Hessen den nördlichsten Schreibort. Hier stößt eine primär hochdt. Lit.sprache auf das zum westndt. Dialektverband zählende Altsächs. Der Kontakt der Sprachen, der zugleich einen Kulturkontakt bedeutete, wurde fruchtbar in der Aufzeichnung des »Hildebrandsliedes« und des »Heliand«. Im 12. und 13. Jh. herrschte auch im ndt. Raum die oberdt. Ritterkultur, deren Lit. weitgehend in der mhd. Kunstsprache oder, wie bei den dichtenden Fürsten Otto IV. von Brandenburg oder Wizlav III. von Rügen, im mitteldt. Idiom tradiert oder abgefasst wurde. – Im ausgehenden 13. und im 14. Jh. entstehen die ersten Übertragungen hochdt. Versdichtungen ins Ndt. (↗ Märe »De truwe maget«, 14. Jh., aus der »Frauentreue«), nun auch für ein wohlhabendes Publikum in den großen Handelsstädten (Braunschweig, Bremen, Hamburg, Lüneburg), dessen Interessen zunehmend das Profil der Überlieferung bestimmen: Im Mittelpunkt stehen bürgerliche Tugendlehre und Didaktik (»Wolfenbütteler Äsop«, um 1370; »Magdeburger Äsop«, um 1405/10; »Disticha Catonis«, um 1360; »Reynke de Vos«, Lübeck 1498; Hermen Bote: »Der Köker«, Ende des 15. Jh.s) sowie eine florierende städtische Chronistik (Gerd Rinesberch: »Bremer Chronik«; Detmar: »Lübecker Chronik«; Dietrich Engelhus: »Weltchronik«, 1424), die z. T. in den gleichen ↗ Skriptorien aufwendig ausgestattet wurde wie die ↗ Rechtslit. (Eike von Repgow: »Sachsenspiegel«, um 1225; Johann von Buch: »Richtsteig Landrecht«, um 1335; Jordan von Boitzeburg: »Ordelsboek«), welche sich immer wieder in den Händen der Ratsherren und Bürgermeister findet. Fernkaufleute, welche die Seewege der Hanse nutzten, führten Geschäftsbücher. Zumindest im ↗ geistlichen Spiel wirkte die Stadt, die sich häufig im Unfrieden mit den ansässigen Orden befand, mit der Geistlichkeit zusammen (»Osnabrücker Passionsspiel«; »Redentiner Osterspiel«; A. Immessen: »Der Sündenfall«). Einen herausragenden Beitrag zur spätmal. ↗ Erbauungslit. leisteten die Frauenklöster Niedersachsens (u. a. Wienhausen, Wöltingerode, Ebstorf), in denen Gebetstexte und geistliche Lieder intensiv verbreitet wurden. – Mit der Reformation, die weite Teile des ndt. Sprachraums erfasste, änderten sich die lit. Schwerpunkte kaum. Konfessionelle Polemik der Gegenseite spielte eine untergeordnete Rolle (»Deventer Endechrist«, 1524), die protestantische Frömmigkeitslit. florierte. – Das 19. Jh. sah die Begründung einer neu-n. n. L. Im dt.-dän. Krieg von 1848 fiel die Sammlung »Quickborn« (1853, bis 1857 sieben erw. Aufl.) des Dithmarscher Lyrikers K. Groth, in der die ländliche Idylle des vorindustriellen Zeitalters gepriesen wird, auf fruchtbaren Boden. In Zusammenarbeit mit dem Kieler Germanisten K. Müllenhoff bemühte sich Groth um die Hebung des Ndt. zur Lit.sprache, die sich auch ernsthafte Themen erschließen sollte. In dezidierter Absetzung hiervon proklamierte und produzierte F. Reuter eine n. L., die sich gerade in der genrehaften Zeichnung des Landlebens des Schwankhaften nicht enthielt (»Ut mine Stromtid«, 1862–64). Die in expliziter Ablehnung akademischer Standards auf den Markt geworfenen Ausgaben der Werke J. H. Fehrs (1838–1916) verdeutlichen die Schwere der Bürde einer nationalbewussten Neubegründung im 19. Jh. So kämpft die n. L. nach wie vor mit dem Problem, dass sie zwar in Vereinen (»Fehrs-Gilde«, gegründet in Hamburg 1916) fortlebt, für eine fundierte philologische Erforschung aber häufig unattraktiv erscheint.

Lit.: H. Beckers: Mittelndt. Lit. In: Ndt. Wort 17 (1977), S. 151–173; 18 (1978), S. 1–47; 19 (1979), S. 1–28. – U. Bichel: Die Forschung zur neu-ndt. Mundartlit. In: Ndt. Jb. 97 (1974), S. 78–87. – J. Goossens (Hg.): Ndt. Sprache und Lit. [1973] Neumünster ²1983. – Th. Klein: Studien zur Wechselbeziehung zwischen altsächs. und ahd. Schreibwesen. Göppingen 1977. – Mal. Lit. im ndt. Raum. Jb. der Oswald von Wolkenstein-

Gesellschaft 10. Ffm. 1998. – H. Menke: N. L. In: RLW. – R. Schmidt-Wiegand: Prolegomena zu einer Texttypologie des Mittelndt. In: W. Tauber (Hg.): Aspekte der Germanistik. 1989, S. 261–283. – C. Schuppenhauer: F. Reuters Erfolg – ein Zeichen seiner Modernität? In: Ndt. Jb. 108 (1985), S. 9–28. – W. Stammler: Die Bedeutung der mittelndt. Lit. in der dt. Geistesgeschichte [1925]. In: ders.: Kleine Schriften zur Lit.geschichte des MA.s. Bln. 1953, S. 202–217. – Ders.: Die mittelndt. geistliche Lit. [1920]. In: ebd., S. 239–256. – H.-J. Ziegeler: Der Löwe hinter Gittern. Lit. in Lüneburg um 1400. In: J. Heinzle (Hg.): Lit. Interessenbildung im MA. Stgt. 1993, S. 280–300.   CF

Niederländische Komödianten, Sammelbez. für professionelle Schauspieltruppen aus den Niederlanden, die ab 1649 in anderen europäischen Ländern spielen. Einzelne nl. Schauspieler sind zuvor schon bei den ↗engl. Komödianten aufgetreten, doch erst nach dem Ende des Dreißigjährigen Krieges bereisen ganze Schauspieltruppen Deutschland und Skandinavien. 1649 erfolgen die ersten Auftritte der »Brüsseler Comedianten« in Holstein und Hamburg. In den nächsten Jahren gibt es Gastspiele in nl. Sprache im west- und norddt. Raum. Die n.n K. bringen nl. (J. van den Vondel, P. C. Hooft, J. Serwouters), gelegentlich auch span. (P. Calderón de la Barca) und frz. Barockdramatik (P. Corneille, J. de Rotrou) auf die dt. Bühne, sie präsentieren zwischen den Akten aber auch ↗Lebende Bilder (›Vertoningen‹). Obwohl sie Wanderkomödianten sind, haben die Niederländer vergleichsweise prächtige Kostüme und Dekorationen.

Lit.: J. Bolte: Die Singspiele der engl. Komödianten und ihrer Nachfolger in Deutschland, Holland und Skandinavien. Hbg. 1893. Repr. Nendeln 1977. – H. Junkers: Nl. Schauspieler und nl. Schauspiel im 17. und 18. Jh. in Deutschland. Den Haag 1936.   AHE

Nihilismus ↗Expressionismus.

Nō, n. [auch: *Noh*, *Nō* oder *Nô*, jap. = Fertigkeit, Fähigkeit, Kunst], jap. Dramenform, in der Text, pantomimische Darstellung, stilisierter Tanz, Gesang und Musik eine Einheit bilden. Durch die Darstellung des Übersinnlichen im Sinnlichen, des Unsagbaren hinter dem Ausgesagten ist das N. eng mit der Tradition des Zen-Buddhismus verknüpft. Zeit, Ort und Charaktere werden im N. nicht realistisch behandelt, nur das Wesentliche der Erfahrung des Lebens erscheint in konzentrierter Form. Durch diese hohen geistigen Ansprüche, durch die streng stilisierte Form, Armut an Handlung, Kunst der Verweise ist das N. eine höchst aristokratische Kunstform. Im Ggs. zum ↗Kabuki, dem Theater der Kaufmannsschicht, wurde das N. daher in der Zeit seiner Blüte von der Adelsschicht der Samurai getragen. – Das N. in seiner heutigen Form geht zurück auf Kan'ami Kiyotsugu (1333–84) und dessen Sohn Zeami Motokiyo (1363–1443). Sie schrieben eine große Zahl von N.stücken und gründeten die Kanze-Schauspielschule. Durch strenge Familientradition und mündliche Überlieferung wurde das N. in allen Einzelheiten der Aufführung und Darstellung bewahrt und gibt noch weitgehend ein Bild der Darbietungen im 14. Jh. Zeamis theoretische Schriften bilden noch heute die Grundlage für die ästhetische Auseinandersetzung mit dem N. – Strenge Gesetze bestimmen die Form des N. Äußerste Stilisierung zeigt schon die Bühne, eine quadratische, in den Zuschauerraum vorspringende Plattform von 6 m Seitenlänge, begrenzt von vier Eckpfeilern, die ein Giebeldach tragen. Einziger Bühnenschmuck ist das Bild einer stilisierten Kiefer auf der Rückwand. Auch Requisiten werden nur angedeutet; verbindlich ist ein Fächer, der z. B. Messer, Schwert, Laterne, Tablett, Schreibgerät oder gar fallenden Regen oder Schnee darstellen kann. Prächtig dagegen sind die Kostüme, v. a. die des Hauptdarstellers, Shite genannt, der meist ein übernatürliches Wesen darstellt. Sein Gegenspieler, Waki, ist der Mittler zwischen übernatürlicher Welt und Zuschauer. Die Stücke sind nach festem Schema aufgebaut: Einleitung: Auftritt des Waki – »Entwicklung«: Auftritt des Shite, Dialog zwischen Shite und Waki, Erzählung des Shite – Höhepunkt und Abschluss: meist Tanz des Shite. Ursprünglich bestand eine Vorstellung aus fünf N.stücken, deren Zusammenstellung streng festgelegt war; zwischen den einzelnen Stücken war jeweils ein derbkomisches, jedoch auch stilisiertes Zwischenspiel (als reines Sprechtheater), ein sog. Kyōgen, eingelagert. Heute besteht eine Aufführung meist aus zwei Stücken mit einem Kyōgen. Die Fünfteilung der ursprünglichen Aufführungen zeigt sich noch heute in der Einteilung der N.-spiele in fünf Gruppen mit streng unterschiedenen Inhalten: 1. Eröffnungsspiele um Gottheiten, die zunächst unerkannt auftreten und sich im Laufe des Stückes im Tanz offenbaren. 2. Stücke von gefallenen Kriegern und Helden, die ihren Todeskampf noch einmal erleben. 3. Stücke von Geistern schöner Frauen und Liebender, die ihr Leben in Lied und Tanz darstellen. Eine 4. Gruppe zeigt den größten Reichtum an Themen. Eine bes. bedeutende Form bilden dabei die N. der Rasenden, in denen der Wahnsinn des Helden den Höhepunkt darstellt. In der 5. Gruppe stehen im Zentrum Dämonen und Geister der Unterwelt. Die Stoffe zu diesen Stücken sind aus der jap. lit. Tradition genommen, aus Historie und Legende, die dem Zuschauer durch epische Dichtungen vertraut sind. Erhalten sind 240 Stücke. – Der Einfluss des N. auf das europäische Theater setzt um 1900 ein. Wesentliche Voraussetzungen dafür sind die Abwendung vom aristotelischen Dramenbegriff, von der naturalistischen Darstellung des Geschehens, die wachsende Bedeutung der Pantomime, die Aufhebung der Illusionsbühne sowie die Erneuerung durch das ↗epische Theater. Stoffliche Übernahmen aus N.-dramen finden sich u. a. bei W. B. Yeats, M. Maeterlinck, P. Claudel und B. Brecht.

Lit.: H. Bohner: Nô. Die einzelnen Nô. Tokyo 1956. – D. Keene: Nō. The classical theatre of Japan [1966]. Tokyo 1973. – K. Komparu: The Noh Theater. Principles and Perspectives. NY u. a. 1983. – S. K. Lee, P. Panzer: Jap. Theater. Wien 1990. – St. Scholz-Cionca, S. L. Leiter (Hg.): Japanese Theatre and the International Stage. Leiden u. a. 2001. – St. Scholz-Cionca: Theater. In: K. Kracht, M. Rüttermann (Hg.): Grundriss der Japanologie. Wiesbaden 2001, S. 373–411. – G. Zobel: Nô-Theater. Tokyo 1987 [erschienen 1989].   IA

Nobelpreis für Literatur, weltweit angesehenste und höchstdotierte lit. Auszeichnung, benannt nach dem Stifter, dem schwed. Industriellen A. Nobel (1833–96), und finanziert von der Nobel-Stiftung. Programmatischer Gründungstext ist Nobels Testament (1895); den Preis soll erhalten, wer im vergangenen Jahr »in der Lit. das Ausgezeichnetste in idealistischer Richtung hervorgebracht hat« (Filser, S. 15), eine Wertbestimmung, die jeweils relational zum soziohistorischen Kontext ausgelegt wird. Für die Zuerkennung des N.es f. L. spielen Nationalität, Sprache und Geschlecht keine Rolle, was die Perspektive eines ↗ Kanons der ↗ Weltlit. eröffnet. Das Verfahren der Verleihung ist streng ritualisiert und verbindet akademische und monarchische Tradition. Vorschlagsberechtigt sind weltweit Mitglieder von ↗ Akademien und vergleichbaren Institutionen, Professoren für Lit.- und Sprachwissenschaft, frühere Preisträger, Vorsitzende national bedeutsamer Autorenverbände. Die Nominierungsphase endet am 1. Februar, das Nobelkomitee der Schwed. Akademie legt Ende Mai den Akademiemitgliedern eine Auswahlliste vor, an einem Donnerstag im Oktober wird um 13 Uhr der Weltöffentlichkeit die Entscheidung mitgeteilt. Seit 1901 wird der N. f. L. jährlich am 10. Dezember, dem Todestag Nobels, in Stockholm vom schwed. König überreicht. Die Dokumente jeder Preisverleihung unterliegen einer Sperrfrist von fünfzig Jahren. – Während der Weltkriege wird der N. f. L. mehrmals nicht verliehen, während des ›Dritten Reichs‹ besteht ein generelles Annahmeverbot für dt. Staatsbürger, B. L. Pasternak verzichtet auf Druck der sowjetischen Regierung 1958 auf den ihm verliehenen N. f. L.; als bislang Einziger lehnt J.-P. Sartre 1964 den N. f. L. freiwillig ab.

Lit.: B. Dücker, D. Harth: N. f. L. Hdbg. 2005. – K. Espmark: Der N. f. L. Gött. 1988. – H. Filser: Nobelpreis. Freiburg 2001.   BD

Noël, m. [frz.; von lat. *natalis* (*dies*) = Geburtstag], seit dem 16. Jh. schriftlich bezeugtes Weihnachtslied, das sich meist an ältere Volksliedtraditionen anschließt. ↗ Carol.   GS/Red.

Nom de guerre, m. [frz. = Kriegsname], ↗ Pseudonym, ↗ Deck-, Künstler-, auch Spottname, evtl. mit Anspielung auf ›kämpferische‹ lit. Auseinandersetzungen (in Polemiken, Streitschriften usw.), die zur Pseudonymität zwangen. Ursprünglich handelt es sich um einen Namen, den ein Soldat beim Eintritt in die Armee annahm.   GS/Red.

Nom de plume, m. [frz. = (Schreib-)Federname], ↗ Pseudonym eines Schriftstellers, eines *homme de plume* (Mannes der Feder).   GS/Red.

Nomenklatur, f. [lat. = Namenverzeichnis], 1. Benennung wissenschaftlicher Gegenstände und Methode der Klassifizierung der Begriffe. – 2. Gesamtheit der Fachausdrücke einer Wissenschaft oder Kunst, auch deren systematische Ordnung; ↗ Terminologie. GS/Red.

Nomen proprium, n. [lat.], Eigenname. ↗ Onomastik.

Nominalstil, Ggs.: ↗ Verbalstil. ↗ Stil.

Nonarime, f. [it. = Neunzeiler, Neunreimer], ↗ Stanze.

Non-fiction, f., engl. Bez. für ↗ Sachlit.; vgl. auch ↗ Sachbuch. Ggs.: ↗ *fiction*.

Nonnenbücher ↗ Schwesternbücher.

Nonnenviten ↗ Schwesternbücher.

Nonsens-Dichtung [*nonsense*, engl. = Unsinn], auch: Nonsens-Verse; ↗ Unsinnspoesie.

Nordsternbund, Berliner Dichterkreis der ↗ Romantik im ersten Jahrzehnt des 19. Jh.s; angeregt durch Theorie und Dichtung A. W. Schlegels und L. Tiecks. Publikationsorgan war der »Grüne Almanach« (1804–06); Mitglieder: A. von Chamisso, F. de la Motte-Fouqué, J. E. Hitzig, D. F. Koreff, F. W. Neumann und K. A. Varnhagen von Ense.   GG

Norm, Standard zur Beurteilung von Gegenständen und Verhaltensweisen. – Für N.en ist charakteristisch, dass ihre Geltung nicht durch N.verletzungen beeinträchtigt wird und dass ihre Verletzung sanktioniert werden kann. N.en kommt eine große Bedeutung für die Orientierung und Regulierung von Verhalten in so gut wie allen Lebensbereichen (z. B. als sprachliche N.en, moralische N.en) zu. Im Kontext der Lit. spielen N.en eine wichtige Rolle. Sie legen die Identität z. B. von ↗ Gattungen oder ↗ Stilen fest und können die lit. Produktion anleiten (↗ Poetik); lit. Innovation ist oft als Bruch von N.en zu verstehen. Auch die ↗ Rezeption und Wertung (↗ lit. Wertung) von Lit. ist durch N.en geprägt; so ist gegenüber fiktionalen lit. Werken eine spezifische Rezeptionshaltung angemessen, und die Qualität lit. Werke lässt sich z. T. anhand der Erfüllung ästhetischer N.en (z. B. ›Stimmigkeit‹) feststellen. Die Frage nach der Begründung der Geltung und Autorität von N.en ist Gegenstand kontroverser Diskussionen; insbes. ästhetische N.en gelten vielfach als zeitbedingt und relativ. – Die Erörterung der Frage, ob für die Beurteilung von Lit. auch moralische N.en herangezogen werden sollten, ist Gegenstand der ↗ Ethik der Lit.

Lit.: Th. Anz: N. In: RLW.   TK

Nota, f. [lat. = Zeichen, Merkmal], textkritisches Zeichen, z. B. ↗ Asterisk (für eine unvollständig überlieferte Stelle, eine Crux, als Hinweis für Anmerkungen) oder ↗ Paragraph. Erstmals bei der Edition antiker Schriftsteller von alexandrinischen Philologen (Zenodotus, 3. Jh. v. Chr.; Aristarchos, 2. Jh. v. Chr.) verwendet, von mal. Gelehrten übernommen.   GS/Red.

Notarikon ↗ Kryptogramm.

Notiz ↗ Entwurf.

Nouveau Roman, m. [nuvoʀɔˈmã; frz. = neuer Roman], experimentelle Form des ↗ Romans, welche durch die Aufhebung traditioneller Erzählhaltungen, die Auflösung individualisierter Figuren, eines geschlossenen Erzählzusammenhangs und eines linearen Handlungsverlaufs sowie die Destruktion der Realitätsillusion traditionelle Techniken und Instanzen des epischen Erzählens unterläuft. Die Darstellung einer autoreferentiellen, fiktionsimmanenten Kausalität demonstriert die Divergenz zwischen Erscheinung und Bedeutung und verweist auf die erzählerischen Verfahren, die den Text konstituieren. Die Negation der im traditionellen Roman nie ganz aufgelösten Relation zwischen lit. Fiktion und objektiver Welt lässt den N. R. über Möglichkeiten der Konstitution von Texten reflektieren. Die erzähltheoretischen Überlegungen des N. R. haben die Entstehung der *Nouvelle critique* (R. Barthes) beeinflusst und zur Erneuerung der ↗ Narratologie beigetragen. – Die Genese des N. R. im Frankreich des Nachkriegszeit vollzieht sich vor dem Hintergrund des ↗ Existentialismus im Kontext der philosophisch-lit. Diskurse J.-P. Sartres und S. Becketts und im Umfeld der 1968 kulminierenden kultur- und gesellschaftskritischen Bewegungen. Die wichtigste Autorin des N. R. ist N. Sarraute (»Portrait d'un inconnu«, 1948; »Martereau«, 1953; »Les fruits d'or«, 1963; »Vous les entendez?«, 1972), weitere Vertreter sind A. Robbe-Grillet (»Les gommes«, 1953; »Le voyeur«, 1955; »La jalousie«, 1957), M. Butor (»L'emploi du temps«, 1956; »La modification«, 1957; »Degrés«, 1960), J. Cayrol (»Les corps étrangers«, 1959) sowie C. Simon (»La route des Flandres«, 1960).

Lit.: R.-M. Allemand: Le N. r. en questions. Paris 2002. – C. Britton: The ›N. R.‹ NY 1995. – B. Burmeister: Streit um den N. r. Bln. 1983. – B. Coenen-Mennemeier: N. r. Stgt. 1996. – F. Dugast-Portes: Le N. r. Paris 2001. – A.-C. Gignoux: La récriture: formes, enjeux, valeurs autour du N. r. Paris 2003. – C. Murcia: N. r., nouveau cinéma. Paris 1998. – C. Oriol-Boyer: N. r. et discours critique. Paris 1990. – L. Steinbrügge: Analysen und Dokumente zum N. r. Ffm. 1990. – W. Wehle (Hg.): N. r. Darmstadt 1980. – Ders.: N. R. In: RLW. – N. Wolff: Une littérature sans histoire. Genf 1995.   SSI

Novelle, f. [it. *novella* = kurze Erzählung einer als ›neu‹ angezeigten Begebenheit, von lat. *novus*, Diminutiv *novellus* = neu], einsträngige, auf einen Höhepunkt konzentrierte Prosa-↗ Erzählung geschlossener Form und mittlerer Länge mit vorgeblichem Anspruch auf Faktenwahrheit bei gleichzeitiger Ästhetisierung (Rahmenerzählung, Herausgeberfiktion, Hinweis auf Gewährsperson u. a.). ›N. n‹ werden auch diejenigen (Binnen-)Erzählungen genannt, die Bestandteil eines gerahmten N.nzyklus (auch: N.nkranz) sind, in dem in der Regel ein Erzählanlass fingiert wird, etwa eine Erzählgemeinschaft, die sich durch kurze, mündlich vorgetragene Geschichten unterhält (↗ Zyklus). – Die N. ist nicht Teil des antiken Gattungskanons, auch findet sie in späteren Regelpoetiken keine Erwähnung. Der Beginn der europäischen Novellistik wird, trotz der gegen Ende des 13. Jh.s entstandenen anonymen Sammlung »Il Novellino«, in der Regel mit G. Boccaccios »Il Decamerone« (entstanden 1349–53) angesetzt.

Mal. Erzählformen wie ↗ Fabliau, ↗ Conte, ↗ Exempel, ↗ Fazetie, ↗ Schwank und ↗ Märe eng verwandt, sind Boccaccios N.n durch einen Erzählrahmen miteinander verbunden und in Prosa verfasst. Bis in die ↗ Frühe Neuzeit bleibt die N. im Wesentlichen eine romanische Prosaform; wichtige Beispiele sind F. Sacchetti: »Il Trecentonovelle« (1392–97), »Cent nouvelles nouvelles« (anonym, nach 1456), M. Bandello: »Novelle« (1510–60), Marguerite de Navarre: »L'Heptaméron« (1540–49). Für die Entwicklung der N.nsammlung ohne Rahmensituation sind bes. M. de Cervantes' »Novelas ejemplares« (1597–1612) maßgeblich. Eine Ausnahmestellung in der mal. Novellistik nehmen G. Chaucers »Canterbury Tales« (1388–1400) ein. Streng genommen kann dieser (gerahmte) N.nzyklus in Versform ebenso wenig der N.ndichtung zugeordnet werden wie die Verserzählungen der mhd. Märendichtung. Daher ist der Begriff ↗ ›Versnovelle‹ nicht unproblematisch. Im Dt. findet sich die Bez. ›N.‹ seit dem 17. Jh. und meint zunächst die faktische ›Neuigkeit‹ im Journalwesen, den aktuellen Bericht der Zeitung oder auch diese selbst. Als lit. Gattungsbez. kommt der Begriff ›N.‹ erst Ende des 18. Jh.s auf. Zwar wird damit bisweilen direkt auf Boccaccio angespielt, doch steht die dt. N. formal wie inhaltlich eher in der Tradition der moralischen Erzählung des 18. Jh.s sowie des barocken und frühaufklärerischen ↗ Gesprächsspiels. Die N. wird in der dt. Lit. des 19. Jh.s zur bestimmenden Prosaform. Prominente Einzel-N.n finden sich bei L. Tieck, H. v. Kleist, C. Brentano, F. Grillparzer, A. v. Droste-Hülshoff, J. Gotthelf, E. Mörike, Th. Storm, C. F. Meyer, P. Heyse, W. Raabe und F. v. Saar. Die N.nzyklen des 18. und 19. Jh.s werden entweder eigenständig konzipiert, oder es werden bereits in Journalen publizierte Erzählungen in Buchform zusammengestellt und dabei oft mit einer Rahmenhandlung versehen (Ch. M. Wieland, J. W. Goethe, E. T. A. Hoffmann, A. v. Arnim, W. Hauff, A. Stifter, G. Keller). Für das 20. Jh. ist eine Differenzierung zwischen Erzählung und N. kaum möglich: Zum einen konnte man sich in nach-realistischer Tradition auf die unterschiedlichsten N.nmuster und -definitionen berufen, zum anderen hatte sich der Terminus ›N.‹ für jede Art von Journal-Erzählung lange durchgesetzt. Als N.n gelten Texte etwa von A. Schnitzler, G. Hauptmann, Th. Mann, R. Musil, F. Kafka, G. Heym, W. Bergengruen, M. Walser, G. Grass, Ch. Hein und Th. Hürlimann. Für die Klassifizierung der neuzeitlichen europäischen N. gelten ähnliche Vorbehalte: Während kürzere Erzähltexte der frz. Lit. (G. Flaubert, G. de Maupassant, P. Mérimée) als N.n gelten, werden im russ. Sprachraum nur fremdsprachige Werke als ›N.n‹, die betreffenden Texte von A. Puškin, N. Gogol, I. Turgenev, F. M. Dostoevskij und L. Tolstoj dagegen als ›rasskaz‹ (Erzählung) bezeichnet. – Erste theoretische Überlegungen zur N. finden sich bei Ch. M. Wieland, der 1772 in einer Fußnote der zweiten Auflage des »Don Sylvio« die »Simplicität des Plans und den kleinen Umfang der Fabel«

als charakteristisch für die N. bezeichnet. J. W. Goethe prägt mit seiner Äußerung, die N. sei »eine sich ereignete unerhörte Begebenheit« (Gespräch mit Eckermann vom 29.1.1827), nicht nur die Novellistik, sondern v. a. die spätere N.n-Forschung. Seine »N.« (1828) gilt neben den »Erzählungen« H. v. Kleists als Muster der Gattung. Während F. Schlegel bes. die Nähe zur romanischen N. hervorhebt, betonen A. W. Schlegel und später Th. Storm sowie F. Spielhagen die Nähe der N. zum Drama. L. Tieck hebt den ›Wendepunkt‹ hervor, an dem sich das (›wunderbare‹) N.ngeschehen unerwartet umkehre. P. Heyse erklärt in seiner ›Falken-Theorie‹ ein ›Grundmotiv‹, auf das sich die N. reduzieren lasse, zur Norm. Die lit.wissenschaftliche Forschung knüpft an diese meist in Briefen, Rezensionen oder Vorworten artikulierten autorenpoetischen Reflexionen an, indem sie einerseits inhaltlich auf Wirklichkeitsbezug, Wendepunkt, Psychologisierung und (Ding-)Symbolik eingeht, andererseits formal die N. in ihrer Nähe sowohl zum Roman als auch zum Drama untersucht und damit eine bes. Ästhetisierung dieser Prosaform betont. Während für die normativen Ansätze nicht einmal ein definitorischer Minimalkonsens (N. als Erzählung mittlerer Länge) erreichbar ist, verweisen die historischen Ansätze auf die Uneinheitlichkeit von N.n und N.ntheorien auch innerhalb einzelner Epochen und verwerfen daher eine gattungsverbindliche Bestimmung des Begriffs ›N.‹ bisweilen ganz. Oft dient daher der Forschung – lit.theoretisch unbefriedigend – die Kategorisierung eines Textes durch den Autor selbst als wesentliches Indiz dafür, ob es sich um eine N. oder eine Erzählung handelt.

Lit.: H. Aust: N. [1990]. Stgt., Weimar ³1999. – W. Freund: N. Stgt. 1998. – A. Hirsch: Der Gattungsbegriff ›N.‹. Bln. 1928. – R. Meyer: N. und Journal. Stgt. 1987. – K. K. Polheim (Hg.): Theorie und Kritik der dt. N. von Wieland bis Musil. Tüb. 1970. – W. Rath: Die N. Gött. 2000. – H. H. H. Remak: Structural Elements of the German Novella from Goethe to Thomas Mann [1996]. NY u. a. ²2001. – H. Thomé, W. Wehle: N. In: RLW.   LK

Novellenkranz ↗ Novelle.
Novellensammlung ↗ Novelle.
Novellenzyklus ↗ Novelle, ↗ Zyklus.

Novellette, f. [it. *novelletta*], 1. bes. im 19. und frühen 20. Jh. gebräuchliche Bez. für eine kurze ↗ Novelle, so etwa bei W. Alexis, A. Schnitzler und P. Scheerbart. – 2. Im Ggs. zu *novella* (romanische und dt. Novelle) bezeichnet *novelette* im Engl. meist pejorativ eine (triviale) *novel* (Roman/Erzählung).   LK

Novel of Manners ↗ Detektivroman.

Numerus, m. [lat. = abgemessener Teil, Harmonie, Reihe, Rhythmus], in der lat. Poetik und Rhet. die geregelte Abfolge der langen und kurzen Silben. Unterschieden werden: 1. *der poetische N.*, der die gesamte Rede nach strengen Gesetzen in regelmäßig wiederkehrende Silbenfolgen gliedert; grundlegende Einheit sind die ↗ Versfüße, die zu festen, durch ↗ Zäsuren gegliederten Versen zusammengebunden werden; 2. *der Prosa-N.*, der zunächst keine Gesetze kennt; in der Rhet. wurden jedoch gewisse N.-Regeln verbindlich, die, als Teil des ↗ Ornatus, der Rede akustischen Wohlklang garantierten.   DWE/Red.

Nyland-Kreis, eigentlich »Bund der Werkleute auf Haus Nyland« (nach dem Nieland-Hof in Hopsten/Westfalen), 1912 in Bonn von J. Winckler, W. Vershofen und J. Kneip begründete Vereinigung von Künstlern, Wissenschaftlern, Industriellen und Arbeitern. In der Nachfolge der Industrielyrik R. Dehmels und in gelegentlicher sprachlicher Nähe zum Pathos des ↗ Expressionismus suchte der N. nach einer »Synthese von Imperialismus und Kultur, Industrie und Kunst, von modernem Wirtschaftsleben und Freiheit«. Um allseits ihre Unabhängigkeit zu wahren, sollten die Mitglieder einen praktischen Beruf ausüben und ihre Werke anonym veröffentlichen. Diese sind charakterisiert durch eine Überschätzung der zivilisatorischen Kraft der Technik (Winckler: »Eiserne Sonette«, 1914) und Versuche, das Wirtschaftsleben sowie die Industrie- und Arbeitswelt dichterisch darzustellen. Die Zs. »Quadriga« (1912–14, ab 1918: »Nyland«) ist das zentrale Publikationsmedium des N.es, dessen Bücher im Verlag E. Diederichs in Jena erschienen. Von den 1920er Jahren an werden die ursprünglichen Intentionen zurückgenommen zugunsten der Produktion harmloser, heiterer ↗ Regionallit.

Lit.: J. Hermand: Die dt. Dichterbünde. Köln u. a. 1998, S. 186–188.   RD/Red.

O

Obscuritas, f. [lat. = Dunkelheit], ↗Integumentum.

Obszöne Literatur [lat. *caenum* = Exkremente], ursprünglich bezogen auf die offene Darstellung aller Körperfunktionen in Kunst und Lit., soweit sie das jeweilige moralische Gefühl der Leser verletzt, was v. a. für die Darstellung des jeweils als ↗hässlich Angesehenen gilt (vgl. Rosenkranz); dann immer mehr eingeschränkt auf das Sexuelle, so dass ›obszön‹ nicht nur umgangssprachlich fast synonym mit ›pornographisch‹ gebraucht wird. Die o. L. weist aber starke Überschneidungen mit der skatologischen und grobianischen Lit. auf, die Defäkationen zum Gegenstand hat oder sexuelle Handlungen als nichtsexuelle behandelt und insofern mit der Pornographie schwer vereinbar ist. Die Gleichsetzung o.r L. mit ↗pornographischer Lit. ist auch kategorial falsch: Der Begriff des Obszönen gehört in die Geschichte und Theorie der Zivilisation, bezeichnet also neben dem kulturellen auch ein anthropologisches Phänomen; der Begriff des Pornographischen entstammt dagegen der Lit.- und Kunstkritik. In Bewertung beider durch ästhetische und juristische Maßstäbe berühren sich die Begriffe, decken sich aber (außer in konservativer Polemik gegen o. L. und pornographische Lit.) nirgendwo ganz. Nur in seltenen Fällen ist ein lit. Text als Ganzer obszön; meistens weist er nur mehr oder weniger gewichtige obszöne Elemente oder Stellen auf. Beispiele o.r L. aus dem 20. Jh. sind: J. Barth: »The Sotweed Factor«; G. Bataille: »Le bleu du ciel«; G. Grass: »Danziger Trilogie«, »Der Butt«; H. Miller: »Tropic of Cancer«, »Opus Pistorum«.

Lit.: W. Beutin: Sexualität und Obszönität. Würzburg 1990. – A. Eder, U. Müller: Obszön, Obszönität. In: RLW. – P. Gorsen: Das Prinzip Obszön. Reinbek 1969. – L. Marcuse: Obszön. Mchn. 1962. – K. Rosenkranz: Ästhetik des Häßlichen. Königsberg 1853. Nachdr. Stgt. u. a. 1963.   UJ

Occupatio, f. [lat. = Besetzung, Abhaltung (durch andere Dinge)], ↗rhet. Figur, Erwähnung eines Gegenstandes oder Sachverhaltes, der angeblich (später, bes. im MA., auch tatsächlich) übergangen, nicht in der Rede behandelt werden soll, und auf den dadurch umso deutlicher hingewiesen wird. ↗Paralipse. GS/Red.

Ode, f. [gr. = Gesang], antikisierende, meist dem Vorbild Horazischer ↗O.nmaße folgende lyrische Form von hoher Stillage. – ›O.‹ ist in der gr. Antike die Bez. für alle zu Musikbegleitung vorgetragene strophische (chorische und monodische) Dichtung. In den Poetiken und Enzyklopädien von ↗Humanismus und ↗Barock führt die mit der Bedeutung ›Gesang‹ gegebene Nähe zum etymologischen Verständnis von *lyrica* bzw. *lyrica carmina* zur Vorstellung einer Gedicht-Gattung von strophischen und sangbaren Texten, die als ›O.n‹ oder ↗›Lieder‹ bezeichnet wurden. Erst in der zweiten Hälfte des 18. Jh.s wird ›O.‹ zum Begriff für die metrische und sprachliche Meisterung einer hohen Stillage der lyrischen Dichtung im Unterschied zum einfachen Lied. Für den heutigen Begriffsgebrauch ist neben dieser historischen Ausdifferenzierung von ›O.‹ und ›Lied‹ auch diejenige von ›O.‹ und ↗›Hymne‹ wichtig. Um 1800 kann ›O.‹, unabhängig von metrischen Unterschieden, noch den ganzen Raum der hohen Lyrik bezeichnen, d. h. neben den an Horaz orientierten O.n auch nach dem Vorbild Pindars geschriebene Gedichte in ↗freien Rhythmen (F.G. Klopstock, J. W. Goethe, F. Hölderlin). Erst deren in der ersten Hälfte des 20. Jh.s vollzogene Ausgliederung als Hymnen gibt der O. kategorial und editionspraktisch einen eigenen Raum.

Als Kennzeichen der O. gelten: 1. der den Hymnen verwandte, aber metrisch geformte hohe Ton: a) leidenschaftliches, meist einem Angeredeten zugewandtes Sprechen aus dem Augenblick, mit entsprechenden syntaktischen und lexikalischen Lizenzen; b) das Kompositionsprinzip der Entwicklung des Redethemas über den ganzen Text (im Unterschied zu Wiederholung und Variation im Lied); c) Themen von öffentlicher Bedeutung, herausgehobene Anlässe des privaten Lebens; 2. Übernahme oder freier, erkennbarer Anschluss an die Odenmaße des Horaz (bes. alkäische, sapphische, asklepiadeische Strophe): a) eine Rekurrenzordnung, die auf dem Metrum nicht des Verses, sondern der ↗Strophe beruht; b) Verse, die verschiedenartige ↗Versfüße kombinieren, mit entsprechender Anpassungsfähigkeit gegenüber sprachlichen Erfordernissen; c) Reimlosigkeit (seit Klopstock).

In europäischer, nach-antiker Sicht ist die O. der Versuch, zunächst im Lat., dann in der Nationalsprache eine moderne, anspruchsvolle Form im Anschluss an antike Vorbilder zu schaffen. Die Geschichte der neuzeitlichen O. beginnt in der Frankreich der ↗Renaissance mit P. Ronsard (»Odes«, 1550); Nachfolger in England (A. Cowley, J. Dryden, A. Pope) und Italien (T. Tasso). Die dt.sprachige O.ndichtung setzt im Barock mit G. R. Weckherlin und M. Opitz ein; ihre Praxis wie auch die von P. Fleming und A. Gryphius zeigt ein stilistisch und thematisch geprägtes Verständnis der O. Wichtig ist daher im Barock v. a. die dreigliedrige Form der ↗pindarischen O. Versuche der metrischen Nachahmung der horazischen Strophen bleiben vereinzelt und auf das sapphische O.nmaß beschränkt. In der ersten Hälfte des 18. Jh.s gibt es eine reiche O.nproduktion (J. Ch. Günther, J. Ch. Gottsched, A. v. Haller) und ein durch die frz. O.ntheorie gestütztes Bewusstsein von der Eigenart dieser lyrischen Form in stilistischer (Erhabenheit; »schöne Unordnung«, N. Boileau) und inhaltlicher Hinsicht (philosophische und moralische Themen). Der erste Versuch, dt. O.n reimlos und im Anschluss an horazische Maße zu schreiben, begegnet

1745 bei I. J. Pyra und S. G. Lange, mit Konzentration auf sapphische O.n. Eine umfassende Aneignung und produktive Aufnahme von Stil und Maßen des Horaz findet sich erst bei F. G. Klopstock, der auch Untersuchungen zur Verschiedenheit der antiken und dt. ↗Prosodie und ↗Metrik veröffentlichte. Seine ab 1747 entstehenden und verstreut veröffentlichten O.n begründen die neuere dt. O.ndichtung; erst 1771 erschien die Sammlung seiner »O.n und Elegien«. Klopstocks O.n und Hymnen etablierten das Paradigma einer hohen lyrischen Form, die auch der ↗Lyriktheorie entscheidende Anstöße gab (Bewusstsein von der Vielfalt der Stillagen, Metriken und Formen sowie der prosodischen Voraussetzungen für die Aufnahme fremdsprachlicher Muster). Die Autoren des ↗Göttinger Hains (L. Ch. H. Hölty, J. H. Voß, F. L. Stolberg) knüpften an Klopstock an, freilich ohne dessen Formexperimente fortzusetzen und, bei deutlicher Entspannung des Stils, mit Öffnung der O. für die Aussprache des Gefühls. F. Hölderlin, dessen zwischen 1797 und 1805 entstandene O.n als Höhepunkt der Form gelten, greift v. a. die alkäische und asklepiadeische Strophe auf. Das Spannungsverhältnis dieser O.nmaße zur syntaktischen Ordnung ergibt ein artistisches Spiel zwischen ↗Vers und ↗Satz und einen maximalen Abstand zum Lied mit seinem einfachen Wortmaterial und seiner durch harmonische Abstimmung von Vers und Satz geprägten Sprache. Die Themen von Hölderlins O.n umfassen neben Liebe, »Dichterberuf« und Landschaft auch die Geschichte und in kulturkritischer Perspektive die Aufgabe der Vermittlung von Antike und Gegenwart. Im 19. Jh. versuchten A. v. Platen und der ↗Münchner Dichterkreis die horazischen O.nformen nachzugestalten, ohne der antikisierenden Form noch einmal eine herausragende Wirkung verschaffen zu können. Dies gilt auch für die Versuche einer Neubelebung der O. im 20. Jh. (R. A. Schröder, R. Borchardt, J. Weinheber, J. Bobrowski).

Lit.: W. Binder: Hölderlins O.nstrophe. In: ders.: Hölderlin-Aufsätze. Ffm. 1970, S. 47–75. – D. Burdorf: O., O.nstrophe. In: RLW. – A. Cullhed: The Language of Passion. The Order of Poetics and the Construction of a Lyric Genre 1746–1806. Ffm. u. a. 2002. – H.-H. Hellmuth: Metrische Erfindung und metrische Theorie bei Klopstock. Mchn. 1973. – R. Hoßfeld: Die dt. horazische O. von Opitz bis Klopstock. Düsseldorf 1961. – H.-H. Krummacher: Poetik und Enzyklopädie. Die O.n- und Lyriktheorie als Beispiel. In: F. M. Eybl u. a. (Hg.): Enzyklopädien der frühen Neuzeit. Tüb. 1995, S. 255–285. – C. Maddison: Apollo and the Nine. A History of the O. Baltimore 1960. – K. Viëtor: Geschichte der dt. O. [1910]. Hildesheim ²1961. RB

Odenmaße, Strophenformen der monodischen Dichtung (↗Monodie), die sich v. a. an Horaz (1. Jh. v. Chr.) orientieren und in der Neuzeit meist auf alkäische, asklepiadeische und sapphische Ode beschränken. Die O. sind entstanden aus zu ↗Distichen bzw. vierzeiligen Strophen kombinierten ↗äolischen Versmaßen. Horaz übernimmt diese O. der antiken gr. monodischen Lyrik und wendet sie in seinen »Carmina« (»Oden«) konsequent an. Zwar wirken einige Odenstrophen bzw. deren Versmaße in der geistlichen Dichtung des MA.s fort (meist rhythmisiert und gereimt), doch eine eigentliche Renaissance der O. beginnt für die dt. Dichtung erst mit der Horaz-Rezeption des 18. Jh.s. Während I. J. Pyra und S. G. Lange den Reim aus den Odenstrophen verbannen, ist es F. G. Klopstock, der die metrisch geregelten O. des Horaz wieder aufnimmt. Klopstocks Erfindung eigener O. konnte sich nicht durchsetzen, doch wirkte seine Einf. der antiken O. in der dt. Dichtung nach (L. Ch. H. Hölty, F. L. Stolberg, J. H. Voß, F. Hölderlin, A. v. Platen, R. Borchardt, R. A. Schröder, J. Weinheber, J. Bobrowski u. a.). Die Odenstrophen nach Horaz sind:

1. die alkäische Strophe (nach Alkaios, um 600 v. Chr.), gebildet aus zwei alkäischen Elfsilbern, einem alkäischen Neunsilbler und einem alkäischen Zehnsilbler (Horaz: »Oden« I, 9). Nach der akzentuierenden dt. Metrik:

v – v – v – v v – v –
v – v – v | – v v – v –
v – v – v – v – v
– v v – v v – v – v

2. die asklepiadeische Strophe (nach Asklepiades, um 300 v. Chr.), unterschieden in: a) erste asklepiadeische Strophe, mit vier kleinen Asklepiadeen, ↗Asklepiadeus minor (Horaz: »Oden« I, 1); b) zweite asklepiadeische Strophe, mit drei kleinen Asklepiadeen und einem ↗Glykoneus (Horaz: »Oden« I, 6); c) dritte asklepiadeische Strophe, mit zwei kleinen Asklepiadeen, einem ↗Pherekrateus und einem Glykoneus (Horaz: »Oden« I, 5); d) vierte asklepiadeische Strophe, mit zwei Distichen aus Glykoneus und kleinem Asklepiadeus (Horaz: »Oden« I, 3); e) fünfte asklepiadeische Strophe, mit vier großen Asklepiadeen, Asklepiadeus maior (Horaz: »Oden« I, 11). – In der neuzeitlichen Lyrik findet beinahe ausschließlich die dritte asklepiadeische Strophe Verwendung, deren antithetische Struktur sich vom fließenden Sprachrhythmus der alkäischen Strophe abhebt (vgl. Binder):

– v – v v – – v v – v –
– v – v v – v v – v –
– v – v v – v
– v – v v – v –

3. die sapphische Strophe (nach Sappho, um 600 v. Chr.), gebildet aus drei sapphischen Elfsilbern und einem ↗Adoneus (Horaz: »Oden« I, 2); die bei Horaz obligatorische ↗Zäsur in den sapphischen Elfsilbern (meist nach der fünften Silbe) hat sich in der dt. Lyrik ebenso wenig durchgesetzt wie Klopstocks ›Wanderdaktylus‹ (Daktylus im ersten Vers an erster Position, im zweiten Vers an zweiter Position). Der Adoneus kann nach dem Vorbild Sapphos mit dem dritten sapphischen Elfsilber zu einem Vers verbunden sein (Horaz: »Oden« I, 2, V. 19 f. und die sapphischen Oden R. Borchardts):

–∨–∨–∨∨–∨–∨
–∨–∨–∨∨–∨–∨
–∨–∨–∨∨–∨–∨
–∨∨–∨

Sehr selten tritt eine zweite Form der sapphischen Strophe auf, bestehend aus Verdoppelung der Kombination von ↗ Aristophaneus mit einem größeren sapphischen Vers, sapphicus maior: –∨–––∨∨––∨∨– ∨–v̄ (nur Horaz: »Oden« I, 8).
4. die archilochische Strophe (nach Archilochos, 7. Jh. v. Chr.), eine distichische Strophe aus ↗ archilochischen Versen, von Horaz in den »Carmina« zu Vierzeilern gedoppelt. Man unterscheidet: a) erste archilochische Strophe, mit daktylischem ↗ Hexameter und katalektischem daktylischem ↗ Tetrameter (Horaz: »Oden« I, 7); b) zweite archilochische Strophe, mit daktylischem Hexameter und ↗ Hemiepes (nur Horaz: »Oden« IV, 7); c) dritte archilochische Strophe, mit ↗ Archilochius und katalektisch jambischem ↗ Trimeter (nur Horaz: »Oden« I, 4);
5. die hipponakteische Strophe (nach Hipponax, 6. Jh. v. Chr., von dem jedoch keine hipponakteischen Strophen überliefert sind), gedoppelte distichische Strophen aus katalektisch trochäischem ↗ Dimeter und katalektisch jambischem Trimeter (nur Horaz: »Oden« II, 18);
6. Ionisches Versmaß, vier ionische Dekameter, d. h. Verse von zehn Ionici a minore, ↗ Ionicus (nur Horaz: »Oden« III, 12).
Lit.: W. Binder: Hölderlins Odenstrophe [1952]. In: ders.: Hölderlin-Aufsätze. Ffm. 1970, S. 47–75. – D. Burdorf: Ode, Odenstrophe. In: RLW.   LK
Odenstrophe ↗ Odenmaße.
Œuvre ↗ Werk.
Offenbarung ↗ Apokalypse.
Offene Form, 1. von Wölfflin im Rahmen der fünf von ihm zur Beschreibung von Kunstwerken und Epochenstilen herausgearbeiteten Gegensatzpaare geprägte Kategorie. Wölfflin sieht das ↗ Barock mit seinem Streben, stets über sich hinauszuweisen, durch die Dominanz der o.n F. gekennzeichnet, während er in der ↗ Renaissance das Überwiegen ↗ geschlossener Formen diagnostiziert. Walzel stellt dieses Gegensatzpaar in den Mittelpunkt seines Programms einer ↗ wechselseitigen Erhellung der Künste und erprobt seine Anwendbarkeit auf lit. Texte. – 2. Von Klotz in lockerer Anknüpfung an diese Tradition geprägter Begriff der ↗ Dramentheorie zur Kennzeichnung der formalen Eigenschaften eines Dramas. Im Ggs. zu einem Drama in geschlossener Form sind in einem Drama mit o.r F. die ↗ drei Einheiten von Ort, Raum und Zeit gelockert bzw. aufgelöst; die ↗ Szenen sind nicht zu ↗ Akten zusammengefasst und in Anzahl und Abfolge variabel. Es können sich mehrere Handlungsstränge überlagern; die Handlungsführung kann sich auf einzelne markante Stationen des Geschehens konzentrieren (↗ Stationendrama). Der Zusammenhang wird durch die Identität der ↗ Figuren hergestellt. Ein Drama in o.r F. ist Klotz (S. 218) zufolge

»das Ganze in Auschnitten«. – Historisches Vorbild der o.n F. sind die Dramen W. Shakespeares. In der dt. Lit. setzte sich die o. F. mit dem ↗ Sturm und Drang durch, der die am Konzept der ↗ Mimesis orientierten Poetiken zu überwinden suchte. Eine Sonderform des Dramas in o.r F. ist das ↗ epische Theater B. Brechts.
Lit.: D. Burdorf: Poetik der Form. Stgt., Weimar 2001, S. 405–429. – V. Klotz: Geschlossene und o. F. im Drama. Mchn. 1960. – A. Meier: Offenes Drama. In: RLW. – O. Walzel: Wechselseitige Erhellung der Künste. Bln. 1917. – H. Wölfflin: Kunstgeschichtliche Grundbegriffe. Mchn. 1915.   CMT
Öffentlichkeit [von ahd. *offanlich* = offenbar, bekannt], soziologischer Begriff, der die Sphäre des institutionalisierten Austausches von Informationen, Meinungen und Normen unter Mitgliedern einer Gesellschaft bezeichnet. – ›Ö.‹ nimmt seit Ende des 18. Jh.s die Bedeutung ›freier Austausch von Rede und Schrift‹ an und etabliert sich als politische Einflusssphäre der entstehenden bürgerlichen Gesellschaft gegen die bis dahin zumeist intransparent agierenden Instanzen feudaler Obrigkeitsstaatlichkeit. Die sich zum Publikum organisierenden bürgerlichen Schichten bilden in der zweiten Hälfte des 18. Jh.s »die Ö. eines lit. Räsonnements, in dem sich die Subjektivität kleinfamilialintimer Herkunft mit sich über sich selbst verständigt« (Habermas, S. 116). Die bürgerlich-lit. Kultur trägt dank ihrer institutionalisierten Formen (z. B. kritische Journale, allg. Periodika) entscheidend zur Entwicklung einer politischen Ö. bei. Zugleich bildet sich ein relativ selbständiges ›Sozialsystem Lit.‹ aus, dessen Beschreibung Aufgabe der ↗ Lit.soziologie ist. Der Wandel hin zur Massen- und Mediengesellschaft des 20. Jh.s gefährdet zunehmend die kritisch-emanzipative Funktion von Ö., wie sie ihr in den 1960er und 1970er Jahren noch einmal zugeschrieben wird. Dagegen erscheint Ö. gegenwärtig zunehmend als global vernetzter, ökonomisierter Raum medialer Konstruktionen und (ästhetischer, politischer) ↗ Performances.
Lit.: T. C. W. Blanning: Das Alte Europa 1660–1789 [engl. 2002]. Darmstadt 2006. – Ch. Bürger u. a. (Hg.): Aufklärung und lit. Ö. Ffm. 1980. – J. Habermas: Strukturwandel der Ö. [1962]. Ffm. 1990. – E. Kleinschmidt: Ö. In: RLW. – J. Schiewe: Ö. Paderborn 2004. – R. Sennett: Verfall und Ende des öffentlichen Lebens [engl. 1974]. Ffm. 1983.   TT
Offprint ↗ Aufsatz.
Offsetdruck ↗ Druck.
Okkasionaldichtung ↗ Gelegenheitsdichtung.
Ökolyrik ↗ Naturlyrik.
Oktave, f. [lat. *octavus* = der achte], ↗ Stanze.
Oktett, n. [lat.-it. von *octo* = acht], Strophe aus acht Zeilen, auch als Begriff für die Einheit der beiden Quartette des ↗ Sonetts gebraucht.   GS/Red.
Oktonar, m. [lat. *octonarius* = aus acht bestehend], lat. Nachbildung des altgr. ↗ akatalektischen ↗ Tetrameters, wird nicht nach ↗ Dipodien, sondern nach ↗ Monopodien (acht ganzen Versfüßen) gemessen. Jambische

O.e erscheinen häufig in Komödien (Plautus, Terenz) und Tragödienfragmenten (Accius); der trochäische O. ist dagegen auf melische Partien und Stellen emotionaler Erregung beschränkt.   IS/Red.

Online-Soap ↗ Serie.

Onomạstik, f. [gr. *ónoma* = Name], auch: Namenkunde; interdisziplinäre Forschung zur Bedeutung, Struktur, Funktion und Geschichte der Eigennamen (*nomina propria*). Diese gelten als ↗ Zeichen, die ein Individuum sprachlich identifizieren und repräsentieren, ohne es semantisch eindeutig zu bestimmen. Jedes sprachliche Zeichen kann als Eigenname dienen. Es erhält mit der Namengebung seine Bedeutung durch Zuordnung zu einem Namenträger. Nur über diesen durch Konventionen geregelten Akt kann vom Zeichen auf den Namenträger geschlossen werden. – Eigennamen fiktiver lit. ↗ Figuren und Orte können den Namenträger (je nach Geltung ästhetischer Konventionen) als redende, klangsymbolische, klassifizierende oder durch einen berühmten früheren Namenträger verkörperte Namen charakterisieren. Fiktionale wie reale Namen in lit. Texten dienen der Perspektivierung, Konstellierung oder Akzentuierung von Figuren, der Mythisierung von Sprache, der Illusionierung des Erzählten, der kommunikativen Ausrichtung, Fiktionalisierung und intertextuellen Einbindung des Textes, der Thematisierung und der Ästhetisierung. – Die lit. wissenschaftliche O. beschäftigt sich traditionell mit der lit. Namengebung und der intentionalen Bedeutung fiktionaler Eigennamen. Beeinflusst von der analytischen Philosophie werden seit den 1960er Jahren auch die Funktionen von Eigennamen in Texten systematisch untersucht. Die philosophische Debatte um die ↗ Referenz fiktionaler Eigennamen – referieren sie kausal auf *nonexistent objects* oder stehen sie als *descriptive names* für die Beschreibung einer Rolle? – wird von der Lit.wissenschaft noch nicht hinreichend wahrgenommen.

Lit.: H. Birus: Poetische Namengebung. Gött. 1978. – F. Debus: Namen in lit. Werken. Stgt. 2002. – E. Eichler u. a. (Hg.): Namenforschung. 2 Bde. Bln., NY 1995 f. – A. Everett, T. Hofweber (Hg.): Empty Names, Fiction and the Puzzles of Non-Existence. Stanford 2000. – D. Lamping: Der Name in der Erzählung. Bonn 1983. – W. Seibicke: O. In: RLW. – W. Wittstruck: Der dichterische Namengebrauch in der dt. Lyrik des Spät-MA.s. Mchn. 1987.   JG

Onomạstikon, n. [gr. eigentlich *onomastikón biblíon* aus *ónoma* = Name, *bíblos* = Buch], 1. antikes oder mal. Namen- oder Wortverzeichnis zu bestimmten Sachgebieten, z. T. mit sachlichen Erläuterungen, Synonyma und Etymologien; 2. kürzeres Gedicht auf einen Namenstag (*carmen o.*).   GS/Red.

Onomatopoeie, f. [gr. *onomatopoiía*, aus *ónoma* = Wort, Name, *poieín* = machen, dichten], auch: Onomatopöie; zentraler Begriff von Rhet., Poetik und Sprachursprungstheorien, zumeist als Synonym verwendet für ›Klang-‹ oder ↗›Lautmalerei‹.   RGB

Onomatopoiẹtische Dichtung, f. [gr. *onomatopoiía* = ↗ Lautmalerei], Sammelbez. für lit. Texte, die insbes. durch lautmalerische Gestaltungselemente gekennzeichnet sind. Der Begriff umfasst sowohl Texte, in denen an einzelnen Stellen sinnliche Eindrücke innerhalb der Gesetze von Syntax und Grammatik onomatopoietisch imitiert werden, als auch poetische Gebilde, deren klangmalerische Form sich fern der Regeln der gewohnten Sprachverwendung bewegt. – Schon in der gr. und lat. Poesie wird die Klangmalerei gern als Stilmittel eingesetzt. Das Spektrum reicht von onomatopoietischen Wortschöpfungen bei Homer bis hin zur sprachlichen Imitation auditiver Wahrnehmungen, etwa von Fröschen bei Aristophanes oder Fanfarenschall bei Ennius. Auch klangsymbolische Gestaltungsweisen, z. B. die Häufung dunkler Vokale und explosiver Konsonanten in tragischen Textpassagen, sind gebräuchlich. Die europäischen Lit.en des MA.s und des ↗ Humanismus setzen diese Traditionen fort (u. a. Dante Alighieri, Oswald von Wolkenstein). In der Frühen Neuzeit gewinnt die o. D. noch an Bedeutung, z. B. bei M. Luther, J. Fischart oder G. Ph. Harsdörffer. Teils gefällt die Klangmalerei als hochartifizielles barock-manieristisches Stilmittel, teils soll ihr Einsatz spezifische linguistische Konzepte, v. a. im Umkreis der ↗ Sprachgesellschaften, untermauern. Mit der Aufklärung gerät die Onomatopöie als bes. auffällige lit. Strategie in Misskredit. In spezifischen Strömungen der lit. Moderne erlangt sie jedoch erneut herausragende Bedeutung, so bei E. A. Poe, Ch. Baudelaire, im ↗ Symbolismus (St. Mallarmé) und ↗ Expressionismus (G. Trakl). Der ↗ Dadaismus gebraucht o. D. jenseits aller semantischen und syntaktischen Konventionen und erhebt den Abschied von einer erstarrten und missbrauchten Schriftsprache zum Programm. In der ↗ konkreten Poesie und der ↗ experimentellen Lit. werden diese Traditionen nach 1945 wieder aufgenommen (z. B. E. Jandl). Als Mittel der Affekterregung findet die Lautmalerei schließlich in der modernen ↗ Populärkultur, v. a. im ↗ Comic Strip, breite Verwendung.

Lit.: R. G. Bogner: Lautmalerei. In: HWbRh. – G. Braungart, G. M. Rösch: Onomatopöie. In: RLW. – W. Kayser: Die Klangmalerei bei Harsdörffer [1932]. Gött. ²1962. – Ch. Scholz: Untersuchungen zur Geschichte und Typologie der Lautpoesie. 3 Bde. Obermichelbach 1989.   RGB

Oper, f. [it. *opera (musica)* = (Musik-)Werk], Theatergattung mit unterschiedlichen Wechselbeziehungen von Wort, Musik und szenischer Darbietung. – Verbindungen von ↗ Musik und Lit. sind alt, z. B. die mal. Lyrik (↗ Trobadorlyrik, ↗ Minnesang) oder antike und mal. Epen, für welche rhapsodischer Vortrag (mit Sing-, nicht Sprechstimme) vermutet wird. Die Rolle der Musik im antiken Drama ist nicht sicher belegt; gesichert sind dagegen im ↗ geistlichen Spiel des MA.s Wechselgesänge, Chöre, Einzellieder als integrale Bestandteile. Auch weltliche Stücke mit Musik sind bezeugt (Adam de la Halle: »Le jeu de Robin et Marion«, 1283). – Im 16. Jh. nimmt die Tendenz zur musikalischen Ausgestaltung szenischer Darbietungen auffallend zu: Eine Aufführung wie die des Luzerner ↗ Passionsspieles konnte mit ihrem enormen theatralischen Aufwand den Eindruck eines opernhaften ↗ Gesamtkunstwerks vorwegnehmen. Bes. in Italien wurden in klassische ↗ Tragödien musikalische ↗ Intermezzi (Chöre, Arien, Tänze usw.) eingefügt. Auch die immer beliebter werdenden ↗ Schäferspiele waren mit Melodien angereichert (T. Tasso: »Aminta«, 1573; G. B. Guarini: »Il pastor fido«, 1590). In diesen Umkreis gehören auch Madrigalkomödien wie O. Vecchis »Amfiparnasso« (1594) oder die ↗ Trionfi. Auch das dt. ↗ Fastnachtspiel endet in einer (von den engl. Komödianten beeinflussten) ↗ Singspiel-Form (J. Ayrer). – 1594 beginnt im Hause des Grafen Bardi in Florenz (im Kreise der sich dort versammelnden Dichter, Komponisten und Gelehrten, der sog. *Camerata*) eine neue Entwicklung: Mit dem *dramma per musica* »Dafne« (Text: O. Rinuccini, Musik: J. Peri) wurde unter dem Einfluss humanistischer Rückbesinnung auf die Antike ein bewusster Versuch unternommen, abseits von den üblichen Text-Musik-Kombinationen das antike Drama zu erneuern, für das eine ähnliche Symbiose vermutet wurde. Dieser musikalisch-dramatische Neueinsatz war ganz auf das handlungsbestimmte Wort ausgerichtet, das im Sprechgesang (Rezitativ) vorgetragen und durch Chöre ergänzt wurde. An die Stelle der herkömmlichen Polyphonie trat das neue Prinzip des Generalbasses, über dem sich die Vortragsstimme entfaltete. Diese starke Ausrichtung auf das Wort wurde bereits vom ersten bedeutenden O.nkomponisten, C. Monteverdi, modifiziert durch die Bedeutung, die er dem Orchesterpart einräumte (reiche Besetzung, selbständige Instrumentalpartien). Als erste wirkliche O. gilt sein »Orfeo« (1607, Text: A. Striggio). Der Idee nach eine Erfindung der Renaissance, erhielt die O. ihre eigentliche Gestalt erst im Barock, dessen Repräsentationsbedürfnis sie von ihrer Struktur her entgegenkam: Neben die Solopartien (↗ Arien) treten immer kunstvollere Duette, schließlich auch Ensemble- und breite Chorszenen. Die szenische Darbietung des Stoffes, der weiterhin der antiken Mythologie und Geschichte entnommen wird, entwickelt sich zu opulentem Schaugepränge in eigens dafür gebauten Theatern. – Ein neuer Abschnitt der O.ngeschichte beginnt mit der Öffnung der anfangs dem Adel vorbehaltenen Kunstform für ein breiteres, zahlendes Publikum: Venedig eröffnet 1637 ein öffentliches O.nhaus. Getragen zunächst von it. Truppen, trat die O. einen Siegeszug durch Europa an (Paris, Wien, Salzburg, München). Ansätze zu eigenem O.nschaffen zeigten sich in den europäischen Ländern nur zögernd: In Deutschland etwa mit dem höfischen Festspiel »Daphne« (1627, Text: M. Opitz, Musik: H. Schütz; nicht erhalten) oder dem »Geistlichen Waldgedicht Seelewig« (1644, Text: G. Ph. Harsdörffer, Musik: J.

Staden). Einem breiteren Vordringen der O. standen in Deutschland die Zeitumstände (Dreißigjähriger Krieg) entgegen, in Frankreich und England die starken einheimischen Theatertraditionen (frz. ↗ Klassik, W. Shakespeare). – Die Geschichte einer frz. National-O. beginnt erst 1659 mit einem Schäferspiel von P. Parin und R. Cambert. 1671 wird die erste frz. O.nbühne eingeweiht, die »Académie Royale de Musique« (die heutige »Grand Opéra«). Insbes. J. B. Lully, der seit 1664 mit Molière zusammenarbeitete (↗ Comédie ballet), verdrängte mit seinem Werk allmählich das beliebte *Ballet du cour*: Er entwickelte den für die frz. O. bedeutsamen Typus der *tragédie en musique* (Texte: Ph. Quinault), die sich formal an die frz. ↗ Tragödie (fünf Akte), musikalisch an Monteverdi anschließt (rezitativische Soloszenen und Instrumentalsätze, bereits auch eine Frühform der Ouvertüre). Ein integraler Bestandteil der frz. O. wurde das ↗ Ballett. – Die engl. O.ngeschichte setzt zur selben Zeit ein, allerdings ganz nach it. Vorbild, und erlebt ihren Höhepunkt mit der *Opera seria* G. F. Händels (seit 1711). Die Opera seria im it. Stil wird die für das Hochbarock kennzeichnende Gattung: Im Ggs. zu den Gründungsintentionen ist bei ihr die (meist mythologisch-heroische) Handlung sekundär (der ↗ Deus ex Machina löst alle Probleme); wichtig sind v. a. eine pompöse Ausstattung und die artistische Präsentation der menschlichen Stimme. Aus den in die Opera seria kontrapunktisch eingeschobenen heiteren Zwischenspielen entwickelt sich die *Opera buffa* (komische O.), die dem heroischen Pathos der Opera seria eine unterhaltende, anspruchslose Handlung, der üppigen Harmonik und dem Koloraturwesen einfache Liedformen (auch Duette, Terzette und Ensembles) entgegenstellte (G. B. Pergolesi, D. Cimarosa). – Ein satirischer Gegenentwurf zur hochstilisierten Opera seria entstand in England in der ↗ *Ballad-Opera* (volkstümliche Stoffe und Lieder, Arienparodien, possenhafte Prosadialoge); bekanntestes Beispiel ist die »Beggar's opera« (1728) von J. Gay (Text) und J. Ch. Pepusch (Musik). – Die weitere Entwicklung der O. vollzog sich in einem gegensätzlichen Rahmen: Auf der einen Seite die Tradition der Opera seria – das Übergewicht der Musik, die Gesangsartistik, das Schaugepränge, mythologische und allegorische Handlungsschablonen –, auf der anderen Seite die mannigfachen Versuche, die O. bei all ihrer theatralischen Künstlichkeit mit einem gewissen Maß an natürlicher Dramatik auszustatten, ein ausgewogenes Verhältnis von Musik und Text zu erreichen. Hauptrepräsentant der Opera seria im 18. Jh. in Deutschland war J. A. Hasse (Texte meist von P. A. Metastasio); dazu zählt auch W. A. Mozarts »Idomeneo« (1781). In ihrer Tradition steht im 19. Jh. die in Frankreich entwickelte ↗ *Grand opéra* (Hauptrepräsentant: G. Meyerbeer). Die Gegenbewegungen werden getragen 1. von der Rückbesinnung auf die antikisierenden Anfänge durch die Reform-O.n Ch. W. Glucks; 2. von der u. a. aus der Ballad-Opera hervorgegangenen Singspieltradition mit

Höhepunkten bei Mozart (»Die Entführung aus dem Serail«, 1782; »Die Zauberflöte«, 1791) und, im 19. Jh., den romantischen sog. *Spiel-O.n* (C. M. v. Weber, A. Lortzing); 3. vom Versuch, einen Stoff musikdramatisch durchzugestalten, die Personen musikalisch zu charakterisieren. Auch hier stellt Mozart den Höhepunkt dar (»Figaros Hochzeit«, 1786; »Don Giovanni«, 1787). Er steht am Anfang einer Entwicklung, welche in die Konzeption des ↗ Gesamtkunstwerkes mündet, die R. Wagner in seinen ↗ Musikdramen und G. Verdi (in seinem Spätwerk) realisieren. Zugleich ändert sich auch die Stoffwahl der O. Neben antike Stoffe (Gluck) treten solche aus der Nationalgeschichte, der Zeitgeschichte (Türken-, Revolutions-O.n, z. B. L. van Beethoven: »Fidelio«, 1805), der Sage (Weber: »Der Freischütz«, 1821), der zeitgenössischen Lit. (»Figaros Hochzeit«); vgl. auch die Schauer-O.n im Gefolge der ↗ gothic novel. – Seit dem 18. Jh. sind, zusammenhängend mit der allg. gesellschaftlichen Wertschätzung der O. (trotz ihrer Zentrierung an Höfen), immer wieder Bestrebungen zu beobachten, eine ›National-O.‹ zu schaffen (vgl. das von Joseph II. 1778 ins Leben gerufene ›Nationale Singspiel‹). Schon zu Beginn des 18. Jh.s gab es in Hamburg kurzzeitig ähnliche bürgerliche Bestrebungen (R. Keiser, vgl. auch ↗ Nationaltheater). Bes. in den slawischen Ländern wurde die O. im 19. Jh. zu einem nationalen Anliegen der Selbstfindung mit Besinnung auf eigene Stofftraditionen (vgl. in Russland M. Glinka: »Das Leben für den Zaren«, 1836; in Böhmen F. Smetana: »Die verkaufte Braut«, 1866). – Eine Neuerung des 20. Jh.s ist die sog. Lit.-O., die Vertonung von ursprünglich nicht als ↗ Libretto konzipierten Theaterstücken, z. B. »Salome« (R. Strauss nach O. Wilde), »Wozzeck« (A. Berg nach G. Büchner) oder »Prinz von Homburg« (H. W. Henze nach H. v. Kleist), »Die Soldaten« (B.-A. Zimmermann nach J. M. R. Lenz). Einige der im 20. Jh. unvermindert zahlreich entstandenen O.n sind zumindest zeitweise ins Repertoire eingegangen (z. B. von A. Reimann, W. Rihm, L. Berio, M. Kagel, O. Messiaen, Ph. Glass, H. Birtwistle, K. Saariaho).

Lit.: J. Aiken: Language of German Opera. Wiesbaden 2002. – Th. Betzweiser: Sprechen und Singen. Ästhetik und Erscheinungsform der Dialogoper. Stgt., Weimar 2002. – L. Bianconi, G. Pestelli (Hg.): Storia dell'Opera Italiana. Turin 1987 f. – W. L. Crosten: French grand opéra. NY 1948. Nachdr. NY 1972. – P. Csobádi u. a. (Hg.): Wort und Musik [zahlreiche Sammelbde. zum Musiktheater]. Anif, Salzburg 1989 ff. – C. Dahlhaus, S. Döhring (Hg.): Pipers Enzyklopädie des Musiktheaters. Mchn., Zürich 1986–97. – H. Danuser, M. Kassel (Hg.): Musiktheater heute. Mainz 2003. – S. Döhring, S. Henze-Döhring: O. und Musikdrama im 19. Jh. Laaber 1997. – E. Fischer: O. In: MGG², Sachteil. – J. M. Fischer (Hg.): O. und O.ntext. Hdbg. 1985. – H. Fricke, St. B. Würffel: O. In: RLW. – A. Gier (Hg.): O. als Text. Hdbg. 1986. – Ders.: Das Libretto. Darmstadt 1998. – A. Jacobshagen: Opera semiseria. Stgt. 2005. – R. Kloi-

ber: Hb. der O. Kassel, Mchn. ¹¹2006. – S. Leopold: Die O. im 17. Jh. Laaber 2004. – H. Lindenberger: Opera in History from Monteverdi to Cage. Stanford 1998. – S. Mauser (Hg.): Musiktheater im 20. Jh. Laaber 2002. – H. Mayer: Versuche über die O. Ffm. 1981. – W. Oehlmann: O. in vier Jh.en. Stgt., Zürich 1984. – K. Pahlen: O. der Welt [1963]. Zürich ⁴1987. – H. Schneider, R. Wiesend (Hg.): Die O. im 18. Jh. Laaber 2001. – F. Stieger: O.nlexikon. 11 Bde. Tutzing 1975–83. – R. Strohm: Die it. O. im 18. Jh. Wilhelmshaven 1979. – M. Walter: Die O. ist ein Irrenhaus. Sozialgeschichte der O. im 19. Jh. Stgt., Weimar 1997. GS/UM

Opéra-ballet ↗ Ballet.

Opera buffa, f. [it.], komische ↗ Oper.

Opera seria, f. [it.], ernste ↗ Oper.

Operationelle/operative Literatur, kunstvolle Spielart der ↗ politischen Lit. Der v. a. Ende der 1960er und Anfang der 1970er Jahre auftretende Begriff ist inzwischen ungebräuchlich. RD/Red.

Operette, f. [it. *operetta*, Diminutiv von *opera* = Werk], musikalisches Bühnenwerk, ursprünglich von kürzerer Dauer, später abendfüllend, in dem gesungene oder instrumental vorgetragene Musiknummern mit gesprochenen Dialog- oder Monologpassagen und Tanzeinlagen abwechseln; im Ggs. zur ↗ Revue mit durchgehender Handlung. Die Blütezeit des Genres liegt zwischen 1860 und 1920 mit Ausläufern bis 1938, wobei sich in den Hauptstädten Paris, Wien und Berlin historisch und strukturell bedingt eigene Varianten entwickelten. Vorläufer der O. sind: 1. die *English Ballad-Opera* (18. Jh.), in der mit sozial niedrig stehendem Personal die heroische Oper satirisch parodiert wird; 2. das dt. ↗ *Singspiel*, das zur Selbstvergewisserung des entstehenden Bürgertums beitragen sollte; 3. die frz. *Opéra comique*; 4. das ↗ *Wiener Volkstheater*. – Die endgültige Emanzipation der O. von den Formideen der Opéra comique wird auf 1855, das Jahr der Pariser Weltausstellung, mit der Aufführung von »Les Deux Aveugles« von J. Offenbach datiert. In unzähligen Wiederaufführungen und zahlreichen Neuschöpfungen reflektierte die Pariser O. – oft mit viel Witz – Moral und Modeströmungen ebenso wie Herrschaftsverhältnisse. Die Wiener O. entwickelte sich zwischen 1848 und 1873 im urbanen Bürgertum. Sie ist theatralischer und affirmativer, dabei sehr heterogen. F. v. Suppé und J. Strauß Sohn verschmolzen sie mit dem im Vormärz populär gewordenen Walzer zu einem eigenen Genre. In Berlin wurde die Gattung erst 1897 mit P. Linckes »Venus auf Erden« etabliert. Die Berliner O. behandelte lokale Stoffe, war unsentimental, zuweilen derb ironisch, verwendete Schlagermelodien und näherte sich der Revue. Zum größten dt. O.nkomponisten wurde ab 1919 E. Künneke. Durch mediale Vermarktung mit Hilfe der aufkommenden Phonographen erlangten O.nmelodien und Tanzmusiken enorme Popularität, die sich auch in der Entstehung sog. O.nfilme (»Die Drei von der Tankstelle«, 1930) zeigte. Die eigentliche künstlerische Produktivität des Genres endet

1933, mit Ausläufern bis in die 1960er Jahre (R. Stolz). Von Beginn an wurde die O. als anspruchslose Unterhaltung abgewertet; insbes. die Werke der Jh.wende entbehren tatsächlich jener leichtfüßigen Zeitbezogenheit, die J. Offenbach erreicht hatte. Erst in jüngster Zeit bemüht sich die Forschung um ein vorurteilsfreies kulturwissenschaftliches Verständnis.
Lit.: H. Haslmayr, J. Jewanski: O. In: MGG², Sachteil. – V. Klotz: O. Mchn. 1991. – U. Müller: O. In: RLW. – J. Thiele: Lexikon der O. Mchn. 1997. – E. Weissweiler: Ausgemerzt! Das Lexikon der Juden in der Musik und seine mörderischen Folgen. Köln 1999. – D. Zimmerschied: O. Wiesbaden 1988.   JBR
Opisthographon, n. [gr. = auf der Rückseite Beschriebenes], in der Papyrologie ein ausnahmsweise auch auf der Rückseite beschriebener Papyrus. ↗ Anopisthographon.   JK/Red.
Opitzianismus ↗ schlesische Dichterschule.
Oppositio, f. [lat. = Entgegensetzung], ↗ rhet. Figur: 1. ↗ Antithese; 2. Koppelung einer negativen und positiven Formulierung derselben Aussage (etwa ↗ Litotes + direkte Aussage): ›er ist nicht reich, er ist sehr arm‹; ›al weinde, sunder lachen‹. Mittel der ↗ Amplificatio, beliebt in der Bibel und mal. Lit.   GS/Red.
Opus ↗ Werk.
Oralität, f. [engl. *orality*], ↗ Mündlichkeit/Schriftlichkeit.
Oral Poetry, f. [engl.], auch: *oral formulaic poetry*; mündliche Dichtung, die nicht mit Hilfe des Mediums der ↗ Schrift entstanden ist und/oder tradiert wurde (↗ Mündlichkeit/Schriftlichkeit). Die mündliche Überlieferung kann dabei einerseits konstant, ohne jede Veränderung sein, was bes. bei magischen, gnomischen und juristischen Texten von Bedeutung ist. Im Bereich der erzählenden Dichtung ist die Überlieferung dagegen variierend und improvisierend an die jeweilige Vortragssituation gebunden; sie ist unter Beibehaltung eines bestimmten Stoffes in formaler Hinsicht neuschöpfend, erweiternd oder verkürzend. – Aus den mnemotechnischen Notwendigkeiten des mündlichen Erzählens resultieren wichtige Merkmale der O. P.: das Auftreten bestimmter Strukturschemata, Formelhaftigkeit, Wiederholungen, parataktische Syntax (Zeilenstil) und ↗ Vorausdeutungen. Nach Vorarbeiten von Volkskundlern wie M. Murko und Philologen wie A. Meillet untersuchte M. Parry zur Bestätigung seiner These, die homerischen Epen seien mündliche Dichtung, zunächst allein, dann mit seinem Schüler A. Lord, die noch lebendige mündliche Dichtung der bosnischen Guslaren. – Die germanistische Forschung versuchte Elemente der O. P. in der mhd. ↗ Heldenepik zu finden; allerdings kann die in diesen schriftlich überlieferten Texten zu beobachtende Formelhaftigkeit als eine bewusste Signatur aufgefasst werden, die eine mündliche Tradition bloß zu fingieren sucht. – Durch die Technisierung und Alphabetisierung der modernen Welt ist die O. P. einerseits auf dem Rückzug – in Europa etwa nur noch bei Samen, Finnen und Es-

ten zu beobachten. Andererseits entstehen in der Gegenwart auch neue Formen der O. P. wie die *Stand-up Comedy* oder der ↗ *Poetry Slam*.
Lit.: E. R. Haymes: Das mündliche Epos. Stgt. 1977. – A. Lord: Der Sänger erzählt. Wie ein Epos entsteht [engl. 1960]. Mchn. 1965. – N. Voorwinden: O. p. In: RLW. – P. Zumthor: Einf. in die mündliche Dichtung [frz. 1983]. Bln. 1990.   WB
Orator, m. [lat.], Redner. ↗ Rhet.
Oratorium, n. [kirchenlat. = Bethaus, von lat. *orare* = beten], musikalische Großform, die Vertonungen eigens angefertigter geistlicher, meist nichtliturgischer Texte für nichtszenische Aufführungen mit Solostimmen (Arien, Rezitative) und Chören mit Orgel- oder Orchesterbegleitung umfasst. Ab 1843 (R. Schumann: »Das Paradies und die Peri«) entstanden auch weltliche Werke, meist zu exotischen Themen. Die Beziehung zur ↗ Oper ist umstritten. Der Stoff des O.s stammt zunächst aus dem AT, seltener aus den Evangelien (fast nur Weihnachtsgeschichte und Passion), häufig aus Heiligenviten. Die Gattung entstand im Zusammenhang mit der Gegenreformation nach dem Konzil von Trient (1545–63), speziell durch Filippo Neri und die von ihm begründete Bruderschaft der Oratorianer. Neris Andachten (*Esercizi spirituali*), die, ausgehend von den dialogischen geistlichen ↗ Madrigalen, seit Mitte des 16. Jh.s in einer Kirche in Rom stattfanden, zogen Publikum an und bildeten den religiös-musikalischen Ausgangspunkt für die Entwicklung des O.s. Das erste so bezeichnete Werk ist das »Oratorio della Purificatione« von P. della Valle von 1640; um 1660 hatten sich Gattung und Begriff in ganz Italien etabliert, ab 1730 verbreitete sich das Repertoire in fast ganz Europa. Öffentliche und halböffentliche Andachts- und Aufführungsorte waren Kirchen, Klöster, Lehrinstitute, Höfe sowie Privathäuser, im 18. Jh. auch Theater und Opernhäuser. In Deutschland etablierte sich das O. erst in der zweiten Hälfte des 18. Jh.s, wobei eine Verschiebung zu einem überkonfessionell milden Rationalismus (Aufklärung) wie zur Empfindsamkeit festzustellen ist. Im Geist einer Ästhetik des Erhabenen und Genialen entstanden G. F. Händels bis heute idealtypische monumentale Komposition des (engl.sprachigen) »Messiah« (1742, 1770 von J. G. Herder ins Dt. übersetzt) und nach deren Vorbild die begeistert gefeierte »Schöpfung« (1798) J. Haydns sowie seine »Jahreszeiten« (1801). Im 19. Jh. schufen L. Spohr, F. Mendelssohn-Bartholdy, R. Schumann und F. Liszt Oratorien. Im 20. Jh. begegnen überwiegend reflexive oder ironische Auseinandersetzungen mit der Gattung (z. B. G. Benn, P. Hindemith: »Das Unaufhörliche«, 1931).
Lit.: S. Leopold: Oratorienführer. Stgt. 2000. – Ch. F. Lorenz: O. In: RLW. – G. Massenkeil, S. Mauser: Hb. der musikalischen Gattungen. Bd. 10: O. und Passion. Laaber 1999. – G. Massenkeil u. a.: O. In: MGG², Sachteil. – A. Schering: Geschichte des O.s [1911]. Lpz. ²1965.   JBR

Orbis pictus, m. [lat. = gemalter Erdkreis], Kurztitel des 1658 von J. A. Comenius in Nürnberg herausgebrachten »Orbis sensualium pictus. Die sichtbare Welt«. Die dominante Bildausstattung des ↗ Lexikons, die im Zusammenhang mit der Entwicklung optischer Hilfsmittel (Teleskop, Mikroskop) steht, sollte muttersprachliche und lat. Wörter mit den Sachverhalten verbinden und durch ›Beschauung‹ und ›Belustigung‹ nicht nur Erwachsenen, sondern auch Kindern im häuslichen Vorschulunterricht grundlegende Lerninhalte, etwa aus der Geographie und Naturkunde, zugänglich machen. – Der universale Bildungsanspruch ist vom Glauben an eine stufenweise Wiederannäherung der Menschheit an ein göttliches Friedensreich getragen und soll von Gelehrten und Geistlichen in einer angestrebten Universalsprache realisiert werden. Angestoßen wurde damit nicht nur die Konjunktur der ↗ Enzyklopädien des 18. Jh.s in ihrer umfassenden, ganzheitlichen Ausrichtung, sondern auch die Entwicklung des ↗ Lesebuches (K. Ph. Moritz: »Neues A. B. C.-Buch«, 1790), freilich unter säkularisierten Aspekten, die auch die Adaptionen des O. p. im 19. Jh. bestimmen (J. E. Gailer 1833; H. Becker/J. Ch. Schneemann 1843 u. a.). – Gelegentlich dient der Begriff ›O. p.‹ auch als allg. Typenbez. für enzyklopädische, mit Bildzusätzen und didaktischen Aufbereitungen versehene Lehrbücher der Frühen Neuzeit.
Lit.: R. Alt: Herkunft und Bedeutung des O. p. Bln. 1970. – H. Hornstein: Die Dinge sehen, wie sie aus sich selber sind. Baltmannsweiler 1997. RK

Orchestra, f. [gr. = Tanzplatz], im antiken Theater der Bereich zwischen ↗ Bühne und Publikum; Stand- und Tanzplatz des Chors bei Theateraufführungen. Die O. ist wahrscheinlich der älteste Teil des antiken gr. Theaters. Schon vor der Aufnahme von Theaterstücken in das Festprogramm stellt sie (mit einem Altar in der Mitte) das Zentrum der Athener Dionysos-Feierlichkeiten dar. Mit dem Übergang von den chorischen zu den dramatischen Aufführungen wird der Altar an den Rand der O. verlegt und verschwindet später ganz. Bei den ersten Tragödienaufführungen (um 534 v. Chr.) findet das Geschehen im Wesentlichen in der O. statt, verlagert sich aber zunehmend auf eine flache Bretterbühne, mit der die O. durch eine Treppe verbunden ist (↗ Skene). Die O. wird nun vom Chor und gelegentlich für Personenauftritte und -abgänge (z. T. mit Pferdewagen) genutzt, übernimmt während der Großen Dionysien aber auch andere Funktionen (z. B. werden dort die Überschüsse des Staatshaushaltes präsentiert). Vermutlich war die O. zunächst rechteckig, spätestens ab dem 4. Jh. v. Chr. kreisrund. Mit dem zunehmenden Bedeutungsschwund des Chors verliert die O. ihre zentrale Funktion. In den antiken röm. Theatern ist sie halbkreisförmig angelegt und wird zumeist mit Stuhlreihen für die Senatoren gefüllt, gelegentlich auch zu einem Schwimmbecken für Wasserballette umgebaut. In den Nachbildungen der ↗ Renaissance dient der Raum der Hofgesellschaft, die über eine Treppe während der Aufführungen die Bühne betreten konnte. Ab dem 17. Jh. wird der Platz der Musiker aus dem hinteren Bühnenraum in den Halbkreis vor der Bühne verlegt, was schließlich zur metonymischen Übertragung des Begriffs ›O.‹ auf die dort spielenden Musiker führt (J.-J. Rousseau: »Dictionnaire«, 1767).
Lit.: H.-D. Blume: Theater. In: NPauly. Bd. 12/1, Sp. 254–274. – H. Lohmann: Zur baugeschichtlichen Entwicklung des antiken Theaters. In: G. Binder, B. Effe (Hg.): Das antike Theater. Trier 1998, S. 191–249. TH

Ordensliteratur, Lit., die als spezifisch für die Frömmigkeit eines christlichen Ordens angesehen wird. In diesem Sinne ist O., was sich einem aus bestimmten Quellen abstrahierten Profil einpassen lässt, unabhängig davon, ob die Verfasser Mitglieder des Ordens waren, in seinem Auftrag oder nur in seinem Umfeld schrieben. Die im Ganzen recht homogene ↗ Deutschordenslit. etwa konstituiert sich als Texten unterschiedlichster Herkunft, während die Lit. der Franziskaner trotz beträchtlicher korporativer Identität »die geschichtliche Konsistenz« (Ruh, Bd. 2, S. VIII) zu fehlen scheint. Der Begriff ›O.‹ deckt keineswegs das Gesamt, ja nicht einmal die Mehrheit der in den Orden entstandenen Lit. ab. Er ignoriert unspezifische Texte ebenso wie die z. T. weitreichenden Übereinstimmungen zwischen den Orden. Die Sinnhaftigkeit einer Klassifikation von Lit. über geistliche Gemeinschaften ist daher zuletzt aus methodologischen Gründen infrage gestellt worden. Dem steht nicht entgegen, dass der Einfluss bestimmter Orden auf die Produktion ihrer Lit. zu bestimmten Zeiten als nennenswert beurteilt werden muss (Zisterzienser im 12. Jh., Franziskaner und Dominikaner im 13. Jh.). Ein spezifisches Profil weist die zum Zweck der Rekatholisierung verfasste ↗ Jesuitendichtung des 16./17. Jh.s auf.
Lit.: Ch. Fasbender: Die dt. Philologie und das Erbe der Kartäuser. In: J. Ganz, M. Früh (Hg.): Das Erbe der Kartäuser. Salzburg 2000, S. 134–146. – K. Ruh (Hg.): Franziskanisches Schrifttum im dt. MA. 2 Bde. Mchn. 1965/85. CF

Orientalisierende Dichtung, Lit., die durch orientalische Kulturen oder Bilder vom Orient beeinflusst ist. Zu unterscheiden sind drei Arten o.r D.: 1. Rezeption orientalischer Stoffe und Themen; 2. produktive Aneignung orientalischer Ideen und Philosopheme; 3. Nachbildung orientalischer Lit., v. a. Lyrik, nach Form und Gehalt. Lit.geschichtlich gilt nur die dritte Gruppe als o. D. im engeren Sinne; es ist die Phase dt. Dichtung, die mit J. W. Goethes »West-östlichem Divan« eröffnet wird und orientalische Dichtformen wie ↗ Ghasel und ↗ Makame pflegt.
Im MA. beeinflusst der islamische Orient indirekt (über Frankreich und Italien) die dt. Lit. v. a. durch die Kreuzzüge: vgl. stoffliche Übernahmen in der Novellistik (etwa aus »1001 Nacht« in den »Gesta Romanorum«), in Märchen und Sagen und in der höfischen Epik (z. B. der edle Heide im »Parzival«). Seit dem 14. Jh. (Türkenbedrohung im Südosten) rückte das Inter-

esse für den osmanischen Nachbarn in den Vordergrund. Der Fall Konstantinopels (1453), die nachfolgende Expansion des osmanischen Reichs und die daraus resultierende unmittelbare Nachbarschaft zum Dt. Reich verliehen dem Orient den Charakter einer Bedrohung, die sich in zahlreichen Traktaten und Flugblättern manifestierte. Anregend wirkten neben der ersten Belagerung Wiens 1529 die verschiedenen Reiseberichte und Erinnerungen ehemaliger türk. Kriegsgefangener (B. Georgevic, H. Schiltberger, G. Mühlbacher) auf die Fastnachtsspiele (Hans Rosenplüt 1453), die Türkendramen der Humanisten und die Türkenspiele des 16./17. Jh.s. In der zweiten Hälfte des 17. Jh.s wurde die Auseinandersetzung zwischen Christen (Märtyrertypus) und Türken (Typus des despotischen Herrschers) in den barocken Kunstdramen (A. Gryphius, D. C. v. Lohenstein, A. A. v. Haugwitz), den Jesuitendramen (bayrisch-österr. Raum) und in Romanen und Novellen (Ph. v. Zesen, E. W. Happel, G. Ph. Harsdörffer) gestaltet. Bes. die zweite türk. Belagerung Wiens von 1683 fand motivischen Widerhall in Drama und Oper. Im Anschluss an das 1647 entstandene Reisebuch des A. Olearius und dessen Übers. von Saadis »Gulistan« (1656) rückte Persien in den Gesichtskreis dt. Lit. Exotische o. D. bildete sich v. a. in Frankreich und Italien und wirkte von dort auf die dt. Epik und Dramatik des ↗ Barock. Trotz früher Berührungen Chinas mit Europa (Johannes von Montecorvino, Marco Polo) trat chines. Lit. und Kultur erst im 16. und 17. Jh. in das europäische Bewusstsein, hauptsächlich als Folge jesuitischer Missionen. Japan tauchte vor den Reisebeschreibungen E. Kämpfers (1777 dt.) und F. v. Siebolds (1832–52) in den jesuitischen »Märtyrerdramen« des 17. Jh.s zum ersten Mal als Schauplatz lit. Werke auf. – Gefördert durch die aufkommende Wissenschaft der Orientalistik brachte die ↗ Aufklärung dem philosophischen und theologischen Phänomen des Islam und der Gestalt Mohammeds größeres Verständnis entgegen. Türk., meist heitere und märchenhafte Motive und Gestalten drangen in die it. Oper und das dt. Singspiel des 18. Jh.s ein (Ch. W. v. Gluck, W. A. Mozart, F. Boïeldieu, G. Rossini). Zahlreiche Übers.en, allen voran die frz. der »1001 Nacht« (1704/14) von A. Galland, riefen eine nachahmend orientalisierende Belletristik hervor (Bearbeitungen von A. Bohse-Talander, J. G. Schummel, J. H. Voß): ↗ Feengeschichten, »morgenländische Erzählungen« (Ch. M. Wieland: »Oberon«, 1780), aber auch zeitkritische und satirische Schriften (Voltaire) und fingierte Reisebriefe (Ch.-L. de Montesquieu »Lettres persanes«, 1721). Zahlreiche Dichter der Aufklärung wie Ch. F. Gellert, F. v. Hagedorn, A. v. Haller, J. W. Gleim, G. E. Lessing (»Nathan der Weise«, 1779) bedienten sich orientalischer Motive, bes. im Drama und der phantastischen Erzählung. Der Kontakt zwischen Orientalisten und Schriftstellern oder die Personalunion zwischen Dichter und Übersetzer (A. W. und F. Schlegel, F. Rückert) förderte den Einfluss

orientalischer Lit. Auch J. G. Hamann und J. G. Herder wandten ihre Aufmerksamkeit orientalischer Dichtung zu. Goethe wurde zur Beschäftigung mit dem Islam und der Person Mohammeds (»Mahomets Gesang«, 1773) auch von der ersten dt. Koran-Übers. D. F. Megelins (1772) angeregt. Reisebeschreibungen und der Import chines. Waren (Porzellan, Seide, Kunstgewerbe) lösten eine von Frankreich aus auf dem Kontinent sich ausbreitende ›chines. Mode‹ (Chinoiserien des Rokoko) aus. Übertragungen philosophischer Hauptwerke Chinas, v. a. die konfuzianische Morallehre, wirkten auf die ↗ Enzyklopädisten und Voltaire, in Deutschland bes. auf G. W. Leibniz und Ch. Wolff. Philosophische Einflüsse lassen sich nachweisen in ↗ Staatsromanen A. v. Hallers (»Usong«, 1771) und Wielands (»Der goldene Spiegel«, 1772), in Gedichten und Verserzählungen G. K. Pfeffels und L. Unzers. F. Schiller und J. W. Goethe haben sich trotz Reserviertheit gegenüber der China-Mode mit chines. Themen beschäftigt. Goethe z. B. hat in den »Chines.-dt. Jahres- und Tageszeiten« (1827) ein knappes Pendant zu den »Divan«-Gedichten geschaffen. Die ↗ Romantik schätzte die orientalischen Dichtungen als der Antike gleichrangig. F. Schlegel versuchte nach theoretischen Reflexionen (»Gespräch über die Poesie«, 1800), durch Übertragungen aus dem Pers. und aus dem Sanskrit (»Über die Sprache und Weisheit der Indier«, 1808) die dt. Poesie gemäß seinen romantischen Zielen zu erneuern. Stufen der Aneignung ind. Dichtung kennzeichnen G. Forsters Übers. von Kalidasas Drama »Sakuntala« (1791, nach der engl. Übers. von W. Jones), Herders Sammlung »Gedanken einiger Bramanen« (1792) und die Übers.en der Brüder Schlegel. Sie wirkten v. a. auf den romantischen Heidelberger Kreis (J. J. v. Görres, F. Creuzer). – Rückert übertrug ind. Dramatik, Lyrik und Epik, die ihn zu den zwanzig Büchern seiner eigenen Versspruchdichtung »Die Weisheit des Brahmanen« (1836/39) anregten. Die buddhistische Religion übte, vermittelt über die Werke A. Schopenhauers, R. Wagners und F. Nietzsches, tiefreichenden Einfluss auf die Philosophie in Deutschland aus. Einen weiteren Schritt auf dem Weg geistigen Eindringens in östliche (pers.) Poesie und zugleich die wichtigste Stufe ›produktiver Rezeption‹ bedeutete Goethes »West-östlicher Divan« (1819), der zwar von J. v. Hammer-Purgstalls Schriften (bes. »Geschichte der schönen Redekünste Persiens«, 1818; »Der Diwan von Mohammed Schemsed-din Hafis«, 1812 f.) entscheidend beeinflusst worden ist, aber auch auf ältere Interessen zurückgriff und der eine dichterische Synthese des Westens und des Ostens anstrebte, ohne jedoch anders als näherungsweise die orientalischen Dichtformen nachzuahmen. Seit Goethe ist Hafis der meistübersetzte und meistgenannte pers. Dichter im 19. Jh. Aus politischen Motiven entstand in der Romantik, im ↗ Jungen Deutschland und im ↗ Vormärz das negative Bild von der erstarrten, ›mumienhaften‹ Kultur Chinas: Die politischen Lyriker kritisierten mit

Hilfe des China-Symbols die europäische Reaktion (H. Heine, A. H. Hoffmann von Fallersleben); der Chinese wurde im Lustspiel zur belächelten Figur.

O. D. im engeren Sinne (3) produzierten die an Goethes »Divan« anschließenden Lyriker, indem sie die lyrischen Formen des Orients wie Ghasel, Makame und ⌐ Qaside in dt. Sprache adäquat nachzubilden suchten. Das gilt für die zahlreichen Übers.en Rückerts aus der gesamten orientalischen Lit. (Arabien, Indien, Persien, Vorderasien, Ostasien), seine eigenen, an pers. Vorbilder anknüpfenden oder motivlich nicht orientalischen Dichtungen und für die dt. Ghaselen A. v. Platens (1823). Die Nachbildung der arab.-pers. Formen beschränkte sich meist auf die Reimordnung; das quantitierende Silbenmaß fand nur in seltenen Fällen eine Entsprechung (etwa in Platens Übers. von Nisamis »Iskandernameh«). In den epigonalen Dichtungen des ⌐ Münchner Dichterkreises war die Ghaselen- neben der Sonetten-›Fabrikation‹ von bes. Bedeutung. Hebr.-vorderorientalische Einflüsse finden sich bes. im lyrischen Werk von E. Lasker-Schüler und zahlreichen jüdischen Exilautoren (K. Wolfskehl, N. Sachs). Gegenüber dem Einfluss in der Lyrik fällt derjenige in der Epik und Dramatik kaum ins Gewicht. Formaler Einfluss pers. Dichtung findet sich im 20. Jh. etwa in Gedichten St. Georges und Ch. Morgensterns. Thematisch und stofflich wirken auf zahlreiche Schriftsteller die Türkei, Arabien und Persien. Im 20. Jh. entstand eine exotische Art ind. Dichtung (R. Kipling); daneben reizte buddhistische Thematik zu verschiedenen Gestaltungen (H. Hesse, A. Döblin). Ind. Stoffe sind in erzählender Lit. verarbeitet von M. Dauthendey, H. Sudermann, O. Loerke, St. Zweig, E. Wiechert; dramatisch bearbeitet von L. Feuchtwanger, M. Luserke; lyrisch von L. Scharf, R. A. Schröder, H. Bethge, P. Zech, F. Werfel; Tagebuchaufzeichnungen verfasst und illustriert hat G. Grass (»Zunge zeigen«, 1988). In der ersten Hälfte des 20. Jh.s wirkten neben chines. Kunst die Übers.en von R. Wilhelm (seit 1910), V. Hundhausen und F. Kuhn (1920er Jahre); bes. wichtig sind die zahlreichen Übers.en des »Tao-te-king«. Chines. Motive finden sich bei F. Kafka (»Beim Bau der chines. Mauer«, 1918 f.), H. Hesse (»Das Glasperlenspiel«, 1943), B. Brecht (»Der gute Mensch von Sezuan«), M. Frisch (»Die chines. Mauer«, 1946) und bes. häufig in Nachdichtungen des chines. Kreidekreismotivs (Klabund, H. Günther, B. Brecht). In der Lyrik sind bes. wirksam die spätexpressionistisch übersteigerten Nachdichtungen Klabunds. Jap. Lit. mit Erzählungen, Romanen, Tagebüchern wird durch Übers.en v. a. im 20. Jh. in Europa bekannt. Schon im ⌐ Jugendstil sind jap. Einflüsse deutlich erkennbar. Von jap. Thematik beeinflusst sind etwa M. Dauthendey in verschiedenen Erzählsammlungen (»Die acht Gesichter am Biwasee«, 1911), P. Altenberg, B. Kellermann, F. Thieß und M. Brod. Jap. Motive des ⌐ Nô-Spiels (Samurai, Selbstopfer) behandeln W. v. Scholz (»Die Pflicht«, 1932), M. Jelusich, B. Brecht, G. Kaiser (»Der Soldat Tanaka«,

1940) und Klabund. Nachdichtungen der jap. Gedichtformen des ⌐ Haiku, des Sedoka und des ⌐ Tanka wurden versucht von H. Bethge, Klabund, M. Bruns, M. Hausmann u. a. – Probleme der o.n D. werden heute meist in den Kontext der Debatte um den ⌐ Orientalismus gestellt.

Lit.: U. Aurich: China im Spiegel der dt. Lit. des 18. Jh.s. Bln. 1935. Nachdr. Nendeln/Liechtenstein 1967. – N. Bermann: Orientalismus, Kolonialismus und Moderne. Stgt. 1996. – A. Fuchs-Sumiyoshi: Orientalismus in der dt. Lit. Hildesheim 1984. – V. Ganeshan: Das Indienbild dt. Dichter um 1900. Bonn 1975. – Th. Koebner, G. Pickerodt (Hg.): Die andere Welt. Studien zum Exotismus. Ffm. 1987. – D. Magill: Lit. Reisen in die exotische Fremde. Ffm. u. a. 1989. – A. Maler (Hg.): Exotische Welt in populären Lektüren. Tüb. 1990. – A. Polaschegg: Der andere Orientalismus. Bln., NY 2005. – H.-G. Schwarz: Der Orient und die Ästhetik der Moderne. Mchn. 2003.   GG

Orientalismus, m. [engl. *orientalism*], von E. Said (1978) geprägte Bez. für ein Konzept kultureller Wahrnehmung, das in der westlichen Welt seit dem 19. Jh. zur Beschreibung sozialer und kultureller Phänomene der Gesellschaften des ›Orients‹ (d. h. des Nahen und Mittleren Ostens sowie Nordafrikas) verwendet wird. Die Konstrukte des O. sind eurozentrisch und bedienen sich zahlreicher vorgefasster reduktionistischer Anschauungen. Durch die Konstitution einer spezifischen Betrachtungsweise fremder Kulturen trägt der O. zugleich zur Identitätsbildung des Westens bei. Konzepte des O. basieren in Lit. und Kunst (⌐ Exotismus) ebenso wie in historischen und philologischen Wissenschaftsdisziplinen. Häufig ist auch der Gebrauch sozialer Typisierungen (z. B. der Rolle der Frau). Auf ideologisch-politischer Ebene dient der O. der Begründung und Legitimierung imperialistischer Tendenzen. Für das Gebiet der Lit. gibt Said Beispiele zum O. in Werken von F. R. de Chateaubriand, A.-M.-L. de Lamartine, G. de Nerval, G. Flaubert, B. Disraeli, R. Burton u. a. (weitere Beispiele: ⌐ orientalisierende Dichtung). Said beschrieb O. als Erster umfassend als Diskurs des Anderen und wurde damit zu einem der Begründer der Theorie des ⌐ Postkolonialismus.

Lit.: L. Ezzaher: Writing and Cultural influence. NY 2003. – A. Fuchs-Sumiyoshi: O. in der dt. Lit. Hildesheim 1984. – S. Kohlhammer: Populistisch, antiwissenschaftlich, erfolgreich. E. Saids »O.«. In: Merkur 56 (2002), S. 289–299. – E. W. Said: Orientalism. NY 1978. – Ders.: Culture and Imperialism. NY 1993. – B. S. Turner: Orientalism, Postmodernism and Globalism. Ldn. 1994. – M. Yeğenoğlu: Colonial fantasies. Towards a Feminist Reading of Orientalism. Cambridge 1999.
                                              WS

Original, n. [lat. *originalis* = ursprünglich], 1. vom Urheber stammende Fassung eines lit. oder künstlerischen Werkes, im Unterschied zur Kopie, Nachbildung, Zweitfassung, Umarbeitung, Fälschung; 2. Druckvorlage (⌐ Manuskript, ⌐ Typoskript); 3. rechtswirksame Urschrift, Urtext; 4. authentische Fassung eines Textes in der Ausgangssprache als Vorlage einer ↗ Übers.; 5. eigenwilliger Mensch, Sonderling; lit. v. a. in der Erzählkunst des 19. Jh.s gestaltet: G. Keller: »Leute von Seldwyla«, W. Raabe: »Stopfkuchen«. GS/Red.

Originalität, f. [frz. *originalité* = Eigentümlichkeit, Ursprünglichkeit; von lat. *originalis* = ursprünglich], 1. die Echtheit eines Dokuments, Textes oder Kunstwerks, die u. a. im Kontext der ↗ Edition und des ↗ Urheberrechts relevant ist; 2. die mit einem Kunstwerk verbundene ästhetische Innovation; 3. die schöpferische Qualität eines Künstlers oder Dichters. Zwar schätzen bereits ↗ Rhet. und ↗ Poetik das Ingenium als kreatives Vermögen, doch erst das naturhaft gedachte ↗ Genie des Künstlers, wie es in der im 18. Jh. entstehenden Genie- und ↗ Autonomieästhetik insbes. E. Youngs »Conjectures on Original Composition« (1759) entwirft, macht die O. lange Zeit zum wichtigsten Kriterium ästhetischer ↗ Produktion und ihrer Kritik. Diese werden so an eine bürgerliche Auffassung von Subjektivität und ihre heroisierende Übersteigerung zum großen Menschen, zum Seher und ↗ Dichter (↗ Poeta vates) gebunden, und damit auch an spiritualisierte und sakralisierte Naturauffassungen und Konzeptionen des ↗ Erhabenen und an Wertungsvorstellungen des Singulären, der ästhetischen Innovation und Überbietung. Mit der Problematisierung dieser Autor- und Werkkonzeptionen seit der ↗ Moderne (z. B. bei B. Brecht, J. Kristeva oder R. Barthes) erhalten Verfahren der ↗ Montage, der ↗ Intertextualität, der ↗ Wiederholung und des ↗ Zitats ebenso wie das vormals nur negative Wertungskriterium des Epigonalen (↗ epigonale Lit.) einen neuen Stellenwert. – Statt von ›O.‹ ist heute häufig – in allen drei Bedeutungen – auch von ↗ ›Authentizität‹ die Rede.
Lit.: W. Haug, B. Wachinger (Hg.): Innovation und O. Tüb. 1993. – F. Vollhardt: O. In: RLW. LVL

Ornatus, m. [lat. = Schmuck; gr. *kósmos*], in der Rhet. stilistische Ausschmückung des sprachlichen Ausdrucks. Als Teil der ↗ Elocutio setzt der O. sprachliche ↗ Klarheit und Reinheit voraus. Er dient der Überzeugung des Hörers von Argumentation und Zielsetzung des Redners sowie allg. der Steigerung (↗ Amplificatio) von Aufmerksamkeit und ästhetischem Genuss. Das rhet. System unterscheidet verschiedene Formen des O. (↗ rhet. Figuren), und zwar 1. in Einzelwörtern: ↗ Archaismus, ↗ Neologismus und Tropen (Tropus [1]; ↗ Hyperbel, ↗ Metapher); 2. in Wortverbindungen: Wortfiguren (↗ Anapher, ↗ Chiasmus), Sinnfiguren (↗ Paradoxon, ↗ Oxymoron) und Wortfügungen (↗ Hiatus, ↗ Zäsur). Das schmückende Beiwort in einer stehenden Wendung (›geneigter Leser‹) wird als *epitheton ornans* bezeichnet (↗ Epitheton). Die Auswahl des O. orientiert sich an der inneren und äußeren ↗ Angemessenheit (↗ *aptum, decorum*). – Obwohl der Grad der Schmuckfülle im Einzeltext kaum messbar ist, richtet sich die Dichte des O. in Antike und Früher Neuzeit nach den drei Hauptstilarten (↗ Genera dicendi: *genus*

humile mit wenig, *genus mediocre* mit mittlerem, *genus grande* mit schwerem O.). In der mal. Zwei-Stil-Lehre unterscheidet man dagegen unabhängig vom poetischen Gegenstand nur leichten und schweren Schmuck (*O. facilis* und *difficilis*). Reicher O. prägt den geblümten Stil (↗ geblümte Rede) der spätmal. Volkslit. und den ↗ Manierismus.
Lit.: F. P. Knapp: O. In: RLW. – G. Ueding, B. Steinbrink: Grundriß der Rhet. [1976]. Stgt., Weimar ³1994, S. 283–327. JW

Orphische Dichtung, Gruppe hymnischer und epischer Gedichte, die schon in der Antike dem mythischen Sänger und Seher Orpheus zugeschrieben wurden. Sie behandeln u. a. Kosmogonie und Theogonie, Jenseits und Wiedergeburt. Auffallend ist die ↗ Personifikation abstrakter Begriffe, z. B. Zeit, Natur, Notwendigkeit. – Einige o. D. en stammen aus dem Umfeld lokaler, oft bakchischer oder pythagoreischer Sekten im ostgr. Raum und Unteritalien und dienten wohl als Kulttexte (z. B. ein Corpus von 87 ↗ Hymnen). Nur vermuten kann man asiatisch-orientalische, vielleicht schamanistische Ursprünge. Plättchen aus Gold und Bein mit orphischer Inschrift dienten den Initiierten wohl als Pässe für das Jenseits. Lokale Traditionen gingen synkretistische Verbindungen ein: So machte man Orpheus zum Stifter der Mysterien von Eleusis. Von der Annahme einer homogenen Gemeinschaft von ›Orphikern‹ ist man indes abgerückt. – Die »Argonautika« (wohl erst aus dem 4. Jh. n. Chr., beeinflusst vom ↗ Epos des Apollonios von Rhodos) ist ein Bericht von Orpheus' Teilnahme an der Argonautenfahrt und ähnlich ›autobiographisch‹ wie eine verlorene »Unterweltreise« (↗ ›Katabasis‹). Die 24 Bücher »Heilige Reden« (*hieroí lógoi*), eine hellenistische Kompilation älterer theologischer Texte, sind nur fragmentarisch, bes. bei neuplatonischen Autoren der röm. Kaiserzeit, überliefert. – Die o. D. inspirierte nicht zuletzt wegen ihres orakelhaften Charakters und der Rolle ihres vermeintlichen Autors als ›Urdichter‹ und Seher (↗ Poeta vates) viele Autoren zur Nachahmung, z. B. J. W. Goethe (»Urworte. Orphisch«), St. Mallarmé, R. M. Rilke (»Sonette an Orpheus«), J. Cocteau, G. Benn (»Orpheus' Tod«) oder I. Bachmann.
Lit.: R. Eisler: Orphisch-Dionysische Mysteriengedanken [1925]. Repr. Hildesheim 1966. – F. Graf: Eleusis und die o. D. Athens in vorhellenistischer Zeit. Bln., NY 1974. – M. Tortorelli Ghidini u. a. (Hg.): Tra Orfeo e Pitagora. Neapel 2000. – M. L. West: The Orphic Poems. Oxford 1983. CLU

Orthographie, f. [von gr. *orthographía*, aus *orthós* = gerade, richtig; *gráphein* = schreiben], Rechtschreibung; 1. die explizite, kodifizierte Norm der Schreibung einer Sprache (*Regeln*); 2. in der Linguistik auch die konventionelle Schreibung, der die Schreibenden einer Sprachgemeinschaft folgen (*Regularitäten*). – Die Funktion der O. ist, dem Leser das Verständnis schriftlicher Texte zu erleichtern bzw. erst zu ermöglichen. Zu den Mitteln der O. (2) gehört bereits die graphische

Gliederung von Texten (z. B. Absatz- und Kapitelbildung); Kernbereiche der O. (1) und (2) in alphabetischen Schriftsystemen (↗Schrift) sind aber die Zuweisung von Schriftzeichen (Graphemen) zu Lauten (Phonemen), Getrennt- und Zusammenschreibung, Groß- und Kleinschreibung sowie Interpunktion. Eine stabile, verbindliche O. ermöglicht Abweichungen zu bestimmten Zwecken, etwa der Darstellung gesprochener Sprache (z. B. im ↗Naturalismus), der Lautwiedergabe (z. B. ↗akustische Dichtung) oder der semantischen Anreicherung (z. B. bei Arno Schmidt). Systematische Abweichungen (z. B. radikale Kleinschreibung) haben neben ästhetischen oft auch politische Gründe.

Lit.: P. Eisenberg, H. Günther (Hg.): Schriftsystem und O. Tüb. 1989. – M. Kohrt: O. In: RLW. – U. Maas: Grundzüge der dt. O. Tüb. 1992. – D. Nerius u. a. (Hg.): Dt. O. [1987]. Mannheim ³2000. RBL und SO

Orthonym, Adjektiv [aus gr. *orthós* = richtig, *ónoma* = Name], mit dem richtigen Namen gezeichnet (als Eigenschaft von Texten und anderen Artefakten). Auch: ↗autonym. Gegensätze sind ↗›pseudonym‹ und ↗›anonym‹.

Oscae personae ↗Atellane.

Ossianische Dichtung, im Gefolge der sog. ↗keltischen Renaissance in der zweiten Hälfte des 18. Jh.s entstandene Lit. Der schottische Dichter James Macpherson veröffentlichte 1760 die Gedichte »Fragments of Ancient Poetry collected in the Highlands of Scotland, and translated from the Gaelic or Erse Language«, und die Epen »Fingal, an Ancient Epic Poem in Six Books« (1762) und »Temora, an Epic Poem« (1763; 1765 als gesammelte o. D.en, 1773 in endgültiger Fassung), die er als Übers.en der Werke eines gälischen Dichters Ossian aus dem 3. Jh. ausgab und die viele Bewunderer fanden (Goethe, Napoleon). – Held dieser Dichtungen ist Fingal, der Vater des Sängers Ossian; Ossian selbst stellt sich als der letzte Überlebende dar, der die Toten seines Stammes in rhythmischer Prosa elegisch besingt. Von einem originalen irischen Sagen-Zyklus um Finn und Ossian sind Prosafragmente des 9. und 10. Jh.s sowie spätere Gedichte erhalten. Macpherson selbst wurde durch Balladen um Ossian, die seit dem 12. Jh. in Irland entstanden und in Schottland seit dem 13. Jh. verbreitet waren, zu seinen Dichtungen angeregt. Nach ersten Übers.en (erste anonyme Teilübers. 1762) schuf 1768/69 M. Denis die erste vollständige Übertragung, allerdings in einer vom Original abweichenden, von F. G. Klopstock übernommenen Form in Hexametern (Übers.en auch 1774 von J. W. Goethe im »Werther«, 1782 von J. G. Herder, 1806 von F. L. Graf zu Stolberg; bis 1800 erschienen insgesamt vier Gesamt- und 24 Teilübers.en, von 1800 bis 1868 neun Gesamt- und zahlreiche Einzelübers.en). Die Übertragung von Denis fand trotz Herders Kritik begeisterte Aufnahme und rief eine kurzlebige Modelit. hervor. Die o. D. wirkte auf Klopstock, die ↗Bardendichtung (Denis, K. F. Kretschmann, H. W. v. Gersten-

berg) und weitere Nachahmer (L. L. Haschka, K. Mastalier), später auch (als düstere Landschafts- und Stimmungsdichtung) auf den ↗Sturm und Drang (G. A. Bürger, J. M. R. Lenz, F. M. Klinger, Goethe, F. Schiller), den ↗Göttinger Hain und die Romantik (L. Tieck). – Ossian wurde im Verlauf der Genie-Debatte neben W. Shakespeare zum Muster des regel-ungebundenen, freischaffenden Künstlers (vgl. Herders Theorie der »Volkspoesie«: »Briefwechsel über Oßian und die Lieder alter Völker«, 1773). Das erwachende Nationalbewusstsein spielte den zum germ. Barden umstilisierten Ossian gegen frz. Regeldichtung und gegen das antike Vorbild Homer aus. Breites lit. Interesse beanspruchten im 18. Jh. auch die Auseinandersetzungen über die Echtheit der Gedichte Macphersons und über die irische oder schottische Herkunft Ossians. Obwohl Drummond und O'Reilly 1829 die Dichtung als ›Fälschung‹ Macphersons aufdeckten, ist die o. D. in ihrer Authentizität bis heute umstritten. Als Umformung eines historischen Textes ist sie ein wichtiges Dokument in der Auseinandersetzung zwischen Geniebewegung und Aufklärung.

Lit.: A. Gillies: Herder und Ossian. Bln. 1933. – W. G. Schmidt: »Homer des Nordens« und »Mutter der Romantik«. J. Macphersons Ossian und seine Rezeption in der dt.sprachigen Lit. 4 Bde. Bln., NY 2003 f. – F. Stafford, H. Gaskill (Hg.): From Gaelic to romantic. Ossian translations. Amsterdam u. a. 1998. GG

Osterlied, ↗Kirchenlied, in dem die Botschaft von der Auferstehung Christi von den Toten verdichtet und vertont ist, gesungen im Zeitraum von Ostern bis Pfingsten. Die lat. Dichtung brachte Osterhymnen hervor, die seit dem 14. Jh. verdeutscht wurden. Ältestes dt. Lied ohne lat. Vorlage ist »Christ ist erstanden«, ein ↗Leis, dessen Melodie und Strophenende »Kyrieleis« auf seinen Ort in der Sequenz »Victimae paschali laudes« hinweisen. Es entstand im 12. Jh. in außerkirchlichen Osterfeiern, fand Aufnahme in die lat. Liturgie und wurde in der Ostermatutin, dem Nachtgebet nach der Prozession zum Heiligen Grab, gesungen. Seine Beliebtheit zeigt sich in der Aufnahme in viele ↗Osterspiele. Die reformatorische Lieddichtung nimmt das Leis auf: Im Lied »Christ lag in Todesbanden« folgt Luther dem Text der ↗Sequenz. »Jesus Christus, unser Heiland« und »Erstanden ist der heilig Christ« lehnen sich an diesen Leis an. Die Lieddichtung des 17./18. Jh.s thematisiert zusätzlich die Auferstehungshoffnung des einzelnen Christen. In neuerer Zeit werden verstärkt Lieder aus der Ökumene, die sich durch den triumphalen Gestus der Osterfreude auszeichnen, in das dt. Liedgut aufgenommen.

Lit.: M. Rößler: Kirchenlied. In: RLW. – I. Scheitler: Geistliches Lied. In: RLW. CFA

Österreichische Literatur, derjenige Teil der dt.sprachigen Lit., der hinsichtlich Herkunft oder Wirkungsort der Autorinnen und Autoren, aufgrund spezifischer identitätsstiftender Themen, Darstellungsweisen oder Funktionen oder wegen vorwiegend regional bzw. national begrenzter Distribution und Rezeption wesentlich mit dem Staatsgebilde Österreichs in seiner jeweiligen historischen Form in Beziehung zu setzen ist. – Als territoriale Grundlage für den Begriff gelten die Herrschaftsbereiche der Babenberger und später der Habsburger sowie das Gebiet der Ersten und der Zweiten Republik. Demgemäß spannt sich der Bogen einschlägiger Autorinnen und Autoren von Heinrich von Melk (12. Jh.) und Walther von der Vogelweide über Kaiser Maximilian I. und A. Blumauer bis hin zu L. Pyrker, R. Musil und P. Handke. Die Zugehörigkeit der Südtiroler zur ö.n L. nach 1919 (z.B. N.C. Kaser) ist umstritten. Texte von Exilanten, v.a. von vor dem Austrofaschismus und dem NS-Regime Geflüchteten (z.B. A. Ehrenstein), wie auch Texte von längere Zeit im Ausland lebenden österr. Autorinnen und Autoren (z.B. E. Fried, H. Spiel) werden dagegen fast ausnahmslos unter den Begriff subsumiert. Für die Zeit des Vielvölkerstaates wird der Terminus einhellig zur Bez. von Dichtung *dt. Sprache* aus allen Teilen der Habsburgermonarchie gebraucht; allenfalls werden dazu in MA. und früher Neuzeit auch lit. Zeugnisse in *lat. Sprache* gezählt (z.B. K. Celtis, M. Denis). Für die Zeit nach der Demokratisierung und der Fixierung des bis heute bestehenden Staatsgebietes hingegen fasst man darunter theoretisch auch die Texte von Angehörigen der *anderssprachigen Minderheiten*, z.B. der österr. Slowenen, Kroaten, Magyaren, Sinti und Roma; praktisch jedoch wird die ö. L. in der öffentlichen Diskussion primär als dt.sprachige verstanden und somit in der Wissenschaft auch als solche untersucht. In Lexik und Syntax ist die ö. L. abhängig von Entstehungszeit und Bedingungen der Publikation mehr oder weniger oberdt. geprägt, insgesamt jedoch allein durch ihre sprachliche Form nicht eindeutig von Texten aus anderen dt.sprachigen Ländern abzugrenzen. Der Begriff ›ö. L.‹ zielt somit nicht auf die Konstituierung einer ↗ Nationallit. im traditionellen Sinne, da dies eine klar abgrenzbare Sprachgemeinschaft oder gar eine über größere Zeiträume hinweg ausgeprägte, homogene kulturnationale Identität voraussetzen würde. Die frühesten Ansätze einer identitätsstiftenden und somit gegenüber anderen Teilen des dt.sprachigen Raumes differenzbildenden Reflexion über die ö. L. sind nämlich erst in der Mitte des 18. Jh.s zu beobachten, und ein breiterer diesbezüglicher Konsens bildet sich noch viel später heraus. Umgekehrt ist die ö. L. nicht in die engeren Schranken einer ↗ Regionallit. (z.B. F. Stelzhamer) zu verweisen, weil ihr weder die unbedingte Bindung an die jeweiligen kleinräumigen Gegebenheiten in sprachlicher Gestaltung, Ortsbezug oder Thema eignet noch ihre Verbreitung und Wirkung weitgehend auf den Einzugsbereich ihrer Entstehung begrenzt ist. Bezüglich der Konfession zeigt sich die ö. L. bis heute vorwiegend kath. geprägt, auch wenn Texte von Autorinnen und Autoren aus einem protestantischen Milieu (z.B. M.v. Ebner-Eschenbach) und v.a. jüdischer Herkunft (z.B. A. Schnitzler) mehr als

Ausnahmen darstellen. Als konstitutiv für die ö. L. gelten jedoch nicht allein bestimmte Merkmale ihrer Produzenten und ihrer äußeren Herstellung, sondern vielmehr auch eine Reihe von literarhistorischen Kriterien, die allerdings jeweils nicht auf alle, sondern lediglich auf viele ihrer Texte zutreffen. Die größte Aufmerksamkeit und Diskussion hat die These vom habsburgischen Mythos erregt (vgl. Magris). Demgemäß sei eine wesentliche Eigenschaft der ö.n L. die Bindung an den Vielvölkerstaat, die sich v.a. in der Akzentuierung einer übernationalen Ideologie und in der bevorzugten Fiktionalisierung von Bürokratismus, Sinnlichkeit und genussfreudigem Hedonismus manifestiert habe. Diese thematischen Schwerpunkte prägen dem Konzept zufolge gerade auch die Dichtung des 20. Jh.s nach dem Zerfall der Donaumonarchie. Als Vorläufer kann F. Grillparzer, als Kronzeugen für diese These können H. v. Doderer und J. Roth gelten. Ausdrücklich ist der habsburgische Mythos aber als literarhistorische Kategorie zu verstehen, nicht als Bestimmung eines nationalen ›Wesens‹ der Austriaken. Ein weiteres oft genanntes Merkmal der ö.n L. stellt die bes. häufige und intensive Thematisierung der Sprache dar, u.a. deren Kritik als ein durch politisch und medial Mächtige missbrauchtes Werkzeug (z.B. K. Kraus) und deren radikale Infragestellung als unzureichendes Instrument der Mitteilung seelischer Befindlichkeiten (z.B. I. Bachmann), ja überhaupt der menschlichen Kommunikation (z.B. H.v. Hofmannsthal). Wiederholt ist ebenfalls auf die ausgeprägte sprachspielerische Komponente in vielen Texten der ö.n L. von der Frühen Neuzeit (z.B. M. Abele) über das 19. Jh. (z.B. J.N. Nestroy) bis zur Gegenwart (z.B. E. Jandl) hingewiesen worden. Zentrale Bedeutung kommt ferner drei spezifischen Formen von intertextuellen Traditionen zu. Erstens kennzeichnet viele Texte der ö.n L. der gehäufte Einsatz bestimmter auffälliger rhet. Gestaltungsmittel, u.a. Worthäufung, Übertreibung oder ↗ Ironie (z.B. J. Beer, Th. Bernhard), manchmal missverständlich unter dem Begriff des ›Barocken‹ zusammengefasst. Zweitens kommt einigen lit. Gattungen eine herausragende Bedeutung zu, v.a. der ↗ Predigt (z.B. Nikolaus von Dinkelsbühl und die ›Wiener Schule‹, Abraham a Sancta Clara, J.V. Neiner) und dem ↗ Volksstück (J.A. Stranitzky, F. Raimund, Ö. v. Horváth) sowie dem Heimatroman des 19. Jh.s (P. Rosegger, L. Ganghofer) und dessen scharfer Negation etwa hundert Jahre später (z.B. F. Innerhofer). Drittens spielen in der ö.n L. komplexe – ästhetisch-formale wie inhaltliche – Verweisstrukturen auf den jeweiligen nationalen ↗ Kanon eine außerordentliche Rolle. So ist etwa die intensive, teils positiv-imitative, teils kritische Rezeption von Biographie und Œuvre N. Lenaus oder A. Stifters maßgeblich für wichtige Teile der ö.n L. des 20. Jh.s. Bes. Erkenntnisgewinn und markante Differenzierungen leistet der Begriff jedoch auf dem Gebiet einer sozial- und politikhistorischen Lit.geschichtsschreibung. Die ö. L. ist während ihrer gesamten Entwicklung signifikant eingebunden in die spezifische Territorial- und Nationalgeschichte des Landes. Die äußeren Bedingungen der Produktion, Distribution und Rezeption sind davon ebenso betroffen wie die poetischen Reflexionen und die Fiktionalisierungen des je zeitgenössischen politischen Systems und der jeweiligen historischen Ereignisse und Tendenzen. In allen diesen Faktoren sind elementare Differenzen zur Geschichte der Lit. in anderen dt. sprachigen Gebieten zu erkennen; man denke etwa an die josephinische Broschürenflut nach Aufhebung der Zensur 1781, die liberale Poesie unter der reaktionären Metternich-Herrschaft (z. B. A. Grün) oder die dramatische und epische Subversion der sozialpartnerschaftlich organisierten Zweiten Republik (P. Turrini, E. Jelinek).

Lit.: C. Magris: Der habsburgische Mythos in der ö.n L. [it. 1963]. Salzburg ²1988. – W. Schmidt-Dengler u. a. (Hg.): Die einen raus – die anderen rein. Kanon und Lit. Bln. 1994. – Dies. (Hg.): Lit.geschichte: Österreich. Bln. 1995. – H. Zeman (Hg.): Lit.geschichte Österreichs. Graz 1996. – Ders. (Hg.): Die ö. L. Bde. 1.1–4.2. Graz 1979–89. – K. Zeyringer: Ö.L. seit 1945. Innsbruck 2001.   RGB

Osterspiel, Typus des mal. ↗ geistlichen Spiels, der die heilsgeschichtlichen Ereignisse um die Auferstehung Christi dramatisch umsetzt. – Vom 13. Jh. bis in die erste Hälfte des 16. Jh.s – mit größter Verbreitung im 15. Jh. – sind lat., misch- und volkssprachliche Spieltexte erhalten. Auf der Basis liturgischer, neutestamentlicher und apokrypher Quellen wird in Form der Reihung bestimmter, in Bestand und Anordnung variierender episodischer Szenen das nach Abschluss der Passion auf die Grablegung folgende Geschehen vorgeführt. Der Ursprung des O.s im 10. Jh. ist an die österliche Liturgie gebunden. Vom Ostertropus (↗ Tropus [2]) des Introitus, dem aus Frage, Antwort und Verkündigung bestehenden Dialog zwischen dem Engel und den drei Marien am Grabe Christi (Engel: *Quem queritis in sepulchro, o christocolae?*, Marien: *Ihesum Nazarenum crucifixum, o caelicole*, Engel: *Non est hic, surrexit, sicut praedixerat. Ite, nunciate, quia surrexit de sepulchro.*), wird im Zuge seiner Verlegung in das Offizium der Matutin die dramatische Osterfeier abgeleitet. Ihre Bauelemente sind die *Visitatio sepulchri* (der Grabbesuch der Marien nach Mt 28, 1–7; Mk 16, 1–8; Lk 24, 1–9), der Jüngerlauf (Wettlauf von Johannes und Petrus zum leeren Grab nach Joh 20, 3–10), dem die Ostersequenz *Victimae paschali* vorangeht, und die Hortulanusszene (Erscheinung Christi vor Maria Magdalena in Gestalt des Gärtners nach Joh 20, 11–18). Der Übergang zum eigentlichen, vom Gottesdienst gelösten Spiel ist mit der Handlungserweiterung durch Szenen vollzogen, deren Quelle nicht mehr die kanonischen Evangelien sind: die Auferstehung (Andeutung in Mt 28, 2–4; Lk 24, 3–6; Joh 20, 12) und die Höllenfahrt Christi (nach dem *Descensus ad inferos* des apokryphen Evangeliums Nicodemi; Andeutung

in Mt 12, 40) sowie der Salbenkauf der Marien (Andeutung in Mk 16, 1). Bes. in den volkssprachigen, außerhalb der Kirche in stadtbürgerlichem Umfeld aufgeführten Spielen werden die Szenen breiter und detaillierter ausgeformt und durch zusätzliche Handlungspartien ergänzt. An den Anfang treten die Pilatusszene (Rekrutierung der Grabwache nach Mt 27, 62–66) und die mit der Auferstehung kombinierte Grabwächterszene (Ohnmacht der Grabwächter beim Auftritt des auferstandenen Christus nach Mt 28, 4). Den Salbenkauf erweitert man zur grotesk-komischen, häufig mit Derbheiten und Obszönitäten ausgestalteten Salbenkrämerszene, wodurch der weltliche Handlungsbereich als negativ konnotierter Kontrast zum Sakralen zu einem wichtigen Bestandteil des O.s wird. Die Höllenfahrtszene zieht die Seelenfangszene nach sich, in der die als Figuren der Gegenwartsrealität gezeichneten Sünder durch Luzifers Höllengericht verurteilt werden. Der Hortulanusszene schließt sich das Peregrinus-/Emmausspiel mit der Erscheinung Christi auf dem Gang der Jünger nach Emmaus (nach Lk 24, 13–35) an. – Entwicklung und Vielfalt der Gattung dokumentieren sich bes. im O. von Muri (Mitte des 13. Jh.s), im Innsbrucker (thüringischen) O. (1391), im Berliner (rheinischen) O. (1460) und im Redentiner O. (1464).

Lit.: R. Bergmann: Spiele, Mal. geistliche. In: RLG. – H. Linke: Drama und Theater. In: I. Glier (Hg.): Die dt. Lit. im späten MA. 1250–1370. Mchn. 1987, S. 153–233. – J.-D. Müller: O. In: RLW. – B. Thoran: Studien zu den österlichen Spielen der dt. MA.s. Diss. Bochum 1969. Göppingen ²1976.   EUB

Ottaverime, f. [it. = Achtzeiler, aus *otto* = acht, *rima* = Reim(zeile)], auch: o̱ttava rima, ↗ Stanze.

Oulipo, n. [Abkürzung von frz. *ouvroir de littérature potentielle* = Werkstatt potentieller Lit.], von R. Queneau und J. Lelionnais 1960 in Paris begründeter Zusammenschluss von Autoren, deren gemeinsame poetische Grundlage das kalkulierte sprachliche Experiment ist. Vorgaben F. Petrarcas, St. Mallarmés und R. Roussels werden ebenso aufgegriffen wie Anregungen aus Linguistik, Philosophie, Zen, serieller Musik, Naturwissenschaften und Okkultismus. Das Attribut ›potentielle‹ unterstreicht den hypothetischen Lit.begriff des O.: Es geht darum, jenseits überkommener Gattungskonventionen der Poesie neue und zugleich potenzierte Ausdrucksmöglichkeiten zu eröffnen; postmoderne Kombinationslust verbindet sich mit mathematisch präziser Regeltreue. Die von J. Roubaud und G. Perec verfertigten Texte mit ihren hintersinnig-kurios anmutenden Resultaten geben einen Eindruck von der unendlichen Menge potentieller Texte, die nach oulipotischen Mustern aus Sprache generierbar sind. Vergleichbare Konzepte finden sich in der ↗ konkreten Poesie und bei der ↗ Wiener Gruppe. Durch die Vermittlung von H. Mathews (↗ New York School of Poets) wurde O. Pastior 1991 Mitglied des O.

Texte: H. Mathews: Plaisirs singuliers. Paris 1983. – O. Pastior: Villanella & Pantum. Mchn. 2000. – G. Perec: La vie mode d'emploi. Paris 1978. – Ders.: Les mots croisés. Paris 1979. – J. Roubaud: Autobiographie, Chap. X. Paris 1977.

Lit.: Oulipo (Hg.): La littérature potentielle. Paris 1973.   JRT

Oxymoron, n. [aus gr. *oxýs* = scharf, *móros* = dumm: scharfsinnige Dummheit], ↗rhet. Figur: Verbindung zweier sich logisch ausschließender Begriffe, sei es in einem Kompositum (»traurigfroh«, F. Hölderlin) oder bei einem attribuierten Substantiv, z. B. »stets wacher Schlaf«, »liebender Hass«, »kalte Glut« (G. Marino, sog. *Contradictio in adiecto* [lat. = Widerspruch im Beiwort]; umgangssprachlich als fehlerhaft gewertet, vgl. z. B. ›kleinere Hälfte‹). Das O. ist kennzeichnend für manieristischen Stil oder ein gebrochenes Weltgefühl (z. B. »jauchzender Schmerz«, H. Heine; vgl. ↗Décadence), aber auch für das Bestreben, polare Gegensätze zu vereinen (z. B. »übersinnlicher sinnlicher Freier«, J. W. Goethe: »Faust« I, V. 3534).

Lit.: A. Chapuis: Paradox. In: RLW.   GS/Red.

P

Päan ↗ Paian.

Paarreim ↗ Reim.

Pageant ['pædʒənt; engl. = Prunk, Schaubild, -prozession, bes. ↗ Wagenbühne], ↗ Bühne.

Paian, m. [gr. = Heiler, Retter; Etymologie ungeklärt], auch: *Päan*; bei Homer sowohl Name eines Heilgottes als auch Bez. für Bitt- und Siegeslieder; später erscheint ›P.‹ als Beiname verschiedener Götter (vornehmlich Apolls) sowie zur Bez. einer Liedgattung, die neben dem ↗ Dithyrambos zu den wichtigsten Formen der gr. Chorlyrik gehörte und ihren Platz v.a. im Apollonkult hatte. Die sehr fragmentarisch erhaltene Gattung weist formal große Ähnlichkeit zur Hymnik (↗ Hymne) und zum Dithyrambos auf, als charakteristisches Merkmal gilt neben dem Refrain *ié paián* die Anrufung einer Helfer- oder Heilsgottheit durch ein hilfsbedürftiges Subjekt. Dabei ändern sich je nach Anlass (Götterfeste, Kriege, Katastrophen, Situationen des Alltagslebens) auch die Adressaten: Apoll, Asklepios und Hygieia werden als Heilgottheiten angerufen, Poseidon zur Rettung vor Erdbeben, Zeus beim Symposion.
Im Verlauf der Gattungsgeschichte erweitert sich die Adressatengruppe auf Heroen (Herakles) und ab dem späten 5. Jh. v.Chr. auf herausragende Menschen. Die frühesten P.e werden Alkaios, Thaletas und Tynnichos zugeschrieben, die wichtigsten Verfasser aus klassischer Zeit sind Pindar und Bakchylides. – In der dt. Lyrik wird der P. um 1800 über die Nachahmung Pindars rezipiert und erscheint als Form der Naturhymnik etwa im Hölderlin-Umkreis bei I. v. Sinclair u.a.
Texte: P. Böckmann: Hymnische Dichtung im Umkreis Hölderlins. Tüb. 1965, bes. S. 245–266.
Lit.: L. Käppel: P. Bln., NY 1992. – I. Rutherford: Pindar's Paeans. Oxford 2001. – S. Schröder: Geschichte und Theorie der Gattung P. Stgt., Lpz. 1999.

MBH

Paignion, n. [gr. = Spielzeug, Spiel, Tanz, Kunstwerk; lat. *paegnium*], Pl. *Paignia*; antike Bez. für scherzhafte, oft erotische Poesie, auch für burleske, mimisch-gestische Vorträge und Tänze. Während Platon auch die Komödie als ›P.‹ bezeichnet, steht in der späteren ästhetischen Terminologie ›P.‹ für poetische Kleinformen, meist bukolischen Inhalts oder von bes. metrischer Kunstfertigkeit, z.B. ↗ Figurengedichte (Technopaignia), vgl. auch die »Erotopaignia« von Laevius (1. Jh. v.Chr., sechs Bücher vermischt erotisch-galanten Inhalts).

IS/Red.

Paion ↗ Päon.

Paläographie, f. [aus gr. *palaiós* = alt, *gráphein* = schreiben], wissenschaftliche Disziplin, deren Aufgabe die Erforschung alter, von Hand geschriebener Texte ist. Paläographen können sich prinzipiell Schriftzeugen aller Zeiten und Weltregionen widmen, doch sieht das Fach aus europäischer Perspektive sein Kerngebiet in der Spätantike und im MA., also in der lat. P., der P. der europäischen Volkssprachen, aber auch der gr. P. Aufgabe der P. ist es, alte Hss. fehlerfrei zu lesen sowie mittels Bewertung des Stils von Schriftbild und Buchstabenformen zu datieren und zu lokalisieren, z.B. um Texteditionen zu erarbeiten. Die wichtigste Methode der P. ist der optische Vergleich mit bereits datierten und lokalisierten Hss. Mithin ist die P. bes. gefordert, wenn eine Datierung und Lokalisierung nicht textimmanent, kodikologisch (handschriftenkundlich) oder durch Kontextverortung zu gewinnen ist, es also allein auf die Einordnung der ↗ Schrift ankommt. Prämisse hierfür ist, dass die Geschichte zeitlich aufeinanderfolgende Stilstufen der Schrift hervorgebracht hat (z.B. Capitalis, Unziale in der Spätantike; Karolingische Minuskel, Gotische Textura, Bastarda im MA.). Hilfsmittel der P. sind u.a. Tafelwerke mit charakteristischen Schriftproben sowie Lexika zu den in Hss. üblichen Abkürzungen. Spezialisten für P. arbeiten zumeist als Wissenschaftler an Universitäten, ↗ Archiven und ↗ Bibliotheken. Sie müssen kulturhistorische Entwicklungen, aus denen Neuerungen im Schriftwesen hervorgingen, ebenso kennen, wie sie Individuelles ins Kalkül zu ziehen haben, z.B., dass ein betagter Schreiber in einer ansonsten innovativen Umgebung seinen konservativen Duktus noch über Jahrzehnte weiter pflegen kann, was leicht zur Fehldatierung führt. – Die P. als Wissenschaft entstand in der zweiten Hälfte des 17. Jh.s in Frankreich als Resultat eines Streits um die Echtheit von Urkunden und Heiligenviten (↗ Hagiographie). J. Mabillon erkannte die Lösung im Vergleich von Schriftstilen (»De re diplomatica«, 6 Bde., 1681; Suppl. 1704; mit den ersten Urkunden-↗ Faksimiles als Stichen). Die 1708 erschienene »Palaeographia graeca« B. de Montfaucons gab der Disziplin ihren Namen. S. Maffei (1675–1755), L. Traube (1861–1907) u.a. systematisierten das Fach, das im 20. Jh. durch zahllose Spezialstudien und Tafelwerke weiter vorangebracht wurde. – In Deutschland wird P. (wie auch die verwandten Bereiche Diplomatik und Epigraphik) traditionell als Teilgebiet der ›Historischen Hilfswissenschaften‹ ergänzend zum Studium der Geschichte oder anderer historisch orientierter Fächer an eigenen Instituten gelehrt. Da freilich deren Lehrgerüst zunehmend beschnitten wird und eine zentrale Institution wie die frz. »École des chartes« fehlt, ist an dt. Hochschulen eine hinreichende paläographische Schulung künftiger Interpreten alter Schriftquellen gefährdet; teils wird sie an Archive und Bibliotheken delegiert. Paläographen von Weltgeltung, die dank ihres stupenden Formwissens Anfragen zu Datierungs- und Lokalisierungsproblemen zuverlässig beantworten konnten, sind mit der Generation B. Bischoffs (1906–91) abgetreten. In

Zukunft könnten Internet-Datenbanken mit Schreib-stilmustern die alten Tafelwerke der P. ersetzen; dass auch Stilvergleiche via Software bewerkstelligt werden könnten, ist nicht in Sicht. Wahrscheinlich wird das langjährig geschulte visuelle Gedächtnis der Spezialis-ten unersetzlich bleiben.

Lit.: B. Bischoff: P. des röm. Altertums und des abend-ländischen MA.s [1979]. Bln. ²1986. – E. v. Boeselager: Schriftkunde. Hannover 2004. – H. Foerster, T. Frenz: Abriss der lat. P. [1949]. Stgt. ³2004. – C. Jakobi-Mir-wald: Das mal. Buch. Stgt. 2004. – O. Mazal (Hg.): Ge-schichte der Buchkultur. Bisher 2 in 3 Bdn. Graz 1999 ff. – K. Schneider: P. und Handschriftenkunde für Germanisten. Tüb. 1999. – Dies.: P. In: RLW.   JO

Palimbacchius, m. [gr.-lat.], auch: *Antibacchius*; Um-kehrung des ⁊ Bacchius.

Palimbakcheus, m. [gr.], Umkehrung des ⁊ Bacchius.

Palimpsest, m. oder n. [aus gr. *pálin* = wieder, *psēstós* = abgeschabt; lat. *codex rescriptus*], Papyros- oder Per-gament-Hs., deren ursprüngliche Schrift abgewischt oder abgeschabt wurde und die daraufhin neu be-schrieben wurde; auch zweifache Überschreibung kommt vor. Palimpsestierungen haben v. a. ökono-mische Gründe. Dies zeigen Anspielungen bei Cicero (»Ad familiares« 7.16 [18], 2: über den Brief eines Freundes aus einem palimpsestierten Blatt) und Catull (»Carmina« 22, 5) sowie die mal. Praxis, sowohl pro-fane als auch geistliche Texte zu überschreiben. Dass zentrale Texte nur in P.en überliefert sind (u. a. Teile von Ciceros »De re publica«, der Werke Livius' und der Wulfila-Bibel), erklärt deren philologische Bedeutung. Lesbar gemacht wurden P.e zu Beginn der P.-For-schung (19. Jh.) mit Hilfe von Tinkturen, ab dem 20. Jh. mittels fotografischer Technik und Lichttechnik. – Palimpsestierungen sind schon für Ägypten ab 2000 v. Chr. bezeugt, beschränken sich in der Antike zu-meist auf Urkunden und Briefe und haben im MA. ihre Hochblüte im 7.–9. Jh. – Eine metaphorische Ver-wendung von ›P.‹ bezeugt bereits Plutarch (»Moralia« 779 C: Dionysios von Syrakus sei Platon wie ein P. er-schienen, weil seine alte Herrschernatur immer wieder hervorgetreten sei). Für die moderne ⁊ Texttheorie wurde die P.-Metapher, die sich in Kunst und Lit. stets von Neuem findet, von Genette (u. a. mit Rückgriff auf J. L. Borges) fruchtbar gemacht. Genette bezieht sie auf Verfahren der ⁊ Parodie und Nachahmung (⁊ Hyper-text/Hypotext), bei denen der nachahmende Text sein Vorbild auf demselben Blatt – nämlich im gleichen Stil oder Sujet – überschreiben wolle.

Lit.: B. Bischoff: Paläographie des röm. Altertums und des abendländischen MA.s [1979]. Bln. ³2004. – D. Boeckler (Hg.): Hb. der Bibliothekswissenschaft. Bd. 1: Schrift und Buch. Wiesbaden ²1962. – G. Genette: P.e [frz. 1982]. Ffm. 1993. – J. Jacob, P. Nicklas (Hg.): P.e. Hdbg. 2004. – O. Mazal: Geschichte der Buchkultur. Bd. 1. Graz 1999. – H. Weinrich: Europäische P.e. In: Romanistische Zs. für Lit.geschichte 30 (2006), S. 1–10.   MK

Palindrom, n. [aus gr. *pálin* = zurück, *drómos* = Lauf], ein Text (Wort, Satz oder Gedicht), der von vorn und von hinten sinnvoll gelesen werden kann, also auch rückwärts einen Sinn (»Gras« = »Sarg«), vorzugsweise denselben Sinn (»Die liebe Tote! Beileid!«) ergibt. Man unterscheidet das Wort-P., das buchstabenweise rück-wärts gelesen wird, das Satz-P., das buchstaben- oder (wie Vergils Vers »Musa mihi causas memora, quo nu-mine laeso«) wortweise zu lesen ist, sowie das Vers-P. (»Chume, chume, geselle min, / ih enbite harte din!« aus den Carmina Burana, bei dem die Zeilen nach der Strophenmitte in umgekehrter Reihenfolge wiederholt werden »ih enbite harte din, / chum, chum, geselle min!«). Das schon in der Antike lit. belegte und vom MA. bis in Renaissance und Barock beliebte, im 19. Jh. wiederentdeckte und im 20. Jh. von Sprachtüftlern und lit. Virtuosen geschätzte P. diente ursprünglich viel-leicht der Religion und Magie: als Schutz vor der Ent-zauberung einer Formel durch Rückwärtslesen, als in beide Richtungen des Umschreitens lesbare Inschrift auf einem Weihegefäß oder als endloser, hypnotisie-render Beschwörungstext. Auf einen religiösen Zu-sammenhang weist z. B. die Satorformel, der als ma-gisches Quadrat angeordnete und vor-, rück-, ab- und aufwärts lesbare Satz »Sator arepo tenet opera rotas«. P.e gibt es auch im Engl. (›Madam, I'm Adam‹) und Frz. (›Oh cet echo‹).

Texte: O. Pastior: Kopfnuß Januskopf. Gedichte in P.en. Mchn. 1990. – H. Stengel: Annasusanna. Ein Pen-delbuch für Rechts- und Linksleser. Bln. [Ost] 1984. Lit.: A. Liede: Dichtung als Spiel [1963]. Bln., NY ²1992. Bd. 2. S. 103–112. – H. Pfeiffer: Das P. als Spiel-mittel und poetisches Verfahren. In: ders.: Oh Cello voll Echo. P.-Gedichte. Ffm., Lpz. 1992.   PK

Palinodie, f. [gr. = Widerrufslied], Gegendichtung, mit welcher der Verfasser ein eigenes Werk zurück-nimmt. Die Gattungsbez. geht auf den Lyriker Stesi-choros (6. Jh. v. Chr.) zurück, der eine P. verfasst haben soll, mit der er seine Schmähung der Helena, deretwe-gen er erblindet war, zurücknahm und widerrief. Nach der antiken Überlieferung gaben ihm die Musen dar-aufhin die Sehkraft zurück. Es ist nicht ganz sicher, worin der Widerruf bestand: Vermutlich hat Stesicho-ros mit seiner P. eine neue, korrigierte Version des He-lena-Mythos eingeführt, nach der sich die entführte Helena während des trojanischen Kriegs nicht in Troja, sondern in Ägypten aufhielt. ›Palinodisch‹ heißen außerdem chiastisch gebaute Lieder, wie sie der Komi-ker Kratinos (5. Jh. v. Chr.) verwendet hat. Später wird ›P.‹ als Bez. für jede Art von Widerruf verwendet (Cicero).

Lit.: Th. Verweyen, G. Witting: P. In: RLW.   SF

Palliata, f. [eigentlich *fabula p.*, von lat. *pallium* = gr. Mantel], Pl. *Palliaten*. Hauptgattung der röm. ⁊ Komö-die. Die Palliaten sind Bearbeitungen der gr. ›Neuen Komödie‹ (*Nea*), bes. der Komödien Menanders, und wurden in gr. Kostümen aufgeführt (daher der Name), im Ggs. zur Komödie über röm. Stoffe (⁊ Togata). – Die erste P. wurde von Livius Andronicus 240 v. Chr. verfasst; erhalten sind 26 Palliaten von Plautus und Terenz.

Lit.: J. Blänsdorf, E. Lefèvre: Die P. In: W. Suerbaum (Hg.): Hb. der lat. Lit. der Antike. Bd. 1. Mchn. 2002, S. 170–259.   SAR

Palmenorden   ↗ Fruchtbringende Gesellschaft, ↗ Sprachgesellschaften.

Pamphlet, n., Form publizistischer Angriffslit., benannt nach der im MA. weit verbreiteten anonymen lat. Distichen-Komödie »Pamphilius seu de amore« (12. Jh.), trägt ihre meist auf Einzelereignisse des politischen, gesellschaftlichen oder lit. Lebens bezogene Polemik vorzugsweise persönlich attackierend, weniger sachbezogen argumentierend vor, zeichnet sich durch den Reichtum stilistischer Offensivmittel (Ironisierung des Gegners, rhet. Fragen, Schlagwörter, Zitatencollage u. a.) aus. Das P. erschien zunächst als Einzelschrift geringen Umfangs (in England seit dem 14. Jh.), dann als gedruckte ↗ Flugschrift, zumal in den Niederlanden im 16. und 17. Jh. (»pamfletten«). Über Frankreich gelangten Wort und Sache um 1760 nach Deutschland. Im 19. Jh. bezeichnete frz. *pamphlétaire* einen engagierten publizistischen Schriftsteller (H. de Rochefort, É. Zola), der seine P.e weitgehend außerhalb der institutionalisierten Medien verbreitete, dagegen verwendet der heutige Sprachgebrauch das Wort ›P.‹ vornehmlich zur Kennzeichnung einer für ungerecht oder unbegründet erachteten essayistischen Polemik. Aus der Bez. für eine Verbreitungsart und eine journalistische Haltung wurde weitgehend ein negativer Wertbegriff.   HW/Red.

Panegyrikus, m. [von gr. *panégyris* = festliche Versammlung], feierlich lobendes, später auch: ruhmredig prahlendes Werk der Lit. oder Redekunst, in dem bedeutende Taten, Institutionen oder Persönlichkeiten gepriesen werden. In der Antike war der P. zunächst eine Gattung der Rhet.: die öffentlich gehaltene ↗ Festrede, die sich der Mittel des Lobpreises (meist der Zuhörer, des Anlasses oder vergangener Taten: *Epideixis*; *genus laudativum*; ↗ Laudatio), der öffentlichen Volkserbauung (*popularis delectatio*) oder auch einer Argumentation durch positiv übertreibende Wertungen (*forma suadendi*) bediente. Insbes. seit der Kaiserzeit wurde der P. eine bes. Form poetischer Huldigungen, v. a. an die Herrscher (↗ Hofdichtung); nach einer Blüte in der Spätantike lebte panegyrische Dichtung wieder auf in der Renaissance- und Barocklit. mit Preis- und Lobsprüchen (z. B. auch auf Städte), poetischen Leichenbegängnissen, Festspielen und Widmungsgedichten. Einflussreich waren dabei die antiken Vorbilder, zumal die panegyrischen Reden von Isokrates (»Panathenaikos«), Demosthenes, Cicero (»Pro imperio Cn. Pompei«) und die seit 1513 vielfach gedruckte Sammlung spätantiker »Panegyrici latini« aus dem 3. und 4. Jh. n. Chr. Die Form panegyrischer Beredsamkeit wurde auch in satirisch-parodistischer Absicht verwandt, z. B. von Erasmus von Rotterdam in seinem

»Morias enkomion seu laus stultitiae« (›Lob der Torheit‹, 1509). Spätere Form: ↗ Festrede.

Lit.: R. Drux: P. In: RLW.   HW/Red.

Pangrammatisch, Adjektiv [aus gr. *pan* = alles, *grámma* = Buchstabe], Eigenschaft von Texten, deren Wörter sämtlich oder ganz überwiegend mit demselben Buchstaben beginnen. P.e Texte heißen auch ↗ ›Tautogramme‹.   FM

Pantalone, eine der vier komischen Grundtypen der ↗ Commedia dell'Arte; der alte, geizig-geschäftige und durch Liebe verblendete venezianische Kaufmann, der als Gegenspieler des Liebespaars von diesem gefoppt wird; tritt auf mit Halbmaske und nach ihm benannten roten Hosen. Im 17. Jh. allmählicher Wandel zum harmlos-griesgrämigen Ehrenmann, bei C. Goldoni schließlich – ohne Maske – zunehmend mit menschlichen Zügen ausgestattet.   HD/Red.

Pantomime, f. [aus gr. *pan* = alles, *mimeísthai* = nachahmen; *pantomimos* = alles nachahmend], wortlose theatrale Darstellung allein durch körperliches Spiel mittels ↗ Mimik, ↗ Gestik und ↗ Tanz. – P. war im gr. Theater als Tanzeinlage gebräuchlich und entwickelte sich im antiken Rom zu einer populären Bühnengattung. In der Renaissance hatte die P. in den ›Lazzi‹ der ↗ Commedia dell'Arte und im europäischen Wandertruppentheater einen festen Ort, konnte aber auch als Spiel-im-Spiel-Einlage im ernsten Sprechtheater fungieren (»Hamlet«). Im 17. und 18. Jh. wurden P.n v. a. in den Harlekinaden der Jahrmarktsbühnen gepflegt. In der Reform des Balletts durch J. G. Noverre (um 1760) wird die P. als ›Seele des Tanzes‹ angesehen; gegen Ende des 18. Jh.s wird sie in den Tableaux-vivants-Darstellungen zur Mode. Seit Ende des 19. Jh.s werden Körperzeichen in verschiedenen bühnenreformerischen Konzepten aufgewertet. Auch in der Ästhetik des Stummfilms spielt P. eine bedeutende Rolle.

Lit.: G. Brandstetter: Tanz-Lektüren. Ffm. 1995. – H. Eilert: P. In: RLW. – C. Jeschke, H.-P. Bayerdörfer (Hg.): Bewegung im Blick. Bln. 2000.   TU

Pantragismus, m. [aus gr. *pan* = alles, *tragikós* = tragisch], Idee eines das irdische Geschehen und menschliche Dasein beherrschenden Weltgesetzes, das den Menschen in unausweichliche, unüberwindliche Konflikte stürzt. Vgl. im MA. das »Nibelungenlied«, im 19. Jh. F. Hebbels Tragödien (dazu Hebbel: »Mein Wort über das Drama«).   GS/Red.

Päon, m. [gr.-lat.], auch *Paion*; antiker Versfuß aus drei Kürzen und einer Länge. Je nach der Stellung der Länge unterscheidet man: 1. P. (– ∨ ∨ ∨), 2. P. (∨ – ∨ ∨), 3. P. (∨ ∨ – ∨) und 4. P. (∨ ∨ ∨ –); Bez. nach der gelegentlichen Verwendung im ↗ Päan (dem feierlichen Hymnus an Apoll), von emphatisch-enthusiastischem Charakter. – Dt. Nachbildungen sind selten, z. B. F. G. Klopstock: »Die Sommernacht«: »Wenn der Schimmer / von dem Monde / nun herab / in … « (3. P.).   IS/Red.

Paperback, n. [engl. = Papierrücken], Druckerzeugnis, das mit seinem flexiblen, gerillten Kartoneinband dem ↗ Taschenbuch nahe verwandt ist. Durch ihr Format und in der Regel auch durch die Auflagenhöhe sind P.s dagegen den fest gebundenen Büchern vergleichbar. Durch die sparsamere Ausstattung und den dadurch ermöglichten niedrigeren Ladenpreis soll der Absatz der Bücher erleichtert werden. P.s werden wie Taschenbücher meist in Reihen herausgebracht.

Lit.: S. Gent: Die Taschenbuchfibel [1992]. Ffm. ²1995, S. 151 f.   GGI

Papyrus ↗ Buch.

Parabase, f. [gr. *parábasis* = das Vorrücken, auch: Abschweifung], eines der Bauelemente der älteren attischen Komödie; Unterbrechung am Ende des ersten Teils der Komödienhandlung (nach dem ↗ Agon): Chor und Chorführer wenden sich unmittelbar ans Publikum, um zu aktuellen politischen, sozialen oder kulturellen Ereignissen und Problemen Stellung zu beziehen oder die Absichten des Dichters zu interpretieren (die Komödienhandlung geht währenddessen als ›verdeckte Handlung‹ weiter). Die meisten P.n bestehen aus sieben Teilen: 1. Das *Kommation* (= Stückchen), ein kurzes, in lyrischen Silbenmaßen oder Anapästen abgefasstes Gesangsstück, das der Chor vorträgt, während er in die Mitte der ↗ Orchestra vorrückt und die Masken abnimmt. 2. Es folgt die *eigentliche P.*, eine längere Ansprache des Chorführers in anapästischen Tetrametern (daher auch *anapaistoi* genannt). 3. Sie endet in einem ↗ *Pnigos*, einer auf einen Atemzug gesprochenen langen Sentenz in anapästischen Hypermetern. 4. Eine vom ersten Halbchor gesungene *Ode* (Anruf der Götter) leitet 5. über zum ↗ *Epirrhema*, zu einer vom ersten (Halb-)chorführer gesprochenen Reihe von Vierzeilern satirischen Inhalts (meist trochäische Tetrameter). Diesen Teilen respondieren 6. die *Antode* (vom zweiten Halbchor vorgetragen) und 7. das *Antepirrhema* als Abschluss der P. durch den zweiten (Halb)chorführer. Diese strenge Form der (aristophanischen) P. wird häufig variiert; auch Doppelung des Schemas ist möglich. Mit dem Übergang zur neuen attischen Komödie und der damit verbundenen Entpolitisierung entfällt die P. Nachahmungen in der dt. Lit. finden sich bei F. Rückert (»Napoleon«, 1815) und A. v. Platen (»Die verhängnisvolle Gabel«, 1826; »Der romantische Ödipus«, 1829).   JK/Red.

Parabel, f. [von gr. *parabállein* = nebeneinanderstellen; *parabolé* = Vergleichung; in der Septuaginta, der ältesten gr. Übers. der jüdischen Bibel, Übers. von hebr. *maschal* mit dem weiten Bedeutungsspektrum Spruch, ↗ Sprichwort, ↗ Rätsel, ↗ Sentenz, ↗ Gleichnis, ↗ Exempel, ↗ Fabel, ↗ Allegorie], kurze, fiktionale Erzählung in ↗ Vers oder ↗ Prosa, die durch Transfersignale dazu auffordert, einen anderen als den wörtlichen, nämlich einen in irgendeiner Weise lebensbedeutsamen Sinn in ihr zu suchen. Als mündliche Gattung ist die P. ursprünglich in rhet.-argumentativen Zusammenhängen beheimatet. Aristoteles führt sie in der »Rhet.« (2, 20) unter den für Argumentationszwecke erfundenen ↗ Beispielen (*paradeígmata*) an; anders als die Fabel, die sich im Tierreich und in der ↗ Mythologie bedient, ent-

nehme die P. ihren Stoff dem Alltagsleben. Aber auch die klassischen Muster der Bibel geben sich als persuasive Situationsdeutungen oder -umdeutungen. Formal kann man *zweigliedrige* (mit expliziter Bedeutungsangabe) von *eingliedrigen* P.n (ohne explizite Bedeutungsangabe) unterscheiden. Daneben gibt es zwei Varianten der Verstehensmodi der P.: die *Exemplifikation* und die *Bedeutungsübertragung*. Die Erzählung vom barmherzigen Samariter (Lk 10, 25–39) exemplifiziert Barmherzigkeit bzw. Nächstenliebe, lässt also im Besonderen das Allgemeine sehen. Dagegen erfordert die Schäfchenparabel, die Nathan vor David erzählt (2. Sam 1–15), zu ihrem Verständnis den Wechsel von einem Bedeutungsbereich (Raub) zu einem anderen (Ehebruch); damit steht diese Form der P. im terminologischen Feld uneigentlicher Rede, in das auch ↗ Metapher, Fabel und Allegorie gehören. Die Nähe zur Allegorie wird in der Gattungs- und Begriffsgeschichte bis ins 19. Jh. hinein stark betont. Sie hat die schriftliche Fixierung von P.n als heiligen Texten zur Voraussetzung, die eine tiefe, verborgene Weisheit enthalten sollen und nicht so sehr Situationen deuten als vielmehr selbst einer Auslegung (durch ↗ Allegorese) bedürfen. Hier wurzelt die jahrhundertelange Auffassung der P. als v. a. religiöser, aber auch profaner Lehr- und Weisheitsdichtung. – Berühmte Beispiele aus der Gattungsgeschichte sind neben den bereits genannten etwa die Ringparabel (G. Boccaccio, G. E. Lessing) oder die im ›Fragmentenstreit‹ von Lessing verwendete Palastparabel. Wiederbelebungen der Gattung seit dem 18. Jh. stehen oft im Zeichen exotisch-nostalgischer Moden; so entsteht die Parabolik der ↗ Goethezeit (J. G. Herder: »Blätter der Vorzeit. Dichtungen aus der morgenländischen Sage«, 1787; F. A. Krummacher: »P.n«, 1805–17; J. W. Goethe: »Buch der P.n« im ›West-östlichen Divan«, 1819; F. Rückert: »Es ging ein Mann im Syrerland«, 1822) im Kontext der zeitgenössischen Orientmode (↗ orientalisierende Dichtung). Nach einer Phase vorwiegend erbaulicher und eher trivialer P.dichtung im 19. Jh. wird Anfang des 20. Jh.s F. Kafkas Parabolik (»Vor dem Gesetz«, 1915) durch eine Renaissance jüdischen und speziell chassidischen Schrifttums (M. Buber: »Die Geschichten des Rabbi Nachman«, 1906; »Die Legende des Baalschem«, 1908; M. J. Bin-Gorion: »Die Sagen der Juden«, 1913–27) vorbereitet. Während man bislang die moderne P. als erkenntnisoffene, reflexive und das Verstehen problematisierende hermeneutische Gattung strikt von der traditionellen Lehrparabel abgegrenzt hat, wird diese Einschätzung in jüngster Zeit durch den Hinweis auf die subtile Imitation mündlicher Tradition etwa bei Kafka oder B. Brecht (»Geschichten vom Herrn Keuner«, 1930–48) relativiert. In der Moderne wird der P.begriff – mit unverkennbarer Verschiebung der Emphase weg von der Gattung P. hin zur ›parabolischen‹ Schreibweise – vermehrt auch auf Großformen wie ↗ Drama und ↗ Roman angewandt, wobei sich auch hier das Bedeutungsspektrum des Begriffs zwischen Exempel (Brecht: »Der gute Mensch von Sezuan«, 1943; M. Frisch: »Andorra«, 1961) und Allegorie (Kafka: »Das Schloß«, postum 1926) bewegt. Lit.: J. Billen (Hg.): Die dt. P. Darmstadt 1986. – Th. Elm: Die moderne P. Mchn. 1982. – R. v. Heydebrand: P. In: Archiv für Begriffsgeschichte 34 (1991), S. 27–122. – Dies.: P. In: RLW. – A. Jülicher: Die Gleichnisreden Jesu [1886, ²1910]. Repr. Darmstadt 1976. – R. Zymner: Uneigentlichkeit. Paderborn u. a. 1991. BA

Parabolisch ↗ Parabel.

Paradiesspiel, auch: Paradeisspiel; Spätform des ↗ geistlichen Spiels. Thema: Erschaffung der Menschen, Sündenfall, Vertreibung aus dem Paradies. Im MA. meist noch unselbständig, als Einleitungsteil des ↗ Osterspiels, ↗ Passionsspiels (Wien, Maastricht), ↗ Fronleichnamsspiels, ↗ Prophetenspiels, ↗ Weihnachtsspiels, womit die ganze Heilsgeschichte umspannt war. – Für 1194 ist die Aufführung eines lat. P.s in Regensburg bezeugt. Das Kasseler Fragment eines mittelndt. P.s stammt aus dem 15. Jh. Großen Einfluss auf spätere P.e hatte Hans Sachs' »Tragedia von schepfung, fal vnd ausstreibung Ade auss dem paradeyss« (1548). Gepflegt wurde das P. v. a. als Volksschauspiel, mit Zentren bes. im Südosten des dt. Sprachraums. Berühmt sind die P.e aus Oberufer bei Preßburg (1915 von R. Steiner wiederbelebt) und aus Trieben (Steiermark). Einzelne Spiele werden, meist zur Weihnachtszeit, noch heute aufgeführt.
Texte: K. K. Polheim, St. Schröder (Hg.): Volksschauspiele. Bd. 4. Paderborn u. a. 2004.
Lit.: R. Bergmann: Studien zu Entstehung und Geschichte der dt. Passionsspiele des 13. und 14. Jh.s. Mchn. 1972. – K. K. Polheim: Das religiöse Volksschauspiel. In: ders., St. Schröder (Hg.): Volksschauspiele. Bd. 5. Paderborn u. a. 2002, S. 151–162. – L. Schmidt: Das dt. Volksschauspiel. Bln. 1962. MGS

Paradigma, n. [gr. *parádeigma* = Urbild, Muster, Beispiel], auch: Paradigma; relativ zu einem Rahmen (z. B. zur *scientific community* oder zu einer Theorie) gebildete und Geltung beanspruchende Ordnung. Medientheoretische Relevanz besitzt bereits der Gedanke Platons, durch artifizielle Konstruktion eines P.s (etwa im Mythos) ließen sich neue Domänen des rationalen Diskurses erschließen (»Politeia« IX, 592b). Aristoteles ordnet das P. der Hauptklasse der Beweise zu (»Rhet.« 1356b, 4 f.) und unterscheidet zwischen fiktionalem und faktualem P. (»Rhet.« 1393a, 27). Die Abgrenzung von ›selbstgebildetem‹ P. (in den Gattungen ↗ Parabel, ↗ Gleichnis oder ↗ Fabel) und ›historischem‹ P. (im ↗ Exempel) wurde in der klassischen ↗ Rhet. topisch (vgl. Alewell, S. 20). – Der ↗ Strukturalismus F. de Saussures und seiner Nachfolger strebte die Konstruktion eines rein formalen P.-Begriffs an; er unterscheidet die gleichsam horizontale ›syntagmatische‹ Ebene der Sprachbetrachtung, bei der es um den Zusammenhang sprachlicher Zeichen in ihrem jeweiligen Kontext wie Wortgruppen (Syntagmen), Sätzen und Texten geht, von der gleichsam vertikalen ›paradigmatischen‹ Ebene, die sich auf die Einzelstelle innerhalb eines

Textes konzentriert und kontrastierend (etwa durch das Verfahren der Ersatzprobe) untersucht, wie sich der Sinn des Gesamttextes durch die Modifikation der Stelle (z. B. durch die Einfügung von Synonymen oder Antonymen des jeweiligen Wortes) verändert. Diese methodische Unterscheidung ist für die Lit.wissenschaft nach wie vor bes. relevant. – Demgegenüber verweist das Konzept bei P. Ricœur (S. 110 f.) auf die im Prozess dreifacher ↗ Mimesis sedimentierten ↗ Formen, ↗ Gattungen und Typen der ↗ Erzählung. Als »eine Art des Sehens« vereinigt das P. in der den naiven Empirismus überwindenden Epistemologie Th. S. Kuhns metaphysische, soziologische und artifizielle Konzepte, die ebenso Werte und Überzeugungen der *scientific community* beschreiben wie auf habitualisierte Strategien der ›Rätsellösung‹ appliziert werden können (vgl. Masterman, S. 65).
Lit.: K. Alewell: Über das rhet. Paradeigma. Diss. Lpz. 1913. – Th. S. Kuhn: Die Struktur wissenschaftlicher Revolutionen [engl. 1963]. Ffm. ¹¹1991. – M. Masterman: Die Natur eines P.s. In: I. Lakatos, A. Musgrave (Hg.): Kritik und Erkenntnisfortschritt [engl. 1970]. Braunschweig 1974, S. 59–88. – P. Ricœur: Zeit und Erzählung. Bd. 1 [frz. 1983]. Mchn. 1988. MNE

Paradigmenwechsel, m. [von gr. *parádeigma* = Urbild, Muster, Beispiel], wissenschaftliche Revolution; Verwerfung der jeweils vorangehenden Denkweise in der als Abfolge inkommensurabler ↗ Paradigmen gedachten Wissenschaftsgeschichte. Nach Kuhn bearbeitet die Normalwissenschaft Rätsel mit zugesichertem Ergebnis, während der P. den Rahmen der Rätsellösung neu setzt. In der Nachfolge Kuhns unterscheidet Jauß drei Paradigmen und damit Phasen der ↗ Lit.wissenschaft: ›Klassisch-humanistisch‹ wurde die antike Dichtung als Vorbild ausgewiesen, ›historisch-positivistisch‹ galten die Texte als Medium des Nationalen, und ›ästhetisch-formalistisch‹ interpretiert man das individuelle Kunstwerk. Zwischen diesen Positionen ist laut Jauß jeweils ein P. anzusetzen.
Lit.: H. R. Jauß: Paradigmawechsel in der Lit.wissenschaft. In: Linguistische Berichte 3 (1969), S. 44–56. – Th. S. Kuhn: Die Struktur wissenschaftlicher Revolutionen [engl. 1963]. Ffm. ¹¹1991. MNE

Paradoxon, n. [gr. = gegen die Meinung], Pl. *Paradoxa*; auch: *Paradox*, Pl. *Paradoxe*; in der Logik der konträre oder kontradiktorische Widerspruch zwischen zwei Aussagen, Teilsätzen oder Satzteilen. In der rhet. und stilistischen Praxis wird das P. zweckvoll gebraucht: als Mittel der Verrätselung, der Verfremdung, des Nachdrucks oder einer zunächst widerlogisch erscheinenden Sinnstiftung, die vom Rezipienten möglichst kohärent aufzulösen ist. Das P. ist häufig in manieristischen und religiösen, insbes. mystischer Lit. anzutreffen – dort als Element des ästhetischen Spiels, hier als Verklausulierung rational nicht zugänglicher Glaubensinhalte. Als Formelement sinnhafter Kürze ist das P. in gedrängten Gattungen wie dem Aphorismus (K. Kraus: »Zur Vollkommenheit fehlte ihr nur ein Mangel.«) oder dem Spruch gebräuchlich (›Einmal ist keinmal.‹), als Formelement des Hermetischen oder Unbestimmten vielfach in der Lyrik der Moderne (A. Stramm: »Dein Lächeln weint in meiner Brust«). ↗ Antithese, ↗ Oxymoron.

Lit.: C. Brooks: Paradoxie im Gedicht. Ffm. 1965. – A. Chapuis: Paradox. In: RLW. – C. Romahn (Hg.): Das Paradoxe. Würzburg 1999.   BM

Paragoge, f. [gr. = Hinzuführung], Hinzufügung von phonologischem Material am Wortende. ↗ Metaplasmus.

Paragone, m. [it. = Vergleich, Gegenüberstellung, Streit; von gr. *agón* = Wettkampf, Kampf], Wettstreit der Künste. Das in it. Texten zur bildenden Kunst schon im 15. Jh. bezeugte Wort ›P.‹ wird erst im 19. Jh. zu einem kunstgeschichtlichen Terminus; zuweilen wird dieser auf die Theorie und Geschichte aller Künste ausgedehnt. Der Sache nach durchzieht der Streit darüber, welche Kunst die höchstrangige sei, die gesamte Kulturgeschichte. Im Rahmen der Nachahmungsästhetik (↗ Mimesis, ↗ Imitatio [1]) geht es v. a. um die Frage, welcher Kunst die ↗ Darstellung der Wirklichkeit am adäquatesten gelingt. Ein wirkungsmächtiger Beitrag zu dieser Debatte ist die von Horaz erhobene Forderung, die Dichtung solle sich an der bildenden Kunst orientieren (↗ »ut pictura poesis«; »Ars Poetica«, V. 361); die ebenso stark rezipierte poetische Behauptung desselben Autors, er habe mit seiner Dichtung ein Denkmal errichtet, das dauerhafter sei als Erz (»Exegi monumentum aere perennius«; »Carmina« 3, 30, V. 1), zeugt dagegen von einem starken Selbstbewusstsein der Poesie. Bei starker Personalisierung der Auseinandersetzung, die vom P. manchmal schwer abzugrenzen ist, spricht man in der Folge eher von ↗ ›Aemulatio‹, ›Agon‹ oder ↗ ›Dichterfehde‹. Im frz. ↗ Klassizismus des 17. und 18. Jh.s überlagert die ↗ *Querelle des Anciens et des Modernes* das P.-Problem. Dagegen wird der P.-Komplex im 18. Jh. v. a. anhand des ↗ Laokoon-Problems diskutiert; der gewichtigste dt. Beitrag dazu stammt von G. E. Lessing (»Laokoon, oder Über die Grenzen von Mahlerey und Poesie«, 1766). Lessing erörtert die Frage, ob es bestimmte Inhalte gibt, die sich strukturell für die Darstellung durch bestimmte Künste besser eignen als für diejenige durch andere; so sieht er in der statischen Erstreckung von Gegenständen eine Affinität zur räumlichen Kunst Malerei, in dynamischen Veränderungen (etwa in Handlungsabläufen) eine Nähe zur zeitlichen Kunst Poesie. Diese Dichotomie wird von J. G. Herder (»Plastik«, 1770/78) durch die rezeptionsästhetische Dynamisierung der von Lessing vernachlässigten plastischen Kunst relativiert. In der ↗ Romantik (F. Schlegels Konzept der ›Universalpoesie‹) und im 19. Jh. (↗ Gesamtkunstwerk) werden eher Synthesen als Abgrenzungen der Künste gesucht; auch Formen wie ↗ Karikatur, Bildgeschichte (W. Busch) und (seit dem frühen 20. Jh.) ↗ Comic überschreiten die Grenzen zwischen den Künsten. Dagegen stellt die Entwicklung

von Fotografie und Film in den Jahrzehnten um 1900 – ebenso wie die Verbreitung neuer elektronischer und interaktiver ↗ Medien um 2000 – eine ästhetische und ökonomische Herausforderung der hergebrachten Kunstformen dar, die als ›neuer P.‹ charakterisiert werden kann. Autoren wie H. v. Hofmannsthal und R. M. Rilke suchen durch die Auseinandersetzung mit dieser Umbruchsituation in den bildenden Künsten die poetischen Ausdrucksmittel zu schärfen. Seit den ↗ Avantgarden des frühen 20. Jh.s dominiert in den Künsten meist die Tendenz zur Auflösung der Medien- und Gattungsgrenzen; allerdings treten ihr auch Bestrebungen entgegen, die jeweilige Kunst auf die ihr spezifischen Ausdrucksmittel (in der Lit. also ihre Mündlichkeit oder Schriftlichkeit, etwa bei P. Handke) zu konzentrieren. Heute werden Fragen des P. meist unter dem Oberbegriff ↗ ›Intermedialität‹ diskutiert.

Lit.: H. Baader: P. In: U. Pfisterer (Hg.): Metzler Lexikon Kunstwissenschaft. Stgt., Weimar 2003, S. 261–265. – H. Baader u. a. (Hg.): Im Agon der Künste. Mchn. 2007. – E. Mai, K. Wettengl (Hg.): Wettstreit der Künste. Mchn. u. a. 2002. – U. Pfisterer: P. In: HWbPh.   DB

Paragramm, n. [gr. = Einschiebsel, Zusatz], Sinn-Verdrehung durch Änderung meist des ersten Buchstabens eines Wortes oder Namens, häufig als Wortspiel mit scherzhafter Wirkung; berühmt ist das P. aus dem Namen von Kaiser Claudius Tiberius Nero: »Caldius Biberius Mero« (= ›der vom Wein glühende Trunkenbold, Weinsäufer‹), vgl. Sueton: »Vita des Kaisers Tiberius«, Kap. 42.   GG

Paragraph, m. [von gr. *paragráphein* = dazuschreiben, schriftlich hinzufügen], ursprünglich Bez. für jedes neben ein Wort oder einen Text gesetzte Zeichen (Nota); heute beschränkt auf das Zeichen ›§‹; war in der Antike insbes. Interpunktionszeichen, diente später auch zur Bez. eines Abschnittes in lit. Werken, im Drama z. B. für den Einsatz eines neuen Sprechers, in Lyriksammlungen den Beginn eines neuen Liedes (z. B. in der Manesse-Hs.) oder einer neuen Strophe; in der Neuzeit v. a. üblich zur Kennzeichnung und fortlaufenden Nummerierung von Abschnitten in Gesetzestexten oder in wissenschaftlichen Werken; zugleich auch Bez. für solche Abschnitte.   GS/Red.

Paraklausithyron, n. [gr. = bei verschlossener Tür (gesungenes Lied)], Gattung der gr.-röm. Liebeslyrik: Lied eines Liebhabers vor der verschlossenen Tür seines Mädchens, wohl volkstümlichen Ursprungs; Literarisierung erst in alexandrinischer Zeit durch Kallimachos und Asklepiades; Theokrit überträgt das P. ins Bukolische (Lied eines Hirten vor der Grotte seines Mädchens). Vertreter des P.s in der röm. Lit. sind Horaz, Catull, Properz.   JK/Red.

Paralipomena, n. Pl. [von gr. *paraleípein* = vorüberlassen, übergehen], selten im Sg.: Paralipomenon; ausgelassene Textteile wie ↗ Varianten, ↗ Fragmente, Ergänzungen oder Nachträge, die keinen Eingang in die endgültige ↗ Fassung eines lit. Werks finden oder für

die Veröffentlichung (zunächst) ausgeschieden werden. Beispiele für P. sind die beiden Bücher »P.« im AT, die P. zu J. W. Goethes »Faust« oder A. Schopenhauers »Parerga und P.« (1851). Die zuletzt genannte, vom Autor autorisierte Sammlung ist ein Beleg für die Annäherung des Begriffs ›Paralipomenon‹ an verwandte Termini wie ↗›Aphorismus‹ oder ↗›Skizze‹. – Seit dem 19. Jh. wird der Begriff in wissenschaftlichen ↗Editionen und in der Theorie der Edition verwendet (vgl. Scheibe, S. 20 f.), wegen seiner Tendenz zur Hierarchisierung von Texten und Textteilen aber auch – etwa in der ↗critique génétique – zunehmend in Frage gestellt.
Lit.: A. Bohnenkamp: P. In: RLW. – S. Scheibe: Zu einigen Grundprinzipien einer historisch-kritischen Ausgabe. In: G. Martens, H. Zeller (Hg.): Texte und Varianten. Mchn. 1971, S. 1–44.   GK/NI

Paralipse, f. [gr. *paraleípsis* = Unterlassung, lat. *praeteritio* = Besetzung, Abhaltung von anderen Dingen], rhet. Figur: Hervorhebung eines Themas oder Gegenstandes durch die nachdrückliche (nicht eingehaltene) Erklärung, dass darauf aus bestimmten Gründen nicht näher eingegangen werde, eingeleitet durch Wendungen wie ›Ich will nicht davon sprechen, dass …‹; oft Mittel der ↗Ironie. Vgl. etwa W. Shakespeare: »Julius Caesar« (1599) III, 2: Rede des Antonius; Th. Mann: »Der Erwählte« (1951): »Ich will weiter kein Rühmens machen…« (hierauf folgt eine ¾-seitige Ausführung dessen, was angeblich nicht gerühmt werden soll).   GS/Red.

Parallele, f. [von gr. *parállēlos* = nebeneinander herlaufend], 1. historiographisches, lit., lit.kritisches und lit.geschichtliches Verfahren: Darstellung zweier Sachverhalte (bes. von Lebensläufen und maßgeblichen Kunstwerken), bei welcher die einzelnen Elemente so nebeneinander angeordnet werden, dass ein direkter und detaillierter Vergleich zwischen den beiden Gegenständen möglich ist. – 2. Text, dessen Strukturprinzip dieses Verfahren (1) ist. Bezieht sich dagegen die parallele Anordnung nur auf Teile des Textes (bes. in der ↗Rhet.), spricht man von ↗›Parallelismus‹. – ↗Prototyp der Gattung sind die »Bíoi parállēloi« (›Doppelbiographien‹, ca. 100–120 n. Chr.) des Plutarch, in denen die Lebensdarstellungen je eines gr. und eines röm. Feldherrn oder Staatsmannes paarweise zusammengestellt sind und in einem abschließenden Vergleich (*sýgkrisis*) gewürdigt werden. In Ch. Perraults »Parallèle des Anciens et des Modernes« (1688–97), einer Programmschrift der ↗*Querelle des Anciens et des Modernes*, wird die Überlegenheit der modernen Künste und Wissenschaften gegenüber ihren antiken Pendants in Form eines ↗Dialogs herausgearbeitet. Die ↗Lit.kritik der Frühromantiker knüpft – mit umgekehrten Vorzeichen – an diese polemische Linie der P. an (vgl. etwa A. W. Schlegels Versuch einer ›Annihilation‹ der frz. Tragödie in seiner »Comparaison entre la Phèdre de Racine et celle d'Euripide«, 1807). Dagegen steht F. Hölderlins theologische Magisterarbeit »Versuch einer P. zwischen Salomons Sprüchwörtern und Hesiods

Werken und Tagen« (1790) eher in der Tradition Plutarchs sowie von J. G. Herders »Ältester Urkunde des Menschengeschlechts« (1774/76): Biblische und andere antike Texte werden – gegen die theologische Orthodoxie – als prinzipiell gleichwertige lit. Zeugnisse behandelt. Das Verfahren der P. wird noch heute in der Geschichtsschreibung verwendet (A. Bullock: »Hitler and Stalin. Parallel Lives«, 1991). Eine umfassende lit.-wissenschaftliche Aufarbeitung der P. fehlt dagegen.
Lit.: M. Franz: Schule und Universität. In: J. Kreuzer (Hg.): Hölderlin-Hb. Stgt., Weimar 2002, S. 62–71, bes. S. 67 f. – R. Nickel: Lexikon der antiken Lit. Düsseldorf, Zürich 1999, S. 112 f.   DB

Parallelismus, m. [von gr. *parállelos* = gleichlaufend], 1. im engeren Sinne: P. *membrorum*, ↗rhet. Figur. Unterschieden werden a) *syntaktischer P.* oder ↗Isokolon, der Gleichlauf mehrerer (in der Regel zwei oder drei) gleichrangiger Kola: »Als ich ein Kind war, redete ich wie ein Kind, dachte ich wie ein Kind, urteilte ich wie ein Kind‹ (1 Ko 13, 11), und b) *semantischer P.*, die Spaltung einer Aussage in zwei oder mehr Einheiten gleichen oder gegensätzlichen Inhalts. Man unterscheidet beim semantischen P. *synonymen P.* (auch Synonymie): »So muß ich dich verlassen, von dir scheiden!« (F. Schiller: »Wallensteins Tod« III, 21), *antithetischen P.*: »Sie forderts als eine Gunst, gewähr es ihr als Strafe!« (Schiller: »Maria Stuart« II, 9) und *synthetischen P.*: »den Mund aufmachen, der Vernunft das Wort reden und die Verleumder beim Namen nennen« (G. Grass). – Der *P. membrorum* ist formkonstituierend u. a. in der hebr. Poesie (Psalmen), in der mhd. Dichtung, der Sakralsprache, in Zaubersprüchen, im Volkslied, in jüngster Zeit auch in der Werbung. Häufig ist die Verbindung mit ↗Anapher, ↗Epipher, ↗Symploke oder dem ↗Homoioteleuton.
2. Im weiteren Sinne: *strukturales Kompositionselement* in Dichtungen, die Wiederholung gleichrangiger Teile (z. B. im Märchen dreimaliges Wiederholen von Wünschen oder Aufgaben) oder in der ↗Konfiguration in Drama und Roman, z. B. durch parallele Personengruppierungen auf verschiedenen Ebenen (adliges und Diener-Liebespaar, Herren – Diener).
Lit.: A. Berlin: The dynamics of biblical parallelism. Bloomington/Ind. 1985. – E. Lang: P. als universelles Prinzip sekundärer Strukturbildung. In: ders. (Hg.): P. und Etymologie. Bln. (Ost) 1987, S. 1–54. – B. Spillner: P. In: RLW.   IA

Parallelstelle ↗Kommentar.

Paramythie, f. [gr. *paramýthion* = Zuspruch, Tröstung, Erholung], von J. G. Herder verwendeter Gattungsname für seine kurzen Prosaerzählungen, die tradierte Mythen variieren und ihnen dadurch einen neuen Sinn geben. Neben dem Merkmal ›Erholung‹ spricht er bei der Begriffserklärung deshalb ausdrücklich auch den Bezug zum ↗Mythos an. Entstanden aus Gebrauchsformen zur geselligen Unterhaltung, hängen die P.n zugleich mit Herders epochal bedeutendem poetologischen Programm »Vom neuern Gebrauch der Mythologie« zusammen. Seine Praxis der erzählerischen Mythenverwandlung war einflussreich. Der Begriff ›P.‹ hat sich aber über Herder hinaus nicht durchgesetzt.

Texte: J. G. Herder: P.n. Dichtungen aus der gr. Fabel [1785]. In: ders.: Werke in zehn Bdn. Bd. 3. Ffm. 1990, S. 697–724 und S. 1353–1360.   SM

Paränese, f. [gr. *paraínesis* = Ermahnung, Ermunterung, Warnung, Rat], 1. Begriff der altgr. Ethik und Erziehungslehre (Sokrates). – 2. Mahnrede oder -schrift, auch ermahnender oder ermunternder Teil einer Predigt oder eines Briefes (z. B. die P.n der Paulusbriefe); auch die Nutzanwendung einer Predigt oder Fabel wird als ›P.‹ bezeichnet (paränetische Schriften = Erbauungsschriften).   IS/Red.

Parapétasma, n. [gr.], ⁊ Integumentum.

Paraphrase, f. [aus gr. *pará* = neben, in der Nähe, *phrásis* = Wort, Rede], 1. erweiternde oder erläuternde Wiedergabe eines Textes in derselben Sprache, v. a. zur Verdeutlichung des Sinnes, etwa bei einer Interpretation; auch: freie Prosa-Umschreibung einer Versdichtung. – 2. Freie, nur sinngemäße ⁊ Übers. eines Textes in eine andere Sprache, im Ggs. zur ⁊ Metaphrase; berühmt sind die P.n des »Hohen Liedes« von Williram von Ebersberg (11. Jh.).   GS/Red.

Parasit, m. [gr. *parásitos* = Mitspeisender, Gast], Typenfigur der mittleren und v. a. der neuen attischen und der röm. Komödie: der komisch-sympathische Schmarotzer, der sich durch kleine Dienste in reichen Häusern einschmeichelt; erscheint als Nebenfigur oft in Begleitung von Hetäre oder ⁊ Bramarbas, z. B. Chaireas im »Dyskolos« (Griesgram) des Menander, Gnatho im »Eunuchus« des Terenz. Figur und Motiv des P.en sind in fast allen lit. Epochen nachweisbar. Die Moderne kennt v. a. die Parodie und Pervertierung des P.en, so in M. Frisch: »Biedermann und die Brandstifter«.

GK/Red.

Paraskenien ⁊ Proskenion.

Paraskenien-Skene ⁊ Skene.

Parataxe, f. [gr. = Nebeneinanderstellung, Beiordnung], Ggs.: ⁊ Hypotaxe.

Paratext, m. [frz. *paratexte*, Neologismus von G. Genette, gebildet aus gr. *pará* = neben, gegen, zuzüglich zu; und lat. *textus* = Geflecht, Gewebe, Text], Beiwerk eines ⁊ Textes. Genette führt 1982 den Begriff ›P.‹ ein, um einen von fünf Typen der Transtextualität (von Genette als Sammelbegriff für die Beziehungen eines Textes zu anderen Texten verwendet) zu bezeichnen; der Begriff hat sich sehr schnell durchgesetzt. P.e sind jene Texte, die sich in der Umgebung eines anderen Textes, an seinen Rändern und Grenzen finden bzw. ihn in bestimmten Veröffentlichungskontexten begleiten. Beispiele für P.e sind ⁊ Titel, Untertitel, Zwischentitel; ⁊ Vorwort, ⁊ Nachwort, ⁊ Einleitung; ⁊ Marginalien und ⁊ Fußnoten; ⁊ Motto und ⁊ Widmung; die Angabe des Autornamens auf einem Buch und der Klappentext; Inhaltsverzeichnis, ⁊ Bibliographie, Register. Die Bedeutung von P.en liegt v. a. in der Rezepti-

onslenkung sowie (aufgrund ihrer in der Regel starken Konventionalisierung) in ihrer Funktion für den ›Gattungsvertrag‹ zwischen ⁊ Autor und ⁊ Leser. – Bei der Ausarbeitung einer detaillierten Terminologie für paratextuelle Phänomene entwickelt Genette 1987 einen wesentlich erweiterten Begriff des P.es, der auch nichttextliche Umgebungen eines Textes (Format, Papier, Einband- und Umschlaggestaltung, Typographie, ⁊ Illustration; von Genette zusammengefasst als ›Peritext‹) sowie solche Texte, die nur in einem erweiterten Sinn als textbegleitend gedacht werden können (private Notizen, öffentliche mündliche oder schriftliche Äußerungen eines Schriftstellers zu seinem Text; der ›Epitext‹), einbezieht. Demgegenüber zeichnet sich in der noch jungen Forschung zu paratextuellen Phänomenen einerseits ein engerer Begriff des P.es ab, der auf ⁊ Textsorten in der Umgebung eines anderen Textes beschränkt ist; andererseits gibt es bereits Ansätze zur Anwendung von Genettes Konzept auf andere mediale Zusammenhänge (⁊ Film, Fernsehen, Musik).

Lit.: G. Genette: Palimpseste [frz. 1982]. Ffm. 1993. – Ders.: P.e [frz. 1987]. Ffm., NY 1989. – K. Kreimeier, G. Stanitzek (Hg.): P.e in Lit., Film, Fernsehen. Bln. 2004. – B. Moennighoff: P. In: RLW.   BA

Paratextualität ⁊ Intertextualität.

Parechese, f. [gr. = Lautnachahmung], ⁊ rhet. Figur, Form der ⁊ Paronomasie.

Parentation, f. [lat. = Trauerrede], ⁊ *laudatio funebris*.

Parenthese, f. [gr. *parénthesis* = Einschub], ⁊ rhet. Figur: grammatisch selbständiges Einschiebsel in einen Satz, das dessen grammatischen Zusammenhang unterbricht, ohne jedoch dessen syntaktische Ordnung zu verändern. Der Umfang schwankt zwischen einem Wort und einem Haupt- und Nebensätze gliedernden Abschnitt. Sie enthält meist eine erwünschte, nicht aber unbedingt notwendige Mitteilung oder eine affektiv erklärbare Interjektion: »So bitt ich – ein Versehn war's, weiter nichts – / Für diese rasche Tat dich um Verzeihung« (H. v. Kleist: »Penthesilea«, V. 2324 f.). – Der visuellen Kenntlichmachung dienen Gedankenstriche, runde oder eckige Klammern, Kommata, in mündlicher Rede Pausen.   GG

Parerga, n. Pl. [gr. *párergon* = Nebenwerk, Zusatz], als Nebenarbeit entstandene Schriften, auch Titel von Sammlungen kleinerer Schriften, z. B. A. Schopenhauer: »P. und Paralipomena« (1851).   GS/Red.

Parnassiens, m. Pl. [frz., vom gr. Berg Parnassos, dem Sitz der Musen und Apollons], zwischen 1860 und 1890 bestehende Gruppe von frz. Lyrikern, die lange als Übergangsphänomen zwischen ⁊ Romantik und ⁊ Symbolismus abgetan wurde. Der Begriff entsteht mit der dreibändigen Anthologie »Le Parnasse contemporain« (1866, 1871, 1876) und wird zunächst abwertend gebraucht, bis die Autoren ihn selbstbewusst aufgreifen, auch wenn sie, u. a. aufgrund der großen Unterschiede zwischen den Generationen, keine Schule bilden. Mitglieder sind Leconte de Lisle, Th. Gautier, Th. de Banville, Villiers de l'Isle-Adam, Sully-

Prudhomme, C. Mendès, F. Coppée, J.-M. de Heredia sowie spätere Symbolisten wie P. Verlaine und St. Mallarmé. In Abkehr von romantischer Gefühlslyrik und bürgerlicher *bon sens*-Dichtung geht es den P. um die Autonomie des Kunstschönen (↗ *l'art pour l'art*), um die Lösung der Dichtkunst von sozialpolitischen Implikationen.

Lit.: Ph. Andrès: Le Parnasse. Paris 2000. – L. Campa: Parnasse, symbolisme, esprit nouveau. Paris 1998. – L. Decaunes (Hg.): La poésie parnassienne de Gautier à Rimbaud. Paris 1977. – S. Hartung: Parnasse und Moderne. Stgt. 1997. – K. W. Hempfer (Hg.): Jenseits der Mimesis. Parnassische *transposition d'art* und der Paradigmenwechsel in der Lyrik des 19. Jh.s. Stgt. 2000. – A. Hofmann: Parnassische Theoriebildung und romantische Tradition. Stgt. 2001. – P. Martino: Parnasse et symbolisme. Paris 1913 (^{11}1964).   KB

Parodia seria, f., ↗ Kontrafaktur.

Parodie, f. [von gr. *parōdía* = Gegen- oder Nebengesang], 1. Gattungsbez.: a) das aus der gr. Antike stammende komische Versepos (↗ Epos); b) ein Genre dieses komischen Epos, das der frz. ↗ Klassizismus aufgrund der Stilhöhe (ein niederer Stoff wird im heroischen Stil behandelt) von der ↗ Travestie (umgekehrtes Stoff-Stil-Verhältnis) unterschied. – 2. Lit. Werk, das eine Vorlage (sei es ein Einzeltext oder ein Gattungsmuster) unter Beibehaltung kennzeichnender Strukturelemente, aber meist mit satirischer oder kritischer Wirkungsintention umarbeitet. – 3. Allg. ein intertextuelles Verfahren der Transformation mit komischer Funktion. Diese Bedeutung wurde erst in neueren Lit.theorien entwickelt (vgl. Genette). – Der komische Effekt der P. ist umso stärker, je größer die ↗ Fallhöhe gegenüber der Vorlage ist. Deshalb zehren auch die bedeutendsten P.n der Weltlit. von der Prominenz ihrer ↗ Prätexte (Homer-P.n der Antike) oder der Wertschätzung der nachgeahmten Gattung (M. de Cervantes: »Don Quijote« als P. der beliebten ↗ Ritterromane). P.n entstanden häufig als Reaktion auf jene Werke und Gattungen, die den Zeitgenossen als vorbildlich galten und/oder später mit dem Prädikat des ↗ ›Klassischen‹ geehrt wurden (Goethe- und Schiller-P.n im 19. Jh.). Da die P. nicht nur auf Textmuster zielen kann, sondern darüber hinaus auch auf Rezeptionshaltungen und Bildungskonventionen, dient sie häufig der Zeitkritik. Allg. eignet sie sich als satirisches oder kritisches Mittel in lit.-, kultur- und gesellschaftspolitischen Auseinandersetzungen (vgl. H. Heines Poetik der P.). – Obwohl in der Geschichte der P. kaum eine Gattung oder ein Stoff von diesem Verfahren verschont wurde, lassen sich zwei Hauptrichtungen erkennen, gegen welche die P. sich wendet: 1. gegen alle Erscheinungen des Heroischen und 2. gegen diejenigen des Sentimentalen.

Zu 1.: Die ersten überlieferten P.n sind komische, die Heldengedichte nach Art des Homer konterkarierende Epen (»Froschmäusekrieg«, 5. Jh. v. Chr.). Es folgen P.n auf die ↗ Tragödien des Euripides (Aristophanes: »Die Frösche«). Die antiheroische P. wendet sich im MA. gegen die höfische Ritterdichtung (H. Wittenwiler: »Ring«, F. Rabelais: »Gargantua et Pantagruel«), im 17. und 18. Jh. v. a. gegen antikisierende Heldentragödien und Heldenepen (A. Pope: »The Rape of the Lock«); ähnlich wird die heroische Barockoper parodiert (J. Gay: »Beggar's Opera«). Im 19. Jh. werden die von F. Hebbel und R. Wagner entwickelten Realisationen des heroischen Dramas durch J. N. Nestroys P.n entlarvt.

Zu 2.: Die gegen das Sentimentale gerichteten P.n beginnen mit Numitorius' »Antibucolica« gegen Vergil, setzen sich im mlat. P.n der Vaganten und in den P.n auf den Minnesang (Neidhart, Steinmar) fort und finden reichen Stoff von der Empfindsamkeit des 18. Jh.s an (F. Nicolai: »Freuden des jungen Werther«) bis hin zur ›neuen Subjektivität‹ gegen Ende des 20. Jh.s. – Im Kontext der ↗ Postmoderne sind parodistische Verfahren als Element ist. Spiels zu neuer Blüte gelangt.

Texte: W. Dietze (Hg.): Die respektlose Muse. Lit. P.n aus fünf Jh.en. Bln. 1968. – E. Rotermund (Hg.): Gegengesänge. Lyrische P.n vom MA. bis zur Gegenwart. Mchn. 1964. – Th. Verweyen, G. Witting (Hg.): Dt. Lyrik-P.n aus drei Jh.en. Stgt. 1983.

Lit.: W. Freund: Die lit. P. Stgt. 1981. – G. Genette: Palimpseste [frz. 1982]. Ffm. 1993. – W. Karrer: P., Travestie, Pastiche. Mchn. 1977. – B. Müller: Komische Intertextualität. Trier 1994. – Th. Verweyen, G. Witting: Die P. in der neueren dt. Lit. Darmstadt 1979. – Dies.: P. In: RLW.   HW/KK

Parodos, f. [gr. = Zugang, Einzug], 1. der seitliche Eingang eines gr.-röm. Theaters, durch den der ↗ Chor zu Beginn des Dramas in die ↗ Orchestra einzieht. – 2. Im gr.(-röm.) Drama a) im weiteren Sinne die gesamte erste Chorpartie einer ↗ Tragödie (so Aristoteles: »Poetik« 1452b 22 f.) oder einer ↗ Komödie, b) im engeren Sinne das Einzugslied des Chors. – Die attische Tragödie wird entweder mit der P. oder mit einem der P. vorgeschalteten ↗ Prolog eröffnet, während in der Komödie des Aristophanes der Chor erst später einzieht. Bei der Tragödie erscheint die P. entweder als strophisches Chorlied (z. B. in den »Choephoren« des Aischylos), dem oft ↗ Anapäste vorausgehen (z. B. im »Agamemnon« des Aischylos), oder als Wechselgesang zwischen Chor und Schauspieler (↗ Amoibaion), der oft epirrhematisch (↗ Epirrhema) gestaltet ist (z. B. in der »Medea« des Euripides). Diese Typen der P. werden von den Tragikern (z. B. in den »Sieben gegen Theben« des Sophokles), v. a. aber von Aristophanes variiert. In der Tragödie ist die P. oft als Klagegesang (↗ Kommos), bei Aristophanes häufig als Streitszene komponiert. ›Epiparodos‹ wird ein zweites Einzugslied des Chors genannt (z. B. im »Ajax« des Sophokles). Vgl. auch ↗ Exodos, ↗ Stasimon, ↗ Epeisodion.

Lit.: H. W. Schmidt: Die Struktur des Eingangs. In: W. Jens (Hg.): Die Bauformen der gr. Tragödie. Mchn. 1971, S. 1–46. – B. Zimmermann: P. In: NPauly, Bd. 9 (2000), Sp. 349 f.   MSR

Paroemiacus, m. [lat.], auch: *paroimiákos*, m. [gr. = Sprichwortvers], altgr. Vers der Form ∨∨–∨∨–∨∨––; oft mit dem ↗ Enoplios gleichgesetzt (Wilamowitz) und wie dieser als Ausprägung eines gr. Urverses gedeutet; Bez. nach seiner Verwendung im gr. Sprichwort oder Denkspruch (*paroimía*); auch in Marschliedern; entspricht metrisch dem gern als ↗ Klausel verwendeten röm. katalektisch-anapästischen Dimeter.   GS/Red.

Paroimiographie, f. [aus gr. *paroimía* = Sprichwort, *gráphein* = schreiben], in der Antike die wissenschaftliche Beschäftigung mit Sprichwörtern, zunächst unter philosophischem und historischem Aspekt (Aristoteles, Klearchos v. Soloi, Theophrastos), seit alexandrinischer Zeit systematisierend und klassifizierend (Aristophanes v. Byzanz, 220 v. Chr.); auf den Sammlungen des Didymos (1. Jh. v. Chr.), Lukillos v. Tarrha (1. Jh.) und Zenobios (2. Jh.) beruht das wichtigste Sprichwörterkompendium, das alphabetische ›Corpus paroimiographorum‹ (9. Jh.), auf das alle späteren mal. Sprichwörtersammlungen zurückgehen. ↗ Sprichwort.
Lit.: E. v. Leutsch, F. W. Schneidewin (Hg.): Corpus Paroemiographorum Graecorum. 2 Bde. Gött. 1839/51, Nachdr. mit Ergänzungsbd. Hildesheim 1958/61.
IS/Red.

Parole, f. [pa'rɔl; frz.], ↗ Strukturalismus.

Paromoion, n., auch *Paromoiosis* [gr. *parómoios* = ähnlich], rhet. (Klang-)Figur: über denselben Anfangsbuchstaben (↗ Alliteration, ↗ Homoioprophoron) hinausreichender Gleichklang von Wörtern unterschiedlicher Bedeutung: »rex, rege, res mísera tuís« (Vergil).   GS/Red.

Paronomasie, f. [von gr. *par-onomázein* = einen Beinamen geben; lat. *annominatio*], ↗ rhet. Figur: ↗ Wortspiel zur Erreichung eines Nebensinnes. Die P. entsteht durch Zusammenstellen 1. homonymer (↗ Homonymie) oder ähnlicher Wörter desselben Stammes mit Bedeutungsverschiebung: ›Wer sich auf den *verlässt*, der ist *verlassen*‹ (vgl. dagegen ↗ Polyptoton und ↗ Figura etymologica), oder 2. von Wörtern verschiedener Herkunft und Bedeutung, aber gleicher (homophoner) oder ähnlicher (homoeophoner) Lautung: »Der Rheinstrom ist worden zu einem Peinstrom, die Klöster sind ausgenommene Nester, die Bistümer sind verwandelt in Wüsttümer …« (F. Schiller: »Wallensteins Lager«: »Kapuzinerpredigt«); diese Form wird auch als ›Parechese‹ bezeichnet.   CSR

Paronymie ↗ Wortspiel.

Pars pro toto [lat. = der Teil für das Ganze], ↗ Tropus (1), bei dem ein Teil einer Sache das Ganze bezeichnet: z. B. *Dach* für Haus; eng gefasste Form der ↗ Synekdoche, vgl. auch ↗ Metonymie.   GS/Red.

Parteilichkeit, explizite oder implizite Einnahme eines nichtobjektiven Standpunktes in historiographischer und lit. Praxis. Zur pejorativen Bedeutung von ›P.‹ im Sinne der Verzerrung einer ›objektiven‹ Wahrheit trat seit dem Ausgang des 18. Jh.s ein wertneutrales oder sogar positives Verständnis des Begriffs. In der Geschichtsschreibung des ↗ Historismus wurde eine Ver-

bindung von auf exakter Quellenforschung beruhender ›Objektivität‹ und perspektivischer P. diskutiert. H. Heine lehnte eine vorgetäuschte Unparteilichkeit ab, polemisierte aber ebenso gegen eine agitatorisch auftretende ›Tendenzlit.‹ (vgl. etwa sein Gedicht »Die Tendenz«, 1842). K. Marx und F. Engels stellten dem »Parteischund« eine positiv bewertete »Tendenzpoesie« gegenüber, deren objektive Erkenntnis nicht mit dem subjektiven Standpunkt des Autors zusammenfallen müsse (Briefe Engels' aus den Jahren 1892 und 1885. In: Marx/Engels, Bd. 1, S. 149, 156; vgl. auch die Umwertung der Begriffe bei Lukács). Im ↗ sozialistischen Realismus wurde die ›Parteigeist‹ (russ. *partijnost*), d. h. eine Parteinahme für die Arbeiterklasse und die sie vertretende Partei, dann jedoch zur verbindlichen Doktrin.
Lit.: H.-Ch. Buch (Hg.): P. der Lit. oder Parteilit.? Reinbek 1972. – I. Fetscher: P. In: HWbPh. – R. Koselleck u. a. (Hg.): Objektivität und P. in der Geschichtswissenschaft. Mchn. 1977. – G. Lukács: Tendenz oder P.? [1932]. In: ders.: Werke. Bd. 4. Neuwied 1971, S. 23–34. – K. Marx, F. Engels: Über Kunst und Lit. 2 Bde. Bln. [Ost] 1967 f. – H. Segeberg: P. In: RLW.   UMI/Red.

Partheneion, n. [gr. *parthéneion* = Jungfrauenlied], Pl. *Partheneia*; altgr., von einem Mädchenchor vorgetragenes Chorlied; erhalten sind nur der Schluss eines P. von Alkman (wahrscheinlich ein Prozessionslied für Artemis) und drei Fragmente aus Pindars lediglich bezeugten zwei Büchern »Partheneia« und dem »Anhang zu den Partheneia« (Verse über die Unsterblichkeit, Bruchstücke eines Kultliedes der Daphne und eines Liedes auf Pan; in choriambischen und äolischen Maßen); auch von Bakchylides werden Partheneia erwähnt.   JK/Red.

Partijnost [russ. = Parteigeist], ↗ Parteilichkeit.

Partimen, n. [provenz. = Teilung; dilemmatische Frage], provenz. ↗ Streitgedicht (↗ Tenzone), das oft von zwei Dichtern gemeinsam verfasst ist. Ein Thema, v. a. aus dem Bereich der höfischen Liebe, wird zu Beginn, meist in Form eines Dilemmas mit zwei Alternativen, festgelegt, dann in gesungenem Wettstreit durchdiskutiert, in der Regel ohne abschließende Entscheidung. – Das P., auch *Joc partit* genannt und im afrz. ↗ Jeu parti nachgeahmt, wurde v. a. zwischen 1180 und dem Ende des 13. Jh.s gepflegt. Die Bez. taucht im 14. Jh. in den Hss. auf; überliefert sind über 100 P. – Verwandt sind die it. ↗ Contrasto und die mlat. Formen ↗ Altercatio, ↗ Disputatio, ↗ Conflictus. Dt. Nachahmungen im strengen Sinne gibt es nicht.
Lit.: E. Köhler: P. (joc partit). In: GRLMA. Bd. II.1. Fasc. 5 (1979), S. 16–32. – S. Neumeister: Das Spiel mit der höfischen Liebe. Mchn. 1969. – R. Schnell: Zur Entstehung des altprovenz. dilemmatischen Streitgedichts. In: GRM N. F. 33 (1983), S. 1–20.   MGS

Paso, m. [span. = Schritt], kurze schwankhafte Dialogszene aus dem span. Volksleben in Prosa, im 16. Jh. von Lope de Rueda als ↗ Zwischen- oder ↗ Nachspiel für die ↗ Comedia geschaffen (berühmt z. B. »Las aceitunas«, »Los criados«). P.s waren insbes. durch die Gestalt des Bobo, eines Vorläufers des ↗ Gracioso, sehr beliebt; bisweilen wurden bis zu drei P.s in einen Akt eingefügt. Sie gelten als unmittelbare Vorformen der ↗ Entreméses und blieben wie diese bis ins 20. Jh. lebendig (↗ Género chico). Die P.s L. de Ruedas wurden postum von Juan de Timoneda, der selbst P.s verfasste, herausgegeben.   IS/Red.

Pasquill, n. [it. *pasquillo* = Schmähschrift], meist anonyme oder pseudonyme, gegen eine bestimmte Persönlichkeit gerichtete Schmähschrift. Die Bez. geht zurück auf einen wegen seines Witzes bekannten röm. Schuster oder Schneider Pasquino in der zweiten Hälfte des 15. Jh.s. Nach seinem Tod wurde in der Nähe seiner Werkstatt der Torso einer röm. Kopie der hellenistischen Darstellung des Menelaos mit der Leiche des Patroklos gefunden und 1501 vor dem Palazzo Braschi aufgestellt. An dieser vom Volksmund ›Pasquino‹ genannten Skulptur wurden Satiren und Epigramme (sog. *Pasquinata*) angeheftet; die Erwiderungen brachte man an der gegenüberstehenden Figur des Marforio (Mars fori, einer auf dem Forum gefundenen Statue des Mars) an. – Im Rahmen der Satirentheorie der Aufklärung ist die Abgrenzung der Satire vom P. ein unerlässlicher Bestandteil der Reflexion über das Wesen und die Funktion der Satire. Als Beispiel eines dt. P.s gilt J. W. Goethes »Fastnachtsspiel … vom Pater Brey …« (gegen M. Leuchsenring).
Lit.: G. Hess: P. In: RLW.   GG

Passionsbruderschaften, spätmal., meist bürgerlich-weltliche Gesellschaften, welche die oft zwei bis drei Tage dauernden ↗ Passionsspiele u. a. ↗ geistliche Spiele organisierten und – meist mit städtischer Hilfe – finanzierten. Die ausnahmslos männlichen Spieler, Mitglieder der P. oder Städter aller sozialen Schichten, spielten ohne Honorar und stellten in der Regel auch ihre Kostüme selbst; bezahlt wurden jedoch der Darsteller des Judas, Musikanten, Gaukler (oft Darsteller der Teufel) und die manchmal über tausend Helfer. Nach dem Rückgang der Passionsspiele organisierten die P. auch Aufführungen weltlicher Stücke. – Berühmte P. waren die Pariser »Confrérie de la Passion« (seit 1380, ab 1548 weltliche Inszenierungen, bestand bis 1677), in Rom die »Archiconfraternità del Gonfalone« (erste Aufführung 1489), die Wiener »Gottesleichnamsbruderschaft« (1437 zum ersten Mal bezeugt; berühmtester künstlerischer und organisatorischer Leiter war der Bildschnitzer W. Rollinger) und die bis ins 20. Jh. bestehende Luzerner »Bruderschaft der Bekrönung unseres lieben Herrn Jesu Christi« (gegründet 1470, berühmtester Spielleiter im 16. Jh.s: Renward Cysat). Von lit.geschichtlicher Bedeutung sind die von den P. tradierten Passionstexte, ihre Spielbücher (↗ Dirigierrollen), Rechnungsbücher (Raitbücher), Regieskizzen und Bühnenpläne.   IS/Red.

Passionsspiel, Typus des mal. ↗ geistlichen Spiels, der den Leidensweg und die Kreuzigung Christi szenisch gestaltet. – Wie das ↗ Weihnachts- und ↗ Osterspiel ist

das P. an den Festkreis des kirchlichen Herrenjahres gebunden, doch kann es nicht wie diese auf einen liturgischen Kern zurückgeführt werden. Bedingt durch seine thematische Perspektivierung auf die Erlösungstat des Heilands greift das P. im Ggs. zur szenischen Beschränkung von Weihnachts- und Osterspiel stofflich weiter aus und bezieht Szenen ein, welche die heilsgeschichtliche Bedeutung der Erlösung bes. eindringlich vor Augen führen. Das Zentralgeschehen der Passion umfasst in unterschiedlicher Kombination und Ausgestaltung Gründonnerstags- und Karfreitagsszenen. Vorangestellt sind neutestamentliche Szenen aus dem Marien-, Johannes- und Jesusleben. Weiter zurück in die vorchristliche Heilsgeschichte führen Szenen mit spezifischer Verweisfunktion auf die Erlösung: Erschaffung von Welt und Engeln, Empörung und Sturz Luzifers, Erschaffung der Menschen und ihr Sündenfall, alttestamentliche ↗ Präfigurationen (z. B. Opferung Isaaks, Joseph und seine Brüder, David und Goliath) und Prophetenauftritte. Im Anschluss an die Passion folgen gemäß biblischer Chronologie üblicherweise die Auferstehung (Aufnahme von Osterspielszenen), öfter auch das Himmelfahrt- und das Pfingstgeschehen. – Quellen des P.s sind außer der Bibel und der Liturgie (z. B. Palmsonntagsprozession, Fußwaschung, *adoratio* und *depositio crucis*, Antiphonen und Responsorien) auch apokryphe Evangelien (z. B. für das Marienleben, die Kindheit Jesu, die Magdalena-, Longinus- und Teufelsszenen) und theologisches Schrifttum (für allegorische Szenen wie den Streit der Töchter Gottes oder die Disputation zwischen Ecclesia und Synagoge). – Aus der Frühzeit der Tradition (13. und 14. Jh.) haben sich nur wenige lat.- und mischsprachige Spieltexte erhalten (frühester Text: Benediktbeurer P., erste Hälfte des 13. Jh.s), während die volkssprachlichen P.e im 15. Jh. und in der ersten Hälfte des 16. Jh.s als meistgespielter Typus des geistlichen Dramas verbreitet sind. Ihr Charakteristikum ist die szenische Aufschwellung, welche die personalreichen, aufwendig inszenierten, vielerorts auch mehrtägig veranstalteten Aufführungen zum religiösen und gesellschaftlichen Großereignis der spätmal. Stadt werden lässt (z. B. in Frankfurt am Main, Alsfeld, Bozen, Sterzing, Luzern). Aufgrund von Übereinstimmungen in Wortlaut und dramatischer Disposition lassen sich die meisten Spieltexte den drei großen regionalen Textgruppen zuordnen: der rheinfränkisch-hessischen, der Tiroler und der schwäbisch-alemannischen Gruppe.
Lit.: R. Bergmann: Studien zu Entstehung und Geschichte der dt. P.e des 13. und 14. Jh.s. Mchn. 1972. – Ders.: Spiele, Mal. geistliche. In: RLG. – H. Linke: Vom Sakrament bis zum Exkrement. In: G. Holtus (Hg.): Theaterwesen und dramatische Lit. Tüb. 1987, S. 127–164.   EUB

Pastiche, n. [pas'tiːʃ, frz.; von it. *pasticcio* = Pastete, Mischmasch], Verfahren der Stilnachahmung bzw. Text, der durch dieses Verfahren bestimmt wird. An-

ders als beim ↗Cento, das aus einem oder mehreren vorgegebenen Texten wörtlich zitiert, verfährt die Nachahmung beim P. dominant auf den Ebenen der Syntax, der Auswahl der Wörter und der Bildlichkeit. Gegenstand der Nachahmung kann ein Autorstil (R. Gernhardt imitiert in »Klappaltar« J. W. Goethe, H. Heine und B. Brecht) oder der Stil einer homogenen Textgruppe verschiedener Autoren (A. Holz imitiert in seinem »Dafnis« die höfisch-galante Dichtung des Barock) sein, wobei die Grenze zur ↗Parodie offen ist. Im Unterschied zur ↗Fälschung macht das P. keinen Hehl aus seiner intertextuellen Struktur. – Das P. kann als Stilübung gedacht sein (R. Queneau: »Exercices de style«), aber auch als Nachahmung, die ihren Zweck in sich selbst oder in der komischen Distanzierung vom Vorbild hat (R. Neumann: »Mit fremden Federn«). Das Verfahren des P.s wird so eingesetzt, dass es einen Text als Ganzen oder auch nur passagenweise bestimmt. Sequentielle P.s finden sich schon in den Komödien des Aristophanes. In der frz. Lit. haben sich z. B. G. Flaubert, P. Verlaine und M. Proust (»P.s et mélanges«) als Pasticheure hervorgetan. In seinen späten Romanen »Doktor Faustus« und »Der Erwählte« hat sich auch Th. Mann streckenweise des P.s bedient.
Lit.: J. E. Antonsen: Pasticcio, P. In: RLW. – G. Genette: Palimpsestes. Paris 1982 [dt.: Palimpseste. Ffm. 1993]. – W. Hempel: Parodie, Travestie und P. In: GRM N. F. 15 (1965), S. 150–176. – I. Hoesterey: P. Bloomington 2001. – W. Karrer: Parodie, Travestie, P. Mchn. 1977.

BM

Pastorelle, f. [lat. *pastor*, frz. *pasteur* = Schäfer], auch: Pastourelle; eine v. a. in der romanischen Lit. des MA.s verbreitete, überwiegend dialogisch-narrative Gedichtform (↗*genres objectifs*), in der vom Liebesabenteuer eines Mannes mit einem Mädchen aus einem niedrigeren Stand berichtet wird. Gegenstück zur höfischen ↗Kanzone, ist die P. jedoch weit davon entfernt, im Volksgesang zu gründen: Alle bekannten Autoren (Jean Bodel, um 1200; Jean Froissart, um 1400; Marcabru, Mitte des 12. Jh.s) sind auch sonst als Lyriker bekannt. Die okzitan. P. kennt eine Hierarchie nach dem Kriterium der vom Hirtenmädchen gehüteten Tiere: vom Schaf bis hin zum Schwein *(porqueira)*. In der dt. Dichtung tritt die P., obwohl von Walther von der Vogelweide bis zu Oswald von Wolkenstein (gestorben 1445) vertreten, quantitativ signifikant hinter dem ↗Tagelied zurück. Die im »Codex Manesse« (um 1320) unter dem Namen Neidharts von Reuental (um 1200) tradierten P.n sind offenkundige ↗Priapeia (Nr. XLIV, 1: eine *frowe* möchte einem *ritter* ihre *scheide* leihen, da er ›seine‹ verloren hat). Wie das Tagelied stand die P. einer geistlichen Interpretation offen (↗geistliches Tagelied), wie sie v. a. in der mittelengl. P. auftritt.
Lit.: S. Ch. Brinkmann: Die dt.sprachige Pastourelle. 13. bis 16. Jh. [1976]. Göppingen 1985. – I. Kasten: Pastourelle. In: RLW. – M. Sichert: Die mittelengl. P. Tüb. 1991. – R. Warning: Pastourelle und Mädchen-

lied. In: J. Janota, P. Sappler (Hg.): Fs. W. Haug und B. Wachinger. Tüb. 1992, S. 709–722. – F. Wolfzettel: Überlegungen zum Stellenwert der (Nord)frz. P. des MA.s. In: G. Birken-Silverman, G. Rössler (Hg.): Beiträge zur sprachlichen, lit. und kulturellen Vielfalt der Philologien. Stgt. 1992, S. 552–567.

CF

Pathos, n. [gr. = Leiden], ganz allg. das, was einem Menschen körperlich und seelisch widerfährt. Das Bedeutungsspektrum reicht hierbei von passivem Erleiden und Schmerz bis zu Affekten und Leidenschaften. In Rhet. und Poetik kann P. als starke Gemütsbewegung zur Voraussetzung, zum Darstellungsprinzip und zum intendierten Effekt einer bestimmten Rede- oder Schreibweise werden. – Von historisch nachhaltiger Wirkung sind die antike Tragödientheorie und die Rhet. In seiner »Poetik« beschreibt Aristoteles das P. der ↗Tragödie sowohl auf ihrer Darstellungs- als auch auf ihrer Rezeptionsseite. Als Darstellung von Tod, heftigen Schmerzen u. Ä. wird P. zum konstitutiven Bestandteil der Dramenfabel und soll beim Publikum eine bestimmte Gemütsbewegung, die Affekte *eleos* und *phobos* (Jammer und Schaudern bzw. Mitleid und Furcht, ↗Katharsis), hervorrufen. In der ↗Rhet. bildet das P. neben Ethos und Sachbezug einen der drei Überzeugungsträger der Rede. Es zielt auf eine starke Affekterregung auf Seiten des Publikums, komplementär derjenigen des Redners. Zum dritten ist es eng mit einer bestimmten Redeweise, dem *genus grande* (↗Genera dicendi), verknüpft. In dieser ›hohen‹ Stillage werden ›erhabene‹, große oder furchtbare Gegenstände zur Darstellung gebracht, sprachlich ist ihr eine optimierte Verwendung von Redeschmuck (↗Ornatus) zugeordnet. Die Poetiken der Renaissance und des Barock orientieren sich weitgehend an diesen Vorgaben, differenzieren sie aber auch aus. Gattungspoetisch wird P. meist mit der Tragödie, dem ↗Epos und der ↗Ode verbunden. Gegen Ende des 18. Jh.s werden Bedeutung, Funktionsbestimmung und Bewertung von P. durch den Übergang von der rhet. geprägten Regelpoetik zu ausdifferenzierten Wirkungs-, Ausdrucks- und Gehaltsästhetiken nachhaltig verändert (G. E. Lessing, F. Schiller, G. W. F. Hegel). Vom 19. Jh. bis in die Gegenwart gibt es neben massiven Abwertungen (›P.‹ als gängiges Negativschlagwort) immer wieder Rehabilitationsversuche dieser Sprech-, Schreib- und Ausdrucksweise (z. B. durch Nietzsche, die Autoren des ↗Expressionismus, B. Strauß).
Lit.: E. Auerbach: Passio als Leidenschaft. In: ders.: Gesammelte Aufsätze zur romanischen Philologie. Bern, Mchn. 1967, S. 161–175. – G. Butzer, J. Jacob: P. In: RLW. – C. Gill: The Ethos/P. Distinction in Rhetorical and Literary Criticism. In: Classical Quarterly 34 (1984), S. 149–166. – R. Homann: Pathetisch, das Pathetische. In: HWbPh. – R. Meyer-Kalkus: P. In: HWbPh.

UP

Pathosformel, lit. oder bildkünstlerisch vorgeprägtes Ausdrucksmuster heftiger Leiden oder starker affektiver Erregung. Im engeren Sinne geht es bei P.n immer um theatrale Körperbilder, im weiteren Sinne um alle möglichen affektbezogenen ↗ Motive und Topoi (↗ Topos), die künstlerische Darstellungen, aber auch rhet. Argumentationen oder politische Inszenierungen strukturieren. – Der Begriff geht auf den Kunsthistoriker A. Warburg zurück und fand Eingang nicht nur in die kunstgeschichtliche Ikonologie, sondern auch in die lit.wissenschaftliche Toposforschung und andere kulturwissenschaftliche Disziplinen.

Lit.: U. Port: ›Katharsis des Leidens‹. Aby Warburgs ›P.n‹ und ihre konzeptionellen Hintergründe in Rhet., Poetik und Tragödientheorie. In: DVjs 73 (Sonderheft 1999), S. 5–42. – M. Warnke: P. In: W. Hofmann u.a. (Hg.): Die Menschenrechte des Auges. Über Aby Warburg. Ffm. 1980, S. 61–68.   UP

Patriarchade, f. [von gr. *patriárchēs* = Stammvater], epische Bearbeitung von Episoden der alttestamentarischen Geschichte der Urväter, in Form (›Gesänge‹) und Versmaß (↗ Hexameter) des antiken ↗ Heldenepos, das damit christianisiert wird. – P.n entstanden in der zweiten Hälfte des 18. Jh.s als Nachahmungen von F. G. Klopstocks »Messias« (1748–73); sie schöpfen gleichermaßen aus ↗ Pietismus und ↗ Empfindsamkeit. Die Personen des AT werden psychologisiert. Wie im antiken ↗ Epos wird die Handlung oft durch einen Götterapparat (hier also: Auftreten Gottes und Satans sowie von Engeln und Teufeln) erweitert. – Das der P. eigene Ideal des einfachen, naturnahen und tugendhaften Lebens nähert sich der ↗ Idylle an und wird säkularisiert zur »patriarchalischen Idee« (J. W. Goethe: »Die Leiden des jungen Werthers«, Brief vom 12. Mai). Hauptvertreter sind J. J. Bodmer (»Noah«, 1750–52; »Jacob und Joseph«, 1751; »Synd-Flut«, 1751), Ch. M. Wieland (»Der gepryfte Abraham«, 1753), S. Geßner (»Tod Abels« 1758), J. K. Lavater (»Adam«, 1779).   CLU

Patronymikon ↗ Antonomasie.

Pause, 1. im Zeitgerüst einer Erzählung der Stillstand der ↗ erzählten Zeit bei fortlaufender ↗ Erzählzeit; 2. in der ↗ Taktmetrik nach A. Heusler eine vom metrischen Schema geforderte Einheit, die sprachlich nicht ausgefüllt ist.   GS/Red.

Pausenreim, auch: Pause, bindet das erste und letzte Wort eines Verses, Verspaares oder einer Strophe; begegnet v. a. im Minne- und Meistersang, vgl. z. B. Walther von der Vogelweide: »wol vierzec jâr hab ich gesungen oder mê / von minnen und als iemen *sol*« (L 66, 27).   GS/Red.

Pedanteske Dichtung [it. *pedante* = Pedant], Satire auf pedantische Gelehrte, Form der ↗ makkaronischen Dichtung.

Pegnesischer Blumenorden ↗ Sprachgesellschaften.

Pegnitzschäfer, auch: Pegnesischer Blumenorden, eine der bedeutendsten ↗ Sprachgesellschaften.

PEN [engl. *pen* = Schreibfeder], Abkürzung für engl. *Poets, Essayists, Editors, Novelists*, auch: P.E.N.-Club, PEN-Club; internationale überparteiliche Schriftstellervereinigung mit Sitz in London. Die kulturpolitischen Ziele der PEN-Charta betreffen das Engagement gegen ↗ Zensur, Diskriminierung und Gewalt, für Frieden, Meinungsfreiheit, Humanität, Toleranz und den Schutz von Kunstwerken auch im Krieg. Neue Mitglieder werden von einem PEN-Zentrum kooptiert und haben die Charta zu unterschreiben. – Gegründet wird der PEN-Club 1921 von C. A. Dawson Scott in London als Reaktion auf die Erfahrung des Ersten Weltkriegs; heute gibt es 134 Zentren in etwa hundert Staaten. 1934 kommt es zur Gründung eines dt. Exil-PEN in London, der noch heute für dt.sprachige Autoren im Ausland besteht. Für die Umsetzung der PEN-Charta sorgen folgende Institutionen: das *Writers-in-Prison-Committee* (seit 1960), das sich der Unterstützung inhaftierter oder verfolgter Autoren, Verleger, Journalisten widmet (Persönlichkeiten, die sich hierfür bes. eingesetzt haben, werden vom dt. PEN mit der Hermann-Kesten-Medaille geehrt); das *Writers-for-Peace-Committee* (1984 auf Initiative des slowenischen PEN gegründet und zurzeit von 32 Zentren getragen), das medienwirksame Aktionen (offene Briefe, Gespräche zwischen Autoren verfeindeter Staaten) zur Friedenssicherung inszeniert; das *Writers-in-Exile-Committee* (1999 von Kulturstaatsminister M. Naumann und dem dt. PEN gegründet), das Exilautoren in dt. Städten bis zu fünf Jahre lang ein Stipendium gewährt. – Forschungen zum PEN beziehen sich in der Regel auf die Geschichte einzelner Zentren.

Lit.: W. Berthold, B. Eckert (Hg.): Der dt. PEN-Club im Exil 1933–48. Ffm. 1980. – J. Hermand: Die dt. Dichterbünde. Köln 1998. – F. P. Künzel (Hg.): P.E.N.-Zentrum Bundesrepublik Deutschland. Autorenlexikon. Mchn., Zürich 1988. – R. Rocek: Glanz und Elend des P.E.N. Wien 2000.   BD

Pentameter, m. [gr. *pentámetron* = aus fünf Metren bestehend; aus *pénte* = fünf, *métron* = Metrum], antiker, meist daktylischer Vers. Der P. ist aus zwei metrisch gleichen Kola (↗ Kolon) gebaut: $-\cup\cup-\cup\cup-|-\cup\cup-\cup\cup-$. Allerdings können nur die ersten beiden Daktylen durch ↗ Spondeen ersetzt werden. Nicht variabel ist die nach der dritten langen Silbe liegende Mitteldihärese (↗ Dihärese), die den Vers zum Ausdruck von Parallelen oder Antithesen bes. geeignet macht. Der Name geht auf die irrige Auffassung zurück, dass die beiden Kola zweimal zweieinhalb, also insgesamt fünf, Metren entsprechen. Der Vers findet sich fast ausschließlich im Anschluss an einen ↗ Hexameter, mit dem zusammen er das ↗ Distichon bildet, das auch in der neuzeitlichen Verssprache, bes. im Dt., in ↗ Elegien und ↗ Epigrammen verwendet wird. – Der P. ist auch eine mögliche Form des ↗ leoninischen Verses, der sich durch Binnenreim und hohe metrische Toleranz auszeichnet.

Lit.: B. Moennighoff: Distichon. In: RLW.   AW

Penthemimeres, f. [aus gr. *pénte* = fünf, *hemí* = halb, *méros* = Teil; lat. *semiquinaria*], in der antiken Metrik die nach dem fünften Halbfuß liegende wichtigste ↗ Zäsur des ↗ Hexameters ($-\cup\cup-\cup\cup-|\cup\cup-\cup\cup-\cup\cup-\cup$) und des jambischen ↗ Trimeters ($\cup-\cup-\cup-|-\cup-\cup-\cup-$). Im Hexameter erscheint sie häufig im Verbund mit der

↗Trithemimeres, der ↗Hephthemimeres oder der ↗bukolischen Dihärese. Im ↗Distichon tritt die P. meist zugunsten der nach dem dritten ↗Trochäus (*katá tríton trochaíon*) liegenden Zäsur (–∨∨–∨∨–∨|∨– ∨∨–∨∨–∨) zurück. Im ↗leoninischen Hexameter sind P. und Versende meist durch zweisilbige Reime miteinander verbunden.
Lit.: D. Korzeniewski: Gr. Metrik. Darmstadt 1968, S. 15–19.   AW

Percontatio ↗Sermocinatio.

Performance, f. [engl. = Darstellung, Vorführung, auch: Vollzug, Leistung], eine Kunstform, die sich zwischen bildender Kunst, Medienkunst und ↗Theater positioniert. Vom Theater unterscheidet sich die P. durch den Verzicht auf erzählende Handlung und Rollenspiel, von der bildenden Kunst durch die Ersetzung des abgeschlossenen Werkes durch den prozessualen Vollzug der performativen Aktion. Zuschauer gelten als aktive Teilnehmer der P. Der vage umrissene Begriff wird seit Beginn der 1970er Jahre auf Kunstformen wie Aktionskunst, ↗Happening, *Body Art* angewendet. P.-Künstler beziehen sich auf die europäischen Avantgarden der Jh.wende, insbes. auf ↗Dadaismus, ↗Futurismus und das Werk M. Duchamps. Prägend für das heutige Verständnis von P. sind die Arbeiten von Künstlern wie J. Cage (Musik), M. Cunningham (Tanz), Ch. Burden (Aktionskunst), V. Export (*Body Art*).
Lit.: V. Apfelthaler, K. Röttger: P. In: RLW. – M. Carlson: P. Ldn., NY 1996. – R. Ferguson (Hg.): Out of Actions. Ldn., NY 1998. – R. Goldberg: P. Ldn. 1979. – A. Jones, T. Warr (Hg.): The Artist's Body. Ldn. 2000. – M.R. Sandford (Hg.): Happenings and Other Acts. Ldn., NY 1995.   MWA

Performanz, f. [engl. *to perform* = ausführen], in verschiedenen Disziplinen verwendeter Begriff für kulturelle Äußerungsformen, die auf ↗Handlung zielen und erst in ihrem Vollzug ihren vollständigen Sinn erreichen. In den bildenden und darstellenden Künsten ist die ↗Performance eine meist einmalige, von einem Künstler oder einem Kollektiv inszenierte Aktion. In die Ethnologie wird der Begriff der *cultural performance* in den 1960er Jahren von M. Singer und V. Turner eingeführt, die den Vollzug kultureller Prozesse in ↗Ritual und ↗Theater untersuchen. In der Sprachphilosophie der gleichen Zeit (J.L. Austin, J.R. Searle) wird die ↗Sprache nicht vorgängig unter dem Aspekt der zeichenhaften Repräsentation, sondern als ↗Sprechakt betrachtet. Ebenso fordert die ↗Theaterwissenschaft der 1970er Jahre statt einer textzentrierten eine stärker handlungsorientierte Betrachtung von ↗Theatralität (↗Inszenierung). Der *performative turn* in der Lit.wissenschaft hat sich frühzeitig v.a. in der ↗Mediävistik durchgesetzt (P. Zumthor). Lit.theoretisch wird in diesem Zusammenhang der umfassende prozessuale Handlungszusammenhang betont, in dem poetische Werke stehen (↗Mündlichkeit/Schriftlichkeit, ↗Fest, ↗Ritual). ›P.‹ gilt inzwischen als eine der zentralen Kategorien einer transdisziplinären ↗Kulturwissenschaft.
Lit.: E. Fischer-Lichte: Ästhetik des Performativen. Ffm. 2004. – U. Wirth (Hg.): P. Ffm. 2002.   JH

Pergament ↗Buch.

Periakten ↗Proskenion.

Periakten-Bühne [von gr. *periágein* = herumdrehen], ↗Telari-Bühne.

Periegesen, f. Pl. [gr. *periégēsis* = Rundführung], auch: Perihegesen; antike, bes. in hellenistischer Zeit gepflegte Lit.gattung: Beschreibung von Ländern, Städten, Sehenswürdigkeiten u.a. (mit Exkursen aller Art) in Form einer fingierten Führung. Die Verfasser von P. heißen ›Periegeten‹; der früheste ist wohl Nymphodoros von Syrakus (3. Jh. v. Chr.), der Hauptvertreter der Gattung Pausanias (»Beschreibung Griechenlands«, zehn Bücher, 2. Jh. n. Chr.). – Den P. verwandt sind die *Períploi* (Singular: *Períplous* = das Umherschiffen), mit Exkursen angereicherte Beschreibungen von Schiffs- und Forschungsreisen; deren Hauptvertreter ist Avienus (»Ora maritima« in jambischen Trimetern, 4. Jh.).   GS/Red.

Perikope, f. [gr. *perikopé* = das Abhauen], an bestimmten Tagen im Jahr wiederkehrend im Gottesdienst vorgelesener Abschnitt aus der Bibel. Die Entstehung der P.n ist unklar; seit der Spätantike gab es zwei feste, neutestamentliche Lesungen aus einem Evangelium und einer Epistel (↗Lektionar). Daraus entstanden P.nordnungen. In der Reformation entschieden sich die Lutheraner für die Beibehaltung dieses Modells; die Reformierten wünschten die freie Wahl von Texten. Die lutherischen Pfarrer unterlagen im Barock dem P.nzwang, d.h., sie mussten jeden Sonntag über das Evangelium predigen. Heute gibt es im lutherischen Bereich sechs P.nreihen (Revision von 1977). 1570 beschloss das Konzil von Trient eine feste P.nordnung für die kath. Kirche, die bis 1969 galt. Seitdem gibt es drei Lesejahre nach den synoptischen Evangelien.
Lit.: P.C. Bloth: Schriftlesung I. In: TRE. – R. Brandhorst: Lesung der Heiligen Schrift im Kirchenjahr. Hannover 1997. – E. Nübold: P. In: LThK³. – M. Schumacher: P. In: RLW.   SMI

Perikopenbuch ↗Evangelistar.

Perioche, f. [gr. = Inhalt], in der Antike kurze Inhaltsangabe zu größeren, bes. historischen Werken, z.B. die »Periochae« zum Geschichtswerk des Livius. – Im (lat.) ↗Jesuitendrama Bez. des ↗Theaterzettels mit dt.sprachiger Inhaltsangabe.
Lit.: R. Wimmer: P. In: RLW.   GS/Red.

Periode, f. [gr. *períodos* = Kreislauf, regelmäßige Wiederkehr], 1. in der ↗Rhet. eine gegliederte Satzeinheit, auch Folge von inhaltlich eng aufeinander bezogenen Sätzen (zusammengesetzte P.); dient der Kombination oder Gegenüberstellung mehrerer gleichgerichteter oder gegensinniger Gedanken. Die P. besteht jeweils aus einem spannungsschaffenden (ersten) Teil, der *Prótasis* (gr. = Voranstellung), oft einem Bedingungssatz und einem spannungslösenden (zweiten) Teil, der

Apódosis (gr. = Nach- oder Folgesatz), die syntaktisch koordiniert (›zwar … aber‹, ›wie … so‹) oder subordiniert (›wenn … dann‹) sein können; ihre Reihenfolge kann auch umgekehrt sein. Jeder der beiden Teile kann aus einem ↗ Kolon (einfache oder zwei-kolige P.) oder mehreren Kola bestehen; in diesem Falle sollte die Anzahl der Kola und Kommata in beiden Teilen etwa gleich sein. Die vier-kolige P. (Prótasis: zwei Kola; Apódosis: zwei Kola) gilt als die ausgewogenste Struktur. In längeren P.n (die noch in Groß- und Klein-Protasis bzw. -Apodosis gegliedert werden) wird oft die ↗ Anapher zur gliedernden Übersicht benutzt. P.n-schlüsse wurden durch ↗ Klauseln (im MA. durch ↗ Cursus) geregelt. ↗ Kunstprosa. – 2. Metrische, aus mehreren Kola bestehende Einheit, deren Ende in der antiken Dichtung durch eine Pause (Zeichen: ||) markiert ist; P.n in diesem Sinne sind z. B. ↗ Hexameter, ↗ Trimeter; in der mhd. Dichtung bilden mehrere, durch eine bestimmte Reimstellung (z. B. *abba*) zusammengefasste Verse eine P. – 3. Zeitabschnitt, Teil einer ↗ Epoche.
Lit.: B. Czapla: P. in: RLW.   GS/Red.

Periodenstil ↗ Hypotaxe.

Periodenstrophe, freie Kombination gleicher oder verschiedener iso- oder heterometrischer Versperioden, markiert durch die unterschiedlichsten Reimschemata, z. B. Walther von der Vogelweide: König-Friedrichs-Ton (*aaa / bccb / ddd*) oder J. W. Goethe: »Der Schatzgräber« (*abbc / addc*); zu unterscheiden von der Reimpaarstrophe, z. B. Walther von der Vogelweide: Reichston, Goethe: »Erlkönig«, oder der strukturell zweigeteilten ↗ Stollenstrophe. ↗ Strophe. GS/Red.

Periodikum, n. [gr. *periodikós* = wiederkehrend], Pl. *Periodika*; Sammelbez. für in regelmäßigen Abständen (täglich, wöchentlich, monatlich, vierteljährlich usw.) unter demselben Titel erscheinende Veröffentlichungen, z. B. Zeitungen, Zss., Jahrbücher. GS/NI

Periodisierung ↗ Epoche.

Peripetie, f. [von gr. *peripéteia* = Wendung, plötzlicher Umschwung], Glückswechsel, entscheidender Wendepunkt im Handlungsverlauf eines epischen oder dramatischen Textes (v. a. der ↗ Tragödie) und in der Regel im Schicksal seines Helden. In klassizistischen Dramen liegt die P. gewöhnlich im Mittelakt und leitet in der ↗ Komödie den guten, in der Tragödie den tragischen Ausgang der ↗ Handlung ein. Oft ist die P. mit einer ↗ Anagnorisis verbunden. – Der Begriff geht auf die »Poetik« des Aristoteles zurück (Kap. 10 und 11).
Lit.: C. Albert: P. In: RLW.   TU

Periphrase, f. [gr. = Umschreibung, lat. *circumlocutio*], rhet. Stilmittel, ↗ Tropus (1): (oft mehrgliedrige) Umschreibung einer Person, einer Sache oder eines Begriffs durch kennzeichnende Tätigkeiten, Eigenschaften oder Wirkungen, z. B. »jenes höhere Wesen, das wir verehren« für Gott (H. Böll); dient der ↗ Amplifikation, der poetischen Ausschmückung eines Textes (↗ Ornatus), der verhüllenden Nennung eines tabuisierten Wortes (»Freund Hein« für Tod, ↗ Eu-

phemismus) oder der ↗ Anspielung (so bes. häufig in manieristischem Stil). Formen der P. sind ↗ Antonomasie, ↗ Synekdoche, ↗ Metonymie und ↗ Adynaton.
Lit.: G. Michel: P. In: RLW.   GS/Red.

Períploi, m. Pl. [gr.], Sg. *Períplous*; ↗ Periegesen.

Permutation, f. [lat. *permutatio* = Vertauschung], Durchspielen möglicher Kombinationen einzelner Glieder (Buchstaben bis Textteile) einer größeren Einheit durch Umstellung. In der Linguistik entspricht der P. die Verschiebeprobe. Als poetisches Verfahren bezieht sich die P. auf ein Ausgangsmaterial, das den Regeln eines subjektunabhängigen, sprachimmanenten, entweder zufälligen oder (mathematisch) bestimmten Automatismus unterworfen wird. – Die P. findet sich in sprachmagischer, -mystischer, -spielerischer und experimenteller Dichtung. Mögliche Formen sind ↗ Anagramm, ↗ Palindrom, Leselabyrinth, Proteusvers, Sprachaleatorik und maschinelle Poesie. Die P. spielt in der Barockdichtung (F. G. Harsdörffer) eine wichtige Rolle und findet im 20. Jh. in ↗ konkreter Poesie (E. Gomringer, E. Jandl), potentieller Lit. (↗ Oulipo), Netzlit. und im Roman (U. Eco) Anwendung.
Lit.: F. Cramer: Combinatory poetry and literature on the Internet. In: Kodikas/Code 24 (2001), S. 243–247. – U. Ernst: P. als Prinzip der Lyrik. In: Poetica 24 (1992), S. 225–269. – G. Kolde: P.₂. In: RLW.   CBL

Peroratio, f. [lat. = Schlussrede], auch: Conclusio, ↗ Rhet., ↗ Dispositio.

Persiflage, f. [von frz. *siffler* = auspfeifen], eine kunstvoll-intellektuelle Strategie der Verspottung mit dem Ziel, ein im Visier des Angriffs stehendes Objekt – z. B. Personen oder Personengruppen, kulturelle Artefakte, lit. und nicht-lit. Texte – durch Übertreibung der Lächerlichkeit preiszugeben. Eine häufig gebrauchte Vorgehensweise der P. ist die imitierende Überzeichnung von kollektiven oder individuellen Wirklichkeitsvorstellungen und Deutungsmustern, Gefühlsprofilen, Handlungspraxen und Kommunikationsweisen. Durch verzerrende Bezugnahme auf Normen, Werte, Gesetze, Sitten, Regeln, Gewohnheiten, Überzeugungen, emotionale Befindlichkeiten, Handlungsmuster, Denkweisen, Sprach- und Textformen werden kulturelle Ordnungen, gesellschaftliche Gruppen oder Personen, geographische Orte, Gebäude, Symbole, Denkmäler, Kunstwerke verlacht, demaskiert, in Frage gestellt. Die P. begegnet als Mittel von ↗ Satire, ↗ Parodie oder ↗ Travestie (1). Beispiele für P.n sind die Figuren des Peeperkorn (P. auf G. Hauptmann) und des Naphta (P. auf G. Lukács) in Th. Manns »Zauberberg«.   WW

Personalbenediktion ↗ Segen.

Personalbibliographie, f. 1. ↗ Bibliographie zu einem einzelnen Dichter; sie erfasst Werke und die dazu erschienene Sekundärlit. (z. B. S. Seifert: Goethe-Bibliographie 1950–90. Mchn. 1999); 2. eine nach diesem Prinzip geordnete Bibliographie zu einer Vielzahl von Autoren (z. B. J. Hansel: P. zur dt. Lit.geschichte. Bln. ²1974).   GS/BM

Personales Erzählen, Verhalten der Erzählinstanz von Erzähltexten: Der Erzähler erzählt perspektivisch, vom Standpunkt einer Figur aus (↗ Perspektive). Beim personalen Erzählen präsentiert sich der Erzähler – im Unterschied zum ↗ auktorialen Erzählen – weder als eigenständige Instanz oder Person noch verfügt er über Wissen, das die fokussierte Figur nicht hat. Vielmehr beschränkt er sich darauf, die Perspektive, die eine bestimmte Figur des erzählten Geschehens hat, wiederzugeben. Er adaptiert gleichsam die Einstellungen (das Wissen, die Emotionen usw.) der Figur und nimmt so weitgehend einen internen, figurenbezogenen Standpunkt (*internal ↗ point of view*) ein, der ihm allein eine Außensicht auf die anderen Figuren erlaubt. Erzähltechnisch wird das personale Erzählen durch Darbietungsweisen wie die ↗ erlebte Rede oder den ↗ inneren Monolog realisiert. – P. E. gewinnt seit Mitte des 19. Jh.s gegenüber auktorialem und neutralem Er-Erzählen an Bedeutung (z. B. G. Büchner: »Lenz«, M. Proust, F. Kafka, V. Woolf). In Erzähltexten des 20. Jh.s wird die Perspektivierung des personalen Erzählens oft auf mehrere Personen verteilt (z. B. A. Andersch: »Sansibar oder der letzte Grund«, 1957). Durch diesen Multiperspektivismus wird z. T. die Verlässlichkeit des Erzählers in Frage gestellt (U. Johnson: »Mutmassungen über Jakob«, 1959). – Mit Genettes Unterscheidung zwischen dem Standpunkt des Sprechenden (Erzählers) und dem der (wahrnehmenden) Figur ist die Konzeption des personalen Erzählens, die zwischen beiden nicht unterscheidet, fragwürdig geworden. Das Konzept ›p. E.‹ ist jedoch mit Genettes (figurenbezogenem) ›Modus‹ der ›internen Fokalisierung‹ verwandt.

Lit.: G. Genette: Die Erzählung [frz. 1972]. Mchn. 1998. – M. Martinez, M. Scheffel: Einf. in die Erzähltheorie. Mchn. 1999. – V. Neuhaus: Typen multiperspektivischen Erzählens. Köln, Wien 1971. – J. H. Petersen: Erzählsysteme. Stgt. 1993. – F. K. Stanzel: Theorie des Erzählens. Gött. 1979.   USP

Personalsatire ↗ Satire.

Personalstil ↗ Stil.

Personenverzeichnis ↗ Dramatis Personae, ↗ Nebentext.

Personifikation, f. [aus lat. *persona* = Maske, Gestalt, *facere* = machen], in der Stilistik die Darstellung eines allg. Gegenstandes als eine menschliche Gestalt (z. B. G. Heym: »Der Krieg«). Es kann sich dabei um Abstrakta (Liebe, Tod), Kollektiva (Städte), Naturerscheinungen (Abendröte), aber auch um Konkreta handeln. Die P. ist ein Spezialfall der Anthropomorphisierung, bei der ein unbelebter oder tierischer bzw. pflanzlicher Gegenstand Züge des Menschlichen erhält (z. B. A. Stramm: »Fenster grinst Verrat«). Die P. ist oft Element von allegorischen Verfahren (↗ Allegorie). In der Rhet. wird meist nicht von ›P.‹, sondern von ↗ ›Prosopopöie‹ gesprochen.

Lit.: P.-A. Alt: Begriffsbilder. Tüb. 1995. – Ch. Huber: P. In: RLW.   BM

Perspektive, f. [von lat. *per-spicere* = mit dem Blick durchdringen, wahrnehmen], Standort, von dem aus ein Geschehen dargestellt wird, z. B. aus der Ferne oder aus der Nähe, aus der Innen- oder Außenperspektive. Der aus der Optik und der Kunstgeschichte (Entdeckung der Zentralperspektive in der Malerei der ↗ Frühen Neuzeit) übernommene Begriff charakterisiert in der Lit.wissenschaft die Darbietungsform v. a. der erzählenden Prosa. Man unterscheidet 1. den räumlichen und zeitlichen Abstand zum Geschehen, die Nah- oder Fern-P. bestimmt die Erzählweisen: Die szenische Darstellung setzt immer räumliche und zeitliche Nähe voraus, während die Berichtsform aus zeitlicher und räumlicher Überschau (panoramatisch), aus mehr oder weniger entfernter P. gegeben wird; 2. die durch die Weite des Überblicks bestimmte P.nskala, durch die der Erzählerstandpunkt festgelegt wird. Die P.nwahl ist eines der wichtigsten Kriterien zur Objektivierung bzw. Subjektivierung des Dargestellten. Der Erzählerstandpunkt ist im Wesentlichen durch die Breite der P.nskala festgelegt. Stanzel unterscheidet a) eine P. der allwissenden Überschau (↗ auktoriales Erzählen), b) eine in eine Person der Handlung verlegte P. des beschränkten Blickwinkels (↗ personales Erzählen) und c) die Erzählsituation der Ich-Form, bei welcher der Erzähler mit zur dargestellten Welt gehört. Die ›view point-Theorie‹ Lubbocks unterscheidet zwischen *external* und *internal view point*, die ›vision-Theorie‹ Pouillons zwischen *vision par derrière* (aus der Überschau) und *vision avec* (aus der Mitschau), durch Todorov bestimmt als *Sicht von hinten* (der Erzähler weiß mehr als die Figuren bzw. alles), *Sicht mit den Figuren* (der Erzähler weiß genauso viel wie die Hauptfigur oder auch mehrere Figuren und erzählt aus ihrer P.) und *Sicht von außen* (der Erzähler weiß weniger als die Figuren und erzählt aus seiner P.). – Ein gezielt eingesetztes Darstellungsmittel ist der P.nwechsel oder Multiperspektivismus. Er findet sich gattungstypisch z. B. in ↗ Rahmenerzählungen und im ↗ Briefroman mit verschiedenen Briefschreibern. Er hat die Hauptfunktion, die partielle Sicht des nur aus einem Blickwinkel Dargestellten zu erweitern, zu ergänzen oder eventuell zu korrigieren.

Lit.: P. Lubbock: The craft of fiction. NY 1955. – A. Nünning: Figurenperspektive, Erzählerperspektive und P.nstruktur in narrativen Texten. In: ders.: Grundzüge eines kommunikationstheoretischen Modells der erzählerischen Vermittlung. Trier 1989, S. 64–83. – W. van Peer (Hg.): New perspectives on narrative perspective. Albany 2001. – M. Pfister: Das Drama [1977]. Mchn. ⁸1994. – J. Pouillon: Temps et roman [1946]. Paris 1993. – F. K. Stanzel: Theorie des Erzählens [1979]. Gött. ⁷2001. – P. Stocker: P. In: RLW. – T. Todorov: Die Kategorien der lit. Erzählung [frz. 1966]. In: H. Blumensath (Hg.): Strukturalismus in der Lit.wissenschaft. Köln 1972, S. 263–294.   IA

Perspektivisches Erzählen ↗ personales Erzählen.

Perspicuitas ↗ Klarheit.

Persuasion, f. [lat. *persuasio*], Überredung, Überzeugung. ↗ Rhet.

Petrarkismus, m., Stilrichtung der europäischen Liebeslyrik vom 15. bis ins 18. Jh., die auf die Dichtung F. Petrarcas (1304–74) zurückgeht, indem sie aus ihr charakteristische Motive, Form- und Stilelemente entlehnt. Dabei entwickelt sich bald eine feste Schematik, die durch stereotype Formulierungen und Metaphorik, Antithetik und Hyperbolik sowie durch dem hohen ↗ Minnesang verwandte Themen und Motive (Sehnsucht und Liebesschmerz des sich im Dienst um die verzaubernde, unnahbare, tyrannische Frau verzehrenden Mannes) geprägt ist und auf formal-ästhetische Virtuosität abzielt. Wichtigste Ausdrucksform ist das ↗ Sonett. – Hauptvertreter in Italien ist P. Bembo (»Rime«, 1530), der in Abwehr des ↗ Manierismus ein klassizistisches Programm entwirft; in Frankreich vertreten die petrarkistische Richtung z. B. die Dichter der ↗ Pléiade, in Spanien J. de Montemayor und F. G. de Quevedo, in Portugal L. de Camões, in England E. Spenser und Ph. Sidney, in Deutschland M. Opitz und P. Fleming. Früh schon läuft eine u. a. mit Mitteln der Satire arbeitende Gegenbewegung, der Antipetrarkismus, parallel (vgl. z. B. ↗ Capitolo).

Texte: L. Keller (Hg.): Übers. und Nachahmung im europäischen P. Stgt. 1974.

Lit.: Th. Borgstedt: P. In: RLW. – J.-U. Fechner: Der Antipetrarkismus. Hdbg. 1966. – L. Forster: The Icy Fire. Cambridge 1969. – K. W. Hempfer, G. Regn (Hg.): Der petrarkistische Diskurs. Stgt. 1993. – W. J. Kennedy: Authorizing Petrarch. Ithaca, Ldn. 1994.   MGS

Phalaikeion, n., auch: phalaikeischer ↗ Hendekasyllabus, altgr. äolischer Elfsilber der Form $\bar{v}\bar{v} - v\,v - v - v - \bar{v}$; benannt nach dem hellenistischen Dichter Phaleikos von Phokis.   GS/Red.

Phänomenologische Literaturwissenschaft [von gr. *phainómenon* = das Erscheinende], Methode der Textinterpretation, die ihre Begründung in der philosophischen Methode der Phänomenologie E. Husserls und ihrer Weiterentwicklung durch M. Heidegger findet, der sie mit der ↗ Hermeneutik zusammenführte. Ihr Ziel ist es, das wahrnehmende Bewusstsein zu erhellen, um so auch das Wesen der wahrgenommenen Gegenstände aufzudecken; sie sieht von dem ontologischen Gegebensein der Gegenstände ab und geht von der Intentionalität des Bewusstseins (dem Bewusstsein *von etwas*) aus. Gegenstände werden als Phänomene, d. h. in der Art, wie sie in der lebensweltlichen Erfahrung erscheinen, definiert; es geht darum, über die Erhellung ihrer Phänomenalität, ihrer Erscheinungsweise, ›zu den Sachen selbst‹ vorzudringen. – Grundprinzip der ph.n L. ist es, den lit. Text selbst als Phänomen zu betrachten, was einerseits eine fast schon ↗ werkimmanente Konzentration auf den Text impliziert, da man von textfremden Faktoren abstrahiert, aber andererseits die Konstitution des Textes durch den Rezeptionsakt hervorhebt. Der Text wird also nicht als substanziell vorgegeben betrachtet; was der

Text ist, wird er erst in dem Moment, in dem sich ein Leser ihm intentional zuwendet und das Potential an Welterfahrung, das der Text enthält, in einem konkreten Verständnis aktualisiert. – Der Husserl-Schüler R. Ingarden hat daraus eine eigenständige lit.theoretische Position entwickelt. Er behauptet, dass sich der lit. Text erst durch Konkretisation konstituiert, die das ›Leben des lit. Werkes‹ ausmacht. Ingarden erklärt diesen Zusammenhang durch sein Schichtenmodell: Auf der ersten, untersten Schicht sind die sprachlichen Gebilde, auf der zweiten die Bedeutungseinheiten, auf der dritten die dargestellten Gegenständlichkeiten und auf der vierten schematisierte Ansichten angesiedelt. Im Rezeptionsakt werden die Elemente in aufsteigender Tendenz mit jeder Schicht stärker konkretisiert. – Wesentliche Elemente der ph.n L. Ingardens wurden in der ↗ Rezeptionsästhetik durch W. Iser wieder aufgegriffen. Stärker noch als Ingarden sieht Iser die Rezeption des Textes als durch den Text selbst strukturell bedingt und insofern als textkonstitutiv an.

Lit.: R. Ingarden: Das lit. Kunstwerk [1931]. Tüb. ²1960. – Ders.: Vom Erkennen des lit. Kunstwerks. Tüb. 1968. – W. Iser: Die Appellstruktur der Texte [1970]. In: R. Warning (Hg.): Rezeptionsästhetik. Mchn. 1975, S. 228–252. – Ders.: Der Lesevorgang [1972]. In: ebd., S. 253–276. – M. Maren-Grisebach: Methoden der Lit.wissenschaft. Tüb. 1970, S. 39–52. – H. J. Schnackertz: Ph. L. In: RLW.   OJ

Phantasie, f. [gr. *phantasía*, lat. *imaginatio*], 1. allg. ↗ Einbildungskraft oder deren Produkt; 2. speziell: kreatives Vorstellungsvermögen, v. a. des Dichters oder Künstlers, bzw. das Produkt dieses Vermögens. – Für Aristoteles (»De Anima«, 427b–429a) ist Ph. das Vermögen, sich abwesende, vergangene oder zukünftige Gegenstände vorzustellen (*phantásma*); sie umfasst auch Gedächtnis (↗ Memoria) und Traum. Im arab. Aristotelismus wird ›Ph.‹ als Gemeinsinn (*sensus communis*) sowie als Gabe der Prophetie gedeutet. In der Scholastik ist sie ein passives, rezeptives Vermögen, nämlich die Fähigkeit, empfangene Sinneseindrücke zu bewahren. Die dt. Schulphilosophie des 18. Jh.s setzt die Bez. ›Einbildungskraft‹ an die Stelle von ›Ph.‹ im Sinne des kreativen Vermögens. Dagegen bezeichnet bei I. Kant (»Anthropologie in pragmatischer Hinsicht«, 1798, § 25) ›Ph.‹ teils unwillkürliche Vorstellungen nicht anwesender Gegenstände wie in Träumen und Wahnvorstellungen, teils Gemütszustände, in denen solche Vorstellungen entstehen. Sie werden von den willkürlichen Vorstellungen unterschieden, die als ›Erfindung‹ (*compositio*) bezeichnet werden. Der neue, enge Begriff von Ph. wird in der Romantik positiv gedeutet. Für F. Schlegel (»Gespräch über die Poesie«, 1800) ist Ph. ein individuelles Vermögen sowohl des Dichters als auch des Lesers, das als solches teilhat an der universellen kreativen Kraft des Menschen. Jean Paul (»Vorschule der Ästhetik« [1804, ²1813], § 6–15) definiert ›Ph.‹ als das Vermögen, zu gegebenen (Teil-)Vorstellungen ein Ganzes zu erfinden.

Als solches sei sie einzelnen Vermögen wie Gedächtnis, ⟋ Witz, Scharfsinn und Talent übergeordnet. Ferner unterscheidet er ›empfangende‹ und ›schaffende Ph.‹ oder auch ›poetischen Sinn‹ und ›poetische Kraft‹, wobei die schaffende Ph. die empfangende einerseits umfasst, andererseits über sie hinausgeht. Ph. in Vollendung bei gleichermaßen ausgeprägter poetischer Besonnenheit mache den vollkommenen Poeten, das ⟋ ›Genie‹, aus. Im 19. und 20. Jh. verdrängt der Ausdruck ›Ph.‹ mehr und mehr den Terminus ›Einbildungskraft‹. In der heutigen Psychologie und Pädagogik wird Ph. als Element menschlicher Kreativität erörtert.

Lit.: G. Camassa u. a.: Phantasia. In: HWbPh. – H. J. Schneider: Ph. und Kalkül. Ffm. 1992. – R. Simon: Ph. In: RLW. HTE

Phantastische Literatur [lat. *phantasticus* = auf Vorstellung durch die Einbildungskraft beruhend, eingebildet; gr. *phántasma* = Erscheinung, auch: Traumgesicht, Gespenst], Spielart fiktionaler Lit., die mit dem Unmöglichen zu tun hat. – Das Wort ›phantastisch‹ bezeichnet eine Qualität, die als übergreifende ästhetische Kategorie in unterschiedlicher Verwendung auf verschiedene Künste und Medien (Malerei, Film, Lit.) angewendet wird. Indem es sich primär auf das Dargestellte, nicht auf die Darstellungsform bezieht, bringt es eine Abweichung von der normierten Wirklichkeitsvorstellung zum Ausdruck, die dem Dargestellten zugrunde liegt, und setzt insofern stets eine Grenzüberschreitung voraus. Als ›ph. L.‹ wird im eingeschränkten Sinn ein der Erzähllit. zugehöriges Genre bezeichnet, das einerseits hinsichtlich der erzählten Welt auf die Normen der außertextuellen Wirklichkeit rekurriert, welche als Bezugssystem der innertextuell konzipierten Wirklichkeit zugrunde liegt und durch den Text entsprechend nachgebildet wird, und das andererseits zugleich eine Komponente integriert, die mit den Bedingungen der Normwirklichkeit nicht vereinbar ist. Die dargestellten unmöglichen Ereignisse erscheinen somit als prinzipiell unerklärlich, da der Text kein Argument zur Verfügung stellt, das eine Rückführung des Unmöglichen auf ein die dargestellten Ereignisse steuerndes Regelsystem erlauben würde. Die narrativ installierte Widersprüchlichkeit lässt den paradoxalen Status des unmöglichen Ereignisses offen zutage treten; indem der Text dadurch die dargestellte (oder vorausgesetzte) Text-Wirklichkeit als heterogen, d. h. als kontingent und unzusammenhängend, erscheinen lässt, löst er beim Lesepublikum wie bei den dargestellten Charakteren eine tiefgreifende Verunsicherung darüber aus, wie die dargestellten Ereignisse einzuordnen sind, und damit, wie die Wirklichkeit überhaupt zu beurteilen ist. Im Unterschied zu verwandten Genres wie dem ⟋ Märchen, der mythischen Erzählung (⟋ Mythos), dem ⟋ Schauerroman oder der ⟋ Fantasy ist in der ph.n L. das Unmögliche nicht Teil einer übergeordneten, der Normwirklichkeit entgegengestellten alternativen Wirklichkeit, sondern konturiert sich nur ex negativo, in der Verneinung oder Infragestellung der Normwirklichkeit durch das Auftreten eines mit dieser nicht vereinbaren Elements. Während im Märchen und in der Fantasy die erzählte Welt auch hinsichtlich ihrer Beschaffenheit als ein eigenständiges Zeichensystem von der außertextuellen Wirklichkeit geschieden ist und das unmögliche Ereignis als Wunderbares entsprechend in die alternative Wirklichkeit eingeordnet werden kann, wird die Differenz zwischen ›möglich‹ und ›unmöglich‹ in der ph.n L. durch den Text selbst ausgetragen. Diese Differenzierung läuft somit nicht wie im Märchen auf eine Stabilisierung der Opposition zwischen innertextueller und außertextueller Wirklichkeit hinaus, sondern auf eine radikale Erschütterung der Auffassung von Wirklichkeit überhaupt. – Da die ph. L. ein normiertes Wirklichkeitssystem voraussetzt, das zugleich wunderbare Ereignisse ausschließt, und sich insofern an den zeitgenössischen Vorstellungen vom ontologisch und physikalisch Möglichen orientiert, tritt sie erst im Gefolge der im 18. Jh. eintretenden umgreifenden Rationalisierung des herrschenden Weltbilds in Erscheinung. Die ph. L. ist demnach grundsätzlich von früheren Genres, in denen unmögliche Ereignisse auftreten können (Märchen, mythische Erzählung, Heiligenlegende), zu unterscheiden (wobei in jüngerer Zeit versucht wurde, den Begriff des Phantastischen auch auf diese Erzählformen anzuwenden, vgl. Dubost). Schwieriger und heftig umstritten ist die Abgrenzung vom im 18. Jh. auftretenden Genre des Schauerromans (H. Walpole, A. Radcliffe, M. G. Lewis) und seines Ablegers, des Geheimbund-Romans (F. Schiller: »Der Geisterseher«, W. F. v. Meyern: »Dya-Na Sore«), die hinsichtlich Motivik und Handlungsführung der ph.n L. zumindest als Vorbilder gedient haben. Geistesgeschichtliche Wurzeln der Phantastik sind ein als Gegenbildung zur neuzeitlichen Rationalisierung der Diskurse entwickeltes Geheimwissen wie der Okkultismus um 1800 (vgl. v. Mücke, Wünsch) und pseudonaturwissenschaftliche Phänomene wie der Mesmerismus (vgl. Lachmann). Deutliche Spuren solcher Einflüsse weisen etwa E. T. A. Hoffmanns »Der Sandmann« oder Puschkins »Pique-Dame« bzw. Hoffmanns »Der Magnetiseur« oder E. A. Poes »The Facts in the Case of M. Valdemar« auf. Der erste wichtige Vertreter der ph.n L. ist Hoffmann: Das Phantastische fungiert bei ihm zumeist als Instrument einer immanenten Poetologie, die sich in der narrativen Auseinandersetzung mit anderen Künsten, v. a. der Musik, entwickelt (»Ritter Gluck«, »Don Juan«, »Rath Krespel«), bisweilen aber durch Allegorisierungen fast völlig aufgelöst wird (»Prinzessin Brambilla«). Von ihm sowie von weiteren Vertretern der dt. Romantik (H. v. Kleist, L. Tieck, A. v. Arnim) ausgehend etabliert sich das Genre im Laufe des 19. Jh.s auch in den übrigen europäischen und am. Lit.en (A. Puschkin, N. Gogol, Poe, Th. Gautier, P. Mérimée, R. L. Stevenson, G. de Maupassant, Henry James). Zentrale Motive stellen das Doppelgänger-Motiv (Poe: »William Wilson«, Stevenson: »Dr Jekyll and Mr Hyde«) sowie die Belebung des Unbelebten dar (Gogol: »Das Portrait«; P. Mérimée: »La Vénus d'Ille«). Auch im 20. Jh. existiert eine Tradition der ph.n L., wobei diese sich meist nicht an die klassische Phantastik des 19. Jh.s anschließt, sondern eigenständige Formen unter Anschluss an andere Traditionen (etwa die des Märchens) und mit veränderter Motivik und Handlungsstruktur entwickelt (A. Kubin, G. Meyrink, F. Kafka: »Die Verwandlung«, J.L. Borges); es treten auch Mischformen auf, etwa in der Verbindung zum historischen Roman (L. Perutz) oder zur Science-Fiction-Erzählung (St. Lem). Eine Abgrenzung zu verwandten Genres, etwa zur Horrorerzählung oder zur Fantasy, ist, zumal im engl. Sprachraum, in vielen Fällen unklar und umstritten (A. Machen, H.P. Lovecraft, St. King).

Lit.: J.E. Antonsen: Die Unfassbarkeit des Phantasmas. In: Colloquium Helveticum 33 (2002), S. 67–96. – G. Bauer u.a. (Hg.): Möglichkeitssinn. Phantasie und Phantastik in der Lit. des 20. Jh.s. Wiesbaden 2000. – F. Dubost: Aspects fantastiques de la littérature narrative médiévale. Genf 1991. – U. Durst: Theorie der ph.n L. Tüb., Basel 2001. – J. M. Fischer: Lit. zwischen Traum und Wirklichkeit. Studien zur Phantastik. Wetzlar 1998. – H. Krah: Phantastisch. In: RLW. – R. Lachmann: Erzählte Phantastik. Ffm. 2002. – D.E. v. Mücke: The Seduction of the Occult and the Rise of the Fantastic Tale. Stanford 2003. – T. Todorov: Einf. in die fantastische Lit. [frz. 1970]. Ffm. 1992. – N.H. Traill: Possible Worlds of the Fantastic. Toronto u.a. 1996. – M. Wünsch: Die Fantastische Lit. der Frühen Moderne (1890–1930). Mchn. 1991. – Dies.: Ph.L. In: RLW.   JEA

Pherekrateus, m., antiker lyrischer Vers der Form $\bar{v}\,\bar{v}\,|-v\,v-|-$ (katalektischer ↗ Glykoneus, ↗ äolische Versmaße), benannt nach dem attischen Komödiendichter Pherekrates; belegt schon bei Sappho und Anakreon, später bei Plautus (»Cantica«); bei Catull und Horaz in der 3. (in dt. Lit. nachgebildeten) asklepiadeischen Strophe (↗ Odenmaße).   GS/SHO

Philhellenismus, Neigung, Liebe zu den Griechen und der gr. Kultur. Der Begriff ist eine Prägung des frühen 19. Jh.s und ist von dem Wort ›Philhellenen‹ (Griechenfreunde) abgeleitet, das schon im klassischen Altertum bei Herodot Verwendung fand. Eine allg. und eine spezielle Verwendung sind zu unterscheiden: 1. die Vorliebe zu den antiken Kulturleistungen der Griechen, eine Haltung, wie sie v.a. seit dem Neuhumanismus des 18. Jh.s in der Griechenland-Begeisterung Ausdruck fand, die J.J. Winckelmanns Einschätzung folgte, in der altgr. Kultur stehe ein nicht erreichbares künstlerisches Vorbild, ein Muster für eine verbindliche klassizistische Ästhetik zu Verfügung. Der ↗ Klassizismus Ch.M. Wielands, J.W. Goethes und F. Schillers, aber auch der Brüder A.W. und F. Schlegel kann in diesem Sinne als Ausdruck des Ph. verstanden werden. – 2. Die politische, zuweilen militärische Begeisterung für den gr. Befreiungskampf gegen die os-

manische Herrschaft in den 1820er Jahren, der größere Teile der west- und mitteleuropäischen Jugend erfasste. Etwa tausend Freiwillige aus verschiedenen Ländern zogen in den gr. Krieg, unter ihnen – eins der prominentesten Opfer – der engl. Romantiker G.G.N. Byron (1788–1824); eigens gegründete Griechenlandvereine sammelten Spenden, zahlreiche lit. Texte verarbeiteten Motive der Befreiungskämpfe (W. Müller: »Lieder der Griechen«, 1821–24; Texte von F.R. de Chateaubriand, A.v. Chamisso, W. Waiblinger, V. Hugo) oder gar Erlebnisberichte aktiver Kämpfer.   BJ

Philippika, f. [gr.], nach den Reden des Demosthenes gegen König Philipp II. von Makedonien geprägte Bez. für die Form der Angriffsrede, z.B. Ciceros »Orationes Philippicae« (14 Kampfreden gegen Antonius).

HD/Red.

Philologie, f. [gr. = Liebe zum Wort], die gelehrte Beschäftigung mit Texten, Voraussetzung aller Arbeit in Sprach- und Lit.wissenschaft. – Der Begriff findet sich zuerst bei Platon (z.B. »Theaitetos« 146a), wo er die Lust an philosophischen Unterhaltungen und an geistvoller Rede meint. Zur gelehrten Disziplin wird die Ph. im Hellenismus (3. Jh. v.Chr.), als z.B. in der Bibliothek von Alexandria die Texte der Klassiker von Missverständnissen und Entstellungen gereinigt werden sollten. In der Schrift des Martianus Capella »De nuptiis Mercurii et Philologiae« (5. Jh.) wird die Ph. als eine Art Überwissenschaft und Summe der Gelehrsamkeit dargestellt: Als Braut Merkurs bekommt sie die »sieben freien Künste« zum Geschenk. So bleibt der Begriff der mal. Gelehrtenkultur geläufig. Im ↗ Humanismus wird mit dem Studium der klassischen Autoren auch die Ph. neu belebt; berühmt sind Lorenzo Vallas Entlarvung (1440) der »Konstantinischen Schenkung«, welche die Rechtsgrundlage für die weltliche Macht der Päpste dargestellt hat, als eine ↗ Fälschung sowie die Entdeckung der »Germania« des Tacitus oder des »Goldenen Esels« des Apuleius, die aus Klosterbibliotheken ans Licht treten und gedruckt werden. Ein klares Profil hat die Ph. damit jedoch nicht. Noch die »Encyclopédie« (1751–80) der frz. Aufklärer versteht sie als eine Art Mischwissenschaft, an der Grammatik, Poetik, Altertumskunde, Geschichte, Philosophie teilhaben. Eine Ausnahme bilden die »Principj di una scienza nova« des G. Vico (1744), welche der Ph. einen Vorrang unter allen Wissenschaften einräumen, die sich mit der Überlieferung der Geschichte, wie die Menschen selbst sie gemacht haben, beschäftigen. Im 18. Jh. etabliert sich die Ph. als Universitätsfach. R. Bentleys Horaz-Ausgabe von 1711 wirkt bahnbrechend, weil sie das Prinzip der ↗ Divination einführt: Der erfahrene Textkritiker kann unter Umständen besser wissen, was ein Dichter geschrieben haben muss, als die gesamte Überlieferung. In Deutschland sind v.a. die Göttinger Altphilologen Ch.G. Heyne (1729–1812) und J.D. Michaelis (1717–91) berühmt. Bei ihnen gehen die Brüder Humboldt ebenso in die Schule wie die Brüder Schlegel, J. v. Müller,

F. C. v. Savigny, L. Tieck. F. A. Wolf (1759–1824) erregt mit seinen »Prolegomena ad Homerum«, der Einleitung seiner »Ilias«-Ausgabe von 1795, Aufsehen, in denen er zeigen will, dass die homerischen Epen nicht von einem einzelnen und einzigen Dichter geschrieben sein können, sondern aus den episodischen Liedern verschiedener Rhapsoden nachträglich zusammenredigiert worden sind. Wolfs Beweisführung wird von seinem Schüler K. Lachmann (1793–1851) auf das mhd. »Nibelungenlied« übertragen (1817; ↗ Liedertheorie, ↗ Nibelungenstreit). ›Ph.‹ ist für Wolf ein Synonym für die Gesamtheit unseres Wissens vom Altertum der Griechen und Römer; das kann von den nach 1800 entstehenden ↗ ›Neu-Philologien‹, der ↗ Germanistik, ↗ Romanistik, ↗ Anglistik, ↗ Slawistik, übernommen werden. Wolfs Berliner Kollege A. Boeckh (1785–1867) kodifiziert das System der einschlägigen Wissensgebiete in seinen »Vorlesungen über Enzyklopaedie und Methodologie der philologischen Wissenschaften« (postum 1877 gedruckt), welchen er eine mit philosophischem Anspruch ausgearbeitete ↗ Hermeneutik zugrunde legt. Seither ist ›Ph.‹ zum einen der Sammelbegriff für alle Sprach- und Lit.wissenschaften, wie sich in der Denomination von Fakultäten und Lehrstühlen ablesen lässt (›dt. Ph.‹, ›romanische Ph.‹, ›neuere Ph.n‹), aber auch die Chiffre für den Widerpart einer Sprach- und Lit.wissenschaft, die sich dem Erforschen nicht in erster Linie von Wörtern und Texten, sondern von kulturellen Zusammenhängen verschreibt. Der Erfolg der ↗ ›Cultural Studies‹ erzeugt jedoch immer wieder das Bedürfnis einer ›Re-Philologisierung‹. Schon J. Grimm hat festgestellt, dass Philologen entweder »die Sachen um der Wörter« oder »die Wörter um der Sachen willen« zu treiben pflegen (»Rede auf Lachmann«, 1851) – die Liebe zu den Wörtern und das Interesse an den Sachen, die sie bezeichnen, ergänzen sich wechselseitig.

Lit.: H. U. Gumbrecht: Die Macht der Ph. Ffm. 2003. – R. Pfeiffer: Geschichte der Klassischen Ph. Von den Anfängen bis zum Ende des Hellenismus [1970]. Mchn. ²1978. – H. Schlaffer: Poesie und Wissen. Ffm. 1990. – K. Stackmann: Ph. In: RLW. – Th. Steinfeld: Der leidenschaftliche Buchhalter. Ph. als Lebensform. Mchn. 2004. UW

Philosophie und Literatur. Das Verhältnis von Ph. u. L. kann, abhängig vom jeweiligen Lit.begriff, auf unterschiedliche Weise beschrieben werden: 1. Versteht man den Begriff der Lit. im engeren Sinne von ›schöner Lit.‹, ↗ ›Dichtung‹ oder Ähnlichem, so stellen Ph. u. L. Gegenbegriffe dar. Die Hierarchie dieser Begriffe wird je nach philosophischer Ausrichtung unterschiedlich gefasst: a) Im Rahmen des ›platonischen Disjunktionsmodells‹ nimmt die Philosophie als Suche nach Wahrheit und Erkenntnis den höheren Stellenwert ein; die Lit. gilt als minderwertig, da es ihr nicht um Erkenntnis zu tun ist, sondern lediglich um Unterhaltung, die Erregung von Gefühlen usw. Beispiele für diese Auffassung finden sich bereits in der Antike, na-

mentlich in Platons Dichterkritik; in neuerer Zeit etwa bei G. Frege, R. Carnap und im sog. Emotivismus der analytischen Philosophie (vgl. Ayer, S. 150 f.). – b) Im Rahmen des ›nietzscheanischen Disjunktionsmodells‹ (etwa bei F. Nietzsche oder M. Heidegger) gilt die Suche nach begrifflicher philosophischer Erkenntnis als verfehlt; höherwertig sind dagegen die von Dichtung und Künsten vermittelten Einsichten und Erfahrungen, da diese vom Methodenzwang der philosophischen Wahrheitssuche befreit sind (vgl. Schildknecht/Teichert, S. 11 f.). – 2. Versteht man den Begriff der Lit. im weiteren Sinne von ›Schrifttum‹, zu dem auch wissenschaftliche Texte zu rechnen sind, so umfasst der Lit.begriff den der Philosophie. In diesem Sinne wird nach den Darstellungsformen der Philosophie gefragt, zu denen auch – jedoch nicht nur – lit. Formen im engeren Sinne gehören (vgl. Gabriel, S. 33 f.). – Entsprechend diesen beiden Auffassungen des Lit.begriffs lassen sich in der neueren Forschung zwei Untersuchungsbereiche unterscheiden: 1. die Untersuchung von ›Philosophie in Lit.‹, also die Frage nach philosophischen Inhalten in lit. Texten (beispielsweise von Dante Alighieri, F. Hölderlin, J. W. Goethe, L. Carroll, R. Musil oder A. Camus), die Frage nach der ›Transponierbarkeit‹ philosophischer Begriffe, Argumentationen und Theorien in die Sprache der Lit. und allg. nach den Wechselwirkungen zwischen philosophischem und lit. Diskurs; 2. die Untersuchung von ›Lit. in Philosophie‹, also die Frage nach (im weiteren Sinne) lit. Formen der Philosophie, d. h. nach dem Verhältnis von (wissenschaftlicher oder lit.) Darstellungsform und philosophischem Gehalt sowie nach dem Einfluss der Darstellungsform auf Entstehung und Vermittlung der philosophischen Erkenntnis. Beiden Untersuchungsbereichen gemeinsam ist das Interesse an Erkenntnisformen, die *neben* der propositionalen (d. h. in wahrheitsfähigen Aussagesätzen formulierbaren) Erkenntnis anzusiedeln sind. Das Verhältnis von Ph. u. L. ist somit in den größeren Zusammenhang des Verhältnisses von Erkenntnis und Kunst zu stellen. Denn auch den Künsten, also etwa Lit. (im engeren Sinn), bildender Kunst und Musik, wird in kognitivistischen Theorien – gegen den Emotivismus, für den die Künste lediglich zum Ausdruck und zur Erzeugung von Gefühlen taugen – die Fähigkeit zur Vermittlung von Erkenntnis zugestanden, allerdings einer Erkenntnis, die sich nicht der philosophischen Begrifflichkeit und ihrer Propositionen bedient und deshalb als ›nicht-propositional‹ bezeichnet wird (vgl. Gabriel, S. 214–217; dagegen Fricke). – Solche kognitivistischen Ansätze finden sich vornehmlich bei Autoren der analytischen Tradition. So war schon L. Wittgenstein der Ansicht, nicht nur die Wissenschaftler, sondern auch die Dichter und Musiker hätten uns »etwas zu lehren« (Wittgenstein, S. 501). Und N. Goodman, dessen ↗ Differentialismus in Bezug auf Erkenntnisformen die analytische Diskussion des Verhältnisses von Ph. u. L. stark beeinflusst hat, vertrat die Auffassung, dass »die Künste als Modi der Entdeckung, Erschaffung und Erweiterung des Wissens [...] ebenso ernst genommen werden müssen wie die Wissenschaften« (Goodman, S. 187). Die Fähigkeit zur Vermittlung nicht-propositionaler Erkenntnis wurde zunächst der Dichtung zugeschrieben, dann auch den anderen Künsten; aber in Abhängigkeit von der jeweiligen Darstellungsform (wie ↗Dialog, ↗Lehrgedicht, ↗Aphorismus, ↗Essay, Zeitschriftenaufsatz, ↗Monographie, Lehrbuch) ist nicht-propositionale Erkenntnis sehr wohl auch in der Philosophie und den anderen Wissenschaften aufzufinden. Hieraus ergibt sich ein Komplementaritätsmodell, das neben die oben genannten Disjunktionsmodelle tritt: Dichtung und Philosophie, aber auch die anderen Künste und Wissenschaften werden als eigenständige und potentiell gleichwertige Weisen der Wissens- und Erkenntnisvermittlung aufgefasst. So vertritt Gabriel (S. 202–224) im Anschluss an Goodman das Konzept eines »Kontinuums von Erkenntnisformen« in Philosophie, Wissenschaft und Kunst, die nicht in antagonistischem Ggs. stehen, sondern auf einem Kontinuum angeordnet sind und einander ergänzen.

Neben dieses Komplementaritätsmodell trat im Zuge der poststrukturalistischen und dekonstruktivistischen Philosophie ein»Entgrenzungsmodell« (Schildknecht/Teichert, S. 12) in Bezug auf das Verhältnis von Ph. u. L. Anschließend an J. Derridas Programm der ↗›Dekonstruktion‹ binär-hierarchischer Begriffspaare wurde auch das Postulat einer klaren Trennung von philosophischem (oder wissenschaftlichem) und lit. Diskurs in Frage gestellt: Aus der Sicht des Dekonstruktivismus konstituiert sich der traditionelle Lit.begriff vor dem Hintergrund einer Reihe von hierarchischen Gegensätzen wie ›ernsthaft/nicht ernsthaft‹, ›wörtlich/metaphorisch‹ und ›Wahrheit/Fiktion‹. Die dekonstruktivistische Umkehrung der begrifflichen Hierarchien führt zu der Annahme, dass die ernsthafte Sprachverwendung ein Sonderfall der nicht-ernsthaften ist und dass Wahrheiten als Fiktionen anzusehen sind, deren Fiktionalität in Vergessenheit geriet (vgl. Culler, S. 201). Konsequenterweise lässt sich dann die Annahme einer strikten Trennung von philosophischem und lit. Diskurs nicht länger aufrechterhalten. Diese »Einebnung des Gattungsunterschiedes zwischen Ph. u. L.« (Habermas) führte in der ↗Lit.theorie zu der Behauptung einer prinzipiellen Ununterscheidbarkeit von primärem und sekundärem Diskurs (vgl. Bloom, S. 83). – Dem Komplementaritäts- und dem Entgrenzungsmodell ist somit – im Unterschied zu den Disjunktionsmodellen – die Leugnung starrer, absoluter Grenzen zwischen Ph. u. L. gemeinsam. Wo jedoch die Vertreter des Entgrenzungsmodells die Unterschiede zwischen philosophischem und lit. Diskurs vollends preisgeben, beharren die Vertreter des Komplementaritätsmodells auf der Anerkennung einer Pluralität von Diskursformen und Erkenntnisweisen (vgl. Gabriel, S. 221).

Lit.: A. J. Ayer: Sprache, Wahrheit und Logik [engl. 1936]. Stgt. 1970. – H. Bloom: Einflußangst [engl. 1973]. Basel, Ffm. 1995. – J. Culler: Dekonstruktion [engl. 1982]. Reinbek 1988. – J. Derrida: Grammatologie [frz. 1967]. Ffm. 1974. – J. Ekmann u. a. (Hg.): Lit. und Philosophie. Kopenhagen, Mchn. 1983. – R. Faber (Hg.): Lit. Philosophie – philosophische Lit. Würzburg 1999. – H. Fricke: Kann man poetisch philosophieren? In: G. Gabriel, Ch. Schildknecht (Hg.): Lit. Formen der Philosophie. Stgt. 1990, S. 26–39. – G. Gabriel: Zwischen Logik und Lit. Stgt. 1991. – N. Goodman: Weisen der Welterzeugung [engl. 1978]. Ffm. 1984. – H. Grabes: Ph. u. L. In: Nünning. – J. Habermas: Exkurs zur Einebnung des Gattungsunterschiedes zwischen Ph. u. L. In: ders.: Der philosophische Diskurs der Moderne. Ffm. 1985, S. 219–247. – Ch. Jäger, G. Meggle (Hg.): Kunst und Erkenntnis. Paderborn 2005. – Ch. Schildknecht, D. Teichert (Hg.): Philosophie in Lit. Ffm. 1996. – L. Wittgenstein: Vermischte Bemerkungen. In: ders.: Werkausg. Bd. 8. Ffm. 1984, S. 445–575. ASP

Philosophischer Roman, Romantypus der ↗Aufklärung, der sich v. a. in Frankreich aus den *contes philosophiques* herausgebildet hat und der Darstellung philosophischer Probleme oder der Diskussion philosophischer Thesen verpflichtet ist. Der Illustration des diskursiven Gehalts sind alle erzählerischen Aspekte funktional untergeordnet: Die ↗Figuren sind typenhaft angelegt; die ↗Handlung verläuft episodisch und in hohem Erzähltempo; der Raum wird stationenhaft zur Kulisse reduziert. Der philosophische Roman bedient sich häufig satirischer Erzählweisen; meist präsentiert ein auktorialer Erzähler (↗auktoriales Erzählen) das Geschehen. – Das Musterbeispiel eines philosophischen Romans ist Voltaires »Candide, ou L'optimisme« (1759), der sich mit der Leibniz'schen These von der ›besten aller möglichen Welten‹ auseinandersetzt. Weitere philosophische Romane im 18. Jh. verfassten D. Diderot, S. Johnson, Ch. M. Wieland und J. K. Wezel. Die Gattung erlebt in der ersten Hälfte des 20. Jh.s mit den an den ↗Essay grenzenden Großromanen von H. Broch, R. Musil und Th. Mann eine Renaissance.

Lit.: K. Dirscherl: Der Roman der Philosophen. Tüb. 1985. JH

Phlyaken, m. Pl. [gr.; evtl. dorische Nebenform zu gemeingr. *phlýaros* = unnützes Geschwätz, Posse, vielleicht auch Ableitung von *phléon* = der Schwellende, eine Bez. des Dionysos als Vegetations- und Fruchtbarkeitsgottheit], Sg. *phlyax*; 1. die Schauspieler einer in den dorischen Kolonien Unteritaliens und Siziliens nachweisbaren Ausprägung des ↗Mimus; 2. die zu dieser Gattung gehörigen Stücke. Überliefert sind lediglich Titel und die Namen einiger Verfasser von Ph., der sog. Phlyakographen (unter ihnen Rhinton v. Syrakus, 3. Jh. v. Chr., 38 Titel); Texte sind nicht erhalten. Eine Rekonstruktion der Ph. als Werktypus ist jedoch möglich auf Grund von Vasenbildern (ca. 185 ›Ph.vasen‹

aus Apulien, Kampanien und Sizilien). Danach können thematisch unterschieden werden: Genreszenen aus dem täglichen Leben (z. B. Bordellszenen, Gerichtsszenen), Götterburlesken (z. B. Liebesabenteuer des Zeus) und Mythentravestien. Zum Kostüm der Ph. gehörten Dickbauch, Phallus, Zottelgewand und groteske Maske (dagegen ↗ Mimus). JK/Red.

Phosphoristen, m. Pl., schwed. romantischer Dichterkreis, gegründet 1807 in Uppsala von P. D. A. Atterbom als »Musis amici« (seit 1808 als »Auroraförbundet« [›Aurora-Bund‹]) mit dem Ziel der Erneuerung der schwed. Lit. im Sinne der dt. (Jenaer) ↗ Romantik und der idealistischen Philosophie. Die Bez. ›Ph.‹ wurde gebildet nach der Zs. »Phosphoros« (1810–13, 1813–24 unter dem Titel »Svensk literaturtidning«), in der viele Werke des Kreises (z. B. Atterboms lyrischer Zyklus »Blommorna«, 1812) veröffentlicht wurden. Die bedeutendsten Ph. neben Atterbom waren C. F. Dahlgren und V. F. Palmblad; dem Kreis nahe stand auch E. J. Stagnelius. ↗ Gotischer Bund. IS/Red.

Phrase, f. [gr. *phrásis* = Ausdruck, Wendung], 1. in der antiken Rhet. a) im weiteren Sinne: gleichbedeutend mit lat. ↗ ›Elocutio‹ (vgl. Quintilian: »Institutio oratoria« VIII, 1, 1), der sprachlich-stilistischen Ausformulierung der in der ↗ Inventio gefundenen und in der ↗ Dispositio geordneten Gedanken; Gegenstand der Elocutio sind sowohl einzelne Wörter (*verba singula*) als auch Wortverbindungen/-gruppen (*verba coniuncta*); b) im engeren Sinne: eine Wortgruppe bzw. (Rede-)Wendung im Unterschied zum Einzelwort (*lexis*). – 2. Im 16. Jh. zunächst in der gr.-lat. Form *Phrasis* ins Dt. übernommen, wurde das Wort von den Grammatikern seit dem 17. Jh. (J. G. Schottel) mit ›Red(ens)-art‹ übersetzt. Seit Mitte des 18. Jh.s wird ›Ph.‹ entsprechend frz. *phrases* (›leere Worte‹) gewöhnlich abwertend gebraucht im Sinne von ›inhaltslose Aussage, leeres Geschwätz, Leerformel‹. – 3. In der Sprachwissenschaft aus dem am. ↗ Strukturalismus stammende Bez. für eine Satzkonstituente, die nach der Wortart ihres jeweiligen Kerns oder Kopfes charakterisiert ist, z. B. als Nominal-, Verbal-, Präpositional- oder Adjektivphrase.

Lit.: H. Paul: Dt. Wörterbuch. Tüb. [10]2002, S. 749. – G. Ueding, B. Steinbrink: Grundriss der Rhet. [1976]. Stgt., Weimar [4]2005. DWE/CK

Phraseologie, f. [aus gr. *phrásis* = Ausdruck, *lógos* = Lehre], auch: Idiomatik; 1. linguistische Teildisziplin, die feste Wortverbindungen (Phraseologismen, Idiome, Redewendungen) einer Sprache von freien Wortverbindungen abgrenzt (z. B. »des Pudels Kern« [J. W. Goethe: »Faust«, V. 1323] vs. ›des Dackels Pfoten‹), sie beschreibt, erklärt und klassifiziert. – 2. Gesamtheit der Phraseologismen einer Sprache.

Lit.: H. Burger u. a. (Hg.): Hb. der Ph. Bln., NY 1982. – H. Burger: Ph. [1998]. Bln. [2]2003. – C. Földes: Idiomatik/Ph. Hdbg. 1997. CK

Phraseonym ↗ Pseudonym.

Phrenonym ↗ Pseudonym.

Physikotheologie, f. [gr.], Position – insbes. im Kontext der ↗ Aufklärung –, welche die Existenz Gottes anhand der Vollkommenheit der Natur zu beweisen sucht. ↗ Garten- und Landschaftslit. Red.

Physiognomik, f. [gr. *physiognōmía* = Erkennen der Natur, aus *phýsis* = Natur, *gnṓmōn* = Kenner], die Lehre von der Bedeutung des Körpers. Die Ph. schließt aus der Oberfläche des Körpers (der Physiognomie) auf seine inneren oder sozialen Konstitutionsbedingungen. Ph.en können danach unterschieden werden, wie sie welche Körper mit welchem Beschreibungsrahmen interpretieren. So kann dem Körper aufgrund zoomorpher Ähnlichkeiten (Pseudo-Aristoteles), astrologischer Analogien, humoralpathologischer Temperamentenlehre, anthropometrischer Verfahren (P. Camper), ästhetischer Kodifikation (J. C. Lavater), neurophysiologischer Forschung (F. J. Gall) oder sozialer Entwicklungsbedingungen eine Bedeutung zugewiesen werden. Dies kann mit einem medizinischen, juristischen (Beurteilung von Zeugen und Verdächtigen), kriminologischen (C. Lombroso), ästhetischen (realistischer Roman), theologischen (Th. Piderit), pädagogischen oder rassenideologischen Interesse geschehen. Schließlich können neben dem menschlichen Körper auch Pflanzen (A. v. Humboldt), Landschaften (C. G. Carus), Dinge (G. Simmel) oder Korrespondenzen dieser Bereiche zueinander (G. H. Schubert) zum Gegenstand der P. werden. Zwar gibt es klare historische Zäsuren in der Geschichte der Ph., etwa die Umstellung von der Ph. der Ähnlichkeiten (G. B. della Porta) zur Ph. der individuellen Differenzen (Lavater), oft vermischen sich aber mehrere Aspekte. Durch die rassenideologische Indienstnahme in den 1930er und 1940er Jahren diskreditiert, wurde die Geschichte der Ph. durch die semiotisch-kulturwissenschaftliche Wende der Geisteswissenschaften in den letzten dreißig Jahren als Forschungsgegenstand wieder attraktiv.

Lit.: R. Campe, M. Schneider (Hg.): Geschichten der Ph. Freiburg/Br. 1996. – H. Christians: Gesicht, Gestalt, Ornament. In: DVjs 74 (2000), S. 84–110. – R. T. Gray: Ph. In: RLW. – A. Käuser: Ph. und Roman im 18. Jh. Ffm 1989. – St. Pabst: Fiktionen des ›inneren Menschen‹. Die lit. Umwertung der Ph. bei Jean Paul und E. T. A. Hoffmann. Hdbg. 2007. – C. Schmölders: Das Vorurteil im Leibe. Eine Einf. in die Ph. Bln. 1997. – G. Tytler: Physiognomy in the European Novel. Princeton 1982. SPA

Pícaro-Roman ↗ Pikaro-Roman.

Pickelhering [engl. *pickleherring* = Salzhering], Name der ↗ lustigen Person (neben Jan Bouchet, John Posset, Stockfish) in den Stücken der ↗ engl. und ↗ nl. Komödianten; vermutlich Anfang des 17. Jh.s von dem Schauspieler R. Reynolds geschaffen. P.spiele sind bis zum Ende des 17. Jh.s weit verbreitet, insbes. als ↗ Nachspiele; im 18. Jh. wird in Deutschland der Name ›P.‹ durch ↗ ›Harlekin‹ oder ↗ ›Hanswurst‹ in den Hintergrund gedrängt. IS/Red.

Pictura, f. [lat.], Bildteil des ↗ Emblems.

Pie quebrado, m. [span. *pie* = Vers(-fuß), *quebrado* = zerbrochen, entzwei], eigentlich *copla de p. q.*; span. Verskombination: Verbindung eines vier- oder fünfsilbigen und eines achtsilbigen Verses (d. h. eines halben, ›gebrochenen‹ Achtsilbers und eines Achtsilbers); populärstes Bauelement der mal. span. Dichtung, das u. a. von G. de Berceo (13. Jh.), König Alfonso X., Juan Ruiz und den Dichtern der ↗ Cancioneiros verwendet wird. Gelegentlich werden auch längere Verse in entsprechender Kombination (6/12; 7/14; 8/16 u. a.) als *copla de p. q.* bezeichnet.   GS/Red.

Pierrot, m. [frz.], frz. Komödienfigur: dummpfiffiger Diener in weißer Maske und weißem Kostüm; im 17. Jh. in der Pariser ↗ Comédie italienne entwickelt nach dem zweiten Zane (↗ Zani) der ↗ Commedia dell'Arte, der oft als *Piero*, *Pedrolino* (Peter, Peterchen), auch *Frittolino*, *Tortellino* usw. auftrat.   IS/Red.

Pietismus, m. [von lat. *pietas* = Frömmigkeit, Dankbarkeit, Treue, Liebe zu Gott], 1. im engeren Sinne die Reformbewegung innerhalb der ev. Kirchen, die zwischen etwa 1670 und 1780 parallel zur Aufklärung verlief und der als leblos und erstarrt empfundenen Orthodoxie Individualisierung und Verinnerlichung des Glaubens entgegensetzte; 2. im weiteren Sinne das religiöse Phänomen eines intensiven Glaubenslebens, das auch im 19. (*Erweckungsbewegung*) und 20. Jh. auftritt. In diesem Sinne gilt J. Arndt, der mit seinen »Vier Büchern vom wahren Christentum« (1605–10) den Anstoß zur Erneuerung lutherischer Frömmigkeit gab, als Vorläufer des P. Die Bez. ›Pietist‹ wurde als Spottname für die Anhänger Ph. J. Speners geprägt, der ab 1670 in Frankfurt zusätzlich zum Gottesdienst ein »Collegium pietatis« abhielt und dessen Vorrede zur Evangelienpostille Arndts (»Pia Desideria oder Herzliches Verlangen nach gottgefälliger Besserung der wahren Ev. Kirchen«, 1675) zur Programmschrift des P. wurde. Die Forderungen Speners waren: 1. intensivere Predigt des Gotteswortes; 2. Ernstnehmen des allg. Priestertums; 3. Umsetzung der These, dass nicht Wissen, sondern Tun einen Christen auszeichne; 4. Zurückhaltung bei Religionsstreitigkeiten; 5. Reform der Theologiestudiums; 6. seelsorgliche statt gelehrte Predigt. A. H. Francke (1663–1727) machte durch die Errichtung eines Waisenhauses mit Schulen und Wirtschaftseinrichtungen Halle zum Zentrum des P. Zentral für seine Theologie ist das ›Bekehrungserlebnis‹, das den als ›Wiedergeburt‹ verstandenen Durchbruch vom alten zum neuen Menschen kennzeichnet. Franckes Mitarbeiter C. H. v. Canstein trieb die Verbreitung der Lutherbibel voran, indem er durch einen stehenden Satz ihren Preis senkte und sie damit für viele Haushalte erschwinglich machte. A. Freylinghausen erarbeitete ein eigenes ↗ Gesangbuch. Ein Hallenser Zögling war N. L. v. Zinzendorf (1700–60), der später die *Herrnhuter Brüdergemeine* gründete. Neben wirtschaftlicher Unabhängigkeit zeichnet sich die Herrnhuter P. durch neue geistliche Formen (z. B. Singstunden) und eine eigene Sprache aus. Weitere Formen des P. stellen der niederrheinische (reformierte) und der württembergische P. dar. Ein Vertreter der ›Schwabenväter‹ war J. A. Bengel, der mit seiner Ausgabe des gr. NT (1734) den Grund für die Erneuerung der ↗ Textkritik legte. – Daneben gab es verschiedene Strömungen des sog. radikalen P. (auch die ›Stillen im Lande‹ genannt, z. B. E. v. Buttlar, 1670–1721; E. C. Hochmann v. Hochenau, 1669/70–1721), der aus der Kirche heraus strebte. So verachteten seine Anhänger die Sakramente und lebten visionär, d. h., das innerlich erlebte Wort Gottes hatte für sie größere Bedeutung als das Bibelwort. – Zentren des P. waren neben Halle die Höfe von Kopenhagen, Wernigerode und Köstritz. Ohne die Förderung durch den Adel – durch Geld oder Anstellung pietistischer Geistlicher – hätte der P. keine solche Wirkung entfalten können. – Aus barocker und mal. Frömmigkeit (↗ Mystik) sowie biblischen Ausdrücken entstand eine eigene Sprache, die Ausdruck des individualisierten religiösen Erlebens, des Strebens nach innerer Reinigung und einer Haltung unausgesetzter Selbstprüfung war. Verbalsubstantive auf ›-heit‹ oder ›-keit‹ (z. B. ›Abgestorbenheit‹, ›Entsunkenheit‹) und Verben der Bewegung (z. B. ›abkehren‹, ›durchdringen‹) kennzeichnen diese Sprache, die durch Andachtsbücher, Lieder (G. Arnold, G. Tersteegen), ↗ (Auto-)Biographien, ↗ Tagebücher und ↗ Briefe verbreitet wurde. Die zeitgenössische lit. Sprache übernahm (oft unbewusst) entweder einzelne durch den P. mit neuer Bedeutung aufgeladene Wörter oder Ausdrücke (z. B. ›einleuchten‹, ›Aufschluss‹) oder auch die ganze Sprachhaltung, introspektiv über religiöse Erlebnisse zu berichten. Der P. berührt sich in vielen Punkten mit der lit. Strömung der ↗ Empfindsamkeit, wirkt aber weit über diese hinaus. Niederschlag findet er bes. in der ↗ Erlebnisdichtung (J. H. Jung-Stilling, M. Claudius), der freirhythmischen ↗ Hymne (F. G. Klopstock, F. Hölderlin), dem ↗ autobiographischen Roman (K. Ph. Moritz: »Anton Reiser«) und dem ↗ Bildungsroman (vgl. bes. die »Bekenntnisse einer schönen Seele«, das sechste Buch von Goethes Roman »Wilhelm Meisters Lehrjahre«).

Lit.: M. Brecht (Hg.): Geschichte des P. 4 Bde. Gött. 1993–2004. – J. Jacob: P. In: RLW. – A. Langen: Der Wortschatz des dt. P. [1954]. Tüb. ²1968. – W. Martens: Lit. und Frömmigkeit in der Zeit der frühen Aufklärung. Tüb. 1989. – R. Minder: Glaube, Skepsis und Rationalismus [1936]. Ffm. 1974. – A. Ritschl: Geschichte des P. 3 Bde. Bonn 1880–86. Nachdr. Bln. 1966. – H.-J. Schrader: Lit.produktion und Büchermarkt des radikalen P. Gött. 1989. – J. Wallmann: Der P. Gött. 1990.
                    SMI

Pikaresker Roman, m. [span. *novela picaresca*, von *pícaro* = Schelm, Gauner], auch: pikarischer Roman, Pikareske; alternative Bez.en für den ↗ Pikaro-Roman, der im Dt. meist ↗ ›Schelmenroman‹ genannt wird.
                    Red.

Pikaro-Roman, m. [span. *pícaro* = Schelm], auch: pikaresker oder pikarischer Roman (die dt. Ausprägung wird meist ↗ ›Schelmenroman‹ genannt); vom 16. bis

18. Jh. zunächst in Spanien, später in ganz Europa verbreitete Subgattung des Romans, mit Zügen des ↗ Abenteuerromans und der Gesellschaftssatire. Die Hauptmerkmale sind bereits im anonymen »Lazarillo de Tormes« (1554), dem Prototyp des P.s, zu erkennen. Die Handlung ist eine allein durch den Protagonisten verbundene Reihung von Episoden. Der Pícaro, ein Antiheld, entstammt meist niederen oder obskuren Verhältnissen und bietet mittels der Ich-Erzählsituation den Blick von unten auf die Gesellschaft. Beim Kampf um das Überleben und gegen den Hunger empfindet er sein Dasein als eine Abfolge von Desillusionierungen, aus deren schmerzhafter Erfahrung seine moralische Indifferenz resultiert; er lernt zusehends, die Schwächen seiner Mitmenschen für sich auszunutzen. Sein Lebensbericht ist als satirisches Panorama der zeitgenössischen Gesellschaft mit impliziter Kritik an den Herrschenden sowie an den Vertretern von Justiz und Klerus zu verstehen. Bedeutende span. P.e sind M. Alemáns »Guzmán de Alfarache« (1599–1604), F. de Quevedos »El Buscón« (1626) und L. de Úbedas »La pícara Justina« (1605), in dem erstmals ein weiblicher Pícaro auftritt. Berühmtester frz. Nachfolger ist A.-R. Lesages »Gil Blas de Santillane« (1715–35). Im 20. Jh. greifen die span. Erzähler P. Baroja (»La busca«, 1904) und C. J. Cela (»Nuevas andanzas de Lazarillo de Tormes«, 1944) noch einmal auf die Genretradition zurück.
Lit.: P. N. Dunn: Spanish picaresque fiction. Ithaca 1993. – J. Jacobs: Der Weg des Pícaro. Trier 1998. – J. Roskothen: Hermetische Pikareske. Ffm. 1992. – U. Wicks: Picaresque narrative, picaresque fiction. NY 1989.   WG

Piktographie ↗ Schrift.
Pilgerliteratur, Sammelbez. für Texte, die der Vorbereitung einer Pilgerfahrt dienen oder eine Pilgerfahrt beschreiben. Im Abendland ist die P. bereits seit Anfang des Christentums sporadisch überliefert, sie erlebt jedoch den Höhepunkt ihrer Überlieferung im 14. und 15., teils noch im frühen 16. Jh. Die P. ist keine Gattung im strengen Sinn; vielmehr umfasst der Begriff ↗ Itineraria, Reliquien- und Ablassverzeichnisse, ↗ Heiltumsbüchlein, Pilgerberichte und weitere Sachtexte. Als Zielorte begegnen insbes. die Orte der *peregrinationes maiores* (Jerusalem, Rom, Santiago de Compostela), daneben jedoch eine wachsende Anzahl anderer Orte im gesamteuropäischen Raum. Neben die zunächst dominierende lat. tritt seit dem 14. Jh. verstärkt die volkssprachliche Überlieferung, im Dt. (z. B. Hertel von Lichtenstein, 1377) wie auch in anderen Sprachen (z. B. frz.: Jean II. le Meingre, 1384, 1388 f.; engl.: Margery Kempe, 1414). Sogar in den Pilgerberichten, die einen gewissen Anspruch auf Authentizität erheben, ist in dieser Zeit das persönliche spirituelle Erlebnis dem Bedürfnis untergeordnet, die heiligen Stätten, auch die nicht selbst in Augenschein genommenen, vollständig zu verzeichnen; Kempes nahezu mystische Erfahrungen im Heiligen Land bilden hier eine auffäl-

lige Ausnahme. Die P. dieser Periode bietet reichen Stoff für die historische Geographie der bereisten Länder sowie für die spätmal. Frömmigkeits- und Mentalitätsgeschichte; auf die Begegnung mit dem Fremden wird teils mit Misstrauen, teils mit Toleranz reagiert. Bei Reisenden wie Arnold von Harff (1496–98) wird die spirituelle Motivation für die Reise von weltlichen Motiven überlagert, die denjenigen der späteren ›Kavalierstouren‹ ähnlich sind. Nicht zuletzt als Reaktion auf solche Tendenzen entstand die sog. ›Pilgerfahrt im Geist‹: Andachtsübungen, bei denen der Pilger die heiligen Stätten nicht körperlich, sondern mittels seiner Einbildungskraft besuchte. Die hiermit verwandte mal. Tradition der Allegorisierung des menschlichen Lebenswegs als Pilgerfahrt wirkt noch in J. Bunyans »The Pilgrim's Progress« (1678–84) fort. – Moderne P. gibt sowohl Hinweise auf die praktische Durchführung der Pilgerfahrt als auch auf das spirituelle Erlebnis. Während sich etwa der *Camino* nach Santiago dauerhafter Beliebtheit erfreut, gaben z. B. für Rom das Heilige Jahr 2000 und die Papstwahl Benedikts XVI. (2005) kurzfristig den Anlass für die Produktion von P.
Lit.: N. Miedema: Rompilgerführer in Spät-MA. und Früher Neuzeit: Die ›Indulgentiae ecclesiarum urbis Romae‹ (dt./nl.). Edition und Kommentar. Tüb. 2003. – P. Müller: Wer aufbricht, kommt auch heim. Vom Unterwegssein auf dem Jakobsweg [1993]. Eschbach ⁵2006. – W. Paravicini (Hg.): Europäische Reiseberichte des späten MA.s. Eine analytische Bibliographie. Bisher 3 Bde. Ffm. u. a. 1994 ff.   NM

Pinakes, m. Pl. [gr. Sg. *pínax* = Brett, (Schreib-)Tafel, Verzeichnis, ↗ Katalog.
Pindarische Hymne ↗ Hymne (1), ↗ Ode.
Pindarische Ode, f., nach dem gr. Dichter Pindar benannte Gedichtform mit triadischer Struktur. Die von Pindar aus Theben (ca. 518–444 v. Chr.) überlieferten 45 ↗ Oden feiern Sieger der panhellenischen Festspiele in Olympia, Delphi, Nemea und Korinth. Sie zeichnen sich durch eine oft überraschende, gewaltsame Bildersprache, genau kalkulierte, bereits in der späteren Antike nicht mehr ganz verstandene rhet. Effekte, den Einsatz von einprägsamen Kernsätzen (↗ Gnome) und ausgedehnte mythische Erzählungen aus. 38 der Oden haben eine triadische Struktur: Auf eine metrisch identische ↗ Strophe und ↗ Antistrophe folgt eine variierende ↗ Epode; dieses Schema kann wiederholt werden. Ähnliche triadische Oden finden sich in den Chorliedern der attischen Dramen sowie in den erst 1897 auf Papyrus wiederentdeckten Gedichten des Bakchylides, eines Zeitgenossen Pindars. Bereits in der Antike verstand man bald die Bauweise der komplexen, für jedes Gedicht ad hoc neu komponierten metrischen Formen nicht mehr. Entscheidend für die Rezeption der p.n O. in Europa seit der ↗ Renaissance war insbes. ein Gedicht des Römers Horaz (65–8 v. Chr.), in dem von Pindar gesagt wird, seine Lieder seien »frei von metrischen Regeln« (»Carmina« 4, 2, V. 11 f.). Gerade die von Horaz hier behauptete Unnachahmlich-

keit Pindars, gemeinsam mit seiner Reputation als größter und schwierigster Lyriker der Antike, forderte in der europäischen Renaissance zahlreiche Dichter zur Nachahmung heraus. Da Pindars Metrik als ↗›Freie Rhythmen‹ verstanden wurde, erstreckte sich die Imitation bes. auf den Strophenbau: Die moderne p. O. ist durch die triadische Struktur von Strophe – Antistrophe – Epode gekennzeichnet. In den ↗Poetiken der Renaissance (Th. Sebillet, J. Peletier du Mans, P. de Laudun) wird Pindar als Stilmuster für den ↗erhabenen Odenstil empfohlen; die Form der p.n O. wird daher häufig für Herrscherenkomien (↗Enkomion) und ernste ↗Gedankenlyrik gewählt. Obwohl zahlreiche lat. oder volkssprachliche Übers.en Bekanntschaft mit Pindars Werk ermöglichten und er bis ins 17. Jh. oft gelesen wurde, war seine Reputation häufig durch das genannte Horaz-Carmen vermittelt; ›p. O.‹ wurde zu einer rein formalen Kategorie, die in erhabener Sprache abgefasste Gedichte mit triadischer Struktur bezeichnet.
Lit.: G. Demerson: L'ode pindarique latine en France au XVIᵉ siècle. In: P. Tuynman u. a. (Hg.): Acta conventus neo-latini Amstelodamensis. Mchn. 1979, S. 285–305. – W. Fitzgerald: Agonistic Poetry. Berkeley, LA 1987. – W. Killy (Hg.): Geschichte des Textverständnisses am Beispiel von Pindar und Horaz. Mchn. 1981. – C. Maddison: Apollo and the Nine. A History of the Ode. Ldn. 1960. – K. Viëtor: Geschichte der dt. Ode. Mchn. 1923. TAS

Pindaristen, m. Pl. [nach dem gr. Dichter Pindar, 6./5. Jh. v. Chr.], Nachahmer des dichterischen Stils Pindars (↗pindarische Ode). Erste Versuche, in der Neuzeit Pindar nachzuahmen, wurden im 16. Jh. in Italien unternommen, einerseits in it. (L. Alamanni: »Opere toscane«, 1533; A. S. Minturno: »Rime e prose«, 1559), andererseits in lat. Sprache (B. Lampridio: »Carmina«, 1550). In nlat. Sprache wurde die Pindar-Nachahmung zu einem europäischen Phänomen (etwa Paulus Melissus Schede: »Schediasmata poetica«, 1586; Simon Simonides [= Szymon Szymonowic]: »Poematia aurea«, 1619). In Frankreich machte der Humanist J. Dorat die ↗Pléiade mit Pindar bekannt; bes. durch die Oden P. de Ronsards wurde Pindar-Nachahmung von etwa 1550 bis 1620 zu einer Modeerscheinung, an der sich zahlreiche frz. Dichter beteiligten. In England wurde die pindarisierende Dichtung von B. Jonson eingeführt und bes. von A. Cowley (»Pindarique Odes«, 1656) populär gemacht; Anlehnungen an die triadische Struktur der pindarischen Ode finden sich bis ins 19. Jh. (Th. Gray, J. Dryden, J. Keats). In Deutschland ist neben J. G. Herder, J. H. Voß und J. W. Goethe v. a. F. Hölderlin zu nennen, der auch eine Reihe von Gedichten Pindars übersetzte.
Lit.: I. A. Gordon: Keats and the English Pindaric. In: A Review of English Literature 8, H. 2 (1967), S. 9–23. – S. Shankman: The Pindaric Tradition and the Quest for Pure Poetry. In: Comparative Literature 40 (1988), S. 219–244. – Th. Schmitz: Pindar in der frz. Renais-

sance. Gött. 1993. – M. Vöhler: Pindar-Rezeptionen. Hdbg. 2005. TAS

Plagiat, n. [frz. *plagiat*, m.; von lat. *plagium* = Menschendiebstahl, Seelenraub; gr. *plágios* = unredlich], unrechtmäßige Verwendung fremden geistig-schöpferischen Eigentums durch teilweise oder vollständige Wiedergabe in der eigenen veröffentlichten Arbeit ohne Angabe der Quelle oder des Urhebers. – Die Begriffsbildung geht auf den röm. Dichter Martial (1. Jh. n. Chr.) zurück, der denjenigen als *plagiarius* bezeichnete, der seine Texte widerrechtlich benutzte. – In allen Bereichen von Wissenschaft, Kunst und Werbung vorhanden, betrifft das P. die diffizile Problematik »der inhaltlichen und/oder formalen Grenzziehung zwischen eigenen und fremden Texten« (Jakobs, S. 379). Eine terminologische Abgrenzung des Begriffs ›P.‹ von ›Entlehnung‹, ›Imitation‹, ↗›Intertextualität‹, ›Mystifikation‹ usw. erfolgte in jüngerer Zeit. – Zur juristischen Ahndung wurden spezielle Rechtsgrundlagen (z. B. das Urheberrechtsgesetz von 1965) geschaffen (↗Urheberrecht).
Lit.: K. Ackermann: Fälschung und P. als Motiv in der zeitgenössischen Lit. Diss. Hdbg. 1992. – E. Ercivan: Gefälschte Wissenschaft. Rottenburg 2004. – E.-M. Jakobs: »Das kommt mir so bekannt vor … «. P.e als verdeckte Intertextualität. In: ZfG N.F. 3 (1993), S. 377–390. – K. Kanzog: P. In: RLW. – Y. Martineau: Le faux littéraire. Quebec 2002. – L. Reddeker (Hg.): Fälschung, P., Kopie. Wien 1999. – St. Schaltenbrand: Alles gestohlen? Vom P. zur Wiederholung. Bln. 1994. TM

Planctus, m. [lat. = Klage], Pl. *Planctus*; lit. Form, die dem Ausdruck des Schmerzes und der Trauer dient. – Auf die Antike (bes. auf den gr. ↗Threnos) und die Bibel (z. B. die abecedarischen »Lamentationes Jeremiae«) zurückgreifend, wird der P. im lat. MA. zu einer beliebten und variationsreichen Lit.form. Es lassen sich je nach Anlass und Gegenstand der Klage folgende Typen unterscheiden: 1. die Totenklage a) beim Verlust eines Nahestehenden oder Herrschers; zur Trauer treten dabei oft die Anklage an den Tod selbst, das Lob des Verstorbenen und der Trost der Hinterbliebenen hinzu, z. B. der »P. de obitu Karoli« (814) zum Tod Karls des Großen. b) Als Sonderform der Totenklage kann die ↗Marienklage angesehen werden, etwa der »P. ante nescia« (Mitte des 12. Jh.s) Gottfrieds von St. Victor. c) Dazu gehört ferner die Rahelklage Notkers von St. Gallen (ca. 880) über den verlorenen Joseph. – 2. Die Heimatklage, z. B. Walahfrid Strabo: »Carmina« 75 (826–829; Heimweh nach der fernen Reichenau) in der Nachfolge von Ovids »Tristia«. – 3. Die vielseitige Liebesklage um ferne Geliebte oder deren Untreue, z. B. »Carmina Burana« 126 (Klage eines schwangeren, verlassenen Mädchens) oder der »P. Didonis« (»Carmina Burana« 100, Klage Didos im Angesicht des Todes). Zu diesem Typ gehören auch Abaelards sechs P. (1134) auf Heroinen des AT. – 4. Die Zeit- und Geschichtsklage, z. B. »Versa est in luctum cythara

Waltheri« Walters von Châtillon (nach 1170) über den Verfall der Kirche, während im »P. ecclesiae in Germaniam« (14. Jh.) Konrads von Megenberg die Kirche selbst klagt über die Zustände in Deutschland. Im »P. naturae« (um 1170) Alains von Lille beklagt die Natur die Verderbtheit der Menschen. Der »P. Evae« Heinrichs von Augsburg (11. Jh.) ist ein fortlaufender Kommentar zur Genesis in Hexametern. – 5. Die Tierklage in Anlehnung an Ovid (»Amores« 2, 6) oder Catull (»Carmina« 3), wobei das zu betrauernde oder selbst klagende Tier auch allegorisch verstanden wird wie im »P. cygni«, parodiert in den »Carmina Burana« 130. – Die Motive erscheinen oft kombiniert, z. B. bei Venantius Fortunatus (»Appendix carminum« 1: gleichzeitig Klage um den toten Bruder, den fernen Geliebten und die zerstörte, ferne Heimat). – Der P. kann formal als ↗ Sequenz, ↗ Elegie, ↗ Prosimetrum, in verschiedenen Metren und rhythmischen Strophenformen, aber auch in Prosa gestaltet sein oder unselbständig innerhalb größerer Texte bzw. anderer Textsorten stehen, z. B. als Element der Consolatio, des ↗ Epitaphs, des ↗ Dramas, des ↗ Epos. – Verwandte Formen in den Volkssprachen sind der provenz. ↗ Planh, die frz. ↗ Complainte und die engl. Complaint.

Lit.: H. Hengstl: Totenklage und Nachruf in der mlat. Lit. Diss. Würzburg 1936. – C. Thiry: La plainte funèbre. Turnhout 1978. DW

Planh, m. [planj; altokzitan. = Klage, von lat. *planctus* = Klage], Trauer- oder Klagelied, Gedichtform der ↗ Trobadorlyrik. Der P. ist die altokzitan. Form des mlat. ↗ Planctus, unterscheidet sich von diesem aber dadurch, dass er für einen profanen Kontext bestimmt ist. Die Klage gilt zumeist dem Tod des Lehnsherrn, Mäzens, Gönners und Beschützers, doch gibt es auch solche, die den Tod eines Freundes oder einer Dame betrauern. Unter den Gattungen der Trobadordichtung gilt der P. wegen seiner relativ großen Einheitlichkeit als eher konventionelle Form. Bekannt sind beispielsweise die zwei P.s des Bertran de Born (um 1140– vor 1215) auf den Tod von Heinrich Plantagenet, Sohn König Heinrichs II. von England und Bruder Richard Löwenherz', und die zwei P.s des Aimeric de Peguilhan (um 1170–um 1230) auf den Tod von Azzo VI. von Este.

Lit.: H. Springer: Das altprovenz. Klagelied mit Berücksichtigung der verwandten Litteraturen. Bln. 1895. HIR

Planip͜es, m. [aus lat. *pes* = Fuß, *planus* = flach, platt], im antiken Possenspiel (↗ Mimus) diejenigen Schauspieler, die ohne Maske und Schuhe (↗ Kothurn, ↗ Soccus) auftraten. GS/Red.

Pléi͜ade, f. [frz., von gr. *Pleiádes* = Siebengestirn], Dichterkreis mit sieben Mitgliedern, im Anschluss an die ↗ Pleias, eine Gruppe von sieben alexandrinischen Tragödienautoren des 3. Jh.s v. Chr. – Die bekanntesten P.n sind:
1. *die frz. P.,* die bedeutendste Dichterschule der frz. Renaissance um P. de Ronsard und J. Du Bellay. Sie er-

wuchs aus einem lyrischen Zirkel Ronsards am Collège Conqueret in Paris, den er 1552 noch *brigade* nannte. 1556 übernahm Ronsard in einer Ode die Bez. *pléiade* von dem frz. Humanisten M. A. Muret. In wechselnder Zusammensetzung gehörten der P. jeweils sieben Dichter an, neben Ronsard und Du Bellay u. a. E. Jodelle, R. Belleau, J. Dorat, J. A. de Baïf, P. du Tyard, J. Peletier, G. des Autels, J. B. de La Péruse. – Du Bellays »Deffence et illustration de la langue Françoyse« (1549), Peletiers »Art poëtique« (1555) und Ronsards »Abrégé de l'art poétique François« (1565) sind die wichtigsten theoretischen Werke der P. Gemeinsam ist ihnen die Bewunderung antiker und it. Lit., deren Gattungen und Formen (u. a. Epos, Tragödie, Komödie, Ode, Elegie, Epigramm, Sonett) als normative Muster galten. Die P. vertrat eine idealistische Konzeption des Dichterberufs: Ein kompetenter Beherrscher poetischer Verfahren werde erst durch göttliche Inspiration zum ›wahren‹ Dichter, dessen ästhetische Leistung sein Erdendasein verewige. Intentionen und Ziele dieses Programms, das sich von den Traditionen mal. frz. Dichtung radikal löste, hatten starken Einfluss auf die spätere frz. Lit. Die wichtigsten Dichtungen der P. sind die Oden, Hymnen und Sonette Ronsards, die u. a. M. Opitz nachhaltig beeinflussten.
2. *Die russ.,* auch *Puškinsche P.,* (spätere) Bez. für einen heterogenen Kreis meist aristokratischer, durch Freundschaft und Kunstauffassung vereinter russ. Dichter um A. Puškin (1799–1837) sowie generell für alle russ. Poeten seiner Generation, welche die ↗ Romantik, das ›Goldene Zeitalter‹ der russ. Lit., repräsentierten. Die Puškinsche P. traf sich meist im Salon des Barons A. A. Del'vig in Petersburg, eines Freundes von Puškin. Charakteristisch für die russ. P. ist die Hochschätzung der Versdichtung als der einzig angemessenen poetischen Gattung, das Postulat des ›guten Geschmacks‹ (klar strukturierte Verse, unpathetische Sprache) und das Streben nach einer Synthese von ↗ Klassizismus und Romantik.

Lit. zu 1.: M. Bizer: La poésie au miroir. Paris 1995. – G. Castor: P. Poetics. Cambridge 1964. – H. Chamard: Histoire de la P. 4 Bde. [1939/40]. Paris 1961. – C. Faisant: Mort et résurrection de la P. Paris 1998. – H. W. Wittschier: Die Lyrik der P. Ffm. 1971.
Zu 2.: R. Lauer: Geschichte der russ. Lit. Mchn. 2000, S. 180–227. – J. Lavrin: Pushkin and Russian Literature. Ldn. 1947. – B. Zelinsky: Russ. Romantik. Köln, Wien 1975. KH

Plei͜as, f. [gr. = Siebengestirn], eine Gruppe von sieben tragischen Dichtern, die am Hofe Ptolemaios' II. Philadelphos (285–246 v. Chr.) in Alexandria gewirkt haben sollen. Die überlieferten Namenslisten weichen im Einzelnen voneinander ab. Die Suda (Enzyklopädie des 10. Jh.s) nennt z. B. Homeros von Byzantion, Sositheos, Lykophron von Chalkis, Alexandros Aitolos, Sosiphanes, Philikos und Dionysiades. Von den Tragödien der P. ist außer einigen Titeln nichts erhalten. ↗ ›Pléiade‹. JK/Red.

Pleonasmus, m. [gr.-lat. = Überfluss, Übermaß], meist überflüssiger, synonymer Zusatz zu einem Wort oder einer Redewendung; kann Stilfehler sein (›schwarzer Rappe‹, ›neu renoviert‹), aber auch ein Stilmittel zur nachdrücklichen Betonung (›mit meinen eigenen Augen‹); ursprünglich pleonastisch sind auch Komposita wie ›Walfisch‹, ›Lindwurm‹, ›Maulesel‹, deren verblasstes Grundwort synonym verdeutlicht wurde. Vgl. auch die meist zweigliedrige ↗ Tautologie (›ganz und gar‹).
Lit.: G. Michel: P. In: RLW. GS/Red.

Plot, m. [engl. = Handlungsablauf], in einer ↗ Erzählung gestaltete Ereigniskette. Das Gegensatzpaar P.-Story stammt aus der formalistischen Erzählforschung (*sjužet–fabula*). Während ›Story‹ die Abfolge von Ereignissen bezeichnet, das ›Rohmaterial‹, versteht man unter ›P.‹ ihre Anordnung in der Erzählung.
Lit.: M. Bal: Narratology [1985]. Toronto ²1997. – M. Martinez: P. In: RLW. TAS

Plötzlichkeit, ästhetischer Wahrnehmungsmodus. P. wird als Ausdruck von Diskontinuität (↗ Kontinuität/Diskontinuität) und Nichtidentischem verstanden. In der Ästhetik weist sie auf eine Inkommensurabilität in der Struktur fiktiver Sprache hin, die sich dadurch jeder außerästhetischen Funktionalisierung entzieht. ›P.‹ bezeichnet nicht nur eine Wahrnehmungsgewissheit des Jetzt-Erlebnisses, sondern auch eine Kontingenz in der Struktur fiktionaler Texte. Die im Erleben von P. geschehende Verabsolutierung des ›Jetzt‹ zum erscheinenden ›Augenblick‹ schließt sich mit der poetologischen Struktur der *Epiphanie*, der plötzlichen Erscheinung einer nicht-gegenwärtigen Wirklichkeit im gegenwärtigen Erleben, zusammen, die als zentrales Merkmal moderner Lit. gilt, z.B. in der Romantik, bei M. Proust, J. Joyce, V. Woolf und R. Musil.
Lit.: K.H. Bohrer: P. Ffm. 1981. – Ders.: Das absolute Präsens. Ffm. 1994. TT

Pnigos, n. [gr. = Atemlosigkeit], in der alten attischen Komödie ein sprech- und atemtechnisches Kunststück: eine in einem Atemzug sehr rasch zu sprechende lange Sentenz im selben Metrum, insbes. als Schluss der epirrhematischen Teile (↗ Epirrhema) in ↗ Agon und ↗ Parabase. IS/Red.

Poem, n. [gr. *poíēma*, lat. *poema* = Werk, ↗ Dichtung], Bez. für (lyrisches) ↗ ›Gedicht‹, in neuerer Zeit meist abschätzig gebraucht. GS/Red.

Poème en prose [frz.], ↗ Prosagedicht.

Poème phonétique ↗ akustische Dichtung.

Poème trouvé, m. [pɔ'ɛmtru've:, frz. = vorgefundenes Gedicht], lyrischer Text, der einen alltäglichen Gegenstand als Kunstwerk präsentiert. – Die Bez. *p. t.* ist eine Analogbildung zum *objet trouvé* der bildenden Kunst. *P. t.* meint einen vorgefundenen Text, der, seines ursprünglichen Kontextes entkleidet, als ästhetisches Gebilde dargestellt wird. In der Nähe zu den ↗ Collagen und ↗ Montagen der ↗ Avantgarde betont das *p. t.* den Charakter der Sprache als ↗ Material und stellt so

den traditionellen Kunstbegriff in Frage: Der eigentliche künstlerische Akt besteht nicht im Erfinden, sondern im Finden eines Objekts, das, ähnlich wie die *ready-mades* von M. Duchamp, in einem zweiten Schritt zum Kunstwerk transformiert wird. – Der Ursprung des *p. t.* liegt bei K. Schwitters und H. Arp im ↗ Dadaismus. Nach dem Zweiten Weltkrieg gewinnt der Begriff des *p. t.* neue Bedeutung für die experimentellen Sprachanordnungen der ↗ Wiener Gruppe (R. Priessnitz, G. Rühm) und die Poplit. der 1960er Jahre (R.D. Brinkmann, P. Handke).
Lit.: K. Bartsch: P.t. In: RLW. – H. Bienek: Vorgefundene Gedichte. Mchn. 1969. – F.K. Stanzel: Zur poetischen Wiederverwertung von Texten. In: R. Haas, Ch. Klein-Braley (Hg.): Lit. im Kontext. St. Augustin 1985, S. 39–50. AG

Poesia Fidenzia ↗ makkaronische Dichtung.

Poesie, f. [gr. *poíēsis* = das Machen, Verfertigen, Dichten, Dichtkunst, lat. *poesis*], Ende des 16. Jh.s aus dem Frz. (*poésie*) übernommenes Fremdwort (J. Fischart 1575) insbes. für Versdichtung (im Ggs. zur ↗ Prosa); die Verdeutschung ↗ ›Dichtung‹ (älter auch: ›Dichtkunst‹) umfasst ursprünglich beide Darbietungsformen, wird aber heute ebenfalls v. a. auf ↗ Lyrik bezogen.
Lit.: K. Weimar: P. In: RLW. GS/Red.

Poesiealbum ↗ Stammbuch.

Poésie fugitive, f. [poe'zifyʒi'tif; frz. = flüchtige Poesie], auch: *poésie légère* (leichte Poesie), kleinere Dichtungen des frz. ↗ Rokoko, die (z.T. mit frivol-erotischem oder ironisch-satirischem Einschlag) heiteren Lebensgenuss im Sinne des Horazischen *carpe diem* und im Stil Anakreons und der antiken Bukolik besingen (↗ Anakreontik). Die *p. f.* entstand Ende des 17. Jh. s im Gefolge des epikureischen Materialismus des Philosophen P. Gassendi und wurde bes. gepflegt im ↗ Salon der Ninon de Lenclos und in der ›Société du Temple‹ (einem libertinistischen Kreis von Edelleuten und Schriftstellern, die sich im Pariser Bezirk Le Temple trafen). Vertreter: Chapelle, G.A. de Chaulieu, Ch.A. La Fare, der junge Voltaire, A. Hamilton, ferner die sog. *petits maîtres* J.B. de Grécourt, A. Piron, Kardinal de Bernis, J.B.L. Gresset und Gentil-Bernard, der ›Anacréon de la France‹. GS/Red.

Poésie pure, f. [poe'zi'pyr; frz.= reine Poesie], v. a. in der frz. Lit. des 19. und frühen 20. Jh.s entwickeltes Programm einer Autonomie der Kunst (↗ Autonomieästhetik/ästhetische Autonomie, ↗ *l'art pour l'art*, ↗ Ästhetizismus), das sich gegen Tendenzdichtung und ↗ engagierte Lit. (↗ *littérature engagée*) wendet und nach der ›reinen‹ oder ›absoluten‹ Dichtung (»poésie absolue«, P. Valéry) strebt. – Von Ch. Baudelaire in seinen »Notes nouvelles sur Edgar Poe« (1857) geprägt, verweist der Begriff auf die Selbstreferenzialität der Dichtung. Die radikalste Umsetzung der *p. p.* stellt das Werk des Symbolisten St. Mallarmé mit seiner strikten Trennung von Alltagssprache und poetischer Sprache dar. Befreit vom Gewicht außersprachlicher Referenz, sollte die *p. p.* einzig den Gesetzen der innersprachlichen Logik gehorchen. Ziel war die Wiedergabe nicht einer Sache selbst, sondern ihrer Wirkung auf den Betrachter. Charakteristisch für die *p. p.* sind zweckfreie Wort- und Sprachspiele, Nähe zur Musik, ↗ Verfremdung und Neuordnung alltagssprachlicher Elemente, Archaismen und sprachliche Raritäten. – Eine der *p. p.* ähnliche Kunstauffassung findet sich bei dt.sprachigen Lyrikern seit etwa 1890 (R. M. Rilke, St. George, H. v. Hofmannsthal, G. Benn). NL

Poeta doctus, m. [lat. = gelehrter Dichter], Dichtertypus, der sich u. a. durch folgende Eigenschaften auszeichnet: enzyklopädische Bildung, kritische Urteilsfähigkeit und umfassende Kenntnis der lit. Tradition. Die Werke des P. d. sind durch elaborierte Formgebung, poetologische Selbstreflexion und den kalkulierten Einsatz von ↗ Intertextualität gekennzeichnet. Dies setzt auf der Seite der ↗ Rezeption einen ebenso hohen Kenntnisstand voraus wie bei der durch ein bes. Maß an Bewusstheit geprägten Produktion. Gegenfiguren zum P. d. sind der durch eine höhere Macht inspirierte ↗ Poeta vates, das unbewusst, allein aus seinem Inneren heraus schaffende ↗ Genie und der an der Welt leidende oder gar scheiternde ↗ *poète maudit*. Während diese Dichtertypen in stärker am Irrationalen orientierten Epochen wie dem ↗ Sturm und Drang und den ↗ Avantgarden der lit. ↗ Moderne propagiert wurden, war der P. d. das Idealbild im ↗ Hellenismus, bei den röm. Neoterikern, im ↗ Humanismus (dort meist Poeta eruditus genannt) und ↗ Barock (A. Gryphius, P. Fleming), in der ↗ Aufklärung (J. Ch. Gottsched, G. E. Lessing, Ch. M. Wieland), der klassischen Moderne (Th. Mann, G. Benn, H. Broch, R. Musil) und der ↗ Postmoderne (J. L. Borges, U. Eco, D. Grünbein).
Lit.: W. Barner: P. d. In: J. Brummack (Hg.): Lit.wissenschaft und Geistesgeschichte. Tüb. 1981, S. 725–752. – I. Gombocz: »Es ist keine Wissenschaft von seinem Bezirke ganz ausgeschlossen«. J. Ch. Gottsched und das Ideal des aufklärerischen p. d. In: Daphnis 18 (1989), S. 541–561. – G. E. Grimm: Lit. und Gelehrtentum in Deutschland. Tüb. 1983. – D. Marciniak: Die Diktion des p. d. Zur Essayistik und Rhet. von W. Jens. Münster 2000. – J. Nettesheim: P. d. Bln. 1975. – J. P. Strelka: P. d. H. Broch. Tüb. 2001. JL

Poetae novi, m. Pl. [lat.], ↗ Neoteriker.

Poeta eruditus, m. [lat. *eruditus* = aufgeklärt, gebildet, kenntnisreich], Renaissance-Bez. für den gebildeten Dichter (↗ Poeta doctus). GS/Red.

Poeta laureatus, m. [lat. = der lorbeergekrönte Dichter; engl. *poet laureate*], Brauch und Institution, einen bes. verdienstvollen Dichter wie einen Herrscher (aber mit einer anderen Art von Krone) zu krönen, oder dieser gekrönte Dichter selbst. – Die Dichterkrönung vermittels eines öffentlich verliehenen Lorbeerkranzes ist ein seit der gr. Antike in größeren Abständen auflebender, stets von Herrschern praktizierter Brauch, durch welchen Sieger im dichterischen Wettstreit, später auch (konkurrenzlose) Verfasser herausragender

Schriften ausgezeichnet werden. Bereits Nero soll bei den olympischen Spielen den Dichterwettstreit durchgesetzt haben, um sich selbst krönen zu können. Verbürgt ist die Krönung des Siegers in gr. und lat. Verskunst und Prosa bei den capitolinischen Spielen in Rom unter Kaiser Domitian (86 n. Chr.). Nach dem Zusammenbruch des röm. Kaisertums und vereinzelten Versuchen der Wiederbelebung im Hoch-MA. (Friedrich I. Barbarossa krönt Gunther von Pairis für sein »Barbarossa«-Epos) kommt es im it. Renaissance-Humanismus des 14. Jh.s zu einer ersten Krönungs-Welle (1341 F. Petrarca in Rom), bei der sich das Zusammenspiel von Herrschaft (auch kirchlicher Macht) und akademischer Kompetenz (Universität) und damit eine Tendenz zur Objektivierung zu etablieren beginnt. 1487 krönte Maximilian I. in Nürnberg mit K. Celtis den ersten dt. Dichter, 1501 übertrug er der Wiener Universität das *privilegium creandi poetas*. Reger Zulauf entwertete die Auszeichnung zusehends. Scharen zweit- und drittrangiger Poeten reisten dem Herrscher hinterher und erhielten – oft nur noch von dessen Beamten gehört – den Lorbeer für ihre Huldigungen. Erst im 17. Jh. wurden die ersten überwiegend dt.sprachigen Poetae laureati gekrönt, als Erste M. Opitz (1625) und J. Rist (1644). J. W. Goethe lehnte die im 18. Jh. in Verruf geratene, seit 1804 (Krönung K. Reinhards durch den Bürgermeister von Minden) faktisch eingestellte Dichterkrönung ab. – Ungebrochen lebt seit 1616 (B. Jonson) in England die Tradition des *poet laureate*, wobei die nur jeweils einem Träger vorbehaltene Auszeichnung eine Anstellung als ↗ Hofdichter (bis um 1820 mit der Verpflichtung, ↗ Oden zu hohen Festtagen zu verfassen) bzw. später wenigstens eine regelmäßige Besoldung nach sich zog. Träger des Titels waren etwa J. Dryden (1668), W. Wordsworth (1843), A. Tennyson (1850), T. Hughes (1985).
Lit.: J. L. Flood: Poets Laureate in the Holy Roman Empire. A Bio-bibliographical Handbook. 4 Bde. Bln., NY 2006. – A. Schirrmeister: Triumph des Dichters. Gekrönte Intellektuelle im 16. Jh. Köln u. a. 2003. – A. Schmid: Poeta et orator a Caesare Maximiliane laureatus. In: Historisches Jb. 109 (1989), S. 56–108. – J. B. Trapp: Dichterkrönung. In: LMA. – Th. Verweyen: Dichterkrönung. In: C. Wiedemann (Hg.): Lit. und Gesellschaft im dt. Barock. Hdbg. 1979, S. 7–29. CF

Poeta vates, m. [lat.], Modell des ↗ Dichters als eines priesterlichen Sehers, das auch in Selbstbeschreibungen von Autoren verwendet wird; dabei wird die physische Blindheit (etwa Homers oder J. Miltons) zuweilen mit der Annahme eines Vermögens zu einem höheren, inneren Sehen verbunden. Gegenbild ist der auf geistige Arbeit und rationale Durchdringung der Welt setzende ↗ Poeta doctus oder Poeta eruditus. – Der Begriff ›P.‹ geht zurück auf den Philologen Varro (»De poematis«, »De poeta«, 42 v. Chr.), der *vates* (= priesterlicher Seher) irrtümlich für die altröm. Bez. für ›Dichter‹ hielt; er wird von Horaz und Vergil aufgegriffen zur Artikulation ihrer Auffassung des Dichters als eines aus göttlicher Inspiration und Berufung Schaffenden, z. B. in der visionären Verkündigung eines neuen Weltalters (Vergil: »Eklogen« 4) oder in der Apotheose des vom Kaiser Augustus begründeten Friedensreiches (Horaz: »Carmen saeculare«). In der mal. und frühneuzeitlichen ↗ Mystik versteht sich der Dichter eher als passives Medium denn als Seher. In der christlichen Epik der Neuzeit (J. Milton: »Paradise Lost«, 1667; F. G. Klopstock: »Der Messias«, 1751–73), die von Klopstock in seiner Abhandlung »Von der heiligen Poesie« (1755) begründet wird, bringt die Anstrengung der Autoren, das in Folge der ↗ Aufklärung zunehmend zurückgedrängte Christentum noch einmal zum zentralen Gegenstand der Dichtung zu machen, ein erhöhtes Selbstbewusstsein als P. v. mit sich. Im Zuge der ↗ ossianischen Dichtung und der Rückbesinnung auf die Ursprünge der Poesie verschmilzt dieses Bild mit dem des ↗ ›Sängers‹ (J. G. Herder: »Über die Wirkung der Dichtkunst auf die Sitten der Völker in alten und neuen Zeiten«, 1778). Dass das anspruchsvolle Selbstbild als P. v. in einer von Säkularisationstendenzen gezeichneten Welt die Gefahr der Hybris und des Scheiterns in sich birgt, thematisiert F. Hölderlin in seiner um 1800 entstandenen, Fragment gebliebenen Hymne »Wie wenn am Feiertage …« Bei F. Nietzsche (»Ecce Homo«, 1888) und im frz. ↗ Symbolismus wird das Modell des P. v. gerade aus dem Wissen um die radikale Gefährdung des Dichters in der ↗ Moderne wieder aufgegriffen und verbindet sich mit dem ihm scheinbar kontradiktorisch entgegengesetzten Selbstbild als ↗ poète maudit (Ch. Baudelaire; A. Rimbaud: »Lettres du voyant«, 1871; P. Verlaine). St. George kehrt in Kenntnis aller dieser Autoren und Entwicklungen zum ungebrochenen und ironiefreien Selbstbild des Dichters als P. v. zurück und ahmt sogar, u. a. in der Bildung eines exklusiven Kreises von Anhängern (↗ Georgekreis), religiöse ↗ Rituale nach.

Lit.: B. Auerochs: Die Entstehung der Kunstreligion. Gött. 2006. – St. Breuer: Ästhetischer Fundamentalismus. Darmstadt 1995. – G. E. Grimm (Hg.): Metamorphosen des Dichters. Ffm. 1992. – W. Hinck: Magie und Tagtraum. Das Selbstbild des Dichters in der dt. Lyrik. Ffm., Lpz. 1994. – D. Till: Inspiration. In: RLW.   DB

Poète maudit, m. [frz. = Dichter, auf dem ein Fluch lastet], im vorherrschenden Gebrauch des Begriffs der geniale, von der Gesellschaft verstoßene Dichter; bei P. Verlaine, der den Begriff prägt, dagegen synonym mit dem *poète absolu*, der sich Schulen wie der ↗ Romantik und dem Parnasse (↗ Parnassiens) verweigert. In Studien zu T. Corbière, A. Rimbaud, St. Mallarmé, M. Desbordes-Valmore, Villiers de l'Isle-Adam und sich selbst (1883–88) erstellt Verlaine eine Genealogie der *p.s m.s*, die den Symbolisten und Décadents als Vorbild dient. Vorläufer des *p. m.* sind Baudelaire, einige Romantiker, Chénier, sogar Villon. Z. T. wird die ›Verwünschung‹ in einen astronomisch-medizinischen Kontext gestellt.

Lit.: M. Décaudin (Hg.): Les p.s m.s de Paul Verlaine. Paris 1982. – H. Pérard: Les p.s m.s. Dijon 1993.   KB

Poetics of culture ↗ Kulturpoetik.

Poetik, f. [gr. *poiētikế téchnē* = herstellende, dichterische Kunst; von *poieĩn* = verfertigen, machen; lat. *ars poetica*; it. *poetica*; engl. *poetics*; frz. *poétique*], Theorie des Dichterischen oder Literarischen, bes. die Reflexion über Entstehung, Wesen, Formen, Verfahren, Gegenstände, Klassifizierung, Wirkung, Bewertung und Funktion von Dichtung bzw. Lit. Weitere Themen der P. sind die Beziehung zwischen der Lit. und anderen Künsten und ihre Abgrenzung von ihnen (↗ Paragone, ↗ ›wechselseitige Erhellung der Künste‹, ↗ Intermedialität), die Lit.fähigkeit einzelner Sprachen, die (z. B. moralische) Rechtfertigung von Lit. oder deren Verhältnis zu der bzw. einer Wahrheit sowie zur sozialen bzw. historischen Wirklichkeit. Es kann sich bei P.en um *explizite* oder *implizite*, aus den lit. Werken erschließbare P.en handeln, im Fall der expliziten P.en um *selbständige* oder *unselbständige* (z. B. in Vorreden zu lit. Werken) sowie um *präskriptive* (normative P.en, Anweisungs- oder Regelpoetiken) oder *deskriptive* P.en. P.en sind meist in Schrifttexten niedergelegt, können aber auch mündlich mitgeteilt werden (z. B. im Falle der ↗ Oral Poetry, in ›Poetikvorlesungen‹ oder bei ↗ Lit.kritik in Fernsehen und Hörfunk). Als Sonderfälle können lit. P.en betrachtet werden, die nicht behauptend-diskursiv, sondern selbst in Modi der Poesie über Poesie und Lit. sprechen (z. B. in sog. ›poetologischen Gedichten‹). P.en können sich auf einzelne Autoren und Werke wie auch auf Autorengruppen und Gattungen, Generationen, Strömungen und Epochen sowie ganze Nationallit.en beziehen; sie können kanonisierend wirken, traditionsbildend und allg. lit.systematisch stabilisierend. Der Bereich der deskriptiven, zumal philosophisch, soziologisch oder auch semiotisch reflektierenden P. wird heute vielfach als ›Lit.ästhetik‹ bzw. ↗ ›Lit.theorie‹ bezeichnet. Die Erforschung von P.en ist Gegenstand der *Poetologie*. Die Grenzen zwischen P. bzw. Poetologie einerseits und ↗ Ästhetik oder ↗ Rhet. andererseits sind aus historischen wie auch aus systematischen Gründen unscharf.

Die Anfänge der Reflexion über Dichtkunst lassen sich bis um 700 v. Chr. zurückverfolgen. Für Homer (»Ilias« I, V. 1; II, V. 484–487; »Odyssee« I, V. 1–10; VIII, V. 43–45) und Hesiod (»Theogonie« 31–34, V. 114 f.) vermittelt der epische Dichter als ein göttlich inspirierter und nicht etwa selbständig fungierender Sänger sein Wissen über Ruhmestaten früherer Männer sowie über die Genealogie von Helden und Göttern. Er hat dabei die Funktion eines Experten der Überlieferung, der aber auch erfreuen, ja bezaubern soll. Doch bereits bei Hesiod (»Theogonie« 27) wird die Annahme, dass Dichtung wegen ihrer göttlichen Herkunft grundsätzlich wahr sein müsste, bezweifelt. Dieses Problem lässt sich über Solon (»Vieles Unwahre sagen die Dichter«, um 600 v. Chr.), die antiken Historiographen Herodot und Thukydides sowie den Rhetoriker Gorgias (5. Jh.

v. Chr.) bis zu Platon (4. Jh. v. Chr.) verfolgen. Eine grundlegende Dichtungskritik bietet Platons »Politeia«: Wegen ihrer Lügenhaftigkeit und ihrer Schädlichkeit bei der Erziehung des zweiten Standes (Bücher I, II und X, bes. 595a–608b) wird die Dichtung aus dem Idealstaat verbannt. Andernorts stößt man bei Platon auf Ansätze einer Systematik der lit. ↗Gattungen (»Politeia« 394) sowie auf Ausführungen über die göttliche Inspiration des Dichters (»Phaidros« 244 f.; »Ion« 533–536). Die erste veritable P. im Anschluss an solche Bemerkungen bietet Aristoteles mit seiner Schrift »Perí poiētikēs« (»Über die Dichtkunst«, ca. 335 v. Chr.). Hierin (1451b) klärt er den fiktionalen Status dichterischer Rede im Unterschied zur faktualbehauptenden Rede des Geschichtsschreibers. Er analysiert Formelemente und Funktionen der ↗Tragödie (↗Mythos, ↗Charakter, ›fremde‹ Sprache, ↗Katharsis, éleos und phóbos – Jammer/Rührung und Schrecken/Schauder; von G. E. Lessing übertragen als ›Furcht und Mitleid‹) und benennt naturgegebene Ursachen der Dichtkunst (1448b), nämlich die menschliche Fähigkeit zur Nachahmung (↗Mimesis) und die Freude an Nachahmungen. Ist die »Poetik« des Aristoteles das erste antike Grundbuch der abendländischen P., so die »Ars poetica« des Horaz (eigentlich »Epistula ad Pisones«, um 23–8 v. Chr.) ihr zweites und der rhet. Traktat »Perí hýpsous« (›Über das Erhabene‹, vermutlich 1. Jh. n. Chr.) eines ›Pseudo-Longin‹ genannten Verfassers ihr drittes. Nachhaltigen Einfluss hatte Horaz' Bestimmung: »Entweder nützen oder erfreuen wollen die Dichter« (»aut prodesse aut delectare volunt poetae«, V. 333). Ebenso wirksam wurden sein Vergleich der Dichtung mit einem Gemälde (»ut pictura poesis«, V. 361) sowie die strukturelle Unterscheidung von Darstellungen »ab ovo« und solchen »in medias res« (V. 147 f.). Erstmals fordert er, dass ein Drama aus fünf Akten bestehen solle (V. 189). Nicht zuletzt stößt man bei Horaz auf die Übertragung des rhet. Konzeptes der Nachahmung kanonischer Vorbilder auf die Dichtung (V. 134 und 317 f.), so dass nun neben das aristotelische Mimesis-Konzept (Darstellung von möglichen Handlungen) ein Konzept der Nachahmung lit. Vorbilder tritt (↗Imitatio [1 b]; vgl. auch ↗Aemulatio). Erkennbar wird hier eine Orientierung der P. an der Rhet., wie sie bis ins 18. Jh. vorherrschend bleiben sollte. Das zeigt sich auch in dem Traktat »Perí hýpsous«, der danach fragt, wie jene Höhepunkte der Rede zu erreichen sind, von denen eine unwiderstehliche Macht auf jeden Hörer ausgeht. Erläutert werden die insgesamt fünf Quellen des ↗Erhabenen an Textbeispielen der klassischen Lit. – Während des MA.s blieben diese drei Grundbücher der P. zunächst unbekannt oder unbeachtet. Von Bedeutung für P. im MA. ist die starke Kontextbedingtheit von Dichtung, die häufig aus Auftragskunst entstand und sich an einen engen Rezipientenkreis (Kloster, Hof, Stadt) richtete, was die Notwendigkeit grundsätzlicher poetologischer Klärungen nicht dringlich machte. Ihren institutio-

nellen Ort hatte die v. a. auf Lehr- und Lernbarkeit der Poesie ausgerichtete P. bes. in den Disziplinen des Triviums (↗Dialektik, ↗Grammatik und ↗Rhet.), in denen das überzeugende, richtige und schöne Sprechen anhand der Werke berühmter Dichter erlernt werden sollte. Dennoch entstanden auch einige eigenständige, v. a. auf die Vermittlung von metrischen und rhet.-stilistischen Techniken ausgerichtete P.en (Matthaeus von Vendôme: »Ars versificatoria«, um 1175; Galfredus de Vino Salvo: »Poetria nova«, 13. Jh.; Johannes de Garlandia: »Poetria de arte prosaica, metrica et rithmica«, um 1220; Gervasius von Melkley: »Ars poetica«, vor 1216; Eberhard der Deutsche: »Laborinthus«, Mitte des 13. Jh.s). Stärkere Selbständigkeit und einen Bezug auf volkssprachliche Lit. gewann die P. in der Renaissance, z. B. mit Dantes Schrift »De vulgari eloquentia« (1315), in der diskutiert wird, welche Variante des It. fähig sei, lit. Werke hervorzubringen, die denen der Antike ebenbürtig oder gar überlegen seien. In der Tradition dieser »Questione della lingua« stehen P. Bembo (er votiert 1512 in »Prose della volgar lingua« für das toskanische volgare der Lyrik Petrarcas und der Erzählungen Boccaccios) und Sp. Speroni, an dessen »Dialogo delle lingue« (1542) sich in Frankreich J. Du Bellay mit seiner »Deffence et illustration de la langue Françoyse« (1549) orientiert. Wichtig wird in der Renaissance erneut die Beschäftigung mit antiker Dichtung und Rhet., die eine Neuentdeckung der P. des Aristoteles (lat. 1498; gr. 1508; lat. Standardübers. von A. Pazzi 1536) und die Neubeschäftigung mit Horaz mit sich bringt. Die Aristoteles- und Horaz-Kommentare des 16. Jh.s (u. a. F. Robortello, 1548; L. Castelvetro, 1576) bilden die Grundlage der it. Renaissance-P., deren bedeutendste Vertreter J. C. Scaliger (»Poetices libri septem«, 1561) und S. A. Minturno (»De poeta«, 1559; »L'arte poetica«, 1563) sind. Eine Summe der it. Renaissance-P.en stellen T. Tassos »Discorsi dell'arte poetica« (1564) dar, in denen zudem eine Theorie des Wunderbaren entwickelt wird. Ein zusammenfassendes Hb. der frz. Renaissance-P. bietet P. du Mans »Art poétique« (1555). Die bedeutendste P. des elisabethanischen England ist Ph. Sidneys »Apology of Poetry« (1595). In Deutschland entwickelt sich neben der Tradition der lat. P.en (z. B. C. Celtis: »Ars versificandi et Carminum«, 1486) erst im 17. Jh. eine dt.sprachige und auf volkssprachliche Lit. ausgerichtete explizite Poetik. Wirkungsmächtig wird M. Opitz' »Buch von der teutschen Poeterey« (1624), das sich in Aufbau und behandelten Gesichtspunkten an den rhet. geprägten Renaissance-P.en Italiens, Frankreichs und der Niederlande orientiert. Opitz' normative P. wurde zum Vorbild für zahlreiche weitere dt. Barock-P.en (Ph. v. Zesen: »Hochdt. Helicon«, 1640; J. Klaj: »Lobrede der Teutschen Poeterey«, 1645; G. Ph. Harsdörffer: »Poetischer Trichter«, 1647–63). Die fortbestehende Abhängigkeit aller europäischen P.en von antiken Vorbildern spitzt sich im 17. Jh. zuerst in Frankreich zur ↗Querelle des Anciens et des Modernes zu. Die klassizistische Dichtungstheorie (N. Boileau: »Art poétique«, 1674) sieht unter Berufung auf die Antike den Zweck der Dichtung in einer Verbindung von *utilité* (Nutzen) und *plaisir* (Gefallen); sie fordert, dass Poesie sich an die Gebote der *raison* (Vernunft), an die *vraisemblance* (Wahrscheinlichkeit) und die *bienséance* (↗ Angemessenheit) zu halten habe. Der normative Vorrang der antiken Muster vor der modernen Dichtung wird demgegenüber von Ch. Perrault (»Parallèle des Anciens et des Modernes«, 1688) u. a. bestritten. Der Streit über die Legitimität der modernen Dichtung weist auch der dt. P. der Aufklärung den Weg. So wird von J. Ch. Gottscheds Regelpoetik »Versuch einer Critischen Dichtkunst« (1730) bis zur ↗ Weimarer Klassik und zur ↗ Romantik die zentrale Frage nach dem Verhältnis zwischen *Vernunft* (die präformierten Regeln zu folgen bzw. diese zu erkennen habe) und *Einbildungskraft* (des schöpferischen Individuums) gestellt, aus der sich die Diskussion über Historizität, Natürlichkeit, Individualität und Subjektivität der Dichtung ergibt. Die Behandlung dieser Frage, bei der immer wieder Positionen des frz. Klassizismus mit Hilfe engl. poetischer und ästhetischer Vorbilder zurückgewiesen werden (E. Young: »Conjectures on Original Composition«, 1759), führt über eine Legitimierung der Einbildungskraft (J. J. Bodmer, J. J. Breitinger: »Critische Dichtkunst«, 1740), die historizistische Relativierung der Dichtkunst (J. E. Schlegel: »Vergleichung Shakespears und Andreas Gryphs«, 1741; J. G. Herder: »Kritische Wälder«, 1769) und die Legitimierung von Individualität und Subjektivität im bürgerlichen Genie- und Natürlichkeits-Diskurs (G. E. Lessing: »Briefe, die neueste Litteratur betreffend«, Nr. 17, 1759; »Hamburgische Dramaturgie«, 1767–69; J. G. Hamann: »Aesthetica in nuce«, 1762; J. W. Goethe: »Rede zum Schäkespears Tag«, 1771; J. G. Herder: »Fragmente über die neuere dt. Lit.«, 1767; J. M. R. Lenz: »Anmerkungen über das Theater«, 1774) bei gleichzeitigem Geltungsverlust der Rhet. und angesichts der Herausbildung einer philosophischen ↗ Ästhetik (A. G. Baumgarten: »Aesthetica«, 1750; I. Kant: »Kritik der Urteilskraft«, 1790) zu den teilweise spekulativen P.en der Romantik und der Spätaufklärung (F. Schlegel: »Lyceum-Fragmente«, 1797; Jean Paul: »Vorschule der Ästhetik«, 1804). Deren idealistisches Gegenspiel kann in dem durch J. W. Goethe und F. Schiller getragenen Weimarer ↗ Klassizismus gesehen werden (Schiller: »Über naive und sentimentalische Dichtung«, 1795; Briefwechsel zwischen Schiller und Goethe im Jahr 1797). G. W. F. Hegels postum veröffentlichte »Vorlesungen über die Ästhetik« (1835–38) markieren einen Endpunkt in der Geschichte der P.: Als *deskriptive* oder *theoretisch reflektierende* Disziplin geht sie nun entweder a) in der philosophischen Ästhetik und b) in der ↗ Lit.wissenschaft bzw. ↗ Lit.theorie auf (B. Croce: »Estetica«, 1902; G. Lukács: »Die Theorie des Romans«, 1920; R. Ingarden: »Das lit. Kunstwerk«, 1931; J. Mukařovský: »Kapitel aus der P.«, 1967; R. Jakobson: »P.«,

1979), oder sie reduziert sich c) auf ↗ Autorpoetiken (A. Holz: »Revolution der Lyrik«, 1899; G. Benn: »Probleme der Lyrik«, 1951; P. Celan: »Der Meridian«, 1960). Als *normierend-regulierende* Institution findet sie sich d) in Gruppenprogrammen und -manifesten (»blätter für die kunst« aus dem Kreis um St. George, 1892–1919; F. T. Marinetti: »Fondation et Manifeste du Futurisme«, 1909; R. Huelsenbeck: »dadaistisches manifest«, 1918), e) als didaktisches Instrument in Schule und Universität (I. Braak: »P. in Stichworten«, 1969) oder f) als ›poetischer Trichter für werdende Dichter‹ im Creative-writing-Kontext (S. Stein: »On Writing«, 1995; S. Knauss: »Schule des Erzählens«, 1995).

Lit.: B. Allemann (Hg.): Ars poetica. Darmstadt 1966. – J. Bessière u. a. (Hg.): Histoire des poétiques. Paris 1997. – K. Borinski: Die P. der Renaissance und die Anfänge der lit. Kritik in Deutschland [1886]. Repr. Hildesheim 1967. – R. Brandt: Kleine Einf. in die mal. P. und Rhet. Göppingen 1986. – A. Buck: It. Dichtungslehren vom MA. bis zum Ausgang der Renaissance. Tüb. 1952. – D. Burdorf: P. der Form. Stgt. 2001. – J. Dyck: Ticht-Kunst. Bad Homburg 1966. – E. Faral: Les arts poétiques du XIIᵉ et du XIIIᵉ siècle. Paris 1924. – M. Franz: Von Gorgias bis Lukrez. Bln. 1999. – H. Fricke: P. In: RLW. – M. Fuhrmann: Dichtungstheorie der Antike. Darmstadt 1992. – W. Haug: Lit.theorien im dt. MA. Darmstadt 1985. – W. Jung: Kleine Geschichte der P. Hbg. 1997. – Ch. Küper: Linguistische P. Stgt. 1976. – P. M. Lützeler (Hg.): P. der Autoren. Ffm. 1994. – B. Markwardt: Geschichte der dt. P. 5 Bde. Bln. 1937-67. – S. Markus: Mathematische P. Ffm. 1978. – A. Nivelle: Kunst- und Dichtungstheorien zwischen Aufklärung und Klassik, Bln., NY 1971. – J. H. Petersen: Mimesis – Imitatio – Nachahmung. Mchn. 2000. – H. F. Plett (Hg.): Renaissance-P. Bln. 1994. – S. Pott: P.en. Bln. 2004. – A. Preminger (Hg.): Encyclopedia of Poetry and Poetics. Ldn. 1975. – M. Szyrocki (Hg.): P. des Barock. Stgt. 1977. – I. Stöckmann: Vor der Lit. Tüb. 2001. – Th. Verweyen (Hg.): Dichtungstheorien der dt. Aufklärung. Tüb. 1995. – H. Wiegmann: Geschichte der P. Stgt. 1977.   RZ

Poetikvorlesung ↗ Poetik, ↗ Autorpoetik.

Poeti novelli, m. Pl. [it.], ↗ Neoteriker.

Poetische Funktion, die im Anschluss an K. Bühlers dreigliedriges Sprachmodell (Ausdruck, Appell, Darstellung) von der Prager Schule des ↗ Strukturalismus beschriebene vierte Sprachfunktion, bei der die ästhetische Verfasstheit der sprachlichen ↗ Zeichen in den Mittelpunkt des Interesses rückt. Während Mukařovský mit Blick auf den Rezeptionsakt eher von der ›ästhetischen Funktion‹ spricht, die »alles, wovon sie Besitz ergreift, in ein Zeichen verwandelt« ([1966], S. 128) und folglich eine »vereinheitlichende *Verhaltensweise*« gegenüber der Wirklichkeit erzeugt (ebd., S. 129), verbindet Jakobson ([1934], S. 79) mit der p.n F. im engeren Sinn die ↗ Poetizität (2) eines Werkes, die ›das Wort als Wort‹ und nicht als Repräsentanten eines bezeichneten Objekts zur Geltung bringt. Obgleich die p. F.

das dichterische Werk dominiert, organisiert und reguliert, ist die Dichtung Jakobson zufolge nur als Zusammenspiel der sechs von ihm skizzierten Sprachfunktionen (referentiell, emotiv, konativ, phatisch, metasprachlich, poetisch) zu begreifen. Darüber hinaus weist jede sprachliche Äußerung eine p. F. auf, sobald sich das Augenmerk auf die »Spürbarkeit der Zeichen« ([1960], S. 93) richtet. Die von der p.n F. erfasste selbstreferentielle Wendung der sprachlichen Aktivität gilt zugleich als Ausweis ihrer Autonomie. Zwar teilt nach Jakobson die Dichtung mit allem Sprachverhalten die grundlegenden Operationen der Selektion und Kombination, doch wird hier durch die p. F. »das Prinzip der Äquivalenz von der Achse der Selektion auf die Achse der Kombination« projiziert und »zum konstitutiven Verfahren der Sequenz erhoben« (ebd., S. 94). So verdankt sich etwa die Poetizität von Caesars Siegesbotschaft »Veni, vidi, vici« einem sequentiellen ↗ Parallelismus, dem das ↗ Äquivalenzprinzip als Verfahren zugrunde liegt (vgl. ebd., S. 95).

Lit.: K. Bühler: Sprachtheorie [1934]. Stgt. ³1999. – M. Fleischer: P. F. In: RLW. – R. Jakobson: Was ist Poesie? [tschech. 1934]. In: ders.: Poetik. Ffm. 1979, S. 67–82. – Ders.: Linguistik und Poetik [engl. 1960]. In: ebd., S. 83–121. – J. Mukařovský: Der Standort der ästhetischen Funktion unter den übrigen Funktionen. In: ders.: Kapitel aus der Ästhetik [tschech. 1966]. Ffm. 1970, S. 113–137. – Ders.: Kapitel aus der Poetik [tschech. 1948]. Ffm. 1967. DO

Poetische Gerechtigkeit, moralisch gerechtfertigte Bestrafung des Lasters und Belohnung der Tugend in einem lit. Werk, vorwiegend am Ende eines Dramas. Der Begriff *poetical justice* wird erstmals 1677 von Th. Rymer verwendet und avanciert schnell zu einem viel diskutierten lit.theoretischen Konzept. In Deutschland wird die p. G. bestimmend für die Dramatik der ↗ Aufklärung, da sie eine weltanschaulich-religiöse Funktion (Stellvertretung für die Gerechtigkeit Gottes), eine moralisch-didaktische Funktion (Strafe des Lasterhaften als abschreckendes Beispiel für den Zuschauer) und eine ästhetisch versöhnende Funktion (befriedigende Auflösung des Dramas) erfüllen kann. Bei den ↗ bürgerlichen Trauerspielen der Zeit überwiegt die Abschreckungsdidaktik. Zwischen Tat bzw. Fehler und Strafe kann eine kausale oder später oftmals ironische Verknüpfung (›wer andern eine Grube gräbt, fällt selbst hinein‹) herrschen. Obwohl bereits ab Mitte des 18. Jh.s wegen Realitätsferne kritisiert, findet das Konzept der p.n G. noch im 19. Jh. Eingang in viele Romane und lebt bis heute in der ↗ Triviallit., in ↗ Fernsehserien (bes. Daily Soaps und Telenovelas) und ↗ Kriminalromanen fort. Die Tendenz zum offenen Schluss in vielen modernen Werken zeigt dagegen eine Ablehnung des Konzepts der p.n G. – Die Ansätze zu einer ↗ Ethik der Lit. verleihen dem Konzept neue Bedeutung.

Lit.: C. Mönch: Abschrecken oder Mitleiden. Das dt. bürgerliche Trauerspiel im 18. Jh. Tüb. 1993. – M.C.

Nussbaum: Poetic Justice. Boston/Mass. 1995. – H. Reinhardt: P.G. In: RLW. – W. Zach: Poetic Justice. Tüb. 1986. AHE

Poetische Lizenz, f. [lat. *licentia poetica* = ↗ dichterische Freiheit].

Poetischer Realismus, von O. Ludwig (»Shakespeare-Studien«, 1871) geprägte Bez. für die typische (idyllisch-resignative) Ausprägung des ↗ Realismus in Deutschland in der zweiten Hälfte des 19. Jh.s; auch als ›bürgerlicher Realismus‹ bezeichnet.

Poetismus, m., tschech. Strömung der lit. ↗ Avantgarde, die ebenso wie der *Artifizialismus* in der Malerei und das *Befreite Theater* [*Osvobozené divadlo*], aus der am 5.10.1920 in Prag gegründeten Künstlervereinigung *Devětsil* [Pestwurz] hervorging. Beeinflusst wurde der P. von anderen Avantgardebewegungen (↗ Futurismus, ↗ Dadaismus), v.a. aber vom Werk G. Apollinaires. In seinem 1924 erschienenen Manifest bestimmte der Graphiker und Essayist K. Teige den P. nicht als Kunstströmung mit einer spezifischen Ästhetik, sondern als einen ›modus vivendi‹ bzw. als ›modernisierten Epikureismus‹ mit dem Ziel, die Grenze zwischen Kunst und Leben aufzuheben. Frei von unmittelbarer Zweckgebundenheit sollte die Lit. auf sinnliche und spielerische Weise die Phantasie des Lesers anregen und einen zugleich unkonventionellen und zeitgemäßen Blick auf die Welt ermöglichen. In diesem Sinne sind in der Lyrik V. Nezvals, J. Seiferts und K. Biebls heterogenste Motive aus allen Lebensbereichen in freien Assoziationen miteinander verknüpft, wobei Anregungen gerade auch von den positiv bewerteten sog. niederen Künsten und der Massenunterhaltung ausgingen (Abenteuerlit., naive Malerei, Zirkus, Stummfilmgroteske und Sport). Charakteristisch ist ferner eine Visualisierung der Lyrik, die sich in der typographischen Gestaltung ebenso zeigt wie in der Einbeziehung ikonischer Elemente. Die thematisch breit gefächerte Prosa des P. (K. Konrád, V. Vančura und J.J. Paulík) ist gekennzeichnet durch eine starke Tendenz zum Lyrismus (assoziative Verknüpfung einzelner Szenen statt durchgängiger Fabel, expressive Metaphorik) sowie durch subtile Komik. Zunehmende Differenzen in den ästhetischen Anschauungen und ideologische Auseinandersetzungen nach der 1929 abgeschlossenen Bolschewisierung der tschechoslowakischen KP, der die Poetisten entweder angehörten oder doch zumindest nahestanden, führten dazu, dass sich die künstlerischen Wege der Poetisten trennten.

Texte: L. Kundera, E. Schreiber (Hg.): Adieu Musen. Anthologie des P. Mchn. 2004. – K. Teige: Liquidierung der ›Kunst‹. Analysen. Manifeste. Ffm. 1968. Lit.: M. Brousek: Der P. Mchn. 1975. – P. Drews: Devětsil und P. Mchn. 1975. – V. Müller: Der P. Mchn. 1978. AO

Poetizität, f. [von gr. *poiētiké téchnē* = Kunst des Dichtens], 1. im weiteren Sinne die ästhetische Qualität eines Textes; 2. im engeren Sinne von R. Jakobson in seiner ↗ linguistischen Poetik als Synonym für ›poe-

tische Funktion‹ verwendet: der (dominierende) Bezug eines Textes auf die eigenen sprachlichen Eigenschaften (die ›Botschaft‹). P. in diesem Sinne führt tendenziell zur ↗ Selbstreferenz und pragmatischen Autonomie des Textes.
Lit.: R. Jakobson: Poetik. Ffm. 1989. – W. A. Koch: P. Hildesheim, NY 1981. – W. van Peer: P. In: RLW.   JG
Poet laureate [engl.], ↗ Poeta laureatus.
Poetologie ↗ Poetik.
Poetologisches Gedicht ↗ Poetik.
Poetry Slam, m. [engl.], Lit.wettstreit an sog. Szeneorten (Musikclubs, Cafés, Bars u. a.), bei dem Autoren mittels Vortrag ihrer Texte gegeneinander antreten und durch eine Publikumsjury bewertet werden. Ein P. S. besteht aus der Lesung bzw. dem Sprechen kurzer (auch ›Slam Poetry‹ genannter) lit. Texte, die von einem Moderator angekündigt und kommentiert werden, wobei die einzelnen Vorträge nicht länger als fünf bis zehn Minuten dauern dürfen. In der Regel ist die Teilnehmerliste offen; wer seine Texte präsentieren möchte, kann sich vor Beginn der Veranstaltung eintragen, um am Wettbewerb teilzunehmen. Der P. S. ist aus den *Spoken Word Performances*, der Beat-Lit. und der ↗ Rap- und ↗ HipHop-Kultur entstanden. In Chicago wurde 1986 »The Uptown P. S.« gegründet; bereits 1990 fand in den USA der erste landesweite Wettbewerb statt. Seit Mitte der 1990er Jahre ist der P. S. auch in Deutschland etabliert; 1998 wurde der erste »Nation-Slam« in Weimar veranstaltet. Als kreative Zentren gelten Berlin, München und Hamburg, wo Regeln und Textformen regional variieren. Der P. S. erhebt Anspruch darauf, jenseits des großen Lit.betriebs eine Form der Lit. zu sein, die der sog. ›schreibenden Basis‹ eine Art demokratisches Forum verschafft und durch die Orientierung an den Showformaten der Popkultur die aktuellste und schnellste Art von Texten präsentiert. Der Erfolg der P. S.s beruht deshalb auch nicht auf der Qualität der präsentierten Texte, sondern auf ihrer Organisation als lit. Events.
Lit.: B. Preckwitz: Slam Poetry – Nachhut der Moderne. Bln. 1997.   SP
Poiesis, f. [gr. *poíēsis* = Tun, Handeln, auch Dichtkunst], das Schöpferische. Die Geschichte des Begriffs ist für die Lit.wissenschaft bedeutsam. Heute wird er zudem von der ↗ Rezeptionsästhetik als Bez. der produktiven Beteiligung des Lesers im Rezeptionsvorgang (H. R. Jauß) und in dem ↗ Konstruktivismus nahe stehenden Theorien als Ausdruck für ein Hervorbringen benutzt, dessen ›Schöpfer‹ ausdrücklich nicht identifiziert werden soll. – Aristoteles gebrauchte den Begriff ›P.‹ in seiner »Poetik« fast durchgängig, um die Tätigkeit des Dichters (gr. *poiētés*) zu beschreiben. Im 18. Jh. bestand noch kein scharfer Ggs. von ↗ Mimesis und P.; Poetiken, die vom Begriff der Welt ausgingen, vereinbarten noch Nachahmung mit Welterzeugung (J. J. Breitinger). Die Frühromantiker (↗ Romantik) nahmen den Begriff wieder auf, um das Schöpferische in der Tätigkeit des Dichters gegenüber der Mimesis, also der

bloßen Nachahmung von Natur bzw. der Orientierung an der Antike, zu betonen. Statt ›P.‹ verwandten sie oft das daraus hervorgegangene Wort ↗ ›Poesie‹. Was Aristoteles unter ›P.‹ verstand, ist heute umstritten; teils wird sein Ausdruck ›P.‹ sogar im Sinne von ↗ ›Fiktion‹ gedeutet (vgl. Hamburger, S. 17–20; Genette, S. 16 f.).
Lit.: G. Genette: Fiction et diction. Paris 1991. – K. Hamburger: Die Logik der Dichtung [1957]. Stgt. ³1983. – H. R. Jauß: Ästhetische Erfahrung und lit. Hermeneutik [1977]. Ffm. 1982. – W. Preisendanz: Mimesis und P. In: W. Rasch u. a. (Hg.): Rezeption und Produktion zwischen 1570 und 1730. Bern, Mchn. 1972, S. 537–552. – D. Till: P. In: RLW.   RBU
Pointe, f. [ˈpoɛ̃tə; frz. = Stachel, Stich], plötzliche Erkenntnis von sinnstiftenden Zusammenhängen zwischen inkongruenten (nicht zusammenpassenden) Konzepten mit komischem oder geistreichem Effekt. Pointierte Texte sind konzis und auf einen scharfsinnigen Abschluss hin strukturiert. Die P. führt dabei entweder zum dezidierten Bruch in der Textkohärenz, der den Rezipienten zwingt, seine bisherige Verstehensleistung zu revidieren, oder sie erlaubt ein neues, sinnstiftendes Verständnis des Textes. – Der aus der frz. Poetik übernommene Begriff ›P.‹ ersetzt Ende des 18. Jh.s Begriffsnamen wie ›Spitzfindigkeit‹ und ›acumen‹. ›P.‹ ist ursprünglich Kernbegriff brillanter ↗ Rhet. und urbaner Unterhaltung (↗ Sentenz, ↗ Fazetie) sowie der Poetik des ↗ Epigramms (↗ Argutia, ↗ Concetto). Seit dem 19. Jh. gilt sie als notwendiges Merkmal der Gattung ↗ Witz, ist aber auch in den Gattungen ↗ Aphorismus und ↗ Anekdote verbreitet.
Lit.: P. Köhler, R. Müller: P. In: RLW. – R. Müller: Theorie der P. Paderborn 2003. – Ders.: P. In: HWbRh. – P. Wenzel: Vom Witz der Struktur zur Struktur des Witzes. Hdbg. 1989.   RM
Point of view, m. [engl. = Standpunkt, Perspektive], grundlegende Kategorie der Erzähltextanalyse: die Perspektive, aus der die Ereignisse, Handlungen und Bewusstseinsvorgänge in einem Erzähltext vermittelt werden: »the question of the relation in which the narrator stands to the story« (Lubbock, S. 251). Meist ist mit *p. o. v.* die Erzählsituation (auktoriale, personale oder Ich-Erzählsituation; vgl. Stanzel) gemeint. Nachdem Lubbock den Begriff in der Lit.wissenschaft etablierte und zu einer gebräuchlichen Kategorie des ↗ *New Criticism* machte, meiden neuere erzähltheoretische Ansätze (vgl. Genette) die Bez. aufgrund ihrer Undifferenziertheit und unterscheiden stattdessen zwischen ›Erzählsituation‹, ›Erzählerperspektive‹, ›Fokalisierung‹ und ›Figurenperspektive‹.
Lit.: G. Genette: Die Erzählung [frz. 1972/83]. Mchn. ²1998. – P. Lubbock: The Craft of Fiction [1921]. NY 1976. – F. K. Stanzel: Die typischen Erzählsituationen im Roman. Wien 1955.   MBA
Polemik, f. [frz. *polémique*; gr. *polemikós* = kriegerisch, feindlich; von *pólemos* = Kampf, Schlacht], direkte, aggressive Form der Auseinandersetzung in publizistischen oder mündlichen Kontroversen. Als ›P.‹ bezeich-

net man sowohl 1. einen ganzen Text als auch 2. genauer eine Argumentationsweise, die durch Steigerung von Gegensätzen, Personalisierung (anstelle unpersönlicher ›Sachlichkeit‹) und rhet. Demontage des Gegners gekennzeichnet ist. Anlass polemischer Texte können wissenschaftliche, moralische, politische, religiöse oder ästhetische (↗Rezension, Verriss) Streitfragen sein. Die Abgrenzung von bedeutungsverwandten Begriffen wie ↗›Pamphlet‹, ↗›Pasquill‹ oder ↗›Streitschrift‹ ist unscharf und nur historisch begründbar. Im Unterschied zur meist indirekt verfahrenden ↗Satire verzichtet die P. auf ↗Fiktion und erzählende Form und verwendet in geringerem Maße Mittel der ↗Ironie und ↗Komik. – Lit. P. ist als Mittel der Auseinandersetzung gebunden an eine literarisierte ↗Öffentlichkeit. – Lit.geschichtlich steht zuerst das Reformationszeitalter im Zeichen der P. Einen Höhepunkt im 18. Jh. markieren die P.en G. E. Lessings (»Anti-Goetze«, 1778), der die P. erstmals auch theoretisch rechtfertigt. Unter wechselnden Namen und Konstellationen werden im 19. und 20. Jh. ästhetische, soziale und politische Probleme der Moderne polemisch behandelt (H. Heine vs. A. v. Platen; F. Nietzsche vs. R. Wagner; Th. vs. H. Mann). Als herausragende P.er des 20. Jh.s können R. Borchardt, K. Kraus und Th. Haecker gelten. In der Forschung wird die P. bisher meist nur im Rahmen von Studien zu einzelnen Autoren behandelt; eine umfassende Darstellung des Phänomens fehlt.

Lit.: W. Mauser, G. Saße (Hg.): Streitkultur. Strategien des Überzeugens im Werk Lessings. Tüb. 1993. – L. Rohner: Die lit. Streitschrift. Wiesbaden 1987. – S. P. Scheichl: P. In: RLW. – F. J. Worstbrock, H. Koopmann (Hg.): Formen und Formgeschichte des Streitens. Tüb. 1986.   CD

Politische Literatur, 1. im engeren Sinn jede Form von Lit., die politische Ideen, Themen oder Ereignisse aufgreift und sich in kritischer oder affirmativer Intention als ein Feld für aktuelle politische Auseinandersetzungen versteht. – 2. Im weiteren Sinn aufgrund seiner Kontexte jeder lit. Text zur p.n L. werden, sofern man ›p. L.‹ als Funktionsbegriff versteht. Damit umfasst das Spektrum der p.n L. sowohl Texte, die sich dezidiert auf politische Sachverhalte beziehen, als auch eine Lit., die sich aus der Negation jedes unmittelbaren politischen Bezugs legitimiert (Adorno). Lit. Kommunikation wird dann zur p.n L., wenn in ihrer jeweiligen Funktionsbeschreibung die Beziehung von Lit. auf Politik als konstitutiv für den Lit.begriff betrachtet wird. Die Spannweite reicht hier von historischen ↗Avantgarden wie dem ↗Vormärz bis zu Formen staatlicher Propaganda (↗nationalsozialistische Lit., ↗DDR-Lit.). P. L. bedient sich aller Gattungen, bevorzugt jedoch didaktisierbare kleinere Textformen mit satirisch-polemischem und parodistischem Potential wie Lied, Chanson, Spruch, Fabel, Epigramm, Flugblatt, Dialog, Essay, Traktat oder Reportage. Voraussetzung für p. L. ist seit dem späten 18. Jh. eine ↗Autonomieästhetik,

die Lit. und Kunst als selbstbestimmt und frei von gesellschaftlichen Zwecken definiert; lit.wissenschaftlich betrachtet ist p. L. nur eine Form der lit. Kommunikation neben anderen. Eine durchgängige Geschichte der p.n L. gibt es deshalb nicht. Allerdings lassen sich in Epochen des Umbruchs oder der Verschiebung der Machtverteilung oft Hochkonjunkturen politischer Themen und die stärkere Einbindung der lit. Kommunikation in politische Prozesse beobachten. Auseinandersetzungen zwischen Kirche, Herrscher und aufkommendem Bürgertum kennzeichnen die politische Lyrik des 14. und 15. Jh.s. Im 17. Jh. ist Politisierung gleichbedeutend mit Konfessionalisierung der Lit.; im Mittelpunkt der p.n L. stehen die territorialen Machtkämpfe, bes. der Dreißigjährige Krieg. Im 18. Jh. lenkt der Wandel von der lit. zur politischen ↗Öffentlichkeit das Interesse auf die Institutionen der Macht, v. a. im Gefolge der Frz. Revolution. Um 1800 bilden sich die für das gesamte 19. und frühe 20. Jh. relevanten Themen der p.n L. aus wie nationale Einheit, Beteiligung des Volkes an der Regierung, gerechte Verteilung der Güter. ›Politische Dichtung‹ als Wortfügung und programmatische Funktionsbeschreibung von Lit. ist seit dem ↗Jungen Deutschland eingeführt (vgl. A. H. Hoffmann v. Fallersleben: »Politische Gedichte aus der dt. Vorzeit«, 1843). Zugleich wird p. L., v. a. die politische Lyrik, seit Mitte des 19. Jh.s auch als ↗Tendenzdichtung abgewertet, da sich ihre ↗Parteilichkeit nicht mit den Erwartungen an autonome Kunst in Einklang bringen ließ (↗Restaurationszeit, ↗Vormärz, ↗Naturalismus). Seither steht p. L. im Spannungsfeld zwischen direkter politischer Aussage, die der bloßen Agitation und der affirmativen Rhet. verdächtig wird, und Konzeptionen, die durch die Bildung des Individuums (so F. Schillers Konzept von Kunst als ›Freiheit‹) und die autonome Kraft des ›ästhetischen Widerstands‹ auf die Gesellschaft wirken möchten (↗Kritische Theorie). Die Avantgarden des frühen 20. Jh.s versuchen dieses Dilemma durch die Vermengung von Kunst und Politik zu lösen und so die nur marginalen gesellschaftlichen Wirkungsmöglichkeiten der Kunst auszugleichen; andere suchen Rückzugsräume in der ↗absoluten Dichtung (G. Benn). Ausgehend von B. Brechts politischer Lyrik beginnt in den 1960er Jahren auf der Basis eines politisch-aufklärerischen Lit.begriffs eine Hochphase der p.n L., in der politische Vergangenheit und gegenwärtige Entwicklung (NS-Deutschland, BRD/DDR, Vietnamkrieg, Terrorismus, Umweltverschmutzung, Globalisierung) thematisiert werden. Bevorzugte Formen sind ↗Dokumentarlit., ↗Arbeiterlit., Anti-Kriegsdichtung und die Protestsongs der ↗›Liedermacher‹ (W. Biermann, F. J. Degenhardt). Mit dem Wegfall der ideologischen Blöcke und der fortschreitenden Ästhetisierung der Politik durch die Massenmedien werden seit den 1990er Jahren die institutions- und gesellschaftskritischen Funktionen der p.n L. zunehmend vom künstlerischen Dokumentarfilm übernommen (M. Moore). – Die lit.wissenschaftliche

Forschung zur p.n L. war lange durch politische Eigeninteressen der Wissenschaftler geprägt, deren Aufmerksamkeit sich v. a. auf die implizit oder explizit unterstellten politischen Intentionen der Schriftsteller richtete. Insofern wurden ↗ Ideologiekritik, Subversivität und oppositionelle Haltung oft als Qualitätsmerkmale von p.r L. vorausgesetzt und affirmative (z. B. panegyrische) Dichtung ausgegrenzt. Die jüngste Forschung vermeidet durch einen systemtheoretischen und dekonstruktivistischen Perspektivwechsel diese Problematik und operiert mit funktionsgeschichtlichen Instrumenten, mit deren Hilfe die rhet. Textstrategien und Funktionsweisen des Lit.systems, somit die *lit.immanenten* Gründe für die Politisierung der Lit., freigelegt werden sollen.

Texte: R. F. Arnold, E. Volkmann (Hg.): Politische Dichtung. 8 Bde. Lpz. 1930–34. – R. E. Prutz: Die politische Poesie der Deutschen. Lpz. 1845.
Lit.: Th. W. Adorno: Rede über Lyrik und Gesellschaft. In: ders.: Noten zur Lit. I. Ffm. 1958, S. 73–104. – W. Hinderer: Geschichte der politischen Lyrik in Deutschland. Stgt. 1978. – W. Mohr, W. Kohlschmidt: Politische Dichtung. In: RLG. – U. Müller: Untersuchungen zur politischen Lyrik des dt. MA.s. Göppingen 1974. – H. Peitsch: Engagement/Tendenz/Parteilichkeit. In: ÄGB. – I. Stöckmann: Die Politik der Lit. In: G. Plumpe, N. Werber (Hg.): Beobachtungen der Lit. Opladen 1995, S. 101–134. – N. Wegmann: Engagierte Lit.? In: J. Fohrmann, H. Müller (Hg.): Systemtheorie der Lit. Mchn. 1996, S. 345–365. – Ders.: Politische Dichtung. In: RLW. MH

Politischer Vers [gr. *stíchos politikós* = den Bürger betreffender, also gemeinverständlicher Vers], beliebter Vers der mittelgr. (byzantinischen) und neugr. Dichtung; beruht im Ggs. zu den Metren der byzantinischen Gelehrtenpoesie und der antikisierenden neugr. Dichtung nicht auf dem ↗ quantitierenden, sondern auf einer Kombination des ↗ silbenzählenden und des ↗ akzentuierenden Versprinzips: Er umfasst 15 Silben mit einer festen Zäsur nach der achten Silbe und zwei festen Akzenten, die in der Regel auf die 8. und 14. Silbe fallen, so dass sich ein rhythmisches Spannungsverhältnis zwischen männlicher Zäsur und weiblicher Kadenz ergibt: x x x x x x x – | x x x x x – v. JK/Red.

Polizeiroman ↗ Kriminalroman.

Polymetrie, f. [aus gr. *polýs* = viel, *métron* = Maß], metrische Vielförmigkeit; der Gebrauch verschiedener Vers- und Strophenformen in einer Dichtung. Die so miteinander kombinierten kleineren Einheiten innerhalb dieser Dichtung können je für sich durch ↗ Isometrie oder ↗ Heterometrie gekennzeichnet sein. Von reicher, gleichsam opernhafter P. sind in der dt. Dichtung J. W. Goethes Dramen »Faust« II und »Pandora« geprägt – der eine Text als Weltgedicht auch der Klänge, der andere als würdevolles ↗ Festspiel.
Lit.: M. Ciupke: Des Geklimpers vielverworrner Töne Rausch. Die metrische Gestaltung in Goethes »Faust«. Gött. 1994. BM

Polyptoton, n. [aus gr. *polýs* = viel, *ptôsis* = Fall], ↗ rhet. Figur: Wiederholung desselben Wortes in verschiedenen Flexionsformen, z. B. »homo homini lupus«, »… ben zi bena« (Merseburger Zauberspruch), »Auge um Auge«; vgl. dagegen die ↗ Figura etymologica, auch ↗ Paronomasie. GS/Red.

Polysemie ↗ Homonymie.

Polysyndeton, n. [gr. = vielfach Verbundenes], ↗ rhet. Figur: syndetische Reihung, d. h. Verknüpfung mehrerer gleichgeordneter Wörter, Wortgruppen oder Sätze durch dieselbe Konjunktion, z. B. »und es wallet und siedet und brauset und zischt« (F. Schiller: »Der Taucher«), Ggs.: ↗ Asyndeton. GS/Red.

Polyvalenz, f. [aus gr. *polý* und lat. *valere* = in mehrfacher Beziehung wirksam], Vielwertigkeit, auch Mehrdeutigkeit, teilweise synonym zu ↗ ›Ambiguität‹ verwendet; die einem lit. Text (oder auch einem Wort oder einer syntagmatischen Einheit in ihm) durch die interpretatorische Varianz zukommende Mehrdeutigkeit. Über Ambiguität hinausgehend spricht man von ›P.‹ im Hinblick auf das Potential lit. Texte, unterschiedliche Rezeptionsweisen hervorzubringen. P. basiert zum einen auf konventionalisierten, historisch und sozial geprägten, jedoch stets individuell überformten Verstehensmustern, zum anderen auf den bedeutungstragenden Mehrwertstrukturen von lit. Texten durch ↗ Reim, ↗ Metaphorik, ↗ Stil, ↗ Chiffren (3) oder ↗ Enjambements. Die Strukturierung des Textes sowie die auslegende Rezeption gewähren eine nicht abschließbare Interpretationsvielfalt. S. J. Schmidt hat die P. in sein Konzept der Polyfunktionalität von lit. Texten und in seine Theorie der Ästhetik-Konvention und P.-Konvention eingebracht.
Lit.: A. Barsch: P.; Konvention/Ästhetik-Konvention/P.-Konvention. In: Nünning. – S. J. Schmidt: Grundriß der empirischen Lit.wissenschaft. Bd. 1: Der gesellschaftliche Handlungsbereich der Lit. [1980]. Ffm. 1991. MSP

Popliteratur, seit Ende der 1960er Jahre etablierte Bez. für lit. und autobiographische Texte meist junger Autoren, in denen die durch neue Medienformate und Konsumgüter geprägte Erfahrungswelt in Inhalt und Form thematisiert wird. Das Kürzel ›Pop‹ kann 1. als Bezug zur Pop Art in der bildenden Kunst, 2. als Orientierung an den Paradigmen der Popmusik oder 3. als generellere Orientierung an den unterschiedlichsten Ausformungen der populären Kultur verstanden werden. In Deutschland lassen sich zwei Phasen der P. unterscheiden. Die erste beginnt Mitte der 1960er und endet Mitte der 1970er Jahre; zu ihren Autoren können R. D. Brinkmann (»Keiner weiß mehr«, 1968), H. Fichte (»Die Palette«, 1968) und E. Jelinek (»wir sind lockvögel baby«, 1970) gezählt werden; Vorläufer sind u. a. E. Jandl (»Sprechblasen«, 1966) und H. C. Artmann (»Das suchen nach dem gestrigen tag oder schnee auf einem heißen brot«, 1964). ›Pop‹ gilt für diese keine einheitliche Gruppe bildenden Autoren im Sinne des kleinsten gemeinsamen Nenners als provokative Ablehnung geltender Ansprüche an Lit., motiviert durch eine Auseinandersetzung mit der amerikanisierten Gegenwartskultur in Deutschland und ihren neuen Bild-, Sprech- und Erzählmustern. Die ironisch-affirmative Kunst A. Warhols wirkt dabei ebenso als Vorbild wie die Schreibweisen des New Journalism (T. Wolfe: »Das bonbonfarbene tangerinrotgespritzte Stromlinienbaby«, 1965). Die zweite Phase der P. beginnt Ende der 1990er Jahre und scheint bereits in den ersten Jahren des neuen Jh.s als modisches Phänomen obsolet geworden zu sein. Da im Herbst 1998 in einer Werbeanzeige Texte von R. Goetz (»Rave«), Th. Meinecke (»Tomboy«) und A. Neumeister (»Gut laut«) als ›Pop‹ gepriesen werden, bleibt die P. dem Verdacht ausgesetzt, eine PR-Strategie zu sein, durch die sich unterschiedlichste Texte zeitgemäß vermarkten lassen (A. Hennig v. Lange: »Relax«, 1997; K. Röggla: »abrauschen«, 1997; B.v. Stuckrad-Barre: »Solo-Album«, 1998). Tatsächlich inszenieren sich Autoren der P. mit Hilfe gängiger Muster des Marketings für Popstars – eine Methode, die aber als Teil einer ironisch-affirmativen Auseinandersetzung mit der Konsum- und Medienkultur des wiedervereinigten Deutschland, in dem die alten Formen der Kulturkritik überholt scheinen, deklariert wird. Die P. wird vor diesem Hintergrund als eine neue Form des Zitierens, Protokollierens, Kopierens und Inventarisierens des Alltags (Baßler) oder als avancierte »Schreibweise der Gegenwart« verstanden, die sich auf das flüchtige »Gerade Eben Jetzt« konzentriert (Schumacher).

Lit.: M. Baßler: Der dt. Pop-Roman. Mchn. 2002. – Ders.: Pop-Lit. In: RLW. – J. Hermand: Pop International. Ffm. 1971. – E. Schumacher: Gerade Eben Jetzt. Schreibweisen der Gegenwart. Ffm. 2003.   SP

Popsong ↗ Song.

Populärkultur [engl. *popular culture*], der Bereich der ↗ Kultur, der traditionell in Opposition zur Hochkultur gesehen wird. Je nach theoretischer Perspektive wird die passive Rezeption oder die aktive Aneignung der P. akzentuiert. – Eine P. mit Massenwirkung entsteht im Zuge von Industrialisierung und Urbanisierung im 18. Jh. (z. B. ↗ Triviallit.), etwa gleichzeitig mit J. G. Herders Konzept einer ›Volksdichtung‹. Mit der sozialen Ausdifferenzierung im 19. Jh. erfolgt eine Trennung von Hoch- und P. (vgl. Maase/Kaschuba). Die Kompetenz, zwischen autonomer Kunst und ↗ Kitsch zu unterscheiden, erhält als ›kulturelles Kapital‹ im Sinne Bourdieus eine sozial distinguierende Relevanz, die jedoch im Zuge postmoderner kultureller Enthierarchisierung zunehmend an Bedeutung verliert. Kulturkritiker der Frankfurter Schule (↗ Kritische Theorie), welche die P. erstmals als Studienobjekt wahrnehmen, reduzieren diese auf ihren Unterhaltungswert (↗ Unterhaltungsindustrie) und sehen die Rezipienten als gleichgeschaltete, passive Konsumenten einer standardisierten und repressiven Massenkultur (↗ Kulturindustrie). Diesem elitären Kulturverständnis stellen die britischen ↗ Cultural Studies in der Folge von R. Hoggart, R. Williams und St. Hall seit den 1950er Jahren einen positiven Begriff der P. gegenüber. Mit den Mitteln eines ideologiekritischen ↗ close reading und der Ethnographie werden TV-Serien, Werbung, Sport, Filme, Rock- und Popmusik und deren jeweilige Rezeption sowie das Internet und symbolische Praktiken der Jugendkultur analysiert. Im Mittelpunkt der Aufmerksamkeit steht dabei die bedeutungsproduzierende Aktivität der Rezipienten, die von der Kulturindustrie produzierte und distribuierte Waren als identitäts- bzw. gemeinschaftsstiftende Ressourcen nutzen und die P. so in die soziale Zirkulation von Bedeutungen und Vergnügungen integrieren. Aus dekonstruktivistischer Sicht gilt P. als polysemisch; je nach Rezeptionskontext werden verschiedene (auch subversive) Lektüren (Fiske) oder Taktiken (de Certeau) angenommen, die Vergnügen oder gar Widerstand generieren. Produktive populäre Signifikationsformen, v. a. die von Jugendlichen ausgeprägten ↗ Stile und Subkulturen, laufen Gefahr, ihr identitätsstiftendes bzw. widerständiges Potential einzubüßen, wenn sie von Markt und Mainstream reinkorporiert werden (vgl. Holert/Terkessidis). P. wird so zum umkämpften Feld der Bedeutungskonstruktion. Innerhalb der *Cultural Studies* wurde Fiske als ›kultureller Populist‹ dafür kritisiert, das subversive Potential und die gesellschaftliche Relevanz der P. zu überschätzen (vgl. McGuigan). Eine ›mittlere‹ Lesart sieht in der P. eine Sphäre, die gerade »in der unübersichtlichen Polykontextualität funktional differenzierter Systeme« marginalisierten Gruppen im Sinne einer *economy of belonging* ein differenzreduzierendes, identitätsstiftendes »imaginäres Zuhause« verspricht (Stäheli, S. 332).

Lit.: P. Bourdieu: Die feinen Unterschiede [frz. 1979]. Ffm. 1982. – M. de Certeau: Die Kunst des Handelns [frz. 1980]. Bln. 1988. – J. Fiske: Television Culture. Ldn. 1987. – Ders.: Understanding Popular Culture. Boston 1989. – U. Göttlich, R. Winter (Hg.): Politik des Vergnügens. Köln 2000. – D. Hebdige: Subculture. Ldn. 1979. – T. Holert, M. Terkessidis (Hg.): Mainstream der Minderheiten. Bln., Amsterdam 1996. – H.-O. Hügel (Hg.): Hb. Populäre Kultur. Stgt., Weimar 2003. – K. Maase, W. Kaschuba (Hg.): Schund und Schönheit. Köln 2001. – J. McGuigan: Cultural Populism. Ldn., NY 1992. – T. Modleksi (Hg.): Studies in Entertainment. Bloomington, Indianapolis 1986. – U. Stäheli: Das Populäre zwischen Cultural Studies und Systemtheorie. In: Göttlich/Winter, S. 321–336. – J. Storey (Hg.): Cultural Theory and Popular Culture. NY u. a. 1994. – D. Strinati: An Introduction to Theories of Popular Culture. Ldn., NY 1995. – R. Winter: Die Kunst des Eigensinns. Weilerswist 2001.   JHA

Populismus, m. [frz. *populisme*; von lat. *populus* = Volk], frz. lit. Richtung, 1929 begründet von L. Lemonnier (Manifeste 1929 und 1930) und A. Thérive im Anschluss an die lit. Zielsetzung der (hauptsächlich sozialreformerisch ausgerichteten) russ. Populisten des 19. Jh.s (Narodniki, ca. 1860–95). Der P. erstrebte eine sozialkritisch engagierte Lit., die (v. a. im Roman) Probleme und Konflikte der einfachen Leute, insbes. der Arbeiterklasse, nüchtern und realistisch darstellen sollte. Er wandte sich sowohl gegen den Intellektualismus und Psychologismus der als realitätsfern angesehenen bürgerlichen Lit. als auch gegen die Radikalität des ↗ Naturalismus. – Hauptvertreter waren neben Thérive (»Sans âme«, 1928) und Lemonnier (»La femme sans péché«, 1931) E. Dabit (»L'hôtel du nord«, 1929; »Villa Oasis«, 1932) und J. Prévost (»Les frères Bouquinquant«, 1930). 1931 stiftete A. Coullet-Tessier den »Prix populiste«, der u. a. an Dabit, J. P. Sartre und Ch. Rochefort (1961) verliehen wurde. – Konsequenter als der P. forderte die *école prolétarienne* des vom P. herkommenden Schriftstellers und Journalisten H. Poulaille spezifische Proletarierromane, die ein revolutionäres Bewusstsein vermitteln sollten.

Lit.: G. Ionescu (Hg.): Populisme. Ldn. 1969.   IS/Red.

Pornographische Literatur, f. [gr. *pornográphos* = einer, der die Huren beschreibt], seit 1769 (Rétif de la Bretonne: »Le pornographe«) im antiken Sinn als Fremdwort belegt. Auf Kunst und Lit. angewendet um 1840, erst gegen Ende des 19. Jh.s im Dt. heimisch. P. L. ist gekennzeichnet durch die gleichermaßen produktive wie rezeptive Wirkungsabsicht, sexuell zu erregen bzw. erregt zu werden. Auch ursprünglich nicht so gemeinte Texte (z. B. einige der Märchen aus »Tausendundeiner Nacht«) können zu p.r L. umgedeutet werden. Was zu p.r L. erklärt oder als solche denunziert wird, ist abhängig von dem Grad der Illiberalität eines Zeitalters oder einer Region. Unter dem Rezeptionsaspekt kann man die ↗ erotische Lit. von der p.n L. abgrenzen, weil sie einerseits einen höheren Anteil an Affekten transportiert (bes. seit der ↗ Romantik), andererseits auf die witzige Pointe und andere komische Elemente setzt (z. B. im 17. und 18. Jh. durch das Formprinzip des ↗ Witzes) – beides ist sowohl der Erregungsabsicht als auch ihrem Ziel abträglich. Als Kriterium für p. L. genügt es jedoch nicht, wenn sexuelle Sachverhalte in unverhüllter Sprache beschrieben werden. Man sollte Texte nur dann der Textsorte ›Pornographie‹ zuordnen, wenn in ihnen sexuelle Beschreibungen einen weit überwiegenden Anteil haben; Texten mit gelegentlichen Einschaltungen (›Stellenlit.‹) kommt allenfalls das Stilmerkmal ›pornographisch‹ zu. Vollständig pornographische Gedichte, Dramen und Romane bestehen aber nur aus in ihrer Abfolge beliebig vertausch- und vermehrbaren sexuellen Handlungen. Solche Lit. gibt es spätestens seit der alexandrinischen ↗ Kinädenpoesie oder der sotadischen Dichtung und den Hetärengesprächen des Lukian. Am Anfang der modernen p.n L. stehen die bis heute wirksamen, zugleich philosophischen und pornographischen Romane und Dialoge des Marquis de Sade (1740–1814). Im 19. Jh. entwickelt sich die p. L. jedoch zu v. a. massenhaft verbreiteter Gebrauchslit. in Form von Prosaerzählungen. In der von den USA ausgehenden Pornographiedebatte der 1980er Jahre forderten paradoxerweise radikal-

liberale Feministinnen wie A. Dworkin das Verbot der als grundsätzlich frauenverachtend angesehenen p.n Lit. Heute wird als Konsequenz aus dieser Debatte – etwa durch den Tübinger »Konkursbuch-Verlag« – der männlich dominierten p.n L. eine ›weibliche Pornographie‹ entgegengesetzt. – P. L. weist als Evokation erregender körperlicher Vorgänge schon immer eine Affinität zu Bildmedien auf, wie sich an der wichtigen Funktion der ↗ Illustration in vielen pornographischen Büchern zeigt. Durch das Bild dominierte Medien wie ↗ Comic und Film haben anscheinend heute die lit. Formen der Pornographie zurückgedrängt.

Lit.: S. de Beauvoir: Soll man de Sade verbrennen? [frz. 1951 f.]. Reinbek 1983, S. 7–76. – A. Dworkin: Pornography. Ldn. 1981. – W. Faulstich: Pornografie. Bardowick 1994. – C. Gehrke (Hg.): Frauen & Pornographie. Tüb. 1988. – M. Hyde: Geschichte der Pornographie [engl. 1964]. Ffm., Bln. 1969. – N. Largier: Pornographie. In: RLW. – St. Marcus: Umkehrung der Moral [engl. 1964]. Ffm. 1979. – G. Seeßlen: Der pornographische Film. Ffm. 1990. – B. Vinken (Hg.): Die nackte Wahrheit. Mchn. 1997.   UJ

Porträt, n. [frz. *portrait* = Bildnis], 1. in der bildenden Kunst (bes. in der Malerei, den zeichnenden Künsten und der Fotografie) das Bild eines Menschen, am häufigsten als Brustbild, aber auch (v. a. bei Herrscherbildnissen) als Ganzfigurenbild; 2. in der Lit. die Beschreibung der wesentlichen Eigenschaften einer nicht-fiktiven Person, bes. ihrer äußeren Erscheinung und ihres Charakters, verbunden mit der Erzählung kennzeichnender Handlungen und Lebenssituationen. Das P. kann als Teil von Texten verschiedener Gattungen und Textsorten auftreten (z. B. einer ↗ Laudatio, eines ↗ Nachrufs, einer Künstlermonographie oder auch von Romanen), aber auch als eigenständiges Genre, bes. im Kontext des ↗ Feuilletons als Artikel zu Jahrestagen von berühmten oder ins Gedächtnis zu rufenden Persönlichkeiten oder aber als Sonderform des ↗ Essays (z. B. J. G. Herder: »Shakespear«, 1773). Von der ↗ Biographie unterscheidet sich das P. durch Knappheit und strenge Auswahl der erzählten Lebensvorgänge, von der ↗ Anekdote durch den Anspruch, über ein einzelnes Geschehnis hinaus eine Persönlichkeit zu erfassen. Das *Porträtgedicht* (z. B. H. M. Enzensberger: »Mausoleum«, 1975) präsentiert sich als lit. bes. deutlich stilisierte Variante, in der schon durch die Form der Anspruch auf Verifizierbarkeit aller porträtierten Züge relativiert ist.

Lit.: W. Braune-Steininger: Das Portraitgedicht als Gattung der dt. Nachkriegslyrik. Diss. Gießen 1988 [Mikrofiche-Ausg.]. – D. Hansen: Das Portrait als Kunstwerk. In: D. Hansen, W. Herzogenrath (Hg.): Monet und Camille. Mchn. 2005. S. 16–21. – G. R. Köhler: Das lit. P. Bonn 1991. – Th. Schneider: Das lit. P. Quellen, Vorbilder und Modelle in Th. Manns *Doktor Faustus*. Bln. 2005. – G. Simmel: Das Problem des P.s [1918]. In: ders.: Gesamtausgabe. Bd. 13. Ffm. 2000, S. 370–381.   DB

Positionslänge, in Verstexten, die nach dem ↗ quantitierenden Versprinzip strukturiert sind, eine lange Silbe, deren Länge nicht durch ihren Vokal oder Diphthong selbst, sondern allein durch die Stellung der Laute erzeugt wird: Eine Silbe gilt demnach als lang, wenn auf einen kurzen Vokal zwei oder mehr Konsonanten folgen.   DB

Positiver Held ↗ Held.

Positivistische Literaturwissenschaft, faktenorientierte Strömung der dt. Philologie des späten 19. und frühen 20. Jh.s, bes. von 1880 bis 1910. Vor dem Hintergrund der Etablierung der ↗ Germanistik als Universitätsfach löste sich die Lit.wissenschaft im letzten Drittel des 19. Jh.s von der spekulativen ↗ Hermeneutik und suchte im Zuge ihrer Verwissenschaftlichung den methodischen Anschluss an die Naturwissenschaften. Die theoretischen Grundlagen gehen zurück auf den frz. Soziologen A. Comte (1798–1857), der wissenschaftliche Erkenntnis an ›objektive‹ Tatsachen und überprüfbare induktive und kausalistische Verfahrensweisen band. Grundlage der p.n L. ist die Überzeugung, dass eine Wirkung eindeutig aus einer Ursache herzuleiten und durch diese determiniert sei. Der frz. Historiker und Philosoph H. Taine (1828–93) fixierte als Determinanten der Lit. biologische, soziale und historische Bedingtheiten. – Als Hauptvertreter der p.n L. gilt W. Scherer, der in seiner lit.wissenschaftlichen Praxis allerdings deutlich über deren Rahmen hinausging. Die Erkenntnis eines lit. Werks band er an die Bestimmung von »Erlebtem, Erlerntem, Ererbtem« und damit an die ↗ Biographie des Autors. Bei ihm und seinen Schülern (u. a. E. Schmidt, R. Heinzel) gewinnen die faktenorientierte Autorenbiographie sowie die Entstehungs- und Wirkungsgeschichte von lit. Texten bes. Gewicht. Die Rekonstruktion von historisch-genetischen Zusammenhängen beförderte zudem eine intensive ↗ Stoff- und ↗ Motivgeschichte. Zentrale wissenschaftliche Publikationsform der p.n L. ist die historisch-kritische ↗ Edition, durch welche die Materialgrundlage für jede lit.wissenschaftliche Forschung geschaffen werden sollte. – Die Verengung der p.n L. zur eine mikrologische Perspektive und den Verzicht auf die Beschreibung übergreifender Zusammenhänge führten um 1910 zu einer Wende hin zur ↗ geistesgeschichtlichen Lit.wissenschaft. In der Faktenorientierung und dem expliziten Methodenbewusstsein liegt ein unüberholtes Erbe der p.n L., während deren Objektivitätsglaube und das Konzept des ↗ Biographismus heute als obsolet gelten.
Lit.: H. Dainat: Von der Neueren dt. Lit.geschichte zur Lit.wissenschaft. In: J. Fohrmann, W. Voßkamp (Hg.): Wissenschaftsgeschichte der Germanistik im 19. Jh. Stgt., Weimar 1994, S. 494–537. – R. Rosenberg: Positivismus. In: RLW. – K. Weimar: Geschichte der dt. Lit.wissenschaft bis zum Ende des 19. Jh.s. Mchn. 1989.
                                                                            LB

Posse, volkstümliche Form der ↗ Komödie. Die P. ist meist charakterisiert durch derbe ↗ Komik, Wortwitz,

Situationskomik, aktuelle oder situative satirische Anspielungen; das Personal besteht aus niederen Figuren. Die Aufführungen finden v. a. auf ↗ Wanderbühnen sowie im Volks- und Vorstadttheater statt und enthalten oft Improvisationen, Gesang und Tanz. Die Gattungsbez. ›P.‹ ist erstmals 1679 belegt (»P. von Münch und Pickelhäring«). Die ↗ lustige Person steht lange Zeit unter verschiedenen Namen (↗ Pickelhering, ↗ Hanswurst) im Zentrum; meist handelt es sich um kurze, komische Stücke, die als ↗ Nachspiele aufgeführt werden. Im 18. und 19. Jh. werden viele P.n aus dem Frz. ins Dt. übersetzt und den dt. Verhältnissen durch Bearbeitungen angepasst. Lokalpossen des 19. Jh.s, die regionale Gegebenheiten in komisch-kritischer Form aufgreifen und teilweise in Dialekt verfasst sind, entstehen in Berlin (L. Angely, D. Kalisch, L. Schneider), Dresden (G. Raeder) und Darmstadt (E. Niebergall). Nachhaltige, bis heute andauernde Anerkennung finden aber nur die Wiener P.n von F. Raimund und J. N. Nestroy. In Raimunds Zauberspielen bzw. Zauberpossen mit Musik (↗ Zauberstück) sind märchenhafte Figuren und Motive eingeflochten (»Der Alpenkönig und der Menschenfeind«, 1828; »Der Verschwender«, 1834). Bei Nestroy dominiert dagegen die sozialkritische Tendenz (»Der böse Geist Lumpazivagabundus«, 1833; »Zu ebener Erde und erster Stock«, 1835; »Der Talisman«, 1840).
Lit.: H. Herzmann: P. In: RLW. – V. Klotz: Bürgerliches Lachtheater. Komödie – P. – Schwank – Operette [1980]. Hdbg. ³2007.   AHE

Postcolonialism ↗ Postkolonialismus.

Postcolonial Studies ↗ Postkolonialismus.

Postfiguration, f. [aus lat. *post* = nach, *figuratio* = Prägung, Bildung], scheinbar schlüssig in Analogie zu ↗ ›Präfiguration‹ gebildeter Begriff für die in Anlehnung an Leben, Wunder und Passion Christi gestaltete, bes. in der ↗ Legende ausgeprägte *imitatio Christi* – ein Begriff, durch welchen der theologisch suspekte Begriff ›P.‹ ersetzt werden sollte, weil das grundsätzlich zweigliedrige System von vorausdeutendem alttestamentlichen Typus und in Christus sich erfüllendem neutestamentlichen Antitypus wegen der Unwiederholbarkeit von Christi Opfertod nur insoweit hierüber hinauswirkt, als der ihm nachfolgende, zum *corpus Christi mysticum* (›mystischer Leib Christi‹) gehörige Heilige Gottes Heilswerk auf Erden fortführt.   HFG

Postille, f. [mlat. *postilla*, aus *post illa* (*verba textus*) = nach jenen (Worten des Textes)], 1. Auslegung eines Bibeltextes, die diesem jeweils abschnittweise folgt; 2. der auslegende Teil einer ↗ Predigt oder die ganze Predigt, sofern sie der Schriftauslegung dient; 3. der Predigtjahrgang zu den ↗ Perikopen. – P.n wurden im Gottesdienst verlesen (Kirchenpostille) oder dienten der häuslichen Erbauung (Hauspostille). Von großer Wirkung auch auf die spätere Zeit waren Luthers Kirchenpostille (1527) und die Hand- oder Hauspostille von L. Goffiné (1690). Zur Zeit der Aufklärung waren die P.n in vielen Haushalten verbreitet. Ironisch-verfremdend gebraucht B. Brecht den Begriff für seine Gedichtsammlung »Hauspostille« (1927). – 4. Im heutigen Sprachgebrauch auch eine für eine eng umrissene Gruppe bestimmte, eine spezifische Thematik behandelnde Zs. (z. B. Vereinspostille).   MGS

Postkolonialismus [engl. *postcolonialism*], 1. der Zeitraum seit dem Ende der kolonialen Fremdherrschaft und die sich daraus ergebenden politischen, sozialen und kulturellen Lebensumstände (engl. auch *postcoloniality*). Dabei ist der Übergang vom Kolonialismus zum P. fließend: Einigen Lesarten zufolge setzt der P. bereits mit Beginn der Kolonisierung ein, da hier der Grundstein aller postkolonialen Fragestellungen gelegt werde. Doch auch im P. ist der Kolonialismus keineswegs überwunden, sondern setzt sich über politische, kulturelle und ökonomische Einflussnahme als ›Neokolonialismus‹ fort. – 2. Der interdisziplinäre Diskurs, der sich mit der (europäischen) Kolonialherrschaft und ihren Folgen beschäftigt und dabei Ansätze aus den Politik-, Geschichts-, Kultur- und Lit.wissenschaften, der Soziologie und der Linguistik kombiniert (*postcolonial studies* und *postcolonial theory*). Postkoloniale Lit.en sind zugleich Beitrag zum und Untersuchungsgegenstand des P. Übergeordnetes Ziel des P. ist die Gleichstellung postkolonialer Gruppen und die Rehabilitierung ihrer Geschichte und Wissensformen. Die Vormachtstellung westlicher Geschichtsschreibung und des Denkens in binären Gegensätzen wird in Frage gestellt. – Wegbereiter des P. sind die antikolonialistischen Schriften F. Fanons (»Peau noire, masques blancs«, 1952; »Les Damnés de la terre«, 1961). Als bahnbrechend gilt E. Saids »Orientalism« (1978), das den westlichen Diskurs über den Orient als Macht- und Kontrollinstrument des Kolonialismus analysiert (↗ Orientalismus). Maßgeblich für die weitere Diskussion waren die poststrukturalistischen und dekonstruktivistischen Ansätze von H. Bhabha und G. Spivak. Bhabha entwickelt als zentralen Aspekt postkolonialer Identität das Konzept der Hybridität (*hybridity*), dem zufolge die Autorität der Kolonialherren durch die verfremdende Aneignung ihrer Kultur durch die kolonisierten Gruppen untergraben wird. Im Aufeinandertreffen der Kulturen öffnet sich ein Zwischenraum, der Widerstand und Intervention ermöglicht. Spivak kritisiert den Anspruch des P. auf Objektivität: Auch in bester Absicht könne der privilegierte Akademiker (selbst der postkoloniale) nicht für den Subalternen sprechen; es müssten immer die eigenen Positionen und Interessen offen gelegt werden. – Der P. wurde und wird kontrovers diskutiert. Der Sammelbegriff verschleiere die teilweise beträchtlichen Unterschiede in den historischen Erfahrungen des Kolonialismus und den gegenwärtigen postkolonialen Umständen. Des Weiteren verleihe der Begriff des P. der Kolonisierung eine allzu zentrale Stellung und schreibe so den Imperialismus fort. Als problematisch gelten ferner die Anwendung westlicher theoretischer Diskurse (z. B. des ↗ Poststrukturalismus) auf postkoloni-

ale Problemstellungen sowie die Verwendung westlicher Formen und Sprachen durch postkoloniale Autoren. Dagegen wird eingewandt, die Diskurse und die Sprache des Kolonialherrn könnten durch subversive Strategien wie *mimicry* (Bhabha), ↗ Ironie und ↗ Parodie selbst zu Werkzeugen des postkolonialen Widerstands werden. – Die Ausweitung der Konzepte des P. auf andere marginalisierte Gruppen (etwa im Zuge der ↗ feministischen Lit.wissenschaft) sowie auf ehemalige Siedlernationen wie USA, Kanada, Australien oder Neuseeland gilt wegen der jeweils anderen historisch-gesellschaftlichen Umstände als problematisch.

Texte: J. Thieme (Hg.): The Arnold Anthology of Postcolonial Literatures in English. Ldn. 1996.

Lit.: B. Ashcroft u. a. (Hg.): The Post-Colonial Studies Reader. Ldn., NY 1995. – H. K. Bhabha: The Location of Culture. Ldn. 1994. – G. Castle (Hg.): Postcolonial Discourses. Oxford. 2001. – P. Childs, R. J. P. Williams: An Introduction to Post-Colonial Theory. Ldn. 1997. – L. Gandhi: Postcolonial Theory. NY 1998. – S. Rushdie: Imaginary Homelands. London. 1991. – E. Said: Orientalism. NY 1978. – Ders.: Culture and Imperialism. London. 1993. – G. C. Spivak: »Can the Subaltern Speak?« In: P. Williams, L. Chrisman (Hg.): Colonial Discourse and Post-Colonial Theory. NY 1993, S. 66–111.   AHT

Postmodern dance ↗ Ballett, ↗ Tanz.

Postmoderne, f. [aus lat. *post* = nach, *modernus* = neu], Bez. für eine kulturgeschichtliche Periode nach der ↗ Moderne mit unklarer zeitlicher Eingrenzung und Merkmalsbestimmung, oft fälschlich als Synonym für ↗ ›Poststrukturalismus‹ verwendet. Es ist vorgeschlagen worden, die P. als Rückkehr zu einem geschlossenen Weltbild und damit als Abwendung von der Moderne zu betrachten (vgl. Koslowski). Zumeist wird P. aber nicht als ↗ Epoche im engeren Sinn, sondern als Radikalisierung und Weiterentwicklung der Moderne, als ihr ›Redigieren‹ (Lyotard) verstanden. Zentrale Impulse für diese Weiterentwicklung werden in kulturellen Tendenzen gesehen, die sich in den USA der 1960er Jahre zeigten (vgl. Huyssen). Als Kennzeichen der P. in diesem Sinn gelten der Pluralismus von Wissensmodellen und Kunstformen (auch innerhalb eines Werks), als ihre Grundlage der Verzicht auf eine einheitliche Sinnstiftung in Kunst, Philosophie und Wissenschaft sowie eine Aufhebung der Grenze zwischen Hoch- und ↗ Populärkultur. Außer auf die Chancen einer so verstandenen P. ist auch auf ihre Gefahren hingewiesen worden, die Tendenzen zum Eklektizismus und zur Beliebigkeit. – Während die Definition von ›P.‹ als Rückkehr zu einem geschlossenen Weltbild kaum auf zentrale Phänomene der zeitgenössischen Kultur zutrifft, bleibt die Bestimmung des Begriffs ›P.‹ als Pluralismus deshalb problematisch, weil er v. a. im Bereich der Kunst keine klare Abgrenzung von P. und Moderne leistet. Lediglich für die Architektur ergibt sich durch das Kriterium der Pluralität eine einleuchtende Definition von ›P.‹ Während die Moderne hier vom Funktionalismus bestimmt ist, weist die P. eine Vielfalt von Stilmitteln einschließlich traditioneller Formen auf (vgl. Jencks). V. a. für Lit., Film und bildende Kunst ist die Bestimmung aber unzureichend, weil die ästhetische Moderne in ihren bedeutenden Werken eine Gegentendenz zu den Homogenisierungsbestrebungen der gesellschaftlichen Moderne darstellt, teilweise eher der Formenfülle als der fortschreitenden Abstraktion verpflichtet ist und als ↗ Avantgarde eine Überschreitung der Hochkultur angestrebt hat. So bieten Versuche, den Pluralismus in postmoderner Kunst durch ihren Zitat- und Verweischarakter genauer zu beschreiben, kaum Möglichkeiten der Unterscheidung von Moderne und P. Angesichts dieser Schwierigkeiten bemühen sich einige Ansätze darum, die Bestimmung von ›P.‹ durch Pluralität weiterzuentwickeln. So wird ein Aufhören der linearen Kunstentwicklung (vgl. Huyssen) bzw. des Innovationszwanges (vgl. Fricke) der Moderne als zentrales Merkmal postmoderner Kunst betrachtet. Diese Bestimmungen greifen auf die Definitionen moderner Kunst etwa in Th. W. Adornos »Ästhetischer Theorie« (postum 1970) zurück; es ist allerdings fraglich, ob sie damit tatsächlich eine Abgrenzung postmoderner gegen alle Richtungen der modernen Kunst leisten. Welsch hat demgegenüber eine genauere Bestimmung von ›P.‹ versucht, indem er ihr im Unterschied zur Moderne nicht nur eine Radikalisierung, sondern auch eine emphatische Bejahung von Pluralität zuschreibt. Er kann sich dabei auf Lyotard berufen, der eine Ablösung der sinnstiftenden ›Meta-Erzählungen‹ in Religion und Wissenschaften und die Akzeptanz eines ›Nicht-Darstellbaren‹ in der Kunst der P. als Prozesse ohne Trauer und ↗ Melancholie beschreibt. In einer Weiterführung dieses Ansatzes ist vorgeschlagen worden, den Rückgang von Trauer in der postmodernen Kunst durch ein Aufhören der Verpflichtung zur gleichzeitigen Repräsentation von Realität und ↗ Utopie zu erklären, die Adorno für die moderne Kunst festgeschrieben hatte (vgl. Saupe).

Lit.: H. Fricke: P.: Ein poststrukturalistisches oder ein historisch-philologisches Konzept? In: Compass. Mainzer Hefte für Allg. und Vergleichende Lit.wissenschaft 1 (1996), S. 3–23. – H. U. Gumbrecht: P. In: RLW. – A. Huyssen: P. – eine am. Internationale? In: ders., K. Scherpe (Hg.): P. Reinbek 1986, S. 13–44. – Ch. Jencks: Die Sprache der postmodernen Architektur [engl. 1978]. Stgt. ²1980. – P. Koslowski: Die postmoderne Kultur. Mchn. 1987. – J.-F. Lyotard: Die Moderne redigieren [frz. 1988]. Bern 1988. – Ders.: Beantwortung der Frage: Was ist postmodern? [frz. 1982] In: P. Engelmann (Hg.): P. und Dekonstruktion. Stgt. 1990, S. 33–48. – Ders.: Das postmoderne Wissen [frz. 1979]. Wien ⁵2005. – A. Saupe: Zur Definition von »P.«. In: H. Herzmann (Hg.): Lit.kritik und erzählerische Praxis. Tüb. 1995, S. 61–75. – W. Welsch: Unsere postmoderne Moderne. Weinheim 1987. – Ders.: (Hg.): Wege aus der Moderne. Bln. 1994.   AS

Postmoderne Literatur, Gruppe zeitgenössischer lit. Werke, deren Definition und Umfang aufgrund der problematischen Bestimmungsversuche von ↗ Postmoderne unklar sind: 1. Erstmals verwendet wurde die Bez. ›p. L.‹ für US-am. Texte der 1960er Jahre. Dabei wurden insbes. ihre Verbindung von Elite- und Massenkultur sowie ihre Vielstimmigkeit von Lit.kritikern wie Fiedler und Sontag positiv hervorgehoben. Eine Vielfalt der Formen wird auch von Barth als bes. Qualität p.r L. im Ggs. zur modernen *literature of exhaustion* aufgefasst. Auf dieser Grundlage werden im Rahmen einer Bestimmung von ›Postmoderne‹ durch Pluralität eine ironisch gebrochene Intertextualität und die Wiederverwendung traditioneller Formen als Kennzeichen p.r L. bestimmt (vgl. Huyssen, Eco). Als Autoren p.r L. in diesem Sinn gelten J. Barth, N. Mailer, Th. Pynchon, R. Coover, J. Fowles oder U. Eco. Dieser Definitionsversuch leistet jedoch nur eine unzureichende Abgrenzung von Postmoderne und ↗ Moderne. – 2. Weitere Ansätze (vgl. Hassan, Kristeva, Hutcheon) lassen die Bedeutung des Begriffs ›p. L.‹ ganz unklar werden, indem sie ihm Merkmale zuweisen, die eindeutig der modernen Lit. angehören (z. B. eine radikalisierte Destruktion von Wirklichkeitsmodellen, die Rückkehr verdrängter Diskurse, Auflösung des Subjekts, Selbstreferentialität der Lit., Sprachexperimente und Beteiligung des Lesers am Prozess der Bedeutungsproduktion). – 3. Relativ unproblematisch erscheint dagegen die Bez. ›p. L.‹ für einige Texte z. B. von P. Handke (»Langsame Heimkehr«, 1979) oder B. Strauß (»Paare, Passanten«, 1981), die sich tatsächlich von der Moderne abwenden, indem sie geschlossene Formen der Darstellung für den Versuch sinnstiftenden Erzählens nutzen.

Lit.: J. Barth: The literature of replenishment. In: The Atlantic 1980. Bd. 245, S. 65–71. – U. Eco: Postmodernismus, Ironie und Vergnügen. In: ders.: Nachschrift zum »Namen der Rose« [it. 1980]. Mchn. 1984, S. 76–82. – L. Fiedler: Cross the Border – close the Gap. NY 1972. – I. Hassan: The critic as innovator. In: Amerikastudien 22 (1977), S. 47–63. – L. Hutcheon: A Poetics of Postmodernism? In: Diacritics 13 (1983), S. 33–42. – A. Huyssen: Postmoderne – eine am. Internationale? In: A. Huyssen, K. Scherpe (Hg.): Postmoderne. Reinbek 1986, S. 13–44. – J. Kristeva: Postmodernism? In: H. R. Garvin (Hg.): Romanticism, Modernism, Postmodernism. Lewisburg 1980, S. 136–141. – S. Sontag: Against Interpretation and other Essays. NY 1966.   AS

Poststrukturalismus, kulturwissenschaftliche Richtung, die sich vom ↗ Strukturalismus durch die Revision seiner theoretischen und methodischen Grundlagen abgrenzt. Merkmale dieser in verschiedenen Disziplinen verbreiteten Strömung sind die Tendenz zur Überschreitung von Begrenzungen sowie das Programm einer Aufdeckung von Blindstellen, die das strukturalistische Verfahren impliziere. Ziele der Kritik (↗ Dekonstruktion) bilden strukturalistische Konzepte wie System, ↗ Zeichen und szientifische Verfahrensweise. Der statisch-räumliche Systembegriff, der strukturalistischen Beschreibungen von Sprache und Gesellschaft zugrunde liegt, soll dynamisiert werden; das bei der Systembildung Unterdrückte, Verdrängte oder Verdeckte soll aufgedeckt und der Erkenntnis zugänglich gemacht werden. Kritisiert wird ferner der durch seine Stellung im System definierte Zeichenbegriff F. de Saussures. ↗ Bedeutung erscheint zwar weiterhin als Effekt der Differenzierung der Zeichen untereinander, aber nicht mehr als fixierbar innerhalb der hierarchischen Struktur von Signifikant/Signifikat, sondern als ›Bewegung des Bedeutens‹, als Geschehen, das primär auf der Ebene der Signifikanten spielt, im Grunde nicht abschließbar ist und damit zu immer differenten Ergebnissen führt. Derridas Konzept der Schrift als *différance* (ein Neologismus, der zu der Bedeutung von *différer* als ›unterscheiden‹ die temporale Bedeutung ›aufschieben‹ addiert) bringt diese ›prozedurale‹ Erweiterung (›Temporisation‹) des Saussureschen Modells der Semiose auf den Punkt. Kritisiert wird ferner der Begriff des Szientifischen, des Anspruchs und Verfahrens wissenschaftlicher Objektivität, auf den das Selbstverständnis des Strukturalismus rekurriert. Wissenschaftliche Aussagen erscheinen vielmehr als Elemente von Diskursen, als Träger gesellschaftsbildender Funktionen und Interessen. Als Diskursproduzenten scheinen die Wissenschaften wie Religion und Politik in Kontexten von Macht, Herrschaft und Repression befangen. Um diese zu brechen, wird im Sinne des P. für die ↗ Kulturwissenschaften eine Art Gegendiskurs erforderlich, der Schreibweisen zwischen Linearität und ↗ Spiel favorisiert, welche die Grenzen des Szientifischen und Literarischen verwischen. – Auch in der Lit.wissenschaft grenzt sich der P. scharf vom Strukturalismus ab. Die Einheit der heterogenen internationalen Gruppierungen lässt sich deutlicher als in einer positiven Doktrin oder Programmatik am ›Feindbild‹ (U. Horstmann) erkennen, z. B. an der Distanzierung vom Strukturbegriff und der Ablehnung des Vorrangs der ↗ Rede vor der ↗ Schrift. Nach H. Bloom vollzieht der P. im Bereich der Lit.wissenschaft den Bruch mit einem vierfachen Credo der ›Orthodoxie‹: der Anschauung, das Kunstwerk besitze oder erzeuge Präsenz, Einheit, eine bestimmte Form oder Sinn. Der Bruch mit dem traditionellen Kunstbegriff setzt bes. am Konzept der Repräsentation, der künstlerischen ↗ Mimesis von Wirklichkeit, an. – Der Ursprung des P. liegt im Frankreich der späten 1960er Jahre. Die revolutionäre Stimmung dieser Zeit bildet den Kontext der wissenschaftlichen Neuorientierung, die von R. Barthes, M. Foucault, J. Kristeva, G. Deleuze und J. Derrida propagiert wird. Nach dem Scheitern der politischen Umwälzung verschreiben diese Autoren sich dem Ziel, statt der Politik »die Strukturen der Sprache zu untergraben« (Eagleton, S. 127). Eine energische Rezeption erfahren diese Ideen in Amerika: P. de Man, J. H. Miller, G. Hartmann und H. Bloom bil-

den in Yale eine dekonstruktionistische Schule, die der Theorie und Praxis des Textverstehens bes. Aufmerksamkeit schenkt. Einen weiteren Schwerpunkt bildet der feministische P. (L. Irigaray). – Die Rezeption des P. in Deutschland erfolgt seit den späten 1970er Jahren (vgl. Kittler/Turk, Kittler). Kritiker werfen dem P. die Herausbildung jargonartiger Begrifflichkeit sowie den Mangel an Verständlichkeit, Gehalt und Wissenschaftlichkeit vor.

Lit.: J. Bossinade: Poststrukturalistische Lit.theorie. Stgt. u. a. 2000. – T. Eagleton: Einf. in die Lit.theorie [engl. 1983]. Stgt. 1988. – N. Easterlin, B. Riebling (Hg.): After poststructuralism. Evanston 1993. – J. Fohrmann: P. In: RLW. – M. Frank: Was ist Neostrukturalismus? Ffm. 1983. – K. W. Hempfer (Hg.): P. – Dekonstruktion – Postmoderne. Stgt. 1992. – U. Horstmann: Parakritik und Dekonstruktion. Würzburg 1983. – F. A. Kittler (Hg.): Austreibung des Geistes aus den Geisteswissenschaften. Paderborn u. a. 1980. – F. A. Kittler, H. Turk (Hg.): Urszenen. Ffm. 1977. – St. Münker, A. Roesler: P. Stgt., Weimar 2000. – G. Neumann (Hg.): P. Stgt., Weimar 1997. – M. A. Peters: Poststructuralism, Marxism, and Neoliberalism. Lanham 2001. – H. Raab: Foucault und der feministische P. Dortmund 1998.   VD

Poulter's measure, n. [engl. *poulterer's measure* = Geflügelhändlermaß], Form der engl. Versdichtung: paargereimte Kombination von Sechs- und Siebenhebern (mit Auftakt), ursprünglich in unregelmäßigem, dann in regelmäßigem Wechsel; beliebt seit dem 12. Jh. in volkstümlicher engl. Dichtung wie ↗ Reimpredigt, ↗ Reimchronik, ↗ Mirakelspiel und ↗ Moralität. Blüte im 16. Jh. (H. H. Earl of Surrey, N. Grimald, A. Brooke: »Romeus and Juliet«, 1562), wiederaufgegriffen in der Romantik (Th. Campbell). Im p. m. begegnen die ersten ↗ Alexandriner der engl. Lit.   IS/Red.

Povest', f. [ˈpɔvɪst; russ., Etymologie unklar; abgeleitet wohl von altruss. *povědĕti* bzw. *povĕsti* = mitteilen, kundtun], Gattungsbegriff in der russ. Lit., der als Sammelname ursprünglich alle Formen erzählender Prosa bezeichnete, darunter auch überwiegend nicht-fiktionale wie die sog. *Nestorchronik* (eigentlich »Povest' vremennych let« [›Erzählung von den vergangenen Jahren‹]) aus dem 12. Jh. Die Grenzoffenheit gegenüber Genres, die der Publizistik benachbart sind (z. B. dem *očerk* [↗ Skizze]), einerseits und Formen genuin künstlerischer Prosa (↗ Erzählung und ↗ Roman) andererseits kennzeichnet das gattungspoetische Verständnis der P. auch in der Neuzeit und erschwert deren Definition. Als charakteristisch für diese Gattung kann jedoch eine mittlere Länge, eine thematische Orientierung am Alltagsgeschehen sowie ein einsträngiges, chronikalisches, bisweilen in epische Breite ausuferndes und auf das Detail abzielendes Erzählen gelten (im Unterschied zur ↗ Novelle und zur Erzählung [russ. *rasskaz*]). Versuche, den Begriffsumfang von ›P.‹ einzugrenzen, bedienen sich häufig der Bildung von Komposita (z. B. *P.-očerk*, *P.-rasskaz* oder *P.-roman*), die nur innerhalb der spezifischen Gattungstradition der russ. Lit. nachvollziehbar sind, weshalb als Äquivalente von ›P.‹ im Dt., je nach konkreter Textgestalt, die Bez.en ›Erzählung‹, ›Langerzählung‹, ›Kurzroman‹ und ›Roman‹ verwendet werden.

Lit.: B. Schultze: J. Trifonovs »Der Tausch« und V. Rasputins »Geld für Maria«. Ein Beitrag zum Gattungsverständnis von P. und Rasskaz in der russ. Gegenwartsprosa. Gött. 1985. – K. Städtke: Die Entwicklung der russ. Erzählung (1800–25). Bln. [Ost] 1971.   AO

Praeteritio, f. [lat. = Unterlassung, Übergehung], ↗ rhet. Figur, ↗ Paralipse.

Praetexta, f. [vgl. lat. *fabula praetexta*], ernstes röm. Schauspiel mit mythisch-historischem Inhalt. Im Ggs. zur an gr. Stoffen orientierten *fabula* ↗ *crepidata* verarbeitet die *fabula praetexta* Stoffe der röm. Geschichte. Entsprechend tragen die Schauspieler die röm. *toga praetexta*, die purpurverbrämte Toga der hohen Beamten. – Zuerst belegt ist die P. bei Naevius (»Clastidium«, über den Sieg des M. Claudius Marcellus über die Galater im Jahr 222 v. Chr.; »Romulus sive Lupus«, über die Romulus-Sage). Weitere Praetexten sind von Ennius (»Sabinae«, »Ambracia«), Pacuvius (»Paulus«, über den Sieg des L. Aemilius Paulus bei Pydna) und Accius (»Brutus«; »Aeneadae«, über den Opfertod des P. Decius Mus) bezeugt. Die P. scheint eher panegyrisch als tragisch gewesen zu sein. Alle Praetexten sind nur bruchstückhaft erhalten, außer der pseudo-senecaischen gattungsuntypischen »Octavia«.

Lit.: G. Manuwald: Fabulae praetextae. Mchn. 2001. – E. Stärk: Die P. und ihre Vertreter. In: W. Suerbaum (Hg.): Hb. der Lat. Lit. der Antike. Bd. 1. Mchn. 2002, S. 168–170.   MSR

Präfiguration, f. [aus lat. *prae* = vorher, voraus, *figuratio* = Prägung, Deutung], die auf dem Vorauswissen Gottes (*praescientia Dei*) gründende und die allegorisch-typologische Bibelexegese (↗ Allegorie, ↗ Allegorese, ↗ Typologie) voraussetzende Lehre, der zufolge in Figuren und Ereignissen des AT zeichen- und schattenhaft vorgeprägt ist, was sich im christlichen Heilsgeschehen des NT und vornehmlich im Leben und in der Passion Christi als wahr erfüllt. Das bei Paulus (Röm 5, 12–21) und Matthäus (12, 40) angelegte bibelhermeneutische Verfahren, nach dem der alttestamentliche Typus Adam bzw. Jonas seinen neutestamentlichen Antitypus Christus präfiguriert, kennzeichnet weithin über mehr als eineinhalb Jahrtausende heilsgeschichtlich fundierte christliche Exegese, Liturgie, Kunst und Lit.   HFG

Prager deutsche Literatur, Bez. für die lit. Werke der dt.sprachigen Prager Minorität, die zwischen 1894, dem ersten Auftreten R. M. Rilkes, und der nationalsozialistischen Okkupation von 1939 Weltruhm erlangten. Der Aufstieg der – zunächst zum Kaiserreich Österreich-Ungarn gehörenden, seit 1918 die Hauptstadt der Tschechoslowakei bildenden – Prager Provinz zu einem Zentrum der lit. ↗ Moderne ist von der Forschung unterschiedlich erklärt worden. Goldstücker zufolge vertrat P. Eisner, der selbst zur P. d.n L. gehörte, als Erster die wirkungsreiche ›Ghetto-These‹. Demnach lebten die Literaten Prags zu Anfang des 20. Jh.s in einem dreifachen Ghetto: einem bürgerlich-liberalen, einem jüdischen und einem dt.sprachigen. – 1910 waren nur noch sechs Prozent der Prager Bevölkerung Deutsche. Die sprachlich-politische Isolierung führte zur Herausbildung einer ›kleinen Lit.‹ (Deleuze/Guattari). Umstritten ist, ob diese durch sprachliche Verarmung oder durch bes. sprachliche Reinheit gekennzeichnet ist. Auch der Ghetto-These wurde mit Verweis auf die Kontakte zu Wiener und Berliner Literaten widersprochen. – Die P. d. L. entwickelte sich in mindestens zwei Phasen: der ›Generation Rilke‹ und der ›Generation Kafka‹, die auch als ›Prager Schule‹ oder ›Prager Kreis‹ bezeichnet wird. Zu den Exponenten der ersten Generation gehört neben Rilke G. Meyrink; zu den Exponenten der zweiten Generation gehören neben Kafka M. Brod, E. E. Kisch, F. Werfel, E. Weiß, O. Baum, H. Ungar und O. Pick. Diese ›neuprager‹ Literaten versammelten sich im Café Arco und verfügten mit der Zs. »Herder« über ein eigenes Publikationsorgan. Die größte lit.geschichtliche Bedeutung hat die P. d. L. für den ↗ Expressionismus. K. Pinthus datierte dessen Beginn auf den 16. 12. 1911, an dem Brod einer Gruppe von Berliner Studenten und Literaten Werfels Gedicht »An den Leser« vortrug. Schon den Zeitgenossen galt Kafka als der bedeutendste Dichter der P. d.n L. – Nach Hitlers Machtergreifung wurde Prag vorübergehend zu einem Zentrum der dt.sprachigen ↗ Exillit. Die Zeitung »Gegenangriff« diente als antifaschistisches Organ, in dem u. a. E. E. Kisch, E. Toller, H. Eisler und J. R. Becher publizierten. Nach dem Beginn des Zweiten Weltkriegs gingen die meisten Autoren der P. d.n L. in die Emigration.

Lit.: M. Brod: Der Prager Kreis. Stgt. u. a. 1966. – G. Deleuze, F. Guattari: Kafka. Für eine kleine Lit. [frz. 1975]. Ffm. 1976. – K. Krolop: Studien zur P. d.n L. Wien 2005. – I. Fiala-Fürst: Der Beitrag der P. d.n L. zum dt. lit. Expressionismus. St. Ingbert 1996. – E. Goldstücker: Die P. d. L. als historisches Phänomen. In: ders. (Hg.): Weltfreunde. Prag u. a. 1967, S. 21–46. – M. Pazi: Fünf Autoren des Prager Kreises. Ffm. u. a. 1978. – P. Sprengel: Geschichte der dt.sprachigen Lit. 1900–18. Mchn. 2004, bes. S. 285–327. – E. Wichner, H. Wiesner (Hg.): P. d. L. Bln. 1995.   SKL

Prager Schule, eine der Hauptrichtungen des ↗ Strukturalismus. Die P. Sch. ging aus dem 1926 u. a. von V. Mathesius und R. Jakobson gegründeten *Pražský lingvistický kroužek* (Prager Linguistenkreis) hervor. Grundthesen wurden erstmals 1928 auf dem Slawistenkongress in Den Haag vorgetragen. Ab 1932 setzte sich die Bez. ›P. Sch.‹ durch. Aufbauend v. a. auf den Arbeiten von F. de Saussure und in Abgrenzung zur ↗ positivistischen Lit.wissenschaft, definierte die P. Sch. Sprache als synchrones, kommunikative und ästhetische Funktionen erfüllendes System von Aus-

drucksmitteln mit einer auf wechselseitigen Beziehungen zwischen Formen und Funktionen basierenden Struktur. Neben der Begründung der Phonologie durch N. S. Trubetzkoy, Beiträgen zur Morphologie sowie der Erweiterung der Lehren de Saussures um den Funktionsgedanken leistete die P. Sch. Maßgebliches für die ↗ Lit.theorie: Insbes. J. Mukařovský und F. Vodička prägten u. a. die Entwicklung der Lit.-↗ Semiotik und der ↗ Rezeptionsästhetik. Mit der Besetzung Prags 1939 endete die klassische Periode der P. Sch.; der Kreis besteht mit Unterbrechungen jedoch bis heute. Wichtigstes Publikationsorgan der P. Sch. war die internationale Zs. »Travaux du Cercle Linguistique de Prague« (8 Bde., 1929–39). Daneben existiert die seit 1935 erscheinende tschech. Zs. »Slovo a slovesnost« (›Wort und Wortkunst‹).
Lit.: V. Macura, H. Schmid (Hg.): Jan Mukařovský and the Prague School. Potsdam 1999. – W. F. Schwarz (Hg.): P. Sch. Kontinuität und Wandel. Ffm. 1997. – J. Vachek: The Linguistic School of Prague. Bloomington 1966. NH

Pragmatik, f. [gr. *prágma* = Handlung], Lehre vom (sprachlichen) Handeln, welche die kommunikative Dimension von Sprache in den Mittelpunkt stellt. Dafür gibt es drei Möglichkeiten: 1. Aus semiotischer Sicht beschäftigt sich die P. mit der Verwendung des Zeichens, nicht mit seiner Bedeutung oder Kombinatorik. Es wird also zwischen Syntax, Semantik und P. des Sprachzeichens unterschieden. – 2. P. kann ferner als ein Teilgebiet der Linguistik verstanden werden, das jene Bedeutungsaspekte sprachlicher Formen (Wörter, Wortgruppen, Sätze) untersucht, die ohne Bezug auf einen Verwendungszusammenhang nicht beschrieben werden können. P. ist in diesem Fall eine Erweiterung der Semantik, deren Kategorien und Beschreibungsapparate auf mehr oder weniger kontextualisierte Sprachdaten angewendet werden. Dabei bleibt meist unklar, was einen ↗ ›Kontext‹ oder eine ›Situation‹ konstituiert. – 3. Schließlich wird P. als eine Theorie des sprachlichen Handelns aufgefasst, die das Ziel hat, die zeichenzentrierte, reduktionistische Sprachauffassung der Linguistik zu überwinden. Die Analyse sprachlicher Handlungen erfordert aus dieser Sicht v. a. die Rekonstruktion kommunikativer Zwecke ausgehend von empirischen Texten und Diskursen.
Lit.: J. L. Austin: Zur Theorie der Sprechakte [engl. 1962]. Stgt. ²1998. – K. Bühler: Sprachtheorie [1934]. Stgt. ³1999. – K. Ehlich: P. In: RLW. – Ch. W. Morris: Grundlagen der Zeichentheorie [engl. 1938]. Ffm. 1972. – J. Rehbein: Komplexes Handeln. Stgt. 1977. – J. R. Searle: Speech acts. Cambridge 1969. – J. Verschueren u. a. (Hg.): Handbook of pragmatics. Amsterdam 1995. BME

Pragmatisierung, das Funktionalisieren lit. Formen für nicht-lit. Handlungszusammenhänge, denen sich Lit. formal und inhaltlich zu unterwerfen habe. Der P. wird die ›Entpragmatisierung‹ als Behauptung lit. Autonomie konzeptuell gegenübergestellt. BME

Prägnant, Adjektiv [im späten 17. Jh. gebildetes Lehnwort; von frz. *prégnant*, lat. *praegnans* = schwanger, inhaltsvoll, gedankenschwer], Eigenschaft von sprachlichen Gebilden (Texten oder einzelnen Formulierungen), Kunstwerken und künstlerischen Darbietungen: Verbindung von großem Bedeutungsreichtum mit einem hohen Maß an ↗ Klarheit, ↗ Angemessenheit, ↗ Anschaulichkeit und Einfachheit. Ebenso gebräuchlich wie das Adjektiv ist die Substantivierung ›Prägnanz‹. ›P.‹ und ›Prägnanz‹ sind keine Begriffe der klassischen ↗ Rhet., sondern moderne Neuprägungen, die bes. häufig in der ↗ Lit.kritik, der ↗ Theaterkritik und allg. im ↗ Feuilleton begegnen und eine ganze Reihe positiv konnotierter Kategorien der Rhet. miteinander zu verbinden suchen. Neuerdings hat der Romanist H. U. Gumbrecht im Rahmen seiner Ästhetik der ›Präsenz‹ (eines benachbarten Hochwertbegriffs) vorgeschlagen, ›Prägnanz‹ als die Fähigkeit der romanistischen Lit.wissenschaft zu würdigen, »die Aufmerksamkeit der Leser auf die Konkretheit der lit. Texte« zu richten, »ihr eine Form« zu geben und sich damit auf die philologische Kernkompetenz »p.er Text- und Sprachbeschreibung« zu konzentrieren.
Lit.: H. U. Gumbrecht: Einladung ins Reich der Sinne. In: Frankfurter Allgemeine Zeitung vom 28.9.2005. – K. Müller: Prägnanz, p. In: HWbPh. – G. Strauß u. a.: Brisante Wörter. Bln., NY 1989, S. 692–694. DB

Praktik, f. [mlat. *practica* = Übung, Praxis], Bez. für seit dem 15. Jh. verbreitete, volkstümliche ↗ Kalender mit astrologischen Wettervorhersagen, allg. Prophezeiungen, Horoskopen, medizinischen Ratschlägen (z. B. Aderlasszeiten) usw. Bis 1849 immer wieder aufgelegt wurde z. B. die »Bauern-P.« von 1508. Die beliebten Nachbildungen der lat. Prognostica (Wetterregeln) für ein einfaches Publikum wurden früh Zielscheibe satirischer Darstellungen; am bekanntesten sind J. Fischarts »Aller Practick Großmutter« (1572) und F. Rabelais' »Pantagrueline Prognostication« (1533). GS/Red.

Prätext, m. [aus lat. *prae* = vor, *textus* = Geflecht, Gewebe, Text], in der Theorie der ↗ Intertextualität Bez. für einen (älteren) Bezugstext, aus dessen Transformation (↗ Adaption) ein anderer (jüngerer) Text hervorgegangen ist. – Im Unterschied zu Formen der Intertextualität, die einen punktuellen Bezug bezeichnen (↗ Anspielung, ↗ Zitat), meint das Verhältnis von P. und Text einen für die ↗ Gestalt des Textes als Ganzen konstitutiven Bezug: Ohne den P. hätte der Text nicht die Gestalt, die er hat; zugleich können sich sowohl verschiedene Texte auf denselben P. als auch ein Text auf verschiedene P.e beziehen. (Vergils »Aeneis« und J. Joyce' »Ulysses« transformieren beide Homers »Odyssee« als ihren P.; ein wichtiger P. für »Ulysses« ist aber auch W. Shakespeares »Hamlet«.) Über die Art der Merkmale eines P.es, die transformiert werden (lit. Verfahren, ↗ Strukturen, ↗ Motive, ↗ Figuren, ↗ Stile), sowie über die Art der Transformation (↗ Parodie, ↗ Kontrafaktur, ↗ Imitatio [1 b]) sagt der Begriff ›P.‹

selbst noch nichts aus. Allerdings unterscheidet das Element der Transformation als variierender Übernahme die Beziehung zwischen P. und Text klar von der Beziehung zwischen Text und ↗ Kommentar. Texte, auf die sich andere Texte immer wieder als P.e beziehen, gewinnen dadurch Autorität und werden Teil des ↗ Kanons. Ebenso können sie dadurch auch gattungskonstitutiv werden. Dies begründet die Tendenz in der Intertextualitätsforschung, auch Bezüge auf als Einzeltexte nicht fassbare lit. Entitäten (↗ Gattungen, ↗ Mythen, rhet. Regelwerk) analog zum Verhältnis zwischen P. und Text zu denken. – Genette verwendet anstelle von ›Text‹ und ›P.‹ das Begriffspaar ↗ ›Hypertext/Hypotext‹.

Lit.: U. Broich, M. Pfister (Hg.): Intertextualität. Tüb. 1985. – G. Genette: Palimpseste [frz. 1982]. Ffm. 1993. – P. Stocker: Theorie der intertextuellen Lektüre. Paderborn 1998. BA

Predigt, f. [lat. *praedicare* = öffentlich ausrufen, verkündigen], der mündliche Vortrag geistlicher Lehre oder die verschriftete Form dieses Vortrags. – 1. Den Hauptformen nach zu unterscheiden ist zwischen der *Homilie*, die biblische ↗ Perikopen auslegt, und dem thematisch freieren ↗ *Sermo* (3). Gegenstand philologischer Analyse ist die vor oder nach dem Vortrag – meist durch den Predigenden selbst – aufgeschriebene P. (2). – Religiöse Rede, die biblischen Text auslegte, kannte bereits das Judentum zur Zeit Jesu. Am Sabbat wurde in den Synagogen über feste Perikopen gepredigt. Jesus stellte sich in diese Tradition. Sie wurde im Urchristentum fortgesetzt. Das NT bietet einige Beispiele für P.en (etwa Apg 2, 14–39; 3, 12–26). Die Briefe des Paulus enthalten Material, das er in seinen P.en verwendete. – Im MA. wurde vor Laien in der Regel dt., vor Geistlichen lat. gepredigt. Seit karolingischer Zeit existierte eine Perikopenordnung. Die P. des Gemeindepfarrers fand, eingebunden in den Gottesdienst, an Sonn- und Festtagen statt. Seit dem 13. Jh. traten die Prediger der Bettelorden, der Dominikaner und Franziskaner, in (übermächtige) Konkurrenz zur Pfarrgeistlichkeit. Obwohl von bedeutenden Predigern wie dem Dominikaner Meister Eckhart (gestorben 1328) vereinzelt Hörermitschriften existieren, wissen wir über den Inhalt des Vortrags meist nur aufgrund autorisierter Schriftfassungen, die erbaulicher Lektüre dienen oder als Musterpredigten verwendet werden sollten (↗ Postille). Die rhet. wirkungsvoll stilisierten Sermones des Franziskaners Berthold von Regensburg (Mitte des 13. Jh.s) sind reine Schriftpredigten. Intellektuelle wie der Tübinger Professor Gabriel Biel (gestorben 1495) oder der Straßburger Domprediger Geiler von Kaysersberg (1445–1510) predigten zumeist dt. auf der Grundlage lat. Kurzfassungen. Der Weg vom Sermo zum ↗ Traktat und zurück war kurz. Der bedeutenden Stellung der P. im MA. gemäß entstand eine Fülle homiletischen Schrifttums (Predigtlehren) und entsprechender Hilfsmittel (Konkordanzen, Exempelsammlungen). – Der Protestantismus nahm das Abendmahl aus dem Zentrum des Gottesdienstes, setzte programmatisch auf die Wortverkündigung, baute die Kirchen zu P.-Kirchen aus (hölzerne Emporen), wahrte jedoch in vielen Punkten Kontinuität: Die P. behielt die zentrale Funktion, die Gemeinde in Glaubensdingen zu unterweisen, auch wenn sich die Glaubensinhalte gewandelt hatten. M. Luther und Ph. Melanchthon veröffentlichten ↗ Postillen zur stillen Lektüre. Im ↗ Pietismus wurde die P. v. a. als Teil der ↗ Erbauungslit. verstanden. Die zur sittlichen Besserung der Gemeinde gedachte P. der Aufklärung sprach dagegen v. a. die Ratio an. Die heutige P. in beiden Konfessionen versucht, Deutungsangebote biblischer Texte verstärkt auf gegenwärtige Lebenswelten zu beziehen. CF

2. Die Thematisierung und der Gebrauch der P. in fiktionaler Lit. ist seit dem MA. nachweisbar; in der Neuzeit steht die lit. P. im Zeichen der Säkularisation und nähert sich daher häufig der profanen ↗ Rede an (Jean Paul: »Friedens-P. an Deutschland«, »Rede des toten Christus vom Weltgebäude herab, daß kein Gott sei«). In der Lit. der ↗ Romantik nimmt die P. eine wichtige Stellung ein, die im Zusammenhang der breiten ↗ MA.-Rezeption der Zeit und der Konversion vieler Autoren zu sehen ist (C. Brentano, Z. Werner). Aber auch ein zentraler Text des Protestantismus um 1800, F. D. E. Schleiermachers »Reden über die Religion« (1799), ist dem Genre der P. zuzurechnen. Eine zentrale erzählerische Gelenkfunktion als ↗ Vorausdeutung auf kommendes Unheil hat die P. in H. Melvilles »Moby-Dick; or, the Whale« (1851). Im 20. Jh. ist die P. nur noch selten Thema der Lit. DB

Lit. zu 1.: B. Hasebrink, H.-J. Schiewer: P. In: RLW. – W. v. Meding (Hg.): P.en von protestantischen Gottesgelehrten der Aufklärungszeit. Darmstadt 1989. – V. Mertens, H.-J. Schiewer (Hg.): Die dt. P. im MA. Tüb. 1992. – B. Moeller, K. Stackmann: Städtische P. in der Frühzeit der Reformation. Gött. 1996.
Zu 2.: N. Saul: »Prediger aus der neuen romantischen Clique«. Zur Interaktion von Romantik und Homiletik um 1800. Würzburg 1999.

Predigtmärlein, kurze Erzählung (auch Legende, Anekdote, Sage, Fabel oder Schwank), die zum Zweck der Exemplifizierung der kirchlichen Lehre, zur Unterweisung oder Unterhaltung in die ↗ Predigt des MA.s (dort meist ↗ ›Exempel‹ genannt) und der Barockzeit, zuweilen auch späterer Epochen, eingeschaltet ist. Die Sammlungen der P. gelten als wichtige Quellen für die europäische Erzählforschung.
Texte: E. Moser-Rath (Hg.): P. der Barockzeit. Bln. 1964.
Lit.: K. Grubmüller: P. In: RLW. MGS

Predigtspiel, von Mitgliedern des Franziskanerordens in Italien begründete Sonderform des ↗ geistlichen Spiels, die nur im Rahmen einer vielgestaltigen Tradition des geistlichen Schauspiels in it. Städten zu verstehen ist. Sie ist typologisch abzugrenzen von der ↗ Lauda, einem aus dem Gesang während der Prozes-

sion erwachsenen Spiel (↗ Prozessionsspiel), den reicher ausgestatteten *devozioni*, und der ↗ *sacra rappresentazione*, in der *devozioni* und städtisches Festspiel verschmelzen. – Im P. gehen Wortverkündigung und szenische Darstellung eine Symbiose ein. Der Prediger figuriert als ›Spielleiter‹, indem er Szenen ankündigt, die in ↗ Lebenden Bildern realisiert werden. Trat 1448 ein kreuztragender Christus aus dem Dom von Perugia, um unter den Erläuterungen des Bußpredigers Robert von Lecce im Angesicht der laut klagenden Gemeinde auf dem Domplatz gekreuzigt zu werden, wurde 1507 in Laval (Südfrankreich) eigens eine Bühne im Kirchenraum installiert, auf der sich der Vorhang durch den Ruf des Predigers (»Ostendite!« = ›Zeigt vor!‹) zu insgesamt vierzig Bildern hob.
Lit.: P. de Julleville: Les mystères. Paris 1880. – H. Kindermann: Das Theaterpublikum des MA.s. Salzburg 1980, S. 201–220.   CF

Preisgedicht, poetisches Lob von Personen (Gott, Göttern, Heiligen, Fürsten, Frauen, Dichtern, Freunden), Städten und Ländern, Sachen (Wein, Musik, Natur, Jahreszeiten) und Idealen (Freundschaft, einfaches Leben, Freiheit); auch dt. Sammelbez. für ↗ Enkomion, ↗ Hymne, ↗ Panegyrikus, ↗ Laudatio, ↗ Eloge usw. ↗ Preislied.
Lit.: A. Georgi: Das lat. und dt. P. des MA.s. Bln. 1969. – J. R. Pass: Effigies et poesis. Wiesbaden 1988.   HER

Preislied, Gattung der ↗ germ. und mal. Dichtung: panegyrisch-episches Lied, das, z. T. im Wechselgesang zweier Berufssänger, an germ. Fürstenhöfen vorgetragen wurde; verherrlichte Taten und Tugenden von Fürsten. Überliefert sind P.er nur in späten nordgerm. Quellen (↗ Skaldendichtung); für die Frühzeit sind sie bezeugt bei Tacitus, Priskos (über Attilas Trauerfeier) und im »Beowulf«. – Die weltliche mal. Lyrik kennt neben dem Fürstenpreis (Walther von der Vogelweide, spätere Spruchdichter) auch den Frauenpreis des ↗ Minnesangs.
Lit.: O. Ogede: Art, Society and Performance. Gainesville u. a. 1997.   HER

Premiere ↗ Uraufführung.

Prenonym ↗ Pseudonym.

Prenzlauer Berg, Stadtteil (Ost-)Berlins und metonymischer Ausdruck für die dort agierende lit. Szene. Im P. B. entstand seit den 1980er Jahren die Lit. einer Gruppe von Autoren (u. a. W. Hilbig, G. Neumann, B. Papenfuß, P. Wawerzinek), die sich den von der Kulturpolitik der DDR ausgegebenen Richtlinien verweigerte, sich sprachkritisch artikulierte und avantgardistische Züge aufwies. Die Lit. des P. B.s war eine Gegenkultur und schon deshalb politisch, auch wenn politische Themen in ihr keine Rolle spielten. Als kurz nach der Wende von 1989 öffentlich wurde, dass zwei Hauptvertreter der Lit. des P. B.s, S. Anderson und R. Schedlinski, inoffizielle Mitarbeiter der DDR-Staatssicherheit gewesen waren, traf der Vorwurf, die Lit. des P. B.s sei nicht autonom, sondern von der Staatssicherheit nur geduldet gewesen, zu Unrecht die gesamte Szene.

Lit.: R. Berbig u. a. (Hg.): Zersammelt. Die inoffizielle Lit.szene der DDR nach 1990. Bln. o. J. [2001]. – P. Böthig, K. Michael: MachtSpiele. Lit. und Staatssicherheit im Fokus P. B. Lpz. 1993. – P. Böthig: Grammatik einer Landschaft. Lit. aus der DDR in den 80er Jahren. Bln. 1997.   MO

Preziöse Literatur [frz. *précieux* = kostbar, maniriert, gespreizt], lit. Ausdruck eines gesellschaftlichen Phänomens, das auf eine Verfeinerung der Umgangsformen, der allg. Lebensführung und der frz. Sprache hinwirkte. Das Preziösentum (frz. *préciosité*) entstand im zweiten Drittel des 17. Jh.s im Umkreis aristokratischer Pariser ↗ Salons, deren wichtigster die *chambre bleue* der Marquise de Rambouillet war; hier verkehrten Politiker, Gelehrte und Dichter (Kardinal Richelieu, F. de Malherbe, P. Corneille, Mme de Lafayette, Mme de Sévigné). Getragen wurde die Bewegung vornehmlich von gebildeten Frauen, die sich selbst als *les précieuses* bezeichneten und in Anlehnung an den ↗ Petrarkismus und die ↗ École Lyonnaise einen Frauenkult ausbildeten. Das Bemühen um sprachlichen ↗ Purismus äußerte sich in einer manierierten, bilderreichen Sprache, die das konkrete Wort durch eine Paraphrase substituierte (z. B. *ameublement de la bouche* = ›Möblierung des Mundes‹ für ›Zähne‹). Gemeinsam pflegte man in den Salons poetische Kleinformen wie ↗ Epigramm, ↗ Aphorismus, ↗ Rätsel und lit. Porträt; Dichter der p.n L. sind V. Voiture, J.-L. Guez de Balzac, G. Ménage, La Calprenède. Geblieben sind von der p.n L. v. a. die heroisch-galanten Romane der M. de Scudéry (»Clélie«, 1654/60), die neben Schlüsselporträts bekannter Zeitgenossen eine allegorische »Carte du Tendre« enthalten, in deren Topographie die Liebe nicht auf Leidenschaft, sondern auf rationaler Wertschätzung der Frau basiert. Die Sprache der Preziösen und der von ihnen propagierte Verhaltenskodex in der Liebe bargen die Gefahr der Übertreibung; diese Auswüchse verspottete Molière in seinen Komödien »Les précieuses ridicules« (1659) und »Les femmes savantes« (1672). Auch das zeitgenössische »Dictionnaire des Précieuses« von A. B. de Somaize (1661) mokierte sich über diese Strömung.
Lit.: R. Duchêne: Les précieuses ou comment l'esprit vient aux femmes. Paris 2001. – R. Kroll: Femme poète: Madeleine de Scudéry und die ›poésie précieuse‹. Tüb. 1996. – R. Lathuillère: La préciosité. Genf 1966. – M. Maître: Les précieuses. Paris 1999. – W. Zimmer: Die lit. Kritik am Preziösentum. Meisenheim 1978.   WG

Priamel, n. [Herkunft ungeklärt, vielleicht von lat. *praeambulum* = Einleitung, Vorspiel], eine Gattung fast ausschließlich der Nürnberger Lit. zwischen 1460 und 1530. Ein P. besteht aus meist zehn bis vierzehn (gelegentlich mehr) Reimpaarversen, die in oft anaphorisch verbundenen Sätzen Unterschiedliches auflisten, das abschließend in einem pointierten Schluss unter einem übergeordneten Gesichtspunkt miteinander verbunden wird. Oft weit in die Geschichte der Spruchweisheit zurückgreifend, etablierte sich die Gattung in die-

ser Form unter dem Einfluss Hans Rosenplüts (um 1400–1460/70), der rund 140 P.n schuf, im Nürnberg des späteren 15. Jh.s. Dort wurden seine Texte und diejenigen zahlreicher anonymer Nachahmer, die gelegentlich auch Eingang ins ↗ Fastnachtspiel fanden, bereits unter diesem Begriff gesammelt und mit anderen Texten zusammengestellt. Mit älterer ↗ Spruchdichtung verbindet das P. der mal auf Komik setzende, mal in allem Ernst formulierte Versuch, die wichtigsten Normen des Lebens in dieser Welt zu vermitteln oder ein Verhalten zu propagieren, das Gott gefällig ist. G. E. Lessing entdeckte in Nürnberger Hss. der Wolfenbütteler Bibliothek als Erster P.n, J. J. Eschenburg gab 1781 und 1799 die ersten P.n heraus.
Texte: K. Euling (Hg.): Hundert noch ungedruckte P.n des 15. Jh.s. Münster 1887.
Lit.: G. Dicke: P. In: RLW. – K. Euling: Das P. bei Hans Rosenplüt. Breslau 1905. – S. Hallik: P. In: HWbRh. – H. Kiepe: Die Nürnberger P.dichtung. Mchn. 1984.
                                                                        JHN
Priapeia, n. Pl., auch: Priapea; Gedichte erotischen bis obszönen Inhalts, auf den Namen des gr. Fruchtbarkeitsgottes Príapos (lat. Priapus), Sohn des Dionysos und der Aphrodite (hervorstechendes Merkmal: übergroßer erigierter Penis), rekurrierend. Zweierlei Traditionen sind zu unterscheiden: 1. P. im engeren Sinne, meist dem Priapus in den Mund gelegte Gedichte der röm. Kaiserzeit, zunächst auf Gartenstatuen oder in Amuletten eingraviert, durch den alexandrinischen Dichter Euphronios (3. Jh. v. Chr.) zur lit. Gattung erhoben; weitere P. stammen u. a. von Horaz, Catull und Martial. – 2. Als ›P.‹ im weiteren Sinne werden seit dem Spät-MA. entstandene Dichtungen bezeichnet, in denen anthropomorphisierte Genitalien in ungezügelter Kraft handelnd auftreten (»Der Traum am Feuer«, »Das Nonnenturnier« oder »Der Rosendorn«, alle 15. Jh.). Insofern die P. erfolgreich die allwaltende Überlegenheit des Geschlechtlichen über alle Kulturzustände zu belegen suchen, gehören sie als definierendes Genre in die Ökonomie der mal. Lit., in deren Überlieferung sie sich übergangslos zwischen Kleinepik und Lyrik einreihen. Bedeutendste P.-Hs. ist der Codex Weimar Q 565 (15. Jh., aus Nürnberg). Boccaccio besaß die älteste Hs. antiker »Carmina P.« (80 Nummern). Produktiv knüpften an die antiken P. Autoren des ↗ Humanismus (Simon Lemnius: »Monachopornographeia«, 1540) und der ↗ Weimarer Klassik an. J. W. Goethe kommentierte 1790 auf Lat. einige »Carmina P.«, deren Druck (Passau 1664) sich in seinem Besitz befand. Anklänge in seinen »Röm. Elegien« (Nr. 23 f.) und »Venezianischen Epigrammen« (Nr. 142) bezeugen seine Rezeption der P.
Lit.: W. H. Parker (Hg.): P. Ldn. 1988. – P. Strohschneider: Der tuorney von dem czers. Versuch über ein priapeiisches Märe. In: J. Ashroft (Hg.): Liebe in der dt. Lit. des MA.s. Tüb. 1987, S. 149–173.   CF
Priapeus, m. [gr.-lat.], ↗ äolisches Versmaß der Form
$\bar{v}\,\bar{v}-vv-v-\|\bar{v}\,\bar{v}-vv--$, benannt nach dem gr.

Fruchtbarkeitsgott Priapos; Verbindung eines ↗ Glykoneus mit einem ↗ Pherekrateus, ↗ Dihärese nach dem Glykoneus; bezeugt bei Sappho und Anakreon, in den »Priapea«, bei Catull, Vergil und Maecenas.   HW/SHO
Primärliteratur [frz. *primaire* = zuerst vorhanden], diejenigen meist dichterischen oder philosophischen Werke, welche mit Hilfe der ↗ Sekundärlit. interpretiert und vermittelt werden.   GS/Red.
Printing on Demand ↗ Druck.
Print on Demand ↗ Druck.
Pritschmeisterdichtung, in der Tradition der ↗ heraldischen Dichtung des MA.s stehende Gelegenheits- und Stegreifdichtung des 16. und 17. Jh.s. Ihre Verfasser, die Pritschmeister, sind benannt nach der Pritsche, einem Schlag- und Klapperholz, mit dem die Aufmerksamkeit der Zuhörer erregt wurde. Sie hatten die Aufgabe, fürstliche und reichsstädtische Feste, Hochzeiten, Turniere, Schützenfeste und hochgestellte Persönlichkeiten poetisch zu verherrlichen. Ihre meist in Versen abgefassten Beschreibungen wurden nur gelegentlich gedruckt. Vertreter sind Lienhart Flexel, Hans Weyttenfelder und Heinrich Wirri sowie der mit mehr als siebzig Dichtungen am Dresdner Hof engagierte Wolfgang Ferber der Ältere (erste Hälfte des 17. Jh.s). Vgl. die späteren ↗ Hofdichter.   MGS
Privilegienwesen ↗ Urheberrecht.
Problemgeschichte, philosophisch orientierte Richtung der ↗ geistesgeschichtlichen Lit.wissenschaft, begründet von R. Unger; P. versucht im Anschluss an W. Dilthey, die den lit. Werken zugrunde liegenden psychischen Probleme und deren geistig-seelische Bedingungen aufzudecken. Hauptwerk: R. Unger: Hamann und die dt. Aufklärung (1911).
Lit.: D. Werle: Modelle einer lit.wissenschaftlichen P. In: JbDSG 50 (2006), S. 478–498.   GS/Red.
Problemstück, Drama, das ein konkretes, meist aktuelles soziales, gesellschaftskritisches oder politisches Thema behandelt, im Unterschied zu dem auf allg. Menschheitsfragen bezogenen ↗ Ideendrama. Handlung, Charaktere und Sprache des P.s sind im Hinblick auf das Problem konstruiert; die Handlung spielt meist in einer realistisch gezeichneten Gegenwart. Während im ↗ Thesen- oder Tendenzstück (↗ Tendenzdichtung) ein Aspekt hervorgehoben, eine bestimmte Meinung verfochten wird, setzt sich das P. mit verschiedenen Aspekten eines Problems auseinander. Beispiele für P.e sind W. Shakespeares »Measure for Measure« (1604, Thema: Recht), A. Camus' »Les justes« (1949, politischer Mord) und M. Frischs »Andorra« (1961, Antisemitismus). – Die Kategorie erweist sich aus heutiger Sicht als stark durch die ↗ ›Problemgeschichte‹ im Sinne R. Ungers geprägt und nicht sehr trennscharf. Sie sollte daher nur noch mit großer Vorsicht gebraucht werden.   IS/AHE
Produktionsästhetik, f. [von lat. *producere* = hervorbringen], 1. im weiteren Sinn Sammelbez. für Theorien der Entstehung von Kunstwerken, des künstleri-

schen Prozesses oder der künstlerischen Kreativität; 2. im engeren Sinn Sammelbez. für Theorien, die den Begriff der ↗ Kunst oder den des Kunstwerks vom Begriff der ästhetischen Produktion her explizieren; solche P.en werden zuerst im Kontext der ↗ idealistischen Ästhetik entwickelt. – Zu 1.: Historisch gesehen geht die P. aus der ↗ Poetik hervor, worunter seit Aristoteles die Lehre von der künstlerischen, insbes. der sprachkünstlerischen *poíēsis* oder Produktion verstanden wird. Die übliche Entgegensetzung von deskriptiver und normativer Poetik ist irreführend, da auch vermeintlich deskriptive Poetiken wie die aristotelische normative Aussagen enthalten. Sinnvoller wäre eine grobe Unterscheidung zwischen ›theoretischer‹ und ›praktischer Poetik‹ (Regelpoetik). Die theoretische Poetik umfasst Texte von der »Poetik« des Aristoteles bis zu G. E. Lessings »Hamburgischer Dramaturgie«, die praktische Poetik Werke von der »Ars poetica« des Horaz bis zu J. Ch. Gottscheds »Versuch einer critischen Dichtkunst«. – Zu 2.: Als Beginn der P. im engeren Sinn gilt Kants Lehre vom ↗ Genie als dem Vermögen der Darstellung ästhetischer Ideen in der »Kritik der Urteilskraft« (1790). Mit dieser gelegentlich als ›Genieästhetik‹ bezeichneten Theorie ist eine Absage an die Regelpoetik verbunden, da Genie nicht lehrbar ist. F. Schiller, F. Schlegel und Jean Paul knüpfen an Kants P. an, während G. W. F. Hegel der P. im engeren Sinn eine Absage erteilt. In den marxistischen Ästhetiken werden Fragen der P. meist im Kontext des Basis-Überbau-Schemas diskutiert. – In der heutigen kunsttheoretischen Debatte können die produktionsästhetischen Ansätze in ›intentionalistische‹ und ›expressivistische‹ Positionen eingeteilt werden: Intentionalistische Theorien versuchen, den Begriff der Kunst, des Kunstwerks oder auch der Werkbedeutung unter Rückgriff auf den Begriff der künstlerischen ↗ Intention zu explizieren (vgl. Hirsch). Expressivistische Theorien setzen dagegen neben oder an die Stelle von Intentionen unbewusste Antriebe wie undurchschaute oder verdrängte Wünsche oder Ängste und deuten Kunstproduktion als deren Ausdruck, häufig in Anlehnung an psychoanalytische Theoriebildung (vgl. Wollheim).
Lit.: A. Gethmann-Siefert: Einf. in die Ästhetik. Mchn. 1995. – E. D. Hirsch: Validity in Interpretation. New Haven, Ldn. 1967. – H. Pfeiffer: P. In: RLW. – R. Schmücker: Was ist Kunst? Mchn. 1998. – R. Wollheim: Art and its Objects [1968]. Cambridge ²1980.
HTE

Produktionsdramaturgie ↗ Dramaturg.
Produktionstheorie ↗ Rhet.
Professorenroman ↗ antiquarische Dichtung, ↗ Campusroman, ↗ historischer Roman.
Programm, n. [gr. *prógramma* = öffentlicher Anschlag], 1. Darlegung von Zielen, Richtlinien, Grundsätzen oder Produktionsvorhaben durch politische Parteien (Parteiprogramm), lit. Gruppen (↗ Manifest) oder Unternehmen (Verlagsprogramm); 2. festgelegte Folge von Darbietungen innerhalb eines bestimmten Zeitraums (Theaterspielplan, Fernseh-, Rundfunkprogramm) oder innerhalb einer Veranstaltung (Fest-, Konzert-, Tagungsprogramm), auch Bez. für gedruckte Zettel oder Broschüren mit diesen u. a. Angaben (z. B. Namen der Mitwirkenden, Einf.en, biographische Abrisse, ↗ Theaterzettel); 3. im 19. Jh. Bez. der anlässlich einer Schulfeier verfassten Schrift, oft mit einer wissenschaftlichen Abhandlung (Schulprogramm). GS/Red.
Programmmusik ↗ Musik und Lit.
Projektion, f. [lat. *proiectio* = Vorwerfen, Hervortretenlassen], 1. vergrößerte Wiedergabe eines Bildes auf einer meist hellen und ebenen Fläche (z. B. Leinwand) mit Hilfe eines Projektors. Das Bild kann statisch (Diapositiv, Folie) oder beweglich (↗ Film) sein; heute ist es auch elektronisch erzeugbar (›Power-Point-Präsentation‹ mit Hilfe eines Beamers). Die P. kann Hauptbestandteil der fotografischen Präsentation (›Diashow‹) sein oder der Veranschaulichung kunstgeschichtlicher und anderer auf Bilder angewiesener kulturwissenschaftlicher ↗ Vorträge dienen. Sie ist der abschließende mediale Vorgang der Präsentation von Filmen im Kino. Auf der ↗ Bühne des ↗ Theaters ersetzen oder ergänzen P.en seit dem 20. Jh. die ↗ Kulisse. Seit den 1990er Jahren präsentieren Video-P.en in zahlreichen ↗ Inszenierungen eine (teils aufgezeichnete, teils in Echtzeit gefilmte und wiedergegebene) Parallelhandlung zum auf der Bühne selbst ablaufenden Geschehen. Wichtiger Bestandteil sind P.en auch in als ↗ Gesamtkunstwerken konzipierten Rockkonzerten seit den 1970er Jahren. – 2. Übertragung eigener Vorstellungen, Gefühle und Wünsche auf andere, z. B. beim identifikatorischen Lesen (↗ Identifikation). Begriff der ↗ Lit.psychologie, bes. der ↗ psychoanalytischen Lit.wissenschaft.
Lit.: J. Müller-Tamm: Abstraktion als Einfühlung. Zur Denkfigur der P. in Psychophysiologie, Kulturtheorie, Ästhetik und Lit. der frühen Moderne. Freiburg 2005.
DB
Prokatalepsis, f. [gr. = das Zuvorkommen], ↗ Antizipation.
Prokeleusmatikus, m., antiker Versfuß aus vier kurzen Silben (v v v v), sog. Brachysyllabus; entsteht in der Regel entweder aus Auflösung der Länge eines ↗ Anapäst oder eines ↗ Daktylus; als selbständiges Versmaß nicht bezeugt. GS/Red.
Prokephal, Adjektiv [gr. = vor dem Kopf, Anfang], in Analogie zu gr. ↗ akephal gebildetes Adjektiv zur Kennzeichnung eines Verses, der am Anfang um eine unbetonte Silbe verlängert ist (↗ Auftakt). GS/Red.
Prolegomena, n. Pl. [gr. = das im Voraus Gesagte], Sg. *Prolegomenon*; Vorrede, Vorbemerkungen, Einf.(en) zu größeren wissenschaftlichen Werken, vgl. z. B. »P. ad Homerum« von F. A. Wolf (1795). GS/Red.
Prolepse, f. [gr. *prólēpsis* = Vorausdeutung, Vorgriff; von *pro-lambánein* = vorwegnehmen; engl. *flashforward*], erzählerische Vorwegnahme, durch welche die chronologische Reihenfolge der *story* (*histoire*) zugunsten eines ›in der Zukunft‹ liegenden Ereignisses

unterbrochen wird. – Analog zur Analyse von ↗ Analepsen können P.n mit Hilfe der Kategorien ›Reichweite‹ und ›Dauer‹ differenziert werden. P.n kommen deutlich seltener vor als Analepsen; mitunter sind sie leicht zu verwechseln mit Ellipsen (Zeitsprüngen, die durch die Aussparung von Ereignissen entstehen, ohne dass dadurch die chronologische Reihenfolge verändert würde) oder mit einer bloßen Rückkehr zur Ebene der sog. Basiserzählung nach Abschluss einer Analepse. – Ein Vorläufer des von Genette geprägten Terminus ist Lämmerts Begriff ↗ ›Vorausdeutung‹.
Lit.: G. Genette: Die Erzählung [frz. 1972/83]. Mchn. 1994, S 45–54. – E. Lämmert: Bauformen des Erzählens. Stgt. 1955, S. 139–192.   DBI

Prolepsis, f. [gr. = Vorwegnahme], 1. ↗ rhet. Figur, gr. Bez. für ↗ Antizipation; 2. sinnbetonte Voranstellung eines aus der normalen Syntax gelösten Wortes oder Satzteils: »Mir welch ein Moment war dieser!« (J. W. Goethe: »Tasso«); durch P. kann die rhet. Figur des ↗ Hyperbatons entstehen.   GS/Red.

Proletkult [russ. *Proletarskaja Kultura* = proletarische Kultur], sowjetruss. Bewegung (organisiert seit September 1917), die unter Negierung der bürgerlichen Traditionen eine spezifisch proletarische Massenkultur entwickeln wollte. Für die Theoretiker des P.s wie A. Bogdanov war nicht die Sozialisierung der Produktionsmittel, sondern die geistig-kulturelle Erziehung des Proletariats die Voraussetzung zur Aufhebung der Klassen (›Lit. von Proletariern für Proletarier‹). Der P. versuchte, dieses Ziel durch umfangreiche Erziehungsarbeit in Bildungszentren und Kulturzirkeln möglichst unabhängig von der Kommunistischen Partei umzusetzen. Das Proletariat galt als ›der Große Künstler‹, dessen Kunst sich in der Sphäre eines kollektiven Wir abzuspielen und jegliche Reminiszenz an frühere Kulturleistungen rigoros abzulehnen habe. Nach Lenins Verurteilung der Lehre Bogdanovs und der Autonomiebestrebungen der Bewegung (1920 f.) sank die Bedeutung des P.s; 1923 wurde er zur ›gefährlichen Abweichung‹ erklärt. Die bedeutendsten Mitglieder des P.s waren neben Bogdanov v. a. Gastev, Gerasimov, Lunatscharski, Bessal'ko, Kalinin, Kercenev und Lebedev-Poljanski.
Lit.: W. Gorbunow: Lenin und der P. [1974]. Bln. 1979. – P. Gorsen, E. Knödler-Bunte: P. 2 Bde. Stgt. 1974/75. – G. Gorzka: A. Bogdanov und der russ. P. Ffm. 1980. – R. Lauer: Geschichte der russ. Lit. Mchn. 2000, S. 594–599.   KH

Prolog, m. [gr. *prológos* = Vorrede, Vorspruch], Einleitung eines dramatischen (seltener auch eines epischen) Werks, die als integrierter oder selbständiger Teil szenisch dargestellt oder (monologisch oder dialogisch) von Figuren des Werks oder von einer nur im P. auftretenden Figur (im Drama des 16. Jh.s z. B. einer Personifikation, im modernen Drama einem ›Sprecher‹) verantwortet wird. – Funktionen des P.s sind v. a. Begrüßung des Publikums, Information (z. T. als eine Art ↗ Exposition) über das Stück, auch Verdeutlichung von

Handlungsstrukturen oder Vorausdeutung auf den Schluss (Möglichkeit der Rahmentechnik in Verbindung mit einem ↗ Epilog). Der P. kann ferner ideologische Reflexionen enthalten, didaktische, moralische oder sozialkritische Anliegen erörtern, auch eine Selbstdeutung des Werks durch den Autor sein. Der P. kann zweigeteilt sein in einen *prologus praeter rem* (↗ Proömium) mit unmittelbarer Wendung des Autors an die Leser oder Hörer und einen *prologus ante rem* mit Hinweisen auf das Werk und seine Geschichte und Tendenzen (z. B. im »Tristan« Gottfrieds von Straßburg). – Eine selbständige Form des P.s ist der sog. *Festprolog*, der zu bes. Anlässen gehalten wurde (z. B. die P.e J. W. Goethes zur Eröffnung des Weimarer Hoftheaters unter seiner Leitung 1791). – Nach Aristoteles, der den P. als den vor der ↗ Parodos stehenden ersten Teil des Dramas bezeichnet, soll Thespis (ca. 500 v. Chr.) der ›Erfinder‹ des P.s sein. Die den gr. Tragödien (z. B. den »Persern« des Aischylos), Komödien (u. a. der »Lysistrata« des Aristophanes) und Satyrspielen (z. B. dem »Kyklops« des Euripides) oft vorangestellten P.e zeigen bereits deren vielfältige Funktionen. Die Römer verwenden oft didaktische P.e; P.e mit Quellennachweisen finden sich bei Plautus, selbständige, außerhalb des eigentlichen Stücks stehende P.e bei Terenz. Im MA. eröffnet der P. häufig auch Epen (vgl. Hartmann von Aue: »Der arme Heinrich«; Wolfram von Eschenbach: »Parzival«; Gottfried von Straßburg: »Tristan und Isolt«). Bes. das ↗ geistliche Spiel verwendet P.e häufig, mehr oder weniger formelhaft enthalten sie Begrüßung, Inhaltsangabe und religiöse Auslegungen, die sich auch, oft mit pragmatischen Funktionen (Bitte um Ruhe und Aufmerksamkeit), in ↗ Fastnachtspiel und Meistersingerdrama finden. Im Rahmen der Antikerezeption der Renaissance wurde auch der antike P. wieder belebt. Er erscheint im lat. ↗ Humanistendrama jedoch gegenüber dem antiken Beispiel stark didaktisch erweitert. Im Barock ist der P. allg. verbreitet, sowohl in it. Opern (z. B. »Euridice« von J. Peri und O. Rinuccini, 1600) als auch in dramatischen Werken (Lope de Vega, P. Calderón de la Barca, Molière, P. Corneille, J. Racine, Ch. Marlowe, W. Shakespeare); im dt. Reformations- und Jesuitendrama ist er konventionell erstarrt (von A. Gryphius parodiert im »Peter Squentz«). Seit dem 17. Jh. lösen ↗ Theaterzettel allmählich die P.e ab, jedoch sind sie bei den dt. Wandertruppen noch bis Ende des 18. Jh.s üblich. G. E. Lessings Lob des autonomen P.s im engl. Drama (»Hamburgische Dramaturgie«) war richtungsweisend für eine *neue Konzeption des P.s* in der ↗ Weimarer Klassik (Goethe: »Pandora«, »Faust«; F. Schiller: »Wallenstein«, »Jungfrau von Orleans«). Vielfältiger als in der Klassik wird der P. in der dt. Romantik gehandhabt; bes. L. Tieck experimentiert in Komödien und Trauerspielen mit verschiedenen P.formen (»Ritter Blaubart«, »Der gestiefelte Kater«). Im Realismus und Naturalismus verschwindet der P. fast gänzlich, dagegen ist im frz. Symbolismus sowie in Dramen der Neuklassik und Neuromantik eine Wiederbelebung festzustellen. Autoren des 20. Jh.s wie F. Molnár (»Liliom«), Th. Wilder (»Our Town «) oder T. S. Eliot (»Murder in the Cathedral«) stellen ihren Stücken wieder häufiger P.e voran. In dt. Dramen verwenden ihn z. B. H. v. Hofmannsthal (»Jedermann«, »Das kleine Welttheater«), G. Hauptmann (»Schluck und Jau«) und F. Wedekind (»Erdgeist«, »Die Büchse der Pandora«). Neue Möglichkeiten des P.s zeigen sich im Rahmen des ↗ epischen Theaters B. Brechts. P.e finden sich auch in den Dramen von P. Weiss und P. Hacks. Auch in Film, Fernsehspiel und Hörspiel haben P.-ähnliche Formen oft eine wichtige Funktion.

Lit.: N. Banerjee: Der P. im Drama der dt. Klassik. Diss. Mchn. 1970. – K. Haberkamm: P. In: RLW. – H. Vinçon: P. ist herrlich! Zu Frank Wedekinds Konzept dramaturgischer Kommunikation. In: Euph. 95 (2001), S. 69–82. – E. Zellweker: P. und Epilog im dt. Drama. Wien 1906.   IA

Promotionsfilm, auch: Promo; ↗ Videoclip.

Promythion, n. [gr. = Vorwort, Vorüberlegung], Nutzanwendung, Lehre, die einer Erzählung vorangestellt wird (↗ Prolog). Wie das nachgestellte ↗ Epimythion ist das P. ein mögliches Strukturglied verschiedener Erzählformen. ↗ Fabel.   JBR

Pronuntiatio, f. [lat. = Redevortrag], der letzte von fünf Schritten der Redeherstellung (↗ Inventio), auch ›Actio‹ genannt; in engerem Sinn bes. die Stimmführung, während ›Actio‹ eher die Körpersprache (Mimik, Gestik) meint. – Antike Hauptquelle ist Quintilians »Institutio oratoria« (XI, 3). Ansonsten wird die P., obwohl von Demosthenes zum wichtigsten Teil der Rhet. erklärt, in den Lehrbüchern unter Verweis auf ihren Schwerpunkt in der praktischen Redeschulung meist nur kurz erläutert. Als Orientierung dient die Schauspielkunst, deren Möglichkeiten der Redner allerdings nur gemäßigt ausschöpft. Hauptziel ist die Übereinstimmung von Stimme, Mimik und Gestik mit dem Redetext. In der Neuzeit verselbständigt sich die Gebärdensprache (im Drama durch Bühnenanweisungen) gegenüber dem gesprochenen Wort. Höfische Verstellungskunst führt zum Zwiespalt zwischen Herz und Zunge (W. Shakespeare: »Coriolanus« III, 2; A. Gryphius: »Horribilicribrifax« II, 3; nach Cicero: »De oratore« III, 61). Die Körpersprache als dem Wort an Wahrhaftigkeit überlegenes Ausdrucksmedium wird Gegenstand nonverbaler Kunst (↗ Pantomime) und psychologischer Untersuchung (Lavaters Physiognomik, neuerdings Kinesik und Proxemik). Die stimmliche P. reduziert sich mit dem Ansehensverlust der Rhet. im 18. und 19. Jh. auf ↗ Deklamation im Sinne nicht-persuasiven Schönsprechens. Heutige Sprecherziehung, bes. im ↗ Deutschunterricht, zielt eher auf die Entwicklung einer Gesprächskultur.

Lit.: G. Häntzschel: Deklamation. In: RLW. – H. Kalverkämper: Körpersprache. In: HWbRh. – F. Rebmann: P. In: HWbRh. – B. Steinbrink: Actio. In: HWbRh. – R. Volkmann: Die Rhet. der Griechen und

Römer [1872]. Lpz. ²1885. Repr. Hildesheim u. a. 1987, S. 573–580.   BAS

Proodos, m. [gr. = Vorgesang], auch: Proode, f.; im altgr. ↗ Chorlied gelegentlich am Anfang, vor Strophe und Antistrophe, stehender responsionsloser Abschnitt von rhythmisch selbständigem Bau; Gegenstück zu dem zwischen Strophe und Antistrophe gelegentlich eingeschobenen Mesodos und der ↗ Epode (2).   GS/Red.

Proömium, n. [gr. *pro-oímion* = 1. das vor dem Gesang Vorgetragene oder 2. das den Weg Bereitende], Pl. *Proömia, Proömien*; 1. die sog. Homerischen ↗ Hymnen, die vermutlich von den Rhapsoden vor dem eigentlichen Epenvortrag dargeboten wurden; 2. Vorreden zu Epen mit ↗ Musenanruf, Themenangabe usw.; finden sich in knapper Form z. B. schon in Homers »Ilias« und »Odyssee«, in den Epen Hesiods, dann bei Lukrez, Vergil (»Georgica«) und Ovid, aber auch in Prosawerken (Herodot, Thukydides), vgl. ↗ Prolog; 3. in der Rhet. die Eröffnung einer Rede (auch: ›Exordium‹), enthält die Anrede der Hörer, meist eine ↗ Captatio Benevolentiae und allg. oder persönliche Betrachtungen; berühmt sind die Proömia des Demosthenes (eine Sammlung von 56 Proömia ist erhalten) und Ciceros.
                                                                        GS/Red.

Propädeutik, f. [gr. *propaideúein* = vorher unterrichten], einführender Unterricht, der auf das Studium eines Wissensgebietes vorbereiten soll, z. B. Logik als P. für das Studium der Philosophie, im MA. die *artes liberales* (↗ Artes) als P. für die ›höheren‹ Studienfächer Recht, Medizin und v. a. Theologie.   GS/Red.

Propemptikon, n. [gr. zu *pro-pémpein* = geleiten], antikes Abschieds- und Geleitgedicht, das einem Scheidenden – meist in feststehenden Wendungen – Segenswünsche mit auf die Reise gibt (dagegen wird das ↗ Apopemptikon vom Scheidenden an die Zurückbleibenden gerichtet). Propemptika sind u. a. von Theokrit, Ovid und Horaz überliefert.   GS/Red.

Prophetenspiel, Typus des ↗ geistlichen Spiels im MA., bei dem die biblischen Propheten in Disputation mit den Juden das Kommen Christi ankündigen (auch die antiken Sibyllen, Vergil oder Augustinus können als Zeugen auftreten). – Seinen Ursprung hat das P. in der pseudo-augustinischen Predigt »Contra Judaeos, Paganos et Arianos Sermo de Symbolo« (5. oder 6. Jh.). Aus der Verwendung dieser Predigt als *lectio* im Gottesdienst (schon halbdramatisch, mit Wechsel der Deklamation) entstand der »Ordo Prophetarum«, eine dramatische Prozession der Propheten, der dann, mit immer stärkerer Aufschwellung, zum eigentlichen P. ausgeformt wurde. Die Anfänge des P.s bezeugt eine Hs. des 11. Jh.s aus Limoges; Laon (13. Jh.) und Rouen (14. Jh.) sind weitere Stationen des P.s in Frankreich. Im dt. Bereich wird von einer Aufführung in Riga (1205) berichtet, erhalten ist das Fragment eines vielleicht noch aus dem frühen 14. Jh. stammenden Marburger P.s. Oft dient das P. als Prolog zum ↗ Weihnachtsspiel (Benediktbeuren, lat., erste Hälfte des 13.

Jh.s; St. Gallen, dt. Niederschrift um 1400); es kann auch mit einem ↗ Paradiesspiel oder ↗ Passionsspiel (Maastricht, Frankfurter ↗ Dirigierrolle) gekoppelt sein.

Lit.: R. Bergmann: Studien zu Entstehung und Geschichte der dt. Passionsspiele des 13. und 14. Jh.s. Mchn. 1972. – M. Sepet: Les prophètes du Christ. Étude sur les origines du théâtre au moyen âge [1878]. Nachdr. Genf 1974.   MGS

Propositio, f. [lat. = Darlegung (des zu beweisenden Sachverhalts einer Rede)], ↗ Rhet., ↗ Dispositio.

Proposition, f. [lat. = Vorstellung, Darlegung], 1. in der Rhet. der Ausgangspunkt eines Textes, sein Thema bzw. seine Kernaussage; 2. in der Sprachphilosophie und bes. der Sprechakttheorie der Inhalt eines Aussagesatzes, dessen Bestandteile als Referenz (›Peter ... ‹) und Prädikation (›... geht nach draußen‹) aufgefasst werden. Die Bestandteile der P. stehen in logischen Beziehungen zueinander (wahr, falsch, möglich). Sprecher können eine Einstellung zu P.en äußern (›Ich glaube, dass Peter nach draußen geht‹, ›Peter geht vermutlich nach draußen‹). Die P. wird in der Sprechakttheorie von der Illokution (der kommunikativen Funktion) unterschieden; dieselbe P. kann mit verschiedenen Illokutionen versehen werden, ohne dass sich die P. (der Inhalt) der verschiedenen Äußerungen ändert (›Geht Peter nach draußen?‹). Illokutionäre Akte wie Fragen oder Aufforderungen können jedoch auch unvollständige P.en enthalten (›Wohin geht Peter?‹, ›Geh nach draußen!‹). Die Reichweite des P.sbegriffs für die Sprachanalyse ist umstritten. – ↗ Philosophie und Lit.

Lit.: M. Gibson: From naming to saying: the unity of the proposition. Malden 2004. – J. Lyons: Semantics. 2 Bde. Cambridge 1977. – Ch. Schildknecht: P. In: RLW. – J. R. Searle: Speech acts. Cambridge 1969. – D. Wunderlich (Hg.): Linguistische Pragmatik. Wiesbaden 1972.   BME

Prosa, f. [lat. *prorsus* aus *pro versus* = geradeaus gekehrt; metaphorisch von der Rede, die gerade und schlicht, ungebunden ist, im Ggs. zum ↗ Vers, der durch ↗ Metrum und ↗ Reim ›gebundenen‹ Rede], 1. Text ohne regelmäßige Zeilenumbrüche (Versifizierung) innerhalb eines Satzes oder an Satzgrenzen; 2. die Form eines solchen nicht-versifizierten Textes. – Im gegenwärtigen Sprachgebrauch der Lit.wissenschaft fungiert ›P.‹ als ein unspezifischer Sammel- und Oberbegriff für alle Arten ↗ fiktionaler Texte vom ↗ Roman bis zu kleinen Erzählformen wie ↗ Skizze, ↗ Fabel oder ↗ Aphorismus. Nicht-fiktionale Texte, die heute formal ebenfalls fast durchgehend in P. geschrieben sind, werden in der Regel nicht als ›P.texte‹, sondern als ›expositorische Texte‹, ›Fach-‹ oder ›Sachtexte‹ bezeichnet. Die P.form von Dramen wird heute als so selbstverständlich angesehen, dass sie meist gar nicht erwähnt wird. – In der Antike steht der Vers als Ausdrucksweise der Lit. der P. gegenüber: Die Texte der Kunstprosa in Philosophie, Naturwissenschaft und

Geschichtsschreibung, aber auch die öffentlichen ↗ Reden (Gerichts-, Parlaments- und Lobrede) sind nach den Regeln der ↗ Rhet. in P. verfasst. Die sprachlich-rhet. Gestaltung der P.sätze (↗ Kolon) bezieht sich v. a. auf die Rhythmisierung des Satzschlusses (↗ Klausel). In der Spätantike werden satirische Texte (Menippeische ↗ Satire, Lukian) in P. abgefasst. In ahd. Zeit gibt es keine lit. Texte in P., da diese nur für Sachtexte (etwa aus Medizin und Recht) verwendet wird. Allerdings werden christliche Texte (↗ Gebete, Taufformeln, das Glaubensbekenntnis) in P. übersetzt. Die mhd. P.fassung des Lanzelot-Romans ist eine Ausnahme. Erst in der ↗ Frühen Neuzeit entwickelt sich in der P.auflösung der mhd. Heldenepen eine Quelle lit. P., durch welche mal. Stoffe bis ins 15./16. Jh. und weiter tradiert werden (z. B. der »Vigalois« des Wirnt von Grafenberg als »Wigoleis« bis ins 19. Jh.). Nach dem Vorbild it., span., frz. ↗ Romane, ↗ Epen, ↗ Volksbücher, ↗ Schwänke, Geschichtensammlungen, ↗ Sprichwörter und ↗ Fabeln entstehen im 15. Jh. P.erzählungen (J. von Saaz: »Der Ackermann aus Böhmen«, Bamberg um 1460; A. von Eyb: »Ehebüchlein«, Augsburg 1473). Mit der Reformation entwickelt sich im Nhd. durch die ↗ Bibelübers. M. Luthers und die Flugschriftenlit. (z. B. Th. Müntzer) eine P., deren Konstitution und Wirkung entscheidend vom ↗ Buchdruck abhängen. Gleichzeitig entstehen im 16. Jh. eine dt.sprachige Fachprosa (A. Dürer, Paracelsus) und eine P.lit. (J. Wickram; J. Fischart: »Geschichtklitterung«). Im 17. Jh. steht neben dem Roman (H. J. Ch. v. Grimmelshausen, Anton Ulrich v. Braunschweig, D. C. v. Lohenstein) eine differenzierte Lit. in P. Aber erst im 18. Jh. gewinnt die P. gegenüber dem Vers einen eigenen Status als Modus der Lit.sprache, ohne sich jedoch im Bereich der Erzähllit. schon vollständig durchsetzen zu können (so werden etwa weiterhin Versepen geschrieben). Nach Anfängen des P.dramas im 18. Jh. (z. B. G. E. Lessing: »Miss Sara Sampson«, »Emilia Galotti«) wird P. erst im 19. Jh. die gewöhnliche Sprachform des Dramas (z. B. bei G. Büchner). – Seit dem 18. Jh. gibt es weitreichende theoretische wie praktische Auseinandersetzungen mit der P. als Lit.sprache, die bis zur Mitte des 19. Jh.s zur Durchsetzung der P. führen. W. v. Humboldt (»Über die Verschiedenheit des menschlichen Sprachbaues«, postum 1836) stellt die Poesie, die musikalische Elemente der Sprache (Vers, Reim, Metrum) benutzt, der P. gegenüber, die »sich ausschließlich der Sprache« anvertraue (S. 195). Die Verknüpfung ›von Tatsache mit Tatsache und Begriff mit Begriff‹ »auf intellektuellem Wege« (S. 193) in der ungebundenen Rede der P. nennt Humboldt »logische Eurhythmie« (S. 195). Die gedanklich-begrifflichen Akzentuierungen der P. bilden auch dann Herausforderungen für das Verstehen, wenn die P. ihrer Schmucklosigkeit wegen unauffällig bleibt und »den Menschen beständig und in allen Äußerungen seiner geistigen Tätigkeit« begleitet (S. 202). Für G. W. F. Hegel (»Vorlesungen über die Ästhetik«, postum 1835–38) antwortet die P. des Romans auf eine selbst schon »zur P. geordnete [...] Wirklichkeit« (Werke, Bd. 15, S. 392), die, abgekehrt vom Wunderbaren und von dem Abenteuer des ↗ Epos, von den Regeln vernünftiger Notwendigkeit bestimmt ist. Eine solche »P. der Welt« (Werke, Bd. 13, S. 199) realisiert sich in der Folge z. B. in A. v. Humboldts »Kosmos« (1845–62), in dem P. die Darstellungsform für das resümierende Vorhaben ist, die »körperlichen Dinge in ihrem allg. Zusammenhang« zu zeigen (Bd. 1, S. VI). Bes. Aufmerksamkeit auf P. als lit. Sprechen richten Autoren des ↗ Vormärz und des ↗ Jungen Deutschland, die in ↗ Anthologien P.texte versammeln, ohne diese nach Gattungsmerkmalen (wie Roman, Novelle, Erzählung) zu klassifizieren. So gibt G. Schwab 1842 f. »Die dt. P. von Mosheim bis auf unsere Tage« als »Mustersammlung [...] für höhere Lehranstalten« heraus. 1844 folgt Th. Mundts »Lesebuch der dt. P.«, das lit.- und sprachgeschichtliche Aspekte berücksichtigt. W. Wackernagels »Proben dt. P. seit dem Jahre 1500« versuchen in Abgrenzung von historischen Entwicklungen und Traditionen den zeitgenössischen Stand von 1847 zu formulieren. Alle drei Sammlungen sind weniger auf Hegels P.theoreme bezogen; ›P.‹ bezeichnet darin eher – dem jungdeutschen Programm entsprechend – die Orientierung der Lit. auf reale und alltägliche, d. h. insbes. politische Themen. – Im 19. Jh. entstehen essayistische, philosophische, (auto-)biographische, historiographische, politische und naturwissenschaftliche Texte, deren Autoren auch heute noch als bedeutende P.autoren gelten, u. a. F. C. v. Savigny, G. G. Gervinus, L. v. Ranke, J. Burckhardt, A. Schopenhauer, F. Nietzsche, S. Freud, O. v. Bismarck, F. v. Lasalle, W. C. Röntgen. In den 1920er Jahren setzen sich die linguistisch orientierten Vertreter des russ. ↗ Formalismus (V. Šklovskij, B. Ejchenbaum, J. Tynjanov) intensiv mit dem Begriff und dem Phänomen P. auseinander. Allerdings geht es ihnen primär um den Aufbau erzählerischer Welten in der P., wodurch der Begriffsumfang von ›P.‹ deutlich eingeschränkt wird. Auch in der neueren Forschung wird die umfassende Theorie der P. zugunsten der Konzentration auf Fragen der ↗ Narratologie vernachlässigt.

Lit.: J. Anderegg: Fiktion und Kommunikation. Ein Beitrag zur Theorie der P. Gött. 1977. – A. Behrmann: Einf. in die Analyse von P.texten. Stgt. 1982. – E. Czucka: Emphatische P. Stgt. 1992. – Ders.: X-Strahlen oder die Sichtbarkeit des Wirklichen. Zu Metaphorik und Wissenschaftssprache in Röntgens »Eine neue Art von Strahlen«. In: H. Arntzen, F. Hundsnurscher (Hg.): Metapherngebrauch. Münster, NY 1993. S. 13–59. – Ch. Grawe: Sprache im P.werk. Bonn 1985. – G. W. F. Hegel: Werke in 20 Bdn. Ffm. 1970. – W. v. Humboldt: Werke. Bd. 7/1. Bln. 1907. – E. Kleinschmidt: P. In: RLW. – E. Lobsien: Paradoxien der P. In: Zs. für Ästhetik und Allg. Kunstwissenschaft 46 (2001), H. 1, S. 19–42. – M. Merleau-Ponty: Die P. der Welt [frz. 1969]. Mchn. 1984. – Th. Mundt: Die Kunst der dt. P. Bln. 1837. Nachdr. Gött. 1969. – Ders. (Hg.): Lesebuch der

dt. P. Bln. 1844. – V. Šklovskij: Theorie der P. [russ. 1925]. Ffm. 1984. – J. Striedter (Hg.): Russ. Formalismus. Mchn. 1971.   EC

Prosaauflösung, Umsetzung einer Versdichtung in eine Prosafassung gleicher Sprache, meist mit Kürzung oder Streichung nicht handlungstragender Passagen. – Lat. P.en antiker oder mal. Werke sind vom 9. bis zum 14. Jh. bezeugt. Beliebt werden im 15. Jh. dt. P.en als Bearbeitungen höfischer Versromane des 12. bis 14. Jh.s, z. B. des »Tristrant« Eilharts von Oberge (Druck 1484) und des »Wigalois« Wirnts von Grafenberg (Druck 1493). Auch P.en von Legenden oder Chroniken sind überliefert.

Lit.: A. Brandstetter: P. Ffm. 1971. – P. G. Schmidt: P. im lat. MA. In: L. Grenzmann (Hg.): Philologie als Kulturwissenschaft. Gött. 1987, S. 38–44. – R. Schnell: P. und Geschichtsschreibung im dt. Spät-MA. In: L. Grenzmann, K. Stackmann (Hg.): Lit. und Laienbildung im Spät-MA. und in der Reformationszeit. Stgt. 1984, S. 214–248.   MGS

Prosagedicht [frz. *poème en prose*], Prosatext mit poetisch-lyrischen Eigenschaften. Von den Erscheinungen freier Versgestaltung (z. B. ↗ Freie Verse) unterscheidet sich das P. durch das Fehlen der Zeilenbrechung, von anderer Lyrik durch das Fehlen metrischer Strukturen (Ch. Baudelaire: »une prose poétique, musicale sans rythme et sans rime«; Widmungsschreiben zu »Petits poèmes en prose«). Von anderen Formen der Kurzprosa unterscheidet sich das P. durch extreme Dichtigkeit im Ausdruck und das Fehlen konventioneller Erzählelemente. Ungeachtet der Schwierigkeiten, die sich bei der terminologischen Abgrenzung dieser Gattung und der Zuordnung einzelner Texte zu ihr ergeben, ist der Begriff insofern sinnvoll, als er einer Gruppe moderner Texte einen Namen gibt, die es sich gerade zum Ziel setzt, die herkömmlichen Gattungsgrenzen zu sprengen. Das P. ist in Thema und Motivik heterogen: Es kann z. B. Traumbilder, bruchstückhafte Beobachtungen und Reflexionen (zumal über das Großstadtleben), Erinnerungs-Fragmente und Anekdotisches enthalten. – Schon im 18. Jh. werden Prosatexte mit poetischem Anspruch verfasst, (z. B. E. Young: »Night Thoughts«; S. Geßner: »Idyllen«; J. Macpherson: »Ossian«; J. W. Goethe: »Werther«), aber erst das 19. Jh. bringt unter dem Einfluss romantischer Vorbilder das P. hervor. Dabei haben Ch. Baudelaires »Petits poèmes en prose« gattungskonstituierend gewirkt. In Frankreich folgen A. Rimbaud und St. Mallarmé, in Russland folgt I. Turgenjew, in England O. Wilde. Um 1900 findet sich das P. auch in der dt. Lit., etwa bei St. George (»Tage und Taten«). Die Linie führt weiter über P. Altenberg (»Wie ich es sehe«), F. Kafka (»Betrachtung«), E. Bloch (»Spuren«), R. Musil (»Nachlaß zu Lebzeiten«), G. Eich (»Maulwürfe«) bis hin zu P. Handke und B. Strauß.

Lit.: E. Andringa: P. In: RLW. – W. Bunzel: Das dt.sprachige P. Tüb. 2005. – U. Fülleborn: Das dt. P. Mchn. 1976. – Ch. LeRoy: La poésie en prose française du

XVIIᵉ siècle à nos jours. Paris 2001. – M. S. Murphy: A tradition of subversion: The prose poem in English from Wilde to Ashbery. Amherst 1993. – St. Nienhaus: Das P. im Wien der Jh.wende. Bln. 1986.   BM

Prosarhythmus, Gliederung der ungebundenen Rede, die sich im Stil eines Prosatextes manifestiert und im Vortrag zu Gehör gebracht werden kann. Seine spezifische Form erhält der P. durch die jeweilige akzentuelle Gliederung des Sprachflusses; durch die Art des Wechsels von betonten und unbetonten Silben, von langen und kurzen Wörtern; durch bestimmte Klangfolgen; durch Wortstellung und Satzgliederung. Die antike und mal. Kunstprosa regelte Periodenschlüsse durch metrische bzw. rhythmische Formeln (↗ Klausel). Im Vortrag können außerdem Sprechgeschwindigkeit, Tonhöhe und Sprachmelodie mitwirken. Der P. kann bei einzelnen Dichtern unterschiedlich ausgeprägte und kennzeichnende Formen annehmen; vgl. etwa den fließenden P. bei E. Mörike oder R. M. Rilke, den ausladenden P. bei Th. Mann oder den gespannten bei H. v. Kleist.   GS/BM

Prosasatire ↗ Satire.

Prosaskizze ↗ Skizze.

Prosimetrum, n. [lat., gr.], Mischung von Vers und Prosa in lit. Werken, in antiker Lit. z. B. in der menippeischen ↗ Satire (Varro, Petronius, Lukian).
Lit.: U. Kühne: P. In: RLW.   GS/Red.

Proskenion, n. [gr. = vor der Bühne], im antiken Theater der Platz vor dem Bühnenhaus (↗ Skēnē); ursprünglich ein erhöhtes Podest, auf das sich die (meist drei) Auftrittstore (Thyromata) der Skene öffneten und von dem Treppen oder seitliche Rampen in die ↗ Orchestra hinabführten. Nachdem in hellenistischer Zeit Choraufzüge an Bedeutung verloren hatten, wurde das P. zur Hauptspielfläche: Es wurde vergrößert, seitlich durch vorspringende Seitenflügel des Bühnenhauses (Paraskenien) begrenzt, die Rückwand überhöht und durch Pfeiler, Säulen, Nischen u. a. prunkvoll gegliedert; ferner wurden nun auch dekorative Elemente (bemalte Vorhänge in den Öffnungen u. a.), verschieb- und drehbare Wände und Aufbauten (Periakten, vgl. später die ↗ Telari-Bühne) eingesetzt; bei Vitruv ist bereits ein Vorhang vor der Skene nachgewiesen. – In der neuzeitlichen Guckkasten-↗ Bühne wird die vorderste Spielfläche zwischen Vorhang und Orchestergraben als ›Proszenium‹ bezeichnet; seitlich des Proszeniums befinden sich die Proszeniumslogen (›Bühnenlauben‹).   GS/JK/Red.

Proskenion-Skene ↗ Skene.

Prosodiakus, m. [lat.-gr. = Prozessionsvers], altgr. Vers der Form v̄–∪∪–∪∪–; sein Name rührt von seiner Verwendung im ↗ Prosodion (Prozessionslied) her.   GS/Red.

Prosodie, f. [gr. prosōdía = Dazugesungenes], 1. in der Linguistik: a) Subsumtionsterm für diejenigen Lauteigenschaften einer Sprache, die den Einzellaut übersteigen, z. B. ↗ Akzent, Intonation und Pause; b) Lehre von diesen Eigenschaften. – 2. In der Metrik: Lehre von

den sprachlichen Merkmalen metrisch relevanter Strukturen; dabei kommen z. B. Regeln der Quantität, der Akzentgewichtung oder der Reimfähigkeit von Silben in Betracht. – Die P. schwankt von Sprache zu Sprache; auch sind die prosodischen Verhältnisse innerhalb einer Lit. nicht stets dieselben. In der antiken, dem ↗ quantitierenden Versprinzip verpflichteten Dichtung ist eine Silbe lang, wenn ihr Vokal lang ist, wobei Diphthonge als lange Vokale gelten; sie ist auch dann lang, wenn ihr Vokal kurz ist, auf diesen aber zwei Konsonanten folgen (↗ Positionslänge). Andere Silben sind kurz (mit Ausnahmen). Die P. der nach dem ↗ silbenzählenden Versprinzip gebauten romanischen Verse stellt v. a. dafür Regeln auf, welche Silben als metrisch relevant gezählt werden, welche nicht. Ihr folgt in der kurzen Periode der dt. Renaissance auch die dt. Dichtung (z. B. die des jungen G. R. Weckherlin). In der dt. Poesie, die in der Nachfolge von M. Opitz dem ↗ akzentuierenden Versprinzip folgt, wird zwischen ›schweren‹ und ›leichten‹ Silben unterschieden; über deren jeweilige Eigenart wird in der Poetik des Barock nach Maßgabe des Lexikons entschieden. Erst seit K. Ph. Moritz' »Versuch einer dt. P.« (1786) wird über die Akzentgewichte im Vers auch mit Rücksicht auf die Einheit des Satzes bzw. auf die Satzstellung entschieden, was der theoretischen Entwicklung eines mehrstufigen Akzentsystems den Weg bereitet hat (die neuere linguistische Theorie entfaltete ein solches System). Dies geschieht bereits in Kenntnis der antikisierenden Dichtung, wie sie sich in Deutschland unter der Wirkung F. G. Klopstocks und der Homer-Übers.en von J. H. Voß entwickelt hat. Für die praktische Versanalyse gerade der neueren dt. Lit. ist zur Bestimmung des Schweregrads einer Silbe folgende Faustregel hilfreich: »Im prosodischen Sinne *schwer* ist eine Silbe dann, wenn sie schwerer, und *leicht*, wenn sie leichter ist als im Schnitt die Silben ihrer unmittelbaren Nachbarschaft« (Wagenknecht 1999, S. 31).
Lit.: S. Boldrini: P. und Metrik der Römer. Stgt. 1999. – Ch. Küper (Hg.): Meter, Rhythm and Performance. Ffm. 2002. – Ders.: P. In: RLW. – Ch. Wagenknecht: Weckherlin und Opitz. Mchn. 1971. – Ders.: Dt. Metrik [1981]. Mchn. ⁴1999.   JK/BM

Prosodion, n. [gr. prós-odos = das Herankommen, feierlicher Aufzug], altgr. kultisches Prozessionslied; chorisches Bitt- oder Danklied, beim tänzerisch bewegten Hinschreiten zum Tempel oder Altar von Jünglings- oder Mädchenchören zur Flötenbegleitung gesungen. Bevorzugte Versformen sind ↗ Prosodiakus und ↗ Paroemiacos. Das ursprünglich nicht auf einen bestimmten Kult beschränkte P. wird später v. a. im Apollonkult gesungen; insofern können die Bez.en ›P.‹ und ›Päan‹ synonym verwendet werden. Bezeugt sind Prosodia von Bakchylides und Pindar (zwei Bücher »Prosodia«); es sind jedoch nur wenige Fragmente erhalten.   GS/Red.

Prosopopöie, f. [gr. prósōpon poieín = ein Gesicht, eine Maske, eine Person formen; lat. *fictio personae* =

Erfindung einer Person], auch: Prosopopoeie; rhet. Figur, durch die Dingen oder Personen in der fiktionalen Rede eine Stimme verliehen wird. In der antiken Rhet., v. a. bei Quintilian, steht die P. generell für die fiktionale Hervorbringung einer sprechenden, personenhaften Instanz. So meint sie einerseits die Einnahme einer Rolle, in der ein Sprecher mit der Stimme eines anderen spricht. Andererseits werden in der P. Gefühle von Personen, Kollektiven (z. B. Volk, Vaterland, Stadt) oder stummen Dingen (z. B. Steine) nachgebildet; außerdem können Tote als Sprechende eingeführt werden. – Der P. wird in der dekonstruktivistischen Lit.-theorie und -interpretation (↗ Dekonstruktion) der Status eines zentralen ↗ Tropus (1) des autobiographischen und epitaphischen Diskurses eingeräumt. In der Stilistik wird meist nicht von ›P.‹, sondern von ↗ ›Personifikation‹ gesprochen.

Lit.: H. Lausberg: Hb. der lit. Rhet. [1960]. Stgt. ³1990, §§ 826–829. – B. Menke: Prosopopoiia. Stimme und Text bei Brentano, Hoffmann, Kleist und Kafka. Mchn. 2000. TT

Prospekt, m. [lat. *prospectus* = Ausblick], meist auf Leinwand gemalter Hintergrund der Guckkasten-, bes. der Kulissenbühne (↗ Bühne, ↗ Kulisse). Dagegen dient der *Zwischenprospekt* der Trennung von Vorder- und Hinterbühne. Der P. wird heute zur Verwandlung hochgezogen oder versenkt, früher seitlich auseinandergezogen oder über senkrecht stehende Walzen abgerollt (Wandelprospekt). – Der P. ist seit der Entdeckung der Perspektive in der Malerei (15. Jh.) Bestandteil der Winkelrahmen-, der ↗ Telari- und der Kulissenbühne (↗ Bühnenbild); zunächst zeigte er Gemälde in Zentralperspektive (meist Straßenfluchten, Palastanlagen: Torelli in Paris, L. Burnacini in Wien, 17. Jh.), die jedoch den Schauspielern wegen der vorgetäuschten großen Tiefe nur ein Agieren im Vordergrund erlaubten. Seit F. und G. Galli da Bibiena (17./18. Jh.) wird die praktikablere Winkelperspektive (mehrere Fluchtpunkte) angewendet, die bes. im barocken Theater zu pompösen Raumgestaltungen genutzt wurde. – Seit der Erfindung der Drehbühne werden insbes. Luft- und Landschaftsprospekte durch den Rundhorizont (*Cyclorama*), Wandelprospekte durch laufende ↗ Projektionen ersetzt. IS/Red.

Proszenium, n. [lat. *proscaenium*; gr. ↗ *proskénion*].

Protagonist, m. [gr. *prōt-agōnistés* = erster Kämpfer], 1. in der gr. Tragödie der erste Schauspieler (im Ggs. zum *Deuteragonisten* und *Tritagonisten*, dem zweiten und dritten Schauspieler). Der Überlieferung nach hat Thespis als Erster dem ↗ Chor einen Schauspieler (↗ *Hypokrites*) gegenübergestellt und damit aus der chorischen Aufführung die eigentliche Tragödie entwickelt. Aischylos stellt diesem P.en den *Deuteragonisten* gegenüber, der auch als *Antagonist* (Gegenspieler) bezeichnet wird, und ermöglichte damit den ↗ Dialog. Den dritten Schauspieler, den *Tritagonisten* (oft für kleinere Rollen), soll Sophokles in die Tragödie eingeführt haben (tatsächlich findet er sich schon in der

»Orestie« des Aischylos). Seitdem folgt das gr. und röm. Drama (Tragödie wie Komödie) einem *Dreischauspielergesetz*, nach dem höchstens drei Schauspieler gleichzeitig auf der Bühne sein und sich am Dialog beteiligen dürfen. Ob dies auch bedeutet, dass bei einer Aufführung nie mehr als drei Schauspieler mitwirkten, die ggf. mehrere Rollen spielten, wie die (allerdings erst in nachklassischer Zeit belegten) Ausdrücke ›P.‹, ›Deuteragonist‹ und ›Tritagonist‹ nahelegen, ist umstritten. – 2. Im heutigen Sprachgebrauch wird mit ›P.‹ a) allg. eine aus einer Gruppe durch Aktivität und hohen Bekanntheitsgrad herausragende Person bezeichnet (z. B. eine Parteivorsitzende oder der Spielführer eines Fußballteams). – b) Im engeren Sinn ist ›P.‹ die im Vergleich zu ↗ ›Held‹ neutralere Bez. für die Hauptfigur eines Dramas, Hörspiels oder Films oder auch eines erzählenden Textes. Im Ggs. zur antiken Bedeutung (1) kann ›P.‹ jedoch heute auch im Pl. für die Gruppe der Hauptakteure in fiktionalen Texten verwendet werden (also den Antagonisten und weitere wichtige Figuren mit umfassen). Dabei kann sich (ähnlich wie in der Antike) im Kontext der darstellenden Künste die Referenz metonymisch von der Rolle auf den Akteur (oder umgekehrt) verschieben. So werden als P.en eines Films etwa diejenigen Schaupieler angesehen, die im Vorspann noch vor dem Filmtitel genannt werden. JK/DB

Protasis, f. [gr. = Voranstellung], 1. nach Donat (Terenz-Kommentar, 4. Jh.) der erste der drei notwendigen Teile einer dramatischen Handlung (vor ↗ Epitasis und ↗ Katastrophe); in der P. (1. Akt) werden die Verhältnisse und Zustände dargestellt, aus denen der dramatische Konflikt entspringt (↗ Exposition, ↗ erregendes Moment); 2. erster Teil (Vordersatz) einer ↗ Periode (1).

Lit.: C. Albert: P. In: RLW. GS/Red.

Protestsong ↗ Song.

Proteusvers, Bez. der Renaissancepoetik für einen Vers, der dem Bauprinzip der ↗ Permutation folgt, der von Vers zu Vers vertauschten Anordnung von Wörtern.

Prototyp, m. [nlat. *prototypus* = Modell, ideale Ausprägung; gr. *prōtótypon* aus *prótos* = der Vorderste, Erste, Angesehenste, *týpos* = Schlag, Prägung, Bild, Form], 1. in verschiedenen Fachsprachen (bes. der Technik) Bez. für die erste Ausführung einer Maschine oder eines Fahrzeug-›Typs‹, die manchmal (z. B. bei Rennwagen) auch die einzige und daher bes. prominente Realisation dieses Typs bleibt (›Einzelstück‹). – 2. In der lit.wissenschaftlichen ↗ Gattungstheorie seit dem 20. Jh. gebräuchliche, aber auf die gesamte Lit.geschichte bezogene Bez. für das Muster einer ↗ Gattung, die frühe, meisterhafte Realisation aller ihrer oder jedenfalls aller ihrer relevanten Eigenschaften, die damit »gattungsstiftende« (Willems, S. 352) , d. h. normative Wirkung auf alle folgenden Vorkommnisse der Gattung ausübt, welche sich durch ↗ Imitatio (1 b), ↗ Aemulatio oder auch parodistische oder polemische Abgrenzung auf sie beziehen. Der P. kann mit der ersten historischen Ausprägung einer Gattung, die auch als ↗›Archetyp‹ (2) bezeichnet wird, identisch sein wie im Fall der durch Sappho (6. Jh. v. Chr.) ausgebildeten Gattung der sapphischen ↗Ode; doch diese Fälle sind selten. So gilt Ch. M. Wielands »Geschichte des Agathon« (1766 f.) zwar als erster dt. ↗Bildungsroman, J. W. Goethes »Wilhelm Meisters Lehrjahre« (1795 f.) aber als P. der Gattung (vgl. Voßkamp 1997, S. 260). Der P. lenkt auch die Erwartungen der Rezipienten an spätere Realisationen einer Gattung. Die Überbetonung von P.en droht aber einen heute problematisch gewordenen ↗Kanon ›großer Werke‹ fortzuschreiben. Zudem lässt sich in der Geschichte vieler Gattungen kein einzelner P. ausmachen (z. B. bei der ↗Elegie). Die gattungsgeschichtliche Orientierung an P.en sollte daher in der Lit.wissenschaft relativiert werden durch den Versuch, Gattungen als Formschemata mit einem Bündel historisch mehr oder weniger konstanter Eigenschaften zu beschreiben (vgl. Burdorf, S. 32–37).

Lit.: D. Burdorf: Poetik der Form. Stgt., Weimar 2001. – W. Voßkamp: Gattungen. In: H. Brackert, J. Stückrath: Lit.wissenschaft [1981]. Reinbek 1997, S. 253–269, bes. S. 256–260. – Ders.: Gattungsgeschichte. In: RLW. – G. Willems: Das Konzept der lit. Gattung. Tüb. 1981.   DB

Proverb, n. [lat. *proverbium*], ↗Sprichwort.

Proverbe dramatique, m. [frz. = dramatisches Sprichwort], auch: *Comédie proverbe, Proverbe comédie*; frz. dramatische Gattung: kurzes, meist heiter-erbauliches Stück, in dem die ›Wahrheit‹ eines Sprichwortes vorgeführt werden soll, die sich in der Pointe des Schlusses darstellt. Meist einfache Intrigenhandlung mit typisiertem Personal, aber realistische Detailgenauigkeit in der jeweils zeittypischen Ausstattung (Moden, Möbel u. a.). Vorläufer der P.s d.s sind Sprichwörterdarstellungen als Scharade oder Stegreifspiel, die in Adelskreisen des 17. Jh.s beliebt waren (geschildert von Comtesse de Murat: »Voyage de Campagne«, 1699). Als eigentlicher Begründer gilt Carmontelle (L. Carrogis), der für den Herzog von Orléans eine Reihe von P.s d.s – ursprünglich als unterhaltende ↗Lesedramen – konzipierte (8 Bde., 1768–81). – Schon Ende des 18. Jh.s wurden P.s d.s nicht mehr nur in den ↗Salons und adligen Privattheatern, sondern auch in öffentlichen Theatern am Boulevard aufgeführt (Ch. Collé, J.-F. Desmahis), wobei über die Salonkultur hinaus bürgerliche Themen und tagespolitische Ereignisse aufgegriffen wurden. Der Höhepunkt des P. d. liegt in der ersten Hälfte des 19. Jh.s (*manie des proverbes*), nicht zuletzt auf Grund der Möglichkeit, mit dem P. d. die Zensurbestimmungen zu umgehen. Wichtigste Autoren sind M. Th. Leclercq (»P.s d.s«, 1823–35) und A. de Musset (»On ne badine pas avec l'amour«, 1833; »Il ne faut jurer de rien«, »Comédies et proverbes«, 1853), welcher die überlieferten Muster überschreitet (inhaltlich: psychologische Konflikte, unwirkliche Umwelt, tragisches Ende; formal: mehrere Akte, häufiger Szenenwechsel). P.s d.s verfassten auch E. Scribe, O. Feuillet, P. Bourget, H. Bordeaux, A. Maurois.

Lit.: U. Schmidt-Clausen: M.-Th. Leclercq und das p. d. der Restauration. Braunschweig 1971.   IS/Red.

Proxemik, f. [engl. *proxemics*, von lat. *proximare* = sich nähern], von K. Elam aus der Anthropologie in die Theatersemiotik aufgenommener Begriff, der die Erforschung des menschlichen Raumverhaltens bezeichnet. Unterschieden werden 1. der ›fixierte Raum‹ des Theatergebäudes und des Verhältnisses von ↗Bühne und Zuschauerraum, 2. der ›semi-fixierte Raum‹ der beweglichen Objekte einschließlich Bühnenbild und Licht und 3. der ›informelle Raum‹ aus Nähe und Distanz zwischen den Akteuren und zu den Zuschauern. P. ist neben Kinesik, ↗Gestik und ↗Mimik ein Aspekt in der semiotischen Analyse von Aufführungen. – Im bürgerlichen Theater dominierte ein fixiertes Raumkonzept mit einer klar gezogenen Grenze zwischen Zuschauerraum und Bühne. Im modernen Theater seit Ende des 19. Jh.s begegnen häufig Konzepte, die der Dynamik des ›informellen Raums‹ mit Forderungen nach einem Überspielen der Rampe auch zwischen Bühnenfiguren und Zuschauern größere Aufmerksamkeit widmen.

Lit.: Ch. Balme: P. In: RLW. – K. Elam: The Semiotics of Theatre and Drama. Ldn. 1980. – E. Fischer-Lichte: Semiotik des Theaters. Bd. 1. Tüb. 1983, S. 87–93.   TU

Prozessionsbühne ↗Wagenbühne.

Prozessionsspiel, formal definierter Typus des mal. ↗geistlichen Spiels, dessen Aufführung in die Vollzugsform einer Prozession eingebunden ist. Die jeweils in sich geschlossenen Spielabschnitte werden sukzessiv an den Stationen des Prozessionsweges dargestellt. Als ↗Bühne fungiert entweder ein freier Platz (teils mit Spielpodest) oder ein in der Prozession mitgeführter Wagen, auf dem die an der vorbestimmten Station gespielte Szene bereits aufgebaut ist (↗Wagenbühne, die im 14. Jh. bes. in England gebräuchlich ist). Darbietungsformen des P.s sind die dramatische Aktion mit verteilten Rollen, die revueartige monologische Selbstvorstellung statischer Figuren oder stumme Bilder, die von einem Spielführer erklärt werden. Die wichtigste Form des P.s ist das ↗Fronleichnamsspiel.

Lit.: W. F. Michael: Die geistlichen P.e in Deutschland. Baltimore 1947.   EUB

Psalm, m. [gr. *psalmós* = Saitenspiel, Gesang, Loblied], 1. hebr. Sakralgedicht unterschiedlichen Inhalts: Klage, Bitte um Beistand, Dank für erwiesene Gnade und Preis Gottes. Neben den 150 im ↗›Psalter‹ (gr. *psaltérion* = Saiteninstrument; der ursprünglich wohl musikalische Vortrag einiger P.texte spiegelt sich in vereinzelten Melodieangaben) des AT gesammelten P.en gibt es mehrere biblische Texte ähnlicher Form (z. B. die Klagen Hiobs) sowie außerkanonische P.en. Die Texte des Psalters sind vermutlich zwischen dem 7. und dem 2. Jh. v. Chr. entstanden. Verfasserangaben (David, Asaph, Söhne Korah, Salomo, Moses) stammen wohl aus späteren Redaktionen und sind fiktiv. – Typische poetische Merkmale der P.dichtung sind ↗Assonanzen und ↗Alliterationen sowie der ↗Parallelismus membrorum: Zwei syntaktisch parallel gebaute Halbverse sagen sinngemäß dasselbe (Bekräftigungsgestus) oder ergänzen sich, gelegentlich auch antithetisch; diese Parallelstruktur ermöglicht das ›Psalmodieren‹, den Vortrag im Wechsel (↗ Antiphon, Responsorium). Einige P.en folgen im hebr. Original der Form des ↗ Akrostichons bzw. ↗ Abecedariums (z. B. 111 f., 119). – Der Psalter ist in fünf Bücher gegliedert (möglicherweise analog zu den fünf Büchern Mosis), innerhalb deren sich anhand der Thematik, formaler Merkmale oder des Stilregisters mehrere ältere ›Teilpsalter‹ unterscheiden lassen: Bei den P.en 120–134 handelt es sich um eine Gruppe von ›Wallfahrtsliedern‹; in den P.en 42–83 ist der Gottesname JHWH (Jahwe) durchgängig durch *elohim* ersetzt (›elohistischer Psalter‹); die unter dem Namen Asaph überlieferten Gemeindegebete (50, 73–83) stammen wohl aus der Zeit des babylonischen Exils, während eine persönliche Perspektive nahelegt, dass die David zugeschriebenen P.en (etwa die Hälfte des Psalters) mehrheitlich auf individuelle Votivgedichte zurückgehen. Schon die frühe Kirche fasste sieben Stücke (6, 32, 38, 51, 103, 130, 143) thematisch zu ›Bußpsalmen‹ zusammen. H. Gunkel (»Einleitung in die P.en«, 1933) teilte die P.en in jeweils durch die Gemeinsamkeit thematischer und formaler Aspekte sowie die angenommene Funktion des Textes (↗ ›Sitz im Leben‹) charakterisierten Gattungen ein; zu diesen gehören: ↗ Hymnen (z. B. 103–105, 145–150), Klage- und Danklieder des Volkes oder Einzelner (z. B. 44, 74, 80; 140–143; 40, 41), Königspsalmen (z. B. 2, 18, 20), Weisheitsdichtungen (z. B. 119), prophetische (z. B. 85) und liturgische Stücke (z. B. 66). – P.texte wurden zum festen Bestandteil des Gottesdienstes, in Westeuropa in ihrer lat. Form. Den frühen Christen galten die P.en als Ankündigung Christi; so bezogen sie den ›König‹ der Königspsalmen auf Christus (z. B. 2, 110). Der Theologe Origenes (3. Jh. n. Chr.) deutete die P.en gemäß seiner Lehre vom dreifachen ↗ Schriftsinn. – Die um 1000 entstandene, früheste erhaltene P.enübers. des St. Galler Mönchs Notker Labeo steht am Anfang vieler dt. Übertragungen (↗ Bibelübers.), meist in Prosa, von denen diejenige M. Luthers (1534) den P.en ihre bis heute geläufige Erscheinung gab. Luther machte gleichzeitig einige P.en in sangbaren, volkssprachigen Reimversen für den protestantischen Gottesdienst nutzbar und stieß damit die Entwicklung des ↗ Kirchenlieds an (J. Aberlins »Reimpsalter«, 1537). Großen Einfluss hatte der frz. »Hugenottenpsalter« der Genfer C. Marot und Th. Beza in der dt. Übers. von P. Melissus Schede (»Di P.en Davids: in Teutische gesangreymen […] gebracht«, 1572). In der Folge wurden die P.en immer wieder in epochentypische Formen übersetzt (in ↗ Alexandriner, ↗ Distichen, antike ↗ Odenmaße, ↗ Freie Rhythmen). Dem hebr. Urtext widmeten in der Aufklärung M. Mendelssohn (»Die P.en«, 1783) und J. G. Herder (»Vom Geist der Ebräischen Poesie«, 1782 f.) wieder stärkere Aufmerksamkeit; beider Prosaübers.en schöpfen die ganze Ausdruckstiefe der P.en

aus. Auch im 20. Jh. entstanden Neuübertragungen der P.en (M. Buber, R. Guardini). Die P.en gehören zu den meistvertonten Texten der westlichen Musik. 2. Gedicht, das inhaltlich oder formal am Vorbild der P.en (1) orientiert ist. Viele Autoren, gerade auch des 20. Jh.s (z. B. G. Trakl, B. Brecht, N. Sachs, P. Celan, I. Bachmann oder P. Huchel), ließen sich von den P.en des AT zu eigenen Gedichten inspirieren, die häufig die Bez. ›P.‹ im Titel tragen. Dabei ist der Bezug auf die P.en des AT zuweilen (insbes. bei den jüdischen Autorinnen und Autoren wie Sachs oder Celan) sehr eng, tritt aber auch (etwa bei Brecht) stark zurück. Gemeinsam sind allen modernen ›P.en‹ die religiöse Komponente und der ›hohe Ton‹, der diese Texte in die Nähe der Hymne rückt.

Lit.: I. Bach, H. Galle: Dt. P.endichtung vom 16. bis zum 20. Jh. Bln., NY 1989. – H. Galle: P. In: RLW. – H. Gunkel: Einl. in die P.en [1933]. Gött. ⁴1985. – P. K. Kurz (Hg.): P.en vom Expressionismus bis zur Gegenwart. Freiburg 1978. – K. Seybold: Poetik der P.en. Stgt. 2003. – Ders.: P.en/P.buch I. In: TRE. – E. Zenger (Hg.): Ritual und Poesie. Freiburg u. a. 2003.   CLU

Psalter, m. [gr. *psaltérion* = ein Saiteninstrument; daraus lat. *psalterium* = Psalmenbuch], die ↗ Anthologie hymnisch-religiöser Gedichte aus dem AT (↗ Psalm), die im MA. als ↗ Gebetbuch, Sprachlehrbuch und Grundlage des mönchischen Stundengebets herausragende Bedeutung besaß. Der P. als Codex umfasste zumeist weitere biblische Gesänge sowie Glaubensbekenntnisse, ↗ Gebete und kalendarische Hilfsmittel. Von Hieronymus liegen vermutlich drei lat. Bearbeitungen vor: das kaum korrigierte »P.ium Romanum«, das verbesserte »P.ium Gallicanum« und das wenig verbreitete »P.ium iuxta Hebraicum«. Auch mehrsprachige (z. B. gr.-lat. und angelsächs.-lat.) Hss. sind erhalten. Eine sorgfältige Anlage war üblich, die Bebilderung Psalm für Psalm wie im »Utrecht-P.« (820–830) jedoch die Ausnahme. Häufiger sind ↗ Initialen mit Davidszenen an den üblichen drei oder acht Gliederungsstellen. Nach 1200 entstanden prachtvoll illustrierte Exemplare im Umkreis der thüringischen Landgrafen, von denen einige Laien, auch Frauen, gehörten. Als Gebetbuch wird der P. später vom ↗ Stundenbuch zurückgedrängt.

Lit.: F. O. Büttner, J. Hamburger (Hg.): The Illuminated P. Turnhout 2005.   CWI

Pseudandronym, n. [gr., aus *pseúdos* = unecht, *ándros* = Mann, *ónoma* = Name], ↗ Pseudonym.

Pseudepigraphen, n. Pl. [gr., aus *pseúdos* = falsch, unecht, *epigráphein* = zuschreiben], 1. antike Schriften, die unter falschem Namen umlaufen. Teils beruht die falsche Zuschreibung auf überlieferungsgeschichtlichen Irrtümern, teils werden die Texte absichtlich einer Autorität untergeschoben, damit ihnen bes. Beachtung zukommt; oft sind die Motive nicht zu unterscheiden; P. sind z. B. die dem Homer zugeschriebenen ↗ epische Zyklus, die Phalaris-Briefe, die sog. Pseudo-Anakreon, -Kallisthenes, -Cato, -Vergil usw.; 2. in der protestantischen Terminologie Bez. für die jüdischen ↗ Apokryphen, eingeführt von J. A. Fabricius (1713).

GS/Red.

Pseudogynym, n. [gr. aus *pseúdos* = unecht, *gyné* = Weib, *ónoma* = Name], ↗ Pseudonym.

Pseudonym, n. [gr. *pseúdos* = falsch, *ónoma* = Name], fingierter Name bzw. Namensersatz, der den eigentlichen Namen verbirgt. Nicht alle Möglichkeiten der Pseudonymisierung sind terminologisch erfasst; mindestens die folgenden (distinkten, aber nicht in jedem Fall disjunkten) Unterscheidungen lassen sich treffen: 1. Beim *Allonym* substituiert der Name einer realen, meist prominenten Person den eigentlichen Autornamen (Walter Scott für G. W. H. Häring). – 2. Das *Ananym* ist ein rückläufig geschriebener Name (Ceram für Marek); eine Form des ↗ Anagramms. – 3. Beim *Aristonym* tritt ein Adelsname an die Stelle des eigentlichen Namens (Graf E. R. von Vargas für Karl Grosse). – 4. Das *Hagionym* wird durch einen Heiligennamen gebildet (auch *Ascetonym* oder *Hieronym*; San Marte für Albert Schulz). – 5. Eine Abkürzung an Namensstelle heißt *Kryptonym* (J.M.K.M.d.K.a.R. für Katharina II. von Russland); eine Form des ↗ Kryptogramms. – 6. Das *Phraseonym* umschreibt den eigentlichen Autornamen (Tochter der Karschin für Caroline Luise von Klencke; Enkelin der Karschin für Helmina von Chézy). Eine Nebenform des Phraseonyms ist das *Titlonym*; es verweist statt auf den Verfassernamen auf den Titel eines weiteren Textes dieses Verfassers (… vom Verfasser der »Briefe eines Verstorbenen« für Hermann v. Pückler-Muskau). Eine andere Nebenform ist das *Geonym*, bei dem eine Herkunftsangabe stellvertretend für den Namen steht (vgl. die Ersatzformel in dem Titel »Zwanzig Balladen von einem Schweizer« für C. F. Meyer). – 7. Das *Phrenonym* ersetzt den Namen z. B. durch eine Eigenschaft oder ein Vermögen des Namensträgers (Der Verkleinernde für Friedrich v. Logau). – 8. Das *Prenonym* wird durch den oder die Vornamen des Autors gebildet (Jean Paul für J. P. F. Richter). – 9. Das *Pseudandronym* ist ein männlicher anstelle eines weiblichen Namens (Richard Hugo für Ricarda Huch). – 10. Beim *Pseudogynym* ersetzt ein weiblicher einen männlichen Namen (Clara Gazul für Prosper Merimée). – 11. Grenzfälle stellen das *Traduktionym* dar, bei dem der Name in eine fremde Sprache übertragen bzw. dieser angepasst wird (Gryphius für Greif), und das *Asteronym* sowie das *Stigmonym*, bei denen der Name einerseits durch Sternchen (***), andererseits durch Punkte (…) substituiert wird. – Es gibt eine Reihe von Gründen für die Wahl eines P.s: u. a. Furcht vor Verfolgung oder Schmähung, Scheu vor der Öffentlichkeit, Rücksichtnahme auf Standes- oder Familieninteressen, fehlende Anerkennung weiblicher Autorschaft beim Pseudandrogyn. Der Grund kann aber auch in der Freude am fremden Namen liegen, wenn er z. B. wohlklingender als der authentische Name ausfällt (Klabund für Alfred Henschke). Ein P. kann auch werbewirksam eingesetzt werden, im Sinne einer witzigen Phantasieleistung (Konrad Spät, genannt Frühauf für W. A. Gerle) oder als lit. Spiel (Daphnis aus Cimbrien für Johann Rist). Fernando Pessoa schreibt unter mehreren P.en – von ihm als *Heteronyme* bezeichnet –, um so der Vielfalt seiner Autorpersönlichkeit Ausdruck zu verleihen. In der Triviallit. findet sich das *Kollektivpseudonym*, hinter dem sich mehrere Schreiber verbergen und das als Markenzeichen fungiert.

Lit.: E. Bormann: Die Kunst des P.s. Lpz. 1901. – G. Genette: Paratexte. Ffm. 1992, S. 50–57. – B. Hahn: Unter falschem Namen. Ffm. 1991. – M. Holzmann, H. Bohatta: Dt. P.en-Lexikon [1906]. Nachdr. Hildesheim 1961. – E. Kleinschmidt: P. In: RLW. – A. Rothe: Der lit. Titel. Ffm. 1986, S. 392–402. – G. Söhn: Literaten hinter Masken. Bln. 1974.   BM

Psychoanalytische Literaturwissenschaft [aus gr. *psyché* = Seele, *análysis* = Auflösung, Zerlegung], aus der Psychoanalyse S. Freuds entwickelte Methode der Textinterpretation. Als *Theorie* setzt die Psychoanalyse einen zunächst unzugänglichen psychischen Bereich des Un- oder Unterbewussten voraus, der für die Persönlichkeitsentwicklung konstitutiv ist. Als *Methode* vertraut sie darauf, dass durch bestimmte Verfahrenstechniken dieses Un- oder Unterbewusste bewusst gemacht, analysiert und die psychische Störung behoben werden kann. – Die Idee einer p.n L. beruht auf der Voraussetzung, dass Psyche und Lit. sich grundsätzlich durch eine Zwei-Ebenen-Struktur (Unbewusstes und Bewusstes, Tiefenebene und Oberfläche, Wortlaut und Bedeutung/Sinn) auszeichnen und Textanalyse somit gleichermaßen unter Semantisierungszwang stehen. Im Zentrum der p.n L. steht die Analogie von Traum und Traumdeutung einerseits und lit. Text und Textanalyse andererseits. Mechanismen der Traumarbeit, also der Erzeugung des latenten Trauminhalts, können bis in die sprachlichen Strukturen verfolgt werden, wenn z. B. Verschiebung und Verdichtung mit ↗ Metonymie und ↗ Metapher identifiziert werden. – Freud selbst hat immer wieder an lit. Beispielen die Funktion des Un- oder Unterbewussten und die Methode seiner Analyse demonstriert. In der Lit.wissenschaft hat sich diese Voraussetzung mit den verschiedensten Methoden verbunden. So ist auch die Psychoanalyse zu einer Variante der Lit.psychologie geworden, die danach fragt, warum bestimmte Autoren bzw. Leser bestimmte Texte produzieren bzw. rezipieren, inwiefern z. B. lit. Texte bestimmte Muster von Konflikten und Traumata zum Ausdruck bringen. Dabei steht nicht der Text, sondern der Autor oder der Leser in der Rolle des Analysierten oder auch des Ko-Analytikers im Fokus. Im ↗ Strukturalismus wird die von der Psychoanalyse vorgegebene Zweischichtigkeit auf das Zeichenmodell von F. de Saussure, also auf die Differenz von Signifikat und Signifikant, übertragen (J. Lacan); im ↗ Poststrukturalismus wird das Schwergewicht auf die Verzerrungen der Oberflächenebene, z. B. durch soziale Mechanismen der psychischen Determination, gelegt.

Lit.: Th. Anz: P. L. In: RLW. – S. Freud: Die Traumdeutung [1900]. Ffm. 1982. – Ders.: Zur Psychopathologie des Alltagslebens [1901]. Ffm. 2000. – Ders.: Der Wahn und die Träume in W. Jensens »Gradiva« [1907]. Ffm. 1973. – J. Lacan: Schriften I. Olten 1973. – P. v. Matt: Lit.wissenschaft und Psychoanalyse. Stgt. 2001. – C. Pietzcker: Einf. in die Psychoanalyse des lit. Kunstwerks. Würzburg 1983. – W. Schönau, J. Pfeiffer: Einf. in die p. L. [1990]. Stgt., Weimar ²2003. – R. Wolff: Versuch einer Systematik. In: ders. (Hg.): Psychoanalytische Lit.kritik. Mchn. 1975, S. 414–453.   OJ

Psychologischer Roman, Romantypus, der innerseelische Motive und Reaktionen darstellt und analysiert. Der Begriff ist problematisch, weil die Differenz zwischen subjektivem Empfinden und äußerer, lebensweltlicher Begebenheit konstitutiv für das epische Erzählen insgesamt ist und psychologische Vorgänge in vielen Romantypen reflektiert werden. Die lit. Verarbeitung psychologischer Prozesse hat die Entwicklung der Erzähltechnik beeinflusst und die Ausdifferenzierung des ↗ personalen Erzählens bewirkt. Reduzierung äußeren Geschehens, Selbstdarstellung der Person und Bemühen um unmittelbare Darstellung des psychologischen Innenraums führen zum ↗ inneren Monolog und zum ↗ Stream of Consciousness. – Als Ausdruck eines vermehrten Interesses an seelischen Zusammenhängen und Motivationen beginnt die Entwicklung des psychologischen Romans mit der Ausbildung des Subjektivismus und Individualismus im Zuge der ↗ Aufklärung. Auch wenn sich bereits in antiken und mal. Epen innerseelische Vorgänge spiegeln, kann man von einer Entfaltung des psychologischen Romans erst im Zeitalter von ↗ Pietismus, Sensualismus und ↗ Empfindsamkeit sprechen. Erste Vertreter sind S. Richardson (»Pamela«, 1740) und J. J. Rousseau (»La nouvelle Heloïse«, 1761). In der dt. Lit. ist der »Anton Reiser« (1785/90) von K. Ph. Moritz der wichtigste ↗ Prototyp des Genres, dem auch F. Schlegels »Lucinde« (1799) und J. W. Goethes »Wahlverwandtschaften« (1809) zugerechnet werden können. Die differenzierte Beschreibung psychologischer Zustände, im 18. Jh. dem aufgeklärten Kausalitätsprinzip verpflichtet, wird in der ↗ Romantik von Elementen des Unbewusst-Dämonischen, Rätselhaft-Abgründigen abgelöst, bes. bei E. T. A. Hoffmann, J. Barbey d'Aurevilly und N. Hawthorne. Seine eigentliche Dynamik entfaltet das psychologische Erzählen im ↗ Realismus, etwa bei G. Flaubert (»Madame Bovary«, 1857), W. M. Thackeray (»Vanity Fair«, 1848), F. Spielhagen (»Problematische Naturen«, 1861) und Th. Fontane (»Effi Briest«, 1895). F. M. Dostoevskijs Verarbeitung pathologisch-krankhafter Nuancen hat die Genese des psychologischen Romans nachhaltig beeinflusst. In der Lit. des 20. Jh.s dient die Explikation psychologischer Zusammenhänge auch der Darstellung der modernen Erfahrung der Vereinsamung; so in R. M. Rilkes »Aufzeichnungen des Malte Laurids Brigge« (1910) und St. Zweigs »Ungeduld des Herzens« (1938). Auf die Schriften S.

Freuds und C. G. Jungs replizierend entstehen Romane, die in der Darstellung von Komplexen, Träumen, verdrängten Wunschvorstellungen und Archetypen die innere Befindlichkeit des Individuums mit psychoanalytischen Mitteln darstellen, z. B. H. Hesses »Demian« (1919) und »Steppenwolf« (1927), J. Joyces »Ulysses« (1922) sowie V. Woolfs »Mrs. Dalloway« (1925).

Lit.: F. J. J. Buytendijk: Psychologie des Romans. Salzburg 1966. – L. Edel: The psychological novel. NY 1959. – J. Fürnkäs: Der Ursprung des psychologischen Romans. Stgt. 1977. – M. D. Kautenburger: Vom roman expérimental zum roman psychologique. Ffm. 2003. – R. Mühlher: Dichtung der Krise. Wien 1951. – G. O. Taylor: The passages of thought. NY 1969. – G. Wagner: Die Entwicklung des psychologischen Romans in Deutschland von der Mitte des 18. Jh.s bis zum Ausgang der Romantik. Wien 1965.   SSI

Publikum, n. [lat. *publicum* = Staat, Gemeinwesen, Öffentlichkeit], Teilnehmer und Adressaten einer öffentlichen Veranstaltung (insbes. im Theater oder Konzert). Kollektivsingular für Zuschauer, Zuhörer, aber auch für die ↗ Leser lit. Werke, wobei zwischen dem vom Autor intendierten und dem realen Lesepublikum unterschieden werden kann. Während ›P.‹ im engeren Sinn als gegenwärtige, öffentliche Versammlung verschiedener Individuen zum gemeinsamen Erleben einer kulturellen Veranstaltung oder eines kommunikativen Aktes verstanden wird, steht der Begriff als theoretisches Konstrukt auch für die Zielgruppe eines Werks, für ein abwesendes, vergangenes, zukünftiges oder imaginiertes P. und damit synonym für ↗ ›Öffentlichkeit‹. Das P. ist neben Akteuren und Werk Bestandteil jeder ↗ Aufführung. In der Lit.wissenschaft kann das P. als dritte Größe neben Autor und Werk gesehen werden. Künstlerische Werke werden in der Regel für ein P. geschaffen, insbes. im Theater ergibt sich die unverwechselbare Aufführung erst durch die aktive oder passive Teilnahme des P.s (Improvisationen, Interaktionen mit dem Spiel oder Reaktionen wie Applaus usw.). Gewisse Formen der Kommunikation von der Bühne herab können in den Dramentext vorgegeben sein z. B. durch Wendungen ↗ *ad spectatores* wie in ↗ Prolog, ↗ Parabase, ↗ Epilog oder beim ↗ Beiseitesprechen. P. Handkes »P.sbeschimpfung« (1966) bildet ein Extrembeispiel und besteht ausschließlich aus einer Anrede ans P. – Zusammensetzung und Verhalten des P.s sind historisch und kulturell bedingt durchaus unterschiedlich. In Antike und MA. gibt es Theateraufführungen, bei denen fast die gesamte Öffentlichkeit versammelt ist. Spiele auf Marktplätzen und Umzüge lassen keine starren Grenzen zwischen Zuschauern und Darstellern zu. Die exklusiven ↗ Hoftheater des Barock dagegen sind nur geladenen Gästen zugänglich; die neugebauten Rang- und Logentheater werden zum Abbild der ständisch gegliederten Gesellschaft. Im 18. Jh. setzt in Europa die Disziplinierung des zahlenden Theaterpublikums ein, das sich nun – auf Grund der Dominanz des Dramentextes, der Guckkastenbühne und der sog. ›vierten Wand‹ zum Zuschauerraum hin – zunehmend passiv und still verhält. Im 20. Jh. werden wieder Theaterformen erprobt, bei denen das P. aktiv an der Aufführung beteiligt ist (↗ Happening, ↗ Straßentheater, Mitspieltheater, v. a. als Teil des ↗ Kinder- und Jugendtheaters). – Das P. kann als konstitutiver Teil des komplexen Kunstwerks ›Aufführung‹, aber gleichzeitig auch als Beobachter, Rezipient, Kritiker oder Repräsentant der öffentlichen Meinung angesehen werden. Die überlieferten Reaktionen und Zeugnisse von Zuschauern und Theaterkritikern werden als Quellen für die Theatergeschichte benutzt; die sozialgeschichtliche Publikumsforschung untersucht v. a. die Struktur und Zusammensetzung verschiedener Auditorien. Im Gefolge der ↗ Rezeptionsästhetik entwickelt sich eine lit.theoretisch fundierte Theaterrezeptionsforschung. In neueren kulturwissenschaftlichen Ansätzen bildet die Wahrnehmung durch den Zuschauer einen wichtigen Aspekt des Konzepts der ↗ Theatralität, das vom Theater auf weite Bereiche der Kultur übertragen wird.

Lit.: Institut für Publikumsforschung der Österr. Akademie der Wissenschaften (Hg.): Das Theater und sein P. Wien 1977. – R. Dreßler: Von der Schaubühne zur Sittenschule. Das Theaterpublikum vor der vierten Wand. Bln. 1993. – H. Kindermann: Das Theaterpublikum der Antike. Salzburg 1979. – Ders.: Das Theaterpublikum des MA.s. Salzburg 1980. – Ders.: Das Theaterpublikum der Renaissance. Salzburg 1984. – E. Kleinschmidt: P. In: RLW. – V. Klotz: Dramaturgie des P.s [1976]. Würzburg ²1998. – J. F. Lehmann: Der Blick durch die Wand. Freiburg/Br. 2000. – K. Poerschke: Das Theaterpublikum im Lichte der Soziologie und Psychologie. Emsdetten 1951. – W. Sauter: P. In: E. Fischer-Lichte u. a. (Hg.): Metzler Lexikon Theatertheorie. Stgt., Weimar 2005, S. 253–259.   AHE

Publishing on Demand ↗ Druck.

Pulcinella, m. [pultʃiˈnɛla; it.], aus dem neapolitanischen Volkstheater stammende faule, gefräßige und listige Dienerfigur der ↗ Commedia dell'Arte, Typus des zweiten Zane (↗ Zani). Der P. wurde während des 17. Jh.s in ganz Europa beliebt, insbes. als zentrale ↗ lustige Person des Puppenspiels, zunächst in Frankreich (als *Polichinelle*), seit etwa 1670 in England (als *Punch*), seit Mitte des 17. Jh.s in Deutschland, seit dem 18. Jh. (als *Petruschka*) in Russland.   HD/Red.

Pulp fiction ↗ fiction.

Punch, m., engl. Komödienfigur, ↗ Pulcinella.

Puppenspiel [engl. *puppetry*; frz. *théâtre de marionnettes*], auch: Figurentheater; theatrale Darstellungsform, bei der die Akteure mit leblosem Material Aufführungen vor Publikum gestalten. Die szenischen Mittel sind hierbei Objekte, Puppen oder Materialien, die als Rollenfiguren in symbolischer Weise inszeniert werden. Dabei kann die Verwandlung des Leblosen in scheinbar lebendige Rollenträger ein bes. Aspekt der Aufführung sein. Die Techniken und Formen des P.s sind heute sehr vielfältig und sprengen die

klassische Aufteilung in Handpuppen, Marionetten, Flachfiguren und Stabfiguren; Material und Führungstechnik werden im Sinne der Inszenierungsaussage gewählt. Das P. verwendet alle Genres und Mittel, die auch das Menschentheater einsetzt; es finden sich Formen des P.s, die mit Musik, Tanz, dramatischer Handlung oder visuellen Medien arbeiten. Jüngere P.projekte operieren auch mit Mitteln der ↗ Performance. – Früheste europäische Quellen des P.s finden sich bereits im MA. (Abbildung im »Hortus deliciarum« der Herrad von Landsberg, 12. Jh.). P. wurde in dieser Zeit als eine Fertigkeit neben Akrobatik, Tanz, Vortragskunst und Gesang von – gesellschaftlich niedrig angesiedelten – Spielleuten an Höfen und bei öffentlichen Festen dargeboten. Im 16. Jh. kam mit engl. Schauspiel-Wandertruppen die Organisationsform des Prinzipalsystems auf den Kontinent. Das P. wurde als kostengünstige Alternative zum ausstattungsaufwendigen Schauspiel in das Repertoire der Wandertruppen integriert. Aber auch Spielverbote für Menschenschauspieler konnten mit den Holzakteuren umgangen werden. Auftrittsmöglichkeiten für die Wandertruppen ergaben sich auf städtischen Messen, Jahrmärkten und Festen. Erst im 19. Jh. bildeten sich reine P.-Unternehmen heraus, die als Familienbetriebe zu einer regionalen Spezialisierung von P.-Techniken und -Repertoires beitrugen. Im Zuge der ↗ Avantgarde-Bewegungen um 1900 begann eine Nobilitierung des P.s zur künstlerischen Theaterform. Eine Reihe von bildenden Künstlern gründete künstlerische Puppentheater (P. Brann 1907 in München, I. Puhonny 1911 in Baden-Baden, R. Teschner 1913 in Wien), die sich von volkstümlichen Puppentheatern durch die Qualität ihrer Gestaltung und die Auswahl der Stoffe und Texte absetzten. Umgekehrt nahm die Theateravantgarde-Bewegung die Puppe als Symbol für die Re-Theatralisierung der Bühne in Anspruch und forderte die Ersetzung des unzulänglichen, emotional beeinflussten Schauspielers durch die perfekt gestaltete und mythisch überhöhte Puppenfigur (M. Maeterlinck, A. Jarry, E. G. Craig). Gleichzeitig setzte eine wissenschaftliche Legitimierung ein, die versuchte das Spezifische der P.kunst als dramatischer Kunst zu umreißen. Im Nationalsozialismus wurde das P. als »Volkskulturgut« gefördert und für ideologische Propaganda vereinnahmt. Nach dem Zweiten Weltkrieg setzte eine rasche Entwicklung von innovativen Spielformen im künstlerischen P. in Ost- und Westdeutschland ein, während das volkstümliche Puppentheater kaum mehr eine Rolle spielte. Um sich vom traditionellen Puppentheater abzugrenzen, wurden die Begriffe ›P.kunst‹ (Ostdeutschland) und ›Figurentheater‹ (Westdeutschland) seit den 1960er Jahren in Fachkreisen etabliert. Die Ausbildung zum Puppenspieler – vormals innerhalb der Theater und Familien tradiert – wurde seit den 1970er Jahren institutionalisiert (ab 1971 Abteilung P.kunst der Hochschule für Schauspielkunst »Ernst Busch« in Ost-Berlin; ab 1983 Studiengang Figurentheater an der Stuttgarter Staatlichen Hochschule für Musik und Darstellende Kunst). Heute bestehen etwa 500 Puppentheater, darunter etwa 100 stehende Bühnen. Der ›Verband Dt. Puppentheater‹ (Stuttgart) vertritt ca. 125 Mitgliedsbühnen. UNIMA (Union Internationale de la Marionnette, seit 1929), der Weltverband des P.s, unterhält auch ein Zentrum in Deutschland. Das ›Dt. Forum für Figurentheater und P.kunst‹ Bochum ist ein Zentrum für Publikationen und Veranstaltungen zum P. Die wichtigsten Puppensammlungen, Archivalien und Buchbestände zum Thema finden sich in den Puppentheatermuseen Dresden und München. Lit.: G. Bohlmeier: P. 1933–45 in Deutschland. Bochum 1983. – W. Knoedgen: Das Unmögliche Theater. Stgt. 1990. – Ch. Lepschy: P. In: RLW. – G. Taube: P. als kulturhistorisches Phänomen.Tüb. 1995. – S. Tillis: Towards an Aesthetics of the Puppet. NY u. a. 1992.– M. Wagner: Nähte am Puppenkörper. Bielefeld 2003. – M. Wegner (Hg.): Die Spiele der Puppe. Köln 1989. MWA

Purismus, m. [lat. *purus* = rein], sprachkritische Position, die für die Vermeidung bzw. Tilgung fremdsprachigen Wortmaterials eintritt. Ein radikaler P. bezieht sich auf eine Nationalsprache als Ganzes (J. H. Campe: »Über die Reinigung und Bereicherung der dt. Sprache«, 1793), ein gemäßigter P. auf ausgewählte Wortverwendungen und deren Regeln (differenziert reflektiert in C. G. Jochmann: »Über die Sprache«, 1828). Der P. ist meist sprachpflegerisch oder sprachpolitisch ausgerichtet und wird häufig von ↗ Sprachgesellschaften bzw. Sprachvereinen institutionell gesteuert. Puristische Anstrengungen können mit Unterstützung von Zufälligkeiten des Sprachwandels schöpferisch auf das Lexikon einer Sprache einwirken. Z. B. hat sich Campes »Minderheit« (für »Minorität«) durchgesetzt, nicht aber sein »Menschenschlächter« (für »Soldat«). Übertriebener P. schränkt den Reichtum der sprachlichen Möglichkeiten ein und behindert in bestimmten Kontexten, z. B. in den Wissenschaften, die Verständigung. ↗ Sprachkritik.
Lit.: G. Härle: Reinheit der Sprache, des Herzens und des Leibes. Tüb. 1996. – A. Kirkness: Das Phänomen des P. in der Geschichte des Dt. In: W. Besch u. a. (Hg.): Sprachgeschichte. Teilbd. 1. Bln., NY ²1998, S. 407–416. BM

Puy, m. [pɥi; mfrz. = Anhöhe; von lat. *podium* = Getäfel, Ehrenplatz], mal. frz. Vereinigung von kunstbeflissenen Bürgern und Künstlern zur Pflege von Dichtkunst (↗ Dit, ↗ Chanson, ↗ Jeu parti), Theaterspiel (↗ Mirakel-, ↗ Mysterienspiel) und Musik, z. T. in öffentlichen Wettkämpfen. Der Leiter eines P. wurde *prince* (Fürst, König) genannt. – Der Name ›P.‹ wurde von der Stadt Le Puy in der Auvergne abgeleitet, in die älteste derartige Vereinigung gegründet worden sein soll. Dem *P. von Arras* gehörten zeitweilig fast zweihundert Dichter an, darunter die ↗ Trouvères Jean Bodel und Adam de la Halle. P.s entstanden ferner in den nordfrz. Städten Amiens, Douai, Rouen und Valenciennes. Ihre Blütezeit erlebten sie im 13.–16. Jh.

GS/Red.

Pyrrhichius, m. [gr. = zweimal Kurzer], auch: Dibrachys; antiker Versfuß aus zwei Kürzen bzw. kurzen Silben; entsteht durch Auflösung einer langen Silbe; benannt nach seiner Verwendung im gr. Waffentanz (*pyrrhíchē*). GS/Red.

Q

Qaside, f. [arab. *Qaṣîda*], auch: Kasside; arab., pers. oder türk. Preis-, Lob- oder Schmähgedicht von 30 bis 120 Versen gleichen Metrums und gleichen Schlussreims. Die Q. ist die wichtigste Gattung der klassischen arab. Dichtung. In der vorislamischen, altarab. Beduinendichtung war sie polythematisch und narrativ, begann mit einer Liebesklage (*Nasîb*) am verlassenen Lagerplatz, lobte die Schönheit und Zuverlässigkeit des Kamels (auf dessen Rücken im wiegenden Rhythmus seines Ganges die Q. wohl entstanden ist) und endete mit einem aktuellen, zweckgerichteten Thema. Als *Hofqaside* unter den Omaijaden (8. Jh.) und den Abbasiden (9.–10. Jh.) wurde sie zur klassischen, virtuosen Form des islamischen Lobliedes (↗ Panegyrikus). Bilinguale Poeten begründeten im 10. Jh. auch eine pers. Q., die sich durch assoziationsreiche Gegenstandsbeschreibungen und Naturbilder auszeichnet. Die türk. Q. hatte zunächst geistliche und mystische Inhalte. Durch die span. Omaijaden wurde die Q. auch in Andalusien heimisch und über Jh.e hinweg gepflegt. Ende des 20. Jh.s erfolgten Übertragungen von Q.n ins Dt. durch R. Schrott.
Lit.: B. Flemming: Die türk. Q. In: K. v. See (Hg.): Neues Hb. der Lit.wissenschaft. Bd. 5. Wiesbaden 1990, S. 258–264. – R. Jacobi: Die arab. Q. In: ebd., S. 216–241. – B. Reinert: Die pers. Q. In: ebd., S. 242–257. – R. Schrott: Die Erfindung der Poesie. Ffm. 1997. JBR

Quadrivium, n. [lat. = Vierweg], Teilgebiet der Artes liberales (↗ Artes), umfasst die höheren Fächer Geometrie, Arithmetik, Astronomie und Musik; Ggs.: ↗ Trivium. GS/Red.

Quaestio, f. [lat. = Frage], Pl. *Quaestiones*; scholastische Denk- und Darstellungsform: 1. die wesentliche lit. Argumentationsform der Scholastik seit dem 12. Jh. Bei dem Gegenstand des Studiums, z. B. der Bibel, tauchen oft widersprüchliche Erklärungen seitens der Autoritäten auf, die in Quaestiones dialektisch nach dem von Aristoteles in der »Nikomachischen Ethik« beschriebenen Prozess gelöst werden, den bereits Abaelard (12. Jh.) in seiner ›Sic-et-Non-Methode‹ praktizierte: Formulierung des Problems, Gegenüberstellung divergierender Lehrmeinungen, Auflösung, Neuformulierung der Meinung. Sie hatten daher die feste Struktur: »quaeritur utrum ... an ...«, et arguitur« (oder: »videtur«, »respondetur«), »quod sic« (oder: »quod non«); ›es wird gefragt, ob ... oder ..., und es wird entschieden, dass‹ (oder: ›dass nicht‹). – 2. Die scholastische Form des ↗ Kommentars, der in Fragen zum Gegenstand besteht, z. B. die Q.nes zum »Corpus Aristotelicum« des Pariser Philosophen Johannes Buridan (14. Jh.). – 3. Die universitäre Lehrform der Q. disputata (↗ Disputatio), in der ein zuvor festgelegtes Problem nach einer festgelegten Ordnung zwischen einem *magister opponens* und einem *magister* (oder *baccalaureus*) *respondens* disputiert und in einer abschließenden *Determinatio* entschieden wurde.
Lit.: B. C. Bazàn u. a.: Les questions disputées et les questions quodlibétiques dans la Faculté de théologique, de droit et de médecine. Turnhout 1985. – P. Schulthess: Q.nes (disputatae). In: P. Schulthess, R. Imbach (Hg.): Die Philosophie im lat. MA. Zürich, Düsseldorf 1996, S. 147–158. DW

Quantität, f. [lat. *quantitas* = Größe, Menge], Silbenlänge, vgl. ↗ Metrik, ↗ quantitierendes Versprinzip, ↗ Prosodie, ↗ akzentuierendes Versprinzip, ↗ Akzent.

Quantitierende Dichtung, Gesamtheit derjenigen Verstexte, deren ↗ Metrik auf dem ↗ quantitierenden Versprinzip beruht. ↗ Prosodie.

Quantitierendes Versprinzip, Grundsatz, dass das Versmaß sich nicht wie im Dt. nach dem Wortakzent (↗ akzentuierendes Versprinzip), sondern nach der ↗ Länge bzw. Kürze (den Quantitäten) der Silben richtet. Dies gilt für die klassische gr. und röm. Metrik, aber auch für die Metriken der altind., der arab. und der hebr. Dichtung des MA.s. Die Quantitäten sind das wichtigste Ordnungsprinzip der gr. und lat. Dichtersprache; es gibt außer kurzen und ›naturlangen‹ auch ›positionslange‹ Silben: Im Allgemeinen wird ein kurzer Vokal gelängt, wenn ihm mehr als ein Konsonant folgt. Der Wortakzent der gesprochenen Prosasprache, d. h. in der gr. der musikalische Akzent (höhere vs. tiefere Töne), in der lat. der exspiratorische Akzent (lautere vs. leisere Töne), steht zu der durch das quantitierende Versprinzip bewirkten Hervorhebung von Silben oft in einem Spannungsverhältnis. – In der Spätantike (3./4. Jh.) treten die Quantitäten im Gr. wie im Lat. allg. hinter die exspiratorischen Akzent zurück. Es wird weiterhin *metrice* (nach dem quantitierenden Versprinzip) gedichtet, doch daneben tritt, in Anlehnung an die Volkspoesie, zunehmend *rhythmice* (akzentuierend) Gedichtetes, z. B. christliche Hymnendichtung, Vagantenlyrik (vgl. auch ↗ silbenzählendes Versprinzip). Die Metrik der germ. Sprachen ist akzentuierend, allerdings findet sich in älteren germ. Mundarten ebenfalls die Opposition kurzer und langer Tonsilben, die das akzentuierende Versprinzip beeinflusst, vgl. in der mhd. Metrik die ↗ beschwerte Hebung (Voraussetzung: Länge), die ↗ Hebungsspaltung (Voraussetzung: offene Tonsilbe), die klingende ↗ Kadenz und die zweisilbig männliche Kadenz. Mit dem Verschwinden der kurzen offenen Tonsilben (meist infolge von Vokaldehnung) verschwinden auch diese Spuren des quantitierenden Versprinzips in der dt. Metrik.
Lit.: D. Breuer: Dt. Metrik und Versgeschichte [1981]. Mchn. ⁴1994. – J. W. Halporn, M. Ostwald: Lat. Metrik [1962]. Gött. ⁴1994. – B. Snell: Gr. Verslehre [1955]. Gött. ⁴1982. SAR

Quartẹtt, n. [it. *quarto*, von lat. *quartus* = vierter], vierzeiliger Abschnitt eines Gedichtes, bes. der erste und der zweite Vierzeiler des ↗ Sonetts.   GS/Red.

Quatrain, m. [ka'trɛ:; frz. = Vierzeiler], in der frz. Metrik allg. jede vierzeilige Strophenform, auch die Quartette des ↗ Sonetts; im engeren Sinn eine bestimmte Form des Vierzeilers aus vier ↗ Alexandrinern oder vier ↗ *vers communs* mit dem gängigen Reimschema *abba*. Der Q. wird in der frz. Dichtung seit dem 16. Jh. v. a. als Form des ↗ Epigramms und der ↗ Gnome gebraucht.   JK/Red.

Queer Studies, Pl. [engl. *queer* = schwul, normabweichend], transdisziplinärer Frage- und Forschungsansatz v. a. der Lit.- und Kulturwissenschaften. Die Q. St. entwickeln sich seit den 1990er Jahren aus den ↗ *Gender* und *Gay Studies* sowie den Emanzipationsbewegungen der Lesben und Schwulen; sie werden in den USA stärker betrieben als in Europa; zu ihren wichtigsten Vertreterinnen zählen J. Butler, T. de Lauretis und E. K. Sedgwick. – Q. St. basieren auf den diskursanalytischen Schriften M. Foucaults, in denen die Sexualität als soziales und kulturelles Konstrukt aufgewiesen wird, und radikalisieren die dort angelegte Kritik an allen Versuchen, Subjekt, Identität und Geschlecht essentialistisch oder normativ zu begründen. Ziele der Q. St. sind die »Destabilisierung der Heterosexualität« und die »Entnaturalisierung« der Geschlechtsidentität (Kraß), die in ihrer Einbindung in und Abhängigkeit von Machtstrukturen erkannt werden sollen. In erster Linie sind Q. St. eine Denkbewegung und eine gegen bestehende Sichtweisen gerichtete Praxis, welche die Normen der binär strukturierten Sexualität und der daraus abgeleiteten Identitätsvorstellungen unterwandern will. Der Leitbegriff *queer* ist als dynamische Größe zu verstehen, die über den Untersuchungsgegenstand Sexualität/Geschlecht hinauswächst zur grundsätzlichen Infragestellung binärer Oppositionen, die unser Denken seit der Aufklärung beherrschen (Butler, Sedgwick). – Bezogen auf Lit. realisieren sich die Q. St. als *Queer Reading*: Die auf ↗ Diskursanalyse, ↗ Intertextualität und ↗ Dekonstruktion gegründeten Lektüren von kulturellen Dokumenten wie lit. Texten oder Filmen erkunden die ›symbolischen Ordnungen‹, in denen die Konstruktionen des Geschlechts/der Sexualität lesbar werden, auch wenn sie nicht mit dem artikulierten Begehren des Autors und seiner Figuren identisch sind, sondern diese subvertieren. Dabei betonen die Q. St. das *performative Potential* lit. und kultureller Phänomene und suchen die Lösung gesellschaftlicher Ungerechtigkeiten nicht in der dialektischen Analyse (Aufhebung der Widersprüche), sondern in der Ästhetisierung (Gestaltung der Widersprüche). – Ansätze zur Systematisierung der Q. St. als *Queer Theory* werden kritisiert, weil damit *queer* in Widerspruch zu sich selbst trete und das Widerständige und Unsystematische verliere (Jagose). Weitere kritische Sichtweisen auf die Q. St. sehen in *queer* eine postmoderne Modeerscheinung, die argumentativ be-

gründete oder politisch fundierte Analysen von Machtverhältnissen preisgebe zugunsten eines rebellischen Lebensstils, der sich in Vielfalt und Beliebigkeit erschöpfe.

Lit.: J. Butler: Imitation and Gender Insubordination. In: D. Fuss (Hg.): Inside/Out: Lesbian Theories, Gay Theories. NY 1991, S. 13–31. Dt. in: S. Hark (Hg.): Grenzen lesbischer Identitäten. Bln. 1996, S. 15–37. – M. Foucault: Histoire de la sexualité. 3 Bde. Paris 1976–84. Dt.: Sexualität und Wissen. 3 Bde. Ffm. 1977–86. – B. Hey u. a. (Hg.): Que(e)rdenken. Innsbruck, Wien 1997. – A. Jagose: Queer Theory. Bln. 2001. – A. Kraß (Hg.): Queer denken. Ffm. 2003. – E. K. Sedgwick: Epistemology of the Closet. Berkeley 1990.   GHÄ

Quelle, 1. grundlegendes Material einer Wissenschaft; 2. eine Vorgabe, aus der ein Text schöpft. Eine solche Vorgabe kann ein schriftlicher Text sein: G. Büchner verwendet für »Dantons Tod« als Q. Schriften über die frz. Geschichte. Vorgaben können aber auch mündliche Texte oder Werke der bildenden Kunst sein; H. v. Kleist bezieht in »Der zerbrochne Krug« u. a. Anregungen von einem Kupferstich, der eine Gerichtsszene zeigt, Th. Mann in seinem »Doktor Faustus« von Musikalien, insbes. von Beethovens späten Klaviersonaten und A. Schönbergs Zwölftonmusik. – Die kritische Überprüfung der Echtheit oder Glaubwürdigkeit vermuteter oder vom Autor angegebener Q.n leistet die Q.nkritik. Im Kontext der Intertextualitätsforschung kommt zunehmend die ästhetische Kreativität im lit. Umgang mit Q.n in den Blick. ↗ Einflussforschung, ↗ Intertextualität.

Lit.: H. Bloom: The Anxiety of Influence. NY 1973. – G. Dicke: Q.₂. In: RLW. – N. Henkel: Q.₁. In: RLW. – A. Schwob, E. Streitfeld (Hg.): Q. – Text – Edition. Tüb. 1997.   GS/BM

Quellenkritik ↗ Quelle.

Querelle des Anciens et des Modernes, f. [frz. = Streit zwischen den Alten und den Modernen], in der frz. ↗ Klassik Auseinandersetzung zwischen Vertretern zweier gegensätzlicher Kulturauffassungen und Geschichtsbilder. Auf der einen Seite stehen die *anciens* als Vertreter einer an der Antike orientierten Traditionsgläubigkeit, die Geschichte als fortschreitenden Niedergang versteht, auf der anderen Seite die *modernes* als Verfechter eines Fortschrittsglaubens, der die Gegenwart Ludwigs XIV. als zivilisatorischen Höhepunkt feiert. Wortführer der *modernes* ist Ch. Perrault, der die Q. d. A. e. d. M. 1687 mit seinem hymnischen Gedicht »Le siècle de Louis le Grand« eröffnet. Auf Seiten der *anciens* plädiert N. Boileau in Epigrammen und Satiren für die Überlegenheit der Antike. Perrault antwortet 1688–97 mit einer vierbändigen »Parallèle des anciens et des modernes«, die er 1696–1700 durch hundert Porträts des »Hommes illustres qui ont paru en France en ce siècle« ergänzt. Der Streit zwischen Perrault und Boileau weitet sich rasch aus, so dass er bald die intellektuelle Elite Frankreichs in zwei Lager spaltet:

Auf der Seite der *anciens* finden sich Racine, La Bruyère, Bossuet und auch La Fontaine sowie Vertreter des
Feudaladels und des Jansenismus, auf der Seite der *modernes* T. Corneille, Quinault, La Motte u. a. Autoren
der Pariser Salonkultur, als deren Organ der »Mercure
galant« fungiert, durch den auch die gebildeten Frauen
gewonnen werden. Einen letzten Höhepunkt stellt
1713/14 der Streit um die Homer-Übers.en Anne Da-
ciers dar, den Fénelon mit seiner »Lettre à l'Académie«
schlichtet. Insgesamt bedeutet die Q. d. A. e. d. M.über
Frankreich hinaus das Ende der normativen Verbindlichkeit der antiken Vorbilder und das selbstbewusste
Bekenntnis zur zeitgenössischen, nationalen Kultur.
Lit.: L. Godard de Donville (Hg.): D'un siècle à l'autre:
Anciens et Modernes. Marseille 1987. – J. Grimm: Frz.
Klassik. Stgt., Weimar 2005. – H. Jaumann: Querelle.
In: RLW. – P. K. Kapitza: Ein bürgerlicher Krieg in der
gelehrten Welt. Mchn. 1981. – H. Kortum: Charles
Perrault und Nicolas Boileau. Bln. 1966. – W. Krauss,
H. Kortum (Hg.): Antike und Moderne in der Lit.dis-
kussion des 18. Jh.s. Bln. 1966. – A.-M. Lecocq (Hg.):
La Querelle Paris 2001. – A. Schmitt: Q. d. A. e. d. M.
In: NPauly. Bd. 15/2 (2002), Sp. 607–622.   KB

Queste, f. ['kestə; afrz. = Suche], Suche des fahrenden
Ritters. – Die Q. ist eines der grundlegenden narrativen
Strukturmuster der ↗ Artusdichtung, begegnet aber
auch in anderen Texten, die von ritterlichen ↗ Aventiuren erzählen. Die Suche nach einem verlorenen oder
begehrten Objekt (z. B. dem Gral) oder nach einer ver-
missten Person (z. B. einem anderen Ritter, der sich
bereits auf eine Q. begeben hat) ermöglicht die Bewegung des Ritters durch Zeit und Raum und konfrontiert ihn mit unvorhergesehenen Ereignissen, welche
selbst zum Gegenstand der Q. werden können (*querre
aventures* = Aventiuren suchen). Hinter der konkreten
Suche lässt sich meist die Suche des Ritters nach einer
neu zu bestimmenden Identität oder einem übergeordneten Sinn erkennen. – Bereits in den höfischen
Romanen Chrétiens de Troyes dient die Q. dazu, komplexe Handlungsgänge zu erzeugen und zu organisieren (»Lancelot«, »Perceval«, beide vor 1191). In den
alt- und mfrz. Prosa- und Versromanen des 13.–15.
Jh.s werden miteinander verknüpfte vielfache Q.n geschildert. Eines der bedeutendsten Werke ist die anonyme »Queste del Saint Graal« (um 1220) des »Lance-
lot-Gral«-Zyklus, in der die religiöse Sinnsuche der
Artusritter in einen heilsgeschichtlichen Kontext gerückt ist. Im Spät-MA. wird die Suche des fahrenden

Ritters häufig allegorisiert, um die Innenwelt des lie-
beskranken Ich darzustellen (René d'Anjou: »Le livre
du Cuer d'Amours espris«, 1457). Die Lit. der Renaissance verformt die Q. in parodistischer Weise: So suchen in F. Rabelais' »Quart livre« (1552) der Riese Pantagruel und sein Freund Panurge nicht mehr nach dem
Gral, sondern nach dem Orakel der ›Göttlichen Fla-
sche‹.
Lit.: P. Zumthor: Essai de poétique médiévale. Paris
1972, S. 355–361. – Ders.: De Perceval à Don Qui-
chotte. In: Poétique 22 (1991), S. 259–269.   RF

Quintilla, f. [kin'tilja; span. = Fünfzeiler], seit dem 16.
Jh. gebräuchliche span. Strophenform aus fünf achtsilbigen sog. span. ↗ Trochäen, Reimschema meist *ababa*,
aber auch *abbab*, *abaab* u. a.; die volkstümliche Dichtung verwendet statt Reimen Assonanzen. Sonderformen der Q. ergeben sich durch Ersetzung einzelner
Achtsilbler (meist der zweiten oder fünften Zeile)
durch kürzere Verse.   JK/Red.

Quodlibet, n. [lat. = was beliebt], 1. eine universitäre
↗ Quaestio über ein beliebiges Thema; seit dem 13. Jh.
begegnende Sonderform der *Quaestio disputata*, die
im Unterschied zu dieser improvisiert und ohne deren
feste Regeln durchgeführt wurde. Das Q. fand als festliche akademische Veranstaltung nur zweimal jährlich,
teils in Anwesenheit der ganzen Universität bzw. Fakultät statt.   DW
2. Für den geselligen Gebrauch bestimmtes dt. Scherzgedicht des 15.–18. Jh.s, in dem lehrhafte, aber auch
unsinnige Aussagen verschiedenster Herkunft ähnlich
wie beim ↗ Cento spielerisch zusammengestellt sind,
ohne wie beim ↗ Priamel in einer Schlusspointe zu kulminieren. Verwandte Formen im Frz. sind die ↗ Baguenaude, der ↗ Coq-à-l'âne und der ↗ Fatras, im It. die
↗ Frottola.
3. Lockere Folge aus Szenen von Erfolgsstücken, bes.
im ↗ Wiener Volkstheater, strukturell weitergeführt
etwa bei A. Holz (»Die Blechschmiede«, 1902) und P.
Handke (»Q.«, 1970).
4. Vokalkomposition, die aus verschiedenen ↗ Liedern
zusammengesetzt ist.   DB
Lit. zu 1.: B. C. Bazàn, J. F. Wippel: Les questions disputées et les questions quodlibétiques. Turnhout 1985,
S. 11–85. – P. Glorieux: La littérature quodlibétique de
1260 à 1320. 2 Bde. Kain, Paris 1925/35. – U. Kühne:
Q.₋₁. In: RLW.
Zu 2.–4.: U. Kühne: Q.₋₂. In: RLW. – A. Liede: Dichtung
als Spiel [1963]. Bln., NY ²1992. Bd. 2, S. 48–57.

R

Rabenaasstrophe, die bes. prominent in Th. Manns »Buddenbrooks« (Teil V, Kap. 5) zitierte ›R.‹ »Ich bin ein echtes Rabenaas / ein wahrer Sündenkrüppel [...]«, die im 19. Jh. als echter pietistischer Liedtext galt, ist eine wohl vom radikalen Demokraten F. W. Wolff stammende Parodie; Wolff veröffentlichte sie anonym als vorgebliches Exempel »aus einem alten Gesangbuche« 1840 in den »Schlesischen Provinzialblättern«. Laut F. Engels ging das Lied damals »wie ein Lauffeuer [...] durch ganz Deutschland« (K. Marx, F. Engels: Werke. Bd. 19. Bln. ⁴1973, S. 58). Es erschien als idealtypischer und verdammenswerter Ausdruck neo-pietistischer Selbstzerknirschungsfrömmigkeit.
Lit.: K. Ameln: Über die »Rabenaas«-Strophe und ähnliche Gebilde. In: Jb. für Liturgik und Hymnologie 13 (1968), S. 190–194. – W. Nelle: Die R. und einige andere Seeschlangen. In: Die Reformation 26 (1902), S. 358–365.   AUS

Rabenschlachtstrophe, Strophenform des mhd. historischen Dietrichepos »Rabenschlacht« (zweite Hälfte des 13. Jh.s). In der Tradition der heldenepischen Langversstrophe stehend ist sie eine metrische Zusammensetzung aus der zweiten Hälfte der ↗ Nibelungenstrophe und der Schlusszeile der ↗ Kudrunstrophe, wobei sie im Ggs. zu den Vorbildern nur drei Langverse aufweist. Metrische Normalform: *3wa–3mb / 3wa-4mb / 3wc-5wc* – aufgrund des Reimschemas kann sie auch als Konstruktion aus sechs Kurzversen interpretiert werden.
Lit.: J. Heinzle: Einf. in die mhd. Dietrichepik. Bln., NY 1999, S. 63–67.   CKR

Radikaler Konstruktivismus ↗ Konstruktivismus (3).

Radiofeature ↗ Feature.

Rahmenerzählung, Erzählform, die in einer umschließenden epischen Einheit (dem Rahmen) eine fiktive Erzählsituation vorstellt, die zum Anlass einer oder mehrerer Binnenerzählungen wird. Der Typus R., bei dem der zwischen Rahmengeschehen und fiktiver Zuhörerschaft vermittelnde Erzähler der Binnenhandlung auch als Figur der Rahmenhandlung erscheint, kann aus der Grundsituation allen Erzählens verstanden werden: ein mündlicher Erzähler als Vermittler zwischen erzähltem Geschehen und Zuhörern. Man unterscheidet 1. die *gerahmte Einzelerzählung*, deren Rahmen oft als fingierte Quelle (z. B. Chronik, Tagebuch, Brief) Authentizität vortäuschen soll, und 2. die *zyklische R.*, in der verschiedene, thematisch mehr oder weniger verbundene ↗ Erzählungen (oft ↗ Novellen) zu einer Einheit zusammengefasst sind. Typisch für die zyklische R. sind eine unfreiwillige Wartezeit als Erzählanlass sowie die Ausrichtung der Erzählungen auf ein didaktisches oder unterhaltsames Ziel hin. Ferner gibt es Rahmen-Romane mit mehreren

aufeinander und auf den Gesamttext bezogenen Erzähleinlagen. Voraussetzung für Logik und Wirksamkeit der R. ist die Korrespondenz von Rahmen und Gerahmtem. Der Rahmen erscheint häufig nur als Klammer oder wird im Sinne einer ↗ Exposition bzw. Einstimmung ins Geschehen verwendet. Darüber hinaus kann der Rahmen der Spannungsförderung und der Kontrastwirkung (gegensätzliche Zeiten, Gegenstände oder ethische Wertungen), der Erklärung motivischer oder assoziativer Verknüpfungen sowie der Motivierung bestimmter Darstellungsformen (z. B. Ich-Form, Wechsel der Erzählstile oder Perspektiven) dienen. Der Grad der Verknüpfung zwischen Rahmen und Binnenerzählung ist ein ebenso wichtiges Element der R. wie die jeweilige Kombination der Erzählerrollen (einzelner Erzähler oder verschiedene Erzähler). Die Erweiterung der Rolle des im Rahmen auftretenden Erzählers durch reflektierende Einschübe, Vorleser- und Manuskriptfiktionen bis zur Thematisierung der Erzählsituation selbst charakterisiert die Entwicklung der R. zur hochartifiziell-experimentellen Kunstform, die auch zu assoziativ bedingten Kettenformen oder wechselnde Perspektiven bewirkenden (Doppel- oder Mehrfach-)Schachtelformen führen kann. Die jeweiligen erzählperspektivischen Varianten schaffen eine Distanz zwischen Vorgängen der Binnenhandlung, fiktivem Adressaten und realem Leser, welche die R. zum geeigneten Instrument für Verfremdungseffekte, Ironie oder Kritik macht. – Die Technik der R. taucht erstmals in ind. und pers. Dichtungen auf, zunächst als lose Sammelform mit Reihung illustrierender Einzelfälle als Exempel für einen didaktischen Zweck. Bekanntestes Beispiel für die zyklische R. sind die arab. »1001 Nacht«-Erzählungen; auch in der »Odyssee« und in Ovids »Metamorphosen« findet sich die Technik der R. Boccaccios »Decamerone« (1348/53) macht den Gesellschaftsbezug der R. deutlich. Wichtige zyklische R.en der europäischen Lit. sind G. Chaucers »Canterbury Tales« (1386/1400), Margarete von Navarras »Heptameron« (1585) und G. B. Basiles »Pentamerone« (1634/36). In Deutschland wird die R. nach Vorläufern im 17. und 18. Jh. im Anschluss an J. W. Goethes »Unterhaltungen dt. Ausgewanderten« (1795) zu einer wichtigen Erzählform des 19. Jh.s (zyklische R.en sind etwa L. Tiecks »Phantasus«, E. T. A. Hoffmanns »Serapionsbrüder« oder G. Kellers »Züricher Novellen«, gerahmte Einzelerzählungen C. F. Meyers »Hochzeit des Mönchs« und »Der Heilige«). In der internationalen Lit. des 19. Jh.s begegnen R.en bei A. Daudet, G. de Maupassant, I. S. Turgenjev und N. Hawthorne. Im 20. Jh. erscheint die R. mit z. T. neuen Kombinationen von Binnenerzählung und Rahmen (z. B. St. Zweig: »Schachnovelle«).

Die Rahmentechnik wird auch in ↗ Drama und ↗ Oper (Vorspiel, Prolog, ↗ Spiel im Spiel, ↗ Mise en abyme) sowie im Film (Rückblende) angewandt.
Lit.: H. Herbst: Frühe Formen der dt. Novelle im 18. Jh. Bln. 1985. – A. Jäggi: Die R. im 19. Jh. Bern u. a. 1994. – L. E. Kurth: R. und Rahmenroman im achtzehnten Jh. In: JbDSG 13 (1969), S. 137–154. – E. Marz: Goethes R.en. Ffm. 1985. – V. Neuhaus: Typen multiperspektivischen Erzählens. Köln 1971. – P. Stocker: R. In: RLW.   KH

Rap, m. [engl., Sprechgesang, von dem am. Slangausdruck *to rap* = quatschen], eine Ende der 1970er Jahre in den New Yorker Schwarzenghettos entwickelte Musikrichtung, die v. a. zum Tanzen animieren soll. Kennzeichnend ist der vom Rapper vorgetragene rhythmische Sprechgesang, zu dem meist ein Discjockey (DJ) einen monotonen Rhythmus (Beat) im 4/4-Takt von einer Schallplatte abspielt und auf einem zweiten Plattenteller eine weitere Platte mit den Fingern rhythmisch hin und her rückt (*Scratching*). Seinen ursprünglichen Erfolg verdankt der Rap seinem zunächst vehement sozialkritischen Impetus mit z. T. drastisch-obszönen, nicht selten auch politisch extremen, gewaltverherrlichenden oder frauenfeindlichen Texten über Jugendbanden, Drogen und Kriminalität, bis er in den 1990er Jahren als Musikstil Teil des am. Mainstreams wurde und heute, angereichert mit neuen Stilelementen, als ↗ HipHop populär ist. In den 1990er Jahren wurde der R. auch eine der wichtigsten Richtungen in der dt. Popmusik und Jugendkultur (Die Fantastischen Vier u. a.). – Erst wenige lit.wissenschaftliche Arbeiten widmen sich den Raptexten, die sich vom Battle-Rap und Freestyle über Storytelling und Message-Rap bis hin zum ↗ Stream of Consciousness in mehrere Kategorien einteilen lassen, denen jedoch meist ein Sprachstil zwischen Umgangssprache und Poesie (↗ Kinder- und Jugendlyrik) gemein ist. Charakteristisch ist meist der extensive Gebrauch von Figuren der ↗ Wiederholung, insbes. des ↗ Reims, sowie von – oft kryptischen – ↗ Abkürzungen und ↗ Anglizismen.
Texte: J. Foster (Hg.): Ready steady rap. Rap poems. Oxford 2001. – D. James: So Whatcha Sayin? The Lyrics to Fifty of Rap's Best Songs. NY 1996. – S. Verlan: R.-Texte. Stgt. 2000.
Lit.: B. Dorsey: Spirituality, sensuality, literality. Blues, jazz and rap as music and poetry. Wien 2000. – H. Loh, S. Verlan: HipHop Arbeitsbuch. Mülheim/Ruhr 2000. – S. Peters: Romantische Lyrik und R.-Texte als Ausdruck progressiver Universalpoesie (F. Schlegel). Siegen 2002.   WHO

Rapiar, n. [lat. *rapiare* = rauben], Bez. für die im Spät-MA. aufkommenden, der individuellen Frömmigkeitspraxis dienenden Exzerptsammlungen aus asketischen und mystischen Schriften. Die Lektürepraxis der ↗ Devotio moderna, die ein beständiges ›Ruminieren‹ (Wiederkäuen) des Gelesenen vorsah, beförderte die Verbreitung des Typus auch in Deutschland.

Lit.: N. Staubach: Das R. im geistlichen Reformprogramm der Devotio moderna. In: K. Elm (Hg.): Florilegien – Kompilationen – Kollektionen. Wiesbaden 2000, S. 115–147.   CF

Rapularius, m. [lat. *rapa* = Rübe], scherzhafte Bildung im Sinne von ›Kraut und Rüben‹, als Gattungsbez. für meist systematisch angelegte Exzerptsammlungen (↗ Rapiar) verbreitet. Ein wichtiges Beispiel ist der »Wolfenbütteler R.« (zweite Hälfte des 15. Jh.s) mit über tausend Einträgen, der im Prolog als »gottebenbildlich« angesprochen wird, weil er weder Anfang noch Ende kenne.
Lit.: H. Hölzel-Ruggiu (Hg.): Der Wolfenbütteler R. Hannover 2002.   CF

Ratgeber ↗ Sachbuch.

Rationalismus ↗ Aufklärung.

Rätsel [ahd. *ratan* = raten; das Substantiv aber erst im 15./16. Jh.: *redesall, retzel, rätersch*], Sammelbegriff für meist kürzere Texte in Vers oder Prosa, in denen eine Frage aufgeworfen, aber nicht beantwortet wird. Das zu Erfragende erscheint in vollständiger sprachlicher Verschlüsselung, deren Bildbereich (wie in der ↗ Allegorie) komplett auflösbar sein muss. R. sind damit nichts anderes als invertierte Definitionen. Das R. als ›Gattung‹ zu bezeichnen ist daher nicht zu rechtfertigen; eine Zuordnung zu ›außer-‹ oder ›unterlit.‹ didaktischen Kleinformen wie beim ↗ Sprichwort irrelevant. Die Festlegung auf eine bestimmte Kommunikationssituation ist nur bedingt möglich: Nicht alle R. werden in einer Situation, die eine verständige Antwort des Rezipienten zulässt, gestellt. Von der ↗ Frage ist das R. aufgrund seiner mitunter gesuchten Bildhaftigkeit abzugrenzen, die es in die Nähe des zweckfreien ↗ Artefakts stellt. Das didaktische Moment liegt zunächst weniger im Zugewinn an Handlungswissen als im Erkennen von Übereinstimmungen. – Die Klosterschule ist im Früh-MA. der Ort, an dem lat. R. gesammelt und zu R.büchern kompiliert wurden. Eine der ältesten Sammlungen sind die »Berner R.« (7. Jh., 53 R. in rhythmischen Hexametern), die sich unter der Überschrift »Aenigmata Tullii« in den Kontext der rhet. Übung stellen, einen Begriff prägnant zu fassen. Verwandt ist die Sammlung im aengl. »Exeterbuch« (8. Jh., ca. 95 R.), dessen Stücke sich im Umfang zwischen einem und 107 ↗ Langversen bewegen. Das definitorische Sprachspiel des R.s forderte die Spruchdichter des 13. Jh.s heraus, die zum Beweis ihrer Gelehrsamkeit ernsthafte und weniger ernsthafte R.strophen verfassten. In ihren R.-Herausforderungen (Frauenlob und Regenbogen, Boppe, Meißner, Singûf/Rumelant) tritt das Agonale der Gattung hervor. Der Wettkampf verlangte Sieger und Verlierer im R.-Streit: ›Halslöserätsel‹, wie sie der »Wartburgkrieg« (vor 1250) oder die anord. »Heidrekssaga« (37 Strophen) boten, kennt noch F. Schillers »Turandot« (1802). Dem traditionellen türk. Sängerwettstreit liegt bis heute das Stellen und Lösen von R.n zugrunde. – R.sammlungen sind in allen europäischen Lit.n selten und spät nachweisbar.

Erst 1505 (Straßburg) kam das erste gedruckte dt. R.-buch auf den Markt. 1479 wurden in Brüssel »Les adivineaux amoureaux« gedruckt, eine thematische Sammlung, die wie die Weimarer Hs. Q 565 (15./16. Jh.) definitorische R. zu erotischen (teils obszönen) Fragen für die private Lektüre archivierte. – Anders als die slawischen oder türk. R., die fest in der Volkskultur wurzelten und Glauben und Lebensweise spiegeln, wurde das europäische R. (wie die meisten Kleinformen) im Zuge der ↗ Aufklärung in den Bereich der Kinderlit. abgedrängt. Damit war eine Fokussierung auf ›Inhalte‹ jenseits der Sprachform eingeleitet, die für die weitere Geschichte des R.s folgenschwer wurde. Die veränderte mediale Kommunikationssituation tat ein Übriges: Das R. wurde zur Frage, die auch schriftlich – etwa in zahlreichen populären Formen wie dem ›Kreuzworträtsel‹ – gelöst werden konnte.

Lit.: G. Bernt u. a.: R. In: LMA. – H. Bismark, T. Tomasek: R. In: RLW. – M. H. Jones: R.bücher. In: VL. – F. Löser: R. lösen. In: Wolfram-Studien 15 (1998), S. 245–275. – V. Schupp: R. In: Killy/Meid. – G. Silagi: Berner R. In: LMA. – T. Tomasek: Das dt. R. im MA. Tüb. 1994. – B. Wachinger: R., Frage und Allegorie im MA. In: I. Glier u. a. (Hg.): Werk – Typ – Situation. Stgt. 1969, S. 137–160.   CF

Raubdruck, widerrechtlicher ↗ Nachdruck.

Räuberroman, Typus des ↗ Abenteuerromans, dessen ↗ Protagonist durch erfahrenes Unrecht, Enttäuschung, Irrtum oder Leichtsinn zum Verbrecher geworden ist (oder auch nur als solcher erscheint) und zu Unrecht Verfolgten, Armen und Bedrängten Schutz und Hilfe gewährt. Der außerhalb der geltenden Rechtsnorm seiner Zeit stehende Räuber kämpft gegen eine ungerecht gewordene gesetzliche Ordnung für das Ideal einer überzeitlich gültigen Gerechtigkeit. Ein weiterer Konflikt entsteht, wenn der Protagonist aus Reue oder nach Wiederherstellung der gerechten Ordnung in Opposition zu der Haltung seiner weniger idealistisch motivierten und moralisch zweifelhaften Gefährten gerät. Der Romantypus ist unscharf konturiert, da es Überschneidungen mit dem ↗ Schelmenroman, ↗ Kriminalroman, ↗ Wildwestroman und der lit.geschichtlich vorangegangen Form des ↗ Ritterromans gibt. R.e entstehen als Ausdruck sozialer und politischer Unzufriedenheit in Phasen, in denen gesellschaftliche Herrschaftssysteme obsolet werden. – Seinen Ursprung nimmt der R. in dem 1678 als Prosaerzählung fixierten mal. Robin-Hood-Stoff. In Deutschland vollzieht sich die Genese des R.s im Kontext des Paradigmenwechsels vom feudalen zum bürgerlichen Zeitalter im 18. Jh. Nach F. Schillers Drama »Die Räuber« (1781), in dem sich die Freiheits- und Protest-Rhet. des ↗ Sturm und Drang programmatisch verdichtet, entwickeln sich einerseits triviale Unterhaltungsromane, z. B. H. Zschokkes »Abaellino der große Bandit« (1793), Ch. A. Vulpius’ »Rinaldo Rinaldini« (1799), der bis ins 20. Jh. erfolgreichste R., oder C. G. Cramers »Der Domschütz und seine Gesellen« (1803); andererseits werden lit.

anspruchsvolle Räuberfiguren erfunden, so in Schillers »Verbrecher aus Infamie« (1786), H. v. Kleists »Michael Kohlhaas« (1810), W. Scotts »Rob Roy« (1818), H. Kurz’ »Der Sonnenwirt« (1855) oder L. Franks »Die Räuberbande« (1914).

Lit.: G. Anrich: Räuber, Bürger, Edelmann, jeder raubt so gut er kann. Neunkirchen 1975. – M. Beaujean: Der Trivialroman in der zweiten Hälfte des 18. Jh.s. Bonn 1964. – H. Dainat: Abaellino, Rinaldini und Konsorten. Zur Geschichte des R.s in Deutschland. Tüb. 1996. – C. Müller-Fraureuth: Die Ritter- und R.e. Halle/S. 1894. Nachdr. Hildesheim 1965.   SSI

Raumdrama ↗ Figurendrama.

Razo, f. [raˈso; altokzitan. = Kommentar, Bericht, von lat. *ratio* = Rechenschaft, Bericht], ↗ Vida.

Realbenediktion ↗ Segen.

Realismus, m [lat. *res* = Sache, Wirklichkeit], einer der komplexesten Begriffe der Philosophiegeschichte (I), der Kunst- und ↗ Lit.theorie (II) sowie der ↗ Lit.geschichte (III).

I. Bez. einer Richtung im erkenntnistheoretischen ›Universalienstreit‹ der scholastischen Philosophie des MA.s, die v. a. von Anselm von Canterbury (1033/34–1109) und Wilhelm von Champeaux (1070–1121) gegen den Nominalismus vertreten wurde. Grundannahme des philosophischen R. ist, dass die Allgemeinbegriffe oder Universalien (z. B. ›die Menschheit‹) gegenüber den konkreten Einzeldingen (z. B. ›dieser Mensch‹) einen höheren Grad an Wirklichkeit besitzen.

II. Begriff der Ästhetik und Poetik, der die künstlerische Darstellung in mehr oder weniger direkter Weise auf eine wie auch immer gedachte ›Wirklichkeit‹ bezieht. Obwohl der Begriff für die ästhetische Theorie aller Künste von großer Bedeutung ist, wurde er am ausführlichsten in Bezug auf die Lit. diskutiert. Die seit dem 19. Jh. geführte R.-Debatte hat dennoch keine Möglichkeit gefunden, den Begriff so festzulegen, dass die mit ihm verbundenen Inhalts- und Wertvorstellungen in einer systematische und historische Aspekte umfassenden Definition vereint werden könnten. Gründe für diese Schwierigkeit liegen sowohl in den unterschiedlichen philosophischen Auffassungen von ›Wirklichkeit‹, die dem Begriff R. zugrunde gelegt werden, als auch in dessen unterschiedlichen Anwendungsbereichen. Vier Verwendungsweisen lassen sich unterscheiden:

1. *Der lit.- und kunstkritische Oppositionsbegriff:* Seit seinem ersten Erscheinen als stilistische und inhaltliche Kennzeichnung in einer Rezension des »Mercure français« (1826) ist ›R.‹ nicht nur ein klassifizierender oder beschreibender, sondern ebenso ein polemischer Ausdruck gegen idealistische und romantische Kunstauffassungen, später auch gegen den ↗ Naturalismus. Daher wird mit seiner Verwendung stets nicht nur die Frage nach dem (schon in der aristotelischen Poetik problematisierten) Verhältnis zwischen ↗ Mimesis (Nachahmung, Abbildung von Wirklichkeit) und

↗ Poiesis (Prozess der freien künstlerischen Verarbeitung oder Schöpfung) thematisiert, sondern es wird immer zugleich eine historische oder ideologisch bedingte Wertung vorgenommen.

2. *Der lit.- und kunstgeschichtliche Epochenbegriff.* Da der Begriff ›R.‹ erstmals zwischen 1830 und 1880 als ästhetische Leitidee diskutiert und von vielen Künstlern zum Programm erhoben wurde (G. Courbet gab seiner Gemäldeausstellung 1856 den Titel »Du Réalisme«), wird er heute als umfassende Bez. für eine lit.- und kunstgeschichtliche Stilepoche des 19. Jh.s verwendet. Dafür spricht auch, dass die ästhetischen Programme und Strukturen des so gefassten R. enge Wechselbeziehungen zu anderen Entwicklungen der Zeit unterhalten, sei es zur materialistischen Philosophie und zu den positivistischen Wissenschaften, sei es zur industriellen und technischen Revolution mit den einhergehenden sozialen Umwälzungen. Gegen die Verwendung als Epochenbegriff wurde allerdings geltend gemacht, dass der R. einerseits stark unterschiedliche nationale Ausprägungen erfahren habe, andererseits aber große Bereiche der Kunst dieser Zeit, z. B. das idealisierende ↗ Geschichtsdrama, die ↗ Zauberstücke und viele Opern (R. Wagner), entgegengesetzte Stiltendenzen verfolgt hätten.

3. *Der kunstphilosophische Stilbegriff.* Unter ›R.‹ kann in der ästhetischen Begrifflichkeit ein zeitübergreifender Typus künstlerischer Wirklichkeitsaneignung verstanden werden. Dieser Begriff ist aber in hohem Maße kontrovers, da seine inhaltlichen Bestimmungen stets von ideologischen Normen geprägt sind. Umstritten sind zumal der Wirklichkeitsbegriff, seine Vermittlungsmöglichkeiten im Kunstwerk (↗ Widerspiegelungstheorie) und die damit verbundenen Wirkungsabsichten. – In den bes. von marxistischen Autoren geführten R.-Debatten des 20. Jh.s unterschied der Philosoph G. Lukács zwischen einer ›falschen‹, nur auf die Montage von äußerlichen Fakten bedachten Objektivität und einer ›richtigen‹ Objektivität, die sich aus der marxistischen Erkenntnis der gesellschaftlichen Gesetzmäßigkeiten ergibt und der allein die Fähigkeit zugestanden wird, einen ›wirklich großen R.‹ zu erreichen, der Mensch und Gesellschaft in ›ihrer bewegten objektiven Totalität‹ zu gestalten vermöge (G. Lukács: »Balzac und der frz. R.«, 1952). B. Brecht stellte die Forderung nach einem ›intentionalen R.‹, der durch die dialektische Darstellung der gesellschaftlichen Wirklichkeit zu deren Veränderung beitragen solle (»Notizen über die Dialektik auf dem Theater«, um 1954). Th. W. Adorno setzte sich gegen Lukács für einen R. der Negation ein, der ›Wirklichkeit‹ nicht mitteile, die Kunst wahrscheinlich zu machen, sondern die Wahrheit über die Wirklichkeit auszusagen suche. Das könne jedoch nur durch eine »Kündigung der äußeren und inneren Abbildlichkeit« (Adorno, S. 450) erreicht werden. Gegen solche normativ-poetischen Modelle des R. wurde argumentiert, dass Kunst eine eigene Welt des Wirklichen schaffe, die in keinem

einfach kausalen Verhältnis zu einer im positivistischen Sinne datierbaren oder messbaren Wirklichkeit stehe. In diesem Sine ist selbst für die phantastische Dichtung E. A. Poes oder E. T. A. Hoffmanns der Begriff ›R.‹ verwandt worden.

4. *Kulturtheoretische Konstruktion und lit.theoretische Dekonstruktion des R.* In Abgrenzung von naiven Auffassungen, die von Kunst die direkte Wiedergabe des Faktischen verlangen, aber auch von marxistischen Theorien mit ihrer Forderung nach der gesellschaftskritischen ›Widerspiegelung‹ der Wirklichkeit ist gegen Ende des 20. Jh.s der Sinn des R.-Begriffs überhaupt in Frage gestellt worden. Während die Vertreter des radikalen ↗ Konstruktivismus ästhetische Werke als »eigenständige Manifestationsformen gesellschaftlicher Wirklichkeitskonstruktion« verstehen, die zur kollektiven »Herausbildung neuer Wirklichkeitsmodelle beitragen können« (Nünning, S. 179), versuchen die Anhänger des an J. Derrida geschulten Dekonstruktivismus nachzuweisen, dass jedes Werk des sog. R. den von ihm lit. erzeugten Schein von Wirklichkeit selber wieder dementiert – R. ist dann nichts anderes als eine bestimmte Rhet. der Illusionierung und Desillusionierung.

III. Die Bedeutung (II.2) ist in der Lit.geschichtsschreibung ausdifferenziert worden in ein weiteres Verständnis von ›R.‹, das verschiedene Epochen der Lit.geschichte umfassen kann (1), und in ein engeres Verständnis, das sich auf eine bestimmte Epoche des 19. Jh.s bezieht (2).

1. *Realistische Phasen der europäischen Lit.geschichte.* Versteht man unter ›R.‹ die direkte, konkrete Wiedergabe des Faktischen, dann lässt sich der Begriff vielfach auf den Stil von Spät- und Übergangszeiten anwenden, in denen zumindest ein quantitativer Zuwachs an Elementen der äußeren Wirklichkeit die Kunstwerke charakterisiert. In diesem Sinne spricht man von einem R. der spätattischen Tragödie (Euripides) und Komödie (Aristophanes), von einem spätröm. R. (Petronius), bes. aber von einem spätmal. R., der im Ggs. zur idealisierenden Kunst der höfischen Welt von frühbürgerlichen Denk- und Daseinsformen bestimmt ist. Der spätmal. R. ist weithin gattungsgebunden und lässt sich am deutlichsten erkennen in ↗ Schwänken, ↗ Fabliaux, ↗ Novellen (G. Boccaccio), ↗ Fazetien (G. F. Poggio), ↗ Satiren (F. Rabelais, S. Brant, Th. Murner), seltener in der Lyrik (F. Villon). Ausgeprägt realistische Züge tragen auch städtisch-bürgerliche Kunstrepräsentationen wie die ↗ Oster-, ↗ Passions- und ↗ Fastnachtspiele, der ↗ Meistersang sowie bestimmte Werke der didaktischen Lit. (↗ Grobianismus). Mit der Kennzeichnung ›R.‹ wurde sodann auch jene Lit. des 17. Jh.s bedacht, die – z. T. unter dem Einfluss des span. ↗ Pikaro-Romans – detailgetreue Beschreibungen aus dem Leben der mittleren und niederen Stände bietet, und die sprachlich nicht dem *genus grande* der barocken Rhet. verpflichtet ist (H. J. Ch. v. Grimmelshausen, J. Beer, Ch. Reuter). ›R.

der Aufklärung‹ wurde zuweilen eine Kunstrichtung genannt, die das als Problem entdeckte Verhältnis zwischen individueller Empfindsamkeit und gesellschaftlicher Wirklichkeit thematisiert (S. Richardson, H. Fielding, D. Diderot; in Deutschland wurden hierzu auch Dichter des ↗ Sturm und Drang wie J. M. R. Lenz gerechnet). Allg. durchgesetzt hat sich jedoch der im Gegenzug zur Romantik eingeführte Begriff des R. als Stilbez. für die Epoche zwischen 1830 und 1880 (siehe III.2). Davon unabhängig ist der Terminus des ↗ sozialistischen R., der unter persönlicher Mitwirkung J. Stalins 1932 in den Statuten des sowjetischen Schriftstellerverbandes festgeschrieben wurde und bis zum Ende der UdSSR normative Verbindlichkeit besaß. Der sozialistische R. verlangt ↗ Parteilichkeit und Volkstümlichkeit; er fordert vom Künstler eine wahrheitsgetreue, historisch konkrete Darstellung der Wirklichkeit in ihrer revolutionären Entwicklung. Damit grenzt er sich vom ›bürgerlichen R.‹ des 19. Jh.s und vom ›kritischen R.‹ des 20. Jh.s (A. Döblin, L. Feuchtwanger, E. Hemingway, R. Rolland, A. Zweig, H. Mann) ab. – Der nahezu universellen Verwendbarkeit des R.begriffs entsprechend werden in ↗ Autorpoetiken sowie in der Lit.wissenschaft und Lit.kritik bis heute immer wieder ›neue Realismen‹ diagnostiziert (etwa der von D. Wellershoff geforderte ›neue R.‹ der Kölner Schule der 1960er und 1970er Jahre).

2. *R. als Lit.epoche des 19. Jh.s.* Für nahezu alle europäischen Nationen bezeichnet ›R.‹ die dominante Richtung in der Lit.produktion der Zeit zwischen 1830 und 1880. Führend in Theorie und Praxis war Frankreich. Der frz. R. ist bestimmt durch eine ausgeprägt sozialkritische Thematik und desillusionistische, antibürgerliche Haltung. In ↗ Romanen und ↗ Novellen wird unter Verzicht auf eine individuelle Erzählerfigur eine objektivierende Darstellungsmethode entwickelt. Zu den bedeutendsten frz. Realisten gehören H. de Balzac, G. Flaubert, die Brüder Goncourt und J. Champfleury, der mit seinen programmatischen Vorreden und seinen Aufsätzen in der Zs. »Le Réalisme« (1856–75) zur Prägung des Stil- und Epochenbegriffs maßgeblich beitrug. Neben den Werken der realistischen Erzähllit. erreichten die Dramen von A. Dumas fils, aber auch die ↗ Vaudevilles von E. Labiche große Wirkung und Verbreitung. In Deutschland wurde, trotz bedeutender Vorläufer (G. Büchner, Ch. D. Grabbe, K. Gutzkow, H. Heine, G. Weerth), der R. erst nach der Revolution von 1848 zur dominierenden Stilrichtung. Im Unterschied zu Frankreich ist für den dt. R. die Neigung zur idyllischen Resignation und zur humoristischen, zwischen subjektiver und objektiver Weltsicht vermittelnden Erzählweise charakteristisch. Der von O. Ludwig (»Shakespeare-Studien«, 1871) geprägte Terminus des ›poetischen R.‹ hebt eine verklärende, extreme Dissonanzen (etwa das ↗ ›Hässliche‹) vermeidende Darstellung der Wirklichkeit hervor. Roman und Novelle sind die bevorzugten Gattungen. Zu den wichtigsten Vertretern des poetischen R. zählt

man A. Stifter, B. Auerbach, G. Freytag, Th. Storm, J. Gotthelf, G. Keller, C. F. Meyer und W. Raabe. Der historisch erweiterte Begriff ›bürgerlicher R.‹ lässt sich über Th. Fontane hinaus bis zu Th. Mann ausdehnen. Dass der R. des 19. Jh.s eine transnationale Erscheinung, gleichwohl mit nationalen Eigenarten, ist, belegen auch die Werke der engl. Realisten (W. M. Thackery, Ch. Dickens, G. Eliot), der russ. Realisten (F. Dostojewski, L. N. Tolstoi, I. S. Turgenjew, I. A. Gontscharow) und die dem sog. ›symbolischen R.‹ zugeordneten Dichtungen der am. Lit. des 19. Jh.s (H. Melville, N. Hawthorne).

Texte: M. Bucher u. a. (Hg.): R. und Gründerzeit. 2 Bde. Stgt. 1981. – G. Plumpe (Hg.): Theorie des bürgerlichen R. [1985]. Stgt. 1997.

Lit.: Th. W. Adorno: Die Kunst und die Künste [1967]. In: ders.: Gesammelte Schriften. Bd. 10.1. Ffm. 1977, S. 432–453. – H. Aust: Lit. des R. [1977]. Stgt. ²1981. – S. Becker: Bürgerlicher R. Tüb., Basel 2003. – B. Brecht: Notizen über die Dialektik auf dem Theater 1–3. In: ders.: Werke. Bd. 23. Ffm. 1993, S. 296–299. – R. Brinkmann: Wirklichkeit und Illusion. Studien über Gehalt und Grenzen des Begriffs R. für die erzählende Dichtung des 19. Jh.s [1957]. Tüb. ³1976. – R. Brinkmann (Hg.): Begriffsbestimmung des lit. R. [1969]. Darmstadt ³1987. – R. Cowen: Der poetische R. Mchn. 1985. – R. Grimm, J. Hermand (Hg.): R.theorien in Lit., Malerei, Musik und Politik. Stgt. 1975. – R. Lauer (Hg.): Europäischer R. Darmstadt 1980. – G. Lukács: Probleme des R. 3 Bde. Neuwied 1964 –74. – F. Martini: Dt. Lit. im bürgerlichen R. 1848–98 [1962]. Stgt. ⁴1981 – E. McInnes, G. Plumpe (Hg.): Bürgerlicher R. und Gründerzeit 1848–90. Mchn. 1996. – U. Müller: R. Freiburg 1982. – K.-D. Müller: Bürgerlicher R. Königstein/Ts. 1981. – A. Nünning: Lit., Mentalitäten und kulturelles Gedächtnis. In: M. Fludernik (Hg.): Lit.wissenschaftliche Theorien, Modelle und Methoden. Trier 1998, S. 173–197. – G. Plumpe: R.₂. In: RLW. – W. Preisendanz: Wege des R. Mchn. 1976. – M. Ritzer: R.₁. In: RLW. – H. Schanze: Drama im bürgerlichen R. (1850–90). Ffm. 1973. – R. Selbmann: Die simulierte Wirklichkeit. Zur Lyrik des R. Bielefeld 1999. – J. P. Stern: Über lit. R. Mchn. 1982.   HW/KK

Reality-Soap ↗ Serie.

Realkonkordanz ↗ Konkordanz.

Reallexikon, n. [mlat. *realis* = sachlich, von lat. *res* = Sache, vgl. Realien = Dinge], auf die Sachbegriffe eines bestimmten Wissensgebiets beschränkte (Fach- oder Spezial-)↗ Enzyklopädie, z. B. das »R. der dt. Lit.wissenschaft«.   IS/Red.

Rebus, m. [lat. = durch die Dinge], Bilderrätsel; rätselhafte, der verschlüsselten Darstellung eines Wortes, Sprichworts, einer Sentenz dienende lineare Zusammenstellung von Bildern, denen häufig einzelne Buchstaben, Silben, ganze Wörter, gelegentlich auch Zahlen beigefügt sind. Bei der Wahl der einzelnen Elemente der Zusammenstellung besteht ein ausschließliches Interesse an den Lautwerten der die Bilder bezeichnenden Wörter wie auch der übrigen Elemente; im Allgemeinen bestehen keine inhaltlichen Beziehungen zwischen diesen Elementen und der Bedeutung des darzustellenden, einfachen oder komplexen sprachlichen Ausdrucks: Piktogramme werden in Phonogramme transformiert. – In der ↗ Frühen Neuzeit ist der R. populär im Rahmen eines breiten Interesses an Bilderschriften, das seinen prägnantesten Ausdruck in der ›Hieroglyphik‹ der ↗ Renaissance findet. Bei dieser spielt jedoch, im Ggs. zum R., die Dingbedeutung des Dargestellten eine zeichenkonstituierende Rolle. Der R. wird v. a. in didaktischen Zusammenhängen, etwa im Bibel-Unterricht, sowie beim Verfassen von ↗ Briefen verwendet. – Die älteste dt. Sammlung von R.sen ist diejenige H. G. Bodenehrs (»Geistliche Herzens-Einbildungen Inn Zweihundert und fünfzig Biblischen Figur-Sprüchen angedeutet«, 1685).

Lit.: J. Céard, J.-C. Margolin: Rébus de la Renaissance. Paris 1986. – T. Conley: From Rebut to Rébus. In: Yale French Studies 99 (2001), S. 27–43. – D. Kampmann: Das R.flugblatt. Köln u. a. 1993. – E. M. Schenk: Das Bilderrätsel. Hildesheim, NY 1973. BFS

Recensio ↗ Textkritik.

Rechtschreibung ↗ Orthographie.

Rechtsliteratur, durch juristische Inhalte und Funktionen definierter Bereich der mal. Lit. Anders als im (ost-)röm. Bereich, wo um 530 im »Corpus Iuris Civilis« (Justinian) ein einheitliches, sachlich umfassendes Recht schriftlich niedergelegt wird, herrschen im germ.-dt. Bereich mündlich tradierte Rechtsnormen vor. Daher laufen hier bis ins 13. Jh. ungeschriebenes Gewohnheitsrecht und vereinzelt schriftlich fixierte Rechtsakte und -weisungen der Herrschaftsträger (König, Kaiser, Adel, Ratsherren, Schöffen, Zünfte) parallel. Dann setzt im Gefolge der universitären Juristenausbildung auf Basis des röm. Rechts (Bologna, Paris) und der Kodifizierung des Kirchenrechts (»Corpus Iuris Canonici«) in ganz Europa die systematische Sammlung und zusammenfassende Darstellung regionaler Rechts ein. Rechtskundige Einzelpersonen verfassen in Eigeninitiative Rechtsbücher in der Volkssprache, die bald den Status von Gesetzen erlangen. Wichtigstes und ältestes dt.sprachiges Rechtsbuch ist der ndt. »Sachsenspiegel« Eikes von Repgow (um 1230). Er behandelt Landrecht (Rechtsgebräuche innerhalb einer Landschaft) und Lehnrecht; durch Hanse und Ostkolonisation verbreitet er sich bis weit nach Osteuropa (Baltikum, Polen, Ukraine). Auf seiner Grundlage und in Kombination mit lokalen Rechtssätzen und -gewohnheiten, teilweise ergänzt um röm. und kanonisches Recht, entstehen im Deutschordensland das »Alte Kulm«, in Oberdeutschland der »Deutschen«- bzw. »Schwabenspiegel« (hieraus abgeleitet »Frankenspiegel« alias »Kleines Kaiserrecht«). Daneben sind Stadtrechtsbücher (bes. »Magdeburger Weichbildrecht«) und Schöffenbücher (älteste erhaltene in dt. Sprache: Halle, Aken) sowohl R. als auch wichtige Quellen für die Entwicklung der dt. Sprache.

Für die Praxis erschlossen werden die Rechtsbücher durch Rechtsgangbücher, die Verfahrens- und Prozessordnungen darlegen (›Richtsteig‹, ›Cautela und Premis‹) und sacherschließende Register (Remissorien, ↗ Abecedarien). Über die kommentierende Glossierung des »Sachsenspiegels« durch Johann von Buch (Mitte des 14. Jh.s) und dessen Nachfolger findet das röm. Recht Eingang in die dt. R. Gleichzeitig wächst damit das Bedürfnis der in Rechtsverfahren involvierten juristischen Laien nach Texten, die in allg. verständlicher Weise die Grundzüge des röm. bzw. kanonischen Rechts zusammenfassen. Es entstehen *zum kanonischen Recht*: um 1300 »Der Tugenden Buch« (Hb. über Moral und religiöse Praxis), Ende des 14. Jh.s Bruder Bertholds »Rechtssumme« (alphabetisch angeordnete Sach- und Verweisartikel zur Rechtsmaterie der Beichtpraxis), im 15. Jh. »Von ordnung ze reden« und »Belial« (Satansprozess: Form und Verlauf des kanonischen Prozessverfahrens); *zum röm. Recht*: 1425 »Klagspiegel« (erstmals Schriften it. Juristen zu Zivil- und Strafrecht in dt. Sprache zusammengefasst), 1509 »Laienspiegel« Ulrich Tenglers (juristischer Leitfaden für Inhaber öffentlicher Ämter). – Lit. Widerhall findet die Rechtsmaterie um 1400 im »Ackermann von Böhmen« des ↗ Stadtschreibers und Notars Johannes von Tepl, wo die Klage über den Tod der früh verstorbenen Frau insbes. im ersten Teil des Textes dem Prozessschema folgt.

Um 1500 sichert die Reichskammergerichtsordnung die Dominanz des lat. Rechts, indem sie »Corpus Iuris Civilis« und »Corpus Iuris Canonici« zur Basis des Rechtslebens macht. – Insgesamt ist die wissenschaftliche Aufarbeitung mal. R. und von deren Rezeption in lit. Texten des Spät-MA.s noch sehr lückenhaft.

Lit.: H. Coing (Hg.): Hb. der Quellen und Lit. zur neueren europäischen Privatrechtsgeschichte. 3 in 8 Bdn. Mchn. 1973–88. – U.-D. Oppitz: Dt. Rechtsbücher des MA.s. 3 in 4 Bdn. Köln, Wien 1990–92. – N. H. Ott: Rechtspraxis und Heilsgeschichte (›Belial‹). Mchn. 1983. – C. Schott: Rechtsspiegel. In: RLW. – P. Stein: Röm. Recht und Europa. Ffm. 1996. BP

Redakteur, m. [frz., von lat. *redigere* = in einen Zustand bringen]; seltener auch: Schriftleiter; Mitarbeiter eines Buch-, Zeitungs- oder Zeitschriftenverlages, Rundfunksenders oder Internetdienstes, der meist ausgebildeter Journalist ist und die Aufgabe hat, Beiträge für das jeweilige Medium zu sammeln und zu überarbeiten. Mehrere R.e bilden eine ↗ Redaktion, die häufig von einem Chef-R. geleitet wird. Das dt. Presserecht fordert bei Periodika wie Zeitungen und Zss. einen verantwortlichen R. KK

Redaktion, f. [frz. *rédaction* = Fassung, Abfassen], 1. in der klassischen, mal. und frühneuzeitlichen Philologie eine Hs. oder eine Gruppe hsl. Textzeugen, die aufgrund je eigenständiger ↗ Lesarten nicht auf einen gemeinsamen Grundtext (↗ Archetypus) zurückgeführt werden können. Es bleibt unentscheidbar, ob es sich jeweils um Bearbeitungen des Autors selbst oder einen nach einem eigenen Konzept vorgehenden ↗ Redaktor handelt. In den neueren Philologien klärt die R. die textgenetischen Abhängigkeiten zwischen den überlieferten Textfassungen und erstellt eine Korrektur etwaiger Textverwitterungen (↗ Fassung, ↗ Textkritik). – 2. Prüfung, Zusammenstellung und Bearbeitung eines Textkonvoluts a) bei wissenschaftlichen Textausgaben und Herausgeberschriften (Redaktor) oder b) für Druck bzw. Sendung in publizistischen Medienanstalten; c) die Räume für diese Arbeit innerhalb eines Verlags oder einer Sendeanstalt; d) die Gruppe der mit dieser Tätigkeit befassten Angestellten (↗ Redakteure).   GS/MSP

Redaktor, m. [lat.], 1. Bearbeiter eines meist mal. Textes. Der Übergang zwischen den Begriffen ↗ ›Autor‹ und ›R.‹ ist in der ↗ Mediävistik fließend. Bearbeiter verändern einen Text, um ihn einem neuen Gebrauchskontext anzupassen oder um die Intention zu verändern. Beide Typen treten in den verschiedensten Verbindungen auf, als ↗ Adaption, als ↗ Übers., als modernisierende Umarbeitung. In der mediävistischen ↗ Textkritik bezeichnet ›R.‹ den Urheber einer ›Redaktion‹, also einer Gruppe von Hss., die durch gemeinsame Überlieferungsfehler als zusammengehörig erkannt werden und aufgrund abweichender ↗ Lesarten nicht mit den Hss. anderer Redaktionen auf einen gemeinsamen ↗ Archetypus zurückgeführt werden können (wie die in Umfang, Stil und Intention verschiedenen Redaktionen A, B und C des »Nibelungenlieds«). Bringt ein Autor mehrere ↗ Fassungen hervor, sind Autor und R. identisch. – 2. Zuweilen wird die Bez. ›R.‹ auch a) für einen wissenschaftlichen Herausgeber oder b) – v. a. schweizerisch – als Synonym für ↗ ›Redakteur‹ verwendet.
Lit.: P. Maas: Textkritik [1927]. Lpz. ⁴1960. – R.-H. Steinmetz: Bearbeitungstypen in der Lit. des MA.s. In: E. Andersen u. a. (Hg.): Texttyp und Textproduktion in der dt. Lit. des MA.s. Tüb. 2004, S. 41–61.   RHS

Rede, ursprünglichste sprachliche Äußerungsform. Das Wort ›R.‹, verwandt mit lat. *ratio* (Vernunft), hat die Bedeutung von *oratio* (von *orare* = sich mündlich äußern; von *os* = Mund). Im Einzelnen bedeutet es 1. Gesprochenes (frz. *parole*) im Unterschied zur Sprache als System (frz. *langue*) und zu Geschriebenem; 2. in Verbindung mit zusätzlichen Bestimmungen die Äußerungsform im Hinblick auf R.subjekt (Erzähler-, Figurenrede), Art der R.wiedergabe (↗ direkte, ↗ indirekte, ↗ erlebte R.) und sonstige Gestaltung (↗ gebundene R.), auch und gerade in Schrifttexten; 3. im eigentlichen Sinn die ›große‹ R. als ausführliche, kunst- und wirkungsvolle mündliche Verlautbarung vor meist größerem Publikum im Unterschied zur kurzen Äußerung im privaten Gespräch, aber auch zum dramatischen Selbstgespräch (↗ Monolog); 4. eine diskursiv-besprechende, meist in Reimpaaren erscheinende Textform im Zusammenhang mal. Epik, z. B. des Strickers, im Unterschied zu rein erzählenden Passagen. Zur R. in der hier interessierenden Bedeutung (3) zählt

auch die ↗ Predigt als ›religiöse R.‹ (Schleiermacher). Gegen die Einbeziehung des sachbetonten wissenschaftlichen ↗ Vortrags gibt es Vorbehalte. Er lässt sich nur bei feierlichem Rahmen ohne Zögern als (akademische) R. bezeichnen. – In ihrer Ausprägung ist die R. ein Spiegel der Gesellschaft. Die antike ↗ Rhet. von Aristoteles bis Quintilian unterschied politische, gerichtliche und epideiktische R. Politisch wandte sich Demosthenes (»Philippika«) gegen König Philipp von Mazedonien, Cicero gegen Catilina; überliefert sind solche Reden auch durch Geschichtsschreiber (z. B. die des Alkibiades durch Thukydides). Die Gerichtsrede war wichtig für den Durchschnittsbürger und als Grundlage rhet. Theorie. Die Athener mussten bei Rechtsstreitigkeiten ihre Sache ohne Anwalt selber vertreten, ließen aber ihre R.n in passender Diktion von Logographen wie Lysias entwerfen (↗ Ethopoeie). In Rom waren Anwälte zugelassen, bewährte sich Cicero auch in dieser Rolle. Die Lob- (und Tadel-) oder Festrede (↗ Epideixis), die ihr Hauptvertreter Isokrates in seiner R.schule einstudierte, eignete sich v. a. für R.schmuck (↗ Ornatus). – Durch die Fürstenherrschaft von der röm. Kaiser- bis zur Barockzeit verlor die politische R. ihre Basis. Den Zusammenhang von freier R. und Demokratie erkannte schon das 1. Jh. n. Chr. (Pseudo-Longin: »Vom Erhabenen«, Kap. 44; Tacitus: »Dialogus de oratoribus«). Die Kodifizierung des röm. Rechts setzte auch der Gerichtsrede Grenzen. In der Spätantike verlagerte sich die R.kunst ins Öffentlichkeit in den Übungsbetrieb der R.schulen, wo man über fingierte Fälle deklamierte und R.teile als Vorübungen (Progymnasmata) schriftlich ausarbeitete. Öffentlich wirksam blieb nur die Lobrede nebst dichterischer Entsprechung (↗ Panegyrikus). Das MA. huldigte nicht nur Herrschern, sondern pries auch Gott, Frauen und schöne Dinge in breiter Form. Zusätzlich etablierte sich die Predigt, die in den Kreuzzügen politische Wirkung entfaltete. Insgesamt minderte die christliche (und islamische) Schriftgläubigkeit den Stellenwert der Rhet. Als eine von sieben freien Künsten blieb sie im Gespräch, äußerte sich nun aber hauptsächlich in der Briefschreiblehre (↗ Ars Dictandi). – Der Humanismus der Frühen Neuzeit führte zu einer neuen Blüte der R.kunst, nicht nur im Umkreis der Fürstenhöfe (Nachbildung in F. Schillers Dramen, z. B. »Don Carlos«), sondern auch in Aufführungen von Handwerkergilden (nl. *Rederijker* nach frz. *rhétoriqueur*), im ›Wortkampf‹ (Stolt) der Konfessionen, in den Schulactus barocker Gymnasien und bei privaten Gelegenheiten wie Geburt, Hochzeit und Tod (z. B. Lohensteins Grabrede auf Hoffmannswaldau). Mit der Infragestellung der Monarchie im 18. Jh. verlor die als höfisch begriffene Rhet. an Ansehen. Andererseits kam die politische Streit- und Programmrede zu neuer Geltung, zunächst in England (z. B. W. Pitt der Jüngere), wo die Bill of Rights (1689) parlamentarische R.freiheit verbürgte, und in der Frz. Revolution (z. B. Robespierre; nachgestaltet von G. Büchner in »Dantons Tod«). In Deutschland wandte sich J. G. Fichte mit »R.n an die dt. Nation« gegen Napoleon. 1812 beklagte Adam Müller den ›Verfall‹ hiesiger Beredsamkeit. Eine parlamentarische dt. R.kultur entwickelte sich erst mit der Frankfurter Nationalversammlung von 1848. Später taten sich Bismarck, F. Lassalle und A. Bebel als Redner hervor. Unter der NS-Diktatur kam es zu gewaltschürender Propaganda (A. Hitler, J. Goebbels), der Kanzelreden (C. A. v. Galen) nur wenig Einhalt geboten. Nach 1945 profilierten sich neben Parlamentariern wie C. Schmid mehrere Bundespräsidenten (z. B. R. v. Weizsäcker) und -kanzler. Außerhalb der Politik blüht nach wie vor die Festrede, v. a. bei Preisverleihungen und an Gedenktagen. Die Rhet. insgesamt, lange als unwahrhaftig und demagogisch verdächtigt, erlebte um 1970 eine Renaissance, auch im Deutschunterricht.

Texte: W. Hinderer (Hg.): Dt. R.n. Stgt. 1973. – J. Ch. Lünig (Hg.): Grosser Herren [...] gehaltene R.n. Teile 1–12. Lpz. 1707–22 und Hbg. 1731–38. – P. Wende, M.-L. Recker (Hg.): Politische R.n. 4 Bde. Ffm. 1990–99.
Lit.: B. Asmuth: Politische R. in der Schule. In: Rhetorik 11 (1992), S. 85–97. – G. Braungart: Hofberedsamkeit. Tüb. 1988. – B. Dücker: R. In: Killy/Meid. – H. Gauger: Die Kunst der politischen R. in England. Tüb. 1952. – W. Jens: Von dt. R. Mchn. 1969. Erw. Neuausg. 1983. – J. Klein u. a.: Parlamentsrede. In: HWbRh. – J. Knape: R.₂-, R.gattungen. In: RLW. – E. Meuthen, J.-D. Müller: R.₁. In: RLW. – Th. Schmitz u. a.: R. In: HWbRh. – B. Stolt: Wortkampf. Ffm. 1974. – I. Weithase: Zur Geschichte der gesprochenen dt. Sprache. 2 Bde. Tüb. 1961. BAS

Redefiguren ↗ rhet. Figuren.

Redekriterium ↗ Gattung.

Redensart, verbaler, bildhafter Ausdruck (z. B. »die Daumen drücken«), der im Ggs. zum ↗ Sprichwort erst in einem Satz seine kommunikative Funktion erfüllt (»ich drücke dir die Daumen, damit du gewinnst«), aber im Ggs. zur ↗ Formel (Redewendung) nicht mehr in der ursprünglichen Bedeutung erfasst wird.
Lit.: M. Eikelmann: R. In: RLW. GS/Red.

Rederijkers, m. Pl. [ˈreːdərɛikərs; nl., 1584 entstandene volksetymologische Umbildung von frz. ↗ Rhétoriqueurs], seit dem ausgehenden 14. Jh. in den Niederlanden bezeugte Zusammenschlüsse geistlicher Bruderschaften, Choralgesellschaften und Narrengilden zu einer ›Rederijkkamer‹ (oder ›Camere vander rhetoriken‹) mit der Zielsetzung, ↗ geistliche Spiele zu verfassen und aufzuführen. Die Organisationsform ist analog zu derjenigen der Gilden: An der Spitze stehen Obmänner, über ihnen ein Dekan, an dessen Seite ein Kammernarr und ein Hauptdichter (›Faktor‹), dem die Inszenierung obliegt. Die Kammer wählt einen angesehenen Bürger als Patron (›Prinz‹) bzw. Finanzier. Mit ihrer Anerkennung als Zünfte (ältester Zunftbrief: 1448) war es den Kammern gestattet, ein Wappen zu führen und Zunftkleidung zu tragen. Gegen Ende des 15. Jh.s hatte in fast jeder nl. Stadt eine ›kamer‹ ihre

Arbeit aufgenommen. Zum Aufgabenbereich gehörte auch die (oft pompöse) Inszenierung städtischer und kirchlicher Feste und Empfänge hochgestellter Persönlichkeiten (›Joyeuse Entrée‹; 1561 in Antwerpen: zwölfstündiger Umzug mit 223 Wagen). – Seit 1408 (Oudenaarde) sind sog. ›Landjuweelen‹ bezeugt, öffentliche Wettstreite der Kammern, bei denen der erste Preis für das beste Schauspiel zu einem bestimmten Thema (etwa: »Was dem sterbenden Menschen am meisten Trost gewährt«, Gent 1539; »Was erweckt den Menschen am meisten zu Wissenschaft und Kunst?«, Antwerpen 1561) ausgelobt wurde. – Moralische und didaktische Tendenz bestimmen die Stücke, die ↗ Allegorie tritt in den Vordergrund (›Zinnespelen‹; ↗ Moralität), daneben herrscht das possenhafte, auf der Basis mal. Versschwänke von listigen Weibern und tölpelhaften Bauern geschaffene ›Esbatement‹ (von frz. ébattre = sich belustigen; ↗ Klucht). Die Lyrik wurde im ›Referein‹-Wettbewerb gepflegt; Referein sind strophische Gedichte mit sich wiederholendem Endvers, der vorgegeben wurde und den Ausgangspunkt der zu lösenden Aufgabe darstellte (vergleichbar den frz. ↗ Puys). – Die R. bestimmten weite Teile der lit. Produktion der Niederlande im 15. und 16. Jh. Sie brachten lit. Kultur in das öffentliche Leben und trugen maßgeblich zur intellektuellen Emanzipation des Stadtbürgertums bei. Persönliche Profile einzelner Autoren lassen sich dennoch kaum konturieren. Ansehen genossen der Färber Cornelis Everaert (Faktor in Brügge, gestorben 1566, über 35 Spiele zwischen 1509 und 1538) und der Priester Matthijs de Castelein (Oudenaarde, 1485–1550), von dem auch die maßgebliche Poetik der R. stammt (»De const van Rethoricen«, lat. Prolog, 1548 vollendet), welche deren Kunst geschickt an antike Vorbilder zurückzubinden vermochte. – Wenig hat sich erhalten, nur die Preisspiele gingen in den Druck. Auch von daher liegt der immer wieder bemühte Vergleich mit dem dt. ↗ Meistersang nahe, der freilich von seinen Auswirkungen her mit den R. nicht konkurrieren kann.
Lit.: F.C. van Boheemen, Th. C. J. van der Heijden (Hg.): Met minnen versaemt. Delft 1999. – D. Coigneau: Referein in het zotte bij de r.s. 3 Bde. Gent 1980–83. – Ders.: R. In: LMA. – W. S. Gibson: Artists and R. in the Age of Bruegel. In: The Art Bulletin 63 (1981), S. 426–446. – P. Pikhaus: Het tafelspel bij de r. 2 Bde. Gent 1988 f. – B. Ramakers (Hg.): R. Amsterdam 2003. CF

Redesteller ↗ Schriftsteller.

Redestil ↗ Stil.

Redewendung ↗ Phraseologie.

Redondilla, f. [redɔnˈdija; span.; Diminutivbildung zu *redondo* von lat. *rotundus* = rund], span. Strophenform. Die viersilbige Strophe aus trochäischen Achtsilbern (*R. mayor*) und – selten – Sechssilbern (*R. menor*) wird nach Reimstellung unterschieden in die (terminologisch umstrittene) *R. cruzada* (abab) und die (eigentliche) *R. abrazada* (abba). – Ist die kreuzgereimte Form seit dem 11. Jh. belegt, herrschte im *Siglo de oro* (etwa 1550–1650) einzig die (auch in der portug. Lit. rezipierte) Form mit umarmenden Reimen. Über die lyrische Verwendung ragt der Gebrauch der R. im Drama des späten 16. und des 17. Jh.s (Lope de Vega, Tirso de Molina, J. Pérez de Montalbán) heraus. Wiederbelebt wurde die R. im Drama und in den *Leyendas* der span. Romantik sowie im Modernismus lateinam. Dichter. – Dt. Adaptionen der Form sind selten; sie finden sich etwa bei A.v. Platen (»R.s an Adrast«, 1818 f.).

Lit.: R. Baehr: Span. Verslehre auf historischer Grundlage. Tüb. 1962, S. 167–173. DM

Reduzierter Text, Sammelbez. für lit. Texte des 20. Jh.s., die auf wenige Wörter, auf syntaktisch freie Wortfolgen, auf nur ein Wort, eine Buchstabenfolge oder einzelne Buchstaben verknappt sind. Reduzierte Texte begegnen z. B. im ↗ Expressionismus (↗ Sturmkreis) und ↗ Dadaismus sowie in der ↗ experimentellen Lit., v. a. in der ↗ konkreten Poesie. Sie sind oft verbunden mit einer visuellen Aufbereitung (K. Schwitters: »elementar«-Gedichte, »gesetztes Bildgedicht«, E. Gomringer: »schweigen«) und betonen in ihrer inhaltlichen Vereinfachung und formalen Auflösung den Aspekt der Sprache als ↗ Material (daher auch: ›materialer Text‹).

Lit.: H. Heißenbüttel: Reduzierte Sprache. In: ders.: Über Lit. Olten 1966, S. 11–22. RD/Red.

Referat ↗ Vortrag (2).

Referatenorgan ↗ Bibliographie raisonnée.

Referein, m. [nl. = Refrain(gedicht), bes. von den ↗ Rederijkers gepflegt], auch: *Refrein*.

Referenz, f. [lat. *referre* = sich beziehen auf; engl. *reference*], Bezug eines geäußerten ↗ Zeichens zur bezeichneten Entität, Bezugnahme eines Sprechers auf diese Entität, auch diese Entität selbst. Die R. der *nomina appellativa* wird durch deren Intension erschlossen, die R. indexikalischer Ausdrücke durch ihre situationsabhängige Verweisfunktion (↗ Deixis), die R. der *nomina propria* mit Bezug auf den Namengebungsakt (↗ Onomastik). Theorien der ›kausalen‹ oder ›kommunikativen‹ R. gehen davon aus, dass die korrekte R. (bes. der *nomina propria*) von kommunikativen Ketten oder Netzwerken aufrechterhalten wird. – Über die Rolle der R. als Bedingung eines Wahrheitsanspruchs fiktionaler Rede wird gestritten. Die Positionen reichen von der Ablehnung jeder R. über den fiktionalen Text hinaus bis zum Postulat von R.en auf imaginäre *nonexistent objects*. Andere Entwürfe halten die vorhandenen R.en in fiktionalen Texten für irrelevant: ↗ Fiktionalität wird institutionell und unbesehen der tatsächlichen R.en durch konventionell geregelte Einstellungen des Autors und der Leser gegenüber Texten (*fictional stance*) erklärt.

Lit.: P. Lamarque, St. H. Olsen: Truth, Fiction, and Literature. Oxford 1994. – G. Naschert: R. In: RLW. – F. Recanati: Direct Reference. Oxford, Malden 1997. – A. Whiteside, M. Issacharoff (Hg.): On Referring in

Literature. Bloomington, Indianapolis 1987. – F. Zipfel: Fiktion, Fiktivität, Fiktionalität. Bln. 1999. JG

Reflexionsprosa ↗ Expressionismus.

Reformationsdrama, das Drama des protestantischen Lagers im Zeitalter der Reformation, aufgrund seiner klaren konfessionellen Positionierung abzugrenzen vom ↗ Humanistendrama im engeren Sinne, aus dem es hervorgegangen ist. – Seiner Herkunft entsprechend orientiert sich das R. an den Gegebenheiten des Humanistendramas nach 1500 (Einteilung in ↗ Akte, Gliederung durch ↗ Chöre; ↗ Prolog und ↗ Epilog, ↗ Argumentum; ↗ Terenzbühne), wobei es sich durch seine durchweg reduzierte Form signifikant von den Techniken des im Dienste der ↗ Gegenreformation stehenden ↗ Jesuitendramas abhebt. Die Stoffe sind, reformatorischer Grundüberzeugung gemäß, v.a. biblischen bzw. apokryphen Ursprungs (B. Waldis: »Parabel vom verlorenen Sohn«, Aufführung in Riga 1527; J. Greff: »Judith«, Aufführung in Wittenberg 1536; V. Voith: »Esther«, gedruckt in Magdeburg 1537; Th. Gart: »Joseph«, Aufführung in Schlettstatt 1540; J. Wickram: »Spiel vom verlorenen Sohn«, Aufführung in Colmar 1540). An Beispielfiguren wie der von den Richtern bedrängten Susanna (Stücke von S. Birck, Basel 1532; P. Rebhun, Aufführung in Kahla 1535) ließ sich exemplarisch die Gottgefälligkeit tugendhaften Verhaltens zumal in den für die protestantisch-bürgerliche Lebensordnung grundlegenden Bereichen Familie und Ehe demonstrieren. P. Rebhun nutzte die »Hochzeit zu Cana« (1538) als Ausgangspunkt einer ausufernden Ehedidaxe. – Das R. entwickelte sich entsprechend der territorialen Ausdehnung der reformatorischen Bewegung uneinheitlich. In Sachsen, Thüringen und Hessen bildeten sich erste Zentren; im Südwesten (Schweiz, Elsass) wurden bald schon Sonderwege beschritten. – Eine der frühesten Dramatisierungen des Reformationgeschehens selbst stellt N. Frischlins »Phasma« (1580) dar, das aus der Perspektive längst vollzogener Konfessionalisierung das Zersplittern der Bewegung in radikale Flügel (u. a. A. Karlstadt, Th. Müntzer, K. Schwenckfeld) nachzeichnet.

Lit.: B. Könneker: Die dt. Lit. der Reformationszeit. Mchn. 1975. – H. Rupprich: Das Drama der Reformationsepoche. In: ders.: Die dt. Lit. vom späten MA. bis zum Barock. Bd. 2. Mchn. 1973, S. 313–389. – S. S. Tschopp: R. in: RLW. – H. Walz: Reformationszeit. In: Killy/Meid. CF

Reformationsliteratur, die zwischen Luthers Thesenanschlag (1517) und dem Augsburger Religionsfrieden (1555) in Deutschland entstandene und verbreitete Lit. in dt. und lat. Sprache. Fast alle Publikationen dieser Periode behandeln oder berühren die zeitgenössischen Glaubensauseinandersetzungen. Da außer der Schulrhetorik und den formalen Richtlinien in den Meistersingertabulaturen keine verbindliche zeitgenössische ↗ Poetik existierte, ist eine Eingrenzung des Begriffs durch eine Unterscheidung von Gebrauchs- und Kunstlit. nicht durchführbar, zumal viele (z. T. mit traditionellen Kunstmitteln arbeitende) Publikationen, die außerhalb des eigentlichen Reformationskampfes zu stehen scheinen (↗Fastnachtspiele, Schulordnungen, Grammatiken, sogar sog. Syphilis- und Podagralit.), dennoch Bezug nehmen auf die geistlichen und sozialen Kontroversen der Reformationszeit. Die Bez. ›R.‹ umfasst überdies nicht nur das reformatorische Schrifttum im Sinne der Lutheranhänger, sondern auch die Veröffentlichungen zum dt. Bauernkrieg (1525), weiter gegenreformatorische Publikationen wie Neuauflagen, Bearbeitungen und Übers.en vorreformatorischer Werke, die als historische Rechtfertigungen und aktualisierte Argumentationsmittel im Glaubenskampf eingesetzt wurden. In diesem Sinne zählen zur R. auch Luthers Ausgaben der spätmal. »Theologia deutsch« (1516 und 1518) sowie seine ↗Bibelübers. und -kommentierung. Die verbreitetste Publikationsform der Reformationszeit ist die ↗Flugschrift, die sich unterschiedlichen lit. Formen von Traktat, Sendschreiben, fiktivem Gesetzestext (Eberlin von Günzburg: »Die fünfzehn Bundesgenossen«, 1521) bis zur fastnachtspielähnlichen satirischen Farce (»Dialogus von zweyen pfaffenköchin«, anonym 1522) bediente. – Neben die eigentlichen Kampf- und Unterweisungsschriften treten die satirischen Dichtungen: in lat. Sprache entweder in dialogisch-dramatischen Formen (»Eccius dedolatus«, 1520), als Nachbildung antiker Versmaße (S. Lemnius: »Monachopornomachia«, 1540, ein obszöner Angriff auf die Wittenberger Reformatoren) oder als rhet.-parodistische Strafpredigten (J. Oecolampadius: »Canonicorum indoctorum Lutheranorum ad Joh. Eccium responsio«, 1519). – Die volkssprachige Satire wählte auf protestantischer Seite zumeist kleinere, zu agitatorischer Aufführung geeignete dramatische Formen (N. Manuel: »Der Totenfresser«, 1522 in Bern aufgeführt), Vortragsgattungen der meistersingerlichen Spruchdichtung (H. Sachs: »Die Wittembergisch Nachtigall«, 1523) oder arbeitete mit neuen Mitteln der Bildpublizistik (L. Cranach: »Passional Christi und Antichristi«, 1521). – Im katholischen Lager erscheint die Satire vielfach in umfänglicheren Paarreim-Werken, repräsentativ in Th. Murners polemischem Epos »Von dem großen Lutherischen Narren« (1522) und in D. von Soests »Ein gemeyne Bicht« (pseudonym 1533), einer dramatisch aufgebauten Verssatire gegen die westfälischen Wiedertäufer. Großen Raum in der R. nehmen die protestantischen Bekenntnis- und Kampflieder ein. Dazu zählen einerseits die sich der moritatenhaften Gattung des ↗historischen (Volks-)Lieds anschließenden Lieder wie Luthers »Ein newes Lied« (1523, über den Tod der Brüsseler Märtyrer), andererseits jene Lieder, die für den volkssprachlichen Gesang einer reformierten Liturgie bestimmt sind wie Th. Müntzers Hymnenübers.en (»Deutsch Euangelisch Messze«, 1524) oder die im ersten Gesangbuch von J. Klug (Wittenberg 1529) gesammelten ↗Kirchenlieder. – Zu den

lit. Gattungen der Reformationszeit, die sich durch ihre Verbindung von didaktischer Absicht und künstlerischem Anspruch (trotz aller Zeitbezogenheit) über die unmittelbare Tagesproblematik und zugleich über die Traditionen der mal. Exempellit. und der ↗geistlichen Spiele zu erheben suchten, gehören die in Prosa oder Versen neugefassten ↗Fabeln (Luther, E. Alberus, B. Waldis, J. Mathesius) und die für Schulaufführungen bestimmten protestantischen Dramen. Unter den neulat. Dramatikern der R. errangen weite Verbreitung G. Macropedius (»Asotus«, 1520; »Rebelles«, 1535), G. Gnaphaeus (»Acolastus sive de filio prodigo«, 1529 – dieses Drama erreichte im 16. Jh. über 60 Auflagen und zahlreiche Übers.en) und Th. Naogeorg (»Tragoedia nova Pammachius«, 1538; ↗Humanistendrama). Zu den z. T. mehrfach aufgeführten Werken des dt.-sprachigen ↗Schuldramas zählen B. Waldis' »De parabell vam verlorn Szohn« (1527), P. Rebhuns »Susanna« (1536) und J. Agricolas »Tragedia Johannis Huss« (1537; ↗Reformationsdrama). Neben die Unterweisungs-, Erbauungs- und katechetische Lit. tritt in der zweiten Hälfte des 16. Jh.s die fast ausschließlich von lutherisch orthodoxen Schriftstellern verfasste didaktisch-satirische ↗Teufelslit., die mit M. Friderichs »Sauffteufel« (1552) beginnt und mit dem Sammelwerk »Theatrum Diabolorum« (3. Aufl. 1587) ihren Höhepunkt und Abschluss findet.

Lit.: B. Könneker: Die dt. Lit. der Reformationszeit. Mchn. 1975. – J.-D. Müller: Reformation. In: RLW. – K. Schottenloher: Bibliographie zur dt. Geschichte im Zeitalter der Glaubensspaltung 1517–85. 7 Bde. Stgt. 1956–66. – H. Walz: Dt. Lit. der Reformationszeit. Darmstadt 1988.   HW/Red.

Refrain, m. [rə'frɛ̃; frz.; von lat. *refringere* = wieder brechen, anschlagen], auch: Kehrreim; regelmäßig wiederkehrende Verszeilen in einander entsprechenden Positionen strophischer Gedichte. – Zu unterscheiden ist zwischen der Wiederholung bloßer Lautfolgen (Tonrefrain; z. B. Interjektionen, Lautnachahmungen von Tierstimmen, Arbeitsgeräuschen, Musikinstrumenten) und derjenigen ganzer Wörter oder Wortgruppen (Wortrefrain). – Zumeist steht der R. als *Schlussrefrain* am Strophenende, alternativ als *Anfangsrefrain* (auch *Gegenrefrain*) am Beginn oder als *Binnenrefrain* im Innern der Strophe, die auch von verschiedenen R.s umklammert oder unterbrochen sein kann (*doppelter R.*). Der Umfang des R.s reicht von einem Wort (einer Klangsilbe) über den Vers bis zur R.strophe. Nicht immer kommt der R. in allen Strophen eines Gedichts vor; er kann abgebrochen werden, später einsetzen oder als *periodischer R.* in (meist regelmäßigen) Abständen auftreten. *Alternierender R.* liegt vor, wenn sich zwei verschiedene R.s in entsprechender Position abwechseln. Gleiche Verszeilen, die nur innerhalb einer Strophe wiederkehren, bezeichnet man als *Strophenrefrain.* Im *festen R.* bleibt der Wortlaut in der Wiederholung vollständig erhalten, im *flüssigen R.* wird er dagegen abgewandelt. So kann der R.

metrisch, syntaktisch, semantisch in den Strophenkörper eingebunden sein oder ihm isoliert, kontrastiv, kommentierend, auch konklusiv gegenüberstehen, wie ursprünglich der ↗ Chor dem Vorsänger. Im linearen Ablauf des Gedichts bildet der R. ein Moment der Retardation und der Intensivierung; er bindet die Strophen und gliedert das Gedicht, das durch den Wechsel von Strophen und R. zweischichtig strukturiert ist: Bes. in erzählenden Gedichten (E. A. Poe: »The Raven«) wie Balladen trägt er die Grundstimmung, vor der sich das Geschehen vollzieht. Als *Sentenzenrefrain* (A. v. Chamisso: »Die Sonne bringt es an den Tag«) bzw., in politischer Lyrik, als *Agitations-* oder *Schlagwortrefrain* (G. Herwegh: »Der Freiheit eine Gasse!«) enthält er die rhet. Grundaussage, in komisch-satirischer Dichtung die ↗ Pointe oder den spöttisch-entlarvenden ↗ Kommentar. – Als Kunstmittel begegnet der R. bereits in der antiken Dichtung; als typisches Formelement von Volks-, Kinder- und Tanzliedern, auch von Arbeitsgesängen, ist er universell verbreitet; Gedichtformen wie ↗ Triolett und ↗ Rondeau schreiben ihn vor.

Lit.: R. Hausner: Spiel mit dem Identischen. In: P. K. Stein (Hg.): Sprache, Text, Geschichte. Salzburg 1980, S. 281–384. – R. M. Meyer: Die Formen des R.s. In: Euph. 5 (1898), S. 1–24. – R. Zymner: R. In: RLW. MN

Refrein ↗ Referein.

Regelpoetik ↗ Poetik.

Regestausgabe [nlat. *regestum* = das Eingetragene, von *regerere* = zurückbringen, eintragen], Edition, in welcher Schriftstücke wie Urkunden oder ↗ Briefe nicht im vollständigen Wortlaut, sondern nur in knappen Zusammenfassungen (*Regesten*, Pl. von *Regest,* m.) wiedergegeben werden. Die – etwa für die Rechtsgeschichte wichtige – R. ist in den neueren Philologien umstritten, da heute die Auffassung überwiegt, dass nicht nur in lit. Texten im engeren Sinne, sondern etwa in Briefen der Inhalt nicht problemlos von der Darbietungsform abgelöst werden kann. Wichtigstes Beispiel für eine R.: Briefe an Goethe. Gesamtausg. in Regestform. Hg. v. K.-H. Hahn u. a. Weimar 1980 ff. (bisher 7 in 9 Bdn.). DB

Regie, f. [frz. *régie* = Leitung, Verwaltung], Spieleinrichtung, -einstudierung und konzeptuelle Gesamtleitung in Theater, Oper, Film, Fernsehen, Hörspiel. R. als eigenständige künstlerische Instanz umfasst ein breites Spektrum an Tätigkeiten von der Wahl des Bühnenbildes, der Kostüme und Requisiten, dem Lichteinsatz und der Bühnenmechanik über die Zusammenarbeit mit Chorleiter und Dirigent (bei Opern) sowie die Arbeit mit den Schauspielern (Auswahl der Besetzung und Probenarbeit) bis zur Abendregie. – In der Antike wurde R. als Einstudierung der Chöre vom Dramenverfasser oder einem professionellen Chorleiter (*Didaskalos*) ausgeübt. Die Begriffe ›R.‹ und ›Regisseur‹ tauchen in dt. Sprache gegen Ende des 18. Jh.s auf. Als eigenständige Gestaltungsinstanz entwickelt sich die R. in Deutschland erst im 19. Jh. mit der Etablierung fester Theater, so durch J. W. Goethe als Leiter des Weimarer Hoftheaters, später etwa durch H. Laube in Wien, E. Devrient in Karlsruhe, F. v. Dingelstedt in München, Weimar und Wien. Als erster verantwortlicher Regisseur gilt Georg II. von Meiningen (↗ Meininger). Bis Mitte des 19. Jh.s wird die R. fast ausschließlich von Schauspieler-Regisseuren ausgeübt, welche die Inszenierung häufig um ihre eigene Person und Rolle zentrieren. Die Bedeutung der R. wächst mit der Aufgabenteilung und Spezialisierung der Theater und entwickelt sich durch Ensemblespiel und Probenarbeit, wobei die Personalunion zwischen Dramatiker, Schauspieler und Regisseur (A. v. Kotzebue, A. W. Iffland) allmählich verschwindet und eigenständige Konzepte entwickelt werden, etwa bei A. Antoine, K. Stanislawski, O. Brahm. – Ein schwieriges methodisches Problem der ↗ Theaterkritik und ↗ Theaterwissenschaft ist es, die R.arbeit vom Dramentext deutlich abzutrennen und ihr R.konzept zu erkennen. Notwendige interpretatorische Voraussetzungen schafft v. a. die Theatersemiotik, die sich den in einer Theateraufführung komplex verzahnten Zeichensystemen mit Hilfe genauer Aufführungsanalysen nähert. Das Verhältnis zwischen Theatertext und R. kann außerdem sehr unterschiedlich ausfallen. Die R.arbeit kann als stellvertretend für den Autor in Fragen der Bühnenrealisation (J. Copeau), als gleichrangige, aber eigenständige Kunst (W. E. Meyerhold) oder als radikale Ablösung und Vormachtstellung des Regisseurs gegenüber dem Dramentext (A. Artaud) verstanden werden. So ist das sich im 20. Jh. entwickelnde ›R.theater‹ die Methode der Anpassung eines Dramentextes an das R.interesse. Grenzen für die R. setzt das ↗ Urheberrecht, das die Zustimmung des Autors oder seiner Erben zu jeder Inszenierung erfordert. Die moderne R. geht über die reine Koordination der einzelnen Theaterelemente für die Aufführung hinaus und ordnet alle konstitutiven Elemente des Theaters einer Gesamtkonzeption unter. In dieser Beziehung werden die Begriffe ›R.‹ und ↗ ›Inszenierung‹ auch synonym verwendet.

Lit.: M. Bircher (Hg.): Inszenierung und R. barocker Dramen. Hbg. 1976. – M. Brauneck: Klassiker der Schauspielregie. Reinbek 1988. – M. Dietrich (Hg.): R. in Dokumentation, Forschung und Lehre. Salzburg 1975. – J. Kiermeier-Debre: Inszenierung. In: RLW. – K. Lazarowicz, Ch. Balme (Hg.): Texte zur Theorie des Theaters. Stgt. 2000. – K. Walter: Spielleitung. Mchn. 1966. – A. Winds: Geschichte der R. Stgt. 1925. AD

Regieanweisung, auch: Regiebemerkung; ↗ Bühnenanweisung, Teil des ↗ Nebentextes im Drama.

Regietheater ↗ Regie.

Regiminium ↗ Consilium.

Regionalismus, m. [lat. *regio* = Richtung, Bereich, Gebiet, Landschaft], 1. Aspekt lit. Texte, bei denen über die bloß äußerlich bleibende Situierung in einer bestimmten Region und das Verwenden landschaftlich-kulturell charakteristischer Details hinaus der lit. Entwurf des jeweiligen Raums selbst zum strukturell und konzeptionell einflussreichen Moment wird (↗ Regionallit.). Hierzu gehört z.B. das Überwiegen realistischer Darstellungsmittel in diesen Texten, das sich aus poetologischen Notwendigkeiten, aber auch aus der historischen Nähe von lit. ↗ Realismus und dem Aufkommen des politischen R. Mitte des 19. Jh.s erklärt. – 2. Sammelbez. für Mitte des 19. Jh.s in Frankreich, Spanien und Italien entstandene lit. Bewegungen, die das ursprünglich politische Anliegen des R., d.h. die Opposition der Regionen zum politischen und kulturellen Zentralismus, in lit. Werken aufnehmen. In Frankreich betonen dessen Vertreter (F. Mistral, J. d'Arbaud, H. Bosco, Th. Monnier, A. Brizeux, Ch. Le Goffic) die Eigenständigkeit der Provinzen, wobei sie v.a. das bodenständige Bauerntum als nationale und religiöse Kraftquelle gegen Gefahren der Verstädterung im Gefolge der Industrialisierung rühmen. Der Bezugsrahmen ist oft geprägt durch eine mythische Verklärung von Heimat und einfachem bäuerlichen Sein, durch Idealisierung von Landschaft und naturverbundenem Landleben. Auch in Spanien (E. Pardo Bazan, A. de Trueba, P. Baroja) und Italien (G. Carcano, G. Verga, Grazia Deledda) sind die Übergänge zwischen dem Behaupten der je eigenen kulturellen Identität und einer betont konservativen ↗ Heimatlit. fließend. In allen drei Ländern schreiben die Autoren des R. auch in entsprechenden Dialekten und Regionalsprachen. In den weiteren Umkreis des lit. R. ordnet sich auch die Ende des 19. Jh.s in Deutschland entstehende ↗ Heimatkunst ein, die eine Besinnung auf dt. Volkstum und heimatliche Natur propagiert. – Die Herausbildung des R. in der Lit. gilt zwar als zivilisationskritische Reaktion auf die beschleunigte gesamtgesellschaftliche Modernisierung im 19. Jh., doch regionalistische Tendenzen in lit. Werken stehen weder unvermeidlich für politischen Konservatismus noch sind sie auf unveränderliche lit. Modelle des 19. Jh.s angewiesen. Gerade neuere Entwicklungen, bes. der 1970er und 1980er Jahre (Anti-Heimatroman, neue Heimatlit., kulturkritischer R. bei P.P. Pasolini), erproben einerseits die Vereinbarkeit von innovativer Ästhetik mit Regionalität und entwerfen andererseits offenere, bewegliche Konzepte des R.

Lit.: N. Mecklenburg: Erzählte Provinz [1982]. Königstein/Ts. ²1986.   GS/JM

Regionalliteratur, 1. die Gesamtheit des ↗ lit. Lebens eines geographisch-kulturell sowie subnational definierten Raums. R. ist zugleich Ausdruck, Medium und Konstitutionsort einer mit diesem – in der Regel ländlich-provinziellen – Raum verbundenen kulturellen Identität (↗ Regionalismus). Meist ist sie inhaltlich auf diesen Raum bezogen und dort entstanden; oft verwendet sie den entsprechenden Dialekt (↗ Dialektlit.) oder eine Regionalsprache. – 2. Sammelbez. für lit. Texte, die sich in ihrer Darstellung von Lebenswirklichkeit auf einen landschaftlich oder geographisch-kulturell bestimmten Raum konzentrieren und dabei affirmativ oder kritisch auf die Vergegenwärtigung von

dessen Besonderheit beschränkt bleiben. – In beiden Bedeutungen steht die R. häufig in einem Spannungsverhältnis zur Nationallit. und deren Kanonbildung.
Lit.: R.v. Heydebrand: Lit. in der Provinz Westfalen 1815–48. Münster 1983. – N. Mecklenburg: Erzählte Provinz [1982]. Königstein/Ts. ²1986. – A. von Ungern-Sternberg: »Erzählregionen«. Bielefeld 2003.   JM
Regionalstil ↗ Stil.
Regisseur ↗ Regie.
Register, n. [mlat. *registrum*], alphabetische Zusammenstellung (↗ Index [1]) aller in einem meist wissenschaftlichen Werk vorkommenden Namen oder Begriffe, meist als Anhang, bei größerem Umfang auch als gesonderter Band beigegeben.   GS/Red.
Reibedruck ↗ Anopisthographon.
Reicher Reim ↗ Reim.
Reien, m. [mhd. *reie, reige* = Reihen, Reigen(tanz)], 1. mhd. Bez. für a) einen ursprünglich bäuerlichen Tanz im Freien; b) ein ↗ Tanzlied; 2. lit.wissenschaftliche Bez. für eine Strophenform (Reienstrophe), die für mhd. Lieder häufig benutzt wurde. Kennzeichnend ist die einleitende Reimpaarbasis (*aa*), an welche sich beliebige andere (auch heterometrische) Versperioden anschließen, Grundform: *aa bxb*. – Verwendet v.a. von Neidhart (Sommer-, Schwanklieder), vereinzelt auch von Tannhäuser, Ulrich von Liechtenstein, Ulrich von Winterstetten, Johannes Hadloub, später im ↗ Volkslied.
Lit.: G. Schweikle: Neidhart. Stgt. 1990.   GS/Red.
Reihe ↗ Serie.
Reihenreim ↗ Einreim.
Reihentechnik ↗ Expressionismus.
Reim, Übereinstimmung des Lautmaterials wenigstens zweier Wörter. Mindestens die folgenden Unterscheidungen sind zu treffen:
1. Nach der Stellung des R.klangs im Wort: Beim *Anfangsreim* (↗ Alliteration) stimmen die Anlaute zweier Wörter überein (z.B. Lust : Liebe). Bei der *Assonanz* stimmen die Vokale im Wortinneren überein (z.B. Handvoll : Antwort). Beim *Endreim* stimmt das Lautmaterial ab dem letzten betonten Vokal überein (z.B. Flügel : Hügel).
2. Nach der Stellung im Vers: Beim *Eingangsreim* reimen die Anfangswörter der Verse (»Krieg! ist das Losungswort / Sieg! und so klingt es fort.«; J.W. Goethe: »Faust« II, V. 9837f.). Der R. am Versende heißt *Ausgangsreim*. Im Fall des *Binnenreims* stehen die R.wörter im Versinneren; Sonderfälle sind u.a. der *Mittelreim*, bei dem zwei Wörter im jeweils Inneren von aufeinander folgenden Versen reimen (»Ach liebste laß vns eilen. Wir haben Zeit: / Es schadet das verweilen Vns beider seit.«; M. Opitz: »Liedt«) und der *Schlagreim*, bei dem zwei aufeinander folgende Wörter in einem Vers miteinander reimen (»Ihm ist, als ob es tausend Stäbe gäbe«; R.M. Rilke: »Der Panther«). Beim *Zäsurreim* bilden Wörter vor ↗ Zäsuren zweier Verse oder das Wort vor einer Zäsur in einem Vers und dasjenige am Ende desselben Verses einen R.klang.

3. Nach der Stellung in Strophe oder Gedicht: Zu unterscheiden sind der *Paarreim* mit der Ordnung *aa*, der *Kreuzreim* mit der Ordnung *abab*, der *Blockreim* (auch: *umarmender R.*) mit der Ordnung *abba*, der *Schweifreim* mit der Ordnung *aabccb* und der *verschränkte R.* mit der Ordnung *abcabc*. Vom *Haufenreim* wird dann gesprochen, wenn ein R.klang mehr als zweimal wiederholt wird: *aaa...*
4. Nach der Erstreckung des R.klangs: Reicht der R.-klang weiter als bis zum letzten akzentuierten Vokal zurück, liegt ein *erweiterter R.* vor. Zu unterscheiden sind der *reiche R.*, dessen Gleichklang mit dem vorletzten betonten Vokal beginnt (z. B. Tugendreiche: Jugendstreiche), der *rührende R.*, dessen Gleichklang vor dem letzten betonten Vokal (z. B. Teetisch : ästhetisch), der *identische R.*, dessen R.wörter vollständig übereinstimmen, der *grammatische R.*, dessen R.partner demselben Wortstamm angehören (z. B. Leben : leben), und der *Schüttelreim*, bei dem die anlautenden Konsonanten der R.partner in chiastischer Stellung stehen (z. B. Mandelbaum : Bandelmaum; P. Celan: »Eine Gauner- und Ganovenweise«).
5. Nach der Klangqualität des R.s: Stimmt das reimende Lautmaterial vollständig überein, liegt ein *reiner R.* vor; bei partieller Übereinstimmung hingegen liegt ein *unreiner R.* vor. Über Reinheit und Unreinheit kann nur mit Bezug auf ein bestimmtes Lautsystem entschieden werden. Was nach hochdt. Lautung als unrein zu gelten hat, kann in einem gegebenen dialektalen Lautsystem durchaus als rein gelten. Unreinheiten im Vokalbereich (z. B. Träne : Lehne) lassen sich leichter tolerieren als solche im konsonantischen Bereich (z. B. spaßen : Hasen); bes. auffällig sind R.e mit ungleich verteilten Akzentgewichten (z. B. Herr : Schulmeister).
6. Sonderformen: Ist ein R.partner auf zwei Wörter verteilt, liegt ein *gespaltener R.* vor (z. B. Tores : beschwor es). Beim *gebrochenen R.* ist ein R.partner auf zwei Verse verteilt (»So wußte sich auch in seinem größten / Ungelück Hieronimus damit zu trösten / Und war froh, daß er eben mit hei- / ler Haut den Bauern entgangen sei.«; K. A. Kortum: »Die Jobsiade«). Im Fall des *Augenreims* liegt keine Übereinstimmung des Lautmaterials, sondern allein eine Übereinstimmung des graphischen Materials vor (z. B. good : blood). Oft handelt es sich dabei zugleich um einen ↗ *historischen Reim*.
Der R. findet sich in der dt. Lit. seit ihren Anfängen. Im ↗ Minnesang der mhd. Dichtung ist er ebenso gebräuchlich wie in den Verstexten der Volkspoesie und im ↗ Meistersang der Frühen Neuzeit. In den Regelanweisungen der Sangschulen (den Tabulaturen) werden Normen des angemessenen Reimens formuliert. Durch M. Opitz (»Buch von der Dt. Poeterey«, 1624) wird die Reinheit des R.s zur Norm der Kunstpoesie erhoben; sie ist es bis heute geblieben. Nachdem die R.kunst im 17. Jh. einen großen Formenreichtum hervorgebracht hat, zeigt sich das 18. Jh. skeptisch gegenüber dem R. (Streit um den Reim, ausgelöst durch die nicht gereimten Dichtungen F. G. Klopstocks). Erst recht im 20. Jh. wird der R. nicht mehr als selbstverständliches metrisches Formen-Element akzeptiert. Um nicht als epigonal oder traditionsverhaftet zu gelten, haben allerdings viele neuere Dichter den R. innovativ zu nutzen versucht. R. M. Rilke gebraucht das unbedeutende R.wort (z. B. Artikel und Konjunktionen) und den *Fremdwortreim*. O. Loerke sucht das seltene, P. Rühmkorf das überraschende und R. Gernhardt auf den Spuren H. Heines das komische R.wort.
Lit.: R. Birkenhauer: R.poetik am Beispiel St. Georges. Tüb. 1983. – U. Ernst, P.-E. Neuser (Hg.): Die Genese der europäischen Endreimdichtung. Darmstadt 1977. – A. Holtman: A generative theory of rhyme. Utrecht 1996. – W. Kayser: Die Klangmalerei bei Harsdörffer. Lpz. 1932. – B. Nagel: Das R.problem in der dt. Dichtung. Bln. 1985. – F. Neumann: Geschichte des dt. R.s von Opitz bis Gottsched. Bln. 1920. – P. Rühmkorf: agar agar – zaurzaurim. Zur Naturgeschichte des R.s und der menschlichen Anklangsnerven. Reinbek 1981. – C. Schuppenhauer: Der Kampf um den R. in der dt. Lit. des 18. Jh.s. Bonn 1970. – R. Zymner: R. In: RLW. BM

Reimbibel [lat. *Biblia metrica*], Sammelbegriff für metrische Kurzfassungen der Heiligen Schrift unterschiedlicher Sprache und Herkunft. In einer R. kann jedes Kapitel eines biblischen Buches auf die Länge eines einzigen Hexameters komprimiert werden, wobei die Stichwörter, oft bis zu bloßen Silben verkürzt, in asyndetischer Reihung stehen (1 M 1: »In prin[cipio] sex opera legimus perfecta creata«) und ihrerseits durch Glossen konkretisiert werden müssen. Nach einer zeitgenössischen Definition ist die R. denjenigen zugedacht, welche nicht in der Lage sind, die gesamte Schrift im Wortlaut zu lesen (Dietrich Engelhus, 1407). Die R. gehört damit dem weiten Bereich des mnemotischen Schrifttums zu (↗ Merkdichtung; ↗ Cisiojanus; ↗ Schultexte). Hauptsächlicher Gebrauchszusammenhang war der Unterricht an Schule und Universität.
Lit.: U. Kühne: Zur lit. Tradition der ›Biblia metrica‹. In: V. Honemann (Hg.): Dietrich Engelhus. Weimar 1999, S. 95–108. – D. A. Wells: The Central Franconian Rhyming Bible (»Mittelfränkische R.«). Amsterdam 2004. – F. J. Worstbrock: Die Biblia metrica des Dietrich Engelhus und ihre Überlieferung. In: Dt. Archiv für die Erforschung des MA.s 30 (1980), S. 177–192. CF

Reimbrechung ↗ Brechung.
Reimchronik, eine lat. oder volkssprachliche Form der Geschichtsdichtung, die sich nach Gegenstand und Berichtshorizont zumeist einem der Typen der ↗ Chronik zuordnen lässt. Die oft anekdotisch erzählenden und mit Sagen und legendenhaften Traditionen verknüpften R.en lassen das komplexe Verhältnis von Geschichtsschreibung und Dichtung deutlich werden. Ältestes Beispiel für eine dt. R. ist die anonyme Kaiser-

chronik (Regensburg, 1140/50), welche die Geschichte des röm. Reiches von Caesar bis in die frühe Stauferzeit darzustellen sucht. Unter den frühesten, in dt. Reimpaarversen verfassten Weltchroniken ist die R. des Jans Enikel (letztes Drittel des 13. Jh.s), unter den Landes- und Fürstenchroniken die Braunschweiger R. (spätes 13. Jh.) und unter den Städtechroniken Gottfried Hagens Buch der Stadt Köln (1270) zu nennen. Lit.: H. Grundmann: Geschichtsschreibung im MA. [1958]. Gött. ⁴1987. – H. Wenzel: Höfische Geschichte. Bern u. a. 1980.   ST

Reimformel ↗ Formel.

Reimhäufung ↗ Haufenreim.

Reimlexikon, n., Verzeichnis von Reimwörtern, das üblicherweise nach der alphabetischen Ordnung der reimenden Vokale und nachfolgenden Konsonanten angelegt ist (rückläufiges Wörterbuch, z. B. J. Hübner: »Poetisches Handbuch«, 1696). Reimlexika beziehen sich entweder auf weite Bereiche eines Wortschatzes oder auf einen bzw. mehrere Texte eines Autors (z. B. E. Staedler: »Die Reime in Goethes Faustgedicht«, 1932). Im ersten Fall dienen sie als Hilfsmittel bei der Reimfindung, im zweiten Fall als Hilfsmittel beim Auffinden von Textstellen oder der Klärung sprachgeschichtlicher Fragen. – Reimlexika kamen in der it. Renaissance auf. Das älteste ist P. Moretos »Rimario de tutte le cadentie di Dante e Petrarca« (1528). Von B. di Falco stammen Reimlexika zu Dante, Petrarca, Boccaccio, Ariost und Pulci. Das erste dt. R. stammt von Erasmus Alberus (1540). Im Zeitalter des Barock erschienen Reimverzeichnisse häufig als Anhänge von poetischen Handbüchern, so in Ph. v. Zesens »Hochdeutschem Helikon« (1640). Selbständig erschienen M. Grünwalds »Reicher und ordentlicher Vorrath der männlichen und weiblichen Reime« (1693) und das umfangreiche, auch Fremdwörterreime und schwer reimende Wörter registrierende »Allg. dt. R.« (1826) von Peregrinus Syntax (= F. F. Hempel); eine Neuausg. veröffentlichte H. M. Enzensberger (1982). Bekannt geblieben ist das R. von W. Steputat (1891; neue Ausg. durch A. Fabig, 1997). Lit.: R. Leclercq: Aufgabe, Methode und Geschichte der wissenschaftlichen Reimlexikographie. Amsterdam 1975. – G. Schweikle: R. In: RLG.   GS/BM

Reimpaar, zwei durch ↗ Paarreim (*aa bb cc*) verbundene Verse (bisweilen auch ↗ Langverse, vgl. ↗ Nibelungenstrophe); Grundform der ahd. und mhd. Dichtung, begegnet sowohl ↗ stichisch (z. B. in der mhd. Epik) als auch strophisch (z. B. in der ahd. Epik, in der frühen mhd. Lyrik, im Volkslied); in volkstümlicher Dichtung bis heute gebräuchlich.   GS/Red.

Reimpaarsprung ↗ Enjambement.

Reimpredigt, 1. ein nicht fest umrissener Typus mal. geistlicher Reimpaar-Dichtung moralisch-didaktischen Inhalts in predigthaftem Stil. Als ›R.en‹ bezeichnet werden in erster Linie paränetische (ermahnende) frühmhd. Versdichtungen des 11. und 12. Jh.s zur Belehrung v. a. von Laien. Der Zusammenhang mit der

Gattung ↗ Predigt besteht lediglich in stilistischer Hinsicht. Zu den R.en zählen kürzere Texte, in denen Vergänglichkeits- und Bußthematik sowie die Erinnerung an das Jüngste Gericht im Vordergrund stehen (»Memento Mori«, »Die Wahrheit«, »Von der babylonischen Gefangenschaft«), aber auch Dichtungen, welche die göttliche Weltordnung (»Vom Rechte«), christliche Lebensführung (»Scoph von dem lône«), Glaubenslehre (Armer Hartmann: »Rede vom Glauben«) oder die Liturgie selbst (»Deutung der Messgebräuche«) zum Thema haben. Eine Sonderstellung nehmen die ständekritischen Bußpredigten des sog. Heinrich von Melk (»Erinnerung an den Tod«, »Vom Priesterleben«) und der »Trost in Verzweiflung« ein. Die R.en bilden eine heterogene Gruppe; die Übergänge zu Reimtheologie und geistlicher ↗ Reimrede sind fließend. 2. Gereimte Predigt im engeren Sinne. Einem Prosapredigtzyklus vergleichbar sind die »Hessischen R.en« (erstes Viertel des 14. Jh.s), eine Folge von 70 paargereimten Predigten in 26.332 Versen zu den Evangelien der Sonn- und Festtage des Kirchenjahres. Vor Laien vorgetragen wurde auch die »Münchner R. über das Vaterunser« (15. Jh.). Texte: F. Maurer: Die religiösen Dichtungen des 11. und 12. Jh.s. 3 Bde. Tüb. 1964–70. – B. Lenz-Kemper: Die hessischen R.en (Hamburg, SUB, Cod. 99 in scrin.). Diss. Bonn 2006. Lit.: H. de Boor: Die dt. Lit. von Karl dem Großen bis zum Beginn der höfischen Dichtung [1949]. Mchn. ⁹1979, S. 141 f., 170–181. – B. Lenz-Kemper: Zur Überlieferung der ›Hessischen R.en‹. In: ZfdA 134 (2005), S. 336–362. – G. Vollmann-Profe: Wiederbeginn volkssprachiger Schriftlichkeit im hohen MA. [1985]. Tüb. ²1994.   BLK

Reimprosa, durch Wackernagel 1848 eingeführter Begriff für ↗ Prosa, die sich des Endreims bedient, ansonsten aber frei ist von metrischer Durchgestaltung. Der Reim bindet dabei Sinnabschnitte unterschiedlicher Länge zusammen (›Kolonreime‹). – R. ist eine internationale Erscheinung. Die arab. Lit. kennt sie in einzelnen Suren des »Koran« oder in der Makamen-Dichtung (↗ Ghasel). Die bereits in der gr.-lat. Antike geläufige Form (Cicero) lässt sich über die ↗ Spätantike (Augustinus) bis ins lat. MA. (Hrotsvith von Gandersheim) verfolgen. In der dt. Lit. des MA.s strukturiert R. häufig die zum Vortrag bestimmte Gebetslit. (»Gebetbuch von Muri«, »Mahrenberger Psalter«) und einige Bereiche mystischen Sprechens (Heinrich Seuse, 14. Jh.), v. a. bei Mechthild von Magdeburg (vor 1260): »Lant mich ungehindert *sin*, ich wil ein wile trinken den ungemengeten *win*« (»Das fließende Licht der Gottheit« I, 44). – Formal abzugrenzen ist die R. von ↗ Prosimetrum (Wechsel von Versen und Prosa-Bestandteilen) und ↗ Prosagedicht. Die Texte des ↗ Hip-Hop und ↗ Rap können teilweise als Wiederbelebung der R. angesehen werden. Auch hier zeigt sich, dass R. als Kunstmittel fast immer auf eine Realisierung im gesprochenen Wort hin konzipiert wurde.

Lit.: M. E. Amstätter: R. In: RLW. – F. R. Müller: Untersuchungen zur R. im Koran. Bonn 1969. – F. Ohly: Textkritik als Formkritik. In: Frühmal. Studien 27 (1993), S. 167–219. – K. Polheim: Die lat. R. [1925]. Bln. ²1963. – W. Wackernagel: Geschichte der dt. Lit. Basel 1848, § 40.   CF

Reimrede, kürzerer nicht-erzählender Reimpaartext, in dem es um die Erörterung einer Lehre oder gedanklichen Erkenntnis geht. Obwohl mhd. *rede* unterminologisch alles Gesprochene bezeichnet, hat sich diese Verwendung des Begriffs durchgesetzt. – Geistliche R.n entstehen seit dem 12. Jh., die frühesten weltlichen Beispiele stammen vom Stricker; im Spät-MA. ragen neben den ↗ Minnereden die über 700 Texte Heinrichs des Teichners heraus. R.n verweisen darauf, dass die mal. Lit. mehr umfasst als Poesie und Fiktion, dass nämlich auch »Lebensorientierung in direkter Anweisung und Erörterung zu ihren Aufgaben zählen« (Grubmüller).

Texte: A. Mihm (Hg.): Aus der Frühzeit der weltlichen Rede. In: Beitr. 87 (1965), S. 406–433.
Lit.: K. Grubmüller: Reimpaarrede. In: Killy/Meid. – F.-J. Holznagel: Verserzählung – Rede – Bîspel. In: C. Bertelsmeier-Kierst, C. Young (Hg.): Eine Epoche im Umbruch. Tüb. 2003, S. 291–306.   WA

Reimschema, schematische Darstellung einer Reimfolge, meist mit Kleinbuchstaben (gleiche Buchstaben für einander entsprechende Reimklänge). Zur Kennzeichnung wörtlich wiederkehrender Vers- und Kehrreimzeilen werden Großbuchstaben verwendet, vgl. z. B. das R. des ↗ Trioletts: *ABaAabAB*.   GS/Red.

Reimspruch, gereimte gnomische Kleinform, v. a. das gereimte Sprichwort (»Morgenstund hat Gold im Mund«) und andere volkstümliche Formen wie Merkvers, ↗ Arbeitslied, Kinder- und Neckreim, ↗ Leberreim usw. Schon im Ahd. bezeugt, zur Kunstform ausgebildet durch Freidank (13. Jh.). Wiederaufnahmen gibt es bei F. v. Logau (»Erstes Hundert dt. Reimensprüche«, 1638) und A. H. Hoffmann von Fallersleben (»Dt. Weinbüchlein«, 1829).   GS/Red.

Reimvers, durch Endreim (↗ Reim) bestimmter Vers, insbes. der vierhebige Reimpaarvers, das metrische Grundmaß der ahd. (Otfrid von Weißenburg) und mhd. Epik. Der R. löste in der Karolingerzeit den germ. ↗ Stabreimvers ab. Kennzeichnend sind Füllungsfreiheit in ↗ Auftakt und Binnentakten, akzentuierende Versrhythmik und die Kadenzgestaltung. – Der ahd. R. (der sich so wesentlich vom lat. Hymnenvers unterscheidet, dass eine Herleitung des R.es aus der lat. Lit. problematisch ist) schwankt im Umfang zwischen vier und zehn Silben; im höfischen Epos Tendenz zur ↗ Alternation, jedoch ohne völlige Aufhebung der Füllungsfreiheit; Variationen des viertaktigen R.es in der mhd. Lyrik; zunehmend wird die paarige Gruppenbildung differenziert bis hin zur mannigfaltigen Vers- und Reimstruktur der hochmal. Minnelyrik. Der freier gehandhabte R. blieb bes. in populärer Dichtung bis heute erhalten (↗ Knittelvers).

Lit.: B. Nagel: Das Reimproblem in der dt. Dichtung. Bln. 1985.   GS/SHO

Reiner Reim ↗ Reim.

Reisebericht, eine Form der Reiselit., die zum einen von rein fiktionalen Gattungen wie ↗ Reiseroman oder Reiseerzählung, zum anderen von Hilfsmitteln wie Reiseführern und -handbüchern abzugrenzen ist. – Eine *formale* Definition der Gattung ›R.‹ ist nicht möglich; R.e können als ↗ Tagebuch, ↗ Brief bzw. Briefsammlung, als Teil einer ↗ Autobiographie oder als ↗ Gedicht abgefasst sein. *Inhaltlich* ist der R. an das textexterne Phänomen der Reise gebunden. Dieser Realitätsbezug der Gattung hat mehrere Konsequenzen: 1. Die Entwicklung des R.s ist in engem Zusammenhang mit der Kultur- und Sozialgeschichte des Reisens sowie der Verkehrsgeschichte zu sehen. – 2. Mit dem R. verbindet sich ein Authentizitätsanspruch, d. h., der ↗ Bericht muss glaubwürdig sein. Die Frage, ob ihm eine tatsächlich erlebte Reise zugrunde liegt, ist dabei aus lit.wissenschaftlicher Perspektive weniger wichtig als die Untersuchung rhet.-lit. Strategien, den Effekt der Authentizität herzustellen. – 3. Der R. kann sich durch unterschiedliche Grade an Literarizität auszeichnen; seit dem Ende des 18. Jh.s befindet sich die Gattung im Spannungsfeld zwischen Informationsvermittlung und Kunst- bzw. Unterhaltungsanspruch. – 4. Indem der R. z. B. eine fremde Kultur schildert, wirkt er dieser gegenüber einstellungsprägend; in der Art der Auseinandersetzung und der Abgrenzung vom Fremden treten dabei Deutungsmuster und mentalitätsgeschichtliche Dispositionen zutage und es kommt somit auch das ›Eigene‹ zum Vorschein. – Vorformen des R.s in der Antike sind die hellenistischen ↗ Periegesen, Beschreibungen von Ländern, Städten und Sehenswürdigkeiten in Form eines fingierten Herumführens (Pausanias: »Beschreibung Griechenlands«, 2. Jh. n. Chr.), sowie das ↗ Itinerarium, eine sachliche Wegbeschreibung. Die R.e von Pilgerfahrten (bes. nach Jerusalem, Rom und Santiago de Compostela) im MA. enthalten neben pragmatischen Informationen religiös-heilsgeschichtliche Implikationen. In der ↗ Frühen Neuzeit tritt der R. u. a. in der lat., in Versen verfassten Form des ↗ Hodoeporicons auf. Im Kontext der Entdeckungs- und Eroberungsreisen wirkt die Konfrontation mit außereuropäischen Gesellschaften und Kulturen als entscheidender Impuls. Von Bedeutung sind ferner die Gelehrtenreise und vom 16. bis ins frühe 18. Jh. die oft von einem mitreisenden Hofmeister protokollierte, zur Ausbildung höfischer Verhaltensnormen unternommene Kavaliersreise junger Adliger sowie später die bürgerliche Bildungsreise. Herausragende Beispiele der Gattung im Zeitalter der ↗ Aufklärung sind G. Forsters »Reise um die Welt« (1778–80) über seine Teilnahme an J. Cooks Weltumsegelung und F. Nicolais zwölfbändige »Beschreibung einer Reise durch Deutschland und die Schweiz im Jahre 1781« (1783–96), die eine große Fülle an statistischem Material ausbreitet und unter dem Aspekt der

Nützlichkeit und Tugendhaftigkeit bewertet. Einen bes. Status nehmen seit der zweiten Hälfte des 18. Jh.s die Italienreisen ein, anhand deren das Bildungsideal der Einheit und Vollendung des Individuums entwickelt wird – so in J.W. Goethes »Italienischer Reise« (1816–29), die in ihrer nachträglichen ästhetischen Überformung von Briefen und Tagebucheinträgen ein Dokument des klassizistischen Idealisierungsprogramms ist. Unter dem Einfluss von L. Sternes »Sentimental Journey« (1768) erfährt der R. seit dem Ende des 18. Jh.s eine radikale Subjektivierung und Literarisierung. Das subjektive Erleben und Wahrnehmen, der Prozess des Beobachtens treten in den Vordergrund, das Resultat sind komplex konstruierte lit. Texte. In der Folge kommt es, sieht man von Ausnahmen wie A. v. Humboldt (»Voyage aux régions équinoxiales du Nouveau Continent«, 30 Bde., 1805–34) ab, zu einer Trennung zwischen ethnographischer, geographischer oder naturwissenschaftlicher Fachlit. sowie Reisehandbüchern (»Baedeker«) einerseits und dem R. als Kunstprosa andererseits. Als ein Höhepunkt innerhalb dieser Tendenz zur Literarisierung können H. Heines »Reisebilder« (1826–31) gelten, in denen die Reiseschilderung zugunsten der Integration fiktionaler Elemente sowie der politisch-sozialen Satire in den Hintergrund tritt. Hieran anknüpfend verfolgt der R. in der Lit. des ↗ Jungen Deutschland und des ↗ Vormärz oft die Strategie des die Zensur umgehenden ›Ideenschmuggels‹. Um 1900 dient die Gattung, bes. in der Form des ↗ Exotismus (u. a. Süd- und Ostasien betreffend), der ↗ Kulturkritik, aber auch der Erprobung avancierter lit. Verfahren. In der Weimarer Republik tritt die journalistisch-feuilletonistische und auch sozialkritische *Reisereportage* in den Vordergrund (E. und K. Mann: »Rundherum«, 1929; A. Schwarzenbach); bevorzugte Reiseziele als Gegenstände der Kritik oder der Affirmation sind die USA und die UdSSR (A. Kerr, E. E. Kisch, E. Toller). Trotz eines gewissen Funktionsverlustes in Zeiten des Massentourismus behauptete sich der R. auch im weiteren Verlauf des 20. Jh.s als subjektiv-lit., essayistische oder experimentelle Form (W. Koeppen, H.M. Enzensberger, R. D. Brinkmann, B. Chatwin, C. Nooteboom) gegen die mediale Konkurrenz etwa des Fernsehens.

Lit.: P. J. Brenner (Hg.): Der R. Ffm. 1989. – Ders.: Der R. in der dt. Lit. Tüb. 1990. – Ders.: R. In: Killy/Meid. – X. v. Ertzdorff, D. Neukirch (Hg.): Reisen und Reiselit. im MA. und in der Frühen Neuzeit. Amsterdam, Atlanta 1992. – X. v. Ertzdorff (Hg.): Beschreibung der Welt. Amsterdam, Atlanta 2000. – Dies. (Hg.): Erkundung und Beschreibung der Welt. Amsterdam, Atlanta 2003. – A. Fuchs, Th. Harden (Hg.): Reisen im Diskurs. Hdbg. 1995. – W. Griep (Hg.): Sehen und Beschreiben. Europäisches Reisen im 18. und frühen 19. Jh. Heide 1991. – W. Griep, H.-W. Jäger (Hg.): Reise und soziale Realität am Ende des 18. Jh.s. Hdbg. 1983. – Dies. (Hg.): Reisen im 18. Jh. Hdbg. 1986. – H.-W. Jäger (Hg.): Europäisches Reisen im Zeitalter der Aufklä-

rung. Hdbg. 1992. – Ders.: Reiselit. In: RLW. – A. Maczak, H.J. Teuteberg (Hg.): R.e als Quellen europäischer Kulturgeschichte. Wolfenbüttel 1982. – M. Maurer (Hg.): Neue Impulse der Reiseforschung. Bln. 1999. – C. Sittig: Reiselit. In: HWbRh. – W.E. Stewart: Die Reisebeschreibung und ihre Theorie im Deutschland des 18. Jh.s. Bonn 1978. – R.-R. Wuthenow: Die erfahrene Welt. Europäische Reiselit. im Zeitalter der Aufklärung. Ffm. 1980.   JSR

Reisereportage ↗ Reisebericht.

Reiseroman, Form des ↗ Romans, die durch die Bewegung durch den Raum konstituiert ist. Die Bewegung erscheint als ein das Geschehen formierendes und narrativ verknüpfendes Leitmotiv. Wie beim ↗ Reisebericht liegt auch beim R. der Reiz in der Konfrontation des Eigenen mit dem Fremden; strukturell besteht eine häufig zu findende Übereinstimmung in dem dreiteiligen Muster des Auszugs, der ›Er-Fahrung‹ der Welt und der Heimkehr. Das Kriterium der ↗ Fiktionalität kann nur bedingt zur Trennung von R. und Reisebericht herangezogen werden: Reiseberichte, die heute als das Zeugnis einer tatsächlichen Reise gelten, wurden lange Zeit für erfunden angesehen (Marco Polo); andererseits belegen rezeptionsgeschichtliche Zeugnisse, dass erfundene Reisen im Roman für Berichte über tatsächliche Reisen gehalten werden konnten (Th. Morus: »Utopia«; K. May). Wie das Beispiel von »Florians von der Fleschen Wunderbarliche Schiffarten und Reysen« (1625), einer Fortschreibung von F. Rabelais' Roman »Gargantua« (1532) zeigt, können auch Passagen von faktischen Reiseberichten (hier u. a. H. Staden) im fiktionalen Kontext als fiktionalisiert erscheinen. – Der Begriff ›R.‹ folgt einer inhaltlich-strukturellen Gattungsbeschreibung; die unter ihn gefasste Sache berührt sich in der lit. Wirklichkeit oft mit anderen Erscheinungen: ↗ Abenteuerroman, Lügenroman, ↗ Schelmenroman, ↗ utopischer Roman, ↗ Staatsroman, ↗ Robinsonade, phantastischer Roman, ↗ Science-Fiction, empfindsamer Roman, ↗ Künstlerroman. – Die Ursprünge des R.s liegen im Abenteuerroman der Antike. Im Zentrum steht der durch die Welt irrende Held, der eine Reihe von gefährlichen, amourösen oder heiteren Begegnungen erlebt, die, episodisch aneinandergereiht, einen Handlungszusammenhang erzeugen. Heliodors »Aithiopika« (entstanden zwischen 232 und 250 n. Chr.) diente als Modell für den frühneuzeitlichen höfisch-heroischen Roman, der häufig einen in die Fremde verschlagenen Helden aufweist (J. Barclay: »Argenis«, 1621). Im Verein mit der mal. ↗ Spielmannsdichtung (»Herzog Ernst«) ergeben sich fließende Übergänge zum romanischen »Amadis« – und Ritterroman (von M. de Cervantes im »Don Quijote«, 1605–15 parodiert). Die Kontrafaktur dieses Romantyps ist der pikarische Roman oder Schelmenroman (»Lazarillo de Tormes«, 1554; H. J. Ch. v. Grimmelshausen: »Simplicissimus«, 1668; J. Beer: »Der Simplicianische Welt-Kucker«, 1677; Ch. Reuter: »Schelmuffsky«, 1696), zu dessen antiker Vorgeschichte Petronius' »Satyricon« (ca. 60 n. Chr.) zu zählen ist, welcher die gr. Liebesromane und das die »Odyssee« imitierende Schema des Abenteuerromans parodiert. Der anonyme »Fortunatus« (1509) stellt eine zu seiner Zeit singuläre bürgerliche Vorform der im 17. Jh. beliebten »curieusen Reisen« im Gesellschaftsroman dar (E. W. Happel: »Der asiatische Onogambo«, 1673). Im Gefolge dieses Romantyps steht D. Defoes abenteuerlicher R. »Robinson Crusoe« (1619), der das im 18. Jh. ungemein erfolgreiche Genre der Robinsonaden begründete. Im 19. Jh. sind es Ch. Sealsfield (»Cajütenbuch«, 1841), F. Gerstäcker (»Flußpiraten«, 1848) und v. a. K. May, die den abenteuerlichen R. innerhalb der aufblühenden ↗ Unterhaltungslit. zu einer breit rezipierten Lektüre machen, die durch ihre Spannung und ihren ↗ Exotismus bis heute eine große Leserschaft erreicht. – Mit dem abenteuerlichen R. strukturell verwandt ist der Lügenroman (↗ Lügendichtung), dessen Ursprünge ebenfalls in der Antike liegen: Lukian von Samosata parodiert in den »Wahren Geschichten« (vermutlich nach 165 n. Chr.) den abenteuerlichen R. eines Iambulos und die fabulierende Historiographie eines Ktesias und sogar Herodot; Apuleius' »Metamorphoses« (auch: »Asinus aureus«, nach 175 n. Chr.) zielen parodistisch auf das Abenteuerschema von Homers »Odyssee«. Neuzeitliche Gattungsbeispiele sind insbes. die ↗ Münchhausiaden (G. A. Bürger: »Wunderbare Reisen zu Wasser und zu Land und lustige Abentheuer des Freyherrn von Münchhausen«, 1786), ferner der phantastische R., der mit F. Godwins »The Man in the Moone, or a Discourse of a Voyage thither« (postum 1638) einsetzt und in J. Vernes auf technischen Visionen beruhenden Raum- und Unterwasserfahrten gipfelt (»De la Terre à la Lune«, 1865). Dieser begründet seinerseits die moderne Science-Fiction, den phantastisch-technischen Reise- und Entdeckerroman, der sich betont glaubwürdig präsentiert und im Vertrauen auf die Wissenschafts- und Fortschrittsgläubigkeit des modernen Menschen Anspruch auf die Wahrscheinlichkeit, wenn nicht Authentizität grandioser Möglichkeiten zukünftiger Welten erhebt. – Anders als die wissenschaftlich-technischen Zeitutopien operiert der frühneuzeitliche utopische Staatsroman mit räumlichen Differenzen, die den Helden zu einem politisch und/oder religiös vorbildlich organisierten Gemeinwesen außerhalb der bekannten Welt führen. Neuzeitlicher Gründungstext dieser auf dem Element der Reiseerfahrung beruhenden Weltentwürfe ist Th. Morus' »De optimo rei publicae statu deque nova insula Utopia« (1516), weitere bedeutende Vertreter sind J. V. Andreaes »Christianopolis« (1619), Th. Campanellas »Civitas Solis« (1623) und F. Bacons »Nova Atlantis« (1626) oder Godwins »Man in the Moone« sowie im 18. Jh. J. G. Schnabels »Wunderliche Fata einiger See-Fahrer« (»Insel Felsenburg«, 1731–43). In S. Cyrano de Bergeracs »Histoire comique contenant Les estats et empires de la lune« (1657) und »L'histoire comique des estats et

empires du soleil« (1662) sowie in J. Swifts »Travels into Several Remote Nations of the World by Lemuel Gulliver« (1726) sind Berührungspunkte des utopischen Romans mit dem phantastisch-satirischen R. gegeben. Voltaires »Candide, ou l'optimisme« (1759) wendet sich satirisch gegen die Philosophie von G. W. F. Leibniz und gehört zum großen Komplex des R.s der ↗ Aufklärung, wie er in Deutschland teils satirisch gegen die ↗ Empfindsamkeit und den Geniekult gerichtet (F. Nicolai: »Das Leben und die Meinungen des Herrn Magister Sebaldus Nothanker«, 1773–76; J. K. A. Musäus: »Physiognomische Reisen«, 1778 f.), teils in didaktischer Absicht (J. T. Hermes: »Sophiens Reise von Memel nach Sachsen«, 1769–73), teils als politische Satire (J. F. E. Albrecht: »Dreyerley Wirkungen. Eine Geschichte aus der Planetenwelt«, 1789–92) zu finden ist. Aus dem Inventar des empfindsamen Romans speist sich der R. der frühen ↗ Romantik, welcher der Begegnung des Individuums mit der Welt eine neue Sinngebung verleiht: Die materielle Welt verdient nur insoweit Erwähnung, als sie im Reisenden Reflexionen und Empfindungen auslöst und zur Selbstfindung beiträgt. Novalis' »Heinrich von Ofterdingen« (postum 1802) kann als Musterbeispiel des frühromantischen R.s gelten. Er verwahrt sich ausdrücklich gegen einen Vergleich mit J. W. Goethes idealtypischem Entwicklungsroman »Wilhelm Meisters Lehrjahre« (1795), da im frühromantischen R. die Zeitlichkeit aufgehoben ist und der Mensch nur durch Gefühl und Besonnenheit erkennen kann, wer er selbst ist. Dennoch sind die Verflechtungen – auch mit dem großen psychologischen Roman (L. Tieck:. »William Lovell«, 1795), dem ↗ Bildungsroman (Jean Paul: »Titan«, 1800–03) und dem Künstlerroman (Tieck: »Franz Sternbalds Wanderungen«, 1798) – so offensichtlich, dass eine einseitige, ausschließliche Zuordnung zu einem der Romantypen ungenügend wäre. – In der neueren dt. Reiselit. lässt sich, bes. nach 1945, eine verstärkte Hinwendung zum autobiographischen, reflektierenden Reisebericht erkennen. Die Grenzen der Form des R.s sprengt R. D. Brinkmanns radikal subjektives Montagebuch »Rom, Blicke« (postum 1979). Zugleich ist der R. immer wieder Mittel der individuellen wie politischen Vergangenheitsbewältigung (W. G. Sebald: »Austerlitz«, 2001; P. Mercier: »Nachtzug nach Lissabon«, 2004). Ch. Ransmayrs R. »Die letzte Welt« (1988) knüpft an Ovids »Metamorphosen« an. Populär geworden sind die R.e des nl. Autors C. Nooteboom (»Die folgende Geschichte«, 1991). – Die US-am. Lit. modifiziert das Motiv der Reise als Erkenntnismittel und stellt die Desillusionierung des Helden (J. Barth: »The Sot-Weed Factor«, 1960) bzw. die Reise von Aussteigern oder Außenseitern ohne eigentliches Ziel oder ohne Ankunft in den Vordergrund (P. Bowles: »The sheltering sky«, 1948; J. Kerouac: »On the Road«, 1957; »The Dharma Bums«, 1958).

Lit.: P. G. Adams: Travelers and Travel Liars. 1600–1800. Berkeley, LA 1962. – U. Biernat: »Ich bin nicht der erste Fremde hier«. Zur dt.sprachigen Reiselit. nach 1945. Würzburg 2004. – X. v. Ertzdorff, D. Neukirch (Hg.): Reisen und Reiselit. im MA. und in der Frühen Neuzeit. Amsterdam, Atlanta 1992. – P. B. Gove: The Imaginary Voyage in Prose Fiction. NY 1941. – H. J. Piechotta (Hg.): Reise und Utopie. Zur Lit. der Spätaufklärung. Ffm. 1976. – D. Schilken: Die teleologische Reise. Würzburg 2002. – S. Thabet: Das Reisemotiv im neueren dt.sprachigen Roman. Marburg 2002.

WN

Reizianus, m., auch: Reizianum, n.; von dem klassischen Philologen G. Hermann nach seinem Lehrer F. W. Reiz (1733–90) benannte Bez. 1. für den akephalen ↗ Pherekrateus v̄ – v v – – (↗ äolische Versmaße); 2. für ein variantenreiches Kolon der lat. Dichtung, dessen einzige Festlegung darin besteht, dass es zwei Hebungen und drei Senkungen aufweisen muss; erscheint v. a. als ↗ Klausel (Plautus), aber auch als zweite Zeile von Disticha, deren erste aus jambischen oder anapästischen Tetrapodien besteht (sog. versus Reizianum).

GS/SHO

Rejet ↗ Enjambement.

Rekurrenz, f. [von lat. *recurrere* = zurücklaufen], 1. im engeren Sinn: ↗ Wiederholung identischer bzw. teilidentischer (partielle R.) sprachlicher Elemente insbes. auf lexikalischer Ebene (z. B. »Es ist ein hoher Baum gefallen, / Ein Baum im dt. Dichterwald […].« E. Geibel: »L. Uhland«), wobei das entsprechende Wort bei identischer R. auf denselben Gegenstand oder Sachverhalt (Referenzobjekt) verweisen muss (Referenzidentität, Koreferenz), bei partieller R. nur auf einen Referenzbereich (z. B. »Auch im Mozarteum war Wertheimers Reichtum niemals aufgefallen. Wie übrigens der Reichtum Glenns, und Glenn war reich, auch niemals aufgefallen ist. Im nachhinein war es klar gewesen, daß sich sozusagen die Reichen gefunden hatten […].« Th. Bernhard: »Der Untergeher«). – 2. Im weiteren Sinn: jede Form der Wiederaufnahme von Textelementen auf lautlicher, morphologischer, lexikalischer, semantischer, syntaktischer und metrischer Ebene. In lit. Texten sind R.en stilistisch wirksam, z. B. als ↗ Alliteration, ↗ Anapher, ↗ Äquivalenzprinzip, ↗ Geminatio, ↗ Isotopie, ↗ Parallelismus, ↗ Paronomasie oder ↗ Polyptoton.

CK

Rekursivität, f. [von lat. *recurrere* = zurücklaufen], ein Prozess, der seine eigenen Ergebnisse als Grundlage weiterer Operationen verwendet. Der Begriff aus der Mathematik und der Kybernetik ist v. a. in der ↗ Systemtheorie N. Luhmanns von Bedeutung: Soziale Systeme reproduzieren und stabilisieren sich selbst durch ständigen Rückgriff auf die Ergebnisse bereits abgeschlossener Operationen. R. ist damit eine Form der ↗ Selbstreferenz. In der Lit.wissenschaft werden rekursive Phänomene auch unter den Termini ›Autoreferentialität‹, ›Potenzierung‹ und ↗ ›Metafiktion‹ behandelt. Rekursive lit. Verfahren finden sich bes. in der Lit. der ↗ Romantik (F. Schlegel: ›progressive Universalpoesie‹) sowie der ↗ Postmoderne (I. Calvino). Mit technischen

Formen der Umsetzung von R. arbeiten neuerdings auch Texte der ↗ digitalen Lit.

Lit.: H. Fricke: Potenzierung. In: RLW. – N. Luhmann: Die Wissenschaft der Gesellschaft. Ffm. 1992, bes. S. 275–278.

JH

Religion und Literatur. Lit. ist von alters her ein Artikulationsmedium von Religion (= R.). Je weiter man sie historisch zurückverfolgen kann, desto öfter stößt man auf ihre kultischen Wurzeln. In vielen Kulturen haben heilige Texte poetische Form, und die poetische Form dient als Ausweis der Inspiriertheit solcher Texte. Sowohl die Vorstellung, dass die Dichter von einem »göttlichen Hauch« (Cicero: »Pro Archia poeta« 18) angerührt werden, als auch die Annahme, religiöse Offenbarungen müssten selbstverständlich eine poetische Gestalt aufweisen, lassen sich häufig bis an die Ursprünge historischer Überlieferung zurückverfolgen, treten aber auch in späterer Zeit noch auf. Neben den als unübertrefflich gedachten heiligen Texten existiert in positiven R.en eine poetische Praxis zu Zwecken der ↗ Andacht: ↗ geistliche Dichtung und ↗ Erbauungslit. im Dienst der R. sowie an die Folklore grenzendes religiöses Erzählgut (↗ Legende [1]). Gerade Letzteres erweist sich gelegentlich, obwohl religiöse Dichtung in erster Linie den ernsten und strengen Sektor des lit. Spektrums bedient, als Ort eines freieren Umgangs mit den Gehalten der R. Die Pathos erzeugende oder parodierende Verwendung religiöser Sprache in weltlicher Lit. ist bereits für religiös geprägte Gesellschaften wichtig und verliert auch in säkularisierten modernen Kontexten nicht ihre Bedeutung. Traditionell so gut wie ausgeschlossen, aber in modernen Gesellschaften häufiger auftretend ist die freie, nicht an positive R.en gebundene Artikulation religiösen Gefühls oder religiöser Weltanschauung. Da Lit. neben ihrer religiösen immer auch profane Gestalten hat, kann es auch zu Spannungen zwischen R. u. L. kommen: zu religiöser Kritik an der Lit., sei sie prinzipieller Natur oder richte sie sich gegen konkrete Texte bzw. Texttypen, aber auch zu R.skritik im Medium der Lit. Seit der ↗ Aufklärung des 18. Jh.s entwickelt sich schließlich zunehmend die Vorstellung von der Autonomie der Lit., die als eine ihrer Komponenten auch die Unabhängigkeit der Lit. von der R. enthält (↗ Autonomieästhetik, ästhetische Autonomie), andererseits die Vorstellung von Lit. als R.sersatz (›Kunstreligion‹).

Im Abendland werden seit der ↗ Spätantike zwei Überlieferungsstränge kulturellen Wissens tradiert: der jüdisch-christliche und der antik-heidnische. Jener bietet die maßgebliche Artikulation der religiösen Tradition, dieser stellt ein reich differenziertes Lit.system zur Verfügung, das immer wieder christlichen Aneignungsversuchen unterzogen wird. Neben dem Anschluss an die Poesie der Bibel (↗ »Psalmen«, »Hiob«, »Hohelied«, »Magnificat«) kommt es so schon früh zu Christianisierungen heidnischer Gattungen (z. B. Epik mit biblischen Stoffen: Juvencus, Nonnos). Im MA. werden auch die volkssprachlich-heidnischen Traditionen der germ. Völker, die zunächst als gegenchristlich der theologischen Ächtung verfallen waren, nach und nach christlich angeeignet, so wie zuvor in der Spätantike die gr.-röm. Lit. Noch im Früh-MA. entsteht auch im dt. Sprachraum ↗ Bibelepik (der »Heliand« im heidnischen Stabreim, das endgereimte Evangelienbuch Otfrids von Weißenburg). Im Hoch- und Spät-MA. kommt es zur Ausprägung eines breiten Gattungsspektrums religiöser Lit. (Bibeldichtung, Schrift- und Naturallegorese, Marienlob, ↗ Traktate, Bußpredigten, geistlich-moralische Erzählungen, das in seinen Untergattungen am Kirchenjahr orientierte ↗ geistliche Spiel), wobei sich im Spät-MA. die Anzeichen eines stärker individuellen Ausdrucks der Frömmigkeit mehren. Große Eigenständigkeit und Vielfalt der lit. Formen zeigt auch die ↗ Mystik (Mechthild von Magdeburg, Meister Eckhart, Heinrich Seuse, Johannes Tauler). Obwohl es somit im MA. von R. gänzlich unabhängige Lit. kaum gibt, ist doch die aus volkssprachlich-heidnischen, mündlich überlieferten Traditionen stammende ↗ Heldenepik (»Nibelungenlied«, »Kudrun«) nur ganz oberflächlich christianisiert; auch im stärker christlich beeinflussten ↗ höfischen Roman und im ↗ Minnesang ergeben sich gelegentlich spannungsreiche Konstellationen zwischen R. u. L. – Hohes Formbewusstsein, kühne und gelehrte Metaphorik sowie tief empfundene Frömmigkeit machen die ↗ Frühe Neuzeit zu einer Blütezeit geistlicher Dichtung (J. Donne, G. Herbert, A. Gryphius); daneben blüht das volkstümlichere, eine ungeheure Breitenwirkung entfaltende protestantische ↗ Kirchenlied (J. Heermann, P. Gerhardt). Die Grenze der geistlichen Dichtung zur Erbauungslit. ist häufig fließend, zumal Panegyrik (↗ Panegyrikus), z. B. auf Christus, ↗ Exegese, Rhet., die Intention auf religiös-moralische Wirkung und die Orientierung an der vorgegebenen Wahrheit des Christentums selbstverständliche Merkmale sowohl der Erbauungslit. als auch der geistlichen Dichtung sind. Die formal klassizistisch geprägte ↗ Bibelepik der Frühen Neuzeit versucht mit ihren christlichen Gegenständen die großen antiken Vorbilder zu überbieten (M. G. Vida, J. Milton, F. G. Klopstock). Als problematischer wird von christlicher Seite die einzunehmende Position zu weltlicher Lit. (↗ Roman, scherzhafte ↗ Liebesdichtung, ↗ Komödie) empfunden; ihrer Rechtfertigung als erlaubtem harmlosem Zeitvertreib und unschuldiger Freude steht (z. B. im ↗ Pietismus) ihre Ablehnung als Zeitverschwendung, Anfang eines lasterhaften Lebens und Ablenkung von dem Einen, was nottut, gegenüber. Die langsame Herausbildung des Konzepts der autonomen Dichtung im 18. und 19. Jh. bedeutet, obwohl auch die Tradition geistlicher Dichtung weitergeführt wird (Klopstock, Novalis, A. v. Droste-Hülshoff), eine Emanzipation der Lit. von der R. Diese wirkt sich doppelt aus: 1. als Ausprägung eines rein weltlichen Lit.begriffs; Signum dieser Entwicklung ist die Dominanz des von religiöser Warte aus traditionell kritisch gesehenen Prinzips der ↗ Fiktion im modernen Lit.system sowie – was die lit. Gattungen angeht – die herausragende Rolle des ↗ Romans, der weltlichen Gattung par excellence; 2. als zunehmende Emanzipation von Dichtung mit religiöser Thematik oder religiösem Hintergrund von dogmatischen, konfessionellen und anderen institutionell verfestigten Bindungen. Einen Höhepunkt findet diese Entwicklung in der lit. ↗ Mystik am Ende des 19. und am Beginn des 20. Jh.s. Sprachskepsis sowie Skepsis gegenüber den modernen Wissenschaften und traditioneller Religiosität sind hier die Basis für die Ansicht, gerade in und mit Hilfe der Lit. sei die Erfahrung des Mystikers in der Moderne einzuholen (R. M. Rilke, H. v. Hofmannsthal, P. Altenberg, R. Musil). – Eine Sonderentwicklung innerhalb der Ausbildung einer autonomen Lit. stellt das Konzept von Lit. als R.sersatz dar (›Kunstreligion‹). Bereits in der Frühromantik, bes. aber im ↗ Ästhetizismus des späten 19. Jh.s, in den ↗ Avantgarden des 20. Jh.s und in der klassischen ↗ Moderne wird häufig von Dichtern und Künstlern die Ansicht vertreten, gerade in der Lit. und den Künsten sei der Zugang zu einer höheren Wahrheit zu finden, wie sie vormals die R. gewährleistet hat. – In Traditionen, in denen die religiöse Überlieferung auch in der Moderne enger mit der Herausbildung weltlicher Lit. verknüpft war (so etwa im Judentum und im Islam), ist die Bedeutung der R. für die Lit. noch heute höher zu veranschlagen als in säkularisierten christlichen Kontexten.

Lit.: B. Auerochs: Die Entstehung der Kunstreligion. Gött. 2006. – I. Bach, H. Galle: Dt. Psalmendichtung vom 16. bis zum 20. Jh. Bln., NY 1989. – H. Bloom: Ruin the Sacred Truths. Cambridge/Mass. 1989. – W. Braungart: Ritual und Lit. Tüb. 1996. – W. Braungart u. a. (Hg.): Ästhetische und religiöse Erfahrungen der Jh.wenden. 3 Bde. Paderborn u. a. 1997–2000. – E. R. Curtius: Europäische Lit. und lat. MA. Bern 1948. – J. Dyck: Athen und Jerusalem. Mchn. 1977. – W. Martens: Lit. und Frömmigkeit in der Zeit der frühen Aufklärung. Tüb. 1989. – W. Mauser: Dichtung, Religion und Gesellschaft im 17. Jh. Mchn. 1976. – J. Osinski: Katholizismus und dt. Lit. im 19. Jh. Paderborn u. a. 1993. – H. Rupp: Dt. religiöse Dichtungen des 11. und 12. Jh.s. Freiburg 1958. – A. Schöne: Säkularisation als sprachbildende Kraft [1958]. Gött. ²1968. – G. Steiner: Real Presences. Ldn. 1989.   BA

Religiöse Lyrik ↗ geistliche Lyrik.

Reminiszenz, f. [lat. *reminisci* = sich erinnern], Stelle in einem lit. oder musikalischen Werk, die an andere Werke erinnert. Wichtig ist v. a. *die bewusste R.*: sie kann als Stilmittel direktes ↗ Zitat, ↗ Anspielung, ↗ Ironie oder ↗ Parodie sein. Wer sie gebraucht, rechnet üblicherweise mit ihrer Erkennbarkeit seitens des Lesers, im Ggs. zum ↗ Plagiat, wo der Autor die Übernahme kaschiert. In zahlreichen Fällen dokumentiert die R. nur die Gelehrsamkeit und das vielseitige Wissen eines Autors (↗ Poeta doctus, ↗ antiquarische Dichtung), doch kommt ihr auch ästhetischer Wert zu bei stil-spezifischer Verwendung (Jean Paul, moderne Lyrik, bes. Paul Celan). Allerdings übersteigt die nichtästhetische Funktion oft die ästhetische (z. B. in ↗ Satiren, Polemiken oder Texten mit starkem Realitätsbezug). – Verweisen die R.en auf frühere Partien desselben Textes, so spricht man im Rahmen einer (formalen) Erinnerungstechnik von *Rückverweisen* analog den ↗ Vorausdeutungen (Ahnungen, Prophezeiungen, Träume). In der modernen Intertextualitäts-Theorie von zentraler Bedeutung. GG

Renaissance, f. [rənɛˈsãːs; frz .= Wiedergeburt], Epochenbegriff, der insbes. seit dem 19. Jh. die fundamentale und wirkmächtige Erneuerung bzw. Modernisierung von Kultur und Gesellschaft durch den Rückgriff auf zuvor (tatsächlich oder vermeintlich) vernachlässigte antike Traditionen bezeichnet, aber zugleich die damit verbundenen Veränderungen in Menschenbild und Selbstverständnis, in Medialität und einem – nunmehr pluralisierten und grundsätzlich neu dimensionierten – Wissen zum Ausdruck bringt. Als *die* R. schlechthin wird die it. Kultur des 14.–16. Jh.s bzw. ihre zeitgenössische Rezeption in Europa begriffen (1); das Konzept wird auch auf andere Zeiträume und Kontexte der europäischen Geschichte übertragen (2), gilt in sachlicher wie methodischer Hinsicht indes mittlerweile als problematisch (3).

1. Historisch-sozialer Rahmen der it. R. sind die im 14. Jh. zunehmend stabileren territorialen Stadtstaaten (z. B. Florenz) und die in ihnen ausgebildeten Herrschaftsstrukturen. Die administrativen und politischen Eliten dieser Stadtstaaten (Notare, Kanzler, Botschafter) werden zusammen mit Universitätslehrern, anderen Gelehrten und Künstlern, die von einflussreichen Familien wie den Medici und Einzelpersonen (v. a. Kaufleuten), später dann zunehmend an Höfen (z. B. von Neapel oder Ferrara) mäzenatisch gefördert und protegiert werden, zu Trägern der für die R. prägenden Kultur des ↗ Humanismus. Deren entscheidende Elemente sind: a) ein verstärktes, zunehmend methodisch geschärftes Interesse (↗ Textkritik, Chronologie) an der ↗ Antike, das sich in der Rezeption und Übers. antiker, v. a. auch gr. Texte (Platon, Sextus Empiricus), in der Rekonstruktion der antiken Kultur und Geschichte oder in der lit. Imitation antiker Vorbilder äußern kann; b) eine Aufwertung des – in Reden (G. Manetti, G. Pico della Mirandola) als Mittelpunkt des Universums verherrlichten – Menschen, die sich sowohl als Aufwertung von Subjektivität, Individualität und Kreativität (etwa in ↗ Autobiographie, ↗ Poetik und ↗ Lyrik) wie als übergreifender Diesseitsbezug von Kultur und menschlichem Handeln (Ideal des ›Hofmannes‹; vgl. B. Castiglione: »Il cortegiano«, 1528) und als Entdeckung von Historizität und Kontingenz – insbes. im Rahmen der Historiographie (N. Machiavelli, A. Guicciardini), aber auch im antischolastischen Philosophieren der R. (L. Valla) – manifestiert. Die für die R. im Ganzen zentrale ›Entdeckung‹ des wegweisend ›Neuen‹ bzw. ›Modernen‹ zeigt sich dabei v. a. in der

bildenden Kunst, die in eine florentinische ›Früh-‹ und eine röm. ›Hoch-R.‹ differenziert werden kann. Komplex miteinander verknüpfte Aspekte sind dabei: die perspektivische Konstruktion des Bildraums (›Zentralperspektive‹; Masaccio, A. Mantegna); ein verstärkter Wirklichkeitsbezug der Darstellung (u. a. im lebensechten Porträt), verbunden mit detaillierter Beobachtung der empirischen Welt (Leonardo da Vinci); der Bezug auf antike Vorbilder, insbes. in der Plastik (Donatello), aber auch ein inhaltlicher und formaler Einfluss des Humanismus auf ikonographische Programme (S. Botticelli, Raffael) bzw. die Bildrhetorik; die Aufwertung bzw. Stilisierung der Figur des Künstlers zum ›Genie‹ (Michelangelo Buonarotti) und die Ausbildung einer systematischen Kunsttheorie (R. Alberti; A. Palladio). Auf dem Gebiet der Lit. kommt es zur Entstehung einer nlat. (an der Antike orientierten) Dichtung (G. Pontano) und einer um Probleme der ↗ Mimesis/↗ Imitatio und Kreativität kreisenden Poetik (J. J. Scaliger); die volkssprachige it. Lit. setzt sich zunehmend durch (Lyrik: F. Petrarca; Epik: L. Ariosto, T. Tasso; Komödie: P. Aretino), wird – bes. in Bezug auf ihr Verhältnis zum Lat. – theoretisch reflektiert und unterliegt ersten Kanonisierungsprozessen. Grundlegend für die Durchsetzung der R.-Kultur und ihre – in den europäischen Ländern in Ausmaß und Zeitrahmen unterschiedliche – Rezeption war die Entstehung von ↗ Buchdruck bzw. Druckgraphik und die Ausbildung des Verlagswesens (Aldus Manutius).

2. *Europäische R.n.* Die von Karl dem Großen ausgehende Reform der Bildung wird als *karolingische*, die unter Otto dem Großen organisierte Erneuerung als *ottonische* R. bezeichnet; der an den Kathedralschulen nordfrz. Städte (v. a. um Paris) greifbare kulturelle ›Aufschwung‹ seit ca. 1100 dagegen figuriert als »R. des 12. Jh.s« (Haskins). Neben der verstärkten Rezeption antiker lit. (Vergil, Ovid) und philosophischer Autoren (Aristoteles, Platon) wird die für diese Epochen diagnostizierte Aufwertung von Innerlichkeit, Subjektivität und Individualität als Argument für einen mal. Beginn der R. (bzw. ›Neuzeit‹) angeführt. Aus kunsthistorischer Sicht (vgl. Panofsky) wird das Konzept der R. demgegenüber nicht chronologisch vorverlegt, sondern als eine fundamentale, von der Spannung zwischen der Rezeption antik-heidnischer Kultur und dem rezipierenden christlichen Kontext geprägte Leitdynamik europäischer Kultur an sich begriffen, die in der it. R. lediglich wegweisend gelöst sei.

3. *Die R. als Konstruktion.* Die Idee der eigenen Zeit als ›Wiedergeburt‹ findet sich in verschiedener Begrifflichkeit und Metaphorik in der it. R. selbst und ist eng mit der Konstruktion eines ›dunklen‹ bzw. ›barbarischen‹ MA.s verbunden, das durch die zeitgenössische, bes. humanistische Sprachkompetenz und -kultur (›ciceronianisches Lat.‹; ›Entdeckung‹ des Gr.) sowie durch die lat. wie volkssprachige Lit. und Kunst überwunden worden sei, wodurch man wieder an die Leistungen der Antike anschließe. Insbes. in den ein-

flussreichen Künstlerviten G. Vasaris (1550/1568) ist die Idee der R. systembildendes Element einer an Fortschritt und (stilistisch-künstlerischer) Perfektion orientierten, biographisch angelegten Entwicklungsgeschichte der nunmehr als organische Einheit verstandenen Kunst seit der Antike, deren Zentrum in Italien gesehen wird. – Zu einer genuin historischen Kategorie wurde der Terminus ›R.‹ durch Philosophen der ↗ Aufklärung wie Voltaire, die mit der von ihnen in der it. R. diagnostizierten ›Entdeckung‹ von Vernunft, Kontingenz und Säkularisierung eigene Leitparadigmen historisch fundierten. Wirkmächtig aufgegriffen und teilweise auf der Grundlage historisch-kritischer Methodik zu umfassenden Epochendarstellungen weiterentwickelt wurde das Konzept im 19. Jh. von J. Michelet, G. Voigt und v. a. J. Burckhardt. Burckhardts auf stupender Detailkenntnis beruhende Ausführungen über den R.-Staat als ›Kunstwerk‹ selbstherrlicher und kalkuliert agierender Despoten, über die sich in Persönlichkeitskult und künstlerischer Produktion niederschlagende ›Entdeckung‹ der Individualität des nunmehr ›modernen Menschen‹, über abnehmende Religiosität (Paganisierung), eine gesteigerte, zunehmend auch naturwissenschaftliche Erforschung der natürlichen und sozialen Umwelt des Menschen sowie über die sich in einer R.-typischen Festkultur vollziehende ›Ausgleichung‹ von Standesunterschieden prägten das Bild der it. R. sowie die Kategorie ›R.‹ an sich nachhaltig. Abgesehen von marxistisch orientierten Interpretationen der it. R. als Entstehungsraum kapitalistischer Anthropologie und Ökonomie hat die Forschung im 20. Jh. v. a. die fundamentale Rolle der Kultur des ↗ Humanismus für die it. R. betont und deren Bild durch folgende Aspekte differenziert: Weiterwirken bzw. Transformation mal. Traditionen statt scharfem Bruch; die Rolle der christlichen Religion für die R.; *self-fashioning* und Karrierestrategien statt ›Entdeckung‹ ›des‹ Menschen und moderner ›Individualität‹; die politische Propagandatätigkeit der Humanisten; Kunst und Künstler als ›symbolisches Kapital‹ von Herrschenden; Relativierung von Florenz als einschlägigem Modell. Auch die in der sog. ›Revolte der Mediävistik‹ angestrebte Vorverlagerung der R. ins MA. hält dem kritischen Blick nicht stand, sondern erweist sich als Versuch, die eigene Disziplin polemisch aufzuwerten. Zur historischen Qualifikation europäischer R.en, durch welche auch die Frage nach dem Verhältnis der R. zu Reformation, ↗ Barock und ↗ Manierismus obsolet wird, tritt die Skepsis gegenüber ›großen Erzählungen‹, die vergangene Zeiträume von einem einheitlichen – hier: in der Kultur verorteten und an ↗ Antikerezeption ausgerichteten – Prinzip her verstehen bzw. auf der Konstruktion einer nach-mal., säkular gedachten, an die Vorstellung eines ›modernen Menschen‹ gebundenen, ›Neuzeit‹ beruhen.

Lit.: M. Baxandall: Giotto and the Orators. Oxford 1971. – R. L. Benson, G. Constable: R. and Renewal in the Twelfth Century. Oxford 1982. – A. Buck: Zu Begriff und Problem der R. Darmstadt 1969. – J. Burckhardt: Die Kultur der R. in Italien [1860]. Ffm. 1989. – P. Burke: Die R. in Italien [engl. 1972]. Bln. 1984. – Ders.: Die europäische R. [engl. 1998]. Mchn. 1998. – L. Febvre: Michelet und die R. [frz. 1992]. Stgt. 1995. – W. K. Ferguson: The R. in Historical Thought. Cambridge 1948. – J. R. Hale: Die Kultur der R. in Europa [engl. 1993]. Mchn. 1994. – C. H. Haskins: The R. of the Twelfth Century [1927]. Cambridge/Mass. 2005. – A. Heller: Der Mensch der R. [ungarisch 1967]. Ffm. 1988. – J. Huizinga: Das Problem der R. [1934]. Bln. 1991. – B. Mahlmann-Bauer: R. In: RLW. – E. Panofsky: Die R.n der europäischen Kunst [engl. 1960]. Ffm. 1979.   FB

Renouveau catholique, m. [frz. = katholische Erneuerung], in Frankreich seit Ende des 19. Jh.s Bewegung zur Erneuerung der Lit. aus dem christlichen Glauben heraus. Die Hinwendung zu religiöser Haltung und christlicher Soziallehre erklärt sich als Reaktion auf den Rationalismus und Szientismus der Dritten Republik, aber auch als Absage an Libertinage und Dekadenz des Fin de Siècle. Ihren Höhepunkt erreicht die Bewegung zwischen den Weltkriegen. Die führenden Autoren sind meist Konvertiten, die Werke von ausgeprägter Individualität verfassen. In der politischen Ausrichtung sind einige nationalistisch-konservativ (vgl. die 1899 von Ch. Maurras und L. Daudet gegründete Zs. »Action Française«); ihre Haltung zur katholischen Kirche ist meist kritisch. Es werden zahlreiche Gattungen erprobt (vgl. z.B. die liturgischen Dichtungen Péguys, das ›barocke‹ Welttheater Claudels und die psychologischen Romane F. Mauriacs). Nur selten findet sich ein erbaulicher Stil oder eine biblisch-theologische Sprache (mit Ausnahme von Péguy und Claudel), es dominieren moderne künstlerische Formen.

Lit.: K. H. Bloching: Die Autoren des lit. R. C. Frankreichs. Bonn 1966. – P. Chenaux: Entre Maurras et Maritain: une génération intellectuelle catholique (1920–30). Paris 1999. – E. Lindhorst: Die Dialektik von Geistesgeschichte und Lit. in der modernen Lit. Frankreichs. Würzburg 1995. – L.-A. Maugendre: La Renaissance catholique au début du XXe siècle 5 Bde. Paris 1963–71. – H. Serry: Naissance de l'intellectuel catholique. Paris 2004.   KB

Renovatio, f. [lat. =Erneuerung], ↗ karolingische Renaissance.

Rentrement ↗ Rondeau.

Repertoire, n. [rəper'toaːr; frz. = Register, Verzeichnis], 1. alle Bühnenwerke bzw. ↗ Rollen, die ein Theater bzw. ein Darsteller einstudiert hat und aufführen kann. Der verwandte Begriff ›Spielplan‹ bezeichnet demgegenüber alle einzelnen ↗ Aufführungen, die ein Theater in einem bestimmten Zeitraum (meist in einem Monat oder einer ganzen Saison) plant. Die dt. Theater sind seit dem 18. Jh. überwiegend Ensemble- und R. theater, d. h., ein fest engagiertes Ensemble spielt verschiedene Stücke des R.s im Wechsel. Im 19. Jh. besteht das R. vieler dt. Bühnen aus über hundert Werken, die in einer Spielzeit gegeben werden. In anderen europäischen Ländern dominiert dagegen das ›Stagione-Prinzip‹ (it. *stagione* = Jahreszeit, Periode, Spielzeit), d. h., ein einziges Stück wird in einer Aufführungsserie (frz. *en suite*) abgespielt. Kein anderes Land hat so viele subventionierte R.theater wie Deutschland. – 2. ›Verbales R.‹; in der Linguistik die sprachlichen Möglichkeiten, die einem Individuum zur Verfügung stehen (Stile, Dialekte, Soziolekte). Die Erforschung des verbalen R.s ist Gegenstand der Soziolinguistik, wobei das jeweils sozial, regional und situativ bedingte, heterogene Sprachverhalten von Mitgliedern einer Gemeinschaft untersucht wird.

Lit.: I. Schmid-Reiter (Hg.): R. und Spielplangestaltung. Anif, Salzburg 1998. AHE

Repertorium, n. [lat. *reperire* = auffinden, ermitteln], 1. Verzeichnis, ↗ Register (z. B. das »R. Germanicum«, hg. vom Dt. Historischen Institut Rom: Verzeichnis der in den päpstlichen Archiven seit 1378 erwähnten dt. Namen). – 2. Nachschlagewerk, systematische Zusammenfassung bestimmter Sachgebiete, ↗ Kompendium. GS/Red.

Repetịtio ↗ Geminatio.

Replịk, f., ↗ Faksimile.

Replikat, n., ↗ Faksimile.

Reportage, f. [rɛpɔrˈtaːʒə; frz. = Bericht, Berichterstattung; von lat. *reportare* = zurücktragen, -bringen], Typus des ↗ Berichts; dokumentarisch-informatorisches Genre des Journalismus, das faktenbetont, zugleich aber persönlich gefärbt ist. Damit grenzt sich die R. von der objektivistischen Nachricht und dem subjektivistischen ↗ Feuilleton ab. Ihr Material erhält die R. durch Recherche, ↗ Interview, Erlebnisse oder Beobachtungen aus offener bzw. verdeckter Teilnahme. Die Darstellung ist durch narrative Verfahren, rhet. Elemente und persönliche Stilmerkmale des Reporters geprägt. Aufgrund dessen wird ihr oft lit. Bedeutung zugesprochen. Da sie zugleich dem Gebot zur Tatsachenorientierung, Authentizität und Nachprüfbarkeit in der Realität unterliegt, grenzt sie an Verfahren der Sozialforschung. Unterschieden wird die R. nach ihren Medien (z. B. Radio- oder Fernseh-R.) oder bevorzugten Sachgebieten (Gerichts-, Reise-, Sport-, Sozial- oder Wissenschafts-R.). – Die Geschichte der R. ist durch lit. Moden, gesellschaftliche Trends und mediale Entwicklungen bestimmt. Die Bez. ›Reporter‹ wird im 19. Jh. für Zeitungs-Berichterstatter benutzt, der Begriff ›R.‹ etabliert sich – über Frankreich und die USA – in Deutschland erst Anfang des 20. Jh.s. Einen Höhepunkt hatte die R. in der Weimarer Republik (↗ Neue Sachlichkeit), einerseits im Kontext aus den USA übernommener Trends zur Sensation, andererseits als ›operative Form‹ nach sowjetischem Vorbild, die Romanfiktionen überflüssig machen und an der sozialistischen Veränderung der Gesellschaft mitarbeiten sollte. Beides vereint E. E. Kisch, für den der Titel einer R.-Sammlung sprichwörtlich wurde: »Der rasende Reporter«. Sozial- und Reise-R.n von J. Roth, Gerichts-

R.n von Sling (= P. Schlesinger) und G. Tergit sind ebenso bedeutend. Nach 1933 verlor die R. an Möglichkeiten und endete in den Kriegs-R.n der Propaganda-Kompanien. Während in der DDR Traditionen der sozialistischen R. in sog. Betriebs- und Aufbau-R.n fortgesetzt wurden, erhielt die R. in der BRD seit Ende der 1960er Jahre im Rahmen eines allg. Dokumentarismus und der Hinwendung zur industriellen Arbeitswelt erneute Aufmerksamkeit. Am bekanntesten und auch umstrittensten wurden die Rollen- oder Einschleich-R.n von G. Wallraff. Gleichzeitig entstanden lit.historische und -theoretische Arbeiten zur R., wobei oft die wirklichkeitsverändernden Potentiale überbetont werden. Seit den 1980er Jahren orientiert sich die Forschung eher an der massenmedialen Schreibpraxis und subjektiven Originalität, die sich unter Einfluss des US-am. New Journalism (T. Capote, H. S. Thompson, T. Wolfe u. a.) v. a. im Magazin-Journalismus entwickelt hat (G. S. Freyermuth, G. Goettle, C. Schnibben), während Ch. Dieckmann, A. Osang oder J. Voigt eher aus der Tradition des kritischen Journalismus der DDR stammen.

Lit.: G. Bentele: R. In: RLW. – M. Geisler: Die lit. R. in Deutschland. Königstein 1982. – H. Haas: Empirischer Journalismus. Wien u. a. 1999. – M. Haller: Die R. [1987]. Konstanz ⁴1997. – E. Schütz: Kritik der lit. R. Mchn. 1977. ES

Repräsentation, f. [lat. *repraesentatio* = Darstellung, Vergegenwärtigung, Stellvertretung], 1. die Stellvertretung juristisch-politischer Akteure in institutionellen Zusammenhängen (Gericht, Parlament). – 2. Die Funktion von (sprachlichen) ↗ Zeichen, etwas Abwesendes zu vergegenwärtigen. In dieser Hinsicht können zwei Bedeutungen unterschieden werden: a) im lit. Zusammenhang die öffentliche Darstellung bzw. Inszenierung geistlicher und weltlicher Herrschaft (z. B. in der ↗ höfischen Dichtung): Nach den Regeln der ↗ Rhet. wiederholt die Dichtung bis zur Mitte des 18. Jh.s die gesellschaftlich-hierarchische Ordnung (↗ Ständeklausel) und hat Teil an der politischen R. ihrer Institutionen im Sinne von (1). – b) Im weiteren zeichentheoretischen Sinn die Darstellung außerlit. bzw. außertextueller Wirklichkeit (zu der auch andere lit. Texte gehören). – Poetologisch wird ›R.‹ bis ins 20. Jh. im begrifflichen Rahmen der ↗ Mimesis diskutiert; der Begriff bedeutet demzufolge v. a. Nachahmung der Natur (Ch. Batteux), also des Gegebenen oder (nach Naturgesetzen) Möglichen nach Maßgabe der Wirklichkeit oder Wahrscheinlichkeit, wobei auch die symbolische Verweisung auf Nicht-Gegenwärtiges über die Beziehung von Abbild und Urbild (Original) mit einbezogen wird (z. B. in der ↗ Emblematik). – Kennzeichnend für alle R.sverhältnisse ist die Doppelung von bloßer Abbildung (›Widerspiegelung‹) und ↗ ›Performanz‹, d. h. konstruktiver Erzeugung des Repräsentierten im Akt der R. Die neuere lit.wissenschaftliche Forschung gebraucht den Begriff sowohl im Sinne der Teilhabe lit. Texte an kultur- und sozialgeschichtlichen Austauschbeziehungen (z. B. im ⁊ New Historicism) als auch im Sinne der Selbst- und Fremddarstellung bzw. Identitätskonstruktion sozialer Kollektive und Kategorien (etwa im ⁊ Postkolonialismus und in den ⁊ *gender studies*).

Lit.: B. F. Scholz (Hg.): Mimesis. Studien zur lit. R. Tüb., Basel 1998. – H. Wenzel: R.₂.: RLW. – N. Werber: R./repäsentativ. In: ÄGB.   CD

Résistanceliteratur [rezis'tã:s-; frz. = Widerstandslit.; auch: *littérature clandestine*, frz. = heimliche Lit.], Sammelbez. für engagierte lit. Produktionen, die im okkupierten Frankreich (ab 1940) in Opposition zu den dt. Besatzern und den frz. Kollaborateuren illegal verbreitet wurden. Die unter Decknamen veröffentlichenden Autoren aus dem Umkreis des ⁊ Surrealismus, ⁊ Existentialismus und ⁊ *Renouveau catholique* setzten sich darin mit Formen, Zielen und Schwierigkeiten des Widerstands auseinander. Zu den wichtigsten Vertretern der R. zählen L. Aragon (»Le crève-cœur«, 1941), P. Éluard, E. Triolet, P. Seghers, J. Paulhan, Vercors (= J. Bruller:»Le silence de la mer«, 1942), A. Malraux, A. Camus, J.-P. Sartre, R. Gary und R. Vailland. Die R. umfasst neben der Lyrik Drama und Erzähllit., Essays, Reportagen und Tagebuchaufzeichnungen, die in Form von Flugblättern (*tracts*), in illegalen Zss. (»Les Lettres françaises«, »Poésie 40«, »Confluences«, »Fontaine«) und den von P. de Lescure und Vercors 1942 gegründeten »Éditions de Minuit« veröffentlicht wurden.

Lit.: K. Kohut (Hg.): Lit. der Résistance und Kollaboration in Frankreich. Wiesbaden u. a. 1982–84. – F. de Martinoir: La Littérature occupée. Paris 1995.   NL

Responsion, f. [lat. *responsio* = Antwort], 1. Sinn-, Motiv- oder Formentsprechung zwischen einzelnen Teilen (Akten, Abschnitten, Strophen, Sätzen) einer Dichtung. – ⁊ Isotopie; 2. In der Rhet. eine antithetisch angelegte Antwort auf eine selbstgestellte Frage.   GS/Red.

Responsorium, n. [lat. *responsare* = antworten], ⁊ Antiphon.

Restauflage ⁊ Auflage.

Restaurationszeit, genauer: ›Metternich'sche R.‹ oder ›nachnapoleonische R.‹; lit.geschichtlicher Ordnungsbegriff, der die lit. ⁊ Epoche vom Wiener Kongress 1815 bis zur Märzrevolution und der Eröffnung des Frankfurter Paulskirchenparlaments 1848 umfasst. Als Epochenbez. steht er in Konkurrenz zu ⁊ ›Biedermeier‹, ›Biedermeierzeit‹ und ⁊ ›Vormärz‹, erscheint heute jedoch weniger problematisch als diese. – »Restaurationsperiode« findet sich bereits als zeitgenössische Selbstbeschreibungskategorie bei K. Gutzkow (»Vergangenheit und Gegenwart«, 1838). Die Geschichtswissenschaft verwendet den Begriff seit den 1860er Jahren; in der Germanistik findet sich eine breitere Verwendung seit der Adenauer'schen R. in den 1950er Jahren. – In der politikgeschichtlichen Logik des Epochenbegriffs werden alle lit. Strömungen der Zeit als von der Metternich'schen Restauration zutiefst betrof-

fen angesehen, sei es, dass sie dieser affirmativ oder neutral gegenüberstehen wie das lit. Biedermeier, sei es, dass sie auf das politisch-soziale Spannungsgefüge der Zeit reagieren wie das ⁊ Junge Deutschland und die Vormärzlit. Innere Spannung unter der zunehmend repressiv hergestellten äußeren Ruhe bildet das Signum der Epoche: katholische Reichsideologie vs. aufkeimendes Nationalbewusstsein und Verfassungskonstitutionalismus; Universalismus restituierter Werte- und Glaubenshaltungen vs. moderner, erkenntniskritischer Verlust von Glaubensgewissheit, Sinn- und Handlungsorientierung; lit. Traditionsorientierung vs. Epigonenbewusstsein; Klassiker-Kult vs. neue, gegenwartsorientierte und schnelllebige Formen des beschleunigten lit. Marktes. Daraus erklären sich Stilpluralismus sowie widerstreitende Weltdeutungs- und Lit.konzepte der R. – Einen Vorschlag zur Binnengliederung der R. anhand dominanter Richtungen unterbreitet Hermand: *1815–20*: Parallelität von restaurativer Spätromantik und Liberalismus enttäuschter Befreiungskrieger und Burschenschaftler, geprägt durch das Wartburgfest und die Ermordung A. v. Kotzebues, schließlich durch die Karlsbader Beschlüsse von 1819; *1820–30*: ›ruhige Zeit‹ strenger Zensur, weltschmerzlerische und biedermeierliche Atmosphäre; *1830–35*: Einsetzen des Jungen Deutschlands nach der Pariser Julirevolution; 1835 Verbot der jungdt. Lit. durch den Frankfurter Bundestag; *1835–40*: äußerlich ruhige, innerlich jedoch hoch gespannte und zunehmend durch politisch-soziale Widerstände geprägte Periode; *1840–48*: Vormärz; Polarisierung und Politisierung der Positionen im Vorfeld der Märzrevolution und der Wahlen zum Frankfurter Paulskirchenparlament.

Lit.: J. Bark: Restauration. In: RLW. – H. Denkler: Restauration und Revolution. Mchn. 1973. – J. Hermand: Allg. Epochenprobleme. In: ders., M. Windfuhr (Hg.): Zur Lit. der Restaurationsepoche 1815–48. Stgt. 1970, S. 3–61. – U. Köster: Lit. und Gesellschaft in Deutschland 1830–1848. Stgt. u. a. 1984. – F. Sengle: Voraussetzungen und Erscheinungsformen der dt. Restaurationslit. [1956]. In: E. Neubuhr (Hg.): Begriffsbestimmung des lit. Biedermeier. Darmstadt 1974, S. 238–273. – Ders.: Biedermeierzeit. 3 Bde. Stgt. 1971–80.   DK

Retardation ⁊ retardierendes Moment.

Retardierendes Moment, auch: Retardation, Unterbrechung eines dramatischen oder narrativen Handlungsverlaufs durch Geschehnisse, die vorübergehend zur (nur scheinbaren) Abänderung oder sogar Umkehrung des vorgezeichneten Handlungsziels führen (⁊ Katastasis). In diesem Sinne ist das retardierende Moment im vorletzten Akt des Dramas das »Moment der letzten Spannung« (G. Freytag: »Die Technik des Dramas«, 1863); es bewirkt in der ⁊ Tragödie die fälschliche Hoffnung auf die mögliche Errettung des Helden vor der drohenden ⁊ Katastrophe, in der ⁊ Komödie dagegen die durch das Ende widerlegte Furcht vor der unwiderruflichen Verfehlung des erhofften

Glücks. Das retardierende Moment wird jedoch auch an anderen Stellen des Dramas und in weiteren lit. Gattungen wie ↗ Novelle, ↗ Ballade, ↗ Epos und ↗ Roman (bes. ↗ Kriminalroman) eingesetzt. – Der Begriff wurde zuerst im Briefwechsel zwischen J. W. Goethe und F. Schiller (19.–26. 4. 1797) gebraucht.   HD/Red.

Retroẹnsa, f. ↗ Rotrouenge.

Retrouange ↗ Rotrouenge.

Revolutiọnsdrama, Bühnenwerk, das Ereignisse einer Revolution oder eines Revolutionsvorhabens gestaltet, und zwar entweder einer historischen Revolution (als Sonderform des ↗ Geschichtsdramas) oder einer fiktiven Revolution, in beiden Fällen häufig mit Bezügen zu aktuellen Zeitfragen. Verwandt sind im Feld der ↗ politischen Lit. das historische ↗ Lehrstück B. Brechts und das Dokumentarstück. – In der dt. Lit. begegnen Revolutionsdramen zuerst gehäuft in der Zeit der Junghegelianer und des ↗ Jungen Deutschland, meist mit Stoffen aus der Frz. Revolution. Autoren sind neben G. Büchner (»Dantons Tod«, 1835) R. Gottschall, W. R. Griepenkerl und F. Lasalle. Nach den Revolutionsereignissen von 1918/19 schreiben in der Weimarer Republik E. Toller und F. Wolf Revolutionsdramen, die gesellschaftliche Veränderungen propagieren.
Lit.: W. Rothe: Dt. Revolutionsdramatik seit Goethe. Darmstadt 1989.   TU

Revue, f. [rə'vy:; frz. = Überschau, Rundschau, Zusammenstellung], 1. Bühnendarbietung aus lose aneinander gereihten Musik-, Tanz-, Gesangs-, Artistennummern und dramatischen Szenen mit oft nur lockerem thematischen Zusammenhang. Die Erscheinungsformen reichen von der lit. oder politischen R., die Unterhaltungscharakter mit anspruchsvoller Thematik verbindet (Übergang zum ↗ Kabarett), bis zur Ausstattungsrevue mit aufwendigen Dekorationen, Kostümen und perfektionistischer Bühnenmaschinerie. Als Vorformen der R. können spätmal. Folgen von Possen gelten, die eine kritisch-parodistische Übersicht über die Ereignisse des jüngst vergangenen Jahres gaben; ferner die Festunterhaltungen (↗ Intermezzi, ↗ Zwischen- und Nachspiele) und Dramenaufführungen (↗ Jesuitendrama) der Renaissance und des Barock. – Die R. im heutigen Sinn wurde in Frankreich während des zweiten Kaiserreichs (1852–70) entwickelt; Aufführungsorte waren Künstler-Cafés und – z. T. noch heute bestehende – *cabarets artistiques* wie »Chat Noir«, »Folies Bergères« oder »Moulin Rouge«. Um 1900 wurde die R. auch in England (Londoner *Music Halls*), den USA (*Follies, Skandals, Vanities*) und Deutschland (»Metropoltheater« und »Admiralspalast« in Berlin) populär. Nach dem Zweiten Weltkrieg wurden die R.n weitgehend vom ↗ Musical verdrängt oder zu reinen Shows wie Eis- oder Tanz-R.n verflacht. In Fernseh-Unterhaltungsshows wurden bis in die 1970er Jahre hinein wichtige Elemente der R.n übernommen. – Montagetechnik und Episodenreihung der R., auch die Fortsetzung einer Spielhandlung in ande-

ren Medien (v. a. Film) wurden in den 1920er Jahren für Erneuerungsversuche des als überlebt angesehenen bürgerlichen Theaters eingesetzt, bes. von E. Piscator für sein politisches Theater (z. B. in der Inszenierung von A. Tolstois »Rasputin« als »Schicksals-R.« und »direkte Aktion«, 1927). Ähnliche Versuche, die R.formen für das Theater fruchtbar zu machen, sind seit den 1970er Jahren bei Regisseuren wie P. Zadek und J. Savary (»Der Blaue Engel. Eine R.«, Buch von T. Dorst nach H. Mann, 1992) zu beobachten. – 2. Titelbestandteil von Zss., entweder mit breiter thematischer Orientierung (engl. ›Review‹, dt. ›Rundschau‹) oder mit dem Anspruch, einen Überblick über die aktuellen Ereignisse in der Welt der Prominenten zu geben.
Lit.: B. Vogel: R. In: RLW.   MKO/Red.

Revueschlager ↗ Schlager.

Reyen, m. [mhd. *Reie, reige*, nhd. *Reigen* = Tanz, wörtliche Übers. v. gr. *chorós*], im ↗ schlesischen Kunstdrama des 17. Jh.s Bez. für den ↗ Chor. Eingeführt nach dem Muster des Niederländers J. van den Vondel, haben die R. zunächst aktgliedernde Funktion, darüber hinaus jedoch auch emblematischen Charakter (↗ Emblem), d. h., sie heben das Geschehen der Akte auf eine Ebene allg. Bedeutung, z. T. mit vorausdeutender Funktion. Die R. in den Trauerspielen A. Gryphius' sind oft noch Chöre im eigentlichen Sinne, teilweise aus Statisten der Handlung gebildet, meist jedoch aus allegorischen Figuren; oft folgen sie dem Formschema der ↗ pindarischen Ode. Seine Nachfolger (D. C. v. Lohenstein, J. Ch. Hallmann, A. A. v. Haugwitz) gestalten die R. zu teilweise umfangreichen allegorischen ↗ Zwischenspielen aus. Lohenstein und Hallmann fügen auch dem fünften Akt des Trauerspiels einen abschließenden R. bei, oft in der Funktion einer Huldigung an den Kaiserhof.   JK/PHA

Rezension, f. [lat. *recensere* = sorgfältig prüfen], 1. Teil der philologischen ↗ Textkritik; 2. kritische Besprechung lit. Veröffentlichungen (↗ Lit.kritik) oder wissenschaftlicher Publikationen, auch von Theater-, Musik-, Film- oder Fernsehaufführungen. R.en gibt es in Zeitungen (↗ Feuilleton [1]), Zss., im Hörfunk, im Fernsehen und neuerdings auch im Internet. Bei Buch-R.en geht häufig eine Inhalts- und Formbeschreibung dem Qualitätsurteil voraus, doch variiert der Aufbau ebenso wie das Verhältnis zwischen Referat und Kritik. Eine negativ urteilende R. wird ›Verriss‹ genannt.
Lit.: W. Harms: R.₂. In: RLW.   KK

Rezeption, f. [von lat. *recipere* = aufnehmen, empfangen], hermeneutischer und kunsttheoretischer Sammelbegriff für Publikumsreaktionen auf einen ↗ Text oder ein ↗ Werk wie Wahrnehmung, ↗ Verstehen, Auslegung oder ästhetische Bewertung. Als deskriptiver Terminus ist ›R.‹ der Inbegriff für die faktische Aufnahme eines Werks durch ein ↗ Publikum. Als normativer Terminus bezieht sich ›R.‹ auf die korrekte oder angemessene Wahrnehmung, Deutung oder Bewertung. Es scheint, als setze der deskriptive Gebrauch von ›R.‹ den normativen voraus. Denn wer z. B. H. v.

Kleists Dramen als vom zeitgenössischen Publikum missverstanden beschreibt, muss offenbar schon einen Begriff angemessenen Verstehens entwickelt haben. Das wirft die Frage nach dem Adäquatheitskriterium von ›R.‹ auf. Intentionalistische ↗ Hermeneutiken und ↗ Produktionsästhetiken sehen die Übereinstimmung der R. mit den produktionsleitenden ↗ Intentionen des Autors als Maßstab an, während sich ↗ Werkästhetiken eher am Text oder Werk selbst orientieren. Der Grundgedanke der ↗ R.sästhetik im Anschluss an H. R. Jauß und W. Iser besteht dagegen darin, im Akt der R. selbst den Maßstab für deren Angemessenheit oder Unangemessenheit zu finden. Dabei wird der Akt des Rezipierens nicht als Erfassen eines fertigen Sinns oder eines schon fixierten Wertes aufgefasst, sondern als Ergänzung oder Vervollständigung des Textes oder Werkes. Inwiefern die R.sästhetik relativistische Konsequenzen hat, ist umstritten. Empirische R.sforschung als hermeneutische Methode der Geistes-, Kunst- und Lit.geschichtsschreibung muss den Terminus ›R.‹ immer schon deskriptiv und normativ zugleich verwenden, ganz gleich, ob sie nach Spuren der R. eines Werks in einem bestimmten anderen Werk sucht, ob sie die R. eines Werks bei einem breiteren Publikum untersucht oder ob sie allg. kognitive Mechanismen der ästhetischen Wahrnehmung beschreibt. Rein normative R.sästhetik sieht im subjektiven ästhetischen Wohlgefallen bzw. in einer bestimmten Sorte von subjektiver ↗ ästhetischer Erfahrung das Kriterium der ästhetischen Güte eines Kunstwerks (vgl. Bubner, Kern).

Lit.: R. Bubner: Ästhetische Erfahrung. Ffm. 1989. – W. Iser: Der Akt des Lesens [1976]. Mchn. ⁴1994. – H. R. Jauß: Ästhetische Erfahrung und lit. Hermeneutik. Ffm. 1991. – A. Kern: Schöne Lust. Ffm. 2000. – H. Pfeiffer: R. In: RLW.   HTE

Rezeptionsästhetik, f. [von lat. *receptio* = Annahme; gr. *aísthēsis* = Wahrnehmung; engl. *reception theory*], Ansatz der ↗ Lit.theorie und -geschichtsschreibung, in dessen Zentrum die Aneignung lit. Texte durch ↗ Leser steht. – Die R. tritt Ende der 1960er Jahre mit dem Anspruch in Erscheinung, die lit.wissenschaftliche Praxis von einer Fixierung auf ↗ werkimmanente und ↗ produktionsästhetische Phänomene zu befreien und stattdessen den ›Dialog‹ von ↗ Text und Leser in den Blick zu nehmen. In lit.historischer Perspektive gilt es demnach, lit. Werke (im Ggs. zu historischen ›Tatsachen‹) als ↗ ›Ereignisse‹ zu betrachten, die zu ihrer Rekonstruktion der Einbeziehung des Lesers bedürfen; ↗ Lit.-geschichte vollzieht sich für Jauß (1997, S. 172) »in der Aktualisierung lit. Texte durch den aufnehmenden Leser, den reflektierenden Kritiker und den selbst wieder produzierenden Schriftsteller«. Einer mit der Kopplung des ›lit. Ereignisses‹ an einzelne Leser drohenden ›Psychologisierung‹ und Subjektivierung der Lit.geschichte sucht Jauß durch das Konzept eines mit dem Werk verbundenen und als objektivierbar gedachten ↗ Erwartungshorizontes zu begegnen, vor dessen Hintergrund ein lit. Werk geschaffen und aufgenommen

wird. Neben den von Jauß propagierten Perspektivenwechsel der Lit.geschichte tritt die ↗ Wirkungsästhetik Isers. Iser geht es um eine Beschreibung der textlichen Strukturen, welche die ›Mitarbeit‹ des Lesers an der Konstitution des Sinns eines lit. Werkes steuern. Lit. Texte enthalten demnach bestimmte Elemente (↗ Leerstellen), welche die Leser zur Bildung von Hypothesen über das fiktionale Geschehen auffordern (↗ Appellfunktion, ↗ impliziter Leser). Eine interdisziplinär erweiterte Forschergruppe, zu deren Kernanliegen die Entwicklung der R. gehörte, wird als ›Konstanzer Schule‹ bezeichnet. Auf internationaler Ebene sind der R. verwandte theoretische Konzepte von M. Riffaterre und St. Fish vorgelegt worden. Seit dem Ende der 1980er Jahre tritt die R. als Forschungsansatz zurück.

Lit.: M. Funke: Rezeptionstheorie – R. Bielefeld 2004. – R. Holub: Reception theory: School of Constance. In: R. Selden (Hg.): The Cambridge History of Literary Criticism. Bd. 8. Cambridge/Mass. 1995, S. 319–346. – W. Iser: Der Akt des Lesens [1976]. Mchn. ⁴1994. – H. R. Jauß: Lit.geschichte als Provokation [1970]. Ffm. ¹¹1997. – Ders.: Ästhetische Erfahrung und lit. Hermeneutik [1982]. Ffm. ⁴1984. – H. Pfeiffer: R. In: RLW. – D. Schöttker: Theorien der lit. Rezeption. In: H. L. Arnold, H. Detering (Hg.): Grundzüge der Lit.wissenschaft. Mchn. ⁷2005, S. 537–554. – R. Warning: R. Mchn. 1975.   TK

Rezeptionsgeschichte, f. [lat. *recipere* = aufnehmen, empfangen], Konzept lit. Traditionsbildung, das die lit.-historische Subjektposition nicht (wie die ältere ↗ Wirkungsgeschichte) den Werken selbst, sondern deren wechselnden Rezipienten zuspricht. Als »Provokation der Lit.wissenschaft« erscheint der Begriff 1967 in der Konstanzer Antrittsvorlesung des Romanisten H. R. Jauß: »Die Geschichtlichkeit der Lit. beruht nicht auf einem post festum erstellten Zusammenhang ›lit. Fakten‹, sondern auf der vorgängigen Erfahrung des lit. Werkes durch seine Leser« (Jauß 1997, S. 171). Jauß weist die R. als beständige Neu-Konstruktion von ↗ Erwartungshorizonten aus; dass dabei die jeweilige ›Distanz‹ zwischen Werk und Erwartungshorizont als ästhetisches Wertkriterium gilt, wurde ebenso kritisiert (vgl. Zimmermann, S. 44) wie die enge Verbindung von Erwartungshorizont und textuellen Strukturen (vgl. Link/Link-Heer, S. 176). Neben Jauß' einflussreichem Modell gibt es verschiedene andere Positionen von R. So unterscheidet G. Grimm (S. 117–144) »leserorientierte« Ansätze, die der historischen Leseforschung nahe stehen, und »textorientierte« Verfahren, zu denen gleichermaßen hermeneutische Positionen zählen, die auf einem substantialistischen Textbegriff basieren, wie sozialgeschichtliche Methoden, die einen solchen Begriff verwerfen.

Lit.: G. Grimm: R. Mchn. 1977. – H. R. Jauß: Lit.geschichte als Provokation [1970]. Ffm. ¹¹1997. – J. Link, U. Link-Heer: Lit.soziologisches Propädeutikum. Mchn. 1980. – M. G. Scholz: Hören und Lesen. Studien zur primären Rezeption der Lit. im 12. und 13. Jh.

Wiesbaden 1980. – J. Stückrath: Historische Rezeptionsforschung. Stgt. 1978. – H. Weinrich: Für eine Lit.-geschichte des Lesers. In: Merkur 21 (1967), S. 1026–1038. – B. Zimmermann: Lit.rezeption im historischen Prozeß. Diss. Mchn. 1977.   MNE

Rezitation, f. [lat. *recitare* = vorlesen], 1. in gegenwärtig üblichem Sprachgebrauch der kunstgerechte Vortrag von Dichtung (gleichbedeutend mit ↗ Deklamation). – 2. In älterer Verwendungsweise jeglicher Vortrag von Texten.
Lit.: K.-H. Göttert: Geschichte der Stimme. Mchn. 1998. – R. Meyer-Kalkus: Stimme und Sprechkünste im 20. Jh. Bln. 2001.   BM

Rezitativ ↗ Oper.

Rhapsode, m. [aus gr. *rháptein* = zusammennähen, *ōdé* = Gesang; die Bez. deutet auf die Fähigkeit, Gesänge improvisierend aneinander zu reihen], wandernder Sänger, der im alten Griechenland ursprünglich in der Fürstenhalle, später allg. bei Festen und Leichenfeiern epische Gedichte (↗ Rhapsodien) vortrug. Sein Standeskennzeichen war ein Stab (*rhábdos*, nicht namengebend!). R.n waren bis ins 5. Jh. v. Chr. die wichtigsten Träger der epischen Überlieferung, wobei sie die Dichtungen teils wörtlich tradierten, teils auf der Basis einer in Jh.en entwickelten epischen Formelsprache schöpferisch weitergestalteten. Der Vortrag wurde durch einfache Griffe auf der Leier untermalt, entwickelte sich aber im Laufe der Zeit mehr und mehr zur bloßen ↗ Deklamation. Als Rezitatoren fremder Dichtungen (bes. Homer und Hesiod) finden sich die R.n in sog. R.nschulen zusammengeschlossen (↗ Homeriden auf Chios); sie trugen auch eigene Wettkämpfe aus, wurden jedoch schon im 5. Jh. v. Chr. als unzuverlässige Überlieferer der Texte und wenig achtenswerte Lit.vaganten getadelt: einen solchen Vertreter der Verfallszeit charakterisiert Platon im Dialog »Ion«. – Mit dem gr. R.n vergleichbar ist der aengl. ↗ Skop. Ein Versuch W. Jordans, das Rh.ntum im 19. Jh. neu zu beleben, ist gescheitert.   HW/Red.

Rhapsodie, f. [gr., Etymologie ↗ Rhapsode], 1. Abschnitt oder Gesang der homerischen Epen; 2. Text oder Musikstück, dessen thematische Vielfalt, assoziative Reihungsform und improvisierende Darstellungsweise mit der Vortragspraxis antiker Rhapsoden verglichen werden kann; 3. freirhythmisches Werk der ekstatischen Lyrik, z. B. im ↗ Sturm und Drang (Ch. F. D. Schubart: »Der ewige Jude. Eine lyrische R.«, 1783); 4. seit dem 19. Jh.: musikalisches Werk, das entweder a) Vokalkomposition nach Texten des Sturm und Drang ist (J. F. Reichardt: Goethe-Vertonungen, J. Brahms: »Alt-Rhapsodie« nach Goethes »Harzreise im Winter«) oder b) eine virtuose Solo- oder Orchesterkomposition, die eine freie, oft potpourrihafte Form bevorzugt und vielfach auf volkstümliche Melodien und Tanzrhythmen zurückgreift. Eine der ersten Instrumental-R.n schrieb der Dichter F. Grillparzer (Klavierkomposition 1832), berühmt wurden v. a. die 19 »Ungarischen R.n« (1839–86) von F. Liszt, die Klavier-

R. (1893) von J. Brahms, die R. für Klavier und Orchester (1904) von B. Bartók und die orchestrale »Rhapsody in Blue« (1924) von G. Gershwin.
Lit.: W. Salmen: Geschichte der R. Zürich, Freiburg/Br. 1966.   HW/Red.

Rhema, n. [gr. = worüber gesprochen wird, Wort, Aussage], in linguistischer Terminologie der Komplementärbegriff zu Thema (2). Das informationell schwächere Thema ist dasjenige Element in einem Satz, worüber etwas gesagt wird (›Der Brunnen…‹), und das informationell stärkere Rh. dasjenige Element, das darüber etwas sagt (›…ist tief‹). Der dt. Satz ist in seiner neutralen Form informationell rechtsverankert, d. h. dass das Rh. auf das Thema folgt und zur Satzendstellung tendiert. Das schließt allerdings in markierten Sätzen eine umgekehrte, meist stilistisch motivierte Informationshierarchie nicht aus (»Tief ist der Brunnen der Vergangenheit«; Th. Mann: »Joseph und seine Brüder«).
Lit.: K. E. Heidolph u. a. (Hg.): Grundzüge einer dt. Grammatik. Bln. 1981. – J. Macheiner: Das grammatische Varieté. Ffm. ²1998, S. 323–329.   BM

Rhesis, f. [gr. = Rede], in der gr. ↗ Tragödie die längeren Sprechpartien der Schauspieler (↗ Monolog und ↗ Dialog) im Unterschied zu den gesungenen Partien (↗ Chorlied, ↗ Monodie, ↗ Amoibaion, ↗ Kommos) und den ebenfalls gesprochenen, aus kürzeren Redeteilen bestehenden ↗ Stichomythien. Metren der Rh. sind der jambische ↗ Trimeter und (seltener) der trochäische ↗ Tetrameter. Inhaltlich gehören zur Rh. v. a. die erzählenden Teile der Tragödie (↗ Botenbericht, ↗ Teichoskopie).   JK/Red.

Rhetorik, f. [gr. *rhésis* = das Reden, Sprechen], Theorie und Praxis erfolgsorientierten kommunikativen Handelns. Entsprechend lautet eine antike Definition von Rh. ›Kunst zu überzeugen‹ (*ars persuadendi*). Die Persuasion in Form aller erdenklichen Überzeugungsmittel wird dabei zum Kernstück der Rh. Für die lit. Tradition wurde eine zweite, nachgeordnete antike Definition wichtig, gemäß der Rh. als die ›Kunst gut zu formulieren‹ (*ars bene dicendi*) aufgefasst wurde. Diese Sicht hebt die Arbeit am Text heraus und erklärt das gekonnte Formulieren zur wichtigsten Kompetenz des Orators. Dahinter steht, dass der mündlich vorzutragende Redetext (gr. *lógos*; lat. *oratio*) für die Rh. seit alters das zentrale Überzeugungsmittel ist. – Die Rh.-theorie konzentriert sich mithin seit der Antike auf zwei Hauptaspekte: die *Oratortheorie* (Lehre vom persuasionsfähigen Kommunikator) und die *Produktionstheorie* (Lehre von der Konstruktion und Darbietung persuasionserzeugender Texte). Die von den antiken Rh.ern entwickelte Produktionstheorie ist semiotisch universal, denn ihre Lehre von den sechs Stadien der Erzeugung von Artefakten gilt nicht nur für die Sprachtextproduktion. Sie entstand in Griechenland aufgrund von Beobachtungen in verschiedenen Handwerken. Die Rh.er kodifizierten eine für Texturen aller Zeichenarten geltende Abfolge von Produktionsschritten mit einer Systematik von Arbeitsebenen, die später wiederum eine Teilübernahme in die Produktionslehren anderer Künste (Musik, Malerei usw.) nahe legte, insbes. seit der Renaissance. Man nannte die sechs Stadien ›Aufgaben des Orators‹ (*officia oratoris*) oder einfach ›Teile der Theorie‹ (*partes artis*), was ihr theoriestrukturierendes Gewicht unterstreicht. Am Anfang des Produktionsprozesses steht nach dieser Lehre 1. die Planungsvorüberlegung bzw. das Bedingungskalkül (*intellectio*), bei dem sich der Autor zunächst über alle Voraussetzungen und Implikationen seines Textes Gedanken machen soll. Es folgt die eigentliche Arbeit am Text mit 2. der Erfindung oder Findung (↗ Inventio) des stofflich-inhaltlichen Materials, das im Text verarbeitet wird. Dies ist dann 3. hinsichtlich seiner sachgerechten Ordnung (↗ Dispositio) zu durchdenken. Damit sind die beiden kognitiven Produktionsstadien abgeschlossen. – Es folgt das semiotische Stadium mit 4. der Formulierung (↗ Elocutio), bei dem zu überlegen ist, welche sprachlichen Mittel im Text aufgewandt werden müssen. Leitend ist auch hier das pragmatische Grundgesetz der Rh.: das Prinzip der ↗ Angemessenheit (gr. *prépon*; lat. ↗ *aptum, decorum*). Der Elocutio-Teil ist in den Rh.en oft bes. lang oder wird nicht selten in eigenen Lehrbüchern behandelt. Er ist lit.historisch wichtig, weil sich hier beträchtliche Überschneidungen nicht nur mit der ↗ Stilistik, sondern auch mit der (lange nur auf Verstexte bezogenen) ↗ Poetik ergeben. Behandelt werden hier die rhet. Figuren, einschließlich der Tropen (↗ Tropus [1]; allen voran die ↗ Metapher); sodann die lit. Prosa-Syntax unter dem Stichwort *compositio*, wozu auch regelmäßig ein Prosodie- und Metrikkapitel (*numerus*) kommt. Bei all dem ist zwar v. a. an Prosatexte gedacht, doch werden oft auch Versbeispiele einbezogen, so dass sich die Grenzen verwischen. – Am Schluss stehen die beiden performativen Produktionsstadien, bei denen es um die Darbietung des zuvor abgefassten Textes geht. Zunächst 5. das Medialisierungs- oder Speicherstadium (↗ Memoria [1]). Bis hin zur ›Gutenberg-Galaxis‹ (M. McLuhan) bezog sich dieses Theoriesegment auf das menschliche Gedächtnis als speicherndes Medium. Der Rhet.er konnte sich hier Grundtechniken des Erinnerns aneignen. Ist der Text auf diese Weise gespeichert, muss er im 6. und letzten Stadium vom Orator aufgeführt bzw. vorgetragen werden (Actio bzw. ↗ Pronuntiatio). Die Rh.theorie bietet dazu Überlegungen und Vorschriften hinsichtlich Gestik, Mimik und Stimmführung an (↗ Vortrag). Vorausgesetzt wird dabei immer situative Kommunikation (Face-to-Face) und noch nicht die in der Gutenberg-Galaxis immer weiter expandierende dimissive Kommunikation (Distanzkommunikation mittels Distanzmedien). – Diese Basistheorie der Rh. entwickelte sich dem 5./4. Jh. v. Chr. in Griechenland (Aristoteles u. a.) und hatte ihren Höhepunkt in der röm. Rh. vom 1. Jh. v. Chr. bis zum 1. Jh. n. Chr. (Cicero, Quintilian u. a.). Aus dieser Zeit stammt auch der Rh.traktat des Pseudo-Longin

»Perí hýpsous« (»Über das Erhabene«), in dem normative Schönheitsideale (›Kallismus‹) auf der Basis rhet. Figuration (Elocutio) bei der Vertextung in Frage gestellt werden. Maßgebend soll vielmehr die alle formalen Regeln überwindende Gestaltung des inhaltlich Außerordentlichen und ↗ Erhabenen sein (›Hypsismus‹). Die Rezeption dieses Rh.ansatzes führte seit dem 18. Jh. zum Durchbruch der modernen Ästhetik. – Als einzige »Kommunikations- und Textwissenschaft« blieb die Rh. seit der Antike im Bildungswesen des alten Europa als Triviumsfach unter den ↗ Artes liberales neben Grammatik und Dialektik erhalten. Die Poetik erlangte demgegenüber keinen eigenen disziplinären Rang. Im MA. wurde der Akzent ganz auf die textgrammatischen Komponenten der Rh.theorie gelegt, die man eigenständig weiter entfaltete. In Renaissance und Barock bezog man sich wieder stärker auf die antike Systematik, und man führte zugleich eine letzte neue Blüte der klassischen Rh. herbei. Seit dem 18. Jh. musste die alte Rh.theorie mit modernen Ansätzen (↗ Ästhetik, Pädagogik, ↗ Philologien usw.) in Konkurrenz treten und wurde schließlich epistemisch und institutionell verdrängt. Im 20. Jh. nahm sie einen neuen Aufschwung durch die am. *New Rhetoric* (K. Burke u. a.) und frz. *Nouvelle Rhétorique* (R. Barthes, C. Perelman u. a.). In Deutschland wurde die Rh. seit 1948 von Philologen wie E. R. Curtius, H. Lausberg, K. Dockhorn und Philosophen wie H. Blumenberg, H.-G. Gadamer neu belebt. Seit 1967 ist die Tübinger Rh. (W. Jens, W. Barner, J. Kopperschmidt u. a.) auch institutionell verankert. – In der neueren ↗ Lit.theorie beziehen sich divergente Ansätze auf die Rh. Während W. C. Booth von der klassischen Oratortheorie her kommend den Autor als Leserbeeinflusser modelliert, klammert die ↗ Dekonstruktion solche Text-Kontext-Betrachtungsweisen aus. So setzt etwa P. de Man konsequent bei den textinternen rhet. Strukturen (Figurationen) an, um die semantische Eigendynamik lit. Texte herauszuarbeiten.

Lit.: R. Barthes: Die alte Rh. [frz. 1970]. In: ders.: Das semiologische Abenteuer. Ffm. 1988, S. 15–101. – W.C. Booth: Die Rh. der Erzählkunst [engl. 1961]. 2 Bde. Hdbg. 1974. – G. Braungart, D. Till: R. In: RLW. – J. D. Harjung: Lexikon der Sprachkunst. Mchn. 2000. – J. Knape: Allg. Rh. Stgt. 2000. – Ders.: Was ist Rh.? Stgt. 2000. – Ders.: New Rhetoric und Rh. der Dekonstruktion. In: S. Doering u. a. (Hg.): Resonanzen. Würzburg 2000, S. 483–497. – Ders.: Rede₂, Redegattungen. In: RLW. – Ders.: Persuasion. In: HWbRh. – Ders.: Rhetorica viva. In: W. Kofler, K. Töchterle (Hg.): Pontes III. Innsbruck u. a. 2005, S. 15–30. – Ders.: Poetik und Rh. in Deutschland 1300–1700. Wiesbaden 2006. – H. Lausberg: Hb. der lit. Rh. [1960]. Stgt. ³1990. – P. de Man: Allegorien des Lesens [am. 1979]. Ffm. 1988.

JKN

Rhétoriqueurs, m. Pl. [frz. = Rhetoriker, Redner], spätmal. frz. Dichter, die im 15. und 16. Jh. als Hofbeamte und Historiographen v. a. am burgundischen Hof wirkten (deshalb auch: ›burgundische Rh.‹, ›burgundische Dichterschule‹). Ihre nach normativen Regeln verfassten lyrischen, panegyrischen und moralisch-didaktischen, oft allegorischen Dichtungen sind gekennzeichnet durch rhet. Schmuck sowie metrische und reimtechnische Virtuosität. Bevorzugte Gattungen sind ↗ Ballade, ↗ chant royal, ↗ Rondeau. Vorläufer waren G. de Machaut und E. Deschamps (»Art de dictier et de fere chançons«, 1392). Vertreter sind A. Chartier, G. Chastellain, J. Marot, J. Bouchet (Haupt der Rh. von Poitiers), G. de Crétin, J. Molinet (»Art de Rhétorique vulgaire«, 1493) und J. Lemaire de Belges, der durch die Aufnahme it. Formen- und Gedankenguts die frz. lit. Renaissance vorbereitet (↗ Pléiade).

Lit.: P. Zumthor: Le masque et la lumière. Paris 1978.

IS/Red.

Rhetorische Figuren, f. Pl. [gr. *schéma* = Haltung, Gestalt; lat. *figura* = Gestalt, Bild], Elemente der sprachlichen Ausgestaltung von Texten (↗ Elocutio) in der ↗ Rhet. Die Figuration kann sich auf Einzelwörter, Wendungen, Sätze oder ganze Texte beziehen. In der Antike erklärt man rh. F. aus ihrer Abweichung vom normalen Sprachgebrauch, die sich durch Hinzufügung (*adiectio*), Auslassung (*detractio*) oder Umstellung (*transmutatio*) von sprachlichen Elementen ergibt. Durch Austausch (*immutatio*) mit Bedeutungswechsel entsteht eine bes. Wortfigur, der ↗ Tropus (1). Auch er fällt unter den allg. Figurenbegriff. Generell dienen rh. F. der erfolgsorientierten Kommunikation; ihre spezifische ornamentale oder argumentative Funktion ist jedoch nicht eindeutig bestimmbar, sondern ergibt sich aus dem jeweiligen kommunikativen Kontext. – Quintilians Definition der Figur als Abweichung ›von der allg. und sich zunächst anbietenden Art und Weise‹ (»Institutio oratoria« IX, 1, 4) begründet die Deviation als Muster der rh.n F.; die darauf aufbauende Theorie bringt eine Vielzahl von Taxonomien und Kategorisierungen hervor. Stellvertretend sei hier die traditionelle trichotomische Figurentaxonomie genannt, die zwischen 1. Tropen, 2. Ausdrucks- oder Wortfiguren (der textuellen Oberflächenstruktur) und 3. Inhalts- oder Gedankenfiguren (der textuellen Tiefenstruktur) unterscheidet. Die zweite und die dritte Gruppe fallen unter den speziellen Figurenbegriff. Die Ausdrucksfiguren (2) werden durch Wortstellungsvarianten generiert, beispielsweise entstehen durch Hinzufügung oder Wiederholung von Wörtern ↗ Geminatio (Verdopplung), ↗ Anapher oder ↗ Epipher, durch Auslassung ↗ Ellipse oder ↗ Zeugma und durch Umstellung der ↗ Chiasmus. Inhalts- oder Gedankenfiguren (3) sind durch längere Passagen der semantischen Zuspitzung (↗ Antithese, ↗ Oxymoron) oder Untertreibung (*permissio*, Einräumung) definitorisch zu fassen. Hinzu kommen Sprechakte wie ↗ rhet. Frage, gespielter Zweifel (*dubitatio*) oder Abwendung von bzw. Zuwendung zu einem Gesprächspartner (↗ Apostrophe). Außerdem können Gedankenfiguren aus Argumentationsschemata gebildet werden (z. B. *expolitio*

oder *ratiocinatio*). – Die Schwäche der Abweichungstheorie liegt darin, dass der ›normale Sprachgebrauch‹ ein theoretisches Konstrukt ist. Alltagssprache kann für sich genommen schon figurativ sein, was am Beispiel der ↗ Katachrese deutlich wird, einer Wortfigur, für die es im normalen Sprachgebrauch keinen ›eigentlichen‹ Ausdruck gibt (z. B. »Datenautobahn«). Das Pendant zum logisch-strukturalen Ansatz bilden pragmatisch-funktionale Kategorisierungen, welche die Gebrauchsfunktion von rh.n F. untersuchen. Für die übrigen Figuren entwickelt Knape eine ›Elementartheorie der rhet. Figuration‹, die sich auf Strukturalismus *und* Pragmatik stützt: Der Orator oder Autor greift in seinem kommunikativen Verhalten auf Muster des linguistischen wie rhet. ↗ Codes zurück, nimmt jedoch ständig Aktualisierungen dieser Codes vor.

Lit.: J. Knape: Figurenlehre. In: HWbRh. – H. Lausberg: Hb. der lit. Rhet. [1960]. Stg. ³1990. – E. Meuthen, D. Till: Rhet. Figur. In: RLW. – E. Schüttpelz: Figuren der Rede. Bln. 1996.

AU

Rhetorische Frage, Form der indirekten Sprachverwendung. Die rh. F. verlangt keine Beantwortung, denn die Gewissheit der Antwort wird bei der Fragehandlung bereits vorausgesetzt (»Ist es nicht schauerlich, an solchem Sonnentage den Kummer in den Wangenhöhlen eines Menschen wohnen zu sehen?« Th. Mann: »Gladius Dei«). Rh. F.n sind meist indirekte Behauptungen; mit ihnen können aber auch andere Sprechakte vollzogen werden, z. B. Aufforderungen oder Versprechen.

Lit.: S. Doering: Aber was ist diß? Formen und Funktionen der Frage in Hölderlins dichterischem Werk. Gött. 1992. – J. Meibauer: Rh. F.n. Tüb. 1986. – Ders.: Rh. F. In: RLW.

BM

Rhopalicus, m., ↗ Keulenvers.

Rhyme royal [engl. = königliche (Reim-)Strophe], auch: ↗ Chaucer-Strophe.

Rhythmice ↗ quantitierendes Versprinzip.

Rhythmische Dichtung [mlat. *rhythmi*, *rythmi* oder *rithmi*; Pl. von *rhythmus*], mlat. Gedichte, die nicht quantitierend (*metrice*) nach dem Muster der klassischen lat. Dichtung, sondern akzentuierend und silbenzählend (*rhythmice*) gebaut sind. – Sprachhistorische Voraussetzung für die Entstehung der mlat. rh.n D. sind der exspiratorische Akzent, der sich im spätantiken Lat., spätestens im 3. Jh., (wieder) durchsetzt, und der damit verbundene Schwund des Gefühls für Quantitäten. Kennzeichen der rh.n D. sind die Übereinstimmung von Versakzent und Wortakzent (↗ akzentuierendes Versprinzip), die feste Silbenzahl der Verse (↗ silbenzählendes Versprinzip), die Gliederung der Verse durch feste ↗ Zäsuren und, im Laufe des Früh-MA.s zunehmend, der Gebrauch des ↗ Reims. Die Bez. ›Rhythmus‹ wird im Mlat. gelegentlich auch auf volkssprachliche Dichtungen, die sich durch Akzentuierung und Endreim auszeichnen, übertragen (z. B. das ahd. »Ludwigslied« und das frühmhd. »Annolied«).

JK/Red.

Rhythmische Prosa, rituelle, rhet. oder poetische Prosa, in der rhythmische oder stilistische Elemente der Wiederholung gebraucht werden, die den Text von der Umgangssprache abheben, aber nicht schon der Versdichtung zuweisen (in welcher die ↗ Freien Rhythmen einige Gemeinsamkeiten mit der rh.n P. haben). Wichtigste Kennzeichen der rh.n P. sind syntaktische Entsprechungen im Satzbau (Parallelismus), Alliteration, Reim und metrische oder rhythmisierte Satzschlüsse (↗ Klausel). Rh. P. sind die frühen kultisch-magischen Beschwörungsformeln, Gebete und Zaubersprüche, die möglicherweise aus der Koordinierung von rituellen Tanzschritten und Sprache hervorgegangen sind. Rh. P. ist auch die antike Kunstprosa, die mit spezifischen Regeln kunstvoll rhythmisch durchgebildet wurde. Rh. P. findet sich auch in neuerer Lit., z. B. in M. A. v. Thümmels »Wilhelmine« und R. M. Rilkes »Cornet«; auch die Szene »Nacht. Offen Feld« im ersten Teil von J. W. Goethes »Faust« ist in rh.r P. verfasst.

HW/BM

Rhythmus, m. [lat.; gr. *rhythmós* = gegliederte Bewegung], die Gliederung der Sprechbewegung. – In der frühen Begriffsgeschichte vollzieht sich ein Bruch, der bis heute wirksam geblieben ist (vgl. Benveniste). So wird *rhythmós* in den ältesten gr. Belegen noch nicht im Sinne von ›periodischer Wechsel‹, ›wiederkehrendes Muster‹ verwendet: Für Demokrit unterscheiden sich die Elemente durch den *rhythmós* der sie konstituierenden Atome, also durch deren jeweilige Anordnung oder Gliederung. Der Zusammenhang mit *rhein* (›fließen‹) erklärt, warum *rhythmós* bis zur Mitte des 5. Jh.s v. Chr. in Kontexten auftritt, in denen es um veränderliche, momentane Gestalten geht. Erst bei Platon findet eine folgenreiche Bedeutungsverlagerung statt: ›Rh.‹ meint nun nicht mehr die individuelle, momentane, sondern die feste, wiederkehrende Gestalt. Und wenn Platon im Zusammenhang mit der Musik von Rhythmen und Maßen spricht (*rhythmoús kaí métra*, »Philebos« 17d), so wird hier erstmals der Rh. an das ↗ Metrum gekoppelt und zu dessen Synonym. – Die ↗ Metrik hat den platonischen Rh.begriff übernommen, ohne zunächst zwischen Rh. und Metrum zu unterscheiden. Erst im 20. Jh. wird versucht, sie als eigenständige Phänomene zu begreifen; dabei wird der platonische Rh.begriff nicht in Frage gestellt, was sich insbes. im Rückgriff auf Musik und Tanz zeigt. Für Minor bildet das Glockengeläute die »einfachste Form des Rh.« (S. 3), weshalb er den Rh. auf den ↗ Takt zurückführt. Die Gleichsetzung von Takt und Rh. findet sich bei Heusler wieder, der die Metrik durch eine eigene Taktlehre ersetzen will und für die gesamte dt. Dichtung eine taktierende Rezitation fordert. Daran anknüpfend versucht Trier, den Rh. aus einem Taktprinzip (»Rh. ist Tanz«, 1949, S. 140) herzuleiten. In der neueren Metrik wird das Taktprinzip als eine aus der ↗ Rezitation resultierende Projektion kritisiert (Breuer; Wagenknecht). Einflussreich geblieben ist dagegen Kaysers Unterscheidung zwischen dem Metrum als dem zugrunde liegenden Schema und dem Rh. als dessen jeweiliger Realisierung (vgl. auch Behrmann). Tatsächlich lässt aber die Unterscheidung zwischen abstraktem Schema und jeweiliger Realisierung den Rh. im Metrum verschwinden, da er nur als dessen Konkretisierung beschreibbar wird. Dies erklärt, warum der Begriff ›Rh.‹ heute vielfach als Terminus der Metrik abgelehnt wird (vgl. Küper). Große Bedeutung besitzt er dagegen in ↗ Autorpoetiken sowie in der Sprach- und ↗ Lit.theorie, da im Rh. die Verbindung zwischen Subjekt und Sprache zu Tage tritt. Im Rh. ereignet sich die Individuation der Sprache (Novalis: »Jeder Mensch hat seinen individuellen Rh.«, in: ders.: »Materialien zur Enzyklopädistik«, 1798/99). Der Rh. braucht kein Metrum – Jean Paul weist auf den ›prosaischen Rh.‹ hin (»Vorschule der Ästhetik«, 1804) –, da er überall dort hervortritt, wo sich ein Subjekt in seiner Rede unverwechselbar zu erkennen gibt (R. M. Rilke spricht in diesem Sinne vom ›Rh. der ganzen Persönlichkeit‹ (»Moderne Lyrik«, 1898). Einen wichtigen Beitrag zu einer Theorie des Rh. in der Sprache leistet Meschonnic mit seiner ›historischen Anthropologie der Sprache‹: Er weist nach, dass der platonische Rh.begriff ein unzureichendes Modell für den Rh. in der Sprache liefert, da er zu einer Trennung zwischen a) Rh. und Sprache, b) Rh. und Sinn und c) Rh. und Subjekt führt. Ausgehend von der Praxis der ↗ Bibelübers. und anknüpfend an den vorplatonischen Rh.begriff versteht er den Rh. als die jeweilige Gestaltung des Sinns in der Rede (»l'organisation du sens dans le discours«, 1982, S. 70); dabei gehörten alle sprachlichen Merkmale zum Rh., die an der jeweiligen Gliederung des Sinns beteiligt sind, u. a. syntaktische Gliederung, lexikalische Figuren, phonematische Serien, ↗ Interpunktion, typographische Gestaltung und im Gesprochenen auch Intonation, Mimik und Gestik. Der Rh. ist somit eine Eigenschaft der gesprochenen wie der geschriebenen Rede (vgl. Lösener). Und er ist immer der Rh. eines konkreten, geschichtlichen Subjekts, das sich durch den Rh. als Subjekt in der Sprache realisiert.

Lit.: E. Arndt, H. Fricke: Rh. In: RLW. – A. Behrmann: Einf. in den neuen dt. Vers. Stgt. 1989. – E. Benveniste: Der Begriff »Rh.« und sein sprachlicher Ausdruck [frz. 1951]. In: ders: Probleme der allg. Sprachwissenschaft. Mchn. 1974, S. 363–373. – D. Breuer: Dt. Metrik und Versgeschichte. Mchn. 1981. – A. Heusler: Dt. Versgeschichte. 3 Bde. Bln. 1925. – W. Kayser: Das sprachliche Kunstwerk [1948]. Bern, Mchn. ¹⁸1978. – Ch. Küper: Sprache und Metrum. Tüb. 1988. – G. Kurz: Macharten. Gött. 1999, bes. S. 6–24. – H. Lösener: Der Rh. in der Rede. Tüb. 1999. – Ch. Lubkoll: Rh. und Metrum. In: H. Bosse, U. Renner (Hg.): Lit.wissenschaft. Freiburg 1999, S. 103–121. – H. Meschonnic: Critique du rythme. Paris 1982. – J. Minor: Nhd. Metrik. Straßburg 1902. – B. Naumann (Hg.): Rh. Würzburg 2005. – W. Seidel: Rh. In: ÄGB. – J. Trier: Rh. In: Studium Generale 3 (1949), S. 135–141. – Ch. Wagenknecht:

Dt. Metrik [1981]. Mchn. ^{5}2007. – I. Zollna: Der Rh. in der geisteswissenschaftlichen Forschung. In: LiLi 96 (1994), S. 12–52.   HL

Ries ↗ Buch.

Rima, f., 1. [isländ. = Reimgedicht, Ballade], Pl. *Rimur*, seit dem 13. Jh. bezeugte volkstümliche Gattung der isländ. Dichtung, Variante der skandinavischen Volksballade (↗ Folkevise, ↗ Kaempevise). Es handelt sich um strophisch gegliederte epische Gedichte von durchschnittlich 40–50 meist vierzeiligen Strophen. Die über 2.000 Strophenformen sind charakterisiert durch die Verbindung typischer Formelemente der ↗ Skaldendichtung – ↗ Stabreim, ↗ Hending (Binnenreim), Silbenzählung, gelegentlicher Gebrauch von ↗ Kenningar – mit solchen der kontinentalen ↗ Ballade wie Vierzeiligkeit der Strophe (im Ggs. zu den Sechs- und Achtzeilern der Skaldendichtung), Vierhebigkeit der Zeile (daneben auch Wechsel von Vier- und Dreihebern), Endreim, Reimschema *abab*. Im Ggs. zur gesprochenen skaldischen Dichtung, aber wie die festländische Ballade wird die R. gesungen, teilweise zum Tanz. Die Stoffe stammen aus der Tradition der isländischen ↗ Sagas (Heldensage, höfisch-ritterliche Stoffe, Märchenstoffe, isländ. Lokal- und Familiengeschichte). In der volkstümlichen Dichtung Islands war die R. bis weit ins 19. Jh. die vorherrschende Form. Im Rahmen der isländ. Romantik (erste Hälfte des 19. Jh.s) kam es zu einer Neubelebung der R. auf lit. anspruchsvollem Niveau (Sigurður Breiðfjörð: »Núma Rímur«, eine epische Darstellung der ältesten Geschichte Roms; Bólu-Hjálmar [= Hj. Jónsson]). Von den mehr als 1.000 erhaltenen Rimur-Zyklen ist nur ein kleiner Teil ediert. Die meisten sind, nach ausschließlich mündlicher Überlieferung, teilweise über mehrere Jh.e hinweg, erst im 17., 18. oder 19. Jh. hsl. aufgezeichnet worden. Die Hss. befinden sich heute in der Staatsbibliothek Reykjavik.
2. [it.], Pl. *rime*; Reim, Gedicht.   JK/Red.

Ringelgedicht, im 17. Jh. gebräuchliche Eindeutschung von ↗ ›Rondeau‹.

Rispetto, m., ↗ Strambotto.

Ritornell, n. [it. *ritorno* = Wiederkehr], it. Strophenmaß volkstümlicher Herkunft bzw. Gedichtform, die sich dieses Strophenmaßes bedient. Das Strophenmaß besteht aus drei Versen, von denen jeweils zwei durch Reim oder Assonanz verbunden sind (gängiges Reimschema: *axa*, seltener *aax* oder *xaa*). Der erste Vers eines R.s ist kürzer als die anderen und kann aus einer kurzen ↗ Apostrophe bestehen; der zweite und dritte Vers sind häufig ↗ Endecasillabi. Dt. Nachbildungen finden sich z. B. bei F. Rückert, Th. Storm oder O. Loerke (»Zeche, Zecher! / Ein Böser spielt dich aus wie einen Würfel, / Bemalt mit Augen fällst du aus dem Becher.«).
Lit.: W. Helmich: R. In: RLW.   JK/BM

Ritterdrama, im Allgemeinen ein Drama, dessen ›Held‹ eine Ritterfigur ist, z. B. P. Corneilles »Cid« (1636) oder D. C. v. Lohensteins »Ibrahim Bassa«

(1650-55); *im engeren Sinn* das Drama des ausgehenden 18. Jh.s, das unter dem Einfluss von J. W. Goethes »Götz von Berlichingen« (1773) Stoffe und Personal dem mal. Rittertum entnahm, etwa F. M. Klinger: »Otto« (1775); J. A. v. Törring: »Agnes Bernauerin« (1780) und »Kaspar der Thorringer« (1779/85), L. Tieck: »Karl von Berneck« (1793/95). Die Renaissance mal. Ritterthematik steht einerseits im Zusammenhang mit der Genie-Periode des ↗ Sturm und Drang, dessen Ideal überlebensgroßer Menschen durch Projektion in ›altdeutsche‹ Vergangenheit publikumswirksam auf die Bühne gebracht werden konnte, andererseits mit den nationalen und historischen Strömungen der ↗ Romantik, die das dt. MA. glorifizierten; aus der Verwandtschaft zu Genie- und auch Spektakelstücken näherte das R. sich dem ↗ Schicksalsdrama. A. Klingemanns »Vehmgericht« (1810), H. v. Kleists »Käthchen von Heilbronn« (1810) und L. Uhlands »Ernst, Herzog von Schwaben« (1818) sind Ausdruck dieser romantischen Phase des R.s.
Lit.: R. Heitz: Le drame de chevalerie dans les pays de langue allemande. Bern u. a. 1995.   GG

Ritterroman, Typus des ↗ Abenteuerromans, dessen Handlung in einer unhistorisch-fiktiven, mal.-höfischen Welt angesiedelt ist. Der R. hat meist einen einzelnen Helden, der sich in Abenteuern und im Kampf für eine Dame bewährt. – Der Romantypus entsteht im späten MA. aus ↗ Prosaauflösungen der ↗ Heldenepik und des ↗ höfischen Romans. Frühe Grundformen sind der zyklische R. des 16. Jh.s (↗ Amadisroman) und in der Nachfolge des die Gattung parodierenden »Don Quixote« (1605/15) von M. de Cervantes der ↗ heroisch-galante Roman des ↗ Barock. Im 18. Jh. hat die Gattung Einfluss auf das ↗ Geschichtsdrama und den ↗ historischen Roman; sie überlagert sich nun mit dem ↗ Räuberroman, der ↗ *gothic novel* und dem ↗ Schauerroman. Durch das programmatische MA.-Interesse der Romantik wird der R. wiederbelebt (z. B. H. Zschokke: »Kuno von Kyburg«, 1795/99; F. de la Motte-Fouqué: »Der Zauberring«, 1812; W. Scott: »Ivanhoe«, 1819).
Lit.: G. Anrich: Räuber, Bürger, Edelmann, jeder raubt so gut er kann. Neunkirchen 1975. – J. W. Appell: Die Ritter-, Räuber- und Schauerromantik. Lpz. 1859. Nachdr. Lpz. 1967. – M. Beaujean: Der Trivialroman in der zweiten Hälfte des 18. Jh.s. Bonn 1964. – J. R. Goodman: Chivalry and Exploration 1298–1630. Woodbridge 1998. – K. W. Hempfer (Hg.): Ritterepik der Renaissance. Stgt. 1989. – C. Müller-Fraureuth: Die Ritter- und Räuberromane. Halle/S. 1894. Nachdr. Hildesheim 1965. – J. E. Nee-Crippen: Bürgerliches Lustspiel und R. Ann Arbor 1998. – S. Roubaud-Bénichou: Le roman de la chevalerie en Espagne. Paris 2000.   SSI

Ritual, n. [lat. *ritualis* = rituell, zeremoniell; von *ritus* = traditionale Weise der Religionsausübung; kultischer Brauch, Gewohnheit bei einer festlichen Handlung], die Gesamtheit der festgelegten (kodifizierten) Bräuche und Zeremonien eines Kults bzw. der Vollzug einer wiederholten, geregelten (zeremoniellen) und bes. gestalteten, sozial funktionalen und kommunikativen Handlung. Das R. hat einen symbolisch-expressiven, festlich-feierlichen und auch selbstreferentiellen Charakter und gewinnt in seinem Vollzug eine performative Kraft, die ihre realitätskonstituierende Wirkung auch rhet.-ästhetisch entfaltet. Die vormals v. a. anthropologische bzw. ethnologische (A. van Gennep, V. Turner, C. Geertz), religiöse bzw. theologische und soziologische (E. Goffman, P. Bourdieu, H.-G. Soeffner) Kategorie des R.s hat durch die kulturwissenschaftliche Wendung auch in den Lit.wissenschaften an Bedeutung gewonnen. Denn die Produktion (Schreibtechniken, Schreibverfahren) und insbes. die ↗ Rezeption (Dichterkult) von Lit. sind ritualisierbar. Sie können auch insofern rituellen Charakter annehmen, als der hermeneutische Nachvollzug auf eine sinnlich präsente, sozial-kommunikative Erfahrung des Kunstwerks abzielt. In ↗ Mimesis und ↗ Mythos lassen sich Analogien zwischen Lit. und R. ausmachen, sie können sich – z. B. im ästhetischen ↗ Spiel – auch aufeinander beziehen; in der Performativität kommen R. und ↗ ästhetische Erfahrung überein.

Lit.: A. Belliger, D. J. Krieger (Hg.): R.theorien [1998]. Opladen u. a. ²2003. – W. Braungart: R. und Lit. Tüb. 1996. – C. Caduff, J. Pfaff-Czarnecka (Hg.): R.e heute [1999]. Bln. ²2001. – G. Gebauer, Ch. Wulf: Spiel, R., Geste. Reinbek 1998. – W. Hahl: R. In: RLW.   LVL

Robinsonade, f., lit. Bearbeitung von D. Defoes Abenteuer- und Reiseroman »The Life and Strange Surprising Adventures of Robinson Crusoe« (1719) über das Inselexil eines Schiffbrüchigen. Hunderte von Übers.en und Adaptionen in alle europäischen Sprachen v. a. im 18. und im 19. Jh. deuteten die didaktische Intention der Geschichte immer wieder neu. Der insulare, exotische Handlungsort verbindet die R. mit ↗ Utopie, ↗ Abenteuerroman und ↗ Reisebericht. – Nachdem das Motiv bereits aus Homers »Odyssee« und den Sindbad-Geschichten aus »Tausendundeiner Nacht« bekannt ist, entstehen im 17. Jh. vor dem Hintergrund der europäischen Entdeckungsreisen und kolonialen Expansion Texte, die als unmittelbare Vorläufer der R. angesehen werden können, so W. Shakespeares »The Tempest« (1611), H. Nevilles »The Isles of Pine« (1668) und das sechste Buch von H. J. Ch. v. Grimmelshausens »Simplicissimus« (1669). Auch Defoe dienen Berichte über reale Ereignisse als Vorlage: R. Knox' Schilderung seiner neunzehnjährigen Gefangenschaft auf Ceylon (1681) sowie der in W. Dampiers »A New Voyage Round the World« (4 Bde., 1696–1709) beschriebene Aufenthalt des schottischen Matrosen A. Selkirk auf Juan Fernandez 1704–09. Defoe schildert, wie Robinson Crusoe sein 28 Jahre dauerndes Exil auf einer Insel fernab von der westlichen Zivilisation meistert. In einem in der Form der Ich-Erzählung gehaltenen fiktiven Tagebuch legt der Protagonist minutiös Rechenschaft ab über sein Befinden sowie die Planung und

Durchführung seiner Taten. Sein Überlebenskampf geht mit einer symbolischen Kolonisierung der Insel und der Christianisierung des Ureinwohners Freitag einher. Der Roman ist daher gleichermaßen Erlebnisbericht, moralisch-religiöses und ökonomisches Traktat. Die Lektion vom erzieherischen Wert von Arbeit, Disziplin, Willensstärke und Gottgefälligkeit bestimmte die Rezeption und Nachahmung des Werkes und beeinflusste die didaktischen, moralischen und ökonomischen Theorien von J.-J. Rousseau, Th. Carlyle, K. Marx und W. Morris. Defoe selbst verfasste zwei wenig bekannte Fortsetzungen seines Romans (»Farther Adventures« 1719; »Serious Reflections … of Robinson Crusoe«, 1729). Seit dem frühen 18. Jh. erschienen zahlreiche R.n: z. B. »Holländischer« (1721), »Teutscher« (1722) und »Sächs. Robinson« (1723), außerdem frz. (1723), schwedische und am. (1724) Fassungen. Die bedeutendste unter ihnen ist J. G. Schnabels »Wunderliche Fata einiger Seefahrer …« (1731–43, 1828 von L. Tieck als »Die Insel Felsenburg« neu hg.). J. H. Campe (»Robinson, der Jüngere«, 1779/80), J. K. Wezel (»Robinson Krusoe«, 1779/80) und J. D. Wyss (»Der schweizerische Robinson«, 4 Bde., 1812–27) erzählen die Abenteuer Robinsons in einem bürgerlichen Kontext neu. G. A. Gräbners »Robinson« (1864) und E. Barths »Schulrobinson« (1865) entstanden im Kontext der schulreformerischen ›Leipziger Robinson-Konferenzen‹ (1863/64). Seit dem 19. Jh. ist die R. ein Motiv v. a. in der ↗ Kinder- und Jugendlit. (F. Maryat: »Masterman Ready«, 1841/43; R. M. Ballantyne: »The Coral Island«, 1857; W. Golding: »Lord of the Flies«, 1954). In der postkolonialen Lit. wird Defoes Roman neu interpretiert (J. M. Coetzee: »Foe«, 1986). Außerdem entstanden Ballette, Opern, Operetten (von J. Offenbach, 1867) und Filme (u. a. von L. Buñuel, 1952).

Lit.: J. Fohrmann: Abenteuer und Bürgertum. Stgt. 1981. – M. Green: The Robinson Crusoe Story. Ldn. 1990. – E. Liebs: Die pädagogische Insel. Studien zur Rezeption des »Robinson Crusoe« in dt. Jugendbearbeitungen. Stgt. 1977. – E. Reckwitz: Die R. Amsterdam 1976. – A. Reinhard: Die Karriere des »Robinson Crusoe« vom lit. zum pädagogischen Helden. Ffm. 1994. – J. Schlaeger: R. In: RLW.   PP

Rock'n'Roll ↗ Blues.

Rocksong ↗ Song.

Rokoko, n. [wahrscheinlich Kontamination aus frz. *rocaille* = Muschel und it. *Barocco*], zunächst Ende des 18. Jh.s pejoratives Schlagwort für die verschnörkelten Formen des Régence- und Louis-Quinze-Stils. In Deutschland wurde der Begriff von den Jungdeutschen zur negativen Etikettierung des Restaurationsgeschmacks übernommen. Er entwickelte sich jedoch gegen Ende des 19. Jh.s in der Kunstgeschichte zu einem wertfreien Stil- und Epochenbegriff, der sich in den 1920er Jahren auch in der Lit.wissenschaft durchsetzte. Als Epochenbegriff ist er umstritten, da er nicht die ganze Epoche kennzeichnet; Anger spricht genauer von einem »Zeitstil«. Dieser umfasst die bildenden

Künste ebenso wie die Lit., teilweise auch die Musik (z. B. im ↗Singspiel). – Die Blütezeit des lit. dt. R. liegt zwischen 1740 und 1780. Es basiert auf den Grundtendenzen der Aufklärung und behält Vernunft als oberstes Prinzip bei, leitet sie aber um in ein neues Lebensgefühl, eine heitere, weltimmanente Lebensfreude, einen verfeinerten Sinnengenuss, der in ästhetischem Spiel und graziöser Form Leben und Kunst harmonisch zu verbinden sucht. In der Abkehr vom Feudalismus und im spielerischen Umgang mit den gesellschaftlichen und religiösen Normen drückt sich das wachsende Selbstbewusstsein des Bürgertums aus. Wie im Barock ist auch die Dichtung des R. noch nicht individualistisch, sondern gesellschaftsbezogen und betont gesellig (↗Gesellschaftsdichtung), aber alles Repräsentative und Heroisch-Großartige wird jetzt abgelehnt zugunsten des Kleinen, Intimen, Zierlichen, Ironisch-Scherzhaften und Sinnlich-Spielerischen, das auch empfindsame Züge zeigt. Das Natürliche wird zum Ideal, teilweise in ausdrücklichem Ggs. zum kritisch gesehenen Hof- und Stadtleben. Es orientiert sich jedoch weniger an der Natur selbst als an lit. Vorbildern, so bes. am antiken Arkadien der überlieferten Hirten- und ↗Schäferdichtung. (Pseudo-)Anakreon, Catull und Horaz sind die antiken Leitsterne der R.-Dichtung (↗Anakreontik); es entstehen zahlreiche Neuübers.en und Nachdichtungen bes. der spätantiken Anakreonteen. Dabei geht es um das Vorbild der spielerischen Leichtigkeit und Eleganz des Stils wie um das darin vermittelte eudämonistische Lebensgefühl, eine maßvolle Sinnenfreude, ein heiteres »carpe diem«. Die Anakreontik gibt die zentralen Themenkreise des R. vor: Lieben, Trinken, Singen (auch im Sinne von ›Dichten‹), Freundschaft und Geselligkeit. – Ist die enge Beziehung zur Antike, bes. bei Ch. M. Wieland, kaum zu überschätzen, so ist das dt. R. zugleich auch Teil einer europäischen Kulturströmung; es steht unter dem Einfluss der höfisch-galanten Dichtung in Frankreich sowie deren Adaption in England (Shaftesburys »moral grace«-Ideal). Diese Vorbilder werden dem Geschmack des dt. Bürgertums anverwandelt. Dabei ergibt sich ein starker, gelegentlich auch thematisierter Widerspruch zwischen lit. Ideal und bürgerlicher Existenz. In der Wahl seiner Gattungen bevorzugt das R. Kurzformen wie Lyrik, kürzere Verserzählung, Idylle, Epyllion, Singspiel, Dramolett. Die Grenzen zwischen den Gattungen werden fließend, Mischformen sind bes. beliebt. – Hauptvertreter der dt. R.-Dichtung sind neben Wieland F. v. Hagedorn, Ch. F. Gellert, E. v. Kleist, J. E. Schlegel, J. W. L. Gleim, J. P. Uz, H. N. Götz, Ch. F. Weiße, S. Geßner, H. W. v. Gerstenberg, M. A. v. Thümmel, J. G. Jacobi, der junge Goethe. – Die R.-Tradition riss seit dem 18. Jh. nie ganz ab; Spuren zeigen sich z. B. noch in der ↗Weimarer Klassik und beim späten Goethe, und sie lebt im Biedermeier und um 1900 bes. in Österreich wieder auf.

Lit.: A. Anger: Lit. R. [1962]. Stgt. ²1968. – Ders.: Dt. R.-Dichtung. Stgt. 1963. – K. Bohnen: R. In: RLW. – M. Luserke u. a. (Hg.): Lit. und Kultur des R. Gött. 2001. – A. Maler: Der Held im Salon. Zum antiheroischen Programm dt. R.-Epik. Tüb. 1973. – Ch. Perels: Studien zu Aufnahme und Kritik der R.-Lyrik zwischen 1740 und 1760. Gött. 1974. – K. Richter: Gesellikeit und Gesellschaft in Gedichten des R. In: JbDSG 18 (1974), S. 245–267. – H. Schlaffer: Musa iocosa. Gattungspoetik und Gattungsgeschichte der erotischen Dichtung in Deutschland. Stgt. 1971. – M. Schüsseler: Unbeschwert aufgeklärt. Scherzhafte Lit. im 18. Jh. Tüb. 1990. – H. Zeman: Die dt. anakreontische Dichtung. Stgt. 1972.

GH

Rolle, 1. Text eines Schauspielers, früher zum Memorieren einzeln auf Papierrollen aufgezeichnet, heute meist aus vollständigen Bühnentexten erarbeitet; 2. die im Dramentext konzipierte Figur, die entweder aus Kriterien wie Alters-, Geschlechts- und Gesellschaftszugehörigkeit (der geizige Alte, die junge Liebhaberin, der listige Bediente) oder aus immer wiederkehrenden Typen (z. B. den einzelnen Charaktermasken der ↗Commedia dell'Arte) abgeleitet wurde. Weitere Einteilungen nach Haupt- und Neben- (bzw. Episoden-) R.n, aber auch nach dramatischen Gattungen (z. B. komische und tragische R.).

Lit.: E. Platz-Waury: R. In: RLW. HD/Red.

Rollenlyrik, Sammelbez. für Gedichte, deren Sprecher-Ich durch gesellschaftliche Konvention oder durch einen bekannten Namen definiert ist. – In Gedichten fingieren Informationen zum Sprecher und zu Zeit und Ort seiner Äußerung eine Sprechsituation. Diese mehr oder minder anschaulich ausgebildete pragmatische ↗Fiktion ist im Fall des Rollengedichts an eine Figur gebunden, welcher der ganze Text in den Mund gelegt wird. Deutlicher als in anderen Gedichten (bes. der Erlebnislyrik; ↗Erlebnisdichtung) wird damit ein Abstand zwischen Sprecher und Verfasser markiert; insofern liegt nach Sprechsituation und Redeinhalt im Rollengedicht eine gesteigerte Fiktionalität vor. Dafür ist meist sein ↗Titel das erste Signal; er benennt einen Rollenträger (Liebender, Hirte) oder gibt einen rollenfähigen Namen an (Prometheus, Hebbel). Die monologische Rede ist dann ein Spiel mit den derart geweckten Erwartungen und mit den Differenzen von Rollen-Maske und Verfasser. – Die Tradition der R. reicht von der Antike bis zur Gegenwart, wurde aber meist nicht gattungstheoretisch begründet oder durch eigene Anthologien etabliert; die Lit.wissenschaft klärt nach historischen Kriterien, was als ↗Rolle galt und welche epochenspezifischen Erwartungen an Lit. dem Spiel mit ihr Raum geben konnten. Die antike und neuzeitliche ↗Schäferdichtung kennt R. ebenso wie die Lyrik des ↗Petrarkismus und der ↗Anakreontik. Die Interpretation von ↗Minnesang als R. ist umstritten und gibt in bes. Maße Anlass, nach einem historisch angemessenen Verständnis von ›Rolle‹ zu fragen. Am Ende des 18. Jh.s ändern sich die Bedingungen der R., indem das Spiel zwischen Rolle und Selbstbezug des Verfassers den Rang eines für

↗ Lyrik konstitutiven Merkmals erhält (J. W. Goethe: »Prometheus«); die spezifische Redefiktion der R. wird als solche leichter erkennbar und verliert an Attraktivität. Gleichwohl gibt es R. bis zur Gegenwart; im 20. Jh. kann die Rollen-Maske z. B. ästhetischen und zeitkritischen Reflexionen Raum geben (G. Benn: »Der junge Hebbel«, D. Grünbein: »Der Misanthrop auf Capri«).
Lit.: W. Eckel: Rollengedicht. In: RLW. – H. Haferland: Hohe Minne. Bln. 2000. – W. Killy: Elemente der Lyrik. Mchn. ²1972.   RB

Roman, m. [altfrz. *romanz* = volkssprachlich], Großform der fiktionalen Erzählung in ↗ Prosa. Der R. unterscheidet sich durch die Prosaform vom antiken ↗ Epos; durch seinen fiktionalen Charakter von anderen erzählerischen Großformen wie der ↗ Autobiographie, der ↗ Biographie und der Geschichtsschreibung; und durch seinen Umfang von kleineren Erzählformen wie der ↗ Erzählung oder der ↗ Novelle. Mit der Großform einher geht eine Tendenz des R.s zur ›epischen Breite‹, zur Darstellung eines Weltmodells, die er mit dem antiken ↗ Mythos teilt. Diese Totalität äußert sich auch in seiner außergewöhnlichen Integrationsfähigkeit: Der R. kann die unterschiedlichsten Stoffe (z. B. ↗ Ritterroman, ↗ Schelmenroman, ↗ Künstlerroman, ↗ Großstadtroman, ↗ Kriminalroman), Themen (z. B. Liebesroman, ↗ Bildungsroman, ↗ Gesellschaftsroman), Diskurse (z. B. ↗ philosophischer R., ↗ historischer R.), Erzählverfahren (z. B. ↗ Briefroman, Tagebuchroman, Dialogroman) und ↗ Schreibweisen (z. B. satirischer R., empfindsamer R., phantastischer R.) aufnehmen.
Da der R. nicht im antiken ↗ Kanon der ↗ Gattungen vorkommt, kann er sich als lit. Kunstwerk erst nach der Ablösung der normativen ↗ Poetiken im 18. Jh. etablieren (↗ R.theorie). Protoformen finden sich jedoch bereits in den erzählerischen Prosatexten der hellenistischen Antike (Petronius: »Satyricon«, ca. 65 n. Chr.; Apuleius: »Metamorphosen«, 2. Jh. n. Chr.; Longos von Lesbos: »Daphnis und Chloë«, Wende vom 2. zum 3. Jh.; Heliodor: »Aithiopika«, 3. Jh. n. Chr.) sowie in den ↗ höfischen R.en des MA.s, die noch in Versform gehalten sind. Zwischen 1400 und 1700 entwickelt sich aus diesen formalen Traditionslinien der volkssprachliche Prosaroman, der zunächst von den überlieferten Stoffen der antiken und mal. Heldengeschichten zehrt, bevor ab dem 16. Jh. die ersten ›Originalromane‹ entstehen. Ab dem 18. Jh. entwickelt sich der R. zur erfolgreichsten lit. Gattung der Moderne. Gerade durch seine formale Ungebundenheit wird er zum Experimentierfeld der modernen Lit. Die daraus resultierende Formenvielfalt sperrt sich zwar gegen jegliche Kategorisierung, garantiert jedoch die Lebendigkeit und Aktualität des Gattungskonzepts. Desgleichen wird seine Intention auf epische Totalität auch nach dem Verlust geschlossener Weltbilder und der Fragmentierung individueller Welterfahrung in der Moderne immer wieder als produktive Herausforderung begriffen. Das Erfolgsgeheimnis der Gattung

liegt wohl darin, dass R.e von jeher von ihren Lesern wegen ihrer inhaltlichen Nähe zur individuellen Lebenswelt, ihrer formalen Konzentration auf das Erzählen als anthropologische Konstante und ihres häufig nur schwach ausgeprägten Kunstwerkcharakters (↗ Triviallit.) als bes. leicht zugänglich und unterhaltend empfunden wurden.   JH
Der Vielgestaltigkeit des R.s im 15., 16. und 17. Jh. entspricht die der lit.wissenschaftlichen Terminologie. So bezeichnet man, in Anlehnung an den zeitgenössischen Begriff der *historia*, romanhafte Texte des 15. Jh.s als ↗ ›Historien‹, um eine unangemessene Festlegung auf die Merkmale ↗ Fiktionalität und Prosa zu unterlaufen. Der Begriff ›Prosaroman‹ zielt dagegen auf die Differenz zum mal. Versroman ab, grenzt die Proto-R.e des 15. und 16. Jh.s aber auch vom bürgerlichen R. der Moderne ab; er löst die irreführende Bez. ↗ ›Volksbuch‹ ab. Da romanhafte Texte im 15. und 16. Jh. ganz unterschiedlich ausfallen, lässt sich der Begriff ›R.‹ nur im Sinne einer ›Zielform‹ gebrauchen. Im 17. Jh., dem ↗ Barock, etabliert sich die Gattung zunehmend, gewinnt klarere Konturen und erhält mit der Übernahme des Wortes ›R.‹ aus dem Frz. ihren heutigen Namen. Das Feld des Barockromans lässt sich weiter untergliedern: Während der Begriff des Schelmenromans die frühnhd. Übers. von span. *pícaro* und damit den zeitgenössischen Sprachgebrauch aufnimmt, handelt es sich bei ›Schäferroman‹ um eine Prägung des 19., bei ›höfisch-historischer R.‹ um eine des 20. Jh.s. Der R. der ↗ Frühen Neuzeit steht in der Tradition des antiken wie des mal. höfischen R.s. Außerdem ist er im europäischen Kontext zu sehen, der viele wichtige Bezugstexte und über sie Erzähl- und Strukturmuster liefert. – Der entscheidende Beitrag des 15. und 16. Jh.s zur Geschichte der Gattung R. ist der Übergang zur Prosa. Er vollzieht sich nicht einsinnig – noch im 15. Jh. werden Vers- und Prosaromane gemeinsam überliefert, und noch zu Beginn des 16. Jh.s werden R.e in Versen verfasst –, und er verdankt sich einem ganzen Bündel von Ursachen wie dem Lautwandel, der Reime zerstört, dem Übergang vom Vortrag zur Einzellektüre im Gefolge des Medienwandels (Verschriftlichung, ↗ Buchdruck) sowie der Anlehnung an die Historiographie. Die Nähe zur Geschichtsschreibung äußert sich nicht nur im *historia*-Begriff, sondern auch im Anspruch auf Faktenwahrheit sowie der Konzentration auf die Handlung. Die Behauptung, wahre Ereignisse zu erzählen, führt dazu, dass das Bewusstsein der Fiktionalität nur momenthaft, v. a. in ↗ Paratexten, Raum gewinnt. Die Konzentration auf den linear erzählten, eindeutig perspektivierten Geschehenszusammenhang führt zum Abbau des rhet. ↗ Ornatus sowie der Autor- und Erzählerrolle. Entsprechend erscheinen die meisten Historien anonym. Im Unterschied zur Geschichtsschreibung konzentrieren sich die romanhaften Historien jedoch meist auf die Geschichte einzelner Helden, die aus der Antike (Alexander der Große), dem MA. (Karl der

Große) oder der Gegenwart (Maximilian I.) stammen können. Ursprünglich an einen überschaubaren, sozial homogenen Kreis von Kennern adressiert, werden sie durch den Buchdruck an ein unbekanntes, heterogenes Publikum vermittelt, was neue Formen der Verständnissicherung erfordert. So werden die Drucke sämtlich illustriert, um sie auch für ein analphabetisches oder semi-literates Publikum interessant zu machen. Einander ablösende Zentren des Drucks volkssprachlicher Historien sind Augsburg, Straßburg und Frankfurt am Main. Bei den Historien des 15. Jh.s handelt es sich teils um Übers.en (Elisabeth von Nassau-Saarbrücken, Thüring von Ringoltingen), teils um Bearbeitungen mal. R.e (Kurzfassungen in Versen, ›Prosaauflösungen‹), teils um Neuschöpfungen. Ihre narrative Organisation folgt den ererbten Strukturmustern, v. a. denen des spätantiken R.s (Pseudo-Kallisthenes: »Alexanderroman«, 3. Jh.), des mal. Minne- und Aventiureromans sowie denen des höfischen R.s. Außerdem kennzeichnet den Prosaroman (wie den R. überhaupt) eine Offenheit gegenüber anderen lit. Gattungen wie der ↗Legende, dem ↗Schwank oder der ↗Novelle, aber auch gegenüber Texten, die gelehrtes Wissen aus den Bereichen Geschichte, Theologie oder Naturkunde enthalten. Den experimentellen und häufig auch hybriden Charakter des R.s sucht der Begriff der ›Verwilderung‹ einzufangen. Diese resultiert aus der Verschmelzung des höfischen R.s mit der ↗Chanson de geste, ihren Gipfel erreicht sie mit L. Ariostos »Orlando furioso« (Endfassung 1532), dessen virtuoser Ironie sich in Deutschland nichts Vergleichbares zur Seite stellen lässt. Außerdem folgt das frühneuzeitliche Erzählen Prinzipien, die es vom modernen unterscheiden und seine spezifische Künstlichkeit ausmachen: Isolation des Einzelnen (statt Integration ins Erzählganze), finale (statt kausaler) Motivation, ›Wie‹- (statt ›Ob überhaupt‹-)Spannung, Providenz (statt Kontingenz). Sie formen einen spezifischen ›formalen Mythos‹ (Lugowski) aus, der sich allerdings im 16. Jh. zu verändern beginnt, v. a. in den ›Originalromanen‹, die nicht mehr auf eine Vorlage zurückgehen, auch wenn sie weiter am Inventar überkommener Motive und Erzählmuster partizipieren. Zu ihnen zählen der »Ulenspiegel« (Erstdruck um 1508 f.), der »Fortunatus« (1509), die fünf R.e Georg Wickrams (erschienen 1539–57) sowie die Faust-Historie (1587). Sie lösen sich inhaltlich vom MA., indem sie neue Themen (Reichtum, Wissen) behandeln, nicht-adlige und mitunter auch problematische Helden haben, andere Formen der Vergesellschaftung entwerfen (Freundschaft) und aktuelle geistige Strömungen (Reformation) aufnehmen. Sozialgeschichtlich lassen sie sich als Antworten auf einen ersten Schub hin zu einer funktional differenzierten Gesellschaft verstehen. Um einen Solitär handelt es sich bei J. Fischarts »Geschichtsklitterung« (Fassungen von 1575, 1582, 1590), einer sprachlich hypertrophen Übers. und Bearbeitung von F. Rabelais' »Gargantua« (1534 f.). Für die Entstehung eines

Gattungsbewusstseins finden sich im 16. Jh. erste Indizien, etwa die R.kritik der Theologen, welche die Suggestionskraft fiktionalen Erzählens beklagen und die inkriminierten Texte katalogartig auflisten, oder die Zusammenstellung von R.en im »Buch der Liebe« (1587), einer Sammelausgabe des Frankfurter Verlegers S. Feyerabend. Schließt sie die Epoche des Prosaromans ab, markiert der »Amadís«, der in derselben Druckerei (und Aufmachung) seit 1569 erscheint, einen Neueinsatz. Es handelt sich bei ihm insofern um eine Rückwendung zum mal. R., als er ausschließlich ritterliche Abenteuer (im kriegerischen wie im erotischen Sinn) erzählt. Allerdings werden diese nun offen als fiktional ausgestellt, zunehmend phantastisch gestaltet, seriell angeordnet und entproblematisiert. Außerdem geben sie Raum für Reden, die einer elaborierten höfischen Rhet. folgen. Dass beides den Geschmack der Zeit traf, belegt der enorme Erfolg des span. »Amadís« (Drucke ab 1492) in ganz Europa (600 Auflagen). Er provozierte nicht nur die Empörung der Theologen, sondern auch die Parodie durch M. de Cervantes Saavedras »Don Quijote« (1605/15), der diesen R.typ lit. erledigte und der Gattung R. einen deutlich selbstreflexiven Charakter gab. Bedeutet der »Amadís« die (Rück-)Wendung in die Sphäre des Adels, so liefert Heliodors »Aithiopiká« (3./4. Jh.) dem Barockroman ein Strukturschema und eine elaborierte narrative Technik. Dieser Liebes- und Abenteuerroman, der 1547 ins Lat. und 1559 ins Dt. übersetzt wurde, erzählt nämlich in kunstvoller Verschachtelung von der Trennung, Bewährung und Wiedervereinigung eines Liebespaares. Inwiefern der Barockroman auch ältere dt. Erzähltraditionen fortführt, ist wenig untersucht, da seine Geschichte meist als die eines Neuanfangs konstruiert worden ist, der sich Importen aus anderen europäischen Lit.en verdankt. In Anlehnung an die ↗Genera dicendi unterscheidet man *drei Ausprägungen*: den höfisch-historischen, den Schäfer- und den Schelmenroman. Sie bilden ein triadisches, durch Oppositionen verbundenes System. Das Personal des *höfisch-historischen R.s*, der das hohe Stilniveau vertritt und v. a. repräsentative Funktion besitzt, entstammt dem Adel, genauer einem idealisierten Hofadel. In bewusster Abwendung vom »Amadís«-Typus und in Hinwendung zur aristotelischen Poetik findet das Prinzip der Wahrscheinlichkeit (*vraisemblance*) beim Aufbau der erzählten Welt Beachtung. Dort läuft, von einem allwissenden Erzähler gesteuert, eine labyrinthisch aufgebaute, sorgfältig kausal motivierte Liebesgeschichte ab, die dem Strukturmuster des spätantiken Liebes- und Abenteuerromans mit seinem *medias-in-res*-Einsatz, seinem Spannungsbogen, seiner mehrsträngigen Erzählweise und seinem komplexen Raum-Zeit-Gefüge folgt. Hinter der vordergründigen Kontingenz, die sich in einer Vielzahl von Zufalls- und Unglücksfällen ausdrückt, verbirgt sich die christliche Providenz, die der moralischen Wirkabsicht der R.e entspricht. M. Opitz' Musterübers. von J. Barclays »Argenis« (1621) führt den höfisch-historischen R. 1626 in die dt. Lit. ein, und zwar in einer Variante, welche Liebes- und Staatsgeschichte als Einheit konzipiert und so zum Ausdruck der absolutistischen Staatslehre werden kann. In seiner Nachfolge übersetzen Adlige und Beamte wie Ph. v. Zesen, D. v. Werder und J. W. v. Stubenberg ab 1640 eine Reihe frz. und it. Texte. Seit 1660 verfassen Anton Ulrich v. Braunschweig, D. C. v. Lohenstein und H. A. v. Zigler und Kliphausen eigenständige dt. R.e, die das vorgegebene Strukturschema aus- und umbauen. In Ziglers »Asiatischer Banise« (1689) deutet sich bereits die Transformation des höfisch-heroischen zum *heroisch-galanten R.* an, der sich dem niederen R. annähert, die Liebeshandlung ihrer theologisch-politischen Dimension entkleidet und den R. in ein Archiv des Wissens verwandelt. Dass diese R.e als Lesetexte konzipiert sind, zeigen nicht nur ihr stattlicher Umfang und die Komplexität der Handlungsführung, sondern auch der Umstand, dass sie in ihrer Mehrzahl auf eine durchgehende Illustration des Textes verzichten. Dem mittleren Stilniveau entspricht der *Schäferroman*, der auf der antiken Tradition der Bukolik (↗ Schäferdichtung) beruht und den Ggs. zwischen dem arkadisch-idealen Schäferleben und der korrupten Gegenwart in ein spezifisches Weltmodell umsetzt. Vom Standpunkt des Schäfers – weniger ein Beruf denn eine Rolle – erscheinen Hof und Stadt als verderbt. Dementsprechend besteht das Personal des (dt.) Schäferromans vorwiegend aus Landadligen und Bürgern, zwischen denen sich (häufig unglückliche) Liebesgeschichten abspielen. Prototyp der Gattung ist J. Sannazaros »Arcadia« (1504), der sich formal durch den Wechsel von Prosa und Lyrik und inhaltlich durch die Verbindung von Bukolik und Erotik auszeichnet. Nach Deutschland vermittelt haben die Gattung die Übers.en der Schäferromane J. de Montemayors, Ph. Sidneys und H. d'Urfés. Allerdings übernehmen die dt. Schäferromane die Verbindung zwischen höfisch-heroischer und bukolischer Welt nicht und formen einen eigenen Typus des Schäferromans aus, der sich durch Hofferne, Privatheit sowie Kürze auszeichnet und auch bürgerlichen Werten Raum gibt. Außerhalb der Ständegesellschaft stehen die Helden des niederen Genres, des *Schelmenromans*, der das Leben eines vagabundierenden Außenseiters zweifelhafter Herkunft erzählt. Indem dieser sich anrüchiger, ja krimineller Mittel bedienen und Eigenschaften wie Zähigkeit und Witz aufbieten muss, um in einer feindlichen Welt zu überleben – eine Notwendigkeit, die ihm bereits die Initiationsepisode vermittelt –, kann seine Lebensgeschichte zum Vehikel einer satirisch-kritischen Sicht der Gesellschaft werden. Indem der Schelm in verschiedene soziale Sphären gelangt, entsteht eine Art Panorama der Gesellschaft, allerdings in der Form des karnevalesken *mundus inversus*. Erzählt wird von einem Ich, also in Form einer fiktiven Autobiographie, die aus einer Reihe von Episoden besteht und tradierte biographische Muster wie das der Hagiographie ver-

kehrt. Indem der Erzähler auf sein Leben zurückblickt, erfährt die Ich-Instanz eine Spaltung in ein erzählendes und in ein erzähltes Ich, wobei Letzteres der moralischen Kritik unterzogen wird. Auch beim Schelmen- oder ↗ Pikaro-Roman handelt es sich um ein europäisches Phänomen, das in Apuleius' »Metamorphosen« (2. Jh.) einen antiken Vorgänger besitzt und dessen eigentlicher Ursprung zweigeteilt ist: Zwar hat der »Lazarillo de Tormes« (1554) als Prototyp der Gattung zu gelten, doch erst M. Alemáns »Guzmán de Alfarache« (1599/1604) wird zum Ausgangspunkt weiterer Texte, im Dt. in Aegidius Albertinus' gegenreformatorisch inspirierter Übertragung (1615). Hier fiel der Pikaroroman auf einen Boden, der durch ↗ Schwankromane wie den »Eulenspiegel« bereits vorbereitet war. Der erste eigenständige dt. Schelmenroman stammt aus dem Jahr 1668, und gleich darauf verleiht H. J. Ch. v. Grimmelshausens »Abentheuerlicher Simplicissimus« (1668 f.) der Gattung einen neuen Impuls, indem er die Geschichte des Schelms mit der seiner Spiegelfiguren konfrontiert und sie um eine allegorisch-erbauliche Dimension (Traumvisionen) erweitert. Entsprechend endet die Vita des Simplicius, die im Dreißigjährigen Krieg spielt, nach einer Reihe von Metamorphosen in der Einsiedelei. Dass sich die Gattung R. im 17. Jh. konsolidiert, zeigt sich nicht nur an der Ausprägung fester Gattungsmuster, sondern auch am Aufkommen einer R.theorie, die es unternimmt, die Gattung zu bestimmen und zu rechtfertigen. Letzteres war notwendig, weil der R. nicht in der antiken Poetik verankert war und wegen der Inhalte Liebe und Abenteuer stets moralische Kritik auf sich zog. P.-D. Huets »Traité de l'origine des romans« (1670) wurde von E. W. Happel 1682 übersetzt und trug dazu bei, den Romanbegriff endgültig in Deutschland zu etablieren.   MB

Im 18. Jh. nimmt die Produktion ebenso wie die Rezeption von R.en in bis dahin ungekanntem Maße zu. Diese Entwicklung ist häufig in einem engen sozial- und mentalitätsgeschichtlichen Zusammenhang mit dem Aufstieg des Bürgertums gesehen worden, das in der neuen lit. Form neue Lebensformen und eine eigene Sozialethik erprobt. Dem R. werden zudem im Kontext der aufklärerischen Wirkungspoetik (↗ Wirkungsästhetik) wichtige didaktische Funktionen zugeschrieben, z. B. die ›unterhaltsame‹ Erziehung vermeintlich wenig vernünftiger gesellschaftlicher Gruppen (Frauen, Jugendliche, Angehörige der Unterschichten) oder die Popularisierung philosophischer und wissenschaftlicher Erkenntnisse. Parallel dazu verstärken sich die theoretische Reflexion der Gattung und ihre Ausdifferenzierung in eine Vielzahl von Subgenres. – In der Frühaufklärung werden zunächst die bisherigen Muster des europäischen R.s aufgenommen: Der Schelmenroman mutiert zum komischen R. (P. Scarron, R. Lesage, J. Fielding, T. G. Smollett) oder zur ↗ Robinsonade (D. Defoe, mit utopischem Charakter: J. G. Schnabel). In diesem Zusammenhang wird die Figur des auktorialen Erzählers entfaltet, der das Geschehen kommentiert und reflektiert; eine Spätform ist das digressive Erzählen (↗ Exkurs [2]) im humoristischen R. L. Sternes. Aus dem ↗ höfisch-heroischen R. entwickelt sich über den galanten R. (↗ galante Dichtung) der Frühaufklärung (Ch. Weise) der ↗ empfindsame R. der Hochaufklärung, der häufig auch erzählerisch innovativ als ↗ Briefroman auftritt (S. Richardson; Ch. F. Gellert, S. v. La Roche). Spezifisch aufklärerisch sind der philosophische R. (Voltaire), der ↗ Staatsroman (J. M. v. Loen, Ch. M. Wieland) sowie der ↗ Erziehungsroman (J.-J. Rousseau). Das neu erwachte psychologische Interesse der Zeit spiegeln der ↗ anthropologische R. der Spätaufklärung (J. K. Wezel, K. Ph. Moritz) sowie der ↗ Bildungsroman, aus dem sich in der ↗ Goethezeit der ↗ Transzendentalroman entwickelt (J. W. Goethe, F. Hölderlin, Jean Paul, Novalis). Daneben werden jedoch bereits massenhaft frühe Trivialromane wie Räuber- (Ch. Vulpius), Schauer- (H. Walpole), Kloster- oder Geheimbundromane publiziert und rezipiert.

Im 19. Jh. entsteht das bis heute quantitativ dominierende Standardmodell des realistisch und psychologisch erzählten R.s. Im Zuge der europäischen Diskussionen über den ↗ Realismus wird der R. auf die umfassende Widerspiegelung des wirklichen Lebens verpflichtet. Sehr abgeschwächt lassen sich die ursprünglichen Entwicklungslinien des europäischen R.s noch weiterverfolgen: Der Bildungs- und Entwicklungsroman (A. Stifter, G. Keller, W. Raabe; in England: J. Austen, E. und Ch. Brontë, Ch. Dickens, W. M. Thackeray; in Frankreich: Stendhal, G. Flaubert) setzt die hohe Form des Figuren-R.s fort. Der innovativste Beitrag des 19. Jh.s zum Gattungsspektrum des R.s sind jedoch verschiedene Formen des als Panorama angelegten Raumromans in der Nachfolge der Pikaroromane: der soziale R., der Gesellschafts- und der ↗ Zeitroman sowie der ↗ historische R. Letzterer entwickelt sich von England ausgehend (W. Scott; in Frankreich: V. Hugo; in Deutschland: W. Alexis, A. Stifter, G. Freytag) in großer Breite und in engem Zusammenhang mit dem wachsenden Geschichtsbewusstsein der Zeit wie auch der Herausbildung der Nationalstaaten. Demgegenüber konzentriert sich der Gesellschaftsroman (H. de Balzac, G. Eliot, Th. Fontane, L. N. Tolstoj) auf die jeweilige Gegenwart, die in ihrer ganzen Breite dargestellt werden soll; im dt. Zeitroman entwickelt K. Gutzkow dazu eine eigene Poetik des ›R.s des Nebeneinander‹. Gegen Ende des 19. Jh.s beginnt sich eine erste Krise des realistischen Erzählmodells abzuzeichnen: Der auktoriale Erzähler tritt zugunsten szenischer Erzählformen (↗ erlebte Rede) in den Hintergrund (G. Flaubert, H. James; im 20. Jh.: F. Kafka). Die frz. Naturalisten propagieren den an wissenschaftlicher Erkenntnis orientierten ›Experimentalroman‹ (E. Zola). Quantitativ dominieren weiterhin einfache Formen wie der ↗ Kolportage-, der in Familienblättern erscheinende ↗ Fortsetzungs-, der Dorf- oder der Frauenroman, die teilweise auch von renommierten realistischen Autoren verfasst werden.

Im 20. Jh. erreicht der R. seine breiteste Wirkung, obwohl Reflexionen über die ›Krise des Romans‹ das gesamte Jh. durchziehen. Mit dem Zerfall eines rational begründeten Subjektivitätskonzepts sowie der Objektivitätsansprüche theologischer oder wissenschaftlicher Welterklärungsmodelle kamen dem R. sowohl sein dominantes Erzählmodell als auch sein Anspruch auf repräsentative Darstellung von Totalität abhanden. Die Krise des Subjektbegriffs führt, zunächst im Bewusstseinsroman um 1900, zur Entwicklung avantgardistischer Erzählweisen wie des Bewusstseinsstroms (↗ Stream of Consciousness) und des ↗ inneren Monologs (E. Dujardin, A. Schnitzler, V. Woolf), später zu polyphonen und polyperspektivischen Darstellungstechniken (J. Joyce, W. Faulkner). Der Verlust an Totalität wird durch die Entwicklung der ↗ Collage und ↗ Montage, v. a. im Großstadtroman und später in Auseinandersetzung mit dem neuen Medium des ↗ Films, widergespiegelt (R. M. Rilke, A. Döblin, J. R. Dos Passos). Trotzdem wird der R. weiterhin als Weltmodell verstanden; er tendiert nun häufig zu zyklisch und enzyklopädisch angelegten, essayistisch grundierten und selbstreflexiv geprägten Großprojekten (M. Proust, Th. Mann, H. Broch, R. Musil, A. Gide). – Der R. des 20. Jh.s ist zudem unauslöschlich durch die Erfahrung der beiden Weltkriege und ihrer Folgen geprägt. Für die Autoren der ↗ Neuen Sachlichkeit sowie der ↗ Exillit. wird der R. zum wichtigsten Medium der Zeitkritik (H. Mann, H. Fallada, L. Feuchtwanger); pazifistische (E. Remarque) und nationalistische (E. Jünger) Weltkriegsromane entstehen im Gefolge des Ersten Weltkriegs und während der Zeit des Nationalsozialismus. Nach dem Zweiten Weltkrieg ist die Auseinandersetzung mit der Nazi-Diktatur und dem Wiederaufbau ein zentrales Thema des ›neuen (westdt.) R.s‹, der erzählerisch meist eher konventionell auftritt (H. Böll, G. Grass, in der Schweiz M. Frisch), aber auch stärker experimentell ausgerichtet sein kann (A. Schmidt, U. Johnson, aus Österreich I. Bachmann). Daneben werden in den 1960er und 1970er Jahren dokumentarische Formen des Erzählens erprobt (A. Kluge, G. Wallraff); auch der frz. avantgardistische ↗ Nouveau Roman (A. Robbe-Grillet, N. Sarraute), der die ›Krise des Erzählens‹ durch die kameraartige Darstellung vom Menschen ungedeuteter Wirklichkeit auffangen will, wird rezipiert (D. Wellershoff, P. Weiss). In der ↗ DDR-Lit. entstehen, gemäß der Programmatik des ↗ sozialistischen Realismus, zunächst die Aufbauromane (H. Kant), nach der Propagierung des ↗ ›Bitterfelder Wegs‹ dann die Ankunftsromane. Nach einer Phase der ↗ ›Neuen Subjektivität‹ auch in der R.-Lit. in den 1980er Jahren (N. Born, Ch. Wolf, P. Handke) reanimiert gegen Ende des Jh.s der postmoderne R. das Erzählen. Beeinflusst vom ↗ magischen Realismus (2) in der lateinam. *nueva novela* (G. G. Márquez) herrschen im postmodernen R. ein spielerischer Umgang mit allen Formen der Tradition, eine Vorliebe für Selbstreflexivität und die Verschachtelung verschiedener Erzählebenen (↗ Metafiktion). Postmoderne R.e erzielen große Erfolge auf dem nunmehr globalisierten und durch ↗ Übers.en geprägten Buchmarkt (S. Rushdie, P. Süskind, I. Calvino, U. Eco). Auch dasjenige Romanprojekt, das zu Beginn des 21. Jh.s die Romanlektüre noch einmal klassen- und generationsübergreifend weltweit populär gemacht hat, kann in seinen Grundzügen als ein postmoderner R. eingeschätzt weden (J. K. Rowling: »Harry Potter«,1997–2007). JH

Lit.: B. Auerochs: Erzählte Gesellschaft. Theorie und Praxis des Gesellschaftsromans bei Balzac, Brecht und Johnson. Mchn. 1994. – M. Bauer: Der Schelmenroman. Stgt., Weimar 1994. – Ch. Bode: Der R. Tüb., Basel 2005. – M. Braun: Ehe, Liebe, Freundschaft. Semantik der Vergesellschaftung im frühnhd. Prosaroman. Tüb. 2001. – P. J. Brenner: Die Krise der Selbstbehauptung. Subjekt und Wirklichkeit im R. der Aufklärung. Tüb. 1981. – R. Brinkmann: Wirklichkeit und Illusion. Studien über Gehalt und Grenzen des Begriffs R. für die erzählende Dichtung des 19. Jh.s [1957]. Tüb. ³1977. – H. Denkler (Hg.): R.e und Erzählungen des Bürgerlichen Realismus. Stgt. 1980. – M. Durzak: Der dt. R. der Gegenwart [1971]. Stgt. ³1979. – M. Engel: Der R. der Goethezeit. Bd. 1. Stgt. 1993. – W. Frick: Providenz und Kontingenz. Untersuchungen zur Schicksalssemantik im dt. und europäischen R. des 17. und 18. Jh.s. Tüb. 1988. – H. Friedrich: Drei Klassiker des frz. R.s. Stendhal, Balzac, Flaubert [1939]. Ffm. ⁸1980. – W. Killy: R.e des 19. Jh.s. Gött. 1967. – D. Kimpel: Der R. der Aufklärung [1967]. Stgt. ²1977. – C. Lugowski: Die Form der Individualität im R. [1932]. Ffm. 1976. – P. M. Lützeler (Hg.): R.e und Erzählungen der dt. Romantik. Stgt. 1981. – Ders. (Hg.): R.e und Erzählungen zwischen Romantik und Realismus. Stgt. 1983. – D. F. Mahoney: Der R. der Goethezeit. Stgt. 1988. – A. Meier (Hg.): Die Lit. des 17. Jh.s. Mchn., Wien 1999. – J.-D. Müller: Volksbuch/Prosaroman im 15./16. Jh. In: IASL. 1. Sonderheft (1985), S. 1–128. – J. H. Petersen: Der dt. R. der Moderne. Stgt. 1991. – L. Pollmann: Der neue R. in Frankreich und Lateinamerika. Stgt. 1968. – W. Röcke, M. Münkler (Hg.): Die Lit. im Übergang vom MA. zur Neuzeit. Mchn., Wien 2004. – Ch. Schärf: Der R. im 20. Jh. Stgt. 2001. – H. Steinecke: R. In: RLW. – K. Stierle: Die Verwilderung des R.s als Ursprung seiner Möglichkeit, in: H. U. Gumbrecht (Hg.): Lit. in der Gesellschaft des Spät-MA.s. Hdbg. 1980, S. 253–313. – K. Wölfel: R. In: Killy/Meid.

Romance, f. [rouˈmæns; engl.], im angelsächs. Sprachraum geläufiger Begriff mit (im Ggs. zum dt. Wort ↗ ›Romanze‹) breitem Bedeutungsspektrum. Zu unterscheiden sind v. a.: 1. Form der ↗ höfischen Dichtung mit idealisierender Darstellung des ritterlichen Tugendsystems. Oft dreiphasige Handlung: Aufbruch aus der gewohnten Umgebung, *quest* (zentrale Suchwanderung mit Bewährung des Helden auf abenteuerlicher

Weltfahrt; ↗ Aventiure, ↗ Queste), Rückkehr mit »exaltation« (N. Frye) der Hauptfigur. – 2. Fiktionale Prosa-Erzählung, die dem Realismus- und Plausibilitätsgebot des Romans (engl. *novel*) nicht völlig verpflichtet ist. Das Hauptgewicht liegt nicht auf der Figurendarstellung (engl. *character*), sondern auf einem Handlungsverlauf (engl. *plot*), der Elemente des Mythischen, Allegorischen und Wunderbaren einschließen kann und häufig nach dem Strukturmuster der *quest* (D. Schulz) organisiert ist; von daher Nähe zum für die am. Lit. wichtigen Motiv der Initiation. Als für die am. *r.* maßgebliche Definition vgl. N. Hawthorne: »Preface« zu »The House of the Seven Gables« (1851). – Auch in England spielt die *r.* trotz der eher ›romanhaften‹ Thematik (enger Bezug zu Sozialität, Alltagswelt etc.) der dortigen Erzähllit. eine Rolle. Charakteristische Elemente wie *sentiment, poetry, reverie, passion, stimulus, melodrama* (Ch. Brontë: »Prelude« zu »Shirley«, 1849) finden sich im ↗ Schauerroman (H. Walpole, A. Radcliffe, M. Shelley u. a.), bei Ch. Dickens, der Abenteuer-Erzählung (R. L. Stevenson), den *scientific r.s* (H. G. Wells), der ↗ phantastischen Lit. (J. R. R. Tolkien) und in neuerer Zeit bei J. Fowles, A. S. Byatt u. a. – 3. Populäre *love story*; neben *adventure* und *mystery* eine der drei Hauptgattungen der modernen Unterhaltungslit., die durch anspruchslose erzählerische Vermittlung und die Verwendung formelhafter Versatzstücke konventionelle Erwartungen und eskapistische Bedürfnisse erfüllt. Die Elemente der lit. *r.* werden auf diese Weise an die Stereotypen der jeweiligen Kultur angepasst und verlieren in der Trivialisierung der *formula story* (J. G. Cawelti) ihr früheres beunruhigendes Potential. – Zur span. *r.*: ↗ Romanze (1).

Lit.: J. G. Cawelti: Adventure, Mystery, and R. Chicago 1976. – R. Chase: The American Novel and Its Tradition. NY 1957. – E. Elliott (Hg.): The Columbia History of the American Novel. NY 1991. – N. Frye: Anatomy of Criticism. Princeton 1957. – D. Schulz: Suche und Abenteuer. Die »Quest« in der engl. und am. Erzählkunst der Romantik. Hdbg. 1981. CSH

Romancier ↗ Schriftsteller.

Romanistik [lat. *Romanus* = Römer, röm., frz. *philologie romane*, neuerdings auch *la romanistique*], Wissenschaft von den romanischen Sprachen, Lit.en und Kulturen.

Als romanische Sprachen bezeichnet man einen Zweig des Indoeuropäischen, der sich aus dem gesprochenen Latein der ehemals röm. Provinzen entwickelt hat. Man unterscheidet zwischen ostromanischen (Rumänisch, It., Sardisch, Dalmatinisch) und westromanischen Sprachen (Frz., Provenz./Okzitan. [Galloromanisch]; Span., Portug., Katalanisch [Iberoromanisch]; Rätoromanisch). Die R. verdankt ihre Existenz der dt. ↗ Romantik und deren Interesse an den Zeugnissen des Volksgeistes. Im ersten Jh. ihres Bestehens standen die älteren Sprachstufen und die mal. Lit.en im Blickpunkt. Aufgrund der Zahl der überlieferten Sprachdenkmäler sowie der politischen Bedeutung der

Ursprungsländer wurden das Frz., Provenz./Okzitan., Span. und It. privilegiert. Zu Beginn des 20. Jh.s verlagerte sich das Interesse auf die gesprochene Sprache und die jüngere Lit. Inzwischen wird auch die ›Neue Romania‹, die Gesamtheit der Sprachen, Lit.en und Kulturen der ehemals von Franzosen, Spaniern und Portugiesen kolonisierten Länder in Übersee, zum Gegenstand der R. hinzugezählt, die so ca. 80 Länder mit ca. 500 Millionen Einwohnern in den Blick nimmt. Lateinamerikanistik, Kreolistik oder Kanadastudien stellen jüngere Zweige des Fachs dar.

Der Zusammenhang der westromanischen Sprachen mit dem Latein war bereits Dante geläufig. Doch erst die Humanisten begannen mit der Erfassung und Beschreibung einzelner Volkssprachen, wobei die Reformation derartige Arbeiten beförderte. Als selbständige Disziplin etablierte sich die R. um 1830, als F. Diez in Bonn den ersten Lehrstuhl erhielt und mit der »Grammatik« (1836) bzw. dem »Etymologischen Wörterbuch der romanischen Sprachen« (1853) und seinen beiden Büchern über die ↗Trobadors (1826/29) Maßstäbe setzte. Diez wies seinem Fach die Edition der hsl. überlieferten mal. Dichtungen nach der von dem Altphilologen K. Lachmann entwickelten textkritischen Methode als Hauptaufgabe zu. Die Ausdifferenzierung von Sprach- und Lit.geschichte erfolgte erst fünfzig Jahre später und ist darauf zurückzuführen, dass die mal. Lit. Dialektlit. ist. Hier konnte die positivistisch-junggrammatische Sprachforschung, die die Gesetze des Lautwandels untersuchte, anknüpfen. Die Lit.geschichte beschränkte sich zunächst auf Realien (Daten zu Werk und Leben von Autoren, metrische Besonderheiten, Gattungsformen), um sich in der Folgezeit immer stärker ästhetischen und philosophischen Fragestellungen zuzuwenden. Waren Fachvertreter der meisten europäischen und am. Länder ursprünglich bei dt. Romanisten in die Lehre gegangen, beendete der Krieg von 1870/71 diese Verbindung. Mit Ausnahme Österreichs und der Dt. Schweiz nahmen fast alle anderen Länder von einer komparatistischen Globalromanistik Abstand und ersetzten sie durch Lit.kritik bzw. Spezialisierung. Daher ist es nicht unproblematisch, nach 1870 noch von einer internationalen R. zu sprechen, selbst wenn das dt. Modell in den USA und Lateinamerika weiterwirkte. Die seit der Mitte des 19. Jh.s bestehende Doppelphilologie von ↗Anglistik und R. wurde nach 1900 aufgegeben. Die Heranbildung von Gymnasiallehrern wurde immer wichtiger, die Fächer expandierten. Nach der Reichsgründung 1871 blieb das Frz. (mit Ausnahme des It. in Österreich-Ungarn und der Schweiz) die einzige romanische Sprache im Rang einer Schulsprache. Dies prägte die R. bis in die 1970er Jahre, als sich Hispanistik/Lateinamerikanistik und Italianistik im Gefolge von Globalisierung und Europäisierung als eigenständige Teildisziplinen etablieren konnten.

In den Jahren vor dem Ersten Weltkrieg erfolgte durch F. de Saussures »Cours de linguistique générale« (pos-

tum 1916) und K. Vosslers »Positivismus und Idealismus in der Sprachwissenschaft« (1914) ein doppelter Angriff auf den Positivismus. Saussure, der Ahnherr des Strukturalismus, lenkte den Blick von der Diachronie auf die Synchronie. Er betrachtete die Sprache unter den drei Aspekten *langue* (System), *parole* (Sprachtätigkeit) und *faculté de langage* (Fähigkeit zum Erwerb der Sprache), wobei *langue* und *parole* sich gegenseitig bedingen und ihre Relation formal exakt beschrieben werden kann. Folgenreich wurden Saussures Theorien jedoch erst ein halbes Jh. später. Vossler, Vertreter einer idealistischen Richtung, plädierte für eine ästhetische Sprach- und Lit.wissenschaft. Sprache und Lit. waren für ihn zwar individuelle Schöpfungen des Geistes, zugleich aber Produkte der Gesamtkultur. Die dt. Niederlage von 1918 beförderte die Entstehung einer wesenskundlichen Ausrichtung der R., die stärker antagonistisch als versöhnend wirken wollte. In diesem aufgeheizten Klima gab es nur wenige Demokraten, und so setzte auch die R. der nationalsozialistischen Machtergreifung kaum Widerstand entgegen. Etwa 20% ihrer Professoren, Dozenten und Assistenten wurden aus rassischen und politischen Gründen entlassen. Die meisten wanderten über Italien, die Türkei oder Lateinamerika in die USA aus, wo sie in Stilforschung, Komparatistik, Provenzalistik, Balkanromanistik, Hispanistik und Humanismusstudien Schule bildeten. Die in Deutschland verbliebene R. entwickelte sich 1933–45 zu einer Wissenschaft von Deutschen für Deutsche (›Dt.‹ Frankreich-, Spanien-, Italien-, Portugal-, Rumänienwissenschaft). Fast alle Romanisten beteiligten sich aktiv an staatspolitischen Einsätzen. Nach 1945 kehrte man zur scheinbar ideologiefreien idealistisch-geisteswissenschaftlichen Ausrichtung der Zwischenkriegszeit zurück, bis im Gefolge der Studentenrevolte von 1968 eine stärkere Szientifizierung einsetzte. An die Stelle von Sprach- und Lit.*geschichte* trat eine methodisch reflektierte pluralistische Sprach- und Lit.-*wissenschaft*, die ihren Ursprung im Strukturalismus hatte. Der hermeneutische Zugriff auf Texte wurde ideologiekritisch hinterfragt, seine Prämissen wurden offengelegt. Für die Linguistik erwiesen sich der Zeichen- und der Systembegriff als bes. ergiebig. Hatte bis dahin jeder Romanist Sprach- *und* Lit.wissenschaftler zu sein, erfolgte jetzt eine Trennung, wenngleich die R. nach wie vor als Einheit betrachtet wird. Die Lit.wissenschaft wurde seitdem stärker von der Sprachwissenschaft beeinflusst als umgekehrt. Im Bereich der Lit.theorie nahm die R. seit den 1960er Jahren – leicht zeitversetzt – alle entscheidenden Entwicklungen der internationalen Forschung auf, wobei sich insbes. der Einfluss Frankreichs und der USA bemerkbar machte. So erfolgte neben den bereits präsenten soziologisch, psychoanalytisch oder immanent ausgerichteten Ansätzen nach dem *linguistic turn* des Strukturalismus einerseits die Hinwendung zu poststrukturalistisch orientierten Fragestellungen, andererseits zu solchen der sog. postmodernen Theorie. Nicht zuletzt den Anstößen aus benachbarten Disziplinen ist es zu verdanken, dass sich die dt.sprachige R. in den größeren Kontext einer allg. Kultur- und Medienwissenschaft eingereiht hat. Ebenso haben die aus den USA kommenden ↗Cultural Studies der romanischen Landeswissenschaft als vierter Säule neben Sprach-, Lit.wissenschaft und Sprachdidaktik Auftrieb verliehen.

Lit.: H. Geckeler, W. Dietrich (Hg.): Einf. in die frz. Sprachwissenschaft [1995]. Bln. ³2003. – J. Grimm (Hg.): Einf. in die frz. Lit.wissenschaft [1976]. Stgt., Weimar ⁵2006. – F.R. Hausmann: »Vom Strudel der Ereignisse verschlungen«. Dt. R. im »Dritten Reich«. Ffm. 2000. – Th. Klinkert: Einf. in die frz. Lit.wissenschaft [2000]. Bln. ³2004. – M. Neumeyer: Lit.wissenschaftliche Grundbegriffe für Italianisten. Bln. 2003. – W. Raible (Hg.): Medienwechsel. Tüb. 1998. – H. Stenzel: Einf. in die span. Lit.wissenschaft [2001]. Stgt., Weimar ²2005. – C. Tagliavini: Einf. in die romanische Philologie [1973]. Tüb. ²1998.   FRH

Romantheorie, theoretische Auseinandersetzung mit der Poetik des ↗Romans in poetologischen, ästhetisch-philosophischen oder systematisch-wissenschaftlichen Schriften. – Da der Roman im System der traditionellen normativen ↗Poetik nicht vorkommt, entwickelt sich seine Poetik nur zögerlich und in engem Kontakt mit der rasant ansteigenden Romanproduktion ab dem 17. Jh. Bereits P.-D. Huet hat in seinem »Traité de l'origine des romans« (1670; dt. 1682) wesentliche Grundmotive der R. benannt, die im weiteren Verlauf vielfach variiert werden: 1. die Bestimmung des Romans als Liebesgeschichte in Abgrenzung zur öffentlichen Thematik des ↗Epos; 2. die Anlehnung an die formalen Regeln des ↗Dramas; 3. die Verpflichtung auf ↗Wahrscheinlichkeit in Abgrenzung zu ↗Fabel und Geschichtsschreibung; 4. die moralische Rechtfertigung der Romanlektüre durch ihre aufklärerische Nützlichkeit. Im 18. Jh. entwickeln die Autoren selbst, häufig in ↗Vorworten, ↗Rezensionen und anderen ↗Paratexten (H. Fielding, Ch. M. Wieland, J. K. Wezel), die R. weiter (↗Autorpoetik). In F. v. Blanckenburgs »Versuch über den Roman« (1774) wird der Roman in zeittypischer Weise auf die wahrscheinliche Darstellung realistischer Zeitverhältnisse und der »inneren Geschichte des Menschen« verpflichtet. Für die Romantiker ist der Roman aufgrund seiner Fähigkeit, alle anderen Gattungen zu integrieren und sich selbst reflexiv zu thematisieren, das Paradigma ihres Programms einer »progressiven Universalpoesie« (F. Schlegel). – G. W. F. Hegels Definition des Romans als »moderne bürgerliche Epopöe« (»Vorlesungen über die Ästhetik«, postum 1835–38) wird bestimmend für die realistische R. des 19. Jh.s, die praxisnah bleibt und sich auf erzähltechnische Aspekte konzentriert (O. Ludwig, F. Spielhagen). Vermittelt über die ↗Lit.kritik wird weiterhin auch die frz. (G. Flaubert, E. Zola) und engl. R. (Ch. Dickens) rezipiert. – In der ersten Hälfte des 20. Jh.s wird die R. in die Romane selbst integriert (R. Musil, H. Broch) oder in essayistischer Form reflektiert (Th. Mann, A. Döblin). Bis in die jüngste Gegenwart äußern sich Romanautoren häufig selbst zu theoretischen Fragen ihres Schaffens (M. Kundera, U. Eco). – Der Roman wird zu Beginn des 20. Jh.s auch von Philosophen als für die Moderne wichtigste poetische Gattung gewürdigt; beispielsweise von G. Lukács (»Die Theorie des Romans«, 1916) als »Epopöe der gottverlassenen Welt«. Daneben gewinnt die sich aus dem ↗Strukturalismus entwickelnde ↗Narratologie Einfluss auf die R. Sie thematisiert Fragen des ↗Erzählers, der Erzählsituation und -perspektive, der verschiedenen Zeitstrukturen, der Handlungsorganisation, der Rede- und Gedankenwiedergabe (F. K. Stanzel, G. Genette). Eine umfassende gattungstheoretisch begründete R. hat M. Bachtin (»Formen der Zeit im Roman«, russ. 1937 f., dt. 1989) vorgelegt: Der Roman als offenes und zur Hybridität neigendes Genre reflektiere den dialogischen Charakter des Verhältnisses des Menschen zur Sprache wie zur Welt durch seine polyphonen Darstellungsformen.

Texte: E. Lämmert u. a. (Hg.): R. 2 Bde. [1971–75]. Köln, Bln. ³1992. – H. Steinecke, F. Wahrenburg (Hg.): R. Stgt. 1999.

Lit.: M. Bauer: R. und Erzählforschung [1997]. Stgt., Weimar 2005. – R. Simon: R. In: Killy/Meid. – H. Steinecke: R. und Romankritik in Deutschland. 2 Bde. Stgt. 1975 f. – Ders.: R. In: RLW. – V. Žmegač: Der europäische Roman. Geschichte seiner Poetik. Tüb. 1990.   JH

Romantik, f. [engl. *romanticism*; frz. *romantisme*; it. *romanticismo*], Bez. einer lit.-, kunst- und musikgeschichtlichen Epoche, die im Blick auf Lit. und bildende Kunst vom letzten Jahrzehnt des 18. bis ins vierte Jahrzehnt des 19. Jh.s, im Blick auf die Musik vom zweiten Jahrzehnt des 19. bis zum Beginn des 20. Jh.s reicht. In europäischer Perspektive bildet die R. den mittleren Abschnitt zwischen ↗Aufklärung und ↗Realismus, woraus sich als höchste Gliederungsebene eine Epochen-Dreiteilung der internationalen Lit.geschichte des 18. und 19. Jh.s ergibt. In dt. Perspektive ist R. die eine programmatische Seite der lit. Entwicklung um 1800, der komplementär klassizistische Intentionen gegenüberstehen. In der dt. Lit.geschichte sind ↗Klassik und R. (anders als etwa in der frz.) gleichzeitig. Als zeitliche Ordnungsbegriffe für die Jahrzehnte um 1800 haben sich deshalb in der Germanistik neben der Doppelbenennung ›klassisch-romantische Epoche‹ alternativ H. Heines Begriffsprägung ›Kunstperiode‹ oder (nach der dominanten Person) die Bez. ↗›Goethezeit‹ etabliert.

Die internationale Wahrnehmung und Geltung der dt. Lit. um 1800 ist indes insgesamt auf den Begriff ›R.‹ zu bringen. Denn neben dem Erzähler E. T. A. Hoffmann und dem Literarhistoriker A. W. Schlegel als den zeitgenössisch am stärksten über Deutschland hinaus wirkenden ›Romantikern‹ sind auch die Werke J. W. Goethes und F. Schillers im Ausland als romantisch rezipiert worden. Das ist in stofflicher und ästhetischer

Hinsicht für den Großteil ihrer Werke auch die lit.wissenschaftlich angemessene Qualifizierung. Mit der R. gewinnt die dt. Lit. das erste Mal in ihrer Geschichte übernationale Bedeutung. Sie ist der entscheidende Impuls für die europäische R. Eine wichtige Vermittlerrolle spielt dabei die Schrift »De l'Allemagne« (1813 f.) von Mme. de Staël. Sie zeigt die dt. Lit. als aus der Einsamkeit geborene Geniewerke philosophisch inspirierter, enthusiastischer Innerlichkeit und prägt damit ein weithin wirkendes Klischeebild der dt. R. Heines kritische Gegendarstellung (»Die romantische Schule«, 1835) bietet die erste Lit.geschichte der R. in dt. Sprache. Neben dem Epochenbegriff steht die (auch populäre) Verwendung, die unter R. als Ggs. zu Realismus und Rationalität eine phantasie- und gefühlsdominierte Stimmung versteht. – Das Wort ›R.‹ leitet sich (wie auch der Gattungsbegriff ›Roman‹) von afrz. *romans* ab, womit allg. die romanische Volkssprache im Ggs. zum Latein, dann insbes. die in dieser Volkssprache verfassten Vers- und Prosadichtungen gemeint sind. Sie enthalten zumeist amouröse und phantastische Erzählungen aus dem Umkreis der Roland- und Artussagen. Aus dieser Gattungsbez. entwickelt sich das Adjektiv ›romantisch‹, das metaphorisch über die Lit. hinaus allg. eine Stimmung ›wie im Roman‹ bedeutet, genauer: eine Stimmung wie in den aus den mal. Sagen stammenden Ritter- und (Liebes-)Abenteuergeschichten. In dieser Bedeutung ist es bis zum Ende des 18. Jh.s häufig pejorativ konnotiert als ›phantastisch‹, ›unwahrscheinlich‹. Die positive Konnotation, die es zu einem gesuchten Gegengewicht gegen Rationalität und Realismus aufwertet, beginnt mit der ↗ Empfindsamkeit und bestimmt die populäre Verwendung von ›romantisch‹ und ›R.‹ bis heute. Den lit.- und kunstgeschichtlichen Begriff prägen die Brüder Schlegel. Sie setzen ›romantisch‹ und ›R.‹ für die Lit. und Kunst des christlichen MA.s und deren Fortwirkung bis in die Gegenwart. Chronologisch ist damit die gesamte europäisch-christliche Tradition vom MA. an gemeint, typologisch wehem Spiritualität und Unendlichkeitsstreben der christlichen Religion der Sinnlichkeit und dem Maß der (klassischen) antiken Kultur gegenübergestellt. Das Gegensatzpaar klassisch – romantisch entspricht so der Dichotomie Antike – Moderne. Als Gegenzug zu den neuzeitlichen Antike-Renaissancen, bes. zum klassizistischen Antike-Bezug der Aufklärung, zeigt sich die R. damit am Ende des 18. Jh.s als Wiederentdeckung des MA.s. Sie vollzieht sich in der Lit. inhaltlich durch die Wiederbelebung mal. Sagen, Legenden und Rittergeschichten, wobei im Besonderen das Nürnberg der Dürer-Zeit als MA. gedeutet zum typischen Ort wird (z. B. L. Tieck: »Franz Sternbalds Wanderungen«, 1798), formal durch die Bevorzugung nicht-antiker, aus mal. Tradition stammender Gedichttypen, etwa des Sonetts, zugleich auch durch philologische Studien, Vorlesungen, Übers.en und Editionen zur Lit. des MA.s (A. W. Schlegel: »Geschichte der romantischen Lit.«, 1803 f.; F. Schlegel:

»Geschichte der alten und neuen Lit.«, 1812; L. Tieck: »Minnelieder aus dem Schwäbischen Zeitalter«, 1803). Mit diesen Arbeiten führt die R. zur modernen Vorstellung von Lit.geschichtsschreibung und, wiewohl die Brüder Schlegel programmatisch eine europäische Perspektive verfolgen, in Deutschland zur Gründung der ↗ Germanistik aus der MA.-Philologie. – Neben der lit.geschichtlichen aber hat das Wort ›romantisch‹ im Kreis der Brüder Schlegel zugleich eine aktuelle Intention. Sie setzt das der R. typologisch zugeschriebene Unendlichkeitsstreben in den utopischen Entwurf um, dass die Poesie alle bisherigen lit. Formen und Gattungen, dazu Philosophie und alle Wissenschaften vereinen und dadurch überbieten solle. Dafür steht F. Schlegels Parole von der »romantischen Poesie« als »progressiver Universalpoesie« (116. »Athenaeums-Fragment«, 1798). So kehrt sich der literarhistorisch rückblickend bestimmte Begriff um zur Verkündigung einer poetologischen Utopie. Der paradoxe Wandel des Historikers zum »rückwärts gewandten Propheten« wird dabei ausdrücklich als Selbstbewusstsein formuliert (F. Schlegel: 80. »Athenaeums-Fragment«). Der heutige Epochenbegriff ›R.‹ folgt der von den Brüdern Schlegel gebotenen langen Chronologie nicht, sondern beschränkt sich auf die Jahrzehnte um 1800. – Nach dem Wechsel der Konzeptionen und der zugehörigen lokalen Zentren lässt sich die dt. R. in drei Phasen gliedern: die Jenaer Frühromantik, ein mittlerer Abschnitt mit den Zentren Berlin und Heidelberg und die Spätromantik in München und Wien. Die *Frühromantik* entwickelt die genannte »Universalpoetik«, die auf eine Integration von Dichtung, Wissenschaft und Philosophie spekuliert. Dies wird zum einen als Projekt einer ›Neuen ↗ Mythologie‹, zum anderen als eine alle Gattungsgrenzen übersteigende Romanpoetik konzipiert. Praktisch vollzieht es sich v. a. in einer philosophisch-poetologischen Aphoristik (↗ Aphorismus), die Kants Transzendentalphilosophie, Fichtes »Wissenschaftslehre« und die zeitgenössische Naturphilosophie in ihren Ansprüchen parieren und überbieten will (Romanentwürfe und Fragmente von F. Schlegel und Novalis). Die zentrale Publikation der Frühromantik sind die drei Bände der Zs. »Athenaeum« (1798–1800), die neben ihrem neuen esoterisch-witzigen Stil auch durch polemische ↗ Lit.kritik zum Streitfall werden. Selbstreflexiv wird dabei der eigene Stil als ↗ Ironie beschrieben und zu einer Theorie der notwendig unzureichenden, nur durch Negationen andeutenden Mitteilung ausgearbeitet (romantische Ironie). Man kann die Ideen der Frühromantik, zu denen auch eine Utopie der freien ↗ Geselligkeit und die intellektuelle wie erotische Emanzipation der Frau gehören (F. Schleiermacher; F. Schlegel: »Lucinde«, 1799; der gleichberechtigte Status von Caroline und Dorothea Schlegel im Frühromantikerkreis), als eine Reaktion auf die Frz. Revolution verstehen. Sie bleibt freilich im Bereich von Theorie und Kunst und fügt sich damit in die für Deutschland insgesamt charakteristische philosophisch-ästhetische Verarbeitung des politischen Ereignisses von 1789 ein. Mit dem nationalen Interesse während der Befreiungskriege und der Restauration verliert sich der utopische Universalismus. Im Zentrum der *Heidelberger R.* steht die Intention, Zeugnisse volkstümlicher Dichtung zu sammeln. C. Brentano und A. v. Arnim dokumentieren und bearbeiten »alte dt. Volkslieder« (»Des Knaben Wunderhorn«, 1805/06 und 1808), J. J. Görres stellt mal. Sagen und Legenden zusammen (»Die Teutschen Volksbücher«, 1807), und auch die Volksmärchensammlung der Brüder Grimm nimmt hier ihren Anfang. Das Interesse an diesen Gattungen inspiriert zeitgenössische Dichtungen, die das volkstümlich märchen- und sagenhaft Wunderbare oder die volksliedhafte Einfachheit als neue, eigene Kunstform üben (z. B. die Kunstmärchen von C. Brentano und L. Tieck, die Lyrik von J. v. Eichendorff und H. Heine). Ein bes. Merkmal der *Berliner R.* ist die Salonkultur, die unter gesellschaftlicher Führung gebildeter Frauen (H. Herz, R. Levin-Varnhagen) städtische Zentren des intellektuellen und lit. Lebens bildet (↗ Salon). Durch seine internationale Wirkung ragt das Werk von E. T. A. Hoffmann heraus. Es sind dabei v. a. die Momente des Phantastischen und Dämonischen, mit denen seine Erzählungen (»Fantasiestücke in Callots Manier«, 1814, »Nachtstücke«, 1817) auf einige für die moderne Lit. richtungweisende Dichter wie E. A. Poe und Ch. Baudelaire, aber auch auf S. Freud gewirkt haben. Für die Darstellung des Unheimlichen hat sich das Stichwort von den *Nachtseiten* der R. etabliert (nach dem Buchtitel »Ansichten von der Nachtseite der Naturwissenschaft« von G. H. Schubert, 1808). Die Nacht ist als Motiv und als Metapher in der Lit. der R. häufig (»Nachtwachen« des Bonaventura, 1806), in Deutschland v. a. durch die engl. Lit. vermittelt (↗ *gothic novel*, ↗ Schauerroman). Tendenziell ist darin ein Gegenzug zur epochalen Metapher der Aufklärung zu sehen, der konträr zum Unheimlichen aber auch das Nicht-Rationale religiöser Transzendenz ausdrückt (Novalis: »Hymnen an die Nacht«, 1800). Die *Spätromantik* ist hauptsächlich durch ihren katholisch-restaurativen Zug gekennzeichnet, womit sie der politischen Entwicklung in Deutschland und Österreich folgt. Exemplarisch hierfür sind F. Schlegels und C. Brentanos Konversionen zum Katholizismus und ihre Distanzierung von ihren ironischen und selbstironischen Frühwerken. Politisch tritt Schlegel, der in seinen Anfängen wie ein intellektueller Jakobiner erschien, in den Dienst Metternichs. – Das Spannungsgefüge der dt. R. zwischen ihren revolutionären Anfängen und ihrem restaurativem Ende hat auch die Rezeption geprägt. Sie war in Deutschland bis nach dem Zweiten Weltkrieg einseitig von dem restaurativen Zug bestimmt, so dass R. tendenziell als Gegenaufklärung und Antimodernismus verstanden wurde. Erst seit den 1970er Jahren hat die Forschung sich auf die Frühromantik konzentriert und deren Poetik als Beginn eines modernen Lit.verständnisses ge-

wertet, schließlich auch nah an ein eigenes (›postmodernes‹) philosophisch-lit.theoretisches Interesse herangezogen.

Lit.: E. Behler: R., das Romantische. In: HWbPh. – Ders.: Studien zur R. und zur idealistischen Philosophie. 2 Bde. Paderborn 1988. – E. Behler, J. Hörisch (Hg.): Die Aktualität der Frühromantik. Mchn. 1987. – K. H. Bohrer: Die Kritik der R. Ffm. 1989. – R. v. Dülmen: Poesie des Lebens. Eine Kulturgeschichte der dt. R. 1795–1820. Köln 2002. – M. Frank: Einf. in die frühromantische Ästhetik. Ffm. 1989. – K. Günzel: Die dt. Romantiker. Zürich 1995. – D. Kremer: R. [2001]. Stgt., Weimar ²2003. – Ders.: R. In: RLW. – Ph. Lacoue-Labarthe, J.-L. Nancy: L'absolu littéraire. Paris 1978. – H. Schanze (Hg.): R.-Hb. Stgt. 1994. – M. Schmitz-Emans: Einf. in die Lit. der R. Darmstadt 2004. – G. Schulz: Die dt. Lit. zwischen Frz. Revolution und Restauration. 2. Bde. Mchn. 1983 und 1989. – Ders.: R. Mchn. 1996. – K. v. See (Hg.): Neues Hb. der Lit.wissenschaft, Bde. 14–16: Europäische R. I–III. Wiesbaden 1982–85. SM

Romantische Komödie ↗ Elizabethanisches Theater.

Romanze, f. [von nlat. *romanice* = in der romanischen Sprache; span. *romance*], 1. Gattung der span. Lit., die als Erzähllied in Erscheinung tritt, meist aus trochäischen Versen besteht und reichlich Gebrauch von assonierenden Klangformen macht. Ihr Gegenstand sind Stoffe aus Sage und Geschichte. – 2. In der dt. Lit. ist der Begriff ›R.‹ mit dem Begriff ↗ ›Ballade‹ nahezu gleichbedeutend; mit dem Unterschied, dass der Stoff der R. vorwiegend im Süden angesiedelt ist, derjenige der Ballade vorwiegend im Norden. J. W. L. Gleim macht die Deutschen mit der R. bekannt (1756), die Romantiker führen sie zur Blüte (C. Brentano: »R.n vom Rosenkranz«; H. Heine: »Atta Troll«).

Lit.: O. Deutschmann: Span. R.n. Ffm. 1989. – S.-A. Jørgensen: R. In: RLW. – J. Müller: R. und Ballade. In: GRM 40 (1959), S. 140–156. BM

Romanzero, m. [span. *romancero*], Sammlung von ↗ Romanzen. Im engeren Sinne bezeichnet man die seit Mitte des 16. Jh.s gedruckten Sammlungen span. Romanzen der Volks- und Kunstpoesie als ›R.s‹. Die seit dem »Cancionero de Romances« (Antwerpen 1548) erschienenen Sammlungen wurden in dem nach 1600 wiederholt aufgelegten und erweiterten »Romancero general« (hg. von P. de Moncayo, A. de Villata u. a.) zusammengeführt. Von den dt. Volksliedsammlern und -übersetzern seit J. G. Herder rezipiert, wurden die R.s im 19. Jh. neu ediert (u. a. von J. Grimm, 1815; A. Durán, 1828–32; F. Wolf, 1856) und in anderen Sprachen nachgedichtet (»Span. Liederbuch« von E. Geibel und P. Heyse, 1852; »R. der Spanier und Portugiesen« von E. Geibel und A. F. Schack, 1860). – Nannten bereits einzelne span. Dichter des 17. Jh.s ihre Romanzensammlungen ›R.s‹, so wird die Bez. im 19. Jh. (B. Paoli, 1845; H. Heine, 1851) und in der Moderne (F. García Lorca: »Romancero gitano«, 1928; »Romancero General de la guerra de España«, 1937) auf neuere Individualdichtungen ausgeweitet und zeitgemäß aktualisiert. DM

Rondeau, n. [rõ'do:; von frz. *rond* = rund], im 17. Jh. auch: Ringelgedicht, Rundgedicht, Rundreim, Rundum; ursprünglich ein zum Rundtanz gesungenes frz. Tanzlied. Kennzeichnend sind ↗Isometrie, die Beschränkung auf zwei Reime sowie v. a. die reimlose, refrainartige Wiederholung (*rentrement*) des verkürzten ersten Verses in der Mitte und am Ende des Gedichts. Das R. ist meist in drei ungleich lange Teile gegliedert. – Das R., dessen klassische Form sich im 16. Jh. aus dem ↗Rondel herausgebildet hat, besteht aus 15, im Allgemeinen zehnsilbigen Versen. Das erste *rentrement* folgt auf den achten, das zweite auf den 14. Vers. Reimschema: *aabbaaabRaabbaR* (›R‹ steht für das *rentrement*). – Im 14. und 15. Jh. sehr beliebt, von den Dichtern der ↗Pléiade jedoch abgelehnt, wird das R. im 17. und 18. Jh. nur noch in scherzhafter Dichtung gebraucht. Dt. Nachbildungen finden sich v. a. im 16. und 17. Jh. (J. Fischart, G. R. Weckherlin, Ph. v. Zesen) und vereinzelt noch in der ↗Anakreontik des 18. Jh.s; später begegnen vorwiegend freiere Variationen.

Lit.: W. Helmich: R. In: RLW. JK/Red.

Rondel, m. [rõ'del; von frz. *rond* = rund], in der frz. Dichtung vor dem 16. Jh. gebräuchliche, in neuerer frz. Lyrik selten verwendete freie Form des ↗Rondeaus. Das R. etwa bei O. Loerke bewahrt die Zweireimigkeit (mit Ausnahmen), aber nicht die refrainartige Wiederholungsstruktur, die das Rondeau kennzeichnet (»Rondell in der nächtlichen Dorfkirche«). Auch andere dt. Lyriker des 20. Jh.s knüpfen frei an das Muster des R.s an (R. Borchardt: »Rondell«; G. Trakl: »R.«).

Lit.: W. Helmich: Rondeau. In: RLW. BM

Rotations-Romane ↗Taschenbuch.

Rota Vergiliana, f. [lat.], ↗Genera dicendi.

Rotrouenge, f. [frz.; afrz. *Retrouange*; provenz. *Retroensa*], zweiteiliges Lied der Trobador- und Trouvèrekunst, dessen zweiter Teil als Refrain wiederholt wird; Grundform: *aa ab AB*. Entstand im 12. Jh. vermutlich als Weiterentwicklung der Laissenstrophe (↗Laisse) als eine der beliebtesten Formen des monodischen Gesellschaftsliedes (Refrain von der Gesellschaft im Chor gesungen). Verwandt sind ↗Triolett, ↗Virelai, ↗Balada und ↗Dansa; auch im dt. Minnesang nachgewiesen (Mondsee-Wiener Liederhs.).

Lit.: F. Gennrich: Die afrz. R. Halle/S. 1925. GS/Red.

Roundel, n. [engl. für frz. *rondel, rondeau*], von A. Ch. Swinburne entwickelte engl. Variante des ↗Rondeaus aus drei ↗Terzinen mit refrainartiger Wiederholung der Anfangsworte des Gedichts nach der ersten und nach der dritten Terzine, wobei diese Kurzzeile mit den zweiten Zeilen (b) reimt; Reimschema: *abaB/bab/abaB*. JK/Red.

Rubai, n. [arab. *rubā'ī* = vierfach; pers. *robā'ī* = Vierverser], vierzeilige Gedichtform, deren Reimschema *aaxa* aus der arab. Dichtung stammt (↗Ghasel), während das rhythmisch raffinierte Metrum (Einschub eines 6/8-Taktes in einen gleichmäßigen 3/4-Takt), das

sich schon in der ältesten pers. Poesie findet, durch den pers. Dichter Rudaki (gestorben 941) eingebracht worden sein soll. Das R. zeichnet sich durch Subjektivität und Pointierung aus. Die Themenbereiche sind erotischer, weinselig-geselliger, beschaulich-lyrischer oder elegischer Natur; seit dem 12. Jh. werden häufig auch Spott und Schmähung Thema des R. Dem Abendland erschlossen sich bes. die Lebensweisheiten und skeptischen Äußerungen gegenüber der göttlichen Weltordnung (Sinngedichte Omar Chajjams, Anfang des 12. Jh.s, engl. Übers. durch E. Fitzgerald 1859). Das R. wurde früh auch volkstümlich und vielfach gesungen; bes. beliebt wurde es bei den Sufis, die es zuweilen dazu verwenden, sich in Trance zu singen.

Lit.: B. Reinert: Der Vierzeiler. In: K. v. See (Hg.): Neues Hb. der Lit.wissenschaft. Bd. 5. Wiesbaden 1990, S. 284–300. JBR

Rückblickslied ↗Situationslied.

Rückwendung ↗Analepse.

Rügelied ↗Scheltspruch.

Rührender Reim ↗Reim.

Rührstück, dramatische Gattung, die entsprechend der Wirkungsästhetik der Aufklärung nicht durch Inhalt oder Bauform, sondern durch die beabsichtigte Wirkung auf das Publikum gekennzeichnet ist. In dem Maße, in dem diese Wirkung zu einem reißerisch kalkulierten Effekt wurde, wandelte sich die Bez. ›R.‹ von einer Gattungsbez. zu einem abwertenden Begriff, der fast unabhängig von lit. oder historischen Zuordnungen verwendet wird. – Ursprünglich umfasste das R. das ↗weinerliche Lustspiel, das empfindsame Schauspiel und das ↗bürgerliche Trauerspiel. Das dt. R. schließt sich an die engl. Tradition der *sentimental comedy* (R. Steele: »The conscious lovers«, 1722, u. a.) und der *domestic tragedy* (G. Lillo: »The London merchant«, 1731) und die frz. *comédie larmoyante* an. Viele dt. R.e sind Übers.en oder Bearbeitungen, zu denen v. a. D. Diderots »Le père de famille« (1758) herausforderte (z. B. O. H. v. Gemmingen: »Der dt. Hausvater«, 1780). Bes. in seiner Nachfolge entstand, was man heute v. a. als R.e oder ›Hausvaterdramen‹ bezeichnet. Diese Stücke enthalten oft Scheinkonflikte zwischen bürgerlicher Moral und Laster, Demonstrationen unerschütterlicher Tugend und bürgerlicher Verhaltensnormen (Gehorsam, Fleiß, Sparsamkeit), die Diskussion religiöser, pädagogischer und ökonomischer Fragen. Konflikte ergeben sich selten durch einen tragischen Zusammenprall des Individuums mit Institutionen der bürgerlichen Gesellschaft, sondern werden als bedauerliche Normverfehlungen im rührenden Versöhnungsschluss wieder aufgehoben. Stand bei Iffland die Rührung noch im Dienste moralischer Erziehung, so verselbständigte sie sich bei Kotzebue zum Selbstzweck, der durch pikant-erotische Zutaten effektvoll gesteigert werden konnte. – Figuren des R.s (der väterliche Patriarch, die zärtliche Mutter, der treue Diener), Situationsklischees (Abschied, Entsagung, Wiederfinden, Sündenfall, Reue und Versöhnung),

Handlungselemente und moralische Vorstellungen finden sich noch in der Trivialdramatik des 19. Jh.s (R. Benedix, Ch. Birch-Pfeiffer) bis hin zum Naturalismus (H. Sudermann) und im Familienfilm des 20. Jh.s. Hollywood nannte entsprechende Filme von Anfang an »weepies« (↗ Melodrama). Bedeutsam war auch die mit dem R. verbundene Entwicklung des Theaterstils (F. L. Schröder als Theaterleiter in Hamburg). Natürlichkeit in Sprechstil und Gesten, realistische Dekorationen, eine ungezwungene Bewegungsregie sollten zu einem malerischen, gestisch bewegten und gefühlsgesättigten Ausdrucksstil führen, wie ihn Diderot in seinem »Essai de la Poésie dramatique« forderte. Allmählich jedoch führte das Ausweichen vor echten Konflikten, unziemlichen Leidenschaften und Trieben zu einem theatralischen Substanzverlust.

Lit.: Y. Fuentes: El triángulo sentimental en el drama del Dieciocho (Inglaterra, Francia, España). Kassel 1999. – H. A. Glaser: Das bürgerliche R. Stgt. 1969. – G. Saße: Rührendes Lustspiel. In: RLW. – A. Stiehler: Das Ifflandische R. Hbg. 1898. Nachdr. Nendeln 1978. HER

Rührung, 1. in der Theorie des ↗ bürgerlichen Trauerspiels die durch Mitleid hervorgerufene Voraussetzung für eine ↗ Katharsis. F. Nicolai (»Abhandlung vom Trauerspiele«, 1757) hebt das Vergnügen an der R. als letzten Zweck des Trauerspiels hervor, da das dargestellte Leiden nur fiktiv, die R. der Zuschauer aber echt sei. G. E. Lessing kennzeichnet dagegen das Mitleid als die einzige Leidenschaft, die ein Dichter beim Publikum hervorrufen kann (»Der mitleidigste Mensch ist der beste Mensch.« Brief vom November 1756 an Nicolai). – 2. In der ↗ Empfindsamkeit neben Ergriffenheit und Mitleid ein wichtiger Topos, in dem die aufklärerische Vorstellung von den ↗ ›gemischten Empfindungen‹ nachwirkt.

Lit.: A. Košenina: R. In: RLW. – H.-J. Schings: Der mitleidigste Mensch ist der beste Mensch. Poetik des Mitleids von Lessing bis Büchner. Mchn. 1980.   SHO

Rumäniendeutsche Literatur, die Lit. der dt. Minderheit in Rumänien. Volle Geltung kann der Begriff nur für die dt.sprachige Lit. in Rumänien ab 1918 (Entstehung des rumänischen Nationalstaats), bes. aber nach 1945 beanspruchen, als die dt. Siedlungsgemeinschaften mit je eigener Geschichte im Rahmen des neuen sozialistischen Staates eine gemeinsame Identität erhielten und so die r. L. durch die Zusammenführung der wichtigsten Provinzlit.en (Siebenbürgen, Banat, Bukowina) entstand. – Zuvor gehörten die von Deutschen bewohnten Gebiete (Siebenbürgen, Banat, Bukowina, Bessarabien, Dobrudscha, Sathmarer Gebiet, Maramuresch sowie im sog. Altreich in Rumänien v. a. Bukarest und Jassy) zu verschiedenen Staaten, deren Grenzen sich häufig verschoben, und damit zu verschiedenen kulturellen und sprachlichen Kontexten. Die Siebenbürger Sachsen besiedelten das Gebiet schon im 12. Jh., doch erst im Zuge des ↗ Humanismus zeichnete sich eine lit. Tradition ab, die im 17. Jh. v. a. über Gelegenheitsdichtung und Schultheater auch hei-

misches Publikum konstituierte. Die regionale Prägung der Lit. zeigte sich im 19. Jh. verstärkt in der sowohl realistischen, bisweilen sozialkritischen Dichtung (Novelle, Dorfgeschichte, historischer Roman) als auch im Aufstieg der Mundart- und Heimatdichtung, wobei Maßstäbe und Modelle weiterhin mit Blick auf die dt. Binnenlit. (d. h. die in Deutschland entstandene Lit.) gewonnen wurden. Das lit. Leben der im 18. Jh. angesiedelten Banater Schwaben profilierte sich in der zweiten Hälfte des 19. Jh.s in vergleichbaren Formen. Nach 1918 gab es vermehrte Anstrengungen der beiden nun im rumänischen Nationalstaat beheimateten Provinzlit.en zur Zusammenarbeit und übergreifenden Selbstverständigung. In der Zwischenkriegszeit entstand überwiegend expressionistisch inspirierte Lit.

Die Lit. der Bukowina (›Buchenland‹), von 1775 bis 1918 österr. Kronland, kann aufgrund ihres multikulturellen Kontextes nur sehr bedingt zur r.n L. gezählt werden, obwohl Dt. die Verkehrssprache der dort lebenden Nationalitäten und Mehrsprachigkeit auch unter Dichtern üblich war. Mit der Vernichtung der überwiegend jüdischen dt. Bevölkerung (ca. 75% der Deutschen) durch dt. und rumänische Truppen zwischen 1941 und 1944 wurde die dt.sprachige Lit. der Bukowina fast gänzlich ausgelöscht; zudem fiel das Gebiet nach 1945 teils an die Sowjetunion. P. Celan und R. Ausländer sind die bekanntesten Autoren dieser untergegangenen Kulturlandschaft.

Nach dem Krieg wurde die dt.sprachige Lit. im Zuge der rumänischen Minderheitenpolitik als Teil der rumänisch-sozialistischen Gesellschaft definiert und unter Nivellierung der historisch gewachsenen Unterschiede in die staatliche Kulturpolitik integriert. Der Begriff ›r. L.‹ rekurriert folglich auf die doppelte kulturelle Anbindung dieser Lit. Seit den 1960er Jahren sind zahlreiche Autoren der r.n L. nach Deutschland emigriert und haben die dortige Lit. maßgeblich beeinflusst (O. Pastior, Herta Müller, R. Wagner, F. Hodjak, W. Söllner). – Trotz der Orientierung an der dt. Binnenlit. unterscheiden sich die r. L. und ihre Vorläufer von dieser durch andere Produktions- und Rezeptionsbedingungen sowie andere Funktionen. Daraus ergeben sich Differenzen in Periodisierung, Traditionen und Motivbestand, die ihre Bedeutung als eigenständiger Bereich dt.sprachiger Lit. ausmachen.

Lit.: H. Fassel: Die r. L. auf dem Gebiet des heutigen Rumänien. In: E. T. Rosenthal (Hg.): Dt.sprachige Lit. des Auslandes. Bern u. a. 1989, S. 137–170. – R. Florstedt (Hg.): Dt. Lit. aus Rumänien – Siebenbürgen, Banat, Bukowina. Lpz. 1998. – P. Motzan: Die rumäniendt. Lyrik nach 1944. Cluj-Napoca 1980. – E. Wichner, H. Wiesner (Hg.): In der Sprache der Mörder. Eine Lit. aus Czernowitz, Bukowina. Bln. 1993. – J. Wittstock: Die r. L. in den Jahren 1918–44. Bukarest 1992. – J. Wittstock, S. Sienerth (Hg.): Die dt. Lit. Siebenbürgens. 2 Bde. Mchn. 1997/99.   JM

Rundfunkfeature ↗ Feature.

Rundfunkkantate, auch: Funkkantate, Kantatenhörspiel; eine in den 1920er Jahren entwickelte Sendeform, die ihre Blütezeit um 1930 erlebte. Je nach dem Vorherrschen der eingesetzten Mittel besaß die R. einen eher musikalischen (K. Zzuka/H. Ch. Kargel: »Schlesische Fastnacht«, 1932) oder einen eher lit. Charakter (H. Anders: »Polarkantate«, 1931). Als bes. gelungenes Beispiel gilt »Der Flug der Lindberghs« (1929) mit dem Text von B. Brecht und der Musik von P. Hindemith/K. Weill.

Lit.: H. Urban: Von der Hörfolge zur R. In: Rufer und Hörer 2 (1932/33), S. 59–61.   RD/KK

Rundgedicht, auch: Rundreim, Rundum; im 17. Jh. gebräuchliche Eindeutschungen von ↗ ›Rondeau‹.

Rund-Kanzone, ↗ Stollenstrophe, bei welcher am Schluss (Melodie-) Teile des Aufgesangs wiederholt werden; vgl. das ›Palästina-Lied‹ Walthers von der Vogelweide: Reimschema *ab ab/cc b*.   GS/Red.

Runen, f. Pl. [anord. *rún*, Sg. = Geheimnis, Zauberzeichen; ahd. *rûna* = Geflüster, Geheimnis; das etymologisch mit nhd. *raunen* zusammenhängende Substantiv wurde im Zuge der beginnenden Beschäftigung mit anord. Lit. und Kultur im 17. Jh. aus dem Dän. entlehnt], Schriftzeichen der Germanen, die vor und während des Gebrauchs des lat. Alphabets genutzt wurden. Ihre Entstehung wird in das 1. oder 2. Jh. n. Chr. datiert. Ist die ›Runizität‹ der Fibel von Meldorf (erste Hälfte des 1. Jh.s) und der Keramikscherbe von Osterrönfeld (1. Jh.) noch unklar, so liegen die ersten gesicherten R.inschriften mit dem Kamm von Vlmose (zweite Hälfte des 2. Jh.s) und dem Lanzenblatt von Øvre Stabu (erste Hälfte des 3. Jh.s) vor. Das sog. ›Ältere Fuþark‹ (benannt nach den ersten 6 Zeichen) mit 24 Schriftzeichen und ca. 360 Überlieferungszeugen war in der gesamten Germania bis ca. 700 n. Chr. in Gebrauch. Es handelt sich um ein phonologisch flaches Schriftsystem. Ab dem 7. Jh. entwickelten sich lokale Sonderformen: Während in Skandinavien der Zeichensatz auf 16 Zeichen reduziert wurde, wodurch einige R.zeichen mehrere Phoneme repräsentieren müssen (z. B. *u* für die Phoneme *u, y, o, ø*), erfolgte in England eine Aufschwellung durch die Schaffung neuer Zeichen für neue Phoneme, die zu einem Fuþorc mit bis zu 33 Zeichen führte. – Strittig sind der Ort der Entstehung sowie die Frage nach dem Vorlagenalphabet. Als Vorbilder wurden mediterrane Alphabete (gr., lat., nordetruskisch) genannt, wobei keine Theorie alle Probleme befriedigend lösen kann. Das lat. Alphabet zum Ausgang zu nehmen und die Entstehung im niederrheinischen Gebiet oder in Schleswig-Holstein bzw. Jütland zu verorten, ist aufgrund der Rahmendaten (Funddistribution, kulturelle Kontakte zwischen Römern und Germanen) am wahrscheinlichsten. Unklar bleiben weiterhin die Gründe für die Umstellung der Alphabetfolge in die Fuþark-Ordnung (vgl. den Stein von Kylver). Die Brakteaten (Schmuckscheiben) von Vadstena und Grumpan bezeugen eine Aufteilung der 24 Zeichen in 3 *ættir* (›Geschlechter‹) zu je 8 Zeichen.

– R.inschriften wurden auf organischem (Holz, Knochen, Horn, Elfenbein) und anorganischem Material (Gold, Silber, Bronze, Kupfer, Blei, Eisen) angebracht; R.inschriften auf Stein (oftmals in monumentaler Form) sind nur in Skandinavien gefunden worden. – Von den insgesamt ca. 6.500 erhaltenen R.inschriften entfallen 3.600 auf Schweden, 1.600 auf Norwegen, 850 auf Dänemark, 100 auf Island, 100 auf Grönland, 90 auf England, 80 auf Deutschland. Ihre geographische Streuung reicht von der westgrönländischen Insel Kingitorssuaq im Westen und Norden bis zum Ladoga-See im Osten und dem gr. Piräus im Süden. Immer wieder tauchen gefälschte R.inschriften auf; die prominentesten Beispiele sind die nordam. Steine von Kensington und Heavener, in Deutschland der Knochen von Maria Saal, die Bügelfibel von Kärlich und evtl. die Ritzung im Kleinen Schulerloch. – Die R.namen der Einzelgrapheme wurden mit zwei Ausnahmen (z/R und ŋ) nach dem akrophonischen Prinzip gebildet. Ältester Beleg für R.namen ist das »Abecedarium Nordmannicum« aus dem Cod. Sangallensis 878 (↗ Abecedarium). Die einzelnen R.namen in ihrer germ. rekonstruierten Form lauten: *f*: **fehu-* ›Vieh, Besitz, Vermögen‹; *u*: **ûru-* ›Ur, Auerochse‹; *þ*: **þurisa-* ›Riese, Dämon‹; *a*: **ansu-* ›Ase‹; *r*: **raidô-* ›Ritt, Fahrt, Wagen‹; *k*: **kaun-* ›Beule, Geschwür‹; *g*: **gebô-* ›Gabe‹; *w*: **wunjô-* ›Wonne, Freude‹; *h*: **hagla-* ›Hagel‹; *n*: **naudi-* ›Not, Zwang‹; *i*: **îsa-* ›Eis‹; *j*: **jæra-* ›Jahr‹; *ï/ei*: **eiha-/eiwa-* ›Eibe‹; *p*: **perþô-* ›ein Fruchtbaum?‹; *z/R*: **algiz* ›Elch‹; *s*: **sôwulô-* ›Sonne‹; *t*: **teiwa-* ›Ziu, Týr‹ (Götternamen); *b*: **berkana-* ›Birkenzweig‹; *e*: **ehwa-* ›Pferd‹; *m*: **manna-* ›Mann‹; *l*: **lagu-* ›Wasser, See, Meer‹; *ŋ*: **ingwa-* ›Ing, Yngvi‹ (Göttername); *d*: **daga-* ›Tag‹; *o*: **ôþala-* ›Stammgut, Landbesitz‹. Im Einzelnen ist mit Neuschöpfungen und Ersetzungen zu rechnen, z. B. **þurisa-* zu aengl. *þorn* ›Dorn‹. Die spätere Überlieferung nutzt einzelne Grapheme auch als Begriffszeichen; für die Frühzeit gibt es hierzu nur wenige sichere Beispiele (z. B. Stein von Stentoften). – R.inschriften sind herausragende Denkmäler für die Geschichte der germ. Sprachen und die ↗ germ. Altertumskunde. Sie bieten reiches onomastisches Material (Hersteller-, Gedenk-, Besitzerinschriften), sind Quellen für die germ. Metrik (↗ Stabreim auf dem Goldhorn von Gallehus und dem Stein von Tune, eine ↗ Fornyrðislag-Strophe auf dem Stein von Rök, eine ↗ Dróttkvætt-Strophe auf dem Stein von Karlevi), Geschichte (Steine von Jelling, Wetzstein von Timans) und Religionsgeschichte (Götternamen auf der Nordendorfer Fibel; Beschwörungsformel auf dem Kupferblech von Högstena).

Lit.: H. Arntz: Hb. der R.kunde [1935]. Halle ²1944. – K. Düwel: R.kunde [1968]. Stgt. ³2001. – W. Krause: Die R.inschriften im älteren Futhark. Gött. 1966. – E. Moltke: Runes and their origins: Denmark and elsewhere. Copenhagen 1985. – H. Williams: The origin of Runes. In: Amsterdamer Beiträge zur älteren Germanistik 45 (1996), S. 211–218.   WB

Runolied [finnisch *runo* = Gedicht], auch: Runen-Lied; episch-lyrisches Volkslied der Finnen, dessen Tradition bis um 500 n. Chr. zurückreicht und weder durch die Skandinavisierung (seit 1000) noch durch die Katholisierung Finnlands (seit 1150) wesentlich beeinträchtigt wurde. Es handelt sich um Zauberlieder, Beschwörungslieder, aitiologische Lieder, die das archaische Weltbild des eurasischen Schamanismus erkennen lassen, um Jagdlieder, Hochzeits- und Klagegesänge und Balladen im sog. *Runenvers* (auch: *Runovers*): ein vierhebiger Achtsilbler mit trochäischem Versgang ($-v-v-v-v$), der sich durch Alliteration und verschiedene Formen des End- und Binnenreims auszeichnet. Der Vers ist zugleich syntaktische Einheit. Zu seinen stilistischen Merkmalen gehört v. a. der Parallelismus, meist mit Variation verbunden. Die mündlich überlieferten R.er wurden von Berufssängern zu einer stereotyp wiederkehrenden Melodie gesungen, begleitet von der fünfsaitigen Kantele. Zum Vortrag gehörten jeweils zwei Sänger, die, einander gegenübersitzend, sich an einer Hand festhielten und sich dem antiphonischen Vortrag des R.s entsprechend hin- und herzogen. Die Sammlung und Publikation der finnischen R.er begann im 19. Jh. im Zuge der Romantik; bis heute sind ca. 1,5 Millionen Verse veröffentlicht. Durch Kompilation einzelner R.er schuf E. Lönnrot 1849 sein fünfzig Gesänge umfassendes Epos »Kalevala«. JK/Red.

Russischer Formalismus ↗ Formalismus.

Russistik ↗ Slawistik.

S

Sachbuch, 1. im weiteren Sinn: jede selbständige Publikation im Bereich nicht belletristischer Lit. (engl. *non-fiction*; ↗ Sachlit.). Eine klare Scheidung nach textimmanenten Kriterien bzw. lit. Gestaltungsformen ist hier allerdings kaum möglich. – 2. Im engeren Sinn: Publikation, die – im Unterschied zum wissenschaftlichen ↗ Fachbuch – Informationen und Erkenntnisse aus unterschiedlichen Wissensbereichen einem breiten Publikum in eingängiger, interessierten Laien leicht verständlicher Form präsentiert. Häufig werden auch Ratgeber, Wörterbücher und Nachschlagewerke unter diesem Begriff subsumiert. Typisch für das S. sind didaktische Gliederung, Einsatz grafischer Mittel und Abbildungen, eine nüchterne Sprache, aber auch spannungssteigernde Schreibstrategien (Storybildung, Personalisierung). – Der Begriff ›S.‹ wurde in den 1920er Jahren erstmals verwendet, setzte sich aber erst in den 1960er Jahren als Folge konzertierter Bemühungen dt.sprachiger S.verleger als marktfähige Gattungsbez. gegen Begriffe wie ›Tatsachenbuch‹, ›Informationsbuch‹ oder ›Sachroman‹ durch. – Die Intention, wissenswerte Informationen über Mensch und Welt breiteren, über die Fachwelt hinausgehenden Kreisen zu vermitteln, findet sich bereits in der Antike (Herodot, Thukydides); sie setzt sich fort in Publikationen, welche die Bildungsinteressen der sich emanzipierenden bürgerlichen Schichten im 18. Jh. und der Arbeiterschaft im 19. Jh. bedienen. Als eines der ›klassischen‹ Sachbücher gilt »Sage und Siegeszug des Kaffees« (1934) von H. E. Jacob; der internationale ↗ Bestseller »Götter, Gräber und Gelehrte« von C. W. Ceram (1949) markiert den Beginn der großen Bedeutung des S.s im Verlagsgeschäft, die bis heute fortbesteht. Die Forschung beginnt erst allmählich diese zentrale Bedeutung zu erkennen.
Lit.: U. Diederichs: Annäherung an das S. In: R. Radler (Hg.): Die dt.sprachige Sachlit. Mchn., Zürich 1976, S. 1–37. – D. Oels: Wissen und Unterhaltung im S. In: ZfG N.F. 15 (2005), S. 8–27. – Ders.: S. In: E. Schütz u. a. (Hg.): Das BuchMarktBuch. Reinbek 2005, S. 323–327. – www.sachbuchforschung.de.   CWÜ

Sachglossar, n., ↗ Vokabular, ↗ Glossar.

Sachhälfte ↗ Gleichnis.

Sachliteratur, Sammelbez. für diejenigen Texte, die entweder ein ganzes Sachgebiet oder einen einzelnen Gegenstand aus einem Sachgebiet darstellen und sich damit von der ↗ Belletristik abgrenzen. Im Ggs. zur Fachlit., bei der die wissenschaftliche Darstellung im Vordergrund steht, versucht die S. dem Leser den Gegenstand allg.verständlich zu vermitteln. Typische Sachbücher sind z. B. Nachschlagewerke, Kochbücher, Werke zum Sport, zum Garten oder Beruf. Diese Einteilung gilt im Grunde auch für die volkssprachige mal. Lit., allerdings ergänzt um das ↗ Lehrgedicht. Im Lehr-

gedicht, das von der Antike bis weit in das 19. Jh. vertreten ist, werden wissensvermittelnde Inhalte und poetische Form miteinander verknüpft. Typisch dafür ist beispielsweise die frühmal. geistliche Dichtung, in der theologisch-religiöse Inhalte dem Publikum in poetischer Form vermittelt werden, oder die gelehrte ↗ Spruchdichtung Heinrichs von Mügeln, der medizinische Themen zum Gegenstand seiner Gedichte macht. Aber nicht nur beim Lehrgedicht verschwimmen die Grenzen von Dichtung und S., sondern auch, wenn detailliertes Sachwissen (z. B. die Liste der Edelsteine in Wolframs von Eschenbach »Parzival« oder die Schilderung des fachmännischen Waidwerks in Gottfrieds von Straßburg »Tristan«) in das dichterische Werk integriert wird. Darüber hinaus gibt es im mal. dt. Schrifttum eine nicht unbeträchtliche Anzahl an Werken, die sich einer vereinfachenden Zuordnung nach Stoffbereichen gänzlich entziehen. – Sowohl in der Forschung zur dt. mal. Lit. als auch im aktuellen mediävistischen Lehrbetrieb der Universitäten wird der Begriff ›S.‹ weitgehend synonym mit den Termini ›Fachprosa‹, ›Fachlit.‹, ›Arteslit.‹ und ›Wissenslit.‹ als Sammelbegriff für Texte aus den verschiedenen Wissensgebieten verwendet. Fasst man den Begriff sehr weit, so zählen nach dem Schema der mal. Wissenseinteilung zu diesem ›nicht-dichterischen‹ Schrifttum geistlichen und weltlichen Inhalts Texte zur Theologie (vom gelehrtem Traktat bis hin zum katechetischen Schrifttum), die ↗ Rechtslit. und ↗ Medizinlit. sowie die Arteslit., zu der die Schriften der *septem artes liberales* (Grammatik, Rhet., Dialektik sowie Arithmetik, Geometrie, Musik und Astronomie), der *artes mechanicae* (Handwerk, Kriegswesen, Seefahrt, Landwirtschaft, Jagd, Heilkunde und Hofkünste) und schließlich der *artes magicae* (Mantik und Magie) gehören. Fasst man dagegen den Begriff enger, so wird unter ›S.‹ die nichtfiktionale Lit. zusammengefasst, soweit sie nicht theologisch, juristisch oder historisch ist, also Texte, die sich durch ihre unmittelbare lebenspraktische Funktion auszeichnen. – In der Praxis wird der weitgespannte Begriff jedoch völlig unterschiedlich verwendet. Je nach individueller Kompetenz werden dabei einzelne Bereiche ausgewählt bzw. ausgeklammert, und dementsprechend wird der Begriff jeweils anders definiert. Als Terminus technicus wird heute ›Fachprosa‹ kaum noch verwendet. Auch der Begriff ›Wissenslit.‹ hat sich nicht durchgesetzt. Der Terminus ›Arteslit.‹ dagegen, der an sich sehr präzise das lat. mal. Schrifttum erfasst, hat sich, übertragen auf die dt. Lit., als wenig hilfreich erwiesen. Der Grund dafür ist, dass aus den Bereichen der ↗ Artes (abgesehen von Schul- und Medizinlit.) bis weit in die zweite Hälfte des 15. Jh.s insgesamt nur etwa ein Dutzend Werke überliefert sind, die überdies aus verschiedenen Textsorten stammen. Ihre Einordnung in das abstrakte Artes-Schema ergibt daher wenig Sinn. Durchgesetzt haben sich dagegen die beiden Begriffe ›Fachlit.‹ und ›Sachlit‹. Allerdings ist der Begriff ›Fachlit.‹ für Texte des MA.s wegen der modernen Konnotation etwas irreführend, während ›Sachlit.‹ keinen Aufschluss über die Qualität der Texte gibt und sowohl Fachlit. für den Experten als auch populärwissenschaftliches Schrifttum einschließt. Generell lässt sich feststellen, dass aus dem Bereich der S., soweit sie nicht theologisch, juristisch und historisch ist, in den ersten sieben Jh.en schriftlicher Überlieferung im dt. Sprachraum, also vom 8. Jh. bis um 1400, fast nur Texte aus dem Umkreis von Schule (v.a. ↗ Glossare und ↗ Vokabulare) und Medizin entstanden bzw. überliefert sind. Die Situation ändert sich zwar im 15. Jh., aber auch in dieser Epoche, in der es zu einem sprunghaften Anstieg der Lit.produktion kommt, finden Sachtexte erst allmählich und meist erst im letzten Jh.drittel den Weg in die Schriftlichkeit (abgesehen von der bereits bestehenden Tradition der ↗ Schultexte und der Medizinlit.). Dieses Aufkommen weiterer Bereiche der S. dürfte wohl weniger mit den sieben traditionellen Fächern des lat.sprachigen Unterrichts an den Kloster- und Domschulen zu tun haben als vielmehr mit dem Bestreben, die von den Humanisten zum Druck gebrachte aktuelle lat. Lit. einem stärker wachsenden dt.sprachigen Leserkreis zugänglich zu machen. – Zu neueren Tendenzen vgl. ↗ Sachbuch.

Lit.: P. Assion: Altdt. Fachlit. Bln. 1973. – W. Crossgrove: Die dt. S. des MA.s. Bern u.a. 1994. – U. Friedrich: Fachprosa. In: RLW. – K.-A. Wirth: Von mal. Bildern und Lehrfiguren im Dienste der Schule und des Unterrichts. In: B. Moeller u.a. (Hg.): Studien zum städtischen Bildungswesen des späten MA.s und der frühen Neuzeit. Gött. 1983, S. 256–370. – N.R. Wolf (Hg.): Wissensorganisierende und wissensvermittelnde Lit. im MA. Wiesbaden 1987. BS

Sachroman, veraltete Bez. für ↗ Sachbuch.

Sächsische Dichterschule, Gruppe von Lyrikern, zu der V. Braun, H. Czechowski, A. Endler, E. Erb, B. Jentzsch, S. Kirsch, R. Kirsch, R. Leising, K. Mickel und B.K. Tragelehn zählen. Fast alle Autoren stammen aus Sachsen, viele von ihnen aus Dresden. Endler wandte die von G. Maurer Ende der 1960er Jahre geprägte Bez. ›S.D.‹ 1978 auf diese Gruppe an und machte sie publik. Der Begriff, der sich in den 1980er Jahren in der Lit.wissenschaft durchgesetzt hat, ist ironisch gemeint und zugleich provokant. Endler suggeriert eine ungebundene Gemeinschaft von Autoren in Opposition zu der sich als geschlossen darstellenden DDR-Gesellschaft. Seine Vorstellung von ›Schule‹ ist ein Plädoyer für die freie Entfaltung sehr unterschiedlicher Poesiekonzeptionen. Gemeinsam sind den zu DDR-Zeiten entstandenen Gedichten aller Autorinnen und Autoren der Gruppe die formale Ungebundenheit und eine oppositionelle Haltung.

Lit.: G.-J. Berendse: Die ›S.D.‹. Ffm. u.a. 1990. – A. Endler: DDR-Lyrik Mitte der Siebziger. In: Amster-

damer Beiträge zur neueren Germanistik 7 (1978), S. 67–95. MO

Sächsische Komödie, Sammelbez. für eine Gruppe von Lustspielen, die aus dem Umkreis des Leipziger Professors J.Ch. Gottsched (1700–66) stammen und zwischen 1730 und 1750 entstehen. Es handelt sich überwiegend um satirische ↗ Typenkomödien, in denen laut Gottscheds Komödiendefinition (»Versuch einer Critischen Dichtkunst vor die Deutschen«, 1730) »die Nachahmung einer lasterhaften Handlung, die durch ihr lächerliches Wesen den Zuschauer belustigen, aber auch zugleich erbauen kann«, dargestellt wird. Das Laster, d.h. der Fehler, die Charakterschwäche eines Menschen (Geiz etc.), wird dem Verlachen durch den Zuschauer preisgegeben (daher gelegentlich auch: ›Verlachkomödie‹). Die s.K. ist arm an psychologischer Figurenzeichnung, sie vertritt durch ihre Gegenüberstellung von verschiedenen Typen nach dem Schema von Tugend und Laster klar erkennbare aufklärerische und rationalistische Anschauungen. Gottsched entwickelt seine Theater- und Komödienreform in Abgrenzung zu den damals auf den Theatern üblichen derben Lustspielen und Hanswurstiaden. Vorbilder sind die regelgerechten frz. Komödien von Ph.N. Destouches und Ch.R. Dufresny. Übers.en dieser frz. Stücke sowie Originallustspiele von L.A.V. Gottsched, A.G. Uhlich, J.E. Schlegel, T.J. Quistorp sind in Gottscheds Dramensammlung »Die Dt. Schaubühne« (1741–45) abgedruckt. Noch G.E. Lessings Jugendlustspiel »Der junge Gelehrte« (Uraufführung Leipzig 1748) gehört zum Typus der s.n K. In der Spätphase der s.n K. kommt es zu Mischformen bei Ch.F. Gellert, J.Ch. Krüger, Ch.F. Weiße, in deren Stücken die Tendenz zum rührenden Lustspiel (↗ Rührstück, ↗ weinerliches Lustspiel) überhand nimmt.

Lit.: D. Brüggemann: Die s.K. Köln, Wien 1970. – W. Hinck: Das dt. Lustspiel des 17. und 18. Jh.s und die it. Komödie. Stgt. 1965. – L. Pikulik: »Bürgerliches Trauerspiel« und Empfindsamkeit [1966]. Köln, Wien ²1981. – H. Steinmetz: Die Komödie der Aufklärung. Stgt. 1966. AHE

Sachtext ↗ Sachlit.

Sacra rappresentazione, f. [it. = heilige Darstellung], spätmal. it. Sonderform des ↗ geistlichen Spiels: religiöse musiktheatralische Darbietung, gepflegt seit dem 15. Jh. v.a. in Florenz, aber auch in anderen it. Städten und am Wiener Hof (hier in der Karwoche sogar bis ins 18. Jh. hinein). Die *s.r.* ist eine komplexe Mischform, in der sich Bräuche alter Volksfrömmigkeit, umbrisches Liedgut, hochsprachliche Dichtung, kirchliche und weltliche Musiktradition mit einer ausgebildeten Theaterkunst zu einer theatralisch-religiösen Feier verbanden. Zu bestimmten Anlässen wurden auf einer Simultanbühne mit Kulissen, reichen Theatermaschinen, prunkvollen Kostümen, zahlreichen Darstellern (aus den *confraternita*, ↗ Passionsbruderschaften) Episoden aus der biblischen Geschichte und Heiligenlegende zur Darstellung gebracht. Über das geistliche Geschehen wurde (oft zu ↗ Lebenden Bildern) in Versen oratorisch berichtet; die weltlichen Episoden, die als zwischengeschaltete ↗ Intermezzi den geistlichen Text unterbrachen und als Vorläufer der it. Komödie gelten, wurden dagegen dramatisch-komödiantisch dargestellt. – Etwa 100 relativ kurze Texte (bis zu 1.000 Versen) sind überliefert; sie lassen auf instrumentale Begleitung für Tanz und Gesang schließen. Am berühmtesten ist die »R. di S. Giovanni e Paolo« des Lorenzo de Medici. Das Humanistendrama verdrängte die *s. r.* in die Klöster, sofern sie nicht im Rahmen lokaler Bräuche konserviert wurden (z. B. in Wien). E. de Cavalieri griff in der »R. di Anima e di Corpo« (1600) noch einmal auf die alte Form und ihre rezitativischen Möglichkeiten zurück.

Lit.: A. d'Ancona: Le Sacre Rappresentazioni dei secoli XIV, XV e XVI, 3 Bde. Florenz 1872. – R. Bletschacher: Rappresentazione sacra. Wien 1985. – A. Bonfantini: Le Sacre Rappresentazioni italiane. Mailand 1939. HER

Saga, f. [anord. = Bericht, Erzählung, Geschichte, Historie], Pl. *Sögur*, dt. ›Sagas‹: Sammelbez. für die anord., insbes. isländ. Prosaerzählungen des MA.s, deren Anfänge in das 12. Jh. fallen und deren Grundbestand im 14. Jh. abgeschlossen war. Es handelt sich nicht um eine fest umrissene lit. Gattung; die Bez. ›S.‹ deckt vielmehr eine Fülle epischer Formen ab: ↗ Erzählung (*smásaga*), ↗ Märchen, ↗ Roman (*skáldsaga*), historische Biographie (*œfisaga*), monographische Geschichtsdarstellung und Weltchronik. – Traditionellerweise werden die S.s nach ihren Inhalten geordnet. Dabei kann noch unterschieden werden zwischen S.s im engeren Sinne, d. h. solchen Erzählwerken, die genuin skandinavisch sind (durchweg in Island entstanden) und weder auf kirchlich-lat. noch auf antike, romanische oder dt. Epik als stoffliche Vorlagen zurückgreifen, und S.s im weiteren Sinne: Übers.en und Nacherzählungen geistlicher oder höfischer Epik west- und mitteleuropäischen Ursprungs bzw. antiker Lit.-werke. Zur S.-Lit. im engeren Sinne gehören: 1. *Konunga sögur* (Königssagas), historische Schriftwerke zur norweg. und dän. Königsgeschichte, zur Geschichte der Orkaden (auf den Orkneyinseln) und zur Geschichte der Färöer; gelegentlich werden auch Werke zur isländ. Geschichte der Landnahmezeit dazu gezählt. Die *Konunga sögur* stellen die älteste Gruppe der S.s dar (Mitte des 12. Jh.s bis ca. 1280). Als Quellen gelten Berichte und Darstellungen von Augenzeugen, die genealogische und annalistische Überlieferung durch die *fróðir menn* (= die Geschichts- und Genealogiekundigen) und die Skaldendichtung. Ihre Verfasser sind, im Ggs. zu anderen Zweigen der S.-Lit., teilweise namentlich bekannt: z. B. Snorri Sturluson (»Heimskringla«, 1220/30, eine norweg. Königsgeschichte, deren einleitender Teil, die »Ynglinga saga«, auch schwed. Königsgeschichte referiert). Die *Konunga sögur* sind, von Einzelüberlieferungen abgesehen, in umfangreichen ↗ Sammelhss. überliefert, die teilweise erst aus dem 14. und 15. Jh. stammen, darunter die Sammlung

»Morkinskinna« (13. Jh.), der »Eirspennill« (14. Jh.), die Frísbók, die »Hauksbók« und, als umfangreichste, die »Flateyarbók«. - 2. *Íslendinga sögur* (Isländersagas), die lit. bedeutendste Gruppe von S.s, die lange Zeit im Mittelpunkt der S.forschung stand, so dass die Bez. ›S.‹ teilweise synonym mit ›*Íslendinga saga*‹ gebraucht wurde. Zu dieser Gruppe gehören 36 kleinere und größere Prosaerzählungen aus der Zeit von 1200 bis zum Ausgang des 14. Jh.s. Die größtenteils fiktiven Stoffe behandeln Geschehnisse der isländ. Landnahmezeit. Wichtigste Typen sind die romanartige ↗ Biographie (bes. beliebt ist dabei der Typus der Skalden) und der breit ausgeführte isländ. Familienroman (*ættarsaga*). Während die ältere, namentlich dt. Forschung (A. Heusler) in den überlieferten *Íslendinga sögur* nur den späten lit. Reflex einer langen mündlichen Erzähltradition sah, die teilweise bis ins 9. Jh. zurückreichen und ein Stück altgerm. Prosakunst darstellen sollte (»Freiprosatheorie«), neigt die jüngere Forschung, bes. die »isländ. Schule« S. Nordals (dt. Vertreter: W. Baetke), dazu, die *Íslendinga sögur* als individuelle Kunstwerke aufzufassen, deren älteste Vertreter frühestens in die Zeit kurz nach 1200 fallen (»Buchprosatheorie«). Die *Íslendinga sögur* gelten damit nicht mehr als Zeugnisse eines (von der Forschung idealisierten) germ. Altertums, sondern als lit. Leistung des skandinavischen Hoch-MA.s, als unter den bes. historischen und gesellschaftlichen Bedingungen Skandinaviens und v. a. Islands entstandenes Gegenstück zur höfischen Epik West- und Mitteleuropas. Wichtige *Íslendinga sögur* sind die »Egils saga« und die »Gísla saga«. Die umfangreichen *Íslendinga sögur* sind größtenteils in Einzelhss. überliefert; die bedeutendste Sammelhs. ist die »Möðruvallabók« des 14. Jh.s. – 3. Die *Sturlunga saga*, eine Kompilation älterer (nicht erhaltener) Werke zur isländ. Zeitgeschichte des 12. und 13. Jh.s, entstanden um 1300. Ihr Kernstück ist die »Íslendinga saga« des Sturla Þórðarson, die den Zeitraum von 1183 bis 1255, die *Sturlunga öld* (das ›Sturlungenzeitalter‹) Islands, benannt nach dem einflussreichen Geschlecht der Sturlungen, umfasst. Sie ist in zwei großen Sammelhss. überliefert (Króksfiarðarbók, 14. Jh.; Reykiarfiarðarbók, um 1400). – 4. *Byskupa sögur* (Bischofssagas), Darstellungen der Geschichte der isländ. Kirche seit der Christianisierung Islands im Jahr 1000 und ihrer Bischöfe. Die Werke haben teilweise hagiographischen Charakter, z. B. die »Ións saga Helga«. – 5. *Fornaldar sögur* (Vorzeitsagas). Diese umfangreiche Gruppe von S.s gestaltet Stoffe aus der Heldensage südgerm. Herkunft (z. B. die »Völsunga saga« mit dem Nibelungenstoff), aber auch skandinavischen Ursprungs (»Hrólfs saga Kraka«) und sagenhafte Überlieferungen aus der Wikingerzeit; z. T. erfindet sie auch ihre Gegenstände nach dem Muster der Helden- und Wikingersage (↗ Fornaldar saga).

Zur S.-Lit. im weiteren Sinne gehören 6. *Riddara sögur* (Rittersagas), Prosaübers.en und -bearbeitungen westeuropäischer, v. a. frz. und anglonormannischer Epik, darunter, ziemlich am Anfang der S.dichtung überhaupt stehend, die »Tristrams saga« von Bruder Robert (1226), weiter die »Ívens saga«, die »Parcevals saga«, die »Erex saga«, die »Flóres saga ok Blankiflúr« und die »Karla Magnús(s) saga«; 7. *Lygisögur* (Lügengeschichten, Märchen) als isländ. Neuschöpfungen nach dem Muster der *Riddara* und *Fornaldar sögur* (mit Verarbeitung internationaler Märchenstoffe); 8. die Heldensagenkompilation der *Þiðreks saga*, eine Bearbeitung dt. ↗ Heldendichtungen, abgefasst um 1250 in Bergen unter der Regierungszeit des Königs Hákon Hákonarson; 9. auf lat. Quellen zurückgehende *historische und pseudo-historische Übers.slit.*, darunter die »Veraldar saga« (eine Weltchronik), die »Rómveria saga« (röm. Geschichte nach Sallust und Lukan), die »Breta saga« (nach Geoffrey of Monmouth), die »Trójumanna saga« (Troja-Roman) und die »Alexanders saga« (Alexanderroman); 10. *hagiographische Lit.*, unterteilt in *Maríu sögur* (Marienlegenden), *Postola sögur* (Apostelsagas) und *Heilagra manna sögur* (Heiligenlegenden), darunter eine »Barlaams saga ok Jósaphats« und eine »Gregorius saga«. – Die neuere Forschung hat diese traditionelle Einteilung der S.-Lit. durch andere Gliederungen zu ersetzen versucht. S. Nordal unterscheidet ›Gegenwartssagas‹ (Darstellungen von Zeitgeschichte wie die jüngeren *Konunga sögur*, die *Byskupa sögur* und die *Sturlunga saga*), ›Vergangenheitssagas‹, die im engeren Sinne historisch oder in die geschichtliche Zeit verlegte S.-Lit., also die Mehrzahl der *Konunga sögur* und die Masse der *Íslendinga sögur*, und ›Vorzeitsagas‹, d. h. S.-Lit., die in heroischer Vorzeit, in pseudohistorischer Zeit und in Märchenzeit angesiedelt ist. – Im 19. und 20. Jh. lit. wirksam waren v. a. die *Íslendinga sögur*. Sie haben thematisch und stilistisch (↗ Sagastil) den skandinavischen ↗ historischen Roman seit der ↗ Romantik maßgeblich beeinflusst (S. Undset, H. Laxness) und stehen als Muster hinter zahlreichen modernen Familienromanen (z. B. J. Galsworthy: »Forsyte S.«).

Texte: K. Böldl (Hg.): Die S. von den Leuten auf Eyr. Mchn. 1999. – J. Glauser, G. Kreutzer (Hg.): Isländ. Märchen-S.s. Mchn. 1998. – D. Huth (Hg.): S.s aus Ostisland. Mchn. 2000. – K. Schier (Hg.): Egils S. Mchn. 1996. – H. Seelow (Hg.): Grettis Saga. Mchn. 1999. Lit.: Th. M. Andersson: The problem of Icelándic S. origin. New Haven, Ldn. 1964. – W. Baetke (Hg.): Die Isländer-S. Darmstadt 1974. – J. Kristjánsson: Eddas und S.s Hbg. 1994. – K. Schier: S.-Lit. Stgt. 1970.

JK/Red.

Sagastil, der Stil der Isländer-↗ Saga. – Merkmale sind eine gehobene, aber natürliche Alltagsprosa und die äußerste Knappheit und Präzision der Darstellung, verbunden mit Objektivität und Realismus. Dargestellt werden nur bedeutungsvolle und folgenschwere Höhepunkte eines Geschehnisablaufs mit den Mitteln des doppelseitigen Erzählens, d. h. objektiv referierende Abschnitte wechseln mit anderen ab, in denen das Geschehen nur im Dialog der Handelnden greifbar wird.

Das Subjekt des Erzählers tritt hinter dem Erzählten völlig zurück; weder werden die Figuren der Handlung direkt charakterisiert, noch wird das Geschehen kommentiert. Auch Zustandsschilderungen fehlen. Die Handlungsstruktur wird durch das Gesetz der Dreizahl (mit steigernder Funktion) und des Gegensatzes (mit kontrastierender Funktion) geprägt. – Nachahmungen des S.s finden sich in einigen ↗ historischen Romanen und Erzählungen.   JK/Red.

Sage, f. [mhd., aus ahd. *saga* = Sprechen, Rede, Aussage, Erzählung, Gerücht, Bericht], epische Kleinform der oralen Lit., die meist in Form eines schriftlich fixierten Erzähltextes tradiert wird, welcher ein außerordentliches Ereignis als tatsächlich Geschehenes schildert. Übernatürliches und Phantastisches (z. B. Mittagsgespenst, Naturdämon, Wiedergänger) erscheinen kontrastiv und schreckhaft (M. Lüthi: Mehrdimensionalität im Unterschied zum ↗ Märchen) und sind mit Hilfe von Angaben zu Ort und Zeit des Geschehens sowie zur Beglaubigung durch Bezugspersonen in die Realität eingebunden; die geschilderten individuellen Erlebnisse sind in kollektive Glaubensvorstellungen und Erfahrungen integriert. Die affektive Nähe zum Übernatürlichen und die Motivation im persönlichen Erlebnis lassen S.n als emotional anziehend erscheinen. Die handelnden Personen stehen in einem engen Bezug zur Lebenspraxis von Erzähler und Publikum. So wirken S.n auf das Verhalten des Einzelnen und der Gruppe zurück. Stilistisch zeichnet sich die S. durch eine einfache Struktur (Kürze, Kargheit, Parataxe, Dialektformen, Regionalismen, reduzierte Syntax) aus. Die Forschung hat die S.n verschieden kategorisiert, z. B. dämonische, historische und aitiologische S.n unterschieden. – Inhaltlich handelt die S. von der Auseinandersetzung des Menschen mit der ihn umgebenden Natur, der historisch-sozialen Realität und der übernatürlichen Sphäre. In der S. wird die Ebene des prärationalen Bewusstseins angesprochen, indem Vorgänge erzählt werden, die dem Individuum unerklärlich sind und durch eine mythisierende und symbolisierende Darstellung gedeutet werden. – Die Brüder Grimm, v. a. Jacob, favorisierten die Suche nach S.n als ›Naturpoesie‹ und Mittel zur Rekonstruktion eines germ. Mythensystems und betonten die ursprüngliche Gemeinsamkeit zwischen S. und Geschichte. Aufgrund der gründlichen redaktionellen Überarbeitung mit Kürzung, Ergänzung, Kontamination können ihre »Dt. S.n« (1816/18) nicht als exemplarische Zeugnisse populärer Tradition gelten, wirkten aber beispielgebend auf nationale und internationale Nachfolger, die im 19. und 20. Jh. in allen Regionen auftraten (z. B. L. Bechstein). – Noch heute verbreiten sich Stadtsagen (*urban legends*) über geisterhafte Tramper und Krokodile in Abwassersystemen, aus denen eine atavistisch anmutende Geisteshaltung spricht (vgl. Brednich, Brunvand). Die Verbreitungswege sind den heutigen technisierten Kommunikationsbedingungen entsprechend nicht nur oral, sondern auch medial (Internet, E-Mail und Printmedien). – Sog. Wandersagen erscheinen regionalspezifisch, sind aber nicht an das konkret geschilderte Ereignis und einen bestimmten Ort gebunden.

Lit.: R. W. Brednich: Der Goldfisch beim Tierarzt und andere sagenhafte Geschichten. Mchn. 1994. – J. H. Brunvand: Encyclopedia of urban legends. NY, Ldn. 2001. – G. Isler: Lumen Naturae. Küsnacht 2000. – M. Lüthi: Volksmärchen und Volkssage. Bern, Mchn. 1961. – L. Petzoldt: Einf. in die S.nforschung. Konstanz 1999. – W.-E. Peuckert: S.n. Bln. 1965. – F. Ranke: Volkssagenforschung. Breslau 1935. – L. Röhrich: S. und Märchen. Freiburg u. a. 1976. – N. Voorwinden: S. In: RLW. KPA

Sagvers, von Sievers eingeführte Bez. für einen von ihm vermuteten zweiten Typus des germ. Verses neben dem ⁊ Stabreimvers. Er glaubte ihn mit Hilfe von Schallanalysen in verschiedenen frühmal. Sprachdenkmälern nachweisen zu können, die heute (wie auch vor Sievers) meist als rhet. überhöhte Prosadenkmäler gelten oder der Tradition des Stabreimverses zugerechnet werden. Nach Sievers sind S.e Verse von wechselnder Länge (2–4 Hebungen), die durch weitgehende Freiheit der Versfüllung, der Zeilengruppierung und durch den freien Gebrauch der ⁊ Alliteration charakterisiert sind. S.dichtung (auch *Sagdichtung*) liege vor in der anord. Gesetzeslit., der anord. Memorialdichtung (»Gutasaga«, Teile der »Skáldskaparmál« des Snorri Sturluson), den friesischen Landrechten, der angelsächs. Prosa und in Teilen der »Merseburger Zaubersprüche« und des ahd. »Hildebrandsliedes«.

Lit.: E. Sievers: Dt. S.dichtungen des IX.–XI. Jh.s. Hdbg. 1924. – Ders.: Metrische Studien IV. 2 Bde. Lpz. 1918 f. JK/Red.

Sainete, m. [span. = Leckerbissen], im span. Theater knapper, meist schwankhaft-realistischer Einakter von brillantem Sprachwitz, mit musikalischen und tänzerischen Einlagen, instrumental begleitet von wenigen Musikern; löste Ende des 17. Jh.s den ⁊ Entremés als ⁊ Zwischen- und ⁊ Nachspiel ab und wurde im 18. Jh. von Ramón de la Cruz (»El Manolo«, 1784; »La Petra y la Juana« 1791) zum selbständigen Typus des span. ⁊ Volksstücks entwickelt, ähnlich dem ⁊ Género chico. Als atmosphärisch-heitere oder burleske, satirisch-kritische Skizze aus dem Madrider Volksleben, ohne eigentliche Handlung, aber mit volkstümlichen, lebensechten Typen, wurde der S. zu einer der beliebtesten dramatischen Gattungen. – In volkstümlichen Kleinformen wie dem S. bewahrte das span. Theater über die klassizistischen Formen der Aufklärung hinweg seine spezifischen Möglichkeiten und erblühte im letzten Drittel des 19. Jh.s neu (J. und S. Álvarez Quintero, C. Arniches y Barrera). Der S. als populäres sozialkritisches Medium wurde in den 1920er Jahren durch Operette und Varieté verdrängt.

Lit.: F. C. Sainz de Robles (Hg.): Teatro espagnol. Bd. 5: S. s. Madrid 1964. – U. Voss: Der S. Diss. FU Bln. 1970. HER

Säkulum, n. [lat. *saeculum*], Pl. *Säkula*; Zeitraum von hundert Jahren, Jahrhundert; auch allg.: Zeitalter, ⁊ Epoche. In der ⁊ Kultur- und ⁊ Lit.geschichte ein häufig benutztes Gliederungsprinzip (z. B. ›die Lit. des 17. Jh.s‹), mit dessen Hilfe die Probleme stilgeschichtlicher Epochenbegriffe (z. B. ›Barock‹) vermieden werden können. Die ⁊ Jh.wenden werden von den Zeitgenossen jeweils als wichtiger Einschnitt empfunden und inszeniert. Als ›Säkularfeier‹ bezeichnet man auch allg. Feierlichkeiten zu einem hundertjährigen Jubiläum. Ein bedeutendes lit. Dokument dafür ist das »Carmen Saeculare« des Horaz (17 v. Chr.). DB

Salon, m. [frz. = Empfangssaal, Kunstausstellung, von it. *salone* = großer Saal, Festsaal], 1. seit dem 18. Jh. gebräuchliche Bez. für ein repräsentatives Gesellschaftszimmer in Häusern des Bürgertums, die 2. im frühen 19. Jh., erstmals in G. de Staëls Roman »Corinne ou l'Italie« (1807), auf eine spezifische Form von Konversationsgeselligkeit angewandt wurde (⁊ Geselligkeit). Als soziale Formation steht der S. meist unter der Regie einer Frau (*salonière*), die an einem festen Empfangstag (*jour fixe*) oder aber mit gewisser Periodizität einen Kreis ausgewählter, z. T. wechselnder Gäste (*habitués*) um sich versammelt. Innerhalb des Spektrums inhaltlicher Orientierungen, das sowohl musisch-künstlerische als auch politische Zirkel umfasst, stellt der *lit.* S. international den häufigsten Typus dar. Seine historische Bedeutung erhält er nicht nur als Forum für Lit.kritik und -verbreitung, sondern auch als Ort des Mäzenatentums und der Protektion. – Die Anfänge des europäischen S.s, der bildungsgeschichtlich in der sowohl mündlichen als auch frauenzentrierten Kulturtradition der ⁊ Cours d'amour und it. Renaissancegeselligkeiten steht, werden retrospektiv auf das frühe 17. Jh. datiert. Dem Vorbild der Marquise de Rambouillet folgend, die seit 1610 regelmäßig Schriftsteller und Politiker in ihrem berühmten ›blauen Zimmer‹ (*chambre bleue*) empfing, bildeten sich erstmals in Paris ästhetische Zirkel aus, die damit – und dies war ein brisantes Novum – eine Gegenöffentlichkeit zum Hof etablierten. Auch im 18., 19. und frühen 20. Jh. sind es kulturgeographisch vornehmlich die urbanen Gesellschaftsstrukturen der europäischen Haupt- und Residenzstädte, die für die S.s einer Elizabeth Montagu (London), Germaine de Staël (Coppet), Juliette Récamier (Paris), Jewgenja Rostopochina (St. Petersburg), Donna Emilia Peruzzi (Florenz) oder Berta Zuckerkandl (Wien) geeignete Entstehungskontexte boten. In der Geschichte der dt. S.s haben neben den Geselligkeiten bei Caroline Schelling (Jena) und Johanna Schopenhauer (Weimar) v. a. die Berliner S.s um die Jüdinnen Henriette Herz, Rahel Levin-Varnhagen und Fanny Lewald Berühmtheit erlangt. – Nachdem das für eine interdisziplinäre Erschließung prädestinierte Konzept des S.s in den Geistes- und Sozialwissenschaften lange Zeit nur wenig Beachtung fand, avancierte es in den 1980er Jahren zu einem regelrechten akademischen Interessenmagneten. Während sich die ersten Studien darum bemühten, zunächst den Gegenstandsbereich abzustecken, zeichnet sich seit den 1990er Jahren eine zweite Phase ab, in der diese frühen, häufig zur historischen Fiktion und zum Genrebild tendierenden Arbeiten einer kritischen Revision unterzogen werden (vgl. Schultz). In jüngster Zeit finden in diesem Zusammenhang auch moderne Pendants oder Äquivalente des S.s Berücksichtigung. Neben verschiedenen kulturellen Veranstaltungsorten oder Talk-Shows, die mit dem alten Begriff um Publikum werben, rücken dabei bes. die *Internet Relay Chats* in den Blick (vgl. Simanowski), die trotz aller Unterschiede einige Strukturähnlichkeiten zur kommunikativen Situation im S. aufweisen.

Lit.: D. S. Hertz: Die jüdischen S.s im alten Berlin. Ffm. 1991. – C. Lillge: »Man ahmte die Töne der Liebe nach«. Überlegungen zu Liebe und S.gesellligkeit unter bes. Berücksichtigung des 19. Jh.s. In: W. Faulstich, J. Glasenapp (Hg.): Liebe als Kulturmedium. Mchn. 2002, S. 57–80. – H. Schultz (Hg.): S.s der Romantik. Bln. 1997. – P. Seibert: Der lit. S. Stgt. 1993. – Ders.: S. In: RLW. – R. Simanowski: Die virtuelle Gemeinschaft als S. der Zukunft. In: ders. u. a. (Hg.): Europa – ein S.? Gött. 1999, S. 345–369.   CL

Salonstück, Konversations-, Sitten- oder Boulevardkomödie, auch Gesellschaftsstück, sofern sie im Kreise der ›führenden‹ Gesellschaft spielen. Das S. entstand in England und Frankreich im 17. Jh. im Rahmen der ⁊ *comedy of manners* bzw. der *comédie de moeurs* und entwickelte sich dort im 18. und 19. Jh. zu einem Spiegel der jeweils tonangebenden Gesellschaftsschicht, die sich in den dargestellten Personen wiedererkennen, manchmal sogar ihren geistreichen Konversationston, die ›richtigen‹ Manieren und Toiletten, Moden und Sitten ihrer eigenen ⁊ Salons von der Bühne abnehmen konnte. Autoren waren A. Dumas der Jüngere, É. Augier, V. Sardou, J. Galsworthy, O. Wilde, später S. Guitry, J. B. Priestley, N. Coward und G. B. Shaw. Da sich eine großbürgerliche Gesellschaft in Deutschland erst im 19. Jh. entwickelte, war ein dt. S. erst in dieser Zeit möglich und bot dann zumeist eine Imitation von Pariser Vorbildern. Mitteleuropäische Zentren wurden Berlin und Wien (H. Laube, später A. Schnitzler, H. Bahr, H. v. Hofmannsthal: »Der Schwierige«, 1921 und »Der Unbestechliche«, 1923), aber auch Budapest (N. Laszlo, M. Lengyel und F. Molnar, die auch noch im am. Exil diesem Genre treu blieben). Wichtig wurde das Salonstück für die neuere Operette und für den Film. Lubitsch hat in den 1920er und 1930er Jahren Filme nach S.en gedreht (»The Marriage Circle«, 1924; »Lady Windermere's Fan«, 1925; »So This is Paris«, 1926; »Trouble in Paradise«, 1932; »Design for Living«, 1933; »Desire«, 1936; »Angel«, 1937). Heute sind Salon und S. Vergangenheit – nicht aber der Ehrgeiz, das Leben der »Rich and Beautiful« zu zeigen, wie es die gleichnamige Fernsehserie und zahlreiche andere tun, etwa »Dallas« oder »Dynasty«.

Lit.: V. Klotz: Das bürgerliche Lachtheater. Mchn.

²1984. – H. Mandelbaum, E. Myers: Screen Deco. A Celebration of High Style in Hollywood. NY 1985.
HER

Salut d'amour, m. [frz. = Liebesgruß], auch: Minnesalut; Gattung der mal. provenz. ⁊ Trobadorlyrik: in achtsilbigen Paarreimen abgefasstes Liebesgedicht in Briefform, das sich an die verehrte Dame mit der Bitte um Erhörung richtet. Der S. d'a. zeichnet sich durch ein festes Gliederungsschema aus, das mit dem fünfteiligen Briefaufbau nach den Regeln der ⁊ Ars Dictandi übereinstimmt (1. *salutatio*, 2. *exordium* bzw. *captatio benevolentiae*, 3. *narratio*, 4. *petitio*, 5. *conclusio*). – Die Themen entsprechen den Konventionen höfischer Liebeslyrik (⁊ Minnesang): Liebesleid des Werbenden, seine schlaflosen Nächte und Tagträume vom erfüllten Glück, Versicherung der ewigen Treue. Charakteristisch ist die in die *narratio* integrierte *descriptio puellae* (Beschreibung und Preis der Schönheit der Angebeteten). – Verwandte Form: ⁊ Minnebrief.

Lit.: P. Bec: Les S.s d'a. du troubadour Arnaut de Mareuil. Toulouse 1961. – A. Parducci: La »Lettera d'amore« nell'antico provenzale. In: Studi medievali N. F. 15 (1942), S. 69–110. – E. Ruhe: De amasio ad amasiam. Zur Gattungsgeschichte des mal. Liebesbriefes. Mchn. 1975, S. 97–119.   ID

Samizdát, m. [russ. = Selbstverlag, sarkastische Analogbildung zu offiziellen Abkürzungen des Typus *Gosizdát*, d. i. *Gosudárstvennoe Izdátel'stvo* = Staatsverlag], seit den 1960er Jahren gängige Bez. für Publikation (Abschriften, fotografische Abzüge, Tondokumente u. a.) außerhalb der Zensur; eine Publikationsform, die es der Sache nach in Russland seit Ende des 18. Jh.s gibt. Verbreitet wurden neben verbotener Belletristik (Achmátova, Mandelštám, Pasternák u. a.) zunehmend politisch-lit. Texte (Solženícyn, Sácharov u. a.) bis hin zu ganzen ›Untergrund‹-Zss. Eine Ergänzung bildete der ›Tamizdát‹ (russ. *tam* = dort), im Westen publizierte und nach Russland illegal eingeführte russ. Lit. Ähnliche Publikationsformen entwickelten sich auch in anderen Ländern des ›Ostblocks‹.

Lit.: W. Eichwede u. a. (Hg.): S. Bremen 2000. – F. J. M. Feldbrugge: S. and Political Dissent in the Soviet Union. Leiden 1975. – L. Richter (Hg.): Im Dissens zur Macht. Bln. 1995.   US

Sammelhandschrift, häufigster Überlieferungstyp von Lit. vor dem Druckzeitalter, daher zentraler Gegenstand der Kodikologie und der Lit.wissenschaften: 1. im engeren Sinne eine ⁊ Handschrift, die eine vom Anleger beabsichtigte Zusammenstellung von Texten erkennen lässt; 2. im weiteren Sinne die erst beim Binden (häufig unter dem Aspekt gleichen Formats) entstandene ›Buchbindersynthese‹. – Formales Kriterium der Sammlung kann etwa ein alten Texten gemeinsamer Autor sein (»Autor-Hs.«). Die Anlage der meisten S.en erfolgte jedoch unter textbezogenen Gesichtspunkten. Sie kann sich an Gattungen, aber auch an Themen wie Liebe oder Tod orientieren. – Die Textensembles laden zu einer Interpretation ein, welche die neue Rolle des Einzeltextes im Verbund zu bestimmen sucht und dabei auf Korrespondenzen und Interferenzen achtet. Insofern damit die Anleger von S.en als konstituierende Faktoren in den Vordergrund treten, gewinnt die Frage nach dem historischen Gebrauchszusammenhang der S.en an Bedeutung. Dieser ergibt sich in vielen Fällen unmittelbar aus dem Textprofil, in anderen muss er herausgearbeitet werden. Eine funktionale Deutung ist jedoch selbst bei erkennbarer Hinordnung einzelner Texte auf die Lebenspraxis mit dem Risiko der Überinterpretation behaftet. In der S. kann ein pragmatischer Text, in einen thematischen Kontext gestellt, gleichsam entpragmatisiert sein. – Die wichtigsten S.en ahd. und mhd. Lit. sind heute in Voll-Editionen zu studieren. Wichtige Impulse gingen von der Reihe »Dt. S.en des späten MA.s« (Bern, München 1974 ff.) aus.

Lit.: F.-J. Holznagel: Wege in die Schriftlichkeit. Tüb., Basel 1995. – V. Honemann, N. F. Palmer (Hg.): Dt. Hss. 1100–1400. Tüb. 1988. – E. Stutz: Der Codex Palatinus Germanicus 341 als lit. Dokument. In: Bibliothek und Wissenschaft 17 (1983), S. 8–26.   CF

Sänger, 1. Vokalkünstler; 2. seit dem MA. auch eine Personalunion aus Dichter, Komponist und Rezitator (↗ Minnesänger, ↗ Meistersang). – Im Rückgriff auf die antike Vorstellung von göttlich inspirierten, oft improvisierenden ↗ Aöden bzw. ↗ Rhapsoden wird der S. im 18. Jh. zur wichtigsten Verkörperung des Dichter-Genies (↗ Genie). Sein Schutzgott ist der Musenführer Apoll mit dem Attribut der Leier, sein mystisches Urbild Orpheus. Als historische Vorbilder wirken die Gestalt Homers und des ↗ Homeriden Ion, der nach Platons gleichnamigem Dialog während seines Vortrags von der Muse in einen wahnsinnsähnlichen Zustand versetzt wird. Th. Blackwell (»An Enquiry into the Life and Writings of Homer«, 1735) versteht den umherziehenden, Erfahrungen und Überlieferungen sammelnden S. Homer als vollkommenen Repräsentanten der frühgr. Kulturstufe; im Zuge des engl. ›ballad revival‹ zu Beginn des 18. Jh.s wird er mit dem S. von Straßenballaden (↗ Moritat) oder mit dem mal. ↗ ›Minstrel‹ (Th. Percy: »Reliques of Ancient English Poetry«, 1765) in Verbindung gebracht. Homers nord. Gegenbild ist seit 1760 der keltische Barde Ossian (↗ ossianische Dichtung) mit seiner Harfe, der – blind, einsam und Geisterstimmen lauschend – bes. in Deutschland (↗ Bardiet, Barditus) den Begriff des ↗ ›Lyrischen‹ im Sinne unmittelbarer Gefühlsaussprache und sprachlicher ›Musikalität‹ verkörpert. Außerdem führt das auch hierzulande erwachende Interesse am ↗ ›Volkslied‹ zur Vorstellung vom ›Volkssänger‹, der für Gebildete wie Ungebildete singt (G. A. Bürger, J. H. Voß). Dagegen betont v. a. F. Hölderlin Auserwähltheit und Einsamkeit des S.s; noch um 1900 knüpft daran St. George an. Der in den 1960er Jahren aufkommende Typus des ↗ Liedermachers aktualisiert viele Aspekte der Traditionsgeschichte. – Die im Begriff ›S.‹ implizierte Aufwertung der akustischen Dimension von Dichtung ist Gegenstand der ↗ Oral Poetry-Forschung.

Lit.: A. B. Friedman: The Ballad Revival. Chicago 1961. – A. B. Lord: Der S. erzählt [engl. 1960]. Mchn. 1965. – W. G. Schmidt: ›Homer des Nordens‹ und ›Mutter der Romantik‹. J. Macphersons »Ossian« und seine Rezeption in der dt.sprachigen Lit. 4 Bde. Bln., NY 2003 f.. – Ch. Schmid-Cadalbert: S. In: RLW. – H. Schlaffer: Epochen der dt. Lit. in Bildern: Klassik und Romantik 1770–1830. Stgt. 1986, S. 114–125.   RSI

Sangspruchdichtung ↗ Spruchdichtung.

Sangversepik, in der Antike und im europäischen MA. ursprünglich von Sängern (↗ Barde, ↗ Skop) vorgetragene ↗ Heldenlieder und Heldenepik. V. a. in Zentralasien, Schwarz- und Nordafrika hat sich diese Tradition teilweise bis heute erhalten, in Europa zumindest in letzten Resten (↗ Bylinen, serbische Guslaren, gesungene und getanzte Heldenlieder auf den Färöer-Inseln; ↗ Oral Poetry). Sicherlich anfangs gesungen, möglicherweise auch gesprochen und später gelesen wurden die strophischen Heldenepen des MA.s. Während für die in ↗ Laissen verfassten romanischen Strophen-Epen (↗ Chanson de geste) keine Melodien erhalten sind, sind zu acht der insgesamt 15 mhd. Strophenformen Melodieaufzeichnungen erhalten (vgl. Brunner 1970 und 1979: Angstweise des Michel Beheim, Bernerton, Herzog-Ernst-Ton, Heunenweise, Hildebrandston, Schwarzer Ton [»Wartburgkrieg«], Titurel-Strophe, Winsbecke-Ton; ↗ Strophe, ↗ Ton [4]); zusätzlich kann die Melodie der ↗ Nibelungenstrophe mit einiger Sicherheit rekonstruiert werden. Es gibt eine Reihe moderner Aufführungsversuche, teilweise auf Schallplatte, CD oder DVD dokumentiert. Dafür, dass auch epische Reimpaarverse im Afrz. und Mhd. gesungen wurden, plädieren Jammers sowie Vitz u. a.

Lit.: H. Brunner: Strukturprobleme der Epenmelodien. In: E. Kühebacher (Hg.): Dt. Heldenepik in Südtirol. Bozen 1979, S. 300–328. – Ders.: Epenmelodien. In: O. Werner, B. Naumann (Hg.): Formen mal. Lit. Göppingen 1970, S. 149–178. – D. Buschinger, F. Suard (Hg.): Epopée et identités. Amiens 2005. – E. Jammers: Schrift, Ordnung, Gestalt. Bern, Mchn. 1969. – M. Springeth, U. Müller: Von der Nibelungenstrophe zum Hildebrandston. In: D.-R. Moser, M. Sammer (Hg.): »Nibelungenlied« und »Klage«. Mchn. 1998, S. 443–465. – U. Müller: Aufführungsversuche zur mhd. S. In: I. Kühn, G. Lerchner (Hg.): Fs. Manfred Lemmer. Ffm. 1993, S. 87–103. – Ders.: Das Nibelungenlied. Ein Sangversepos. In: W. Wunderlich, U. Müller (Hg.): »Waz sider da geschach«. Göppingen 1992, S. 249–265. – E. B. Vitz u. a. (Hg.): Performing Medieval Narrative. Cambridge 2005.   UM

Sapphische Strophe ↗ Odenmaße.

Satire, f. [von lat. satura = Allerlei, Vermischtes; satur = satt, voll, reichlich, fruchtbar; ähnlich wie bei farrago = Mischfutter, das bei Juvenal (1, 86) in Bezug auf das eigene Dichten gebraucht wird, ist im antiken Sprachgebrauch die kulinarische Metaphorik meist noch deutlich durchzuhören; die historisch einflussreiche etymologische Ableitung von ›Satyr‹ bzw. ›Satyrspiel‹, die u. a. zur Schreibweise ›Satyre‹ geführt hat, wird dagegen heute als inkorrekt zurückgewiesen], kritische, angreifende Lit., deren Spektrum vom spielerisch-witzigen bis zum aggressiv-pathetischen Register reicht. Der Begriff ›S.‹ wird gegenwärtig sowohl als Gattungsbez. wie auch 2. als Bez. eines (gattungsübergreifend anwendbaren) lit. Verfahrens gebraucht (der satirischen ↗ Schreibweise; mit Äquivalenten in anderen Künsten: Bildsatire, ↗ Karikatur). – Die S. weist in kritischer Absicht auf eine von ihr gemeinte Wirklichkeit als von einer Norm markant abstechend bzw. hinter ihr zurückbleibend hin. Meist, aber durchaus nicht immer, bedient sie sich lit.-rhet. Stilmittel der Indirektheit (↗ Ironie, ↗ Allegorie) und Übertreibung und wird so zur unterhaltsamen Aggression, zur amüsant-komischen Darbietung der bitteren Wahrheit. Die notorisch schwierige Abgrenzung vom Einzelpersonen schmähenden und verleumdenden ↗ Pasquill wird in der traditionellen ↗ Apologie des Satirikers dadurch geleistet, dass die Wirkungsabsicht der S. in der Besserung (nicht in der geistigen und sozialen Vernichtung einer anderen Person) gesehen und ihr normativer Bezug auf eine Wahrheit oder einen Wert hervorgehoben wird. Zur Rechtfertigung der S. wird oft auch betont, dass sie selbst dort, wo sie Einzelnes meine (Personalsatire), es als Symptom für Allgemeines attackiere. Die Apologie der S. hat nicht verhindern können, dass Debatten über ihre Zulässigkeit die Geschichte des satirischen Schrifttums jahrhundertelang begleitet haben. Als Gattung hat die S. ihren Ursprung in der ↗ Antike und ist dort in doppelter Gestalt fassbar: 1. als *lucilianische Verssatire* (nach dem röm. Dichter Lucilius, 2. Jh. v. Chr., dem Begründer der Gattung) die auch ›formale S.‹ genannt wird; sowie 2. als *menippeische bzw. varronische Prosasatire* (nach Menippos von Gadara, 3. Jh. v. Chr., bzw. dessen lat. Imitator Marcus Terentius Varro, 1. Jh. v. Chr.).

Zu 1.: Die Verssatire ist eine rein lat. Gattung ohne gr. Vorbild. Ihre drei Klassiker, der scherzende Horaz (1. Jh. v. Chr.), der strafende Juvenal (1./2. Jh. n. Chr.) und der höhnende Persius (1. Jh. n. Chr.), sind typenbildend wirksam gewesen. Während im MA. nur Juvenal und Persius rezipiert wurden, arbeiten die humanistischen Philologen (I. Casaubonus, D. Heinsius) v. a. an Horaz und Juvenal die Pole des satirischen Schreibens heraus: Aus Entrüstung und Unwillen über Laster und schwerwiegende sittliche Verfehlungen breche Juvenal aggressiv los; Horaz hingegen setze eher lässliche Torheiten mittels feinen Spotts dem Gelächter aus. In der nlat. Dichtung des ↗ Humanismus sowie im frz. und engl. ↗ Klassizismus (N. Boileau, A. Pope) führt die Imitation der lat. Verssatire in der ↗ Frühen Neuzeit zu bedeutenden lit. Leistungen, während in dt. Sprache der Ertrag eher dürftig zu nennen ist (J. Lauremberg, J. Rachel, F. R. L. v. Canitz).

Zu 2.: Die oft, aber nicht ausschließlich als Mischform

von Vers und Prosa (↗ Prosimetrum) angelegte menippeische S. hat ein reichhaltiges Arsenal von Formen entwickelt. Sie kennt Träume und Visionen (niemals in prophetischer, sondern eben in satirischer Absicht) ebenso wie Reisen unter, auf und über der Erde (Unterweltfahrten, Reisen zu abgelegenen Inseln mit merkwürdigen Bewohnern, Himmelsreisen), Götterversammlungen, den Zeitsprung durch jahrzehntelangen Schlaf (Siebenschläfermotiv), die Verwandlung eines Menschen in Tiergestalt, in der er als unbeachteter Beobachter Zeuge von geheimen Lastern und Schandtaten wird, Hetären- und ↗ Totengespräche, die paradoxe Lobrede u. a. Wie an dieser Motivreihung abzulesen, besteht der Kern der Menippea in der Gewinnung ungewöhnlicher Perspektiven auf die Welt zum Zweck der »erkenntnisfördernden Wirklichkeitsverzerrung« (v. Koppenfels, S. 17). Formal ist die Lizenz zur Wortschöpfung und Sprachmischung sowie zur Inanspruchnahme vulgärer, in anderen Gattungen tabuisierter Sprachzonen auffällig. Ein parodistischer Bezug auf die hohen Gattungen der Dichtung (bes. ↗ Epos und ↗ Tragödie) läuft häufig mit (↗ Lit.satire). Die Selbstentblößung des Lasters wird gegenüber dem explizit tadelnden ↗ Kommentar bevorzugt, Kritik und Skepsis bestimmen die geistige Grundhaltung der menippeischen S. Der bedeutendste antike Vertreter der Menippea ist Lukian von Samosata (2. Jh. n. Chr.); neben ihm sind Seneca (»Apocolocyntosis« [›Verkürbissung‹], 54 n. Chr.), Petronius (»Satyricon«, zweite Hälfte des 1. Jh.s n. Chr.) und Apuleius von Madaura (»Metamorphosen«, Ende des 2. Jh.s n. Chr.) zu nennen. Ihre Blütezeit hat die Menippea (im Zuge des ›Lukianismus‹ des 16. Jh.s, des goldenen Zeitalters der S.) in Humanismus und Früher Neuzeit. Menippeer sind Erasmus von Rotterdam (»Moriae Encomium sive Laus stultitiae« [›Lob der Torheit‹], 1511), F. Rabelais (»Pantagruel« und »Gargantua«, 1532–52), F. G. de Quevedo (»Sueños«, 1627), S. Cyrano de Bergerac (»L'autre monde ou les états et empires de la lune«, 1656) und J. Swift (»Gulliver's Travels«, 1726). Die menippeische S. steht (mit Th. More: »Utopia«, 1516) am Ursprung der Gattung der ↗ Utopie, deren spätere enge Bindung an satirische Verfahren begründend, sowie des niederen, ↗ pikaresken Romans der Frühen Neuzeit. Wichtige dt. Vertreter der Menippea sind J. Fischart (mit seiner Rabelais-Nachbildung »Geschichtklitterung«, 1575), B. Schupp, J. M. Moscherosch (»Wunderliche und Wahrhaffte Gesichte Philanders von Sittewalt«, 1640–54) und H. J. Ch. v. Grimmelshausen (»Simplicissimus«, 1669).

Neben den beiden Hauptgattungen der S. finden sich satirische Schreibweisen auch immer in anderen lit. Gattungen: bevorzugt im ↗ Epigramm (bereits in der Antike: Martial), in der ↗ Fabel, im Tierepos, in der ↗ Komödie. Das Spät-MA. und die Reformationszeit lieben in Gestalt von Ständesatire, Narrensatire (↗ Narrenlit.), ↗ Totentanz und (in der zweiten Hälfte des 16. Jh.s) Teufelbüchern (↗ Teufelslit.) enzyklopädische

Rundumtadelungen ganzer Laster-, Sünden- und Torheitenkataloge. Vom MA. bis zum ↗Barock ist auch die Auffassung der S. als Straf- und Rügelit. (»schympffred«) herrschend, die sie mit geistlichen Intentionen vereinbar macht und sie auch geistlichen lit. Formen annähert (↗Predigt). Umgekehrt wird gerade den Menippeern immer wieder der Vorwurf gemacht, das zu befördern, was sie angeblich tadeln (bes. auffällig bei S.n auf Wollust und Geilheit). Im 18. Jh. lockert sich die religiöse Bindung der S. zusehends, dafür tritt ihre traditionelle Eigenschaft, Moral- und Sittensatire zu sein, nochmals deutlich hervor. Hauptvertreter der S. sind im 18. Jh. im dt. Sprachraum (nach Ch. L. Liscow und G. W. Rabener) G. Ch. Lichtenberg, J. K. Wezel und Jean Paul.

Das ausgehende 18. Jh. bedeutet einen entscheidenden Umbruch in der Geschichte der S. Zum einen erlischt die Vorbildwirkung der formalen Verssatire endgültig (Ch. M. Wielands elegant-weltläufige Übers. der Horaz'schen Satiren [1782–86] bedeutet hier einen Abschluss); zum andern geht das Gattungsbewusstsein für die Menippea zunehmend verloren, auch wenn sich, insbes. im Roman, menippeische Traditionen bis in die Moderne hinein weiter fortpflanzen (J. Joyce: »Ulysses«, 1922; B. Brecht: »Dreigroschenroman«, 1934; G. Grass: »Die Blechtrommel«, 1959). Die Vorstellung, die S. sei eine Schreibweise, keine Gattung, ein ›Proteus, der sich in alle Gestalten verwandelt‹ (C. F. Flögel), wird damit erst so recht plausibel. Die Etablierung des Gattungstrias aus Epik, Lyrik und Dramatik und die Neuformierung des Lit.begriffs durch die ↗Autonomieästhetik um 1800 erweisen sich als eher ungünstige lit.theoretische Rahmenbedingungen für die S. So kommt es im 19. und 20. Jh. zur Ausbildung eigener satirischer Formen und Kommunikationsmedien abseits der Hochlit., etwa der satirischen Zs. (»Kladderadatsch«, »Simplicissimus«, »Die Fackel«, »Pardon«, »Titanic«) oder der satirischen Bühnenform, dem ↗Kabarett. Dennoch bleiben satirische Schreibweisen auch in der Hochlit. kontinuierlich präsent, v. a. im Roman. Die Blüte der Lit.satire in der ↗Romantik wird im ↗Vormärz von einer Konjunktur der politischen S. (L. Börne, H. Heine) abgelöst, die (auch abseits hochlit. Strömungen) bis heute anhält. Statt Verfehlungen und Abweichungen von etablierten Normensystemen macht die S. in der ↗Moderne mehr und mehr auch diese Normensysteme selbst zur Zielscheibe ihres Spotts. Gerade in ihren radikalsten Manifestationen als grundsätzliche Sprach- (K. Kraus) und Gesellschaftskritik (B. Brecht) stellt sich damit auch das Problem, wie die scharfe Zeit- und Weltsatire mit dem für die Wirkungsabsicht der S. wohl notwendigen Einverständnis eines mitverlachenden Publikums zusammengehen könne. Die Aktualität dieses Problems lässt sich am satirischen Werk der in der Tradition der radikalen Sprach- und Gesellschaftskritik stehenden E. Jelinek (»Lust«, 1989) ablesen.

Lit.: H. Arntzen: S. in der dt. Lit. Bd. 1. Darmstadt 1989. – St. Braese: Das teure Experiment. Opladen 1996. – J. Brummack: Zu Begriff und Theorie der S. In: DVjs 45 (1971), Sonderheft, S. 275–377. – Ders.: Satirische Dichtung. Mchn. 1979. – Ders.: S. In: RLW. – Ch. Deupmann: »Furor satiricus«. Tüb. 2002. – R. C. Elliott: The Power of S. Princeton 1960. – U. Gaier: S. Tüb. 1967. – U. Kindermann: Satyra. Die Theorie der S. im Mlat. Nürnberg 1978. – U. Knoche: Die röm. S. [1949]. Gött. ⁴1982. – B. Könneker: S. im 16. Jh. Mchn. 1991. – W. v. Koppenfels: »Mundus alter et idem«. Utopiefiktion und menippeische S. In: Poetica 13 (1981), S. 16–66. – W. E. Schäfer: Moral und S. Tüb. 1992. – J. Schönert: Roman und S. im 18. Jh. Stgt. 1969. – M. Ch. Senn: S. und Persönlichkeitsschutz. Bern 1998. – St. Trappen: Grimmelshausen und die menippeische S. Tüb. 1994. BA

Saturnier, m. [lat.], ältestes bezeugtes lat. Versmaß; variabler ↗Langvers mit fünf Hauptakzenten und wechselnder Zahl von Nebenakzenten oder unbetonten Silben; festgelegt ist die ↗Zäsur vor dem vierten Hauptakzent. Der S. ist in ca. 150 Zeilen aus Epen (z. B. Naevius: »Bellum Poenicum«) und Inschriften überliefert. Beispiel: »Virúm mihí, Caména, | ínsece versútum« (Livius Andronicus: »Odissia«, V. 1 f.).

Lit.: G. Morelli: Metrica greca e saturnio latino. Bologna 1996. HW/SHO

Satyrspiel [gr. Sátyros = Waldgottheit (Etymologie ungeklärt)], travestierendes, heiteres ↗Nachspiel zur klassischen gr. ↗Tragödien-/↗Trilogie. Im formalen Aufbau, den ↗Metren, den mythologischen Bezügen und weitgehend auch im Figurenarsenal gleicht das S. den vorangegangenen Tragödien. Den ↗Chor des S.s allerdings stellen die – den Pappo-Silenos tanzend begleitenden – Satyrn dar, Waldgottheiten mit Ziegenfellen, Pferdeschwänzen und -ohren, Phallus und grotesken Masken. Die für den Volksglauben noch kentaurenhaft gefährlichen Waldgeister wandeln sich bis um 500 v.Chr. zu Figuren im Gefolge des Dionysos, die sich immer wieder komisch (↗Komik) bis ins ↗Groteske, derb und obszön in das Spiel der ein bis drei als Heroen oder Götter kostümierten Darsteller einmischen und mit ihren witzigen und aggressiven Texten, lustigen Liedern und sexuell ausgelassenen Tänzen den Stoff und die Ausführung der vorangegangenen drei Tragödien travestieren. Das S. bildet so das ironisch kontrastierende, die Zuschauer nach der Anspannung der ↗Katharsis entlastende Schlussstück der Tetralogie. – Die Entstehung des S.s ist ungeklärt. Sein Ursprung wird u. a. in rituellen Tänzen (dem Síkinnis), kultischen Heroenklagen oder fastnachtsähnlichen Volksbelustigungen gesehen. Da der dionysische ↗Dithyrambus eine Vorstufe der Tragödie ist, hat Aristoteles das S. als Vorläufer und Ursprung der Tragödie vermutet, allerdings sind S. und Tragödie wohl eher gleichzeitig nebeneinander entstanden. Von der selbständigen ↗Gattung der ↗Komödie ist das S. deutlich zu trennen. – Als ›Erfinder‹ des S.s gilt Pratinas aus Phleios (erstes Auftreten 515 v. Chr.), der in Athen als

erster S.e aufgeführt haben soll (32 S.e bezeugt), evtl. als Versuch, wieder an den dionysischen Ursprung der Tragödie anzuknüpfen. Auf ihn geht eventuell auch die Verbindung von drei Tragödien mit dem abschließenden S. zurück. Nur wenige Fragmente von S.en sind überliefert; ihre Verfasser sind die Tragiker, nicht die Komödienautoren. Neben in Form und Inhalt sehr aggressiven Texten von Aischylos (»Diktyulkoi« – ›Die Netzfischer‹; »Isthmiastai« – ›Die Isthmosfahrer‹) und Sophokles (»Ichnoitai« – ›Die Spürhunde‹) erscheint das einzige vollständig überlieferte S. von Euripides (»Kyklops«) als relativ harmlos und ist daher wohl nicht allzu typisch. Mit der Zeit wurden die S.e immer weniger derb, waren aber bis zur Zeitenwende üblich. Ins röm. Theater wurde das S. nicht übernommen (vgl. dagegen ↗Exodium). Anklänge an das S. finden sich noch einmal im ↗Fastnachtspiel des MA.s, danach ist trotz der zuweilen begegnenden Versuche und programmatischen Forderungen, die antik-archaische Tragödie zu revitalisieren (z. B. B. Strauß: »Kalldewey, Farce«, 1981; »Anschwellender Bocksgesang«, 1993), keine neuere dramatische Form mehr mit dem S. vergleichbar.
Lit.: R. Krumeich, R. Bielfeldt (Hg.): Das gr. S. Darmstadt 1999. – B. Seidensticker (Hg.): S. Darmstadt 1989. – Ders.: S. In: RLW. – D.F. Sutton: The Greek Satyr Play. Meisenheim/Glan 1980.　　　　　　　　　MKO/LVL

Satz [mhd. *saz* = Stellung, Lage, übertragen: das Gesetzte, Verbalabstraktum zu *setzen*], eine zwischen Wort und ↗Text angesiedelte relativ selbständige und abgeschlossene Einheit der Sprache, die vom kleinsten sinnstiftenden Sprachzeichen (Einwortsätze wie »Feuer!« oder »Bitte!«) bis zur komplexen Periode mit textuellem Charakter reichen kann. Da der S. Untersuchungsgegenstand verschiedener wissenschaftlicher Disziplinen (Philosophie, Logik, Grammatik) ist, erweist sich eine alle theoretischen Aspekte berücksichtigende Explikation des S.-Begriffs als schwer. Aufgrund der Vielfalt möglicher Betrachtungsebenen kann auch die Klassifikation von Sätzen abhängig vom jeweils zugrunde liegenden theoretischen Modell höchst unterschiedlich ausfallen. So wird z. B. in der traditionellen Grammatik zwischen ›einfachem‹ und ›komplexem‹ S. unterschieden, wobei Letzterer mindestens aus zwei Hauptsätzen (Satzreihe oder Satzverbindung) bzw. aus einem Haupt- und einem Nebensatz (Satzgefüge) besteht. Für die generative Grammatik dagegen gilt ein S. bereits dann als komplex, wenn er sich aufgrund eines adjektivischen Attributs tiefenstrukturell auf zwei Sätze zurückführen lässt.
Lit.: Ch. Dürscheid: Syntax. Wiesbaden 2000. – P. Eisenberg: Grundriss der dt. Grammatik. Bd. 2: Der S. [1999]. Stgt. ³2006. – W. Motsch: S. In: RLW. – B.L. Müller: Geschichte der S.definition. In: Zs. für germanistische Linguistik 13 (1985), S. 18–42. – H. Sitta: Der S. In: Duden. Bd. 4: Grammatik der dt. Gegenwartssprache. ⁶1998, S. 609–858.　　　　　　　　CK

Satzakzent ↗Akzent.

Satzzeichen ↗Interpunktion.

Scapigliatura, f. [skapilja'tu:ra; it. von *scapigliare* = (Haare) zerzausen, d. h. ausschweifend leben], antibürgerliche musikalische (A. Boito), künstlerische (T. Cremona, D. Ranzoni, L. Conconi) und lit. Bewegung v. a. in der Lombardei und im Piemont, ca. 1860–80. Die Bez. entstammt dem Romantitel »La s. e il 6 febbraio« (1862) von C. Arrighi. Mit radikalem Erneuerungsanspruch werden alternative Ausdrucksformen erprobt unter Bezug auf ↗Bohème-Erfahrungen, den ↗*poète maudit* Ch. Baudelaire, sowie das Dämonisch-Phantastische eines E. T. A. Hoffmann. In Opposition zum Philanthropismus der it. Spätromantik werden im Anormalen, Pathologischen, Makabren okkulte Dimensionen des Alltags aufgezeigt und in sarkastisch-ironischem Ton, durch sprachliche (z. B. Soziolekte) und erzähltechnische (z. B. Eindringen der Figurenrede in den Erzählerdiskurs) Experimente akzentuiert. Zur Mailänder S. gehören: G. Rovani, E. Praga, C. Boito, C. Arrighi, C. Dossi, I. U. Tarchetti; in Turin: G. Faldella, A. Cagna, G. Camerana; in Neapel: V. Imbriani.
Lit.: G. Farinelli: La s. Roma 2003. – V. Kapp (Hg.): It. Lit.geschichte. Stgt., Weimar 1992, S. 285–288.　　HG

Scapin, m. [frz.], Figur der frz. klassischen Komödie, geschaffen von Molière in »Les fourberies de S.« (1671) nach dem it. *Scappino*, einer schlauen und intriganten Dienerfigur der ↗Commedia dell'Arte.　　IS/Red.

Scène lyrique ↗lyrisches Drama.

Schachbuch [aus pers. *dâh* = König (vgl. Schah); mhd. *zabel*, von lat. *tabula* = Spielbrett, Brettspiel], auch: Schachzabelbuch; Gattung der mal. allegorischen ↗Lehrdichtung, bei der die Figuren des Schachspiels auf die einzelnen Stände und ihre religiösen, moralischen und politischen Pflichten bezogen werden. Dem Vorbild des von Jacobus de Cessolis in lat. Prosa verfassten »Solatium Ludi Scacorum« (um 1300) folgten bald Bearbeitungen in den Volkssprachen, im Mhd. v. a. die Schachbücher Heinrichs von Beringen (ca. 1330) und Konrads von Ammenhausen (1337), beide in Versen, später auch viele Prosafassungen.
Lit.: H.-J. Kliewer: Die mal. Schachallegorie und die dt. Schachzabelbücher in der Nachfolge des Jacobus de Cessolis. Diss. Hdbg. 1966. – K. Lerchner: Literar- und kunsthistorische Einf. In: Konrad von Ammenhausen: Das Schachzabelbuch. Mchn. 2000 [Mikrofiche-Edition mit Textbd.].　　MGS

Schachzabelbuch ↗Schachbuch.

Schäferdichtung [gr. *boukólos* = Rinderhirte], auch: Hirtendichtung, bukolische Dichtung, Bukolik; Dichtungsform der europäischen Lit. vom 3. Jh. v. Chr. bis zum Ende des 18. Jh.s, die von Schäfern handelt bzw. Schäfer sprechen lässt und das Bild eines einfachen, aber glücklichen, friedlichen, im Einklang mit der Natur geführten Lebens entwirft. Konstitutiv ist zum einen der implizite Entwurf eines idealisierten Gegenbildes zum naturfernen, durch gesellschaftliche Strukturen und Normen beengten (Stadt-)Lebens, der die Nähe zu ↗Utopie und ↗Idylle, mitunter auch zur ↗Satire bedingt, zum anderen ein mehr oder weniger ausgeprägter Allegorismus, bei dem der Hirte nicht für einen wirklichen Hirten, sondern für andere Personen oder Stände, v. a. für den Dichter, steht. – Die Sch. hat seit der Antike zahlreiche ideologische Besetzungen sowie vielfältige dramatische, lyrische und epische Ausprägungen erfahren; hinsichtlich ihrer formalen Gestaltung lässt sie sich in Subkategorien wie ↗ Ekloge, Schäfer- oder Hirtenroman, Schäferspiel und -oper unterteilen, die nicht immer trennscharf voneinander abzugrenzen sind, da gerade die Mischung lyrischer, epischer und dramatischer Elemente für die Sch. charakteristisch ist. – Als erste lit. Schäfergestalt der Antike ist der Hirte Daphnis bei Stesichoros im 6. Jh. v. Chr. bezeugt; bes. wirkungsmächtig sind jedoch nach Theokrits »Eidyllia« (3. Jh. v. Chr.), die als die Begründung der Sch. gelten, die in Hexametern abgefassten »Bucolica« oder »Eclogae« des Vergil (vollendet 39 v. Chr.), der mit Arkadien (↗ arkadische Poesie) einen nicht-realen, utopischen Schauplatz wählt und sowohl der Identifizierung des Hirten mit dem Dichter und damit dem selbstreferentiellen Charakter der Gattung als auch der (indirekten) satirisch-kritischen Anspielung auf gesellschaftliche Verhältnisse und reale Personen Vorschub leistet – drei Elemente, die über den Hellenismus (hier entstanden neben diversen Kleinformen auch der Schäferroman, überliefert ist allein Longos' »Daphnis und Chloë«, 2./3. Jh. n. Chr.) in der it. und frz. Renaissance wieder aufgenommen wurden, in der die im MA. nur spärlich überlieferte Sch. in der Tradition Vergils eine neuzeitliche Blütezeit erlebte. Neu belebt wird die Ekloge als kantatenhafter Hirtengesang (P. de Ronsard, G. de la Vega; E. Spenser), fortentwickelt wurden deren dialogische Elemente zum Schäferspiel (T. Tasso: »Aminta«, 1573; G. B. Guarini: »Il pastor fido«, 1590) und zur Schäferoper (J. Peri, O. Rinuccini: »Dafne«, von M. Opitz bearbeitet). In Anknüpfung an Longos entstanden Schäferromane (M. de Cervantes, L. de Vega, Ph. Sidney); als Höhepunkt gilt H. d'Urfés fünfbändige »Astrée« (1607–27). Befördert durch die bis zum Beginn des 17. Jh.s verbreitete europäische Mode der ›Schäferei‹ als eines aristokratischen Gesellschaftsspiels, diente die Sch. in der ↗ Frühen Neuzeit mehr der Propagierung eines höfischen Gesellschaftsideals als seiner Kritik. Die dt. Verspätung bei der Entwicklung einer Nationallit. spiegelt sich auch in der Sch. wider, die in dt. Sprache erst im Barock, zunächst mit Übers.en und Bearbeitungen, dann mit eigenständigen Werken einsetzt. Wichtig für die Etablierung der Sch. in der dt. Lit. war die zentrale Position, die M. Opitz ihr in seinem »Buch von der dt. Poeterey« (1624) beimisst. Er selbst schuf einen neuen, Vers und Prosa mischenden Eklogentyp (»Schäferey von der Nymfen Hercynia«, 1630). Große Erfolge feierten bukolische Singspiele und ↗ Opern. Die Ausweitung der zuvor auf den Adel begrenzten gesellschaftlichen und lit. Schäfermode auf großbürgerliche Kreise bezeugen der von G. Ph. Harsdörffer und J. Klaj 1644

in Nürnberg begründete »Pegnesische Hirten- und Blumenorden« und die originär dt. Entwicklung einer geistlichen Spielart der Sch. (F. v. Spee, Angelus Silesius). Im 18. Jh. mündete die Gattung in der bukolischen Gelegenheitsdichtung und den Kleinformen einer erotischen Sch. der ↗ Anakreontik (J. W. L. Gleim, J. P. Uz, F. v. Hagedorn, J. W. Goethe: »Die Laune des Verliebten«, 1767) und ging schließlich in den realistischeren Formen der Landlebendichtung und der Idylle auf; im 19. Jh. wurde sie durch den nicht mehr sentimental-utopischen, z. T. schon direkt sozialkritischen Land- oder Bauernroman abgelöst. Bukolische Elemente finden sich jedoch – wenn auch vereinzelt und z. T. parodistisch verfremdet – auch später in lyrischen Texten, z. B. in A. v. Platens »Eklogen«, St. Georges »Hirtengedichten« oder in A. Holz' »Dafnis«.
Lit.: G. Binder, B. Effe: Antike Hirtendichtung. Düsseldorf ²2001. – R. Böschenstein-Schäfer: Idylle [1967]. Stgt. ²1977. – K. Garber: Der locus amoenus und der locus terribilis. Köln, Graz 1974. – Ders. (Hg.): Europäische Bukolik und Georgik. Darmstadt 1976. – Ders.: Bukolik. In: RLW. – K. Garber, R. Jürgensen: Bibliographie der dt. Schäfer- und Landlebendichtung des 17. Jh.s. Datenbank Universität Osnabrück, Forschungsstelle Lit. der Frühen Neuzeit. – T. Gifford: Pastoral. Routledge 1999. – H. Jung: Die Pastorale. Bern, Mchn. 1980. – J. H. Scholte, W. Kohlschmidt: Sch. In: RLG. – W. Voßkamp (Hg.): Sch. Hbg. 1977.   WHO

Schattenspiel, auch: Schattentheater; auf Zweidimensionalität beschränkte Sonderform des ↗ Puppenspiels; Spiel mit schwarzen oder farbigen handgeführten Figuren aus Eselshaut (Peking), Büffelhaut (Sezuan, Java), Ziegenhaut oder Leder, Pergament, (geöltem) Papier, vor einer beleuchteten Glas-, Stoff- oder Papierwand; die Figuren können auch von hinten mit einer (Öl-)Lampe auf den Wandschirm (meist auf Holz gespannte Leinwand) projiziert werden. Ein hinter dem Schirm befindlicher Akteur bewegt die Figuren mit zwei bis drei dünnen am Körper und den beweglichen Armen befestigten Stäben. Die *Figuren* selbst entwickelten sich aus der bis zu zwei Meter hohen Bildscheibe über unbewegliche zu teil- bzw. vollbeweglichen transparenten und bunten Einzelfiguren. Mit Hilfe von Perforationen konnten außer dem Umriss auch Gesichtszüge und Kleider der Figuren projiziert werden. *Ursprungsland* des Sch.s ist China oder Indien. In *China* war das Sch. vom 10. bis zum 13. Jh. eine höfische Kunst, die erst allmählich als Lehrkunst dem Volk zugänglich gemacht wurde und Erziehungsfunktionen zu erfüllen hatte. Die Figuren des Sch.s waren personifizierte Ahnen, jedes Detail des Spiels hatte symbolische Bedeutung. Erlernt wurde diese Flächenkunst in Spielgruppen oder generationenlang innerhalb der Familie (jeweils vom Vater). Jedes Sch. hatte ein eigenes Textbuch, doch sind Hinzufügungen aus dem Stegreif nicht selten. Das Sch. genoss weite *Verbreitung* in Asien, v. a. auf Bali und Java, ferner in der Türkei, in arab. Ländern und in Ägypten (hier seit dem

12. Jh. v. Chr. bezeugt). Über den Orient gelangte das Sch. nach *Europa.* In *Deutschland* seit dem 17. Jh. bekannt, wurde das Sch. bes. bei den Romantikern beliebt. Neubelebungsversuche wurden in der ersten Hälfte des 20. Jh.s unternommen (A. v. Bernus, K. Wolfskehl, L. Weismantel, M. Copdes, L. Reiniger, L. Boelger-Kling, O. Krämer, R. Stössel, G. Britting: »Der Mann im Mond«).

Lit.: O. Blackham: Shadow puppets. Ldn. 1960. – P. F. Dunkel: Sch. In: RLW. – G. Jacob: Geschichte des Schattentheaters im Morgen- und Abendland. Hannover ²1925. – L. Reiniger: Shadow theatres and shadow films. Ldn., NY 1970. – G. Spitzing: Das indonesische Sch. Köln 1981. – A. Sweeney: Malay shadow puppets. Ldn. 1972.   GG

Schaueroper ↗ Oper.

Schauerroman, engl. ↗ *gothic novel,* in der zweiten Hälfte des 18. Jh.s entstandene und v. a. in der ↗ Romantik in ganz Europa verbreitete, inhaltlich definierte Gattung der Erzähllit. In den detailliert beschriebenen Gräueltaten, die hinter den Mauern und in Verliesen von Schlössern und Klöstern verübt werden, artikuliert sich eine romantische Kritik an Feudalismus und Klerus. Das unheimliche Geschehen wird im älteren Sch. rational erklärt, weshalb dieser auch als Vorläufer von ↗ Kriminal- und ↗ Detektivroman gilt. Spätere Werke stellen den irrationalen Schrecken in den Mittelpunkt. – H. Walpoles »The Castle of Otranto« (1764) gilt als erster engl. Sch. Wichtige Vertreter sind außerdem A. Radcliffe, M. G. Lewis und M. Shelley sowie in Irland Ch. R. Maturin und Sh. Le Fanu. Lewis' »The Monk« (1796) wurde bald auf dem Kontinent rezipiert, beeinflusste D.-A.-F. de Sade (»La nouvelle Justine«, 1797) sowie E. T. A. Hoffmann (»Die Elixiere des Teufels«, 1815) und war stilprägend für die Ästhetik der ›Schwarzen Romantik‹. In den USA werden Sch.e u. a. von Ch. Brockden Brown und N. Hawthorne verfasst. Zu den dt.sprachigen Vertretern zählen W. Hauff, L. Tieck, A. v. Droste-Hülshoff und G. Meyrink. Weite Verbreitung findet im 19. Jh. die Sonderform des ↗ Vampirromans (B. Stoker: »Dracula«, 1897). R. L. Stevensons »The Strange Case of Dr. Jekyll und Mr. Hyde« (1886) leitet zu populärkulturellen Formen wie ↗ Horrorlit., Horrorfilm und ↗ Fantasy über.

Lit.: V. Kapp u. a. (Hg.): Subversive Romantik. Bln. 2004. – W. Trautwein: Erlesene Angst. Schauerlit. im 18. und 19. Jh. Mchn. 1980. – J. Viering: Sch. In: RLW. – I. Weber: Der engl. Sch. Mchn. 1983.   PP

Schauspiel, 1. seit dem 16. Jh. (nach DWb 14 [1893], Sp. 2375 f.) szenische ↗ Aufführungen vor Zuschauern; in diesem Sinne ist ›Sch.‹ heute noch in Komposita gebräuchlich: ›Volksschauspiel‹, ›Schauspielhaus‹. – 2. Seit dem 17. Jh. (G. Ph. Harsdörffer: »Poetischer Trichter«) auch Bez. lit. Spielvorlagen für das Sprechtheater (im Ggs. zu Opernlibretti und Singspielen), also Oberbegriff zu ↗ Komödie, ↗ Tragödie, Schäferspiel etc. – 3. Im engeren Sinne wurde ›Sch.‹ v. a. in der Goethezeit verwendet für ernste Dramen, in denen eine potentiell

tragische Grundsituation angelegt ist, der tragische Ausgang aber durch eine rechtzeitige positive Lösung abgewendet wird (↗ Lösungsdrama). Beispiele sind G. E. Lessings »Nathan der Weise«, J. W. Goethes »Iphigenie auf Tauris«, F. Schillers »Wilhelm Tell« und H. v. Kleists »Prinz Friedrich von Homburg«.   TU

Schauspieler, Person, die in den darstellenden Medien (Theater, Hörfunk, Film, Fernsehen) fiktive ↗ Rollen verkörpert. – Der Begriff ›Sch.‹ ist seit dem 16. Jh. belegt und grenzt sich zunächst von ›Spielleute‹ als Oberbegriff für alle Künstler, die etwas vorführen (Gaukler, fahrende Sänger usw.), ab, mit der zunehmenden Professionalisierung des Sch.standes im 18. Jh. auch vom im Dt. pejorativ benutzten Wort ›Komödiant‹. Bedeutende Schauspieler-Persönlichkeiten wie D. Garrick und C. Neuber trugen ab Mitte des 18. Jh.s zur Verbesserung des Ansehens des Sch.standes und zum schrittweisen Abbau gesetzlicher Diskriminierungen bei. Gleichzeitig wurde das Schauspielen in theoretischen Ausarbeitungen zur eigenständigen Kunst erhoben (D. Diderot, G. E. Lessing, J. W. Goethe), und erste Schauspielakademien wurden gegründet (K. Ekhof). Die jeweiligen Stiltendenzen einer Epoche schlugen sich auch im Schauspielstil nieder. Im 20. Jh. begegnet eine Reihe von Neuausrichtungsversuchen wie die psychologische Schauspielkunst K. S. Stanislawskijs, die selbstexpressive Schauspielkunst J. Grotowskis und die episch-verfremdende Schauspielkunst B. Brechts. Punktuelle Auflösungen fester Dramenfiguren in der Gegenwartsdramatik (etwa bei E. Jelinek und H. Müller) stellen die Schauspielkunst vor neue Herausforderungen.

Lit.: Ch. Balme: Sch. In: RLW. – E. Fischer-Lichte: Semiotik des Theaters. Bd. 1. Tüb. 1983, S. 94–131. – A. Košenina: Anthropologie und Schauspielkunst. Tüb. 1995.   TU

Schauspielmusik, wichtiger Bestandteil der Theateraufführungen seit der Antike. Man unterscheidet die Rahmenmusik (Ouvertüre, Zwischenaktmusik, Schlussmusik) von derjenigen Musik, welche die Bühnenhandlung begleitet. Die von einem Orchester ausgeführte Rahmenmusik signalisiert Anfang und Schluss, gliedert die Aufführung in Akte, überbrückt Umbaupausen und ist in Deutschland bis Mitte des 19. Jh.s üblich. Die handlungsbegleitende Musik setzt sich aus der vom Dichter geforderten Bühnenmusik (Lieder, Tanzmusik) und stimmungsvoller Begleitmusik zusammen. Berühmte Sch.en komponieren L. van Beethoven zu »Egmont« und F. Mendelssohn Bartholdy zum »Sommernachtstraum«. Im heutigen Theater werden meist Musikcollagen abgespielt. Dagegen spielt die eigens komponierte und oft auch live gespielte Sch. in Inszenierungen des Regisseurs R. Wilson eine zentrale Rolle.

Lit.: D. Altenburg, L. Jensen: Sch. In: MGG², Sachteil. – D. Beck (Hg.): C. M. v. Weber und die Sch. seiner Zeit. Mainz 2003. – H. Meier: Die Schaubühne als musikalische Anstalt. Bielefeld 1999.   AHE

Schelmenroman, auch: pikarischer oder pikaresker Roman, ↗ Pikaro-Roman, ↗ Simpliziade; als fiktive Biographie oder Autobiographie konzipierter, manchmal als Sonderform des ↗ Abenteuerromans angesehener Roman, der meist in Ich-Form und aus der Perspektive des Helden, des Pikaro (gemeiner Kerl mit üblem Lebenswandel und Ruf, fahrender Schelm, »Landstörtzer«), erzählt ist. Am Anfang steht oft die große Desillusion, die den zunächst naiven Helden mit der Schlechtigkeit der Welt bekannt und ihn so zum Pikaro macht. Das Erzählprinzip der additiven Reihung von nur durch die Figur dieses Helden verbundenen Episoden bestimmt schon H. J. Ch. v. Grimmelshausens Sch. »Der Abentheuerliche Simplicissimus Teutsch« (1668), der zum einflussreichen Typus des Genres wurde, und seine »Landstörtzerin Courasche« (1670). In seiner Nachfolge entstehen Simpliziaden wie J. Beers »Der Simplizianische Welt-Kucker« (1677/79) und Ch. Reuters »Schelmuffsky« (1696). Strukturen und Motive des Sch.s wie Elemente der Pikaro-Figur finden sich auch in späterer Zeit, oft mit ›verbürgerlichten‹ Helden und Milieus, und zwar in vielen verwandten Romantypen, im Abenteuer- und ↗ Reise-, im ↗ Räuber- und im modernen ↗ Landstreicherroman. Dies gilt für Romane aus dem 18. Jh. von D. Defoe, H. Fielding, T. Smollet, J. G. Schnabel und G. K. Pfeffel oder für Texte von H. Heine (»Aus den Memoiren des Herrn von Schnabelewopski«, 1834) und Mark Twain (»Adventures of Huckleberry Finn«, 1884). Als Nachfahren des Sch.s im 20. Jh. gelten u. a. J. Hašek: »Schwejk« (1920/23), Th. Mann: »Bekenntnisse des Hochstaplers Felix Krull« (1954), G. Grass: »Die Blechtrommel« (1959), H. Böll: »Ansichten eines Clowns« (1963), G. Späth: »Stimmgänge« (1972) und I. Morgner: »Leben und Abenteuer der Trobadora Beatriz« (1974).

Lit.: D. Arendt: Der Schelm als Widerspruch und Selbstkritik des Bürgertums. Stgt. 1974. – M. Bauer: Im Fuchsbau der Geschichten. Anatomie des Sch.s. Stgt., Weimar 1993. – A. M. Cordie: Raum und Zeit des Vaganten. Bln., NY 2001. – G. Hoffmeister (Hg.): Der moderne dt. Sch. Amsterdam 1985. – Ders. (Hg.): Der dt. Sch. im europäischen Kontext. Amsterdam 1987. – J. Jacobs: Der dt. Sch. Mchn. 1983. – Ders.: in: RLW. – U.-H. Marckwort: Der dt. Sch. der Gegenwart. Köln 1984. – P. Nusser: Dt. Lit. von 1500 bis 1800. Stgt. 2002. – H. G. Rötzer: Picaro, Landstörtzer, Simplicius. Darmstadt 1972. – P. Triefenbach: Der Lebenslauf des Simplicius Simpliccismus. Stgt. 1979. KH

Scheltspruch, mhd. auch: *scheltliet, rüegeliet* (Rügelied); Genre der mhd. ↗ Spruchdichtung: eine gegen eine bestimmte Person (etwa einen Konkurrenten des Sängers) oder eine gesellschaftlich-politische Erscheinung gerichtete Strophe; ein mehrstrophiges Lied derselben Thematik heißt ›Scheltgedicht‹. Der Sch. ist zu unterscheiden vom innerlit. ↗ Streitgedicht, bes. der provenz. ↗ Tenzone, in der die Kontrahenten (oder die von ihnen vertretenen Prinzipien als allegorische Figuren) im Gedicht auftreten und diskutieren; vgl.

aber ↗ Cobla (esparsa), ↗ Sirventes; ferner ↗ Dichterfehde. GS/Red.

Schembartlauf [Schembart = bärtige Maske, volksetymologisch seit Hans Sachs = Schönbart], Teil des Nürnberger Fastnachtstreibens bis 1539, zum ersten Mal belegt 1449. Nach einer aitiologischen Sage wurden die Nürnberger Metzger nach dem Handwerkeraufstand 1548 für ihre Treue zum alten Rat mit dem Privileg belohnt, an Fastnacht Zämertanz und Sch. abzuhalten. Vermutlich ist der Sch. ursprünglich aus der begleitenden Schutztruppe zum Tanz hervorgegangen, verselbständigte sich jedoch bald. Die Möglichkeit zur phantasievollen und aufwendigen Selbstdarstellung nutzte die patrizische Jugend, die sich das Recht zur Teilnahme von den Metzgern erkaufte. Neben einheitlichen Masken traten einzelne als wilde Männer oder Teufel verkleidete Läufer auf. Auch ein Prachtwagen, die sog. ›Höll‹, wurde mitgeführt, woraus gelegentlich auf einen geistlichen Charakter der Veranstaltung (Abbildung der *civitas diaboli*) geschlossen wurde. Festgehalten sind die Masken und das Treiben in mehr als achtzig Sch.büchern.

Lit.: J. Küster: Spectaculum Vitiorum. Remscheid 1983. JR

Schicksalsdrama, auch: Schicksalstragödie; romantischer Dramentyp, in dem »das Schicksal als eine personifizierte Macht, die Ereignisse vorausbestimmend und tätig bewirkend, gedacht ist« (Minor). – Das *erste Sch.* dieser Art ist Z. Werners »Der 24. Februar« (1810); es wurde dann von A. Müllner (»Der 29. Februar«, 1812), E. v. Houwald (»Die Schuld«, 1813), später v. a. von Trivialautoren (E. Raupach: »Der Müller und sein Kind«, 1835) gepflegt. In diesen Stücken erscheint das Schicksal als ein kausal nicht erklärbares, meist mit haarsträubenden Zufällen, pedantischer Detailkrämerei und Schaueffekten gespicktes fatales Geschehen, das beim Publikum eher wohliges Gruseln als tragische Erschütterung auslösen soll, darin dem ↗ Melodrama und dem Horrorstück verwandt. – Die besten *Schicksalsdramen der Romantik* nähern sich dagegen einer über das bloß Zufällige hinausweisenden absurd-nihilistischen Weltsicht, so bei H. v. Kleist (»Die Familie Schroffenstein«, 1803) und F. Grillparzer (»Die Ahnfrau«, 1817). Schicksalstragödien dienten als Vorlage für Opernlibretti (Verdi: »Ernani« nach V. Hugo). – Das romantische Sch. steht in einem Entwicklungszusammenhang mit dem Aufklärungsdrama, soweit es etwa im ↗ bürgerlichen Trauerspiel Fatum durch Fatalität, den tragischen durch den rührenden Helden ersetzte. Darum werden *in weiterem Sinne* auch bürgerliche Rühr- und Trauerspiele (G. Lillo, G. E. Lessing), aber auch Dramen mit deterministischer Weltsicht (H. Ibsen, G. Hauptmann) oder einem von höheren Mächten verhängten Geschick (Sophokles; P. Calderón; F. Schiller: »Die Braut von Messina«) und Charaktertragödien (Schiller: »Wallenstein«) als Schicksalsdramen bezeichnet.

Lit.: R. Bauer (Hg.): Inevitabilis vis fatorum. Der Triumph des Sch.s auf der europäischen Bühne um 1800.

Bern 1990. – H. Kraft: Das Sch. Tüb. 1974. – J. Minor: Zur Geschichte der dt. Schicksalstragödie und zu Grillparzers »Ahnfrau«. In: Grillparzer-Jb. 9 (1899), S. 1–85.   HER

Schlager, aktuelles, meist kurzlebiges dt.sprachiges ↗ Lied mit Unterhaltungsfunktion, das um der Popularität und des kommerziellen Erfolgs willen konzipiert und vertrieben wird. Sch. als Musik-Waren sind u. a. durch die Einfachheit von Text und Musik, thematische und musikalische Standardisierungen, Einprägsamkeit, industriell-gewerbliche Planung, Fertigung und Veräußerung sowie durch massenmediale Präsentation gekennzeichnet. Bevorzugte Themen des Sch.s sind Liebe, Frauen- und Männerbilder, Natur, Heimat, Ferne und gesellschaftliche Moden und Trends. Bis zum Ende des Zweiten Weltkriegs dominieren zunächst Titel aus ↗ Operetten, dann Kabarett-, Revue- und Tanzschlager, schließlich Filmschlager. Erfolgreiche bundesrepublikanische Sch. – für die DDR gelten andere Funktionszuweisungen und Entwicklungen – bis Ende der 1950er Jahre sind musikalisch meist traditionell und reagieren auf das politische Geschehen und das existentielle Befinden in dieser Zeit. Bis in die zweite Hälfte der 1960er Jahre häufen sich Lieder, die sich thematisch an der Lebenswelt der Jugend und musikalisch an internationalen Produkten ausrichten. In den 1970er Jahren folgen auf Heile-Welt-Lieder im Stil von »Mama« des Kinderstars Heintje die auch international erfolgreichen sozialkritischen Sch. und die sog. Blödelsongs – eine Selbstaufhebung des Sch.s als eines Ratgebers und Sinnvermittlers. Die 1980er Jahre bringen mit der ›Volkstümlichen Musik‹ und der ›Neuen Dt. Welle‹ zwei polarisierende Tendenzen hervor, die den traditionellen Sch. lange zu einer peripheren Angelegenheit werden lassen. In den 1990er Jahren werden ältere Sch. – z. T. parodistisch – wiederbelebt und in Disco-Remixes aufbereitet.
Lit.: G. Helmes: Popularmusik und Gefühle. In: DU 48 (1996), H. 2, S. 62–84 – Ders.: Sch. In: RLW. – P. Wicke: Sch. In: MGG², Sachteil.   GHE

Schlagreim ↗ Reim.

Schlagwort, 1. prägnante, oft appellative Formulierung; 2. Stichwort, z. B. mit der Funktion der Inhaltserschließung von Bibliotheksbeständen.
Lit.: Dt. Bibliotheksinstitut (Hg.): Regeln für den Sch.katalog. Bln. ³1998.   GS/Red.

Schlagwortrefrain ↗ Refrain.

Schlesische Dichterschule, seit dem 17. Jh. geläufige Bez. für die in Schlesien entstandene Lit. des ↗ Barock. Der etwas veraltete Begriff ist umstritten: Zum einen vermitteln die ›schulzugehörigen‹ Poeten keine spezifisch schlesischen Inhalte; zum anderen kann nicht von einer Schule im engeren Sinn gesprochen werden. Geeignet ist der Begriff zur Bez. der gemeinsamen Herkunft und Generationszugehörigkeit, der persönlichen Bekanntschaft oder der verwandten Schreibweise der jeweiligen Autoren. – Als Hauptvertreter der *ersten sch.n D.* um M. Opitz (1597–1639) gelten D.

Czepko, S. Dach, G. Gloger, Ch. Kaldenbach, F. v. Logau, W. Scherffer, J. P. Titz und A. Tscherning. Kennzeichnend ist die strikte Befolgung der Regeln aus Opitz' »Buch von der Dt. Poeterey« (1624). Dessen um ›klassizistische‹ Formstrenge bemühte Dichtungsreform zielt auf die Etablierung des Dt. als Lit.sprache (↗ Sprachgesellschaften) und befördert eine gehobene muttersprachliche Kunstpoesie (daher die alternative neuere Bez. ›Opitzianismus‹). Die genannten Poeten bilden die erste Generation, die das von Schlesien ausgehende Lit.programm praktisch umsetzt und damit in den gesamten dt.sprachigen Raum hineinwirkt. Um Gloger bildet sich z. B. der ›Leipziger Kreis‹ (G. Finckelthaus, P. Fleming, D. Schirmer, J. G. Schoch). Der *zweiten sch.n D.* ordnet man Ch. Hoffmann v. Hoffmannswaldau (1616–79), D. C. v. Lohenstein (1635–83) und J. Scheffler (1624–77; 1653 konvertiert, Pseudonym: Angelus Silesius,) zu. Diese Autoren gehören überwiegend der *nach* dem Dreißigjährigen Krieg schreibenden Dichtergeneration an. A. Gryphius (1616–64), dessen Lebensdaten etwa mit denen Hoffmannswaldaus übereinstimmen, nimmt eine Mittelstellung ein. – Alternativ zum Generationsmodell werden – der in der älteren Forschung verbreiteten Periodisierung in Früh-, Hoch- und Spätbarock folgend – auch drei sch. D.n unterschieden (vgl. Flemming). Die erste sch. D. bleibt wiederum auf die ›Opitzianer‹ beschränkt. Die zweite sch.D. bilden dann A. Gryphius, Hoffmannswaldau, Lohenstein, H. Mühlpfort und Ch. Knorr v. Rosenroth. Als ›hochbarock‹ gilt der artifizielle, mit schwerem ↗ Ornatus beladene Stil (↗ Manierismus, ↗ Schwulst), den diese Autoren in der Lyrik und im Drama (↗ schlesisches Trauerspiel, ↗ schlesisches Lustspiel) pflegen: ›Zentnerworte‹ bei Gryphius; bilderreicher, gehobener Stil bei Hoffmannswaldau und Lohenstein. Die dritte, ›spätbarocke‹ Schule verbindet die ↗ galante Dichtung der Dichter, die zwischen 1680 und 1730 v. a. die erotische Lyrik Hoffmannswaldaus (H. A. v. Abschatz, B. Neukirch) und das Kunstdrama Lohensteins (Ch. Hallmann, A. A. v. Haugwitz) weiterentwickeln. – J. Ch. Gottsched (»Versuch einer Critischen Dichtkunst«, 1730) begreift den ›Klassizismus‹ von Opitz als Vorbild, lehnt jedoch die weitere Entwicklung der sch.n D. als ›schwülstig‹ ab. Diesem Urteil folgend gerät die Poesie der sch.n D.n in der ↗ Aufklärung in Vergessenheit. Ein breites historisches Interesse an den sch.n D.n bahnt sich erst in der ↗ Romantik an.
Lit.: W. Flemming: Schlesische Schulen. In: RLG. – A. Lubos: Geschichte der Lit. Schlesiens. Bd. 1. Mchn. 1960.   JW

Schlesisches Kunstdrama, ältere Bez. für das ↗ schlesische Trauerspiel, die zum Teil auch für das ↗ schlesische Lustspiel verwendet wird.   DN

Schlesisches Lustspiel, eigenständige dt.sprachige Komödienform, die an M. Opitz' »Buch von der Dt. Poeterey« (1624) orientiert ist und weniger strengen Normen folgt als das ↗ schlesische Trauerspiel. Nachzuweisen sind Stücke und Aufführungen zwischen etwa 1650 und 1700. Wichtigste Autoren sind A. Gryphius (»Peter Squenz«, 1658; »Die gelibte Dornrose«, 1660; »Horribilicribrifax«, 1663) und J. Ch. Hallmann (»Siegprangende Tugend«, 1667). Das schlesische Lustspiel ist in der Regel in Prosa verfasst und handelt Opitz zufolge von »schlechtem wesen und personen: redet von hochzeiten / gastgeboten / spilen / betrug vnd schackheit der knechte / ruhmrätigen Landtsknechten / buhlersachen / leichtfertigkeit der jugend / geitze des alters / kupplerey vnd solchen sachen / die täglich vnter gemeinen Leuten vorlauffen.« Als komische Figuren treten nur Personen niederen Standes auf. Im Sinne einer auf gesellschaftliche Ordnung zielenden Sozialdisziplinierung warnt das schlesische Lustspiel vor Sittenverfall und Missachtung von Regeln; es verdeutlicht in seinen unernsten Verkehrungen zudem den Scheincharakter der Welt und weist auf die Vergänglichkeit und Eitelkeit (*vanitas*) alles Irdischen hin, indem es das Rollenspiel und die falschen Inszenierungen innerhalb des *theatrum mundi* dekonstruiert. Das schlesische Lustspiel hat Wurzeln im Humanistendrama (N. Frischlin), in den Terenz- und Plautus-Aufführungen an den Gymnasien und im Meistersingerdrama des 16. Jh.s (H. Sachs, J. Ayrer). Auch die ↗Commedia dell'Arte und die ↗Wanderbühne haben es beeinflusst.

Lit.: J. P. Aikin: German Baroque Drama. Boston 1982. – R. J. Alexander: Das dt. Barockdrama. Stgt. 1984. – E. Catholy: Das dt. Lustspiel. Stgt. 1969. – W. Flemming (Hg.): Die dt. Barockkomödie. Lpz. 1931. – B. Greiner: Die Komödie. Tüb. 1992. – W. Hinck: Das dt. Lustspiel des 17. und 18. Jh.s und die it. Komödie. Stgt. 1965. – A. Meier (Hg.): Die Lit. des 17. Jh.s. Mchn. 1999. – D. Niefanger: Barock [2000]. Stgt., Weimar ²2006. – D. Toscan: Form und Funktion des Komischen in den Komödien von A. Gryphius. Bern u. a. 2000.　　DN

Schlesisches Trauerspiel, ältere Bez.en: schlesisches Kunstdrama, hohe dt. Barocktragödie; dt.sprachige Barocktragödie, die den von M. Opitz im »Buch von der Dt. Poeterey« (1624) aufgestellten Regeln sowie dem Muster der ↗Trauerspiele von A. Gryphius folgt. In den ↗Paratexten erscheint meist ›Trauerspiel‹ als Gattungsbez. Als Wirkungsphase des schlesischen Trauerspiels kann man die Jahre zwischen 1650 (A. Gryphius: »Leo Armenius«) und 1715 (J. Ch. Günther: »Die von Theodosio bereute Eifersucht«) ansehen. Weitere Hauptvertreter sind Ch. Gryphius, D. C. v. Lohenstein, J. Ch. Hallmann, A. A. v. Haugwitz und F. Ch. Bressand (↗schlesische Dichterschule). Vorbilder sind neben den Dramen von Sophokles und Seneca, von denen Opitz jeweils eine Mustertragödie (»Trojanerinnen«, 1625; »Antigone«, 1636) übersetzt hat, v. a. die nl. Trauerspiele des 17. Jh.s: J. van den Vondels »De Gebroeders« (1640) wird von Gryphius und F. Dedekind übertragen, seine »Maria Stuart« (1646) von Ch. Kormart. Auf die Konzeption des schlesischen Trauerspiels haben zudem das zeitgenössische Ordensdrama

und die ↗Wanderbühne, in der Spätphase auch die ↗Oper gewirkt. Das schlesische Trauerspiel ist vorwiegend als protestantisches Schultheater (↗Kinder- und Jugendtheater) konzipiert und zuerst an Gymnasien, aber auch an Höfen aufgeführt worden. Es dient der rhet. und politischen Schulung der Eleven, soll gegen den Schrecken der Zeit (*atrocitas*) abhärten, durch das gezeigte Martyrium die Standhaftigkeit festigen (*constantia*), angesichts weltlicher Schrecken mit Bezug auf das Jenseits trösten (*consolatio*) oder politisch kluges Handeln (*prudentia*) stärken. Die Stücke haben fünf Akte, sind meist in paarweise gereimten ↗Alexandrinern verfasst und enthalten in der Regel ↗Reyen zwischen oder nach den ↗Akten, welche die Handlung kommentieren. Am Schluss der gedruckten Dramen finden sich fast immer erläuternde ↗Anmerkungen. Auf der Bühne agieren Personen hohen Standes, die in angemessener Sprache (*genus grande*, ↗Ständeklausel) sprechen. Die Einheiten des Ortes und der Zeit werden mehr oder minder genau eingehalten. Die Handlung konzentriert sich auf die sprachliche Auseinandersetzung; die Theatertexte setzen auf die ↗Deklamation als vorrangiges Mittel, so dass die sinnlichen Effekte im Vergleich zu anderen zeitgenössischen Schauspielformen zweitrangig erscheinen. Insofern ist die Sprache der Texte durch eine ausgefeilte Rhet., emblematische Anspielungen und Strukturen, schnelle Wortwechsel (↗Stichomythien) und pathetische ↗Monologe geprägt. Während die Gryphius-Dramen stoizistische Positionen der Protagonisten herausarbeiten (»Catharina von Georgien«, 1657; »Papinian«, 1659), betonen die Lohenstein-Stücke das politische Agieren (»Cleopatra«, 1661/80; »Sophonisbe«, 1680).

Lit.: J. P. Aikin: German Baroque Drama. Boston 1982. – R. J. Alexander: Das dt. Barockdrama. Stgt. 1984. – St. Arend: Rastlose Weltgestaltung. Senecaische Kulturkritik in den Tragödien Gryphius' und Lohensteins. Tüb. 2003. – W. Benjamin: Ursprung des dt. Trauerspiels [1928]. In: ders.: Gesammelte Schriften. Bd. I.1. Ffm. 1974, S. 203–430. – M. Brauneck: Die Welt als Bühne. Bd. 2. Stgt., Weimar 1996. – A. Meier (Hg.): Die Lit. des 17. Jh.s. Mchn. 1999. – D. Niefanger: Barock [2000]. Stgt., Weimar ²2006. – Ders.: Geschichtsdrama der Frühen Neuzeit. 1495–1773. Tüb. 2005. – H. J. Schings: Consolatio tragoediae. Zur Theorie des barocken Trauerspiels. In: R. Grimm (Hg.): Dt. Dramentheorien [1973]. Ffm. ³1980, S. 1–44. – Ders.: *Constantia* und *Prudentia*. Zum Funktionswandel des barocken Trauerspiels. In: Daphnis 12 (1983), S. 403–439. – E. M. Szarota: Geschichte, Politik und Gesellschaft im Drama des 17. Jh.s. Bern, Mchn. 1976.　　DN

Schloka, m. [altind. *śloka* = Ruf, Schall, Strophe], altind. Strophenmaß aus zwei gleichgebauten ↗Langversen; jeder der Verse besteht aus zwei Hälften mit acht kurzen oder langen Silben. Grundschema: x x x x x – – x / x x x x x v – v x. Der Sch. als Langzeilenpaar stellt stets eine geschlossene syntaktische Einheit dar. Er ist das epische Versmaß der altind. Dichtung,

z. B. der großen Sanskrit-Epen »Rāmāyana« (24.000 Sch.s) und »Mahābhārata« (90.000 Sch.s). Im »Rāmāyana« (I, 2) wird der Dichter Vālmīki, der mutmaßliche Verfasser großer Teile dieses Epos, als Erfinder des Sch. bezeichnet und damit zum Begründer der Sanskrit-Epik stilisiert. Die wirkliche Vorgeschichte der Form ist ungeklärt. JK/Red.

Schlüssel ↗ Clavis.

Schlüsselliteratur [Lehnübers. von frz. *livre* bzw. *roman à clef*], Sammelbez. für lit. Werke, in denen Personen oder Ereignisse der Gegenwart oder Vergangenheit im Kontext eines fiktiven Geschehens dargestellt werden, dessen Wirklichkeitsbezug für den Leser durch textimmanente Hinweise (›Schlüssel‹) dechiffrierbar ist. Im Ggs. zu lit. Texten, die stofflich auf eine außerlit. Wirklichkeit rekurrieren oder ein tatsächliches Geschehen bzw. eine reale Person zum Erzählanlass haben (J. W. Goethe: »Die Leiden des jungen Werthers«, 1774; Th. Fontane: »Effi Briest«, 1895), setzt die Sch. die Kodierung eines realen Ereignisses als Erzählziel voraus und impliziert als kommunikative Strategie des Autors eine Relativierung des fiktionalen Charakters des lit. Kunstwerks. Merkmal für die Abgrenzung der Sch. von verwandten Gattungen ist das Strukturelement einer über die episodenhafte Anspielung hinausgehenden, verfremdenden und zugleich dekuvrierenden Kodierung. Das für die Gattungskonstitution relevante Kriterium der Autorintention ist ebenso problematisch wie die Abhängigkeit der Entschlüsselung von einem historischen oder sozialen Kontext. – Die Geschichte der dt. Sch. beginnt mit dem »Theuerdank« (1517) Kaiser Maximilians I., der einen »Clavis« (Schlüssel) enthält. Es folgen die ↗ heroischgalanten Romane des 17. Jh.s, etwa von Anton Ulrich von Braunschweig. – Zu unterscheiden sind drei Grundformen der Sch.: 1. Werke, die im Kontext lit. Gruppen eine künstlerische Programmatik oder Konflikte thematisieren, z. B. J. W. Goethes an den ↗ Darmstädter Kreis (1) gerichtete Parodie »Das Jahrmarktsfest zu Plundersweilern« (1773), L. Tiecks gegen A. W. Iffland gewandte Polemik »Der gestiefelte Kater« (1797), K. L. Immermanns Satire auf A. v. Platen, »Der im Irrgarten der Metrik umhertaumende Cavalier« (1829), oder G. Grass' auf die ↗ Gruppe 47 verweisende Erzählung »Das Treffen in Telgte« (1979). – 2. Werke, die zeithistorische oder politische Ereignisse verschlüsseln, z. B. die Darstellung des preußischen Königs Friedrich Wilhelm IV. in J. v. Eichendorffs »Das Incognito« (1841–44), B. Brechts dramatische Reflexion über Hitler in »Der aufhaltsame Aufstieg des Arturo Ui« (1941) oder W. Koeppens Darstellung von Persönlichkeiten der Nachkriegszeit in dem Roman »Das Treibhaus« (1953). – 3. Werke, die politische Skandale, gesellschaftliche oder private Konflikte aufgreifen, z. B. F. Lewalds lit. Rache an I. Hahn-Hahn in »Diogena« (1847), O. J. Bierbaums Auseinandersetzung mit A. W. Heymel in »Prinz Kuckuck« (1906 f.) oder K. Manns Roman »Mephisto« (1936), der G. Gründgens porträ-

tiert und aufgrund dieser Darstellung eine langjährige juristische Auseinandersetzung nach sich zog.
Lit.: W. Ferchl: Zwischen Sch., Kolportage und Artistik. Amsterdam, Atlanta 1991. – K. Kanzog: Sch. In: RLW. – G. M. Rösch: Clavis scientiae. Studien zum Verhältnis von Faktizität und Fiktionalität am Fall der Sch. Tüb. 2004. – G. Schneider: Die Sch. 3 Bde. Stgt. 1951–53. SSI

Schlussrefrain ↗ Refrain.

Schock, m. [engl. *shock* = Stoß, Schlag, Erschütterung], 1. in der Medizin ein Zusammenbruch des Kreislaufsystems. – 2. In der Psychologie eine Unlusterfahrung, die zweifach erlebbar ist: als Deprivation, die den Traumatisierten ins Bodenlose stürzen lässt, oder als Invasion, die als Überwältigung empfunden wird. – 3. Zunächst umgangssprachlich, dann auch in der Lit.wissenschaft wird das Wort ›Sch.‹ als Synonym für einen plötzlichen Orientierungsverlust angesichts der Verletzung oder des Überschreitens von Tabus und Schamgrenzen (etwa in der ↗ Horrorlit. oder in den ↗ Performances des zeitgenössischen Aktionstheaters) benutzt. – Die Verwendung eines ursprünglich medizinischen und psychologischen Begriffs als lit.wissenschaftliche Kategorie verweist auf die Bedeutung von Negation und Hässlichkeit für die ästhetische Erfahrung der Moderne. – Freud hat in »Jenseits des Lustprinzips« (1920) die Wirkungsweise des Sch.s als Durchbrechung des Reizschutzes beschrieben, mit dem sich das Bewusstsein gegen zerstörerische Energien immunisiert. In Anlehnung an diese Überlegung hat W. Benjamin vorgeschlagen, den poetologischen Mechanismus des Schreckens in der Lyrik Ch. Baudelaires mit dem Terminus ›Sch.‹ zu erklären: Da ihm »das Chock-Erlebnis zur Norm geworden « (S. 614) sei, »ist es Baudelaire nicht fremd, selber Schrecken hervorzurufen« (S. 616). Das Aussetzen des Reizschutzes bildet ein wichtiges Element der ästhetischen Erfahrung und der poetischen Produktion in der Moderne. Begründet und begünstigt durch den Sch., ist eine Epiphanie der ↗ hässlichen Wirklichkeit als ungefilterte Momentaufnahme möglich; in der ästhetischen Nachstellung des plötzlichen Sch.erlebnisses lassen sich der Poesie neue Ausdrucksmöglichkeiten erschließen. Die Erfahrung des Ersten Weltkriegs hat die Karriere des Sch.s als ästhetischer Kategorie nachhaltig befördert: Die neue Akzeptanz gegenüber dem Fragmentarischen und Diskontinuierlichen reagiert auf das Erlebnis und die poetische Verarbeitung schockierender Erfahrungen von ↗ Plötzlichkeit und Kontingenz. Vor dem Hintergrund des Kriegs wird v. a. die Auseinandersetzung mit negativen Grunderlebnissen (Angst, Schmerz, Entsetzen, Grauen) im essayistischen Frühwerk E. Jüngers als Inventarisierung der ästhetischen Potenzen des Sch.s verständlich.
Lit.: W. Benjamin: Über einige Motive bei Baudelaire [1939]. In: ders.: Gesammelte Schriften. Bd. I.2. Ffm. 1980, S. 605–653. – K. H. Bohrer: Die Ästhetik des Schreckens. Die pessimistische Romantik und E. Jün-

gers Frühwerk. Mchn. 1978. – Ders.: Plötzlichkeit. Ffm. 1981.   HRB

Scholie, f. [gr. *schólion* = kurzgefasste Erklärung], kürzere, zwischen ↗ Glosse und ↗ Kommentar stehende Form gelehrter Texterschließung. – Sch.n, zuerst bei Cicero (»Epistulae ad Atticum« 16, 7, 3) und seit dem 2. Jh. n. Chr. regelmäßig so bezeichnet, sind schon den Homer-Exegeten des 5. Jh.s v. Chr. als Organisations- und Darbietungsform schriftlicher Erschließung eines Grundtextes bekannt. Sie haben eine zweiteilige Struktur, wobei der Bezug zur Textstelle oft durch ein zitierendes ↗ Lemma hergestellt wird, dem das erläuternde Interpretament folgt, begleiten den Grundtext oft sukzessive voranschreitend und können dann einen Sch.n-Apparat formen. Bereits in alexandrinischer Zeit (3. Jh. v. Chr.) entstehen ganze Sammlungen solcher Apparate. Später werden Sch.n ebenso von lat. Kommentatoren (v. a. für poetische Werke: Horaz, Vergil, Statius, Ovid; ↗ *accessus ad auctores*) und im Rahmen der Bibelexegese dann von den Kirchenvätern verfasst und so schließlich dem MA. bekannt, dessen Hss. Sch.n meist im funktionalen Verbund mit weiteren texterschließenden Genres, v. a. mit Glosse und Kommentar, bieten. Von der Glosse, die ihr Lemma knapp durch die Angabe einer Wortentsprechung oder auch Übers. erschließt, unterscheidet sich die Sch. durch ihre prinzipielle Offenheit für alle Aspekte philologischer Exegese (formale Qualitäten wie Metrik und Rhet., sachliche Erläuterungen, sprachliche Besonderheiten, Textkritik) und ihre ausgeprägtere Textkohärenz, vom Kommentar durch die Bindung an die Einzelstelle und das Fehlen textübergreifender Perspektiven. Gerade hier sind die Übergänge aber schon in der Antike fließend und bleiben es im MA.: Aus Sch.n zusammengesetzte Kommentare wurden bis ins 3. Jh. v. Chr. zumeist separat tradiert und erst später zum Bezugstext gesetzt und dabei ›aufgelöst‹ (›Marginalscholie‹); ebenso können den Grundtext begleitende Sch.n-Apparate auch zu selbständigen Texten zusammengezogen sein. Erst mit dem ↗ Buchdruck und bei den Humanisten, welche die Form der Sch. an die klassische ↗ Philologie weitervermitteln, stabilisieren sich die Verhältnisse.

Lit.: A. Gudeman: Sch.n. In: Pauly-Wissowa: Realencyclopädie der classischen Altertumswissenschaft. Bd. 2 A,1. Stgt. 1921, Sp. 625–705. – L. Holtz: La typologie des manuscrits grammaticaux latins. In: Revue d'histoire des textes 7 (1977), S. 247–269. – J. E. Sandys: A history of classical scholarship [1903–08]. 3 Bde. Bristol 1998.   MBN

Schön, Adjektiv [gr. *kalós*; lat. *pulcher*; engl. *beautiful*; frz. *beau*], sinnlich wahrnehmbar vollkommen; normatives ästhetisches Grundprädikat. – In der antiken Philosophie gelten das Wahre, das Gute und das Sch.e als drei zwar ursprüngliche, aber nicht voneinander unabhängige Hinsichten normativer Beurteilung. Platon unterscheidet im »Symposion« verschiedene Stufen der Sch.heit, von der rein sinnlich anziehenden

Sch.heit der reizvollen Gestalt oder des betörenden Klangs über die sinnlich-geistige geometrischer Proportionen und musikalischer Harmonien bis hin zur rein geistig anziehenden der Ideen. Damit kann er das Sch.e, Wahre und Gute als der Idee nach eins begreifen und dennoch ihre empirische Verschiedenheit erklären. Das platonische Stufenmodell der Sch.heit wird in der Emanationslehre des Neuplatonismus aufgegriffen. So ist das Sch.e bei Plotin (»Enneaden« I 6, 9) Ausdruck der Ideenwelt in der sinnlichen Welt. In der Neuzeit wird der Unterschied zwischen Natur- und Kunstschönheit wichtig, etwa in F. Hutchesons Unterscheidung zwischen ursprünglicher und komparativer Schönheit (»An Inquiry into the Original of Our Ideas of Beauty and Virtue«, 1726). Ursprünglich sch. ist für ihn ein Objekt, dessen Gestalt Einheit und Vielfalt im rechten Verhältnis aufweist, komparativ ist die adäquate Darstellung eines Objekts. Auch I. Kants logische Analyse ästhetischer Urteile in der »Kritik der Urteilskraft« (1790) bezieht sich v. a. auf das Sch.e der Natur, weniger auf das Sch.e der Kunst. Sch. sind je einzelne Gegenstände eines begrifflosen, interesselosen allg. und subjektiven Wohlgefallens. Damit ist die Differenz zwischen sch.en, angenehmen und guten Gegenständen bestimmt. Das Sch.e der Natur ist auch ›Symbol des Sittlichen‹. F. Schiller, F. W. J. Schelling und G. W. F. Hegel schreiben diese Eigenschaften eher dem Kunstschönen zu. Wenn Hegel das Schöne als das »sinnliche Scheinen der Idee« definiert, greift er damit implizit auf die (neu-)platonische Ästhetik zurück. Diese Tradition bricht danach weitgehend ab; die Ästhetik der ↗ Moderne seit der späten ↗ Romantik (E. T. A. Hoffmann) und Ch. Baudelaire konzentriert sich auf die »nicht mehr sch.en Künste« (Jauß), auf Kategorien wie das ↗ Hässliche oder das ↗ Groteske. Im 20. Jh. spielt das Sch.e als ästhetische Kategorie – außer bei M. Heidegger und Th. W. Adorno – kaum eine Rolle und wird erst in den 1980er Jahren theoretisch rehabilitiert (vgl. Mothersill).

Lit.: J. Jacob: Sch. In: RLW. – H. R. Jauß (Hg.): Die nicht mehr sch.en Künste. Mchn. 1968. – M. Mothersill: Beauty Restored. Oxford 1984. – Th. Rentsch: Schöne, das. In: J. Mittelstraß (Hg.): Enzyklopädie Philosophie und Wissenschaftstheorie. Bd. 3. Stgt., Weimar 1995, S. 721–726.   HTE

Schöne Seele, Charaktertypus, in dem Affekte und Moralität in einem harmonischen Verhältnis zueinander stehen. Vorgebildet in der europäischen Geistesgeschichte bei Platon (*kalokagathía*) und Plotin, wurde das Konzept im 18. Jh. v. a. von A. A. C. of Shaftesbury (»moral grace«) weiterentwickelt und von F. Schiller mit Bezug auf Kant definiert: Die sch. S. ist das Ziel einer ›ästhetischen Erziehung‹ zu »vollendeter Menschheit« durch Versöhnung von Pflicht und Neigung, Vernunft und Sinnlichkeit; sie offenbart sich in der äußeren Erscheinung durch Anmut (Schiller: »Über Anmut und Würde«, 1793). Der Begriff findet sich auch in der mal. und barocken Mystik als Ausdruck für gesteigerte religiöse Sensibilität, im ↗ Pietismus, und – säkularisiert im Hinblick auf sentimentale Tugendhaftigkeit – in der ↗ Empfindsamkeit. Bes. unter dem Einfluss J.-J. Rousseaus (»belle âme«) wird er in der zweiten Hälfte des 18. Jh.s zu einem Modewort. Sch. S.n finden sich in der Lit. u. a. bei S. Richardson, Rousseau (»Julie ou La Nouvelle Héloïse«, 1761), Ch. M. Wieland (»Geschichte des Agathon«, 1766 f.), F. H. Jacobi und J. W. Goethe (»Wilhelm Meisters Lehrjahre«, 1795 f., 6. Buch: »Bekenntnisse einer sch.n S.«). Von den Romantikern wird die sch. S. ironisch behandelt (F. Schlegel: »Lucinde«, 1799). G. W. F. Hegel kritisiert sie als kraft- und gestaltlose Form des »unglücklichen Bewusstseins« (»Phänomenologie des Geistes«, 1806 f.). Die *gender*-Forschung hat die sch. S. neuerdings als einseitige Projektion eines weiblichen Geschlechtscharakters um 1800 thematisiert (vgl. Bronfen).

Lit.: E. Bronfen: Die sch. S. Mchn. 1992. – H. Schmeer: Der Begriff der ›sch.n S.‹ bes. bei Wieland und in der dt. Lit. des 18. Jh.s [1926]. Nendeln 1967. IS/JH

Schöngeistige Literatur, auch: schöne Lit., ↗ Belletristik, ↗ Dichtung.

Schreibaufgabe ↗ Aufsatz.

Schreiben, nichtakustische Fixierung sprachlicher Zeichen, die als handwerklicher Vorgang sowie als Prozess verstanden wird. Ein demokratischer Impuls ist mit der Einf. des Begriffes ›Sch.‹ verbunden (im Unterschied z. B. zu ↗ Dichtung): Sch. kann jeder, dichten nicht. Der dt. Begriff versucht eine Übers. des frz. Ausdrucks *écriture*, welcher Schrift, Hs., Geschriebenes sowie Stil bedeuten kann (deswegen wird *écriture* häufig mit ↗ ›Schreibweise‹ übersetzt). – Eingeführt wurde der Begriff in die Lit.theorie durch die strukturalistischen bzw. poststrukturalistischen Arbeiten des frz. Semiologen und Kulturtheoretikers R. Barthes, der zwischen den 1950er und den 1970er Jahren das Verhältnis von Sch. und ↗ Lesen erforschte. Barthes behauptet, dass eine ungebrochene klassische Schreibweise nach der frz. Revolution bzw. seit Flaubert nicht mehr existiere und dass der ›Schriftsteller‹ durch den ›Schreiber‹ abgelöst worden sei. Während der Schriftsteller etwas von einem ›Priester‹ gehabt habe, der sein Sch. als intransitiven Vorgang, als eine ›Geste‹ aufgefasst habe, handle es sich beim Schreiber der Gegenwart eher um einen ›Beamten‹ einen ›besoldeten Priester‹, für den Sch. ein transitiver Vorgang, eine ›Tätigkeit‹ sei, die zu einem bestimmten Zweck ausgeübt werde. Aufgeweicht seien in der Folge dieser Entwicklung auch die Grenzen zwischen dem Schreiber und dem Kritiker, angeglichen bis zur wechselseitigen Austauschbarkeit haben sich die poetischen und die kritischen Schreibweisen. Aus Barthes' Sicht wird das Sch. des Kritikers aufgewertet. – Einen anderen Blick wirft die *critique génétique*, die Textgenetik, auf das Sch. (vgl. Grésillon, Hay). Diese frz. Forschungsrichtung untersucht seit den 1970er Jahren Hss., nicht um eine historisch-kritische Druckausgabe herzustellen, sondern um den Schreibprozess selbst zu rekonstruie-

ren und der Genese eines Textes auf die Spur zu kommen; die Materialität des Manuskripts rückt in den Mittelpunkt der Untersuchung. Im dt. Sprachraum hat die Textgenetik etwa auf die Kafka-Forschung Einfluss genommen und zum Druck aufwendiger Faksimile-Ausgaben geführt. Den Prozesscharakter des dichterischen Sch.s betonen auch Beetz und Antos, wenn sie eine »Theorie der lit. Produktion« zu entwickeln suchen. Auf der Basis von Dokumenten über den schriftstellerischen Produktionsvorgang führen sie eine produktionsästhetische Analyse durch mit dem Ergebnis: Sch. wird auch von Dichtern als mühsame Arbeit eingeschätzt; der Prozess des Sch.s wird höher bewertet als das fertige Produkt selbst. – Linguistische und psychologische Fragestellungen sowie empirische Methoden prägen die am. Schreibprozessforschung, in deren Mittelpunkt der ›normale‹ Schreiber und die unterschiedlichen Phasen des Sch.s stehen. Unterschieden wird zwischen Sch. in einem enger verstandenen Sinn als bloßem ›Buchstaben aufs Papier Bringen‹ und Sch. in einem weiter gefassten Sinn als ›schriftliches Fixieren eines (sinnvollen) Textes‹. Von bes. Interesse ist die zweite Definition, die sowohl die Idee als auch alle Phasen der Komposition wie der sprachlichen Entfaltung bis hin zur Korrektur und Veröffentlichung umfasst. Untersucht werden die Geschichte des Sch.s, die Schreibmaterialien sowie das Erlernen des Sch.s unter unterschiedlichen sprachlichen wie gesellschaftlichen Bedingungen.

Lit.: R. Barthes: Schriftsteller und Schreiber [frz. 1960]. In: ders.: Lit. oder Geschichte. Ffm. 1969, S. 44–53. – M. Beetz, G. Antos: Die nachgespielte Partie. Vorschläge zu einer Theorie der lit. Produktion. In: P. Finke u. a. (Hg.): Analytische Lit.wissenschaft. Braunschweig, Wiesbaden 1984, S. 90–141. – A. Grésillon: Lit. Hss. Einf. in die »critique génétique«. Bern u. a. 1999. – H. Günter u. a. (Hg.): Schrift und Schriftlichkeit. 2 Bde. Bln., NY 1994. – L. Hay: Über die Entstehung von Texten und Theorien. In: LiLi 17 (1987), S. 9–20. – O. Ludwig: Geschichte des Sch.s. Bd. 1. Bln., NY 2005. – M. Stingelin: Sch. In: RLW. – Ders. (Hg.): Zur Genealogie des Sch.s. 3 Bde. Mchn. 2004–06. EKP

Schreiber, allg. der Urheber von Schrift; im spezifischen, v. a. mediävistischen Gebrauch der vom ↗ Autor zu unterscheidende Urheber eines Schriftzeugnisses (engl., frz. *scribe*), dessen Text er nicht verfasst hat (lit. Texte) oder das er im Auftrag niederlegt (Urkunden). Mal. Terminologie nutzt oft ›Sch.‹ und ›Autor‹ als Synonyme (lat. *scriptor/auctor*, mhd. *schrî-baere/tihtaere*). Die von Bonaventura (13. Jh.) gebotene Typologie, welche den *scriptor, compilator, commentator* und *auctor* unterscheidet, bietet eine theoretische Trennschärfe (↗ Kompilation). – Hinsichtlich der Bucherstellung lassen sich die Aufgaben des Lineators (der liniert und die *Mise-en-page*/das Layout konzipiert), des Sch.s, des Korrektors und des Rubrikators (der – oft rote – Überschriften und Verzierungen zufügt) unterscheiden; sie müssen nicht notwendig von verschiedenen Personen übernommen werden – ebenso wenig wie die heute gern terminologisch geschiedenen Aufgaben von ↗ Redaktor und Sammler. Der Sch. prägt die mal. Schriftlichkeit durch die Tradierung vorhandener Werke, die Verschriftung von Werken der ↗ Mündlichkeit, die Bildung und Ausdifferenzierung volkssprachlicher Schriftkultur. Wesentlich trägt er zur ↗ Varianz der Überlieferung bei, wenn er gegen die Vorlage Besserungen versucht, modernisiert, vereinfacht – und Fehler macht. Manche mal. Autoren waren bemüht, sich gegen Eingriffe der Sch. abzusichern, etwa durch hochdeterminierte Formen (↗ Akrosticha, Reimbindungen) oder präventive Verwünschungen. Aufschluss über Arbeit und Einstellung der Sch. bieten ↗ Kolophone mit Namensnennungen, Datierungen, Kommentaren (Klagen über die Arbeit, Jubel über den Abschluss, jokose Lohnforderungen und Scherze, Verfluchung von Buchschändern); sie zeugen oft vom beschwerlicher, nicht ergonomischer Arbeit bei unzureichender Beleuchtung (›Tres digiti scribunt totum corpusque laborat‹). Bis ins Hoch-MA. ist der Sch. stets ein vom lat. Schriftbetrieb geprägter Kleriker. Zu den klösterlichen Schreibstuben treten ab dem 13. Jh. die Kanzleien an Fürstenhöfen sowie Ateliers von Lohnschreibern, diese zuerst in den engl. und frz. Universitätsstädten. Städtische Schreibschulen sind erstmals im 14. Jh. in Oberitalien belegt. Ab dem 15. Jh. werden Buchhändler nachweisbar, die Hss. auf Vorrat anfertigen und zum Verkauf bewerben, wie die engl. *bookstores* oder der elsässische Diebold Lauber. – Während die ↗ Textkritik seit dem 19. Jh. den Sch. meist als Fehlerquelle betrachtete, dessen Eingriffe es rückgängig zu machen gelte, hat sich die Einschätzung mit neuen Vorstellungen vom Status mal. Texte und mit der Aufwertung der hsl. Textorganisation geändert. Mit der Suche nach Intentionen hinter den Eingriffen ist man von bloßer Fehlertypologie zu differenzierter Sichtweise fortgeschritten: zur Unterscheidung korrigierender, modernisierender, gliedernder und erläuternder Eingriffe; die Bedeutung der gestalteten Seite kann dabei gegenüber dem Willen zur Textwiedergabe überwiegen.

Lit.: M. B. Parkes: Scribes, Scripts and Readers. Ldn. 1991. – K. Schneider: Sch. In: RLW. – M. J. Schubert (Hg.): Der Sch. im MA. Bln. 2003. – R. M. W. Stammberger: Scriptor und Scriptorium. Graz 2003 – V. Trost: Scriptorium. Hdbg. 1986.   MJS

Schreibprozessforschung ↗ Schreiben.

Schreibstil ↗ Stil.

Schreibstube ↗ Skriptorium.

Schreibweise, unscharf verwendeter Begriff, mit dem 1. im engen Sinn (›primäre Sch.‹) ahistorische Konstanten schriftlicher oder mündlicher Erzählformate definiert werden, z. B. das Narrative, das Dramatische oder das Satirische. Das geschieht in klarer Abgrenzung zur Kategorie ↗›Gattung‹ und ihren zeitabhängigen, historisch-konkreten Umsetzungen (z. B. Bildungsroman, Trauerspiel, Sonett). – 2. Daneben hat

sich in Anlehnung an das von R. Barthes geprägte Wort *écriture* auch die erweiterte Verwendung von ›Sch.‹ als Bez. für solche stilistischen und rhet. Verfahren durchgesetzt, die den spezifischen Form-Inhalt-Bezug einer poetischen Arbeit konstitutieren. ›Sch.‹ erscheint deshalb, wo der Begriff im weiteren Sinn verwandt wird, selten ohne adverbiale Bestimmung, mit der die Individualität des Textes und zugleich seine Zugehörigkeit zu einer Gruppe ähnlicher Texte definiert wird. Gesprochen wird etwa von ›dokumentarischer‹, ›harter‹, ›weiblicher‹, ›realistischer‹, ›symbolischer‹ Sch., womit meist Tendenzen des jeweiligen Textes markiert werden sollen. Konjunktur hat die erweiterte Verwendung des Begriffs in Kontexten der Lit.wissenschaft und der Lit.kritik, in denen die durch die Textualität definierte poetische Qualität eines Werkes in einem Schwebezustand zwischen Bestimmtheit und Unbestimmtheit gelassen werden soll. Im Bereich der Schreibforschung wird der Begriff der Sch. bislang nur selten benutzt, obwohl er die Aspekte der Materialität, Medialität und Prozessualität des Schreibens klarer konturieren könnte.

Lit.: K. W. Hempfer: Gattungstheorie. Mchn. 1973. – Ders.: Sch.₂. In: RLW. – H. J. Ortheil: Schreiben unterrichten. Kleine Typologie lit. Grunddispositionen. In: Kursbuch 153 (2003), S. 53–64. – G. Witting: Über einige Schwierigkeiten beim Isolieren einer Sch. In: Ch. Wagenknecht (Hg.): Zur Terminologie der Lit.wissenschaft. Stgt. 1989, S. 274–288. – R. Zymner: Gattungstheorie. Paderborn 2003.   SP

Schrift [lat. *scriptum*, von *scribere* = schreiben bzw. eigentlich: mit dem Griffel einritzen], 1. im engeren Sinn ein System konventioneller Zeichen zur Aufzeichnung natürlicher Sprache. Zumeist handelt es sich um visuell wahrnehmbare Zeichen, die auf einem materiellen Beschreibstoff fixiert werden; es gibt aber auch Sch.en, deren Zeichen einer taktilen Dekodierung zugänglich sind (Blindenschrift), sowie Spezialschriften, die keinen Bezug auf eine natürliche Sprache haben (z. B. Notenschrift). – 2. Die Grundform des Zeicheninventars eines solchen Systems (›Sch.art‹), z. B. das kyrillische gegenüber dem gr. oder lat. Alphabet. – 3. Bestimmte kalli- oder typographische Ausprägungen der Zeicheninventars einer solchen Sch.art, z. B. Schreibschrift, Kursivschrift, Antiquaschrift. – 4. Längerer schriftlicher Prosatext, z. B. als Bestandteil von ›Gesammelten Sch.en‹. – Sch.en (1) lassen sich nach der systematischen Korrespondenz der Sch.zeichen zu den Strukturebenen der verschrifteten Sprache (Wörtern, Silben, Phonemen) in unterschiedliche Sch.*typen* einteilen (logo-, syllabo- und phonographische Sch.en; letztere werden auch ›Alphabetschriften‹ genannt). Die Sch.*systeme* einzelner Sprachen enthalten jedoch meist Korrespondenzen zu verschiedenen Strukturebenen (Sonderzeichen wie z. B. ›&‹ sowie Ziffern sind Wort- bzw. Begriffszeichen; darüber hinaus werden durch ↗ Interpunktion u. a. syntaktische Einheiten markiert). Sch. ist eine Bedingung von Lit. im heutigen

Sinne, die sie von vorlit., mündlicher Überlieferung abhebt. Sch. prägt die Produktion, Rezeption und Tradierung von Texten. Die Loslösung des Textes vom Gedächtnis (⁊Memoria [1]) ermöglicht größere Komplexität sowohl im Schreibprozess als auch in der Textrezeption; u. a. werden dadurch andere und komplexere lit. Formen möglich. Auch können schriftlich festgehaltene Texte leichter in wörtlicher Fassung verbreitet und überliefert werden. – Zu den Vorformen der Sch. zählen bildliche Darstellungen (z. B. Höhlenmalerei) sowie konventionalisierte Formen der Aufzeichnung von Quantitäten (z. B. Knotenschnüre der Inka). Ausgehend von bildlichen Darstellungen (Piktographien) entstehen zunächst logographische Sch.-typen, die zu stärker an der Lautung der verschrifteten Sprache orientierten Sch.en ausgebaut werden (z. B. die Entwicklung der sumerischen Keil- und der altägyptischen Hieroglyphenschrift zu Silbenschriften). Entwicklungen von Sch.systemen werden oft durch ihre Übertragung auf und Anpassung an die Sprache einer anderen Sprachgemeinschaft verursacht; auf diese Weise entwickelten sich aus Konsonantenschriften des Vorderen Orients die europäischen Alphabetschriften. Deren Formen gehen auf die phönizische Sch. zurück, die vermutlich im 12.–10. Jh. v.Chr. für das Gr. übernommen wurde; vermittelt über die Sch. der Etrusker geht das so entstandene Forminventar in die Entwicklung der lat. Sch.art ein. Neben den v.a. für Inschriften auf Stein verwandten Kapitalschriften prägten sich durch die Schreibung auf Pergament und Papyrus gerundete Buchstabenformen aus (Unziale, 4. Jh.). Aus der Konventionalisierung von Ober- und Unterlängen (z. B. in der Halbunziale) entwickelte sich die Minuskel (v. a. karolingische Minuskel, 8. Jh.). Kapital- oder Majuskelschrift wird in der Folge zur Kennzeichnung syntaktischer Kategorien verwendet (z. B. Namen, Satzanfänge). Die Typen des frühen ⁊Buchdrucks waren den gebrochenen, got. Buchschriften des 12. Jh.s nachgebildet; jedoch wurden in Anlehnung an die röm. *Capitalis quadrata* und die karolingische Minuskel bereits im 15. Jh. auch gerundete Antiquaschriften für den Druck entwickelt. Vom 16. Jh. bis zur Mitte des 20. Jh.s wurde im dt. Sprachraum vornehmlich die gebrochene Frakturschrift verwendet. Nach einer Phase des Verfalls der Sch.kultur im Zuge der Industrialisierung entwickelte sich um 1900 ein reges Interesse an der Typographie (⁊Jugendstil). Zum eigenständigen lit. Ausdrucksmittel wird die Typographie z. B. in der ⁊visuellen Poesie.
Lit.: A. Assmann, J. Assmann: Sch. In: RLW. – F. Coulmas: The Blackwell Encyclopedia of Writing Systems. Oxford, Cambridge/Mass. 1996. – Ders.: Writing Systems. Cambridge 2003. – P. T. Daniels, W. Bright: The World's Writing Systems. NY, Oxford 1996. – H. Glück: Sch. und Schriftlichkeit. Stgt. 1987. – H. Günther, O. Ludwig (Hg.): Sch. und Schriftlichkeit. Bln., NY 1994–96. – H. Haarmann: Universalgeschichte der Sch. Ffm., NY 1990. – S. Wehde: Typographische Kultur. Tüb. 2000. RBL und SO

Schriftleiter ⁊ Redakteur.

Schriftsinn, Lehre von der mehrfachen Bedeutung der Heiligen Schrift, die auf der seit der frühen christlichen Kirche praktizierten allegorischen Bibelexegese (⁊Allegorie, ⁊Allegorese, ⁊Typologie) beruht. Der Unterscheidung verschiedener Sinne liegt die Zweiteilung in den buchstäblichen oder historischen Sinn auf der einen und den allegorischen, spirituellen oder mystischen Sinn auf der andern Seite zugrunde. Dabei behält der allegorische den historischen Sinn als Ausgangspunkt der Schrifterklärung bei. So fordert Augustinus, dass die allegorische Interpretation die historische Wahrheit nicht antasten dürfe (vgl. de Lubac, Bd. 1.2, S. 381), und nach Gregor dem Großen muss die Wahrheit des geschichtlichen Ereignisses in der Suche des geistigen Sinns gründen (»Homilia« 40, 1). Die bei den vorchristlichen Allegorese erkennbare Übergewicht des allegorischen Sinns über den Literalsinn bleibt in der christlichen Exegese bestehen, obwohl diese den Literalsinn als ihre Grundlage ausdrücklich beibehält; und zwar zum einen aufgrund der Diskrepanz zwischen der göttlichen Offenbarung und ihrem unzulänglichen Medium der menschlichen Sprache und zum andern aufgrund der apologetischen und didaktischen Funktionen der spirituellen Schriftexegese im Dienst der rechtgläubigen Kirche. Die ›Lehre vom vierfachen Schriftsinn‹ hat die größte Verbreitung erfahren. Sie unterscheidet zwischen dem historisch-buchstäblichen Sinn (*sensus historicus* oder *litteralis*) und drei weiteren Sinnen: So kennzeichnet der allegorisch-heilsgeschichtliche Sinn (*sensus allegoricus* oder *spiritualis*) die christliche Heilsgeschichte, der moralisch-tropologische (*sensus moralis* oder *tropologicus*) die moralische Erklärung und der anagogisch-eschatologische Sinn (*sensus anagogicus*) das nach dem Irdischen Zukünftige und das jenseitig Himmlische. Zur Einprägung der Lehre dient ein mal. Merkvers, das Distichon *Littera gesta docet, quae credas allegoria, / moralis quid agas, quo tendas anagogia* (›Der buchstäbliche Sinn lehrt, was geschehen ist, der allegorische, was du glauben, der moralische, was du tun, und der anagogische Sinn, wonach du streben sollst.‹). Ebenso bekannt ist das Schulbeispiel Jerusalem, das in der Folge der Sinne die historische Stadt, die christliche Kirche, die menschliche Seele und das himmlische Jerusalem bedeutet.
Lit.: H. Freytag: Die Theorie der allegorischen Schriftdeutung und die Allegorie in dt. Texten bes. des 11. und 12. Jh.s. Bern, Mchn. 1982. – W. Freytag: Allegorie, Allegorese. In: HWbRh. – H. de Lubac: Exégèse médiévale. 2 in 4 Bdn. Paris 1959–64. – F. Ohly: Schriften zur mal. Bedeutungsforschung [1977]. Darmstadt ²1983. HFG

Schriftsprache, geschriebene oder gedruckte Repräsentationsform einer Sprache im Ggs. zu mündlichen Sprachgebrauch (⁊Mündlichkeit/Schriftlichkeit). Die seit dem 18. Jh. belegte Bez. ›Sch.‹ grenzt die ⁊ Hoch- oder Standardsprache von regionalen Mundarten und Schriftdialekten (↗ Dialektlit.) ab durch eine überregionale Normierung der Phonetik, Morphematik, der Syntax und der Semantik. Auch schriftlich fixierte Sondersprachen (wie die kaufmännische und die juristische Sprache, aber auch die Sprache einzelner Dichter) können sich von der Sch. unterscheiden. – Die dt. Sch. durchlief einen Wandel von der vorwiegend phonographischen Schreibung zur festgelegten ↗ Orthographie. Im MA. haben überregionale Sprachregelungen zu Vereinheitlichungen der Lit.- und geregelten Verkehrssprachen (z. B. innerhalb der Hanse) geführt. Kanzlei- und Druckersprachen bildeten sich im 15. Jh. aus. Durch Luthers Übernahme der Sprachformen aus der kursächs., dem ostmitteldt. Dialekt verpflichteten Kanzlei-Orthographie setzte sich diese Sprache im hochdt. Raum als Sch. durch. Trotz vielfacher Bemühungen, endgültige Festlegungen zu erreichen, bildet die Sch. keine geschichtsunabhängige Norm. In ihr drückt sich vielmehr der sprachliche Standard einer Kommunikationsgemeinschaft aus. Eine Diskussion über Abhängigkeit oder Autonomie der Sch. von der gesprochenen Sprache wurde in den 1980er Jahren eröffnet, doch konnte sich bisher keine einheitliche Auffassung durchsetzen.

Lit.: R. Berthele u. a. (Hg.): Die dt. Sch. und die Regionen. Bln. 2003. – K. Ehlich (Hg.): Hochsprachen in Europa. Freiburg 2001. – M. Elementaler: Struktur und Wandel vormoderner Schreibpraxis. Bln. 2003. – U. Enderle: Autonomie der geschriebenen Sprache? Bln. 2005. – H. Glück: Schrift und Schriftlichkeit. Stgt. 1987. – F. Simmler: Lexikalische Entwicklungsetappen bei der Entstehung der nhd. Sch. In: Sprachwissenschaft 21 (1996), S. 141–210. – W. Taubert: Mundart und Sch. in Bayern (1450–1800). Bln. 1993. – K. P. Wegera: Zur Entstehung der nhd. Sch. Tüb. 1986. HW/DP

Schriftsteller, 1. im weiteren Sinn: Verfasser von zur Publikation vorgesehenen Texten, bes. von lit. Werken. Während im 17. Jh. ›Sch.‹ ausschließlich in juristischen Kontexten gebraucht wurde und – analog zu ›Briefsteller‹ und ›Redesteller‹ – denjenigen bezeichnete, der für andere Rechts- und Bittschriften aufsetzte, beginnt sich die Berufsbez. im Sinne eines Verfassers, der seine Texte im eigenen Namen produziert und (sofern nicht Anonymität oder ↗ Pseudonyme gewählt werden) publiziert, erst im frühen 18. Jh. (etwa durch die Verwendung in J. Ch. Gottscheds »Versuch einer Critischen Dichtkunst«, 1730) als Verdeutschung von lat. ↗ ›Autor‹ oder ›Skribent‹ zu verbreiten. Die Etablierung des ↗ Urheberrechts im späten 18. und im 19. Jh. ermöglicht erst den Beruf des ›freien‹, d. h. nicht an einen Herrscher oder Mäzen gebundenen, Sch.s, der indes stark von den Schwankungen des Marktes abhängt und die damit einhergehende soziale und ökonomische Unsicherheit durch Zusammenschlüsse mit anderen in ↗ Sch.verbänden abzumildern versucht. – 2. Im engeren Sinn: Verfasser von ↗ Prosa (wichtigste Sonderform: ›Romancier‹) im Ggs. zum ↗ ›Dichter‹ oder ›Poeten‹ als Verfasser von Verstexten. Diese Begriffsverwendung verbreitet sich in der zweiten Hälfte des 18. Jh.s. Während Ch. M. Wieland den Sch. (z. B. in Gestalt W. Shakespeares) emphatisch aufwertet, sieht F. Schiller (»Über naive und sentimentalische Dichtung«, 1795) etwa in Voltaire einen bloßen Sch. und keinen Dichter. Die Dichotomie verschärft sich im Kontext der politischen Auseinandersetzungen des frühen 20. Jh.s: Das Attribut ›Dichter‹ wird nun meist von deutschnationalen und kulturkonservativen Autoren für sich beansprucht (R. Borchardt: »Der Dichter und das Dichterische«, 1920), während sich linksgerichtete und an Frankreich und den angloam. Staaten orientierte Autoren eher als ›Sch.‹ verstehen und von ihren Gegnern als bloße ›Literaten‹ oder gar ›Zivilisationsliteraten‹ diffamiert werden (so in der Auseinandersetzung zwischen Th. und H. Mann). – Da ›Sch.‹ eher eine auf die Buchproduktion und -distribution bezogene denn eine texttheoretische Kategorie ist, wurde der Begriff von der Debatte um den »Tod des Autors« (R. Barthes) nicht erfasst. Heute dient ›Sch.‹ meist als neutral deskriptive Berufsbezeichnung, während ›Verfasser‹ oder (medienübergreifend) ›Autor‹ die in urheberrechtlichen und editionsphilologischen Fragen relevanten (wie alle anderen heute auch mit weiblichen Ableitungen gebrauchten) Ausdrücke sind. Diese allg. Bez.en können nach der vorrangig gepflegten Gattung differenziert werden in ›Dramatiker‹, ›Romancier‹ oder ›Romanschriftsteller‹, ›Krimiautor‹, ›Lyriker‹, ›Sachbuchautor‹, ›Essayist‹ u. a. Die Bez. ↗ ›Literat‹ hebt nach heutigem Verständnis eher die Zugehörigkeit zum Lit.betrieb hervor, kann also Sch. wie Lit.kenner, Lit.kritiker u. a. gleichermaßen kennzeichnen. Demgegenüber gelten ›Dichter‹ und ›Poet‹ meist als veraltet, werden aber gerade deshalb von einigen Autoren wieder emphatisch als Selbstbeschreibungen beansprucht.

Lit.: Sch. In: DWb 15 (1899), Sp. 1748. – G. E. Grimm (Hg.): Metamorphosen des Dichters. Ffm. 1992. – G. vom Hofe: Dichter/Dichtung (historisch). In: U. Ricklefs (Hg.): Das Fischer Lexikon Lit. Ffm. 1996. Bd. 1, S. 356–374. – G. Jäger: Autor. In: Killy/Meid. – E. Kleinschmidt: Autor. In: RLW. – H. Paul: Dt. Wb. Tüb. ⁹1992, S. 767. – K. Schröter: Der Dichter, der Sch. In: Akzente 20 (1973), S. 168–190. DB

Schriftstellerverband, weltweit existierende, meist nach Staaten gegliederte Organisationsform von ↗ Autoren aller lit. Gattungen und Medien. Die Zielsetzungen reichen von berufsständischer oder gewerkschaftlicher Interessenvertretung bis hin zur Bündelung politischer Kräfte, u. a. zum Schutz verfolgter Autoren. – In Deutschland entstehen ab Mitte des 19. Jh.s im Zuge der Entfaltung des Lit.markts die ersten Schriftstellerverbände (Leipziger Literatenverein, 1840). Der 1909 gegründete ›Schutzverband Dt. Schriftsteller‹ (SDS), dessen Präsidenten u. a. Th. Mann und A. Zweig sind, vertritt bis zu seiner Auflösung 1933 gewerkschaftliche und zunehmend politische Ziele. Im Pariser Exil formiert sich der SDS un-

ter der Ehrenpräsidentschaft von H. Mann neu. Der erste dt. sozialistische Sch., der ›Bund Revolutionärer Proletarischer Schriftsteller‹ (BPRS), besteht 1928–35. Die Ausschließung von Juden und Kommunisten aus dem dt. Zentrum des ↗PEN (einziger internationaler Sch.) hat 1934 die Gründung eines ›Dt. PEN-Zentrums im Exil‹ (heute: ›PEN-Zentrum dt.sprachiger Autoren im Ausland‹) zur Folge. Nach 1945 spaltet sich das dt. PEN-Zentrum bis 1998 in ost- und westdt. Teilverbände. 1952 werden parallel der ›Sch. der DDR‹ und die ›Bundesvereinigung Dt. Schriftsteller‹ (BDS) gegründet. Die apolitische Haltung des BDS führt 1969 zu einer Neuorientierung des Sch.es als ›Verband dt. Schriftsteller‹ (VS), der 1973 der IG Druck und Papier beitritt und heute Teil der Gewerkschaft ver.di ist. Der Sch. der DDR knüpft unter der Präsidentschaft von A. Seghers an die Erfahrungen des Exils an und entwickelt sich u. a. durch die Vergabe von Privilegien zu einem Kontrollinstrument der Politik.
Lit.: R. W. Balzer: Aus den Anfängen schriftstellerischer Interessenverbände. Ffm. 1977. – H. Blinn: Sch. In: RLW. – U. Buergel-Goodwin: Die Reorganisation der westdt. Schriftstellerverbände 1945–52. Ffm. 1977. – F. W. Kron: Schriftsteller und Schriftstellerverbände. Stgt. 1976.   WVB

Schrifttum, ältere dt. Bez. für ↗›Lit.‹ (1). Der Begriff wird häufig in kulturkonservativen Zusammenhängen gebraucht, so in H. v. Hofmannsthals Rede »Das Sch. als geistiger Raum der Nation« (1927), und ist durch die nationalsozialistische Institution der ›Reichsschrifttumskammer‹ ideologisch belastet.   DB

Schuldrama, an den nl. und dt. Lateinschulen und Universitäten des 15. bis 17. Jh.s gepflegtes lat. (seit dem zweiten Drittel des 16. Jh.s auch dt.sprachiges) Schauspiel, dessen Aufführung meist ein pädagogisches Ziel verfolgt: Die Schüler, welche die mehrmals jährlich stattfindenden Aufführungen bestreiten (die Erarbeitung der Stücke erfolgt im Rahmen des Rhet.-unterrichts; die Stücke selbst sind von Pädagogen und Geistlichen verfasst), sollen zu gewandtem Auftreten und zur eleganten Handhabung der rhet. Mittel der lat. (und dt.) Sprache erzogen werden. Die Einübung in die ethische Praxis des Christentums und des ↗Humanismus kommt als weiteres Ziel hinzu. – Die erste Phase des Sch.s wird durch das lat. ↗Humanistendrama repräsentiert, das formal an antiken Vorbildern (Terenz, Plautus, Seneca) orientiert ist und in der ersten Hälfte des 16. Jh.s, zum religiösen Tendenzdrama umfunktioniert, in den Dienst der Reformation tritt. Diese gibt – von frühen Übers.en antiker und humanistischer Dramen (Terenz, Plautus, Reuchlins »Henno«) durch humanistische Pädagogen wie J. Muschler, H. Ham, V. Boltz und G. Wagner abgesehen – den eigentlichen Anstoß zur Ausbildung eines dt.-sprachigen Sch.s (↗Reformationsdrama). In der zweiten Hälfte des 16. Jh.s entwickelt sich aus dem lat. Sch. der Humanisten das gegenreformatorische Tendenzen verfolgende lat. ↗Jesuitendrama. Im 17. Jh. erlebt das

dt.sprachige Sch. einen zweiten Höhepunkt im ↗schlesischen Kunstdrama. Den Abschluss der Tradition bildet gegen Ende des 17. Jh.s das politische Sch. des Zittauer Schulrektors Ch. Weise (»Masaniello«, 1683), das die pädagogische Zielsetzung des Sch.s erneut herauskehrt: jetzt die Erziehung zu politischem Verhalten, d. h. zu gewandtem gesellschaftlichen Auftreten, zu einer bürgerlich-gesellschaftlichen Kultur und Bildung, zu Weltoffenheit und gesundem Menschenverstand.
Lit.: F. W. Michael: Das dt. Drama der Reformationszeit. Bern, Ffm. 1984. – G. Sandro: Form und Funktion des Sch.s im 16. Jh. Bonn 1980. – R. E. Schade: Schultheater. In: RLW.   JK/Red.

Schultext, für die Verwendung im Unterricht konzipierter oder ihm als Gegenstand zugrunde gelegter Text. – Der Begriff definiert sich vom Gebrauchsraum der Sache her und ist daher an die wechselnde historische Bestimmung von ›Schule‹ gekoppelt. Traditionell versteht man unter ›Schule‹ die im institutionell gefestigten Rahmen schriftlich vollzogene Unterweisung von Schülern durch Lehrer, so dass konzeptionell oder durch entsprechende Aufbereitung (↗Glosse, ↗Kommentar) didaktisch ausgerichtete Sch.e als Teilbereich lehrhafter Texte abzugrenzen sind von Hilfsmitteln weniger schriftgestützter und stärker gelegenheitsgebundener Unterweisung (wie der Hausväterlit.) oder von Belehrung außerhalb des Schüler-Lehrer-Rahmens (wie in lehrhafter Unterhaltungslit.). Weiterhin ist es sinnvoll, nicht alle Fachtexte (↗Artes), sondern nur die im Unterricht verwendeten als ›Sch.e‹ zu bezeichnen. – Feste Schulen entstehen bereits in der Antike; der Elementarunterricht findet aber häufiger in der Familie als bei externen Gelegenheitslehrern statt. Lese- und Schreibfähigkeit werden regelmäßig vermittelt, verbindliche Lehrtexte gibt es nicht, Beispieltexte werden individuell hinzugezogen; auch der Unterricht selbst findet keinen dauerhaften schriftlichen Niederschlag. Im fortgeschrittenen Unterricht des gr. Gymnasions bzw. des röm. Grammatiklehrers stehen ↗Grammatik und ↗Rhet. als Basis öffentlichen Lebens im Zentrum; das Studium exemplarischer ↗Klassiker (Homer, Euripides; in Rom seit augusteischer Zeit auch lat. Autoren wie Vergil, Terenz), die man sich formalistisch-mechanisch durch Vortrag (*lectio*), Stellenerklärungen (*enarratio*), *emendatio* (Sicherung der Textgestalt) und abschließendes *iudicium* aneignet, ist zentraler Lerngegenstand. Sch.e im engeren Sinne treten vereinzelt in Form von Beispielsammlungen oder Wissen in Frage und Antwort darbietenden Lehrer-Schüler-Dialogen auf. Mit dem Vordringen des Christentums, dem Rückzug von Schriftlichkeit in die Klosterschule und der Ausrichtung des Unterrichts auf die Propädeutik des Bibelstudiums wird der Lektürekanon angepasst (Aufnahme christlicher Dichtung und grundlegender Glaubenstexte). Da die glossierende und kommentierende Texterschließung sich nicht auf Schule beschränkt, sind schulspezifische Genres noch kaum von anderen For-

men der Textdarbietung abzugrenzen; für als solche konzipierte Sch.e bleibt die katechetische Form wichtig. Erst das Hoch-MA. bringt durchgreifend Neues: Im 12. Jh. setzt ein Produktionsschub ein, der als neue Typen das ↗Summen und ↗Enzyklopädien gezielt für Schüler abbreviierende Werk und das von vornherein sowohl auf das Memorieren wie auf eine Ergänzung durch einen Kommentar angelegte Werk hervorbringt. Seit dem 13. Jh. entstehen erstmals regelrechte Schulbücher mit festgelegten Textfolgen; für Sch.e etablieren sich eigene Distributionsmodi (*pecia*-System, Diktat); unterrichtsspezifische können nun von anderen Texterschließungsformen unterschieden werden. Der ↗Buchdruck entlastet die Schule vollständig von der Textdistribution, verbilligt Sch.e und setzt Schreiben als nun differenzierter einzusetzendes Lehr- und Lernmittel frei. Auf konzeptioneller Seite werden Schüler- und Lehrertext systematisch unterscheidbar; Unterrichtsmitschriften und individuelle Vor- und Nachbereitungstexte entstehen nun regelmäßig. Zudem etabliert die humanistische, an antiker Latinität und funktionaler Kürze ausgerichtete Bildungsreform mit umfassenden Neuproduktionen und der Aussonderung mal. Sch.e einen neuen ↗Kanon. Die Aufwertung der Volkssprachen zu legitimen Medien der Wissensvermittlung bewirkt seit dem 16. Jh. eine fächerübergreifende Ausarbeitung neuer Sch.e. Deren Bestand, Inhalt und Zuschnitt versucht man zunehmend zentral zu steuern; seit dem 17. Jh. wirken hier die allg. Didaktik, seit dem 19. Jh. Fachdidaktiken regulierend mit. Die Verwendung von Sch.en im sekundären Sinn beschränkt sich seit der Frühen Neuzeit auf den Sprachen- und Lit.unterricht, wobei Bestand und Ziel der Lektüre von ›Klassikern‹ v. a. im 18. und 19. Jh. (Aufnahme der Nationallit.en in den Unterricht) sowie in den 1970er Jahren intensiver Veränderung und Kritik unterworfen sind (↗Deutschunterricht). Heute sind neben einem sich wandelnden Kanon auch ↗Kinder- und Jugendlit. sowie nichtlit. Gebrauchstexte Gegenstand des funktional ausgerichteten Sprachen- und Lit.-unterrichts.
Lit.: M. Baldzuhn: Schulbücher im Trivium des MA.s und der Frühen Neuzeit. Habil. Münster 2006. – G. Glauche: Schullektüre im MA. Mchn. 1970. – N. Henkel: Dt. Übers.en lat. Sch.e. Mchn. 1988. – H. I. Marrou: Geschichte der Erziehung im klassischen Altertum [frz. 1948]. Mchn. ³1977. – H. Puff: »Von dem schlüssel aller Künsten / nemblich der Grammatica«. Tüb., Basel 1995. – P. Riché: Écoles et enseignement dans le Haut Moyen Age [1979]. Paris ³1999. MBN

Schultheater ↗Schuldrama; ↗Kinder- und Jugendtheater.

Schundliteratur, Teilbereich der ↗Triviallit.: anspruchslose, lit. Wertmaßstäbe markant verfehlende Lit., häufig mit verwerflicher moralischer Tendenz, aufgrund derer die Sch. zum Gegenstand gesetzlicher (Verbots-)Maßnahmen wird. In einem weiten Sinne ist ›Sch.‹ ein dezidiert pejorativer Begriff für wertlose Lit.

(im Sinne von ↗Kitsch); im engeren Sinne wird ›Sch.‹ als (Kampf-)Begriff für Lit. mit verwerflicher moralischer Tendenz genutzt. Die lit. Anspruchslosigkeit von Sch. ergibt sich v. a. aus der im Vergleich zur durchschnittlichen Triviallit. bes. nachdrücklichen Verwendung typisierter ↗Figuren und schematisierter ↗Handlungen, die sich gängiger Klischees bedient und ein grob vereinfachtes Weltbild vermittelt. Hinzu kommt im Regelfall eine geringe sprachliche Qualität. Der Vorwurf der verwerflichen moralischen Tendenz bezieht sich auf die offene Darstellung von Sexualität und Gewalt, Kriegsverherrlichung und Rassismus. Entscheidend für die Feststellung einer verwerflichen Tendenz ist jedoch die Art der Behandlung eines Themas und nicht bereits die Wahl eines bestimmten Themas. Im Einzelfall kann die moralische Tendenz von Sch. die Frage eines Verbots aufwerfen. Grundlagen gesetzlicher Maßnahmen sind in Deutschland v. a. das »Gesetz über die Verbreitung jugendgefährdender Schriften« (GJS, das sog. ›Schmutz- und Schundgesetz‹) und ggf. auch § 131 des Strafgesetzbuches (StGB; »Verherrlichung von Gewalt; Aufstachelung zum Rassenhass«). – Die Sch. entsteht als Teil der Triviallit. seit der zweiten Hälfte des 18. Jh.s und wird im 19. Jh. massenhaft verbreitet. Im 20. Jh. erlebt sie durch neue Publikations- und Vertriebsformen wie populäre Heftromanserien einen neuen Aufschwung. In den 1950er und 1960er Jahren ist ›Sch.‹ als kulturkonservativer Kampfbegriff populär. Seit den 1970er Jahren verliert der Begriff durch das Bemühen, Triviallit. wertneutral zu untersuchen, an Bedeutung. In der Gegenwart wird er kaum noch verwendet; die aktuellen Tendenzen zur verstärkten Verbreitung neonazistischer Liedertexte zeigen jedoch, dass das durch ›Sch.‹ bezeichnete Phänomen der Sache nach von erheblicher gesellschaftlicher Bedeutung ist.
Lit.: H. Birett (Hg.): Schmutz und Schund. Vaduz 1995. – G. Jäger: Der Kampf gegen Schmutz und Schund. In: Archiv für Geschichte des Buchwesens 31 (1988), S. 163–191. – P. Nusser: Romane für die Unterschicht [1973]. Stgt. ⁵1981. – R. Schenda: Volk ohne Buch [1970]. Ffm. ³1988. ML

Schüttelreim, Form des Endreims, die sich durch die Vertauschung anlautender Konsonanten in den reimenden Silben oder Wörtern auszeichnet: »Wenn sich der Strand mit Helle füllt, / Kein Mensch sich mehr in Felle hüllt.« Der Sch. ist durch zusätzliche Vertauschung der Vokale zum ›Doppelschüttelreim‹ erweiterbar: »Doch wenn die letzte Hülle fällt, / Gibt's nichts mehr, was die Fülle hält.« – Verbreitung zunächst in Witzblättern des 19. Jh.s, heute v. a. gesellig-gelehrtes Spiel.
Texte: M. Hanke (Hg.): Die schönsten Schüttelgedichte. Mchn. 1969.
Lit.: M. Hanke: Die Sch.er. Stgt. 1968. – S. Steen: Lexikon für Sch.er. Hildesheim u. a. 1984. RSI

Schwäbische Romantik, auch: schwäbischer Dichterbund, schwäbische Schule; württembergischer

Dichterkreis (zwischen 1810 und 1850) um L. Uhland und J. Kerner mit biedermeierlichen Zügen. Der ursprüngliche Kreis, dem noch G. Schwab und K. Mayer angehörten, erweiterte sich später um W. Hauff, G. Pfizer, A. Knapp, J. G. Fischer und E. Mörike. Das ›Publikationsorgan‹, das hsl. »Sonntagsblatt für gebildete Stände«, enthält das Programm des Kreises in unsystematischer Weise. Bes. gepflegt wurden das volkstümliche Lied, die Ballade, Romanze und Sage mit einer Vorliebe für mal. und lokale Themenkreise.
Lit.: V. G. Doerksen: A path for freedom. The liberal project of the Swabian School in Württemberg, 1806–48. Columbia/SC. 1993. – G. Storz: Sch. R. Stgt. u. a. 1967. GG

Schwank [mhd. *swanc* zu *swingen* = schwingende Bewegung, Schlag, Hieb, Streich oder die Erzählung davon], seit dem 15. Jh. Bez. für eine kleinere, komische oder scherzhafte Erzählung in Reimpaarversen oder Prosa, seit dem 19. Jh. auch für komische Theaterstücke. Der Sch. zeichnet sich durch einsträngigen Handlungsablauf und die Ausrichtung auf eine ↗ Pointe aus; die schematisierende Verallgemeinerung und Überzeichnung der sozialhistorischen Realität bedingt mitunter eine exemplarisch-didaktische Wirkung. Sowohl bei den formalen Kriterien als auch in der normativen Tendenz treten Interferenzen mit den Nachbargattungen auf (↗ Anekdote, ↗ Exempel, ↗ Fabel, ↗ Fazetie, ↗ Novelle ↗ Predigtmärlein, ↗ Witz). Die Sch.handlung basiert meist auf der Auseinandersetzung menschlicher Protagonisten zweier Parteien, die für gewöhnlich als Angehörige typisierter (z. B. geschlechtlicher oder sozial-ständischer) Gruppen konkretisiert sind, wobei eine thematische Affinität zu Normverstößen und Tabubrüchen besteht. Im Ge- oder Misslingen einer gegebenenfalls verdoppelten listig-betrügerischen Aktion und der Revanche der Gegenseite wird die Überlegenheit jeweils einer Partei demonstriert: Der Status quo wird in Frage gestellt und restituiert (›Ausgleichstyp‹) oder die Überlegenheit einer Seite noch vergrößert (›Steigerungstyp‹), im selteneren ›Spannungstyp‹ bleibt der Konflikt ungelöst. – Der schriftlich-lit. Sch. kristallisiert sich aus einer interkulturellen mündlichen Erzähltradition heraus. Wichtigen Einfluss im dt. Sprachgebiet hat wohl der mlat. Sch. (z. B. »Das Schneekind« der Carmina Cantabrigensia, 11. Jh.), weniger das afrz. ↗ Fabliau. Die Etablierung des Sch.s als selbständige volkssprachlich-schriftliche Erzählform leistet im Deutschland des 13. Jh.s die paargereimte Kleinepik des Strickers. Die Tradition des sch.haften ↗ Märe reicht bis in die Frühe Neuzeit, wo sie durch die geistreiche, geschliffene (lat. und dt.) Fazetie (G. F. Poggio Bracciolini, 1470; H. Bebel, 1508–12), v. a. aber durch die in Anthologien gesammelten Prosaschwänke des 16. Jh.s abgelöst wird: Dem – noch exemplarisch-didaktisch ausgerichteten – Vorläufer »Schimpf und Ernst« des J. Pauli (1522) folgen das vorwiegend zur Unterhaltung bestimmte »Rollwagenbüchlein« J. Wickrams (1555), die »Gartengesellschaft«

J. Freys (1557), der »Wegkürtzer« (1557) von M. Montanus, weiterhin M. Lindeners »Rastbüchlein« und »Katzipori« (1558), V. Schumanns »Nachtbüchlein« (1559) und H. W. Kirchhoffs »Wendunmuth« (1563). Diese Tradition wird im 17. Jh. fortgesetzt (J. Sommer, M. K. Lunsdorf, J. C. Suters, J. P. de Memel) und nähert sich im 18./19. Jh. der Anekdote an (J. P. Hebel: »Erzählungen des rheinischen Hausfreundes«, 1811). – Neben der Existenz als eigenständige Erzählform kann der Sch. Vertreter anderer Gattungen stofflich oder strukturell prägen (sch.hafte Meisterlieder, Märchen, Balladen) oder als unselbständiger Teil in sie eingehen; so etwa zur unterhaltsamen und exemplarischen Didaxe in Predigten, in Chroniken, Lieder- und Hausbüchern sowie in ↗ Kalendern (Grimmelshausen: »Des Abenteuerlichen Simplicissimi Ewigwährender Calender«, 1671). Die zyklische, oft biographische Verknüpfung einzelner Schwänke konstituiert den ↗ Schwankroman, dessen Tradition von frühen lat. Vertretern (»Unibos«, 11. Jh.) über die satirische ↗ Tierepik (»Ysengrimus« des Magister Nivardus v. Gent, »Reinhart Fuchs«, beide 12. Jh.) und den mhd. »Pfaffen Amis« des Strickers (Mitte 13. Jh.) bis in die Neuzeit führt (»Ein kurtzweilig Lesen von Dyl Ulenspiegel«, wohl von H. Bote, 1515; »Die Schiltbürger«, 1598). – Auch der dramatische Sch. begegnet schon in der mlat. Lit.; im MA. und in der Frühen Neuzeit gehen Sch.stoffe in ↗ Neidhartspiele, Possen- und ↗ Fastnachtspiele ein (J. Ayrer, H. Sachs). Der Theaterschwank des 19. Jh.s basiert v. a. auf der Tradition der ↗ Posse (auch ↗ Lustspiel, ↗ Komödie) und der (frz.) ↗ Farce und lebt im 20. Jh. als Volksbühnenklassiker (F. und P. v. Schönthan: »Der Raub der Sabinerinnen«, 1885; C. Laufs, W. Jacoby: »Pension Schöller«, 1890) und Fernsehschwank fort.
Lit.: H. Bausinger: Bemerkungen zum Sch. und seinen Formtypen. In: Fabula 9 (1967), S. 118–136. – Ders.: Formen der ›Volkspoesie‹ [1968]. Bln. ²1980. – H. Herzmann: Sch.₁. In: RLW. – E. Straßner: Sch. Stgt. ²1978. – P. Strohschneider: Sch. In: Killy/Meid. – H.-J. Ziegeler: Sch.₂. In: RLW. CKR

Schwankroman, zusammenfassender Begriff für die von der Mitte des 13. bis zum Ende des 16. Jh.s verfasste Erzähltexte. Die Zuordnung zu einer Gattung ist problematisch, da wie beim ↗ Schwank die Form nicht bestimmt ist; es gibt Sch.e in paargereimter Form, in Prosa und in Liedern (»Neidhart Fuchs«, Drucke ab 1491/97). Von der Schwanksammlung unterscheidet den Sch. die Einheit des Helden, die weitgehende Typenähnlichkeit der gereihten Schwänke, die biographisch-zeitliche und geographisch-räumliche Ordnung. Die Einheit des ideellen Programms, die Fischer an Strickers »Pfaffe Amis« (um 1250) ebenfalls beobachtete und in den Katalog der Kennzeichen aufnahm, kann man dagegen nicht in allen Sch.en auffinden. Zum Korpus rechnet Röcke ferner: die Fassungen von »Salomon und Markolf« (lat. vermutlich Ende des 12. Jh.s; dt. in Reimpaarversen Ende des 14. Jh.s; drei hsl. Prosaübers.en im 15. Jh.; eine vielfach gedruckte Prosaübers. erschien erstmals 1483 in Nürnberg bei Marx Ayrer); Philipp Frankfurter: »Der Pfarrer von Kalenberg« (Drucke ab 1473); »Bruder Rausch« (Druck A von 1488; Zuordnung schon wegen der Kürze problematisch; Herman Bote: »Ulenspiegel« (Drucke ab 1510); Wolf Büttner: »Klaus Narr« (Drucke ab 1572); Bartholomäus Krüger: »Hans Clawert« (Druck 1587). Züge eines Sch.s zeigt auch die »Historia von D. Johann Fausten« (1587); das »Lalebuch« (1593) steht nicht nur am Ende, sondern auch am Rand der Gattung. Als Vorspiel zur Romanform erwähnt man meist die lat. Schwankkette von »Unibos«. Auch das Tierepos »Reinhart Fuchs« gehört in die Ahnenreihe des Sch.s. Züge einer gattungsmäßigen Reihung zeigen sich deutlich in den häufigen Übernahmen von Schwänken von einem Sch. in den anderen. Inhaltlich ergeben sich mehrere Schwerpunkte: Neben der Lebensunterhalt sichernden Funktion von Betrug steht bloße Narrheit, neben der Revanche für erlittenes Unrecht die unvermittelte ›Freude am Bösen‹. Im Vergleich zum mal. und frühneuzeitlichen Schwankkorpus schwach vertreten sind phallische und sexuelle Schwänke (hingegen überproportional skatologische) und solche, in denen sich Ehepartner auseinandersetzen – Letzteres schon deswegen, weil die meisten Protagonisten unverheiratet, häufig Geistliche und in der Regel auf Reisen sind. Die satirische gesellschaftskritische Schärfe des Sch.s wird bei den jüngeren Vertretern durch didaktische Kommentierung ersetzt. Im 17. Jh. wird der Sch. von dem aus Spanien (↗ Pikaro-Roman) kommenden ↗ Schelmenroman abgelöst; die existierenden Texte jedoch leben großenteils noch lange im sog. ↗ Volksbuch weiter.

Lit.: H. Fischer: Zur Gattungsform des Pfaffen Amis. In: ZfdA 88 (1957 f.), S. 291–299. – S. Griese: Salomon und Markolf. Tüb. 1999. – V. Honemann: Unibos und Amis. In: K. Grubmüller u. a. (Hg.): Kleinere Erzählformen des MA.s. Paderborn 1988, S. 67–82. – E. Jöst: Bauernfeindlichkeit. Die Historien des Ritters Neidhart Fuchs. Göppingen 1976. – W. Röcke: Die Freude am Bösen. Mchn. 1987. – Ders.: Sch. In: RLW.   JR

Schwarzer Humor, Gattung des Komischen, die existenzielle Bedrohungen wie Tod, Krankheit, Unfall, Unglück und Verbrechen oder das Böse zum Gegenstand hat. Der schwarze Humor ist manchmal bitter (Bonaventura: »Nachtwachen«), oft makaber und grotesk (J. Swift: »Bescheidener Vorschlag, wie man verhindern kann, daß die Kinder der Armen ihren Eltern oder dem Land zur Last fallen«). Der von A. Breton mit seiner »Anthologie de l'humour noir« 1940 geprägte Begriff, der das Schwarze als Symbol für Trauer und Tod mit dem ↗ Humor, verstanden als Resultat ersparten Gefühlsaufwands (S. Freud) oder als heitere Gelassenheit gegenüber der unvollkommenen Welt, verbindet, setzte sich in den 1960er Jahren international durch. – Elemente des schwarzen Humors finden sich vereinzelt in der antiken, mal. und frühneuzeitlichen Lit., bevor er sich im 19. Jh. voll ausbildet.

Lit.: M. Hellenthal: Sch. H. Essen 1989. – P. Köhler: Sch. H. als eine schöne Kunst betrachtet. In: ders. (Hg.): Das Katastrophen-Buch. Stgt. 1994, S. 281–292.   PK

Schwarze Romantik, Sammelbez. für Motive und Motivkomplexe, die mit der negativen, pessimistischen Seite der Romantik und ihrer Nachfolger verbunden werden. Der Begriff hat durch den Untertitel der dt. Übers. von M. Praz' Standardwerk »La carne, la morte e il diavolo nella letteratura romantica« von 1930 (»Liebe, Tod und Teufel. Die sch. R.«) Eingang in das Vokabular der dt. Lit.wissenschaft gefunden. In sechs Kapiteln zu Melancholie, Satanismus, Sadismus, zur Femme fatale, zu Dekadenz und Homosexualität erstellt Praz einen Thesaurus dunkler und morbider Motive der romantischen, aber auch der symbolistisch-dekadenten Epoche v. a. der frz., engl. und it. Lit. In ihnen geht es um eine den üblichen romantischen Zweifel an der Vernunft übersteigernde Ästhetik, die nur im Außergewöhnlichen, im Abweichenden, im Grotesken oder Übersinnlichen eine überzeugende, Konvention und Normalität hinter sich lassende Perspektive zu finden vermag. – Mit der Rationalitätskritik und dem Faible für die Ästhetik des nicht mehr Schönen verbindet sich in der sch.n R. die Subversion der (etablierten) Moral und die Suche nach esoterischen, mystischen oder obskurantischen Lehren zu einer lit. Tradition, die gegen die Dominanz der Vernunft die verfemte Nachtseite der Imagination zur Geltung bringt: Traum und Wahnsinn, Nekromantik, Somnambulismus, Doppelgängertum, Vampirismus, Mesmerismus, Satanismus, das ↗ Groteske und das Geheimnisvolle sind ihre bevorzugten Gegenstände. Nach Praz' Pionierarbeit haben vergleichbare Aspekte auch der dt. Lit. (der Schauer- und Geheimbundroman der Spätaufklärung, das Werk H. v. Kleists, die Erzählungen E. T. A. Hoffmanns, F. Klingemanns »Nachtwachen des Bonaventura«, die Kunstmärchen L. Tiecks, G. H. Schuberts »Ansichten von den Nachtseiten der Naturwissenschaften« oder der Magnetismus F. Mesmers) das Interesse der Forschung auf sich gezogen. Das Fortleben der Tradition der sch.n R. lässt sich auch an motivischen und thematischen Vorlieben von Autoren des dt.sprachigen ↗ Fin de Siècle (z. B. bei St. George und St. Przybyszewski) oder im essayistischen Frühwerk E. Jüngers nachweisen.

Lit.: J. Barkhoff: Magnetische Fiktionen. Literarisierungen des Mesmerismus in der Romantik. Stgt. 1995. – K. H. Bohrer: Die Ästhetik des Schreckens. Die pessimistische Romantik und E. Jüngers Frühwerk. Mchn. 1978. – M. Praz: Liebe, Tod und Teufel. Die sch. R. [it. 1930]. 2 Bde. Mchn. 1970.   HRB

Schwarze Serie ↗ Film Noir.

Schwebende Betonung, ausgleichende Akzentuierung (gleich starke Betonung) von Verspartien, in denen natürliche, sprachbedingte und metrische Betonung in Widerstreit stehen; bewusstes rhythmisches Kunstmittel, 1. um einzelne gegen das Versmetrum gesetzte Wörter hervorzuheben, z. B. »Und sah: *ihres*

Gefühles grüne Rute« (R. M. Rilke: »Abisag«); 2. um den Versgang zu beleben, da die totale Übereinstimmung von Wortton und metrischem Akzent auf die Dauer Monotonie erzeugen kann; tritt bes. am Versanfang auf; hier ist die sch. B. jedoch von der sog. versetzten Hebung oder versetzten Betonung (↗ Anaklasis) zu trennen. Sch. B.: »*Fühl ich* mein Herz noch jenem Wahn geneigt?« (J. W. Goethe: »Faust«, V. 4). Die Voraussetzung ist die Betonungsfähigkeit der zweiten, metrisch akzentuierten Silbe. Dagegen Anaklasis: »Abgesetzt wurd ich. Eure Gnaden weiß« (F. Schiller: »Die Piccolomini« II, 7). Hier ist die zweite, nach dem Blankvers-Metrum eigentlich zu akzentuierende Silbe nicht betonungsfähig. Vgl. auch ↗ Tonbeugung.   GG

Schweifreim ↗ Reim.

Schweizer Literatur, Sammelbez. für die Lit.en der viersprachigen Schweiz, von denen drei eng mit benachbarten großen Kulturräumen verbunden sind. Zwar ist die Schweiz im frz. (aber nicht im dt.) Sinn politisch eine Nation; kulturell jedoch und zumal in der Lit. folgen die Sprachräume eigenen Traditionen, die sich allerdings auch nicht durchweg mit denen Deutschlands, Frankreichs und Italiens decken. – Im Gebiet der heutigen Schweiz entfaltet sich bereits im MA. eine *dt.-sprachige* geistliche (Kloster St. Gallen), im Spät-MA. auch eine weltliche Kultur (Manessische = Heidelberger Liederhs.), hinzu kommen lehrhafte (U. Boner) und satirische Dichtungen (H. Wittenwiler). Basel als Zentrum des ↗ Humanismus zieht Gelehrte, Dichter und Drucker an. Seit dem späten 15. Jh. entstehen historisch-politische Lieder und Volksdramen (Urner Tellenspiel, Luzerner Spiele) sowie zahlreiche ↗ Chroniken, in der Zeit von Reformation und Gegenreformation polemische Werke von Rang (N. Manuel, H. Salat). Die schweizerische Aufklärung verbindet von Anfang an Kosmopolitismus und Interesse für andere Lit.en mit dem Nationalen und Regionalen sowie der Auseinandersetzung mit dem schweizerischen Staatswesen, ferner die Berufung auf die Vernunft mit dem Verständnis für Irrationales und religiöse Bekenntnisse. Europäischen Ruf erlangen A. v. Haller, J.-J. Rousseau, S. Gessner, J. H. Pestalozzi, der Historiker J. v. Müller und U. Bräker. Am ↗ Sturm und Drang partizipieren der später als Maler berühmt gewordene J. H. Füssli und J. C. Lavater. In der Westschweiz schlägt um 1800 der Kreis von Coppet um Mme de Staël Brücken zwischen frz. und dt. Kultur. An der ↗ Romantik hat die dt. Schweiz allenfalls peripheren Anteil. Wohl aber nehmen das Interesse der Aufklärer an mal. Dichtung (J. J. Bodmers Publikation von Teilen des Nibelungenlieds und der Heidelberger Hs.) und die Verteidigung des Wunderbaren in der gegen J. Ch. Gottscheds und N. Boileaus Rationalismus gerichteten Poetik Bodmers und J. J. Breitingers Romantisches vorweg, ebenso die innig-empfindsame Lyrik des J. G. v. Salis-Seewis. Seit 1800 entsteht eine keineswegs nur idyllische, sondern auch sozialkritische (J. Stutz) ↗ Dialektlit. in allen lit. Gattungen, die in den

1960er Jahren (K. Marti, Berner Troubadours) und auch in jüngster Zeit (M. Frank, G. Krneta, Ch. Uetz) neue Impulse empfängt. Zu Beginn des 19. Jh.s bildet sich als Reaktion auf die nationalistischen Tendenzen der dt. Befreiungskriege in der Lit. ein patriotisches Bewusstsein heraus, das sich bis heute – je nach Epoche in unterschiedlichem Maß – in einer gewissen Distanzierung von Deutschland und dessen kulturellen Hegemonieansprüchen manifestiert. Das Erbe der Aufklärung bestimmt ebenso wie die ungebrochen demokratische staatliche Entwicklung seit dem Ende der Alten Eidgenossenschaft (1798) auch die Lit. des ganzen 19. Jh.s. Zwar dominieren die drei großen Realisten J. Gotthelf, G. Keller und C. F. Meyer; von Bedeutung sind aber auch J. Frey, A. Hartmann und der Lyriker H. Leuthold. Diese aufklärerisch-realistische Tradition bewirkt eine spezifische Ausprägung der ↗ Heimatlit. Von hier aus erfolgen auch die Aufbrüche in die Moderne (C. Spitteler, P. Ilg, R. Walser). Trotz gelegentlicher Anklänge an den ↗ Expressionismus (K. Stamm, O. Wirz, M. Pulver) kann kein Schweizer Autor als Expressionist im engeren Sinn gelten; der ↗ Dadaismus wird hauptsächlich von Emigranten getragen. Unbehagen in bürgerlicher Enge verbindet die bedeutenden Autoren der Zwischenkriegszeit (F. Glauser, L. Hohl, J. Bührer, A. Zollinger); bei einzelnen (J. Schaffner) führt es zur Anlehnung an den Nationalsozialismus, bei den meisten zur Besinnung auf demokratische Werte (M. Inglin, K. Guggenheim) und entschiedenem Antifaschismus. Nach 1945 bestimmen zunächst M. Frisch und F. Dürrenmatt die Deutschschweizer Lit.; sie und die folgenden Autorengenerationen (O. F. Walter, H. Loetscher, P. Bichsel, A. Muschg; U. Widmer, Th. Hürlimann), weniger die Jüngeren (P. Weber, P. Stamm), befassen sich im Sinne eines »kritischen Patriotismus« intensiv mit der Befindlichkeit ihres Landes. Aber auch experimentelle Lyrik (E. Gomringer) und Prosa (J. Läderach), G. Leuteneggers subtile Introspektion, M. Werners Verfremdung alltäglicher Verhältnisse, E. Pedrettis Fremdheitserfahrungen und G. Meiers Doppelbödigkeit bilden wichtige Facetten der neueren Sch. L. – In der *frz.sprachigen* Westschweiz prägen zwei gegensätzliche Autoren, der Satiriker R. Töpffer, Erfinder des ↗ Comics, und der selbstquälerische Stilist H.-F. Amiel, die Lit. des 19. Jh.s. Um 1900 beginnen sich eine kulturphilosophische Essayistik und eine vielfältige, einerseits auf Frankreich (Ch.-A. Cingria, B. Cendrars), andererseits auf die engere Heimat (R. de Traz, Ch.-F. Ramuz) ausgerichtete, von R. Pinget, J. Chessex, M. Chappaz und vielen anderen weitergetragene Lit. herauszubilden. – Die *it.sprachige* Schweiz ist bis ins 19. Jh. Teil des lombardischen Kulturkreises. Patriotische und historische Dichtungen im 19. Jh. und der Lyriker F. Chiesa um 1900 begründen eine selbständige, u. a. von P. Bianconi, G. Orelli, A. Felder fortgeführte Tradition. – Das *rätoromanische* Schrifttum (in fünf Schriftidiomen) beginnt in der Reformationszeit mit Bibelübers.en, religiösen und historischen Werken; im 18. Jh. kommen Übers.en aus der Weltlit. hinzu. Ab 1820 entstehen eigenständige lit. Werke, um 1900 verschaffen C. Muoth und P. Lansel der rätoromanischen Dichtung Ansehen und Dignität. Ein erstaunlicher Reichtum zeichnet seither die Lit. dieser kleinen Sprachgruppe aus.

Lit.: R. R. Bezzola: Litteratura dals Rumauntschs e Ladins. Chur 1979. – M. Böhler: Swiss Literary Culture since 1945. In: GQ 62 (1989), S. 293–307. – G. Calgari: Die vier Lit.en der Schweiz [it. 1958]. Olten, Freiburg/Br. 1966. – E. Ermatinger: Dichtung und Geistesleben der dt. Schweiz. Mchn. 1933. – R. Francillon (Hg.): Histoire de la littérature en Suisse romande. 4 Bde. Lausanne 1995–99. – M. Gsteiger (Hg.): Die zeitgenössischen Lit.en der Schweiz. Ffm. 1980. – W. Haas: Zeitgenössische Mundartlit. der dt. Schweiz. In: Michigan Germanic Studies 6 (1980), S. 58–119. – K. Pezold (Hg.): Geschichte der dt.sprachigen Sch. L. im 20. Jh. [1991]. Lpz. ²2007. – Schweizerischer Schriftstellerinnen- und Schriftstellerverband (Hg.): Schriftstellerinnen und Schriftsteller der Gegenwart […]. Aarau 2002. – P.-O. Walzer (Hg.): Lexikon der Sch. L.en. Basel 1991. RC

Schwellvers, durch erhöhte Silbenzahl ›aufgeschwellter‹ Vers, der dadurch aus dem Regelschema einer (epischen) Versreihe herausfällt. Die Forschung setzt bei Sch.en ein eigenes Versschema, mehrsilbigen Auftakt oder ⁊ Hebungs- und Senkungsspaltungen, d. h. eine gedrängtere Füllung des Versschemas, an. – Die weit ausholenden, deklamatorisch wirksamen Sch.e finden sich v. a. in der Stabreimdichtung, bes. in der aengl. und altsächs. ⁊ Bibelepik (»Heliand«, »Genesis«). GS/Red.

Schwesternbücher [lat. *vitae sororum*], auch: Nonnenbücher, Nonnenviten; neben der ⁊ Gnadenvita eine der beiden Großformen frauenmystischer Texte (⁊ Mystik) des 14.–16. Jh.s v. a. aus süddt. Dominikanerinnenklöstern. Typisch ist für die hauptsächlich dt. dominikanischen Sch. die additive Reihung von ⁊ Viten historisch und namentlich verbürgter Konventsschwestern, die in Anzahl, Umfang und Elaboriertheit divergieren. Komplettiert werden diese Vitensammlungen durch teils erst später hinzugefügte Rahmenelemente wie ⁊ Prolog und Gründungslegende der Klöster. Als Viten*sammlungen* unterscheiden sie sich von den umfangreichen Viten- und Offenbarungstexten, die in der ersten oder dritten Person spirituelles ›Leben‹ und mystische Erfahrung einer *einzelnen* Schwester thematisieren und die Mystikerin als Autorin profilieren. Für die dt., anfangs anonymen Sch. sind hingegen der Gestus kollektiver Autorschaft und die Tendenz zur sukzessiven Erweiterung der Textcorpora typisch. Erst im Zuge der Fortschreibung kann eine singuläre Autorinstanz (z. B. Elsbeth Stagel) personalisiert und namentlich dechiffriert werden. Situationsadäquat zum mystischen Vitentypus, für den die Konzentration auf die scheinbar subjektiven Befindlichkeiten in Relation zum Göttlichen charakteristisch

ist, beruft man sich legitimatorisch v. a. auf Augenzeugenschaft und Geständnis. Konzipiert nach dem *gender*-spezifischen Typus mystisch-asketischer Heiligkeit, akzentuieren die Viten strengste körperliche *üebunge* und göttliche *gnaden* mit bes. Fokus auf die *humanitas Christi*, partizipieren am spirituellen Körperdiskurs und enden wie eine Heiligenvita in der Regel mit dem Tod als eigentlichem *dies natalis*. Zwar spielen Aspekte der klösterlichen Kultur (Regel, Liturgie) herein, alle anderen Lebensvollzüge jenseits der Gotteserfahrung bleiben aber so gut wie ausgespart. Die Sch. erfüllen mit den Kriterien Eigenname, ›Vitenkatalog‹ und exemplarisches ›Leben‹ Funktionen von ⁊ Memoria (2) und kollektiver Identitätskonstitution und inszenieren Anciennität und sakrale Aura der Klöster. Die um 1350 in Engelthal einsetzende Überlieferung von Sch.n hat ihren Höhepunkt zur Zeit der Ordensreform im 15. Jh.

Lit.: S. Bürkle: Lit. im Kloster. Tüb., Basel 1999. – G. J. Lewis: By Women, for Women, about Women. Toronto 1996. SB

Schwulst, m. [ursprünglich: krankhafte Schwellung, Gewebewucherung], abwertende Bez. für Stilphänomene v. a. des ⁊ Barock, mit der im Bereich der Lit. die dichte Verwendung ⁊ rhet. Figuren und ⁊ Tropen als Aufblähung, Wildwuchs oder Überfrachtung kritisiert wird (vgl. die zugehörigen Adjektive ›schwülstig‹, ›geschwollen‹, ›aufgeblasen‹). – Bereits die röm. Antike bezog die Adjektive *tumidus*, *inflatus* und *turgidus* auf Phänomene des ⁊ Asianismus. Im 4. und 5. Jh. n. Chr. wurde die Verwendung von *hydropicus* (wassersüchtig) häufig. Über die Poetiken der ⁊ Renaissance und des Barock gelangte dieser metaphorische Wortgebrauch ins Dt. und war im 17. Jh. verbreitet. Die Barockkritik der ⁊ Aufklärung (J. Ch. Gottsched: »Critische Dichtkunst«, 1730; J. J. Bodmer, J. J. Breitinger) verknüpfte den Sch.begriff eng mit der Dichtung der zweiten ⁊ schlesischen Dichterschule. In Verbindung mit einer Geschmackstheorie, die syntaktische Komplexität und anspielungsreiches Gelehrtentum als stilistische Verfallssymptome wertete, konnten v. a. Gottscheds lit. Urteile wirkmächtig werden und zur Ablehnung des (nach dem spätbarocken Autor benannten) ›Lohensteinischen Sch.es‹ im 18. und 19. Jh. führen. Die zumeist von Verfechtern des lit. ⁊ Klassizismus verwendete Bez. ›Tumor-‹ bzw. ›Sch.stil‹ für Stilphänomene des späten 17. Jh.s etablierte sich auch in der germanistischen Forschung und wurde sogar im Zuge einer neuen, aufwertenden Barockrezeption im ausgehenden 19. Jh. und im ersten Drittel des 20. Jh.s beibehalten. Im Ggs. zum ebenfalls ursprünglich pejorativen Begriff ⁊ ›Barock‹, konnte sich der Begriff ›Sch.‹ nicht als wertneutraler Terminus durchsetzen; seit Anfang der 1980er Jahre ist er daher fast gänzlich aus dem wissenschaftlichen Sprachgebrauch verdrängt zugunsten eines erweiterten und zugleich differenzierteren Begriffs von ⁊ Manierismus.

Lit.: W. Barner: Barockrhet. Tüb. 1970. – P. Schwind:

Sch.-Stil. Bonn 1977. – M. Windfuhr: Die barocke Bildlichkeit und ihre Kritiker. Stgt. 1966. – R. Zymner: Manierismus. Paderborn u. a. 1995.   LI

Science-Fiction, f. ['saɪəns 'fɪkʃən; engl. *science* = (Natur-)Wissenschaft, *fiction* = Erfindung, Erzähllit.], Form der ↗ phantastischen Lit., die das (zukünftige) Neue als wissenschaftlich, logisch und rational begründet erscheinen lässt. Als Konglomerat aus älteren Genres wie ↗ Utopie, ↗ Märchen, ↗ Reise-, ↗ Abenteuer-, ↗ Schauer-, ↗ Kriminal- und Kriegsroman entstanden, hat die S. (Abkürzung häufig: ›SF‹) ein Motivinventar herausgebildet, das u. a. umwälzende wissenschaftlich-technische Erfindungen, Weltraumreisen, außerirdische Lebewesen, künstliche Intelligenzen, Parapsychologie, Zeitreisen und virtuelle Welten umfasst. Im Unterschied zur Utopie ist die S. stärker handlungsorientiert: Typische Muster liefern Begegnung und Kampf mit alternativen – organischen, anorganischen oder hybriden – Lebensformen, planetarische Invasion und Kolonisierung, kosmische Katastrophen sowie die technologische Umgestaltung von Erde und menschlicher Spezies oder Verschwörungen globaler Konzerne. Die S. ist heute ein Produkt-, Medien- und Marketingverbund aus Büchern, Heftreihen, ↗ Comics, ↗ Hörspielen, Musik, Filmen, Fernsehserien, Computerspielen und Design mit Nebenprodukten wie T-Shirts, Posters, Puzzles, Robotern und Spielzeugwaffen. Im Vergleich zu Erfolgsfilmen spielt die Lit. eine eher nachrangige Rolle. – In der zweiten Hälfte des 19. Jh.s kristallisieren sich am Kreuzungspunkt mehrerer generischer Traditionen die Elemente der neuen Gattung heraus. Zu ihren ›Vätern‹ zählen J. Verne (bes. mit seinen Mondromanen »De la terre à la lune« [1865] und »Autour de la lune« [1870]), K. Laßwitz mit seinem Marsroman »Auf zwei Planeten« (1897) und H. G. Wells, der stilbildende Motive der S. wie Zeitreise (»The time machine«, 1895), biotechnologisches Experiment (»The island of doctor Moreau«, 1896) und Invasion aus dem Weltraum (»The war of the worlds«, 1897) prägt. In der dt. Lit. dominiert zwischen 1900 und 1945 quantitativ der – oft ›völkische‹ – technische Zukunftskriegsroman. Zu den erfolgreichsten Autoren zählen B. H. Bürgel, R. H. Daumann, H. Dominik, O. W. Gail und K. Siodmak. Dagegen bleiben die Planetenromane P. Scheerbarts, »Die große Revolution« (1902) oder »Lesabéndio« (1913), in der S. singulär. Sie entwerfen eine Gegenwelt, in welcher die Technik nicht für die Ausbeutung der Natur oder die kriegerische Durchsetzung von Herrschaft, sondern für die mystisch-spirituelle Höherentwicklung dienstbar sein soll. Formal wie inhaltlich innovativ ist A. Döblins ↗ Zukunftsroman »Berge, Meere und Giganten« (1924, Neufassung 1932), welcher Technik und Biologie zur radikalen Umgestaltung der Erde zusammenführt. In den USA entwickelt sich das Genre im Sinne einer ›harten‹, auf technische Innovationen ausgerichteten S. seit Mitte der 1920er Jahre im Umkreis erfolgreicher Zss. (u. a. »Amazing

stories«, seit 1926, hg. v. H. Gernsbeck); hier setzt sich auch der Begriff *science fiction* durch. In solchen *pulp magazines* debütieren die wichtigsten am. S.-Autoren der ersten Generation: I. Asimov, R. D. Bradbury, A. Bester, A. C. Clarke, L. Sprague de Camp, R. A. Heinlein, Th. Sturgeon, A. E. van Vogt. Seit den 1930er Jahren bilden sich in Amerika Fanclubs (*fandoms*), die durch Leserbriefe, Amateurzeitschriften (*fanzines*) und Versammlungen (*SF-Cons*) die Interaktion von Produzenten und Konsumenten befördern. Große Publikumskreise erreicht die S. seit den 1960er Jahren v. a. im Medium des Films und des Fernsehens mit Serien wie »Star Trek« (seit 1968) und »Star Wars« (seit 1977). In diesen spektakulär inszenierten *space operas* eilen die Helden in ihren Raumschiffen von Abenteuer zu Abenteuer und kämpfen unermüdlich gegen das Böse im Weltraum. Subtiler und philosophisch ambitionierter verschränkt St. Kubricks Kultfilm »2001 – a space odyssee« (1968, nach Motiven von A. C. Clarke) Bildregie, Musik und Erzählrhythmus ineinander. In der Lit. tritt in den 1960er Jahren eine *new wave* der S. auf: Am. Autoren wie B. W. Aldiss, J. Brunner, Th. M. Disch, Ph. K. Dick, U. LeGuin, engl. wie J. G. Ballard und M. Moorcock experimentieren mit Themen wie Ökologie, Frauenemanzipation oder Medienmanipulation. U. LeGuins Roman »The dispossessed« (1974) setzt dem US-Kapitalismus eine anarchistische Gesellschaftsform und zugleich ein alternatives Zeitkonzept entgegen. Ph. K. Dick lässt in »Do androids dream of electric sheep« (1968, 1982 von R. Scott unter dem Titel »Blade Runner« verfilmt) und »Ubik« (1969) die Grenzen zwischen Natürlichem und Künstlichem, Realität und Simulation verfließen. Den Kampf einzelner Desperados gegen die Übermacht von Elektronikkonzernen in einer global verelendeten und durch computergenerierte *virtual reality* derealisierten Lebenswelt inszeniert der *Cyberpunk* (W. Gibson, B. Sterling u. a.). Modisch gemixt erscheinen J. Baudrillards Simulationstheorie und der vertraute Kampf zwischen Mensch und Maschine in den »Matrix«-Filmen (1999 und 2003) der Brüder A. und L. Wachowski. In der dt. S. ist die populäre »Perry Rhodan«-Heftserie (seit 1961) lange marktbeherrschend. Zu den bekannten S.-Autoren der Nachkriegszeit gehören C. Amery, W. Jeschke und H. W. Franke, in dessen Roman »Der Orchideenkäfig« (1961) alle Bereiche des menschlichen Lebens der Obhut von Robotern und Automaten untertan sind und das Gehirn nur mehr als Rezeptor elektronischer Impulse fungiert. In der DDR dient die als ›wissenschaftliche Phantastik‹ bezeichnete S. (J. und G. Braun u. a.) oft als Instrument versteckter Gesellschaftskritik. Systemkritisch sind auch die S.-Romane der russ. Brüder A. und B. Strugazki (»Picknick am Wegesrand«, 1972). Der Pole St. Lem ragt durch thematische und philosophische Vielschichtigkeit aus der Masse trivialer S. heraus (»Solaris«, 1961; »Der Unbesiegbare«, 1964; »Sterntagebücher«, 1971). In Romanen jüngerer dt. Autoren wie M. Hammerschmitt, F.

Nelle oder H. Hilgenstein werden Topoi, Motive und Handlungsmuster der S. ironisch gebrochen und mit Elementen des Kriminalromans, des *Cyberpunk* und des gesellschaftskritischen Stadtromans vermischt. S. erweist sich gerade in der Lust an der De- und Rekonstruktion ihrer Grenzen als weiterhin vitale Gattung.

Lit.: H. J. Alpers u. a.: Lexikon der S.-Lit. Mchn. 1990. – R. N. Bloch: Bibliographie der utopischen und phantastischen Lit. 1750–1950. Gießen 1984. – H.-E. Friedrich: S. in der dt.sprachigen Lit. Ein Referat der Forschung bis 1993. Tüb. 1995. – K. Harrasser: Das Feld der dt.sprachigen S. Diplomarbeit Wien 1999. – R. Innerhofer: Dt. S. 1870–1914. Wien u. a. 1996. – J. Körber (Hg.): Bibliographisches Lexikon der utopisch-phantastischen Lit. 11 Bde. Meitingen 1984–98. – Ch. F. Lorenz: S. In: RLW. – M. Nagl: S. in Deutschland. Tüb. 1972. – Ders.: S. Ein Segment populärer Kultur im Medien- und Produktverbund. Tüb. 1981. – F. Rottensteiner, M. Koseler (Hg.): Werkführer durch die utopisch-phantastische Lit. Meitingen 1989 ff.   RI

Scipionenkreis, in Rom zwischen ca. 150 und 130 v. Chr. bestehender Freundeskreis um P. Cornelius Scipio Aemilianus Africanus (Scipio der Jüngere; Zerstörer Karthagos). Dazu gehörten der gr. Stoiker Panaitios, der Historiker Polybios, der aus Afrika stammende Komödiendichter Terenz, der röm. Satirendichter Lucilius sowie Politiker wie C. Laelius und P. Rutilius Rufus. Der S. bildete das Zentrum der fruchtbaren Auseinandersetzung der von politischem und militärischem Realismus geprägten röm. Welthaltung mit der hellenistischen Philosophie und Lit. Zentraler Begriff war die *humanitas*. Nachwirkung auf Cicero und, durch seine philosophischen Werke, auf die gesamte europäische Kulturgeschichte.

Lit.: R. M. Brown: A Study of the Scipionic Circle. Scottdale/Pa. 1934.   DWE/Red.

Scratching ↗ Rap.

Script ↗ kognitive Poetik.

Secentismo, m., it. *secentismo*, it. Bez. für ↗ Manierismus und ↗ Barock.

Segen [lat. (*cruce*) *signare* = (mit dem Kreuz) bezeichnen, segnen], auch: Benediktion; 1. Heil oder Schutz, der von einer Gottheit gespendet wird; 2. formelhafter Wunsch bzw. Zuspruch von Gutem, meist verbunden mit einer symbolischen Handlung (z. B. Handauflegung, Ausbreiten der Hände, Kreuzzeichen). Negatives Gegenbild des S.s ist der Fluch. Je nach Vorstellung der Wirkung des S.s (Vertrauen in die Zuwendung der Gottheit oder Glaube an die aus sich selbst heraus wirkende Macht des gesprochenen Worts) besteht eine Nähe zum ↗ Gebet bzw. zum ↗ Zauberspruch. Der christliche S. gestaltet den Übergang aus dem Gottesdienst in den Alltag und wird in lebensgeschichtlichen Schwellensituationen (Taufe, Ehe, Krankheit) gespendet. Benediktionen werden je nach Objekt der Segnung in Personalbenediktionen (Reisende, Kranke, Pilger u. a.) und Realbenediktionen (Weihwasser, Palmzweig, Ernte, Gebäude u. a.) eingeteilt. – Die seit dem frühen

MA. inmitten zahlreicher lat. Kurzgebete, Rezepte, Sprüche überlieferten volkssprachlichen S. (z. B. »Lorscher Bienensegen«, 9. Jh.; »Contra vermes«, 10. Jh.; »Weingartner Reisesegen«, 10. Jh.; »Spruch wieder den Teufel«, 11. Jh.) gehören mit ihren christlichen Invokationen häufig in den kirchlichen Kontext und dokumentieren den fließenden Übergang zwischen Gebetswunsch und Beschwörung.

Lit.: A. Franz: Die kirchlichen Benediktionen im MA. [1909]. Freiburg ²1960. – D. Greiner: S. und Segnen. Stgt. 1998. – B. Maier u. a.: S./S. und Fluch. In: TRE. – M. Schulz: Magie oder Die Wiederherstellung der Ordnung. Ffm. 2000. – H. Stuart, F. Walla: Die Überlieferung der mal. S. In: ZfdA 116 (1987), S. 53–79.   KR

Seguidilla, f. [zegi'dɪlja; span.], siebenzeilige Tanzliedstrophe der span. Volksdichtung, gegliedert in Strophe und Refrain (*Copla* und *Estribillo*), wobei die Verse 1, 3 und 6 aus reimlosen Siebensilbern, die Verse 2, 4, 5 und 7 aus je paarweise assonierenden (selten reimenden) Fünfsilbern bestehen. Variationen sind die Reduzierung der S. auf vier Zeilen (also auf die *Copla*) oder die Zusammenfassung der Fünf- und Siebensilber zu Zwölfsilbern. Seit dem 15. Jh. auch als Kunstform, z. B. bei J. Álvarez Gato, Lope de Vega und noch bei J. L. Espronceda y Delgado (19. Jh.).   IS/Red.

Sehtext, spezielle Form ↗ visueller Poesie.

Sekundärliteratur [frz. *secondaire* = an zweiter Stelle], auch: Forschungslit., Lit. über Lit.; wissenschaftliche Untersuchungen und Kommentare zu Werken aus verschiedenen Gebieten der Lit. (Dichtungen, aber auch historische, philosophische oder theologische Texte, sog. ↗ Primärlit.). S. wird in ↗ Bibliographien zusammengestellt.   GS/Red.

Sekundenstil, von A. v. Hanstein (»Das Jüngste Deutschland«, 1900) im Anschluss an das von A. Holz formulierte »Kunstgesetz« (↗ Gesetz [4]) geprägter, später auch von H. Hart (»Lit. Erinnerungen«, 1907) aufgegriffener Begriff. Der S. wurde als zentrales Merkmal des ›Konsequenten ↗ Naturalismus‹ hervorgehoben. Dabei ist die Begriffsgeschichte jedoch sorgsam von der poetologischen Grundlegung durch Holz zu unterscheiden, da schon Hanstein und Hart von einer unzutreffenden Deutung des ›Kunstgesetzes‹ ausgehen; in der Holz-Forschung wird der Begriff daher, wenn überhaupt, nur noch unter Vorbehalt verwendet. Der Terminus wird bis in die 1950er Jahre im hergebrachten Sinn einer lückenlosen Wiedergabe der raum-zeitlichen empirischen Wirklichkeit aller äußeren und inneren Vorgänge verwendet und in den 1970er Jahren ebenfalls noch im Verständnis einer strikten Deckung von ↗ Erzählzeit und ↗ erzählter Zeit gedeutet. In diesem Sinn wird er auch auf Werke, die nicht in die Epoche des Naturalismus fallen (z. B. P. Weiss: »Der Schatten des Körpers des Kutschers«, 1952) angewendet.

Lit.: S. Berthold: Der sog. »Konsequente Naturalismus« von A. Holz und J. Schlaf. Bonn 1967. – G. L. Schiewer:

Poetische Gestaltkonzepte und Automatentheorie. Würzburg 2004. GLS

Selbstreferenz, f. [lat. *referre* = sich beziehen auf], auch: Autoreferenz; Bezug eines ↗Zeichens, ↗Textes oder Systems auf sich selbst. Die S. von Sätzen ist wichtig als Grundlage semantischer ↗Paradoxa (etwa des ›Lügner-Paradoxons‹; z. B. ›Dieser Satz ist falsch.‹), die zur Trennung von Meta- und Objektsprachen in der formalen Semantik führten (*Tarsky's theorem*). In der Systemtheorie meint ›S.‹ die von der Umwelt zunehmend autonome Selbstorganisation eines Systems. In der ↗linguistischen Poetik wird die ›poetische Funktion‹ als ›Bezug auf die eigene Botschaft‹ definiert, welche die S. impliziert. ›Postmoderne‹ Theorien gehen gerne von einer generellen sprachlichen S. bes. in lit. Texten aus. S.en in einem Text sind in diesem Fall allerdings bei gleichzeitiger ↗Referenz auf Außertextliches oder einer pragmatischen Einbindung möglich und bilden nicht unbedingt eine Paradoxie. Sprachliche S.en sind zudem nicht immer vom Autor intendiert, auch wenn eine Tendenz zur Zunahme intendierter Autoreferentialität in der modernen Lit. besteht.
Lit.: S. J. Bartlett, P. Suber (Hg.): Self-Reference. Dordrecht 1987. – R. Jakobson: Linguistik und Poetik [engl. 1960]. In: ders.: Poetik. Ffm. 1989, S. 83–121. – R. M. Sainsbury: Paradoxien [engl. 1988]. Stgt. 1993. – A. Whiteside, M. Issacharoff (Hg.): On Referring in Literature. Bloomington, Indianapolis 1987. JG

Semidokumentarismus ↗Dokumentarlit.

Semiotik, f. [gr. *séma* = Zeichen], Wissenschaft von den ↗Zeichen. Die S. untersucht alle Strukturen, Systeme und Prozesse der Form, Bildung und Verwendung von Zeichen in allen Kommunikationsbereichen: z. B. die Zeichensysteme der Verbalsprachen, der Musik, der bildenden Kunst, des ↗Films, sozialer oder religiöser Symbolik sowie der Kommunikation in der Tierwelt. Zeichen(-systeme) dienen der Vermittlung von Informationen (Botschaften) zwischen einem Sender (einer Quelle) und einem Empfänger: mit einem ↗Code, über ein ↗Medium, in einem ↗Kontext, mit der Notwendigkeit der ↗Interpretation und der Möglichkeit von Störungen. Zeichen können durch Ähnlichkeit, kausal oder durch Konvention mit dem bezeichneten Objekt verbunden sein (*icon*, *index* und *symbol* nach Peirce). Die S. hat zahlreiche Modelle und Systeme der Zeichen entworfen. Neben der Dichotomie F. de Saussures, der verbalsprachliche Zeichen als arbiträre Verbindung zwischen Signifikant (Zeichenkörper) und Signifikat (↗Bedeutung) analysiert (↗Strukturalismus), dominieren triadische Modelle, die eine wechselseitige Relation zwischen den drei Instanzen ›Zeichenkörper‹, ›Zeicheninhalt‹ und ›Referent‹ (Entität, auf die das Zeichen sich bezieht) postulieren. Diese Instanzen werden verschieden benannt: etwa ›Symbol‹, ›Begriff‹ und ›Referenz‹ bei Odgen/Richards oder ›Interpretament‹, ›Interpretant‹ und ›dargestelltes Objekt‹ bei Peirce. In Peirces Modell be-

steht der Interpretant selbst wiederum aus Zeichen, die ihrerseits in triadischen Strukturen (in einer ›unendlichen Semiose‹) interpretiert werden müssen. Die S. untersucht die regelmäßige Anordnung verschiedener Zeichen (›Syntax‹), die Bedeutungszuordnung zu Zeichen und die Bedeutungsrelationen (Antonymie, Homonymie, Hyponymie, Kollokation, Polysemie) zwischen Zeichen (›Semantik‹) sowie die Zeichenverwendung durch einen Sprecher (›Pragmatik‹). Besondere Aufmerksamkeit erhält die Referenz auf Außersprachliches und die Organisation bzw. Interpretation der ›Wirklichkeit‹ durch Zeichen. – Den Zeichenbegriff untersuchen neben der S. v. a. ↗Rhet., Linguistik und Sprachphilosophie. Daher ist seit der Antike eine lange Tradition der hermeneutischen, rhet., semantischen, logischen und auch medizinischen S. *avant la lettre* zu finden. Bes. sprachanalytische Philosophie und Linguistik überschneiden sich in vielen Bereichen mit Ansätzen, die zur S. zu rechnen sind. So sind etwa die Analysen von Platons Sokrates zur Arbitrarität von Zeichen (im Dialog »Kratylos«) oder Freges Unterscheidung zwischen Sinn (Inhalt) und Bedeutung (Referenz) des Zeichens wirkungsmächtig geworden. – Lit. Texte werden von der S. als Komplex vieler Zeichensysteme begriffen. Dabei bilden auch die von ihnen erschaffenen fiktionalen oder ↗möglichen Welten eigene Zeichensysteme. Als ›semiotisch‹ werden in der Lit. theorie oft Theorien strukturalistischer und poststrukturalistischer Provenienz von hermeneutischen, linguistischen oder analytischen Theorien unterschieden.
Lit.: U. Eco: Zeichen [it. 1973]. Ffm. 1977. – G. Frege: Über Sinn und Bedeutung [1892]. In: ders.: Funktion, Begriff, Bedeutung. Gött. ⁷1994, S. 40–65. – C. K. Ogden, J. A. Richards: Die Bedeutung von Bedeutung [engl. 1923]. Ffm. 1974. – Ch. S. Peirce: Phänomen und Logik der Zeichen [engl.]. Ffm. 1983. – R. Posner u. a. (Hg.): S. 3 Bde. Bln, NY 1997–2003. – M. Titzmann: S. In: RLW. JG

Senar, m. [lat. *senarius* = sechsgliedrig], freiere lat. Nachbildung des altgr. ↗akatalektischen jambischen ↗Trimeters, wird nicht nach ↗Dipodien, sondern nach Monopodien (sechs jambischen Versfüßen) gewertet, mit Zäsur meist nach dem fünften halben Versfuß (Semiquinaria = ↗Penthemimeres), seltener nach dem siebten (Semiseptenaria = ↗Hephthemimeres). Von größter metrischer Beweglichkeit durch Austauschmöglichkeit von Kürzen und Längen mit Ausnahme des letzten Fußes. Schema: v–v–v|–v|–v|–v–v–. Die lat. Umbildung des gr. jambischen Trimeters zum S. geschah durch Livius Andronicus, Plautus und Terenz. Er wurde wie sein gr. Vorbild der am häufigsten verwendete Dialogvers des röm. Dramas (↗Diverbia in Tragödie und bes. Komödie), findet sich aber auch bei Phaedrus (Fabeln) und noch bei Ausonius (»Spiel von den Sieben Weisen«, 4. Jh.). Zu dt. Nachbildungen: ↗Trimeter. Verwandte Form: ↗Septenar. DWE/Red.

Senhal, m. [se'njal; altokzitan. = Zeichen], Versteckname, mit dem die mal. ↗Trobadors die Identität der

besungenen Dame schützten, die typischerweise verheiratet war und zudem einer höheren sozialen Schicht angehörte; Form des ↗ Pseudonyms. Bertrand de Born nennt seine Dame »Miels-de-Ben« (›Besser-als-gut‹) oder »Bel-Miralh« (›Schöner-Spiegel‹), Peire Vidal versteckt die seine hinter dem S. »Loba« (›Wölfin‹) und Guilhem IX. von Aquitanien besingt »mon Bon Vezi« (›mein guter Nachbar‹). Da die trobadoreske Liebe als eine Art Lehnsverhältnis konzipiert war (die übliche Anrede der Dame lautete »midons«, also ›mein Herr‹, vgl. lat. »mi Domine«), finden sich viele männliche S.s, die sich auf Frauen beziehen. Daneben verwenden viele Trobadors aber auch für Freunde und Dichterkollegen S.s. So nennt Giraut de Bornelh den ›keuschen‹ Trobador Raimbaut d'Aurenga »Linhaure« (in Anlehnung an den Protagonisten einer Erzählung, in der dieser von eifersüchtigen Ehemännern entmannt wird).
Lit.: I. Szabics: Pseudonymes poétiques dans la lyrique troubadouresque: les senhals. In: Revue d'Études Françaises 2 (1997), S. 115–122.   HIR

Senkung, dt. Übers. von gr. *thésis*, Begriff der Verslehre, Ggs.: ↗ Hebung.

Senkungsspaltung, Bez. der altdt. Metrik: anstelle einer schemagemäßen einzigen unbetonten Silbe (= Senkung) können in alternierenden Versen auch zwei kurze unbetonte Silben stehen, der unbetonte Versteil wird gleichsam aufgespalten (x̌ v v); begegnet in ahd. und mhd. Dichtung, teils aus Versnot, teils zur Belebung des Versrhythmus.   GS/Red.

Senryû, n. [jap., nach dem Namen des Begründers Karai Senryû (1718–90)], 17-silbiges, reimloses jap. Gedicht (5-7-5), formal dem ↗ Haiku entsprechend. Aus den scherzhaft umdeutenden Anfügungen an vorgegebene 14-silbige Verse (7-7) entstanden, verselbständigte sich das S. ab der Mitte des 18. Jh.s zur heiteren, populären Nebenform des Haiku ohne Jahreszeitenbezug. Das S. ist satirisch, parodistisch, stark wortspielerisch und häufig frivol. Ein Großteil der meist anonym überlieferten Verse stammt aus populären Wettbewerben. Die besten Verse wurden regelmäßig in Anthologien veröffentlicht. Das S. ist bis heute beliebt als gesellschaftssatirische Dichtform.
Lit.: R. H. Blyth: Edo Satirical Verses. Tokio 1949. EM

Sensibilité, f. [frz.], ↗ Empfindsamkeit.

Sensualismus, m. [lat. *sensus* = Empfindung, Gefühl, Sinn], 1. philosophische Lehre, die jegliche Erkenntnis im Ggs. zum an der Vernunft orientierten Rationalismus allein auf Sinnesempfindungen zurückführt. Die bereits in der Antike u. a. von Epikur gelehrte Position des S. steht im Mittelpunkt des von Th. Hobbes, J. Locke und D. Hume entwickelten engl. Empirismus (↗ Aufklärung). Auf Thomas von Aquin (»De veritate« II, 3) geht die durch Locke berühmt gemachte Kernformel des S. zurück: ›Nihil est in intellectu, quod non prius fueri in sensu‹ (nichts ist im Verstand, was nicht vorher in den Sinnen gewesen ist). Lockes Differenzierung (»An Essay Concerning Human Understanding«

[1690] II, 1, 2) zwischen Sinneseindrücken (*sensations*) und Operationen des Verstandes (*reflections*) wurde von E. B. de Condillac zurückgewiesen, der in seinem »Traité de sensations« (1754) am Beispiel einer zum Leben erwachenden Marmorstatue die alleinige Konstitution des Menschen durch die Sinneserfahrung zu begründen versuchte. Ein empirisches Äquivalent zu dieser konsequenten Form des philosophischen S. bildet die von E. Mach unternommene physikalisch-physiologische »Analyse der Empfindungen« (1886). – 2. Darüber hinaus wird der Begriff ›S.‹ auch zur Charakterisierung antirationalistischer ästhetischer Konzepte herangezogen. – 3. Wiederum von Epikur abgeleitet ist schließlich das Verständnis des S. als hedonistische, auf die Befriedigung sinnlicher Lust (jedoch in höherem Interesse) zielende Ethik.
Lit.: M. Vollmer: S. In: HWbPh.   UMI

Sensus allegoricus, auch: *sensus spiritualis*; ↗ Schriftsinn.

Sensus anagogicus ↗ Schriftsinn.

Sensus historicus, auch: ↗ *sensus litteralis* oder *literalis*; ↗ Schriftsinn.

Sensus litteralis, m. [lat. *sensus* = Sinn, *littera* = Buchstabe], wörtlicher ↗ Schriftsinn eines Textes. Als ursprünglich hermeneutische Technik zur Bibelexegese und ↗ Allegorese bezeichnet der *s.l.* den buchstäblichen oder wörtlichen Sinn einer Textstelle, im Ggs. zur allegorischen, metaphorischen oder anagogischen Auslegung.
Lit.: F. Ohly: Vom geistigen Sinn des Wortes im MA. In: ZfDA 89 (1958/59), S. 1–23. – H.-J. Spitz: S.l./spiritualis. In: RLW.   CSR

Sensus moralis, auch: *sensus tropologicus*; ↗ Schriftsinn.

Sensus spiritualis, m. [lat. *sensus* = Sinn und *spiritus* = Geist], geistlicher ↗ Schriftsinn eines Textes. Als allegorisch-heilsgeschichtlicher Sinn ist der der spirituellen Schriftexegese entlehnte Begriff des *s.sp.* (auch *s. allegoricus*) der christlichen Heilsgeschichte verpflichtet. Zur allegorischen Bibelexegese siehe auch ↗ Allegorie, ↗ Allegorese und ↗ Typologie.
Lit.: H.-J. Spitz: Sensus litteralis/spiritualis. In: RLW.   CSR

Sentenz, f. [lat. *sententia* = Meinung, Urteil(sspruch), Gedanke], Satz, der sich durch Zitathaftigkeit, Geschlossenheit der Aussage und Durchbrechen des Handlungsablaufs aus einem lit. Werk heraushebt und Allgemeingültigkeit beansprucht; bes. häufig im Rahmen des Dramas, aber auch in erzählender Prosa, Balladen, Gedankenlyrik u. a. Die S. wird oft den ↗ einfachen Formen ↗ Sprichwort, ↗ Sinnspruch, ↗ Denkspruch, ↗ Maxime und ↗ Gnome zugeordnet, von denen sie sich jedoch grundlegend unterscheidet durch die für sie konstitutive Kontextbezogenheit. – Die S. passt sich auch *in der Form* meist dem Kontext an (Prosa oder Vers, oft Blankvers, Knittelvers oder Alexandriner); sie gehört zu den stark tektonisch geprägten Formen (syntaktische Geschlossenheit). Der

Stil der S. ist durch reiche Verwendung rhet. Figuren geprägt (v. a. Wortwiederholung, Antithese, Klimax, Parallelismus). Innerhalb des Kontextes steht sie oft an exponierter Stelle, z. B. am Akt- oder Dramenschluss, am Beginn oder am Ende eines Monologs. – *Inhaltlich* wird die S. charakterisiert durch den Anspruch auf Allgemeingültigkeit. Sie ist dabei differenzierter als das zu pauschalierenden Vereinfachungen neigende Sprichwort (vgl. »Was sind Hoffnungen, was sind Entwürfe, / die der Mensch, der vergängliche, baut?« [F. Schiller: »Die Braut von Messina«, V. 1961 f.] mit dem Sprichwort »Träume sind Schäume«). – Die *Funktion* der S. innerhalb des Kontextes ist, an dem konkreten Einzelfall die allg. Bedeutung sichtbar zu machen (»Das eben ist der Fluch der bösen Tat, / daß sie, fortzeugend, immer Böses muß gebären.« [Schiller: »Die Piccolomini« V, 1]). – Die *geschichtliche Entwicklung* zeigt sehr verschiedene Ausprägungen der S.: Bibel, Gilgamesch-Epos und die gr. Tragödien (bes. von Sophokles und Euripides) weisen bereits reich entwickelte Formen der S. auf. Auch die theoretische Reflexion über die S. findet sich bereits in der Rhet. der Antike (bes. bei Quintilian). Seneca betont die S. als moralische Kategorie. Mit Infragestellung eines geordneten und zusammenhängenden Weltganzen wird die S. in zunehmendem Maße problematisch. Schon bei H. v. Kleist zeigt sich eine Widersprüchlichkeit in der Beziehung von S. und Kontext, sie verliert ihren verbindlichen Charakter, bei G. Büchner vollends bedeutet die S. die Infragestellung fester Werte und Ordnungen (so in »Dantons Tod« IV, 5: »Die Welt ist das Chaos. Das Nichts ist der zu gebärende Weltgott«). Wenn in der Moderne, etwa bei Brecht, die S. noch häufig verwendet wird, so dient sie meist – verstärkt durch ihre Einbettung in Songs, die direkte Publikumsansprache und parodistische Effekte – der Entlarvung der ›ewigen Wahrheiten‹, der ↗ Ideologiekritik und der ↗ Verfremdung.

Lit.: P. Bernath: Die S. im Drama von Kleist, Büchner und Brecht. Bonn 1976. – H. Lausberg: Hb. der lit. Rhet. [1960]. Stgt. ³1990. – F. H. Mautner: Maxim(e)s, Sentences, Fragmente, Aphorismen. In: G. Neumann (Hg.): Der Aphorismus. Darmstadt 1976, S. 399–412. – P. Niemeyer: Die S. als poetische Ausdrucksform vorzüglich im dramatischen Stil. Hbg. 1933. – S. Reuvekamp: S. In: RLW. IA

Sentenzenrefrain ↗ Refrain.

Sentimentalisch ↗ naiv und sentimentalisch.

Septem Artes (liberales), f. Pl. [lat. = Sieben (freie) Künste], ↗ Artes.

Septenar, m. [lat. *septenarius* = siebengliedrig], freiere lat. Nachbildung des altgr. katalektischen ↗ Tetrameters, wird nicht nach ↗ Dipodien, sondern ↗ Monopodien (7 jambische oder trochäische, seltener anapästische Versfüße) gewertet, meist mit ↗ Dihärese nach dem vierten Versfuß; von größter metrischer Beweglichkeit durch Austauschmöglichkeit von Kürzen und Längen mit Ausnahme des letzten Fußes. Grund-

schema des (häufigsten) trochäischen S.s, auch *versus quadratus*: $- \lor - \lor - \lor - \lor \,|\, - \lor - \lor - \lor \bar{\lor}$. Der trochäische S. war nach dem jambischen ↗ Senar in der röm. Dichtung eines der volkstümlichsten Versmaße: Er war v. a. der Dialogvers der ↗ Atellane und der Komödie (Plautus, Terenz); ferner erscheint er in Satiren, Rätseln, Soldatenliedern, auch noch in spätlat. Gedichten (z. B. dem »Pervigilium Veneris«, um 350 n. Chr.) und frühchristlichen Hymnen. Zu dt. Nachbildungen: ↗ Tetrameter. IS/Red.

Sequel, n. [ˈsiːkwəl; engl. = das Folgende; Fortsetzung], Fortsetzung eines – meist kommerziell erfolgreichen – Films (z. B. »Indiana Jones«, »Mission Impossible«, »Lara Croft«), in der Regel mit denselben ↗ Protagonisten und vergleichbaren Handlungsschemata, aber mit anderen Schauplätzen und gesteigerten technischen Effekten. Der Begriff ›S.‹ wird – im Dt. seltener – auch auf Romane angewandt (z. B. »Harry Potter«). – Folgen mehrere S.s aufeinander, spricht man von einer ↗ ›Serie‹ (z. B. »James Bond 007«). DB

Sequenz, f. [lat. *sequentia* = das Folgende], 1. der liturgische Gesang, der auf das »Alleluja« des ↗ Graduale folgt. – Ursprünglich war die S. rein musikalisch, indem das »Alleluja« mit einer langen Schlussvokalise auf das auslautende *a*, den Iubilus, gesungen wurde. Vermutlich im westfränkischen Reich begann man vor der Mitte des 9. Jh.s, den Iubilus mit Texten zu unterlegen (»sequentiae ad prosam«; oder nur »prosa«). Der Grundtyp der S. besteht aus verschieden langen Doppelstrophen (↗ Versikel), die formal einander entsprechen (Responsion) und antiphonisch von einem Doppelchor gesungen werden, während Einleitungs- und Schlussversikel beide Chöre gemeinsam singen. Im Ggs. zum Hymnus (↗ Hymne) wechselt die Melodie mit jedem Versikelpaar. In der älteren frz. S. enden die Strophen noch als Reminiszenz an das »Alleluja« auf *a*. Einen neuen Ansatz erfuhr die S. durch Notker Balbulus, der eine strenge Syllabik (eine Silbe pro Ton der Melodie) einführte und auf den *a*-Reim verzichtete. Seine das ganze Kirchenjahr umfassenden S.en stellte Notker 883 in seinem »Liber ymnorum« zusammen. In der weiteren Entwicklung treten Vokalreime hinzu; die Versikeln werden nach Zahl und Länge strophenartig vereinheitlicht, bis ab Ende des 11. Jh.s der reine zweisilbige Reim und der alternierende Rhythmus die Regel sind. Oft haben die Strophenpaare durchgehend die gleiche Textgestalt und unterscheiden sich vom Hymnus nur noch durch den Melodiewechsel. Einen Höhepunkt erfährt die S.endichtung im 12. Jh. mit Adam von St. Victor. Die bekannteste ↗ Marienklage des MA.s, der »Planctus ante nescia« Gottfrieds von St. Victor (Mitte des 12. Jh.s), ist eine S. Nach der berühmten »Stabat mater-S.« des 13. Jh.s wird deren oft verwendete Strophenform ›Stabat-mater-Strophe‹ genannt. Da bis zum Spät-MA. Tausende von S.en entstanden, deren Form und Gehalt oft den liturgischen Charakter sprengten, wurde auf dem Tridentinischen Konzil (1545–63) der liturgische S.-Bestand auf fünf

S.en eingeschränkt, die heute noch an den jeweiligen Festtagen gesungen werden: Wipos Oster-S. »Victimae paschali laudes« (vor 1046), die Pfingst-S. »Veni, sancte spiritus« von Papst Innozenz III. (um 1200), die Fronleichnam-S. »Lauda, Sion, Salvatorem« des Thomas von Aquin (ca. 1264), das anonyme, früher Jacopone da Todi oder Bonaventura zugeschriebene, aus franziskanischen Kreisen stammende Andachtslied »Stabat mater dolorosa« (13. Jh.) zum Fest der Sieben Schmerzen Mariae und die anonyme, Thomas von Celano zugeschriebene S. »Dies irae« (13. Jh.) aus der Totenmesse. – Neben dem liturgischen Rahmen der S.en und der damit implizierten geistlichen Dichtung tritt die S.en-Form spätestens im 11. Jh. auch in der weltlichen Dichtung auf; die vielleicht noch im 9. Jh. entstandene »Schwanenklage« (»Planctus cygni«), deren Form die S. ist, ist als geistliche ↗ Allegorie zu verstehen. Die Liebeslieder der »Carmina Burana« (z. B. 65, 67, 70–73) sind S.en mit Versikelresponsion ebenso wie die Totenklage auf Richard Löwenherz (»Carmina Burana« 122), wobei Versikelresponsion Kriterium für die Unterscheidung vom ↗ Lai und ↗ Leich ist.   DW

2. Aus einer Folge von Einstellungen geschnittene größere Handlungseinheit im Film. Im Ggs. zur Szene, die ein zeitlich und räumlich zusammengehöriges Geschehen darstellt, lässt die S. auch die Verbindung (↗ Montage) mehrerer Räume, Zeiten und ↗ Figuren zu, soweit noch ein innerer Zusammenhang zwischen ihnen sowie eine Abgrenzung zur vorangehenden und zur folgenden S. erkennbar sind. – An der S. orientierte Strukturen werden zuweilen auch in erzählenden und lyrischen Texten (v. a. im ↗ Langgedicht) bes. des 20. Jh.s nachgeahmt.   DB

Lit. zu 1.: R. L. Crocker: The Early Medieval Sequence. Berkeley 1977. – P. Klopsch: Die mlat. Lyrik. In: H. Bergner (Hg.): Lyrik des MA.s. Stgt. 1983, S. 126–150. – L. Kruckenberg: S. In: MGG², Sachteil. – H. Spanke: Studien zu S., Lai und Leich. Darmstadt 1977. – F. J. Worstbrock: S. In: RLW.

Zu 2.: K. Hickethier: Film- und Fernsehanalyse. Stgt., Weimar 1993, S. 141–143.

Serapionsbrüder, 1. romantischer Berliner Dichterzirkel 1814–21 um E. T. A. Hoffmann, dem u. a. A. v. Chamisso, J. E. Hitzig, J. F. Koreff, C. W. Salice-Contessa sowie zeitweise F. de la Motte-Fouqué angehörten. Der Kreis konstituierte sich am 12.10.1814 zunächst unter dem Namen »Seraphinenorden« und nannte sich ab dem 14.11.1818 – nach dem Kalenderheiligen des Tages – »Orden der S.«. Hoffmann verewigte ihn in der Rahmenhandlung seines Novellenzyklus »Die S.«. Das darin entwickelte ›serapiontische Prinzip‹ beschreibt den Ort der Lit. als Schnittstelle zwischen Realität und Wahnsinn. Der Dichter soll – einem Wahnsinnigen gleich – ›geschaut‹ haben, was er beschreibt, und es dem Leser ›anschaulich‹ vermitteln. – 2. *Serapionovy brat'ja* [russ.], nach dem Vorbild der Berliner »S.« am 1.2.1921 in St. Petersburg gegründeter lit. Zirkel. Beeinflusst vom russ. ↗ Formalismus forderten die

S. eine staatlich und ideologisch unabhängige Lit. Mitglieder waren L. Lunc, W. Kawerin, M. M. Zoščenko, M. Slonimskij, N. Nikitin, E. Polonskaja, K. Fedin, V. Ivanov, N. Tichonov u. a. Trotz der Förderung durch M. Gorki waren die S. staatlichen Repressalien ausgesetzt, die 1927 zu ihrer Auflösung führten.

Lit.: K. Kasper (Hg.): Die S. von Petrograd. Bln. 1987. – I. Winter: Untersuchungen zum serapiontischen Prinzip E. T. A. Hoffmanns. Den Haag 1976.   NH

Serbische Trochäen ↗ Trochäus.

Serena, f. [provenz. *ser* = Abend], Gattung der Trobadorlyrik: Liebeslied, das den Abend als Zeit der Zusammenkunft der Liebenden besingt; Name von dem im Refrain vorkommenden Wort *ser*; Gegenstück zur ↗ Alba. Bekannter Vertreter: Guiraut Riquier (zweite Hälfte des 13. Jh.s). ↗ Serenade.   PHE/Red.

Serenade, f. [it. *sera* = Abend, *sereno* = heiter], eine vokale oder instrumentale Abendmusik, für eine Glückwunsch- und Huldigungskantate (*serenata*) oder für ein nächtliches ›Liebesständchen‹. Die S. als Instrumentalgattung ist wie das ›unterhaltende‹ *divertimento* entweder direkt in einen gesellschaftlichen Kontext eingebunden (W. A. Mozart: »Eine kleine Nachtmusik«) oder verweist auf diesen (wie häufig im 19. und 20. Jh.). Das ›Ständchen‹ als Praxis des Werbungs- und Huldigungssingens begegnet, abgesehen von seiner zentralen Bedeutung im ↗ Minnesang sowie seiner Imitation in Kunstlied und Charakterstücken, als Einlage im Schauspiel und der ↗ Oper. – Des Weiteren wird als ›Serena‹ oder auch ›S.‹ das dem ↗ Tagelied entgegengesetzte Abendlied der provenz. ↗ Trobadors bezeichnet, dessen Strophen mit dem Wort »ser(a)« (Abend) schließen.

Lit.: P.-E. Leuschner: S. In: RLW.   UMI

Serialität, f. [gr. *seirá*, lat. *series* = Reihe, Kette], das Prinzip der Reihung. S. manifestiert sich in der (akausalen und ahierarchischen) Aneinanderreihung einzelner Elemente zu einer größeren Einheit (Serie), die aus ↗ Wiederholungen bestehen kann, aber nicht muss. In der Textproduktion dient S. als Strategie oder Verfahren, in der Textanalyse als Strukturmerkmal. S. findet sich als Ordnungsprinzip für narrative Einheiten, z. B. in G. Boccaccios »Decamerone«. Experimentell artikuliert sich S. bei L. Carroll, im ↗ Nouveau Roman und in der Hyperfiction. – Als lit.theoretisches Prinzip ist S. im russ. ↗ Formalismus (konstruktive Reihen) und im ↗ Strukturalismus (paradigmatische und syntagmatische Reihen) wichtig.

Lit.: E. Bippus, A. Sick (Hg.): S.: Reihen und Netze. Bremen 2000 [CD-Rom].   CBL

Serie, durch die Aufeinanderfolge mehrerer Teile (›Folgen‹) gekennzeichnete Reihe in den Printmedien (z. B. ↗ Fortsetzungsroman), im Radio, Fernsehen oder Internet, die eine übergreifende Struktur und oft einen fortlaufenden Erzählstrang enthält. Manchmal werden auch durch regelmäßige Wiederkehr gekennzeichnete *nonfiktionale* Formate wie Nachrichten oder Magazine als ›S.n‹ bezeichnet. Der Begriff bezieht sich jedoch meistens auf die Reihung *fiktionaler* Einzelfolgen mit gleichen Handlungsorten und einem festen Personal, zu dem wechselnde Nebenfiguren hinzutreten können. S.nformen können zunächst formal nach Merkmalen der Zeitstrukturierung (Ausstrahlungsdauer und -häufigkeit, Sendezeit) klassifiziert werden. So wird zwischen Langzeitserien, Mehrteilern und Reihen unterschieden. *Langzeitserien* umfassen Handlungsverläufe, die nicht von vornherein begrenzt sind. Diese inhaltlich meist anspruchslosen *Soap-Operas* werden in unterschiedlichen Zeitrhythmen ausgestrahlt (z.B. *Daily Soaps* und *Telenovelas*, *Weekly Soaps*). Diese fortlaufenden S.n sind häufig durch eine ›Zopfdramaturgie‹ gekennzeichnet, in der in jeder Episode verschiedene Handlungsstränge miteinander verknüpft sind. Neben dem Fernsehen bietet mittlerweile auch das Internet eigene S.n (*Online Soaps*) an. *Mehrteiler* erzählen eine Geschichte über mehrere Folgen hinweg. S.n mit in sich geschlossenen Einzelfolgen (z.B. »Tatort«) werden auch als ›Reihen‹ bezeichnet. Erfolgreiche S.n werden oft durch Fortsetzungs-S.n (*Spin-offs*) weitergeführt. Neben diesen unterschiedlichen Formen *additiven* Erzählens wurde in am. S.n auch die *kumulative* Erzählweise entwickelt, die abgeschlossene Einzelepisoden mit einem übergeordneten Handlungsstrang verbindet (z.B. »Akte X«). – Die Dauer der Sequenzen, die durch die standardisierten Sendezeiten (30, 45, 60 oder 90 Minuten) vorgegeben ist, hat starke Auswirkungen auf den jeweiligen Handlungsaufbau. Von zentraler Bedeutung für die Dramaturgie ist daneben auch der Ausstrahlungszeitpunkt einer S. Im Nachmittagsprogramm sind neben S.n für Kinder emotionalisierende Telenovelas platziert, im Vorabendprogramm finden sich eher soziale Themen, in den S.n des Hauptabendprogramms werden meist gefühls- oder handlungsorientierte Themen behandelt. – S.n werden ferner anhand inhaltlicher Faktoren (z.B. Protagonisten, behandelte Themenkomplexe, Handlungsorte) kategorisiert; so können u.a. Familienserien, Krimiserien oder Krankenhausserien unterschieden werden. Durch die zunehmende Ausdifferenzierung der S.nformate gibt es kaum ein Thema, zu dem nicht ein eigenes Angebot entwickelt wurde. Seit den 1990er Jahren haben sich im S.nbereich immer mehr Mischformen aus Fakten und Fiktion etabliert. *Reality-Soaps* oder *Doku-Soaps* (z.B. »Big Brother«) binden die Realitätsdarstellung in eine S.ndramaturgie ein.

Lit.: R.C. Allen: To Be Continued … Soap Operas Around The World. Ldn. 1995. – U. Brandt: Der Freitagskrimi. Hdbg. 1995. – C. Cippitelli, A. Schwanebeck (Hg.): Pickel, Küsse und Kulissen. Soap Operas im Fernsehen. Mchn. 2001. – K. Hickethier: Die Fernsehserie und das Serielle des Fernsehens. Lüneburg 1991. – M. Jurga (Hg.): Lindenstraße. Opladen 1995. – H. Krah: S. In: RLW. – L. Mikos: Es wird dein Leben. Familienserien im Fernsehen und im Alltag der Zuschauer. Münster 1994. – E. Netenjakob: Anatomie der Fernsehserie. Mainz 1976. – H. Newcomb (Hg.): Television. NY 1994. – I. Schneider (Hg.): S.n-Welten. Opladen 1995. – Ch. Wichterich: Unsere Nachbarn heute abend. Ffm. 1979. – F. Wolf: Alles Doku – oder was? Düsseldorf 2003. JBL

Série noire ↗ Film Noir.

Sermo, m. [lat. = Rede, Gespräch, Umgangssprache], 1. in der röm. Antike die der Umgangssprache nahe (auch gebundene) Rede; Horaz bezeichnet z.B. seine Satiren als »Sermones«, Cicero empfiehlt für philosophische Werke den Ton des S., des ruhigen Gesprächs. – 2. In der antiken Lehre von den ↗ Genera dicendi soviel wie Stil (z.B. *s. humilis*, *s. ornatus*). – 3. Eine der beiden Hauptarten der mal. ↗ Predigt: die seit dem 12. Jh. gegenüber der Homilie vorherrschende, klar strukturierte Themenpredigt, bei der weniger das biblische Thema als die Aussage des Predigers im Vordergrund steht; gelehrt von den *Artes praedicandi*. – 4. Heute wird ›Sermon‹ meist pejorativ im Sinne von ›Redeschwall‹, ›langweiliges Geschwätz‹, ›Strafpredigt‹ benutzt. MGS

Sermocinatio, f. [lat. = Rede, Gespräch, Dialog], auch: **Percontatio**, f. [lat. = Frage, Erkundigung]; ↗ rhet. Figur: Der Redner gibt vor, nicht seine eigene, sondern die Rede eines anderen (auch Verstorbenen) wiederzugeben oder einen Dialog mit einem anderen (dem Gegner, dem Publikum, einem Toten) zu führen. ↗ Ethopoeie. GS/Red.

Sermon, m. ↗ Sermo (4).

Serventese, m., selten auch f. [it.], auch: *sirventese* (↗ Sirventes) oder *sermintese*; weitgehend unreglementierte, eher narrative Gattung der it. Lyrik v.a. des 13. und 14. Jh.s zumeist historisch-politischen oder moralischen (daher die Volksetymologie *sermontese*; ↗ Sermo), gelegentlich amourösen oder satirischen Inhalts. In der ältesten Gestalt ist ein S. aus paargereimten ↗ Distichen unterschiedlicher Länge gebildet (*s. duato*), dann auch aus dreizeiligen Strophen in Kettenreim (*s. incatenato*; Vorstufe der ↗ Terzine), später zudem aus vierzeiligen Strophen in Kreuzreim (*s. alternato*) und schließlich auch aus Strophen aus einer variablen Gruppe längerer (meist Elfsilber) Verse (*copula*), von einer einzeiligen kurzen *coda* abgeschlossen, welche den Reim der folgenden *copula* einführt (*s. caudato*).

Lit.: C. Ciociola: Un'antica lauda bergamasca (per la storia del s.). In: Studi di filologia italiana 37 (1979), S. 33–87. – W.Th. Elwert: It. Metrik [1968]. Wiesbaden ²1984, S. 124f. HG

Sestine, f. [it. *sesto* = der sechste], 1. allg.: sechszeilige ↗ Strophe; 2. speziell: eine aus der Provence stammende it. Liedform aus sechs sechszeiligen Strophen und einer dreizeiligen Geleitstrophe. Die Einzelstrophe ist in sich nicht gereimt, ihre Endwörter wiederholen sich jedoch in bestimmter Reihenfolge in jeder Strophe so, dass das Endwort des letzten Verses einer Strophe das Reimwort des ersten Verses der nächsten Strophe bildet; in der dreizeiligen Schlussstrophe kehren die identischen ↗Reime in der Ordnung der ersten Strophe wieder, und zwar in der Mitte und am Schluss der Verse. Das Originalmaß ist der ↗Endecasillabo (Elfsilbler). Die leichtere Form der S. hat folgendes Reimmuster:

123456
612345
561234
456123
345612
234561

Das letzte Reimwort (6) der ersten wird erstes Reimwort der zweiten Strophe. Die folgenden Reimwörter verschieben sich um jeweils eine Position. Die schwerere Form: Hier wird in kreuzweiser Vertauschung das letzte Reimwort der ersten Strophe zum ersten der zweiten Strophe. Das erste wird zum zweiten, das fünfte zum dritten, das zweite zum vierten, das vierte zum fünften, das dritte zum letzten:

123456
615243
364125
532614
451362
246531

Der Reiz der S. beruht, da der Gleichklang entweder unregelmäßig (in der schwierigen Form) oder erst in einem Abstand von sieben Zeilen (in der einfachen Form) erfolgt, nicht auf dem Reimcharakter, sondern auf der Wiederkehr derselben Vorstellungen. Im Dt. wird diese zur Monotonie neigende Form bisweilen aufgelockert durch Verwendung von Komposita: ›Bogen – Regenbogen‹ oder verschiedenen Präfixen: ›genommen – vernommen‹. Als Erfinder der S. gilt der provenz. Dichter Arnaut Daniel (12. Jh.), sie begegnet dann bei provenz. Trobadors und bei zahlreichen it. Dichtern des 13. bis 16. Jh.s (Dante, Petrarca, Michelangelo, Giovanni Della Casa, Andrea Calmo, Gaspara Stampa). Sie wurde auch in neulat. (Lydius Cattus, Guido Grandi), span. (G. de Cetina, F. de Herrera) und portug. (F. Sá de Miranda, B. Ribeiro, Pero de Andrade Caminha, D. Bernardes, L. de Camões), weniger in frz. Lyrik (Pontus de Tyard) gepflegt und auch im Drama (Lope de Vega) und in der ↗Schäferdichtung häufig verwendet (it.: J. Sannazaro; span.: J. Montemayor, Gaspar Gil Polo, M. de Cervantes; engl.: E. Spenser, Ph. Sidney; dt.: M. Opitz). Im Italien des 16. Jh.s entwickelte sich die *Doppel-S.* mit zwölf Reimwörtern (oder mit doppelter Abwandlung der gleichen Reimwörter in zweimal sechs Strophen). – Im Dt. erscheint die S. im Barock (M. Opitz, Hans Assmann v. Abschatz, G. R. Weckherlin, A. Gryphius, G. Ph. Harsdörffer), in der Romantik und bei R. Borchardt. – In der engl. Lyrik hat die S. auch im 19. und 20. Jh. bedeutsame Gestaltungen erfahren (E. Gosse, A. C. Swinburne, R. Kipling, E. Pound, W. H. Auden).
Lit.: P.-E. Leuschner: S. (Sextine). In: RLW. – J. Riesz: Die S. Diss. Mchn. 1971. GG

Sezessionismus ↗Jugendstil.

Shakespearebühne, die Bühne des ↗Elizabethanischen Theaters, benannt nach dessen wichtigstem Dramatiker und Theaterleiter W. Shakespeare (1564–1616). Die Sh. unterscheidet sich von anderen Bühnenformen des 16. Jh.s (Meistersinger-Bühne, Terenz- oder Badezellenbühne, Rederijker-Bühne) durch eine differenziertere Raumordnung, wie sie durch die in London seit 1576 nachweisbaren festen Theaterbauten möglich werden. Dabei handelt es sich nicht um die heute weltweit verbreiteten Saaltheater, die in England erst seit 1605 nachweisbar sind, sondern um nach oben hin offene oktogonale Bauten. Ihre Rekonstruktion ist aufgrund des spärlichen Quellenmaterials umstritten. Folgende Grundform ist erschließbar: Eine der acht Seiten des Bauwerks wird durch das Bühnenhaus eingenommen, die sieben anderen Seiten durch drei übereinanderliegende Zuschauergalerien. Der freie Innenhof dient als Stehparkett. Aus dem Bühnenhaus ragt in Höhe der ersten Galerie die trapezförmige, durch eine niedrige Balustrade eingefasste Spielfläche (13 x 8 Meter) der Vorderbühne (*stage*) in das Parterre. Im unteren Teil des Bühnenhauses, in Richtung der Vorderbühne mit einem Vorhang verschließbar, befindet sich die Hinterbühne (*innerstage, study*), die v. a. zur Darstellung von Innenräumen genutzt wird (Saal, Kirche, Gefängnis) und die auch zusammen mit der Vorderbühne einen größeren Raum bilden kann. Links und rechts des Hinterbühnenportals sind z. T. Doppeltüren angebracht, die sowohl theatral für Torszenen als auch funktional für die Platzierung des Souffleurs genutzt werden können. Beide Doppeltüren können von Säulenpaaren gerahmt sein, die ihrerseits zwei aus dem Bühnenhaus hervorspringende Erker und einen die Erker verbindenden Balkon (*tarras*) tragen können. Im oberen Teil des Bühnenhauses gibt es am Balkon einen zweiten Innenraum (*chamber*). *Tarras* (für Balkonszenen, Szenen auf Wehrtürmen, Stadtmauern usw.) und *chamber* bilden zusammen die Oberbühne, etwa in Höhe der zweiten Galerie, und noch über der Oberbühne, auf Höhe der dritten Galerie, befindet sich eine Loge für die Musikkapelle. Die gesamte Spielfläche der Vorderbühne wird von einem Baldachin (*heaven* oder *shadow*) überdacht, auf dem ein Glockenturm sowie die Donner-, Blitz- und Windmaschine befestigt sind. Zwar ist die gesamte Bühne farbenprächtig gestaltet, doch fehlt die illusionistische Dekoration. Dargestellt ist ein Neutralraum, der erst durch das gesprochene Wort in einen Bedeutungsraum verwandelt wird. Daher finden auch nur einfache Requisiten Verwendung (Tisch, Stuhl, Bank, selten: Busch, Baum oder Grabstätte). Durch die Vielzahl von Raumelementen ermöglicht die Sh. einen raschen Szenenwechsel und somit die Lebendigkeit der Aufführung. – Nach Schließung der Theater im Jahr 1642 durch die Puritaner wird die Sh. im 17. Jh. durch die barocke ↗Illusionsbühne verdrängt. Dies erfolgt sowohl in England als auch auf dem Kontinent, wo die ↗Wanderbühne

(↗ engl. Komödianten) die Elemente ihrer Raumordnung (Vorderbühne mit Versenkung, Hinterbühne, Oberbühne) zunächst beibehält. Seit der Romantik sind zahlreiche Versuche einer Erneuerung der Sh. zu beobachten (L. Tieck, K. L. Immermann, K. v. Perfall, ›The Elizabethan Stage-Society‹, gegründet 1895). Die von T. Guthrie entworfene Sh. in Stratford (Ontario) hat die neuere Theaterarchitektur beeinflusst, z. B. das ›National Theatre‹ in London (1976).

Lit.: R. Brosch: Shakespeare – Buch und Bühne. Bln. 1986. – E. K. Chambers: The Elizabethan stage [1923]. 4 Bde. Oxford 1961. – A. Gurr: Staging in Shakespeare's Theatres. Oxford 2002. – F. J. Hildy: New issues in the reconstruction of Shakespeare's theatre. NY u. a. 1990. – H. Nüssel: Rekonstruktionen der Sh. auf dem dt. Theater. Diss. Köln 1967. – St. Orgel: The authentic Shakespeare. NY 2002. – G. K. Paster: Humoring the body. Chicago 2004. – H. M. Richmond: Shakespeare's theatre. Ldn. u. a. 2002. – V. Schormann: Shakespeares Globe. Hdbg. 2002.   JK/NI

Shakespeare-Sonett ↗ Sonett.

Shanty, n. [ˈʃænti; engl.; von frz. *chanter* = singen], ↗ Arbeitslied der Seeleute, meist Wechsel von Solo (des *Sh.-man*) und Chorrefrain; bekanntes Beispiel: »What shall we do with the drunken sailor?« – V. a. weil sie z. T. altes Sagengut bewahren, werden Shanties bis heute gesammelt.

Lit.: H. Strobach (Hg.): Shanties. Rostock ²1970.
                    GS/Red.

Shoah ↗ Holocaust-Lit.

Short-Clerihew ↗ Clerihew.

Short Story, f. [engl. = kurze Geschichte], Kurzform der anglophonen Erzählprosa; zur Kunstform entwickelt und theoretisch begründet in den USA seit dem Anfang des 19. Jh.s, abzugrenzen von der ↗ Kurzgeschichte als Sonderform der dt. Kurzprosa seit der Mitte des 20. Jh.s. Aufgrund der vielfältigen Entwicklung, welche die Sh. St. in unterschiedlichen nationalen und kulturellen Kontexten durchlaufen hat, ist eine formale Begriffsbestimmung nur bedingt möglich. Zu den Gattungsspezifika zählen: straffer Handlungsaufbau, Konzentration auf wenige Figuren und Ereignisse, Orientierung auf ein zentrales Anliegen bzw. eine typische Situation. – Zu den Vorläufern der Sh. St. gehören Werke der mündlichen Erzähltradition wie ↗ Märchen, ↗ Sagen und ↗ Anekdoten, auch des außereuropäischen Raums (»Tausendundeine Nacht«). Beeinflusst von G. Boccaccios »Decamerone« (1349–51), tritt in England G. Chaucer mit seinen »Canterbury Tales« (ca. 1387) hervor. Im 17. Jh. kommen die sog. *Character Books* mit kurzen Charakterstudien hinzu, im 18. Jh. Vorläufer der Sh. St. in den ↗ Essays der Wochenzss. (»Tatler«, »Spectator«) sowie in Romane eingebettete Erzählungen; es bildet sich jedoch noch keine zusammenhängende Lit. Tradition heraus. Diese entsteht unter dem Einfluss der europäischen ↗ Romantik im 19. Jh. in den USA mit der Kurzprosa W. Irvings (»The Sketch-Book«, 1820). E. A. Poe veröffentlicht *prose*

tales (»Tales of the Grotesque and Arabesque«, 1840) und formuliert 1842 in einer Rez. von N. Hawthornes »Twice-Told Tales« eine viel rezipierte Theorie der Sh. St.; zu Gattungsmerkmalen erklärt er die Kürze und die Konzentration auf ein zentrales Ereignis. Wichtige am. Vertreter sind Ch. B. Brown, H. Melville und Mark Twain sowie die Autorinnen M. E. W. Freeman, S. O. Jewett und K. Chopin. Um 1900 treten A. Bierce, E. Wharton und H. James hervor, im 20. Jh. O. Henry (Sonderform der *surprise-ending story*), K. A. Porter sowie E. Hemingway (»In Our Time«, 1923), dessen Nick-Adams-Zyklus zum am. Genre der Initiationsgeschichte zählt. Der Einfluss Poes lässt sich in der europäischen Lit. des 19. Jh.s nachweisen, v. a. in Russland (A. Puschkin, N. Gogol, I. Turgeniew, A. Tschechow, L. Tolstoi) und Frankreich (P. Merimée, H. de Balzac, G. de Maupassant); in Italien setzt sich die Sh. St. dagegen erst im 20. Jh. durch (A. Moravia, I. Calvino). Währenddessen dominiert in England der Roman (↗ viktorianische Lit.). Die großen engl. Romanciers wie W. Scott, Ch. Dickens (»Sketches by Boz«, 1836–37), Th. Hardy und E. M. Forster schreiben jedoch ebenfalls Short Stories , außerdem R. L. Stevenson und W. Somerset Maugham. Um 1900 gelangt die Untergattung der ↗ Kriminalerzählung zu Popularität. In modernistischen Short Stories des frühen 20. Jh.s werden oft scheinbar belanglose Ereignisse geschildert (*slice of life*), die dennoch von zentraler Bedeutung sind, etwa bei V. Woolf (»Kew Gardens«, 1919) und K. Mansfield (»The Garden Party«, 1922). In Irland entsteht im Kontext des *Celtic Revival* (↗ Keltische Renaissance) eine eigenständige Erzähltradition. J. Joyce legt mit »Dubliners« (1914) die wohl bedeutendste Sammlung von Short Stories des 20. Jh.s vor und führt als erzähltechnische Neuerung das Enthüllungsmoment der »Epiphanie« ein (↗ Plötzlichkeit). Die Sh. St. ist im 20. Jh. weltweit verbreitet. B. Malamud, G. Greene und M. Spark stehen in der realistischen Erzähltradition, während postmoderne Autoren wie J. Barth und J. Kincaid mit der Form experimentieren.

Lit.: G. Ahrends: Die am. Kurzgeschichte. Stgt. 1980. – W. Allen: The Sh. St. in English. Oxford 1981. – R. Borgmeier (Hg.): Engl. Short Stories. Stgt. 1999. – J. Brown (Hg.): American Women Sh. St. Writers. NY 1995. – B. Korte: The Sh. St. in Britain. Tüb. 2003. – K. Lubbers: Typologie der Sh. St. [1977]. Darmstadt ²1989. – Ders. (Hg.): Die engl. und am. Kurzgeschichte. Darmstadt 1990.   PP

Sideronym, n. [aus lat *sidus* = Stern, gr. *ónoma* = Name], Sonderform des ↗ Pseudonyms: statt des Verfassernamens steht ein Sternenname oder ein astronomischer Begriff, z. B. ›Sirius‹ für U. van de Voorde (1893–1966).   GS/Red.

Sieben Freie Künste ↗ Artes.

Sigel ↗ Sigle.

Sigle, f. [von lat. *sigla*, Pl., synkopiert aus *sigilla*, Pl. von *sigillum* = kleine Figur, Abkürzungszeichen; oder von lat. *singulae* (*singulae litterae*) = einzelne Buchstaben], auch: *Sigel*, n.; feststehendes Abkürzungszeichen (↗ Abbreviatur) für eine Silbe, ein Wort (z. B. § = Paragraph) oder einen Begriff (z. B. bei Hss. und Drucken). – Seit dem Altertum in Buch- und Kurzschriften gebräuchlich, werden S.n heute v. a. im textkritischen ↗ Apparat wissenschaftlicher ↗ Editionen verwendet, z. B. um Textzeugen, Bearbeitungsstufen und ↗ Lesarten zu verzeichnen (↗ Conspectus siglorum).   GS/NI

Siglo de oro ↗ Klassik.

Silbenmaß ↗ Metrum.

Silbenreim, auf Silben basierende Reimbindung (↗ Reim), im Unterschied zum Lautreim (↗ Alliteration, ↗ Stabreim, ↗ Assonanz).   GS/SHO

Silbenzählendes Versprinzip, Bestimmung des Versmaßes nach der Anzahl der Silben v. a. in den romanischen Lit.en im Unterschied zum ↗ quantitierenden Versprinzip der Antike und zum ↗ akzentuierenden der germ. Sprachen. – Durch den spätantiken Verfall des Gefühls für Silbenlängen schon bei Augustinus (»Psalmus contra partem Donati«) und in den lat. Hymnen des frühen MA.s maßgebend, gilt das silbenzählende Versprinzip für die Dichtung der romanischen Volkssprachen von Anfang an. In Frankreich sind am häufigsten Acht-, Zehn- und Zwölfsilber. Gezählt wird dabei bis zur letzten Hebung. Die bei weiblicher Endung folgende unbetonte, heute kaum mehr gesprochene Schlusssilbe wird nicht mitgerechnet. In it. Versen, die durchweg weiblich enden wie der vorherrschende Elfsilber (↗ Endecasillabo), zählt man die Endsilbe mit. Die romanischen Verse sind allerdings nicht rein silbenzählend wie etwa der mordwinische Vers (vgl. Lotz), sondern zugleich partiell akzentuierend. Die Position ihrer letzten, durch Reim herausragenden Hebung liegt fest, bei längeren Versen auch die der Hebung vor einer Zäsur. Im frz. ↗ Alexandriner z. B. sind gewöhnlich die sechste und die zwölfte Silbe betont, während seine übrigen Hebungen nach Position und Anzahl wechseln. Ähnlich strukturiert erscheinen dt. Meistersinger- und strenge ↗ Knittelverse. Der germ. Akzent, stärker als der romanische, führt bei vorgegebener Silbenzahl sonst jedoch eher zu einheitlicher Regelung, schon im MA. meist in Form der ↗ Alternation von Senkungen und Hebungen. Opitz schrieb diese generell vor. Andere wie A. Buchner erlaubten auch Daktylen.

Lit.: W. Th. Elwert: Frz. Metrik. Mchn. 1961, §§ 21–26, 154–159. – J. Lotz: Metric Typology. In: Th. A. Sebeok (Hg.): Style in Language [1960]. Cambridge/Mass. ²1964, S. 135–148.   BAS

Silberne Latinität, die Epoche der röm. Lit. der Kaiserzeit nach dem Tod des Augustus (14 n. Chr.) bis etwa 120 n. Chr. Der lit.geschichtliche Begriff verweist auf den Ggs. zur ↗ Goldenen Latinität der Augusteischen Epoche. Die S. L. ist durch ihre antiklassische Haltung gekennzeichnet (Ablehnung von Ciceros Stil und der Augusteischen Dichtung); charakteristisch für sie sind die Vorliebe für ungewöhnliche Themen und dunkle Inhalte, für grelle Farben und Pathos sowie die stark rhet. Prägung. Zur S.n L. zählen in der Prosa die Werke von Seneca, Quintilian, Plinius und Tacitus, in der Lyrik diejenigen von Lucan, Martial, Juvenal und Statius.   SF

Silbernes Zeitalter [russ. *Serébrjanyj vek*, m.], übergeordnete Bez. für die Ausprägungen der lit. ↗ Moderne in Russland (v. a. ↗ Symbolismus, ↗ Akmeismus und ↗ Futurismus) zwischen 1890 und den 1920er Jahren. Auch Dichter, die sich keiner dieser Strömungen anschlossen (z. B. Marina Cvetaeva), werden dem Silbernen Zeitalter zugerechnet. Trotz unterschiedlicher Dichtungskonzepte ist den Autoren des Silbernen Zeitalters die Orientierung an der Epoche Púškins und der Romantik (ca. 1810–50) als dem »Goldenen Zeitalter« der russ. Lit. gemeinsam; wie dieses wird das Silberne Zeitalter von der Lyrik dominiert. Vorbildfunktion haben P. Verlaine und St. Mallarmé, aber auch die russ. ↗›Gedankenlyrik‹ (F. I. Tjútčev, A. A. Fet). Die Rezeption F. T. Marinettis führt innerhalb des russ. Futurismus zur Adaption des ↗ Hermetismus (vgl. V. Chlébnikov und den frühen B. Pasternák). Die Lyriker des Silbernen Zeitalters eint die Hinwendung zu Lit.-epochen wie Antike, MA., Renaissance und Romantik, in denen nationale und kulturelle Grenzen zugunsten einer europäischen Perspektive überschritten werden. Ein von ihnen häufig gewählter Stoff ist der Orpheus-Mythos als Paradigma der Musikalität der Dichtung.

Lit.: J. Holthusen: Russ. Lit. im 20. Jh. [1978]. Tüb. ²1992. – V. Terras: Poetry of the Silver Age. Dresden, Mchn. 1998.   CFI

Sillen, m. Pl. [gr. *síllos* = die Augen verdrehend, schielend], altgr. philosophisch-satirische Gedichte. Hauptvertreter ist Timon von Phleius (3. Jh. v. Chr.), der in drei (fragmentarisch erhaltenen) Büchern »Silloi« (daher die Bez.) die dogmatische Philosophie verspottet. Da er Xenophanes von Kolophon auftreten lässt, wird auch dessen Satire gegen anthropomorphe Gottesvorstellungen zu den S. gerechnet. Als weitere *Sillographen* gelten die Kyniker Krates von Theben und Menippos von Gadara.   GS/Red.

Silva, f., span. unstrophische Gedichtform aus Elf- und Siebensilbern in beliebig langer Reihung und Anordnung; die Verbindung durch Assonanzen (seltener Reime) ist frei, reimlose Verse sind erlaubt. Die S. ist it. Ursprungs und verdrängte auf Grund ihrer leichteren Handhabung die ↗ Lira. Eine Sonderform ist die S. *arromanzada*, in der jeder zweite Vers durch Assonanz gebunden ist.   IS/Red.

Silvae, f. Pl. [lat. = Wälder], Sammlung von Entwürfen (so Quintilian: »Institutio oratoria«, X, 3, 17), Gedichten oder Prosatexten zu einem Thema, bekannt v. a. durch die »S.« des Statius (1. Jh. n. Chr.; 32 Gelegenheitsgedichte in fünf Büchern, meist in Hexametern); bis ins 18. Jh. beliebter Titel, vgl. z. B. die »S.« von A. Poliziano (15. Jh., Einf. in klassische Autoren) oder die »Silva« von Hieronymus Lauretus (1570, allegorische Deutungen von Bibelstellen). – Verdeutscht erscheint

S. als »Poetische Wälder« (Gedichtsammlung von Ch. Gryphius, 1698), »Kritische Wälder« (Titel der von J. G. Herder 1769 »ohne Plan und Ordnung« verfassten lit.kritischen Schrift) oder »Altdt. Wälder« (Zs., hg. v. J. und W. Grimm, 1813–16); auch ↗ Leimon-Lit.

DWE/Red.

Simodie, f., ↗ Hilarodie.

Simpliziade, f., Schelmen- und Abenteuerprosa des 17. und frühen 18. Jh.s, die, angeregt durch den Erfolg von H. J. Ch. v. Grimmelshausens ↗ Schelmenroman »Der Abentheuerliche Simplicissimus Teutsch« (1668, »Continuatio« 1669), meist zur Förderung ihrer Verkäuflichkeit Bez.en wie »simplicianisch«, »Simplicius« usw. im Titel führt. Dies gilt bereits für Grimmelshausens eigene »Simplicianische Schriften« (1670/75). Manche S.n können als Imitationen oder erweiternde Kompilationen des »Simplicissimus« gelten. Die meisten als S.n bezeichneten Texte aber ähneln sich lediglich im Titel, sind höchst unterschiedlichen Inhalts und haben mit den Werken Grimmelshausens oft nur wenig gemein. – Die bekanntesten S.n sind die direkt in der Tradition des »Simplicissimus« stehenden pikaresken Abenteuerromane »Der simplizianische Welt-Kucker« von J. Beer (1677/79) und »Ungarischer oder Dacianischer Simplicissimus« von D. Speer (1683). Die meisten späteren S.n entfernen sich von ihrem Vorbild.

Lit.: E. M. Friedländer: Etale homotopy of simplicial schemes. Princeton 1982. – P. Heßelmann: Gaukelpredigt. Simplicianische Poetologie und Didaxe. Ffm. u. a. 1988. – H. G. Rötzer: Die »Verbürgerlichung des Pikaro« – nur ein Mythos? In: Daphnis 32 (2003), S. 721–728. KH

Simultanbild ↗ Bilderbuch.

Simultanbühne, Mehrortbühne, auf der mehrere Schauplätze neben- oder übereinander aufgebaut und gleichzeitig gezeigt werden können, z. B. Mysterienbühne, Kreislerbühne. Die S. ist die bevorzugte Bühnenform des ↗ geistlichen Spiels im MA., des »Großen Neidhartspiels«, da sie sowohl auf großen Podien als auch auf Marktplätzen realisiert werden kann. Das simultane Spiel auf den nebeneinander angeordneten Spielständen (*loca*) wird schließlich vom sukzessiven Spiel auf einer Einortbühne oder einer Bühne, die sich verwandelt (insbes. ab dem Barock), abgelöst. J. N. Nestroy experimentiert mit seinem Stück »Zu ebener Erde und erster Stock« (1835) mit der Simultantechnik, indem er die verschiedenen Etagen eines Wohnhauses auf einer Bühne übereinander aufbauen lässt. In den 1920er Jahren erlebt die S. mit den Inszenierungen E. Piscators (E. Toller: »Hoppla, wir leben«, 1927) einen kurzen Aufschwung, Simultandramen von F. Bruckner (»Die Verbrecher«), A. Wolfenstein (»Die Nacht vor dem Beil«) und F. Wolf (»Bauer Baetz«) entstehen.

Lit.: K. Hörner: Möglichkeiten und Grenzen der S.ndramatik. Ffm., Bern, NY 1986. – W. F. Michael: Frühformen der dt. Bühne. Bln. 1963. AHE

Simultantechnik [lat. *simul* = zugleich], lit. Technik des 20. Jh.s, die das für das konventionelle Erzählen konstitutive zeitliche Nacheinander einer Geschehniskette zu durchbrechen versucht, um so die Mehrschichtigkeit eines Wirklichkeitsausschnittes und seine Verflochtenheit in heterogenste Zusammenhänge zu verdeutlichen. Die S. will (im Unterschied zum Längsschnitt des naturalistischen ↗ Sekundenstils) den Eindruck eines zeitlich-räumlichen Querschnitts hervorrufen. Mittel sind die ↗ Montage simultan ablaufender, aber disparater Geschehnisse, kurzer Porträts oder Szenen und die disparate, abrupte Reihung und Einblendung von Realitätssplittern wie Gesprächsfetzen, ↗ Stream of Consciousness-Passagen, Zitaten, Zeitungsausschnitten oder Schlagzeilen, Werbeslogans, Geräuschen u. a. Die S. versucht also im Medium der Lit. eine Medienüberschreitung, die in anderen Medien wie den ↗ Collagen in der bildenden Kunst oder in den Geräuschcollagen des experimentellen ↗ Hörspiels ihre Entsprechung findet. Praktiziert wird die S. v. a. in Romanen, welche die Vieldimensionalität des Großstadtlebens widerspiegeln wollen (J. Joyce: »Ulysses«, 1922; J. Dos Passos: »Manhattan Transfer«, 1925; A. Döblin: »Berlin Alexanderplatz«, 1929), aber auch in der Lyrik (Simultangedichte des ↗ Dadaismus, später bei R. D. Brinkmann u. a.; vgl. auch ↗ Langgedicht).

Lit.: V. Žmegač: Simultanismus. In: D. Borchmeyer, V. Žmegač (Hg.): Moderne Lit. in Grundbegriffen [1987]. Tüb. ²1994, S. 398–400. GS/Red.

Singer-Songwriter ↗ Song.

Singspiel, dt. komische ↗ Oper des späten 18. Jh.s, meist mit gesprochenen Dialogen. – Die Festlegung des Begriffs ›S.‹ auf diese eng umgrenzte Werkgruppe erfolgt erst im 19. und 20. Jh., im 18. Jh. selbst wird ›S.‹ dagegen noch unspezifisch als Synonym für ›dt.sprachige Oper‹ verwendet. Als Vorläufer und Vorbilder sind die engl. ↗ Ballad-Opera (»The Beggar's Opera«, »The Devil to Pay«) und die frz. *opéra comique* (↗ Operette) anzusehen. Das dt. S. wird erfolgreich etabliert von dem Dichter Ch. F. Weiße und dem Komponisten J. A. Hiller (»Lottchen am Hof«, 1767; »Die Liebe auf dem Lande«, 1768; »Die Jagd«, 1770). Die Werke sind meist nach frz. Vorlagen gearbeitet, »Der Aerndtekranz« (1772) ist das erste Originalstück Weißes. Der Siegeszug der Gattung geht von Leipzig aus, wo die Wandertruppe H. G. Kochs die S.e der Leipziger Autoren uraufführt. Diese empfindsamen S.e spielen meist im ländlich-idyllischen Milieu, haben eine einfache Handlung, wenig Personen und leichte Liedeinlagen, die von Schauspielern gesungen werden können. Die Opposition Land vs. Hof und eine damit einhergehende zurückhaltende Hofkritik charakterisieren die Werke der ersten Generation. Das S. ist ein bürgerliches Gegenstück zur großen höfischen Oper. In den 1770er Jahren dürfen zunehmend ↗ Wanderbühnen an den Höfen spielen, so dass die S.e auch das höfische Publikum erreichen und dessen Geschmack anverwandelt werden. Weimar ist das neue Zentrum der

S.pflege: »Die Jagd« (1770) wird von Koch in Weimar uraufgeführt und ist Herzogin Anna Amalia gewidmet. 1773 erscheint Ch. M. Wielands erfolgreiches S. »Alceste« in der Vertonung durch A. Schweitzer, das einen antiken, ernsten Stoff regelgerecht wie eine ↗ Tragödie bearbeitet auf die Bühne bringt. »Alceste« enthält keine gesprochenen ↗ Dialoge mehr, sondern Rezitative. Dies ist der erste Schritt zu einer durchkomponierten dt. ernsten Oper. Von dem Weimarer Liebhabertheater werden ab Mitte der 1770er Jahre J. W. Goethes S.e uraufgeführt (»Lila«, »Der Triumph der Empfindsamkeit«, »Jery und Bätely«, »Die Fischerin«). In Italien erarbeitet J. W. Goethe versifizierte S.fassungen von »Erwin und Elmire« sowie »Claudine von Villa Bella«. Das S. ist in den 1770er und 1780er Jahren sehr beliebt und musikalisiert die Schaubühne. Erfolgreiche S.e im süddt. Raum stammen von W. A. Mozart (»Die Entführung aus dem Serail«, 1782), K. Ditters v. Dittersdorf (»Doktor und Apotheker«, 1786) und F. Kauer (»Das Donauweibchen«, 1798).
Lit.: Th. Bauman: North German Opera in the Age of Goethe. Cambridge 1985. – Th. Frantzke: Goethes Schauspiele mit Gesang und S.e 1773–82. Ffm. u. a. 1998. – H.-A. Koch: Das dt. S. Stgt. 1974. – J. Krämer: Dt.sprachiges Musiktheater im späten 18. Jh. Tüb. 1998. – Ders.: S. In: RLW. – J. Reiber: S. In: MGG², Sachteil. – R. Schusky: Das dt. S. im 18. Jh. Bonn 1980.
AHE

Sinn ↗ Bedeutung, ↗ Interpretation.
Sinnbild, auch: Sinnebild; veraltete dt. Bez. für ↗ Emblem.
Sinngedicht, im Barock geprägte Bez. für ↗ Epigramm.
Sinnlichkeit [lat. *sensibilitas* bzw. *sensualitas*], 1. rezeptive Fähigkeit des Menschen, die in der ↗ Frühen Neuzeit zunächst als auf die äußere Wahrnehmung und die Gefühle von Lust und Unlust begrenzt angesehen wird. So stuft G. W. Leibniz (»Neue Abhandlungen über den menschlichen Verstand«, frz. postum 1765) die S. gegenüber Vernunft und Verstand als unteres Erkenntnisvermögen ein. – 2. Seit dem 18. Jh. aufgewertetes Vermögen, das nun zum Modus der Erkenntnis umgedeutet wird. Nicht nur begründet A. G. Baumgarten die philosophische Disziplin der ↗ Ästhetik als ›Wissenschaft der sinnlichen Erkenntnis‹ (*scientia cognitionis sensitivae*), sondern er bestimmt auch die Dichtung als ›vollkommene sinnliche Rede‹ (*oratio perfecta sensitiva*; »Philosophische Betrachtungen über einige Bedingungen des Gedichtes«, lat. 1735). Ähnlich charakterisiert J. G. Herder (»Kritische Wälder zur Ästhetik«, 1769) das Wesen der Poesie als »das sinnlich Vollkommene in der Rede«. – Dieser umfassenden Aufwertung der S. entspricht der Begriff ›Versinnlichung‹, der im späten 18. Jh. an der Schnittstelle von Philosophie und Lit. gebildet wird. Abgeleitet vom Verb ›versinnlichen‹, das wiederum auf ›sinnlich‹ zurückgeht, bezeichnet ›Versinnlichung‹ in philosophischer Hinsicht ein spezifisches Darstellungsverfahren. Bei I. Kant bedeutet ›Versinnlichung‹ die anschauliche ↗ Darstellung von Verstandesbegriffen (›Hypotypose‹). Daran anschließend hat J. Ch. Greiling (»Theorie der Popularität«, 1805) zwei Arten von Versinnlichung unterschieden, nämlich die logische, die »blos klar und anschaulich« sein soll, und die ästhetische, die »anschaulich und schön« zu sein hat. In lit. Hinsicht erscheint Versinnlichung als eine allg., aus dem ↗ Sensualismus erwachsene Darstellungsstrategie, die eine direkte Veränderung sowohl der Sprachformen als auch des Sprachmaterials in der Weise intendiert, dass sich der Sinn gleichsam sinnlich manifestiert und dass die Sprache selbst als unmittelbar sinnliches Phänomen vor Augen tritt.
Lit.: P. Kondylis: Die Aufklärung im Rahmen des neuzeitlichen Rationalismus. Mchn. 1986. – D. Oschmann: »Versinnlichung« der Rede. In: Monatshefte 94 (2002), S. 286–305. – L. van Laak: Hermeneutik lit. S. Tüb. 2003.
DO

Sinnspruch, kurzer, prägnanter Satz, ↗ Motto, ↗ Maxime, ↗ Denkspruch, bes. Inschrift auf Wappen, Waffen, Schilden, Helmen, Fahnen (Devise, Wahlspruch), gewählt als ethisches oder moralisches Programm; belegt seit dem 18. Jh., die ältere Form ›Sinnenspruch‹ (C. Stieler, 17. Jh.) bezeichnete ursprünglich die Überschrift (das ↗ Lemma oder Motto) eines ↗ Emblems.
GS/Red.

Sirima, Sirma, f. [it.], ↗ Coda.
Sirventes, n. [altokzitan., zu lat. *serviens* = dienend], zweithäufigste Gattung der okzitan. Trobadorlyrik nach der Liebeskanzone (↗ Canso). Das Wort bezeichnete ursprünglich Spottreden oder -lieder, wie sie Spielleute im Dienst eines Auftraggebers vortrugen. In der zweiten Hälfte des 12. Jh.s wurde zunächst der Texttypus samt Bez. in das Gattungssystem der trobadoresken Kunstlyrik integriert (›persönliches S.‹, die meist aggressive und grobe Verspottung eines Gegners). Danach kam der Begriff auch für moralische Zeitklagen, einen bereits etablierten trobadoresken Liedtyp, in Gebrauch (›moralisch-kritisches S.‹). Am Ende des 12. Jh.s entstand eine dritte Spielart, die der Propaganda gegen politische Widersacher im Kontext zeitgenössischer Konflikte diente (›politisches S.‹ oder ›Kriegs-S.‹). Zusammen mit der Integration des spielmännischen Texttypus in die trobadoreske Kunstlyrik entwickelte sich die Gewohnheit, für einen neuen S.-Text die Melodie und Strophenform einer Canso zu benutzen (musikalische ↗ Kontrafaktur). Die Trobadorpoetiken des 14. Jh.s (›Leys d'amors‹) erklären den Gattungsnamen deshalb damit, dass sich das S. bei einem anderen Lied bedient. Innerhalb des trobadoresken Gattungssystems erfüllen die S.-Typen die Funktion, die in der Canso formulierten höfischen Wertvorstellungen zu stützen, indem sie den jeweiligen Gegenstand als davon abweichende Wirklichkeit ausgeben und schelten. Die Funktion spiegelt sich einerseits im Zitat von Canso-Melodien wider, andererseits im Kombinationstyp der ›S.-Kanzone‹, deren

Sängerrolle den allg. Niedergang der höfischen Tugenden mit der eigenen, vorbildlichen Liebe kontrastiert. In der frz. Trouvère-Lyrik ist die Gattung nur schwach vertreten, der Gattungsname wurde nicht übernommen; im 14. Jh. bezeichnete frz. *serventois* Marienlieder.
Lit.: C. Léglu: Between Sequence and S. Oxford 2000. – D. Rieger: Gattungen und Gattungsbez.en der Trobadorlyrik. Tüb. 1976. – Ders.: Das S. In: Grundriß der romanischen Lit.en des MA.s. Bd. II/1, Fasc. 4 (1980), S. 9–61; Fasc. 7 (1990), S. 250–374. – S. Thiolier-Méjean: La poétique des troubadours. Paris 1994. GHÜ

Sitcom [engl.], Situationskomödie. ↗ *comedy of manners.*

Sittenroman ↗ Zeitroman.

Sittenstück [frz. *comédie de mœurs*; engl. *comedy of manners*], Drama, das sich stofflich am zeitgenössischen Alltagsleben und insbes. an dessen korrumpierten sittlichen Verhältnissen orientiert, um sie in kritischer Absicht darzustellen (↗ Zeitstück). Oft sind S.e ↗ Komödien, in denen typisierte Figuren und Situationen, die in eine Milieuschilderung eingelagert sind, karikaturhaft überzeichnet werden. – Vorstufen des S.s finden sich in der antiken Komödie während des 3. und 2. Jh.s v. Chr. (Menander). Konjunktur erlebt das S. im 17. Jh.: in Frankreich als *comédie d'observation* (Molière), in England als ↗ *comedy of manners* (J. Dryden). Abermals populär wird das S. in der Mitte des 19. Jh.s, als in Frankreich neben der ↗ Boulevard- und ↗ Konversationskomödie die ernstere *comédie de mœurs* als Sitten- und Thesenstück entsteht (A. Dumas der Jüngere). In Deutschland erscheint es v. a. als Tendenz- oder ↗ Lokalstück im ↗ Vormärz, ↗ Naturalismus und ↗ Expressionismus (C. Sternheim).
Lit.: D. L. Hirst: Comedy of manners. Ldn. 1979. IS/NI

Situationskomik ↗ Komik.

Situationskomödie, Komödie, in der Situationskomik durch überraschende Ereignisse, Verwicklung der Handlungsstränge oder Verwechslungen eintritt, z. B. W. Shakespeares »Comedy of Errors« (1594), die an Plautus' »Menaechmi« (um 200 v. Chr.) anknüpft. Die Situationskomik entsteht für den Zuschauer meist durch den Wissensvorsprung, den er gegenüber den Figuren hat. Situationskomik stellt neben Wort- und Charakterkomik eine der möglichen Arten der Komik dar. Bes. beliebt ist sie auch bei Terenz, in ↗ Posse und ↗ Boulevardkomödie sowie heute in den Fernseh-Sitcoms (= *situation comedy*). AHE

Situationslied, auch: Rückblickslied; Typus des altisländ. ↗ Heldenliedes, in dem kein fortschreitendes Geschehen (Ereignislied), sondern eine statische Situation vorgestellt wird, etwa die an Sigurds Leiche sitzende klagende Gudrun (»Gudruns Gattenklage«); weitere S.er in der ›Edda‹ in der Form von *Frauenelegien* sind »Gudruns Lebenslauf«, »Gudruns Sterbelied«, »Oddruns Klage«. GS/Red.

Sitz im Leben, von der formgeschichtlichen Forschung zum AT eingeführte Bez. für die soziokulturellen Bedingungen, unter denen eine lit. Gattung entsteht und innerhalb deren ihr eine historische Funktion zukommt. Der Begriff hat eine beispiellose Karriere in allen historisch-philologischen Disziplinen gemacht.
Lit.: H. Gunkel: Die Grundprobleme der israelischen Lit.geschichte. In: ders.: Reden und Aufsätze. Gött. 1913, S. 29–38. – H. P. Müller: Formgeschichte/Formkritik I. In: TRE. CF

Sizili̱ane, f., auch sizilianische ↗ Stanze; aus Sizilien stammende Sonderform der Stanze mit nur zwei Reimklängen in der Form eines doppelten Kreuzreims: *abab/abab*. Dt. Nachbildungen (als fünffüßige Jamben mit wechselnd männlichen und weiblichen Reimen) bei F. Rückert (im »Taschenbuch für geselliges Vergnügen«) und häufig bei D. v. Liliencron (z. B. »Sommernacht«).
Lit.: W. Helmich: S. In: RLW. GG

Ska̱lde, m. [anord. *skáld* = Dichter, evtl. zu ›Schelte‹ gehörig, also ursprünglich ›Schmähdichter‹, vgl. ↗ Skop], norweg. und isländ. Dichter des 9.–14. Jh.s. Die S.n waren als Hofdichter der norweg. Könige meist hoch geachtet und wurden für den Vortrag ihrer schwierigen und artistischen Werke (↗ Skaldendichtung) reich belohnt; in der Regel sind ihre Werke im Ggs. zu den eddischen Gedichten mit Verfassernamen überliefert. Bis ins 10. Jh. spielten die norweg. S.n eine bedeutende Rolle, seit Ende des 10. Jh.s treten fast nur noch Isländer als S.n in Erscheinung. Bekannt sind ca. 250 S.nnamen; dank der Überlieferung v. a. in den S.nsagas (»Egilssaga«, »Kormakssaga«, »Hallfredarsaga«) sind die Lebensumstände vieler S.n ungefähr bekannt, die auch als Krieger, Kauffahrer, Diplomaten, Fürstenberater tätig waren. Der älteste S., von dem Verse überliefert sind, ist Bragi (9. Jh.), der in der späteren Überlieferung als Dichtergott verehrt wurde; berühmte S.n sind im 10. Jh. Egil Skallagrimsson, Hallfred Ottarsson, Kormak Ögmundarson (der bedeutendste skaldische Liebeslyriker), im 11. Jh. Sighvatr Thordarson (am Hofe Olafs des Heiligen), Arnor Jarlaskald und Thjodolf Arnorsson (am Hofe Haralds des Strengen), im 12. Jh. Einar Skulason.
Lit.: K. v. See: Skop und Skald. In: GRM N.F. 14 (1964), S. 1–14. MGS

Skaldendichtung, lyrische Dichtung der ↗ Skalden, die an den norweg. Königshöfen gepflegt wurde; bis ins 10. Jh. v. a. von norweg., seit dem 11. Jh. bes. von isländ. Skalden. S. umfasst in erster Linie umfangreiche (Fürsten-)Preisgedichte (Themen: Verherrlichung kriegerischer Taten, des Nachruhms, der Ahnen, Tapferkeit, Freigebigkeit), dann Gelegenheitsgedichte, meist in Einzelstrophen, oft Spott- und Schmähverse sowie Liebesdichtung. Die S., ein hochkompliziertes, bis heute noch nicht in allen Teilen ergründetes Phänomen, ist in erster Linie strophische Formkunst, die sich eventuell unter irischem Einfluss entwickelte; sie wurde gesprochen, nicht gesungen. Neben Einzelstrophen (*lausavisur*) sind die bedeutendsten Formen die vielstrophige, kunstvolle, dreigliedrige ↗Drápa und der kürzere, einfachere, ungegliederte ↗Flokkr. Das häufigste Strophenmaß der silbenzählenden S. ist das streng gebaute ↗Dróttkvætt aus acht Sechssilblern (seit dem 10. Jh. in voller Regelmäßigkeit), die durch ein kunstvolles System von Stab-, Binnen- und Endreimen verknüpft sind; weitere, z.T. aus den einfacheren eddischen Maßen entwickelte, Strophenformen der S. sind der ↗Kviðuháttr und seit dem 11. Jh. das ↗Hrynhent. Charakteristisch für die S. sind freie Wortstellung, Parenthesen und syntaktische Verschachtelungen sowie eine durch preziöse Verwendung eines eigenen dichterischen Vokabulars (↗Heiti) und durch anspielungsreiche metaphorische Umschreibungen und Bilder (↗Kenning) verrätselte Sprache. Ein Kompendium der skaldischen Technik ist die »Jüngere Edda« oder »Prosa-Edda« des Skalden Snorri Sturluson (ca. 1178–1241). Ihre Blüte erreichte die S. durch die isländ. Skalden im 11. Jh., sie wird danach zusehends veräußerlichter, die Bildersprache immer gesuchter, künstlicher; allmählich tritt sie gegenüber der neu aufkommenden ↗Saga-Schreibung zurück. Seit 1000 werden auch christliche Themen aufgegriffen. – Die wichtigsten norweg. S.en sind im 9. Jh. die fragmentarisch erhaltene Schildbeschreibung »Ragnarsdrapa« von Bragi, die Kriege und Schlachten preisenden »Glymdrapa« und »Hrafnmal« von Thorbjörn Hornklofi, das genealogische Merkgedicht »Ynglingatal« von Thjodolfr or Hvini, beides Skalden am Hof König Haralds Schönhaar, im 10. Jh. die Fürstengedächtnisstrophen »Eiriksmal« (um König Eirik, anonym überliefert) und »Hakonarmal« (um König Hakon) von Eyvind Finnsson, von dem auch ein Gedicht auf Hakons Ahnen, »Haleygjatal«, stammt. Die bedeutendste S. stammt jedoch von isländ. Skalden, so die »Höfuðlausn« (›Haupteslösung‹), ein Fürstenpreis auf König Eirik (936) von dem größten Skalden, Egill Skallagrimsson, von dem auch Hass- und Fluchstrophen und eine Klage um seinen ertrunkenen Sohn, »Sonatorrek« (›Sohnesverlust‹, 960), erhalten sind. Ebenso wichtig sind die Preis- und Spottstrophen und v.a. die leidenschaftliche Liebeslyrik (die »Steingerdstrophen«) von Kormak Ögmundarson und die Drápa »Vellekla« (Goldmangel) von Einar Helgason. Ferner sind zu nennen die »Olafsdrapa« und die christliche »Uppreistardrapa« (Auferstehungsdrapa) des Hallfred Ottarsson, im 11. Jh. die Preisgedichte auf Olaf den Heiligen und die in seinem Auftrag übernommenen diplomatischen Missionen des Skalden Sighvatr Thordarson (z.B. »Vestfararvisur« [›Westfahrtstrophen‹]), die auch zu wichtigen historischen Quellen wurden, weiter die Dichtungen der Skalden Arnor Thordarson und Thjodolf Arnorsson im Umkreis König Haralds des Strengen, der selbst S. verfasste. Seit dem 12. Jh. entstehen auch S.en über historische Persönlichkeiten, z.B. von Einar Skulason (auf Olaf den Heiligen) oder Snorri Sturluson (»Hattatal«: auf König Hakon, 13. Jh.). Aus dem 14. Jh. ist als christliche S. die »Lilja« (Li-

lie), eine Mariendichtung von 100 Strophen im Hrynhent des Mönchs Eystein Asgrimsson zu nennen. – Überliefert ist die S. (v.a. die Einzelstrophen) in den Königs- und Skaldensagas (z.B. die Königsgeschichten »Heimskringla« von Snorri Sturluson). Die S. ist die dritte große Gattung der anord. Lit. neben den Götter- und Heldenliedern der Edda (↗eddische Dichtung) und der (Prosa-)Saga. Einzelne ihrer Formelemente finden sich in der island. ↗Rima (1) bis in die Gegenwart.

Texte: E. A. Kock (Hg.): Den norsk-isländska skaldediktningen. 2 Bde. Lund 1946–49. – E. A. Kock, R. Meissner (Hg.): Skaldisches Lesebuch. 2 Bde. Halle 1931.

Lit.: H. Engster: Poesie einer Achsenzeit. Ffm. u.a. 1983. – R. Frank: Scaldic Poetry. In: C. J. Clover, J. Lindow (Hg.): Old Norse-Icelandic Literature. Ithaca, Ldn. 1985, S. 157–196. – G. Kreutzer: Die Dichtungslehre der Skalden [1974]. Meisenheim/Gl. ²1977. – K. v. See: S. Zürich, Mchn. 1980.   MGS

Skaramụz, m. [it. *Scaramuccia*; frz. *Scaramouche*], Typenfigur der ↗Commedia dell'Arte, von Tiberio Fiorilli um 1600 in Neapel als Variante des ↗Capitano entwickelt und von ihm ab 1640 (oder 1644) auch in der ↗Comédie italienne in Paris populär gemacht. Von Molière bewundert, findet er Nachfolger bis ins 19. Jh., wo sich die Figur dem »Pulcinella« nähert und von den Symbolisten aufgegriffen und idealisiert wird (P. Verlaine: »Fêtes galantes«, 1869).   HER

Skaz, m. [skas; russ., Etymologie unklar; vgl. russ. *skazyvat'* = erzählen; *skazka* = Märchen; *skazanie* = Sage, Legende], 1. Gattungsbegriff in der russ. Lit., der ursprünglich eine mündliche Volkserzählung bezeichnete, später aber auch in die künstlerische Prosa Eingang gefunden hat (z.B. bei N. S. Leskov). Der S. thematisiert, häufig in Form eines Augenzeugenberichts, ungewöhnliche Begebenheiten aus dem Alltagsgeschehen der jüngsten Vergangenheit. – 2. Von Vertretern des russ. ↗Formalismus geprägter Terminus für eine spezifische Stilisierung der Erzählinstanz, die auf die traditionelle Vermittlungsform der Gattung (1) zurückverweist. In diesem Sinne definierte B. Ejchenbaum ›S.‹ als die Illusion mündlichen Erzählens in schriftlicher Form. Im Bemühen um eine Präzisierung des Begriffs wurden unterschiedliche Kriterien herangezogen (Komposition, Erzählsituation, ↗Stil, ↗Thema, intellektueller Horizont des Erzählers) und miteinander kombiniert. Auf diese Weise ist eine Vielzahl heterogener S.-Definitionen entstanden, von denen sich keine hat durchsetzen können. Selbst im Hinblick auf einzelne Texte, etwa N. V. Gogol's »Šinel'« (›Der Mantel‹), ist in der Forschung kein Konsens erkennbar. Angesichts dieses Befundes sowie der in der ↗Narratologie mittlerweile entwickelten deutlich differenzierteren und präziseren Kriterien zur Analyse der Erzählinstanz erweist sich ein Festhalten am S.-Begriff, der eigentlich nichts anderes bezeichnet als das Hervortreten eines Erzählers durch die Markierung seiner Rede, heute als kaum noch vertretbar.

Lit.: M. Bachtin: Probleme der Poetik Dostoevskijs [russ. 1929]. Mchn. 1971. – E.G. Muščenko u. a.: Poètika skaza. Woronesch 1978. – J. Striedter (Hg.): Russ. Formalismus [1969]. Mchn. ⁵1994. – I. R. Titunik: The Problem of S. in Russian Literature. Ann Arbor 1964.

AO

Skene, f. [gr. *skēné* = Zelt; lat. *scaena*], Bühnenhaus des antiken Theaters, das die Rückwand der Bühne (↗ Proskenion) bildete. Die S. diente einerseits als Garderobe und Aufbewahrungsort der Requisiten, andererseits als angedeutete Kulisse einer Palastfassade. Die Bühnenmalerei (*Skenographie*) soll Sophokles eingeführt haben; dabei wurden bemalte Holztafeln zwischen die Säulen der S. geschoben, ansonsten evozierte v. a. das gesprochene Wort die Kulisse. Dramaturgisch war die S. für hinterszenisch im Bühnenhaus stattfindendes Geschehen, das durch ↗ Botenbericht dem Publikum referiert oder durch eine Drehbühne (↗ Ekkyklema) sichtbar gemacht wurde, bedeutsam. Der ↗ Deus ex Machina trat auf dem Dach der S. auf. – Die ursprünglich nur bei Bedarf als S. aufgebauten Holzgerüste ersetzten im Athen des 5. Jh.s v. Chr. dauerhafte Holzkonstruktionen mit zeltartigem Anbau. Das älteste steinerne Bühnenhaus wurde in Athen 330 v. Chr. (Dionysostheater des Lykurg), also erst in nachklassischer Zeit, gebaut, in Rom erst 55 v. Chr. (Theater des Pompeius). Man unterscheidet die Paraskenien-S. (S. hat Seitenflügel) und die Proskenion-S. (hohe Bühne vor der S.). Die röm. S. ist bisweilen als mehrgeschossige Palastfassade gestaltet (*scaenae frons*).

Lit.: H.-D. Blume: Einf. in das antike Theaterwesen [1978]. Darmstadt ³1991, S. 47–54 und 60–66. – H. Isler: S. In: NPauly, Bd. 11 (2001), Sp. 611. MSR

Skenographie, f. [gr. = Bühnenmalerei], ↗ Skene.

Sketch, m. [engl. = Skizze], kurze Bühnenszene mit humoristischer oder satirischer Funktion, die fiktionale Handlungen von wenigen Minuten Dauer dramatisch darstellt. In der Regel beschränkt sich der S. auf einen Schauplatz und ein einziges, zeitdeckend gespieltes Geschehen mit wenigen Bühnenfiguren. Personen- und Handlungskonstellation sind dem Publikum bereits vertraut durch intertextuelle Anspielung, Typenhaftigkeit oder erkennbare Verschlüsselung. Ziel ist die Erzeugung von ↗ Komik. – Der Begriff zur Bez. dramatisch-fiktionaler Nummern in ↗ Revue und ↗ Kabarett hat sich in den 1920er Jahren in der dt. Sprache eingebürgert. Die Gattung ist heute im Kabarett, in TV-Comedy-Sendungen und in der Werbung verbreitet. Daneben erfreuen sich die S.e von K. Valentin und Loriot (V. v. Bülow) anhaltender Beliebtheit.

Lit.: M. Fleischer, R. Müller: S. In: RLW. – R. Müller: Theorie der Pointe. Paderborn 2003. RM

Skizze, f. [it. *schizzo* = Spritzer, Entwurf], angelehnt an die bildende Kunst, in der die S. seit etwa 1600 als eigene Gattung gilt, werden im Bereich der Lit. drei Bedeutungen von ›S.‹ unterschieden: 1. nicht ausgeführter ↗ Entwurf eines Werks; 2. Textform, die, obwohl vollständig und endgültig ausgearbeitet, gezielt den Eindruck des Unfertigen erzeugt; 3. summarische Darstellung, z. B. eines Gesprächs. – Während des ↗ Sturm und Drang wird ›S.‹ gelegentlich als Bez. für freie, nicht an die klassizistischen Regeln gebundene Formen verwendet, etwa wenn J. M. R. Lenz sein Drama »Pandämonium Germanikum« (1775) im Untertitel »Eine S.« nennt. Im vierten der »Kritischen Fragmente« (1797) setzt F. Schlegel die »Menge von poetischen S.n, Studien, Fragmenten, Tendenzen, Ruinen, und Materialien« dem nur selten vorkommenden in sich vollendeten »Poem« entgegen; die Poetik der Frühromantik fördert jedoch gerade die unvollendeten Formen als Tendenz zur kommenden Universalpoesie. Beeinflusst durch die engl. Mode der »sketches« (Ch. Dickens: »London Sketches«, 1834), wird in der ersten Hälfte des 19. Jh.s ›S.‹ neben ↗ ›Bild‹ und ›Gemälde‹ zu einer beliebten Bez. für kleine, überwiegend deskriptive Genres der Prosa, aber auch der Lyrik und der Dramatik. Das Hauptgebiet der S. ist die Reise- und Stadtbeschreibung. Diese Genres werden v. a. in ↗ Anthologien und Zss., nach 1848 auch im ↗ Feuilleton (1) der Tageszeitungen gepflegt. Vor dem Hintergrund der journalistisch dominierten Tradition erheben um 1900 Autoren wie P. Altenberg, R. M. Rilke und R. Walser die S. zu einer dichterischen Form der Kurzprosa, deren Poetik mit der impressionistischen Malerei der Zeit korrespondiert. In Analogie zum Begriff ›Prosaskizze‹ wird seit dem Fin de Siècle auch von ›lyrischen S.n‹ und ›dramatischen S.n‹ gesprochen.

Lit.: M. Baßler: S. In: RLW. – W. Guentner: Esquisses littéraires. Saint-Genouph 1997. – G. Seifert: Sinn und Gestalt der lit. S. Halle 1961. – R. C. Shas: The visual and verbal sketch in British romanticism. Philadelphia 1998. – I. Spahmann: Die S. in der dt. Lit. des 19. Jh.s. Diss. Tüb. 1956. KK

Skolion, n. [gr. *skólion* = Rundgesang, Pl. *skólia*], Pl. *Skolien*; Gesang, der im Umkreis des aristokratischen gr. ↗ Symposions vorgetragen wird. Die Etymologie des Namens ist umstritten; im Altertum wurde er so erklärt, dass die Gäste sich beim Vortrag in unregelmäßiger Reihenfolge ablösten (gr. *skoliós* = gewunden). Skolien waren: 1. von einem Saiteninstrument (v. a. der Lyra) begleitete lyrische Dichtungen; 2. kurze improvisierte Dichtungen, manchmal vom *aúlos* (Flöte) begleitet, die zusammen die ›symposialen Ketten‹ bildeten. Ab der zweiten Hälfte des 5. Jh.s v. Chr. wurden Zitate oder Partien aus früheren Skolien wiederwendet und als Solo- oder Chorgesang von den (nicht mehr ausschließlich aristokratischen) Teilnehmern des Symposions vorgetragen. Als Erfinder des S.s galt Terpander (7. Jh. v. Chr.), aber als Skolien wurden auch Dichtungen von Alkaios, Anakreon, Pindar und Bacchylides bezeichnet. In den »Weisen zum Gastmahl« vor Athenaeus (2. Jh. n. Chr.) ist eine Sammlung 25 attischer Skolien erhalten (vom Ende des 6. und Beginn des 5. Jh.s v. Chr.). Die berühmtesten haben politische Inhalte, wie dasjenige, das die Tyrannenmörder Harmodios und Aristogeiton preist; viele loben die Freundschaft unter Männern, andere haben historischen, mythischen, moralischen oder religiösen Inhalt. Spuren einer symposialen Sammlung sind auch noch in einem Papyrus aus dem 1. Jh. n. Chr. nachweisbar.

Lit.: E. Fabbro (Hg.): Carmina convivialia attica. Rom 1995. – D. L. Page (Hg.): Poetae melici graeci. Oxford 1962, S. 884–917.   SF

Skop, m. [westgerm. *scop*; ahd. *scof*, *scoph* = Dichter, vermutlich von einer Wurzel **skupaz* ›Hohn-, Spottdichter‹, ↗ Skalde], westgerm. Hofdichter und Berufssänger von ↗ Helden- und ↗ Preisliedern, wie er in den angelsächs. Dichtungen »Beowulf«, »Widsith«, »Deor« geschildert ist. Seine soziale Stellung gilt als recht hoch. Ob ›S.‹ auch den Spaßmacher niedrigen Standes und Anspruchs meint, ist umstritten. Das Wort *scoph* wird im Dt. noch im 12. Jh. gebraucht, doch nun für offenbar mündlich vortragbare Gedichte (vgl. die geistliche Dichtung »Scoph von dem lône«); *schophbuoch* als Bez. für eine schriftliche dt. Quelle begegnet im »Physiologus«, »König Rother«, »Herzog Ernst«.

Lit.: K. v. See: S. und Skald. In: GRM N.F. 14 (1964), S. 1–14. – E. Werlich: Der westgerm. S. Diss. Münster 1964.   MGS

Skribent ↗ Schriftsteller.

Skriptorium, m. [lat. *scribere* = schreiben], Pl. *Skriptorien*; Einrichtung geistlicher und weltlicher Trägerschaft, in der im MA. kontinuierlich geschrieben wurde. Im lit.wissenschaftlichen Gebrauch wird der Begriff je nach Sachlage gestuft verwendet für 1. einen lokalisierbaren Schreibort, 2. die am Ort sich ausbildende Schreibtradition oder 3. den nur noch aus seiner Produktion rekonstruierbaren Zusammenschluss von ↗ Schreibern. Skriptorien geistlicher Trägerschaft stehen uns gelegentlich noch als konkrete Lokalitäten (Klöster) vor Augen, was nicht zur Annahme der Ortlosigkeit weltlicher (kommerzieller) Gegenstücke führen sollte. – Das mal. S. ist immer mehr als ein Ort, an dem in Buchschrift abgeschrieben wird. Es zeichnet gegenüber den Auftraggebern von Hss. auch für die Qualität des Abgeschriebenen verantwortlich, was beachtliche Kompetenzen in Auswahl und redaktioneller Bearbeitung von Vorlagen voraussetzt. Die Effizienz vieler Skriptorien beruht auf Arbeitsteilung spezialisierter Instanzen (Schreiber, ↗ Redaktor, Rubrikator, Korrektor, Buchbinder). Die Herstellung von Bilderhss. konnte im engen Verbund mit entsprechenden Spezialisten realisiert werden (↗ Buchmalerei). Für unsere Kenntnis mal. Lit. ist das ab etwa 1420 in Hagenau (Elsass) ansässige kommerzielle S. unter Leitung Diebold Laubers (über 70 erhaltene illustrierte Hss.) von größter Bedeutung.

Lit.: M. J. Schubert (Hg.): Der Schreiber im MA. Bln. 2003.   CF

Slam Poetry ↗ Poetry Slam.

Slavistik ↗ Slawistik.

Slawistik, f., auch: Slavistik, Wissenschaft von den slawischen Sprachen, Lit.en und Kulturen. Während ›S.‹ ursprünglich die Slawenkunde im umfassenden Sinne bezeichnete, führte die zunehmende Spezialisierung der wissenschaftlichen Teildisziplinen schließlich zu einer Gleichsetzung von ›S.‹ mit ›Slawischer Philologie‹. Deren Gegenstand ist ein Zweig der indoeuropäischen Sprachfamilie, der sich aus dem Altbulgarischen (*Altkirchenslawischen*) entwickelte und der sich in die *ostslawischen* (Russisch, Weißrussisch, Ukrainisch), *südslawischen* (Slowenisch, Serbisch/Kroatisch/Bosnisch, Bulgarisch, Makedonisch) und *westslawischen* (Polnisch, Tschechisch, Slowakisch, Ober- und Niedersorbisch) Sprachen gliedert. Während innerhalb der Slavia der jeweiligen Nationalphilologie, analog zur ↗ Germanistik in Deutschland, auch institutionell eine herausgehobene Stellung zukommt, kennzeichnet die dt. (wie auch die österr. und die schweizerische) S. ein grundsätzlich komparatistischer Ansatz, wobei aufgrund der geopolitischen und kulturellen Bedeutung Russlands die *Russistik* traditionell einen Schwerpunkt bildet. Russisch ist auch das einzige bundesweit vertretene Lehramtsfach innerhalb der S. – Als Begründer der S. als wissenschaftlicher Disziplin gelten u. a. J. Dobrovský (1753–1829) mit seinen Studien zur tschech. Sprache und Lit. sowie zum Altkirchenslawischen und J. Kopitar (1780–1844) mit seinen Arbeiten zum Slowenischen. Politische Ursachen (die wachsende Bedeutung Russlands in Europa sowie die nationale Selbstbesinnung der nicht eigenstaatlich verfassten slawischen Völker im Zuge der Romantik) begünstigten einen Aufschwung der S. in der ersten Hälfte des 19. Jh.s ebenso wie das Aufkommen der *Indogermanistik*, aus der sich die S. wissenschaftshistorisch herleitet. Von bes. Bedeutung ist in diesem Zusammenhang A. Schleicher, der in seine historisch-vergleichenden Studien das Altkirchenslawische schwerpunktmäßig einbezog. In der ersten Phase der Institutionalisierung der S. an den Universitäten (Einrichtung von Professuren und Dozenturen seit 1842) dominierte demgemäß die historisch-vergleichende Methode, so dass in der Sprachwissenschaft v. a. auf den Gebieten der historischen Grammatik, der Etymologie und der ↗ Onomastik geforscht wurde, während in der Lit.wissenschaft die Edition alter Sprachdenkmäler und die Folkloristik im Mittelpunkt standen. Mit F. de Saussure (↗ Romanistik) sowie dem russ. ↗ Formalismus und dem Prager ↗ Strukturalismus, deren Arbeiten auch in anderen Neuphilologien Wirkung entfalteten (↗ New Criticism), in Deutschland jedoch erst in den 1960er Jahren rezipiert wurden, erfolgte im ersten Drittel des 20. Jh.s ein Paradigmenwechsel. An die Stelle einer rein diachronen Sprachbetrachtung trat eine überwiegend synchrone; die Lit.wissenschaft wandte sich unter dezidiert ästhetischen Fragestellungen nun auch der zeitgenössischen Lit. zu. Die Methodendiskussion der 1960er Jahre hat auch in der S. zu einem Methodenpluralismus geführt, wobei sich in jüngerer Zeit unter dem Einfluss der Kultursemiotik der Tartuer Schule, der Kulturanthropologie und der ↗ Cultural Studies

Ansätze zu einer Erweiterung der Slawischen Philologie zu einer ↗Kulturwissenschaft im umfassenden Sinne abzeichnen. Auch interdisziplinäre Zugänge spielen in der S. eine immer größere Rolle. Gleichzeitig ist seit dem letzten Drittel des 20. Jh.s angesichts des immensen Erkenntniszuwachses eine Abkehr von einer »Generalslawistik« zugunsten einer zunehmenden Differenzierung nicht nur zwischen Sprach- und Lit.-wissenschaft, sondern auch zwischen den einzelnen slawistischen Teildisziplinen zu konstatieren. – Nach 1945 wurde die westdeutsche universitäre S. flächendeckend ausgebaut. In der DDR wurden die Traditionsstandorte Berlin und Leipzig umfänglich erweitert, während an den anderen Hochschulen v. a. die Russischlehrerausbildung im Vordergrund stand. Nach der Wiedervereinigung war die S. bundesweit an allen Volluniversitäten etabliert. Trotz der zunehmenden europäischen Integration ist sie jedoch in jüngster Zeit von einem erheblichen Rückbau betroffen.

Lit.: N. Franz: Einf. in das Studium der Slavischen Philologie. Darmstadt 1994. – J. Hamm, G. Wytrzens (Hg.): Beiträge zur Geschichte der S. in nichtslawischen Ländern. Wien 1985. – P. Rehder (Hg.): Einf. in die slavischen Sprachen (mit einer Einf. in die Balkanphilologie) [1986]. Darmstadt ⁴2003. – W. Zeil: S. in Deutschland. Köln u. a. 1994. AO

Slogan, m. [ˈsloːgn̩, engl. = Parole, Motto, Wahlspruch, Schlagwort; von gälisch *sluaghghairm* = Schlachtruf], kurze, prägnante Formulierung, die das Wesen einer Sache, Situation oder Konstellation zu treffen beansprucht und durch ihre sprachlich zugespitzte, klanglich-rhythmische Gestalt sofort ins Ohr geht oder mit Hilfe graphischer Verdeutlichungen ins Auge fällt, meist von persuasivem (überredendem) und appellativem (aufforderndem) Charakter. Der S. wendet sich an emotionelle Kräfte im Menschen und wird daher v. a. in der Werbung, in den Massenmedien und im politischen Bereich gebraucht.

Lit.: D. Peil. In: RLW. OB/Red.

Smalltalk ↗Konversation.

Soap-Opera ↗Serie.

Soccus, m. [lat. = Schuh], der zum Kostüm des Schauspielers in der antiken Komödie gehörende niedrige Schuh (Sandale). Im Ggs. zu diesem trägt der Schauspieler in der antiken Tragödie den ↗Kothurn als hohen Bühnenschuh; der Schauspieler im antiken ↗Mimus war unbeschuht (*mimus planipes*). JK/Red.

Sodalitas, f. [lat. = Freundeskreis, Tischgesellschaft, Bruderschaft], Pl. *Sodalitates*; eingedeutschte Form: ›Sodalität‹; bereits der Antike für Freundschaftsbündnisse vertraute, im ↗Humanismus wiederbelebte Selbstbez. für sich an einem bestimmten Ort um ein anerkanntes Oberhaupt scharende Kreise gleichgesinnter Poeten (daher auch: *S. litterata*). Die Initiative zur Gründung mehrerer Sodalitates nach dem Vorbild der it. ↗Akademien (Florenz seit 1459) geht auf den ersten dt. ↗Poeta laureatus K. Celtis (1459–1508) zurück. Die S. hatte die Aufgabe, durch Gespräch und

Diskussion die lit. Tätigkeit ihrer Mitglieder zu fördern und Publikationen teils finanziell, teils durch die Beigabe von ↗Epigrammen und ↗Paratexten zu unterstützen.

Die herausragende S. des 15. Jh.s bildete sich in Wien um Celtis (*S. Danubiana*). Weitere bedeutende Sodalitates bestanden in Augsburg um K. Peutinger (*S. Peutingeriana*, u. a. K. und B. Adelmann), in Tübingen um J. Naukler, H. Bebel und J. Reuchlin, in Heidelberg um J. von Dalberg (*S. Rhenana*), in Straßburg um K. Wimpfeling, Th. Murner und J. Adelphus Muling sowie in Erfurt um K. Mutianus Rufus, Eobanus Hessus und Crotus Rubeanus. – Trotz ihres rivalisierenden Auftretens lassen sich nicht alle Sodalitates von der Forschung hinreichend deutlich identifizieren, was aus der z. T. erheblichen poetischen Übersteigerung durch ihre Gründer resultiert. Phänomenologisch sind sie als Vorläufer der barocken ↗Sprachgesellschaften anzusehen.

Lit.: M. Csáky: Die ›S. litteraria Danubia‹. In: H. Zeman (Hg.): Die österr. Lit. Bd. 2. Graz 1986, S. 739–758. – K. Garber (Hg.): Die europäische Akademie der Frühen Neuzeit zwischen Frührenaissance und Spätaufklärung. 2 Bde. Tüb. 1996. – J.-D. Müller: K. Peutinger und die S. Peutingeriana. In: Pirckheimer-Jb. 12 (1997), S. 167–186. CF

Soffitte, f. [it. *soffitto* = (Zimmer-)Decke, *soffitta* = das darunter Angeheftete], die vom Schnürboden des Theaters gestaffelt herabhängenden und bemalten Stoffbahnen, die den Bühnenraum nach oben hin abschließen. In dieser Form sind die S.n seit dem 17. Jh. Bestandteil der Kulissenbühne (Wald-, Luft-, Balken-S.). Erst im 19. Jh. werden sie teilweise durch feste Decken ersetzt (bei Konversationsstücken im geschlossenen Bühnenraum), die Luft-S. auch durch den Rundhorizont (Cyclorama, ↗Prospekt). IS/NI

Soggetto, m. [it. = Thema, Sujet], ↗Szenarium der ↗Commedia dell'Arte.

Soliloquium, n. [lat. = Selbstgespräch], Typus der antiken Bekenntnislit., ↗Autobiographie.

Solözismus, m. [gr. *soloikismós* = Verstoß gegen das richtige Sprechen], nach dem anscheinend fehlerhaften Gr. der Einwohner von Soloi in Kilikien gebildete Bez. für Verstöße gegen korrekten Sprachgebrauch, v. a. in Bezug auf die Syntax (Quintilian: »Institutio oratoria«, I, 5, 34 ff., vgl. dagegen ↗Barbarismus). S. wurde – z. B. von Kritikern der spätröm. Lit. – mit der Vorstellung von Entartung und Dekadenz verbunden. – S. kann die Folge von Dialekteinwirkung (»Ik habe dir jesehn«) oder das Ergebnis einer Sprachentwicklung sein (syntaktische Neuerungen gelten so lange als S., bis sie sich allg. durchgesetzt haben, als ›richtig‹ anerkannt werden, z. B. ›trotzdem‹ als unterordnende Konjunktion). S. kann ferner als Stilmittel verwendet werden, oft in parodierender Absicht (z. B. bei Ch. Morgenstern oder bei den Vertretern der ↗konkreten Poesie).

Sonderdruck ↗Aufsatz. OB/Red.

Sonẹtt, n. [it. *sonetto*, m.; frz. *sonnet*, m.; span./portug. *soneto*, m.; engl. *sonnet*; russ. *sonet*, m.; aus provenz. *sonet* = Gesang, Lied; Diminutiv zu *son* = Melodie, Dichtung], dt. Lehnübers. des 17. Jh.s: ›Klinggedicht‹ (M. Opitz); in der Neuzeit wichtigste Gedichtform der europäischen Lit.en. Um 1230 in Italien entstanden, gruppiert es 14 elfsilbige Verse (↗ *endecasillabi*) in zwei vierzeilige (Quartette, *quartine*) und zwei dreizeilige (Terzette, *terzine*) Abschnitte. Das S. wird vermutlich von G. da Lentini (gestorben vor 1250) eingeführt, wohl als umgebildete provenz. Kanzonenstrophe (*cobla esparsa*). Die Form führt dazu, dass *quartine* und *terzine* häufig gedankliche – oft auch strophische (Oktett und Sextett) – Einheiten bilden: In den Quartetten werden Prämissen (oder These und Antithese) formuliert, in den Terzetten eine pointierte Konklusion (oder Synthese). Das Reimschema unterstützt eine solche Bewegung: Die *quartine* stehen im Kreuzreim (*abab / abab*), ab dem ↗ Dolce Stil novo im umschlingenden Reim (*abba / abba*), die *terzine* können freier gestaltet werden (etwa *cde / cde* oder *cdc / dcd* oder *cde / dce*). Häufiger als dualistische oder dialektische sind monistische Gedankenführungen (z. B. aufsteigend oder zyklisch), wobei das Zusammenspiel von Syntax und Strophengliederung bedeutungstragend sein kann. Zunächst v. a. ein Medium der philosophischen Lyrik, der ↗ Liebesdichtung (G. Cavalcanti, Dante Alighieri) und der scherzhaften Poesie (C. Angiolieri, R. di Filippo), erfährt das S. mit F. Petrarcas »Canzoniere« (ab ca. 1332) eine thematische Erweiterung zu Biographischem und politischer oder gesellschaftlicher Stellungnahme. Von den 1332 von A. da Tempo verzeichneten 16 Varianten verschwinden fast alle bis zum 17. Jh. aus dem Formenrepertoire. – Mit dem ↗ Petrarkismus (P. Bembo, T. Tasso) wird das S. zur zentralen Form europäischer Lyrik und öffnet sich allen Inhalten, wobei die Liebesthematik vorherrschend bleibt. Bei unveränderter Strophengliederung wird der Vers metrisch angepasst: In der span. Lyrik (M. de Santillana, J. Boscán, G. de la Vega) gilt der Elfsilber (*endecasíllabo*) als kanonisch, in der portug. (D. Pedro, Sá de Miranda, L. de Camões) der Zehnsilber (*decassíllabo*), in der frz. (M. Scève, C. Marot, ↗ Pléiade) der ↗ Alexandriner (*sonnet régulier* mit dem Schema *abba / abba / ccd / ede*), in der engl. (Th. Wyatt, Ph. Sidney) der *iambic pentameter*. Hier bildet sich die Sonderform des engl. oder Shakespeare-S.s heraus (H. H. Surrey, W. Shakespeare), das in drei Quartette im Kreuzreim und paargereimtes *couplet* gegliedert ist (*abab / cdcd / efef / gg*), was eine epigrammatische Zuspitzung der Gedankenführung fördert. Mitte des 16. Jh.s entstehen erste dt. S.e in jambischen Vierhebern (Ch. Wirsung, P. M. Schede, J. Fischart), zumeist als ↗ Gelegenheitsdichtung mit wechselnden Reimordnungen, im Gefolge der Übers. nl. und frz. S.e dann in Alexandrinern mit mindestens einem Paarreim in den Terzetten (M. Opitz, G. R. Weckherlin, P. Fleming), oft mit religiöser Thematik. Im Barock übernehmen die skandina-

vischen Lit.en aus dem Dt. diese S.form v. a. für Gelegenheitslyrik. Ebenso geht in Russland die syllabotonische (d. h. sowohl die Silbenzahl als auch die Wortakzente metrisch regulierende) Versreform ab 1735 mit der Aneignung v. a. dt. Vorbilder einer (V. K. Trediakovskij), was zur vorherrschenden S.form in fünfhebigen Jamben führt (Hauptvertreter: A. Puškin), mit Quartetten im Kreuzreim und Terzetten, die mit Paarreim einsetzen (*abab / abab / ccd / ede*). Ende des 18. Jh.s öffnet sich die rumänische Lit. westeuropäischen Einflüssen: Übers.en v. a. frz. und it. S.e führen dazu, dass hier ein polyrhythmischer Elfsilber übliches Versmaß wird (M. Eminescu). Nach einer Zeit der Geringschätzung werden in Deutschland ab Ende des 18. Jh.s S.e in fünffüßigen Trochäen verfasst (G. A. Bürger), bevor bei A. W. Schlegel, J. W. Goethe und A. v. Platen das it. Modell in Jamben mit weiblichen Reimen den Vorzug erhält. Dem stehen antithetisch gebaute politische S.e mit klarer Appellstruktur zur Seite (F. Rückert, G. Herwegh), die sich auch in Italien finden (U. Foscolo). Dort wandeln nach Mitte des 19. Jh.s antiromantische (G. Carducci) und dekadentistische (G. D'Annunzio, D. Campana) Lyriker das S. z. T. gemäß Varianten der Frühzeit ab. In der engl. Romantik wird die it. S.form aufgenommen (W. Wordsworth, J. Keats), oft mit autobiographischer Thematik. In Spanien (A. Machado, M. de Unamuno, J. R. Jiménez) und Frankreich (Ch. Baudelaire, A. Rimbaud) erfährt das S. hingegen erst in der nachromantischen Lyrik eine Wiederbelebung; es ist nun durch antithetische Thematisierung der Großstadt- und Modernitätserfahrung geprägt, wobei v. a. das Reimschema variiert, oft das ↗ Enjambement bedeutungstragend eingesetzt wird, der *endecasílabo* bzw. Alexandriner zumeist bewahrt bleibt (↗ Modernismo, ↗ Parnassiens, ↗ Symbolismus). St. Georges Übers.en u. a. der »Fleurs du Mal« Baudelaires regen eine neue Aneignung des S.s durch dt. Lyriker an (H. v. Hofmannsthal, R. Borchardt, W. v. Kalckreuth), die in R. M. Rilkes »S.en an Orpheus« mündet: Die Fünfheber werden als Daktylen, Jamben oder Trochäen gestaltet, Reimbindung und -anordnung der Quartette werden aufgelöst; manchmal sind die Terzette den Quartetten vorangestellt, auch andere Gliederungen (z. B. 12+2, 9+5) treten auf, allein der Umfang von 14 Zeilen bleibt. Dem steht das formtreue S. des ↗ Expressionismus gegenüber, das z. B. Pathologisches oder Grauenhaftes thematisiert (G. Heym; G. Trakl), ebenso Alltag und Industriearbeit (P. Zech); zugleich entstehen Sonette in ↗ Langversen (J. R. Becher). Das S. spielt eine bedeutende Rolle in der Lyrik der Emigration (B. Brecht), verherrlicht die NS-Zeit (G. Schumann) und ist Dichtung des Widerstands (A. Haushofer). In der Nachkriegszeit wird es oft Medium weltanschaulicher Reflexion. Engagierte Lyrik (E. Fried) nutzt das S., um mit ironischer oder polemischer Distanz ›bürgerliche‹ Dichtung politisch zu besetzen oder durch Montage- oder Collagetechniken zu unterwandern (G. Rühm; O. Pastior); parodistisch wird das S. bei R. Gernhardt verwendet. In Frankreich entdeckt die experimentelle Lyrik (↗ Oulipo) ab Mitte des 20. Jh.s in der S.form angelegte Möglichkeiten zu mathematischer Konstruktion (J. Roubaud) oder Kombinatorik (R. Queneau); dagegen verbindet M. Houllebecq in der Tradition Baudelaires Formtreue mit provokanten Inhalten. Dekonstruktionen (K. Riha) und Hypertextualisierungen der Form haben in allen – v. a. den postkolonialen – Lit.en des 20. Jh.s dazu geführt, dass jüngste Forschung die Konstanten der S.form in Variabilität (v. a. Permutation), Metatextualität und Selbstreflexivität sieht.

Mehrere S.e können zu Epen (A. Puškin) oder zu S.-Zyklen verbunden werden, deren anspruchsvollste Form der ↗ S.enkranz ist; ebenso der dialogische ↗ Contrasto oder die ↗ Tenzone aus oft reimidentischen S.en mehrerer Autoren. Das Bühnensonett findet sich als Teil eines Dramentextes seit dem 16. Jh. v. a. in der span. (Lope de Vega) und engl. Lit.

Texte: J.-U. Fechner (Hg.): Das dt. S. Mchn. 1969. – H. Kircher (Hg.): Dt. S.e. Stgt. 1979.
Lit.: A. Böhn: Das zeitgenössische dt.sprachige S. Stgt., Weimar 1999. – M. Bordeianu: La versification roumaine. Iassy 1983. – Th. Borgstedt: Gattungstopik des S.s. Habilitationsschrift Ffm. 2001. – Ders.: S. In: RLW. – L. Burman: Den svenska stormaktstidens sonett. Uppsala 1990. – M. Capaldo (Hg.): Il sonetto nelle letterature slave. 2 Bde. Salerno 2000. – J. Darras (Hg.): Les Métamorphoses du sonnet. Brüssel 1999. – A. De Carvalho: Tratado de versificaçaõ portuguesa [1941]. Lissabon ⁵1987. – A. Gendre: Évolution du sonnet français. Paris 1996. – B. Gicovate: El soneto en la poesía hispánica. Mexico City 1992. – E. Greber: Textile Texte. Köln u. a. 2002, S. 554–701. – F. Jost: Le sonnet de Pétrarque à Baudelaire. Bern u. a. 1989. – F. Kemp: Das europäische S. 2 Bde. Gött. 2002. – R. Meyenberg: Capel Lofft and the English Sonnet Tradition 1770–1815. Tüb. 2005. – P. Neubauer: Zwischen Tradition und Innovation. Das S. in der am. Dichtung des 20. Jh.s. Hdbg. 2001. – A. Poier-Bernhard: Oulipotische Rekurse auf das S. In: G. Febel, H. Grote (Hg.): L'état de la poésie aujourd'hui. Ffm. u. a. 2003, S. 151–165. – A. Ruschioni: Il sonetto italiano [1974]. 2 Bde. Mailand ²1985. – H.-J. Schlütter u. a.: S. Stgt. 1979. – V. S. Sovalin: Russkij sonet. Moskau 1983. – M. R. G. Spiller: The Development of the Sonnet. Ldn., NY 1992. – Ders.: The Sonnet sequence. NY 1997. – Th. Stemmler, St. Horlacher (Hg.): Erscheinungsformen des S.s. Mannheim 1999. – P. Weinmann: S.-Idealität und S.-Realität. Tüb. 1989.　　HG

Sonettenkranz, m. [it. *corona dei sonetti*], durch gemeinsame Verse zyklisch verbundene Gruppe von ↗ Sonetten. Wird 1. im weiteren Sinne ein ↗ Zyklus thematischer verwandter oder narrativ verbundener Sonette als ›S.‹ bezeichnet, so gilt 2. als ›S.‹ im strengen Sinne eine Folge von vierzehn Sonetten, bei denen der Schlussvers eines jeden Einzelsonetts als Anfangsvers des jeweilig folgenden Sonetts wiederholt wird. Zyklische Geschlossenheit ergibt sich *erstens* dadurch,

dass der letzte Vers des letzten Sonetts mit dem ersten Vers des ersten Sonetts identisch ist, und *zweitens* durch ein vorangestelltes oder abschließendes ›Meistersonett‹, das aus den Anfangs- bzw. Schlussversen der Einzelsonette besteht. – Im it. ↗ Petrarkismus des 16. und 17. Jh.s entwickelt und poetologisch festgelegt, wurde der S. seit der ↗ Romantik bes. in den slawischen Lit.en gepflegt. In der dt. Dichtung perfektionierten erst J. Weinheber und J. R. Becher den S., den Gegenwartsautoren (G. Rühm, K. Riha, F.-J. Czernin) als lit. Spielform aufgegriffen haben.
Lit.: Th. Borgstedt: S. In: RLW.　　DM

Song, m. [engl. = Lied, generell die Verbindung von Musik und Text], in der Regel mit Musik bzw. Gesang verbundener Text eines namentlich bekannten Autors, meist strophisch angelegtes Gedicht geringeren Umfangs mit Refrain. – V. a. Bühnenlieder (↗ Drama, ↗ Kabarett) unterschiedlicher Art mit einfacher Faktur und engl.sprachige populäre Lieder werden ›S.s‹ genannt. Der S., eine Form des ↗ Liedes, lässt sich nach sprachlichen, textlich-inhaltlichen, musikalisch-formalen und funktionalen Gesichtspunkten z. B. in Lovesong, Protest-, Mundart-und Folksong untergliedern. Protest-, Mundart- und Folksongs werden häufig mit gesellschaftskritischem Engagement oder Bekenntnis, institutionalisierten Bewegungen und bestimmten Autor-Typen (↗ Liedermacher) assoziiert. Charakteristische Merkmale von S.s sind 1. die Orientierung an anglo-am. Traditionen; 2. die Verbindungen zu popularkulturellen (↗ Bänkelsang, ↗ Ballade, ↗ Chanson, ↗ Couplet, ↗ Moritat, ↗ Volkslied) und Differenzen zu Formen der ernsten Musik und ›Hochkultur‹ (↗ Kunstlied), Darbietungsorten und -praktiken; 3. die häufig anzutreffende Personalunion von Autor, Komponist und Interpret (Singer-Songwriter); 4. Multimedialität (↗ Videoclip). – Der S. wird zu Beginn der 1920er Jahre im Zuge der Revitalisierung des Kabaretts u. a. von W. Mehring, K. Tucholsky und F. Hollaender in Deutschland eingeführt. Eine Politisierung des S.s erfolgt seit 1927 (»Mahagonny«) durch B. Brecht und die mit ihm kooperierenden Komponisten K. Weill, H. Eisler und P. Dessau. Diese Tradition wird seit den 1960er Jahren durch W. Neuss, F. J. Degenhardt, W. Biermann u. a. unter Rückgriff auf popularkulturelle Traditionen (Ballade, Bänkelsang) fortgeführt. Der Lit. der sog. Neuen Innerlichkeit in den 1970er Jahren entsprechen die subjektivistischen S.s von Liedermachern wie R. Mey und A. Heller. Dt.sprachige Pop- und Rock-S.s seit den 1970er Jahren hingegen orientieren sich an der anglo-am. Szene. In den 1990er Jahren konkurrieren ↗ Rap und ↗ HipHop zunehmend mit den S.s herkömmlicher Struktur. Zu Beginn des 21. Jh.s nähern sich (wie z. T. schon in der ›Neuen Dt. Welle‹ der 1980er Jahre) die S.s junger dt.sprachiger Musikgruppen v. a. textlich wieder stark dem ↗ Schlager an.
Lit.: E. Achermann, G. Naschert (Hg.): [Themenheft:] S.s. MDG 52 (2005), H. 2. – M. Bröcker: Volksmusik.

In: MGG², Sachteil. – D. Burdorf: S. In: RLW. – P. Jost: Lied. In: MGG², Sachteil. – P. Wicke: Sachlexikon Popularmusik. Mainz 1989. GHE

Sotadeus, m., antiker Vers der Form $--\vee\vee\,|\,--\vee\vee\,|$ $--\vee\vee\,|-x$; gilt als katalektischer ↗ Tetrameter aus vier ↗ Ionici (a maiore). Auflösung der Längen und Ersatz einzelner Ionici durch trochäische ↗ Dipodien sind möglich. – Der Vers ist nach dem alexandrinischen Dichter Sotades von Maroneia (3. Jh. v. Chr.) benannt, der ihn offenbar als erster häufiger verwandte. Er findet sich v. a. in der Komödie, im Mimus, in der Satire und Kinädenpoesie (= sotadische Lit.). In der röm. Dichtung sind Nachbildungen gr. Sotadeen für Afranius, Plautus, Accius, Ennius (»Sota«) und Varro bezeugt; später verwenden ihn noch Petronius und Martial. JK/Red.

Sotadische Literatur ↗ Kinädenpoesie.

Sottie, f. [neufrz. *sotie*, von frz. *sot* = Narr], komisches Theaterstück des frz. Spät-MA.s. Die ca. 40 Texte von jeweils 300–500 Versen Länge entwerfen eine verkehrte Welt, in der die *Folie* (Narrheit) regiert. Die Untertanen sind schablonenhafte *sots* oder Allegorien wie *Chascun* und *le Temps*. Die *sots* tragen ein grün-gelbes Kostüm und eine Narrenkappe mit Eselsohren; ihre akrobatischen Einlagen und virtuosen Nonsensdialoge bilden die allgegenwärtige *Folie* ab. Die S. ist kritisches, satirisches *théâtre engagé*; die Autoren stammen meist aus der ↗ Bazoche.

Lit.: J.-Cl. Aubailly: Le monologue, le dialogue et la s. Paris 1976. – B. Goth: Untersuchungen zur Gattungsgeschichte der S. Mchn. 1967. – Ch. Mazouer: Le théâtre français du Moyen Age. Paris 1998, S. 372–391. – E. Picot (Hg.): Recueil général des s.s 3 Bde. Paris 1902–12. KB

Soundtrack ↗ Vertonung.

Soziale Dichtung, unscharfe Sammelbez. für gesellschaftlich und humanitär engagierte Lit., die jedoch nicht auf einen bestimmten Parteien- oder Klassenstandpunkt festgelegt ist (↗ sozialistischer Realismus). S. D. befasst sich vorwiegend mit Problemen der sog. unteren Schichten, der Entrechteten, der menschlich und sozial Benachteiligten. Ihre Tendenz reicht vom Mitleidsappell bis zur Sozialkritik und politischen Anklage (↗ politische Lit.). Beispiele s.r D. finden sich zu allen Zeiten, häufigere Verbreitung fand sie jedoch seit dem Aufkommen der Industriegesellschaft im 19. Jh.; vgl. in der Lyrik H. Heine: »Die schlesischen Weber«, B. Brecht: »Wiegenlied«; im Drama (↗ ›soziales Drama‹) G. Hauptmann: »Vor Sonnenaufgang« (1889) und »Die Weber« (1892). Als soziale Romane werden R. Huch: »Aus der Triumphgasse« (1902), H. Fallada: »Kleiner Mann, was nun« (1932) bezeichnet, in der engl. Lit. etwa die Romane von Ch. Dickens, in der frz. Lit. das Werk É. Zolas. ↗ Gesellschaftskritik.

Lit.: H. Adler: Soziale Romane im Vormärz. Mchn. 1980. – E. Edler: Die Anfänge des sozialen Romans und der sozialen Novelle in Deutschland. Ffm. 1977. – K. Groß (Hg.): Der engl. soziale Roman im 19. Jh.

Darmstadt 1977. – F. Wolfzettel (Hg.): Der frz. Sozialroman des 19. Jh.s. Darmstadt 1981. GS/Red.

Soziales Drama, Drama, dessen gesellschaftlicher Hintergrund Charaktere, Handlung, Stoff und Gehalt prägt. Soziale Probleme, die Situation eines Individuums im Verhältnis zur Gesellschaft, die sozialen Implikationen moralischer Probleme stehen im Mittelpunkt. Der Begriff ›s. D.‹ wird 1949 von E. Dosenheimer eingeführt. Er ist nicht trennscharf und schließt die gleichzeitige Einordnung des Dramas als ↗ ›bürgerliches Trauerspiel‹, ↗ ›Komödie‹ oder ↗ ›Volksstück‹ nicht aus. Dosenheimer sieht G. E. Lessings »Emilia Galotti« (1772) als erste dt. soziale Tragödie, da sie vom Standesgegensatz bestimmt sei. Trauerspiele, bei denen die soziale Lage den Konflikt bedingt, entstehen v. a. im ↗ Sturm und Drang (J. M. R. Lenz, H. L. Wagner, F. M. Klinger), ↗ Vormärz (K. Gutzkow, F. Hebbel, O. Ludwig) und ↗ Naturalismus (G. Hauptmann, H. Sudermann). Das soziale Drama steht dem bürgerlichen Trauerspiel nahe: Der Mittelstand und im sozialen Drama auch die unteren Stände und Klassen werden tragikfähig, ständische Konflikte werden geschildert und das Thema der Familie ist oftmals zentral. In der Regel werden die realistischen Stücke des 19. Jh.s als ›soziale Dramen‹ verstanden, insbes. Dramen des Naturalismus – G. Hauptmann bezeichnet »Vor Sonnenaufgang« (1889) selbst im Untertitel als »s. D.« Komische soziale Dramen sind die Volksstücke von L. Anzengruber (»Der Meineidbauer«, 1871), Hauptmann (»Der Biberpelz«, 1893), C. Sternheim (»Die Hose«, 1911) und C. Zuckmayer (»Der Hauptmann von Köpenick«, 1931). Die sozialkritischen Volksstücke des 20. Jh.s von M. Fleißer, F. X. Kroetz, M. Sperr und P. Turrini können ebenfalls als soziale Dramen eingestuft werden.

Lit.: E. Dosenheimer: Das dt. soziale Drama von Lessing bis Sternheim [1949]. Darmstadt 1989. – Th. Elm: Das soziale Drama. Stgt., Weimar 2004. – E. McInnes: German Social Drama 1840–1900. Stgt. 1976. – J. R. P. McKenzie: Social Comedy in Austria and Germany 1890–1933. Bern u. a. 1992. – F. Schößler: Einf. in das bürgerliche Trauerspiel und das soziale Drama. Darmstadt 2003. AHE

Sozialgeschichte der Literatur [engl. *social history of literature*, von lat. *socialis* = die menschliche Gesellschaft betreffend], Richtung der Lit.geschichte, die den lit. Wandel auf den Wandel außerlit. gesellschaftlicher Bedingungen der Hervorbringung und Wirkung von Lit. bezieht. – Wie sich Sozialgeschichte innerhalb der Geschichtswissenschaft als ›historische Sozialwissenschaft‹ versteht (H.-U. Wehler, J. Kocka u. a.), so bleibt eine S. d. L. im Unterschied zur Ideen- und Geistesgeschichte auf die ↗ Lit.soziologie verwiesen und bedarf sozialwissenschaftlicher Modelle von Gesellschaft, da Annahmen über die Beziehungen zwischen Lit. und Gesellschaft die Voraussetzung dafür bilden, die Geschichte dieser Beziehungen zu rekonstruieren. Zum einen erforscht die S. d. L. die wirtschaftliche, politische, rechtliche und medientechnische Ausdifferenzierung und Institutionalisierung lit. Kommunikation und lit. Handlungsrollen (Produktion, Distribution, Rezeption, Verarbeitung; vgl. v. Heydebrand u. a.), zum anderen wendet sie sich schon seit dem frühen 20. Jh. auch den lit. Werken selbst zu und versucht, die sozialen Kontexte dramatischer und epischer Gattungen vom Barock bis zum Realismus an inhaltlichen, später auch formalen und stilistischen Ausdrucksqualitäten abzulesen. Dies gilt nicht nur für ältere marxistische Modelle der Widerspiegelung der sozio-ökonomischen ›Basis‹ im kulturellen ›Überbau‹ (G. Lukács) oder für neo-marxistische Ansätze, welche die inhaltsbezogene Widerspiegelungs-Soziologie aufgeben und Werke über abstrakte Homologien zur Gesellschaft – etwa Strukturen des Tausches – als gesellschaftlich vermittelt interpretieren (L. Goldmann), sondern auch für ›ideologiekritische‹, an der ↗ ›Kritischen Theorie‹ orientierte Analysen der ↗ ›Institution Kunst/Lit.‹ (P. Bürger, P. V. Zima). Systemtheoretische Wege vom lit. Werk zu seinen sozialen Kontexten beschreiten dagegen die gattungssoziologischen Überlegungen von W. Voßkamp, die mit N. Luhmann von einer Ko-Evolution von lit. Semantik und sozialen Strukturen ausgehen und lit. Gattungen vor dem Hintergrund des gesellschaftlichen Differenzierungsgrades, der ständischen Schichtung, von Herrschafts- und Wirtschaftsformen, Familienstrukturen usw. deuten. Die bisher realisierten Projekte einer S. d. L. (z. B. »Hansers Sozialgeschichte der dt. Lit.«, begründet von R. Grimminger) bleiben allerdings weit hinter den theoretischen Möglichkeiten zurück, wie sie auch die Kunst- und Lit. soziologie von P. Bourdieu und ihre Theorie des ›Habitus‹ und des ›lit. Feldes‹ eröffnen. Neuere Konzepte einer mediengeschichtlich und kulturwissenschaftlich ausgerichteten Lit.wissenschaft reformulieren Erkenntnisinteressen der Sozialgeschichte im Kontext des ↗ New Historicism.

Lit.: P. Bourdieu: Die Regeln der Kunst [frz. 1992]. Ffm. 1999. – P. Bürger: Vermittlung – Rezeption – Funktion. Ffm. 1979. – L. Goldmann: Soziologie des Romans. Neuwied 1970. – R. v. Heydebrand u. a. (Hg.): Zur theoretischen Grundlegung einer Sozialgeschichte der Lit. Tüb. 1988. – M. Huber, G. Lauer (Hg.): Nach der Sozialgeschichte. Tüb. 2000. – J. Kocka: Sozialgeschichte. Gött. 1977. – G. Lukács: Schriften zur Literatursoziologie. Ffm. u. a. 1985. – J. Schönert: Sozialgeschichte. In: RLW. – W. Voßkamp: Methoden und Probleme der Romansoziologie. In: IASL 3 (1978), S. 1–37. – H.-U. Wehler: Dt. Gesellschaftsgeschichte. 4 Bde. Mchn. 1987–2003. – P. V. Zima: Roman und Ideologie. Mchn. 1986.   CMO

Sozialistischer Realismus, Konzept der künstlerischen Gestaltung (in Lit., bildender Kunst, Musik, Film und Architektur) wie auch der theoretischen Auseinandersetzung mit Kunstwerken. Kriterien sind der materialistische Ansatz, die Festlegung auf den Klassenstandpunkt und weitgehend auch auf die kommunisti-

sche Parteilinie, die Darstellung der Wirklichkeit in ihrer revolutionären Entwicklung und die Bewusstseinsbildung der Leser im Geist des Sozialismus (↗ marxistische Lit.wissenschaft). Die (gesellschaftlichen) Bedingungen des Schaffens, die Wahl der Darstellungsmittel, die gezielte Wirkung auf den Leser werden an den zwei Polen des sozialistischen Realismus, nämlich an den Anforderungen des *Sozialismus* als ideologisch-politischer Position und des ↗ *Realismus* als künstlerischen Prinzips der Wirklichkeitsdarstellung, gemessen. Der sozialistische Realismus versteht das Kunstwerk nicht nur als Ergebnis der gesellschaftlichen Wirklichkeit, das diese Wirklichkeit passiv widerspiegelt (↗ Widerspiegelungs- oder Abbildtheorie), sondern auch als diese Wirklichkeit auf die Zukunft hin transzendierend und dadurch auf sie aktiv einwirkend. Die Aufspaltung der Lit. in ›hohe‹ und ›niedere‹ wird als typisch für die ›bürgerliche‹ Lit. abgelehnt und soll überwunden werden in der Forderung nach inhaltlicher und sprachlich-stilistischer Volkstümlichkeit, Konkretheit und dem Anspruch, die Situation der arbeitenden Bevölkerung in ihrer eigenen Sprache darzustellen. – Bereits vor der russ. Oktoberrevolution werden vereinzelt Werke mit revolutionärer Thematik mit den Mitteln des Realismus gestaltet. Mit der Verfestigung der totalitären Strukturen der Partei (seit 1927) wird die Lit. der absoluten Vorrangstellung der Partei unterstellt. Der erste Allunionskongress der Sowjetschriftsteller in Moskau (1934) ist entscheidend für die Durchsetzung des sozialistischen Realismus als für die gesamte Lit. der Sowjetunion fortan verbindliche Lehre. Durch die Entwicklung in Russland gewinnt die Lit. des sozialistischen Realismus auch in westlichen Ländern großen Auftrieb. Im Deutschland der Weimarer Republik nimmt die Vorform des sozialistischen Realismus, die proletarisch-revolutionäre Lit., eine wichtige Stellung ein und führt 1928 zur Gründung des »Bundes Proletarisch-revolutionärer Schriftsteller« (BPRS). In der Emigration nach 1933 nehmen diese Schriftsteller die Losung des sozialistischen Realismus auf und propagieren ihn 1935 auf dem »Internationalen Kongress zur Verteidigung der Lit.« in Paris. Für die Entwicklung des sozialistischen Realismus in der DDR ist die jeweilige politische und kulturpolitische Situation maßgeblich. In den ersten Jahren nach dem Krieg herrscht weitgehende Freiheit und Unabhängigkeit der Kunst. In den 1950er Jahren verstärkt sich jedoch immer mehr die Tendenz, die Lit. der Politik unterzuordnen, den sozialistischen Realismus als die allein maßgebliche politisch-ästhetische Norm und als den gesellschaftlich-politischen Auftrag an den Schriftsteller von Seiten der Partei zu verstehen, ausdrücklich so auf der 2. Parteikonferenz der SED 1952. Fortan bestimmt der sozialistische Realismus strenger Form das lit. Schaffen und die lit.theoretischen Auseinandersetzungen in der DDR. Diskussionen um das ›lit. Erbe‹, ›Kampf gegen Formalismus in Kunst und Lit.‹, Abgrenzung gegenüber dem ›destruktiven Einfluss bürgerlicher Dekadenzlit.‹ bilden den Hintergrund, auf dem die positiven Forderungen nach Darstellung der neuen gesellschaftlichen Entwicklung und nach Gestaltung des neuen Menschen mit sozialistischer Lebens- und Arbeitsmoral, des ›positiven Helden‹, stehen. Einen neuen Akzent in der Entwicklung des sozialistischen Realismus in der DDR setzt die Bitterfelder Konferenz (1959), die v. a. die Trennung von Kultur-Schaffenden und Kultur-Rezipierenden überwinden will, indem die Schriftsteller Erfahrungen in der Arbeitswelt sammeln und die Arbeiter zu schriftstellerischer Tätigkeit aktiviert werden sollen. In den 1970er Jahren tritt in das lit. Schaffen und in die Lit.diskussion eine zunehmende Auseinandersetzung mit der westlichen Lit. Auch die theoretische Diskussion um den Begriff des sozialistischen Realismus bezieht neue Aspekte der Funktion von Lit. sowie der Rezeptionsästhetik ein. Die Lit. emanzipiert sich, bes. in den 1980er Jahren, immer mehr von der staatlich gesteuerten Kulturpolitik. Bereits vor dem Fall der Mauer tritt der sozialistische Realismus dadurch als offizielle Lit.theorie zurück. Er verliert nach der Wende auch seine dominierende Funktion, obgleich viele seiner Impulse in der nach- und außersozialistischen Lit. weiterwirken.

Lit.: H. Chung u. a. (Hg.): In the Party Spirit. Socialist Realism and Literary Practice in the Soviet Union, East Germany and China. Amsterdam 1996. – T. Eagleton, D. Milne (Hg.): Marxist Literary Theory. Oxford 1996. – R. Grimm, J. Hermand (Hg.): Realismustheorien in Lit., Malerei, Musik und Politik. Stgt. u. a. 1975. – U. P. Hohendahl, P. Hemingdhouse (Hg.): Lit. und Lit.theorie in der DDR. Ffm. 1976. – H. Kneip: Regulative Prinzipien und formulierte Poetik des sozialistischen Realismus. Ffm. u. a. 1995. – H. Koch u. a. (Hg.): Zur Theorie des sozialistischen Realismus. Bln. 1974. – E. Pracht, W. Neubert (Hg.): S. R. Bln. 1970. – F. J. Raddatz (Hg.): Marxismus und Lit. 3 Bde. Reinbek 1971–74. – G. Schandera: S. R. In: RLW. – H. J. Schmitt, G. Schramm (Hg.): S. R.-Konzeptionen. Ffm. 1974. IA

Space opera, f. [engl.], filmisches Genre der ↗ Science-Fiction.

Spaltenreim, Reim, der sich v. a. optischen Gesichtspunkten mal. Textüberlieferung verdankt: ↗ Schreiber, welche die Spalte einer Hs. mit einem neuen Verspaar beginnen lassen wollten, setzten nach Bedarf einen Vers zur Auffüllung der vorangehenden hinzu. Einige ↗ Dreireime dürften so entstanden sein. Der Sp., der vermutlich relativ verbreitet war, lässt sich nur bei verwandter Mehrfachüberlieferung aufdecken.

Lit.: K. Gärtner: Sp.e in der Überlieferung des ›Armen Heinrich‹ Hartmanns von Aue. In: J. Haustein u. a. (Hg.): Septuaginta quinque. Hdbg. 2000, S. 103–110. CF

Spaltverse, nicht nur formal (durch Zäsur), sondern auch im Sinnzusammenhang zweigeteilte Langverse: Sp. ergeben sowohl fortlaufend als auch in jeder Halbverskolumne für sich gelesen einen Sinn; z. B. in der

spielerischen Barocklyrik (Ph. v. Zesen: »Irr- oder Verführungsgedichte«) erprobt. GS/Red.

Spanische Klassik ↗ Klassik.

Spanische Trochäen ↗ Trochäus.

Spannung, 1. als Moment des Erzählens eine gattungs- und textgesteuerte Rezeptionsdimension. Sie bezieht sich auf die Fabel (›ob überhaupt‹), auf die Verknüpfungen und auf Details (›wie‹). Erwartungserfüllung und -enttäuschung werden durch Gattungs- und Autorerwartungen erzeugt (vorgängige Lesererfahrungen, Informationen), die durch Personal, Ort, Zeit und Erzählhaltung aufgebaut und bestätigt werden. Erwartung wird ferner durch Erzähler- und Figurenaussagen (Voraussagen, Vermutungen, ↗ Vorausdeutungen) generiert, die mit Ambivalenzen, Informationsmangel oder unkoordinierter Fülle arbeiten. Hinzu kommen verzögerte (blinde Motive, Detailschilderungen) oder unvollständige Darstellungen von Ereignisabläufen (Handlungsabbruch, *cliffhanger*), die als Retardierungen und Irritationen (Informationsverweigerung) spannungssteigernd wirken. Voraussetzung für Sp. ist die affektive Bindung der Rezipienten an das fiktive Geschehen. Die Erzeugung von Sympathie für Handlungsträger ist dabei ein wichtiges Moment; hierfür werden Stilisierungen der Figuren zu positiv besetzten Typen (›verfolgte Unschuld‹, ›reuiger Sünder‹ u. a.), Identifikationsangebote für bestimmte Rezipientengruppen und verschiedene narrative Mittel wie Introspektion oder Erzählerkommentare eingesetzt. Eine Mischung aus Erwartungserfüllung und -enttäuschung (kurzbogige Sp.) ist Voraussetzung einer ›spannenden‹ Erzählung. Die Sp.sstruktur kann den vorrangigen Rezeptionsanreiz und -gewinn bilden, jedoch auch andere dominante Erzählabsichten unterstützen. VM

2. Sp. ist ferner ein wichtiges Moment in dramatischer Lit. (z. B. im ↗ analytischen Drama), in anderen medialen Gestaltungen eines fiktiven oder semidokumentarischen Geschehens (etwa im ↗ Comic, ↗ Hörspiel, ↗ Fernsehspiel und Film, bes. im ↗ Thriller, aber auch in ↗ Verfilmungen) sowie im Bereich der ↗ interaktiven Narration. Strukturell folgen die Verfahren, Sp. zu erzeugen, in diesen Bereichen ähnlichen Regeln wie denen, die für die Erzähllit. gelten. Erforscht sind v. a. die schon von Aristoteles (»Poetik« 1455b) thematisierte Technik der Knüpfung und Lösung des Spannungsknotens im Drama (vgl. Pütz) sowie die Sp.serzeugung in populärer Lit. (etwa im ↗ Kriminalroman) und in anderen Medien (vgl. Borringo). DB

Lit.: Th. Anz: Sp. In: RLW. – H.-L. Borringo: Sp. in Text und Film. Düsseldorf 1980. – B. Dolle-Weinkauf: Inszenierung, Intensivierung, Suspense. In: D. Petzold (Hg.): Unterhaltung. Erlangen 1994, S. 115–138. – V. Mertens: Sp.sstruktur als erzählanalytisches Experiment am ›Walewein‹. In: ZfdA 127 (1998), S. 149–168. – P. Pütz: Die Zeit im Drama. Gött. 1970.

Spätantike, f. [engl. *late antiquity*; frz. *antiquité tardive*], Epochenbez. für die letzten Jh.e des röm. Reiches und damit der ⁊ Antike insgesamt. Historische Eckpunkte sind die Reichsreform Diokletians (Ende des 3. Jh.s) und die Reduktion des byzantinischen Reiches auf Kleinasien und die Balkanhalbinsel infolge der arab. Eroberung Syriens, Palästinas und Ägyptens (634–642). Geistesgeschichtlich markiert Origenes (185–273) den Anfang der patristischen Theologie, Plotin (205–270) den des Neuplatonismus, zweier typisch spätantiker Phänomene. Als Endpunkte relevant sind das Ende der neuplatonischen Schule von Alexandria im 7. Jh. sowie das Wirken der Theologen Beda Venerabilis (gestorben 735) und Johannes von Damaskus (gestorben 680). In der Sp. wurde die weltanschauliche Vielfalt des ⁊ Hellenismus und der Kaiserzeit durch die zunehmende Dominanz des Christentums abgelöst, dem im Neuplatonismus eine einheitliche pagane Philosophie gegenübertrat, deren Breitenwirkung derjenigen des Christentums aber nicht gleichkam. Ferner war das spätantike Geistesleben durch die zunehmend klarere Formulierung des christlichen Dogmas (Konzilien von Nikaia, 325, und Chalkedon, 451), die damit verbundenen innerchristlichen Auseinandersetzungen und den Ggs. zum Judentum gekennzeichnet, für welches der zu wesentlichen Teilen in der Sp. auf hebr. und aramäisch verfasste Talmud von großer Bedeutung ist. Die Kirchenspaltungen begünstigten die syrische, koptische, armenische und got. Schriftsprache neben dem Lat. und Gr. Nicht zuletzt wegen der Bedeutung der jeweiligen Quellenschriften (Bibel, Platon) für Religion und Philosophie setzte sich ein großer Teil der spätantiken Lit. mit älteren Werken auseinander. Dabei griff man weniger auf die hellenistische als auf die klassische Antike zurück, was sich sprachlich im Phänomen des ⁊ Attizismus niederschlug. Diese Durchsetzung des klassischen Attisch als Normsprache, die auch die Christen – trotz des eigenen Charakters des biblischen Gr. – anerkannten, führte zur Trennung von Volks- und Lit.sprache im Gr. Traditionsbezogene lit. Formen blühten: ⁊ Kommentare, sowohl zur Bibel (Origenes, Hieronymus, Augustinus) als auch zu Platon und Aristoteles (Porphyrios, Proklos, Simplikios) sowie zu lat. Schulautoren (Servius, Donat), Paraphrasen (Themistios), Epitomen (Tatian, Laktanz), Lehrbücher (Donat, Martianus Capella), auch in Form von Sammlungen (Johannes Stobaios, Johannes von Damaskus) und ⁊ Enzyklopädien (Isidor von Sevilla). Diese Werke, die in verschiedener Form mit dem Unterricht zusammenhingen, überlieferten nicht nur Kenntnisse, sondern waren innovativ, da sie ihrem Gegenstand nicht historisch-neutral gegenüberstanden, sondern ihn für den eigenen Kontext fruchtbar machten (theologisch z. B. durch ⁊ Allegorese). Neuerungen brachten auch monothematische Abhandlungen (Plotin: »Enneaden«; Basileios: »Über den Heiligen Geist«), ausführliche systematische Gesamtdarstellungen (Origenes: »Über die Prinzipien«; Augustinus: »De civitate Dei« und »De Trinitate«) und polemische Schriften. Formal originell sind Augusti-

nus' autobiographische »Bekenntnisse« und Boethius' »Trost der Philosophie«. Auch diese Werke wollen aber die Welt aus der Sicht der Bibel bzw. Platons deuten. Während der Neuplatonismus dabei durch Einschluss aristotelischer und stoischer Elemente gleichsam eine Summe der antiken Philosophie zog, veränderten christliche Denker zur Erklärung bestimmter Glaubenslehren das philosophische Erbe grundlegend (Augustinus' Annahme des Willens als eigenes Vermögen; Johannes Philoponos' Impetus-Theorie zur Erklärung der *creatio ex nihilo*). – Auch die Dichtung nahm auf Quellentexte Bezug, sowohl die pagane (neuplatonische ⁊ Hymnen) als auch die christliche (Gregor von Nazianz; Prudentius). Bei Ephraim dem Syrer wird die Poesie zum wichtigsten Ausdrucksmittel der Theologie (»Hymnen über den Glauben«). Die zunehmende Christianisierung machte es möglich, dass auch Christen pagane Stoffe bearbeiteten (Nonnos: »Dionysiaka«). – Weitere wichtige Gattungen waren ⁊ Reden (Libanios), darunter auch Panegyrici (Themistios), sowie die christlichen ⁊ Predigten (Johannes Chrysostomos, Gregor von Nyssa, Augustinus), die in großer Zahl, häufig als Mitschriften, überliefert sind. – Dagegen hatte die umfangreiche ⁊ Hagiographie der Christen heidnische Vorbilder und Äquivalente (Porphyrios: »Leben des Plotin«, Marinos: »Proklos oder das Glück«). Im Christentum setzte sie mit der Märtyrerlit. ein (»Passio der Felicitas und Perpetua«). Stilbildend wirkten Athanasios' »Vita des Antonios« sowie die Viten des Hieronymus (»Paulos-Vita«). Der Unterhaltungszweck hagiographischer Texte zeigt sich etwa bei der Darstellung der heiligen Helena als Hure oder bei den verbreiteten Geschichten der Verkleidung von Frauen als Eunuchen, bes. aber in Leontios' von Neapolis »Vita des Narren Symeon«, dessen Figur nach dem Vorbild antiker Kyniker modelliert ist. Eine reichhaltige Brieflit. zeugt von der Geschichte und dem Geistesleben der Zeit (Libanios, Basileios, Ambrosius, Hieronymus). Eusebios von Kaisareia verfasste im 4. Jh. die erste Kirchengeschichte. In der Folgezeit gab es Geschichtsdarstellungen aus arianischer, orthodoxer, monophysitischer und paganer Perspektive. In der Sp. wurden erstmals einheitliche, für das ganze röm. Reich verbindliche Gesetzbücher geschaffen (Codex Theodosianus, Codex Iustinianus). Wichtige Werke der Fachlit. entstanden in den Bereichen Medizin und Grammatik (Priscian von Caesarea).

Lit.: A. Dihle: Rez. zu Engels/Hofmann. In: Jb. für Antike und Christentum 41 (1998), S. 209–14. – M. Fuhrmann: Rom in der Sp. Düsseldorf 1998. – I. König: Die Sp. Darmstadt 2007. – K. v. See (Hg.): Neues Hb. der Lit.wissenschaft. Bd. 4: Sp. Wiesbaden 1997.   MP

Spätexpressionismus ⁊ Expressionismus.

Speculum, m. [lat. = Spiegel], häufiger Titel lat. theologischer und didaktischer Werke des MA.s; ⁊ Spiegel.

Spel, gemeingerm. Wort für ⁊›Erzählung‹, ⁊›Sage‹, ⁊›Fabel‹ [ahd., mhd. *spel*; angelsächs. *spell*; anord. *spjall*; got. *spill*], in der got. Bibelübers. auch für gr. *my-*

thos, vgl. auch angelsächs. *godspell* (neuengl. *gospel*) ›Erzählung von Gott‹, ›Evangelium‹; mhd. *↗bîspel* (nhd. *Beispiel*), die einer Darstellung zur Belehrung beigefügte Geschichte, *↗*Exemplum. GS/Red.

Spenserstanze, f. [engl. *stanza* = Strophe, nicht Stanze], in der engl. Dichtung neunzeilige Strophe aus acht jambischen Fünfhebern und einem Alexandriner als betontem Abschluss (Reimschema: *ababbcbcc*). – Zuerst verwendet von E. Spenser in seinem Versepos »Faerie Queene« (1590–96); wohl zurückgehend auf die in Frankreich seit dem 14. Jh. für die *↗*Ballade benutzte achtzeilige Strophe. In der engl. Romantik (J. Keats, G. G. N. Byron: »Childe Harold«, P. B. Shelley, W. Scott) gelangt die S. noch einmal zu großer Beliebtheit.
Lit.: Ph. G. Davies: A Check List of Poems, 1595 to 1833, Entirely or Partly Written in the Spenserian Stanza. In: Bulletin of the New York Public Library 77 (1973/74), S. 314–328. – H. Reschke: Die S. im 19. Jh. Hdbg. 1918. MGS

Sperrung, f., dt. Bez. für *↗*Hyperbaton.

Spezialbibliographie *↗*Bibliographie.

Sphragis, f. [gr. = Siegel], Bez. für den Selbstverweis des Autors im Werk, der seit Theognis von Megara (6. Jh. v. Chr.) als Kunstgriff zum Schutz geistigen Eigentums verwendet wird und mit poetologischen und biographischen Aussagen verbunden werden kann. Die ›Siegelung‹ findet sich in der Dichtung vereinzelt in der Epik (Hesiod: »Theogonie«, V. 22–25) und Hymnik (»Apollonhymnos«, V. 165–176) und v. a. in lyrischen Werken (Theognis, Alkman, Pindar, Bakchylides) sowohl zur Kennzeichnung eines einzelnen Liedes als auch zur Siegelung einer Sammlung. Ab dem 5. Jh. v. Chr. wird die S. auch in prosaischen Werken (Herodot, Thukydides) verwendet.
Lit.: J. Diehl: S., eine semasiologische Nachlese. Gießen 1938. MBH

Spiegel [lat. *speculum*], im MA. beliebter Titel für belehrende, religiöse, juristische und satirische Werke, meist in Prosa, zuerst auf Lat. (Vinzenz von Beauvais: »Speculum naturale, historiale, doctrinale«, Mitte des 13. Jh.s). Die Bez. ›Sp.‹ erklärt sich aus dem Anspruch der Werke, entweder die Wirklichkeit adäquat abzubilden oder einen erstrebenswerten Zustand aus dem Idealzustand in die Wirklichkeit zu projizieren; allen Sp.n gemeinsam ist die didaktische Funktion. – Die ersten dt.sprachigen Sp. sind Rechtsbücher (der niederdt. »Sachsenspiegel« des Eike von Repgow, erstes Drittel des 13. Jh.s; der oberdt. »Sp. aller dt. Leute«, zweite Hälfte des 13. Jh.s). – Die Bez. ›Sp.‹ findet sich ferner im Titel dt. und lat. Erbauungsbücher, Morallehren, Tugend- und *↗*Fürstenspiegel (»Sp. der regyrunge«, 15. Jh.), Standeslehren (Johannes Rothes »Ritterspiegel«, um 1410; auch *↗*Schachbücher), heilkundlicher Werke (»Spygel der gesuntheit«, 14. Jh.), Fabelsammlungen (»Sp. der Wyßheit«, 1520). Im 16. Jh. ist ›Sp.‹ auch als Dramentitel belegt (Erzherzog Ferdinand II. von Tirol: »Speculum vitae humanae«,

1534). – Im Verlauf der Neuzeit entwickelt sich aus dem Fürstenspiegel der *↗*Staatsroman (Ch. M. Wieland: »Der goldne Sp.«, 1772), aus dem Heilsspiegel die *↗*Erbauungslit. Im 18. Jh. tritt das Genre des Sp.s mit dem Zerfall des Anspruchs, die Wirklichkeit als Ganze erfassen zu können, zurück. Etwa gleichzeitig wird der Sp. zur Metapher der gefährdeten (im 20. Jh. auch der geschlechtsspezifischen; vgl. Irigaray) Subjektivität.
Lit.: H. Grabes: Speculum, mirror und looking-glass. Tüb. 1973. – L. Irigaray: Speculum. Sp. des anderen Geschlechts [frz. 1974]. Ffm. 1980. – R. Konersmann: Sp. und Bild. Zur Metaphorik neuzeitlicher Subjektivität. Würzburg 1988. – J. Krogoll: Der Sp. in der neueren dt. Lit. und Poetik. In: U. Fülleborn u. a. (Hg.): Studien zur dt. Lit. Hdbg. 1979, S. 41–85. – U. Störmer-Caysa: Sp. In: RLW. CLU

Spiel, Tätigkeit, die mit ihrer Ausrichtung auf Unterhaltung und Vergnügen ihren Zweck in sich selber hat, zugleich aber an Regeln orientiert ist. Kunst- und Lit.theorien verwenden den Begriff für produktions- und rezeptionsästhetische Aspekte sowie für institutionelle Vermittlungsprozesse. Das Sp. ist sowohl auf der Ebene der Kompetenz (lit. Regel- und Mustersysteme) als auch auf der Ebene der Performanz zu betrachten. – Lit.wissenschaftliche Modellierungen des Sp.-Begriffs gehen von verschiedenen Ähnlichkeitsbeziehungen zwischen Lit. und Spiel aus, z. B. von der Affinität zwischen lit. Fiktion und spielerischer Simulation (*↗*Mimesis), von der Zwanglosigkeit bzw. Freiheit von Lit. und Sp. (*↗*Autonomieästhetik), vom lit. und spielerischen Umgang mit Regeln und Normen, von soziologischen Faktoren wie dem Wettbewerbscharakter bei einigen Sp.- und Lit.veranstaltungen und von rezeptionsästhetischen Analogien wie dem Vergnügen, der Lust der Spielenden bzw. Lesenden. – Sp.theoretische Ansätze sind schon in Renaissance und Humanismus (Petrarca, Erasmus) zu finden. Prägend für die Ästhetik ist der Sp.-Begriff bei I. Kant (»Kritik der Urteilskraft«, 1790), und F. Schiller (»Über die ästhetische Erziehung des Menschen«, 1795). Großen Einfluss erlangt S. Freuds Modell des lit. Sp.s, das die Lust an der Phantasietätigkeit hervorhebt (»Der Dichter und das Phantasieren«, 1907). Konstitutiv ist der Sp.-Begriff auch in rezeptionsästhetischen und kulturanthropologischen Ansätzen (vgl. Iser). Zum Leitbegriff avanciert das Sp. in postmodernen Theorien (J.-F. Lyotard: »La condition postmoderne«, 1979, dt.: »Das postmoderne Wissen«, 1986, mit Rückgriff auf L. Wittgensteins »Sprachspiele«) und im Konzept der *↗*Intertextualität. Neuerdings werden diese Ausweitungen des Sp.-Begriffs wegen ihrer unpräzisen Terminologie kritisiert. In der digitalen Ästhetik (*↗*interaktive Narration) wird der Rezipient als Mit-Spieler verstanden. Für die ästhetische Praxis kommt dem Sp. v. a. in theaterpädagogischen Zusammenhängen (Schultheater, *↗*Laienspiel) große Bedeutung zu.
Lit.: Th. Anz: Lit. und Lust. Mchn. 1998. – Ders.: Sp. In: RLW. – G. Gebauer, Ch. Wulf (Hg.): Sp., Ritual, Geste.

Reinbek 1998. – W. Iser: Das Fiktive und das Imaginäre. Ffm. 1993. – I. Kowatzki. Der Begriff des Sp.s als ästhetisches Phänomen. Bern, Ffm. 1973. – A. Liede: Dichtung als Sp. [1963]. 2 Bde. in 1 Bd. Bln., NY ²1992. – St. Matuschek: Lit. Sp.theorie. Hdbg. 1998. – R. Sonderegger: Für eine Ästhetik des Sp.s. Ffm. 2000.   EST

Spiel im Spiel, auch: Theater im Theater, Gestaltungsmodus der dramatischen Kunst; Integration einer Aufführung oder Probe in ein Bühnenstück, wobei die Dramenfiguren entweder als Darsteller oder als Zuschauer auftreten. Meist steht das Sp. i. Sp., eine Form des ↗ *mise en abyme*, in funktionalem Zusammenhang mit der Rahmenhandlung, die hierdurch erhellt, entlarvt, gespiegelt oder potenziert wird. Das metapoetische und selbstreflexive Sp. i. Sp. kann außerdem das Theater- und Dramenverständnis des Autors widerspiegeln. Die Spannung zwischen Sein und Schein sowie Welt und Theater ist für das Sp. i. Sp. meist konstitutiv, bes. häufig kommt es daher im ↗ Barock, in der ↗ Romantik und in der ↗ Moderne vor. Th. Kyd (»Spanish Tragedy«, 1592) und W. Shakespeare (»Hamlet«, 1602; »A Midsummer Night's Dream«, 1600) etablieren das Sp. i. Sp. in England. In der Romantik potenziert L. Tieck (»Der gestiefelte Kater«, 1797; »Die verkehrte Welt«, 1799) das ↗ Spiel mit der ↗ Illusion, indem im Sp. i. Sp. nochmals Theater gespielt wird. Während das Sp. i. Sp. zuvor als Binnenhandlung meist klar umrissen gewesen ist, kommt es bei Tieck zu einem Verwirrspiel zwischen Spiel und Wirklichkeit, da sich z. B. die Personen auf mehreren Ebenen bewegen, und die Binnenhandlung wird oftmals zur Haupthandlung. Im Realismus ist das Sp. i. Sp. kaum präsent, erst Ende des 19. Jh.s entstehen mehrere Schauspielerkomödien (A. N. Ostrowskij: »Der Wald«, russ. 1871; A. P. Tschechow: »Die Möwe«, russ. 1896; A. Schnitzler: »Der grüne Kakadu«, 1899). L. Pirandello (»Sei personaggi in cerca d'autore«, 1921) knüpft wieder an romantische Traditionen an, in B. Brechts »Kaukasischem Kreidekreis« (1948) fungiert das Sp. i. Sp. als Lehrbeispiel.

Lit.: J. Kiermeier-Debre: Sp. i. Sp. In: RLW. – M. Schmeling: Das Sp. i. Sp. Rheinfelden 1977. – K. Schöpflin: Theater im Theater. Ffm. 1993.   AHE

Spielmann, [mhd. *spilman*], fahrender Sänger des MA.s. In den Quellen tritt er, keinem bestimmten Stand angehörig, als Recht- und Ehrloser auf, der seinen Lebensunterhalt v. a. durch artistische und musikalische Darbietungen und wohl auch durch den Vortrag von Kleindichtung bestreitet. Die romantische Auffassung sah in ihm den Nachfolger der germ. Sänger (↗ Skop, ↗ Skalde), zugleich den Träger der Natur- und Volkspoesie, dann auch (A. W. Schlegel, L. Uhland) deren Schöpfer. Heute herrscht über Begriff wie Wesen des S.s weitgehend Unsicherheit, so auch darüber, ob Spielleute als Vortragende oder gar Autoren der ↗ Spielmannsdichtung zu gelten haben. Da Art und Verbreitung der mündlichen Dichtung kaum auszumachen sind, bleiben die Konturen des S.s (wie die seiner außerdt. Kollegen ↗ Joculator, ↗ Ménestrel, ↗ Minstrel) vage.

Lit.: W. Hartung: Die Spielleute im MA. Düsseldorf 2003. – W. Salmen: Der S. im MA. Innsbruck 1983. – A. Schreier-Hornung: Spielleute, Fahrende, Außenseiter. Göppingen 1981. – E. Schubert: Fahrendes Volk im MA. Bielefeld 1995.   MGS

Spielmannsdichtung, 1. in der Forschung strittige Bez. für eine Gruppe von fünf anonymen mhd. Epen mit dem Strukturschema der Brautwerbung und des Brautraubes (↗ Brautwerbungssagen); der Stoff entstammt dem Umkreis der Kreuzzugs- und Orienterfahrung des 12. Jh.s: »König Rother«, »Herzog Ernst«, »Oswald«, »Orendel«, »Salman und Morolf«; die zwei ersten sind schon im 12. Jh. überliefert, die anderen zwar erst aus dem 15. Jh. bezeugt, doch werden ihre Vorstufen auch ins 12. Jh. verlegt. Umstritten sind die Einheit der Gruppe, der Grad ihrer Absetzung von der Helden- und Geistlichenepik sowie vom höfischen Roman und ihre Zuordnung zum ↗ Spielmann als dem Verbreiter oder gar Autor der Werke. Angeblich typisch ›spielmännische‹ Züge wie additiver Stil, sorgloser Umgang mit Sprache und Vers, starke Formelhaftigkeit, Freude am Gegenständlichen, Hang zu Drastik und Komik begegnen auch in anderen Gattungen des 12. Jh.s, das Brautwerbungsmotiv taucht auch sonst, z. B. in den »Tristan«-Dichtungen und im »Nibelungenlied«, auf. – 2. In älterer Forschung wird unter ›Sp.‹ auch jede Art von mündlich tradierter Kleindichtung (volkstümliche Lyrik, heroische oder historische Balladen, Spruchdichtung) verstanden, die man dem fahrenden Spielmann zuschreiben zu können glaubt.

Texte: H. und I. Pörnbacher (Hg.): Spielmannsepen. Bd. 1. Darmstadt 1984. – W. J. Schröder (Hg.): Spielmannsepen. Bd. 2. Darmstadt 1976.

Lit.: H.-J. Behr: Sp. In: RLW. – M. Curschmann: ›Spielmannsepik‹. Stgt. 1968. – W. J. Schröder: Spielmannsepik. Stgt. ²1967. – Ders. (Hg.): Spielmannsepik. Darmstadt 1977. – B. Sowinski: Spielmannsepik. In: G. E. Grimm, F. R. Max (Hg.): Dt. Dichter. Bd. I: MA. Stgt. 1989, S. 397–415.   MGS

Spieloper ↗ Oper.

Spielplan ↗ Repertoire.

Spin-off ↗ Serie.

Spionageroman ↗ Kriminalroman, ↗ Thriller.

Spiritual, n. [engl. von mlat. *spiritualis* = geistlich], eigentlich *Negro-Sp.*; schwermütiges geistliches Volkslied der schwarzen am. Sklaven, ähnlich dem weltlichen ↗ Blues.   GS/Red.

Spitzfindigkeit ↗ Pointe.

Spondeiazon, n. [gr.], auch: *Holospondeus*; seltene Sonderform des antiken ↗ Hexameters, bestehend aus sechs ↗ Spondeen: — — | — — | — — | — — | — —. Im Dt. ergeben sich Schwierigkeiten bei der Nachbildung: im dt. Sp. wechseln Spondeen mit Trochäen, vgl. z. B. F. G. Klopstock, »Der Messias« (10, V. 1030): »Mein Gott! mein Gott! warum hast du mich verlassen?« — — | — — | — | — — | — v | — v.   GG

Spondeus, m. [gr. *spondé* = Trankopfer], antiker Versfuß aus zwei langen Silben (– –). Der Sp. erscheint v. a. als Element von Metren wie dem ↗ Hexameter oder als ↗ Klausel (Dispondeus: vier lange Silben, bei Cicero); er wird auch als Daktylus bzw. Anapäst mit Kontraktion der jeweils kurzen Silben definiert. – Die Nachbildung des quantitierenden Sp. in akzentuierender Dichtung ist bes. problematisch, da er zwei aufeinanderfolgende Silben mit gleichstarkem Akzent verlangt, wofür es im Dt. nur wenige Beispiele gibt. J. H. Voß begründete die Nachbildung durch die Verbindung zweier Wörter mit (annähernd) gleicher akzentueller Schwere: »des Zeus Rat«, »meinem Geheiß treu« (›gleichgewogener Sp.‹) oder durch zweisilbige Nominalkomposita (»Windstoß«, »Sturmnacht«, »Schönheit«), bei denen sowohl die erste als auch die zweite Silbe den Ton tragen kann (›geschleifter‹ oder ›umgedrehter Sp.‹; ↗ schwebende Betonung). Bei freierer Nachbildung wurde vielfach statt des Sp. der ↗ Trochäus verwendet. Lit.: B. Moennighoff: Metrik. Stgt. 2004.   GS/SHO

Spondiacus, m. [lat.], auch *versus spondiacus*; ↗ Hexameter.

Sprachanalytische Philosophie ↗ analytische Lit.-wissenschaft, ↗ Differentialismus.

Sprachcode ↗ Code.

Sprache [lat. *lingua*; engl. *language*; frz. *langue, langage, parole*], System von Lauten und grafischen Zeichen, das der mündlichen und schriftlichen Äußerung oder Mitteilung von Vorstellungen und Gefühlen dient, ebenso der zwischenmenschlichen ↗ Kommunikation sowie der Orientierung in der Welt. Von den natürlichen Sp.n unterscheidet man künstliche Sprachsysteme (Programmiersprachen, Welthilfssprachen wie Esperanto oder Volapük), Kommunikationssysteme von Tieren sowie partikulare Zeichensysteme (Gebärdensprache, Flaggensignale, Morsealphabet). Sp. ist zentrales Vehikel bei Denkprozessen. W. v. Humboldt zufolge ist Sp. zweischichtig, nämlich zugleich *érgon* (Werk, System) und *enérgeia* (Tätigkeit): Jeder Sprecher hat auf individuell, sozial, bildungsmäßig und regional spezifische Weise Teil am Wort- und Formeninventar einer Sp. Er setzt seine Sprachkompetenz, seinen Wissensanteil an der Sp., unterschiedlich um in geschriebene und gesprochene Sp. Zudem entwickelt er seine Sprachkompetenz ständig durch Austausch mit der Sprachgemeinschaft weiter (Rückkoppelung). – Seit den ersten schriftlichen Zeugnissen des 4. Jh.s v. Chr. dient Sp. über die funktionelle sachliche Kommunikation hinaus dem Kult und der ↗ Dichtung. In diesen Bereichen entfalten sich schon früh ihre appellativen und ästhetisch-poetischen Kräfte. Dabei zielen rhet. Mittel (↗ Wiederholung, ↗ Parallelismus, ↗ Reim, ↗ Alliteration) auf mehr Nachdruck und Klarheit der Aussage, Metaphorik auf größere Welt- und Sinnfülle. Als Verständigungsmittel ist Sp. auf Konstanz und Eindeutigkeit angewiesen. Dem scheint zu widersprechen, dass Sp. einem steten Wandel unterworfen ist, der sich zwischen den Polen Differenzierung und Normierung

bewegt: Seit den erschließbaren indogerm. Anfängen ändern sich nicht nur die Lautgestaltungen der verschiedenen Sp.n grundlegend (entsprechend den physiologischen und artikulatorischen Bedingtheiten der Sprechorgane), sondern auch Morphologie, syntaktische Struktur und Wortschatz (Neubildungen, Ableitungen, Lehnwörter, Bedeutungswandel). – Sp. ist immer individuelle Schöpfung und zugleich Gemeinschaftswerk, insofern sie auf Verständigung ausgerichtet ist. Schon in der gr. Antike entstand mit der Bildung größerer staatlicher Einheiten auf der Basis des Stadtdialekts von Athen, dem Attischen, um 300 v. Chr. die *koiné* (gr. = gemeinsam), eine hellenische Gemeinsprache. Sie wurde im oström., später byzantinischen Reich als Staats-, Rechts- und ↗ Lit.sprache bis zur Eroberung Konstantinopels durch die Türken (1453) verwendet. Mit zunehmender Ausdehnung des Lat. als zweite antike Weltsprache, die auch nach dem Untergang Roms als internationale Kirchen- und Gelehrtensprache bis in die Neuzeit fortwirkte. Im MA. war deshalb das Bedürfnis nach volkssprachlichen Einheitsidiomen nicht so dringlich. Volkssprachliche Dichtung erschien meist in mehr oder weniger überregional orientierten Schriftdialekten. Nur in der höfischen Blütezeit entstand durch Dialektausgleich, wohl im Gefolge des mobilen Kaiserhofes, so etwas wie eine überregionale mhd. Dichtersprache. Erst das Vordringen der Volkssprache in Verwaltung und Handel führte zu überregionalen Verkehrssprachen wie dem ›gemeinen Dt.‹ in Oberdeutschland, ausgehend von der Sp. der kaiserlichen Kanzlei in Wien. V. a. mit der Aufnahme der Volkssprachen in den kirchlichen Raum (Reformation, M. Luthers ↗ Bibelübers.: Lautung und Flexion auf mitteldt. Basis, Wortschatz gemeindt.) wurde ein entscheidender Schritt hin zu einer nhd. ↗ Schriftsprache getan, die sich allerdings erst im 19. Jh. zu einer allg. gültigen Hoch- oder Standardsprache ausbildete. Als moderne Weltsprache setzt sich seit der zweiten Hälfte des 20. Jh.s zunehmend das Engl. durch. – Eine Nationalsprache (z. B. Dt. im Ggs. zum Frz.) zerfällt aufgrund sprachlicher Entwicklungen in lautlich, morphologisch, syntaktisch und lexikalisch voneinander abweichende Dialekte (Mundarten). Über dieser durch bestimmte Lebensräume gegliederten horizontalen Basis der Alltagssprachen entstanden außerdem im Zuge sozialer und kultureller Entwicklungen verschiedene vertikale Sprachschichten, d. h. verschiedene Ausprägungen von Umgangssprache, die durch den Kommunikationsradius der Sprechergemeinschaft bestimmt sind. Diese einem bestimmten Zweck dienenden Sondersprachen (Soziolekte) führen zu einer gewollten oder ungewollten Abgrenzung von der Gemeinsprache, bes. im Wortschatz. Dazu gehören Standes-, Berufs- und Fachsprachen, weiter Gruppensprachen (Schüler-, Soldaten-Jargon) und Geheimsprachen (Rotwelsch, Argot). Eine übergeordnete Funktion kommt der Hoch- oder Standardsprache zu (in geschriebener Form als ›Schriftsprache‹ bezeichnet), die mit ihren Normierungen wieder auf die Umgangssprache zurückwirken kann. – Aus dem Angebot an Sprachinhalten und -formen bilden sich jeweils auch Lit.sprachen. Sie können sich auf der Ebene der Hochsprache bewegen mit jeweils unterschiedlichen individuellen und regionalen Besonderheiten, darüber hinaus aber auch mundartliche Formen aufnehmen. Die Sp. der Dichtung zeichnet sich nach R. Jakobson allg. durch die Dominanz der poetischen Funktion aus, hinter der weitere Sprachfunktionen wie Ausdruck, Appell oder Darstellung zurücktreten. Hier kommt Sp. vornehmlich als ästhetisches Phänomen zur Geltung, das überlieferten oder selbst geschaffenen Gestaltungsprinzipien folgt. Bes. ausgeprägt ist die Aufmerksamkeit für Sp. als formales Gebilde im Rahmen von Sprachartistik (↗ Barock) oder Sprachexperimenten (↗ experimentelle Lit., ↗ Manierismus). Die verschiedenen Aspekte v. a. der ästhetischen Verwendung von Sp. werden systematisch behandelt in der ↗ Stilistik, ↗ Rhet., ↗ Metaphorik, Prosodik (↗ Prosodie) und ↗ Poetik. Ihre formal-strukturellen Seiten werden erfasst in der ↗ Grammatik, ihre Entwicklung in den verschiedenen Disziplinen der Sprachgeschichte (historische Grammatik).

Lit.: K. Adamzik: Sp. Tüb., Basel 2001. – E. Agricola u. a. (Hg.): Die dt. Sp. Lpz. 1969. – U. Ammon: Dialekt und Einheitssprache in ihrer sozialen Verflechtung. Weinheim 1973. – E. A. Blackall: Die Entwicklung des Dt. zur Lit.sprache. 1700–75 [engl. 1959]. Stgt. 1966. – E. Coseriu: Synchronie, Diachronie und Geschichte [span. 1958]. Mchn. 1974. – Th. Cramer (Hg.): Lit. und Sp. im historischen Prozeß. 2 Bde. Tüb. 1983. – H. Eggers: Deutsche Sprachgeschichte. 4 Bde. Hbg. 1963–77. – J. Goody u. a.: Entstehung und Folgen der Schriftkultur [engl. 1968]. Ffm. 1986. – L. Hjelmslev: Die Sp. [dän. 1963]. Darmstadt 1968. – J. Lyons: Die Sp. [engl. 1981]. Mchn. ⁴1992. – J. Reischer: Die Sp. Bln., NY 2002. – F. de Saussure: Grundfragen der allg. Sprachwissenschaft [frz. postum 1916]. Bln. 1967. – G. Schweikle: Germ. dt. Sprachgeschichte im Überblick. Stgt. 1987. – J. R. Searle: Consciousness and Language. Cambridge 2002. – H. Weinrich: Sp., das heißt Sp.n. Tüb. 2001. – B. L. Whorf: Sp. – Denken – Wirklichkeit [engl. 1956]. Hbg. ²⁴2003. – G. Wolff: Dt. Sprachgeschichte. Ffm. 1986. GS/DO

Sprachgesellschaften, v. a. im 17. Jh. gegründete barocke Vereinigungen zur Förderung der dt. Sprache und Dichtung. Die Mitglieder – Dichter, Gelehrte und Adlige; Geistliche wurden zur Vermeidung konfessioneller Auseinandersetzungen nicht in allen Sp. aufgenommen – fanden sich im Wirken für die dt. Sprache und Lit. zusammen. Zentral waren philologisch-grammatische, orthographische und lexikographische ebenso wie lit. Aufgaben und die Förderung der ↗ Übers.en in die dt. Sprache. Wichtiges Vorbild für die sprachpflegerischen Bemühungen war die it. *Accadèmia della Crusca*, gegründet 1582 in Florenz (↗ Akade-

mie). Die bedeutendste dt. Sprachgesellschaft war die 1617 von Fürst Ludwig von Anhalt in Weimar gegründete ›Fruchtbringende Gesellschaft‹, später auch ›Palmenorden‹ genannt. Zu ihren über 500 Mitgliedern zählten A. Gryphius, G. Ph. Harsdörffer, F. v. Logau, J. M. Moscherosch, G. Neumark, M. Opitz, J. Rist, J. G. Schottel und Ph. v. Zesen. Weitere Sp. waren: ›Die Deutschgesinnte Genossenschaft‹ in Hamburg, gegründet 1642/43 von Zesen; ›Der Pegnesische Blumenorden‹, gegründet 1644 von G. Ph. Harsdörffer und J. Klaj in Nürnberg (diese Gesellschaft existiert nach wie vor und bezeichnet sich heute als ›einzige dt. Sprach- und Lit.gesellschaft der Barockzeit, die ununterbrochen weiterbesteht‹); ›Die Aufrichtige Tannengesellschaft‹, gegründet 1633 von J. Rompler von Löwenhalt in Straßburg; ›Der Elbschwanenorden‹, gegründet 1658 von F. Rist in Wedel bei Hamburg; weiterhin sind zu nennen ›Die Neunständige Hänseschaft‹ aus dem Jahr 1643 sowie ›Das Poetische Kleeblatt‹, gegründet 1671. – Die dt. Sp. sind in ihrer Bemühung um Sprache und Dichtung keineswegs nur als sprachpuristische Richtung zu sehen, die – im Kampf gegen ↗ Grobianismus, Überfremdung in der Alamode-Dichtung und Preziösentum – die Pflege der Hochsprache forcierte. Vielmehr können sie in den Rahmen einer allg. Sozietätsbewegung des 17. Jh.s eingebunden werden, welche die Entwicklung von Nationalkultur, Sittlichkeit, ↗ Geselligkeit, Bildung und Wissenschaft anstrebte. Kulturpatriotismus wird in den Sp. mit sozialreformerischen Motiven und moralischen Grundhaltungen verknüpft. Die historischen Voraussetzungen liegen u. a. im Streben nach dem Staats- und Gemeinwohl, dem die Herausbildung eines zur Loyalität verpflichteten, homogenen Beamtenapparates vorangeht. Die angestrebten Prinzipien des gesellschaftlichen Verkehrs gehen auf diese neu geschaffene höfisch-administrative Elite zurück. Zugleich wurden egalitäre Tendenzen abgelehnt, konservative Grundhaltungen gepflegt. Vor diesem Hintergrund wird in den Sp. die Rolle von Kunst und Bildung für Politik und Gesellschaft reflektiert, wobei zu berücksichtigen ist, dass im dt.sprachigen Raum ein überregionales kulturelles Zentrum nicht existierte. – Zu den Verdiensten der Sp. gehört die Erstellung bedeutender Hilfsmittel wie ↗ Grammatiken, Textsammlungen und Wörterbüchern. Die größte praktische Wirkung im Rahmen der Bemühungen, die dt. Sprache lit.fähig zu machen, wird in der Übers.stätigkeit der Sp. gesehen, die neue Ausdrucksmöglichkeiten förderte und z. T. programmatisch als Vorübung für eigene lit. Werke empfohlen wurde. – Die aktuelle Forschung (vgl. Kühlmann/Schäfer) macht darauf aufmerksam, dass eine abschließende Bewertung der Sp. bislang nicht möglich ist, da noch nicht alle existierenden Materialien, Hss. und Drucke erschlossen sind.

Lit.: M. Bircher, F. van Ingen: Sp., Sozietäten, Dichtergruppen. Hbg. 1978. – H. Jaumann: Sprachgesellschaft. In: RLW. – W. Kühlmann, W. E. Schäfer: Lit. im Elsaß von Fischart bis Moscherosch. Tüb. 2001. – K. Manger (Hg.): Die Fruchtbringer – eine Teutschhertzige Gesellschaft. Hdbg. 2001. – K. F. Otto: Die Sp. des 17. Jh.s. Stgt. 1972. – P. v. Polenz: Dt. Sprachgeschichte vom Spätmittelalter bis zur Gegenwart. Bd. 2. Bln., NY 1994, S. 112–119. 　　　　　　　　　　　　　　GLS

Sprachkritik, Gruppe von Argumenten oder Argumentationsmustern gegen falsche Annahmen über die Leistungsfähigkeit der Sprache oder gegen die falsche Verwendung von Sprache. – Der Ausdruck und das Konzept ›Sp.‹ sind Kants Vernunftkritik nachgebildet. Daher geht es der Sp. um die Bestimmung dessen, was mit und in Sprache möglich und angebracht ist und was nicht. Daraus ergibt sich oftmals eine sprachskeptische Haltung. – Der *philosophischen* Sp. geht es primär um das mit Sprache verknüpfte Erkenntnispotential. Sie beruht auf der durch die analytische Philosophie (G. Frege, L. Wittgenstein, B. Russell) durchgesetzten Annahme, dass menschliche Erkenntnis durch Sprache konstituiert wird. Die *sprachwissenschaftliche* Sp. bezieht sich dagegen auf Fragen, welche die praktische Leistungsfähigkeit (bezüglich Ausdruck, Kommunikativität usw.) der Sprache im Allgemeinen oder einzelner Sprachen und Sprachelemente betreffen. – Die *praktische* Sp., die sich mit beiden wissenschaftlichen Ansätzen verbinden kann, zielt darauf ab, bestimmte Verwendungsweisen von Sprache in ihrer Verwerflichkeit, Angreifbarkeit oder Verfehlung offenzulegen und damit zu entkräften. Sie geht also – wie alle Sp. – von der Macht der Sprache über die Gesellschaft, die Kultur oder das Individuum aus, aber auch vom aufklärerischen Potential der menschlichen Vernunft, das sich in der Sp. äußert. Das Paradoxon, dass Sp. mit sprachlichen Mitteln formuliert werden muss, ist dabei immer virulent. – Weil Sprache das Medium der Lit. ist, sind sprachkritische Positionen auch von Literaten vertreten oder übernommen worden. Dabei ist v. a. die Frage von Bedeutung, ob lit. Sprachverwendung ebenfalls der Sp. unterworfen werden kann und muss oder nicht. – Bereits in der Antike und im MA. gab es Überlegungen, die als philosophische Sp. angesehen werden können (etwa der mal. Nominalismus). Sp. im engeren Verständnis ist aber ein Phänomen der Neuzeit (F. Bacon, J. Locke, D. Hume). I. Kant wurde von J. G. Hamann und J. G. Herder dafür kritisiert, die Sprache nicht in sein Konzept der Vernunftkritik integriert zu haben. Die praktische (G. Ch. Lichtenberg) und die sprachwissenschaftliche (W. v. Humboldt) Sp. erlangen im 18. und frühen 19. Jh. Bedeutung. Diese Tendenzen gipfeln in F. Nietzsches radikaler Sprach- und Erkenntniskritik. Das 20. Jh. wird von sprachkritischen und -skeptischen Positionen geradezu dominiert. Dies setzt mit F. Mauthner zu Beginn des Jh.s ein und reicht bis hin zum ↗ Poststrukturalismus und ↗ Dekonstruktivismus des ausgehenden Jh.s. Diesem Krisenbewusstsein entsprechend finden sich in der Lit. des 20. Jh.s zahlreiche sprachkritische Momente (z. B. bei K. Kraus, H. v. Hofmannsthal, Ch. Morgenstern, H. Ball, M. Frisch).

Lit.: M. Geier: Das Sprachspiel der Philosophen. Reinbek 1989. – U. Meyer: Sp. In: RLW. – R. Rorty (Hg.): The Linguistic Turn. Chicago, Ldn. 1967. – J. Schiewe: Die Macht der Sprache. Eine Geschichte der Sp. von der Antike bis zur Gegenwart. Mchn. 1998.　　USP

Sprachspiel, 1. nach L. Wittgenstein eine regelgeleitete sprachliche Tätigkeit. Wörter und Sätze werden in konkreten Sp.en eingesetzt und auch erlernt. Daher ist die ↗ Bedeutung eines Wortes keine statische und kontextisolierte Zuordnung des Bezeichneten zu einem ↗ Zeichen, sondern: »Die Bedeutung eines Wortes ist sein Gebrauch in der Sprache.« (»Philosophische Untersuchungen«, § 43) Sp.e lösen für den späten Wittgenstein das Problem, wie Sprache sich auf die Welt bezieht. Die Faktizität der Sp.e bildet oft die letzte, nicht hintergehbare Erklärung vermeintlicher philosophischer Probleme. – Wittgensteins Konzept wird in der Lit.wissenschaft zumeist unspezifisch und allg. für den (lit.) Umgang mit Sprache verwendet. – 2. ›Sp.‹ als Erweiterung des Begriffs ↗ ›Wortspiel‹ meint den spielerischen Umgang mit Form und Inhalt kleinerer und größerer sprachlicher Einheiten.

Lit.: D. Crystal: Language Play. Ldn. 1998. – M. B. Hintikka, J. Hintikka: Untersuchungen zu Wittgenstein [engl. 1986]. Ffm. 1996. – A. Spree: Sp. In: RLW. – L. Wittgenstein: Philosophische Untersuchungen [1953]. In: ders.: Werkausgabe. Bd. 1. Ffm. 1984 , S. 224–621.

　　　　　　　　　　　　　　　　　　　　　JG

Sprechakttheorie, f. [engl. *speech act theory*], theoretische Durchdringung und Systematisierung von Sprechhandlungen. – Die Sp. versucht die verschiedenen Elemente und Typen sprachlicher Äußerungen zu identifizieren und zu klassifizieren. Nach Searle besteht eine sprachliche Handlung aus folgenden Elementen: Wer etwas äußert, 1. gibt Laute von sich und realisiert abstrakte Muster eines Sprachsystems (›Äußerungsakt‹), 2. bezieht sich auf Gegenstände in der Welt und sagt etwas über sie aus (›propositionaler Akt‹), 3. vollzieht eine Handlung eines bestimmten Typs (›illokutionärer Akt‹) und 4. ruft unter Umständen eine bestimmte Wirkung hervor (›perlokutionärer Akt‹). Searle klassifiziert Sprechakte nach verschiedenen Typen illokutionärer Akte; es gibt Repräsentiva (z. B. Behaupten), Direktiva (z. B. Befehlen), Kommissiva (z. B. Versprechen), Expressiva (z. B. Danken) und Deklarativa (z. B. Kündigen). Der erfolgreiche Vollzug von Sprechakten ist an die Erfüllung von Bedingungen (›Einleitungsregeln‹, ›Regeln des propositionalen Gehalts‹ u. a.) gebunden. Sprechakte können direkt oder indirekt vollzogen werden. – Die Sp. beginnt 1962 mit Austin. Von lit.wissenschaftlichem Interesse sind insbes. Versuche, lit. oder fiktionale Sprachverwendung auf der Basis der Sp. zu analysieren (vgl. Beardsley, Currie).

Lit.: J. L. Austin: How to Do Things with Words. Cambridge/Mass. 1962. – M. C. Beardsley: Der Begriff der Lit. [engl. 1973]. In: J. Gottschalk, T. Köppe (Hg.): Was ist Lit.? Paderborn 2006, S. 44–61. – G. Currie: The

Nature of Fiction. Cambridge 1990. – A. Schwarz: Sprechakt. In: RLW. – J. R. Searle: Speech Acts. Cambridge/Mass. 1969. – D. Wunderlich: Studien zur Sp. Ffm. 1976. TK

Sprechspruchdichtung ↗ Spruchdichtung.

Sprichwort, sprachlich und gedanklich pointierter Ein-Satz-Text, der Erfahrungs- und Handlungsregeln mit dem Anspruch auf Gültigkeit zu vermitteln behauptet. In allen Kulturen der Welt bezeugt, erfüllt das Sp. die immer gleiche kommunikative Leistung, indem es einen bes. Fall vor dem Hintergrund kollektiven Erfahrungswissens klassifiziert und damit seine Behandlung präjudiziert. Die Bez. ›Sp.‹, die sich um 1200 als Gattungsbegriff gegen ›bîwort‹ und ›spruch‹ durchsetzte, bleibt im Folgenden dem dt. Sp. vorbehalten. Verwandte Formen sind Adagium und ↗ Sentenz. – Die Einzelüberlieferung von Sprichwörtern (als ↗ Inschriften, auf Realien, in lit. Texten) entzieht sich generell einer geschichtlichen Darstellung. Ihre Wanderwege lassen sich durch Similien in zeitgenössischen Sammlungen allenfalls kontrollieren. Genetische Abhängigkeit dürfte in den seltensten Fällen nachweisbar sein. – Dem Bedürfnis, sententiöses Erfahrungswissen zu archivieren, entsprang bereits das biblische Buch der »Sprüche Salomos« (neun Teilsammlungen unterschiedlichen Alters). Die fingierte Anbindung an Salomo bezeugt – wie häufig in der Weisheitslit. des Altertums –, dass die Beschäftigung mit Spruchweisheit (unabhängig von ihren Inhalten) als Aufgabe von Entscheidungsträgern angesehen wurde. – Am Anfang der dt. Lit. stehen zwei Einzelgänger: Notkers III. (gestorben 1022) für den Gebrauch in der Klosterschule gesammelte »St. Galler Sprichwörter« und die um 1220 entstandene, »Bescheidenheit« genannte Sammlung eines Freidank, deren artifizielle, die Lit. der Zeit reflektierende Sentenzen wohl für ein höfisches Publikum erarbeitet wurden. Obwohl sie kaum aus der Tradition stammen dürften, wirkten sie über Jh.e auf diese ein. Wo in der Folgezeit nicht direkte oder mittelbare Freidank-Rezeption vorliegt, lebt das dt. Sp. meist symbiotisch mit lat. Spruchüberlieferung (»Straßburger Sprüche«, um 1385; »Que mordet labium«, 1436; »Prager Sprichwörter«, 15. Jh.). Eigene Sammlungen wurden für die Verwendung dt. Sprichwörter als *Prothemata* lat. Predigten angelegt (mit kurzer Auslegung und Kommentar; »Proverbia Fridanci«, um 1446). – Im 16. Jh. wurde die Beschäftigung mit dem Sp., angeregt durch die lat. »Adagia« des im gelehrten Europa maßgeblichen Erasmus von Rotterdam (1508), auf eine neue Grundlage gestellt. In seiner Nachfolge exemplifizierten dt. Humanisten am kommentierten Sp. ihr Sprach- und Bildungsbewusstsein. H. Bebel (ca. 600 lat. »Proverbia germanica«) suchte im Sp., das er der Philosophie der Antike entgegenstellte, Ethik und Gesetzgebung der alten Deutschen (nach Tacitus: »Germania« 19, 2). M. Luther wandte sich 1530 dezidiert vom Elegantia-Konzept eines J. Agricola und 1541 auch von Sebastian Franck ab, um sich auf die religiös

fundierte Didaxe zu konzentrieren. Das auch im Barock lit. gepflegte Sp. stand lange Zeit nicht im Verdacht, »Sprache des Pöbels« zu sein (I. Kant: »Anthropologie in pragmatischer Hinsicht«, 1798; Werke. Bd. 12. Ffm. 1970, S. 540); die Autoren der Aufklärung und der Romantik schätzten es freilich, wenn auch unter verschiedenen Vorzeichen, so ein. W. Grimm war es ein lebenslanges Anliegen, den »Freidank«, in dem er durchaus ›Volkspoesie‹ erkennen wollte, zu edieren. Ein Monument der Sprichwörterkunde wurde das bis heute nachgedruckte Sammelwerk von K. F. W. Wander (5 Bde., 1867–80). Im 19. und 20. Jh. ist das Sp. meist eine Ausdrucksform schichtenspezifischer, jedenfalls kontingenter Weltwahrnehmung und -deutung. Bei F. X. Kroetz (»Oberösterreich«, 1974) und P. Handke (»Wunschloses Unglück«, 1972) hat das Sp. seinen Platz im Gefüge der Klischees und Stereotypen, die Sprache und Bewusstsein der Protagonisten formen.

Lit.: M. Eikelmann: Sprichwörtersammlungen. In: VL. – Ders.: Sp. In: RLW. – W. Haug, B. Wachinger (Hg.): Kleinstformen der Lit. Tüb. 1994. – N. Henkel: Dt. Übers.en lat. Schultexte. Mchn. 1988. – W. Mieder: Sp. = Wahrwort? Ffm. u. a. 1992. – W. Mieder, L. Röhrich: Sp. Stgt. 1977. – G. v. Rad: Weisheit in Israel [1970]. Gütersloh 1992. – F. Seiler: Dt. Sprichwörterkunde. Mchn. 1922. – S. Singer: Sprichwörter des MA.s 3 Bde. Bern 1944–47. – S. Singer, R. Liver (Hg.): Thesaurus proverbiorum medii aevi. 13 Bde. Bln., NY 1995–2002. – E. Thiele (Hg.): Luthers Sprichwörtersammlung. Weimar 1900. CF

Spruch, ↗ Spruchdichtung, ↗ Priamel, ↗ Gnome, ↗ Epigramm, ↗ Denkspruch, ↗ Sinnspruch.

Spruchband, in der bildenden Kunst eine von einer Figur gehaltene oder ihr im Bild zugeordnete Schriftrolle, die (beschriftet) einen Redebeitrag enthalten oder (unbeschriftet) eine Redesituation symbolisieren kann.

Lit.: F. Garnier: Le langage de l'image au moyen age. Paris 1982. Bd. 2, S. 229–244. – N. Henkel: Bildtexte. In: St. Füssel u. a. (Hg.): Poesis et pictura. Baden-Baden 1989, S. 1–43. – S. Wittekind: Vom Schriftband zum Sp. In: Frühmal. Studien 30 (1996), S. 343–367. ID

Spruchdichtung, 1. allg. Bez. für lehrhafte, oft sprichwörtliche Weisheitsdichtung in verschiedenen mal. Lit.en. – In der dt. Lit. des 12. bis 16. Jh.s gibt es Sangspruchdichtung (2) und Sprechspruchdichtung (3).

2. *Sangspruchdichtung*, zum gesungenen Vortrag bestimmte Gattung der dt. Lyrik vom späten 12. bis zum 15. Jh. Die schriftliche Überlieferung der Sangspruchdichtung beginnt am Ende des 13. Jh.s in Lyriksammelhss.; aus dem 15. Jh. sind zudem einzelne Autorsammlungen erhalten. Die ältesten aufgezeichneten Texte stammen aus dem späten 12. Jh. Den von der Zeit um 1200 an kontinuierlich fortgeführten Typus etablierte Walther von der Vogelweide, der zusammen mit der Kanzonenstrophe als metrisch-musikalischer Form den Kunstanspruch des ↗ Minnesangs übernahm. Das primäre Textformat war bis ins 14. Jh. die

Einzelstrophe, nicht das mehrstrophige Lied wie im Minnesang; es finden sich indes schon im 13. Jh. liedähnliche Strophenkomplexe. Auch thematisch voneinander unabhängige Strophen wurden auf dieselbe Melodie, damit auf dieselbe sprachmetrische Strophenform (den ↗ Ton [4] als metrisch-musikalische Formgestalt) gedichtet; die Anzahl der benutzten Töne schwankt von Dichter zu Dichter. Im 14. Jh. setzte sich das mehrstrophige Lied (↗ Bar) durch. Das thematische Spektrum umfasst religiöse und höfische Morallehre, Wissensbestände aus Theologie und Artes liberales, Minnelehre, Frauenpreis, Fürstenlob, religiösen Lobpreis, Gebete, Zeitgeschehen, Reflexion der eigenen Kunst und Lebensform, Lob und Schelte von Kollegen. Sangspruchdichtung wurde in der Regel von fahrenden Berufsautoren komponiert, gedichtet und vorgetragen, die ihr Publikum an Adelshöfen suchten und dort Lohn für ihre Kunst erwarteten. Typisch für die Dichterrolle ist der Anspruch auf autoritative Vermittlung und Bekräftigung anerkannter, traditioneller Wissensbestände in sprachlich kunstvoller Form. In der poetologischen Reflexion der Autoren erscheinen diese Aspekte als *wisheit* (Wissen) und *kunst* (Können) der *meister* (Lehrer). Das Konzept verleiht der Sangspruchdichtung sowohl einen lehrhaften als auch einen formulierungstechnisch reflektierten, vom Einfluss der Rhet. geprägten Charakter. Schon im 13. Jh. begründete dieses Selbstverständnis ein spezifisches, auf den Autor- und Texttypus bezogenes Traditionsbewusstsein. Während die Sangspruchdichtung an den Adelshöfen im 15. Jh. ihr Ende fand, knüpften daran die städtischen Meistersinger (↗ Meistersang) an, die ihren eigenen Kunstbegriff in die Tradition der ›alten Meister‹ stellten und deren Töne für die eigene Textproduktion weiter verwendeten.

3. *Sprechspruchdichtung*, auch: ↗ Reimspruch, ↗ Reimrede; Sammelbez. für lehrhafte dt. Texte des 13. bis 16. Jh.s in vierhebigen Reimpaarversen, die für den gesprochenen Vortrag oder zur Einzellektüre bestimmt waren und aus demselben Themenspektrum wie die Sangspruchdichtung (2) schöpften. Der Begriff bezieht sich primär auf nicht-narrative, kürzere expositorische Reimpaartexte. Die Klassifizierung ist unscharf, die Verwendung des Begriffs uneinheitlich. Gebraucht wird er für Freidanks »Bescheidenheit« (Urteilsfähigkeit), eine Sammlung vorwiegend zwei- bis zehnversiger Reimpaarsprüche, und für die Reimreden des Strickers (beide 13. Jh.). Für die reich überlieferte Sprechspruchdichtung des 14. Jh.s ist der Autortypus des Berufsdichters charakteristisch (Heinrich der Teichner, Peter Suchenwirt), für diejenige des 15. und 16. Jh.s der der städtischen Handwerker-Dichters (Hans Rosenplüt, Hans Folz, Hans Sachs).

Lit. zu 2.: M. Baldzuhn: Vom Sangspruch zum Meisterlied. Tüb. 2002. – K. Brehm: Gattungsinterferenzen im Bereich von Minnesang und Sangspruchdichtung des 12. und beginnenden 13. Jh.s. Bln. 2003. – H. Brunner, B. Wachinger: Repertorium der Sangsprüche und Meisterlieder des 12. bis 18. Jh.s. 16 Bde. Tüb. 1986–2004. – H. Brunner, H. Tervooren (Hg.): Neue Forschungen zur mhd. Sangspruchdichtung. Bln. 2000. – M. Egidi: Höfische Liebe: Entwürfe der Sangspruchdichtung. Hdbg. 2002. – G. Hübner: Lobblumen. Tüb., Basel 2000. – S. Obermaier: Von Nachtigallen und Handwerkern. Tüb. 1995. – J. Rettelbach: Variation – Derivation – Imitation. Tüb. 1993. – F. Schanze: Meisterliche Liedkunst zwischen Heinrich von Mügeln und Hans Sachs. 2 Bde. Mchn., Zürich 1983 f. – U. Schulze: Sangspruch. In: RLW. – H. Tervooren: Sangspruchdichtung [1995]. Stgt., Weimar ²2001.

Zu 3.: E. Lämmert: Reimsprecherkunst im Spät-MA. Stgt. 1970. – J. Reichel: Der Spruchdichter Hans Rosenplüt. Stgt. 1985.   GHÜ

Sprungtropus ↗ Tropus (1).

Staatsroman, ein in epischer Breite erzählter, fiktionaler Entwurf eines meist idealen Staatswesens im Sinne einer ↗ Utopie oder, im 20. Jh. unter dem Eindruck der wachsenden Technik- und Bürokratieskepsis, einer Mätopie (Ort, der nicht sein darf). Erzähltechnische Elemente des St.s sind häufig die Reise, die biographische Erzählung oder Reisedokumentation und v. a. die Fiktion hinterlassener Dokumente aus der idealen Welt. Während schon in der Antike staatsutopische Entwürfe lit. realisiert wurden (Xenophon: »Kyrupädie«; Platon: »Politeia«; Augustinus: »Civitas Dei«), eröffnet erst die Frühe Neuzeit mit der Entdeckung neuer Erdteile, den großen Entdeckungsreisen und der Durchsetzung des kopernikanischen Weltbildes die eigentlichen Voraussetzungen für den St. Der höfisch-historische Roman des 17. Jh.s rekurriert vielfach auf diese Entwicklungen; letztlich allerdings siegt die moralische Weltordnung in absolutistischem Gewand. M. Opitz fügt seiner Übers. (1626) der »Argenis« J. Barclays (1621/23) sogar einen Index der Sachbegriffe bei, von dem aus wie im ↗ Fürstenspiegel die staatstheoretische Dimension des Romans erschlossen werden kann. J. V. Andreae entwirft in seiner »Reipublicae Christianopolitanae descriptio« (1619) eine schon anfänglich säkularisierte christliche Sozialutopie; selbst H. J. Ch. v. Grimmelshausens »Simplicissimus« (1669) hat mit der utopischen Episode vom »teutschen Helden«, der mit Macht ein städtebürgerlich-republikanisch-tolerantes Staatswesen begründen soll, Teil an der Gattungstypik des St.s. – Das Motiv der Mondfahrt ermöglichte meist eine satirische Darstellung irdischer Zustände, die der Gesellschaft der Mondmenschen zugeschrieben wurden (F. Godwin: »The Man in the Moon«, 1638; S. Cyrano de Bergerac: »L'autre monde ou les états et empires de la lune«, 1656; E. Ch. Kindermann: »Die geschwinde Reise auf dem Luftschiff nach der oberen Mondwelt«, 1744). Allerdings wurde der St. hier mit Unterhaltungselementen angereichert, die auf die Sensationslust der Romanleser antworteten. Gerade im Jh. der ↗ Aufklärung verbinden sich Reiseroman und St.: Die ↗ Robinsonade geht immer aus von der Flucht aus der alten –

unvernünftigen, zerbrechenden – Welt; sie zielt ab auf die Begründung und Erbauung eines neuen, idealen Staates. Beispielhaft leistet dies J. G. Schnabels »Insel Felsenburg« (1731–43), in der einerseits in den ausführlich erzählten Biographien der Felsenburger die Verfallenheit des verlassenen Europa vorgeführt wird, andererseits christliche und aufgeklärte Werte als in der neuen Republik auf ideale Weise realisiert dargestellt werden. Auch die klassische Robinsonade (D. Defoe: »Robinson Crusoe«, 1719) zielt ab auf die Realisierung des idealen Staates *en miniature*, der allerdings der englischen Monarchie zum Verwechseln ähnlich sieht. Spätestens in J. C. Wezels aufklärungsskeptischer »Robinson«-Parodie (1779) gerät die staatliche Neugründung zur Tyrannis, in der das Recht des Stärkeren gilt (und die nur noch durch einen Vulkanausbruch ›erlöst‹ werden kann). – Das Ideal eines aufgeklärten Absolutismus, das schon den barocken St. ausmachte, wiederholt Ch. M. Wieland in seinem St. »Der goldene Spiegel oder die Geschichte der Könige von Scheschian« (1772). A. v. Hallers drei St.e deklinieren die Möglichkeiten staatlich-politischer Organisation durch: der »Usong« (1771) die Tyrannei, der »Alfred« (1773) die konstitutionelle Monarchie und »Fabius und Cato« (1774) die Republik. Diese Texte markieren allerdings mit dem in ihnen zu findenden Übergewicht staatstheoretischer Diskussionen und Reflexionen die Grenze des St.s zum politischen ⁊ Traktat. Eine empfindsame Utopie gestalten F. L. v. Stolbergs Prosadialoge »Insel« (1788); freimaurerisch ist die Utopie in F. W. v. Meyerns »Dya Na Sore« (1787), während W. Heinse mit seinem »Ardinghello« (1787) einen idyllischen, gleichermaßen von renaissancehafter Arkadienbegeisterung wie von rousseauistischer Natureuphorie gekennzeichneten Staat der glückseligen Inseln beschreibt. – Soziale und technische Utopien bestimmen den St. im 19. Jh. Die Grenze des technisch Machbaren wird in A. Döblins expressionistischem Roman »Berge, Meere und Giganten« (1924) ebenso aufgezeigt wie die Utopie eines neuen Menschen, der ein ursprüngliches Verhältnis zur Natur wiedergewinnt – eine Utopie, die durch die pessimistischen Zukunftsentwürfe der St.e des späteren 20. Jh.s widerrufen wird (H. G. Wells, G. Orwell, A. Huxley).
Lit.: J. Prys: Der St. des 16. und 17. Jh.s und sein Erziehungsideal [1913]. Lpz. 1973. – K. Reichert: Utopie und St. Ein Forschungsbericht. In: DVjS 39 (1965), S. 259–287. – M. Schwonke: Vom St. zur Science-fiction. Stgt. 1957.   BJ

Staberl, eigentlich: Chrysostomus St., zentrale Figur des ⁊ Wiener Volkstheaters in der Nachfolge und als Variante des Wiener ⁊ Hanswurst (Stranitzky) und bes. des Kasperl (J. J. Laroche, ⁊ Kasperltheater): tollpatschig-pfiffiger kleinbürgerlicher Wiener Regenschirmmacher, geschaffen von A. Bäuerle (in: »Die Bürger von Wien«, 1813) und bis etwa 1850 Mittelpunkt zahlreicher Lokalpossen (*Staberliaden*).   IS/Red.

Stabreim, neben dem ⁊ Langvers das wesentliche Merkmal der germ. Dichtung. Es handelt sich um eine Sonderform der ⁊ Alliteration, die starktonige Wurzelsilben (idealerweise die Anfangssilbe von Substantiven und Verben) mit gleichem Anlaut aneinander bindet. Es können unterschiedliche Vokale miteinander durch St. verbunden werden (›staben‹). Mit Ausnahme der Konsonantenverbindungen *sp, st* und *sk* greift der St. über den ersten Silbenlaut nicht hinaus. – Der St. kann erst nach der Festlegung auf den germ. Stammsilbenakzent entstanden sein. Schon in frühen Runeninschriften belegt (*ek hlewagastiR holtijaR horna tawido* – Horn von Gallehus), findet er sich v. a. in der anord. (ca. 27.000 Zeilen), aengl. (ca. 30.000 Zeilen) und altsächs. (ca. 6.000 Zeilen) Dichtung. Die ahd. Dichtung tritt mit ihren ca. 200 St.zeilen dagegen deutlich in den Hintergrund, weil hier der auf christlich-spätantiker Tradition fußende ⁊ Endreim wesentlich früher zum bestimmenden Stilelement wurde. – Eine kleine Renaissance konnte der St. in den Dichtungen R. Wagners feiern. Die isländ. *Rímur* (⁊ Rima [1]) nutzen den St. bis heute, auch in der Werbesprache kann man ihn bzw. die Alliteration vielfach beobachten.
Lit.: Ch. März: St., St.vers. In: RLW. – P. Scardigli: Die europäische St.dichtung. In: JbIG 34 (2002), S. 59–75. – K. v. See: Der St. in der Werbe- und Mediensprache. In: JbIG 35 (2003), S. 139–150.   WB

Stabreimvers, m., Form des germ. ⁊ Langverses. Der St. ist, über den rhet. Ornatus des ⁊ Stabreims hinausgehend, eingebunden in eine für die germ. Dichtung charakteristische Versstruktur, die sich in der westgerm. Tradition hauptsächlich ⁊ stichisch, d. h. in Langversen, manifestiert. Dagegen kennt die nordgerm. Tradition die Bindung einer bestimmten Anzahl von Langversen zu strophischen Einheiten (⁊ Ljóðaháttr, ⁊ Kviðuháttr, ⁊ Fornyrðislag, ⁊ Dróttkvætt). – Der nordgerm. Poetik folgend, weist ein vierhebiger Langvers idealerweise drei auf die Hebungen verteilte Stäbe auf, die Anvers und Abvers miteinander verbinden. Dabei steht im Abvers gewöhnlich der Hauptstab (*höfuðstafr*); die zwei Stäbe des Anverses werden *stuðill* ›Stütze‹ genannt. Im Einzelnen ergeben sich verschiedene Möglichkeiten zur Ausgestaltung eines stabenden Langverses, die Sievers mit seinem ›Viertypenschema‹ zu systematisieren suchte. Diese gemeingerm. verstandenen Verstypen erweisen sich indes bei ihrer Anwendung auf die westgerm. Stabreimdichtung als problematisch: Das Phänomen der Senkungsfüllung oder überlanger Auftakte führte zu sog. Schwellversen, die v. a. in der altsächs. Tradition (»Heliand«) zu beobachten sind. ›Unreine‹ Verstypen wurden auch in der ahd. Stabreimdichtung beobachtet und im Hinblick auf das Auftreten des Endreims als Verfallsprodukte einer Übergangszeit bezeichnet; dabei verkannte man, dass Stabreim und Endreim keine einander ausschließenden Stilprinzipien sind (*rúnhending*).
Lit.: R. D. Fulk, K. E. Gade: A Bibliography of Germanic Alliterative Meters. In: JbIG 34 (2002), S. 87–186. – U. Groenke: Stabreim und Endreim – ein Zwiespalt? In:

JbIG 34 (2002), S. 75–86. – A. Heusler: Dt. Versgeschichte. 3 Bde. Bln., Lpz. 1925–29 [Nachdr. Bln. 1956]. – A. Kabell: Metrische Studien I: Der Alliterationsvers. Mchn. 1978. – J. B. Kühnel: Untersuchungen zum germ. St. Göppingen 1978. – Ch. März: Stabreim, St. In: RLW. – K. v. See: Germ. Verskunst. Stgt. 1967. – Ders.: Stabreim und Endreim. In: Beitr. 102 (1980), S. 399–417. – E. Sievers: Altgerm. Metrik. Halle 1893.   WB

Stadtdichtung ↗ Großstadtdichtung.

Stadtlob [lat. *laus urbis*], auch: Städtelob; durch seinen Gegenstand definierter Typus der ↗ Laudatio. Das antiken Vorbildern verpflichtete St., das im MA. kaum eine Rolle spielte, gewann in der nlat. Lit. an Bedeutung und wurde im zweiten Drittel des 16. Jh.s in Deutschland beliebt. Seine Blüte erlebte es im Kreis von Schülern Ph. Melanchthons. Wie es scheint, haben sich nach dem auf die Nürnbergrede des Konrad Celtis zurückgehenden St. des Eobanus Hessus auf Nürnberg (1532) und dem des Reinhard Lorichius auf Marburg (1536) poetische Muster entwickelt, die auch in die Schulrhet. Eingang fanden. Nicht selten suchten humanistische Gelehrte, wenn sie ein Amt an der Lateinschule oder Universität erstrebten oder es angetreten hatten, durch ein St. »ihre Ortsverbundenheit, ihre Welterfahrenheit und ihr rhet. und poetisches Geschick« zu beweisen (Kugler 1986, S. 221). Wohl unter dem mittelbaren Einfluss von H. Schedels Weltchronik gab es vereinzelt Bild-Text-Kombinationen von Stadtansicht und St.; Petrus Vincentius etwa deklamierte sein St. auf Lübeck (1551) bei seinem Amtsantritt als Rektor an der Lateinschule vor Diebels gerade gefertigtem Riesenholzschnitt der Stadt. Das erhabene nlat. Genre ahmte Hans Sachs im Dt. nach, indem er die Prosa von Stadtchroniken versifizierte; auch suchte er im ↗ Einblattdruck die Kombination mit einer Stadtansicht, die ihm die Nürnberger Holzschneider Weigel nach älteren Mustern schnitten.

Lit.: H. Freytag: Über das humanistische St. in Norddeutschland. In: J. E. Schmidt u. a. (Hg.): Ethische und ästhetische Komponenten des sprachlichen Kunstwerks. Göppingen 2000, S. 81–98. – H. Kugler: Die Vorstellung der Stadt in der Lit. des dt. MA.s. Mchn. u. a. 1986. – Ders.: Städtelob. In: RLW. – W. Ludwig: Die Darstellung südwestdt. Städte in der lat. Lit. des 15.–17. Jh.s. In: B. Kirchgässner, H.-P. Becht (Hg.): Stadt und Repräsentation. Sigmaringen 1995, S. 39–76. – F. P. T. Slits: Het Latijnse Stededicht. Amsterdam 1990. – N. Thurn: Dt. neulat. Städtelobgedichte. In: Neulat. Jb. 4 (2002), S. 253–269.   HFG

Stadtschreiber, 1. seit dem 14. Jh. vermehrt auftretende, für das Abfassen amtlichen Schrifttums herangezogene städtische Angestellte. Viele St. fertigten Chroniken der Stadt, der Region oder der Welt an oder setzten bereits bestehende Werke fort, ohne dass man von einer sich unmittelbar aus dem Beruf ergebenden Aufgabe sprechen könnte (vgl. Peters). Bedeutendere St. wie Johannes von Tepl (Saaz), Hermen Bote (Braunschweig), Johannes Friker (Luzern) oder Johannes Ro-

the (Eisenach) traten in ganz unterschiedlichen Genres als Literaten hervor. Eine einheitliche, thematisch-ideologisch geprägte St.-Lit. hat es so wenig gegeben wie ein einheitliches Berufsfeld.   CF

2. Seit der zweiten Hälfte des 20. Jh.s Bez. für die Funktion (das ›Amt‹) eines Schriftstellers, der auf Einladung einer Stadt oder Region eine bestimmte Zeit lang (meist ein Jahr) durch ein Stipendium gefördert in einer speziell für diesen Zweck eingerichteten Wohnung lebt und – anknüpfend an die Bedeutung (1) – möglichst auf die für ihn neue Umgebung bezogene Texte schreiben, also zu einer Art Chronisten dieses Raums werden soll. Im angelsächs. Raum entspricht dem St. der ↗ *writer in residence*, der oft an einem Universitätsinstitut für *creative writing* angesiedelt ist.   DB

Lit.: V. Honemann: Die St. und die dt. Lit. im Spät-MA. und der Frühen Neuzeit. In: W. Haug u. a. (Hg.): Zur dt. Lit. und Sprache des 14. Jh.s. Hdbg. 1981, S. 320–353. – U. Peters: Hofkleriker – St. – Mystikerin. In: W. Haug, B. Wachinger (Hg.): Autorentypen. Tüb. 1991, S. 29–49.

Stadttheater, Theater, das von einer Stadt oder mehreren Gemeinden unterhalten wird. Die Bez. ebenso wie das Phänomen verbreitet sich Anfang des 19. Jh.s in Deutschland. Bei den damaligen St.n handelt es sich jedoch meist um Aktien- oder Privattheater (d. h. Geschäftstheater), die ggf. ein städtisches Theatergebäude bespielen oder geringfügige Unterstützung durch die Stadt erhalten. Das erste wirkliche St, entsteht 1839 mit der städtischen Übernahme des Mannheimer Nationaltheaters. Bedeutende St. des 19. Jh.s sind in Leipzig und Hamburg zu finden. Im 20. und 21. Jh. sind die St. neben den Landesbühnen die wichtigsten Vertreter des dt. öffentlich subventionierten Theaterbetriebs.

Lit.: M. Martersteig: Das dt. Theater im neunzehnten Jh. [1904]. Lpz. ²1924. – H. Zielske: Zwischen monarchischer Idee und Urbanität. In: M. Porrmann, F. Vaßen (Hg.): Theaterverhältnisse im Vormärz. Bielefeld 2002, S. 43–69.   AHE

Stagione-Prinzip, Ggs.: ↗ Repertoire.

Stammbuch [lat. *liber gentilitius* = Geschlechter-, Stammbuch; auch *album amicorum* = Buch der Freunde], ursprünglich mit ›Geschlechterbuch‹ mit der »Stammfolge einer Familie«, diente das St. als »genealogischer Nachweis der Nobilität« (Schilling) und sicherte die ↗ Memoria (2). Als Buch des Gedenkens und Erinnerns mit Einträgen von Freunden und Bekannten als den gleichsam geistig Verwandten entspringt das St. einem Freundschaftsideal, das im Umkreis jüngerer protestantischer Gelehrter um Ph. Melanchthon in Wittenberg entstand, von hier aus weitere Kulturräume in Deutschland eroberte und auch an oberit. und frz. Universitäten gepflegt wurde. Ein St. wurde oft während des Studiums mitgeführt und Kommilitonen und Gelehrten vorgelegt, damit sie sich eintrügen. Zugleich entwickelte sich der Brauch in dt. Adelskreisen. Schon bald gibt es Besitzer und Einträger aus allen Ländern Nord- und Mitteleuropas. Über gelehrte und adlige Zirkel hinaus führten im 17. Jh. vereinzelt auch fahrende Handwerker ein St. mit sich. Seine größte Verbreitung fand es in der Zeit von der Mitte des 18. bis ins erste Drittel des 19. Jh.s, als zunehmend auch weibliche Besitzer ein St. ihr Eigen nannten. In Form des ›Poesiealbums‹ kam es seit dem Übergang vom 19. ins 20. Jh. in die Hand unzähliger Schulkinder. – Das St. enthält von Fall zu Fall die verschiedensten Bild- und Text-Einträge, die keineswegs nur der Eingabe oder selbständigen Lektüre des Einträgers erwachsen sind, sondern jederzeit nach ↗ Florilegien zitiert sein können; zudem können die Einträge allg. oder situationsgerecht persönlich gehalten, in gelehrter lat., gr. oder hebr. Sprache oder in einer Volkssprache abgefasst und aus der Bibel, dem Gesangbuch, antiken, fremdländischen, dt., historischern oder auch zeitgenössischen Autoren zitiert oder sonstwie adaptiert sein. Das St. bildet eine ungemein vielfältige und ertragreiche historische Quelle, aus der die Veränderungen des Freundschaftskonzepts ebenso abgelesen werden können wie »die Veränderungen des lit. Kanons und der ästhetische Normenwandel der Goethezeit« (Schilling).

Lit.: Ch. Hannen: *Zeigtest uns die Warheit von Kunst erreichet.* Das St. des Hamburger Schauspieldirektors F. L. Schröder (1744–1816). Hbg. 2003. – W. Harms: St. In: Killy/Meid. – G. Heß: Lit. im Lebenszusammenhang. Text- und Bedeutungskonstituierung im St. Herzog Augusts des Jüngeren von Braunschweig-Lüneburg (1579–1666). Ffm. 2002. – W. Klose: Corpus Alborum Amicorum. CAAC. Beschreibendes Verzeichnis der Stammbücher des 16. Jh.s. Stgt. 1988. – L. Kurras (Hg.): Die Stammbücher. 2 Bde. Wiesbaden 1988/94. – M. Schilling: St. In: RLW. – W. W. Schnabel: Das St. Tüb. 2003. – Wittenberger Gelehrten-St. Hg. durch das Dt. Historische Museum Bln. Halle 1999. – F. J. Worstbrock: Album. In: Mlat. Jb. 41 (2006), S. 247–264.   HFG

Stammsilbenreim, auch: Haupttonsilbenreim, ↗ Reim, der v. a. von der Stammsilbe getragen wird: singen : klingen, im Unterschied zum ↗ Endsilbenreim. – Der Reim wurde in der dt. Dichtung in dem Maße St., wie die ursprünglichen vollvokalischen Endungssilben im Zuge der Sprachentwicklung tonlos wurden; Endungssilben, die vollvokalisch blieben (z. B. die Bildungssilben *-keit, -heit* und *-lich*), reimen auch heute noch.   GS/Red.

Standard Habbie ↗ Burns stanza.

Standardsprache ↗ Hochsprache.

Ständeklausel, die in einseitiger Deutung der »Poetik« des Aristoteles von den Renaissance- und Barock-Poetiken bis hin zu J. Ch. Gottsched erhobene Forderung, nach der in der ↗ Tragödie die Hauptpersonen zum Zweck einer angemessenen ↗ Fallhöhe nur von hohem, in der ↗ Komödie dagegen nur von niederem Stand sein dürfen. Mit dieser ständischen Unterscheidung geht meist auch eine wirkungsästhetische und stilistische einher (↗ Genera dicendi). Im 18. Jh. wird die St. durch die neue Gattung des ↗ bürgerlichen Trau-

erspiels, den Einfluss W. Shakespeares sowie die Dramentheorien G. E. Lessings und des ↗ Sturm und Drang zunehmend obsolet.

Lit.: G. M. Rösch: St. In: RLW. – R. Zeller: Struktur und Wirkung. Bern, Stgt. 1988.   HD/AHE

Ständelied, Volkslied (oder volkstümliches Lied), das gemäß seinem Inhalt und seiner sozialen Adressierung auf einen bestimmten Stand oder Berufszweig (kriegerische, bürgerliche oder bäuerliche Tätigkeit) ausgerichtet ist. Die Volksliedforschung unterscheidet Bauern-, Jäger-, Handwerks-, Bergmannslieder (↗ Bergreihen), ↗ Studenten- und Soldaten- (↗ Landsknechts-) Lieder; auch ↗ Arbeitslieder werden in der nicht einheitlichen Gruppierungsterminologie z. T. zu den St.ern gerechnet, ferner Preis- und Ehrenlieder, Klagelieder (Soldatenabschied, Handwerksburschennot, Weberlieder), religiöse (um Schutz flehende) Lieder, Scherz- und Spottlieder (Schneider, Leineweber); St.er beschreiben aber auch oft berufsbestimmte Lebensformen und ethische Auffassungen. Teilweise charakterisiert der musikalische Ausdruck die beschriebenen oder vorausgesetzten Tätigkeiten (Nachahmung der Arbeitsrhythmen in Schmiede- und Schusterliedern, Signalintervalle in Nachtwächterliedern usw.). – Die von einzelnen Forschern des 19. Jh.s dem St. zugerechneten »Meisterlieder« mit handwerkbeschreibendem Inhalt sind Stilisierungen der sonst anonymen Gattung, die später auch im Kunstlied Nachfolge fanden (F. Schiller: »Das Lied von der Glocke«, L. Uhland: »Der Schmied«, R. Wagner: Aufzugschöre der Handwerker in den »Meistersingern von Nürnberg«).   HW/Red.

Standesdichtung ↗ Gesellschaftsdichtung.

Stanze, f. [it. *stanza* = Zimmer, Aufenthaltsort, Strophe], auch: Oktave, *ottaverime, ottava rima*; it. Strophenform aus acht ↗ Endecasillabi (Elfsilblern mit weiblicher Kadenz); Reimschema: *ababahbcc*, wobei das Reimpaar der inhaltlichen Abrundung dienen kann (z. B. durch Zusammenfassung, Steigerung). – Ob G. Boccaccio als ›Erfinder‹ der St. gelten kann, ist umstritten, jedenfalls hat er sie (»Filostrato«, 1338; »Teseida«, 1339 f.) für die Epik verfügbar gemacht, in der sie zur herrschenden Form wird (M. M. Boiardo, L. Ariosto, T. Tasso). Im 14. und v. a. im 15. Jh. findet sie sich auch im Drama und der Lyrik. Auch in Spanien (Lyrik: L. de Góngora, Drama: Lope de Vega) und Portugal (L. de Camões, »Die Lusiaden«) wird sie beliebt. Im Dt. wird die St., zunächst meist mit Varianten in Hebungszahl, Reimstellung und Endung, seit dem 17. Jh. in Übers.en (Diederich von dem Werder: »Das erlösete Jerusalem«, 1626, in Alexandrinern) und in der Lyrik verwendet. W. Heinse (Anhang der »Laidion«, 1774) wird mit seiner Regelung der Endungen (*a*- und *c*-Reim weiblich, *b*-Reim männlich) vorbildlich. J. W. Goethe (»Die Geheimnisse«, 1784; »Zueignung« zu »Faust«; »Epilog zu Schillers Glocke«), F. Schiller (»Die Jungfrau von Orleans«, V. 393–432), die Romantiker (berühmte ›Stanzenmode‹ in Jena 1799/1800), später dann D. v. Liliencron (»Poggfred«) und R. M. Rilke haben die St. zu einer auch in dt. Dichtung verbreiteten Strophenform gemacht. Gern verwendet wurde sie für Gelegenheitsgedichte bei gehobenen Anlässen oder für elegische Betrachtungen. Sonderformen sind die ↗ Siziliane und Nonarime (Anfügung eines 9. Verses, meist mit *b*-Reim: *ababab ccb*). Freiere Umgestaltungen finden sich z. B. bei Ch. M. Wieland (»Oberon«).

Lit.: H. J. Frank: Hb. der dt. Strophenformen. Tüb., Basel ²1993, S. 661–663, 666 f., 671–679. – P.-E. Leuschner: St. In: RLW.   MGS

Stasimon, n. [gr. *stásimos* = stehend; Standlied], Pl. *Stasima*; Chorlied der gr. Tragödie, das im Unterschied zum Einzugslied (↗ Parodos) vom festen Standplatz des Chores in der Orchestra zu Musik und Tanz gesungen wurde und nach Aristoteles (»Poetik« 1452b 22– 24) keine rezitierten Verse enthielt. Stasima unterteilen die Tragödie formal in einzelne ↗ Epeisodia (Schauspieler- bzw. Schauspieler-/Chor-Partien); ihr Einsatz bereitet häufig einen Szenen-, Masken- oder Kostümwechsel vor und eröffnet Raum für hinterszenische Handlungsabläufe. Der Aufbau eines St.s in der Tragödie ist meist antistrophisch (*aa bb cc*) im Ggs. zu den astrophischen, ebenfalls als Stasima bezeichneten Chorliedern des ↗ Satyrspiels; in der Komödie wird der Begriff für die auf die ↗ Parabase folgenden Chorlieder verwendet. – Stasima sind entweder mimetisch-darstellend oder unmimetisch-konsiderativ und haben je nach Bezug zur Rahmenhandlung handlungsvorbereitende, -tragende oder -kommentierende Funktion. Im Verlauf der Gattungsentwicklung tritt der Handlungsbezug jedoch immer weiter zurück.

Lit.: A. M. Dale: St. and Hyporcheme. In: Eranos 48 (1950), S. 14–20. – M. Hose: Anmerkungen zur Verwendung des Chores in der röm. Tragödie der Republik. In: P. Riemer, B. Zimmermann (Hg.): Der Chor im antiken und modernen Drama. Stgt. 1998, S. 113– 138. – W. Kranz: St. Bln. 1933. – J. Rode: Das Chorlied. In: W. Jens (Hg.): Die Bauformen der gr. Tragödie. Mchn. 1971, S. 85–115.   MBH

Stationendrama, n., Schauspiel aus in sich abgeschlossenen Szenen, in denen der ↗ Held in exemplarischen Stationen seines Lebenswegs gezeigt wird. Obwohl die Stationentechnik bereits im mal. ↗ geistlichen Spiel vorhanden ist, versteht man unter ›St.‹ vorwiegend das expressionistische St. Es gehört zum Typus der ↗ offenen Form, ist handlungsarm, monologdominiert, benutzt (Farb-)Symbolik oder allegorische Figuren. Der Begriff geht auf A. Strindbergs »Die große Landstraße« (schwed. 1909) zurück, ein »Wanderdrama in sieben Stationen«. Strindberg ist der Hauptvertreter des St.s; an ihn schließen bes. Autoren des ↗ Expressionismus an (G. Kaiser: »Von Morgens bis Mitternachts«, 1916; H. Johst: »Der Einsame«, 1917; E. Toller: »Die Wandlung«, 1919). Spätere Stationendramen stammen von W. Borchert (»Draußen vor der Tür«, 1947), und P. Handke (»Untertagblues«, 2003).

Lit.: J. F. Evelein: A. Strindberg und das expressionistische St. NY u. a. 1996. – J. Glauser: St. In: RLW. – P.

Stefanek: Zur Dramaturgie des St.s. In: W. Keller (Hg.): Beiträge zur Poetik des Dramas. Darmstadt 1976, S. 383–404.   AHE

Statisches Gedicht, 1. im ↗ Dadaismus eine Gedichtform, in der widersprüchliche Aussagen unvermittelt nebeneinander stehen, als Ausdruck der Absurdität und Simultaneität des Lebens. – 2. Bez. G. Benns für den Typus des ›reinen Gedichts‹, den Benn in seiner während der nationalsozialistischen Herrschaft entstandenen Lyrik (»Statische Gedichte«, 1948) entwickelte und der gekennzeichnet ist durch strenge Konstruktion (Nominalstil) und Antidynamik. Der damit angestrebte ›Rückzug auf Maß und Form‹ war verbunden mit einer antipolitischen Haltung, mit der Benn in der Nachkriegszeit große Wirkung erzielte.

Lit.: H. Steinhagen: Das statische Gedicht von G. Benn. Stgt. 1969.   DGL

Stegreifdichtung ↗ Stegreifspiel.

Stegreifspiel [ahd. *stegareif* = Steigbügel; die Redensart ›aus dem Stegreif‹, d. h. ohne vom Pferd zu steigen, bedeutet ›spontan‹], szenisch-dramatisch improvisierte Lit., die oft ohne vorgängig schriftlich fixierten Text aufgeführt wird. Das St. kommt sowohl in der größeren Öffentlichkeit als auch in kleineren gesellschaftlichen Zirkeln vor und weist eine konzeptuelle Mündlichkeit auf. Als Ausgangspunkt dienen neben mündlichen Vorabsprachen des Spiels auch schriftliche Texte (zum Teil nur die Rollenfixierung von Typen). – Das St. ist der theatrale Teil der Stegreifdichtung. Diese umfasst zusätzlich Gedicht-Improvisationen und ↗ Performances, die vorwiegend mit schriftlichen Vorlagen spontane Lit. simulieren (z. B. ↗ Poetry Slams), und narrative Lit.improvisation. – Das St. hat seine Wurzeln in der Antike (gr. ↗ Mimus, röm. ↗ Atellane). Im MA. treten Spielleute und Gaukler mit St.en auf. Das ↗ geistliche Spiel kann improvisierte komische Einlagen enthalten. In der it. ↗ Commedia dell'Arte des 16. und 17. Jh.s entwickelt sich das St. zu einer einflussreichen Form des Improvisationstheaters. Das St. der Wanderbühnen erreicht in der Frühen Neuzeit auch in Deutschland hohe Popularität. Mit Elementen des St.s arbeitet das ↗ Wiener Volkstheater des 18. und 19. Jh.s. Seit Ende des 20. Jh.s wird mit neuen interaktiven Formen des St.s experimentiert: Neben Konstellationen, in denen das Theaterpublikum ad hoc in die Entstehung einbezogen wird, gibt es auch netzbasierte Formen wie ›getipptes Stegreiftheater‹, bei dem szenische Episoden in Chaträumen erfunden werden. – Als ↗ Laienspiel erhält das St. im 20. Jh. in didaktischen und therapeutischen Situationen als szenische Form des Lernens einen hohen Stellenwert.

Lit.: R. Bauer, J. Wertheimer (Hg.): Das Ende des St.s. Mchn. 1983. – O. G. Schindler (Hg.): Stegreifburlesken der Wanderbühne. St. Ingbert 1990. – A. Schulz: Stegreifdichtung. In: RLW. – B. Thurn: Mit Kindern szenisch spielen. Bln. 1992.   EST

Stemma, n. [gr. = Stammbaum], Pl. *Stemmata*; Hilfsmittel der ↗ Textkritik, das die Abhängigkeiten unterschiedlicher Überlieferungsträger eines Werkes (gelegentlich auch eines Stoffes oder Themas) in grafischer Form darstellt. Aus den v. a. für die Textüberlieferung antiker oder mal. Werke erstellten St.ta lässt sich ablesen, wie weit der Abstand der tradierten ↗ Manuskripte von der Urfassung oder dem Archetypus ist, welchen Weg die Rezeption genommen hat, wie hoch die Zuverlässigkeit der Überlieferung anzusetzen ist und welche Möglichkeiten vorhanden sind, aus den Rezeptionsformen einen authentischen, d. h. auf den Autor zurückgehenden Text zu rekonstruieren.

Lit.: K. Gärtner: St. In: RLW.   HW/Red.

Sterbebüchlein ↗ Ars Moriendi.

Stichisch, Adjektiv [von gr. *stíchos* = Vers, Zeile], metrische Bez. für solche Verse, die sich desselben Versmaßes bedienen und nicht in Doppelversen (↗ Distichen) oder ↗ Strophen gegliedert sind. In diesem Sinn ist ein Drama in Blankversen wie G. E. Lessings »Nathan der Weise« st. geordnet.

Lit.: D. Kartschoke: St. In: RLW.   BM

Stichometrie, f. [aus gr. *stíchos* = Vers, *métron* = Maß], 1. antike Verszählung zur Feststellung des Werkumfangs (Vermerk der Verszahl am Schluss der Papyrusrollen), zum Schutz gegen Interpolationen und zur Festlegung des Lohnes für den Schreiber; z. T. auch bei Prosatexten (dann ausgehend von der Länge einer Hexameterzeile als Einheit); 2. in der Rhet. Bez. für antithetische Dialoge im Drama; inhaltliche Analogie zur formalen ↗ Stichomythie: »*Wallenstein:* Den Admiralshut riss't ihr mir vom Haupt. / *Wrangel:* Ich komme, eine Krone drauf zu setzen.« (F. Schiller: »Wallensteins Tod«, V. 232 f.).   OB/SHO

Stichomythie, f. [gr. *stíchos* = Vers, *mýthos* = Rede], Dialogform im Versdrama, die als Wechselrede zwischen zwei (selten drei) Figuren die Lebhaftigkeit und Dramatik des Dialogs unterstreichen soll. Rede und Gegenrede finden dabei in regelmäßigem Wechsel von jeweils einem Vers, einem Halbvers (↗ Hemistichion) oder von Doppelversen (Distichomythie) statt, wobei auch Mischformen (2:1, 1:2) möglich sind. In der gr. Tragödie nimmt die Verwendung der St. im 5. Jh. v. Chr. kontinuierlich zu und man unterscheidet je nach Inhalt Überredungs-, Streit-, Anagnorisis-, Gebets-, Beratungs-, Abschieds-, Verhör-, Klage- oder Informations-St. Die gr. Komödie (Aristophanes) verwendet ebenso wie die röm. Tragödie Senecas v. a. Überredungs- und Streit-St. In der dt. Dichtung erscheint die St. als ↗ Stichreim im höfischen Epos (Hartmann: »Iwein«), sentenzhaft im Barock (Gryphius: »Papinianus«) sowie antikisierend bei F. Schiller (»Die Braut von Messina«). Bei H. v. Kleist (»Penthesilea«) tritt die St. zugunsten der ↗ Antilabe zurück.

Lit.: B. Seidensticker: Die St. In: W. Jens: Die Bauformen der gr. Tragödie. Mchn. 1971, S. 183–220. MBH

Stíchos politikós ↗ politischer Vers.

Stichreim, Sonderform der ↗ Brechung, auch: Reimbrechung; ↗ Stichomythie in dialogischen Reimpaartexten: Aufteilung eines Reimpaares auf zwei verschie-

dene Sprecher. Findet sich schon in Dialogpartien mhd. Epen (z. B. im »Iwein« Hartmanns von Aue) und v. a. im mal. Spiel (»Osterspiel von Muri«, Anfang des 13. Jh.s), häufig in den ↗ Fastnachtspielen (15., 16. Jh., vgl. z. B. Hans Folz: »Bauernheirat«).   GS/Red.

Stichwort ↗ Entwurf.

Stigmonym, n., ↗ Pseudonym.

Stijl ↗ Jugendstil.

Stil, m. [lat. *stilus* = Schreibschrift, Schreibart], allg. Begriff zur Kennzeichnung spezifischer Haltungen und Äußerungen von Personen oder Gruppen (Generationen, sozialen Schichten, Berufsgruppen) in einem durch historische, soziale oder gattungsbezogene Normen geprägten Bezugsrahmen. Spricht man verallgemeinernd auch von ›Lebensstil‹ oder ›Lifestyle‹ und – heute bes. in der Werbung – von ›St.‹ als einer positiv besetzten Lebenshaltung und deren materiellen Entsprechungen, so ist doch das spezifische Anwendungsgebiet des Stilbegriffs die Kunst- und Lit.wissenschaft. Hier versteht man traditionell unter ›St.‹ bes., in hohem Grade unverwechselbare Grundmuster, die das Kunstschaffen einzelner Autoren (Personal- bzw. Individualstil; Jugend- oder Altersstil), die Ausprägungsformen einzelner Kunstwerke (Werkstil) und bestimmter Werktypen (Gattungsstil, Textsortenstil), aber auch historischer Zeitabschnitte (Epochen- oder Zeitstil), ganzer Bevölkerungsgruppen (Gruppen- oder Generationenstil) oder Völker (National- oder Regionalstil) kennzeichnen. – Der Stilbegriff entwickelt sich aus der antiken ↗ Rhet. (Cicero und Quintilian), die zwischen drei Stilen (*genera elocutionis*) unterscheidet. Im Rahmen der Antikerezeption des 18. Jh.s wird ›St.‹ zur bedeutenden Kategorie in der klassizistischen Kunstbetrachtung (J. J. Winckelmann, J. W. Goethe). Daneben werden in Analogie zum Redestil zunehmend systematische Beschreibungskataloge für den Schreibstil entwickelt (↗ Stilistik). St. ist somit ein kulturelles Phänomen, dessen Wandel sich an wechselnden Stiltopoi ablesen lässt (z. B. St. als Einkleidung von Gedanken, ›nackter‹ St.), deren einflussreichster sicherlich G.-L. de Buffons bis in das 20. Jh. hinein rezipiertes Diktum »le style est l'homme même« (»Discours sur le style«, 1753) ist. – St. wird in der Forschung meist als Modifikation oder Abweichung von einer Norm beschrieben, d. h., ein Individualstil setzt einen Kollektiv-, Epochen-, Zeitstil voraus, ein Epochenstil ist von anderen Epochenstilen abzugrenzen, der Werkstil lässt sich durch Konfrontation mehrerer Werke desselben Autors erschließen usw. Stilforschung (Stilanalyse, Stilistik) war und ist somit eine Grundlagendisziplin der Kunst- und Lit.wissenschaften, die um Verständigung über die anzuwendenden Normen und Vergleichsgrößen bemüht sein muss. Für sprachliche Kunstwerke haben sich dabei u. a. Beschreibungsmittel der Grammatik, Rhet. und Bildlichkeit bewährt, die je nach Wahl und Verwendungsintensität einzelner, der gesamten Sprache innewohnender Möglichkeiten (Stilelemente, Stilzüge) zu einer additiven Stilbestimmung führen können. Aufgrund der verwendeten Sprachfiguren ist eine Unterscheidung in einen rhet. und einen poetischen St. möglich, die jeweils weiter klassifiziert werden können nach der Auswahl der Wortarten (Nominal- oder Verbalstil) und syntaktischen Verbindungen (parataktischer oder hypotaktischer Stil). Auch die Vermittlungsrichtung eines Textes kann zu Unterscheidungen führen, etwa in einen ›objektiven‹ St., der sich durch Information und kommunikative Tendenz auszeichnet, und in einen ›subjektiven‹ St., der vorwiegend der Selbstaussage eines Autors dient. Solche Stilbestimmungen suchen weniger nach historisch bedingten Größen als nach übergeschichtlichen sog. ›anthropologischen Konstanten‹, die auf Grundmöglichkeiten menschlicher Welterfassung und Mitteilungsmöglichkeiten verweisen (vgl. F. Schiller: »Über naive und sentimentalische Dichtung«, 1795/96). Diesen ahistorischen Stilbestimmungen stehen jene gegenüber, die nach geschichtlichen Bedingungen der spezifischen Ausprägung von Kunstwerken fragen (in der Kunstwissenschaft H. Wölfflin, in der Lit.wissenschaft O. Walzel, L. Spitzer). Hierbei ergeben sich zwei Problemkreise: die Frage nach den historischen Gründen des Stilwandels und die nach den historischen Konstanten einer Stilepoche, die alle Einzelkünste (Architektur, Dichtung, Musik, bildende Kunst usw.), aber auch alle individuellen Verwirklichungen dieses Stils in seiner Zeit umgreifen. Bei den geläufigen Klassifikationen der europäischen Kulturgeschichte in v. a. stilgeschichtlich verstandene ↗Epochen (Romanik, Gotik, Renaissance, Barock, Klassik, Romantik, Impressionismus, Expressionismus, Neue Sachlichkeit und die zahlreichen historisierenden Neo-Stile) zeigt sich, dass jeder St. durch prägnante Charakteristika bestimmbar ist. Aber die isolierten Befunde (z. B. Romanik: Rundbogen, Gotik: Spitzbogen) ergeben allein noch kein Gesetz, das allen Künsten einer Epoche gemeinsam ist. Selbst die Begrenzung der Stile nach ihrer räumlichen, zeitlichen und die einzelnen Kunstgattungen betreffenden Gültigkeit ist umstritten. So beschränkt sich der lit.geschichtliche Barock-Begriff weitgehend auf Texte des 17. Jh.s, während sich in Architektur und Musik der barocke St. bis in die zweite Hälfte des 18. Jh.s erstreckt; der Klassik-Begriff wird in Frankreich für die Dichtung des 17. Jh.s verwendet, während er im Kontext der dt. Lit. eher Strömungen um 1800 bezeichnet (↗Weimarer Klassik, ↗Berliner Klassik). Solche Phasenverschiebungen, die auch zwischen den nationalen Ausprägungen der Epochenstile ↗Klassik und ↗Romantik begegnen, erschweren die Versuche, Stilbestimmungen aus grundlegenden Geistesströmungen oder aus den jeweils herrschenden ökonomischen Situationen abzuleiten und zu begründen. Der Stilbegriff ist, zumal ihm fast immer Wertungen beigemengt sind, vornehmlich dann als Arbeitsgrundlage verwendbar, wenn der historische oder ideologische Standort desjenigen, der mit ihm operiert, reflektiert und mitgeteilt wird.

Lit.: W. Erzgräber, H.-M. Gauger (Hg.): Stilfragen. Tüb. 1991. – H. U. Gumbrecht, K. L. Pfeiffer (Hg.): St. Ffm. 1986. – H. U. Gumbrecht: St. In: RLW. – R. Hein: St. als geisteswissenschaftliche Kategorie. Würzburg 1986. – G. N. Leech, M. H. Short: Style in Fiction. Ldn. 1981. – G. Lerchner: Schriften zum St. Lpz. 2002. – W. G. Müller: Topik des Stilbegriffs. Darmstadt 1981. – Ders.: St. In: HWbPh. – P. Por: Epochenstil. Hdbg. 1982. – R. Rosenberg u. a.: St. In: ÄGB. – B. Spillner (Hg.): Methoden der Stilanalyse. Tüb. 1984. – L. Spitzer: Stilstudien. 2 Bde. Mchn. 1928. Nachdr. Darmstadt 1961. – O. Walzel: Gehalt und Gestalt im Kunstwerk des Dichters [1929]. Darmstadt 1957. – H. Wölfflin: Kunstgeschichtliche Grundbegriffe [1915]. Basel ¹⁸1991.

HW/PP

Stilanalyse ↗Stilistik (3).

Stilarten ↗Genera dicendi.

Stilblüte, missglückte, unfreiwillig komische Äußerung: 1. im engen Sinn die ↗Katachrese (gr. = Bildbruch), die auf der Kombination von ↗Metaphern aus unvereinbaren Bildbereichen beruht (»Fliegende Blätter«, 1884: »Der Zahn der Zeit, der so manche Thräne trocknet, wird wohl auch über diese Wunde Gras wachsen lassen.«); 2. im weiteren Sinn jede Äußerung mit ungewolltem, komischem Doppelsinn, z. B. aufgrund falscher syntaktischer Verknüpfung (Zeitungsinserat 1958: »Studentin sucht Zimmer mit Bett, in dem noch Unterricht erteilt werden kann.«). – St.n werden seit dem 19. Jh. gesammelt und gedruckt und auch als ↗Stilmittel in komischer Lit. eingesetzt.

Texte: H. Seydel (Hg.): Lebende Karpfen – auch geteilt. Ein Kunterbunt unfreiwilligen Humors [...]. Bln. [Ost] 1973.

PK

Stilbruch, Durchbrechung einer Stilebene, etwa durch Einmischung von Wörtern und Wendungen aus einer anderen, höheren oder tieferen Stilschicht oder durch unpassende Bildlichkeit; kann ungewollter Stilfehler sein, aber auch bewusstes, v. a. komisch wirkendes Kunstmittel, z. B. bei Travestien, Parodien, Satiren.

GS/Red.

Stilbühne, Bühnentypus, der im Ggs. zur ↗Illusionsbühne nicht versucht, den fiktiven Spielort des Geschehens vorzutäuschen, sondern ihn etwa durch geeignete Vorhänge, durch einzelne symbolische Versatzstücke und v. a. durch Beleuchtungseffekte (↗Lichtregie) allenfalls andeutet. Zuweilen wird auch völlig von einem konkreten Schauplatz abstrahiert, und die Schauspieler agieren in einem Arrangement, das z. B. mittels geometrischer Körper und ihrer Anordnung auf der Bühne räumliche Elementarbezüge (z. B. oben – unten, nah – entfernt) signalisiert. – Nach Ansätzen zur St. in der klassizistischen Bühnenpraxis wird sie um die Wende vom 19. zum 20. Jh. programmatisch in Gegenbewegung zur naturalistischen Bühne entwickelt (bes. E. G. Craig; G. Fuchs und das Münchner Künstlertheater). Die St. gilt als Bühnenform des ↗Symbolismus und des ↗Expressionismus, ist aber bis heute eines der wichtigsten Bühnenkonzepte geblieben.

Lit.: M. Brauneck: Theater im 20. Jh. [1982]. Reinbek
⁹2001, S. 74–83, 206–210.   TU
Stilfiguren, ↗ rhet. Figuren, ↗ Rhet.
Stilgeschichte, 1. Darstellung der Geschichte verschiedener Epochenstile (↗ Stilistik). – 2. Analog zu
›Geistesgeschichte‹ (↗ geistesgeschichtliche Lit.wissen-
schaft) gebildete Bez. für eine Forschungsrichtung in
der ersten Hälfte des 20. Jh.s, die in der Lit.geschichte
v. a. Entwicklungen und Ausprägungen des Sprach-
und Darstellungsstils lit. Werke verfolgt; methodisch
kennzeichnend ist die Übernahme kunsthistorischer
Kategorien, bes. die Weiterbildung der von H. Wölfflin
(»Kunstgeschichtliche Grundbegriffe«, 1915) geprägten Begriffspaare (linear – malerisch; flächenhaft
– tiefenhaft; geschlossen – offen; einheitlich – vielheit-
lich; klar – unklar) für die Beschreibung lit. Phänomene. Vertreter sind u. a. O. Walzel (↗ »Wechselseitige
Erhellung der Künste«, 1917), F. Strich (»Dt. Klassik
und Romantik«, 1922) und J. Schwietering (»Dt. Dichtung des MA.s«, 1932–41) sowie der Romanist L. Spitzer (»Stilstudien«, 1928).
Lit.: P. Por: Epochenstil. Hdbg. 1982.   GS/Red.
Stilisierung, f., abstrahierende Darstellung oder Anwendung stilistischer Phänomene. In Kunst und Architektur meint ›St.‹ die Vereinfachung von natürlichen
Formen, z. B. von Blattwerk in Säulenkapitellen (ägyptische Lotus- und Palmenkapitelle; Akanthusblätter in
korinthischen Kapitellen), Rosettenform in gotischen
Kathedralen. In der Lit.wissenschaft bezeichnet ›St.‹
eine ästhetische Form, der häufig ein ornamentaler, artifizieller Charakter anhaftet (z. B. im ↗ Manierismus
oder im ↗ Jugendstil). St. zeichnet sich aus durch eine
streng durchkomponierte, formelhafte Ausdrucksweise auf der semantischen (Verwendung von itera-
tiven Figuren; Archaismus) oder der syntaktischen
Ebene (Parallelismus; strenge Vers- und Strophenform). St.en dienen häufig als Verweise auf ältere lit.
Vorbilder (bes. im ↗ Klassizismus).   PP
Stilistik, f., Lehre vom ↗ Stil, im 20. Jh. entstandene
philologische Disziplin, die mit linguistischen und lit.-
wissenschaftlichen Methoden arbeitet. Sie lässt sich in
die Bereiche der normativen, theoretischen und deskriptiven St. (Stilkunde, Stiltheorie und Stilanalyse)
unterteilen.
1. Normative bzw. präskriptive St. (auch: Stilkunde):
Anleitung zu einem vorbildlichen (Schreib-)Stil. Kunst
des Schreibens analog zur Kunst der Rede. Aus der antiken ↗ Rhet. mit ihrer Lehre von den Redestilen und
dem kunstvollen Gebrauch der Sprache (Elocutio) entwickeln sich im 18. Jh. in Deutschland Anleitungen
zum korrekten und angemessenen Gebrauch der
Schriftsprache (↗ aptum, decorum). So bezieht sich
J. Ch. Adelung in seiner Schrift »Über den dt. Styl«
(1785) noch auf die fünf Gebiete der antiken Rhet. Der
als objektiv aufgefasste »gute Stil« gilt in diesem Sinne
als grundsätzlich lernbar. Im Ggs. zur St. als Regelwerk
steht die romantische Vorstellung eines subjektiven
Stils, der die Persönlichkeit des Autors widerspiegelt.

So fordert K. F. Becker (»Der dt. Stil«, 1848) eine Abwendung von der Regelstilistik. Im 19. und 20. Jh. findet die normative St. v. a. im ↗ Deutschunterricht sowie
in populären Stilratgebern ihre Anwendung.
2. Theoretische St. (auch: Stiltheorie): wissenschaftliche Disziplin im Grenzbereich zwischen Linguistik
und Lit.wissenschaft. In der ersten Hälfte des 20. Jh.s
wird die St. durch psychologische Ansätze beeinflusst
(u. a. bei L. Spitzer). Die frz. *explication de texte* und
der angloam. ↗ *New Criticism* konzentrieren sich auf
↗ werkimmanente Interpretationen. Seit den 1950er
Jahren entsteht die linguistische St., die sich z. T. quantitativer Methoden bedient (Computerstilistik). In den
1960er und 1970er Jahren entwickeln R. Jakobson und
M. Riffaterre die strukturalistische St. Unter dem Einfluss der Sprechakttheorie wendet sich die pragmatische St. seit den 1970er Jahren der Alltagssprache als
Untersuchungsgegenstand zu. Neue Impulse für die St.
liefern die feministische Linguistik sowie der interkulturelle Stilvergleich.
3. Deskriptive St. (auch: Stilanalyse): angewandte Stilforschung, welche die Beschreibung und Analyse des
(lit.) Stils zum Gegenstand hat. Im traditionellen Sinn
umfasst die Stilanalyse als Teil einer formalistischen
Textanalyse und -interpretation v. a. die Untersuchung
der ↗ Stilmittel (z. B. ↗ rhet. Figuren, ↗ Bilder). In England entsteht Ende der 1960er Jahre eine deskriptive
St., die sich die Untersuchung lit. Texte mit linguistischen Methoden zur Aufgabe macht (u. a. Analyse von
Abweichungen auf der phonologischen, morphologischen, semantischen und syntaktischen Ebene, aber
auch satzübergreifender Phänomene wie Kohäsion, erzählerische Vermittlung, Sprechaktanalyse, Leserbe-
zug). Zu ihren wichtigsten Vertretern gehören R. Fowler, G. N. Leech und M. Short.
Lit.: R. G. Czapla: St. In: RLW. – J. Esser: English Linguistic Stylistics. Tüb. 1993. – R. Fowler: The Languages
of Literature. Ldn. 1971. – K.-H. Göttert, O. Jungen:
Einf. in die St. Mchn. 2004. – G. N. Leech: A Linguistic
Guide to English Poetry. Ldn. 1969. – G. N. Leech,
M. H. Short: Style in Fiction. Ldn. 1981. – R. Nischik:
Mentalstilistik. Ein Beitrag zu Stiltheorie und Narrati-
vik. Tüb. 1991. – M. Riffaterre: Strukturale St. [frz.
1971]. Mchn. 1973. – W. Sanders: Linguistische Stil-
theorie. Göttingen 1973. – Ders.: Gutes Dt. – besseres
Dt. Darmstadt 1986. – B. Sandig: St. Bln. 1978. – M.
Short: Exploring the Language of Poems, Plays and
Prose. Harlow 1996. – P. Simpson: Stylistics. Ldn. 2004.
– B. Spillner (Hg.): Methoden der Stilanalyse. Tüb.
1984. – M. J. Toolan: The Stylistics of Fiction. Ldn.
1990. – St. Ullmann: Sprache und Stil. Tüb. 1972. – K.
Wales: A Dictionary of Stylistics [1989]. Ldn. ²2001.
                                                    PP

Stilkunde ↗ Stilistik (1).
Stillleben [frz. *nature morte* = tote Natur], Kunstwerk,
das eine Ansammlung unbelebter natürlicher Gegenstände darstellt: 1. In der traditionellen Kunsttheorie
(A. Félibien: »Conférences«, 1669) gilt das St. – wegen

seiner Gegenstände und verglichen etwa mit ↗ Porträt und Historiengemälde – als die unterste Gattung der Malerei, die zugleich im Kontext der ↗ Laokoon-Debatte »am weitesten vom Erzählerischen entfernt und damit am schwierigsten für den kritischen Diskurs erreichbar« (Bryson, S. 10) zu sein scheint. Das St. stellt von ihren Lebensquellen abgeschnittene, zum Genuss vorbereitete oder sogar schon fragmentierte und verfallende Naturgegenstände dar und fungiert daher oft als Memento mori, als ↗ Allegorie der Todesverfallenheit des Lebens. – 2. In der Lit. kann das St. als – bislang in der Forschung unerschlossenes – Genre verstanden werden, das ähnliche Gegenstände wie das malerische St. (1) hat und zu diesem durch vier verschiedene Verfahren in Beziehung tritt: a) Als ↗ Ekphrasis nähert es sich dem bildkünstlerischen St. durch dessen ↗ Beschreibung an (R. M. Rilke: »Das Füllhorn«, 1924); b) mit Mitteln der *Historisierung* wird im lit. St. eine Vor- und Nachgeschichte der bildnerisch dargestellten Gegenstände und/oder der Produktion und Rezeption des Gemäldes erzählt (H. Krausser: »prunkstilleben«, 2003); c) durch *Sektion* wird die Struktur eines St.s in seine Einzelteile zerlegt, wobei oftmals auch deren sprachliche Korrelate in ihre lautlich-graphischen Bestandteile zerschlagen werden (G. Stein: »Tender Buttons«, 1914); d) mittels ↗ *Evokation* sucht sich der lit. Text ganz vom bildkünstlerischen Vorbild abzulösen und natürliche Gegenstände poetisch unmittelbar präsent werden zu lassen (Rilke: »Sonette an Orpheus« [1923] XIII). In einigen poetischen St. werden alle vier Verfahren zusammengeführt (C. Nooteboom: »Paula Modersohn Becker, stilleven 1905«, 1999). Weitere Autoren poetischer St. sind – nach Vorläufern im ↗ Barock und der ↗ Anakreontik – J. W. Goethe (»An vollen Büschelzweigen«, 1819), A. v. Platen, F. Ponge, E. de Andrade, R. Malkowski und G. Falkner.

Lit.: N. Bryson: Stilleben [engl. 1990]. Mchn. 2003. – D. Burdorf: Gibt es poetische St.? In: M. Schmitz-Emans, G. Lehnert (Hg.): Visual Culture. Hdbg. 2007, S. 167–184. – S. Hustvedt: Gespenster am Tisch [engl. 1998]. In: dies.: Nicht hier, nicht dort. Reinbek 2000, S. 201–222. – E. König, Ch. Schön (Hg.): Stilleben. Bln. 1996. DB

Stilmittel, sprachliche Ausdrucksform, die prägend für einen Text ist und der Erzielung einer kontextabhängigen Wirkung dient. Bei St.n handelt es sich meist um ↗ rhet. Figuren, die sich unterschiedlichen Bereichen zuordnen lassen, z. B. ↗ Bild (Metapher, Vergleich, Symbol, Emblem, Allegorie), ↗ Klang (Alliteration, Assonanz, Onomatopoeie, Reim, Rhythmus) und Syntax (Hypotaxe, Parataxe, Parallelismus, Asyndeton, Polysyndeton). Auch Besonderheiten des Wortschatzes (Archaismus, Dialektismus, Latinismus, Neologismus), der ↗ Interpunktion und der Typographie (z. B. Kursivierung) können als St. eingesetzt werden. PP

Stiltheorie ↗ Stilistik (2).

Stimmigkeit ↗ Angemessenheit; ↗ *aptum, decorum*.

Stimmung, Metapher aus dem Bereich der Musik für die emotionalen Bedingungen der Produktion und der Rezeption eines Kunstwerks. Bei F. Schiller ist die »ästhetische St. des Gemüts« eng mit dem »ästhetischen Zustand« verbunden, der eine produktive Selbsterfahrung des Menschen als ganzes und freies Wesen ermöglicht (»Über die ästhetische Erziehung des Menschen«, 1795). Für W. v. Humboldt (»Ueber Göthes Herrmann und Dorothea«, 1799) äußert sich die Lebendigkeit eines Kunstwerks darin, dass es beim Rezipienten diejenige St. auslöst, in der es erschaffen wurde. Die Vertreter der ↗ Romantik beziehen die St. wieder enger auf ihren musikalischen Ursprung: In der liedhaften ↗ Lyrik finde die innere St. des Menschen ihren reinsten Ausdruck. Auch hier wird die St. jedoch nicht gänzlich als subjektiv und willkürlich gedacht. Vielmehr erzeuge die Natur selbst, am deutlichsten in ihren akustischen Erscheinungsformen wie Waldes- oder Meeresrauschen, unbewusste St.en im Menschen. Deshalb ist v. a. die hochromantische Lyrik (J. v. Eichendorff, C. Brentano) vielfach als ›St.slyrik‹ – im Kontrast beispielsweise zur Erlebnislyrik (↗ Erlebnisdichtung) Goethes oder zur ↗ Gedankenlyrik Schillers – bezeichnet worden. Stimmungslyrische Elemente finden sich darüber hinaus in der gesamten Lyrik des 19. Jh.s bis hin zum ↗ Symbolismus. ›St.‹ ist noch bei E. Staiger, der auf die Existenzphilosophie (vgl. Bollnow) zurückgreift, ein fundamentaler Begriff, da er »das Dasein unmittelbarer als jede Anschauung oder jedes Begreifen« erschließe (S. 63). In der neueren Forschung wird er jedoch meist als zu vage kritisiert. Eine Neubelebung wird durch Rekonstruktion der historischen Verwendungen (vgl. Wellbery, Welsh) sowie im Kontext der Ansätze zu einer anthropologischen Poetik (durch H. U. Gumbrecht) versucht.

Lit.: O. F. Bollnow: Das Wesen der St.en [1941]. Ffm. 1956. – B. Lecke: Das St.sbild. Musikmetaphorik und Naturgefühl in der dichterischen Prosaskizze 1721–80. Gött. 1967. – E. Staiger: Grundbegriffe der Poetik [1946]. Zürich ²1951. – D. E. Wellbery: St. In: ÄGB. – C. Welsh: Hirnhöhlenpoetiken. Theorien zur Wahrnehmung in Wissenschaft, Ästhetik und Lit. um 1800. Freiburg 2003. – F. J. Wetz: St. In: HWbPh. JH

Stoff [von mittelnl. *stoffe* = Gewebe, Material], Konstellation aus Figuren, Ereignissen, Handlungen und Konflikten, die auf vorlit. Ebene die Grundlage für die Handlung erzählender oder dramatischer Lit. (einschließlich Oper, Film, Hörspiel) bildet. In der angelsächs. und frz. Lit.wissenschaft können die Begriffe *theme* bzw. *thème* sowohl für St.e als auch für ↗ Motive und ↗ Themen verwendet werden. Im dt. Sprachgebrauch ist der St. gegenüber dem Thema und dem Motiv durch größere Konkretion gekennzeichnet (namentliche Nennung der Protagonisten, zeitliche und räumliche Fixierung). Ein St. ist nicht an eine bestimmte formale Gestaltung, eine Gattung oder eine Sprache gebunden, sondern kann in vielerlei Formen realisiert werden. Lit. St.e entstammen zumeist der

Geschichte (z. B. Maria Stuart), der Religion (z. B. Adam und Eva), der Mythologie (z. B. Amphitryon), der Sagenüberlieferung (z. B. Nibelungen) oder der Lit. (z. B. Hamlet, Faust). Lit.: H. S. Daemrich, I. G. Daemmrich (Hg.): Themen und Motive in der Lit. [1987]. Tüb., Basel ²1995.– E. Frenzel: St.e der Weltlit. [1961]. Stgt. ⁹1998. – Dies.: Vom Inhalt der Lit.: St. – Motiv – Thema. Freiburg 1980. – U. Mölk: Motiv, St., Thema. In: U. Ricklefs (Hg.): Fischer Lexikon Lit. Bd. 2 [1996]. Ffm. ²2002, S. 1320–1337. – A. Schulz: St. In: RLW. – J.-Ch. Seigneuret (Hg.): Dictionary of literary themes and motives. 2 Bde. NY u. a. 1988. SD

Stoffgeschichte, f., Teildisziplin der ↗ vergleichenden Lit.wissenschaft, die sich mit der vergleichenden Inhaltsanalyse lit. Werke beschäftigt, eng verwandt mit der ↗ Motivgeschichte und der ↗ Thematologie. Die St. untersucht die Entstehung, Tradierung und Variation lit. ↗ Stoffe in synchroner und diachroner Perspektive. – Wie die Motivgeschichte gehört die St., die ihre Anfänge in der vergleichenden Mythenforschung hat (↗ Mythos, ↗ Mythologie), zu den spezifischen Interessen der ↗ Germanistik seit dem frühen 19. Jh. Während J. und W. Grimm im Zuge ihrer Märchen- und Sagensammlungen noch nach einem allen Völkern gemeinsamen Ursprung bestimmter Stoffe suchten, konzentrierten sich die späteren Forschungen zur St. auf die Dokumentation und Sammlung von lit. Stoffen in internationaler Perspektive, was zur Erstellung umfangreicher Stoff- und Motivkataloge geführt hat. Im 20. Jh. erfuhr die St. wichtige Anstöße durch die ↗ geistesgeschichtliche Lit.wissenschaft und die ↗ Ideengeschichte, die beide die einseitige Konzentration auf die positivistische Sammlung von Fakten kritisierten. Strukturalistische Fragestellungen verbinden die St. mit erzähltheoretischen Konzepten, z. B. bei der Suche nach bestimmten Handlungsschemata (↗ Narratologie, ↗ Erzähltheorie). Die in den 1960er Jahren einsetzende internationale Debatte über das Verhältnis von Stoff- und Motivgeschichte zur inhaltlich weiter gefassten Thematologie hat der stoff- und motivgeschichtlichen Forschung wichtige Anstöße zur theoretisch-methodologischen Reflexion ihrer Methoden, Ziele und Gegenstände gegeben. Lit.: M. Beller: Von der St. zur Thematologie. In: DVjs 47 (1973), S. 149–166. – E. Frenzel: Neuansätze zu einem alten Forschungszweig. Zwei Jahrzehnte Stoff-, Motiv- und Themenforschung. In: Anglia 111 (1993), S. 97–117. – L. Petzoldt (Hg.): Studien zur Stoff- und Motivgeschichte der Volkserzählung. Ffm., Bern 1995. – A. Schulz: St. In: RLW. – R. Trousson: Plaidoyer pour la St. In: Revue de Littérature Comparée 38 (1964), S. 101–114. – Th. Ziolkowski: Disenchanted Images. A literary Iconology. Princeton 1977. SD

Stoichedon, Adverb [gr. = reihenweise, reihenartig], bes. auf altgr. Inschriften übliche blockhafte Anordnung der Buchstaben eines Textes in waagerechten Reihen ohne Rücksicht auf die Wortgrenzen, so dass die Buchstaben auch senkrechte Reihen bilden und eine ornamentale Wirkung erzeugt wird. GS/Red.

Stollen, m., einer der beiden Teile des ↗ Aufgesangs mhd. Lieder (↗ Kanzone); der Aufgesang bildet wiederum zusammen mit dem ↗ Abgesang die Kanzonen- oder ↗ Stollenstrophe. Bei den beiden St. handelt es sich um metrisch und melodisch identische Einheiten. KS

Stollenstrophe, auch: Kanzonenstrophe; verbreitetste Strophenform der mhd. Lyrik. Die St. ist dreiteilig: auf einen zweiteiligen ↗ Aufgesang folgt ein ↗ Abgesang. Der Aufgesang besteht aus zwei ↗ Stollen, welche metrisch und melodisch identisch sind. Die Zahl der Verse in einem Stollen variiert (gewöhnlich von zwei bis acht). Die einfachste Form besteht aus zwei Reimpaaren: *ab ab*. Dieses Schema wird häufig erweitert und variiert. Der Abgesang weist eine unterschiedliche Melodie und ein anderes metrisches Schema auf. Die Stollen des Aufgesangs sowie der Aufgesang und der Abgesang sind jeweils auf verschiedene Weise miteinander verknüpft; oft werden Aufgesang und Abgesang inhaltlich kontrastiert. – Die St. verbreitete sich im dt. Raum unter romanischem Einfluss und löste die zäsurierten ↗ Langverse der älteren Einzelstrophen ab. Fest verankert ist sie bei Heinrich von Morungen, Walther von der Vogelweide, Reinmar u. a. Lit.: K. Plenio: Bausteine zur altdt. Strophik [1917 f.]. Darmstadt 1971. – G. Schweikle: Minnesang [1989]. Stgt. 1995. – H. Tervooren: Sangspruchdichtung. Stgt. 2001. – A. H. Touber: Dt. Strophenformen des MA.s. Stgt. 1975. KS

Strambotto, m. [selten *strambottolo*, in der toskanischen Variante *rispetto*], Gattung der it. Lyrik des späten 14. bis 16. Jh.s, die selten die *decima rima*, bisweilen die ↗ Sestine, meistens aber die narrative Ottaverime (↗ Stanze) des ↗ Epos als lyrische Strophe (*ottava lirica*) verwendet, sei es für einstrophige Gedichte vorwiegend epigrammatischen Charakters (*st. spicciolato*), sei es für mehrstrophige (*st. continuato*), wobei eine thematische Autonomie der Einzelstrophe gewahrt bleibt. Versmaß ist der Elfsilber, die Liebesthematik ist vorherrschend, auch Spottlieder sind möglich. Im 19. Jh. erfolgt eine historisierende Wiederaufnahme der St. als volksnahe Form (N. Tommaseo, G. Carducci, G. Pascoli). Lit.: G. Bertone: Breve dizionario di metrica italiana. Torino 1999, S. 166 und 190 f. – A. M. Cirese: Gli st. dalle origini romanze alla tradizione orale moderna. In: ders.: Ragioni metriche. Palermo 1988, S. 35–153. – W. Th. Elwert: It. Metrik [1968]. Wiesbaden ²1984, S. 129 f. HG

Straßentheater, eine Form von ↗ Theater, die durch den Spielort Straße deutlich von institutionalisiertem Theater abgegrenzt ist. St. muss in seinen Mitteln den Gegebenheiten der offenen Straße und dem flanierenden Publikum angepasst sein und verzichtet daher weitgehend auf aufwendige Bühnenaufbauten und komplexe Dramenstrukturen. Während schon ältere Theaterformen wie das Prozessionstheater des MA.s

im öffentlichen Stadtraum stattfanden, nahm erst das ↗ Agitprop-Theater der 1920er Jahre die Straße als Ort für eine politische Gegenöffentlichkeit in Anspruch. In dieser Tradition steht auch das dt. St. der Studentenbewegung in den 1960er Jahren. Vorbild war das populäre am. St. (»Bread and Puppet Theatre«, »San Francisco Mime Troupe«). Ab den 1970er Jahren tritt die Erprobung neuer Spielformen wie Paraden, Maskenspiel, Zirkusaufführungen in den Vordergrund. Heute kann man im St. eine Tendenz zur Inszenierung des jeweiligen Spielortes (*site specifity*) feststellen.
Lit.: Ch. Balme: St. In: RLW. – B. Büscher: Wirklichkeitstheater, St., Freies Theater. Ffm. u.a. 1987. – A. Hüfner (Hg.): St. Ffm. 1970. – B. Mason: Street Theatre and other Outdoor Performance. NY, Ldn. 1992.
MWA

Stream of Consciousness, m. [engl. = Bewusstseinsstrom], radikale Variante des ↗ inneren Monologs, welche der Präsentation der ›strömenden‹ Struktur von (Figuren-)Bewusstsein dient. – Die formale Definition des St. o. C. entspricht derjenigen des inneren Monologs. Orientiert an der Theorie des Bewusstseinsstroms von W. James und an der Psychoanalyse S. Freuds wurde zu Beginn des 20. Jh.s mit dem St. o. C. eine Variante des inneren Monologs entwickelt, die versucht, durch eine weitgehend aufgelöste Syntax und den Verzicht auf Satzzeichen zugunsten einer ungeordnet wirkenden Reihung von Wörtern oder Syntagmen den rational nicht kontrollierbaren, inkohärenten ›Strom‹ des Bewusstseins sprachlich zu gestalten (z. B. der Schlussmonolog der Molly Bloom aus J. Joyces »Ulysses«, 1922).
Lit.: S. Chatman: Story and Discourse. Ithaca, Ldn. 1978. – D. Cohn: Transparent Minds. Princeton 1978. – R. Humphrey: St. o. C. in the Modern Novel. Berkeley, Los Angeles 1954. – W. James: On Some Omissions of Introspective Psychology [1884]. In: ders.: Writings 1878–99. Cambridge/Mass. 1992, S. 986–1013.   USP

Streitgedicht, 1. Verstext, in dem (meist zwei) Personen, personifizierte Gegenstände oder Abstraktionen eine Auseinandersetzung austragen, z. B. über die eigenen Vorzüge und die Schwächen oder Fehler des Gegners (Rangstreit) oder um eine bestimmte Frage zu entscheiden; ↗ Streitgespräch in Versform. – St.e haben eine lange, von der antiken über die mlat. Lit. bis in die Volkssprachen führende Tradition; dabei gibt es Einflüsse der ↗ Ekloge und der scholastischen ↗ Disputatio. Auch die pers. und die arab. Lit. kennen St.e. – Formen und Bez.en in gr. Lit.: ↗ Agon, ↗ Synkrisis; in lat. Lit.: ↗ Altercatio, ↗ Conflictus, ↗ Disputatio; in der Romania: ↗ Tenzone, ↗ Partimen, ↗ Jeu parti, ↗ Débat, ↗ Contrasto. Blüte des dt. St.s erst im Spät-MA. (Frauenlob, Regenbogen). – 2. Als St.e im weiteren Sinne werden auch germ. Scheltgedichte (z. B. »Lokasenna«) oder Spott- und Reizreden (Gelfreden) verstanden; vgl. auch ↗ Rätsel (Rätselwettstreit), ↗ Dichterfehde, ↗ Büchlein.
Lit.: I. Kasten: Studien zu Thematik und Form des

mhd. St.s. Diss. Hbg. 1973. – H. Walther: Das St. in der lat. Lit. des MA.s. Mchn. 1920.   MGS

Streitgespräch, verbale Auseinandersetzung: 1. in Form eines lit. Prosatextes, z. B. »Der Ackermann aus Böhmen« (Johannes von Saaz, wohl 1401); 2. als Einlage in epischen Werken, z. B. die St.e unter Bauern und Bäuerinnen in Wittenwilers »Ring« (Anfang des 15. Jh.s); 3. in der konfessionellen Kontroverslit. der Reformationszeit – eine häufige, meist in Form von ↗ Flugschriften verbreitete Ausprägung; 4. in Versform, auch ↗ ›Streitgedicht‹ genannt; 5. im nichtlit. Bereich, z. B. in der Alltagskommunikation oder in Fernseh-Talkshows. – Vgl. auch ↗ Dialog, ↗ Eristik.
Lit.: Ch. Kiening: St. In: RLW.   MGS

Strichfassung ↗ Bühnenbearbeitung, ↗ Bühnenmanuskript.

Strophe, f. [gr. = Wendung], 1. zunächst der erste Teil eines Chorgesangs im gr. Drama (der gleichförmige zweite heißt ↗ Antistrophe, der dritte, von anderer Form, *Epodos* oder ↗ *Epode*); 2. heute im engeren Sinn des Wortes jede nach demselben Schema (der jeweiligen *St.nform*) gebaute Sequenz von Versen eines Gedichts. Die kürzesten St.n (wie die Distichen der klassischen Elegie) umfassen zwei, die längsten (wie im dt. Meistersang) mehr als dreißig Verse. Die meisten St.nformen setzen sich aus Versen verschiedenen Maßes zusammen (wie in den klassischen ↗ Oden oder großenteils im dt. ↗ Kirchenlied); St.nformen, die sich aus Versen nur eines Maßes zusammensetzen, sind gewöhnlich nach der Reimordnung markant gegliedert (wie in der it. ↗ Stanze: *ababab cc* oder der span. ↗ Dezime: *abba accddc*). Den häufigsten Fall bilden zweiteilige St.nformen, zu denen man auch die ↗ pindarische Ode und die Kanzonenstrophe (beide: *AA B*) rechnen kann. Von einer ›St.‹ wird ausnahmsweise auch bei solchen Gedichten gesprochen, die nicht in St.n gegliedert, aber auf eine und dieselbe Melodie gedichtet sind (wie Walthers Sangsprüche im »Reichston« oder Kraus' »Zusatzstrophen« zur »Tirolienne« von Offenbach). Gedichte derselben Bauart, die sich nicht aus St.n zusammensetzen, weisen gelegentlich eine eigene *Gedichtform* auf: Sonett, Rondeau, Limerick usw. Nicht eben zweckmäßig bezeichnet ›St.‹ im weiteren Sinn des Wortes auch jeden (oft nur optisch greifbaren) Abschnitt eines Gedichts, etwa die verschieden langen Verssequenzen in ↗ Freien Rhythmen oder die vier- und dreizeiligen Teile (Quartette und Terzette) des romanischen ↗ Sonetts. Aus der anfangs engen Beziehung zwischen strophischer Gliederung und musikalischer Darbietung erklärt es sich wohl, dass die einzelne Strophe in aller Regel auch eine sprachliche (semantisch-syntaktische) Einheit bildet. St.nsprünge (↗ Enjambement) treten allerdings nicht selten schon bei Griechen und Römern auf (eher in Oden als in Elegien). Eine andere Art der Verknüpfung über die St.ngrenze hinweg liegt dann vor, wenn innerhalb der St.n reimlose Verse (↗ Waisen) wenigstens untereinander reimen (Körner) oder einzelne Verse, vorzugsweise am

St.nschluss, sich in allen St.n wiederholen (Kehrreim, Refrain).

Da sich die mehr als tausend St.nformen, über die bereits die europäischen Lit.en verfügen, nicht auf eine überschaubare Anzahl von Formtypen zurückführen lassen, sollen hier nur diejenigen Maße namentlich verzeichnet werden, die in der neueren dt. Lit. bes. oft gebraucht worden sind (vgl. Frank). Dazu gehören unter den Vierzeilern außer der ambrosianischen Hymnenstrophe verschiedene Spielarten der Volksliedstrophe (wie die halbe Hildebrandsstrophe, die halbe Vagantenstrophe, die Chevy-Chase-Strophe) im wenigstens annähernd jambischen sowie die Suleika- und die Schenkenstrophe im trochäischen Gang (beide so benannt nach ihrer Verwendung in J. W. Goethes »West-östlichem Divan«). Unter den nach klassischen Vorbildern gestalteten Odenmaßen stehen die alkäische und die sapphische St. obenan. Von den mehr als vierzeiligen St.nformen sind die Lindenschmidt- (fünfzeilig), die Schweifreim- (sechszeilig) und die Lutherstrophe (siebenzeilig) aufzuführen.

Ebenso wie einzelnen Versmaßen hat man auch einzelnen Strophenformen bes. ›Charaktere‹ zugeschrieben (z. B. F. Schiller in dem Epigramm »Die achtzeilige Stanze«). An der Ausbildung solcher Konnotationen dürften in wechselnder Mischung sowohl die förmliche Beschaffenheit (wie Umfang und Aufbau) als auch die historische Verwendung der jeweiligen Form (etwa vorzugsweise in Liebes- oder Totenklagen) beteiligt sein. Während der fragliche Zusammenhang an einigen St.nformen (wie der von Goethes »Nähe des Geliebten« durch Meyer) feinsinnig demonstriert worden ist, dürfte es schwerfallen, die verschiedenen St.nformen etwa von Schillers Balladen (deren jede ein anderes Maß verwendet) auf dieselbe Weise zu erklären.

Lit.: H. J. Frank: Hb. der dt. St.nformen. Mchn. 1980. – E. Häublein: The Stanza. Ldn. 1978. – O. Knörrich: Lexikon lyrischer Formen. Stgt. 1992. – H. Meyer: Vom Leben der St. in neuerer dt. Lyrik. In: DVjs 25 (1951), S. 436–473. – J. Schneider: St. In: RLW. – Ders.: St.nform. In: RLW. – A. H. Touber: Dt. St.nformen des MA.s. Stgt. 1975. CWA

Strophenenjambement ↗ Strophensprung.

Strophenrefrain ↗ Refrain.

Strophensprung, auch: Strophenenjambement; das Überspielen der metrischen Stropheneinheit durch die Syntax: Der Satz reicht über das Strophenende in die folgende Strophe hinein, z. B. im »Nibelungenlied«, bei J. W. Goethe (»An den Mond«), häufig bei R. M. Rilke. ↗ Enjambement. GG

Struktur, f. [lat. *structura* = Gefüge, Ordnung, Aufbau], Prinzip der (regelmäßigen oder unregelmäßigen) Anordnung der Einheiten eines Systems oder Systemausschnitts. Ein System (von Bauwerken bis hin zu Denkgebäuden oder historischen Epochen) besteht aus einer Menge von Elementen und deren Relationen zueinander und zum Gesamten. Ein Element ist die für eine Betrachtung festgelegte kleinste konstitutive Einheit eines Systems. Es kann selbst ein System in einer gesonderten Betrachtung bilden. Daher können sich Systeme auf sehr unterschiedliche Objektbereiche beziehen (z. B. auf einzelne Sätze, lit. Werke oder ganze ↗ Epochen). Untergeordnete Einheiten erfüllen bestimmte ↗ Funktionen in übergeordneten Einheiten. Zwischen allen Einheiten eines Systems bestehen Beziehungen (Relationen zwischen den Elementen, Subsystemen und den Beziehungen selbst), die insgesamt die St. des Systems oder des betrachteten Systemausschnitts ergeben. Das System der Regeln, nach denen ein Objekt aufgebaut ist, kann als dessen ›St.‹ bezeichnet werden. St.en sind selbst Einheiten ihres Systems und haben in diesem Funktionen. Innerhalb der St.en sowie zwischen St.en können synchron und diachron Veränderungen (Transformationen) stattfinden. – ›St.‹ in dem genannten Sinne ist der Leitbegriff des ↗ Strukturalismus, der bes. in der Linguistik eine bedeutende Position einnimmt. Der Strukturalismus versteht Systeme und St.en als abstrakte Kategorien der Modellbildung, die mit einem bestimmten Erkenntnisinteresse auf das untersuchte Objekt angewendet werden und keine beobachtbaren Eigenschaften des Objekts sind. Er sucht in der Lit.wissenschaft durch den St.begriff sowohl die essentialistischen Aspekte in traditionellen Begrifflichkeiten wie ↗ ›Komposition‹ oder ↗ ›Form‹ und ›Inhalt‹ als auch die subjektivistische Ablehnung einer zergliedernden Analyse zu überwinden.

Lit.: P. Matthews: A Short History of Structural Linguistics. Cambridge 2001. – H. Naumann (Hg.): Der moderne St.begriff. Darmstadt 1973. – M. Oppitz: Notwendige Beziehungen [1975]. Ffm. ²1993. – M. Titzmann: St. In: RLW. JG

Strukturalismus, m. [lat. *structura* = Gefüge, Ordnung, Aufbau], methodische und erkenntnistheoretische Position, die auf die Untersuchung von ↗ Strukturen ausgerichtet ist, d. h. auf die Untersuchung aller Beziehungen zwischen den Einheiten eines Systems oder Komplexes. Im St. werden Objekte nicht isoliert, sondern im Zusammenhang von synchron und diachron sich entwickelnden Systemen und Strukturen beschrieben, in denen sie ↗ Funktionen erfüllen. Von einer Untersuchung postulierte Strukturen gelten dabei nicht als Eigenschaften des Untersuchungsobjekts. Sie bilden vielmehr auf den Objektbereich angewandte Kategorien der Modellbildung. Das methodische und begriffliche Handwerkszeug einer Theorie bildet seinerseits strukturierte Systeme, welche die Bestimmung des Objekts konstituieren. Der St. orientiert sich daher erkenntniskritisch am Ideal einer kontrollierbaren, terminologisch oft aufwendig formalisierten methodischen Wissenschaftlichkeit. – Zunächst in der Linguistik, dann auch in anderen Geisteswissenschaften hat der St. seit Anfang des 20. Jh.s großen Einfluss gewonnen. Begründer des St. ist der Schweizer Linguist F. de Saussure (1857–1913). Dieser unterscheidet in seinem »Cours de linguistique générale« (postum

1916) das abstrakte System ›Sprache‹ (frz. *langue*) von aktuellen Realisierungen der Sprache (frz. *parole*) und etabliert so eine synchrone systematische Untersuchungsebene, die sich von einer rein sprachgeschichtlichen (diachronen) Orientierung absetzt. Vor diesem Hintergrund betont Saussure die Arbitrarität der Zuordnung eines Signifikanten (eines Zeichenkörpers) zu einem Signifikat (einer Zeichenbedeutung). Die Bedeutung des Zeichens beruhe auf seiner Stellung und Funktion im paradigmatischen und syntagmatischen System der Sprache. Für die Entwicklung des St. werden verschiedene ›Schulen‹ bedeutsam: in den Anfängen der russ. ↗ Formalismus und Saussures ›Genfer Schule‹, dann die Linguistenkreise Nordamerikas (um L. Bloomfield) und Kopenhagens (um L. Hjelmslev) sowie die ›Prager Schule‹, weiterhin die frz. Strukturalisten. – Für die Lit.wissenschaft ist der St. in mehrfacher Gestalt von Bedeutung: Unter den Modellen der ↗ linguistischen Poetik, welche die Funktionen lit. Sprache systematisch untersuchen (J. Mukařovský, E. Coseriu), ist das Modell des russ. Linguisten R. Jakobson (1896–1982) bes. wirkungsmächtig geworden. Jakobson untersucht die ↗ poetische Funktion, die in poetischen Texten gegenüber anderen Funktionen dominiere. Er kennzeichnet sie im Rahmen eines Systems aus ›Sender‹, ›Empfänger‹, ↗ ›Code‹, ›Botschaft‹, ↗ ›Kontext‹ und ›Kontakt‹ als Orientierung eines Textes auf die eigene sprachliche ›Botschaft‹ hin. Durch dieses an einer formalisierten Kommunikationssituation orientierte Modell versucht Jakobson die lit. Interpretation zu formalisieren und von biographisch-positivistischen wie subjektivistisch am Gefühl orientierten Tendenzen zu lösen. Terminologisch hat der St. in diesem Sinne z. B. durch aufwendige Modelle zur Erzähltextanalyse (G. Genette) auf die Praxis der lit. ↗ Interpretation Einfluss genommen. – Durch die Ausweitung des St. von der Linguistik auf andere Geisteswissenschaften und durch die Entwicklung oft kritischer weiterführender Theorien fächert sich der St. in zahlreiche lit.theoretische Modelle auf, die andere Fächer in die Lit.wissenschaft integrieren oder einen gleitenden Übergang zu übergeordneten oder benachbarten Theorien bilden: so J. M. Lotmans semiotisches Modell eines ›sekundären modellbildenden Systems‹ der Lit., das zivilisationskritische ›wilde Denken‹ des Anthropologen C. Lévi-Strauss, N. Fryes Theorie der ›Archetypen‹, P. Bourdieus soziologische Analysen des ›lit. Feldes‹, G. Genettes ›Palimpsesttheorie‹, der ›Tod des Autors‹ bei R. Barthes, M. Foucaults Diskursanalyse, J. Lacans Psychoanalyse oder auch die lit.wissenschaftliche ›Kybernetik‹ St. Lems; bis hin zum ↗ Poststrukturalismus (G. Deleuze) und zur ↗ Dekonstruktion (J. Derrida).

Lit.: J. Albrecht: Europäischer St. [1988]. Tüb., Basel ²2000. – J. Culler: Structuralism, Linguistics, and the Study of Literature. Ldn. u. a. 2002. – R. Harland: Superstructuralism: the Philosophy of Structuralism and Post-Structuralism. Ldn. 2003. – R. Jakobson: Poetik.

Ffm. 1989. – P. Matthews: A Short History of Structural Linguistics. Cambridge 2001. – M. Titzmann: St. In: RLW.   JG

Studentenlied, Gattung des ↗ Ständeliedes: Gruppenlied zum Preis studentisch-(burschenschaftlich) ungebundener Lebensweise (Burschen-, Kneipen-, Bummellied) oder von Universitätsstädten oder -festen, auch Spottlied auf Spießbürger oder akademische Berufsstände; oft derb, z. T. mit lat. Brocken oder ganz in Vulgärlatein abgefasst, z. B. »Gaudeamus igitur«, »O alte Burschenherrlichkeit«. Auch von Studenten(-verbindungen) bevorzugt gesungene Balladen, Volks- u. a. Lieder werden zu den St.ern gezählt. – Schriftlich fassbar sind St.er erstmals in den Sammlungen mit ↗ Vagantendichtung (z. B. in der Hs. der »Carmina burana«, 13. Jh.), dann seit dem 16. Jh. in hsl. Liederbüchern; die erste gedruckte Sammlung von St.ern erschien 1782 von Ch. W. Kindleben. ↗ Kommersbuch.   GS/Red.

Studententheater, studentisches Laienschauspiel, das alternativ neben dem konventionellen Theaterbetrieb steht. Das St. ist in Deutschland nach 1945 v. a. an philologischen Fachbereichen der Universitäten verbreitet. Es versucht, neue theatralische Möglichkeiten zu entdecken (Textcollagen, Wiederbelebung alter Spielformen wie Puppen-, Schatten-, Simultan-, Maskenspiele) und regt in den 1950er Jahren die Gründung von Experimentier- und Werkstattbühnen an. Vergleichbare Entwicklungen sind in den USA und in Osteuropa (v. a. Polen) zu beobachten. Seit den studentischen Protestbewegungen der 1960er Jahre entsteht ein politisch motiviertes St., das die Mittel und Formen des ↗ Agitprop-Theaters der 1920er Jahre wiederbelebt und neue Publikumsschichten zu erreichen sucht. Daraus gehen auch neue Formen des ↗ Kinder- und Jugendtheaters hervor. Das Erlanger St. veranstaltet ab 1949 jährlich internationale St.treffen. 1954 wird die ESTU, später ISTU (›Internationale Studententheaterunion‹), gegründet. Die Aktivitäten der St. sind inzwischen zurückgegangen und nicht mehr so stark politisiert.

Lit.: M. Hübner: St. im Beziehungsgeflecht politischer, gesellschaftlicher und kultureller Auseinandersetzung. Diss. Erlangen-Nürnberg 1987.   MKO/AHE

Studie, f. [lat. *studium* = Streben, Bemühen, Beschäftigung], Sammelbez. für Prosatexte verschiedener Art, in denen meist das Beschreiben und Erklären gegenüber dem Erzählen dominiert. Der zuerst um 1800 (etwa bei H. v. Kleist) belegte Begriff betont sowohl die liebevolle Vertiefung in einen einzelnen Gegenstand als auch die bloß versuchende Annäherung an ihn. Daher kann ›St.‹ einerseits für eine wissenschaftliche ↗ Abhandlung, also einen ↗ Aufsatz oder eine ↗ Monographie, stehen, andererseits (bes. im Pl.) für Vorarbeiten (auch: ›Vorstudien‹) zu einer solchen Abhandlung. Im Bereich der nichtwissenschaftlichen Prosa dominiert die Bedeutungsdimension des Vorläufigen: Hier steht ›St.‹ (ebenfalls meist im Pl.) für oft aus tagebuchähnlichen Notaten hervorgegangene, vorgeblich keinem strikten Anordnungsprinzip folgende Prosatexte, die sich dem ↗ Aphorismus, der ↗ Anekdote, der ↗ Kurz- und ↗ Kürzestgeschichte, der ↗ Novelle und ↗ Erzählung (so in A. Stifter: »St.n«, 1844–50), der ↗ Glosse, dem ↗ Feuilleton oder dem ↗ Essay annähern können; Synonym ist oft ↗ ›Skizze‹.

Lit.: St. In: DWb 20 (1942), Sp. 271.   DB

Studienausgabe, ↗ Edition, die in Bezug auf die Qualität des abgedruckten Textes und die editorischen Beigaben zwischen ↗ Leseausgabe und ↗ kritischer bzw. ↗ historisch-kritischer Ausgabe (von der sie im Idealfall abgeleitet ist) anzusiedeln ist. Die St. bietet einen kritisch erstellten Text mit Begründung der Textgrundlage. Ausgewählte ↗ Varianten gibt sie an, soweit diese exemplarische Einsicht in Textkonstituierung, -genese und -überlieferung ermöglichen. Auch die Auswahl ergänzender Dokumente und die Anlage des für die St. als konstitutiv geltenden texterschließenden ↗ Kommentars, der Wort- und Sacherklärungen, Angaben zu Entstehungs- und Publikationsgeschichte und v. a. die Forschung einarbeitende Interpretations- und Lit.hinweise enthalten kann, erfolgt v. a. im Hinblick auf die akademische Lehre. Ist so die kommentierende Aktualisierung des Textes, anders als in der kritischen Ausgabe, ein wichtiger Aspekt der St., betont sie eher als die Leseausgabe seine Historizität. Daher ist die orthographische Modernisierung in der St. umstritten. – Das derzeit anspruchsvollste Projekt im Bereich der St.n ist die seit 1981 erscheinende »Bibliothek dt. Klassiker«.

Lit.: K. Kanzog: Einf. in die Editionsphilologie der neueren dt. Lit. Bln. 1991, S. 179–192. – B. Plachta: Editionswissenschaft. Stgt. 1997, S. 16–19.   VL

Studiotheater ↗ Zimmertheater.

Stundenbuch, in spätmal. Zeit verbreiteter Buchtypus für die tägliche private Devotion von Laien. Das St. enthält verkürzte Texte des klerikalen Stundengebets (↗ Brevier), zunächst in lat., später auch in nl., dt. oder frz. Sprache. Die vielfältig erweiterten Kernbestandteile des St.s sind der ↗ Kalender, das Marien- und das Totenoffizium sowie die Bußpsalmen. Die Ausstattung der Stundenbücher hängt ebenso stark vom regionalen wie vom sozialen Kontext ab. Nordnl. Stundenbücher sind äußerst schmuckarm, während frz. Herzöge oft mehrere Stundenbücher besaßen, die zu den am reichsten illuminierten Hss. des MA.s gehören. Noch die gedruckten frz. Stundenbücher sind mit kolorierten Holzschnitten versehen. – Vereinzelt wird die Form in nach-mal. Zeit in Textsammlungen wieder aufgegriffen, die nur noch einen vagen religiösen Hintergrund besitzen (R. M. Rilke: »Das Stunden-Buch«, 1905).

Lit.: E. König, G. Bartz: Das St. Stgt., Zürich 1998. – H. Köstler: St. In: RLW.   CWI

Sturmkreis, Künstlergruppe, die 1910 aus dem von H. Walden (1878–1941) 1904 in Berlin gegründeten »Verein für Kunst« hervorging, dessen Ziel es gewesen war, der modernen Lit., Kunsttheorie und Musik ein Forum

zu geben. Walden gab mit seiner Zs. »Der Sturm«, deren erste Nummer am 3. März 1910 erschien, dem Kreis eine radikalere Wendung. Mit ihr bekundete er die Forderung, »an die Stelle des Journalismus und des Feuilletonismus wieder Kultur und die Künste treten« zu lassen (Walden: »Zwei Worte« in der ersten Nummer). Es gelang ihm nicht nur, Schriftsteller wie M. Brod, H. Mann, P. Scheerbart, K. Hiller, E. Lasker-Schüler oder K. Kraus und von den jüngeren A. Döblin, K. Heynicke, J. van Hoddis, A. Lichtenstein und A. Loos für die Mitarbeit zu gewinnen, sondern gleichermaßen wichtige bildende Künstler der noch jungen expressionistischen Bewegung. So waren u. a. O. Kokoschka, E. Nolde, M. Pechstein und E. L. Kirchner in der Zs. vertreten. Dabei konzentrierten sich die oft provokativ-programmatisch angelegten Texte auf das Künstlerische und legten keinen Wert auf politische Verortung. Obwohl sich kein einheitliches ästhetisches Konzept etablierte, kristallisierten sich theoretische Ansätze heraus wie die Eigengesetzlichkeit von Dichtungssprache, das Plädoyer für abstrakte Elemente und die Absage an Psychologisierung, Subjektivität und die Mimesis-Funktion von Kunst (prägnant in den Arbeiten A. Behnes). Um dem breiten Spektrum zeitgenössischer avantgardistischer Kunst ein Publikum zu schaffen, erweiterten Walden und sein Kreis die Aktivitäten und organisierten – z. T. in der eigenen »Sturm-Galerie« – 1912–28 ca. 170 Ausstellungen, die entscheidenden Anteil an der Durchsetzung moderner europäischer bildender Kunst in Deutschland hatten. Seit 1916 wurden allwöchentlich Lese- und Rezitationsabende (»Sturm-Abende« mit gleichnamiger Anthologie, Berlin 1918) veranstaltet und damit eine Tradition des »Vereins für Kunst« aufgegriffen, um dessen Neuorganisation und Integration man sich seit 1913 mit nur bedingtem Erfolg bemühte. Auftakt war eine Gedenkveranstaltung zum ersten Todestag A. Stramms (1874–1915), dessen lit. Werk eine Schlüsselstellung im St. einnahm. Während die Breite an Institutionalisierung zunahm (»Sturm-Schule«, »Kunstbuchhandlung Der Sturm«, Verlag, »Sturm-Bühne«), verengten sich der Kreis und sein Wirkungsradius. Mit Waldens Annäherung an kommunistische Positionen trat ein grundlegender Profilwechsel ein, der das Ende der Sturm-Ära besiegelte.

Lit.: S. Arnold: Das Spektrum des lit. Expressionismus in den Zss. »Der Sturm« und »Die Weissen Blätter«. Ffm. 1998. – A. H. Overbeck: The »Sturm-Kreis«. Diss. Nashville/Tenn. 1971. – P. Sprengel: Institutionalisierung der Moderne: H. Walden und Der Sturm. In: ZfdPh 110 (1991), S. 247–281. – P. J. Vock: »Der Sturm muß brausen in dieser toten Welt«. H. Waldens Sturm und die Lyriker des Sturm-Kreises in der Zeit des ersten Weltkriegs. Trier 2006.   RBE

Sturm und Drang, auch: Geniezeit; kulturelle Bewegung in Deutschland von den späten 1760er Jahren bis Ende der 1780er Jahre. Die Bez. ›St. u. D.‹ wurde vom Titel eines Schauspiels von F. M. Klinger (1776) auf die ganze Bewegung übertragen. Ihr Ausgangspunkt ist eine jugendliche Revolte gegen Einseitigkeiten der ↗ Aufklärung (z. B. Rationalismus, Fortschrittsoptimismus, Regelgläubigkeit, verflachtes Menschenbild), aber auch gegen die als unnatürlich empfundene Gesellschaftsordnung der Zeit mit ihren Ständeschranken, erstarrten Konventionen und ihrer lebens- und sinnenfeindlichen Moral. Der St. u. D. ist jedoch nicht auf diese Opposition begrenzt. Während er im politischen Bereich wirkungslos blieb, gab er dem geistigen Leben Impulse, die in jeweils unterschiedlicher Akzentuierung noch auf die ↗ Weimarer Klassik, die ↗ Romantik, auf G. Büchner, auf den ↗ Naturalismus und ↗ Expressionismus bis hin zu B. Brecht nachwirkten. Als Leitideen stehen im Zentrum die Selbsterfahrung und Befreiung des Individuums als leib-seelischer Ganzheit; gegenüber dem Verstand werden nun bes. die Werte des Gefühls, der Sinnlichkeit und der Spontaneität betont. Damit verbindet sich auch eine neue Erfahrung und Wertung der Natur: Sie ist für den St. u. D. der Urquell alles Lebendigen und Schöpferischen, auch im Menschen selbst. Als höchste Steigerung des Individuellen wie des Naturhaften erscheint das Genie, in dem sich die schöpferische Kraft einmalig und unmittelbar offenbart. Der geniale Künstler trägt nicht nur, wie bereits G. E. Lessing entgegen der normativen Poetik formulierte, alle Regeln in sich, sondern ist als Originalgenie schlechthin unvergleichlich. Prototypen des Genies sind für den St. u. D. Homer und W. Shakespeare, daneben auch Pindar, »Ossian«, F. G. Klopstock und, aus den eigenen Reihen, der junge J. W. Goethe. Aus der Erfahrung und Hochschätzung des Individuellen entwickelt sich eine neue Geschichtsauffassung, in der die einzelnen Völker, Kulturen und Sprachen in ihrer einzigartigen Erscheinung vom Ursprung her erfasst werden. In diesem Zusammenhang erhalten die frühe Dichtung und insbes. die Volksdichtung eine neue Bedeutung. Anregungen erfuhr der St. u. D. vom Ausland durch die Kulturkritik J. J. Rousseaus und das Genieverständnis E. Youngs (»Conjectures on original composition«, 1759), im Inland bes. durch die Tradition des ↗ Pietismus und der ↗ Empfindsamkeit, aber auch durch die Emanzipationsbestrebungen innerhalb der Aufklärung. Unmittelbarer Wegbereiter der antirationalen und religiösen Komponente des St. u. D. war J. G. Hamann (»Sokratische Denkwürdigkeiten«, 1759, »Kreuzzüge des Philologen«, 1762, hieraus bes. die »Aesthetica in nuce«). Grundideen, die weit über den St. u. D. hinaus wirkten, entwickelte J. G. Herder (»Fragmente über die neuere dt. Lit.«, 1767; »Journal meiner Reise im Jahre 1769«; »Abhandlung über den Ursprung der Sprache«, 1770; »Von dt. Art und Kunst« 1773). – Der lit. St. u. D. beginnt mit der Begegnung zwischen Herder und Goethe 1770 in Straßburg. Von Herders ästhetischen Ideen beeinflusst, schreibt Goethe in der lyrischen, dramatischen und epischen Gattung jeweils die initiierenden Werke des St. u. D. (Sesenheimer Lieder, 1771; »Götz

von Berlichingen«, 1773; »Die Leiden des jungen Werthers«, 1774). Das Drama, bes. Tragödie und Tragikomödie (J. M. R. Lenz), gelegentlich auch die Farce, sind die bevorzugten Gattungen des St. u. D., da sie dem leidenschaftlichen und spannungsgeladenen Lebensgefühl der Epoche am meisten entsprechen. Die Form ist der klassizistisch verstandenen aristotelischen Tragödie diametral entgegengesetzt: Regeln werden abgelehnt, die ↗ drei Einheiten aufgelöst zugunsten einer ›offenen‹ Form, eines beliebig häufigen Ortswechsels, kurzer »Fetzenszenen«, eines vielsträngigen, allenfalls im Helden zentrierten Handlungsgefüges und einer freien Verfügung über die Zeit (theoretisch am radikalsten formuliert in den »Anmerkungen übers Theater« von Lenz, 1774). Fast alle Dramen sind in Prosa geschrieben (gelegentlich greift man auch auf altdt. Versformen zurück), in einer alltagsnahen, ausdrucksstarken, manchmal grellen Sprache. Charakteristische Themen und Motive sind die Selbstverwirklichung des genialen Menschen (Goethe: »Faust«, »Prometheus«), der tragische Zusammenstoß des Einzelnen mit dem »notwendigen Gang des Ganzen« (Goethe: »Götz«; F. Schiller: »Die Räuber«, »Fiesko«), Bruderzwist bis zum Brudermord (F. M. Klinger: »Die Zwillinge«), der Konflikt zwischen herrschendem Moralkodex und Leidenschaft (Goethe: »Stella«), das Aufbegehren gegen die Korruption der herrschenden Stände und gegen Ständeschranken überhaupt (Lenz: »Der Hofmeister«, »Die Soldaten«), die soziale Anklage, bes. verschärft im Thema der Kindsmörderin, das jetzt zum ersten Mal als ein gesellschaftliches Problem gesehen wird (Gretchen-Tragödie im »Faust«; J. L. Wagner: »Die Kindermörderin«). – In der Epik zeigt sich eine Neigung zum Autobiographischen, die dem Interesse des St. u. D. am individuellen Leben entgegenkommt. Das überragende epische Werk der Epoche, Goethes »Werther«, verdankt seinem biographischen Ansatz, seiner überwiegend subjektiven Erzählweise einen Teil seiner weltweiten Wirkung. Mit der Absolutheit des Gefühls, Naturbegeisterung, Gesellschaftskritik und Hinwendung zum einfachen Volk, mit der Schwärmerei für Homer und Ossian werden zentrale St. u. D.-Themen aufgegriffen und zugleich problematisiert. Echte ↗ Autobiographien sind J. H. Jung: »Heinrich Stillings Jugend« (1777) und U. Bräker: »Lebensgeschichte und natürliche Ebentheuer des Armen Mannes im Tockenburg« (1789). Zwischen Autobiographie und Roman steht die psychologische Analyse »Anton Reiser« von K. Ph. Moritz (1785–90). W. Heinses »Ardinghello und die glückseligen Inseln« (1787) entdeckt die Renaissance als wahlverwandte historische Epoche. Schiller schafft mit dem »Verbrecher aus verlorener Ehre« die erste dt. Kriminalerzählung, die sowohl die Psychologie des Verbrechers wie die Mitschuld von Staat und Gesellschaft erkennen lässt. – Die Lyrik, von Herder als ›Urpoesie‹ aus ihrer gattungstheoretisch untergeordneten Stellung herausgehoben, löst sich im St. u. D. zum ersten Mal aus ihrer gesellschaftlich-geselligen Einbindung und wird zum Ausdruck persönlichen Erlebens (↗ Erlebnisdichtung). Den Durchbruch bilden Goethes Sesenheimer Lieder, die spontanes Gefühl und intensives Naturerlebnis in einer volksliednahen Sprache ausdrücken. Neben das ↗ Lied tritt die unter engl. Einfluss erneuerte ↗ Ballade als Ausdruck irrationaler Kräfte, bes. der Typus der Geisterballade (G. A. Bürger: »Lenore«; L. Hölty: »Adelstan und Röschen«; Goethe: »Der untreue Knabe«) und der naturmagischen Ballade (Goethe: »Der Fischer«, »Erlkönig«). Die Frankfurter ↗ Hymnen Goethes gestalten das Genie als Ich-Erfahrung (»Wandrers Sturmlied«, »An Schwager Kronos«) oder als Mythos (»Prometheus«, »Ganymed«, »Mahomets Gesang«) in eruptiver, wortschöpferischer Sprache. Die Hymnenform weist auf den Einfluss Klopstocks hin, der sich noch stärker bei den Lyrikern des 1772 gegründeten ↗ Göttinger Hain manifestiert. Ihm gehören Hölty, J. H. Voß, H. Ch. Boie, Leisewitz und die Brüder Stolberg an; Bürger, Ch. F. D. Schubart und M. Claudius stehen ihm nahe.

Lit.: H. Dedert: Die Erzählung im St. u. D. Stgt. 1990. – W. Hinck (Hg): St. u. D. Königstein/Ts. ²1989. – A. Huyssen: Drama des St. u. D. Mchn. 1980. – G. Kaiser: Aufklärung, Empfindsamkeit, St. u. D. [1976]. Tüb. ⁵1996. – U. Karthaus: St. u. D. Mchn. 2000. – W. Kühlmann, F. Vollhardt: St. u. D. In: RLW. – M. Luserke: St. u. D. Stgt. 1997. – R. Pascal: Der St. u. D. Stgt. ²1977. – Ch. Perels (Hg.): St. u. D. Ffm. 1988. – B. Plachta, W. Woesler (Hg.): St. u. D. Tüb. 1997. – M. Wacker (Hg.): St. u. D. Darmstadt 1978.   GH

Stuttgarter Schule, auch: Stuttgarter Gruppe; lose Gruppierung v. a. von Autoren, aber auch Typographen und Druckern um die von M. Bense herausgegebene Zs. »augenblick« (1955–61) bzw. die von M. Bense und E. Walther herausgegebene Publikationsfolge »rot«, zu der neben Bense v. a. R. Döhl, L. Harig und H. Heißenbüttel zu rechnen sind. Die nicht einheitlichen Texte und z. T. typographischen Arbeiten der St. Sch. zeichnen sich zunächst durch eine Mischung von Experiment und Tendenz, seit Beginn der 1960er Jahre zunehmend durch Experimentierfreudigkeit mit zeitweiliger Nähe zur ↗ konkreten Poesie aus.

Lit.: www.stuttgarter-schule.de   RD/Red.

Subiectio, f. [lat.], ↗ Dialogismus.

Subkanon ↗ Kanon.

Subliteratur ↗ Underground-Lit.

Subordinatio, f. [lat], ↗ Hypotaxe.

Subscriptio, f. [lat.], Bildunterschrift des ↗ Emblems.

Subskription ↗ Distribution.

Substantivmetapher ↗ Metapher.

Sujet, n. [sy'ʒɛ; frz. = Gegenstand], in allg. Verwendung der ↗ Stoff, das ↗ Thema oder das zentrale ↗ Motiv eines lit. Werks. – Im russ. ↗ Formalismus (insbes. bei B. Tomaševskij) wird ›S.‹ als erzähltheoretischer Begriff konstrastierend zu ↗ ›Fabel‹ bzw. ↗ ›Plot‹ gebraucht und bezeichnet die konkrete kompositorische Darstellung einer Handlung, wozu u. a. die Abfolge der Ereignisse im jeweiligen Text, ihre erzähllogische Verknüpfung und die Erzählsituation gehören. – Eine eigenständige Verwendung erfährt der Begriff bei J. Lotman, der innerhalb seiner strukturalistischen Raumsemantik narrative Texte grundsätzlich als ›sujethaltig‹ definiert.

Lit.: J. Lotman: Die Struktur lit. Texte [russ. 1970]. Mchn. ³1989. – M. Martinez, M. Scheffel: Einf. in die Erzähltheorie [1999]. Mchn. ⁵2003. – A. Schulz: S. In: RLW. – B. Tomaševskij: Theorie der Literatur. Poetik [russ. 1925]. Wiesbaden 1985. – E. Volek: Die Begriffe ›Fabel‹ und ›S.‹ in der modernen Lit.wissenschaft. In: Poetica 9 (1977), S. 141–166.   SD

Summa, f., ↗ Summe.

Summarium, n. [mlat.], kurz gefasste Inhaltsangabe einer Schrift, auch Bez. für eine mal. Glossensammlung (z. B. das »S. Heinrici«, 11./12. Jh.).   GS/Red.

Summe, f. [lat. *summa* = Zusammenfassung, Gesamtheit], 1. die geordnete Gesamtdarstellung eines Wissensstoffs; 2. lit. Gattung, welche diese Gesamtdarstellung zum Gegenstand hat. – S.n entstehen im SpätMA. zu den meisten Wissensbereichen, insbes. der Philosophie (v. a. der Logik), Theologie, Jurisprudenz und Medizin, aber auch im Bereich der Homiletik (*Summa de arte praedicandi*) und der Pastoraltheologie (Buß-S.n). – Im 12. Jh. wird als ›S.‹ entweder die Zusammenfassung eines beliebigen Stoffgebietes oder aber die geordnete Ganzheit der theologischen Lehre bezeichnet. Die theologische S. ist dabei aus der Tradition der ↗ Sentenzen, also der Zusammenstellungen von Väterzitaten (wie denen des Petrus Lombardus) entstanden; erst im Übergang zur Hochscholastik des 13. Jh.s wird unter ›S.‹ die lit. Gattung verstanden, die sich von der Gattung der Sentenzen und Sentenzenkommentare formal (Lehraussagen nur noch in Form der Quaestio) und methodologisch (vorwiegend syllogistisch-argumentierendes Gepräge) unterscheidet. Der Urtyp dieser neuen S.n-Art ist die »Summa aurea« (1212–20) des Wilhelm von Auxerre, die berühmteste, in ihrer Bedeutung meist überschätzte S. die »Summa theologiae« (1265–73) des Thomas von Aquin. Die theologische S. verliert im Verlaufe des 14. Jh.s an Bedeutung, im 15. und 16. Jh. entstehen fast nur noch philosophische, bes. logische S.n und S.n des kanonischen Rechts sowie Buß-S.n.

Lit.: L. Hödl: S. (Summula) A. In: LMA. – W. Metz: S. In: HWbPh. – H. Zapp: S. (Summula) C. In: LMA. DR

Sure, f. [arab. *sūra* = Kapitel], Abschnitt des Korans, des heiligen Buches der Muslime, abgefasst in klassischem Arab., in sog. Reimprosa (endreimende Verse ohne metrische Struktur). Der Koran ist in 114 S.n ungleicher Länge (3–286 Verse) unterteilt. Er beginnt mit den längeren (jüngeren) S.n und endet mit den kürzeren. Jede S. trägt eine Überschrift (»Die Kuh«, »Der Tisch«) und beginnt mit der Eröffnungsformel *Bismillah* ... (»Im Namen Allahs ...«). Die S.n enthalten nach muslimischem Glauben die Offenbarungen Gottes (Allahs), die der Erzengel Gabriel dem Propheten Mohammed zwischen 608 und 632 in Mekka und Medina

eingegeben hat und die nach seinem Tod gesammelt wurden. Sie sind stilistisch uneinheitlich und auch inhaltlich nur durch das Glaubensverständnis als Einheit erfahrbar. Ermahnungen und Visionen prägen den sog. mekkanischen (älteren) Teil, während rechtliche Fragen und die Abgrenzung zum Polytheismus sowie die Bemühungen um eine Gemeindebildung aus der medinensischen Periode stammen. Immer wieder beschwören die S.n den einen Gott als Schöpfer aller Dinge. Gleichwohl konkurrierten schon im 10. Jh. sieben verschiedene Fassungen, die durch unterschiedliche Auslegungen der nur in Konsonanten niedergelegten arab. Schrift zustande kamen. Die erste lat. Paraphrase des Korans ließ Petrus Venerabilis, der Abt von Cluny, 1143 in Toledo anfertigen; sie wurde 1543 auf Anregung M. Luthers gedruckt. Die erste eigenständige Übers. aus dem Arab. in eine europäische Volkssprache erfolgte 1674 durch Andre du Ryer ins Frz.
Lit.: T. Nagel: Der Koran. Mchn. 1983. – A. Neuwirth: Studien zur Komposition der mekkanischen S.n. Bln. 1981. – Y. Thoraval: Lexikon der islamischen Kultur. Darmstadt 1999.   JBR

Surprise-ending story ↗ Short Story.

Surrealismus, m. [frz. *sur* = über, jenseits], eine nach dem Ersten Weltkrieg in Paris entstandene avantgardistische Richtung der Kunst und Lit. sowie deren künstlerische Verfahren. – Jede vereindeutigende Definition widerspricht dem Anspruch des S., der eine Praxis intendiert, in welcher Leben und Kunst, Vernunft und Wahn, Wirklichkeit und Traum keine Gegensätze mehr sind. Der S. sucht, beeinflusst von der Psychoanalyse S. Freuds, die tiefste Einheit allen menschlichen Seins in einem mit traditionellen Erkenntnismitteln allein nicht zu begreifenden Unbewussten. Daher werden Kindheitserinnerungen, Träume und Alpträume, Tag-Nacht-Verwirrungen, wahnhafte Visionen, spontane Assoziationen, somnambule und hypnotische Mechanismen sowie Bewusstseinszustände nach Drogengenuss als Ausgangspunkte künstlerischer Produktivität verstanden. Der S. will in seiner ersten Phase unter totalem oder partiellem Verzicht auf Logik, konventionelle Syntax und traditionelle ästhetische Gestaltung die von psychischen Mechanismen gesteuerten Bildsequenzen aus vorrationalen Tiefenschichten festhalten und entwickelt dafür die Produktionsästhetik der ↗ *écriture automatique* (A. Breton, Ph. Soupault: »Les Champs magnétiques«, 1919/20). Als eine auf die Gräuel des Krieges und das Gefühl zunehmender Entfremdung reagierende, um die globale Erweiterung von Wirklichkeit und Bewusstsein sowie um den Umsturz aller geltenden Werte bemühte anarchistisch-revolutionäre Kunst- und Weltauffassung nimmt der S. Elemente barocker Mystik, dt. Romantik, orientalischer Kultur, psychopathischer Kreativität und sog. primitiver Kunst auf. Beeinflusst vom ↗ Symbolismus, ↗ Expressionismus, ↗ Futurismus und ↗ Dadaismus sowie den Schriften D.-A.-F. de Sades, Ch. Baudelaires, G. de Nervals und Lautréamonts, lehnt der S. sinnverhaftete ›bürgerliche‹ Kunstkonzeptionen ab. – Die Bez. ›S.‹ findet sich erstmals 1917 bei G. Appollinaire (»Les mamelles de Tirésias. Drame surréaliste«). Eine Führerrolle in der surrealistischen Bewegung beanspruchte A. Breton für sich, der in seinem »Ersten Manifest des S.« (1924) eine theoretische Begründung der neuen Kunstrichtung versuchte, die Zs. »La Révolution surréaliste« (1924–29) mit herausgab und mit »Nadja« (1928) den neben L. Aragons »Le paysan de Paris« (1925) wichtigsten surrealistischen Roman verfasste. Der S. hat außerhalb des lit. Bereichs (H. Arp, A. Artaud, G. Bataille, A. Césaire, R. Char, P. Eluard, Y. Goll, M. Oppenheim, J. Prévert, R. Queneau) bes. der Malerei wichtige Impulse gegeben (G. de Chirico, P. Delvaux, S. Dalí, M. Ernst, P. Klee, R. Magritte, A. Masson, J. Miró, P. Picasso, F. Picabia, M. Ray); auch im Film wurden surrealistische Experimente unternommen (L. Buñuel, R. Clair, J. Cocteau). Tendenzen zur Auflösung der immer schon sehr heterogenen Kunstbewegung wurden in den Streitigkeiten um das Verhältnis zur Kommunistischen Partei virulent, die 1928 begannen und die gesamten 1930er Jahre prägten; die immer heftiger zwischen Avantgarde und Kommunismus schwankenden Surrealisten zerstritten sich angesichts der Frage, wie auf Faschismus und Krieg ästhetisch zu reagieren sei. Die Phase der Résistance (1940–44) brachte eine Neubelebung des S.; nach dem Zweiten Weltkrieg jedoch kann trotz des Fortlebens surrealistischer Tendenzen in der Kunst und Lit. von einer surrealistischen Bewegung nicht mehr gesprochen werden. Der S. beeinflusste weltweit zahlreiche Autoren, bes. aus Spanien (F. García Lorca, R. Alberti) und Lateinamerika (J. Cortázar, P. Neruda). In der dt. Lit. wirkt der S. bis heute; so finden sich surrealistische Elemente in Werken von A. Döblin, C. Einstein, U. Gruenter, H. Heißenbüttel, H. Hesse, H. H. Jahnn, E. und F. G. Jünger, A. Kubin, H. E. Nossack, A. V. Thelen, P. Weiss oder U. Zürn.
Lit.: K. Barck (Hg.): S. in Paris 1919–39 [1986]. Lpz. [2]1990. – K. Bartsch: S.₂. In: RLW. – H. Becker (Hg.): Das surrealistische Gedicht. Ffm. 1985. – W. Benjamin: Der Sürrealismus [1929]. In: ders.: Gesammelte Schriften, Bd. II.1. Hg. v. R. Tiedemann, H. Schweppenhäuser. Ffm. 1977, S. 295–310. – K. H. Bohrer: Die gefährdete Phantasie, oder S. und Terror. Mchn. 1970. – A. Breton: Die Manifeste des S. [1968]. Reinbek [2]1977. – P. Bürger (Hg.): S. Darmstadt 1982. – Ders.: Der frz. S. [1971]. Ffm. 1996. – J. Chénieux-Gendron: Le S. Paris 1984. – Y. Duplessis: Der S. [frz. 1950]. Bln. 1992. – I. Hedges: Languages of Revolt. Dada and Surrealist Literature and Film. Durham/N. C. 1983. – L. Janover: La Révolution surréaliste. Paris 1989. – G. Metken (Hg.): Als die Surrealisten noch recht hatten. Texte und Dokumente [1976]. Hofheim 1983. – M. Nadeau: Histoire du Surréalisme, suivi de Documents surréalistes. 2 Bde. Paris 1945/48. – W. Spies (Hg.): Die surrealistische Revolution. Ostfildern 2002. – A. Vowinckel.: S. und Kunst 1919 bis 1925. Hildesheim u. a. 1989.   KH

Suspension ↗ Abkürzung.

Syllabotonische Versreform ↗ Sonett.

Syllepsis, f. [gr. = Zusammenfassung], rhet. Figur, ↗ Zeugma.

Syllogismus, m. [lat., von gr. *syllogismós* = das Zusammenrechnen], logischer Schluss; ↗ Argumentation.

Symbol, n. [gr. *sýmbolon* = Erkennungs-, Wahrzeichen; lat. *symbolum*], mehrdeutiges lit. ↗ Zeichen, das die Interpretationsbedürftigkeit eines lit. Textes erzeugt. Der poetologische Begriff ›S.‹ ist vom semiotischen Verständnis des S.s als eines arbiträren Zeichens abzugrenzen: Das lit. S. verweist gerade nicht vermittels zufälliger, erfundener Ausdrucksmittel, sondern durch vorgefundene Ausdrücke auf etwas. – Wie bei der ↗ Allegorie steht beim S. ein einzelnes Textelement für einen abstrakteren, allg. Sachverhalt; allerdings wird beim S. der eigentliche Sinn des zeichenhaft stehenden Gegenstandes durch den symbolischen überlagert: »Es ist die Sache, ohne die Sache zu sein, und doch die Sache; ein im geistigen Spiegel zusammengezogenes Bild, und doch mit dem Gegenstand identisch« (J. W. Goethe: »Philostrats Gemählde«, 1818). Die semantische Potenz des S.s rührt entweder aus einer natürlichen ↗ Analogie zwischen Bild und Bedeutung oder basiert auf einer kulturell überlieferten Bedeutungstradition (z. B. der Regenbogen als Sinnbild der göttlichen Gnadenzusage). – Die Etymologie von gr. *sýmbolon* (eigentlich: ›das Zusammengeworfene‹) verweist auf die beiden Hälften eines irdenen Gefäßes oder eines Rings, die zwei lange getrennte Freunde bei sich tragen und bei einer Begegnung als Erkennungszeichen und damit als Zeichen ihrer Freundschaft zusammenlegen (gr. *symbállein* = zusammenwerfen). Das S. ist in diesem Sinne ein Sinnbild für etwas Abstraktes, eine Idee. Dabei ist allerdings für die antike Begriffsverwendung der Aspekt der Konvention, der Übereinkunft hinsichtlich der Bedeutung des Zeichens wichtig. Während Platon den Begriff in seiner wortgeschichtlichen Bedeutung als ›Zusammengefügtes‹, als ursprüngliche Einheit von Mann und Frau, begreift (»Symposion« 191d), fasst Aischylos (»Agamemnon«, V. 8 f.) ihn schon in seiner jeweils durch Übereinkunft hergestellten Bedeutung als Erkennungsmerkmal auf. Für die weitere abendländische Tradition ist der S.-Begriff der Stoiker der späthellenistischen Zeit von zentraler Bedeutung: Die irdische und die überirdische Realität werden als in einem symbolischen Verhältnis zueinander stehend begriffen (Iamblichos, 250–330 n. Chr.; Proklos, 412–485 n. Chr.). Dabei werden die irdischen Dinge als Abbilder göttlicher Ideen begriffen. Das europäische MA. entwickelt ein stark kodifiziertes Bildinventar: Im Sach-, Tier-, und Farben-S. (↗ Farbensymbolik) werden Abstrakta dargestellt. Damit wird, bes. im Kontext der sich entwickelnden Heraldik (↗ heraldische Dichtung), der bildliche Fundus für die ↗ Emblematik des 16. und 17. Jh.s vorbereitet. – Im Verständnis der ↗ Aufklärung wird das S. zum Medium von Erkenntnis; I. Kant begreift es schließlich als »indirekte Darstellung des Begriffs« (»Kritik der Urteilskraft« [1790], § 59). F. Schiller (»Ueber die nothwendigen Grenzen beim Gebrauch schöner Formen«, 1795) zufolge werden im S. Ideen und Empfindungen bildhaft anschaulich gemacht; damit wird die spezifische Potenz lit. Rede gegenüber der begrifflich präzisen, rationalistischen Rede des philosophischen Diskurses umrissen. Auch andere Autoren der Zeit um 1800 erheben den S.-Begriff zu einem zentralen Terminus für das Selbstverständnis der Lit. V. a. Goethe prägt (in seinen »Maximen und Reflexionen« bzw. »Sprüchen in Prosa«) das Verständnis des Begriffs als »Schau des Allgemeinen im Besonderen« (Bd. I 42.2, S. 146). Das S. erscheint ihm als »die Natur der Poesie; sie spricht ein Besonderes aus, ohne an's Allgemeine zu denken oder darauf hinzuweisen« (ebd.). Das S. »verwandelt die Erscheinung in Idee, die Idee in ein Bild, und so, daß die Idee im Bild immer unendlich wirksam und unerreichbar bleibt« (Bd. I 48, S. 206). Ausgangspunkt ist also nicht, wie bei der Allegorie, eine philosophische Abstraktion, sondern die konkrete und sinnliche Anschauung etwa eines Naturdings. In diesem ein Allgemeineres wahrzunehmen, zu ahnen, schaffe für den Künstler die Voraussetzung, ein (lit.) ↗ Bild zu schaffen, in dem das Besondere der Erscheinung mit dem Allgemeinen der Idee zusammenfällt. – In psychoanalytischem Verständnis sind die ›Texte‹ des Unbewussten, Träume oder psychotische Phantasien, symbolisch organisiert. S. Freuds »Traumdeutung« (1900) liefert damit ein wichtiges Modell für den Umgang mit S.en auch außerhalb des psychologischen Diskurses – im Hinblick auf ↗ Mythen, ↗ Märchen und andere lit. Texte. – Lit. Texte sind häufig um Zentral-S.e herum organisiert; wiederkehrende Ding-S.e mit gleitender, nicht festmachbarer Bedeutung erzeugen eine Verweisungsstruktur im Text und heben die grundsätzliche Vieldeutigkeit des lit. Textes (↗ Ambiguität) hervor (das Kästchen in Goethes »Wilhelm Meisters Wanderjahre«, der Ring in G. E. Lessings »Nathan der Weise«, Schreibinstrumente, Zigarren u. a. in Th. Manns »Der Zauberberg«).

Lit.: N. Elias: The symbol theory. Ldn. 1991. – J. W. Goethe: Werke. Weimarer Ausg. 133 in 143 Bdn. Weimar 1887–1919. – N. Goodman: Sprachen der Kunst [engl. 1969]. Ffm. 1995. – G. Kurz: Metapher, Allegorie, S. [1982]. Gött. ⁵2004. – J. Link: Die Struktur des lit. S.s. Mchn. 1975. – R. W. Müller Farguel: S.₂. In: RLW. – B. Naumann: Philosophie und Poetik des S.s. Mchn. 1998. – R. Zymner: Uneigentlichkeit. Paderborn 1991.

BJ

Symbolik, f., 1. lit. ↗ Schreibweise, Verwendung von ↗ Symbolen in einem lit. Text. Die S. eines lit. Textes generiert in vielen Fällen erst dessen ↗ Uneigentlichkeit und Interpretationsbedürftigkeit. Zentral- oder wiederkehrende Ding-Symbole mit gleitender, nicht festmachbarer Bedeutung erzeugen eine Verweisungsstruktur im Text und heben die grundsätzliche Vieldeutigkeit des lit. Textes (↗ Ambiguität) hervor. Seit dem 18. Jh. wird die kohärente Bildersprache eines Textes oder sogar einer Epoche bzw. einer ↗ Gattung, also eine relativ einheitliche bildhafte Darstellungsweise, als ›S.‹ bezeichnet. – 2. Symbolgehalt, auf eine uneigentliche Bedeutung verweisende Potenz eines einzelnen Zeichens in Texten der Lit., ↗ Mythologie, Religion oder als Ding-Zeichen in der bildenden Kunst. Farben (↗ Farbensymbolik), Gegenstände, Personen, Zahlen (↗ Zahlensymbolik), Naturerscheinungen oder auch einzelne Handlungen können symbolische Bedeutung tragen, entweder, wenn sie, wie in der Symbollehre des MA.s, auf die Heilsgeschichte verweisen, oder, im Sinne des Goethe'schen Symbols, im Konkret-Anschaulichen ein Allgemeines aufzeigen. – 3. Lehre von symbolischen Bedeutungen, v. a. im Kontext stark kodifizierter Bildinventare, etwa im Sinne mal. Weltdeutung (Tier-, Pflanzen-, Zahlen- und Farbensymbole) oder auch im Kontext frühneuzeitlicher ↗ Emblematik.

Lit.: M. Lurker: Wörterbuch der S. [1979]. Stgt. ⁵1991.

BJ

Symbolismus, m. [frz. *symbolisme*; engl. *symbolism*], internationale künstlerische Bewegung und Stilrichtung in Lit. und bildender Kunst um ca. 1885–1914. – 1. In einem weiten Sinn bezeichnet ›S.‹ einen in verschiedenen Künsten wirksamen anti-realistischen und anti-mimetischen Stiltypus, der auf den Prinzipien von Suggestivität, Imagination und Musikalität beruht. Die dinglichen Symbole fungieren dabei nicht mehr als sinnliche Vergegenwärtigung einer Idee oder einer transzendenten Realität, sondern als Äquivalent begrifflich nicht fassbarer Seelenzustände. – 2. Im engeren Sinn bezeichnet ›S.‹ die neben dem ↗ Naturalismus wichtigste Poetik und lit. Bewegung der Zeit um 1900. – Der S. führte zu einer grundlegenden Erneuerung der poetischen Sprache, indem er deren sinnlich-musikalisches Potential durch raffinierte künstlerische Verfahrensweisen entfaltete und ihr so suggestiv-evokative Wirkungskraft verlieh. Zu den wichtigsten Elementen symbolistischer Technik gehören eine neue Bild- und Wortverwendung, grammatische ↗ Verfremdungen, Auslassungen, Andeutungen, ↗ Ambiguitäten, neue Klangkonstruktionen (↗ Synästhesie), die Flexibilisierung des ↗ Metrums und die Verwendung von ↗ Freiem Vers (›Vers libre‹) und ↗ Enjambement. – Das Phänomen des S. lässt sich im Bereich zunächst der frz., dann der gesamten europäischen und am. Lyrik, Dramatik und Malerei beschreiben: Der von J. Moréas (»Un Manifeste littéraire«, 1886) popularisierte Begriff ›S.‹ bezeichnete ursprünglich eine lit. Gruppe und wurde dann ausgeweitet auf eine Stiltendenz der frz. Lyrik, als deren wichtigste Repräsentanten im 19. Jh. St. Mallarmé, P. Verlaine und A. Rimbaud sowie im 20. Jh. P. Valéry und P. Claudel (›Néo-symbolisme‹) gelten. Als Vorläufer erkannte man Ch. Baudelaire (»Les Fleurs du Mal«, 1857) und das von ihm in Anknüpfung an E. A. Poe und R. Wagner entwickelte Verfah-

ren, mittels Synästhesien Entsprechungen (*correspondances*) zwischen visuell-akustischen und seelischen Eindrücken zu erzeugen. Ganz ähnlich verstand Mallarmé Symbolisierung als eine künstlerische Technik, durch die ein Objekt so gestaltet wird, dass es in suggestiver Weise einen nicht benennbaren Seelenzustand (*état d'âme*) evoziert. Mallarmé betrachtete die evokative Wirkung der Poesie als Effekt eines ›mathematischen‹ Kalküls und versuchte durch radikale Entfernung aller mimetischen und subjektiven Elemente aus der lyrischen Sprache, durch raffiniert gesteigerte Klangwirkungen, Ambiguität, suggestive Aufladung des einzelnen Wortes und seine Lösung aus konventionellen semantischen Bezügen eine entrealisierte und entpersönlichte Dichtung (↗ *poésie pure*) zu schaffen. Im S. artikuliert sich ein neues Sprachbewusstsein, für welches das Eigentliche der lyrischen Sprache nicht in der referentiellen Funktion liegt, sondern in der Wirkungskraft ihrer ›materiellen‹ Gestalt. Das dichterische Sprechen tendiert zur seherischen Beschwörung eines Absoluten, zur ↗ absoluten Dichtung. – Um 1890 breitete sich der S. von Frankreich ausgehend zu einer internationalen Stilrichtung in der Lyrik aus mit wichtigen Vertretern in England und Irland (W. B. Yeats, T. S. Eliot, E. Pound), den Vereinigten Staaten (H. Crane, W. Stevens), Russland (A. Blok, A. Belyj, A. Achmatova, O. Mandel'štam) sowie Spanien und Lateinamerika (R. Darió, J. R. Jiménez, A. Machado, J. Guillén). Als Hauptvertreter symbolistischer Lyrik in Deutschland und Österreich gelten H. v. Hofmannsthal, St. George und R. M. Rilke. Darüber hinaus wurden symbolistische Einflüsse u. a. bei A. Holz, R. Borchardt, G. Heym, E. Stadler, G. Trakl und G. Benn festgestellt. Im dt.sprachigen Raum setzte sich der Ausdruck ›S.‹ als Gruppenbez. zwar nicht durch, doch finden sich programmatische Formulierungen symbolistischer Poetik bei Hofmannsthal (»Poesie und Leben«, 1896; »Das Gespräch über Gedichte«, 1904) und in Georges »Blättern für die Kunst« (1892–1919). Durch seine Übers.en von Baudelaire, Mallarmé und Verlaine wirkte insbes. George als wichtiger Vermittler des frz. S. – Außer in der Lyrik hat man symbolistische Stilelemente auch im ↗ Prosagedicht (*poème en prose*) und in Prosatexten (J. K. Huysmans, Hofmannsthal, M. Proust, A. Gide, H. James, J. Joyce, W. Faulkner, D. H. Lawrence) ausgemacht. Seine stärkste Wirkung außerhalb der Lyrik entfaltete der S. im Bereich der modernen Dramatik und Bühnenästhetik. Als frühe Beispiele symbolistischer Dramatik gelten ↗ lyrische Dramen von Mallarmé, J. Péladan und Villiers de L'Isle-Adam, v. a. aber die ›statischen‹ Dramen von M. Maeterlinck (»L'Intruse«, 1890; »Les Aveugles«, 1890; »Pelléas et Mélisande«, 1892), unter deren Eindruck die lyrischen Dramen Hofmannsthals (»Der Tod des Tizian«, 1892; »Der Tor und der Tod«, 1893) und Rilkes (»Die weiße Fürstin«, 1904/09) entstanden. Gegen das herkömmliche Unterhaltungstheater und die zeitgenössische naturalistische Dramatik gerichtet, verzichtete das symbolistische Drama auf eine individuell-psychologische Gestaltung von Figuren und Konflikten und versuchte, das Eingreifen unsichtbarer schicksalhafter Kräfte auf sinnlich-suggestive Weise darzustellen. Zu den formalen Neuerungen zählen dabei die anti-mimetische Personenregie (*drame statique*), das monologische Sprechen voller Pausen, Andeutungen und Verweisungen (*dialogue du second degré*), die Verwendung nichtsprachlicher, szenischer Mittel (Licht- und Geräuschregie), der Einsatz von Pantomime und Traumspiel, die symbolische Raum- und Bühnenkonzeption und allg. die Aufwertung der Szene gegenüber dem Text. Die Bühne illustriert nicht mehr den Text, sondern fungiert als eigenständiger Bedeutungsträger. Die symbolistische Dramatik wurde von Experimentierbühnen in Frankreich, Russland (K. S. Stanislavskij, K. T. K. Meyerhold) und Deutschland (M. Reinhardt) aufgegriffen und beeinflusste die Entwicklung des anti-illusionistischen Theaters und die Entstehung einer neuen Bühnenkunst (A. Appia, E. G. Craig). Symbolistische Elemente finden sich auch in einzelnen Dramen H. Ibsens und G. Hauptmanns, v. a. aber bei A. Strindberg (»Nach Damaskus«, 1898–1904; »Ein Traumspiel«, 1902). Darüber hinaus wirkte der S. auf die frühe expressionistische Dramatik (O. Kokoschka, R. J. Sorge, G. Kaiser), das groteske, das futuristische Theater und das ↗ théâtre de l'absurde. – Um 1890 wurde der Begriff ›S.‹ auch auf anti-naturalistische Tendenzen in der bildenden Kunst übertragen, zuerst auf eine Gruppe um P. Gauguin und rückblickend auf die Malerschule der engl. Präraffaeliten (D. G. Rossetti, E. Burne-Jones, J. E. Millais). Später bezeichnete man mit ihm eine Richtung der europäischen Malerei des 19. Jh.s (G. Moreau, O. Redon, P. Puvis de Chavannes, F. Khnopff, F. v. Stuck, M. Klinger).

Lit.: H.-P. Bayerdörfer: Eindringlinge, Marionetten, Automaten. Symbolistische Dramatik und die Anfänge des modernen Theaters. In: JbDSG 20 (1976), S. 504–538. – M. Ch. Boerner: S. In: RLW. – F. Deak: Symbolist theater. The formation of an avant-garde. Baltimore 1993. – H. Friedrich: Die Struktur der modernen Lyrik [1956]. Reinbek 1985. – H. Fritz: S. In: Borchmeyer/Žmegač. – M. Gsteiger: Frz. Symbolisten in der dt. Lit. der Jh.wende. Bern, Mchn. 1971. – P. Hoffmann: S. Mchn. 1987. – H. H. Hofstätter: S. und die Kunst der Jh.wende. [1965]. Köln ²1973. – J.-N. Illouz: Le Symbolisme. Paris 2004. – G. Michaud: Le symbolisme tel qu'en lui-même. Paris 1995. – F. Rinner: Modellbildungen im S. Hdbg. 1989. – R. Wellek: Das Wort und der Begriff ›S.‹ in der Lit.geschichte. In: ders.: Grenzziehungen [1970]. Stgt. 1972, S. 64–83. – A. Wilton, R. Upstone (Hg.): Der S. in England 1860–1910. Ostfildern-Ruit 1998.   GST

Symbolon, n. [gr.], Bildteil des ↗ Emblems.

Symbolum, n. [lat.], Bildteil des ↗ Emblems.

Symploke, f. [gr. = Verflechtung, lat. *complexio*], ↗ rhet. Figur, Häufung von Erweiterungsfiguren meist von ↗ Anapher und ↗ Epipher: Wiederholung der glei-

chen Wörter am Anfang und Ende zweier oder mehrerer aufeinanderfolgender Verse oder Sätze; z. B. in folgendem unbetitelten Augenblicksgedicht J. W. Goethes:

»*Alles* gaben die Götter *die unendlichen*
Ihren Lieblingen ganz
Alle Freuden die unendlichen
Alle Schmerzen *die unendlichen*, ganz.«   GG

Symposion, n. [gr. = Trinkgelage, Gastmahl; wörtlich: zusammen trinken; lat. *convivium*, frz. *banquet*], 1. Form der Geselligkeit der Männer im antiken Griechenland, bei der nach festgelegten Regeln Wein getrunken, reihum Reden gehalten, Gespräche geführt, aber auch Musik, Tanz und Rezitationen dargeboten wurden. – 2. Gattung der Prosa-Lit., die als fiktiver Bericht über ein Gastmahl die Reden und Gespräche der Teilnehmer wiedergibt. Begründet wird diese Gattung durch die beiden ältesten überlieferten S.-Texte von Platon und Xenophon, in deren Wirkungsgeschichte sie sich zu einem eigenen Zweig der Dialog-Lit. ausbildet (↗ Dialog). Ihre Qualität besteht darin, dass sie alle Redebeiträge zugleich mit Redesituation und -atmosphäre vergegenwärtigt und damit – als Kontrast oder als Bekräftigung – Meinungsäußerungen und Verhalten der Gesprächteilnehmer aufeinander beziehen kann. Durch das platonische S. ist dabei die Liebe (Eros) als Thema vorgegeben, doch überträgt sich die Form auch auf verschiedenste andere Sachdiskussionen. In der Spätantike dient sie zum lit. Arrangement von Wissenssammlungen (Plutarch: »Symposion der Sieben Weisen«; Macrobius: »Saturnalia«). Schwerpunkte der auf Platon bezogenen neuzeitlichen S.-Rezeption liegen zum einen in der it. Renaissance (M. Ficino: »Commentarium in Convivium Platonis, de Amore«, 1469), zum anderen im 18. Jh. in dem durch die ↗ Empfindsamkeit erneuerten Interesse an der platonischen Liebeslehre. In diesem Zusammenhang entstehen auch die ersten dt. Übers.en von Platons S., am einflussreichsten ist die des Grafen Stolberg (1796). Antithetisch zum empfindsamen und romantischen Platonismus orientiert sich Wieland an Xenophons S. (Übers. 1802). Neben der lit.-philosophischen existiert auch eine satirisch-parodistische Gattungstradition, für die an erster Stelle das »Gastmahl des Trimalchio« (»Cena Trimalchionis«) aus dem spätantiken Roman »Satyricon« des Petronius steht. – 3. Wissenschaftliche Tagung.

Lit.: St. Matuschek (Hg.): Wo das philosophische Gespräch ganz in Dichtung übergeht. Platons S. und seine Wirkung in der Renaissance, Romantik und Moderne. Hdbg. 2002. – O. Murray (Hg.): Sympotica. A Symposium on the S. Oxford 1990. – E. Stein-Hölkeskamp: Das röm. Gastmahl. Mchn. 2005.   SM

Synalöphe, f. [gr. = Verschmelzung], Verschleifung eines auslautenden Vokals mit dem anlautenden des Folgewortes. Form des ↗ Metaplasmus.   ED/Red.

Synaphie, f. [gr. = Verbindung], Fugung. Metrischer Terminus, der sich auf den Übergang von einem zum nächsten Vers bezieht. Eine S. liegt vor, wenn ein Vers ohne metrische Störung an den vorangehenden Vers anschließt (Ggs.: ↗ Asynaphie). Im Blankversdrama bedeutet dies beispielsweise, dass die ↗ Alternation von Senkung und Hebung über die Versgrenze hinweg fortgesetzt wird.

Lit.: D. Burdorf: Einf. in die Gedichtanalyse [1995]. Stgt., Weimar ²1997, S. 78. BM

Synästhesie, f. [spätgr. *synaisthánomai* = zusammen wahrnehmen; aus *syn* = zusammen und *aísthēsis* = Wahrnehmung], Zusammenwahrnehmung, Zusammenempfindung: 1. im medizinisch-physiologischen Wortsinn: die (lange als Krankheit eingeschätzte) Sinnesvertauschung, die unweigerliche Verknüpfung von Reizen eines Sinnesorgans mit den Wahrnehmungsmustern und -formen anderer Sinne. – 2. In der ↗ Rhet.: diejenige ↗ rhet. Figur – meist eine ↗ Metapher –, die sich eine Sinnesvertauschung als Variation von Wahrnehmungsmustern und -formen für ihre spezifische Wirkung zunutze macht. – 3. In der heutigen Lit.wissenschaft: die Verknüpfung verschiedener sinnlicher Dimensionen als sprachliches Spiel, das eine intensivierte ↗ ästhetische Erfahrung ermöglicht – Lange dominierte das Verständnis von ›S.‹ als rhet. Figur (2). Die S. in diesem Sinn wird seit der Antike und bis in ↗ Romantik und ↗ Symbolismus (»goldener Töne voll«, F. Hölderlin; »der Töne Licht«, C. Brentano; Ch. Baudelaire, A. Rimbaud, P. Verlaine) zur bes. wirksamen Versinnlichung genutzt. Aufgrund dieser Struktur ästhetischer Intensivierung können bei der S. auch dem ↗ Kitsch und dem ↗ Manierismus vergleichbare Probleme zu Tage treten. – Die beiden anderen Wortbedeutungen hat die stärker anthropologisch und rezeptionsästhetisch argumentierende heutige Lit.wissenschaft aktualisiert. Sie kann dabei daran anknüpfen, dass der sinnlichen Erfahrung S.n geläufig sind – so können akustische Reize optische Eindrücke (Photismen) auslösen oder optische Reize zu akustischen Sekundärwahrnehmungen (Phonismen) führen – und dass auch in der alltagssprachlichen Metaphorik von ›duftigen Farben‹ oder einem ›schreienden Rot‹ gesprochen wird. Insbes. aber über die ästhetischen Erfahrungen in den anderen Künsten (die Programmmusik seit dem 17. Jh.; die alle Sinne ins ästhetische Kalkül ziehende ↗ Gesamtkunstwerk-Konzeption R. Wagners; schließlich auch die ↗ Multimedialität des ↗ Films) begründen eine weiter reichende Verwendung des Begriffs über die engere sprachliche Bedeutung als rhet. Figur hinaus.

Lit.: H. Adler, U. Zeuch (Hg.): S. Würzburg 2002. – C. Catrein: Vertauschte Sinne. Untersuchungen zur S. in der röm. Dichtung. Mchn. u. a. 2003. – R. E. Cytowic: Synesthesia [1989]. Cambridge/Mass. u. a. ²2002. – D. Kremer: S. In: RLW. – L. Schrader: Sinne und Sinnesverknüpfungen. Hdbg. 1969. – P. Utz: Das Auge und das Ohr im Text. Lit. Sinneswahrnehmung in der Goethezeit. Mchn. 1990. – P. Wanner-Meyer: Quintett der Sinne. S. in der Lyrik des 19. Jh.s. Bielefeld 1998. LVL

Synchronie, f. [gr. = Gleichzeitigkeit], 1. Betrachtung der Sprache als System zu einem gegebenen Zeitpunkt. Der Begriff ›S.‹ wurde von F. de Saussure (1857–1913) geprägt. In dessen strukturaler Sprachwissenschaft bildet die Ggs. ↗ Diachronie – S. eines der wichtigen Paare binärer Oppositionen, durch die der ↗ Strukturalismus gekennzeichnet ist. Diachronische Betrachtung der Sprache versucht, ihre Veränderung durch die Zeit wahrzunehmen, Sprachgeschichte zu betreiben; dies war zu Saussures Zeit die weitaus überwiegende Methode. Synchronische Betrachtung versucht, die Sprache zu einer gegebenen Zeit als in sich vollständiges System von Zeichen zu erfassen, in dem die einzelnen Elemente einander bedingen und definieren, weil sie ihren Sinn nicht in sich selbst tragen, sondern aus der Relation zu anderen Zeichen gewinnen. Der neue Blick für den Systemcharakter der Sprache macht eine der großen Leistungen des Strukturalismus aus, setzt ihn jedoch dem Vorwurf aus, unhistorisch zu sein. 2. Das Prinzip der S. wird zuweilen auch auf die Lit.- und Kulturgeschichte übertragen als Versuch, durch einen ›Querschnitt‹ den Zustand einer Kultur zu einem bestimmten Zeitpunkt zu rekonstruieren (z. B. Gumbrecht).

Lit.: H. U. Gumbrecht: 1926. Ein Jahr am Rand der Zeit [engl. 1997]. Ffm. 2001. – H. Moser (Hg.): Sprache, Gegenwart und Geschichte. Düsseldorf 1969. – F. de Saussure: Cours de linguistique générale. Paris 1916 [dt.: Grundfragen der allg. Sprachwissenschaft. Bln. 1967]. TAS

Synchronisation ↗ Übers.

Synekdoche, f. [gr. = Mitverstehen], auf der Ebene einzelner Formulierungen oder Wörter Form der ↗ Uneigentlichkeit, bei der konventionelle Ausdruck-Inhalt-Zuordnungen durch das Zusammenspiel des Ausdrucks mit seiner Textumgebung (Kotext) oder situativen Umgebung (Kontext) aufgehoben und durch die Aufforderung oder den Zwang zu einer unkonventionellen und dadurch neuen, aber im Unterschied zur ↗ Metapher relational nach dem Kriterium der Subsumtion bestimmten Bedeutungskonstituierung ersetzt werden, und zwar als *partikularisierende* S. Pars pro Toto (Teil/Ganzes: ›unter meinem Dach‹; Spezies/Genus: ›Er gibt seinen letzten Cent‹; Einzahl/Mehrzahl: ›Der Franzose isst gern gut‹) oder als *generalisierende* S. Totum pro Parte (Ganzes/Teil; Genus/Spezies; Einzahl/Mehrzahl): Der Ko- oder Kontext eines Ausdrucks (Wort oder Wortverbindung) ›konterdeterminiert‹ einen Ausdruck als Initialsignal der Uneigentlichkeit und fordert dadurch gleichzeitig als Transfersignal der Uneigentlichkeit zu einem entschematisierten, aber relational bestimmten Neuverstehen des somit synekdochischen Ausdrucks in seinem Ko- oder Kontext und im Zusammenhang mit seinem morphosemantischen Feld auf. Die S. wird vielfach als Spezialfall der ↗ Metonymie betrachtet, als Form der S. kann auch die vossianische ↗ Antonomasie (›Er ist ein zweiter Goethe‹) angesehen werden.

Lit.: N. Ruwet: Synecdoques et métonymies. In: Poetique 6 (1975), S. 371–388. – T. Todorov: Synecdoques. In: Communications 16 (1970), S. 26–35. – R. Zymner: Zwei Seiten der improprietas. In: P. Michel (Hg.): Die biologischen und kulturellen Wurzeln des Symbolgebrauchs beim Menschen. Bern u. a. 1994, S. 91–122.
RZ

Synesis, f. [gr. = Sinn, Verstand, Einsicht; gr.-lat. *constructio kata synesin*], ↗ Constructio ad Sensum.

Synizese, f. [gr. = Zusammenziehung], auch: Synärse, phonetische Verschmelzung zweier zu verschiedenen Silben gehörender Vokale zu einer einzigen diphthongischen Silbe, z. B. prot*ei* statt prot*ë*, *eo*dem, im Mhd. mit Ausstoß des Konsonanten: s*ei*t (aus sagit); in der Wortfuge (↗ Hiatus) ↗ Synalöphe. – Dagegen heißt die Zusammenziehung zweier Vokale zu einem langen Vokal ›Kontraktion‹ (lat. *dēst* statt deest). Form des ↗ Metaplasmus.

GS/Red.

Synkope, f. [gr. = Verkürzung], metrisch oder artikulatorisch bedingte Ausstoßung eines kurzen Vokals im Wortinnern (z. B. *ew'ger* statt *ewiger*); vgl. dagegen ↗ Synizese. Form des ↗ Metaplasmus.

GS/Red.

Synkrisis, [gr. = (wertende) Vergleichung], in spätantiker Lit.: ↗ Streitgedicht, Streitrede, ↗ Streitgespräch; seit 1. Jh. v. Chr. (selten) neben ↗ ›Agon‹ verwendet; z. B. die scherzhafte »S. von Linsenbrei und dicken Linsen« von Meleagros von Gadara (1. Jh. v. Chr.).

IS/Red.

Synopse, f. [gr. *sýnopsis* = Übersicht auf einen Blick, Zusammenschau], Darstellungsform, die mehrere in Inhalt, Aufbau und Wortlaut vergleichbare Texte bzw. einen Text und seine Übers. neben- oder untereinander anordnet (als Seiten-, Spalten- und Zeilensynopse). Zunächst theologischer Terminus (synoptische Evangelien), wird ›S.‹ im 19. Jh. für alle Textwissenschaften entlehnt und findet Verwendung in der Universalhistorie sowie in der Wiedergabe verschiedener Textzeugen eines Werkes. In der Editionswissenschaft dient der synoptische ↗ Apparat der Übersicht der Textentstehung bzw. -varianz eines Werks.

Lit.: K. Gärtner: S. In: RLW. MSP

Syntagma, n. [gr. = Zusammengestelltes], 1. veraltete Bez. für ein Sammelwerk von Abhandlungen verwandten Inhalts; 2. linguistischer Terminus für eine syntaktisch zusammengehörige sprachliche Einheit unterhalb der Satzebene, die durch Segmentierung einer Äußerung gewonnen wird; z. B. komplexe Wörter (›auf-geben‹; ›Schach-figur‹), Wortgruppen (›ein schönes Kleid‹) oder Teilsätze (›Mühsam die Karre vor sich herschiebend …‹).

ED/CK

Synthese, f. [gr. *sýnthesis* = Zusammensetzung], 1. in der an W. Dilthey anknüpfenden ↗ geistesgeschichtlichen Lit.wissenschaft die Methode, bei lit. und künstlerischen Werken über die Grenzen einzelner Künste, Gattungen und Sprachen hinweg verwandte, sich räumlich und zeitlich nahestehende Phänomene zueinander in Beziehung zu setzen, um formale, stilistische und strukturelle Gemeinsamkeiten herauszuar-

beiten und so Singuläres in höhere Einheiten des Typischen einzuordnen (↗ wechselseitige Erhellung der Künste, ↗ vergleichende Lit.wissenschaft). – 2. Darauf aufbauend die Methode der ganzheitlichen Erfassung von Dichtungen auf der Basis des Dilthey'schen Erlebnisbegriffs (»Das Erlebnis und die Dichtung«, 1906) zur Erkenntnis des Wesenhaften und zum Verständnis der Strukturzusammenhänge des individuellen und gesellschaftlichen Lebens. – 3. Nach Hermand das Verfahren, bei der Interpretation lit. Texte unterschiedliche Theorien und Methoden gleichzeitig anzuwenden und sie so miteinander zu verschmelzen.

Lit.: J. Hermand: Synthetisches Interpretieren. Mchn. 1968. GS/DB

System ↗ Struktur.

Systemreferenz ↗ Intertextualität.

Systemtheorie [aus gr. *sýstema* = Zusammenstellung, *theoría* = Betrachtung], fächerübergreifendes Beschreibungsmodell für Strukturen und Prozesse einer Gesamtheit aus Elementen und ihren Relationen. – Parallel zu informationstheoretischen Sender-Empfänger- und Kontroll- und Steuerungsmodellen der technischen Kybernetik (C. E. Shannon/W. Weaver, N. Wiener) entwickelt der Biologe L. v. Bertalanffy seit den 1950er Jahren Grundzüge einer ›allgemeinen S.‹, die Organisationsprinzipien geschlossener und offener Systeme sowie Rückkopplungs- und Austauschprozesse zwischen Systemen und ihren Umwelten beschreibt. Zugleich begründet der Soziologe T. Parsons eine ›struktur-funktionalistische‹ Theorie sozialer Systeme, deren Input-Output-Modell N. Luhmann ab Ende der 1960er Jahre zu einer interdisziplinär erfolgreichen S. weiterentwickelt. Er geht von systemintern und beobachterabhängig verarbeiteten Differenzen von ›System‹ und ›Umwelt‹ sowie ›Selbst-‹ und ›Fremdreferenz‹ aus und begreift ›Kommunikation‹ als Basisoperation, die Anschlusskommunikationen und die ›autopoietische‹ Selbstreproduktion sozialer Systeme sicherstellt. Haben Luhmanns Theorien zur sozialen Differenzierung und zum Verhältnis von Semantiken und Sozialsystemen die Vorstellungen von Lit. als Sozialsystem beeinflusst, so berührt seine später differenzlogisch und medientheoretisch erweiterte S. (›Medium‹ und ›Form‹) Probleme einer poststrukturalistischen Zeichentheorie, die lit.soziologischen Erkenntnisinteressen marginalisiert. Eine sozial- und zeichentheoretische S. versucht seitdem, auf der Basis von Text-Kontext-Differenzen die semantische Dimension lit. Texte einzubeziehen (D. Schwanitz, G. Plumpe, N. Werber) sowie das Verhältnis von lit. Kommunikation und Bewusstsein theoretisch und historisch zu rekonstruieren (O. Jahraus, W. Scheibmayr u. a.).

Lit.: F. Becker, E. Reinhardt-Becker: S. Eine Einf. für die Geschichts- und Kulturwissenschaften. Ffm. 2001. – M. Berghaus: Luhmann leicht gemacht. Köln u. a. 2003. – L. v. Bertalanffy: General System Theory [1968]. NY ²1969. – O. Jahraus: Lit. als Medium. Weilerswist 2003. – N. Luhmann: Soziale Systeme. Ffm.

1984. – Ders.: Die Gesellschaft der Gesellschaft. Ffm. 1997. – T. Parsons: Zur Theorie sozialer Systeme. Opladen 1976. – G. Plumpe, I. Stöckmann: S. In: RLW. – W. Scheibmayr: N. Luhmanns S. und Ch. S. Peirces Zeichentheorie. Tüb. 2004. – D. Schwanitz: S. und Lit. Opladen 1990. – N. Werber: Lit. als System. Opladen 1992. CMO

Systole, f. [gr. = das Zusammenziehen], in der antiken Metrik Kürzung eines langen Vokals oder Diphthongs; im Unterschied zur Diastole, der Dehnung einer kurzen Silbe, bes. am Wortanfang. GS/Red.

Szenarium, n. [it. *scenario* von lat. *sc(a)enarium* = Ort, an dem die Bühne errichtet wird], auch: Szenario; 1. skizzenhafte Aufzeichnung der Abschnitte eines Theaterstücks zur Orientierung über den Handlungsverlauf; 2. Übersichtsplan, in dem zeitliche, organisatorische und bühnentechnische Abläufe einer ↗ Inszenierung beschrieben werden; 3. vom Autor selbst angefertigter Rohentwurf eines Stückes oder Films. – Im ↗ Stegreifspiel der ↗ Commedia dell'Arte ist das hinter der Bühne angeschlagene S. ein Hilfsmittel für die Schauspieler, das der Improvisation zugrunde liegt. Es gibt Hinweise zur Handlungsführung und zu den nötigen Requisiten, zu Auftritt und Abgang sowie zu Umbauten, nicht aber zum Sprechtext. – Das Filmszenarium enthält Angaben zur szenischen und aufnahmetechnischen Gestaltung. Zum Ballettszenarium: ↗ Ballett.

Texte: O. G. Schindler (Hg.): Stegreifburlesken der Wanderbühne. Szenare der Schulz-Menningerschen Schauspielertruppe. St. Ingbert 1990.
Lit.: W. Passow: Das gedruckte S. in Deutschland. In: Kleine Schriften der Gesellschaft für Theatergeschichte 25 (1972), S. 45–59. – K. Schneider: Szenario. In: RLW. AD

Szene, f. [gr. *skēnē* = Zelt, Hütte; lat. *scaena*; frz. *scène*], 1. kleinstes Gliederungssegment des ↗ Dramas, dem ↗ Akt untergeordnet; 2. vergleichbare Einheit epischer Texte (↗ Episode). – Der Begriff wandelte seine Bedeutung, was zu Uneinheitlichkeiten in Verwendung und Verständnis führte. In der Antike war ↗ Skene das an die gr. ↗ Orchestra anschließende Bühnenhaus, *scaenae frons* die Bühnenrückwand röm. Theater. Seit der Renaissance wurden unter ›S.‹ die Szenerie (Bühnenbild) und dadurch bezeichnete Handlungsorte verstanden (ggf. durch Szenenanweisungen als Teil des ↗ Nebentextes beschrieben), im 18. Jh. auch die Bühne als Ort des Spiels (G. E. Lessing). Den Bedeutungen ›Szenerie‹, ›Handlungsort‹, ›Spielfläche‹ entspricht die im 17. Jh. entstandene Begriff ›Schauplatz‹. Seit dem 17. Jh. findet sich neben ›S.‹ auch ›Auftritt‹ als Bez. der kleinsten, meist nummerierten Abschnitte des Dramas: W. Shakespeare und F. Schiller (»Die Räuber«, »Wilhelm Tell«) legten der S. den Wechsel des Handlungsortes zugrunde; im 20. Jh. wird dafür als Synonym auch ↗ Bild‹ verwendet (Ö. v. Horváth: »It. Nacht«; M. Frisch: »Andorra«). Andernorts bezeichnet ›S.‹ den Wechsel der Personenkonstellation auf der Bühne,

gleichbedeutend mit ›Auftritt‹ (Ch. Weise: »Masaniello«, 1683; G. E. Lessing; F. Schiller: »Fiesko«; H. v. Kleist). S. und Auftritt waren bis ins 19. Jh. wesentliche Formelemente streng komponierter, geschlossener Dramen (↗ geschlossene Form); im 20. Jh. verloren sie an Bedeutung. – Entgegen der normativen Poetik verfuhr die Forschung seit Mitte des 20. Jh.s deskriptiv, etablierte S.typen wie Gerichts- und Affektszene. Jüngere Ansätze rekurrieren auf die ursprüngliche Konnotation des Begriffs ›S.‹ mit dem Raum (↗ Inszenierung, ↗ Performanz). – 3. Im Film Teil einer ↗ Sequenz (2).
Lit.: B. Asmuth: Einf. in die Dramenanalyse [1980]. Stgt., Weimar ⁶2004. – Ders.: S. In: RLW. – V. Klotz: Geschlossene und offene Form im Drama [1960]. Mchn. ¹⁴1999. BW

Szeneliteratur ↗ Underground-Lit.

Szenenanweisung, auch: szenische Bemerkung; ↗ Bühnenanweisung, ↗ Nebentext.

Szenische Lesung ↗ Lesung.

Szenisches Erzählen, Form der Narration, bei welcher der ↗ Erzähler nicht explizit im Text erscheint, sondern hinter das Erzählte zurücktritt und für den Leser praktisch unsichtbar ist (vgl. Stanzel, S. 70). Diese Unterscheidung geht mit der Differenzierung verschiedener Grundformen des Erzählens einher, für die mehrere Begriffspaare verwendet werden: ›eigentliche‹ und ›szenische Erzählung‹ (Ludwig), *panoramic* und *scenic presentation* (Lubbock), *telling* und *showing* (Friedman), ›berichtende Erzählung‹ und ›szenische Darstellung‹ (Stanzel), ›Berichtmodell‹ und ›Erzählmodell‹ (Anderegg). In der Sache wird hier an eine Unterscheidung angeschlossen, für die Platon die Begriffe *diégēsis* und *mímēsis* verwendet hat und die auch in die Rhet. übernommen wurde. Für das szenische Erzählen ist die Darstellung von Vorgängen mit kleinem Zeitausschnitt und naher Erzählerperspektive typisch; es erlaubt die Schilderung von Details, strebt nach Zeitdeckung und erzielt größte Wirklichkeitsnähe bei gleichzeitiger Zurücknahme des Erzählers. Wichtige Elemente sind einerseits die Verwendung verschiedener narrativer Formen des ↗ Dialogs (mit Inquitformeln, auktorialen Regieanweisungen, verkürztem Handlungsbericht) in tendenzieller Annäherung an das ↗ Drama, andererseits die unkommentierte Spiegelung der dargestellten Wirklichkeit im Bewusstsein einer Romangestalt (des ›Reflektors‹ nach Stanzel). Dies ist die Domäne des ↗ personalen Erzählens und des ↗ inneren Monologs. – Ein vergleichbarer Begriff ist in der Terminologie Genettes derjenige des ›heterodiegetischen Erzählers‹.
Lit.: J. Anderegg: Fiktion und Kommunikation [1973]. Gött. ²1977. – N. Friedman: Point of View in Fiction. In: PMLA 70 (1955), S. 1160–1184. – G. Genette: Die Erzählung [frz. 1972/83]. Mchn. ²1998. – P. Lubbock: The Craft of Fiction. NY 1947. – O. Ludwig: Formen der Erzählung [1891]. In: W. J. Lillyman (Hg.): Romane und Romanstudien. Mchn. 1977, S. 654–657. – F. K. Stanzel: Theorie des Erzählens [1979]. Gött. 2001. GLS

T

Tabernaria, f. [lat.], ↗ Togata.

Tableau, n. [ta'blo:; frz. = Bild, Gemälde], 1. ein auf der Theaterbühne stillgestelltes, erstarrt wirkendes Gruppenbild von Schauspielern oder Tänzern im Raum, das den Spielprozess abbremst, um einen zentralen Moment herauszuheben. Entstanden aus dem Schlussbild des mal. Zauber- und Märchenspiels, das ähnlich wie das Barockdrama oder das Jesuitentheater zentrale Figuren in himmlische Sphären erhob (Apotheose), spielt es im 18. Jh. eine wichtige Rolle, wo es unter lehrhaft-anschaulicher Perspektive von D. Diderot als gemaltes Bild auf der Bühne (*tableau vivant*) propagiert wird. Parallel kommt die dem T. verwandte Mode der ↗›Lebenden Bilder‹ auf. F. Schiller führt in seinen Dramen die aufklärerische Tradition weiter mit Augenmerk auf zentrale Bilder, die an Szenen- oder Aktwechseln wirkungsvoll installiert werden (»Wallensteins Tod« III, 23; »Wilhelm Tell« V, 2), um damit Merkeffekte zu erzielen. In der modernen Form des ↗ Stationendramas können einzelne Bilder leitmotivisch die Abschnittwechsel markieren; über G. Büchner, F. Wedekind und B. Brecht verläuft ein Prozess der Episierung des Dramas, wodurch das fragmentarische T. zur Rezeptionsaufgabe für den kritischen Betrachter wird. – 2. In der Prosa, bes. im realistischen Roman des 19. und 20. Jh.s, vielfigurig ausstaffierte Darstellung, deren in repräsentativer Breite entfaltete Charakterstudien sich symbolisch zu Epochenbildern verdichten können (G. Flaubert: »L'éducation sentimentale«, 1870; Th. Mann: »Der Zauberberg«, 1924).
Lit.: B. Asmuth: T. In: RLW. – A. Graczyk: Das lit. T. zwischen Kunst und Wissenschaft. Mchn. 2004. – R. Koskimies: Theorie des Romans. Helsinki 1935. – P. Szondi: T. und coup de théâtre. In: ders.: Lektüren und Lektionen. Ffm. 1973, S. 13–43.   RK

Tableaux vivants [frz.], ↗ Lebende Bilder.

Tabu, n. [Maori-Sprache: *ta* = bezeichnen, *pu* = außerordentlich], durch J. Cooks Reisebericht 1784 in den europäischen Sprachgebrauch eingeführt und bereits Ende des 19. Jh.s im ethnologischen, kulturanthropologischen und religionswissenschaftlichen Diskurs etabliert, bezeichnete der Begriff zunächst ein religiöses Verbot, das den Umgang mit dem Heiligen reguliert. An diese Bedeutung anschließend, meint ›T.‹ mittlerweile ein kollektives, von der jeweils herrschenden Diskursordnung abhängiges Rede- und Handlungsverbot, durch das symbolische und moralische Grenzen gezogen sowie gesellschaftliche Werte und Traditionen ebenso etabliert wie konserviert werden. Aufgrund seines grundsätzlich repressiven Charakters wird das T. zunehmend negativ konnotiert, d. h. als Sanktionsmacht bzw. Herrschaftsinstrument verstanden, das die moderne ›tabulose‹ Gesellschaft zu überwinden habe. Speziell die Lit. fungiert als ein Ort,

an dem die Kritik am T. bzw. die Enttabuisierung weitgehend sanktionsfrei erprobt und damit deren realweltliche Umsetzung vorbereitet werden kann.
Lit.: W. Braungart: T. In: RLW. – M. Douglas: Ritual, T. und Körpersymbolik [engl. 1970]. Ffm. 1986. – F. Herrmann, M. Lünenborg (Hg.): Tabubruch als Programm. Privates und Intimes in den Medien. Opladen 2001. – R. Shattuck: T. [engl. 1996]. Mchn. 2000.
                         JGP

Tabula Gratulatoria, f. [lat.], Verzeichnis der Gratulanten. ↗ Festschrift.

Tabulatur, f. [nlat. *tabulatura* = in Buchstaben oder Zahlen statt Noten aufgezeichnetes Musikstück zur Unterweisung in die Instrumentalmusik], schriftliche Regeln, nach denen der Vortrag eines Meisterlieds von den ↗ Merkern im Gemerk des Meistersinger überprüft wurde. – Die Festschreibung von Produktions- und Vortragsregeln kommt Ende des 15. Jh.s mit dem regulierten ↗ Meistersang auf. Die aus der Musiklehre übernommene Bez. ›T.‹ setzt sich in den 1560er Jahren für älteres *schuelzetel, gemerck und straff der unkunst* usw. durch. Verbunden mit der Festlegung von Strafmaßen erfassen die T.en v. a. die formalen Qualitäten des Textes detaillierter, bes. Reime, Vers- und Strophenbau und richtigen Sprachgebrauch sowie den Vortrag, aber Inhaltliches nur pauschal.
Lit.: H. Brunner: T. In: RLW. – A. Puschman: Gründlicher Bericht des dt. Meistersangs. [1571] 2 Bde. Göppingen 1984. – B. Taylor: Prolegomena to a history of the T. of the german Meistersinger from its 15th century metapoetic antecedents to its treatment in R. Wagner's opera. In: Journal of the Australasian Universities Language and Literature Association 54 (1980), S. 201–219.   MBN

Tagebuch, auch: Journal, Aufzeichnungen; Form der Selbstthematisierung bzw. der Aufzeichnung eigener Erlebnisse, Erfahrungen und Gedanken, deren grundlegende Struktureinheit der ›Tag‹ ist. – Im Unterschied zur ↗ Autobiographie kennzeichnet das T. das Fehlen einer retrospektiven Gesamtperspektive des schreibenden Ich; Strukturprinzip ist die (selten lückenlose) chronologische Reihung einzelner, je aus einer subjektiven, momentanen Sicht heraus verfassten Einträge. Praxis und Gegenstand des T.-Schreibens variieren erheblich, sie reichen vom quasi-simultanen oder täglichen Schreiben zu unregelmäßigen und nachträglichen Aufzeichnungen, von psychologischer Innenschau bis zur essayistischen ↗ Skizze, zu kunstkritischen Reflexionen oder zum lit. ›Arbeitsjournal‹ (R. Musil, B. Brecht, M. Frisch, J. Cocteau, A. Gide, J. Green), vom gewissenhaft-minutiösen Selbstprotokoll bis zur stilisierten Komposition und nachträglichen (von eigener oder dritter Hand vorgenommenen) ↗ Edition mit Blick auf einen möglichen Leser, die bisweilen die

Grenzen zur ↗ Fiktion verschwimmen lässt. Der ↗ Roman nutzt die Form des fingierten T.s, sei es als Erzähleinlage (D. Defoe: »Robinson Crusoe«, 1719; S. Richardson: »Pamela«, 1740; A. Gide: »La porte étroite«, 1909; U. Johnson: »Jahrestage«, 1970–83) oder als strukturell bestimmendes Moment (Defoe: »A Journal of the Plague Year«, 1722; W. Raabe: »Chronik der Sperlingsgasse«, 1857; R. M. Rilke: »Die Aufzeichnungen des Malte Laurids Brigge«, 1910; D. Lessing: »The Golden Notebook«, 1962; E. Ionesco: »Le Solitaire«, 1973). Verwandt ist der ↗ Reisebericht, der manchmal in T.form verfasst ist. – Die europäischen Anfänge des T.s liegen in der bürgerlichen Welt der Frühen Neuzeit (z. B. »T. eines Pariser Bürgers«, 1405–49, erschienen 1653). Diese frühen Tagebücher verzeichnen, ohne dass es um die Artikulation von Subjektivität ginge, Wirtschafts- und Rechnungsdaten, Ereignisse des Berufs- und Familienlebens oder Reiseerfahrungen. Einen herausragenden Stellenwert nimmt »The Diary of Samuel Pepys« (entstanden 1660–69) ein, das, in Kurzschrift verfasst und erst im 19. Jh. entschlüsselt und veröffentlicht, den Lebenswandel eines Regierungsbeamten und Theaterliebhabers im London der Restaurationszeit bis in intimste Details schildert. Im Zuge einer allg. Literalisierung, Säkularisierung und Individualisierung entwickelt sich das T. im Laufe des 18. Jh.s vom Instrument der religiösen, v. a. puritanischen und pietistischen Selbstbeobachtung und Selbstkontrolle (A. v. Haller, Ch. F. Gellert, J. Wesley) zum Medium der individuellen psychologisch-moralischen Selbstbeschreibung (J. C. Lavater), des empfindsamen Selbstentwurfs und der lit. Selbstinszenierung (J. Boswell, F. Burney, S. v. la Roche, J. W. Goethe, Novalis). Nachdem es im 19. Jh. weniger als lit. Form denn als Quelle der Biographie- und Geschichtsschreibung gilt, erlangt das T. lit. Bedeutung erneut im Kontext der Moderne (Ch. Baudelaire, H. v. Hofmannsthal, R. M. Rilke, F. Kafka, V. Woolf, A. Nin, Th. Mann, A. Camus) und seit den 1970er Jahren (P. Handke, E. Canetti, R. Goetz' Internet-T.), insofern seine offene Struktur der modernen und postmodernen Poetik des Fragmenthaften, Zerstreuten und Medialen entspricht. Daneben fungiert das T. im 20. Jh. als zentrales Medium, um die Erfahrung von Krieg (E. Jünger), Gewalt und Verfolgung (A. Frank, R. Oppenhejm) oder Exil (Th. und K. Mann, St. Zweig, B. Brecht, L. Feuchtwanger) zu reflektieren.

Lit.: A. Dusini: T. Mchn. 2005. – R. Görner: Das T. Mchn. 1986. – G. R. Hocke: Europäische Tagebücher aus vier Jh.en. Ffm. 1991. – M. Jurgensen: Das fiktionale Ich. Bern 1979. – S. Schönborn: T. In: RLW. – K. Weissenberger: Das lit. T. In: D. Daviau (Hg.): Österr. T.schriftsteller. Wien 1994, S. 387–419. – R.-R. Wuthenow: Europäische Tagebücher. Darmstadt 1990.

HSM

Tagelied [mhd. *tageliet, tagewîse*], mal. Liebeslied, das den Abschied und die Trennung eines adlig-höfischen Liebespaars am Morgen nach einem gemeinsam ver-

brachten Nacht poetisch gestaltet. Gedichte, die mit dem im MA. in hohem Maße konventionalisierten Genre motivisch verwandt sind, finden sich in zahlreichen Epochen und Sprachen. Oft tritt in Ergänzung oder Ersetzung der Weckmotive (zunehmendes Licht, Morgenstern, Vogelsang) als dritte Person der Wächter hinzu (sog. ›Wächterlied‹), der meist als Verbündeter mit den Liebenden kommuniziert und unter Hinweis auf die Gefährlichkeit einer Entdeckung zum Aufbruch mahnt. Anders als in den romanischen T.ern findet sich im mhd. T. kein eifersüchtiger Ehemann. Der suggerierte illegitime Charakter der Liebesbeziehung erwächst aus der Forderung nach Heimlichkeit der Minne, die zentraler Bestandteil der höfischen Liebeskonzeption ist. Das T. lebt aus der Spannung zwischen der in den Liedern der Hohen Minne strikt ausgeschlossenen sexuellen Erfüllung und dem Abschiedsschmerz der Liebenden und endet oft mit einer letzten leidenschaftlichen Liebesvereinigung. Aufgrund seines epischen Rahmens und des Fehlens eines ↗ lyrischen Ichs gilt das T. als ↗ *genre objectif*, ist aber zugleich von der Künstlichkeit der Situation (z. B. der Wächter an der Zinne, der zugleich heimlich mit den Liebenden spricht) sowie von dem hohen Anteil an Figurenrede und Dialog geprägt. Formal fällt die Neigung zur Dreistrophigkeit und zu Refrainbildungen auf. – Enge, möglicherweise auch genetische Beziehungen des reich überlieferten mhd. T.s bestehen zur okzitan. ↗ Alba (↗ Trobadorlyrik) und zur afrz. Aube. Die frühesten überlieferten mhd. T.er stammen von Dietmar von Aist (Ende des 12. Jh.s), Heinrich von Morungen und Wolfram von Eschenbach (um 1200), der großen Einfluss auf die T.dichter des 13. Jh.s ausübte (Otto von Botenlauben, Markgraf von Hohenburg, Ulrich von Winterstetten). Die reiche Produktion an T.ern im späteren MA. (seit Mitte des 14. Jh.s z. T. mit Melodien überliefert) zeigt eine große Variationsbreite, die erzeugt wird durch Kombination mit anderen Gattungen oder durch Umbesetzung verschiedener Elemente des Grundtypus, z. B. Konkretisierung der epischen Situation (Ulrich von Lichtenstein), Verlegung ins bäuerliche Milieu (Steinmar, Mönch von Salzburg), Umdeutung der Licht- und Weckmotivik im geistlichen T. (oft ↗ Kontrafakturen weltlicher T.er, z. B. von Hans Sachs). Einen späten Höhepunkt bildet das umfangreiche T. schaffen Oswalds von Wolkenstein (1376/78–1445), das die gesamte Breite der Variationsmöglichkeiten zeigt. In ↗ Volksliedern und anderen lit. Gattungen lebt die T.motivik noch lange weiter (z. B. B. Brecht: »Entdeckung an einer jungen Frau«, 1925).

Texte: M. Backes (Hg.): T.er des dt. MA.s. Stgt. 1992. – S. Freund (Hg.): Dt. T.er. Hdbg. 1983. – A. Schnyder: Das geistliche T. des späten MA.s und der frühen Neuzeit. Tüb. 2004.

Lit.: A. T. Hatto (Hg.): Eos. An enquiry into the theme of lovers' meetings in partings at dawn in poetry. Den Haag 1965. – S. Ranawake: T. In: RLW. – G. Rohrbach: Studien zur Erforschung des mhd. T.es. Göppingen

1986. – A. Wolf: Variation und Integration. Beobachtungen zu hochmal. T.ern. Darmstadt 1979.   SFJ

Takt, m. [seit dem 16. Jh. im Dt. verwendetes Lehnwort, von lat. *tactus* = Berührung; frz. *tact* = Berührung, Tastsinn, Feinheit des Geschmacks], 1. aus der Musiktheorie in die ↗ Metrik übernommene Gliederungseinheit einer zeitlich geordneten Reihe (frz. auch *mesure*). ›T.‹ wird in dieser Begriffsverwendung als »das nach bestimmten verhältnissen abgemessene zeitmasz einer rhythmischen bewegung« (DWb 21 [1935], Sp. 92) verstanden, wobei sowohl die einzelnen, den Zeitablauf akzentuierenden ›T.schläge‹ als auch die Dauer der Intervalle zwischen diesen gemeint sein können. Grundannahme der ↗ T.metrik ist, dass in ↗ Versen der zeitliche Abstand zwischen den Längen bzw. Hebungen jeweils gleich groß ist. K. Ph. Moritz (»Versuch einer dt. Prosodie«, 1786, 2. Brief) sieht die antiken Verse durch eine schon mit der ↗ Prosodie vorgegebene Übereinstimmung von T. (für ihn synonym mit ↗ ›Metrum‹), Melodie und Inhalt gekennzeichnet: »Der T. aber oder das Metrum war einmal durch die natürliche Länge und Kürze der zusammengestellten Silben festgesetzt«; bei den Versen der ›Neuern‹ dagegen schmiege sich die ›Musik‹ nur von außen an den Vers an. Demgegenüber meint J. H. Voß (»Zeitmessung der dt. Sprache«, 1802) »den Versfuß oder des Verses gleichgemessenen Schritt, der auch T. in der Sprache des Musikers heißt«, in solchen Versen finden und nachbilden zu können, die nach dem ↗ akzentuierenden Versprinzip gebaut sind. Hebenstreit warnt bereits 1843 vor der Übertragung des musikalischen T.begriffs auf sprachliche Phänomene: »In der Poesie jedoch, wo schon Regelmäßigkeit und Symmetrie die ordnende Regel ausmacht, findet wohl ein Zeitmaß, aber kein T. Anwendung.« (S. 775) Dessen ungeachtet entwickeln Minor, Saran und bes. Heusler um 1900 differenzierte Theorien des T.s in Bezug auf dt. Verse, die bis in die 1970er Jahre hinein weit verbreitet sind (vgl. Paul/Glier, Arndt 1984). In der heutigen Metrik (vgl. Küper, Burdorf, Arndt in RLW) werden diese Ansätze als ein die einzelnen metrischen und rhythmischen Phänomene unangemessen vereinheitlichendes Raster abgelehnt.

2. Intuitives und rational nicht restlos rekonstruierbares Vermögen, sich in bestimmten Situationen, gegenüber Gegenständen (bes. solchen des kulturellen Gedächtnisses) und anderen Menschen angemessen zu verhalten (↗ Angemessenheit). T. in diesem Sinne (engl. auch *delicacy*; frz. *délicatesse*) wird von einigen Autoren als Kernbestandteil von Bildung und als Grundvermögen der Geisteswissenschaften, bes. der ↗ Philologie, angesehen. In die Begriffsverwendung fließt zwar auch Bedeutung (1) im Sinne der Fähigkeit zur angemessenen Gliederung kultureller Prozesse ein; dominant sind jedoch die beiden anderen Grundbedeutungen des Wortes ›T.‹: »die berührung, der thätige gefühls- und tastsinn« und »darnach das innerliche feine gefühl für das rechte und schickliche, ein feines

und richtiges urtheil« (DWb 21 [1935], Sp. 92). – I. Kant (»Anthropologie in pragmatischer Hinsicht«, 1798, § 6) bezeichnet die »im Dunkeln des Gemüts liegenden Bestimmungsgründe des Urteils« als »logischen T.«. Sein Schüler J. F. Herbart (»Zwei Vorlesungen über Pädagogik«, 1802) leitet daraus das Konzept des ›pädagogischen T.s‹ als eines ›Mittelgliedes‹ zwischen Theorie und Praxis der Erziehung ab. Die darin enthaltene Forderung, sich als in gesellschaftlichen Handlungsfeldern verantwortlich Tätiger ›taktvoll‹ gegenüber allen anderen Beteiligten, insbes. gegenüber Schwächeren, zu verhalten, ist bis heute für die Sozial- und Humanwissenschaften und die ihnen entsprechenden Praxisfelder maßgeblich. – Im Verlauf des 19. Jh.s tritt dieser Perspektive, die am *Gegenüber*, am *Mitmenschen des Handelnden* orientiert ist, eine Sichtweise an die Seite, die T. auch im Umgang mit den *Gegenständen des Erkennens*, vornehmlich in den sich gerade erst konstituierenden Geisteswissenschaften, fordert. So unterscheidet der Physiker und Physiologe H. v. Helmholtz von dem die Naturwissenschaften prägenden Verfahren der ›logischen Induktion‹ die ›künstlerisch-instinktive Induktion‹, die einem ›psychologischen T.gefühl‹ folge, als Methode der Geisteswissenschaften (»Über das Verhältnis der Naturwissenschaften zur Gesamtheit der Wissenschaften«, 1862; »Das Denken in der Naturwissenschaft«, 1884). Diese Einschätzung ist trotz der negativen Wertung der Geisteswissenschaften als logisch defizitär mit W. Diltheys gleichzeitig entwickelten Konzepten von Erlebnis (↗ Erlebnisdichtung) und ↗ Verstehen problemlos vereinbar. F. Schleiermacher fordert bereits in den ersten Jahrzehnten des 19. Jh.s nicht nur wie Herbart vom Erzieher ein »kunstgemäßes Handeln, auf […] Einsicht basiert und von dem richtigen T. geleitet« (»Vorlesungen zur Pädagogik« [gehalten 1820/21: »Die Zucht als Gegenwirkung«), sondern für ihn ist T. auch eine zentrale Kompetenz, welche die Lernenden im Umgang mit den Künsten erwerben sollten: »Durch das Gehör bildet sich […] der T., das allg. Medium der Ordnung und des Maßes« (»Vorlesungen zur Pädagogik« [gehalten 1813/14], 33. Stunde). Bes. auch der T. »für das Edlere und Unedlere in der Sprache« müsse geschult werden (»Entwurf für den dt. Unterricht am Gymnasium«, 1810). Diese Forderung eines taktvollen Umgangs mit Sprache und Lit. wird wenig später auch als zentral für die Philologie herausgearbeitet (vgl. Benne, S. 71 und 314). So verlangt H. Usener (»Philologie und Geschichtswissenschaft«, 1882) vom Philologen ›grammatischen T.‹, da sich nur durch strenge Sprachorientierung die philologische ↗ Hermeneutik von der juristischen und theologischen absetzen könne. G. Bernhardy (»Grundlinien zur Encyclopädie der Philologie«, 1832) macht als konstitutive Momente der ›grammatischen Exegese‹ den »T. und die Kunst unter vorschwebenden Aehnlichkeiten mit Unbefangenheit einen Text zu deuten« aus. Anders als in der Außenwahrnehmung durch Helmholtz wird also von den zeitgenössischen Philologen selbst das rational-konstruktive Moment des T.s deutlich hervorgehoben. Demgegenüber akzentuiert der Philologe F. Nietzsche bes. in seinem Spätwerk das physiologische Moment am »feine[n] T. und Geschmack«, die er »als Leib, als Gebärde, als Instinkt, – als Realität mit Einem Wort« verstanden wissen will (»Der Antichrist« [entstanden 1888, publiziert 1895], Nr. 59). – Im 20. Jh. macht H.-G. Gadamer in produktiver Umdeutung der Helmholtz'schen Wissenschaftssystematik ›T.‹ in enger Verschränkung mit den ›humanistischen Leitbegriffen‹ ›Bildung‹, ›Sensus communis‹, ›Urteilskraft‹ und ›Geschmack‹ zum zentralen Vermögen der Geisteswissenschaften, die er um die philosophische Hermeneutik gruppiert. Zusammen mit dem T.gefühl müssten geistige Fähigkeiten wie »Reichtum des Gedächtnisses und Geltenlassen von Autoritäten« (S. 3) entwickelt werden. T. wird im Anschluss an Kant als »eine bestimmte Empfindlichkeit und Empfindungsfähigkeit für Situationen und das Verhalten in ihnen« verstanden, die das ›Taktlose‹, das Ausdrückliche umgeht: »Daher hilft T. dazu, Abstand zu halten, er vermeidet das Anstößige, das Zunahetreten und die Verletzung der Intimsphäre der Person.« (S. 13) Kontrastiv zu diesem optimistischen Bildungskonzept des T.s arbeitet Th. W. Adorno die »Dialektik des T.s« (Bd. 4, S. 38–41) heraus: T. als »Differenzbestimmung« bestehe »in wissenden Abweichungen« von geltenden Konventionen (S. 40); mit dem Zerfall dieser Konventionen in der Gegenwart sei dem T. jede Grundlage entzogen, obwohl er zur Gewährleistung eines humanen Zusammenlebens noch immer notwendig wäre. Wirksam bleibt der T. für Adorno allein in der Kunst der Vergangenheit, so im »geschichtsphilosophische[n] T.« E. Mörikes, den er mit dem ›Organischen‹ von dessen lit. Produktion gleichsetzt (Bd. 11, S. 63). – Die Funktion des T.s im Rahmen der Ortsbestimmung heutiger Philologie ist trotz dieser reichen Begriffsgeschichte ganz unausgeschöpft. Sicherlich ist philologischer T. nicht darauf zu reduzieren, »die Maßgaben zu respektieren, die ein Autor zu seiner Rezeption setzt« (Benne, S. 358). Vielmehr sind die genannten philosophischen, bildungs-, lit.- und kommunikationstheoretischen Ansätze in eine künftige Philologie des T.s zu integrieren.

Lit. zu 1.: E. Arndt: Dt. Verslehre. Bln. [DDR] [11]1984. – Ders.: T. In: RLW. – D. Burdorf: Einf. in die Gedichtanalyse [1995]. Stgt., Weimar [2]1997, S. 76 f. – W. Hebenstreit: T. In: ders.: Wissenschaftlich-lit. Encyklopädie der Aesthetik. Wien 1843. Repr. Hildesheim, NY 1978, S. 774 f. – A. Heusler: Dt. Versgeschichte. 3 Bde. Bln., Lpz. 1925–29. – Ch. Küper: Sprache und Metrum. Tüb. 1988. – J. Minor: Nhd. Metrik [1893]. Straßburg [2]1902. – O. Paul, I. Glier: Dt. Metrik. Mchn. [8]1970. – F. Saran: Dt. Verslehre. Mchn. 1907.
Zu 2.: Th. W. Adorno: Minima Moralia [1951]. In: ders.: Gesammelte Schriften. Bd. 4. Ffm. 1997. – Ders.: Rede über Lyrik und Gesellschaft [1957]. In: ders.: Ge-

sammelte Schriften. Bd. 11. Ffm. 1997, S. 49–68. – Ch. Benne: Nietzsche und die historisch-kritische Philologie. Bln., NY 2005. – H.-G. Gadamer: Wahrheit und Methode [1960]. Tüb. [4]1975. – W. Sünkel u. a.: T. In: HWbPh.
DB

Taktmetrik, Prinzip der metrischen Deutung von Versen. Ihre theoretischen Grundlagen stellen R. Westphals Interpretationen der Rhythmuslehre des Aristotelikers Aristoxenos dar. Danach ist ↗Rhythmus das vom sprachlichen Material prinzipiell unabhängige abstrakte Gesetz der Gliederung der reinen Zeit in regelmäßig wiederkehrende Abschnitte, die als ↗Takte verstanden werden. In der Germanistik hat v. a. A. Heusler in seiner »Dt. Versgeschichte« (1925–29) die T. entwickelt; heute ist sie ungeachtet der Anregungen, die sie gegeben hat, v. a. in wissenschaftsgeschichtlicher Hinsicht von Interesse.

Lit.: R. Westphal: Aristoxenus von Tarent. Melik und Rhythmik des classischen Hellenenthums. 2 Bde. Lpz. 1883/93.
JK/Red.

Tamizdát ↗Samizdát.

Tanka, n. [jap. = kurzes Lied, Gedicht], Formtyp der jap. Lyrik aus 31 Silben in 5 reimlosen Zeilen (5-7-5; 7-7). Das T., auch *waka* [= jap. Lied] genannt im Ggs. zur chines. verfassten Dichtung, war die dominante Lyrikform von den Anfängen im 8. bis zum 16. Jh., später in der Popularität vom Kettengedicht (*renga*) und vom ↗Haiku überflügelt. Das T. florierte bes. im höfischen Umfeld (10.–13. Jh.), es war lyrischer Ausdruck, gesellschaftliches Kommunikationsmittel, Ausweis von Bildung. 21 kaiserliche Anthologien mit 10. bis zum 15. Jh. zeigen die allmähliche Erstarrung der Form durch eine normative Poetik. – Inhaltlich handelt es sich fast ausschließlich um Natur- und Liebeslyrik. Die enge Form wird durch artifizielle poetische Stilmittel erweitert. Das T. ist bis heute lebendig und wird weithin gepflegt.

Lit.: W. Gundert u. a. (Hg.): Lyrik des Ostens [1952]. Mchn. 2004.
EM

Tanz [mhd. *tanz, tanzen* von afrz. *danse, danser*, Herkunft ungeklärt], 1. verschiedene Formen körperlicher Bewegung mit ästhetischer, kultischer oder sozialer Funktion (Beispiele sind Ritual-, Volks- und Gesellschaftstänze); 2. Bühnengattung, in der die körperliche Bewegung im Mittelpunkt steht. – Bis ins 18. Jh. vermitteln Bewegungs- und Choreographieanweisungen der T.traktate (v. a. für den höfischen T.) den Sitten gemäße Repräsentationsweisen. Ende des 19. Jh.s entsteht die zuweilen ideologisch aufgeladene Idee der anthropologischen Besonderheit des T.es (z. B. im Kontext der ›Lebensreformbewegung‹). Aufgrund der transitorischen und ephemeren Qualitäten seiner Zeichenstruktur wird der T. in der Lit. des 19. und frühen 20. Jh.s zum Paradigma poetischer und theoretischer Entwürfe über die Zusammenhänge von Bewegung, Schrift und Lesbarkeit (H. Heine, F. Nietzsche) und über Wege aus der ›Sprachkrise‹ (St. Mallarmé, H. v. Hofmannsthal). – Von der antiken gr. Tragödie an

bleibt der T. Bestandteil theatralischer Darbietung, so im mal. ↗ Totentanz, im Theater der ↗ Renaissance, im frühneuzeitlichen ↗ Trauerspiel und in der ↗ Oper des 19. und 20. Jh.s. Mit seiner Kodifizierung und der Entwicklung von Notationssystemen (J. Ph. Rameau im frühen 18., R. v. Laban im frühen 20. Jh.) wird der T. professionalisiert und im Kontext der Bühnentanzreform des 18. Jh.s zur eigenständigen Gattung (↗ Ballett). Seit Ende des 19. Jh.s richten sich neue Formen wie der ›Freie T.‹ (I. Duncan) und der ›Ausdruckstanz‹ (M. Wigman) in Technik und Sujet gegen das artifizielle Ballett, wirken verändernd auf es ein oder entwickeln sich parallel dazu weiter, z. B. der am. *modern dance* (M. Graham). – Die theatrale Verarbeitung tänzerischen Materials charakterisiert das ›T.theater‹. Seit den 1960er Jahren werden z. B. mit Verfahren der Montage Handlungsdramaturgien zersplittert (W. Forsythe) und lit. Stoffe zur Anschauung gebracht (»Die sieben Todsünden« von P. Bausch nach B. Brecht; »Die Hamletmaschine« von J. Kresnik nach H. Müller). – Am Übergang zum *postmodern dance* (M. Cunningham) werden traditionelle Darstellungstechniken subvertiert. Zeitgenössische T.formen brechen, oft in Verbindung mit neuen Medien, mit den überlieferten Kodes. Analog zur lit.theoretischen Entwicklung unterliegt gerade die Sprache, oft integraler Bestandteil solcher ›Performances‹, fortschreitender Verkörperlichung, Fragmentarisierung und Ambiguisierung.
Lit.: G. Brandstetter: T.-Lektüren. Ffm. 1995. – S. Dahms (Hg.): T. Kassel 2001. – S. Huschka: Moderner T. Reinbek 2002. – J. Krautscheid: T. Köln 2004. – R. W. Müller Farguell: T.-Figuren. Mchn. 1995. – K. Schneider: T. In: RLW. – J. Schulze: Moving Thoughts. Tanzen ist Denken. Bln. 2003.   CP

Tanzlied, Sammelbez. für lyrische Texte, deren Gemeinsamkeit weniger in formalen oder inhaltlichen Charakteristika als in ihrem Bezug auf die gesellige Situation des Tanzes liegt. Durch ausgeprägte ↗ Refrains gekennzeichnete mal. Formen wie ↗ Ballade, ↗ Ballata, ↗ Balada, ↗ Rondeau, ↗ Virelai, ↗ Villancico u. a., aber auch der unstrophige ↗ Leich werden als T.er verwendet, obwohl bei ihnen der Bezug zum Tanz nicht konstitutiv ist; bes. geeignet als T. ist der ↗ Reien. Im ↗ Barock und der ↗ Anakreontik werden zahlreiche T.er verfasst, die sich ebenfalls durch Refrains und andere Wiederholungsstrukturen, durch eingängige Rhythmik, häufig auch durch die Thematisierung des Tanzes auszeichnen. Konstitutiv ist die Funktion als T. für einen großen Teil der ↗ Schlager sowie der ↗ Songs aus Rock- und Popmusik.   HW/DB

Tanzschlager ↗ Schlager.

Tanztheater ↗ Tanz.

Tartaglia [tarˈtalja; it. = Stotterer, von *tartagliare* = stottern], stotternde Typenfigur der ↗ Commedia dell'Arte. T. tritt als neapolitanisch sprechende Maske auf, die häufig der Gruppe der Alten (*vecchi*) zugeordnet ist und als Notar oder Richter den jüngeren Verliebten (*innamorati*) im Wege steht, von diesen aber

wegen ihres Stammelns kaum ernst genommen wird. Abbildungen zeigen T. meist als glatzköpfigen, dickbäuchigen Mann mit einer großen Brille. Die Figur stammte ursprünglich aus dem *melodramma* und wurde im Verlauf des 17. Jh.s zu einer von Spezialisten gespielten Nebenfigur der it. Stegreifkomödie. In den 1760er Jahren formte C. Gozzi in seinen Märchenstücken T. zur abgründigen Hauptperson um, indem er ihn als melancholischen Prinzen (»L'amore delle tre melarance«, 1761) oder dämonischen Minister (»Il re cervo«, 1762) darstellte.
Lit.: H. Mehnert: Commedia dell'arte. Stgt. 2003.   RF

Taschenbuch, 1. ein Buch kleineren Formats, das im 18. und 19. Jh. meist ein gewisses Wissensgebiet in gedrängter Form abhandelte, so dass es in der Tasche mitgeführt und bei Bedarf konsultiert werden konnte; – 2. ›T.‹ war gleichzeitig die Bez. für kleinformatige, aufwendig gebundene Bücher vornehmlich lit. Inhalts, mit Kupferstichen, Vignetten und häufig einem Kalender versehen, die – ähnlich dem ↗ Musenalmanach – jährlich herausgegeben wurden. Zu den bekanntesten Vertretern zählten der »Goettinger Taschen-Calender« (1776–1813) und das »Taschenbuch zum geselligen Vergnügen« (1791–1833). – 3. Im buchbinderischen Sinne zwar kein Buch, sondern eine Mehrlagen-↗ Broschur, ist das moderne T. gleichwohl ein Buch im Taschenformat mit werbewirksam bunt bedruckten Kartoneinbänden, hohen Auflagen im Rotationsdruck und wegen der einfachen Ausstattung günstigen Preisen. Die ersten Taschenbücher dieses Zuschnitts kamen in den 1930er Jahren im angelsächs. Raum auf den Markt. In Deutschland produzierte erstmals 1950 der Rowohlt-Verlag diese Buchvariante (rororo = Rowohlts Rotations Romane). – Die Taschenbücher sind zu einem großen Teil Lizenzausgaben und werden in Reihen mit einheitlicher Grundausstattung herausgebracht.
Lit.: S. Gent: Die T.fibel [1992]. Ffm. ²1995. – F. Marwinski: Almanache, Taschenbücher, Taschenkalender. Weimar 1967. – Y.-G. Mix: Almanach- und T.kultur des 18. und 19. Jh.s. Wiesbaden 1996.   GGI

Tatsachenbericht ↗ Bericht.

Tatsachenbuch, veraltete Bez. für ↗ Sachbuch.

Taufgelöbnis, formelhaftes Bekenntnis zum christlichen Glauben, verbunden mit einer meist vorangestellten Absage an den Teufel oder das Heidentum (Abschwörungsformel), in der Regel in Fragen des Priesters und Antworten des Täuflings (oder seines Paten) gegliedert. – T.se gehören zu den ältesten dt. Sprachdenkmälern: erhalten sind vier ahd. und altsächs., auf eine einfachere lat. Version zurückgehende T.se aus dem 8. und 9. Jh.
Lit.: G. Baesecke: Die ahd. und altsächs. T.se. Gött. 1944.   MGS

Tautazismus, m. [gr. *tauto* = dasselbe], als fehlerhaft oder unschön empfundene Häufung gleicher oder ähnlicher Laute oder Silben; z. B. Liszt'sche Rhapsodie.
                                                         GS/Red.

Tautogramm, n. [aus gr. *to autó* = dasselbe, *grámma* = Buchstabe], Text, dessen Wörter sämtlich oder ganz überwiegend mit demselben (oft symbolisch deutbaren) Buchstaben beginnen; verwandte Formen sind ↗ Alliteration und ↗ Stabreim, ein Pendant bildet das ↗ Lipogramm. – Das T. ist bereits im 3. Jh. v. Chr. durch den röm. Dichter Ennius belegt, geläufig bes. in der lat. und gr. Lit. der Spätantike, dann auch im MA. und seither immer wieder in fast allen lit. Epochen. Das älteste umfassende T. ist Hucbalds von St. Amand (um 850–930) »Ecloga de Calvis« (›Lob der Glatzköpfe‹), das 146 Verse umfasst, deren Wörter sämtlich mit ›c‹ beginnen. Ph. Nicolai (1556–1608) schrieb ein lat. T. mit dem Buchstaben ›p‹ in 241 ↗ Hexametern. Im ↗ Barock verfassten bes. die Nürnberger Pegnitzschäfer dt.sprachige T.e; später zeigten u. a. F. Rückert und F. Nestroy eine Vorliebe für dieses Sprachspiel, für das es in fast allen europäischen Sprachen seit dem 15. Jh. zahlreiche Beispiele gibt. In den manieristischen Strömungen nahezu aller Lit.en bis ins 20. Jh. (W. Abish: »Alphabetical Africa«, 1974) gibt es immer wieder T.e; auch in unlit. und volkstümlichen Texten (z. B. in T.-Wettbewerben im Internet) erfreut es sich einer gewissen Beliebtheit.
Lit.: A. Liede: Dichtung als Spiel [1963]. Bln., NY ²1992, Bd. 2, S. 94–103. FM

Tautologie, f. [aus gr. *tautó* = dasselbe, *lógos* = Wort, Rede], stilistisches Mittel zur Verstärkung einer Aussage. In der Rhet. entweder 1. die Verwendung mehrerer Synonyme (oft in einer ↗ Zwillingsformel, z. B. ›immer und ewig‹, ›angst und bange‹), die nicht genau vom ↗ Hendiadyoin zu unterscheiden ist; oder 2. ↗ Pleonasmus (z. B. ›weißer Schimmel‹, ›neu renoviert‹). – 3. In der formalen Logik eine Form der Aussagenverknüpfung, die stets wahr ist (z. B.: ›Wenn der Hahn kräht auf dem Mist, ändert sich das Wetter oder es bleibt wie es ist‹). SHO

Tauwetter [russ. *óttepel'*], Periode des politischen und kulturellen Lebens in der UdSSR bzw. in einem Teil der von ihr abhängigen Länder von Stalins Tod 1953 bis Mitte der 1960er Jahre. Die Bez. bürgerte sich nach Erscheinen des gleichnamigen Romans von I. Ehrenburg 1954 rasch ein, dessen Titel »T.« auch im Roman schon als Metapher für die Entstalinisierung thematisiert wird, während diese offiziell erst nach N. Chruščëvs Geheimrede auf dem 20. Parteitag der KPdSU 1956 eingeleitet wurde. Das T. betraf auf dem Gebiet der Kunst und Lit. nicht nur spezielle Themen, darunter die Abrechnung mit der Stalin-Ära (z. B. A. Solženicyn: »Ein Tag im Leben des Iwan Denissowitsch«, russ. 1962, dt. 1963), sondern auch Schreib- und Darstellungsweisen, die z. T. gegen das seit 1934 geltende Dogma des ↗ sozialistischen Realismus die Moderne in die russ. Lit. zurückholten, z. B. die Gefühlswelt (V. Pánova: »Jahreszeiten«, russ. 1953), den ↗ inneren Monolog (V. P. Katáev: »Der heilige Brunnen«, (russ. 1965) oder die Autothematik (V. Kavérin: »Das doppelte Porträt«, russ. 1966). Insbes. wurden verfemte

Künstler (z. B. A. Achmátova, M. M. Zóščenko), wenn auch nicht konsequent, rehabilitiert. Der von der UdSSR inszenierte politische Skandal um den Nobelpreis 1958 für B. Pasternák und schließlich Chruščëvs Sturz 1964 setzten der Liberalisierung ein deutliches Ende (vgl. Ausbürgerung von Solženicyn 1974), ohne dass allerdings die umfassenden Repressionen der Stalin-Ära je wieder zurückkehrten. Die ↗ Dorfprosa kann als Fortsetzung des T.s angesehen werden.
Lit.: W. Beitz (Hg.): Vom »T.« zur Perestrojka. Bern u. a. 1994. US

Technik und Literatur wurden in der traditionellen Lit.wissenschaft meist als Gegensätze betrachtet: Die Lit. wurde in kritischer Distanz zur Technik gesehen, die Technik erschien als Bedrohung humanistischer ↗ Kultur. In jüngster Zeit jedoch treten die Wechselspiele zwischen beiden Bereichen ins Blickfeld. Die Wissenschafts- und Technikforschung bekräftigt die soziokulturelle Verschränkung von T. u. L., indem sie die gesellschaftliche Konstruiertheit und die symbolische Qualität der Gegenstände beider Bereiche hervorhebt. Nicht zuletzt erinnert das gr. Wort *téchnē* in seiner Bedeutung ›Kunstfertigkeit, List‹ an die Gemachtheit von Lit.: Sie ist Resultat eines Herstellungsprozesses und damit einer gesellschaftlichen Praxis. Seit Erfindung des ↗ Buchdrucks manifestiert sich die Lit. als technisches ↗ Medium. Sie wird durch die Technik ebenso zu neuen poetischen Verfahren angeregt, wie sie durch Experimente mit den wechselnden Aufzeichnungs- und Darstellungsmethoden an der Technikgeschichte mitschreibt. Lit. hat nicht nur durch immer neue ↗ »Aufschreibesysteme« (F. A. Kittler) Anteil an der Technikgeschichte, sondern sie bringt auch von der Technik hervorgerufene Ängste und Sehnsüchte zur Sprache.
In der Neuzeit wird der teleologische Technikbegriff der Antike (Aristoteles) und des MA.s zunehmend durch eine Technikauffassung abgelöst, in deren Mittelpunkt die methodische Naturbeherrschung auf der Grundlage einer mechanistischen Naturauffassung steht. Zum Vorboten der Technikentwicklung des 17. und 18. Jh.s wird F. Bacon mit seiner auf den platonischen Atlantis-Mythos anspielenden ↗ Utopie »Nova Atlantis« (1627), die gesellschaftlichen und wissenschaftlich-technischen Fortschritt in eins setzt und die technischen Produkte als Nachahmung göttlicher Schöpfung betrachtet. Die – zunächst noch von Gott programmierte – Maschine als Repräsentationsmodell der Welt hat J. O. de La Mettrie in »L'homme machine« (1748) materialistisch radikalisiert: Nicht nur der Körper, sondern auch Geist und Seele des Menschen sind sich selbst regulierende Mechanismen. Im Gegenzug lehnt die dt. Lit. um 1800 eine rationalistisch-instrumentale Technikkonzeption ab und entwirft eine Mensch (H. v. Kleist: »Über das Marionettentheater«, 1810) und Sprache (Novalis) umfassende Maschinenutopie des freien Kräftespiels. Auf ihre Kehrseite, die Gefahr einer Manipulation durch den Automaten, ver-

weist E. T. A. Hoffmann (»Der Sandmann«, 1817). Zur Vorsicht gemahnt auch J. W. Goethe im letzten Akt des »Faust« II (1832), wenn er im Dammbau die Gewaltsamkeit der großtechnischen Naturbeherrschung vorführt. Am selben Thema demonstriert Th. Storms »Schimmelreiter« (1888) die Spannung zwischen ungebändigter Natur und technischer Kontrolle und erprobt zugleich in der mehrfachen Rahmung und im raschen Perspektivenwechsel neue mediale Techniken in der Lit. Die populären Zeitromane der ersten Hälfte des 19. Jh.s (K. Immermann, E. A. Willkomm) bleiben hinter einem solchen ästhetischen und thematischen Reflexionsniveau zurück, da sie die Probleme der Industrialisierung auf die Frage der moralischen Integrität der Fabrikherren reduzieren und als einzige Alternative eine Rückkehr zu älteren Produktionsformen propagieren. Heroische Leistungen und tragisches Scheitern von Ingenieurshelden stellen dagegen in der zweiten Hälfte des 19. Jh.s die ›Dichteringenieure‹ M. M. v. Weber und M. Eyth dar. Von der bes. Faszination der Reisemaschinen zeugt nicht nur die Eisenbahnlyrik des 19. Jh.s (A. v. Chamisso, N. Lenau, J. Kerner, G. Keller), sondern auch der technische ↗ Abenteuerroman eines J. Verne, der in seinen *voyages extraordinaires* die Geschwindigkeit als Herrschaft über die Zeit darstellt. Die Luftfahrt inspiriert schon seit der Romantik zu Wahrnehmungsexperimenten und utopischen Phantasien. Nach dem mythischen Modell des Ikarus als Hybris verstanden, wird sie im ↗ Futurismus F. T. Marinettis positiv umbesetzt: Die Verschmelzung mit dem anorganischen Flug-Körper wird nicht mehr als Gefahr, sondern als ekstatische Versöhnung von Geist und Materie erlebt. Massenerfolge werden aber diejenigen Technikphantasien, welche Gigantomanie und Dämonie der Technik miteinander vermischen: B. Kellermanns »Der Tunnel« (1913) oder Th. v. Harbous »Metropolis« (1926, im selben Jahr von F. Lang verfilmt). Derartige spektakuläre Technikinszenierungen sorgen bis heute in der ↗ Science-Fiction für Spannung. Ab 1900 setzt auch eine intensive lit. Reflexion über die neuen Medien Telegrafie, Telefon, Grammophon, Film, Rundfunk und Fernsehen ein, die zur Lit. in Konkurrenz treten und mit denen sich Autoren wie A. Döblin oder B. Brecht produktiv auseinandersetzen. In den 1950er Jahren dominiert zunächst noch eine pauschale Skepsis gegenüber der modernen Industriewelt, doch im Umfeld der 68er-Bewegung entwickelt sich, etwa bei H. M. Enzensberger oder A. Kluge, eine differenziertere Reflexion über die Gewinn- und Verlustbilanz des technischen Fortschritts und bes. über die elektronischen Medien. Die ↗ konkrete Poesie und die künstlerischen Aktivitäten der ↗ Wiener Gruppe beschränken sich nicht auf die Darstellung von Technik, sondern können als angewandte Kritik lit. Repräsentation und symbolischer Systeme verstanden werden, da sie nichtlineare und serielle Verfahren auf das Medium der Schrift anwenden. Heute haben digitale und interaktive neue Produk-

tions- und Rezeptionsverfahren (↗ Internetlit., ↗ Hyperfiktion) das Verhältnis von T. u. L. revolutioniert.

Lit.: C. Asendorf: Super Constellation – Flugzeug und Raumrevolution. Die Wirkung der Luftfahrt auf Kunst und Kultur der Moderne. Wien, NY 1997. – B. J. Dotzler: Papiermaschinen. Versuch über communication & control in Lit. und Technik. Bln. 1996. – Th. Elm, H. H. Hiebel (Hg.): Medien und Maschinen. Freiburg/Br. 1991. – F. Holtschoppen: Rebellische Technik. Maschinenphantasien in der lit. Phantastik um 1900. Bln. 2005. – R. Innerhofer: Dt. Science Fiction 1870–1914. Wien u. a. 1996. – F. A. Kittler: Grammophon. Film. Typewriter. Bln. 1986. – P. P. Schneider (Hg.): Lit. im Industriezeitalter. 2 Bde. Marbach/N. 1987. – H. Segeberg: Lit. im technischen Zeitalter. Von der Frühzeit der dt. Aufklärung bis zum Beginn des ersten Weltkriegs. Darmstadt 1997. – C. Wege: Buchstabe und Maschine. Ffm. 2000.   RI

Technopaignion, n. [gr.], Typus des ↗ Figurengedichts.

Teichoskopie, f. [gr. *teichoskopía* = Mauerschau], Bauelement der Lit., das prototypisch in Homers »Ilias« (III, V. 121–244) zu finden ist: Von der Mauer Trojas blickend beschreibt Helena dem Priamos die gr. Helden. In der antiken ↗ Tragödie (seltener in der ↗ Komödie), im klassizistischen Drama sowie – als ›Fensterschau‹ – noch im naturalistischen Drama der Neuzeit dient die T. dazu, für die Handlung wichtiges, gleichzeitig stattfindendes Geschehen, das auf der Bühne nicht gezeigt werden kann oder soll, dem Chor oder den Akteuren und den Zuschauern zur Kenntnis zu bringen. In den »Phoinikierinnen« des Euripides (V. 88–200) beobachtet Antigone von einem Hausdach die Schlacht um Theben, an der ihre Brüder auf verschiedenen Seiten beteiligt sind. Während die T. auch im Drama der Zeit um 1800 oft zur Darstellung von Hinrichtungen oder Schlachten dient (z. B. F. Schiller: »Jungfrau von Orleans« V, 11; H. v. Kleist: »Penthesilea«, 1. Auftritt), wird sie schon bei G. Büchner (»Leonce und Lena« III, 3) zur satirischen Darstellung der dt. Kleinstaaterei benutzt; im Drama der Gegenwart fungiert sie bisweilen als episches Mittel der Verfremdung (z. B. St. Kopetzky: »Herr Krampas: auftauchend. Teicho-skopische Kömodie aus drei Monologen«). Als Form der erzählten und insofern verdeckten Handlung wird die T. in der Dramenanalyse mit dem ↗ Botenbericht verglichen. – Dem homerischen Prototyp vergleichbare T.n finden sich auch in den volkssprachigen Großepen des MA.s. Die Funktion ist hier gegenüber dem Drama verändert: Im Rahmen einer höfischen Poetik der Sichtbarkeit dient das Motiv der Schau von Burgzinnen oder Tribünen der Darstellung einer repräsentativen Öffentlichkeit, in der sich rechtsförmige Herrschaftshandlungen vollziehen. Als eine Form des Augenzeugenberichts dient die epische T. dabei zur Erzeugung von Evidenz und Anschaulichkeit. Wird sie von einem Blick ›hinter die Kulissen‹ öffentlicher Inszenierungen begleitet, kann die T. auch zur Aufdeckung von Täuschungshandlungen beitragen (z. B. im »Nibelungenlied«).

Lit.: D. Kremer, J. Gunia: Fenster-Theater. In: Hoffmann Jb. 9 (2001), S. 70–80. – M. Pfister: Das Drama [1977]. Mchn. ^{11}2001, S. 153–156 und 276–282. – H. Wandhoff: Der epische Blick. Bln. 1996, S. 169–258.

HWF

Tektonik [gr. *tektoniké (téchnē)* = Baukunst], auch: ↗ geschlossene Form; kunst- und lit.geschichtliche Kategorie: Bez. für den strengen, kunstvollen Aufbau eines Kunstwerks, bei dem die einzelnen Elemente sich dem Ganzen unterordnen, oft in symmetrischer Gliederung, z. B. ↗ Perioden (2) einer ↗ Strophe, Strophen eines Liedes, Gestaltung eines ↗ Zyklus, Aktgliederung und Beachtung der ↗ drei Einheiten im Drama, einheitliche Perspektive eines Romans. Tektonischer Bau ist Kennzeichen klassischer und klassizistischer Formauffassung. Ggs.: atektonisch, ↗ offene Form. – Das Ggs.-Paar wurde von H. Wölfflin (»Kunstgeschichtliche Grundbegriffe«, 1915) geprägt und von Walzel (»Wechselseitige Erhellung der Künste«, 1917) in die Lit.wissenschaft eingeführt.

Lit.: O. Walzel: Gehalt und Gestalt im Kunstwerk des Dichters. Wildpark-Potsdam 1929, S. 300–322. GS/DB

Telari-Bühne [it. *telaro, telaio*, m. = Rahmen], auch: Periakten-Bühne; eine in Italien entwickelte Vorform der barocken Kulissenbühne. Ihr Erfinder ist der it. Theaterarchitekt J. Barozzi da Vignila (»Le due regole della prospettiva pratica«, postum 1583), der die festen, einen Szenenwechsel nicht zulassenden Dekorationselemente der Winkelrahmenbühne der Renaissance (Winkelrahmen, fester Prospekt) durch bewegliche *Telari* oder *Periakten* ersetzte, (in seiner Version der T. fünf) dreikantige Prismen mit dem Grundriss eines gleichseitigen Dreiecks, mit bemalter Leinwand bespannt, drehbar um eine vertikale Mittelachse. Der größte dieser fünf Telari ist in der Mitte des Bühnenhintergrundes aufgehängt und übernimmt die Funktion des ↗ Prospektes; die vier kleineren Telari sind seitlich montiert, links und rechts je zwei, und bilden die Seitendekoration. Dazwischen verlaufen die Bühnengänge. Barozzis System ermöglicht einen dreifachen Szenenwechsel. Es wurde im 17. Jh. durch den dt. Theaterbaumeister J. Furttenbach (»Architectura civilis«, 1628) und durch N. Sabbattini (»Pratica di fabricar Scene e Machine ne' Teatri«, 1638) weiter entwickelt. Im 17. Jh. wird die T. durch die Kulissenbühne, eine Erfindung des Theaterarchitekten G. B. Aleotti, verdrängt. JK/Red.

Telegrammstil, der elliptischen Ausdrucksweise in Telegrammen ähnliche Reduzierung eines Textes auf die unbedingt notwendigen Wörter; bes. ↗ Füllwörter und Artikel fallen dabei fort. Der T. wird v. a. in Gebrauchstexten wie Inseraten und Werbetexten verwendet. Im lit. Bereich drückt er exaltierte, hektisch-aufgeregte oder hilflose Sprechweise aus, z. B. im ↗ Naturalismus (hier gibt es Gemeinsamkeiten mit dem ↗ Sekundenstil) und ↗ Expressionismus. – Eine An-

wendung des Begriffs auf Texte aus Zeiten (z. B. ↗ Sturm und Drang), in denen es das Telegramm noch nicht gab, wirkt anachronistisch und ist daher nicht sinnvoll. GS/DB

Telenovela ↗ Serie.

Telesilleion, m., antiker Vers der Form $\bar{v} - v\,v - v -$; das in äolischer Lyrik gebrauchte Versmaß wurde nach dem gr. Dichter Telesilla aus Argos (5. Jh. v. Chr.) benannt. GS/Red.

Telestichon, n. [aus gr. *télos* = Ende, *stíchos* = Vers], schmückende Figur in Gedichten, bei der die am Ende der Verse (oder Strophen) stehenden Buchstaben, von oben nach unten gelesen, einen bestimmten Sinn ergeben. – Frühe Beispiele sind die Telesticha in den Widmungen des »Evangelienbuchs« Otfrids von Weißenburg (um 870). Verwandte Formen: ↗ Akrostichon, ↗ Akroteleuton, ↗ Mesostichon. MGS

Telonisnym, n., mit seinen letzten Buchstaben abgekürzter Verfassername. ↗ Pseudonym.

Tel Quel [tɛlˈkɛl; frz. = so wie es ist], 1960 von Ph. Sollers u. a. in Paris gegründete Zs. (1982 eingestellt, Nachfolge-Zs.: »L'Infini«). Der Titel geht auf die gleichnamige Aphorismensammlung P. Valérys (1941–43) zurück. In Anknüpfung an den ↗ Surrealismus wendet sich T. Q. von Anfang an gegen J.-P. Sartres Vorstellung eines politischen oder moralischen Engagements der Lit. (↗ littérature engagée) und propagiert das Ende aller Ideologien. Durch die Nähe zum ↗ Nouveau Roman etabliert sich die Zs. als Forum lit. Innovation. Gleichzeitig öffnet sich T. Q. den Fragestellungen des ↗ Strukturalismus und russ. ↗ Formalismus sowie der Semiotik und kann so einflussreiche Denker wie R. Barthes, J. Derrida und M. Foucault als Autoren gewinnen. – Fungiert T. Q. in der Anfangsphase als Schnittstelle unterschiedlicher avantgardistischer Strömungen im europäischen Kulturbetrieb, so wandelt sich das Profil der Zs. nach der Studentenrevolte von 1968. Es erfolgt zunächst eine Annäherung an den Marxismus, die zu Beginn der 1970er Jahre durch die euphorische Entdeckung des Maoismus abgelöst wird. Die letzten Jahre der Zs. stehen im Zeichen der Auseinandersetzung mit der Psychoanalyse, dem Feminismus und den ›Neuen Philosophen‹ (A. Glucksmann, B.-H. Lévy). Zu den Autoren im Umkreis von T. Q. gehören J.-P. Faye, J. Kristeva, M. Pleynet, J. Ricardou, D. Roche und J. Thibadeau.

Lit.: P. Forest: Histoire de T. Q. 1960–82. Paris 1995. – P. French: The time of theory. A history of T. Q. (1960–83). Oxford 1995. – K. W. Hempfer: Poststrukturale Texttheorie und narrative Praxis. Mchn. 1976. – N. Kauppi: The making of an avant-garde. T. Q. Bln. 1994.

SSM

Tempus, n. [lat. = Zeit], sprachliches Verfahren der zeitlichen Einordnung von Sachverhalten, Ereignissen und Handlungen. Grammatisches T. und physikalische Zeit sind nicht identisch; das T. wird vielmehr relativ zum Sprechzeitpunkt ausgedrückt. Neben dem T. als grammatischer Kategorie des Verbs gibt es andere

sprachliche Verfahren, die auf zeitliche Dimensionen rekurrieren, wie etwa Aspektmarkierungen (›Ich bin am Kochen‹) oder Deixis (›jetzt‹, ›gestern‹). Sprachen unterscheiden sich hinsichtlich ihrer T.systeme, in manchen werden zeitliche Verhältnisse vornehmlich über die Aspektmarkierungen ausgedrückt. Generell erlauben T.systeme den Bezug auf Vergangenheit, Gegenwart und Zukunft. Im Dt. gelten synthetische Formen wie das Präteritum (›ich sprach‹) und periphrastische Formen wie das Perfekt (›ich habe gesprochen‹) bzw. Futur (›ich werde sprechen‹) als T. T.formen sind für verschiedene Gattungen in unterschiedlicher Weise funktional. So gilt etwa das Präteritum im Dt. als wichtigste ›Erzählzeit‹; Abweichungen davon können ebenso wie T.wechsel eine Dynamisierung der Erzählung bewirken.
Lit.: A. Redder: Funktional-grammatischer Aufbau des Verb-Systems im Dt. In: L. Hoffmann (Hg.): Dt. Syntax. Bln. 1992, S. 128–154. – P. Stocker: T. In: RLW. – R. Thieroff: Das finite Verb im Dt. Tüb. 1992. – H. Weinrich: T. Stgt. 1964.   BME

Tendenzdichtung [von lat. *tendere* = spannen, sich hingezogen fühlen], historische Bez. für Lit., die einem öffentlichen ⟋ Engagement verpflichtet ist. – Im Kontext des bürgerlichen Konzepts von der Autonomie der Kunst (⟋ Autonomieästhetik, ästhetische Autonomie) wird die politisch intendierte Lit. des ⟋ Jungen Deutschland pejorativ als ›T.‹ bezeichnet. K. Marx und F. Engels betonen in ihrer Ablehnung des ⟋ Proletkultes und ihrer Aufwertung des klassischen Erbes (⟋ Erbetheorie), dass die Tendenz aus der Situation und der Handlung selbst hervorspringen müsse. G. Lukács' Essay »Tendenz oder Parteilichkeit?«, der sich auf die sog. Tendenzkunst-Debatte (1910–12) bezieht, favorisiert den Begriff der ⟋ Parteilichkeit. Diese ermögliche die Darstellung der Selbstbewegung der Wirklichkeit (Marx) als Tendenz. Der Begriff ›T.‹ prägt nachhaltig die Lit.-Debatten der 1920er, 1930er und 1950er Jahre über den ⟋ Expressionismus (⟋ Expressionismusdebatte) und den ⟋ Realismus.
Lit.: T. Bürgel (Hg.): Tendenzkunst-Debatte 1910–12. Bln. 1987. – F. J. Raddatz (Hg.): Marxismus und Lit. Hbg. 1969. – P. Stein (Hg.): Theorie der politischen Dichtung. Mchn. 1973.   WVB

Tendenzliteratur ⟋ Parteilichkeit.

Tendenzstück ⟋ Thesenstück.

Tenzone, f. [afrz. *tenzon*; provenz. *tenso* = Streit, Wettstreit, wohl basierend auf lat. *con-tentio*], 1. allg. Bez. für ⟋ Streitgedicht; 2. in provenz. und afrz. Lit. im Ggs. zu ⟋ Partimen und ⟋ Jeu parti das freie, nicht durch eine dilemmatische Fragestellung eingeleitete Streitgedicht. Diskutiert wird zwischen zwei (auch fiktiven) Dichtern über einen beliebigen Gegenstand; bei mehr als zwei Beteiligten spricht man von einem *Tornejamen* (Turnier). Überliefert sind T.n v. a. aus dem 12. und 13. Jh., die älteste T. (*tenso*) fand 1168 zwischen Guiraut de Bornelh und Raimbaut d'Aurenga über das ⟋ *trobar clus* statt.

Lit.: C. Giunta: Due saggi sulla t. Rom, Padua 2002. – E. Köhler: T. In: Grundriß der romanischen Lit.en des MA.s. Bd. II,1. Fasc. 5 (1979), S. 1–15. – M. Pedroni, A. Stäuble (Hg.): Il genere »t.« nelle letterature romanze delle origini. Ravenna 1999.   MGS

Terenzbühne, auch: Badezellenbühne; Bühnenform des ausgehenden 15. Jh.s, mit der eine erneuerte Aufführungspraxis in der klassischen Einheit von Ort, Handlung und Zeit möglich war. Anlass gaben neu entdeckte Stücke, v. a. die Komödien des Terenz, die den Humanisten zur Wiederbelebung des antiken Theaters dienten. Der Bühnenaufbau bestand aus einer flachen dekorationslosen Spielfläche, die eine Straße darstellte. Dahinter war eine repräsentative Schauwand angeordnet, die von mit Vorhängen abgeschlossenen Arkaden oder Säulen gegliedert wurde. Inschriften darüber markierten diese als Häusereingänge. Aus der konstruktiven Ähnlichkeit mit Badezellen leitete Schmidt (1903) auch die Zweitbezeichnung ab. Diese neue Bühnenform fand mit den Holzstichen in zahlreichen Terenz-Ausgaben eine rasche Verbreitung.
Lit.: R. Badenhausen (Hg.): Bühnenformen, Bühnenräume, Bühnendekorationen. Bln. 1974. – H. H. Borcherdt: Das europäische Theater im MA. und in der Renaissance. Lpz. 1935, S. 69–92. – G. Pochat: Theater und bildende Kunst im MA. und in der Renaissance in Italien. Graz 1990, S. 205–232. – P. E. Schmidt: Die Bühnenverhältnisse des dt. Schuldramas und seine volkstümlichen Ableger im 16. Jh. Bln. 1903.   TM

Terminologie f. [Kunstwort aus mlat. *terminus* = Begriff und gr. *lógos* = Lehre], die in einem Fachgebiet übliche Benennung der Gegenstände und Begriffe; Gesamtheit der Fachwörter und Fachausdrücke und ihre Erklärung (vgl. *terminus technicus* = Fachausdruck), auch ⟋ Nomenklatur.
Lit.: H. Fricke: T. In: RLW.   GS/Red.

Terminus a quo – t. post quem; t. ad quem – t. ante quem, ⟋ Datierung.

Tertium Comparationis ⟋ Metapher, ⟋ Vergleich.

Terzett, n. [it. *terzo*, lat. *tertius* = dritter], dreizeiliger Abschnitt eines Gedichtes (z. B. T.e im ⟋ Sonett) oder dreizeilige Strophe (z. B. ⟋ Terzine).   GS/Red.

Terzine, f. [it. *terzina, terzarima*], 1. dreiversige, durch strophenübergreifende Reimverschränkung gekennzeichnete Strophenform it. Herkunft; 2. der Pl. ›T.n‹ bezeichnet auch ein aus diesen Strophen gebautes Gedicht. – Kann im weiteren Sinne jeder Dreizeiler (wie auch das ⟋ Terzett des ⟋ Sonetts) als ›T.‹ bezeichnet werden, so ist eine T. im eigentlichen Sinne eine aus drei Versen bestehende Strophe, deren Außenverse miteinander reimen und deren Mittelvers (anders als im ⟋ Ritornell) auf die Außenverse der nachfolgenden Strophe reimt. Die so gebildete, grundsätzlich infinite Reimfolge (aba bcb cdc ded …) wird zum Abschluss gebracht, indem auf den Mittelvers der letzten T. ein Einzelvers reimt (… xyx yzy z). Die strukturelle Offenheit der einzelnen T.nstrophe und die Reimverschränkung der Strophenfolge bestimmen den ästhetischen

Anspruch und Reiz der Form; sie legen eine zwischen narrativem Fluss und Pointierung schwankende syntaktische Gestaltung nahe. Das Grundmetrum der T. ist in der it. Dichtung der ↗ Endecasillabo; frz. T.ndichtungen bevorzugen den ↗ vers commun; in der dt. Lit. werden meist jambische Fünfheber verwendet, die abweichend vom it. Muster männliche oder weibliche Kadenz aufweisen können. – Den Ausgangspunkt der Formtradition setzten die »Divina commedia« (1307–21) von Dante Alighieri, der die T. als Sonderform der ↗ Serventesenstrophe für episch-didaktische Versdichtungen etablierte, G. Boccaccios »Amorosa visione« (1342 f.) und F. Petrarcas »Trionfi« (1352–74). Noch in der Renaissance als it. Äquivalent des antiken ↗ Distichons genutzt, wurde die T. erst im 19. und frühen 20. Jh. (G. Leopardi, G. D'Annunzio) zunehmend auch in der it. Lyrik gebraucht. Außerhalb Italiens wurde die T., von einzelnen Versuchen abgesehen, erst mit der romantischen Dante-Rezeption heimisch, dabei ebenso zur Darstellung weltanschaulicher Reflexionen (J. W. Goethe, A. Rimbaud, P. Verlaine, St. George, H. v. Hofmannsthal) wie als epische Balladenstrophe (G. G. N. Byron, P. B. Shelley, A. v. Chamisso) eingesetzt und seit Beginn der Moderne formal variiert (z. B. L. Harig: »Hundert Gedichte. Alexandrinische Sonette, T.n, Couplets und andere Verse in strenger Form«, 1988).

Lit.: R. Bernheim: Die T. in der dt. Dichtung von Goethe bis Hofmannsthal. Düsseldorf 1954. – W. Th. Elwert: It. Metrik [1966]. Wiesbaden ²1984, S. 125 f. – H. J. Frank: Hb. der dt. Strophenformen [1980]. Tüb., Basel ²1993, S. 64–69. – P.-E. Leuscher: T.n. In: RLW. DM

Terzinenreim ↗ Kettenreim.

Tetralogie, f. [gr. tetrá = vier, lógos = Rede, Erzählung], Folge von vier einem Aufführungszyklus zugehörigen Dramen, die sich durch die Einheit des Stoffs (↗ Mythos) oder der Thematik auszeichnen. Die T. der gr. Antike bestand zunächst aus drei ↗ Tragödien (↗ Trilogie) und einem ↗ Satyrspiel, das jedoch schon bei Euripides durch eine vierte Tragödie (»Alkestis«, die 438 v. Chr. als viertes Drama die Trilogie »Kreterinnen«, »Alkmeon in Psophis« und »Telephos« zur T. ergänzte) abgelöst wurde. Die älteste erhaltene T. ist die 458 v. Chr. aufgeführte »Orestie« des Aischylos, bestehend aus den Dramen »Agamemnon«, »Choephoren«, »Eumeniden« und dem nur dem Inhalt nach bekannten, in der Textgestalt nicht überlieferten Satyrspiel »Proteus«. – In neuerer Zeit entstanden, z. T. in bewusster Anlehnung an die Antike, die T.n von R. Wagner: »Der Ring des Nibelungen« und G. Hauptmann: »Atriden-T.« (beide ohne eine Entsprechung zum gr. Satyrspiel). Obwohl die Bez. ›T.‹ zunächst nur der dramatischen Dichtung vorbehalten war, spricht man von ›T.‹ auch bei vierteiligen Romanzyklen wie Th. Manns »Joseph und seine Brüder«. HW/Red.

Tetrameter, m. [gr. tetrámetros = aus vier metrischen Einheiten], auch: trochäischer Tetrameter, trochä-

ischer Septenar, Versmaß antiker Herkunft, das aus acht Trochäen (der antiken Metrik zufolge aus vier ↗ Dipodien; daher der Name) besteht und eine feste Zäsur nach dem vierten Fuß hat. Schema: – v – v – v – v | – v – v – v – v. Die Versfüße vor der Zäsur und am Versende können ↗ katalektisch verkürzt sein. – Der T. ist neben dem ↗ Trimeter der zweite Sprechvers des antiken Dramas, v. a. in der Tragödie (Aischylos, Seneca). Die röm. Dichtung verwendet ihn auch in der Komödie und in der menippeischen Satire (Varro). Wichtig ist er auch im frühchristlichen Hymnus (↗ Hymne). Dt. Nachbildungen sind selten; sie finden sich z. B. bei A. Gryphius (»Ewige Freude des Auserwehlten«) oder im antikisierenden Helena-Akt des »Faust« II. JK/BM

Teufelsliteratur, didaktisch-satirische Traktate gegen Sünden und Laster aus der zweiten Hälfte des 16. Jh.s. Die T. basiert auf der Vorstellung, hinter allen kollektiven und individuellen Lastern und Verfehlungen der Menschen verberge sich ein dafür zuständiger Teufel. Unter dem Einfluss der reformatorischen Rechtfertigungslehre und von Luthers ausgeprägtem Sinn für die Allgegenwart des Teufels schärfte die T. unter den Prämissen, der Glaubensreinheit zu dienen und der Wahrheit der Heiligen Schrift gegenüber der Vielfalt der Auslegungen wieder Geltung zu verschaffen, ein alle Stände und Gesellschaftsbereiche durchdringendes Sündenbewusstsein. Den größten Raum in der T. nehmen die Klage über die Schlechtigkeit der Welt und die Anprangerung aller Sünden des Alltagslebens ein. Sauf-, Hosen-, Fluch-, Spiel-, Jagd-, Geiz-, Müßiggang-, Hochmut-, Kleider-, Lügen-, Neidteufel u. a. verleiten die Menschen zu einem unsittlichen Lebenswandel. Die Warnungen und Mahnungen der T. beziehen sich neben den öffentlich zur Schau gestellten Unsitten vornehmlich auf die Sphäre von Ehe und Familie (Ehe-, Weiber-, Sorgen- und Gesindteufel) sowie auf die Entfaltung einer differenzierten reformatorischen Teufelslehre. – Auf biblischen und patristischen Vorgaben aufbauend entwickelte sich in Geschichtsschreibung, ↗ Legenden, Exempelsammlungen und in der volkssprachlichen Dichtung des MA.s ein wandlungsfähiges Bild vom Teufel als dem Agenten des Bösen. Die reformatorische T. knüpfte zwar an mal. Traditionen an, (↗ Mären des Stricker, Exempelsammlungen, Marienmirakel, Predigten und Lehrschriften). Eigentümlich sind der T. jedoch die konsequente Veralltäglichung des Bösen und die Reglementierung sowohl der persönlichen als auch der kirchenöffentlichen Verhaltens- und Frömmigkeitsstandards. Die volkspädagogische Wirkabsicht stand auch bei den bekanntesten Autoren dieses Genres wie A. Musculus, C. Spangenberg, L. Milichius und J. Hockerius im Vordergrund, die als Pfarrer, Theologen und Prediger publizistisch für die Reformation eintraten. Die zahlreich, aber verstreut erschienene T. wurde erstmals von dem Frankfurter Buchhändler S. Feyerabend unter dem Sammelnamen »Theatrum Diabolorum« (1568, drei Auflagen) zusammengefasst. In der Form des Sammelwerks erreichte die T. von nun an ihre Leser, während der Absatz der Einzeltraktate rückläufig war. Als Quelle der spätmal. Kultur-, Mentalitäts- und Alltagsgeschichte ist die T. noch nicht hinreichend ausgeschöpft.

Texte: R. Stambough (Hg.): Teufelbücher in Auswahl. 5 Bde. Bln. 1970–80.

Lit.: H. Grimm: Die dt. »Teufelbücher« des 16. Jh.s. In: Archiv für Geschichte des Buchwesens 2 (1958–60), S. 513–570. – G. Mahal: Teufelsbuch. In: RLW. – B. Ohse: Die T. zwischen Brant und Luther. Diss. Bln. 1961. – K. L. Roos: The devil in the 16th century German literature: The Teufelsbücher. Bern, Ffm. 1972. – G. Roskoff: Geschichte des Teufels. Lpz. 1869, Repr. Hildesheim 1965. HBT

Text, m. [lat. *texere* = weben, flechten; *textus* = Gewebe], über die Satzgrenze hinaus zusammenhängende Folge sprachlicher Einheiten, v. a. in schriftlicher Kommunikation. Der Begriff ›T.‹ spielt in verschiedenen Wissenschaften eine grundlegende Rolle, die prominenteste in der Linguistik. Den diversen Verwendungskontexten entsprechend wird er unterschiedlich definiert; eine einheitliche Begriffsbestimmung gibt es nicht und ist auch nicht zu erwarten. Mindestens drei idealtypische Bedeutungen in der Textlinguistik sind zu unterscheiden; jede von ihnen ist auch in lit.wissenschaftliche Ansätze eingegangen: 1. T. als sprachlich strukturierte Größe; Bestimmungsmerkmal ist die interne sprachliche Organisation nach den Regeln des Sprachsystems. – 2. T. als pragmatisch bestimmte Größe; Kriterium ist die kommunikative Funktion von T.en. – 3. T. als auf kognitiven Operationen basierende Größe; im Vordergrund stehen die Prozesse der kognitiven T.verarbeitung und ihre Funktionen. – In der Lit.wissenschaft wird 1. prototypisch von strukturalistischen Ansätzen (↗ Strukturalismus), 2. von intertextualitätstheoretischen und diskursanalytischen Ansätzen und 3. von Vertretern der ↗ empirischen Lit.wissenschaft verwendet. Mischformen zwischen diesen drei Bestimmungen, mit je unterschiedlichen Gewichtungen, dominieren. – Als eine Art kleinsten gemeinsamen Nenners lässt sich die Auffassung von T. als 4. eine durch Regeln der sprachlichen Kohäsion und Kohärenz zusammenhängende (v. a. schriftliche) Äußerung von mehr als einem Satz bestimmen, in der Sinneinheiten aufgebaut werden, zu deren Konstitution aber zugleich eine Konstruktionsleistung der Rezipienten erforderlich ist und die verschiedene kommunikative Funktionen erfüllt (z. B. Gansel/Jürgens, S. 31). – 5. Ein über das Sprachliche hinausgehender T.begriff wird in der ↗ Semiotik vertreten: ›T.‹ bezieht sich hier auf alle Ausprägungen semiotischer Systeme, also mündliche, schriftliche, gestische und mimische, audiovisuelle u. a. Äußerungen (Nöth). – 6. Eine erkenntniskritisch begründete Ausweitung erfährt der T.begriff in poststrukturalistischen Ansätzen, zusammengefasst in der Formel ›Alles ist T.‹. – Weimar hat eine für die Anliegen der Lit.wissenschaft nützliche Differenzierung des T.begriffs vorge-

schlagen und unterscheidet zwischen dem materialen und dem analysierbaren T. und bei diesem wiederum zwischen dem gelesenen (Wortlaut) und dem verstandenen T. (Produkt kognitiver u. a. Operationen). Schon in der Antike finden sich, noch unter anderen Bez.en, differenzierte T.begriffe, so bei Platon die Auffassung vom T. als größter, zusammengesetzter sprachlicher Einheit und bei Aristoteles das Konzept des T.es als strukturierte, sprachliche Ganzheit, beides bezogen auf die mündliche Rede (dazu Serner). Bis ins 18. Jh. hinein ist ›T.‹ kein Fachbegriff, sondern ein Terminus zur eher unspezifischen Bez. verschiedener Redezusammenhänge. Eine Trennung zwischen Rede und (schriftlichem) T. setzt sich erst im 18. Jh. durch. In der zweiten Hälfte des 20. Jh.s boomt der T.begriff. In der ersten Hälfte dominieren noch die Auffassungen von T. als Abfolge sprachlicher Einheiten und als kohärenter sprachlicher Zusammenhang sowie – mit Saussure – T. als Bez. für den Zusammenhang, der entsteht, wenn man Elemente des Sprachkodes miteinander verbindet. Seit den 1960er Jahren entwickeln sich mit der Ausdifferenzierung der Linguistik strukturalistische, kommunikationsorientierte, handlungsbezogene, sprachsystemische und kognitionspsychologische ↗ T.theorien. Der Begriff der T.wissenschaften als disziplinübergreifende Sammelbez. entsteht. Seit den 1990er Jahren werden – mit noch offenem Ergebnis – die Folgen der digitalen Medien für den T.begriff diskutiert.

Lit.: R.-A. de Beaugrande, W. Dressler: Introduction to text linguistics. Ldn., NY 1981. – K. Brinker: Linguistische T.analyse [1985]. Bln. ⁶2005. – Ch. Gansel, F. Jürgens: T.linguistik und T.grammatik. Wiesbaden 2002. – S. Horstmann: T. In: RLW. – C. Knobloch: Zum Status und zur Geschichte des T.begriffs. In: LiLi 20 (1990), H. 77, S. 66–87. – W. Nöth: Hb. der Semiotik [1985]. Stgt., Weimar ²2000. – R. Reuß: T., Entwurf, Werk. In: Text. Kritische Beiträge 10 (2005), S. 1–12. – M. Scherner: T. In: Archiv für Begriffsgeschichte 39 (1996), S. 103–160. – K. Weimar: T., Interpretation, Methode. In: L. Danneberg, F. Vollhardt (Hg.): Wie international ist die Lit.wissenschaft? Stgt., Weimar 1996, S. 110–122. SWI

Textbuch ↗ Bühnenmanuskript.

Textgenese, f., der Prozess der Entstehung und Überarbeitung eines – z. B. lit. – Werkes vom ersten ↗ Entwurf bis zum ↗ Druck, ggf. auch über weitere ↗ Fassungen bis zur ↗ Ausgabe letzter Hand. Die möglichst genaue Rekonstruktion und Darbietung der in den ↗ Textträgern überlieferten T. ist die wichtigste Aufgabe ↗ historisch-kritischer Ausgaben; der räumlichen Umsetzung dieses Prozesses dient der ↗ Apparat, der dem Textteil der Edition an die Seite tritt. Äußerliche, z. B. lebensgeschichtliche oder politische, Faktoren spielen dabei heute nur eine untergeordnete Rolle; sie fließen eher in den ↗ Kommentar von ↗ Studienausgaben ein. – Die T. wurde in der älteren Editionsphilologie als teleologischer Vorgang gesehen, der auf die

›vollendete‹ letzte Fassung eines Werks zuläuft; so fordert Beißner (S. 212), das ›Wachstum‹ des dichterischen Kunstwerks auf seinem »Stufenweg vom ersten Keim über alle noch zögernd prüfenden Wandlungen bis zur gelungenen Gestalt hin« zu verfolgen. Die heutige Editionsphilologie (vgl. Martens; Gellhaus u. a.; Grésillon) hebt dagegen den Eigenwert aller Phasen der T. hervor und widmet den ersten Entwürfen und allen weiteren, z. T. sehr schnell wieder revidierten Fassungen eines Werks mit ihren ↗ Varianten mindestens dieselbe Aufmerksamkeit wie der letzten Reinschrift oder dem Druck; der Apparat wird damit zum »Kernstück der Edition« (Martens, S. 171). – In der Mediävistik ist statt von ›T.‹ meist von ↗›Textgeschichte‹ die Rede.

Lit.: F. Beißner: Hölderlins letzte Hymne. In: ders.: Hölderlin. Weimar 1961, S. 211–246. – A. Grésillon: Lit. Hss. Einf. in die »critique génétique« [frz. 1994]. Bern u. a. 1999. – A. Gellhaus u. a. (Hg.): Die Genese lit. Texte. Würzburg 1994. – H. Kraft: Editionsphilologie. Darmstadt 1990, S. 141–161. – G. Martens: Textdynamik und Edition. In: ders., H. Zeller (Hg.): Texte und Varianten. Mchn. 1971, S. 165–201. – B. Plachta: Editionswissenschaft. Stgt. 1997, S. 99–114.　　DB

Textgenetik ↗ Schreiben.

Textgeschichte, 1. Vorgang der Tradierung eines Textes in Hs. und Druck; in den neueren Philologien wird die Bez. synonym mit ↗›Textgenese‹ verwendet; 2. in der Mediävistik auch das vermittels eines ↗ Stemmas abzubildende Resultat des Vorgangs der Texttradierung. – In der neueren germanistischen Mediävistik entwickelte sich der textgeschichtliche Zugriff aus der Überlieferungsgeschichte (↗ Überlieferung). Anders als in dieser stehen bei der ›Textgeschichtlichen Schule‹ nicht die textexternen Faktoren im Mittelpunkt; vielmehr zieht sie diese nur so weit heran, wie sie etwa für die Umformung eines Textes in seinen Gebrauchszusammenhängen verantwortlich zu machen sind. Der Ansatz der textgeschichtlichen Edition, die diese Umformungen dokumentiert, wurde seit etwa 1980 v. a. an massenhaft verbreiteten Gebrauchstexten (↗ Legendare, Rechtssummen, Vokabulare) erprobt. Zwischen 1980 und 1999 erschienen rund 50 Bände der Reihe »Texte und T.«

Lit.: G. Steer: Gebrauchsfunktionale Text- und Überlieferungsanalyse. In: K. Ruh (Hg.): Überlieferungsgeschichtliche Prosaforschung. Tüb. 1985, S. 5–36. – Ders.: Textgeschichtliche Edition. In: K. Ruh (Hg.): Überlieferungsgeschichtliche Prosaforschung. Tüb. 1985, S. 37–52.　　CF

Textglossar ↗ Glossar.

Textimmanent ↗ werkimmanent.

Textkritik, 1. im weiteren Sinn: Synonym zu ›Editionswissenschaft‹ oder ↗›Editionstechnik‹. – 2. Im engeren Sinn: von der klassischen ↗ Philologie entwickeltes, ursprünglich v. a. bei antiken und mal. Texten angewendetes editorisches Verfahren, bei dem die Überlieferung von ↗ Texten anhand eines festgelegten

Regelwerks überprüft wird. Ziel der T. ist es, ein verlorengegangenes, dem Autorwillen möglichst nahekommendes Original (›Archetypus‹) aus den überlieferten Textzeugen herzustellen. Die Konstruktionsarbeit erfolgt in drei Schritten:

a) *Recensio* (von lat. *recensere* = mustern): Alle Träger eines Textes werden ermittelt und genau verglichen (↗ Kollation). Anschließend werden alle Abweichungen verzeichnet. Die Kollationierung soll nicht nur Unterschiede der Texte aufzeigen, sondern Aufschluss darüber geben, wie die über die Träger festgestellten ↗ Fassungen systematisch anzuordnen sind (genetische Abhängigkeit). Das Ergebnis der *Recensio* ist im Allgemeinen ein ↗ Stemma.

b) *Examinatio* (von lat. *examinare* = prüfen): In einem zweiten Arbeitsschritt werden die Träger auf ihre ›Originalität‹ geprüft. Die Kriterien hierfür sind aus Sicht heutiger T. z. T. problematisch und betreffen sowohl Stil als auch Inhalt. Ziel dieses Vorgehens ist es herauszufinden, ob ein Archetypus rekonstruiert werden muss oder ob eine Fassung des Textes der vermuteten Intention und der Qualität seines Autors entspricht. Eine auf diese Weise ermittelte Fassung oder ein (re)konstruierter Text dienen als Basis einer ↗ Edition.

c) *Emendatio* (von lat. *emendare* = verbessern): Der letzte Arbeitsschritt besteht in der Bearbeitung dieses Basistextes durch editorische Eingriffe, wobei diese entweder durch Rückgriff auf andere Fassungen (↗ Emendation) oder durch eine subjektive Entscheidung des Editors erfolgen kann, die durch die Überlieferung nicht belegt ist (↗ Konjektur oder *Divinatio*). Stellen, an denen der Editor keinen sinnvollen Eingriff tätigen kann, kennzeichnet er durch *Cruces* (↗ Crux). Varianten und editorische Änderungen werden in ↗ Apparaten nachgewiesen.

Obwohl ein textkritisches Vorgehen seit der Antike nachweisbar ist (z. B. Homer-Philologie) und sich in allen Epochen finden lässt, beginnt die wissenschaftliche T. mit K. Lachmann (1793–1851), der als Erster die traditionelle Vorgehensweise im Umgang mit antiken Texten systematisierte und auf mal. moderne Texte übertrug. Seine Lessing-Edition galt lange Zeit als vorbildhaft, auch wenn bereits zu seinen Lebzeiten diskutiert wurde, ob den Texten unterschiedlicher Epochen nicht aufgrund ihrer spezifischen Überlieferungslage andere Methoden zugrunde gelegt werden müssten. Lachmann hat seine textkritische Methode nicht systematisch dargestellt; sie kann lediglich aus seinen editorischen Berichten erschlossen werden. Die ersten Lehrbücher der T. entstanden in den 1920er Jahren: Maas behandelt die Arbeitsschritte der T.; Witkowski stellt Überlegungen zur Edition moderner Texte an und begründet die Unterscheidung von Ausgabentypen nach ihrem Zielpublikum (↗ Edition); Kantorowicz stellt die »niedere T.« dar, die ein verschollenes Werk rekonstruieren soll, wobei er – ebenfalls dem dreischrittigen Regelsystem folgend – Grundsätze der T. für Philologen und Juristen präsen-

tiert. – Diese Art des editorischen Verfahrens setzt die Annahme eines originalen Texts voraus, von dem sich die ↗Überlieferung entfernt hat. Zu unterscheiden sind ↗Varianten, die auf der Bearbeitung durch den Autor beruhen, von Abweichungen, die durch die Überlieferung (v. a. Druck- und Schreibfehler sowie Schäden des Textträgers) und spätere Bearbeitungen (↗Interpolation) entstanden sind. Die editorischen Arbeitsschritte wie auch die Unterscheidung unterschiedlicher Typen von Varianten dienen der Suche nach einem authentischen Text. Dieser kann verstanden werden als vom Autor intendiert, aber nicht realisiert (der Editor als Vollstrecker des Autorwillens) oder als autorisiert. Autorisiert wird eine Textfassung durch ihre ausdrückliche Bestätigung seitens des Autors (aktive Autorisation) oder ihre Billigung (passive Autorisation). – Die zentrale Rolle des ↗Autors in der T. trifft in der jüngeren Editionswissenschaft auf Skepsis. Die Ermittlung eines autornahen Textes scheint für neuzeitliche Texte meist entbehrlich und für Texte früherer Epochen oft sinnlos. Hinzu kommt die Diskussion um den Stellenwert des Autors, wie sie in der ↗Lit.theorie seit R. Barthes' These vom »Tod des Autors« (1968) geführt wird. Daher entwickelte sich in der mediävistischen T. ab den 1960er Jahren eine Richtung, welche die Rezeption in den Vordergrund stellte und Editionen favorisierte, in denen Fassungen synoptisch nebeneinandergestellt werden (↗New Philology) bzw. in denen sich der Editor für die Abbildung einer Fassung, meist einer (bereinigten und aus der weiteren Überlieferung ergänzten) Hs. (›Leit-Hs.‹) entschieden hat, was sich bes. bei der varianten Textüberlieferung der stark durch Mündlichkeit geprägten mal. Lit. anbietet (↗Varianz-Forschung). Varianten sind auch in der gegenwärtigen T. entscheidend, dienen jedoch kaum noch der Konstitution eines authentischen Textes, sondern vielmehr der Dokumentation der ↗Textgenese (↗*critique génétique*). – Zur T. in den neueren Philologien vgl. genauer ↗Editionstechnik.
Lit.: Th. Bein: T. Eine Einf. in Grundlagen der Edition altdt. Dichtung. Göppingen 1990. – St. Graber: Der Autortext in der historisch-kritischen Ausgabe. Bern u. a. 1998. – L. Hay: Die dritte Dimension der Lit. Notizen zu einer ›critique génétique‹. In: Poetica 16 (1984), S. 307–323. – H. Kantorowicz: Einf. in die T. Lpz. 1921. – K. Kanzog: Einf. in die Editionsphilologie der neueren dt. Lit. Bln. 1991. – P. Maas: T. Lpz. 1927. – G. Martens, H. Zeller (Hg.): Texte und Varianten. Mchn. 1971. – Dies.: Textgenetische Edition. Tüb. 1998. – R. Nutt-Kofoth: T. In: RLW. – B. Plachta: Editionswissenschaft. Stg. 1997. – S. Scheibe, Christel Laufer (Hg.): Zu Werk und Text. Bln. 1991. – G. Witkowski: T. und Editionstechnik neuerer Schriftwerke. Lpz. 1924.   UKO

Textlinguistik, sprachwissenschaftliche Teildisziplin mit der komplexen sprachlichen Organisationsform ↗›Text‹ als oberster Bezugseinheit der Analyse. Ein Schwerpunkt textlinguistischen Forschungsinteresses ist es, die konkreten Texten zugrunde liegenden allg.

Regeln und Bedingungen der Textkonstitution unter Berücksichtigung der Aspekte Textproduktion, Textgestalt und Textrezeption nach grammatischen, semantisch-thematischen, kommunikativ-pragmatischen und situativen Gesichtspunkten zu beschreiben. Ein weiterer Aspekt der T. betrifft die Differenzierung und Typologisierung von (schriftlichen) Textsorten. – Die T. entstand in den 1960er Jahren, als sich mit der Kritik an der seit F. de Saussure vorherrschenden Systemlinguistik die Forderung nach einer über den Satz hinausreichenden, pragmatisch orientierteren Betrachtungsweise von Sprache erhob. Seitdem bildete sie drei Richtungen aus: 1. Der transphrastische Ansatz konzentriert sich auf die sprachlichen Mittel (die textinternen Faktoren), die den Zusammenhang zwischen den Bauelementen eines Textes konstituieren. – 2. Der kommunikativ-pragmatische Ansatz betrachtet den Text – unter Berücksichtigung auch textexterner Faktoren – als Ganzheit im Hinblick auf die ihm zukommende kommunikative Funktion. – 3. Der kognitivistische Ansatz beschäftigt sich mit den mentalen Prozessen der Produktion und Rezeption von Texten. – Die gegenwärtige T. ist bestrebt, die verschiedenen Ansätze zu integrieren. Dabei ist eine zunehmende interdisziplinäre Zusammenarbeit mit Nachbardisziplinen wie der Lit. wissenschaft zu beobachten.
Lit.: K. Adamzik: T. Tüb. 2004. – G. Antos, H. Tietz (Hg.): Die Zukunft der T. Tüb. 1997. – R.-A. de Beaugrande, W. U. Dressler: Einf. in die T. Tüb. 1981. – K. Brinker u. a. (Hg.): Text- und Gesprächslinguistik. 2 Bde. Bln., NY 2000 f. – K. Brinker: Linguistische Textanalyse [1985]. Bln. ⁵2001. – Ders.: T. In: RLW. – M. Heinemann, W. Heinemann: Grundlagen der T. Tüb. 2002.   CK

Textphilologie, f., derjenige Zweig der ↗Philologie, der sich primär der ↗Textkritik und der ↗Edition widmet.

Textsorte, Terminus zur systematischen Klassifizierung von ↗Texten; im Ggs. zum Begriff ↗›Genre‹, der die historische Dimension einer Textgruppe akzentuiert (vgl. Fricke). Eine T. bildet eine Gruppe von Texten, die sich durch objektivierbare Merkmale von anderen T.n unterscheiden. Die deduktiv oder induktiv entwickelten Unterscheidungskriterien ergeben sich aus einer Hierarchisierung textinterner und -externer, d. h. formaler, semantischer, situativer und intentionaler Aspekte der Textstruktur. Angestrebt ist dabei eine erschöpfende Systematisierung mündlicher ebenso wie schriftlicher, fiktionaler und funktionaler Texte, deren Resultat zugleich Anspruch auf Evidenz erhebt. Im Ggs. zum Begriff ↗›Gattung‹, der v. a. auf die Klassifizierung lit. Texte beschränkt ist, erfasst der Terminus ›T.‹ lit. und nichtlit. Texte gleichermaßen. T.n in diesem Sinne sind z. B. ↗Ballade, Kochrezept, ↗Predigt, ↗Rätsel, Unterrichtsgespräch. – Das Wort ›T.‹, zunächst in der Linguistik etabliert (vgl. Gülich/Raible), setzt sich in der Lit.wissenschaft zunehmend gegen z. T. unklar abgegrenzte Bez.en wie ›Textart‹,

›-form‹, ›-muster‹ und ›-typ‹ durch. In einigen Theorien wird vorgeschlagen, auch den Begriff ›Gattung‹ durch ›T.‹ zu ersetzen, da somit die wissenschaftliche Konstruiertheit der Gruppenbildung deutlicher hervorgehoben werde. Für die Kulturwissenschaft fruchtbar wurden T.n z. B. bei der Anwendung auf die schon länger bekannten »Gattungsprobleme der mhd. Lit.« (Kuhn).

Lit.: K. Adamzik: T.n. Tüb. 2000. – G. Dammann: T.n und lit. Gattungen. In: K. Brinker u. a. (Hg.): Text- und Gesprächslinguistik. Bln., NY 2000. Bd. 1, S. 546–561. – H. Fricke: Norm und Abweichung. Mchn. 1981, S. 132–138. – H. Fricke, E. Stuck: T. In: RLW. – Ch. Gansel, C. Gansel: T.n und Gattungen interdisziplinär. In: WW 55 (2005), S. 481–499. – E. Gülich, W. Raible (Hg.): T.n [1972]. Ffm. ²1975. – H. Kuhn: Gattungsprobleme der mhd. Lit. Mchn. 1956. – Vorstand der Vereinigung dt. Hochschulgermanisten (Hg.): T.n und lit. Gattungen. Bln. 1983. – R. Zymner: Gattungstheorie. Paderborn 2003, S. 153–155.   AL

Textsortenstil ↗ Stil.

Text-sound-composition ↗ akustische Dichtung.

Texttheorie, Bez. für Grundlagentheorien der Textlinguistik und Textanalyse. 1. Systematisch betrachtet, bezeichnet ›T.‹ die Forschungen, die sich mit den Voraussetzungen von ↗ Texten und ↗ Textualität beschäftigen. Sie untersuchen textsortenübergreifend die Merkmale von Texten, ihre Konstitutionsbedingungen und allg. Verwendungszusammenhänge. T. bildet die Basis für textlinguistische und textanalytische Erklärungsmodelle. Nach van Dijk (S. 16) muss eine allg. T. die Grundlage für »eine eingehende und explizite Beschreibung unterschiedlicher Textsorten und ihrer gegenseitigen Relationen« liefern. Zusammen mit einer Sprachtheorie bildet eine solche T. »die allg. Theorie der verbalen Kommunikation« (ebd.). – 2. Darüber hinaus wird ›T.‹ zur Bez. einzelner Varianten aus der Vielzahl texttheoretischer Ansätze verwendet, etwa strukturalistische oder handlungstheoretische T. Im 20. Jh. wurden verschiedene T.n entwickelt. Grundtypen sind einerseits die generativen, sprachsystembezogenen und andererseits die pragmatischen, auf Handlungs- und Kommunikationsbedingungen bezogenen T.n. Heutige T.n modellieren Texte als multifaktorielle, dynamische Einheiten; als dabei zu berücksichtigende Faktoren gelten mentale Prozesse, grammatische, syntaktische, thematische und soziale Regeln sowie Mechanismen intertextueller Interaktion. Diese Faktoren werden jedoch unterschiedlich gewichtet. Die Komponente der ↗ Intertextualität und Offenheit wird im Zuge der neueren Forschungen zu ↗ Hypertexten bes. hervorgehoben (z. B. Hess-Lüttich).

Lit.: K. Brinker u. a. (Hg.): Text- und Gesprächslinguistik. Bd. 1. Bln., NY 2000. – T. A. van Dijk: Textwissenschaft. Mchn. 1980. – E. W. B. Hess-Lüttich: Text, Intertext, Hypertext. In: J. Klein, U. Fix (Hg.): Textbeziehungen. Tüb. 1997, S. 125–148. – S. Horstmann: T. In: RLW. – W. Kummer: Grundlagen der T. Reinbek 1975.

– I. Rosengren: T. In: H. P. Althaus u. a. (Hg.): Lexikon der germanistischen Linguistik. Tüb. 1980, S. 275–286.   SWI

Textträger, editionsphilologischer Terminus; Bez. für das materielle Objekt, auf dem der ↗ Text (also der in sich zusammenhängende oder fragmentarische Wortlaut) eines – z. B. lit. – Werkes überliefert ist. T. können ↗ Handschriften (auch: ↗ Autographen oder ↗ Manuskripte [1]), ↗ Typoskripte, Druckfahnen oder ↗ Drucke, aber auch Tonbänder oder elektronische Speichermedien wie Disketten, Compact Discs oder Festplatten sein. – Der v. a. in der Altphilologie und der Mediävistik gebräuchliche Ausdruck ›Textzeuge‹ hebt demgegenüber hervor, dass ein Text nicht als Original des Autors, sondern nur in der Abschrift eines Dritten überliefert (›bezeugt‹) ist.

Lit.: F. Pfäfflin: Vom Schreiben 1: Das weiße Blatt oder Wie anfangen? Marbacher Magazin 68 (1994).   DB

Textualität, f., 1. Eigenschaft einer Folge von Zeichen, ein ↗ Text zu sein; 2. die Gesamtheit aller konstitutiven Merkmale von Texten. Textlinguistisch sind allg. Merkmale der T. nach Beaugrande/Dressler (S. 13) Kohäsion (syntaktischer und stilistischer, oberflächenstruktureller Zusammenhang), Kohärenz (inhaltlicher, tiefenstruktureller Textzusammenhang), Intentionalität, Akzeptabilität, Informativität, Situationalität und Intertextualität. Konstruktivistisch betrachtet ist die T. keine interne Eigenschaft von Texten, sondern eine im Bewusstsein von Lesern entstehende Zuschreibung (vgl. Nußbaumer, S. 133). T. ist ein zentraler Gegenstand der ↗ Texttheorie.

Lit.: R.-A. de Beaugrande, W. Dressler: Introduction to text linguistics. Ldn., NY 1981. – M. Nußbaumer: Was Texte sind und wie sie sein sollen. Tüb. 1991.   SWI

Textzeuge ↗ Textträger.

Thaddädl, ↗ lustige Person des ↗ Wiener Volkstheaters: der ungeschickte, dummdreiste Lehrjunge, meist Partner des Kasperl (↗ Kasperltheater).   GS/Red.

Thattr, m. [anord. þáttr, Pl. þœttir = Faden in einem Seil], 1. in den frühesten Quellen metaphorische Bez. für Familienmitglieder. – 2. In Gesetzestexten und ↗ skaldischer Dichtung bedeutete þáttr ›Teil eines Ganzen‹ und wurde von da ausgehend während des gesamten MA.s im lit. Kontext in der Bedeutung ›Teil eines Textes‹ verwendet. – 3. Abgeleitet vom Neuisländ. dient der Begriff heute allg. zur Bez. für mehr als 100 kurze, novellenartige Prosaerzählungen der altisländ. Lit. Die bekanntesten als þœttir bezeichneten Textpassagen sind in Sammlungen von ↗ Sagas über die norweg. Könige eingearbeitet. Diese z. T. sehr umfangreichen Hss. entstanden v. a. im 13. und 14. Jh. In der Regel erzählen die þœttir von Begegnungen zwischen einem sozial niedrig stehenden Isländer mit dem norweg. König. Durch Witz, Schlauheit oder eine glücklichen Zufall gelingt es dem Isländer, den zunächst skeptischen König zu beeindrucken und seinen Status zu erhöhen. Als einzige mal. Hs. verwendet die »Flateyjarbók« den Terminus ›Th.‹. Insgesamt sind hier 60 – ebenfalls in Königssagas eingeschobene – Erzählabschnitte als *þættir* überschrieben, wobei der Kompilator den Terminus offensichtlich benutzte, um jeweils eine Unterbrechung im chronologisch linear ablaufenden Haupterzählstrang zu markieren. Während die ältere Forschung die Ansicht vertrat, dass die *þættir* den Kern der langen Prosaform Saga bildeten, betrachtet die heutige Forschung die *þættir* als unabhängige Textsorte, auch wenn eine selbständige Überlieferung dieser Texte erst im Ausgang des MA.s einsetzte.

Lit.: J. Harris: Genre and Narrative Structure in Some Íslendinga þættir. In: Scandinavian Studies 44 (1972), S. 1–27. – Ders.: Theme and Genre in Some Íslendinga þættir. In: Scandinavian Studies 48 (1976), S. 1–28. – H. S. Joseph: The þáttr and the Theory of Saga Origins. In: Arkiv för Nordisk Filologi 87 (1972), S. 89–96. – W. Lange: Einige Bemerkungen zur anord. Novelle. In: ZfdA 88 (1957), S. 150–159. – J. Lindow: Old Icelandic þáttr. In: Scripta Islandica 29 (1078), S. 3–44. – St. Würth: Elemente des Erzählens. Die þættir der Flateyjarbók. Basel, Ffm. 1991.   SW

Theater, n. [gr. *théatron* = Schauplatz, Zuschauerraum], Sammelbez. für verschiedene Phänomene des Schauspiels, seiner materiellen Realisierung und gesellschaftlichen Verankerung: 1. Gebäude, in dem Schauspiele aufgeführt werden, Schauspielhaus; 2. ↗ Bühne als Teil dieses Gebäudes; 3. wirtschaftlicher, teilweise auch staatlicher Betrieb, dessen Zweck die ↗ Aufführung von Schauspielen ist und der zahlreiche Berufe vom Intendanten über den ↗ Dramaturgen und ↗ Regisseur bis zum Platzanweiser umfasst; 4. die Aufführung eines Schauspiels selbst, entweder a) im Sinne der ↗ Inszenierung oder b) der einzelnen Vorstellung; 5. die gesamte Darstellungskunst eines Kulturraums oder einer ↗ Epoche. – Als Minimaldefinition von ›Th.‹ – im Sinne der zentralen Bedeutung (4) – gilt: A spielt B, während C dabei zuschaut. Zuschauer und Darsteller sind die zwei notwendigen Konstituenten eines jeden Th.s; der Begriff des Darstellers bzw. Schauspielers impliziert dabei bereits, dass dieser eine ↗ Rolle übernimmt und spielt. Th. ist eine unmittelbar gegenwärtige Kunstform, die ›live‹ präsentiert wird. Das geschaffene performative Kunstwerk besitzt – im Gegensatz zu Werken der bildenden Kunst oder Lit. – keine Dauer oder greifbare Substanz; Th. ist – wie schon G. E. Lessing in seiner »Hamburgischen Dramaturgie« (1767–69) erkennt – eine transitorische Kunst. Jede Aufführung ist anders, und keine ist wiederholbar. – Das Th.spiel scheint ein universales Bedürfnis und damit eine anthropologische Konstante zu sein, da sich die verschiedensten Th.formen in den unterschiedlichen Kulturen herausgebildet haben. In vielen Ländern erwächst das Th. aus ↗ Ritualen, ↗ Fest- und Kulthandlungen und macht einen Säkularisierungsprozess durch. So entsteht das antike gr. Th. aus dem Dionysos-Kult, das mal. Th. entwickelt sich aus den ↗ geistlichen Spielen und wandert von den Kirchen auf die

Marktplätze. Die ↗ Simultanbühne des MA.s wird in ganz Europa von der Sukzessionsbühne abgelöst, auf der das Geschehen nacheinander präsentiert wird. Mit der Entstehung der ↗ Oper in Italien um 1600 setzt eine Entwicklung ein, die schließlich zur Dominanz der Musik und der Bühnenausstattung bei den großen Th.n Europas führt. Die Th.gebäude werden als Rangtheater und Guckkastenbühnen gebaut, die größtmögliche Illusion der Bühnenhandlung soll durch perspektivisch gemalte ↗ Kulissen erreicht werden; erst im 20. Jh. setzt sich die Raumbühne durch. Gewisse Epochen wie das ↗ Elizabethanische Th. um 1600, das span. Barocktheater im 17. Jh. oder die ↗ Weimarer Klassik werden vorrangig auf Grund der dramatischen Leistungen als Blütezeiten des Th.s eingestuft, daneben stehen aber auch Blütezeiten der Opernkomposition (Italien im 18. Jh.) oder der Schauspielkunst (Virtuosentum im 19. Jh.). Die Geschichte des europäischen Th.s präsentiert sich ab 1600 in erster Linie als eine des professionellen und kommerziellen Th.s; obwohl bis heute ↗ Liebhaber-, Schul- und ↗ Studententheater existieren, können diese nur mehr selten bedeutende Impulse geben. – Man unterscheidet zwischen Sprech-, Musik-, Tanz- und Figurentheater. Sprache, Musik und Tanz sind wichtige Ausdrucksmittel, die getrennt oder vereint in vielen Aufführungen benutzt werden, aber keines ist notwendiger Bestandteil des Th.s, denn Th. funktioniert – wie ↗ Ballett oder ↗ Pantomime zeigen – auch ohne schriftlich fixierten Text und ohne Worte. Die dt. Th. sind größtenteils Mehrspartentheater, an denen Schauspiel, Oper und Ballett gespielt wird. Durch diese Institutionalisierung werden diese Gattungen oft als etablierte Normvorgaben gesehen, während freie Gruppen, Straßentheater, experimentelle Th.formen und ↗ Performance-Kunst weiterhin nur von wenigen wahrgenommen werden. – Die wissenschaftliche Beschäftigung mit dem Th. ist Aufgabe der ↗ Th.wissenschaft, die sich als Universitätsdisziplin etabliert hat und sich v. a. mit Th.geschichte, Th.theorie, Th.ethnologie, Th.semiotik und Aufführungsanalyse beschäftigt.

Lit.: Ch. Balme: Einf. in die Th.wissenschaft [1999]. Bln. ³2003. – M. Brauneck: Die Welt als Bühne. Geschichte des europäischen Th.s. 4 Bde. Stgt., Weimar 1993–2003. – E. Fischer-Lichte: Semiotik des Th.s. 3 Bde. [1983]. Tüb. ⁴1998 f. – Dies.: Kurze Geschichte des dt. Th.s. Tüb. 1992. – Dies.: Th., Th.geschichte. In: Killy/Meid. – Dies.: Th. In: RLW. – H. A. Frenzel: Geschichte des Th.s. Daten und Dokumente 1470–1890 [1979]. Mchn. ²1984. – H. Kindermann: Th.geschichte Europas. 10 Bde. Salzburg 1957–74. – A. Kotte: Th.wissenschaft. Köln 2005. – G. Rühle: Th. in Deutschland 1887–1945. Ffm. 2007.   AHE

Theatercoup, m., ↗ Deus ex Machina.

Theater der Grausamkeit [frz. *Théâtre de la cruauté*, engl. *Theatre of Cruelty*], Theaterkonzept der radikalen Infragestellung von körperlicher Repräsentation, das auf den gleichnamigen Programmschriften (»Theater

der Grausamkeit« I und II, 1932 f.) des frz. Regisseurs und Schauspielers A. Artaud (1896–1948) basiert. Das Neue dieses Konzepts bezieht sich auf die Materialität (Rohheit) und Autonomie theatraler Zeichen sowie auf Körper, Stimme, Gestik und Sprache. Einflüsse der Theateranthropologie (balinesisches Theater, ⁊ Ritual) und der Psychiatrie wirken auf das Th. d. G. ein. Realisiert wurde das Th. d. G. von Artaud nur in Ansätzen (»Les Cenci«, 1935). Die Performance-Kunst, bes. die *Body Art* (C. Schneeman, G. Brus), aber auch das avantgardistische Schauspielertheater der Nachkriegszeit (J. Grotowski, Living Theatre, P. Brook, E. Barba) nehmen Artauds Programm zum Ausgangspunkt.
Lit.: A. Artaud: Das Theater und sein Double. Ffm. 1979 – J. Derrida: Das Th. d. G. und die Geschlossenheit der Repräsentation. In: ders.: Die Schrift und die Differenz [frz. 1967]. Ffm. 1976, S. 351–379. – E. Scheer: A. Artaud. NY 2001.   WDE

Theaterdichter, Autor, der an einer Bühne angestellt ist und für diese seine dramatischen Werke schreibt. In Wien werden seit dem 17. Jh. Operndichter beschäftigt, darunter der erfolgreichste Librettist des 18. Jh.s, P. A. Metastasio. C. Goldoni wird 1747 Th. in Venedig, der erste dt. Th. ist J. Ch. Ast (ab 1754 bei der Wandertruppe C. E. Ackermanns). In den 1770er Jahren sind Th. an fast allen größeren Bühnen zu finden. Ihr Aufgabenbereich kann neben der Dramenproduktion auch die Anfertigung von ⁊ Übers.en, ⁊ Bühnenbearbeitungen, Theaterreden oder die dramaturgische Beratung umfassen. Weitere Th. sind J. B. Michaelis, F. M. Klinger (beide bei der Wandertruppe A. Seylers), J. Ch. Bock (Hamburg), C. M. Plümicke (Berlin), später F. Grillparzer (Wien). F. Schiller wird 1783 in Mannheim für ein Jahr als Th. angestellt mit der Verpflichtung, drei Dramen zu liefern; er kann aber nur »Fiesko« und »Kabale und Liebe« beisteuern. Ende des 18. Jh.s geht die Zahl der beschäftigten Th. stark zurück.
Lit.: R. Siebert-Didczuhn: Der Th. Bln. 1938.   AHE

Theater im Theater ⁊ Spiel im Spiel.

Theaterkritik, beschreibender, interpretierender oder wertender Bericht über eine Theateraufführung. Seit dem 18. Jh. erscheinen Th.en vorwiegend in Zss. und Zeitungen, inzwischen gibt es Th.en ebenso wie ⁊ Lit.-kritiken auch im Hörfunk, Fernsehen und Internet. Eine Th. kann in je unterschiedlicher Gewichtung auf folgende Punkte eingehen: 1. das Werk, 2. die Darsteller, 3. die ⁊ Inszenierung, 4. das ⁊ Publikum. Insbes. bei ⁊ Ur- und Erstaufführungen wird das Stück meist durch eine Inhaltsangabe und kritische Analyse des Textes (und eventuell der Musik) ausführlich vorgestellt, bei bekannten Werken stehen dagegen oftmals die Interpretation und das Regiekonzept im Zentrum der Kritik. Die Leistungen der Darsteller (Schauspieler, Sänger, Tänzer), die Inszenierung (Regie, Bühnenbild, Kostüme, Technik) und die Reaktionen des Publikums können in der Th. behandelt werden. Eine Th. ist eine subjektive Äußerung eines Kritikers, der allerdings über ein qualifiziertes und begründetes Urteil verfü-

gen sollte. Aufgrund ihrer differierenden lit., musikalischen, ästhetischen, theaterpraktischen oder zeitgeschichtlichen Maßstäbe fällen Rezensenten oft ganz unterschiedliche Urteile über dieselbe Aufführung. Die Th. dient zur Information und Unterhaltung des Lesers, sie soll zwischen Aufführung und Zuschauer vermitteln und zum Besuch des Theaters anreizen oder davon abraten. – Theorie und Kritik des Dramas gehen der Th. voraus. Gelegentlich werden in Poetiken oder Dramenkritiken Bemerkungen über bestimmte Aufführungen eingeflochten. Die eigentliche Th. ist untrennbar mit der Entwicklung des Zeitungswesens und einer kritischen Öffentlichkeit verbunden. Anfang des 18. Jh.s entsteht in England eine aktuelle Th. in den ⁊ moralischen Wochenschriften, zu deren Begründern J. Addison (im »Spectator«), A. Hill, W. Popple und C. Cibber gehörten. In Frankreich erscheinen die ersten aktuellen Th.en im »Mercure de France«; in der »Correspondance littéraire« und im »Journal des Débats«. In Deutschland tut J. Ch. Gottsched den ersten Schritt von der Dramenkritik zur Aufführungskritik in seinen Zss. In der ersten dt. Theater-Zs., »Beyträge zur Historie und Aufnahme des Theaters« (1750), hg. von G. E. Lessing und Ch. Mylius, stehen neben einem historisch-dramaturgischen Teil auch Theaternachrichten. Berühmt und beispielgebend wird aber erst die »Hamburgische Dramaturgie« (1767–69), obwohl Lessing die Schauspielerkritik nach kurzer Zeit einstellt und sich auf die kritische Auseinandersetzung mit den aufgeführten Dramen beschränkt, anhand deren er eine eigenständige Poetik entwickelt. Th. dient im 18. Jh. auch zur Rechtfertigung des Theaterspiels überhaupt und zur Geschmacksbildung des Publikums; sie hat eine Doppelfunktion von Didaxe und Wertung zu erfüllen, indem die Zuschauer zum richtigen Urteilen und die Schauspieler zum richtigen Spiel angeleitet werden sollen. Ende des 18. Jh.s steigt die Zahl der Zss., Theateraufführungen und Th.en stark an. Bekannte Periodika mit Th.en sind: J. v. Sonnenfels »Briefe über die Wienerische Schaubühne« (1767–69), H. A. O. Reichard »Theaterkalender« (1775–1800) und »Theaterjournal für Deutschland« (1777–84), C. A. v. Bertram »Lit.- und Theaterzeitung« (1778–84). Viele Dichter betätigen sich auch als Th.er, nach Lessing etwa L. Tieck, L. Börne, K. Gutzkow, H. Laube, H. Heine und Th. Fontane. Im Laufe des 19. Jh.s geht die Th. in die Hände von Journalisten über und bildet einen Bestandteil der meisten Zss. und Zeitungen. Bekannte Th.er nehmen ab 1900 teilweise entscheidenden Einfluss auf die Theatergeschichte und lenken das Augenmerk auf die wachsende Bedeutung der ⁊ Regie: O. Brahm, P. Schlenther und A. Kerr engagieren sich für G. Hauptmann, H. Ibsen und das naturalistische Drama; S. Jacobsohn feiert die von Kerr abgelehnten Inszenierungen M. Reinhardts; H. Jhering unterstützt mit seinen Th.en den jungen B. Brecht und die Regisseure E. Piscator, L. Jessner, J. Fehling und E. Engel. A. Kerr, langjähriger Kritiker für den »Tag« und das »Berliner Tagblatt« (1919–33), sieht die Kritik als vierte Kunstgattung neben Epik, Lyrik und Dramatik. Er schreibt stark subjektiv gefärbte, oftmals aggressive oder ironisch-sarkastische Th.en, die sich als eigenwillige, vielfach aphoristische Sprachkunstwerke präsentieren. Bedeutende Th.er in Wien sind L. Speidel, H. Bahr und A. Polgar. Propagandaminister J. Goebbels verbietet 1936 jegliche Kunstkritik und setzt an deren Stelle die Kunstbetrachtung und -beschreibung. Nach dem Zweiten Weltkrieg etablieren sich »Theater der Zeit« (DDR, seit 1946) und »Theater heute« (BRD, seit 1960) als führende Theaterzss. Wichtige Th.er der letzten Jahrzehnte sind F. Luft, K. Korn, G. Hensel, J. Kaiser, S. Melchinger, H. Rischbieter, B. Henrichs, W. Schuch, M. Merschmeier, R. Michaelis, P. Iden, C. B. Sucher, G. Stadelmeier. – Im Rahmen der Bayerischen und der Hessischen Theaterakademie werden seit 1997 bzw. 2003 Studiengänge zur Th. angeboten.

Lit.: H. Adamski: Diener, Schulmeister und Visionäre. Studien zur Berliner Th. der Weimarer Republik. Ffm. u. a. 2004. – F. Michael: Die Anfänge der Th. in Deutschland. Lpz. 1918. – G. Nickel (Hg.): Beiträge zur Geschichte der Th. Tüb. 2007. – I. Pflüger: Th. in der Weimarer Republik. Ffm. 1981. – I. Schneider, Ch. Bartz: Th. In: RLW. – E. Schumacher: Th. und Theaterwissenschaft. Bln. 1986. – F. R. Stuke (Hg.): Alles Theater? Bühne, Öffentlichkeit und die Kritik. Münster 1997. AHE

Theatermaschinerie, f., Apparate, Maschinen und Vorrichtungen, die bei der Aufführung eines Schauspiels oder einer Oper eingesetzt werden. Das antike Theater kennt eine bewegliche Bühnenplattform (↗Ekkyklema) und seit Euripides Schwebevorrichtungen (für ↗Deus ex Machina) sowie Donner- und Blitzmaschinen. V. a. aber die Theater der ↗Renaissance und des ↗Barock sind gekennzeichnet durch die Verwendung von Th. für die Verwirklichung der Schaubilder, die Festwagen der ↗Trionfi und die prunkvollen Bühnen, bes. für Opernaufführungen und deren ↗Intermezzi. Die frühneuzeitliche Th. besteht v. a. aus Flug- und Hebeapparaten, Versenkungen, dreh- und teilbaren Aufbauten, Schnürböden mit Wolkenmaschinen, Schwebekränen, Vorrichtungen für Blitze, Donner und Regen, den Einsatz von Licht, Rauch, Dampf oder Wasser; das jeweilige Bühnensystem (Winkelrahmen, Telari, Kulissen) wird zur häufigen Verwandlung eingesetzt (↗Bühnenbild). Berühmte Erfinder solcher Th.n sind Leonardo da Vinci, B. Buontalenti (16. Jh., u. a. Florenz), im 17. Jh. L. Burnacini (u. a. Wien), G. Vigarani und G. Torelli (u. a. Paris) und G. L. Bernini (Rom). Die Th.n des 16. und 17. Jh.s sind wichtige Bestandteile der Aufführungen und bedienen das sinnliche Vergnügen an überraschenden Effekten und opulenten Ausstattungen (z. B. Himmel, Hölle, Olymp, Orkus, Klüfte, Felslandschaften, Meeresgestade). Im 18. Jh. tritt der Einsatz der Th. zurück. Trotz der fortschreitenden Entwicklung der Th. durch technische Errungenschaften bis

zur modernen Bühnentechnik hat die Th. im 16. und 17. Jh. ihren eigentlichen Höhepunkt. Im 20. Jh. erfolgt eine Abkehr von der perfekten ↗Illusionsbühne (↗Stilbühne). IS/AHE

Theaterschwank ↗Schwank.

Theaterwissenschaft, wissenschaftliche Disziplin, deren Auseinandersetzung mit dem ↗Theater theoretisch, systematisch oder historisch ausgerichtet ist. Da Theater ein vielschichtiges Phänomen ist, das verschiedene Elemente und Künste umfasst, integriert und verbindet die Th. je nach Fragestellung andere Wissenschaften wie Lit.-, Kunst-, Tanz- oder Musikwissenschaft, Ethnologie, Geschichte, Soziologie oder Kulturgeschichte. Die vorwiegenden Forschungsrichtungen der Th. sind Theatergeschichte, Theatertheorie, Theaterethnologie und Theatersemiotik. Die Th. analysiert die Theaterformen in verschiedenen Kulturen und zu verschiedenen Zeiten; wichtige Untersuchungsgegenstände sind dabei: ↗Aufführungen, Schauspielkunst, -theorie und Schauspielerstand, Bühnenform und ↗Bühnenbild, ↗Dramaturgie, Spielplan, ↗Regie, ↗Publikum oder Theater als Institution unter wirtschaftlichen, sozialen und kulturellen Aspekten. Die Th. bezieht in ihren Untersuchungsbereich auch verwandte Medien wie Film, Hörspiel, Fernsehen und Video ein; mit der Etablierung von Film- und Fernsehwissenschaft sowie ↗Medienwissenschaft als eigenständigen Disziplinen lockert sich diese Verbindung wieder. Neben den verschiedenen Versuchen, den ohnehin schon großen und heterogenen Forschungsbereich der Th. noch zu erweitern, setzt ab den 1970er Jahren verstärkt eine Besinnung auf den spezifischen, unverwechselbaren Gegenstand der Th. ein, durch den sich die Th. von den anderen Kunstwissenschaften unterscheidet: die Aufführung als einmaliges, transitorisches Ereignis. Aufführungs- und Inszenierungsanalysen sind zentrale Bereiche sowohl der theaterhistorischen als auch -semiotischen Forschungsrichtung; in der Theatertheorie setzt eine stärkere Reflexion über die Begriffe ↗›Theatralität‹ und ↗›Performanz‹ ein. Während die Th. in der ersten Hälfte des 20. Jh.s überwiegend historisch ausgerichtet war, hat sie mit der Ausweitung des Aufführungsbegriffs auf Bereiche außerhalb des Theaters und der Fokussierung auf den Performanzbegriff in den letzten Jahrzehnten neue kulturwissenschaftliche Forschungsfelder erschlossen. Als Universitätsdisziplin ist die Th. relativ jung. Ab 1900 gibt es theaterwissenschaftliche Veranstaltungen an dt. Universitäten, die zumeist von Germanisten gehalten werden (M. Herrmann in Berlin, B. Litzmann in Bonn, H. Dinger in Jena, A. Kutscher in München). 1923 wird das erste theaterwissenschaftliche Institut in Berlin gegründet, das von M. Herrmann und J. Petersen geleitet wird. Weitere Gründungen folgen an den Universitäten München (1926), Köln (1929), Wien (1943) und Erlangen (1953). Publikationsorgane bereiten die Etablierung der Disziplin vor und veröffentlichen die Forschungsergebnisse: »Theatergeschichtliche Forschungen« (seit 1891), »Schriften der Gesellschaft für Theatergeschichte« (seit 1902), »Archiv für Th.« (1911 f., hier erstmalige Verwendung des Kompositums ›Th.‹). Die universitäre Forschung wird durch eine Anzahl von Gesellschaften unterstützt und ergänzt: Gesellschaft für Theatergeschichte (seit 1902), International Federation for Theatre Research (seit 1957), Gesellschaft für Th. (seit 1991). Lit.: Ch. Balme: Einf. in die Th. [1999]. Bln. ³2003. – Ders.: Th. In: RLW. – St. Corssen: Max Herrmann und die Anfänge der Th. Tüb. 1998. – E. Fischer-Lichte u. a. (Hg.): Arbeitsfelder der Th. Tüb. 1994. – E. Fischer-Lichte u. a. (Hg.): Metzler Lexikon Theatertheorie. Stgt. 2005. – H. Klier (Hg.): Th. im dt.sprachigen Raum. Darmstadt 1981. – A. Kotte: Th. Köln 2005. – R. Möhrmann: Th. heute. Bln. 1990. – D. Steinbeck: Einl. in die Theorie und Systematik der Th. Bln. 1970. AHE

Theaterzettel, Ankündigungsblatt einer Theateraufführung. Der erste gedruckte Th. stammt aus dem Jahr 1520. Im geistlichen Schultheater der Jesuiten gibt es ↗ Periochen, kleine Hefte mit Inhaltsangaben. Im 17. und 18. Jh. benutzen die ↗ Wanderbühnen den Th. als Reklamemedium, auf dem Titel und Inhalt des Stücks oftmals in reißerischer Form angekündigt werden. Die stehenden Theater des 19. Jh.s drucken Th. mit folgenden Angaben: Datum, Name der spielenden Gesellschaft, Titel und Gattung des Stücks, Verfasser, Personen- und Darstellerverzeichnis, Schauplatz, Eintrittspreise, Zeitangabe. Th. werden als Plakate aufgehängt und vom Zettelträger in die Häuser der Abonnenten gebracht. 1894 erscheint das erste Programmheft mit zusätzlichen Informationen zu Stück und Autor, das nunmehr den Th. ablöst. Lit.: Ch. Balme: Th. In: RLW. – J. R. Hänsel: Die Geschichte des Th.s und seine Wirkung in der Öffentlichkeit. Diss. Bln. 1962. – E. Pies: Einem hocherfreuten Publikum wird heute präsentiret eine Kleine Chronik des Th.s. Hbg., Düsseldorf 1973. AHE

Theatralität, f., 1. im engeren Sinne die Gesamtheit der das ↗ Theater prägenden medialen Bedingungen. Dazu gehört die Präsentation eines Handlungsablaufs in einem raum-zeitlichen Kontinuum, bedingt durch die Gegenwärtigkeit und Abgegrenztheit einer geschlossenen szenischen Einheit auf der ↗ Bühne oder einer anderen Spielstätte für die gleichzeitig anwesenden Zuschauer, deren Entfernung vom und Perspektive auf das Spielgeschehen während der Aufführung meistens gleich bleiben. Den Zuschauern wird das Dargestellte unmittelbar vorgeführt, nicht wie in der erzählenden Lit. durch einen ↗ Erzähler oder im Film durch die ↗ Montage vermittelt. Das Fehlen solcher zwischengeschalteten formgebenden Instanzen führt zur Konzentration der Gestaltung auf szenische Elemente und dramatischen Dialog bzw. andere Momente menschlichen Ausdrucks wie ↗ Mimik, Gestik und Körpersprache.
2. Im weiteren Sinne die Aspekte der ↗ Aufführung, ↗ Inszenierung, Körperlichkeit und Wahrnehmbarkeit,

die zwar für das Theater typisch, aber auch an anderen medialen Gestaltungen zu beobachten sind (vgl. Fischer-Lichte 2001). Th. in diesem weiteren Sinne kann in den meisten Kulturen bereits vor der Etablierung eines institutionalisierten Theaters als gegeben angenommen werden. Ihre Geschichte fällt zum einen mit der des Theaters zusammen, bezieht zum anderen aber auch die Entwicklung paratheatraler Formen wie Feste und ↗ Rituale mit ein, ebenso wie die theatraler Gestaltungsweisen im Kontext anderer Medien. – ›Th.‹ entsteht als wissenschaftlicher Begriff zu Beginn des 20. Jh.s im Zusammenhang mit der Emanzipation der ↗ Theaterwissenschaft von der ↗ Lit.wissenschaft und soll das Theater als eigenständige Kunstform bestimmen. Am Ende des 20. Jh.s wird mit dem Terminus hingegen häufig eine Ausweitung des Theaterbegriffs zu einem universellen Faktor kulturellen Handelns betrieben. Lit.: E. Burns: Theatricality. Ldn. 1972. – E. Fischer-Lichte u. a.: Th. 4 Bde. Tüb. 2000–02. – E. Fischer-Lichte (Hg.): Th. und die Krisen der Repräsentation. Stgt., Weimar 2001. – H. Schramm: Th. und Öffentlichkeit. In: ÄGB. AB

Théâtre de l'absurde, m. [frz.], auch : Theater des Absurden, Absurdes Theater; nach 1945 in Frankreich entstandene radikalste Richtung des avantgardistischen »Nouveau théâtre« (auch »anti-théâtre«), das auf Vorläufer wie Jarry, Apollinaire, Vitrac und Artaud zurückgeht. Gegenstand des *th. d. l'a.* ist die Erfahrung der Absurdität menschlicher Existenz in einer transzendenzlosen Welt, die Bezüge zur existentialistischen Philosophie Camus' und Sartres hat. Doch während die Verkümmerung und Entfremdung des Menschen dort noch in dialogischen Ideendramen thematisiert wird, bilden E. Ionesco (»La cantatrice chauve«, 1950) und S. Beckett (»En attendant Godot«, 1953), die bedeutendsten Vertreter des *th. d. l'a.*, diese Sinn- und Hoffnungslosigkeit auch formal, d. h. szenisch und sprachlich ab. In Abkehr vom konventionellen Theater eines J. Giraudoux, J. Anouilh, J. Cocteau oder H. de Montherlant, aber auch vom populären ↗ Boulevardtheater entwerfen sie parabelhafte Stücke ohne kausallogisch motivierte Handlung, in denen die Figuren wie Marionetten unsichtbarer Zwänge agieren und die Dinge ein bedrohliches Eigenleben entwickeln. Elemente der Groteske, der Karikatur und der Pantomime unterstützen die z. T. komische Wirkung der Stücke. Lit.: R. Daus: Das Theater des Absurden in Frankreich. Stgt. 1977. – L. Essif: Empty Figure on an empty stage. S. Beckett and his generation. Bloomington 2001. – M. Esslin: Das Theater des Absurden [engl. 1961]. Reinbek 1965. – E. Jacquart: Le théâtre de dérision. Beckett, Ionesco, Adamov. Paris 1974, ²1998. – M. Pruner: Les théâtres de l'absurde. Paris 2003. – U. Quint-Wegemund: Das Theater des Absurden. Ffm. 1983. KB

Théâtre italien ↗ Comédie italienne.

Théâtre libre, m. [frz. = freies Theater], 1887 von A. Antoine in Paris gegründete Amateurtheaterbühne,

deren Inszenierungen neue Maßstäbe setzten; Vorbild für Vereins- und Reformbühnengründungen. Der *Th.l.* grenzte sich in mehreren Punkten vom etablierten frz. Theaterbetrieb ab: 1. innovativer Spielplan, bes. naturalistische Stücke, z. T. als frz. Erstaufführung, z. B. H. Ibsen: »Die Wildente« (1891), G. Hauptmann: »Die Weber« (1893); 2. provozierende Inszenierungen, authentische Rekonstruktion von Alltagsmilieu in Ausstattung (inklusive Geruch) und Beleuchtung, unkonventionell agierende Laien; 3. nicht-öffentliche Organisation (Verein auf Subskribentenbasis), die der *Th.l.* weitgehend der ↗ Zensur entzog. Seit 1889 Tourneen; Einfluss auf die ↗ Freie Bühne (Berlin 1889) und das Independent Theatre (London 1891). 1894 schloss der *Th.l.*, u. a. aus finanziellen Gründen. Antoines folgende Arbeiten, bes. Klassiker-Inszenierungen (W. Shakespeare, J. W. Goethe, Aischylos), entwickelten den Stil des Th.l. weiter, der u. a. auf K. Stanislawski und B. Brecht wirkte.
Lit.: A. Antoine: Mes souvenirs sur le Théâtre-Libre. Paris 1921 [dt. 1960]. – P. Bohrn: André Antoine und sein Th.l. Ffm. 2000. – S. M. Waxman: Antoine and the Th. l. Cambridge 1926. BW

Theatrum mundi, n. [lat.], ↗ Welttheater.

Thema, n. [gr. *théma* = das Gesetzte], 1. in allg. Bedeutung die für einen Text oder Textabschnitt zentrale Problemkonstellation bzw. der Leitgedanke. – Im Rahmen der komparatistisch ausgerichteten ↗ Thematologie bezeichnet ›Th.‹ – in Anlehnung an engl. *theme* und frz. *thème* – häufig den ↗ Stoff, mitunter auch das ↗ Motiv. In der dt. Lit.wissenschaft bezieht sich das Th. auf eine abstraktere Ebene als die beiden Nachbarbegriffe (z. B. Identität als Th., Amphitryon als Stoff, Doppelgänger als Motiv). 2. Komplementärbegriff zu ↗ Rhema.
Lit.: H. S. Daemmrich, I. G. Daemmrich (Hg.): Themen und Motive in der Lit. [1987]. Tüb., Basel 1995. – E. Frenzel: Vom Inhalt der Lit.: Stoff – Motiv – Th. Freiburg 1980. – A. Lötscher: Text und Th. Tüb. 1987. – A. Schulz: Th. In: RLW. – W. Sollers (Hg.): The return of thematic criticism. Cambridge/Mass. 1993. SD

Thematologie, f. [gr. *théma* = das Gesetzte; engl. *thematics*], Teildisziplin der ↗ vergleichenden Lit.wissenschaft, die sich mit der vergleichenden Inhaltsanalyse lit. Werke beschäftigt, eng verwandt mit der ↗ Stoff- und ↗ Motivgeschichte, jedoch häufig in programmatischer Abgrenzung von der positivistischen Konzentration auf das Sammeln und Kategorisieren von ↗ Stoffen und ↗ Motiven. Als *thématologie* von R. Trousson im Zusammenhang mit der Untersuchung antiker Stoffe und ihrer Rezeption, auch in der Musik und bildenden Kunst, begründet. Die Methoden der Th. sind überwiegend problemgeschichtlich und kulturwissenschaftlich orientiert und berühren sich mit Forschungen zur ↗ Intertextualität.
Lit.: M. Beller: Von der Stoffgeschichte zur Th. In: DVjs 47 (1973), S. 149–166. – B. Müller-Kampel: Thema, Stoff, Motiv. In: COMPASS. Mainzer Hefte für Allg.

und Vergleichende Lit.wissenschaft 4 (2000), S. 1–20. – F. Trommler (Hg.): Thematics reconsidered. Fs. H. S. Daemmrich. Amsterdam, Atlanta/Ga. 1995. – R. Trousson: Thèmes et mythes. Brüssel 1981. – Th. Ziolkowski: Varieties of literary thematics. Princeton 1983. SD

Theogonie, f. [gr. = Entstehung der Götter], Mythos von der Herkunft und dem Wirken der Götter. Die theogonischen Erzählungen der Antike basieren auf dem Prinzip der Genealogie. Vollständig erhalten ist allein die »Th.« des Hesiod (7. Jh. v. Chr.): Am Anfang steht hier das Chaos; aus diesem gehen Gaia, Tartaros und Eros hervor. Die Generationen der Götter werden zunehmend anthropomorph dargestellt; zuletzt erscheinen ↗ Personifikationen intellektueller Qualitäten oder ethischer Prinzipien (Horen, Chariten, Musen). Die Herrschaftswechsel (Uranos, Kronos, Zeus) werden gewaltsam vollzogen, so dass die Geschichte der Götter von gewaltigen Schlachten zwischen den Generationen (Götter gegen Titanen, Zeus gegen Typhaon) charakterisiert ist. Hesiods »Th.« folgt nicht nur gr. Vorbildern (Homer), sondern verarbeitet auch vielfältige Einflüsse aus den Kulturen des Vorderen Orients. SF

Thesaurus, m. [gr. *thēsaurós* = Schatz, Schatzkammer], Pl. *Thesauri*; auch: Begriffs- oder onomasiologisches Wörterbuch; alphabetisch und systematisch geordnete wissenschaftliche Sammlung aller Bez.en eines bestimmten Anwendungsbereiches (z. B. einer Fachsprache) nach ihren semantischen Beziehungen in einem System syntagmatischer und paradigmatischer Querverweise. Jede Bez. wird in ihrer Grundbedeutung, ihrer Bedeutungsentwicklung und ihren Konnotationen dargeboten. Angelegt als meist hierarchisch gegliederte Systeme begrifflicher Vernetzungen, unterstützen Thesauri das Prinzip und den Prozess der Indexierung und erfüllen dabei auch Normierungsfunktionen. Sie sind grundlegende Hilfsmittel zur Auffindung und inhaltlichen Erschließung von Dokumenten sowie zur Gewinnung von Informationen über jedes gewünschte Element des jeweiligen Bereichs. – Die Bedeutung von ›Th.‹ – früher nur die Sammlung des Gesamtbestands einer Sprache (»Th. Linguae Latinae«, seit 1894) oder eines dichterischen Werks (»Goethe-Wörterbuch«, seit 1947), im Engl. eine Synonymensammlung – hat sich heute auf den digitalen Bereich ausgedehnt.
Lit.: H. Felber, G. Budin: Terminologie in Theorie und Praxis. Tüb. 1989. – S. Wendt: Terminus – Th. – Text. Tüb. 1997. – G. Wersig, P. Schuck-Wersig: Th.-Leitfaden. Mchn. u. a. ²1985. KH

These, f. [gr. *thésis* = Satz, Behauptung], 1. begründungsfähige bzw. begründungsbedürftige Aussage; 2. nur im Pl. gebräuchlich: Textsorte nicht-fiktionaler Natur, die eine Reihe von zusammenhängenden Lehrsätzen bringt. Solche T.n-Sammlungen existieren in der Nachfolge der sog. »Schriften des Hippokrates« in der Medizin bereits in der Antike, treten später aber auch in anderen Einzelwissenschaften oder als philosophische Werke in Erscheinung. In L. Wittgensteins »Tractatus logico-philosophicus« (1921) und noch in K. Weimars »Enzyklopädie der Lit.wissenschaft« (1980) wird die Tradition bewahrt. – Verwandte Formen: ↗ Quaestio, ↗ Disputatio.

Lit.: U. Meyer: T.n. In: RLW. BM

Thesenstück, auch: Tendenzstück (↗ Tendenzdichtung); in der Tradition der sozialkritischen ↗ Sittenstücke stehendes Drama (auch Hörspiel oder Sketch), in dem die Richtigkeit einer bestimmten These dargestellt werden soll. Handlung und typisierte Personen sind weitgehend abstrakt und funktional im Hinblick auf die Auseinandersetzung mit einem einzigen Problem konstruiert, die oft simplifizierend, perspektivisch einseitig, agitatorisch oder emotional geführt wird. Die Grenzen zum aspektereicheren, sachlich offeneren ↗ Problemstück sind fließend. Th.e sind z.B. einige Dramen G.B. Shaws und J.P. Sartres, v.a. aber die der marxistischen Gesellschaftslehre verpflichteten Stücke von P. Weiss, B. Brechts ↗ Lehrstücke, die Stücke des ↗ sozialistischen Realismus, des frühen Arbeitertheaters, des ↗ Agitprop- und ↗ Straßentheaters (vgl. ↗ Proletkult). Zu Th.en umfunktioniert werden können durch entsprechende Streichungen und Inszenierungen (z.B. durch E. Piscator) auch Dramen mit allg. politischer Thematik. ↗ Politische Dichtung. IS/Red.

Thesis, f. [gr. = Senkung], Begriff der Verslehre, Ggs.: ↗ Hebung.

Thespiskarren, im eigentlichen Sinne der als Wagenbühne oder Transportmittel benutzte Wagen, mit dem Thespis aus Ikara (6. Jh. v. Chr.), der älteste bekannte Tragödiendichter, umhergezogen sein soll (nach Horaz: »De arte poetica«, V. 275–278); im übertragenen Sinne (meist ironisch) gebraucht für eine ↗ Wanderbühne, auch als Name für kleine Theater. IS/Red.

Thick description ↗ dichte Beschreibung.

Threnos, m. [gr. = Totenklage], Pl. *Threnoi*; 1. rituelle Form des Trauergesangs; 2. poetische Form des gr. Trauerliedes. Bei Homer wird der Th. von Fremden gesungen: Sänger führen den Th. für Hektor an, kriegsgefangene Troerinnen beklagen Patroklos, die Musen singen einen Th. für Achill (»Odyssee« 24, V. 58–61, die Echtheit der Verse ist umstritten). Der Gesang wird vom Weinen und Wehklagen begleitet, später werden Klageweiber angemietet. Solon begrenzt den Einsatz angeheuerter Th.-Sänger in Athen, weil der Brauch als von barbarischer Herkunft gilt. Erst in der ↗ Tragödie ist der Th. eine *dichterische* Totenklage. Die Alexandriner weisen Werke von Pindar und Simonides als Threnoi aus, in hellenistischer Zeit gab es hexametrische Threnoi (»Epitaphios Bionos«; »Epitaphios Adonidos«). – Die rituelle Totenklage findet vielfältige Parallelen in anderen Kulturen (z.B. in Süditalien; vgl. De Martino).

Lit.: M. Alexiou: The ritual lament in Greek Tradition [1974]. Cambridge ²2002. – E. De Martino: Morte e pianto rituale: dal lamento funebre antico al pianto di Maria [1958]. Turin 2000. – Ch. C. Tsagalis: Epic Grief. Personal laments in Homer's Iliad. Bln., NY 2004. SF

Thriller, m. ['θrɪlɛ; engl. *to thrill* = erschauern, erschauern lassen], 1. Subgenre des ↗ Kriminalromans, das wie dieser thematisch auf die Darstellung von Verbrechen und die Ermittlung bzw. Verfolgung von Tätern ausgerichtet ist, sich darüber hinaus jedoch durch die Betonung von aktionistischen Handlungs- und Spannungselementen auszeichnet. – 2. ↗ Film, der dem Handlungsmuster und der Spannungsbetonung des lit. Th.s folgt. – 3. Der Begriff ›Th.‹ wird darüber hinaus in problematischer Weite auch auf lit. und mediale Produktionen aller Art mit betonten Spannungseffekten ausgedehnt (z.B. Horrorromane, spannungsbetonte Theaterstücke und Filme). – Der Th. im engeren Sinne (1) folgt dem grundlegenden Handlungsschema des Kriminalromans mit dem Dreischritt Verbrechen, Fahndung und Überführung. Das Verbrechen ist (anders als beim ↗ Detektivroman) nicht auf Mord beschränkt und wird (ebenfalls im Unterschied zum Detektivroman) häufig in Planung und Durchführung dargestellt; es ist oftmals Ausdruck sozialer Missstände wie Korruption und wird häufig von einer Tätergruppe statt von einem Einzelnen verantwortet. Die Fahndung wird meist durch einen beauftragten Privatdetektiv oder Agenten aufgenommen; er verfolgt die bekannten Täter oder nimmt, etwa durch Befragung von Zeugen, die Suche nach Tätern auf. Ein wesentliches Action-Element ist der (gewalttätige, dramatische) Kampf des Detektivs oder Agenten mit den Tätern. – Die Geschichte des Th.s ist eng an die Verbreitung von Heftromanen in den USA seit ungefähr 1860, in Europa seit etwa 1900 gebunden: Um die Leserschaft an einzelne Romanheftserien zu binden, wurde die Erzählung von Verbrechen zunehmend spannender und aktionsreicher im Stile des Th.s gestaltet. Mit der »Nick Carter«-Serie, die seit 1891 erschien und es in 27 Jahren auf mehr als 1.000 Hefte brachte (geschrieben von F. M. Van Rensselaer Dey und weiteren Autoren), entstand ein erster Klassiker (seit 1906 auch in Deutschland verlegt in einer Auflage von 45.000 Exemplaren). Als zweiter Strang des Th.s neben dem Heftroman etablierte sich zu Beginn des 20. Jh.s der Spionageroman (J. Buchan: »The Thirty-Nine Steps«, 1915). Den dritten Strang des Th.s bildet der Kriminalroman der *hard-boiled-school* mit D. Hammett und R. Chandler als bedeutendsten Autoren: Ihre ›hartgesottenen‹ Helden nehmen es als *tough guys* ebenso illusions- wie kompromisslos mit einer aus den Fugen geratenen Welt auf.

Lit.: P. Nusser: Der Kriminalroman [1980]. Stgt. ²1992. – J. Palmer: Th.s. Ldn. 1978. – J. Schmidt: Gangster, Opfer, Detektive. Ffm., Bln. 1989. – G. Seeßlen: Th. Marburg 1995. ML

Thula, f. [anord. þula, Pl. þulur = Wortreihe, Liste], eine Reihe von Merkversen oder eine Auflistung poetischer Synonyme, mythologischer Namen oder Ortsnamen. Die Th. wird zu den ältesten Formen germ.

Dichtung gezählt. Die ältesten erhaltenen *þulur* sind die Heldenregister des altengl. »Widsið« (7. Jh.), die vermutlich schon in der Völkerwanderungszeit entstanden sind. *þulur* kommen auch in der Lehrdichtung der »Edda« vor (z. B. das Zwergenverzeichnis der »Völuspá«). Spätere, schriftlich konzipierte *þulur* enthält die »Snorra Edda«, ein Lehrbuch für Skalden, das um 1220 von Snorri Sturluson verfasst wurde. – Zu den in den *þulur* verwendeten mnemotechnischen Mitteln gehören der ⁊ Stabreim und die rhythmische Struktur der Begriffsreihen. Der hohe Grad an Durchformung deutet darauf hin, dass die *þulur* darüber hinaus eine soziale Funktion erfüllten. Die ästhetische Form dieser Texte, die Dichtung und ⁊ Ritual miteinander verknüpft, ist von ihrer Erkenntnisfunktion nicht zu trennen. Auf ein hohes Alter der Gattung deutet auch ihre Verbindung zur vorchristlichen Institution des *þulr* (Pl. *þulir*), eines Opferpriesters, zu dessen Pflichten vermutlich auch der Vortrag sakraler Texte zählte. Somit scheint sich die Th. von einer im weitesten Sinn als sakral zu betrachtenden Kultrede zu einem Katalog unterschiedlichster Informationen entwickelt zu haben, die als Tradierungsform für gelehrtes Wissen der eigenen Vorzeit betrachtet wurden. Dieses letzte Stadium repräsentieren v. a. die skaldischen *þulur*, die auf Island Ende des 12. und Anfang des 13. Jh.s entstanden.

Lit.: E. Gurevič: þulur in Skáldskaparmál. In: Arkiv för Nordisk Filologi 107 (1992), S. 35–52. – Dies.: Zur Genealogie der þula. In: Alvíssmál 1 (1992), S. 65–97. – W. H. Vogt: Stilgeschichte der eddischen Wissensdichtung I. Breslau 1927. – Ders.: Die þula zwischen Kultrede und eddischer Wissensdichtung. Gött. 1942. SW

Thyromata ⁊ Proskenion.

Tierepik, Sammelbegriff für erzählende lit. Großformen mit Tieren als Handlungsträgern. Der Begriff wurde von W. Wackernagel (»Von der Thiersage und den Dichtungen aus der Thiersage«, 1867) geprägt und von der ›Tierdidaxis‹ der ⁊ Fabel abgegrenzt. – T. gilt als genuin mal. Gattung (vgl. Grubmüller). Formal weist sie die Merkmale der Versepik auf (⁊ Epos). Agierendes Personal ist eine hinsichtlich ihrer Sprache, Anschauungen und Handlungsweisen weitgehend anthropomorphisierte Tierwelt, deren wesentliches Merkmal jedoch eine mehr oder minder ausgeprägte Typisierung ist: Der Wolf ist stets gefräßig, der Fuchs schlau, den Esel kennzeichnen Langmut und Einfalt. Solche Reduktion ist nicht zuletzt dem belehrenden Grundanliegen der T. geschuldet. T. ist ohne die Lebenswelt der Menschen, deren gesellschaftliche Werte und Normen sie satirisch oder parodistisch in Frage stellt, nicht vorstellbar. Sie trägt damit die Option, in bestimmten Konstellationen zur ⁊ Schlüssellit. zu werden, zu allen Zeiten in sich. – Die Typenbildung erscheint bereits voll ausgeprägt im lat. »Ysengrimus« Nivards von Gent (um 1150), der mit Fuchs und Wolf auch die wesentlichen Antagonisten der T. einführt. Seit 1174 wächst die frz. »Roman de Renart« kontinu-

ierlich durch Hinzufügung neuer ⁊ Branchen. Der Elsässer Heinrich organisiert dagegen den mhd. »Reinhart Fuchs« (vor 1200) auf der Basis des dem germ. Recht entlehnten Grundsatzes der Pflicht zur dreimaligen Ladung (zum Hoftag). Der mittelndl. »Reynke de vos« (Lübeck 1498) geht auf flämisch-nl. Überlieferung (»Van den vos Reynaerde«, 13. Jh.; »Reynaerts Historie«, 14. Jh.) zurück. Er wurde 1711 erneut ediert und von J. Ch. Gottsched ins Nhd. übertragen (1752), worauf J. W. Goethes Hexameterepos »Reineke Fuchs« basiert (1794). – Alle Merkmale mal. T. bezeugen ihre klerikale Herkunft und ihren geistlichen Lebensraum. Die seit J. Grimm (»Reinhart Fuchs«, 1834) geführte Kontroverse zwischen ›Folkloristen‹ und ›Äsopisten‹ zielt auf zwei Zustände der Tiersage. Die T. bietet die ⁊ Sage in geformter Gestalt und mit allen Mitteln der Dichtung, auf die sie sich immer wieder beziehen kann, etwa durch die ⁊ Parodie von ⁊ höfischem Roman, ⁊ Minnesang und ⁊ Visionslit. (so im »Reinhart Fuchs«).

Lit.: K. Düwel: T. In: RLW. – K. Grubmüller: Meister Esopus. Mchn. 1977. – B. Jahn, O. Neudeck (Hg.): T. und Tierallegorese. Bern u. a. 2004. – H. R. Jauß: Untersuchungen zur mal. Tierdichtung. Tüb. 1959. – F. P. Knapp: Das lat. Tierepos. Darmstadt 1979. – Ders.: Tierepos. In: LMA. – M. Pufal, K. Wächtler (Hg.): Das Tier in Dichtung und bildender Kunst. Hannover 2003. – U. Schwab (Hg.): Das Tier in der Dichtung. Hdbg. 1970. – M. Wehrli: Vom Sinn des mal. Tierepos. In: ders.: Formen mal. Erzählung. Zürich 1969, S. 113–125. CF

Tirade, f. [it. *tirata* = Ziehen, Zug], 1. gelegentliche (unscharfe) Bez. für ⁊ Laisse; 2. im Theaterjargon des 17. Jh.s abschätzige Bez. für längere, effektvolle, atemtechnisch schwierige Redepartie im Drama; in der Bedeutung ›Wortschwall‹ seit dem 18. Jh. in die Umgangssprache eingedrungen. GS/Red.

Tiradenreim ⁊ Einreim.

Tirolstrophe, mhd. Strophenform aus sieben Vierhebern mit der Reimfolge *aabbcxc* und männlichen Kadenzen (die Waisenzeile kann auch weiblich enden). – Die T. wird verwendet in den Fragmenten »Tirol und Fridebrant« (13. Jh.); wohl Weiterentwicklung der ⁊ Morolfstrophe. MGS

Tischlesung [lat. *lectio ad mensam*], monastische Bildungs- und Erbauungspraxis, während der gemeinsamen Mahlzeiten religiöse bzw. normative Texte (Bibel, ⁊ Legenden, Ordensregel oder Konstitutionen) abschnittweise vorzulesen. Die T. beruht auf der Prämisse, dass nicht nur der Leib, sondern auch die Seele gespeist werden müsse, und wurde von einem aus den Konventsmitgliedern ausgewählten Vorleser (Lektor) übernommen. Das Repertoire vorzulesender Lit. richtete sich nach dem Lauf des Kirchenjahres. Es konnte von Orden zu Orden bzw. von Kloster zu Kloster divergieren. Im Dt. Orden ist auch die Lesung heldenepischer Stoffe (»Rolandslied«) bezeugt (⁊ Deutschordenslit.). In Hss., die für die T. verwendet wurden, finden sich mitunter Vermerke für den Lesenden (etwa: »hier fang an« oder »hier höre auf«).

Lit.: B. Hasebrink: T. und Bildungskultur. In: M. Kintzinger (Hg.): Schule und Schüler im MA. Köln u. a. 1996, S. 187–216. – H. Hauke: Die T. im Kloster Tegernsee im 15. Jh. In: Studien und Mitteilungen zur Geschichte des Benediktinerordens 83 (1972), S. 220–228. – H. Kolb: Rolandslied-Lesung im Dt. Orden. In: IASL 15/2 (1990), S. 1–12.   ID

Tischzucht, f. [mhd. *zuht* = Vorgang und Ergebnis der Bildung des äußeren und inneren Menschen], selbständiger, oft paargereimter Lehrtext, der von angemessenem Verhalten bei Tisch handelt. – Erste am gemeinsamen Mahl als Mittelpunkt von Gesellschaftsbildung ansetzende Verhaltenslehren entstehen im 12. Jh. im Zuge der Herausbildung eines laikalen Selbstbewusstseins und seiner neuen höfischen Verhaltensmodelle. Regelinventare des Tischbenehmens erscheinen zunächst als Inserate lat. (Petrus Alfonsi: »Disciplina clericalis«) wie dt. Werke (Thomasin von Zerclære: »Der welsche Gast«), erst im Laufe des 13. Jh.s selbständig (Reinerus: »Thesmophagia« bzw. »Tannhäusers T.«) und mit dem Vordringen volkssprachiger Prosa seit dem 15. Jh. auch in diskursiver Form (»Ndt. Prosa-T.«). Weiterhin wird seit dem ausgehenden MA. mit Parodien und Umformungen ins Grobianische (F. Dedekind: »Grobianus«, 1549, dt. 1551) auch der Weg der negativen Didaktik beschritten. Schließlich tritt eine humanistische Anstandslit. hinzu; bes. wirkungsmächtig ist der »Libellus de civilitate morum puerilium« des Erasmus von Rotterdam, der, wie schon die lat. T.en des MA.s (v. a. der lat. Facetus »Cum nihil utilius«), auch als ↗ Schultext Verwendung findet.

Texte: Th. P. Thornton (Hg.): Grobianische T.en. Bln. 1957. – Ders. (Hg.): Höfische T.en. Bln. 1957. – A. Winkler (Hg.): Selbständige dt. T.en des MA.s. Marburg 1982.

Lit.: N. Elias: Über den Prozeß der Zivilisation [1939]. 2 Bde. Ffm. ²⁰1997. – J. Nicholls: The matter of courtesy. Woodbridge 1985. – Ch. Voigt: Forschungen zu den selbständigen dt.sprachigen T.en des MA.s und der frühen Neuzeit. Stgt. 1995.   MBN

Titel, m. [lat. *titulus* = Aufschrift, Inschrift, Buchtitel], Name eines Werkes der Lit., der Musik, der visuellen Künste und der Plastik. Hinsichtlich des T.s von Texten lassen sich unterscheiden: 1. der *Einzeltitel*: er bezieht sich auf *einen* Text; 2. der *Sammeltitel*: er bezieht sich auf mindestens zwei Texte (z. B. auf einen Gedichtzyklus); 3. der *Zwischentitel*: er bezieht sich auf einen Teil eines Textes (z. B. in Form einer Kapitelüberschrift). Durch seine Benennungsfunktion unterscheidet sich der T. vom ↗ Motto; ebenso von der ↗ Regieanweisung oder Sprecherangabe, die in der ↗ Rollenlyrik vielfach in T.position steht (Muster: »Suleika spricht«). – T. können unterschiedliche Aufgaben übernehmen. Sie sagen etwas über den betitelten Text, z. B. über dessen Thema oder seine Gattungszugehörigkeit; sie appellieren an den Leser, indem sie Erwartungen wecken bzw.

für ein Buch werben; schließlich können T. poetische Funktion haben: durch Einsatz euphonischer Mittel wie Reim und Vers oder stilistischer Gestaltungselemente wie Metapher, Ironie und Ellipse. – Die hsl. überlieferte Lit. der Antike hat keine T. im neueren Sinn. In der antiken Buchrolle übernehmen ↗ Explicit-Formeln T.funktion; im gebundenen Codex erfüllen ↗ Incipit-Formeln die Aufgabe des T.s. Die Hss. der frühen dt. Dichtung sind überwiegend titellos. Erst im Verlauf der Textgeschichte erhalten sie T. durch die Hand eines Abschreibers oder Herausgebers. In der Folge des Buchdrucks wird der T. allmählich zu einer lit. Institution. Die rasche Entwicklung und Kommerzialisierung des Buchwesens führt zur Entdeckung des T.s (und des T.blatts) als eines kaufanreizenden Werbeträgers. Seit dem 15. Jh. ist der T. etabliert. Die T.formulierungen schwanken zwischen lapidarer Kürze (S. Brant: »Das Narrenschiff«) und ausgreifender Länge (Burkard Waldis: »Esopus, gantz new gemacht und in Reimen gefaßt mit sampt hundert newen fabeln, vormals in Druck nicht gesehen noch außgangen«). Die erzählende Lit. benennt im T. häufig die Gattung, welcher der gegebene Text angehört (»Historia von D. Johann Fausten dem weitbeschreyten Zauberer unnd Schwartzkünstler«). Im Zeitalter des Barock ist der Doppeltitel verbreitet (A. Gryphius: »Catharina von Georgien oder bewehrte Beständigkeit«); v. a. in der Romanlit. wird der ausführliche T. gesucht (H. J. Ch. v. Grimmelshausen: »Der abentheuerliche Simplicissimus teutsch, das ist: die Beschreibung deß Lebens eines seltzamen Vaganten …«). Das 18. Jh. setzt sich von solchen Erscheinungen ab; der knapp gefasste, schlagwortartige T. setzt sich durch. G. E. Lessing rät in diesem Sinn im 21. Stück seiner »Hamburgischen Dramaturgie«: »Ein Titel muß kein Küchenzettel sein. Je weniger er von dem Inhalte verrät, desto besser ist er.« Auf diesen Spuren bewegt sich die lit. T.gebung bis in die neueste Zeit. Im Einzelfall wird allerdings auf alte Muster zurückgegriffen (F. Kafka: »Josefine, die Sängerin oder Das Volk der Mäuse«; P. Weiss: »Die Verfolgung und Ermordung Jean Paul Marats dargestellt durch die Schauspielgruppe des Hospizes zu Charenton unter Anleitung des Herrn de Sade«). – Die T.gebung in der Sachprosa ist zu Eindeutigkeit und Klarheit verpflichtet. In Fällen, in denen diese Regel außer Kraft gesetzt ist, wird ein präzisierender Untertitel beigefügt (z. B. A. Bohnenkamp: »›… das Hauptgeschäft nicht außer Augen lassend‹. Die Paralipomena zu Goethes Faust«). – T. von lyrischen Texten sind von der Werbefunktion und oft auch von der Auskunftsfunktion dispensiert. Gerade deshalb sind sie für einen poetisch funktionalisierten Sprachgebrauch disponiert. Das kann soweit führen, dass das semantische Band zwischen T. und Text hermetisch konstruiert ist. – Der T. ist erst im 20. Jh. Gegenstand der Forschung geworden. Teils wird der T.gebrauch in ausgesuchten Epochen, teils derjenige in ausgesuchten Gattungen oder auch bei bestimmten Autoren untersucht. Eine Reihe von systematisch angelegten Arbeiten verfolgt typologische oder textlinguistische Interessen (Rothe, Hoek). Andere untersuchen den T. als einen Bestandteil des Paratextes (Genette, Moennighoff).

Lit.: G. Genette: Seuils. Paris 1987 [dt.: Paratexte. Ffm., NY 1989]. – L. Hoek: La marque du titre. Den Haag, Paris 1981 – B. Moennighoff: Goethes Gedichttitel. Bln., NY 2000. – D. Rolle: T. In: RLW. – A. Rothe: Der lit. T. Ffm. 1986.   BM

Titelauflage ↗ Auflage.

Titlonym ↗ Pseudonym.

Titulus, m. [lat. = Überschrift, Aufschrift], Pl. *Tituli*; bezeichnende, erläuternde oder kommentierende Auf- bzw. Inschrift in Vers oder Prosa, v. a. auf Kunstgegenständen. Im Bereich der Buchkunst fungieren Tituli als Kapitel- oder Bildüberschriften. Sie können dem Text entnommen oder neu konzipiert und vom Schreiber eingefügt worden sein. Im Zusammenhang der ↗ Buchmalerei und ↗ Buchillustration sind Tituli Teil des Bildprogramms, der inhaltlichen Gestaltung und Strukturierung des Textes.

Lit.: A. Arnulf: Versus ad picturas. Mchn., Bln. 1997. – D. Meyer: Inszeniertes Lesevergnügen. Stgt. 2005.   ID

Titurelstrophe, Strophenform der mhd. Epik, zuerst in den »Titurel«-Fragmenten Wolframs von Eschenbach (um 1220), weiterentwickelt im »Jüngeren Titurel« Albrechts (um 1270). Wolframs Strophe besteht aus drei Langzeilen (einmal acht, zweimal zehn Hebungen) mit Zäsur nach der vierten Hebung sowie einer vor der letzten Langzeile eingeschobenen sechshebigen zäsurlosen Zeile, mit paarigen, klingenden Endreimen. Die Strophenform ist jedoch nicht streng ausgeprägt; in den Langzeilen können die Zäsuren variieren oder fehlen und die Hebungszahlen wechseln. Bei Albrecht treten (in den ersten beiden Langzeilen regelmäßig) Zäsurreime auf (die Wörter vor der Zäsur in der ersten und zweiten Zeile reimen aufeinander; Reimschema: *ababcxc*); die Anverse der zäsurierten Zeilen enden meist klingend, teils auch mit voller Kadenz. Diese Form der T. findet sich auch in der »Jagd« Hadamars von Laber (um 1335) und etwas variiert in Ulrich Füetrers »Buch der Abenteuer« (letztes Drittel des 15. Jh.s) sowie in einigen Marienliedern des Bruders Hans (um 1400).   MGS

Tmesis, f. [gr. = Zerschneidung], in der Rhet. die (meist) sprachwidrige Trennung von Wortteilen; z. B. »ob ich schon wanderte« = obschon ich wanderte (Ps 23, 4).   GS/Red.

Togata, f. [lat. eigentlich *fabula togata*, nach lat. *toga*], die ↗ Komödie im röm. Kostüm, als Reaktion auf den ↗ Hellenismus und die gr. ↗ Palliata im 2. Jh. v. Chr. aufgekommen. Vertreter: Titinius, Titus Quinctius Atta und Afranius. Die T. spielt im röm.-it. (im Unterschied zur ↗ Praetexta) provinziellen und rustikalen Milieu der niederen Stände und wird daher auch als *Tabernaria* (Budenkomödie) bezeichnet. Die Handlung ist frei erfunden; die T. lehnt sich aber motivisch und metrisch an die gr. Komödie an. (Es fehlt allerdings der schlaue Sklave, in Rom bleibt der Herr der Klügste.) Erhalten sind ca. 70 Titel und 650 Verse, wenige Grammatikzeugnisse; die Stücke sind nicht rekonstruierbar. Die von C. Melissus entwickelte Untergattung *Trabeata*, die im Ritterstand spielt, setzte sich nicht durch.   SHO

Ton, m. [gr. *tónos*; lat. *tonus* = Spannung, Klang, Hebung der Stimme]; 1. im weiteren Sinn Element oder Dimension der akustischen Ebene sinnlicher Wahrnehmung. Der T. kann auf eine natürliche oder artifizielle Quelle zurückgehen und prägt jede Form von ↗ Musik und Lit., sofern diese sich nicht wie im ↗ Figurengedicht ganz auf die Schriftlichkeit beschränkt. ›T.‹ kann je nach Kontext synonym mit ↗ ›Klang‹, ↗ ›Klanggestalt‹, ›Laut‹ oder ›Melodie‹ (so v. a. die mal. Bedeutung [4]) verwendet werden: »Zum T. gehört demnach alles, was wir recht sinnlich von dem Charakter der Rede empfinden« (Sulzer, S. 537). Der Begriff ›Betonung‹ (auch: ↗ ›Akzent‹) hebt die Verteilung einzelner Töne in der Sprache und ihren Elementen wie Wort, Satz und Text, aber auch in regulierten Einheiten der Dichtung wie dem ↗ Vers hervor. Eine synästhetisch orientierte Dichtung, wie sie in wichtigen Teilen der romantischen und der ↗ konkreten Poesie vorliegt, sucht die natürlichen oder musikalischen Töne unmittelbar hörbar zu machen, etwa durch ↗ Lautmalerei.

2. Im engeren Sinn häufig, aber meist unscharf verwendeter Begriff der ↗ Stilistik und ↗ Poetik, der oft a) für »die aus der Empfindung hervorgehende Sprech- oder Schreibweise« (Hebenstreit, S. 799) steht, also den Einfluss der Subjektivität des ↗ Autors auf das poetische Produkt hervorhebt (daher wird ›tonloses‹, also leises, nicht akzentuierendes Sprechen im Alltag wie in der Präsentation von sprachlichen Kunstwerken meist als Zeichen für die Unfähigkeit verstanden, Emotionen akustisch angemessen auszudrücken). Ein Synonym kann in diesem Zusammenhang der ebenfalls aus der Musik übernommene, in der Poetik ebenso unscharfe Begriff ↗ ›Stimmung‹ sein. Entwürfe zu einer Poetik der Töne finden sich im 18. Jh. bei J. G. Herder und W. Heinse. Der konsequenteste in einer ↗ Autorpoetik unternommene Versuch, die Produktion und Wirkung von Dichtung ganz aus einem Konzept des T.s heraus zu entwickeln, ist F. Hölderlins kurz vor 1800 entworfene ›Lehre vom Wechsel der Töne‹, der zufolge die je spezifische Mischung ›naiver‹, ›heroischer‹ und ›idealischer‹ Töne die lit. ↗ Gattungen konstituiert. J. W. Goethes T.lehre kommt dagegen über in seinem Werk verstreute Ansätze nicht hinaus (vgl. Dreyer). – ›T.‹ kann aber auch b) für konventionalisierte Schreib-, Sprech- oder Vortragsweisen, etwa für die dominante stilistische Dimension eines Textes oder einer Rede, stehen, etwa wenn man von einem ›ernsten‹, ›hohen‹, ›feierlichen‹ oder ›ironischen‹ T.‹, einem ›Plauder-‹ oder ›Predigtton‹ spricht. Die Suche nach ›Untertönen‹ in einem Gesprächsbeitrag, einer Rede oder einem Text versteht den sprachlichen Beitrag analog zum

musikalischen Werk als nicht nur klanglich, sondern auch stilistisch und thematisch komplexes Gebilde, ebenso die Diagnose, jemand habe mit seiner Äußerung ›den falschen T. getroffen‹.

3. Metonymisch wird der Begriff ›T.‹ im Zuge einer ↗ ›wechselseitigen Erhellung der Künste‹ schon seit der Antike (Plinius; vgl. Sulzer, S. 541) auch auf Ausdrucksqualitäten der bildenden Kunst übertragen. So spricht man von den ›Farbtönen‹ eines Gemäldes oder davon, dass in ihm die ›dunklen Töne‹ überwiegen; einer Gestaltung ›Ton in Ton‹ ist die Harmonie (auch dieser Ausdruck entstammt der Musik) benachbarter oder sich ergänzender Farben gelungen. In lit. ↗ Beschreibungen, etwa von Landschaften oder Bildern (↗ Ekphrasis), wird versucht, solche visuellen ›Töne‹ wiederum in Sprache zu transponieren.

Der für die intermedialen Bezüge der Lit. zentrale Begriff wurde schon im 18. Jh. etwa bei Sulzer nuanciert erschlossen; die neuere Forschung beschränkt sich dagegen auf Einzelstudien, bes. zu Hölderlin. DB

4. ›T.‹ [mhd. *dôn*] steht im ↗ Minnesang, in der Sang- ↗ Spruchdichtung, im ↗ Meistersang und in der strophischen Epik für die Einheit von Strophenform und Melodie (*wîse*), also für ein Strophenmodell, das sowohl Verlauf, Gliederung und rhythmische Struktur der Melodie als auch die metrische Gestalt des vertonten Textes umfasst. ›T.‹ ist daher musikalischer und metrischer Terminus zugleich (vgl. die mhd. Begriffspaare *dôn und wort, wort unde wîse*). Zwischen dem T. als Form und dem Inhalt eines Textes gibt es in der mhd. strophischen Dichtung meist keine semantische Relation; daher kann derselbe T. für Strophen und Gedichte verschiedensten Inhalts verwendet werden (↗ Kontrafaktur); lediglich die Vortragsart (Tempo, Agogik, instrumentale Begleitung) lässt hier Modifikationen zu. Andererseits gehört es zu den formalen Charakteristika des Minnesangs, dass immer wieder neue und kunstvollere Töne geschaffen wurden. Erhalten sind bis Frauenlob (um 1300) ca. 200 Töne. – Mhd. *dôn* geht auf zwei Wurzeln zurück: auf ahd. *tuni* (Geräusch) und lat. *tonus* (Saite, Ton), um 1000 als Lehnwort übernommen; die Lehnwortbedeutung setzt sich im Mhd. mit dem höfischen Minnesang durch. Von den Minnesängern übernehmen die Meistersinger den *dôn*. Sie beschränken sich zunächst auf die Verwendung von Tönen, die ihrer Vorstellung nach auf die ›zwölf alten Meister‹ zurückgehen. Ein Großteil dieser Töne, meist mit Melodien, ist in der Colmarer Liederhs. (Mitte des 15. Jh.s) überliefert; seit dem ausgehenden 15. Jh. (H. Folz) wird jedoch in der Erfindung neuer Töne eine der wichtigsten Aufgaben gesehen. Nach dem Vorbild der bei den Meistersingern üblichen (teilweise recht wunderlichen) T.-Benennungen (der »kurze, lange, zarte, blühende, grüne, schwarze T.«, »vrou Eren dôn«, »Türinger hêrren dôn«, »Hildebrandston«) wurden im 19. Jh. neue T.-Benennungen für die von Walther von der Vogelweide in seinen Sangspruchgedichten verwandten Töne geschaffen

(z. B. »Reichston«, »Erster und Zweiter Philippston«, »Unmutston«, »Rügeton«). JK/DB

Lit. zu 1.–3.: T. In: DWb 21 (1935), Sp. 681–752. – C. Blasberg: »Das Wort tönet«. Zum Verhältnis von Akustik und Semantik bei J. G. Herder. In: M. Heilmann, B. Wägenbaur (Hg.): Ironische Propheten. Tüb. 2001, S. 17–36. – E.-J. Dreyer: Goethes T.-Wissenschaft. Ffm. u. a. 1985. – U. Gaier: Hölderlin. Tüb., Basel 1993, S. 222–231. – Ders.: Heinse und Hölderlins neue Poetik. In: ders. u. a.: Hölderlin Texturen 3: »Gestalten der Welt«. Tüb. 1996, S. 185–223. – W. Hebenstreit: Wissenschaftlich-lit. Encyklopädie der Aesthetik. Wien 1843. Nachdr. Hildesheim, NY 1978, S. 799 f. – K. Ph. Moritz: Grammatisches Wörterbuch der dt. Sprache. Fortgesetzt v. J. Ch. Vollbeding. Bd. 4. Bln. 1800. Nachdr. Hildesheim u. a. 1996, S. 136–145. – H. Paul: Dt. Wörterbuch. Tüb. ⁹1992, S. 891. – L. Ryan: Hölderlins Lehre vom Wechsel der Töne. Stgt. 1960. – H. Schmid: Wechsel der Töne. In: J. Kreuzer (Hg.): Hölderlin-Hb. Stgt., Weimar 2002, S. 118–127. – H. Schwarz: Vom Strom der Sprache. Schreibart und ›Tonart‹ in Hölderlins Donau-Hymnen. Stgt, Weimar 1994. – J. G. Sulzer: Allg. Theorie der schönen Künste [1771–74]. Lpz. ²1794. Nachdr. Hildesheim u. a. 1994. Bd. 4, S. 533–542.
Zu 4.: H. Brunner: T. In: RLW. – J. Rettelbach: Variation – Derivation – Imitation. Tüb. 1993.

Tonbeugung, Sonderform der Nicht-Übereinstimmung der vom metrischen Schema geforderten Akzentuierung und der natürlichen Wortbetonung. Sinnvollerweise kann von T. nur in solchen Versen die Rede sein, in denen metrische Akzente in geregelter Reihenfolge vorgesehen sind (↗ akzentuierendes Versprinzip), also in fußmetrisch organisierten Versen. Nicht schon jede Divergenz zwischen Vers- und Wortakzent sollte als T. gelten (meist handelt es sich um Fälle von rhythmischer Flexibilität), sondern nur diejenigen Divergenzen bilden T.en, die im Dienst komischer oder ikonischer Zwecke stehen; vgl. z. B. den Blankvers in H. v. Kleists letztem Drama, der die Erschütterung des Prinzen von Homburg zum Ausdruck bringt: »Träum ich? Wäch ich? Léb ich? Bín ich bei Sínnen?« (V. 765)
Lit.: Ch. Wagenknecht: Zum Begriff der T. [2002]. In: ders.: Metrica minora. Paderborn 2006, S. 63–76. BM

Tonrefrain ↗ Refrain.

Tonsprache ↗ Musik und Lit.

Topik ↗ Topos.

Topos, m. [gr. = Ort, Gemeinplatz; lat. *locus*, Pl. *loci*], Pl. *Topoi*; Grundbegriff der antiken ↗ Rhet. Die Topoi gehören in die systematisierte Lehre von den Fundstätten für die öffentliche Rede, die *Topik*, welche die Anweisung für das Auffinden der Topoi als Beweis, Argument und Gedanken darstellt. Topoi stellen nach Aristoteles allg. Gesichtspunkte (*topoi koinoi*) für die Rede bereit (»Rhet.« 1, 2, 31–33), nach Cicero (»De inventione« 2, 48) sind *loci* Argumente von hohem Allgemeinheitsgrad (*loci communes*). Jedoch ist die Trennung von ›Topik‹ und ›T.‹ bereits in der Antike unscharf: Einerseits stellen Topoi Quellen, Beweisgründe, Argumente dar, andererseits auch die Orte, an denen diese zu finden sind; Topoi dienen zudem als Gedächtnisstützen (↗ Memoria [1]) und Redeschmuck (↗ Ornatus). – Mit dem Einfluss der Rhet. entstand in der Lit. aus den Topoi ein in der Begrifflichkeit verschobener lit. Grundbestand fester ↗ Bilder, stehender Wendungen und traditioneller ↗ Motive. Dieser Fundus an Topoi wurde v. a. in der ↗ Frühen Neuzeit in Kompendien, Rhet.handbüchern und T.katalogen gesammelt und systematisiert. Topoi konnten so als schon vor dem jeweiligen Produktionsakt bereitstehende feste Motive in lit. Kontexte eingebunden werden. Den Höhepunkt erreichten diese Sammlungen im 17. und 18. Jh. Die Werke dieser Zeit enthalten Anweisungen zum Auffinden der Topoi und z. T. auch exemplarische lit. Ausformungen. T.-Kritik begann in Deutschland mit Ch. Thomasius (»Ausübung der Vernunftlehre«, 1691). Im 18. Jh. galten die Topoi als floskelhafte, formalistische und klischeeartige Versatzstücke. Mit der Genieästhetik der zweiten Hälfte des 18. Jh.s waren lit. Topoi zunächst ebenso wenig vereinbar wie eine von rhet. Prinzipien reglementierte Dichtung. Doch auch mit dem Schwinden des rhet. Dichtungsverständnisses blieb ein Grundbestand von Topoi erhalten. Zudem entstanden neue Topoi, die jedoch sehr viel stärker zeit- und diskursgeschichtlich gebunden waren als die überlieferten. – Die moderne lit. T.-Forschung wurde durch E. R. Curtius begründet, der einen topischen (nach C. G. Jung archetypischen) Grundbestand an Motiven für einen Traditionszusammenhang der europäischen Lit. nachgewiesen hat, der von der Antike bis ins 18. Jh. reichte. Daran anschließend wurden Topoi in der historischen T.-Forschung als feststehende Motive gedeutet, wobei das Verhältnis von kreativer Symbolbildung einerseits und unreflektierter Klischeeverwendung andererseits bislang nicht zureichend geklärt ist. Die neuere lit. T.forschung analysiert die Topoi nach ihrer jeweiligen Funktion im einzelnen Werk und im historischen Kontext (v. Moos), während die Rhet.forschung den formal-heuristischen Ansatz gänzlich verwirft (Mertner). Es gibt jedoch auch Ansätze zur Überwindung dieses Zwiespalts durch Entwicklung eines übergreifenden, historisch differenzierten T.begriffs (Schmidt-Biggemann). Lit.: M. Baeumer (Hg.): T.forschung. Darmstadt 1973. – L. Bornscheuer: Topik. Ffm. 1976. – H. G. Coenen: Locus communis. In: HWbRh. – E. R. Curtius: Europäische Lit. und lat. MA. Bern 1948. – St. Goldmann: Zur Herkunft des T.-Begriffs von E. R. Curtius. In: Euph. 90 (1996), S. 134–149. – P. Hess: Zum T.begriff in der Barockzeit. In: Rhet. 10 (1991), S. 71–88. – Ders.: T. In: RLW. – J. Kopperschmidt: Allg. Rhet. [1973]. Stgt. ²1976. – W. Kühlmann, W. Schmidt-Biggemann: Topik. In: RLW. – E. Mertner: T. und Commonplace. In: G. Dietrich, F. W. Schulze (Hg.): Strena Anglica. Halle 1956, S. 178–224. – P. v. Moos: Geschichte als Topik. Hildesheim, NY 1988. – W. Schmidt-Bigge-

mann: Topica universalis. Hbg. 1983. – G. Ueding (Hg.): Rhet. Tüb. 2005. COS

Tornada, f. [provenz. = Rückkehr], Geleitstrophe als epilogartiger Ausklang von Gedichten der provenz. Trobadors (auch sonst in romanischer Lyrik, ↗ Envoi); wiederholt in Metrum und Melodie den Schluss der vorangehenden Strophe (selten die ganze Strophe), enthält meist eine Widmung, eine Anrede an Hörer, Gönner, die besungene Dame, an das Lied selbst oder eine Namensnennung des Dichters. Im Dt. selten. ↗ Geleit; ↗ Senhal. MGS

Tornejamen ↗ Tenzone.

Totenbücher, 1. altägyptische Papyrusrollen als Grabbeigaben, enthalten nach Umfang, Auswahl und Anordnung variable Sammlungen von ↗ Hymnen, Weihe- und Beschwörungsformeln, auch Sündenkataloge, gedacht als Hilfe für den Toten auf dem Weg ins Jenseits. In mehreren hundert Exemplaren aus dem Mittleren und Neuen Reich (2000–700 v. Chr.) erhalten, diejenigen aus dem Neuen Reich fast immer illustriert. – Die Texte finden sich z. T. bereits als sog. Pyramiden- und Sargtexte (Inschriften in Gängen, Grabkammern und auf Särgen) aus dem Alten Reich (um 3000 v. Chr.) mit derselben Funktion. Verwandt, aber von ungleich größerer poetischer (Bild-)Kraft sind sog. Jenseitsführer, visionäre Schilderungen der Unterwelt, die z. T. ebenfalls Toten beigegeben wurden. Ältestes und zugleich berühmtestes Beispiel ist das Buch »Amduat« (ägyptisch = das, was in der Unterwelt ist), um 1500 v. Chr. – 2. Kultbücher tibetanischer Lamaismussekten, enthalten rituelle Texte, die der Priester den Toten ins Ohr flüstert, um sie auf die 49-tägige Übergangszeit bis zur Wiedergeburt vorzubereiten. Lit.: J. Assmann: Tod und Jenseits im Alten Ägypten. Mchn. 2001. – E. Hornung: Das Totenbuch der Ägypter [1979]. Düsseldorf ³2004. IS/Red.

Totengespräch, lit. Fiktion in Dialogform, in der sich verstorbene historische oder mythologische Persönlichkeiten an einem jenseitigen Ort aus gegebenem Anlass über Ereignisse im Diesseits unterhalten. Es handelt sich also beim T. im engeren Sinne – im Ggs. zum ↗ Geistergespräch – um ein Gespräch *unter*, nicht *mit* Toten. Die Fiktion ist an mehrere Voraussetzungen gebunden, deren wichtigste die Annahme eines unzugänglichen Jenseits ist, dessen Bewohner gleichsam als Speicher kollektiver Erfahrung fungieren, welcher von den Verfassern als Regulativ genutzt wird. T.e sind damit immer auch Medien der Zeitkritik. – Die gr.-röm. Mythologie, die eine Einflussnahme der Jenseitigen auf das Diesseits voraussetzte, kannte die seltene Möglichkeit des Abstiegs Lebender ins Reich der Toten zum Zwecke der Kontaktaufnahme (Odysseus im XI. Buch der »Odyssee«; Vergil: »Aeneis« VI). Solche ↗ Katabasis ist abzugrenzen vom T. im engeren Sinne. Dessen Begründer ist der Syrer Lukian (2. Jh. n. Chr.), der dreißig *nekrikoí diálogoi* (»T.e«) verfasste. Mit seiner Wiederentdeckung um 1400 in Italien wurden seine T.e stilbildend (›Lukianismus‹). Ulrich von Hutten be-

zieht sich im T. »Phalarismus« (1516f., dt. 1519) explizit auf Lukian. Im 17. Jh. wurde die Form eingesetzt, um Kritik an Phänomenen der Lit., Kunst und Politik zu artikulieren; diese Tendenz verstärkte sich in der ↗ Aufklärung (N. Boileau: »Satires«, 1666; B. de Fontenelle: »Nouveaux dialogues des morts«, 1683; G. Lyttleton: »Dialogues of the dead«, 1760). D. Fassmann gab eine Monatsschrift »Gespräche in dem Reiche derer Todten« (Leipzig 1718–39) heraus. Friedrich II., der sich an Voltaires Vorbild (»Conversation de Lucien, Erasme, et Rabelais dans les Champs Elysée«, 1765) orientierte, nutzte T.e als Waffe gegen politische Gegner. Ch. M. Wieland, der 1788f. eine sechsbändige Lukian-Übers. publizierte, ließ die Protagonisten in seinen »Neuen Göttergesprächen« (1791) die Ereignisse der Frz. Revolution kommentieren. Mit dem weitgehenden Verlust eines antiken Bezugsrahmens sind im 20. Jh. die Grenzen der T.e als politischer Kommentare erreicht. Wie schon teilweise im 18. Jh. tendieren fingierte Gespräche unter Verstorbenen dazu, historische und kulturelle Sachverhalte, aber auch existenzielle Grundfragen unterhaltsam darzubieten (H. M. Enzensberger: »Gespräche zwischen Unsterblichen, Lebendigen und Toten«, 2004).
Lit.: M. Baumbach: Lukian in Deutschland. Mchn. 2002. – E. L. Flohr: English dialogues of the dead as commentaries on eighteenth-century moral thought. Ann Arbor 1997. – H. Jaumann: T. In: RLW. – J. Rutledge: The dialogue of the dead in eighteenth-century Germany. Bern, Ffm. 1974. – K. Wais: Selbstanalyse Fontenelles und Fénelons in ihren T.en. In: ders.: Frz. Marksteine von Racine bis Saint-John Perse. Bln. 1958, S. 33–54.   CF

Totenklage, Trauer um einen Toten, Trost, Totenpreis artikulierende Dichtung, bedeutendste Ausprägung der lit. ↗ Klage. Existiert in allen Kulturen schon als vorlit., aus dem Mythos erwachsenes ↗ Kultlied, ist vielfach auch integrierter Bestandteil des Epos, z.B. Gilgameschs T. um seinen Freund Enkidu, die T. der Trojaner um Hektor in Homers »Ilias«, die T. der Gauten um ihren König im »Beowulf«. – Als eigenständige Ausprägung erscheint die T. in der antiken Chorlyrik als ↗ Threnos (wie die altröm. ↗ Nänie zunächst wohl ungeformte Klageschreie zur Flötenbegleitung) und als ↗ Epicedium (Simonides, Pindar), in der antiken Tragödie als ↗ Kommos. Häufige Form der T. ist seit der gr. Klassik die (epikedeische oder threnetische) ↗ Elegie; sie findet sich auch in der röm. (Properz, Ovid) und mittellat. Lit. (Venantius Fortunatus) bis in die Neuzeit (J. W. Goethe: »Euphrosyne«, F. Hölderlin: »Menons Klage um Diotima«). – Aus Zeugnissen (Prokopios aus Kaisareia, 6. Jh., Gotenkriege, Beowulf) erschlossene frühgerm. rituelle (Chor-)Gesänge auf einen Toten (meist einen Fürsten) verbinden T. und Preislied. – Das mit dem »Nibelungenlied« überlieferte Reimpaarepos »Die Klage« ist T. und Totenfeier für die gefallenen Burgunden. – Eine aufrüttelnde T. und Anklage gegen den Tod ist der Prosadialog »Der Ackermann aus Böhmen« von J. v. Saaz (um 1400). – T.n moderner Prägung stammen von Klabund (»T. 30 Sonette«, 1928) und W. Helwig (»T.«, 1984).
Lit.: I. Grässer: Die Epicedien-Dichtung des Helius Eobanus Hessus. Ffm. u. a. 1994. – Ch. Kiening: T. In: RLW. – R. Leicher: Die T. in der dt. Epik von der ältesten Zeit bis zur Nibelungenklage. Breslau 1927. Nachdr. 1977.   GG

Totentanz [frz. *danse macabre*], seit dem frühen 15. Jh. verbreitete Gegenüberstellung von Lebenden/Sterbenden und Toten/Kadavern in Text und/oder Bild. Im Hintergrund stehen figürliche oder bildliche Ausgestaltungen des Todes (↗ Dialoge, *Trionfi della morte*), subjektive Auseinandersetzungen mit dem bevorstehenden Ende (*Vado mori*-Gedichte), drastische Ausmalungen der Vergänglichkeit (*Contemptus mundi*-Texte) sowie ständedidaktische Demonstrationen von Lastern. Sie alle haben teil an einer verstärkten Heilsvergewisserung, die mit dem als Entscheidungsmoment begriffenen Übergang zwischen Leben und Tod zugleich das prekäre Spiegelverhältnis zwischen Diesseits und Jenseits umkreist.
Der Form nach handelt es sich beim T. um eine christliche ↗ Bußpredigt, die dazu auffordert, anhand des plötzlich hereinbrechenden Todes die Polarität von Heil und Unheil zu erkennen und die Drohung des doppelten Todes (von Leib und Seele) vor Augen zu haben. In einer mit Papst und Kaiser beginnenden hierarchischen Reihe treffen die Standesvertreter auf ein spöttisch oder kritisch auftretendes, halbverfallenes Gegenüber, das sie mit sich zieht. Im Text resümieren sie ihr Dasein und konstatieren die radikale Differenz zwischen Vergangenheit und Gegenwart – wobei offen bleibt, ob sie tatsächlich der Verdammung preisgegeben sind. – Greifbar wird der T. zunächst in einem lat. Text und in Wandgemälden mit volkssprachigen Beischriften (Paris 1425f.; Basel um 1440), die schnell europaweit, gefördert u. a. von Franziskanern und Dominikanern, Nachahmung finden. In ↗ Blockbüchern und Drucken entstehen Versionen, die das Reihenschema zugunsten von Einzelpaarbildern mit darüber oder darunter stehendem Text auflösen. Mit dem »Doten dantz mit figuren« (um 1488) gewinnen die detailreiche Darstellung der Musikinstrumente und die paradoxe Lebendigkeit der Toten eine neue Dimension. Niklas Manuel treibt sie in den sich krümmenden und windenden, grotesken und karnevalesken Gestalten seines »Berner T.es« (1516/20) auf die Spitze. Das im Weiteren prägende Modell schafft H. Holbein der Jüngere, der in seinen Basler T.-Bildern (als Buch zuerst 1538) einerseits einen heilsgeschichtlichen Rahmen herstellt, andererseits die einzelnen Figuren in ihren spezifischen Lebenskontexten und Vorstellungshorizonten situiert. Das zum personifizierten Tod gewordene Gegenüber erscheint unter dem Deckmantel des Vertrauten als paradoxer Akteur der Alltagswelt – so, jeweils zeitgeschichtlich angepasst, noch in H. v. Hofmannsthals Drama »Der Tor und der Tod« (1894) und

in den modernen T.-Bilderfolgen von A. Rethel, A. Kubin, F. Masereel oder HAP Grieshaber.
Lit.: W. Frey, H. Freytag (Hg.): »Ihr müßt alle nach meiner Pfeife tanzen«. Totentänze vom 15. bis 20. Jh. Wiesbaden 2000. – R. Hammerstein: Tanz und Musik des Todes. Bern 1980. – A. v. Hülsen-Esch u. a. (Hg.): Zum Sterben schön! Alter, T. und Sterbekunst von 1500 bis heute. 2 Bde. Stgt. 2006. – G. Kaiser (Hg.): Der tanzende Tod. Ffm. 1982. – Ch. Kiening: Das andere Selbst. Mchn. 2003. – Ders.: Oberdt. vierzeiliger T. In: VL. – E. Koller: T. Innsbruck 1980. – B. Schulte: T. In: RLW. – Dies.: Die dt.sprachigen spätmal. Totentänze. Köln, Wien 1990. – W. W. v. Zimmern: T. Konstanz, Eggingen 2004.   CKI

Totum pro Parte ↗ Synekdoche.

Trabeata, f. [lat.], Form der ↗ Togata.

Tradition, f. [lat. *traditio* = Übergabe; von *tradere* = weitergeben; der Begriff stammt aus dem Kontext des röm. Rechts und bezeichnet dort rechtliche Transferhandlungen, insbes. auch Akte des Vermachens], 1. das aus der Vergangenheit überkommene Überlieferungsgut; 2. der Prozess der Überlieferung. – T.en sind kulturelle Konstruktionen von Identität, die den Zusammenhang einer ↗ Kultur in der Zeit organisieren. Da Gesellschaften ohne T.en nicht denkbar sind, bezeichnet der Begriff ›T.‹ eine anthropologische Universalie, die für sämtliche Kulturgebiete von Bedeutung ist. Innerhalb der Lit.wissenschaft sind zwei Auffassungen von T. bes. wichtig geworden: a) T. als Arsenal von ↗ Stoffen, ↗ Motiven, ↗ Formen, ↗ Texten, Formeln, aus dem Autoren schöpfen können (Topik [↗ Topos], ↗ Intertextualität); b) T. als Traditionslinie, in der ein Autor ›steht‹ (hier ist das normative Element einer die Gegenwart prägenden Autorität aus der Vergangenheit stärker betont). Vormoderne T.sauffassungen legen den Schwerpunkt auf die Bewahrung der Substanz des Überlieferten, moderne akzentuieren eher die Dynamik und Anreicherung von T.en im Prozess des ›Überlieferungsgeschehens‹ (Gadamer), sofern sie nicht gleich emphatisch Modernität gegen T. setzen. Die Grenzen sind hier jedoch fließend, und sowohl das Bild einer gänzlich von T.en bestimmten Vormoderne als auch dasjenige einer traditionsfeindlichen Moderne ist einseitig. Im Bereich der Lit. geht auch in der Vormoderne die Dominanz einer großen, als vorbildlich empfundenen lit. Vergangenheit (↗ Klassik, ↗ Imitatio [1]) oft mit einem agonalen Moment des Wettstreits einher (↗ Aemulatio). Umgekehrt führen T.sbrüche und (angebliche) radikale Neuanfänge unausweichlich wieder zu T.slinien. Die Anknüpfung an verschüttete oder fremde T.en sowie die selbst zusammengebastelte, ›erfundene‹ T. (vgl. Hobsbawm, Anderson) sind, wie für andere Kulturgebiete, auch für die Lit. der Moderne ein sehr charakteristisches Phänomen. Als fruchtbar hat sich der T.sbegriff insbes. auch für die ↗ Gattungstheorie erwiesen, die ↗ Gattungen inzwischen überwiegend als Texttraditionen (statt als überzeitliche Wesenheiten) behandelt; in anderen Teildisziplinen der Lit.wissenschaft darf das Potential des T.sbegriffs noch als unausgeschöpft gelten.
Lit.: B. Anderson: Imagined Communities [1983]. Ldn. ²1991. – A. Assmann: Zeit und T. Köln 1999. – B. Auerochs: T. als Grundlage und kulturelle Präfiguration von Erfahrung. In: F. Jaeger, B. Liebsch (Hg.): Hb. der Kulturwissenschaften. Bd. 1. Stgt. 2004, S. 24–37. – H. Bloom: The Anxiety of Influence [1973]. Oxford ²1997. – H.-G. Gadamer: Wahrheit und Methode. Tüb. 1960. – E. Hobsbawm, T. Ranger (Hg.): The Invention of T. Cambridge 1983. – R. Lachmann, C. Schramm: T. In: RLW.   BA

Traduktionym ↗ Pseudonym.

Tragédie en musique, f. [frz.], Vorform der ↗ Oper.

Tragikomödie, dramatische Gattung, in der tragische und komische Elemente sich wechselseitig durchdringen bzw. so zusammenwirken, dass die Tragik durch humoristische Brechung gemildert wird oder die gebrochene Komik die tragischen Aspekte vertieft. Grenzformen sind die satirische Komödie, das ↗ Rührstück, die ↗ Groteske oder das ↗ *théâtre de l'absurde*. Tragikomische Szenen werden zuweilen auch in ↗ Tragödien integriert (W. Shakespeare: Totengräberszene in »Hamlet«, Narrenszenen in »King Lear«). – Die Bez. *tragicomoedia* findet sich zuerst bei Plautus im Prolog von »Amphitruo« (um 200 v. Chr.). Vom 15. bis 18. Jh. gilt die T. als dramatische Mischform, für die Freiheiten gegenüber dem Regelkanon charakteristisch sind, z. B. Vermischungen des Stils, des Stoffs, der Stände oder der glückliche Ausgang einer tragisch angelegten Begebenheit. Dieser historische Formtypus erlebt eine erste Blüte im ↗ Barock; meist handelt es sich um Tragödien mit heiterem Ausgang. In Frankreich werden T.n von R. Garnier, A. Hardy, J. de Rotrou, P. Du Ryer und G. de Scudéry geschrieben. Die nach heutiger Auffasung bedeutendsten T.n dieser Zeit sind Molières »Le Misanthrope« (1667) und »Tartuffe« (1669) sowie einige der späten Stücke Shakespeares wie »Measure for Measure« (1604) oder »The Winter's Tale« (1611). Weitere engl. Vertreter der barocken T. sind G. Peele, R. Greene, F. Beaumont, J. Fletcher, Ph. Massinger, Th. Dekker und Th. Heywood. In Deutschland erscheinen Bez.en wie *tragicocomoedia*, *comicotragoedia* zunächst willkürlich für die Stücke des lat. und dt. ↗ Schuldramas, der ↗ engl. Komödianten und dt. ↗ Wanderbühnen. – Die dt. klassizistische Poetik von M. Opitz bis J. Ch. Gottsched lehnt die T. als ›Bastardgattung‹ ab; G. E. Lessing (»Hamburgische Dramaturgie«, 70. Stück) skizziert eine neue Möglichkeit der Gattung, die weitgehend der heutigen Definition entspricht. Ende des 18. Jh.s setzt dann, z. T. in Folge der Shakespearerezeption, eine neue theoretische Beschäftigung mit der T. ein (J. M. R. Lenz, A. W. Schlegel). Im 20. Jh. wird die T. als die dem modernen Bewusstsein adäquateste dramatische Form empfunden (F. Dürrenmatt, E. Ionesco). – Die T. als moderne, ›synthetische‹ Gattung (vgl. Guthke), in der Komik und Tragik untrennbar verbunden sind, beginnt Ende des 18. Jh.s (J. M. R. Lenz: »Der Hofmeister«, 1774; »Die Soldaten«, 1776; H. v. Kleist: »Amphitryon«, 1807; G. Büchner: »Leonce und Lena«, postum 1842). Um die Wende zum 20. Jh. erreicht die T. eine neue europäische Blüte mit H. Ibsen (»Die Wildente«, norweg. 1884), A. P. Tschechow (»Onkel Wanja«, russ. 1897; »Der Kirschgarten«, russ. 1904), E. Rostand (»Cyrano de Bergerac«, 1897), A. Schnitzler (»Der grüne Kakadu«, 1899), J. M. Synge (»The Well of the Saints«, 1905), F. W. van Eeden (»Jsbrand«, nl. 1908) und G. Hauptmann (»Der rote Hahn«, 1901; »Die Ratten«, 1911). Seit ca. 1920 nehmen teilweise die grotesken Elemente überhand und bestimmen die Entwicklung bis heute (F. Wedekind, K. Kraus, L. Pirandello, J. Giraudoux, J. Anouilh, F. Dürrenmatt, S. Beckett, E. Ionesco, B. Behan, H. Pinter, E. Albee, T. Stoppard, S. Shepard, Th. Bernhard, B. Strauß).

Lit.: R. Dutton: Modern Tragicomedy and the British Tradition. Brighton 1986. – V. A. Foster: The Name and Nature of Tragicomedy. Aldershot 2004. – K. S. Guthke: Geschichte und Poetik der dt. T. Gött. 1961. – Ders.: Die moderne T. Gött. 1968. – D. L. Hirst: Tragicomedy. Ldn. 1984. – J. Landwehr: T. In: RLW. – G. Melzer: Das Phänomen des Tragikomischen. Kronberg/Ts. 1976. – J. Orr: Tragicomedy and Contemporary Culture. Houndsmills, Basingstoke 1991. – B. Schultze, Th. Unger: Das Prinzip des Tragikomischen von F. Wedekind bis zu I. Klíma. In: Forum modernes Theater 15 (2000), S. 3–20.   IS/AHE

Tragisch [gr. *tragikós* = großartig, zur Tragödie gehörend], ästhethisch-philosophischer Grundbegriff sowie lit. Wirkungskategorie vorrangig der ↗ Tragödie. Im Rahmen der Tragödienkonzeption wird damit v. a. die dramatische Entwicklung hin zur unausweichlichen ↗ Katastrophe bezeichnet. In der neueren Theoriebildung lassen sich drei zentrale Erklärungsmodelle des T.en unterscheiden: 1. die moralistische Theorie, der zufolge das T.e als Folge einer moralischen Schuld definiert wird (K. Jaspers), die eine ausgleichende Sühneleistung fordert; 2. die fatalistische Theorie, die das T.e auf die Wirkung eines unentrinnbaren Schicksals zurückführt (↗ Schicksalsdrama); 3. die idealistische Theorie, die das T.e aus dem unauflösbaren Konflikt gegensätzlicher Prinzipien bestimmt (G. W. F. Hegel; ↗ Pantragismus bei F. Hebbel). – Reflexionen über t.e Handlungsstrukturen finden sich bereits bei Aristoteles, insbes. bei der Beschreibung des t.en ↗ Helden (»Poetik«, Kap. 13). V. a. gegen Ende des 18. Jh.s wächst das Interesse an theoretischen Begründungen des T.en (F. W. J. Schelling). Während der Begriff im 19. Jh. universale Geltung gewinnt (F. Nietzsche), setzt sich im 20. Jh. die Kritik am klassischen Verständnis des T.en durch (F. Dürrenmatt).

Lit.: R. Breuer: T.e Handlungsstrukturen. Mchn. 1988. – A. Costazza: Genie und t.e Kunst. Bern u. a. 1999. – W. Düsing: T. In: RLW. – K. Jaspers: Über das T.e [1947]. Mchn. 1952. – S. Klimis: Archéologie du sujet tragique. Paris 2003. – C. Morenilla, B. Zimmermann

(Hg.): Das T.e. Stgt. 2000. – W. Muschg: T.e Lit.geschichte [1948]. Zürich 2006. – V. Sander (Hg.): Tragik und Tragödie. Darmstadt 1971. – P. Szondi: Versuch über das T.e. Ffm. 1961.   JK/NI

Tragödie, f. [gr. *tragōdía* = Bocksgesang], die wichtigste Gattung des europäischen ↗ Dramas. Von einem ↗ tragischen Konflikt zentral bestimmt, führt der Handlungsverlauf der T. meist den Untergang des modellhaft agierenden ↗ Helden vor (↗ Charaktertragödie). – Aufgrund der spärlichen Zeugnisse sind die Ursprünge der antiken gr. T. nicht sicher rekonstruierbar. Etymologische und archäologische Forschungen haben prähistorische Riten nachgewiesen, in deren Rahmen als Böcke (gr. *trágoi*) verkleidete Chöre (gr. *tragikoí choroí*) auftraten. Die eigentlichen Anfänge liegen jedoch im attischen Dionysosfest, das die kultische Form des ↗ Dithyrambus ausbildet. Aus dem Chorgesang zu Ehren des Dionysos entwickelt sich im 6. Jh. v. Chr. die theatralische Form, als vermutlich Thespis den ↗ Schauspieler (↗ Hypokrites, ↗ Protagonist) in die T. einführt. Als eine Art Urform der T. ergibt sich die Folge von Einzugslied (↗ Parodos), Auftritt des Schauspielers (↗ Epeisodion) mit ↗ Botenbericht, worauf der Chor mit dem Standlied (↗ Stasimon) reagiert. Ein lyrischer Wechselgesang zwischen Chor und Schauspieler (↗ Amoibaion) kann sich anschließen; schließlich markiert das Auszugslied (↗ Exodos) den Schluss. Durch die Einführung eines zweiten Schauspielers (↗ Antagonist, ↗ Deuteragonist) etabliert Aischylos den dramatischen ↗ Dialog, dessen zweigliedrige Struktur Sophokles um einen dritten Schauspieler (Tritagonist) erweitert. Während die Stoffe der attischen T. zumeist dem Fundus epischer Lit. entstammen (Heroenmythen), wird die dramatische Spannung vornehmlich über formale Gegensätze erzeugt. Dabei steht das Verhältnis von Chor und Schauspielern im Vordergrund, das vom Wechsel zwischen Gesang und dramatischer Rede geprägt ist. – Aristoteles grenzt in seiner die Struktur der attischen T. resümierenden »Poetik« (um 330 v. Chr.) die T. vom ↗ Epos ab (Kap. 5). Dabei wird eine in ihren Grundzügen überlieferte Handlung (↗ ›Mythos‹) vorgeführt, in deren Verlauf ein ›mittlerer Mensch‹ zumeist eine Wandlung zum Negativen durchlebt, die im Zeichen eines ›üblen Dämons‹ (*kakodaimonía*) steht. Der ›üble Dämon‹ manifestiert sich in der tragischen Verfehlung (*hamartía*) des Helden (Kap. 13): im Affekt, in der Verblendung, im Leichtsinn oder in der Selbstüberschätzung (↗ Hybris). Der Zuschauer seinerseits ist über die Wirkungsmomente ›Schauder‹ und ›Jammer‹ (*phóbos* und *éleos*), die auf Distanzierungs- und Identifikationsvorgänge zielen, sowie über den psychischen Reinigungsprozess der ↗ Katharsis direkt am dramatischen Geschehen beteiligt.

Die frühesten ↗ Aufführungen der attischen T. finden im Rahmen der ↗ Dionysien in der Form eines Wettbewerbs (↗ Agon) statt. Aufgabe ist es, die beste ↗ Tetralogie, bestehend aus drei T.n (↗ Trilogie) und einem

↗ Satyrspiel, zur Vorstellung zu bringen. Von den zahlreichen T.n des 5. Jh.s v. Chr. sind lediglich Auswahlausgaben der drei wichtigsten Tragiker überliefert: von Aischylos (erhalten: »Die Perser«, »Hepta«, »Die Hiketiden«, die »Orestie« [»Agamemnon«, »Choephoren«, »Eumeniden«], »Prometheus«), Sophokles (erhalten: »Trachinierinnen«, »Aias«, »Antigone«, »Oidipus Tyrannos«, »Elektra«, »Philoktet«, »Oidipus auf Kolonos«) und Euripides (erhalten u. a.: »Alkestis«, »Medea«, »Elektra«, »Die Troerinnen«, »Iphigenie bei den Taurern«, »Iphigenie in Aulis«, »Die Bakchen«). Von den Vorgängern und Zeitgenossen des Aischylos sind Thespis, Choirilos von Samos, Pratinas von Phleios und Phrynichos namentlich bekannt, von den späteren Autoren z. B. Agathon oder Kritias sowie aus der alexandrinischen Zeit (3. Jh. v. Chr.) die Dichter der ↗ Pleias.

Während die T.nproduktion im 4. und 3. Jh. v. Chr. wiederum von Diskontinuitäten geprägt ist, wird die röm. T. durch einen Senatsbeschluss 240 v. Chr. eingeführt und bleibt inhaltlich und formal auf gr. Vorbilder bezogen. Sowohl anlässlich der großen öffentlichen Feste als auch bei bes. Ereignissen (Sieges- oder Trauerfeiern) werden die T.n als ›gr. Spiele‹ (ludi Graeci) inszeniert. Als Teile des Staatskultes werden sie von den Aedilen (röm. Beamte) organisiert. Die Begründer der röm. T. sind Livius Andronicus und Naevius, der die neue Form der ↗ Praetexta einführt, in denen historisch-politische Stoffe aus der röm. Nationalgeschichte dargestellt werden. Ihre Werke sowie die T.n der augusteischen Zeit (Cicero) sind nur fragmentarisch bzw. in einzelnen Zitaten überliefert. Dagegen haben sich neun T.n des Seneca erhalten (z. B. »Agamemnon«, »Medea«, »Ödipus«, »Phaedra«). Gekennzeichnet sind sie von einem starken Formalismus (rhet. Charakter des Dialogs), theatralen Effekten und einer Vorliebe für Monstrositäten.

Da im MA. T.n im eigentlichen Sinne weder geschrieben noch gespielt werden, setzt ihre Wiederentdeckung erst gegen Ende des 15. Jh.s langsam mit Neueditionen und Aufführungen der Dramen Senecas ein, denen bald nationalsprachliche ↗ Adaptionen folgen (G. Trissino: »Sofonisba«, 1515). Die europäische ↗ Renaissance der gr. und röm. T. vollzieht sich dabei in unterschiedlichen nationalen Formen. Im 16. Jh. entstehen das lat. ↗ Humanistendrama und ↗ Jesuitendrama, in England das Drama des ↗ Elizabethanischen Theaters, in Frankreich die ↗ haute tragédie und im dt. Raum das ↗ Reformationsdrama (G. Rollenhagen) sowie im 17. Jh. das ↗ schlesische Kunstdrama (A. Gryphius, D. C. v. Lohenstein). Formal orientieren sich diese T.n am Muster Senecas: Der Maßstab sind Fünfakter mit chorischer Aktgliederung und rhet. gebauten Dialogen. Zwar wird die aristotelische Bestimmung der T. übernommen, jedoch im Kontext normativer Poetik entscheidend überformt. ↗ Ständeklausel, ↗ Fallhöhe und die Lehre von den ↗ drei Einheiten werden somit als maßgebliche Strukturmomente für die T. angesehen. Die wirkungsästhetische Dreiheit von ›Schauder‹, ›Jammer‹ und Katharsis wird im Sinne einer pädagogischen Abschreckung bzw. der Modellierung eines stoizistischen Ideals in das Konzept der ataraxía (gr. = Leidenschaftslosigkeit) bzw. constantia (lat. = Beständigkeit) umgedeutet (↗ Märtyrerdrama).

In der zweiten Hälfte des 18. Jh.s vollzieht sich sukzessiv die Loslösung von den Vorgaben der normativen T.ntheorie. Während J. Ch. Gottsched (»Versuch einer critischen Dichtkunst vor den Deutschen«, 1730) noch die Nachahmung der klassischen frz. T. fordert und dafür exemplarische Musterdramen schreibt (»Der sterbende Cato«, 1732), beginnt G. E. Lessing mit seinen ↗ bürgerlichen Trauerspielen (»Miß Sara Sampson«, 1755; »Emilia Galotti«, 1772) den strengen Regelkanon zu durchbrechen. Angeregt von den engl. Dramen G. Lillos und E. Moores sowie vom frz. Aufklärungsdrama D. Diderots entwickeln sich freiere T.nformen. Dazu tragen vorrangig die Einführung des ↗ Blankverses, die Missachtung der ↗ Ständeklausel und die Neudeutung des Aristoteles bei (Lessing: »Hamburgische Dramaturgie«, 1767–69). Damit ist der Weg für stoffliche und formale Neuansätze geöffnet: Die T. des ↗ Sturm und Drang erhebt sich gänzlich über die »allzuengen Pallisaden des Aristoteles« (F. Schiller: Vorrede zu »Die Räuber«, 1781), die auch in den T.n der ↗ Romantik keine Geltung mehr besitzen. Eine Annäherung an die gr. T.nform erfolgt wiederum in der ↗ Weimarer Klassik, wenn sowohl inhaltlich (J. W. Goethe: »Iphigenie auf Tauris«, 1787) als auch formal, z. B. durch F. Schillers Wiedereinführung des Chores (»Die Braut von Messina«, 1803), auf die antiken Muster Bezug genommen wird. Zugleich erlebt das ↗ Geschichtsdrama eine Konjunktur, bes. durch Schillers dramatische Gestaltung exemplarischer Konstellationen der europäischen Geschichte (»Wallenstein«-Trilogie, 1800). Fortgeführt wird es im 19. Jh. bei F. Grillparzer und F. Hebbel, während schon im frühen 19. Jh. radikal neue Formen der T. entstehen: H. v. Kleist entwickelt ein radikal antiklassizistisches Modell der auf antike Stoffe zurückgreifenden T. (»Penthesilea«, 1808); sein ↗ Schicksalsdrama »Die Familie von Schroffenstein« (1803) stellt das aktuelle Zeitgeschehen parabolisch aus. Dramatiker wie G. Büchner oder Ch. D. Grabbe vergegenwärtigen es in fordernder Direktheit. In Ausgang und Abgrenzung von den idealistischen Konzepten (K. W. F. Solger; G. W. F. Hegel) entstehen im 19. Jh. Theorien, die das Tragische neu zu fassen versuchen (S. Kierkegaard), während die T. selbst fragwürdig zu werden beginnt. So beschreibt G. Freytag »Die Technik des Dramas« (1863) im Umfeld der einsetzenden »Krise des Dramas« (P. Szondi). Parallel zu den naturalistischen Tendenzen um 1900 mehren sich im Gefolge von F. Nietzsches Abhandlung über die »Geburt der T. aus dem Geiste der Musik« (1871) die Versuche, die archaischen (H. v. Hofmannsthal; G. Hauptmanns »Atridentetralogie«) und kultischen (C. Orff) Elemente der T. wieder-

zubeleben. Für das Theaterverständnis der ↗ Moderne schien die T. während des 20. Jh.s lange Zeit nicht mehr angemessen (B. Brechts Konzept des ↗ epischen Theaters; F. Dürrenmatt: »Theaterprobleme«, 1954), so dass zunehmend andere Dramenformen wie ↗ Tragikomödie, ↗ Groteske oder absurdes Theater (↗ théâtre de l'absurde) ihren Platz einnahmen. Dagegen hielt A. Artauds Konzeption eines ›Theaters der Grausamkeit‹ die Erinnerung an die archaischen Ursprünge des Dramas wach. Antike Stoffe bilden auch weiterhin den Projektionsraum moderner T.n (H. Müller, B. Strauß, L. Perceval). Das schon in den gr. T.n selbst enthaltene Gewaltpotential ist – nicht zuletzt angesichts der Zivilisationsbrüche in der politischen Realität – nach wie vor ein zentraler Bestandteil heutiger Inszenierungen. Auch darüber hinaus spielt das tragische Moment eine wichtige Rolle in der Gegenwartsdramatik (S. Kane).
Lit.: W. Benjamin: Ursprung des dt. Trauerspiels [1929]. In: ders.: Gesammelte Schriften. Bd. I.1. Ffm. 1974, S. 203–430. – R. Breuer: Tragische Handlungsstrukturen. Mchn. 1988. – E. Fischer-Lichte: T. In: Killy/Meid. – H. Flashar (Hg.): T. Stgt., Lpz. 1997. – W. Frick (Hg.): Die T. Gött. 2003. – H.-D. Gelfert: Die T. Gött. 1995. – D. E. R. George: Dt. T.ntheorien vom MA. bis zu Lessing. Mchn. 1972. – B. Hörr: T. und Ideologie. Würzburg 1997. – W. Jens (Hg.): Die Bauformen der gr. T. Mchn. 1971. – M. Kommerell: Lessing und Aristoteles [1940]. Ffm. ⁵1984. – J. Latacz: Einf. in die gr. T. Gött. 1993. – S. Melchinger: Die Welt als T. 2 Bde. Mchn. 1979/80. – Ch. Menke: Die Gegenwart der T. Ffm. 2005. – R. H. Palmer: Tragedy and tragic theory. Westport 1992. – U. Profitlich (Hg.): T.ntheorie. Reinbek 1999. – H. Reinhardt: Apologie der T. Tüb. 1989. – Ch. E. Rochow: Das Drama hohen Stils. Hdbg. 1994. – H. Schlaffer: T. In: RLW. – G. A. Seeck: Die gr. T. Stgt. 2000. – J. Söring: T. Stgt. 1982. – H. Wagner: Ästhetik der T. von Aristoteles bis Schiller. Würzburg 1987.   JK/NI

Traktat, m., auch n. [lat. tractatus, frz. traité, engl. tract oder treatise], ↗ Abhandlung über einen bestimmten Themenbereich. Das Phänomen einer monothematischen theoretischen ›Behandlung‹ ist bereits in der ↗ Antike zu finden (vgl. Aristoteles: »De anima«); die Gattungsbez. wird jedoch erst in der mal. Scholastik geprägt. Dort bezeichnet ›T.‹ nicht nur eine selbständige Abhandlung (Abaelard: »Tractatus de unitate et trinitate divina«; Duns Scotus: »Tractatus de primo principio«), sondern auch die Behandlung eines Themas im Rahmen eines größeren Werks, insbes. einer ↗ Summe (z. B. der »Lex-T.« der »Summa theologiae« des Thomas von Aquin). Ein derartiger T. ist kein fortlaufender Text, sondern besteht aus einzelnen ↗ Quaestionen. Auch viele ↗ Predigten und Sendbriefe der mal. Lit. treten in T.-Form auf. In der Neuzeit bezeichnet ›T.‹ die Darstellung eines Gebiets, die Ausschließlichkeit beansprucht (B. de Spinoza: »Tractatus ethico-politicus«). T.e werden in dem Maß seltener, wie der Anspruch abnimmt, ein Gebiet abschließend bearbeiten

zu können (vgl. aber L. Wittgenstein: »Tractatus logico-philosophicus«, 1921). Z. T. werden sie vom ↗ Essay abgelöst, der einen höheren stilistischen Anspruch, aber nicht die gleiche Vollständigkeit wie ein T. hat.
Lit.: U. Störmer-Caysa: T. In: RLW.   MP

Transformation ↗ Adaption.

Transkodierung ↗ Code.

Translatio imperii, f. [lat.], ↗ Antikerezeption.

Translation Studies, Pl. [engl.], Übers.swissenschaft; ↗ Übers.stheorie.

Transmutation ↗ Übers.

Transposition, f. [lat. transponere = übersetzen, hinüberschaffen lassen], im allg. intra- oder intermediale Überführung des Sinn- bzw. Bedeutungsgehaltes eines Werkes in ein anderes. – Aufgrund der semantischen Offenheit erfährt ›T.‹ kontextgebunden spezifische Bedeutungsverengungen. Teilweise wird der Begriff als Synonym für ↗ Übers. benutzt. In der Musikwissenschaft meint ›T.‹ einen Tonwechsel, die Übertragung eines Musikstücks in eine andere Tonart. In der Linguistik bezeichnet ›T.‹ die Veränderung der Wortart durch Suffigierung, wobei die Bedeutung der Ableitungsbasis nicht verändert wird: lesen (Verb) ergibt mit -ung: Lesung (Substantiv), mit -bar: lesbar (Adjektiv). In der Lit.theorie wird ›T.‹ seit der Dichtung der frz. ↗ Parnassiens im 19. Jh. als transposition d'art auf den dichterischen Rückgriff auf Werke anderer Künste bezogen (↗ ut pictura poesis, ↗ Ekphrasis). T. wird in diesem Zusammenhang vornehmlich auf Text-Bild-Relationen eingeschränkt und metaphorisch als Medienwechsel interpretiert (malende Dichtkunst, gereimte Kunstkritik). Die neuere Intermedialitätsforschung interessiert an der T. bes. der bedeutungskonstituierende Charakter der medialen Differenz, z. B. im Falle der sog. ↗ Verfilmung von Lit. In der Psychoanalyse J. Lacans meint T. die Übertragung des Symbolischen; in seiner Folge versteht J. Kristeva darunter den Übergang von einem Zeichensystem zum anderen und die dabei entstehende Neuartikulation der thetischen Setzung.
Lit.: K. W. Hempfer (Hg.): Jenseits der Mimesis. Stgt. 2000.   DNA

Transtextualität ↗ Intertextualität.

Transzendentalroman, Romantypus, der analog zur Transzendentalphilosophie des ↗ dt. Idealismus Grundstrukturen des menschlichen Bewusstseins erzählerisch gestaltet. Er entwickelt dazu eine Semantik der ↗ Form, die auf einer Verstärkung der epischen Organisationsprinzipien beruht (symbolische Binnen-Bezüge, Selbstreflexivität des Erzählvorgangs) und die Vermittelbarkeit von Subjekt und Objekt als grundlegende ↗ ästhetische Erfahrung erweisen soll. T.e sind J. W. Goethes »Wilhelm Meisters Lehrjahre« (1795 f.), F. Hölderlins »Hyperion« (1797/99) und Novalis' »Heinrich von Ofterdingen« (postum 1802). – Von einem ›transzendentalen Roman‹ spricht erstmals E. Vietta mit Bezug auf Texte von Novalis bis hin zu H. Broch und J. Joyce. Der von Engel in die lit.wissenschaftliche Forschung eingebrachte Begriff hat sich bislang noch nicht völlig durchgesetzt.

Lit.: M. Engel: Der Roman der Goethezeit. Bd. 1. Stgt., Weimar 1993. – E. Vietta: Zum Tatsachenroman. In: Die Lit. 36 (1933/34), S. 453 f. [jetzt online verfügbar in: Arbeitsblätter für die Sachbuchforschung 11; www.sachbuchforschung.de].   JH

Trauerspiel, dt. Bez. für ↗›Tragödie‹, die sich im 17. Jh. in Anlehnung an nl. *treurspel* durchgesetzt hat und in der Regel als Synonym des gr.-lat.-frz. Begriffs behandelt wird; die früheste Belegstelle bietet M. Opitz in der Vorrede »An den Leser« zu seiner Übers. von Senecas »Trojanerinnen« (1625). Als Äquivalent von ›Tragödie‹ bezeichnet ›T.‹ bis heute zumeist die Dramenform, die »einen traurigen Ausgang hat« (Zedler, Bd. 45, Sp. 160), wird aber auch im übertragenen Sinn für traurige bzw. tragische Ereignisse außerhalb der Bühne gebraucht. – Im Zuge der Ausdifferenzierung der Dramenformen während des 18. Jh.s etablieren sich Spezialformen wie ↗›bürgerliches T.‹ oder ›Republikanisches T.‹, was im lit.geschichtlichen Rückblick dazu geführt hat, die bes. Form des T.s im 17. und frühen 18. Jh. begrifflich zu präzisieren (›Heroisches T.‹). Die erste terminologische Distinktion zwischen T. und Tragödie enthält G. E. Lessings Übers. »Das Theater des Herrn Diderot« (1760), wo *tragédie* entweder als ›Tragödie‹ oder als ›T.‹ verdeutscht wird: Während der Tragödie »zu ihrem Gegenstande das Unglück der Großen und die Unfälle ganzer Staaten« dienen, konzentriert sich das T. auf »unser häusliches Unglück«; in seiner 1772 publizierten Sammlung »T.e« kann Lessing daher auf das Epitheton ›bürgerlich‹ verzichten. T. bleibt damit nicht notwendig die dt. Entsprechung für ›Tragödie‹, sondern verweist auf eine eigenständige Dramen-Variante, die als ›modern‹ und ›nichtklassizistisch‹ markiert ist. Die strikteste Begriffsdistinktion hat W. Benjamin vorgenommen. Indem er das »dt. Drama der Gegenreformation« (S. 229) gegen die gr.-lat.-frz. Tradition des Aristotelismus abgrenzt und demgegenüber die Verwandtschaft mit dem mal. ↗Mysterienspiel und dessen span. Umformungen im *siglo de oro* (v. a. P. Calderón de la Barca) hervorhebt, formuliert er die Idee eines allegorischen »Spiel[s] vor Traurigen« (S. 298), das an historischen Stoffen die irdische Trostlosigkeit zum Ausdruck bringt, aber keine mythische Tragik kennt. In dieser Sichtweise unterscheidet sich das dt. T. von der klassizistischen Tragödie v. a. durch den Verzicht auf Wirkung (↗Katharsis) zugunsten des Ausdrucks einer melancholischen Weltsicht.

Lit.: W. Benjamin: Ursprung des dt. T.s [1928]. In: ders.: Gesammelte Schriften, Bd. I.1. Ffm. 1974, S. 203–430.   AM

Traum, Traumdeutung ↗psychoanalytische Lit.wissenschaft.

Travestie, f. [it. *travestire*; frz. *travestir* = verkleiden], 1. lit. Schreibweise, die eine textliche Vorlage verspottet: Die auf Verlachen angelegte Wirkung der T. resultiert aus der Diskrepanz zwischen dem aus der Vorlage übernommenen Inhalt und dessen unpassender – häufig grob-derber – formaler und stilistischer Umsetzung: T.n spielen mit Erwartungen; Voraussetzung ist die Kenntnis des Originals, weshalb antike oder andere allg. bekannte Werke bevorzugt werden. Der wohl älteste Definitionsversuch (A. Furetiére, 1649) basiert auf P. Scarrons »Le Virgile travesti« (1648–52); Folge ist, dass romanische Poetiken über lange Zeit die Vers- und Reimstruktur der T. betonen. Im Ggs. hierzu steht die aktuelle Begriffsbestimmung, wonach die T. lyrisch, episch und auch dramatisch gestaltet sein kann. Problematisch ist die Abgrenzung zwischen T. und ↗Parodie, da – abgesehen von der Beibehaltung des Inhalts bei der T. – zahlreiche Überschneidungen zwischen beiden vorhanden sind; die T. ist jedoch meist harmloser und weniger aggressiv als die Parodie. Die bekannteste dt.sprachige T. dürfte die von A. Blumauer stammende Epos-T. »Vergils Aeneis travestirt« (1783–88) sein, in der Heroismus und antike Mythologie ebenso wie Phänomene der zeitgenössischen Gesellschaft verspottet werden. Aus dem 19. Jh. sind Hebbel- und Wagner-T.n bei J. N. Nestroy sowie Ch. Morgensterns »Horatius travestitus« (1897) zu nennen. Heute sind T.n selten geworden.

2. Eine Form des Unterhaltungstheaters, bei der Männer in Frauenkleidung auftreten.

Lit.: W. Karrer: Parodie, T., Pastiche. Mchn. 1977. – Th. Stauder: Die lit. T. Ffm. u. a. 1993. – Th. Verweyen, G. Witting: T. In: RLW.   WW

Triade, f. [gr. *triás* = Dreiheit], in der gr. Verslit. Gruppe von drei Versblöcken: Der ↗Strophe (1) folgen eine metrisch gleiche ↗Antistrophe und eine metrisch abweichende Abgesangsstrophe (↗Epode). T.n dieser Art finden sich v. a. in der gr. Chorlyrik: Die ↗pindarische Ode setzt sich aus mehreren T.n zusammen (↗Perikope). Auch das Chorlied der Tragödie folgt teilweise dem T.nschema. T.n nach gr. Vorbild finden sich in der nlat. Dichtung (Celtis), der frz. ↗Pléiade und in der dt. Barocklit., v. a. bei A. Gryphius, der die drei Teile der T. als ›Satz‹, ›Gegensatz‹ und ›Zusatz‹ bezeichnet.   JK/Red.

Tribrachys, m. [gr. = dreimal kurz], auch: Brachysyllabus, antiker Versfuß aus drei kurzen Silben (∪ ∪ ∪ , z. B. *animus*), entsteht in der Regel durch Teilung einer Länge in zwei Kürzen beim Jambus oder Trochäus, begegnet häufig im jambischen und trochäischen ↗Dimeter, ↗Trimeter, im ↗Senar und ↗Septenar.   DWE/Red.

Trilogie, f. [gr. *tri* = drei, *lógos* = Wort, Rede, auch Geschehnis, Handlung], drei dramatische, epische oder lyrische Texte, die zusammen eine größere Einheit bilden. T.n bestehen aus drei weitgehend selbständigen, aber auf unterschiedliche Weise miteinander verknüpften Texten. Für die von Anfang an intendierte oder nachträgliche Zusammenfassung zur T. können entstehungsgeschichtliche, inhaltliche und aufführungs- bzw. publikationstechnische Gründe sprechen.

Nicht alle als ›T.‹ bezeichnete Textzyklen weisen eine im engeren Sinn trilogische Struktur auf. – Bei den Großen Dionysien wurde in Athen ab dem 6. Jh. v. Chr. an drei Tagen jeweils eine Dramen-Tetralogie eines Dichters aufgeführt, die aus einer Tragödien-T. und einem abschließenden ↗ Satyrspiel bestand. Die drei Tragödien mussten in keinem inhaltlichen Zusammenhang stehen; war das doch der Fall, spricht man von einer ›Inhaltstrilogie‹. Die erste inhaltlich geschlossene T. wurde vermutlich von Aischylos verfasst; von ihm stammt auch die einzige vollständig erhaltene Inhaltstrilogie aus der gr. Antike (»Die Orestie«). Schon bei Sophokles und Euripides besteht zwischen den drei Tragödien in der Regel kein inhaltlicher Zusammenhang mehr. Im Bezug auf neuzeitliche Lit. findet der Begriff ›T.‹ oft auch dann Anwendung, wenn drei Dramen ungleichmäßiger Länge zusammengefügt werden (F. Schiller: »Wallenstein«; F. Hebbel: »Die Nibelungen«); in Ausnahmefällen auch bei einem einzigen Drama (B. Strauß: »Trilogie des Wiedersehens«). Dramen-T.n haben in der Lit. v. a. des 19. und beginnenden 20. Jh.s Konjunktur (G. Kaiser: »Gas«; E. O'Neill: »Mourning Becomes Electra«), Roman- und Novellen-T.n im gesamten 20. Jh. (H. Broch: »Die Schlafwandler«; J. R. R. Tolkien: »The Lord of the Rings«; G. Grass: »Danziger T.«; P. Auster: »The New York Trilogy«). Seltener wird der Begriff auf lyrische Texte angewandt (J. W. Goethe: »T. der Leidenschaft«).
Lit.: C.-M. Ort: T. In: RLW. – H. Steinmetz: Die T. Hdbg. 1968. TH

Trimeter, m. [gr. *trímetros* = aus drei metrischen Einheiten], auch: jambischer T.; in lat. Dichtung: jambischer ↗ Senar; antikes Versmaß. Der T. besteht aus sechs Jamben (die antike Metrik spricht von drei jambischen ↗ Dipodien; daher der Name). Eine im Übrigen freie Zäsur findet sich zumeist im dritten oder vierten Fuß. Im Einzelfall können Jamben auch durch Spondeen oder Anapäste ersetzt werden. – Der T. findet sich in der gr. Dichtung seit dem 7. Jh. v. Chr. (↗ Jambik des Archilochos). In der attischen Tragödie, im Satyrspiel und in der Komödie ist er der weitaus häufigste Vers in den Dialogpartien. In der röm. Dichtung setzt sich der T. (Senar) seit dem 1. Jh. v. Chr. durch (Varro), Horaz verwendet ihn in seinen »Epoden«, Seneca in den Dialogen seiner Tragödien. Eine Variante ist der ↗ Choliambus. – Dt. Nachbildungen des T.s finden sich nur vereinzelt: im Drama z. B. bei F. Schiller (»Die Braut von Messina« IV, 8) und J. W. Goethe (»Faust« II, Helena-Akt), in der Lyrik z. B. bei E. Mörike (»Auf eine Lampe«).
Lit.: M. Boghart: Der jambische T. im Drama der Goethezeit. Hbg. 1973. – I. Kantzios: The trajectory of archaic Greek trimeters. Leiden 2005. JK/BM

Trinklied, geselliges Lied mit Trinksujet, meist zum Preis des Trinkens und Rausches, als Wein- oder Bierlob (z. B. spezieller Sorten) oder zu Ehren des antiken Weingottes Dionysos bzw. Bacchus (↗ Dithyrambus). Auch zum Zechen bestimmte ↗ Ständelieder (v. a. der

Studenten, Soldaten) werden zu den T.ern gerechnet. – Die lit. Tradition geht auf das gr. ↗ Symposion (Terpander, Alkaios, Anakreon u. a.) und röm. Oden (Horaz, Catull) zurück; die mal. ↗ Vagantendichtung belebt das Genre von neuem: im 15. und 16. Jh. dominieren oft derbe volkssprachige T.er, seit dem 17. Jh. (M. Opitz) ist das T. eine etablierte Gattung der dt. Lyrik (bes. in der Anakreontik, auch bei J. W. Goethe, F. Schiller, G. E. Lessing, H. v. Kleist, M. Claudius) sowie v. a. im 19. Jh. eine häufige Form des ↗ Studentenliedes.
Texte: M. Bannach und M. Demmler (Hg.): Trinkpoesie. Stgt. 1989.
Lit.: N. Haas: T.er des dt. Spät-MA.s. Göppingen 1991. – H. Ritte: Das T. in Deutschland und Schweden. Mchn. 1973. – A. Schulz: T. In: RLW. ADM

Triolett, n. [frz. *triolet*], einstrophige, achtversige, von refrainartigen Wiederholungen gekennzeichnete Gedichtform frz. Herkunft. Als dem ↗ Rondel und dem ↗ Rondeau verwandte Form dankt das T., das bevorzugt aus jambisch vierhebigen Versen mit alternierenden Kadenzen gebildet ist, seinen Namen dem dreifachen Gebrauch des eröffnenden Refrainverses (als V. 1, 4, 7). Da der zweite Refrainvers am Schluss wiederkehrt und auch die Zwischenverse die beiden Eingangsreime aufnehmen (Schema: ABaAabAB; Großbuchstaben = Refrainverse), ergibt sich eine aus stark limitiertem Material gebaute Form, die zu spielerisch-scherzhafter und satirischer Pointierung anregt. – Im frz. MA. zunächst als Liebesgedicht gebraucht, wurde das T. in der frz. Lit. des 17. Jh.s als Scherz- und Spottgedicht wiederbelebt (P. Scarron, J. de La Fontaine, V. Voiture) und gelangte von dort v. a. als lit. Spielform in die europäische Lit. In der dt. ↗ Anakreontik (F. v. Hagedorn, J. W. L. Gleim, J. N. Götz) wurde es ebenso gepflegt wie von formvirtuosen Dichtern des 19. Jh.s (A. v. Platen, F. Rückert, H. Leuthold).
Lit.: W. Th. Elwert: Frz. Metrik. Mchn. 1961, S. 161 f. – W. Helmich: T. In: RLW. DM

Trionfi, m. Pl. [it. *trionfo* = Triumph, Triumphzug], 1. in der it. Lit. des 14. bis 16. Jh.s allegorisch-didaktische Epen, meist in elfsilbigen ↗ Terzinen, die in Anlehnung an den röm. Staatsakt des *triumphus* als frühhumanistische Variante mal. Katalogverse entstehen. Angeregt von Dantes »Commedia« (Purgatorio 29, 43–154) und von Boccaccios »Amorosa Visione« (1342) verfasst Petrarca seine »T.« (ab 1352, unvollendet): In einer Vision überbieten sich allegorische Verkörperungen von Liebe, Keuschheit, Tod, Ruhm, Zeit und Ewigkeit. Jeder Gestalt folgt ein Zug emblematischer Figuren aus Mythologie, antiker und neuerer Geschichte, Lit., Bibel und Hagiographie. In kommentierender, namentlicher oder umschreibender Aufzählung wird ein historisch-moralisches Bildungsangebot unterbreitet. Petrarca nachahmend entstehen ab dem 15. Jh. weitere moraldidaktische, aber auch historiographische (F. Biondo: »Roma triumphans«, 1459), enkomiastische (V. Colli, gen. Il Calmeta: »Triumphi«, 1497) und szenisch-unterhaltsame T. (I. Sannazaro: »Triunfo della Fama«,

1492). Europaweit verbreitet (z. B. M. de Santillana: »Triumphete de Amor«, nach 1430; Thomas More: »Pageant Verses«, vor 1502; H. Bebel: »Triumphus Veneris seu voluptatis contra virtutes«, 1509), geht die T.-Dichtung im 17. Jh. im höfischen Theater auf. Ab dem 16. Jh. ist der Begriff T. auch Synonym für die *Canti carnascialeschi* (↗ Canto), wohl wegen des 1490 zum Karneval verfassten »Trionfo di Bacco e Arianna« von Lorenzo de' Medici (hg. von A. F. Grazzini, gen. Il Lasca, 1559). Thematik und Struktur der T. werden auch in der Musik (O. di Lasso, J. J. Fux, J.-B. Lully), Illustration und bildenden Kunst (Piero della Francesca, Luca Signorelli, Albrecht Dürer) international rezipiert.

2. In der Renaissance den antiken *triumphus* imitierende festliche Umzüge als Mittel herrschaftlicher Repräsentation, die politische Anlässe (Ein- bzw. Auszug fürstlicher Persönlichkeiten, Gesandtschaften, Friedensfeiern, Jubiläen) gemäß einem bisweilen von Künstlern entworfenen Gesamtkonzept allegorisieren (Filippo Brunelleschi, Leonardo da Vinci, Andrea del Sarto, Jacopo da Pontormo, später P. P. Rubens), häufig von erläuternden Bildpublikationen begleitet. Das Barock verlegt die T. zunehmend ins höfische Milieu, wo sie schließlich Teil der Theaterkultur werden. In der Mummenschanzszene des »Faust« II (V. 5065–5986) lässt Goethe die T.-Tradition nachwirken.

Lit.: J. J. Berns: Trionfo-Theater am Hof von Braunschweig-Wolfenbüttel. In: Daphnis 10 (1981), S. 663–710. – Ders.: Triumph. In: RLW. – C. Berra (Hg.): I »Triumphi« di F. Petrarca. Bologna 1999. – K. Eisenbichler; A. A. Iannucci (Hg.): Petrarch's »Triumphs«. Toronto 1990. – M. Gesing: Triumph des Bacchus. Ffm. u. a. 1988. – A. Ortner: Petrarcas »T.« in Malerei, Dichtung und Festkultur. Weimar 1998. – G. Poschat: Theater und bildende Kunst im MA. und in der Renaissance. Graz 1990, S. 167–200. HG

Tripodie, f. [gr. = Dreifüßler], in der antiken Metrik drei zu einer metrischen Einheit zusammengefasste Versfüße. JK/Red.

Tristichisch ↗ distichisch.

Tristien, f. Pl. [lat. *tristis* = traurig], Klagelied in Form der ↗ Elegie, z. B. Ovid: »Tristia« (12 n. Chr.), Gedichte aus der Zeit der Verbannung des Dichters. ↗ Klage.

Tritagonist, m. [gr.], ↗ Protagonist.

Trithemimeres, f. [aus gr. *trítos* = der dritte, *hémi* = halb, *méros* = Teil], in der antiken Metrik die ↗ Zäsur nach dem dritten halben Fuß eines Verses, z. B. im daktylischen ↗ Hexameter; meist mit der ↗ Hephthemimeres verbunden. In dt. Nachbildungen: männliche Zäsur nach der zweiten Hebung. DWE/Red.

Trivialliteratur, f. [lat. *trivialis* = allg., gewöhnlich, bekannt], einfache und leicht verständliche Lit., die sich durch eine ausgeprägte Bindung an lit. Schemata und gesellschaftliche Klischees auszeichnet. In dem so genannten Dreischichtenmodell von Lit. (vgl. Foltin) bildet die T. die dritte Ebene nach der ↗ Hochlit. und der ↗ Unterhaltungslit; die Grenzen zwischen diesen Ebe-

nen sind insgesamt fließend und im Einzelnen umstritten. Der zumeist pejorativ verstandene Begriff ›T.‹ und seine Definition sind abhängig von Fragen der Wertung von Lit. (↗ lit. Wertung). Daraus resultieren folgende Schwierigkeiten: Zu der grundsätzlichen Problematik von (historisch wandelbaren) Werturteilen – Welche Maßstäbe gelten? Wann sind sie im Einzelfall erfüllt? – kommt das Problem einer möglichen Abwertung der Rezipienten von T., die spätestens seit den 1970er Jahren umstritten ist. Als Konsequenz sind alternative Definitionen von T. – z. B. ›T.‹ als Bez. jenes »Lit.komplexes«, den die »dominierenden Geschmacksträger einer Zeitgenossenschaft ästhetisch diskriminieren« (Kreuzer, S. 185) – und Alternativen für den erst seit den 1960er Jahren in der Lit.wissenschaft etablierten Begriff – etwa ›Massenlit.‹ (Freitag) – vorgeschlagen worden. – Die T. ist durch ein relativ festes Ensemble prototypischer schematischer Strukturen charakterisiert. Diese betreffen v. a. die Aspekte ↗ Figur und ↗ Handlung. Die Figuren sind insgesamt typisiert mit einer Neigung zur Schwarz-Weiß-Zeichnung, wobei das Arsenal an Typen eine bedeutende historische Konstanz aufweist, ohne dass allerdings historische Wandlungen ausgeschlossen sind (gängige Typen: der mutige Held, die geduldig leidende Frau). Zur Typisierung der einzelnen Figuren kommt die häufig bipolare Ausrichtung des Figurenensembles. Die Handlungen sind insgesamt schematisch. Das allg. Handlungsschema der T. umfasst den Dreischritt Ausgangslage (mit einer Nähe zu den Gewohnheiten und Einstellungen der anzusprechenden Rezipienten als Strategie, welche die Identifikation fördert), Abweichung von der Ausgangslage und Endlage (mit deutlichen Berührungspunkten zur Ausgangslage, zugleich in der Regel ein Happy-End). Die Abweichungen vom Gewohnten lassen sich in drei Haupttypen unterscheiden: Abweichungen zur Erzeugung von ↗ Spannung (zumal durch Gefahren, die der Protagonist zu bewältigen hat), von Rührung (durch das Unglück, das dem Protagonisten widerfährt) und von ↗ Komik (durch die belustigende Übertretung von Normen beispielsweise im ↗ Schwank; vgl. Nusser 1991). Die typisierten Figuren und schematischen Handlungen lassen ein einfaches Weltbild entstehen, das die Komplexität von Wirklichkeit in unangemessener Weise reduziert. Aus den genannten Strukturen lassen sich prototypische Rezeptionsmuster ableiten. Drei Aspekte sind hier v. a. zu nennen: das Bedürfnis nach Orientierung, nach Affektlösung und nach Bestätigung eigener Werturteile. Diese (und vergleichbare) Rezeptionsmodi werden in der Forschung häufig als Ausdruck gesellschaftlicher Verhältnisse bzw. Missstände gedeutet. – Als Entstehungszeit der dt. T. gilt die zweite Hälfte des 18. Jh.s mit einer Ausdifferenzierung des lit. Marktes und einer zunehmenden Verbreitung populärer Lesestoffe. Im Zentrum stehen dabei erzählende Texte, wenngleich auch das triviale Drama und zumal die triviale Lyrik große Verbreitung erfahren haben. Seit Beginn

des 19. Jh.s entwickeln sich v. a. mit Familien- und Lie-
besromanen (E. Marlitt), Verbrechens-, Mysterien-
und Kriminalromanen sowie Reise- und Abenteuerromanen schnell Haupttypen der T.; im weiteren Verlauf
des 19. Jh.s kommen ↗ Science-Fiction-Romane, zeitgeschichtliche Romane und Heimatromane (L. Ganghofer) hinzu. Im 20. Jh. wird das Gattungsspektrum
durch Horrorromane und pornographische Werke ergänzt. An der lit. Moderne des 20. Jh.s partizipiert die
T. nicht. Folgenreich für die Geschichte der T. ist die
massenhafte Verbreitung von Heftromanen. Zugleich
etablieren sich weiterhin einzelne Autoren mit einer
teils langen Reihe von Bestsellern. Aus der zweiten
Hälfte des 20. Jh.s ist neben J. M. Simmel und U. Da-
nella v. a. H. G. Konsalik zu nennen. In aktuellen Werken der T. lässt sich eine Entwicklung beobachten, die
auf den ersten Blick dem Charakter der T. widerspricht:
Es werden alte Schemata zerstört (v. a. traditionelle
Frauenbilder der T.). Zugleich werden jedoch Bilder
von der Wirklichkeit gezeichnet, die deren Komplexität nicht gerecht werden, wodurch neue Klischees geschaffen werden können.

Lit.: H. F. Foltin: Die minderwertige Prosalit. In: DVjs
39 (1965), S. 288–323. – Ch.H. Freitag: Zur Methodik
einer wissenschaftlichen Analyse von Massenlit. In:
Sprachkunst 3 (1972), S. 98–111. – H. Kreuzer: T. als
Forschungsproblem. In: DVjs 41 (1967), S. 173–191. –
P. Nusser: T. Stgt. 1991. – Ders.: T. In: RLW. – H. Plauel:
Bibliographie dt.sprachiger Veröffentlichungen über
Unterhaltungs- und T. vom letzten Drittel des 18. Jh.s
bis zur Gegenwart. Lpz. 1980. – G. Seeßlen, B. Kling:
Unterhaltung. Lexikon zur populären Kultur. Reinbek
1977.   ML

Trivium, n. [lat. = Dreiweg], Teilgebiet der Artes liberales (↗ Artes), umfasst die einführenden Fächer
↗ Grammatik, ↗ Rhet., ↗ Dialektik; Ggs.: ↗ Quadrivium.
                                                              GS/Red.

Trobador, m. [altokzitan. = Dichter, wörtlich ›Finder‹
im Sinne von ›Lieder-Erfinder‹], früher – und noch
heute außerhalb der Fachsprache verbreitet – auch in
der frz. Form *Troubadour*; Dichter des 12. und 13. Jh.s,
der in seiner altokzitan. Volkssprache eine Kunstlyrik
von überregionaler Bedeutung schuf (↗ T.lyrik). War
das Zentrum der T.lyrik auch Okzitanien, das heutige
Südfrankreich, so waren doch längst nicht alle T.s Ok-
zitanen: Von den 450 namentlich bekannten T.s waren
25 Italiener und 15 Katalanen. Zudem wurde die T.ly-
rik nicht nur von Männern betrieben: Es sind Werke
von 20 weiblichen Autoren überliefert, den *Trobairitz*.
Insgesamt sind 2.600 Lieder aus dem 12. und 13. Jh.
erhalten, dazu 260 Melodien. Die T.s betrieben eine
Dichtung, die v. a. für den gesungenen öffentlichen
Vortrag bestimmt war, und komponierten auch die
Melodien ihrer Lieder. Oft war allerdings nicht der T.
selbst Interpret seiner Kompositionen, sondern ein
joglar (frz. *jongleur*), ein professioneller Vortragskünstler, der oft in den Diensten des T.s stand (↗ Joculator,
↗ Sänger). Die T.s rekrutierten sich aus allen gesell-

schaftlichen Schichten, vom Hochadel über Ministe-
riale, Kleriker, Bürger bis hin zu einfachen Handwerkern. Viele T.s bestritten ihren Lebensunterhalt aber
durch fürstliches Mäzenatentum. – Als erster T. gilt
Wilhelm IX. von Aquitanien (1071–1126), in dessen
elf überlieferten Liedern bereits alle Elemente der T.ly-
rik zu finden sind. Zur zweiten Generation, der ›idealistischen Schule‹, gehört v. a. Jaufre Rudel (vor 1125–
nach 1148) mit seinem Konzept der Fernliebe (*amor
de lonh*). Der ›realistischen‹ Richtung ist dagegen der
beißende und misogyne Satiriker Marcabru (vor
1130–nach 1149) zuzurechnen. Bernart de Ventadorn
(vor 1147–nach 1170) gilt als der eigentliche ↗ Minnesänger unter den T.s; seine »Lerchen«-Kanzone ist das
vielleicht bekannteste Beispiel der gesamten Gattung.
Raimbaut D'Aurenga (vor 1147–73) repäsentiert das
esoterische, dunkle Dichten (↗ *trobar clus*), gegen das
sich Guiraut de Bornelh (vor 1162–nach 1199) wendet
(↗ *trobar leu* = leichtes Dichten). Bertran de Born (um
1140–vor 1215) trat v. a. mit seinen ↗ Sirventes hervor,
politischen Rügeliedern, deren Kriegstreiberei Dante
Alighieri veranlasste, den Dichter ins Inferno seiner
»Göttlichen Komödie« zu verdammen. Peire Cardinal
(vor 1205–nach 1272) spiegelt in seinen satirischen
Gedichten die politischen und kulturellen Umwälzungen nach den Albigenserkriegen wider, während
der Italiener Sordel (vor 1220–69) und Guilhem de
Montanhagol (vor 1233–nach 1268) das höfische
Minne-Ideal zusehends vergeistlichen und damit bereits auf F. Petrarca vorausweisen. – Nach Verlust der
Unabhängigkeit Okzitaniens in den Albigenserkriegen
(1209–29) wurde der T.lyrik langsam ihr politisch-so-
ziales Umfeld entzogen. Als letzter T. gilt gemeinhin
Guiraut Riquier (vor 1254–92), doch ist er dies nur für
den eigentlichen okzitan. Sprachraum. Auf der anderen Seite der Pyrenäen dichtete der Valencianer Jordi
de Sant Jordi (ca. 1400–ca. 1423) noch über hundert
Jahre später in okzitan. Sprache und trobadoresken
Formen.

Texte: D. Rieger (Hg.): Mal. Lyrik Frankreichs I –
Lieder der T.s. Stgt. 1980.
Lit.: H. Haufe: Troubadour, T. In: RLW. – U. Mölk:
T.lyrik. Mchn., Zürich 1982.   HIR

Trobadorlyrik, f. [altokzitan. *trobador* = Dichter],
früher – und noch heute außerhalb der Fachsprache
verbreitet – auch in der frz. Form *Troubadourlyrik*;
mal. Dichtungsgattung, die im 12. und 13. Jh. von Okzitanien, dem heutigen Südfrankreich, aus auf weite
Teile Süd- und Mitteleuropas ausstrahlte. Durch ihren
Übergang vom Lat. zur Volkssprache wurde die T. zum
Ursprung und Vorbild aller späteren abendländischen
↗ Lyrik. Die Trobadors schreiben ihre Werke auf Okzitan., also in einer romanischen Sprache, die dem Katalanischen näher steht als dem Frz.; die veraltete Bez.
»Provenz.« bleibt heute dem okzitan. Dialekt der Provence vorbehalten. – Entstanden aus der höfischen
Kultur der Fürstenhöfe, war die T. nicht zur Lektüre
bestimmt, sondern wurde, zumeist mit instrumentaler

Begleitung, gesungen. Charakteristisch und für den überregionalen Erfolg der T. maßgeblich ist die Arbeitsteilung zwischen dem ↗ Trobador als Dichter und Komponisten und dem *joglar* (frz. *jongleur*), dem Vortragskünstler (↗ Joculator, ↗ Sänger). Die T. beeinflusste die sizilianische Dichterschule, F. Petrarca und Dante Alighieri ebenso wie die frz. ↗ Trouvères oder die dt. ↗ Minnesänger. Für eine Weile wurde das Okzitan. dadurch in weiten Teilen Westeuropas die Dichtungssprache schlechthin: Der Italiener Sordello und die Katalanen Cerverí de Girona und Guillem de Berguedà sind nur einige der bekanntesten Trobadors, deren Muttersprache nicht das Okzitan. war. – Die T. führte die strenge Silbenzählung und den obligatorischen Reim in die Dichtung ein, daneben auch zahlreiche neue lyrische Gattungen. Als höchste lyrische Form galt den Trobadors die ↗ Kanzone (*cansó*), die thematisch auf Liebeswerben und Liebesleid festgelegt war. Die typisch trobadoreske Minnekasuistik und die Erörterung von Fragen des rechten höfischen Verhaltens bildeten den Gegenstand der ↗ Tenzone (*tensó*). Oft wurden solche Auseinandersetzungen auch in abwechselnden Strophen zweier Trobadors ausgefochten, im sog. ↗ Partimen (*partimén, joc partit*). Das Rüge- oder Spottlied der T. ist der ↗ Sirventes, in dem auch politische Themen behandelt wurden. Weitere Formen sind der ↗ Planh (Klagelied), die ↗ Alba (↗ Tagelied), den Abschied eines Liebespaares bei Morgengrauen besingend, sowie die *Pastorela* mit dem Grundthema der Liebeswerbung eines Ritters um eine Hirtin. – Zentrales Thema der T. ist die *fin'amors*, die höfische Liebe, die als aussichtsloses Werben um eine sozial höherstehende Frau auftritt und in ihrer dauerhaften Unerfülltheit charakterveredelnd wirken sollte. Weitere Ideale sind die Höfischkeit (*cortesia*) und die Mäßigung (*mesura*). – Die Ausbreitung der katharischen Häresie in den okzitan. Grafschaften zu Beginn des 13. Jh.s war Anlass und Vorwand für den ersten Kreuzzug von Christen gegen Christen, die Albigenserkriege (1209–29); sie beendeten die Unabhängigkeit bzw. Ausrichtung Okzitaniens auf das transpyrenäische Katalonien-Aragon und leiteten die politische, später dann auch kulturell-sprachliche Integration in das Königreich Frankreich ein. Der Rückgang des höfischen Mäzenatentums ließ auch die davon abhängige T. langsam stagnieren. In Okzitanien selbst erstarrt die T. zu einem formalistischen ↗ Meistersang des städtischen Bürgertums. In Toulouse wird 1323 das *Consistori de la Gaya Sciensa* (Konsistorium der fröhlichen Wissenschaft) begründet, das jährliche Dichterwettbewerbe veranstaltet. Die ursprüngliche Liebesthematik wird unter dem Einfluss der frz. Krone und der stets wachsamen Inquisition beinahe gänzlich durch religiöse Themen verdrängt, und an die Stelle der angebeteten Dame trat in den Gedichten nun die Jungfrau Maria. Während die T. in ihrem Ursprungsland im 14. Jh. stagnierte, fand sie im Bereich der aragonesischen Krone noch bis weit ins 15. Jh. ihr Publikum, so dass der Valencianer

Jordi de Sant Jordi (ca. 1400–ca. 1423) als letzter in okzitan. Sprache dichtender Trobador angesehen werden muss. – Die Rezeption der T. im 19. und 20. Jh. hat in Editionen und Anthologien zunächst fast ausschließlich die Liebeslyrik berücksichtigt und die derb erotischen Gedichte unterschlagen. Ein Gesamteindruck von der Vielfalt der T. ist daher erst seit kurzer Zeit möglich.

Lit.: U. Mölk: T. Mchn., Zürich 1982. HIR

Trobar clus, m. [provenz. = verschlossenes Dichten], absichtlich den Sinn verrätselnde, esoterisch-manierierte Stilart der provenz. Lyrik; charakteristisch sind gesuchte Wortwahl (seltene Wörter, Fremdwörter, Archaismen), Allegorisierungen, schwierige Syntax, Wort- und Reimspiele; entspricht etwa dem *ornatus difficilis* der antiken Rhet. (↗ Ornatus) oder dem ↗ geblümten Stil in der mhd. Dichtung (vgl. auch ↗ Asianismus, ↗ Manierismus). Der dunkle Wortsinn kann als Widerspiegelung komplexer Zusammenhänge aufgefasst werden: Der Hörer soll durch eigene Sinnerhellung bewusst zur Sache finden. – Die bedeutendsten Vertreter des *t. c.* sind Marcabru und die dem ↗ *trobar ric* zuneigenden Peire d'Alvernhe und Raimbaut d'Aurenga (vgl. seine ↗ Tenzone mit Guiraut de Bornelh, dem Vertreter des ↗ *trobar leu*).

Lit.: U. Mölk: T. c., trobar leu. Mchn. 1968. GS/Red.

Trobar leu, m. [provenz. = leichtes Dichten], der allg. verständliche Stil der provenz. Lyrik, im Ggs. zum ↗ *trobar clus*, propagiert u. a. von Guiraut de Bornelh.

GS/Red.

Trobar ric, m. [provenz. = reiches Dichten], Stilart der provenz. Lyrik, in der alle Mittel der Rhet. und Formenvirtuosität eingesetzt werden. Vertreter sind Raimbaut d'Aurenga, Arnaut Daniel, Peire d'Alvernhe.

GS/Red.

Trochäus, m. [gr. *trochaíos* = Läufer], Versfuß der Form –v. Anders als in der antiken gr. Dichtung, in welcher der T. eine lange und eine kurze Silbe zusammenfasst (↗ quantitierendes Versprinzip), vereint der T. in Dichtungen, die dem ↗ akzentuierenden Versprinzip folgen, eine betonte und eine unbetonte Silbe. In antiker Dichtung bilden anders als im Dt. zwei Trochäen eine metrische Einheit (↗ Dipodie). In der dt. Lit. hat M. Opitz den T. zu einer festen metrischen Größe gemacht. V. a. drei metrische Verwendungsweisen des T. sind im Dt. zu unterscheiden und auch eigens benannt worden. 1. Der *trochäische* ↗ Tetrameter, der in Anlehnung an gr.-röm. Vorbilder gebraucht wird, besteht aus acht trochäischen Versfüßen; er kann katalektisch verkürzt sein (»O! wo bin ich! O was seh' ich / wach ich? treumt mir? wie wird mir?«; A. Gryphius: »Ewige Freude der Außerwehlten«). – 2. Die ungereimten vierhebigen *span.* Trochäen sind nach span. Vorbild in der Folge von J. G. Herders Romanzenzyklus »Cid« und der Rezeption der span. Dichtung durch die dt. Romantik als Versmaß der Romanzendichtung (C. Brentano: »Romanzen vom Rosenkranz«) und auch des Dramas (F. Grillparzer: »Der Traum ein Leben«) gebraucht worden. – 3. Die *serbischen Trochäen* sind reim- und zäsurlose Fünfheber; sie wurden von Herder und Goethe (»Klaggesang von der edlen Frauen des Asan Aga«) durch die Nachbildungen serbischer Volksballaden in die dt. Dichtung eingeführt. JK/BM

Troparion, n., ↗ Tropus (2).

Tropus, m. [lat., von gr. *trópos* = Wendung], 1. *Tropus*, auch: *Trope*, f., Pl. *Tropen*: rhet. Einzelwortfigur, die durch semantische Substitution zustande kommt. Der eigentliche Ausdruck (*verbum proprium*) wird dabei nach antiker Vorstellung durch einen anderen, ›uneigentlichen‹ (*verbum improprium*) ersetzt. Ein T. kann auch aus mehreren Wörtern bestehen (Gedankentropus). Von ↗ rhet. Figuren im engeren Sinne, die als syntagmatische Gestaltphänomene die Bedeutung von Einzelwörtern nicht betreffen (z. B. Ausdrucks- oder Gedankenfiguren), unterscheidet sich der T. durch die ihm eigene Diskrepanz zwischen wörtlichem und nicht-wörtlichem Ausdruck. – Die Vielzahl der Tropen wurde in unterschiedlichen Taxonomien gefasst. Entscheidend ist dabei immer die Art der tropischen Substitution. Besteht geringe sachliche Distanz zwischen eigentlichem und uneigentlichem Ausdruck, spricht man von ›Grenzverschiebungstropen‹, zu denen meist ↗ Antonomasie, ↗ Emphase, ↗ Hyperbel, ↗ Litotes, ↗ Metonymie, ↗ Periphrase und ↗ Synekdoche gezählt werden. Die sog. ›Sprungtropen‹ (z. B. ↗ Metapher, ↗ Allegorie, ↗ Ironie) hingegen leben von einer größeren Distanz, d. h. von einer entweder ›bildlichen‹ oder konträren Beziehung zwischen Gesagtem und Gemeintem. Andere Systematisierungsversuche gliedern die Art der tropischen Substitution nach der Beziehung von Art und Gattung, von Ursache und Wirkung oder vom Teil zum Ganzen. – Der T. unterstützt das kommunikative Ziel des Orators oder Autors zum einen argumentativ, indem er eine interpretatorische Leistung auf den Rezipienten zu übertragen sucht, zum anderen ornamental, indem er das Fundament der ästhetischen Qualität von Texten bildet. Zudem haben Tropen bes. beim stark figurativen *genus grande* (hoher Stil) die Funktion der Affekterregung beim Rezipienten. – Quintilian (»Institutio oratoria« VIII, 6, 4) führt als häufigsten und schönsten von zwölf Tropen die Metapher an. Im MA. werden Tropen nicht der Rhet., sondern der ↗ Grammatik zugeordnet. Die ↗ Aufklärung weist sie dann der ↗ Stilistik zu. Erst im 20. Jh. erhalten die Tropen, v. a. Metapher und Metonymie, aber auch Ironie, erneute Aufmerksamkeit als erkenntnistheoretische oder kulturwissenschaftliche Schlüsselbegriffe. AU

2. *Tropus*, Pl. *Tropen*: melismatischer oder textlicher Einschub (Interpolation) in liturgischen Gesängen des MA.s. Man unterscheidet: a) rein musikalische Erweiterungen; b) kombinierte Text- und Melodieerweiterungen; c) bloße Textierungen vorher textloser Melodieabschnitte (Textierungstropen). Ein T. konnte an verschiedenen Stellen der gesungenen Messtexte wie *Introitus*, *Kyrie* oder *Gloria*, aber auch in Lektionen oder außerhalb der Messe im Offizium auftreten. Er blieb stets, im Unterschied zu der sich verselbständigenden ↗ Sequenz, der Ausgangsmelodie und dem Grundtext verbunden und diente der erklärenden Ausschmückung, der musikalischen Bereicherung, der Verlebendigung und Aktualisierung der Liturgie. Tropen wurden anstelle von Wiederholungen der Liturgietexte durch einen zweiten Chor oder Halbchor (als ↗ Antiphon, evtl. auch als Responsorium) gesungen. Die Texte waren zunächst in Prosa gehalten und wurden später auch versifiziert und gereimt (leoninischer ↗ Hexameter). Tropen sind vereinzelt schon vor der Karolingik bezeugt. Die Form (b) mit Text- und Melodieerweiterungen erlebte eine Blüte zwischen dem 9. und dem 11. Jh. Ältester und bedeutendster Tropendichter war Tutilo von St. Gallen (gestorben wahrscheinlich 913). Die weite Verbreitung und Beliebtheit der Tropen dokumentieren zahlreiche Sammlungen, sog. *Troparien*, schon im 11. Jh. Die Tropen drängten eine Zeitlang die eigentliche Liturgie in den Hintergrund und wurden schließlich durch das tridentinische Konzil (1545–63) verboten. – Für die Lit.geschichte wichtig wurden zwei Tropenformen, die sich aus dem ursprünglichen Melodie- und Textverbund lösten: d) der Textierungstropus zu den Schlussmelismen des »Alleluia«, aus dem sich die Sequenz entwickelte; e) ein wohl im 10. Jh. entstandener Introitustropus als antiphonale Einleitung zum Introitus der Ostermesse, der als ein Ausgangspunkt des ↗ geistlichen Spiels, bes. des ↗ Osterspiels, angesehen werden kann. GS/Red.

Lit.: J. Knape: Figurenlehre. In: HWbRh. – H. Lausberg: Hb. der lit. Rhet. [1960]. Stgt. ³1990. – E. Meuthen: T.₂. In: RLW.

Trostbücher, auch: Consolatorien; bes. in Spät-MA. und Pietismus verbreitete lit. Gattung (Traktate, Dialoge, Briefe, auch Gedichte), die in religiös-erbaulichem oder theologisch-philosophischem Sinne im Unglück (v. a. bei Todesfällen) Trost spenden oder allg. in christlichem Geist aufrichten soll, vgl. für die letztere Gruppe z. B. »De consolatione theologiae« von Johannes Gerson (um 1418/19 in der Nachfolge des Boëthius). ↗ Erbauungslit., ↗ Consolatio, ↗ Ars Moriendi. GS/Red.

Troubadour, Troubadourlyrik, ↗ Trobador, ↗ Trobadorlyrik.

Trouvère, m. [von frz. *trouver* = finden; provenz. *trobar*], 1. mal. frz. Dichter-Sänger, nordfrz. Entsprechung zum provenz. ↗ Trobador. Begegnet seit der zweiten Hälfte des 12. Jh.s an nordfrz. Höfen, z. B. dem der Eleonore von Aquitanien. Die Lieder, in nordfrz. Sprache, der *langue d'oïl*, verfasst, sind überwiegend in etwa 30 Sammelhss. (*chansonniers*) überliefert. Hauptvertreter sind der auch als Artusepiker bekannte Chrétien de Troyes (um 1150–90), der Vizegraf Huon d'Oisy (zweite Hälfte des 12. Jh.s, von dem u. a. ein satirisches Gedicht über ein Damenturnier überliefert ist), Graf Thibaud IV. de Champagne, später König von Navarra (1201–53), und Adam de la Halle (1238–87). In ihren Liedern übernehmen die T.s einerseits Themen und Gattungen der provenz. Vorbilder; andererseits distanzieren sie sich aber ironisch von der provenz. Minne-Idealisierung und versuchen, Realität und persönliches Erleben stärker zur Geltung zu bringen (Höhepunkt: das Werk des die T.-Kunst durchbrechenden *jongleurs* Rutebeuf, um 1250–85). An Bedeutung tritt die Kunst der T.s hinter der sich in Nordfrankreich zur selben Zeit entwickelnden Erzählkunst, v. a. dem Artusroman (Chrétien de Troyes), zurück. – 2. Bez. für Verfasser der ↗ Chansons de geste.

Texte: D. Rieger (Hg.): Lieder der T.s. Stgt. 1983.

Lit.: I. Frank: T.s et Minnesänger. Saarbrücken 1952.

GS/Red.

Truffaldino [it. = kleiner Gauner, von *truffare* = betrügen, beschwindeln], die Arlecchino-Maske variierende Typenfigur der ↗ Commedia dell'Arte. – Der Name ›T.‹ wird in den Szenarien des 17. und 18. Jh.s nahezu synonym mit dem ↗ Arlecchinos gebraucht. Die Charakteristika dieser Dienerfigur sind daher die gleichen wie jene ihres bekannteren Pendants: Herkunft aus Bergamo, Rautenkostüm und schwarze Maske, unstillbarer Hunger und ewiger Geldmangel, Akrobatik in den groben Streichen (*burle*) und Schlagfertigkeit in den gestischen, akustischen und sprachlichen Scherzen (*lazzi*). – Ihre lit.historische Bedeutung verdankt die Figur ihrem berühmtesten und begabtesten Darsteller, A. Sacchi (1708–88), welcher der Maske durch seinen kultivierten Wortwitz eine größere Tiefe als dem gewohnten Arlecchino verlieh.

Lit.: H. Mehnert: Commedia dell'arte. Stgt. 2003. RF

Trümmerliteratur, Teil der dt. ↗ Nachkriegslit., geschrieben von einer jungen Autorengeneration zwischen 1945 und dem Beginn der 1950er Jahre. Die Bez. ›T.‹ nimmt sowohl auf die materiellen und ideellen Voraussetzungen der Autoren als auch auf Themen und Motivik ihrer Werke Bezug. Die Auseinandersetzung mit den Gegebenheiten der Nachkriegsrealität (Tod, Trümmerlandschaft, Kriegsvergangenheit, Schuldfrage, Gefangenschaft, Heimkehr, Nachkriegselend) ist geprägt von (neo-)realistischen Darstellungstechniken; formal-stilistische Kennzeichen sind Nüchternheit und sprachliche Reduktion – auch als Reaktion auf den Sprachmissbrauch der nationalsozialistischen Propaganda. In diesem Sinne vertritt die T. eine Programmatik des Neuanfangs, wie sie auch in den konkurrierenden, z. T. dieselben lit. Gegenstände bezeichnenden Begriffen ↗›Kahlschlag-Lit.‹ und ›Stunde Null‹ zum Ausdruck kommt. Allerdings sprechen die partielle Anknüpfung der T. an den ↗ Expressionismus (v. a. bei W. Borchert) und an kriegsbedingt erst verspätet rezipierbare außerdt. Lit.en (am. ↗ Short Story: E. Hemingway, W. Faulkner, J. Steinbeck; it. ↗ Neorealismo; frz. ↗ Existentialismus: J.-P. Sartre, A. Camus) sowie das Verständnis des Neorealismus als ↗›Magischer Realismus‹ (2) – z. B. bei H.-W. Richter – für lit.geschichtliche Kontinuität. – H. Bölls Essay »Be-

kenntnis zur T.« von 1952 kann zugleich als begrifflich-programmatische Fixierung und als rückblickendes Fazit nach Beginn der restaurativen Tendenzen in der Bundesrepublik verstanden werden. – Wichtige Foren für die T. waren die Zs. »Der Ruf« (1946 f.), aus deren Mitarbeiterkreis die ↗ Gruppe 47 hervorging, sowie verschiedene ↗ Anthologien (Lyrik: »Deine Söhne, Europa«; »Der Anfang«; Prosa: »Tausend Gramm«). – Zu den Vertretern der T. zählen für die Lyrik G. Eich (»Inventur«), W. Schnurre, T. Pirker; für die Prosa H. E. Nossack, W. Kolbenhoff, W. Borchert, W. Schnurre, H. Kasack, H. Böll; für das ↗ Hörspiel bzw. Drama W. Borchert (»Draußen vor der Tür«).

Texte: P. H. E. Lüth (Hg.): Der Anfang. Anthologie junger Autoren. Wiesbaden 1947. – H.-W. Richter (Hg.): Deine Söhne, Europa. Gedichte dt. Kriegsgefangener. Mchn. 1947. – W. Weyrauch (Hg.): Tausend Gramm. Sammlung neuer dt. Geschichten. Hbg. 1949.

Lit.: R. Schnell: Geschichte der dt.sprachigen Lit. seit 1945 [1993]. Stgt., Weimar ²2003. – V. Wehdeking, G. Blamberger: Erzähllit. der frühen Nachkriegszeit (1945–52). Mchn. 1990. – G. Zürcher: Trümmerlyrik. Kronberg 1977. PJV

Tunnel über der Spree, Berliner gesellig-lit. Zirkel, 1827 von dem Wiener Kritiker und Schriftsteller M. G. Saphir nach dem Vorbild der Wiener ↗ Ludlamshöhle gegründet, bestand bis 1897. Mitglieder: M. v. Strachwitz, E. Geibel, Th. Fontane, P. Heyse, A. Menzel, Th. Storm. Der Höhepunkt des T.s ü. d. Sp. lag in den 1850er Jahren; das wichtigste Dokument der gemeinsamen dichterischen Bemühungen ist das lit. Jahrbuch »Argo« (1854).

Lit.: H. Fischer: Der »jüdische« T. ü. d. Sp. und die Politik. In: ZfG N. F. 4 (1994), S. 557–574. – B. Machner: Auf der Suche. Vom Apotheker zum Staatsdiener, vom Tunnelianer zum freien Schriftsteller. In: Stiftung Stadtmuseum Berlin (Hg.): Fontane und sein Jh. Bln. 1998, S. 43–53. – M. Thuret: Patriotische und politische Dichtung im »Tunnel« um 1848. In: Fontane-Blätter (1991) H. 51, S. 46–55. GG

TV-Movie ↗ Fernsehspiel.

Typenkomödie, ältester Komödientypus, dessen komische Wirkung auf dem Handeln fester Typen (↗ Typus) beruht, also von Figuren, die auf einen karikierend überzeichneten Wesenszug bestimmter Stände, Berufe, Lebensalter reduziert sind, z. B. gefräßige Diener, prahlende Soldaten, Parasiten oder geizige Alte. Als T.n werden eingestuft der antike ↗ Mimus, die mittlere attische und die römische Komödie, die ↗ Commedia dell'Arte (als Prototyp), die engl. ↗ *comedy of humours*, die ↗ sächs. Komödie, die ↗ Posse und z. T. auch die ↗ Boulevardkomödie.

Lit.: G. Saße: T. In: RLW. – H. Steinmetz: Die Komödie der Aufklärung [1966]. Stgt. ³1978. IS/AHE

Typographie ↗ Schrift.

Typologie, f. [aus gr. *týpos* = Schlag, Bild, Form, Vorbild, *lógos* = Wort, Gedanke, Lehre], 1. a) Methode der ↗ Exegese und ↗ Interpretation, bei welcher typische

Gestalten, Geschehnisse und Sachverhalte als ↗Typus und Antitypus aufeinander bezogen werden. Seit der Patristik werden bei der Bibelauslegung nach dem zweiten ↗Schriftsinn, dem *sensus allegoricus* (↗Allegorese), Gestalten und Ereignisse des AT als Vorausdeutungen (↗Präfigurationen) auf das NT verstanden; demnach weist Adam als Typus auf Christus als Antitypus voraus (↗Figuraldeutung). Diese typologisch-allegorische Methode prägte das ganze geistliche und weltliche Schrifttum des MA.s; so wurden in der ↗Hagiographie auch Heiligenfiguren als ↗Postfigurationen in Bezug zu biblischen Gestalten gesetzt (z. B. der Heilige Georg als Antitypus zu Christus als Typus), ferner beeinflusste die T. auch die mal. Malerei. – b) In säkularen Zusammenhängen taucht diese Form der T. wieder auf, wenn lit. Texte durch klare Textsignale (z. B. schon durch den Titel von J. Joyces »Ulysses«, 1922) so stark in die Tradition eines ↗Stoffs gestellt werden, dass zu beinahe jedem ihrer Elemente (Kapiteleinteilung, Personen, Handlungsabläufe) ein Typus in der Vorlage gefunden werden kann. Die Erforschung dieser T.n ist heute Teil der Forschungen zur ↗Intertextualität.

2. Lehre vom Typischen, vom Typus (auch: Phänotypus, Idealtypus), von Grund- oder Urformen, von exemplarischen Mustern. Die T. ist eine Form des abstrahierenden Denkens, in der Philosophie seit Platon, in der Psychologie seit C. G. Jung (Lehre von den erbten ›Archetypen‹ der menschlichen Seele). In der Geisteswissenschaft stellte Dilthey eine T. der künstlerischen Weltanschauungen auf, die drei Haupttypen unterscheidet: Der *Positivismus* erklärt die geistige Welt aus der physischen und postuliert eine Vorherrschaft des Intellekts (in der Antike Demokrit, Lukrez; in der Neuzeit Th. Hobbes, der moderne Materialismus und Positivismus, Dichter wie H. de Balzac und Stendhal). Der *objektive Idealismus* sieht die Realität als Ausdruck einer inneren Wirklichkeit (Heraklit, Spinoza, G. W. Leibniz, F. W. J. Schelling, G. W. F. Hegel und J. W. Goethe). Der *dualistische Idealismus* behauptet die Unabhängigkeit des Geistigen gegenüber der Natur (Platon; die mal. Theologen; I. Kant, J. G. Fichte und F. Schiller). – H. Nohl erweiterte diese T. auf Malerei und Musik und ordnete dem ersten Typus D. Velazquez, F. Hals, H. Berlioz, dem zweiten Typus Rembrandt, P. P. Rubens, F. Schubert, dem dritten Typus Michelangelo und L. van Beethoven zu.

3. Ordnung von Texten. Anders als die *Klassifikation*, die ein Feld von Gegenständen (Texten) nach dem Kriterium des Vorhanden- bzw. Abwesendseins von Merkmalen entscheidungsdefinit in disjunkte Gruppen einteilt, verfährt die T. komparativ. Danach ist ein Text mehr oder weniger deckungsgleich mit dem vorausgesetzten Idealtyp einer Textform. Die Formulierung »Kleists Novellen sind dramatisch« ist im Rahmen einer Klassifikation nicht sinnvoll, kann es aber im Rahmen einer T. sein.

Lit. zu 1.: W. Freytag: Allegorie, Allegorese, T. In: Killy/ Meid. – F. Ohly: Schriften zur mal. Bedeutungsforschung [1977]. Darmstadt ²1983. – H.-J. Spitz: Allegorese, Allegorie, T. In: U. Ricklefs (Hg.): Das Fischer Lexikon Lit. Bd. 1. Ffm. 1996, S. 1–31. – B. Strenge, H.-U. Lessing: Typos, T. In: HWbPh. – R. Suntrup: T.₁. In: RLW.
Zu 2.: W. Dilthey: Die drei Grundformen der Systeme in der ersten Hälfte des 19. Jh.s. In: ders.: Gesammelte Schriften. Bd. IV. Lpz. 1925, S. 528–554. – H. Nohl: Typische Kunststile in Dichtung und Musik. Jena 1915. – H. Thomé: T.₂. In: RLW.
Zu 3.: W. Strube: Analytische Philosophie der Lit.wissenschaft. Paderborn 1993, S. 59–65. – R. Zymner: Gattungstheorie. Paderborn 2003, S. 102–104.   IS/Red.

Typos, m. [gr. = Schlag, Gepräge, Bild, Vorbild], auch: Typus [lat.]; Person, Sachverhalt oder Ereignis, deren sprachliche Gestaltung als prägend für und vorausweisend auf eine spätere sprachliche Gestaltung (Antitypos) angesehen wird (z. B. das AT als ↗Präfiguration des NT). Das theologisch-hermeneutische Verfahren der Konstruktion von Typos-Antitypos-Bezügen ist die ↗Typologie oder ↗Figuraldeutung.   DB

Typoskript, n. [aus gr. *týpos* = Schlag, Eingedrücktes; lat. *scriptum* = Geschriebenes], ↗Textträger, der mit der Schreibmaschine produziert wurde. Der Ausdruck ›T.‹ spezifiziert in medialer Hinsicht die allgemeinere Bez. ↗›Manuskript‹ (2), die in der Regel darauf hindeutet, dass die auf einem Textträger überlieferte ↗Fassung eines Textes vom ↗Autor eigenhändig erstellt wurde und in diesem Sinn authentisch ist. Allerdings gibt es auch durch Schreiber oder Sekretärinnen hergestellte Manuskripte und T.e; der höhere Grad der Mechanisierung erlaubt es nicht immer, eindeutig zu entscheiden, ob ein T. vom Autor oder einem Dritten erstellt wurde. Je nach Schreibgewohnheit des Autors kann ein T. schon dem ersten ↗Entwurf eines Textes dienen, als Abschrift eine spätere Fassung repräsentieren oder als ↗Druckvorlage dem Verlag überlassen werden. Häufig begegnen Mischformen zwischen T.en und – im engeren Sinne von ↗Handschriften oder ↗Autographen verstandenen – ↗Manuskripten (1), z. B. wenn auf demselben Blatt ein hsl. Entwurf einer maschinenschriftlichen Abschrift vorangeht oder wenn umgekehrt ein T. hsl. fortgesetzt wird. Bes. häufig sind interlineare oder am Rand angebrachte hsl. Korrekturen in T.en. – T.e sind für die ↗Edition von Texten v. a. aus der Zeit zwischen 1880 und 2000 relevant. Wichtig ist dabei der Übergang zwischen mechanischen Schreibmaschinen, die den Anschlag des Schreibenden unmittelbar auf dem Papier wiedergeben, und elektrischen Schreibmaschinen, bei denen der Anschlag standardisiert ist. Einer der ersten Autoren, die T.e erstellen und in ihrer Medialität reflektieren, ist F. Nietzsche. Bei Autorinnen wie I. Bachmann lässt die Materialität der T.e (einschließlich der zahlreichen Tippfehler) Rückschlüsse auf den oft krisenhaft verlaufenen Produktionsprozess zu. Aufgrund der zunehmenden Verwendung des Computers auch bei der Produktion lit. Texte ist die Bedeutung von T.en heute zurückgegangen; dennoch gibt es immer wieder emphatische Bekenntnisse von Autoren zur Maschinenschrift (z. B. Auster/Messer).

Lit.: P. Auster, S. Messer: The story of my typewriter. NY 2001. – S. Fischer: Vom Schreiben 2: Der Gänsekiel oder Womit schreiben? Marbacher Magazin 69 (1994). – D. Giuriato u. a. (Hg.): »Schreibkugel ist ein Ding gleich mir: von Eisen«. Schreibszenen im Zeitalter der T.e. Mchn. 2005. – F. Kittler: Grammophon, Film, Typewriter. Bln. 1986, S. 271–379. – F. Nietzsche: Schreibmaschinentexte. Weimar 2003.   DB

Typus, m. [gr. *týpos* = Schlag, Bild, Muster], 1. allg. Grund- oder Urform verwandter Erscheinungen, exemplarisches Muster, Vorstellung von Personen oder Sachen, die sich aus konstanten, als wesensbestimmend angesehenen Merkmalen zusammensetzt. – 2. ↗ Typos. – 3. In der Lit., bes. im Drama: im Ggs. zum ↗ Charakter Gestalt ohne individuelle Prägung, in der vielmehr die für bestimmte Stände, Berufe oder Altersstufen charakteristischen Eigenschaften verabsolutiert erscheinen, z. B. in der ↗ Typenkomödie. Im Drama des ↗ Expressionismus sind Typen auch als Ideenträger (z. B. ›der Sohn‹, ›der Mann‹) eingesetzt.   IS/Red.

U

Überbau, in der marxistischen Theorie Bez. für die Denkweisen einer Gesellschaft und deren institutionelle, organisatorische und kulturelle Ausdrucksformen im Ggs. zur ökonomischen ›Basis‹. – K. Marx (»Zur Kritik der politischen Oekonomie«, 1859, Vorwort) expliziert den Zusammenhang von Produktivkräften und Produktionsverhältnissen anhand des Basis-Ü.-Theorems: Er betont, gegen idealistische Staatstheorien gewendet, die grundsätzliche Abhängigkeit der geistigen Leistungen einer Epoche (›Ü.‹) von der materiellen Basis. In der Folge kommt es zu divergierenden Versuchen, das Verhältnis zwischen Basis und Ü. näher zu bestimmen: als Widerspiegelung der Basis durch den Ü. (F. Engels, G. Lukács) oder als relative Autonomie zwischen beiden (L. Althusser, P. Bürger). In der Kulturtheorie der ↗ Kritischen Theorie (Th. W. Adorno) wird das Modell vollends in Frage gestellt.
Lit.: G. Ahrweiler: Basis-Ü.-Verhältnisse. In: Europäische Enzyklopädie zu Philosophie und Wissenschaft I. S. 309–328. – S. Pott: Ü. In: RLW. – K. Weimar: Anatomie marxistischer Lit.theorie. Bern 1977. WVB

Überlieferung, Prozess der Weitergabe von Texten bzw. deren physischen Trägern (von der Tonscherbe bis zum elektronischen Speichermedium), dadurch im Gebrauch abgegrenzt von lat. *traditio* und engl./frz. *tradition*, die auch mündliche Ü. einschließen. – Der Prozess der Ü. von Texten vollzieht sich in einem Geflecht sozialer und kultureller Faktoren, die in der philologischen Perspektive der Neuzeit lange unterschätzt wurden. Erst nachdem sich die Einsicht durchsetzte, dass Ü. stets unter konkreten Bedingungen stattfindet, deren Kenntnis für ihre Beurteilung unabdingbar ist, befassten sich die ↗ Philologien auch mit den sozialen Faktoren der Ü. Die Wissenschaft von der älteren dt. Lit. vollzog den Wandel von einer reinen Text- zur Ü.s-Philologie erst nach der Mitte des 20. Jh.s. Die ↗ Handschrift, zwischen ↗ Spätantike und Spät-MA. wichtigster Träger von Ü., wurde unter soziologischem (↗ Schreiber, Besitzer) und medialem Aspekt (Kodikologie, Paläographie) ausgewertet, da man davon ausgehen konnte, dass das stets unikale Gebilde auch in der auf ihm dokumentierten Behandlung von Texten nicht unabhängig von den Lebenswelten seiner Anleger entstand (↗ Lit.soziologie). Die ›überlieferungsgeschichtliche Schule‹ (H. Kuhn, K. Ruh; wichtigstes Publikationsorgan: »Münchener Texte und Untersuchungen«) profilierte Ü. fast ausschließlich aus eben jenen Konstituenten. – Mit der Erfindung des ↗ Buchdrucks änderte sich an der Gebundenheit der Ü. zunächst nicht viel. Doch die dezidiert philologische Perspektive des ↗ Humanismus vollzog die ihres Erachtens gegenstandsadäquate Trennung von ↗ Autor und Ü. und verkannte, dass die beiden Bereiche in einem allzeit kom-

plexen, nie aber dichotomischen Verhältnis zueinander stehen. Die Entwicklung gipfelte in der Philologie des 19. Jh.s, die nicht mehr zwischen der Ü. heiliger Schriften, antiker Epiker, mal. Lyriker oder Autoren der Gegenwart unterschied (↗ Textkritik). Dagegen entwickelte die ↗ New Philology ein differenziertes Verständnis von Ü.
Lit.: K. Grubmüller: Ü. In: RLW. – H. Hunger u. a.: Die Textüberlieferung der antiken Lit. und der Bibel. [1969] Mchn. ²1988. – G. Steer: Gebrauchsfunktionale Text- und Ü.sanalyse. In: K. Ruh (Hg.): Ü.sgeschichtliche Prosaforschung. Tüb. 1985, S. 5–36. CF

Überlieferungsvariante ↗ Variante.

Übersetzung, veraltet auch: Übertragung; hermeneutischer Akt im kulturellen Prozess der Aneignung von fremden Kenntnissen und Vorstellungen, durch den ein *Ausgangstext* (›Original‹) in einem anderen sprachlichen System eine neue Konstitution erhält und somit zu einem neuen ↗ Text wird, unter der konventionellen Voraussetzung, dass seine Aussage gleich bleibt. Wegen ihrer schriftlichen Dimension unterscheidet sich die Ü. grundlegend von den ihr verwandten Akten des mündlichen *Dolmetschens* und der filmischen *Synchronisation*. Eine klare Grenzlinie trennt die Ü. auch von der Umkodierung (*Transmutation*, ↗ Adaption) eines Textes in nicht verbale Zeichensysteme (Bild, Film, usw.). Einen bes. Fall stellt die *intralinguale* Ü. dar, bei der ein Text in einer späteren Entwicklungsstufe seiner Sprache wiedergegeben wird (z. B. Ü.en vom Mhd. ins Nhd.) – Jede Ü. strebt nach einer Äquivalenz der Aussagen in der *Ausgangs-* und *Zielsprache*. Insofern ist eine Ü. auch keine ↗ Imitatio (1), ↗ Travestie oder ↗ Kontamination, weil der übersetzte Text von seiner Vorlage immer abhängig bleibt, auch wenn Dichter oft eine ästhetische Autonomie ihrer Ü.en beanspruchen und das durch die problematische Bez. ↗ ›Nachdichtung‹ hervorheben. Die Äquivalenz zwischen Original und Ü. ist jedoch nur relativ, da sich Sprachstrukturen und kulturelle Kontexte sehr voneinander unterscheiden können, weshalb es in der Zielsprache oft keine wörtliche Entsprechung für bestimmte Ausdrücke und Konzepte der Ausgangssprache gibt. Als eklatantes Beispiel dafür kann die unterschiedliche Segmentierung des Farbspektrums in den europäischen Sprachen gelten. Außerdem lassen sich bestimmte semantisch relevante Textstrukturen (z. B. ↗ Wortspiele, ↗ Reime oder rhythmische Konstruktionen) schwer in andere Sprachen übertragen. Wenn man solche Strukturen wiedergeben will, muss man eine semantische Ungenauigkeit oder Transformation in Kauf nehmen. Steht bei einer Aussage der phonetische Aspekt im Vordergrund, so kann eine Ü. sogar auf den referenziellen Gehalt des Ausgangstextes ganz verzichten, um seine Lautdimension zu bewahren. Insofern erscheint die Äquivalenz als Konvention, welche den Transfer zwischen verschiedenen Sprachen und Kulturen ermöglicht. Es handelt sich dabei um einen z. T. kulturell und ästhetisch kodifizierten, z. T. juristisch geregelten Pakt zwischen dem Übersetzer, den Lesern und anderen Akteuren (wie Auftraggebern, Rechtsinhabern, Verlegern und ↗ Lektoren). In dieser stillschweigenden oder expliziten Übereinkunft werden die Kriterien festgelegt, welche der Abweichungen der Ü. vom Ausgangstext als unvermeidlich, legitim und sinnvoll gelten sollen. Dieser Pakt und seine Anwendungsstrategien sind historisch bedingt und werden ständig einer kritischen Revision unterzogen. Das kann u. a. das Phänomen erklären, warum Ü.en ›altern‹: Das tritt immer dann ein, wenn die Maßstäbe, nach denen sie beurteilt werden, nicht mehr gültig sind. In keinem Fall kann jedoch die Äquivalenz als eine schlichte Übereinstimmung mit dem Ausgangstext verstanden werden, denn jede Ü. entsteht aus einer Differenz, die sie – für ein bestimmtes Publikum und eine bestimmte Zeit – zu überbrücken versucht. – Je nach Kommunikationszweck lassen sich verschiedene Ü.sstrategien anwenden, die grob in drei Gruppen eingeteilt werden können: 1. Man will den Textinhalt exakt und wenn nötig erklärend (Paraphrase) wiedergeben, ohne auf Stil und Form Acht zu geben. Dies ist der Fall bei den meisten ›technischen‹ Ü.en, z. B. von sachlichen ↗ Berichten, Anleitungen und funktionellen ↗ Beschreibungen. Eine solche Strategie ist v. a. auf die Sinnvermittlung ausgerichtet. Sie lässt sich produktiv auch als Hilfsmittel anwenden, um die Lektüre fremdsprachiger Texte zu erleichtern, die mit der Ü. synoptisch gedruckt werden (↗ Interlinearversion). – 2. Man will die emotionale oder ästhetische Wirkung des Ausgangstextes erreichen, ohne Rücksicht auf seine referenziellen Bezüge. Das führt in manchen Fällen zu regelrechten Transformationen des semantischen Inhalts, z. B. in der Werbung und in einigen Bühnentexten. – 3. Man will den gesamten Form- und Bedeutungsgehalt eines Textes nach einer festgesetzten Prioritätenskala berücksichtigen. Das ist meistens der Fall, wo Stil und Form tragende Textelemente sind, also v. a. in lit. Texten. Bei dieser Strategie ist weniger die *kulturvermittelnde* als die *kulturstiftende* Funktion wichtig. Die Möglichkeiten und Regeln der eigenen Sprache werden dabei durch den Übersetzer in vielen Fällen erprobt und in Bewegung gebracht, ja produktiv erweitert. – Jeder Ü.sstrategie liegt eine ↗ Interpretation des zu übersetzenden Werks zugrunde. Der Übersetzer muss entscheiden, was in erster Linie aus einem Text ›gerettet‹ werden soll und welche anderen Aspekte in der Ü. zu vernachlässigen sind. Im Unterschied zur hermeneutischen Argumentation, die mehrere Möglichkeiten offen lassen kann, muss sich ein Übersetzer fast immer zu *einer* Lösung entschließen – vergleichbar mit der ↗ Aufführung einer Partitur oder eines Theaterstücks. Die Ü. kann gerade wegen dieses nicht aufhebbaren dezisionistischen Aktes, der ihr zugrunde

liegt, ein neues Licht auf den Ausgangstext werfen. Durch den Vergleich mehrerer Ü.en lässt sich dann das Textverständnis bereichern. – Die *Geschichte der Ü.* ist mit der Geschichte der ↗ Ü.stheorie eng verbunden. Sie zeigt die Dimensionen des interkulturellen Austauschs und die Wirkung fremder Texte in lit. Sprachsystemen. Am Anfang vieler Nationallit.en stehen Ü.sversuche, die nahe an Imitationen grenzen, z. B. bei den Römern, die aus der gr. Lit. schöpfen. Entscheidende Impulse gehen überall von den ↗ Bibelübers.en aus. In Deutschland ist der Beitrag M. Luthers (1483–1546) kaum zu überschätzen. Für die europäische Lyrik der Neuzeit sind Ü.en aus dem »Canzoniere« F. Petrarcas strukturbildend (↗ Petrarkismus). Romane werden v. a. bis zum 17. Jh., aber auch noch später oft aus zweiter Hand und nur mit Rücksicht auf ihre Handlung übersetzt. Das 18. Jh. stellt einen Wendepunkt und eine Blütezeit der Ü.en dar. In ganz Europa haben die Homer-Ü.en – in England von A. Pope (1715–26), in Deutschland von J. H. Voß (1781–93), in Italien von V. Monti (1806–08) – einen bes. Wert. Dadurch werden Bilder und Motive der ↗ Antike wieder allg. zugänglich gemacht. Diese Ü.en treten bald in den Kulturkanon ein. Ü.en aus den antiken und modernen Sprachen schaffen die Voraussetzung für eine radikale Erneuerung der dt. Lit. F. G. Klopstocks »Messias« (1751–73) ist z. B. ohne J. J. Bodmers Ü. (1732/42) von J. Miltons »Paradise Lost« kaum denkbar. Insbes. ist die Leistung A. W. Schlegels (1767–1845) zu unterstreichen, dem Ü.en von Dante Alighieri, Calderon de la Barca und v. a. von W. Shakespeare zu verdanken sind. Bei Shakespeare konnte Schlegel an eine intensive dt. Ü.sgeschichte anknüpfen, die mit Ch. M. Wieland (1762–66) beginnt. Seit der frz. Ü. A. Gallands von »Tausendundeiner Nacht« (1704–06) werden in die europäischen Sprachen auch Werke aus orientalischen Kulturen übertragen. In Deutschland erreicht dieses Interesse seinen Höhepunkt im 19. Jh. (F. Rückert, A. v. Platen). Schon J. W. Goethes »Westöstlicher Divan« (1819) ist mit der Rezeption des pers. Dichters Hafis durch die Ü.en J. v. Hammer-Purgstalls (1812 f.) eng verknüpft. Ü.en von Werken des frz. ↗ Symbolismus bringen in vielen Ländern eine neue Richtung der Lyrik hervor, zu der im dt.sprachigen Raum St. George (1868–1933) entscheidend beigetragen hat. Bei vielen Dichtern des 20. Jh.s (R. M. Rilke, P. Celan, G. Ungaretti, B. Pasternak) ist die Ü.stätigkeit von dem eigenen Schreiben kaum trennbar. Umfangreiche Ü.sprojekte werden immer mehr poetologisch besetzt und bilden gelegentlich den wichtigsten Teil der Schreibtätigkeit (R. Borchardt, H. Wollschläger). – Der überwiegende Teil des lit. Markts besteht heute in Europa aus Ü.en. An vielen Hochschulen gibt es Lehrstühle für Ü.swissenschaft und Studiengänge für lit. Übersetzer. Obwohl durch spezielle Preise ihre Leistung offizielle Anerkennung gefunden hat, bleiben ihre Arbeitsbedingungen generell schlecht. Sie zu verbessern ist ein Hauptziel von Berufsverbänden. Erst im Laufe des 20. Jh.s ist die Ü. als geistiges Eigentum des

Übersetzers dem ›Originalwerk‹ gleichgestellt worden. Daher genießt sie auch Urheberschutz. – Schon gegen 1955 begannen Versuche einer automatischen Ü. mit Hilfe elektronischer Datenverarbeitung, die aber bis heute nicht über die Umsetzung einfach strukturierter Mitteilungen hinausgegangen sind.
Bibliographien, Buchreihen und Periodika: Göttinger Beiträge zur Internationalen Ü.sforschung. Bisher 17 Bde. Bln. 1987 ff. – Index Translationum. Répertoire international des traductions. Paris 1932–40 (31 Bde.); N. F. 1949–92 (39 Bde.); ab 1994 Fortsetzung auf CD-ROM. – W. Rössig: Lit.en der Welt in dt. Ü. Eine chronologische Bibliographie. Stgt. 1997. – Testo a fronte. Semestrale di teoria e pratica della traduzione letteraria. Mailand 1989 ff. [Halbjahreszs. für lit. Ü.]
Lit.: J. Albrecht: Lit. Ü. Darmstadt 1998. – F. Apel, A. Kopetzki: Lit. Ü. [1983]. Stgt. ²2003. – M. Baker (Hg.): Routledge Encyclopedia of translation studies. Ldn., NY 1998. – U. Eco: Quasi dasselbe mit anderen Worten [it. 2003]. Mchn. 2006. – A. Kopetzki: Ü. In: RLW. – J. Macheiner: Übersetzen. Ffm. 1995. – M. Snell-Hornby (Hg.): Hb. Translation [1998]. Tüb. ²1999. – G. Steiner: Nach Babel. Aspekte der Sprache und der Ü. [engl. 1975]. Ffm. 1979.   LR

Übersetzungstheorie, poetologische, lit.kritische, philosophische oder linguistische Reflexion über das Problem der ↗ Übers. Ü.n sind heute zugleich ein Teilbereich und ein wichtiger Gegenstand der Übers.swissenschaft (*Translation Studies*). Die meisten Ü.n versuchen, die subjektiven Entscheidungen einer Übers.sarbeit verallgemeinernd zu begründen. – Die Anfänge der Ü. gehen auf Cicero (106–43 v. Chr.) zurück, der erklärte, Demosthenes mit Rücksicht auf seine rednerische Wirkung übersetzt zu haben. Hieronymus (um 347–um 420 n. Chr.) betonte die Notwendigkeit, bei seiner ↗ Bibelübers. nach dem Sinn und nicht nach dem Buchstaben zu übertragen. Dass somit eine Übers. immer eine ↗ Interpretation voraussetzt, wird im ↗ Humanismus von Leonardo Bruni (»De interpretatione recta«, um 1420) explizit kenntlich gemacht. Bruni war auch der Erste, der für die Wiedergabe tragender Formstrukturen plädiert hat. Für M. Luther »Sendbrief vom Dolmetschen«, 1530) besteht das Hauptproblem seiner Bibelübers. in der Suche nach gesprochenen Wörtern und Wendungen, die den wahren Sinn des Textes verständlich ausdrücken können. Andererseits bemerkt Luther, dass er gelegentlich der dt. Sprache Unrecht getan habe, um nicht von dem Sinn des Originals abzuweichen. Spätestens seit J. Drydens Vorwort zu Ovids »Episteln« (1680) gibt es eine Typologie der Übers., die zwischen ›treuen‹ und ›freien‹ Strategien unterscheidet. Dem frz. Lit.kritiker G. Ménage (1631–92) verdankt man den ↗ Topos von den *Belles Infidèles*, d. h. den Übers.en, die zwar schön, aber untreu sind. Erste umfangreiche Abhandlungen, die systematisch das Problem zu erfassen versuchen, sind die Arbeiten P. D. Huets (»De optimo generi interpretandi«, 1661) und A. F. Tytlers (»Essay on the Principles

of Translation«, 1792). Für J. G. Herder (»Fragmente über die neuere dt. Lit.«, 1767; »Kritische Wälder«, 1769) ist Übersetzen kein Duplizieren des Originals, sondern ein individueller Beitrag zur Entfaltung der göttlichen Sprachenvielfalt. Sowohl Novalis (»Blüthenstaub«, 1798) als auch J. W. Goethe (in dem Abschnitt »Uebersetzungen« der »Noten und Abhandlungen« zum »West-östlichen Divan«, 1819) artikulieren eine dreigliedrige Übers.stypologie. Der sinnvermittelnden und der poetisierenden (›parodistischen‹) Übers. wird die kulturstiftende Übers. gegenübergestellt. Wegweisend wirkt F. D. E. Schleiermachers Abhandlung »Über die verschiedenen Methoden des Übersetzens« (1813), die grundlegend zwischen *einbürgernder* und *verfremdender* Übers. unterscheidet. Im Ggs. dazu versteht U. v. Wilamowitz (»Was ist übersetzen?«, 1891) die Übers. als ↗ Travestie, als ein neues Kleid für den Geist. Gegen diese Auffassung polemisieren der ↗ Georgekreis und R. Borchardt, der für seinen monumentalen »Dante Dt.« (1908) eine künstliche mal. dt. Sprache erfunden hat. W. Benjamin zufolge (»Die Aufgabe des Übersetzers«, 1923) soll die Übers. keine Sinnvermittlung sein, sondern ein Weiterleben des Kunstwerks in einer Form, die auf die ›reine Sprache‹ hinweist. J. Ortega y Gasset (»Elend und Glanz der Übers.«, 1937) versteht das Versagen jeder Übers. als notwendigen Kommunikationsschritt, dem die Tragik des menschlichen Schicksals anhaftet. Für H.-G. Gadamer (»Wahrheit und Methode«, 1960) stellt die Übers. das Paradigma jedes hermeneutischen Akts dar. – Die Unmöglichkeit, die gebundene Rede in anderen Sprachen wiederzugeben, wird schon von Dante behauptet. Die Poesie sei das Unübersetzbare, heißt es noch bei B. Croce (»Estetica«, 1902). Von dieser Position gehen viele satirische Angriffe auf Übersetzer und Übers.en aus; in diesem Zusammenhang wird oft das it. Wortspiel *traduttore/traditore* (›Übersetzer/Verräter‹) angeführt. – Während in den 1960er und 1970er Jahren die Übers. v. a. als sprachliches Phänomen wahrgenommen und somit als Gegenstand der Linguistik betrachtet wurde, wird heute die Übers.swissenschaft als interdisziplinäres Unterfangen verstanden.
Texte: H. J. Störig (Hg.): Das Problem des Übersetzens [1963]. Darmstadt ³1973.
Lit.: F. Apel: Sprachbewegung. Eine historisch-poetologische Untersuchung zum Problem des Übersetzens. Hdbg. 1982. – N. Greiner: Übers. und Lit.wissenschaft. Tüb. 2004. – W. Koller: Einf. in die Übers.swissenschaft [1979]. Wiebelsheim ⁶2001. – M. Snell-Hornby (Hg.): Übers.swissenschaft – Eine Neuorientierung. Tüb. 1986. – W. Wills (Hg.): Übers.swissenschaft. Darmstadt 1981.   LR

Übertragung, aus lit.wissenschaftlicher Sicht heute veraltetes, häufig aber noch gebrauchtes Synonym für ↗ ›Übers.‹.

Uchronie, f., durch fiktive zeitliche Ferne gekennzeichnete Form der ↗ Utopie, z. B. der ↗ Zukunftsroman.

Ultraismo, m. span. und lateinam. lit. Bewegung, begründet 1919 in Madrid von G. de Torre (»Manifesto vertical ultraista«, 1920). Der U. erstrebte als Fortführung des ↗Modernismo, aber gegen dessen formalen ↗Ästhetizismus gerichtet, eine Erneuerung der Lyrik durch ihre Reduktion auf eine auch die moderne Technik umgreifende autonome Metaphern- und Bildersprache (unter Vermeidung traditioneller formaler und inhaltlich-emotionaler Elemente). Vertreter sind neben Torre (»Hélices«, 1923) G. Diego (»Imagen«, 1922; »Manual de espumas«, 1924; beides Hauptwerke des U.), der Argentinier J. L. Borges, der den U. in Lateinamerika einführte, der Ecuadorianer J. Carrera Andrade, die Mexikaner J. Torres Bodet und C. Pellicer, die Peruaner C. Vallejo und J. M. Eguren sowie der Chilene V. Huidobro, der die verwandte Strömung des ↗Creacionismo entwickelte. Die Werke der Ultraisten erschienen v. a. in den Zss. »Grecia« (1919 f.) und »Ultra« (1921 f.). Ab 1924 gingen beide Richtungen im ↗Surrealismus auf.

Lit.: G. Videla: El u. [1963]. Madrid ²1971.   IS/MBE

Umarmender Reim, auch: Blockreim; ↗Reim.

Umdichtung ↗Kontrafaktur.

Unanimisme, m. [frz.; von lat. *una* = eins und lat. *anima* = Seele], von J. Romains zu Beginn des 20. Jh.s entworfenes lit.-philosophisches Programm, in dessen Zentrum die Idee einer Kollektivseele steht, durch welche Individuen an einem bestimmten Ort oder Zeitpunkt miteinander verbunden sind (z. B. eine Schulklasse oder die Bewohner einer Stadt). Diese mystische Vorstellung einer *existence globale* entwickelt Romains sowohl theoretisch als auch in seinem lyrischen (»La vie unanime«, 1908), dramatischen (»Knock ou Le triomphe de la médecine«, 1923) und epischen Werk (»Les hommes de bonne volonté«, 1932–46). Der *u.* ist geprägt vom Willen zur Überwindung des hermetischen ↗Symbolismus und zur Einbeziehung des ›Menschlichen‹ in die Lit., aber auch von den technischen Neuerungen sowie den Ubiquitäts- und Simultaneitätserfahrungen der modernen Welt. Er beeinflusst u. a. R. Arcos, G. Duhamel, C. Vildrac, G. Chennevière, P. J. Jouve, J. Dos Passos, C. Simon und M. Butor. Romains fraternalistischer Ideologie setzt erst die Erfahrung des Zweiten Weltkriegs ein Ende.

Lit.: H. Krischel-Heinzer: Komischer Heros und tragische Führerfigur (zum Theaterwerk von J. Romains). Ffm. 1988. – K. Logist, G. Purnelle (Hg.): L'Unanimisme et l'Abbaye. Paris 1996, S. 3–35. – O. Rony: Jules Romains ou l'appel au monde. Paris 1993. – D. Viart (Hg.): Jules Romains et les écritures de la simultanéité. Villeneuve d'Ascq 1996.   KB

Unbestimmtheit [engl. *vagueness, indeterminacy,* frz. *indétermination*], logischer, sprachphilosophischer und lit.theoretischer Terminus: 1. In der Logik bezeichnet ›U.‹ ein Drittes zwischen dem Vorliegen und dem Nichtvorliegen einer bestimmten Eigenschaft bzw. dem Vorliegen des Gegenteils, z. B. zwischen ›behaart‹ und ›kahl‹. Damit verbunden ist das sog. Hau-

fenparadox, ein Problem der klassischen zweiwertigen Logik. – 2. In der Sprachphilosophie formuliert Quine (§ 7 und 31) die These von der U. der ↗Übers., der zufolge von einer Sprache in eine andere immer nur satz-holistisch und nicht Wort für Wort übersetzt werden kann, u. a. wegen der Opazität (Undurchsichtigkeit) der Referenz namenartiger Ausdrücke. – 3. In der Lit.-theorie gilt U. als Fiktionalitätskriterium Fiktional sind solche Gegenstände, denen wesentlich U. zukommt (vgl. Gabriel). – 4. In der ↗Rezeptionsästhetik gilt U. darüber hinaus als Kriterium der Literarizität, d. h. der ästhetischen Qualität eines Textes. Partiell unbestimmte Texte weisen eine ›Appellstruktur‹ auf, d. h., sie fordern die interpretative Schließung von U.s- und ↗Leerstellen im ›Akt des Lesens‹ (Iser). Während Ingarden (S. 265) die Begriffe ›Leerstelle‹ und ›U.sstelle‹ noch synonym verwendet, unterscheidet Iser (1976, S. 284) die ›U.sstellen‹, in denen es nur um die ›Komplettierung‹ von Vorstellungen gehe (z. B. um die dem Leser freigestellte Ergänzung der im lit. Text nicht genannten, für den Handlungsverlauf nicht relevanten Haarfarbe einer fiktiven Figur), von den ›Leerstellen‹, welche die »Gelenke des Textes« ausmachen (z. B. die auf der Textoberfläche nicht geschilderten, aber für die Kohärenz des Handlungsverlaufs notwendigen Liebesszenen in Romanen des ↗Realismus).

Lit.: G. Gabriel: Fiktion und Wahrheit. Stgt. 1975. – R. Ingarden: Das lit. Kunstwerk [1931]. Tüb. ⁴1972. – W. Iser: Die Appellstruktur der Texte. Konstanz 1970. – Ders.: Der Akt des Lesens. Mchn. 1976. – W. V. O. Quine: Word and Object. Cambridge/Mass. 1960.   HTE

Underground-Literatur, auch: Sub-Lit.; heute meist: Szene-Lit.; Sammelbez. für lit. Öffentlichkeiten, die sich in Opposition zu offiziellen Institutionen des ↗lit. Lebens organisieren und ihre ästhetischen Programme nachdrücklich gegen etablierte Kunstauffassungen formulieren. Verbunden ist damit das Image, außerhalb des Lit.marktes zu agieren, da die Verweigerung der kommerziellen Verwertbarkeit als eigentlicher Gradmesser für Unangepasstheit und damit für die Zugehörigkeit zur U. gilt. Da ›Underground‹ eher als Selbstetikettierung eines Milieus verwendet wird, das sich dem Üblichen lustvoll bis verbittert verweigert, ist U. nicht zu verwechseln mit ↗Camouflage oder mit Lit., deren Verfasser aus ideologischen Gründen verfolgt werden, untertauchen müssen und aus dem politischen Untergrund veröffentlichen (in diesem Fall spricht man von ›Untergrund-Lit.‹). U. etabliert sich zu Beginn der 1960er Jahre in den USA im Rahmen der (später v. a. durch die Opposition gegen den Vietnam-Krieg geprägten) ›Counter-Culture‹, in der Lebensmodelle entworfen und umgesetzt werden, die sich von der Kultur des sog. ›bürgerlichen Establishments‹ radikal unterscheiden. Hierzu gehört auch ein anderes Verständnis von Produktion (basisorientiert, avantgardistisch, dekonstruktiv), Distribution (nichtkommerziell, ideell ausgerichtet) und Rezeption (interaktiv in den Produktionsprozess eingreifend oder

ihn weitertreibend) von Kunstwerken. Kunst wird dabei als Tabubruch, als Einbruch des Überraschenden in den Alltag verstanden, inszeniert etwa im ↗ Happening, im Rahmen von ↗ Performances, ↗ Straßentheater, ↗ Living Theatre, *Spoken Word*-Veranstaltungen oder Lit.-Aktionen. Eingesetzt werden auch Medien wie Kino, Radio, Fernsehen oder Video, wobei deren Techniken und Sendeformate (ähnlich wie die Formate der ›hohen Kultur‹) zerlegt und neu formiert werden, z. B. unter Anwendung der ↗ Cut-Up-Methode. Foren für die U. sind neben Lesungen, Performances und ↗ Poetry Slams, die an den Erlebnisorten der Jugendkultur durchgeführt werden, Klein- und Kleinstverlage, die Bücher, Hefte und Zss. in kleinen Auflagen herausgeben, in denen Texte erscheinen, die dezidiert nicht dem Massengeschmack entsprechen und in denen mit verschiedenen Genres und Schreibweisen experimentiert wird (↗ Comic, Lyrik, Manifest, Splatter, Pornographie, Beat, Pop, Punk, kollektive Autorschaft). Heute ist es v. a. das Internet, über das die U. mit wenig Kostenaufwand distribuiert werden kann (Book on Demand, Online-Foren, Mailing-Listen, Fanzines). Auch wenn mit dem Etikett ›Underground‹ impliziert wird, es handle sich um politisch verfolgte oder gesellschaftlich verfemte Kunst, so wird die U. spätestens seit den 1960er Jahren als Laboratorium für lit. Innovationen verstanden. In den 1990er Jahren wird der Begriff – ähnlich wie ›Sub-Lit.‹ – kaum noch verwendet, weil er ein obsolet gewordenes hierarchisches, vom politischen Kampf dominiertes Gesellschafts- und Kunstverständnis und die Idee einer isolierten Gegenkultur voraussetzt. Wenn man stattdessen eher von ›Szene-Lit.‹ spricht, dann impliziert das die Einsicht, dass auch eine minoritäre und randständige Lit. nicht außerhalb der Gesellschaft steht, sondern etablierter Teil des lit. Lebens ist.
Lit.: W. Erhart: U. In: RLW. – W. Huder: Die Pop-, Beat-, Hippie- und Underground-Generation und ihre Lit. In: ders.: Von Rilke bis Cocteau. Ffm. 1992, S. 363–381. – P. Schütt: Agitation durch Aktion. Untergrund-Lit. In: R.-U. Kaiser (Hg.): Protestfibel. Bern u. a. 1968, S. 32–47. SP

Uneigentlichkeit [lat. *improprietas*], hermeneutischer und lit.theoretischer Terminus zur Kennzeichnung solcher Formen der Rede, in denen etwas gesagt und etwas anderes gemeint ist, die sich mithin einer unmittelbaren Wahrheitsbewertung systematisch entziehen, v. a. Tropen (↗ Tropus) wie ↗ Metapher, ↗ Metonymie oder ↗ Synekdoche; auch ↗ Analogie und ↗ Ironie; ferner Textformen wie ↗ Allegorie, ↗ Fabel und ↗ Parabel. U. der Rede fordert in bes. Maße die Kunst der ↗ Interpretation, wie sie zuerst die theologische ↗ Hermeneutik (z. B. in der Lehre vom mehrfachen ↗ Schriftsinn) entwickelt hat.
Lit.: W. Abraham: Linguistik der uneigentlichen Rede. Tüb. 1998. – H. G. Coenen: Analogie und Metapher. Bln., NY 2002. – R. Zymner: U. Paderborn u. a. 1991. – Ders.: Uneigentlich. In: RLW. HTE

Universalenzyklopädie ↗ Enzyklopädie.
Universalglossar, n., ↗ Vokabular.
University wits [engl. *wit* = Geist, Verstand, Witz], Gruppe professioneller engl. Dramatiker des ausgehenden 16. Jh.s, die in Oxford bzw. Cambridge studiert hatte und sowohl für das Hoftheater als auch für das *public theatre* schrieb. Die *U. w.* gelten als Vorläufer Shakespeares bzw. des Elisabethanischen und Jakobäischen Dramas. Neben G. Peele, R. Greene, Th. Lodge und Th. Nashe sind hervorzuheben: J. Lyly (1564–1606), dessen Komödien sich durch eine ausgeprägte Rhet. und einen hochgradig artifiziellen Stil (↗ Euphuismus) auszeichnen; der nicht akademisch gebildete Th. Kyd (1558–94), dessen »Spanish Tragedy« (1592/94) die Tradition der engl. Rachetragödie begründet und auf Shakespeares »Hamlet« vorausweist; Ch. Marlowe (1564–93), dessen Protagonisten von einem unbedingten Willen zur Macht in Politik (»Tamburlaine the Great«, 1587 f.) und Wissenschaft (»The Tragical History of Dr Faustus«, 1588 f.) getrieben sind.
Lit.: G. K. Hunter: English Drama 1586–1642. Oxford 1997. – A. F. Kinney (Hg.): A Companion to Renaissance Drama. Oxford 2002. CSH
Unreiner Reim ↗ Reim.
Unsinnspoesie [engl. *nonsense poetry*], auch: Unsinnsdichtung, Nonsensdichtung; Sammelbez. für Texte, die spielerisch von sprachlichen, empirischen oder logischen Regeln und Gewohnheiten abweichen. U. muss »eine Vielfalt von Bedeutungen mit gleichzeitiger Abwesenheit von Bedeutung balancieren«, um den Leser einerseits zur Interpretation einzuladen, andererseits die Erwartung zu vermeiden, über Konnotationen und Assoziationen sei ein ›tieferer Sinn‹ erschließbar (Tigges 1988). Anders als ↗ abstrakte Dichtung braucht U. eine ›Realität‹ als Bezugsebene (und sei es die des ↗ Märchens), suggeriert aber nicht deren tatsächliche Existenz und erzeugt deshalb durch ihre Abweichungen kein Grauen (wie das ↗ Groteske), sondern ↗ Komik. Ihre Tendenzlosigkeit unterscheidet U. von der ↗ Satire und der existentialistisch geprägten Lit. des Absurden, ihre Verweigerung ›tieferen‹ Sinns vom ↗ Surrealismus, der eine unbewusste ›Überrealität‹ sichtbar machen will. – Bevorzugte Verfahrensweisen der U. sind nach Tigges (1988) 1. die Umkehrung (z. B. rückwärts gelesene Wörter; ›verkehrte Welt‹); 2. die Grenz-Verwischung (z. B. Unterhaltung eines Autors mit dem von ihm erfundenen Helden); 3. die Verweigerung eines Abschlusses (z. B. durch endlose Reihung oder zirkuläres Erzählen); 4. die Behandlung heterogener Elemente als zusammengehörig, sei es unter Ausnutzung sprachlicher Eigenschaften wie Klangähnlichkeit (↗ Alliteration, ↗ Reim) und Mehrdeutigkeit von Wörtern, sei es unter willkürlicher Verwendung eines ›Ordnungs-Systems‹ (↗ Alphabet, ↗ Abecedarium, ↗ Limerick, L. Carrolls ›Verrückte Teegesellschaft‹ im siebten Kapitel von »Alice in Wonderland«). – Wichtige Vorläufer und Parallelerschei-

nungen der U. sind Kinderverse und Lügengeschichten, lit., gesellschaftliche und gelehrte Spiele (z. B. Quodlibet, ⁊ Leberreim; vgl. Liede). Als lit. Gattung etablierte sich die U. in England mit E. Lears »Book of Nonsense« (1846) und L. Carolls »Alice«-Geschichten (1865/72), in Deutschland 1905 mit Ch. Morgensterns »Galgenliedern«; dagegen fanden L. Tiecks romantische ⁊ Arabesken und E. Mörikes »Wispeliaden« erst spät Beachtung (vgl. Menninghaus, Liede). Weitere ›Klassiker‹ sind J. Ringelnatz und K. Valentin; in den 1960er Jahren modernisierten F. W. Bernstein, R. Gernhardt und F. K. Waechter die U. durch parodistische Einbeziehung journalistischer Darstellungsformen und stärkere Visualisierung.

Texte: P. Köhler (Hg.): Das Nonsens-Buch. Stgt. 1990. Lit.: P. Köhler: Nonsens. Theorie und Geschichte der lit. Gattung. Hdbg. 1989. – P. Ch. Lang: Lit. Unsinn im späten 19. und frühen 20. Jh. Nürnberg. 1972. – A. Liede: Dichtung als Spiel [1963]. 2. Bde. in 1 Bd. Bln., NY ²1992. – W. Menninghaus: Lob des Unsinns. Über Kant, Tieck und Blaubart. Ffm. 1995. – W. Tigges (Hg.): Explorations in the Field of Nonsense. Amsterdam 1987. – Ders.: An Anatomy of Literary Nonsense. Amsterdam 1988.   RSI

Unterbrochener Reim, regelmäßiger Wechsel zwischen reimlosen und reimenden Versen, Schema: *xaxa*; findet sich häufig im Volkslied und in volksliedhafter Lyrik.

Untergrundliteratur ⁊ Underground-Lit.

Unterhaltungsindustrie, Wirtschaftszweig, dessen industriell gefertigte und kommerziell vertriebene Produkte und Dienstleistungen die für moderne Gesellschaften charakteristische Nachfrage nach zweckfreier Unterhaltung befriedigen. Aus der Marktorientierung der U. resultieren stereotype Inhalte und Formen mit hohem Wiedererkennungswert und breit gestreutem Identifikationsangebot für ein Massenpublikum. Produktionsweise bzw. Wirkungs- und Rezeptionsintention grenzen den Funktionsbegriff ›U.‹ vom enger gefassten Begriff ›Showbusiness‹ bzw. vom umfassenderen Terminus ⁊ ›Kulturindustrie‹ ab. – Im Zuge der Industrialisierung und der ›Erfindung‹ von Freizeit zur Regenerierung der Arbeitskraft bilden sich im 18. Jh. zuerst in England eine öffentliche Vergnügungskultur und ein modernes Lit.system aus. Dessen zunehmende Professionalisierung und Kommerzialisierung (⁊ Unterhaltungslit.) leitet zu Beginn des 19. Jh.s den Wandel zur U. ein, den eine Veränderung in Rezeptionsverhalten und -motivation komplettiert: »[N]eben eine schrumpfende ›kulturäsonnierende‹ Leserschicht trat eine anonyme kulturkonsumierende Öffentlichkeit« mit einer Tendenz zur »passiven, eher eskapistischen Aufnahme der Lektüre« (Wittmann, S. 290). Im Zeitalter elektronischer und digitaler Medien ist die U. expandiert und hat an transnationaler ökonomischer Bedeutung gewonnen. – Die ⁊ Kulturkritik steht der U., v. a. dem Fernsehen, kritisch gegenüber: Die Unterhaltung werde »zum natürlichen Rah-

men jeglicher Darstellung von Erfahrung« (Postman, S. 110). Dies bestätigen sozial- und politikwissenschaftliche Analysen der »Erlebnisgesellschaft« (Schulze) ebenso wie die Begriffsbildungen ›Dokufiktion‹, ›Edutainment‹, »Infotainment« (Wittwen) oder »Politainment« (Dörner), welche Vermischungen der Bereiche Information, Politik und Unterhaltung signalisieren.

Lit.: A. Dörner: Politainment. Ffm. 2001. – R. Dyer: Only Entertainment. Ldn., NY 1992. – N. Postman: Wir amüsieren uns zu Tode [engl. 1985]. Ffm. 1985. – G. Schulze: Die Erlebnisgesellschaft. Ffm. 1992. – R. Wittmann: Geschichte des dt. Buchhandels [1991]. Mchn. 1999. – A. Wittwen: Infotainment. Bern 1995.
                                                   JHA

Unterhaltungsliteratur, Sammelbez. für lit. Texte, die in dem sog. Dreischichtenmodell von Lit. (vgl. Foltin) der mittleren Ebene zwischen ⁊ Hoch- und ⁊ Trivialit. zugeordnet werden. Die Übergänge der U. zur Hoch- und Trivialit. sind fließend. Wenngleich die Kriterien für die Bestimmung der Schichten lit. Qualität im Einzelnen kontrovers diskutiert werden, so herrscht doch weitgehend Konsens darüber, dass sich U. anders als Hochlit. der schematischen Erfüllung von lit. Mustern und der klischeehaften Darstellung von Wirklichkeit annähern kann, ohne jedoch wie die Triviallit. von diesen Merkmalen dominiert zu sein. Der Begriff ›U.‹ wird häufig pejorativ gebraucht; demgegenüber ist eine wertneutrale Begriffsverwendung anzustreben. Eine nähere Bestimmung von ›U.‹ kann zunächst auf zentrale Wertungskriterien für Lit. Bezug nehmen: U. ist danach durch ein im Vergleich zur Hochlit. geringeres Maß an Komplexität, ⁊ Polyvalenz und Originalität geprägt. Auf der Ebene konkreter Merkmale tendiert U. zur Stoff- bzw. Handlungsorientierung und zur leichten Verständlichkeit der sprachlichen Darstellung; narrative Texte zeichnen sich prototypisch durch Handlungsorientierung und szenisches Erzählen sowie durch Identifikationsangebote aus. Diese Merkmale erlauben eine Rezeption, bei der die Unterhaltungsfunktion eine wichtige Rolle spielt und Lesefreude und Lesegenuss fördert; neue Sichtweisen auf Wirklichkeit sind für den Rezipienten in begrenztem Maße möglich. – Die Geschichte der U. in Deutschland ist eng an die Entstehung eines lit. Marktes in der zweiten Hälfte des 18. Jh.s geknüpft, der die Voraussetzung für die massenhafte Verbreitung von Lit. für ein breites Lesepublikum schuf. Im 19. und 20. Jh. dominiert in der U. der Roman (K. Immermann, P. Heyse, H. Löns, F. Werfel, H. Fallada). Die gehobene U. greift im 20. Jh. Elemente der lit. Moderne auf (E. Kästner: »Fabian«, 1931); Ende des 20. Jh.s kann die U. zahlreiche angesehene Werke renommierter Autoren vorweisen (R. Schneider: »Schlafes Bruder«, 1992; U. Hahn: »Ein Mann im Haus«, 1991).

Lit.: H. F. Foltin: Die minderwertige Prosalit. In: DVjs 39 (1965), S. 288–323. – M. Greiner: Die Entstehung der modernen U. Reinbek 1964. – J. Hienger (Hg.): U.

Gött. 1976. – D. Petzold, E. Späth (Hg.): U. Erlangen 1990. ML

Uraufführung, Steigerungsform: Welturaufführung; erste ⟋ Inszenierung eines Bühnenstücks, erste Darbietung eines Musikwerks (⟋ Oper, ⟋ Operette) oder eines Films, die zumeist in der Originalsprache erfolgt. Im Fall von Übers.en firmiert gelegentlich auch die erste Aufführung in der Übersetzersprache als ›U.‹; gab es zuvor bereits eine U. in der Originalsprache, sollte man genauer von – z. B. ›dt.‹ – ›Erstaufführung‹ sprechen. – Der Begriff ›U.‹ ist seit 1902 gebräuchlich für frz. *premiere*. Der dt. Begriff ›Premiere‹ kann aber heute auch für die erste Aufführung der Neuinszenierung eines bereits andernorts uraufgeführten Stücks stehen. Zur Förderung der zeitgenössischen Dramatik musste in der Weimarer Republik jede Bühne pro Jahr eine U. inszenieren, was v. a. die Bedeutung der Theater-›Provinz‹ stärkte. Vor Regelung des ⟋ Urheberrechts wurden die Dramen aus finanziellen Erwägungen erst nach der U. in Druck gegeben, heute erscheinen sie oftmals zeitgleich mit der U. im Druck. GM/NI

Urban legends ⟋ Folklore.

Urbild [Lehnübers. von gr.-lat. ⟋ *Archetypus*], auch: Urform, Urphänomen; in J. W. Goethes Naturphilosophie die durch »Anschauende Urteilskraft« (1817) zu erschließende Anfangsstufe, der ideale Ausgangspunkt einer Entwicklung, in dem die Phänotypen (die späteren Ausprägungen) bereits angelegt sind, z. B. die ›Urpflanze‹ als Inbegriff der wesentlichen Elemente aller Pflanzen (»Versuch die Metamorphose der Pflanzen zu erklären«, 1790). Seit den 1790er Jahren spricht Goethe meist neutraler von ⟋ ›Typus‹ (1), ohne die Vorstellung einer Einheit der Natur aufzugeben. – Die naturphilosophische Annahme von U.ern und deren ›Metamorphosen‹ wurde in der ⟋ morphologischen Lit.wissenschaft auf höchst problematische Weise auf lit. Phänomene übertragen. GS/DB

Urheberrecht, 1. die Gesamtheit der Rechtsnormen, welche die materiellen und ideellen Interessen der Schöpfer von Geisteswerken schützen; 2. das subjektive Recht des Urhebers an seinem Werk. – Das moderne U. ist aus dem Privilegienwesen hervorgegangen, das ab 1469 in der Folge der Erfindung des ⟋ Buchdrucks entstand und Druckern und Verlegern einen allerdings sehr lückenhaften Schutz gegen Nachdruck bot. Ein Recht des Autors an seinem Werk wurde erst im engl. »Statute of Anne« (1710), später auch in Frankreich (1791), Preußen (1837) und anderen Staaten gesetzlich anerkannt. Dem Bemühen um ein internationales U. verdankt sich die »Berner Übereinkunft« von 1886, die seither mehrfach revidiert und durch zahlreiche weitere Abkommen und multilaterale Verträge ergänzt wurde, ohne dass die fundamentalen Differenzen zwischen kontinentaleuropäischem U., das dem Urheber eine unveräußerliche Werkherrschaft zubilligt, und am. Copyright, das in seinem Kern ein Verlegerrecht ist, vollständig überwunden worden wären. – Die Auswirkungen des U.s auf die Kunstent-

wicklung sind noch nicht systematisch erforscht. Offenkundig ist, dass der U.sschutz als solcher zur Produktion zumindest vorgeblich origineller Werke nötigt und damit die ästhetische Kategorie der ⟋ Originalität rechtlich institutionalisiert und gegenüber alternativen ästhetischen Normen (z. B. des ⟋ Klassizismus oder der Volkskunst) privilegiert.
Lit.: H. Bosse: Autorschaft ist Werkherrschaft. Paderborn 1981. – K. Kanzog: U. In: RLW. – U. Loewenheim (Hg.): Hb. des U.s. Mchn. 2003. – E. Ortland: U. und ästhetische Autonomie. In: Dt. Zs. für Philosophie 52 (2004), S. 773–792. – M. Rehbinder: U. Mchn. [13]2004. – M. Woodmansee, P. Jaszi (Hg.): The Construction of Authorship. Durham, Ldn. 1994. RSR

Urpoesie ⟋ Volkspoesie.

Urschrift, seit 1517 Lehnübers. für gr.-lat. *autographum* (⟋ Autograph), seit 1645 (Ph. v. Zesen) auch für ⟋ Original, allg. üblich seit J. H. Campe: »Wörterbuch der dt. Sprache«, 1811. IS/Red.

Utopie, f. [von *utopia*, Kunstwort, gebildet 1516 von Th. Morus zur Bez. eines idealen ›Nirgendreichs‹ auf einer Insel, aus gr. *ou* = nicht, und *tópos* = Ort], Entwurf eines idealen Gemeinwesens und Staates, in dem Unglück, Gebrechen und gesellschaftliche Ungerechtigkeiten durch soziale, politische, ökonomische, kulturelle Reformen oder Revolutionen in das vollkommene Glück aller verwandelt sind. Die U. stellt eine alternative (progressive oder regressive) Ordnung dar, in der Kontingenz und Unberechenbarkeit möglichst ausgeschaltet sind. Im Unterschied zum negativen alltagssprachlichen Gebrauch des Begriffs im Sinne von ›wirklichkeitsfremdes Phantasieprodukt, Hirngespinst, Wahnbild oder Schwärmerei‹ wird im ⟋ utopischen Roman, Dialog, Essay und in der utopischen Abhandlung ein den religiösen Paradiesvorstellungen entsprechendes Ziel der menschlichen Hoffnungen und Wünsche als erreichbar vorgestellt. Die Wurzeln der U. sind in der gr. Antike zu finden, bes. in Platons von Philosophen regiertem Idealstaat »Politeia« (4. Jh. v. Chr.). Bis zur Neuzeit ist dieser ein statisches Gebilde, in dem sich eine höhere, meist gottgewollte Ordnung verkörpert. Seit F. Bacons »Nova Atlantis« (1627) bildet sich aber ein dynamischeres U.modell heraus, in dem Wissenschaft und Technik die zunehmende Perfektionierung der Gesellschaft befördern. Hier wird die totale Beherrschung der Natur zur Grundlage allg. Glückseligkeit. Seit dem Ende des 19. Jh.s, als die weißen Flecken auf dem Globus zusammenschmolzen, wird die U. oft nicht mehr an abgelegenen Orten, sondern in entfernten Zeiten angesiedelt (›Uchronie‹). Die totalitären Systeme des 20. Jh.s haben den U.begriff in Verruf gebracht und die Skepsis gegen alle Projekte der ›Zwangsbeglückung‹ und jede profane Heilserwartung genährt. Nicht nur der Gewaltherrschaft unter dem Zeichen eines ›Tausendjährigen Reichs‹ oder einer ›Diktatur des Proletariats‹ gilt das Misstrauen, sondern dem Kern des utopischen Gedankens: dass das Glück des Einzelnen in einer idealen Gesellschaftsordnung begründet sein müsse. Einer solchen prinzipiellen Ablehnung des utopischen Denkens und dem mit ihm verbundenen Ideologieverdacht kann ein U.verständnis entgegengehalten werden, in welchem mit E. Bloch (»Geist der U.«, 1918/23; »Das Prinzip Hoffnung«, 1954–59) das Utopische nicht als normative Zielvorstellung, sondern als Korrektiv, als Widerstand gegen die Macht des Status quo und als Erinnerung an die Zukunft verstanden wird.

Lit.: J. R. Bloch: U. Opladen 1997. – H.-E. Friedrich: U. In: RLW. – R. Levitas: The Concept of Utopia. Syracuse, NY 1990. – E. Rothstein u. a.: Visions of Utopia. Oxford 2003. – R. Schaer (Hg.): Utopia. Oxford 2000. – W. Voßkamp (Hg.): U.forschung. 3 Bde. Stgt. 1982. – M. Winter: Compendium Utopiarum. Typologie und Bibliographie lit. U.n. Stgt. 1978.   RI

Utopischer Roman, längerer Erzähltext, der in einer von der Gegenwart und/oder dem geographischen Ort des Autors und seiner primären Adressaten weit entfernten Welt angesiedelt ist; wichtigste lit. Form der ↗ Utopie. Die lit. Einkleidung kann den Zweck haben, den Autor durch ihren spielerisch-fiktiven Charakter vor ↗ Zensur zu schützen oder durch ihre narrative Dynamik zur Lektüre anzuregen. Die erzählerische Rahmung kann aber auch einen Authentizitätseffekt hervorrufen: Der utopische Staat wird scheinbar von einem Augenzeugen besichtigt. Diese Technik der narrativen Beglaubigung ist dem Romanleser durchaus vertraut und durchschaubar. Während im *Staatsroman*, dessen Schwerpunkt auf gesellschaftlichen und politischen Fragestellungen liegt, die Romanform meist nur lit. Beiwerk ist, durchdringt sie im utopischen ↗ Abenteuerroman die Struktur der alternativen Welt selbst; diese Variante des utopischen Romans ist der ↗ phantastischen Lit. und der ↗ Science-Fiction verwandt. – Die Geschichte des utopischen Romans beginnt in der Neuzeit. Th. Morus schuf mit »De optimo rei publicae statu sive […] utopia« 1516 ein Paradigma. Formal orientiert sich Morus noch weitgehend an den platonischen ↗ Dialogen: Auf die Fragen eines fremden Reisenden antwortet ein kundiger Führer. Stilprägend wirkt die Rahmenhandlung, die das zeitgenössische Interesse an Forschungsreisen für die Einführung der Gegenwelt nutzt. Wichtige inhaltliche Elemente späterer Utopien sind ebenfalls bei Morus vorgeprägt: der Vorrang des Gemeininteresses vor den individuellen Belangen, die Einschränkung des Privat- zugunsten des Kollektivvermögens, die harmonische Einbindung des Individuums in eine staatliche Ordnung. Ein strengeres Regime imaginiert T. Campanella, dessen »Civitas solis« (1602 f.; dt. ›Der Sonnenstaat‹) schon in der architektonischen Anlage – sieben Mauerkreise sind konzentrisch um den Mittelpunkt angeordnet – hierarchische Strukturen aufweist. Behörden kontrollieren die strenge Einhaltung einer astrologisch berechneten Alltagspraxis – einschließlich des Geschlechtsverkehrs. Während J. V. Andreae in »Reipublicae Christianopolitanae descrip-

tio« (1619) ein ganz den Lehren des ↗ Pietismus unterworfenes Gemeinwesen propagiert, ist F. Bacons »Nova Atlantis« (1624/27) erstmals dem naturwissenschaftlich-technischen Fortschrittsdenken verpflichtet. Im 17. und 18. Jh. erscheint die Utopie als Komponente von stärker handlungsorientierten Romanformen, bes. des *Voyage imaginaire*. In den Weltraum führen C. de Bergeracs satirisch eingefärbte Romane »Histoire comique contenant les estats et les empires de la lune« (1657) und »L'histoire comique des estats et empires du soleil« (1662). Auch die fremden Welten in J. Swifts »Gulliver's Travels« (1726) und Voltaires »Micromégas« (1752) sind ein verzerrter satirischer Spiegel der irdischen Verhältnisse, der das Vertraute, das für naturgegeben und unveränderlich Gehaltene, als historisch bedingt und oft lächerlich erscheinen lässt. In Romanen wie L. Holbergs »Nicolai Klimii iter subterraneum« (1741) wird das Utopische durch die Lust am Abenteuer und am Fabulieren überwuchert. Dem Schema der ↗ Robinsonade ist J. G. Schnabels »Wunderliche Fata einiger Seefahrer […]« (1731–43), auch unter dem Titel »Die Insel Felsenburg« bekannt, verpflichtet. Der dt. *Staatsroman* der Aufklärung, beispielsweise A. v. Hallers »Usong« (1771) oder »Der goldene Spiegel« (1772) von Ch. M. Wieland, zielt ebenso wie der ältere *Fürstenspiegel* (Thomas von Aquin: »De regimine principum«, 1265; Erasmus von Rotterdam: »Institutio principis Christiani«, 1516; N. Machiavelli: »Il principe«, 1532) auf Reformen des Feudalsystems und gehört zu den gemäßigteren Spielarten des utopischen Romans. Eine weitere Sonderform bilden die *Gelehrtenrepubliken*, die insofern vom utopischen Modell abweichen, als hier die privilegierte Schicht der Dichter ein exklusives ideales Gemeinwesen gründet (u. a. D. de Saavedra Fajardo: »Republica Literaria«, 1655; F. G. Klopstock: »Die dt. Gelehrtenrepublik«, 1774). A. Schmidt hat 1957 mit seiner »Gelehrtenrepublik« das Ideal der harmonisch zusammenarbeitenden Wissenschaftler widerrufen. Das 19. Jh. greift verstärkt auf F. Bacons naturwissenschaftlich-technisch orientierte Utopie zurück. Während sich die frz. Utopisten Ch. Fourier und C. H. de Saint-Simon diskursiver Formen bedienen, halten Autoren wie É. Cabet (»Le voyage en icarie«, 1840), E. Bellamy (»Looking backward 2000-1887«, 1888) oder Th. Hertzka (»Freiland. Ein soziales Zukunftsbild«, 1890) an der Romanform fest. Zugleich bildet sich im 19. Jh. aus der Skepsis gegenüber den Folgen der Industrialisierung und einer beschleunigten Modernisierung eine negative Form des utopischen Romans heraus: die *Anti-Utopie* (auch als ›Dystopie‹ oder ›Mätopie‹ bezeichnet). É. Souvestre (»Le monde tel qu'il sera«, 1846), E. G. Bulwer-Lytton (»The coming race: or the new Utopia«, 1871), S. Butler (»Erewhon«, 1872), J. Verne (»Les cinq cents millions de la bégum«, 1879) u. a. machen oft drastisch auf die fatalen Folgen einer rücksichtslosen Technisierung aller Lebensbereiche aufmerksam. Einen eher mystischen Umgang mit der Technik propagiert P. Scheerbarts Planetenroman »Lesabéndio«(1913). In der Tradition solcher Technik- und Modernitätskritik sind die drei ›Klassiker‹ der Anti-Utopie zu sehen: E. Zamjatins »My« (»Wir«, 1920), A. Huxleys »Brave new world« (1932) und G. Orwells »1984« (1949). In ihnen verkehren sich die utopischen Ideale der Sicherheit, Transparenz und staatlichen Regulierung, der Abschaffung von Ungleichheit und Zufall sowie der gesellschaftlichen Harmonie in ihr Gegenteil: Unfreiheit, Willkür, Überwachung, Terror, Auslöschung der Individualität. Auch in H. Hesses »Glasperlenspiel« (1943), F. Werfels »Stern der Ungeborenen« (1946) und E. Jüngers »Heliopolis« (1949) lassen politische, soziale und psychologische Kräfte die utopischen Entwürfe scheitern. Die Desillusionierung romantischer Hoffnungen wird in Ch. Wolfs »Kein Ort. Nirgends« (1979) programmatisch gestaltet. Während Anti-Utopien heute in Katastrophenszenarien der Populärlit. und agonalen Zukunftsvisionen der Science-Fiction fortleben (↗Zukunftsroman), sind positive Utopien selten geworden. Nach dem Abklingen feministischer und ökologischer Zukunftsbilder, die in der Nachfolge der 68er-Bewegung ein neues, herrschaftsfreies Verhältnis zur Natur und zwischen den Geschlechtern vorgestellt haben (U. LeGuin: »The left hand of darkness«, 1969; J. Russ: »When it changed«, 1972; E. Callenbach: »Ökotopia«, 1975), scheint sich das Utopische im Roman der Gegenwart auf erratische Einsprengsel reduziert zu haben.

Lit.: K. Berghahn, H. U. Seeber: Lit. Utopien von Morus bis zur Gegenwart. Königstein/Ts. 1982. – W. Biesterfeld: Die lit. Utopie [1974]. Stgt. ²1982. – W. Braungart: Die Kunst der Utopie. Stgt. 1989. – H. Esselborn (Hg.): Utopie, Antiutopie und Science Fiction im dt. sprachigen Roman des 20. Jh.s. Würzburg 2003. – H. Gnüg: Utopie und u. R. Lpz. 1999. – R. Jucker (Hg.): Zeitgenössische Utopieentwürfe in Lit. und Gesellschaft. Amsterdam 1997. – G. Müller: Gegenwelten. Die Utopie in der dt. Lit. Stgt. 1989. – R. Saage: Utopieforschung. Darmstadt 1997. – L. Sargisson: Contemporary feminist utopianism. Ldn. u. a. 1996.   RI

Ut pictura poesis [lat. = wie ein Bild (sei oder ist) die Dichtung], formelhaft verwendetes Zitat aus der »Epistula ad Pisones« (»Ars poetica«) des Horaz (V. 361). Werden Malerei und Lit. bei Horaz nur unter dem Ge-

sichtspunkt der für beide geltenden Wichtigkeit des Betrachter- bzw. Leserstandpunktes verglichen, so wird mit der Formel ›u. p. p.‹ seit der Spätantike die poetologische Forderung einer malenden lit. Darstellung verbunden. – Die auf diesem Missverständnis basierende Frage, inwiefern die Dichtung vermittels sprachlicher Zeichen quasi-bildliche, sinnlich-konkrete Vorstellungen evozieren könne bzw. solle, betrifft zum einen den Charakter der Lit. als ↗Mimesis, bei der sich der Leser das Dargestellte durch detailreiche, anschauliche Beschreibung als Bild vorstellen kann (↗Ekphrasis), zum anderen das durch ↗Metaphern, ↗Symbole, ↗Vergleiche, ↗Allegorien u. a. gekennzeichnete bildliche Sprechen. – In der Frühen Neuzeit spielte die Formel in kunst- und lit.theoretischen Schriften v. a. im Zusammenhang mit dem Wettstreit der Künste (↗Paragone) eine Rolle, lit. produktiv war sie im Bereich der beschreibenden poetischen Gemälde (↗Figurengedicht, ↗Bild- oder Gemäldegedicht), der emblematischen Lit. sowie der malenden Lehrgedichte und ↗Idyllen der Aufklärung, denen das Ideal einer Annäherung von Dichtung und Malerei gemein ist. Einen Wendepunkt in der u. p. p.-Diskussion markiert G. E. Lessings »Laokoon« (1766), der – ausgehend von J. J. Winckelmanns Interpretation der hellenistischen Laokoon-Statue – eine Grenze zwischen den beiden Künsten zu ziehen versucht: Er definiert Malerei als räumliche Gestaltung eines *Augenblicks* (Simultankunst), Dichtung dagegen als zeitliche Entfaltung bewegter *Handlung* (Sukzessivkunst). Die Lit.theorie der dt. Klassik und des Realismus übernahm die zentrale Stellung des Handlungsbegriffs als Abgrenzungsmöglichkeit der Dichtung von der Malerei. Seit dem 20. Jh. erhält die Formel ›u. p. p.‹ neue Bedeutung, weil die bildende Kunst mit ihrer Tendenz zu abstrakten, die Wirklichkeit gerade nicht abbildenden Formen eine Orientierungsfunktion für die ebenfalls nichtrealistische Lit. haben kann (z. B. in der ↗konkreten Poesie, im ↗Dadaismus und im ↗Nouveau Roman).

Lit.: V. Bohn (Hg.): Bildlichkeit. Ffm. 1990. - H. Ch. Buch: U. p. p. Mchn. 1972. – H. Wenzel: Hören und Sehen. Schrift und Bild. Mchn 1995. – G. Willems: Anschaulichkeit. Tüb. 1989. – Ders.: [Ut] pictura poesis. In: RLW.   WHO

V

Vademekum, n. [lat. *vade mecum* = geh mit mir], kurzer Abriss, Leitfaden oder praktischer Ratgeber; taucht als Titelbestandteil auf, z. B. A. Schöne (Hg.): »Göttinger Vademecum« (Mchn., Gött. 1985).　　GS/Red.

Vagabundenroman ↗ Landstreicherroman.

Vaganten, m. Pl. [lat. *vagans* = umherschweifend], von J. Grimm (»Gedichte des mittelalters auf könig Friedrich I den Staufer und aus seiner sowie der nächstfolgenden zeit«, 1843) für die Lit.wissenschaft adaptierte Bez. für die Verfasser der sog. ↗ Vagantendichtung, die man sich als von Schule zu Schule ziehende Langzeitstudenten und Kleriker der niederen Weihegrade ohne feste Anstellung vorstellte. Obwohl es die V. der Sache nach zweifellos gegeben hat, ist doch ein Zusammenhang mit der Lyrik, die man ihnen zuschreibt, in der Regel so wenig gegeben wie der ebenfalls aus dem Geist der Romantik konstruierte Zusammenhang zwischen Spielmann und ↗ Spielmannsdichtung. Beiden Komplexen ist allerdings gemeinsam, dass die soziale Rolle der vermeintlichen Träger den Texten schon im Akt der Produktion punktuell eingeschrieben wurde.　　CF

Vagantendichtung, sachlich unzutreffende Bez. für die um 1130 in Frankreich aufkommende lat. weltliche Lyrik des MA.s, als deren Urheber man die ↗ Vaganten vermutete, weil ihre Thematik deren Situation zu reflektieren schien: ihre Mittellosigkeit und Reiselust, ihre Liebes- und Glücksspiele, Zechlust und ihren Alkoholkonsum; schließlich ihr satirisches Anprangern kirchlicher und sozialer Missstände. – Von derartigen Voraussetzungen kann freilich keine Rede sein. Nahezu alle bekannten Verfasser von V. waren bedeutende Gelehrte an renommierten Schulen, im Kirchen-, Kanzlei- und Hofdienst, die das gesamte Spektrum der antiken Liebesdichtung, Mythologie, Rhet. und Dialektik zum Einsatz brachten. Vermeintliche Ungezwungenheit der Rede ist Stilmerkmal der V., die in ihr geübte, durchaus konservative Kritik fällt nur im Ton, nicht in der Sache auf. Herausragende Exponenten dieser Lyrik, die in höchsten Kreisen rezipiert wurde, waren Hugo Primas (1093–um 1160), der Archipoeta (bezeugt 1161–67, vermutlich in Köln), Walther von Châtillon (Reims, gestorben um 1185) und Peter von Blois (um 1130/35–1212, Archidiakon in Bath und London). Ein Zeugnis für die Rezeption der V. an geistlichen und weltlichen Höfen stellen die dt.-lat. »Carmina Burana« dar (Hs. Clm 4660 der Bayrischen Staatsbibliothek München, aus Kloster Benediktbeuern), die auch vom ↗ Minnesang (u. a. Walther von der Vogelweide, Heinrich von Morungen, um 1220) zur Kenntnis genommen wurden. Die Vertonung einer Textauswahl durch C. Orff (1937) ließ die »Carmina Burana« zum Inbegriff der V. und zum nationalen Bildungsgut aufsteigen.

Texte: K. Langosch (Hg.): Die Lieder des Archipoeta. Stgt. 1965. – O. Schumann (Hg.): Carmina Burana. Hdbg. 1930. – K. Strecker (Hg.): Die Lieder Walthers von Châtillon in der Hs. 351 von St. Omer. Bln. 1925.
Lit.: G. Bernt: V. In: LMA. – Ders.: Archipoeta. In: VL. – A. Betten: Lat. Bettellyrik. In: Mlat. Jb. 11 (1976), S. 143–150. – F. P. Knapp: Die »Carmina Burana« als Ergebnis europäischer Kulturtransfers. In: I. Kasten u. a. (Hg.): Kultureller Austausch und Lit.geschichte im MA. Sigmaringen 1998, S. 283–301. – P. Lehmann: Die lat. V. In: K. Langosch (Hg.): Die Mlat. Dichtung. Darmstadt 1969, S. 382–410. – V. Mertens: Carmina Burana. In: LMA. – F. J. Worstbrock: V. In: RLW.　　CF

Vagantenstrophe ↗ Vagantenzeile.

Vagantenzeile, silbenzählender ↗ Langvers, der sich in einen vierhebigen Siebensilber mit männlicher Kadenz und einen dreihebigen Sechssilber mit weiblicher Kadenz gliedert: »Lítterátos cónvocát / décus vírginále« (»Carmina Burana« 138, 3). Vier V.n mit gleichem Endreim bilden eine Vagantenstrophe. – Die Bez. geht auf das frühe und häufige Auftreten der Form in der sog. ↗ Vagantendichtung (Mitte 12. Jh.) zurück. Allerdings weist das Metrum weit über die Grenzen der namengebenden Textgruppe hinaus; es fand Anwendung in nahezu allen Gattungen (Liebeslied, Lehrgedicht, Streitgedicht, ↗ Vita, ↗ Satire) bis hinein in die umfangreiche geistliche Versdichtung (»Vita beatae Mariae rhythmica«, 13. Jh.; ca. 8.000 Verse). Konrad von Würzburg adaptierte die V. in der »Klage der Kunst« (13. Jh.). Die neuzeitliche Rezeption etwa bei G. A. Bürger (»Zechlied«, 1778) zeugt bereits von der (im Übrigen nachvollziehbaren) Verengung auf die Schwerpunkte der Vagantendichtung. Ein Einfluss der V. auf die Entwicklung dt. Versformen wird kontrovers beurteilt.

Lit.: H.-J. Frank: Hb. der dt. Strophenformen. Mchn. 1980, S. 590–592. – F. J. Worstbrock: V./Vagantenstrophe. In: RLW.　　CF

Vampirroman, motivisch bestimmte Sonderform des ↗ Schauerromans, in deren Zentrum die aus antiker Mythologie, Dämonologie und v. a. südosteuropäischen ↗ Sagen bekannte Gestalt eines Vampirs steht. Der Vampir ist ein ›Wiedergänger‹, ›Nachzehrer‹ oder ›Untoter‹, der sich in Tiere (v. a. Fledermäuse) verwandeln kann und sich nächtlich, durch Biss in die Halsschlagader seiner Opfer, vom Blut der Lebenden nährt. Sein Dasein verdankt sich einem Fluch oder aber der Infektion durch den Biss eines anderen Vampirs. Nur unter Beachtung bestimmter Rituale kann der Vampir getötet und ggf. erlöst werden. – Nach Aufsehen erregenden Berichten über umgehende Vampire in Ungarn und Serbien eroberte das Motiv die Salons des aufgeklärten Europa und schließlich die romantische Lit. Nach J. W. Goethes Ballade »Die Braut von Korinth«

(1797), einer irrtümlich Lord Byron zugeschriebenen Erzählung W. Polidoris (1819), Th. Gautiers Geschichte »La morte amoureuse« (1836) und den Romanen von M. Rymer um »Varney the Vampyre« (1845) lieferte Sh. LeFanu mit seiner Erzählung »Carmilla« (1872) eine der reizvollsten lit. Adaptionen. Sehr viel berühmter wurde der Roman »Dracula« (1897) des Iren B. Stoker. Der Name des titelgebenden Vampirs geht auf den wegen seiner Grausamkeit berüchtigten Walachenprinzen Vlad Dracul zurück. Stoker erstellte mit seinem Roman ein Kompendium des Vampirismus, dessen Ideen noch in der gegenwärtigen Lit. (A. Rice, St. King, Ch. Quinn Yarbou) und in den zahlreichen filmischen Bearbeitungen des Stoffes wirksam sind. – Das Motiv des Vampirs hat einen deutlichen sexuellen, soziologischen, topographischen und geschlechtsspezifischen Index: Biss und Bluttrinken symbolisieren eine tabuisierte, gewalttätige Sexualität aristokratischer Männer von dubioser (häufig osteuropäischer) Herkunft, die sich an wehrlosen (hypnotisierten) bürgerlichen Mädchen aus England oder Mitteleuropa vergehen. Mit der Pfählung des Vampirs triumphieren bürgerliche Moral und genitale Sexualität über aristokratischen Revanchismus und perverse Erotik. Um 1900 beginnt die geschlechtliche Umcodierung des bis dahin zumeist männlichen Blutsaugers zu einem weiblichen Plagegeist, der im männermordenden ›Vamp‹ des Films seine Verfallsform findet. Der Erfolg des Motivs verdankt sich seiner Mehrdeutigkeit und seiner Ambivalenz: Der Vampirismus besitzt eine hohe metaphorische Eignung zur Darstellung politischer, ideologischer oder psychischer Formen der Unterdrückung und Bemächtigung und erlaubt eine oszillierende, mal mit dem Täter, mal mit dem Opfer sympathisierende Identifikation; zumal das Motiv eines psychischen Vampirismus, der seelischen Unterwerfung und sadistischen Peinigung, hat auch in die Hochlit. Eingang gefunden (E. A. Poe, G. de Maupassant, A. Muschg, H. C. Artmann, I. Bachmann, E. Jelinek).

Lit.: H. R. Brittnacher: Ästhetik des Horrors. Ffm. 1994, S. 117–180 – C. Ruthner: Am Rande. Tüb., Basel 2004, S. 121–174. – D. Sturm, K. Völker (Hg.): Von denen Vampiren oder Menschensaugern. Mchn. 1968.   HRB

Variante, f. [frz. *variante* = die abweichende (Lesart); von lat. *varius* = verschieden], Grundbegriff der ↗ Textkritik und ↗ Editionstechnik; in der älteren Forschung auch: ↗ Lesart (2). Eine V. ist der abweichende Zeichenbestand einer Textstelle, der entweder auf eine Korrektur oder Änderung des Textes durch den ↗ Autor zurückgeht (›Autor-‹ oder ›Entstehungs-V.‹) oder das Ergebnis von Eingriffen Dritter wie Schreibern, Verlegern, Redakteuren, Korrektoren, Setzern, Druckern oder Editoren ist (›Fremd-‹ oder ›Überlieferungs-V.‹). Textzustände, die sich in mindestens einer Hinsicht voneinander unterscheiden, also wenigstens eine V. aufweisen, heißen ↗›Fassungen‹. Die editorische Arbeit zielt darauf, einen möglichst authen-

tischen Text zu (re-)konstruieren. Dazu muss sie Entstehungs- und Überlieferungs-V.n voneinander unterscheiden: Jene sind für den Nachvollzug und die Darstellung der Textgenese in ↗ historisch-kritischen und ↗ kritischen Ausgaben relevant, diese nur für die zeitgenössische Wirkung des Textes nach seiner Erstveröffentlichung sowie – wenn sie vom Autor nicht in weiteren Auflagen oder in einer ↗ Ausgabe letzter Hand korrigiert werden – für die Wirkungsgeschichte. Sind (wie bei den Erzählungen H. v. Kleists) keine Druckvorlagen oder vom Autor korrigierte Druckfahnen überliefert, kann die Unterscheidung der beiden V.ntypen nur anhand sekundärer Kriterien erfolgen (etwa der aus hsl. Texten erschließbaren orthographischen Gewohnheiten des Autors oder der aus anderen Druckwerken bekannten Konventionen einer Druckerei). Ein weiteres Grundproblem ist die editorische und interpretatorische Bewertung von Entstehungs-V.n: Sah die frühere, am Telos der Reinschrift und des Erstdrucks orientierte Forschung sie meist als überwundene und verworfene Abweichungen von diesen an und verbannte sie in ›Lesartenapparate‹, so neigen jüngere Editionen (etwa im Gefolge der frz. *critique génétique*) dazu, eine sich verselbständigende Vielfalt von V.n, aber keinen kohärenten Lesetext mehr zu präsentieren. Kommt das der Textur des überlieferten Materials einiger Autoren entgegen (etwa den z. T. bis zu fünf V.n eines einzigen Worts aufhäufenden Paradigmen in den späten Hss. F. Hölderlins), so kann das Verfahren doch nicht sinnvoll auf alle Autoren und Textkorpora übertragen werden.

Lit.: K. Kanzog: Einf. in die Editionsphilologie der neueren dt. Lit. Bln. 1991, S. 136–148. – H. Kraft: Editionsphilologie. Darmstadt 1990, S. 39–58. – G. Martens, H. Zeller (Hg.): Texte und V.n. Mchn. 1971. – J. Mukařovský: V.n und Stilistik [tschech. 1930]. In: Poetica 2 (1968), S. 399–403. – B. Plachta: Editionswissenschaft. Stgt. 1997, S. 99–114. – W. Schmid u. a.: Eine strukturalistische Theorie der V.? In: Poetica 2 (1968), S. 404–415. – H. Zwerschina: V.nverzeichnung, Arbeitsweise des Autors und Darstellung der Textgenese. In: R. Nutt-Kofoth u. a. (Hg.): Text und Edition. Bln. 2000, S. 203–229.   DB

Varianz, f. [frz. *variance*], Sammelbegriff für die Verteilung von ↗ Varianten über verschiedene Textzeugen eines für identisch erachteten Werks. Die V. ist wesentliches Merkmal einer nicht von ↗ Autorisation und festen Textbegriffen stabilisierten Überlieferung, bes. der hsl. des MA.s (↗ Schreiber). Als Sonderfall varianter Textversionen wird meist die (aufgrund einer feststellbaren Gestaltungstendenz entstandene) ↗ Fassung betrachtet. Bei Untersuchung der V. wird eine Vielzahl verschieden motivierter kleiner Veränderungen an der Textgestalt in ihrer Gesamtheit wahrgenommen und z. B. als Merkmal der Rezeptionsgeschichte ausgewertet. – Während in klassischer Textkritik des 19. Jh.s Varianten v. a. als Hindernisse auf dem Weg zum rekonstruierten Urtext wahrgenommen wurden, rückte der Stellenwert der V. als Merkmal von Überlieferungsgängen im späten 20. Jh. zunehmend in den Fokus. Für die Erforschung der mal. Textkultur wurde die Begrifflichkeit verfeinert durch ›Mouvance‹ (Zumthor: Veränderungsfähigkeit von Texten innerhalb der Überlieferung) und ›Mutabilität‹ (Heinen: Offenheit für Veränderungen, die bereits im poetischen Konzept angelegt ist). Unter dem Eindruck des ↗ Poststrukturalismus wurde die V. gar als Hauptmerkmal mal. Textualität schlechthin bezeichnet (Cerquiglini, vgl. ↗ New Philology). Konkrete Einzeluntersuchungen dagegen zielen auf gattungsspezifische Formen der V. sowie auf die nach wie vor nötige Typologisierung der V. Für die editorische Arbeit bleibt die sinnvolle Darstellung der V. eine Herausforderung.

Lit.: J. Bumke: Die vier Fassungen der ›Nibelungenklage‹. Bln., NY 1996. – B. Cerquiglini: Éloge de la variante. Paris 1989. – H. Heinen (Hg.): Mutabilität im Minnesang. Göppingen 1989 – M. J. Schubert: Zu Stand und Fortgang der V.forschung. In: Jb. der Oswald von Wolkenstein-Gesellschaft 12 (2000), S. 35–47. – K. Stackmann: V. der Worte, der Form und des Sinnes. In: ZfdPh 116 (1997), Sonderheft, S. 131–149 – P. Zumthor: Einf. in die mündliche Dichtung [frz. 1983]. Bln. 1990.   MJS

Variation, f. [lat. *variatio* = Verschiedenheit, Veränderung], 1. in der Rhet. und Stilistik die abwechslungsreiche Gestaltung einer Rede oder eines Textes. Zur Vermeidung von Wiederholungen dienen z. B. ↗ Synonyme, Umschreibungen (↗ Paraphrase), pronominale Substitutionen und der Wechsel der syntaktischen Formen. – 2. In der Theorie der ↗ Intertextualität a) ein nicht trennscharf bestimmtes Verfahren der Transformation eines ↗ Prätextes, b) ein Set solcher Verfahren oder c) ein Text, der durch solche Verfahren gekennzeichnet ist (z. B. R. Queneau: »Exercices de style«, 1947).

Lit.: G. Genette: Palimpseste [frz. 1982]. Ffm. 1993. – B. Sowinski: Dt. Stilistik. Ffm. 1978, S. 53–57.   BM

Varietät ↗ Dialektlit.

Vaudeville, n. [vod'vi:l; frz. f. aus *Vau-de vire* (15./16. Jh.) und *voix-de-ville* (16. Jh. = Stimme der Stadt)], Bez. für mehrere lit. Gattungen, deren Entstehung die Wortgeschichte widerspiegelt: In Val (= vau) de Vire, einer Landschaft in der Normandie am Flüsschen Vire, entstand seit dem 14. Jh. eine bes. Gedichtgattung, die sich dann bes. in Paris vielseitig entwickelte:
1. Als V. wird im 17. und 18. Jh. ein *Gedicht spöttisch-epigrammatischen*, auch *derb-erotischen Inhalts* bezeichnet, dem eine populäre Melodie unterlegt wurde (vgl. N. Boileau: »Art poétique«, 1674); musikalisch bewahrt das V. vielfach alte frz. Tanzformen des 16. Jh.s; Texte und Melodien (*timbres*) wurden gesammelt, z.B von J.-B. C. Ballard, »La clef des Chansonniers ou recueil des V.s« (1717); allein zwischen 1715 und 1760 zählt man 2.000 bis 3.000 V.s.
2. Schon im 17. Jh., v. a. nach der 1697 erfolgten Ausweisung der *comédiens italiens* durch den König, ent

wickelte sich im Pariser ↗ Volkstheater auf der Basis des V. das *Theater de la Foire* zu den *Comédies en V.s*, sozusagen als Ersatzform einer volkstümlichen Komödie. Die Académie Royale de Musique besaß das Privileg für jede Form des Musiktheaters, die Comédie Française für das Sprechtheater. In »La Querelle des théâtres« (1718) kämpft La Foire gegen die etablierten Theater: die Zuschauer singen, vom Orchester begleitet, auf populäre *timbres* den Dialog von Tafeln und Spruchbändern, während die Personen auf der Bühne selbst nur pantomimisch agieren. Daraus entstanden V.s als Mischformen von Pantomime, Sprech- und Musikdarbietungen, aus denen sich die *Opéra comique* entwickelte, wobei unter it. Einfluss neu komponierte *airs* die alten V.s ersetzten. Blüte zwischen 1690 und 1762. Danach entwickelte sich das V. zum Sprechstück, einer satirisch-lit. Komödie mit musikalischen Einlagen, die als *Comédie à Couplets* oder *Comédie-V.*, kurz V. ab 1782 von A.-P.-A. Piis und P. Y. Barré gepflegt wurde, 1792 ein eigenes *Théatre du V.* erhielt und sich als reichstes Genre des frz. Theaters mit ca. 10.000 Stücken erwies. Charakteristisch sind Autorenteams, deren sich auch die bekanntesten Autoren, z. B. E. Scribe (»Das Glas Wasser«, 1840) und E. Labiche (»Der Florentinerhut«, 1851) bedienten. Was es an geistreichem ↗ Witz verlor, ersetzte das V. nun durch groteske Situationskomik, drastische Komödiantik und Schauspielerpersönlichkeiten. In der III. Republik entwickelte sich aus ihm die ↗ Boulevardkomödie. Unter den Autoren sind zu nennen H. Meilhac, L. Halévy und G. Feydeau. Im 20. Jh. führen u. a. G. Quinson, L. Verneuil, P. Armont und Barillet et Grédy das V. fort. – Russland entwickelte im 19. Jh. nach Pariser Vorbild ein eigenes V. (A. P. Tschechow: »Der Heiratsantrag«, 1889). – In Großbritannien und den USA nennt man leichte Komödien und Varieté-Theater nach Art der Music-Hall V. Man spricht auch von einem Film-V. (R. Clair: »Le Million«, 1931), das meist auf den Pastiche-Charakter des Genres zurückgreift.

Lit.: M. Albert: Les Théâtres de la Foire (1660–1790). Paris 1900. Nachdr. NY 1970. – C. Samuels, L. Samuels: Once upon a Stage. The Merry World of V. NY 1974 – H. Schneider (Hg.): Timbre und V. Hildesheim 1999. – H. Schneider (Hg.): Chanson und V. St. Ingbert 1999.   HER

Vecchi, m. Pl. [it.], Sg. *vecchio*, die Figuren der Alten in der ↗ Commedia dell'Arte.

V-Effekt ↗ Verfremdungseffekt.

Venia legendi ↗ Vorlesung.

Verbalkonkordanz ↗ Konkordanz.

Verbalmetapher ↗ Metapher.

Verbalstil, Sprachstil, bei dem, im Ggs. zum Nominalstil, Verben die den Sprachduktus bestimmenden Aussageelemente sind, nominale Wendungen dagegen eher gemieden, Abstrakta verbal umschrieben werden, z. B. ›anwenden‹ statt (wie im Nominalstil) ›zur Anwendung bringen‹, ›weil er arm war‹ statt nominal ›aus Armut‹. Der V. tendiert zu Anschaulichkeit und

Konkretheit, er kennzeichnet v. a. frühe Sprachstufen, Mundarten und affektgeladene Ausdrucksweise (z. B. im ↗ Sturm und Drang), dagegen herrscht in Wissenschaft, Politik, Rechtsprechung und Verwaltung der abstraktere, oft gedrängtere Nominalstil vor, der begrifflich präziser sein kann, jedoch auch Gefahr läuft, zur Phrasenhaftigkeit, zum sog. ›Papierstil‹, abzuflachen, er erscheint aber auch als epische Stilform (z. B. bei Th. Mann).   IS/Red.

Verfilmung, medienkomparatistischer Begriff nicht nur für das Produkt, sondern auch für den Vorgang der Umsetzung (↗ Adaption) eines zumeist lit. Textes in die audiovisuellen Medien ↗ Film und Fernsehen (↗ Fernsehspiel). Der Medienwechsel kann unterschiedlichen – in der Praxis häufig ineinander übergehenden – Verfahren folgen und lässt sich im Hinblick auf das relationale Verhältnis zwischen Lit. und Film auch als *Transposition* (Dramatisierung, Perspektivierung), *Adaption* (Perspektivierung, Episierung), *Transformation* (Episierung, Symbolisierung) und *Transfiguration* (Symbolisierung) spezifizieren (Klassifikationssystem nach Schanze). – Bereits kurz nach den Anfängen der Kinematographie (1895) wurden Romane, Dramen, Novellen, Erzählungen und Kurzgeschichten für die Leinwand aufbereitet (z. B. C. Maurice: »Le Duel d'Hamlet«, 1900), und bis heute ist die Lit. die wichtigste Stoff- und Sujetquelle des Films geblieben. Im historischen Rückblick zeigt sich die Bewertung der V. dabei immer wieder von den normativen Kategorien ›Textadäquatheit‹ und ↗ ›Werktreue‹ bestimmt, was belegt, dass der V. gegenüber der Lit. häufig eine sekundär-abgeleitete Position zugewiesen und ihre ästhetische Gleichwertigkeit bis auf wenige gewürdigte Ausnahmen (etwa E. v. Stroheim: »Greed«, 1924; St. Kubrick: »A Clockwork Orange«, 1971; L. Visconti: »Tod in Venedig«, 1971; V. Schlöndorff: »Die Blechtrommel«, 1978) in Frage gestellt wird. Mittlerweile wird nicht nur der Begriff ›V.‹ kontrovers diskutiert, da er selbst schon den abgeleiteten Charakter des Films suggeriert, sondern auch die Vorstellung einer ›prinzipiellen‹ Minderwertigkeit der V. als überholt angesehen. Vielmehr rückt die V. nunmehr verstärkt als unabhängiges Kunstwerk in den Blick, das seinen eigenen medienästhetischen Gesetzen folgt: Neben dem Transfer von sprachlichen in visuell-kinetische Bilder (Konkretisierung), dem Hinzutreten von Ton (gesprochener Sprache, Musik und Geräuschen) zählen dazu die Perspektivierung, d. h. die Nutzung der Kameraposition (Untersicht, Aufsicht, Augenhöhe, subjektive Kamera), der Kamerabewegung (Fahrt, Schwenk), der Einstellungsgröße (Panorama, Totale, Halbtotale u. a.) sowie die Verarbeitungsverfahren der Schnitt- und Montagetechnik. – Als wissenschaftlicher Gegenstand zieht die V. nicht nur das Interesse der Filmwissenschaft auf sich, sondern rückt zunehmend auch in den Fokus einer interdisziplinär orientierten Lit.wissenschaft, die sich in erhöhtem Maß Phänomenen der Medialität und ↗ Intermedialität zuwendet.

Lit.: F.-J. Albersmeier, V. Roloff (Hg.): Lit.verfilmungen. Ffm. 1989. – O. Jahraus: V. In: RLW. – Th. Koebner (Hg.): Medium Film – das Ende der Lit.? In: A. Schöne (Hg.): Kontroversen alte und neue. Bd. 10. Tüb. 1986, S. 263–375. – M. Mundt: Transformationsanalyse. Methodologische Probleme der Lit.verfilmung. Tüb. 1994. – J. Paech: Lit. und Film. Stgt. 1988. – H. Schanze: Lit. – Film – Fernsehen: Transformationsprozesse. In: ders. (Hg.): Fernsehgeschichte der Lit. Mchn. 1996, S. 82–92. – M. Schaudig: Lit. im Medienwechsel. Mchn. 1992.   CL

Verfremdung, künstlerisches Prinzip, welches das Vertraute und Alltägliche durch bestimmte Darstellungstechniken (↗ Groteske, ↗ Parodie, gestische Repräsentation) und -verfahren (↗ Montage, Dislokation, Entstellung) fremd erscheinen lässt. – Obwohl mit ›V.‹ auf die seit der Antike für die ↗ Poetik relevante Distanz zwischen Alltagswelt und ↗ Kunst verwiesen wird, gewinnt der Begriff erst mit der künstlerischen ↗ Moderne des 20. Jh.s programmatischen Charakter. Begriffsgeschichtlich wird das Konzept der V. auf den russ. ↗ Formalismus, bes. auf V. Šklovskijs »Die Kunst als Verfahren« (russ. 1917) zurückgeführt. Šklovskijs Begriff *ostranenie* (russ. = Seltsammachung) richtet sich gegen den Automatisierungsprozess der Wahrnehmung, um eine erhöhte Aufmerksamkeit für die Gegenstände zu erzwingen. B. Brecht (»Kleines Organon für das Theater«, 1949) greift auf Šklovskij zurück und entwickelt ›V.‹ und ↗ ›V.seffekt‹ zu zentralen Kategorien seiner Theorie des ↗ epischen Theaters. Ausgehend von der Entfremdung des Menschen zielt V. bei Brecht auf die Entlarvung gesellschaftlicher Unterdrückungsmechanismen und die Ausbildung einer kritischen Haltung. Die Praxis der V. (Gestus des Zeigens, Historisieren, Spiel im Spiel u. a.) ist didaktisch ausgerichtet. Brechts Theorie der V. wird weiterentwickelt durch W. Benjamin, E. Bloch, Th. W. Adorno und R. Barthes.

Lit.: R. Grimm: V. In: Revue de Littérature Comparée 35 (1961), S. 207–236. – H. Günther: V.₂. In: RLW. – Th. Weber: V. In: HWbPh.   WVB

Verfremdungseffekt, auch: V-Effekt; 1. im weiteren Sinn lit. Prinzip, das Vertrautes als fremd erscheinen lässt (↗ Verfremdung); 2. im engeren Sinn eine von B. Brecht in die ästhetische Diskussion und v. a. Theaterpraxis eingeführte Schreib- und Inszenierungstechnik, die in engem Zusammenhang mit der Entwicklung des ↗ epischen Theaters steht. ›V.‹ bezeichnet alle ästhetischen Mittel, welche die Erkenntnis von Kernelementen einer ↗ Fabel, etwa der spezifischen Interessen von ↗ Figuren oder ihrer sozialen Position, ermöglichen. Zuschauer und Leser sollen sich nicht in die Situation von Figuren einfühlen, sondern sie – lustvoll und unterhalten – analysieren, um dann zu handeln. Dafür brauchen sie Distanz, die hergestellt wird, indem gewohnte Situationen verfremdet, d. h. aus Konventionen und eingespielten Erwartungshaltungen gelöst werden. Die dazu notwendigen Mittel lassen sich in der Struktur der Texte, in der Sprache, in der Inszenierung und in der Spielweise der Schauspieler finden. Zum Einsatz kommen anachronistische sprachliche, rhet. und lit. Formen (z. B. ↗ Parabeln) und Schauplätze (z. B. China), zugleich der Einsatz verschiedener Medien (Musik, ↗ Film, ↗ Bühnenbild, Schautafeln). Brecht reduzierte Fabeln auf ihre Grundelemente und hob die sozialen Positionen und Interessen zu Lasten der psychischen Entwicklung der Figuren hervor. Weitere Merkmale sind der Einsatz von gestischen, erzählenden Darstellungstechniken (Distanzierung der Schauspieler von ihrer Rolle), Spiel im Spiel oder die Umkehrung bzw. Verschiebung von Fragestellungen (v. a. in Prosa und Lyrik, z. B. »Fragen eines lesenden Arbeiters«, 1935).

Lit.: J. Knopf: Brecht-Hb. Theater [1980]. Stgt., Weimar 1996, S. 378–402. – M. Voigts: Brechts Theaterkonzeptionen. Mchn. 1977.   WD

Vergleich, syntaktische Form der Verknüpfung zweier thematischer Bereiche, die durch V.spartikel (›wie‹, ›als‹) oder Verben des Gleichens gestiftet wird. Zu unterscheiden sind der nicht-bildliche V. (›Der Platz ist so groß wie zehn Fußballfelder‹) und der tropische V. Die Uneigentlichkeit des tropischen V.s wird nicht nur durch die kategoriale Verschiedenartigkeit der verglichenen Bereiche gewährleistet (»Mein Gemüt brennt heiß wie Kohle«; Erich Mühsam: »Symbole«), sondern häufig außerdem durch die Aussparung des Tertium Comparationis (»Das Leben liegt in aller Herzen / Wie in Särgen«; E. Lasker-Schüler: »Weltende«). Ein Text oder Textteil, in dem der V. das strukturell wichtigste Element ist, heißt ↗ ›Gleichnis‹.

Lit.: F. P. Knapp: V. In: RLW.   BM

Vergleichende Literaturwissenschaft, auch: Komparatistik, Disziplin, die sich dem Vergleich zwischen Werken und Autoren verschiedener Sprachräume widmet. Davon ausgehend, dass die Erforschung lit. Texte maßgeblich von deren Wahrnehmung in Kontexten bestimmt wird, stellt sie im Unterschied zu den einzelphilologischen Lit.wissenschaften ihre Untersuchungsgegenstände von vornherein in einen übergreifenden Bezugsrahmen. Der dabei oft verwendete Terminus ↗ ›Weltlit.‹ ist nicht vorrangig im Sinne einer Kanonisierung ausgewählter Werke (als Lit. von ›Weltrang‹) zu verstehen, sondern deutet, tendenziell wertfrei, an, dass Fragen nach der Situierung eines Textes in einem global gedachten lit. Feld sowie nach nationalen bzw. sprachraumbezogenen Sonderwegen einerseits, grenzüberschreitenden Wechselbeziehungen der einzelnen Lit.en andererseits weiter führen als die Beschränkung auf einen einzelnen Sprachraum. Gleichwohl wird auch die Idee eines Kanons der Weltlit. diskutiert. – Innerhalb der v.n L. differenzieren sich verschiedene Methoden und Forschungsansätze aus. Die *vergleichende* ↗ *Lit.geschichte* konzentriert ihr Interesse auf Gemeinsamkeiten und Unterschiede jeweils nationaler Lit.geschichten sowie auf den Vergleich nationalspezifischer Lit.geschichtsschreibungen. *Gattungsbezogene For-*

schungsansätze gestatten es, lit. Werke unter Akzentuierung ihrer Beziehung zu einem als supranational aufgefassten Gefüge der Textsorten, Stilformen und Schreibpraktiken mit Werken anderer Sprachräume zu vergleichen. Im Bereich der ↗ *Stoff-* und ↗ *Motivgeschichte* werden Werke und Werkgruppen aufeinander bezogen, die auf inhaltlich-motivischer Ebene miteinander verwandt sind. Untersucht werden Entwicklungslinien in der Auseinandersetzung mit den motivischen und stofflichen Grundlagen der Texte – beispielsweise mit bestimmten Mythen (↗ Mythos) und Mythologemen – sowie der Bedeutungswandel, dem diese in wechselnden historischen und kulturellen Kontexten unterliegen. Die ↗ *Thematologie* befasst sich in entsprechend weitem Bezugsrahmen mit dem Vergleich lit. Themen in Werken verschiedener Epochen, Gattungen und Sprachräume. (Stoff- und Motivgeschichte werden im frz. und engl. Sprachraum oft als *thématologie* bzw. *thematics* bezeichnet.) Gegenstand der komparatistischen *Intertextualitätsforschung* sind insbes. die Beziehungen, welche der einzelne lit. Text zu anderen Texten verschiedener Sprachräume unterhält. Die vergleichende *Rezeptionsgeschichte* befasst sich mit der Rezeption lit. Texte und Autoren über Sprachgrenzen hinweg. Die *Übers.sforschung* behandelt neben den einzelnen Übers.en lit. Texte und deren Geschichtlichkeit auch das dabei leitende Selbstverständnis lit. ↗ Übers. (↗ Übers.stheorie). Die unterschiedlichen Bilder fremder Länder, Regionen und Kulturen, welche insbes. im Medium lit. Darstellungen entworfen werden (und sich dabei der Beurteilung anhand der Kategorie des ›Realistischen‹ vielfach entziehen), sind Gegenstand der *Imagologie*. Diese leistet damit u. a. einen Beitrag zur Erforschung der Bedingungen und Behinderungen internationaler und interkultureller Kommunikation. Die ↗ Intermedialitäts-Forschung befasst sich mit Wechselbeziehungen zwischen der Lit. und anderen Medien ästhetischer Darstellung und Gestaltung. Schließlich ist auch die *Geschichte der Komparatistik* – insbes. die Geschichte der wissenschaftlichen Begrifflichkeit in verschiedenen Sprachräumen – Gegenstand des Faches selbst. – Erste Ansätze zu Lit.vergleichen lassen sich bis in die Antike zurückverfolgen. Vergleiche prägten auch das Interesse an Lit. in Renaissance, Barock und Aufklärung, hier v. a. im Zeichen der ↗ *Querelle des Anciens et des Modernes* (1688–97). Konturen einer wissenschaftlichen Disziplin erhielt die vergleichende Lit.betrachtung erstmals in der Romantik (etwa durch die Brüder A. W. und F. Schlegel), analog zu den sich etablierenden historisch-komparativen Methoden in der Sprachwissenschaft. Weitere Schritte zur disziplinären Etablierung fanden im 19. Jh. statt: mit der Einrichtung der ersten komparatistischen Lehrstühle (Genf 1865, Harvard 1890/91, Lyon 1896) sowie mit dem Entwurf einer komparatistischen Methodenlehre durch H. M. Posnett (»Comparative Literature«, 1886). Die USA und Frankreich haben in der Fachgeschichte der *Com-*

parative Literature Studies bzw. *Littérature Comparée* eine auch heute noch nachwirkende Führungsrolle gespielt. Erst nach dem Zweiten Weltkrieg wurden auch in Deutschland Lehrstühle für Komparatistik gegründet (zuerst in Mainz 1958). – Fragte die ältere Komparatistik nach der Beziehung zwischen ›Nationalliteraturen‹ insbes. im Horizont nationalhistorischer und nationalpsychologischer Kontexte, so verschiebt sich im Zeichen der Globalisierung der Akzent auf interkulturelle Beziehungen, Prozesse und Wechselwirkungen. – Der Internationale Komparatistenverband (*International Comparative Literature Association* [ICLA]/*Association Internationale de la Littérature Comparée* [AILC]) wurde 1954 in Oxford gegründet. Neben der Organisation internationaler Kooperativen, dokumentiert u. a. in den »Actes/Proceedings«, widmen sich diverse Forschungsgruppen der ICLA/AILC dem Projekt einer vergleichenden internationalen Lit.geschichte. – In Deutschland besteht seit 1969 die »Dt. Gesellschaft für Allg. und V.L.« (DGAVL). – Gemeinsam ist den verschiedenen Arbeitsbereichen der v.n L. das Interesse an Prozessen der Überschreitung von Grenzen: von nationalen, historisch-epochalen und medialen sowie von Text-Grenzen. Als akademische Disziplin ist die Komparatistik im dt.sprachigen Raum vielfach mit der ↗ allg. Lit.wissenschaft verbunden. Zu anderen Fächern unterhält sie enge Beziehungen: nicht nur zu den Einzelphilologien, sondern auch zu Geschichte, Philosophie, Kunst-, Theater-, Film- und Musikwissenschaft.

Lit.: Arcadia. Zs. für V.L. (seit 1966). – Komparatistik. Jb. der DGAVL (seit 1996). – A. Corbineau-Hoffmann: Einf. in die Komparatistik. Bln. 2000. – H. Dyserinck, M.S. Fischer (Hg.): Internationale Bibliographie zu Geschichte und Theorie der Komparatistik. Stgt. 1985. – H. Dyserinck: Komparatistik. Bonn 1991. – G.R. Kaiser: Einf. in die V.L. Darmstadt, Wiesbaden 1980. – H. Rüdiger: Komparatistik. Stgt. 1973. – M. Schmeling (Hg.): V.L. Wiesbaden 1981. – Ders. (Hg.): Weltlit. heute. Würzburg 1995. – U. Weisstein: Einf. in die V.L. Stgt. u. a. 1968. – P. V. Zima: Komparatistik. Einf. in die V.L. Tüb. 1992. MSE

Vergnügen an tragischen Gegenständen, zentraler Begriff der Tragödientheorie F. Schillers, entwickelt in der unter dem Einfluss von I. Kant und G.E. Lessing entstandenen Schrift »Über den Grund des V.s a. t. G.« (1792). In Schillers Deutung der ↗ Katharsis wird das V.a. t. G. mit Hilfe von Kants Bestimmung des ↗ Erhabenen in Beziehung zu einer ›moralischen Zweckmäßigkeit‹ gesetzt. Da das Moralische seine Superiorität gerade im Zustand seiner größten Gefährdung erweise, ist das Vergnügen des Zuschauers am Leiden des Helden als ›Mittel zur Sittlichkeit‹ legitimiert. UMI

Verifikation ↗ Bedeutung.

Verismo ↗ Verismus.

Verismus, m. [lat. *verus* = wahr], ungeschönte dokumentaristische, oft unter dem Gesichtspunkt sozialkritischer Anklage ausgewählte Wiedergabe ›nackter‹ und bes. auch hässlicher Wirklichkeit in Lit., Schauspielkunst, Oper, bildender Kunst, Fotografie und Film. Krass und grell werden menschliche Leidenschaften, sexuelle Details, Sadismen und Katastrophen in äußerstem Naturalismus wiedergegeben, teils (natur-)wissenschaftlich fundiert, teils anthropologisch begründet als Aufweis des Inhumanen mit dem Ziel seiner Beseitigung. In der Lit. werden L. Tolstoi und H. Ibsen als Vertreter des V. angesehen, in der bildenden Kunst G. Courbet, G. Grosz oder O. Dix. Als *Verismo* wird die it., dem europäischen ↗ Naturalismus entsprechende Stilrichtung bezeichnet; Hauptvertreter veristischer (jedoch zum Regionalismus tendierender) Lit. sind G. Verga (»Vita dei campi«, 1880, Novellensammlung, darunter »Cavalleria rusticana«; »I Malavoglia«, 1881; »Mastro Don Gesualdo«, 1888 f.) und L. Capuana (»Giacinta«, 1879; »Il marchese di Roccaverdura«, 1901), veristischer Musik G. Puccini, R. Leoncavallo und P. Mascagni (Opern-V. seit etwa 1890). – Nach dem Zweiten Weltkrieg knüpfte der ↗ Neorealismo (oder Neoverismo) an die naturalistischen, veristischen Tendenzen an.

Lit.: H. Meter: Figur und Erzählauffassung im veristischen Roman. Ffm. 1986. – F. Ulivi: La letteratura verista. Turin 1972. GM/Red.

Verkehrssprache ↗ Hochsprache.

Verkündigungsdrama ↗ Expressionismus.

Verlachkomödie ↗ sächs. Komödie.

Verlag, Wirtschaftsunternehmen zur Herstellung, Vervielfältigung und zum Vertrieb von Büchern, Zss., Landkarten, Noten, Kalendern und anderen der Information und Unterhaltung dienenden Medien (↗ Buchhandel). Verleger bzw. deren ↗ Lektoren entscheiden darüber, was gedruckt werden soll, und haben damit einen wichtigen Einfluss auf das ↗ lit. Leben. Der V. erwirbt durch einen Vertrag mit dem ↗ Autor das Recht zur wirtschaftlichen Nutzung des geistigen Eigentums des Urhebers. Der Autor erhält als Honorar einen prozentualen Anteil am Verkaufspreis oder eine Pauschale. Der V. setzt Auflagenhöhe, den Verkaufspreis und den Buchhandelsrabatt fest. Hohe Kostensteigerungen haben dazu geführt, dass heute über die Hälfte des Netto-Preises eines Buches für die Verwaltung innerhalb der V.e veranschlagt wird. Neue, billigere Herstellungsverfahren wie ↗ Taschenbücher haben das Buch zum Massenartikel werden lassen, viel von früherer kultureller Initiative und Verantwortung der V.e ist wirtschaftlichen Rentabilitätsprinzipien gewichen. – Die Geschichte der V.e beginnt im 15. Jh., bedingt durch die Erfindung des ↗ Buchdrucks. Verleger, Drucker und Buchhändler bildeten zunächst eine Einheit. Im Laufe des 18. Jh.s trennten sich langsam die Funktionen in eigenständige Unternehmen, und die V.e konzentrierten sich auf die verlegerische Tätigkeit. Zur gleichen Zeit setzten sich allmählich Autorenrechte gegenüber den Verlegern durch; vom Schutz des ↗ Urheberrechts konnte jedoch noch keine Rede sein. Die V.e hatten ihrerseits gegen ↗ Zensur und den Wildwuchs des Raubdrucks (↗ Nachdrucks) zu kämpfen. 1825 erfolgte die Gründung des »Börsenvereins des dt. Buchhandels« als Dachorganisation der Verleger und Sortimenter zum Schutze ihrer wirtschaftlichen Interessen, d. h. zur Verhinderung von Nachdrucken, Organisierung von ↗ Buchmessen, Einführung fester Ladenpreise und kaufmännischer Beratung ihrer Mitglieder. Nach 1945 verlor Leipzig seine zentrale Bedeutung für das gemeinsame dt. Verlagswesen; in der DDR wie in der Bundesrepublik wurden eigenständige Börsenvereine gegründet. Viele V.e mit Sitz im Osten siedelten in den Westen über, gingen aber oft nach 1989 zurück und vereinigten sich mit dem ehemaligen Mutterhaus. Im dt.sprachigen Raum existieren heute rund 3.500 V.e mit einer Produktion von über 90.000 Neuerscheinungen im Jahr. Wie in allen anderen Wirtschaftsbereichen schreitet die Konzentration im V.swesen voran. Befürchtet wird die Einschränkung des Programms auf bestseller-verdächtige Titel; nicht mehr klassische Verlegerpersönlichkeiten bestimmen die Geschäfte, sondern Produktmanager, für die das Buch eher eine Ware denn ein Kulturgut ist. Wie unverwüstlich jedoch das Buch ist, belegen die Erfahrungen im Bereich des E-Commerce. Selbst der Bestseller-Autor St. King machte mit seinem Versuch, einen Roman direkt über das Internet zu vertreiben, so schlechte Erfahrungen, dass er reumütig zum V. zurückgekehrt ist.

Lit.: H. L. Arnold (Hg.): Lit.betrieb in der Bundesrepublik [1971]. Mchn. ²1981. – Ch. Haug: V. In: RLW. – F. Kapp, J. Goldfriedrich: Geschichte des dt. Buchhandels. 5 Bde. Lpz. 1886–1913. – M. Lehnstedt (Hg): Geschichte des dt. Buchwesens. Bln. 2000. – H.-H. Röhring: Wie ein Buch entsteht [1983]. Darmstadt 2003. – D. Vaihinger: V. In: E. Schütz u. a. (Hg.): Das BuchMarktBuch. Reinbek 2005, S. 364–369. – W. Widmann: Geschichte des Buchhandels vom Altertum bis zur Gegenwart [1952]. Wiesbaden ²1975.   LVS

Verlagsalmanach ↗ Almanach, ↗ Musenalmanach.

Vermischte Empfindungen ↗ gemischte Empfindungen.

Vers, m. [lat. *versus* = Wendung (des Pflugs)], 1. Form-Element eines Textes, der nicht in Prosa verfasst ist. Anders als beim ↗ Metrum, das ein abstraktes metrisches Muster ist, handelt es sich beim V. um ein sprachlich realisiertes Element gebundener Rede. Zu beachten sind drei Bereiche des V.es: a) Der Anfang. Hier wird zwischen ↗ Auftakt und Auftaktlosigkeit (Beginn mit einer betonten Silbe) unterschieden. b) Der Schluss (↗ Kadenz). Hier ist einerseits zwischen ↗ katalektischer, ↗ hyperkatalektischer und ↗ akatalektischer Schlussbildung zu differenzieren, andererseits zwischen unbetonter und betonter Schlussbildung (›weiblich‹ und ›männlich‹). c) Die Binnenstruktur eines V.es ist je nach zugrunde liegendem Versifikationsprinzip (↗ Metrik) zu bestimmen; sie kann durch die bloße Silbenzahl (↗ silbenzählendes V.prinzip), die Zahl der betonten Silben bei freier Umgebung (akzentzählendes V.prinzip) und durch die geregelte Abfolge

qualitativ unterschiedener Silbentypen (lang – kurz bzw. betont – unbetont: ↗ quantitierendes bzw. ↗ akzentuierendes V.prinzip) konstituiert werden. – Die Struktur eines V.es kann neben Anfangs- und Schlussbildung sowie Binnenstruktur außerdem durch eine metrisch vorgeschriebene Grenze im V.inneren bestimmt sein. Eine solche Grenze (die ↗ Zäsur) kennzeichnet z. B. den ↗ Alexandriner und den ↗ Hexameter. – Hinsichtlich der Systematisierung der Vielzahl von V.en sind verschiedene Typologien entworfen worden. Nach einem Vorschlag von Ch. Wagenknecht ist zwischen sieben V.typen zu unterscheiden, die durch An- bzw. Abwesenheit von drei Merkmalen bestimmt werden: a) nach Silben gezählt; b) nach Größen geordnet (z. B. nach Akzent- oder Silbenqualität); c) durch Reime gebunden. (Vgl. auch die davon abweichende Verstypologie von Küper.) – Die Geschichte des V.es beginnt mit dem gr. V., der auf der Organisation der Silbendauer basiert (quantitierendes V.prinzip). Das Lat., das sich weitgehend der gr. Metrik anschloss, gibt, da es das Gefühl für die Quantität verliert, die Unterscheidung von Silbentypen im Wesentlichen auf und gelangt zum silbenzählenden V.prinzip, das auch die Versifikation in den romanischen Sprachen bestimmt. Die germ. Sprachen zeigen von Anfang an das akzentzählende V.prinzip, wobei die Zahl der Hebungen fest, die der Senkungen frei ist. Grundschema scheint allg. der Vierheber zu sein. In Volks- und Kirchenlied bewahrt, bilden diese alten Bauformen einen bis in die neueste V.geschichte reichenden Impuls. Der romanische Einfluss begünstigt auch in den germ. Sprachen das Prinzip der festen Silbenzahl. Daran hält auch M. Opitz in seiner V.reform von 1624 fest, durch die er überdies das alternierend-akzentuierende V.prinzip in der dt. Dichtung etabliert. Seit dem 18. Jh. lässt sich ein Einfluss des antiken V.baus beobachten, dessen originellste Produkte die antikisierenden ↗ Oden und die ↗ Freien Rhythmen darstellen. Im letzten Drittel des 18. Jh.s ist die breiteste metrische Vielfalt erreicht: Neben den dominierenden alternierenden Metren stehen das neu belebte ↗ Lied, die Nachahmung antiker V.e (Hexameter, ↗ Distichon, ↗ Odenmaße) und die Freien Rhythmen. Einiges davon, insbes. das Lied, wird in der Folge bis zur Erschöpfung variiert, bei anderem gelingt eine Erweiterung der rhythmischen und expressiven Möglichkeiten. Vielfach treten die traditionellen V.formen in ironische Spannung zu neuen Inhalten. Im ↗ Freien V. wird die Annäherung an die Prosa gesucht, in der prosaischen Lyrik und in der ↗ konkreten Poesie die Metrizität ganz aufgegeben. Im Zeichen der Postmoderne erfreuen sich in jüngster Zeit Reim und V. erneuter Beliebtheit. In komischer Dichtung und im populären Lied hat der – auch metrisch und reimtechnisch regulierte – V. sein Recht nie verloren. – 2. [Provenz. = Dichtungsart, Lied] ↗ Canso.

Lit.: A. Barsch: Metrik, Lit. und Sprache. Braunschweig 1991. – D. Breuer: Dt. Metrik und V.geschichte. Mchn.

1981. – H. J. Diller: Metrik und V.lehre. Düsseldorf
1978. – A. Heusler: Dt. V.geschichte. 3 Bde. Bln., Lpz.
1925–29. – K. J. Hoffmann: Die Wissenschaft der Metrik. Lpz. 1935. – Ch. Küper: Sprache und Metrik. Tüb.
1988. – Ch. März: V. In: RLW. – B. Moennighoff: Metrik. Stgt. 2004. – O. Paul, I. Glier: Dt. Metrik. Mchn.
⁴1983. – F. Schlawe: Neudt. Metrik. Stgt. 1972. – Ch.
Wagenknecht: Dt. Metrik [1981]. Mchn. ⁵2007. – Ders.:
Metrica minora. Paderborn 2006.   ED/BM
Versakzent ↗ Akzent.
Verschränkter Reim, Reimform mit der Reimordnung *abc abc*.
Vers commun, m. [vɛrkɔˈmœ̃; frz. = gemeiner Vers],
gereimtes jambisches Versmaß mit zehn bzw. elf Silben
und Zäsur nach dem zweiten Versfuß, also nach der
vierten Silbe: v – v – | v – v – v – (v). Der *v. c.* ist frz. Her-
kunft. Nach tastenden und wenig erfolgreichen Adap-
tionsversuchen im 16. Jh. wird der *v. c.* erst im 17. Jh. in
die dt. Lit. eingeführt (»Was ist die Welt, und ihr be-
rühmtes glänzten?«; Ch. H. v. Hofmannswaldau: »Die
Welt«), ohne allerdings den Ruhm des ↗ Alexandriners
zu erreichen. Noch im 18. Jh. wird der *v. c.* gebraucht;
streckenweise in Ch. M. Wielands »Musarion«, dann
auch in J. W. Goethes Mignon-Lied (»Kennst du das
Land, wo die Zitronen blühn«). Aber schon im späten
18. Jh. weicht der *v. c.* dem aus dem It. übernommenen,
metrisch verwandten, aber weniger streng gebauten
(da auf die feste Zäsur verzichtenden) ↗ Endecasillabo.
                                                BM
Versepos ↗ Epos.
Verserzählung, Gattung fiktionaler erzählender Texte
mittleren Umfangs in gebundener Rede, meist mit
märchenhaftem, mythologischem, historischem oder
exotischem (häufig: orientalischem) Stoff, in verschiedenen, in aller Regel gereimten Vers- und Strophenmaßen. Ins terminologische Feld des Begriffs gehören
die ↗ Fabel (in Versen z. B. bei J. de La Fontaine, F. v.
Hagedorn und Ch. F. Gellert), das komische ↗ Epos (N.
Boileau: »Le lutrin«, 1672–83; A. Pope: »The Rape of
the Lock«, 1712), das ↗ Epyllion (die Kleinepik seit der
gr. Antike), die ↗ Idylle, die ↗ Romanze bzw. ↗ Ballade
sowie die ↗ Versnovelle (L. Tieck, P. Heyse, C. F. Meyer).
Die klare Abgrenzung eines eigenen Genres › V.‹ gegenüber diesen benachbarten Gattungen ist ausgesprochen schwierig und bis heute nicht überzeugend gelungen. Vom hohen Epos unterscheidet sich die V.
durch den geringeren Umfang und den Verzicht auf
die oberste Stillage, von der Epentravestie durch das
eigenständige Interesse am Erzählsujet und die fehlende Intention auf Herabsetzung einer hohen Gattung. Bevorzugt werden Stoffe aus der ↗ Mythologie,
der Volksüberlieferung in ↗ Sagen und ↗ Märchen oder
aus der (romantisierten) Geschichte, die sich einer
spielerisch-ironischen, den hintergründigen Ernst
nicht ausschließenden Behandlung fügen können. In
der frz. Tradition der *contes en vers* des 17. und 18. Jh.s
ist die geistreich-ironische Behandlung von (meist erotischen) Erzählsujets in mittlerer Stillage dominant (La

Fontaine, Ch. Perrault, C.-J. Dorat). Relevant für die
Gattung sind auch die allerdings in der Regel in Prosa
verfassten *contes moraux* (J.-F. Marmontel, Voltaire).
Hieran knüpft in dt. Sprache Ch. M. Wieland an (»Co-
mische Erzählungen«, 1765; »Musarion, oder die Philosophie der Grazien«, 1768; »Idris«, 1768; »Comba-
bus«, 1770; alle zunächst anonym), der die erotische V.
in Deutschland zu einem frühen Höhepunkt führt. Die
bürgerliche Prüderie des 19. Jh.s, die sich in der Fehde
des ↗ Göttinger Hains gegen Wieland bereits ankündigt, verhindert die Fortsetzung dieser Tradition. Mit
der ↗ Romantik treten Ritterwelt und Geschichte,
Abenteuer- und Schauerstoffe ins Zentrum der Gattung. Europaweit einflussreich sind die V.en Lord
G. G. N. Byrons (»Childe Harold's Pilgrimage«, 1812–
18; »The Corsair«, 1814; »Don Juan«, 1819–24), der
die bislang eher heitere Gattung auch neu mit bitterer
↗ Ironie versieht. Weitere wichtige V.en des 19. Jh.s
sind A. S. Puškins »Jewgenij Onegin« (russ. 1833), A. v.
Droste-Hülshoffs »Das Hospiz auf dem Großen St.
Bernhard« (1838), H. Heines »Atta Troll« (1843) und
»Deutschland, ein Wintermärchen« (1844) sowie N.
Lenaus »Savonarola« (1837) und »Don Juan« (postum
1851).
Lit.: H. Fischer: Die romantische V. in England. Tüb.
1964. – L. Jordan: V. In: RLW. – Th. Lautwein: Erotik
und Empfindsamkeit. Ffm. u. a. 1995. – R. J. Lüthje:
Die frz. V. nach La Fontaine. Hbg. 1979. – A. Maler:
Der Held im Salon. Zum antiheroischen Programm dt.
Rokoko-Epik. Tüb. 1973. – Ders.: V. In: Killy/Meid. –
W. Preisendanz: Wieland und die V. des 18. Jh.s. In:
GRM N. F. 12 (1962), S. 17–31.   BA
Versfuß, kleinstes metrisch relevantes Element eines
Versmaßes. Ein V. fasst mehrere Silben zu einer metrischen Einheit zusammen. In antiker, quantitierender
Verslehre (und ihr streng folgender antikisierender
poetischer Praxis) sind es kurze und lange Silben, aus
denen eine solche Einheit gebildet wird. In dem akzentuierenden metrischen System, wie es seit Martin
Opitz' Versreform (»Buch von der Dt. Poeterey«, 1624)
die dt. Versdichtung über weite Strecken bestimmt,
sind leichte und schwere Silben das Material von Versfüßen. Zu unterscheiden sind v. a.:
1. Jambus (v –): »Geschrei«. 2. Trochäus (– v): »Pfeife«.
3. Spondeus (– –): »Strafstoß«. 4. Daktylus (– v v):
»wunderbar«. 5. Amphibrachus (v – v): »Verwarnung«.
6. Anapäst (v v –): »wiederholt«. 7. Creticus (– v –):
»Platzverweis«. Die Versfüße sind aber nicht an die
Wortgrenzen gebunden, sondern können auch Teile
von Wörtern ausmachen oder mehrere Wörter verbinden.
Lit.: Ch. März: V. In: RLW.   BM
Versifikation, Komplementärbegriff zu ↗ › Prosodie‹.
Während die Prosodie die phonologischen Eigenschaften einer Sprache erfasst (Akzent, Schwere der
Silbe, Intonation), erfasst die V. die metrischen Regeln,
mit denen in Verstexten von einem Lautmaterial Ge-
brauch gemacht wird. Die V. bezieht sich auf die Re-

geln der Reimbindung, auf die metrischen Bildungsprinzipien eines Verses, einer Strophe bzw. eines metrisch definierten Gedichts.

Lit.: Ch. Küper: Sprache und Metrum. Tüb. 1988. – Ch. Wagenknecht: Dt. Metrik [1981]. Mchn. ⁵2007.   BM

Versikel, m. [lat. *versiculus* = Verschen], 1. Bauelement der lat. ↗Sequenz und des mhd. ↗Leichs: Melodie-Texteinheit (Prosatext- oder Versfolge, Strophe); erscheint in der Sequenz meist als paarweise geordneter sog. *Doppel-V.*, d. h. je zwei V. entsprechen sich musikalisch und hinsichtlich der Silbenzahl bzw. – bei späteren Sequenzen – nach Metrum und Reimschema: *BBCCDD*. – Im komplizierter gebauten, längeren Leich können die V. zu verschieden langen V.gruppen zusammengefasst sein; sind zwei V. durch dasselbe Reimschema verbunden, werden diese als *Halb-V.* bezeichnet; die V. können im Umfang zwischen einfachen Drei- oder Vierversgruppen und längeren Strophengebilden mit reich strukturierten Reim- und Versschemata variieren. – 2. Nicht strophisch gegliederte Versgruppe, Abschnitt eines Kunstliedes (Arie).   GS/Red.

Versinnlichung ↗Sinnlichkeit.

Version, f. [frz. = Wendung, Übertragung in die Muttersprache, über nlat. *versio* aus lat. *vertere* = kehren, wenden, drehen], 1. im 16. Jh. aus dem Frz. übernommene Bez. für ↗Übers. (vgl. auch ↗Interlinear-V.); 2. seit dem 18. Jh. (Bodmer): ↗Fassung eines Textes oder Textteils. ↗Lesart, ↗Textkritik.   GS/Red.

Versi sciolti [ˈversi ˈʃɔlti; it. = (vom Reimzwang) gelöste Verse], in der it. Dichtung reimlose Verse, meist ↗Endecasillabi (Elfsilbler); sporadisch schon Ende des 13. Jh.s nachweisbar, werden sie seit dem 16. Jh. im Rahmen der Antikerezeption bewusst als Ersatz für den antiken ↗Hexameter und ↗Trimeter verwendet. G. G. Trissino (»L'Italia liberata dai goti«, 1548) und A. Caro (Äneis-Übers., postum 1581) machen die *v. s.* zum Versmaß des Epos und der Epenübers.en. U. Foscolo und A. Manzoni wenden sie im Lehrgedicht (↗Lehrdichtung) an. Durch V. Alfieri werden sie zum Standardmetrum der Tragödie (entsprechend dem ↗Blankvers). C. I. Frugoni, der *v. s.* auch in lyrischen Gattungen verwendet, setzt sie als wichtigstes Versmaß des it. ↗Klassizismus durch. – Die dem symbolistischen, auch rhythmisch freien ↗*vers libre* nachgebildeten Verse werden als *versi liberi* bezeichnet.   IS/Red.

Vers libre [vɛrˈlibr; frz. = freier Vers], 1. in der frz. Lit. des 17. Jh.s beliebter metrisch freier, aber gereimter Vers; auch *vers mêlés*. – 2. Freirhythmischer, reimloser Vers, der im frz. Symbolismus des 19. Jh.s im Rahmen der konsequenten Ablehnung aller Tradition entwickelt wurde. Er entspricht formal den dt. ↗Freien Rhythmen des 18. Jh.s, knüpft aber entstehungsgeschichtlich nicht an diese an. Der *v. l.* wurde theoretisch fundiert und programmatisch eingesetzt von G. Kahn (»Les palais nomades«, 1887), J. Laforgue, J. de Moréas und F. Vielé-Griffin, v. a. in der Zs. »La Vogue«. Vorläufer sind die Freien Verse W. Whitmans (»Leaves of grass«, 1855, übers. v. J. Laforgue, 1886). Der symbolistische *v. l.* beeinflusste nachhaltig die Verssprache der europäischen und angloam. Lyrik (E. Pound, T. S. Eliot, A. Lowell).   IS/BM

Versmaß ↗Metrum.

Vers mêlés ↗*vers libre*.

Versnovelle, Bez. für dt.sprachige erzählende Verstexte in nachmal. Zeit; Form der ↗Verserzählung, die sich an der ↗Novelle orientiert. – Nachdem es im Verlauf der ↗Frühen Neuzeit unmodern wurde, erzählende Texte in Versen zu verfassen und die ↗Prosa in Anlehnung an romanische Vorbilder zu einem Kennzeichen der Novelle wurde, sind V.n fast völlig aus dem Gattungsspektrum der dt. Lit. herausgefallen. Dabei diente die Wahl des Verses für eine Novelle vermutlich gerade als Verstärkung wesentlicher Merkmale. Erzählungen in Versen, ob Novelle oder ↗Epos, nehmen durch ihre Form Bezug auf die mündliche Vortragsweise von Texten. Weiterhin erweckt die Nähe zum Epos den Eindruck von Objektivität und Dignität des Gesagten. Der Vers wird in der Erwartungshaltung der Rezipienten zudem häufig mit bedeutenden Begebenheiten in Verbindung gebracht. Eine V. verhält sich demnach zur Prosa-Novelle wie das Epos zum Roman, wobei beide Arten von Verserzählungen im 20. Jh. fast völlig verschwunden sind. Im 19. Jh. allerdings gibt es im Zuge der Diskussion um das Epos noch einige Verfechter von V.n. G. Freytag lobt 1856 die Eindringlichkeit des Verses beim Erzählen (»Neue epische Poesie«). Hauptvertreter der V. im 19. Jh. ist P. Heyse, der zwischen 1848 und 1889 immer wieder ›Novellen in Versen‹ verfasste und sie auch als solche bezeichnete. A. v. Droste-Hülshoff dagegen nannte die von ihr geschriebenen Erzählungen in Versform ›Gedichte‹, weshalb die Gattungsbez. dieser Textgruppe in der Forschung umstritten ist; in der historisch-kritischen Droste-Ausgabe finden sie sich als ›Epen‹. – Versform und erzählender Charakter bringen V.n auch in die Nähe von ↗Balladen, von denen sie sich ebenso schwer abgrenzen lassen wie von Epen. Die unterschiedliche Länge der drei Gattungen ist kein hinlängliches Merkmal zu ihrer Unterscheidung. Eine eingehende Beschäftigung der Forschung mit der V. steht aus.

Lit.: N. Nelhiebel: Epik im Realismus. Studien zu den V.n von P. Heyse. Oldenburg 2000.   UKO

Vers rapportés, m. Pl. [frz.; von lat. *versus rapportati* = zurückgetragene Verse], manieristisches Sprach- und Formspiel: Gedichte, in denen gleichartige Satzglieder (Nomina, Verben, Adjektive) über mehrere Verse hinweg versweise asyndetisch gereiht werden, wobei die syntaktische Struktur erst nach Rekonstruktion der horizontalen und vertikalen Sinnbezüge (Korrelationen) erkennbar wird: »Die Sonn, der Pfeil, der Wind, / verbrennt, verwundt, weht hin, // Mit Fewer, schärfe, sturm, / mein Augen, Hertze, Sinn« (M. Opitz). Auflösung: Die Sonne verbrennt mit Feuer meine Augen ... – Das bereits in der Antike bekannte »Rapportschema« (H. Lausberg) erreicht in Europa einen Höhepunkt im 16. Jh., bes. durch die Dichter der

↗ Pléiade (J. Du Bellay, P. de Ronsard, sogar im ↗ Sonett), durch L. de Góngora, Ph. Sidney, W. Shakespeare u. a., in Deutschland seit Anfang des 17. Jh.s (bei G. R. Weckherlin, M. Opitz, Ph. v. Zesen, G. Ph. Harsdörffer, J. G. Schottel, P. Fleming, F. v. Logau, C. Stieler, Q. Kuhlmann u. a.) bis zum Anfang des 18. Jh.s (B. H. Brockes).

Lit.: H. Zeman: Die versus rapportati in der dt. Lit. des 17. und 18. Jh.s. In: Arcadia 9 (1974), S. 134–160.   GG

Verssatire ↗ Satire.

Versschluss ↗ Kadenz.

Verstehen, geistiger Vorgang, bei dem einzelne oder zusammenhängende Zeichen, Äußerungen oder Handlungen für ein wahrnehmendes Subjekt Bedeutung erhalten. Das V. ist entweder eine Assimilation des Wahrgenommenen an bestehende Wissensstrukturen oder deren Veränderung nach Maßgabe der Wahrnehmung. Beim *Nichtverstehen* erfolgt keiner der beiden Vorgänge. Beim *Missverstehen* widerspricht die verstandene der gemeinten Bedeutung. Lit.wissenschaftliche Strategien zur Überwindung des Nicht- und des Missverstehens sind ↗ Lektüre, ↗ Analyse, Kontextualisierung (↗ Kontext) und ↗ Interpretation. Theorien des V.s existieren insbes. in der ↗ Hermeneutik, der analytischen Philosophie und der Kognitionspsychologie.

Lit.: B. U. Biere: Verständlich-Machen. Tüb. 1989. – H. Hörmann: Meinen und V. [1976] Ffm. ²1978. – K. Reusser, M. Reusser-Weyeneth (Hg.): V. Bern 1994. – W. Schnotz: Textverstehen als Aufbau mentaler Modelle. In: H. Mandl, H. Spada (Hg.), Wissenspsychologie. Mchn., Weinheim 1988, S. 299–330. – D. Teichert: V. In: RLW.   TZ

Versus leoninus ↗ leoninischer Vers.

Versus spondiacus ↗ Hexameter.

Vertonung [Substantiv zum Verb ›vertonen‹, als Übers. des Fremdworts ›komponieren‹ unmittelbar aus dem Wort ›Ton‹ abgeleitet], Verbindung von Text und Musik (↗ Musik und Lit.). Das Wort ›V.‹ kann erst seit der Wende vom 19. zum 20. Jh. nachgewiesen werden und ist, nachdem es anfangs ironisch gebraucht wurde, in der Lit.- und Musikwissenschaft zu einer gängigen Bez. geworden, mit der allerdings durchaus Verschiedenes gemeint sein kann. Adaptationen wie ↗ Kontrafaktur und ↗ Parodie werden ebenso als ›V.‹ bezeichnet wie Neukompositionen. Umgangssprachlich wird ›vertonen‹ analog zu Ausdrücken wie ›verbildlichen‹ und ›versprachlichen‹ verwendet; so entsteht die Vorstellung, es gehe um eine bloße Hinzufügung von Tönen zu einem vorgegebenen Material: so spricht man von der ›V.‹ eines Textes wie von der eines Films (*soundtrack*). Tatsächlich aber ist zu fragen, wie die phonetischen und semantischen Momente der Sprache, also Klang und Bedeutung, in der Musik rhythmisch akzentuiert und melodisch expliziert werden, wobei Musik und Text einander zwar ergänzen, aber nicht ersetzen können. Zentrale Bereiche sind die V.en von ↗ Lyrik (↗ Gedicht, ↗ Kunstlied), Operntext-

büchern (↗ Libretto) und von Messen. Bei der V. dt. Texte wird die Beziehung von Wort und Ton dadurch bestimmt, dass im Dt. (anders als z. B. im Gr. und Lat.) die Wortbetonung meist auf der bedeutungstragenden Silbe liegt. Beim ↗ Lied als V. eines metrisch gebundenen Textes ist die Musik stärker präfiguriert als bei der V. von Prosa. In einer V. wird die Sprache in ihrem Laut- und Bedeutungsgefüge nicht verändert; Sprache wird nicht musikalisiert, sondern eben *vertont*. Dagegen werden in der atonalen Musik des 20. Jh.s die Lautformen der Sprache in die musikalische Gestaltung einbezogen. – Historisch zeigen sich verschiedene Möglichkeiten, Sprache und Musik zu verbinden (vgl. auch ↗ Deklamation). Seit ca. 1750 (F. G. Klopstock) wird die V. im Wesentlichen durch den ↗ Vers und die Strukturen des Gedichts (Versanordnung, ↗ Metrum, ↗ Reim, Syntax, sprachliche Artikulation) bestimmt. In der weiteren Entwicklung durch das 19. Jh. hindurch bis zum Einsetzen atonaler Kompositionen der Schönbergschule ist V. gekennzeichnet durch eine zunehmende Ablösung des Versprinzips.

Lit.: Th. W. Adorno: Musik, Sprache und ihr Verhältnis im gegenwärtigen Komponieren [1956]. In: ders.: Gesammelte Schriften. Bd. 16. Ffm. 1978, S. 649–664. – A. Fecker: Sprache und Musik. Phänomenologie der Deklamation in Oper und Lied des 19. Jh.s. Hbg. 1984. – Th. G. Georgiades: Musik und Sprache [1954]. Bln. u. a. ²1974. – A. Gier: V. In: RLW. – Ch. Höltge: Text und V. Ffm. u. a. 1992. – Ch. Richter: Sprachstruktur, Sprachausdruck und Sprachhaltung der Musik. In: K. H. Ehrenforth (Hg.): Musikerziehung als Herausforderung der Gegenwart. Mainz u. a. 1981, S. 105–142.   EC

Vertrieb ↗ Distribution.

Vida, f. [altokzitan. = Leben, Biographie], Sammelbez. für Prosatexte in den mal. Liederhss. der ↗ Trobadorlyrik, die zusammen mit den *Razos* Zusatzinformationen zu den Liedern und deren Autoren liefern. Eine scharfe Trennung zwischen beiden Gattungen ist nicht möglich, doch ist die Bez. ›V.‹ den Dichterbiographien vorbehalten, während in den *Razos* die Umstände berichtet werden, die den ↗ Trobador zur Komposition eines Liedes veranlasst haben sollen. V.s sind von etwa 100 der 450 namentlich bekannten Trobadors überliefert, *Razos* von weniger als 25, denen dann allerdings oft mehr als eine, im Falle des Bertran de Born sogar bis zu 19 *Razos* gewidmet wurden. Die Erzählungen mögen lange oral zirkuliert haben und wurden von den *Joglars* (Spielleuten) dem Vortrag der Lieder vorangestellt. Die meisten überlieferten V.s und *Razos* stammen allerdings wohl aus der Feder des Trobadors und Joglars Uc de Saint-Circ (vor 1217–nach 1253). In ihnen vermischen sich überprüfbare Fakten so sehr mit ↗ Legenden, dass ihr Wert als lit.historische Quellen weit hinter ihrem Wert als eigenständige Prosawerke zurücktritt. Zuweilen haben die V.s stärker gewirkt als das eigentliche Werk eines Trobadors, so z. B. im Falle des Guilhem de Cabestanh, der nur durch die ihm zugeschriebene »Legende vom gegessenen Herzen« in

Erinnerung geblieben ist. In anderen Fällen bilden die V.s eine untrennbare Einheit mit einem Lied, z. B., wenn die V. des Jaufre Rudel berichtet, wie dieser zur Gräfin von Tripolis in Liebe entbrennt, ohne sie je gesehen zu haben, und damit dessen bekannte »Fernliebe«-↗ Kanzone in einen (wenn auch wohl fiktiven) biographischen Kontext einordnet.

Lit.: E. Poe: The V.s and Razos. In: F. R. P. Akehurst, J. M. Davis (Hg.): A Handbook of the Troubadours. Berkeley, Ldn. 1995, S. 185–197.   HIR

Videoclip, m. [aus lat. *video* = ich sehe; engl. *clip* = Ausschnitt], zwei- bis fünfminütiger Film, durch den ein Musiktitel (zumeist aus dem Rock- und Pop-Bereich) illustriert und vermarktet wird. Im Hinblick auf die audiovisuelle Präsentation des Musikstücks lassen sich vier Grundtypen unterscheiden, die häufig in Mischformen auftreten: 1. *Performance Clip*: Ein Solointerpret oder eine Gruppe werden bei ihrer ›musikalischen Arbeit‹, d. h. in einer realistischen oder imitierten Auftrittssituation dargestellt (Nirvana: »Smells Like Teen Spirit«, 1991). – 2. *Narrative Clip*: Mittels einer filmischen Erzählung wird entweder a) eine Liedhandlung bebildert oder b) der Künstler mit einer als Handlung wahrnehmbaren Bilderfolge umstellt (N. Cave, K. Minogue: »Where the Wild Roses Grow«, 1995). – 3. *Concept* oder *Art Clip*: Experimentelle, z. T. auch assoziative Illustration, deren visuelle Komponenten sich oft aus Zeichentrick und Computergrafiken zusammensetzen (P. Gabriel: »Sledgehammer«, 1986). – 4. *Trailer Clip*: Sequenzreihe aus einem aktuellen Kinofilm, die nicht nur den Film, sondern auch dessen Titelsong bewirbt (B. Luhrmanns »Romeo+Juliet« mit The Cardigans: »Lovefool«, 1996). – Die Idee, eine multimediale ↗ Synästhesie von Bild und Ton zu erzeugen, verbindet den V. mit anderen Formen bebilderter Musik, wie z. B. der ↗ Oper, dem Ballett oder den im 17. Jh. erfundenen Farb-Musik-Maschinen (etwa dem Farbklavier oder dem ›optischen Cembalo‹). Bezüglich seiner historisch-technischen und formalen Genreeigenschaften sind als wichtige Vorstufen des V.s der Kunstfilm (O. Fischinger), der Musicalfilm (B. Berkeley), der Musik-Animationsfilm (W. Disney: »Fantasia«, 1943) sowie auch der Experimentalfilm (K. Anger, D. Jarman) zu nennen. Im engeren Sinn wird der V. durch die Demonstrations- und Promotionsfilme der 1960er Jahre vorbereitet, mit denen Musiker begannen, sich bei einem Plattenlabel bekannt zu machen (*Demos*) oder bereits produzierte Musiktitel via Fernsehen (*Promos*) vorzustellen (The Beatles: »Penny Lane« und »Strawberry Fields Forever«, 1967). Der eminente Verkaufserfolg, den die Rock-Formation Queen durch ihren Kurzfilm zu »Bohemian Rhapsody« (1975) erzielte, erwies sich schließlich nicht nur als ökonomische ›Initialzündung‹, sondern auch als zukunftsweisend für die enger werdende Verzahnung von Fernseh- und Musikindustrie, die mit der Gründung des US-am. Spartenkanals *MTV* (*Music Television*) ihren vorläufigen Höhepunkt fand.

Am 1. August 1981 ging dieser ähnlich wie seine spätere dt. Konkurrenz *VIVA* auf die Ausstrahlung von V.s spezialisierte Sender mit einem Clip auf Sendung, dessen programmatischer Titel »Video Killed the Radio Star« (Buggles, 1979) den Beginn eines neuen Fernsehzeitalters einläutete. Seit den späten 1990er Jahren ist im Zuge der v. a. durch das Internet als neues Verbreitungsmedium von Musik bedingten ökonomischen Krise der Popmusikindustrie jedoch ein Nachlassen der Bedeutung des V.s zu beobachten. – Die in den 1980er Jahren einsetzende, vornehmlich in den ↗ Cultural Studies angesiedelte Forschung hat immer wieder betont, dass der V. nicht nur als Werbemittel, sondern aufgrund seiner häufig innovativen Bildgestaltung auch als Experimentierfeld ästhetischer und technischer Avantgardisten zu verstehen ist – von wichtigen Filmregisseuren bis hin zu bildenden Künstlern, die sich die Ausdrucksmöglichkeiten des V.s im Zuge einer Entgrenzung der Künste aneignen. Das Interesse der Forschung richtet sich aus musik-, film- und fernseh-, weniger aus lit.wissenschaftlicher Perspektive einerseits auf formale und inhaltliche Fragestellungen (etwa zum Musik-Bild-Text-Verhältnis), andererseits auf Aneignungsweisen und -kontexte von V.s (Fiske), deren Status als wichtiger Bestandteil der ↗ Populärkultur mittlerweile als unumstritten gelten darf.

Lit.: M. Altrogge: Tönende Bilder. Bln. 2001.– J.-O. Decker, H. Krah: V. In: RLW. – J. Fiske: Reading the Popular. Boston 1989. – K. Neumann-Braun (Hg.): VIVA MTV! Popmusik im Fernsehen. Ffm. 1999.   CL

Vieldeutigkeit ↗ Ambiguität.

Viereim, vierfach wiederholter Gleichklang an den Enden aufeinander folgender Verse; Form des ↗ Mehrreims oder Haufenreims (↗ Reim). – V.e sind von Anfang an in endgereimter dt. Dichtung vorhanden (Otfrid von Weißenburg; »König Rother«) und erfüllen verschiedene Funktionen: In rhet. aufwendig gestalteten Passagen wie dem Prolog oder Epilog eines Werkes sind sie schmückendes Stilmittel, sie dienen der Markierung von Neueinsätzen und Abschnittsenden sowie der Verklammerung von Abschnitten (z. B. im »Helmbrecht«), der Hervorhebung sinntragender Passagen (z. B. in Hartmann von Aue: »Gregorius«, V. 323–395) und als Träger von Akrosticha (wie im »Tristan« Gottfrieds).

Lit.: ↗ Mehrreim   WA

Vierzeiler, allg. Bez. für jede aus vier Versen gebildete ↗ Strophe, die mit Hilfe unterschiedlicher ↗ Metren und ↗ Reime aufgebaut sein kann. Der V. kommt dem mündlichen Vortrag entgegen und eignet sich bes. für den Gesang; er ist daher Grundform des ↗ Liedes (↗ Kirchenlied, ↗ Volkslied). Ferner ist er konstitutiver Bestandteil etlicher Gedichtformen wie des ↗ Sonetts (dessen V. ›Quartette‹ heißen), der ↗ Glosa (↗ Motto), der ↗ Villanelle und des ↗ Virelai; er begegnet darüber hinaus in ↗ Clerihew, ↗ Copla, ↗ Klapphornversen, ↗ Leberreim, ↗ Quatrain und ↗ Rubai. Weitere wichtige Formen des V.s sind die antiken ↗ Odenstrophen, die

Hymnenstrophen der christlichen Antike, im MA. ↗Hildebrandston und ↗Nibelungenstrophe sowie die mittelengl. ↗Chevy-Chase-Strophe. Erhöhte Popularität genießt die Romanzenstrophe (↗Strophe) im späten 18. und gesamten 19. Jh. LI

Viktorianische Literatur, die engl. Lit. der Regierungszeit Königin Victorias (1837–1901), also des Viktorianismus, den man in Früh-, Hoch- und Spätviktorianismus unterteilen kann. Die wichtigste Lit.gattung der v.n L. ist der Roman, daneben sind Kurzprosa (bes. die ↗Short Story) und in der Lyrik v. a. ↗Balladen verbreitet. Im Drama überwiegen populäre Formen wie ↗Melodrama und ↗Operette. – Die Zeit des Viktorianismus ist geprägt von umfassenden sozialen, politischen und ökonomischen Veränderungen. Die neu gegründeten Zss. eröffnen neue Publikationsmöglichkeiten für Romane (sie erscheinen zunächst meist in Fortsetzungen) und Short Stories. Die in hohen Auflagen verbreiteten, oft illustrierten und häufig dreibändigen Romane (sog. *three-deckers*) erreichen ein breites Lesepublikum. Die Folgen der industriellen Revolution, die Metropole London, das *British Empire* und seine Kolonien sind Themen, die in Romanen aufgegriffen werden. Vorläufer ist der romantische Roman W. Scotts (»Waverley«, 1814). Der viktorianische Roman wird dann zunehmend vom ↗Realismus geprägt, bes. in den Sozialromanen von Ch. Dickens (»Oliver Twist«, 1838), B. Disraeli (»Sybil or The Two Nations«, 1845) und E. Gaskell (»North and South«, 1855). Daneben gelangen Romanautorinnen wie die Schwestern Anne (»Agnes Grey«, 1847), Charlotte (»Jane Eyre«, 1847) und Emily (»Wuthering Heights«, 1847) Brontë sowie George Eliot (»Middlemarch«, 1871/72) zu Ansehen (↗Frauenlit.). Auf dem Gebiet der Lyrik sind neben dem ↗Poeta laureatus A. Lord Tennyson folgende Dichterinnen und Dichter zu nennen: Ch. Rossetti, D. G. Rossetti, E. Barrett Browning und R. Browning. Weitere wichtige Autoren der v.n L. sind W. M. Thackeray (»Vanity Fair«, 1847/48), L. Carroll (»Alice in Wonderland«, 1865), Th. Hardy (»Tess of the D'Urbervilles«, 1891), R. Kipling (»Kim«, 1901) und A. Trollope, außerdem die Philosophen und Kritiker Th. Carlyle, M. Arnold und J. Ruskin. Die 1848 gegründete Künstlergruppe der Präraffaeliten um D. G. Rossetti, W. Holman Hunt und J. E. Millais macht sich die Verbindung von Dichtung und bildender Kunst zur Aufgabe und bedient sich dabei einer symbolistischen Ästhetik (↗Symbolismus). Um die Wende zum 20. Jh. zeigt die v. L. bei A. Ch. Swinburne und O. Wilde Züge der ↗Décadence. Einflüsse der v.n L. prägen noch im 20. Jh. die realistische Erzähltradition Großbritanniens, aber auch den postmodernen Roman (J. Fowles: »The French Lieutenant's Woman«, 1969; A. S. Byatt: »Possession«, 1990).

Texte: G. Hönnighausen (Hg.): Die Präraffaeliten. Stgt. 1992.

Lit.: W. Baker, K. Womack (Hg.): A Companion to the Victorian Novel. Westport 2002. – J. Bristow (Hg.): The Cambridge Companion to Victorian Poetry. Cambridge 2000. – H. U. Seeber (Hg.): Engl. Lit.geschichte [1991]. Stgt., Weimar ⁴2004. PP

Villancico, m. [bijan'θiko; span., von *villano* = dörflich], in der span. Lyrik ↗Tanzlied mit Refrain; ursprünglich thematisch nicht gebunden, neben bäuerlicher Liebesthematik jedoch häufig Weihnachtslied (so bis heute: *canción de navidad*), seit dem 16. Jh. auch religiöses Lied zu anderen kirchlichen Festen. Der V. beginnt mit einem zwei- bis vierzeiligen Refrain, dessen Thema oder Motto in den folgenden Strophen glossiert wird (↗Glosa) und der nach jeder Strophe ganz oder mit den letzten Zeilen als Schlussrefrain (*estribillo*) wiederholt wird; in der meist drei- bis sechszeiligen Strophe (zumeist aus Achtsilblern) entspricht der Schlussteil formal und musikalisch oft dem letzten Refrainteil: einfache Form: *ABB / ccb BB*, im 16. Jh. häufige Form: *ABBA / abbaba (B)A*. Vertreter u. a. Juan del Encina, F. Lope de Vega. – Vgl. ähnliche Formen wie ↗Virelai, ↗Rotrouenge, ↗Dansa, ↗Ballata, engl. ↗Carol.

Lit.: A. Sanchez Romeralo: El V. Madrid 1969. IS/Red.

Villanelle, f. [it. *villanesca* = ländlich], dreiversige, durch refrainartige Wiederholungen gekennzeichnete Strophenform it.-frz. Herkunft. Während die V. als musikalische Gattung der ↗Renaissance ein stilistisch einfaches, formal variables Strophenlied ländlicher Thematik ist, legen klassizistische Poetiken sie auf ein der ↗Terzine verwandtes Schema fest. Die reimenden, meist zehn- oder elfsilbigen Außenverse des eröffnenden Dreizeilers dienen dabei als Refrain: Strophe 2 schließt mit Vers 1, Strophe 3 mit Vers 3, Strophe 4 wieder mit Vers 1 usw., bis ein abschließender Vierzeiler auf beide Refrainverse endet. Da auch alle Mittelverse miteinander reimen, ergibt sich folgendes Schema: A_1bA_2 abA_1 abA_2 abA_1 abA_1 [usw.] abA_1A_2 (Großbuchstaben = Refrainverse). – Nach freier Praxis in der europäischen Renaissance (u. a. J. Regnart, 1576) wurde die Form am Beispiel einer V. des Pleiáde-Dichters J. Passerat poetologisch kanonisiert. Diese strenge Form hat in der frz. und engl. Dichtung des 19. und 20. Jh.s und in der dt. Lyrik (z. B. O. Pastior) Nachahmer gefunden.

Lit.: Donna G. Cardamone: Villanella – Villotta. In: MGG², Sachteil. – P.-E. Leuschner: V. In: RLW. – R. E. McFarland: The V. Moscow/Id. 1987. DM

Virelai, n. oder m. [vir'lε oder vir'lai; afrz., Etymologie umstritten], frz. Liedform des späten 13. und des 14. Jh.s, häufig als Begleitung höfischer Tänze gesungen. – Das von einer Melodie begleitete V. ist ein mehrstrophiger lyrischer Text, der mit einem mehrzeiligen Refrain beginnt; dieser wird nach jeder Strophe wiederholt. Die meisten V.s haben zwei bis drei Strophen, die jeweils in drei Teile gegliedert sind: Metrum und Reimschema des ersten Teils, der *ouvert* heißt, werden vom zweiten Teil, dem *clos*, wiederholt; der dritte Teil, *tiers* genannt, kündigt den sich wieder anschließenden Refrain an, indem er dessen Metrum und Reim wiederholt. – Im 13. Jh. ist Adam de la Halle der bedeutendste Verfasser von (in den Hss. auch *rondeaux* genannten) V.s. Im 14. Jh. wird die Form v. a. von Guillaume de Machaut (der das V. auch als *chanson balladée* bezeichnet), Jean Froissart und Eustache Deschamps verwendet und z. T. in längere narrative ↗ Dits eingearbeitet. Hauptthemen der alt- und mfrz. V.s sind Liebesfreude und -leid des Sprechers. Kennzeichnend für das V. ist seine eigentümliche, Natürlichkeit nachahmende Anmut, die durch den repetitiven Strophenaufbau, die große Klangfülle und die einfache Sprache erzeugt wird. Verwandte Formen sind das ↗ Rondeau und die alt- und mfrz. ↗ Ballade.

Lit.: R. Mullally: Vireli, Virelay. In: Neuphilologische Mitteilungen 101 (2000), S. 451–463. RF

Virtuelle Realität ↗ Cyberspace.

Vísa, f. [anord. = Strophe], Pl. *Vísur*; metrische Einheit sowohl der ↗ eddischen als auch der skaldischen Dichtung im skandinavischen MA. In späterer Zeit werden auch ↗ Balladen als ›Vísur‹ (isländ.) oder ↗ ›Folkeviser‹ (dän., norweg.) bezeichnet. Das schwed. *folkvisor* bezieht sich dagegen auf ↗ Volkslieder. – In eddischer und skaldischer Dichtung wird jede Strophe in zwei Halbstrophen unterteilt. Die eddische Strophe besteht in den Versmaßen des ↗ Fornyrðislag und des ↗ Málaháttr in der Regel aus vier ↗ Langversen (zusammengesetzt aus jeweils zwei Kurzversen), von denen je zwei durch ↗ Stabreim (↗ Alliteration) verbunden sind. Im Versmaß des ↗ Ljóðaháttr besteht jede Halbstrophe aus einem Langvers und einem kürzeren, in sich ebenfalls alliterierenden Vollvers. – Die beiden Halbstrophen (*helmingar*) der skaldischen Strophe bestehen aus vier Verszeilen (*vísuorð*), die durch Alliteration zu zwei Verspaaren verbunden sind. Jeder ↗ Helming enthält eine abgeschlossene Aussage. Obwohl die Halbstrophen jeweils aus mehr als einem Satz bestehen können, muss zwischen den beiden Helmingar einer Strophe eine stärkere syntaktische Zäsur bestehen als zwischen den syntaktischen Einheiten innerhalb jeder Halbstrophe. Das bedeutet, dass eine Skaldenstrophe in der Regel zwei Hauptsätze enthält, die sich jeweils über eine Halbstrophe erstrecken. Diese für die skaldische Preisdichtung charakteristische Strophenform ist auch die Form der skaldischen Gelegenheitsdichtung, die in sog. ›losen Strophen‹ (*lausa vísur*), nicht im Gedichtverband überliefert ist.

Lit.: H. Kuhn: Das Dróttkvætt. Hdbg. 1983. – K. v. See: Skaldendichtung. Mchn., Zürich 1980. – E. O. G. Turville-Petre: Skaldic Poetry. Oxford 1976. – J. de Vries: Anord. Lit.geschichte [1941 f.]. Bln. ³1999. SW

Visionsliteratur [lat. *visio* = Schau], bislang nicht präzise definierte Gattung antiker und mal. Dichtung. Die ältere Forschung ordnete die V. vielfach der ↗ Legende zu. Sicher abzugrenzen ist die V. vom Traum, obgleich in Antike und MA. nicht scharf getrennt wurde zwischen *visio* und *somnium*: Zentrales Merkmal der V. ist, dass der Protagonist eine Erscheinung erlebt, in der seine Seele auf außernatürliche Weise in einen anderen Raum versetzt und die alte Umgebung nicht mehr wahrgenommen wird. Der Raumwechsel wird vom Visionär als ein Ablegen des Körpers erlebt, während er sich in Ekstase oder Ohnmacht – niemals aber im Schlaf – befindet. V. dient der Erbauung und Belehrung, wird aber auch eingesetzt zu (kirchen-)politischer Propaganda (Gregor der Große: »Dialogi«, »Vision Karls des Dicken«) oder in Geschichtsschreibung integriert (Beda Venerabilis). – In V. wird häufig die Reise einer Seele durch Himmels- und Höllenbereiche geschildert. Wirkungsmächtigstes Beispiel: die apokryphe »Visio S. Pauli« (3. Jh.), entstanden in der Ostkirche, rasch in zahlreichen volkssprachigen Übers.en und Bearbeitungen im Westen verbreitet (dt. erst im 12. Jh.). Das hier zugrunde liegende Schema der Wanderung von einer Station zur nächsten (strukturell ähnlich der ↗ Queste des ↗ höfischen Romans) und die Art der zu durchleidenden Strafen prägen die ›Jenseitsreisen‹. Die »Visio Baronti« (7. Jh.) ist die erste Vision, die nicht Teil eines umfangreicheren Textes ist. Im Hoch- und Spät-MA. steht der paränetische Charakter der V. im Vordergrund (bes. Vergeltung von Schuld bzw. Verdienst im Jenseits). V. findet daher häufig Eingang in Erbauungsbücher und (Predigt-)Exempelsammlungen (so Otloh von St. Emmeram: »Liber visionum«; Petrus Damiani: »Liber miraculorum«). – Eine erste Blüte erleben ›Jenseitswanderungen‹ im 7. Jh. mit den Visionen des Drythelm, Furseus und Barontus. Ins Jenseits entrückt durchreist hier der Visionär meist in Begleitung eines Führers (Christus, Engel, Heiliger) jenseitige Landschaften. Die Gestaltung dieser Räume schöpft aus christlichen (Bibel, apokryphe Apokalyptik) und vorchristlichen Quellen (u. a. Immrama). Durch die Visionen des Alberich, Tnugdal, Gottschalk und Thurkil sowie Heinrichs von Saltrey »Purgatorium Patricii« erlangt dieser Typus im 12. und frühen 13. Jh. erneut große Popularität auch in den Volkssprachen; Höhe- und Endpunkt ist Dantes »Divina Commedia« (um 1305). – Mit dem Einsetzen einer überwiegend von Frauen (v. a. Beginen und Vertreterinnen der Reformorden) getragenen Offenbarungs- und Erlebnis-↗ Mystik werden die Schau des liebenden und leidenden Christus sowie die Begegnung mit Heiligen in himmlischen Räumen zunehmend charakteristisch für die V. Dabei wurde die Aufnahmebereitschaft für visionäre Schau häufig durch Meditationen, Geißelung oder Fasten gestärkt. Vertreterinnen dieser Strömung sind Elisabeth von Schönau, Hadewijch von Antwerpen, Mechthild von Magdeburg, Gertrud von Helfta, Marguerite Porète; Agnes Blannbekin, Christine und Margareta Ebner, Birgitta von Schweden und Katharina von Siena.

Texte: P. Dinzelbacher (Hg.): Mal. V. Darmstadt 1989. Lit.: J. Amat: Songes et visions. Paris 1985. – C. Carozzi: Le voyage de l'âme dans l'au-delà. Rom 1994. – P. Dinzelbacher: Vision und V. im MA. Stgt. 1981. – Ders.: Nova visionaria et eschatologica. In: Mediaevistik 6 (1993), S. 45–84. – P. G. Schmidt: Vision. In: RLW. –

St. J. D. Seymour: Irish Visions of the Other-World. Ldn. 1930.   BP

Visuelle Poesie, auch: visuelle Dichtung, verschiedene Spielarten der Lit., die sich auf die optische Erscheinungsform des hsl. oder gedruckten Textes konzentrieren. Die v. P. setzt im Hellenismus mit den Technopaignien (↗ Figurengedicht) ein, die kultische und erinnernde Funktionen haben. V. a. im Barock entstehen viele Figurengedichte, die oft herausragende Anlässe, Institutionen und Personen würdigen. Im 19., bes. aber im 20. Jh. lebt die Gattung erneut auf; dabei wird meist die Materialität der ↗ Schrift reflektiert. Visuelle Texte können auch in typographisch konventionelle Texte integriert sein (L. Sterne, L. Carroll). Die Spannung zwischen Lettern und weißem Blatt wird erstmals konstitutiv bei St. Mallarmé (»Un coup de dés«). In der modernen Lyrik wird die visuelle Struktur des Textes vielfach bedeutungstragend, so in den achsensymmetrischen Gedichten von A. Holz, bei G. Apollinaire (»Calligrammes«), im ↗ Dadaismus (T. Tzara, R. Hausmann), ↗ Futurismus (F. T. Marinetti: »Parole in libertà«) und in der ↗ konkreten Poesie. – Zu den traditionellen Spielformen der v. n P. gehören 1. die Umrisstexte, deren Textkontur sinnbildend ist, 2. Texte von nichtlinearer Struktur (u. a. Labyrinthtexte), 3. Intext-Gedichte, 4. Gittergedichte, bei denen durch Markierung von Lettern ein Text in einem anderen sichtbar wird. Als Formen konkreter Poesie entstanden auch Schriftgebilde, die gestisch wirken, an die Körperlichkeit des Schreibakts erinnern und das Problem der Lesbarkeit reflektieren. Der Übergang vom figuralen Textgebilde zur graphischen Konfiguration mit Schriftcharakter ist fließend; im Grenzbereich entstehen ›Piktogramme‹, ›Ideogramme‹ oder ›Sehtexte‹. Verwandt mit v. r P. sind die graphisch gestalteten Initiale und das Bildalphabet, die Buchstaben-Plastik, das Buch-Objekt und die graphisch gestaltete Druckseite, in jüngerer Zeit auch der visuell strukturierte elektronische ↗ Hypertext.

Lit.: J. Adler, U. Ernst: Text als Figur. V. P. von der Antike bis zur Moderne. Wolfenbüttel, Weinheim 1987. – G. Deisler, J. Kowalski (Hg.): wortBILD. V. P. in der DDR. Halle, Lpz. 1990. – K. P. Dencker (Hg.): Text-Bilder. V. P. international. Köln 1972. – U. Ernst: Intermedialität im europäischen Kulturzusammenhang. Bln. 2002.   MSE

Visuelles Erzählen ↗ Bilderbuch, ↗ Bildergeschichte, ↗ Comic.

Vita, f. [lat. = Leben], Pl. *Viten*; Lebensbeschreibung einer herausragenden weltlichen oder geistlichen Person. Im Unterschied zu Passio und ↗ Gesta konzentriert sich die V. nicht auf Taten, Leidensgeschichte und Tod, sondern bietet einen umfassenden biographischen Bericht, der mehrere Lebensstationen in ihrer Kontinuität und Entwicklung beleuchtet. – Die Tradition der Vitenlit. reicht bis in die ↗ Spätantike; sie ist geprägt durch die Tradition der röm. Leichenrede (↗ laudatio funebris). Im Frühchristentum entstehen

die ersten Märtyrer-, Mönchs- und Bischofsviten. Im MA. dominieren hagiographische Viten (↗ Hagiographie). – Ihre Entstehung verdanken Viten selten historisch-dokumentarischen Interessen; vielmehr wurden die meisten aufgrund einer konkreten hagiographischen ↗ causa scribendi konzipiert; sie wurden verfasst und überliefert an Kultstätten bestimmter Heiliger, an Aufbewahrungsorten von Reliquien, um die Popularität der Heiligen und der Kultstätte zu fördern (↗ Heiltumsbüchlein). Manche Klöster wie Fulda und St. Gallen pflegten eigene, dem ↗ Memoria- und Repräsentationsdenken verpflichtete Haustraditionen. An anderen Orten ist die Vitenschreibung in der Missions- und Gründungsgeschichte verwurzelt. Ab dem 9. Jh. werden Viten kirchlicher Würdenträger verstärkt zum Forum kirchenpolitischer Programmatik. Funktionalisiert wird die Gattung auch im Bereich der Adelsbiographie: Auftragswerke suchen Adelsgeschlechter auf genealogischem Wege zu ›heiligen‹, indem sie eine Blutsverwandtschaft mit Heiligen rekonstruieren oder die Taten der Protagonisten als vorbildlicher Christen ins Zentrum der Darstellung rücken. – Im Rahmen der Seelsorge kommt der V. eine erbauliche Funktion zu. So ist der »Dialogus noviciorum« des Thomas von Kempen (15. Jh.) eine Vitensammlung noch lebender oder kürzlich verstorbener Brüder, deren Vorbild junge Ordensmitglieder zur ↗ Imitatio (2 b) anregen soll; 1498 wurde der Text durch Thomas Finck für Augustinerchorfrauen adaptiert und mit unterweisenden Kommentaren versehen. – Viten wurden einzeln, als *libelli* (Sammlungen von Viten desselben Typs, z. B. Viten heiliger Jungfrauen) oder enzyklopädisch angelegte Kompendien (z. B. die »Vitaspatrum«, eine seit dem 4. Jh. bezeugte Sammlung von Eremiten- und Mönchsviten) überliefert. – Ihren ↗ Sitz im Leben hat die Vitenlit. in der Liturgie (Lesung am Festtag des verehrten Heiligen), als ↗ Tischlesung in Klöstern während der Mahlzeiten sowie als private erbauliche Lektüre für Geistliche und Laien. – Die großen nicht-hagiographischen Vitensammlungen des ↗ Humanismus wie F. Petrarcas »De viris illustribus« (ca. 1338–41/43), G. Boccaccios »De casibus virorum illustrium« (1356–60) und »De claris mulieribus« (1361 f.) orientieren sich am ethischen und ästhetischen Vorbild der Antike. Das gilt auch für die Künstlerviten der ↗ Renaissance, etwa L. B. Albertis in der dritten Person verfasste ↗ Autobiographie »V.« (um 1437 f.) und G. Vasaris »Vite de' più eccelenti architetti, pittori e scultori italiani« (1550).

Lit.: G. Althoff: Causa scribendi und Darstellungsabsicht. In: M. Borgolte u. a. (Hg.): Litterae medii aevi. Sigmaringen 1988, S. 117–133. – W. Berschin: Biographie und Epochenstil im lat. MA. 5 Bde. Stgt. 1986–2004. – K. Hauck: Geblütsheiligkeit. In: B. Bischoff u. a. (Hg.): Liber Floridus. St. Ottilien 1950, S. 187–240. – M. Heinzelmann: Neue Aspekte der biographischen und hagiographischen Lit. in der lat. Welt (1.–6. Jh.). In: Francia 1 (1973), S. 27–44. – K. Kunze: V. In: RLW.

– D. von der Nahmer: Die lat. Heiligenvita. Darmstadt 1994. ID

Vitalismus ↗ Expressionismus.

Vituperatio, f. [lat.], Tadel- oder Schmährede. Ggs.: ↗ Laudatio.

Vokabular, n. [mlat. *vocabularius*], 1. im weiteren Sinn: Wortschatz. – 2. Im engeren Sinn: lat.-dt. Wörterbuch; auch: Vokabularium. Im Ggs. zu den aus ahd. Zeit stammenden ↗ Glossaren, die aus der Glossierung lat. Werke entstehen und reine lat.-dt. Wortlisten bieten, stellen die V.e, die sich im dt.sprachigen Raum seit der Mitte des 14. Jh.s entwickeln, umfangreiche Nachschlagewerke dar. Entsprechend ihrer Zielsetzung, als praktisches Hilfsmittel zum Verständnis lat. Texte, insbes. der Bibel, zu dienen, sind diese Wörterbücher, wie die Glossare auch, zunächst ausschließlich lat.-dt. ausgerichtet. Ihre Entstehung verdanken sie nicht einzelnen lat. Texten, sondern den gelehrten lat. Sprachenzyklopädien des 11.–13. Jh.s., in denen stets grammatische und lexikalische Informationen miteinander verknüpft wurden. Zu den wichtigsten Quellen zählen das »Elementarium doctrinae erudimentum« des Papias (um 1050), Hugucios von Pisa »Magnae derivaciones« (um 1200), die »Exposiciones« des Guilelmus Brito (zwischen 1248 und 1267) und das »Catholicon« des Johannes Balbus von Genua (1286). Wenn auch die dt. Bearbeitungen die lat. Sach- und Sprachlexika in unterschiedlicher Form adaptieren, so ist ihnen doch gemeinsam, dass sie ihre Vorlagen vereinfachen und teilweise mit dt. Bedeutungsentsprechungen versehen; darüber hinaus werden der Lemmabestand und die z. T. sehr umfangreichen Erläuterungen in den einzelnen Artikeln reduziert. – Bereits in den Anfängen der Textsorte etablieren sich zwei Grundtypen: alphabetisch angeordnete *Universalglossare* und thematisch gegliederte *Sachglossare*. Am Beginn der alphabetisch organisierten V.e steht das (Substantive und Adjektive enthaltende) Nominalglossar des Straßburger Weltgeistlichen Fritsche Closener (gestorben 1396), das, meist in einfachen Wortgleichungen, neben dem biblischen Wortgut den Wortschatz des Alltags (z. B. Pflanzen, Tiere, Steine) enthält. Nach 1382 wird dieses V. von dem ebenfalls aus Straßburg stammenden Jakob Twinger von Königshofen (1346–1420) überarbeitet und zu einem Bildungslexikon ausgeweitet. Ebenfalls noch aus dem 14. Jh. stammt das Wörterbuch des Einbecker Chronisten und Stadtschreibers Dietrich Engelhus, der ein Bildungswörterbuch schafft, in dem grammatisch-sprachliche Sachverhalte im Mittelpunkt der Erklärungen stehen. Am breitesten überliefert sind jedoch zwei anonym· erschienene Universalglossare, der »Vocabularius Lucianus« und der »Vocabularius Brevilogus«. Als frühestes Sachglossar gilt der »Vocabularius optimus« des Luzerner Stadtschreibers Johannes Kotmann. Dieses in der ersten Hälfte des 14. Jh.s entstandene V. ist nach Wortfeldern des täglichen Lebens gegliedert. Um 1400 erscheint der »Liber ordinis rerum«, ein nach grammatischen Kriterien (bes.

Wortarten) und innerhalb dieser Abschnitte dann nach Sachgruppen geordnetes V. Im 15. Jh. dominiert der »Vocabularius Ex quo«, das am breitesten überlieferte lat.-dt. Universalglossar des MA.s, das mit seiner vielfältigen Drucküberlieferung bis ins 16. Jh. reicht (über 280 Hss., ca. verschiedene 50 Inkunabelauflagen). In über 12.000 Wortartikeln werden nicht nur seltene und erklärungsbedürftige Wörter, sondern gerade auch der Grundwortschatz erfasst. In knapper Form werden die wichtigsten Informationen mitgeteilt. Den Lemmata vorangestellt werden durch ein Siglensystem stets grammatikalische Angaben gegeben. Dem Stichwort folgen in der Regel eine lat. Erklärung der Bedeutung und stets ein dt. Übers.säquivalent. Gelegentlich werden morphologische Mitteilungen sowie Hinweise auf Kürze und Länge von Silben gegeben. – Gegenüber der riesigen Menge der lat.-dt. V.e sind die dt.-lat. V.e eine Randerscheinung. Erst im 16. Jh. ändert sich hier unter dem Einfluss des ↗ Humanismus die Situation. Als Wörterbuchsprache dient das Dt. aber nach wie vor nur als Brücke zum Lat.

Texte: B. Schnell u. a. (Hg.): ›Vocabularius Ex quo‹. Überlieferungsgeschichtliche Ausg. 5 Bde., Tüb. 1988 f.

Lit.: K. Grubmüller: Die dt. Lexikographie von den Anfängen bis zum Beginn des 17. Jh.s. In: F. J. Hausmann u. a. (Hg.): Wörterbücher, Dictionaries, Dictionnaires. Bln., NY 1990, S. 2037–2049. – K. Kirchert: Städtische Geschichtsschreibung und Schullit. Wiesbaden 1993, bes. S. 70–155. – P. O. Müller: Dt. Lexikographie des 16. Jh.s. Tüb. 2001. BS

Vokalmusik ↗ Musik und Lit.

Völkerkunde ↗ Ethnologie und Lit.

Volksballade, die im Ggs. zur Kunstballade ältere, anonyme (oft zersungene) ↗ Ballade.

Volksbuch, Buchgattung der Frühen Neuzeit. – Der Begriff ist in der Lit.geschichte und in der Forschung nicht klar definiert. Das 18. Jh. verstand unter ›V.‹ ein allg. verständliches Hb. belehrenden Inhalts. In der ↗ Romantik wurde der Begriff mit Überlieferungs- und Rezeptionsfaktoren aufgeladen, ohne dass sich damit zunächst ein Gattungsbegriff konstituiert hätte. Die wirkungsmächtige Schrift »Die teutschen Volksbücher« von J. Görres (1807) vereinigt so heterogene Texte wie eine Bauernpraktik, »Fortunatus«, »Herzog Ernst«, »Hürnen Seyfried«, »Haymonskinder«, »Lalebuch«, »Eulenspiegel«, »Faust«, »Rübezahl«, »Melusine« und Sibyllenweissagungen unter der Bez. ›V.‹. Ein lit.historischer Gattungsbegriff ist damit nicht gegeben, vielmehr spielen Kriterien wie die Gebrauchsfunktion und die (teilweise vermeintlich) lange Überlieferungstradition der Texte eine Rolle. Görres' Programm wurde durch populäre Sammlungen wie »Die dt. Volksbücher« von G. Schwab (1836 f.) oder das ebenso betitelte dreizehnbändige Werk von K. Simrock (1845–67) umgesetzt. Demgegenüber verfolgte J. W. Goethes nie ausgeführter V.plan – ein Schulbuch mit vorwiegend lyrischen Texten – aus dem Jahr 1808 eine erzieherisch-aufklärerische Wirkungsabsicht, die mit seiner Auffassung von ↗ Weltlit. und Weltbürgertum korrelierte. – Eine sich als ›völkisch‹ verstehende Richtung der Lit.wissenschaft verstand in der ersten Hälfte des 20. Jh.s das V. als eine Gattung, die den Anteil »des Volks an der schriftlich fixierten Dichtung« (Benz, S. 1) zum Ausdruck bringen sollte und in Opposition zum ↗ Roman mit seinen ganz anderen Produktions- und Rezeptionsbedingungen gestellt wurde. Diese teilweise noch von der Romantik beeinflusste Sicht eines ›Volksgeistes‹ als Lit. produzierender Instanz ist im Hinblick auf die Nachweisbarkeit zahlreicher adliger Verfasser von Volksbüchern (z. B. E. v. Nassau-Saarbrücken) ebenso wenig zu halten wie die Ansicht, derartige Lit. sei ›für das Volk‹ als Primärrezipienten geschaffen worden. – Die Begriffsverengung auf erzählende Texte (vorwiegend Prosa) des 15. und 16. Jh.s generierte eine verzerrte Sichtweise auf die Genese des frühen dt. (Prosa-)Romans als ›volkstümlich‹, mithin trivial. Ebenso problematisch ist aber auch die Deszendenztheorie, die ein Absinken derartiger Lit. aus einem adligen Entstehungskontext über die Stufe des Bürgertums bis hin zur Stufe des Volks suggeriert. – Als *lit.- wissenschaftlicher* Gattungsbegriff erweist sich V. mithin als untauglich; der Heterogenität der unter diesem Etikett geführten Texte sollte mit einer differenzierteren Begrifflichkeit (Prosaroman, ↗ Novelle, ↗ Legende, Reiseliteratur) begegnet werden, zumal als Quellen germ. Heldensage, ↗ höfischer Roman, frz. und lat. Texte sowie die it. Humanisten-Novelle namhaft gemacht werden können. – Als *buchgeschichtlicher* Terminus für Drucke der Frühen Neuzeit, die durch ihre Faktur (fehlende Angabe des Druckorts und Erscheinungsdatums, einfache Ausstattung) auf eine weite Verbreitung schließen lassen, erweist sich ›V.‹ dagegen als nützlich. Lit.soziologische, medien- und mentalitätsgeschichtliche Fragestellungen zum V. in diesem Sinn sind noch nicht ausgeschöpft. – Die unter dem V.-Begriff geführten Texte dienten schon früh als Quellen für Neubearbeitungen und Stoffadaptationen. Waren schon 1598 die ›Schildbürger‹ als Fortsetzung des »Lalebuchs‹ entstanden, so steht auch Ch. M. Wielands »Geschichte der Abderiten« (1774) in dieser Tradition. L. Tieck bearbeitete den ↗ Stoff der Haymonskinder; Goethe und andere adaptierten den zuerst in der »Historia von D. Johann Fausten« (1587) überlieferten Faust-Stoff.

Lit.: R. Benz: Geschichte und Ästhetik des dt. V.s [1913]. Jena ²1924. – A. Classen: Das dt. ›V.‹ als Irritationsobjekt der Germanistik. In: WW 46 (1996), S. 1–20. – J. van Cleve: A Genre in Crisis: The ›V.‹. In: GQ 59 (1986), S. 203–215. – B. Gotzkowsky: Volksbücher. Bibliographie der Drucke. 2 Bde. Baden-Baden 1991–94. – H. J. Kreutzer: Der Mythos vom V. Stgt. 1977. – J.-D. Müller: V. /Prosaroman im 15./16. Jh. In: IASL. Sonderheft 1 (1985), S. 1–128. – Ders.: V. In: RLW. WB

Volksbühne, Besucherorganisation auf Vereinsbasis, die ihren Mitgliedern verbilligte regelmäßige Theaterbesuche ermöglicht. – Im Anschluss an den 1889 gegründeten Theaterverein ↗ »Freie Bühne« wurde am 29.7.1890 von W. Bölsche und B. Wille die »Freie V.« als Theaterverein für Arbeiter gegründet (mit der Zs. »Die freie V.«), die auch dem Arbeiter den Besuch politisch-progressiver Theaterstücke ermöglichen sollte. Die Freie V. schuf ein billiges Theaterabonnement für (Sonntag)-Nachmittagsvorstellungen, wobei die Karten einmal monatlich ohne Platzkategorien verlost wurden. 1892 spaltete sich die »Neue freie V.« unter Wille ab; 1919 vereinigten sich beide Vereine als »V.«. Nach dem Berliner Beispiel entstanden in ganz Deutschland ähnliche Vereine, die sich 1920 zum »Verband der Dt. V.n.-Vereine« zusammenschlossen. Der Verband baute eigene Theater, mehrere davon in Berlin (berühmte Inszenierungen durch E. Piscator), unterhielt einen eigenen Bühnenverlag, Tournee- und Laienspielgruppen. 1948 wurde er neu gegründet und zählte bald mit anderen Besucherorganisationen zu den wichtigsten Faktoren, die Arbeitsweise, Spielplan und Etats der dt. Theater mitbestimmten. Die V.n-Idee erwuchs aus der sozialistischen Arbeiterbewegung. Da sie kurzzeitig von extrem linken Gruppen beherrscht wurde, entstand 1919, gegründet von W. K. Gerst, im »Bühnenvolksbund« eine Gegenorganisation auf betont christlicher Basis, deren Nachfolge seit 1951 der »Bund der Theatergemeinden« angetreten hat. Seit Jahren gehen die Mitgliederzahlen zurück.

Lit.: H. Hirsch: Viel Kultur für wenig Geld? Entwicklungen und Verwicklungen der V. Düsseldorf, Wien 1975. – Ch. Hyun-Back: Die Kunst dem Volke oder dem Proletariat? Die Geschichte der Freien V.nbewegung in Berlin 1890 bis 1914. Ffm. 1989. – D. Pforte (Hg.): Freie V. Berlin 1890–1990. Bln. 1990. HER

Volksdichtung ↗ Volkspoesie.

Volksepik ↗ Epos.

Volksepos, überholte Bez. für das ↗ Heldenepos, in der dt. Lit. v. a. das »Nibelungenlied«. – Der in Analogie etwa zu ↗ ›Volkslied‹ gebildete Begriff ›V.‹ referiert auf die romantische Vorstellung einer ↗ ›Volkspoesie‹. Während J. G. Herder diese von der ›Naturpoesie‹ unterschied, sahen J. und W. Grimm beide als eine Einheit, die sie mit nationalen Konnotationen aufluden. Das V. galt nun als Gegenstück zum höfischen Epos, d. h. zum ↗ höfischen Roman. Wurde in diesem eine frz. geprägte ständische Kunstdichtung gesehen, erschien das V. als Zeugnis nationaler Authentizität, das vom gesamten Volk getragen und geschaffen worden sei. Die Vorstellung eines kollektiven Ursprungs suggerierte eine organische Einheit und vernachlässigte die Tatsache, dass die Großform des Epos einen individuellen, die Textstruktur organisierenden Verfasser erfordert. Hier setzte die Kritik der späteren Forschung an; die ↗ Liedertheorie stellt einen Vermittlungsvorschlag dar. Unter veränderten politischen Bedingungen ersetzten G. Ehrismann, A. Heusler und H. Schneider den Begriff durch ›Heldenepos‹.

Lit.: W. J. Schröder (Hg.): Das dt. V. Darmstadt 1969. – U. Schulze: Epos. Dt. Lit. In: LMA. AL

Volkserzählung ↗ Märchen.

Volkskunde ↗ Ethnologie und Lit.

Volkslied, [engl. *folk song*; frz. *chanson populaire*], populäres, für den Gesang vorgesehenes ↗ Gedicht, das mündlich oder schriftlich überliefert werden kann. Der von J. G. Herder 1773 ins Dt. (in Opposition zum allein schriftlich tradierten ›Kunstlied‹) eingeführte Ausdruck hat sich trotz wandelnder Vorstellungen von ›Volk‹ gehalten und kann heute ältere, meist anonym überlieferte ↗ Lieder ebenso bezeichnen wie gegenwärtig populäre Lieder aus der Folksongbewegung und aus der kommerziellen Volksmusikproduktion. Der ↗ Schlager zeichnet sich – im Ggs. zur längeren Verbreitung des V.s – durch aktuelle, meist schnell wieder abflauende Popularität aus. – Die romantische Vorstellung vom Volk als kollektivem Autor des V.s gilt heute als widerlegt. Die moderne V.forschung fragt nicht mehr nach Entstehung, sondern nach Verbreitung; sie untersucht seit Meier (1906) den produktiven, aber anonymen Prozess der Tradierung und Umbildung der Lieder. Im Unterschied zum Kunstlied führen kulturelle und pragmatische Bedingungen des Vortrags beim V. zu gleichberechtigten Varianten von Text und Musik; die Anzahl der durch Umsingen und Zersingen entstandenen Varianten gilt als Grad der Volksläufigkeit. Aufgegeben wurde auch die Vorstellung vom Primat der mündlichen Überlieferung; die kontextorientierte V.forschung berücksichtigt Buchdruck und moderne Medien als Bedingungen; sie untersucht auch gesellschaftliche Gruppen als Träger und Sänger des V.s. Die Ordnung der Lieder erfolgt meist nach inhaltlichen Gesichtspunkten (Heimatlied, Historisches Ereignislied, Rätsellied, Sagenballade); möglich sind auch Gliederungen nach Form (Dreizeiler, Kettenlied), Liedträger (Kinder-, Burschenlied, Nonnenklage), Anlass (Morgen-, Abend-, Weihnachtslied), Ort des Singens (Kirchen-, Alm-, Bänkellied) oder Funktion (Wiegen-, Arbeits-, Wanderlied; Protestsong). Untersuchungen zur Form des V.s widerlegen ältere Auffassungen von seiner Simplizität. Es gibt ein reiches Repertoire der Töne und Stilmittel: Pathos und Trivialität, Bericht und Ausdruck von Stimmung und Gefühl, Wechsel von Heiterkeit und Traurigkeit; bruchstückhafte Ereigniswiedergabe, Vernachlässigung von Logik und Informationsgenauigkeit (›Sprünge‹), Anspielungscharakter. Metrische Bausteine sind: strophische Ordnung aus Langzeilen, Kurzzeilen, ↗ Kehrreimen; Verse mit fester Hebungszahl und Füllungsfreiheit für die Senkungen (›Volksliedvers‹); durchgehender, wenn auch häufig nachlässig behandelter Reim. – Die Überlieferung des V.s beginnt im Spät-MA. in hsl. Liederbüchern; wenig später folgen gedruckte Sammlungen. Im 15. Jh. entstehen die Liederbücher von St. Blasien, Locham, Glogau, Wienhausen, Königstein, Rostock und das der Clara Hätzlerin. Im 16. Jh. werden V.er durch mehrstimmige Bearbeitungen (H. Isaac, C. Oth-

mayr, L. Senfl, G. Rhau, G. Forster) für die stadtbürgerliche Kunstpflege übernommen. Daneben erscheinen in dieser Zeit, v. a. auf Flugblättern und Einblattdrucken, neue und veränderte V.er. Herders Ausgaben (»Volkslieder«, 1778 f.; »Stimmen der Völker in Liedern«, 1807) begründen die V.forschung, die in der ↗ Romantik mit A. v. Arnims und C. Brentanos Sammlung »Des Knaben Wunderhorn« (1806–08) eine auch für die Kunstlyrik wichtige Edition hervorbrachte. Nach Anfängen bei Goethe (»Heidenröslein«, 1789) werden Töne und Motive des V.s in romantischen Liedern (J. v. Eichendorff: »Lied«, 1813) und ↗ Balladen (C. Brentano: »Zu Bacharach am Rheine ...«, 1802) raffiniert anverwandelt. Bei den Romantikern sowie bei H. Heine (»Buch der Lieder«, 1827) und A. v. Droste-Hülshoff wird der V.vers auch in die ↗ Metrik der Kunstlyrik aufgenommen. Weitere wichtige Sammlungen des 19. Jh.s sind »Die V.er der Deutschen« (hg. v. F. K. v. Erlach, 1834–37) und »Alte hoch- und niederdt. V.er« (hg. v. L. Uhland, 1844/45). Die erste wissenschaftliche Edition ist der »Dt. Liederhort« (hg. v. L. Erk, F. M. Böhme, 1893/94). 1899 gründete J. Pommer die Zs. »Das deutsche V.«, 1914 J. Meier das »Dt. V.archiv« in Freiburg. Damit beginnt die neuere V.forschung, die heute über viele nationale und regionale Sammel- und Forschungsstellen verfügt. Das Freiburger Archiv beherbergt weit über eine halbe Million gedruckter und ungedruckter Liedzeugnisse. Daraus ging die umfassende Edition »Dt. V.er mit ihren Melodien. Balladen« (bisher 10 Bde., 1935–96) hervor. Das 1928 gegründete »Jb. für V.forschung« erscheint seit 2000 mit signifikanter Titeländerung: »Lied und populäre Kultur/Song and Popular Culture. Jb. des Dt. V.archivs«.

Lit.: R. W. Brednich u. a. (Hg.): Hb. des V.s. 2 Bde. Mchn. 1973/75. – R. W. Brednich: 75 Jahre dt.sprachige V.forschung. In: Schweizerische Gesellschaft für Volkskunde (Hg.): V.forschung heute. Basel 1983, S. 7–18. – M. Bröcker: Volksmusik. In: MGG², Sachteil. – O. Holzapfel: Mündliche Überlieferung und Lit.wissenschaft. Der Mythos von V. und Volksballade. Münster 2002. – E. Klusen: V. Köln 1969. – J. Meier: Kunstlieder im Volksmunde. Halle/S. 1906. Nachdr. Hildesheim 1976. – L. Röhrich: Gesammelte Schriften zur V.- und Volksballadenforschung. Münster u. a. 2002. – A. Schulz: V. In: RLW. RB

Volksmärchen ↗ Märchen.

Volkspoesie, auch: Volksdichtung; von J. G. Herder geprägter, von G. A. Bürger (»Herzensausguß über V.«, 1776) popularisierter Ausdruck zur Bez. der anonymen Kunstproduktion der einzelnen Völker, im Ggs. zur Gelehrten- und Individualpoesie (vgl. Gaier, S. 894). Der Begriff konkurrierte oft mit anderen Termini: Man sprach von ›Urpoesie‹, wenn die V. als Relikt archaischen Dichtens verstanden wurde; von ›Nationalpoesie‹ (bes. im 19. Jh.) zur Betonung ethnischer Besonderheiten der V.; von ›Naturpoesie‹ zur Verdeutlichung ihrer (ohne Verschriftlichung) organischen

Gewachsenheit oder in Absetzung gegen die Kunstpoesie; in der Frühromantik (bes. bei A.W. und F. Schlegel) wird zwischen Naturpoesie, V. und Kunstpoesie unterschieden, wobei die V. eine Dekadenzstufe der Naturpoesie und die Kunstpoesie ein die V. überwindendes, zukünftiges Ideal darstellt. – Als formale und inhaltliche Kriterien gelten nach Herder (»Sprünge und Würfe«, 1773) der Verzicht auf logische Begründung, Erzählkontinuität und Informationsgenauigkeit zugunsten eines episodisch reihenden Erzählens, die Abwesenheit eines ausdifferenzierten Erzählers *im* Text (bedingt durch die physische Präsenz des Erzählers in der für die V. zunächst konstitutiven mündlichen Erzählsituation), eine auf Individualisierung verzichtende Personentypik und das weitgehende Fehlen von reflektierenden Momenten. Inhaltlich verweisen fast alle Gattungen der V. auf allgemeinmenschliche Daseins- und Verhaltensformen, so dass Themen wie Familie, Liebe, Kampf, mythische Naturerfahrung, Tod oder Jenseitsvorstellung im Mittelpunkt vieler volkspoetischer Werke stehen. – Die Forschung interessierte sich zunächst für die Herkunft der Stoffe und Formen (entweder aus nationalen Traditionen oder aus universalem ›Wandergut‹) und für die Frage, ob die V. Ausdruck eines allg. Volksgeistes oder als ›gesunkenes Kulturgut‹ eine Trivialisierung von elitärer Dichtung sei; in der zweiten Hälfte des 20. Jh.s standen Fragen nach der spezifischen lit. Typik (↗ einfache Formen), der tiefenpsychologischen Entschlüsselung (bes. des ↗ Märchens, der historisch gebundenen Überlieferungs- und Veränderungsgeschichte und nach dem funktions- und sozialgeschichtlichen Ort ihrer Rezeption im Zentrum des Interesses. Der Begriff selbst wird inzwischen einerseits für veraltet erachtet, andererseits aber in kulturwissenschaftlichen Zusammenhängen auch aktualisiert, indem man unter ›V.‹ nicht mehr nur die herkömmlichen Gattungen (↗ Volkslied, ↗ Rätsel, Märchen, ↗ Sage) versteht, sondern auch populäre Mitteilungsformen wie ↗ Witz (1), Volksmusik und ↗ Schlager.

Lit.: U. Gaier: Volkslieder. In: J. G. Herder: Werke in 10 Bdn. Hg. v. M. Bollacher u. a. Bd. 3. Ffm. 1990, S. 848–927. – L. Petzoldt: Tradition im Wandel: Studien zur Volkskultur und Volksdichtung. Ffm. 2002. – P. Rühmkorf: Über das Volksvermögen. Reinbek 1967.

HW/SHO

Volksschauspiel, für ein großes Personenaufgebot (↗ Massenszenen), z. T. auch großen Ausstattungsaufwand konzipiertes volkstümliches Theaterstück (↗ Volksstück), das ein breites Publikum aller Stände erreicht, auch Bez. der Aufführung (oft durch Laienorganisationen, z. B. die mal. ↗ Passionsbruderschaften). In diesem Sinne kennen das MA. und teilweise die Barock V.e aus religiösem (↗ Oster-, ↗ Mysterien-, ↗ Mirakelspiele, ↗ Moralitäten) oder saisonalem Anlass (↗ Fastnachtspiele); bes. Letztere verbinden bürgerliche Spielfreude bereits mit professionellen Elementen (vgl. die Aufführungen der ↗ Rederijkers und Meister-

singer, die Schweizer Bürgerspiele). V. ist auch das Drama der Gegenreformation, das die reiche Bühnentradition des Barock nutzt (↗ Jesuitendrama). – Während in der Aufklärung im Norden Deutschlands das V. (als Laien- und Stegreiftheater) versiegt (1718 Spielverbot an preußischen Schulen, J. Ch. Gottscheds Reform 1737) und dann nur lokal als ↗ Lokal- oder Dialektstück wieder auflebt (Hamburg, Berlin), riss im Süden die Barocktradition nicht ab (Zauberspiele, Maschinenkomödien des ↗ Wiener Volkstheaters, Oberammergauer Passionsspiele, Niebergall in Darmstadt). Bes. im 19. Jh. erfasste eine neue Welle des Laientheaters vorwiegend ländliche Bereiche (»Komödi«-Spielen, ↗ Bauerntheater). Heute sind V.e rar – am ehesten erfüllen den Anspruch Oberammergau und die britischen und australischen Community Plays, auch V.e zur Stadtgeschichte.

Lit.: R. Fotheringham (Hg.): Community Theatre in Australia. North Ryde 1987. – K. K. Polheim: Studien zum V. und mal. Drama. Paderborn 2002. – L. Schmidt: Das dt. V. Bln. 1962.   HER

Volksstück, von Berufsschauspielern oder Amateuren für ein breites Publikum auf ↗ Wanderbühnen oder in Bauern- und Vorstadtbühnen gespieltes Theaterstück: für, über oder vom ›Volk‹, das sich v. a. aus der Intention der Produzenten und aus der Erwartung der Zuschauer definiert. Charakteristisch ist die gleichmäßige Anziehung gebildeter und ungebildeter Kreise, die Integration lit., sinnlich-theatraler, volkstümlicher, banaler und unterhaltender Elemente, die komödiantisch-virtuose Darbietung, oft mit musikalischen und gesanglichen, pantomimischen, tänzerischen und anspielungsreichen Stegreif-Einlagen. Eine historische Gattungsentwicklung ist ebensowenig zwingend wie eine Rückführung auf den antiken Mimus. Das südt. V. im bairisch-alemannischen Raum (L. Anzengruber, L. Thoma, J. Ruederer) gilt als Modell vitalen Volkstheaters, gipfelnd im Wiener Volkstheater A. Bäuerles, F. Raimunds, J. N. Nestroys, E. Schikaneders, obwohl das V. auch in anderen Regionen wie Berlin (L. Angely, K. v. Holtei, L'Arronge, R. Voß), Darmstadt und Frankfurt (K. Malß, E. E. Niebergall) Traditionen ausbildete. Charakter-, Gesellschafts- und Sprachkritik, auch ein Hang zum Belehrenden waren dem V. oft eigen. Im 19. und 20. Jh. nimmt es gesellschaftspolitische Ideen ebenso auf wie lit. Trends des Realismus und Naturalismus (L. Thoma, M. Halbe, G. Hauptmann, H. v. Hofmannsthal, Ö. v. Horvath, B. Brecht, M. L. Fleißer, H. Lautensack, C. Zuckmayer. In der Gegenwart dominiert eine gelegentlich surreale Abrechnung mit Kleinbürgermief und bürgerlicher Intoleranz (H. Achternbusch, R. W. Fassbinder, F. X. Kroetz, P. Turrini). Im nicht-dt. Raum spielt das V. oft eine zentrale Rolle im Theaterleben. Beispiele dafür sind Dario Fo in Italien, Joan Littlewood oder die Stücke des *Community Theatre* in England und die Gruppe *Les Deschamps* in Frankreich.

Lit.: H. Aust u. a. (Hg.): V. Mchn. 1989. – A. Betten:

Sprachrealismus im dt. Drama der siebziger Jahre. Hdbg. 1985. – H. Denkler: Restauration und Revolution. Politische Tendenzen im dt. Drama zwischen Wiener Kongreß und Märzrevolution. Mchn. 1973. – J. Hein (Hg.): Theater u. Gesellschaft. Das V. im 19. und 20. Jh. Düsseldorf 1973. – H. Herzmann: Tradition und Subversion. Tüb. 1997. – G. Lee: Quest for a public. French popular theatre since 1945. Cambridge/Mass. 1970. – G. Müller: Das V. von Raimund bis Kroetz. Mchn. 1979. – Ders.: V. In: RLW. – G. J. Nathan: The Popular Theatre. NY ²1923. Nachdr. 1971.   HER

Volkstheater, 1. *volkstümliche Theaterpraxis*, oft auch mit Laien, und ein Repertoire, das keine Bildungsschranken setzt; in diesem Sinne oft synonym mit ↗ Volksschauspiel, ↗ Bauerntheater, Dialekt- und ↗ Lokalstück und Community-Theatre gebraucht. – 2. *Theaterunternehmen*, das im Ggs. zum Hof- und Bürgertheater inhaltlich und finanziell von allen Schichten getragen wird; es existiert in diesem Sinne bereits in den religiösen Spielen mal. Kommunen, als Begriff wird es zuerst von J. W. Goethe im Ggs. zum Hoftheater gebraucht und setzt eine soziale Trennung des Publikums nach Bildung, Geschmack und Einkommen voraus, die dem Barocktheater W. Shakespeares und P. Calderóns noch unbekannt war, die sich aber im 18. Jh. im norddt. Sprachraum (J. Ch. Gottsched) mehr als im süddt. durchgesetzt hat (vgl. ↗ Wiener Volkstheater, Volksschauspiel). V. entstanden für die ↗ Wanderbühnen außerhalb des Geltungsbereichs der privilegierten höfischen oder bürgerlichen Theater als *Vorstadt- und Markttheater* (*théâtre forain*) oder Spielstätten der ↗ Commedia dell'Arte, v. a. in Wien, Paris und Venedig, später auch in Berlin, München, Hamburg. – Die Idee eines V.s lag bereits der Wiener Theaterreform Josefs II. (1776 subventioniertes Nationaltheater für alle Stände) zugrunde; sie wurde aufgewertet durch die Neueinschätzung volkstümlicher Elemente in der Romantik und die Verbindung mit dem Nationalgedanken, durch sozialpolitische und erzieherische Absichten. Es entstanden V. mit populärem Repertoire, verbilligtem Eintritt und gelegentlicher Mitwirkung von Laienschauspielern (Freilichttheater der Heimatkunstbewegung, ↗ Volksbühne).

Lit.: A. Hindley Turnhout (Hg.): Drama and Community. People and Plays in Medieval Europe. Brepols 1999. – G. Moser: Das V. Ffm. 1983. – T. Scamardi: Teatro della quotidianità in Germania. Bari 1987. – J.-M. Valentin (Hg.): Volk – Volksstück – V. im dt. Sprachraum des 18.–20. Jh.s. Bln. u. a. 1986.   HER

Volkstümliche Musik ↗ Schlager.

Vollreim ↗ Reim.

Volumen, n. [lat. = Gerolltes, Schriftrolle, von *voluere* = rollen, wälzen], Pl. *Volumina*; seit dem 17. Jh. Fremdwort für ein ↗ Buch (Einzelband) als Teil eines mehrbändigen Werkes (Abkürzung: vol.); vgl. auch die scherzhafte Übers. ›Wälzer‹ (= unhandliches, dickes Buch).   GS/Red.

Vorabdruck ↗ Fortsetzungsroman.

Vorarbeit ↗ Studie.

Vorausdeutung, Strukturmerkmal erzählender, dramatischer oder filmischer Texte (↗ Prolepse). Die V. hebt die erwartbare zeitliche Abfolge des dargestellten Geschehens vorübergehend auf und weist auf spätere, oft gegen Ende des jeweiligen Kapitels bzw. Abschnitts oder des ganzen Textes eintretende Ereignisse und Vorgänge voraus. Es können unterschieden werden: 1. *Figurenvorausdeutungen*: Prophezeiungen, Visionen, Orakel oder Träume von Personen, die zur Ebene der dargestellten Welt gehören (z. B. Kriemhilds Falkentraum im »Nibelungenlied«); 2. *Erzählervorausdeutungen*: Sie setzen ↗ auktoriales Erzählen voraus, machen als Mittel der Zeitgestaltung und Vorgangsverklammerung die strukturelle Konzeption des Textes bewusst und können in ihrer integrierenden, straffenden Funktion die ästhetische Spannung wirkungsvoll erhöhen (z. B. in H. v. Kleists »Die Marquise von O …«). Oft wird die V. zur rhet. Formel oder zum poetischen Versatzstück konventionalisiert (z. B. die ↗ Präfiguration in mal. Dramen). Funktionen der V. sind die Plausibilisierung zukünftigen Geschehens, der programmatische Verweis auf ein Hauptthema oder die Erzählerlegitimation. Die V. wird im Anschluss an G. Genette heute meist als Prolepse reformuliert.

Lit.: H. Burger: V. und Erzählstruktur in mal. Texten. In: Typologia Litterarum. Zürich 1969, S. 125–153. – J. Heinzle: V. In: RLW. – E. Lämmert: Bauformen des Erzählens [1955]. Stgt. 2000, S. 139–192. – M. Martinez, M. Scheffel: Einf. in die Erzähltheorie [1999]. Mchn. ³2002.   KH

Vorbühne ↗ Bühne.

Vorlesung, 1. eine institutionell verfestigte Kommunikationssituation (Lehrveranstaltung, Lehrvortrag, meist an der Universität); 2. Textsorte (Manuskript oder Mitschrift oder editorische Zusammenführung von beidem). Der Zusammenhang zwischen 1 und 2 lässt sich beschreiben als Transformation eines Textes mittels mündlicher ↗ Aufführung zum Zweck der Wissensvermittlung. Die Folge von Entwerfen, Vortragen, Zuhören, Mitschreiben bzw. Aufzeichnen und Edieren bildet ein Verhältnis von Mündlichkeit und Schriftlichkeit ab, das vom didaktischen Überlegungen geprägt ist oder zumindest sein sollte. – V.en bilden an den Universitäten von Anfang an einen zentralen Bestandteil der Lehre und waren für die Geschichte der Institution von enormer Bedeutung (1529: Ernennung der ersten *lecteurs royaux* als Begründung des *Collège de France*; 1687: Ch. Thomasius kündigt die erste V. auf dt. an; nach 1830: Bindung der *venia legendi*, des Rechts, Vorlesungen zu halten, an die Habilitation, die höchste akademische Prüfung). Wesentliche Texte der Geistesgeschichte sind als V.en tradiert worden, z. B. F. D. E. Schleiermachers »Hermeneutik« (postum 1838) und G. W. F. Hegels »Ästhetik« (postum 1835–38). – Zu den zentralen Techniken gehören die forschungsnahe Darstellung von grundlegendem Wissen sowie beispielhafte Glossierung und Kommentierung.

Für die Textsorte charakteristisch ist das der Vermittlungssituation korrespondierende dialogische Moment des monologischen Vortrags, das Schleiermacher und W. v. Humboldt auch in ihre Überlegungen zur Gestaltung der Universität einbezogen. – Systematische Untersuchungen zur Textsorte fehlen, Fragen der Binnendifferenzierung der V. (V.sreihe, Antritts-, Abschieds-, Gast-, Poetik-, Ringvorlesung) sind wie die Abgrenzungen zu ↗ Rede, Vortrag und Ansprache noch ungeklärt. Bisher hat nur die Editionswissenschaft das medientheoretische Problem zur Kenntnis genommen.
Lit.: U. Joost: V.smanuskript und V.snachschrift als editorisches Problem, und etwas von Lichtenbergs V.en. In: R. Seidel (Hg.): Wissen und Wissensvermittlung im 18. Jh. Hdbg. 2000, S. 33–70. – H.-U. Lessing: Vollständigkeitsprinzip und Redundanz: Überlegungen am Beispiel der Edition der Nachschriften von Diltheys systematischen V.en. In: editio 3 (1989), S. 18–27. – F. Schleiermacher: Gelegentliche Gedanken über Universitäten in dt. Sinn [1808]. In: ders.: Schriften. Ffm. 1996, S. 335–438. HHG

Vormärz, 1. die politisch liberale bis revolutionär-oppositionelle Lit.strömung in der Metternich'schen Restaurationszeit (unterschiedlich angesetzt ab 1815, 1830 oder 1840); 2. Epochenbegriff, der – in Konkurrenz zu ↗›Biedermeier‹, ›Biedermeierzeit‹ und ↗›Restaurationszeit‹ – die Jahrzehnte vom Wiener Kongress 1815 bis zur Märzrevolution 1848 umfasst.
Zu 1.: In der auch politisch-ideologisch motivierten Wiederentdeckung des V. in der Forschung der 1960er und 1970er Jahre wird die Differenz zwischen dem eher an lit. Ästhetik denn an operativem Eingreifen in die Politik orientierten, deshalb ›harmlosen‹ ↗ Jungen Deutschland und der revolutionären Agitation des ›aggressiven‹ V. stark betont und die Strömung daher nach J. Hermands Phasenmodell der Restaurationszeit auf die Dekade ab 1840 eingegrenzt; damit wird ein scharfer Ggs. zur älteren Forschung markiert, die alles ab 1815, so auch den V., auf das Telos der Reichsgründung 1871 zuführt und für die ›nationale Erhebung‹ vereinnahmt habe. Als konstitutiv für den V. gilt das In- und Nebeneinander von politisch-philosophischem Diskurs und spontaner Tendenzlit., die sich gegenseitig aufpeitschten und zu sich überbietenden Gruppenkämpfen führten. Bevorzugte Gattungen der wirkungsästhetisch auf Massenwirksamkeit abzielenden Bekenntnis-, Programm- und Agitationslit. sind der ↗ Essay und die politische Lyrik (↗ politische Lit.); als Hauptvertreter gelten G. Herwegh, F. Freiligrath, A. H. Hoffmann v. Fallersleben, H. Heine, A. Glassbrenner und G. Weerth. – Die gegenwärtige V.-Forschung zum Zeitraum 1815–48 (vgl. »Forum V. Forschung«; »www.vormaerz.de«) zeigt hingegen die Tendenz, die aus der älteren Sozialgeschichte stammenden Ordnungsschemata zur Lit. um 1850 auf neuem methodologischen Stand zu revidieren und im europäischen Vergleich auch die traditionelle Fixierung auf die politische Zäsur in der Jh.mitte zu hinterfragen.

Zu 2.: Dezidiert nicht als lit. Strömung, sondern als eine der wichtigsten Perioden (1815 oder 1830 bis 1848) innerhalb der nach dem Basis-Überbau-Modell konstruierten dt. Lit.geschichte, »von der auch die sozialistische dt. Lit. ihren Ausgang nimmt« (Rosenberg, S. 9), definierte den V. die ↗ marxistische Lit.wissenschaft der DDR, die in den 1960er und 1970er Jahren von einigem Einfluss auch im Westen war und sich v. a. mit scharfer Kritik und Polemik gegen Sengles Epochenbegriff ›Biedermeierzeit‹ (↗ Biedermeier [2]) wandte.
Periodika: Forum V. Forschung, V.-Studien 1996 ff. – Jb. Forum V. Forschung 1995 ff.
Lit.: H. Bock: Dt. V. In: L. Ehrlich u. a. (Hg.): V. und Klassik. Bielefeld 1999, S. 9–32. – J. Hermand (Hg.): Der dt. V. Stgt. 1967. – H. Ridley: Auf der Suche nach dem V. In: Ch. Grimm u. a. (Hg.): Konzepte und Perspektiven germanistischer Lit.wissenschaft. Lpz. 1999, S. 45–61. – R. Rosenberg: Lit.verhältnisse im dt. V. Bln. [Ost] 1975; zugleich Mchn. 1975. – U. Roth: V. In: RLW. – V.lit. in Europäischer Perspektive. 3 Bde. Bielefeld 1996–2000. DK

Vorpostler, m. Pl. [russ. *Napostovcy*], russ. Schriftstellergruppierung, die den 1923 als »gefährliche Abweichung« kritisierten ↗ Proletkult ablöste, mit dem Ziel einer ideologisch reinen proletarischen Lit. und Kultur, die jeglichen Nonkonformismus ausschließen und alle Reste bürgerlicher Lit.tradition (z. B. auch »formalistische« Experimente) beseitigen sollte. Gruppiert um die Zss. »Na postu« (= Auf Posten, 1923, daher der Name) und »Oktjabr« (= Oktober, 1924; daher auch: Oktobergruppe), gründeten die V. 1925 die VAPP (= Allruss. Assoziation proletarischer Schriftsteller) bzw. RAPP (= Russ. Assoziation proletarischer Schriftsteller), die mit der Gründung der SSSR (= Schriftstellerverband der UdSSR) 1932 wie alle anderen Schriftstellervereinigungen auf- bzw. abgelöst wurde. Mit den V.n, zu denen v. a. A. I. Besymenski und J. N. Libedinski zu zählen sind, beginnt auf freiwilliger Basis die zentrale Kontrolle der Lit. als Parteilit. und damit (innerhalb der russ. Lit.geschichte) die Phase der Sowjetlit. ↗ Sozialistischer Realismus. RD/Red.

Vorrede ↗ Vorwort.

Vorschein [ältester Beleg: Alsfelder Passionsspiel (16. Jh.); Helligkeit, die einer stärkeren vorausgeht; später: erkennbare Ankündigung, Sichtbarwerden], Begriff der Philosophie E. Blochs, der ausdrückt, dass die Kunst über sich selbst hinausweist und die Realisierung der Möglichkeiten des Wirklichen antizipiert und gestaltet. – Ausgehend von der philosophischen Kritik an der ↗ Kunst als Illusion entwickelt Bloch den Begriff des ›Vor-Scheins‹ auf der Grundlage seiner Annahmen der Prozesshaftigkeit von Materie, der umfassenden Potentialität von Kunst und einer antizipierbaren Vollendung der Welt. Der V. ist demnach im »Bewegt-Vorhandenen« anwesend und wird in der Kunst durch den Prozess des »Ans-Ende-Treibens« darstellbar (Bloch, Bd. 1, S. 247).

Lit.: E. Bloch: Das Prinzip Hoffnung. 3 Bde. Ffm. 1954–59. – Ders.: Ästhetik des V.s. Ffm. 1974. – B. Schmidt (Hg.): Materialien zu E. Blochs ›Prinzip Hoffnung‹. Ffm. 1978. – D. Schöttker: V. In: RLW. – G. Witschel: E. Bloch. Bonn 1978. WVB

Vorspiel, Szene oder Stück, das einen Theaterabend oder einen ↗Zyklus eröffnet. Das V. kann entweder 1. ein eigenständiges, vom folgenden Theaterabend unabhängiges Stück sein oder 2. in engem Zusammenhang mit dem Anlass oder 3. in engem Zusammenhang mit dem folgenden Werk stehen. – Zu 1.: Komische Einakter zur Eröffnung der Vorstellung gibt es insbes. im frz. Theater des 19. Jh.s. Die in Frankreich als *Lever de rideau* (›Aufziehen des Vorhangs‹) bezeichneten Stücke (von F. Carré, E. Dupré, E. Blum) sollen die Zuschauer unterhalten, bis die verspäteten Besucher eingetroffen sind und die eigentliche Aufführung beginnen kann. – Zu 2.: In Deutschland entstehen etliche V.e als ↗Gelegenheitsdichtungen für bestimmte, meist festliche Anlässe: C. Neuber führt allegorische V.e zu Fürstengeburtstagen auf, J. W. Goethe dichtet das V. »Was wir bringen« für die Eröffnung des neuen Schauspielhauses in Lauchstädt 1802. V.e können dabei auch eine metapoetische Funktion übernehmen, indem sie über die Schauspielkunst oder den Zustand und die Aufgabe des Theaters reflektieren. – Zu 3.: V.e, die thematisch und funktional als Vorbereitung des Zuschauers auf das Hauptstück dienen, sind F. Schillers »Wallensteins Lager« (im 19. Jh. allerdings meist als eigenständiges Werk und selten als V. zu »Die Piccolomini« gespielt), J. W. Goethes »V. auf dem Theater« im ersten Teil des »Faust«, R. Wagners »Rheingold« (»Vorabend« der Tetralogie »Der Ring des Nibelungen«), B. Brechts V.e in »Die Dreigroschenoper« und »Der kaukasische Kreidekreis«.
Lit.: K. Haberkamm: V. In: RLW. AHE

Vorstudie ↗Studie.

Vortizismus, m. [engl. *vorticism* zu lat. *vortex* = Wirbel], avantgardistische Bewegung um den engl. Schriftsteller und Maler W. Lewis und dessen Zs. »Blast« (1914 f.). Als Vortizisten traten auch der Maler D. Bomberg und die Bildhauer J. Epstein und H. Gaudier Brzeska auf. Angeregt vom it. ↗Futurismus, aber bald in Opposition zu diesem, formulierten die Vortizisten ihre Programme: Lit. und Kunst sollen demnach hart und aggressiv statt gefühlsbetont sein und sich an Geometrie und Technik orientieren. Vortizistische Bilder und Skulpturen adaptieren futuristische und kubistische Vorbilder. Als Theoretiker einer vortizistischen Lyrik trat E. Pound hervor, der den V. als Ergänzung zum ↗Imagismus begriff; beide Bewegungen hatten z. T. dieselben Mitglieder.
Lit.: K. Orchard: V. Bln. 1997. MBE

Vortrag, 1. sprechende oder singende Darbietung eines Textes oder Liedes, bei welcher der Darbietende im Ggs. zur ↗Aufführung eines Bühnenwerks in der Regel keine mit Mitteln der ↗Fiktion konstruierte ↗Rolle spielt. – Vorgetragen wurde zunächst mündliches Traditionsgut durch einen ↗Erzähler oder ↗Sänger. Seit der Antike ist der V. neben der rhet. Ausbildung und Praxis (↗Pronuntiatio) auch für die Verbreitung von Dichtungen üblich (↗Deklamation, ↗Rezitation). Er erfordert die bewusste Aussprache und Intonation eines nunmehr festen Textes und bekommt so den Charakter einer Kunstübung. – Der rhetorisierte, deklamierende V. auswendiggelernter Dichtung wird in der Neuzeit durch den ↗Humanismus in den Schulbetrieb eingeführt und in der Barockrhet. weiterentwickelt. Geschult werden dadurch Gedächtnis, Stimme, Gestik, Mimik, Körperhaltung sowie sekundär die Selbstsicherheit im öffentlichen Auftritt. Mit dem Niedergang der Rhet., bes. im 20. Jh., verschwinden diese Übungen aus der schulischen und universitären Praxis. – Ende des 19. Jh.s werden jedoch V. und ↗Lesung, bes. auch eigener Werke durch die Autoren, im privaten Kreis oder vor größerem Publikum zu einer Mode in ganz Europa. Hier beschäftigt man sich wieder intensiv mit der angemessenen Art des Vortrags, etwa im George-Kreis. HH
2. Gattung und Medium der Darstellung und Vermittlung von Erkenntnissen in einer begrenzten Zeit und vor real anwesenden oder medientechnisch angeschlossenen Zuhörern (Rundfunk-V.); auch: Referat [engl. *lecture* oder *paper*]. Die Bez. kann sich a) auf den vor der mündlichen Darbietung schriftlich fixierten Text beziehen, der auch eine publizierbare ↗Abhandlung sein kann; ferner b) auf die mündliche Darbietung selbst, die im Vorlesen des zuvor schriftlich fixierten Textes, im Extemporieren zu Stichwörtern oder zu medialen Präsentationen oder auch im völlig freien Referieren bestehen kann (z. B. auf einer Fachtagung, vor Laienpublikum oder im universitären Seminar); schließlich auch c) auf die Kompetenz, die zu dieser Darbietung erforderlich ist (»im V. ist er schlecht«). – Der V. kann separat für sich stehen (z. B. Fest- oder Abendvortrag); er kann aber auch Teil einer V.sreihe oder ↗Vorlesung sein. DB
Lit.: R. Benedix: Der mündliche V. 3 Bde. Lpz. 1859–62. – R. Boehringer: Über Hersagen von Gedichten [1911]. In: G. P. Landmann (Hg.): Der George-Kreis. Köln, Bln. 1965, S. 93–100. – D. Braid: Performanz. In: EM. – L. Dégh: Märchen, Erzähler und Erzählgemeinschaft. Bln. 1962. – G. Häntzschel: Deklamation. In: RLW. – E. Klusen: Singen. Regensburg 1989. – J. Sandstede, G. Becerra-Schmidt: Deklamation. In: HWbRh.

Vorwort, einem lit. oder wissenschaftlichen Werk vorangestellte kurze Bemerkung des Autors (auch: Vorrede), Herausgebers oder Übersetzers oder eines anderen Dritten (auch: Geleitwort). – Das V., eine spezifische Form des ↗Paratextes, kann unterschiedliche Funktionen erfüllen: 1. Reflexion über Ziele, Methoden, Anlage und Entstehung eines Werkes; 2. Auseinandersetzung des Verfassers mit früheren Kritikern; 3. Leserlenkung und Einstimmung; 4. Danksagung. In lit. Texten tritt zuweilen ein V. in Form eines fingierten Berichts über angebliche Quellen unbekannter oder erfundener Verfasser auf, die vom eigentlichen Verfasser nicht verantwortet, sondern lediglich herausgegeben oder übersetzt würden. Diese Form des fingierten V.s ist Teil der Fiktion des Haupttextes (›Herausgeberfiktion‹). Eine schon in der Antike begegnende Vorform des neuzeitlichen V.s ist der ↗ Prolog. Die Geschichte des V.s als eines Begleittextes, der vom Text deutlich abgegrenzt ist, beginnt mit dem ↗ Buchdruck.

In wissenschaftlichen Zusammenhängen ist das V. fester Bestandteil von ↗ Monographien und Sammelbänden.

Lit.: G. Genette: Paratexte [frz. 1987]. Ffm., NY 1989. – B. Moennighoff: V. In: RLW. – A. Retsch: Paratext und Textanfang. Würzburg 2000.   NST

Voyage imaginaire, m. [frz.], Form des ↗ utopischen Romans.

Wächterlied ↗ Tagelied.

Wagenbühne [engl. *pageant*; span. *carro*; it. *carro* oder *edificio*], auch: Prozessionsbühne; eine in MA., Renaissance und Barock weit verbreitete Spielgrundlage nachweisbar zuerst in England (13. Jh.). W.n entstanden im Rahmen der seit 1264 theatralisch gestalteten Fronleichnamsprozessionen (fahrbare Altäre), evtl. auch beeinflusst von ritterlichen Huldigungsaufzügen (Triumphwagen): Spielszenen wurden auf Wagen aufgebaut (oft als ↗ Lebende Bilder) und durch die Straßen geführt; an vorbestimmten Stationen hielt der Wagen inne und die Szene wurde gespielt. Im span. Theater bildeten je drei Wagen eine Einheit: sie führten jeweils von drei Seiten an ein festes Podest heran, wodurch eine kleine Simultanbühne entstand. Die mal. W.n waren zumeist sechsrädrig und doppelstöckig (verhängter Umkleideraum unten, darüber die Spielfläche, oft mit Aufbauten); sie wurden zunächst von der Kirche, dann v. a. von den Zünften und Gilden der Städte (oft sehr reich) ausgestattet. Sie dienten dem ↗ geistlichen Spiel, z. T. auch weltlichen Spielen. – In der Renaissance wurden W.n bes. zum Vehikel prunkvoller religiöser und höfischer Allegorien (Schaubilder) bei festlichen Aufzügen. Erhalten hat sich das Prinzip der W. bis heute beim ortsungebundenen Theater, v. a. dem Straßen- und Antitheater, als Mittel, Theater ans ›Volk‹ heranzubringen (Das schiefe Theater, Straßentheater der Salzburger Festspiele), ↗ Thespiskarren, ↗ Bühne.
Lit.: B. Mason: Street Theatre and other Outdoor Performances. Ldn. u. a. 1992.   HER

Wahlspruch, 1648 durch Ph. v. Zesen geprägte Verdeutschung von lat. *symbolum* (= Glaubensbekenntnis, Sinnbild) im Sinne eines auf Siegeln, Wappen oder ↗ Emblemen angebrachten ↗ Sinnspruchs (↗ Motto, ↗ Devise). Seit Anfang des 18. Jh.s wird ›W.‹ auch allg. für ↗ ›Maxime‹ oder ›Denkspruch‹ verwendet. GS/Red.

Wahrscheinlichkeit [gr. *eikós*; lat. *probabilitas* bzw. *verisimilitudo*], 1. relative Häufigkeit, Erwartbarkeit; 2. Wahrheitsähnlichkeit, ästhetische Glaubwürdigkeit. – Zu 1.: Der stochastische Begriff der W. spielt für Prognosen in den Naturwissenschaften, aber auch in Handlungstheorien (der rationalen Wahl) und der Ökonomie eine zentrale Rolle. Umstritten ist die Rationalität des Schlusses von der statistisch relativen Häufigkeit eines Ereignistyps auf seine Erwartbarkeit in bestimmten Situationen ebenso wie die Rolle von Naturgesetzaussagen für Wahrscheinlichkeitsbewertungen. – Zu 2.: Der ästhetische Begriff der ›W.‹ spielt bereits in der »Poetik« des Aristoteles (1451a) eine zentrale Rolle: Es sei nicht »Aufgabe des Dichters«, wie der Geschichtsschreiber »mitzuteilen, was wirklich geschehen ist«, sondern vielmehr dasjenige, »was geschehen könnte, d. h. das nach den Regeln der W. und Not-

wendigkeit Mögliche«. In der ↗ Aufklärung wird die genauere Bestimmung der W. Gegenstand einer wichtigen Debatte: J. Ch. Gottsched proklamiert, dass die poetische Rede die Gesetze des logisch Möglichen und des empirisch Wahrscheinlichen beachten müsse, und entwickelt daraus ein Verbot von Wundern sowie eine Empfehlung zur Zurückhaltung bei der Verwendung glücklicher Zufälle in Epik und Dramatik. J. J. Bodmer und J. J. Breitinger argumentieren dagegen, dass das Wunderbare mit poetischer W. vereinbar sei. Gestützt wird diese Position von der »Aesthetica« A. G. Baumgartens (1750/58), in der ästhetische W. als *verisimilitudo* gefasst und damit die Glaubwürdigkeit einer Darstellung bezeichnet wird; diese sei die Bedingung für deren ›ästhetische Wahrheit‹ (*veritas aesthetica*), zuweilen sogar identisch damit. Ästhetische W. wird somit als kontextuelle (z. B. durch Gattungstraditionen vorgegebene) Bedingung gefasst. So ist ein ↗ Deus ex Machina philosophisch unwahrscheinlich, im Rahmen eines mythologischen Dramas aber ästhetisch wahrscheinlich (vgl. Franke). – In neuerer Zeit wird die Debatte um die ästhetische W. in Theorien der ↗ Fiktionalität wieder aufgegriffen (vgl. Walton).
Lit.: U. Franke: Kunst als Erkenntnis. Wiesbaden 1972. – B. W. Seiler: W. In: RLW. – K. Walton: Mimesis as Make-Believe. Cambridge/Mass. 1990.   HTE

Waise, reimlose Zeile innerhalb einer gereimten Strophe; Bez. aus der Terminologie des ↗ Meistersangs. – W.n begegnen in Minnesang und Spruchdichtung seit dem Kürenberger (Stegstrophe), häufig in der ↗ Stollen- oder Kanzonenstrophe (Waisenterzine), auch in strophischer Epik (z. B. ↗ Berner Ton), im Volkslied und später etwa im ↗ Ritornell. Reimen zwei W.n verschiedener Strophen miteinander, spricht man von ↗ ›Korn‹.
Lit.: Th. Bein: W. In: RLW.   MGS

Walther-Hildegund-Strophe, Strophenform der mhd. Epik, benannt nach ihrem Vorkommen in dem Fragment »Walther und Hildegund« (erste Hälfte des 13. Jh.s). Abkömmling der ↗ Nibelungenstrophe, unterscheidet sich von dieser nur durch die Erweiterung des Anverses der vierten Langzeile.   MGS

Wandelprospekt ↗ Prospekt.

Wanderanekdote ↗ Anekdote.

Wanderbühne, auch: Wandertheater, ↗ Straßentheater; Gruppe reisender Berufsschauspieler ohne festes Theater. *Vorläufer* sind schon die mal. ↗ Joculatores (vgl. auch ↗ *Spielmann*), *Prototypen* dann v. a. die ↗ engl. Komödianten und ihre Nachahmer auf dem Kontinent um J. Velten; von seiner berühmten *Bande* der »Chur-Sächs. Komödianten« (bis 1684, danach war Velten fest am Dresdner Hof) lässt sich die Entwicklung zu den *wichtigsten dt. Prinzipalen* und Truppen der W. des 18. Jh.s verfolgen: J. und C. Neuber, J. F.

Schönemann, K. Ackermann, G. H. Koch, C. T. Doeb-belin, A. Seyler bis hin zu A. W. Iffland. Ende des 18. Jh.s waren diese Truppen aktiv an den Versuchen einer ↗ Nationaltheater-Gründung beteiligt (Hamburg, Mannheim), spielten regelmäßig an ↗ Hoftheatern und wurden schließlich fest in höfisch oder bürgerlich ge-führte Theater integriert, sofern die Prinzipale nicht vorzogen, als Schauspielunternehmer selbst ein Thea-ter kommerziell zu führen (z. B. E. Schikaneder das *Theater an der Wien* in Wien). Auch im 19. und 20. Jh. ist neben dem festen Hof-, Stadt-, Staats- und Landes-theater die auf eigenes Risiko gastierende Truppe nie ausgestorben. Neben dem anspruchslosen Tournee-theater stehen Tourneekonzepte internationaler Büh-nen (Royal Shakespeare Touring Company) oder Stadtrand- und Regionalbespielungen durch Subventi-onstheater (Burgtheater, Théâtres Nationaux Popu-laires). Daneben treten heute zunehmend ein politisch, künstlerisch und didaktisch engagiertes mobiles ↗ Anti-Theater und das Straßentheater (Rückgriff aufs ↗ Volkstheater). – Der *Stil* der W. gilt seit den engl. Ko-mödianten als drastisch, effektvoll, ihr Repertoire als trivial und melodramatisch, aber publikumswirksam. Ihre Vitalität, Publikumsnähe und unabhängige Ar-mut wird heute als Chance des lit. Bildtheaters und als Fundgrube neuer theatralischer Möglichkeiten, nicht zuletzt auch einer anderen gesellschaftlichen Wirk-samkeit des Theaters gesehen (P. Zadek; Spielstraßen-projekt). – Lit. gestaltet ist die W. in J. W. Goethes »Wilhelm Meisters Lehrjahre«, aber auch in F. und P. Schönthans »Raub der Sabinerinnen«.
Lit.: M. Brauneck, A. Noe (Hg.): Spieltexte der W. 5 in 6 Bdn. Bln., NY 1970–99. – H. A. Frenzel: W. Bln. 1988. – B. Lott: Der Verdrängungsprozess der Wandertrup-pen in der Öffentlichkeit. Magisterarbeit Erlangen-Nürnberg 1990. – T. Shank: Contemporary Political Theatres and their Audiences. Wien 1975.   HER
Wanderdaktylus ↗ Odenmaße.
Wandertheater ↗ Wanderbühne.
Wandlungsdrama ↗ Expressionismus.
Wappendichtung ↗ heraldische Dichtung.
Wayang, n., auch; *Wajang* [javanisch = Schatten], ja-vanische Theaterspiele, bes. ↗ Schattenspiele, aber auch Tanz- und Maskenspiele. Die *Ursprünge* liegen in der Ahnenverehrung der prähinduistischen Zeit; auf die Genese aus den Initiationsriten weist die noch heute übliche Trennung der männlichen und weiblichen Zu-schauer hin. Man unterscheidet *vier charakteristische W.-Gattungen*: 1. *W. purwa* (*purwa* = alt) oder *W. kulit* (*kulit* = Leder): Seit 1000 n. Chr. in Java belegtes, nachts aufgeführtes Schattenspiel mit Lederfiguren (meist aus perforiertem Büffelhaut). Der Spielführer (*Dalang*) be-wegt die vor oder hinter einer mit Öllampen beleuch-teten Leinwand erscheinenden Figuren jeweils an zwei Stäben und dirigiert die Musik (*Gamelan*-Musik). Die einzelnen Phasen der einem altüberlieferten Schema folgenden Handlungen (*Lakon*) dauern von 21 Uhr bis 6 Uhr morgens. Ein Spiel kann bis zu 144 Figuren ha-

ben. Auf Bali finden die Spiele im Freien, auf Java im Herrenhaus statt, wobei die Männer hinter dem Dalang, mit Blick auf die Figuren, die Frauen auf der Schattenspielseite sitzen. Die Themen des in der hin-dujavanischen Periode ausgeprägten W.-Spiels stam-men aus den ind. Epen »Ramayâna« und »Mahâb-hârata« und stellen den Kampf des guten und des bö-sen Prinzips dar. – 2. Das jüngere *W. gedok* (ebenfalls Lederfiguren) behandelt Themen aus der islamischen Periode Javas. – 3. Das *W. golek* (*golek* = rund, plas-tisch) mit vollplastischen, holzgeschnitzten Figuren ist in Mittel- und Westjava verbreitet; seine Themen stammen aus der islamisch-arab. Geschichte. 1931 von R. Teschners Theater »Figurenspiegel« in Europa ein-geführt. – 4. *W. klitik* (*klitik* = klein, mager) oder *kru-chil*, Spiel aus flachen, holzgeschnitzten Figuren mit Lederarmen.
Lit.: G. Spitzing: Das indonesische Schattenspiel – Bali, Java, Lombok. Köln 1981. – L. Mellema: W. Puppets. Amsterdam 1954.   GG
Webfiction ↗ Internetlit.
Wechsel, m., Typus des mhd. Liedes, der über kein Gegenstück in der romanischen Lyrik verfügt: Kombi-nation von Frauen- und Männerstrophen, deren Spre-cher nicht in einen wirklichen Dialog miteinander ein-treten, sondern in sich abwechselnden Monologen übereinander reden; dennoch ergeben sich vielfältige Bezüge zwischen den Reden des Mannes und der Frau. Die Sprecher des W.s sind räumlich voneinander ge-trennt; die Begegnung der Liebenden wird als zeitlich zurückliegend dargestellt. Die Form ist daher bes. gut geeignet, den Kummer zu thematisieren, der sich aus den Kommunikationsstörungen zwischen den Lie-benden, aus ihrer Trennung und der Einseitigkeit der Liebe ergibt; ferner wird die Gesellschaft kritisiert, welche die Erfüllung der Liebe verhindert. Die Zahl der Männer- und Frauenstrophen variiert: Während im frühen ↗ Minnesang eine regelmäßige Alternation von Frauen- und Männerstrophen vorherrscht, domi-nieren im klassischen Minnesang, in dem die Form erweitert wird, Männerstrophen. Wie in den anderen Liedtypen des Minnesangs erfüllt auch im W. die weib-liche Stimme eine komplementäre Funktion und be-reichert die semantisch deutlich eingeschränkte Män-nerstimme (z. B. kann sie die Werbung des Mannes als unangemessen kommentieren). Nur vereinzelt stößt man auf den Preis gegenseitiger Liebe (Walther von der Vogelweide: »Mich hât ein wünneclîcher wân«). – Vertreter im frühen Minnesang sind der Kürenberger, der Burggraf von Regensburg, Meinloh von Seve-lingen, Dietmar von Aist, Kaiser Heinrich, Heinrich von Veldeke und Albrecht von Johansdorf. Seine Blü-tezeit erlebte der W. um 1200 bei Heinrich von Mo-rungen, Reinmar und Walther von der Vogelweide. In der zweiten Hälfte des 13. Jh.s ist er in den Hinter-grund getreten. – Manchmal wird der W. mit anderen Liedtypen kombiniert. So verfasste Heinrich von Mo-rungen einen Tagelied-W. (»Owê, – / Sol aber mir

iemer mê«), in dem er den W., der die räumliche und zeitliche Trennung voraussetzt, mit dem ↗ Tagelied kombiniert, das diese eigentlich ausschließt. Bekannt ist Walthers Parodie auf Reinmar (»Ein man verbiutet âne pfliht«), in der er sich mit dessen Minneauffassung auseinandersetzt.

Lit.: M. Eikelmann: Dialogische Poetik. In: Th. Cramer, I. Kasten (Hg.): Mal. Lyrik. Bln. 1998, S. 85–106. – R. Grimminger: Poetik des frühen Minnesangs. Mchn. 1969. – J. Köhler: Der W. Hdbg. 1997. – R. Schnell: Frauenlied, Manneslied und W. im dt. Minnesang. In: ZfdA 128 (1999), S. 127–184. – G. Schweikle: Minnesang [1989]. Stgt. 1995.   KS

Wechselgesang, lyrischer Text, in dem metrisch und strophisch meist aufeinander abgestimmt, nicht zwangsläufig dialogisch konzipierte Äußerungen zweier oder mehrerer, z. T. außerhalb des poetischen Textes durch Sprecherangaben bezeichneter Personen einander abwechseln. Beispiele finden sich in der Bibel (»Hohelied Salomos«), der ↗ Chorlyrik der gr. ↗ Tragödie (↗ Amoibaion), antiker ↗ bukolischer Dichtung (Theokrit, Vergil), im MA. in der spezifischen Form des ↗ Wechsels, in geistlichen Gesängen (↗ Antiphon, ↗ Responsorium), im ↗ Volkslied, in der ↗ Schäferdichtung des 17. und 18. Jh.s, aber auch bei J. W. Goethe (»Wechsellied zum Tanze« im »Buch Suleika« des »West-östlichen Divans«, 1819). Der W. wird um 1900 erneut aufgegriffen von R. Dehmel, St. George und H. v. Hofmannsthal.

Lit.: A. Langen: Dialogisches Spiel. Hdbg. 1966.   GS/LI

Wechselseitige Erhellung der Künste, 1. wissenschaftlicher Vergleich medial unterschiedlicher Kunstformen. Die Formel geht auf Walzel (1917) zurück, der die Künste in einem Kommentarverhältnis zueinander sieht und damit – methodologische Anregungen aus der zeitgenössischen Kunstgeschichte (H. Wölfflin: »Kunstgeschichtliche Grundbegriffe«, 1915) aufgreifend – die Erneuerung der analytischen Sprache in den Kunst-, Musik- und Lit.wissenschaften zu initiieren versucht. Das Programm wird etwa von F. Strich weiterverfolgt, der stilgeschichtliche Gegensatzpaare aus der Kunstgeschichte auf die Geschichte der dt. Lit. überträgt. – 2. Praktische Kooperation verschiedener Kunstdisziplinen, die durch das Vergnügen an der Synthese ebenso motiviert sein kann wie durch ein Unbehagen am eigenen Formenrepertoire. Beispiele für eine solche Beziehung von Lit., Kunst, Musik, ↗ Theater (selbst schon eine synthetische Form) und Architektur lassen sich schon in ↗ Barock (↗ Oper) und ↗ Romantik, bes. aber im seit dem späten 19. Jh. entwickelten Konzept des ↗ Gesamtkunstwerks finden. Die semiotisch unterschiedliche Darstellungsart der Künste (sukzessiv oder simultan, symbolisch verweisend oder ikonisch abbildend) kann zur komplementären Ergänzung gebracht werden und dabei auf Synästhesien abzielen wie im Gesamtkunstwerk R. Wagners oder W. Kandinskys, um damit z. B. die Naturnähe in der Kunst als Illusionskraft gegen die politische Welt zu beschwö-

ren. Umgekehrt lässt sich aber auch die Differenz der Künste im ›negativen Gesamtkunstwerk‹ als Störfaktor einsetzen (Heiner Müller). – Hatten sich um 1900 noch die Künste untereinander gegen die Empirie verbunden, versuchten bald darauf die ↗ Avantgarden, Staat und Gesellschaft als Kunstverbund zu inszenieren. Neuerdings sind es die digitalen Medien, die nicht nur die Synthese, sondern auch die ubiquitäre Verbreitung der Künste fördern und den einzelnen Nutzer zum Gesamtdatenwerker avancieren lassen (*ars electronica*). – Heute wird das Konzept einer w.n E. d. K. in den Bedeutungen (1) und (2) meist in Kategorien der ↗ Intermedialität rekonstruiert.

Lit.: D. Burdorf: Poetik der Form. Stgt., Weimar 2001, S. 405–429. – F. Strich: Dt. Klassik und Romantik oder Vollendung und Unendlichkeit [1922]. Mchn. ²1924. – H. Szeemann (Hg.): Der Hang zum Gesamtkunstwerk. Aarau, Ffm. 1983. – O. Walzel: W. E. d. K. Bln. 1917. – K. Weimar: W. E. d. K. In: RLW. – U. Weisstein (Hg.): Lit. und Bildende Kunst. Bln. 1992.   RK

Weekly-Soap ↗ Serie.

Weiblicher Reim, auch: klingender Reim. Reimklang mit unbetonter Endsilbe.

Weibliches Schreiben ↗ *écriture féminine*.

Weihnachtslied, kirchliches und häusliches Lied des Weihnachtsfestkreises, dessen Gegenstand die biblische Überlieferung der Geburt Jesu, mitunter in freier, deutender und aktualisierender Form, ist. – Mit Entstehen des dt. Liedgesangs seit dem 11. Jh. als Übertragung lat. Texte (↗ Hymne, ↗ Sequenz) aus der Liturgie sind die ersten W.er nachweisbar. Eins der ältesten erhaltenen ist »Nun sei uns willkommen, Herre Christ« (11. Jh.) mit aus einer gregorianischen Weise gebildeten Melodie, die ihren liturgischen Ort nach dem Verlesen von Mt 1, 1–16 hatte. Die ersten W.er sind Leisen (↗ Leis), die, aus der lat. Sequenz stammend, mit »Kyrieleis« enden. Häufig waren im 15. Jh. lat.-dt. Mischtexte (»In dulci jubilo«), welche die Praxis des Wechselgesanges zwischen Klerus und Volk bezeugen. – Die Reformation förderte dt. ↗ Kirchenlieder, die auf die liturgische Tradition zurückgriffen. Der Hymnus des Ambrosius »Veni redemptor gentium« wurde von Luther 1524 zum Lied »Nun komm, der Heiden Heiland« verdeutscht, sein »Gelobet seist du, Jesu Christ« greift die gregorianische Weihnachtssequenz »Grates nunc omnes reddamus« auf. Eine freie Dichtung Luthers ist »Vom Himmel hoch«. Hirtenspiele und Dreikönigsspiele, im ländlichen Bereich in den Häusern oder der Kirche aufgeführt, brachten W.er hervor. Für das Weihnachtsfest des 19. Jh.s als bürgerliches Familienfest entstehen u. a. »Stille Nacht, heilige Nacht«, »O Tannenbaum«. Im nationalsozialistischen Deutschland wurden viele W.er ihres christlichen Gehaltes beraubt. Als Gegenbewegung entstanden W.er, welche die biblische Botschaft hervorheben (R. A. Schröder: »Wir harren, Christ, in dunkler Zeit«). Die W.er der Nachkriegszeit betonen ethische Aspekte (Armut, Frieden).

Lit.: M. Rößler: Kirchenlied. In: RLW. – I. Scheitler: Geistliches Lied. In: RLW. CFA

Weihnachtsmärchen ↗ Kinder- und Jugendtheater.

Weihnachtsspiel, ↗ geistliches Spiel des MA.s, das sich, wie das ↗ Osterspiel, aus der Liturgie entwickelt hat. In der Weihnachtszeit wurden an verschiedenen Festtagen liturgische Feiern begangen, die dramatische Ansätze enthielten, wie das *officium pastorum* (25. Dezember), das *officium infantum* (28. Dezember) und das *officium stellae* (6. Januar). In Analogie zu dem Ostertropus entstand ein Weihnachtstropus (↗ Tropus [2]), der am Morgen während der Weihnachtsmesse gefeiert wurde. Die Entwicklung setzte im 10./11. Jh. in Frankreich ein (Limoges, Rouen). Ein Dialog zwischen den Hirten und den Hebammen (*obstetrices*) entwickelte sich zu einem kleinen Drama. Im Mittelpunkt stand die Krippe, zu der die Hirten sich nach der Verkündigung der Geburt Christi begaben. Diese *Visitatio presepis* ist die Kernszene, aus der sich die W.e entwickelt haben. Ursprünglich selbständige Spiele wurden hinzugefügt, wie z. B. als Prolog ein ↗ Prophetenspiel und die Klage der Rahel (*Ordo Rachelis*). Erweiterungen kamen aus biblischem, apokryphem und legendärem Stoff. Durch die Verbindung mit dem ↗ Dreikönigsspiel entstanden W.e, die alle Ereignisse aus der weihnachtlichen Zeit umfassten. – Die Überlieferung der W.e ist viel ungünstiger als die der Spiele aus der österlichen Zeit. Aus dem dt. Sprachgebiet sind zwei lat. W.e überliefert, wovon das Benediktbeurer W. (in der Hs. der »Carmina Burana«, um 1200) die ganze Weihnachtsgeschichte umspannt. Das älteste W. in dt. Sprache ist das St. Galler W. (Spiel von der Kindheit Jesu, um 1400), das nach dem einleitenden Prophetenspiel mit der Vermählung Marias anfängt und als letzte Szene die Flucht nach Ägypten dramatisiert. Aus dem 14. und 15. Jh. sind breit angelegte W.e überliefert wie das Hessische W. und das Tiroler W. Ausführliche Weihnachtsszenen kommen auch vor in ↗ Passionsspielen, in Deutschland z. B. im Egerer Passionsspiel (um 1500) und in Frankreich in der »Mystère de la Passion« von A. Gréban (15. Jh.).

Lit.: C. Mazouer: Le théâtre français aux Moyen Âge. Paris 1998. – B. Neumann: Geistliches Schauspiel im Zeugnis der Zeit. 2 Bde. Mchn. 1987. CKU

Weimarer Klassik, f., auf wenige Autoren begrenzte Richtung der dt. Lit.- und Kulturgeschichte innerhalb einer zwischen ↗ Sturm und Drang und Hochromantik angesiedelten Phase, als deren zeitliche Grenzen die Jahre *1786* – J. W. Goethes (1749–1832) Aufbruch nach Italien – und *1805* – F. Schillers (1759–1805) Tod – gelten. Neben den genannten Autoren werden gelegentlich J. G. Herder (1744–1803), K. Ph. Moritz (1756–93) und Ch. M. Wieland (1733–1813) einer ersten Phase der W. K. zugerechnet, W. v. Humboldt (1767–1835) einer zweiten Phase. Als Zäsur zwischen beiden Phasen gelten die Jahre 1794/95, in denen Goethe und Schiller ihre lit. und poetologische Zusammenarbeit begründen und ein Dissens zwischen Goethe und Her-

der, u. a. die Beurteilung der Frz. Revolution betreffend, zum Zerwürfnis führt. Der gesellschaftliche und institutionelle Rahmen der W. K. entsteht aus dem Bestreben der Großherzogin von Sachsen-Weimar, Anna Amalia (1739–1807), und ihres Sohnes und Nachfolgers Carl August (1757–1828), bürgerliche Intellektuelle und Künstler an den Hof zu binden. Die historische Konstruktion einer durch Goethe und Schiller repräsentierten dt. ↗ Klassik erfolgt erst im ↗ Vormärz des 19. Jh.s mit der Absicht, an der ↗ Lit.geschichte konsolidierte Ausprägungen nationaler Identität aufzuzeigen. Die Vertreter der W. K. hingegen verstanden sich nicht als ↗ klassische Autoren. Gleichwohl lassen sich ihre zentralen künstlerischen und kulturtheoretischen Intentionen in zweifacher Hinsicht auf den Begriff des Klassischen bringen: 1. *Begrenzung von Subjektivität durch Objektivitäts- und Ordnungsvorstellungen*. Bereits zentrale Werke Goethes aus der Phase des Sturm und Drang – insbes. der Briefroman »Die Leiden des jungen Werthers« (1774) und der sog. »Urfaust« (1773–75) – enthalten eine immanente Kritik an der schwärmerischen Selbstbezogenheit des Subjekts und an der Sehnsucht, die Bedingungen der gegebenen Existenz zu überschreiten. In der Phase der W. K. wandelt sich diese Kritik zu einem Programm der positiven Begrenzung von Subjektivität. Statt der monoperspektivischen Darstellung subjektiver Sehnsucht, wie sie im »Werther« erfolgt, gestaltet Goethes Versdrama »Torquato Tasso« (1790) eine dialogische Problematisierung dieser Disposition und ihre Vermittlung mit den Bedingungen der gegebenen Sozietät. In Goethes Roman »Wilhelm Meisters Lehrjahre« (1795/96) wird das Streben nach einer unbegrenzten Ausbildung der Persönlichkeit ersetzt durch das Programm einer Bildung in den Grenzen einer arbeitsteiligen Gesellschaft. Dem Bedürfnis nach einer Totalität der Erfahrung wird nicht mehr durch Versuche der Entgrenzung und des extensiven Durchlaufens der Wirklichkeit entsprochen, sondern durch das Ausgestalten der Erfahrung, dass die begrenzte diesseitige Existenz symbolisch auf die Totalität verweist. In Goethes botanischen und zoologischen Schriften und den entsprechenden Lehrgedichten (u. a. »Die Metamorphose der Pflanzen«, 1798) tritt an die Stelle der Naturschwärmerei die Anschauung der Naturphänomene unter dem Gesichtspunkt ihrer Gesetzlichkeit. Die Autoren der W. K. orientieren sich in ihren Kunstwerken und Kunstprogrammen an der antiken ↗ Mythologie, die das göttliche Handeln als ein innerweltliches zeigt, und am Ideal der plastischen antiken Kunst, in der die Götter als schöne Menschen gestaltet sind (Schiller: »Die Götter Griechenlandes« (1788); Goethe »Winckelmann und sein Jahrhundert«, 1805). Insbes. J. J. Winckelmann (1717–68) übt starken Einfluss auf das Antike-Bild der W. K. aus. Im Zeichen der Subjektivismus-Kritik lässt sich auch die Revolutionskritik der W. K. verstehen. Die politische Intention des Jakobinerführers M. Robespierre, durch den Schrecken der Massenexekutionen die allgemeine Tugend zu befördern, wird in Goethes Versepos »Hermann und Dorothea« (1797) als ein Umschlagen von Freiheitsstreben in Willkürherrschaft gedeutet; in Schillers Briefen »Über die ästhetische Erziehung des Menschen« (1795) kann die revolutionäre *terreur* als ein historischer Bezugspunkt der Ausführungen über die »Barbarei« gelesen werden, die entstehe, wenn die Freiheit der moralischen Vernunft sich über Naturnotwendigkeit und Sinnlichkeit hinwegsetzt. Beide Autoren postulieren dagegen ein – in der Nachfolge der Humanitätskonzeption J.G. Herders und der kritischen Philosophie I. Kants (1724–1804) modelliertes – harmonisches Zusammenwirken der unterschiedlichen Gattungsvermögen in jedem einzelnen Menschen, in der Gesellschaft und im Staat. So formuliert Schiller in den genannten Briefen das Ideal einer durch die vermittelnde Wirkung der Schönheit und des ästhetischen Spiels hergestellten Synthese von Vernunft und Sinnlichkeit. Den Gegensatz zwischen dem Ideal und der Realität behandelt er in der Schrift »Über naive und sentimentalische Dichtung« (1795/96) und in einer Reihe von Gedichten und Dramen, etwa der Elegie »Der Tanz« (1795) und den Dramen »Wallenstein« (1798/99), »Maria Stuart« (1800), »Die Jungfrau von Orleans« (1801) und »Wilhelm Tell« (1804). Die unterschiedlichen weltanschaulichen Fundamente der genannten Bestrebungen und Goethes Orientierung an der monistischen Philosophie B. de Spinozas (1632–77), in der die Einheit von Gott und Natur postuliert ist, und Schillers Bestreben, zwischen den Gegensätzen seines eigenen dualistischen Menschenbilds zu vermitteln.

2. *Distanzierung von der Unmittelbarkeit des künstlerischen Ausdrucks durch Stilisierung und Formstrenge.* In der gemeinsam verfassten Schrift »Über epische und dramatische Dichtung« (1797) kritisieren Goethe und Schiller die Konzentration des Dramas auf eine Zurschaustellung äußerer Konflikte und postulieren eine mit der Dialoggestaltung einhergehende Führung des Helden nach innen. Im Bereich des Narrativen wenden sie sich gegen ein Erzählen präsenter oder unmittelbar vergangener Ereignisse und Seelenzustände, wie es im ↗ Briefroman kultiviert wurde, und fordern ein distanziertes Erzählen zeitlich zurückliegender äußerer Handlungen. Für beide Gattungen postulieren sie eine Ersetzung der Prosa durch gebundene Sprache und realisieren dies im Drama weitgehend, in erzählender Lit. partiell. Beginnend mit der Versfassung von Goethes zunächst in Prosa geschriebenem Schauspiel »Iphigenie auf Tauris« (1787) und Schillers im selben Jahr entstandenem Geschichtsdrama »Don Karlos« verwenden beide Autoren überwiegend den von G.E. Lessing (1729–81) in die dt. Dramatik eingeführten ↗ Blankvers; Goethes später in den »Faust« II eingearbeitetes »Helena«-Fragment (1800) und die Chorgesänge in Schillers Tragödie »Die Braut von Messina« (1803) bestehen aus Versen, die gr. Tragödienversen

(u.a. jambischen ↗ Trimetern) nachgebildet sind. Die offene, heterogene Architektur des Sturm-und-Drang-Dramas wird abgelöst durch geschlossene, an Prinzipien der aristotelischen Poetik und des frz. ↗ Klassizismus angelehnte Bauweisen. Die theatrale Aufführungspraxis ist ebenfalls gekennzeichnet durch Techniken der Distanzierung und Stilisierung, die Goethe in den »Regeln für Schauspieler« (1803) kodifiziert. Goethe verfasst zwei Versepen in Hexametern, »Reineke Fuchs« (1794) und »Hermann und Dorothea« (1797). Sein Roman »Wilhelm Meisters Lehrjahre« (1794 f.) ist geprägt von der distanzierten Haltung auktorialen Erzählens und von dem Bestreben, die unterschiedlichen Charaktere, Episoden und Sujets in einer architektonisch ausbalancierten Konstruktion aufeinander zu beziehen. Auch die lyrische Produktion zeichnet sich in der klassischen Phase durch verstärkte formale Durchgestaltung aus; dies gilt sowohl für die Balladen und Lieder als auch für die Epigramme und Elegien, die in Hexametern und Pentametern und somit nach strengeren Mustern gestaltet sind als die freirhythmischen Oden und Hymnen des frühen Goethe.

Die Autoren der W.K. verfolgen die genannten Intentionen nicht nur in poetischen und theoretischen Schriften, sondern auch in ihrer z.T. polemisch geführten Lit.-, Kultur- und Gesellschaftskritik (↗»Xenien«) sowie in den gemeinsam mit dem Kunsthistoriker J.H. Meyer formulierten »Preisaufgaben für bildende Künstler« (1799–1805), die antike Sujets vorgeben. Die W.K. entwickelt zugleich ein Konzept der ästhetischen Autonomie (↗ Autonomieästhetik), dem zufolge die künstlerische Gestaltung ihren eigenen Gesetzen folgen soll, anstatt sich Normen unterzuordnen, die in außerästhetischen Disziplinen wie Moralphilosophie oder Theologie formuliert sind. Auch die Forderungen der eigenen Poetik und die darin für vorbildlich erklärten Muster älterer Kunst und Lit. sollen, dem Autonomie-Postulat entsprechend, ihre normative Kraft in der Verwirklichung der jeweiligen Gestaltungsintention unter Beweis stellen. Aus diesem Grund ist es unangemessen, die lit. Produktion der W.K. unter den Begriff des ↗ Klassizismus zu fassen, auch wenn einzelne lit. Produkte mit diesem Terminus beschreibbar sind. Die wichtigsten Zeitschriften, in denen die Autoren der W.K. ihre lit., theoretischen, programmatischen und kritischen Schriften veröffentlichen, sind Wielands »Der Teutsche Merkur« (1773–89), »Der neue Teutsche Merkur« (1790–1810), Schillers »Thalia« (1785–91), »Neue Thalia« (1792/93), »Die Horen« (1795–97) und Goethes »Propyläen« (1798–1800); zu nennen sind weiterhin die fünf von Schiller herausgegebenen »Musen-Almanache« (1796–1800). In der Forschung ist der – auch hier unternommene – Versuch umstritten, ein einheitliches klassisches Programm Goethes und Schillers zu bestimmen und es von den Intentionen zeitgenössischer Autoren wie Jean Paul (1763–1825) und F. Hölderlin (1770–1843) abzugrenzen.

Lit.: W. Barner u. a. (Hg.): Unser Commercium. Goethes und Schillers Lit.politik. Stgt. 1984. – D. Borchmeyer: Die W. K. 2 Bde. Königstein/Ts. 1980. – K. O. Conrady (Hg.): Dt. Lit. zur Zeit der Klassik. Stgt. 1977 – T. J. Reed: Die klassische Mitte. Goethe und Weimar 1775–1832. Stgt. 1982. – G. Schulz: Klassik₂. In: RLW. – G. Schulz, S. Doering: Klassik. Mchn. 2003. – R. Selbmann (Hg.): Dt. Klassik. Darmstadt 2005. – H. G. Werner: Lit. ›Klassik‹ in Deutschland. In: JbFDH 1988, S. 358–366. TZ

Weinerliches Lustspiel, Dramentyp der dt. Aufklärung, in dem die komischen Elemente zugunsten der empfindsamen zurückgedrängt werden. Die Bez. ›w. L.‹ stammt von G. E. Lessing nach frz. *comédie larmoyante*, deren spöttisch kritischen Nebenton er durch die dt. Übers. »weinerlich« ausdrücklich beibehalten wollte; die Befürworter der Gattung bezeichnen sie auch als »rührendes Lustspiel« (Gellert). Das weinerliche Lustspiel entsteht unter dem Einfluss der empfindsamen Strömungen innerhalb der europäischen Aufklärung, die von England mit den empfindsamen Romanen, den ↗ moralischen Wochenschriften und der *sentimental comedy* auf die dt. Lit. eingewirkt haben. Die in Frankreich entstandene ↗ *comédie larmoyante* wird dann zum unmittelbaren Vorbild des weinerlichen Lustspiels, das zunehmend den von J. Ch. Gottsched propagierten Typus der Verlachkomödie (↗ sächs. Komödie) verdrängt. Wandte sich diese v. a. an die rationale Einsicht und an die Spottlust der Zuschauer, so spricht das weinerliche Lustspiel das ›Herz‹, d. h. Gemüt und Empfindung, an. Beiden gemeinsam ist die moralisch-erzieherische Absicht der Aufklärung, die erst später in den ↗ Rührstücken, z. B. A. v. Kotzebues, zurücktritt. – Die Entwicklung der Komödie zur Sonderform des weinerlichen Lustspiels im 18. Jh. entspricht dem wachsenden Selbstbewusstsein der bürgerlichen Gesellschaft, die sich auf der Bühne nicht mehr komisch, sondern vor dem Hintergrund ihrer privaten Lebensgewohnheiten vorbildhaft mit ihren Tugenden und Idealen abgebildet sehen möchte. Das erste weinerliche Lustspiel, die 1745 erschienene »Betschwester« von Ch. F. Gellert, zeigt noch Einflüsse der sächs. Komödie. In Gellerts folgenden Stücken »Das Loos in der Lotterie« (1746) und »Die zärtlichen Schwestern« (1747) ist der Übergang vollzogen; im gepflegten Umgangston des gehobenen Bürgertums feiern die empfindsamen Tugenden ihre Triumphe auf der Bühne. Das Gattungsproblem dieser *Komödie ohne Komik* wird v. a. im formbewussten Frankreich am Beispiel der *comédie larmoyante* heftig diskutiert (P. M. M. de Chassiron: »Réflexions sur le Comique-larmoyant«, 1749). In Deutschland setzt sich Gellert in seiner Verteidigungsschrift »Pro comoedia commovente« (1751) für die Erweiterung der Gattung unter Anpassung an die veränderten Bedürfnisse der Gesellschaft ein, lehnt aber eine Überschreitung der Gattungsgrenzen zur Tragödie hin ab. Lessing übersetzt und veröffentlicht beide Schriften 1754 in der »Theatralischen Bibliothek« mit einer eigenen Stellungnahme, die für ein ausgewogenes Verhältnis zwischen komischen und rührenden Elementen eintritt. In der Praxis ist es aber gerade Lessing, der die Gattungsgrenzen überschreitet und das weinerliche Lustspiel in eine neue Form der Tragödie überführt. Seine »Miß Sara Sampson« ist unter Beibehaltung vieler ›rührender‹ Elemente das erste dt. ↗ bürgerliche Trauerspiel, das dann in »Emilia Galotti« seinen ersten Höhepunkt erreicht und den bürgerlichen Menschen über die enge, kleinstädtische Welt des weinerlichen Lustspiels in die Größe tragischer Perspektiven erhebt.

Lit.: H. Arntzen: Die ernste Komödie. Mchn. 1968. – E. Catholy: Das dt. Lustspiel von der Aufklärung bis zur Romantik. Stgt. 1982. – H. Friederici: Das dt. bürgerliche Lustspiel der Frühaufklärung (1736–50). Halle/ S. 1957. – H. Steinmetz: Die Komödie der Aufklärung. Stgt. ³1976. – G. Wicke: Die Struktur des dt. Lustspiels der Aufklärung. Bonn ²1968. GH

Weisheitsdichtung ↗ Parabel.

Weltalter ↗ Millenium.

Weltchronik ↗ Chronik.

Weltgedicht ↗ Epos.

Weltgerichtsspiel, Haupttypus des eschatologischen, auf der Basis überwiegend biblischer Quellen vom Jüngsten Gericht handelnden ↗ geistlichen Spiels. Aufgrund der Stoffgruppen ergeben sich folgende Ausprägungen: 1. das die Werke und Taten des Antichrist darstellende ›Antichristspiel‹ (»Tegernseer Antichrist«, 12. Jh.; ↗ Antichristdichtung); 2. das Mt 25, 1–13 dramatisierende ›Zehnjungfrauenspiel‹ (»Ludus de decem virginibus«, 14. Jh.; Teile der »Erfurter Moralität«, 1443); 3. das W. im engeren Sinne (Mt 25, 31–46), dem die Verkündigung der sog. ›Fünfzehn Vorzeichen‹ (durch Propheten und Apostel) vorangeht und welches das unerbittliche Richten Christi über die Gerechten und die Verdammten darstellt. Das Flehen der Verdammten ist vergeblich; allein Maria kann, unterstützt vom Lieblingsjünger Johannes, bei ihrem Sohn Berücksichtigung aller, die sich an sie gewandt haben, erwirken. – Die erhaltenen volkssprachigen Spiele verraten u. a. durch lat. Regieanweisungen ihre Herkunft aus der öffentlichen, von Kirche und Gemeinde kollektiv einstudierten und inszenierten Aufführung, für deren Existenz und teils schockierende Wirkung wir viele Zeugnisse besitzen (u. a. Cividale, 13. Jh.; Eisenach, 1321). Die dt. Vertreter einer gemeineuropäischen Tradition (in England »The Chester Play«, um 1330; in Frankreich »Le jour de jugement«, 1340/50) sind spät überliefert (»Berner W.«: Luzern 1465; »Schaffhauser W.«: 1467, »Berliner W.«: Augsburg 1482; »Güssinger W.«: um 1500). Die ausschließlich aus dem oberdt. Sprachraum erhaltenen dreizehn Fassungen lassen sich auf ein gemeinsames ›Ur-Spiel‹ zurückführen. – Im 16. Jh. entstehen einige Neubearbeitungen (Z. Bletz, Aufführung: Luzern 1549). U. Tengler integrierte Passagen eines W.s in seinen Rechtsspiegel (gedruckt Augsburg 1511), in dem das Jüngste Gericht als letzte

Instanz figuriert. In der Neuzeit wurde der W.-Stoff gelegentlich musikalisch umgesetzt (G. Ph. Telemanns ↗ Oratorium »Tag des Gerichts«, 1762). C. Orffs eschatologische Oper »De temporum fine comoedia« (1973) zeigt indirekt die (unabdingbaren) christlichen Voraussetzungen des W.s auf.

Lit.: H. Linke: Die dt. W.e des späten MA.s. 2001. – D. Trauden: Gnade vor Recht. Amsterdam, Atlanta 2000. CF

Weltliteratur, in alltagssprachlicher Verwendung: entweder 1. die Gesamtheit aller Lit.en der Welt (*universal literature*) oder 2. im wertenden Sinne die kanonisierte Auswahl der besten Werke dieser Lit.en (*world literature*). In lit.wissenschaftlicher Verwendung: 3. Gegenstandsbereich der Komparatistik oder ↗ allg. und ↗ vergleichenden Lit.wissenschaft. Der von Ch. M. Wieland um 1810 beiläufig eingeführte Begriff setzt sich erst mit der ab 1827 belegten Verwendung bei J. W. Goethe durch, der daher als ›Diskursivitätsbegründer‹ (H. Birus im Anschluss an M. Foucault) der Diskussion über W. und die daran anschließenden, bis heute offenen methodologischen Fragen der Komparatistik gilt. – Im Unterschied zu (1) und (2) beschreibt Goethe mit ›W.‹ eine zeitgenössisch erst entstehende neue Form des lit. Kommunikations-, Distributions- und Vermittlungsprozesses, der kulturelle Fremd- und entsprechend veränderte Selbstwahrnehmung im Austausch zwischen Nationen, Lit.en und Autoren ermöglichen soll. Voraussetzungen dafür bilden *ästhetikgeschichtlich* das Bewusstsein für die Diversifikation vielfältiger Lit.en und Kulturräume (im Unterschied zur vormodernen Vorstellung der einen *res publica literaria*), *mediengeschichtlich* ein entwickeltes europäisches Kritik- und Zeitschriftensystem (»Le Globe«, »L'Eco«, »Edinburgh Review«, Goethes Kulturzeitschrift »Über Kunst und Altertum« [1816–32], die in ihrer Gesamtheit als Explikation des Begriffs verstanden werden kann) sowie ein internationales Übers.swesen, *sozialgeschichtlich* die Ausweitung und Beschleunigung des Handelsverkehrs. – Wirkungsmächtig greifen K. Marx und F. Engels 1848 im »Manifest der kommunistischen Partei« den letzten Aspekt auf, indem sie aus der kapitalistischen Internationalisierung von Produktion und Konsumption der materiellen Erzeugnisse auch diejenige der geistigen und damit die Entstehung der »einen W.« prognostizieren.

Lit.: H. Birus: Am Schnittpunkt von Komparatistik und Germanistik: Die Idee der W. heute. In: ders. (Hg.): Germanistik und Komparatistik. Stgt., Weimar 1995, S. 439–457. – Ders.: W. In: RLW. – M. Koch: Weimaraner Weltbewohner. Zur Genese von Goethes Begriff »W.« Tüb. 2002. – M. Schmeling (Hg.): W. heute. Würzburg 1995. – F. Strich: Goethe und die W. [1946]. Bern ²1957. DK

Weltschmerz, durch existentiellen Pessimismus und ↗ Melancholie gekennzeichnete Grundhaltung innerer ›Zerrissenheit‹ angesichts einer in ihrem Sinn bezweifelten oder negierten Welt. Der Begriff, der in anderen europäischen Sprachen keine Entsprechung hat, sondern als Fremdwort übernommen wird, wurde durch Jean Paul zunächst in religiösem Kontext geprägt (»Selina«, entstanden 1810, gedruckt 1827), entwickelte sich aber schnell zu einem eher unscharfen Schlagwort, das insbes. in der junghegelianischen und realistischen Kritik der ↗ Romantik aufgegriffen wurde. Der W., dessen Tauglichkeit als lit.wissenschaftliche Kategorie umstritten ist, wird in die Nähe zu ↗ Empfindsamkeit, Romantik und ↗ Byronismus gebracht und v. a. als Signatur der Restaurationsepoche (ca. 1815–48) bzw. des ↗ Biedermeier verwendet. Als Autoren werden ihm G. Büchner, Ch. D. Grabbe, H. Heine, N. Lenau, J. Kerner, A. v. Platen und G. Leopardi zugeordnet.

Lit.: W. In: DWb 28 (1955), Sp. 1685–1688. – H. Bost: Der Weltschmerzler. St. Ingbert 1994. – K. Heitmann: Der W. in den europäischen Lit.en. In: K. v. See (Hg.): Neues Hb. der Lit.wissenschaft. Bd. 15. Wiesbaden 1982, S. 57–82. – W. Martens: Bild und Motiv im W. Köln, Graz 1957. – F. Sengle: Biedermeierzeit. Bd. 1. Stgt. 1971, S. 1–34, 221–238. – H. Zeman (Hg.): N. Lenau und der europäische W. In: Lenau-Jb. 23 (1997), S. 11–98. UMI

Weltspiegel ↗ Enzyklopädie.

Welttheater [lat. *theatrum mundi*], bildliche Vorstellung der Welt als eines Theaters, auf dem die Menschen (vor Gott) ihre Rollen spielen, je nach den damit verbundenen philosophischen oder theologischen Theorien als Marionetten oder mit der Freiheit zur Improvisation. Diese Vorstellung erscheint als Vergleich oder Metapher bereits in der Antike; sie wird seit dem 12. Jh. ein bis ins Barock weitergegebener lit. Topos (*scena vitae, mimus vitae, theatrum mundi*), z. B. bei M. Luther (Vorstellung der Geschichte als Puppenspiel Gottes), P. de Ronsard, W. Shakespeare (»All the world's a stage«; »As you like it« [1603], II, 7, V. 139). Im ↗ Barock wurde das Theater als vollkommenes Abbild und Sinnbild der Welt verstanden; bester Ausdruck hierfür ist P. Calderón de la Barcas »El gran teatro del mundo« (1645). Die moderne Nachdichtung durch H. v. Hofmannsthal (»Das Salzburger große W.«, 1922) verändert den theozentrischen Aspekt in eine säkulare Ganzheitsvorstellung. Im 20. Jh. finden sich Beispiele für ein W. unter den Augen eines gleichgültigen oder unfähigen Gottes (W. Majakowski, A. Miller, B. Brecht). – Im zeitgenössischen Sprachgebrauch dient ›W.‹ – in Analogie zu ›Weltmusik‹ und ↗ ›Weltlit.‹ – auch als Bez. für das moderne interkulturelle Phänomen der Überwindung der ↗ Nationaltheater und der Vermischung von Elementen aus verschiedenen Zeiten und Kulturen.

Lit.: R. Alewyn: Das große W. Mchn. 1989. – L. G. Christian: Theatrum mundi [1969]. NY 1987. – B. Greiner: W. In: RLW. – F. Link, G. Niggl (Hg.): Theatrum Mundi. Bln. 1981. – K. Manger (Hg.): Goethe und die Weltkultur. Hdbg. 2003. – I. Pieper: Modernes W. Bln. 2000. IS/AHE

Welturaufführung ↗ Uraufführung.

Wendepunkt ↗ Novelle.

Werbetext, 1. im engeren Sinn alle sprachlichen (mündlichen oder schriftlichen) Anteile an der Werbekommunikation. – Da sich die Werbekommunikation selten auf den Text beschränkt, sondern zunehmend intermedial operiert, berücksichtigt die W.-Analyse auch die semiotische und mediale Einbettung des W.es. Im weiteren Sinne daher auch 2. eine transmediale Textsorte: die Text-Bild-Konstellationen der Anzeigenwerbung, die Text-Ton-Konstellationen der Radiowerbung und die Text-Bild-Ton-Konstellationen der TV-, Kino- und Internetwerbung. – Die Lit.wissenschaft beschäftigt sich mit dem W. vorwiegend unter wirkungsästhetischen Aspekten. Sie untersucht den Einsatz von lit. Mitteln zum Zweck der (oft unterschwelligen) Werbewirkung. Einschränkend auf die poetischen Möglichkeiten des W.es wirken sich dabei der Produkt-, Kunden- bzw. Zielgruppenbezug, die Verkaufsabsicht sowie der Zwang zur Kürze aus (Aufmerksamkeitsökonomie). Die Idee einer erlernbaren ›Werbesprache‹ (analog zu anderen Fachsprachen), die auch die Institutionalisierung des Berufs ›Werbetexter‹ nach sich zog, wird demgegenüber den kreativen Möglichkeiten des W.es nur bedingt gerecht. – Eine Nähe zwischen Werbetext und lit. Text wird am Phänomen der ›dichtenden Werbetexter‹ oder der ›werbetextenden Dichter‹ sichtbar, unter denen F. Wedekind, B. Brecht und E. Gomringer die prominentesten sind. Das Werbegedicht (z. B. das dadaistische Plakatgedicht) gilt als wichtigste Grenzgattung zwischen Werbung und Lit. – Die Beschreibung von W.en unterliegt in den 1970er Jahren zunächst vorwiegend linguistischer Kompetenz. Seit Römer (1968) werden die Stilqualitäten von Werbeslogans untersucht (↗ Wortspiel, ↗ rhet. Frage, ↗ Wiederholung, ↗ Anspielung, ↗ Metapher, ↗ Vergleich, ↗ Hyperbel, ↗ Reim u. a.). Bes. in der Anzeigen- und Filmwerbung kommen auch globalere poetische Techniken zum Tragen (z. B. ↗ Fiktion, Narration, Dramatisierung, Anspielung oder Pointierung). Darüber hinaus nähert sich der W. an verschiedene lit. ↗ Gattungen und ↗ Schreibweisen an (z. B. ↗ Emblem, ↗ Märchen, ↗ Groteske, ↗ Parodie, ↗ Satire, ↗ Kurzgeschichte oder ↗ Dialog).

Lit.: A. Dittgen: W. In: RLW. – O. Georgi: Das Groteske in Lit. und Werbung. Stgt. 2003. – N. Janich: Werbesprache. Tüb. 1999. – U. Meyer: Fiktionen in der Werbung. In: Zs. für Semiotik 24 (2002), S. 411–429. – R. Römer: Die Sprache der Anzeigenwerbung [1968]. Düsseldorf ⁶1980. – B. Sowinski: Werbung. Tüb. 1998. – St. B. Würffel: Emblematik und Werbung. In: Sprache im technischen Zeitalter 78 (1981), S. 158–178.   UME

Werk, n. [gr. *érgon*; lat. *opus*; engl. *work*; frz. *œuvre*], 1. allg. das Resultat oder Produkt menschlichen Handelns oder Herstellens; 2. speziell das Produkt geistiger, insbes. künstlerischer Tätigkeit. – Aristoteles unterscheidet einen weiten, formalen W.begriff, der das Ergebnis jeglicher Äußerung eines Vermögens (*enér-*

geia) bezeichnet, von einem engeren, handlungstheoretischen, der sich auf das Produkt einer Herstellungshandlung (*poíēsis*) bezieht. Diese ist geleitet von einem je relevanten Können (*téchnē*). Diese Bestimmung bleibt noch leitend bei der Herausbildung des modernen Begriffs des Kunstwerks im 18. Jh. Dabei wird ausgegangen von einer Pluralität von Künsten, die sich v. a. durch die Verschiedenartigkeit ihrer W.e unterscheiden. Kunstontologisch lassen sich grob Dingkünste (Malerei, Bildhauerei, Baukunst) von Ereigniskünsten (Musik, Tanz, Schauspiel) unterscheiden; Lit. nimmt eine Zwischenstellung ein, insofern sie mündlich (als ↗ Ereignis) oder schriftlich (als Ding) tradiert werden kann. Die Mannigfaltigkeit des W.begriffs ist zu beachten, wenn es darum geht, die These vom Ende des W.s in der Avantgarde-Kunst des 20. Jh.s zu beurteilen (vgl. Barthes, Bubner). Möglicherweise setzt diese These einen einseitig verdinglichten Werkbegriff voraus, gegen den schon M. Heidegger (»Der Ursprung des Kunstwerks«, 1950) argumentiert hat. Andere Theoretiker gehen im Gefolge W. Benjamins (»Das Kunstwerk im Zeitalter seiner technischen Reproduzierbarkeit«, frz. 1936) von einem Verlust der ↗ Aura des W.s unter Bedingungen seiner technischen Reproduzierbarkeit aus. – Allg. ist das einzelne W. (lat. *opus*) vom Gesamtwerk eines Urhebers (frz. *œuvre*) zu unterscheiden, und zwar auch im Bereich außerkünstlerischer geistiger Produktion. Beide setzt seit dem 18. Jh. Gegenstand des ↗ Urheberrechts (vgl. Bosse). HTE 3. ›W.‹ ist ferner eine zentrale Kategorie der Editionswissenschaft, deren Gegenstand die Erarbeitung und Beurteilung von ›W.ausgaben‹ (also ↗ Editionen einzelner W.e ebenso wie der Gesamtwerke von Autoren) ist. Die Definition dieses Grundbegriffs ist allerdings bis heute strittig: Während Scheibe (S. 16 f.) das W. als ›oberste editorische Einheit‹ ansieht, die gerade wegen dieser prominenten Stellung nicht definiert werden könne, hebt Martens (S. 179) die Bedeutung der ↗ Intention des ↗ Autors hervor: »Das W. ist eine Textfassung, die der Autor selbst veröffentlicht hat oder die er für eine Veröffentlichung vorgesehen hat.« Im krassen Ggs. dazu ist ›W.‹ für Reuß (S. 10) eine vom Autor gerade nicht beeinflussbare Größe der Wirkungsgeschichte: »W. ist dasjenige Produkt der literarästhetischen Wirklichkeit, in das hinein sich die Produktion und Rezeption der Texte und Entwürfe *wirkend* auslegen. W. und Wirkungsgeschichte bringen sich wechselseitig allererst im Verlauf der Geschichte hervor.«   DB

Lit.: R. Barthes: Vom W. zum Text [frz. 1971]. In: ders.: Das Rauschen der Sprache. Ffm. 2006, S. 64–72. – H. Bosse: Autorschaft ist W.herrschaft. Paderborn u. a. 1981. – R. Bubner: Ästhetische Erfahrung. Ffm. 1989. – M. Kölbel: Das lit. W. In: Text. Kritische Beiträge 10 (2005), S. 27–44. – G. Martens: Das W. als Grenze. In: editio 18 (2004), S. 175–186. – R. Reuß: Text, Entwurf, W. In: Text. Kritische Beiträge 10 (2005), S. 1–12. – S. Scheibe: Zu einigen Grundprinzipien einer historisch-kritischen Ausgabe. In: G. Martens, H. Zeller (Hg.): Texte und Varianten. Mchn. 1971, S. 1–44. – H. Thomé: W. In: RLW.

Werkästhetik, f., 1. allg. Sammelbegriff für alle Theorien des Kunstwerks; 2. speziell Oberbegriff für diejenigen ästhetischen Theorien, die den Begriff der ↗Kunst vom Begriff des ↗Werks her explizieren. In diesem speziellen Sinn ist die W. sowohl der ↗Produktionsästhetik als auch der ↗Rezeptionsästhetik entgegengesetzt. Unterschieden werden müssen ferner hierarchische von holistischen Theorien in der W.: Hierarchische Theorien gehen davon aus, dass sich der Begriff des Kunstwerks ohne Rückgriff auf Begriffe von Produktion oder Rezeption erläutern lässt. Dem normativen Anspruch nach handelt es sich um Theorien der radikalen Autonomie des Kunstwerks (vgl. Menke). Als Methode des angemessenen wissenschaftlichen Zugangs zum Werk wird daher eine gründliche immanente Interpretation (↗›werkimmanent‹) verlangt (vgl. Staiger, Kayser). Auch ↗Strukturalismus, ↗*close reading* (vgl. Fish) und ↗Dekonstruktion in der Kunst- und speziell Lit.theorie gehören zu dieser Tradition von W., Letztere allerdings – in der Destruktion des Werkbegriffs – in paradoxer Zuspitzung (vgl. Menke). – Holistische Theorien in der W. integrieren im Ggs. dazu Produktions- und Rezeptionsästhetik in eine umfassende Theorie der Kunst, wobei das Werk als immer schon kontextuell situiert, d. h. historisch und institutionell geformt und adressiert, begriffen wird. Ein Werk zu interpretieren kann demzufolge nur heißen, es in seiner historischen Situiertheit darzustellen, wobei der semantische Aspekt eines Werks, seine Bedeutung, vom pragmatischen Aspekt seiner Verflochtenheit in bestimmte, z. B. rituelle Zusammenhänge zu unterscheiden ist (vgl. Gadamer). Der Sache nach stehen holistische Theorien der W. in der Tradition der ↗idealistischen Ästhetik, v. a. G. W. F. Hegels. – Lit.: St. Fish: Is there a text in this class? Cambridge/ Mass. 1980. – H.-G. Gadamer: Die Aktualität des Schönen. Stgt. 1977. – W. Kayser: Das sprachliche Kunstwerk [1948]. Tüb. 201992. – Ch. Menke: Die Souveränität der Kunst. Ffm. 1991. – E. Staiger: Grundbegriffe der Poetik [1946]. Mchn. 1971. HTE

Werkausgabe ↗Werk (3).

Werkimmanent, Adjektiv [aus lat. *in* und *manere* = bleiben], methodische Grundorientierung einer in der dt.sprachigen Lit.wissenschaft der 1950er und 1960er Jahre dominanten Position (›w.e Interpretation‹ oder ›w.e Methode‹), welche die ↗Interpretation des ↗Textes ausschließlich auf diesen selbst stützen und die Interpretationsaussagen allein durch den Text legitimieren will, indem sie von allen kontextuellen Faktoren wie der ↗Biographie des Autors oder dem kulturellen Umfeld absieht und den Text zum ↗›Werk‹ auratisiert. – Die w.e Interpretation ist eine Variante der ↗Hermeneutik, die sich nach Vorläufern in den 1920er und 1930er Jahren (O. Walzel) v. a. nach dem Zweiten Weltkrieg als Reaktion auf die ideologische Funktionalisierung von Lit. und Interpretation durch das NS-Regime entwickelt hat (E. Staiger, W. Kayser). Sie setzt sich sowohl von der ↗geistesgeschichtlichen Lit.wissenschaft, die den kulturhistorischen Kontext einer Epoche für das Verständnis mit heranzieht, als auch von der ↗positivistischen Lit.wissenschaft ab, welche die Interpretation eines Textes auf die Auflistung kausal-determinierender Fakten reduziert. Im ↗Strukturalismus, der die aus der w.en Interpretation resultierende Praxis einer nur noch intuitiv zugänglichen Einheit des Werkes kritisiert, wie auch in der frz. Variante der *explication de texte* oder im am. ↗*New Criticism* spricht man von ›Textimmanenz‹. An die Stelle des auratisierten ›Werks‹ tritt der Textbegriff, der als eine abgeschlossene Einheit semantisch relevanter Komponenten konzipiert wird. ›Textimmanente Interpretation‹ bedeutet die Rekonstruktion der Bedeutungen des Textes ausschließlich aus diesen Komponenten. – Lit.: W. Kayser: Das sprachliche Kunstwerk [1948]. Bern, Mchn. 181978. – P. Rusterholz: Formen ›textimmanenter‹ Analyse. In: H. L. Arnold, H. Detering (Hg.): Grundzüge der Lit.wissenschaft [1996]. Mchn. 72005, S. 365–385. – A. Spree: W.e Interpretation. In: RLW. – E. Staiger: Die Zeit als Einbildungskraft des Dichters. Zürich 1939. – Ders.: Die Kunst der Interpretation. Zürich 1955. – O. Walzel: Die künstlerische Form des Dichtwerks. Bln. 1916. OJ

Werkkonkordanz ↗Konkordanz.

Werkkreis Literatur der Arbeitswelt, auch: Werkkreis 70; Vereinigung von Arbeitern und Angestellten sowie Schriftstellern (G. Wallraff, E. Runge), die sich deren Alltag nahe fühlten, gegründet März 1970 in Köln als Sezession der ↗Gruppe 61. Er wollte laut Programm die »Situation abhängig Arbeitender« mit sprachlichen Mitteln darstellen, um so »die menschlichen und materiell-technischen Probleme der Arbeitswelt als gesellschaftliche bewußt zu machen« und dazu beizutragen, »die gesellschaftlichen Verhältnisse im Interesse der Arbeitenden zu verändern«. Die Ergebnisse der lit. Produktion wurden 1972–87 in einer Reihe des Fischer-Taschenbuch-Verlags veröffentlicht (meist Anthologien in Auflagen von je 300.000 Exemplaren; 1987: fünfzig Titel). Der eigene Arbeitsplatz, die eigene Arbeitssituation, allg. Lebenszusammenhänge und geschichtliches Selbstverständnis der Arbeitnehmer wurden hier v. a. dokumentarisch, in Reportage- und Berichtform, behandelt. Neben diese Kurzformen traten aber auch Versuche mit dem Roman (oft als Mischform), ferner agitatorische Gedichte. In den letzten Jahren ist das öffentliche Interesse am W. L. d. A. stark zurückgegangen. – Lit.: G. Andes: Hoffnung ernten! 33 Jahre W. L. d. A. Vechta-Langenförden 2003. – P. Fischbach (Hg.): 10 Jahre W. L. d. A. Ffm. 1980. – J. Hermand: Die dt. Dichterbünde. Köln u. a. 1998, S. 305–312. RD/Red.

Werkstil ↗Stil.

Werktreue, unscharfer Begriff für die Umsetzung lit. und musikalischer Werke in die Aufführungspraxis. Er berührt sowohl die Frage der Deutung eines Kunstwerks als auch die Rolle des jeweiligen Interpreten (Regisseur, Dirigent), bes. im heutigen Regietheater. Hinter einer polemischen Berufung auf W., wie sie in der bildungsbürgerlichen Richtung der Kulturpolitik und in der Theaterkritik häufig begegnet, steht meist ein eingeschränkter Werkbegriff, eine festgelegte Meinung vom Sinngehalt eines Kunstwerks (›ich möchte meine Klassiker wiedererkennen‹), die sich an überkommenen Mustern orientiert und dabei die Vielschichtigkeit und Vieldeutigkeit des Werks ebenso ignoriert wie die unaufhebbare Zeitbedingtheit und Subjektivität jeder Interpretation und Inszenierung. Lit.: E. Fischer-Lichte: Was ist eine ›werkgetreue‹ Inszenierung? In: dies. (Hg.): Das Drama und seine Inszenierung. Tüb. 1985, S. 37–49. – H. Weber: Oper und W. Stgt., Weimar 1994.   GS/Red.

Wertung ↗ lit. Wertung, ↗ Lit.kritik, ↗ lit. Geschmacksbildung.

Wettstreit der Künste ↗ Paragone.

Whodunit ↗ Detektivroman.

Widerspiegelungstheorie, auch: Abbildtheorie; Begriff der Erkenntnislehre des dialektischen Materialismus. Im Ggs. zur Philosophie des Idealismus, die auf der Priorität des Bewusstseins gegenüber dem Sein aufbaut, fasst der dialektische Materialismus Erkenntnis als Widerspiegelung der Wirklichkeit auf. Diese auf den Philosophien von K. Marx und Lenin beruhende These wurde von G. Lukács in die Ästhetik und Lit.theorie eingebracht und zum Kern der Theorie des ↗ sozialistischen Realismus gemacht. Im Unterschied zum vulgärmarxistischen Missverständnis der W. als direkter Spiegelung historischer und sozialer Situationen in der Dichtung betont Lukács die selektive Wiedergabe sowohl der Naturwirklichkeit als auch gesellschaftlicher Zustände im menschlichen Bewusstsein in Form von Abstraktionen sowie durch die Bildung von Begriffen und Gesetzen, wobei elementare Lebensinteressen als subjektive Auswahlprinzipien fungieren können. Die utopische Vergegenwärtigung einer veränderten, idealen Wirklichkeit wird in E. Blochs Theorie des ↗ Vorscheins betont. Lit.: H. Gallas: Marxistische Lit.theorie. Neuwied 1971. – G. Lukács: Die Eigenart des Ästhetischen. In: ders.: Werke. Bde. 11 und 12. Bln. 1963. – G. Schandera: Widerspiegelung. In: RLW. – M. Schmitz-Emans: Spiegelt sich Lit. in der Wirklichkeit? Gött. 1994.   GS/Red.

Widmung, Schenkung eines Werkes bzw. der Text, mit dem sie durchgeführt wird. Gegenstand der W. ist zumeist ein Buch (oder ein Teil eines Buchs, z. B. ein Gedicht oder ein Essay), es kann sich aber auch um ein anderes Erzeugnis produktiver Tätigkeit handeln (einen Film, eine Musikalie). W.sspender eines Buchs ist üblicherweise sein Autor, es kann aber auch ein Verleger, Drucker oder Herausgeber sein. W.sadressat ist in älterer Zeit üblicherweise eine hochgestellte Persönlichkeit oder eine würdige Institution. Erst im 18. Jh. beginnt sich die soziale Asymmetrie zwischen W.s

spender und W.sadressat aufzulösen. Sonderfälle stellen fiktive W.en (Ch. Reuter: »Schelmuffsky«), anonyme W.en (G. E. Lessing: »Ernst und Falk«) oder W. en an abstrakte Gegenstände dar (die W. in G.Ch. Lichtenbergs »Timorus« lautet: »An die Vergessenheit«). – Die Ursprünge des W.swesens liegen in der Antike. MA. und Renaissance haben ein ausgeprägtes W.szeremoniell hervorgebracht, das in der höfischen Kultur des Barock kunstvoll ausgebaut worden ist. Neben ausführlichen, regelgerecht verfassten W.sbriefen finden sich knapp formulierte, auf Mittelachse gesetzte W.stafeln (Angelus Silesius: »Der Cherubinische Wandersmann«) und in Versen verfasste W.en. Noch im 17. Jh. dient die W. der Huldigung und Preisung des W.sadressaten; sie ist Ausdruck von Hochachtung und Mittel der Erlangung einer ideellen oder materiellen Anerkennung. Im Zuge sozial- und geschmacksgeschichtlicher Veränderungen wandelt sich im 18. Jh. auch das W.swesen. Die W. verliert allmählich an Prestige; sie wird zunehmend schmucklos formuliert oder zu einem Spielfeld der dichterischen Phantasie (L. Sterne: »Life and Opinions of Tristram Shandy« I, Kapitel 8). Die privaten Verhältnisse, die seit dem 18. Jh. in der W. vermehrt bekannt gemacht werden, kommen im 20. Jh. vielfach in abgekürzter Sprache zu Wort (vgl. F. Kafka: »Das Urteil«) oder sie werden verrätselt (vgl. K. Kraus: »Die chinesische Mauer«). Lit.: G. Genette: Seuils. Paris 1987 [dt.: Paratexte. Ffm., NY 1989]. – W. Leiner: Der W.sbrief in der frz. Lit. (1580–1720). Hdbg. 1965. – K. Schottenloher: Die W.svorrede im Buch des 16. Jh.s. Münster 1953. – G. Schramm: W., Leser und Drama. Hbg. 2003. – Ch. Wagenknecht: W. In: RLW.   BM

Wiederholung, grundlegendes lit. Strukturelement. W.en gestalten phonetische, metrische, syntaktische, semantische und narrative Einheiten. Sie manifestieren sich als rhet. Figuren, Homo- und Synonymie, Reim, Refrain, Leitmotiv, Doppelgänger, Spiegelung, Echo, Variation, Zitat, Wiederaufnahme oder Parodie. W.en haben eine ordnende, rhythmisierende, betonende und intensivierende Funktion. Als strukturwirksames Element findet sich die W. in jeder Lit., gattungskonstitutiv etwa im ↗ Märchen, extensiv bei E. T. A. Hoffmann oder A. Robbe-Grillet. – G. Deleuze (»Différence et répétition«, 1968) und J. Derrida (»signature événement contexte«, 1971) haben ausgeführt, dass W. insbes. im Bereich der Sprache nie bloße Reproduktion eines Identischen ist, sondern als kreativer Akt etwas vom Wiederholten Abweichendes hervorbringt. Lit.: W. Groddeck: Wiederholen. In: H. Bosse, U. Renner (Hg.): Lit.wissenschaft. Freiburg/Br. 1999, S. 177– 191. – J. M. Lotman: Die Struktur lit. Texte [russ. 1970]. Mchn. 1972, S. 158–299.   CBL

Wiegendrucke, dt. Bez. für ↗ Inkunabeln.

Wiener Gruppe, 1952–64 bestehender Kreis österr. Künstler (Autoren, Maler, Komponisten) mit avantgardistischen Zielen. Vorläufer ist der »artclub« (ge gründet 1946). Die W. G. umfasst im engeren Sinn die Autoren F. Achleitner, H. C. Artmann, K. Bayer, G. Rühm und O. Wiener, die in herausforderndem Gegensatz zur österr. Kulturszene nach dem Krieg am ↗ Dadaismus und ↗ Surrealismus anknüpften und v. a. sprachexperimentell arbeiteten. Die theoretische Beschäftigung mit Kybernetik, Neopositivismus und Sprachphilosophie (L. Wittgenstein) floss in die Texte der W. G. ein. Höhepunkte sind zwei lit. Kabaretts (1958/59) und der Band Dialektgedichte »hosn, rosn, baa« (von Achleitner, Artmann und Rühm, 1959). 1958 trat Artmann aus der Gruppe aus, die sich nach dem Selbstmord K. Bayers (1964) auflöste.

Lit.: M. Backes: Experimentelle Semiotik in Lit.avantgarden. Mchn. 2001. – W. Fetz: Die W. G. Wien 1998. – G. Rühm (Hg.): Die W. G. [1967]. Erw. Neuausg. Reinbek 1985.   DWE/Red.

Wiener Klassik ↗ Klassik.

Wiener Moderne, auch: Junges Wien, ↗ Jung-Wien; avantgardistische österr. Kulturströmung mit dem Zentrum Wien zwischen etwa 1890 und 1918, die durch die untergehende Donaumonarchie ebenso geprägt ist wie durch die rasante Veränderung der Lebenswelt (neue Medien, Großstadt, Verkehr, Internationalisierung). Der Begriff › W. M.‹ geht auf die gleichermaßen »Die Moderne« überschriebenen programmatischen Essays von H. Bahr (1890) und F. M. Fels (1891) zurück. Er bezieht sich in erster Linie auf die Bereiche Lit. (H. Bahr, A. Schnitzler, H. v. Hofmannsthal, R. Beer-Hofmann, P. Altenberg, F. Salten, L. v. Andrian, F. Dörmann), ↗ Lit.kritik (K. Kraus, F. M. Fels) und Essayismus (M. Herzfeld, B. Zuckerkandl, E. Friedell). Darüber hinaus können die mit der Lit. im regen Austausch stehenden anderen innovativen Kulturbereiche der Zeit zur W. M. gerechnet werden: Theater (M. Reinhardt), Film (M. Kertesz, R. Wiene), bildende Kunst (»Secession«: G. Klimt, E. Schiele, O. Kokoschka), Mode und Kunstgewerbe (»Wiener Werkstätten«), Architektur (O. Wagner, J. M. Olbrich, A. Loos), Musik (G. Mahler, A. Schönberg, A. Berg, A. v. Webern), Psychoanalyse (S. Freud, A. Adler, L. Andreas-Salomé), Geschlechtertheorie (R. Mayreder-Obermayer, O. Weininger), Philosophie (E. Mach, L. Wittgenstein, W. Mauthner) und Zionismus (Th. Herzl). In reger, oft unterschätzter Beziehung zur W. M. stehen außerdem der späte österr. ↗ Realismus (M. v. Ebner-Eschenbach, F. v. Saar), die ↗ Heimatlit. (P. Rosegger, K. Schönherr) und die naturalistisch geprägte, politisch engagierte Lit. der Zeit (B. v. Suttner, J. J. David, Ph. Langmann, A. Popp). Zuweilen werden auch jüngere Autoren, die erst nach 1918 in Wien wirkten, noch zur W. M. gerechnet (R. Musil, F. Werfel, St. Zweig, H. Broch). In engem Kontakt steht die W. M. zur europäischen Avangarde (St. George, H. Ibsen, M. Barrès, A. Ch. Swinburne, G. d'Annunzio). Wichtige Publikationsorgane waren die Zss. »Die Moderne«, »Moderne Dichtung / Moderne Rundschau«, »Freie Bühne«, »Ver sacrum« und »Die Fackel« von K. Kraus.

– Die Lit. der W. M. setzt sich vom Berliner ↗ Naturalismus (G. Hauptmann, A. Holz, Brüder H. und J. Hart; auch: ↗ Berliner Moderne) ab, indem sie nicht mehr die genaue Abzeichnung der sozialen Realität (Sachstände, *états de choses*) ins Zentrum der Darstellung rückt, sondern das ›Unbewusste‹, die Nerven, das Innere des Subjekts (Seelenstände, *états d'âmes*). Die W. M. erschließt – trotz der ständig problematisierten ästhetizistischen Kunst- und Lebensauffassung – neue Rezeptionsweisen der außerlit. Realität, die mit den Stichworten ›Wahrnehmungskrise‹ oder ↗ ›Impressionismus‹ gefasst werden können. Nicht erst im ↗ Expressionismus, sondern schon in der W. M. kann von einer spezifisch großstädtischen Raumerfahrung gesprochen werden, die sich in der Lit. dokumentiert. Bes. Bedeutung haben die neuen Textverfahren der W. M.: So setzt Schnitzler am konsequentesten in der Lit. der klassischen Moderne die ↗ erlebte Rede und den ↗ inneren Monolog ein (»Lieutenant Gustl«, 1901; »Frau Bertha Garlan«, 1901; »Fräulein Else«, 1924), während Hofmannsthal erstmals in der dt. Lit.geschichte ein ›abstraktes‹ Wortkunstwerk (»Lebenslied«, 1896) veröffentlicht. Altenberg verfeinert die impressionistische Darstellungstechnik, indem er versucht, Fragmente von Wahrnehmungen, Gefühlen und Gedanken vage anzudeuten oder bloß katalogartig zu präsentieren. Hinzu kommen vom frz. ↗ Symbolismus geprägte Gedichte von Dörmann, Hofmannsthal oder Andrian. Hofmannsthal tritt ferner durch symbolisch überformte Erzählungen (»Reitergeschichte«, 1898; »Das Märchen der 672. Nacht«, 1895), ↗ ›lyrische Dramen‹ (»Tod des Tizian«, 1892; »Gestern«, 1891) und impressionistische ↗ Essays sowie den sprachskeptischen »Brief« des Lord Chandos (1902) hervor. Schnitzlers Theaterstücke brechen mit den Konventionen der Burgtheater-Dramatik (»Anatol«-Zyklus, 1893; »Liebelei«, 1896; »Reigen«, 1900); sein Roman »Der Weg ins Freie« (1908) thematisiert ebenso wie Beer-Hofmanns »Tod Georgs« (1900) das Verhältnis der Protagonisten zu ihren jüdischen Wurzeln. Der anonym erschienene pornographische Roman »Josefine Mutzenbacher« (1906), der Salten zugeschrieben wird, zeigt, wie brüchig und in sich widersprüchlich der Ästhetizismus der W. M. ist. Zu den Romanen, die das solipsistische Lebensgefühl des ↗ Fin de Siècle thematisieren, gehören Bahrs »Die gute Schule« (1890) und Andrians »Garten der Erkenntnis« (1895). Einer der schärfsten zeitgenössischen Kritiker der W. M., insbes. ihrer ästhetizistischen Ausprägung, ist Kraus, der nach der Schließung des Café Griensteidl, des legendären Treffpunkts der W. M. (daher ›Kaffeehaus-Lit.‹), das Bonmot von der ›demolierten Lit.‹ (1896) prägt.

Texte: G. Wunberg u. a. (Hg.): Die W. M. Stgt. 1981. Lit.: T. Erben (Hg.): Traum und Wirklichkeit. Wien 1870–1930. Wien u. a. 1985. – L. Greve u. a. (Hg.): Jugend in Wien. Marbach 1987. – J. Le Rider: Das Ende der Illusion. Die W. M. und die Krise der Identität.

Wien 1990. – Ders.: Freud – von der Akropolis zum Sinai. Die Rückwendung zur Antike in der W.M. Wien 2004. – D. Lorenz: W.M. Stgt., Weimar 1995. – D. Niefanger: Produktiver Historismus. Raum und Landschaft in der W.M. Tüb. 1993. – I. Paetzke: Erzählen in der W.M. Tüb. 1992. – J. Rieckmann: Aufbruch in die Moderne. Die Anfänge des Jungen Wien [1985]. Ffm. ²1986. – C.E. Schorske: Wien. Geist und Gesellschaft im Fin de Siècle [engl. 1961]. Mchn. 1984. – P. Sprengel, G. Streim: Berliner und W.M. Wien 1998. – R. Waissenberger (Hg.): Wien 1890–1920. Wien u.a. 1984. – M. Worbs: Nervenkunst. Lit. und Psychoanalyse im Wien der Jh.wende. Ffm. 1988. – G. Wunberg: Jh.wende. Tüb. 2001. DN

Wiener Schule, neuzeitliche Bez. einer Reformbewegung, die von der Theologischen Fakultät der Wiener Universität (gegr. 1383f.) ihren Ausgang nahm und ihre Schlagkraft durch das Zusammenspiel von Hochschule und Herzogshof erhielt. Hauptvertreter waren Heinrich von Langenstein (gestorben 1397), Nikolaus von Dinkelsbühl, Leopold Stainreuter, Ulrich von Pottenstein und Thomas Peuntner. Merkmal der W.Sch. ist die enge Verbindung von Theologie und Seelsorge, scholastischer Lehre und praxisbezogener Frömmigkeit, deren Verbreitung sie durch zahlreiche Übers.en forcierte. Für die Lit.geschichte ist die Haltung der W.Sch. in der Frage, wie das Lat. zu verdeutschen sei, von Bedeutung. Die Übersetzer favorisierten zunächst das Prinzip der wortgetreuen, an der »rechten mâze« des Lat. ausgerichteten Übertragung. In diesem »aignen deutsch« entstanden Texte, die wie ↗Interlinearversionen wirken und ohne lat. Vorlage nahezu unverständlich waren (anonyme Durandus-Übers., 1384). Die Auftraggeber am Wiener Hof scheinen das moniert zu haben. Obwohl die Verfasser das Verfahren in Vorreden verteidigten (L. Stainreuter: »Cassiodor-Übers.«, 1385; U. von Pottenstein, »Katechismus«), kehrten sie bald zum Typus der sinngemäßen »umbered«-Übers. zurück.
Lit.: Th. Hohmann: Heinrichs von Langenstein »Unterscheidung der Geister« lat. und dt. Mchn. 1977. – Ders.: »Die recht gelerten maister«. In: H. Zeman (Hg.): Die österr. Lit. Bd. 1. Graz 1986, S. 349–365. – Ch. Roth: »Wie not des ist, daz die frummen layen selber püecher habent«. In: ZfdA 130 (2001), S. 19–57. – B. Schnell: Thomas Peuntner »Büchlein von der Liebhabung Gottes«. Mchn. 1984. CF

Wiener Volkstheater, Vorstadttheater in Wien von 1712 bis ca. 1860. Das Repertoire umfasste v.a. heitere oder satirische (Lokal-) ↗Possen, Parodien, Burlesken, ↗Zauberstücke, ↗Singspiele, sog. ↗Volksstücke: sie schöpften sowohl aus der barocken Bühnentradition (Schema der Haupt- und Staatsaktionen, Theatermaschinerie, üppige Ausstattung, Ballette) als auch der ↗Commedia dell'Arte (↗Stegreifspiel, stehende Typen wie ↗Hanswurst, Kasperl, Staberl, Gesang- und Tanzeinlagen) und integrierten Märchenhaftes; sie entwickelten einen komödiantisch-virtuosen Stil, der Re-

alismus, Sprachwitz, Satire, Zeit- und Gesellschaftskritik mit Sentiment, Skurrilem und Phantastischem verband. Das W.V. begann als Stegreiftheater und war berühmt für die Hanswurste der Starkomiker J.A. Stranitzky, G. Prehauser und F. v. Kurz. Das kaiserliche Extemporierverbot von 1752 und die ›Spektakelfreiheit‹ 1776 führten zur Literarisierung und zu einer reichen Blüte; nach 1810 verbürgerlichten die ›Wurschtl‹ in der biedermeierlich-gemütvollen Weltflucht Raimunds, Meisls und Bäuerles und kehrten ab 1830 zurück in der brillanten Gesellschaftssatire J. Nestroys, bis das W.V. aufging im neuen Amüsement der Wiener Operette. – Als *Publikum* zog es, im Ggs. zum Hoftheater, gebildete wie ungebildete Kreise an, den Hof und das Bürgertum. Die wichtigsten *Repräsentanten* waren J.A. Stranitzky, G. Prehauser, J.F.v. Kurz-Bernardon, Ph. Hafner, in der Blütezeit (Ende 18., Anfang 19. Jh.) J.A. Gleich, K. Meisl, A. Bäuerle, F. Raimund und J. Nestroy. – Die berühmtesten *Vorstadtbühnen*, die jeweils wechselnde Präferenzen (auch Pantomimen, Ballette, Opern) hatten, waren das Kärntnertortheater (gegründet 1712), das Leopoldstädter Theater (gegründet 1781), das Wiedner Theater (gegründet 1787, 1801 Neubau als Theater an der Wien), das Josefstädter Theater (gegründet 1788, erste und letzte Bühne Raimunds). – Das W.V. gelangte zu europäischer Berühmtheit und großer Wirkung (vgl. ↗Volksstück), bis um 1850 (nach verstärkter Zensur seit Ende 1848) sentimentale Pseudovolksstücke, frz. ↗Vaudevilles und v.a. die klassische Operette die Wiener Lokalpossen immer mehr zurückdrängten.
Lit.: R. Bauer: Das W.V. zu Beginn des 19. Jh.s. In: J. Hein (Hg.): Theater und Gesellschaft. Düsseldorf 1973, S. 29–43. – J. Hein (Hg.): Das W.V. Darmstadt ³1997. – O. Rommel: Die Alt-Wiener Volkskomödie, Wien 1952. – W.E. Yates (Hg.): Viennese Popular Theatre. A Symposium / Das W.V. Exeter 1985. HER

Wilamowitzianus, ein von U.v. Wilamowitz für die gr. Tragödie nachgewiesener und von P. Maas so genannter Vers der Form v̅ v̅ v̅ v̅ – v v –. GS/Red.

Wildwestroman, Typus des ↗Abenteuerromans, dessen Handlung im Westen Nordamerikas angesiedelt ist. Konstitutiv ist das stereotype Schema des autonomen, einzelgängerischen ↗Helden, der sich in Abenteuern und Kämpfen bewährt. Charakteristische Motive, die vor dem Hintergrund einer romantisierten Landschaft realistisch inszeniert werden, sind die Landerschließung im Westen, Viehtrecks, Siedlerschicksale, Eisenbahnbau, Indianerkriege, Goldrausch. Ein verwandtes Genre ist der Indianerroman (↗Indianerbuch). – Als Vorläufer des W.s können die Romane J.F. Coopers (1789–1851), welche den Konflikt zwischen Natur und Zivilisation thematisieren (»The Last of the Mohicans«, 1826), die einschlägigen Werke Mark Twains (1835–1910) sowie die Goldgräber-Geschichten B. Hartes (1836–1902) angesehen werden. Als erster W. im engeren Sinne gilt O. Wisters »The Virginians« (1902). Zu unterscheiden ist zwischen psychologisch differenzierten, kritisch-reflektierenden Tendenzen in der Nachfolge der naturalistischen Prosa St. Cranes auf der einen Seite, z. B. W. v. Tillburg Clark: »Ox-Bow incident« (1940), H. W. Allen: »Forest and the fort« (1943), Th. L. Berger: »Little big man« (1964), M. Ondaatje: »Collected works of Billy the Kid« (1970) oder C. McCarthy: »All the pretty horses« (1992), und auf der anderen Seite Werken der trivialen Massenproduktion, die in Spielfilmen, Serien und Comics adaptiert und weiterentwickelt wurden. – In Deutschland beginnt die Genese des W.s um 1825. Zu nennen sind die gesellschaftskritischen Werke Ch. Sealsfields (»Tokea«, 1829), die realistischen Romane F. Gerstäckers (»Die Regulatoren in Arkansas«, 1845), B. Möllhausens »Mormonenmädchen« (1864) und die Werke K. Mays (1842–1912), der die bis heute erfolgreichsten dt. W.e verfasst hat (»Winnetou«, 1893–1910). – In den ↗ gender studies und Forschungen zum ↗ Postkolonialismus findet der W. neuerlich Beachtung.

Lit.: E. Bascombe (Hg.): Back in the saddle again. New essays on the Western. Ldn. 1998. – R. M. Davis: Playing cowboys. Oklahoma 1992. – B. A. Drew: Western series and sequels. NY 1993. – S. Emmert: Loaded fictions: social critique in the twentieth century western. Moscow/Id. 1996. – E. W. Etulain: Telling western stories. Albuquerque 1999. – Ders.: A biographical guide to the study of Western American Literature. Albuquerque 1995. – R. L. Gale (Hg.): Nineteenth-century American western writers. Detroit 1997. – J. Hembus: Die Geschichte des Wilden Westens 1540–1894. Mchn. 1996. – B. Kosciuszko: Helden des Westens. Hbg. 1983. – Ch. F. Lorenz: W. In: RLW. – F. G. Robinson: Having it both ways. Albuquerque 1993. – S. J. Rosowski: Birthing a nation: Gender, creativity, and the West in American literature. Lincoln 1999. SSI

Winkelperspektive ↗ Prospekt.

Wirkung ↗ Wirkungsästhetik.

Wirkungsästhetik, f., Forschungsrichtung, welche die Bedingungen der Wirkung von Kunstwerken auf Rezipienten untersucht. W. sieht im Ggs. zur ↗ Produktionsästhetik und zur Darstellungsästhetik (↗ Darstellung, ↗ Mimesis, ↗ Widerspiegelungstheorie) in der Wirkung entweder einen bestimmenden oder zumindest einen notwendigen Aspekt der Untersuchung von Kunstwerken. Im engeren Sinne kann ›W.‹ auch von ↗ ›Rezeptionsästhetik‹ unterschieden werden. Danach ist das von konkreter Rezeption unabhängige Wirkungspotential von Kunstwerken als Gesamtheit der ihre Rezeption aktivierenden, steuernden und einschränkenden Elemente und Strukturen Gegenstand der W.; die konkreten, vielerlei historischen Bedingungen und Veränderungen unterliegenden Akte der Rezeption werden dagegen von der Rezeptionsästhetik untersucht. – Wirkungsästhetische Gesichtspunkte finden sich schon in den antiken Poetiken, v. a. bei Aristoteles (↗ Katharsis), doch sind sie dort mit produktions- und darstellungsästhetischen Überlegungen eng verbunden. Das gilt auch für die Ästhetik der

↗ Aufklärung, die v. a. mit psychologischen Kategorien die Wirkung von Kunstwerken zu den Dispositionen der Rezipierenden in Beziehung setzt (↗ Geschmack). Die Konzeptionen des ↗ Genies und die ↗ Autonomieästhetiken des späten 18. und frühen 19. Jh.s lassen das Wirkungsmoment weitgehend aus der Theoriebildung verschwinden, bis es bei B. Brecht wieder stärkere Beachtung findet (↗ episches Theater). In der Lit.wissenschaft tritt W. v. a. durch die Konstanzer Schule von Iser und Jauß und die an deren Entwürfe anschließende Diskussion in den 1970er und 1980er Jahren ins Zentrum der Aufmerksamkeit, bevor sie durch empirische Wirkungsforschung und sozialhistorische Rezeptionsforschung in den Hintergrund gedrängt wird (↗ empirische Lit.wissenschaft, ↗ Sozialgeschichte der Lit.).

Lit.: A. Böhn: Wirkung. In: RLW. – Ders.: Wirkungsgeschichte. In: RLW. – Ders.: W. In: RLW. – W. Iser: Der Akt des Lesens. Mchn. 1976. – H. Turk: W. Mchn. 1976. – R. Fieguth: Zur Rezeptionslenkung bei narrativen und dramatischen Werken. In: Sprache im technischen Zeitalter 47 (1973), S. 186–201. – H. R. Jauß: Ästhetische Erfahrung und lit. Hermeneutik. Mchn. 1977. AB

Wissensliteratur ↗ Sachlit.

Witz, m. [ahd. *wizze, wizzî*, aengl. *wit* = Wissen, Verstand], 1. im heutigen Sprachgebrauch v. a. eine sehr kurze, auf einen Lacheffekt angelegte, meist anonyme, mündlich oder schriftlich verbreitete Prosaerzählung, die aus einer knappen, häufig szenisch-dialogisch dargebotenen Geschichte und einer – aus dem Lacheffekt auslösenden – ↗ Pointe besteht. Dabei ist die Pointe zwar der erwartete Zielpunkt der Geschichte, aber sie erfüllt die Erwartung in unerwarteter Form, indem sie blitzartig der Geschichte eine Bedeutung verleiht, die von der zunächst dominierenden Bedeutung verdeckt war, weil das Publikum diese als seriös, jene hingegen als unstatthaft (aber als umso reizvoller) empfindet. Die Qualität eines W.es wird häufig danach bemessen, ob der Konflikt der einander überschneidenden Bedeutungen sich als sinnvoll erweist (›Sinn im Unsinn‹) oder aber durch eine nur äußerliche Ähnlichkeit (wie den Gleichklang im ↗ Kalauer) herbeigeführt wird. Dabei haftet die Pointe entweder an dem Geschehen, von dem die Rede ist (Gedankenwitz), oder an den Wörtern, deren sich die Rede bedient (Wortwitz). Der Konflikt der Bedeutungen kann um seiner selbst willen herbeigeführt, zur Vermittlung unverfänglicher Gedanken genutzt (›harmloser‹ W.) oder in den Dienst aggressiver – z. B. obszöner oder politischer – Tendenzen gestellt werden. Die Bedingungen des W.es sind wie diejenigen der ↗ Komik sowohl in der ›exzentrischen Position‹ des Menschen (Plessner) zu suchen als auch in kulturellen Konflikten zwischen herrschenden Wertvorstellungen und Bedürfnissen, die sich gegen diese Wertvorstellungen auflehnen. Den Techniken und Tendenzen des W.es ist gemeinsam, dass sie die von den Wertvorstellungen ausgehenden

Zwänge momentan aufheben (Freud: ›Ersparung an Hemmungs- oder Unterdrückungsaufwand‹). Von der Art des Konflikts werden die Aktualität und die Verständlichkeit des W.es bestimmt, d. h. der Grad seiner Abhängigkeit von einem sozialen, historischen oder sprachlichen Umfeld. Einen hohen Grad solcher Abhängigkeit weisen die Kategorisierungen von W.en (vgl. Röhrich) auf, etwa nach ihrer Tendenz (z. B. antiklerikale W.e), dem auftretenden Personal (z. B. Arzt-W.e, Blondinen-W.e), dem Inhalt (z. B. politische W.e) oder der Zugehörigkeit zu einer bestimmten Gemeinschaft oder Region (z. B. jüdische W.e, Berliner W.e).
2. Neben dem dominanten Verständnis von ›W.‹ als durch die genannten Merkmale gekennzeichneter Text besteht die ältere Bedeutung von ›W.‹ als ›geistige Anlage‹ fort. In Komposita wie »Aberwitz«, »Mutterwitz« und »Vorwitz« ist sogar die älteste Bedeutungsschicht (›Verstand‹, ›Wissen‹) noch gegenwärtig. In Wendungen wie »viel W. haben« oder in dem Neologismus »Spielwitz«, der in Sportreportagen begegnet, lebt die spezifisch ästhetische Bedeutung fort, die der Begriff, zeitweise mit dem des ↗Genies konkurrierend, seit dem frühen 18. Jh. unter dem Einfluss von frz. *esprit* und engl. *wit* annimmt: Gemeint sind ein subjektives Talent zu geistreichen Einfällen und zur Wahrnehmung verborgener Ähnlichkeiten (so bei A. Pope, Voltaire, G. E. Lessing), ein dementsprechender ↗Stil (bei J. Ch. Gottsched), schließlich eine der ↗Ironie verwandte Weise der kombinatorischen, analogischen Welterfassung (bei G. Ch. Lichtenberg, F. Schlegel, Jean Paul).
Die Ambiguität des dt. Nomens ›W.‹, durch die es sich von seinen Korrelaten in anderen europäischen Sprachen unterscheidet, erklärt sich daraus, dass diese über jeweils zwei Termini oder Gruppen von Termini verfügen, um einerseits die geistige Anlage, andererseits den einzelnen Text, in dem sich diese Anlage objektiviert, zu bezeichnen (z. B. engl. *wit – joke*, frz. *esprit – mot d'esprit, bon mot*, it. *spirito – scherzo*). Die anthropologisch und kulturwissenschaftlich orientierte Forschung sucht den Zusammenhang von Anlage und Text, auf den die Ambiguität verweist, mit generativen Konzepten wie ›Witzarbeit‹ (Freud), ›Witzigkeit‹ (Plessner) und ›Witzverfahren‹ (Böhler) zu verdeutlichen. Nicht genügend berücksichtigt wird dieser Zusammenhang hingegen in Versuchen, den W. auf eine ↗Gattung, ↗Textsorte oder ↗einfache Form festzulegen und von anderen pointierten Kurzprosa-Formen wie ↗Anekdote, ↗Apophthegma, ↗Fabel, ↗Schwank, ↗Fazetie und ↗Wortspiel abzugrenzen. Umstritten bleibt auch, ob die vermeintliche Gattung W. antik ist (vgl. den gr. »Philogelos« aus dem 3.–5. Jh. n. Chr.) oder erst im frühen 19. Jh. entsteht, als sich mit der massenhaften Verbreitung von W.en in Periodika die heute dominierende Bedeutung des Begriffs etabliert.
Lit.: O. F. Best: Der W. als Erkenntniskraft und Formprinzip. Darmstadt 1989. – M. Böhler: Die verborgene Tendenz des W.es. In: DVjs 55 (1981), S. 351–378. – S.

Freud: Der W. und seine Beziehung zum Unbewußten [1905]. In: ders.: Studienausgabe. Bd. 4. Ffm. 1970, S. 9–219. – G. Gabriel: Logik und Rhet. der Erkenntnis. Paderborn u. a. 1997. – Th. Hecken: W. als Metapher. Tüb. 2005. – C. Hill: The Soul of W. Lincoln/Nebr. 1993. – H. Plessner: Lachen und Weinen [1941]. In: ders.: Gesammelte Schriften. Bd. 7. Ffm. 1982, S. 201–388. – W. Preisendanz: Über den W. Konstanz 1970. – L. Röhrich: Der W. Stgt. 1977. – R. Simon: W. In: RLW. – M. Winkler: W. In: ÄGB. MW

Wortakzent ↗ Akzent.
Wort-Bild-Formen, verschiedene Realisierungen von ↗Intermedialität zwischen sprachlichen und visuellen Artefakten: 1. Texte sind Anlass zur Produktion von Bildern und umgekehrt. Hier sind typologische Unterscheidungen hinsichtlich der jeweiligen Text- und Bild-Gattungen möglich, ferner hinsichtlich der Motive solcher Transformationen und hinsichtlich der Struktur des entstandenen Artefakts. – 2. Texte und Bilder sind auf unterschiedliche Weisen kombinierbar. Manchmal ist der Text dem Bild oder das Bild dem Text nachträglich zugeordnet wie im Fall der ↗Illustration zum Text oder umgekehrt bei der Erklärung zum Bild. Im ↗Emblem erläutert der Text das Bild, in ↗Mischformen wie ↗Collage und ↗Montage stellen Worte und Bildelemente ihre analoge Materialität heraus. Wort-Bild-Kombinationen sind konstitutiv für viele Bild-Erzählungen, aber auch für Gemälde mit integrierten Schriftelementen. Massenmediale Druckerzeugnisse, Lehr- und ↗Sachbücher setzten meist auf den wechselseitig stützenden Effekt von Wort und Bild. Auf der Kombination verbaler und visueller Darstellungsmittel beruhen auch ↗Bilderbücher, ↗Comics sowie ↗visuelle Dichtung und typographische Kunst. – 3. Das geschriebene oder gedruckte Wort besitzt selbst eine visuelle Dimension, so dass Texte bildhafte Züge annehmen können. Manchmal sind Visuelles und Sprachliches partiell deckungsgleich (wie bei ausgemalten Initialen), manchmal ganz kongruent (↗Figurengedichte). – 4. Bildlichkeit und Anschaulichkeit sind Kategorien zur Beschreibung lit. Werke (Dichtung als Malerei mit Wörtern; ↗*ut pictura poesis*). Umgekehrt wurden Gemälde mit Wortgebilden verglichen und als Erzählungen ›gelesen‹. Theorien, die auf die Kompatibilität der ästhetischen Medien setzen, operieren mit Konzepten einer ›Sprache der Bilder‹ (Goodman) oder der ›lit. Imagination‹. Der Schriftsteller produziert demnach auf der Basis innerer Bilder, um im Leser analoge Bilder zu erzeugen. Eine integrale Rolle in der Rhet. spielen Konzepte des Sprach-Bildes, v. a. in der Theorie der ↗Metapher. G. Vico, J. G. Hamann und J. G. Herder betonen die unhintergehbare Bildlichkeit der Rede. Die ↗Romantik registriert an Bildern zwar oft deren Uneinholbarkeit in der Wortsprache, zugleich beginnen aber Farben und Formen ihre eigene ›Sprache‹ zu sprechen. Ausgehend von der Bildhaftigkeit poetischer Sprache werden in der Moderne vielfältige Schreibweisen entwickelt (u. a. im

↗Imagismus E. Pounds). Für Kritiker wie M. Butor gibt es kein reines Sehen, die Wörter sind in der Malerei stets präsent, beim Bildtitel angefangen; für Autoren wie Jean Paul, E. T. A. Hoffmann und I. Calvino entwickeln sich lit. Erzählungen aus Bild-Kernen. Lit.: J. Adler, U. Ernst: Text als Figur. Visuelle Poesie von der Antike bis zur Moderne. Wolfenbüttel, Weinheim 1987. – M. Butor: Die Wörter in der Malerei [frz. 1969]. Ffm. 1993. – W. M. Faust: Bilder werden Worte. Mchn., Wien 1977. – E. Gomringer (Hg.): konkrete poesie. Stgt. 1973. – N. Goodman: Sprachen der Kunst [engl. 1968]. Ffm. 1995. – R. Massin: Buchstabenbilder und Bildalphabete. Ravensburg 1970. – M. Schmitz-Emans, G. Lehnert (Hg.): Visual Culture. Hdbg. 2007.   MSE
Wörterbuch ↗Sachbuch.

Wortkunst, auch: Wörterkunst; abwertend: Wortkünstelei; Begriff, der die bes. Funktion der sprachlichen Mittel für das lit. Kunstwerk und seine Analyse akzentuiert. Der seit dem 16. Jh. geläufige, jedoch zunächst wenig verwendete Ausdruck findet sich bei J. G. Herder sowohl im Sinn von ›Redekunst, Stilkunst, kunstvolle Rede, Wohlredenheit‹ als auch im Sinn von ›Kunst, deren Material das Wort ist‹. Als zentraler Begriff erscheint ›W.‹ in der Poetik von A. Holz, der darunter »diejenige Form menschlicher Rede [versteht], die wir seit Alters her als die gebundene zu bezeichnen gewohnt sind, im Ggs. zu der […] durch nichts gebundenen ›ungebundenen‹ oder Prosa« (Holz, S. II). Geläufig ist der Ausdruck auch im ↗Sturmkreis mit der von H. Walden und L. Schreyer formulierten W.-Theorie. Als analytischer Begriff wird ›W.‹ von M. Dessoir und von O. Walzel, der mit seinem Ansatz wiederum auf den russ. ↗Formalismus gewirkt hat, verwendet.
Lit.: M. Bachtin: Die Ästhetik des Wortes. Ffm. 1979. – D. Burdorf: Poetik der Form. Stgt., Weimar 2001. – M. Dessoir: Die W. In: Ästhetik und Allgemeine Kunstwissenschaft. 2. Aufl. Stgt. 1923, S. 313–351. – A. Holz: Die neue W. In: ders.: Das Werk. Bd. X. Bln. 1925. – G. L. Schiewer: Poetische Gestaltkonzepte und Automatentheorie. Würzburg 2004. – O. Walzel: Das W.werk. Lpz. 1926.   GLS
Wortrefrain ↗Refrain.

Wortspiel [engl. *pun*; frz. *jeu de mots*], Stilfigur, die auf ähnlichem oder identischem Lautbild verschiedener Wörter beruht und deren Bedeutungen einander annähert oder entgegensetzt. Vereinzelt wird für W.e auch der irreführende, da philosophisch durch L. Wittgenstein besetzte Begriff ›Sprachspiel‹ verwendet. Formen des W.s sind als verschiedene ↗rhet. Figuren, die z. T. antiken Ursprungs sind, genauer benennbar. Diese Figuren des W.s können danach eingeteilt werden, ob die beteiligten Wörter nacheinander im Text vorkommen (horizontales W.) oder gleichzeitig in einem Wort vorliegen (vertikales W.) bzw. ob die Wortform der beteiligten Wörter leicht verändert wird (Paronymie) oder identisch bleibt (↗Homonymie, in gesprochener Sprache: Homophonie):

	Ähnlichkeit der Wortform (Paronymie)	Identität der Wortform (Homonymie bzw. Homophonie)
Horizontal	– Paronomasie – Polyptoton – Figura etymologica	– Anaklasis
Vertikal	– Inferenz – Kontamination	– Amphibolie (Ambiguität)

Diese Formen des W.s sind folgendermaßen zu explizieren:
↗*Paronomasie* [gr. = Wortumbildung]: Wiederholung der Wörter in leichter Abwandlung (»mehr gunst- als kunstbeflissen«); ↗*Polyptoton* [gr. *polýs* = viel, *ptósis* = Fall, Kasus]: Abfolge desselben Wortes in verschiedenen Flexionsformen (»im Herzen des Herzens«); Sonderfall des Polyptotons ist die ↗Figura etymologica, die zwei stammverwandte Wörter koppelt (»das Nichts nichtet«). ↗*Anaklasis* [gr. = das Zurückbiegen]: Wiederholen des Wortes mit unterschiedlicher Bedeutung, oft in der Gegenrede eines Dialogs (»Es handelt sich in diesem Krieg –« – »Jawohl, es handelt sich in diesem Krieg!«). *Inferenz*: ein Wort weist Ähnlichkeit mit einem anderen Wort auf (»chlorreicher Krieg«); ↗*Kontamination*: gegenseitige Durchdringung zweier Wörter (»famillionär«). *Amphibolie* [gr. = Doppeldeutigkeit] oder ↗*Ambiguität*: ein Wort trägt zwei oder mehr Bedeutungen (»Schießen lernen und Freunde treffen«).
Das W. ist ein Fall demonstrativer (da stilistisch abweichender) kreativer Sprachverwendung. Diese ↗Abweichung kann auf die Form der Aussage (poetische Funktion), aber auch auf bemerkenswerte Verhältnisse im Sprachsystem oder Sprachgebrauch aufmerksam machen. W.e können unterhalten (z. B. indem sie ↗Komik und ↗Pointen erzeugen) sowie argumentieren und überzeugen (z. B. im ↗Kabarett). Schlechte Wortspiele werden abwertend als ↗Kalauer beurteilt. – Als auffällige Stilfiguren sind W.e Kennzeichen verschiedener Personalstile (z. B. J. Fischart, K. Kraus) und Epochenstile oder ↗Schreibweisen (z. B. die ↗Concetti des ↗Manierismus). Zudem sind W.e typisches Merkmal lit. Kurzgattungen wie ↗Anekdote, ↗Aphorismus, ↗Epigramm, ↗Rätsel und ↗Witz; sie erscheinen aber auch oft in Werbung, Zeitungsartikeln und Alltagsgesprächen.
Lit.: F. J. Hausmann: Studien zu einer Linguistik des W.s. Tüb. 1974. – F. Heibert: Das W. als Stilmittel und seine Übers. Tüb. 1992. – M. Stingelin: »Au quai«, »Okay«. Zur stilistischen Leistung des W.s. In: P. L. Oesterreich, Th. S. Sloane (Hg.): Rhetorica movet. Leiden 1999, S. 447–470. – Z. Tecza: Das W. in der Übers. Tüb. 1997. – Ch. J. Wagenknecht: Das W. bei K. Kraus. Gött. 1965. – Ders.: W. In: RLW.   RM
Wortwitz ↗Witz.
Wortzeichen ↗Interpunktion.

Writer in residence, m. [engl.], Autor, der eine bestimmte Zeit lang Gast einer Stadt oder Region ist, d. h. in der Regel ein Stipendium erhält, eine speziell für diesen Zweck eingerichtete Wohnung bezieht und dort neue Texte schreiben soll, die möglichst auch einen Bezug zum konkreten Ort haben sollen; die Ergebnisse werden in ↗ Lesungen vorgetragen. – ↗ Mäzenatentum, ↗ Stadtschreiber.   DB

Writers-for-Peace-Committee ↗ PEN.

Writers-in-Exile-Committee ↗ PEN.

Writers-in-Prison-Committee ↗ PEN.

Wunderbar ↗ phantastische Lit., ↗ Wahrscheinlichkeit.

Würfeltexte, lit. Gebilde, bei deren Herstellung Auswahl und Reihenfolge der Wörter zufällig (z. B. mit Hilfe von Würfeln) bestimmt werden. Zu ihrer Bewertung wichtig ist, welche Bedeutung ihre Hersteller dem Zufall beimessen (Sprachspiel, ↗ Unsinnspoesie, aber auch Sprachmystik). W. oder vergleichbare Texte und Überlegungen lassen sich schon relativ früh nachweisen: im Barock ansatzweise, dann in der Romantik, z. B. bei L. Tieck, der in »Die verkehrte Welt« den Narren sagen lässt: »Ich schüttle die Worte zwischen den Zähnen herum und werfe sie dann dreist und gleichgültig wie Würfel heraus«. Als lit. Gesellschaftsspiel bietet das 19. Jh. Würfelalmanache (»Die Kunst, ernste und scherzhafte Glückwunschgedichte durch den Würfel zu verfertigen«, 1825, oder »Neunhundert neun und neunzig und noch etliche Almanachs-Lustspiele durch den Würfel«, 1829). Diese Spiele sinken alsbald zu Würfelspielen der Art »Wer würfelt Worte« ohne jegliche lit. Ambition ab. Dagegen kommt es seit St. Mallarmé (»Un coup de dés«, 1897) in der avantgardistischen Lit., bes. im ↗ Dadaismus, wiederholt zu programmatischen Diskussionen des Zufalls (↗ aleatorische Dichtung), in deren Tradition noch die »gewürfelten Texte« F. Kriwets (1959) oder T. Ulrichs' tautologischer »würfel« (der statt der Augen die sechs Buchstaben des Wortes w-ü-r-f-e-l enthält) stehen.

RD/Red.

X, Y

Xenien, n. Pl. [gr. *xénion* = Gastgeschenk], Sg. Xenion; der Titelname »Xenia« tritt im 13. Buch der »Epigramme« Martials auf, das knappe, in ↗ Distichen verfasste Begleitverse zu Geschenken enthält. Ihrer Verwendung entsprechend ist in ihnen von edlen Speisen, luxuriösen Gegenständen und Wein die Rede. Mit Bezug auf Martials Vorbild nennen J. W. Goethe und F. Schiller ihre polemischen ↗ Epigramme, deren größter Teil in Schillers »Musenalmanch auf das Jahr 1797« erschienen ist, »X.«. Mit diesen Stichelgedichten ziehen die beiden Autoren u. a. gegen Kritiker eigener und fremder Werke und gegen Dilettanten in Kunst und Philosophie unter Ausnutzung der poetischen Möglichkeiten, welche die Paarung von Witz und Aggression zur Verfügung stellt, zu Felde. Der Widerspruch, den Goethe und Schiller unweigerlich erfahren mussten, hat sich in unbedeutenden »Anti-X.« Luft verschafft. Die »Zahmen X.«, die der alte Goethe verfasst hat, sind nicht polemische Invektiven, sondern weise Spruchdichtung. Die allerdings diskontinuierliche Tradition der polemischen Gattung X. reicht bis in die neueste Zeit (vgl. z. B. die »X.« von J. Bobrowski).
Lit.: F. v. Ammon: Ungastliche Gaben. Die »X.« Goethes und Schillers und ihre lit. Rezeption von 1796 bis in die Gegenwart. Tüb. 2005. – F. Schwarzbauer: Die X. Stgt., Weimar 1993. BM

Yale Critics ↗ Dekonstruktion.

Z

Zahlensymbolik, erst seit dem 19. Jh. belegter Begriff für die in verschiedenen Kulturen verbreitete Überzeugung, dass Zahlen über ihren eigentlichen Sinn hinaus symbolhafte Bedeutungen und magische Kräfte zu eigen sein können. Wie die Lehre vom mehrfachen ↗ Schriftsinn oder die ↗ Figuraldeutung beruht christliche Z., die es sich zum Ziel setzt, die *mysteria numerorum* (die durch Gott den Zahlen eingegebenen Geheimnisse) zu entschlüsseln und demnach besser ›Zahlenallegorese‹ hieße, auf der seit der frühen Kirche praktizierten allegorischen Bibelexegese (↗ Allegorie, ↗ Allegorese, ↗ Typologie); diese ist durch die jüdisch-hellenistische Allegorese beeinflusst, welche ihrerseits die frühe gr. Homer-Allegorese voraussetzt. Demgemäß erschließt christliche Z. auf der Grundlage der Lehre vom mehrfachen Schriftsinn und unter Rückgriff auf die durch die Exegese bereitgestellten Quellen (vgl. die bei Meyer/Suntrup berücksichtigten Werke) die heilsgeschichtliche Bedeutung der in der Bibel und der Schöpfung als dem Buch der Natur, in der Liturgie und Geschichte sowie in anderen Bereichen vorgegebenen Zahlen. Die Bedeutung christlicher Z., deren Rechtfertigung das Bibelwort *Omnia in mensura et numero et pondere disposuisti* (›Du hast alles nach Maß, Zahl und Gewicht geordnet‹; Weisheit 11, 21) dient, sinkt zwar infolge der Reformation, aber noch weit über die Frühe Neuzeit hinaus lebt sie nicht nur in einschlägigen Kompendien fort. Unter ihnen umfassen die »Numerorum mysteria« des Petrus Bungus über christliche Z. hinaus ägyptische Hieroglyphik, pythagoreische Zahlenspekulation und die Geheimlehre der Kabbala. – Mögen einzelne mediävistische Studien zumal der 1960er und 1970er Jahre in ihren Spekulationen über zahlensymbolisch bestimmte Kompositionen auch höchst anfechtbar sein, so lässt sich doch keineswegs leugnen, dass Dichtungen wie der »Liber evangeliorum« Otfrids von Weißenburg, »Ezzos Gesang«, die »Summa Theologiae« und das »Annolied«, das frühmhd. Paternoster, Priester Arnolds Loblied auf den Heiligen Geist und nicht zuletzt das »St. Trudperter Hohe Lied« zahlensymbolische Exegese nicht nur voraussetzen und praktizieren, sondern zumindest partiell auch ihr adäquate, rein kompositorisch zum Tragen kommende ästhetische Prinzipien verwirklichen. Im Übrigen bezeugt der »Gregorius« Hartmanns von Aue, dass sein Autor das mehrfach von Augustinus demonstrierte Schulbeispiel der allegorischen Bedeutung der siebzehn einschließlich der an die Zahl geknüpften zahlensymbolisch fundierten arithmetischen Operationen im »Guoten sündaere« voraussetzt und sowohl formal als auch inhaltlich in seine Dichtung integriert. – Z. wird auch in der Neuzeit, meist ohne den christlichen Hintergrund, immer wieder aufgegriffen (St. George: »Der siebente Ring«, 1907).

Lit.: Petrus Bungus: Numerorum mysteria. Bergamo 1599. Nachdr. hg. v. U. Ernst. Hildesheim u. a. 1983. – U. Ernst: Carmen figuratum. Köln u. a. 1991. – E. Hellgardt: Zum Problem symbolbestimmter und formalästhetischer Zahlenkomposition in mal. Lit. Mchn. 1978. – Ders.: Zur allegorischen Auslegung der Zahlen im MA. In: ZfdA 110 (1990), S. 5–22. – E. Hellgardt, J. Robert: Z. In: RLW. – H. Meyer: Die Zahlenallegorese im MA. Mchn. 1975. – H. Meyer, R. Suntrup: Lexikon der mal. Zahlenbedeutungen. Mchn. 1987. – F. Ohly (Hg.): Das St. Trudperter Hohelied. Ffm. 1998. – R. Suntrup: Zahlenbedeutung in der mal. Liturgieallegorese. In: Archiv für Liturgiewissenschaft 26 (1984), S. 321–346.

HFG

Zạni, **Zạnni**, m. Pl., Sg. *Zane*, *Zanne*; typisierte Dienerfiguren, gehören neben ↗ Pantalone und ↗ Dottore zu den ältesten Typen der Commedia dell'Arte. Man unterscheidet den verschlagenen, zuweilen auch musikalischen ↗ *Brighella* (1. *Zane*; zu dessen Nachfahren evtl. auch der frz. Figaro gehört) und den tölpelhaften ↗ *Arlecchino* (Harlekin), der, obwohl stets als 2. *Zane* bezeichnet, doch als der wahre König der Commedia dell'Arte gilt. – Der 1. *Zane* wurde auch *Scappino*, *Flautino*, *Coviello*, der 2. *Zane* ↗ *Truffaldino*, *Pasquino*, *Tortellino*, *Pedrolino*, ↗ *Pulcinella* oder *Zaccagnino* genannt. Häufig erhielt die Figur ihren Namen von einem berühmten Interpreten; so schufen A. Naselli den *Zan Ganassa*, P. M. Cecchini den *Fritellino*, N. Barbieri den *Beltrame*, F. Gabrielli den *Scappino* oder Carlo Cantù den *Buffetto*. Der berühmteste Arlecchino war G. D. Biancolelli. Die Z. setzten die spätmal. Spielmannstradition der Bauernsatire fort. Sie sprachen Dialekt, meist bergamaskisch oder venezianisch, aber auch den anderer Regionen wie Neapel oder Mailand. Entsprechend ihrer Differenzierung gewann der geistvollere, listenreiche 1. Zane Bedeutung für die stärker an Intrigenhandlung und Wortwitz orientierte Komödie Gozzis und der ↗ Comédie italienne, der burleske, groteskbewegliche 2. Zane wurde zum Zentrum von Aktionskomik und Slapstick, wie sie im Allgemeinen die it. Komödie bevorzugte. Sein Erbe hat sich bis ins moderne it. Volkstheater erhalten. Im europäischen Theater des ↗ Fin de Siècle erlebte Pierrot/Harlekin – wie die Maskenkomödie insgesamt – eine nicht unbeträchtliche Renaissance.

Lit.: G. Padoan: Putte, z. rusteghi. Scena e testo nella commedia goldoniana. Ravenna 2001. – R. Rieks u. a.: Commedia dell'arte. Bamberg 1981.

HER

Zarzuela, f., [span. θarθu'e:la], span. Sonderform des Musiktheaters, deren Name vom Zarzuelapalast im Prado, nahe Madrid, herrührt, wo sich im 17. Jh. der Infant Don Ferdinando und danach sein Bruder Philipp IV. gern zur Jagd aufhielten und zur Unterhaltung Madrider Komödiantentruppen einluden. Die erste Z., »El Jardin de Falerina« von Calderón (1649), zeigt bereits ihre typischen Eigenarten: zwei Akte, regelmäßiger Wechsel von Gesang und Dialog, großartige Abenteuer und tragische Verwicklungen zwischen Heroen, Göttern und Herrschern. Während die Musik selten, oft nur bruchstückhaft überliefert ist, sind die Texte gedruckt erhalten. Zu den bekanntesten Librettisten gehörten ferner A. Solis, J. Clavijo, A. Zamora, zu den Komponisten J. Hidalgo, C. Patino, A. Literes und J. de Nebra. In der zweiten Hälfte des 18. Jh.s übernahm die Z. angesichts der enormen Popularität der it. Oper von dieser Stoffe, Libretti und musikalische Formen. Ramón de la Cruz, der vieles übersetzte (G. Paisiello, A.-E.-M. Grétry u.a.), bereicherte die Z. auch um volkstümliche span. Themen (»Las Segadoras de Vallecas«, 1770). In enger Anlehnung an ausländische Vorbilder entstand so eine span. Variante der Opéra comique, des ⁊ Vaudevilles und des dt. ⁊ Singspiels. Dennoch wurde sie von der it. Oper verdrängt und fast völlig vergessen. Erst die als ›Melodrama‹ bezeichnete Z. »Los Enredos de un curioso« leitete 1832 eine Renaissance ein. Es entwickelten sich drei Stiltypen: die z.s parodias, welche v. a. it. Belcanto-Opern parodierten (ab 1846, v. a. A. Azcona), die z. andaluza (»La Venta del puerto o Juanillo el contrabandista«, 1846) und die Bearbeitungen frz. Vaudevilles und komischer Opern. Die Erweiterung der Form auf drei Akte (»Jugar con fuego«, 1851, von F.A. Barbieri und V. de la Vega) führte zur neuen Differenzierung zwischen der z. grande und den Kleinformen, die als ⁊ Género chico zusammengefasst wurden. Bis heute sind Z.s in Spanien und Südamerika ausgesprochen beliebt; Gesangsstars wie P. Domingo und M. Caballé haben in Z.s begonnen. In den USA konkurrieren Zarzuelabühnen bei der Latino-Bevölkerung als Unterhaltung mit ethnischem Identifikationswert erfolgreich mit dem Musical.

Lit.: R. Alier (Hg.): Diccionario de la z. Madrid u.a. 1986. – R. Alier (Hg.): El libro de la z. Madrid 1982. – M. Garcia Franco, R. Regidor Arribas: La Z. Madrid 1997. – F. Heinrich: Die span. Z. Magisterarbeit Mchn. 2000. – J. Sturman: Z. Spanish Operetta, American Stage. Urbana, Illinois 2000. – S. Vazquez: The Quest for National Opera in Spain and the Re-invention of the Z. 1808–49. Mich. Cornell Univ. Ithaca, NY, Diss. 1992.   HER

Zäsur, f. [lat. caesura = Schnitt], in der gr. und lat. Metrik erforderter (›feste Z.‹) oder erlaubter (›freie Z.‹) Einschnitt im ⁊ Versfuß oder ⁊ Takt, der eine kurze, rhythmisch unmerkliche Pause für den Vortrag bietet. In der antiken Metrik muss die durch eine Wortgrenze markierte Z. innerhalb eines Versfußes oder einer ⁊ Dipodie liegen. Fallen Wort- und Versfußgrenze (wie im ⁊ Pentameter) zusammen, spricht man dagegen nicht von einer ›Z.‹, sondern von einer ⁊ ›Dihärese‹ oder ›Diärese‹. – Die Z. lockert den Gleichklang identisch gebauter Verse auf oder leitet vom steigenden zum fallenden Rhythmus über. Sie begegnet auch in roma-

nischen Verssystemen und wird von dort in die dt. Metrik übernommen; oft, aber keineswegs immer fällt sie mit syntaktischen Einschnitten zusammen und gliedert so den Vers in mehrere Teile (⁊ Kolon). Die Z. nach einer Hebung heißt (analog zur Bez. der ⁊ Kadenzen) ›männlich‹ oder ›stumpf‹, diejenige nach einer Senkung ›weiblich‹ oder ›klingend‹. Häufig sind folgende Formen der Z.: im ⁊ Hexameter und ⁊ Trimeter die ⁊ Penthemimeres (nach dem fünften Halbfuß) oder ⁊ Hephthemimeres (nach dem siebten Halbfuß) sowie die ⁊ kata triton trochaion genannte Z. Beim ⁊ Alexandriner liegt die feste Z. nach der sechsten Silbe, im ⁊ vers commun nach der vierten Silbe.

Lit.: D. Breuer: Dt. Metrik und Versgeschichte [1981]. Mchn. ⁴1999. – O. Knörrich: Lexikon lyrischer Formen. Stgt. 1992. – J. Schneider: Z. in: RLW.   CSR

Zäsurreim ⁊ Reim.

Zaubermärchen ⁊ Märchen.

Zauberoper ⁊ Märchendrama.

Zauberspruch, lit. Kleinform, die in vielen Kulturen in ähnlicher Form und Funktion existiert, in der das magische Wort (in der Regel eingebettet in Ritualhandlungen) eingesetzt wird, um das Geschehen unmittelbar zu beeinflussen bzw. um übernatürliche Kräfte (Götter, Heilige, Dämonen) als Vermittler zur intendierten Veränderung der Wirklichkeit zu gewinnen.

Die Überlieferung ahd. und mhd. Zaubersprüche in medizinischen Hss., Gebetssammlungen etc. zeigt die Nähe zu Textsorten wie Rezept oder ⁊ Segen; eine Grenze ist nicht immer klar zu ziehen. – Unterscheiden lassen sich zwei Formen: 1. der eingliedrige Spruch, der nur aus einem Befehl bzw. einer Beschwörungsformel besteht (z. B. »Wurmsegen«, 9. Jh.: »gang uz Nesso«); 2. der zweigliedrige Spruch, in welchem dem magischen Wort eine historiola vorausgeht, die von einer Vorbildhandlung erzählt, in der der Zauberbefehl bereits erfolgreich eingesetzt wurde (z. B. »Merseburger Zaubersprüche«). Manche Zaubersprüche weisen einen kunstvollen Stil auf, der durch Alliteration, Reim und syntaktischen Parallelismus geprägt ist. – Überliefert sind Beschwörungen gegen Krankheiten, Schutzsegen (für Haus, Reise, Vieh), Bann- und Lösungszauber, Abwehr von Dieben, Wetter-, Liebes- und Waffenzauber. Die aus der ahd. Zeit überlieferten ca. zwanzig Zaubersprüche haben vorrangig prophylaktisch-therapeutische Funktion. Heidnische Einflüsse zeigen nur noch die »Merseburger Zaubersprüche«, die Mehrzahl der Sprüche rekurriert auf die christliche Heilsgeschichte. – Von der Breite der Überlieferung bis ins 19. Jh. zeugt das 28.000 Einträge umfassende Dresdener »Corpus der dt. Segen und Beschwörungsformeln«.

Lit.: W. Beck: Die Merseburger Zaubersprüche. Wiesbaden 2003. – Ch. Daxelmüller: Zauberpraktiken. Zürich 1993. – G. Eis: Ahd. Zaubersprüche. Bln. 1964. – W. Haubrichs: Z. In: RLW. – V. Holzmann: Ich beswer dich wurm und wyrmin ... Formen und Typen altdt.

Zaubersprüche und Segen. Bern, Bln. 2001. – M. Schulz: Magie oder Die Wiederherstellung der Ordnung. Ffm. 2000. – Dies.: Beschwörungen im MA. Hdbg. 2003.   KR

Zauberstück, Spielvorlage, die mit übernatürlichem Personal und geheimnisvollen Requisiten arbeitet; theatralische Illusion und raffinierte Bühnentechnik sind essentiell, Affinität zum naiv-spielfreudigen, relativ regellosen, meist auch volkstümlichen Theater. – Seine Wurzeln liegen einerseits in der szenischen Repräsentation des Übernatürlichen, in Zauber- und Beschwörungsritualen (Jagd-, Ernte- und Fruchtbarkeitszauber, Initiationsriten und andere Kulte), in den Legenden- und Mirakelspielen des MA.s, aber auch in der Lust an der Erfindung neuer Welten, wie sie seit Spät-MA. und Renaissance Theater und Narrativik inspirieren. Elemente des Z.s finden sich auch bei W. Shakespeare (»Der Sturm«, »Das Wintermärchen«). Die Ausbildung einer perfekten Theatermaschinerie, eine unerreichte Bühnenmalerei, verschwenderische Ausstattung und komplexe szenische Lösungen, nicht zuletzt die Lust am Phantastischen führten im Barock zur Hochblüte des Z.s, seinem Einzug in Sprechtheater, Oper und Ballett. Die Nähe zum Z. ist spürbar in den Intermezzi, den theatralischen Glaubenswundern des Jesuitendramas, den span. *Autos sacramentales* und in Märchen- und Mythenmotiven des weltlichen Dramas: in Spanien bei Tirso de Molina (»El burlador de Sevilla«) und P. Calderón (»Der wundertätige Magus«), in England in Maskenspielen und Opern (H. Purcell: »Dido and Aeneas«, »King Arthur«), auch in Frankreich (↗ Féerie) und in Deutschland. – Der europäische Rationalismus des 18. Jh.s und der Einfluss des geregelten frz. Dramas reduzierten das Z. auf das Melodrama, die Oper und das Volksstück, das v. a. als süddt. Z. im 19. Jh. in Wien zur Blüte gelangt: es schließt sich an die barocke Tradition des Z.s, die höfische Oper und volkstümliche Komödiantik an. In offener Terminologie unterschied man das Zauberspiel (F. Raimund: »Die gefesselte Phantasie«), das Zaubermärchen (Raimund: »Der Verschwender«), die Zauberoper (W. A. Mozart/E. Schikaneder: »Die Zauberflöte«) und die Zauberposse (J. N. Nestroy: »Der böse Geist Lumpazivagabundus«). – Elemente und Techniken des Z.s finden sich auch in den romantisierenden Commedia dell'Arte-Stücken C. Gozzis, im romantischen Drama, im Surrealismus, bis heute auch in Zauberoper und -ballett (W. Egk: »Die Zaubergeige«; I. Strawinski: »Der Feuervogel«, »Petruschka«) und v. a. im Film (Märchenfilme Walt Disneys, Fantasyfilme).
Lit.: E. Caldera (Hg.): Teatro di magia. Rom 1983. – O. Rommel (Hg.): Die Dt. Lit. in Entwicklungsreihen. Reihe Barock/Barocktradition im österreichisch-bayerischen Volkstheater. Bd. 3: Das parodistische Zauberspiel; Bd. 6: Romantisch-komische Original-Zauberspiele. Nachdr. Darmstadt 1974. – W. Zitzenbacher: Hanswurst und die Feenwelt. Graz u. a. 1965.   HER

Zeichen, etwas (ein ↗ Ereignis, ein Objekt), das für etwas anderes steht. Die Verbindung zwischen Bezeichnendem und Bezeichnetem wird bei einem ›natürlichen Z.‹ (*index*) kausal hergestellt (Rauch : Feuer), bei einem ikonischen Z. (*icon*) durch Ähnlichkeitsrelationen (Hundegebell : ›wauwau‹), bei einem ›symbolischen Z.‹ (*symbol*) durch willkürliche Konvention (das Wort ›Haus‹ : das Objekt Haus). Triadische Modelle bestimmen das sprachliche Z. mit Hilfe des semiotischen Dreiecks aus Z.körper, bezeichneter Entität und Z.inhalt oder Z.benutzer. An Z.systemen kann die Anordnung verschiedener Z. (Syntax), die Bedeutungszuordnung (Semantik) und die Z.verwendung durch einen Sprecher (↗ Pragmatik) untersucht werden. – Lit. Texte werden von der ↗ Semiotik als Komplex vieler Z.systeme begriffen. Dabei bilden auch die von den lit. Texten kreierten ↗ möglichen Welten eigene Z.systeme.
Lit.: U. Eco: Z. [it. 1973]. Ffm. 1977. – M. Titzmann: Semiotische Aspekte der Lit.wissenschaft, Lit.semiotik. In: R. Posner u. a. (Hg.): Semiotik. Bd. 3. Bln., NY 2003, S. 3028–3103. – Ders.: Z. In: RLW.   JG

Zeichensetzung ↗ Interpunktion.

Zeilensprung, dt. Bez. für ↗ Enjambement.

Zeilenstil, Kongruenz von syntaktischer und metrischer Gliederung. Im *strengen* Z. fallen jeweils Satz- und Vers- bzw. Langzeilen-Ende zusammen; er findet sich selten rein durchgeführt; meist ist er gemischt mit dem *freien* Z., in dem Satz- und Versschlüsse erst nach zwei oder mehreren Langzeilen zusammenfallen. Fällt der Satzschluss in die Mitte des Folgeverses, liegt ↗ Haken- bzw. Bogenstil vor.
Lit.: D. Kartschoke: Z. In: RLW.   GS/Red.

Zeitalter ↗ Epoche, ↗ Säkulum.

Zeitbilder ↗ Zeitroman.

Zeitgenössische Literatur ↗ Gegenwartslit.

Zeitroman, auch: Zeitbilder, zeitgeschichtlicher Sittenroman; in der dt. Lit. des 19. Jh.s entwickelter Romantypus, in dem die panoramaartige Darstellung des Zeitgeschehens im Mittelpunkt steht. Die Bez. wird 1809 von C. Brentano beiläufig für A. v. Arnims »Gräfin Dolores« (erschienen 1810) verwendet, etabliert sich aber erst, als R. Gottschall in seiner »Poetik« (1858) den auf die Gegenwart bezogenen ›Z.‹ programmatisch dem ↗ ›historischen Roman‹ gegenüberstellt. – Der Z. entwickelt sich gegen Ende des 18. Jh.s aus einer Erweiterung des Individual- und Familienromans; die poetische Praxis geht damit der Theoriebildung voran. Weitere frühe Beispiele stammen von J. v. Eichendorff (»Ahnung und Gegenwart«, 1812/15), H. Laube (»Das junge Europa«, 1833/37) und K. Immermann (»Die Epigonen«, 1836). Die Autoren des Jungen Deutschland verstärken seine politischen und zeitkritischen Potentiale. Erzählerisch strukturbildend erscheint der Z. in K. Gutzkows Konzept des ›Romans des Nebeneinander‹ (»Die Ritter vom Geiste«, 1850 f.): An die Stelle einer zentralen Hauptfigur tritt eine Vielzahl gleichwertiger Repräsentanten zeitgeschichtlicher

Strömungen; an die Stelle des Nacheinanders einer chronologisch fortschreitenden ↗ Handlung tritt das Nebeneinander mehrerer simultan ablaufender Erzählstränge aus oft kontrastiv gereihten Augenblicks- oder Zeitbildern. Im realistischen Z. (F. Spielhagen: »Sturmflut«, 1877; Th. Fontane: »Der Stechlin«, 1898) wird der Panoramacharakter wieder zugunsten einer Annäherung an den Individualroman eingeschränkt. Der Z. erlebt eine Blüte in den realistisch geprägten Epochen des 20. Jh.s (↗ Neue Sachlichkeit, ↗ sozialistischer Realismus, Nachwende-Lit.); wichtige Autoren sind H. Mann, A. Döblin, A. Seghers und G. Grass. Allerdings verschmilzt der Z. nun zusehends mit dem ↗ Gesellschaftsroman der europäischen Tradition. Lit.: D. Göttsche: Zeit im Roman. Mchn. 2001. – Ders.: Z. In: RLW. – M. Titzmann: Gesellschaftsroman, Z. In: Killy/Meid. – J. Worthmann: Probleme des Z.s. Hdb. 1974.   IS/JH

Zeitschrift, periodisches Druckwerk, das üblicherweise mindestens viermal jährlich erscheint. Im Ggs. zur ↗ Zeitung ist die Z. nicht an unmittelbarer Aktualität orientiert, sondern – mit Ausnahme der Illustrierten – auf ein Fach- oder Sachgebiet spezialisiert; es gibt lit., wissenschaftliche, politische, berufsgebundene u. a. Z.en. In den Anfängen war eine Z. kaum unterscheidbar von der Zeitung. War die Z. im 17. Jh. als universelles wissenschaftliches Organ konzipiert, begann erst im 18. Jh. eine Differenzierung in verschiedene Z.en-Typen. Das Wort ›Z.‹ im Sinne einer periodisch erscheinenden Publikation ist erstmals 1751 belegt. Die erste Z. in dt. Sprache wurde 1688 von Ch. Thomasius in Leipzig herausgegeben (›Monatsgespräche‹). Mit dem Erscheinen der ↗ moralischen Wochenschriften im 18. Jh. erschließt sich über das gelehrte Publikum hinaus eine breitere Leserschicht in den gebildeten Ständen. Lehrhafte und geschmacksbildende Artikel zur Verfeinerung von Kultur und Sitten bestimmten diese Z.en. Daneben nahmen ↗ Lit.-Z.en einen breiteren Raum ein, die oft an einzelne Dichterpersönlichkeiten gebunden waren (Ch. M. Wieland, J. W. Goethe, F. Schiller, H. Ch. Boie oder A. W. und F. Schlegel). Poetologische und lit. kritische Auseinandersetzungen standen im Mittelpunkt dieser Z.en. Im 19. Jh. setzte eine weitere Differenzierung ein: Kinder- und Jugend-Z.en, Partei-Z.en, Standes- und Berufs-Z.en folgten. Die erste Werks-Z., der »Schlierbacher Bote«, erschien 1888–90. Neue Erfindungen im technischen Bereich ermöglichten die Entstehung der Illustrierten. Parallel zur Anwendung und Perfektionierung des Maschinensatzes vollzog sich die Entwicklung vom Kupfer- und Stahlstich zur Lithographie und schließlich zur Photographie, die Massenauflagen illustrierter Z.en erlaubten. Insgesamt eroberten die Z.en im 19. Jh. ein breiteres Massenpublikum und waren nicht mehr gebildeten Kreisen vorbehalten. Heute haben die Z.en alle Bereiche des Lebens erfasst, der immer schnellere Wechsel von Moden, Geschmack und Lebenswelten hat eine große Vielfalt von Z.en ins Leben gerufen. Im Jahr 2000 kamen 353 neue Z.-Titel auf einen Markt, der bereits mit rund 4.000 Titeln mehr als gesättigt schien bei einer Gesamtauflage von rund 86 Millionen Exemplaren. V.a. im akademischen Bereich der Naturwissenschaften verändert sich das Z.enwesen radikal, die gedruckten Z.en gehen zurück zugunsten elektronischer Z.en im Internet. Dagegen haben sich Publikums-Z.en zu Seismographen des jeweiligen Zeitgeistes entwickelt: In den 1980er und 1990er Jahren boomten Z.en über Essen und Wohnen; dann folgte eine Welle von Freizeit-Z.en; seit Beginn des 21. Jh.s drängen einerseits Z.en zum Thema Gesundheit/Fitness/Wellness auf den Markt; andererseits zählen Motor- und Computer-Z.en sowie Titel aus Technik und Naturwissenschaften zu den Z.en mit steigenden Auflagen. Auch im Bereich der Z.en hat eine wachsende Konzentration eingesetzt, so dass nur vier Verlage über einen Marktanteil von rund 50 % verfügen.
Bibliographien: J. Kirchner (Hg.): Bibliographie der Z.en des dt. Sprachgebiets bis 1900. 4 Bde. Stgt. 1969–89. – Dt. Bibliographie: Z.enverzeichnis 1945–85. Bearb. und hg. von der Dt. Bibliothek. 10 Bde. Ffm. 1958–89.
Lit.: S. Bark (Hg.): Zwischen »Mosaik« und »Einheit«. Bln. 1999. – P. Hocks, P. Schmidt: Lit. und politische Z.en 1789–1805. Stgt. 1975. – A. Keller: Elektronische Z.en. Wiesbaden 2001. – J. Kirchner: Das dt. Z.enwesen, seine Geschichte und seine Probleme. 2 Bde. Wiesbaden 1958/62. – H.-A. Koch: Z. In: RLW. – S. Obenaus: Lit. u. politische Z.en 1830–48 und 1848–80. Stgt. 1986 f. – H. Pross: Lit. und Politik. Olten, Freiburg 1963. – A. Vogel: Z.en und Z.enforschung. Wiesbaden 2002.   LVS

Zeitstil ↗ Stil.

Zeitstück, n., Bühnenwerk, das zeitgeschichtliche Probleme oder Zustände vorführt und der ↗ politischen Lit. zuzurechnen ist. Das Z. steht in der Tradition des gesellschaftskritischen Dramas seit dem 18. Jh. und wurde als spezifischer Typus in der ↗ Neuen Sachlichkeit als der Wirklichkeit nachgestelltes, dokumentierendes Theater begründet. Es sollte Betroffenheit und Bewusstseinsänderungen auslösen und so im Idealfall zur Beseitigung realer Missstände beitragen. Das politische Theater E. Piscators bereicherte den realistischen Darstellungsstil des Z.s durch formale Neuerungen (↗ Simultanbühne). Autoren von Z.en (häufig Antikriegs- oder Justizstücken) sind B. Brecht (↗ Lehrstück), A. Gmeyner, E. Mühsam, I. Langner, E. Toller, G. Weisenborn, P. M. Lampel, F. Bruckner, H. Rubinstein, F. Wolf, W. Borchert, M. Lazar, C. Zuckmayer und R. Hochhuth. Seit etwa 1960 wurde das Z. als ›Imitiertheater‹ (M. Frisch, M. Walser) kritisiert und vom Dokumentarstück (↗ Dokumentarlit.) abgelöst, als dessen Vorstufe es jedoch anzusehen ist.
Lit.: N. Jaron: Das demokratische Zeittheater der späten 20er Jahre. Ffm. u. a. 1981. – A. Stürzer: Dramatikerinnen und Z.e. Stgt. 1993.   TU

Zeitung, periodisches Druckwerk mit hoher (meist täglicher, mindestens wöchentlicher) Erscheinungsfre-

quenz. Das Wort *zîdunge* ist erstmals belegt um 1300 im Raum Köln; es ist abgeleitet aus mittelndt. *tidinge* = Nachricht, Botschaft. Diese Bedeutung behielt auch ›Z.‹ bis ins 19. Jh. Seitdem steht es für eine Nachrichtensammlung (zunächst im Pl., gegen Ende des 19. Jh. auch im Sg.). – Vier Merkmale definieren den modernen Begriff der Z.: 1. öffentliche Zugänglichkeit (Publizität), 2. Zeitnähe (Aktualität), 3. regelmäßiges Erscheinen (Periodizität) und 4. inhaltliche Vielfalt (Universalität). Die frühesten Z.en wurden in Deutschland zu Beginn des 17. Jh.s herausgegeben: 1609 erschien in Straßburg die »Relation Aller Fürnemmen und gedenckwürdigen Historien«, im gleichen Jahr in Wolfenbüttel der »Aviso Relation oder Zeitung«. Die erste bekannte Tages-Z. kam 1650 in Leipzig unter dem Titel »Einkommende Z.en« heraus; sie erschien bis 1918, zuletzt als ›Leipziger Z.‹. Im 18. Jh. existierten rund 200 Z.en, von denen nur wenige eine Auflage von 2.000 Exemplaren erreichten. Schon früh entstanden einzelne meinungsbildende Z.en, die eine überregionale Bedeutung erlangten, darunter die »Vossische Z.« (1617–1934), die »Augsburger Abendzeitung« (1676–1934) und der »Schwäbische Merkur« (1729–1943). Im 19. Jh. bereiteten stürmische technologische Entwicklungen den Weg der Z. zur Massenpresse vor. F. Koenig konstruierte 1812 die erste mit Dampf betriebene Schnellpresse; die Rotationspresse entstand Mitte des Jh.s; die erste Lynotype wurde 1886 eingesetzt. Heute ist eine neuerliche Umwälzung im Gange, bedingt durch die Abschaffung des Bleisatzes, den Einsatz von Lichtsatz und die elektronische Texterfassung über Bildschirmterminals (Lesegeräte). – Seit etwa 1800 wurden Z.en zunehmend aus Anzeigen finanziert. Gegenwärtig beträgt das Verhältnis von Anzeigen- und Verkaufseinnahmen rund zwei Drittel zu einem Drittel; damit ist für die Z. eine bedenkliche Abhängigkeit von Werbeträgern entstanden, die sich in der inhaltlichen Gestaltung der Z. niederschlagen kann, aber auch die ökonomische Sicherheit positiv oder negativ beeinflusst. Anfang des 21. Jh.s sind Z.sverlage durch das Absinken der Werbeeinnahmen um durchschnittlich 14 % bei Tageszeitungen in eine schwere Krise geraten. Massiver Personalabbau, Einstellen von Beilagen und Magazinen, Schließung von Redaktionen sind die Folgen. Die Tendenz zur Monopolisierung des Z.smarktes ist unaufhaltsam zu Ungunsten vieler Lokalzeitungen. Die Großverlage sprechen untereinander Gebietsmonopole ab und verdrängen die unabhängigere Konkurrenz. Im Zeitalter der Elektronik bieten inzwischen alle Z.en Online-Dienste an. Skeptische Prognosen besagen, in zehn Jahren werde es nur noch die Hälfte der Z.en geben, die jüngeren Leser verzichten auf die traditionelle Z. und bedienen sich kostenlos aus dem Internet.
Bibliographien und Bestandsverzeichnisse: E. Bogel, E. Blühm: Die dt. Z.en des 17. Jh.s. 2 Bde. Bremen 1971. – G. Hagelweide: Dt. Z.sbestände in Bibliotheken und Archiven (1700–1969). Düsseldorf 1974.

Lit.: H. D. Fischer: Dt. Z.en des 17.–20. Jh.s. Pullach 1972. – H.-A. Koch: Z. In: RLW. – A. Kutsch: 350 Jahre Tageszeitung. Bremen 2002. – H. Pross: Z.sreport. Weimar 2000. – V. Schulze: Die Z. Aachen 2001. – B. Wirtz: Medien und Internetmanagement. Wiesbaden 2000. LVS

Zeitungslied, Gattung des ↗ historischen (Volks-) Liedes, berichtet in episierendem Stil von (meist) sensationellen Ereignissen. Sein Aktualitätsanspruch wird vielfach durch den werbenden Titel »Neue Zeitung« hervorgehoben. Doch gegenüber dem stärker politisch orientierten historischen Lied, das in geschichtliche Prozesse agitatorisch, parteilich einzugreifen suchte und formal sich näher an verbreitungsfähige Volksliedtypen anschloss, zeigt das Z. eine moralisierende Tendenz. Nach einigen Andeutungen in historischen Quellen schon des 10. Jh.s kann gefolgert werden, dass solche Lieder zum Vortragsrepertoire der Fahrenden gehörten; die hsl. Überlieferung beginnt jedoch erst im 15. Jh. (zwei Lieder über Hostienfrevel im Wienhäuser Liederbuch, um 1455–71). Seine Blütezeit erreicht das Z. mit dem Buchdruck. Bereits mit den »Wundernachrichten« von S. Brant ist die für lange Zeit herrschende Verbreitungsform gefunden: ↗ Flugblatt mit großlettrigem Titel und drastischer Illustration. Das Z. ist bes. im 16. und 17. Jh. weit verbreitet, wird von sog. Zeitungssängern auf Märkten ausgeschrieen und gehandelt; es berichtet vornehmlich von Wundergeschehnissen (Kometen, Missgeburten), kriminellen Taten (Mord, Hexerei, Kirchenschändung) und ihrer Bestrafung. Seit dem 17. Jh. wird der Text von mehreren Bildern begleitet, und das Z. nähert sich dem ↗ Bänkelsang, von dem es abgelöst wird und durch den es als veränderte Gattung bis zur Institutionalisierung der Tageszeitung im 19. Jh. überlebt.
Lit.: R. W. Brednich: Die Liedpublizistik im Flugblatt des 15. bis 17. Jh.s. 2 Bde. Baden-Baden 1974 f. – Ders.: Z. In: RLW. HW/Red.

Zeitungsroman ↗ Fortsetzungsroman.

Zensur, f. [lat. *censura* = Prüfung, Beurteilung], staatliche oder kirchliche Überwachung öffentlicher Meinungsäußerungen, bei der politisch nonkonforme oder nicht genehme sozialkritische Äußerungen in Wort und Bild der Kontrolle unterworfen werden. Historisch geht die Z. auf das röm. Amt des Censors zurück, der das staatsbürgerliche und sittliche Verhalten der Bürger überwachte. Im MA. übte die kath. Kirche lit. Z. aus. Mit dem Aufkommen des ↗ Buchdrucks nahm die Z. systematischen Charakter an: 1559 stellte die kath. Kirche den *Index librorum prohibitorum* (↗ Index [3]) auf, der alle verbotenen Schriften aufführte und erst 1966 aufgehoben wurde. Zur selben Zeit wurde eine staatliche Z. durch die Einrichtung einer kaiserlichen Bücherkommission (1569) ausgeübt, die für die Einhaltung der Z.bestimmungen auf der Frankfurter Buchmesse sorgen sollte. Eines der Ziele bürgerlicher Revolutionen war die Aufhebung der Z. In England wurde sie 1694 abgeschafft, in Frankreich 1789. In Deutschland hielt sich die Z. als Instrument feudaler Bevormundung und wurde mit den Karlsbader Beschlüssen (1819) sogar verschärft. So wurde 1835 eine ganze lit. Richtung, das ↗ Junge Deutschland, unter Z. gestellt. Erst mit der Revolution von 1848 erfolgte teilweise eine Lockerung der Z. Doch wurden weiterhin lit. Werke zensiert, v. a. Theaterstücke (G. Hauptmann: »Die Weber«, 1892; A. Schnitzler: »Der Reigen«, 1897). Die Weimarer Reichsverfassung von 1919 verbot die Z., doch wurde dieses Verbot durch die 1922 erlassenen Republikschutzgesetze zur Bewahrung der Jugend vor Schund- und Schmutzschriften und Verordnungen zur Bekämpfung politischer Ausschreitungen erheblich eingeschränkt. 1933 hob das nationalsozialistische Regime mit der »Verordnung zum Schutz von Volk und Staat« die Rechte freier Meinungsäußerung auf; die totale Gleichschaltung der Medien und die Unterdrückung jeglicher Opposition erübrigte eine Z. Das Grundgesetz der BRD übernahm das Z.verbot der Weimarer Verfassung ohne deren Einschränkungen (Artikel 5, Absatz 1 Satz 3: »Eine Zensur findet nicht statt«). Statt der direkten staatlichen Z. wurde die Sanktionierung missliebiger Meinungsäußerungen in privatrechtlicher Form durch Selbstkontroll-Institutionen übernommen, wie etwa durch die ›Freiwillige Selbstkontrolle der Filmwirtschaft‹ oder die ›Filmbewertungsstelle Wiesbaden‹. Z.fälle in den 1950er Jahren häuften sich im Zusammenhang mit dem KPD-Verbot, in den 1960er Jahren aufgrund von angeblich pornographischen Darstellungen, in den 1970er Jahren wegen »Verherrlichung von Gewalt«. 1976 löste die politisch mit der Terroristenabwehr begründete Verschärfung des Strafrechts Unruhe in der demokratischen Öffentlichkeit, bes. unter Schriftstellern, aus und erzeugte ein geistiges Klima der vorbeugenden Selbstzensur. In der DDR wurde seit ihrer Gründung 1949 eine umfassende staatlich gelenkte Z. ausgeübt, obwohl die erste Verfassung der DDR ausdrücklich Meinungsfreiheit und Freiheit der Kunst garantierte. Zur Durchführung der Z. wurden Institutionen und Gesetze geschaffen wie die »Anordnung über das Genehmigungsverfahren für die Herstellung von Druck- und Vervielfältigungserzeugnissen« (1959). Die »Hauptverwaltung Verlage und Buchhandel« im Ministerium für Kultur kontrollierte die gesamte Jahresproduktion aller Verlage. Das »Amt für Lit.- und Verlagswesen« sorgte dafür, dass nichts ›Staatsfeindliches‹ in Druck ging oder verbreitet wurde. Über das »Büro für Urheberrechte« sollte verhindert werden, dass verbotene Manuskripte im Westen erscheinen könnten. Die vierzigjährige Geschichte der DDR ist gekennzeichnet durch spektakuläre und leise Z.maßnahmen. Allein die zwangsweise Ausbürgerung des ↗ Liedermachers W. Biermann 1976 hatte zur Folge, dass rund fünfzig protestierende DDR-Schriftstellerinnen und -Schriftsteller die DDR gezwungen oder freiwillig verließen, weil sie keine Möglichkeit mehr sahen, frei von Z. zu arbeiten. Z. in der

vereinten BRD konzentriert sich vornehmlich auf das Verbot der Darstellung von Gewalt, wendet sich gegen Rechtsradikalismus und Pornographie. Allerdings steht nicht mehr das Buch im Zentrum der Z., sondern diese konzentriert sich auf Tonträger, Videos, Internetseiten und Computerspiele.

Lit.: D. Breuer: Geschichte der lit. Z. in Deutschland. Hdbg. 1982. – P. Brockmeier, G. R. Kaiser (Hg.): Z. und Selbstzensur in der Lit. Würzburg 1996. – K. Kanzog: Z. In: RLW. – J.-D. Kogel (Hg.): Schriftsteller vor Gericht. Ffm. 1996. – B. Plachta: Z. Stgt. 2006. – J. Walther: Sicherungsbereich Lit. Schriftsteller und Staatssicherheit in der DDR. Bln. 1999. – R. Zipser (Hg.): Fragebogen. Z. der Lit. vor und nach dem Ende der DDR. Lpz. 1992. LVS

Zeugma, n. [gr. = Zusammengefügtes, Joch], rhet. und grammatische (›semantische Syllepse‹) Figur der Aussparung, Sonderform der ↗ Ellipse, bei der ein Satzglied auf mehrere andere Satzglieder oder Wörter beziehbar ist. Ein unbeabsichtigt gesetztes Z. wird als grammatischer Verstoß oder Stilfehler gewertet. Man unterscheidet: 1. syntaktisches Z. (auch: Adnexio): ein Satzglied wird auf mehrere nach Kasus, Numerus oder Genus inkongruente Satzglieder bezogen, obwohl es neu gesetzt werden müsste: »Entzahnte Kiefern schnattern / Und das schlotternde Gebein« (J. W. Goethe: »An Schwager Kronos«, V. 30 f.); 2. semantisches Z.: ein Satzglied wird auf mehrere andere bezogen, die unterschiedlichen Sinnsphären angehören oder in je wörtlicher bzw. metaphorischer Bedeutung verstanden werden müssten: »Als Viktor kam zu Joachime: hatte sie Kopfschmerzen und Putzjungfern bei sich« (Jean Paul: »Hesperus«, 1795). Der komischen Wirkung wegen wird das Z. oft in scherzhaft-verfremdender Absicht verwendet.

Lit.: J. Meibauer: Z. in: RLW. GS/CSR

Zeugnisliteratur ↗ Holocaust-Lit.

Zibaldone, m. [it. = Sammelsurium], Pl. *zibaldoni*; 1. Notizbuch, in dem Redeelemente und komische Einfälle für die improvisierten Dialoge der ↗ Commedia dell'Arte gesammelt wurden; 2. Aufzeichnungsbuch eines Dichters (bes. G. Leopardi: »Z.«, 1817–32, veröffentlicht postum 1898–1900). – Verwandte Formen: ↗ Brouillon, ↗ Kladde. DB

Zielsprache ↗ Übers.

Zimmertheater, auch: Keller-, Studio-, Ateliertheater; Theaterform, die erst zu Beginn des 20. Jh.s in Experimentierstudios entstand und Alternativen zur Illusionsbühne des 19. Jh.s und ihren Repräsentationsbauten entwickelte. Am Anfang stehen das »Erste Studio« des Moskauer Künstlertheaters unter K. S. Stanislawski und seine Nachfolgestudios (Behelfsbühne mit wenig Versatzstücken in einem Zimmer), nachgeahmt in Osteuropa und (über M. Tschechow) sogar in New York (Group Theatre); bekannt geworden sind das jüdische Habima-Theater und das armenische Studio. Seine Blüte erlebte das Z. in den 1940er und 1950er Jahren, da es dem Mangel an bespielbaren

Theatern ebenso entsprach wie einem nüchternen Theaterstil und einem informellen Publikum (vgl. die dt. Notbühnen oder die halbprivaten Ateliertheater etwa der Pariser Existentialisten: 1944 wurde Picassos Stück »Wie man Wünsche am Schwanz packt« in einer Pariser Privatwohnung aufgeführt). Das erste dt. Z. entstand 1947 in Hamburg, zunächst im Hause H. Gmelins, später in einem Patrizierhaus, wo Regisseure wie G. Rennert u. a. inszenierten. Weitere Z., auch Kellertheater, folgten in Berlin, Frankfurt, Wiesbaden, Düsseldorf, Bonn, Köln, München, aber auch kleineren Orten (z. B. Sommerhausen), ebenso in Mailand (Teatrangolo und Teatro San Erasmo, 1953) und anderen Orten. Der aus der Spieldimension des Z.s entwickelte spezifische Stil findet sein Publikum bes. in Universitätsstädten, zumal sich das Z. mit Tendenzen des sog. *alternativen oder armen Theaters* trifft, das ebenfalls bewusst auf den Apparat der etablierten Bühnen verzichtet, eine enge Publikumsbeziehung in kleinen Räumen und einen intensiven Darstellungsstil erstrebt (charakteristisch etwa die Theaterlabore von J. Grotowski und G. Tabori). Es trifft sich auch mit Trends zu neuen Bühnenformen wie der Arena- und Proszeniumsbühne und der Neigung, Spiellandschaften in eigenwilligen Stätten wie unbenutzten Kirchen, Fabrikhallen, Bahnhöfen und sogar ausgebrannten Theatern zu schaffen und intime Spielräume an großen Theatern einzurichten.

Lit.: R. S. Breen: Chamber Theatre. Englewood Cliffs, NY 1978 – H. Lederer: Bevor alles verweht ... Wiener Kellertheater 1945–60. Wien 1986. HER

Zinnespel ↗ Moralität.

Zitat, n. [lat. *citare* = auf-, herbei-, anrufen], Form der indirekten Kommunikation, bei der Elemente oder Strukturen aus anderen Artefakten übernommen werden. Zitiert werden können einzelne Formulierungen eines konkreten Textes, charakteristische Strukturen desselben, aber auch ↗ Gattungen, ↗ Formen (↗ Formzitat) oder ↗ Stile. Das Z. greift meist nur Teile von kommunikativen Botschaften auf, wodurch sich eine Beziehung zwischen dem Herkunfts- und dem Zielkontext ergibt. So können Z.e im Verhältnis zum Zitierten z. B. bestätigende, ironische oder modalisierende Funktion gewinnen. Der am stärksten konventionalisierte Fall des Z.s ist das wörtliche Z., insbes. wenn es durch Anführungszeichen markiert und eventuell sogar die Quelle angegeben ist. Eine so klare und deutliche Markierung muss nicht vorliegen, aber im Unterschied zu ↗ Plagiat und ↗ Kontrafaktur ist beim Z. intendiert, dass Rezipienten den Bezug zum Zitierten erkennen und berücksichtigen. Daher kann es auch vorgebliche Z.e geben, die als Z. markiert sind, bei denen aber nicht wirklich zitiert wird. Das Z. wird häufig als prototypisches Beispiel für ↗ Intertextualität angeführt (Plett). Zitieren ist nicht auf bestimmte Medien oder Künste beschränkt und kann auch Mediengrenzen überschreiten (↗ Intermedialität). – In Antike und MA. werden Z.e autoritativer religiöser und wis-

senschaftlicher Texte breit eingesetzt und z. T. in ↗ Florilegien gesammelt. Eine Standardisierung von Z.konventionen v. a. im wissenschaftlichen Bereich erfolgt im Zusammenhang mit der Ausbreitung der Schriftkultur und des ↗ Buchdrucks. In der Lit. erscheint das Z. seit Durchsetzung der Genieästhetik als Ausdruck von Unoriginalität, so dass es im 19. Jh. v. a. als Mittel der Popularisierung von Lit. und als Phänomen der Wechselwirkung zwischen lit. und allg. öffentlichen Diskursen eine Rolle spielt. Insbes. die Klassiker werden zum Steinbruch für ›Bildungszitate‹, die in Anthologien wie dem ›Büchmann‹ verzeichnet werden. Erst im 20. Jh. wird das Z. als künstlerische Strategie in Lit. und anderen Medien rehabilitiert, bis es in der ↗ Postmoderne geradezu inflationär eingesetzt wird und in ↗ Poststrukturalismus und ↗ Dekonstruktion zu einem Zentralbegriff und Signum der eigenen Epoche erhoben wird. – Wurde das Z. lange nur im Kontext der ↗ Einflussforschung beachtet und selten zum Gegenstand eigener Untersuchungen gemacht (vgl. als Ausnahme Meyer), so verstärkte sich seit ca. 1980 die systematische und historische Einzelforschung.

Lit.: A. Böhn: Das Formzitat. Bln. 2001. – A. Compagnon: La seconde main ou le travail de la citation. Paris 1979. – D. Davidson: Zitieren. In: ders.: Wahrheit und Interpretation [engl. 1984]. Ffm. 1986, S. 123–140. – N. Goodman: Weisen der Welterzeugung [engl. 1978]. Ffm. 1984. – R. Helmstetter: In: RLW. – H. Meyer: Das Z. in der Erzählkunst [1961]. Stgt. ²1967. – D. Oraić Tolić: Das Z. in Lit. und Kunst. Wien u. a. 1995. – H. F. Plett: Intertextualities. In: ders. (Hg.): Intertextuality. Bln., NY 1991, S. 3–29. – R. Posner (Hg.): Zs. für Semiotik 14 (1992), H. 1–2/3. AB

Zivilisation, f. [lat.], ↗ Kultur.

Zivilisationsliterat ↗ Literat, ↗ Schriftsteller.

Zopfdramaturgie ↗ Serie.

Zukunftsroman, Form des ↗ utopischen Romans, die nicht in exotischen Weltgebieten, sondern in der Zukunft spielt (auch: ›Uchronie‹). Der Z. ist Spiegel oder Gegenmodell der zeitgenössischen Gesellschaft. Nach dem Vorbild L. S. Merciers »L'an 2440: rêve s'il en fût jamais« (1770) wird der Übertritt in die Zukunft häufig durch einen Traum ermöglicht. Das Erwachen aus einer (besseren oder schlechteren) Zukunftswelt kann zum Aufbruch ermuntern oder vor den Gefahren gegenwärtiger Entwicklungen warnen. Im Laufe des 19. Jh.s orientierten sich die Z.e immer stärker an wissenschaftlichen Entdeckungen und technischen Erfindungen. Mit J. Verne entstand der technische Z., die zukunftsorientierte ↗ Science-Fiction. H. G. Wells ersann die Zeitmaschine als Transportmittel in die Zukunft. Im 20. Jh. verschmilzt der Z. auch oft mit der *Anti-Utopie* (↗ Utopie). In G. Orwells »1984« (1949) etwa lässt nur die Vergangenheitsform der Erzählung, die eine noch spätere Phase voraussetzt, auf eine Veränderung der trostlosen Zukunft hoffen. In M. Houellebecqs Z. »La possibilité d'une île« (2005) ist diese Hoffnung ganz verschwunden. RI

Zuschauer ↗ Publikum.

Zweite Moderne ↗ Jüngstes Deutschland, ↗ Moderne.

Zweiter Humanismus, auch: Neuhumanismus, ↗ Humanismus.

Zwillingsformel, umgangssprachliche, vorgeprägte Redewendung (↗ Formel) aus zwei Wörtern derselben Wortart (meist Substantiven), die durch Konjunktion oder Präposition verbunden sind: »Katz und Maus«, »Knall auf Fall«, z. T. durch klangliche Mittel wie Alliteration (»Kind und Kegel«), Reim (»Weg und Steg«) und vielfach durch das Modell der wachsenden Silbenzahl (»Kopf und Kragen«) verfestigt. Inhaltlich können zu Z.n sowohl identische Wörter (»Schlag auf Schlag«) als auch der Sache nach verwandte (»Nacht und Nebel«) oder gegensätzliche Begriffe (»Himmel und Hölle«) verbunden werden. Kürze und Eingängigkeit bewahren diese Redewendungen weithin vor Veränderung; andererseits erlaubt der verbreitete und in sich variable Formtyp sprachschöpferische Neubildungen. Seltener sind Drillingsformeln: »Feld, Wald und Wiese«.

Lit.: Ch. Koopmann: Aspekte der Mehrgliedrigkeit des Ausdrucks in frühnhd. poetischen, geistlichen und fachlit. Texten. Göppingen 2002. – R. Matzinger-Pfister: Paarformel, Synonymik und zweisprachiges Wortpaar. Zürich 1972. – J. Rzeszotnik: Kleines Wörterbuch der dt. Z.n. Breslau 1994.   HW/Red.

Zwischenakt [frz. *entr'acte*], Zeitraum zwischen der Aufführung zweier ↗ Akte. Als Z.e wurden kleine ↗ Zwischenspiele (Renaissance und Barock), Gesangs- oder Tanzeinlagen gegeben; bis Mitte des 19. Jh.s erklang meistens instrumentale ↗ Schauspielmusik.

AHE

Zwischenprospekt ↗ Prospekt.

Zwischenspiel, szenisch-dramatische, tänzerische oder musikalische Einlage vor, nach oder v. a. zwischen der eigentlichen Theaterdarbietung zum Zweck inhaltlicher Abwechslung oder Überbrückung technischer Schwierigkeiten wie des Kulissen- und Kostümwechsels; auch: Einlagen (*Divertissements*) im Rahmen anderer Unterhaltungen, z. B. bei Festmählern. – Je nach diesen Aufgaben und entsprechend den nationalen Theatertraditionen entstanden verschiedenartige Formen des Z.s: Das gr. Theater kannte hauptsächlich musikalische Z.e, das röm. die getanzte Pantomime, das mal. geistliche Spiel derbe Possen oder ↗ Farcen (Füllsel) bei Mysterien- und Mirakelspielen, das lat. ↗ Jesuitendrama eingefügte volkssprachliche *Possen*, aber auch Z.e mit allegorischem Verweischarakter. Im it. Renaissancetheater wurden die ↗ Intermezzi zu prunkvollen, Musik, Pantomime, Tanz und dramatische Handlung verquickenden theatralischen Formen ausgebaut; England kannte das höfische ↗ Interlude als unterhaltsames kurzes Stück, neben der pantomimischen ↗ *dumb show* und dem schwankhaften gesungenen und getanzten ↗ Jig, der neben gesprochenen Possen auch bei den dt. Wanderbühnen beliebt wurde.

Halb Singspiel mit Tanz, halb derb volkstümliche Stücke waren die span. ↗ Entreméses und ↗ Sainetes. In Deutschland haben sich, nach frz. Vorbild, bes. das musikalische Z. und die Zwischenaktmusik erhalten (vgl. schon die strophischen Chorlieder zwischen den einzelnen Akten im lat. ↗ Schuldrama und ↗ schlesischen Kunstdrama). – Der Ausdruck Z. oder Intermezzo, Entr'acte, Interlude wird auch übertragen gebraucht für eine heitere, episodisch gedachte Dramen-, Opern-, Ballett- oder Filmschöpfung (R. Strauß: »Intermezzo«, 1924; R. Clair: »Entr'acte«, Stummfilm 1924).

Lit.: F. Hammes: Das Z. im dt. Drama. Stgt. 1911. Nachdr. Nendeln 1977.   HER

Zwischenvorhang ↗ Aufzug.

Zyklus, m. [gr. *kýklos* = Kreis], Gruppe von Werken, die als selbständige Gebilde zugleich Glieder eines größeren Ganzen sind. Das gilt für lit. Zyklen ebenso wie für Musik und Malerei. In *weiterem Sinn* wird oft jede Sammlung von Gedichten, Erzählungen u. a. als ›Z.‹ bezeichnet, die über eine zufällige oder nach rein äußerlichen Gesichtspunkten zusammengestellte Folge hinaus einen formalen, thematischen und/oder atmosphärischen Zusammenhang erkennen lässt. Im *engeren Sinn* spricht man von Zyklus nur dann, wenn bestimmte strukturelle Bedingungen erfüllt sind: Die einzelnen Werke müssen um ein Grundthema zentriert sein und dieses von einem jeweils neuen Ansatz her so entfalten, dass es in seinen verschiedenen Aspekten und Perspektiven ›kreisförmig‹ abgeschritten wird, um am Ende auf einer höheren Sinnebene den Anfang wieder aufzunehmen. Es können verschiedene verknüpfende Elemente hinzukommen: übergreifende narrative und dialogische Formen, Spiegelungen, Wiederholungen und Abwandlungen von Motiven, Bildern, Leitworten usw. Der Z. ist nicht an eine bestimmte Gattung gebunden, tritt aber in der *Lyrik* am häufigsten auf. Beispiele sind J. W. Goethes späte Zyklen (»Röm. Elegien«, »West-östlicher Divan«, »Chines.-dt. Jahres- und Tageszeiten«), Novalis' »Hymnen an die Nacht«, H. Heines »Buch der Lieder«, St. Georges »Siebenter Ring«, R. M. Rilkes »Duineser Elegien« u. a. In der *Erzähllit.* gibt es Zyklen von Erzählungen wie G. Boccaccios »Decamerone« oder G. Kellers »Die Leute von Seldwyla« und zyklische Romanformen wie Goethes »Wilhelm Meisters Wanderjahre«. Seltener findet sich der Z. im *Drama* (A. Schnitzler: »Anatol« und »Der Reigen«). – Die Forschungsdiskussion entzündet sich bes. an Werken, in denen der Z. zum Problem wird wie in Goethes »West-östlichem Divan«.

Lit.: K. Csúri (Hg.): Zyklische Kompositionsformen in G. Trakls Dichtung. Tüb. 1996. – M. Deguy u. a.: Chemins tournant. Cycles et recueils en littérature. Paris 2004. – C. Gerhard: Das Erbe der großen Form. Untersuchungen zur Z.-Bildung in der expressionistischen Lyrik. Ffm. 1986. – J. Lajarrige (Hg.): Vom Gedicht zum Z. Innsbruck 2000. – J. Müller: Das zyklische Prinzip in der Lyrik. GRM 20 (1932), S. 1–20. – C.-M.

Ort: Z. In: RLW. – H.J. Schrimpf: Das Prinzip des Z. bei Goethe. Diss. Hdbg. 1955.   GH

Zynismus, m., spöttische und resignative Geisteshaltung angesichts als bedrohlich und bedrückend empfundener realer Verhältnisse, ferner der sprachliche Ausdruck dieser Haltung. Z. entsteht entweder als Protest aus einer kritisch reflektierten Unterlegenheit heraus oder verbunden mit dem Einsatz von (z.B. politisch-ökonomischer) Überlegenheit. Der Begriff geht zurück auf die antike Philosophenschule der Kyniker, deren Name wohl von ihrem Versammlungsort, dem außerhalb der Stadtmauer von Athen gelegenen Gymnasium Kynosarges herrührt. Als ihr Begründer gilt Antisthenes von Athen (444–368 v.Chr.), bekanntester Vertreter ist Diogenes von Sinope (404–323 v.Chr.), dessen Übername ›Kyon‹ (Hund) auch symbolisch verstanden wurde und nach anderer Meinung der philosophischen Richtung den Namen gegeben haben soll. Die Kyniker propagierten materielle Bedürfnislosigkeit, Selbstgenügsamkeit (*autárkeia*), Missachtung der herkömmlichen Kultur und Sitte, Opposition gegen Religion und Ehe, Freiheit von Klischeevorstellungen und Tabus. Sie vertraten in aggressiv-provokanter Wendung gegen die idealistische platonische Philosophie eine praktische, theoriefeindliche und illusionsfreie Lebenslehre. Der Z. fand eine adäquate lit. Ausdrucksform in der ↗Satire, die mit dem ehemaligen Sklaven und Kyniker Menippos aus Gadara (Syrien) beginnt. Seine Erzählungen sollen mit bissigem Witz die Nichtigkeit des Daseins, auch der Philosophie entlarven. Menippos wirkte auf die Satiriker Varro, Petronius und Lukian (»Saturae Menippeae«, vgl. auch die frz. »Satyre ménippée«, 1593). – Die moderne Bedeutung des Wortes mit den Implikationen verletzend, bissig, sarkastisch, herabsetzend bildete sich erst im 18. und 19. Jh. heraus. Z. kann ganze lit. Werke (Satiren) prägen, vgl. J. Swift: »A modest proposal for preventing the children of poor people from being a burden …« (1729), Voltaire: »La Pucelle« (1762), Ch.D. Grabbe: »Herzog Theodor von Gothland« (1827) oder H. Heine: »Das Testament« (nach 1837, in der Tradition F. Villons). Z. findet sich auch im Werk von K. Kraus, K. Tucholsky, B. Brecht, H. Mann, weiter im ↗Dadaismus und ↗Futurismus (Tendenz zur Selbstaufhebung). Auch einzelne Wendungen können von Z. zeugen, z.B. solche Mephistos in Goethes »Faust«. Z. als Stilmittel äußert sich v.a. in lit. Kurzformen wie ↗Aphorismus und ↗Witz. – Der Begriff ›Z.‹ spielt in der neueren kulturkritischen Diskussion sowohl in seinem antiken Verständnis (›kynische‹ Verweigerung gegenüber gesellschaftlichen Zwängen, ›Aussteiger‹-Haltung) als auch in dem seit dem 18. Jh. geläufigen Verständnis eine Rolle.

Lit.: N. Largier: Z. In: RLW. – H. Niehues-Pröbsting: Der Kynismus des Diogenes und der Begriff des Z. [1979]. Ffm. ²1988. – P. Sloterdijk: Kritik der zynischen Vernunft. Ffm. 1982. – P. Ziech: Entlarven und Heucheln. Aachen 1997.   GS/Red.